国家出版基金项目
NATIONAL PUBLICATION FOUNDATION

远东国际军事法庭
证据文献集成索引、附录

A Collection of Court Exhibits of the International Military Tribunal for the Far East: Index and Appendix

东京审判研究中心 编纂

上

人名部分

上海交通大學出版社
SHANGHAI JIAO TONG UNIVERSITY PRESS
國家圖書館出版社
National Library of China Publishing House

内容摘要

《远东国际军事法庭证据文献集成》包括检方和辩方提交而又被法庭采纳的证据，即法庭证据，共约 3 万余页，按法庭证据的编号顺序排列。《远东国际军事法庭证据文献集成索引、附录》由人名索引、地名索引、事件名索引、文献名索引、其他名词索引等组成，并附有中英、中日词语对照表。通过编纂索引，比对原始档案英文版和日文版的差异，逐字查核法庭证据记录中的数千例讹错，并进行了校勘，这是对远东国际军事法庭基础文献特别有意义的贡献。

图书在版编目(CIP)数据

远东国际军事法庭证据文献集成索引、附录 / 东京审判研究中心编. —上海：上海交通大学出版社，北京：国家图书馆出版社，2014
ISBN 978-7-313-12511-8

Ⅰ. ①远… Ⅱ. ①东… Ⅲ. ①远东国际军事法庭—证据—文献—索引②远东国际军事法庭—证据—文献—附录
Ⅳ. ①Z89：D995

中国版本图书馆 CIP 数据核字(2014)第 309832 号

责任编辑：崔　霞　姜津津　金　迪　李　强

远东国际军事法庭证据文献集成索引、附录

编　　纂：东京审判研究中心
出版发行：上海交通大学出版社
地　　址：上海市番禺路 951 号
邮政编码：200030
电　　话：021-64071208
出 版 人：韩建民
印　　制：上海万卷印刷有限公司
经　　销：全国新华书店
开　　本：787 mm×1092 mm　1/16
总 印 张：182
总 字 数：2359 千字
版　　次：2014 年 12 月第 1 版
印　　次：2014 年 12 月第 1 次印刷
书　　号：ISBN 978-7-313-12511-8/Z
定　　价：1800.00 元

本书为“教育部哲学社会科学重点攻关项目”（批准号：11JZD012）子课题“基础建设”课题之一

《远东国际军事法庭证据文献集成》

编辑出版工作委员会

（按姓氏笔画排列）

前　言

程兆奇　石　鼎

一

远东国际军事审判是第二次世界大战后同盟国对日本近代以来的侵略和伴随着侵略的暴行进行的审判；因审判在东京进行，俗称东京审判。《远东国际军事法庭证据文献集成》是继2013年国家图书馆和上海交通大学联合出版的《远东国际军事法庭庭审记录》后出版的又一部远东国际军事审判的大型文献。

早在东京审判结束不久，由于东京审判印度法官帕尔的否定主张通过各种途径散布造成的影响，东京审判首席检察官季南曾向驻日盟军最高司令麦克阿瑟提议：即使因经费困难无法出版庭审记录的全本，也希望将判决所体现的各法官的意见和包括检、辩双方的开头陈述等能反映审判全貌的文献在日本出版。季南在信中说，他之所以提出这一建议是担忧帕尔征引丰富的主张会严重误导外界对东京审判的认识。这一建议因东亚局势的变化特别是不久爆发的朝鲜战争而未能付诸实施①。今天回过头来看，季南对东京审判引起负面评价之忧可谓不幸言中——当然其中有复杂而非单一的原因。

至今未休的东京审判的争议起于东京审判的法庭之内，但审判当时，时论对东京审判几乎是一面倒的颂扬，以至于今天东京审判的否定派还耿耿于怀说："日本被置于以'检查'为主要手段的占领军的新闻管理体制之下，在对麦克阿瑟宪法（现日本国宪法）的赤裸裸的讴歌的背后，是日本国民没有言论、报道自由的权利。具有讽刺意味的是，日本国内唯一被保证的自由的空间就是市谷的东京审判法庭。"②东京

① 参见粟屋宪太郎著：『东京裁判への道』上册，讲谈社2006年10月1日第1版，第1—2页。

② 东京审判资料刊行会编：『东京裁判却下、未提出辩护侧资料』序言，国书刊行会1995年2月20日第1版，第6页。

审判时“日本国民”是否“没有言论、报道自由的权利”，不能在此详论，但我们可以举一例来说明这一说法至少是一个夸大其词的偏见：即使在东京审判判决尚未执行之前，重光葵辩护律师高柳贤三的否定东京审判的著作《东京审判与国际法》已经出版①。不仅已经出版，此书还富有挑战意味的将英文与日文合并刊出。

但总体来说，审判进行的当时，东京审判在日本还是得到了相当正面的评价。收有起诉书和开庭最初的庭审记录的《远东国际军事审判公判记录》是庭审记录的首次出版，笹森顺造为此所写的序言这样说：

> 远东国际军事审判公判记录是人类历史全面创新的伟大文献。由野蛮向着文明、虚伪向着真实、不义向着正义、偏颇向着公正、隶从向着自由、报复向着祝福、侮辱向着爱敬、斗争向着和平、分裂向着协同，可以期待它是与把人类社会导向更高的幸福的文化生活相称的一个大宪章。②

早在审判当年的11月，早稻田大学法学部即成立了“审判研究会”。时任早稻田大学法学部长、后成为早大校长的大滨信泉在《远东国际军事审判研究》发刊词中说：

> （认识这一审判不仅是专家们的事）国民的每一人都应从国际正义的立场见证审判的进行，正视起诉提出的每一个犯罪证据，倾听每一句检察官的主张和辩护人的辩论，充分反省、改变认识、下新的决心，惟其如此，我们日本国民才能作为新的国际人重生，才会被新构想的国际社会接受，从这个意义上说，说国际军事审判的记录作为国民必读书绝非夸大。③

笹森顺造（后为自民党众参两院会长）和大滨信泉在日本的政治谱系中都不算左派，他们给予东京审判的高度评价，最可见正面肯定的声势之大。

---

① 高柳贤三著：『极东裁判と国际法』，有斐阁1948年11月15日第1版。

② 极东国际军事裁判公判记录刊行会：『极东国际军事裁判公判记录』Ⅰ，富山房1948年9月15日第1版，第1页。

③ 极东国际军事裁判研究会编：『极东国际军事裁判研究』第一卷，平和书房1947年4月20日第1版，第4—5页。

东京审判的评价在日本出现转折性变化始自审判结束之后。这种变化通过此消彼长的积累，最终导致了否定派的压倒性影响。有人以为"文明的审判"在日本至今仍能和"胜者的审判"平分秋色①，其实并不恰当。因为日本自20世纪80年代起，持"文明的审判"的肯定论者已不像我们所说"正义的审判"那样"义正词严"，而且已成了真正意义上的"小众"。进入世纪之交，"文明的审判"已不复再见。现在和"胜者的审判"勉强还能分庭抗礼的对立面毋宁说是所谓"超越""文明的审判"和"胜者的审判"的论者。虽然我们不宜化繁为简地说"超越"就是放弃原有立场，但"超越"强调"反思"和"胜者的审判"的愈形强化毕竟还是形成了鲜明的反差。造成这一变化当然有复杂的原因，但和否定派主张的充分发挥和传播，亦即季南给麦克阿瑟信中表示的担忧，无疑也有很大关系。

帕尔的主张在审判结束之前已为东条英机等被告所知，1952年4月28日日本结束占领的当天，田中正明编撰的《帕尔博士的日本无罪论》即已出版，帕尔意见书的全本也于当年出版。而庭审记录的日文版在日本面世则迟至十余年之后②。虽然我们说接受什么和日本民众的"情感"和"意愿"有关③，但无可否认帕尔的主张在日本已占得先机，先入为主的"深入人心"。

东京审判证据和日本读者的遭遇也是如此。1995年二战结束五十周年之际，反映被告和辩方立场的《东京审判被驳回、未提出辩护方资料》出版④。这对于所谓东京审判"不公平"的情绪提供了助力，就在这一8卷本的"资料"出版不久，号称出席了大多数庭审的富士信夫说：

> 法庭见解（指法庭对证据的说明——引者）要而言之，可以说无论辩护方提出的证据还是辩护方的最终辩论对法庭都没有起任何作用，因此从实质看等于是说："法庭的判决是基于检察方提出的证据和检察方的最终陈述做出的。"

---

① 所谓"'文明的审判'和'胜者的审判'迄今仍是东京审判论争的基本构图"；"两者的论争与民族主义、政治意识形态、感情论、道义的战争责任论有复杂的关联，今天已化为难于和解的'价值的对立'"（日暮吉延著：『东京裁判』，讲谈社2008年1月20日第1版，第29、30页）。

② 新田满夫编：『极东国际军事裁判速记录』，雄松堂书店1968年版。

③ 可参二村まどか「东京裁判の社会的インパクト」，『再论东京裁判』，大月书店2013年12月25日第1版，第74—102页。

④ 东京审判资料刊行会编：『东京裁判却下、未提出辩护侧资料』（8卷），国书刊行会1995年2月20日第1版。

> 我不是说检察方提出的证据全错，辩护方提出的证据全对。我只是说作为一个具有常识的日本人在阅读检察和辩护双方的证据时，深感检察方提出的证据包含了极多的歪曲、夸张、虚构，同时感到辩护方提出的证据合理的较多。①

在季南的担忧已然成谶的今天，随着辩方文献的广泛流传，真正意义上的“歪曲”“夸张”“虚构”正在进一步的扩大。在这一过程中辩方证据的“捷足先登”也起了推波助澜的作用。因此，《远东国际军事法庭证据文献集成》的出版除了学术的意义，也将起到正本清源的作用。

二

《远东国际军事法庭宪章》使用语言规定用英语和“被告方语言”（即日语），所以东京审判证据与庭审记录一样，也有英、日两种文本。此次出版的《远东国际军事法庭证据文献集成》为日文版。《远东国际军事法庭证据文献集成》收有东京审判时法庭认可的检、辩双方的证据。东京审判时检、辩双方各提出了众多的证据，其中为法庭认可编入法庭证据的共有 3 915 条，其中有些证据因篇幅较大又以“拔萃”摘出，或析为若干条，另以 A、B、C……标记（姑且称为子条）。此次《远东国际军事法庭证据文献集成》根据美国国家档案馆所藏东京审判文献中的证据部分和日本国士馆大学所藏东京审判文献中的证据部分编纂，在 3 915 条法庭证据中，两者各有所缺，经互补后，主条共缺 367 条，其中无主条有子条的共计 332 条，既无主条也无子条完全缺失的有 35 条，计有：E149、178、203、220、279、281、282、283、284、285、472、540、683、684、685、881、882、1248、1765、2337、2345、2346、2379、2478、2623、2648、3373、3374、3427、3497、3553、3568、3650、3678、3702。这 35 条多为证据识别号，或是由于无关实质内容而未为法庭收录。子条共计有 621 条。主条、子条相加，此次《远东国际军事法庭证据文献集成》共收录证据 4 169 条（3 915－367＋621）②。

---

① 冨士信夫著：『「南京大虐杀」はこうして作られた——东京裁判的欺瞒』，展転社 1995 年 4 月 29 日第 1 版，第 291、348 页。

② 东京审判提交证据的实际件数有不同说法，如较近者有 4 836 件之说（见保阪正康著：《东京裁判の教训》，朝日新闻出版社 2008 年 7 月 30 日第 1 版，第 98 页）。

《远东国际军事法庭证据文献集成》的主要内容为：（一）近代以来有关发动战争和伴随着战争的暴行的国际法、条约、协定、保证；（二）日本近代以来走向战争的相关文献，包括内部的机构设置、会议、计划、决议、命令、电文等和外部与德、意等国结盟的计划和协议等；（三）日本对华侵略罪和暴行罪的相关文献，包括侵占东北、全面侵华、鸦片贸易、南京暴行等；（四）日本侵略苏联的计划，包括张鼓峰事件、诺门坎事件等；（五）日本对美、英、英联邦的侵略和暴行，包括对菲律宾、缅甸、香港等的暴行；（六）日本对荷兰、葡萄牙、荷属东印度及太平洋诸岛的侵略和暴行；（七）日本对法属印度支那的侵略和暴行；（八）日本对泰国的侵略和暴行。除了以上检方证据外，《远东国际军事法庭证据文献集成》还收有辩方针对起诉书提出的控告的反证。

在战后那样人手、时间、物质条件都十分欠缺的困难条件下，东京审判得以完成，是美、中、英、苏等同盟国通过努力取得的巨大成就。从法庭认可的证据看，作为甲级（A级）审判最重要内容的“反和平罪”，即使以今天的标准也堪称完备。如果说有所不足，主要是暴行罪的证据，特别是其中对华暴行罪的证据，因受条件的限制而未能充分发掘。但即便如此，作为战后第一时间搜集的证据，还是有特别重要的意义。总之，《远东国际军事法庭证据文献集成》的出版，对我们深入认识东京审判，并通过东京审判认识日本近代以来对外发动战争、伴随着战争的暴行，都有着重大的价值。

三

2013年我们在编纂《远东国际军事法庭庭审记录索引、附录卷》时体会到因为法庭任务的繁难艰巨，留下各种疏失无可避免。因证据虽与按规范格式记录的庭审记录不同，是更原始的面貌，但证据与速记不同，应是较准确的文献，所以，当发现证据的问题不在庭审记录之下时，确实超出了我们的预想。在此略举数类，以备读者在使用时引起注意。

（一）误植姓名

姓名误植的情况不在少数，有音同形近而误者，有音同而误者，有形近而误者，有误认读音而误者，有与音、形无关的笔误者。

1. 音同形近而误，如“白崇禧”的“禧”误为“喜”（《远东国际军事法庭证据文献集成》[下同]第 16 册第 544 页)；“何應欽”的“何”误为“河”(第 30 册第 473 页)；“橋本群”的“群”误为“郡”(第 31 册第 539、540 页)；“鄭孝胥”的“孝”误为“考”(第 42 册第 575 页)，“汪精衛”的“汪”误为了“王”(第 50 卷第 249 页)。

2. 音同而误，如“宇都宫良久”的“良”误为“善”(第 2 册第 288 页)；“大川内傳七”的“川”误为“河”(第 4 册第 190 页)；“草鹿龍之介”的“介”误为“助”(第 4 册第 207 页)；“張自忠”的“張”误为“長”(第 6 册第 138 页)；“東鄉茂德”的“茂”误为“重”(第 6 册第 268、272 页)；“尾戶長春”的“尾”误为“小”(第 10 册第 111、257 页)；“福留繁”的“繁”误为“茂”(第 13 册第 412 页)；“木村兵太郎”的“兵”误为“平”(第 16 册第 583 页)；“賀屋興宣”的“賀”误为“加”(第 17 册第 392 页)；“木户幸一”的“幸”误为“孝”(第 47 册第 206 页)；“青木一男”的“男”误为“夫”(第 48 册第 381 页)。

3. 形近而误，如“胡恩溥”的“溥”误为“博”(第 5 册第 502 页)；“宋哲元”的“宋”误为“宗”(第 5 册第 568 页，第 31 册第 596、601 页)；“裘劭恒”的“劭”或误“劭”，或误为“勛”(均见第 6 册第 152 页)；“董康”的“董”误为“堇”(第 8 册第 622 页)；“李紹庚”的“庚”误为“康”(第 12 册第 624 页)；“李宗仁”的“宗”误为“祟”(第 16 册第 544 页)；“山下奉文”的“奉”误为了“泰”(第 20 册第 187 页)；“馮玉祥”的“祥”误为“群”(第 33 册第 225 页)；“溥儀”的“溥”或误为“薄”，或误为“傅”(均见第 41 册第 19 页)；“高橋是清”的“橋”误为“僑”(第 41 册第 81 页)；“韓復榘”的“復榘”误为“複渠”(第 44 册第 554 页)；“秦德純”的“秦”误为“泰”(第 46 册第 72、73 页)；“飯村穣”的“飯”误为“飲”(第 49 册第 289 页)。

4. 误认读音而误，如“近衛文麿”误为“僅衛文麿”、“僅衛公”(第 33 册第 10、11 页)，当是将“この(近)”当作“きん(近)”而误为“きん(僅)”了。

5. 与音、形无关的笔误者，如“佟麟閣”误为“佟凌閣”(第 5 册第 529 页)；“臧式毅”误为“鄭式毅”(第 8 册第 182 页，第 190 页另有“藏式毅”)；“東鄉茂德”误为“東鄉義德”(第 47 册第 530 页)。

6. 一人多名情况也不在少数，其中有些不难确定何者为是，如 “萱嶋高”(第 32 册第 7 页)、萱嶼高(第 32 册第 1 页)、萱原高(第 32 册第 6 页)、菅嶋高(第 31 册第 541 页)，以“萱嶋高”为是。有些则不易判断。如同为“復員廳第一復員局業務部醫務科長井口義弘”(第 40 册第 84 页)，又作“井上義弘”(同册第 97 页)；

“外务省文書課長林馨”(第 16 册第 16 页),又作“林薫”(第 9 册第 524 页)等。

(二) 无名无姓

有名无姓,或有姓无名,为数不在千例之下,而有些人物只有绰号,没有本来姓名,如“鼠”(军官,第 40 卷第 303 页)、“黑太子”(医生,第 40 卷第 300、301 页)、“目ツチズ”(护士,第 40 卷第 301 页)等。

(三) 误记职衔

误记职衔有两类:一类为有案可稽的误记,一类为难以判别何者为是的记载。

1. 有案可稽的误记,如“建川大將、……二宫大將”(第 28 册第 229 页),战时日军姓“建川”的将领只有“建川美次”陆军中将,姓“二宫”的将领只有“二宫治重”陆军中将;“海軍中將古賀清志”(第 28 册第 30 页),古贺清志为“5・15 事件”的参与者,当时为“中尉”,事件后被判“叛乱罪”解除军职,所以他的最后军阶就是“中尉”。

2. 难以判别何者为是的记载,如“井口(S・イグチ)”,同一时间或书“中央終戰聯絡事務局總裁代理、總務局長”(第 5 册第 451 页),或书“總務課長”(同册第 452 页);“山本惣一”,1946 年 2 月 1 日的文件署“大尉”(第 23 册第 344 页),之后 3 月 3 日的文件反而署“中尉”(同册第 338 页);荷兰军情部战犯科长“チヤールス・ヨンゲネイル”(此人姓名不同拼写有近十种)1946 年 6 月 7 日文件署“中尉”(第 24 册第 37 页)、6 月 11 日文件署“少尉”(同册第 17 页)、7 月 9 日文件署“大尉”(同册第 38 页)。

(四) 同名异译

同名异译的情况相当普遍,不仅是人名、地名,也包括事件名、文献名等其他类别。在此仅举人名和地名以为说明。

1. 地名,如フイリッピン(第 5 册第 65 页),又有フイリピン(第 15 册第 218 页);バタヴィア(第 27 册第 275 页),又有バタヴィヤ(第 37 册第 317 页)、バタビア(第 50 册第 69 页)、バタビヤ(第 18 册第 56 页)。“浦塩斯德”的拼法则多至十三种:“浦潮斯徳”、“浦塩須徳”、“ウラジオストク”、“ウラジオストック”、“ウラジオ”、“浦鹽斯德”、“ウラヂウオストーク”、“ウラヂオストック”、“浦塩斯徳市”、“浦汐斯徳”、“浦鹽”“浦塩”。近似名称有些更多,如“英國”,有“英帝國”、“英”、“聯合王國”、“英吉利聯合王國”、“英國”、“大ブリテン”、“大不列顛及愛蘭國”、“グレート・

ブレテン及北部アイルランド”、“大不列顛國”、“グレート・ブレテン”、“Great Britan”、“英吉利”、“イギリス”，多至十四种。

2. 人名，如罗斯福，仅第36册即有16种拼法：フランクリン・デイー・ルーズベルト、フランクリン・デイー・ルーズヴェルト、フランクリン・D・ルーズベルト、フランクリン・デイ・ローズベルト、フランクリン・デイ・ルーズルト、フランクリン・デイ・ルーズウエルト、フランクリンデイ・ルーズベルト、フランクリン・デー・ルーズベルト、フランクリン・デーン・ルーズベルト、フランクリン・・ルーズベルト、ルーズベルト、ローズヴェルト、ルーズヴェルト、ルーズウェルト、ローズベルト、ル。人名的异译情况太多，不备举。

3. 其他类别，如“米國人”，又有：“米國民”、“米口民”、“米國國民”、“米國市民”、“米人”、“亜米利加人”、“アメリカ人”、“アメリカ國人”、“アメリカ國民”。

其他诸如日、英文版的不同，如“朱帝翁(CHU Ydng vng)及張継祥(CHANG Chi hsang)共同陳述書”(第7册第67页)中的“朱帝翁(CHU Ydng vng)”，英文版的拼法为“Chu Yong Ung”(“d”为“o”、“v”为“u”)以及此有彼无等等问题也所在多有，至于传写中的笔误则更是多到不胜枚举。

四

《远东国际军事法庭证据文献集成索引》由东京审判研究中心编纂。参加人名索引工作的有石鼎、孙艺、陈丽娜、陈爱国；参加地名索引工作的有陈爱国、闫成、柴玉美、孙艺；参加事件名索引工作的有杨雪君、邹皓丹、程维荣、谢芬芬；参加文献名索引的有邹皓丹、杨雪君、孙艺、李雨；参加其他类别索引的有程维荣、谢芬芬、闫成、邹皓丹。参加前期工作的还有张奕、汤孟颖、赵玉蕙、庄婧、邱伟玮、李陆陆、林宇鹏、陆欣悦、吴乔丹、陈佳毅等。程兆奇主持了编纂。

《远东国际军事法庭证据文献集成》十分庞大，虽然我们在选词、汇总、编排、审核过程中已克尽全力，仍未能将错误消灭于无形，在此向读者深表歉意。在编纂过程中国家图书馆、上海交通大学和国家图书馆出版社、上海交通大学出版社给予了多方面的支持，向隆万、高红、李强、于浩、王晓、常河山、梁爱民、郁金豹、崔霞、姜津津、金迪、吴霞琴也多有帮助，在此表示诚挚的感谢！

目　录

人名索引 …… 1

凡例 …… 3

索引正文 …… 5

中日文人名对照表 …… 567

英日文人名对照表 …… 787

地名索引 …… 929

凡例 …… 931

索引正文 …… 933

中日文地名对照表 …… 1420

英日文地名对照表 …… 1524

事件名索引 …… 1667

凡例 …… 1669

索引正文 …… 1671

中日文事件名对照表 …… 1711

英日文事件名对照表 …… 1724

文献名索引 …… 1737

凡例 …… 1739

索引正文 …… 1741

中日文文献名对照表 …… 1859

英日文文献名对照表 …… 1924

其他名词索引 …… 1997

凡例 …… 1999

索引正文 …… 2001

中日文其他名词对照表 …… 2583

英日文其他名词对照表 …… 2720

人名索引

石鼎、孙艺、陈丽娜、陈爱国等编纂
程兆奇审定

凡　　例

一、本索引检索的母本为国家图书馆和上海交通大学编纂、上海交通大学出版社和国家图书馆出版社出版的《远东国际军事法庭证据文献集成》，由姓名、别称、册数、页数组成：

姓名	别　称	册数	页　　数
孫文	孫中山、孫逸仙	2	415,416,417,418,419,422,425,426,433,442,443,575,607,638

二、索引中人名按原样列出，以日文假名顺序排列；如第一个假名相同，则以第二假名排列，依此类推。

三、姓名栏中所列人名是通行写法；字号、别名、化名、笔名及异写、误拼等不同拼法都列于别称栏；对重要人物的别称或汉字、假名的别写以参见条注明。

四、同一人名有汉字、假名、西文等不同拼法时，一般按汉字、假名、西文的顺序排列选择词条，其余列入别称栏。

五、除中、日帝王及中、日、蒙部分亲王、藩王，及少量便于区别性别的夫人、小姐，姓名之后不附爵位、官名、职衔、军阶、教职等一般称呼。

六、本索引附有中日和英（包含少量其他西方文字）日两种文字对照表。以下为示例：

对照表有：

中文名	日文名
东条英机	東條英機

英文名	日文名
TOJO Hideki	東條英機

七、所附中日人名对照表，以中文人名的汉语拼音首字母排序；英日人名对照表，以英文字母排序。

八、对照表中，中国人的英文名，除有约定俗成者外，一般按汉语拼音拼写。

九、对原文模糊无法辨识者，本索引未收录。

十、东京审判时日本尚未进行文字改革，所以在文献中以繁体为主，但也有少量简体，为保持一致，简、繁体与中国汉字相同者，如“國”与“国”、“學”与“学”、“獨”与“独”、“會”与“会”等，均改为繁体；简体与中国汉字不同者，如“讀賣”与“読売”、“廣”与“広”等，本索引为了保持原貌，一仍其旧。

索 引 正 文

人名	别称	册数	页数
A・A・エメット		22	242
A・C・ヒーナン		25	114,131
A・D・F・ガスコイ		32	193
A・E・パック		29	176,177
A・E・プリンスネローンボン		24	118
A・E・マッケナ	A・E・マッケネナ	25	114,131
A・F・ウイノザー	Winsor	22	383
A・G・ウェイントン		23	132
A・H・H・カレン		22	1,21,22
A・H・ジオーンズ		22	242
A・H・リチャードスン	Richardson	27	363
A・J・スミット		24	366
A・J・ベル		22	111
A・L・オウエンス		25	304
A・L・サッド	サッド	25	114,118,119,122,123,125,130,131
A・L・テーラー		25	115,131
A・L・メーハー		25	306
A・L・ロルフ		24	295
A・M・L・モオル		23	274
A・M・スタロック	A・M・スターロック	22	4,5,44,46
A・M・ベル・マクドナルド		24	360
A・M・マクアーサー	マッカーサー	25	114,120,122,130,131
A・N・J・フレーデフオ		22	106,112
A・N・ウートンイヨルロ		24	117
A・R・ボイス		14	562,570
A・T・P・ランタンプ		23	350
A・W・グローバー		22	242
A・W・デカット		23	609
A・ウァン・ブロメスタイン	A. Van Blom Mestein, A. Van Blommestein	22	473,551
A・サイケル		24	119,120
A・スイカー		24	167,168,170
A・チンメルマン		23	414

人名	别称	册数	页数
A・ドッヅ		24	370,371
A・バールシェルズ		23	281
A・マックレラン		25	70
A・モエス	A. Moes	23	382
A・リープ		22	242
A・ルウィス		24	366,367
B・B・ベーリ		23	280,281
B・C・J・メシデス		23	546
B・E・サケシト		41	456
B・M・トムソン	トムソン	7	482,483
B・R・カールスン		18	123
B・T・マムマリーズ		22	81
B・ダーメン		23	238,240
B・ルッター		25	515
B・レノックス		22	215
C・A・キルピン		25	115,132
C・A・ビアソール	C・A・ペアソール	25	115,131
C・A・ベシユコッフ	Pecnkoff	27	537
C・E・グリーン		22	237
C・E・ビューケ		25	305
C・F・T・フアレス		36	146
C・H・カップ		22	138
C・J・オウエン	C・J・オウンエレ	25	115,131
C・J・セクエラ		24	198,263
C・M・ヴィッシャー		23	275
C・R・B・リチャールズ		22	108,128
C・R・D・長		29	70
C・S・トリマー		7	85
C・S・マイアー		17	1
C・W・オクタビイアンスルカス		23	347
C・W・コーヒット		27	332
C・ウオルシュ		22	26
C・ブレルヂエス	C. Broertjes	23	390
Ch・H・ウエンスヴエーン		24	297
Ch・O・ウアンデアプラス		24	61,62,63
Ch・ヴアンデルスルート		24	196
D・H・ホウ	D・H・ホウー	25	115,131

人　名	别　称	册数	页　数
D・J・マクベイン		25	84,144
D・P・チコー		27	603,613
D・R・ボーヂマン		22	214
D・S・ストーラー		23	209,210
D・W・タレンスキー		24	369
D・W・ボーク		27	426
E・A・グリフイン		27	658,671,672
E・A・ロイド		24	114
E・F・テリー		24	207,211,212
E・G・アーレン		37	533
E・H・F・スヴエンソン		45	28
E・J・ウールンべっク		24	454
E・L・セント・ジョン・クーチ	E・L・セント・J・クーチ	22	2,4
E・M・ジヤコフソン		8	4
E・M・シャバード		23	202
E・M・シユウアブ		24	60
E・N・リットル	E一・N・リットル	25	321,323
E・O・バロン・ファン・プーッエラール		23	231,233
E・W・セイヤース		24	144
E・W・パリー		27	657,658,671,672
E・アレン		22	24
E・コルドウエル		22	24,26
E・シムス		24	199
E・ド・ヴリエ		23	415,416
E・トムリンベーリー		26	643,665
E・ヒックソン		23	210
E・フキリップ		22	27
E・ロンドック		23	348
F・A・M・ハテリンク		22	105,112
F・B・オルダム		23	271
F・D・ウィリアムス		40	318
F・H・テルヒーゲ	F. H. Terheege	23	389
F・H・バッンユフオード		22	105,237
F・H・フォン・マイエンフュルト	F・H・フォン・メイエンフュルト	23	607,609,619,620
F・H・ルーバッテイ		23	418
F・J・レエメル	Reemer	23	389

人　名	别　称	册数	页　数
F・J・ローワイバアツ		23	347
F・M・ウオシク	F. M. Vonk	23	389
F・R・オウルダム		23	288
F・R・オールドハム		23	292
F・R・クレーマー		24	120
F・W・クラーク		17	397
F・デ・ジョンク		27	369
G. V. P. ピコッツィ	G. V. P. Picoggi	21	345
G・A・G・スブレンジヤーズ		24	368
G・A・ウイロウビー		13	388
G・A・ベツマンズ		22	105,112
G・B・E・モンセル		18	42
G・D・チャンドレン		22	212,215
G・H・ガード		7	305
		46	128,133
G・H・トーマス		22	301
G・H・ワイワトフイールド		22	106,112
G・J・シップ		19	305
G・J・デーセウェルト	G・J・デイッセウェルト,G. J. Dievelt	23	388,460,461,463
G・M・サーネット	G. M. Thcrnott	26	642
G・T・クーバー		24	288
G・W・ウオトルス		18	123
G・W・コルトン		24	589,597
G・W・デケイタ		24	367,368
G・エッセルス		23	264,265
H・B・ストウアズ		25	225
H・D・W・シットウエル	Sitwell	23	383
H・E・エンゲレン		24	33,36,37
H・E・エンゲレン夫人		23	417
H・E・ブァセヴァン		23	414
H・H・ハラム		40	318
H・J・G・ヴァン・ギイスセン		23	444
H・J・エヴアンズ		27	602
H・J・コルフ		24	294,430,431
H・O・ヴァン・デル・ブラス		23	418
H・P・K・ジャクス		23	280
H・Q・ライト		23	210

人名	别称	册数	页数
H・R・C・ハーン		25	114,131
H・R・スターク		36	167
H・R・ネールセン		22	106,112
H・S・ザヤッチー		27	234
H・T・W・フィゼル	H. T. W. Fisel	26	173
H・T・シング		27	367
H・W・A・バロン		22	361
H・ダリンガ		24	294
H・チャーレス・スブルークス		7	439
H・バース		24	218,263,270
H・ルーパテイ		23	274
H・レウエリン・スマス	H. レウエリン・スミス	29	416,420
H・ロウパワテイ		23	310,311
H・大町	H. OMACHI	44	304,306
		46	286
I・F・マクレイ		22	382,388,392
I・ジョーンズ		22	353
J・A・T・ウイルスん		22	242
J・A・ウオーン		24	247
J・A・ロウウイチ		24	337
J・C・B・バードキン		22	34
J・E・パティアシナ		23	345,351,352,353,354,355
J・F・マックドナルド	McDonald	22	467
J・G・エメルス		24	119
J・G・マドック		22	475
J・H・W・ド・ローンマニン		22	105,112
J・H・ウイリアムス	J・H・ウキリヤムス	22	15,102
J・H・グワエンフェルド		23	280
J・H・ニコル		25	115,132
J・H・ビーヤス		27	338
J・J・コスター		24	369
J・J・マックカーシー	J・J・マッカーンー,マッカーサー	25	114,123,131
J・L・カーチス		26	639
J・M・J・ミュラー	ミュラー	23	270,271
J・M・サンデル		23	546
J・M・ハンセン		7	84
J・N・ヘイブレク		23	279

人　名	别　称	册数	页　数
J・P・S・デヴレ		27	23
J・S・シンニング・レ・ダムステ	J・S・シニンゲ・ダムステ, J. S. Sinning Le Damste	23	269,380
J・T・ヴァン・アムステル		19	305
J・T・トレヒアー		23	212,213,214,215,216,217,218,219,220,221,222,223,224,225
J・V・ピッカリング		7	85
J・ウィルキソン		24	369
J・エヂャートン		23	210
J・シム・ヴァン・デル・レフ	J. Schim Van Der Loeff	23	400
J・スターリング・アダムス		18	233,236,238
J・ファン・ハルム		23	280
J・ファン・ペルタ		19	299
J・ベッカリングーヴィンカース		24	363
J・リーン		7	85
K・平松		29	23,25,27,29
K・A・デームンテル		24	446
K・A・リン		23	280
K・E・クリッグスマン		24	117
K・J・エンゲルハート		8	35
K・M・デイクソン		24	122,123
K・アレン		16	175
K・ド・G・マックヴイテイ		8	72
K・ラウェ		23	228
K・平手		25	516
L・A・N・ロードレイグス		24	200,202
L・B・スピーディ		25	115,131
L・C・S・ジェバード		24	589,597
L・H・バーナード		41	456
L・K・ヴアンデルホルスト		24	173
L・R・クレイブヒル		7	224,255
L・V・ハドスン		22	238
L・コートマンス		24	350
M. J. デックスン	Dickson	23	28
M・B・ベール		24	449
M・D・アーブイー		27	94
M・J・アンケテル		22	239
M・J・ウイルソン		27	337

人　名	別　称	冊数	页　数
M・M・ウイリアムス		22	15
M・P・H・ハウァキャンプ		23	535,536
M・S・ベイツ		7	85,88,91
M・S・マイヤース		8	80
M・T・ポムペイ		26	641
M・W・クイタートン		22	242
M・ヴォーレン		24	350
M・オーガスタン		24	192
M・ファン・オールト		23	226,228
M・ラグルス		25	77,82
M・ラッペリッサ		24	114
M・東海林	東海林	23	272,277,278
M・高遷		18	351
M・中村		24	286
N・A・バゼンコ		49	44,50
N・H・クキントン		24	217
O・E・W・シックス		23	231
O・E・ガース		8	85
O・E・ダナハー		22	242
O・H・ロバーツ		23	453
O・M・ウイリアムス		22	103
O・M・レーン		22	539
O・T・アーサットガ		23	31,85
P・A・ヘンクリス		23	65
P・B・チリアタ		25	122
P・C・クロースリー	Crosley	50	149
P・G・デ・フリース	De Vries	23	382
P・H・オウデマン		23	273
P・H・ブレイディ		7	90
P・H・マンロフォーア		7	84
P・H・リース		27	360
P・R・シールズ		7	84
P・W・ヨハン		23	626,627
P・クナム		23	292
P・ドオルンボス	P. Doornbos	23	389
R・A・ニコル		22	8
R・B・ウイルスン		22	14
R・B・ベンネット		36	10

人名	别称	册数	页数
R・C・ガスキル		25	501
R・D・ギルバート		26	660
R・D・クロムタン		23	294,297
R・D・バック		22	339,340
R・G・H・ウオツツ		32	192
R・G・ウエルズ		23	109,116,126
チャード・ガイ・ターナー	Turner,R・G・ターナー,アール・ガイ・ターナー	22	383,398,399,400,401,402,403,404,405,406,407,408,409,410,411,412,413,414,415,416,417,418,419,420,421,422,423,424,425,426,427
R・J・ヒッチエン		25	115,131
R・J・ファレリー		25	153,155
R・J・ヘンセル		24	291
R・K・サザーランド		13	388
R・K・サザランド		18	45,267,268
R・M・アフスッド・デイボネゴロ		23	349
R・M・ターナー		23	65
R・M・マケンジー	R・M・マッケンジー	25	116,132
R・P・ブルコック	ブラットン,Bullcock	23	385,453
R・R・ホッヂ	Hodge	50	115
R・S・グールデン		22	239,240,241
R・T・クック		23	210
R・ギルバート		26	534
R・グレー		26	661
R・ショーンズ		25	115,131
R・フォード・ヒュース		16	598,599
R・フラックス		23	417
R・プレン		22	214
R・マインデルスマ		24	432
R・ミルバーン		23	210
R・リード	リード	25	246
S・H・ハンキンズ		40	323
S・J・ウィーマンス		27	269
S・K・チュラ		27	366
エス・エル・ベイカー	Baker,S. L. Baker,S・L・ベイカー	22	467,496
S・N・ポワル		24	289,292,375

人　名	别　称	册数	页　数
S・R・ウァンダーハースト		27	331
S・S・V・F・ノイアン・マッゲンジー		22	178
S・Saubaki		24	221
S・オハラ		24	202
S・タカノ		50	84
S・ピーチ		24	249
S・フリーマン		8	145
S・井口		17	2
S・林		23	277,279
S・山本		23	276
T・A・シオトリング		23	280
T・A・ビソン	T. A. Bisson	8	503
T・C・マレー	T・C・マレイ	25	115,131
T・C・ルイ	T・C・ルー	8	688,695
T・H・フオート・シヤフター		36	438
T・H・フオン・ハーゼン		22	106,112
T・S・ホフイト		28	176
T・S・カミング		22	242
T・オツムラ		24	285
T・デーブレー		24	219,221,222
T・渡邊		46	446
T・山本		28	459
T・勝部		5	454
T・下田	エイチ・下田,下田	5	672,673,686
T・中島	中島	14	561,569
TH・W・ビンデマン		24	191
V. マクサコヴ		33	455
V・C・ダウエル	V・C・デイール	27	332,340
V・J・ターホー		12	255
V・タルコフ		2	385
		3	578
W・A・R・パーカー		25	115,131
W・A・ビアテイー		24	199
W・A・マクグレガー		25	67
W・C・マフラクラン		23	215,218,219,220
W・D・コリソス		25	23
W・D・ボイド		40	520

人　名	别　称	册数	页　数
W・E・ウィルソン		25	501
W・E・デイル		22	536
W・E・レットン		23	67
W・F・H・プラス		24	198,259,260,368
W・F・M・テウ		23	348
W・F・ウェイテング		23	414
W・F・クイントン		24	270
W・G・クレートン		9	400
W・H・チスウィク		23	297
W・L・ブラウン		50	53
W・P・カシンク		17	13,14,19,20,23,24,35,36,43,44,53,54,223,224
		18	380,381,388,389,527,528
W・P・カミング	W・P・カミング,W・P・カミンダ	7	304,305
W・P・バーン		25	516
W・P・ミルズ		7	85,91
W・T・フォリー		25	225
W・Ten		24	370
W・W・アッシヤースト		27	29
W・W・レガット		24	191,194,197,210,212
W・ソルター		50	172,173
W・ハジェドーン		24	116,138,139,140
W・ファン・プーッエラール		23	232
W・プラー		22	24,26
W・ブンセル		25	77,84,138,144
W・マイエル		7	287
W・モオイ	W. Mooy	23	381
W・鈴木		45	523
Wopo・カミング		16	447,467,550,555
Y・A・マリク	マリク,マリック,マ	3	578
		13	313
		34	290
		47	378,686,689
Y・チュルク	Y. Turck	27	570
Y・ハヤシ		24	286

ア

人　名	别　称	册数	页　数
ア・イエ・ウィンセル		23	357,362,363

人　名	别　称	册数	页　数
ア・チメルマン		23	667
ア・ツァンニーニ	A. Zannini	1	98
ア・バシリー	A. Basily	1	100
ア・ベルナール	ベルナール，ア・ベルネルト，A. Beernaert	1	97，109，168，181，202，216，236，327，346，357，389
ア・ホルストーミッデルカンプ		23	490，491
ア・マット・ナウい		23	410
ア・ムンム・フォン・シュワルツコンスタイン	ア・ムンム	29	179，193
ア・メテッツア		31	19
アー・アー・サンチェス・デ・ミランダ	アー・サンチェス・デ・ミランダ，A. A. Sanches，De Miranda	1	429，453，461
アー・アー・ヂ・ヨング	A. A. De Jongh	1	402，423，428，433，439，447，453，461
アー・イー		22	32
アー・イエー・ビロース		23	340
アー・エー・プリンスルルボン		24	146，147，158
アー・エー・マルトラ	アーエ・ー・マルトラ	2	8，37，53，68
アー・エフ・ハーシイ		8	304
アー・キルシェ	キルシェ	1	465，483，554，561
アー・ジェー・コムマイス	A. J. Commijs	1	426
アー・スウェッチン	A. Swetchine	1	439，447，454，461
アー・ダブリュー・デ・カット		23	623
アー・ヂー・アー・ド・カット・		2	662，663，665，666，667，672，677
アー・ニアイン		22	30，32
アー・ピー・キスレンコ		44	481
アー・ファンデル・ザンデ	A. Vader Sande	26	170
アー・ベー・アダマ・フアース・ベルトマン		26	170
アー・ペー・バフシェーフ		50	279
アー・ベルヂマン	A. Beldiman	1	99
アー・ボー		22	69
アー・ヨン		22	33
アー・ルメートル	R. Lemaitre	50	395
アー・ロジェツキン	ア・ロジエツキン	12	89，123
アーサー・E・ナイフス	Arthur E. Nyhus	16	113
アーサー・H・マッカラム		18	124

人　名	别　称	册数	页　数
アーサー・アーネスト・パーシバアル		17	418,420
アーサー・ウイリアム・メリックス		26	169
アーサー・ウォーカー		23	3
アーサー・エイ・サンドウスキー	Arthur A. Sandusky, Arthur A. Sahdusky, アーサー・エイ・サンダスキー, アーサー・エイ・サンダスキイ, アーサー・エー・サンダスキー, アーサー・A・サンダスキー, アーサ・エイ・サンダスキー, アーサー・エー・サンダウスキー, マーサー・エー・サンダスキイ, アーサー・ジー・サンダスキー	5	220,261
		6	114
		12	111,579,582
		13	141
		21	192
		26	192
		28	148,165,293,303,308,487
		29	61
アーサー・エッチ・エフ・エドワード		30	584
アーサー・エッチ・ロウゼン	アーサー・H・ローゼン	40	473
		46	118,347
アーサー・エフ・アンダース		6	235
アーサー・エム・バックロースキ	アーサー・M・パックロースキー, Arthur M. Baclawski	22	466,482
アーサー・ジェー・ムーア	Bisrop Authur J. Moore, アーサー・J・ムーアー	7	221,276
		16	55
アーサー・ジエームス・バルフオア		2	114,122,130
アーサー・ジェームス・パルフォア		29	605,606,610,611
アーサー・セイヴオリー		27	203
アーサー・ブライス		27	601
アーサー・ヘンダスン	Arthur Henderson	2	172,219
アーサー・ロース	Authur Rose	26	173
アーサー・ローレンス・マーハー	Arthur Laurence Maher, アーサー・ローレンス・マーハ	25	435,439
アーサーシーフォースブラックバーン		24	79,80,86,88,89,90,91
アーサーヂーロビンリン		27	124,183

人　名	别　称	册数	页　数
アーサネン・ダブラス		27	601
アーチー・ハワード		27	326
アーチボールト・スティール	スチィール・ステール	7	166
アーナルド		35	200
アーヌルヂヤタフイード		3	60
アーネスト・コブロスス	Ernest Koelos	27	423
アーネスト・サトウ	アーネスト・サトク	29	179,193
アーネスト・シー・ブランチ		6	235
アーネスト・ソロモン	Ernest Solomon	25	160
アーネスト・マールマン		6	236
アーネスト・メーソン・サトウ	アーネスト・サトウ,Ernest Mason Satow	1	114,170,186,204,221,239,330,347,362,391
アーネスト・アレキサンダー・ロイド		24	122
アーネストエミル・ジョンスン	Ernestemil Johnson	21	234
アーネストラガン		40	269,288
アーノムス・ニークリッピ・ナ		27	261
アーノルト		36	398
アーノルド・F・キャディ	アーノルド・フレイザー・キャディ	25	316,513
アーノルド・トインビー		30	54
アーノルドレスリーウエリアム		26	172
アーノルド嬢		36	541
アーホスト・フォリップ・ヒッグス	アーネスト・P・ヒッグス,Ernest P. Higgs,アーネスト・フイリップ・ヒッグス	25	158,179
アーミテジ		22	194
アームストビング		23	267
アーリ		46	579
アール・アール・ペトリー		25	281
アール・イー・インガソル	インガソル,インガーソル	36	373,374,375,389,390
アール・イー・キートン	R・E・キートン,Keeton,R. E. Keeton	50	116,147
アール・イー・ラッセル		27	386
アール・エイ・バトラー		46	371,396
アール・エー・ブーン		32	132
アール・エー・マックアン		26	541

人　　名	别　　称	册数	页　　数
アール・エッチ・デービス		17	422
アール・エフ・クールスン	R. F. Coulson	25	237
アール・エフ・モリオン	R. F. Molion	15	113
アール・エル・クレーギー	クレイギー	16	25,157,197,283
		32	168
アール・エル・ブラウニング		6	233
アール・エルズ		29	338
アール・オー・ネイル	R. O. Neil	27	356
アール・グレイ	R. Gray	21	226
アール・クロフオード		22	200
アール・ケイ・ハー・ドウイック		23	75
アール・ケー・ターナー	R・K・ターナー,ターナー	36	159,161,197,210,413,415,416
アール・シー・シルハヴィ	R. C. Sihavy	25	459
アール・ジー・ド・エル・ワーメル	R. G. De L. Wormell	23	456,459
アール・シー・ハルス	R. C. Halse	23	449
アール・シー・レオナルヅ		23	146
アール・ジェー・バーティー		26	169
アール・ジェー・ブレン		9	397
アール・スパーリング		1	464,482,543
アール・ソウンダーズ	R. Saunders	27	358
アール・ダンデュランド		1	464,482
アール・チー・ウイリアムス	R. G. Williams	22	146
アール・ヂェー・ラウトレッヂ		26	169
アール・チンデル		40	330,331,332
アール・ディ・バック	R. D. Buck	22	278
アール・ティーペイトン・グリフィン		46	347
アール・デー・ギルバード	R. D. Gilbert	21	223
アール・ニコルスン	M・R・ニコルソン	7	454,477,479,561
アール・ピー・パラニピー	R. P. Paranjpye	1	567,615
アール・ビー・バル		1	66
アール・ビー・ベネット	R. B. Bennett，ジュー・ビー・ベネット	2	229
アール・ヂエー・キャンベル	R. J. Campbell	22	150
アール・ラファエル	R. Raphael	1	569,616
アール・レイド		22	304,306
アール・加藤		12	492

人　　名	别　　称	册数	页　　数
アールス・アイ・ビー		27	233
アールゼイ・ウィークス	R. J. Weeks, R・J・ウィークス	27	343,353
アールゼイヘンセル		24	404,412
アールティオフエル		26	172
アールビークロウ		24	190
愛		14	547,549
アイ・インゴ		25	67
アイ・エス・ディクソン	I. S. Dixon	23	13
アイ・エム・ザリヤーノフ		1	53,66
アイ・カー		22	69
アイ・ガン		49	27
アイ・ゼー・マンスフィールド		23	186
アイ・ダブリュー・ローラルダー		49	29
アイ・ベトロフ		34	84,85,88
アイ・マーリ		27	689
アイ・マリエン		24	241
アイ・ムゲ		22	32,33
アイ・ユー・セミヨーノフ		12	492
アイ川崎		32	132,111
アイアンオブフインボストン		26	171
アイウアー・マツケイ		7	84
相川勝六		4	117
		5	296
		30	3
鮎川義介	鮎川	6	26
		8	458,460,461,463,479,493,494
		11	541,565,566
		17	356
		31	436,437
		41	436
鮎川義助		35	540
アイクセル・ウィリヤム		27	215
アイケルバーカー		45	294
アイザーク		20	70,71
アイザック・R・ハンドレー	ハンドレー,ハンドリ,ハンドリー,ハンドレイ,アイザック・R・ハンドレ	25	114,117,122,124,130,131

人　名	别　称	册数	页　数
アイザック・キャンベル・キッド		18	32
アイザック・サミュール・ディクソン	Isaac Samuel Dixon,アイザック・サミュエル・ティクソン	22	473
		23	7,8
愛澤		6	134
藍澤		40	67
相澤	相沢,アイザワハルモト	25	32,33,34,35,36
		27	669
相澤		43	240,358
相澤治索		5	242
相澤三郎		5	241
アイザワハルサコ		25	30,31
愛澤誠		41	168,169,173,174,176
愛親覺羅		6	91
アイシェン	Eyschen	1	99,116,171,189,205,223,239,332,348,365,392
アイスランド		29	540
アイゼンハウワ		35	
アイゼンヘルク・ロバート・オウ		27	259
相田		10	261,282
		14	547,549
アイデセン・アイナール	Eidesen Einar	45	490
アイネズ・ストリーガン		20	116
アイリス・エイ・マイヤーす		22	461
アイル・エフ・マホン		20	53
アイルランド		3	295,302,465
		38	146
アイレニン		29	338
アヴィス・ドウニズ・アレクザンドリース	Avisse Denise Alexandrlnc	27	473
安樂篤麿		5	242
アウール		16	63
アウグスト・ケンゲルバッハ		40	327,328,330
アウグスト・デ・ヴァスコンセロス	Augusto de Vasconcellos	1	571,618
アウグスト・マッテ	アワグスト・マッテ,Augusto Matte	1	110,169,182,202,217,237,328,346,358,390
アウグスト・ロッソ		2	164,167

人　名	别　称	册数	页　数
アヴグスロ・ザレスキー	August Zaleski, A. Zaleski, アー・ザレスキー	2	157,160
アウクナス		25	391
アウスリンガー		7	480
アヴノール		3	547,548
アウマ・スエオ		22	358
アウリチ		42	90
アウング夫人		22	102,103,104
アエ・モン・モン・ハン		22	62
青木		2	658,659,673,676
		7	499
		23	366,512,513
		24	227
青木	アヲキシミヲ	27	662
		50	174
青木興保		5	242
青木一男	青木,青木一夫	4	109,129,147,149,226,228,525
		11	557,643
		14	599,616
		18	398
		19	333
		28	278,395
		30	3
		41	457
		42	55
		48	347,351,366,368,372,381
		50	368
青木義人		15	124
青木九一郎	クイチロー	39	452
青木銀次		5	242
青木滋		5	296,297
青木周三		29	173,177
		30	248,251
青木武		5	242
		32	185,188,189
青島良一郎		14	108,114,115
青田		5	511
青津		21	105

人名	别称	册数	页数
青月		42	543
青山ユキタカ		9	113
アカー		20	269
赤池		26	35
赤枝裕	アカエダユタカ	45	242,244
赤木		34	462
赤木音造		5	242
赤木喜代治	赤木	32	341,342,377,378,431
赤城宗德		5	288
アカザッ・デサブラウ		27	670
赤澤良		5	242
赤塩正治		5	242
赤谷鑑		40	30
		49	281
赤塚正朝		49	297
赤羽隆治		5	234
赤松		41	488,489
		43	206,229,462
		49	633,634
赤藤莊次	赤藤	7	342
アガトン・ナヴァロ		20	153
阿金一夫		38	527,531,532
秋川正義		5	299
秋草俊	秋草	11	537,543
		12	405,464,473,474,584,603,604
		34	76
秋田		50	347
秋田清		4	117,128
		10	523
		13	201,263
		29	108
		30	3
		36	463
秋永月三	秋水月三	4	223
		12	2,8,52
		41	465
		44	404

人　名	别　称	册数	页　数
秋葉武雄		15	120
秋葉保廣		5	296
秋馬場		43	14
秋山	AKIYAMA	27	104
		28	467,468
		29	108
		45	352,354
秋山林		5	258
アキル・ムフタル・ベイ	アキル・ムフタル	2	12,41,60,74
アグスチイナ・ガドアタンコニリ		20	39
アグスティン・セゴビア		20	311
アグスティン・ルナー		20	168
アクセル・ヴェデル	Axei. Vedei	1	112,184,219,329,360
アクセル・エリック・マティアス・ジューボール		2	59
芥川治		15	120,243
芥川治郎		5	239
芥川典		15	122
アクマド・ビン・ケタジョーダ		23	407,581
安倉リンヂ		27	653
アゲーエフ		14	24
アコー		24	179
淺井		26	51
		27	18,19
淺井喜代一		7	395,397
アサエダシゲハル		27	186
淺尾	アサヲヨシテル	27	662
アサオカ・トシオ		27	644
淺岡文子		5	296
朝枝春繁		9	275
淺川		27	31,34,35
淺草カッヂ		27	654
淺倉七郎		5	242
淺田		7	502
アサダ・カメイチ		20	207
淺利英二		40	193,194,214
淺沼		49	633,634

人　　名	别　　称	册数	页　　数
淺野		12	407
		39	386
淺野正穂		15	122
淺野良造		35	540
淺原源七		31	437
朝香宮	アサカ	6	165,166,177,178,192,196,197,223
		29	71
		32	499
		40	299,301,302,303,304,305,306,307
		43	189
		45	258
朝倉純孝		19	301
		24	145,454
朝倉豊次		4	197,203,209
朝日		16	569
旭川		12	377
旭藤市郎		34	327,328
朝比奈策太郎		5	287,295
淺見久夫		5	256
朝山小二郎		5	242
アシインガン		20	47
アシキンス	Asikin	23	658
蘆田		24	234,244
		33	250,251
蘆田均		4	118
		30	3
蘆野正		15	396
盧福山		7	321,323
アシチトヴイチ		14	65
アシモト		23	591,592,593
アシュトン・ローズ		22	288
アショワトス・ジョン・イー		27	215
アスタギス		24	173
アスマン		35	170
アスンシオン・マーバス		20	116
アセラ・アルロス		20	82

人　名	别　称	册数	页　数
アターエラ		15	379
アタダ		23	43,45,46,47,48
アダチ	アダシ	24	398,463,644
安達		28	214,215
		43	202
		49	634
安達謙藏	安達	4	106
		15	470
		30	3,57
安達十六		5	288
安達二十三		4	139
足立正秋		15	124
足立泰雄	ヤスヲ	35	340,341,356,357
アダムス	アダム	3	94
		36	430
アダム夫人		23	194
アダムスン		22	439
新正雄		5	241
アチ		29	464
アチエソン		6	231
アックス・コーブルグ・ゴータ		47	34
アックランド		23	63,64
アッジュ・クローデル	クローデル	2	656,660,662,674,676,677,678
アッシュ・メンデス・ダ・コスタ	H. Mendes Da Costa	1	452,460
アッセル	アッサー	29	338,339,353
アッタル・シング		22	358
アッチ・ヂイ・クウームブ		24	611
アップルフェルド・ジョンーゼフ		27	224
アヅマ		22	349,358
アッマッド・マイデイン		23	349
マツモレ・ヒデオ	MATSUMORE Hideo	25	410
アデア・マックリ・スターブライエン		26	172
ア・ディ・フアン・モーク夫人		24	38,39,41
アデ・モハマッド・アリフ		23	350
アトゥール・チャンドラ・チャタジー	Atul Chandra Chatterjee, Atul e Chatterjee,アトゥール・シー・チャタジー	2	173,219,230

人名	别称	册数	页数
佐藤晉之助		40	196
佐藤進之丞		5	256
阿刀田俊郎		5	293,295
アドク・バグムバラン	アダグ・バガムバラン	20	271
アトヤマカネイチ		24	363,364
アドリアン・ミカエル・ウムグラン・マクダーモット		26	173
アトリコ	アットリコ	9	584,596
		35	90
		47	73,74,77
アドリヤン・アレックス・ヨハン・ダイカー		26	173
アドルフ・ズーバー		27	124,183
アドルフ・ヒトラー	ヒットラ,ヒットラー,ヒトラー,ヒトラ,A・ヒットラー,ヒ,アドロフ・ヒットラ,ヒッ蔔ラー	3	577
		5	338,353,369,410,426
		6	244
		9	308,318,362,368,381,388,546,578,579,601,605
		10	201,206,207,237,240,272,288,289,421,429,433,454,509,618,622,634,635,640,644,645,655,659
		11	582
		12	230
		13	144,196,197,198,199,209,210,212,217,356
		14	80,87
		16	203,204,305,307,388,409,475,491,494,495,514,529,634
		17	202,483
		28	535,546,548,549,555,556,562,563,576,588,603,614,621
		29	72,73
		30	59
		33	239
		34	487
		35	17,95,106,108,113,134,137,148,150,151,155,162,168,211,

人名	别称	册数	页数
アドルフ・ヒトラー			212,213,227,232,235,236,237,238
		36	261,292,409,411,466,503,529
		37	126,155,476,477
		40	364
		42	19,27,609
		43	299,304
		45	271,272,273
		46	148,153,154,156,157,176,177,187,189,190,194,195,201,202,216,217,218,219,221,224,228,229,231,232,233,234,372,382,384,402,403,422
		47	19,21,34,51,73,82,144,197,315,328,402,428,594
		48	44
		49	512,513,612
		50	9,65,355,356
アナタリア・マチナオ		20	262
アナトーリ・ワシーリエヴイチ・レフチエンニ		14	49
アナミ		23	495,508,513
阿南		24	538,549,556,558,560
阿南惟幾	阿南,河南,ア十三,ANAMI	4	112,160,221
		10	138,141
		12	172
		14	141,192,195
		16	570
		24	303
		30	3
		41	356,370
		42	69,589
		43	319,491,513,529,530
		45	193
		47	680
		49	60,63,69,528
		50	435,524
阿南三蘇男		25	560

人名	别称	册数	页数
淺口泰麿		46	21
アニラ		26	509
アヌシレヴァン・カーン・セパーボディ	アヌシレヴァン・セパーボディ	2	10,39,57,71
アノイ		20	257
アノノ・アルポークデダス		20	262
アバ		25	146
アビサン		23	567
アヒム・フォン・リッベントロップ	リッペントロップ	40	364,408,436,440,441,454
アビン・アンブン	アビン,アピンピンアスブン	40	260,261,262,263,268,269,278,279,280,281,283,287,288
アフーゼット・ワオング		6	236
アフオンソ		24	265
アブズルカディール・ベイ	アブヅルガディール	2	13,41,60,73
アプソン・リチャード		27	225
アブダル・カフォア		25	60,63,64,65
アブダル・カリク		22	357,358
アブデウル・マヂッド		23	619,620
アブド・ニドワード・エス		27	215
アプドウル・ラウフ	アッフダル・ラウフ	22	349,355
アブドウル・サマッド		23	348
アブドユル・ハミッド		24	443
アブドル・マチド		23	411
アフマッド・ビン・ケタコダ		23	582,584
アブラモフ		20	9
アブリーム		15	389
アベ		13	191
阿部		13	633,638
阿部アカヒス		27	653
阿部一郎		5	296
阿部宇直		18	411,413,414,415,416,417,422
阿部勝雄	阿部,ッモ	4	176
		10	261,282,638
		16	290
		38	354,358,359
		45	472
		46	38
阿部克己		5	240

人　名	别　称	册数	页　数
阿部孝壯	アベ,阿部,アベコーソ,アベ・コソ	27	80,81,83,88,89,92,93,95,97,99,101,104,106,108,112,113,117,118,119,120,121,122,344,345
阿部英		5	242
アベツ		11	380
阿部信行	阿部	2	272,274,276
		3	7
		4	103,105,148,160,210,212,217
		8	647,649,650,654,657,664,665,668,669,670,671,672,673,682,683
		9	580,583
		11	557,628,634
		15	470
		16	144
		17	30,31,158,159,168,299
		30	3,60
		33	132,133
		35	152
		41	59
		42	46,55,68,612
		43	330,350,403,404,405,409,411,432,458,462,463,464,467,468,469,470,472,473,474,476,477,483,553
		44	308
		45	129
		46	205,266,271,273,275,278,303,304
		47	95
		48	36,37,38,109,146
阿部文雄		34	92,286
		49	19
阿部眞佐臣		5	257
阿部保男		24	479,480,481,492,493,494,495,498,502,504,505,514,515,519
阿部芳光	阿部	39	60,61,156,277,287,288
安倍		9	503

人　名	别　称	册数	页　数
安倍		10	137
安部	アベアリサク	27	208,670
安部明		38	581,584,595,604
		39	164
		40	251,297
		42	489
		44	6,223,227,275
安倍寛		5	288
安倍源基	安部源基,安倍	4	108,226,227
		18	524
		30	3
		43	457,526,538
安部能成		30	3
アベラム		25	146
安保清種		4	112,216
		30	3
		50	433
アボット・シラフタウェ		27	238
アポリナリア・ナヴアロ		20	154,155,156,157,158
アポリナリヤ・ドウエ・トウアゾン		20	385
アボリナル・テヘラ	Apolinar Tejera	1	112,170,184,203,219,329,347,360,391
天逢		12	153
甘粕		50	259
甘粕重太郎	甘粕	14	105,115
甘粕正彦		5	201
		6	624
田阪専一		4	136
甘先薩		32	72
天谷		7	215
天直次郎		5	299
アマット・ナヴィ		23	607,609
アマデオ・カベ	アマデオ・カーベ	20	401,402
天照大神		4	609
		5	16,62
		28	492,496
天野ヨシフサ		12	378

人名	别称	册数	页数
天野郷三		32	317
天城篤治		2	55
天野辰		43	379
天野辰夫		5	238
天野勇	アマノチサム	27	628,631
		41	304
天野正一		12	85
		32	396,397,409,410,411
天野宮一		40	196
天野六郎		2	525,530
天義		12	152
アマラル		42	90
アマンド・サトレ		20	34
アミナ		23	373
アミル・ビン・サロテイン		24	118,159,160,161
アムブロウズルス		25	226
アムリー・バンデン・ボシュ		49	176
雨島	アトシマビサノリ	27	662
雨谷菊夫		5	287,291,295
雨宮		43	536
雨宮信		5	240
アメリ	Ameri	25	524
天羽英二		7	500
		15	609
		19	334
		42	117,118,136
		49	468
アヤール・スリーブ・コルド		26	508
綾川武治		28	7,57
綾部橘樹		4	141
		42	534
綾部健太郎		49	1,4,5
アラー・ヤー		22	372
荒井		24	237
荒井	アライタイゾウ	27	670
		43	261
アライオネル・コリン・マテユウス		26	172

人名	别称	册数	页数
荒井賢太郎	荒井	4	165,167
		6	36
		9	314,327,375,386,503,504
		14	496,498
		15	407,415,417,419,422,426,428,430,434,435,441,447,448,450,458,459,460,463,464,466,471
		41	141,157
		43	261
荒井角藏	ARAI Kakuzo,アライ,アライ・カクゾウ	25	75,156,157
荒井光夫		22	376
荒井光雄		22	375
荒尾		12	230
荒尾興功	荒尾オキカツ	15	11,23,315
		44	550
アラガー		23	74
荒川		6	624,625,646,647
荒川昌二		4	147
		43	91
荒木		23	343,496,498,502,503,505,506,507,509,510
荒木直太郎	荒木	5	242
荒木國一		40	194
荒木五郎		31	513
荒木完男	荒木	49	433,434
荒木貞夫	荒木,ARAKI Sadao	1	65
		2	407,409
		3	14,426
		4	111,115,217,229,540,542,549,576,597,617,622,625,664,666
		5	3,4,5,8,12,22,29,32,42,43,44,47,50,56,60,71,78,80,82,85,86,94,95,96,98,147,151,195,199,204,209,213,215,217,222,230,260,370,381,477,612,613
		6	35,80,81,82,103,301

人　名	别　称	册数	页　数
荒木貞夫		7	572
		8	229
		9	488
		10	551
		11	339,353,515,516,540,541,566,570,625
		12	8,52,91,110,125,401,463,464,472,578,581
		13	70,71,73
		14	128,131,149,180
		15	114
		16	583,595,600
		17	392,434,470,489
		18	3
		21	253,316,331,379,505
		23	117,133,450
		26	142,643
		28	30,77,147,165,184,185,259,278,398,413,416,417,430,479
		29	62,91,93,137,612
		30	3,83,101,113,134,192,233,234,236,237,238,240,242,323,337,343,359,377,421,444,465,519,527,534,535,542,555,557
		31	36,63,76,101,159,174,182,192,308,331,352,391,429,467,481,493,507,512,539,561,591,604,609
		32	1,8,13,35,96,154,185,194,200,209,232,252,259,268,312,321,326,330,337,340,346,350,356,363,369,373,379,391,396,415,422,450,455,464,470,474,478,485,507,517,545,549
		33	1,265,292,330,338,344,349,377,408
		34	3,16,24,43,102,129,145,149,152,192,196,206,217,219,233,

人名	别称	册数	页数
荒木貞夫			240,271,277,316,341,361,376,430
		35	2,153,171,227,248,340,391,427
		36	32,109,172,211,293,322
		37	46,208,218,222,247,268,334,364,374,380,405,411,417,425,430,431,440,448,449,456,464,471,517
		38	1,21,42,53,62,76,339,348,354,362,368,373,377,386,399,415,420,428,484,503,519,533,544,551,573,585,599
		39	1,57,78,87,93,132,149,161,166,191,196,202,207,232,238,245,252,259,265,271,277,289,295,298,307,323,344,353,360,398,424,436,451
		40	1,8,26,56,114,166,252,298,334,348,378,470,474,482,508,521
		41	3,61,67,68,69,77,78,79,80,83,89,98,99,102,106,107,108,109,111,112,113,114,117,118,119,120,121,126,128,131,140,143,149,152,156,159,177,184,202,213,240,252.257,265,270,280,290,297,303,307,308,310,316,322,336,348,354,358,364,368,375,379,398,405,427,434,454,466,474,487
		42	34,39,43,56,67,78,114,194,200,205,223,256,285,298,302,315,355,360,368,375,379,414,419,430,441,473,480,484,513,535,542,547,552,573
		43	1,6,10,20,33,45,50,56,61,65,71,72,79,89,95,107,176,206,

人　名	别　称	册数	页　数
荒木貞夫			216,223,225,226,227,229,250,277,279,472,544,557,560,574,578
		44	1,54,211,215,220,225,229,234,240,250,256,260,266,307,314,332,333,338,383,423,425,434,440,450,457,462,479,482,489,497,505,519,528,537,542,551,552,560,580
		45	1,10,20,32,94,98,105,110,121,126,133,139,146,169,188,202,218,228,234,250,400,408,415,421,428,433,440,455,494,528
		46	12,16,22,28,34,46,50,59,88,92,96,107,109,112,115,135,139,145,147,152,205,260,279,292,297,311,317,321,340,404,437,448,456,460,465,470,495
		47	12,17,65,84,91,103,109,119,131,139,144,205,210,222,227,266,267,284,298,371,386,399,407,414,419,427,434,438,443,449,457,465,470,475,482,490,494,499,505,523,530,535,540,551,559
		48	13
		49	1,20,31,34,38,51,55,60,62,67,72,246,249,274,290,296,301,307,312,319,325,330,334,341,449,452,453,469,525
		50	239,386,422,434,440,447,452,457,462,466,472,478,495,515,531,540,550,556,562,567,572,577,581,586,594,599,604,605,609
荒木秦		28	54
荒木寅三郎		4	169

人　　名	别　　称	册数	页　　数
荒木寅三郎		5	230
		6	302
		9	487,502
		10	259,269,280
		13	264
		16	303
		18	333,341
アラヶ		25	516,518
アラスカ・ダッチ・ハーバー	Alaska Dutch Harbor	25	437
荒田		27	467
荒谷茂樹	荒谷	41	454,455
荒梯三郎		15	124
アラナン・ドウセイ		27	261
荒船清一		15	119
アラヲ・オキカツ	ARAO Okikatsu	25	679,680
アラン・オー	オー	25	302,420,421
アラン・バーケレー	Allan Berkeley	25	317,519
アラン・フランク・ウインザー		22	393
アラン・レジナルド・タウンセンド		23	145
アランスレイドンパルマー		24	575,588
アリ	アリー	23	74
		24	125,126,127
アリアノ・エスクエタ		20	185
アリー・トウリニタ・ログ	シスター・トウリニタ	20	2
有泉		50	166,167,168,169,170,171,172
有賀一永		32	464,468,469
アリカワタッオ	アリカワ	25	81,82
有久		6	209
アリザアータルマヂ		26	559
有澤直定		13	413
		18	272
有島俊郎		5	297
アリショウスカス・フランシス・テイ		27	213,217
アリス		42	350
アリス・パブロノド		20	188
有末		30	84

人名	别称	册数	页数
有末		41	327,328,331,382
		44	341
アリスシークループ		26	512,553
アリスティード・ブリアン	Aristide Briand	2	155,160,171,219
アリスティデス・デ・アグユエロ・イ・ベテンクールト		1	465,482,543,552
アリダ・ホルストーミドルカムプ	アリダ・ホルスト	23	486,490
有田大兄		13	158,161
有田八郎	有田,アリタヤイキチ,Hachiro Arita,ARITA	2	248,277,278,280,282,380
		3	8,9,233,236,237,259
		4	105,148,149,212,576
		5	515,517,519,569
		6	39,302
		8	541,542
		9	332,352,390,486,495,556,558,584
		10	29,31,41,46,86,88,90,92,124,130,133,154,554
		11	20
		13	77
		15	407
		16	113,114,115,118,120,124,125,127,129,130,131,135,136,137,139,143,149,155,157,167,189,192,193,195,197,201,203,205,207,209,211,213,215,222,224,226,612,613,623
		17	119
		18	443,444,448,449,490,491,492,493
		19	7,10,28,31,40,84
		27	667
		28	411,474
		30	3,150,260
		32	41,93,95,222
		33	10,239,241
		34	32,52,66,67,413,435,465
		35	15,131,190

人　名	别　称	册数	页　数
有田八郎		36	189
		40	477
		41	106,110,348,351,352
		42	3,14,15,16,30,31,125,127,128,129,130,132,206,212,213,257,258,368,369,373,374,388
		43	299,317,371
		44	368
		46	36,56,170,171,173,178,205,577,579
		47	13,16,69,70,83,88,148,149,298,299,400,401,422,466,574,582
		49	451,452,463,512,514,516,517,519,520,523,524,527
		50	9,17,22,27,461,578
アリタルモ		11	34
有富治人		5	300
アリハイダー		24	381,382,383
有馬		5	431
有馬高泰		13	413
有馬馨		4	185,194,200,209
有馬玄		39	93,105,106
有馬俊郎		5	298
有馬頼寧	有馬	4	118
		6	301
		9	501
		28	601
		30	3
		43	263,312,314
		47	139,142,143
有馬良橘	有馬	4	167
		5	230
		6	37,302
		9	314,328,375,390,486,502
		10	259,263,280
		11	353
		13	264

人　名	别　称	册数	页　数
有馬良橘		14	496
		15	408
		16	295,296
		17	252,469
		18	332,341,393
		30	111
		41	142,157
有村		21	410,411
有安主		27	19
有吉明	有吉	31	51
		33	51
		41	72
		42	116,117,119,120,126,137,138,190
アルヴア・シー・カーペンター	Alva C. Carpenter,アルヴア・C・カーペンター,アルバ・C・カーペンター,アルブア・シー・カアペンター,アルブア・シー・カーペンター,アルウア・C・カーベンター	5	619
		20	51,148,217,247,255,256,266,272,293,313,325,371
		21	117
		27	613
アルウインルータ		26	366
アルカンジェロ・イルヴェント		2	54,69
アルザット		23	74
アルセニオ・エスクデロ二世		20	4
アルターガン・ジニイ		27	219
アルヂェイア・ロバート・エフ		27	217
アルチャールス・ジョンジェテル		23	300
アルツーロ・デ・バゲール	Arturo De Baguer	1	97
アルデュロ・ピント・エスカリエル		1	551,561
アルドゥロ・ボレーロ		2	51
アルドーン・ジャームス・ダブリユウ		27	213
アルドロウアンデイ・マレスコテイ	アルドロウァンディ	2	656,662,670,674,676,677,678
		3	560,562
		41	197,198
アルト子		29	402

人　名	别　称	册数	页　数
アルナスオルティール		26	173
アルナル・エムリヲ		27	502
アルノー		27	496
アルバ・シー・カーペンター		45	29
アルバート		22	375
アルバート・アルトマン		18	123
アルハード・イー・ミード	Albert E. Mead	25	437
アルバート・ヴィクター・アレグザンダ	Albert Victor Alexander	2	172,219
アルバード・コラック	アルバード・クヨック	23	69,70
アルバート・ジエイ・ニユーリン	アルバート・ニユーリン,アルバート・J・ニユーリン	45	180,181,183,184
アルバート・ノーマン・アーサー	Albertson Horman Arthur	45	489
アルバアト・パチコ		27	344
アルバート・ビー・レイ	Albert B. Ray,Ray,アルバート・B・レイ,レイ	37	481,482,511,512
		50	77,78,79,86,87,88,91,92,93,95,96
アルバート・フランク・ボール	Albert Frank Ball, A. F. Ball,A・F・ボール	21	316,317
アルバート・キング		20	226
アルバーツ	Alberts	23	138
アルバン		20	88,90,376,378
アルヒュ・エツワード・アル		27	228
アルビン・エル・オーエンス	Alvin L. Owens	25	280
アルヴイ・スタンレイ・アウガナス	Alvey Stanley Auganus,アウガナス,Auganus,アルブイ・スタンレイ・アウガナス	25	407,408,409,410,411,412,413,414,415
アルフイエリ		35	90
アルフォンス・フォンク		2	46
アルフォンソ・ベロスベロ		40	331
アルフオンゾ・ヤング	Alfonso Young	27	612
アルプス		19	303
アルフレッド・エドワード		26	168
アルフレッド・エフ・クレッチマー	アルフレット・エフ・クレッチマー,アルフレッド・エフ・クレツンユマー	35	171,175
		38	519,523,524
		39	196
		44	1

人　名	别　称	册数	页　数
アルフレッド・ステイーヴンス	ステイヴンス,ステイーヴンズ,アルフレット・ステイーヴンズ,ステイブンス	40	257,258,259,265,267,268,269,271,272,276,277,284,285,287,288,290,291
アルフレッド・スティーブンズ		26	174
アルフレッド・ピリッチャード		22	472
アルフレッド・フランシス・ダグルビー	Alfred Francis Dugglery	21	234
アルフレッド・マイロ		15	358
アルフレッドシモンズ		24	363
アルフレッド・フイリップス	フイリップス	40	264,270,283,289
アルフレド・アクトン	Alfredo Acton,Afredo Acton	2	173,219
アルフレド・ガナ		20	2
アルフレド・デ・カストロ	Alfredo De Castro	1	573,619
		2	13,41,60,74
アルフンー	Alfoea	22	258
アルベール・サロー	アー・サロー	2	114,123,131
		29	606,611
アルベリック・ファロン	Alberic Fallon,Alb. Fallon	1	435,438,445,447,449,452,458,460
アルベルチイニ	アルベルチイーニ,アルベルチィ	29	382,386,396,402,417,421,432
アルベルト・グアニ	Alberto Guani	1	455
アルベルト・コルタデリァス	アー・コルタデリァス	2	5,31,47,65
アルベルト・ドリヴェイラ	Alberto D'Oliveira	1	120,173,193,206,227,241,334,350,369,394
アルベルト・ナーテ		20	259
アルベルト・ムース	A・ムース	23	428,433
アルホンズ・ディ・クイノネス	アルフォンセ・D・キーネース,Alphonse D. Quinones,アルホンズ・ディー・クイノネス	25	6,47,48,49
アルモンド		22	250,251,252
アレイ・ジョン・イー		27	214
アレキサンダー	アレクサンター	48	140,279,280
アレキサンダー・エイチ・フォーグル		20	1
アレキサンダー・エンヂス		40	206

人名	别称	册数	页数
アレギザンダー・ゴードン・ウェイントン	Alexander Gordon Weynton, アレギサンダー・ゴードン	23	133
アレキサンダー・ゴードン・ウエントン	Aleconden Gorden Weynton, A. G. Weynton, ニイ・ジイ・ウエーントン	21	368
アレキサンダー・モートンマッケー		26	171
アレキサンダー・コード		26	172
アレキサンダー・ファン	アレキサンダー	40	260,261,269,278,279,280,288
アレキサンドル・クレン		2	54,69
アレキサンドル・サヴィンスキー	Alexandre Savinsky, アー・サヴィンスキー	1	402,423,429,433
アレキサンドル・ベルヂマン	Alexandre Beldiman	1	120,193,227,334,369
アレクサンダー		23	458
アレクサンダー・カドガン		39	220
アレグザンダー・ゴードン・ウェイントン		23	117
アレグザンダー・ジョン・マクラックラン	Alexander John McLachlan, A. J. McLachlan, エー・ジェー・マックラックラン	2	156,160
アレクサンダー・フアルマコスキー		20	5
アレグザンダー・メレデス	アレクサンダー・メレデイス	25	316,511
アレクサンドルミルレル	ア・メルレル	29	233,244,245
アレクサンドレ・コンパンス・デ・ブリシャントー	Alexandre Compans De Brichanteau, ブリシャントー	1	438,446
アレクセエフ	アレクセイ	14	62,63,64
アレクッス・ジェー・モット	アレキシス・J・モット, アレクスイス・ジェー・モット, アレクッス・ジェー・モンク	25	281,312,490
アレシァンドロ・フェルラス・デ・アンドラーデ	Alexandro Ferraz De Andrade, A. M. Ferraz De Andrade, アー・エメ・フェルラス・デ・アンドラーデ	1	571,618

人名	别称	册数	页数
アレック・イ・ジェニングズ	アレック・エイ・ジェニングズ	46	388,395
アレックス・コザック		6	235
アレッド・デー・フイヒテンマイアー		6	236
アレデヤンドロ・ツヴイラ		20	243
アレハンドロ・ナブアロ		20	153
アレン	Allen	21	293,294,357
アレン・ダブリュ・ガリオン		2	46,64
アレン・ボレース・エル		27	238
アレンチ・アルバートビー		27	239
アロイジ		3	295
粟田弘		28	6,44
粟津		24	312
アン・カイ		20	8
アン・チャン・サン	Ang Tian Song	27	607
アン・ニオ・キアラモンテールドナロ	Antonio Chiaramonte Bordonaro,A. C. Bordonaro,アー・チー・ボルドナロ	2	173,219
アンヴィク・アレン・イ		27	238
アンエミーケ		24	107
アンカ・ブルーム		24	433
アングスト		40	294
アンゴ・トリステザ		20	243
アントアンヌ・ソッテイール	エー・ソテイレ,ドクトル・ソテイレ,ドクトル・アー・ソッテイール,アントアンヌ・ソッテイール	1 2	465,483,543,555,570,617 10,39,56,70
アンジェンラコス・ビーター・ダブリュウ		27	215
アンジラン	Angillan	23	99
安進		39	273
アンゼル・フランシスコ		20	14
アンゼルミノ		1	550
アンセルモ・アラバストロ		20	170
アンソニー・イーデン	Anthony Eden,イーデン,Eden	21	247

人　　名	别　　称	册数	页　　数
アンソニー・フランミス・ボールス・ヘルセリー		19	307
アンダーウッド		29	381,385,395,416,420,431
アンダース		6	229
アンダースン		22	156
アンダーソ・ノーマン・ニィ		27	238
アンダーソン	Anderson	22	133,136
		23	140,210
アンダーソン・A・W		23	291
アンダーソン・カール・ジェイ		27	217
アンダーソン・ケンネス・アール		27	217
アンダーソン・ドナルド		27	215
アンダソン・ロバート・エイ		27	229
アンダヤ		20	60
アンツーアル・レオン	Antouard Leon,アンツアール・レオン	27	453,547
アンテロ・ジヤチラ		20	39
安東		10	94,95,96,97,98,99,100,101,112,113,114,115,116,117,118,119,120,121
		18	396,398
		34	290
安藤		9	262,284
		10	648
		11	535,540,542
		17	6
		18	492
		29	121,127
		45	74
安藤紀三郎		4	108,129
		30	3,83,84,90
		43	302,456
安藤狂四郎		5	286,287,295
安藤伍長		4	649
安藤覺		5	286
安藤三郎		4	220
安藤シサブロ		8	34
安藤輝三		5	241

人　名	别　称	册数	页　数
安藤信三		5	286
安東吉郎		5	300
安藤利吉		4	158
		38	343,344
		44	445
アンドエクビンカッサン		24	447
アンドー		24	524
アントニイ・コーステイアン・クラアイエンブリンク		23	586,589,590
アントニオ・アンガイレン		37	444
アントニオ・キャムポス	アントニオ	20	140,141
アントニオ・コージュアングコ		20	77
アントニオ・コジュアングコ・ジュニア	アントニオ・コージュアングコ	20	81
アントニオ・サンチェス・デ・ブスタマンテ	Antonio Sanchez De Bustamante, Antonio S. De Bustamante, アントニオ・エス・デ・ブスタマンテ	1	111,169,183,203,218,237,328,347,359,390
アントニオ・デ・オリエイラ・サラザール	サラザール	29	516,517
アントニオ・パガドル・イ・ゴメズ・デ・レオン		1	553
アントニオ・バシレ		2	54,69
アントニオ・ヘルナンデス		20	153
アントニオ・マリア・バルトロメウ・フェレイラ	Antonio Maria Bartholomeu Ferreira	1	402,423,429,433,439,447,453,461
アントニオ・ラカザ		20	211
アントニオ・アウグスト・ドス・サントス		24	281
アンドリウス・デビット・ジェニーア	Amdrews David J.	45	489
アンドリュウ・ルビング夫人	Andrew Levinge, アンドユー・リーヴィング	22	272,282
アンドリューヂー・ホワイト	Andrew D. White	1	97
アンドルス・テリー		40	211
アンドルフゴウナラ		27	240
アンドレ・タルディュ	André Tardieu	2	171

人　名	别　称	册数	页　数
アンドレアス・オルデンブルグ	エー・オルデンブルグ	1	465,483,552
アンドレー・ド・ラブレーイ		2	117,119,164,167
アントン・チューブリン	チューブリン	2	12,41,59,73
安中忠雄		15	119,128
アンナチャン		25	46
安南		27	433
アンニー		24	164
アンニホーマンス		23	537
塩梅		15	448
アンパト・ャランカイ		19	409
アンビン・ルイス・オウェン		25	425
アングカム		25	146
アンフゾ		35	182
アンボンビンヘジ		24	447
アンマ・シュー・レクター		46	353
アンマーネン		23	423
アンリ・シャサン・ド・マルシイー	アッジュ・ド・マルシイー	2	8,37,53,68
アンリ・ベルナール		1	55,66
アンリ・ランブルジェ		1	53,55
アンリ・ローラン	Laurent Henri	27	567
アンリ・ワシッフ・シマイカ	アッシユ・ドゥブルヴェー・エム・シマイカ	2	8,36,52,68
アンリー		10	209
		38	338,340,356,357
アンリー・ヴァルトリタ		40	333
アンリー・カリエール	Henri Carriere, H. Carriere, アシュ・カリエール,カリエール	1	557,572,619
アンリーオーギュスト・ウィルダン		30	515
アンリー・ブルニエ	Henri Brenier, H. Brenier, アッシュ・ブルニエ	1	400,421,426,432
アンリリアンロルフ		24	433,440

イ

人　名	别　称	册数	页　数
威		9	93,94,98,108
醫		27	17
イ・ヴィ・ベルラ		29	616
イ・エー・ロング		32	130

人　名	别　称	册数	页　数
イ・エグレ	エグレ	40	327,332
イ・エル・アール・グレイーク	E. L. Erglaech	22	258
イ・スイ・チョン	I. Sui Chong	23	153,154
イ・ゼイ・クリイン	E. J. Green	22	281
イ・ビー・シュンパター		49	184
イ・ベ・シヤリコフ・ノモト	シヤリコフ・イ・ベ	14	58
イアン・ダグラス・ニウランヅ	アイアン・ダグラス・ニューランヅ	25	295,337
イアン・ファークーハ・マクリー	I. F. マクレー,Macrae	22	382,388
イアン・マツグンジー		22	178
イアンフアーカースクレイエ		24	465,524
イー・アダムス		27	258
イー・イー・ソロシ		20	10
イー・イー・ダンリイ	E・E・ダンリー,E・E・Danly,E・E・ダンリイ,Danly	8	403,404,407,411,473,474,502,563,566,620,651,667,694
		9	409,415,418,426,429,431,434,448,458,461,467,470
		11	523,555,620
		49	358
イー・エイチ・フイールド		22	323
イー・エー・グリフィン		26	666
イー・エッチ・ディー・トウーマン	H・ドウーマン,イー・エッチ・ディー	37	2,27,33
イー・エム・ジェー・エマニュエル		1	554
イー・エル・アンダーソン	E. L. Anderson	25	459
イー・エル・ファインド	E・L・フイルード,E. L. Find	27	83, 91, 94, 100, 103, 105, 107, 109,111,114,115,117
イー・オー・キトルソン		11	640
イー・クサノ	E. KUSANO	45	487
イー・グレー		29	207,462
イー・シー・ミリキン		25	32
イー・ジエー・グリーン	グリーン	22	278,322
イー・ジェー・バレット	E. J. Barrett	22	146
イー・スチュアート・マックドウガル	ヰー・スュアート・マクドーガル	1	53,66
イー・ティムシウク		1	556
イー・ニキッチエンコ	ニキッチエンコ	50	214,229,231,236

人　名	别　称	册数	页　数
イー・ビー・ガウエル		40	328,329
イイ・ファン・エッセン		23	568
イー・フロイド・グリフィン		46	366
イー・ペンフォード	E. Penfold	27	358
イー・ホルト・ヴィルソン		2	48
イー・ワット		22	306
イー・エクス・ミルス		26	508
イー・エッチ・ワレス	E. H. Wallace	22	203,216,220
飯尾		44	302
飯尾裕華		5	243
言桑タクヲ		27	647
イーコフ		24	236
飯島		12	34,39
		27	173,177
飯島忠夫		34	386
イース・ツプジ・ケイ		27	213
飯田		11	313
		13	634,639
		27	210
		41	78
		44	404
イーダ・ユキヲ	Yukio IIDA	44	304,306
		46	286,291
飯田武郷		30	46
イー・ダブリー・ヂー・ハルセバス		16	43
イー・ダブリュー・ワーンヅ		26	560
飯田行雄	Yukie IIDA,飯田ュキエ,イッタュキエ	26	443,444,445
		40	313
		42	491,499,512
		45	491,493
飯田良一		15	124
イー・ヂエー・ジョンソン		24	88
飯塚	イイヅカタカヒサ	14	129
		27	668
飯月		13	509
イーデン	エデン,イーテン,イ	3	105
		9	276

人　名	别　称	册数	页　数
イーデン		11	237
		16	326,331,333,340,342,343,346,349,363,371,373,379,382,397,560,565
		37	19,20,21,25
		42	347
		43	445
		45	200
		46	386
		47	678
		48	66,98,266
飯沼守		41	358,362,363
		44	528,529,534,535
		49	31,33
飯野高次		49	297
イーマンス		3	261,262,269,277,278,280,296,300,307,312,313,316,317,318,345,346,349,350,411,412,413
飯村		12	154,155
飯村穣	飲村	4	135,140
		11	661
		15	116,117,127,131,141,144
		34	196,197,204,205,219,222,223
		38	503,507,508
		41	469,470
		49	287,289
イーユル・ファィンド		27	98
イーリク・ヘンドリク・オウ	イーリク・エイチ・ロウ	2	6,34,49,66
イールラン		23	592
イヴア		20	70,71
イヴァン・カランジューロフ	Ivan Karandjouloff,Iv. Karandjouloff,イヴアン・カランジューロフ	1	110,169,182,202,237,328,346,358,390
イヴァン・マヌエル・ウルタド・マチャド	イー・エメ・ウルタド・マチュアド	2	13,42,61,74
イヴス		24	557,558
イエ・イ・チアノフ		14	54

人名	别称	册数	页数
イエ・エヌ・ヘイブルック	イエ・ハー・ヘイブルック	23	326,327,328,337
イエ・エム・イエ・ムルレル	イエ・エム・イエ・ルレル	23	249,250,255
イエ・フオング・チエン		25	39
イエ・ベールマン		23	537,539,541
イエー・アー・スロット		23	470
イエー・エヌ・フロウェル		23	363
イエー・エヌ・ヘイブルック		23	363
イエー・ゲー・ベンデルス		23	490,491
イェー・ティー・クレーマー	J. T. Cremer	1	401,422,428,432,447,453,461
イェー・ハルベルツ		1	322
イエー・ブリアン		23	470
イェー・ベー・カーン	イエ・ベ・カン,J. B. Kan	23	326,327,340,344,362,363,374
イェーし		11	379
イエール・キアンデイー・マクソン	Yale Maxon,エール・マクソン,イエール・マックソン,エール・マックソン,イエールマタソン,イエール・マクスン,エイル・マクソン,イエール・マクスン,エール・マックスン,エイル・マックソン	15	405,406
		17	7,8
		38	514
		45	27,68
		46	107,108,109,110,112,113,114,124,129,133,134
		47	76,79
		49	582,593,604,607,611,614
家木		24	482,506,508
業喜海順		30	583
イエス	キリスト	50	484,486,488,489,493
イエスハーレンハイヘル		24	153
イエフェゼルマン		24	153
イエペーレムペン		26	170
イエヘベンデルス		24	9,16,161,183,184
イエマイヤー		24	417
イエンス		24	11
イエンセン・ジョージ		27	239
イエンプリムローズ		26	171
韋奥修	奥修	7	391,393
伊麻謙二		7	455,464
庵谷忱		45	499
イカイ		24	377
イガミ		24	313

人　名	别　称	册数	页　数
五十嵐甫		5	255
五十嵐保司		30	584
イカワ		27	164
井川		27	132,133,134
井川克一	ケー井川,井川キアスチ,井川ケー	3	679
		15	327
		16	324,405,440
		17	88,106,291
		26	6
		35	420,446,450
		47	519,520
		48	341,442
井ガワキチザエモン		27	643
井川忠雄	井川	36	198,451,500,508,509,510,513,515
		45	170,171,172,174,175,176,177,178,194,195
井川貞一		44	433
井口		36	191,192
		37	233
井口・S	井口,エス・イグチ,S・イグチ	5	451,452,453
井口義弘		40	84
イキウチ		24	527,530,531
伊木嘉辰		40	215
伊地知		21	92
伊地知義一		5	234
韋興福		7	395,397
生田和平		34	395,396
イグナチエフ		33	318
イグナチォ・ベナヴェンテ		37	443
イグナトワスキイ・アルロンエフ		27	219
イケウチ		24	572,573
池内		24	461,462,464,487,488,490
池内	イケウチマサキヨ	27	662
池崎忠孝	池崎	5	288
		29	131
		43	313,316

人名	别称	册数	页数
池崎		29	127
池島重信		4	623,624
		43	262
沼尻		40	65,66
池尻敏	池夙敏	39	298,304,305
池田		11	557,559
		28	229
池田	イケダヒロジ	27	667
池田	イケダマサヲ	27	665
池田	イケダチカラ	27	664
池田	イケダチヨウキチ	27	661
池田久藏		40	217
池田粂次郎	池田	22	58
池田成彬	池田	4	109,120,149,170
		5	230
		6	303
		9	549
		10	136
		12	1,7,14,21,33,38,41,45,49,51
		14	598,616
		18	333,342,393
		29	98,112
		30	3
		41	50,456,457
		43	74,276,277,278,279,318
		46	30,31
		49	493
池田靜枝		5	296
池田四郎		30	46
池田次郎		30	46
池田二郎		40	322
池田季雄	池田	17	253,296,470,475
池田純久	池田	4	223
		11	557,559
		12	230,360
		31	480
		33	264
		34	8,22,133,147,191,321

人　名	别　称	册数	页　数
池田純久		39	297
		40	495
		44	336
		49	23,33,36,40,53,61,64,67,70,71,305,310,317,323,328,332,335,336,340
		50	560,565,570
池田時三郎		40	494
池田壽長		5	243
池谷半三郎		9	275
池谷		9	304
池田秀雄		43	430
池田弘		5	234
池田弘壽		5	228
池田正之輔		5	288
池田萬壽治		5	243
池田俊彦		5	243
池田ヨシヲ		27	650
池田龍三郎		32	350,354,355
池永		28	375
池端	イケバタヒサシ	27	661
池松武志		5	238
		28	40,86,103
韋煥章		8	650
井阪孝		4	170
井澤弘		5	288
井澤正治		5	243
イザク		20	5
イサコフ		14	10
イサベル・タバク		20	63
イサベル・ランバン	デユパ	20	83
伊澤		27	156,157
伊澤多喜男	伊沢	4	170
		11	340,353
		12	1,7,21,33,38,41,45,47,48,49,51
		17	252,256,470,475
		18	333,342,393

人名	别称	册数	页数
石		6	117
石井		19	9,25,120
		24	133,136,239
		37	162
		46	98
		47	32
		49	547
石井秋穗		45	397,528,537,538,539
石射豬太郎	石射	30	279
		42	208,355,358,359,361
		47	662,671
		50	568
石井英之助		15	127,135
石井菊次郎	石井	4	167
		6	37,84,302
		9	314,328,375,486,497,503
		10	23,259,263,275,280,287
		11	272,274,287,289,339,342,353
		12	1,2,7,20,21,33,38,39,41,47,48,49,51
		13	264
		14	496
		15	408,471,483,485,492,493
		16	242,294,295,310,311
		17	252,254,257,469,472
		18	332,337,341
		29	370,373,375
		30	111
		37	152
		41	142,150,157
石井喬		15	120,219
石井民惠		25	560
石井ヒデク		27	654
石井フヂヲ		27	648
イシイフジオ		23	141,144,146
石井正美		12	85
		15	129,133
		38	573,574,577,578

人名	别称	册数	页数
石井四一		5	243
石井嘉郎		15	124
市岡壽		4	187
		50	164
石川		11	475
		15	133
		22	241
		23	359
イシガワ		23	509
石川一郎		35	542
石川菊雄		39	374
石川浩三郎		25	348
石川コト		5	254
石川順		31	609,618
石川清治		32	317
石川惣太郎		12	256,422
石川正平		5	243
石川又左衛門		24	491
石黑		14	161
石黑		42	526
石黑小市		40	217
石黑宗吉	石黑	11	475,524,573,581,621,624
		13	72,102
		14	79,84
石黑武重		4	171
		30	3
石黑忠篤	石黑	4	119,121
		10	279,294
		11	643
		30	3
石黑忠悳	石黑	4	166
		6	36,80,81,82
		14	497
		15	471,494
		41	141,149,157
石崗		7	159
石阪豐	石阪	50	12,22
石阪巌		20	212,214

人　名	别　称	册数	页　数
石阪繁		5	288
石阪平		5	295,296
石澤	石沢	10	94,100,112,115
		11	28,93,138
		25	499
石沢元		5	292
石澤豐	石澤	4	154
		19	9,55,112,113,120,174,196
		36	109,121,122,130,135,148
石田		5	541
		9	171
		24	287,338,339,340,341,342,343,344,345,346
		26	140
石田和外		28	5,43
石田菊太郎		5	243
石田廣一郎		28	91
石田武亥		42	402,407
石田彦一		24	370
石田吉男		4	154,155
		38	427
石塚英藏	石塚	2	247,248
		4	168
		6	302
		9	314,328,375,487,495,496,502
		10	259,265,280,553,554
		11	275,339,345,353,474,479
		13	264
		14	496
		15	408
		16	297
		17	252,254,469
		18	332,341
		30	112
イシドロ・カブサス		20	209,215,216,217
石波健一		27	209
石橋金夫		14	404,405

人　名	别　称	册数	页　数
石橋兼雄	石橋カネオ，石橋カネヲ，ISHIBASHI Kaneo，ISHIPASHI Kaneo	9	127
		11	255
		12	351,352,361
		13	13,14
		15	303,306
		26	11,14,15,37,38,54,55,58,64,77,78,150,151
		28	373,378,380,381
		42	447,448,470,471,472
		44	301
石橋清一		5	243
石橋湛山		30	3
		36	293,295,320,321,322,330,331,342
石橋正治		40	215
石原		25	165,226
		27	382,384
石原紀一		5	300
石原健三	石原	4	167
		6	38
		14	497
		15	472
		41	143
石原廣一郎		28	18,66
		49	634
イシハリ		25	222,223
石半三郎		14	528
石藤		7	159
石丸敬次		4	225
石丸志都磨		31	192,193,194,195
石光		45	509
石村	西村，ゴッグルズ，出目	11	535
石村		23	544
石本		5	499
		43	246
石本権四郎		2	542
石本寅三		6	325,329
石本ヨシヲ		27	654

人名	别称	册数	页数
石山	イシャマ,Ishiyama	23	304
		24	617,618,622,623,626
韋霄堂		7	422
石渡		29	131
石渡莊太郎	石渡,石渡壯太郎	4	109,110,130,133,149,296
		9	488
		10	139
		11	514,516
		14	598,616
		15	130,137
		30	3
		33	10,11
		34	435
		41	111,112,115,116,346,392,393,396,397,475
		43	6,7,8,9,97,462,526,535,538
		49	528
		50	434,435,437,438,462,464,465,609,610,613,614
石渡敏一		4	168
		9	503
		14	496
		15	408
石原莞爾	石原	5	617
		6	107,111
		12	167,224,401
		14	128,179
		28	263
		30	382,386,397,398,556
		31	515
		32	549,557,570
		40	477
		42	401,406,410,411,437,439,558
		43	200,246,247,273
		48	161
石原肇		13	414
		18	273
魏晉芳		7	319,331

人名	别称	册数	页数
イズオルスキー		29	232
井杉		30	347
イスジ		23	156
出淵勝次		3	9
		6	77
		15	420,569
		29	432
		31	31
イスマエル		23	349
泉		24	623
泉毅一		25	189,191,192
泉二新熊		4	170
鼠		40	303
イズラ		24	33,35
魏宗瀚	魏宗翰	5	527
		6	131
磯谷廉介	イソガヒ	4	135,174
		9	583
		11	634
		12	226
		14	131
		28	342
イソガヒ		35	152
磯田		36	422,423,424
磯野勇三	磯野ユーゾー,磯野ュー一,	19	3
	ISONO Yuzo,Y. ISONO	33	338,339,341,342,343
		49	353
磯部太郎	幾部太郎	13	413
		18	272
磯部淺一		5	241
磯村		34	193
磯村廣太		26	596
磯村武亮		15	129,132
イソメ		11	526
伊勢		24	633
伊孫		27	11
伊高花吉	伊高	5	243
板垣		15	132

人　　名	别　　称	册数	页　　数
板垣		25	38
板垣徹		5	243
板垣征四郎	板垣,阪垣,阪垣征四郎	4	111,134,138,141,146,305,576
		5	201,260,517,617
		6	107,111,112,301,431,433,434,649,654
		8	441,457
		9	486,549
		10	551
		11	533
		12	167,224,401,466,467,482,491
		13	123,124,189
		14	128,135,179,180,337,575,581,598
		16	583,600
		17	392
		19	389,450,452
		21	304,408
		24	56
		26	50,69,643
		28	8,28,59,76,264,268,270,277,279,281,283,285,288,290,291,299,302,304,308,387
		29	109,112,120
		30	3,370,384,556
		31	520,592
		32	555,557,560
		33	6,7,8,9,235
		34	342,344,402,404,405,435,445,449,454
		41	14,50,176,258,419
		42	416,420,421,424,425,426,431,432,433,434,437,441,442,445,446,474,475,476,487,488,514,516,525,526,528,529,530,531,532,533,537,538,543,544,552,558,589,616,617

人　名	别　称	册数	页　数
板垣征四郎		43	200,204,250,273,275,277,278,280,299,303,544,557,558
		44	7,29,39,336,368,383
		45	43,117,118
		46	8,56,178,205,253,255,256,495
		47	398,476
		49	371,442,493,524,526,527
		50	265,532,533,539
板垣操		5	240
板倉至		30	543,548,554
板橋三郎		5	243
板橋良位		5	296
板谷		13	633,638
イタリアーンダ・J		23	288
市川		9	255
市川一郎		5	284
市川英之進		40	347
市川清敏		5	296,297
市川正義	市川セイギ,市川	22	40,41,42,44,45,46,47,48
市川芳雄		5	241,243
		31	475,476,477,496,497,548
市吉聖美		13	413
市瀬	イチセシンイチ	27	660
一木喜徳郎		4	132,133,165
		5	443
		14	495,498,508,510
		43	192,231,244,245,246,247,251,318
		29	213
一木清直		5	535
一田		34	470
イチダ		25	475,476
一田次郎		39	323,324,339,340
		44	245,246,248,249,250,251,254,255
一瀬信一		4	191
一戸		48	180
一戸公哉	イチノヘキミヤ	39	191,192,194,195

人名	别称	册数	页数
一宮松次		5	300
一宮義之		4	186,195,208
市橋		29	382,386
イチハシ・シゲオ		27	652
市原		13	633,639
市山	イチヤマヤスス	27	668
イツキ	Itsui	22	245,246,247
イックス		35	242
一色正雄		14	105,106
イッシコワ	マイブルーベヴン,吾ガ青空	23	544
一旦久太保		41	458
イデ		19	331
		46	402
井出		15	135
		18	334
井手		17	253
井出宣通		41	475
イテタナド		22	52,54
出光佐三		30	583
イデンブルグ		19	309,312
イトウ		24	377
井藤		13	478
伊東		28	309,375
		43	271
		45	448
伊藤		5	284
		7	317,319,321,323,325,327,329,331
		11	317,475
		13	191
		15	460
		16	528
		23	329,374
		24	236,475,483,499
		26	23
		27	210
		33	416
		34	462,464

人名	别称	册数	页数
伊藤		40	16
		41	78
		42	623
伊藤寅司	伊藤寅,伊藤	27	15,18,19,21,22
イトウ・セスタロウ	ITO Yasutaro	23	376
伊藤愛二		5	296
伊藤明		40	200
伊藤一郎		24	478,501
伊藤延吉		43	272
伊藤緑良		11	643
伊藤亀城		5	236
伊藤喜之助		32	317
伊藤清		28	6,44
		32	231,250,318
		44	534,564,575,579,594,604
		46	78
伊藤國雄		40	192
伊藤君		32	88
伊藤恒治		5	297
伊藤重二郎		49	124
伊藤尚平		5	243
伊藤整一		4	163,179,180,181
		13	412
		15	368
		18	27,272,274,275
		37	76
		38	35
		45	456,462
		46	444
		47	479,500,501,633,638,639,641,729,730
		49	275
イトウ・タイチ		25	77,79,82
伊藤太一		25	71
伊藤武雄		28	7,46,58
伊藤猛		5	254
伊藤友太郎		5	239
伊藤述史	伊藤	3	260,270,271,349,350

人　　名	别　　称	册数	页　　数
伊藤述史	伊藤	4	617,619
		9	558,559,561,578,587
		13	475
		16	435,439
		35	6
		45	176
		46	5,37,38,54,55,170,171,172,174
		47	434,435,436,437
		50	578
伊藤博		5	286
伊藤廣		5	236
伊藤博文		4	11
		15	495
		18	436
		29	146,155,160,163
		30	245
		34	386
		43	498
伊藤文吉		17	4,5,129,130,278,302,344
		35	542
		41	460
		43	199
伊藤操戈		5	257
伊東巳代治	伊東,伊藤	4	166
		6	38
		15	415,416,417,418,419,420,422,423,424,426,428,429,430,431,434,435,436,440,441,445,446,447,448,449,450,451,457,460,462,463,464,465,466,470,472
		41	143
伊藤陽介		28	6,44
伊藤嘉彦		15	122
伊藤良二		41	167,176
伊藤六十次郎		5	243
イトー・トラシ	イトー	27	99,100,101
糸川欽也		5	288

人　名	别　称	册数	页　数
井戸川富治		5	243
稲垣	Inagaki	23	361
稲垣克彦		15	124
稲垣清兵		18	323
稲垣テツヲ		27	654
稲川龍雄		32	153,164,109,131,188,198,201,258
		39	1,12,56,70,105,121
		46	619
稲田		43	437
		45	308
		48	172,410
		50	5,6,8,10
稲田秋成		5	257
稲田馨		28	5,43
稲田耕作		41	475
稲田周一		41	487,491,492
稲田正純		39	202,203,204,205,206
イナナム・バチイ・ビン・O・K・K・ハッサム	Bachee Bin O. K. K. Hassam	23	29
イナバ		23	104
稲葉		23	31,81,85,86,89,90,93
		32	331
稲葉熊雄		5	243
稲原勝治		10	324
		47	109
稲見		30	371,373
稲村豊二郎		14	115
イニガキ	INIGAKI	23	165,176,177
犬養毅	犬養	2	407
		3	7,8,12
		4	103,104,106,210,211
		5	213,214,215,498
		28	285,286
		30	3,51,509,510
		36	35,311
		41	5,7,8,16,17,21,26,27,100,140
		43	201,202,209,214,222,228

人　　名	别　　称	册数	页　　数
		47	265
犬養健	犬養建,犬養,大養	5	213,215,216
		34	418,436,439,444,453,461,462,470
		41	5,8,16
		43	210,216
井野		41	457
井上		5	435,444
		9	503
		10	137,688
		19	166,167
		22	341
		29	91,94,107,128
		30	467
		33	411
		47	400,581,587
		49	434,448
		50	258
井上昭		5	236
井上幾太郎		4	216
井上寅		5	243
井上益太郎		40	6
井上馨		4	11
井上勝之助		29	462
井上勝秀		15	122
井上健二		24	481,485
井上五郎		18	421
井上三郎	井上	43	193
		47	205,208,209,233
井上成美		4	164,176,182,184,190,221
		13	413
		18	273,429
		39	140
井上準之助	井上	4	109
		15	470
		28	311
		30	3,52
		35	305

人　名	别　称	册数	页　数
		43	181,182,195,198,199,200,222,226,234,253
		45	3,12
井上孚麿	井上孚磨,孚麿,孚磨,井上孚	34	360,361,362,363,364,376,377,387,388
井上忠男		34	218
		49	55,58,59
井上享		5	244
井上辰夫		5	243
井上日昭	井上日召	5	290
		43	181
井上福一		24	589
井上政次	マサジ	35	540
井上雪雄		5	243
井上義弘		40	97
		45	9,16
井上孝治郎		47	457,463,464
イノエ		24	648
イノセンシオ・ロメロ		20	22
井野碩哉		4	119,128
		11	340,352,474,478
		12	1,7,14,21,32,33,36,38,41,43,44,45,46,51
		17	5,253,255,302,466,471
		18	340
		30	3
		42	200,203,204
		48	113
井原樹璨		5	297
井原潤次郎		42	484,485,489,490
イヒワン		23	592
豬木		7	159,160
豬代茂		24	330,331
衛藤利夫		42	402
イブタ		27	529
韋鳳琛		7	393,397
庵地保彦		15	122
今井		8	93

人名	别称	册数	页数
今井		29	98
		34	416,417,433,434
今井俊介		5	286
今井武夫		8	621
		31	541
		41	169
今井博		15	125,132
今井嘉幸		13	242
今尾登		5	288
今川マサムネ		27	655
今木		24	316
居正		8	627
今井清		4	157,174
		5	260
今井清已		40	192
今捷村		5	299
イマシロ・ツルマ		13	492
今泉		27	665
今泉喜次郎		13	635
今泉兼寛		15	120
今泉義道		5	243
今田		29	109
今田新太郎		13	506
今成一郎		40	347
今成泰太郎		31	589
		32	6,328,338,344,348,354,377,386,409,414,420,440,443,447,449,453,468,483,513
		33	181,299
		39	236,243,249,257,269,275,287,293
		40	489
		41	335,340,357,362,374,384
今松		17	253,256
今村		22	433
今村		46	445
今村	イマムラカヅヒコ	27	669
今村均	今村	5	517

人　名	别　称	册数	页　数
今村均		19	310,314,315
		30	195,197,199,222,431,432,433,444
		44	352,355
今村力三郎		28	6,44
今村了之介		15	512
		32	280,282,290,301
		34	251,260,262,264
		39	43
今吉		12	22,34,39
		15	136
イムダッド・アリ		22	350,364
イムベリアリ		29	462
豬村承次		27	546
イモト・グンベイ		13	491
井本熊男		48	257
イマー健次		28	186
イヨルタンスキー		14	24
イラコボ		23	587
イリア・シューメンコヴェッチ	イー・シューメンコヴィッチ	2	11,40,58,72
入江		9	162
		11	341,354
		12	2,8,17,42,52
		29	131
入江明		15	125
入江義明		40	205
入船直三郎		4	194,207
入間野武雄		41	475
韋廖		7	391
イル・ウィレムボエール	Ir Willem Boer	23	668
イル・クラーメル	Ir Kramer	23	667
イル・コスタア	Ir Coster	23	667
イル・ジェ・ウェブウゲン	Ir J. V. Beugen	23	667
イルクーツク		12	525
イルドウルフ		24	411,424,425
イレネー・ホセナ		20	169
岩井		15	380
		34	462

人名	别称	册数	页数
岩井靜		5	296
岩木		22	93,94
岩切傳三郎		5	300
岩奧		20	428
岩倉		17	251
岩倉規夫		35	421
		45	392
岩黑		3	247,255
		50	461
岩畔		16	503,506,508,510
		36	198,451,478,500,508,510,513,515,555,565
		37	106
岩畔豪雄	岩畔	44	440,441,442,443
		45	188,189,196,197,200,201,273
岩畔英雄		17	508
岩佐		13	507,508
岩崎民男		4	151
イワサキ	IWASAKI	50	111
岩崎		24	142
岩崎アサシチ	イワサキ	50	107,111
岩崎淺七		37	448,449,453,454
岩佐直治		18	323
岩佐凱実		5	288
岩沢誠		5	299
岩下		3	60,91
		38	107
岩下保太郎		4	178
岩下貞喜		24	493
岩瀬太郎		15	119
岩田愛之助		5	234,294
岩佔トキヲ		27	645
岩田孝之		5	252
岩田忠造		35	540
岩田宙造		4	114
		30	3
岩田次夫		15	125
岩田一		5	238

人名	别称	册数	页数
岩田政勝		5	299
岩田正之		5	296
岩田三夫		5	299
フセイ・イワタロー		13	439
岩中	イワンスカ	21	237,238
岩永君		29	112
岩中保章		25	560
岩波		43	514
イワネ		24	312
ラステンコ・ドミトリイ・イワノヴイチ	ラステンコ	12	602,603,604
イワノフ	イヴノフ,イワノーフ	12	188,189,190,198,199,200
		14	155,165,166,169,170,171,198,201,202
岩淵		45	296
イワベ		23	161
岩部		23	142,143,144
イワベシゲル		27	648
岩間幸平		41	305
イワマサ・フミヒサ	IWAMASSA Humihisa	27	544
岩松		50	269
岩松五良		30	233,234,243,244
岩松武		24	589
岩松義雄		4	220
岩村		11	340,352
		15	472
岩村清一		4	182,198
岩村通世	岩村	4	114
		17	5,253,255,466,471
		18	341
		30	3
		40	477
		48	113
岩元榮吉		5	243
イワンスカ	イワナカ，IWANSKA，IWANAKA	21	237,238
イエ・ウェタ・ヘイブルック		23	362
イエ・エヌ・ブライエル		23	362

人名	别称	册数	页数
イン・ツエイント	イン・シエイン	22	69,70
殷王則		7	72,73
インカソール		3	91
インコ		20	257
インジャソル	R. E. インガーソル	37	314,315,318,319,320
殷汝耕		5	567,568
		31	515,518,541,599
		33	197
		45	117
インズ・ウイルヤー・アール		27	212
インデルリ		16	475
		40	444
殷同		28	338
		32	37

ウ

人名	别称	册数	页数
ウ・オーン・ベ	ウ・オーン	22	69
ウ・サン・コウ	U SAN KHU	22	28
ウ・ジェー		27	227
ウ・セイン・ボ		22	69
ウ・タイ・キン	ウ・タ・キン	22	69,71
ウ・タン・シャイン		22	71
ヴア・スクノワレン		27	266
ヴアージニア		20	5,70,71
ヴァードンクライヴボール		24	465,526
ウアーンク・ハリ		27	227
ウァイフ・セッカー		11	225
ヴアウトリン	ヴォートリン	7	8,9,104
ウアキン・ナクア		20	33
ヴアクテロフ		13	111
ヴァスコ・デ・ケヴェド		2	11,40,57,72
ヴアスコンセロス	ヴァス・コンコロス	29	402,417,421
ヴアセノフ		34	86
ヴァッシリ・デンドラミス		1	465,483,543,554,561
ヴアリエ	Vallier	27	537
ヴアリン・エフ・プケット		6	236
ヴァリングマン・サンカラナラヤナ・スリニヴァサ・サストリ	ヴイー・エス・スリエヴアサ・サストリ	2	114,122,130
		29	606

人　名	别　称	册数	页　数
ヴアル・ジョブソン・ジエー・ビー	Val Jobuson J. P.	21	507
ヴアルガス		20	408,415
ヴァルンヴェーディア		2	11,40,58,72
ヴアレイ	ヴアーレイ,Varley	22	108,115,120,123,129,130,131
ヴァレイタイン・C・ハマック	Valentine C. Hammack,ヴアレンタイン・C・ハマック	8 17	474,475,476 61,66,303
ヴァレリー		23	368
ヴアロネス		20	193
ヴァン・ヴァンケニグルズ・ラルフ		27	242
ウアン・エツイエラ		20	420,427
ヴアン・クレフエンス		19	15
ヴアン・シルニン		29	248
ヴアン・ヂン・ホイヴュル		29	338
ヴァン・テエン		40	211
ウアン・デル・ストラーテン	Van Der Straton	22	264
ヴァン・バレグーエン	Van Ballegooyen	23	400
ヴァン・ブラーム		23	464
ヴァン・ヴリーデ		24	366
ヴァン・オーストラム		24	427
ヴァンシル・ヴァン		27	242
ヴァン・ヅラネン		24	423
ヴアン・デノバーブジョン・オイク		27	233
ヴアンデル・ヴーン		24	8
ヴァン・デル・スルート		24	200
ヴァン・デル・ビジル		23	302
ヴァン・デン・シヤーフ		24	186
ヴアン・デン・ベルク		24	186,297
ウアンド・グレン		27	242
ヴァン・ドゲナール		24	437
ヴァン・ワヴェレン		24	44,45,46,48,49,50
ヴイ・アイ・ターコフ	V. I. Tarkhov	12	320
ヴィ・イ・マソン		23	519
ヴイ・エフ・プケット		6	233
ウィ・スバーデン	Wies Baden	50	197
ヴィ・ヴィ・クウイビシェツ		31	415
ヴィ・ウェットゥム		31	216

人名	别称	册数	页数
ヴイアム・エー・マックケーブ		6	236
ヴィアム・ストラング		2	48
ヴイアム・ピー・ランター		6	236
ヴィアロン		25	130
ヴィアンドダブリュウ		24	411
ヴィー・エス・スリニヴァサ・サストリ		29	611
ヴィー・ロランヂイ・リ		29	611
ヴイール	ウイル,Wiehl,ヴキール	10	63,581,587,588,602,605,609
		34	475
		49	536,567
		50	587
ヴイーンズ		6	232
ヴィヴイアン・キルケー	ヴィヴィアニ	27	124,183
		29	382,386,396,402
ヴィエルアール・ベーレント		49	540
ヴイキー・ガドル		20	349
ウイクター・ショセフ		22	332
ヴイクター・ジー・スウエアリンゲエン		13	377
ヴィクトリヤ		20	200
ウイクトル・ジヨルヂュ・ワンナユリン		20	4
ヴィクトル・エム・レンドン	Victor M. Rendon, Victor Rendon,ヴィクトル・レンドン	1	112,170,184,203,219,238,329,347,360,391
ウイジチング		24	75
ヴイス・レイモンド・エッチ		27	218
ウィズイ・カウム		25	421
ヴィスコンチイ・ベノスタ	ヴィスコンチィ・ヴェイノスタ	29	382,386,402,417,421
ヴィスッダ	Visuddha	1	100
ウィスニユウスキイ・スタンレイ・エイ		27	214
ヴイセンテ・ピノン		20	195
ウィソン		11	288
ウイダー・バッゲ		46	431
ウイ・ダークソン		35	112
ヴィダール・バッゲ		23	247

人　名	别　称	册数	页　数
ヴィタリス	Vitalis	23	11
ヴィッサー		24	242,243
ウイツゼツカー		33	258
ウィツツ・シヤツク・ルドルフ・エイチ		27	212
ヴィットリオ・ロランディ・リッチ	ヴィツトリオ・ロランヂリツチ	2	123,131
		29	606
ヴィ・ティー・タズコフ		12	236
ウィティッチ		24	371
ウィドス・アト・エル		27	213
ウィトネィ	Witney	22	273
ウイトメン・ジョンジ・ジェイ		27	260
ヴィトルド・ホヅコ	ダブリュー・ホヅコ，ホヅコ，ヴィトルド・ホヂコ，ホヂコ	1	466,483,553,556,561,571,618
ヴイナック		6	190
ウィホフェツエフ		50	287,288
ウィラルト	ヴィールアルト	23	264
ウィリアム・シリング		40	328
ヴィリアト・フィグェレド・ロラ	Viriato Figueredo Lora	1	567,615
ウィリアム・B・ツラーリ		27	331
ウイリアム・E・ダイス		26	651
ウィリアム・G・ファロウ	ファロウ	50	49,52
ウイリアム・J・ウエルシュ・Jr		13	359
ウィリアム・M・ムアヘッド		20	265
ウィリアム・アール・キアッスル・ジューニア	W. R. Castle Jr.，W. R. Castle，ダブリュー・アール・キアッスル，ヴィリアム・アール・キャッスル・ジューニア	2	221,223
ウイリアム・アール・フレッヂィ		39	397
ウイリアム・アール・レングトン	ウィリアム・R・ラングドン，ウィリアム・R・ランダドン	3	180
		7	481,487
ウィリアム・アイ・ブカナン	William I. Buchanan	1	107,168,179,201,214,236,326,345,355,389
ウイリアム・アミャースト		17	443
ウィリアム・イー・ブレイ	William E. Bray	25	521
ウイリアム・イー・クラーク		45	68

人　名	别　称	册数	页　数
ヴィリアム・ヴェヂウッド・ベン	William Wedgewood Benn, W. Wedgewood Benn,ダブリュー・ヴェヂウッド・ベン	2	172,219
ウイリアム・エイケン	W・エイケン,Aitken,アイトゲン	22	382,384,391
ウィリアム・エス・ジェー・カーレィ	William S. J. Curley	49	576
ウイリアム・エッチ・クーガン		9	343
ウイリアム・エヌ・ナイト	William N. Knight,ウイリアム・N・ナイト,ウイリアム・エヌ・サイト	25	293,323
ウイリアム・エル・ミッチエル	William L. Mitchell,ヴィリアム・エル・ミチエル,ウイリアム・L・ミッチエル	9	482,483
		10	408,501,514,515,526
		14	206,207
		49	555
ウイリアム・キャムベル・マクラクラン		23	210
ウィリアム・クック	William Cook	25	1,9
ウィリアム・グレンフェル・マッケス・ミューラー	William Grenfell Max-Muller, W. G. Max Muller,ダブリュー・ジー・マッケス・ミューラー	1	400,421,427,432,437,446,451,460
ウイリアム・シー・バロット	William C. Parot	21	279
ウイリアム・ジェイ・オ・ニール		46	400
ウィリアム・ジェー・アーチャー	Wm. J. Archer	1	403,423,430,433,440,447,454,461
ウィリアム・ジェー・フーラー		47	288
ウィリアム・ジョッブ・コリンス	William Job Collins	1	401,422,427,432,438,446,451
ウィリアム・スチーブンソン・マイヤー	william Stevenson Meyer	1	400,421,427,432
ウィリアム・スレイド・バンギ		25	211
ウィリアム・デイ・ファロウ	フアロー,ウィリアム・ジイ・フアロー	40	229,232,247
ウィリアム・ティ・ホーナデー	ホーナデー	8	165
ヴイリアム・トーマス・コスグレーヴ	William Thomas Cosgrave	2	157
ウイリアム・ハットン	William Hutton,ハットン	25	158,159,160,179,180,181,182,183,184,204,220

人　名	别　称	册数	页　数
ウイリアム・ハリイ・フランクリン		17	422,423
ウィリアム・ハリス		25	444
ウィリアム・ビイ・アホニイ	W. P. アホニィ,ウィリアム・ピイ・アホーニー,Wm. P. Mahony,ウィリアム・P・アホニイ,William P. Mahony	27	118,122,123,345
ウイリアム・ビー・ダイス	William B. Dyess	21	214
ウィリアム・ピー・マホーニー		27	117,118,119
ウイリアム・ヒルマン	ヒルマン	46	399,400
ウィリアム・フィリップスイムス		30	177
ウイリアム・フラッド・ウェッブ	ウヰリアム・エフ・ウェッブ,ウイリアム・ウエッブ	1	53,64,66
		20	403,404,405,406,413
ウイリアム・ポーレット	Willam Powlett	25	434
ウィリアム・マニング・ブラックウッド	ウイリアム・M・ブラックウッド,William M. Blakwood	22	469,508
ウィリアム・マホニー	ウィリヤム・マホニー,William Mahoney	25	281,311,479
ヴイリアム・ライオン・マッケジー・キング	William Lvon Mackenzie King,W. L. Mackenzie King,ダブリュー・エル・マッケンジー・キング	2	156,160
ウイリアム・リンドセイ		5	211
ウキリアム・ルドルフ・レイボルド	ウィリアム・ルドルフ・レイボルド	25	441
ウイリアム・ローガン		47	60
ウイリアム・ロナルド・バトリック	バトリック	1	53,66
ウイリアムカーレル	W・C・バンデンベルグ	24	291,413,419
ウイリアム・ジェ・リンチ		26	168
ウイリアム・シャーブ		48	280
ウイリアム・ジョン・ホロハン	ホロハン	42	510
ウィリアムス	Williams,ウイリアムズ	21	142
		22	134,307
		25	246
ウィリアムス・ヴィ・ヂー		40	211
ウィリアムス・エー・オー		40	211

人　名	别　称	册数	页　数
ウイリアムピータイス		26	526
ウィリアムヘンリードウゲンス		26	171
ウイリアムマワケジー		26	512
ウイリアムモーサー		27	326
ウイリナムアンタースンビーティー		24	267,268
ウィリヤツン・ユウグ・エフ		27	242
ウィリヤム・アー・ギル	William R. Gill	25	282
ウィリヤム・アー・リンダーフエルト	ウィリアム・ロバート・リンダフェルト	25	281,472
ウィリヤム・アー・レイボルド	William R. Leibold,ウイリアム・アル・レイボルド	25	280,307
ウィリヤム・ジェー・バルカス	William J. Balchus	27	344,420
ウイリヤム・ジョンソン	ウキリアム・ジヨンソン, William Johnson	25	295,334
ウィリヤム・ソールター		27	380,386
ウィリヤム・フェアレィ	フェアレィ,ウィリヤム・フェーリ	27	53,55,56
ウイリャム・ム・ミッチェル	William michelle	15	107,108
ウィリヤム・ヤング		20	203
ウイリャムエイロアベリー		26	170
ウィリャムエドワートロバート		26	173
ウイリヤムズ		20	418
ウィリャムスクダモーミッテエル		26	173
ウイリャムディットン		26	170
ウィリャムマッケシー		26	553
ウイリンガ		24	291,417
ウイルアム・シー・プラウト	William C. Prout,ウィリアム・C・プラット,ウィリアム・C・プラウト,ウィリアム・シー・プラット,ウヰリアム・C・プラウト,ウキリアム・シー・フラウト,ウヰリアム・シー・フラント,ウィリアム・C・プロウト	6	596
		8	92,196,227,228,410,432,516,637,674,685
		9	45,79
		12	77
		13	174
		14	89,91,405,519,580,592,594,632,644
		15	315,318
		17	84,104,155,176,217,304,439,468
		19	3,324

人　名	别　称	册数	页　数
ウイルアム・シー・プラウト		26	12
		44	301
		49	354
ウィルキィ・テスモンド・コリンズ	ウィルキー・テスモンド・コリンス,Wilkie Desmond Collins,W. D. コリンス	25	1,15,23
ウィルソン	Wilson	7	33,99,234,265
		21	299
		29	417
		33	108
ウイルソン・チャールス・マックウエル		45	489
ウイルダン		46	352
ウイルハー・レドモンド		27	242
ウィルバーフォレスト		30	177
ウイルバーモリス		24	568,569
ウィルヘルム		49	555
ウィルヘルムシュトライセ		47	731
ウイルマ・エス・メー		7	172
ウィルレム・フレデリック・ウィッチング	ダフリュー・エフ・ウィッチング,ウィルレム・フレデリック・ウィチング,Willem Frederik Wijting,W. F. Wijting,ダブリュー・エフ・ウィッチング	23	649,650
ヴィレム・イサーク・ダウデ・ファン・トローストヴァイク	ヴェー・ダウデ・ファン・トロースヴァイク	2	10,39,56,71
ウィレム・ムーイ	ウェ・ムーイ	23	422,426,427
ウィロスミスキイ		27	336
ウィン・ヴィー・ツン		25	33
ヴィン・エイ		40	211
ウインコクスキイ・バーケード		27	221
ウインストン・エス・チャーチル	Churchill,チヤーチル,チャチル,ウインストン・チャーチル,ウインストン・S・チャーチル,チャ,ワインストン・チャーチル,ウインストン・チャーチル	5	343
		10	441,636
		11	582
		16	363,379,391,393,397,399,425,427,428,430,431,432
		17	227,427

人　名	别　称	册数	页　数
ウインストン・エス・チャーチル		29	463,465
		34	308,314
		36	233,266,418,472,536,553,557
		37	80,203
		45	272
		46	393,394,396,415
		47	648,688
		48	139,271,293
ヴインセント・コンセプユオン	ヴイク	20	13
ヴインセント・トレス		20	22
ヴィンセント・レデスマ		20	242
ウィンハム・ケンネス・エク		27	216
ウィンフィールド・スコット・カンニンガム	Winfield S. Cunningham,ウィニフィールド・エス・カニンガム,ウイシフイールド・スコット・カニンガム	25	169,234
		26	168
ヴー・アー・キスリッツイン		12	492
ヴー・イェジ・バベツキ		2	11,39,57,72
ウー・イエン		25	36
ウウ・イン		7	113
ウー・チング・ウァ		25	46
ウー・チング・オン		25	46
ウー・チング・ケオング		25	46
ウー・チンク・コンゲ		25	46
ウー・チング・フック		25	46
ウー・チング・チェオング		25	46
ウー・トン・アウン		39	356
ウー・パー・ヴィン		39	356
ヴーコフ		34	278
ウースターマン		25	427
ウーター		29	401
ウーレー	ウーレイ,Woolley	11	421,431
		25	235,237
ヴウン		24	300
ウェ・ア・バウト		23	537,539,541
ウエ・イストミン	イストミン	47	704,712,722
ウェアセル	Wease,鼬鼠	27	419
ヴエアマン	ヴエーアマン	34	472,476

人名	别称	册数	页数
ウェアリング		22	439
ヴエイ・ウオルタデイ		27	229
ウェィク		27	84
ウエイド・イー・ゲンセマー		20	3
ウェイントン		40	262,263,264,265,266,269,281,282,283,284,285,288
ウェインライト		48	280
ウェー・ウェー・ルイチコフ		50	278
ヴエー・エム・モロトフ	ビアチエスラー・ミックハイロヴイッチ・モロトフ,エス・モロトフ,エム・モロトフ,モロトフソ,モ,モロトフ,ヴエ・エム・モロトフ,V・M・モロトフ,V. Molotov	2	302,303,304,384
		3	577,578
		10	426,427,470,519
		11	7
		13	114,314,316
		29	485,492
		31	422
		35	16,17
		43	521
		47	372,373,374,375,376,377,391,471,573,575,576,577,578,657,688,689
ヴェー・ダンシン		12	490
ヴェー・マクサコフ	V・マクサコブ,マクサコフ,V・マクッコヴ,B・マクツコフ,B・マカロフ,ヴエ・マクサコフ,ベー・マクサコフ,ベ・マクサコフ	12	529,607,610,615,620,632
		13	31,37,61,63,64,68
		27	688
		33	362,374,400,431,434,436,453,455
		34	350,352,355
ウェーヴェル	Wavell	19	314
ウェークフィルードブレアンム		27	227
ウェージー・スタリ		1	466,484,543
ヴェーダウデ・ファン・トローストヴァイク		1	322
ヴェー・タルコフ		12	287
ウエーベエーン		24	146,147,158,162,165,166,170
ヴエーベル		10	382,438
ウエールズ		3	233
ヴエールマン	ヴエーアマン,ヴニアマン,Woermann,ウエーヤマン	34	472,476

人名	别称	册数	页数
ウエアリンゲ		22	439
ウエーヤマン		35	183
植木		14	529,531,547,549
植草		5	297,298
上砂		44	539
上杉啓明		23	372,373,339,340,341,342
ウェスギ・ケイメイ	UESUGI Keimei	23	375
上杉源之	ウエスキモトュキ	42	542,543,545,546
ヴェスターフィス	ウェスターハイス	23	282,284
ウェスターランド・チエラード・アール		27	212
ヴェステルフィス・D・J・A・		23	288,289
ヴェステルベーク・C・W		23	289
ウェストベール・エドツード・アール		27	221
ウェストミンスター・S・W・クラレンス・ハウス		38	320,323
ウエストレー		24	531
ウェストレスターアール		27	221
ヴェスパッアン・ヴイ・ベルラ		29	614
上角		45	518
ウエズリー		27	26
ウェセリング		23	620
上田	ウエダ	22	375,377,380
上田		24	174
上田	ウエダコセ	27	659
植田	ウエダコセ	27	659
上田一郎		32	317
植田謙吉	植田	3	167
		4	134,156
		5	515,517,519,569,702
		6	5,11,13
		8	437
		9	516
		11	528,557
		12	226,231,390,402
		13	88,121
		14	129,131
		28	384,442

人　名	别　称	册数	页　数
植田謙吉		30	513
		31	63,64,74,75,442,452,457,461
		41	10,11,13,73,74,75,100,415
		46	159,343
		50	265,266
上田二郎	ウエタジロウ	27	668
植田次郎	ウエタジロウ	27	668
上田定兵		18	323
植田俊雄		15	125
ウエダナス		24	56
上塚萬壽男		40	155
上月良夫		14	115
		34	217,218
ウェヅチ		23	336
ウェトゲ・コノスケ		25	41
上鳥		11	241
ウェネケル		50	358
上野		26	135
		27	18,19
		45	353
上野榮一		5	244
上野キヨシ		22	55,57
上野コイゲツ	上野	22	55,56,57
上野マサハル	上野	22	48,49
上野芳松		5	299
植場		12	22,39,42
植場		15	409
上場鐵造	ウエバチッゾウ	35	506
植場鐵三		4	223
上原		11	341
植原悦二郎		30	3
ウエブスター		20	117,118,119,122,191,192,193
ウエブスター・エドワート・アル		27	229
上阪賑一		39	419
植松		11	475
植松		30	520
植松正	植松タダシ，植松，Tadashi UEMATSU	28	93,101,104,479

人　名	别　称	册数	页　数
上村		14	193
		20	274
		26	10,13,47
		44	268,302,320
		46	145
		48	187
		50	174
上村	ウエムラシゲヲ	27	660
植村		26	123
上村厳		32	317
植村甲子郎		4	227
		36	32,33,45,46
上村正一		27	648
上村伸一		17	427
		19	334
上村盛満		5	245
上村達彌		12	448
上村常也		13	472
植村敏夫		5	295
上村幹明		4	143
上村幹男	上村	38	546,586,588,589,591,601
上村幹雄		46	281,285
ウェメターフィス		23	281,283,284
植山喜志雄		5	257
上山滿之進	上山	4	168
		9	503
		15	409
上代琢禪	上代琢,GODAI Tahayoshi	32	504,506
		44	487,495,503,515,517,526,540,547,550,557,597
ウエラム		24	572,573,574
ウエリアム・ジョセフ		26	172
ヴェル・ニンク	Wernink	23	667
ウエルーズ	ウエルズ,ウェルス,Welles	11	190,196,403,417,419
		17	38,201,203,205,513,522
		23	35,122,127,128
		35	184,187
		36	195,197,510,519,552

人　名	别　称	册数	页　数
ウエルーズ		43	398
		46	502
		48	135
ヴェルセルスハインプ	Welsershelmb	1	97
		24	422
ウェルニンク		23	415
		24	9,10
ウェルネル・フライヘル・フォン・ラインバーベン	Werner Freiherr von Rheinbaben	1	564
ウエルバース		22	26
ウェルフォード・シー・ブリン		25	437
ウエルフレワドロー		26	174
ヴエルマン	ヴエールマン,ヴエーベルマン	10	10,162,529
		46	97
ウエルンイク	ヴアンダム	24	3,8
ウェレンガ	ヴエレンガ,Vellenga	23	667
		24	6
ヴェン		12	482
ウエンシマク・キマトライ		20	7
ウエンデル・モルガン		20	17
ウオイ・チェン		7	112
ウオイルレヤルフ		24	126
ウォー		25	302
ウオーカー		20	203
		27	363
		40	303,305
ウォークリー	Walkley	25	26
ウォース・D・ホワイー		37	276
ウオーター・チータム		6	235
ウオード・W・ケリー		20	75
ウォールター・ジョンソン	ウオルター・ジョンソン,Walter Johnson	25	293,322
ヴオールタート	Wohltat	49	563
ウオーレス		48	87
ヴォーン・ワートン・アール		27	230
魚左次作		13	412
魚住次策		18	271
魚住頼一		13	412

人名	别称	册数	页数
		18	271
ウオタラスウッドロウダブリユウ		27	221
ウオツゼ		27	84
ウォップ	Wop	25	470,471
ウオル・ジョン・ニコリス	Wall John Nichols	25	402
ウオルカー		22	523
ウオルクース・ドウンス・エム		27	259
ウォルシュ		23	117,118,187,190
ウォルター・T・E		23	291
ウォルター・アレクザンダー・リッデル	ウォルター・エー・リデル,ダブリュー・エー・リデル,ダブリュー・エー・リッデル	1 2	543,552,567,615 5,32,48,65
ウオルター・ボッシ	Walter Bossi,W・ボッシ,W. Bossi,ウオルター・ボシ,ウオルター・ベッスイー,ウオルター・ボシー	21 26	257,262,263,270 405,481,498,638
ウオルター・リッつブンマン		35	45
ヴォルター・ルーイス・トレッドウェイ	Walter Lewis Treadway	1	565,611
ウオルターイーデリス		26	170
ウオルターヴイラースバトラー		26	168
ウォルタージョレー・ロフイ	ロフイ	40	258,259,268,269,272,277,286,287,291
ウオルタージョンフレーロフイ		26	174
ウオルターシリトーヴオンカーチス		26	169
ウォルタース		23	628
ウォルトハイス		23	423,424
ウォルフ		23	645
		24	142,143,144
ウオルホフ・ロイド・リチャード		27	230
ウオレン・G・ホーキンズ		24	324,325
ウォロシロフ		47	340
ウオン	ウァン	25	32,33,34,35
ウォン・ウォンソ・オトモジョー		23	347
ウオン・シー・セン		27	582
ウォン・シュイ・チァン		25	44
ウオング		27	367

人　名	别　称	册数	页　数
ウォング・ヨ・シン	Wong Yo Sin,ウォング・ヨウ・シン	25	2,29
ウォングウー		25	88
ウオンケベインス		27	221
ウオンソ		24	433
鵜飼芳男	鵜飼	11	539,542,543
宇垣見	宇垣	9	548,549,567
		34	117,233,237,238
宇垣一成	宇垣	3	8,547,548
		4	105,127,212
		5	200,222,224,225,227,230,290,435
		6	272,612
		13	189
		14	124,180
		16	63,91,110,111,570
		17	158
		28	22,24,25,70,71,72,73,310,369,370,371
		29	108
		30	3,69,224,241,558
		31	39,52,61,62
		33	412,456
		34	341,342,345,346,347
		40	476
		41	50,310,316,320,321
		42	69,195,196,219,593,600
		43	183,210,215,216,218,219,276,277,278,285,286,386,408,409,410,411,413,414,464,470,471,472,474,567
		44	308,348,349,352,353
		46	29,121,168,252,253,254
		47	65,67,68,147,148,231,397,398,416,602
		49	21,22,425,435,493,494,498,500
		50	419,531,532,537,538

人　　名	别　　称	册数	页　　数
宇垣莞爾		4	190,208
宇垣纏		4	179,206
		45	310
于學忠	學忠	5	502
		6	638
		28	278,334,338,342
		42	580
ウヰリアム・T・ハーネデイ	ハーネデイ,ウキリアム・T・ハーネチィ	7	555
ウキリアムス		22	114,115,123,134
ウキリヤム・エイ・ルーヴィ		25	543
右近司		11	352
宇佐美		10	559
		12	22,34,39
		14	130
		34	474,475
		49	514
宇佐美珍彦		4	151
		46	34,44,45
		50	577,578,579,580
宇佐美興屋		4	219
宇佐美寛爾		42	402
宇佐美六郎		42	37,52,61
潮恵之輔		4	107,115,169
		9	487
		10	260,270,280
		11	340,348,353
		12	1,7,8,21,33,36,38,41,43,47,48,49,51,52
		13	265
		15	409
		17	470
		30	3
于芷山		30	352,582
牛田		24	394
宇治野時彦		5	244
牛場信彦		40	376
		46	19,44,90,206

人　名	别　称	册数	页　数
牛場友彦		17	141
		35	2,8,9
		36	223
		37	1,26,33
ウシヤコツ		14	13
牛島		42	620
牛島貞雄	牛島	5	287
		32	415,420,421,427,446
牛島滿	牛島	32	327,333
石田		14	531
碓井		12	42
臼井		9	473,474
		12	2
		13	210,211
		42	476
		46	51,53,165,166
ウスイ・キヨヒロ		22	44,46
臼井胤正		47	478
臼田		44	590
臼田寛三		30	548,554
薄田義朝		41	402
于靜遠		42	415
		49	316
宇田川銀次郎		5	244
宇田耕一		5	287,300
ウチエキ		24	282
内川	ウチカワ葡キヲ	27	662
内記		27	120
内倉	ウチクラヨシヲ	27	665
内笹井香		5	244
内田		46	285
内田一郎		5	244
内田三郎		5	288
内田俊夫		5	296
内田信也		4	121,124
		14	497
		43	45,46,48,49
		30	3

人名	别称	册数	页数
内田藤雄		40	381
		46	14,94,206
内田康哉	内田,UCHIDA,ヤスヤ	2	157,365,366,378,393,409,646,656
		3	8,270,330,331,345,421,426,610
		4	104,144,211
		5	310,457
		5	
		6	35,75
		8	229
		11	516,517
		12	610,611,615,616,620,622
		15	604
		28	416
		29	355,367,368
		30	3
		42	80,81,87,90,91,115
		45	21
		46	325,326,327,331,334,335,341
		47	298,549,569,572,577,581,585
		49	462,463,464
内田山		5	444
内田良平		5	228,229,234,235
内野セイゾウ		27	646
内藤清		42	520
内藤正溫	セイオン	35	543
内藤忠夫		5	287
内村定雄	内村サザオ	22	362,363,371
内谷		11	93
ウチャマ		23	31,85,86
ウチヤマ・エイタロー	UCHIYAMA Eitaro	25	411
内山		23	81
内山英太郎		25	400
内山弘		45	394,396
		48	257,281,314,315,316,323,385
		50	469,471
于沖漢	于沖漢,于	2	558,562

人　名	别　称	册数	页　数
于沖漢		30	330,333,354,356
		42	401,405,406,407,408,409,411,569
宇板		8	528,529
ウツゲ・ノナヤールツ		27	242
ウット		50	184
ウッド・ウィリアム・アール		22	478
ウッドリヂ		22	76
宇都宮三二雄		5	300
宇都宮セイイチ		27	648
宇都宮良久	宇都宮善久	5	232,288
		28	6,44
ウデン		3	263
ウド		24	278
ウトワース・クレイトン・アール		27	259
ウネムラ・セイスモ		27	644
宇野満壽子		47	109,112,113,116
ウフートマン・アル・イー		27	225
ウマーデイン		24	393
ウマイ・プラ		20	243
海野		17	441
梅子		17	282
梅澤		26	10
梅澤治雄	梅沢治雄	44	294,392
		45	201,351,355
ウメド・アリ		23	45
梅津美治郎	梅津,美治郎	1	15
		4	134,156,160,215,221,528
		11	557,559,560,564
		12	335,339,341,342,343,353,356,393,402,404,405,486,491,582
		13	88
		14	98,100,131,141,152,196,197
		16	583,600
		17	392
		18	405,416,417,420,423,428,429
		26	643

人　名	别　称	册数	页　数
梅津美治郎		28	280,338,340,343,369,375,376,383
		31	606,611,612,614,615,616,617
		32	538
		34	103,113,137,150,192,193,197,199,200,201,202,203,207,208,217,220,283
		40	59,95
		42	437,439,444
		43	240,470,471,472,475,484,486,516,544,557
		44	334,335,336,383,468
		45	455
		46	495
		47	683,686
		49	2,3,6,7,8,9,10,11,14,15,16,21,22,26,28,29,30,32,35,39,52,56,60,63,68,69,73,74,75,308,322
		50	248,568
梅本富代		26	210
梅森正行		5	295
梅山滿男		5	239
ウライアリウディン		23	347
經亨頤		33	225
ヴラシエフスキー		11	536
浦田寅治郎		40	204
ロザエフスキー・コンスタンチン・ヴラチミロヴィチ	ロザエフスキー,ロザエフスキー・カーヴェー	12	461,479,480,598,599
浦部		11	142
浦部勝馬	浦部,ケイ・浦部,浦邊勝馬,浦部証馬,K. URABE,URABE Katsuma,ケイ・URABE,ケイ・ウラベ	31	443,453,458,462,529,536,538,624,633
		32	32,73,75,92,95,182,191,222
		33	28,37,134,322,328,465
		34	67,340
		35	191,197,216,220
		36	519
		37	20,89,184,199,242

人　名	别　称	册数	页　数
浦部勝馬		38	361,570,572
		40	398,439,507
		42	89,109,163,176,272,276,280,281,283,284,309,312,314,328,331,332,336
		45	341,345
		46	2,5,214,253,346,361,417,586,602,603
		47	83,296,367,698
		48	256,337,350,354,367,371,380,384
		49	378,387,388,390,395,636
		50	70,74,512
浦部百太郎		30	62
ウラマ		19	426,427,429
裏松		17	178
ウリアム		25	146
ウリアム・クォジェー	William Crozier	1	98
ウリバート・ロバート・シー		27	219
瓜生		25	422
瓜生喜三郎		5	284
ヴリンズ・チャールズ		27	242
ウルアッハ		16	518
ウルー		24	452,453
漆野壽一		15	122
ウルスラガー・ハマート	Willard Harmed	25	402
ヴルバン・ヴィナロフ	Vrban Vinaroff	1	110,182,217,358
ウルフ		24	236,243,244,245,293
ウルフスバーガー・クラレンス・エフ		27	215
ウルホ・トイヴォラ		1	554
嬉野通軌	ウレシノミチノリ	50	478,481,482
嬉野ミチノリ		12	377,378
ウワークマン		23	210
ヴワーゲン		23	311
ウワーブリー	Worldly	25	294
ウワーボチンシャル		38	85
ウヰルソン	Wilson	15	602

人名	别称	册数	页数
ウヲルター・ボツン		27	76
運		29	382,402,417,421
ウンゲ		22	30
塭原		19	4,82,84,169,187,198,221,251,274,281,295,302,319,336
ヴンセント・ベンネト	Vivcent Bennett,V. Bennett,ヴイ・ベンネット	22	253,255,258
ウンチゲール	Huntziger	50	197,198,199
エ・エム・ドログ・ハルトグリウロ		23	520,523

エ

人名	别称	册数	页数
エ・デ・グリム		14	5
エイ・アイ・ビィ	A. I. B	25	51
エィ・イ・ストロング	A. E. Strong	25	459
エイ・イー・パーツヴアル		17	420
エイ・エス・デビス		40	315
エイ・エッチ・ヂイキン		21	390
エイ・エフ・シー		46	389
エイ・エフ・スコット		25	36
エイ・エム・ドルーグ	A. M. Droog	23	397
エイ・オー・リチャードソン	リチャードソン	37	392,393,399,400
エイ・シ・ジエイ・デトウアール		24	195,223,245,246
エイ・シイ・クラーイエンブリンク		23	594
エイ・ジエ・マレイ		24	561
エイ・ジェイ・マーテイン	アーサー・ジェイ・マーテイン,アーサー・ジョン・マーテイン	39	214,231
エイ・ジェー・マニスファルド	エイ・ゼイ・マニスフイールド,エイ・ヂエー・マニスフイルド,A. J. Mansfield,A・J・マンスフイールド,A・J・マンスファーヅド	22 23	124,128 140,186,202
エイ・セウェル		22	448
エイ・ダブリユー・メレマ		27	275,296
エイ・ヂィレイ		16	259
エィ・ティ・ブルワー	A. T. Brewer	25	237

人名	别称	册数	页数
エイ・ホルスト夫人		23	392
エー・ジエー・マンスフイールド	A. J. Mansfield，A. Mansfield J.，エイ・マンスフィールド・ジエー	22	128，190
エイ・リッセラーダ	A. Riselada，	23	529
エイヴアリ・ジョンイー		27	228
エイケンス		24	148，151，152，153，154，156，157，158
エイジュイマンスフイルド		24	429
榮臻	榮瑧	2	512，513，518
		30	363
エイスバッチ		24	236
エイダウリュウボア		24	404，411，412
エイチ・イー・ボイセヴァイン	ハー・エー・ボイセヴァイン	23	638，639，640，648
エイチ・エイ・ジェーフライヤー		24	642
エイチ・エス・ウイリアムス	H. S. Williams	25	113
エイチ・ジェイ・チィムバーレイ		7	81
エイチ・タッカー	H. Tacker	21	316
エイチ・テルプテン		19	309
エイチ・ドリルスマ	H. Drielsma	23	667
エイチ・ハーゲナール		19	309，312
エイチ・ハゲーチル		19	308
エイチ・バロン・ヴハン・ティール		19	309
エイチ・ローラーソシ		26	173
芮芳緣		7	123，140，160
エイムス・チヤールス・エフ		27	212
エイヤード		23	19
エイラダウリューマイヤーズ		26	511
エウア・ウイー・カルシア		20	5
エヴアリスト・テイオテイオン		20	323，324
エヴアンズ		23	161
エウェリン・コーデル		17	71，72
エヴェレット・ドウムライト		39	227
エウセビオ・マチャイン	Eusebio Machain，エワセビオ・マチャイン	1	118，190，225，333，367
エー・アール・ボイス		8	232
エー・イー・アントノフ	アントノフ	34	309，310
エー・エイチ・デイキン		22	166

人名	别称	册数	页数
エー・エー・マッヂィー	A. A. Muzzey, A・A・マズイー, A・A・ムゼイ	8	191,232,277,299,637
エー・エス・ビー		22	366
エー・エッチ・マーフーヅ・ベイ		1	553
エー・エヌ・ラヒュセン	E. N. Rahusen	1	99
エー・エフ・クレッチマー		39	200
		44	4
エー・エフ・ゴードン嬢	ゴードン	22	282,284,285,286,287
エー・エフ・ゴルドン		22	343
エー・エフピー・ヘルせりー		19	307
エー・エム・バルトロミ・フェンイラ	エー・バルトロミ・フェンイラ	31	209,216
エー・エム・バルトロミュー・フェレイラ	バルトロミュー・フェレイラ	1	466,483,543,556,561
エー・エル・マハー	A. L. Maher	25	280
エー・シー・ゲデス	オークランキャンブル・ゲデス	2	114,121,130
		29	611
エー・セパーボディ	A. Sepahbody	1	571,618
エー・チー・マハン	A. T. Mahan	1	97
エー・ディー・エー・デ・カート・アンケリノ	エー・ディー・エー・デ・カート・アンケリノ	1	465,483,543,556,561
		31	216
エー・ティー・ラブアージ		19	184
エー・ベルネールト		29	338
エー・ポン		23	256,257
エー・マアクス・ガードナー		7	556
エー・ヤヴロッキー		34	99
エー・ワイ・ウイシンス		1	15
エー・デー・ダラティエ		31	208
エーエックスミルス		26	542
エーフエルトファネッセン		24	160,161
エーム・ジォゼフ・ドゥ・フルリオ	Aimé-Joseph De Fleuriau, A. De Fleuriau, アー・ドゥ・フルリオ	2	171,219
エーローソン		48	278
エオ・ヘン・ツアイ		22	98
江上		19	158
江上惣		40	272,292
江木千之		4	166

人　名	别　称	册数	页　数
		41	71,141,157,159
江木翼		4	124
		15	471
		30	3
		49	435
江草		13	634,639
江口		28	309
江口親憲		4	224
江口弘吉		40	226
江口傳八		5	254
江口俊男		15	122
江口繁		5	288
エグレ		38	562
エグレー		26	610
		39	210
エサース		23	311
江阪勇之助		5	252
エス・ア・ゴルンスキー	ゴルンスキー	14	1,60
エス・ア・ロゾフスキー	ロ,ロゾフスキー,ロゾフスキ	34	45,51,68,278,280,281,282,291,292,293,297,299,300,302,303,304,305
エス・アール・ピアスン	S. R. Pearson	23	447
エス・ヴイ・ビー・デイ	S. V. B. Day	23	186
エス・エイ・レエパート		27	196
エス・エス・エッチ		36	164
エス・エッチ・ハナ		23	480
エス・エム・バンフィル	S. M. Banfill	22	274
エス・エム・江村	M・江村	8	427,699,704,706,709,711,714
エス・グレイシイ		11	502
エス・ケイ・シュウ		27	343
エス・コヤマ	S. KOYAMA	15	568
エス・シユリンプトン		23	628
エス・ジー・レイモンド		2	49
エス・ダブリュー・ウェルズ	ウェルズ	37	30,205,252,310,311,331,332
エス・ディブレル		18	131,151,171
エス・デウ・ワール		19	291
エス・ドウホヴスキー		29	254
エス・フォーカス	エス・フアルカス	40	320,321

人　名	别　称	册数	页　数
エス・ベー・ド・ミエー	S. B. De Mier	1	172,205,223,240,365,392
エス・モリソン	S. Morrison	27	356
エス・ヤ・ロゼンブリート	ロゼンブリート,ローゼンブリット,ロゼンブリト,ロゼンスリート,ロゼンフリット,ロゼンブリット,ローゼンブリット・エス・ヤー	12	162,163,179,180,203,213,214,222,233,399,409,410,411,584,602,603,604
エス・古山	S. KOYAMA	21	276
		28	286,289
エス・中西	エス・ナカニシ,S. NAKANISHI	25	557,565
エスエイムクロフォード		24	81
エスエムイエーイデンブルグ夫人		24	40,42
エスグラカ		24	192
エスクリン		26	539
エスケール	Esquer	27	456,559
エスサー・ガルシヤ・モラス	エスサー・ガルシヤ・モーラス	20	346,369,370,371
エスター		22	23,24,26
エスティエンス	Estienne	27	560
エステバン・ヒル・ボルゲス	Esteban Gil Borges	1	455,461
エストラダ		29	334
ジェームス・エスビー	エスビー	7	180,181,198
エス・ヤー・ローゼンブリワト		13	176
エスロック・エィル・イー		27	212
エソアードヤードシコイ		27	261
恵田純久		31	501
恵谷信	西裡金藏	5	257
枝原百合一		5	299
エチ・イー・トムソン		28	184
エヅアード・スバーリング		7	85
エヅアルド・エフ・エス・ドス・サントス・リスボア	Eduardo F. S. dos Santos Lisboa,E. Lisboa,エー・リスボア	1	110,182,202,217,237,328,346,358,389
エッカーソン・エトウイン・ビ		27	259
エッカート・イブリン・シー		27	259
エッチ・イー・キンメル		50	118

人　名	别　称	册数	页　数
エッチ・イー・シー・ブレイタング	H. E. C. Breitung,ブレイタング	21	165
エッチ・エイ・グウイン		46	403
エッチ・エッチ・ポーレイ	H. H. Pauley	25	309
エッチ・キング	H. King	27	358
エッチ・クレートン		1	554
エッチ・ジー・チルトン		2	117,119,164,167
エッチ・ジェー・フィンガー	Henry J. Finger,H. J. Finger,ヘンリー・ジェー・フィンガー	1	400,425,432
エッチ・ダブリュー・マルキン		1	551
エッチ・ヂー・ウッドヘッド	H・G・W・ウッドヘッド	40	508,519
エッヂ・バシル・ハリソン		17	453
エッチ・ピースグッド	H. Peasegood,エイチ・ピィスグット	22	273,343
エッチ・ファン・エベンホルスト・テングベルゲン		1	556
エッチ・鈴木	H. SUZUKI,エイチ・スズキ,H・鈴木,エイチ鈴木	30	415,419
		45	500,503,507,511,514,516,519,526
		49	374
エッチ・エッチ・ジエイ・デ・フリース		24	195,223,243,246
エッチ・ジェースイ・メル・マン		26	508
エッチ・ジエー・デウ・ヴリース		24	236,244
エット・ボーグレイ		26	169
越野久雄		5	246
エデイ・ロガー・ケイ		27	218
エドウアルド・ペネヅユ	Endard Benes	2	158,160
エドウィン・T・レイトン	Edwin T. Layton	50	103,115
エドウイン・ヴイー・リーチ		39	213
エドウィン・エイ・ペトリイ	エドウィン・エイ・ペトリ,Edwin A. Petry	27	344,420
エドウイン・エフ・スタントン		7	165
エドウィン・エル・ネヴィル	エドヴイン・L・ネヴイール	1	550
		3	75,79
エドヴィン・エル・ブース		24	642,644

人　名	别　称	册数	页　数
エドウイン・ダブリュー・クーンス		26	511,548
エドウード・グレー		29	559
エドウキン・R・マクレイノスヅ		50	58,61
江藤五郎		5	244
エドガ・エム・フォード		16	616
エドガー・アラン・グリンフイン		27	658
エドガー・シー・ハルシーブズ		6	234
エドガール・マヴロコルダト	Edgar Mavrooordato, Edg. Mavrocordato	1	120,173,193,207,227,241,334,350,369,394
エドクィン・L・ネグメル		3	79
エドトフ		13	20
エドナ・M・ヒツカム		8	467,469
エドフード・エル・フィールド		27	124,125,128,133,135,136,138,140,142,145,146,148,149,151,153,154,156,158,161,164,163,166,167,169,172,173,175,177,180,182,183,184,185,187,189,190,192,194,196,198,199,200,201,202,204
エドマンド・マワクアーサー・シェッパード	Edmund McArthur Sheppard	23	37,187
エドムンド・ロームベルグ		2	4,30,45,63
エドモンド		29	338
エドワーソ・ロバート・エル		27	215
エドワーツ		27	258
エドワード・アール・ネル	Edward R. Nell, エドワード・R・ネル	22	465,477
エドワード・アンダーバーグ		49	182
エドワード・エリック・ウィリアムソン	エドワード・イー・ウィリアムソン	25	162,201
エドワード・エダレ	エドワード・エグル,エドワード・エグレ	40	327,328,329,330,333,328,329,330,333
エドワード・ゴッシエン		29	559
エドワード・ジョーナ・ネーサン	イー・ジェー・ネーサン	49	29
エドワード・ダラント		40	206

人　名	别　称	册数	页　数
エドワード・ピー・モナハン	Edward P. Monaghan, Edward B. Monaghan, E・P・モナハン,エドワード・P・モナガン,イー・ピー・モナガン,エドワード・ピイ・モナハン,エドワード・ピ・モナーガン,エー・ピー・モナーガン,エドワード・P・モナハン,エドウァルド・モナガン,エドウァルド・モノガン,エドワード・P・モノハン,エドワァド・ピー・モナハン,エドワード・ピー・マネハン,エドワード・P・モナハン,エドワード・モナガン,エドワード・ビー・モナハン,エドワード・ピィ・モナハン,エドヴァド・P・マナハン,エドヴァド・ピー・マナハン,エトモンド・ピー・モナハン,エドヴァド・ピー・モナガアン,エドワート・P・モナハン,エドワード・ピー・モナガン	6	595,596,604,606,608,611,614,617,620,615,618,623,625,628,630,632,634,637,641,641,645,647,648,650,653,656,657
		8	92,180,193,196,238,239,276,278,301,428,432,433,516,523,666,670,674,685,692,699,704,706,709,711,714,715
		9	45,47,52,79,330,340,385,395,513,525,537
		10	33,111,123,129,232,253,258,278,292,293,296,299,305,309,311,335,557,647
		12	54,186
		13	284
		14	405,519,562,570,580,592,594,632,644
		15	113,315,318
		17	153,154,155,259,482
		18	339
		21	274,276
		25	533
		28	93,102,105,287,289,354,356,386
		45	215
		46	610
		49	367,368,548
エドワード・フライ	Edward Fry,Edw. Fry	1	114,170,186,204,220,238,330,347,362,391
エドワード・リューウエリン・セント・ジョウ・クーチ		22	29,30,32,39
エドワード・W・グレゴリー		24	310,335
エドワード・アタムズ	エドワードアダムス	26	512,554
エドワード・アルベルト		26	170
エドワード・エフ・スクジンスキー		24	567
エドワード・ビューズ・ミルス		26	548

人　名	别　称	册数	页　数
エトワード・ヘドレー・アームストロング		26	169
エドワード・ヤン・ウールンベック		24	451
エドワード八世	エドワード第八世	32	45
		35	88
エドワイン・エフ・スヴェア	エドワイン・エフ・スヴアーン	25	49,440
エニグレス		19	302
エヌ・ア・バゼンコ	バゼンコ,エヌ・バゼンコ	47	705,713,723,727,728
		50	238,295,296,298,301,303,304,307,313,315,317,319,322,324,326,328,329
エヌ・エル・グラッセ		50	279
エヌ・クェリアール	M. Cuellar	1	566,614
エヌ・ジェ・リース	N. J. Leath,ニメジエー・リース,リース	22	274,275,304,343
エヌ・チィチュレスコ		29	513,515
エヌ・ディ・ティター	N. D. Teters,ティター	25	235,236
エヌ・ハートホーン	N. Harthoorn	23	527
エヌ・ピー・コムネーヌ		1	556
エヌ・ライヴィド		12	626
エヌエムミルス		26	508
榎塚		12	475
榎澤		26	23
榎本		15	472
榎本喜一		5	286
榎本重治		32	268,272,273,274,280,282,283,289,290
		38	76,77,168,169,179,180,185,211,225,227,228,230,245,247,264,309,319,322
榎本大吉		5	256
榎本武陽		4	11
榎本久一		5	297,298
エバアートファン・エッセン		23	564
江橋英次郎		5	287,295
江幡勝市		5	256

人　名	别　称	册数	页　数
エバン		20	356
エバンス・リー・エイチ		27	215
エバンス・リュウベン・エム		27	216
エバンスウイリャム		26	171
エバンヘリン		20	354,355,356,366
エバンヘリン・コスタス・ガルシヤ	ハイバン・コスタス・ガルシヤ	20	346,328
海老		7	348
蛯子由太郎		25	560
エフ・アール・エイイー・エス		46	389
エフ・アール・チャーマル		25	134
エフ・イー・モステイン	F. E. Mostyn	21	367
エフ・イエー・レイマー		23	477,480
エフ・ヴェヴェルカ		1	557
エフ・エイチ・カラハン	F. H. Callahan	25	459
エフ・エー・カール	F. A. Carl	1	426
エフ・エス・ジー・ピゴット	エフ・エス・ヂー・ピゴット,フランス・スチュワル蔔・ギルデロイ・ピゴット,エフ・エス・ジー・ビゴット,エフ・エス・チー・ビゴット,エフ・エス・ジー・ビー,ビゴット	42 44 46 49	30,32,33 378,479,480 368,370,371,373,380,381,386 30
エフ・エヌ・ロバーツ	ロバーツ	6	231
エフ・エム・フォンク		23	471,476
エブ・カイ・スー		22	98
エフ・ジイ・バーチォール	エフ・ジ・バーチォール,F. G. Birchall,バーチォール,Birchall,F・G・バーチャル	23	149,150,152,153,154
エフ・ジェイ・ダッド		17	421,458
エフ・ダルラン		11	361,498
エフ・ヂー・フレッチャー		17	423
エフ・デイ・ジオン		27	343
エフ・ディ・フィルド	F・D・フィルド,F. D. Field	22	280,339
エフ・ティーデマン	F. Tiedeman	23	527
エフ・デー・マーリル	エフ・デイ・メリル,F. D. Merrill,マーリル	49	415,419,420

人　　名	别　　称	册数	页　　数
エフ・ハー・テルヘーヘ		23	468,470
エフ・ハー・フォン・マイエンフェルト	エフ・ハー・フォン・メイエンフェルト	23	605,606,622
エフ・パラヴィチニ	バラウィッチニ,ドクトル・エフ・パラヴィテフ,エフ・ハラヴィテウ	40	327,329
エフ・パラヴィチニ		44	305
エフ・バラヴイチニ		26	637
エフ・ビー・ハギンス	ハギンス,エフ・ビー・ハギンズ,エフ・ビー・ハッギンス,ハッギンス,エフ・ビイ・ハギンス,エフ・ビイ・ハッギンス,F. B. Hugggins,Hugggins	49	600,602,603,605,608,609,610,612,613
エフ・ビル	F. Bille	1	97
エフ・ボックス夫人	F. Box	23	526,527
エフ・ホニケ	F. Honig	22	258
エフ・アール・チャーマーナ		25	133
エフイーフェローズ		40	309
エフオートーマスー		24	88,101102
エブチ・シゲル		13	490
エフベルトデウフリース		24	9
エフベルトフリース	エデウフリース	24	16
エミール・ガシー		6	232
エミール・クラウス		20	10
笑子		10	155
エミリオ・アンゴス		20	196
エミリオ・デ・パラシオス	イー・デ・パラシオス	1	465,483,553,561
エミリオ・ベロ・コデシド	エミリオ・ベロ・シー	1	464,482,543
エミリオ・ラオホルス		20	41
エミル		27	518
エミレ・ジクリオーリ	エミリオ・ジクリオーリ	2	54,69
エム・アー・マトコフスキー		50	268,279
エム・アール・ニコルソン	M・R・ニコルスン	8	7,12,30,49,61,63,68,116,118,122
エム・アリスティード・ブリアン		29	336
エム・ヴァルガス	M. Vargas	1	169,203,218,237,346,359,390
エム・ヴィ・ベルラ		29	615

人　名	别　称	册数	页　数
エム・エイ・ダステユヂス	M. E. Dastuges	23	13
エム・エス・ベーツ	ベーツ	7	197,198
		8	161,162
エム・エヌ・ゴルテーエフ		50	279
エム・エム・カラハン	カラハン	47	699,705,706,708,710
エム・エム・クノーベル	エフ・エム・クノーベル	29	180,193
エム・エル・シェパド		1	464,482,543,551,561
エム・ギルデンブラット		14	203
エム・ギルチン・ブラット	エム・ギルデンブラット,エム・ギルデングラット	34	76,77,78,79,80,81,82,83,84,85,86,87,88,89
エム・コーリ	M. KOHRI	23	445
エム・ヨシズミ		5	473
エム・ゾーリン		31	20
エム・タカナシ	M. TAKANISHI	23	150,154
エム・タカニシ		23	150,154
エム・チカン	ゴム・チカン・フォン・ワールボルン	29	193
エム・ディー・ペリンズ		1	551
エム・デー・ヴオルタート		10	577
エム・テー・菊地	エム・菊地	7	518,522
エム・ド・ギールス		29	180,193
エム・ニノマイヤー		23	312,313,316
エム・バン・ウールト		19	4,12
エム・ピー・ハバカンプ	M. P. Haverkamp	23	398
エム・ピー・ベックウィズスミス	エム・ピイ・ベヅクウイズ	40	59,110
エム・ビー・ミルス	ミルス,ミルズ	7	8,14,37,198
エム・フィッシヤー		7	287
エム・フラー		7	516
エム・ヘイワード		16	282
エム・ボウデー		32	132
エム・ヨヴァノヴィッチ		1	466,484,543,556,561
エム・ラツイス		29	323
エム・黑田	M・黑田,M. KURODA	17	154
		45	314
エム・横山		7	531,532,533,534,535
エム・江村	M・エムラ,江村,M・江村	5	672,673,686
		16	137
エム・小林		14	644

人　　名	别　　称	册数	页　　数
エムアールヒューズ		26	173
エムエルポウエル		24	563,566
エムギルデンプラット		2	147
エムダブリューオーホフマン		24	419
エム・メンショブ	M. Menshova,メンショブ,エム・メンシヲヴア	12	269,325
エムラクラン		24	562,566
エムラトウペリッサ	メルキヤヌスエムラトウペリッサ	24	124,127
江村元則		11	248
		16	288,289
		19	185
エメリー・エフイッシヤー		6	236
エメリヒ・プッリューグル		1	464,482,565,614
エモ		25	444
エラ・エム・ジェコブソン	イー・エム・ジェコブソン,イー・エム、ゼーコブソン	8	2,94,95,98,100,102,105,110
エラギン		14	28
エリアス		23	338
エリアス・デル・コスティラ		20	259
エリアス・ピー・サブラン		37	443
エリー・デイ・オマチ		26	80
エリーショーメッツ		27	589
エリーノア・バアク	Eleanor Barc	45	485
エリウィッチ		40	318
エリエツイスサドラン	Eliex Sadarn Dromax	26	171
エリオ		3	406
		47	324
エリオット	Elliot	21	137
エリオットコナード		27	227
エリオト・ワヅウォース		2	4,31,46,64
エリク・ルドルフ・スジストランド		1	557
エリザ・マグパンテイ		20	168
エリザベス・オーハンロン夫人		7	172
エリソン		24	89,112
エリック・ケネス・スコット	エリック・キンネット・スコット	22	471,539

人　名	别　称	册数	页　数
エリック・ジョン・ジョン・グリーン		22	339
エリック・スターン		20	366
エリック・ダブリュー・フライシヤー	Eric W. Fleisher, Eric Fleisher,エリック・W・フライシャー,エリック・W・フヲイシヤ,エリック・ダブリュー・フライシヤ,エリックダヴリニー・フラインヤ,エリックダブリュ・フライシアー,ユリックダブリニー・フライシアー,エリックW・フライシャ,エリックダブリユウフレイシヤー,エリックダブリユフライシヤー,エリク・フリューヒイレヤー,エリク・ダブリュー・フライシア,エクック・ダブリュ・フラノシヤー,エリック・W・フレイシヤー・オーストラリア,エリー・W・フライシャー,エリク・ダブリュー・フラレシヤー	9	114
		11	101,178,255,509
		12	58,59,86,362,378
		13	14,220
		15	304,328,406,512,557
		16	137,582
		17	60,65,84,104,259,303,304,482
		18	202,203,206,214,220,225,248,253,259,264
		19	184,186,212,348,354,356
		21	254,258,263,267,271
		24	474
		25	542,680
		26	22, 38, 55, 66, 78, 82, 88, 137,140,141,151,157,163,165,167,177,406,481,499,617,631,639
		27	77
		28	93,102,105,218,373,378,380,381,386,429,430,440,468,471
		29	73,79,144
		44	304,306
		46	286,291
エリック・ド・ヴィルジン		2	59
エリック・トラモンド		38	200
エリック・ビー・ホアグ		27	124,183
エリヒュー・ルート	エリヒュー・ルト	2	89,91,114,121,130
		29	605,610
エリマ・ハービーノースクロフト		1	53,66
エリマー・アルフレッド・モース	エルマー・A・モース	25	175,269
エリム		25	146
エリユウ		25	146
エリングトン		42	500,501,502,503
エル・アボット	L. Abbott	27	358
エル・イー・グリイフィス		27	6

人　名	别　称	册数	页　数
エル・エイ・シーワード	L. A. Seward,エル・エイ・スワード	27	343,365
エル・エー・ニューナム		26	169
エル・エス・シー・マイス	スマイズ,スマイス,スマス,スミズ,スミス	7	14,37,91,108,198,234,265
エル・エス・モルガン		7	172
エル・エム・イシット	エス・エム・イシット	1	15
エル・エム・カラハン	カラハン	30	172
エル・エム・ベーカー		17	453,454
エル・エム・ベタンセス		1	553
エル・エル・マケンズイー		24	196
エル・カラハン		29	294,300,306,307,308,309,323
エル・コスグレーヴ		1	15
エル・シー・ダブリュー・リーベ		26	511
エル・ティ・ジロー		36	444
エル・テイ・ライド	L. T. Ride	22	277
エル・ド・マレース・フアン・スウヰンデレン	エル・デ・マレース・フアン・スヰンデレン	2	355,364,367,377
ェル・ネイローネ		12	491
エル・ブローワー		19	307
エル・ヘエンメンス		24	162,165,166
エル・モリス	L. Morris	27	358,359
エル・ランジン		19	309
エルウィル・ベルナート	ベルナート,エルウィン・ベルナート	40	331,332,333
エルスム		24	523
エルチン		8	148
エルデニ・チオノン	エルデニ・チオノン・ヴアン	29	248,254
エルドマンスドルフ	Erdmannsdorff	11	390
		17	225
		46	158
		49	594,595
エルトン・エム・ハイダー	ハイダー	6	158,161,168,173,177
エルナ・E・ワルケンテイン		28	176
エルネスト・ジュリオ・デ・カルヴァリオ・イ・ヴァスコンセロス		2	124
エルネスト・ホフマン	Ernesto Hoffmann	1	570,617

人名	别称	册数	页数
エルビーサーチン		26	614
エルマー・P・フレミング	フレミング	40	299,302,304,305,306
エルモア・ヴイ・テイール	Elmore V. Deal	27	423
エルンチイー・ライド		22	316
エレ・ヘー・チァシン・イトリアゴ	L. G. chacin-Itriago	1	573,619
エレノ・ルカフォア		20	153
エレミヤ		19	21
エレリイ		22	439
エメ・イー・ゲネラーロフン		13	317
袁		31	524
エンカルナシオン		20	285
エンカルナシオン・ラインズ		20	283,284,285,288,289
袁金鎧	袁金凯,袁	2	556,558
		5	632
		30	333,354,581
		42	570,571
		45	505,525
袁世凱		2	415,416,439
		3	529
		28	275
袁濤		30	583
エングラシオ・ロサ		20	116
エンゲルス		23	314
エンジエル・メルカード		20	45
閻錫山	圓錫山,閻	5	568
		16	557
		31	541
		33	176
		42	475
		49	484
閻傳紱		30	583
エンジョ		27	178
阮振鐸		6	102
		30	582
		42	415
煙石	エンセキ	37	251,252,253
エンゼル・カヨ		20	9

人　名	别　称	册数	页　数
塩田淑夫		5	247
遠藤		19	314
		23	31,81,85,88,90
		24	303
		26	204,203,209
		48	411
遠藤一夫		5	297
遠藤幸税		5	256
		41	21
遠藤三郎	遠藤	5	288
		14	128
		30	465,466,473,476,477
		35	543
遠藤シンイチ		27	656
遠藤秀雄		40	195
遠藤喜一		4	189,191
		15	117,127
		44	339
遠藤柳作		4	173
		31	94
ラガルド	Lagarde	1	568,616
エントロップ		24	364
阮文明		27	522
エンリクエヅ		20	9,13
エンリケ・イー・プエロ	エンリケ・イー・ペエロ,エンリケ・プエロ,イー・イー・プエロ	1	466,484,558,561
エンリケ・ホータ・ガハルド・ヴェー	Enrique J. Gajardo V., Enrique Gajardo,エンリケ・ガハルド	1	567,615
エンリケ・ゴメス・カリリヨ	Enrique Gomez Carillo	1	115,187,222,331,363
エンリケ・トルン・イ・デ・アルスア	Enrique Dorn Y De Alsua, E. Dorn Y De Alsua,エ・トルン・イ・デ・アルスア	1	112,170,184,203,219,238,329,347,361,391

オ

オ・ギュ・ヘン		12	528
オ・ムンク	O. Munck	23	667

人名	别称	册数	页数
及川源七		4	150
		7	572,574,575
		32	513,514
及川古志郎	及川,オイカワコシロウ	4	113,150,162,182,189,215,219
		6	391,393,403,404,405,406
		10	260,262,264,269,275,279,294
		11	340,349,352
		13	264
		14	617,618
		16	290,292,293,296,306,310,570,571,572,573,574,575,576,577,578,579,580
		17	2,3,57,125,139,140,159
		29	66,86,87
		30	3
		41	364,366,367,461,462,463
		43	353,354,364,373,390,393,412,413,416,486
		45	266,310,401,402,426,427,446,447,449,450,451,453,454,458
		46	187,437,438,442,443,444,450,472,473,474,475,476,605
		48	80,102,104,113
オイゲニ・アンドレブイッチ・クレムレフ		20	2
オイチ・ツイチ		27	645
オイデ		20	283,284,285
小出石繁九		40	226
小出捨夫		20	210
小出ツヨキ		27	546
尾衛行雄		29	213
王		2	522
		7	236,267
		29	382,386,396,402,417,421,443
		31	499,502,503,504,506
		42	294
		45	51
		50	245

人　名	别　称	册数	页　数
オウ・ライパ		23	241
オウイダ		24	556,558
オウールタート		10	573
王永江		30	333
王毅		44	297
オウエン		25	488
オウエン・アー・コバート	オワェン・R・コバート，Owen R. Kobert	25	280,303
王延松		8	628
王稼祥		33	197
王羲之	WANG Hsi-ehih	28	259
		31	126
王以哲		2	517,521,522
		41	90
		42	394
王揖唐		8	622,623
		33	198
王樹耀		25	37
王曉籟		32	101
王羣		25	37
王憲章		7	471
王廣圻		1	552
王克敏	王叔魯	6	161,162,276
		8	621,622,648
		14	135
		29	10
		33	12,13,67,68,97,100
		34	401,402,404
		41	208
		42	271
王根醜		7	405
王子惠		8	629
王兹棟		30	583
王馨園		7	351,353
王瑞華		2	559
王生英		7	72,73
王成義		32	72
王正廷		28	11,61
オウタイ夫人		7	114

人　名	别　称	册数	页　数
王寵惠	王	2	122,131
		31	625,626
		48	261
王仲夫		7	361,369
王長貴		7	411
王陳氏		7	70
オウツカ		20	248,250,252
オウティ・アルサット		23	70
王丕承		6	152
王鼎芳		33	222
オウデマンス・バウル・ヒュバアート		23	308
王德林		2	545
オウトラム		22	177
王二旦		7	423
王二和		7	413
王潘		7	74
王福德		7	421
王明	陳紹禹	33	167,168
王蘭芳		7	470
王冷齋	王	5	522,526,527
		6	127,138,140
汪少丞		8	106
汪什尚阿巴圖魯		33	325
汪精衛	汪兆銘,兆銘,汪,精衛,王兆銘,王精衛	2	272,274,276,407,409
		6	159,313,320,579
		7	100
		8	119,131,133,628,628,638,647,648,649,650,654,657,664,665,669,670,671,672,673,676,682,683,684,690,702,707,712,713
		10	328,373,377
		11	219,257,258,423
		12	394
		13	242
		16	506,544
		17	11
		18	508,510
		19	94,126,130,176,330,333

人　名	别　称	册数	页　数
汪精衛		27	605
		28	338
		29	111
		32	40
		33	4,5,6,7,8,9,10,11,12,13,14,17,20,21,22,25,27,28,39,45,58,62,63,64,67,68,69,70,71,72,73,75,77,78,84,85,86,87,90,91,94,95,96,97,98,99,100,101,102,106,110,112,113,114,115,119,121,122,130,131,135,153,190,198,280
		34	32,401,402,403,404,405,406,408,410,411,412,413,414,416,417,425,426,427,428,429,431,432,433,434,435,436,437,438,439,441,442,443,444,445,447,448,449,451,452,453,454,455,456,461,462,464,466,468,469,470
		35	179
		40	356
		41	176
		42	116,117,118,119,126,138,140,141,170,441,444,580,607,609,612
		43	288,292,330,344,558
		46	119,120
		47	268,663
		48	37,38,192,204,215,360,387
		49	382,383,384,385,386,398,400,402,625
		50	249
黄田多喜夫	黄田	39	217,218,219,220,223,228
汪兆銘	見汪精衛		
オエル・エドワード・ジョン		27	212
オエロエバラング		24	125
オー・エイチ・ミード		2	49

人　名	别　称	册数	页　数
オー・エス・カルクルー		6	225
オー・ガイロード・マーシュ		7	487
オー・シー・ダブリュー・フュルマン		2	49
オー・齊藤	齊藤	19	43,44,101,104
大麻唯男		4	130
		30	3
		45	127
大井		11	529
		25	331,332,423
		27	384
大石		27	208
		38	55
		39	378,385
大石内藏之助		48	303
大石三良		5	286
大石宗次		39	121
大石保		13	413
		18	273
大石正幸	大石	9	247,252,275,276
大磯		10	155
大内		41	143
大内兵衛	大内	43	262,270,271
大内義秀	大内	44	410,489,490,495,496
大浦兼武		29	213
大潤光雄		31	390
大江昭雄		5	244
オー・エイチ・ノートン	O. H. Norton,オー・エッチ・シー・ノールトン	11	585,615
オーエン		25	27
オーエン・カニンガム		35	234
		46	118
大賀		26	23
大柿		9	263,284
大垣要之助		5	244
大金		18	491
		43	247,540

人名	别称	册数	页数
オーガバ・ヤシ		25	29
大川		46	205
大川建平		5	297
大川周明	大川	4	
		5	199,200,201,202,204,205,222,223,227,232,233,238,290,376,416,431,434,613,614
		16	583,600
		17	392
		26	643
		28	1,5,19,43,44,67,78,94,97,98,99,100,101,103,107,110,111,113,122,125,139,142,145,147,148,150,165,166,177,183,184,185,186,479,480
		30	557
		32	555
		41	310
		43	206,218,219,220,229
		44	348,349,350,351,353,426,427
		45	455
		49	500
大川内傳七	大河内傳七	4	194,196,200,208,599
		39	87,91,92
大河正内敏		35	492
大神田		27	18,19
大木		24	449
大木	ヲキキイチ	27	661
大木今次郎		5	288
大木榮一		32	340,344,345
大木作藏		5	244
大岸賴好		5	244
大木達夫		5	288,296
大城戸三治		4	139
		26	186
大串敬吉		13	11
		28	384
大串免代夫		5	288

人　　名	别　　称	册数	页　　数
オーグスト・シャルル・マロット		2	53
オークスト・リューム		15	367,371
大久保		9	503
		14	497
大久保清和		15	125,136
大久保高明		5	228
大久保武雄		4	224
大久保利夫		5	300
大久保ミチ		5	296
大久保彌三郎		5	299
大久保ヨウゾウ		22	44,46
大熊		7	159
		39	36
大隈重信		4	11
大熊譲		4	193
大厩		45	261
大倉		5	253
		30	285
大藏榮一		5	244
大藏公望	大藏	11	625,627,630,634,640,641,643
		43	559
		47	551,554,555
		49	359,361
オークランド・キアンプル		29	605
オークランドゲッズ	オークランド・ゲッドス	29	382,386,401,416,420,431
大河内一男		5	288
大河内又平		33	247
		35	542
大越		12	230
大越兼二		49	334,336,337
大湖光雄		32	49
		33	317
		44	27,28
大阪		15	133
		23	190
オーサカ		25	491,492
大阪正治		40	215
大崎	ヲサキケンイチ	27	667

人名	别称	册数	页数
大迫通貞	大迫	30	388
		45	49,50
		47	295
大澤	オサワ	12	462,466,467,468,469,525
		25	318,523,524
		50	217,218,227,235
大澤義一		5	296
大澤準		5	244
大下ベン		8	469,471,472
大下勉		5	198
大島		27	496
		28	294,295,474,475,483,484,485
		29	105
		33	245
		34	269
		35	11,17,18,88,89,90,94,96,97,99,104,105,107,108,111,119,120,121,122,123,124,125,127,129,130,131,134,135,139,144,145,150,151,152,155,156,159,227,229,230,231,232,233
		40	16
大島健一		4	169
		10	260,274,280
		13	265
		16	309,388,389,472,477,480,481,541,546,553
		18	333,342
大島兼三郎		26	596
大島豊		43	522
大島弘夫		15	118,130,137
		41	466,467,472,473
大島浩	大島,大嶋,大, OSHIMA, HIROSHI Oshima	4	440
		6	210,211
		9	306,312,462,464,468,472,476,477,484,539,544,570,577,580,583,595,596,598,599,601,612

人　名	别　称	册数	页　数
大島浩		10	1,2,5,6,7,10,15,16,17,23,43,67,77,159,336,337,368,373,377,378,385,386,387,388,420,433,435,449,471,529,532,593,605,640,641,646,669,673,676,678,679,680,681
		11	264,314,340,353,386,387,388,389,566,567
		12	230,231,393
		13	126,127,128,129,139,140,141,176,213,214,222,224,225,243,249,251,296,300,302,314,325,326,329,649,652,653,654,655,656,657,663,664,666,667,668,671,672
		14	132,180
		16	514,515,583,600
		17	11,470
		18	501,505
		26	643
		27	395
		37	476,477
		40	470,471
		43	291,292,323,341,544,557
		44	383
		45	455
		46	4,5,6,7,9,17,18,23,24,25,29,30,31,35,36,37,38,40,41,42,43,47,51,53,54,55,56,88,89,93,96,97,98,99,100,101,103,104,105,106,115,116,117,121,125,131,140,141,142,148,149,152,189,206,207,208,216,225,228,234,239,240,245,252,253,254,255,256,419,421,422,495
		47	29,32,36,37,77,157,368,389,397,415,416,420,428,435,593,595,596,604

人名	别称	册数	页数
大島浩		48	72
		49	291,292,293,297,501,503,505,506,511,516,517,518,519,520,533,535,539,543,544,547,549,550,553,554,559,560,561,562,563,566,567,570,574,577,578,581,582,583,584,587,589,590,591,592,593,594,598,600,603,604,605,607,608,610,611,612,613,622,625
		50	348,352,371,372,373,448,449,453,454,458,578,582,587,588,591
オースギ	OSUGI	24	286
大杉浩		44	482,487,488
大杉盛一		24	320,321,322,323,324
大杉守一		4	192
大鈴		34	462
オースチン・チェムバレン	アサートン	13	150
		29	329,333
オーストロ・ハンカリアン		29	556
大隅惠信		47	521
大隅重信		29	212
大角岑生	大角	2	1,407
		3	16,427
		4	112,217,574
		5	230
		14	495
		28	416
		30	3
		37	406
		41	140,149,156,160
		43	225
		49	523
大瀬戸三治		25	397
大田		42	81,178
		47	699,705
		49	42

人名	别称	册数	页数
大竹道二		40	201
大達茂雄		1	569,617
		4	108
		11	557,629,634
		14	135
		30	3,582
大谷		43	263,541
大谷稲穂	大谷	38	536,538
大谷尊由		4	127,145
		8	577
		9	501
		30	3
		43	13
大谷猛		45	518
大谷壙		5	284
		29	94
大束	ヲヒガシヒデヲ	27	666
大田原清美之		25	391
大摿		16	574
大地山郁太郎		5	296
大塚		14	547,549,575,581
		20	227,228,229
		23	551
		27	385
		43	197
大塚堅之助		28	384
大塚唯清		35	544
大塚茂		15	122
大塚忠実		5	297
大塚操		32	314
大槻		45	353,354
大槻章		46	292,295,296
大槻文彦		30	46
		34	365,377
大津淳一郎		28	110
大坪一馬		14	155,165,166,167,169,170
		34	85
オーティ・ミン		23	74

人名	别称	册数	页数
オーデン・ロバート・エヲ		27	224
オート	Otto	25	401
オードイン	Ordoyne	25	462
オートシャット		23	161
大西		7	349
		38	54,55
大西	ヲニシスエシ	27	666
大西アキオ	大西	22	55,56,57
		24	70
大西卯之助		5	240
大西悦治		32	317
大西要		13	636
大西新蔵		4	188
大西滝次		13	586
大西瀧治郎		4	163,204,207
大西竹二		32	317
大貫明幹		5	237
大沼利七		28	636
大野		5	511
		7	159
		10	94,98
		15	132
		25	371
		31	430
		43	117
大野一郎		46	445
大野清太郎		5	244
大野太郎		40	224
大野ハジメ	大野,Ohno	20	175,176
大野龍太郎		41	394
大野緑一郎		45	121,124,125
大場		42	449
大場吾一郎		5	256
大庭小二郎		25	399
大橋		3	179,180,181
		11	95,125,131,132,135,137,337,403,406,408,411,413,426
		12	181,183

人名	别称	册数	页数
		15	621
		17	15,31
		19	55,112
		36	452,455
		41	415
大橋憲一		40	215
大橋三郎		5	291,292
大橋静市		5	288
大橋理裕		5	287,295
大橋龍男	オオハシタッヲ	39	78,79,85,86
大橋忠一	大橋,大橋忠	10	120,165,360,622
		30	572
		47	96,103,104,105,106
大橋八郎		4	172
大橋兵次郎	大橋	40	65,133
大橋理祐		5	299
大庭次郎		15	119
大庭一		5	256
大庭春雄		5	236
大庭實	大庭德重	5	252
大林末雄		4	183
大原信一		28	6,44
		32	34
		36	187
大原八郎		5	299
大平		32	331
大平進一		43	194
大平秀雄		45	228,232,233
オービル・オー・デイーン		27	124,183
大藤直		5	299
大渕三樹		28	46
大船		24	567,571
オーベル		3	559
大町		46	286,291
オーム・ガートン・サージェント	オー・ジイ・サージェント	17	424,426,428
大村章一		4	144
大村清一		30	3
大村有隣		46	71

人名	别称	册数	页数
大森		9	201
		12	601
		13	441
大森一聲		5	288,292,293,295
大森醜藏		5	244
大森仙太郎		13	635
大森南三郎	ナンサブロー	39	452
大矢厚	オホヤ	35	542
大山		3	149
		5	77
		11	58
		24	226,234,236,243,244,245
		32	20,103,159,160,161
		46	60
オオヤマ・ホロミ	OYAMA Hiromi	50	242
大山厳		4	11
		30	67
大矢増雄		12	155
大山タツオ		27	651
大山文雄	大大山山文文雄	26	153,157,160,163,165,167,175
		30	542,543,545,546,548,554
		32	379,381,383
		38	579,581
		40	252,256,273,274,275
		44	211,212,213,215,216,218,219
オーラード・ロバート・ウィンセント		27	233,234,235
オーリジク		24	368,369
オーリバ		27	292,294
オール		25	474
オールセン・オドバル	Olsen Odvar	45	490
オーレリオ・アークチョ		20	258
大和田昇		4	186
オーン・キャイン		22	69
オーン・ミアイング	オーン・ミアイン	22	2,3,30,32
オーンス・ポー・クロードダブリユウ		27	223
岡		6	171,172,173

人　名	别　称	册数	页　数
岡		9	93,94,98,108
		23	43,45,48
		24	304
		29	47,49,51,52
		44	383,510
		49	289
岡市之助		29	213
		47	521
岡海		11	341,354
尾形榮藏		5	234
岡崎		21	394,395,396
		44	404
		50	180,182,183
岡崎文動	オカザキアヤコト	35	391,401,402
岡崎一明		24	332
岡崎勝男		7	214
		32	235,248
岡崎康一		43	50,51,54,55
岡崎コウジュウロウ		42	507
岡崎清三郎		35	544
岡崎洞雄		5	300
岡崎マスオ		25	44
小笠原三九郎		4	122
		30	3
小笠原長生		5	230
岡島		13	633,638
		23	339,342,357,359,360,361,372,374
岡東ジョーソウ		27	656
岡新		15	117,127
太田		19	44
		24	363,364,365
		27	270,271,605
		30	413
		43	300,318
太田一郎		40	195
太田果一		40	196
太田香苗		13	413

人　名	别　称	册数	页　数
太田香苗		18	272
太田金次郎		41	173,182,188,211,220,250,278,284
太田健吾		5	299
太田幸一		5	244,284
太田耕造		4	116,173
		10	137
		28	6,44
		30	3
太田三郎	ティー・太田,太田	11	341
		15	128,131,132
		19	44,104,112,113
		29	118
		34	43,54,55,56
		47	523,527,528,576
太田覺		5	240
太田泰治		4	152,200
太田為吉		47	663
太田正孝		11	643
		35	409
緒方孝三郎		5	297,298
緒方竹虎	緒方	4	130,131,173,664,665
		5	286
		30	3
		35	540
		44	472
		46	445
緒方眞記		4	189,192
岡敬純	岡敬,岡,Oka Takasumi	4	176,422
		12	34,35,39,42
		14	548,549
		16	570,571,572,574,575,576,577,578,579,580,583,600
		17	3,4,5,133,302,344,355,392,472
		18	28
		19	334
		26	643

人　名	别　称	册数	页　数
岡敬純		43	373,462,544,557
		45	203,204,205,216,283,310,401,402,403,404,409,410,411,412,416,417,418,422,423,424,425,429,434,435,436,437,440,448,451,466,474,475,478,479,482,486,533
		46	205,492
		47	495,496,670,696,729
岡田		13	461
		23	141,160,162,374
		24	165,487
		26	10
		29	103
		36	35
岡田菊三郎	岡田	15	130,133
		35	248,276,277
		42	605
岡田啓介	岡,岡田	2	1
		3	7
		4	103,123,127,210,216,574
		5	260,370,379,381,383,384
		6	35
		8	229
		10	136,143,144
		14	495
		30	3
		31	49,67
		38	206
		42	43,52,53,54,55
		43	239,244,247,318,322,403,404,405,409,410,411,413,430,457,458,462,466,467,471,473,474,480,483,489,490,491,493,494,498,499,500,501,502,525
		46	268,270
		47	259,616,629,636,684
		48	146

人名	别称	册数	页数
岡田啓介		49	341,344,345
		50	594,595,597,598
岡田兼一		4	468
		30	277
岡田貞茂	岡田貞外茂、岡田	39	59,60,62,63,156
岡田定友	岡田	27	86,88,112
岡田三四六		40	201
岡田島次		4	201
岡田條一		4	154
岡田武彦		15	102
岡田忠彦	岡田	4	117
		30	3
		30	3
		47	601
		48	342,345
岡田癡一		30	543,548,554
岡田治作		18	298,405,412,413,416,417,419,427,430,431
岡田トシハル		27	649
岡田トミヨシ		27	651
岡田直家		28	5,42,43,92
岡田尚	岡田	44	302,580,594,595
岡田文秀	岡田	17	15,30,31,73,158,168,296
岡田政一		26	43,46
岡田芳政		39	238,243,244
		42	473,474,477,478
岡田隆平	岡田リウヘイ	50	25,59,398,400
岡田良平		4	167
		6	37,70,75,79,93
		15	428,471
		30	224,241
		41	143
岡野		12	154
		13	441
		26	35
		49	633
岡野鑒記		31	380,390
岡林		25	32,34

人名	别称	册数	页数
岡部		9	252
		17	178
		30	473
		32	462
		43	190,196,198,210,218
岡部榮一		39	295,297
岡部史郎		15	120
岡部直三郎		4	139,220
		14	193
		25	189,190,192
岡部長景	岡部	4	116
		5	430,431,433,436,438,445
		30	3
		43	181
岡部信行	岡部	29	94,122,123
オカマ		24	398
岡松成太郎		15	117,127,134
オガミ		24	67
岡村峻		15	120,176
岡村伸吉		43	130
岡村寧次	岡村	4	138,139,219
		8	35
		11	540
		14	105
		28	8,59
		29	71
		31	484,592
		41	21,176
		42	124
		43	246
		44	349
岡村ヨシアキ		27	656
岡村リヘイ		27	645
岡本		10	523,629,630
		14	94
		15	131
		22	97
		43	185,202

人名	别称	册数	页数
		50	347
岡本一誠		7	159
岡本ケイメイ		27	654
岡本尚一	オカモトショウイチ	39	449
		45	221,240,242,243,302
岡本季正	エス・岡本,岡本	7	166,167,174
		32	96,109,110,111,112,115,117,119,121,122,124,125,126,127,128,129,131,132,133,134,136,147,148,150,152,153,156,159,160,161,522
		42	278,280,294,302,304,306,307,308,309,316
		46	414,417,418,433,434,436
		47	370
		49	475
岡本清福	セイフク	14	152
		31	516
		34	154
		41	267
岡本敏男		31	370
岡本連一郎		4	156
		12	502
		41	289,309
岡原	OKAHARA	23	136,188
オガルコフ		14	45
小川		13	264
		15	407
		24	323
		26	659
		27	17,18,19
		36	463
		42	500
オガワ・キヨシ		27	24
小川運平		5	228
小川貫璽		15	117,127,132
小川喜一		5	287,291,293,295

人名	别称	册数	页数
		41	297301
小河原浦治		5	299
小川郷太郎		4	120,125
		30	3
		35	377
小川三郎		5	244
		32	346,348,349
小川静男		45	540
小川順一郎		5	292,293
小川清四郎	Seishiro OGAWA	21	251
小川闞治郎		44	537,540,541
小川豊彦		5	257
小川藤一		5	254
小川平吉	小川	5	231
		11	102
		30	3
		44	324,330
小川ミカク		22	53,54
小楠正雄		5	286
小菅肇		5	259
オキ		7	21
	OKI	23	446,448
		25	269
沖		14	172
沖	ヲキキイチ	27	661
荻窪		29	112,125
荻洲重之		5	294,297,298
荻洲立兵	荻洲	5	287,294,295
		34	24,28,29,30
荻根丈之助		28	379
オキノ		23	295,296
沖野		23	285,286,287
荻野		24	634,635,636
荻野実		5	299
荻原徽		4	153,154
オク		24	441,442
小口守		5	234,238

人　名	别　称	册数	页　数
小口守		48	313,318,359,361,392
小倉		29	112
		45	311
小倉庸夫		5	299
小倉虎治		11	580
小倉正恒	小倉	4	110,129,149,228
		5	230
		11	340,352
		13	242
		14	600,618
		17	3,74
		30	3
		41	456,457,458,459,461,462,464
奥平		11	532
奥田秀夫		5	238
		28	40
奥戸足百		45	167
奥野光雄		5	256
奥野光紀		5	285
奥村勝藏	奥村	15	118
		32	241
		37	251,253
奥村勝三		15	128
奥村喜和男		11	643
奥村慎次		31	391,392,399,400
奥村正雄		24	591
奥山	オクヤマ	27	82,89
奥山条治		5	244
奥山隆三		5	295,297
奥山八郎		28	6,44
		34	267
		38	40,51,60,74,168,179,180,185,204,207,211,225,227,228,230,234,235,245,247,249,256,264,266,273,301,305,306,309,319,322,327,328
		46	442,620

人　名	别　称	册数	页　数
小粟		26	10
小栗銀三		36	336
小澤		14	545
		23	156
小澤開作		42	414,415,417,418
小澤治三郎		4	163,177,178,183,196
小河正義		5	244
オコバヤル・タケシツ		27	655
オコリクサニー	Okolicsanyi	1	97
オサキ		23	544
桶口源之輔		5	286
尾崎	ヲサキケンイチ	27	667
尾崎	ヲサキカツヲ	27	669
尾崎		33	243
		50	108
尾崎海冶		5	239
尾崎敬義		5	285
尾崎十一郎		5	288
尾崎憲彦	オザキ,Osaki Toshihiko	25	71,96,97,98,112,113
オサキソ		25	146,147
尾崎秀實	尾崎秀実	15	132
		47	164
尾崎莊太郎		33	317
尾崎行雄		5	471,472
オサケ		23	560,561
オサドチアック	Osadchok	22	277
長内茂		40	196
長内秀一		40	221
小田島董		26	152
		40	54,56,75,77,78,79
小田島		9	94,96
		45	488
小田村利武		24	303,307,308,310,330,331,332,333
小田十莊		5	254
オダタキヲ		8	636,637
小田		23	598

人名	别称	册数	页数
		42	500
小田部健一	オタベ、ケンイチ	8	628,668,672,683
オダムラ・トシケ		27	646
オダラ		25	292
小田原俊彦		4	204
オシポフ		12	151
オジマ	OJIMA	23	165,177,183
尾島健次郎		5	244
オスカー・ダブリュー・アンダウッド		2	114,121,130
		29	605,610
オスカル・ヴォイト	ドルトル・オスカル・ヴォイト	2	9,38,55,70
オスカル・ジョージ・ポチェ	Oscar George Potier	1	429
オスボーン		29	417,421
オズホーンジェームスヴイ		27	229
オスボーンロズウエル・エイ		27	220
オスラー・トーマス	オスラア・トーマス,Osler Thomas	22	274,300,301
歐三太田	歐三	16	318,319
織田		5	433,436
織田		17	178
織田		37	241
織田		43	198
オダ・ナガハル		9	339
尾高		33	336
尾高龜藏		4	219
オタケ		24	398
尾竹二三郎		5	296
織田三郎		24	482
尾田定顕		15	122
オタハラ・キヨトミ	Otahara Kiyotomi,オタハラ,Otahara	25	409,410,411
オヂマ・ソケラ		27	646
オチルダーラ	オチルダラ	50	382,383
オチルバト		50	376
オック・ジョン・ソッチイ		27	223

人　名	别　称	册数	页　数
オットー	オイゲン・オット,オット,オットー,オイゲン・オットー,オ,オットー,オットー・デイー・トリシュス,オットー・デイー・トリシスチャス,イゲン・オットー,ゲネラル・オット,Ott,Eugen Ott,ウジェン・オット	2	338
		9	398,399,401,402,442,469,580,588,608,612
		10	24,34,38,43,51,59,73,130,133,151,156,159,165,196,197,208,209,210,215,217,220,224,239,241,244,297,303,307,331,333,337,347,350,354,357,364,368,413,421,433,435,449,452,467,480,483,488,585,586,588,605,618,619,622,623,631,670
		11	8,233,235,238,260,264,265,294,300,318,337,382
		13	239,249,289,296,302,320,326,331,353,363,372
		15	105
		16	303,308,445,465,472,473,475,476,518,553
		17	16,22,42,225,254
		29	105
		35	96,100,101,106,112,133,143,159,160,176,177,214,216,217,224,225
		39	198,201
		40	470,472
		40	363,364,374,379,402,412,440,441,442,443,445,449,465,466,467,468
		42	610
		43	304
		44	2,3,370,371,372,458
		45	275
		46	96,98,105,107,108,109,110,111,112,113,114,115,116,124,126,128,130,131,158,177,184,186,187,191
		47	17,61,62,63,93,94,96,97,99,102,157,160,161,163,164,277,278,415,652,665,666

人　名	别　称	册数	页　数
オットー		48	44
		49	408,550,563,616,625
		50	62,63,65,66,67,349,350,351,352,415,541,542,546
オットー・キューン	Otto Kuehni	18	234,236,238,239
オットメル・ビン・ダブリニウ		27	214
小津治三郎		4	202
オツホート		13	207
オデロ		25	290
尾頭		27	629
オドール・フォクス		25	527
尾戸長春	ODO Nagaharu, Hagaharu ODO, ODO, 長春, 小戸長春, オド・ナがハル, 尾戸ナガハル, ナガハル・オドウ, オドウ・ナガハル, オドナカハル, オドナガハル, ナがハル・オド, オドウ・ナがハル, ナガハル・ヲドウ, ナベハル・オド, オード・ナがハル	6	603,606,608,611,614,617,620,623,625,628,630,632,634,637,641,645,647,650,653,656
		8	231,669,684
		9	524,537
		10	33,89,111,123,129,186,212,214,232,253,257,298,304,308,311,549,619,620,623
		11	3,37,101,178,182,310,432,482,577
		12	186
		13	220,262
		15	321,333,556,557,568
		16	16,21,26,59,62,64,66,74,78,87,90,100,137,148,166,169,175,193,194,201,202,205,209,210,213,222,223,226,283,313,319,332,345,347,351,359,369,370,375,377,386,399,428,432,565
		17	40,47,83,104,176,216
		18	374,486,520
		19	3,115,194,220,324,346
		21	274,276,279
		25	533,536,541
		27	681,682,685,686,687
		28	282,284,286,325,459,468

人　名	别　称	册数	页　数
尾戸長春		29	460
		42	142,148,151,182,185,187,189
		46	328,332,336,338
		49	353
			85
オトン・レオン		2	56
同岡本尚		39	205
中谷	ナカタニ	23	300,305,327,330,342,374
オナデラ・ジョジ	オナチラ,綠パンツ	23	544
鬼塚明治		30	487,511
オニッブコ		14	45
小沼正		5	236
小沼利雄		40	218
小沼ハルオ		9	126,127
オネト	Oneto	27	537
小野		24	41
		27	172
		32	433
		32	317
		43	243
オノ・ブイチ	オノ,ONO Buichi,ONO	20	319
		25	410,412,491,492,493
小野久彦		5	300
小野内		12	475,477
小野間三雄		5	246
小野喜作		31	187,560,607
		34	195,237
		40	524
		49	4
小野悟		24	580,581,633,637
小野周一		40	195
小野新三郎		13	484
小野清一郎		32	214
		37	343,348,404,409,414,423,428,438,446,453,458,523
小野敬直		24	479,480,502,504
小野猛		30	134,135,147,149
小野武		25	392

人　名	别　称	册数	页　数
小野寺		24	43,44,45,48,49,50
		34	401
小野寺五一		42	102,166,167,173,365,366
小野実信	サネノケ	35	540
小野實		22	381
小野義德		5	239
オノラタ・デ・ラ・ローザ		20	398
オノルス・ナイフス	Ruthnyhus	16	113
オハウス		20	114
小畑		12	401
		14	172
		29	93
		43	222,223,227
		46	303
小畑愛記	アイキ	35	544
小幡乕太郎		5	228,234
小幡實		41	290,291,295,296
小畑忠良		4	227
		35	544
		41	434,445,446,475
小畑長左衛門		4	193
小畑敏四郎	小畑	4	120,131
		30	3,444
		41	11,48,100
小畑乕之助		49	633
小畑信良		4	136
小幡酉吉	小幡	4	169
		10	260,274,281
		11	340,349,353
		12	1,7,12,21,33,38,41,47,49,51
		13	265
		16	310
		17	252,470
		36	567,568
尾花		11	84
オバラ		27	95,96
オハラセイダイ		24	276,277,280
小原騏直		4	107

人名	别称	册数	页数
小原直		4	113,117
		5	230
		30	3
小尾		11	559
帯金豊		30	487,511
帯川丑松		40	216
小尾晴敏		28	54
小尾哲三		49	307,310,311
オピニヨン		20	124,132
オプトラ		16	464
オブライエン・ションフ二世		27	261
オベラ		25	445
オマ・チュキ		23	86,87
オマンタ		20	269
渥美鐵三		40	297
小山田劍南		5	234
オラーフスン	Olafson	25	237
オラフ・ライパハ		23	241
オランダ		22	516
オリ・レイ		19	200
オリヴァ・エドウィン・ローバツ	オリヴァー・E・G・ロバーツ	25	313,496
オリヴエラ		24	214,217
折柄		16	528
オリシャマ		24	33
オリステンソン	Ohiristenson	25	231
オリムピオ・パンセパ? ンセ		20	32
オルセン		22	493
オルソン・ハロルド・ジエイ		27	215
オルダム		23	278
オルドハム・ハラチャル・テイ		27	225
オルトン・ジヨシユア・ビー		27	214
オルバート・リチャード・イーマン		27	236
オルムスランド・ブリフォド・エイ		27	241
オレイニコフ・ウィクトル・ワシーリェウィチ	オレイニコフ・ヴィクトル	12	523
		50	214,216,219,220,232,234,236

人　名	别　称	册数	页　数
オレイ・ニコフ・ミハイル	オレイニコフ	12	521,524,526
		50	219,224,225,228,229,232,235
オローフ・リパ	リバ・オロフ,O・リパ,オロフ・リーパ,リーバオロフ	23	244,245,248
		27	291,292,294,296
オン・グチヤング・キ		24	7
オン・チャン・キイ	Ong Tjang Kie	23	667
オン・リイヤン・チュイ		25	35
オンサン		39	329
恩周記	オングチューキイ	23	347
翁照垣		33	176
オンスラッド・マートル・エス	オンスウッド	27	256,260
溫宗尭		8	629,630
オンドレイカ・ウィリアム	オンドレイカ	27	258,261

カ

人　名	别　称	册数	页　数
カ・エム・エル・ファン・ブラーケル		19	297
カー	Kerr	20	121,330,335,338
		21	49
カー・ウェー・ロザエフスキー		50	279
カー・ウェルター	K. Welter	23	667
カー・スホルテンス		19	296
カー・ペチコ・フ		23	368
カー・アー・スメターニン		13	313
カーヴィ		23	435
カーク		34	335
ガーシヨン・デビト・エス		27	212
カースウエル		46	548
カースル・ウアーンーロィ		27	233
カーソン・オプ・グドレストン		29	214
カーター		45	301
カーター・アーヤーデイ		27	224
カーター・ダヴリウー・クラーク	Carter W. Clarke	13	360,367,386
カーター・ダブリュ・クラーク	カーター・W・クラーク,Carter W. Clarke	10	639,652
		17	115,186,192,220,222,232,243,246,262,274,277,310,315,354,359,362,364,369,372,485
カーチスウレン		24	569

人　名	别　称	册数	页　数
ガーデナー		42	510
カーデュー	カーデー	42	500,502,504
ガードナー・シー・カーペンター	ガーテナー・シー・カーペンター	9	396,397
カートライト		25	139,145
ガーニア		29	396
カーネル		24	645
カービー		24	375,400
カーライル・トマス		27	224
ガアリ		44	272
カーリン		29	338
カール		27	510
カール・E・ステグマイアー	Garl E. Stegmaien	25	167
カール・O・ホーソーン		8	24
カール・エイチ・バイアスフオン・ウキーガン		35	121,177
カール・エッチ・カースケ		6	236
カール・エッチ・ジヨンソン		6	236
カール・エッチ・バーク		6	235
カール・ジョーンバウム	カール・ジーゼンハウム	27	326,327,331
カール・スタデ		1	553
カールエドガーゼンセン		26	172
カールセン		23	462,463
カールソン		6	232
カールトン・エイチ・クラーク	Carlton H. Clark	25	436
カール・ベビオーテイア		27	334
カアルヤン・アルネ	Karlsen Arne	45	490
カーロ・トレル		32	132
カーン		25	285
カーンスン・ジヨン・イリヴィン		27	236
ガイ・H・スタッブス		40	322
カイ・エン・モク	Kai Yion Mok	27	603,613
ガイ・オー・フオート		20	46
カイエタノ・ナーラ		20	256,260,261
カイザー		43	500
ガイスト		6	229
カイゼル・ウイルヘルム二世		47	155
開田清一		5	3,41

人名	别称	册数	页数
カイテル		2	335
		9	473
		10	15
		13	653
		35	167,244
		46	164
			407
ガイト	Gaide	1	426
戒能通孝		47	213,280
カイパー	Kuyper	23	9
海民聲		7	379
カイム		26	158
カイラ		50	356,357
解良七郎		9	276
カイルンズ		24	402
カイロラ		23	284,285
ガヴア・アレン・イー		27	238
カヴァッレーロ	Couallera,Kauallao,	10	657,659,660,661
ガウス	Gaus	9	550,567
		10	644
		32	111,122,123,124,125,126,128
		46	42
		49	514
ガウト	Gaut	22	247,248
カウフマン		11	537
カウブレ・テウラカイ		25	117
カウマン		48	278
何禹門	何禹門	7	333,368
ガエタノ・マンゾニ	Gaetano Manzoni, G. Manzoni,ジー・マンゾニ	2	157,160
カオ・リンメイ	カオ	32	18
何應欽	何,河應欽	5	502,566,568
		8	628
		10	169
		14	125
		28	347
		30	473
		31	606,610,614,615,617

人　名	别　称	册数	页　数
		41	21
		42	287
鹿岡友次郎		13	414
		18	273
賀會卿		7	317
何果忠		6	605
香桂		31	195
香川		7	348
賀川	カガワハルヲ	27	661
賀川豐彦		40	367
カギシマ		24	398
柿沼	カキヌマモリヲ	27	659
柿本權一郎		13	413
		18	272
郭		7	139
赫永德		2	507
賀來佐賀太郎		1	465,483,543,555,561
		31	216
郭餘三		8	36,38,39
郭松齡		30	328
		2	441,467,470
郭泰祺		4	167
		30	513
		46	343,592
		48	86
角田覚治		4	204
學銘		6	638
郭兩岐	ケイリャンキ	23	347
額勒春		30	583
掛川忠		15	125
影佐		33	18
		45	478,479
		50	415
影佐禎昭	影佐,影佐楨昭,カケササヨダアキ	34	400,401,402,403,404,405,406,407,408,409,410,411,412,413,414,415,416,417,418,424,425,426,427,428,430,431,458,459,

人　名	别　称	册数	页　数
			461,462,463,464,466,468,469,470
		47	294
何傑才		7	434,565
影山		23	319,324
影山正治		5	239,252
何建		42	294
華嵒		5	542
カコイ		24	369,370
何香凝		33	200,225
鹿兒島虎雄	鹿兒島	31	179,180,182,188
カサ・ビン・サンタミ		23	406,559,560,562
笠井		6	134
我妻東策		5	288
笠井平十郎		30	449,450
香阪昌康		49	246,251,252
笠木良明		5	612,613,618,619
		28	7,57
カザジュー・セミル・アギエ・ヴァレンチンク	Cazajous Cecile Agneo Valentine	27	484
笠宮		32	460
カサハラ	KASAHARA	49	605
笠原	カサ原	9	547,548,549,554
		11	559
		13	189,190
		18	385
		29	105
		41	30
		50	239,240
笠原權一		5	252
笠原幸雄	笠原	4	135,139
		12	88,89,91,92,93,110,111,112,113,122,123,124,125,126,127,159,160,161,194,198,200,578
		34	102,120,121,122
		46	28,29,32,33,36,37,169,226
		47	397,414,417,418,428,594
		49	32

人　名	别　称	册数	页　数
カザビアンカ	Casabianca	27	496,497
風間泰男		31	266,294
		38	509,510
		42	413
風見章	風見	4	114,172
		10	279,294
		13	264
		14	575,581
		28	601
		30	3
		41	463
		43	277,284
風泰男		32	34
カシアマ		22	512,515,519
		23	458
		24	543,544,548,549
香椎		43	247
		45	518
梶島氏		15	370,371
梶塚		40	96
鹿島守之助		35	543
梶間増治		5	245
樫村		24	239
カシモト		24	612,613
カシヤ	クッドラ	25	61,63,64
賀正坤		7	329,331
柏原幸一		5	287,295,300
柏原孝久		34	4
柏原兵太郎		5	287
梶原	カジワラッキヲ	27	665
梶原		37	249
梶原攜生		5	257
葛生修吉		5	228,234
カズキキヨシ		27	667
ガスキル		25	501
ガスキル・メリル・アール		27	212
カスチャ		23	521
カストナー・アール・ケイ		27	212

人名	别称	册数	页数
ガストン		27	466
ガストン・カルラン	Gaston Carlin, Carlin, カルラン	1	123,174,195,208,229,335,350,371,395,455,461
ガストン・ブニエル・アルバート		27	233
ガストン・フランソア・タルバ		27	505
ガストン・ブルゴア	Gaston Bourgois, G. Bourgois, ジェー・ブルゴア	1	568,616
數馬伊三郎		39	205,423,434,455
		40	53,159,162,165,312
		46	264,278
カズムラ		24	10
カズヤマ		23	509,513
ガスリー		24	206,207
カズロフスキー		47	409
加瀬		10	371,529
		16	318
		17	249,292,366
		43	509
加瀬俊一	加瀬	37	208,214,215,219
カセイ・ビルディング		46	351
カソーラ・フエルナン	Casaula Fernan	27	480
カタイワヲ		27	667
片岡		6	209
片岡氣介		5	232
片岡潔	片岡	5	287,295
		14	498
片岡俊郎		5	245
片岡駿		5	238,255
片桐	カタギリタメヨシ	27	659
片桐		33	412,416
片桐英吉		4	184,207,220
		18	385,386
片倉衷	片倉	12	482
		28	19,67
		30	380
		32	557
		42	401

人　名	别　称	册数	页　数
		45	94,95,96,97
		49	301,305,306,441
片島武義		5	254
鹿谷常雄	ジー	21	77,81,100,177,181,185
カタヤマ	KATAYAMA	23	151,152
片山		22	47
片山魚		4	336
片山文彦	カタヤマフミヒコ	27	660,668
片山義雄		18	323
カタリナ・ブテー		20	287
カチィエ		29	401
香月新		7	344
香月清司		5	529
		31	541,557
		41	214
カツジ・シマムラ		20	290
勝逓信		43	117
カッテンブルグ		23	442
勝沼		50	424
カップレスヨシ		25	402
勝部		9	2
		27	638,640
カッペレン	Cappolons	50	295,328
カッマ		23	641,642,644
勝正憲		4	123
		30	3
勝村		23	419
		24	64,65,67,68,119
勝山	カツヤマットモ	27	669
桂村只一		32	317
カテイール	カチィエ	29	381,385,395,401
カテリーヲ・リストリ		27	516
加藤	KATO	7	350
		9	81,82
		11	302,334,427,526
		15	418,427,428,429,444,451,452,460
		22	86

人名	别称	册数	页数
加藤		23	86
		23	343
		24	136
		24	255
		27	130,131,132,133,165
		28	125
		29	122
		43	303,372,374
		50	272,280
加藤	カトウモリゾウ	27	668
加藤一平		47	208,216,219,221,225
加藤エイメイ	Kato Eimei	45	487
加藤于菟丸		5	286,287
加藤寛治	加藤	4	215,216
		5	230
		38	17,83,122
		41	143
加藤キカチロウ		27	650
加藤喜八郎		24	582,638,639
加藤末平		35	543
加藤金治		5	288
加藤源造		40	199
加藤修治		5	288
加藤昌平		9	276
加藤外松	加藤	11	361,498
		17	45,46,120
		30	257
		38	387
		43	558
		49	521
加藤高明		29	207,213
		30	241
加藤隆久	加藤	34	413,419,423,424
		41	263,268
加藤隆義		4	180,218
		46	438
加藤タダフ		27	655
加藤哲太郎		40	196

人名	别称	册数	页数
加藤傳次郎		37	220
		47	299,425,458,463,480,519,538
加藤友三郎	加藤	2	114,123,131
		3	610
		29	382,384,386,402,417,421,456,606,611
		38	81,84
加藤直臣		5	258
加藤ハナ		28	459
加藤春海		5	244
加藤善吉		5	245
加藤義秀		4	225
加藤鐐五郎		35	477
加登川		45	354
カドガン		3	346
香取		50	473,474
カトルー		11	104
		46	415
門脇	門脇	12	22,34,38
門脇秀光		47	465,468,469
門協信夫		5	245
門脇正男		40	215
金井		11	527
金石一雄		28	6,44
金井章次		30	323,324,335,336
		42	402
金井滿		5	288
金内良輔		5	232,233
		28	7,58
		33	317
金岡喜四郎		40	215
金阪義郎		15	125
カナシゲ・マサヨシ		27	643
カナシロー・フクカン		25	95
金瀬薫二		30	560
金城福寛		25	71
金成增彦		5	288
金森		6	39

人　名	别　称	册数	页　数
		14	497
		15	472
金森徳次郎		30	3
金谷		5	447
		31	41
		41	4,5
		44	347
金谷靜雄		46	344
金谷範三	金谷,金谷半造	4	156,215,216
		5	219,382
		12	167
		14	125,126,131,178
		30	444
		45	86,87
カナリス		46	154,165
カニヲカ		22	517
金		7	45
金		22	26
金		31	496
カネー		46	75
カネカ		24	281
金子		11	354
		13	633,638
		17	129,278,469,470,479
		23	66,640,641,642,643,644
		24	14,68
		26	56
金子賢太郎	金子堅太郎,金子型太郎,金子	4	166
		6	38,302
		9	314,327,375,488,503
		10	281
		13	265
		14	497
		15	408,416,417,419,410,422,423,426,429,430,433,435,436,441,445,447,448,449,456,457,463,465,466,471
		16	290

人　名	别　称	册数	页　数
		18	332,333,343
		41	141,144,145,157
金子拙郎		5	297
金子定一		5	284,288
金子繁治		4	192
金子シゲモリ		27	655
金子マスミ		27	643
金子光野		19	137,138
金子倫価		26	153
金澤		49	42
金澤誠忠		22	70,71
カネシゲ・ヨンヲ		27	650
金原		25	101,106
兼松學		15	122
金丸松藏		40	192
金丸吉男		5	297
金光		36	463
金光庸夫		4	117,127
		5	287,295
		13	263
		30	3
		45	127
		49	72,76
金本慶吾		24	482
カノイカ		22	519
加納		14	129
		46	369,370
嘉納信		5	257
鹿子木員信		5	287,293,295,614
樺山		47	85
樺山資英		5	230
カビツ		22	391
		24	524
ガヒロ・マサヲ		27	651
カフエリネ・ヴイラモル		20	80
カブナレ	Kabunare	25	74,145
カブラン・ビー・エイ	ビー・エイ・カブラン	12	610

人　名	别　称	册数	页　数
ガブリエル・マウラ	Gabriel Maura，ガブリエル・マカラ	1	113,170,185,204,347,361,391
ガブリラグ・フエルナン	Gabrillagues Fernard	27	593
カプロウッ・レオサド・エス		27	260
ガベル		40	331,332,333
賀芳		11	108
河北克己		13	463
河北健治郎		50	481
釜澤正雄		40	216
鎌田栄吉		4	167
		6	36
		15	471
		41	141,157,159
鎌田良夫		31	232
鎌津		11	539
カミーユ・ゴルジエ	カミーユ・ゴルジュ	26	329,354,385,433,450,492,536,604,605
		27	7,40,304
カミウラ		27	166
神浦	カミウラ	27	140,145,148,173
神尾茂		5	285
神川		15	134
カミクベ		25	39
神崎正義		4	84
		41	366,375,377,378
		42	76
カミスキ・コウタロウ		24	332,333
神田		15	135
神田孝一		5	288
神谷・K		17	451
神谷光		5	245
神田正種	神田	12	125,128,129,159,193,194,198,200,578
神田稔		5	245
カミトガ・コウ・スケ		25	37,38
神德達也		5	300
カミノカ	片目，cyclops	24	551
神林義治		1	319

人名	别称	册数	页数
		2	55
神戸初明		25	356,381,383,386
神本啓司	神本	25	356,379,382,384,385
香宮		32	487,499
神山英		5	245
カミン		22	375
カミング	Cumming	22	133
カミンブス・ヴィヴィドイ		27	238
ガムバラ	Gambara	10	656,657,658
嘉村		45	99
カメイ		27	273
亀井		49	633,634
亀井辰雄		45	17
亀川哲也		5	245
亀太郎		5	297,298
亀山		17	177,179,193,247,249,263,266,268,295,360,366
		34	278
亀山一二	龜山,龜山一二	37	222,239,240,241
		42	78,79,84,85
		47	407,412,413
亀山孝一		43	95,96,99,100
		47	210,213,214
カメルリンク	カマリンク,カメル・リンク	29	383,387,396,402,417,421,432
カメレ	カマラ	29	382,386,396,402,417,421
賀屋興宣	賀屋,加屋興宣	4	109,110,312
		9	501
		11	643
		14	325,557,561,597,600,615,618
		16	583,600
		17	4,5,302,344,392,467,471,474
		18	341
		26	643
		30	3
		35	253,254,308
		37	60
		38	422,423
		41	457

人名	别称	册数	页数
賀屋興宣		42	55
		43	7,11,12,13,14,15,16,22,24,25,27,28,30,34,35,36,46,47,48,51,52,53,57,58,62,66,67,68,72,73,74,75,76,80,81,82,83,87,88,90,91,92,97,107,128,129,130,131,139,159,169,174,278,420,544,557
		44	383
		45	448
		46	205,492,495
		47	612,619,620,670
		48	113,147
萱嶋高	萱島高,萱原高	32	1,6,7
カヤデウ		24	11
カヤドウ		23	416
萱野		41	16
賀陽宮大紀		17	279
何野密		49	634
カヤヤマ	KAYAYAMA	23	151
カユウ		22	191,192,193
通天太一郎		5	299
賀陽宮		43	432
カライル・W・ヒギンス	ヒギンス	6	180,189
カラクシオロ・パラ・ペレス	セー・パラ・ペレス	2	13,41,60,74
柄田		44	236
辛田足儀		5	299
ガラップ		36	565
カラハン		32	80
カラモイ		23	643
カラワン		23	308
ガリアムスジョンアール		27	218
カリー		48	264
カリイ・アール・アール		27	216
カリー・ウオレシ・アール		27	215
カリーニン		34	292
カリオミン		23	576
カリク		22	349

人　名	别　称	册数	页　数
カリサン	Carissan	27	560
カリジョ・ビン・タリマン		24	447
狩野敏		5	232,233
		28	7,58
壽山武		5	257
カリム・イラヒ		24	391
カリヤ		27	172
カリヤー		39	386,387,389
刈谷義晃		40	214
輕井澤	輕井沢	27	67,69,248,262,313,319,378,411,415,416
カルエー		20	420,426
カルキンズ		26	664
カルステンス		24	417
カルスン・キャロル・ユル		27	227
カルセボーム		19	303
カルタサン		23	561
カルチェー	Carier,Cartier	27	448,453,535
カルチエー・ド・ルシエンヌ		2	121,130
カルトンツープス		26	170
ガルニエ	Garnier	27	560
		29	402,421
カルネビーク		29	402
ガルマエフウルチン		11	543
カルメン・ロクシン		20	142
カル・ラム	ラム	22	259,269
カルル・イヴィァン・ヴェストマン	コー・イー・ヴェストマン	2	12,40,73
カルル・トフェール	カ・トフェール	29	501,502
カルル・ハウゼル	ハウゼル	2	12,40,59,73
カルルス・アンテイバラ		20	80
カルロ・シャンツェル	カルロ・シアンツエル	2	123,131
		29	606,611
カルロス	カーロス	20	79,153
カルロス・インフアンテ		20	12
カルロス・コンチャ	Carlos Concha	1	110,169,182,203,217,237,328,346,358,391
カルロス・ジェーカンダモ,カルロス・ジェー・カンダモ	Carlos G. Candamo	1	119,333

人名	别称	册数	页数
カルロス・デ・アルメンテロス・イ・デ・カルデナス	カルロス・デ・アルメンテロス	2	7,35,51,67
カルロス・ブランコ・イ・サンチェス	カルロス・ブランコ	2	7,35,51,67
カルロス・ペレイラ	Carlos Pereyra	1	452,460
カルロス・ロドリゲス・ラレタ	Carlos Rodriguez Larreta	1	108,180,216,326
カルロスホセセケイラ		24	261
カレルヘントリクエミールクリジグスマン		24	141,142,144
カレン		20	326,327,328
嘉六		16	544
カロラ		20	366
カロラ・コスタス・ガルシヤ		20	346
カロリトデイマフェレス		20	153
カロリナ・コロナ		20	1
カロル・ホエス		40	331
川合		23	343
河合		11	339,342,353
		35	139
		43	222,250
河江	Hagiang	27	439
河井		43	185,205
河相		16	215
川井厳		32	290
川泉直一		15	293
河相達夫		4	228
		6	267
		32	93
		42	401,412
河合博		34	323,327
河合操	河合	4	167
		6	36,302
		9	314,327,375,486,502
		10	259,261,280
		13	264
		14	496
		15	408,415,416,417,419,421,422,423,426,427,428,430,431,433,

人　名	别　称	册数	页　数
河合操			435,437,438,441,443,447,450,451,452,458,463,464,466,471
		16	291,292,293
		17	149
		30	111
河合良成		30	3
		41	141,157,475
川上正雄		5	253
カワカツ		23	461,462,463
河上修		27	630
川上清		27	648,651
河上清		23	142,143
川上清康		15	122
川上操六		44	581
川岸丈三郎		41	214
川北克己		18	298,324
川口		38	574
河口		13	505
川口正次郎		15	120
カワグチタイ		25	70
川毛		24	254
川越文雄	川越丈雄	3	197,198
		4	147
		9	449
		14	497
		33	2,3
		42	132,210,212,213,287,293,304,305,310,312,313,314,323,325,328,330,331,332,333,335,336
		43	89,90,93,94
川崎		14	64
川崎進	川崎	27	208,210
		39	140
川崎卓吉	川崎阜吉	4	115,120,172
		30	3,102
川崎長光		5	238
カワシマ		20	318,319,320
川島		5	383

人名	别称	册数	页数
川島		12	385
		24	304
		34	464
		36	150
		42	395
		49	434
川島正		2	519
川島芳子		6	649,651
川島義之		4	111,146,217
		5	260
		30	3
川尻連夫		5	285
川證	カワズミタイスク	27	660
川澄貞次郎		4	188
河瀬四郎		4	185,192,198
川田	カワシゲヲ	27	662
河田		39	370
カワダ・イッヲ		27	660
川竹		5	232
川田茂一		5	245
河田虎四郎		13	208
鐮田道章		23	331
かワさきタイト		24	529,530
かワさきダイナー・ブラウン		8	470,471
かワさきダイナナース		24	577,614
かワさきタイフライター		35	159
かワさきタイレル	Tyrell	23	135
河田烈	河田	4	110,121,149,172
		5	230
		10	279,295
		13	264
		14	529,599,600,617
		16	290,302,304
		17	2,6
		30	3
		36	463
		45	310
河内禮雄		5	245

人　名	别　称	册数	页　数
川出		24	605
川和高斌		6	146
河邊正之		6	134
川西聖一		32	317
河野		30	473
		50	341
カワノ・ススム		13	497
河野勇	カワノイサム	27	666
河野ヲン		5	296
河野壽		5	245
川野重任		5	288
河野道秀		5	296
河野道彦		5	297
川畑		37	249
河原		13	649,650,651,655,657
		46	220
河原	カワハラ・キヨムホ	27	659
河原春作		4	170
河原正雄		5	257
川淵龍彦		15	125
川邊		42	526
河邊		41	30
		46	8,18
河邊正		25	560
河邊虎四郎	河邊,河辺虎四郎,河辺	4	157
		12	188,190,193,198,199,200,578,579,580,581,582,583
		30	421,422,445,446,447,448,450,451
		31	591,592,602,603
		32	517,518,543,544
		41	270,278,279
		43	267,268
		45	110,111,119,120
		46	46,47,48,49,50,51,57,58
		49	63
		50	452,453,455,456
河邊正三	河邊	4	137,138,140,158

人　名	别　称	册数	页　数
河邊正三		5	529
		31	467,480,481,490,492,541,546,548
		32	390
		49	63
川俣		30	447
川村		11	475
川村	クワムラマスミ	27	664
川村カソヲ		27	655
川村亀喜		40	199
川村享一		30	338,343,345,346
川村貞四郎		5	230
河村三郎		11	509
		13	441
川村三郎		11	509
河村参郎	河村	9	256,266,276,289,290
		46	262
川村尚武		5	299
川村竹治		4	113
		30	3
川村デルソン		27	644
河村秀夫		25	560
河村勝		5	245
川村芳男	川村	31	502,503,504,505
川本		11	475
		12	22,34,39,42
河本		12	128,129
		19	100
		28	8,59,279
		32	555
		42	394,395
		50	239,240
川本邦雄		15	117
河本末守		2	517,518,519
川本大作		6	106
川本芳太郎		32	478,483,484
河盛安之介		5	287
川原		26	10,23,47,56

人　名	别　称	册数	页　数
川原	カワハラ・キヨムホ	27	659
川原田稼吉		30	3
河原田稼吉		4	107,116
川原直一		26	201
		44	266,267,272,275,276, 302
川原義信		5	245
カワン		23	308
カン		22	439
韓維洲		33	200
閑院宮	閑院宮,閑院ノ宮,閑院	5	223,260,436
		10	7
		12	208,227
		14	131
		17	159,160
		30	5,68
		38	340
		43	47,203,417
		49	21,408,486,492
		50	347
韓雲階		30	583
顔惠慶		1	436,445,450,459
關玉衡	關	2	511,513
元金		29	185,186,187
棺建		17	15
簡士元		8	58
カンスラー	Cansara	25	401
韓世元		32	72
カンダ・マサタネ	KANDA Masatane	50	242
ガンター・ジョーン・ビト		27	214
ガンダジング		24	617,618
塩谷好太郎		40	347
榊田望		5	297,298
榊田正種	カンダ・マサタネ	50	239,240,241,242
カンタレ		24	447
闞潮光		30	584
闞朝璽		45	509
塩月哲雄		36	147
カンデイド・ヤブソン		20	3

人　　名	别　　称	册数	页　　数
カンディド・ロロ		20	198
カント		47	440
カンドー		23	643
カンドリ	ガントリ	50	347,350,352,354,355
カントリー		26	566
カントリーチヤールズアル		27	238
カンドレ・ローンド・エィ		27	238
漢那		43	295
ガンナーチック	Gunner Chick	25	520
カンニンガム		15	592
簡野道明		34	377
菅野長智	菅野	8	627
韓白英		25	37
榊原主計		44	6,542,543,547,548,550
榊原正次		15	123
榊原縄田	Sakakibara Nawata	23	361
カンバル		13	474
韓複渠		5	568
		31	514,541
		44	554,572
カンムリ		27	170,171,178,181,200,202
甘露寺		43	442,443

キ

人　　名	别　　称	册数	页　　数
キアイ		19	426,427,429,430
ギアハート	ハート,ゲルハルト,ギーヤハルト,ギノヤハルト	36	373,374,375,389,390,391,392,413,416,429,441,443
		37	278,279,280,286,287,288,317,318
キアバニース		24	238
ギアロン		11	374
キアン・リウ夫人		7	112
キイズ		20	338
ギースル		29	338
キーフ		26	542
キームストロム・カルビーエィ		27	228
ギーヨーム	Guillaume	1	109,168,181,202,216,236,327,346,357,389
キーラー・オラ・ケイ		27	240

人　　名	别　　称	册数	页　　数
キーラージョン・エイタ		27	229
黄色イ長靴		22	505,506,507
キウ・ウウ夫人		7	116
キヴェロン		19	309,312
キウチ		23	31,85
木内		14	547,549
		23	81,86,88,89,93
記内角一		19	211
キエアケ		24	414
儀俄		31	519
儀峨徹二		5	299
キカワ・ハルヲ	KIKAWA　Haruo,KIKAWA，キカワ	25	54,55
		27	651
木木垣雄		5	240
菊竹		30	414
菊池		43	262
菊地		5	416
		27	271
		43	271
菊池・ケイ		7	93
菊池義郎		5	285
菊地健一		40	194,215
菊池弘恭		5	287,292,293,295
菊地コト		5	254
菊地四郎		25	352,364,375,378,379,383
菊地大八		5	254
菊池武夫		5	287
菊池武雄		5	284
菊地武夫		5	230
菊池武憲		41	239
菊池朝三		4	205
菊地門也	菊池門也	28	377,379,384
鞠山儀三郎		40	221
キクヨ		24	498
熙治	熙治	2	522,537,559,564,566,581
		5	630,632
		7	465
		8	182,190

人　　名	别　　称	册数	页　　数
		30	352,388,407,581
		31	83,430
		42	569,570
		45	48,50,63
キサゴ・ナホカツ		23	544
木皿岡助		5	296
機田		29	127
岸		14	547,549
		43	263,456,458
木次	モリ・テイシユ	27	670
岸倉松		4	225
キシ・グンゾ	KISHI Gunzo	25	68
岸信介	ノブスケ,岸	4	121,130
		8	438,439,440,441,457
		11	629,634
		17	5,467,471
		30	3
		31	423,428
		35	495
		48	113
木下		24	304
木下金藏		40	195
木下政市		7	367
岸福治		4	203
岸道三		43	574,575,576,577
キシ・リョーシュク	KISHI Ryoshku	25	69
木成市治	木城市治	40	221
キシンシヤンド・ミルチヤンダニ		20	6
キスレンコ		12	257,260,261,262,263
		14	100
季宗伍		16	557
喜多		30	473
喜多永男	喜多	18	15,20,23
喜多村實	喜多村実	5	288,291,293,295
磯部敏孝		32	317
キタ・ナガヲ		18	202,213,214,219,220,247,248,252,253,258,259,263,264,265
北一輝		28	51,52,53,58

人　名	别　称	册数	页　数
北一輝		43	206,220
北一輝西田		5	249
北井利雄		5	286
北浦豊男		30	527,532,533
北垣		5	298
北川		9	194,195
		24	137
		39	453
北澤敬二郎		11	627
北澤治雄		15	125
北島		13	633,638
		20	409
北島弘		5	245
北順		12	153
北谷静野		22	381
北田ヨシヒコ		27	653
北輝次郎		5	241
北野		24	623
北野憲造		28	376
		33	411
		44	450,451,452,453
北野繁雄		35	543
北野保	キタノタモツ	27	670
キタムラ		25	82
北村角一		32	317
北村コタロウ		27	653
北村正榮		5	245
北村良一		5	245
北山	キタヤマミノ	27	667
キタヨン・フェサド	キタヨン・ファサド	20	317,321
喜多誠一	喜多	4	151
		14	124,147,161
		32	100
		34	81
		42	123
		44	481
吉		31	497
吉粹生		25	30

人　　名	别　　称	册数	页　　数
吉星文	吉	5	526
		6	133
キツ・カワ		32	321
橘川克明		5	300
吉鴻昌		33	200
キツドウニルチャールズ・エイ		27	240
橘本マサヲ		27	651
橘良夫		27	209
木戸		10	147,148
		12	392
		18	492
		46	205,268,270,273,487,495
ギド・フジナト	Guido Fusinato	1	116,171,188,205,223,239,331,348,364,392
ギド・ポンピリ	G. Pompilj,Guido Pompilj,ポンピリ,ポンピーリー	1	98,116,171,188,205,222,239,331,348,364,392
ギドー		20	11
木戸幸一	木戸,木戸孝一	4	107,115,117,132,334,545,621
		6	301
		9	488,502
		16	583,600
		17	143,392
		26	131,132,133,643
		29	78
		30	3,234,237
		37	211
		41	166,461,462
		42	13,46,48,206,380
		43	75,86,176,177,257,268,270,353,377,436,462,463,465,466,467,468,469,471,472,473,474,489,490,492,494,495,497,498,499,501,502,548,549,550,555,556,557,558,559,561,564,565,566,567,568,569,570,575,579,580
		44	383
		45	308,448,455

人　名	别　称	册数	页　数
木戸幸一		47	60,61,206,207,232,233,234,238,248,249,250,251,264,266,268,269,274,275,282,422,537,602,625,626,644,645,687
		48	109,147,151,172
		49	361,425,426,448,484,489,499,508,509,510,511,512,531,532
		50	419,595,596,600,601,606,610,611,612
木戸孝允		43	180
木戸孝彦		43	576
		50	429,597,602,613
木藤昌訓		5	245
キナリ		25	503
絹枝		24	498
キネット	Quient	20	367
キバ		24	67
貴福	貴福公	2	563
		5	632
		30	581
ギブソン	キブソン,ギプスン	22	530
		23	195
		24	552,555,556
		25	524
		38	91,98,123
木部正義		5	245
木俣茂雄		5	295
君子		17	287,288
公平		12	153
		14	194,195
		44	584
公平匡武		32	487
キム・イ・セブ		12	528
キム・イル・スン	キム・イル・サン	23	237
		24	59,60
キム・デー・ク		27	582
キムベル・クランス・シィ		27	229
キムラ		22	377,380

人　　名	别　　称	册数	页　　数
木村		5	301,455
		23	372
		25	509
		29	71,72,396,402,417,421
		39	215,216,217,222
		46	335
木村	キムラミチニト	27	666
キムラ・シロー		22	32
木村尚達		4	114
		30	3
木村セイヂロウ		27	655
木村專五郎		40	195
木村太一郎		5	299
木村立志	テイー	21	81
木村篤太郎		30	3
木村利夫		5	286
木村久雄		22	374,375,376
木村兵太郎	木村平太郎,木村	4	135,140,160,220,346
		11	250,559
		14	547,549
		16	583,600
		17	392
		18	384,385
		26	6,23,60,138,152,643
		38	506,586,601
		39	299,300,302,303,308,310,313,314,319,324,325,326,327,331,332,334,341,347,348,349,350,354,355,356,357,363,364,369,370,371
		41	267
		43	544,557
		44	2,3,5,55,230,231,235,237,241,242,246,247,251,253,257,261,262,263,267,268,295,308,315,316,317,318,319,320,321,383,410

人　名	别　称	册数	页　数
木村兵太郎		45	346,352,531
		46	205,495
		47	604
		48	317
木村・M・允	MAKOTO M. KIMURA，木村・H・允	28	149
木村正義	木村	43	514,544
木村正春		35	544
木本サン	キモト	23	566,587
キャールス・リグス	リィグス,リッグス	7	14,18,85,98,234,237,265,268
キャウア・ジョン・エイ		27	228
ミヤカワ		25	83
キャステイロ		20	168
キャッスル		29	291
キャデ・ルネ	Cadep Rene	27	585
キヤプテン・ジームス		11	421
キャムポス		20	117,140,141,142,143
キャリア		26	158
キャリウー	Cariou	27	585
キヤリヤー		39	391
キヤロル・カルキンス・グリンネール	Carroll Calkins Grinnell	21	234
キャンデイダ		20	5,70,71
キャンプベル		22	345
キヤンベル・ウエストル・ペリ	Campbell Weston Perry	21	318
キャンル・マイカエル		27	229
宮相		26	131
裘劭恒	裘劬恒,裘助恒,裘,チュウ・ヘンリー,ヘンリー・チュウ,ヘンリー・チュ,ヘンチー・チィウー,ヘンチー・チィウ,ヘンリー・チュウ,裘・ヘンリー,CHIU Henry	6	152
		7	59,61,63,66,68,69,70,71,76,77,79
		8	35,38,39
ギュエッ・トジョン・エッチ		27	218
ギュリアン	Guillien	27	585
ギュンター		46	435
清井正		15	120

人　名	别　称	册数	页　数
喬輔三		8	627
		42	219
清浦		17	158
		43	194,404,408,413
		46	268,270,271
清浦奎吾	清浦,清浦奎五	47	267,282
清カンヂ		27	656
許宜浩		32	71
毓賢		29	182
極島カンヂ		27	656
キヨシマ・タデヲ		27	653
清瀬		49	633,634
清瀬一郎	清瀬	11	643
		28	6,44
		31	510,522
		34	28,189,222,387
		35	8,276,279,280
		38	346,391,393,413,418,479,481,483
		40	24
		48	234,281
		50	476
清田松並	清田,KYOTA Katsunami,KIYOTA Matsunami	27	450,451,539,542,543
キヨハラ		23	513
清原		25	32
清水		5	435
		11	273,339,353,474,477
		12	181
		22	59
		23	72,86,88,90,92,93,96,98
		24	602,620
		30	396,399,408
		34	444
		45	53,56
清水規短		4	140
清水薫三		33	1,15,16
清水清二		5	255

人名	别称	册数	页数
清水喜重		28	377,379
清水與之助		35	543
清水行之助	清水コノスケ、清水	5	199,202,203,205,233
		28	7,58
		44	352,426,427
清水澄	清水	4	166,168
		6	302
		9	487,502,507,509
		10	259,265,280
		13	264
		14	496,498
		15	408
		16	298,299
		17	469,473
		18	332,335,341,393,396
		30	67,112
		43	211
清水彦政		15	559
清水光美	シミヅミッミ	4	178,186,192
		13	414
		18	273
		37	364,365,370,371
清山尚次		7	159
許宗智		8	627
許修直		31	615,616
恭親王	奕訢	6	607
		30	264
		33	318
吉良		39	375,377
キラーン		46	351,352
吉良俊一		4	205
キリー		14	34
ギリェルモ・デ・ブランク	Guillermo de Blance	1	567,615
ギリェルモ・ノヴォア・セブルヴェダ	ヘー・ノヴォア	2	6,35,50,66
ギル・ピコン		20	262
ギルクリスト		22	194
ギルバード	Gilbert	15	580

人　名	别　称	册数	页　数
		21	165
ギルバート・アイシャム・カレン		20	326
ギルフイリエラ		24	218,266,270,283
ギルモア		7	224,255
ギレルモ・J・レイエス		20	265
キロダ	Kiroda	22	186
キワド・ウィリヤム・シィ		27	229
キング		22	251,252
		23	200,204
		48	280
キング・ジョージ		40	517
キング・ニフ・サング		6	236
キングマ	Kingma,パカンノ虎,植木鉢,ナポレオン	24	88,102,103,104,137
キンダー		23	141
キントス		20	154
高鳳山		40	343,344
金永昌		43	175

ク

人　名	别　称	册数	页　数
グイ・メーリ	Guy Nourrit	27	442
クイタネン		27	257
グイド・ヴィンチ		2	54,69
クイパース・ファン・ステーンベルゲン	クイパース,Kuipers Van Steenbergen,Kuypers	23	652,658,659,660
グイルエルモ・エフ・マリアノ		20	155
クー・J・ヌ・デレヴヤンコー	テレヴイヤンコ	34	90,95,97
クーイ		24	7
クウィック		23	645
宮海亭		8	39
グーガル		50	391
クーキン・サー		22	204,223
グウク		14	32,33,34
グーシー		22	24
グーシス	Gousith	25	424
クース		23	473
クーストフ	クストフ	50	219,232,235
クーツ	Cootes	21	506
グードウー・ジャン・フランソア		27	466

人名	别称	册数	页数
グードハルト		23	482
クードマン		27	462
クーパー		7	254,285
		37	266
クーペン・チャールス・ブルナード		27	231
クームジャン・ヘレン		27	260
クームズ		22	122
クームンヤム		27	257
クーリコフ	クーリコーフ	12	526
		50	214,229,231
クール		20	16
クール・R・ローセンハウム		27	335
グウルカー	Gurkha,グルカー	22	88,89
クールコフ		11	513
クールソン・レイモンド		26	169
クーロンドル		47	731
グーン		32	111
クエゼリン		27	84,95,114
グエンスケンズ・M		23	288
クォ・ヂュン・ディ		25	35
九鬼隆一		4	166
		15	472
クガモウ		25	244
ククフアテ・アドラワン		20	211
クゲ・カツヨシ		27	663
虞洽卿		8	626
		32	101
クサエ		50	127
草江		13	634,639
草鹿任一		4	182,190,193,207
		13	414
		18	273
		28	17
		50	386,389
草ガッヂ		27	654
草鹿龍之介	草鹿龍之助,草鹿	4	183,194,204,207
		13	414

人名	别称	册数	页数
草鹿龍之介		18	273
		38	37,55,62,63,74,75
草野豹一郎		46	283,294,301,314,319,323
草場辰巳	クサバ・タツミ	4	136
		14	171,198,201,202
草場巽		34	88
草場弘		5	298
楠田曦		5	245
楠田光男		38	427
櫛田光男		4	224
櫛渕		31	41
櫛淵		28	375
區壽年		33	176
クスキ		23	298
楠章		5	295,298
グスターフ・ラスムッセン	グスターフ・エム・ラスムッセン,Gustav Rasmussen	1	567,615
		2	7,36,51,67
グスタフ・ストレーゼマン	Gustav Stresemann,ストレーゼマン	2	155,160
グステイアブドルハミッド		23	350
グスティサウナン		23	347
グステイジャパル		23	350
グステイムシイル		23	350
グスデイモハマッドクリップ		23	350
クストフ		12	521,524
グスヌ	Guthnu	25	57
クズネッオフ	クズネッツ,クズネッツオフ	11	530
		30	396,572
クズマ・エヌ・チエレヴイヤンコ		1	15
楠見		13	633,638
楠美省吾		5	288,299
楠本		8	121,622,629
		14	132
クオンデー		11	374
クセ・カズヲ	KUSE Kazuo	23	376
久田		40	67
依克唐阿		33	324
クチ		22	374,375

人　名	别　称	册数	页　数
クチダブリューフィース		26	551
朽本後一		16	279
クチン	Kuching	23	25
クック		23	161
クックタラスハリー		27	236
クッシェンダン	Gushendun,ロード・クッシェンダン	2	156,157,160
グッシャン		50	269
グッドヴイン・ウオレン・エィ		27	229
グッドマン		27	256
クッブゴールト		26	542
グッラガー・ウィーアムヤルバート		27	233
グデル		23	586,588
工藤		22	215
		29	115
工藤	クドワキンジロウ	27	665
工藤剛		40	195
工藤秀劍		5	257
工藤忠夫		38	551,559,560
工藤忠		31	195
工藤鐵三郎		45	518
工藤彦作	バッピ	23	544
クナルテル・アンドレ	Quenardel Andre	27	455,558
クニース・マンテル		23	601
國武輝人		9	275
邦彦王		4	214
國分新七郎	國分	42	419,427,428,449
國分友治		31	491
		32	324,335,361,372,382,390,462
		33	15
		39	211
		41	321,372,377
クヌート・ヒャルマル・レオナルド・ハムマルスキョルド	Knut Hjalmar Leonard Hammarskjold,カー・アッシュ・エル・ハムマルスキョルド	1	122,195,207,229,243,335,350,371,395
クヌートセン	Knudsen	25	463
		48	264

人名	别称	册数	页数
グヌング・ニカ	グヌング	23	610,611
久納		38	344
久野村		39	405
クノル	クノール	9	443
		10	17,20,68
		47	596
クバ・セイシュン		24	317,319
久原		10	41,42
		43	202,246
		49	634
久原麻生		29	108
久原房之助		5	246
		30	3
		46	101
クハレフスキ		12	179,180
久保		11	543,544
久保		34	235
久保アキヒロ		27	654
首島秀雄	首島,手島	6	390,391,392
首藤謙		5	300
首藤正壽		42	402
首藤安人	首藤	10	577
		47	419,425,426,590
クビユチェアライ・ツタニ		27	437
クブ	KUBU	23	176,183
グフイネル		10	560
クブロウィツ		27	257
窪井		50	20,23
窪井義道		5	287
窪川保雄		5	246
窪田		11	339,344,353
		16	296,297
クボタ・ツネオ		46	610
窪田角一		15	120
窪田吉雄	ヨウシオ	35	543
窪田廉譯		40	515
窪田靜太郎		4	168
		6	37,302

人　名	别　称	册数	页　数
窪田靜太郎		9	486,502
		10	259,264,280
		14	496
		15	408
		17	469,472
		41	142
窪田早視		5	252
久保田		6	36
		14	496
		15	415,416,417,419,426,430,431,435,440,441,447,450,455,457,463,465,466,471
		41	14,1157
久保田瀨		4	166
久保辰二	久保	19	139,143,147,148
久保田德市		5	258
久保田篤次郎		26	26
		40	166,167,170,171
久保田久晴		42	401
久保田藤麿		15	123
久保貞三		25	348
クボロフ		34	89
隈井		20	230
グマカーヴァン・ヒールデン		23	311
熊谷健一		35	543
熊谷卓次		15	123
熊谷壽郎	熊谷トシオ, KUMAGAI Toshio	50	385,386,389,390
熊谷八郎		22	70
熊谷幸利		5	296
熊田川ハラ		27	642
熊野修一		15	125
クマル・パシヤ	クマル	5	409
クムラ		29	386
久米		39	370
		44	246
久米川好春	クメカワヨシハル	45	234,235,240,241,242,243,244
クモブン		23	287

人名	别称	册数	页数
クラーク	Clarke	21	54,61
クラーグ		23	482
クラーク・カー		1	15
クラーク・カールトン・ホワード	Clark Carlton Howard	45	489
クラーク・チー・グレヂアー		6	235
クラーク・デヴイド・エス		27	217
クラークストン・ハロルド・ビー	クラークストン・ハロルドビイ	27	213,217
クラース		22	197
クラース・アー・デ・ヴェールト	K・A・デ・ヴェールト, Klaas A. De Weerd, K. A. De Weerd	19	357,361
クラアスエイドウエールト		24	86
クラーディ		20	226
クラーレンス・クワンソン・ヤング	ヤング	27	603,605,606,613
クラーロ・エメ・レクト		48	362
クライス		19	303
クライスト		10	655
クライド・P・サリヴアン	Clyde P. Sullivan	22	465,480
クライブ		3	121,122
クラヴ・ヂャンヌ	Clave Jeanne, Clavevlannl, グラヴ・ヂアンタ	27	446,522
クラウゼウキッ		45	251
クラウヂオ・ピニラ	Claudio Pinilla	1	109,168,181,202,216,237,327,346,357,389
クラウテル・オリヴァ		40	208
クラウト夫人		23	538
グラカ		24	198
クラカ・イー・ワックスラー		6	236
クラカタ・イノスケ		22	81
クラゲット	クラケット	48	64,267
藏崎		22	341
クラサテ		26	158
倉澤		11	525
		20	204
倉澤剛		15	120
グラシアン・キャステイロ		20	167
クラジェンリンク		23	451

人　名	别　称	册数	页　数
倉茂		17	120,373
クラシマ		22	515
グラス・ジョンジ・エル		27	223
クラスナクートウスキー		14	55
倉田和夫		32	317
クラッカー		16	316
グラッサー・マーレー	Glasser Murray	45	489
クラップ		50	181,182
倉富勇三郎	倉富	4	165
		6	34,41,93,94
		15	415,416,417,419,422,425,429,435,441,447,450,457,463,465,470,472,484,494,498
		41	140,145,155,156,159,160,161
倉友音吉		5	246
グラハム・ユーヂエン・スターリング		20	50
クラハムトマス		26	172
クラブ		26	566
クラプチェッツ		16	462
クラマー		23	482
		24	6,9
クラマーツ		13	339
倉光達雄		5	246
グラムヤシン		24	398
倉元		49	633,634
倉本敬次郎		46	317,318,319,320
グランヴィル・ド・ローン・リリー		2	48
クランシアン		1	554
クランツ		22	127
グランドラピッヅ		24	567
クリアリ	Cleary	23	138,139
クリー・マーテイ・テイ		27	240
クリーゲ	Kriege	1	167,201
クリーズ	Crease	23	138
グリーン	Green	22	137,278
グリーン・ウットアイダエム		27	259

人　名	别　称	册数	页　数
グリーンウッド		35	88
クリヴオルウチコ		14	28
栗島		24	540,543,544,545,548,549
クリス	Kris	21	371
クリスチアーンレバートステイヴエンスモキル		24	413
クリスチアン・アドルフ・シュールマン	シュールマン	23	428,433
クリスチアン・フレデリック・シェルレル	Christlan Frederik Scheller	1	112,184,219,329,360
クリスチヤンセン・トールジョルン	Christinsen Thorljorn	45	490
クリスチヤン・ヒインドリック・ウエンズヴィーン		24	441
クリスチャン・ファン・ハーフテン		24	14
クリスチャンフレテリック		26	170
クリスチャン十世		29	524
クリスティアーン・アドルフ・スピュールマン		23	422
クリステイソン		22	217,220
クリストフア・ボスウブーズ		26	168
クリストファー・ジェームスー・パール	Christopher James Parr, C. J. Parr,シー・ジェー・パール,シュームズ・パール	2	49,156,160
クリストフアー・モンタギュー・ブラック		22	114,124
クリストファーソロモン		22	375
クリスフハ・マイクル・モルトビ		17	456,457
グリセリア・アンダヤ		20	59
クリソルト	クリソルド	25	17,19
栗田良作		5	246
クリッパー		37	61
クリッブス		13	315,316
栗野愼一郎	栗野	4	168
		6	37
		9	503
		14	497
		15	409

人名	别称	册数	页数
栗野慎一郎		41	142,157
栗橋保正		14	533,536,547
	栗橋	28	375
栗林忠道		44	295
栗原		25	429,430,432
栗原正	栗原	9	489
		47	28,292
栗原安彦		5	241
栗原吉生		40	204,225
グリフイス・ジョンヘンリー	Griffice John Henry	26	168
クリフィセズ	グリフィス	22	439,443
グリフィン・A・F・R		23	290
クリフオード・ラウレンス・ラーセン	Clifford Lawrence Larsen	21	234
クリフォード・ヘンリ		26	173
クリフトン・エフ・ガードナー		16	597,598
グリフヒス		22	523
クリベンコ		32	82
來間恭		5	287,291,293,295
クリヤプココレッキー		11	537
栗山アール	栗山・R,R・フリヤマ,R・クリヤマ,R・栗山,アール・クリヤマ	6	595
		8	523
		10	296
		12	68,76
		13	645
		14	89,91,477,580,592
		15	112
栗山茂		14	497,507
		28	278,498,606
		29	135
		40	477
栗山迪夫		40	197
栗山廉平		12	58
		16	581
クリユース		23	488
グリューネンワルド		1	399,421,425,431
グリン・ジェームス・アルバート		27	223
クリンネル		26	664

人名	别称	册数	页数
グルー・ジョーゼフ・クラーク	Gooeph C. Grew,Grew,ジョーゼフ・グルー,グルー,グル,グルウ,グ,ジエー(ジオセフ)シー,ジー(グルー),グリユー,ジョーゼフ・シーグルウ,ジョーゼフ・シー・グルー,ジヨゼフ・シー・グリユー,ジョーゼフ・C・グルー,ジョーセフンー・グルー,ジョセフシー・グルー	3	7,12,15,21,29,34,63,68,103,120,121,123,126,127,130,133,134,136,140,143,222,228,234
		7	223,227,258
		8	153,533,534,542,555
		11	6,20,194,197,199,403,404,406,411,417
		15	604,609,610,622,627,629
		16	8,28,29,30,53,54,55,60,110,111,112,113,114,115,117,118,124,127,131,133,134,135,136,138,139,143,149,151,152,154,155,167,188,191,228,237,238,239,314,315,316,317,321,322,353,367,396,434,449,462,502,526,558,559,595,600,616,633
		17	173,174,266,349,374,375,376,392,396,459,518,555
		18	2,8
		21	233,238
		29	292,627
		30	45
		32	170,172,180
		34	494,500,501,505,506
		35	24,43,44,47,50,184,185,186,187,188,189,190,192,194,195,196,197,209
		36	17,157,228,243,244,248,519,520,541,552,553,559,562,569
		37	1,8,9,11,19,67,75,79,135,210,211,212
		39	224
		40	367
		42	4,5,6,14,15,17,145,150,211,214,216,386
		43	317,437
		45	174,176
		46	579

人　名	别　称	册数	页　数
グルー・ジョーゼフ・クラーク		47	491,644,645,646,647,695,696
		48	176
		49	253,256,257,259,260,261,262,264,265
		50	63
グルウア・フローレンス・テイ		27	259
クルーガー		45	294
クルウスタ		24	411
クルーメル・マシュス		40	211
グルウ夫人		42	12
クルコフ		34	98
クルジジエフスカヤ・ユーヤゲオルギエヴナ	クルジジェフスカヤ	12	394
		13	212,213
來栖		5	333,335,336,362
		11	225
		17	173,193,196,225,247,263,264,275,280,281,282,283,284,285,286,287,288,289,311,312,313,134,429,430,447,519,520,521,523,527
		28	452
來栖三郎	來栖,來西,來橋三郎	10	76,77,82,86,88,90,92,104,107,110,187,188,189,190,193,196,197,198,336,340,343,559
		13	569
		16	215,220,222,224,226,297,298,435
		35	98,100,101,138
		36	113,256,258,285
		37	61,68,69,70,74,75,92,106,109,132,151,152,153,154,155,157,159,161,162,165,166,177,179,188,190,233,248,253,267,324
		40	352,408,444
		43	423,426
		45	219,282,283
		47	472,596,622,624

人　名	别　称	册数	页　数
來栖三郎		48	135,136,141,144,304
		50	66,72,541,544,545,546
クルスチャンデリング	Christian Deling	26	173
クルト・スタイナー		19	472
クルト・マイスナー		47	438,442
グルナート		46	548
車場ヒデトシ		27	652
クルン		24	410,411,417
クレア・フアレル		6	180
グレイ		42	3,146
クレイギヴアル		46	388
クレッチメル・オット	クレイチメル	13	207,344
クレイトン・D・ケラス		49	146
クレー	クレーア	9	265
クレエア・ステフアネリ	Stefanelli Claire，クレーア・ステフアネリ	6	168
		49	354
クレーギー	R・L・クレーギー,クレーギ,クレーキー,ク,Craige	3	35,61,74,121,122
		11	421,422,423,424,425,426
		38	107,108,110,122,128,135,139,157
		47	646
クレーグー		22	267
グレーシー・アーレン		24	112
クレース		24	142,143,144
クレーズ		20	290
グレエツ		20	63
グレーデイ		48	129,272
クレートン・エル・ネルソン		20	216
クレートンルーランド		24	569
オールウィン・D・クレーマ	クレーマー	37	266,281,308,321,322,323
クレーマー・ヘリンーイチ		27	228
クレオン・リゾォ・ランガベ		1	114,171,187,204,221,239,330,348,363,392
クレグ		22	194
グレク・アルフレッド・ジェン		27	212
グレゴリー・ナアモウイッテ・フーテンスキー		33	295
グレゴリオ・メンデツ		20	6

人　名	别　称	册数	页　数
クレスン		29	417,421,432
クレゼンシアナ・ルカフォア		20	153
クレセンシオ・トウパズ		20	259
クレチメル		50	347,349,351,354,357
クレチュマー		46	198
クレッチマー		50	473,474
クレトギー		17	350
グレベンニク・クジマ・エフドキモウイチ	グレベンニック,グレベンニク・クジス・エフドキモウイチ	50	281,290,291
クレマントオトア		27	228
クレム・カーリン		27	310,317,319,326,327
クレメンテ・ウイチュイコ	クレメンテ・ウイチイコ	20	77,79
クレヤ・ロドニイシー		27	217
クレン		20	12
グレン・G・ターナ		27	427
黑岩勇		5	236
		28	39,40,85,86,103
グロエン		23	507
クローガー		7	98,100
グロース		46	225
グローテ	Grote	50	197
クローデル		30	374
		47	323
クローニン・ウィリアムアロイ		40	210
黑川		11	559,560
黑川	クロカワエイゾウ	27	660
黑川純一		5	296,297
黑川西口	西口	24	600,602,604
黑木		5	436
		17	178
		29	127
		43	198,218
黑木	クロキチョジ	27	665
黑木巳六		7	159
黑金		14	529
クログスタ		26	535
クログスタット		26	661

人　名	别　称	册数	页　数
黑崎		9	488
		41	143
黑崎貞明		5	245
黑澤金吉		5	238
黑澤大二		5	236
黑澤次夫		5	241
黑澤鶴一		5	246
黑澤正夫		5	296
黑島		38	25
黑島亀人		13	413,586,587,589,613
		18	272,274,275
クロスビー		11	272
クロスビー・カー・ページ		48	130,273,274
黑田		40	21
黑田昶		5	245
黑太子		40	300,301
黑田英雄	黑田	41	143,394
黑田清隆		4	11
黑田重徳	黑田	4	140,141
		7	409,411,413,415,417,419,423,425
		21	161
		39	271,275,276,437
黑田長成		4	166
		6	36,82,303
		9	488,503
		14	496
		15	408,415,416,419,422,425,426,430,434,435,441,447,450,457,458,459,463,464,465,466,471
		41	141,148,157
黑田實		5	254
クロック・ジィー二世		27	219
クロッグ・シュタート	Krogstadt	21	226
グロッチアー・ギイオバーニ	Giortiano Giovann	45	490
クロッド・ラッセル		2	5,6,33,35,65,66
グロナー		45	272
クロフォード		22	217

人　名	别　称	册数	页　数
グロブス・ケンネス・アール	グロブス	27	257,260
グロリヤ・チェソツイー	Gloria Chezi	20	349
克羅爾		11	49
クロン	Cron	27	461,596
グロンフェルト・J・H		23	290
クロンフエルナン	Cron Fernan	27	585
クワウクー		22	47
桑島		14	497
		40	101
桑島主計		5	283
		6	600,603,605,606,611,612,614,616,617,620,609,619,621,622,626,628,630,629,638,639,641,651,652
		41	184,185,188,189
		42	114,134,135,136
桑島忠一		5	299
桑野		20	229
桑原	クワバラマスジ	27	661
桑原啓四		5	299
桑原重治		35	301
桑原鶴		15	118
桑原雄三郎		5	246
桑村茂藏		5	297
クエ・コン・シン		23	358
クン・ヤン	Kun Yang	25	5
クンノ次郎		20	274

ケ

人　名	别　称	册数	页　数
桂		24	287,336
		43	234
ゲイ・イカワ	K. Ikawa	15	157
ケイ・ウラベ		49	413
ケイ・マンテル		23	603
ケイ・ヨコイ	K. YOKOYI	25	565
ケイ・ロ・モク	モク	27	606
ゲイエー		44	299,300
ケイク		24	122
桂公		33	23

人　名	别　称	册数	页　数
ケイコーブ夫人		23	538
ケイザー・ハワード・ビト		27	226
桂鎮雄		32	12
慶親王	奕劻,奕	2	473
		29	180,193
		31	524,530
ケイス・サイモンズ		22	431
ケイス・ボタリル	ボテリル,Keith Botterill	23	35,133,140
ゲイデ	Gayden	21	339
紀子		10	137
ケイレー	Cayley	22	255
ケィ浦部	ケー浦部,ケー・ウラベ	31	62
		45	479
		49	372
ケー・エー・ドウ・ウェールド	カー・アー・デウ・ウェールト,K・A・ウィアド,K・A・ウエアド,K・A・デ・ウィアド,ケー・エー・デ・ウエールト,K.A. De Weerd,カ・ア・ウエールト,ケー・エー・デー・ウェルド,ケイ・エー・デ・ウィーアド,ケイ・エイ・デウ・ウェアド,ケイ・エイ・ドウ・ウェルド,ケー・エイ・ドヴェールド,カー・アー・テ・ヴェアード,カー・アー・デヴェールド,カー・アー・ドヴェールド,カー・アー・ダ・ウェアルド,カー・エー・デ・ウェールド,カー・アー・ド・ヴェールト,カ・ア・デゥウェールト,K・A・ドウィアード,カ・ア・デゥ・ウェールト,K・A・ドウールド,K・A・ダウイアード,K・	19	12,294,300,306,307,312,467,471
		23	7,235,249,293,306,307,310,312,324,344,356,364,370,371,379,427,428,437,441,460,463,467,468,471,477,485,516,517,520,525,536,541,559,569,575,579,581,585,595,596,604,613,618,621,624,626,627,630,637,639,649,661
		24	1,17,37,38,40,43,47,61,63,64,76,84,86,124,138,141,146,159,166,167,171,184,185,222,246,250,260,275,276,302,361,412,430,448,450,455,642,646
		25	85

人　名	别　称	册数	页　数
	O・ウイアード,K・A・デヴェーアド,K・A・デウヰーアド,K・A・ウヰアード,K・A・ド・ウヰード,K・A・デウェーアド,K・A・ダ・ウヰアード,K・A・ド・ウィヤード		
ケー・チハヤ	K. Tihaya	45	484
ケー・バグシヨー	K. Bagshaw	27	356
ゲエーデル		23	585
ケーシー		46	501,502,503
		48	279
ケージー・エムジー		18	243
ゲータン・メレー・ド・カポスメレー	メレー	1	108,168,180,202,215,236,237,327,346,356,389
ゲーテ		47	133,268,440
ケーテル		35	112
ケードルセイ		47	731
ケーニヒスベルグ		11	314
ゲーフェ・A・J		23	289
ケーレル・ルード		2	49
ケーン・ドーナルド・シイ		27	223
ケー林		25	536
ゲオグレス・ディウリッチ		29	510
ゲシイディークーパー		26	508
ゲセル		37	277,311,312,313
ゲゼル		5	366
		36	289
ゲタ・ヴィーシー		11	337
ケッセルリング		10	677
ゲッペルス	ゲッベルス	10	640
		35	137,238
ケテル		24	367,371
ゲナロ・カブロン		20	211
ケニー	ケネー	45	247,248
ケネー・ドウェーン・ジェイ		27	224
ケネス・アール・ボイル	Kenneth R. Boyle	9	342,343
ケネス・コールグローヴ	ケニスコリグローブ	30	62,75

人　名	别　称	册数	页　数
ケネス・ジエー・ライス		6	235
ケネデイ		22	523
		46	365
ケネデイートマス・エフ		27	240
ケネリー		16	116
ゲネン		23	410
ゲネング		23	613
ゲベル		24	422
ケムロ		22	523
ケラ		27	187
ゲラシーモワ	エル・イー・ゲラシーモワ	50	295,329,345,346,358,359,360
ゲラルド・シェーファー	Gerard Schaefer	15	108,109
ケラロ		23	101
ケリイ		22	298
ゲリット・ジョン・コーレン		1	435,445
ゲリットヂヤンスイップ	G・J・シップ,G・J・スイップ	24	250,251,255
ゲリテイ・ウイリヤム・ビー		27	224
ゲリミアス		24	269
ゲリラ		45	297
ゲルダード		42	504
ケルプ		1	399,425
ケレージョン		27	227
ゲレーデイ		48	273
ゲロー		37	285,286,288,289,290
ケロッグ		29	332
		47	635,640
嚴		29	432,454
厳崎		8	51
ケンゲル・バツヘル	Kengel Bacher	25	494,495
源田實	源田実,源田,ゲンダミノル	13	414
		18	273
		38	43,53,54,55,56,60,61
嚴德媛		7	379
ケンプ		22	95
源平		43	463
ゲンリッチ		20	12

人　名	别　称	册数	页　数
	コ		
吳		7	181,237,268
		49	382,383,384,385,389,398
コ・キイン・セイン		22	64,65
コ・ハ・ニグ		22	84
ゴ・フィ		23	358
コア・ジョン・ダブリユウ		27	218
顧維鈞	顧	2	122,131,405,408,526
		3	405,546,551,562
		11	50
小池		49	633
		50	392
小池銀次郎		5	239
小池謙一		15	123
小池中スン		27	656
小池直人		25	191
小池原男		48	346
小泉		11	340,352
		15	471
小泉梧郎		5	147,151,153
小泉治作		27	643
小泉親彦	小泉	4	117
		17	5,466,471
		18	334,340
		30	3
		48	113
小泉又次郎		4	122
小泉又二郎		30	3
小磯國昭	小磯,小機,小幾	4	104,127,128,134,160,211
		5	200,201,204,205,215,219,223,230,434,658
		10	71,73
		11	535,536,557
		12	464,465,472
		14	85,128
		16	583,600
		17	392

人名	别称	册数	页数
小磯國昭		18	422,423,424,425,427,428,430,431,432,434,435
		19	44,321,322,440,442,443
		26	643
		28	8,22,23,24,25,59,70,71,72,229,309,377,379,384,396
		29	92
		30	3,432,433
		31	41
		35	505
		41	311
		42	48,49
		43	226,229,459,472,474,475,476,477,483,484,485,486,487,489,490,491,492,495,497,498,525,544,557
		44	345,377,384,385,404,406,411,412,414,418,425,426,427,436,446,448,449,453,455,458,459,463,465,466,469,470,472,474,479,480
		45	89,90,455
		46	205,495
		49	11,302,436,515,525
		50	461,463
小岩		25	499
鯉沼忍		5	246
項英		33	196
洪		38	123
		24	64,65
		41	176
コウ・シーウエイ		7	112
コヴァレフ		13	18,20
洪維國		31	430
黄		7	236,267
黄以法		7	376
コヴエルニコフ		14	28
黄鑑鈞		7	377

人名	别称	册数	页数
高冠吾		7	141,160
康熙皇帝		34	365
黄強		3	167
		6	552
		30	513
黄興		30	354
黄業江	ングニアッブカン	23	347
黄業純	ングニアッブスレ,ニグニアッブスン,ングニアッブスン	23	346,352
コウク		24	187
高憲甲		30	537
黄顕祥		7	372
轟高治		32	317
郷古潔		11	643
		35	492
孔子		2	422
		34	370
		40	516
		50	490
黄士英			380,382
孔祥熙	孔,孔庸元	8	627
		10	169
		33	222
		42	219
		49	356
黄思倫		7	380
郷川		13	649
高宗武	高	33	22,119
		34	432,433,434,437,443,444,461
		42	132,212,213,287,292,303,304,305,308,310,311
香田清貞		5	241
古宇田武郎		39	10
甲谷		14	106
古宇田芳夫		15	125
高知		31	519
黄超英		7	401
江朝宗		8	622,623

人　名	别　称	册数	页　数
黄丁	Vong Deng	27	460,582,584
向哲濬		6	152
罔田		24	459
黄天新		7	380
鄉敏		37	180,181
河野		20	312
黄農溪	ングルングコイ	23	349
黄郛	黄	5	315,566
		28	338
		31	599,600,605,610
		33	198
		34	447
公文博嗣		15	125
高文彬		7	338
孝明天皇		49	509
高淩蔚		8	622,623
高淩霜		44	572
コウレン・H・J		23	289
ゴウンコ		20	420
吳永蕃	吳	7	388,389
コエネン		24	422
コー・イー・ヴェストマン		1	572,618
コー・ヘン・ルー		27	603,613
コーイ	Kooy	23	667
コーヴイル		3	224
コーシア・ルイス・エム		27	238
コージュ・ツダ		25	334,335
コーセール	コセール	9	257,265,288
コーダー		20	91,92,99,102,103,104,112
ゴーチエー		27	470
地道長		5	300
コーテス		24	115
ゴーデル		23	408
コーデル・ハル	Cohdell Hull,Cordell Hull,Hull,コルデル・ハル,ハル,カーデル・ハル	2	331,382,383
		3	7,37,48,59,67,72,88,125,130,137,140
		5	320,327,367,368
		7	223

人　名	别　称	册数	页　数
コーデル・ハル		10	669
		15	615,624
		16	4,7,9,13,152,153,365,463,464,597,617
		17	38,174,201,203,205,206,247,263,282,339,375,376,393,447
		21	212,248
		29	291,531,532,534
		34	489,503
		35	187,202,204,209
		36	17,25,51,61,102,104,155,195,200,246,250,290,291,370,371,372,376,382,405,443,451,452,478,480,484,486,487,529,544,545,551,552,554,555
		38	108,130
		42	104,106,108,109
		43	337,347,396,427
		45	173,177,178,194,195,486
		46	194,240,501,503,514,580,581,585
		48	101,133,273,279
		50	72
ゴートマンス		24	363,364,366
ゴードンボウデン		24	117
コーノ	KONO	23	153,154
コーブ	Cope	25	401
ゴーブ・ケンネス・シイ		27	214
コーブルグ		46	113,117,130
ゴーベヤレイテ		24	265
コーヘン		24	366
コーヘン・エドワード		40	208
コーボールド・P・C・V		23	291
ゴーマン		7	436,437
コーム		23	76
コーヤー		39	386
コーリン・エドワード・バートレット		26	172,173

人　名	别　称	册数	页　数
コール		25	139,141,143,144,145,146
ゴールジエット		20	48
ゴールドン		24	135
吳恩培		30	584
		42	401
胡恩博	胡思博	5	502
		31	613
古賀		39	36
吳家興		30	494
古賀清志	古賀,古贺清志,古贺	28	30,31,32,33,37,38,39,40,78,79,80,81,82,83,84,85,86,92,103
五格姬		31	203
吳鶴齡		5	515,569
吳可光		40	269,286,288
胡嘉椿		32	71
古賀忠一		5	237
古賀斌		5	246
古賀不二人		5	236
古賀峯一		4	163,177,180,189,195,222
小屋迫要	小通追要	39	249,250
小官		27	276,301
後閑祐次		5	299
ゴギン	Goggin	22	247
コクス・S・H・K		23	291
コクス・カノル・エル		27	238
小管		27	164
谷太易		25	30
コクダニ・ジェムス・ビー		27	240
コクボ		22	179
小暮		50	350
小暮軍治		4	191
木暮武太夫		35	403,457,462
吳經才		7	62,63
胡建勳		7	307,309,312,370,404
コゴ・シゲル		27	654
五港清	ゴウコラキョシ	35	542
九島慶太		4	126

人名	别称	册数	页数
小阪德三郎		42	440
コザック		34	234
コザムツ		24	285
古参		27	629
胡嗣瑗		30	581
胡志遠		31	360
越川		25	353,356,377,380,384
越川正雄		25	363,370
胡自疑		7	425
古思三郎		39	398,399,412,413
コシジン		24	411,417
五静修		44	397
吳師道		34	365
胡嗣複		31	78
越生虎之助		5	287,299
越生佛之助		5	295
小島		11	341
		13	657
		26	23
		47	397
小島一		40	226
小島茂雄		5	284
小島太作		15	125,132
小島秀雄		49	290,291,294,295
小島正教		5	296
小島利八郎		5	297
コジマ・ゴイチ	KOJIMA Goichi	23	376
小清水石男		40	194
コシミン		12	476
越村		5	246
越村信三郎		15	125
コシモト・シヨウサブロウ		13	492
糀谷英三		5	246
吳秀峰	吳	2	405,662,664,665,666,669,672
吳肇		13	29
コジュンゲ		20	124
小衫方也		19	157
コスター	Coster	24	6

人　名	别　称	册数	页　数
コスタラス		24	244
コスト	Coste	27	454,455,559
コスメリー		35	182,183
胡世澤		7	507
ゴセラ		20	199,200
後醍院良正		42	413
吳大澂	吳大澄	13	30
		33	324,327
顧泰來		1	552
小谷		6	568
		19	153
甲谷悅雄		49	325,328,329
兒玉		5	301
兒玉亀太郎		5	297,298
兒玉久藏		40	1,2,6,7
兒玉ケンジ		8	577
兒玉謙次	兒玉	43	73
コダマツ		24	305,306,307
兒玉友雄		16	557
		28	377,379
		45	98,99,102,103
兒玉久吉		24	367
兒玉秀雄		2	2
		4	107,116,123,127,130,574
		14	495
		30	3
		43	226,244
兒玉政介	兒玉	29	100,110,121,131
吳著清		7	71
吳張氏		7	77
伍長德		5	545,557,559
		7	123,141,160
午塚榮一		5	288
コヅキ・ヨシヲ	KOZUKI Yoshio	25	680
コック・ジェイム・イー		27	214
コック・ジョームス・イー		27	227
コックス		25	501
ゴックス・リントエル二世		27	224

人　名	别　称	册数	页　数
コット		3	260,270
ゴットフリード・アシュマン	ゲー・アシュマン	1	550,560
ゴットフリートセン	ゴットフリードセン,ゴットフリーツエン,Gottfriedsen,ゴットフリート	13	224,667
		35	90
		49	554,561,581
コッフデッド・ウィリアム	William Conted	25	402
コテ・ホセ・ハバナ・ガナシタル		20	187
胡適		17	203
		37	168
		48	279
コト・トーマス・ウィリアム・アダムソン	L・A・C・トーマス・ウィリアム・アダムスン,Thomas William Adamson	22	467,505
後藤		7	159
		12	97,101
後藤アトロ		27	645
後藤映範		5	237
後藤英次		4	195,208
後藤帰一		5	288
後藤圀彦		28	86
五島慶太		30	3
後藤光太郎		4	188,203
後藤小太郎		5	284
後藤茂		18	272
後藤譲		37	440,441,446,447
後藤四郎		5	246
後藤新平	後藤	40	360
後藤ツネヨシ		27	647,649
後藤利夫		40	204
後藤文夫		3	427
		4	107,118,130
		5	230,260,261,262,296,445
		6	35
		11	628,634,643
		30	3
		43	246,247
		43	193
後藤由太郎		27	650
後藤隆之助		43	71,77,78,313

人名	别称	册数	页数
伍堂		10	156
伍堂卓雄		4	118,120,121,124
		5	287,295
		11	643
		30	3
		45	127
		49	292,296,299,300
伍圭卓雄		35	542
載仁親王	載仁	4	156,214,215
		6	38,303
		9	488,502
		10	281
		11	354
		13	265
		14	496
		15	409,471
		18	342
		30	444,449,450
		41	142,374
		42	423
コナリス		13	201
コニージーンバトルス		26	169
小西		27	178
コノイ・フドカル		20	321
近衛秀麿	秀麿	49	423,429
近衛泰子		49	423,425,428
近衛文麿	近藤、近衛、コノエ,近,僅衛文麿,僅衛,KONOE	3	7,8,158,247,253
		4	103,104,105,114,119,127,131,148,165,210,211,213,576
		5	261,332,431,433,435,436,438,441,443,444
		6	277,301,431,433
		8	452,557
		9	486,490,500,501,549
		10	37,42,73,137,138,139,142,143,144,145,146,147,148,149,159,162,168,197,201,230,260,261,272,279,294,326,388,496

人　名	别　称	册数	页　数
近衛文麿		11	65,198,207,317,326,328,334,335,340,352,362,411,433
		13	263
		14	180
		15	110
		16	124,129,134,290,307,312,412,413,419,434,435,449,514,528,541,542,543,544,545,552,570,571,573,574,575,576,577,578,579,580,612,621,623
		17	2,3,6,26,29,31,74,97,108,118,119,120,122,135,141,143,144,145,146,148,149,150,152,153,168,178,251,299,503,515,516,537,544
		18	519,523
		29	66,80,81,82,83,84,85,91,92,93,94,97,98,99,100,107,108,111,112,113,116,120,123,124,125,127,128,130
		30	3,59,60,76
		31	584
		33	10,11,24,27,28,70,96,97,106,130
		34	288,290,291,293,296,297,298,299,300,301,303,396,398,418,435,443,449
		35	1,3,4,5,6,7,24,51,69,131,142,222,223,253,464
		36	218,219,223,224,225,226,227,229,230,240,241,242,255,478,480,531,535,537,545,547,548,553,556,557
		37	1,3,12,15,17,21,23,24,48,67
		40	371,374,375
		41	48,50,60,128,136,313,344,346,395,444,454,455,456,469

人名	别称	册数	页数
近衛文麿		42	13,35,45,46,47,48,49,54,55,206,207,245,255,273,276,369,370,431,432,433,434,437,438,439,440,441,588,589,593,600
		43	2,12,47,72,73,74,103,111,130,177,180,181,182,188,190,191,192,193,194,199,208,215,216,218,220,221,223,225,226,227,229,233,235,240,243,245,246,251,252,255,256,257,258,259,260,261,263,264,265,273,274,276,277,278,280,281,282,283,285,286,287,288,290,291,292,293,295,297,304,307,308,309,310,311,312,313,314,315,318,319,320,322,323,326,327,328,329,333,335,336,337,338,339,340,341,342,343,344,345,347,348,349,350,354,355,356,357,358,360,361,362,363,366,367,369,370,372,373,374,377,378,379,381,382,383,387,389,390,391,393,394,402,404,407,410,414,415,428,431,432,440,441,448,449,451,456,457,462,464,465,466,468,469,470,471,472,473,474,476,480,482,483,488,489,493,496,497,499,500,515,518,519,520,521,523,525,534,535,536,537,539,540,546,551,553,564,565,575
		44	372
		45	170,172,176,178,194,266,267,274,310,401,402,403,423,424,425,434,435,446,447,448,449,451,452,453,486,533
		46	101,169,187,205,252,253,254,255,256,267,268,304,373,410,412,431,438,584

人　名	别　称	册数	页　数
近衛文麿		47	37,65,92,93,140,147,148,149,151,152,153,159,160,163,206,223,224,232,233,234,237,241,242,243,244,245,249,250,251,252,264,268,274,275,278,282,283,332,398,422,630
		48	17,18,19,20,21,22,23,30,37,47,88,101,102,106,146,254,255,256,297,306,411
		49	16,386,429,451,452,453,454,482,486,489,493,494,502,524,525,530,531,532,598,616
		50	419,534,595,605,606
コバ		24	287
コバー		23	411
コバーガトロレンス		27	239
コハーン・ロイド		27	213,217
呉佩孚		2	440,442
		8	627
		28	262
		29	103
		30	174
		33	100
		34	469
		42	441,475,600
午嶋實常		5	299
午場友諺		41	454,455
木場繁		24	336
小橋一太		30	3
小橋一夫		5	297
小畠四郎		26	596
コバヤシ		24	613
小林		9	251
		13	634,639
		14	109,112,497
		18	518,519,520
		36	110,115,116
		39	36

人名	别称	册数	页数
小林		40	101
		45	235,295
		49	303
小林アキラ		22	44,46,52,54
小林淺三郎		4	138
小林一三	小林	4	121,131
		6	214
		10	281
		13	264
		19	44,46,49,99,100,102
		30	3
		35	65
		41	440,441,460,463,464,465
		48	28
小林カネヲ		12	361
小林國男治		13	14
小林康太郎		5	300
小林五郎	小林	5	288
		28	567,568,581,582,583,589,592,594,598,600,602,603,605,606,607,608
小林靜男		27	648
小林品次		26	58
小林四男治	小林シナジ,小林チツオ,Shimaji KOBAYASHI,KOBAYASHI Shinaji	11	255
		12	352,361
		14	405
		15	306
		23	157
		26	15,151
		28	373,378,380,381,386
		42	448,470,472
		44	294,301,392,406,409,412
		45	351,355
小林修治郎	小林修次郎	39	436,437,449,450
小林順一郎	小林順一	5	287,295,416
小林ジョンージ	ジョウジ小林,ジョウジケー小林	4	624,665
小林次郎	J. KOBAYASHI	49	367,368

人名	别称	册数	页数
小林仁		4	184
小林躋造	小林済造,小林躋造,小林	4	130,177,217
		11	629,634
		15	130,137,472,488
		30	3
		43	65,66,69,70
		49	342
小林長次郎		5	246
小林長選		27	546
小林テツヲ		27	655
小林信明		15	123
小林美文		5	246
小林康男		40	202,221
小林米光		40	199,220
小林淑人		32	209,214,215
小林議五		4	179
小原		14	497
小原		27	113,114,120,122,123
小原		30	466
小原潤一		37	417,418,423,424
小原竹次郎		5	244
小原		31	49
小原寧雄	小原,ツハラヤスヲ	27	30,31,36,37,38,92,93,94
小原長四郎		5	258
小原義男	オバラ・ヨシオ	27	78,82,83,91,345
小日山直登		4	126,144
		11	557
		30	3
コフィー		24	133
コフイマ	Kofima	8	227
コブイルキン・インノケンティー・ワシーリェウィチ	コブイルキン,コブイルキン・イノケンテー・ワシーリェウィチ,コブイルキン・イー・ヴェー	12	520,521,522,524,525
		50	214,216,219,221,223,224,225,227,229,231,232,233,234,235
コヌキ・キンゾウ	KONUKI Kinzo	27	545
コブセブ・ウラヂーミール・イヴアヴイッチ		27	622

人　名	别　称	册数	页　数
コブタ		24	377,378,380,384,386,387,388,389,391,392,394,395,396,397,398
コブルグ		35	98,99
コブロス	Koblos	21	136,143
		27	426
コブロフ		34	77
コペル		23	625,626
コベルニック		34	76,79,80,81,82,83
コボ	KOBO	23	176,177
コホリ	KOHRI	23	448
コマ		27	210
胡邁		9	292,304
駒井		24	600,601,602,604,605
駒井徳三		42	401
小牧キヨマツ		27	643
コマストウイヒ		27	619
小松		17	27,28,147
		44	397
小松禹一		5	254
小松崎重		5	239
小松輝久		4	186,191
小松原		14	130
		30	468
小松原道太郎	小松原	12	390,476,497,498,590
		13	107,110
		31	57,58,60
小松光彦	小松	13	207,656
		46	17,139,140,143,144
駒弁		8	451
コミッシヨナイ		24	444
小宮幸次郎		5	246
コミンス・カー	コミンズ・カー	40	256
		48	213
小村		17	279
		24	336,337
		30	348
		47	126

人　名	别　称	册数	页　数
小村壽太郎		29	179,193,218
小村タケヨ		27	651
小室力也		5	238
コモダ		27	104
菰田康一		39	232,236,237
コモトダイサク	コモト	5	204,205
小森田一記		5	296
小柳司氣太		34	377
小柳富次		4	181
小山		12	482
		28	416
小山完吾	小山完五	17	120
		43	372,374
小山松壽		34	396
		48	307
小山進次郎		15	123
小山松吉	小山	3	426
		4	113
		6	35
		30	3
小山右吉		5	230
小山亮	小山	5	287,295
		49	633,634
吳用蔵		8	629
コラ		29	382,386,396,402
コラゾン・アベララ		20	59,60
コラソン・ノブレ	Corazon Noble	21	58
コランバス・ダーイン		26	168
ゴリア・ラインズ		20	288
五龍		12	153
胡霖		47	231,284,288
コリンズ		27	257
コリンズレイモンドイー		27	260
コリンソン・カーショウ		50	184
コルヴェッナン		50	592
コルーネン		24	422
コルサコフ		14	40
コルチャク		11	526,550

人　名	别　称	册数	页　数
コルネーリス		23	622
コルネーリス・ヴィジルブリーフ	C・ヴィジルブリーフ	23	441,442,444
コルネリア・タンザ	コルネリア	20	201
コルバーンベルノソ		27	226
コルベット		24	547
コルホリス・ファン・テン・ホーヘンバント	C・ファン・テンホーヘンバンド	19	295,299
コルボレーヲ		27	500
コルマンス		24	441
コルムィコフ		11	530
コレイン	コレーン	19	291,292,296
		23	258
ゴレツキ		27	257
コレツテ・ライマン・シエイ		27	260
是恒達見		30	147,339,345
		39	174,311,339,345,358,372
		44	238,243,248,254,258,264
コレフキアルビン・エイ		27	260
是松		10	168
		18	492
		29	131
是松準一		5	296
伊康菊次		27	209
コレンチン・ベルナード		44	297,298
呉連德	WU Lien-the	1	426,436,445
コロウイッヒ		24	433
コロカン		31	531
コロッド	Kolod	23	100
コロンナ		9	594
コン・ヂン・チョン		23	358
コンキャンノン	Concannon	22	186
コンゴーチョウ		25	443,444,445,446,447,448,449
ゴンサロ・ア・エステヴァ		1	117,189,328,332,359,365
ゴンザロ・アール・シーヴェル		20	203
ゴンザロ・デ・クェサダ・イ・アロステグイ	ゴンザロ・デ・クェサダ	1	111,169,183,203,218,237,347,390
コンスタブル	Constable	23	121,133

人　名	别　称	册数	页　数
コンスタンチン・ウイリアム・ロス		27	231
コンスタンチン・フォン・ノイラート	ノイラート	47	587,588,589
コンスタンチン・ブロン	セー・ブロン	1	111,170,183,203,218,238,329,347,360,390
コンスタンティン・アントニアーデ		1	572,618
コンタ	KONDA	22	256
ゴンダッチ		12	151
コンチタ・ヘルナンデス		20	153
コンチタ・マグシー		20	153
コンツエプチォン・ブランコ		37	444
コンテイル		24	633,637
コンドウ	KONDO	25	464
近榮		5	41
近藤		6	412,504,543
		12	519
		37	236,249
		45	134,135
近藤	コンドウミチジャカ	27	664
近藤信武		11	5
近藤伊興吉		5	3,41
近藤榮藏		44	325
近藤儀一		31	56
		45	22,38,69,102,131,138,141,497
		50	433
近藤駿介		37	411,414,415,416
近藤正吾		40	197
近藤壤太郎	ジョウ	26	16,17
		39	161,162,164,165
近藤信一		30	272
近藤新八		13	506
近藤進		45	354
近藤泰一郎		4	200
近藤信竹		4	163,180,185,189,220
		10	413
		13	413
		16	570,571,572,573,575

人名	别称	册数	页数
近藤信竹		17	3,74,158
		18	273
		38	1,2,19,20,348,352,353
		45	310
		46	187
近藤英明		42	102,166,167,173,365,366
近藤英次郎		5	287,293,295
近藤正雄		35	543
近藤義晴		5	291,292
		12	154
コンドー		23	530,531
近藤泰子		49	424
今藤茂樹		11	578,580,581
今野和子		5	296
コンラード		24	364
コンラッド		25	130
コンラド・エー・アンチ		1	570,617
コンラド・バトルス		25	227
コンリンズ・リンドンヴイ		27	218
コンロー		46	598

サ

人名	别称	册数	页数
サアウ・キ・ワアン		22	298
サーケット	サケット	43	177
サージェームスグリック		9	141
サード		25	139,141,143,144,145,146
サーマーイルズ・ウォッダーバン・ランブスン		30	515
サール	Searle	23	446
サールズ・ビーデイ		27	225
サイアクレメント		40	212
蔡運升		30	583
ザイエット		22	27
西園寺		10	372
西園寺公望	西園寺	3	606
		5	447
		10	147
		26	132
		30	51

人名	别称	册数	页数
西園寺公望		42	112,206,207,244
		43	180,181,183,185,188,189,190,193,194,201,203,208,215,220,221,222,228,229,230,232,233,238,239,240,243,248,249,251,252,253,254,307,310,311,315,320,322,326,327,330,372,436,494,550,564
		47	206,207,233,234,238
		49	423,426,429,430,433,447,449,453,454,456,458,460,461,462,463,466,467,469,493,525,531,532
西園寺八郎		43	250
西郷		50	347
西郷従吾		35	157
		46	11
西郷従道		4	11
西郷南洲		31	196
蔡西徒		25	30
サイチャ・レオナルド・フランス		25	85
サイツ	SAITU	23	446,448
蔡廷楷		33	176,200
		41	75
サイテルウィリャムポヤノン		26	173
サイトウ	SAITO	23	660
載濤		31	202
齊王		2	563
齋清儒		11	16
サイクス		24	247
齋池巖		5	234
齋藤		3	149
		4	261
		6	132,136
		11	58,341,344
		12	167
		12	525
		15	472

人名	别称	册数	页数
齋藤		18	520
		25	521
		26	67,441
		27	24,26,31,32,33,34,35,36
		31	502,503
		32	20,160
		46	287
齋藤一郎		5	246
齋藤音次		4	153
齋藤金助		27	539
齋藤兼輔		5	253
齋藤清	SAITO Kinyoshi	5	285
		27	450,539,540,541
齋藤倉吉		5	255
齋藤謙藏		5	297
齋藤光之輔		5	258
齋藤正鋭		42	535,536,539,540,541
齋藤隆夫		30	3
齋藤忠		5	288
齋藤太郎		5	247
齋藤留五郎		5	256,257
齋藤寅郎		32	337,338,339
齋藤春義	齋藤	15	341,424
齋藤博	齋藤	2	341,352,354
		4	486
		47	6,333
齋藤實	齋藤実,齋藤,Saito Kimyoshi	2	409
		3	7,8,9,64,65,185,426,429,606
		4	103,104,132,211
		5	230,382,383
		5	
		8	229
		28	416
		30	3
		31	430
		36	35,117
		37	93
		41	21,23,24,26,27,79

人　名	别　称	册数	页　数
齋藤實		42	104,105,106
		43	242
		46	398
齋藤ヨシ		27	539
齋藤劉		5	246
齋藤良衛	齋藤	15	132
		32	490
		42	34,37,38
		47	53,91,100,101,102,103,104,106,107,108,160
ザイトウン・ビビ		22	349
齋藤君喜	SAITO Kiniyoshi	27	539
齊燮元		44	572
サイドガル		24	391
蔡法平		31	195
蔡麗全		7	372
在間茂		40	202
サイマン		23	278,369
斉黙特色木丕勒		30	582
サイモン		38	101,111,134
		42	144,145
サイモンパッチナマ	S・パッチナマ	24	47,48,50
サヴァ・グルーイッチ	エス・グルーイッチ	1	121,174,194,207,228,241,335,350,370,394
サヴキヤー・ド・ラフォルカード		1	397
サウンダース		22	540,541
佐伯		15	136
		17	62
佐伯	サイキカスカネ	27	669
佐伯有義		34	384
佐伯乗		5	286
佐伯千仞		45	232,302,357
沙王		5	515,569
阪		43	295
サカイ		23	507,508
堺	サカイ蔔シロウ	27	665
酒井		7	344
		17	178

人名	别称	册数	页数
酒井		29	127
		43	190,198,218
		45	518
酒井勝軍		50	485
酒井鎬次	酒井	15	129,133
酒井隆	酒井	5	502,529
		28	334,346,347,352
		31	614,617
		49	26,27
酒井忠正	酒井	4	118
		5	430,436,438
		30	3
阪井德太郎		5	287,299
酒井俊彦		15	120
酒井富夫		5	296
阪井直		5	241
酒井野		22	340
サカイバラ・シゲユツ		27	344
酒井原繁松	酒井原重松,酒井原	27	11,13,98,99,106,107,108,109,115,116,208,209
		39	154
酒井義		5	299
阪井六輔		5	234
境野		22	322
境野鳫義		25	346,348
崎河		13	403
酒葉		40	65,67,153
酒巻宗孝		4	207
サガガミ・ハイト		25	328
サカキ・トヨヒロ		22	83
榊柴夫		5	300
阪口実雄		5	297
阪口平兵衛		5	288,300
阪口吉太郎		35	544
阪倉		24	212,213
阪谷		28	278
		31	94
阪田		14	556

人　　名	别　　称	册数	页　　数
阪田		38	539
阪田修一		5	618
阪田次郎		25	74,75,153
阪田義		5	467,468
薄井巳刻		5	255
阪谷希一		30	584
阪谷秀郎		3	606
サカタベラ		27	237
阪西一郎	坂西,阪西,BANZAI Ichiro	2	335
		6	601
		13	207
		28	275
		45	334
		46	140
		49	548
阪西利八郎		42	600
サカベ		27	178
阪部		27	202
サカマキ・ツタエ		22	83,85
サカマキ三郎		22	44,46
阪水久常		15	128
阪村博暉		25	560
阪本		10	371
		11	341
		13	266,633,638
		14	129,496,506,508
		15	129,132
		16	580
		17	253,255,256,472
		18	334,343
		20	274
		24	239,240,459,460,485,508,512
		25	429,431,432,433
		26	196
		39	36
		47	85,86,90
阪本泉	阪本イズミ	45	484
		46	446

人　　名	别　　称	册数	页　　数
阪本兼一		5	237
阪本静		5	246
阪本正二		24	501
阪本杉之助		4	168
昌谷忠	昌谷	46	432
		47	427,432,433,684,685
ザカリアス・パラタオ		20	173
佐木秋夫		4	625,626,627
崎川		13	474,475
佐吉		17	111
佐久間亨		15	123
林正明	杯正明	5	296
サキヤマ		8	451
索王		5	515,569
サクシイダ・エルネスト	Saxida Ernesto	45	490
サクソン・ジイオフリー・ドウーズ	サクソン・ジェオフリー・ドーズ, Saxon Geoffrey Dawes	22	471,536
作田		34	390
作間		39	370
佐久間信		34	362
		40	478
		47	14,88,99,100,102,106,112,127,137,138,142,165
佐久間亮三		4	142
サクミ久造		27	546
咲村		13	656
櫻井		7	344
		12	525,526
		50	227,228,229
櫻井英介		5	296
櫻井禦太郎		32	450,454
櫻井三郎右衛門		5	300
櫻井錠二	櫻井,桜井	4	167
		6	36,135,136,302
		9	501,507
		14	496
		15	408,471

人名	别称	册数	页数
		41	141,157
櫻井正		32	317
櫻井德三郎		41	240,250,251
櫻井德太郎	櫻井	7	313,315
		31	493,501,502,503,506
		39	307,308,311,312
櫻井兵五郎		4	130
		11	629,634
		30	3
		36	150
		47	276
櫻井文夫		32	16
櫻井文雄		32	13,16
櫻井幸雄		35	380
櫻内幸雄	櫻内	4	109,118,120,149,170
		9	488
		14	599,616,617
		30	3
櫻内		18	491
櫻澤如一	桜澤如一	15	137
サゲイ		20	35
サコ		23	598
酒匂		19	43,44
佐郷屋		5	195
左近		11	340
左近司		15	427
左近司政三		4	121,130,164
		30	3
左近允尚正		4	190
サザート		39	223,226,229
笹井シンザブロソ		27	643
佐佐井一晁		5	255
佐佐川知治		21	368
		42	522,545,550
佐佐木		5	436
		9	256
		25	43
		28	8,59

人名	别称	册数	页数
佐佐木		42	58,59,500
		43	198
佐崎		24	174,178,179
佐佐木彰		13	413,415
		18	272,274
佐佐木角太郎		24	476,481,485,487,491,501,508,513
佐佐木金太郎		4	154
佐佐木高一		40	216
佐佐木高榮		5	300
佐佐木四郎		5	288
佐佐木二郎		5	246
佐佐木直		15	120,239
佐佐木棟太郎		15	118
佐佐木直吉		18	323
佐佐木一		7	333,334
佐佐木半九		4	187
佐佐木寅治		40	196
佐佐木雄坐		5	300
笹問エイヂ		27	655
佐佐誠		25	560
サシエル・ホーア		35	88
佐治謙讓		43	526
指出録郎		28	5,42,43,92
サジャン		23	74
サストロッチェニイ		23	614
佐瀬秀雄		5	258
佐田		39	403
佐竹		14	534
佐竹		43	558
佐竹三男		5	3,41
佐竹義幸		5	252
サヂグ・ウル・ムルク・アーメッド・カン		1	173,206,241,349,394
佐薙毅		13	412
サチマッド		23	592
サツ	黄色ノ靴	24	557,558,560
サツカシオ・ビンセト・ジエオ		27	225

人名	别称	册数	页数
札噶爾		30	583
サックムスキイ		24	411
佐佐廉平		50	423,429,430
サッバー・グローヴァー		25	515,516,517
サデスト	Sadist	25	509
サトウ	SATO	22	82
		23	658
佐藤		3	577
		10	86
		12	33,38,42,52
		13	633,638,649,650,664
		14	125,126
		17	253,291
		21	140
		24	35
		26	47
		27	166,167,170,171,179,181,184,185
		28	125
		30	245
		32	317
		33	242,243,244,245,248,249,252,253,254
		35	138
		42	543
		43	220,518,520
		44	3,383
		45	353,354
		48	410
佐藤	Buzzard,兀鷹	27	421
佐藤賢良		17	235
佐藤愛麿	佐藤	1	116,171,188,205,223,239,331,348,365,392,401,422,427,432,452,460
		2	355,364,377,384,385
佐藤朝生		3	679
		15	157,327
		16	324,405,440

人名	别称	册数	页数
佐藤朝生		17	468
		35	420,421,446,450
		41	486
		44	418,433
		45	392
		48	341,442
佐藤朝海		15	125,131
佐藤邦吉		40	226
佐藤熊		5	285
佐藤賢了	佐藤,佐藤賢了,T. Sato,チィ佐藤,SATO Kenryo	4	175,448
		6	283
		11	628
		14	315,484,493,494
		16	583,600
		17	392
		19	334
		26	123,643
		29	1,20,22,30,72,79
		43	462,544
		45	418,463
		46	205,261,262,263,269,270,271,272,273,274,275,276,285,303,305,306,313,318,322
		47	53,54,64,604,670
		48	109
		50	385,387,388
佐藤昌介		5	230
佐藤信一		40	494
佐藤善助		5	284
佐藤武五郎	サトウ・タケゴロウ,Sato Takegoro,佐藤タケゴロウ,佐藤・T,T・Sato,佐藤竹五郎,佐藤タケゴロウ,T. 佐藤,佐藤ティ,T・Satow,SATO,Tomo,佐藤,T・サトウ,テイ・佐藤	10	620,623,647
		11	223,224,482
		15	557
		16	103,109,194,202,205,210,213,215,223,224,225,226,283,380,389,395
		17	88,106
		19	348,354,356
		21	227

人　名	别　称	册数	页　数
佐藤武五郎		28	397
		30	256,415,419
		31	217
		34	57,64,226,232,504
		37	242
		38	361,373,374,375,376,570,572
		42	101,272,276,281,283
		45	214,500,503,507,510,511,513,514,516,519,523,526
		46	1,3,4,430,436
		47	296,517
		48	241,247,253,255
		49	374,378,388,390,395,548,636
		50	192,194
佐藤忠雄		15	126,131
佐藤チトシ		13	493
佐藤通次		5	288
佐藤壽雄	佐藤	24	596,597,649
佐藤尚武	佐藤	3	8,291,313,316
		4	105,212
		10	66,67,76,77,78,79,80,82,88,90,94,99,114,188,197,209
		30	3
		33	350,378
		34	277,285,288,290,291,293,294,295,297,299,300,302,303,304,305,306,512,513,514
		47	370,392,482,487,488,628,683,687,688,689
佐藤直太郎		5	299
佐藤信淵		28	118,150,166,179
佐藤秀雄	サトウ・ヒテオ	23	144
佐藤政之		5	246
佐藤正義		5	295
佐藤守義		5	239
佐渡高一		5	284
佐野		25	162,196

人名	别称	册数	页数
		27	527
佐野	サノキニウイチ	32	427,433,434,440,441,443,447,449
		27	668
佐野富光		29	112
左野虎太		32	374,422
佐野均		5	258
佐野雄		26	557
サバチエ		27	472
ザビエル		20	78,79
サビニ		35	88
サブランスイング		24	630
佐分利		29	382,386,396,402,417,421,432
サヘロン		19	139,140
サマース・ジョンージ・シイ		27	221
佐間茂		40	222
サマド・カン・モスタス・エス・サルタネー		29	338
サトカー・サムエル・デイ		27	259
裡木		11	525
裡見岸雄		34	371
裡見甫	季見夫,裡見夫	8	128,132
裡村正夫		5	297
眞井一郎		14	107
眞田		14	547
		15	133
		44	389
		45	352
		46	285
サナダゲノリ		27	648
眞田穰一郎	サナダジョウイチロウ	4	175
		41	265,266,268,269
眞田秀夫		28	86
薩摩雄次		5	247
ザミアテイン	ザミティン	13	109
		49	45,49
サミュエル・ロウ		20	291,292
サムエル		22	375

人名	别称	册数	页数
サムエル・A・ロバーツ		40	308
サムエル・パーカー		23	3
サムナー・ウエルズ	エス・エム,サムナー・ウエルス	11	196
		36	29,100,153,201
サムブニマ		50	374,382
鮫島		11	317
		43	448
鮫島		46	444
鮫島健男		5	288
鮫島具重		4	184,188
		30	519,525,526
ザモラ		20	288
佐谷戸常男		5	3,41
サラア・ビー・ガドル	Sarah B. Gadol	20	366
サラク		20	20
サラザール		29	516,517,520
サラフィン	Sarafin	25	464
サリウアン・ドナルド		27	242
サリスベリ		15	594
サリスヘリイハワードエッチ		27	259
サリパン		42	500
サリビン		24	451,453
サリマン		27	270
サリム		23	165,166
ザリャノフ		50	214,231,236
サリランガン		20	269
サルヴアゴ・ラッジー		29	179,193
サルヴァドル・ゼー・キャムポス	サルヴァド	20	140,141
サルヴァドル・マルティネス・デ・アルヴァ		1	570,617
ザルコ・ルーヴィディッチ		2	58,72
サルタン		22	365
サルヅマン		23	487,488
サルデアヂモード		23	580
サルティン		27	270
サルトリ	サストリ・サスツリ	29	382,386,396,402,416,420,432
サルトン・A・H		23	289
サルビニ		19	291

人　名	别　称	册数	页　数
サロー		38	278
サロート	サロー	29	382,386,396,402,417,432,455
沢内		11	90
澤木		14	548,549
澤邦夫		42	2,41
澤田		3	295,306,314,315,365,429
		5	517
		8	463
		10	27
		11	12, 17, 86, 105, 107, 114, 133, 135,137
		16	306
		19	44
		22	345
		29	421,432
		44	373
		47	422
澤田茂		38	339,346,347
		39	207,211,212
		41	331,368,372,373
		42	479,480,481,482,483
		45	310
		50	25,58,59,61,398,400
澤田節藏		1	569,617
澤田龍夫		41	167
澤田タツオ	Tatsuo SAWADA	28	430
澤田虎夫		4	196,197
澤田郯		5	237
澤田廉三		48	349,353
澤根初太郎		22	371
澤辺建平		15	126
澤村		25	458,459,462
澤本頼雄	サワモトヨリヲ	4	164,193,196,220
		37	334,343,344
		44	54,58,59
		46	448,449,454,455
サン・ウグウイ		22	2
サン・ビーダ		20	90

人　名	别　称	册数	页　数
サン・ファ・チョン		23	358
サン・フェルナンド		22	490
サン・フラ・ギョー	サン・フラ・ギョウ	22	69,71
サン・モン・チッテー		22	62
サン・リン		22	68
サンズ		7	14
サンソム・ネヴィル	サンソム	42	319,319,322
サンタ	Santa	25	414
サンチアゴ・フモク		20	262
サンチズ・アルハート・エヲ		27	224
サンチャゴ・ペレス・トリアナ	エス・ペレス・トリアナ	1	111,121,169,174,183,203,207,218,228,237,242,328,334,346,350,359,370,390,394
ザンデ		24	301
サンディ		23	282,291
サントク・シング		23	43,45
サント・トーマス		26	509
サンドバーグ		20	193,307
サンドロ・サンドリ		6	232
サンハイ		40	305
サンボーン・ヤング		1	565,611
サンポクジョン		24	447
サンラヴィ・ビン・ウィリアスチャ	サンラウィ	23	406,564,567,568

シ

人　名	别　称	册数	页　数
シ・ア・ソイ	S. A. Soi	27	580
シ・イ・オルセン		45	31
ジ・ジエー・リカルド		23	367
シアー	Shear	23	138
ジアック・ル・クレルク		1	15
ジァック・ルイ・デュメニル	Jacques-Louis Dumesnil,J. L. Dumesnil, ジ ー・ エル・デュメニル	2	171,219
シアブビンマルハッサン		24	447
シァルーン		1	557
シァルル・アッケルマン	セー・アッケルマン	1	568,615
		2	7,36,52,67
シァルル・ヴェルメール	セージェー・ヴェルメール	2	9,38,55,70
ジァン・ライセル		1	557

人　名	别　称	册数	页　数
士居		11	539
ジー・アー・ローエル	ジー・アー・ロエフ	1	119,173,191,206,226,241,333,349,367,393
ジー・アイ・タラネンコ	タラネンコ,Taranenko G. I.,G・I・タラネンコ,タラネンコ・チー・アイ,タランコ,タラネイコ,タラネンコ・ジイ・アイ,ジイ・アイ・タラネンコ,Taranenko,G. I. Taranenko,G. I. タラネンコ,G・I・クラネンコ,タラネンコ・チー・アィ,タラネンコ・ゲ・イ	11	572,637
		12	87,109,121,158,187,197,221,242,244,266,413,415,423,425,432,449,451,455,457,493,499,518,530,534,540,555,566,577,608,611,615,622,628,634
		13	2,9,28,38,60,66,69,71,96,119,142,143,319
		14	78,99
		27	614,617,621,624,625,632
ジー・アシコ・フアン・ロイエン		2	365,366
シー・イー・コーツス	シー・イー・コース,コーツス,シー・イー・ガウス,ガウス,シイ・イー・ガウス	7	167,168,173,174,177,224,227,255,258
		32	132
シー・ウエン・シユウ		7	117
シー・エィ・スチュワード	C. A. Stewart	25	237
シー・エイチ・エル・シァーマン		1	566,615
シー・エイチ・カップ		22	166
ジー・エイチ・グレース	C・H・グレース	23	65,67
ジー・エイチ・シー・ハルト	ハルト	36	110,113,130,134
ブレクスリー		2	660,661,662,663,665,667,668,669,670,674
シー・エー・ウイロービー		18	45,267
ジー・エー・レヴェト・イェイツ		1	554
モッス		2	663,664,665,666,667,668,669
ジー・エッチ・ガード	G・H・Garde,G・H・ガード	9	354,541,582,590,604,610,614,619
		10	4,9,12,19,22,26,36,40,45,50,53,56,61,65,70,75,85,132,135,152,158,161,164,167,192,194,200,219,222,226,339,342,349,353,356,359,362,369,391,394,412,417,463,522,531,536,

人名	别称	册数	页数
ジー・エッチ・ガード			566,571,576,583,590,604,607,611,617,628,632
		11	11,189,204,228,231,240,263,268,296,321,325,332,372,377,385
		13	241,248,292,312,323,328,334,338,342,347
		14	96
		16	448,468,551,556
		17	14,20,24,36,44,54,224
		18	381,389,528
		28	391,478
		49	410,538,542,552,565,569,586,597,618,621,624,627,632
ジー・エヌ・エス・キャンブル		23	191
ジー・エヌ・レジェー		1	115,171,187,204,222,239,348,364,392
シー・エフ・デ・クレルケル		1	454,461
ジー・エフ・ピアス		29	611
シー・エム・ブラック	C・M・ブラック	22	24,107
ジー・エル・ハーグマン		7	172
シー・エル・ローリン		26	667
シイ・オ・シャクルトン	セドリック・オーウァートン・シャックルトン,C. O. Sharleton	22	281,342
シー・オー・エム・エム・ギド・ファブリス		1	555
シー・オー・エム・エム・ピエトロ・スピカ		1	555
ジー・オスモンド・ハイド	ハイド,ディ・オスモンド・ハイド,ジィオスモンド・ハイド,ヂー・オスモンド・ハイド,G. Osmond Hyde,Hyde	49	600,602,603,605,608,609,610,612,613,614
シー・クークスレー	C. Cookesley	27	358
シー・ケネデイ	C. Kennedy	27	358
シー・ケニアリ	C. Keneally	27	358

人　　名	别　　称	册数	页　　数
ジー・サリエー・デ・ラ・ツール・デュック・デ・カルヴェルロ	エッセ・デ・ラ・ツール・カルヴェルロ	1	401,422,427,432,452,460
シイ・ジイ・グライ	C. G. Grey	22	280
シー・ジー・コールマン		18	136,156,176
シイ・シイ・スミス	C. C. Smith,Smith,スミス	21	140,142
シー・ジー・ニールセン	シー・ジェー・ニールセン	40	242,247
シー・シー・ユーレネフビー・アイ・カズロフスキー		30	572
シー・シー・スミス	C. C. Smith	27	422
ジー・ジェー・徐		5	563,565
シイ・シュンスケ		27	380,381
ジー・シルツエパンチィン		7	84
ジー・セー・セー・デン・ベール・ポールチュゲール	Den Beer Poortugael,デン・ベール・ポールチュゲール	1	99,119,173,191,206,225,241,333,349,367,393
ジー・ソシヤール		20	10
シー・ダヴリュー・メイシー	C. W. Maisey,C・W・マイセイ	23	386,390,456,459
シー・ダブリユ・ニミッツ		1	15
シー・ダブリュー・ウイルービー	C・W・ウィロービー, C. W. Willoughby	25	176,282
シー・ダブリュー・バータ	C. W. Barter,Barter,バータ	21	293
シィ・ダブリュー・ブリマー	C. W. Brimmer	25	237
シイ・ダブリュウ・ミニツ		27	344
ジー・ディー・カーワン		1	551
ジー・ディウリッチ		29	513,515
ジー・デ・ラング	G. De Lang	23	397
シィ・ディ・スミス	Smith, C. D. Smith, C・D・スミス,スミス	25	170,256,235,237,241
シー・デー・アルコット	アルコット	8	162,163,164
シー・ノマン・コールマン		5	565
ジー・バラット		24	129,130
シー・ビー・イー		39	231
ジー・ピー・エスクルメージ		26	554
ジー・ビー・シャーウッド		26	542
ジー・ヒース		26	170
ジェー・ビウール	G. Bihourd	1	98
シー・ファン・デン・フーデバンド		19	300

人　名	别　称	册数	页　数
シー・ベリー	C. Berry	22	147
シー・ホッビンス	G. Hobbins	27	356
シイ・マーチオリ		32	132
ジー・ワィン・デン・ヒューベル		1	109,168,181,202,216,236,327,346,357,389
ジーイーオー・ダブリュー・フォーブズ	Geo W. Forbes	2	229
ジーエイ・ファーネス		46	379
シーエーハーチ		16	93
シーエル・エンスミンガ		16	43
シィク・サレイ・ビン・モード	シィク・サレイグ・ビン・モード	25	60,63,65
シークネスタール		26	173
シーザー		36	487
		50	484
ジーザス・クインテロ		20	12
シー・ジー・エスクリン	シー・ジェー・エスカリン	26	508,541
ジー・ジェー・メイヤー		26	508
ジーセルヤマ		29	499
ジー・テイラー	G. Taylor	27	358
ジードクー		11	400
椎名悦三郎	推名悦三郎	35	542
		36	211,215,216
シービイ	Seaby	25	461
シービー		46	379
シーブラーヘンリー・エイ		27	223
士居政之助		5	300
シー・マン	C. Mann	27	358
シーマンデイン・アルタットピ		27	229
シーメンス		10	596,597
シーリニコフ		12	523
		50	222,223,224,225,234
シーロン		19	225
シーン・アーネス・ジェイ		27	214
シーン・レスター		2	6,34,49,66
シィンデル		39	220
ジウゼペ・シリアンニ	G. Sirianni, ジー・シリアンニGiuseppe Sirianni	2	173,219

人　名	别　称	册数	页　数
ジエ・和田		11	640
ジェイ・イー・トマス・ファス		26	480
シエイ・グイン		32	132
ジェイ・シー・レインダース・フォルマー	J. C. Reinders Folmer, J・C・レインダース・フオルマー	23	394,515
ジェイ・ジェイ・マニング		27	237
ジェイ・ティー・エヌ・クロス	ヂュイ・チィ・エヌ・シー	22	436,447
ジェイ・テイー・オラム		23	155,163
ジェイ・ハルトグ夫人		23	645,646
ジェイヴィント		24	64,69,82,119
ジェイ・エス・シニング・ダムステ		24	189,284
シェイク・ハフィズ・ワーバ		1	569,616
司栄昌		25	30
ジェイ・ヒー・エヌ・タルマツ・ジュ		26	512
ジェイムス・E・ロウレンス		25	314
ジェイムス・S・ブラウニング	James S. Browning	25	165
ジェイムズ・ヴェルカ		25	326
ジエイムズ・エイ・マックマリア		25	49
ジェイムズ・エィ・マックマリア		25	5,47,49,51
ジエイムス・エドワード・ウオルシユ	ジエイムス・エドワード・ウオルシユ・エム・エム,ジエイムズ・エドワード・ウオルシユ,ジエームス・E・ワオルシユ,ワオルシユ,ウオルシユ	45	169,179,182,185,186,194
ジエイムス・エム・ドラウト	ドラウト	45	169,171,172,173,175,194
ジェイムス・コン・エイ・ワン		27	604,610,611,613
ジェイムス・ジー・パヴロコス	James G. Pavlokos,ジェームス・Gー・パヴロコス	25	293,321
ジェイムス・トーマス・ネヘマイアー・クロス		22	436
ジエィムス・フォーブス・ローレンス	ジェームス・フォービス・ローレンス,James Forbes Lawrance	22 25	470,530 498
ジエイムス・ホィト	James Hoyt	49	355
ジェィムス・リウ		49	375

人　名	别　称	册数	页　数
ジェイムス・ギヤトレイ	ジェームス・ガットレイ	25	305,427
ジェイレンニー		24	280
ジェウィル・エー・ブラン・シワプ		19	318
シュヴエン・ルイ	Ghevin Louis,Chevin Louis	27	447,452,525
ジエヴオンス夫人	Mrs. Jeavons	22	266
ジェー・ア・エステヴァ		1	172,205,240,348,392
ジェー・アンドリースーレウィニグ		22	343
ジェー・エイチ・マッケンジー		2	48
ジェー・エー・アムヨット		1	552
ジェー・エー・カーチス	J. A. Curtis,John A. Curtis,John Curtis,ジョン・カーティス,ジョン・A・カーテイス,ジェー・カーテイス,ゼイ・エイ・カーティス,J・A・カーチス,ゼイ・エイ・ガーチス,カーチス・ジョン,カーチス,ヂエー・エイ・カーチス,J・A・カーテイス,ヂッン・カーチス,ヂイ・エ・カーチス,ヂエイ・エー・カーチス,カーテイス,ジョン・エー・カーチイ,ジエ・エ・カーテイス,ヂエイ・エイ・カーチス,ヂエ・エー・カーチス,ジェー・エイ・カーテイス,ヂェー・エー・カーテイス,ゼー・エー・カーテイス,ゼー・エー・カーチス,ジェイ・エ・カーテイス,J・A・カーチス,ジェイ・エイ・カーテイス,ヂェー・エー・カーチス,J・A・カーティス,J・A・カーチース,ジェー・エイ・カーティス,J. A. Curtis,ジェイ・エイ・カーティス	5	619
		9	113,128
		10	89,93,212,214,620,624
		11	37,310,351,432,482,577,586
		12	59,362
		13	86,156,262,284
		14	526,571,573
		15	158,307,322,468,499,500,502,568
		16	175,289,325,406,441
		17	48,176,195,235,439
		18	193,374,521
		21	227,258,263,267,271,279
		25	536,542,548,550,552,557
		26	12,15,43,46,59,153,161,175,434,437,440,443,445
		28	282,284,321,322,364,373,380,397,459,497
		29	24,25,28,29,144
		45	479

人名	别称	册数	页数
ジェー・エス・スミット		1	464,482,543
ジェー・エス・ワークマン		23	190
ジェー・エドワーツ	J. Edwards	27	359
ジェー・エヌ・エッチ		23	378
ジェー・エヌ・ヘイジブロエク	J. N. Heybroek,J. N. Heijbroek, ジェー・エヌ・ヘイヂブロエク	23	378,379
ジェー・エフ・クロスイト		22	436
ジェー・エフ・マンロー	J. F. Munroe, ジェー・エフ・マンロウ,J・F・モンロー	42 46	277,281,283 447
ジェー・エム・ウォルシ	J. M. Walsh, Walsh, ウォルシ	25	434
ジェー・オー・カウン	J. O. Caun	22	150,196
ジェー・ガラハー	J. Gallagher	27	356
ジェー・カンベル		1	554
ジェー・ギラン	J. Gillan	27	358
ジェー・ジィ・ストーレイ	J. G. Storey	25	237
ジェー・シー・パブスト	イエー・シエー・パブスト	19	10,11,28
ジェー・ジー・ベンデルス		23	617
ジェー・シー・マッケンナ		2	50,66
ジェー・ジー・ランパート	J・G・ラムバート,J. G. Lambert	49 50	372,423 71
ジェー・シー・ワルトン		1	554
ジェー・ステュワルト		25	227
ジェー・スローン	J. Sloan	27	358
ジェー・チァノ・ディ・コルテラッオー		30	515
シェー・チエン・ツエ	シェル・チエン・ツエ,Shier Tehen Tse	25	4,39
ジェー・デュ・モンソー・ド・ベルジャンダル		1	118,172,191,206,225,240,333,349,367,393
ジェー・ビー・エム・クーベルグ		1	465,483,543,555,561
ジェー・ビー・オラム		23	145
ジェー・ピー・リヤラダ	J. P. Risselada	23	397
ジェー・ブールゴア		1	465,483,554,561
ジェー・フジナト		1	171,205,239,348
ジェー・マッカートニー	J. Macartney	23	100

人　名	别　称	册数	页　数
ジェー・三好	三好	19	153,310
ジェーアルハドック		26	169
ジェーヴァンボイゲン		24	7
ジェーエーマーシンデ		24	238
ジューエズ・ウオレース・ジェイ		27	224
ジェーエヌ・フリーマン		46	273
ジエージーユグロウイチ		24	570
ジェージェーエーファンデランデ		24	127,135,144,188
ジエーシムフアンデルレーフ		24	82,84,86
ジェースタンス		29	179,193
ジェー・セイヤーズ	J. Sayers	27	356
ジェータ・グラサ・アラニャ		1	435,445,458
ジェービー・エム・ヘルツォーグ	J. B. M. Hertzog	2	230
ジェービーボウエル		26	507
ジェービーレヤーウッド		26	508
ジエームス		10	217
ジェームズ		11	431
ジェームス・A・ギルバート	ジェームス・アレキサンダー・ギルバート, James A. Gillbert	25	177,286
ジェームス・H・モイル	モイル	7	436
ジェームズ・J・ロビンスン		18	126,130,148,150,168,209,217,235,240
ジェームス・R・リンチ		20	252,254
ジェームズ・アリン		1	464,482,543
ジェームス・ヴィー・ウェアー		27	124,183
ジエームス・ウイリアムソン	James Williamson,ジエイムズ・ウリアムソン	11	640,645,653
ジエームズ・エッチ・ペック		6	236
ジェームズ・エドワード・フェントン	James Edward Fenton, James E. Fenton,ジェームズ・イー・フェントン	2	172,219
ジェームス・エム・マクイウエン		8	108
ジェームズ・オー・モンロー	James O. Monroe Jr.	26	191
ジェームズ・オー・リチャードソン		18	3,37,38,234,235,239,240
ジェームス・ゴッドウヰン		23	3
ジェームス・コン・エイ・ワン	Kung Wei Wang	27	610
ジェームス・サーマン		27	326

人名	别称	册数	页数
ジェームス・シェー・ロビンソン		27	243
ジェームズ・スコット	スコット	25	334,335
ジェームズ・テイ・エス・クロス	James T. N. Cross	26	192
ジェームス・ヘクター・コール	ジェームス・H・コール,H. Cole	25	160,186
ジェームズ・ラムジ・マタドナルド	James Ramsay MacDonald, J. Ramsay MacDonald, ジェー・ラムジ・マタドナルド	2	171,219
ジェームス・リユ	James LIU	30	420
ジェームズ・レートン・ロールストン	James Layton Ralston	2	172
ジェオフリー・カトフー・ハミルトン	Geoffrey Cadzo Hamilton	22	474
ジェスイット・ブロクリーチュア		39	219
ジエスサ・ラインズ		20	288
ジェスラン		29	402,611
ジェネバ	Geneva	25	493
ジエノウエワ・ヴィー・ボゾン		20	4
シェパード		23	197
シェパード		24	88,99,101
シェパバード・オルビンナール		27	241
ジエフレー・ノウルズ		22	191
ジェマーダ・アデーン・チヤント	Jemadar Adhin Chand	24	614,615
ジェマダ・アブドル・ラテイフ	ジェマダ・アブドール・ラテイフ,Jemadar Abdul Latif	24	576,612
ジェマダーズ・ラム・スイング	Jemadars Ram Singh	24	630
ジェマダル・チント・シング	ヂェマダ・チン・シング, Jemadar Chint Singh	24	580,627
ジェム・クッブディン	クッブディン・ジェム	25	60,64,65
ジェムス・N・フリーマン		47	53
ジェムズ・エム・マクユーウエン		14	524
ジェムス・コックホール		26	171
ジェムススクドナルド		26	171
ジェムスリカーズ		26	172
ジェメルヤルズ・エム		27	241
ジェラルド		25	425,426
ジェラルド・ビース・ストクー	Garald Beace Stockoo	26	168

人　名	别　称	册数	页　数
ジェラルドメーヴァー	メーヴァー	40	265,268,269,270,284,286,287,288,289
ジエリアノ・バイオ		20	42
ジェリー	Jerry	20	366
シエリー・ルバク		20	12
シェリッフ	Sherriff	25	469
シェル・チェン・ツエ	イェ・フォング・チェン	25	39,41
ジェルアルドユ・ドウ・ラン		23	517,518
シエルトン		26	158
シエルドン・スタルケンベルグ	スタルケンブルク,スタルケンホルグ,スタルケンベルグ	19	314,316
		36	115,118,119
シエルバチエフ		14	64
シエルフ・ヘルフリッヒ		1	15
ジェレマ		24	244,245
シエレンドルナ		29	247
レオナード・T・ジジェロウ	ジェロウ	37	270,271,274,282
ジェローム・P・グレイデイ		25	474
シェロン		1	554
シエン・タン・ウー		32	18,19
ジェンス		23	415
ジェントリー		26	158
ジオアキン		20	367
シオエンゼッター		23	442,443
ジオージ第五世		32	45
シオート	ショート	36	428,438
塩崎		15	472
シオザワ		24	558
塩澤幸一	塩澤	4	185,219
		6	419,513
		30	520,521,528,536
塩月學		5	284
ジォゼフ・ド・リュエル	ジー・ド・リュエル	2	4,31,47,65
塩田トシヒロ		22	52,54
ジオドル・Q・ラマーズ		49	421
塩野季彦	塩野季彦,塩野	4	114,123
		6	301
		9	486,501
		30	3

人名	别称	册数	页数
塩野季彦		43	1,2,4,5,287
塩野秀彦		5	230
塩谷温		34	365
塩原時助		30	147
シ・オ・ペロクイン		26	512
塩見晴雄		40	196
塩谷慶一郎		5	234
ジオンソン		7	246,277
志賀		13	633,638
志柿		24	476
志岐好人		5	247
シキスタ		25	341,342
志岐常雄		13	412
		18	272
鹿目善輔		4	208
		46	21
紫紀子		17	145
シクスト・カミンタノ		20	153
シグツ・フランク		27	240
シグムンド		24	418
氏家		14	529
重井武一		40	202,220
シケイブランツ		24	195,223,245,246
重田德松		25	348
重次		28	440
重藤		28	8,22,23,24,28,59,70,71,76,229
		41	17
		43	206
重藤千秋	重藤	5	209,210,211,434
重夏		41	78
重政		15	135
重光		11	425,483
		18	392,394,396,424,440,519
		28	278
重光直願		4	460
重光彦三郎		4	460
重光葵	重光	1	14

人名	别称	册数	页数
重光葵		4	106,129,213,460
		6	115,116,117,118,120,122,124
		9	91,148
		13	32,35,36,38,61,62,64,67,144
		14	80,86,497
		16	192,193,195,203,205,207,209,211,213,231,235,326,331,333,340,343,346,347,349,351,356,363,371,379,380,391,394,397,425,430,560,583,600
		17	392
		19	117,321,333
		21	227
		23	246,247
		26	276,280,284,287,289,295,301,316,329,334,341,342,344,345,350,354,355,375,393,410,411,412,413,421,422,423,424,425,426,427,428,429,433,467,470,483,485,486,488,489,492,500,501,502,503,536,604,605,616,618,625,633,643
		27	72,73,74,301,303,304,306,347,352,376,377,378
		29	135
		30	3,304,513
		32	74,75
		33	153,335,353,356,360,362,365,366,367,369,370,372,373,374,382,383,385,386,387,388,390,391,392,393,394,395,396,398,399,400,401,402,419,420,421,422,424,425,426,427,428,430,437,439,440,441,442,444,445,446,447,448,449,450,451,452,455,458,460,462,463,464
		34	342,343,344,349,352,354,357,358

人名	别称	册数	页数
重光葵		35	148
		36	113
		38	571,572
		42	55,136
		43	205,237,240,366,446,447,451,452,454,455,456,477,478,479,483,484,523,544,557
		44	383
		46	146,205,325,328,329,330,332,333,334,336,337,338,339,341,342,343,346,348,349,351,352,353,363,364,365,367,368,369,370,371,373,374,376,377,379,381,383,384,386,387,388,389,391,394,395,396,397,398,399,400,401,403,404,408,409,410,411,412,413,414,417,418,432,433,434,436
		47	430,476,604,684
		48	347,351,363,364,366,381
		49	465,471
		50	371,516,517,518,520,521,522,523,524,526,530
塩原		3	680
		10	168,201,227,325,669
		11	178,229,232,255,294,311,322,326,339,433,474,503,513,546,555,587
		12	481,617
		13	10,73
		16	3,8,9,14,18,23,28,31,32,33,34,35,41,42,47,48,54,56,63,67,91,95,110,111,113,114,118,120,138,142,144,149,151,152,153,154,156,157,168,176,182,187,189,190,191,228,231,237,239,240,284,314,315,316,317,318,321,322,323,326,333,

人名	别称	册数	页数
塩原			353,354,356,376,382,396,404,407,411,413,432,434,435,436,437,459,462,463,469,472,480,482,485,496,501,502,503,514,516,526,527,528,531,541,543,544,546,552
		17	21,269,294,307,318,321,339,355,356,368,370,373,374,405,410,418,429,431,440,459,461,469,483,487,528,531,537,549,556,565,573
		21	1,13,15,34,73,77,86,92,98,100,168,177,185,321,437
		26	112,114,115,121,130
		29	103
塩原時三郎	YAKIO Kawamato	5	606
		7	51
		9	1,53
		23	164
		30	90
		36	215
		38	507,595,602
		40	170
		44	58,214,218,232,312
シコワリエ・ジコ・リヨン・ネルランデー	シユヴアリエ・ド・ロルドル・デユ・リオン・ネエルランデー	2	355,367
宍倉正太郎		5	247
宍戸功男		5	286
穴戸芳之		5	254
施肇基		1	552
		2	122,131
施銭一		7	470
靜子		29	100
ミスノエ	Misnoe	25	524
靜目	SHIZUME	27	470
シチーロフ		50	228
シチエベンコーフ		14	147

人名	别称	册数	页数
四手井綱正		15	129,133
幣原喜重郎	幣原	2	114,123,131,136,141,221,223,465,513,516
		3	8
		4	104,112,113,211
		5	195,197,198,455,456,457,458,462,496
		6	115,116,117,118,120,122,124,600,603,605,606,607,608,609,611,612,614,616,617,619,620,621,622,624,625,626,628,629,630,631,632,633,634,638,639,641,643,644,646,647,649,650,651,652,654,656
		11	546,555
		12	181,182,183
		14	178
		15	417,419,423,430,441,447,450,458,470,597
		28	17,19,66,67,172,281,283,284,288,289,312
		29	417,421,422,432,433,439,443,451,606,611
		30	3,277,279,302,308,347,413,415,417,419
		31	40
		32	71,74,75,567
		38	206
		40	476
		41	185
		43	520
		45	104,494,495,497,498,499,500,502,503,505,507,509,510,512,513,515,516,518,519,521,523,525,526
		46	325,328,329,330,332,333,336,337,338
		47	145,601

人名	别称	册数	页数
幣原喜重郎		49	371,372,373,374,444
		50	432,483,494,611
シト	SHITO	23	526
志湞	Johnston	27	694,697
爾德尼桌耳		29	233
シドニ・エフ・マシュビール	シドニー・F・マッシビアー,シドニー・F・マッシビーヤ	13	391
		18	47,124,268
		19	313
シドニト・ライト	Sidney Wright	21	136
シドロフ		14	40
シナイ		24	125
品川初雄		32	317
シナゴナ		24	643
シニット・イマン・グブリエ		27	225
シドニア・イー・サイド		40	154
ジノヴイエフ		42	63
篠崎嘉郎		42	402
シノザワヨシハル	SHINOZAWA Yoshihara	25	156
篠田	シノダ	27	140,145,148,153,166173,175,177
篠塚大策		5	297
篠塚義男		4	219
篠原		44	414,415,416
篠原誠一郎		5	299
信夫淳平		1	438,446
		39	137
シノムビンラヂマン		24	450
柴		10	94,101,112,113,116,118,120,121
斯波		5	436
		25	517
斯波孝四郎		35	301
紫有時		5	247
柴勝男		39	56
		45	415,419,420
紫田	シバタシケノブ	27	661
柴田		27	19
		47	452

人名	别称	册数	页数
柴田小三郎	SHIBATA Kosaburo,柴田コサブロ	11	585,614,615
		19	122,327,335
		26	21,22,43,46
		28	217,218,497,636
		29	20
柴田善三郎		4	172
柴田彌一郎		4	198
柴山兼四郎	柴山	2	512
		4	161
		14	114
		31	557,604,607,608
		32	555
		41	177,178,180,182,183
		44	307,308,312,313
		50	567,570,571
柴山重一		5	299
シビリング・アライサ		20	6
シプーノーフ		50	228
涉川善助		5	241
渋澤敬三		30	3
澁谷		46	466
渋谷シン	シブヤシン	9	112,113
シフリート		24	644,645
シベスマ		23	434
芝勉		40	193
シマ・バハドウル	ジマ・バハドウル, Sima Bahadur	22	11,88,91
シマーマン・ブシンウ・ド・エイチ		27	241
島一郎		5	247
島内龍夫		50	575
島内龍起	島内タッキ	46	6,7,8,9,26,32,47,57,137,143,150,206,209,210
		49	294,299
		50	450,455,579,589
島川	シマカワマサイチ	27	660,661
志摩清英		4	185,204
島越新一		4	197

人　名	别　称	册数	页　数
島崎		13	639
島崎正次		5	247
島崎新太郎		5	286
島田		6	171
		41	143
		43	130,544,557
		48	138
島田繁太郎	島田,嶋田,嶋田繁太郎,鳩田築太郎	4	113,150,162,163,180,189,215,220,472
		12	33,35,36,38,392,393
		14	548,549,618
		16	583,600
		17	4,5,72,302,344,392,443,447,466,469,471
		18	28,334,341,390
		19	333
		26	643
		30	3,513
		44	383,468
		45	429,448,454,457
		46	205,438,439,440,444,445,449,450,451,452,457,458,461,462,470,471,483,487,488,497,498,605,607,608,612
		47	478,612,619,626,670
		48	113,147,347,351,366,368,381
		49	274,275,281,282,283
		50	166,595
島田俊雄		15	407
		30	3
		46	488
		48	290
島田斉	ヒトシ	35	543
島田義起		50	584
島津久大		47	490,492,493
島津久光		28	152
島之内		27	384
島野三郎		5	247

人　名	别　称	册数	页　数
島原和夫		5	256
島日出		5	257
島村	シマムラ	20	283,286,287
シマムラ・ヤスイチ	SHIMAMURA Yasuichi	25	413
シマムラ・ヤスカズ	SHIMAMURA Yasukazu	25	410
志村正		15	120,274
嶋村洋一		25	392
志村陸城		5	247
島本		11	533
		12	169
島本久五郎		4	187,200
島本正一	島本	2	517,519,520
		30	360,361,366,367,369,370,372,384,460,461,543,548,554
		42	391,400,560
シマモラ		23	285
嶋山一郎		4	115
ジミー・バーナ	Jimmy Barna	21	137
シミオン・カンク		20	41
シミツ		24	442
シミツト	シュミツト	13	257,305,307
シミプソン	Simpson	25	435
ジム・フラン	Jim Flynn	21	138
ジムホー・スクリップス		30	177
シムラー		24	411
霜出良一		40	198
下川	シモカワハヤヲ	27	666
下河原		21	410,412
下島ヘンリー	ヘンリー・シモジマ,ヘンリー・シモジマ,ヘンリノ・シモ・ジマ,ヘンリー・クモジマ,ヘンリー・シモジマ,ヘンリノ・シモ・ジャ,ヘンリー下島,Henry SHIMAJIMA, Henry SHIMOJIMA	11	248
		15	102,512,557
		17	40,195
		19	122,194,200,220,280,290,327,335,346,348,354,486
		20	53
		21	191
		24	474
		25	566

人名	别称	册数	页数
下島ヘンリー		26	22,38,55,78,82,88,137,157,165,167,186,406,481,498,499,631
		28	218,282,284,322,364,378,382,440,471
		29	28,29,79
		31	62
		42	277,281,283,448,470,472
		44	294,418
		45	201,341,345,351,487,491,493
		46	447,607
		47	297,698
		48	441
		49	372,388,396,413,548,637
		50	68,71,75,192,385
下園佐吉		17	6
下田		9	155,162,168
下田武三	下田・T,下田タケソ,ティー・下田,下田タケツ,Shimoda Takeso	8	665,669,673,674,684,691,692,698,703,704,705,706,708,709,710,714
下田千代士		39	289,293,294
下中		43	206
下中源三郎		44	551,557,558,559
下中彌三郎	下中彌三郎	5	287,293,295
		18	482
		49	634
下村		12	624
		15	472
		27	627
		34	193
下村鹹		5	252
下村定	下村	1	271,309,319,322
		2	9,38,54,70
		4	112,159
		30	3
		33	271
		49	60,61
		50	398,399

人名	别称	册数	页数
下村信禎		34	68,75
下村廣		11	634
下村宏	下村	4	130
		11	627
		30	3
		43	196,526
シモン・フィロメーク		27	473
シモン・ラミレス		20	310
シモンス		24	423
シモンズ夫人		22	282,284,286,289,290,291
謝		7	376
シヤーマン・マイルス	シヤフマン・マイルス,シャーマン・マイルズ,マイルズ,マイルス	36	163,270,271,272,274,277,278,279,280,286,287,288,311,312,313,424
シャーリー・シャオ・ワン	Shirley Shao Wang, Shao Wang	27	607,610
シャーレー・ステーヴン		7	438
シャイハート・チャルスー		27	225
謝維麟		1	552
シャイロック		47	171
ジォヴァンニ・チラオロ		2	9,37,54,69
ジャウテイス・アレキサンダー・ダブルユウ	シヤウテイックス・アレクサンダ・ダブリユウ	27	213,217
シャオ・ビン・チワ		27	603,613
シャオ夫人	Siao	27	611
謝珂		30	393
シャカーナダ		22	371,372
謝介石	Hsieh Chich Shin	5	632,634,672,673
		8	182,190,263
		12	482
		30	582
		42	569,570
		45	518
ジャキ		44	593
シヤキエンペグ		24	398
ジャキノー		46	76
ジヤキノソーン	シヤキノ	32	247,248
謝金華	金華	7	334,336

人　名	别　称	册数	页　数
ジャクソン	Jackson	23	282,291
		25	463
ジャケット		24	13
謝剛哲		6	358
ジャコブ・デシューガー	デッシャガー	40	232,247
ジャコブセン・フォーン	Jacobsen John	45	490
シャジャン		22	372
シヤシン		11	531
ジヤス・エイチ・マックカロム		7	198
ジャスティス・マンスフイールド		24	433,440
ジャステイナ・マンリシック		20	306,308
ジャスパース		24	300
シャッグ		25	134
シャツク・C・ウアンメス		27	331
ジャツク・ナーラー		27	428
ジャックイードンプソン	Jack E. Thompson	26	170
ジャックソン		25	246
ジャックペドレー	Jack Peddley	26	170
ジャックマイブオーエバンス		26	171
ジャド	ジャドット	29	385,395
ミャトヴイッチ	Chedo Miyatovitch	1	100
シャドレイ・ジョン・ダブリユ		27	225
ジャナン		24	447
シャニワ		22	69
ジャネット・アンダーソン	シスターコンスタンス,ジャネット・アンダソン	7	172,224,225,255,256
シャハト		10	118
		49	297
シャピロフ		1	430
謝文東		33	201
シャマダ		24	555
シャミール		23	303
ジャムススミス		26	171
ジャムスン・ケスス・エル		27	228
ジャムリナ		13	124
ジャユトー・アリメス		20	189
シャリフ・モルマッド・アルカテリー		23	345

人　名	别　称	册数	页　数
シャリフサレー		23	350
シャール・アルセヌ・アンリー		48	32
シャル・ド・マッキオ	シャール・ド・マッキオ	1	108,168,180,202,168,215,236,327,346,356,389
ジャルガロン		50	382,383
シャルル・アルセーヌ・アンリー	Charles ARSÉNE Henry,アルセーヌ・アンリー,アンリー,アンリ	2	305,318,320,330
		11	5,12,17,18,29,32,34,83,89,91,92,100,106,107,111,112,114,115,117,120,124,125,131,133,145,147,163,166,180,243,244,247,248,270,304,448
シァルル・ドゥーズマンス	シャルル・ドゥーズマンス	2	9,38,55,70
シャレール		2	659,661,663,664,665,666,667,668,669,670,671,677
謝呂生		44	364
ジャン・エヌ・パピニウ	J. N. Papiniu	1	100
ジャン・ジョセフ・ダルベマル		1	115,187,222,331,363
シャン・デュソール	ジ・デュ・ソール,シャン・デュ・ソール	2	8,37,53,69
シヤンク・ロードン・イー		27	241
ジャンゼール	シャンザー	29	382,386,396,417,421,432
ジャンセン		23	311
シャンツエル		29	402
ジャンパーフランセス	Jans Par Parnces	25	402
シャンフェ		29	455
ジュアニタ・シグワ		20	390,391
ジユアニタ・ジユアン・マーセロ	Juanita Juan Marcelo	21	47
ジュアン	Juan	21	54
		38	388
		46	590
ジュアン・エフ・エチヴェリ	Juan F. Echiverri	20	270,271,272
ジュアン・デ・アレンザナ		1	553
ジユアン・ピー・ジユアン	Juan P. Juan	21	45
周		31	506
ジュウ		22	193
ジュー・エイチ・スカリン	J. H. Scullin	2	229
ジユウ・ゼイヤ	Jhu Jay,ジユウ・ゼイ	22	88
周亜衛		14	126

人　名	别　称	册数	页　数
ジュヴァリエー・デカン	Chr. Descamps	1	97
周一漁		7	148,161
ジューヴェル・イー・ニューマン	Juvel E. Newman	45	314
周永業		5	527
		6	131
周雄		16	412
		17	306
周恩靖		6	135
周恩來		33	197
周家基		7	401
龔敬鐘		7	162
周劍英		33	174
周興鈿		7	375
周作民		8	628
衆田健男		4	180
周如桃		7	399
周培炳		43	42
周佛海	周	33	13,72,95,96,101
		34	443,444,450,453
		42	444
ジュウベルト	Schubert	22	245,246,247
周鳳歧		6	455
周保中		33	201
シユーマン	シユイルマン	3	60,91
シューミット	ポール・シューミット	35	108,159,235
シューリチン		33	324,327
周隆庠		34	453
ジュール・ジー・ジュスラン	ジュスラン	2	114,123,131
		29	606
シュールズ・T		23	289
重巡那智		18	46,47
重郎		24	498
ジュエル・E・ニューマン		8	472
ジュオザス・サカラウスカス		1	570
肅毅		29	146
朱	朱	8	110
朱尹完	朱	5	561,562
朱家驊		2	407

人　名	别　称	册数	页　数
朱慶儒		8	133,675,686
シユシアーリン		14	40
朱深		5	210
		8	622,623
		43	42
朱霽青		33	225
朱世全		1	552
朱世明		28	260
ジユセラン	ジュッセラン	29	382,386,396,417,421,432
シュターマー	Stahmer	40	361,362,363
		50	211,212
朱兆莘		1	552
朱帝翁		7	64,65
朱德		33	165,178,212,219,297
シュトルツ		24	142,143,144
シュトレーゼマン		47	329
シュナイダー	Schnider,シュナトダー	21	341
		24	431
ジュニハラ		24	256
シュネー		2	656,660,662,670,674,676,677,678
シュヌレジー・エル・ティマン		49	540
ジュビン	Jubin	27	597
朱文黼		1	552
朱芳偉		7	379
シュミット	M(マックス)W・S(シユミット)	17	198
		36	508,513,514,515
シュライエル		11	329
シュライナー・グールド・エイチ		27	241
シュライユー	シュライエル,Schleier	50	208,209
ジュランビエール		38	141
ジュリ・ラブィレット		27	505
シュリ・ラム	Shri Ram	25	58
ジュリアス・ヘンリー・ブルーチ		2	48
ジュリアン・フロールス		23	267
ジュリアン・ペランテ		20	257
ジュリアン・ポーンスフォート	Pauncefote	1	98
ジュリヤ・チエッツイー	Julia Ghezi	20	349

人名	别称	册数	页数
シュリヲー	Suryau	27	458
シュルツ		25	484,486
シュルテエ・ストラントハウス		10	561
シュレナ		27	440,441
シュロー		27	434,463,466,467
シュワルツマン	Schwarzmann，スュワルッマン	50	205,206,209
順		29	382,386,396,402,417,421,432
シュング		25	40
淳口勇夫		5	298
醇親王		29	180,181
徐		31	503
ジョ・M・ストウエ		25	226
ショ・メット・ルイ	Cho Mette Louis	27	461
ジョアキン・キネット・コスタス・ガルシヤ		20	346
ジョイ		39	219,221
ジョイス		24	95,96
蔣		7	37
章		24	498
		43	175
莊		11	531
鍾毓		30	583
常蔭槐		28	14,63
小カール・エドワード・ステグメイヤー		25	229
昌開運		7	160
莊開永		31	364,365
蔣介石	蔣,蔣賊	1	1
		2	407,428
		3	154,158,197,198,237,247,254,255,583
		5	69,70,214,394,396,489
		6	107,161,185,245,256,287,291,292,293,294,296,298,299,317,320,484,609
		7	216
		8	45,91,628

人名	别称	册数	页数
蒋介石		9	357,358,359,379,387,403,420,421,433,436,449,451,453,454,456,496,544
		10	41,71,72,73,97,118,169,205,340,345,373,377,518,519,574
		11	27,63,65,81,82,83,86,88,152,159,162,164,197,213,214,215,220,297,390,423,602,603
		13	448
		14	134,490
		16	456,614,632
		17	114,215
		18	460,509
		28	186,202,203,290,337,338,419,422,484,512,530,542
		29	6,10,11,12,14,15,19,36,102,103,108
		30	171,174,175,180,300,304,305,306,403,404,417
		31	49,51,61,466,514,520,572,584,586
		32	94,98,216,398,401,417
		33	2,4,5,17,21,22,23,48,49,50,51,54,55,56,73,76,171,178,189,190,192,198,201,202,218,220,223,280,297
		34	313,426,427,428,429,432,433,435,437,442,468
		35	49,53,55,59,60,178,179,307
		36	170,218,500,511
		37	154,170,192,196
		40	356,357,472,512
		41	32,72,94,222,224,225,226,227,228,229
		42	71,72,119,126,168,170,191,192,212,217,253,271,287,292,294,310,311,346,347,348,438,580,590,591,592,598,599,603,608,612

人名	别称	册数	页数
蔣介石		43	213,263,264,265,266,268,273,274,275,277,284,285,286,484
		44	472,587,590,592
		45	60,193,200,260,319,322,323
		46	63,86,119,164
		47	148,183,231,268,285,588,688
		48	24,39,131
		49	261,262,362,363,364,365,366,477,479,481,482,484,487,495,515,625
		50	13,14,534,568,569
蔣孝先		5	502
蔣光鼐		33	176,200
蕭繼榮		2	7,35,50,67
蔣作賓		42	126,287
莊孔明		19	172
ジョウジ・アール・タンツ	George R. Koontz	50	385
荘司クラヂ		27	653
庄司シンスケ		27	649
商震		5	512
		31	463
尚		42	444
尚國武		25	399
尚謙		5	300
尚田		15	425
尚德義		5	555,556
薑震瀛		7	341,353
蕭振瀛	蕭	5	533,534
		31	520,521
		44	572
莊親王載勛		29	182
饒振武		7	313,315
章祖申	TSOU Soueng	1	425
章乃器		33	174
勝田主計		30	3
常谷		22	531,532,533,534,535
ジョウト・ヘイ・フジワラ		25	60
聖德太子		4	610

人　名	别　称	册数	页　数
		28	181
董之恩		31	333
常濱郷	常	8	31,32,33
襄松		43	198
襄松子		29	131
盛有禽	ジェン・ヨー・アン	8	123
邵魯		33	176
ジョウンズ夫人		22	377
徐永昌	除永昌	1	15
徐燕謀		30	473,474
ジョー・ウオートン		7	225,256
ジョー・オニール		27	25
ジョー・ストウ		25	223
ジョー・ビル・チェスチーン	チェスチーン	40	340,341,342,343,344,345
ジョー・フランシスコ・デ・オルタ・マシャド・ダー・フラン	アルテ	2	124,131
ジヨー・ポール・リットル	Joe Paul Little	21	137
ショー・リイ・クリホード	Show Lee Clifford	45	489
ショーゲ・シンスケ		27	647
ジョージ・N・マクレー	ジョージ・エヌ・マックラオ,Geo.（N）McRae	25	281,450
ジョージ・アーネスド・ラムゼー	G・E・ラムゼイ,ジョージ・アーネスト・ラムゼイ,George Ernest Ramsay	22	110,129,244
ジョージ・イー・デイヴイス		46	363
ジョージ・エイ・ファーネス		46	363,366,367
ジョージ・エフ・ゲテー三世		27	37,38
ジヨージ・シー・マーシャル	マーシャル	33	364,376,403,405,407
		35	88,233
ジョージ・ジエイムズ・ルイス		20	4
ジョージ・セイル		46	369
ジョージ・トブラ	George Topla	27	394
ジョージ・バー		40	245,247
		50	52
ジョージ・ビー・デーヴィス	ジォージ・ビー・デーヴィス	1	107,179,214,326,355
ジョージ・フィッチ	ジョージ・エー・フィッチ	7	166,197
ジョージ・フィリップ	George Philip	50	294,317
ジョージ・フォスター・ピアス		29	605

人　名	别　称	册数	页　数
ジョージ・フオスター・ピアス	ジー・エフ・ピアス	2	114,122,130
ジョージ・マリ		20	201
ジョージアーネスト・ニムゼイ		22	237
ジョージス・ピー・ヴァニアー		2	48
ジョージテインデールクーパー		24	350,360
ジョージ・デ・ヴァードン・ウエストレー		24	458,465,472,520
ジョージ・ビー・マク・ファーランド		26	512
ジョージ李		7	72,73
ジョーゼフ・イー・デイヴイス		46	366
ジョーゼフ・ダブリュー・バランタイン		17	430,489,528,531,537,544,547,549,555,556,565,567,573,577
ジョーゼフ・ティー・ロビンスン	Joseph T. Robinson	2	170,218
ジョーゼフ・ビー・ケネデイ		46	397,400
ジョーセフバーシー		26	169
ショータィソー		25	148,149
ジョーダン		22	439
ジョーデ・D・ワトラス		49	223
ショート	Short	23	139,140
ショーメッツ・ルイ・ジヤンマリー	Chomette L. Jim	27	589
ショーリ		50	346
ショール		11	298
ジョールジュ・ストレーイト	ジョールジュ・ストレイト	1	115,171,187,204,221,239,330,348,363,392
ジョーン		22	375
ジョーン・M・アリスン	Allison,アリスン	16	34,61
ジョーン・エヌ・マクラー	George N. McRae	25	307
ジョーン・エフ・ハンメル	John F. Hummel,ジョン・F・ハンメル	12 17	92,126 402
ジョーン・ビー・ポウウェル	ジョーン・ビー・パウウェル,	30	171,180,183,186,187
ジョーン・ブラウン・レスリーアンダーソン		25	272
ジョーン・ロバーツ・デ・ラーラ	ジョン・アール・デレーラ	25	174,261
ジョーンズ	Jones	22	353,354,375,377,381
ジョーンズ		25	524
ジョオンズ		48	65

人　名	别　称	册数	页　数
徐亜福	S. A. Phuc	27	580,581
ジョクジャカルタ		23	552
色部貢		42	402
除氏	許氏	29	396,432
ジョジ・フイッチ		5	551
ジョジズ・レッドストン・ワルナー		2	48
ジョジ・ブライアン・コリンソ	George Brayan Collinson	26	168
徐樹全		32	71,72
徐紹卿		30	583
徐淑希		7	2,80,81
徐新六		8	628
ジョセ・E・サウグスタッド		49	124
ジョセ・G・ツパヅ		20	240,244,245,247
諸青來		33	13
徐節俊		5	559
ジョセフ・O・コリンズ		50	98
ジョセフ・W・ハランタィ		3	256
ジョゼフ・アール・ベーカー		2	46,64
ジョセブ・ウエルベラウ		15	363
ジョセフ・エム・センコー		34	99
ジョセフ・エッチ・チョート		1	107,167,179,201,214,236,326,345,355,388
ジヨセフ・エフ・マクドナルド	マクドナルドジヨセフ・エフ,ジエ・エフ・マクドナルド	22	501,502
ジョセフ・ダブリユー・バレンタイン	バレンタイン,バランタイン,ジョセフ・W・バランタイン,ジョセフ・W・バレンタイン	36	198,508,510,513,515,568
ジョセフ・ダブリユー・バレンタイン		37	65,120,123,124,153,328
ジョセフ・ヂエイ・クロス		40	208
ジョセフ・トルニエリ・ブルサチ・ヂ・ヴェルガノ		1	115,188,222,331,364
ジョセフ・ビー・キーナン	キーナン	8	150
		13	377
		43	558
ジョセフ・ピルスドスキー		42	385

人　名	別　称	册数	页　数
ショセフ・ライネリ・ビシツア		2	54,69
ジョセフエフマックスバラン	ジョゼフエレマクスパラン	26	511,550
ジョセフヘンリー		26	172
ジョセリング		20	140
ジョゼル・ホルギン		25	47,49
ジョセン・ダブリウ・スチルウエル		6	139
ショツトラト・ハマン		27	241
徐桐		29	182
ジョハニツ	ジョハニツツ	15	388
ジョブ		24	239
ジョフリイ・カゾー・ハミルトン		23	14
徐文科	チイアンケー	23	348
諸民誼		34	443
徐名鴻		33	200
ショルジ・ペトレスコ		2	58
ショワ		22	439
ジョン・B・L・アンダーソン		25	175
ジョン・C・ミニック		25	226
ジョン・D・シユウエンカー		24	317,318,319,347,348,349
ジョン・F・ブルナー		25	176
ジョン・F・フンメル		17	435
ジョン・G・ブラノン		37	470
ジョン・G・マドック	ジョン・G・マードック,J・G・マドック,John・G・Murooch	22	464,475
ジョン・H・マーシャル		25	503
ジョン・K・レイミイ	レイミイ	40	300,301
ジョン・J・マーフィ	John・J・Murphy,ジョン・ジエー・マーフィイ	25	6,51
ジョン・M・マックドーカル		27	331
ジョン・アール・デイーン		34	307,311
ジョン・アール・プリチャード	ジヨン・R・ブリッチヤード,ジヨン・アール・ブリッチヤード,ジヨン・R・ブリチヤード,ヂヨン・アール・ブリチヤード,ヂヨ	10 20	324 51,54,55,57,76,113,123,133,148,187,194,217,247,255,256,266,272,293,308,313,325,329,371,384,394,400,401,427,433

人　名	别　称	册数	页　数
ジョン・アール・プリチャード	ン・R・ブリチャード,J・R・ブリッチヤード,ジヨン・アー・ブリチヤード,ジオン・アール・ブリチャード,John R. Pritchard	21	117
		27	613
ジョン・R・ベンヂ	John R. Benge	22	473
ジョン・アラン		25	322
ジョン・アラン・マックミラン	マックミラン	40	258,268,272,276,277,286,287,291
ジョン・イー・レイ		35	234
ジョン・ウィリアム・ヴィネー	ジョン・W・ヴィニー,John W. Viney,John William Viney	25	318,522
ジョン・ウイリアム・サルモンド	ジヨン・ダブリュー・サルモンド	2	114,122,130
ジョン・ウイリアム・サルモンド		29	605
ジョン・エイチ・ディー・レーブ	ジョン・エイチ・デイト・レーブー,ジョン・H・D・ラーベ,ジョン・H・D・ラベ,ジョン・H・D・レイブ,ジョン・エイチ・デイ・レーブ,ヂョン・ラベ,ジョンラーベ,レイブ,レーブ	7	1,2,27,84,97,98,102,109,110,207,233,241,264,272,287,290
ジョン・エイ・フィッジェラルド	John A. Fitzgerald	25	437
ジョン・エー・ダーンホッフアー		6	236
ジヨン・エー・バンコスキー		6	235
ジョン・エッチ・アレン	ジョン・H・アレン,John H. Allen	25	280,294
ジョン・エッチ・マーシャル	ジョン・H・マーシャル	25	281,315
ジョン・エッチ・ラング		6	235
ジョン・グラハム・レイトンージョンズ		17	423
ジョン・エフ・ハンメル	ジョン・エフ・ハムメル	5	554
		8	109
ジョン・エフ・ブロナー		25	275

人　名	别　称	册数	页　数
ジョン・エム・アリソン	アチソン,アリソン,ジョン・M・アリソン	3	222,223
		7	180,181,197,198,217,247,248,250,272,278,279,281
ジョン・エム・スタンレー	John M. Stanley	21	138
ジョン・エル・ホッヂ		6	236
ジョン・エル・マシミノ	J・L・マシミノ,Massimino	22	430,461
ジョン・オウエン・エドワズ	ジョン・オウエン・エドワーズ,ジョーン・オーエン・エドワーズ,W・O・I・J・O・エドワーズ,John Owen Edwards,Edowards	22	428,451,459,469
ジョン・ガトリー		27	25
ジョン・クリストフアー・ラムシャウ		17	423
ジョン・ケウイン・ロイド	J・K・ロイド,J・ロイド	22	17,20,21,27
		24	249
ジョン・ケー・コールドヴェル		1	565,611
ジョン・ケビン・ロイド		44	262
ジョン・サイモン	シモン,ジョン・シモン	3	34,35,42,43,44,45,46,49,50,51,262,270,283,286,289,290,292,312,329,330,331,332
		15	610
ジョン・サルモンド	ジョン・サーモンド	29	382,386,395,401,416,420
ジョン・ジー・マギー	ジョン・マギー,ジョン・G・マギー,マギー,チョン・マギー	5	545,551
ジョン・ジョイ・クロリレー	John J. Crowley,ジョン・ジョイ・クローリー,ジョン・J・クロウレー,ジョン・ジョイ・クラウレイ,ジョン・ゼイ・クローレー,ジェー・ジェー・クロウリー,チェ・チェ・クローレイー,ヂエー・ヂエー・クローレイ	7	59,61,63,65,66,68,69,76,79
ジョン・ジンヒ・アレン		18	233,236,238
ジョン・ダーヴイス		7	559

人　名	别　称	册数	页　数
ジョン・ダージ		17	72
ジョン・ダブリュー・オーチンクロッス	John W. Auchincloss, John W. Achincloss, ジョー・W・オーチンクロース, ジョン・ダブルユー・オーチンクロッス, ジョン・ダブリュー・アウチンクロス	9	351,481
		10	401,447,479,486,499,517,528,683
		15	109
		49	558
ジョン・ダブリュー・ガイスト		6	235
ジョン・ダブリュー・サーモンド		29	611
ジョン・ダブリューフイエリー		17	7,8
ジョン・デイ・フォリイ		45	183,184
ジョン・ディー・ヒル	John D. Hill	49	420
ジョン・テー・ウエーバー		6	236
ジョン・デービッド・ステイード		25	67
ジョン・ドナルド・ジョーンズ	ジョン・ドナルド・ジョンス	34	151
		47	501
ジョン・ニューランヅ		25	337
ジョン・バウド・マリンス		25	420
ジョン・ハマス	ハマス	27	23
ジョン・バルトロミュー	John Bartholomew	50	294,322,324
ジョン・ビー・クウーレイ	ジョン・ビー・クーレイ, ジョン・クーリー, ジョン・クーリイ	9	88
		34	91,94,97
ジョン・ビー・クーリ	ジヨン・B・クーレ	8	304
		20	54
ジョン・ビー・ケチャム	ジヨン・B・ケチャム	19	4
		23	226
ジョン・ピー・フレチァー	ジョン・ビーアンダーソン	2	46,64
ジョン・ビー・ムリンズ	John B. Mullins	25	280
ジョン・ビー・リッパード	John B. Lippard, ジョン・B・リパート	25	280,301
ジョン・ファンシス・ライアン	ジョン・エフ・ライヤン, John F. Ryan	25	166,227
ジョン・フェデリック・ロウソン		26	170
ジョン・ブラックランド・ウーリー		26	168
ジョン・ブリヤン・リッパード		25	418
ジョン・ヘイ		47	302

人　名	别　称	册数	页　数
ジョン・ホア		23	159
ジョン・ポーエル		29	178
ジョン・ホード・ベーカー		37	266
ジョン・ホード・ベッカー		18	199,200,212,217,218,245,246,250,251,256,222,223,505
ジョン・ポロック		27	25
ジョン・マンスロウ・ウィリアムス		44	262
ジョン・ラッシュ		23	116
ジョン・ラッズビー		17	409,414,415,416
ジョン・リチャードスン		22	354
ジョン・リントン・トレロアー	John Linton Treloar	23	38,209
ジョン・レイサン		42	386
ジョン・ローレンス・ハンズ	Hands,J・L・ハンズ	22	470,524
ジョンアールフレミング		24	637
ジョンアラレマックシラン		26	174
ジョンウィリャムカドウルワイヤット		26	173
ジョンウシケー小林	ジョウジ小林,ジョウジケー小林	4	624
ジョンコーワンローリー		24	632
ジョンサンボク		24	298,445,446
ジョンジ・K・ヘス		27	331
ションジ・モトヨシ		23	294,295,297
ジョンシャーブ		26	169
ジョンズ・アルフレド・エイ		27	227
ジョンズ・ジョージ		27	214
ジョンス・デイー・マーフィー	ジヨン・D・マーフイ	27	205,243
ジョンストン	Johnston	22	161,162
		24	96
		31	105
		50	294,313
ジョンストン・ジョンローシャ		27	231
ジョンスバリーロング		26	169
ジョンセン・オラブ	Johnsen Olav	45	490
ジョンソン	Johnson	15	585,620
		21	235
		26	158,664

人名	别称	册数	页数
		42	320,349
ジョンソン・エフ・マンロー	ジョンソン・エフ・マンロウ,ジョンソン・エフ・マンロー,ゼー・エフ・モンロー,J・F・マンロー,Johnson F. Munroe,ジエ・エフ・マンエウ,Johnosn F. Munroe,J. F. Munroe	44	403,406,409,412,413
		45	341,345,351,355,485
		46	607,610
		47	297
		49	367,368,388,396,413,637
		50	19,54,68
ジョン・ハットリ	John Hattori	12	580
ジョンビル・チエスチーン		26	168
ジョン・ベチャードソン		22	380
ジョン・ヘルマン・モナコブロッツオ		26	172
ジョン・マンスフイルド		24	268
ジョン・ラーベ			290
ジョン・レスレー・シーラント		24	465,532
ジョン・ローヤル		26	173
ジョン・ロバート・クレイレンス		27	232
シラ		17	40
白井		7	349
		23	551
		34	467,469
爾未		16	136
白石萬隆		4	181
白井正辰		15	121,153,155,176
白井滿雄		5	239
白尾干城	白尾	17	398,402
白上祐吉		5	230
白河		28	415
白川義則	白川	2	548
		4	216
		5	374,382
		30	3
		32	556
		39	303
		41	11,13,76
新羅山人		5	541

人名	别称	册数	页数
白木未成		12	405
白來栖		3	552
白阪勵		5	240
白阪英		5	240
白戸		24	340,342,344
城戸		27	19
城戸元亮		5	1,40
白鳥敏夫	白,白鳥,白島敏夫,白島,SHIRATORI	4	480
		5	293,441
		9	558,560,562,570,571,572,573,574,576,577,578,579,580,596,597,599,601,612
		10	6,23,43,73,159,165,224,312,324,337,343,413,670
		13	191,192,349
		16	583,600
		17	16,392
		18	383
		26	643
		28	294,295,482,483,484,485,486,488,498,499,567,568,581,582,583,587,589,591,592,594,599,602,603,605,606,607,608,611,613,616
		29	94
		35	94,99,134,135
		40	442
		43	191,194,200,544,557
		44	383
		45	455
		46	4,38,96,98,101,103,104,105,115,116,121,125,171,205,495
		47	1,12,13,17,19,20,21,22,23,24,25,26,27,28,29,30,31,32,33,34,36,37,38,40,41,42,43,44,45,47,48,49,50,52,53,55,56,57,59,65,66,67,69,70,74,

人名	别称	册数	页数
白鳥敏夫			83,84,85,86,87,88,90,91,92,93,94,95,96,97,98,99,102,103,104,105,106,108,109,110,111,120,121,122,123,124,125,131,132,133,134,135,136,140,141,144,165,166,168,169,172,180,595,596
		49	447,448,449,450,463,464,493,494,500,505,506,520,533,535,616,619,622,625,629,634,635
		50	494,578
白鳥夫人		47	132
白根竹介		4	172
白山		23	502,503,505
シリアコ・ラビスト		20	203
施履本		30	583,584
シリル・ウォーレス・メイシー	Cyril Wallace Maisey	23	454,456,457,459
シリル・ベーツ	ベーツ	7	166,167
シリルチャールスミルス		26	172
シュルイチコフ	シルイチコフ,シエリチヤコウブ	14	14,20,22,25,30,35,41,43,47
シルヴエリオ・ナイー・ブランガンザ		20	14
シルニン・ダムデイン		29	254
白根		29	130
		43	482
白根宮内		31	179
ジロン・エイチ・シャーマン		46	536
ジエリコー		38	192
新	シン	20	227,251
シン・チョイ・ヒン		23	358
辛雪明		25	30
シンガポール		19	316,317
シンガワ		24	643
辛吉明		25	31
ジンキンス		40	223
シンクレア・R・F		23	290
新郷		6	573

人　名	别　称	册数	页　数
神重徳		4	206
進俊二		24	594
申進傍本		26	604
シンヂ		23	530,531
金川静		5	254
金鼎勳		6	605
進藤		13	634,639
		14	498
		29	115
		42	500
進藤清		5	299
進藤憲三		5	299
進藤義晴		5	288
シンバークルイズ	シルパールイズ	29	381,395
シンバースウリヤム・テイ		27	241
金壁東		30	583
神保周三	神保シュウゾー	12	53,54
		13	283,284
		14	518,519
金名世		30	583
神武天皇		2	43,161
		5	62,76,391,392
		6	265
		13	74
		15	501
		28	241,493,496
		34	367,368,369,372,397
		35	61
		41	461
		46	234
		48	363
新屋茂樹		35	4
金梁		6	609

ス

スィード		22	443,444,445
スイサ		25	86
スイス・ウヰアド		8	142
スィソン		25	278

人名	别称	册数	页数
スイツ		24	313,316
水津利輔		8	305
スイビオ・T・L		23	289
スウ・チェン夫人		7	114
スー・チュー夫人		7	113
スウ・チン夫人	36岁	7	111
スウ・ハウ夫人		7	115
スー・マオ・チェン		7	115
スウィート・チャールス		27	214
スウイスト・カール・ビー		27	221
スウイフト	Swift	21	137
スウェーシャー・ビンセント		27	225
ズヴエリヨフ		34	333,334,335
スヴェンラ・ステルマ		24	434
スウシ・アサー・ジニー		27	242
スー・チユアン・イン	スー・チユアン・イン	5	547,554
スーニンク・ファン・カベル夫人		23	487
鄒彬		7	392,394,396,398
スーヘ・バトール	スーハ・バトール	29	247,254
スーホテル		23	309
スウリベール		23	645
須江英雄		15	123
末次吉		27	134,135,143,144,145,146,147,192
末次		10	42,343
		49	634
末次信正		4	107,177,218
		5	295,296,230
		6	301
		30	3
		43	264,287,293,294
		46	101
		47	37,42
末川		40	16
末長一三		5	234
末長正	タダシ	35	543
末広	スエヒロマサジロウ	27	663
末松		17	120

人名	别称	册数	页数
末松太平		5	247
スガ	SUGA	23	28,119,141,155,177,182
菅	スガ,Suga	23	155,166,176,177,182,194
須賀	SUGA	23	37,204,207
		33	18
		34	453,470
スカール・カン		22	358
スカイン		25	146
菅川春枝		5	296
スガサワ・アキ・リ	SUGASAWA Akinori	23	375
菅島高		31	541
菅辰次		25	560
管太郎		5	294
菅太郎		5	296,297
菅勤		5	237
菅波		15	135
菅波三郎		5	247
菅原通敬		4	169
		6	302
		9	487
		10	260,280
		13	264
		16	303,304
		17	470,474
		18	333,336,341,393
菅久		6	566
スカモ		17	62
菅谷吉次		5	297
菅谷要三		5	259
スカリキイ		23	353
スカルデイ		23	362
菅原		11	339,347,353,474,477,478
菅原國隆		41	110
菅原裕		41	67
スキート		22	289
杉浦		9	249,255
杉浦孝		5	238
杉浦短郎		4	203

人名	别称	册数	页数
杉浦宏		46	92,94,95
杉村屬太郎		31	216
杉川		40	226
杉憲次		5	297
杉下定美		40	195
杉田		9	275
		11	431
杉田一次	杉田	9	276
		39	166,167,174,175,176
		48	257
杉田正一	スギ夕・セイイチ	23	144
杉田省吾		5	247
杉田千秋		49	287
杉並		13	633,638
杉野	スギノマサヒロ	27	667
杉野ツルヲ	Tswino,杉野ツウィノ,杉野ガッガ,SUGA,杉野,杉野ツルラ	23	28,66,155
		27	642
杉野良住		5	247
スギハラ		22	358
杉原光		22	355
杉藤馬		13	413
		18	272
杉村		3	260,263,268,278,278,284,285,290,312,313,314,323,334,335,336,338,346,352,353,357,362
		11	28
		33	239,241,254
		40	16
杉岡元		14	488
杉村陽太郎		1	465,483,543,555,561
杉本粲作		41	301
杉森政之助		5	255,257
杉靖三郎		5	288
杉山		12	393,401,592
		26	127,138,139
杉山謙治		5	288
		49	634

人　名	别　称	册数	页　数
杉山元	杉山,Sugiyama	3	680
		4	111,139,146,156,158,214,215,218
		5	219,223,260,382
		6	192
		8	35
		9	237,501
		10	413
		13	88,189
		14	131,134,158,196,197,597
		16	570,571,572,573,574,575,576,577,578,579,580
		17	2,3,4,5,302,344
		18	384,427,429,430,523
		28	24,72,229,309,370,398,455
		29	62,65,66,67,71,72,73,97,183
		30	3,433
		31	41,562,587
		34	157
		35	154,155,164,256
		38	435,450
		40	227,247
		41	5,143,267,346
		42	209,295,357,432,439,589
		43	2,3,83,258,263,264,275,362,442,447,484,486, 490,575
		44	26,30,41,354,382,389,392,468
		45	89,90,193,310,353,448,534
		46	187
		47	612,632
		48	123
		49	7,21,22,63
		50	4,347
杉山六藏		4	182,190,200
スキャンラン	Scanlan,スキャンロン	25	13,27
スクーレル		24	224
スクダシャンシング		24	617
スクハラ・ニクル		22	358

人　名	别　称	册数	页　数
スクリーン		25	335
スクリヴナー		23	191
スゲシタ		12	620,622
スコッチャー		22	283,288
スコット	Scott	24	472,569
		25	459
スコット夫人		22	103
須佐嘉橋		34	5
スジ		23	285
スジャング	Sujiang	23	32,101
スシロ		23	353
ススキ		24	142,143,144
		25	153,154
鈴木		5	430,434,444
		7	159
		9	90,95,96,141
		11	29,34,35,92,107,134,140,141,143
		14	131
		21	390
		22	538
		24	304
		29	91,92,94
		34	465
		41	78
		45	470
		49	448,464
鈴木	スミキヒロシ	27	669
ススキ・アサマサ		27	644
スズキ・ミサシ	SUZUKI Misashi	27	545
鈴木勇		32	394,473,477,547
		35	357,401
		38	19
鈴木一		4	224
鈴木栄次		15	123
鈴木克人		5	258
鈴木貫太郎	鈴木,貫太郎,林,SUZUKI	4	104,129,165,166,167,211,213
		5	383

人　名	别　称	册数	页　数
鈴木貫太郎		6	37,303
		9	45,486,502
		10	259,261,275,276,279,282,283
		11	339,342,348,349,352,355,557
		12	1,2,6,7,8,17,21,22,23,32,33,35,37,38,39,41,42,47,48,49,50,51,52,475,495,496,497,498
		13	263,370
		14	496
		15	408,471
		18	332,334,338,340,377,383,393,396,399,416,417,421,427,429,430,433,434,436,437,438,439,440,441
		27	141,142,684
		30	3
		34	410,411
		35	506
		37	35
		41	141,157
		42	48,49,506
		43	183,185,193,202,227,237,242,292,337,368,378,379,381,382,383,386,387,421,470,472,487,488,489,494,496,498,500,501,502,503,504,505,509,510,511,514,515,517,518,519,520,522,523,524,526,527,528,529,530,531,532,533,534,535,537,538,544,581
		45	130,448
		47	529,530,533,536,541,542,683,684,692
		48	80,102,113,147,164,236
		49	343
		50	189,368,499,514,600
鈴木義尾		4	181
鈴木義光		5	296

人　　名	别　　称	册数	页　　数
鈴木喜三郎		4	107,113
		5	230,231
		41	140,156
鈴木九原	鈴木	16	279,290,310,412,541
鈴木京	タカシ	41	303,305,306,311
鈴木キヨシ		22	83,84
鈴木金次郎		5	247
鈴木薫二	鈴木	38	585,586,590,595,596
鈴木憲一		5	286
鈴木五郎		5	247
鈴木齋	H,Suzuki,鈴木・H	11	223,224
		50	67,192,194,513
鈴木祥枝	鈴木・S	9	46,48,49,50,51,53,56,57,115,118,119
鈴木重康		12	81
鈴木ジョミチ		6	105,172
鈴木四郎		5	237
鈴木英		37	430,431,438,439
鈴木善一		5	234,239,294
鈴木宗作	鈴木	9	275,304
		34	163
		45	293
鈴木莊六		4	168,214
		9	487,502
		14	496
		15	408
		30	112
鈴木泰一		23	142,143
スズキ・タイニジ		25	81
鈴木孝雄		4	216
鈴木卓彌		42	476
鈴木タダカツ	SUZUKI Tadakatsu	21	253,254
		27	313
鈴木九萬	Tadahatsu SUZUKI,鈴木	23	243,244,324
		26	342,344,393,398,400,403
		27	73,75
		50	515,528,529,530
鈴木知男		11	292,293,350,351

人名	别称	册数	页数
		15	413,467,499,502
		17	259,482
		18	339
		28	330
鈴木忠次		35	492
鈴木忠政	タダカズ	26	311,351,411,412,413,414,425,426,427,430,431,432
鈴木貞一	鈴木	4	129,150,226,490,497
		11	354,566
		16	583,600
		17	2,3,4,5,85,86,105,135,137,143,144,145,146,148,149,178,252,302,344,392,466,469,471,472,476,478
		18	343
		26	643
		29	82,83,91,92,93,94,112,136
		30	3
		35	254,255,270
		38	506
		41	457,459,460,461,463,464,465
		42	55
		43	225,226,476
		44	332,333,340,341,383,389
		45	310
		46	205,240,492,495
		47	206,207,223,227,280,281,285,286,287,288,289,292,294,295,509,670
		49	250
鈴木貞次		39	259,263,264
鈴木東民		5	98,99,100
鈴木德一		5	297,298
鈴木信雄		41	176
鈴木ノボル		27	654
鈴木華子		7	378
鈴木育		38	375
鈴木敏三郎		19	211

人　名	别　称	册数	页　数
鈴木富士彌		4	172
鈴木正明	靖木正明	40	326
鈴木政勝	鈴木,M・鈴木,エス・エム鈴木,鈴木正勝	4	154,155
		8	205,226,227,260,305,426,427
		9	31
		14	522,523
鈴木正吾		5	287,295
鈴木正治		32	317
鈴木正敏		5	299
鈴木マサミ		45	314
鈴木幹雄		15	119,130,134
鈴木三郎	鈴木ミツオ,鈴木	23	141,142,143,156,157,158
		27	648
鈴木文四朗		46	431
鈴木ユキマツ		21	88
鈴木美通		32	555
鈴木率道		31	541
鈴木六莊	鈴木	6	37,302
狩野近雄		41	239
鈴山		29	92
須田		50	227,228,229
スター・ロバート・シュルツ	シュルツ	37	307,308,309
スターク	スターフ	5	366
		35	88
		37	275,283,284,297,314
		48	276,280
スターマー・オット	スタアマア,ハインリッヒ・スターマー,スタマアー,スターマ,スターマー,ス大ピ	9	583
		10	14,24,38,76,82,176,230,231,241,244,264,274,300,303
		13	289
		16	225,297,302
		46	98,99,100,106,131,156,157,184,419
		47	19,32,33,34,94,106,160
斯大林	見 ヨセフ・スターリン		
スターリン・ピー・スミス	エス・ピー・スミス	37	510
スターリング・タッカー・ディブレル		18	129,149,169

人　　名	别　　称	册数	页　　数
スタール	Staal	1	99,100
スターンズ・ロバート・エル		27	227
スタィヤー		27	127
スタインハート	スタインハルト	35	210,213
		36	456
		40	368
須田太郎		5	236
須田喜代松		40	193
スタッフォード・クリップス		16	430
スタニスラス・ブルシビテック		1	440
スタハノフ		13	1,7,17,23
スタモニヤーコフ	ストモニヤコフ	33	353,354,356,358,456
スタルケンボル		29	386
スタルツ・ローバート・イー	スタルツ・ローバート・E	27	213,217
スタルマディ		23	348
スタンク・ドロシイ・エム		27	259
スタンドレー	W・H・スタンドリー	3	60,91,92,93,95,97,99,101,119
		38	102,110,120,122,140,142
スタンハート		18	459
スタンプ・スタンレ・エス		27	224
スタンフード・ニュヴェル	Stanford Newel	1	97
スタンレイマクゲアリ		16	462
スタンレー		27	428
スタンレー・ダブリュー・マックニオーエン		6	236
スタンレー・ヨークー・イールヌ		2	49
スタンレエイ・エム・バンフイル	スタンレイ・M・バンフイ	22	296,301
スタンレージョージ		26	172
スチウワート		23	16,18,19
スチュアート		46	510
モーリス・ゼイムス・スチュアート		40	212
スチュアートブルディング		18	125
スチュワート	スチュワード,スヂュワート,ス	25	336
		38	556
		42	474,475,612,613
スチョー夫人		23	521
スチルウエル		6	139,141,142

人名	别称	册数	页数
ズツズ・チャールズ・エイ		27	239
須鶴		27	134
ステイ・ブンス・アス・エフ		27	213
スティーヴン・ジー・ポーター		1	550
ステイーフケンズ		24	192
スティヴ・エス・ヤマモト		44	337,343
ステイックビュウイッチ	スティックベウイッチ	23	144,146,156,159,160,161
スティトン	Staton	23	447
ステイブンス		22	162
スティムソン		28	172
ステイレング		24	402
ステーウアマ		24	644
ステートメント		11	404
		40	444
ズデニェク・フィールリンゲル	ゼッド・フィールリンゲル	2	12,41,59,73
ステニオ・ウィンセント		1	438,446,451
ズデネック・フィエルリンゲル		1	573,619
ステフ・フランク・ヴイ		27	220
ステファーヌ・エヌ・ラフチエフ		2	6,35,50,66
ステファノ・カヴァッツォニ		1	569,616
ステファン・B・ギボンス	ギボンス	7	436,437
ステフェン・M・ジヴコ	Stephen M. Zivko	25	178
ステフエン・アーリ	Early,Stephen Early	21	245,246
ステフエン・ヴヰクトル・バート・デイ	ステファンヴィクターハートディ,Stephen Victor Burt Day,ステフエン・ヴヰクトル・バートデー	23	36,164,174,186
ステフェン・エイチ・グリーン	Stephen H. Green	26	189,191
ステフエン・マーテイン・スイヴコウ		25	291
ステフエンス		24	177
ステユアート・J・フラー		7	561
スデューワート		26	516
ステルマ		24	428
須藤		23	598
ストウヴアエリシヤデイ		27	223
ストーカ		22	292
ストーリィ		25	227

人　名	别　称	册数	页　数
ストーン		48	265
ストーン・ウィリスシー		27	242
ストッエン・ベルグ・ウィリヤム・イー		27	221
ストッピフォース		22	321
ストモニヤコフ		13	32,33,35
ストラー・ヤイモイウア・ジェイ		27	214
ストラットフォード	Stratford	22	263
ストランドベルグ		26	438
ストリク		27	266
ストリンガー・ウェスレー・ブツリウ		27	242
ストルム・ファン・シウェン		23	259
ストレッロウ・アルウィン・エル		27	242
ストロンク	Strong	25	401
ストワーズ		25	223
スナー		33	302
スナイプ		24	95
スナハチックアムシング		24	578
スナルヨマルトワルトヨ		23	348
スヌシー		24	449
スネル		9	539
スバーク		3	551
スバーズ		40	232
スパーリング		7	42,98,234,265,266
スバイヤ		22	370
スバス・チャンドラ・ボース	ボース,スハス・チヤンドラ・ボース,シュバス・チャンドラ・ボース	6	592
		14	76
		19	329,330,332,344
		30	19,28,38
		48	215,216,217,395
スハチカダ	Tykada	27	419
スパッツ	ハロルド・A・スパッツ	50	49,52
スパロウ・ドナルド・アイ		27	214
スピイ・ヴェイ・チェムズ		27	226
スヒュールマン	カー・ア・スヒュールマン	23	426,427
スヒュッデボーム		24	152,153

人　名	别　称	册数	页　数
スビリヴアネヨーク		12	620
スピルマン		26	539
スピンクス		47	111
スフィビナイフス	Phoebe Nyhus	16	113
スブダルイシヤルスイング	スブダルガンダスイング	24	630
スブリンガー		22	517
スプルイト		24	404
スペジエンシー		29	558
滑志田清吉		5	245
スベダー・モード・アンワー		23	47
スベンサー・H・T		23	291
スベンス		22	288
須磨		3	224,225,227,342
		10	336
スマギナ		20	269
スマクルナ		24	445,447
スマトラー		10	41
須磨彌吉郎	須摩彌吉郎	16	31,152
		28	338
		35	43
		42	132,138,188,189,190,192
スミ		22	379
		24	443
スミ・トヨサブロウ		22	377
スミートツ		23	435
澄岡晴太郎		40	203
澄川道男		4	185
スミス	Smith	21	136
		22	191,193,282,286,289,290,291,293
		23	479
スミス・エドウィン・アール		27	215
スミス・クレタス		27	236
スミス・クロビス・イー		27	259
スミス・ジェー・エー	スミス	40	210,263,282
スミス・ジョージ・シイ		27	220
スミス・ジョージ・ハーウッド		26	171

人　名	别　称	册数	页　数
スミス・ダブリユウ・ブルックハート・ジェニア	Smith W. Brookhart JR., スミス・W・ブルックハート・チェーニャ,スミス・W・ブルックハート・デュ・ニア,スミス・W・ブルックハート・ジュニア,スミス・ダブリュ・ブルクハート	9	622
		10	83,431,434,450,461,476,489,503,513
		13	259
スミス・フィリップ		27	220
スミス・ユールス・エルマ		27	242
スミス・ロバート・エイチ		27	216
スミス夫人	Mrs. Smith	22	273
澄田		11	368,474
澄田賚四郎	澄田	38	387,388,389,393
隅田		17	41
住田映介		5	3,41
住山徳太郎		4	219
住吉・M・ジエリー		5	212
スミット		24	369
スミット	Smit	23	259,656
角豊三郎		22	381
スミルノフ		12	597
スミルノフ・ドミトリ・イワノウキチ	スミルノフ	34	68,75
菫康		8	622,623
スムキル		24	419
スメイトン・チョーヂ		40	211
スメー	Smee	25	524
スメタニン	Smetanin,スメタニレ,スメターシ,ス	13	319
		33	460,461
		46	187
		47	377,391,683
スモール		23	122,127,129,131
須山		9	2
壽々子		24	518
スラヴッキー		12	624,625
スラバヤ		27	266
スラバヤ	Sourabaya	23	660

人　名	别　称	册数	页　数
スラバヤ・ジユムルツ		24	452
スラベクーン		24	132
スリアウ	Suryau	27	569
スリーピィ	Sleepy,スリーピー	25	467,468,469
スリス	Slis	23	667
		24	7
スレーン		22	358,359
スロート	Sloat	21	137,138
諏訪和人		24	482,485,491,508
諏訪安太郎		5	258
スワレッツ		23	69
スワンソン		3	20
スヲックフランク		27	220
スン		7	118
スン		50	259
スン・ジユン・ユー		32	19
施		29	382,386,396,402,404,417,421,455

セ

人　名	别　称	册数	页　数
セ・ステーフォンス	セ・ステフォンス	23	250,255,611,612
ゼ・ライト・オノラブル・サー・ロバート・クレイキー		32	190
ゼイ・エイ・ガーチス		19	115,212
星吉兵衛		17	439
星辰太郎		5	254
盛世徵		7	160
セイノ		24	621
盛文頤		8	128
セイムスゼイ・ロビンソン		27	343
セィヤー		3	237
		36	443
		46	548,597
成友		32	427
ゼイリストラ夫人		23	538
セインズ・クルフォード・ラウエット		27	231
セヴエリーノ・ハスター		20	44

人　名	别　称	册数	页　数
ゼエ・アイチ・アンダーソン	J. H. Anderson，ジエー・エイチ・アンダーソン，ジェー・エッチ・アンダーソン	22	273，293，294，344
セー・アシュ・ジェー・ヴェルメール	シァール・ヴェルメール	1	465，483，543，555，561，570，617
ゼー・エフ・マンロウ	J. F. Munroe	49	637
セー・コラヂオニ・ドレリ		1	122，174，194，207，229，242，335，350，371，395
セー・ジェー・カンダモ		1	173，192，206，226，241，349，368，393
ゼー・ゼー・ロビンソン	J. J. Robinson，Robinson，ロビンソン	49	600，603
ゼー・ダブリュー・マン	J. W. Mann，ゼーダブリユー・マン，ゼイ・ダブリュー・マン	8 9	259 1
ゼー・ローソン		48	140
セー・ロドリケス・ラレタ		1	168，202，236，345，356，389
セェー・ティハー・ファン・デヴェンテル		1	401，423，428，433，447，453，461
ゼエームス・エフ・バーンズ	バーンズ	1	8，11
ゼエノス・エッチ・テイイー		40	211
ゼームス・エイチ・マックラム	ジャス・エイチ・マックカラム，ヂー・エイチ・マック・カラム	7	11，49，50
ゼエムス・エフ・バーンズ		17	431，432
ゼームス・ムラカミ		12	93
ゼームスエムバラード		26	170
瀬屋素治		5	234
セオ・ラム		23	47，48
瀬尾紫太郎		5	247
セガタ		25	443
景山		5	2
石瑛		33	225
石敬亭		33	225
石末		7	348，349
石友三		2	428
関口鍵司		5	247
關鐸		32	37

人　名	别　称	册数	页　数
関末代策		5	287
關田		29	74
関根新太郎		5	252
関根武雄		5	247
関根安司		5	247
關部		23	551
關家清		5	287,300
ゼクラー		40	157
セクレタン		1	557
瀬古		13	266
ゼコッブ・D・ディシェーザー		50	52,57
ゼコッブス		50	184
迫文雄君		47	471
迫水		15	135
迫水久常		4	173,223
		5	288
		47	540,547,548,684
瀬島龍		14	117,123
セジヤニノフ		13	111
セシル・エフ・ハバート		45	29
セシル・オヴ・チェルウッド		1	551
セシル・カサヂュー	Cecile Cazajous	27	439,452
セシル・クレメンチー・スミス		1	400,426
セシル・ジョージ・リュイス・シアーズ		2	48
セシル・レイマンド・ファーレイ	セシル・R・ファーレイ	50	177,184
セシルコリー		26	170
セシルヂィグス	デイグス	16	159,161
セスーブヒサヨ	SESUBU Hisayo	27	663
薛學海		8	627
薛少臣		7	377
セニール	Zenil	1	98
セバスチアン・ベー・ド・ミエー		1	117,189,332,348
セバステイアノグラカ		24	214,217
セブエリノ		20	142
セッス・ロウ	Seth Low	1	97
セブロ・メンドサ		20	166
セベリノ・バウテイス		20	162

人　名	别　称	册数	页　数
セポイ		23	301
セミメタルモノ		11	545
セミヨーノフ・グリゴリー・ミハイロヴィッチ	セミヨーノフ,セミヨーノフ・ゲー・エム,セミョノフ,セミノフ,セメノフ,セ	11	519,525,544,545,552
		12	474
		34	233,234,235,236
		50	231
ぜムアブでユウカン		24	384,388
セムピル		46	388,395
ぜムモーハンシング		24	386,387
セメヨノフ		34	116,117
セラージュ		22	375
セラノ・スニエ		13	257
セラノ・スホール		29	517
セラマット・ビン・ジョーノース		23	407,576,578,579,580
セラレタリ		11	501
セルヴイラノ・アクイノ		20	83
セルウイン・クラーク		39	216,218
セルギオ		20	203
セルゲイ・イヴアノヴイッチ・ドウホヴスキー		29	248
セルジ・ウキッテ		29	218
セルスキイ・アルバート		27	220
セルドン・テイ・ポワイト	Seldon T. White	21	138
セルヒィ・チャルス・オウスチン		27	233
セルプホウィティン		50	214,231,236
ゼルマン・デ・ベネチア		20	60
セレスティーナ・デ・ラ・ローザ	スティーナ・デ・ラ・ローザ	20	395,400
セレブリヤコフ		50	223,224
セロ	Cero	27	443,513
セン・ホア・セム		23	358
セン・マルティンヨセフ・ムルレル		23	250
錢永銘		34	455
千久波啓太郎		5	234
ゼンキンス・フランシス・デイー		40	211
善桂之助		30	3
仙石孝太郎		35	540
仙石貢	仙石貫	4	144

人　名	别　称	册数	页　数
		45	21
銭宗澤		30	473
錢恂		1	111,169,390
仙田		25	106
占東		12	153
宣統皇后		6	649,651
セントション・フランシス・カール		27	242
仙波		26	23,35
仙波勉		44	220,221,223,224
センピル		46	389,395
線林		12	153
占林		12	153
センル・ビー・グリーン		6	236

ソ

人　名	别　称	册数	页　数
ソアーニイ・ジョンビー		27	227
ソウ		22	47
ソウ・バ・ギョウ		22	72
ソウ・ボ・ギ・ギョウ		22	72
ソウ・ボウ・ギー・ギヤウ		22	8
曹玉成	シャオ・ユーシェン	8	132
雙軍		12	153
匝瑳胤		5	285
臧式毅	鄭式毅,臧	2	512,556,558,562,564
		5	630,632
		8	182,190
		28	285
		30	581
		31	78,83,360
		41	195
		42	570,571
宋慶齡		33	200,225
宋子傑		42	476,612
宋子文	宋	2	407,409
		6	115,117,118,119,122,124,125
		17	203
		30	324
		42	476,612

人名	别称	册数	页数
宋子文		44	589,590
		46	70,325,326,330,331,334,337,341,342
		48	279
宋襄		43	335
宋紹韓		32	71
曹植	曹子建	41	34
宋子良		34	454,455
宋哲元	宋,宗哲元	5	512,521,528,529,531,532,533,534,535,541,542,568,579
		6	127,138
		7	341
		31	464,465,468,495,500,502,503,504,508,514,515,541,542,545,550,551,558,596,601
		32	532,533
		33	172,229
		44	554,561,572
宋母		46	330
曹汝霖		43	42
相馬鏡次郎		32	317
相馬慶子		10	143
相馬タケザブウ		27	652
ソウモキル		25	86
宗谷源一		40	222
曾仲鳴		33	96
曾野明		15	123
雙龍		12	153
ソウン		7	93,99,115
ソーナ・モヌキット		15	377
ソーニュ		24	626
ソーヤー・ジョーレ・アール		27	215
ソールズベリ		46	389
ソーレンス		24	236
ソーントン・レン・シイ		27	224
十川		34	207,208
十川登		5	300

人名	别称	册数	页数
ソクジビンスキイ・エドウイン・テイ		27	221
十河信二		45	20,22,23
ソコロフ・セルゲイパウロヴチ	ソコロフー,ソコロフ	11	544,545
		12	279,281,282,283,284,285,290,292,293,296,298,299,300,301,305,306,307,314,315,329,330,331,419,439,441,442,445,446,447,458,459,460
		14	101,115,116
蘇錫文		8	626
蘇正心		31	364
蘇炳文		30	466,467,468
		41	20,101
		44	363
ソネ		23	451
曾彌		30	248,251
曾根朝起		5	285
曾根田		50	424,427
曾根タケヨシ		27	648
園河		24	322,324
園田	ソーダツナユキ	27	663
薗田長太郎		5	247
園部和一郎		4	219
ソフィオ・イタアス		20	196
ソフォクル・ヴェニゼロス	エス・ヴェニゼロス	2	8,37,53,69
ソフロニオ・ボホール		20	235
宗宮信次		30	525,532,540
		32	265,272,301
		37	353,357,359,361,363
		39	14,27,28,32,35,43,73,75,77,85,92,148,159
		45	405,413,419,426,431,436,475
ソムナスポール		24	400
ソムプソン・グーン		27	242
ソヤ		27	171,186
ソリスアル・ジャック		27	228
反町栄一		15	137

人　　名	别　　称	册数	页　　数
ゾルゲ		47	164
ソルスベリー		7	253,284
ソレファンスキー		27	25
ソレンドルバールシン	Thorendle Barsin	26	169
ゾロマノフ		12	233
ソロモン	Solomon	26	158
孫逸仙	見 孫文		
孫永成		7	51,52
孫遠震		7	54,56
孫科		31	49
		33	225
孫其昌		30	582
		31	430
ソンクル・クツネス・カータ		27	233
孫子		45	251
孫如		33	222
孫中山	見 孫文		
孫哲生		33	222
ソントン		25	334
ソンネヴイ		24	10
孫文	孫,孫中山,孫逸仙	2	415,416,417,418,419,422,425,426,433,442,443,575,607,638
		5	214,229
		14	124
		30	354
		31	7
		32	229
		33	10,11,14,22,23,24,25,45,47,56,94,98,121,137,225
		34	448
		44	531,553,581,585,602
		46	73
		48	192,205,325,326,328
孫嵐	孫	7	369

タ

田		15	415,417,419,426,430,435,441,447,458,463,464,466,471
ダア・トナルド・ダブリユン		27	214

人名	别称	册数	页数
タア・ヒール		23	595
ダートレイシー・フランクタ		27	242
ターナー		25	359
		36	159
ターナー・ディ・ホワイト	ターナー・D・ホワイト	19	136,146,156,159,168,173,197,472
		49	428
ターナー・アール・ビー		27	221
ターナー・スコット・エフ		27	221
ターナック		22	439
ダーネル		25	474
ダーフィン・F		23	289
タープストラ・ジョン・アール		27	212
ターリッヂ		5	304
ダーリングトン		23	112
泰		41	141,156
タイウン・リン・キ		25	29
戴戟		3	167
		30	513
醍醐忠重		4	186
		23	331,335
大正天皇		28	417
		43	180
タイソン		25	244
タイチョウ		23	583
タイチョー		15	373
タウア		25	133
ダウィ・ビイムス・ウェスレィ・二世		27	230
ダヴイット・ネルソン・サットン		8	42
ダヴィッド・マードック		25	139
タヴィッド・W・バースンス		40	334
ダウィド・エイ・ハード		25	437
ダヴイド・テー・スウイート		20	369,370
田内行雄		40	223
ダヴリュウ・アール・マウンテン		27	343
タヴリュー・シャグ		25	133
ダウリユー・テー・ホイル		6	233

人　名	别　称	册数	页　数
ダウン		23	592
田岡夫人		26	588
高		3	197
高井	タカイフクイチ	27	668
高井		42	294,295
ダガイ・トランウ		27	653
誠枝		27	189
高江		18	334
高岡大輔		49	634
高岡文夫		15	123
高尾三郎		5	286
高木		5	430,436
		23	319,324
		23	496,510,514
		29	118
		43	190,258,271,504
		45	354
		49	499,504,529
高木一也		44	437,439,451,456,460,476
高木大作		5	201
高木武雄		4	181,186
高木友枝		1	401,422,428,432,439
高木登		40	114,116,117
高木秀三		44	256,257,258,259
高木八尺		43	578,579,582,583
高木義人		5	299
高倉正		31	383,385,387
		41	405,406,413,414
		49	319,320,323,324
タカクワ		23	155,156,157,158,162
高崎		9	168,170
		24	437,439
高崎育		20	274
高崎正光	高崎マシミツ	27	649
タカザワ	TAKAZAWA	23	153,154
タカシ		24	577,614,615
高島定七		40	217
高島仁		5	252

人名	别称	册数	页数
高須		30	46
高須四郎		4	178,184,185,192,194,198,208,221
高須芳次郎		34	367
高砂育唯		40	196
孝澄		17	27,28,147,251
高瀬		24	156
高田		15	133,409
		23	142,143,333,343
高田クニオ		27	649
タカダシ		23	332
高田利種		14	548,549
		39	132,147,148,150
		45	433,438,439
高田敏種		13	412
		18	272
高谷	タカヤキタチロウ	27	665
タカタマ		7	42
高津優			147
高辻正巳	高辻,高辻・エム,エム・高辻,M・Takatsuji,M・高辻	2	249
		6	303,309
		9	329,330,384,385,394,395,489,500,512,513
		10	261,277,278,282,292,556
		11	291,342,355,359,475
		12	2,8,17,22,35,39,42,47,49,52
		13	282
		15	413
		17	253,258,259,472,477,479,481,482
		28	330
高富		8	121
高名		22	215
田金阪郎		41	255
田中隆吉	田中	5	515,516,569,570
		17	235
		30	558
		31	52

人　名	别　称	册数	页　数
田中隆吉		33	330,331,332,333,336,337
		40	476,477,480
		41	311,379,384,385
		42	67,76,77,475
		44	367
		45	112,116,192,198,253,266,269,270,271,273,277,278,279,280,281,282,283
		46	274,275,276,280,281,294,313
		47	475,480,481
		48	109,187
		49	39,51,53,54
		50	550,554,555
田中隆三		4	115,168
		6	302
		9	487,502
		10	281
		15	408,470
		16	290
		30	3
高根澤興一		5	238
高野		5	299
		24	607
		50	112
高野荘平		15	513,560,561,562
高野ソチオ	ドクトル・フ・マンチュー	23	544
高野弦雄		2	331
		14	594
		23	628
		35	439
		43	69,128
タカハシ		40	305,306
高橋		3	13
		13	441,558,561,633,638
		16	543
		23	309,319,321,324,366
		24	33,35,56
		25	100,101,108,523,524

人　　名	别　　称	册数	页　　数
高橋		26	47
高橋	タカハシトヨジ	27	660
高橋伊望	高橋	4	179,182,194,198
		13	414
		18	273,405
		46	444,445,605
高橋梅雄		5	240,258
高橋榮吉		7	333,334
高橋一夫		5	296
高橋一雄		15	394,399
高橋清		5	296,297
高橋敬一		5	286
高橋元		5	248
高橋是清	高橋,高僑	3	426,610
		4	103,109,210
		5	383,484
		6	34
		14	357,497
		28	416
		30	3,123
		31	49,433
		35	331,333,370,375
		41	81,140,149,156,394
		43	23,35,36,47,52,208,222,243,244
		49	453,454,458,460,466
高橋三郎		5	283
高橋三吉		4	162,177,178,218
		11	629,634
高橋茂壽慶		14	114,115
高橋市郎		5	258
高橋進太郎		4	154,155,225
高橋善平		42	536,541
高橋武二		17	439,451
高橋辰夫		5	248
高橋太郎		5	241
高橋坦		4	139
		5	502,533,534

人　名	别　称	册数	页　数
		31	614
		42	614
高橋留一		32	317
高橋直		5	379,380
高橋廣之丞		40	216
高橋文五郎		5	299
高橋眞澄		24	330
高橋道俊	高橋道敏,M・高橋,M・タカハシ,エム・高橋,タカハシミチトシ,高橋ミチトシ	6	595
		8	406,515,523
		10	296
		12	68,76
		13	155,156,645
		14	89,90,91,476,579,580,591,592,643,644
		15	112
高橋通敏		46	88,90,91,92
高橋ヤイチ		13	485,493
高橋勇次		13	458
高橋義次		13	
		14	406
		38	531,541
		46	453,458,463,468,497
高橋羲次		16	88
高橋涉		26	186
		28	176
高濱		25	329
高原		24	33
		25	63
高原瑞夫	タカハラミヅオ	23	141
高平	CAO Bang	27	444
高平小五郎		2	89,91
孝彦		17	27,29,373
崇仁親王		6	303
		9	487,502
		10	281
		11	354
		15	409,471
		18	342

人名	别称	册数	页数
		29	218
高松		29	95
高松宮		16	528
		17	158,305
		43	86,434,452,453,523,534,539
		49	429
		50	248
高見勝	高見	7	350,351
高見ツネヲ		27	655
高村		41	465
高村岩		31	101,102,104,130,131,168,171,172,173
高村ショーヂ		27	654
高村徳一		27	31,34
高村広一		5	228
高森		13	484
高柳		11	526
高柳儀八		4	179
高柳錠太郎		37	25
高山		10	94, 95, 99, 100, 101, 112, 113, 114,115,116,117,119,120,121
		33	335
		40	246
高山	タカヤマシグヲ	27	667
高田豊水		5	296
高山信武		34	316,321,322
高山彦一		42	547,548,550,551
財部彪	Takeshi TAKARABE	2	174,219
		4	216
		15	417,419,420,423,426,430,436,441,447,450,458,470
		30	3
田川ノブキ		27	654
瀧		23	2
瀧川丫	瀧川	4	549,552
瀧澤利量		5	239,252
瀧川政次郎		37	370,372,378
瀧澤敬三		4	110

人　名	别　称	册数	页　数
瀧正雄		4	226
		36	42
滝田三郎		24	320,322,323
タキノ		40	320
タキモエカイジ		23	310,311
田清		27	209
タキン・タントン		39	356
タク		23	295
拓植		23	329
卓代海		5	511
田口		15	409
タクト		16	364
宅野由夫		5	234
田倉		15	136
ダグラキス		20	31
ダグラス・エル・ウオルドーフ	Douglas L. Waldorf,ダクラス・L・ワルドーフ,ダクラス・B・ウオルドフ,ダグラス・L・ワードーフ,ダグラス・L・ウォルドルフ,ダグラス・L・ウオルドフ,ダグラス・エル・ワルドーフ	10	549
		15	158,328
		17	141
		18	127,202,214,220,225,253,259,265
		28	637
		29	21
ダグラス・ジェンキンス		7	192
ダグラス・ジョン・マクベイン	ダグラスマクベイン	24	562,566
		25	77,138
ダグラス・フォード	Douglas Ford	22	280
ダグラス・マックアーサ	ダグラス・マックアーサー,マッカーサー,ダグラス・マッカーサー,マックアーサー	1	15,39,54,56
		13	388
		35	114
		36	366,367,429,440,442,443
		39	343
		45	246,247,248
		48	85,131,270
		49	418
ダクラン		23	409
ダグルビー		26	664
田君		16	412

人　　名	别　　称	册数	页　　数
武		5	566
竹井	タケイ	24	617,618,620,621,624,625,626
タケイ・キンテイノ		20	320
タケイ・ショウゾウ		22	44,46
武井次男		30	1
		44	330
		48	346
		50	24
武居清太郎	武居	49	38,40,52
武市義雄		15	121
武内		20	268
		42	404,406,408,409,411
		46	41
竹内		9	567
		11	475
		12	2,8,17,22,34,39,42,52
竹内	タケウチニチヲ	27	663
竹内馨		15	118,130
竹内可吉		4	226
		29	106
竹内賀久治		5	230
竹内元太郎		5	300
竹内四郎		5	297
竹内新平		4	147,228
		14	528,529,531,533,534,536,547,549,571,572,573
		19	334
竹内徳治		4	147
		41	475
竹内ヨシミツ		27	648,650
武岡嘉一		12	176
竹川	タケがワサドジ	27	662
竹川義次		2	302,303,304
武清	Vo Thanh	27	591
竹越興三郎		4	169
		10	260,275,281
		11	340,353,474,477
		12	1,7,21,33,38,41,47,49,51

人　名	别　称	册数	页　数
		13	265
		16	310
		17	252,470,475
		18	333,342,393
武三千雄		25	399
竹下		32	557
竹下敏男	竹下敏雄	40	192
竹下義晴		4	151
竹柴		21	189
竹島繼夫		5	241
竹添		27	31,34
武田		49	441
武田喜稔		5	296
武田壽	武田	30	377,378,411,412
		41	21,245
		45	32,33,37,39
武田淳		5	248
竹田次郎		27	656
武田農園		19	92,163
武田信正		40	194
武田勇	武田,武田アイ	32	105,106,111,128,129,132,154,164,165
竹中		46	445
竹永テツヲ		27	655
竹之内一廣		40	198
武場	タケバ	11	538
タケハシ		24	336
タケハヤシソルイチ		25	31
竹原		39	370
タケヒ・ミツアキ		8	410
武部六藏	武部	4	226,227
		11	555,567,568
		34	80
		44	332,336,337
		49	34,36,37,249,322
		50	245,246,252,267,268,277
竹村勝清	竹村	30	395
		45	53

人　名	别　称	册数	页　数
竹本		23	496,502,507
武安福男		30	584
田健治郎		4	167
田仙太郎		13	157
田鎖助男		40	196
田阪専一		4	136
田崎文藏		5	238
田貞次郎		46	406
ダシオソル		50	378
田島光春		5	296
田島彦太郎		41	169
田島粂次		5	248
タシマ一郎		22	44,46
田尻		10	112,116,117,118,119,120
		43	330
田尻愛義		4	228
田尻隼人		5	288
田代		7	343
		22	443
		24	591
		25	356,371
田代威三		5	256
田代皖一郎	田代	30	513
		31	516,541,545,546
田代敏雄		25	370,374,378,382,386
田代秀雄		27	546
田住元三	田住	39	313,319,321,337
タソミ		13	191
多田		8	35
		28	8,59
		39	282
		43	263,267,268,303
多田勳生		5	286
忠國		24	518
多田武雄		4	164,176,192,194,198,209
忠實勇武		29	212
多田虎之助		27	546
多田駿	多田	4	157,219

人名	别称	册数	页数
多田駿		6	150,151,202
		12	342
		31	520
		34	401,402,403
		42	439,589,610
		44	394,403
多田仁已		4	155
立		15	132
立作太郎	立	43	212
		47	639
タチバナ	TACHIBANA	23	446
立花		11	527,528
		23	566
立町生		24	596
橘孝三郎	橘孝三郎	5	237
		28	39,40,41,86,87
橘莊	橘	27	11,14,17,18,19,20,132,135,136,137,139,141,142,143,148,149,154,157,184,200,201,202,208,210,211,230
タチンサン		27	529
ダツー・マンゴドー		20	269
タッウング		23	31,85
タツカー・ナール・グー		27	242
ダツクウワース		22	184
ダッタカ・タイドウォター	Tidewate	25	463
龍田外次郎	龍田ソトジョウ	50	25,59,398,400
龍田丸		36	191
ダツトマン・バレリー・エイ		27	260
ダツトレイバウンド		36	390
ダッヒラン		23	605,606
辰見榮一	辰見	45	272
		46	145,146
辰巳榮一		26	8,11
		41	280,281,284,285
		46	38
タヅミモトゾウ		22	55,56,57
立山		29	182

人名	别称	册数	页数
タテウス・ロメール	タテエツ・ロメール,	42	384,387
建川		12	401
		13	315,649
		34	52,170,172
建川美次	建川	5	287,290,291,292,293,295,412,434
		6	109,110,113
		28	23,71,229,309
		30	444
		32	557,560
		42	558,559
		43	323
		44	348,444
		47	376,384,579
		49	437
館林三喜男		4	224
立石利之郎		5	248
伊達宗彰		41	476
伊達洋造		5	295
タナカ		24	278
田中	TANANKA	7	363,364,365,366
		10	151
		11	525,529,530,531,532
		16	570
		20	268
		21	410,411
		22	170,172,173,176
		24	68,132,148,316,323,377,378,379,380,381,382,383,384,385,386,387,388,389,390,392,394,395,396,397,398,399
		26	47,187,196,197,198,200
		27	385
		40	21
		42	449
		43	223,258,271
		45	353,354
田中	タナカシヨウイチ	27	660,664

人　名	别　称	册数	页　数
田中	タナカマサシ	27	663
田中イチダ		25	458,459
田中セイゾウ		27	645
田中タケヨ		27	646
田中ヒロシ		42	58
田中一郎		40	220
田中勝		5	241
田中香苗		11	582
田中清		5	467,468
田中邦雄		5	236
田中軍吉		5	248
田中順一郎		40	192,194
田中敬二	田中	39	189,190,204
田中原太郎		5	300
田中恭		31	429,438
田中將雲	田中	29	122,330
田中新一	Shinichi TANAKA	4	140
		12	228
		29	62,68
		31	518,561,562,589,590
		34	152,189,190
		38	428,429,479,480,482
		45	268,310
		46	135,137,138
		48	174
田中正名		5	299
田中武雄		4	126,173
		30	3
		44	462,463,476,477,478
田中忠勝		39	176
		44	314,322
田中近藏		5	258
田中勝之助		5	300
田中都吉		29	310,323
田中德一		40	199,219
田中巴之助		34	366
田中長茂		5	287,295
田中稔		14	523

人　　名	别　　称	册数	页　　数
田中信男		39	333
		44	234,238,239
田中久一		32	459
田中稚		5	240
田中均	田中ヒトシ，TANAKA Hitoshi	22	278,318
田中彌		5	247,468
田中光顕		3	606
		4	70
田中三男		9	63,64,67,68,70,71,75,76,78
田中康道		43	5,8,18,31,43,49,55,60,64,78,84,93,100
田中逝	田中	24	201,273
田中義一	田中,田中義人	2	161,465,468
		3	610
		5	301,304,310,316,372,373,374,375,381,382,524
		6	106,107
		14	124,165,176,180
		28	11,22,61
		29	331
		30	3,257,261,268,269,272
		32	58,70
		33	198
タナシャール		23	301
田中静一	田中,田中静壹	4	220
		21	161
		25	348
		43	536
		50	612
柵橋		6	566
タナバナ		27	345
田邊	田辺	11	340,352
田邊		17	3,5,302
田邊		41	381
田邊俊介爾		48	259
田邊治通		4	107,123,172
		5	230

人　名	别　称	册数	页　数
		30	3,581
田邊政尾		4	
田邊盛武		4	139,157
		34	149,151
		47	499,501,502,638
田中耕太郎		30	3
棚町		6	381
谷		5	433
		6	39,612,640
		11	12,18,87,89,91,106.
		17	471
		27	18,19,385
		29	101
		43	188
		49	448,463
谷合勘重郎		5	297
タニエル・チィー・ブリガム		29	516
ダニエル・レイス		20	152
ダニエルス	Daniels	21	142
		23	161
		25	470,471
谷口		14	529,531,547,549
		15	135
		23	357
		24	67
		27	18,19
		49	42
谷口愛造		5	298
谷口喜一郎		5	299
谷口久次郎		5	299
谷口剛輔		24	320,324,325
谷口哲雄		40	217
谷口尚眞		4	162,215,216
谷崎譯		7	378
タニシハラ		23	105
谷太耀		25	30
谷壽夫		15	129,133
		41	214

人　　名	别　　称	册数	页　　数
谷正之	谷	2	338
		4	106,149,213
		8	690,702,707,712,713
		9	146
		12	1,5,7,8,15,21,32,33,36,38,51,394
		26	247,250,254,257,261,408,409,450,452,516,517,618
		27	41,48,72
		30	3
		46	205
		48	372,373,378,379
		50	249,516
谷本		39	36
谷本馬太郎		4	190,196
谷山		20	210,213
谷豐		40	216,217
田沼光男		40	225
田甯藤太郎		32	317
種村		10	112,115,117,119
田之上		26	183
頼母		15	407
頼母木桂吉		4	123
		30	3
頼母木眞六		5	286
田畑		23	333,374
ダピユチユアライ・ツタニ	Taputuarai TOTANI, Taputurai TOTANI	27	477
ダビス・ローレンス・エー		40	212
ダビッド		20	367
タビッド・E・ルンチ		25	326
ダビット・ダブリュ・パーソン		39	320
ダビッド・マクスウェル・フアイフ		35	164
ダビットリッシャジトーマス		26	174
タヒル		23	409,601,603,604
ダフ・ターバー		48	130,274
ダフ・バー		35	88

人　名	别　称	册数	页　数
タフト		15	456
ダブリュー・アール・マウンテン	W. R. Mountain	27	359
ダブリユー・アイ・マッケンジー		5	448
ダヴリュー・アル・ダフェルト		25	309
ダブリュー・イー・アロンハム		25	439
ダブリュウ・エイ・ホール	W. A. Hall	22	277
ダブリュウ・エー・タルッボット・ビールフェルト		18	189,191
ダブリュー・エッチ・フランクリン		17	423
ダブリュー・エフ・ウィッチング	W. F. Wijting	23	660
ダブリュウ・エフ・ハルゼイ	W・F・ハルセイ	50	107,159,163
ダブリュー・エム・ドロウア	W. M. Drower,ドロウア	22	187,188
ダブリュー・クック	W. Cook	25	14
ダブリュー・シー・サルナイス		1	465,483,543
ダブリュー・ジー・ファン・ウェットゥム	ウェットゥム,ダブリユ・ジー・ファン・ウェットウ	1 31	465,483,543,561 208
ダブリュー・ダブリュー・アスター	アスター	2	658,661,662,663,664,665,666,667,668,669,671,676,677,678
ダブリュー・ダブリュー・ウィロビ		1	552
ダブリュー・ダブリュー・ブッシャー		49	18
ダブリユー・ダブリユー・ロックヒル		29	179,193
ダブリュー・ティ・エイチ・スピエル		23	476
ダブリュー・デイッキンソン	W. Dickinson	27	358
ダブリュー・ヂー・クラム		7	221
ダブリュー・バッゲ		46	435,436
ダブリユウ・バッゲ		27	288,290
ダフリユー・ボッン		27	76
ダブリュー・ミッチエル	W. Mitchell	27	358
ダブリュー・ワグナー		12	491
ダブリュウランマース		24	411
ダフルユー・エイチ・グート	W・H・ガウト	19	467,471
ダブルュー・ピー・カミング	W. P. Cumming,W・P・カミング,W・P・カミシグ,ダブルユー・ビー・カミシグ	9	353,354,540,541,581,582,589,590,603,604,609,610,613,614,618,619

人　　名	别　　称	册数	页　　数
ダブルュー・ピー・カミング		10	3,4,8,9,11,12,18,19,21,22,25,26,35,36,39,40,44,45,49,50,52,53,55,56,60,61,64,65,69,70,74,84
		11	10,11,188,189,203,204,227,228,230,231,239,240,262,263,267,268,295,296,320,321,324,325,331,332,371,372,376,377,384,385
		13	240,241,247,248,291,292,311,312,322,323,327,328,333,334,337,338,341,342,346,347
		14	95,96
		16	448,468,551,556
		28	300,301,390,391,477,478
		46	108,109,110,112,113,114,124,126,128,129,132,133,134
		49	409,410,537,538,541,542,551,552,564,565,568,569,585,586,596,597,617,618,620,621,623,624,626,627,631,632
田辺信一		5	294,296,298
田部朋之		5	288
多摩		7	159
ダマーマン・セシル・イー		27	259
玉井光一		5	252
玉井雄二		5	252
玉木	タマルキ	22	461,462,463
玉置敬三		15	121
玉木五郎	タマキゴロウ	27	668
玉越勝治		15	123
タマサ・ドレオン		20	153
タマミニ	タマミン,TAMAMINI	23	664,665
		24	3,6,7,9,11
玉村文夫		27	150
ダマリ・フランク二世		27	231
ダムショーラム		24	631
ダムヂィン		29	248

人　　名	别　　称	册数	页　　数
タムブナン		23	348
タムブリアン		23	292
田村		24	336,337
田村トミラ		27	646
タムラ・カンジ	TAMURA Kanji	27	544
田村一夫		30	543,548,554
田村勘次		5	296,297,298
田村浩		4	136,143
田村三郎		13	412
		18	271
田村壽		14	493
ダムラス		1	466,484,543,557,561,572,618
田村禎一		25	348
田村寧二		42	123,124
田村信忠		7	333
田村丕顯		5	287,295,299
田室則春		22	68,69,70
為本博篤		43	56,57,59,60
タモト・モト		27	646
多門二郎	多門	2	525,531,558
		14	178
		30	360,430
		32	555
タヤキノ		32	248
田山四郎		40	225
タヤムボン・チヤグサ		20	317,321,322,324,325,349
田結穣		4	186,190,196,197,203,209
タラウス・ジョン・アル		27	259
ダラディエ		1	554
		30	56
タラモン	タラマン	29	387,396,402,432
ダリオ・プルガル・アリアガダ	デー・プルガル	2	6,35,50,66
ダリンガ		24	429
ダルーム・アルフレット・テイ		27	225
タルカ・イサ	タルカ	22	374
ダルテ	ダルテエ	29	383,387,396,417,421,456
タルディユ		47	323

人　名	别　称	册数	页　数
タルバ・アンリ・ゴントラ	タルバ・アンリ,Talba Henri,Talba Henri Gontran	27	442,505
ダルベマル・ジャン・ジョセフ		1	171,204,239,348,392
ダルマチオ・ブエノ		20	153
ダルラン	Darlan	10	659,663,664,668
		11	326,334,344,380,427
		17	45,46
		38	387
		50	202,206
タルウリス		14	34
タレイス・バウア		7	90
タレンスキーン		24	374
タワヒル		23	408,590,593
俵孫一		15	470
		30	3
		35	320,322,323,329
タン		8	19
		20	10
		23	255,258
		24	180
湛		17	111,119
タン・アン		22	84
タン・イ・ファ		23	358
タン・エング・ドング	タン・エン・ドング	23	256,257,268,271,273,274
タン・キン・チューン		22	68
ダン・ゴレンターネック	ゴレンターネック	40	301,303
タン・シン・カー		22	98
タン・ヂン・チャ		23	358
タン・バイ・ミン	Tan Bai Ming	25	5,43
タン・ハイン・エング		22	14,98
タン・パク・アン	Tan Pak An	23	153,154
タン・マウング		22	9
ダンカ・リチャード・アール		22	478
ダンカン		3	60
		22	300
ダンカン・ピースユウァト		27	344
ダンカン・マックファーレン		38	487
段祺瑞		6	605

人名	别称	册数	页数
		30	260
タンギイ・ジョセフ・ジャン・マリ	Tanguy Joseph Jean Marie, Tanguy Joseph	27	442,509
ダングコーガン		20	269
ダングワ		20	317
ダンケ・ジェ・コブス		23	442,443
段芝泉		33	68
ダンジョセフ・エム		27	239
タンジョンバルー		24	451
ダンシン・ビクトル・ワシーリェブッチ		12	489
ダンテュラン		11	138
ダンド・スコット		17	421,458
タンプリアン		23	281,282,283,285,286,287,288
丹下薫二		30	534,535,540,541
ダンコナ		24	423,424,427
ダンザン		29	247,254
單寶善		32	71
タンモン		22	9
タンリン・ビースラエアト		27	261

チ

人名	别称	册数	页数
ヂ		27	450
ヂ・ウイズ		29	396
チ・シン・トン		23	358
ヂアー・シー・コイ	Giani C. Coy, Giani, ギアニ	25	57,59
チアールス・イー・ヒューズ	ヒューズ	29	378,381
チァールス・エヴァンス・ヒユーズ	Charles Evans Hughes, チアールス・エヴアンス・ヒユーズ, チャールス・エブアンス・ヒユーズ	2	114,117,119,120,130,136,141,164,167
チアノ	Ciano, チアーノ, チアノー, チャノ, チ	9	523,535,539,599,601,615,621
		10	648
		13	218,257,359
		16	298,475,476
		22	345
		33	254
		34	482,483,484
		35	135,136

人　　名	别　　称	册数	页　　数
チアノ		40	408,441,445
		46	174,352
		47	70,77,87,150,151,152
		49	516
ヂー・アール・レイキング		27	5
ヂイ・エイ・シイ・キールナン		22	116,117
チー・エーフェルリ		1	572,618
ヂー・エス・ウールウオス	G. S. Woolworth	26	437
ヂー・エストラダ		29	335
ヂー・エル・ラッセル		6	225
ヂー・シー・マーシヤル	マーシャル,マーシアル,ミッチャル,マアーシャル,コーシアル,ヂョーヂ・シ・マキシャル	5	366
		35	244
		45	246
ディ・ダブリュ・トムソン	D. W. Thompson	25	459
ヂー・フォード		26	169
ディ・ワルズイー		29	431
チィー・エム・シー		29	353
ヂイー・ツイチンガ	G・ツイジンガ	27	279,296,297
チイールトラ		39	221
チーエーバカリン		26	172
チイェリ・ダルゴンリユ		11	502
チーター		27	36
ヂイネイント		29	432
チーバス		27	36
チーマシ		26	158
ヂーラィン・ヴィリカム・ビー		27	239
ティン・リ夫人		7	114
チウ・チアン夫人		7	113
チウ・ヤオ夫人		7	113
ヂウイズ		24	422
ヂヴィマール・ナヤンゴマル・ラルウニ		20	6
ヂェ・エム・ランバート	J. M. Lambert	50	75
ヂエ・ラルドストーリ		26	516
ヂェイ・エス・アール・ファーガスン	J・S・R,J・S・R・フアーグスソ	25	32,39
ヂエイ・ダブリユ・マン		5	450

人名	别称	册数	页数
ヂエイ・ダブリユウ・シイ		32	132
チェイシー・レインダース・フォルマアー		23	516
チェイズ・J・ニールセン	ニィールセン,チェース・J・ニールセン	50	26,29,39,52,56
チェイニ		36	168
チエインシング		24	616
ヂエー・エー・グレーンズ		6	233
ヂエー・エー・ドイルンホッファー		6	233
ヂエー・エー・ポンコスキー		6	233
ヂエー・エル・ホワヂ	ヂエー・エル・ホツヂ	6	233,234
チェー・デー・ファン・ベルト		19	300
チェー・ヒッシェミューレル		1	436,445
ヂェーコブ・デー・デシュシア		40	240
チエース		3	181
チェーム・J・ロビンスン		27	29
ヂエームズ・デニ・デス		6	235
ヂェール		1	322
デュケネー・フィリップ	Duquesnay Philip	27	500
チェスター・I・ラップン		50	53
チエスター・ブラウン		24	569,570,571
チェスチュアー		46	198
ヂエノバトリニダッド		20	367
チエフ・クラークタ・イー		27	261
ヂェマダ・キチアル・シング	キチアル・シング,Jemadar Kitial Singh	24	627,628
チェムバレン	チェムバーレーン,チェンバレン	9	584
		11	272
		29	328,332
		36	465
		47	74,77
ヂエラード・シェーファー	Gerard Schaefer,デエラード・シエーフ,ジエラード・シエーフアー,デエラード・シエーフアー,ジエラード・シニーファー,ジェラルド・ショーファー	9	341,351,479,481
		10	400,401,404,430,446,447,460,461,478,479,485,486,498,499,516,517,527,528,682,683
		13	130,140,258,259,672
		49	557,558

人　名	别　称	册数	页　数
ヂエリー・エム・スミヨシ	ヂエリー・エム・スミヨン	5	203,206,207,262
チエルカソフ		32	81
チエルチー		25	71
チェン・ツングワン		7	356
チェン・テン・チョイ		23	151
キャング・イエー・ユー	Cheng Yee Yu	25	4
チェンケイ		23	35
チエンダリングナーザン		27	215
チェンバース		23	63
チェンバーズ・ヴイヴイス・エス		27	238
近角花子		26	228,236,248,266,281,283,305,349,369,371,376,380,385,388,394,468
チカバ	Chicaba	25	52,53
竺		43	175
和知		14	132
治骨		7	159
チスラン		27	466
千石興太郎		4	122
		5	287,295
		30	3
知田外松		25	560
秩父宮	秩父	17	109
		31	630
		43	249,250,251,252
		49	489
チッケ		12	157
チッメルマン		23	661
チドロウスキイ・アーネストジェイ		27	221
チナドリー		24	292,391
チナンタ・チャーリー		25	138
千葉		27	18,19
		41	78
千葉胤次		5	286
千葉三郎		5	288
チバナ		27	21
千葉幸雄		15	121
千葉皓		15	121,150,169
チホッタ・シング		22	358

人　名	别　称	册数	页　数
ヂミ・ヂーリバード		14	209
チムベル・クラレンス		27	239
チムメル		23	315
チモフエエワ		11	567
		14	34,115
チャ・コン・シン		23	358,359
チャ・チョン・ヂン		23	358
チヤーチ・カールロンジ		27	238
チャーチィー		25	88,92
丘吉爾	見 ウインストン・エス・チャーチル		
チャートフィルド		38	115,124,128,145,157
チヤーム・カールレン・ジ		27	238
チャーリィスンダース		26	173
チャール・A・レインハード		27	10
チャールス・A・ラインハード		29	70
チヤールス・B・コードル	コードル	47	17,62,63
チャールス・E・バイル	バイル,パイル,チャルース・E・パイル	27	324,331,334,336
チャールス・H・ロード		27	337
チャールズ・イー・ヒューズ	ヒューズ	15	596,601
チャールス・イー・モーラー	チャールズ・E・モーラー, Charles E. Maurer, チャールス・ユーヂーン・モーラー	25	281,315,506
チャールス・ウオルター・ケンドール		24	575,586
チャールス・エヴァンスヒューズ		29	438,605,610
チヤールズ・エス・アダムス		6	235
チャールス・エス・スペリー	シー・エス・スペリー	1	107,167,179,201,214,236,326,345,355,389
チャールズ・エドワード・グリーン		22	239
チャールス・カンニンガム・ボイコット	ボイコット	2	599,600
チャールズ・シアドア・ティー・ウォーター	Charles Theodore te Water, C. T. te Water, シー・ティー・ティー・ウォーター	2	173,219
チャールス・ジー・コールマン		18	147,148,167,168,187

人　　名	别　　称	册数	页　　数
チァールズ・ジー・ドーズ	Charles G. Dawes	2	170,218,229
チヤールズ・ジユロイヤー		6	235
チヤールス・ストリート	Charles Street,ストリート,Street	21	138
チャールス・デイ・シエルドン	Charles D. Sheldon,シエルドン	29 37	168,171 460
チャールス・テイー・ゴール		27	77
チャールス・デンビー		1	449,458
チャールス・ハーバート・ストリンガー	Stringer, Charles Huberbert Stringer,C・H・ストリンヂャー,チャールス・ハーバート・ストリンヂャー,チャールズ・ヒューバート・ストリンヂャー	22	428,431,469,520
チャールス・フアン・デル・スロート		24	250,251,255
チャールス・プトナム	チャールズ・ブトナム	20	49,195
チァールズ・エフ・アダムズ	Charles Francis Adams,Charles F. Adams,チァールズ・エフ・アダムズ	2	170,218
チャールズ・フワーズ	チャールズ・B・ファーズ,ファーズ,チャールズ・ビー・ファーズ	30	47,55,63,64,75
チャールス・ベリー		22	180
チャールス・ヘンリー・カワプ		22	150
チャールス・ヘンリー・ビックス		24	575,584
チャールス・ヨンゲネール	C・H・ヨンゲニール,チャールズ・ヨンゲネール,チャールズ・ヨンゲニール,チャールス・ヨンゲニール,チャールス・ヨンゲネイル,チャールス・ジョンゲネール,Ch・ヨンゲニール,Charles Jongenee	24 27	1,17,37,38,40,43,47,61,64,72,76,124,138,141,146,159,166,167,171,184,185,222,246,250,260,274,276,302,361,412,430,447,448,450,455,642,646 275
チャールス・リーム・ジャクソン	ジャクソン	40	298,300,301,308
チャールズ・ロウランド・ブロムリー・リチヤーズ	Charles Rowland Bromley Richards, C. R. B. Richards,シ・アール・ビー・リチヤーズ	22	125

人　名	别　称	册数	页　数
チャールスアルバード		26	169
チャールスヘンリー		26	169
チャールスボウマン		24	569
チャールスランスロート		26	171
チャールスリーブケルト		26	512
チャールレス・ヨンゲネール	チャールス・ジョンジュネール,チャールス・ジョンデェニール,チャールズ・ヨンゲネイル,チャールズ・ヨンゲネール,チャールズ・ヨンゲネル,チャールズ・ヨンニール,チャールス・ヨンゲネイル,チャールス・ヨンゲネール,チャルレス・ヨンゲネール,チャールス・ヨンゲニール,Charles Jongeneel,チャールズ・ヨンゲニール,Charles Jongeneer,チャールズ・ヨンゲニール	23	305,307,310,312,324,344,356,363,370,371,379,427,428,432,437,441,460,467,468,471,477,485,515,517,520,524,536,541,542,558,559,569,575,579,581,585,595,596,604,613,618,621,624,630,635,637,639,649,661
チャイ・バジ・ムハマッド・ムフタル・ピンハジ・アブドウルムトハリブ	K・H・ムハマッド・ムヒタル	23	626
チャウ・クオン・ピット		25	29
チヤオ・ピン・チン		32	18
チヤカギ		24	130
チャクキング		22	250
チャスレイ・フランセス・オウ		27	259
チヤップ		24	354
チャムピヨン		24	556
チャリコフ		1	117,121,172,174,170,193,205,207,224,228,240,242,332,334,349,350,366,370,393,394
チャルス・エム・ミティリニウ	チャルル・エム・ミティリニウ	1	454,461
チャルズ・エル・エンスミンガー		6	234
チャルズ・ヨンゲネール	チャールズ・ヨンゲネール	19	294,300,306,307
チャルスウオールトン		26	168
チャルセスヨンゲネール		23	249

人名	别称	册数	页数
チャルタ・フアン・スタルケンボルフ・スターハウエル		19	18
チャルマーズ	Chalmers	25	76,136
チャルマン・チャールズ・エイ		27	223
チャレス・エッチ・ブレント		1	397,399,421,425,432,550
ヂヤロノフ		27	633
チャン・ウエイ夫人		7	112
チャン・シャン・ユーン		13	6
チャン・ジン・リン		25	43
チヤン・チエ・チオ		32	18
チャン・チン	Chang Chin	27	611
チャン・ブーン・チャオ		22	98,99,100,101
チャン・ヤン夫人		7	111
チャン・レー		22	31
チャンギ・ラム・ヘイ		25	70
チャングコウ・イ		25	90
チユ・ユー・タン		32	18
ヂユアン・ビイ・ヂユアン		20	61
チュウ	Chu	27	612
チュウ・ユン・シィー		25	33
ヂュウエル・エイ・ブランケンシップ	Jewell A. Blankenship	21	91
忠太郎		17	178
		29	100
中條		43	323
中馬		24	323
チエン・ワン	チュン	7	110,111
ヂュシータ		29	396,402
ヂユドンネ		24	288,291,373
ヂュバイユ		38	360
ヂュリアン・レミー	チュリアン・レミ,Jullien Remy	27	433,452,462
チュルカン・バシャ	Turkhan Pacha,チュルカン	1	101,123,175,195,208,230,243,336,351,372,395
チュン・スエ・ヂェン		25	33
チュン・メイ・スン		25	35
チュンケイ		23	147
チョア・テク・スワット	Tjoa Tek Swat,チョア・テク・スワト	23	667
		24	7

人　名	别　称	册数	页　数
チヨイバルサン		12	574
チョウ		7	119
趙		7	117
		29	382,386,396,402,417
		33	14
チョウ・チェン夫人		7	112
チョウ・ビ・チェン		7	115
長勇	長	5	468,469
		11	250,399
		30	558
		41	310
張		6	639
		29	432
		43	220
		46	349
		49	303
張雨公		5	541,542
張永祥		7	409
張燕卿	張燕鄉	5	632,702
		6	5,11,13
		8	182,190
		14	521
		30	582
		33	200
		42	474,612
張海鵬	張	2	526,527,529,530,560
		3	444,445
		5	632
		12	181
		30	264,352,394,395,397,414,417,418,437,581
		42	569
		45	52,54
張学銘	張學銘	28	10,60
張學良	張漢卿,學良,張,張学良,学良,張家良	2	408,443,447,468,470,478,512,518,521,525,532,562,580,581,586
		3	185,473,480,481,523,536,539

人　名	别　称	册数	页　数
張學良		5	210,316,317,477,478,484,488,617,630
		6	91,108,114,605,609,638
		12	266
		16	589,590,591
		28	10,13,14,16,20,60,63,69,98,157,170,278,329,337
		30	155,175,265,266,267,302,308,353,355,362,364,371,392,393,394,401,403,404,407,432,439,492,494
		31	41,46,513,514,610
		32	94,550,551,555,563
		33	178,198,222,296
		41	6,7,8,9,19,20,70,71,72,100,153,178,199
		42	121,554,566,568,571,572
		44	362
		45	52,59,60,505,525
		46	326,330,331,334
		47	286,450,452
		49	446,457
張我軍		31	502,504
張可明		25	31
張家良		33	192
張家訓		7	407
張間		6	39
張漢卿	見 張學良		
張熙光		30	474
趙貴生		25	30
張吉清		7	384,386
張季鸞	張李鸞	31	521
趙欣伯	趙,CHAO Hain-po	2	556,564,568
		3	446
		5	632
		6	612
		28	267,275
		31	91,92

人名	别称	册数	页数
趙欣伯		41	192
		42	401,562,563,564
		45	515
張群		33	2,3,198
		42	127,132,292
張景惠	景恵,張景慶,張,ツアン・ツイン・クイ	2	559,560,563,564,566,568
		5	486,630
		7	536,538
		8	182,190
		9	516
		11	538,564
		12	166,172,491
		19	330
		30	352,562,581
		31	68,69,78,83,186,197,442,452,457,461
		33	200
		41	70,195,199
		42	569,571,582
		48	215,216
		50	246,265,267
張繼祥		7	64,65
張元榮		8	5
張鴻儒		7	123,140,160
張光萬		7	415,417
張國燾		33	196
張作相		2	558,559
		30	392,407
		32	565
		46	334
張作霖	張,張作林	2	420,439,440,441,442,443,444,447,454,466,467,470,478,546
		3	480,481
		5	210,315,316,372,373,375,381,382,448,449,450,479,480,481,489,630
		6	106,107
		14	124,125

人　名	别　称	册数	页　数
		28	10,13,60,62,157,274,275,276
		30	171,172,173,174,175,264,265,277,328,333,353,355
		32	550
		42	554
		45	251
ヂョウジ・トリスト	George Trist	22	279
張自忠	長自忠	5	521,522
		6	138
張之洞		33	56
張笑渠		32	71
趙尚志		33	201
張嘯林		8	626
長秦		26	139
趙琛		8	123
趙沈		6	605
張人傑		33	225
張振良		7	384,386
張成德		7	415,417
長曾我部喜一	Kichi Chosokobe,長曾我部キチ,長曾加部キイチ	9	330,385,395,513
		10	278,292
		12	54
		14	519
張祖德		31	499,500,503
張太眞		32	71
張大年		7	379
張治邦		7	382,386
張知本		33	225
張殿九		30	467,468
張殿桐		7	162
趙登禹	趙	5	522,529,531
		6	138
張南文		25	37
張辟		6	638
張文連		7	384,386
張平		25	37
張鳳舉	張鳳與,張,CHANG Feng—chu	27	697
		28	259,260

人名	别称	册数	页数
		31	160,161,162,163,165,169,170
張寶志		7	485
趙鵬第		42	401
張穆		34	5
趙毛生		25	37
張來生		7	384
張湊雲		31	494
趙林生		25	30
ヂヨー・ビー・アレクサンダー		5	559
ヂョー・ビー・ウイリアムス	ジョー・B・ウイリアムス	9	47,52
ヂョージ		48	139
ヂヨーヂ・エー・フィヂ	ジヨーヂ・エー・フィッチ	7	5,7
ヂョーヂ・プロソン・クー		30	584
チョヂ・バフィントン	George Baffington	27	64,68,250,358,417,465
ヂョヂンダンシング		23	49
卓特巴札布		5	515,569
チョノペンキィ		24	14
チョビング		23	161
褚民誼	CHU Min-i	33	13
チョルノピヤトコ		50	282
チョレツー		27	257
チヨン・ヴージイ		17	71
ヂョン・ケイ・ロウイ		20	62
ヂョン・ビ・ヒギンズ	ヂョン・ビー・ヒギンズ	1	53
ヂョン・ロス・ベンヂ		23	1
ヂョンアール・ブリッチャード		39	397
チラヤ	チヤラ	13	634,639
チリアタ		25	117
ヂルスレイターエドワードシー		27	218
チルダー夫人		22	97
チローエー・ローランス		27	504
チエン・カイ	Chen Kay	23	150,152
チエン・テン・チヨイ	Chen Ten Choi	23	151
チエン・パン・テイアン		23	358
陳	チェン	7	91,117,388
		42	287
沈		31	98
チン・イエー・プ		25	36

人　　名	别　　称	册数	页　　数
チン・エドワード・チー		27	215
チン・キン	Chin Kin	23	147,148,150
チン・シウ・ヤング	Ching Siu Young,Chin Siu Young,チン・シュワ・ヤング,チン・シュー・ヤング,C・S・ヤング	27	604,610,612,613
チン・フアン夫人		7	113
チン・ヘイ・ペン		25	36
チン・マ夫人		7	112
チン・マラ		22	31
陳亜清		7	306,309
陳永清		7	160
沈瑞麟		30	581
陳賈		7	78
陳介		35	116
陳開栄		26	210
陳覺生		5	534,535
沈覲鼎		28	260
陳毅		46	70
陳儀		14	126
成吉思汗	成吉斯汗	2	561
		18	469
陳恭景		7	313
沈鈞儒		9	359
		33	174
陳錦濤		8	629
陳郡		8	629
陳群		8	629
ヂンケヴィッチ	ヂンケフィッチ	12	409,411
陳光虞		7	141,162
陳公博		8	131,133
		33	13,102
陳蔡清		25	37
陳濟棠		42	279
沈志強		7	309,311
陳思齋	陳	8	75
陳述致		28	259
陳女禹		7	103

人名	别称	册数	页数
陳紹寛		30	536
陳晉惠		8	58
陳瑞芳		7	8,10
陳瑞鄰		31	360
陳紹禹	見 王明		
陳則民		8	629
チンソン		22	317
陳大成		7	236,267
珍田男		37	158
珍田捨己		29	214
陳中孝		8	627
チンチョ	Cincho	25	472
陳長福		8	50
チンデル		40	327,329
陳獨秀		9	359
		32	80
陳伯藩		8	628
陳福寶		5	560,562
陳平		40	268,269,284,286,287,288
陳望青		7	379
陳銘樞		2	407
		33	176,200
チンメルマン	Zimmerman, A. Zimmerman, ア・チンメルマン	23	661,667,668
陳友仁		30	300,305,306
井嶽秀		33	179
陳立夫		33	222
陳籙		8	629
		29	243,244,245
チンワン夫人		7	112

ツ

人名	别称	册数	页数
ツアイ・チャイイン		7	113
ツアン・ファフォ・グ		7	119
ツアン・フック・コール		22	301
ツイギイチコ	Tsigitehko,ツイギーチコ,ツイギチコ,ツウィキチコ,ツヰギチコ,ツイギチコ,ツギチコ,チギーチコ	12	248,252,269,273,277,303,318,412,418,439,444,453

人　名	别　称	册数	页　数
ツインチユ		10	560
ツインメルマン		24	4,7
ツー・シュー・ヤオ	Tou Siu Yao, ツー・シューー・ヤヲー	27	603,610,613
ツウアイナム夫人		7	91
ツウィノ		23	28
ツウイロフ		14	115
都間観三		30	543,548,554
ヅーコフ		34	281
ツーシヤローム		11	485
都留正子		43	539
ツェドィプ		50	376,377,379
ツエルチナンド		29	557
ツエレン・ドルチ		29	247,254
ツェングル		50	374
ツォルタン・バラニアイ	バラニアイ・ツォルタン, デ・ツォルタン	1	465,483,554,561
ツオン・ヴィンリン		25	33
塚崎直義		32	49
塚田		6	162,163,174
		22	47
		29	71
		47	612
塚田攻	塚田	4	140,157
		15	316
		16	570,577,580
		17	3,4,344
		32	487,490,493,494,496,501
		38	435,437,574
		41	267
		44	584,588
		45	256,257,448
塚野道雄		5	237,300
ツカハラ・シゲロウ	TSUKAHARA Shigero	25	157
塚原二四三		4	207,220
		13	414
		18	273
塚部		7	159

人　　名	别　　称	册数	页　　数
塚本		6	643,644
		30	293,294
塚本浩次		32	312,313,318,319
塚本毅		4	153
津輕後室		29	107
次田		15	409
次田大三郎		4	131,173,224
		42	194,198,199
		30	3,101,107,108
ツキテイーテン		11	233
月原		19	169
ツキム		27	529
ツキリト		13	207
津久井龍雄		5	233,234
築紫熊七		30	581
佃木		31	518
ツクドタツオ		24	473
築土龍男		15	512
		38	509
ツクモト忠治	スカマドア,テッド	23	544
辻		10	261,282
		16	290
		23	156,158,160,162
辻田力	CHIKARA Tsujita	28	430
對馬勝雄		5	241
辻誠		5	288
辻正雄		5	248
辻政信	辻	9	259,275,304
對馬壽一		35	540
津島壽一		4	110,145
		15	128,135
		30	3
		43	33,34,43,44
辻本政雄		32	317
津田		12	525,526
		42	600
		45	334
ツタ・ダビユチユアライ		27	477

人名	别称	册数	页数
津田耕重		40	196
津田靜枝		4	152
		5	285
		8	121
		34	412
津田正一		5	296
津田セイチ		27	654
ツタダ		22	4
津田孝次郎		23	272,298,299
津田鐵外喜		15	118,128,135,136
土亜福	Si A Phuc	27	460
土田		34	460,461,463,464
土田壽		32	317
土橋		11	509
		27	598
		30	447,448
		44	592
土橋勇逸		34	154
土屋		24	160
土屋久泰	TSUCHIYA Kyutai, TSUCHIYA Hisayasu	28	110,111,112
筒井		3	179,181
筒井興布		40	272,292
都築		22	396
		29	338
ツツキー・エルコー		27	240
都築馨六		1	116,188,223,331,364
堤		24	304
		42	303,304
		43	519
堤康次郎		16	528,557
四手井		14	142
ツナダ		40	320
常岡瀧雄		5	288
恒吉		27	598
角岡知良		28	6,44
ツフエイルマホメッド		24	381,383
坪井		14	108

人　　名	别　　称	册数	页　　数
ツボイ・ヨシオ		22	83,85
坪井敬治		5	248
坪上貞二		48	370,383
鏑木正隆	鏑木	14	105
		25	161,162,189,191,193,194,195
ツリーノ・アルフィエリ	Zullino Alfieri	45	490
鶴岡栄太郎		45	499
鶴子		10	137,155
		17	27,28,29,147,460
		18	500
		43	541
鶴子由喜子	鶴子	29	110,134
鶴惣市		5	288
鶴見左吉雄		28	46
鶴見三三		1	555
鶴山		20	211,214
ツローネ		24	426
ツワーゲル		20	290
ツン・オーン		22	68
ツン・シィ・スン		25	35
ツン・ミャイン		22	69

テ

デ・ヴィルテ・J		23	289
デ・ヴェールト	De Weerd	23	391
デ・ヴォス		23	442
デ・エム・ニルソン	D・M・ニルソン,ニルソン	27	310,317,319,325,326,327
テ・カート・アンデリノ		31	209
デ・グラーフ夫人		23	489
デ・スタンショッフ	D. Stancioff	1	101
デ・セリール	De Selir	1	99,120,173,191,227,241,333,350,369,394
デ・ソヴェラル		1	120,173,191,226,241,333,350,369,394
デ・テツアン	De Tetuan	1	97
デ・ビューフート		29	432
デ・マセーヅ	De Macedo	1	99
デ・ランゲ	De Lange	23	656,657
デ・レオン		20	409,410,419

人　名	别　称	册数	页　数
デ・ローイ	De Rooy	23	667
デアワタ		19	5
程		30	264
鄭		6	80
		7	27
		42	444
倪		34	401,402,403,404,405,406,407,408,409,410,411,412,413,414,415,416,417,418,419,420,421,422,423,427,429
テイ・アール・カニンガム	T. R. Cunningham,テー・アール・カンニンガム	22	275,343
テイ・アール・シー・キング	T・R・C・キング,テイー・アール・シーキング,テイ・アル・シイ・キング,テイ・アール・シー・キング,テイ・アー・シーキング	20	55,57,76,113,123,133,187,194,308,329,384,394,400,401,427,433
ティ・アール富重	T. R. TOMISHIGE	28	479
ティ・ウエナツ	T. UENATSU,植松	28	479
ディ・エイ・ブイテンフィス	D. A. Buitenhuis	23	13
デイー・ガウス		35	95
テイ・セム・コーン		34	311
ディ・ダブリュ・スミス	D. W. Smith	25	464
ティ・ディ・ホワイト	T. D. White, White, テ・デ・ホワイト,T・D・ホワイト	28	479
		29	68
		50	85
ティ・ビィ・ハント	T. B. Hunt	25	51
デイ・ピーチ		22	21,27
テイ・戸口	P. 戸口	16	313,325,406,441
テイ・鈴木	T・鈴木,T. SUZUKI	26	637
		49	548
テイ・向井		19	10,11
テイ・佐藤	T. SATO,T・佐藤,テイ・佐藤	16	175,370
		28	471
		29	79
		49	548,636
手井綱正		4	140

人　名	别　称	册数	页　数
ティー・アール・シー・キング		25	47
ハイアム		2	663,665,666,667,668,672,673,674
テイー・ユー・ブレーミー		1	15
デイー・シー・ヂイヴィス		39	221
ティー・ダブリュー・ラッセル・パシァ		1	568,615
テイー・モールネーン	T・モーネーン,T・モーネイン,T・モールネーン,T. Mornane	23	145,149,154,163,208
テイー・モールネーン		24	337,632
		25	41
デイーエス・オウ		46	379
テイーカッべ		5	473
テイーチャー		23	318
ディーッエル		23	488
ディーッエル夫人		23	489,490
ディートリッヒ・シンドレル	シンドレル	2	12,41,59,73
ディーン・E・ホールマーク	ホールマーク	50	26,28,33,38,48,49,50,52,57
ディーン・アチソン	アチソン,DA	36	191,192
デイーン・アムソン		26	641
デイーン・ドーナルド		27	224
鄭禹		30	582
デイヴイス	Davies,デーヴィス,デイヴイ	21	137,356
		22	245,445
		24	88,89,90,97,105,115
		29	338
ディウィス・リチャード・エルスアッート		27	236
デイヴイッド・H・スカル		26	642,665
デイヴィッド・ビンクレイ		20	117,121
ディヴィド・I・ディジュニア	ディヴィッド・I・ディ・ジュニア	20	321,322,323,324
デイヴッド・レ・オスボン	デイヴッド・L・オスボーン	27	83,91,95
テイオニシヤ・カルロス		20	83
鄭介民		9	260
ディガヤン		20	269
丁鑑修	丁,丁鑑脩	5	632

人　名	别　称	册数	页　数
		8	182,190,275
		30	582
		42	401,406
		43	175
		45	505
程希賢		6	136
程宜有	Cheung Yee Yu	25	42
丁敬臣		43	42
ディクストラ		23	473,475
デイクソン		23	102
鄭高錫		7	355,360
鄭孝胥	鄭,鄭考胥	5	632,680,682,683,685,686
		7	465
		8	173,182,230
		27	696
		31	44,78,94,169,176,202,231
		33	200
		42	575
程克		44	572
丁士源		8	269
		30	572,584
丁字尚		15	121
丁昌		5	502
鄭垂		42	575,576
丁超		2	537,540,544,545,559,560,563
		30	469,493
		41	14
		44	362,363,447
丁趙		41	194,200
デイツ・デビッド		27	257,260
テイック・テイヤン		20	18
ディトリッヒ		10	640
デイニシー		20	306
ディニヘルト		1	557
ディノー・グランディ	Dino Grandi	2	173
ベティパング		25	46
テイバンシー・ピーター・サビイス		40	212

人　名	别　称	册数	页　数
ディブイド・W・パーソンス		47	501
テイフィンオスカーアール		27	214
ディミトリ・ビケラス		2	53
ディミトリ・ミコフ	ディミトリ・ミコッフ,デー・ミコッフ	1	464,482,543,551
		2	6,35,50,66
ディムシウク		1	556
ティムマー		23	313,314
ティモシ・アロイシアス・スミディ	Timothy Aloysius Smiddy, T. A. Smiddy, ティ・エー・スミディ	2	173,219
テイモフエーエフ		12	526
ティモフェーエフ・ドミートリー・イワノーウィチ		50	217,218,219,225,227,229
テイラー	Taylor	22	468,505,507
		23	128,188
程藍珊	ボール・ヤップ	8	63
デイルクセン	フオン・デイルクセン,デイルクゼン	9	398,399,401,402,414,423,424,430,447,450, 451,453,457
		42	216,217,218
		43	304
		49	481
テイルセ・リワサラガ		20	66
テイルモン	テイルモンド	29	416,420
テイレンズ	ティーレンス,Thierens	23	662,668
鄭魯達		7	340
テインパーレー		32	248
デウ・フリース		23	320
デウ・ヨング		23	424,470
デウ・レーヘ夫人		23	538
デウア・アロイ・アス・ジェィ		27	213
デヴイス	Davies	21	293,356
デヴイッド・カーチスインネス・ワーンハム	D. C. I. ワーンハム,D. C. I. ワーナン	25	114,123,126,132
デヴィッド・ジェーン・ヒル		1	107,167,179,201,214,236,326,345,355,388
デヴイット・ネルソンサットン		7	10
デヴィット・マードク	David Murdock	25	76
デヴィド		24	437

人名	别称	册数	页数
ダヴイド・デイー・バレット	デビッド・デー・バレット	6	139,145
デヴイドソン	デヴイッドソン	32	111,123,125,126,127,132
デヴエ		27	26
デウテンブルーメンダール		24	153
デウフォス		23	250
テー・エー・コールマン		6	233
デー・エフ・ブィ・ホーセンソン		26	172
テー・エフ・モルネーン		23	67
テー・エム・セー・アッセル	T. M. C. Asser, テー・エム・チェー・アッセル	1	99,119,172,191,206,225,241,333,349,367,393
テー・ヂゥールヂェヴィッチ		2	58,72
テー・デー・ホワイト	T・D・ホワイト	50	85,241
テー・トグチ		15	413
テー・バイトン	T. Beighton	27	358
デー・フェルナンド・オソリオ・イー・エロラ		1	450,459
デー・メリル	D. Merrill	27	358
ヂェイムス・スコット・ブラウニング		25	222
デーヴ・エトワード・ホールマータ	デーブ・エトワード・ホールマーク	40	235,247
デーウイス		7	483
		38	107,108,109,140
デーヴィッド・L・オスボーン	オスボーン	27	122,123
デーヴイッド・ネルソン・サットン		8	35
テーヴイット・フレーサー		32	235
デーヴイッド・リー		7	225,256
デーヴィド・エー・リード	David A. Reed, ヴィド・エー・リード	2	170,218
デーヴィド・ソロモン		50	484
デーヴイド・李		7	165
テーウェン	Teeumen	23	645
		24	13
デエウドネ		24	361,368
デーツン・アルロン・エル		27	219
デーニツ		49	559
テー・バーン	T. Byrne	27	356
デービス	Davis	15	625

人　名	别　称	册数	页　数
デービド・ネルソン・サシトン・ヘスー・チユアン・イン		5	554
デーム・レーチュル・クラウディ	レーチュル・クラウディ	1	550,560
デーメン		24	52,59,60
テーラー		40	263,282
デエリースト		24	551
デエレエランキン		14	147
テオ		23	374
デオドア・ウィルキンソン		37	281
テオドア・グールスビー		5	379
テオドアー・Q・ラムマース		49	424
テオドニコ・ヴィラモール		20	259
テオヒロ・キヤンダリ		20	82
テオフィラ・ゴセラ		20	199
デカト・アングリノ		29	432
翟樹榮		7	339,340
ヂグス		25	497
出口王仁三郎		49	441
デグラーフ夫人		23	487,489
テシマ		24	286
手島		24	330
手島	テンバケンシ	27	666
デジョング		24	293
デスイデリオ・バサン		20	164
デヌリー		2	664,665,666,667,668,669,670,676,677
デ・ツーアース		24	239,240,241
デスツールネル・ド・コンスタン	D'Estournelles,デツールネル・ド・コンスタン	1	98,113,170,185,204,220,238,330,347,391
手塚正敏	手塚	14	16,21
テテカ		25	146
テニー		20	349
テニス・エッチ・ビワース		6	235
デニス・キルドイル	キルドイル	6	168,180
		8	467
デニスセガー・カーショー		26	168
デニスブライアンメイスン		24	467,468,537,550
デニスン	デ	47	126

人名	别称	册数	页数
デニック		50	592
デニング		46	367
テネベス		44	298
デハーン		24	364
テパス・パール・エドシド		27	223
デビット・スコット		17	454
デビッド・ラバーン・ダブリユウ		27	214
デビド・エル・オスボルン		27	118
デペーネ・ジョン・エル		27	229
テボイタブ		25	146
デボウハントマスエル		27	218
デムース・レイモンド・ェヂ		27	218
デムサ・オスマン		22	269
デメトリオ・フオルニロス		20	27
テヤールス・ネルソン・スピンクス		41	386,388
デヤキノー		32	342
出山		23	544
デヤン・ボール		27	516
テユー・フワ・スン		12	528
デューリーハンベイスト・ボーレ		23	263
デユーン		22	321
デユシェーヌ		1	554
テユゼンベム		37	273
デュブク		50	391
デユムウラン		27	487,488,490
デユルケーム		35	89
テユンハイチユン		24	202,281,282
デヨン		24	411,424,425
寺井邦三		38	362,366,367
寺井久信		36	146
寺内壽一	寺内,寺内衫山	4	111,138,140,146,158,214,218
		5	223
		8	35,622
		9	237
		10	13,14,15,16,20,23
		11	509,525
		15	407

人　名	别　称	册数	页　数
寺内壽一		19	389,449,452
		21	250,304
		23	238,239
		30	3,70,103,104
		31	580
		38	475,574,576
		39	396
		41	259,346
		42	129,257,271,424,524,537
		43	459,469,470,471,472,474,475
		45	160,161,238,246,291,356
		46	98
		47	32,585,623
		48	134,221,226
		49	9,21,22,523
		50	568
寺内正毅		29	229
寺岡洪平		46	215
		47	16,383,385,406,489
寺岡謹平		4	204,205
寺尾滿		33	412,416
寺木	テラキ	27	167,171,178
寺崎		3	91
		11	341
寺崎勝治		28	6,44
寺崎太郎	寺崎,Terasaki Taro	16	316,321
		17	26,57
		36	217,218,219,220,221,452
		37	28,267,328
		45	486
寺澤藤義	寺澤	5	383
		25	353,364,371,374,379,383
寺島		6	39
寺島健	寺島	4	124,125,176
		17	5,302,466,471
		30	3
		48	113
寺田		5	469

人名	别称	册数	页数
寺田稲次郎		5	234
寺田省一		15	117,127,131,134,135
寺中作雄		15	126
寺林		25	518
寺林友吉		40	215
寺平		6	132,133
		31	497
デラマルド		23	406
テラムラ・セイイチ		46	610
テラモト		20	319
寺元		44	338
寺本武治		15	129,131
デランゲ		23	656,657
テリエネ		25	117
ギル		45	301
デル・ロザリオ		20	119,122
照枝		24	498
デルカッセ		43	347
デルフイナ・ヤブソン		20	3
デルフイン・マルクエズ	デルフイン	20	5,70,71
デルブリュック		1	399,421,424,431
テルポーテン		19	314
デルホス		33	253
テルマハリシュ		20	6
デレエウ		24	293
テレジータ・エル・ガルシア		20	366
テレシキン	テレーシキン	50	282,284,289
テレホフ		12	468
テン	Potin	27	459
デン・ハーフェ		23	288
デン・ハルトホ		23	320
テンカーテ		24	13
田漢		33	200
テングクーイドリス		23	350
テンスカ		7	232,263
デンセル・ジョンク・エリ		27	228
デンツエル・カール		5	577
テンブルーメンタール		24	157

人　名	别　称	册数	页　数
デンルク・スタール		19	303

ト

人　名	别　称	册数	页　数
ド・ヴアール		23	259
ド・ヴァレラ		3	465
ド・ヴィアード		23	413
ド・ヴィレー		1	116,172,189,205,240,332,348,365,392
ト・ウラバヂン	To Uravagin, To Uravagi, ト・ウラバギ	25	52,53,54
ト・エディン	To Edin, トエトリン, To Edlin	25	52,54
ド・カト・アンゲリ	デカト・アンクリ,ド・カテゲリ,ド・カタンゲリ	29	382,386,396,402,417,421
ド・カルテイール	デ・カルティエ,ド・カルティエ,デカルティール,デ・カルティア	29	381,385,395,416,420,431,455
ド・グレル・ロジェー	De Grelle Rogier	1	97
ト・ソン・シ	Song Sy	27	580
ト・バーヂル	To Vargil, トバルーヂル	25	52,54
ト・ファルク・J		23	289
ド・ブリノン		50	202,206
ド・ブリノン	De Brinon	9	592
ド・ペイール		2	664,665,666
ト・ベラ	T. Bera	25	6
ド・ボァサンヂェ		11	378,379
ド・ボーフォルト		29	417,421
ド・マルテンス	マルテンス	1	117,121,172,174,190,205,207,224,227,240,242,332,334,349,366,369,393,394
ド・ミエー	De Mier	1	98
ト・モラク	To Morac	25	52
ト・ルイ	To Lui, トルイ	25	52,54
ド・ワルゼー		29	416,420
ド・グルデル		3	559
土井		12	463,473
土居		24	133,135,136
土居明居	土居	12	405,536
		34	194,235

人名	别称	册数	页数
土居三郎		5	255
登石清		5	252
土井泰三		15	123
トイニッセン・B・J・H		23	289
ドイリス・H		23	289
ドイル		25	134
刀		29	382,386,396,417,421,432
鄧		7	181
董		42	288,290
ドヴァス・ザウニウス		1	570,617
ドウイーデイ		22	156
トウイネン		7	27
トウウエウィ		25	146
ドウーチェ	ドウチェ,Duce	9	584,593,594,596,599
		10	654,660,668
ドウーマン		7	177,227,258
		35	176,200
		42	10,319,337,343,348
ドウエ・トウアゾン		20	389
土上正夫		24	334,335
ドウエマサヨ		24	325
陶淵明		28	52
棟川シゲモリ		27	651
棟川ヒデヲ		27	651
東海幸作		40	200
ドウキイビート		23	301
陶希聖		33	119
騰吉男		5	254
湯玉麟		2	542,561
		5	632
		30	469,494
		41	20,101
		44	364
東武	東	30	96,98,100
逗子		10	143
東條影佐		29	109
東郷茂徳	東郷,茂徳,東郷義徳,東郷重徳,TOGO	3	9
		4	106,128,129,213,500

人名	别称	册数	页数
東鄉茂德		6	170
		9	386,420,452,453,455,456
		10	67,568,572,577,586,587,643,644,646
		11	389,626,643
		13	114,190,369,372
		15	459
		16	583,600
		17	4,170,173,174,175,177,179,193,225,245,247,249,253,254,255,256,263,266,268,292,295,302,318,342,351,357,360,366,367,375,376,392,394,395,443,447,452,453,459,466,471,475
		18	2,18,334,335,336,337,338,341,375,376,377,378,390,391
		19	275,277
		21	256,259,261,264,265,268,269,272,273,275
		25	532,533
		26	215,219,221,223,225,227,238,253,368,375,379,381,386,387,407,408,413,414,415,416,417,429,430,431,446,447,482,634,635,643
		27	7,39,40,48,71,72,288,290,379,411,416
		28	470,484
		29	49,77,79,105
		30	3
		33	288
		34	44,45,46,47,48,49,50,51,52,57,61,62,66,67,68,282,291,293,297,300,302,305
		35	79
		37	48,50,54,60,61,63,75,90,91,92,93,109,110,113,117,120,123,128,129,130,132,134,145,

人名	别称	册数	页数
東郷茂德			149,154,157,162,164,168,170,171,172,174,175,177,180,181,200,201,205,209,210,211,212,213,216,217,223,236,241,242,243,326,327
		38	545,546
		42	208
		43	82,83,87,88,122,420,427,437,449,504,512,514,516,517,518,526,527,534,541,544,553,557
		44	383
		45	448,534
		46	205,434,436,487,495,608
		47	368,369,370,372,373,374,375,376,377,378,381,384,387,388,389,390,391,392,393,394,397,400,401,402,403,406,408,409,410,415,416,420,421,422,423,424,428,429,430,431,435,439,440,441,444,445,446,450,451,452,453,458,459,460,461,462,466,467,471,472,476,477,478,479,483,484,485,486,491,500,507,508,509,510,524,525,526,530,531,532,533,536,537,541,542,543,544,545,546,552,553,559,563,693,694,695,697,729,730
		48	113,137,144,147,153,163,164,176,177,368
		49	275,276,277,278,279,280,291,292,342,343,533,605,606
		50	62,67,69,70,72,74,516,524,526,541,544,545,596
東光武三	東光	4	153,154
		11	341
		15	132
東郷夫人		47	439

人　名	别　称	册数	页　数
東郷平八郎	東郷	4	213
		5	77,230,370
		28	280
		43	494
東郷茂弘		47	471
唐國安	TANG Kwo-an	1	425
唐在復		1	450,459
騰崎彌熊		5	300
唐山鎮	テンクスワテング	23	349
唐治儀		29	103
唐紹儀		8	627
		28	262
		42	441,600
		44	583
湯筱菊		7	379
東省三郎		40	217
東條英機	東條	3	8
		4	104,106,108,111,116,121,122,135,211,213,215,512,525
		5	361
		6	168,169,170,172,325,329
		8	35,463,494,495
		9	146,237
		10	159,162,168,216,260,262,265,268,269,272,279,294
		11	342,346,347,348,349,352,362,389,557,560,562,618,626
		12	1,2,4,5,6,7,8,9,10,11,12,14,17,20,41,46,51,52,224,228,229,230,231,233,335,339,341,343,353,356,392,491,592
		13	119,264,368,369,370
		14	71,74,78,131,136,137,180,196,197,547,549,599,600
		16	290,292,293,298,306,557,570,571,572,573,574,575,576,577,578,579,580,583,600

人　名	别　称	册数	页　数
東條英機		17	2,3,4,8,37,49,52,93,99,100,125,135,137,139,140,144,145,146,149,150,151,156,158,159,160,178,196,253,256,278,279,302,305,341,344,352,355,392,443,447,466,471,472,473,474,475,519
		18	275,333,335,336,340,353,375,376,377,382,383,385,390,391,394,396,398,399,405,406,408,409,418,420,423,430,431,438
		19	282,320,321,326,329,330,331,332,333,336,388,414,415,421,432,434,437,440,448
		21	304
		25	546,551,553
		26	8,11,50,67,89,92,93,96,99,100,109,112,114,115,121,124,126,130,133,138,150,241,275,408,448,449,451,456,482,643
		27	142
		28	184,185,186,376,442,454,455
		29	30,31,34,38,51,66,67,71,74,83,84,85,86,87,88
		30	3,18,84,85,87
		35	155,254,256,261,267,489,490,491,492,494,495,497,502,505
		36	284,450
		37	48,49,50,54,60,61,63,175,211,326,327,328
		38	512,514,586,594,601
		39	177
		40	11,16,19,20,21,57,374
		41	267,304,356,421,422,424,461,462,463,475,476,477,488,489
		42	55,437
		43	13,68,75,101,117,118,123,127,323,344,364,365,372,378,

人名	别称	册数	页数
東條英機			379,381,382,383,387,388,389,390,391,392,393,407,408,409,410,412,413,414,415,416,417,418,419,420,421,422,426,427,428,433,434,440,441,443,444,445,450,451,457,458,459,460,461,472,475,483,488,489,491,492,496,497,501,502,525,544,552,557,566
		44	3,23,37,230,267,315,317,318,336,338,339,341,342,383,468,478
		45	148,194,195,204,265,266,267,275,277,278,279,281,283,310,397,418,424,429,453,454,456,457,463,466,530,531,534,536
		46	187,261,270,271,272,273,274,275,276,303,304,308,438,439,450,451,476,477,487,488,495
		47	224,249,251,252,262,275,278,282,452,477,508,509,510,530,602,603,604,606,610,619,626,642,644,656,663,665,666,667,668,670,671,678
		48	13,234,235,283,297,302,306,307,324,338,345,347,351,355,360,366,368,372,381,386,393,407
		49	427
		50	249,347,349,350,351,357,368,370
董子連		7	570
滕靜夫		13	409
ドウゼー		29	417,421
ドウチンチュア		25	33
ドウッチエト		13	257
董道寧	董氏,董家道寧氏	31	625,626
		34	432,444

人名	别称	册数	页数
ドウナルド・アレキサンダー・ダウイー		17	423
ドウニズ・アヴイス	Denise Avisse	27	437,452
堂込佐市		5	248
トウニルハリマ		25	86
東畑		40	16
東畑四郎		5	288
湯瀕		39	209,210
陶寳金		7	202
棟方生一		5	253
トウボグ		20	17
當間重剛		5	300
唐有壬	唐有王	33	189
		42	126
ドウラーマロ		23	555,557
トウラカイ		25	119
ドヴリイエ		23	421
ドウリットル	ドウーリットル,ドーリットル,ドウーリトル,ドウリトル	25	254
		40	229,232,233,235,236,238,240,241,242,243,244,245
		50	52,401
佟淩閣		5	529
		6	138
ドウリング		22	523
トウワバチイナヤ		24	183
トウン・フラ・オウング夫人		22	97
杜雲康	ツウTu,Tu Ying－Kuang,TU	7	52,55,56
ドウエ正雄	ドーウエマサオ	24	308,310,348,349
ドーク		27	25
ドーナルド・ジェームス・マッケー・レー	レー,Reay	1	114,171,186,204,221,239,330,363,391
トーベ		30	179
トーマス		9	293,295
		22	266,267
		36	413
		37	132
		48	130,274

人　名	别　称	册数	页　数
トマス		26	480
トーマス・R・タガード		40	317
トーマス・H・メロデイ	メロデイ	25	475,476
トーマス・エイチ・ヒューレット	Thomas H., Thomas H. Hewlett,トーマス・エッチ・ヒューレット	25	280,293
トーマス・エイチ・マロー	ターマス・エイチ・マロウ,トーマス・エイチ・モロウ,トーマス・エッチ・モロー,トーマス・エイチ・モロー,トーマス・エッチ・モロウ,トーマス・エッチ・マロウ,トーマス・エッチ・マロー,Thomas H. morrow	5	562
		7	7,52,53,61,65,66,68,69,70,71,72,73,79
トーマス・エー・コールマン		6	236
トーマス・エフ・モーネーン	T. Mornane,T・モーネーン,T・モーネイン,トーマス・F・モールネーン,トーマス・F・モルネーン,T・モールネーン,テー・モーネーン,T・F・モーネン,T・D・ホワイト,トーマス・F・モーネイン,T. F. Mornane,テー・エフ・モーアン,T. F. モーネイン,テー・モーネイン,トーマス・F・モールネーン,テー・モーネーン,Thomas F. Mornane,テー・モーネイン,T・F・モーネン,T. F. Mornane,T・F・モーネイン,Thomas F. Mornane,テー・モーネーン	21	372
		23	132,149,154,163,208
		24	337,632
		25	14,23,28,41,56,59,65,69,153,155,157
		50	85,185,241
トーマス・エブリス	トマス・エブリス,	9	270,278
トーマス・シー・ネルソン	Thomas C. Nelson	25	437
トーマス・ジヨセフ・エル		27	214

人　　名	别　　称	册数	页　　数
トーマス・ダゲット		20	195
トーマス・ドワイヤ		27	601
トーマス・ビーティ・エッチ		27	212
トーマス・フイルヅ		5	216
トーマス・ブルース・オーチタロニー	T・B・オーチタロニー,T・B・アウチタロニー	22	1,17
トーマスウイリアムビンデマン		24	206,209
トーマスヘンリランブル		26	172
遠山岡		11	532
遠山猛雄		6	597
遠藤猛雄		5	244
ドール		8	482
トーレ		23	367,368
ドーロフ		12	598
ドーンボス	P・ドーンボス	23	464,466,467
トカガシ		23	332
トカセ		24	151
頭山		49	634
頭山秀一		5	284
頭山秀三		5	238
		28	5,43
頭山末永	末永	29	109
頭山満	頭山	5	228,234
		12	472,473
トガヤ		20	269
戸川貞雄		5	288
時砂田重政		17	91
時乗		29	100
時乗武雄		43	270
杜起雲	杜	8	50,51,90,91
常盤稔		5	248
ドクー		11	393,399,400
		38	388,393
徳王		5	513,515,569
		14	137
		31	51,52,598
		45	115
		49	400,634

人　名	别　称	册数	页　数
		50	249
德瓦桑布		40	343,344,345
徳川		7	159
徳川		17	287
徳川		29	382,386,396,402
徳川		47	146
徳川義親		5	201,204,206
		28	25,73
		43	526
		44	350,352,423,424,425,428
徳川義知		44	371,457,458,461
徳田		27	17,18,19
ドクター・フレデリック・エー・クリーヴランド		3	446
ドクタイ・ウィルバートウィリヤム		27	224
徳田穣		5	296,297
徳田マサタケ		27	655
戸口タケオ	戸口，Toguchi Takeo，Takeo Toguchi，T. Toguchi，ドグチ タケヲ，トグチ，タケオ・トグチ	11	183,223,224
		15	102,468
		16	148,166,194,202,206,210,214,223,227,236,283,320,332,345,352,359,370,375,378,387,400,429,433,566
		17	291
		26	7,186
		28	326
ドクトゥール・フランソア・デ・ヴェイガ		1	435,445,449,458
徳富猪一郎		5	287,295
ドクトルジェームスエルワンゲール		26	614
徳永		10	94,112
徳永	デアッタトケヌガ	22	323,326,331,333,346
土倉		49	633
ドグラス		20	226
ダグラス・エル・ワルドーフ	Douglas L. Waldorf	15	158
杜月笙		8	104
		32	101
		44	583

人　名	别　称	册数	页　数
ドゴール		10	382
		46	415
床次竹二郎		3	610
		4	64,123,124
		14	495
		30	3
		41	140,156
野老山幸風		31	104,173
ドシエイザー		50	49
紀俊男		5	3,41
トシチ		19	3,183
杜重遠		33	200
杜イン・クワン	杜	6	149
戸田		24	432
		32	317
		43	535,538
ドタスト	De Taste	11	34
戸田寛三		30	543,548,554
戸塚		20	229
戸塚九一郎		35	544
戸塚道太郎		4	195,208
		32	194,198,199
ドッツ		42	211,319,321,322
ドッヅ		11	403,420
トッド		20	48
		27	25
ドット		40	209
トップマン		24	644
トディカッター		25	147
ドナ・コンセプション・ドブレイダー・キャムポス		20	140
ドナヴアン	ドナヴア,ドノバン,ドノブアン,ドノーバン	20	87,88,92,102,103,112,374,376,383,385,391,393,395,396,398,399,403,405,406,407,409,410,412,417,418,419,431,432
ドナト・エステイヤダ	ドナト	20	285,288
ドナルド・ダヴリュー・スミス		25	49
ドナルド・ビー・クーレィ		27	124,183

人　名	别　称	册数	页　数
ドナルド・リッチ	Donald Lynch	25	469
ドナルドジョジセーシセル		26	172
トニー・ダラント		20	6
トニー・パルバ		6	235
トニーケーネル		26	172
ドノ・ロバート・ダブリユウ		27	261
宿直菊地	宿直	25	353,371,379
飛田宇佐		27	31
飛田勝造		5	288
土肥一夫		34	257
		39	14,27,28,32,35,73,77
土肥原賢二	土肥原	2	513,515,534,556
		3	445
		4	141,159,219,239
		5	513,529,532,533,534,541,542,617
		6	105,109,609,612,619,621,624,638,639,640,649
		7	253
		11	533
		12	491
		14	179
		16	583,600
		17	392
		18	385,386
		26	643
		28	8,28,59,76,261,263,265,267,271,272,273
		29	71,72
		30	556,580
		31	597,601
		32	555
		34	424
		41	169,170,171,172,178,179,180,181,185,186,187,190,191,196,197,198,199,200,203,204,205,206,207,208,209,210,214,215,217,218,222,241,242,243,244,

人　名	别　称	册数	页　数
			245,246,247,248,249,253.254.258,266,267,271,272,273,274,275,276,281,282,283
		42	444,514,524,525,531,533,537,564,600
		43	544,557
		44	383
		45	93,334,455,499,502,505,509,512,515,518
		46	205,495
		47	604
		49	63,441
ドヒンズ・ハロルド		27	239
都富		44	407
ドフシン・ノルボ		50	376
ドブッジ		24	147
ドブルヴェ・エル・デ・ヴィーリヤウルーチヤ	W. R. De Vilia Urrutia,ドプルヴェ・エル・デ・ヴィーリャウルーチャ	1	97,112,170,184,203,329,347,361,391
ドブルヴニ・アッシュ・ド・ボーフォール		1	118,172,191,225,241,367,393
富部		9	258
トーマス		11	298
トマス・C・フイッシャー		50	172
トマス・J・カラ		16	598,599
トマス・エイ・キヤノン	トマス・A・キヤノン	20	321,324
トマス・エッチ・モロー	タマス・H・モロー,トマス・エイチ・モロウ,モロー	6	145,149,150,151,180
トマス・エフ・エフ・ミラード	ミラード	30	187,188
トマス・ダグゲット		20	49
トマス・フィリプス		18	370
トマス・マイクル		27	217
トマス・メースン・ヴィルフォド	Thomas Mason Wilford,T. M. Wilford,ティー・エム・ヴィルフォド	2	172,219
トマスバトリックチャックソン		26	169
トマスン・シイロルフ・イー		27	227

人名	别称	册数	页数
富		9	93,94,108
富井		6	36
		14	496
		15	471
		41	141,157,159
トミー		24	208
富岡		38	37
		45	472
富岡定俊	トミオカサダオトン	4	194,207
		13	586,587,589,604,613
		39	57,58,70,71
		46	456,457,458,459
富川源六		5	248
富吉榮二		47	470,473,474
富成トシオ		17	153
トミスコ		27	413
富田		41	143
富田喜作		5	297
富田健治	富田,富田健次	4	173
		16	570,571,572,573,574,575,576,577,578,579,580
		17	3,111,119,120,133
		29	82
		41	125,126,129,130
		43	284,369,373,374,376
		45	267,310,400,405,406,424,451,452,453,482
		48	106,410
富田豐次郎		17	27
富田則隆		5	256
富田正一		5	248
富永恭次		4	160
		12	222,233
		34	89
		45	281,288
		46	262
ドミナンド		20	199
ドミニック・デスベルパン		44	297,299

人　名	别　称	册数	页　数
冨林テルヲ		27	655
富村順一		45	499
富山新太郎		27	650
ドミンゴ・エステイマダ		20	288
ドミンゴ・カナ		1	110,169,182,202,217,237,328,346,358,361,390
トム・ミン・シャオ	Tom Ming Siao	27	603,610,613
トムソン		42	352
ドムネ	Demenais	27	574
戸村		40	101
ドムラオ		20	311
戸村盛雄	戸村	14	104,112
		17	398,399,400,403
トムンバイル		50	378
幹雄		26	123
友雄		16	557
友田次郎		37	210
友野		27	435,468,469
トモノ・ソノスケ	TOMONO Sonosuke	27	544
奉房三郎		12	178
トヤザキ・ヒロシ		22	31
トヤマ		25	140
トヤマ・ショウジ		22	83
外山豊造		44	353
		45	24,26
外山房雄		40	199
戸山	トヤマ,TOYAMA	22	86,162
戸山盛		40	223
登山喜藏		5	299
トヤマリョウサク		22	52,54
トヤヲ・ヤスマサ		22	30
豊岡エイヂロウ		27	650
豊岡久男		5	248
トヨシゲ		24	278
豊島房太郎		39	252,257,258
豊田		15	409,559
		18	16

人名	别称	册数	页数
豐田		35	76,184,191,192,197,198,200,201,203,204,206,222
豐田コウキチ		27	650
豐田副武		4	162,176,177,180,184,215,219
豐田貞次郎	豊田,Toyoda Teijiro	3	9,240,257
		4	106,121,122,126,128,176,213
		11	207,317,318,340,341,342,344,345,346,347,348,352,362,474,478
		13	202
		16	412,570
		17	3,38,40,41,77,80,83,100,101,113,126,129,143,149,198,200,201,273,555
		29	66
		30	3
		35	491,497,542
		36	219,224,230,463,517,522,529,531,534,541,544,546,554,557,559,562,565,569
		37	1,3,6,11,12,16,19,48,53,56,61,101,102,106,107
		37	472
		39	36
		40	370
		41	459,460,461,462,463,464
		43	61,62,63,64,337,350,365,373,377
		45	266,447,486
		46	205,404,406,407,410,411
		47	391,466,606,613,614,615
		48	61,96,99,102,106
		49	342
		50	63
豐野		29	113
豐福		13	525
トライエツヤン		24	244
トラウトマン	ドラウトマン,トラウマン,ラウトマン	7	286,291
		9	398,401,403,416,419,436,460

人　　名	别　　称	册数	页　　数
トラウトマン		10	574
		33	52,271
		34	431
		35	116
		41	49
		42	217,218,438,592
		43	304,575
		46	164
		49	357
		50	568,569
ドラガン・ミリチェヴィッチ		1	556
ドラクロア		35	88
ドラフト		36	451
トラフマン		23	592
ドラマロ		23	558
ドラムミー		22	56
ドラモンド	Drummond,ドラムモンド	3	262,263,264,272,280,284,286,290,295,300,301,312,317,334,338,345,349,350,358,367,368,370,374,385,386,393,421
		15	602
		28	159,172
		47	549
トラン・キン		27	529
トラン・チーダイ		27	466
トラント		27	529
トランヤクタン		27	529
トランレ・ツオン		27	529
鳥居	トリイヤスハル	27	666
ドリーツキー		13	39,43,45,50
トリーノ	Torino	10	668
ドリールスマ		24	6
鳥越新一		4	203
鳥澤肇		30	572
鳥澤晃		23	492
鳥巣憲俊		5	248
トリステザ		20	241,243
ドリッカヤ・S	S・ドリッカヤ	12	444

人　名	别　称	册数	页　数
ドリッキ		27	614,615,616,618,620,621,622,624,625,626,627,628
トリニダッド・ラナス・ガルシア		20	366
トリマリ	トリマー	7	37,46
鳥山義武		5	297
トリルウッド		25	494,495
ド・ルーイ		24	6
ドルース		38	109,123
トルーマン		34	310
		36	318,337
		47	688
ドルジ		50	366
ドルスキイ・ジャック・エマ		27	216
トルスドール・ウキラード・エム		22	478
ドルチ・バートー	ドルチ	34	68,75
トルドー		20	418,419
ドルトン・ウルース・ダブリユウ		27	228
ドルネーラス・デ・ヴァスコンセーロス	D'Ornelias De Vasconcellos	1	99
トルリユイエ嬢		27	487,490
ドルワハリイ・シェイ		27	260
ドレイヤーヘンリールトン		27	239
トレストレイル		27	256
トレストレイル・グラデイス・シ		27	260
トレヂュリー・チェインバーズ		46	367
トレム		7	37
ドレワ		27	257
トロッター		25	497
ドロブラン		46	368
トロヤノフスキー	Troyanovsky	12	105,609,610,611,615,616
		42	64,80,81
		47	710
ドロレス		20	198
ドワイト・ダブリュー・モロー	Dwight W. Morrow	2	170,218
トワイナム		7	103
トワッドル		46	519
ドン		27	258

人　　名	别　　称	册数	页　　数
トン・アー・セオン	Tong Ah Seong,トング・ア・ショング	23	31,95
ドン・アントニオ・ヒメネス・アリエタ	アントニオ・ヒメネス・アリエタ	2	52,68
ドン・フェルナンド・ガルシーア・ロイゴリ	フェルナンド・ガルシーア・ロイゴリ	2	52,68
ドン・ヘスス・エラリ・サンボライ	ヘスス・エラリ・サンボライ	2	52,68
ドン・マヌエル・ルイス・デ・アタウリ	マヌエル・ルイス・デ・アタウリ	2	52,68
トン・ユワン・リヤン		32	132
ドンク・T		23	289
ドントンプソンスロード		26	170

ナ

人　　名	别　　称	册数	页　　数
ナール・エル・クレーゼー		32	303
ナイ・デイレック・チャイヤナム		48	373,378
ナイ・フラウイン・ナンドウオングス	Nai Pravine Nandwongse	22	263
ナイ・ブリング	Nai Pring	22	263
ナイ・ワニット・パーナナンダ	Nai Vanich Panananda,ワニット・パーナナンダ	2	320
ナイク・グラム・フサイン		23	45
ナイク・パータップ・シング	Naik Partap Singh	23	27,53
ナイク・ラクミー・シング		23	43
ナイクチャンギラーム	チャンドヂ・ラム,Naik Chandgi Ram, Chandg Ram	23	25,40
ナイト		27	427
ナイトウ		22	106
ナイトチャールス		26	212
ナイトレー		22	283
ナウイビンギマン		24	582,646,647,648
直井		15	133
直木倫太郎		30	582
長		15	409
中井		43	295
中井金兵衛		4	666,667
中西久夫		15	121

人　名	别　称	册数	页　数
仲井間宗		5	284
長井		13	633,638
永井		11	475
		15	423,424,430,431
		23	141,142,155
		27	382
		41	143
		43	227
		44	253
永井三樹三		47	84,88,89
永井亜歴山		49	297
永井英次郎		5	296
永井正		40	224
永井仁八郎		5	249
永井古野	永井	29	93,101
永井松三	Matsuzo NAGAI, M. NAGAI	2	173,219
		38	136,329,337
永井八津次		35	153,154,157,158
永井柳太郎		3	91,427
		4	123,125,127
		6	35,301
		9	501
		30	3
		35	416,451,452
		42	202
永井了吉		5	294
中永太郎		4	140
ナガエシゲノリ		24	368
ナガオ	Nagao	25	55
長尾		5	613
長岡		3	292,293,294,313,314
		8	451
		12	466,467
		36	134
		43	558
長岡春一	長岡	47	323,324,639
長岡隆一郎		30	67,582
中尾熊太郎		39	59,63

人名	别称	册数	页数
中尾弧平		24	339,345,346
長尾崎憲彦		25	72
長尾義光		5	300
中川		23	620
		44	295
中川青一郎		7	313,315,317,319,321,323,325,327,329,331
		32	452,453
ナカガワケンイチ		24	473
中川建一	中川	24	458,459,464,475,478,479,480,481,491.493,494,495,498,500,501,503,505,506,509,510,511,512,513,515,517
中川新作		5	300
中川辰生		40	199
中川千代八		5	249
中川透	中川トオル,中川トウル	8	179,190,277,299
中川望		29	122
中川範治		5	248
中齊松次郎,中齋松次郎		40	198,219
長崎		15	136
長崎惣之助		4	224
中裡	ナカザトアイソラ	27	17,18,19,662
中澤		14	193
中澤亨	中沢亨	28	5,43
中澤佑		4	186,204
中澤千代三郎		40	195
中澤三夫		44	519,520,526,527
中島	ナカジマ	5	41,511
		6	135,136,137
		7	159,160
		9	501
		17	74
		24	442
		27	96
		31	502,503,504,557
		33	266,267,286,287
		49	634

人　名	别　称	册数	页　数
中島信郎	中島	27	18, 19, 176, 177, 178, 179, 180, 181,208,210,427
中島榮治		5	299
中島勝治郎		5	240
中島完爾		5	241
中島清彦		5	248
中島久萬吉		3	427
		4	120
		6	35
		30	3
		35	336
中島健藏		4	157
中島興兵衛		5	248
永島重生		5	257
中島進		5	248
長島武雄		5	249
中島知久平		4	122,124
		6	301
		30	3
中島鐵藏		15	129,133
		31	519
		49	32
中島トクヨウ		22	52,54
中島虎吉		41	131,132,138,139
中島忠雄		14	112
永島文雄		5	292,293,295,297
永島義治		15	392,394,396,399,401
長島本		28	313
中島彌國		41	457
中島民彌		5	248
中燮文比古		4	154
中筋		19	101
長瀬一		5	249
ナカタ	NAKATA	23	153
ナガタ	NAGATA	22	77,78
永田		12	401
		24	256,257,258,260
		29	92

人名	别称	册数	页数
永田永造		5	3,41
永田清		5	288
永田茂		13	413
		18	272
長田周造		24	481
ナカタシンイチ		23	104
永田信一		27	650
中田武夫		23	208
中田武男		27	646
永田露		5	248
永田鐵山	永田	4	174
		5	383
		14	497
		28	229
		30	68
		42	123
		43	217,218,225,227,240,358
		44	352
		45	89,90
		47	263,409
		49	73
ナガタトシュキ		22	44,46
永田トミヲ		27	654
長谷		15	134
		23	357,360
長谷	ナがタニタケジ	27	663
中谷郁夫		5	296
中谷武世	中谷	5	288
		28	7,57
		44	325,328,560,561,563,564,567,572,575,579
永田秀次郎		4	127
		15	407
		30	3
中田正之	中田	23	237,240,391
中地棟造		5	297
永津佐比重		30	473
ナガト・マサヂ		46	607

人　名	别　称	册数	页　数
永富		5	258
ナガトモ	NAGATOMO	22	130,134,135,137
永友吉忠		25	560
長友次男		25	398,400
長縄		7	378
西		14	129
中西定吉	中西サダヨシ,ナカニシサダヨシ,S.中西,ナカヨシサダニシ,S. NAKANISHI,Sadayoshi NAKANISHI	25	548,550,552,565
		44	304,306
		46	286,291
中西貞喜	中西定義,中西,中西サダョシ,NAKANISHI Sadayoshi	25	558,559
		26	82,87,88,136,137,177,434,436,439
		38	607
		40	80,92,108,109,111,112,118,151,156
中西滿洲次郎		14	115
中西泰男		15	123
長沼弘毅		5	288
長沼繁則		5	248
中野		7	159
		12	22,34,39,42
		21	94
		30	380
		32	557
仲野		15	132
長野		22	478
		27	597
		49	633
永野		12	393
		17	253
		29	66
		45	410,448
長野・エイチ・チヤールズ		21	177
長野朗		28	46
永野修身	永野	3	91,93,94,98,99,112,118
		4	112,162,177,178,214,215,217,222,412

人名	别称	册数	页数
永野修身		13	412,587,614,615,616,617
		15	407,626,628
		16	574,575,576,577,578,579,580,583,600
		17	3,4,5,55,56,57,58,61,62,67,344,392
		18	4,5,6,7,8,9,27,28,30,33,42,271
		25	543,544,545
		26	643
		28	455
		30	3,104
		38	35,136,145,153,157,158,159,160,161,163,246,310,321,324,329,337
		39	4,5,15,29,33,36,72,76
		43	351,352,353,354,363
		46	438,444,473,474,486,492,605,612,613
		47	619,632,639,729,730
		48	122,153
		49	275,276,277,278,279
中野勝之助		5	240
中野清助		12	154,155
中野琥逸		5	614,615
長野四郎		5	285
中野正剛		28	12,62
中野大志		5	256
永野貞信		7	159
中野富雄		30	63
長野高		5	284
中橋照夫		5	241,242,248
中橋		41	142
中橋徳五郎		3	611
		4	106
		30	3
中橋基明		5	241,244
半東		29	100

人　　名	别　　称	册数	页　　数
長濱邦雄		41	475
半横尾		29	107
中原		32	204
		49	634
ナガハラ・ケンゾウ		22	50,51
中原英		5	300
長原啓次		40	201
中原次郎		50	166,173
中原八千代		7	159
中原義正		4	194,207
ナガヒロ・マサヲ		27	647
中藤幸太郎		40	340
中前馬太郎		5	296
長松田		40	101
中松盛雄		5	230
ナカマハ		23	104
ナカミチ・カンジ	NAKAMICHI Kanji	25	413
中道貫治		25	392
長嶺將義		40	192,193
長宮		6	386
ナガム・エイキ		27	655
中村		7	349
		12	469
		14	547,549
		17	91,111
		20	267,268,270
		22	135
		23	571
		24	287
		27	166,170,171,194,195
		29	69
		39	157
		41	291,292,293
		42	219,278,280
		42	526
		43	457
		47	477
		49	435

人　名	别　称	册数	页　数
中村	ナカムラリヨウスケ	27	661
中村	ナカムラハジメ	27	664
中村	ナカムラケサノリ	27	667
ナカムラ・モリアキ		25	65
中村アキト		40	227
中村明人	中村アケト	4	142,143,174
		26	143
		46	321,323,324
中村伊三郎		5	249
中村兼松		40	216
中村亀三郎		5	285
中村通則		24	330,334,335
中村釧治		5	249
中村敬一		5	255
中村高		49	633,634
中村宏策		15	126
中村孝太郎	中村,中村考太郎	4	111,146,159,218
		26	16
		29	100
		30	3
		33	276
		44	368,453,455
		45	1,7,8,9,10,14,15,16,17
中村考也		34	369
中村秋劍		5	258
中村重次郎		5	253
中村震太郎	中村,NAKAMURA	2	510,511,513,517
		14	127
		28	265
		30	298,347
中村武一		40	347
ナカムラタケシ		24	473
中村武		5	239,255
中村辰二	ナカムラタッジ	32	470,472,473
長村貞一		47	219
中村俊雄		13	458
中村俊久		4	183,194,198
		46	445

人名	别称	册数	页数
中村寅吉	Tocalichi NAKAMURA,	15	303
	NAKAMURA Torakichi,	26	38,55,65,78,157,165,167,597
	中村トラキチ	29	144
		44	403,406,409,412
		45	201
中村伯三		11	580
中村政治郎		5	257
中村雅郎		15	126
		50	440,441,445,446
中村光男	中村	27	11,13,15,20,21,22
中村貢		5	297,298
中村宮明		5	296
中村元量		5	297
中村靖		5	249
中村義雄	中村	5	236
		28	30,31,78,79
中村義之	Yoshiyuki Nakamura	24	338,339,344,346,347,349
中村良三		4	217
中山		17	401,404
		19	111
		42	449
		44	404,584
		49	634
永山		40	101
		49	633,634
中山イサク		22	52,54
中山ケンシミ		27	644
中山貞武		32	462
中山貞義		5	299
中山蕃		5	285
中山甚	J. NAKAYAMA	49	367,368
永山忠則		5	288
中山タマオ		27	647,651
中山登	N. nakayama	11	514,545
		12	253,297,319,324,488,621,627,633
		13	8,44,51,59,65,125,318
		14	11,26,31,36,42,48,59,66

人名	别称	册数	页数
中山原夫		15	119,127,129,133
中山敏		40	224
中山ヒロジ		27	642
中山寧人		32	386,485,486,487,504,505
長與		43	258,262,558,580
永代秀之		5	240
ナカヲ	NAKAO	23	152
ナグヨシセイイチ		27	655
ナゴ		23	63,65
ナコウ		22	193
ナコダ		24	608
名越時中		5	299
ナサロデイン		23	348
ナス		24	364
那須		27	188
		50	174,175,176
那須嘉廣	那須	26	35,53
ナスム		23	592
ナスルンスタンプゲラン		23	348
ナタンダン・テイタース		26	168
ナチ		46	370
那知上泰八		45	167
		48	392
夏井義勝		15	102
夏恭		43	42
夏目忠雄		15	123
夏目		5	232
ナテイヴイダッド		20	408
ナティビダド・マリッアド		20	259
名取忠彦		5	287,295,299
七田		50	520
七田一郎		14	115
七田基玄		47	506,527,554
		50	542
名波敏郎		31	174,175,177,178
何野道彦		5	288
灘波經一		31	330,331,339
ナハー		23	91

人　名	别　称	册数	页　数
ナプヨング		20	269
鍋島俊策		4	185
ナベタリ		25	145,146
ナホドカ		42	510
ナポリタノバーノン・エフ		27	220
ナポレオン		11	582
		36	487
		45	273
		48	396
生井壽		5	284
生駒重司		5	253
生駒実		15	402
生田		49	633,634
生野	ショウノショウイチ,ショノショイチ	27	659,667
並木秀夫		14	63,64
ナムトウ	Namtu	22	92
納屋武		40	217
奈良		11	339,347,353
		43	189
ナラカーン		30	177
奈良武次		4	168
		6	302
		9	487,502
		10	259,280
		13	264
		16	303
		17	252,256,469,473
		18	332,341,393
ナラヤスヒコ	Yasuhiko NARA	21	252
ナラヤン・フォ	ナラヤン・ラオ	22	357,358,359,366
ナリシ		22	56
成田		17	253
		27	670
成田勝四郎		47	386,395,396,397
成田乾一		15	121,219
鳴谷亮一		5	208
ナルコト		12	566

人名	别称	册数	页数
成島正範		41	486
稔彦王		4	104,112,211,218
		30	3
德仁		5	555
ナルホアン・ウアン・ラン		27	472
ナレタ		24	282
ナワタ・ヒサカズ	NAWATA Hisakazu, NAWATA,ナワタ	23	376
ナヲセ・ソリスケ		27	654
ナン・ジー		22	32
南雲忠一	南雲	4	178,183,195,204,209
		13	406,414,432,436,460,463,621,625,636
		17	68
		18	273,290,291,298,325
		38	42
ナンガグワ	Nangagua	25	7
南郷ヒロシ		27	642
南郷		6	387,389,472
ナンザット		50	379,381
ナンシイ		20	366
南城六郎		5	248
南次郎	南	2	513
		4	111,170,216,392
		5	217,218,219,231,260,471,472,473,474
		6	597,601,635
		8	437
		11	557
		12	7,21,33,38,41,46,47,48,49,50,51,393,402,467,484,491
		14	129,131,172,178,179,180,521
		16	583,600
		17	392
		26	643
		27	693,694,696,697
		28	338,341,346,351,352,357
		29	89

人名	别称	册数	页数
南次郎		30	3,289,302,308,444,557
		31	36,38,55,56,58,61,62,166,175,176,592
		41	4,5
		42	621
		43	195,206,207,261,262,544,557
		44	383,386
		45	3,4,11,12,21,24,86,89,99,101,106,108,109,112,113,116,122,123,127,128,129,130,134,135,455,495,496
		46	205,495
		49	435,472
ナンセル		3	101
菅野義丸		47	216,221
難波	ナンバ	25	503,509
南部忠男	南部忠夫	24	478,501

ニ

人名	别称	册数	页数
ニー・デリアンニ	N. Delyanni	1	98
新井勳		5	242
新井維平		5	242
新井宗治		5	242
新井省二		35	542
新井長三郎		5	243
ニーグラ	Nigra	1	98
新島信夫		46	460,461,463,464
ニーナ・アルバン	ネナ・アルバン	20	84,113,372,384
新納克己		36	121
		37	25
		48	256
ニーマイヤー		48	131
新見政一		4	180,193
ニーメイヤー		23	521
ニウクスバーラ		25	401
丹生誠忠		5	241
ニウ村	ニウムラ	12	465,478
ニエ・フェン夫人		7	111
ニエン・テイ・トン	Ngvyen Tni Thong	27	478

人　名	别　称	册数	页　数
二階堂		13	634,639
二階堂雅亮		44	593
ニグチ	Niguchi	22	187,188
ニコラ・ジェセク・エス	ニコラ	27	256,260
ニコライ・ニコラエウィチ		50	216
ニコラス		20	200
ニコラス・コーテイ		40	333
ニコラス・チィチュレスコ		29	510
ニコラス・ヌゥルンベルゲル		2	47
ニコラス・ビイド		27	224
ニコルス	Nicholls	21	506
ニコルソン		7	436,437,555
西內雅		15	118,130
西浦		26	10,56
西浦進	西浦,スム	15	130
		28	375
		38	399,413,414
		39	424,434,435
		44	341
		45	146,147,157,158
		48	257
西尾		6	182
		12	484
		50	12
西岡		49	633,634
西岡繁		9	275
西岡茂		40	214
西尾末廣		30	59
西尾東造	トウゾオ	35	544
西尾壽造	西尾,西尾壽三,西岡壽造	4	134,138,156,158,218
		5	223,504
		6	27
		14	134,172,547
		28	351
		31	489,515,592
		42	446,583,589,611,623
		49	20,23,24
西尾秀彦		4	194,209

人名	别称	册数	页数
西方		49	633,634
西方惣治		5	256
西川		25	427
		46	240
		49	633
西川	西川	27	18,19
西川エリチ		27	650
西川武敏		28	103
西川ヨシリ		27	650
西崎弘太郎		1	401,422,428,432
西澤正夫		40	197
西島剛		44	505,506,511,512,515
西島芳二		6	224
		14	73
		32	414
		34	491
		42	66
西島良次		29	73
西田		8	35
西田稅	西田	5	241,244
		28	7,54,57
		43	220
西田當元		5	285
西谷	NISHITANI,ニシタニ	21	137
仁科宏造		4	187
西原		14	549
		49	442
		50	392
西原周二	西原周三	40	272,292
西原一策		2	286
		14	114
西原一作	西原	11	18,85,105,106,108,132,133,135,137,138,139,140,173,177,192,194,197,412
		38	340,342,356
		45	275
		48	33
西春治郎		47	487

人名	别称	册数	页数
西春彦	西	14	523
		29	167
		30	248
		33	347,354,356,358,371,379,381,418,456
		34	55,120,275
		37	82,214,239,254
		38	549,559
		43	201,202,230,231,232
		47	379,395,404,412,417,433,436,447,454,466,467,468,473,476,492,497,533,534,547,553,611,620,693
		49	344
西久		46	16,17,19,20
西部		7	159
西村		11	341,475
		23	62
		27	606
		39	381
		49	633,634
西村熊雄		15	119,128
		17	253
		18	334
		34	271,275,276
西村順三		24	482,491
西村祥治		30	531
西村琢磨		9	276
西村良一		40	117
西山	西	37	207,209,241
西山榮久		50	330,331
西山五郎		5	239
西山直		5	255
西義顯		34	466
西義一		4	158,218
西裡金藏		5	255,257
ニスツリ	Nistri	10	656
比原		22	97

人　名	别　称	册数	页　数
満井佐吉		5	250
ニッキ		13	441
ニックソン	Nixon	21	294,358
ニトウ	NITO	22	137
ドーク		11	492
二徳子		12	153
綠川ピサシ		22	44,46
二宮		11	532,533
		28	283
		31	41
		45	344
		49	414
二宮武夫		5	288,293
二宮治重		4	116,156
		5	219,290,434,447
		28	23,24,71,72,229,309
		30	3,432,444
		44	355
二宮義清	二宮	32	487
		46	279,280,283,284,285
ニメレル		50	346,356
ニャ・クエ		22	68
ニャ・ヤー		22	70
ニヤーウッド		26	539
宮崎新一		5	297,298
ニュー・サウス・ウェールズ	New South Wales	25	467
ニユー・チユアン・シアン		32	19
ニュートン・エル・デヴイス		6	235
ニュービギン		39	170
ニューマン		20	73
ニュリエム		27	463
ニルス・エリクソン		40	329
ニレ・アルバート・エイ		27	227
ニワッチ・イー・スチーヴンス	ニッチ・イー・スチーブンス	7	355,360
庭本正久		5	249
任援道		8	629
ニントニ		27	412

人名	别称	册数	页数
	ヌ		
ヌイヤマ		23	471,473,475
ヌーラン		9	359
ヌーリ・ギィ	Nourrit Guy	27	502
ヌーリ・チャン		27	502
ヌーリー	Mehemed Noury	1	101
ヌーリディン・ベイ		1	557
ヌールスプニー		24	50
ヌールレラパナギアン		23	350
ヌガ・シャウク		22	63
ヌクシナ		23	31,81,85
ヌスレット・ベイ	エム・ヌスレット	2	12,41,60,73
ヌハイム		24	11,12
ヌマ	Numa,ヌム・ア	25	7,66
沼田多稼藏		4	140
ヌメリアノ・デル・ロサリオ		20	288
	ネ		
ネイエンハイス		23	259
寧口池田		29	100
ネイゴール		24	363
聶士成		33	56
寧田		13	264
ネイルオリヴア		20	155,156
ネイルセン	Neilsen	21	136,142
ネヴイル・チエンバレン	ネウイル・チェムバレン	35	88
		36	10
根上耕一		5	288
ネガトモ		22	119,123
根岸欣三		46	355
ネスタ・ギンスジェイムス	Nesta Gwyneth James,ネスタグイネース・ジェームス	22	473
		23	5
ネダチ		24	68
ネッテイフーツ		24	153
ネデイフ・トニイ・アルホンズ		27	232
ネテネック		23	262
ネナ・パチェコ・デ・フエクザー		20	140
ネニタ・リシオ・デ・サントス	Nenita Ricio De Santos	21	47

人　　名	别　　称	册数	页　　数
ネニング・ナヴァーロ		20	259
ネビル・ハワード・モーガン	Neville Howard Morgan，ネヴィル・ホワード・モルガン	23	38，203
根道		17	253
根本		5	468，469
		43	195，247
ネモト・キヨオミ	NEMOTO Kiyonni	27	544
根本英治		5	284
根本博		4	139
根本弘		5	201
練尾勲		15	126
ネリドフ		1	117，121，172，173，190，193，205，207，224，227，240，242，332，334，349，350，366，369，393，394
ネルスン・トラスラー・ジョンスン	ネルソン・トラユラー・ジョンソン，ジョンソン	7	179，180，481
		46	342，352，353
ネルソン		25	300，391
ネルソン・トーマス・チャーチルヂュニアー	Nelson Thomas Churchill Jr	45	489
ネルソンヘッフアマン		24	363
ネルト		35	167

ノ

人　　名	别　　称	册数	页　　数
ノア・シー・ハード	ノーア・C・ハード，Noah C. Heard，アー・C・ハード，ハード，ノーア・シ・ハード	25	293，294，321，322，330，331，332，333
ノイ		24	126
ノイマン		11	369，374，380
ノイラート		49	297
ノヴアスコテイア		46	388
豊田	農田	34	270
野富		40	226
ノエル		27	463
ノーブル	Noble	23	455
ノーブル		24	88，113，122
ノーマ		20	200
ノーマル・ビイ・マーシヤル		8	144

人名	别称	册数	页数
ノーマン・H・デーヴィス	テイジイス,テジイス,ノーマン・ディヴィス,デビス,ノーマン・エッチ・デビス,デーヴイス,デイー・ヴイス,デヴイス	3	11,22,27,29,30,31,32,34,35,36,37,39,42,46,47,49,50,51,52,53,54,60,89,90,91,92,93,96,97,100,102,105,106,111,116,522
ノーマンテヴィス		38	106
ノールテン・ヘヒト		22	197,198
ノールマンギルベルト		26	170
乃木	NOGI	21	160,163
		24	573,574
野口		26	10
		42	497,501,503,504
		50	183
野口清臣		5	249
野口多内		42	402,406
野口藤七		5	257
野口文雲		12	154
野口芳雄		47	371,379,380
野崎元德		40	203,225
野崎忠盛		40	216
野島		39	79
野地麟		5	299
野須正一	野須	40	65,133
野添孝生		42	402
野田		5	299,469
		14	547
		17	477
		24	181
		32	558
		45	42,66
		46	262
野田ウイチ		14	594,631,632
野田卯一		15	128,135
野田卯太郎		3	611
野田堅固		44	531
野田謙吾		4	159
		32	236
		41	354,357

人　名	别　称	册数	页　数
野田耕夫		2	519
野田武雄		35	542
ノタニ		22	59
野田マサミ		22	50,52
ノックス		5	366
		36	289
		37	205
		46	516,538,539
		48	64,65,66,87,132,133,139,140,261,263,264,268,274,278,279,280
		50	63
ノップ・ジョン・ウイリアム		27	232
ノトスジョー		23	347,352
野中		5	513
		6	573
		27	11,22
		30	381
野中四郎		5	249
ノニト・ツブングバンワ		20	248,252,254,255
野野村		19	117,196
ノバーツ		24	267
野林		13	132
野原		46	220
野原駒吉		13	646
		34	86
		46	215
信男		10	137
		16	412
宣仁親王	宣仁	6	38,303
		9	487,502
		10	281
		11	354
		13	265
		14	496
		18	342
		41	142
信義		3	463,464

人　名	别　称	册数	页　数
ノボサワ	NOBOSAWA	22	136,137
野間海造		5	288
野見山		32	317
		49	285
野見山勉		15	121,189
ノムラ		23	17
野村	ヌマラ	22	23
		24	69,70
		28	452
		34	505,506
野村吉三郎	野村,Nomura	2	335
		3	8,9
		4	105,148,170,212,217
		10	336,372,388,403,638
		11	29,32,33,34,258,428
		13	569,589
		16	154,182,183,184,360,401,402,435,464,485,496,500,516,529,531,544,631
		17	25,38,40,77,80,83,101,104,112,113,116,117,173,174,175,177,179,193,198,200,201,239,241,245,247,248,249,263,266,268,275,288,289,292,295,321,335,336,339,349,360,361,365,366,367,375,376,447,452,518,520,521,527,537,544,547,556,565,567,569,577
		18	1,460,461,519
		27	395,400,403,404,405,407
		30	3
		35	15,184,192,195,201,202,206,207,208,209,222
		36	159,160,161,195,217,218,223,452,455,464,466,470,478,480,486,496,507,517,522,529,531,534,537,539,542,543,544,547,

人　名	别　称	册数	页　数
野村吉三郎			548,549,550,551,554,557,559,565,569
		37	6,9,11,12,16,19,49,51,53,56,61,62,63,64,65,66,68,69,70,71,72,73,74,75,76,79,90,91,92,101,102,106,109,110,113,117,120,123,128,129,130,132,134,140,145,147,149,150,154,157,161,162,164,168,170,171,172,174,175,177,187,188,190,200,201,205,209,210,212,213,216,217,223,233,241,242,249,251,253,267,324,326,327
		38	206
		40	367
		43	337,340,401,426,427,462
		44	468
		45	189,193,194,195,200,205,210,264,283,342,402,447,463,464,468,486,530
		46	11,21,148,187,201,205,223,225,412,471
		47	600,607,613,614,622,624,627,631,632,642,647
		48	47,82,96,97,135,141,144,162,164,165
		49	411,559,560
		50	72,544,591
野村來栖	野村	29	77,79
野村コイクー		27	646
野村三郎		5	237
野村重臣	野村	5	288
		28	567,581,585,589,592,602,603,606,616
野村常吉		5	249
野村直邦		4	113,178,192,220
		18	406,409

人名	别称	册数	页数
		30	3
		37	471,479,480
		45	428,431,432
野村秀雄		31	205
野元		27	11
野本		12	388
		23	551
野元金次		22	70,71
野本キンニ		22	45,46
ノラ・オルスターランド		42	387
計丙		31	195
乗沼直		4	553
德全		5	555
ノル・ベルト・ベルシュテット		40	328
ノルテイ		25	17
ノルテニユスデマン		24	411
ノレッ・ウィリヤム・イー		27	214
野呂		22	533,534,535

ハ

人名	别称	册数	页数
バ	ハ	16	192,195,197,198,200
巴		30	264
馬		7	211,236,267
バ・エエ	Pa Ee	22	68
バ・キン	Ba Khin	22	77,78
バ・シデン		23	576,577,578
ハ・ファンドールヌム		23	470
ハー・イエー・ハチ		23	477,480,484,485
ハー・ハン	Ba Han	22	92
ハー・フォン・エッカルト		1	463,481,543,550,560
バー・フライング		22	75,76
バー・モウ		19	330,331,332
		30	30
バアー	バー	40	232
		50	49,50
ハーヴィ・デッグウィルモット・シットウェル	Hervey Degge Wilmot Sitwell	23	445,449
ハーウィーウイルバー・シ		27	239

人　名	别　称	册数	页　数
ハーヴェイ・グッドリッチ	Harvey Goodrich, Goodrich, グウドリッチ	25	457,458
バーエット・ハワード・アル		27	227
バーカー	バッカー	22	529
		24	371
バーカー		48	280
パーキン	Parkin	22	288
バークスニユートンビー		27	223
バークホールダーロバートエル		27	217
バーグユードンシー		27	217
ハーゲナール		19	309,312
ハーゲン		27	257
バーシー・グリーン		23	3
ハーシエル・ヴイー・ジョンスン		46	435
バーシキビ		46	414
バージニア・メンドーザ		20	397,398
バーシバル	パーシブァル	19	316
		26	13
		39	167,168,171
ハースチマン		24	422
ハースト		29	291
		35	177
		37	133
バーソンス・ホワード・ジェイ		27	215
バータ	Barta	21	136,143
パーターソン		24	54,62,63,82
バーチオール	Birchall	23	154
バーチル・エイ・レンボールグ	Bertil A. Renborg	8	149
ハーツグリューロ	Hartgriulo	23	397
バーテキン		22	3
ハード		24	204
ハート・デービット・アルバート	Hurt David Albert	45	489
ハートレイ・ショウクロス		27	2
パートレット		39	374,376
バートローメ・ポンス		20	69
バートワイッスル・アール		40	210
バートン	E・バートン	24	36,46,51

人　名	别　称	册数	页　数
バーナーディノ・カラブ		20	116
バーナード・エ・ハーガド	バーナード・A・ハガードン,バーナード・エー・ハーガドン,バーナード・エイ・ハガトン,バーナード・オー・ハーガドン	35	175
		38	524
		39	200
		41	391,455
		44	4
		46	146
		47	442
バーナードブラッドリー		26	171
バーネットレスリ・ウッドバーン・ウラーク		22	167
パーネル		36	413,414
バアネット	Barnett	22	280
バーバー		23	135
ハーバー・トロー		25	403
ハーバード	ハーバート	22	507
		50	179
ハーバート・M・ハート	Herbert. M. Hart	50	87,88,98
ハーバート・エ・エングヲー	ハーバート・A・エングラー	37	482
		50	77,78,79
ハーバート・エル・マイヤース		20	271,272
ハーバート・カーリスル・ウィリス	Herbert Carlisie Willis	45	489
ハーバート・シー・リキンス		20	155,156
ハービソン	Harbison	25	230
パーフィデイオ		20	198
バーフレー		22	308
パーペチュア		20	198
ハーマー		25	133,134,136
パーマー	バルマー,Palmer	25	9,13,16,27
ハーマス		27	29
ハームセン		24	237,238
パーモ	バーモー,バー・モー	39	354,355,356
		48	206,215,216,217,356,388
ハーランチーカークパトリック	Harlan G. Kirkpatrick	25	436
ハーリー・スレーター	ハリースレーター・ジュニア,Harry Slater, Harry Jr. Slaer,ハリ・スレイター・ジユニアー	25	282,319,528

人　名	别　称	册数	页　数
バーリントン・クライド・ワイン	Barrington Clyde Wayne	45	489
ハール・バートキャスバー		40	209
バールシュルズ・A		23	290
バールテ		27	25
バーレ		27	577
パーレイ		22	242,243
ハーロー		25	474
ハーワード・エルチン二世	Howard Elting Jr.	8	149
ハーン		25	359
バーン		22	321
バーン・ジェロム・エル		27	214
バーンズ		22	318
		36	398
ハーンドバットホワード		26	169
バイコウン		23	161
梅氏百	Mai Thi Tiam	27	560
梅思平	梅	33	13,95,96
		34	433,434,437,443,444,453
		42	444
梅汝璈		1	53
バイス		23	320
ハイダー		41	61,62
バイタウ		25	146
ハイト		50	49,52
ハイト・ラルフ・イー		27	239
ハイフオン		16	559
パイプスドナルド・イー		27	220
梅北		14	529,531
バイマン		23	410,614,616,618
パイミンビンカルトセミト		24	646
ハイムラニユービル	灰村	26	617
梅耀毛		25	37
ハイラム・イー・ニユービル	ハイラム・E・ニユービルハイラム・イー・ニユウビル,Hiram E. Newbill,ハイラム・イ・ニユービル	18	505
		28	468
		42	448,470,472
ハイリッヒ・ヒムラー	Hirurich Hiurmler,H・ヒムラー,ヒムラー,ヒムラ	9	478,479
		13	653,654

人　名	别　称	册数	页　数
		22	105
		46	89,93,164,165,168
梅林ケンブン		27	648
ハインス嬢		7	13
バインズ・ヴィリム・エイ		27	239
ハインツ・リイチェンハイム		50	593
ハインリッヒ・アングスト		40	331,332,333
ハインリッヒ・スターマー	スターマー	35	11,13,16,86,109,110,118,119,133,152,155,159
		40	352,374,379,401,402,409,411,412,434,435,440,441,442,443,444,445,448,449,452,454,460,461,463
		48	26,28,42
ハウアッド・ケリー		2	549
ハヴィルダーチャンギラム	Hamildar Chandgi Ram	25	8
ハウー・チング・コング		25	46
ハウエル	バウエル	23	19,267
		26	158
ハウエル・アーサー・グウイン		46	401
ハウス		16	162
バウハイス		23	320
ハウベル・W・E・G		23	289
パウリナ	Paulina	21	58
パウリナ・ザバラ		20	61
バウル・W・ヴェンネッカー		37	464,470
バウル・イップ		8	49,51
パウル・オー・シュミット	Paul O. Schmidt,パウル・O・シュミット,ドクトル・パウル・ウル・シュミット,パウル・オ・シュミット,シユシット,パウル・O・シュミット	9	620,622
		10	80,81,83,429,432,434,450,475,476,484,487,489,497,502,503,511,512,513,524
パウル・ディニヘルト		1	466,484
ハウル・ドラウト		2	46
バウル・ビューバアート・オウデマンス		23	308
バウル・ビュバートオウデマンす		23	307

人　名	别　称	册数	页　数
バウロフ		13	111
パウン	Pahwn	27	560
バエング		23	650
ハオ・クウニアン		7	119
馬屋原		5	561
バオラ・マレラ	ボール・マレラ	40	328,329,332,334
ハガ		23	275,317,321,353
芳賀		11	341,475
バカルベセイ		24	183
バカンシング		24	576,606,611
ハガ夫人		23	319
パキタ・コスタス・ガルシヤ		20	346
バギナン		12	500
バギニヤン		11	556,567,568
萩原徹		15	118,128,131,132,134
バク・エン・ハ		12	528
バグイオ		20	16
バクーイズ		24	7
パクシコーリ		50	287
柏田		28	375
ハグチ		22	118,120
柏徳		40	521,522,524,525
博彦満都		34	68,75
白崇禧	伯崇喜,伯崇季	6	223
		16	544,557
白帛		27	159
バクフウィズ	バックヒス	24	2,3,13
白逾恒		5	502
		31	613
バグリヤノ	バグリアノ	29	417,421,432
パゲニレアロン		23	345,351
パケランアデイパテイ		23	352,353,354
バコ		20	13
バコス	Bakos	25	521
バコロド		20	311
ハザラシング		24	578,616,617,618,620
ハサン		22	375
ハサンクチ		22	374

人名	别称	册数	页数
バサンドルジ		50	374
ハジ・サリア		23	93
ハジ・サリラヲ		23	82
バジ・ビン・リンドマン	Baji Bin Lindoman, Baji B. Lindaman	23	99,100
橋井新	ハシイシン	35	543
橋井眞		4	225
橋詰勇	橋詰	9	275,276
パシエコ		27	426
橋木正雄		14	115
橋口		7	159
		13	633,638
バシコフスキー	バシコフスキー・アレクセイ・アントノヴィチ,パシコフスキイ,バシコフスキノ,パスコフスキー,バシュコーフスキー	12	188,189,190,198,199,200,203,213,380,394,397
		13	176,212,214
橋田		11	340,352
		22	368
パシタ		20	70,71
橋田邦彦	橋田	4	116
		10	279,294
		13	264
		17	5,466,471
		18	340
		30	3
		34	392,396,398
		44	340
		48	113,410
橋爪竹次郎		40	200
橋爪		43	247
橋幸三郎		5	201
バジバイ		29	420
橋本		5	531,532
		11	533
		16	23
		24	425,426

人名	别称	册数	页数
		43	193,195,220,247,302,544,556,557
		45	89,90
		50	259
橋本盂		40	220
橋本欽		5	467,468
橋本清吉		17	55,92,109
橋本欣五郎	Hashimoto,橋本欽五郎,橋本	4	247
		5	199,200,209,211,261,287,290,291,292,293,295,386,409,411,412,420,421,425,428,434,469
		6	135,192,201,238
		11	587,591,592,602,606,607,609,610,612
		12	261,467,495,497,498,500,502
		15	104
		16	583,600
		18	472,482
		26	643
		28	22,23,28,71,76,187,191,192,202,206,207,209,210,212,214,215,219,226,231,233
		30	556,557,558
		32	501,541,555
		41	286,291,293,294,297,298,300,304,307,314,315
		44	352,383
		46	75,205,495
		47	604
		50	195
橋本金太郎	橋本	12	408,409
橋本群	橋本,橋本郡	4	139,160
		5	523,529,531,532
		31	476,539,559,560
		33	265,266,268,269,270,289,290
		42	123,208
		50	447,448,450,451,459
橋本啓四		26	160

人　名	别　称	册数	页　数
橋本憲治		5	240
橋本虎之助	橋本	28	377,379
		38	571,572
橋本重義		40	222
橋本象造		4	200
橋本利夫		5	241
橋本寛敏		45	104
橋本マサヲ		27	651
橋本正之		15	123,134
橋本又次郎		5	286
橋本又治郎		5	284
橋本芳藏		5	286
バジャノフ		14	24
櫨山徹夫		42	513,522,523
ハシュウ		22	191
馬島壯		5	286
馬秀英		7	55
バシュカートフ		14	22
バシュカールアルレルド		27	238
バシリエフ		34	78
バシリオ・ウマギヤップ		20	69,74,75,76
バシリオ・ゴセラ		20	198
バジル		49	30
バシル・クリアーリー	クリアリー,バシル・クリアリー	25	114,117,122,124,130,131
バシル・シー・タフルユー・ハート		44	480
バシル・ジュームズ・ウィットビイ		23	294,297
パシルシナン		24	130
蓮井継太郎		5	249
バズイル・ジョーンズ	ジョーンズ	25	302,420,421
蓮岡高明		30	243
		41	104,115,123,129,138
		49	252
ハスコワト		22	103
パスコンコロス	バスコンセロス	29	383,387,396,432
バスチャンス		24	12,13
パスチュホーフ		2	658,660,661,662,663,665,666,667,672,674,676,677

人名	别称	册数	页数
バスティアンズ		23	645
パストール・ルカフォア		20	153
蓮沼		14	136
ハスバンド・イー・ギンメル		35	176
荷見安	ハスミヤスシ	35	427,439,440
長谷門		22	348
長谷川		7	159,160
長谷川		23	31,61,79,85
長谷川清作		28	19,67
長谷川清		4	164,182,189,219
		6	223
		11	68
		18	429
		32	248,260,391,392,394,395,495
		42	338
		46	438,439
長谷川進一		5	288
長谷川泰造		26	214,216,220,222,224,226,230,239,244,251,258,262,264,269,271,277,290,291,297,299,302,343,348,419,420,482,632
		27	47,52,58,62,66,302,305,312,314,316,318,323,351,375,494,508,557
長谷川敏三		5	249
長谷川己之吉		28	147,148,149,165
長谷川幸男		5	252
長谷眞三郎		4	199
バセット・リヤード・エム		27	212
長谷中		40	225
長谷部照倍		2	530,539
長谷部清十郎		5	249
バセンコ	BASENKO	11	646,653
馬占山		2	526,527,528,529,530,531,532,541,544,552,560,563,564
		3	444
		5	630,632
		12	181

人名	别称	册数	页数
		14	128
		30	352,394,395,396,397,401,402,403,437,438
		31	46,513,514
		32	563
		41	20,70,195,200,201
		42	569,571
		44	397
		45	53,54,59,60,81
馬占廷		44	396
馬鳳威		32	71,72
馬湘伯		33	200
パソナル・レゴナ		20	288
ハタ		24	617,618,630,631
秦		11	559
ハタ・シンジ		6	105
バタースン		22	447
ハタヴイア		27	271
畑英太郎		32	555
		42	553
畠山國登	畠山,畠山クニト	24	459,460,461,462,464,475,476,477,478,480,481,482,485,487,489,493,497,499,501,502,504,505,514,515,519
畠山		24	459,460,461,464,475,476,482,483,484,485,487,488,491,495,499,506,507,508,509,510,513,516,518
畑俊六	畑, HATA · shunyoku, HATA ,HATA Shunroku	4	111,137,138,146,150,214,218,253,583
		6	180
		10	34,139,142,147,148,168
		12	204
		14	129,599
		16	583,600
		17	392
		23	319,321,324
		26	146,643

人　名	别　称	册数	页　数
畑俊六		28	299
		29	59
		30	3,427
		31	483,485,488,489,490
		32	327,353,357,358,372,376,390,456,457,460,461,467,468
		40	247
		41	317,318,319,325,326,327,329,330,331,332,333,337,338,339,344,346,347,349,350,355,356,359,360,365,369,370,371,372,374,376,381,382
		42	68,69,70,71,72,73,74,75,206
		43	320,323,410,471,472,474,488,491,501,544,557
		44	383
		45	143,258,273,274,455
		46	205
		47	604
		49	63
		50	1,2,4,6,7,10,11,14,18,23,59,60,401,436
畑中		7	159,160
秦眞次		28	13,62,377,379,384
ハダタ	HADATA	23	183
秦德純	德純,秦,泰德純	5	525,526,529,530,532,534,535
		6	127,131,134,136,140
		31	496,502,503,547,557,558,597,600
		41	178,180
		44	561,572
秦豊助		30	3
波多野乾一		33	292,299,300
波多野敬直		3	610
バタビア	Batavia	25	521
秦彦三郎	秦	4	135,157
		12	172,405,408,463,477
		14	131,523

人　名	别　称	册数	页　数
バタフィールド		16	282
バタヘン		20	321
バタリシン		50	282,287
バタルシン・ギリファン・アブビケロヴイチ		13	50
バタンガス	バダンガス	20	15,16,17
ハヂ		19	427
バチー・ビン・O・K・K・ハサン	バチー	23	75,78,95,96,97
バチエコ	Pacheco	21	136,142
パヂエト		22	443
八條隆政	タカマワ	35	540
蜂須賀		21	410
バチヤード・アレクシス・シイ		27	215
バチャン		22	301
馬仲任		7	55
バチング		24	364
ハツエ・チー・フウェイ		7	114,119
ハツオン・ウイズナー		29	556
バツカン・ジョンフォド		40	208
ハック		9	307,308,309,310
		13	184,185
		46	160
バック・T・E		23	291
バック・フィス	Bakhuis	23	667
バックウイズ・スミス		22	431,432
パックストン		6	231
バックストン夫人	Mrs. Buxton	22	273,286
ハックラーチヤールスエッチ		27	218
バッゲ		47	370,430,431,684
バッケルズ		19	309
ハッサラ・ホチヤンド		20	7
ハッサン・ベイ	ハッサン	2	12,41,60,73
バッソンピエール		16	15
八田		26	23
パッタウアエル		24	644
八田吉秋	ヨシアキ	35	540
八田嘉明		4	120,124,125,126,127,576

人名	别称	册数	页数
		6	301
		9	488
		17	467,471
		18	341
		30	3
		35	468
ハツツ		7	98,100,101
パッティ		24	50
バッテイナマ		23	418
ハットソン		23	210
ハットフイールド	Hatfield	21	289,294,347,357,358
服部		14	129,110
羽鳥ロバート		27	37,38
ハツトリ・タイゾウ	Hattory Taizo	27	544
服部・ディ・ジョン	John HATTORI,ジョーン・服部,ジョン・ディ・服部	12	112
		14	123,154
服部宇之吉		34	377
服部榮次		14	15
服部四郎	服部	50	308
服部卓四郎		34	16,17,22,23
		41	252,253,255
		48	257
服部直博		49	330,332,333
ハッドン		23	280,281
バップ		8	85,86,87
馬廷福		6	638
バデイロ		20	166
パテールスキー		13	118
パテル		24	615
バト・モウ		48	349,353
バトアーロバート・アル		27	227
ハドスン・アンシイル・ジィ		27	227
ハドソン		23	203
バトチレ		50	376
バトック		27	257
巴圖殿		40	343,344,345

人　　名	别　　称	册数	页　　数
バドマ		50	378
鳩山一郎		3	426
		6	35
		30	3
		41	140,156
バトラー	バトフー	11	232
		50	184
バトラー・ジョーンズ	Butler Jones	22	266
バドリオ		43	455
ハトリック・ケリー		20	6
パトリックスレイニィデーヴィス		24	129,130,137
パトリックハーリー	パトリック・J・ハーリー,ハーリー,パーリー,パトリック・J・ハーリー	45	105,106,108,109
バトル		26	516
パトロシニオ・アバッド	Patrocinio Abad	21	55
パトロシニオ・アバド	コラゾン・ノーブル	20	62
花井		30	399
花井京之助		2	528
花井忠		13	2
		28	6,44
		30	107
		34	285,287
		42	198,382
パナウ		20	269
馬奈木		46	51,53,165
馬奈木敬信		9	275
パナギャン	バナンギャン	23	347,353,374
華桂芳		29	243,244,245
花谷		6	107,109,111,112
		49	442
花野井彌太郎		5	239
花森安治		5	286
花谷正		4	143
塙五百枝		5	237
花輪義敬		34	192,195
埴原正直	埴原	2	114,117,119,123,131,164,167

人名	别称	册数	页数
埴原正直		29	379,382,386,388,391,396,397,398,402,403,417,421,606,611
羽生田進		5	249
バニング	Baning	23	650
バネイ		25	146
羽田三好	ハネダミョシ	23	141,142
羽根山		5	511
羽山		9	195
ハノイ		16	559
バンナム	Pannamo	13	523
ババ	BABA	23	182
馬場		23	115
馬場鉄一	馬場	4	107
		9	501
		15	407
		30	3,105
		35	306,383
		43	36,58
		50	410
バハデユルスイング		24	630
ハバナ		20	185
馬場ビトシ		27	652
馬場前		29	101
馬場昌矩		5	249
馬場正郎		14	114
馬場ミツル		22	53,54
ハバロフスク		34	310
ハビブ		24	10
ハビブ・ウル・ラーマン	ハビブ・ウルラーマン	22	349,357
バビルノ・アレジアール		20	185
パブスト	ジェーシーパブスト	19	7,10
ハフマン・アルビオンテイ		27	217
パブロウ		25	118
ハベスーネ		24	364
バベン・チャール・ルイ・デヂレ		27	498
バベン・ピエール	Babin Pierre	27	441,498
ハホイ		24	202,203,281
バマード		9	473,475

人　　名	别　　称	册数	页　　数
濱尾新		4	132
濱口雄幸	浜口,濱口	3	12
		4	210
		5	195,196,226,468
		15	417,419,420,423,426,430,436,441,444,447,450,458,470,482,493,495
		28	17,65
		30	3
		35	313
		43	181,183,185,186,253
浜崎	ハマザキマサヲ	27	668
浜田		26	198
濱田		8	110
		9	94,96
		24	9,67
		39	431
		40	57
		45	488
		50	265
ハマダ・タイ		25	70
濱田浄		4	197
濱田國松		31	21
		42	196
濱田純一		34	4
濱田平		4	142,143
濱地		45	160,166,263,264
濱池文平		29	59
バマト		13	210
濱永治		5	237
濱野		27	496
		49	3
濱野政三		47	529
濱野米吉		13	482
濱野隆一		15	392
濱本		30	397
濱本喜三郎		2	528,529

人名	别称	册数	页数
濱本義一		5	249
ハミールシング		24	580,630,632
ハミルデイック・ジョン・エイ		27	223
ハミルトン	ハミルトン,ハルミトン,マックス・ウエル・エム・ハミルトン,ハミントン,Hamilton	3	225
		16	31,503,506,508,509,510,511,513
		17	198
		22	120,137
		25	401
		36	191,508,509,510,511,513,515,516,568
ハミルトン・ライト		1	399,425,432,434,444,550
ハムカイ		23	104
バムチニイ・チェ		27	495
ハムピー		22	96
パムフイローナヴァロ		20	153
ハムフリーズ	Humphries	23	137
ハムブレン・レン・エス		27	227
ハムリック	Hamrick	21	143
		27	426
ハムリン・トアイー二世		27	218
馬目次郎		5	254
早川		43	482
早川勇浴		40	201
早川五太郎		8	29
早川武夫		26	232,242,255,279,356,358,360,382,401
早川勝		5	288
早阪謙吉		5	256
ハヤシトヨイチ	林	27	663
ハヤシミツヲシ	林	27	661
林	HAYASHI	2	527,529,530
		5	439,513
		6	223,303
		9	247,249,251,254,267,304
		12	17,22,42,181
		14	531,547,549
		19	321,449

人　名	别　称	册数	页　数
		20	274
		21	92,439
		22	368
		23	31,85,332
		25	513
		26	135
		39	394
		42	110
林	リエム・シイク・チヨン	24	175
林田		6	568
ハヤシ・ハチマ		25	30
林逸郎		5	234
		28	6,44
		30	560
		41	295,301,314
林馨	林熏,ハヤシ・カオル,林,ケー・林,HAYASHI Kaoru,K. Hayashi,Hayashi Kaoru,林馨馨,ケイ・ハヤシ,ケイハヤシ,林カオル,林ケイ,林・ケイ,林カホル	6	603,606,608,611,614,617,620,622,623,625,628,630,632,634,637,641,644,645,647,650,652,656
		9	339,524,536,537
		10	32,88,89,92,93,111,122,123,128,129,186,211,213,231,253,257,298,304,308,311,334,335,548,549,646,647
		11	3,36,37,101,178,182,309,310,432,577
		12	185,186
		13	85,220,261
		15	121,132,321,333
		16	16,21,26,59,62,64,66,74,78,87,90,99,100,103,109,147,148,166,235,313,319,331,332,345,347,351,358,359,374,375,377,380,389,394,395,399,402,428,432,565
		17	30,31,40,47,83,104,158,173,175,195,216,298,470

人　名	别　称	册数	页　数
林馨		18	373,374,485,486,518
		19	115,158,194,219,220,324,346,348,354,356
		21	227,274,278,279
		25	533
		27	680,681,682,685,686,687
		28	282,284,468,471
		29	79,168,171,221,226,246,324,376,380,460,466
		30	256
		31	62,217,443,453,458,462,529,536,538,624,633
		32	32,73,75,92,95,182,191,222
		33	28,37,134,322,328,344,345,346,347,348,349,351,352,465
		34	57,64,67,226,232,306,340,504
		35	191,216,220
		36	519
		37	20,89,184,199
		40	398,439,507
		42	89,101,109,142,148,151,163,176,182,185,187,189,223,224,225,226,256,257,258,259,260,298,299,300,301,309,312,314,315,316,317,318,328,331,332,336,360,361,362,363
		45	214,340,341,345,479
		46	1,2,3,4,5,214,253,328,332,336,338,346,361,417,430,436,586,602,603
		47	83,367,517,698
		48	247,253,255,256,337,350,367,371,380,384
		49	372,413
		50	67,70,74,191,194,512,513
林カネアツ		22	203,221
林木正憲		5	247
林久次郎		19	169,170

人名	别称	册数	页数
		40	476
林久治郎	林	2	512,513
		5	316,455,456,457
		6	103
		28	285,288,289
		30	415,417,419
		42	562,563
		49	371,372,373,374,441,442
林雲賢次郎		31	93
林幸	林	27	95,114,123,153
林権助		2	473
		4	168
		9	314,328,375,488,502
		13	265
		14	496
		29	220
林佐夫朗		5	252
林三郎		12	591
林秀一	Hayashi Shuichi	23	341,357,362,363,371,372
林鉦次郎	林	24	462,463,464,475,480,481,482,489,491,495,500,502,504,512,513,515,516,517
林晉平		5	253
林銑十郎	林鋭十郎,林,林銑	2	2
		3	7
		4	103,105,111,115,146,158,210,212,217,574,578
		5	218,283,383
		10	143,144
		14	177,495
		17	168
		28	280,338,339
		30	3,68,433
		31	42,49,614
		33	243
		36	150,151
		41	24,135
		42	46

人名	别称	册数	页数
林銑十郎		43	191,195,322,406,413,414,431,556
		44	552
		45	87,99,100,101
		46	268,270,275,276,303,304
		48	109,146
		49	22,434,634
林黛		29	612,613
林田清		27	649
林武		5	249
林董		3	607
		6	631,632
		30	245
		45	74,499,500,502,503,505,507,509,510,512,513,515,516,518,519,521,523,525,526
			197,203
林田富士雄		7	351
林忠彦		9	275,289
林出	ハヤシデ	46	341
林仙		49	634
林八郎		5	242
林壽一郎		25	560
林壽夫		37	405,406,409,410
林博太郎		4	144
林正義		5	237
林田ミツゲロウ		27	648
林ヨシノリ		24	311,317
		27	653
林末七		35	543
林頼三郎		4	113,169
		6	302
		9	487
		10	260,271,280
		11	340,353
		15	407
		16	305
		30	3

人　名	别　称	册数	页　数
林頼三郎		40	477
早速		16	526
馬揚鯱		40	482,489,490
原		9	488
		27	104
		49	633
原	ハラヨシト	27	659
原興作	原	5	258
バラ・アンナ		27	518
パラウ		20	269
パラヴィシニイ	Paravicini	25	493,495
パラヴィチニ	パラヴィチーニイ	42	491,492,498,500
バラヴィッチニイ	バラヴキッチニ	38	561,562,563,567
原口		10	261,282
		11	341,354,475
		14	547,549
		16	290
原口	ハラグチクニヲ	27	670
原口	ハラグチアイゾウ	27	664
原口	ハラグチマサイチ	27	662
原口純允	原口	5	288
原邦道		4	147
原堅三郎		46	445
原脩次郎		4	124,126
		30	3
原四郎		46	311,312,314,315,316
		48	257
パラスラム	Parasuram	25	8,68
原清		4	193
原清治	ロージヤー・エフ・コール	39	412
		45	196,207,221,302,399,537
		50	437,439,445
原田		5	429,430,432,434,435,436,438,440,441,444,447
		10	136,155
		11	95,103

人　名	别　称	册数	页　数
原田		12	87,88,89,91,110,111,113,121,122,123,124
		14	130
		18	500
		19	111
		22	62,329,331
		24	53,70,212,213
		26	56,203,204,205,209
		29	91,92,94,100,101,107,111,127
		42	207,244
バラタイン		17	198
原敬		3	607
		4	64
		29	448
原田熊男	原田	47	206,206,232,233,234,238,264,282
		49	422,423,425,426,427,432,433
原田熊雄	原田	43	180,181,182,187,188,189,190,193,194,195,198,199,200,201,202,203,208,209,210,212,214,220,221,223,226,227,228,229,232,239,240,243,249,250,278,311,315,318,550
		50	421,423,425,426,427,432
原田熊吉	原田	8	107,108,629
		23	238
		44	583
原田清一		4	152
原田傳		15	119,127
原種行		15	121,187
茨田芳明	OGITA Yoshiaki	29	68
バラチオ		20	16
原忠一		4	184,193
原富雄		35	544
バラノヴャ	バ	33	324,327
パラバチヤヤイ		48	436
バラマナンド・ラシマンダス		20	7
原茂吉		40	221

人　名	别　称	册数	页　数
茨矢頼雄		25	392
原嘉道	原	2	245
		4	167
		5	230,231
		6	37,301,303,304
		9	314,328,375,390,391,502
		10	137,259,279,283,291,551
		11	275,291,339,352,355,359,474,478
		12	1,7,21,33,38,41,49,51
		13	282
		14	496
		15	408
		16	290,308
		17	3,4,5,30,109,178,252,256,278,469,478,479
		18	347
		30	3,111
		41	142,158
		43	261,363,364,367,368,403,405,411,413,426,462,463,465,466,467,470,473,500
		45	310
		46	268,270
原良三郎		5	299
ハラルド・スカヴェニウス		1	319
ハラルド・ド・スガヴェニウス	ハラルド・スガヴェニウス	2	7,36,51,67
パラワン・キノシテイ	パラワン,Palawan,Kinoshiti	27	419
バランテイント		17	174,264
バリ・キシンシヤンド		20	5
バリー		22	434
ハリー・ジェー・アンスリンガー		1	565,611
ハリー・ピー・タック		6	236
ハリー・レ・マクドナル		27	25
ハリーエーシルス		26	170
ハリイジヨセフ	ハリー・ジョセフ, Harry Joseph	22	10,86
ハリーナイト		26	171

人　名	别　称	册数	页　数
ハリーマン・ドースイー	ハリマン・ドールスイ,ハリーマン・ドノセイ,ハリマン・ドーシイ	5	153,197,206,384
バリクテ		20	17
ハリス		32	192
ハリス・ジョージ		27	239
ハリスりチャード		41	301
ハリソン		16	12
		22	298
		24	89,110,111
パリヌサ		24	442
ハリファックス		37	19
		39	220
		46	368,370,501,502,503
		48	279
ハリマン		1	15
		3	282,294,296
		34	308
ハリマン・ドースイー		17	377,391,455
ハリマン・ドルセイ	Harryman Dorsey	28	111
バリワグ		20	170
バリンコ		25	340,341
ハル		27	148
		28	452
ハルヴァースン	Halverson	25	237
バルガス		40	10,11
		48	357,389
晴氣		34	467
		42	444
ハルグワ		50	365
ハルスケ		10	596,597
ハルタナヲヤ		24	637
春田信義		5	238
バルチヤス	Balchus	21	136,142
		27	426
バルトロミュー	Bartholomew	50	295,324
パルフォア	パルフォアー,バルファー	29	382,386,395,397,399,400,401,416,420,431,455

人名	别称	册数	页数
バルフォーア	バルフオア,ハルフォーア	15	596
		38	84,181,278,279
バルマン・ビン・ジョタル		23	570,573,575
バルマン・ビン・ジョタロエ		23	407
ハルヤマ	HARUYAMA	23	445,446,448
春山安雄		5	249
バルリン		50	211,213
バルロクトマス・イー		27	260
バルンスタイン・L		23	289
バレアン		22	288
バレザ		20	228,250
バレソトジョンエフ		27	221
ハレット・アーベント	アーベント	6	193,198
ハレット・アベット		30	170
ハレット・アンド		32	235,247
バレドス		20	143
バレホーイエン		23	537
バレロ		27	577
バレンタイ		16	513
ハローウェル		40	207
バロス		20	10
ハロルド・ヘデイス		25	403
ハロルド・R・リー		27	331
ハロルド・アール・スターク	H・R・スターク,H・R・S,エッチ・アール・スターク,スターク	36	159,161,194,195,196,197,198,199,201,210,289,373,389,390,391,392,435,443
ハロルド・エイ・スバーツ	スバーツ	40	238,246,247
ハロルド・クレートン		31	208,215
ハロルド・ジョン・フイットカム	ハロルド・J・フイットカム,ハロルドホイットコウム,Harold Whitcomb	22	466,487,495
ハロルド・フランク・ホーグ		25	258
ハロルド・アルフレッド・フリーハード	アルフレッド・ブリッチャート,Alfred Pritchard	22	472,547
バロロミ・ボンズ・ロサリオ・カルシオ		20	5
バロン・R・N		23	290
ハワード・A・サプマン		50	185

人　名	别　称	册数	页　数
ハワード・ブレイトング		26	533,660
ハワード・ブレイトング	Howard Breitung,ハワード・ブレイタン,ハワード・ブレイタング	21	223
バワウー	Bower	25	10
バワクストン		22	289,290
バン	Bang	22	8
		23	664,665,666
伴		15	135
バン・クレフェンス	フアン・クレフェンス,ヴン・クレフェンス	19	9,15,25
バン・ダー・ブラス		19	446
バン・テイ		40	211
パン・ナム・ティン	Pang Nam Ting	25	5,44
パン・ロスゼ		7	113
潘英羣		25	31
潘榮明		25	30
ハンキー	ハ	46	367,376,379,380,381,382,386,387
潘供生		33	200
ハンキンス		39	415,417
バング		24	2,3,5,6,7
番口		27	19
パングリマ・アリト・O・T・アーサット		23	31,108
パングリマスイブル		23	31,85
パンゲラシ・アテイパテイ		23	374
バンゲラン・アグン		23	327
バンゲラン・アデイバテイ		23	327
磐瀬太郎		15	122
ハンコック・ギャック		27	223
バンザイ		13	656
バンザラフチ		50	363
ハンサン	Hansen	21	137,138
潘氏恥	Phanthi Pit	27	470
半師宅結城		29	100
ハンス・リースメント	ドクトル・リースメント	2	8,36,52,68
ハンセン・ジョン・ウアン		27	239

人名	别称	册数	页数
ハンソン		30	455,460
		41	197
ハンソン・S・G		23	290
ハンタ・キング		20	5
ハンター・D		21	327
パンダキャ・アリト		23	85
半田敏治		49	312,313,317,318
パンツ		23	544
番月		32	533
バンティ		37	285,297
ハンデヴエルド		24	238
ハント		21	325
		22	162
		27	257
		45	178
ハント・チャルス・ジェイ二世		27	260
ハンドー		24	527
バントク		20	269
パンドノパン		20	269
バンドラ		12	624
ハンドレイ・ロバート・ダヴリユウ		27	216
半内		29	95
バンノ		22	142,161
阪埜淳吉	バンノ・ジユンキチ,阪田淳吉	30	335,375,412,445,460,461,476,545
		31	97,602,619,620,621
		32	515,516,543
		33	38,268,289
		34	216
		38	497,577
		39	194
		40	273
		42	400,427,435,440,442,478,479,616
		45	7,14,390
		50	537
バンバイ		48	436

人名	别称	册数	页数
半橋本		16	544
パンヒル・アルムジン	パンヒル・アルモダン	20	79
半武		29	132
バンフイロ・ダブリユ・アルフエルト		20	26
バンブー・ガット		22	372
バンフェル		22	304,305
ハンフレド・L・ゲストロ		20	260,261
潘文明		25	31
バンヘールデ	V・ヘーアド	23	264,265
ハンメル		44	378
ハンユック・フランク二世		27	227
半吉田増藏		11	317
パンリマ		23	74

ヒ

人名	别称	册数	页数
ピ・ダブルュ・ウイリアム・ボーレット	P. W. William Powlett	25	433
ピア・シー・セナ	Phya Sri Sena, Sri Sena, シー・セナ	2	277,278,320,330
		10	29,31
ピア・スリャ・ヌヴァトル	Phya Suriya Nuvatr	1	100
日淺好藏		32	317
ビアス	ピアース	29	382,386,395,401,416,420,432
ピアドール		37	307
ピアンカ・ジョン・ガヂマイアー	Pianka John Kazimier	45	489
ビー・イエー・ブロック		23	307,309
ピー・イデンブルノ		19	309
ビー・エイ・カプラン		12	610
ビイ・エイチ・リース		27	343
ピー・エー・エル・ヴアイン	P. A. L. Vine	26	188
ビー・エム・フイッチ	B. M. Fitch, ビーエム・フィッチ	1	56
		5	450
		8	259
		9	1
ヒー・ェル・グリヴアノーフスキー		12	492
ビー・エル・ダブルユー・クラーク	B. L. W. Clarke	22	145

人　　名	别　　称	册数	页　　数
ピー・ジー・エイ・ボッシャルト	ピイ・ゲイ・ア・ボッシャールト	23	580,614,617
ピー・シー・クロスリー	P・C・クロスリー	50	118,149
ビー・シー・ヂルモーア		7	165
ビー・シー・ハックネー	ベン・チヤールス・ハックネー	21	446,457,480
ピー・ダブリュー・ステイーン		24	237
ビー・ダブリュー・ランフィヤー		7	172
ピイ・ハーオウデマンス		23	309
ビー・ヒー・ハーガドン		41	388
ピー・ピブン・ソンクス		48	370,383
ピー・ピブン・ソンクラム		30	9,17
ピー・ボエデイマン		24	536
ピーアポント・モファト		2	46,64
ピイー・エヌ・デイーン	P. N. Dean	21	366
ビィー・ディン・ユン		25	33
ピイーター・ヤコブス・ブロック		23	308
ビイイル		14	16,18,19,20
ピーウ夫人		7	112
ピーエッチベネティクト		26	542
ピーク		39	221
ビィクレフトゴードンシー		27	217
ビーゲン	ヴーゲン	23	264,265
ピーコックチ		39	315,317
ヒース		22	433,507
ヒーズ		24	365
ピースグッド		22	292
ヒースゴールドン		27	241
ピー・スナン	P. Noonan	27	358
ピーター・ゲイスベルタス・アンナ・ボッシャールト		23	555,557,576
ピーター・ゲルハート・デ・ヴリース	P・G・デ・フリース	23	382,438,440
ピーター・ジョン・キップ		26	169
ピーター・ジョン・キャンベル	Peter John Campbell, P. J. Campbell, ピー・ゼー・キャンベル	22	185,190
ピーター・ヨハネスウイしンバー		26	173

人　名	别　称	册数	页　数
ピーター・レーニアー・アダムス	P・R・アダムス, Peter Rainier Adams	21	449,499
ピータース	Peters,ビーターズ,Pieters	22	264
		23	309
		24	7
ピータース・アール・アール		27	212,217
ビーターズ・ジャンムス・エイ		27	224
ピーターソン	Peterson	25	237
ピーターヂーグッデユラス		24	205
ピータイ・エッチ・クルンパース		6	236
ピータズ		24	364
ビータリチャードジャクソン		26	171
ビーチナ・ホムス・ウィリアム		27	236
ビーチャーネストエドワート		26	171
ビーツーム		23	464,465
ピーテイ		39	414,417
ビーテイ・メリル・エル		27	215
ビーテイ・ロバート・エル		27	212
ビーテイー		24	203
ピイデルス	Pieters	23	667
ピート・ダブリュー・スコット		20	203
ピーフート		40	211
ビープサイトハシグ		27	25
ビイベイン	ピー・ペイン,P. Payne	27	343,359
ビーユイチクキン	クキン	25	133,137
ビーラーツ・フォン・ブロックランド		29	382,386,396,432
ヒーリイ		22	121
ヒイリップ・アール・サンダース		17	377,391
ヒールケマ		23	462
ビールマン夫人	Beelman	23	400
ピーレズ		20	40
ビーレルツ・ヴァン・プロクランド		29	402
ヒーロウキル・イトエフ		27	219
ビウイマトニー		22	288,295
日上		47	466
ピエール・ゲード		1	400,421,426

人　名	别　称	册数	页　数
ピエール・ビー・デンソン		27	124,183
ピエール・ユヂクール		1	115,171,188,205,222,239,331,348,364,392
ピエール・ラヴァル		11	468,470,471,473
ピエール・ルイ・ジー・オレ・ラフリュヌ		2	53
ピエツロマルキ		9	594
ビエル		3	270
ビエル・アル・フオスト		10	577
ビエレポント	ビアレボント	29	383,387,396,432
日置益		30	253,255
ヒオキヒデシ		24	208,209
ビオリオ・A・F		23	288
賀明海		7	325,327
ビカール		27	470
樋貝		14	497
		15	409
日笠景平		44	225,226,227,228
日笠賢		38	386,387,391,392
日笠博雄		15	121,219
東		15	135
		50	341
東内		28	375
東浦莊治		5	288
東木		26	200
東久邇宮	東久邇稔彦,宮,東久邇宮稔彦王,久邇宮	17	137,144,145,146,147
		29	83,84,94,135
		32	374
		43	379,381,382,383,384,408,537,539,540
		45	453
		46	270,271,304,438,445
		47	222,224,225,226,249,250,692
東ヶ崎潔		15	10,22
東原芙能留		5	296
東佐六		5	284
東久		29	71
東ノブロ		22	44,46,52,54

人　名	别　称	册数	页　数
東福		44	404
東平	HIGASHIHIRA	21	94
東宮		10	137
ヒカタ		23	544
ピカリング		6	232
ピカリングラッセル・ダブルユウ		27	215
日吉竹彦		44	434,435,437,438
ヒギン	Higgin	22	133
ヒギンズ		25	513
ビクター・シー・スウエアリンゲン	Victor C. Swearingen	8	151
ビクター・バリオテオ	ビクター・バリオテイ,ビクター・パリオテイ,パリオテイ	26	168
		40	340,341,342,343,344
樋口		12	405,463
		13	339
		17	159
樋口	HIGUCHI	22	136,137
樋口	ヒクチイチヲ	27	667
樋口季		5	467
樋口菊郎		15	119,128
樋口敬七郎		26	201
樋口敏夫		5	254
ビクビシエツ		31	422
ビケロウ・アルリヤン・エル		27	261
ピコジ	G・V・P・ピコツツイ	21	289,345
肥後盛英		32	434
恒岡利一		32	317
恒憲王		4	221
ヒサゾウ		13	440
久武建彦		15	126
久富木		45	353
久永		27	18,19
久山秀雄		4	225
菱刈隆	菱刈	4	216
		5	682,683,685,686
		8	437
		14	129,131
		31	49,592

人　名	别　称	册数	页　数
		32	553,555
		43	237
		44	394
日下部		27	19
淩升王		2	563
ハシモト・ケイジ		25	542
ビショップ	Bishop	23	447
		25	253
ピストル・ピート		21	131
ビスマルク	ヒスマーク	10	288
		13	335
		16	475
		18	479
		28	590
ピセンテ・ピノン		20	49
肥田		49	633,634
日高		6	195
		7	166,167
		31	622,625,626
		42	210,211
日高信六郎		4	151
		32	232,250,251
		42	285,296,297,299
肥田木暢		5	300
ヒダタ	HIDATA	23	166,167,178,183
ビダノ・ヨシテル		27	644
ビヂロウ		27	258
ヒッキー・フランス		40	211
ビッグ・ビル	Big Bill	25	467
ビッグス	Biggs	21	165,166
ヒックソン		24	248
ヒッチェンズ		22	341
ビットハーベイエイ	ヒントバハーベイエイ	27	218,219
ビッドル		2	658,660,663,664,665,666,667,668,669,670,671,674,676,677,678
ピツルンゲイ		20	206
ヒデラハド	Hyderahad	25	7

人　名	别　称	册数	页　数
木戸孝正		43	180
谷次亨	谷次亨	40	488
		41	400
希特勒	见 アドルフ・ヒトラー		
ヒトリオ・フイデリス		20	31
日直		50	180
ヒナタ・ゲンゾウ		23	159
日向精蔵		15	126
日何幸夫		25	192
日野月末弘		5	232
樋端久利雄		13	412
		18	272
ビブロベルフ		13	184
ピブン	ピブル,Pibul	11	99,342
		17	271
		48	130,170,209,215,356,360,388
ピプン・ソンクラム	Ribula Songgram	2	279,280,282
ビベンシオナブアロ		20	153
ビマア		37	23
日比野	ヒミノカヅヲ	27	669
日比野副武		4	184
日比野正治		11	643
ビム		48	436
姫野	ヒメノトキフフ	27	662
箕輪三郎		5	250
日諸		25	356,385
ヒヤ		24	291
百武		43	462,525
		45	308
		46	438,439,444
百武源吾		4	218
百武三郎		4	170
百利弗		27	435
ピャレー・モハン		22	349,356
ヒヤン		27	210
ビヤンソ・ロバート・ブルソフス		27	233
ピュ		11	5
ヒュー・J・ウェブスター		25	28

人名	别称	册数	页数
ヒュー・アール・ウィルソン		1	319
		2	4,31,46,64
ヒュー・ギスビー	ヒュー・マーシャルー・ギスビー	17	420,421
ヒュー・ギブスン	Hugh Gibson	2	170,218
ヒュー・ギブソン		38	186,217,265
ヒユー・ナッチブル・ヒユーゲッセン	サー・ヒュー・ナッチブルーヒューゲッセン	32	166,167
		49	269
ヒユーウイルソン		35	44
ヒューゲッセン		42	211,292,293
ヒュージョセフ・ウェブスター	Hugh Joseph Webster,ヒュー・チョセフ・ウェブスター,ヒュー・J・ウェブスター	25	2,24,28
ヒューズ	ピュース,ビューズ	3	94
		15	601
		29	385,395,401,416,420,431
		38	78,84,89,278
ヒュースン	Hughson, A・B・ヒュースン	27	364,365
ヒユーナッチブル・ヒユーゲッセン		6	259
ヒユーフレイザー	ヒユー・フレーザー	21	295,359,438
ヒューベルタス・バン・ムワク	エィチ・ジェー・バン.ムック,ヒューベルタス・チェー・ファン・モークファン・モーク	19	4,11,12,13,22,46
ヒューム		25	335
ヒュブレヒツ		24	13
兵頭	キヨウドウイフヨシ	27	663
兵戸豊治		5	296
ピラ・レゴナ		20	288
ピラー		20	140,283,285
ピラー・キャムポス		20	142
ピラー・ミランダ・ウバゴ		20	349
ピラード・レナード・ラインデルホフ		19	294
平井		14	497

人　名	别　称	册数	页　数
平井		15	135
		26	187,193,197,198
ヒライシ・ヒロキ		40	314
平泉		15	131
		44	338
平岡閏造		39	353,358,359
平生		15	407
平生釟三郎		4	115,170
		11	643
		30	3
		41	460
平川		30	91
		50	12,14
平賀		30	236,237
平島		50	258
平澄澄		5	288
平田	ヒラタ	12	169
		20	227,249,250
		24	208
		39	36
		42	561
		49	495
平田東助		4	132
平田幸弘		2	517,520
		30	359,360,375,376,384
平田昇		4	186,196,220
ヒラチ		25	340,341,343
平塚常次郎		30	3
平出秀夫		13	507
平出英夫		18	310
平沼		29	112,114,115,120,121,122
		34	443,444,445,451,490,491
平沼騏一郎	平沼,平沼一郎	2	245,248
		3	7
		4	103,107,129,148,165,261
		5	230,231
		6	34,40,41,301,304,308,309
		8	648

人　名	别　称	册数	页　数
平沼騏一郎		9	328,375,386,393,486,501,504,509,583,605,611,612
		10	137,143,144,145,551,555
		13	120,242
		14	135,495
		15	407,415,417,419,422,425,429,435,441,447,450,457,463,465,470
		16	136,443,528,541,542,570,571,572,573,574,575,576,577,578,579,580,583,600
		17	2,168,297
		19	1
		26	643
		28	472
		30	3,59,60,66,85,93,96,97,98,100,112
		33	4,5,10,24,27,62,97
		35	24,95,131,152
		40	366
		41	140,156,344,456,457,462,463
		42	17,18,19,20,23,24,25,30,31,32,35,36,45,46,47,48,49,50,51,55,57,58,59,245,246,254,255,445,446,604,606,607,609,610
		43	13,223,224,250,251,252,261,292,293,300,311,318,322,342,359,430,457,459,460,461,463,465,466,467,468,469,470,471,472,473,474,476,480,483,488,489,490,491,492,493,494,497,498,499,500,516,524,525,527,537,538,539,544,553,557
		44	369,383
		45	143
		46	187,205,268,270,495
		47	21,27,149,153

人　名	别　称	册数	页　数
		48	80,146
		49	433,434,486,516,522
		50	595
平沼節子		42	56,57,61,62
平乃		21	92
平野二郎		28	152,167
平野助九郎		5	249
平野英雄		12	288,304,310,395,454
		13	19,22,23,26,27,215
		50	226,230,237
平松市藏		5	230
平松一道		12	58
		16	581
		19	280,290
平本道隆		32	252,257,258
平山澄		15	130
平山ヒデオ		27	644
ビランス・アーフランド・アリエイク		27	240
ビリイ・M・カーテアス		27	342
ビリィグリーン		24	426
ビリングス・マーガレット・エム		27	259
ヒル	Hill	20	178,186
		21	35,42,43,44,45,54,60,61,62,63,66,69
		45	178
ヒル・チルデン	チルデン	27	326,327
ヒルヴァーディンク		23	643,644,646
ヒルキーン・ウイリヤム・エム		27	224
蛭田正夫		5	249
ヒルデ・ブランド		40	327
ピルト	Bildt	1	100
ピルハム		22	448
ビルマブルネル	Beluma Blune	26	249
ヒルマン		35	112
		48	264
ピレス		24	267

人　名	别　称	册数	页　数
ビレセンテイ・デリオン・グエレロ		15	352
ヒロウチ・チロウ		27	647
ヒロエ		24	643
ヒロオカ		24	631
廣尾彰大		18	323
廣崎健吉		32	317
ヒロシ		20	283,284
広市		24	498
弘		9	449,450
廣瀬		5	80
		10	168
		14	129,531
		17	196
		18	405,408,421,422
廣瀬豐作		4	110
		30	3
廣瀬久忠	廣瀬	4	117,130,173
		6	303
		9	488
		17	6
		29	103,114
		43	295,460,510
		50	599,600,602,603
廣田銀次郎		27	647,649
廣田弘毅	廣田,広田,廣田毅	2	2,43,78
		3	7,8,78,130,134,136,150,157,158,160,187,197,198,207,212,214,215,236
		4	103,104,105,212,281,574
		5	323,512,513,573,578,580
		6	260,287
		8	264,269
		9	386,412,416,417,420,427,430,432,436,450,501,507,508,509
		10	143,145
		11	51,59,64,65,66
		12	87,88,89,91,110,111,606,607

人名	别称	册数	页数
廣田弘毅		14	495,505,507
		15	407,609,610,611,622,627
		16	15,28,30,53,54,91,583,600,609,611,619
		17	30,31,158,169,298,392,492,493
		18	8
		26	643
		28	457,467,468,469
		29	6,7,627,629
		30	3,102,104,105,106
		31	21,49,627,633
		32	44,100,167,168,170,172,190,240,248
		34	342
		35	131
		36	113
		38	302,305,307
		42	46,55,63,66,79,80,81,82,90,92,103,104,106,108,109,110,112,115,116,117,118,119,123,126,127,136,137,138,142,143,148,150,151,152,154,163,164,168,170,174,175,179,180,182,183,185,186,187,188,189,190,192,201,201,206,207,208,209,212,219,220,273,276,278,280,295,303,308,309,310,312,313,314,316,321,322,323,325,328,330,331,332,333,335,336,337,340,341,343,345,346,347,348,349,350,351,353,357,364,367,369,370,371,372,376,380,381,384,385,386,388,579,593
		43	252,266,267,275,276,322,350,405,406,411,413,431,462,466,468,470,471,473,474,483,489,

人名	别称	册数	页数
廣田弘毅			492,494,498,501,502,517,525,544,557
		44	383
		45	455
		46	205,240,268,270
		47	335,378,531,574,586,588,604,620,629,653,684,686,687
		48	146
		49	253,254,255,256,257,259,261,262,264,265,267,268,269,270,271,272,273,363,477,481
		50	406,410,412,415,416,419,420
廣田中佑	広田,廣田	7	220,242,244,245,273,275,276
廣田優		5	242
廣田洋二		4	153
		47	67,99,100,102,137,138
廣幡		10	140
		17	110,178
		43	242,244,248,252
		45	308
廣畑照輝		40	155
広田セイイチ		27	643
広田ノブヲ	ノブヲ	27	650
ヒロトミアサヲ		27	643
天皇裕仁	日本皇帝裕仁	2	161
		12	227
		18	2
博則		16	412,435
博通		16	412
博恭王		4	162,214,215,222
		45	310
ビワース		6	229,230
ビン・シー・ルー		27	603,613
ビンガ		20	16
ヒンクソン・リチャード・ジュワド	Hinkson Richad Judd	45	489
ビングハム	ビンガム	3	71,73,80,120,123,193
賓熊煦		30	581
ビンクレイ		20	118

人　　名	别　　称	册数	页　　数
ピンセイテン・ヂリォン・グエレロ		37	444
ビンデマン		24	200
ヒンテル・エッチ・アール		40	210
ビンドウ・ミストリ	Bindhu Mistri,ビンスー・ミストリ	25	8,68,69
ヒンワオーエン・ライチ		27	228

フ

人　　名	别　　称	册数	页　　数
フ・ツー・シン	HU Tu-sin,フ・ツー・シン	7	67,68,69
ファー・シナンド・エフ・メリンゴロー	メリンゴロー	40	340,341,342,343,344
フアーガスン	フアーガスンサン	36	194,195,196,197,198,199
ファーグスン・スチャーアト・エム		27	228
ファーグソン	ファーガソン,フェルグソン	21	338
		37	303,304,310,311,319,320,321,322,323,330,332
フアージナンド・エフメリンゴロー		26	168
ファーマー・ギルバートジエレス		27	223
ファーマン・アービン・ヒイ		27	215
ファーム・ハロルド・ダブリユウ	ファーム	27	257,260
フアーレル		25	335
ファーン・バータ	Fern Barta	27	422
ファイザル・ハッサン		22	366,367
ブアイス ゼッカー		17	11
ファウ・ス・ジェイムス・ジェイ		27	215
ファウスティノ・バグバット		20	321
ファウラー	Fowler	25	520
ファオザル・ヌッサイン		22	367
プアガット・シング・プルワ・シング		22	362
ファキラ	Fakira	25	7,57,58
ファスダッド		23	112
ファタ		27	529
フアテエーカハーン		24	612,613
ファトチタィ		27	529
フアナト	Fanato	22	131
ファニー・ガドル		20	349,356

人　名	别　称	册数	页　数
フアビアナ・モレロス		20	198
ファベル	Faber	23	382,432
ファベントン・ジョージ		40	212
ファライリヴァ		25	150,151
フアラオン・グードウ		27	466
ブヤラキ		25	146
ファランク・アルダ		27	359
ファルケンハブセン	ファルケンハウゼン	9	422
		46	164
ファルゴウトクレォ・ジョンック		27	231
ファルサ・サンドロ・ホム		27	231
ブアルデス	ヴアルデス,Valdes	20	392,417
ファルル・R		40	316
ファローフィールドルフレッドエドワード		40	207
ファローワー		23	40
フアロテン		21	46
フアロラン	Farolan	20	61
フアン	Juan	21	58
ブアン		20	14
フアン・ーフストラ・テン	フアン・ホーフストラーテン	36	118,120
ファン・アドリワヒェン		23	259
ファン・アメルスフォールト・G・A・A		23	289
ファン・ウェットム		1	402,428,555,571,618
フアン・ウッフオード		36	146
ファン・カルネベーク	V. Karnebeek, Van Karnebeek	1	99
		23	8
ファン・クレフェンス		46	502
ファン・シタルケンボルグ	ヴァン・シタルケンボルグ	29	417,421
フアン・ジヨ		32	19
ファン・ジョンーセフ・バータ		27	344
ファン・チャレス・エル二世		27	214
ファン・デメウレン		23	313,314,315
フオン・デリクセン		10	618
ファン・デル・ヴォウチ・K		23	289
ファン・デル・コート		23	320
ファン・デル・フェーン	Van Der Veen	23	667

人　名	别　称	册数	页　数
ファン・デル・モスト夫人		23	319
ファン・デル・ユルスト・N・C		23	289
ファン・デル・リンデン		23	320
ファン・テル・ワルブ		23	289
ファン・ニュンハイゼン		19	296
ファン・バーケルゲム		23	487
ファン・バーケルゲム夫人		23	487,489,490
ファン・パーゼル		23	479,480
ファン・ハッセルト		23	473
ファン・ハルム・J		23	290
ファン・バレホーイエン		23	541
ファン・ブッテン	Van Hutten	23	660
フアン・ペー・カストロ		1	123,196,230,336,372
ファン・ヘールスベルゲン		23	263
フアン・ムック		36	116,118,119
ファン・レーデ		23	313,314,315
フアン・アールセン		26	170
ファン・アウベル		24	40,42
フアン・エルセール		26	170
フアンク		10	468
フアンク・ライベ		24	165
フアンサン	Juan	21	63
フアンデル・アイヂん		22	194
ファンデル・フィフト		19	291
フアンデルムウレン		24	404
フアンヘーメルト		26	171
フアンモーク		48	129,272
フイ・イップ・サン		27	608
ブイ・ゼエ・マイセット	V. J. Myatt	22	279
フィー・ジェイ・ウォーカー		8	144
フィーデル		20	315
フィーリー	ジョン・W・フィーリ	38	514
フィール		20	337
フィールド		15	488
ブィクトル・ヴィセンテ・オラノ		2	51
ブイコフ・アフィナゲン・エラストウィチ	ブイコフ・アフィノゲン・エラストーウィチ	50	333,343,557
フィシヤ・ヘール・デイ		27	225

人　　名	别　　称	册数	页　　数
フイシヤー	フイツシヤー	10	593,600
フィジルブリイフ	Vijlbrief	23	383
フイスチャー		23	521
フイセル		23	318
フィッゲラルド		25	444
フイッシヤー		24	354
フィッチ	シイッチ,フィッチュ,フィチュ,フィチ,ピッチ	7	14,28,91,100,107,108,231,234,262,265
フイッツジエラルド		24	371
フイドー		22	282,283,284,285,286,287,288,290,291
フィヤ・アカライ・ワラジャラ		1	403,423,430,433
フイランメー・ダー・シー・ノックス	フイランダー・シー・ノックス	29	356,367,368
フイリップ・D・スミス		21	108
フィリップ・イー・サンダース	Philip E. Sanders,フィリプイ・サンダース,フィリップ・E・サンダース,フイリップ・イー・ソンダース	17	455
		25	281,307,320,454,531
フイリップ・デュクスネー	Philip Duquesnay	27	441
フィリップ・ブエーフォード		27	25
フィリップ・ロア	Philippe Roy	2	172,219
フイリップス		3	28,32,91,98,142
		10	666
		22	517
		36	416
		42	502,504
		48	280
フィリップス・ジョン・ポール		27	223
フィリップス・ジョン・ロイド		27	223
フィリップス・ダブルゼエー		40	211
フイリップハーベー		26	170
フイリプス		24	418
フイリブセン		23	320
フィルド	フィールト	3	60,91
フイルプ		24	212,401,403
フィレーチィ		29	396
フィレモン・デルガドー		20	211

人　名	别　称	册数	页　数
フィンレイ・マンガル		22	536
馮		7	139
ブーイーキャッシュ		33	364,376,403,405,407
フヴイス・ドウニズ・アレクサンドリ		27	473
フーヴァー		47	328
フウェアンティティ		25	151
馮涵清		5	632
		8	182,190
		30	582
馮汲清		31	436
馮煥章		33	222
馮玉祥	馮,馮玉群	2	440,441,443
		12	133
		30	174
		33	176,225
ブージュベー	プージュベー	25	139,141,143
馮治安		5	521,522
		6	136
		31	494
フーデリック・カラガー・ガレガン	F・G・ガーレガン,ガラガン	21	301,391
ワードリイ		25	324
フードリュー・レウインゲ		22	290,291
フーバー		38	237
ルーファス・エス・ブラットン	R・S・ブラットン,ブラトン,バンド,ブラットン,フラットン,フラトン	37	268,269,276,280,282,283,284,285,286,288,294,297,301,302,303
フーベルト		20	83
フーマンシング		24	614,615
フーミン・ハイブラフマーノフ・ゴレレンコ・セドフ・ベルヂニコフ		14	55
フール		27	428
プール		29	420
ブールキャン		3	347,349
ブーン		22	341
フェーザル・カリエム		23	50

人名	别称	册数	页数
フエセンイ・カエル・エイア		27	225
フエデブレトニーレ		24	13
フェデリコ・ガルシヤ		20	346
フェデリコ・ガンボア		1	438,447
フェデリコ・ペランテ		20	257
フエネス・ジャング・エイ		27	239
ブェノス・アイレス	Buehos Aires	28	475
フエラー		21	338
フェリイーノ・モンタンテ		20	281
フエリクス・イスラ		20	14
フエリザ・キュー・ロー	フエルサ・キュー・ロー, Felisa Cu Loo	27	607,610
フェリックス・アリエゴ		20	259
フェリックス・ド・ミューレル	エフ・ド・ミューレル	1	399,421,424,431,434,444,448,458
フェリペ・アラバストロ		20	170
フェルディナン・ド・ミットナール	エフ・エー・エル・デー・ド・ミットナール	1	464,482,551,561,566,614
フェルディナンド・ヴェヴェルカ		1	466,484,543
フエルデインク		24	11
ブエルト・ブリンセサ		27	427
フェルトプルッゲ		23	290
フエルドマルク	Feldmark	49	592
フエルナン・カゾーラ	Fernan Casaula	27	438
フェルナン・ベルツェル		1	464,482,551,561
フェルナンド・エ・グヮチェラ		1	109,181,216,327,357
フェルナンド・ベレス		1	565,614
フェルベイク夫人		23	489
フエレイラダコスタ		24	265
フォ・ラエ・キン		25	33
フオウスト・アート・シィ		27	213
フォーゲルザング		23	487
フオーコッシュ		24	330
フオーセット		42	505
フォーテュナト		20	197
フォード		7	90
フォート・マイアー	フォート・マイヤー	37	282,294

人　名	别　称	册数	页　数
フオーブス・ウィリアム・キャメロン	フオープス,Forbes	3	7,172
		5	498
		15	588,590
フオス		24	142,143,144
フオス・アーネエスト二世		27	259
フォスター		7	27,28
フォスター・ジョン		40	208
フオスターベーン		31	437
フォスバーグ・ロンドラ		27	239
フオチコナタ・サロンガ		20	83
フォッシュ		43	139
フオッポレンスクレーマー		24	185,186,188
トラッビック・ペーデル	Trastvik Petter	45	490
フォラスブレン・ビ		27	239
フォリー		25	244
フオルク・エンステッド	Folke Enstedt	26	436
フォルター・アデス		29	291
ブォルターボシー		26	631,638
フォレイ		25	223
フオン・ウイズナー		29	558
フォン・ウェイ・シー		25	33
フォン・ギースリンデン		29	338
フオン・キュンテル		29	338
フォン・ケツテレル		29	180,181
フォン・コッツェ		2	658,660,661,662,663,664,665,666,667,668,669,672,673,677,678
エリック・フォン・シドウ	フォン・シドウ,Von Sydon	23	243,244
フォン・スターマー	スターアーマー	43	326,452
フォン・スチュル・プナーゲル	Von Stuel Pnagel	50	197,199
フォン・スピー		50	126
フォン・タネル		40	330
フォン・ディルクセン	フォン・デリクセン	10	618
		33	249
		36	151
		47	19,64
フォン・デル・ペルク		23	253
フオン・ノイラート	ノイラート	9	398,399,401,402,420,452,455

人名	别称	册数	页数
フォン・ノォイラァド		43	304
フォン・ハエルスマ		29	396
フオン・バルドオシイ		9	539
フオン・ビー・ハツフマン		6	236
フォン・ファルケル・ハウゼン		7	291
フオン・プツトカメル		10	402
フォン・ペテルスドルフ・フリツ	フォン・ペテルスドロフ・フリツ,フリツッホン・ペータースドルフ	50	345,346,358,359,360,361,467,468,473
フォン・マッケンゼン	Mackensen,マケンゼン,マッゲンゼン,マッケンゼン	9	398,402,428
		10	651,657,659,662,668
		13	335
		34	484,514
		47	74,77,78,79,157
フォン・メイエンフェルト		23	623
フオン・ラウメル		10	580,581
		35	89
フオン・リッベントロップ	リッペントロップ—ル—ズベルト,リ,リッベンッロップ,リッベントロープ,リッベントロップ,リッベントォップ,リツベントロツプ,ヨアヒム・フオン・リッベントロップ,リッペンヨアヒム・フォン・リッペントロンプ,リッベントロップ,フォン・リントレン,リッベントロップ,リッベン,ツベントロップ,ヨアヒム・フォン・リッベントロップ,オン・リソベントロップ,リベントロフ,Joachim Von Ribbentrop,リッベントロップ,Ribbentrop	2	231,233
		9	307,308,309,310,311,312,332,333,334,336,338,352,381,408,518,520,523,530,532,535,539,544,545,546,550,554,556,562,563,564,566,575,576,578,579,584,585,592,601
		10	7,48,86,94,99,104,107,110,176,201,230,240,241,244,261,389,392,534,568,574,622,626,634,635,636,637,644,649,657,659,661,667
		11	219,264
		13	137,144,184,188,198,199,200,202,204,205,218,356,376,377
		50	587,588,591
		14	80
		16	215,217,219,220,224,225,297,298,388,472,473,474,476,477,548
		17	483,484

人名	别称	册数	页数
フオン・リッベントロップ		27	395,396,398,399,404,405,407
		28	535
		29	105
		34	270,273,481
		35	11,13,16,17,18,86,88,89,90,94,97,99,101,103,105,106,107,108,109,112,113,121,122,133,134,135,137,138,233,139,142,144,155,164,211,213,224,227,234,235,236,239,243
		42	263,600
		43	304
		46	23,24,25,29,35,36,37,43,102,103,117,148,154,155,156,157,158,159,160,161,162,168,169,170,174,175,176,177,178,179,181,182,183,188,189,190,191,192,193,194,195,196,197,198,201,202,216,217,218,219,221,222,224,231,232,257,422
		47	20,21,25,26,32,33,34,36,51,52,57,58,59,73,74,77,80,81,82,94,155,157,368,389,390,397,400,415,416,420,422,423,428,440,590,591,592,593,594,624,731
		48	44,246
		49	292,293,297,514,516,517,518,519,575,576,587,594,629
フオン・ワィゼッカー	ヴイツゼカー,ワィッゼッカー,ワイゼッカー,ワイスザッケル,ワイザッカー,ワイスゼッカー,ワ,ヴアイズセッカー,ヴアイズ・サッカー,ウアイツ・サッカー,ワイッセッカー,フオン・ワイッゼッカー,ヴアイッゼッカー,フォン・ヴァイツゼウカー	9	398,399,401,402,406,408,453,456,583
		10	2,190,193,340,378,410,558
		16	476
		28	483
		34	471,478,513
		35	152
		46	43,158
		49	584,619

人名	别称	册数	页数
フオンウエザール		26	172
フォンカーネベック		29	382,386,396
フォンク・フランシスカス・マリエ		23	472
フオン・シトユル・プナーゲル		11	200
フォンスターケンボルグ		29	432
フオンタ・ネル	Fronta Neil	26	274
フオンマツゲンゼン		13	257
フォン・ラハウゼン		13	339
フカイ		24	628
深井		11	274,340,348,353,474,477,478
深井英吾	深井	13	265,275
		16	306,307
		17	470,474
		18	333,342,393
		29	100
深井英五		4	169
		10	260,271,280
		37	162
深澤		16	541
深澤理三郎		9	586,591
		10	653
		13	256
深田		15	472
		24	208,252
深田太郎		40	226
溥儀	清宣統帝溥儀,溥儀皇帝,宣統,宣統帝,康徳皇帝,儀,ヘンリ博儀,博儀,薄儀,傅儀,博義,溥儀ヘンリー,Pu-yi,Henry Pu-yi,宣統皇帝	2	409,534,567,568
		3	363,456
		5	618,631,681,682
		6	599,600,601,607,619,621,629,631,633,635,638,646
		7	465
		8	173
		11	532,533,536,538
		27	698
		28	260,267,268,269,270,272,288
		30	257,258,259,260,261,357

人名	别称	册数	页数
溥儀		31	44,66,78,79,93,105,106,110,134,136,160,161,162,163,164,165,167,195,196,205
		33	200
		34	117,119
		40	508,509,513,515,518,519
		41	15,19,195,196
		42	93,566,570,571,573,574,575,576,577,578
		43	216
		45	518
		49	441
フギタ三郎	サマサマ,夏夏	23	544
ブキンテリケ		25	147
福井		7	36,197,232,238,263,269
福井幸		5	249
福井淳		42	356
福榮眞平		25	560
稲岡		14	548,549
福岡皓		5	254
福島		23	156,158
副島大助		4	193
副田清人		5	286
福島三郎		5	240
副島千八		30	3
副島武之助		5	300
福島理本		5	250
福島マサヲ		27	647
副島道正伯		28	46
福昌		23	554
福田		21	342,343
		22	54,144,162,163,164
		28	393,395,396
		44	372
福田冽		15	121,278
福田重清		5	299
福田進		22	357
福田トクヤス	福田	7	85,228,233,239,258,264,270

人　名	别　称	册数	页　数
福田虎亀		28	6,44
福田ノブヲ		27	650
福田雅太郎	福田	4	167
		15	471
		41	142,157
福田彌三郎	福田	12	155
福田良三		4	190
福田林之助		24	481,491,513
福富		27	527
福留繁	福留,福留茂	4	179,203,209
		13	412
		18	271
		46	457,483,613
福恒マサル	福恒マサク	27	645
福原		25	60,62,63,64,324,325
フクハラ・ショーゾウ		25	65
福原勳		40	204
福原勝一		24	592
福原仁榮		5	255,257
福原雄三郎		5	250
福原若男		5	250
福本		25	189,193
福本太郎		5	299
ブクン		29	338
ブゲイ		20	19
ブコーユージーンウィ		27	224
フコトデンタ・ウアーリ		22	106
フジ		24	137
藤		21	340
藤井		20	230
		32	317
		41	143
		42	136
		46	285
		47	452
藤井オトエ	藤井	14	561,569
フジイ・タッヲ		8	475

人名	别称	册数	页数
藤井伊左衛門		5	299
藤井吉雄		5	256
藤井興宣		4	312
藤井潔		9	216
藤井敬之助		38	323
藤井眞信	藤井	4	109
		30	3
		43	46
藤井茂		13	412
		32	545,547,548
藤井實	藤井	42	9,10,17,18,30,31
富士一郎		18	241
藤井半次		22	71
藤井嘉夫		5	239
フシエル		11	241
藤川		14	498
フジカワ・デツオ		27	644
藤川覺		5	296
藤木	フジキチンゾウ	27	664
傳式說		34	443
藤倉勘市		5	250
藤崎マセオ		27	645
藤澤幾之輔	藤澤	4	168
		6	302
		9	487,502
		14	496
		15	408
		30	112
藤沢親雄		5	284
藤島英一		5	299
藤代鈴太郎		40	494
藤田		7	159,249,280
		14	531,534
		15	472
		23	156,161
		25	57
藤田ヨシヲ		27	655
藤田嗣雄		36	172,187,188

人名	别称	册数	页数
藤田九一郎		42	402
藤田尚徳		4	218
藤田進		5	284
藤谷隆太郎		5	300
藤田正路		34	240,248,249
藤田勇		5	209,211,212
		41	17
藤田利三郎		38	323
		42	293
藤田類太郎		4	193
藤沼庄平		4	172
藤野		22	229
藤林敬三		5	288
藤巻吉生		15	123
伏見宮	宮,伏見,伏見宮貞愛親王	17	55
		18	500,523
		42	255
		43	209,234,245,324,352
		46	438,439,473,474
		49	486
藤村茂		27	655
藤室良輔		15	117,129
藤本		30	473
藤本義人		21	77
藤矢ヨシヲ		27	654
藤山愛一郎		18	422
		35	540
藤山一雄		30	582
溥修		31	202
フシュル	Fuschl	50	203,211
藤原		13	266
		25	60,61,62,63
		26	469
		29	131
		47	710
藤原	フジワラカメイチ	27	662
藤原	フジワラヨイタロウ	27	664
藤原リョウゾウ		22	44,46

人　名	别　称	册数	页　数
藤原一郎		15	126
藤原喜代間		4	188
藤原銀次郎		4	121,122,130
		11	643
		18	407
		30	3
		35	471,492,497
		41	457,464
		42	81
藤原孝太		48	313,318,359,361
藤原仁		5	253
藤原保雄		32	317
フシンビンアブタラ		24	298
ブスタマンテ		29	338
フセイ岩太郎		24	649
佈施卓爾		47	132
二上兵治	二上	4	169,171
		6	40,94
		10	260,273,280
		11	340,353
		12	1,7,21,33,38,41,47,48,49,51
		13	265
		15	415,416,417,419,423,426,430,436,441,450,458,463,466,472,498
		16	308,309
		17	252,256,470
		18	333,342,393
		41	144,155,157
雙川善文		15	124
プタシンスキー	パトウーシンスキ	50	214,231
二見秋三郎		34	145,147,148
二荒		43	218
ブダリン・ホリス・アレキサンドロヴイッチ		14	43
ブヂエレン		27	504
淵上辰雄		5	288
淵田浦雄		13	635

人　名	别　称	册数	页　数
淵田美津雄	淵田,フチダミツオ	13	589,604,605,606,607,609,614,633,638
		38	42,43,51,52
淵山		13	485,558
フヂヤラ		22	121
プチンワェフ		12	479,480
ブッキャン		22	304,307
フツジュル		16	476
フッセインビンアブドウルラ		24	450
フット・ジョン・エス		27	228
フット夫人		23	317,324
フツファー		50	592
傅定勛		7	381,383,385,387
ブデイン		23	75
ブデー		32	132
ブドヤン		14	45
ブトレィ・ロバーィ		27	213
フトワ		22	362,363
プナギャン		23	343
船田		6	303
		9	503
船津		24	160,161
船津辰一郎	船津	42	212,303,304,308,310,311
ブナヤード・ハロルド・ダブリユウ		27	213
ブノ		19	291
フヒヤ・スーダム・マイトリ		1	440,447,454,461
フベーエワ	クベーエワ	50	346,358,361
フマ		23	86
ブミ・ナダン	ブンアダソ	22	352,370
フユール・T		23	288
フユケ		21	393,397
フユジインガ		23	301
ブヨング		23	590,593,594
ブラ・シラバ・サーストラコム	G. C. Silpa Sastracom,ジェー・セー・シラパ・サーストラコム,Phra Silpa Sastracom	2	320,330

人　名	别　称	册数	页　数
フラ・ベ		22	69
フラー	エム・フラー,フーラー	7	507,516,524,525,527,534
プラアーウト・イー		27	228
フラート		22	56
ブラード・ジョーン・クロー		27	223
フライシャー		42	352
プライス		7	39
		20	67
プライス・ジェイムス・アレ		27	215
ブライデン		36	442
ブライヤー	Pryor	21	138
ブライヤン		37	158
ブラウン	Brown	7	163,165,167,225,256
		17	225
		21	348
		22	219
		24	426
ブラウン・ハリ・デイ		27	227
ブラウン・ボーマ	Brown Bomber	25	467
プラギオ・トバルノ		20	116
フランク・ゲール		7	172
ブラサー		27	266
ブラスタギ		24	118
ブラック	Black,プラック	22	137,198,273,288,295,447
		24	364
ブラック・サム		25	468
ブラック・バーン	ブラックバーン,Blackburn, Black Burn	23	384,400,445
フラッシユ	R. Flachs	24	17,18,32
プラット		15	453,454
		39	385
ブラットアーナーベンズ		27	241
ブラッドリー	Bradley	21	349,370,371
ブラットン	R・S・ブラットン	36	422
ブラデイ		7	43
ブラデイ・ヴイセント・アール		27	217
フラドー		33	324,327
プラトン		11	229

人　名	别　称	册数	页　数
ブラナー嬢		9	558
ブラフス		23	318
プラユン		48	436
ブラン・ジャンス		27	486
フランク	フソク	28	634,635
フランク・E・ミーク		20	54
フランク・B・キーフ		37	532
フランク・M・ターナー		40	317
フランク・アルダー	Frank Alder	27	359
フランク・イー・ゼック	フランク・E・ピック,Frank E. Pick	25	281,310
フランク・エッチ・モリソン二世		20	370
フランク・エドワード・ビック		25	473
フランク・エル・プリードウエル		2	46,64
フランク・シー・ウオーカー	ウオーカ	36	486,536
		45	173,195
フランク・チャールス・デイ		27	259
フランク・デ	Frank D.	49	415
フランク・ハイランド	エフ・ハイランド	25	123,126
フランク・ピイ・ウイリアムズ		20	1
フランク・ビー・ケロッグ	Frank B. Kellogg	2	155,160
フランク・ラムスボーサム	Frank Ramsbotham	21	339
フランク・マッコイ	マッコイ	2	656,660,662,674,676,677,678
フランクイワナ		5	100
フランクモーキーフ		26	508
フランクリン・オメル・イー		27	213
フランクリン・デイー・ルーズヴエルト	フランクリン・D・ルーズベルト,フランクリン・D・ローズベルト,フランクリン・デイー・ルーズベルト,ローズヴエルト,フランクリン・デイ・ローズベルト,フランクリン・ルーズベルト,フランクリン・デイ・ルーズヴエルト,フランクリンデイ・ルーズベル	1	1
		3	11,84
		5	343,363
		9	417
		10	207,372,384,387,441,443,452,453,459,466,648,654,670,674,675
		11	272,582
		16	51,416,442,474,476,626,630,631,634

人　名	别　称	册数	页　数
	ト,ルーズヴエルト,フランクリン・デー・ルーズベルト,ランクリン・デーンルーズベルト,ルーズウェルト,ルー,ル,ローズベルト,ルーズブエルト,ローズウッド,ル,ロ,ルーズベエルト,ルーズヴエルト,フランクリン・チィ・ローズヴェルト,フランクリン・デイー・ローズウエト,Roosevelt,フランクリン・D・ルーズベルト,フランクリン・デイー・ローズヴエルト	17	122,184,231,275,341,374,448,449,514,515,537,544,573,576
		28	452,495,618
		29	77,465
		30	65,130
		34	308,314
		35	137,178,181,204,206,212,221,232,242
		36	20,21,25,27,28,31,49,51,57,58,59,61,62,67,69,71,72,81,82,85,86,87,88,91,92,94,95,100,101,102,103,104,108,155,156,161,190,193,195,229,233,234,240,241,243,246,247,254,266,286,367,369,370,376,378,379,385,408,418,456,486,487,502,531,537,539,545,547,548,552,553
		37	12,51,112,170,187,209
		38	83,84
		43	337,350,356,401,404,427,437
		45	173,176,200,205,402,423,435,448,486,533
		46	411,412,415,502,518,579,582
		47	47,48,170,184,302,491,644,695,696,697,698
		48	9,35,64,67,85,86,100,129,130,132,133,139,140,145,176,259,260,262,263,264,265,266,267,268,269,270,271,272,273,278,279
		50	63,65,66,72,545
フランコ		9	594
		16	81,84
ブランコ・ディミッチ		2	58
フランシーズ・カリー		7	172
フランシス・C・ルンド		20	245,246,261
フランシス・J・コスグラヴエ		20	78

人名	别称	册数	页数
フランシス・J・モレー	フランシス・J・マーレー	25	317,515
フランシス・アール・ミラード		41	389,390
フランシス・ウヲマスリ・クラーク	エフ・ウヲマスリ・クラーク	17	457
フランシス・スチイワート・ギルデロイ・ピゴット	エフ・エス・ピゴット	45	143,144
フランシス・スチューワート・ギルデロイビゴット		46	379
フランシス・スチュワルト・ギルデロイ・ピゴット		42	33
フランシス・デイ・ジー		27	239
フランシス・ハーゲルプ		1	118,172,190,205,224,240,332,349,366,393
フランシス・マクギヤラギイ		45	29
フランシスアラン・ジャーコブ		26	168
フランシスカ・ベルナルド・デ・ルナ		20	430,433
フランシスカス・ユスチナス・リイーマー		23	478
フランシスコ		20	199,200,402
フランシスコ・エル・テ・ラ・バラ	エフ・エル・テ・ラ・バラ	1	117,172,189,205,224,240,332,348,365,392
フランシスコ・カスティリォ・ナヘラ	エフェ・カスティリォ・ナヘラ	2	10,38,55,70
フランシスコ・カルモナ		20	80
フランシスコ・ジェー・デユアルテ		1	558
フランシスコ・デ・カリェイロス・エ・メネゼス	エフェ・デ・カリェイロス・エ・メネゼス	2	11,40,57,72
フランシスコ・プスタマンテ・ロメロ		1	553
フランシスコ・ヘンリケス・イ・カルヴァハル	ヘンリケス・イ・カルヴァハル	1	112,170,184,219,238,329,347,360,390
フランシスコ・ホセ・デ・ウルティア	フランシスコ・ホセ・ウルティア	2	7,35,50,67
フランシスコ・マガロナ		20	257
フランシスコ・ロペズ		20	116
フランシスジェームス		26	172

人　名	别　称	册数	页　数
プランスイング		24	631
フランスコ・ドマカット		20	211
フランセス・ベークノ・デイ		27	213
フランソア・ソカル		1	568,615
フランソア・ヒエトリ	François PIÉTRL	2	171
フランソア・ポンセ		35	90
フランソワ・タンギィ		27	509
ブランソン		22	321
ブランチャード・ヘンリイ・エム		27	216
ブランドン		24	365
ブランナ		27	258
フランリアルホーリング		26	508
プリ・マレイ・ウトズモルノズチ		34	303
ブリアトン		48	276
ブリアン		2	387,399,640
		3	442,444,449,457
		29	327,330,382
ブリアン・モリス・ジヨンス	B・M・ジヨーンズ	21	310,437
ブリーゲン		23	310
フリーマン・トマス・ヤイムス		27	232
フリーン		25	445
フリオ・カサレス		1	568,616
プリシラ		20	354,355,356
プリシラ・コスタス・ガルシヤ		20	346,348
ブリッヂズ・ションムス・アーウイ		27	223
フリッチマン	ブリッヂマン	38	89,186
フリッチュ		46	154
フリッツ・ライヘル		25	119
フリッツヘントリックロウパッティ	F・H・ロウパッティ	24	43,46
ブリディッシュ・カウンシル		46	368,370,377
フリマー		26	516
プリモ・クイント		20	150
プリモキントス		20	153
ブリヤーン		48	133
フリユーラー		27	26
ブリュタナー		23	645
ブリユツクレル		10	524

人　名	别　称	册数	页　数
ブリリトン		36	441
フリン		22	457
ブリン・ウエルホード・チャールス	Blinn Welford Charies	45	489
プリン・ナピーニ		40	331
プリンガデイ		24	165
ブリンス・ダムラス		31	209,216
プリンス・ロパノフ		29	169
フリント・ハワード・エイ		27	239
ブリンプ		25	480
ブル		23	133
ブルイズキン		14	55,56
古市		6	36
		15	471
		41	157
古市公城		4	166
ブルイリン		27	631
ブルー		50	141
プルー・オーグスト・ルイ・アルベール		27	473
ブルウアアーデアルトトラブイス		26	169
ブルウィンクル		24	117
布鲁斯		11	52
ブルース・フレーザー		1	15
ブルウダン夫人		27	510
古内		15	132
		18	334
古内榮司		5	236
古山勝夫		32	35,36,37,38,39
ブルートン・ロバート・エリス		27	223
古海		50	245
古川		27	459,460,487,491,579
古川清一		30	543,548,554
古川保		24	320
古川テイゾウ		27	653
古川正美		44	597
古川正之		18	296,299,302,324
古河マサユキ		13	470

人　名	别　称	册数	页　数
ブルクス・ウオーハクー二世		27	228
ブルクハルト・J		23	289
古鹿		27	168,169,170
古閑潔		5	297
古島長太郎	古嶋長太郎	40	200,221
古莊司	古庄司	40	317
古荘幹郎	古荘	4	160,218
		5	504
		6	27,202
		30	444
		42	623
フルステーフ		24	13
古田正武		31	353
ブルツクボツバム	ブルツクボバム	48	130,131,272,274,275
ブルッケル		24	436
ブルッセ	Blusse	23	667
		24	7
ブルトノ・アベラーヂ		29	432
古野伊之助	古野	42	430,431,432,435,436,588
ブルノー・シュルツ		1	565,614
古野繁石		18	323
フルバーレン		23	320
フルフテッガー		1	557
古村啓藏		4	183,202
ブレイヂィエル・グレン二世		27	230
ブレイト・ユージーン		27	213
ブレイン		22	439
フレィンアー		27	195
フレーガウラ・グアリ		27	240
フレーサー	フレザー	48	86,272
ブレーデイ・チャルズ・イー		27	228
ブレーブスト・ダヴル・ビ		40	211
ブレーヲー・パーカー・エイ		27	224
ブレクニー		34	102,137
フレストンドナルド・ウィリ		27	241
プレゼント・マグシノ		20	153
ブレッカー夫人		23	538
プレッセン		47	157

人　名	别　称	册数	页　数
フレッド・M・ブラック		20	69
フレッド・エフ・鈴川	フレッド・F・鈴川, Fred F. SUZUKAWA	5	385
		28	112
フレッド・トムラック		23	267
フレッド・ニーベルゴール		49	546
フレット・ブルニー		27	428
プレッリ・ギッセッペ	Prell Jiuseppe	45	489
フレディー・コスタス・ガルシヤ		20	346
フレデタク・ウィレムヘプスター		23	582,584
フレデリク・ラッセル・ドルビア		2	46
フレデリック・ダブリュー・ケーリー		1	397
フレデリック・チヤールズ・スチュアート	Frederick Charles Stuart	21	333
フレデリック・チャールズーバー	エフ. シイ. パー	17	405,408,409
フレデリック・テイー・サッス		27	124,150,183
フレデリック・ヒュー・バシフォード	フレデリック・ヒュー・バッシュフオード	22	111,242
フレデリックジョーン		26	171
フレデリックジョンウラード		26	171
フレデリックス・レオー・ダブリユウ	フレデリクス・レオ・ダブリュウ	27	213,217
フレヒドール		26	526,527
プレヤ・フレデリック・イー		27	212
フレンス・M・ナイト	F・M・ナイト	47	17,63
フレンチ		37	275
		38	90
ブレンマー		25	227
フロイド・イー・ブライネン		25	544
フロイド・ハーマン・カムフォート	Floyd H. Comfort, フロイド・H・カムフォード	25	178,289
フロイド・エフ・スピルマン		26	541
ブロウアー		24	237
ブロウトン・ジョン・ジョンジ		26	168
フロー		22	541
フロート・ワッセルディーク		23	470
フロオド・エフ・スピールマン		26	508
ブロシク		20	15

人　名	别　称	册数	页　数
ブロックドルフ		10	20
フロット		27	565
プロパ		7	39
プロフェリオ・マグシノ		20	153
フロホロフ		14	24
プロム		11	98
		24	236
ブロムベルグ		46	25,161
フロレタ		20	34
フロレンス・スタンレー		22	103
フロレンス・セールス		7	172
フロレンチノ		20	315
ブロンク		22	553,554
ブロンシュタイン		12	439
ブロンベルグ		9	310
不破博		41	257,258,263,264
フヲン・トワルドウスキー	フオン・トワルドスキイ	10	558,561
フン・カン・ユー		39	320
フンク		21	111
ブンタイシ		15	373
プンツギン・チョグドン		50	374,375,382,383,384,557
ブンデレル		23	250
フントブルック		10	622
フンベルト・コッテユゾ	エッチ・コッテユゾ	1	464,482,551,561

へ

人　名	别　称	册数	页　数
ベ・ジー・ド・コロボン	ベ・ジー・ド・コロガン	29	179,193
ペアーズ・テー・チーグラー		6	235
ヘイ		15	593,594,601
ベイーツ	ベイツ・ヘエイツ,ベクツ,ベーツ	7	14,100,104,166,234,265
べィカー・ウオレンピー		27	212
平郷健		9	276
丙克莊		6	605
幣次實議		32	317
ベイシル・シー・ダブリュー・ハート		45	144
		46	380
ヘイステク		23	423
ヘイスライーウイルバート		27	239

人名	别称	册数	页数
ヘイヂン・ローレンス		20	37
ヘイック・ハワード・エル		27	239
並不茂夫		5	256
ヘイホ		24	647
ヘイムスオステイエス		27	218
平林源一郎		5	249
ベイレイ・ジョン・エッチ		27	217
ベイレー	Bailey	22	267
ペイン	Paine	22	278,279,318
ベヴィン	Beuin	10	636
		46	413
		49	273
ベー・アー・キスリーツイ	キスクーチン	50	272,280
ペー・イー・グリバノフスキー		50	272
ベー・エル・エ・エム		11	537
ベー・シアン・バラネスコ		2	58
ペー・ジューヴレー	ジューヴレー	2	658,661,662,663,665,668,671,674,676,677,678
ベー・ダーメン		23	236,237
ヘー・ファン・スローテン		2	56
ヘーヴエル		34	482
ベーカルジョン		40	207
ペーク		42	500,503
ヘーケン・ノーマン・ジェイ		27	260
ページ・ジェームズ・エイ		27	228
ペース	ペイス	20	306,307
		21	1,2,3,4,5,6,11,15,17,19,20,21,26,29,30,32,33
ペーヂルセン・カルステン	Pedersen Karsten	45	490
ベーティー		43	212
ベーテル・エンゲルス		14	45
ベープ		27	8,9
ペーベー・バンドウラ		12	632
ベーラーツ・ファンテロッブランド		19	1
ベーリ・B・B		23	291
ベーン	Been	24	409,424
ペキニョ		1	557
ベケルス		23	320

人　名	别　称	册数	页　数
ペコング		20	204
ペシコフ		11	539
ベシユコツフ		27	537
ベシル・シー・ダブルュー・ハート		42	33
ヘス	Hess	25	464
ベスタロッチ		39	415,418,419
ベステル		22	447
ペスマン		19	309
ベセドフスキー		41	29
ペタン	Petain	10	662
		11	334
		48	61,255
ペチグリユー		34	310
ペチコフ	ペシコフ,Pechkoff	50	201,204,209,213,396
ペチユコフ		11	511
ペツーノフ		50	225
ベッキング		23	200
ベック		46	154
ベッグ		22	286
ペック		7	166
ペックアレックス		27	220
別府ヨイチ		27	651
ベックマン		23	435
ベッグ夫人	Mrs. Begg	22	273,282,292,293
ヘッサプチエッフ	Hessaptchieff	1	101
ベッツ		45	178
ヘッテイフアンデルレー		24	153
ヘット		23	275
ベットラ		9	271,278
ペッハー		37	205
ヘッバーン	A. Baston Hepburn	43	579
別府		23	141,162
別宮晉一		5	296
ベテマン	Bedeman	25	520
ベテル・フアロン		20	6
ベデン・トマス・ジェイ		27	212
ペトリ	Petri	23	667

人名	别称	册数	页数
ペトリー	Petry	21	136,141,142,143
		24	423
ヘドリック・ボン・オー		27	216
ヘトリック・ロバート・シー		27	216
ペトリン・リチャード・ハロルド		27	232
ペドロ・ジー・マテウ	ペ・ジー・マテウ	1	121,174,194,207,228,242,334,350,370,394
ペドロ・ゼイ・キャムポス		20	140,141
ペドロ・ペルナムブコ		1	464,482,551,561
ペドロ・ロペズ	ロペズ	6	168,170
ペトローフ・ボリス・アレキサンドロヴイチ	パトロフ,ヘー・ペトロフ,ベ・ペトローフ,ペトロフ,ベトロフ	11	556,567
		12	500
		13	120,124,657
		14	155,165,166,170,171,198,202
ペドロソ		24	265
ペトロパブロフスク		34	310
ベナンチギノ	Benanti Jino	45	489
ベニイ・ヴァレンチア	ベニイ・ヴァレンシア,ヴレンチア	25	484,486
ベニト・ムッソリーニ	ムツソリー,ムツソリ,ムッソリニ,ムッソリニー,ム,ムッソリーニー,ムッソリーニ	5	410,426
		6	244
		9	362,465,556,576,599,605,615,621
		10	382,648,650,651,656,657,659,661,664,666
		13	144,218,304,359
		14	80,88
		16	475,476
		28	553,556,563,621
		30	59
		33	256
		35	95,134,135,171,244
		43	299
		45	271,272
		46	37
		47	80,81,85,87,150,151,330
		49	512,513
		50	9

人　名	别　称	册数	页　数
ペニングトン・アーネスト・アル		27	216
ベヌア・ムシヤン		11	326,329,379
ベネチア		20	61
ベネチヤ		46	420
ベネット・ジヨン・シィ		27	213
ベネブイクト		26	539
ベノイト・ブリニシュティ	ビー・ブリニシュティ	1	463,481,542,550,560
ペマンダンガン		19	139
ベヨング		23	595
ベライア・アーサー・ジェイ		27	215
ベラク		13	474
ベラジオ・レイエス		27	609
ペラベシイ		25	86
ヘラルデウス		24	162
ベランが一・ジョージ		27	238
ペリー		21	436
ヘンリー・ドーラン・ジュニマー	Henry Doulan Jr.	45	487
ペリー・オ・ウィルコックス		26	614
ベリサリオ・ポラス	べー・ポラス	1	118,172,190,206,225,240,332,349,366,393
ヘリット・ヤン・シップ		19	302,306
ベル	Bell	22	245
ベル・バハドウル・ライ		22	14
ベルトラン	Bertrand	27	468
ベルゴテール・アントアンヌ・マリー	アントアンヌ・ベルゴデール，ベルゴテール・アントアンヌ，Belgodere Antoine，Belgodere	27	443,511,513
ヘルスマ・ド・ヴィス		29	402
ベルセン		24	563
ベルチャー	Harry Delcher	27	359
ベルチュ		24	35
ペルヅ	ペルズ	20	375,378,383,391,392,393,398,399,403,404,405,406,407,409,413,416,431,432
ベルテイマン		29	338
ベルト		2	658,661,662,663,665,666,667,668,670,671,672,677

人名	别称	册数	页数
ベルナスコ夫人		23	487,489
ベルナルド・ビクトル・エイ・ローリング	ベルナード・ビクター・エー・ローリング	1	53,55,66
ベルノン・ヴイ・ハリス二世	ヴェルノン・ヴイ・ハリス二世	20	291,292
ベルバハチョアレイ		22	93
ヘルフリッヒ		10	101
ヘルマン・E・ファイヤル	ヘルマン・E・フエイアル	25	175,271
ヘルマン・ウイルヘルム・ゲーリング	Helman Wilhelm Goering,ヘルマン,ヘルマン・ウィル ルムケーリング	9	480,482,615,616,617,621
		14	206
		15	107,109
		49	555
ヘルマン・ゲー・ラヴォニユス		2	53
ヘルマン・ホール	Herman Hall	25	287
ヘルマン・ゲーリング		49	546
ヘルマン・ダリンガ		24	420
ヘルムート・ヴオールタート		2	338
ペルリ		47	146
ヘルルーフ・ザーレ		1	550,560
ペレチエル		24	364
ヘレンヂャー		11	367
ペレティア		24	291
ヘレナ・ロドリゲズ		20	116
ベレラドフ		12	521,522,524
ペレラドフ・エウラムピー・ルーキヤノーウィチ	ペレラドフ・フェ・エル	50	214,215,218,219,220,228,231,232,233,235
ベレルツ・ファン・ブロックランド	ベーレルツ・ヴァン・ブロックランド・ベールエルツファンブロックラント	29	417,421,456
ヘレン・ヴアスクエズ・プラダ		20	82
ヘレン・クレムレフ		20	2
ヘレン・ケラー		30	240
ペロ		1	554
ベロニー		24	365
ペン・ケンドルフ		29	462
ペン・タシン		23	563
ドルフマン		2	664,665,666,667,668,670,672
ペング・ムスリム		23	599

人　名	别　称	册数	页　数
ヘンケ	Hencke	50	199,201
ベンサカン		20	269
ベンジアミンルカフォア		20	153
ベンジャミン・ジー・オーバリン		25	545
ベンジヤミン・ジヨージ・メープルバック	ビー・ジー・メープルバック,Benjamin Geoge Mapleback,B. G. Mapleback	21	505,507
ヘンセル		24	298
ベンダーソン	ヘンダーソン	9	452,456
		35	90,236
ヘンダーマルヴイン・ウイリアム		27	231
ヘンダスン・ボール・エム二世		27	226
ベンヂャミン・ボラド		20	2
ベンディアン・キートドッド		20	320
ベント・ハワード		40	212
ベントリーテーラー		24	559
ヘンドリック・ヤン・ハナ		23	478,481
ヘンドリックス	Hendrix	21	48,50,53
ヘンドリル・シュクールマン		26	173
ベンハミン・プリメリス		1	567,615
ヘンメン		11	379
ヘンリ・エス・ベランド		1	551
ヘンリ・エル・スチムソン	Stimson,スチムソン,Sttmson,スチムソン・ヘンリ	3	7
		5	326,366
		15	580,603
		16	583,597
		17	448
		36	289,487
		38	5
		47	301
		48	64,65,132,276,277,279,280
ヘンリ・エル・スティムスン	Henry L. Stimson	2	170,218
ヘンリ・ホレース・ポーレー	Henry Horace Pawley	25	467
ヘンリ・ラーブル・ヴェルネル		2	47
ベンリー		22	375
ヘンリー・L・スチムリシ	Henry. L. Stimson	16	47
ヘンリー・ヴァン・ダイク		1	448,458

人　名	别　称	册数	页　数
ヘンリー・エー・ドーラン	Henry A. Dolan, ヘンリー・エー・ドーラン・ジュニア, Henry A. Dolan Jr.	44	294,392,403,406,409,413
ヘンリー・エー・ドーラン・ジュニア	Henry A. Dolan Jr.	49	379,391
ヘンリー・エフ・マーシャル		20	215,216
ヘンリー・エル・ギール		20	203
ヘンリー・オースチン・ホクソースト	Henry A. Hauxiuust, ヘンリィ・A・ハクソースト, ヘンリィ・オースチン・ホクソースト, ヘンリー・A・オースチン, ヘンリー・A・ホークソースト, ヘンリー・A・ホークスハースト	8	467,468,469,470,471,472,474
ヘンリー・カポット・ロッジ	ヘンリー・カボット・ロッジ	2	114,121,130
		29	605,610
ヘンリー・キイズ		20	329,330
ヘンリー・ダラント		20	6
ヘンリー・チー・オーマチ	Henry T. OMACHI	25	555
ヘンリー・チユ		5	556
ヘンリー・ホワード	Henry Howard, ヘンリー・ハワード	1	98,114,171,186,204,221,239,330,348,363,391
ヘンリー・エリス・イシドール		26	173
ヘンリーキッターリングハム		24	469,552
ヘンリー・モウラン		26	169
ヘンリック		3	559
ヘンリック・カウフマン		29	536
ヘンリック・デ・カウフマン	デ・カウフマン	29	531,532

ホ

人　名	别　称	册数	页　数
ホ・カ・チャン		23	358
ボ・チエック		31	20
ボ・ト		22	70
ポ・ペイン・フニャウ		22	65
ホーア		3	73
ホアー		25	23
ボアエン		11	200
ボイス・デイヴ		27	238

人　名	别　称	册数	页　数
ボイスエヴエイン		24	11
ホイットフイールド		22	119,120
ボィフン・ロバート・ジョン		27	231
ホイラ		23	45
ボイントン		7	178
包		30	413
鲍		41	199
ボウ		29	193
ボウイー		22	300
逢維詔	Phung Duy Thieu	27	440
ボウカット・ドン・アール		27	238
ボウグ	Boge	27	418
法眼		10	371
法眼普作		50	540,542,543
葆康		30	583
方式濟		34	5
方志敏		33	200
方振武		33	200
ボウデン・チヤールス・エツ		27	212
ボウマン		24	568
ホウリ		22	194
鲍毓麟		2	586
ポウルエルマ・マーイ		27	220
ポウルス		23	462
ホウンベック		15	569
ホエクストラ		24	420,421,422,427
ホエジョエ	Hoejoe	27	419
ホエド夫人		23	323
ポエルブ		24	187
ホア		23	159
ボーヴアレツ	Beauvallet,ボーヴアレ	27	454,551
ホーウェネル夫人		23	319
ホーエル		22	523
ボーエル		41	47
ボーク	ボーグ,Bogue,Bourke	21	136,141,143,144
		25	524
		27	422
ホーグ・ジャツク		27	226

人　名	别　称	册数	页　数
ボーグネイヤー		23	195
ホークリン顔		29	421
ボージョング		23	408
ボースベーカ		24	301
ボーセン・ウリアム・エヴアレット	ボースンウリアム・エヴレット	27	233,236
ボーター		29	346
		47	635
ボーデイ		32	111
ホーティス・イー・マリケン,ホーティス・イー・マリケン		8	165
ボードアン		9	592
ホートン		29	328
ボーナー・ミルトン・ジェイ		27	228
ホーナデー		8	165
ホーノ	ヌーノ	13	634,639
ボーハールト		24	11,12
ホーマン		19	317
ホーム		22	287
ホームストロム・カール・ビーエ		27	228
ポーラ	Paula	24	433
ホーラン		27	258
ポーリータ		20	199
ポーリナ・ジユアン・ザバラ	ポウリナ,Paulina Juan Zabala	21	47,58
ホーリング		26	542
ホール		27	167,168,169,170,171,176,177,178,180,181,182,186,201,202
ホール・M・ミッチエム		27	331
ポール・W・マイヤー		8	26
ポール・アシユトン	アシユトン	21	149,150,151,152,153
ポール・イーマンス	Paul Hymans	2	155,160
ポール・エスレルガルド	ポール・エステルガルド,Paul Eostergard, Paul Oestergard	50	295,326
ボール・カムボン		29	462
ポール・ディニシェル	ポール・ディニシュール,ポール・ディニシェール	1	319,572,619
		2	12,40,59,73
ポール・ド・ヘヴェシ		2	9,37,54,69

人　名	别　称	册数	页　数
ポール・ドモルデル	ドモルデル	2	4,31,47,64
ホール・フロイド・エウイング		27	230
ボール・ボウ		29	179,193,402,421
ボール・ボンクール		38	98,219,220,221
ポール・マンセラ	マンセラ	21	171
ポール・ライト		30	179
ポールアルフレドスタンスブリー		24	470,567
ボールグレーブエブデンカー		24	401
ポールジョーンズ		24	569,571
ポールセフン	Paul Sftan	25	402
ホールムズ	ホームズ	21	391,393,397,398,411,412
ホーン		25	497
		46	257
ホーンバーガー・ドナルドエル		27	229
ホーンベック		16	7
ボカルダス・ワサンマール		20	7
補布	ツギ,ハッチズ	23	544
ボグード		23	643,644
ホクキアン・フィ		27	529
朴春琴		5	234
朴蜜純		29	220
ポクラチユーク・ウラヂーミル・セメヨノウイチ	ポクラチユーク	14	37,39
ポグラニッキー		12	394,396,397,398
ボクルイチユーク		14	24
法華津孝太		4	153,224,225
舒子		17	147,159
鉾立金哉	ホコダチカネキ	35	544
ボゴモロフ		50	229
保阪	HOSAKA	23	361
ホシ	Hoshi	22	132,133,135
ボシー		26	345
ボシイニイ・チルルオ	Bosini Chrlo	45	490
星井眞澄		5	239
ホシカ	HOSICA	21	232
星島	HOSHIJIMA	23	155,159,160,188,190
星島二郎		30	3
星島進		27	652

人　　名	别　　称	册数	页　　数
		40	279
星ジミ	ホシジミ，ホシジマ，HOSHIJIMA	23	111,112,118,123,135,136
保科善四郎		4	176
		45	408,413,414
保科禮一		15	121
星野梅子		16	557
星野一彦		5	299
星野毅子郎		15	124
星野直樹	星野	3	181
		4	129,173,226,293
		6	171,172,173
		7	461
		8	434,441,442,443,444,453,464,465,466,467,472,477,482,503,504
		10	260,262,268,271,276,282,295
		11	557
		12	1,8,52
		15	137
		16	290,292,312,437,583,600
		17	4,5,302,344,355,373,471
		19	333
		26	643
		28	442,443,445,446,447,448,449,450,451,452,453,454,456
		29	47,51,52
		30	3
		31	331,332,430,432,433
		38	506
		41	387,388,389,390,394,395,399,400,401,402,406,407,408,410,411,412,415,418,420,423,424,435,436,437,438,439,440,441,443,444,447,463,465,468,469,470,475,476,488,489,490
		43	437,544,557
		44	336,340,341,383

人　名	别　称	册数	页　数
星野直樹		45	203,204,283,310,448,466
		46	205,492,495
		47	261,668
		48	28,112,113,411
星野光多		41	394
星本	HOSIMOTO	21	232
ポスツマ	Postuma	23	381,424,425,426
ボスワース		50	183,184
ホセ・L・ホルキン	Jose L. Holquin	25	5
ホゼ・アルティコラ		20	257
ホゼ・ヴィラモール		20	259
ホセ・エス・パンジユリナン	ホセ・エス・パンゲリナン	15	355
		37	445
ホセ・ザバラ	Jose Zabala	21	57
ホセ・チブレ・マチャド		1	115,171,187,204,239,331,348,363,392
ホセ・デ・ラ・リカ・イ・カルヴォ		1	113,170,185,204,329,347,361,391
ホセ・ナブアロ		20	153
ホセ・パー・ラウレル		19	330
ホセ・バトレ・イ・オルドニュス		1	123,175,196,208,230,243,336,350,372,395
ホセ・ハバナ		20	178
ホセ・ヒル・フォルトウル		1	124,175,196,208,230,243,336,350,373,395
ホセ・ペリイラ・ダ・グラサ・アラニャ		1	449
ホセ・ヘルマン一世		20	4
ホセ・マリア・ラルディザバル		1	451,460
ホセ・ラマルシュ		1	437,446,450
ボセアイ・グリエゴ		40	209
ホセインビナブドラー		24	449
ホゼー・R・カルロス		20	77
細井		40	113
細井秀夫		15	118,130
細井外右衛門		40	219
細萱戊子郎		4	185,190
細川		10	137

人　　名	别　　称	册数	页　　数
細川		16	514
		17	251
細川護貞		50	604,605,607,608
細川若	若	18	500
細田		46	240
ホソタニ・ナホジ	HOSOTANI，ホソタニ，HOSOTANI Naoji	23	152,153,154
細谷菅子郎		18	273
細谷直次	細谷直樹，HOROTANI Naoji，HOROTANI，HOSOTONI Naoji，細谷ナオジ	23	36,150,152,153,154
細谷ナヲホ		27	646
細ヶ谷萱子郎		13	413
ポタン	Potin	27	572
ボチアル		27	501
ポチコ		14	28
ボチンガ		24	417
ボツ		27	416
ボッター		23	17,19
ボッチエ		40	442,443
ホッヂェス		23	40
ホッチシュイ・アーネス		27	239
ホツデ		7	170
ボツバス		46	597
		48	131
ポップ		22	287
ボツフ・ションセツ		27	236
ボッブ・マキルレイス	Bob Mcilwraith	25	468
ホツフステイ・エリ	ホツフステイ	27	258,261
ホッホマン	Hochman	25	459
穂積		43	271
穂積五一		5	288,293,295
穂積重威		43	548,571,582
		50	607
穂積七郎		5	297
ホドシマ・ナミチ		27	643
ポニーム		23	373
ボニファシオ・トウパズ		20	259

人　名	别　称	册数	页　数
ボノマレンコ		32	86
ボバム		9	292
ボビー・ホッゲス	Bobby Hodges	21	137
ボブ・ウィルソン	ウィルソン	7	14,19,37
ホプキンス		36	486
		37	309
ホブソン		22	96
		24	547
ポポフ		50	229
ボボフスキー		13	58
ボムフレー		23	291
ポムルケネス・ジェイ		27	229
ボラー		15	592
		16	594
ホラード		23	645
ホラシオ		20	185
ホランオラグスタス・エム		27	261
堀		15	472
		37	249
ポリ	Poli	27	560
ボリ・ドミニッグ	Poli Dominiqul,ボリ・ドミニック,Poli Dominique	27	445,516
堀合正身		5	299
ホリアナ・リカフォア・マグシノ		20	153
堀井		27	202
ボリース・ソモノワイッナ・グリワイッナ		20	4
崛井富太郎		13	407,450,451,452,457,475,559,560
堀井實		5	250
堀内		9	276
		11	399
		15	132
		16	612
		28	278
		34	485,511
堀内一雄		5	287,295
堀内義介		32	71

人　　名	别　　称	册数	页　　数
堀内謙介	堀内	2	331,382,383
		9	503
		11	403,417,418,419,634
		32	18
		36	11,16,155,246
		40	477
		42	205,221,222,224
		47	662
堀内茂忠		4	203
堀内竹次郎		31	19
堀内兵吾		39	263
		41	351
ホリウッチ		24	417
堀江		19	166,167
		27	19,22,136,139,142,149,162,166,179,184,201,210,211
堀江季雄	堀江	2	249
		6	40,95,303,309
		9	489,500,503,509
		10	261,282
		11	291,342,355,359,475
		12	2,8,17,22,35,39,42,47,49,52
		13	266,278,281,282
		15	415,417,419,423,426,430,436,441,447,450,458,463,466,472,498
		17	253,472,477,478
		18	347
堀江秀雄		4	171
		14	510
		41	144,155,158
堀川秀夫		5	238
堀切		6	39
堩切		35	320,324
堀切善次郎		4	108,172
		29	107
		30	3
堀切善兵衛		43	323

人　名	别　称	册数	页　数
ボリス・アレクサントロヴイッチ・ペトローフ	ボリス・ペトローフ, B. Peteov, Boris Alecsandr Ovich Petrov	11	646,653
ボリス・フイリッポヴイッチ・ゲッツ	ボリス・ゲッツ	29	248,254
堀宗一		5	250
堀田		3	295
		15	472
		45	346
		47	70
堀田正昭		2	235
		9	523,535
堀悌吉		4	176
		30	531
堀之内謙介		3	9
堀場		49	287
堀場一雄		15	114,118,127,129,131,132,133
ボリメ・ワン・アメル		27	231
堀雄一		15	118,128
堀義貴		30	268,269
		32	58,70
ホルヴァト		2	453
		11	530
ボルグマン		24	244
ホルシャウサー		27	257
ホルショウサーバンエッチ		27	260
ボルズ		35	109
ホルスト	Horst	23	391
ボルストラップ		24	407,408,409,415
ホルスン・トルースラー・ジョンスン		30	515
ボルソエ		49	570
ホルダイ・ハワード・エイ		27	227
ボルチエ	ボルツエ	10	360,520
ホルト		6	234
ボルト・ローラン	ボルト,Porte Laurent,Porte	27	457,458,562
ポルトニヤギン		11	539
ボルトワガル		29	338

人　名	别　称	册数	页　数
ボルドン		29	382
ホルヘ・ウネエウス		1	435,437,445,446,449
ホルヘ・ホルグィン	ホルベ・ホルグィン	1	111,169,183,203,218,237,328,346,359,390
ホルワット		12	151
ホルンボルステル・A		23	289
ホレェス・ポーター	ホレエス・ポータ	1	107,167,179,201,214,236,327,345,355,388
ホレース・ランボルド		1	319
ホレース・ランボルド		2	5,32,47,65
ボレヘムビンブラヒム		24	447
ホレリア・マグシノ		20	153
ボレル		29	338
ボローウンアス二世		27	216
ボロシロフ		13	55
ボロジロフスキー	ボロヂロフスキー	12	150,151
ホロハン		50	179,180,181,182
ホワード・エルテイングジュニア		8	147
ホワイト	White	21	247
		22	133
ホワイト・クレイトン・ジェイ		27	215
ホッイトマン	Whiteman	23	166,178
ボワッ・ウオタール・シー		27	216
ホッブス	Hobbs	22	137
ホン・エチ・ヂアンスリガー		8	145
ボン・キム・アン		23	358,359
本郷		15	136
本郷義夫		4	136
ホンジ・マタギ		27	660
本荘一雄		30	337,339,340
本荘繁	本荘,本庄繁,本庄	2	409,517,520,527,530,531
		4	134,170,217
		5	373
		6	50,53,599,605,612
		8	437
		11	533,564
		12	166,167,168,169,171,224,402,482

人名	别称	册数	页数
本荘繁		14	128,129,131,177
		23	330
		26	445
		28	27, 74, 75, 158, 171, 267, 268, 314,358
		29	127
		30	338,341,342,344,347,365,378, 379,382,383,384,386,387,390, 391,392,398,400,402,406,408, 430,488
		31	40,42,43,46
		32	553,555,557,558,559,560,564, 565
		34	94
		41	15,17,418,419
		42	553,558,559,561,563,564,569, 572,573,574,575, 576,577,578
		43	246,249,273,472
		45	55,87,95
ポンス		20	70,71,72,73
ポンセー		9	592
ホンソ		29	417,421
本多		11	221,222
		15	132
		19	174
本田		12	42
		22	299
		25	220
		27	18
		42	123,124
		50	167,169
本多熊太郎		5	230,231
		31	366
本田熊太郎		15	128
ボンタゲカ・ジョウ・シン		27	261
本多重雄		15	118
本田忠雄		32	100
本田槙助		8	29

人名	别称	册数	页数
本多政材		44	240,241,243,244
ホンドウカスマ		27	651
ボンドレセック		27	258
本野		29	232
本野一郎	I. MOTONO	1	99
本野盛一		2	55
本間		5	2,40
		7	220,242,245,273
		26	111,117
		40	21
		42	357
本間精		5	287
本間憲一郎		5	238,255
		28	5,43
本間雅晴	本間	13	406,462,568
		20	113,401,433
		21	111,112,117,154,161
		27	126
本間吉太郎		32	317
ホンリイヤンチュイ		25	35
ポンリット		29	432
本領信一郎		49	634

マ

人名	别称	册数	页数
マ・サン・チーン		22	2,31
マ・チャン・タ		22	30
マ・チン・チェン,マ・チン・ヂェン		7	116
マ・リアンツエ		7	119
マーガレット・ローレンス		7	172
マーキュリ・フランシス・ビー		27	212
マーク・ピーター		21	196
マークス		23	281,282,285,287,288,292
		24	442
マーゴウト・チエッツイー	Margot Ghezi	20	349
マーサー		25	139,140,145,146
マーシャル		6	232
		29	564

人　　名	别　　称	册数	页　　数
		36	199,289,392,435,436,437,438,440,441
		37	274,275,280,282,288,292,293,295,299,300,301,302,303,304
		46	519
		48	279,280
マーシャル・イー・フイールド	Marshal E. Fields	25	229
マーシヤル・エス・ホール	マーシヤル・S・ホール	45	179,180,182
マーシャル・コリンズ		48	264
マーシャル・シドニー・シェルハート	マーシャル・S・シェルハート,マーシャル・エス・シェルハート,Marshall S. Shellhart	25	280,301,416
マーシヤル・ハート	ハート	21	109,110
マーシュー・リャンコン・ファット		23	67
マアシヨン		27	195
マージョン・マーウィ・ウィリアム		27	230
マーチン		27	426
マーチンズ		24	264,265
マアチン左恆吉	Martin Tso Him Chi	22	276
マーツセン		24	431
マーツヤル・ヴアインズ		7	170
マーテイレ・ウオルター		27	214
マーテイン	Martyn	21	141,144
		46	536
マーテイン・ストロング		27	601
マーテイン・フランシスコ		20	213
マートル・ビーミルス	マートル・B・ミルズ	17	8
		38	514
マーニラン・ジャード・ジェー		27	227
マーフイ		36	389
マーフィ・D・V		23	291
マーフィ・ジョンージ・アル		27	226
マーフオー	マーフィー	27	95,127
マーリーエイチ・ウィルヘルム	マルタ・エイチ・ウィルヘルム,マルタ・H・ウィルヘルム,マーサ・エイチ・ウィルヘルム	49	256,258,260,263,266

人名	别称	册数	页数
マアリス		27	256
マールイー・マックアム		26	508
マールヴィン・ダブリュ・ウイル		17	433
マールマン		6	230
マーロフ・ビン・アブダラー		23	75
マイカエル・ジェー・ロバートソン	マイケル・J・ロバートソン,マイケル・ヂェー・ロバートソン,Michael J. Robertson	25	281,319,525
マイカル・ホーガン	ミカエル・ホーガン,Michael Hogan	22	276,311
マイクル・マクホワイト		1	464,482,555
マイケルソン		29	344
マイケル・ロバート		26	171
マイスナー		13	130,140,304,672
マイセル		49	559
マイダ		24	627,628,629,630,631
マイヤー		23	482,483
マイヤーズ・リチャード		27	240
マイヤー・トラップ		26	173
マイルズ・ラムプスン		46	342,352
マイルフト		24	451,453
マイルル		24	299
マウーリン・ア・イ	マウーリン,ア・イ・マウーリン,エイ・アイ・マウーリン	12	355,358
		13	113
		30	454
		34	265,324,328,331
		50	331,367
マウタ・オナルド	Mauta Leonard	25	6
マウドウー		24	442
マウリシオ・ロペス・ロベルツ・イ・テリ	トーレエルモサ	2	8,36,52,68
マウリス・ラヴ		45	109
マウリッツ・カーレル・ヤコブ	ヤコップ	23	321
マウン・アヰエ・コ		22	233
マウング・キイ		22	6
マウング・タン・マウング	MG THAN MG	22	77
マウング・ツン・ショウエ		22	6,62

人　名	别　称	册数	页　数
マウングアイエ・コ	Maungaye Ko	22	207
マウントバッテン		35	114
前川數馬		30	543,554
前川ヘル吉		27	643
前田		5	2,40
		10	136
		12	495
		19	457
		24	630
		27	663
		29	108
		43	317
前田一男		25	560
前天卯之助		35	326
前田和夫		20	273,274
前田勝二		15	121
前田克巳		15	118,128,134
前田虎雄		5	239,252
前田善治		5	288
前田正		41	79
前田多門		4	116,597,602
		30	3
前田仲吉		5	250
前田稔		4	206
		50	581,582,584,585
前田米蔵		4	120,124,125,126
		9	488
		15	409
		30	3
		41	141
		44	323,330
前畑テカラ		27	652
マオリ		25	146,147
マカアンダル		20	269
向義法		5	298
マカオンダス		20	269
間片英彦		46	12,13,14,15
マカッサル		27	271

人　名	别　称	册数	页　数
マカノ		27	178
マカフィー・ラルフ・テイ		27	224
マカプディ		20	269
マカランドング		20	269
マカレンコ		12	468
眞木		26	23,47,67,187,201
		44	302
マキアベリー		10	288
マギー	ジョン・ジー・マギー	5	
		7	20,27,28,45,83,84
眞木和泉		28	151,167
マキウチ		23	295,296
牧賢二		5	286
マキシマ		20	198
マキシミリアン・リーメル		2	46
マキシモ・マングバット		20	150
マキシモ・ルカフォア		20	153
マキシン・ビー・ステイット		21	147
牧田		38	537,538
牧田覚三郎		4	191
牧野		5	231
		10	136
		12	600
		13	634,639
		17	460
		24	431
		48	333
牧野朝彦		5	297,298
牧野伸顕	牧野	3	607
		4	64,132,133
		5	383
		28	54,58
		42	112
		43	181,183,192,212,222,229,236,240,242,250,318,483,494,496,525,545
		47	207,233,238,453,660
槙原覺		48	259

人　名	别　称	册数	页　数
マキヒデキ	Hideki MAKI	21	252
牧山		24	240
牧村愛三		25	560
牧村慶治		44	418
槙山		44	323,330
マキリナ・ハヴイエ		20	151
マキンタイヤ・ジョン		27	216
マキントッシ・ジョンジー二世		27	219
マクアーサー	マッカーサー,マックカーサー,McArthur	21	52,53,250,252
マクイネス・トマベ・エル		27	240
マクギルブレー		42	510
マクグラス		46	370
マクグレガー		25	67
マクゴリー・ジェームス・ミゼフ		27	224
マクシム・マクシモヴィチ・リトヴィノフ	Litovinov M. M. ,M・M・リドビノフ,M・M・リトヴィノフ,エム・エム・リトヴイノフ,リトビイフ,M・M・リトヴイノフ,リトビノスリ,リトヴィノフ,エム・リトヴィノフ,リトビノフ	12	605,608
		13	32,36,37,38,61
		29	496,499,501,502,510,513,515
		33	353,354,362,375,400,401,431,452,458,462,463,464
		34	349,352,354
		42	64,79,81,174,175,176,177
		46	364,365
マグダレナ・カリーロ		20	259
マグダレノ		20	201
マグダレノ・ヤバラ		20	201
マクデアームド		24	401,402,403
マクドーナルド		38	107
マクドール	McDole	21	136,137,141,143,144
マグドール		27	422
マクドナルド		3	31,43,44,45,48,51
		47	330
マクフイー	McFee	21	225
マクマハン・ジョウ・エイ		27	260
マクマホン		24	426
マクマレー		31	524,530,534
マクモーリス		27	253
マグルーダ	マグルーター,マガルーダー	36	218

人名	别称	册数	页数
		48	86,130,131,271,274,275
マグルーダー	Magruder	49	418
マグレゴール		22	199
マクン・バノンデイオンガン		20	34
マコト・エム・キムラ		5	221
マサートン		29	332
マサオ	マサヲ	20	283,286,287,288,289
麻生勝利		5	300
眞崎		18	491
		43	209,212,213,240,249,250,251,252
		49	469,634
眞崎甚三郎	眞崎	4	156,158,217
		5	215,230,383
		28	30,77,377,379
		30	68,444,447,448
		41	98,99,104,105
正木昌之		5	240
牧野梅太郎		40	200
マサン・ウオタトダブリユウ		27	219
マシー	マシノー,Massino	21	294,358
マシグリ	マシグリー	3	292
		46	415
益田兼利		32	369,372
マジナル		40	262,281
マシブシ		25	119,120,122
マジモト		25	37,38
マシヤルア・ブイング		27	240
マシュー・デービット・モンク	マシュー・D・モンク,Matthew D. Monk,マシュー・デー・モンク	25	281,311,482
マシュース	L・O・マシューズ,マッシュウズ	23	114,115,122,126,127,128
マジュウス・ジョウル・エム		27	216
マシユクアリ		24	625,626
マジュサ		23	91
マシュシ		25	64
マジュタ		23	82

人名	别称	册数	页数
マジリ	Majiri	28	474
マスキ		23	31,85
マスギ		24	69,70
マスキイ		23	161
增澤毅		5	240
增思		31	360
マスダ		23	86,87
增田		23	96,97,98
增田		30	76
增田盛		15	126
增田政治郎		5	256
增樋		30	581
マスドグンソー,マスドクンソー		25	70
マスムイン		19	293
マスラコフ・マーベイ・プラトノヴィチ		12	475
マセイ		20	204
マセット	Mussett	25	469
マゼラン		36	420
マゼルム	Mazerm	27	443,512
マソ・マシヤル	Massot Marti	27	447
亦三土		41	23
マタマン・セミヨノフ	マタマン・セミヨーフ	29	427,428
マダム・トレー		23	277
マタリ	Matari	25	57,58
マダリ		23	411
マダリアガ		3	414
マチウニン		33	324,327
マチグチ		23	33,104
町尻量基		4	174
マチスタ		21	38
マヂスッラーティ	Magistrati	9	584
町田忠治		2	2
町田稔		15	119,130
マチモト		25	45
マチルデ		20	366
松		17	279
		27	442

人名	别称	册数	页数
マッアガサ		19	293
松井		5	40
		7	344
		8	627
		11	354,474,477
		13	175
		14	136
		29	95,99,107,114,120,125,132
		41	75
		42	401
松井石		49	634
松井石根	松井	4	136,217,372
		5	283,287,293,295,525,527,535
		6	131,132,161,162,163,164,165,167,173,174,175,176,177,179,181,182,183
		7	239,242,270,273,308,310
		12	155,401,494,500
		16	583,600
		17	392,470
		26	643
		32	226,227,231,233,234,235,236,239,244,248,313,314,315,487,491,493,494,495,496,497,498,499,501,502,506,538
		42	271,534
		43	254
		44	383,486,498,501,502,509,510,513,514,515,524,525,529,530,531,532,533,538,539,543,545,546,552,553,554,555,556,561,572,575,576,579,581,582,583,587,588,590,591,592,593,596,597,599,600,604
		45	255,256,257,258,398,455
		46	59,60,78,79,80,84,205,495
松井亀太		5	250
松井慶四郎	松井	4	169

人　名	别　称	册数	页　数
		6	302
		9	487
		10	137,259,280
		13	264
		16	303
		18	333,341,492
松井七夫		5	284
松井知		40	224
マツイス・ヒューバ	マツイスヒューバー	9	90,91
松井成勳	松井	43	254,309,525,544,551,557
松井多久郎		9	276
松井太久郎	松井	4	138
		31	463,495,497,500,502,506,517,541,568
松井得平		30	100
		31	35
		34	394,399
松井文子		44	597
松井義文		25	392
松岩		16	541
松浦		11	340,353
松浦サカヘイ		13	488
松浦勇夫		5	253
松浦九州男	松浦	14	101,115,116
		34	84
		49	331
松浦三郎		40	196
松浦覺		25	189,193
松浦鎮次郎		4	116,169,170
		6	302
		9	487
		10	260,270,280
		13	265
		17	470
		18	333,342,393
		30	3
松浦四郎		4	225
		35	543

人名	别称	册数	页数
松浦藤三郎		5	297
松浦義教		5	250
マツーリ		29	402
松尾		5	378
松岡		12	402
		15	105
		18	459,460,461,506,518,519,520,522,524,525
		23	319,324
		24	140,238
		26	48
		41	28,420
松岡イトジ	MATSUOKA	21	86
松岡ケンロウ		22	83
松岡八郎衛門		22	376
松岡康毅		3	606
松岡洋右	松岡	2	302,303,304,305,318
		3	9,239,247,250,251,261,262,263,264,266,268,269,278,280,281,282,291,292,295,300,301,302,312,315,317,318,319,321,322,323,329,330,331,345,346,349,350,351,352,353,363,365,367,370,371,372,373,374,375,383,384,385,393,394,402,403,404,405
		4	105,128,144,149,212,380
		5	91,92,208,325,458
		8	443,444,448,449
		10	156,159,162,196,197,198,208,209,228,230,231,260,261,263,264,265,267,270,271,272,273,274,275
		11	100,112,114,115,120,124,125,131,133,145,147,148,151,163,166,180,184,185,194,197,198,206,207,232,243,244,247,248,257,258,259,270,271,273,274,

人　　名	别　　称	册数	页　　数
松岡洋右			288,290,299,309,381,403,404,405,409,417,418,419,421,425,433,448,474,475,476,477,557
		13	129,130,134,136,139,140,198,199,200,216,242,243,249,251,252,260,264,272,275,276,293,294,296,302,304,305,306,307,308,309,313,314,315,316,317,319,320,324,325,326,329,330,335,362,654,671,672
		14	180,181,182
		16	115,183,184,188,231,235,237,239,290,291,294,295,297,298,299,300,301,302,303,305,306,307,308,309,310,311,314,315,316,317,318,321,322,326,327,333,334,335,340,343,346,347,349,351,353,356,360,363,365,366,367,371,374,376,379,380,382,383,384,388,389,391,392,394,401,402,408,411,425,428,430,431,432,442,443,444,449,462,463,472,473,476,477,501,502,515,541,542,543,558,559,560,565,570,571,572,573,574,575,576,577,578,579,580,583,600,623,631,633,634
		17	2,6,15,25,27,33,122,162,163,254,392,503
		19	8,66,99,100,101,102,104,111,112,115,116,117,118,120
		26	643
		29	132
		30	3
		31	1,2
		34	52,273,274,411,455
		35	11,14,15,16,17,18,47,51,100,101,103,106,107,108,133,139,

人名	别称	册数	页数
松岡洋右			140,141,142,144,145,146,154,155,156,159,163,164,167,169,170,177,178,179,180,181,210,211,212,213,217
		36	105,116,117,232,240,452,455,462,463,505,508
		38	338,340,356,357
		40	349,350,351,352,353,354,355,357,358,359,360,361,362,363,364,365,366,367,368,369,370,371,372,373,374,375,379,436,440,441,442,443,444,452,453,454,464,465,466,467,468,469,471
		42	35,369,370,371,385,386,388
		43	210,211,323,324,325,326,327,328,329,330,334,335,336,337,340,341,342,343,344,345,347,348,349,350,401
		45	169,170,192,200,275,401,446,447,529,531
		46	184,186,187,188,189,190,191,193,197,205,239,240,245,368,372,373,374,375,377,382,384,385,386,393,508,581,582,585
		47	40,50,53,56,91,92,93,94,95,96,103,104,106,159,160,161,162,372,376,466,471,477,483,484,489,549,563,564,569,578,579,597
		48	2,18,24,25,26,27,28,29,32,37,41,44,45,48,49,50,51,56,59,61,72,88,98,245,407
		49	255,547,549,550
		50	206,207,265,548,573
マッカーサー	Macarthur	49	418
マッカーシイ		40	307
松方		43	234

人　名	别　称	册数	页　数
松方正義		4	11
マッカラム		7	37
マッカリスターエマクエリエイ		27	216
松川清	マツカワキョシ	27	666
マッキ	マッキー	10	151
		47	20
		50	347,353
マッキイ・ジョンダブリユウ		27	219
松木俠		31	76,77,97,98,99
		41	398,399,403,404
		50	245
松菊		29	128
松木次英雄		25	392
マッキュウ		22	439
松木良勝		5	294
マツキンセイ		21	83
マック		24	101
マック・カーデイ		22	283
マック・ダーメソトエドワド・ヴイ		27	219
マック・ダニエル		32	247
マック・マナス		18	200,212,218,223,246,251,262
マック・レー		21	437
マックヴェー		29	330
マックカーン・J		21	327
マックカニ		26	539
マックギリヴレエイ		50	181,182
マックス・R・ジョス	Max R. Joss	26	481,498,631,638
マックス・R・トン	Max R. Ton	21	257,262,266,270
マックス・グラスリー	グラスリー,グラシスリー	1	8,10,12
マックス・フーバー		19	1
マックス・フーベル		1	123,195,230,335,372
マックス・ベスタロッチ	マックス・ベスタロッチ,ベスタロッチ,ベスタロッチニ,マクス・ベスタロッチ	40	293,327,328,329,331
マックス・ラルフ・ニク		27	219
マックスアールフヲッス		27	76
マックスアルジョス		26	631,638

人　名	别　称	册数	页　数
マックスウエル		36	191
マックスパートン		25	402
マックスペスタロッチ	ペスタロッチ	42	500,501,502,503,504,505
マックダノー		23	129,131
マツクデール		27	426
マックナブ		24	88,108,109,110
マックファーソン	マックファースン	22	316
		23	282,284,285,286,290
マツクファーソン・ウィリアムエイ		27	259
マックフィー		26	534
マツクマハン		27	257
マックムリ・タロイタシー		40	210
マックロウリン		16	94
マッコイ		41	198,199
マッコーイ		30	374
松言イッシ		27	654
松阪時彦		50	464
松阪廣政	松阪広正,松阪	4	114
		9	503
		30	3
マツサキ		24	278
松崎	マツザキ,MATSUZAKI	20	227,229,243
		22	136
松崎彰		4	199
松崎四方吉		40	195
松澤		31	176
松澤龍雄		45	97,124
マギシ	Matshi	25	414
マッシグリ		38	109
松下		17	459
松下芳一		5	241
松島		3	295
		25	32,35
		33	361,416,428,458
		46	140
		47	28
		49	566,567
松島鹿夫		50	586,587,589,590

人　名	别　称	册数	页　数
松島シヤクニ		50	283,284
松島藤三郎		25	36
マッシュバー		23	545
マツタ		25	49
マツダ	MATSUDA	25	413
松田		3	365
		6	39
		15	141,144
		39	414,418
		40	168
		49	288
松田	マツダマサヲ	27	663
松田ケンヂ		27	648
松田タケイし		27	654
松田タケエ		27	650
松田ブイチ		27	654
松田ブナダ		27	649
松田彰		2	55
松田今輔		41	413,478
松平		5	436
		11	527
		15	420
		16	436
		27	19
		29	101,107,112,124,125,127,421
		42	271
		47	483
松平紹光		25	560
松平恒雄	Tsuneo Matsudaira T. Matsudaira,松平	2	174,219,230
		3	21,22,23,24,25,26,30,34,42,44,47,49,50,51,52,53,60,262,290,329,330,331
		4	69,133
		10	136,139,141,155
		16	515
		38	94,101,102,108,109,111,118,130,205,267

人　名	别　称	册数	页　数
松平恒雄		43	250,251,253,307,308,309,315,318,320,376,381,383,437,445,456,457,482,553
		47	60,61,644,684
		49	531
		50	407,414,420,596
松平昭光		5	250
松平康昌	松平	10	147
		17	25,28,142,145,146,147,153,251
		18	408,491
		37	209,210,218,220,221
		42	379,382,383
		43	253,311,339,340,348,382,393,453,454,456,457,460,476,480,508,509
		47	274,535,538,539,563,684
		49	430,497,506,517,524
松田源治		4	115,574
		14	497
		15	470
		27	208,209
		30	3
松田瀬勛		29	111
松田正久		3	607
		43	234
松田千秋		15	117,127,129,131,133,134,219
松田亭		25	392
松田禎輔		5	234
松谷		43	509
松谷盤		5	288
松平慶民		4	133
松平康春子		29	132
松平康東		33	377,379,380
松田令輔		4	223
		31	307,383,385,387,400
マッチモード		24	173
マッチン・シイフレデリク・エス		27	223

人名	别称	册数	页数
マッツエラ・パスクエラ	Mazzella Poaguale	45	489
松富致		4	166
松本政一		5	300
松中		39	431
松永		15	472
松永五郎		5	299
松永壽雄		5	287,295
松永次郎		46	445
松永貞市		46	445
松永正義		25	560
松野鶴平		4	125
		30	3
松野弘		5	285
松延繁次		5	232,233
		28	7,58
松葉シヨキチ		27	650
松葉ショ吉		27	647
松橋健三郎		40	216
松林タケヲ		27	655
松東ビデヲ		27	642
松宮		41	143
松宮順		2	305,318
		11	403,420,448
松村		13	633,638
		13	646
		49	633
松村謙三		4	116,117,122
		30	3
松村秀逸		46	297,298,301,302
松村ススム		4	151
松村介石		28	48
松村知勝		14	104,149,153,154
		34	137,144
松室		15	471
		25	460
松室孝良		5	533
松本		5	284
		6	387,388

人名	别称	册数	页数
松本		11	341,354,475,483,491,492
		12	22,34,36,38
		14	129
		15	137
		22	318
		27	18
		37	180
		43	330,451,553
		50	13
松本	マシモトアキヲ	27	664
松本角平		5	255
松本勝三郎		5	298
松本國雄	松本クニオ,松本	24	304,305,306,307,332
松本健次郎		35	542
松本作次	松本	38	536,538
松本佐太郎		5	250
松本俊一	松本	10	260,282
		13	266,271,272,274
		16	290,308
		17	253,254,472,475
		18	334,343
		19	334
		38	544,549,550
		40	378,379,381,382,404,440,441,442,443,444,445
		47	104,443,447,448,504
		50	495,500,501
松本蒸治		4	131
		30	3
		35	372
松本小將		5	416
松本トウソロ		27	645
松本學		5	445
松本毅		4	186,208
松山		45	352
		46	24
松山セイイテ		27	656
松山茂		4	162

人　　名	別　　称	册数	页　　数
マツリエルロィ・セイムス・ジョン		27	232
マッワ・ファーカー		22	306
松隈		10	261,282
		11	475
		15	135
		16	290
マテイ・パルマ		20	168
マテー・エストレラ		20	80
マテユラン		27	565
マト・ウアィ・エドワード		27	231
マドエラビンメスデイ		24	646,648
マトコフスキー		12	598,599
マトソッブ		40	260,262,278,281
マトソッブビングンガオ		40	269,288
マドック		22	475
マトバ		27	184,186,190,191,192
的場末男	的場	27	150,193,194,195,199,200,202,203,204
的場本雄		27	125,129,130
マナソン・アルデン・ガーチス		27	236
眞鍋		27	663
マニュエル・ブランコ		37	442
マヌエル・エム・デ・ペラルタ		1	436,445
マヌエル・ガルシア・デ・アシル・イ・ベニート	マヌエル・ガルシア・デ・アシル	1	437,446
マヌエル・サングィリー		1	111,169,183,203,218,238,328,347,360,390
マヌフッ		24	44
眞野		11	354
		13	265
		16	309
		17	470
		18	332,333,343
眞野五郎		14	115
間野俊夫		15	119
眞野文二		4	169
マハーリン		50	287,288
マヒ		24	649

人　名	别　称	册数	页　数
マフクマレー	マックマレー・マクマレー	29	381,385,395,401,416,420,431
マフヤグ		20	19
マホメッドアクラム		24	378,383,388,389,390
マホメッドアフサー		24	392,394
マホメッドシャーフィ		24	381,383,384,385,386
マホメッドデイン		24	389,390
マホメッドハッセン		24	378,383,384,386,391,393
マホメッドラムザン		24	393
マホメド	マホメッド,Mahomed	23	26,49
継田		27	472
正松田彰		1	319
マミア		27	334
マムド		22	375
マムリナ		12	500
眞室		15	409
マメルト・ピノ		20	43
マヤマ		24	43
眞山寛二		47	271
黛治男	黛	13	412
		18	271
		27	384
マラーハロルド・シィ		27	213
マラシー・フランクリン		27	213
マラス		2	335
マラブンガ	Malabunga	25	9,16
マリ		20	201
マリ・ウスキ・ハーナードエイ		27	214
マリア		20	150,151
マリア・ヴィラヌエヴア		20	153
マリア・カステイロ		20	153
マリア・カソーラ		27	480
マリア・キヤムポス・ロペッズ		20	140
マリア・チエジイ・ガラタス		20	366
マリア・メルンデス・クリストバル		20	13
マリア・ルカフォア		20	153
マリア・ロウドス・ベラ		20	62
マリア・ロンカール	マリー・ロンカール	20	397,398

人　名	别　称	册数	页　数
マリアノ・A・イエンコJr.		20	254,260,261
マリアノ・デル・ロザリオ		20	117,123
マリアノ・バヤラス		20	191,192
マリアノ・リム		20	227
マリアン・A・リンハート	Marian A. Linhart	26	445
マリー・ジャクット・ブリカン		27	509
マリエザー		24	418,419
マリオ・インデルリ		10	331,333
マリオ・ペルッチ		2	54,70
マリグリット・バルド		27	498
マリス・リー・エム		27	260
マリチヤー		26	158
マリヤ・ルイサ・ソテロ		20	349
マリヤマ	MARIYAMA	25	508
マリレス		50	184
丸岩雄		5	250
マルキオリ		32	111,129
マルキス		50	231
マルク・ライトマイエル	ライトマイエル	2	4,31,47,64
マルクス		28	589,633
		33	227
マルコム		8	35
マルコム・テレヴィンニュ	マルコム・デレヴィンニュ	1	464,482,543,551,561,566,614
		31	208,215
マルシ		24	94
マルシャル・ド・ビーベルスタイン	Marsohall de Biebersteln, Marsohall,マルシャル	1	167,201,213,235,326,345,354,388
マルスラン・ペレ		1	113,170,186,204,220,238,330,347,362,391,437,446,451,459
マルセリアノ・ヴァルガス		1	111,328
マルセリノ・エステイヤダ		20	288
マルタ・W・コウレン		21	127
マルタン		2	286
		11	135,173
		27	501
		50	395
マルチャーノフ		50	295
マルチン・C・ハイン・ジュニア		20	79

人名	别称	册数	页数
マルチン・イヴアノヴイチ・ラッイス		29	311
マルテイヌス・ブラヒム		23	322
マルテイン	Martin,マルチン	22	187
マルドーン・ジェームス・ダブリュウ		27	217
マルフレド・ファルシオニ		1	555
丸山達平		5	252
丸山鶴吉		35	543
マレイ		17	418
マレー	Marray	23	139
マレー・クラサー	Murray Glasser	25	437
マレンス・エイ		27	213
マロウ		6	152
マロエラップ		27	84
マロン		25	480
マワケンゼン	Mackensen	49	622
マワタリ・クニヨシュ	MAWATARI Kuniyosh	25	59
マン・デン・ホーヘンバント		19	292
マンエフスキ・エトワード		27	233
マンガレン		23	614,616,618
マングバット		20	153
マンゴ		27	427
蕢鴻埠		30	582
萬國賓		30	393,394
マンゴンダツ		20	269
マンシィ・カーン		24	383,384
マンスイーリ	マスイグリ	29	382,386,396
マンズド・グラーフ		24	364
マンスフイルド		24	420
マンスフヰルド		23	49
マンセル・F・L		23	291
マンソン		13	613
		26	158
		39	73
萬谷吉之助		40	201,221
マンデイ		44	298
萬田		22	323

人名	别称	册数	页数
マンナース	Manneps	21	506
マンネラ		50	394
マンネルハイム		46	414
萬福麟		2	526,586
		11	533
		30	393,394

ミ

人名	别称	册数	页数
ミアー		23	138,570
ミアコ		25	66
三井		43	536,538
ミイエガス		20	40
ミーク		20	102
三井淳資		27	385,386
ミースレル		24	551
三海松三		40	214,215
三浦		11	5
		45	518
三浦一雄		4	173
		11	475
三浦一郎		5	250
三浦和一		33	323,329,331,336,341,342,346,351,408,409,410,411,415,466
		34	345,346,348,351,353,356,359
		46	329,339,362,418
		50	554
三浦和直		50	500
三浦省三		1	271,309,319,322
		2	9,38,54,70
三浦虎雄		5	288
三浦鉄雄		5	257
三浦道彦		14	523
三浦惣市		40	196
三浦義一		5	255
三浦ワタル		27	642
ミカエル・ゲレント		6	236
ミカエレ		25	130
三笠宮		17	305
		43	525,533

人名	别称	册数	页数
ミガツ・メルウ		27	240
ミカヘル		1	15
ミカミ		22	358,359
三上卓		5	236,288,295
未翰		16	294
三木		29	93
		43	227
三木亮孝		5	284
三木秋義		4	225
右澤元		5	291
三木武夫		35	542
右田政夫		36	45,320,330,336
		41	396,403,445,472,491
三木良英		44	229,232,233
		45	218,219,220,221,222
ミグエル・エステイマダ		20	282,290,292,293
ミゲール・ア・セミサリオ		1	450
三上義春		22	357
美子		10	137
		17	147,159
		29	134
三五恒志		5	246
美子周嘉		26	132
照沼操		5	238
ミサカ		24	442
三澤萬吉		5	250
三次		27	280
ミシェル・ベー・ポエレスコ	エム・ベー・ボエレスコ	2	11,40,58,72
ミシェル・ミリチ・ヴィッチ	エム・ジェー・ミリチェヴィッチ	1	122,174,194,207,228,242,335,350,370,395
ミシガン		24	567
三柴		9	251
三島重太郎		5	256
三島康夫		47	119,127,128
スミス・F		40	316
水上源一		5	242
水上武力		32	470
水川潔		5	288

人　名	别　称	册数	页　数
水川依夫		7	405,407
ミスキン		22	386,387,391
水口		50	179,180
水澤益		5	250
水田稲城		5	258
水谷乙吉	O. Mizutani	26	308,312,317,320,325,327,335,338,362,365
		27	45,57,265,492,531,524
水谷兵助		5	284
水戸		28	278
		43	541
水戸春造		4	152,180
水戸久		13	609,610
水野		7	348
		11	341,475,476,477,478
水野伊太郎		4	153,154
水野勲		15	124,136
水野新幸		5	2,41
水野錬太郎		30	3
水町袈裟六		4	167
		6	37
		15	415,417,419,423,426,430,435,441,447,448,450,458,463,465,466,471
		41	142,157
ミスミ・シチアキ		27	645
ミセス・A・D・ファンモーク		23	417
ミセス・S・M・J・イデンブルグ		23	418
ミセス・ヴァン・ワーヴェレン		23	418
溝口		24	476,482,485,506,508,509,513
ミダ	Mida	21	217
		26	653
三宅		50	15,18,246,249,261,269
三宅鑛一	三宅	47	121,131,132,133
三宅鹿之助		5	288
三宅タダヲ	三宅アダヲ	27	647,649
三宅光治	三宅	4	134
		11	538,564,565

人名	别称	册数	页数
		12	162,163,179,180,487
		14	128
		28	283
		30	380,382,385,390
		32	555,557,559
		34	77,78
		42	553,558
		44	335,389,392
		45	95,521
		49	316
三宅ヨシタカ		13	498
三田正作		25	392
三谷		6	303
		9	489,503
		14	33
		27	18,19
		45	509
三谷末次郎		45	499
三谷敏夫		24	323
三谷隆信		11	468,470,471,473
ミタラヤ		22	505,506,507
道家		49	633,634
ミチエル・ウェイン・イー		27	240
ミチカワ	MICHIKAWA	25	467
ミチュラ・ナチュラト		15	381
三枝正勝		15	125
ミッエル		37	299
満川亀太郎		28	7,51,57
ミックフイールド		24	88,101,102
光田秀次郎		4	125
ミッチエル		36	197,415
三土忠造	三上忠造,三七忠造	3	426
		4	122,124,169
		6	35
		10	260,275,281
		11	340,353,474,477,478
		12	1,7,21,33,38,41,47,49,51
		13	265

人名	别称	册数	页数
		16	312
		17	470
		18	333,342,393
		30	3
		41	142
ミッデルカンプ	Middelkamp	23	392,486
三波		49	264
三並貞三		32	200,201,202
ミツバ		24	617,618,619,620,630,631
三伯		43	218
三橋		24	643
ミッバシ・マタイナ		22	364
三橋又一		22	367,369
ミツバヒカナヲ		27	669
光藤		11	475
滿淵正明		25	346,348
ミティシ		25	146
御手洗辰雄		45	126,127,131,132
ミト・ヒサシ		13	603
三戸壽	三戸,ミトヒサシ	4	164,187
		27	387
		39	9
		46	465,466,468,469
皆川信助		5	254
皆川佳安	タダヤス	35	543
ミナミ		40	320
南		49	633
ミナミ・ジサイ	MINAMI Jisai	25	413
南岩男		5	288
ミナミダテ		23	104
南原		43	504
南弘	南	3	426
		4	168
		6	35,302
		9	487,502
		10	259,266,268,269,280
		11	339,346,348,353

人名	别称	册数	页数
		12	1,3,7,21,22,33,36,38,41,42,45,47,49,51
		13	264
		15	408
		16	299,301,302,303
		17	31,252,254,469,473
		30	3
		47	671
ミニ		20	238,239
ミニック		25	223
峯幸松		44	386
箕山晴二		15	124
美濃部洋次		4	224
美濃村澤夫		5	258
機山金太郎		44	330
稔	エイシヨウミノル	27	664
実	エイシヨウミノル	27	664
箕浦		7	159,160
三原	メハラ	6	393
		23	300,301,302,303,305
		47	85
三藤武次郎		40	216
三川		43	206
三川克巳		15	121
三淵乾太郎		15	121,265
三川軍一		4	180,188,194,198,200,208
三船	ミフネマサトモ	27	666
三富		24	304
三村		6	209
三村起一		4	228
三文字正平		31	380
		32	38
		44	384,441
宮内		11	341,354,475
		12	8,17,22,34,38,52
		17	253
宮内潔		5	297
宮浦		32	317

人名	别称	册数	页数
宮浦修三		5	250
宮川		33	437,460,463,464
宮川カヅラ		25	66
宮川信廣		40	193,214
宮城長五郎		4	114
		30	3
宮阪		25	523
宮阪完孝		41	97
宮崎		5	469,515,569
		24	133,136,142,143,144
		25	165,226
		27	18,19,148,152,153,160,161,166,173
宮崎周一		32	356,360,362
宮崎博		40	198
宮澤次郎		15	121,219
宮澤俊義		30	62,63
宮澤政行	宮沢政行	5	286,287,295
宮嶋		23	329,374
ミャジマジュンキチ	MIYAJIMA Junkichi	23	376
宮嶋幹之助	宮島幹之助	1	555
		30	334
宮田		34	102
宮田晃		5	250
宮武		25	460,461,463
宮田晉		5	285
宮田俊彦		15	126
宮田信夫		44	60,201
宮田光		49	634
宮田光雄		31	618
		32	12,16
		34	204,210
		49	58,70,76,77,339
宮地		13	584
宮中東三		11	339
		18	332
宮野		24	55
宮野正年		41	322,334,335

人名	别称	册数	页数
宮野マサトン		50	59
宮東フミヲ		27	642
ミャマ		22	99,100
美山		26	56
美山要藏	美山ヨーソー,美山要造,ミヤマ・ヨウゾウ,Yozo MIYAMA	14	97
		15	130
		25	542
		26	178
		29	144
		30	498
		31	619,620,621
		32	506,515,516
		33	38,264
		34	101,191,216
		35	278,279,280
		38	393,481,482,484,485,497,498,510,582,584,604
		39	189,190,423
		40	172,251
		41	374
		42	479
		44	27,28,29,38,60,201,210,403,439,456,517
		45	39,69,223,225,356,357,390,394,396,397,399
		46	6,7,8,9,56,209,210
		47	558
		48	257,281,282,314,315,316,385
		49	339,340
		50	471
宮本		11	341,354
		13	88
		27	13,19
		45	346
宮本誠三		5	250
宮本武藏		14	492
宮本武之輔		4	227
宮本正之		5	250

人　名	别　称	册数	页　数
宮鳩彦王		6	192
宮山忠		26	210
宮山正一		5	254
宮脇芳勝	宮脇	40	202,222
ミューラ・カール		27	240
ミューレンブルグ		13	307
ミュンステル	Munster Derneburg	1	96
繆斌		43	484
		44	471
三好	ミヨシマスシロウ	27	665
三善克正	三善克政,	28	321,363,364
三好重天		4	225
三好多田		22	364,365
三代辰吉		13	586,587,589
		38	21,22,40,41,377,384,385
ミラ・キシンシャンド		20	5
ミラー		40	301
ミラーア・ウィ		27	240
ミラグラス・トウパズ		20	259
ミラグロス・バリオン		20	164
ミラジデイン		24	391
ミリヴォヨ・ピルヤ		1	556
ミリック・ベン二世		27	219
ミリドレッド・ロッチ		17	342,351
ミルザ・マームー		1	402,423,429,433,453,461
ミルザ・リザ・カーン・アルファ・オド・ドウレー	Mirza Riza Khan Arfa-ud-Dovleh,ブリンス・アルファ・オド・ドウレー・ミルザ・リザ・カーン,ミルザ・リザ・カン・アルファ・ウッドウレー	1	99,466,483,543,556,561
ミルス		23	122,127,129
ミルヴァ・アーメッド・カン・サヂグ・ウル・ムルク		1	120,191,226,333,368
ミルハム・シー・コート	Milham C. Coat	12	69
		13	644
ミルワー,シルワー		25	401
ミレンコ・アール・ヴェスニツナ		29	556

人名	别称	册数	页数
ミロヴァン・ミロヴァノヴィッチ	エム・ジェー・ミロヴァノヴィッチ	1	122,174,194,207,228,242,335,350,370,395
三和		37	399
三和軍一		13	635
三和義男		4	204
三輪茂義		4	186
ミン		7	118
ミンゲレン		24	285,300,302
ミンメン		22	245
ミンニイ・ウオートリン,ミンニイ・ヴォートリン嬢		7	91
ミン皇帝	Emperor Ming	23	664

ム

人名	别称	册数	页数
ムアー		50	183,184
ムーア		3	122
		37	132
ムーサ・アリ		22	375
ムウレ・アルベール・ルイ	Moullet Albert Louis, Mollet Albert, ムウレ・アルベール, ムーレ, Moullet	27	459,486,570,575
ムーレンナアー		24	428
向井忠晴	向井	19	10,11,48,50,51,101,104,105
		36	115
向田		42	449
武川仁三郎		37	425,426,428,429
ムカヰ		23	85,86,90
麥屋清齋		5	251
麥木梅次郎		5	286
ムグ・サン・ヌグウエ	MG SAN NGWE	22	28
ムサ		24	164
ムサ・オスマン	Musa Osman	22	269
ムサ・メモン	Musa Hemon, Musa, ムサ	22	260,261,269,270,271
武者小路公共	武者小路	2	231,233
		9	307,331,332,333,334,336,337,338,352,381,405,407,408,518,520,530,532
		13	186

人　名	别　称	册数	页　数
		40	477
		46	25,162
		47	368,400,582
		49	291
ムシヤノフ		46	415
ムシュウ		23	277
ムスキタ		23	374
ムスタモ		24	50
牟田口廉也	牟田口	5	529
		6	132,133
		9	276
		31	475,496,541
望月		6	209
望月軍兵		32	317
望月圭介	望月	4	123
		30	3
		43	47
墨索尼里	見 ベニト・ムッソリーニ		
陸奥宗光	陸奥	29	155,160,163,165
		30	245,248,251
ムツン		22	375
武藤		5	517
		11	341
		12	385,402
		26	47
		39	170,379,380,381,406,407,408,409,410,411,437,438
		50	246,248
武藤章	武藤,MOTO,MUTO Okiza	4	142,174,402
		6	165,168,173,177
		10	71,73,261
		11	626,627
		16	290,570,571,572,573,574,575,576,577,578,579,580,583,600
		17	3,4,5,133,235,302,344,355,392,472
		18	334
		26	122,123,643

人 名	别 称	册数	页 数
武藤章		29	39,40,44,47,51,53,59,60,61,62,66,67
		32	487,493,495,502
		41	266,346,359,360
		43	87,88,197,544
		44	362,363,364,371,383,446,447,448
		45	143,144,145,160,169,171,173,175,176,177,178,185,186,192,193,194,195,203,204,205,209,216,219,220,229,230,235,237,238,250,271,278,279,281,302,303,310,346,352,397,398,448,451,466,482,486,529,530,531,533,534,535,536
		46	205,262,492,495
		47	604,682
		48	28,106
		49	415,416,528,529
		50	4,348,352,435,439,441,442,443,444
武藤勝彦		34	14
		40	495
武藤倉州		5	252
武藤富男		31	266,294,352,353,371,372
武藤信義	武藤	2	589
		4	134,158,214,215
		5	88,89,90,666,672,673
		8	230,437
		14	128,129
		30	470
		31	49
		40	518
		44	361
武藤盛雄	武藤	6	40,95
		9	503,509
		14	498,510

人名	别称	册数	页数
武藤章		15	415,417,419,423,426,430,436,441,447,450,458,463,466,472,498
		41	144,155,157
宗形安		5	251
宗像久敬		26	132
宗井幹		5	284
宗行安雄		22	376
ムハマッド・サジャディ		23	557
武東イサヨ		27	648
武福時敏		29	213
ムフリーズ		23	137
ムラ		24	135,139
村井		6	607,608
		41	75
村井	ムライコイチ	27	669
村井倉松	K. MURAI	2	279
村井七郎		17	468
		19	280,290
		29	23,25,27,29
村井宗藏		28	19,67
村井貞之助		17	373
村尾		25	322,332
村岡		6	105
		14	165
		28	13,14,62,63
ムラヲカカミヲ	村岡	27	668
村岡清藏		5	252
村岡信義		5	239
村尾成允		34	330
		50	330
村上		5	561
		17	401
		24	220
		47	278
村上	ムラカミキイチロ	27	665
村上敦		5	297
村上功		5	237

人名	别称	册数	页数
村上義一	村上	30	3,396
		42	402,410
村上恭一	村上	2	249
		4	171
		6	303,309
		9	489,490,500,503,509
		14	498,509,510
		41	427,432,433
村上啓作	村上啟作,村上	12	394,396,397,398
		15	117,127
		34	82
		44	338,342,343,344,584
村上ジェームス	James,村上・James	12	127
村上宅次	村上	40	202,222
村上虎之助		5	251
村上一		15	124
		41	474,478,479
村上ヒロシ		27	653
村上涉		5	284
村川堅固		49	634
村木		20	210,212
村澤		12	405
村澤儀二郎	村沢義二郎	5	288,298
村下		11	631
村ジョーヂ		27	654
村瀬		11	341,354,474
		24	70
村瀬直養		4	223
		10	260,282
		13	265
		16	290
村田		11	340,352
		12	598
		13	266
		13	633,638
		22	478,493,494
		23	300,303,305
		25	452,460,503

人　名	别　称	册数	页　数
村田	ムラタサネミ	27	662
村田		38	45
		40	60,61,65,67,113
村瀧		25	332
村田義一		5	257
村田謹吾	村田	45	352,353,354
村田五郎		15	130
		42	39,40,41,42
村田繁		15	126
		41	457
村田省藏	村田	4	124,125
		10	279,294
		13	264
		30	3
		40	8,24,25
		48	362,365,410
村田宗太郎		40	115
村田東海	村田	32	86,367
村田豊三		15	126
村田安司		5	41
村田八千穂		40	474,478,479
		42	2
		45	133,137,138,139,140,141,142
村田彌吉		5	296
ムラド・アリ		22	351,366
村中孝次	村中	5	242,249
村松常雄	村松	47	121,131,136,137,138
村山格之		5	236
村山富治		49	421,422
		50	426
村山道雄		4	223
		35	544
ムリガン		21	453,455
ムリン	Mullin	21	137
ムルイ		23	521
ムルス		26	542
ムルダー	Mulder	23	667
		24	8

人　名	别　称	册数	页　数
		27	268
室		41	9
ムロナミ・ヒサヲ		27	650
ムンク		24	4,6

メ

人　名	别　称	册数	页　数
メアリ・アーウイン・マーチィン		39	213,231
メイ		40	157
メイ・H・フアレル		45	185
メイ・ロー・モク	May Lo Mok	27	610,611
メイアー・アーサー・ローレンス	Maher Arthur Laurence	45	489
メイヴァ		23	128
明治天皇	明治大帝,明治,	3	217,429
		4	343,544
		5	36,37,38,94,95,96
		6	197
		10	273
		15	420
		17	57,93,94,129
		28	53,472
		30	240
		34	366
		41	46
		43	180,224,328,364,415,524
		44	414
		45	279
		50	493
明石		13	491,584
明石寛二		5	242
明石重一		5	297
明石照男		43	20,21,31,32
メイソン		22	95
メイムリック・フィツブ・ジェイ		27	215
メイヤー		26	542
メイヤー・ジョージエフ		27	214
メー・フー・ドヴェールド		23	558
メージィ		22	539
メージャース・ロィ・エフ		27	228
メーステル・イエ・ベ・カン		23	372

人　名	别　称	册数	页　数
メーステル・イエー・ベー・カーン		23	337,338,341
メーステル・ヤン・ダニール・ファン・ペルト		19	295
メーメット・ムニール		29	513,515
メーメド・スレヤ・ベイ		1	557
メーヤー		40	152,153
メーリーフリードマン		8	428
メシッス・メイジア・エム		27	219
メダリ	マダリ	23	621,622,623
メダン		39	408
目ツカチ		40	301,302,304,305
メッド・アルバート・エドワード	Mead Albert Edward	45	489
メデイフラーセル		24	153
メトカル・フブレデリソク・エフ		27	219
メナ・ナブアロ		20	153
メナド		46	577
メブス		23	488
メヘミッド・パシャ		1	123,196,230,336,372
メモラ	Memora	23	140
メリアン	Merian	27	436,440,447
メルヴイル・ジャコビー		16	317
メルキアヌスアウガスチン	Melkianus Augustun	24	219,221
メルクス		23	462
メルケル		50	356
メルシュ夫人		27	474,475
メルビン・エイチ・マコイ		21	214
メルブイン・H・アッコイ		26	651
メレル		50	441
メンショブ		12	269

モ

人　名	别　称	册数	页　数
孟長軍		12	152
モウト		25	138
蒙德施	M. V. Munters	11	46
毛澤東		33	178,196,212,219,297,317
毛木三雄	モギミフオ	35	543
毛裡		15	132
毛裡英于		4	224

人名	别称	册数	页数
毛裡英于菟		5	288
モウルデーン・ブロハードベント		27	233
モーア・アルーシャス・マリア・ルナルダス	モーア・A・M・L	23	313,316
モーア・フレッド		40	212
モーイ・カレル	Mooie Karel	23	527,528
モーウィリヤムエッチ二世		27	216
モーガン		23	206,208
		43	88
モーゲンソー		48	64
モーズレー・ウィリム・シイ		27	227
モーゼ		50	487
モーテンスノルマン・ワーレン		27	233
モード		23	592
モード・サアルドジャデイ		23	588,594
モード・サドヂャテイ		23	616
モード・ナバヅ・カン		25	64
モードサディク		23	45
モーリーン・ジヨイ・マーガレット・マグネス	Mauremn Joy Margaret Magness, M. J. M. Magness,ユム・ジュ・エム・マグネス	22	259,262
モーリス・ハンケイ	モーリスハンキイ	29	382,386,396,402,416,420,432
モーリス・エフ・マクハッツテイ		20	2
モーリス・シモンズ	シモンズ	23	3,4
モーリス・デイトン		9	270,278
モーリス・ラシャン		33	252
モールス	モーリス	7	172,224,255
モールトビ	Maltby	23	445,446,448
モーロー		41	61,62
モーン・クエ		22	69
モーン・バン		22	68
モーン・ブ・ギイ		22	5,60
モク	Mok	27	611
モクサム	Moxon,Moxom	23	140
木道茂久		5	296
モク夫人	Mok	27	607,611
モセス・イチロウ		15	373

人　名	别　称	册数	页　数
持本		24	182
モット・ヂェリエット		27	462
モットー		23	502
茂木		30	328
茂木來邸		29	101
モデスト・フアロラン		20	59
モトオカ・マサオ		15	363
元岡正雄		15	367
元木		7	159
元田肇	元田	4	168
		6	37
		9	314,328,375,502
		14	496,505,506
		15	408
		30	111
		41	142,157
本橋猛夫		5	255
モトヤマ	MOTOYAMA	25	493
本山		44	404
本吉正次	モトョシショウジ,モトョシシヤウジ	23	365,367,368
モドランド・フランクリン・メリル		27	233
モナベ		24	442
モニック・ルヘルチェ	Lepeletier	27	574
モネ・チャンタ		27	436
モネー		42	118
モハマソド・ヤテイム		23	348
モハマッド		24	451,453
モハマッド・イフラヒイムツアヒイウデイン		23	347
モハマッド・タウヒイック		23	350
モハマッド・ランザン		24	292
モハマッド・リム		24	452
モハマド・ビン・カヂル		24	450
モハムメド・アリ		22	366,371
モハメド		22	375

人　名	别　称	册数	页　数
モハメド・アブデル・サラム・エル・グィンディ		1	553
モハメド・アフデル・モネイム・リアド		2	7,36,52,67
モハメド・カメル・ベイ		1	553
モハメドフッセイン	モハマッド,モハメッド・オーセーン	22	350,352,361
モフエッテ・ジエト・アール	モフェト・ジェド・アール	27	212,217
モム・チャチデー・ウドム		1	122,174,194,207,229,242,335,350,371,395
モムタゾスサルタネー・エム・サマド・カン	サマド・カン・モムタゾスサルタネー,エム・サマド・カン・モムタゾスサルタネー	1	119,173,191,206,226,241,333,368,394
桃山		28	53
モラー		27	258
モリ		20	283,284,285
森		5	214,215
		6	403,405
		9	93,94,97,99,108
		14	534
		22	515,516,519
		24	365,428,432,540,541,543,544,545,547,548,549
		27	137,138,139,140,142,143,145,146,147,153,154,155,160,163,173,174,175,177,200,211,268,396
		49	447
森厳夫		15	122,134
モリイン		20	269
森尉一		5	286
森岡		6	105
		27	569
		43	228
		45	502
森岡皐		8	34,35
森岡テイキチ		27	649

人名	别称	册数	页数
森岡畢		32	363,367,368
森格	森	29	93
		43	227
森恪		4	172
守上茂雄		13	483
森川長房		5	239
森川博		15	124
森糾		2	512
森木幸一		5	240
森口淳三		5	287,295
森憲二		5	236
モリサダ・マサオ		20	290
モリザン		23	46
森重次郎		5	286
モリシゲル		24	362
森下		6	624
森下信衛		4	181
森島		6	209,654,656
守島		6	39
		11	567
		42	124,136
守島五郎	守島伍郎	42	84,134,203,221,225,259,296,300,306,317,358,262,373,377
森島守人		6	103,114
		42	401,410,562
		47	449,454,455,708
		49	441
森尻		5	299
モリス・D・フオルコッシユ		24	308,309,310,334,335
モリス・リットマン	Moris Littman	25	167
モリスミ		23	161
モリスリソトマン		25	232
モリスン		40	206
モリソン・ジョージダブリユウ		27	213,217
森田		6	132
		13	486,487
		31	477
モリタケ		23	159,160,162

人　　名	别　　称	册数	页　　数
森孝雄		25	403
森田常逸		5	298
森田太平		5	251
森谷新一		5	288
森戸隆三		7	333,334
モリタハチサブロウ	モリタ	25	78,79,81
森田福松		30	325
守田福松		45	499
森田正義		5	287,299
森徹夫	森	43	194,216
森德治		32	474,476,477
森秀五郎		5	251
森マサウ	森	23	458
守正王		4	214
森本伊市郎		25	560
森本		21	105
		25	427
		27	19
		38	341,344
		45	352
森本オヨミツ		27	653
森本セイイチ		22	45,46
森本耕		5	286
森本三郎		15	126
守屋		8	463,480
守屋和郎		46	340,341,344,345
モリヤマ	MORIYAMA	24	268
		25	491
森山		6	303
		9	488,503
		10	260,282
		11	474
		12	2,3,8,10,11,12,14,17,20,21,22,23,28,29,33,36,37,38,42,43,44,45,50,52
		13	265
		16	290
		17	253,471,477

人　名	别　称	册数	页　数
森山		18	334,343
		22	542
		47	601
森山吾朗		5	258
守屋莱		40	217
森有禮		4	11
		30	197,226,234,235
森連		30	378,430
		32	555
モリン		42	352
モルア・アサージェイ		27	260
モルチアマ		22	174
モルバン		44	298,299
モレケイ		25	428
モレスコ		29	386,396,402
モレタ		20	16,66
モレマ		24	137
モレロス		20	198
モロ・ソマコップ		20	268
モロー		29	334
モローラン		27	512
毛呂清曦		5	239
モロゾフ			120,124
モロゾフ・プラトン・ドミートリエヴィチ	モロゾフ,べー・モロゾフ	12	88,89,122,123,159,160,161,500
諸橋襄	諸橋	10	261,282
		11	291,342,355,359,475
		12	2,8,17,35,39,42,47,49,52
		13	266,282
		17	253,403,472,477,479
		18	334,343,347
モン・タン・マウング		22	79
モン・モン・シャ		22	62,63
門司	モンマ	39	80
モンセル	Moncell	3	105
		15	628
		38	146,160,161
モンセルブ・イーヴシャム		38	321,324

人名	别称	册数	页数
モントゴメー・ワネッス・モウリス		27	233
モントコメリ		35	114
モンネ・ヂャンヲ	Monnet Jannc	27	470
モンネ・デコール,モンネ・ヂコール	Monnet Juios	27	470
門馬		39	452
モンロー		37	105

ヤ

人名	别称	册数	页数
ヤー・ヤー・スミルノフ	スミルノフ	50	279,281,290,291,333,343,344
ヤーコフレフ		50	334
ヤーネリス		46	76
ヤーネル		16	43
		32	502
		48	65,260
ヤーブロウ・マンソ・オペル		27	233
ヤールス・ジヨンジユネール	Charles Jongeneel, ヤールス・ヨンゲネール	23	7,661
八亜璉一		5	286
矢内原	ヤイハラ	4	545
		43	262,580
ヤウチ・ヂロウ		27	649
ヤオ	Yao	7	116
		27	607,612
ヤオ・ウン夫人		7	113
ヤオ・チャイ・ツエン,ヤオ・チァイ・ツエン嬢		7	111
館		17	144
		43	295,381
館野守男	館野	17	434,435,445,446
ヤキ・ヨシヲ		27	644
矢木醜治		7	159
八木千太郎		5	300
八木春雄		5	237
ヤクープ		23	603
ヤクブカーン		24	392,394
ヤグヤグ		20	317
ヤグレン		20	17

人　名	别　称	册数	页　数
ヤコブ・ハルベルツ	イェー・ハルベルツ	2	10,39,57,71
ヤコブス・ステファヌス・スミット	ジュー・エス・スミット	2	157,160
矢崎勘十		41	202,211,212
矢崎茂三郎		5	299
八裡知道		14	115
與謝野		17	253
ヤジ		25	154
八代		27	104
八代六郎		4	167
		28	17,54,65
		29	213
ヤシント・ドラ・ワラ		20	6
安横得也		4	223
安井英次		35	544
安井英二		4	107,115,117
		10	281
		13	264
		30	3
		43	256
		48	28
安井藤治		4	130
		30	3
安江		34	117,236
安岡		43	194
安岡正篤		4	228
		5	445
		28	7,57
安川良三		5	251
ヤスサカマサジ	ヤスサカ	24	617,618,620,622,623,626
安崎正治		24	578
安阪		24	578,579
ヤスダ		22	378
安田		5	238
		22	241
保田		9	94,96
		25	561
		26	10,35,36,441,445
		44	305

人名	别称	册数	页数
保田		45	488,492
		46	287
安田新井		5	296
安田金一郎	ジョージ	23	544
安武日出男		40	223
安武日出雄		40	203
安田重雄		34	249,251,257,260,262,264
		37	479
		38	352,358,366,371,384
安田武雄		4	220
		5	258
安田禎		32	317
安田常男		39	451,455,456
安田鐵之助		43	379
安田宗春	安田峰春	22	375,381
安野		24	643
安延		6	566
安場保雄		4	193
鳩彦王		4	218
雍仁親王	雍仁	6	38,302
		9	487,502
		10	281
		11	354
		13	265
		14	496
		15	408,471
		18	342
ヤスベルス		40	207
八角三郎		35	540
八谷政行		5	296,297
八千尻		47	28
安本ヨシヲ		27	654
ヤスヤマ・エイキチ		27	649
屋鋪誠次		40	200
矢田		5	315
矢田七太郎		30	581
矢次一夫		11	630,645,653
		16	288,289

人名	别称	册数	页数
		45	260
		47	12,14
ヤテン	YATEN	23	151
宿利英治		5	230
ヤナイ・ケンチ		27	649
ヤナガワ		24	82
柳井		6	39
		14	497
柳川		25	32
柳井建治	ヤナイケンジ	23	142,143
柳井恒夫	柳井垣夫	4	151
		33	409
		34	287
		46	406
		50	528,530
柳澤	柳沢	13	441
		17	178
		31	508
		43	198
柳澤泉	柳川泉	22	44,46
柳澤一二		5	251
柳澤エイジ	YANAGIZAWA Eiji	21	105,106
柳澤英壽		5	256
柳澤藏三助		18	273
柳澤箋之助		13	413
柳深		27	546
柳田清人		40	214
柳田亢三	柳田	34	79
		50	280
柳田元三	柳田	12	399,410,411,463,492
柳田正一		25	560
柳下良二		5	251
柳川鐵藏		7	570
柳川平助	柳川	4	114,129,150,160,496
		5	215,658
		6	40,165,166,177,201
		8	559
		13	11

人　名	别　称	册数	页　数
柳川平助		14	135
		28	230,231,384
		30	3
		32	501,541
		41	79,291,311
		44	360,406,410,446,538
		45	258,304,310
		46	62,75
		49	469
		50	195
柳本		15	134
柳六三郎		32	317
柳瀬良寛		30	67
柳瀬薫		28	7,58
ヤノ	YANO	25	205
矢野		6	649,650
		26	23
		34	436,444,461,462
		39	215,221,222
矢野外生		15	122
矢野光二		34	3,8,9
		50	556,560,561
矢野志加三	ヤノシカゾウ	4	185
		37	374,375,378,379
矢野機		5	287,295,299
矢野美章		31	437
矢野英雄		4	195,209
矢野眞		9	528
矢野政雄		14	115
		34	129,132,133
谷萩那華雄		41	169
矢吹正吾		5	237
ヤベ		24	444
矢部貞治		30	54
矢部トクヒロ		27	646
ヤマ		23	601,602
山内		25	561
		44	305

人名	别称	册数	页数
山内		45	488
		46	287
		49	430
山内保次		5	287
山内留次郎		5	240
山追善助		32	317
山岡		6	40
		30	452
山丘		11	541
山岡重厚		4	174
山岡重淳		47	409
山岡晴太郎		40	223
山岡萬助		5	283
山岡道武	山岡	12	110,199,406,579
山科		44	410
ヤマカタ		23	31,81,85,86,90,96
山ガタ		50	347,350
山縣	ヤマガタ	27	104
		30	65,67
		43	215,234,484
		50	341
山縣有光	山縣,ヤマカタアリミツ	50	466,467,469,470,471,473
山縣伊三郎		3	606
山形清	山形	15	472
		47	458
山縣正鄉		4	201
山脇正隆		4	160
		6	310
		23	105
		42	441,442,443,446,449
		44	369
山縣悠紀夫		24	482
山科敏		5	251
山上		5	285
		6	565
山川		43	262,271
山川健次郎		4	166

人　名	别　称	册数	页　数
山川健次郎		15	415,417,419,422,426,430,435,438,440,441,444,445,447,448,450,452,454,455,457,463,464,465,466,471
山川忠廠		13	473
山川端夫		11	634
		50	521
山岸憲二郎		5	251
山岸宏		5	236
		28	40,86
山岸晟		5	298
山際		14	547,549
ヤマグ	Young	23	136
山口		12	482
		22	103
		23	43,45,48,298
		24	427,428
		27	17,18,19
山口一太郎		5	251
山口英治		39	360,361,372,373
		44	260,261,264,265
山口喜三郎		35	542
山口重次		30	326
		42	415
山口太郎		4	205
山口多聞		4	186
山口利春		7	352
山口敏壽		15	122
山口藤三		5	251
山口馬城次		5	288
山口民治		28	5,43
山口恭助		11	103
山口恭右		17	110
山添利作		15	119,127
山崎		6	633,634
		7	349
		12	42
		16	543

人　名	别　称	册数	页　数
山崎		17	15,100,145
		24	442
		25	371,561
		26	23,53,56
		43	359
		46	285,287
山崎巖		4	108
		30	3
山崎還		29	132
山崎和勝		5	297
山崎要		22	48,49,50,51
山畸小佐		39	198
山崎茂		38	599,600,602,603
山崎新		7	159
山崎清一		7	575
山崎精次		5	251
山崎高	山崎	26	6
		30	1,82,95,100
		31	35
		34	394,399
		44	302,305,330
		48	289,310
		50	19,24,174,175,176,349
山崎達之輔		4	118,119,121,123
		14	495
		30	3
		45	127
山崎元幹		4	144
山路		9	503
		10	114
		23	343
		24	431
山路章		47	399,404,405
ヤマシタ		24	609
山下		12	471,496
		13	459
		24	174,175,176
		27	127,187,190

人名	别称	册数	页数
山下		34	462,466
		43	53,246
		44	410
		50	176
山下榮吉		5	300
山下亀三郎	山下	11	103
		17	107,356
		29	103
		35	492
		41	78,458
山下勲三郎		43	278
山下奉文	山下,山下泰文	4	136,139,141
		9	275,302,303
		10	168
		14	142
		20	123,133,153,187,194,308,329,427
		21	12,27,28,34,70,160,161
		29	53
		39	88,90,167,168,171,375,383,391,393,395,396,397,437,438,444,447
		40	21,59,110
		43	53
		45	235,236,237,238,239,247,248,290,291,292,293,294,295,297,298,299,300,301,356,398,399
山地八郎		15	124
閻王		12	153
山城清		21	181
山澄忠三郎		4	205
ヤマダ		24	4,5,612
山田		7	159
		11	557,559
		12	178,385,402
		15	472
		20	273
		23	666

人　名	别　称	册数	页　数
山田		24	407,417,421,423,424,425,427,433,434,435,436,437,438,439,440
		25	503
		26	53
		27	495
		39	407
		42	449
		44	334,404
山畑秋太郎		40	224
山田到		41	97
山田ウイチ		27	645
山田乙三	山田	4	134,137,159,219
		14	136,162,163,164
		29	71
		34	103,137
		41	267
山田國太郎		4	142
山田圭一		47	520
山田顕義		4	11
山田健三		40	205
山田秀三		4	223
		15	127,135
山田秀造		35	543
山田純三郎		8	627
山田孝雄		15	130
		44	338
山田龍雄		5	296,299
		41	457
山田定義		4	183,205
山田トイフ		22	66,67
山田トクイチ		27	643
山田半藏		28	6,44
		31	74
		32	570,571
		34	458
		42	417,482
山田文雄		15	132

人　名	别　称	册数	页　数
山田政男		5	251
山田ヨシマサ		27	643
山津善衛		15	124
山津兵部之助		9	276
山中		9	80
		34	401
ヤマナカ・モリオ	YAMANAKA Morio	25	410
山中伊平		5	251
山中オヨーホ		27	649
山中唯行		12	155
山中德夫		25	392
山中勇三郎		44	377
山梨		11	530,531
		15	421,427
山梨勝之進		4	217
山成		31	432,433
山成喬六		7	461
		30	584
山根高瀬		24	183
山根仁平		22	352,373
山之内末男		14	571,572,573
山之内スエヲ		14	525
ヤマホコ		24	608
山道		25	423
山村三次		40	224
山村治雄		34	206,207,210,211
山村義雄		25	397
ヤマモタ		22	250
ヤマモト	YAMAMOTO	23	176,182
		24	609
山本		6	172
		7	159,160
		13	339
		17	58,179,247,249,263,266,280,281,282,283,284,285,286,287,288,289,292,295,300,311,312,313,314,324,339,360,472
		24	239,240,323

人　名	别　称	册数	页　数
山本		29	52,115
		34	466
		37	209
		43	234,494,525
		47	46,47,621
山本	ヤマモトタツヲ	27	663
山本	ヤマモトトヨキチ	27	665
山本	ヤマモトイサヲ	27	667
山本	ヤマモトヒカシ	27	668
山本淺太郎		15	126
山本清安		5	251
山本栄治	山本	8	621
山本カツヂ		27	646
山本勝治	山本	23	37,38,195,196,197,207,208
山本勝美		40	194
山本勝郎		15	124
山本熊一	山本	4	228
		19	183,184,334
		37	46,82,83
		43	79,80,84,85
		45	202,207,208,209,214,448,455,456
		46	492
		47	494,495,497,498
		48	164,213
		50	457,458,459,460
山本五十六	山本	3	22,23,24,30,60
		4	164,177,178,222,303
		13	410,412,415,556,586,619,620
		18	4,5,6,7,8,9,11,28,30,31,33,36,49,116,117,192,270,272,275,286,325
		38	25,27,35,54,55,63,64,72,102,106,110,111,115,118,120,122,124,127,128,136,158,267
		39	4,6,15,29,33,36,64,66,72
		42	215
		45	449

人　名	别　称	册数	页　数
山本五十六		46	439,449,483,612
		49	494,495,512,520
		50	150,415,416
山本實彥		4	228
山本茂一郎	Yamamoto Moichiro	23	418
		24	52,59,62,63
		49	6,18
山本條太郎		28	95
山本四郎		40	345
山本次郎		27	651
山本ジンタロウ		25	66
山本惣一		23	325,326,327,328,338,341,344,357,359,360,374
山本總次		31	437
山本達雄	山本	3	426,610
		4	107
		6	34
		28	416
		30	3
		41	81
山本親雄		4	206
		13	412
		18	271
		38	368,371,372
		39	1,2,12,13,66
山本清紀		32	317
山本悌二郎		4	118
		30	3
		41	140
山本貞美		28	5,43
山本利忠		16	386
山本英輔		4	177,216
		43	246
山本正男		5	284
山本政夫		5	286
山本又		5	251
山本萬吉		7	367
山元幸雄		5	251

人　名	别　称	册数	页　数
山本善雄		4	176,224
		32	259,265,266,270
		34	267
		38	533,541,542
		39	149,159,160
山本義雄		40	326
ヤムベル・ラドシイ		27	216
ヤル・マイヤイ	Maisey	23	390
ヤルート		27	84
ヤルシング		22	26
八幡		24	600
八幡博堂		5	234,235
ヤン・ガリグ・マサリク		29	510,513,515
ヤン・コロウド		2	60
ヤン・シ・チェン・ヤオ	Yang Si Chong Yao,ヤン・シー・チェン・ヤオ	27	607,610
ヤン・チュン・ツワイ,ヤン・チュン・フワイ		7	116
ヤン・チュン・リン		7	116
ヤン・ホ・シー夫人		7	116
ヤン・ライセル		2	60
ヤンク	Young	25	401
ヤング		2	659,660,661,662,663,665,666,667,670,674,675,677
ヤンス・クリスティアン・メイニック	ヤンス・メイニック	2	10,39,56,71
ヤンセン		23	264,265,439
		24	301
ヤンソン		14	45

ユ

人　名	别　称	册数	页　数
湯淺倉平	湯淺,湯淺倉平	4	132,133
		10	136,142
		42	195,380
		43	242,244,245,310,315,318,320
		47	422
ユアナナブアロ		20	153
ユアン・テー・アル		6	236
ユイ		12	482

人名	别称	册数	页数
ユー・エム・ローズ		1	167,201,236,345,388
ユー・キン・ホン	Yu King Hun,Young King Hun,Yu Kjng Hun	27	610,612
ユー・クルジジェフスカヤ	クルジジェフスカヤ・ユー・テー	12	398
ユー・ジエン・J・トヰンドレン		21	133
ユー・ヘン・ロー	Yu Hong Loo	27	610
幽王		7	157
結城		15	132
		29	100,107,112
由喜子		10	137
		17	145,159
		18	392
結城司郎次		37	247,254,255
結城豊太郎	結城	4	109,127,228
		5	230
		7	463
		30	3
		35	306,384,386,492
		43	10,11,18,19,22,36,278
ユージェーヌ・ヴェルテジァノ	エー・ヴェルチジァノ	2	11,40,58,72
ユージェーヌ・スアレズ・ヘレロス		1	552
ユージェーン・ボレル		1	123,195,229,335,371
ユウジョー		27	132
ユージン・エイチー・ドウマン	Eugene H. Dooman,ドウーマン,ユージン・エイチ・ドウーマン,ユウージン・エッチ・ドーマン,ユージン・ドウマン,ユーヂン・ドウマン,ドウマン	3	60,91
		16	120,121,144,150
		36	223,541
		42	5,10,29,30
		45	174,175,176
ユージン・ニールソン	Eugene Nielson	27	420
ユウジン・リッチャー		27	25
ユース		24	271,272
ユウステイス・ウィアムアル		27	218
ユーティキオ・ルセナス		20	201
熊斌		8	628
		30	473

人　名	别　称	册数	页　数
ユーフレシナ・ペイヨット		20	263
ユーリッヒ・ボルツェ		10	622
ニールセン・チアドール	Nielsen Thaodor	45	490
ユーロジアルカフォア		20	153
故内山		32	446
ユエン・ハリー・テイ・ケー		27	242
湯川茂雄		5	288
湯川康平		5	251
俞鴻鈞	俞,オー・ケ・俞	32	98,99,104,105,107,111,113,116,118,120,121,122,123,124,125,126,127,128,129,132,135,136,138,141,144,147,148,149,150,151,152,160,161
湯澤三千男	湯澤,湯沢	4	108,525
		11	627
		12	1,7,21,33,36,38,42,44,51
		14	135
		30	3
		43	313
		47	505,506,511
		48	113
ユシダ		20	173
後宮淳	後宮	4	138,157,174,220
		12	203,214
		14	131,193
		26	154
		31	567,571
		34	83,130
		41	326,327,331,346,365,381,382
		42	73,74
由白利健		25	331,332
ユスッス・ペルテス	Yustus Perthes	50	294,315
ユスティーチー		50	229
湯地		14	531
ユッグライラス	Jylase	25	402
ユティキオ・アラバストロ		20	170
ユドウード・キング		20	5
ユナイ		24	426

人　名	别　称	册数	页　数
ユノムス・フジオ		27	646
ユノメクニオ		20	1
		24	642,644
ユフイ・ジョン		27	240
湯爾和		2	513
		8	622,623
湯山		40	223
ユリアー・エム・ローズ		1	107,179,214,326,355
ユリアスコーネリス	J・C・テールリンク	24	120,171,172,173
ユリアン・ヤワイ		20	2
ユリウス・セルヤマ		29	496
ユリエ		27	434,467
ユルネリス・ブルーアルチェス		23	481,484,485
ユレネフ	ユレーノフ	42	82,90,110,111,112
		47	409
ユン・インツ		25	36
雲王		5	515

ヨ

人　名	别　称	册数	页　数
ヨ・バ・フィ		23	358
ヨアヒム・ギフェンヌ		2	46
楊		7	120
楊宇霆		28	13,14,62,63
		30	353
揚雲竹		42	210
楊永泰		33	198
陽永芳		7	376
蓉子		24	518
楊虎		32	124,157,160
葉子		5	59
榮厚		30	584
楊廣才		7	123,140
葉公超		46	354
楊虎城		33	222
揚三		7	413
葉山タケヨ		27	654
楊儒	YANG Yu	1	97
姚震		6	605

人　名	别　称	册数	页　数
楊靖宇		33	201
葉生炳		25	30
葉清和	葉振聲	8	62,63,64
楊世屏		7	406,408,410,412,416,418,420,424,426
葉村茂		27	655
楊兆雄		7	327
傭負韓		7	287
榮平貴		25	37
葉方丈		25	37
葉有徳		26	210
陽有望		7	379
ヨーク		27	195
ヨークグレイディ・アルヴアン		27	230
ヨーステン		23	255
ヨーダー	Yoder	21	137
ヨードル		10	402
四格姫		31	202
余漢謀		6	558
奕訢	見 恭親王	42	279
奕劻	見 慶親王		
余慶文		26	210
横井		13	656
		27	400,404,405,407
横井啓二		26	443
横井コージ		25	548,550,552
横井孝治	Koji YOKOI,ヨコイ・コージ,横井コウジ	9	114
		26	11,82,88,137,177,434,436,439,445
		40	52,53,159,162,165,312,347
		45	491,493
		48	323
横井忠道		50	562,565,566
横井忠雄		46	21,147,148,201,223
横井俊之		4	206
横内宮雄		32	317
横尾		7	349
		29	117

人名	别称	册数	页数
横倉市藏		30	82,95
		48	289,310
横須賀喜雄		5	237
横田		26	200
横田シゲキ		13	460
横田茂樹		18	291,296,297,301,323
横田セゾウ		27	648
横田マサオ		22	50,51
横地準尉		33	412
横濱		34	
横堀謹一		5	255
横溝ジミイ		25	216
横溝光暉		41	117,118,123,124
横山		16	250
		17	91
		43	362
横山勇		32	455,462,463
横山興助		13	503
横山健堂		44	604
横山薫範		18	323
横山鎮雄	横山	45	237,293,296,297,352,399
横山鎮明		5	300
横山ノブヲ		27	642
横山秀三郎	横山	47	110,111
横山正治		18	323
吉井		27	140,153,154,155,156,157,159,161
吉井清春	吉井	45	509
吉板		7	159
吉井卓		5	251
吉井道教	吉井通教,吉井	37	348,353,357,359,361,363,372
		38	204,207,234,235,249,266,273,301,305,306,327,328
		39	74,75
		46	10,11,619,620
吉井通教		46	619
吉江誠一		46	260,264,265
吉岡		34	

人　名	别　称	册数	页　数
吉岡恵一		15	122,234
吉岡信敬		28	5,43
吉岡シゲヨ		27	649
吉岡安直	吉岡	31	69,179,180
由雄又次郎		5	286
ヨシカフ・サダイチロー		22	81
吉川永三郎		5	240
吉川ゲクキロ		27	647
吉川源三		32	326,328,329
ヨシカワサダイチラウ	ヨシカワ, YOSHIKAWA, 吉川	22	9,10,77,78,79,80
吉川正治		32	324,325
吉川武		32	487
吉川タツヒロ		27	649
吉川照義		24	481
吉川康		45	499
吉川幸雄		24	330
吉崎	ヨシザキキヨウサ蔔,ヨシザキキヨサ蔔	27	664,659
ヨシザキキヨサト		24	470,572
ヨシザワ		42	9,10
吉澤	吉沢	7	227
		19	9
		28	11,61
		34	511
		42	343,348
芳澤謙吉	芳澤,芳沢	2	407
		3	8,224
		4	104,170,211
		5	315
		7	177
		11	381
		12	605,606,607,608,612
		18	511,519,520,522
		19	55,79,80,111,112,115,116,117,118,120
		28	278
		29	294,296,300,306,309

人　名	别　称	册数	页　数
芳澤謙吉		30	3,258,260,478,479
		35	82
		36	110,118,119,120
		41	14,141,150,153,157
		42	64,79,81,403,404
		43	213
		45	211,212
		46	343,346
吉澤洸		15	126
吉澤忠男	吉沢忠男	5	287,295,300
ヨシジマ		24	634
吉島戒三		32	335,336
ヨシダ		22	370
		24	4,6,7
吉田		3	121,122,193,294
		6	651
		7	159
		16	3
		20	209,210,211,213,214
		23	662,663,665
		25	182,183
		26	56
		37	249
		42	500
吉田	ヨジダヲ夕キチ	27	666
吉田章雄		30	192,193,232
吉田アサナヲ	吉田	24	351,353,354,356,362,363,364,365,366,367,368,369,370,371,372,373,374
吉田伊三郎		1	271,309,318,322
		2	9,38,54,70,405
吉田清次		32	317
吉武憲市		4	225
吉武信		15	126
吉田賢吉		15	119,128
吉田コウイチ		27	655
吉田權八		39	344,345,346,347
吉田茂	吉田	4	106,117,122,172,213

人　名	别　称	册数	页　数
吉田茂		5	287,295,296,445
		15	472
		30	3
		35	497
		40	374
		43	448,449
		46	401,411
		47	368,403,452,462
鳥田俊雄		4	118,121
吉田後之助		35	542
吉田清二		15	135
吉田善吾	吉田	4	112,150,176,177,178,219
		9	583
		10	162
		14	531,534,547,549,616,617
		30	3
		35	152,251
		36	225
		46	439,444
		48	18,26,407
		49	528
吉田常織		28	42
吉田常次郎		28	5,43,92
吉田洞介		38	420,421,424,425
吉田英三	吉田,ヨシダヒデミ	15	513,559,560,561,562
		18	192
		37	380,381,403,404,517,518,523,524
		50	77,78,79,81,84,85,86,89,90,91,93,94,95,96,97,98,108,109,110,113,114,115,483,494
吉田正男		44	210
		45	119
吉田眞心		4	136
吉田松陰		28	151
吉田曄生		5	286
吉田義雄		5	297
賀嗣章		42	401

人名	别称	册数	页数
吉積正雄		4	175
吉富		31	503,504
吉永義尊	ヨシナガヨシタカ	38	415,416,418,419
吉野		8	621
		14	575,581
		24	581,635,636
吉野信次		4	120
		9	501
		30	3,113,132,133
		35	388,413
		43	24,28
吉原高次		35	543
吉原正己		5	237
宜仁親王		15	409
吉房		49	42
吉村	ヨシムラ	23	254,300,305
		27	31,33
吉村・Ekio		21	515
吉村ヒデオ		27	648
吉本		11	559
		29	126
ヨシモト・シゲアキ		27	637
吉本貞一	吉本	4	135,137
		6	310
		34	217
吉森良久		5	285
ヨシュキ		23	555
余晉龢		8	621
ヨズロフ・チャミン・イ		27	225
ヨセク・ユッドフリード・ベンデルス		23	491
ヨセツ・テオドール・ファン・アムステル		19	302
ヨゼフ・J		23	289
ヨゼフ・ガブリエル・プラッキ	ヨゼフ・ゲー・プラッキ	2	11,39,57,71
ヨセフ・ゴッドフリード・ベンダルス	イエー・ゲー・ベンデルス	23	560,563,570,574,584,589,594,597,600
ヨセフ・スターリン	スターリン,ジェー・スターリン	5	410,426
		9	477

人　名	别　称	册数	页　数
ヨセフ・スターリン		10	15,206,271,382,426,427,428,452,457,465,519,635
		12	506,574
		16	305
		30	59,184
		31	418
		33	227
		34	166,279,292,302,303,307,308,309,310,313
		35	150,151
		42	63
		43	337,521
		46	415
		47	340
		50	371,372,526
ヨセフ・ホッドフリード		24	174
ヨセフ・ラズニチカ		2	60
ヨチョル・ハワドスサ		27	240
ヨット・ゲー・スキューレル		1	402,423,428,433,439,447
ヨット・ケー・ド・グレヴェンコップ・カスチンヌキョルド		1	436,445,450,459
ヨッフェ		2	426
四元		25	561
		26	10
		44	302,305
		45	492
		46	287
ヨツモト・マサノリ	Masanori YOTSUMOTO	25	556,557
四元義隆		5	236
ヨドル		35	244
米内有田		41	342,343,345,346,347
米本治夫		40	345
米村福治		40	196
米内光政	米内,米,yonai mitsumasa	3	7,680
		4	103,112,113,148,150,177,178,211,576
		6	241,301,431,434,581
		9	488,501,549

人　名	别　称	册数	页　数
米内光政		10	41,136,138,139,141,142,148,155
		13	189
		14	615,616,617
		17	30,31,158,168,298
		18	491
		28	304,308,398
		30	3,53,60,106
		31	179
		33	9,10,18,20,21,119
		34	435
		41	336,340,341,342,343
		42	31,46,47,48,49,55,68,369,375,377,378
		43	300,315,318,350,405,406,410,413,431,458,459,462,463,464,465,467,468,469,470,472,474,476,477,483,484,486,487,490,509,510,511,512,516,519
		44	382,468
		45	429,463,464
		46	267,268
		48	146
		49	487
		50	1,416,435,595,596,600,601
米田		11	341,354
		15	136
米原トム保		8	108
米山米鹿	米山米	39	265,269,270
ヨバシゲル		27	646
ヨハネ・ヘナガン		20	6
ヨハネス・イルゲンス	ヨッド・イルゲンス	2	10,39,56,71
ヨハネスマリネスデハルト	Johanes Marines Dehalt	26	173
ヨハン・カルル・ディール	ドクトル・ディール	2	10,39,56,71
ヨハン・ルードウィー・モーウインケル		19	1
ヨハンセン・ヨハン・アーサー	Yohansen Johan Arshir	45	490
ヨハンナ・パウリナリッセラーダ	Johanna Pavlina Risselada	23	524,526

人　名	别　称	册数	页　数
ヨハンネス・クリーゲ	クリーゲ	1	107,178,235,326,345,355,388
ヨハンネス・ヘルネル		1	122,174,195,208,229,243,335,350,371,395
ヨハンマイルフ		24	455
ヨマフ・モナカン		20	6
四宮宏		5	234
譽本三葉		12	622
ヨリオ・オギヤ	ヨリオ・オギア,Yorio OGIYA	25	280,300,406
依仁親王		4	214
依光		49	633
ヨワフェ		12	97
ヨン・レン・モイ	ヨン・エン・モイ	21	451,513
ヨング・パン・フェ	Yung Pang Fae	25	3
ヨンクヘール・ヴィルレム・ヘンドリック・ド・ポーフォール		2	124,131
ヨンクヘール・ジェー・ルードン		1	555
ヨンクヘール・フランス・ベーラールツ・ヴァン・ブラックランド	ベラールツ・フアン・ブロックラント,ベラールツ・ヴアン・ブロックラント,ヨンクヘール・ドクトル・アー・デ・グレーフ,ヨンクヘール・フランス・ベラールツ・ファン・ブロックランド,ヨンクヘール・エル・デ・マレース・フアン・スヰンデレン,エル・ド・マレース・フアン・スヰンデレン	2	123,131,341,352,354,355,367,378,379
ヨンテール・デン・ベール		29	338

ラ

人　名	别　称	册数	页　数
ラーアール・カエンガム		22	308
ラージャ		21	442
		24	271,272
ラーソンカライル・オスカー		27	236
ラーテン・スヨン		23	374
ラートニコフ		50	287,288
ラードロバート・エイ		27	226
ラーネン		15	386

人　　名	别　　称	册数	页　　数
ラーリン		50	229
ラーレー		41	37
ラーン・ジョンージ・ダブリユウ		27	238
ライ・イップ・サン	Lai Yip Sang	27	608
ライ・トーマス・ジョニー	Rae Thosas Johnnie	45	489
ライ・ラン		27	529
ライアン・ウィリヤム・ジェィ		27	212
ライヴィス・ジョセフ・アール		27	238
ライウセィ・メルウィン・シィ		27	228
ライオネル・ウイウイアン・ハドスン		22	250
ライオネル・グッドオール		21	431
ライオネル・コリン・マテュウス	ライオネル・コリン・マヲュウス，マヲュウス，マテュウス	40	257,258,259,265,266,268,269,270,272,276,277,278,285,287,289,291
ライオン		16	367
賴貴福	賴貫福	40	262,269,281,288
雷壽榮		30	474
雷崢榮		32	37
ライダー	Leyder	23	382
ライト		24	633,637
		29	381,385,395,401,416,420,431
ライト・ウオラン・テイ		27	228
ライヒ		9	421
ライフスナイダー		29	291
ライレス		40	219
ラウァンオン		27	529
ラウール・フェルナンデス		19	1
ラウリーチャン		25	92
ラウル・ド・リオ・ブランコ		1	566,614
		2	5,31
ラウレル		6	592
		30	18
		40	11,12,13
		48	208,215,217
ラウンヅ		20	226
ラオフイル・スタンレーワイロズムスキー		27	330
ラオン・フォウレンホウベン		34	462

人　名	别　称	册数	页　数
ラクーラム		24	580,625
ラグサボール・エス		27	220
ラクソン		20	200
樂定施	Le Dinh Bao	27	456
ラクマン・ウドハラム		20	5
ラサリーダン・キャプテン	ラサリーダン, Rathereedan Captain	23	456,459
ラザロ・ナヴアロ		20	153
ラシエウイチ		12	157
ラジオ・レイエス	Lagio Reyes	27	609
ラジォーキ		23	591,592,593
ラシドモード		24	579
ラジャン		33	243,245
ラジュン	ラチュン	23	74,106
ラジンターシング		24	616,617
ラッサースダン・キャブテン	Rathcercedan Captain	23	449
ラター		25	341
ラタバン		20	269
ラタン・チャンド		22	367
ラッシ	M. Rush	26	430
ラッセル	Rusell	23	174
		24	472
ラッセル・エル・マックスウエル		36	26
ラッセル・バシャ		7	525,528
ラッセル・ポール・デルバート	Russell Paul Deibert	45	489
ラッソル		23	164
ラディアモダ		20	267,270,271,272
ラデマ		24	436
ラデンアブドルバーリダスプルダナ		23	350
ラデンナラプラナ		23	350
ラデンマススディヨノ		23	348
ラトウマヒナ		25	86
ラナタ		27	504
ラバチー		27	522
ラハリング		24	644
ラバル		33	253
ラヒ・キシンシヤンド		20	5
ラフ		21	115,116
		48	280

人　名	别　称	册数	页　数
ラファエル・ベルナル・ヒメネス		2	51
ラファエル・ラファエル	エール・ラファエル	2	8,37,53,69
ラフィア		23	372
ラプナウ・フラシシス		27	220
ラマ		21	394
ラミガー・カール・ジェイ		27	225
ラミレス		20	311
ラム		49	560,561
ラムスイング		24	630
ラムスワミ		22	371
ラムゼイ		22	117
ルムバート	Lambert	25	434
ラムペ		23	463
ラモン・ウェー・カバリェロ・デ・ベドヤ		1	571,617
ラモン・ドムラオ		20	310
ラモン・トレギダ		20	242,243
ラモント		48	66
ラヤハ		24	447
ラル・グル		23	43
ラル・バダシャ		23	46
ラルド・ローアム		27	240
ラルフ・E・デョンドン		47	62,63
ラルフ・ミラー		46	435
ラルフオリバーライナー		26	548
ランカスター		46	368
ランキン・モールドンデイ		27	241
ラングドン	Langdon	3	181
		15	620,621
ランゲ		3	413
ランシング		11	287
ランス・ボンバーディアー	Lance Bonbardier	25	521
ランスダウン	ラ	16	192
		29	197,203
ランスホマディアリーズ	Lance Homady Allice	26	174
ランスン・アリンワイダー		18	125
ランテイング		23	320
欄藤正威		41	304
ランドラム・ジェーム・デニス	Landrum James Dennis	45	489

人　名	别　称	册数	页　数
ランフィーア		7	224,255
ランブソン	ラムブソン・ランプスン	29	382,386,396,402,416,420,432
ランマース		23	259

リ

人　名	别　称	册数	页　数
李		7	238,269,423
		8	55
李・ウアン	李	7	115
リ・ヴアン・ジョン		27	529
リ・シアンアー		7	122
李シェンドー		12	528
リ・ニ・チャン		23	358
リ・エン・グイン		12	528
リ・ワンスゼ		7	122
リー		29	382,386,395,401,416,431
		50	179
リー・L・G		23	291
リー・イッサイ	Lee Yitsai	25	5
リー・イチャイ・クニヤング		25	45
リー・ウィ・シン	Lee Wai Sin	25	2
リー・オヴー・フエアラム	リー・オヴー・フェアラム	2	114,130
リー・オブ・フェアラム		29	605,611
リィ・ゴーン・アン		24	424
リィ・タック・ヒエン		24	424
リー・チョン・ウォン	Lee Chong Wong	25	76
リー・ヒエ・ソム		22	98
リイ・ブレニン・ヤツ		24	424
リイ・ベング・ギョク	Lie Beng Giok，リー・ベン・ギョク，リー・ベング・キイオック	23 24	415,668 1,2,8
リイーウ		24	425
リース・ロス		46	398
リーチ・ハロルド・フランク		27	223
リード		24	88,101,110,111
リード・ラウトン	Reed Lauton	11	509
リイヒイ		11	229
リーヒイ	レーヒイ	36	373,390
リィフセッド・レオナドシ・ジィ		27	229
リイブンヤート		24	409,420

人　名	别　称	册数	页　数
リーベルト		30	114,116
		47	273
理井		5	286
リーマン		23	520
リール	Reel	20	118,119,121,122,124,132,186,335,426
		21	7,11,20,21,23,24,25,26,32,33,42,43,44,66,69
		39	374,376,377,378,380,381,382,383,391,395,396
リーンヒヤ		24	114,117
李宇		29	229
リウ・イン夫人		7	112
リウ・ウェン・ラン		7	115
リウ・ハン・タイ		7	117
李贏國		6	155
李惠星	李	25	30,31,32,33,34,35
李惠文		32	71,72
裡江直光		5	239
リエム		23	489
李垣		30	583
リエン・サム・チヨアン		24	180
リエンチエシモンズ		24	434,435,436
リエンチエフアバー		24	434
李王垠		4	221
リカーズ		23	129,131
		40	262,281
リカールド		23	351
李海青		30	493
リカルド・デ・カストウロ		20	291,292
李漢臣		32	72
力石剛		5	297
李錦濤		7	376
李錦明		7	306,309
李鍋		43	554
陸徵祥		1	110,169,359,390
		30	253,255
リケイクス・グレゴリイ		27	216
李經方		29	160

人名	别称	册数	页数
李鍵		49	444
利子		29	185,186,187
李鴻章		29	146,156,160,163,169,180,193
		33	56
リコタキ		25	480
リザ・ハン		5	410,426
リサール		40	14
李際春	李	6	638,639
李濟琛		33	176
リサルダールラシッド		24	622,625,626
李四		7	389
李守信		5	515,569
		8	4
		44	396
李紹庚	李紹康	6	102
		12	624,629
		30	582
李紹焜		7	379
李滌生		7	57,59
リズゴウ・ジーン		27	240
李生		7	365
李聖生		8	628
李盛鐸		44	572
李石曽		33	225
李崇仁		16	544
李擇一		30	473
		44	583,590,591,592
リチア		20	61
リチェンカイ		27	529
リチャーヅ		23	122
リチャード・H・チャベル		23	212,213,214,216,217,218,219,220,221,222,223,224,225
リチャード・T・ブレン	ブレン	40	300,301
リチャード・アーネスト・ビータソン		22	221
リチャード・イ・ルディスィル	Richard E. Rudisill,リチャード・E・ルデイヒル	25	200
		27	23

人名	别称	册数	页数
リチャード・エッチ・ラーシ	Richard H. Larsh，Richard Larch，R. H. Larsh，Richard H. lanah，R. ichaid H. Lash，Richand H. Cand，R・H・ラーシ，R・H・ラーシュ，アール・エイチ・ラーシ，アール・エッチ・ラルシュ，アール・エイチ・ラーシュ，アール・エイチラール・シュ，リチャード・H・ラーシ，リチャード・H・ラーシュ，リチヤード・H・ラアッシユ，リチャード・H・ラーレ，リチャ・H・ラーシュ，リチャード・エイチ・ラーシュ，リチヤード・エーチ・ラアッシユ，リチャード・エイチ・ラアーシュ，リチヤード・エイチ・ラーシ，リチャード・エチ・ラーシ，ラーシュ，アール・エッチ・ラアシュ，アール・エッチ・ラーン，リチャード・エッチ・ラールシュ，リチャード・エイチ・ラーシ	6	604，606，608，611，615，618，620，623，625，628，630，632，634，637，642，645，648，650，653，657
		8	181，193，301，523
		9	113，114，128，330，339，340，385，395，513，524，525，537
		16	17，22，27，59，62，64，66，74，78，87，90，100，103，109，137，148，166，194，202，206，210，214，223，227，236，283，289，313，320，332，345，348，352，359，370，375，378，387，400，403，429，433，566
		17	40，106，217，235，291，468
		18	193，339，351，374，400，486，521
		19	115，220，324，346
		21	254，274，276
		25	533，536，548，550，552，557，566，680
		26	7，43，46，59，151，163，175
		28	184，185，287，289，326，331，354，356，429，430，497，637
		29	21，24，25
		30	416，420
		31	62
		44	392，418
		45	215，314，479，501，504，508，511，514，517，520，524，527
		49	375，379，391
		10	33，89，93，111，123，129，212，214，232，253，258，278，293，299，305，309，311，335，549，557，647
		11	3，4，37，183，223，224，248，255，293，351，482，577，586，615
		12	54，69，77，86，186，378
		13	85，156，174，221，262，644
		14	89，91，477，525，526，571，574
		15	306，307，322，333，413，500，502，568

人　名	别　称	册数	页　数
リチャード・ジエー・マーシャル	リチャード・ヂエー・マーシャル	1	56
リチャード・シャープ		9	272,280
リチャード・ハント	ハント	25	445,446,447,448
リチャード・ベヴイス・ラム	R・B・ラム	25	91,92,93,94,161
リチャードエノックターフ	Richard Enoch Turf	26	170
リチャードソン	セス・W・リチャードソン	22	475
		37	266,307,308,309
		36	373,374,390
リッカルディ	Ricardi	10	661
リッキー・ヤマグチ		17	71,72
リッグス	リィグス	7	
リッター	リテル,Ritter	10	193,529
		49	539,540
		50	203,205,212
リッチ・カール・イー		27	216
リッツ		25	417
リッテイ	Littee	27	443,512
リッデル		22	545
リットル		3	61
		46	75,76
リットン		2	656,662,670,674,676,677,678
		3	466,523
		6	91,216
		41	19,190,191,194,195,196,197,198,199
リップスコーム		24	613,626,629
李杜	李	2	537,540,544,545
		14	128
		30	493
		33	200
		41	14,194,200
リパ・オロフ	Ripa Olof,オー・リパ,O. Ripa,オローフ・リパ,Olof Ripa,リパ,Ripa	23	230,245
リハルド・ゾルゲ		50	354
李槼		30	582
李溥章		7	389,390

人　　名	别　　称	册数	页　　数
リプスコウム		24	618,631
李平耀		25	37
リベラト		24	282
リム		20	87,88,90,91,99,103,112,374,375,376,378,385,389,391,395,396,398,399,402,403,405,406,407,410,412,417,418,419,430,431
リム・カー・チャオ		22	98
リム・テイン・ファット		23	82,87
リムーチ・ブランソア	リムーチ,リムーセン・フランソア,Limaousin Francois,リムーヂ・フランソア,Limousis Francois	27	446,518,520,521
リムバング		20	269
リムピンセル・アンサア・エル		27	224
李銘		8	628
李鳴		8	112,114
李銘書		30	583
リヤ・グラント・エム		27	216
リヤブキン		50	214,231
リユ・ジ・ウエン		9	539
リュ・チュ・オン		27	529
リュー	Lu	25	235
		50	258
劉		2	521
		11	533
		44	546
リュー・ウェイ・パオ	リュウ・ウェイ・パオ,Liu Wei Pao	25	3,32,36
リュウ・パァオ・スン		25	33
リユー・ユー・シユー		32	18,19
劉恩格		6	605
劉華		25	37
劉煥章		7	323
劉熇菜		30	584
龍近		27	384
劉鈞儒		7	403

人　名	别　称	册数	页　数
劉坤一		33	56
劉繼盛		5	559
隆興		50	423
劉子健	ジエームス・リン・チエームス・リュ	30	416,420
		45	501,504,508,511,514,517,520,524,527
劉自然		7	374
劉自珍		31	494,502,503
劉汝明		5	521,522
劉湘		33	219
劉驤業		6	601
劉省三	劉	8	31,32,33
劉振生		6	605
劉盛源		31	364
劉世忠		30	584
劉崇武		33	200
リユウトウ		13	439
劉得山		7	309,311
劉百年		7	379
劉夢庚		30	583
劉耀華		7	338
リュフイニイ	Ruffini	27	560
梁		5	545
梁誠	LIANG Cheng	1	400,425,432
梁寒操		33	225
李葉衡		29	182
梁鴻志	梁衆異	8	629,648
		33	12,13,67,68,97,100
		41	208
淩陞		30	583
菱沼五郎		5	236
梁菁	梁	7	369
梁廷芳		6	146
李耀林		25	31
梁璐	梁	7	369
リリア・ツヴィラ		20	242
リリアン・アンダーソン	Lillian Anderson	44	301
李龍飛		7	362,363,366

人　名	别　称	册数	页　数
李烈鈞		33	225
リン・B・グリアイス		20	69,75
リム・ソン・ハク		12	528
リン・チン・ファット		23	96
林榮		28	185,186
リンガー		24	114
リンク・ハロルド・エフ		22	478
リング・ヘンリー		27	240
林榮		30	582
林弘		5	255
林耕宇	林	5	527
		6	131,132,133,135
		31	503
林康侯		8	628
林森		31	51
		32	40
		41	72
リンス・ジョンセフ・エフ		27	260
リンスマン		27	256
リンチ		22	287
リンチ・エドガー・エル		27	215
リンティンファット		23	71
リンテレン	Rintelen	10	659
		11	316
		35	159
		50	203,204
リンド・シイ・カールソン	Lind C. Carrison	26	168
リンドセィ		3	137
リンドバーグ		36	488
リンドレー	リ	41	37
		42	143,146,147
リンドンロイトマッケンジー		24	246,248,249
林柏生		33	13,94
		34	453
林平馬		49	634

ル

人　名	别　称	册数	页　数
ル・スール・クロード	Lesolrd Clande	27	574,579
ル・チュイトン		11	485

人　名	别　称	册数	页　数
ル・トリイエ	ル・テリエ	29	401,420
ルアテイ・ジョセフ・エーチ		27	227
ルアング・ビュヴァナルト・ナリューバル		1	122,174,207,229,242,335,350,371,395
ルアング・プラコング・ヴィジァスマン		2	59
ルイ・バルボサ		1	109,168,181,202,216,237,327,346,358,389
ルイ・ルノー	エル・ルノー	1	113,170,185,204,220,238,330,347,362,391
ルイアントニオ・ヌメス・ロデリゲス		24	269
ルイジ・アルベルティニ		2	123,131
		29	606,611
ルイス・ウィール	Louise Wiehle	28	479
ルイス・ウオルター・エフ		27	215
ルイス・エス・シー・スミス	ルイズ・S・C・スミス,ルイス・S・C・スミス,スミス,ルイス・エス・シー・スミス,リルイス・エス・シイ・スミス,ルイス・S・C・スマイス	7	1,3,84,87,90,91,99,105,107,230,231,232,238,261,262,263,269
ルイス・エム・ドラゴ		1	108,168,180,202,215,236,326,345,356,389
ルイス・サバン		20	234
ルイス・ブライアン		21	394
ルイス・マルティネス・モント		1	569,616
ルイスベンジャーン・エイ	ルイス	27	257,260
ルイチコフ		11	536
		50	279
ルイツレモス		24	263
ルィンジユンスキー		13	18,21,25
ルウアン・ジョルジェ・ジェルマン	Roual Georges Germain	27	555
ルーアン・ヂョルヂュ	Rouan Georges	27	454
ルウイス		2	526
ルーカス		22	433
ルーカス・ドクトレロ		20	258
ルーカス・ホルスト		23	487,488

人名	别称	册数	页数
ルーク		26	366,367,388,389
ルーサフォード		22	528
ルウジ・ウィクター・エル		27	225
ルース・アンダーソン	ルース・F・アンダーソン	8	475,476
ルース・モルガン		7	172
ルーティン		46	157
ルート		29	381,384,385,395,401,416,420,431
ルード・T・A		23	290
ルードルフ・ミュラー		25	117
ルードン		46	501,502
		48	279
ルーノ		29	338
ルーバース		24	411
ルーミス・マルカム・エム		27	228
ルーランド		24	571
ルールズ		20	11
ルーレ・アルベール		27	491
ルカス		24	187
ルシア・サントス・デ・ジユアン	Lucia Santos De Juan	21	47
ルシー・タニ		20	349
ルシール・シー・ブランナー	ブランナー,ルシル・シィ・ブルンナア,ルシル・シー・ブランナー,Lucille C. Brunner	49	600,602,609,610,612,613
ルシール・ホランド		37	512
ルシル・ビー・ブルンナー		49	608
ルス・P・アンダーソン		10	296
ルセナ	ルセナス	20	198
ルヂューヌ	Lejeune	27	582
ルッツ・セロン・ケネス	Lutz Theron Kenneth	45	489
ルッテーリ・カルロ	Rutteri Cario	45	490
ルデイガリオ		20	151
ルドルフ・バシル・ウイルソン		22	95
ルトレッヂ		27	127
ルナール		27	478,480,481
ルネ・ロバン	RENÉ Robin	2	305,318,320,330
		11	448

人　名	别　称	册数	页　数
ルネスト・チェケネー		27	500
ルビア		25	417
ルビー・ワン・シャオ	Ruby Wang Siao	27	607,610,611
ルビニイ	ルビニ	23	347,349,351,355,374
ルフィノ・マンガラ		20	243
ルフオ・バラオ		20	320
ルフス・スミス	Rufus Smith,ラフアス・スミス	27	423,426
ルフリマ	LUHULIMA	23	378
ルボウ		40	303,304
ルマライニ		25	86
ルミチェロー・ボーレット,ルミチュロー・ボーレット	Remigereau Pauiette, Remigereau Pahlette	27	439,482
ルメンタット		23	281,285
ルモニエ	Lemonnier	27	595
ルルー		3	439
ルロスビン		48	274
ルン・シエイン		22	68
ルンギ・コベ	ルンギ,Lungi Kobe,Lungi	25	7,57,58,59

レ

人　名	别　称	册数	页　数
レイ		29	338
レィ・アーサトン		3	60,73
レイ・ウィリヤム・エイチ		27	241
レイ・ジエー・ロオー		45	29
レイ・ホイーラー		27	334
レイ・ホーフア	ホーフア	25	326,327
レイ・マリオン		27	216
レイ・ルッ・ウィリヤム・エイチ		27	241
レイス		22	300
令息俊八		41	376
レイソン		23	196
レイダー		23	436,437
レイッスマ夫人		23	537
黎定告	Le Dinh Bao	27	560
黎定夫	Le Dinh Phu	27	560
レイデルメイエル		24	11
レイドロー		21	137
レイナー		26	510

人　名	别　称	册数	页　数
レイノールド・ペタソン		6	236
レイノルヅ	レイノルド,レーノルド,レノルヅ,レーノールド,レイノルズ,Reynolds	20	118,119,121,124,307
		21	5,17,19,20,22,32,33,44,53,54,61,62,63
		25	186,187
		39	382,383,384,385,391,393,394,395
レイノンド・B・ロバーツ		17	396,397
レイバーン		48	267,277
レイヘルト		23	318,320
レイムンダ・ヤブソン		20	3
レイモエク・ホウ		23	434
レイモン・ギリアン	Raymond Guillien	27	482
レイモン・デドウロ	Raymond Didelot	27	449
レイモン・ルストー		27	522
レイモンド・C・リチャードソン	Raymond C. Richardson	22	464,475
レイモンド・エル・ブラウーニング		6	235
レイモンド・シッスラー		27	342
レイン・トーマス・エフ		27	214
レインデル・ホフ	ラインデル・ホフ	19	292,297,298
レー・ピー・イーミル	レー・イーマイル	17	450
レーオネエルウッドラフ		24	85
レーサム		31	31
レーダニエルバーカー		26	172
レーデス	ロダス	20	306,385,430
レーデボール・E・W・C		23	289
レードロウ・バーナ		27	428
レートン	レイトン	48	130,131,274
レーナーと・アル・シイ		27	226
レーニン		30	184
		33	227
レーバー		3	60
レーモンド	Raymond	25	402
レーモンド・ケイ・ニムラ	Raymond K. NIMURA	12	583
レーン・K・A		23	290
レオ・J・ラポート		20	246
レオ・カンデル		8	41,42

人　名	别　称	册数	页　数
レオチンヲ・チェラン		27	589
レオナ・P・コバリー		17	60,65,303,304
レオナードヴォード		27	53
レオナートウワ		22	398
レオナト	Leonat	25	53
レオナルテウス		24	162
レオナルド・ナーラ		20	257
レオノラ・パラチオ・ヴィラス	レオノラ・パラシヲ・ヴィラス	20	313,314
レオポルド・ルト・コフスキ		2	57
レオン・ブールジアレオン・ブールジョア	Leon Bourgeois	1	98,113,170,185,204,220,238,330,347,361,391
レグーエン		23	400
レクター		24	423
レザー		25	428
レシッド・ベー		1	123,196,230,336,372
レジナルド・G・モーガン	モーガン,モオガン	25	114,117,122,124,131
レジノールド・ジョンストン		40	517
レスゴグスキ・ジョン	Les Kovaky John	45	489
レストレーンジローダナ		27	227
レスニード・ボリソワイッナ・グリウイッチ		20	4
レスリー		22	353,374
レスリー・ウイリアム・マックカン	マックカン,L・W・マックカン,レスリ・ウイリアム・マックカン,L. W. Mccann	21	281,282,321
レスリー・コープランド	レスリー	25	119
レセルフ		24	126
レヂエ	レ	11	90,91
レチシア	Leticia	21	56
レヂデントゼネラル	レヂデント	29	220
レヂナ・レスカムラ		27	522
レッスレル		1	399,425
レッド	Red	25	401
レッド・トップハム		27	25
レッドマックユイド		25	529
レデイーバート		32	241

人名	别称	册数	页数
レヂスタンス	Resistance	27	512
レデンヂャー		25	359
レナルトエス	Leonard S.	25	402
レニック		22	192
レネ・ザバラ		20	61
レビスガンター	Lebia Cunter	26	174
レフ・ミハイロヴィチ・カラハン		29	296,311
レフイジョンダブリユウ		27	220
レフチエンコ・ア・ベ		14	58
レボ		23	409,596,599,600
レミー		27	462
レミーゾフ		50	341
レミジェロオ		27	484,485
レミヂイ・レイエス		20	90
レリナヤ		27	270
レロイ・ヒーリー	ヒーリー	25	247,248,249
レワカー		23	259
レンカカーカーヴカンデイ		24	364
レンソーアレキサンダ	Lenson Alexander	26	173
レンダート・カムペル	レンデールトカハペール	19	136,146,156,159,168,173,197

ロ

人名	别称	册数	页数
ロ・チュー・スン		25	33
羅亜程	Lo Yar Cheung	25	42
ロイ・スクアイアズ		6	232
ロイ・ハルフオード・ステイヴンズ	R・H・スチーベンス,R・H・ステインヴンズ	21	449,502
ロイ・ハワード		36	487
ロイジェードンネリ		24	637
ロイデーブイス		26	172
ロイド・B・ルース		27	331
ロイド・イー・グラック		25	440
ロイド・クレーグヒル	ロイド・R・クレーグヒル	7	172,226,257
ロイド・ビッグス	Lloyd Biggs	21	223
		26	533,660
ロイド・ブライス		1	435,444
ロイドー		46	368,369,370,371,381,394
ロイド・ジョーデ		30	62
ロイベネット		21	208

人　名	别　称	册数	页　数
ロイベネット		26	508
ロイヤル・スユト		22	317
郎		7	419
ロウ・スン・フォナ		25	33
ロウイ		20	63
ロウクリン・キユウリー	ラウクリン・キユウリー	36	394,398
朧山		40	16
ロウバテイ		23	311
ロウロイ		23	71
呂榮寰		30	581
ロエラス		24	56
ロー	Loo	27	611
ロー・トン	Lo Tong,ロ・トン	23	147,150
ローイ・エル・モーガン		17	342,351
ローイ・バルマー・ブルコック		23	450
ローエンル・アルバート・デイ		27	228
ローク		25	252,253
ローゲリッグ	Lou Gehrig	25	508
ローサ・カラロング	ローサ・カラロンゲ	21	34,35
ローザラインオーローラ		20	90
ローザリ・カルロス		20	83
ロージャー・ディック・バムフォード	ローギャー・ディ・バンフォード,ロジャー・D・バンフォード	25	176,276,280,283
ロージヤー・バートビゴット		26	168
ロース・エルドレッド・ジェイ		27	213
ロースゼ・チウアン・ワン		7	113
ローゼン		29	218
ローゼンバウム・イエ・ゲ	ローゼンバウム	13	647,657
ローゼンブリト		50	345,358,359,360,361
エス・ヤ・ロゼンブリート	ローゼンブリット	13	212,213,214
ローゼンベルヒ		19	303
ローソン・ウィリヤム・ジェン		27	213
ロータアンドアダヅリューチャポール		22	399,400,401,402,403,404,405,406,407,408,409,410,411,412,413,414,415,416,417,418,419,420,421,422,423,424,425,426,427,431

人　　名	别　　称	册数	页　　数
ローヂエンショー		24	120,174,183,184
ロート	Roth	1	100
ロード		16	162,163
ロード・セシル		16	199
ロード・ハンケイ		16	392
ローバト・イー・ブラワン	ブラワン,ローバト・イー・ブラウン	7	163,167,170,172
ローパト・ブルー		1	550
ローベルト		38	141
ローラ・ヘーグッド		7	221
ローラン	Laurent	27	443,512
ローラン・アンリ	Laurent Henri	27	457
ローランス・ジヨン・ウイリアム・シーキング	ローランス・ジヨン・シーキング,L・J・W・ソーキングス	21	448,497
ローランド・ジヨセフ		22	10,83
ローランド・ゼイ・シュワルツ	ローランド・ジエイ・シュワルツ,ローランド・J・シュワルツ	14	123,154
		49	27
ローリング		22	95
		39	302,337
ローレイン・キリノ		20	366
ローレンス		22	311
		34	268
		35	164,167
ローレンス・F・エップ		18	124
ローレンス・S・トヒル		24	325
ローレンス・バウントニー・ヒル		46	388
ローレンス・フライ・サフォード		37	305
ローロスベケル		26	171
ロク・J		23	288
ロクシン		20	141,143
六反武雄		40	195
ロケ・サエンツ・ペニヤ		1	108,168,180,201,215,236,326,345,356,389
ロコ・サントリキド		1	427
ロサ		20	366
ロザノフ		11	551

人名	别称	册数	页数
ロザリオ	Rosario,ロサリオ	20	15,366
ロザリンダ・アンドイ		20	124,133
ロジェー・ド・ラ・ハルプ	ド・ラ・ハルプ	2	12,41,59,73
ロジエッキン・アレクサンドル ミハイロヴィチ	ロジエッキン・アレクサンドル ミハイロビッチ,ア・ロジエッキン,ロジエッキン・アー・エム	12	89,123,160,161
ロシャー	Rochat	50	208
鹿鐘麟		33	225
羅振玉		5	632
		11	532,533
		30	582
		42	568,576,577
		45	518
ロス		40	318
ロス・バノス		20	33
ロスカンター		24	187
魯甦		7	123,139,160
羅宋清		25	31
ロヂエ・ロラン		27	504
ロックハート		7	252,283
ロッザエフスキー		11	537
ロッチ	ロッジ	29	381,385,395,401,416,420,431
ロッチヤース・ウィリヤム・ジェイ		27	214
ロットガーリング		24	243
ロヅリゲス		22	183,184
ロツン		40	331
ロデリゴ・ジェー・ロドリゲス	アール・ジェー・ロドリゲス	1	466,483,543,556,561
ロデリック・グラム・ウヱルズ	R・G・ウエルス,ロテリック グラーム,ロデリック・グラハム・ウエリス,ウェルス,ロデリック・グラハム・ウェルス,Roderick Graham Wells	21	290,349
		23	33,109
		26	174
		40	254,256,257,258,259,264,267,268,269,276,277,283,284,286,287,288,290
ロテリック・ブルスクロー		24	204,205
ロデンスタイ		24	48
羅登賢		33	200
ロドリゴ・ロドリケス		31	209,216

人名	别称	册数	页数
ロトン		23	35
ロナルド・ジョージ・ウイリアムズ		22	168
ロナルド・バンクス		25	513
ロナルド・ヘウイット・セギンス		17	423
羅南		41	17
ロナンヂイリッチ		29	432
ロバーツ		34	413,420,425,426,427,428,429
ロバーツアーターマーチンウイリャム		26	171
ロバーツマルユルム		27	216
ロバート		21	500
		50	52
ロバート・F・メイハン	Robert F. Mahan	8	693,699,704,706,709,711,715
ロバート・I・カーツ		18	122,126
ロバート・J・メダー	メダー	50	26,28,49,52,56
ロバート・L・ハツバート		27	425
ロバート・M・ボイド	ロバート・ボイド,Robert M. Boyd	8	470,471
		13	226
ロバート・W・ネルソン	Robert W. Nelson,ネルソン,Nelson	25	407,408,409,410,411,412,413,414,415
ロバート・W・リンデン		16	317
ロバート・アール・ジョンズ		20	368
ロバート・アール・ヒーバード		6	235
ロバート・アンドルーニコル		22	74
ロバート・イー・サトー		20	34
ロバート・ウアンシタート		35	88
ロバート・エス・ディーズ	Robert S. Teaze,ロバート・S・チーズ,ロバート・チーズ,ロバート・エス・テーゼイ,ロバート・エス・チーズ,ロバート・S・ティーズ,ロバート・エス・テーズ,ロバート・テーズ	8	180,192,193,239,276,278,300,301,432,433
ロバート・エフ・マボン	Robert F. Mabon	11	615
ロバート・エム・ロー		18	203,205,207,209
ロバート・エル・ハイト		40	229,232,247

人　名	别　称	册数	页　数
ロバート・オカムポ・バウチスタ		20	211
ロバート・カルビン・バトラー		27	332
ロバート・クレーギー	ゼ・ライト・オノラブ・サー・ロバート・クレイギー,ロバート・レスリー・クレーギー,ロバート・クレーギ,クレーギー,クレギー,ク,クレイギイ,クレイギー,R. H. クレーギー,ロバート・クレイーギー,ロバート・クレイギー,ロバート・クレイギー,ロバート・クレイキー	6	260
		11	5
		16	241,253,261,318,326,328,333,337,346,349,356,372,373,376,377
		26	446
		32	167,190
		37	19,20,21,25,79
		42	16,30,31,215,216,220,354,442
		46	384,408
		49	267
ロバート・ジー・ストーレイ		9	343
ロバート・ジェー・シーダ		40	247
ロバート・デイー・シヤソフアー		27	203,204
ロバート・デイックバイ・バック		22	320
ロバート・チェー・ミーダー	ミーダー	40	243
ロバート・バリュット	Robert Pariut	25	402
ロバート・ビー・スターンズ		35	233
ロバート・ビー・ムーデイ	ロバート・ビー・ムーデー	7	4,50
ロバート・ビートリー・スコット		46	351
ロバート・プライヤー	プライヤー	21	137,138
ロバート・ブラウン	Robert Brown	21	137
ロバート・ボルドン	ロバート・ホードン	29	395,401,416,420,431
ロハード・マインデルスマ	アール・マイデルスマ	23	638
ロバート・マカロ・ブラウン	Robert McGulloch Brown,ロバート・マカロー・ブラウン	25	165,225
ロバート・マルカス		20	5
ロバート・ランジング	ロバート	29	372,382
ロバート・レアド・ポーデン	アール・エル・ポーデン	2	121,130
		29	611
ロパート・レアド・ボーデン		29	605
ロバート・レスリー・クレギー		17	452,453
ロバート・レロイ・フレイ		25	230
ロバート・アボット	ロバート・アベット	21	208
		26	508,544

人　名	别　称	册数	页　数
ロバート・クラウフォード		22	208
ロバード・ジー・バンブルグ		26	170
ロバートソン		25	16
ロバート・ビード・ホーリー		26	172
ロバート・ヒートリー		26	169
ロバート・ヒュー・ランカスター		27	8,9,10
ロバート・メインデールスマ		24	300,301
ロバート・ユムラッセル		24	569,570
ロバート・ワーソン・ネルソン		26	162
ロバートン・トナルドシィ		27	236
ロバート・オー・ウイルソン	ロバー萄・オー・ウイルソン	5	543,546
ロバート・カルヴイン・バトラー		27	344
ロバン		11	271
ロビネット・ラルフ・テイ		27	229
ロビン・ロバートソン・ベトリー	ロビン・R・ベトリー，Robin R. Petrie, Robin Robertson Petrie	25	313,491
ロビンス・シュルシ・ジ		27	241
ロビンス・セイムス・ウイリアム		27	231
ロビンソン		25	243
		27	395,406
		46	223
ロビンソン・ウィリアム・ジー		27	216
蘆文頤		8	128
羅文幹		2	407,409,655
ロベアート・クレイギー		17	376
ロベール	Robert	27	595
ロベール・アース	アース	2	658,659,661,662,663,665,666,667,668,670,674,676,677
ロベール・マルセル	Robert Marcl, Robert Marcel	27	444,514
ロペス		29	48
ロベモンド		24	291,417
ロベルトメンデルスマ	エルメンデルスマ	24	39,431
ロボート		27	326,327
ロマイ		22	197
ロマイン・ヂエン・ヂー		27	216
ロマクス		22	193
ロマスネイダビット		26	167

人　名	别　称	册数	页　数
ロマナ・ロドリヂズ	ロマナ・ロドリグエズ	20	396,398
ロマノ・アバッド	Romano Abad	21	55
ロマノフ・ニコライ・アレク・セエヴイズ	ロマノフ	27	633,635
ロムラ・ダロ		20	6
ロムロ		20	59
ロメール	ロメル,ロムメル,ロンメル	10	438,656,657
		13	224
		49	255
ロヤノフススキー		12	607
ロランヂィリッチベノスタ	ロナンヂィリッチ	29	382,396
ロルド・K・クロタ		25	174
ロルド・J・ホーグ	Horald J. Hogue	25	174
ロレンス・ヒル		25	479
ロレンゾ・ポリト		20	262,264,265,266,366
ロンカースト・エドワード		40	211
ロンカスパスク		25	402
ロング・ミン		25	29
ロンバン・ペア		23	346

ワ

人　名	别　称	册数	页　数
ワアしン・エイチ・ワグナア		17	153
ワールデンブルグ	Waardenburg	23	11
ワァレン	Whalen		
ワイ・エイチ・シヨウ		7	103
ワイ・チヤト・ヤング夫人	Wy Chut Young	27	610,612
ワイ・フロイド		46	403
ワイアルード		24	89
ワイサッカノ		11	236
ワイゼッカー	Weizsacker	49	584,619
ワイト		25	488
ワイナント		37	330
ワイマース		6	230
ワイルド	ワイルト	9	111
		24	115
		26	395,396,397,402,403
		39	170,172
		48	171
ワインワルーブ	ワィンツルーブ	50	229,236

人　名	别　称	册数	页　数
ワオレン・フイシャー		3	61
川口主計		27	15
若杉		5	512,513
		16	504,505,508,509,511,513
		17	38,205
		36	565
		37	30,32,90,93,106,120,122,123,124,125,127,205,207
		43	398
		48	135
若杉良雄		5	256
若槻禮次郎	若槻,R. WAKATSUKI	2	173,219
		3	7
		4	103,126,210
		5	196,217,220,221
		10	143,144
		14	178
		15	420,452,454
		17	30,31,158,168,296,297,299
		29	93,213
		30	3, 284, 286, 287, 295, 435, 444, 558
		31	40,43
		32	567
		36	35
		40	476
		42	45,46,47,48,49,55
		43	34,184,185,186,189,190,227,322,350,403,404,407,408,409,410,411,413,430,432,462,463,464,465,466,467,468,469,470,471,473,474,480,483,489,496,497,498,499,500,501,502,525,540
		46	268,270
		47	629
		48	146
		49	439

人　名	别　称	册数	页　数
若槻禮次郎		50	595
若手		10	372
ワカマッ	WAKAMATSU	26	143
若松		9	309,310
		13	184,185,186
		46	161
		47	582
	WAKAMATSU	49	601
若松清一		5	288
若松只一		4	161
		15	293
		26	138,140
		46	22,23,26,27
		48	186
		49	62,64,65
若松誠	若松	37	420,421,456,457,458,459
若松眞		15	344
ワキイエム		23	599
脇阪次郎		44	497,498,503,504
ワギミンゼンランソスミト		23	348
脇山		22	442
ワグナー		25	312,482,483,484,485,486,487,488,489
		34	194
和光ユーセイ	ワコ・ユーセイ,ワコウ・ユセイ	50	25,59,398,400
鷲尾		21	451,510,513,514
鷲尾磯一		30	584
早稲葉勝二		40	200
ワダ		23	14,17
和田		12	482
		17	373
		22	326,331,332,493,494
		23	41,50
		24	449
		25	48
		27	166,167,170,171,179,180,184
和田小六		43	539,540,579

人　名	别　称	册数	页　数
ワタサキ	WATASAKI	21	48
渡瀬亮輔		41	213,214,220,221
和田太郎		15	117,127
和田勁		42	415
渡邊		6	389
		10	149,155
		11	142
		14	16,17,192
		20	210,214,225,227,228,229,243,248,249,251,252,256,257,258,259,260
		24	427,443,643
		27	172
		28	54
		34	416
		40	222
		50	265
渡部		9	258
ワタナベ・ショウジ	WATANABE Shoji	23	375
渡辺一郎		15	124,135,137
渡辺衛		5	258
渡辺榮市		5	286
渡邊熏		25	71
ワタナベカオル	ワタナベ	25	77,82,83
渡邊喜久造		31	307
渡邊金造	渡辺金造	5	287,295,299
渡邊ゲンジョ	渡邊ゲンゾオ,渡邊	23	36,155,162,163,465
渡辺ゲンゾンウ		27	647
渡邊貞夫		40	192,194
渡邊錠太郎	渡邊	4	158,216
		5	260,383
		30	68,467
渡辺清藏		5	251
渡辺タケシ		14	594,632
渡邊辰之助		34	491
渡邊千冬		4	113,169
		15	470
		30	3

人　名	别　称	册数	页　数
渡辺津留子		5	296
渡辺成雄		5	297
渡辺ハルエ		5	296
渡邊春雄		40	277
渡邊洋		12	209
渡辺浩		5	254
渡辺廣治		5	296
渡辺道春		5	255,257
渡邊安次	渡辺安次	13	413,415,587,589
		18	272,274
		40	26,27,30,31
渡辺安治		18	127
渡辺安正		14	63
渡辺勇司		5	255
渡部雄二郎		5	297
渡辺雄二郎		5	295
渡邊陸裕		40	197
渡辺渡		15	117,127,129,131,133,134
綿引紳郎		24	481,492,493,494,495,498,505,514,515,519
和田博雄		30	3
和田副二		28	440
渡恭一		5	296
和田安人		25	403
和田雄四郎		13	413
		18	272,405
和知		5	523
		31	578
		40	21
和知鷹二		26	107
		30	555,559,560
		31	512,522,523
和智恒藏	和智藏	31	507,510,511
ワット		22	304
ワットソン	ワトソン,ウットスン	21	328,394
		25	158,159,179,180
ワトソンヴィル	Watson Ville	25	521
ワナア・ジェムス・エイ		27	238

人　名	别　称	册数	页　数
和波久衛		5	299
和仁貞吉		5	230
ワリ・モード		22	372
ワリアムシング		24	578,616,617,618,620
ワルデア		23	612
ワルデニール		23	320
ワルデマール・カーレル		1	565
ワルバン・ヴィナロフ	ヴィナロフ	1	169,202,237,328,346,389
ワレラ夫人		23	489
ワン	キキ,Wang	20	259
		22	298
		27	611
ワン・シアオ・エン		32	18
ワン・チヤン夫人		7	113
ワン・チユ・リン		32	18
ワン・ワイタヤコン		19	329,330
ワンスントイ		25	33
ワンワイタイヤコーン	Varnvaidyakara,ワンワイタ	2	320,330
	ヤコーン,ワンワイタラヤ	30	9
	コーン	48	192,210,215

中日文人名对照表

中文人名	日文人名
A. A. 埃米特	A・A・エメット
A. Baw	アー・ボー
A. C. J. 德・图阿尔	エイ・シ・ジエイ・デトウアール
A. C. 格迪斯	エー・シー・ゲデス
A. C. 希南	A・C・ヒーナン
A. D. A. 德・卡特・安吉利诺	エー・ディー・エー・デ・カート・アンケリノ
A. D. 范・穆克夫人	ア・ディ・フアン・モーク夫人
A. E. 巴克	A・E・パック
A. E. 库仑	ザイエット
A. E. 马尔托拉	アー・エー・マルトラ
A. E. 麦克凯纳	A・E・マッケナ
A. E. 珀西瓦尔	エイ・イー・パーツヴアル
A. E. 普林斯尼・郎邦	A・E・プリンスネローンボン
A. E. 斯特朗	エィ・イ・ストロング
A. F. 戈登	エー・エフ・ゴルドン
A. F. 克莱兹莫尔	エー・エフ・クレッチマー
A. F. 斯科特	エイ・エフ・スコット
A. F. 赫西	A・F・ハーシイ
A. G. 利	エイ・ディレイ
A. G. 温顿	A・G・ウェイントン
A. H. H. 卡伦	A・H・H・カレン
A. H. 迪金	エー・エイチ・デイキン
A. H. 理查德森	A・H・リチャードスン
A. H. 琼斯	A・H・ジオーンズ
A. I. B.	エイ・アイ・ビィ
A. I. 莫林	マウーリン・ア・イ
A. J. 拜尔	A・J・ベル
A. J. 马丁	エイ・ジェイ・マーテイン
A. J. 曼斯菲尔德	エイ・ジェー・マニスファルド
A. J. 默里	エイ・ジエ・マレイ
A. J. 史密西特	A・J・スミット
A. L. 罗尔夫	A・L・ロルフ
A. L. 马厄	A・L・メーハー
A. L. 马赫	エー・エル・マハー

中文人名	日文人名
A. L. 欧文斯	A・L・オウエンス
A. L. 塞德	A・L・サッド
A. L. 泰勒	A・L・テーラー
A. M. L. 莫鲁	A・M・L・モオル
A. M. 贝尔・麦克唐纳德	A・M・ベル・マクドナルド
A. M. 德罗戈	エイ・エム・ドルーグ
A. M. 麦克阿瑟	A・M・マクアーサー
A. M. 斯特罗克	A・M・スタロック
A. N. 伍顿	A・N・ウートンイヨルロ
A. P. 吉斯连科	アー・ピー・キスレンコ
A. R. 博伊斯	エー・アール・ボイス
A. R. 戈斯	A・R・ボイス
A. S. 戴比斯	エイ・エス・デビス
A. T. P. 兰坦	A・T・P・ランタンプ
A. T. 布鲁尔	エィ・ティ・ブルワー
A. W. 博尔	エイダウリュウボア
A. W. 格洛弗	A・W・グローバー
A. X. 米尔斯	エーエックスミルス
A. 多兹	A・ドッヅ
A. 霍斯特	エイ・ホルスト夫人
A. 加洛特斯基	エー・ヤヴロッキー
A. 刘易斯	A・ルウィス
A. 莫斯	A・モエス
A. 塞克	A・サイケル
A. 索蒂尔	アントアンヌ・ソッテイール
A. 瓦德・桑德	アー・ファンデル・ザンデ
A. 鲍	アー・ポー
A. 休卡	A・スイカー
A. 扬	アー・ヨン
B. B. 佩里	B・B・ベーリ
B. E. 萨盖特	B・E・サケシト
B. L. W. 克拉克	ビー・エル・ダブルユー・クラーク
B. M. 菲奇	ビー・エム・フイッチ
B. M. 汤姆森	B・M・トムソン
B. R. 基斯利钦	ベー・アー・キスリーツイ
B. R. 卡尔逊	B・R・カールスン
B. W. 兰菲尔	ビー・ダブリュー・ランフィヤー
B. 达曼	ベー・ダーメン

中文人名	日文人名
B. 达门	B・ダーメン
B. 富特	ピーフート
B. 拉特	B・ルッター
B. 伦诺克斯	B・レノックス
C. A. 巴克	シーエーハーチ
C. A. 基尔平	C・A・キルピン
C. A. 皮尔索尔	C・A・ビアソール
C. A. 斯图尔特	シー・エィ・スチュワード
C. C. 史密斯	シー・シー・スミス
C. D. 奥尔克特	シー・デー・アルコット
C. D. 史密斯	シィ・ディ・スミス
C. E. L. 赫尔夫里奇	シエルフ・ヘルフリッヒ
C. E. 奥尔森	シ・イ・オルセン
C. E. 巴克	C・E・ビューケ
C. E. 高斯	シー・イー・コーッス
C. E. 格林	C・E・グリーン
C. F. T. 夸尔斯	C・F・T・フアレス
C. G. 埃斯克林	シー・ジー・エスクリン
C. G. 格雷	シイ・ジイ・グライ
C. H. 卡珀	シー・エイチ・カッブ
C. J. 尼尔森	シー・ジー・ニールセン
C. J. 欧文	C・J・オウエン
C. J. 塞克拉	C・J・セクエラ
C. K. 布兰斯	シケイブランツ
C. L. 恩斯明格	シーエル・エンスミンガ
C. M. 费舍尔	C・M・ヴィッシャー
C. O. 佩罗林	シ・オ・ペロクイン
C. O. 沙克尔顿	シイ・オ・シャクルトン
C. R. B. 理查兹	C・R・B・リチャールズ
C. S. 梅尔斯	C・S・マイアー
C. S. 特里默	C・S・トリマー
C. W. 奥克塔维厄斯・卢卡斯	C・W・オクタビイアンスルカス
C. W. 巴特	シー・ダブリュー・バータ
C. W. 布里默	シィ・ダブリュー・ブリマー
C. W. 科比特	C・W・コーヒット
C. W. 梅西	シー・ダヴリュー・メイシー
C. W. 尼米兹	シー・ダブリユ・ニミッツ
C. W. 威洛比	シー・ダブリュー・ウイルービー

中文人名	日文人名
C. 贝利	シー・ベリー
C. 布鲁尔特杰斯	C・ブレルチエス
C. 范・登・胡根班德	シー・ファン・デン・フーデバンド
C. 舒尔茨・潘廷	ジー・シルツエパンチィン
C. 沃什	C・ウオルシュ
CH. H. 温斯费恩	Ch・H・ウエンスヴエーン
CH. O. 范・德・普拉斯	Ch・O・ウアンデアプラス
CH. 范德・斯鲁特	Ch・ヴアンデルスルート
D. C. 戴维斯	デイー・シー・デイヴィス
D. F. 维・霍森	デー・エフ・ブィ・ホーセンソン
D. H. 豪	D・H・ホウ
D. J. 麦克贝恩	D・J・マクベイン
D. R. 博德曼	D・R・ボーヂマン
D. S. 斯托勒	D・S・ストーラー
D. W. 伯格	D・W・ボーク
D. W. 史密斯	ディ・ダブリュ・スミス
D. W. 塔伦斯基恩	D・W・タレンスキー
D. W. 汤普森	ディ・ダブリュ・トムソン
D. 拉德里	ヂエ・ラルドストーリ
D. 皮奇	デイ・ピーチ
E. A. 格里芬	E・A・グリフイン
E. A. 朗	イ・エー・ロング
E. A. 劳埃德	E・A・ロイド
E. 亚当斯	イー・アダムス
E. B. 高尔	イー・ビー・ガウエル
E. C. 米利金	イー・シー・ミリキン
E. E. 丹利	イー・イー・ダンリイ
E. F. 特里	E・F・テリー
E. G. 艾伦	E・G・アーレン
E. H. F. 斯文森	E・H・F・スヴエンソン
E. H. 菲尔德	イー・エイチ・フイールド
E. H. 华莱士	イー・エッチ・ワレス
E. J. 格林	イー・ジエー・グリーン
E. J. 乌方博克	E・J・ウールンベっク
E. J. 约翰逊	イー・ヂエー・ジョンソン
E. L. 安德森	イー・エル・アンダーソン
E. L. 菲尔德	イーユル・ファィンド
E. L. 芬德	イー・エル・ファインド

中文人名	日文人名
E. L. 圣・约翰・库奇	E・L・セント・ジョン・クーチ
E. M. E. 穆勒	イエ・エム・イエ・ムルレル
E. W. G. 赫尔斯伯斯	イー・ダブリー・ヂー・ハルセバス
E. W. 帕里	E・W・パリー
E. W. 赛耶斯	E・W・セイヤース
E. W. 万希	イー・ダブリュー・ワーンヅ
E. X. 米尔斯	イー・エクス・ミルス
E. Z. 格林	イ・ゼイ・クリイン
E. 埃格莱	イ・エグレ
E. 埃格林・芬	イー・エー・グリフィン
E. 艾伦	E・アレン
E. 波恩	エー・ポン
E. 草野	イー・クサノ
E. 菲利普	E・フキリップ
E. 弗洛伊德・格里芬	イー・フロイド・グリフィン
E. 格雷	イー・グレー
E. 霍尔特・威尔逊	イー・ホルト・ヴィルソン
E. 伦多克・凯文森	E・ロンドック
E. 汤姆林・贝利	E・トムリンベーリー
E. 瓦特	イー・ワット
E. 西蒙斯	E・シムス
F. A. M. 哈德林克	F・A・M・ハテリンク
F. B. 奥尔德姆	F・B・オルダム
F. B. 希金斯	エフ・ビー・ハギンス
F. D. 菲尔德	エフ・ディ・フィルド
F. D. 梅里尔	エフ・デー・マーリル
F. D. 威廉斯	F・D・ウィリアムス
F. G. 伯彻尔	エフ・ジイ・バーチォール
F. G. 弗莱彻	エフ・ヂー・フレッチャー
F. H. 冯・梅恩・弗思	F・H・フォン・マイエンフュルト
F. H. 卡拉汉	エフ・エイチ・カラハン
F. H. 泰尔希格	F・H・テルヒーゲ
F. J. 雷麦尔	F・J・レエメル
F. J. 洛韦・帕斯	F・J・ローワイバアツ
F. N. 罗伯茨	エフ・エヌ・ロバーツ
F. R. 奥尔德姆	F・R・オウルダム
F. R. 查默斯	エフ・アール・チャーマル
F. R. 克雷默	F・R・クレーマー

中文人名	日文人名
F. S. G. 皮戈特	エフ・エス・ジー・ピゴット
F. W・库克	F・W・クラーク
F. 鲍克斯夫人	エフ・ボックス夫人
F. 帕拉维奇尼	エフ・パラヴィチニ
G. A. G. 斯普朗戈斯	G・A・G・スプレンジヤーズ
G. A. 弗内斯	ジーエイ・ファーネス
G. A. 赫曼斯	G・A・ベツマンズ
G. B. E. 蒙塞尔	G・B・E・モンセル
G. D. 哈格曼	ジー・エル・ハーグマン
G. D. 钱德伦	G・D・チャンドレン
G. F. 皮耶斯	ジー・エフ・ピアス
G. H. 惠特菲尔德	G・H・ワイワトフイールド
G. H. 加德	ジー・エッチ・ガード
G. H. 加尔达	G・H・ガード
G. H. 托马斯	G・H・トーマス
G. J. 迪赛维尔特	G・J・デーセウェルト
G. J. 塞普	G・J・シップ
G. L. 卢塞尔	ヂー・エル・ラツセル
G. M. 萨诺特	G・M・サーネット
G. T. 库珀	G・T・クーバー
G. W. 德・卡特	G・W・デケイタ
G. W. 科尔顿	G・W・コルトン
G. W. 沃特尔斯	G・W・ウオトルス
G. 艾瑟斯	G・エッセルス
G. 巴拉特	ジー・バラット
G. 德・兰	ジー・デ・ラング
G. 范・斯鲁登	ヘー・ファン・スローテン
G. 福特	ヂー・フォード
G. 霍宾斯	シー・ホッビンス
G. 诺尔斯	ヂー・ノールス
H. A. J. 弗赖尔	エイチ・エイ・ジェーフライヤー
H. A. 格温	エッチ・エイ・グウイン
H. B. 斯托尔斯	H・B・ストウアズ
H. D. 库姆伯	アッチ・ヂイ・クウームブ
H. D. W. 斯特韦尔	H・D・W・シットウエル
H. E. 恩格伦	H・E・エンゲレン
H. E. 恩格伦夫人	H・E・エンゲレン夫人
H. E. 基梅尔	エッチ・イー・キンメル

中文人名	日文人名
H. E. 斯蒂文	ニワッチ・イー・スチーヴンス
H. G. W. 伍德海德	エッチ・ヂー・ウッドヘッド
H. G. 吉尔顿	エッチ・ジー・チルトン
H. H. J. 德・弗里斯	エッチ・エッチ・ジエイ・デ・フリース
H. H. 波利	エッチ・エッチ・ポーレイ
H. J. 埃文斯	H・J・エヴアンズ
H. J. 柯特思	H・J・コルフ
H. J. 廷珀利	エイチ・ジェイ・チィムバーレイ
H. R. C. 哈恩	H・R・C・ハーン
H. R. 内拉索伊	H・R・ネールセン
H. R. 斯塔克	H・R・スターク
H. S. 威廉斯	エイチ・エス・ウイリアムス
H. T. W. 菲塞尔	H・T・W・フィゼル
H. V. 德・弗里斯	エッチ・ジエー・デウ・ヴリース
H. W. A. 巴伦	H・W・A・バロン
H. W. 马尔金	エッチ・ダブリュー・マルキン
H. 巴兹尔・哈里森	エッヂ・バシル・ハリソン
H. 贝隆・范・蒂尔	エイチ・バロン・ヴハン・ティール
H. 比格雷	エット・ボーグレイ
H. 达林格	H・ダリンガ
H. 大町	H・大町
H. 范埃班霍斯特・坦古伯根	エッチ・ファン・エベンホルスト・テングベルゲン
H. 哈根纳	エイチ・ハーゲナール
H. 杰西・梅尔・曼	エッチ・ジェースイ・メル・マン
H. 克雷顿	エッチ・クレートン
H. 劳帕瓦堤	H・ロウパワテイ
H. 铃木	エッチ・鈴木
H. 鲁帕堤	H・ルーパテイ
H. 罗勒・祖师	エイチ・ローラーソシ
H. 皮斯古德	エッチ・ピースグッド
I. M. 扎里亚诺夫	アイ・エム・ザリヤーノフ
I. S. 迪克森	アイ・エス・ディクソン
I. 川崎	アイ川崎
I. 甘	アイ・ガン
I. 马林	アイ・マリエン
I. 琼斯	I・ジョーンズ
J. A. T. 威尔逊	J・A・T・ウイルスん
J. A. 邦考斯基	ヂエー・エー・ポンコスキー

中文人名	日文人名
J. A. 迪恩霍弗	ヂエー・エー・ドイルンホッフアー
J. A. 格兰斯	ヂエー・エー・グレーンズ
J. A. 路维齐	J・A・ロウウイチ
J. A. 史密斯	スミス・ジェー・エー
J. A. 沃恩	J・A・ウオーン
J. B. M. 赫佐格	ジェービー・エム・ヘルツォーグ
J. B. N. 塔鲁马・琼	ジェイ・ヒー・エヌ・タルマツ・ジュ
J. B. 坎	イェー・ベー・カーン
J. B. 利亚伍德	ジェービーレヤーウッド
J. B. 欧拉姆	ジェー・ビー・オラム
J. C. B. 巴都金	J・C・B・バードキン
J. C. 赖因德・福尔默	ジェイ・シー・レインダース・フォルマー
J. C. 迈克肯纳	ジェー・シー・マッケンナ
J. C. 沃尔顿	ジェー・シー・ワルトン
J. D. 范・佩尔特	チェー・デー・ファン・ベルト
J. D. 欧拉姆	ジェイ・テイー・オラム
J. E. 帕蒂西纳	J・E・パティアシナ
J. F. 克罗斯班克	ジェー・エフ・クロスイト
J. F. 麦当劳	J・F・マックドナルド
J. F. 芒罗	ジェー・エフ・マンロー
J. G. 埃梅尔斯	J・G・エメルス
J. G. 本德斯	イエヘベンデルス
J. G. 兰伯特	ジェー・ジー・ランパート
J. G. 默多克	J・G・マドック
J. G. 斯托里	ジェー・ジィ・ストーレイ
J. H. W. 德・隆曼因	J・H・W・ド・ローンマニン
J. H. 安德森	ゼエ・アイチ・アンダーソン
J. H. 范・罗伊恩	ジー・アシコ・フアン・ロイエン
J. H. 格朗维尔德	J・H・グワエンフェルド
J. H. 迈克肯泽	ジェー・エイチ・マッケンジー
J. H. 尼科尔	J・H・ニコル
J. H. 斯库林	ジュー・エイチ・スカリン
J. H. 威廉斯	J・H・ウイリアムス
J. J. 考斯特	J・J・コスター
J. J. 罗宾森	ゼー・ゼー・ロビンソン
J. J. 麦克卡西	J・J・マックカーシー
J. J. 曼宁	ジェイ・ジェイ・マニング
J. L. 霍奇	ヂエー・エル・ホワヂ

中 文 人 名	日 文 人 名
J. L. 柯蒂斯	J・L・カーチス
J. M. J. 缪勒	J・M・J・ミュラー
J. M. 汉森	J・M・ハンセン
J. M. 兰伯特	ヂェ・エム・ランバート
J. M. 桑德鲁	J・M・サンデル
J. M. 沃尔什	ジェー・エム・ウォルシ
J. N. 海伯劳克	イエ・エヌ・ヘイブルック
J. O. 考恩	ジェー・オー・カウン
J. O. 理查德森	エイ・オー・リチャードソン
J. P. 里塞拉达	ジェー・ピー・リヤラダ
J. S. R. 弗格森	ヂェイ・エス・アール・ファースン
J. S. 史密特	ジェー・エス・スミット
J. S. 沃克曼	ジェー・エス・ワークマン
J. S. 辛宁赫・达姆斯特	ジェイ・エス・シニング・ダムステ
J. S. 欣宁芝・德姆斯特	J・S・シンニング・レ・ダムステ
J. T. N. 克罗斯	ジェイ・ティー・エヌ・クロス
J. W. 曼	ゼー・ダブリュー・マン
J. 安德鲁斯・莱文奇	ジェー・アンドリースーレウィニグ
J. 贝克宁・文柯斯	J・ベッカリングーヴィンカース
J. 范・派尔特	J・ファン・ペルタ
J. 范・哈尔姆	J・ファン・ハルム
J. 加拉赫尔	ジェー・ガラハー
J. 里斯	デエリースト
J. 伦涅	ジェイレンニー
J. 麦觊	アイウアー・マッケイ
J. 麦卡特尼	ジェー・マッカートニー
J. 塞耶斯	ジェー・セイヤーズ
J. 斯图尔特	ジェー・ステュワルト
J. 威尔金森	J・ウィルキソン
J. 沃克	フィー・ジェイ・ウォーカー
K. A. 德・芒特	K・A・デームンテル
K. A. 德・威尔德	ケー・エー・ドウ・ウェールド
K. A. 里恩	K・A・リン
K. M. R. 范・布拉克尔	カ・エム・エル・ファン・ブラーケル
K. M. 迪克森	K・M・デイクソン
K. 艾伦	K・アレン
K. 巴格肖	ケー・バグショー
K. 德斯・麦克威蒂	K・ド・G・マックヴイテイ

中文人名	日文人名
K. 井川	ゲイ・イカワ
K. 劳	K・ラウェ
K. 平手	K・平手
K. 平松	K・平松
K. 浦部	ケィ浦部
K. 提哈雅	ケー・チハヤ
L. A. C. 托马斯・威廉・亚当森	コト・トーマス・ウィリアム・アダムソン
L. A. N. 罗德雷格斯	L・A・N・ロードレイグス
L. A. 马克・安	アール・エー・マックアン
L. A. 纽南	エル・エー・ニューナム
L. A. 苏厄德	エル・エイ・シーワード
L. B. 斯皮迪	L・B・スピーディ
L. C. S. 谢泼德	L・C・S・ジェバード
L. C. W. 里贝	エル・シー・ダブリュー・リーベ
L. E. 格里菲斯	エル・イー・グリイフィス
L. H. 巴纳德	L・H・バーナード
L. K. 范・德・霍斯特	L・K・ヴアンデルホルスト
L. L. 麦肯齐	エル・エル・マケンズイー
L. M. 贝克	エル・エム・ベーカー
L. M. 贝坦斯	エル・エム・ベタンセス
L. S. 摩根	エル・エス・モルガン
L. V. 哈德逊	L・V・ハドスン
L. 埃梅尔斯	エル・ヘエンメンス
L. 卡拉汉	エル・カラハン
L. 科特曼斯	L・コートマンス
L. 兰津	エル・ランジン
L. 莫里斯	エル・モリス
M. A. 马特科夫斯基	エム・アー・マトコフスキー
M. B. 贝尔	M・B・ベール
M. D. 佩林斯	エム・ディー・ペリンズ
M. D. 沃尔塔特	エム・デー・ヴオルタート
M. E. 达斯蒂格	エム・エイ・ダステユヂス
M. J. M. 迈格尼斯	モーリーン・ジヨイ・マーガレット・マグネス
M. J. 安克戴尔	M・J・アンケテル
M. J. 威尔逊	M・J・ウイルソン
M. L. 谢泼德	エム・エル・シェパド
M. M. 李维诺夫	マクシム・マクシモヴィチ・リトヴィノフ
M. M. 诺尔	エム・エム・クノーベル

中文人名	日文人名
M. M. 威廉斯	M・M・ウイリアムス
M. N. 戈尔杰	エム・エヌ・ゴルテーエフ
M. P. 贝克威思・史密斯	エム・ピー・ベックウィズスミス
M. P. 哈弗坎普	エム・ピー・ハバカンプ
M. P. 米尔斯	エム・ビー・ミルス
M. R. 杰克逊	エラ・エム・ジェコブソン
M. S. 贝茨	エム・エス・ベーツ
M. S. 梅耶斯	M・S・マイヤース
M. 鲍德斯	エム・ボウデー
M. 查尔斯・阿瑟・亨利	シャール・アルセヌ・アンリー
M. 东海林	M・東海林
M. 范・柯德	M・ファン・オールト
M. 范・乌特	エム・バン・ウールト
M. 费舍尔	エム・フィッシヤー
M. 富勒	エム・フラー
M. 高迁	M・高遷
M. 海沃德	エム・ヘイワード
M. 黑田	エム・黑田
M. 横山	エム・横山
M. 基尔钦・布拉特	エム・ギルチン・ブラット
M. 江村	エム・江村
M. 菊池	エム・テー・菊地
M. 拉格尔斯	M・ラグルス
M. 小林	エム・小林
M. 中村	M・中村
M. 佐林	エム・ゾーリン
N. A. 巴津科	エヌ・ア・バゼンコ
N. D. 泰特斯	エヌ・ディ・ティター
N. H. 昆顿	N・H・クキントン
N. J. 利思	エヌ・ジェ・リース
N. R. 格拉斯	エヌ・エル・グラッセ
O. E. W. 西克斯	O・E・W・シックス
O. E. 达纳赫	O・E・ダナハー
O. H. 诺顿	オー・エイチ・ノートン
O. M. 莱恩	O・M・レーン
O. 里帕	オーリバ
O. 马克斯加德纳	エー・マアクス・ガードナー
P. A. 亨格里斯	P・A・ヘンクリス

中文人名	日文人名
P. C. 吉尔摩	ピー・シー・ヂルモーア
P. C. 克罗斯利	ピー・シー・クロスリー
P. G. 德・弗里斯	ピーター・ゲルハート・デ・ヴリース
P. H. 贝内蒂克	ピーエッチベネティクト
P. H. 里斯	ビイ・エイチ・リース
P. H. 欧德曼	P・H・オウデマン
P. I. 格里巴诺夫斯基	ペー・イー・グリバノフスキー
P. J. 布洛克	ビー・イエー・ブロック
P. N. 迪安	ピイー・エヌ・デイーン
P. R. 希尔兹	P・R・シールズ
P. W. 威廉・波利特	ピ・ダブルュ・ウイリアム・ボーレット
P. 杜恩伯斯	P・ドオルンボス
P. 佩尼	ファランク・アルダ
R. A. 巴特勒	アール・エイ・バトラー
R. A. 布恩	アール・エー・ブーン
R. A. 尼科尔	R・A・ニコル
R. B. 本内特	アール・ビー・ベネット
R. B. 克罗	アールビークロウ
R. B. 拉梅	リチャード・ベヴイス・ラム
R. B. 帕尔	アール・ビー・バル
R. B. 伊尔森	R・B・ウイルスン
R. C. 哈尔斯	アール・シー・ハルス
R. C. 希哈维	アール・シー・シルハヴィ
R. D. 巴克	R・D・バック
R. D. 吉尔伯特	R・D・ギルバート
R. D. 克劳姆坦	R・D・クロムタン
R. E. 基顿	アール・イー・キートン
R. F. 库尔森	アール・エフ・クールスン
R. F. 马洪	アイル・エフ・マホン
R. G. H. 瓦特斯	R・G・H・ウオッツ
R. G. 雷诺	アール・シー・レオナルヅ
R. G. 威尔斯	R・G・ウエルズ
R. G. 威廉斯	アール・チー・ウイリアムス
R. H. 戴维斯	アール・エッチ・デービス
R. J. 比恩	アール・ジェー・ブレン
R. J. 亨塞尔	R・J・ヘンセル
R. J. 卡拜尔	アール・ヂエー・キャンベル
R. J. 威克斯	アールゼイ・ウィークス

中文人名	日文人名
R. J. 希钦	R・J・ヒッチエン
R. K. 哈德威克	アール・ケイ・ハー・ドウイック
R. K. 萨瑟兰	R・K・サザランド
R. L. 伯顿	ロバート・レアド・ポーデン
R. L. 布朗宁	アール・エル・ブラウニング
R. L. 克雷吉	アール・エル・クレーギー
R. M. 麦克肯泽	R・M・マケンジー
R. M. 特纳	R・M・ターナー
R. O. 尼尔	アール・オー・ネイル
R. P. 布尔科克	R・P・ブルコック
R. R. 皮特里	アール・アール・ペトリー
R. S. 古尔登	R・S・グールデン
R. 查尔斯・约翰・钱德尔	アルチヤールス・ジヨン・ジエテル
R. T. 奥费尔	アールティオフエル
R. T. 佩顿・格里芬	アール・ティーペイトン・グリフィン
R. 埃勒斯	アール・エルズ
R. 德・马里斯・范・斯温德伦	エル・ド・マレース・フアン・スウヰンデレン
R. 福德・休斯	R・フォード・ヒュース
R. 吉尔伯特	R・ギルバート
R. 加藤	アール・加藤
R. 克罗夫德	アール・クロフオード
R. 拉菲尔	ラファエル・ラファエル
R. 雷德	アール・レイド
R. 里德	R・リード
R. 梅因德斯马	R・マインデルスマ
R. 普伦	R・プレン
R. 琼斯	R・ショーンズ
R. 斯珀灵	アール・スパーリング
R. 廷德尔	アール・チンデル
S. G. 雷蒙德	エス・ジー・レイモンド
S. H. 汉金斯	S・H・ハンキンズ
S. L. 贝克	エス・エル・ベイカー
S. M. H.	エス・エス・エッチ
S. M. J. 艾登伯拉格	エスエムイエーイデンブルグ夫人
S. M. 班菲尔	エス・エム・バンフィル
S. M. 江村	エス・エム・江村
S. N. 保尔	S・N・ポワル
S. R. 拉佐夫斯基	エス・ア・ロゾフスキー

中文人名	日文人名
S. R. 皮尔森	エス・アール・ピアスン
S. S. V. F. 诺扬・麦克肯泽	S・S・V・F・ノイアン・マッゲンジー
S. T. 迪布尔	エス・ディブレル
S. W. 威尔斯	エス・ダブリュー・ウェルズ
S. 德・瓦尔	エス・デウ・ワール
S. 弗卡斯	エス・フォーカス
S. 高野	S・タカノ
S. 格拉萨	エスグラカ
S. 古山	エス・古山
S. 井口	S・井口
S. 林	S・林
S. 莫里森	エス・モリソン
S. 皮奇	S・ピーチ
S. 山本	S・山本
S. 小山	エス・コヤマ
S. 小原	S・オハラ
S. 中西	エス・中西
T. A. 巴格林	チーエーバカリン
T. A. 比索森	T・A・ビソン
T. A. 柯尔曼	テー・エー・コールマン
T. B. 亨特	ティ・ビィ・ハント
T. C. 穆雷	T・C・マレー
T. D. 怀特	ティ・ディ・ホワイト
T. F. 莫纳奈	テー・エフ・モルネーン
T. H. 利普斯科米	リップスコーム
T. L. 兰德	エルンチイー・ライド
T. R. C. 金	ティー・アール・シー・キング
T. R. 富重	ティ・アール富重
T. R. 坎宁汉	テイ・アール・カニンガム
T. S. 柯明	T・S・カミング
T. 贝拉	ト・ベラ
T. 伯恩	テー・バーン
T. 德・布里	T・デーブレー
T. 渡边	T・渡邊
T. 户口	テイ・戸口
T. 铃木	テイ・鈴木
T. 莫纳内	テイー・モールネーン
T. 塞姆・科恩	テイ・セム・コーン

中 文 人 名	日 文 人 名
T. 山本	T・山本
T. 胜部	T・勝部
T. 下田	T・下田
T. 向井	テイ・向井
T. 植松	ティ・ウエナツ
T. 佐藤	テイ・佐藤
TH. W. 宾德曼	TH・W・ビンデマン
V. J. 米亚特	ブイ・ゼエ・マイセット
V. L. R. 贝伦德	ヴィエルアール・ベーレント
V. V. 里奇科考夫	ウェー・ウェー・ルイチコフ
V. V. 派拉	イ・ヴィ・ベルラ
V. 阿德里齐姆	ファン・アドリワヒェン
V. 贝内特	ヴンセント・ベンネト
V. 德克森	ウイ・ダークソン
V. 海尔德	バンヘールデ
V. 马克萨科夫	ヴェー・マクサコフ
V. 缪肯	ファン・デメウレン
V. 莫洛托夫	ヴエー・エム・モロトフ
V. 韦特姆	ヴィ・ウェットゥム
W. A. R. 帕克	W・A・R・パーカー
W. A. 比蒂	W・A・ビアテイー
W. A. 豪尔	ダブリュウ・エイ・ホール
W. A. 里戴尔	ウォルター・アレクザンダー・リッデル
W. A. 塔博特・布莱菲尔德	ダブリュウ・エー・タルッボット・ビールフェルト
W. D. 博伊德	W・D・ボイド
W. D. 柯林斯	W・D・コリソス
W. E. 阿柯汉姆	ダブリュー・イー・アロンハム
W. E. 迪尔	W・E・ヂイル
W. E. 莱顿	W・E・レットン
W. E. 威尔逊	W・E・ウィルソン
W. F. H. 普拉斯	W・F・H・プラス
W. F. M. 泰伍	W・F・M・テウ
W. F. 昆顿	W・F・クイントン
W. G. 范・韦特姆	ダブリュー・ジー・ファン・ウェットゥム
W. G. 格雷顿	W・G・クレートン
W. G. 克拉姆	ダブリュー・ヂー・クラム
W. G. 萨尔奈斯	ダブリュー・シー・サルナイス
W. H. 福兰克林	ダブリュー・エッチ・フランクリン

中文人名	日文人名
W. L. 布朗	W・L・ブラウン
W. L. 迈克肯泽・金	ヴイリアム・ライオン・マッケジー・キング
W. P. 伯恩	W・P・バーン
W. P. 卡明	ダブルュー・ピー・カミング
W. P. 米尔斯	W・P・ミルズ
W. R. 小卡斯特尔	ウィリアム・アール・キァッスル・ジューニァ
W. T. 福利	W・T・フォリー
W. W. 莱格特	W・W・レガット
W. W. 罗克希尔	ダブリユー・ダブリユー・ロックヒル
W. W. 威洛比	ダブリュー・ダブリュー・ウィロビ
W. 巴奇	ダブリュー・バッゲ
W. 本塞尔	W・ブンセル
W. 伯恩	ウエーベエーン
W. 哈格多恩	W・ハジェドーン
W. 海格	ダブリユウ・バッゲ
W. 库克	ダブリュー・クック
W. 铃木	W・鈴木
W. 梅杰	W・マイエル
W. 穆伊	W・モオイ
W. 沙格	ダヴリュウ・アール・マウンテン
W. 索尔特	W・ソルター
W. 坦恩	W・Ten
Y. A. 马利克	Y・A・マリク
Y. 弗洛伊德	ワイ・フロイド
Y. 林	Y・ハヤシ
Y. 特克	Y・チュルク
阿倍小曾	アベ・コソ
阿倍信行	阿部信行
阿宾・安本	アビン・アンブン
阿卜杜・爱德华・S.	アブド・ニドワード・エス
阿卜杜勒・哈利克	アブダル・カリク
阿卜杜勒・哈米德	アブドユル・ハミッド
阿卜杜勒・卡弗尔	アブダル・カフォア
阿卜杜勒・劳夫	アブドウル・ラウフ
阿卜杜勒・萨马德	アブドウル・サマッド
阿部保男	阿部保男
阿部芳光	阿部芳光
阿部克己	阿部克己

中文人名	日文人名
阿部胜雄	阿部勝雄
阿部文雄	阿部文雄
阿部孝壮	阿部孝壯
阿部一郎	阿部一郎
阿部英	阿部英
阿部宇直	阿部宇直
阿部真佐臣	阿部眞佐臣
阿刀田俊郎	阿刀田俊郎
阿道夫・希特勒	アドルフ・ヒトラー
阿德・穆罕默德・阿里夫	アデ・モハマッド・アリフ
阿登・詹姆斯・W.	アルドーン・ジャームス・ダブリユウ
阿尔比尼・爱德华・R.	アルヒュ・エツワード・アル
阿尔伯茨	アルバーッ
阿尔伯蒂尼	アルベルチイニ
阿尔伯特	アルバート
阿尔伯特・B. 雷	アルバート・ビー・レイ
阿尔伯特・E. 米德	アルハード・イー・ミード
阿尔伯特・J. 纽林	アルバート・ジエイ・ニユーリン
阿尔伯特・奥尔特曼	アルバート・アルトマン
阿尔伯特・金	アルバート・キング
阿尔伯特・夸克	アルバード・コラック
阿尔伯特・纳特	アルベルト・ナーテ
阿尔伯特・帕切科	アルバアト・パチコ
阿尔伯特・维克托・亚历山大	アルバート・ヴィクター・アレグザンダ
阿尔方斯・方克	アルフォンス・フォンク
阿尔菲	アルフイエり
阿尔弗莱德・法尔肖尼	マルフレド・ファルシオニ
阿尔弗雷茨	アルフンー
阿尔弗雷德・F. 克雷奇默	アルフレッド・エフ・クレッチマー
阿尔弗雷德・爱德华・伍德	アルフレッド・エドワード
阿尔弗雷德・菲利普斯	アルフレッド・フイリップス
阿尔弗雷德・米洛	アルフレッド・マイロ
阿尔弗雷德・普利斯哈德	アルフレッド・ピリッチャード
阿尔弗雷德・史蒂文斯	アルフレッド・ステイーヴンス
阿尔蒙德	アルモンド
阿尔纳斯・波尔蒂尔	アルナスオルティール
阿尔瓦・C. 卡彭特	アルバ・シー・カーペンター
阿尔维・斯坦利・奥格纳斯	アルヴイ・スタンレイ・アウガナス

中文人名	日文人名
阿尔文·L.欧文斯	アルビン・エル・オーエンス
阿方斯·D.基尼奥内斯	アルホンズ・ディ・クイノネス
阿方索	アフオンソ
阿方索·普罗斯珀罗	アルフォンソ・ペロスペロ
阿弗莱多·埃克顿	アルフレド・アクトン
阿弗莱多·德·卡斯特罗	アルフレド・デ・カストロ
阿古斯丁·鲁纳	アグスティン・ルナー
阿古斯丁·塞格维亚	アグスティン・セゴビア
阿加顿·纳瓦罗	アガトン・ナヴァロ
阿金一夫	阿金一夫
阿卡尔	アカー
阿克兰德	アックランド
阿奎利纳·雅维尔	マキリナ・ハヴイエ
阿拉·亚尔	アラー・ヤー
阿拉奈尔·柯林·马蒂厄	アライオネル・コリン・マテユウス
阿拉斯加·达奇·哈伯	アラスカ・ダッチ・ハーバー
阿里	アリ
阿里·海德尔	アリハイダー
阿历克斯·J.莫特	アレクッス・ジェー・モット
阿利扎林	アリザアータルマヂ
阿列克谢耶夫	アレクセエフ
阿洛宁·威廉·阿洛伊	クローニン・ウィリアムアロイ
阿马德奥·凯布	アマデオ・カベ
阿玛劳	アマラル
阿梅利	アメリ
阿米蒂奇	アーミテジ
阿米尔·宾·沙罗丁	アミル・ビン・サロテイン
阿姆斯特朗	アームストビング
阿南三苏男	阿南三蘇男
阿南惟几	阿南惟幾
阿诺德	アーナルド
阿诺德·F.卡迪	アーノルド・F・キャディ
阿诺德·莱斯利·威廉	アーノルドレスリーウエリアム
阿诺伊	アノイ
阿奇·霍华德	アーチー・ハワード
阿奇博尔德.斯蒂尔	アーチボールト・ステイール
阿萨拉·卡洛斯	アセラ・アルロス
阿萨特	アルザット

中文人名	日文人名
阿塞	アッセル
阿瑟・A. 桑达斯基	アーサー・エイ・サンドウスキー
阿瑟・F. 安德斯	アーサー・エフ・アンダース
阿瑟・G. 罗宾森	アーサーヂーロビンリン
阿瑟・H. 罗森	アーサー・エッチ・ロウゼン
阿瑟・H. 麦克克拉姆	アーサー・H・マッカラム
阿瑟・M. 帕斯卡洛斯基	アーサー・エム・バックロースキ
阿瑟・厄内斯特・珀西瓦尔	アーサー・アーネスト・パーシバアル
阿瑟・汉德森	アーサー・ヘンダスン
阿瑟・劳伦斯・马赫	アーサー・ローレンス・マーハー
阿瑟・罗斯	アーサー・ロース
阿瑟・普莱斯	アーサー・ブライス
阿瑟・萨沃里	アーサー・セイヴオリー
阿瑟・沃克	アーサー・ウォーカー
阿瑟・西福斯・布莱克本	アーサーシーフォースブラックバーン
阿瑟・詹姆斯・巴尔弗	アーサー・ジエームス・バルフオア
阿斯曼	アスマン
阿塔尔・辛格	アッタル・シング
阿托利科	アトリコ
阿武里奇	アウリチ
阿亚鲁・斯利弗・科德	アヤール・スリーブ・コルド
埃德华斯・罗伯特・L.	エドワーソ・ロバート・エル
埃德加・C. 赫尔希布斯	エドガー・シー・ハルシーブズ
埃德加・阿兰・格里芬	エドガー・アラン・グリンフイン
埃德曼斯道夫	エルドマンスドルフ
埃德纳・M. 希卡姆	エドナ・M・ヒツカム
埃德温・A. 佩特里	エドウィン・エイ・ペトリイ
埃德温・F. 斯坦顿	エドウイン・エフ・スタントン
埃德温・L. 内维尔	エドウィン・エル・ネヴィル
埃德温・R. 麦克雷诺茨	エドウキン・R・マクレイノスヅ
埃德温・T. 布斯	エドヴィン・エル・ブース
埃德温・T. 林顿	エドウィン・T・レイトン
埃德温・V. 利奇	エドウイン・ヴイー・リーチ
埃德温・W. 科尼斯	エドウイン・ダブリュー・クーンス
埃迪・罗格・K.	エデイ・ロガー・ケイ
埃尔莫・V. 迪尔	エルモア・ヴイ・テイール
埃尔默・P. 弗莱明	エルマー・P・フレミング
埃尔默・阿尔弗雷德・莫斯	エリマー・アルフレッド・モース

中文人名	日文人名
埃尔廷	エルチン
埃弗里・约翰・H.	エイヴアリ・ジョンイー
埃弗特・范・艾森	エーフエルトファネッセン
埃格雷	エグレー
埃克森・埃德温・B.	エッカーソン・エトウイン・ビ
埃克特・艾弗林・G.	エッカート・イブリン・シー
埃里克・B. 霍格	エリック・ビー・ホアグ
埃里克・W. 弗莱舍	エリック・ダブリュー・フライシヤー
埃里克・德・弗吉尼	エリック・ド・ヴィルジン
埃里克・肯尼思・斯科特	エリック・ケネス・スコット
埃里克・斯特恩	エリック・スターン
埃里克・约翰・格林	エリック・ジョン・ジョン・グリーン
埃里姆	エリム
埃里森	エリソン
埃里希・博尔兹	ユーリッヒ・ボルツェ
埃利诺・巴克	エリーノア・バアク
埃利诺・卢卡弗	エレノ・ルカフォア
埃利莎・马格潘泰	エリザ・マグパンテイ
埃利斯	アリス
埃利斯・克鲁伯	アリスシークルーブ
埃利斯・帕布洛诺特	アリス・パブロノド
埃利亚斯・P. 萨布兰	エリアス・ピー・サブラン
埃略特・科纳德	エリオットコナード
埃略特・瓦德斯沃斯	エリオト・ワヅウォース
埃蒙德	エドモンド
埃米尔	エミル
埃米尔・吉格略利	エミレ・ジクリオーリ
埃米尔・凯西	エミール・ガシー
埃姆斯・查尔斯・F.	エイムス・チヤールス・エフ
埃斯洛克・耶尔・E.	エスロック・エィル・イー
埃斯皮	ジェームス・エスピー
埃斯特・加西亚・莫拉斯	エスサー・ガルシヤ・モラス
埃文斯	エヴアンズ
埃文斯・李・H.	エバンス・リー・エイチ
埃文斯・鲁本・M.	エバンス・リュウベン・エム
艾柏森・霍尔曼・阿瑟	アルバート・ノーマン・アーサー
艾彻伯格	アイケルバーカー
艾德森・埃纳尔	アイデセン・アイナール

中 文 人 名	日 文 人 名
艾登	イーデン
艾夫斯	イヴス
艾哈迈德・梅丁	アッマッド・マイデイン
艾拉・W. 梅尔斯	エイラダウリューマイヤーズ
艾里斯・A. 梅尔斯夫人	アイリス・エイ・マイヤーす
艾灵顿	エリングトン
艾伦・W. 格利恩	アレン・ダブリュ・ガリオン
艾伦・奥尔	アラン・オー
艾伦・伯克利	アラン・バーケレー
艾伦・弗兰克・温莎	アラン・フランク・ウインザー
艾伦・霍雷斯・L.	アレン・ボレース・エル
艾伦・雷金纳德・汤森德	アラン・レジナルド・タウンセンド
艾伦・斯莱登・帕尔默	アランスレイドンパルマー
艾默里・范登・博斯奇	アムリー・バンデン・ボシュ
艾奇逊	アチエソン
艾瑞玛・哈维・诺斯克罗夫特	エリマ・ハービーノースクロフト
艾森豪威尔	アイゼンハウワ
艾什顿・罗斯	アシュトン・ローズ
艾什沃斯・约翰・E.	アショワトス・ジョン・イー
艾斯兰德	アイスランド
爱德华・L. 菲尔德	エドフード・エル・フィールド
爱德华・P. 莫纳汉	エドワード・ピー・モナハン
爱德华・R. 尼尔	エドワード・アール・ネル
爱德华・W. 格雷戈瑞	エドワード・W・グレゴリー
爱德华・阿塔姆斯	エドワード・アタムズ
爱德华・埃里克・威廉	エドワード・エリック・ウィリアムソン
爱德华・安德伯格	エドワード・アンダーバーグ
爱德华・弗莱	エドワード・フライ
爱德华・戈申	エドワード・ゴッシエン
爱德华・格雷	エドウード・グレー
爱德华・赫德利・阿姆斯特朗	エトワード・ヘドレー・アームストロング
爱德华・简・厄隆贝拜科	エドワード・ヤン・ウールンベック
爱德华・斯珀林	エヅアード・スバーリング
爱德华・斯图尔特・麦克杜格尔	イー・スチュアート・マックドウガル
爱德华・休斯・米尔斯	エドワード・ビューズ・ミルス
爱德华・乔纳・那森	エドワード・ジョーナ・ネーサン
爱德华八世	エドワード八世
爱德温・F. 斯瓦尔	エドワイン・エフ・スヴェア

中文人名	日文人名
爱蒙德・麦克阿瑟・谢泼德	エドマンド・マワクアーサー・シェッパード
爱泽诚	愛澤誠
安・莉莲・罗尔夫	アンリリアンロルフ
安坂正治	ヤスサカマサジ
安保清种	安保清種
安倍宽	安倍寛
安倍源基	安倍源基
安宾・路易斯・欧文斯	アンビン・ルイス・オウェン
安布罗斯・卢姆	アムブロウズルス
安部明	安部明
安部能成	安部能成
安场保雄	安場保雄
安川良三	安川良三
安达	安達
安达二十三	安達二十三
安达谦藏	安達謙藏
安达十六	安達十六
安德・罗兰德・A.	カンドレ・ローンド・エィ
安德鲁・戴维・J.	アンドリウス・デビット・ジェニーア
安德鲁・莱文奇	フードリュー・レウインゲ
安德鲁斯・特里	アンドルス・テリー
安德森	アンダーソン
安德森・A. W.	アンダーソン・A・W
安德森・卡尔・J.	アンダーソン・カール・ジェイ
安德森・肯尼斯・R.	アンダーソン・ケンネス・アール
安德森・罗伯特・A.	アンダソン・ロバート・エイ
安德森・诺曼	アンダーソ・ノーマン・ニィ
安德森・唐纳德	アンダーソン・ドナルド
安德斯	アンダース
安德伍德	アンダーウッド
安东吉郎	安東吉郎
安东尼奥・安格拉	アントニオ・アンガイレン
安东尼奥・奥古斯托・多斯・桑托斯	アントニオ・アウグスト・ドス・サントス
安东尼奥・巴齐尔	アントニオ・バシレ
安东尼奥・赫南德兹	アントニオ・ヘルナンデス
安东尼奥・坎波斯	アントニオ・キャムポス
安东尼奥・科胡昂科二世	アントニオ・コジュアングコ・ジュニア
安东尼奥・拉卡扎	アントニオ・ラカザ

中文人名	日文人名
安杜克・宾・卡桑	アンドエクビンカッサン
安富索	アンフゾ
安冈正笃	安岡正篤
安哥拉科斯・皮特斯・W.	アンジェンラコス・ピーター・ダブリュウ
安横得也	安横得也
安吉兰	アンジラン
安井藤治	安井藤治
安井英次	安井英次
安井英二	安井英二
安卡・布卢姆	アンカ・ブルーム
安乐笃磨	安樂篤磨
安妮	アンニー
安崎正治	安崎正治
安藤辉三	安藤輝三
安藤纪三郎	安藤紀三郎
安藤觉	安藤覺
安藤狂四郎	安藤狂四郎
安藤利吉	安藤利吉
安藤三郎	安藤三郎
安藤伍长	安藤伍長
安藤信三	安藤信三
安藤志佐三郎	安藤シサブロ
安田常男	安田常男
安田金一郎	安田金一郎
安田铁之助	安田鐵之助
安田武雄	安田武雄
安田新井	安田新井
安田祯	安田禎
安田重雄	安田重雄
安田宗春	安田宗春
安武日出男	安武日出男
安武日出雄	安武日出雄
安中忠雄	安中忠雄
庵地保彦	庵地保彦
庵谷忱	庵谷忱
鞍谷良行	鞍谷良行
岸仓松	岸倉松
岸道三	岸道三

中文人名	日文人名
岸福治	岸福治
岸军三	キシ・グンゾ
岸信介	岸信介
昂斯特	アングスト
奥贝拉	オバラ
奥博拉	オベラ
奥村慎次	奥村慎次
奥村胜藏	奥村勝藏
奥村胜三	奥村勝三
奥村喜和男	奥村喜和男
奥村正雄	奥村正雄
奥德罗	オデロ
奥德姆・罗伯特・N.	オーデン・ロバート・エヲ
奥多尔・福克斯	オドール・フォクス
奥恩・缅因克	オーン・ミアイング
奥恩斯・波・克劳德・W.	オーンス・ポー・クロードダブリユウ
奥尔	オール
奥尔伯特・里察的・诺曼	オルバート・リチャード・イーマン
奥尔弗・里帕	オラフ・ライパハ
奥尔盖耶・罗伯特・F.	アルヂェイア・ロバート・エフ
奥尔姆斯兰德・布利福德・A.	オルムスランド・ブリフォド・エイ
奥尔森・奥德瓦尔	オールセン・オドバル
奥尔森・哈罗德・J.	オルソン・ハロルド・ジエイ
奥尔文・克拉默尔	オールウィン・D・クレーマ
奥古斯都・肯戈・巴什	アウグスト・ケンゲルバッハ
奥古斯特・查尔斯・马洛特	オーグスト・シャルル・マロット
奥古斯特・扎勒斯基	アヴグスロ・ザレスキー
奥户足百	奥戸足百
奥克兰德・格迪斯	オークランドゲッズ
奥克兰德・坎贝尔	オークランド・キアンプル
奥拉德・罗伯特・文森特	オーラード・ロバート・ウィンセント
奥拉弗森	オラーフスン
奥利弗・爱德温・罗伯茨	オリヴァ・エドウィン・ローバツ
奥利维拉	オリヴエラ
奥列尼科夫・维克托・瓦萨里维奇	オレイニコフ・ウィクトル・ワシーリェウィチ
奥洛夫・里帕	オローフ・リパ
奥曼他	オマンタ
奥内托	オネト

中文人名	日文人名
奥山八郎	奥山八郎
奥山隆三	奥山隆三
奥山条治	奥山条治
奥斯卡・W. 安德伍德	オスカー・ダブリュー・アンダウッド
奥野光纪	奥野光紀
奥野光雄	奥野光雄
奥田秀夫	奥田秀夫
八代六郎	八代六郎
八幡博堂	八幡博堂
八谷政行	八谷政行
八贺	ハガ
八贺夫人	ハガ夫人
八角三郎	八角三郎
八里知道	八裡知道
八木春雄	八木春雄
八木千太郎	八木千太郎
八千尻	八千尻
八田吉秋	八田吉秋
八田嘉明	八田嘉明
八条隆政	八條隆政
八亚琏一	八亜璉一
巴・埃	バ・エエ
巴・汉	ハー・ハン
巴・毛	パーモ
巴・钦	バ・キン
巴巴	ババ
巴宾・皮埃尔	バベン・ピエール
巴宾・朱尔斯・路易斯・德西雷	バベン・チャール・ルイ・デヂレ
巴伯	バーバー
巴布	ベープ
巴查德・艾里克斯・C.	バチヤード・アレクシス・シイ
巴彻斯・A.	バールシュルズ・A
巴德・辛格	バハデユルスイング
巴迪洛	セブロ・メンドサ
巴丁	バチング
巴多利奥	バドリオ
巴恩斯	バーンズ
巴恩斯丁・L.	バルンスタイン・L

中文人名	日文人名
巴尔	バアー
巴格	バッゲ
巴汉・辛格	バカンシング
巴赫・T. E.	バック・T・E
巴加特・辛格・帕尔万・辛格	プアガット・シング・プルワ・シング
巴杰特	パヂエト
巴克	バーカー
巴克・瓦伦・P.	ベィカー・ウオレンピー
巴克斯	バッケルズ
巴克斯顿	バワクストン
巴克斯顿夫人	バックストン夫人
巴肯	ブッキャン
巴拉姆南德・巴卡扬	パラバチヤヤイ
巴拉诺阿	バラノヴャ
巴莱安	バレアン
巴莱多斯	バレドス
巴莱特・约翰・F.	バレソトジョンエフ
巴兰蒂奈	バランテイント
巴兰坦	バレンタイ
巴林	バルリン
巴灵顿・克莱德・韦恩	バーリントン・クライド・ワイン
巴伦・R. N.	バロン・R・N
巴马德	バマード
巴米・纳丹	ブミ・ナダン
巴尼特	バアネット
巴塞特・理查德・M.	バセット・リヤード・エム
巴森科	バセンコ
巴什・卡尔・阿尔弗雷德	バシュカールアルレルド
巴思	バートン
巴斯尔	バジル
巴斯尔・C. W. 哈特	バシル・シー・タフルユー・ハート
巴斯尔・克利尔	バシル・クリアーリー
巴斯尔・琼斯	バズイル・ジョーンズ
巴斯利奥・格塞拉	バシリオ・ゴセラ
巴斯利奥・乌马盖普	バシリオ・ウマギヤップ
巴索洛缪	バルトロミュー
巴塔比亚	バタビア
巴塔亨	バタヘン

中文人名	日文人名
巴塔切尔	バトチレ
巴塔维亚	ハタヴイア
巴特・菲尔德	バタフィールド
巴特尔	バトル
巴特勒	バトラー
巴特勒・琼斯	バトラー・ジョーンズ
巴特威斯尔・R.	バートワイッスル・アール
巴图殿	巴圖殿
白阪英	白阪英
白阪励	白阪勵
白崇禧	白崇禧
白川义则	白川義則
白根宫内	白根宮内
白根竹介	白根竹介
白河	白河
白井满雄	白井滿雄
白井正辰	白井正辰
白来栖	白來栖
白里安	ブリアン
白木未成	白木未成
白鸟夫人	白鳥夫人
白鸟敏夫	白鳥敏夫
白上祐吉	白上祐吉
白石万隆	白石萬隆
白尾干城	白尾干城
白逾恒	白逾恒
百利弗	百利弗
百武三郎	百武三郎
百武源吴	百武源吾
柏德	柏德
柏田	柏田
柏原兵太郎	柏原兵太郎
柏原孝久	柏原孝久
柏原幸一	柏原幸一
拜登・托马斯・J.	ベデン・トマス・ジェイ
拜尔	ビエル
拜尔・R. 沃斯	ビエル・アル・フオスト
拜耳道	ピアドール

中文人名	日文人名
拜斯特拉奇	ベスタロッチ
班	バン
班·D.	バン・テイ
班迪	バンティ
班菲尔	バンフェル
班克	バング
班诺	バンノ
阪本静	阪本靜
阪本泉	阪本泉
阪本杉之助	阪本杉之助
阪本正二	阪本正二
阪谷	阪谷
阪谷希一	阪谷希一
阪谷秀郎	阪谷秀郎
阪井德太郎	阪井德太郎
阪井六辅	阪井六輔
阪井直	阪井直
阪口吉太郎	阪口吉太郎
阪西利八郎	阪西利八郎
阪埜淳吉	阪埜淳吉
阪本兼一	阪本兼一
阪村博晖	阪村博暉
阪井原重松	サカイバラ・シゲユツ
阪口平兵卫	阪口平兵衛
阪口实雄	阪口実雄
阪木	サカキ・トヨヒロ
阪牧	サカマキ・ツタエ
阪牧三郎	サカマキ三郎
阪水久常	阪水久常
阪田次郎	阪田次郎
阪田修一	阪田修一
阪田义	阪田義
阪西一郎	阪西一郎
板仓至	板倉至
板桥良位	板橋良位
板桥三郎	板橋三郎
板垣操	板垣操
板垣彻	板垣徹

中文人名	日文人名
板垣征四郎	板垣征四郎
半横尾	半横尾
半吉田增藏	半吉田増藏
半桥本	半橋本
半师宅结城	半師宅結城
半田敏治	半田敏治
邦彦王	邦彦王
保科礼一	保科禮一
保科善四郎	保科善四郎
保拉	ポーラ
保利纳・胡安・扎巴拉	ポーリナ・ジユアン・ザバラ
保利塔	ポーリータ
保罗・O. 施密特	パウル・オー・シュミット
保罗・W. 温尼克	バウル・W・ヴェンネッカー
保罗・阿尔弗雷德・斯坦斯伯里	ポールアルフレドスタンスブリー
保罗・阿什顿	ポール・アシユトン
保罗・埃尔莫・马伊	ポウルエルマ・マーイ
保罗・戴默尔德	ポール・ドモルデル
保罗・德・赫维斯	ポール・ド・ヘヴェシ
保罗・迪尼彻特	パウル・ディニヘルト
保罗・迪尼谢尔	ポール・ディニシェル
保罗・坎邦	ボール・カムボン
保罗・马莱拉	バオラ・マレラ
保罗・马塞拉	ポール・マンセラ
保罗・琼斯	ポールジョーンズ
保罗・塞范	ポールセフン
保罗・希曼斯	ポール・イーマンス
鲍	ボウ
鲍比・霍奇斯	ボビー・ホッゲス
鲍勃・威尔逊	ボブ・ウィルソン
鲍德温	ボードアン
鲍德伊	ボーデイ
鲍顿・查尔斯・S.	ボウデン・チヤールス・エツ
鲍尔	バワウー
鲍尔弗	バルフォーア
鲍里斯・菲尔蒂波维奇・盖茨	ボリス・フイリッポヴイッチ・ゲッツ
鲍里斯・亚历山大・欧维奇・派特洛夫	ボリス・アレクサントロヴイッチ・ペトローフ
鲍林	ホーリング

中文人名	日文人名
鲍曼	ボウマン
鲍斯	ボース
鲍威	ボウイー
鲍威尔	ボーエル
鲍毓麟	鮑毓麟
北村角一	北村角一
北村良一	北村良一
北村正荣	北村正榮
北岛弘	北島弘
北谷静野	北谷靜野
北辉次郎	北輝次郎
北井利雄	北井利雄
贝利	ベンリー
北浦丰男	北浦豊男
北野保	北野保
北野繁雄	北野繁雄
北野宪造	北野憲造
北一辉	北一輝
北一辉西田	北一輝西田
北泽敬二郎	北澤敬二郎
北泽治雄	北澤治雄
贝茨	ベイーツ
贝当	ベタン
贝德勒	ベットラ
贝德曼	ベテマン
贝蒂・潘	ベティパング
贝尔	ベル
贝尔・巴哈德	ベルバハチョアレイ
贝尔・巴哈德・雷	ベル・バハドウル・ライ
贝尔德	エイヤード
贝尔森	ベルセン
贝格夫人	ベッグ夫人
贝克尔・约翰	ベーカルジョン
贝克维斯・史密斯	バックウイズ・スミス
贝莱尔・阿瑟・J.	ベライア・アーサー・ジェイ
贝勒扎	バレザ
贝利	ベイレー
贝利・约翰・H.	ベイレイ・ジョン・エッチ

中文人名	日文人名
贝罗尼	ベロニー
贝内西亚	ベネチア
贝南迪・吉诺	ベナンチギノ
贝尼托・墨索里尼	ベニト・ムッソリーニ
贝思尔・C. W. 哈特	ベイシル・シー・ダブリュー・ハート
贝托	ベーティー
本・布鲁斯・布拉克尼	ブレクニー
本・查尔斯・哈克尼	ビー・シー・ハックネー
本・肯道夫	ペン・ケンドルフ
本代勒	ブンデレル
本多熊太郎	本多熊太郎
本多政材	本多政材
本多重雄	本多重雄
本吉正次	本吉正次
本间吉太郎	本間吉太郎
本间精	本間精
本间宪一郎	本間憲一郎
本间雅晴	本間雅晴
本杰明・G. 奥巴林	ベンジャミン・ジー・オーバリン
本杰明・卢卡弗	ベンジアミンルカフォア
本杰明・乔治・梅普尔柏克	ベンジヤミン・ジヨージ・メープルバック
本领信一郎	本領信一郎
本尼・瓦伦西亚	ベニイ・ヴァレンチア
本桥猛夫	本橋猛夫
本萨坎	ベンサカン
本山	モトヤマ
本特・霍华德	ベント・ハワード
本特利・泰勒	ベントリーテーラー
本田槙助	本田槇助
本田熊太郎	本田熊太郎
本田忠雄	本田忠雄
本乡义夫	本鄉義夫
本野盛一	本野盛一
本野一郎	本野一郎
本庄繁	本莊繁
本庄一雄	本莊一雄
比奥利奥・A. F.	ビオリオ・A・F
比彻・詹姆斯・威廉	ビーチナ・ホムス・ウィリアム

中文人名	日文人名
比道	ビッドル
比蒂	ビーテイー
比蒂・罗伯特・L.	ビーテイ・ロバート・エル
比蒂・梅里尔・L.	ビーテイ・メリル・エル
比尔・蒂尔德	ヒル・チルデン
比尔厄姆	ピルハム
比尔曼夫人	ビールマン夫人
比格・比尔	ビッグ・ビル
比格斯	ビッグス
比科齐	ピコジ
比利・M. 柯蒂斯	ビリイ・M・カーテアス
比利・格林	ビリィグリーン
比奇・厄内斯特	ビーチャーネストエドワート
比斯洛普・阿瑟・J. 莫尔	アーサー・ジェー・ムーア
比塔・罗伯特・R.	バトアーロバート・アル
比特・哈贝・A.	ビットハーベイエイ
比泽德夫斯基	ベセドフスキー
彼得罗・帕布洛夫斯基	ペトロパブロフスク
彼得洛夫	ペトローフ・ボリス・アレキサンドロヴイチ
彼灵斯・马门特・M.	ビリングス・マーガレット・エム
俾斯麦	ビスマルク
币次实议	幣次實議
币原喜重郎	幣原喜重郎
俵孙一	俵孫一
别宫晋一	別宮晉一
别贡	ビーゲン
宾・C. 卢	ビン・シー・ルー
宾德・马尔温・威廉	ヘンダーマルヴイン・ウイリアム
宾德曼	ビンデマン
宾德森・保罗・M. 二世	ヘンダスン・ボール・エム二世
宾厄姆	ビングハム
宾利	ビンクレイ
宾熊煦	賓熊煦
滨本喜三郎	濱本喜三郎
滨本义一	濱本義一
滨池文平	濱池文平
滨口雄幸	濱口雄幸
滨田纯一	濱田純一

中 文 人 名	日 文 人 名
浜田岱	ハマダ・タイ
浜田国松	濱田國松
浜田净	濱田浄
浜田平	濱田平
浜尾新	濱尾新
浜野隆一	濱野隆一
浜野米吉	濱野米吉
浜野政三	濱野政三
浜永治	濱永治
兵户丰治	兵戸豊治
丙克庄	丙克莊
并不茂夫	並不茂夫
并木秀夫	並木秀夫
波巴	ポエルブ
波多野敬直	波多野敬直
波多野乾一	波多野乾一
波尔兹	ボルズ
波芬	ボッバス
波汉	バチャン
波莱尔	ボレル
波姆尔・肯尼斯・J.	ポムルケネス・ジェイ
波姆弗雷伊	ボムフレー
波佩夫	ポポフ
波普	ポップ
波特	ボーター
波特・劳伦特	ボルト・ローラン
伯查德・J.	ブルクハルト・J
伯蒂尔・A. 伦堡	バーチル・エイ・レンボールグ
伯顿	ホートン
伯恩	ベーン
伯恩特・莱斯利・伍德伯恩・克拉克	バーネットレスリ・ウッドバーン・ウラーク
伯格	ボーク
伯格梅尔	ボーグネイヤー
伯克斯・牛顿・B.	バークスニユートンビー
伯罗尔・柯蒂斯二世	ボローウンアス二世
伯纳德・A. 哈格顿	バーナード・エ・ハーガド
伯纳德・维克多・A. 勒林	ベルナルド・ビクトル・エイ・ローリング
伯纳迪诺・高劳布	バーナーディノ・カラブ

中文人名	日文人名
伯奇	ベルチュ
伯斯沃斯	ボスワース
伯特尔	バールテ
博登	ボルドン
博尔茨	ボッチエ
博尔茨	ボルチエ
博格曼	ボルグマン
博恭王	博恭王
博拉	ボラー
博兰・罗伯特・约翰	ボィフン・ロバート・ジョン
博勒姆・宾・布拉西姆	ボレヘムビンブラヒム
博纳・密尔顿・J.	ボーナー・ミルトン・ジェイ
博尼法肖・图帕茨	ボニファシオ・トウパズ
博思贝卡	ボースベーカ
博斯・戴弗	ボイス・デイヴ
博斯特莱普	ボルストラップ
博特斯・沃尔特・C.	ボワッ・ウオタール・シー
博廷格	ボチンガ
博西	ボシー
博彦满都	博彦滿都
博因顿	ボイントン
博则	博則
博正	ボージョング
薄井已刻	薄井已刻
薄田义朝	薄田義朝
不破博	不破博
布丁	ブデイン
布恩	ブーン
布尔・温克	ブルウィンクル
布拉德・乔治・克劳	ブラード・ジョーン・クロー
布拉德利	ブラッドリー
布拉迪	ブラデイ
布拉迪・查尔斯・E.	ブレーデイ・チャルズ・イー
布拉迪・文森特・R.	ブラデイ・ヴイセント・アール
布拉斯塔基	ブラスタギ
布莱恩	ブライヤン
布莱克	ブラック
布莱克・本	ブラック・バーン

中文人名	日文人名
布莱克・萨姆	ブラック・サム
布莱克斯里	ブレクスリー
布莱特・尤金	ブレイト・ユージーン
布赖登	ブライデン
布赖顿	ブリアトン
布赖恩	ブリヤーン
布兰查德・亨利・M.	ブランチャード・ヘンリイ・エム
布兰登	ブランドン
布兰纳	ブランナ
布兰森	ブランソン
布朗	ブラウン
布朗・鲍姆	ブラウン・ボーマ
布朗・哈里・D.	ブラウン・ハリ・デイ
布劳得德・尤金・C.	ブコーユージーンウィ
布劳丁夫人	ブルウダン夫人
布劳克・托马斯・E.	バルロクトマス・イー
布劳威尔	ブロウアー
布雷恩	ブレイン
布雷默	ブレンマー
布雷维斯特・W. B.	ブレーブスト・ダヴル・ビ
布里尔顿	ブリリトン
布里奇斯・简斯・厄尔温	ブリッヂズ・ションムス・アーウイ
布林・威尔福德・查理斯	ブリン・ウエルホード・チャールス
布林普	ブリンプ
布鲁顿・罗伯特・埃里斯	ブルートン・ロバート・エリス
布鲁尔・阿德斯特・特拉维斯	ブルウアアーデアルトトラブイス
布鲁克尔	ブルッケル
布鲁克纳	ブリユツクレル
布鲁克斯・波芬	ブルツクボツバム
布鲁克斯・沃尔特二世	ブルクス・ウオーハクー二世
布鲁萨・桑德鲁・乔斯	ファルサ・サンドロ・ホム
布鲁斯	布魯斯
布鲁斯・弗拉泽	ブルース・フレーザー
布伦纳	ブラナー孃
布罗克道夫	ブロックドルフ
布瑞恩・毛里斯・约翰	ブリアン・モリス・ジヨンス
布施卓尔	佈施卓爾
布瓦塞万	ボイスエヴエイン

中文人名	日文人名
财部彪	財部彪
蔡法平	蔡法平
蔡丽全	蔡麗全
蔡斯	チエース
蔡斯・J. 尼尔森	チェイズ・J・ニールセン
蔡廷楷	蔡廷楷
蔡西徒	蔡西徒
蔡运升	蔡運升
仓本敬次郎	倉本敬次郎
仓富勇三郎	倉富勇三郎
仓光达雄	倉光達雄
仓田和夫	倉田和夫
仓友音吉	倉友音吉
仓泽刚	倉澤剛
曹汝霖	曹汝霖
曹玉成	曹玉成
曹植	曹植
草场辰巳	草場辰巳
草场弘	草場弘
草场巽	草場巽
草鹿龙之介	草鹿龍之介
草鹿任一	草鹿任一
草野豹一郎	草野豹一郎
查布	チャムピヨン
查尔曼・查尔斯・A.	チャルマン・チャールズ・エイ
查尔默斯	チャルマーズ
查尔斯・A. 莱因哈德	チャール・A・レインハード
查尔斯・A. 赖因哈德	チャールス・A・ラインハード
查尔斯・B. 坎德勒	チヤールス・B・コードル
查尔斯・D. 谢尔顿	チャールス・デイ・シエルドン
查尔斯・E. 莫勒	チャールス・イー・モーラー
查尔斯・E. 派尔	チャールス・E・パイル
查尔斯・E. 休斯	チャールズ・イー・ヒューズ
查尔斯・G. 道斯	チアールズ・ジー・ドーズ
查尔斯・H. 布兰特	チャレス・エッチ・ブレント
查尔斯・H. 罗兹	チャールス・H・ロード
查尔斯・L. 恩斯明格	チャルズ・エル・エンスミンガー
查尔斯・S. 施洛尔	チヤールズ・ジユロイヤー

中文人名	日文人名
查尔斯・S. 亚当	チヤールズ・エス・アダムス
查尔斯・阿尔伯特・斯图尔德	チャールスアルバード
查尔斯・阿克曼	シアルル・アッケルマン
查尔斯・阿塞纳・亨利	シャルル・アルセーヌ・アンリー
查尔斯・爱德华・格林	チャールズ・エドワード・グリーン
查尔斯・鲍曼	チャールスボウマン
查尔斯・贝利	チャールス・ベリー
查尔斯・弗朗西斯・亚当斯	チァールズ・エフ・アダムズ
查尔斯・赫伯特・斯特林格	チャールス・ハーバート・ストリンガー
查尔斯・亨利・布朗	チャールスヘンリー
查尔斯・亨利・卡普	チャールス・ヘンリー・カワプ
查尔斯・坎宁汉・博伊克特	チャールス・カンニンガム・ボイコット
查尔斯・科尔	チャールス・テイー・ゴール
查尔斯・里格斯	キャールス・リグス
查尔斯・里姆・杰克逊	チャールス・リーム・ジャクソン
查尔斯・罗兰・布罗姆利・理查德	チャールズ・ロウランド・ブロムリー・リチヤーズ
查尔斯・尼尔森・斯平克斯	テヤールス・ネルソン・スピンクス
查尔斯・帕特曼	チャールス・プトナム
查尔斯・沃尔顿・布里默	チヤルスウオールトン
查尔斯・沃迈尔	シアルル・ヴェルメール
查尔斯・西奥多	チャールズ・シアドア・ティー・ウォーター
查尔斯・约克奈尔	チャルセス・ヨンゲネール
查尔斯・伊万斯・休斯	チャールス・エヴァンスヒューズ
查里・森德斯	チャーリィスンダース
查伦	シアルーン
查姆・唐利・D.	チヤーム・カールレン・ジ
柴山兼四郎	柴山兼四郎
柴山重一	柴山重一
柴胜男	柴勝男
柴田弥一郎	柴田彌一郎
柴田善三郎	柴田善三郎
柴田小三郎	柴田小三郎
昌谷忠	昌谷忠
昌开运	昌開運
长滨邦雄	長濱邦雄
长村贞一	長村貞一
长岛本	長島本
长岛武雄	長島武雄

中文人名	日文人名
长冈春一	長岡春一
长冈隆一郎	長岡隆一郎
长宫	長宮
长谷部清十郎	長谷部清十郎
长谷部照俉	長谷部照俉
长谷川己之吉	長谷川己之吉
长谷川进一	長谷川進一
长谷川敏三	長谷川敏三
长谷川清	長谷川清
长谷川清作	長谷川清作
长谷川泰造	長谷川泰造
长谷川幸男	長谷川幸男
长谷中	長谷中
长濑一	長瀨一
长岭将义	長嶺將義
长门正路	ナガト・マサヂ
长内茂	長内茂
长内秀一	長内秀一
长崎惣之助	長崎惣之助
长松田	長松田
长田周造	長田周造
长尾	長尾
长尾崎宪彦	長尾崎憲彦
长尾义光	長尾義光
长野・H. 查尔斯	長野・エイチ・チヤールズ
长野高	長野高
长野朗	長野朗
长野四郎	長野四郎
长勇	長勇
长友次男	長友次男
长原启次	長原啓次
长曾我部喜一	長曾我部喜一
长沼繁则	長沼繁則
长沼弘毅	長沼弘毅
長谷真三郎	長谷眞三郎
常滨乡	常濱鄉
常冈泷雄	常岡瀧雄
常盘稔	常盤稔

中文人名	日文人名
常荫槐	常蔭槐
朝比奈策太郎	朝比奈策太郎
朝仓纯孝	朝倉純孝
朝仓丰次	朝倉豊次
朝山小二郎	朝山小二郎
朝香宫	朝香宮
朝枝春繁	朝枝春繁
朝枝茂治	アサオカ・トシオ
潮惠之辅	潮恵之輔
辰见荣一	辰見榮一
辰巳荣一	辰巳榮一
陈伯藩	陳伯藩
陈蔡清	陳蔡清
陈长福	陳長福
陈大成	陳大成
陈独秀	陳獨秀
陈福宝	陳福寶
陈公博	陳公博
陈恭景	陳恭景
陈光虞	陳光虞
陈济棠	陳濟棠
陈贾	陳賈
陈介	陳介
陈锦涛	陳錦濤
陈晋惠	陳晉惠
陈觉生	陳覺生
陈郡	陳郡
陈开荣	陳開栄
陈立夫	陳立夫
陈箓	陳籙
陈铭枢	陳銘樞
陈女禹	陳女禹
陈平	陳平
陈群	陳群
陈瑞芳	陳瑞芳
陈瑞邻	陳瑞鄰
陈绍宽	陳紹寛
陈述致	陳述致

中文人名	日文人名
陈思斋	陳思齋
陈王	チエン・ワン
陈望青	陳望青
陈亚清	陳亜清
陈仪	陳儀
陈毅	陳毅
陈永清	陳永清
陈友仁	陳友仁
陈则民	陳則民
成岛正范	成島正範
成吉思汗	成吉思汗
成田乾一	成田乾一
成田胜四郎	成田勝四郎
城户元亮	城戸元亮
乘沼直	乗沼直
程克	程克
程蓝珊	程藍珊
程希贤	程希賢
程宜有	程宜有
澄川道男	澄川道男
澄冈晴太郎	澄岡晴太郎
澄田購四郎	澄田購四郎
池岛重信	池島重信
池谷半三郎	池谷半三郎
池尻敏	池尻敏
池崎忠孝	池崎忠孝
池松武志	池松武志
池田	池田
池田成彬	池田成彬
池田纯久	池田純久
池田次郎	池田次郎
池田二郎	池田二郎
池田弘	池田弘
池田弘寿	池田弘壽
池田季雄	池田季雄
池田静枝	池田靜枝
池田久藏	池田久藏
池田俊彦	池田俊彦

中文人名	日文人名
池田龙三郎	池田龍三郎
池田时三郎	池田時三郎
池田寿长	池田壽長
池田四郎	池田四郎
池田万寿治	池田萬壽治
池田秀雄	池田秀雄
池田条次郎	池田条次郎
池田正之辅	池田正之輔
池永	池永
赤城宗德	赤城宗德
赤谷鉴	赤谷鑑
赤木喜代治	赤木喜代治
赤木音造	赤木音造
赤藤庄次	赤藤莊次
赤盐正治	赤塩正治
赤羽隆治	赤羽隆治
赤泽良	赤澤良
赤枝裕	赤枝裕
赤塚正朝	赤塚正朝
崇仁亲王	崇仁親王
出光佐三	出光佐三
出口王仁三郎	出口王仁三郎
出渊胜次	出淵勝次
褚民谊	褚民誼
川岸丈三郎	川岸丈三郎
川北克己	川北克己
川本邦雄	川本邦雄
川本大作	川本大作
川本芳太郎	川本芳太郎
川澄贞次郎	川澄貞次郎
川村芳男	川村芳男
川村龟喜	川村亀喜
川村三郎	川村三郎
川村尚武	川村尚武
川村享一	川村享一
川村贞四郎	川村貞四郎
川村竹治	川村竹治
川岛	カワシマ

中文人名	日文人名
川岛芳子	川島芳子
川岛义之	川島義之
川岛正	川島正
川和高斌	川和高斌
川井严	川井厳
川尻连夫	川尻連夫
川口岱	カワグチタイ
川口正次郎	川口正次郎
川口主计	川口主計
川崎长光	川崎長光
川崎进	川崎進
川崎卓吉	川崎卓吉
川泉直一	川泉直一
川上操六	川上操六
川上清	川上清
川上清康	川上清康
川上正雄	川上正雄
川田茂一	川田茂一
川田五男	カワダ・イツヲ
川西圣一	川西聖一
川野重任	川野重任
川渊龙彦	川淵龍彦
川原田稼吉	川原田稼吉
川原义信	川原義信
川原直一	川原直一
川越文雄	川越文雄
船津辰一郎	船津辰一郎
床次竹二郎	床次竹二郎
春山安雄	春山安雄
春田信义	春田信義
淳口勇夫	淳口勇夫
醇亲王	醇親王
茨矢赖雄	茨矢頼雄
茨田芳明	茨田芳明
次田大三郎	次田大三郎
村川坚固	村川堅固
村冈	村岡
村冈清藏	村岡清藏

中 文 人 名	日 文 人 名
村冈信义	村岡信義
村井仓松	村井倉松
村井七郎	村井七郎
村井贞之助	村井貞之助
村井宗藏	村井宗藏
村濑直养	村瀬直養
村山道雄	村山道雄
村山富治	村山富治
村山格之	村山格之
村上・詹姆斯	村上ジェームス
村上敦	村上敦
村上功	村上功
村上恭一	村上恭一
村上虎之助	村上虎之助
村上启作	村上啓作
村上涉	村上渉
村上一	村上一
村上义一	村上義一
村上宅次	村上宅次
村松常雄	村松常雄
村田安司	村田安司
村田八千穗	村田八千穗
村田东海	村田東海
村田繁	村田繁
村田丰三	村田豊三
村田谨吾	村田謹吾
村田弥吉	村田彌吉
村田省藏	村田省藏
村田五郎	村田五郎
村田义一	村田義一
村田宗太郎	村田宗太郎
村尾成允	村尾成允
村泽仪二郎	村澤儀二郎
村中孝次	村中孝次
达比德・理查德・托马斯	ダビットリッシャジトーマス
达比斯・劳伦斯・A.	ダビス・ローレンス・エー
达尔顿・布鲁斯・W.	ドルトン・ウルース・ダブリユウ
达芬・F.	ダーフィン・F

中文人名	日文人名
达夫·库珀	ダフ・ターバー
达克兰	ダクラン
达克沃斯	ダックウワース
达莱克·阿尔弗雷德·J.	グレク・アルフレッド・ジェン
达兰	ダルラン
达灵顿	ダーリングトン
达曼	デーメン
达姆丁	ダムディン
达姆拉斯	ダムラス
达内尔	ダーネル
大岸赖好	大岸賴好
大阪正治	大阪正治
大坂	オーサカ
大藏公望	大藏公望
大藏荣一	大藏榮一
大场吾一郎	大場吾一郎
大城户三治	大城戸三治
大川建平	大川建平
大川内传七	大川内傳七
大川周明	大川周明
大串敬吉	大串敬吉
大串免代夫	大串免代夫
大村清一	大村清一
大村有邻	大村有隣
大村章一	大村章一
大达茂雄	大達茂雄
大岛	大島
大岛丰	大島豊
大岛浩	大島浩
大岛弘夫	大島弘夫
大岛兼三郎	大島兼三郎
大岛健一	大島健一
大地山郁太郎	大地山郁太郎
大谷稻穗	大谷稲穂
大谷璜	大谷墴
大谷猛	大谷猛
大谷尊由	大谷尊由
大贯明干	大貫明幹

中 文 人 名	日 文 人 名
大规文彦	大槻文彦
大槻章	大槻章
大和田升	大和田昇
大河内一男	大河内一男
大河内又平	大河内又平
大河内正敏	大河正内敏
大湖光雄	大湖光雄
大江昭雄	大江昭雄
大角岑生	大角岑生
大津淳一郎	大津淳一郎
大久保高明	大久保高明
大久保利夫	大久保利夫
大久保弥三郎	大久保彌三郎
大久保清和	大久保清和
大久保武雄	大久保武雄
大久保羊三	大久保ヨウゾウ
大濑户三治	大瀬戸三治
大林末雄	大林末雄
大麻唯男	大麻唯男
大木达夫	大木達夫
大木今次郎	大木今次郎
大木荣一	大木榮一
大木作藏	大木作藏
大内兵卫	大内兵衛
大内义秀	大内義秀
大平进一	大平進一
大平秀雄	大平秀雄
大坪一马	大坪一馬
大迫通贞	大迫通貞
大浦兼武	大浦兼武
大桥八郎	大橋八郎
大桥兵次郎	大橋兵次郎
大桥静市	大橋靜市
大桥理祐	大橋理祐
大桥理裕	大橋理裕
大桥龙男	大橋龍男
大桥三郎	大橋三郎
大桥宪一	大橋憲一

中文人名	日文人名
大桥忠一	大橋忠一
大润光雄	大潤光雄
大森丑藏	大森醜藏
大森南三郎	大森南三郎
大森仙太郎	大森仙太郎
大森一声	大森一聲
大山文雄	大山文雄
大山岩	大山厳
大杉浩	大杉浩
大杉盛一	大杉盛一
大杉守一	大杉守一
大神田	大神田
大石保	大石保
大石内藏之助	大石内藏之助
大石三良	大石三良
大石正幸	大石正幸
大石宗次	大石宗次
大矢厚	大矢厚
大矢增雄	大矢増雄
大藤直	大藤直
大田原	オタハラ・キヨトミ
大田原清美之	大田原清美之
大庭春雄	大庭春雄
大庭次郎	大庭次郎
大庭实	大庭實
大庭小二郎	大庭小二郎
大庭一	大庭一
大隈重信	大隈重信
大卫・所罗门	デーヴィド・ソロモン
大西泷次	大西滝次
大西泷治郎	大西瀧治郎
大西卯之助	大西卯之助
大西绍夫	大西アキオ
大西新藏	大西新蔵
大西要	大西要
大西悦治	大西悦治
大西竹二	大西竹二
大下勉	大下勉

中 文 人 名	日 文 人 名
大熊让	大熊譲
大野龙太郎	大野龍太郎
大野绿一郎	大野緑一郎
大野清太郎	大野清太郎
大野太郎	大野太郎
大野一	大野ハジメ
大野一郎	大野一郎
大隅惠信	大隅惠信
大隅重信	大隅重信
大渕三树	大渕三樹
大垣要之助	大垣要之助
大原八郎	大原八郎
大越兼二	大越兼二
大泽义一	大澤義一
大泽准	大澤準
大沼利七	大沼利七
大正天皇	大正天皇
大冢操	大塚操
大冢坚之助	大塚堅之助
大冢茂	大塚茂
大冢唯清	大塚唯清
大冢忠实	大塚忠実
大竹道二	大竹道二
带金丰	帯金豊
带川丑松	帶川丑松
戴尔・唐纳德・W.	ダア・トナルド・ダブリユン
戴夫・爱德华・哈里马克	デーヴ・エトワード・ホールマータ
戴戟	戴戟
戴拉尼・帕克・A.	ブレーヲー・パーカー・エイ
戴潘西・皮特・扎比斯	テイバンシー・ピーター・サビイス
戴维・A. 赫特	ダウィド・エイ・ハード
戴维・A. 里德	デーヴィド・エー・リード
戴维・E. 朗吉	タビッド・E・ルンヂ
戴维・I. 戴二世	ディヴィド・I・ディジュニア
戴维・L. 奥斯本	デビド・エル・オスボルン
戴维・W. 帕森	ダビット・ダブリュ・パーソン
戴维・W. 帕森斯	ディブイド・W・パーソンス
戴维・宾克利	デイヴィッド・ビンクレイ

中文人名	日文人名
戴维・弗拉泽	テーヴイット・フレーサー
戴维・柯蒂斯・英尼斯・沃纳姆	デヴイッド・カーチスインネス・ワーンハム
戴维・李	デーヴイド・李
戴维・默多克	デヴィット・マードク
戴维・尼尔森・萨顿	デーヴイッド・ネルソン・サットン
戴维德	デヴィド
戴维森	デヴイドソン
戴维斯	デイヴイス
戴维斯	デービス
戴维斯・雷蒙德・H.	デムース・レイモンド・ェチ
戴维斯・约瑟夫・R.	ライヴィス・ジョセフ・アール
戴伊・詹姆斯・韦斯利二世	ダヴィ・ビイムス・ウェスレィ・二世
黛治男	黛治男
丹・戈伦特南克	ダン・ゴレンターネック
丹尼尔・雷耶斯	ダニエル・レイス
丹尼尔斯	ダニエルス
丹尼斯・S. 卡肖	デニスセガー・カーショー
丹尼斯・阿维斯	ドウニズ・アヴイス
丹尼斯・布赖恩・梅森	デニスブライアンメイスン
丹生诚忠	丹生誠忠
丹下薰二	丹下薫二
单宝善	單寶善
当间重刚	當間重剛
岛本久五郎	島本久五郎
岛本正一	島本正一
岛村安市	シマムラ・ヤスイチ
岛村安一	シマムラ・ヤスカズ
岛村洋一	嶋村洋一
岛津久大	島津久大
岛津久光	島津久光
岛内龙夫	島内龍夫
岛内龙起	島内龍起
岛崎新太郎	島崎新太郎
岛崎正次	島崎正次
岛日出	島日出
岛山一郎	嶋山一郎
岛田繁太郎	島田繁太郎
岛田俊雄	島田俊雄

中文人名	日文人名
岛田齐	島田斉
岛田义起	島田義起
岛野三郎	島野三郎
岛一郎	島一郎
岛原和夫	島原和夫
岛越新一	島越新一
岛之内	島之内
道尔吉	ドルジ
道尔斯基・杰克・M.	ドルスキイ・ジャック・エマ
道夫曼	ドルフマン
道格拉斯	ドグラス
道格拉斯・L. 沃尔德夫特	ダグラス・エル・ウオルドーフ
道格拉斯・L. 沃尔多夫	ダグラス・エル・ワルドーフ
道格拉斯・麦克阿瑟	ダグラス・マックアーサ
道格拉斯・詹金斯	ダグラス・ジェンキンス
道林	ドウリング
稻川龙雄	稲川龍雄
稻村丰二郎	稲村豊二郎
稻田耕作	稲田耕作
稻田秋成	稲田秋成
稻田馨	稲田馨
稻田正纯	稲田正純
稻田周一	稲田周一
稻叶熊雄	稲葉熊雄
稻垣克彦	稲垣克彦
稻垣清兵	稲垣清兵
稻原胜治	稲原勝治
德・布里农	ド・ブリノン
德・高尔	ドゴール
德・汉	デハーン
德・怀尔德・J.	デ・ヴィルテ・J
德・卡特・安吉利诺	デカト・アングリノ
德・利昂	デ・レオン
德・罗伊	ド・ルーイ
德・图阿尔斯	デ・ツーアース
德・瓦尔	ド・ヴアール
德・瓦莱拉	ド・ヴァレラ
德・韦德	デ・ヴェールト

中文人名	日文人名
德·维斯	チ·ウイズ
德·沃斯	デウフォス
德·扬	デジョング
德巴汉·托马斯·L.	デボウハントマスエル
德班·约翰·L.	デペーネ·ジョン·エル
德川义亲	德川義親
德川义知	德川義知
德尔芬	デルフイン·マルクエズ
德尔芬·罗萨里奥	デル·ロザリオ
德富猪一郎	德富豬一郎
德古	シラ
德克森	デイルクセン
德库克斯	ドクー
德拉夫特	ドラフト
德拉甘·米利查维奇	ドラガン·ミリチェヴィッチ
德拉克洛瓦	ドラクロア
德赖斯	ドイリス·H
德雷尔·亨利·米尔顿	ドレイヤーヘンリールトン
德里森	トライエッヤン
德鲁梅	ドラムミー
德鲁蒙德	ドラモンド
德罗顿·约翰·乔治	ブロウトン·ジョン·ジョンジ
德罗尼	ツローネ
德姆塞尔·约翰斯·A.	デンセル·ジョンク·エリ
德田穰	德田穰
德瓦桑布	德瓦桑布
德王	德王
德谢泽	ドシエイザー
的场本雄	的場本雄
的场末男	的場末男
登谷	トガヤ
登山喜藏	登山喜藏
登石清	登石清
邓恩	デユーン
邓恩·约瑟夫·M.	ダンジョセフ·エム
邓肯	ダンカン
邓肯·P.斯图尔特	ダンカン·ピースユウァト
邓肯·麦克费伦	ダンカン·マックファーレン

中 文 人 名	日 文 人 名
堤康次郎	堤康次郎
镝木正隆	鏑木正隆
迪奥尼西	デイニシー
迪巴伊	ヂュバイユ
迪厄多内	デエウドネ
迪恩・乔治・W.	ラーン・ジョンージ・ダブリユウ
迪恩・唐纳德	デイーン・ドーナルド
迪克・斯塔尔	デンルク・スタール
迪克森	デイクソン
迪马利・弗兰克二世	ダマリ・フランク二世
迪特里希	ディトリッヒ
迪韦	デヴエ
迪亚克诺夫	ヂヤロノフ
荻根丈之助	荻根丈之助
荻野实	荻野実
荻原徽	荻原徽
荻州重之	荻洲重之
荻洲立兵	荻洲立兵
地道长	地道長
蒂尔索・利扎拉加	テイルセ・リワサラガ
蒂芬・奥斯卡・R.	テイフィンオスカーアール
蒂纳・布朗	ダイナー・ブラウン
蒂纳・纳斯	ダイナナース
蒂文	テーウェン
槙原觉	槙原覺
丁昌	丁昌
丁超	丁超
丁鉴修	丁鑑修
丁敬臣	丁敬臣
丁士源	丁士源
丁赵	丁趙
丁字尚	丁字尚
东宫	東宮
东光武三	東光武三
东海幸作	東海幸作
东久迩宫	東久邇宮
东科・T.	ドンク・T
东内	東内

中文人名	日文人名
东浦庄治	東浦莊治
东省三郎	東省三郎
东畑四郎	東畑四郎
东条英机	東條英機
东条影佐	東條影佐
东乡夫人	東鄉夫人
东乡茂德	東鄉茂德
东乡茂弘	東鄉茂弘
东乡平八郎	東鄉平八郎
东原芙能留	東原芙能留
东佐六	東佐六
董道宁	董道寧
董子连	董子連
栋方生一	楝方生一
都间观三	都間観三
都留正子	都留正子
都筑馨六	都築馨六
“独眼龙”	目ツカチ
杜克亥姆	デユルケーム
杜雷・庞德	ダットレイバウンド
杜里・范・比斯特・霍利	デューリーハンベイスト・ボーレ
杜立特尔	ドウリットル
杜鲁门	トルーマン
杜姆劳	ドムラオ
杜起雲	杜起雲
杜森伯里	テユゼンベム
杜斯	ドウーチェ
杜月笙	杜月笙
杜云康	杜雲康
杜重远	杜重遠
渡边安次	渡邊安次
渡边安正	渡辺安正
渡边安治	渡辺安治
渡边辰之助	渡邊辰之助
渡边成雄	渡辺成雄
渡边春雄	渡邊春雄
渡边道春	渡辺道春
渡边锭太郎	渡邊錠太郎

中 文 人 名	日 文 人 名
渡边渡	渡辺渡
渡边广治	渡辺廣治
渡边浩	渡辺浩
渡边金造	渡邊金造
渡边津留子	渡辺津留子
渡边陆裕	渡邊陸裕
渡边千冬	渡邊千冬
渡边清藏	渡辺清藏
渡边荣市	渡辺榮市
渡边卫	渡辺衛
渡边喜久造	渡邊喜久造
渡边雄二郎	渡辺雄二郎
渡边熏	渡邊熏
渡边洋	渡邊洋
渡边一郎	渡辺一郎
渡边勇司	渡辺勇司
渡边贞夫	渡邊貞夫
渡部雄二郎	渡部雄二郎
渡恭一	渡恭一
渡濑亮辅	渡瀬亮輔
段祺瑞	段祺瑞
段芝泉	段芝泉
对马胜雄	對馬勝雄
对马寿一	對馬壽一
多・卡蒂埃	ド・カルテイール
多・卡特・安吉利诺	ド・カト・アンゲリ
多宾斯・哈罗德	ドヒンズ・ハロルド
多恩伯格	カール・エイチ・バイアスフオン・ウキーガン
多克特・威尔伯特・威廉	ドクタイ・ウィルバートウィリヤム
多洛雷斯	ドロレス
多门二郎	多門二郎
多米纳多尔	ドミナンド
多米尼克・德斯佩潘	ドミニック・デスベルパン
多穆林	デユムウラン
多诺万	ドナヴアン
多特	ドット
多田虎之助	多田虎之助
多田骏	多田駿

中文人名	日文人名
多田仁已	多田仁已
多田武雄	多田武雄
多田勋生	多田勳生
多伊尔	ドイル
多伊基・帕图	ドルヂ・バートー
多兹	ドッツ
额勒春	額勒春
厄尔斯・I. B.	アールス・アイ・ビー
厄内斯特・C. 布兰奇	アーネスト・シー・ブランチ
厄内斯特・R. 马曼	アーネスト・マールマン
厄内斯特・菲利普・希格斯	アーホスト・フォリップ・ヒッグス
厄内斯特・凯洛斯	アーネスト・コプロスス
厄内斯特・索罗蒙	アーネスト・ソロモン
厄内斯特・亚历山大・劳埃德	アーネスト・アレキサンダー・ロイド
厄普森・理查德	アプソン・リチャード
恩格尔斯	エニグレス
恩克斯	エンゲルス
恩周记	恩周記
儿玉色太郎	兒玉亀太郎
儿玉久藏	兒玉久藏
儿玉久吉	兒玉久吉
儿玉谦次	兒玉謙次
儿玉秀雄	兒玉秀雄
儿玉友雄	兒玉友雄
儿玉政介	兒玉政介
尔德尼桌耳	爾德尼桌耳
二德子	二德子
二宫武夫	二宮武夫
二宫义清	二宮義清
二宫治重	二宮治重
二见秋三郎	二見秋三郎
二阶堂雅亮	二階堂雅亮
二上兵治	二上兵治
法本顿・乔治	ファベントン・ジョージ
法格森・斯图尔特・M.	ファーグスン・スチャーアト・エム
法华津孝太	法華津孝太
法勒・吉尔伯特・詹姆斯	ファーマー・ギルバートジエレス
法雷尔	フアーレル

中文人名	日文人名
法罗兰	フアロラン
法洛尔	ファローワー
法眼普作	法眼普作
法泽尔・哈桑	ファイザル・ハッサン
法泽尔・努萨因	ファオザル・ヌッサイン
反町荣一	反町栄一
饭村穰	飯村穣
饭岛忠夫	飯島忠夫
饭田良一	飯田良一
饭田武乡	飯田武郷
饭田行雄	飯田行雄
饭田由纪夫	イーダ・ユキヲ
饭尾裕华	飯尾裕華
饭野高次	飯野高次
饭沼守	飯沼守
范・阿内斯福尔特・G. A. A.	ファン・アメルスフォールト・G・A・A
范・奥斯特拉姆	ヴァン・オーストラム
范・德・珀克	フォン・デル・ペルク
范・德・沃德・K.	ファン・デル・ヴォウチ・K
范・德・尤普	ファン・テル・ワルブ
范・德尔・比吉尔	ヴァン・デル・ビジル
范・德尔・斯鲁特	ヴァン・デル・スルート
范・德尔・斯特拉顿	ウアン・デル・ストラーテン
范・德鲁南	ヴァン・ヅラネン
范・登・伯格	ヴアン・デン・ベルク
范・登・沙夫	ヴァン・デン・シヤーフ
范・迪恩	ヴァン・テエン
范・多根纳	ヴァン・ドゲナール
范・厄尔森	フアン・アールセン
范・哈尔姆・J.	ファン・ハルム・J
范・赫尔特	フアンヘーメルト
范・赫思伯根	ファン・ヘールスベルゲン
范・里德	ファン・レーデ
范・穆克	フアンモーク
范・斯塔弗伦	ヴア・スクノワレン
范・韦弗伦	ヴァン・ワヴェレン
范・韦利德	ヴァン・ヴリーデ
范・沃肯伯格・拉夫	ヴァン・ヴァンケニグルズ・ラルフ

中文人名	日文人名
范德・艾登	フアンデル・アイヂん
范德・穆伦	フアンデルムウレン
范德・维尔	ヴアンデル・ヴーン
范克	フアンク
范克・莱贝	フアンク・ライベ
范尼・加多尔	ファニー・ガドル
范特・斯柯特	デビット・スコット
方式济	方式濟
方斯・詹姆斯・J.	ファウ・ス・ジェイムス・ジェイ
方振武	方振武
方志敏	方志敏
芳泽谦吉	芳澤謙吉
飞田胜造	飛田勝造
飞田宇佐	飛田宇佐
菲比・尼赫斯	スフィビナイフス
菲茨杰拉德	フィッゲラルド
菲茨泽拉德	フイッツジエラルド
菲德尔	フィーデル
菲多	フイドー
菲尔	フィール
菲尔德	フィルド
菲尔德马克	フエルドマルク
菲莱蒙・德尔加多	フィレモン・デルガドー
菲兰德・C. 诺克斯	フイランメー・ダー・シー・ノックス
菲利	フィーリー
菲利普	フイルプ
菲利普・D. 史密斯	フイリップ・D・スミス
菲利普・E. 桑德斯	フィリップ・イー・サンダース
菲利普・阿拉巴斯特罗	フェリペ・アラバストロ
菲利普・伯福德	フィリップ・ブエーフォード
菲利普・罗伊	フィリップ・ロア
菲利普・约翰・保罗	フィリップス・ジョン・ポール
菲利普斯	フイリップス
菲奇	フィッチ
菲舍・黑尔・D.	フィシヤ・ヘール・デイ
肥后盛英	肥後盛英
肥田木畅	肥田木暢
斐迪南・F. 梅林戈洛	フアージナンド・エフメリンゴロー

中文人名	日文人名
费伯	ファベル
费德里科・加西亚	フェデリコ・ガルシヤ
费德里科・佩兰特	フェデリコ・ペランテ
费拉尔	フエラー
费利克斯・阿里亚戈	フェリックス・アリエゴ
费利诺・蒙坦特	フェリイーノ・モンタンテ
费内克斯・杰克・A.	フエネス・ジャング・エイ
费斯・汉	フアテエーカハーン
费希尔	フイッシヤー
芬克	フンク
丰成	トヨシゲ
丰岛房太郎	豊島房太郎
丰岛一郎	タシマ一郎
丰冈久男	豊岡久男
丰田副武	豊田副武
丰田贞次郎	豊田貞次郎
风间泰男	風間泰男
风见章	風見章
风生岩太郎	フセイ岩太郎
风泰男	風泰男
峰幸松	峯幸松
蜂须贺	蜂須賀
冯・B. 霍夫曼	フオン・ビー・ハッフマン
冯・迪克森	フォン・ディルクセン
冯・法尔肯・豪森	フォン・ファルケル・ハウゼン
冯・里宾特洛甫	フオン・リッベントロップ
冯・麦肯森	フォン・マッケンゼン
冯・诺伊拉特	コンスタンチン・フォン・ノイラート
冯・史塔玛	フォン・スターマー
冯・斯佩	フォン・スピー
冯・坦嫩尔	フォン・タネル
冯・魏茨泽克	フオン・ワィゼッカー
冯涵清	馮涵清
冯汲清	馮汲清
冯焕章	馮煥章
冯玉祥	馮玉祥
冯治安	馮治安
逢维诏	逢維詔

中文人名	日文人名
奉房三郎	奉房三郎
夫马	フマ
弗登・克莱夫・鲍尔	ヴァードンクライヴボール
弗恩・约瑟夫・巴塔	ファン・ジョンーセフ・バータ
弗格森	フアーガスン
弗吉尔・C. 道尔	V・C・ダウエル
弗吉尼亚	ヴアージニア
弗莱德・F. 铃川	フレッド・エフ・鈴川
弗莱德・M. 布莱克	フレッド・M・ブラック
弗莱德・T. 伯尼	フレット・ブルニー
弗莱德・托穆拉克	フレッド・トムラック
弗莱拉・达・柯斯达	フエレイラダコスタ
弗莱舍	フライシャー
弗兰池	フレンチ
弗兰克・B. 基夫	フランク・B・キーフ
弗兰克・B. 凯洛格	フランク・ビー・ケロッグ
弗兰克・C. 沃尔卡	フランク・シー・ウオーカー
弗兰克・E. 皮克	フランク・イー・ゼック
弗兰克・H. 莫里森二世	フランク・エッチ・モリソン二世
弗兰克・M. 塔纳	フランク・M・ターナー
弗兰克・爱德华・皮克	フランク・エドワード・ビック
弗兰克・查尔斯・D.	フランク・チャールス・デイ
弗兰克・查尔斯・L. 二世	ファン・チャレス・エル二世
弗兰克・盖尔	フランク・ゲール
弗兰克・海兰	フランク・ハイランド
弗兰克・麦克考伊	フランク・マッコイ
弗兰克・莫基夫	フランクモーキーフ
弗朗哥	フランコ
弗朗利尔・霍林	フランリアルホーリング
弗朗斯克・杜马卡斯特	フランスコ・ドマカット
弗朗索瓦・坦吉	フランソワ・タンギィ
弗朗西丝・库雷	フランシーズ・カリー
弗朗西斯・C. 兰德	フランシス・C・ルンド
弗朗西斯・J. 科斯格雷夫	フランシス・J・コスグラヴエ
弗朗西斯・J. 穆雷	フランシス・J・モレー
弗朗西斯・阿兰・雅各布	フランシスアラン・ジャーコブ
弗朗西斯・达尔・G.	フランシス・デイ・ジー
弗朗西斯・沃默斯雷・科克拉克	フランシス・ウヲマスリ・クラーク

中文人名	日文人名
弗朗西斯・詹姆斯	フランシスジェームス
弗朗西斯克・伯纳多	フランシスカ・ベルナルド・デ・ルナ
弗朗西斯克・卡蒙纳	フランシスコ・カルモナ
弗朗西斯克・洛佩茨	フランシスコ・ロペズ
弗朗西斯克・马家罗纳	フランシスコ・マガロナ
弗雷	フォレイ
弗雷德・W. 加雷	フレデリック・ダブリュー・ケーリー
弗雷德里克・查尔斯・斯图尔特	フレデリック・チヤールズ・スチュアート
弗雷德里克・休奇	フレデリック・ヒュー・バシフォード
弗雷德里克斯・利奥・W.	フレデリックス・レオー・ダブリユウ
弗雷迪・科斯塔斯・加西亚	フレディー・コスタス・ガルシヤ
弗雷泽	フレーサー
弗里茨・冯・皮特斯道夫	フォン・ペテルスドルフ・フリッツ
弗里茨・亨德里克・娄帕蒂	フリッツヘントリックロウパッティ
弗里茨・赖尔	フリッツ・ライヘル
弗里曼・托马斯・詹姆斯	フリーマン・トマス・ヤイムス
弗里默	フリマー
弗利	フォリー
弗利根	ブリーゲン
弗利亚顿	フラート
弗林	フリーン
弗林特・霍华德・A.	フリント・ハワード・エイ
弗伦奇・阿尔伯特	アレンチ・アルバートビー
弗洛茨	フロット
弗洛伦斯・塞尔斯	フロレンス・セールス
弗洛伊德・E. 布里农	フロイド・イー・ブライネン
弗洛伊德・F. 斯皮尔曼	フロイド・エフ・スピルマン
弗洛伊德・赫尔曼・康福特	フロイド・ハーマン・カムフォート
弗曼・伊温・B.	ファーマン・アービン・ヒイ
弗姆・哈罗德・W.	ファーム・ハロルド・ダブリユウ
弗斯	フオス
弗斯・厄内斯特二世	フオス・アーネエスト二世
弗斯伯格・弗洛伊德・F.	フォスバーグ・ロンドラ
弗斯蒂诺・巴古巴特	ファウスティノ・バグバット
伏见宫	伏見宮
伏罗希洛夫	ウォロシロフ
服部荣次	服部榮次
服部四郎	服部四郎

中文人名	日文人名
服部宇之吉	服部宇之吉
服部直博	服部直博
服部卓四郎	服部卓四郎
福本太郎	福本太郎
福波・龙塞・克雷默	フオッポレンスクレーマー
福布斯	フオーブス・ウィリアム・キャメロン
福岛理本	福島理本
福岛三郎	福島三郎
福尔肯・豪森	ファルケンハブセン
福冈皓	福岡皓
福井淳	福井淳
福井幸	福井幸
福兰克林・奥莫・E.	フランクリン・オメル・イー
福勒	ファウラー
福留繁	福留繁
福荣真平	福榮眞平
福斯特・阿尔伯特・C.	フオウスト・アート・シィ
福斯特・约翰	フォスター・ジョン
福特	フォード
福特・梅尔	フォート・マイアー
福特・沙夫特・T. H.	T・H・フオート・シヤフター
福特・约翰・S.	フット・ジョン・エス
福田虎龟	福田虎亀
福田进	福田進
福田良三	福田良三
福田洌	福田洌
福田林之助	福田林之助
福田弥三郎	福田彌三郎
福田雅太郎	福田雅太郎
福田重清	福田重清
福图内特・萨隆加	フオチコナタ・サロンガ
福西特	フオーセット
福原仁荣	福原仁榮
福原若男	福原若男
福原胜一	福原勝一
福原雄三郎	福原雄三郎
福原勋	福原勳
福原正三	フクハラ・ショーゾウ

中文人名	日文人名
釜泽正雄	釜澤正雄
副岛大助	副島大助
副岛道正伯	副島道正伯
副岛千八	副島千八
副岛武之助	副島武之助
副田清人	副田清人
傅定勋	傅定勛
傅式说	傅式說
富成岁男	富成トシオ
富川源六	富川源六
富村顺一	富村順一
富冈定俊	富岡定俊
富吉荣二	富吉榮二
富兰克林・D. 罗斯福	フランクリン・デイー・ルーズヴエルト
富勒	フラー
富山良作	トヤマリョウサク
富山新太郎	富山新太郎
富山彰二	トヤマ・ショウジ
富士一郎	富士一郎
富田丰次郎	富田豐次郎
富田健治	富田健治
富田喜作	富田喜作
富田泽隆	富田則隆
富田正一	富田正一
富永恭次	富永恭次
盖博	ガベル
盖德	ガイト
盖洛普	ガラップ
盖塞尔	ゲセル
盖斯特	ガイスト
盖伊・诺利特	グイ・メーリ
甘巴纳	ガムバラ
甘达・辛格	ガンダジング
甘露寺	甘露寺
甘粕正彦	甘粕正彥
甘粕重太郎	甘粕重太郎
甘先萨	甘先薩
冈本季正	岡本季正

中文人名	日文人名
冈本连一郎	岡本連一郎
冈本敏男	岡本敏男
冈本清福	岡本清福
冈本尚一	岡本尚一
冈本一诚	岡本一誠
冈部长景	岡部長景
冈部荣一	岡部榮一
冈部史郎	岡部史郎
冈部信行	岡部信行
冈部直三郎	岡部直三郎
冈村峻	岡村峻
冈村宁次	岡村寧次
冈村伸吉	岡村伸吉
冈敬纯	岡敬純
冈崎洞雄	岡崎洞雄
冈崎康一	岡崎康一
冈崎清三郎	岡崎清三郎
冈崎胜男	岡崎勝男
冈崎文动	岡崎文動
冈崎一明	岡崎一明
冈萨罗・R. 西韦特	ゴンザロ・アール・シーヴェル
冈瑟・约翰・P.	ガンター・ジョーン・ビト
冈市之助	岡市之助
冈松成太郎	岡松成太郎
冈田痴一	岡田癡一
冈田岛次	岡田島次
冈田定友	岡田定友
冈田芳政	岡田芳政
冈田兼一	岡田兼一
冈田菊三郎	岡田菊三郎
冈田良平	岡田良平
冈田隆平	岡田隆平
冈田启介	岡田啓介
冈田三四六	岡田三四六
冈田尚	岡田尚
冈田条一	岡田條一
冈田文秀	岡田文秀
冈田武彦	岡田武彦

中文人名	日文人名
冈田贞茂	岡田貞茂
冈田政一	岡田政一
冈田直家	岡田直家
冈田治作	岡田治作
冈田忠彦	岡田忠彦
冈野鉴记	岡野鑒記
高仓正	高倉正
高村德一	高村德一
高村广一	高村広一
高村岩	高村岩
高岛定七	高島定七
高岛仁	高島仁
高蒂尔	ゴーチエー
高凤山	高鳳山
高冈大辅	高岡大輔
高冈文夫	高岡文夫
高根泽兴一	高根澤興一
高冠吾	高冠吾
高见胜	高見勝
高津优	高津優
高凌霜	高凌霜
高凌蔚	高凌蔚
高柳锭太郎	高柳錠太郎
高柳仪八	高柳儀八
高木八尺	高木八尺
高木大作	高木大作
高木登	高木登
高木武雄	高木武雄
高木秀三	高木秀三
高木一也	高木一也
高木义人	高木義人
高木友枝	高木友枝
高平小五郎	高平小五郎
高崎育	高崎育
高崎正光	高崎正光
高桥辰夫	高橋辰夫
高桥道俊	高橋道俊
高桥广之丞	高橋廣之丞

中文人名	日文人名
高桥进太郎	高橋進太郎
高桥敬一	高橋敬一
高桥留一	高橋留一
高桥茂寿庆	高橋茂壽慶
高桥梅雄	高橋梅雄
高桥清	高橋清
高桥荣吉	高橋榮吉
高桥三吉	高橋三吉
高桥三郎	高橋三郎
高桥善平	高橋善平
高桥涉	高橋涉
高桥市郎	高橋市郎
高桥是清	高橋是清
高桥太郎	高橋太郎
高桥坦	高橋坦
高桥通敏	高橋通敏
高桥文五郎	高橋文五郎
高桥武二	高橋武二
高桥一夫	高橋一夫
高桥一雄	高橋一雄
高桥伊望	高橋伊望
高桥义次	高橋義次
高桥勇次	高橋勇次
高桥元	高橋元
高桥真澄	高橋眞澄
高桥直	高橋直
高砂育唯	高砂育唯
高山信武	高山信武
高山彦一	高山彦一
高辻正巳	高辻正巳
高斯	ガウス
高松宫	高松宮
高特	ガウト
高田丰水	高田豊水
高田利种	高田利種
高田敏种	高田敏種
高尾三郎	高尾三郎
高文彬	高文彬

中文人名	日文人名
高宪甲	高憲甲
高须芳次郎	高須芳次郎
高须四郎	高須四郎
高野弦雄	高野弦雄
高野庄平	高野莊平
高原瑞夫	高原瑞夫
高宗武	高宗武
戈登	ゴールドン
戈登・鲍登	ゴードンボウデン
戈夫・肯尼斯・C.	ゴーブ・ケンネス・シイ
戈金	ゴギン
戈伦斯基	エス・ア・ゴルンスキー
戈培尔	ゲッペルス
戈塞拉	ゴセラ
戈特	コット
戈特弗里德・阿施曼	ゴットフリード・アシュマン
戈特弗里德森	ゴットフリートセン
戈特曼斯	ゴートマンス
戈韦尔・雷特	ゴーベヤレイテ
哥白尼可	コベルニック
哥利亚・莱恩斯	ゴリア・ラインズ
哥伦布・达尔文・史密斯	コランバス・ダーイン
哥萨克	コザック
歌德	ゲーテ
格尔达德	ゲルダード
格拉萨	グラカ
格拉赛尔・穆雷	グラッサー・マーレー
格拉西莫娃	ゲラシーモワ
格拉西亚诺・卡斯蒂略	グラシアン・キャステイロ
格兰德・莱皮茨	グランドラピッヅ
格劳斯	グロス
格勒内费尔德	グロンフェルト・J・H
格雷	グレイ
格雷茨	グレエツ
格雷迪	グレーデイ
格雷厄姆・阿尔弗雷德・T.	ダルーム・アルフレット・テイ
格雷厄姆・托马斯	クラハムトマス
格雷戈瑞・那莫维奇・华顿斯基	グレゴリー・ナアモウイッテ・フーテンスキー

中文人名	日文人名
格雷纳	グフイネル
格雷斯・鲍尔	タレイス・バウア
格雷沃・弗洛伦斯・T.	グルウア・フローレンス・テイ
格雷西・艾伦	グレーシー・アーレン
格里迪	ゲレーデイ
格里蒂・威廉・B.	ゲリテイ・ウイリヤム・ビー
格里菲思	クリフィセズ
格里菲思・约翰・亨利	グリフイス・ジョンヘンリー
格里芬	グリフヒス
格里芬・A. F. R.	グリフィン・A・F・R
格里拉斯	ゲリラ
格林	グリーン
格林・弗劳伦斯・T.	グリーン・ウットアイダエム
格林・詹姆斯・阿尔伯特	グリン・ジェームス・アルバート
格林伍德	グリーンウッド
格鲁	グルー・ジョーゼフ・クラーク
格鲁夫人	グルウ夫人
格伦・C. 特纳	グレン・G・ターナ
格罗夫斯	グロブス・ケンネス・アール
格罗纳	グロナー
格罗特	グローテ
格洛利亚・切泽	グロリヤ・チェソツイー
格南德・谢弗	ゲラルド・シェーファー
格思里	ガスリー
格斯蒂・阿杜尔・哈马德	グステイアプドルハミッド
格斯蒂・贾厄	グステイジャパル
格斯蒂・梅塞	グステイムシイル
格斯蒂・默罕默德・凯利普	グステイモハマッドクリップ
格斯蒂・桑南	グスティサウナン
葛生修吉	葛生修吉
根岸欣三	根岸欣三
根本博	根本博
根本弘	根本弘
根本雪	ネモト・キヨオミ
根本英治	根本英治
根上耕一	根上耕一
工藤刚	工藤剛
工藤铁三郎	工藤鐵三郎

中文人名	日文人名
工藤秀剑	工藤秀劍
工藤彦作	工藤彦作
工藤忠	工藤忠
工藤忠夫	工藤忠夫
公平匡武	公平匡武
公文博嗣	公文博嗣
宫坂完孝	宮阪完孝
宫本诚三	宮本誠三
宫本武藏	宮本武藏
宫本正之	宮本正之
宫川一男	宮川カヅラ
宫岛淳吉	ミャジマジュンキチ
宫岛干之助	宮嶋幹之助
宫海亭	宮海亭
宫鸠彦王	宮鳩彦王
宫内洁	宮内潔
宫崎博	宮崎博
宫崎新一	宮崎新一
宫崎周一	宮崎周一
宫山正一	宮山正一
宫山忠	宮山忠
宫田晋	宮田晉
宫田俊彦	宮田俊彥
宫野正年	宮野正年
宫泽次郎	宮澤次郎
宫泽俊义	宮澤俊義
宫泽政行	宮澤政行
宫中东三	宮中東三
宫本武之辅	宮本武之輔
宫城长五郎	宮城長五郎
宫川信广	宮川信廣
宫浦修三	宮浦修三
宫田光	宮田光
宫田光雄	宮田光雄
宫田晃	宮田晃
宫田信夫	宮田信夫
宫胁芳胜	宮脇芳勝
恭亲王	恭親王

中文人名	日文人名
菰田康一	菰田康一
古川保	古川保
古川清一	古川清一
古川正美	古川正美
古川正之	古川正之
古村启藏	古村啓藏
古岛长太郎	古島長太郎
古德曼	グッドマン
古德曼・巴莱利・A.	ダットマン・バレリー・エイ
古德温・沃伦・A.	グッドヴイン・ウオレン・エィ
古夫雷・卡佐・汉密尔顿	ジョフリイ・カゾー・ハミルトン
古贺斌	古賀斌
古贺不二人	古賀不二人
古贺峰一	古賀峯一
古贺清志	古賀清志
古贺忠一	古賀忠一
古马克・范・希尔登	グマカーヴァン・ヒールデン
古内荣司	古内榮司
古山胜夫	古山勝夫
古市公城	古市公城
古思三郎	古思三郎
古田正武	古田正武
古闲洁	古閑潔
古野繁石	古野繁石
古野伊之助	古野伊之助
古宇田芳夫	古宇田芳夫
古宇田武郎	古宇田武郎
古庄干郎	古荘幹郎
古庄司	古莊司
谷本马太郎	谷本馬太郎
谷次亨	谷次亨
谷丰	谷豐
谷合勘重郎	谷合勘重郎
谷口爱造	谷口愛造
谷口刚辅	谷口剛輔
谷口久次郎	谷口久次郎
谷口尚真	谷口尚眞
谷口喜一郎	谷口喜一郎

中文人名	日文人名
谷口哲雄	谷口哲雄
谷崎译	谷崎譯
谷楸那华雄	谷萩那華雄
谷寿夫	谷壽夫
谷太耀	谷太耀
谷太易	谷太易
谷正之	谷正之
故内山	故内山
顾泰来	顧泰來
顾维钧	顧維鈞
瓜生喜三郎	瓜生喜三郎
挂川忠	掛川忠
关根安司	関根安司
关根武雄	関根武雄
关根新太郎	関根新太郎
关口键司	関口鍵司
关未代策	関未代策
关玉衡	關玉衡
馆林三喜男	館林三喜男
馆野守男	館野守男
管太郎	管太郎
光田秀次郎	光田秀次郎
广濑丰作	廣瀬豐作
广濑久忠	廣瀬久忠
广崎健吉	廣崎健吉
广田弘毅	廣田弘毅
广田洋二	廣田洋二
广田银次郎	廣田銀次郎
广田优	廣田優
广田中佑	廣田中佑
广畑照辉	廣畑照輝
广尾彰大	廣尾彰大
龟井辰雄	亀井辰雄
龟井哲也	亀川哲也
龟山孝一	亀山孝一
龟山一二	亀山一二
龟太郎	亀太郎
鬼冢明治	鬼塚明治

中文人名	日文人名
贵福	貴福
贵谷精之助	貴谷精之助
桂村只一	桂村只一
桂公	桂公
桂镇雄	桂鎮雄
郭两歧	郭兩歧
郭松龄	郭松齡
郭泰祺	郭泰祺
郭余三	郭餘三
锅岛俊策	鍋島俊策
国分新七郎	國分新七郎
国分友治	國分友治
国武辉人	國武輝人
哈巴罗夫斯克	ハバロフスク
哈比卜・厄・拉赫曼	ハビプ・ウル・ラーマン
哈比森	ハービソン
哈伯特	ハーバード
哈伯特・L. 梅尔斯	ハーバート・エル・マイヤース
哈德森	ハドソン
哈登	ハッドン
哈恩	ハーン
哈尔・巴特・卡斯伯	ハール・バートキャスバー
哈尔巴・特罗	ハーバー・トロー
哈尔加斯	バルガス
哈根	ハーゲン
哈根・诺曼・J.	ヘーケン・ノーマン・ジェイ
哈拉・安拉	バラ・アンナ
哈兰・G. 库帕特里克	ハーランチーカークバトリック
哈里・A. 米尔斯	ハリーエーシルス
哈里・B. 图克	ハリー・ピー・タック
哈里・L. 迈克唐纳尔	ハリー・レ・マクドナル
哈里・斯拉特	ハーリー・スレーター
哈里曼	ハリマン
哈里曼・多尔西	ハリマン・ドルセイ
哈里斯	ハリス
哈里斯・乔治	ハリス・ジョージ
哈利・约瑟夫	ハリイジヨセフ
哈利菲克斯	ハリファックス

中文人名	日文人名
哈罗德・A. 斯帕茨	ハロルド・エイ・スパーツ
哈罗德・R. 李	ハロルド・R・リー
哈罗德・阿尔弗雷德・普里查德	ハロルド・アルフレッド・フリーハード
哈罗德・夫兰克・霍格	ハロルド・フランク・ホーグ
哈罗德・哈迪斯	ハロルド・ヘデイス
哈洛	ハーロー
哈洛韦尔	ハローウェル
哈米尔・辛格	ハミールシング
哈默	ハーマー
哈姆里克	ハムリック
哈姆林・托伊・E. 二世	ハムリン・トアイー二世
哈姆森	ハームセン
哈森	ハサン
哈森・贝	ハッサン・ベイ
哈施曼	ハースチマン
哈斯本特・E. 吉梅尔	ハスバンド・イー・ギンメル
哈斯特	ハースト
哈特雷・肖克考斯	ハートレイ・ショウクロス
哈托利・泰佐	ハットリ・タイゾウ
哈维・古德里奇	ハーヴェイ・グッドリッチ
哈维・威尔伯・C.	ハーウィーウイルバー・シ
哈扎拉・辛格	ハザラシング
海德	エルトン・エム・ハイダー
海德里克・邦・O.	ヘドリック・ボン・オー
海德里克・罗伯特・C.	ヘトリック・ロバート・シー
海迪克・霍华德・L.	ヘイック・ハワード・エル
海老	海老
海伦・瓦斯克斯・普拉达	ヘレン・ヴアスクエズ・プラダ
海伦纳・罗德里格茨	ヘレナ・ロドリゲズ
海民声	海民聲
海内斯・威廉・H.	バインズ・ヴィリム・エイ
海特	ハイト
海特・拉尔菲・E.	ハイト・ラルフ・イー
海威尔	ヘーヴエル
海因茨・吕谢海因	ハインツ・リイチェンハイム
海因斯	ハインス嬢
海因里奇・昂古斯特	ハインリッヒ・アングスト
韩白英	韓白英

中文人名	日文人名
韩复榘	韓複渠
韩世元	韓世元
韩维洲	韓維洲
韩云阶	韓雲階
汉比	ハムピー
汉德雷・罗伯特・W.	ハンドレイ・ロバート・ダヴリユウ
汉多尔	ハンドー
汉基	ハンキー
汉金斯	ハンキンス
汉考克・弗兰克二世	ハンユック・フランク二世
汉考克・杰克	ハンコック・ギャック
汉密尔顿	ハミルトン
汉密尔顿・赖特	ハミルトン・ライト
汉默尔	ハンメル
汉森	ハンソン
汉森・S. G.	ハンソン・S・G
汉森・约翰・沃农	ハンセン・ジョン・ウアン
汉特	ハント
豪伯・W. E. G.	ハウベル・W・E・G
豪厄尔	ハウエル
豪尔・弗洛伊德・温	ホール・フロイド・エウイング
豪雷	ホウリ
豪斯	ハウス
豪斯・L. 霍奎因	ホセ・L・ホルキン
豪斯・R. 卡洛斯	ホゼー・R・カルロス
豪斯・S. 潘格里南	ホセ・エス・パンジユリナン
豪斯・阿蒂科拉	ホゼ・アルティコラ
豪斯・比利亚莫尔	ホゼ・ヴィラモール
豪斯・纳瓦罗	ホセ・ナブアロ
豪斯・扎巴拉	ホセ・ザバラ
豪威尔	ホーエル
何果忠	何果忠
何建	何建
何杰才	何傑才
何香凝	何香凝
何野道彦	何野道彦
何野密	何野密
何应钦	何應欽

中文人名	日文人名
何禹门	何禹門
和波久卫	和波久衛
和仁贞吉	和仁貞吉
和田安人	和田安人
和田博雄	和田博雄
和田副二	和田副二
和田劲	和田勁
和田太郎	和田太郎
和田小六	和田小六
和田雄四郎	和田雄四郎
和知鹰二	和知鷹二
和智恒藏	和智恒藏
河北健治郎	河北健治郎
河北克己	河北克己
河本末守	河本末守
河边虎四郎	河邊虎四郎
河边正	河邊正
河边正三	河邊正三
河边正之	河邊正之
河村参郎	河村參郎
河村三郎	河村三郎
河村胜	河村勝
河村秀夫	河村秀夫
河合博	河合博
河合操	河合操
河合良成	河合良成
河濑四郎	河瀨四郎
河内礼雄	河内禮雄
河上清	河上清
河上修	河上修
河盛安之介	河盛安之介
河田虎四郎	河田虎四郎
河田烈	河田烈
河相达夫	河相達夫
河野道秀	河野道秀
河野道彦	河野道彦
河野寿	河野壽
河野勇	河野勇

中文人名	日文人名
河原春作	河原春作
河原田稼吉	河原田稼吉
河原正雄	河原正雄
荷见安	荷見安
贺川丰彦	賀川豊彦
贺会卿	賀會卿
贺来佐贺太郎	賀來佐賀太郎
贺明海	賀明海
贺嗣章	賀嗣章
贺屋兴宣	賀屋興宣
贺阳宫	賀陽宮
贺阳宫大纪	賀陽宮大紀
贺正坤	賀正坤
赫伯恩	ヘッバーン
赫伯特	フーベルト
赫伯特・A. 英格勒	ハーバート・エ・エングヲー
赫伯特・C. 里金斯	ハーバート・シー・リキンス
赫伯特・M. 哈特	ハーバート・M・ハート
赫伯特・卡里赛・威利斯	ハーバート・カーリスル・ウィリス
赫驰	ハツツ
赫德	ハード
赫德森・安西尔・C.	ハドスン・アンシイル・ジィ
赫蒂・范・德・李	ヘツテイフアンデルレー
赫尔・冯・魏斯纳	フオン・ウイズナー
赫尔・海因里希・施塔默	ハインリッヒ・スターマー
赫尔夫里奇	ヘルフリッヒ
赫尔曼・E. 法雅尔	ヘルマン・E・ファイヤル
赫尔曼・G. 拉弗涅斯	ヘルマン・ゲー・ラヴォニユス
赫尔曼・达林格	ヘルマン・ダリンガ
赫尔曼・豪尔	ヘルマン・ホール
赫尔曼・吉尔林	ヘルマン・ゲーリング
赫尔曼・威廉・戈林	ヘルマン・ウイルヘルム・ゲーリング
赫夫・阿尔邦・T.	ハフマン・アルビオンテイ
赫克勒・查尔斯・H.	ハツクラーチヤールスエッチ
赫里奥特	エリオ
赫斯	ヘス
赫特	ヘット
赫特・戴维・阿尔伯特	ハート・デービット・アルバート

中文人名	日文人名
赫伊津哈	フユジインガ
赫永德	赫永徳
鹤见三三	鶴見三三
鹤见左吉雄	鶴見左吉雄
鹤子由喜子	鶴子由喜子
鹤惣市	鶴惣市
鹤冈荣太郎	鶴岡栄太郎
黑木已六	黑木巳六
黑田清隆	黑田清隆
黑田重德	黑田重徳
黑川纯一	黑川純一
黑川西口	黑川西口
黑岛龟人	黑島亀人
黑崎贞明	黑崎貞明
黑太子	黑太子
黑田長成	黑田長成
黑田昶	黑田昶
黑田实	黑田實
黑田英雄	黑田英雄
黑岩勇	黑岩勇
黑泽次夫	黑澤次夫
黑泽大二	黑澤大二
黑泽鹤一	黑澤鶴一
黑泽金吉	黑澤金吉
黑泽正夫	黑澤正夫
亨德里・肖库尔曼	ヘンドリル・シュクールマン
亨克	ヘンケ
亨里克	ヘンリック
亨里克・德・考夫曼	ヘンリック・カウフマン
亨利・A. 多兰	ヘンリー・エー・ドーラン
亨利・A. 多兰二世	ヘンリー・エー・ドーラン・ジュニア
亨利・F. 马歇尔	ヘンリー・エフ・マーシャル
亨利・L. 基尔	ヘンリー・エル・ギール
亨利・L. 史蒂森	ヘンリ・エル・スティムスン
亨利・L. 斯廷森	ヘンリ・エル・スチムソン
亨利・L. 斯廷森	ヘンリー・L・スチムリシ
亨利・S. 贝朗德	ヘンリ・エス・ベランド
亨利・T. 小町	ヘンリー・チー・オーマチ

中文人名	日文人名
亨利・埃里斯・伊斯道尔	ヘンリー・エリス・イシドール
亨利・伯纳特	アンリ・ベルナール
亨利・杜兰二世	ヘンリー・ドーラン・ジュニマー
亨利・霍勒斯・波利	ヘンリ・ホレース・ポーレー
亨利・基蒂・林厄姆	ヘンリーキッターリングハム
亨利・基斯	ヘンリー・キイズ
亨利・卡伯特・洛奇	ヘンリー・カポット・ロッジ
亨利・莱茵伯格	アンリ・ランブルジェ
亨利・莫兰	ヘンリー・モウラン
亨利・瓦托里	アンリー
亨利・下岛	下島ヘンリー
亨利华莱士	ウオーレス
亨齐格	ウンチゲール
亨塞尔	ヘンセル
亨泽尔・R. J.	アールゼイヘンセル
恒冈利一	恒岡利一
恒宪王	恒憲王
横仓市藏	横倉市藏
横地准尉	横地準尉
横沟光晖	横溝光暉
横井俊之	横井俊之
横井启二	横井啓二
横井忠道	横井忠道
横井忠雄	横井忠雄
横堀谨一	横堀謹一
横内宫雄	横内宮雄
横山健堂	横山健堂
横山兴助	横山興助
横山秀三郎	横山秀三郎
横山薰范	横山薫範
横山勇	横山勇
横山镇明	横山鎮明
横山镇雄	横山鎮雄
横山正治	横山正治
横田茂树	横田茂樹
横须贺喜雄	横須賀喜雄
横井孝治	横井孝治
轰高治	轟高治

中 文 人 名	日 文 人 名
洪・H. 安斯林格	ホン・エチ・ヂアンスリガー
洪维国	洪維國
侯赛因・比纳卜德拉	ホセイン・ビナブドラー
侯赛因・宾・阿卜杜拉	フッセイン・ビン・アブドウルラ
侯赛因・宾・阿卜塔拉	フシン・ビン・アブタラ
后宫淳	後宮淳
后山兼一	アトヤマカネイチ
后藤光太郎	後藤光太郎
后藤归一	後藤歸一
后藤国彦	後藤圀彦
后藤利夫	後藤利夫
后藤隆之助	後藤隆之助
后藤茂	後藤茂
后藤让	後藤讓
后藤四郎	後藤四郎
后藤文夫	後藤文夫
后藤小太郎	後藤小太郎
后藤新平	後藤新平
后藤英次	後藤英次
后藤映范	後藤映範
后藤由太郎	後藤由太郎
后醍院良正	後醍院良正
后闲祐次	後閑祐次
胡安	ジュアン
胡安・F. 埃基维里	ジュアン・エフ・エチヴェリ
胡安・P. 胡安	ヂユアン・ピイ・ヂユアン
胡安・德・阿兰扎纳	ジュアン・デ・アレンザナ
胡安娜・纳瓦洛	ユアナナブアロ
胡布拉切	ヒュブレヒツ
胡恩溥	胡恩博
胡佛	フーヴァー
胡嘉椿	胡嘉椿
胡建勋	胡建勳
胡霖	胡霖
胡迈	胡邁
胡世泽	胡世澤
胡适	胡適
胡嗣复	胡嗣複

中文人名	日文人名
胡嗣瑗	胡嗣瑗
胡志远	胡志遠
胡自疑	胡自疑
户川贞雄	戸川貞雄
户村	戸村
户村盛雄	戸村盛雄
户山	戸山
户山盛	戸山盛
户田	戸田
户田宽三	戸田寛三
户冢	戸塚
户冢道太郎	戸塚道太郎
户冢九一郎	戸塚九一郎
花谷	花谷
花谷正	花谷正
花井	花井
花井京之助	花井京之助
花井忠	花井忠
花轮义敬	花輪義敬
花森安治	花森安治
花野井弥太郎	花野井彌太郎
糀谷英三	糀谷英三
华桂芳	華桂芳
华岩	華嵒
滑志田清吉	滑志田清吉
桦山	樺山
桦山资英	樺山資英
怀尔德	ワイルド
怀南特	ワイナント
怀特	ホワイト
怀特	ワイト
怀特・克雷顿・A.	ホワイト・クレイトン・ジェイ
怀特・威廉・C.	キワド・ウィリヤム・シィ
怀特曼	ホッイトマン
荒川	荒川
荒川昌二	荒川昌二
荒船清一	荒船清一
荒谷茂树	荒谷茂樹

中文人名	日文人名
荒井	荒井
荒井光夫	荒井光夫
荒井光雄	荒井光雄
荒井角藏	荒井角藏
荒井贤太郎	荒井賢太郎
荒木国一	荒木國一
荒木秦	荒木秦
荒木完男	荒木完男
荒木五郎	荒木五郎
荒木寅三郎	荒木寅三郎
荒木贞夫	荒木貞夫
荒木直太郎	荒木直太郎
荒梯三郎	荒梯三郎
荒田	荒田
荒尾	荒尾
荒尾兴功	荒尾興功
黄超英	黄超英
黄丁	黄丁
黄郛	黄郛
黄鉴钧	黄鑑鈞
黄农溪	黄農溪
黄强	黄強
黄士英	黄士英
黄思伦	黄思倫
黄天新	黄天新
黄田多喜夫	黄田多喜夫
黄显祥	黄顕祥
黄兴	黄興
黄业纯	黄業純
黄业江	黄業江
黄以法	黄以法
会弥	會彌
惠谷信	惠谷信
惠特菲尔德	ホイットフイールド
惠特尼	ビウイマトニー
惠田纯久	惠田純久
霍伯森	ホブソン
霍布斯	ホッブス

中文人名	日文人名
霍德夫人	ホエド夫人
霍迪尼·霍华德·A.	ホルダイ・ハワード・エイ
霍恩	ホーン
霍恩·鲍斯特尔·A.	ホルンボルステル・A
霍恩贝克	ホーンベック
霍尔	ホール
霍尔·M.米泰姆	ホール・M・ミッチエム
霍尔舒泽	ホルシャウサー
霍尔舒泽·范·H.	ホルショウサーバンエッチ
霍尔特	ホルト
霍尔沃森	ハルヴァースン
霍格·杰克	ホーグ・ジャック
霍华德·A.萨普蒙	ハワード・A・サプマン
霍华德·凯利	ハウアッド・ケリー
霍吉	ホッデ
霍克曼	ホッホマン
霍克斯特拉	ホエクストラ
霍拉德·J.霍格	ロルド・J・ホーグ
霍兰	ホーラン
霍雷斯·朗伯尔德	ホレース・ランボルド
霍罗汉	ホロハン
霍曼	ホーマン
霍姆	ホーム
霍姆斯	ホールムズ
霍姆斯索姆·卡尔·B.	ホームストロム・カール・ビーエ
霍奈尔夫人	ホーウェネル夫人
霍奇斯	ホッヂェス
霍奇斯坦利·厄内斯特	ホッチシュイ・アーネス
霍斯·I.格里戈	ボセアイ・グリエゴ
霍斯特	ホルスト
霍瓦特	ホルヴァト
机山金太郎	機山金太郎
矶部敏孝	磯部敏孝
矶部浅一	磯部淺一
矶部太郎	磯部太郎
矶村广太	磯村廣太
矶村武亮	磯村武亮
矶谷	磯谷

中 文 人 名	日 文 人 名
矶谷廉介	磯谷廉介
矶田	磯田
矶野勇三	磯野勇三
姬野	姫野
基德韦尔・查尔斯・A.	キッドウニルチャールズ・エイ
基夫	キーフ
基勒・奥拉・K.	キーラー・オラ・ケイ
基勒・约翰・H.	キーラージョン・エイタ
基斯兰克	キスレンコ
基特尔	カイテル
箕轮三郎	箕輪三郎
箕浦	箕浦
箕山晴二	箕山晴二
及川古志郎	及川古志郎
及川源七	及川源七
吉・杰伊・梅尔	ジー・ジェー・メイヤー
吉板	吉板
吉本	吉本
吉本诚明	ヨシモト・シゲアキ
吉本贞一	吉本貞一
吉伯斯・查尔斯・A.	ズッズ・チャールズ・エイ
吉布森	ギブソン
吉川定一郎	ヨシカワサダイチラウ
吉川康	吉川康
吉川武	吉川武
吉川幸雄	吉川幸雄
吉川永三郎	吉川永三郎
吉川源三	吉川源三
吉川照义	吉川照義
吉川正治	吉川正治
吉粹生	吉粹生
吉村	吉村
吉岛戒三	吉島戒三
吉恩・爱德华・J.	チン・エドワード・チー
吉恩・赖泽	ジァン・ライセル
吉恩金斯	ジンキンス
吉尔	ギル
吉尔哈特	ギアハート

中文人名	日文人名
吉房	吉房
吉夫・A. J.	ゲーフェ・A・J
吉福德・约瑟夫	ボッフ・ションセツ
吉冈安直	吉岡安直
吉冈惠一	吉岡惠一
吉冈信敬	吉岡信敬
吉鸿昌	吉鴻昌
吉积正雄	吉積正雄
吉江诚一	吉江誠一
吉井	吉井
吉井道教	吉井道教
吉井清春	吉井清春
吉井通教	吉井通教
吉井卓	吉井卓
吉良	吉良
吉良俊一	吉良俊一
吉列尔莫・F. 马里亚诺	グイルエルモ・エフ・マリアノ
吉米・巴纳	ジミー・バーナ
吉姆・弗林	ジム・フラン
吉崎清乡	ヨシザキキヨサト
吉森良久	吉森良久
吉田常次郎	吉田常次郎
吉田常织	吉田常織
吉田洞介	吉田洞介
吉田后之助	吉田後之助
吉田茂	吉田茂
吉田清次	吉田清次
吉田清二	吉田清二
吉田权八	吉田權八
吉田善吾	吉田善吾
吉田松阴	吉田松陰
吉田贤吉	吉田賢吉
吉田晔生	吉田曄生
吉田伊三郎	吉田伊三郎
吉田义雄	吉田義雄
吉田英三	吉田英三
吉田章雄	吉田章雄
吉田真心	吉田眞心

中 文 人 名	日 文 人 名
吉田正男	吉田正男
吉武宪市	吉武憲市
吉武信	吉武信
吉星文	吉星文
吉野信次	吉野信次
吉永义尊	吉永義尊
吉原高次	吉原高次
吉原正己	吉原正己
吉泽洸	吉澤洸
吉泽萨・莱恩斯	ジエスサ・ラインズ
吉泽忠男	吉澤忠男
记内角一	記内角一
纪俊男	紀俊男
纪子	紀子
季宗伍	季宗伍
继田	継田
加德纳	ガーデナー
加德纳・C. 卡彭特	ガードナー・シー・カーペンター
加登川	加登川
加拉格尔・威廉・阿尔伯特	グッラガー・ウィーアムヤルバート
加拉罕	エム・エム・カラハン
加濑俊一	加瀬俊一
加里宁	カリーニン
加里亚莫斯・约翰・R.	ガリアムスジョンアール
加尼尔	ガーニア
加斯顿	ガストン
加斯顿・丹尼尔・阿尔伯特	ガストン・ブニエル・アルバート
加斯顿・弗朗西斯科・塔尔贝	ガストン・フランソア・タルバ
加斯基尔・梅里尔・R.	ガスキル・メリル・アール
加藤昌平	加藤昌平
加藤春海	加藤春海
加藤傅次郎	加藤傅次郎
加藤高明	加藤高明
加藤金治	加藤金治
加藤宽治	加藤寛治
加藤镣五郎	加藤鐐五郎
加藤隆久	加藤隆久
加藤隆义	加藤隆義

中文人名	日文人名
加藤末平	加藤末平
加藤善吉	加藤善吉
加藤外松	加藤外松
加藤喜八郎	加藤喜八郎
加藤修治	加藤修治
加藤一平	加藤一平
加藤义秀	加藤義秀
加藤英明	加藤エイメイ
加藤友三郎	加藤友三郎
加藤于菟丸	加藤于菟丸
加藤源造	加藤源造
加藤哲太郎	加藤哲太郎
加藤直臣	加藤直臣
家木	家木
嘉村	嘉村
嘉六	嘉六
嘉纳信	嘉納信
甲谷	甲谷
甲谷悦雄	甲谷悦雄
贾奎诺特	ジャキ
贾尼・C. 戈伊	ヂアー・シー・コイ
贾斯蒂纳・曼利斯克	ジャステイナ・マンリシック
贾斯蒂斯・曼斯菲尔德	ジャスティス・マンスフイールド
贾斯珀斯	ジャスパース
贾文特	ジェイヴィント
榎本	榎本
榎本大吉	榎本大吉
榎本久一	榎本久一
榎本武阳	榎本武陽
榎本喜一	榎本喜一
榎本重治	榎本重治
榎冢	榎塚
假谷	カリヤ
间片英彦	間片英彦
间野俊夫	間野俊夫
兼松学	兼松學
菅波	菅波
菅波三郎	菅波三郎

中文人名	日文人名
菅辰次	菅辰次
菅川春枝	菅川春枝
菅岛高	菅島高
菅谷吉次	菅谷吉次
菅谷要三	菅谷要三
菅久	菅久
菅勤	菅勤
菅太郎	菅太郎
菅野长智	菅野長智
菅野义丸	菅野義丸
菅原	菅原
菅原国隆	菅原國隆
菅原通敬	菅原通敬
菅原裕	菅原裕
菅泽日则	スガサワ・アキ・リ
樫村	樫村
简・加里格・马萨里戈	ヤン・ガリグ・マサリク
简・克劳德	ヤン・コロウド
简・拉泽尔	ヤン・ライセル
简士元	簡士元
简野道明	簡野道明
建川美次	建川美次
江阪勇之助	江阪勇之助
江草	江草
江朝宗	江朝宗
江村元则	江村元則
江幡胜市	江幡勝市
江口	江口
江口传八	江口傳八
江口繁	江口繁
江口弘吉	江口弘吉
江口俊男	江口俊男
江口亲宪	江口親憲
江木千之	江木千之
江木翼	江木翼
江桥英次郎	江橋英次郎
江上	江上
江上惣	江上惣

中文人名	日文人名
江藤五郎	江藤五郎
姜震瀛	薑震瀛
姜之恩	薑之恩
蒋光鼐	蔣光鼐
蒋介石	蔣介石
蒋孝先	蔣孝先
蒋作宾	蔣作賓
鲛岛健男	鮫島健男
鲛岛具重	鮫島具重
角丰三郎	角豐三郎
角冈知良	角岡知良
角田觉治	角田覚治
皆川佳安	皆川佳安
皆川信助	皆川信助
杰・阿杜拉・汉	ゼムアブでユウカン
杰・默汉・辛格	ゼムモーハンシング
杰弗里・卡佐・汉密尔顿	ジェオフリー・カトフー・ハミルトン
杰弗里・诺尔斯	ジエフレー・ノウルズ
杰克	ジャック・ナーラー
杰克・C. 瓦尔尼斯	シャック・C・ウアンメス
杰克・E. 汤普森	ジャックイードンプソン
杰克・金	チャクキング
杰克・佩德利	ジャックペドレー
杰克・沃德	チヤップ
杰克布森・约翰	ジャコブセン・フォーン
杰克逊	ジャクソン
杰克逊・肯尼斯・L.	ジャムスン・ケスス・エル
杰拉德	ジェラルド
杰拉德・比斯・斯托柯	ジェラルド・ビース・ストクー
杰拉因・威廉・P.	ヂーライン・ヴィリカム・ビー
杰勒德・谢弗	ヂエラード・シェーファー
杰里	ジェリー
杰利马	ジェレマ
杰马达・阿丁・昌德	ジェマーダ・アデーン・チヤント
杰马达・阿杜尔・拉蒂夫	ジェマダ・アブドル・ラテイフ
杰马达・钦塔・辛格	ジェマダル・チント・シング
杰马达斯・莱姆・辛格	ジェマダーズ・ラム・スイング
杰姆斯・M. 德劳特	ジエイムス・エム・ドラウト

中文人名	日文人名
杰文斯夫人	ジエヴオンス夫人
杰伊・比博・韦尔	ジェービーボウエル
结城	結城
结城丰太郎	結城豊太郎
结城司郎次	結城司郎次
捷列什金	テレシキン
解良七郎	解良七郎
戒能通孝	戒能通孝
芥川典	芥川典
芥川治	芥川治
芥川治郎	芥川治郎
堺	堺
今成泰太郎	今成泰太郎
今成一郎	今成一郎
今村均	今村均
今村力三郎	今村力三郎
今村了之介	今村了之介
今捷村	今捷村
今井	今井
今井博	今井博
今井嘉幸	今井嘉幸
今井俊介	今井俊介
今井清	今井清
今井清已	今井清已
今井武夫	今井武夫
今木	今木
今泉	今泉
今泉兼宽	今泉兼寛
今泉喜次郎	今泉喜次郎
今泉义道	今泉義道
今泉正浩	今泉正浩
今松	今松
今藤茂树	今藤茂樹
今田新太郎	今田新太郎
今尾登	今尾登
今野和子	今野和子
金・F.桑	キング・ニフ・サング
金・乔治	キング・ジョージ

中文人名	日文人名
金阪义郎	金阪義郎
金本庆吾	金本慶吾
金壁东	金壁東
金成增彦	金成増彦
金城	カナシロー・フクカン
金城福宽	金城福寛
金川静	金川靜
金德	キンダー
金德林・内森	チエンダリングナーザン
金鼎勋	金鼎勳
金冈喜四郎	金岡喜四郎
金谷范三	金谷範三
金谷静雄	金谷靜雄
金光	金光
金光庸夫	金光庸夫
金井	金井
金井满	金井滿
金井章次	金井章次
金濑薰二	金瀬薫二
金梁	金梁
金马	キングマ
金名世	金名世
金内良辅	金内良輔
金森	金森
金森德次郎	金森徳次郎
金石一雄	金石一雄
金特里	ジェントリー
金丸吉男	金丸吉男
金丸松藏	金丸松藏
金永昌	金永昌
金原	金原
金泽	金澤
金泽诚忠	金澤誠忠
金子定一	金子定一
金子繁治	金子繁治
金子光野	金子光野
金子伦价	金子倫価
金子贤太郎	金子賢太郎

中文人名	日文人名
金子拙郎	金子拙郎
津岛寿一	津島壽一
津德尔	シィンデル
津久井龙雄	津久井龍雄
津轻后室	津輕後室
津田耕重	津田耕重
津田静枝	津田靜枝
津田铁外喜	津田鐵外喜
津田孝次郎	津田孝次郎
津田正一	津田正一
堇康	菫康
近角花子	近角花子
近荣	近榮
近藤进	近藤進
近藤骏介	近藤駿介
近藤壤太郎	近藤壤太郎
近藤荣藏	近藤榮藏
近藤泰一郎	近藤泰一郎
近藤泰子	近藤泰子
近藤新八	近藤新八
近藤信武	近藤信武
近藤信一	近藤信一
近藤信竹	近藤信竹
近藤伊兴吉	近藤伊興吉
近藤仪一	近藤儀一
近藤义晴	近藤義晴
近藤英次郎	近藤英次郎
近藤英明	近藤英明
近藤正吾	近藤正吾
近藤正雄	近藤正雄
近卫泰子	近衛泰子
近卫文磨	近衛文麿
近卫秀磨	近衛秀麿
进俊二	進俊二
进藤清	進藤清
进藤宪三	進藤憲三
进藤义晴	進藤義晴
经亨颐	經亨頤

中文人名	日文人名
井阪孝	井阪孝
井本熊男	井本熊男
井出宣通	井出宣通
井川	井川
井川克一	井川克一
井川贞一	井川貞一
井川忠雄	井川忠雄
井户川富治	井戸川富治
井口・S.	井口・S
井口义弘	井口義弘
井上辰夫	井上辰夫
井上成美	井上成美
井上孚磨	井上孚磨
井上福一	井上福一
井上几太郎	井上幾太郎
井上健二	井上健二
井上日昭	井上日昭
井上三郎	井上三郎
井上胜秀	井上勝秀
井上胜之助	井上勝之助
井上五郎	井上五郎
井上亨	井上亨
井上孝治郎	井上孝治郎
井上馨	井上馨
井上雪雄	井上雪雄
井上义弘	井上義弘
井上益太郎	井上益太郎
井上寅	井上寅
井上昭	井上昭
井上政次	井上政次
井上忠男	井上忠男
井上准之助	井上準之助
井手	井手
井藤	井藤
井野硕哉	井野碩哉
井原润次郎	井原潤次郎
井原树璨	井原樹璨
井岳秀	井嶽秀

中文人名	日文人名
井泽弘	井澤弘
井泽正治	井澤正治
景山	景山
境野	境野
境野雁义	境野雁義
静目	靜目
鸠山一郎	鳩山一郎
鸠彦王	鳩彦王
九岛庆太	九島慶太
九鬼隆一	九鬼隆一
久保	久保
久保辰二	久保辰二
久保田	久保田
久保田德市	久保田德市
久保田笃次郎	久保田篤次郎
久保田久晴	久保田久晴
久保田濑	久保田瀬
久保田藤麿	久保田藤麿
久保贞三	久保貞三
久富木	久富木
久米川好春	久米川好春
久山秀雄	久山秀雄
久世一男	クセ・カズヲ
久田	久田
久武建彦	久武建彦
久野村	久野村
久永	久永
久原房之助	久原房之助
久原麻生	久原麻生
酒匂	酒匂
酒井富夫	酒井富夫
酒井镐次	酒井鎬次
酒井俊彦	酒井俊彦
酒井隆	酒井隆
酒井胜军	酒井勝軍
酒井野	酒井野
酒井义	酒井義
酒井原繁松	酒井原繁松

中文人名	日文人名
酒井忠正	酒井忠正
酒卷宗孝	酒巻宗孝
酒叶	酒葉
臼井清广	ウスイ・キヨヒロ
臼井胤正	臼井胤正
臼田	臼田
臼田宽三	臼田寛三
鹫尾矶一	鷲尾磯一
居正	居正
驹弁	駒弁
驹井	駒井
驹井德三	駒井德三
鞠山仪三郎	鞠山儀三郎
桔川克明	橘川克明
桔良夫	橘良夫
桔孝三郎	橘孝三郎
桔庄	橘莊
菊池朝三	菊池朝三
菊池弘恭	菊池弘恭
菊池武夫	菊池武夫
菊池武宪	菊池武憲
菊池武雄	菊池武雄
菊池义郎	菊池義郎
菊地大八	菊地大八
菊地健一	菊地健一
菊地门也	菊地門也
菊地四郎	菊地四郎
菊地武夫	菊地武夫
橘	タナバナ
绢枝	絹枝
崛井富太郎	崛井富太郎
崛内兵吾	崛内兵吾
君子	君子
卡波朗斯	カッペレン
卡迪	カーデュー
卡蒂埃	カティエ
卡蒂尔	カテイール
卡恩	カーン

中文人名	日文人名
卡尔	カール
卡尔·E. 斯泰格梅尔	カール・E・ステグマイアー
卡尔·H. 伯克	カール・エッチ・バーク
卡尔·H. 卡斯克	カール・エッチ・カースケ
卡尔·H. 约翰森	カール・エッチ・ジヨンソン
卡尔·O. 霍索恩	カール・O・ホーソーン
卡尔·W. 克拉克	カーター・ダヴリウー・クラーク
卡尔·埃德加·弗龙斯	カールエドガーゼンセン
卡尔·格雷夫·埃布登卡	ボールグレーブエブデンカー
卡尔·豪泽	カルル・ハウゼル
卡尔·罗森鲍姆	カール・ジョーンバウム
卡尔·斯塔德	カール・スタデ
卡尔·伊万·韦斯特曼	カルル・イヴィァン・ヴェストマン
卡尔顿·H. 克拉克	カールトン・エイチ・クラーク
卡尔顿·图普斯	カルトンツープス
卡尔金斯	カルキンズ
卡尔森·阿奈	カアルヤン・アルネ
卡尔森·卡罗尔	カルスン・キャロル・ユル
卡尔松	カールソン
卡拉	カイラ
卡拉布	クラブ
卡拉汉	カラハン
卡莱尔·亨德里克·埃米尔·克里格斯曼	カレルヘントリクエミールクリジグスマン
卡莱尔·鲁德	ケーレル・ルード
卡莱尔·托马斯	カーライル・トマス
卡里尔	キャリア
卡里姆·拉希	カリム・イラヒ
卡利	カリー
卡利奇	カリク
卡利乔·宾·达里曼	カリジョ・ビン・タリマン
卡利耶	カリヤー
卡林	カーリン
卡鲁拉姆	カル・ラム
卡伦	カレン
卡罗拉	カロラ
卡罗拉·科斯塔斯·加西亚	カロラ・コスタス・ガルシヤ
卡罗利托·迪马费勒斯	カロリトデイマフェレス
卡洛·尚策	カルロ・シャンツェル

中文人名	日文人名
卡洛斯	カルロス
卡洛斯・安蒂帕拉	カルルス・アンテイバラ
卡洛斯・布兰科	カルロス・ブランコ・イ・サンチェス
卡洛斯・德・阿蒙特洛斯	カルロス・デ・アルメンテロス・イ・デ・カルデナス
卡洛斯・乔斯・塞奎拉	カルロスホセセケイラ
卡门・洛科辛	カルメン・ロクシン
卡米尔・戈吉	カミーユ・ゴルジエ
卡敏	カミン
卡明	カミング
卡明斯・戴维・E.	カミンブス・ヴィヴィドイ
卡奈比克	カルネビーク
卡皮茨	カピツ
卡普・莱斯利	カッブレスヨシ
卡萨・宾・桑塔米	カサ・ビン・サンタミ
卡斯蒂略	キャステイロ
卡斯尔・弗森・罗伊	カースル・ウアーンーロィ
卡斯特纳・厄尔・K.	カストナー・アール・ケイ
卡特	カーター
卡特・W. 克拉克	カーター・ダブリュ・クラーク
卡特・阿瑟・D.	カーター・アーヤーデイ
卡特赖特	カートライト
卡瓦・约翰・A.	キャウア・ジョン・エイ
卡耶塔诺・纳拉	カイエタノ・ナーラ
卡兹洛夫斯基	カズロフスキー
开田清一	開田清一
凯恩・唐纳德・C.	ケーン・ドーナルド・シイ
凯恩斯	カイルンズ
凯拉	ケラ
凯利	ケリイ
凯利・马丁・T.	クリー・マーテイ・テイ
凯利・乔伊	ケレージョン
凯罗拉	カイロラ
凯梅	カイム
凯米尔・卡米尔	クマル・パシヤ
凯珀	カイパー
凯撒	シーザー
凯瑟琳・里斯托利	カテリーヲ・リストリ
凯特尔	ケーテル

中 文 人 名	日 文 人 名
凯西	ケーシー
凯泽	カイザー
凯泽・威廉二世	カイゼル・ウイルヘルム二世
坎	カン
坎贝尔	キャンプベル
坎贝尔・克兰西・C.	キムベル・クランス・シィ
坎波斯	キャムポス
坎迪达	キャンデイダ
坎迪多・罗洛	カンディド・ロロ
坎宁安	カンニンガム
坎萨拉	カンスラー
坎森・约翰・厄尔温	カーンスン・ジヨン・イリヴィン
坎塔利	カンタレ
坎特里尔・查尔斯・R.	カントリーチヤールズアル
坎托利	カントリー
阚朝玺	闞朝壐
阚潮光	闞潮光
康德	カント
康杜伊特	コンテイル
康坎农	コンキャンノン
康拉德	コンラッド
康拉德・巴特尔	コンラド・バトルス
康里德	コンラード
康林斯・林顿・V.	コンリンズ・リンドンヴイ
康塞谱森・布兰克	コンツエプチォン・ブランコ
康斯坦丁・冯・纽赖特	フォン・ノォイラァド
康斯坦丁・威廉・罗斯	コンスタンチン・ウイリアム・ロス
康斯特布尔	コンスタブル
康熙皇帝	康熙皇帝
考伯格	コブルグ
考伯洛斯	コブロス
考伯塔	コブタ
考布洛夫	コブロフ
考克・詹姆斯・E.	コック・ジェイム・イー
考克斯・S. H. K.	コクス・S・H・K
考克斯・卡尔	コクス・カノル・エル
考克斯・林顿二世	ゴックス・リントエル二世
考门	カウマン

中文人名	日文人名
考尼德·路易斯·M.	コーシア・ルイス・エム
考斯梅里	コスメリー
考斯特	コスター
考斯特	コスト
考斯特鲁斯	コスタラス
柯比	カービー
柯伯尔德·P. C. V.	コーボールド・P・C・V
柯蒂斯·沃伦	カーチスウレン
柯克	カーク
柯里·厄尔·R.	カリイ・アール・アール
柯里·沃伦·R.	カリー・ウオレシ・アール
柯林斯	コリンズ
柯明斯·卡尔	コミンス・カー
科贝尔金·因诺肯季·瓦西里耶维奇	コブイルキン・インノケンティー・ワシーリェウィチ
科比特	コルベット
科伯恩·劳伊德	コハーン・ロイド
科茨	コーテス
科德	コーダー
科德尔·赫尔	コーデル・ハル
科恩	コーヘン
科恩·爱德华	コーヘン・エドワード
科尔	カー
科尔·约翰·W.	コア・ジョン・ダブリユウ
科尔伯恩·弗森	コルバーンベルノソ
科菲	コフィー
科拉	コラ
科拉松·阿贝尔拉拉	コラゾン・アベララ
科勒奇默	クレッチマー
科林	コレイン
科林·爱德华·巴特利特	コーリン・エドワード・バートレット
科伦·H. J.	コウレン・H・J
科洛德	コロッド
科洛根	コロカン
科普	コーブ
科塞尔	コーセール
科特曼斯	コルマンス
科伊	クーイ
克拉迪	クラーディ

中文人名	日文人名
克拉多	フラドー
克拉夫・詹妮	クラヴ・チャンヌ
克拉夫顿・L. 尼尔森	クレートン・エル・ネルソン
克拉格特	クラゲット
克拉克	クラーグ
克拉克・G. 格雷齐尔	クラーク・チー・グレヂアー
克拉克・卡尔	クラーク・カー
克拉克・卡尔顿・霍华德	クラーク・カールトン・ホワード
克拉克斯托・哈罗德・B.	クラークストン・ハロルド・ビー
克拉里・戴维・S.	クラーク・デヴイド・エス
克拉罗・M. 雷克托	クラーロ・エメ・レクト
克拉默尔・亨利・H.	クレーマー・ヘリンーイチ
克拉普	クラップ
克拉萨蒂	クラサテ
克拉斯	クラース
克拉斯・A. 德・威鲁德	クラース・アー・デ・ヴェールト
克拉斯・乔治・L.	グラス・ジョンジ・エル
克莱德・P. 沙利文	クライド・P・サリヴアン
克莱尔・罗德尼・C.	クレヤ・ロドニイシー
克莱尔・斯蒂法奈里	クレエア・ステフアネリ
克莱夫	クライブ
克莱姆・卡林	クレム・カーリン
克莱森	クレスン
克莱斯	クレース
克莱斯特	クライスト
克莱坦・伯纳德	コレンチン・ベルナード
克兰茨	クランツ
克兰德尔	クローデル
克兰特・奥利瓦	クラウテル・オリヴァ
克劳・E. 韦克斯尔	クラカ・イー・ワックスラー
克劳德・鲁塞尔	クロッド・ラッセル
克劳德尔	アッジュ・クローデル
克劳福德	クロフォード
克劳克	クロック・ジィー二世
克劳斯・约翰・R.	タラウス・ジョン・アル
克劳斯维奇	クラウゼウキツ
克勒格尔	クローガー
克雷顿・D. 卡勒斯	クレイトン・D・ケラス

中文人名	日文人名
克雷顿·鲁兰	クレートンルーランド
克雷吉	クレーギー
克雷默	クラマー
克雷齐默	クレッチメル・オット
克雷奇	クレーグー
克雷希默	クレチメル
克里夫德·亨利	クリフォード・ヘンリ
克里斯	クリーズ
克里斯蒂森	クリスティアーン・アドルフ・スビュールマン
克里斯琴·德林	クルスチャンデリング
克里斯琴·范·黑夫滕	クリスチャン・ファン・ハーフテン
克里斯琴·弗雷德里克·克里特	クリスチャンフレテリック
克里斯琴·罗伯特·史蒂芬·苏米基尔	クリスチアーンレバートステイヴエンスモキル
克里斯琴·欣德里克·温斯维恩	クリスチヤン・ヒインドリック・ウエンズヴィーン
克里斯琴十世	クリスチャン十世
克里斯廷森·托林约恩	クリスチヤンセン・トールジョルン
克里斯托夫·博斯沃思	クリステイソン
克里斯托夫·杰姆斯·派尔	クリストファー・ジェームスー・バール
克利夫顿·F. 加德尔	クリフトン・エフ・ガードナー
克利里	クリアリ
克林森·科肖	コリンソン・カーショウ
克龙	クロン
克鲁登	ド・グルデル
克鲁格	クルーガー
克鲁梅尔·马舍斯	クルーメル・マシュス
克鲁斯特	クルウスタ
克罗尔	克羅爾
克罗克	クラッカー
克罗斯比	クロスビー
克洛格·斯塔托	クログスタット
克洛尼尔	カーネル
克洛伊	クレー
克嫩	コエネン
克斯坦斯	カルステンス
肯内利	ケネリー
肯尼	ケニー
肯尼迪	ケネデイ
肯尼迪·杜安·J.	ケネー・ドウェーン・ジェイ

中文人名	日文人名
肯尼迪・托马斯・F.	ケネディートマス・エフ
肯尼斯・J. 赖斯	ケネス・ジエー・ライス
肯尼斯・R. 博伊尔	ケネス・アール・ボイル
肯齐塔・赫南德兹	コンチタ・ヘルナンデス
肯齐塔・马格西诺	コンチタ・マグシー
孔祥熙	孔祥熙
孔庸元	孔庸元
孔子	孔子
堀场一雄	堀場一雄
堀川秀夫	堀川秀夫
堀合正身	堀合正身
堀江季雄	堀江季雄
堀江秀雄	堀江秀雄
堀井	堀井
堀井实	堀井實
堀内兵吾	堀内兵吾
堀内茂忠	堀内茂忠
堀内谦介	堀内謙介
堀内一雄	堀内一雄
堀内义介	堀内義介
堀内竹次郎	堀内竹次郎
堀切	堀切
堀切善兵卫	堀切善兵衛
堀切善次郎	堀切善次郎
堀悌吉	堀悌吉
堀田正昭	堀田正昭
堀雄一	堀雄一
堀义贵	堀義貴
堀之内谦介	堀之内謙介
堀宗一	堀宗一
库比娃	フベーエワ
库博洛夫	クボロフ
库蒂	クチ
库恩劳恩・雷蒙德・伦纳德	クールソン・レイモンド
库尔科娃	クルコフ
库尔特・迈斯纳	クルト・マイスナー
库克	クック
库克・达拉斯・哈里	クックタラスハリー

中文人名	日文人名
库里考夫	クーリコーフ
库林・尼鲁	クリンネル
库姆	コーム
库姆简・海伦	クームジャン・ヘレン
库姆斯	クームズ
库佩恩・查尔斯・伯纳德	クーペン・チャールス・ブルナード
库珀	クーパー
库斯托夫	クーストフ
蒉鸿埠	蕢鴻埠
昆・扬	クン・ヤン
昆托斯	キントス
拉贝	ジョン・エイチ・ディー・レーブ
拉布森	ランブソン
拉德・罗伯特・A.	ラードロバート・エイ
拉尔夫・E. 约翰逊	ラルフ・E・デョンドン
拉尔夫・奥利弗・利内	ラルフオリバーライナー
拉尔夫・米拉	ラルフ・ミラー
拉尔森・奥尔弗伦・L.	デーツン・アルロン・エル
拉菲尔・伯纳尔・希迈尼茨	ラファエル・ベルナル・ヒメネス
拉夫	ラフ
拉古萨・保尔・S.	ラグサボール・エス
拉哈林	ラハリング
拉霍・拉姆	ラクーラム
拉贾	ラージャ
拉金达尔・辛格	ラジンターシング
拉克森	ラクソン
拉雷	ラーレー
拉里伯特・罗伯特・C.	ウリバート・ロバート・シー
拉林	ラーリン
拉马・斯瓦米	ラムスワミ
拉玛	ラマ
拉蒙・杜姆劳	ラモン・ドムラオ
拉蒙・托莱吉拉	ラモン・トレギダ
拉蒙特	ラモント
拉米雷斯	ラミレス
拉默思	ランマース
拉姆	ラム
拉姆・辛格	ラムスイング

中文人名	日文人名
拉姆齐	ラムゼイ
拉南	ラーネン
拉钦	ラジャン
拉琼	ラジュン
拉塞尔	ラッセル
拉塞尔・芭莎	ラッセル・バシャ
拉森・卡莱勒・奥斯卡	ラーソンカライル・オスカー
拉塔班	ラタバン
拉坦・昌德	ラタン・チャンド
拉坦恩・索扬	ラーテン・スヨン
拉特尼科夫	ラートニコフ
拉希德・穆罕默德	ラシドモード
拉辛格・卡尔・J.	ラミガー・カール・ジェイ
拉扎罗・纳瓦洛	ラザロ・ナヴアロ
腊山	臘山
来间恭	來間恭
来栖三郎	來栖三郎
莱・丹尼尔・巴克	レーダニエルバーカー
莱昂内尔・古德尔	ライオネル・グッドオール
莱昂内尔・柯林・马图斯	ライオネル・コリン・マテュウス
莱昂内尔・薇薇安・哈德逊	ライオネル・ウイウイアン・ハドスン
莱昂纳德・M. 伊斯特	エル・エム・イシット
莱昂纳德・S.	レナルトエス
莱昂纳德・伍兹	レオナートウワ
莱昂纳德斯	レオナルテウス
莱昂纳多・纳拉	レオナルド・ナーラ
莱昂纳拉・维拉斯	レオノラ・パラチオ・ヴィラス
莱昂纳特	レオナト
莱昂廷・杜兰德	レオチンヲ・チェラン
莱比亚・昆特	レビスガンター
莱博	レボ
莱德博尔・E. W. C.	レーデボール・E・W・C
莱德劳	レイドロー
莱登・劳埃德・麦肯齐	リンドンロイトマッケンジー
莱蒂西亚	レチシア
莱顿	レートン
莱米塞洛	レミジェロオ
莱瑟	レザー

中文人名	日文人名
莱瑟姆	レーサム
莱斯利	レスリー
莱斯利・科普兰	レスリー・コープランド
莱斯利・威廉・麦肯	レスリー・ウイリアム・マックカン
莱特・罗兰德	ラルド・ローアム
莱希	リーヒイ
莱因・托马斯・F.	レイン・トーマス・エフ
赖・布恩・雅特	リイブンヤート
赖恩・威廉・J.	ライアン・ウィリヤム・ジェィ
赖格	ライヒ
赖贵福	賴貴福
赖母木真六	賴母木眞六
赖特	ライト
赖特・W. 莫罗	ドワイト・ダブリュー・モロー
赖特・瓦伦・K.	ライト・ウオラン・テイ
赖翁	ライオン
赖因德・霍夫	レインデル・ホフ
濑古	瀬古
濑尾紫太郎	瀬尾紫太郎
濑屋素治	瀬屋素治
赖母	頼母
赖母木桂吉	頼母木桂吉
濑岛龙	瀬島龍
兰班	アルバン
兰伯特	ラムバート
兰登	ラングドン
兰金・默顿・D.	ランキン・モールドンデイ
兰森・富林温德尔	ランスン・アリンワイダー
兰斯・邦巴迪尔	ランス・ボンバーディアー
兰斯・霍马迪・阿里斯	ランスホマディアリーズ
兰斯当	ランスダウン
兰卓姆・詹姆斯・丹尼斯	ランドラム・ジェーム・デニス
蓝泽	藍澤
栏藤正威	欄藤正威
郎	郎
郎兹	ラウンヅ
朗厄	ランゲ
劳埃德・B. 卢斯	ロイド・B・ルース

中 文 人 名	日 文 人 名
劳埃德・E. 格卢克	ロイド・イー・グラック
劳埃德・比格斯	ロイド・ビッグス
劳尔・多・里奥・布兰克	ラウル・ド・リオ・ブランコ
劳尔・费尔南茨	ラウール・フェルナンデス
劳拉赫伍德	ローラ・ヘーグッド
劳伦斯	ローレンス
劳伦斯・埃博	ローレンス・F・エッブ
劳伦斯・S. 托希尔	ローレンス・S・トヒル
劳伦斯・福伦・萨福德	ローレンス・フライ・サフォード
劳伦斯・约翰・威廉・希金斯	ローランス・ジヨン・ウイリアム・シーキング
劳齐林・库里	ロウクリン・キユウリー
劳森	エーローソン
劳森・威廉・J.	ローソン・ウィリヤム・ジェン
劳伊・贝内特	ロイベネット
蛯子由太郎	蛯子由太郎
勒罗伊・希利	レロイ・ヒーリー
勒内・萨瓦拉	レネ・ザバラ
雷・J. 劳	レイ・ジエー・ロオー
雷・P. 诺迈尔	レー・ピー・イーミル
雷・戈兰特・M.	リヤ・グラント・エム
雷・霍瓦	レイ・ホーフア
雷・马里昂	レイ・マリオン
雷・托马斯・约翰尼	ライ・トーマス・ジョニー
雷伯恩	レイバーン
雷德	レッド
雷德・麦克奎德	レッドマックユイド
雷德・托珀姆	レッド・トップハム
雷恩・K. A.	レーン・K・A
雷菲・约翰・W.	レフイジョンダブリユウ
雷金纳德・G. 摩根	レジナルド・G・モーガン
雷金纳德・皮特森	レイノールド・ペタソン
雷金纳德・庄士敦	レジノールド・ジョンストン
雷克托	レクター
雷蒙德	レーモンド
雷蒙德・B. 罗伯塔	レイノンド・B・ロバーツ
雷蒙德・C. 理查森	レイモンド・C・リチャードソン
雷蒙德・K. 二村	レーモンド・ケイ・ニムラ
雷蒙德・L. 布朗宁	レイモンド・エル・ブラウーニング

中文人名	日文人名
雷蒙德·吉德勒	レイモン・ギリアン
雷蒙德·卢斯陶	レイモン・ルストー
雷米吉奥·雷耶斯	レミヂイ・レイエス
雷米佐夫	レミーゾフ
雷纳尔	レイナー
雷诺兹	レイノルヅ
雷森	レイソン
雷寿荣	雷壽榮
雷伊	レイ
雷峥荣	雷崢榮
耒翰	耒翰
黎定夫	黎定夫
黎定告	黎定告
黎萨尔	リサール
礼萨·汗	リザ・ハン
李·L.G.	リー・L・G
李崇仁	李崇仁
李涤生	李滌生
李杜	李杜
李顿	リットン
李海青	李海青
李汉臣	李漢臣
李鸿章	李鴻章
李惠文	李惠文
李惠星	李惠星
李际春	李際春
李济琛	李濟琛
李键	李鍵
李锦明	李錦明
李锦涛	李錦濤
李经方	李經方
李烈钧	李烈鈞
李龙飞	李龍飛
李鸣	李鳴
李铭	李銘
李铭书	李銘書
李盘	李槃
李平耀	李平耀

中 文 人 名	日 文 人 名
李绍庚	李紹庚
李绍焜	李紹焜
李生	李生
李圣生	李聖生
李盛铎	李盛鐸
李石曾	李石曽
李守信	李守信
李斯特・罗伯特・舒尔茨	スター・ロバート・シュルツ
李四	李四
李溥章	李溥章
李王垠	李王垠
李维斯	ルウイス
李维斯・沃尔特・F.	ルイス・ウオルター・エフ
李仙儿	リ・シアンアー
李耀林	李耀林
李叶衡	李葉衡
李赢国	李贏國
李锅	李鍋
李宇	李宇
李垣	李垣
李择一	李擇一
里昂・L. 伍德鲁夫	レーオネエルウッドラフ
里贝克	リムバング
里村正夫	裡村正夫
里德	リード
里德・劳顿	リード・ラウトン
里德尔	リッデル
里蒂	リッテイ
里恩彻・费伯	リエンチエフアバー
里恩彻・西蒙斯	リエンチエシモンズ
里尔	リール
里格斯	リッグス
里见岸雄	裡見岸雄
里见甫	裡見甫
里江直光	裡江直光
里卡尔迪	リッカルディ
里科夫	ルイチコフ
里科塔基	リコタキ

中文人名	日文人名
里曼	リーマン
里姆	リエム
里木	裡木
里纳曼	リンスマン
里奇・哈罗德・弗兰克	リーチ・ハロルド・フランク
里奇・卡尔・E.	リッチ・カール・イー
里萨尔德・拉希德	リサルダールラシッド
里斯格・吉恩	リズゴウ・ジーン
里斯特朗格・罗格・W.	レストレーンジローダナ
里松	裏松
里特	リッター
里维塞・凯文・C.	ライウセィ・メルウィン・シィ
里亚布金	リヤブキン
理查德	リカールド
理查德・E. 鲁迪西尔	リチャード・イ・ルディスィル
理查德・H. 查拜尔	リチャード・H・チャベル
理查德・H. 拉什	リチャード・エッチ・ラーシ
理查德・J. 马歇尔	リチャード・ジエー・マーシャル
理查德・T. 布伦	リチャード・T・ブレン
理查德・厄内斯特・皮特森	リチャード・アーネスト・ビータソン
理查德・哈里伯	ハリスりチャード
理查德・亨特	リチャード・ハント
理查德・特纳	チャード・ガイ・ターナー
理查德・夏普	リチャード・シャープ
理查德・伊诺克・图夫	リチャードエノックターフ
理查德・佐格	リハルド・ゾルゲ
理查德森	リチャードソン
理查多	リカルド・デ・カストウロ
理查兹	リチャーヅ
理井	理井
鲤沼忍	鯉沼忍
力石刚	力石剛
立	立
立花	立花
立石利之郎	立石利之郎
立町生	立町生
立作太郎	立作太郎
利奥・J. 拉波特	レオ・J・ラポート

中文人名	日文人名
利奥・坎德尔	レオ・カンデル
利贝拉托	リベラト
利伯特	リーベルト
利茨	リッツ
利迪亚	リチア
利恩德特・坎珀	レンダート・カムペル
利恩希尔	リーンヒヤ
利雷斯	ライレス
利连・安德森	リリアン・アンダーソン
利姆	リム
利姆・卡・查奥	リム・カー・チャオ
利姆・廷・法特	リム・テイン・ファット
利普科姆伯	リプスコウム
利思	レイス
利特尔	リットル
利亚・图维利亚	リリア・ツヴィラ
栗岛	栗島
栗林忠道	栗林忠道
栗桥保正	栗橋保正
栗山・R	栗山アール
栗山迪夫	栗山迪夫
栗山廉平	栗山廉平
栗山茂	栗山茂
栗田良作	栗田良作
栗野慎一郎	栗野愼一郎
栗原	栗原
栗原安彦	栗原安彦
栗原吉生	栗原吉生
栗原正	栗原正
笠井	笠井
笠井平十郎	笠井平十郎
笠木良明	笠木良明
笠原	カサハラ
笠原权一	笠原權一
笠原幸雄	笠原幸雄
莲冈高明	蓮岡高明
莲井继太郎	蓮井繼太郎
莲沼	蓮沼

中文人名	日文人名
镰津	鎌津
镰田良夫	鎌田良夫
镰田荣吉	鎌田栄吉
镰田道章	鎌田道章
练尾勋	練尾勲
梁	梁
梁诚	梁誠
梁寒操	梁寒操
梁鸿志	梁鴻志
梁菁	梁菁
梁璐	梁璐
梁廷芳	梁廷芳
列宁	レーニン
林・廷・法特	リンティンファット
林八郎	林八郎
林八马	ハヤシ・ハチマ
林柏生	林柏生
林宾塞尔・安东尼・L.	リムピンセル・アンサア・エル
林博太郎	林博太郎
林出	林出
林黛	林黛
林德・C. 卡里森	リンド・シイ・カールソン
林德伯格	リンドバーグ
林德瑞	リンドレー
林董	林董
林恩・B. 格里菲斯	リン・B・グリアイス
林格	リンガー
林耕宇	林耕宇
林弘	林弘
林晋平	林晉平
林久次郎	林久次郎
林久治郎	林久治郎
林康侯	林康候
林克・哈罗德・F.	リンク・ハロルド・エフ
林赖三郎	林頼三郎
林末七	林末七
林木正宪	林木正憲
林平马	林平馬

中文人名	日文人名
林齐	リンチ
林齐・埃德加・L.	リンチ・エドガー・エル
林桀	林桀
林权助	林權助
林荣	林榮
林塞	リンドセィ
林三郎	林三郎
林森	林森
林寿夫	林壽夫
林寿一郎	林壽一郎
林斯曼・约瑟夫・F.	リンス・ジョンセフ・エフ
林田	林田
林田富士雄	林田富士雄
林田清	林田清
林武	林武
林铣十郎	林銑十郎
林仙	林仙
林馨	林馨
林幸	林幸
林秀一	林秀一
林逸郎	林逸郎
林云贤次郎	林雲賢次郎
林正次郎	林鉦次郎
林正明	林正明
林正义	林正義
林忠彦	林忠彦
林佐夫朗	林佐夫朗
灵・亨利	リング・ヘンリー
凌升	淩陞
凌升王	淩升王
铃木德一	鈴木德一
铃木东民	鈴木東民
铃木富士弥	鈴木富士彌
铃木干雄	鈴木幹雄
铃木贯太郎	鈴木貫太郎
铃木华子	鈴木華子
铃木金次郎	鈴木金次郎
铃木京	鈴木京

中文人名	日文人名
铃木九万	鈴木九萬
铃木九原	鈴木九原
铃木克人	鈴木克人
铃木六庄	鈴木六莊
铃木率道	鈴木率道
铃木美通	鈴木美通
铃木敏三郎	鈴木敏三郎
铃木齐	鈴木齊
铃木荣次	鈴木栄次
铃木三郎	鈴木三郎
铃木善一	鈴木善一
铃木四郎	鈴木四郎
铃木泰一	鈴木泰一
铃木文四朗	鈴木文四朗
铃木五郎	鈴木五郎
铃木喜三郎	鈴木喜三郎
铃木宪一	鈴木憲一
铃木祥枝	鈴木祥枝
铃木孝雄	鈴木孝雄
铃木信雄	鈴木信雄
铃木熏二	鈴木薫二
铃木一	鈴木一
铃木义光	鈴木義光
铃木义尾	鈴木義尾
铃木英	鈴木英
铃木勇	鈴木勇
铃木育	鈴木育
铃木斋	鈴木齋
铃木贞次	鈴木貞次
铃木贞一	鈴木貞一
铃木正敏	鈴木正敏
铃木正明	鈴木正明
铃木正吾	鈴木正吾
铃木正治	鈴木正治
铃木政胜	鈴木政勝
铃木知男	鈴木知男
铃木忠次	鈴木忠次
铃木忠政	鈴木忠政

中文人名	日文人名
铃木重康	鈴木重康
铃木庄六	鈴木莊六
铃木卓弥	鈴木卓彌
铃木宗作	鈴木宗作
绫部健太郎	綾部健太郎
绫部橘树	綾部橘樹
绫川武治	綾川武治
菱刈隆	菱刈隆
菱沼五郎	菱沼五郎
领目	領目
令息俊八	令息俊八
刘百年	劉百年
刘保森	リュウ・パァオ・スン
刘崇武	劉崇武
刘得山	劉得山
刘恩格	劉恩格
刘鸿泰	リウ・ハン・タイ
刘华	劉華
刘焕章	劉煥章
刘继盛	劉繼盛
刘钧儒	劉鈞儒
刘坤一	劉坤一
刘梦庚	劉夢庚
刘仁飞	リウ・ウェン・ラン
刘汝明	劉汝明
刘省三	劉省三
刘盛源	劉盛源
刘世忠	劉世忠
刘卫保	リュー・ウェイ・パオ
刘湘	劉湘
刘骧业	劉驤業
刘耀华	劉耀華
刘易斯・布莱恩	ルイス・ブライアン
刘莹夫人	リウ・イン夫人
刘玉树	リユー・ユー・シユー
刘燏棻	劉燏棻
刘振生	劉振生
刘子健	劉子健

中文人名	日文人名
刘自然	劉自然
刘自珍	劉自珍
柳本	柳本
柳川	柳川
柳川平助	柳川平助
柳川铁藏	柳川鐵藏
柳井恒夫	柳井恒夫
柳井建治	柳井建治
柳濑薰	柳瀬薫
柳濑良宽	柳瀬良寛
柳六三郎	柳六三郎
柳深	柳深
柳田亢三	柳田亢三
柳田清人	柳田清人
柳田元三	柳田元三
柳田正一	柳田正一
柳下良二	柳下良二
柳泽藏三助	柳澤藏三助
柳泽笺之助	柳澤箋之助
柳泽泉	柳澤泉
柳泽一二	柳澤一二
柳泽英寿	柳澤英壽
六反武雄	六反武雄
龙近	龍近
龙田外次郎	龍田外次郎
龙田丸	龍田丸
泷川丫	瀧川丫
泷川政次郎	瀧川政次郎
泷泽敬三	瀧澤敬三
泷泽利量	瀧澤利量
泷正雄	瀧正雄
隆卡斯特·爱德华	ロンカースト・エドワード
隆美尔	ロメール
楼帕蒂	ロウバテイ
露丝·摩根	ルース・モルガン
露西·谷	ルシー・タニ
露西尔·C. 布鲁纳	ルシール・シー・ブランナー
露西利·B. 布鲁纳	ルシル・ビー・ブルンナー

中文人名	日文人名
露西亚・桑托斯・德・胡安	ルシア・サントス・デ・ジユアン
卢安・乔治斯・杰曼	ルウアン・ジョルジェ・ジェルマン
卢茨・塞隆・肯尼斯	ルッツ・セロン・ケネス
卢茨・维克托・L.	ルウジ・ウィクター・エル
卢弗斯・史密斯	ルフス・スミス
卢福山	盧福山
卢卡斯	ルーカス
卢卡斯	ルカス
卢卡斯・多科托莱罗	ルーカス・ドクトレロ
卢克・霍尔斯特	ルーカス・ホルスト
卢米斯・马尔克姆・M.	ルーミス・マルカム・エム
卢塞纳斯	ルセナ
卢瑟福	ルーサフォード
卢塔	ラター
卢特・阿尔伯特	ルーレ・アルベール
卢伊	ロウイ
芦田	蘆田
芦田均	蘆田均
芦文颐	蘆文頤
芦野正	蘆野正
栌山彻夫	櫨山徹夫
鲇川义助	鮎川義助
鲁比尼	ルビニイ
鲁比亚	ルビア
鲁伯斯	ルーバース
鲁博	ルボウ
鲁道夫・巴兹尔・威尔逊	ルドルフ・バシル・ウイルソン
鲁道夫・穆勒	ルードルフ・ミュラー
鲁尔	ルルー
鲁夫斯・S. ・布拉特	ルーファス・エス・ブラットン
鲁兰	ルーランド
鲁尼・罗宾	ルネ・ロバン
鲁思・F. 安德森	ルース・アンダーソン
鲁苏	魯甦
鲁泰利・开罗	ルッテーリ・カルロ
鲁唐	ルードン
鲁特	ルート
陆奥宗光	陸奥宗光

中文人名	日文人名
陆征祥	陸徵祥
鹿岛守之助	鹿島守之助
鹿儿岛虎雄	鹿兒島虎雄
鹿冈友次郎	鹿岡友次郎
鹿谷常雄	鹿谷常雄
鹿目善辅	鹿目善輔
鹿钟麟	鹿鐘麟
鹿子木员信	鹿子木員信
路希尔・贺兰	ルシール・ホランド
路易吉・阿尔伯蒂尼	ルイジ・アルベルティニ
路易斯・S. C. 斯迈思	ルイス・エス・シー・スミス
路易斯・莱蒙斯	ルイツレモス
路易斯・萨班	ルイス・サバン
路易斯・维勒	ルイス・ウィール
吕荣寰	呂榮寰
伦森・亚历山大	レンソーアレキサンダ
罗・东	ロトン
罗本芒德	ロベモンド
罗宾・罗伯逊・皮特里	ロビン・ロバートソン・ベトリー
罗宾森	ロビンソン
罗宾森・威廉・G.	ロビンソン・ウィリアム・ジー
罗宾斯・谢尔顿・G.	ロビンス・シュルシ・ジ
罗宾斯・詹姆斯・威廉	ロビンス・セイムス・ウイリアム
罗伯茨・马科姆	ロバーツマルユルム
罗伯顿・唐纳德・雷伊	ロバートン・トナルドシィ
罗伯特	ロバート
罗伯特	ロボート
罗伯特・B. 穆迪	ロバート・ビー・ムーデイ
罗伯特・B. 斯达尼斯	ロバート・ビー・スターンズ
罗伯特・C. 班贝格	ロバード・ジー・バンブルグ
罗伯特・D. 沙弗	ロバート・デイー・シヤソフアー
罗伯特・E. 布朗	ローバト・イー・ブラワン
罗伯特・F. 马汉	ロバート・F・メイハン
罗伯特・F. 梅本	ロバート・エフ・マボン
罗伯特・G. 斯托里	ロバート・ジー・ストーレイ
罗伯特・I. 柯茨	ロバート・I・カーツ
罗伯特・J. 米德	ロバート・J・メダー
罗伯特・J. 米达	ロバート・ヂェー・ミーダー

中文人名	日文人名
罗伯特・J. 希德	ロバート・ジェー・シーダ
罗伯特・L. 胡巴德	ロバート・L・ハッバート
罗伯特・M. 博伊德	ロバート・M・ボイド
罗伯特・M. 拉塞尔	ロバート・ユムラッセル
罗伯特・M. 劳	ロバート・エム・ロー
罗伯特・R. 赫巴德	ロバート・アール・ヒーバード
罗伯特・R. 琼斯	ロバート・アール・ジョンズ
罗伯特・S. 蒂泽	ロバート・エス・ディーズ
罗伯特・W. 林登	ロバート・W・リンデン
罗伯特・W. 尼尔森	ロバート・W・ネルソン
罗伯特・阿伯特	ロバート・アボット
罗伯特・奥坎波・鲍蒂斯塔	ロバート・オカムポ・バウチスタ
罗伯特・比德・霍利	ロバート・ビード・ホーリー
罗伯特・博丹	ロバート・ボルドン
罗伯特・布朗	ロバート・ブラウン
罗伯特・布鲁	ローパト・ブルー
罗伯特・迪格比・巴克	ロバート・デイックバイ・バック
罗伯特・格拉吉	ロバート・クレーギー
罗伯特・哈克・兰卡斯特	ロバート・ヒュー・ランカスター
罗伯特・哈斯	ロベール・アース
罗伯特・海特	ロバート・エル・ハイト
罗伯特・卡尔文・巴特勒	ロバート・カルヴイン・バトラー
罗伯特・卡英	ロバート・カルビン・バトラー
罗伯特・克劳福德	ロバート・クラウフォード
罗伯特・克雷吉	ロベアート・クレイギー
罗伯特・莱尔德・邦登	ロパート・レアド・ボーデン
罗伯特・莱斯利・克雷吉	ロバート・レスリー・クレギー
罗伯特・兰辛	ロバート・ランジング
罗伯特・勒罗伊・弗雷	ロバート・レロイ・フレイ
罗伯特・麦克古劳奇・布朗	ロバート・マカロ・ブラウン
罗伯特・帕里沃特	ロバート・バリュット
罗伯特・普赖尔	ロバート・プライヤー
罗伯特・瓦森・尼尔森	ロバート・ワーソン・ネルソン
罗伯特・希特勒・斯科特	ロバート・ビートリー・スコット
罗伯特・希特利	ロバート・ヒートリー
罗伯逊	ロバートソン
罗达斯	レーデス
罗德里戈・J. 罗德里格斯	ロドリゴ・ロドリケス

中文人名	日文人名
罗德里格斯	ロヅリゲス
罗德里克・布鲁斯・克罗	ロテリック・ブルスクロー
罗德里克・格雷厄姆・威尔斯	ロデリック・グラム・ウエルズ
罗登斯坦恩	ロデンスタイ
罗登贤	羅登賢
罗格・D. 班福德	ロージャー・ディック・バムフォード
罗格・德・拉・哈普	ロジェー・ド・ラ・ハルプ
罗格・劳伦特	ロヂエ・ロラン
罗杰・F. 布尔纳	ジョン・F・ブルナー
罗杰・巴顿・皮戈特	ロージヤー・バートビゴット
罗杰斯・威廉・J.	ロッチヤース・ウィリヤム・ジェイ
罗克	ローク
罗兰・J. 施瓦兹	ローランド・ゼイ・シュワルツ
罗兰・约瑟夫	ローランド・ジヨセフ
罗兰蒂・里希	ロナンヂイリッチ
罗里诺	トリーノ
罗罗夫・佩克尔	ローロスベケル
罗马诺・阿巴德	ロマノ・アバッド
罗马诺夫	ロマノフ・ニコライ・アレク・セエヴイズ
罗曼纳・罗德里格斯	ロマナ・ロドリヂズ
罗曼斯尼・戴维	ロマスネイダビット
罗米尼・吉恩・G.	ロマイン・ヂエン・ヂー
罗默	ロムロ
罗慕洛	ロムラ・ダロ
罗纳德・班克斯	ロナルド・バンクス
罗纳德・乔治・威廉斯	ロナルド・ジョージ・ウイリアムズ
罗纳德・休伊特・西金斯	ロナルド・ヘウイット・セギンス
罗南	羅南
罗切特	ロシャー
罗萨・克拉龙	ローサ・カラロング
罗萨里奥・卡洛斯	ローザリ・カルロス
罗萨里诺・奥罗拉	ローザラインオーローラ
罗森	ローゼン
罗森	ロツン
罗森比利特	ローゼンブリト
罗森伯格	ローゼンベルヒ
罗莎	ロサ
罗莎里奥	ロザリオ

中文人名	日文人名
罗莎琳达・安多伊	ロザリンダ・アンドイ
罗斯坎达尔	ロスカンター
罗宋清	羅宋清
罗素・L. 马克斯威尔	ラッセル・エル・マックスウエル
罗文干	羅文幹
罗亚程	羅亜程
罗亚尔・斯科茨	ロイヤル・スユト
罗伊・J. 唐纳利	ロイジェードンネリ
罗伊・霍华德	ロイ・ハワード
罗伊・斯夸尔斯	ロイ・スクアイアズ
罗伊德・克雷格希尔	ロイド・クレーグヒル
罗扎耶夫斯基	カー・ウェー・ロザエフスキー
罗振玉	羅振玉
洛埃拉斯	ロエラス
洛德	ロード
洛德・汉基	ロード・ハンケイ
洛德・塞西尔	ロード・セシル
洛恩塔尔・阿尔伯特・D.	ローエンル・アルバート・デイ
洛卡・J.	ロク・J
洛兰・奎里诺	ローレイン・キリノ
洛林	ローリング
洛林・沃伦・阿梅尔	ボリメ・ワン・アメル
洛马克斯	ロマクス
洛佩茨	ロペス
洛奇	ロッチ
洛钦	ロクシン
洛斯・安东尼奥・努默斯・罗迪格斯	ルイアントニオ・ヌメス・ロデリゲス
洛特戈宁	ロットガーリング
麻生胜利	麻生勝利
马场昌矩	馬場昌矩
马场前	馬場前
马场锳一	馬場鍈一
马场正郎	馬場正郎
马岛壮	馬島壯
马德・维・爱德华	マト・ウアィ・エドワード
马蒂奥・伊斯特莱拉	マテー・エストレラ
马蒂尔德	マチルデ
马蒂纳斯・布拉西姆	マルテイヌス・ブラヒム

中文人名	日文人名
马蒂斯塔	マチスタ
马蒂亚诺夫	マルチャーノフ
马丁	マーテイン
马丁	マルテイン
马丁·C. 海因二世	マルチン・C・ハイン・ジュニア
马丁·弗朗西斯克	マーテイン・フランシスコ
马丁·斯特朗	マーテイン・ストロング
马丁·沃尔特	マーテイレ・ウオルター
马丁·伊万诺维齐·拉西斯	マルチン・イヴアノヴイチ・ラッイス
马丁·约翰	ユフイ・ジョン
马丁·左恒吉	マアチン左恆吉
马丁斯	マーチンズ
马多利亚·宾·梅斯丁	マドエラビンメスデイ
马厄·阿瑟·劳伦斯	メイアー・アーサー・ローレンス
马尔科姆	マルコム
马尔科姆·戴勒温尼	マルコム・テレヴィンニュ
马凤威	馬鳳威
马格达诺勒	マグダレノ
马格达诺勒·雅巴拉	マグダレノ・ヤバラ
马哈林	マハーリン
马基莫德	マッチモード
马基雅维利	マキアベリー
马吉诺尔	マジナル
马卡费·拉尔菲·D.	マカフィー・ラルフ・テイ
马克·吉利夫雷	マックギリヴレエイ
马克斯	マルクス
马克斯·R. 福斯	マックスアールフヲッス
马克斯·R. 乔斯	マックス・R・ジョス
马克斯·奥鲁·乔斯	マックスアルジョス
马克斯·巴顿	マックスパートン
马克斯·格拉斯里	マックス・グラスリー
马克斯·琥伯	マックス・フーバー
马克斯·拉尔夫·N.	マックス・ラルフ・ニク
马克斯·佩斯特拉奇	マックス・ベスタロッチ
马克斯·韦尔	マックスウエル
马克斯·休伯	マツイス・ヒューバ
马克西莫·卢卡弗	マキシモ・ルカフォア
马克西莫·曼古巴特	マキシモ・マングバット

中文人名	日文人名
马克希马	マキシマ
马克辛・B. 斯蒂特	マキシン・ビー・ステイット
马库里・弗朗西斯・P.	マーキュリ・フランシス・ビー
马库斯	マークス
马拉斯	マラス
马里	マリ
马里・厄尔温・马丁	メアリ・アーウイン・マーチィン
马里・弗里德曼	メーリーフリードマン
马里奥・因德利	マリオ・インデルリ
马里查德	マリチヤー
马里弗斯基・伯纳德・A.	マリ・ウスキ・ハーナードエイ
马里森・阿尔登・柯蒂斯	マナソン・アルデン・ガーチス
马里斯	マアリス
马里斯・李・M.	マリス・リー・エム
马里温・W. 威尔士	マールヴィン・ダブリュ・ウイル
马里亚	マリア
马里亚・查兹・格拉塔斯	マリア・チエジイ・ガラタス
马里亚・卡斯蒂略	マリア・カステイロ
马里亚・卡索拉	マリア・カソーラ
马里亚・坎波斯・洛佩茨	マリア・キヤムポス・ロペッズ
马里亚・龙卡尔	マリア・ロンカール
马里亚・卢卡佛	マリア・ルカフォア
马里亚・鲁德斯・维拉	マリア・ロウドス・ベラ
马里亚・卫兰努埃瓦	マリア・ヴィラヌエヴア
马里亚诺・A. 延科二世	マリアノ・A・イエンコJr.
马里亚诺・巴亚拉斯	マリアノ・バヤラス
马里亚诺・德尔・罗萨里奥	マリアノ・デル・ロザリオ
马里亚诺・利姆	マリアノ・リム
马利・约翰・E.	アレイ・ジョン・イー
马利根	ムリガン
马列泽尔	マリエザー
马林	ムリン
马林斯	マリレス
马隆	マロン
马目次郎	馬目次郎
马穆德	マムド
马奈木	馬奈木
马奈木敬信	馬奈木敬信

中文人名	日文人名
马努埃尔・布兰克	マニュエル・ブランコ
马齐	メージィ
马秋林	マチウニン
马塞利诺・埃斯泰雅达	マルセリノ・エステイヤダ
马塞特	マセット
马森	マーツセン
马森・沃尔特・W.	マサン・ウオタトダブリユウ
马什	マルシ
马舒科・阿里	マシユクアリ
马斯布斯	マシブシ
马斯格里	マシグリ
马斯基	マスキイ
马斯林	マテユラン
马索特・马蒂	マソ・マシヤル
马索伊	マセイ
马特考夫斯基	マトコフスキー
马特索普	マトソップ
马廷福	馬廷福
马维尔	ジェラルドメーヴァー
马屋原	馬屋原
马西	マヒ
马西亚・路易莎・索特罗	マリヤ・ルイサ・ソテロ
马湘伯	馬湘伯
马歇尔・E. 菲尔茨	マーシャル・イー・フイールド
马歇尔・S. 豪尔	マーシヤル・エス・ホール
马歇尔・赫特	マーシヤル・ハート
马歇尔・文斯	マーツヤル・ヴアインズ
马歇尔・锡德尼・谢尔哈德	マーシャル・シドニー・シェルハート
马修・利奥・康・法特	マーシュー・リャンコン・ファット
马修斯	マシュース
马修斯・D. 孟克	マシュー・デービット・モンク
马修斯・乔・M.	マジュウス・ジョウル・エム
马秀英	馬秀英
马扬鯱	馬揚鯱
马泽基	マツキ
马泽姆	マゼルム
马占山	馬占山
马占廷	馬占廷

中文人名	日文人名
马仲任	馬仲任
玛格丽特・劳伦斯	マーガレット・ローレンス
玛莎・H. 威廉	マーリーエイチ・ウィルヘルム
玛莎・W. 考兰	マルタ・W・コウレン
迈尔・特拉诺	マイヤー・トラップ
迈尔弗特	マイルフト
迈尔斯・兰普森	マイルズ・ラムプスン
迈克	マック
迈克・丹尼尔斯	マック・ダニエル
迈克埃洛伊・詹姆斯・约瑟夫	マツリエルロィ・セイムス・ジョン
迈克达尔	マックデール
迈克丹尼尔・詹姆斯・B.	コクダニ・ジェムス・ビー
迈克德莫特・爱德华・V.	マック・ダーメソトエドワド・ヴイ
迈克尔・J. 罗伯森	マイカエル・ジェー・ロバートソン
迈克尔・霍根	マイカル・ホーガン
迈克尔・迈克怀特	マイクル・マクホワイト
迈克格莱戈	マクグレガー
迈克格里・詹姆斯・约瑟夫	マクゴリー・ジェームス・ミゼフ
迈克吉・约翰・W.	マツキイ・ジョンダブリユウ
迈克卡利斯特・M. 凯利・A.	マツカリスターエマクエリエイ
迈克考伊	マッコイ
迈克劳林	マックロウリン
迈克马汉	マックマハン
迈克莫里斯	マクモーリス
迈克穆雷	マクマレー
迈克塞尔・威廉	アイクセル・ウィリヤム
迈克逊	マイケルソン
迈克伊奈斯・托马斯・L.	マクイネス・トマベ・エル
迈斯纳	マイスナー
迈耶	メーヤー
迈因德斯马・罗伯特	ロバート・メインデールスマ
麦迪・科雷瑟	メデイフラーセル
麦格雷根	マグレゴール
麦基	マギー
麦金托希・约翰・G. 二世	マキントッシ・ジョンジー二世
麦卡勒姆	マッカラム
麦卡瑟	マッカーシイ
麦柯迪	マック・カーデイ

中文人名	日文人名
麦克·菲	マックフィー
麦克费	マクフイー
麦克弗森	マックファーソン
麦克弗森·威廉	マックファーソン・ウィリアムエイ
麦克金西	マツキンセイ
麦克坎·J.	マツクカーン・J
麦克雷	マツク・レー
麦克马洪	マクマホン
麦克默里·克罗伊德希	マックムリ・タロイタシー
麦克奈不	マックナブ
麦克唐纳	マックダノー
麦克唐纳德	マクドナルド
麦肯森	マワケンゼン
麦奎斯	マルキス
麦拉杜斯	ヘラルデウス
麦木梅次郎	麥木梅次郎
麦特卡特·弗雷德里克·F.	メトカル・フブレデリソク・エフ
麦屋清斋	麥屋清齋
麦哲伦	マゼラン
满川龟太郎	滿川亀太郎
满井佐吉	滿井佐吉
满渊正明	滿淵正明
曼迪	マンデイ
曼戈	マンゴ
曼内拉	マンネラ
曼纳斯	マンナース
曼塞尔·F. L.	マンセル・F・L
曼森	マンソン
曼斯德·格拉夫	マンズド・グラーフ
曼斯菲尔德	マンスフイルド
曼西·卡恩	マンシィ・カーン
毛里	毛裡
毛里斯·西蒙斯	モーリス・シモンズ
毛里英于	毛裡英于
毛里英于菟	毛裡英于菟
毛利茨·卡莱尔·雅科夫	マウリッツ・カーレル・ヤコブ
毛吕清曦	毛呂清曦
毛木三雄	毛木三雄

中文人名	日文人名
毛泽东	毛澤東
茂木来邸	茂木來邸
梅・H. 法雷尔	メイ・H・フアレル
梅北	梅北
梅本富代	梅本富代
梅达	マイダ
梅尔	メイヤー
梅尔宾・H. 阿斯考伊	メルブイン・H・アッコイ
梅尔宾・H. 麦考伊	メルビン・エイチ・マコイ
梅尔尚	マアションン
梅尔尚・马韦・威廉	マージョン・マーウィ・ウィリアム
梅尔维勒・雅各比	メルヴイル・ジャコビー
梅杰	イエマイヤー
梅杰斯・霍伊・F.	メージャース・ロイ・エフ
梅津美治郎	梅津美治郎
梅里安	メリアン
梅里克・贝尼二世	ミリック・ベン二世
梅鲁・麦卡姆	マールイー・マックアム
梅默拉	メモラ
梅纳・纳瓦拉	メナ・ナブアロ
梅汝璈	梅汝璈
梅塞尔	マイセル
梅森正行	梅森正行
梅山满男	梅山滿男
梅氏百	梅氏百
梅思平	梅思平
梅耀毛	梅耀毛
梅耶	マイヤー
梅耶・乔治・F.	メイヤー・ジョージエフ
梅耶斯・理查德・B.	マイヤーズ・リチャード
梅泽治雄	梅澤治雄
梅子	梅子
美浓部洋次	美濃部洋次
美浓村泽夫	美濃村澤夫
美山要藏	美山要藏
美子周嘉	美子周嘉
门罗	モンロー
门马	門馬

中文人名	日文人名
门司	門司
门协信夫	門協信夫
门胁	門脇
门胁秀光	門脇秀光
门胁正男	門脇正男
蒙·金	マウング・キイ
蒙巴顿	マウントバッテン
蒙德施	蒙德施
蒙克	ムンク
蒙塞尔	モンセル
蒙特·考马利	モントコメリ
孟长军	孟長軍
米本治夫	米本治夫
米彻尔·霍华德·H.	ヨチョル・ハワドスサ
米村福治	米村福治
米德·艾伯特·爱德华	メッド・アルバート・エドワード
米德尔坎普	ミッデルカンプ
米顿	ミントン
米恩德斯马·罗伯特	ロベルトメンデルスマ
米尔	マイルル
米尔哈姆·C. 考特	ミルハム・シー・コート
米格茨·梅尔温	ミガッ・メルウ
米格尔·埃斯蒂马达	ミグエル・エステイマダ
米金	マッキュウ
米克	ミーク
米克菲尔德	ミックフイールド
米拉格拉斯·图帕斯	ミラグラス・トウパズ
米拉格洛斯·巴里翁	ミラグロス・バリオン
米勒	ミラー
米勒·V.	ミラーア・ウィ
米内光政	米内光政
米内有田	米内有田
米艾尔	ミッエル
米切尔	ミッチエル
米山米鹿	米山米鹿
米斯金	ミスキン
米田	米田
米歇尔·韦恩·E.	ミチエル・ウェイン・イー

中 文 人 名	日 文 人 名
米原トム保	米原トム保
糸川钦也	糸川欽也
密斯	ミルス
密西根	ミシガン
绵引绅郎	綿引紳郎
名波敏郎	名波敏郎
名取忠彦	名取忠彦
名越时中	名越時中
明妮・沃托琳	ミンニイ・ウオートリン,ミンニイ・ヴォートリン嬢
明奇伦	ミンゲレン
明石	明石
明石宽二	明石寛二
明石照男	明石照男
明石重一	明石重一
明治天皇	明治天皇
鸣谷亮一	鳴谷亮一
缪伦伯格	ミューレンブルグ
缪斌	繆斌
缪勒・卡尔	ミューラ・カール
摩根	モーガン
摩根索	モーゲンソー
摩西	モーゼ
末长一三	末長一三
末长正	末長正
末川	末川
末次信正	末次信正
末広	末広
末松	末松
末松太平	末松太平
莫・威廉・H. 二世	モーウィリヤムエッチ二世
莫德	モード
莫德・纳巴兹・坎	モード・ナバヅ・カン
莫德兰德・弗兰克林・梅里尔	モドランド・フランクリン・メリル
莫德斯特・法罗兰	モデスト・フアロラン
莫尔	ムーア
莫尔・阿尔沙斯・玛利亚・莱昂纳德斯	モーア・アルーシャス・マリア・ルナルダス
莫尔班	モルバン
莫尔丁・罗伯特・本顿	モウルデーン・ブロハードベント

中文人名	日文人名
莫尔基	モレケイ
莫克萨姆	モクサム
莫拉	モラー
莫莱洛斯	モレロス
莫莱马	モレマ
莫雷斯科	モレスコ
莫雷塔	モレタ
莫雷特·阿尔伯特·路易	ムウレ・アルベール・ルイ
莫里尔	メレル
莫里森	モリスン
莫里森·乔治·W.	モリソン・ジョージダブリユウ
莫里斯	モールス
莫里斯·D.福柯施	モリス・D・フオルコッシユ
莫里斯·迪顿	モーリス・デイトン
莫里斯·汉基	モーリス・ハンケイ
莫里斯·拉夫	マウリス・ラヴ
莫里斯·利特曼	モリス・リットマン
莫里斯·利索特曼	モリスリソトマン
莫林	モリン
莫伦纳	ムーレンナアー
莫罗	モーロー
莫内	モネー
莫萨·阿里	ムーサ・アリ
莫斯	モッス
莫斯雷·威廉·C.	モーズレー・ウィリム・シイ
莫斯一郎	モセス・イチロウ
莫坦森·诺曼·沃伦	モーテンスノルマン・ワーレン
墨菲	マーフオー
墨菲·约翰斯·R.	マーフィ・ジョンージ・アル
墨索尼里	墨索尼里
默多克	マドック
默克尔	メルケル
默林	モリイン
默林ケンブン	梅林ケンブン
默塔·莱昂纳德	マウタ・オナルド
默特尔·B.米尔斯	マートル・ビーミルス
牟田口廉也	牟田口廉也
锌立金哉	鉾立金哉

中文人名	日文人名
木部正义	木部正義
木场繁	木場繁
木成市治	木成市治
木川东夫	キカワ・ハルヲ
木次	木次
木村	キムラ
木村・M. 允	木村・M・允
木村兵太郎	木村兵太郎
木村笃太郎	木村篤太郎
木村久雄	木村久雄
木村立志	木村立志
木村利夫	木村利夫
木村尚达	木村尚達
木村四郎	キムラ・シロー
木村太一郎	木村太一郎
木村正春	木村正春
木村正义	木村正義
木村专五郎	木村專五郎
木道茂久	木道茂久
木户孝彦	木戸孝彦
木户孝允	木戸孝允
木户孝正	木戸孝正
木户幸一	木戸幸一
木皿冈助	木皿岡助
木木垣雄	木木垣雄
木暮武太夫	木暮武太夫
木内	木内
木藤昌训	木藤昌訓
木下	木下
木下金藏	木下金藏
木下政市	木下政市
木俣茂雄	木俣茂雄
牧村爱三	牧村愛三
牧村庆治	牧村慶治
牧山	牧山
牧田觉三郎	牧田覚三郎
牧贤二	牧賢二
牧野朝彦	牧野朝彦

中文人名	日文人名
牧野菊之助	牧野
牧野梅太郎	牧野梅太郎
牧野伸显	牧野伸顯
穆顿・詹姆斯・W.	マルドーン・ジェームス・ダブリユウ
穆尔・弗莱德	モーア・フレッド
穆尔德	ムルダー
穆尔斯	ムルス
穆罕默德	モハマッド
穆罕默德・阿夫萨尔	マホメッドアフサー
穆罕默德・阿库拉姆	マホメッドアクラム
穆罕默德・阿里	モハムメド・アリ
穆罕默德・宾・卡迪尔	モハマド・ビン・カヂル
穆罕默德・丁	マホメッドデイン
穆罕默德・侯赛因	マホメッドハッセン
穆罕默德・侯赛因	モハメドフッセイン
穆罕默德・加蒂姆	モハマソド・ヤテイム
穆罕默德・莱姆赞	マホメッドラムザン
穆罕默德・兰萨尔	モハマッド・ランザン
穆罕默德・里姆	モハマッド・リム
穆罕默德・沙菲	マホメッドシャーフィ
穆罕默德・索菲克	モハマッド・タウヒイック
穆罕默德・因瑞亚・斯菲亚丁	モハマッド・イフラヒイムツアヒイウデイン
穆罕穆德	モハメド
穆罕穆德・阿代尔・萨拉姆・L. 金迪	モハメド・アブデル・サラム・エル・グィンディ
穆罕穆德・阿弗代尔・莫内姆・雷德	モハメド・アフデル・モネイム・リアド
穆罕穆德・卡梅尔・贝伊	モハメド・カメル・ベイ
穆拉	ムラ
穆拉德・阿里	ムラド・アリ
穆拉斯・弗兰克林	マラシー・フランクリン
穆兰斯・A.	マレンス・エイ
穆勒・哈罗德・C.	マラーハロルド・シィ
穆雷	マレー
穆雷・格拉瑟	マレー・クラサー
穆萨	ムサ
穆萨・亨诺	ムサ・メモン
拿破仑	ナポレオン
内仓	内倉
内川	内川

中文人名	日文人名
内村定雄	内村定雄
内谷	内谷
内记	内記
内纳・奥尔本	ニーナ・アルバン
内宁・纳瓦罗	ネニング・ナヴァーロ
内山	ウチャマ
内山弘	内山弘
内山英太郎	内山英太郎
内山永太郎	ウチヤマ・エイタロー
内笹井香	内笹井香
内斯塔・格温内斯・詹姆斯	ネスタ・ギンスジェイムス
内藤清	内藤清
内藤正温	内藤正溫
内藤忠夫	内藤忠夫
内田	内田
内田俊夫	内田俊夫
内田康哉	内田康哉
内田良平	内田良平
内田三郎	内田三郎
内田山	内田山
内田藤雄	内田藤雄
内田信也	内田信也
内田一郎	内田一郎
内维尔・霍华德・摩根	ネビル・ハワード・モーガン
那须	那須
那须嘉广	那須嘉廣
那知上泰八	那知上泰八
纳盖利	ネイゴール
纳拉扬・拉奥	ナラヤン・フォ
纳斯	ナス
纳斯普尼	ヌールスプニー
纳坦・邓恩・蒂特斯	ナタンダン・テイタース
纳屋武	納屋武
乃木	乃木
奈良	奈良
奈良武次	奈良武次
奈特	ナイト
奈特利	ナイトレー

中文人名	日文人名
耐克肯泽・弗雷德里克・S.	マッチン・シイフレデリク・エス
南	南
南部忠男	南部忠男
南城六郎	南城六郎
南次郎	南次郎
南弘	南弘
南希	ナンシイ
南乡	南鄉
南岩男	南岩男
南云忠一	南雲忠一
南自在	ミナミ・ジサイ
难波	難波
楠见	楠見
楠美省吾	楠美省吾
楠田光男	楠田光男
楠田曦	楠田曦
楠章	楠章
尼尔・奥利弗	ネイルオリヴア
尼尔森	ネルソン
尼尔森・赫夫曼	ネルソンヘッフアマン
尼尔森・特拉斯勒・约翰森	ネルスン・トラスラー・ジョンスン
尼尔森・托马斯・丘吉尔二世	ネルソン・トーマス・チャーチルヂュニアー
尼尔森・西奥多	ニールセン・チアドール
尼尔斯・埃里克森	ニルス・エリクソン
尼古拉・约瑟夫・S.	ニコラ・ジェセク・エス
尼古拉斯	ニコラス
尼古拉斯・科迪	ニコラス・コーテイ
尼古拉斯・劳伊德	ニコラス・ビイド
尼迈耶	ニーマイヤー
鲇川义介	鮎川義介
鸟巢宪俊	鳥巣憲俊
鸟谷尾安正	トヤヲ・ヤスマサ
鸟居	鳥居
鸟山义武	鳥山義武
鸟田俊雄	鳥田俊雄
鸟越新一	鳥越新一
鸟泽晃	鳥澤晃
鸟泽肇	鳥澤肇

中文人名	日文人名
聂士成	聶士成
宁口池田	寧口池田
宁田	寧田
牛场信彦	牛場信彦
牛场友彦	牛場友彦
牛川山	ニユー・チユアン・シアン
牛岛满	牛島満
牛岛贞雄	牛島貞雄
牛顿・L. 戴维斯	ニュートン・エル・デヴイス
牛田	牛田
纽曼	ニューマン
农塞尔	ナンセル
努朗	ヌーラン
努里特	ニュリエム
努森	クヌートセン
诺埃	ノイ
诺贝尔	ノーブル
诺尔	ノエル
诺尔・伯特・伯奇泰特	ノル・ベルト・ベルシュテット
诺尔马	ノーマ
诺尔特纽斯・德・曼	ノルテニユスデマン
诺尔滕・霍斯特	ノールテン・ヘヒト
诺弗托	ノバーツ
诺克斯	ノックス
诺拉・阿尔斯特隆德	ノラ・オルスターランド
诺兰丁・阿尔塔德斯・P.	シーマンデイン・アルタットピ
诺曼・P. 马歇尔	ノーマル・ビイ・マーシヤル
诺曼・吉尔伯特	ノールマンギルベルト
诺普・约翰・威廉	ノップ・ジョン・ウイリアム
诺伊拉特	ノイラート
欧根・奥托	オットー
欧三太田	歐三太田
欧文	オウエン
欧恩	オーエン
欧文・坎宁安	オーエン・カニンガム
帕德里克・J. 赫尔利	パトリックハーリー
帕尔弗	パルフォア
帕尔默	パーマー

中文人名	日文人名
帕尔森・威廉・埃弗莱特	ボーセン・ウリアム・エヴアレット
帕金	パーキン
帕凯	ペーク
帕拉维奇尼	パラヴィチニ
帕莱勒	バレロ
帕劳	パラウ
帕里努萨	パリヌサ
帕曼・宾・道塔洛埃	バルマン・ビン・ジョタロエ
帕姆菲洛・纳瓦洛	パムフイローナヴァロ
帕纳吉安	プナギャン
帕纳詹	パナギャン
帕普	バップ
帕森斯・霍华德・G.	バーソンス・ホワード・ジェイ
帕斯托・卢卡弗	パストール・ルカフォア
帕塔韦尔	パッタウアエル
帕特尔	パテル
帕特里克	ウイリアム・ロナルド・バトリック
帕特里克・斯莱尼・戴维斯	パトリックスレイニィデーヴィス
帕特森	パーターソン
派德森・卡斯滕	ペーヂルセン・カルステン
派雷・莫汉	ピャレー・モハン
派曼	バイマン
派明・宾・卡鲁托塞米托	パイミンビンカルトセミト
派普斯・唐纳德・E.	パイプスドナルド・イー
潘格兰・阿迪帕蒂	バンゲラン・アデイバテイ
潘格兰・阿吉	バンゲラン・アグン
潘格兰・阿孔	パゲニレアロン
潘供生	潘供生
潘乐氏	パン・ロスゼ
潘利马	パンリマ
潘利马・阿里	パンダキャ・アリト
潘荣明	潘榮明
潘文明	潘文明
潘英群	潘英羣
盘古	盤古
盘濑太郎	磐瀬太郎
庞斯	ポンス
佩德罗・J. 坎波斯	ペドロ・ゼイ・キャムポス

中文人名	日文人名
佩德罗索	ペドロソ
佩蒂格鲁	ペチグリュー
佩尔蒂埃	ペレチエル
佩尔蒂埃	ペレティア
佩尔泽	ペルヅ
佩金	ペッキング
佩克・阿莱克斯	ペックアレックス
佩雷拉达夫	ベレラドフ
佩雷拉达夫・尤兰皮・卢坎诺维奇	ペレラドフ・エウラムピー・ルーキヤノーウィチ
佩利	ベリー
佩里	ペルリ
佩里・B. B.	ベーリ・B・B
佩里・O. 威尔考克斯	ペリー・オ・ウィルコックス
佩洛特	ペロ
佩珀	ペッパー
佩斯	ペース
佩斯特尔	ベステル
佩特里	ペトリー
佩因	ペイン
彭斯金・乔格丹	プンツギン・チョグドン
棚町	棚町
皮埃尔・B. 丹森	ピエール・ビー・デンソン
皮尔森・罗伯特・布鲁克斯	ピヤンソ・ロバート・ブルソフス
皮科内	バイコウン
皮克	ピーク
皮克林	ピカリング
皮克林・卢塞尔・W. 二世	ピカリングラッセル・ダブルユウ
皮勒	ピラー
皮勒・坎波斯	ピラー・キャムポス
皮勒・雷戈纳	ピラ・レゴナ
皮勒・米兰达・乌巴加	ピラー・ミランダ・ウバゴ
皮雷	ピレス
皮斯・戈登	ヒースゴールドン
皮斯顿・皮特	ピストル・ピート
皮斯古德	ピースグッド
皮特・G. 居迪拉斯	ピーターーヂーグッデユラス
皮特・H. 卡拉姆珀斯	ピータイ・エッチ・クルンパース
皮特・W. 斯克特	ピート・ダブリュー・スコット

中文人名	日文人名
皮特・雷尼尔・亚当斯	ピーター・レーニアー・アダムス
皮特・约翰・坎贝尔	ピーター・ジョン・キャンベル
皮特森	ピーターソン
皮特斯	ピータース
皮塔斯	ピータズ
皮特斯・厄尔・R.	ピータース・アール・アール
皮特斯・詹姆斯・A.	ピーターズ・ジャンムス・エイ
片仓衷	片倉衷
片岛武义	片島武義
片冈	片岡
片冈洁	片岡潔
片冈俊郎	片岡俊郎
片冈骏	片岡駿
片冈气介	片岡氣介
片山文彦	片山文彦
片山义雄	片山義雄
片山鱼	片山魚
片桐	片桐
片桐英吉	片桐英吉
品川初雄	品川初雄
平本道隆	平本道隆
平澄澄	平澄澄
平出秀夫	平出秀夫
平出英夫	平出英夫
平冈闰造	平岡閏造
平林源一郎	平林源一郎
平山澄	平山澄
平生	平生
平生钒三郎	平生釩三郎
平松市藏	平松市藏
平松一道	平松一道
平田东助	平田東助
平田升	平田昇
平田幸弘	平田幸弘
平乡健	平鄉健
平野二郎	平野二郎
平野英雄	平野英雄
平野助九郎	平野助九郎

中文人名	日文人名
平沼节子	平沼節子
平沼骐一郎	平沼騏一郎
平冢常次郎	平塚常次郎
坪井	坪井
坪井敬治	坪井敬治
坪井敏夫	ツボイ・ヨシオ
坪上贞二	坪上貞二
迫水	迫水
迫水久常	迫水久常
迫文雄君	迫文雄君
珀内尔	パーネル
珀西・格林	パーシー・グリーン
珀西瓦尔	パーシバル
朴春琴	朴春琴
朴蜜纯	朴蜜純
浦部	浦部
浦部百太郎	浦部百太郎
浦部胜马	浦部勝馬
浦田寅治郎	浦田寅治郎
普拉特	プラット
普拉特・阿奇・海斯	ブラットアーナーベンズ
普莱森	プレッセン
普莱森托・马席诺	プレゼント・マグシノ
普莱斯	プライス
普莱斯・詹姆斯・R.	プライス・ジェイムス・アレ
普莱亚・弗雷德里克・E.	プレヤ・フレデリック・イー
普赖尔・弗莱德・E.	プラアーウト・イー
普兰・辛	プランスイング
普里莫・昆托斯	プリモ・クイント
普里西拉	プリシラ
普里西拉・科斯塔斯・加西亚	プリシラ・コスタス・ガルシヤ
普林・纳皮尼	プリン・ナピーニ
普林加迪	プリンガデイ
普林斯・达姆拉斯	ブリンス・ダムラス
普林斯・洛巴鲍夫	プリンス・ロパノフ
普龙科	ブロンク
普洛弗里奥・马席诺	プロフェリオ・マグシノ
普曼・辛格	フーマンシング

中文人名	日文人名
溥修	溥修
溥仪	溥儀
七田基玄	七田基玄
七田一郎	七田一郎
漆野寿一	漆野壽一
齐默尔曼	ツインメルマン
齐王	齊王
齐燮元	齊燮元
齐亚诺	チアノ
齐默特色木丕勒	斉黙特色木丕勒
崎川	崎川
崎河	崎河
千久波启太郎	千久波啓太郎
千石兴太郎	千石興太郎
千叶	千葉
千叶皓	千葉皓
千叶三郎	千葉三郎
千叶幸雄	千葉幸雄
千叶胤次	千葉胤次
前川数马	前川數馬
前天卯之助	前天卯之助
前田多门	前田多門
前田和夫	前田和夫
前田虎雄	前田虎雄
前田克巳	前田克巳
前田米藏	前田米蔵
前田稔	前田稔
前田善治	前田善治
前田胜二	前田勝二
前田一男	前田一男
前田正	前田正
前田仲吉	前田仲吉
钱伯斯	チェンバース
钱伯斯・戴维斯・S.	チェンバーズ・ヴイヴイス・エス
钱恩・辛格	チエインシング
钱尼	チェイニ
钱恂	錢恂
钱永铭	錢永銘

中文人名	日文人名
钱宗泽	銭宗澤
浅仓七郎	淺倉七郎
浅川	淺川
浅冈文子	淺岡文子
浅见久夫	淺見久夫
浅井	淺井
浅井喜代一	淺井喜代一
浅口泰麿	淺口泰麿
浅利英二	淺利英二
浅木圆	マカツサル
浅田	淺田
浅尾	淺尾
浅野良造	淺野良造
浅野正穗	淺野正穗
浅原源七	淺原源七
乔・M. 斯托	ジョ・M・ストウエ
乔・保罗・利特尔	ジヨー・ポール・リットル
乔・比尔・齐蒂纳	ジョンビル・チエスチーン
乔・比尔・乔斯丁	ジョー・ビル・チェスチーン
乔・斯托	ジョー・ストウ
乔布	ジョブ
乔丹	ジョーダン
乔恩・桑波克	ジョンサンボク
乔辅三	喬輔三
乔金姆・吉文斯	ヨアヒム・ギフェンヌ
乔利斯特・莱曼・J.	コレッテ・ライマン・シエイ
乔尼兹	ジョハニツ
乔斯・G. 图帕兹	ジョセ・G・ツパヅ
乔斯・P. 劳莱尔	ホセ・パー・ラウレル
乔斯・弗朗西斯克・德・霍塔・马查多・弗兰	ジョー・フランシスコ・デ・オルタ・マシャド・ダー・フラン
乔斯・劳雷尔	ラウレル
乔斯灵	ジョセリング
乔伊斯	ジョイス
乔治・A. 菲奇	ヂヨーヂ・エー・フィヂ
乔治・A. 弗内斯	ジョージ・エイ・ファーネス
乔治・B. 马哈尔・法兰	ジョージ・ビー・マク・ファーランド
乔治・D. 沃特罗斯	ジョーデ・D・ワトラス

中文人名	日文人名
乔治・F. 格蒂三世	ジョージ・エフ・ゲテー三世
乔治・J. 路易斯	ジョージ・ジエイムズ・ルイス
乔治・K. 海斯	ジョンジ・K・ヘス
乔治・N. 迈克雷	ジョージ・N・マクレー
乔治・P. 瓦涅尔	ジョージス・ピー・ヴァニアー
乔治・R. 孔茨	ジョウジ・アール・タンツ
乔治・W. 艾伦	ジョン・ジンヒ・アレン
乔治・巴尔	ジョージ・バー
乔治・巴芬顿	チョヂ・バフィントン
乔治・布赖恩・柯林森	ジョジ・ブライアン・コリンソ
乔治・德・瓦德姆・韦斯特利	ジョージ・デ・ヴァードン・ウエストレー
乔治・厄内斯特・拉姆齐	ジョージ・アーネスド・ラムゼー
乔治・菲利普	ジョージ・フィリップ
乔治・福斯特・皮耶斯	ジョージ・フォスター・ピアス
乔治・卡特莱特・马歇尔	ヂー・シー・マーシヤル
乔治・莱特斯顿・沃纳	ジョジズ・レッドストン・ワルナー
乔治・李	ジョージ李
乔治・麦克劳	ジョーン・エヌ・マクラー
乔治・皮特莱斯科	ショルジ・ペトレスコ
乔治・斯梅顿	スメイトン・ヂョーヂ
乔治・特里斯特	ヂョウジ・トリスト
乔治・廷代尔・库珀	ジョージテインデールクーパー
桥本芳藏	橋本芳藏
桥本虎之助	橋本虎之助
桥本金太郎	橋本金太郎
桥本宽敏	橋本寛敏
桥本利夫	橋本利夫
桥本启四	橋本啓四
桥本钦	橋本欽
桥本群	橋本群
桥本宪治	橋本憲治
桥本象造	橋本象造
桥本欣五郎	橋本欣五郎
桥本又次郎	橋本又次郎
桥本又治郎	橋本又治郎
桥本盂	橋本盂
桥本正之	橋本正之
桥本重义	橋本重義

中 文 人 名	日 文 人 名
桥诘勇	橋詰勇
桥井新	橋井新
桥井眞	橋井眞
桥口	橋口
桥木正雄	橋木正雄
桥田	橋田
桥田邦彦	橋田邦彦
桥幸三郎	橋幸三郎
桥爪竹次郎	橋爪竹次郎
切斯利・弗朗西斯・O.	チャスレイ・フランセス・オウ
切斯特・I. 拉彭	チェスター・I・ラップン
切斯特・布朗	チエスター・ブラウン
秦	秦
秦德纯	秦德純
秦丰助	秦豊助
秦彦三郎	秦彦三郎
秦真次	秦眞次
青岛良一郎	青島良一郎
青木九一郎	青木九一郎
青木武	青木武
青木兴保	青木興保
青木一男	青木一男
青木义人	青木義人
青木银次	青木銀次
青木周藏	青木周三
青木滋	青木滋
青田	青田
轻井泽	輕井澤
清井正	清井正
清濑一郎	清瀬一郎
清浦奎吾	清浦奎吾
清山尚次	清山尚次
清水澄	清水澄
清水光美	清水光美
清水规短	清水規短
清水清二	清水清二
清水喜重	清水喜重
清水行之助	清水行之助

中文人名	日文人名
清水熏三	清水薫三
清水彦政	清水彦政
清水与之助	清水與之助
清田松并	清田松並
清原	清原
庆亲王	慶親王
琼·保罗	デヤン・ポール
琼斯	ジョーンズ
琼斯·阿尔弗雷德·A.	ジョンズ・アルフレド・エイ
琼斯·罗伯特·克拉伦斯	ジョン・ロバート・クレイレンス
琼斯·乔治·N.	ジョンズ・ジョージ
丘吉尔	丘吉爾
丘奇·克莱顿·G.	チヤーチ・カールロンジ
邱吴	キウ・ウウ夫人
秋草俊	秋草俊
秋川	アキナガ
秋川正义	秋川正義
秋马场	秋馬場
秋山林	秋山林
秋田清	秋田清
秋叶保广	秋葉保廣
秋叶武雄	秋葉武雄
秋永月三	秋永月三
萩原彻	萩原徹
秋田弘志	穐田弘志
裘劭恒	裘劭恒
区寿年	區壽年
泉	泉
泉二新熊	泉二新熊
泉毅一	泉毅一
犬养健	犬養健
犬养毅	犬養毅
堉切	堉切
塙五百枝	塙五百枝
饶振武	饒振武
热纳罗·卡布隆	ゲナロ・カブロン
热纳瓦	ジェネバ
仁科宏造	仁科宏造

中文人名	日文人名
稔	稔
稔彦王	稔彦王
任援道	任援道
日比野	日比野
日比野副武	日比野副武
日比野正治	日比野正治
日高信六郎	日高信六郎
日何幸夫	日何幸夫
日吉竹彦	日吉竹彦
日笠博雄	日笠博雄
日笠景平	日笠景平
日笠贤	日笠賢
日浅好藏	日淺好藏
日下部	日下部
日向精蔵	日向精蔵
日向元三	ヒナタ・ゲンゾウ
日野月末弘	日野月末弘
日置益	日置益
日诸	日諸
荣厚	榮厚
荣平贵	榮平貴
荣臻	榮臻
蓉子	蓉子
宍仓正太郎	宍倉正太郎
宍户功男	宍戸功男
茹科夫	ヅーコフ
入船直三郎	入船直三郎
入间野武雄	入間野武雄
入江明	入江明
入江义明	入江義明
阮文明	阮文明
阮振铎	阮振鐸
芮芳缘	芮芳緣
瑞德・T. A.	ルード・T・A
瑞卡兹	リカーズ
瑞帕・奥洛夫	リパ・オロフ
瑞银特伦	リンテレン
若槻礼次郎	若槻禮次郎

中文人名	日文人名
若杉良雄	若杉良雄
若手	若手
若松诚	若松誠
若松清一	若松清一
若松真	若松眞
若松只一	若松只一
萨布哈斯・钱德拉・博斯	スバス・チャンドラ・ボース
萨德	サード
萨德斯特	サデスト
萨顿・A. H.	サルトン・A・H
萨尔瓦多・J. 坎波斯	サルヴァドル・ゼー・キャムポス
萨盖特	サーケット
萨科斯达・埃内斯托	サクシイダ・エルネスト
萨克・汉	スカール・カン
萨克森・杰弗里・道斯	サクソン・ジイオフリー・ドウーズ
萨拉・B. 加多尔	サラア・ビー・ガドル
萨兰特	サロート
萨勒斯・P. D.	サールズ・ビーデイ
萨里宾	サリパン
萨里芬	サラザール
萨利兰根	サリム
萨利斯伯里	サリウアン・ドナルド
萨利泽里・伯拉德・H.	サリスベリ
萨米尔	シャミール
萨摩雄次	薩摩雄次
萨姆布尼马	サムブニマ
萨姆纳・韦尔斯	サムナー・ウエルズ
萨珀・格洛弗	サッパー・グローヴァー
萨普兰・辛格	サプランスイング
萨丘马斯基	サックムスキイ
萨托卡・萨缪尔・D.	サトカー・サムエル・デイ
萨伊亚・伦纳德・弗兰斯	サイチャ・レオナルド・フランス
塞巴斯蒂奥・格拉戈	セバステイアノグラカ
塞波	セポイ
塞厄普・宾・马哈森	シアブビンマルハッサン
塞恩拉・斯代马	スヴェンラ・ステルマ
塞尔比・查尔斯・奥斯丁	セルヒィ・チャルス・オウスチン
塞克斯	サイクス

中文人名	日文人名
塞拉麦・宾・乔诺斯	セラマット・ビン・ジョーノース
塞利班	サリスヘリイハワードエッチ
塞罗	セロ
塞缪尔	サムエル
塞缪尔・A. 罗伯茨	サムエル・A・ロバーツ
塞缪尔・霍尔	サシエル・ホーア
塞缪尔・罗	サミュエル・ロウ
塞缪尔・帕克	サムエル・パーカー
塞诺	セイノ
塞韦里诺	セブエリノ
塞韦里诺・鲍蒂斯塔	セベリノ・バウテイス
塞文・路易斯	シュヴエン・ルイ
塞西尔・F. 哈伯特	セシル・エフ・ハバート
塞西尔・戴维斯	セシルディグス
塞西尔・卡萨朱斯	セシル・カサヂュー
塞西尔・科利	セシルコリー
塞西尔・雷蒙德・法利	セシル・レイマンド・ファーレイ
塞西尔・乔治・李维斯・塞耶斯	セシル・ジョージ・リュイス・シアーズ
塞希尔・B. 格林	センル・ビー・グリーン
塞耶	セィヤー
赛尔・克莱蒙特	サイアクレメント
赛义德・古尔	サイドガル
三坂	ミサカ
三并贞三	三並貞三
三柴	三柴
三川军一	三川軍一
三川克巳	三川克巳
三船	三船
三次	三次
三村	三村
三村起一	三村起一
三代辰吉	三代辰吉
三岛康夫	三島康夫
三岛重太郎	三島重太郎
三富	三富
三谷隆信	三谷隆信
三谷敏夫	三谷敏夫
三谷末次郎	三谷末次郎

中文人名	日文人名
三海松三	三海松三
三好	三好
三好多田	三好多田
三好重天	三好重天
三和军一	三和軍一
三和义男	三和義男
三户寿	三戸壽
三井淳资	三井淳資
三笠宫	三笠宮
三轮茂义	三輪茂義
三木良英	三木良英
三木亮孝	三木亮孝
三木秋义	三木秋義
三木武夫	三木武夫
三浦道彦	三浦道彦
三浦和一	三浦和一
三浦和直	三浦和直
三浦虎雄	三浦虎雄
三浦省三	三浦省三
三浦铁雄	三浦鉄雄
三浦一郎	三浦一郎
三浦一雄	三浦一雄
三浦义一	三浦義一
三浦惣市	三浦惣市
三桥	三橋
三桥又一	三橋又一
三善克正	三善克正
三上	ミカミ
三上义春	三上義春
三上卓	三上卓
三藤武次郎	三藤武次郎
三田正作	三田正作
三土忠造	三土忠造
三文字正平	三文字正平
三五恒志	三五恒志
三叶	ミツバ
三渊乾太郎	三淵乾太郎
三原	三原

中 文 人 名	日 文 人 名
三泽万吉	三澤萬吉
三宅光治	三宅光治
三宅矿一	三宅鑛一
三宅鹿之助	三宅鹿之助
三枝正胜	三枝正勝
桑・比达	サン・ビーダ
桑・费尔南多	サン・フェルナンド
桑・林	サン・リン
桑・芒・奇蒂	サン・モン・チッテー
桑・姆维	サン・ウグウイ
桑・希亚・吉安	サン・フラ・ギョー
桑村茂藏	桑村茂藏
桑岛	桑島
桑岛忠一	桑島忠一
桑岛主计	桑島主計
桑德伯格	サンドバーグ
桑德斯	サウンダース
桑迪	サンディ
桑顿	ソントン
桑顿・莱恩・C.	ソーントン・レン・シイ
桑克尔・肯尼斯・卡塔	ソンクル・クツネス・カータ
桑切斯・阿尔伯特・N.	サンチズ・アルハート・エヲ
桑塞姆	サンソム・ネヴィル
桑塔	サンタ
桑托・托马斯	サント・トーマス
桑野	桑野
桑原	桑原
桑原鹤	桑原鶴
桑原启四	桑原啓四
桑原雄三郎	桑原雄三郎
桑原重治	桑原重治
色部贡	色部貢
涩谷	澁谷
涉泽敬三	渋澤敬三
森	モリ
森本耕	森本耕
森本三郎	森本三郎
森本伊市郎	森本伊市郎

中文人名	日文人名
森彻夫	森徹夫
森川博	森川博
森川长房	森川長房
森岛守人	森島守人
森德治	森德治
森冈毕	森岡畢
森冈皋	森岡皋
森谷新一	森谷新一
森户隆三	森戸隆三
森纠	森糾
森尻	森尻
森恪	森格，森恪
森口淳三	森口淳三
森连	森連
森茂	モリシゲル
森木幸一	森木幸一
森皮尔	センピル
森山	モリヤマ
森山吾朗	森山吾朗
森田八三郎	モリタハチサブロウ
森田常逸	森田常逸
森田福松	森田福松
森田太平	森田太平
森田正义	森田正義
森尉一	森尉一
森下	森下
森下信卫	森下信衛
森宪二	森憲二
森孝雄	森孝雄
森秀五郎	森秀五郎
森岩夫	森厳夫
森有礼	森有禮
森贞正夫	モリサダ・マサオ
森重次郎	森重次郎
森竹	モリタケ
沙格	シャッグ
沙赫特	シャハト
沙基恩・佩格	シヤキエンペグ

中文人名	日文人名
沙王	沙王
山岸宏	山岸宏
山岸晟	山岸晟
山岸宪二郎	山岸憲二郎
山本	ヤマモト
山本次郎	山本次郎
山本达雄	山本達雄
山本利忠	山本利忠
山本茂一郎	山本茂一郎
山本浅太郎	山本淺太郎
山本亲雄	山本親雄
山本清安	山本清安
山本清纪	山本清紀
山本荣治	山本栄治
山本善雄	山本善雄
山本胜郎	山本勝郎
山本胜美	山本勝美
山本胜治	山本勝治
山本实彦	山本實彦
山本四郎	山本四郎
山本悌二郎	山本悌二郎
山本条太郎	山本條太郎
山本万吉	山本萬吉
山本五十六	山本五十六
山本熊一	山本熊一
山本义雄	山本義雄
山本英辅	山本英輔
山本又	山本又
山本贞美	山本貞美
山本正男	山本正男
山本政夫	山本政夫
山本总次	山本總次
山本惣一	山本惣一
山成乔六	山成喬六
山城清	山城清
山澄忠三郎	山澄忠三郎
山川端夫	山川端夫
山川健次郎	山川健次郎

中文人名	日文人名
山川忠厂	山川忠廠
山村三次	山村三次
山村义雄	山村義雄
山村治雄	山村治雄
山道	山道
山地八郎	山地八郎
山冈	山岡
山冈道武	山岡道武
山冈晴太郎	山岡晴太郎
山冈万助	山岡萬助
山冈重淳	山岡重淳
山冈重厚	山岡重厚
山根高濑	山根高瀬
山根仁平	山根仁平
山畸高	山畸高
山畸小佐	山畸小佐
山际	山際
山津兵部之助	山津兵部之助
山津善卫	山津善衛
山科	山科
山科敏	山科敏
山口多闻	山口多聞
山口恭右	山口恭右
山口恭助	山口恭助
山口利春	山口利春
山口马城次	山口馬城次
山口民治	山口民治
山口敏寿	山口敏壽
山口太郎	山口太郎
山口藤三	山口藤三
山口喜三郎	山口喜三郎
山口一太郎	山口一太郎
山口英治	山口英治
山口重次	山口重次
山梨胜之进	山梨勝之進
山路章	山路章
山内保次	山内保次
山内留次郎	山内留次郎

中文人名	日文人名
山崎达之辅	山崎達之輔
山崎高	山崎高
山崎和胜	山崎和勝
山崎还	山崎還
山崎精次	山崎精次
山崎茂	山崎茂
山崎清一	山崎清一
山崎新	山崎新
山崎岩	山崎巖
山崎要	山崎要
山崎元斡	山崎元斡
山丘	山丘
山添利作	山添利作
山田半藏	山田半藏
山田纯三郎	山田純三郎
山田到	山田到
山田定义	山田定義
山田圭一	山田圭一
山田国太郎	山田國太郎
山田健三	山田健三
山田龙雄	山田龍雄
山田文雄	山田文雄
山田显义	山田顕義
山田孝雄	山田孝雄
山田秀三	山田秀三
山田秀造	山田秀造
山田乙三	山田乙三
山田政男	山田政男
山畑秋太郎	山畑秋太郎
山下奉文	山下奉文
山下龟三郎	山下亀三郎
山下荣吉	山下榮吉
山下勋三郎	山下勲三郎
山县	山縣
山县伊三郎	山縣伊三郎
山县悠纪夫	山縣悠紀夫
山县有光	山縣有光
山县正乡	山縣正鄉

中文人名	日文人名
山胁正隆	山脇正隆
山形清	山形清
山元幸雄	山元幸雄
山之内末男	山之内末男
山中	山中
山中德夫	山中德夫
山中守夫	ヤマナカ・モリオ
山中唯行	山中唯行
山中伊平	山中伊平
山中勇三郎	山中勇三郎
山追善助	山追善助
杉本粲作	杉本粲作
杉并	杉並
杉川	杉川
杉村阳太郎	杉村陽太郎
杉村属太郎	杉村屬太郎
杉冈元	杉岡元
杉靖三郎	杉靖三郎
杉浦	杉浦
杉浦短郎	杉浦短郎
杉浦宏	杉浦宏
杉浦孝	杉浦孝
杉森政之助	杉森政之助
杉山	杉山
杉山六藏	杉山六藏
杉山谦治	杉山謙治
杉山元	杉山元
杉藤马	杉藤馬
杉田千秋	杉田千秋
杉田省吾	杉田省吾
杉田一次	杉田一次
杉田正一	杉田正一
杉下定美	杉下定美
杉宪次	杉憲次
杉野	杉野
杉野良住	杉野良住
杉原	スギハラ
杉原光	杉原光

中文人名	日文人名
善桂之助	善桂之助
商震	商震
上阪赈一	上阪賑一
上场铁造	上場鐵造
上村常也	上村常也
上村达弥	上村達彌
上村干明	上村幹明
上村干男	上村幹男
上村干雄	上村幹雄
上村伸一	上村伸一
上村盛满	上村盛滿
上村岩	上村厳
上村正一	上村正一
上代琢禅	上代琢禪
上角	上角
上鸟	上鳥
上山满之进	上山滿之進
上杉启明	上杉啓明
上杉源之	上杉源之
上田定兵	上田定兵
上田二郎	上田二郎
上田一郎	上田一郎
上野芳松	上野芳松
上野荣一	上野榮一
上原	上原
上月功太郎	カミスキ・コウタロウ
上月良夫	上月良夫
上冢万寿男	上塚萬壽男
尚策	ジャンゼール
尚德义	尚德義
尚国武	尚國武
尚谦	尚謙
尚斯・劳顿・E.	シヤンス・ロントン・イ
尚田	尚田
邵鲁	邵魯
舍曼・米尔斯	シヤーマン・マイルス
涉川善助	渉川善助
申进傍本	申進傍本

中文人名	日文人名
深井	深井
深井英吾	深井英吾
深井英五	深井英五
深田	深田
深田太郎	深田太郎
深泽	深澤
深泽理三郎	深澤理三郎
神保周三	神保周三
神本启司	神本啓司
神川	神川
神德达也	神德達也
神谷・K	神谷・K
神谷光	神谷光
神户初明	神戸初明
神林义治	神林義治
神鸟	カンドリ
神浦	神浦
神崎正义	神崎正義
神山英	神山英
神田	神田
神田稔	神田稔
神田孝一	神田孝一
神田正种	神田正種
神尾茂	神尾茂
神武天皇	神武天皇
神重德	神重德
榊柴夫	榊柴夫
榊田望	榊田望
榊田正种	榊田正種
榊原绳田	榊原縄田
榊原正次	榊原正次
榊原主计	榊原主計
沈覲鼎	沈覲鼎
沈钧儒	沈鈞儒
沈瑞麟	沈瑞麟
沈志强	沈志強
生井寿	生井壽
生驹实	生駒実

中文人名	日文人名
生驹重司	生駒重司
生田	生田
生田和平	生田和平
生野	生野
胜村	勝村
胜递信	勝逓信
胜山	勝山
胜田主计	勝田主計
胜正宪	勝正憲
胜治岛村	カッジ・シマムラ
绳田久一	ナワタ・ヒサカズ
圣・约翰・弗朗西斯・卡尔	セントション・フランシス・カール
圣德太子	聖徳太子
圣地亚哥・胡莫克	サンチアゴ・フモク
盛世征	盛世徵
盛文颐	盛文頤
盛有畲	盛有畲
施莱尔	シュライュー
施履本	施履本
施密特	シミット
施密特・诺曼・W.	ジノヴイエフ
施奈迪	シュナイダー
施努尔・G. L. 蒂曼	シュヌレジー・エル・ティマン
施钱一	施銭一
施塔莫尔	シュターマー
施塔莫尔・奥托	スターマー・オット
施特雷泽曼	シュトレーゼマン
施瓦曾曼	シュワルツマン
施肇基	施肇基
十川登	十川登
十河信二	十河信二
石	石
石阪繁	石阪繁
石阪丰	石阪豊
石阪平	石阪平
石阪岩	石阪巌
石半三郎	石半三郎
石本权四郎	石本権四郎

中文人名	日文人名
石本寅三	石本寅三
石波健一	石波健一
石川浩三郎	石川浩三郎
石川菊雄	石川菊雄
石川清治	石川清治
石川顺	石川順
石川一郎	石川一郎
石川又左衙门	石川又左衙門
石川正平	石川正平
石川惣太郎	石川惣太郎
石村	石村
石渡敏一	石渡敏一
石渡庄太郎	石渡荘太郎
石岗	石崗
石光	石光
石黑	石黑
石黑武重	石黑武重
石黑小市	石黑小市
石黑忠德	石黑忠悳
石黑忠笃	石黑忠篤
石黑宗吉	石黑宗吉
石井二男	イシイフジオ
石井嘉郎	石井嘉郎
石井菊次郎	石井菊次郎
石井民惠	石井民惠
石井乔	石井喬
石井秋穗	石井秋穗
石井四一	石井四一
石井英之助	石井英之助
石井正美	石井正美
石敬亭	石敬亭
石末	石末
石桥兼雄	石橋兼雄
石桥金夫	石橋金夫
石桥清一	石橋清一
石桥湛山	石橋湛山
石桥正治	石橋正治
石山	石山

中文人名	日文人名
石射猪太郎	石射豬太郎
石藤	石藤
石田广一郎	石田廣一郎
石田和外	石田和外
石田吉男	石田吉男
石田菊太郎	石田菊太郎
石田武亥	石田武亥
石田彦一	石田彦一
石丸敬次	石丸敬次
石丸志都磨	石丸志都磨
石瑛	石瑛
石友三	石友三
石原广一郎	石原廣一郎
石原纪一	石原紀一
石原健三	石原健三
石原莞尔	石原莞爾
石原肇	石原肇
石泽丰	石澤豐
石泽元	石沢元
石冢英藏	石塚英藏
辻本政雄	辻本政雄
辻诚	辻誠
辻田力	辻田力
辻正雄	辻正雄
辻政信	辻政信
时乘武雄	時乗武雄
时砂田重政	時砂田重政
史蒂芬・B. 吉本斯	ステファン・B・ギボンス
史蒂芬・G. 波特	スティーヴン・ジー・ポーター
史蒂芬・M. 齐夫科	ステフェン・M・ジヴコ
史蒂芬・N. 拉夫切夫	ステファーヌ・エヌ・ラフチエフ
史蒂芬・马丁・齐夫科	ステフエン・マーテイン・スイヴコウ
史蒂芬・维克托・伯特・戴	ステフエン・ヴヰクトル・バート・デイ
史蒂夫肯斯	ステイーフケンズ
史蒂文斯	ステイブンス
史密斯・F.	スミス・F
史密斯・W. 布鲁克哈特二世	スミス・ダブリユウ・ブルックハート・ジェニア
史密斯・埃德温・R.	スミス・エドウィン・アール

中文人名	日文人名
史密斯・查尔斯・埃尔默	スミス・ユールス・エルマ
史密斯・克莱图斯	スミス・クレタス
史密斯・克劳比斯・E.	スミス・クロビス・イー
史密斯・罗伯特・H.	スミス・ロバート・エイチ
史密斯・乔治・C.	スミス・ジョージ・シイ
史密斯・乔治・哈伍德	スミス・ジョージ・ハーウッド
史密斯夫人	スミス夫人
矢部贞治	矢部貞治
矢吹正吾	矢吹正吾
矢次一夫	矢次一夫
矢木丑治	矢木醜治
矢内原	矢内原
矢崎勘十	矢崎勘十
矢崎茂三郎	矢崎茂三郎
矢田	矢田
矢田七太郎	矢田七太郎
矢野	矢野
矢野光二	矢野光二
矢野机	矢野機
矢野美章	矢野美章
矢野外生	矢野外生
矢野英雄	矢野英雄
矢野真	矢野眞
矢野政雄	矢野政雄
矢野志加三	矢野志加三
士居	士居
士居政之助	士居政之助
氏家	氏家
市川	市川
市川芳雄	市川芳雄
市川清敏	市川清敏
市川一郎	市川一郎
市川英之进	市川英之進
市川正义	市川正義
市冈寿	市岡壽
市吉圣美	市吉聖美
市原	市原
是恒达见	是恒達見

中 文 人 名	日 文 人 名
是松准一	是松準一
柿本权一郎	柿本權一郎
释迦	釋迦
手岛	手島
手井网正	手井網正
手冢正敏	手塚正敏
守岛五郎	守島五郎
守上茂雄	守上茂雄
守田福松	守田福松
守屋	守屋
守屋和郎	守屋和郎
守屋叶	守屋葉
守正王	守正王
守住	モリスミ
首岛秀雄	首島秀雄
首藤安人	首藤安人
首藤谦	首藤謙
首藤正寿	首藤正壽
寿山武	壽山武
寿々子	壽々子
狩野近雄	狩野近雄
狩野敏	狩野敏
狩野敏	狩野敏
舒伯特	ジュウベルト
舒里芹	シューリチン
舒子	舒子
鼠	鼠
数马伊三郎	數馬伊三郎
双川善文	雙川善文
双军	雙軍
双龙	雙龍
滝田三郎	滝田三郎
霜出良一	霜出良一
水川洁	水川潔
水川依夫	水川依夫
水谷兵助	水谷兵助
水谷乙吉	水谷乙吉
水户	水戸

中文人名	日文人名
水户春造	水戸春造
水户久	水戸久
水津利辅	水津利輔
水上武力	水上武力
水上源一	水上源一
水田稲城	水田稲城
水町袈裟六	水町袈裟六
水野铢太郎	水野錬太郎
水野新幸	水野新幸
水野勋	水野勲
水野伊太郎	水野伊太郎
水泽益	水澤益
司荣昌	司栄昌
斯波孝四郎	斯波孝四郎
斯大林	斯大林
斯蒂夫・S. 山本	スティヴ・エス・ヤマモト
斯蒂克派韦斯	ステイックビュウイッチ
斯蒂灵	ステイレング
斯卡皮尼	サビニ
斯坎兰	スキャンラン
斯柯特勒・赫曼	ショットラト・ハマン
斯科彻	スコッチャー
斯科特	スコット
斯科特夫人	スコット夫人
斯克里夫纳	スクリヴナー
斯克林	スクリーン
斯利比	スリーピィ
斯梅塔宁	スメタニン
斯米	スメー
斯米尔诺夫・迪米特里・埃瓦诺维奇	スミルノフ・ドミトリ・イワノウキチ
斯密特	スミット
斯莫尔	スモール
斯奈普	スナイプ
斯帕克	スパーク
斯帕劳・唐纳德・I.	スパロウ・ドナルド・アイ
斯潘塞・H. T.	スペンサー・H・T
斯彭斯	スペンス
斯皮尔曼	スピルマン

中 文 人 名	日 文 人 名
斯平克斯	スピンクス
斯普林格	スプリンガー
斯普鲁伊特	スプルイト
斯奇托维奇	アシチトヴイチ
斯塔茨・罗伯特・E.	スタルツ・ローバート・イー
斯塔弗曼	ステーウアマ
斯塔坎诺夫	スタハノフ
斯塔克	スターク
斯塔肯伯	スタルケンボル
斯泰尔	スタィヤー
斯坦福・克里普斯	スタッフォード・クリップス
斯坦哈特	スタインハート
斯坦科・道希・M.	スタンク・ドロシイ・エム
斯坦利	スタンレー
斯坦利・M. 班菲尔	スタンレエイ・エム・バンフイル
斯坦利・W. 迈克诺文	スタンレー・ダブリュー・マックニオーエン
斯坦利・鲍德温	ネヴイル・チエンバレン
斯坦利・麦克古尼	スタンレイマクゲアリ
斯坦利・乔治	スタンレージョージ
斯坦利・约克・厄尔斯	スタンレー・ヨークー・イールヌ
斯坦普・斯坦利・S.	スタンプ・スタンレ・エス
斯坦斯・罗伯特・L.	スターンズ・ロバート・エル
斯特尔马	ステルマ
斯特拉特福德	ストラットフォード
斯特朗	ストロンク
斯特雷特・罗伯特・E.	ブトレィ・ロバーィ
斯特林	フロレンス・スタンレー
斯特林格・韦斯利・W.	ストリンガー・ウェスレー・ブッリウ
斯特灵・P. 史密斯	スターリン・ピー・スミス
斯特灵・塔克・迪布尔	スターリング・タッカー・ディブレル
斯廷森	スティムソン
斯通	ストーン
斯通・威廉・C.	ストーン・ウィリスシー
斯图尔特	ステューワート
斯图尔特・J. 图勒	ステユアート・J・フラー
斯托尔茨	シュトルツ
斯托尔斯	ストワーズ
斯托弗・埃洛沙・T.	ストウヴアエリシヤデイ

中文人名	日文人名
斯托克	ストーカ
斯托勒・塞默尔・J.	ストラー・ヤイモイウア・ジェイ
斯托里	ストーリィ
斯托莫尼亚科夫	スタモニヤーコフ
斯托姆・范・斯文	ストルム・ファン・シウェン
斯托普福斯	ストッピフォース
斯托森・伯格・威廉・E.	ストツエン・ベルグ・ウィリヤム・イー
斯威夫特・卡尔・B.	スウイスト・カール・ビー
斯威特	スキート
斯威特・查尔斯	スウィート・チャールス
四格姬	四格姬
四宫宏	四宮宏
四手井	四手井
四手井纲正	四手井綱正
四元义隆	四元義隆
四元正则	ヨツモト・マサノリ
寺本武治	寺本武治
寺村升一	テラムラ・セイイチ
寺岛	寺島
寺岛健	寺島健
寺冈洪平	寺岡洪平
寺冈谨平	寺岡謹平
寺井邦三	寺井邦三
寺井久信	寺井久信
寺林	寺林
寺林友吉	寺林友吉
寺内寿一	寺内壽一
寺内正毅	寺内正毅
寺平	寺平
寺崎胜治	寺崎勝治
寺崎太郎	寺崎太郎
寺田	寺田
寺田稻次郎	寺田稲次郎
寺田省一	寺田省一
寺尾满	寺尾滿
寺泽藤义	寺澤藤義
寺中作雄	寺中作雄
松	松

中文人名	日文人名
松阪广政	松阪廣政
松阪时彦	松阪時彦
松本国雄	松本國雄
松本健次郎	松本健次郎
松本角平	松本角平
松本俊一	松本俊一
松本胜三郎	松本勝三郎
松本小将	松本小將
松本学	松本學
松本毅	松本毅
松本蒸治	松本蒸治
松本政一	松本政一
松本佐太郎	松本佐太郎
松本作次	松本作次
松川清	松川清
松村介石	松村介石
松村谦三	松村謙三
松村秀逸	松村秀逸
松村知胜	松村知勝
松岛鹿夫	松島鹿夫
松岛藤三郎	松島藤三郎
松方正义	松方正義
松富致	松富致
松冈八郎卫门	松岡八郎衛門
松冈康毅	松岡康毅
松冈洋右	松岡洋右
松宫顺	松宮順
松谷盘	松谷盤
松井成勋	松井成勳
松井得平	松井得平
松井多久郎	松井多久郎
松井龟太	松井亀太
松井七夫	松井七夫
松井庆四郎	松井慶四郎
松井石	松井石
松井石根	松井石根
松井太久郎	松井太久郎
松井文子	松井文子

中文人名	日文人名
松井义文	松井義文
松井知	松井知
松木次英雄	松木次英雄
松木良胜	松木良勝
松木侠	松木俠
松平恒雄	松平恒雄
松平康昌	松平康昌
松平康春子	松平康春子
松平康东	松平康東
松平庆民	松平慶民
松平绍光	松平紹光
松平昭光	松平昭光
松浦	松浦
松浦九州男	松浦九州男
松浦觉	松浦覺
松浦三郎	松浦三郎
松浦四郎	松浦四郎
松浦藤三郎	松浦藤三郎
松浦义教	松浦義教
松浦勇夫	松浦勇夫
松浦镇次郎	松浦鎮次郎
松崎四方吉	松崎四方吉
松崎彰	松崎彰
松桥健三郎	松橋健三郎
松山茂	松山茂
松室孝良	松室孝良
松田	マツダ
松田今辅	松田今輔
松田濑勋	松田瀬勛
松田令辅	松田令輔
松田千秋	松田千秋
松田亭	松田亭
松田源治	松田源治
松田彰	松田彰
松田祯辅	松田禎輔
松田正久	松田正久
松尾	松尾
松下	松下

中文人名	日文人名
松下芳一	松下芳一
松延繁次	松延繁次
松岩	松岩
松野鹤平	松野鶴平
松野弘	松野弘
松永	松永
松永次郎	松永次郎
松永寿雄	松永壽雄
松永五郎	松永五郎
松永贞市	松永貞市
松永正义	松永正義
松泽龙雄	松澤龍雄
松中	松中
宋母	宋母
宋庆龄	宋慶齢
宋绍韩	宋紹韓
宋襄	宋襄
宋哲元	宋哲元
宋子杰	宋子傑
宋子良	宋子良
宋子文	宋子文
苏贝达尔・伊莎尔・辛格	スブダルイシヤルスイング
苏炳文	蘇炳文
苏雷纳	シュレナ
苏米尔斯・乔治・C.	サマース・ジョンージ・シイ
苏内尔	スネル
苏锡文	蘇錫文
苏正心	蘇正心
肃毅	肅毅
宿利英冶	宿利英冶
宿直菊地	宿直菊地
粟津	粟津
粟田弘	粟田弘
穗积七郎	穗積七郎
穗积五一	穗積五一
穗积重威	穗積重威
孙科	孫科
孙岚	孫嵐

中文人名	日文人名
孙其昌	孫其昌
孙如	孫如
孙文	孫文
孙逸仙	孫逸仙
孙永成	孫永成
孙远震	孫遠震
孙哲生	孫哲生
孙中山	孫中山
孙子	孫子
所罗门	ソロモン
索科洛夫	ソコロフ・セルゲイパウロヴチ
索纳斯・保罗	ソムナスポール
索尼・约翰・B.	ソアーニイ・ジョンビー
索瑟德	サザート
索王	索王
索亚	ソヤ
索耶・约翰・R.	ソーヤー・ジョーレ・アール
塔德乌什・罗默	タテウス・ロメール
塔尔巴・亨利・贡特兰	タルバ・アンリ・ゴントラ
塔海尔	タヒル
塔克・厄尔・E.	タッカー・ナール・グー
塔伦斯・基恩	タレンスキーン
塔梅・J. 罗宾森	チェーム・J・ロビンスン
塔特・莱西・弗兰克林	ダートレイシー・フランクタ
太田耕造	太田耕造
太田果一	太田果一
太田健吾	太田健吾
太田金次郎	太田金次郎
太田觉	太田覺
太田三郎	太田三郎
太田泰治	太田泰治
太田为吉	太田為吉
太田香苗	太田香苗
太田幸一	太田幸一
太田一郎	太田一郎
太田正孝	太田正孝
太原信一	大原信一
泰奥菲尔・德尔卡塞	デルカッセ

中文人名	日文人名
泰莱尔	タイレル
泰勒	テイラー
泰勒	テーラー
泰姆菲・迪米特里・拉夫诺维奇	ティモフェーエフ・ドミートリー・イワノーウィチ
泰内伯斯	テネベス
泰森	タイソン
泰特	タイト
泰特	チーター
滩波经一	灘波經一
坦・昂	タン・アン
坦・貌	タン・ハイン・エング
坦吉・约瑟夫	タンギイ・ジョセフ・ジャン・マリ
汤濒	湯瀕
汤川康平	湯川康平
汤川茂雄	湯川茂雄
汤地	湯地
汤尔和	湯爾和
汤米	トミー
汤姆森・西罗尔夫・E.	トマスン・シイロルフ・イー
汤目一雄	ユノメクニオ
汤普森	トムソン
汤普森・盖恩	ソムプソン・グーン
汤浅仓平	湯淺倉平
汤山	湯山
汤筱菊	湯筱菊
汤玉麟	湯玉麟
汤泽三千男	湯澤三千男
唐・汤普森・斯劳特	ドントンプソンスロード
唐国安	唐國安
唐纳德・B. 库雷	ドナルド・ビー・クーレィ
唐纳德・W. 史密斯	ドナルド・ダヴリュー・スミス
唐纳德・林奇	ドナルド・リッチ
唐纳德・乔西	ドナルドジョジセーシセル
唐纳德・亚历山大・道伊	ドウナルド・アレキサンダー・ダウイー
唐山镇	唐山鎮
唐绍仪	唐紹儀
唐有壬	唐有壬
唐在复	唐在復

中文人名	日文人名
唐治仪	唐治儀
堂込佐市	堂込佐市
桃山	桃山
陶宝金	陶寶金
陶德曼	トラウトマン
陶希圣	陶希聖
陶渊明	陶淵明
特雷斯特雷尔	トレストレイル
特雷斯特雷尔·格拉迪斯	トレストレイル・グラデイス・シ
特里尔伍德	トリルウッド
特里默	トリマリ
特里姆	トレム
特鲁多	トルドー
特鲁斯德尔·威拉德·M.	トルスドール・ウキラード・エム
特罗蒂尔	トロッター
特纳	ターナー
特纳·D.怀特	ターナー・ディ・ホワイト
特纳·厄尔·B.	ターナー・アール・ビー
特纳·斯柯特·F.	ターナー・スコット・エフ
特尼森·B. J. H.	トイニッセン・B・J・H
特帕斯·保罗·埃蒙德	テパス・パール・エドシド
特威迪	ドウイーデイ
特威内姆	トワイナム
特维奈	トウイネン
腾吉男	騰吉男
腾崎弥熊	騰崎彌熊
滕井茂	滕井茂
滕静夫	滕靜夫
藤本义人	藤本義人
藤仓勘市	藤倉勘市
藤川	藤川
藤川觉	藤川覺
藤村茂	藤村茂
藤代铃太郎	藤代鈴太郎
藤岛英一	藤島英一
藤谷隆太郎	藤谷隆太郎
藤井半次	藤井半次
藤井辰夫	フジイ・タツヲ

中 文 人 名	日 文 人 名
藤井吉雄	藤井吉雄
藤井嘉夫	藤井嘉夫
藤井洁	藤井潔
藤井敬之助	藤井敬之助
藤井茂	藤井茂
藤井实	藤井實
藤井兴宣	藤井興宣
藤井伊左卫门	藤井伊左衛門
藤井真信	藤井眞信
藤林敬三	藤林敬三
藤卷吉生	藤巻吉生
藤山爱一郎	藤山愛一郎
藤山一雄	藤山一雄
藤室良辅	藤室良輔
藤田进	藤田進
藤田九一郎	藤田九一郎
藤田类太郎	藤田類太郎
藤田利三郎	藤田利三郎
藤田尚德	藤田尚德
藤田嗣雄	藤田嗣雄
藤田勇	藤田勇
藤田正路	藤田正路
藤野	藤野
藤原保雄	藤原保雄
藤原仁	藤原仁
藤原喜代间	藤原喜代間
藤原孝太	藤原孝太
藤原一郎	藤原一郎
藤原银次郎	藤原銀次郎
藤泽几之辅	藤澤幾之輔
藤泽亲雄	藤沢親雄
藤沼庄平	藤沼庄平
鹈饲芳男	鵜飼芳男
醍醐忠重	醍醐忠重
天城笃治	天城篤治
天逢	天逢
天谷	天谷
天皇裕仁	天皇裕仁

中文人名	日文人名
天野辰	天野辰
天野辰夫	天野辰夫
天野宫一	天野宮一
天野六郎	天野六郎
天野乡三	天野鄉三
天野勇	天野勇
天野正一	天野正一
天义	天義
天羽英二	天羽英二
天照大神	天照大神
天直次郎	天直次郎
田	田
田阪专一	田阪専一
田边俊介尔	田邊俊介爾
田边盛武	田邊盛武
田边信一	田辺信一
田边政尾	田邊政尾
田边治通	田邊治通
田部朋之	田部朋之
田仓	田倉
田次	クスキ
田村	田村
田村干二	タムラ・カンジ
田村浩	田村浩
田村勘次	田村勘次
田村宁二	田村寧二
田村丕显	田村丕顯
田村三郎	田村三郎
田村寿	田村壽
田村信忠	田村信忠
田村一夫	田村一夫
田村祯一	田村禎一
田代敏雄	田代敏雄
田代皖一郎	田代皖一郎
田代威三	田代威三
田代秀雄	田代秀雄
田岛光春	田島光春
田岛彦太郎	田島彦太郎

中文人名	日文人名
田岛条次	田島条次
田冈夫人	田岡夫人
田汉	田漢
田积元三	タヅミモトゾウ
田健治郎	田健治郎
田结穰	田結穣
田金阪郎	田金阪郎
田君	田君
田尻	田尻
田尻爱义	田尻愛義
田尻隼人	田尻隼人
田口	田口
田内行雄	田内行雄
田宁藤太郎	田甯藤太郎
田崎文藏	田崎文藏
田山四郎	田山四郎
田室则春	田室則春
田锁助男	田鎖助男
田畑	田畑
田仙太郎	田仙太郎
田沼光男	田沼光男
田贞次郎	田貞次郎
田之上	田之上
田中	タナカ
田中巴之助	田中巴之助
田中邦雄	田中邦雄
田中长茂	田中長茂
田中德一	田中德一
田中都吉	田中都吉
田中耕太郎	田中耕太郎
田中恭	田中恭
田中光显	田中光顕
田中将云	田中將雲
田中近藏	田中近藏
田中敬二	田中敬二
田中静一	田中靜一
田中久一	田中久一
田中军吉	田中軍吉

中文人名	日文人名
田中均	田中均
田中康道	田中康道
田中隆吉	田中隆吉
田中隆三	田中隆三
田中弥	田中彌
田中清	田中清
田中稔	田中稔
田中三男	田中三男
田中胜	田中勝
田中胜之助	田中勝之助
田中逝	田中逝
田中顺一郎	田中順一郎
田中武雄	田中武雄
田中香苗	田中香苗
田中新一	田中新一
田中信男	田中信男
田中一郎	田中一郎
田中义一	田中義一
田中原太郎	田中原太郎
田中正名	田中正名
田中稚	田中稚
田中忠胜	田中忠勝
田住元三	田住元三
畑	ハタ
畑俊六	畑俊六
畑英太郎	畑英太郎
畑中	畑中
畠山	畠山
畠山国登	畠山國登
町尻量基	町尻量基
町田稔	町田稔
町田忠治	町田忠治
町元	マチモト
廷代尔	チンデル
廷松	チンソン
庭本正久	庭本正久
通天太一郎	通天太一郎
樋端久利雄	樋端久利雄

中文人名	日文人名
樋口季	樋口季
樋口敬七郎	樋口敬七郎
樋口菊郎	樋口菊郎
樋口敏夫	樋口敏夫
同冈本尚	同岡本尚
佟凌阁	佟淩閣
桶口源之辅	桶口源之輔
筒井	筒井
筒井兴布	筒井興布
头山	頭山
头山满	頭山滿
头山末永	頭山末永
头山秀三	頭山秀三
头山秀一	頭山秀一
土仓	土倉
土肥一夫	土肥一夫
土肥原贤二	土肥原賢二
土井	土井
土井泰三	土井泰三
土居	土居
土居明居	土居明居
土居三郎	土居三郎
土桥	土橋
土桥勇逸	土橋勇逸
土上正夫	土上正夫
土上正雄	ドウエ正雄
土田寿	土田壽
土屋	土屋
土屋久泰	土屋久泰
土亚福	土亜福
吞・缅因	ツン・ミャイン
托马斯・A. 坎农	トマス・エイ・キヤノン
托马斯・A. 柯尔曼	トーマス・エー・コールマン
托马斯・C. 费希尔	トマス・C・フイッシャー
托马斯・C. 尼尔森	トーマス・シー・ネルソン
托马斯・F. 莫纳内	トーマス・エフ・モーネーン
托马斯・H. 毛罗	トーマス・エイチ・マロー
托马斯・H. 梅洛迪	トーマス・H・メロデイ

中文人名	日文人名
托马斯・H. 休利特	トーマス・エイチ・ヒューレット
托马斯・J. 卡夫	トマス・J・カラ
托马斯・R. 达加德	トーマス・R・タガード
托马斯・贝蒂・H. 二世	トーマス・ビーティ・エッチ
托马斯・布鲁斯・奥克特隆德	トーマス・ブルース・オーチタロニー
托马斯・德怀尔	トーマス・ドワイヤ
托马斯・菲利普	トマス・フィリプス
托马斯・亨利・郎布尔	トーマスヘンリランブル
托马斯・马森・威尔福德	トマス・メースン・ヴィルフォド
托马斯・迈克尔	トマス・マイクル
托马斯・帕特里克・查克森	トマスパトリックチャックソン
托马斯・威廉・宾德曼	トーマスウイリアムビンデマン
托马斯・约瑟夫・L.	トーマス・ジヨセフ・エル
托尼・巴巴	トニー・パルバ
托尼・克内尔	トニーケーネル
托普曼	トップマン
洼川保雄	窪川保雄
洼井义道	窪井義道
洼田吉雄	窪田吉雄
洼田角一	窪田角一
洼田静太郎	窪田静太郎
洼田廉译	窪田廉譯
洼田早视	窪田早視
瓦尔加斯	ヴアルガス
瓦利	パーレイ
瓦利耶	ヴアリエ
瓦伦・G. 霍金斯	ウオレンG・ホーキンズ
瓦伦丁・C. 哈马克	ヴァレイタイン・C・ハマック
瓦洛尼斯	ヴアロネス
瓦齐・斯特里	ウェージー・スタリ
瓦维尔	ヴエーベル
瓦西列夫	バシリエフ
瓦谢涅夫	ヴアセノフ
瓦因・A.	ヴィン・エイ
瓦因斯	ヴイーンズ
外山房雄	外山房雄
外山丰造	外山豊造
外园	外園

中文人名	日文人名
丸山达平	丸山達平
丸山鹤吉	丸山鶴吉
丸岩雄	丸岩雄
万福麟	萬福麟
万谷吉之助	萬谷吉之助
万国宾	萬國賓
万奇尔・弗农	ヴァンシル・ヴァン
万田	萬田
汪精卫	汪精衛
汪少丞	汪少丞
汪什尚阿巴图鲁	汪什尚阿巴圖魯
汪兆铭	汪兆銘
王长贵	王長貴
王陈氏	王陳氏
王成义	王成義
王宠惠	王寵惠
王德林	王德林
王鼎芳	王鼎芳
王二旦	王二旦
王二和	王二和
王福德	王福德
王根丑	王根醜
王广圻	王廣圻
王稼祥	王稼祥
王克敏	王克敏
王兰芳	王蘭芳
王冷斋	王冷齋
王明	王明
王潘	王潘
王丕承	王丕承
王群	王羣
王瑞华	王瑞華
王生英	王生英
王树耀	王樹耀
王羲之	王羲之
王宪章	王憲章
王晓籁	王曉籟
王馨园	王馨園

中文人名	日文人名
王延松	王延松
王揖唐	王揖唐
王以哲	王以哲
王毅	王毅
王永江	王永江
王正廷	王正廷
王仲夫	王仲夫
王兹栋	王兹棟
王子惠	王子惠
罔田	罔田
望月	望月
望月圭介	望月圭介
望月军兵	望月軍兵
威德马	バドマ
威蒂克	ウィティッチ
威尔伯・莫里斯	ウイルバーモリス
威尔基・达斯蒙德・柯林斯	ウィルキィ・テスモンド・コリンズ
威尔逊	ウィルソン
威尔逊・查尔斯・马克斯韦尔	ウイルソン・チャールス・マックウエル
威廉	ウリアム
威廉・A. 莱奥维	ウキリヤム・エイ・ルーヴィ
威廉・A. 迈克卡伯	ヴイアム・エー・マックケーブ
威廉・B. 弗卢里	ウィリアム・B・ツラーリ
威廉・C. 普劳特	ウイルアム・シー・プラウト
威廉・E. 布雷	ウィリアム・イー・ブレイ
威廉・E. 戴斯	ウイリアム・E・ダイス
威廉・E. 克拉克	ウイリアム・イー・クラーク
威廉・G. 法罗	ウィリアム・G・ファロウ
威廉・H. 库根	ウイリアム・エッチ・クーガン
威廉・J. O. 尼尔	ウイリアム・ジェイ・オ・ニール
威廉・J. 林齐	ウイリアム・ジェ・リンチ
威廉・J. 韦尔什二世	ウイリアム・J・ウエルシュ・Jr
威廉・J. 朱勒	ウィリアム・ジェー・フーラー
威廉・L. 米切尔	ウイリアム・エル・ミッチエル
威廉・M. 穆尔黑德	ウィリアム・M・ムアヘッド
威廉・N. 奈特	ウイリアム・エヌ・ナイト
威廉・P. 兰德	ヴイアム・ピー・ランター
威廉・P. 马奥尼	ウィリアム・ビイ・アホニイ

中文人名	日文人名
威廉・P. 泰斯	ウイリアムピータイス
威廉・R. 吉尔	ウィリヤム・アー・ギル
威廉・R. 莱伯尔德	ウィリヤム・アー・レイボルド
威廉・S. J. 柯利	ウィリアム・エス・ジェー・カーレィ
威廉・S. 梅	ウイルマ・エス・メー
威廉・T. 霍纳迪	ウヰリアム・T・ハーネデイ
威廉・阿舍斯特	ウイリアム・アミャースト
威廉・埃罗・贝利	ウイリャムエイロアベリー
威廉・艾特肯	ウイリアム・エイケン
威廉・爱德华・罗伯特	ウィリャムエドワートロバート
威廉・安德森・贝蒂	ウイリナムアンタースンビーティー
威廉・波利特	ウイリアム・ポーレット
威廉・迪顿・卡莫隆	ウイリャムディットン
威廉・法罗	ウィリアム・デイ・ファロウ
威廉・费尔雷	ウィリヤム・フェアレィ
威廉・弗拉德・韦伯	ウイリアム・フラッド・ウェッブ
威廉・哈里・福兰克林	ウイリアム・ハリイ・フランクリン
威廉・哈里斯	ウィリアム・ハリス
威廉・赫顿	ウイリアム・ハットン
威廉・库克	ウィリアム・クック
威廉・鲁道夫・赖博尔特	ウキリアム・ルドルフ・レイボルド
威廉・罗伯特・林德菲尔德	ウィリヤム・アー・リンダーフエルト
威廉・马霍尼	ウィリアム・マホニー
威廉・马瓦凯・吉	ウイリアムマワケジー
威廉・麦克奇	ウィリャムマッケシー
威廉・曼宁・布莱克伍德	ウィリアム・マニング・ブラックウッド
威廉・米歇尔	ウイリャム・ム・ミッチェル
威廉・莫塞	ウイリアムモーサー
威廉・乔治・霍洛汉	ウイリアム・ジョン・ホロハン
威廉・斯科达默・米歇尔	ウィリャムスクダモーミッテェル
威廉・斯拉德・邦奇	ウィリアム・スレイド・バンギ
威廉・斯特拉斯	ウィルヘルムシュトライセ
威廉・斯特朗	ヴィアム・ストラング
威廉・韦奇伍德・本	ヴィリアム・ヴェヂウッド・ペン
威廉・希尔曼	ウイリアム・ヒルマン
威廉・希林	ウィリアム・シリング
威廉・夏普	ウイリアム・シャーブ
威廉・扬	ウィリヤム・ヤング

中文人名	日文人名
威廉・约翰逊	ウイリヤム・ジョンソン
威廉・约瑟夫	ウエリアム・ジョセフ
威廉姆斯	ウィリアムス
威廉森・弗朗克・F.	ウィリヤツン・ユウグ・エフ
威廉斯	ウイリヤムズ
威廉斯・A. O.	ウィリアムス・エー・オー
威廉斯・V. G.	ウィリアムス・ヴィ・ヂー
威林格	ウイリンガ
威特尼	ウィトネィ
隈井	隈井
薇薇安・基尔纳	ヴィヴイアン・キルケー
为本博笃	為本博篤
韦奥修	韋奥修
韦伯斯特	ウエブスター
韦尔福德・C. 布林	ウェルフォード・シー・ブリン
韦尔福莱德・劳森・克拉克森	ウエルフレワドロー
韦尔斯	ウエルーズ
韦凤琛	韋鳳琛
韦弗尔	ウェーヴェル
韦焕章	韋煥章
韦克菲尔德・布莱尔・M.	ウェークフィルードブレアンム
韦廖	韋廖
韦曼	ヴエルマン
韦默斯	ワイマース
韦尼克・范・达姆	ウエルンイク
韦宁	ウェルニンク
韦斯利・普拉特	ウエズリー
韦斯纽斯基・斯坦利・A.	ウィスニユウスキイ・スタンレイ・エイ
韦斯特・莱斯特・R.	ウェストレスターアール
韦斯特贝克・C. W.	ヴェステルベーク・C・W
韦斯特霍斯	ヴェスターフィス
韦斯特霍斯・D. J. A.	ヴェステルフィス・D・J・A・
韦斯特兰・杰勒德・R.	ウェスターランド・チエラード・アール
韦斯特利	ウエストレー
韦霄堂	韋霄堂
韦兴福	韋興福
韦周	シー・ウエン・シユウ
维奥伦	ヴィアロン

中文人名	日文人名
维巴斯	ウエルバース
维多利亚	ヴィクトリヤ
维尔	ヴイール
维尔佩・雷蒙德	ウイルハー・レドモンド
维基・加多尔	ヴイキー・ガドル
维克托・温森特・奥拉诺	ブィクトル・ヴィセンテ・オラノ
维克托・约瑟夫・米亚特	ウイクター・ショセフ
维拉德・哈迈德	ウルスラガー・ハマート
维拉特	ウィラルト
维利尼斯・查尔斯	ヴリンズ・チャールズ
维瑟	ヴィッサー
维森特・皮农	ヴイセンテ・ピノン
维斯・巴登	ウィ・スバーデン
维塔利斯	ヴィタリス
维西・库姆	ウィズイ・カウム
伟	コウ・シーウエイ
尾岛健次郎	尾島健次郎
尾冈	尾岡
尾高龟藏	尾高龜藏
尾户长春	尾戸長春
尾花	尾花
尾崎海治	尾崎海治
尾崎敬义	尾崎敬義
尾崎十一郎	尾崎十一郎
尾崎宪彦	尾崎憲彦
尾崎行雄	尾崎行雄
尾崎秀实	尾崎秀實
尾崎庄太郎	尾崎莊太郎
尾田定显	尾田定顯
尾卫行雄	尾衞行雄
尾西	ナリシ
尾形荣藏	尾形榮藏
尾竹二三郎	尾竹二三郎
梶岛氏	梶島氏
梶间增治	梶間增治
梶原携生	梶原攜生
梶冢	梶塚
卫藤利夫	衛藤利夫

中文人名	日文人名
魏茨泽克	ウイツゼツカー
魏晋芳	魏晉芳
魏宗瀚	魏宗瀚
塭原	塭原
温顿	ウェイントン
温多森・斯图尔特・L.	ウィドス・アト・エル
温菲尔德・S. 卡宁汉姆	ウィンフィールド・スコット・カンニンガム
温莱特	ウェインライト
温纳姆・肯尼斯・N.	ウィンハム・ケンネス・エク
温斯顿・S. 丘吉尔	ウインストン・エス・チャーチル
温特・格伦	ウアンド・グレン
温宗尧	溫宗堯
文森特・莱德斯马	ヴィンセント・レデスマ
翁照垣	翁照垣
我妻东策	我妻東策
沃德・W. 凯利	ウオード・W・ケリー
沃德・阿瑟・J.	ウ・ジェー
沃德利	ウワーブリー
沃恩	ヴウン
沃恩・沃伦・哈尔	ヴォーン・ワートン・アール
沃恩克・哈里	ウアーンク・ハリ
沃尔・约翰・尼科尔斯	ウオル・ジョン・ニコリス
沃尔顿・B.	オルトン・ジヨシユア・ビー
沃尔夫	ウォルフ
沃尔霍夫・劳埃德	ウオルホフ・ロイド・リチャード
沃尔克	ウオルカー
沃尔曼	ヴエールマン
沃尔什	ウォルシュ
沃尔特・E. 德里斯	ウオルターイーデリス
沃尔特・T. E.	ウォルター・T・E
沃尔特・埃奇斯	フォルター・アデス
沃尔特・博西	ウオルター・ボッシ
沃尔特・李普曼	ウオルター・リッつブンマン
沃尔特・奇塔姆	ウオーター・チータム
沃尔特・乔弗里	ウオルタージョンフレーロフイ
沃尔特・乔弗里・洛菲	ウォルタージョレー・ロフイ
沃尔特・约翰逊	ウォールター・ジョンソン
沃尔特斯	ウォルタース

中文人名	日文人名
沃尔特斯・杜安・M.	ウオルクース・ドウンス・エム
沃克	ウオーカー
沃克利	ウォークリー
沃农・道格拉斯	アーサネン・ダブラス
沃诺克	ターナック
沃森・威尔	ワトソンヴィル
沃斯・D. 怀特	ウォース・D・ホワイー
沃斯蒂夫	フルステーフ
沃特	オート
沃特林	ヴアウトリン
沃特斯・伍德罗・W.	ウオタラスウッドロウダブリユウ
渥美铁三	渥美鐵三
乌多	ウド
乌马・丁	ウマーデイン
乌马伊・普拉	ウマイ・プラ
屋铺诚次	屋鋪誠次
吴大澂	吳大澂
吴恩培	吳恩培
吴鹤龄	吳鶴齡
吴家兴	吳家興
吴经才	吳經才
吴可光	吳可光
吴连德	吳連德
吴佩孚	吳佩孚
吴师道	吳師道
吴秀峰	吳秀峰
吴英	ウウ・イン
吴永蕃	吳永蕃
吴用葳	吳用葳
吴张氏	吳張氏
吴肇	吳肇
吴著清	吳著清
五岛庆太	五島慶太
五港清	五港清
五格姬	五格姬
五静修	五靜修
五龙	五龍
五十岚保司	五十嵐保司

中文人名	日文人名
五十岚甫	五十嵐甫
午场友谚	午場友諺
午岛实常	午嶋實常
午冢荣一	午塚榮一
伍长德	伍長德
伍德	ウット
伍德・威廉・R.	ウッド・ウィリアム・アール
伍德沃斯・克莱顿・R.	ウトワース・クレイトン・アール
伍尔夫	ウルフ
伍圭卓雄	伍圭卓雄
伍莱	ウーレー
伍斯特曼	ウースターマン
伍堂	伍堂
伍堂卓雄	伍堂卓雄
伍兹・查尔斯	ウッゲ・ノナヤールツ
武	武
武安福男	武安福男
武部六藏	武部六藏
武场	武場
武川仁三郎	武川仁三郎
武福时敏	武福時敏
武冈嘉一	武岡嘉一
武井次男	武井次男
武居清太郎	武居清太郎
武三千雄	武三千雄
武市义雄	武市義雄
武藤仓州	武藤倉州
武藤富男	武藤富男
武藤胜彦	武藤勝彦
武藤盛雄	武藤盛雄
武藤信义	武藤信義
武藤章	武藤章
武田	武田
武田淳	武田淳
武田农园	武田農園
武田寿	武田壽
武田喜稔	武田喜稔
武田信正	武田信正

中文人名	日文人名
武田勇	武田勇
武者小路公共	武者小路公共
西奥多・Q. 拉默斯	テオドアー・Q・ラムマース
西奥多・威尔金森	デオドア・ウィルキンソン
西比尔・达利	シービイ
西部	西部
西川武敏	西川武敏
西春彦	西春彦
西春治郎	西春治郎
西村良一	西村良一
西村顺三	西村順三
西村祥治	西村祥治
西村熊雄	西村熊雄
西村琢磨	西村琢磨
西岛芳二	西島芳二
西岛刚	西島剛
西岛良次	西島良次
西德尼・F. 马什比卢	シドニ・エフ・マシュビール
西方	西方
西方惣治	西方惣治
西冈	西岡
西冈繁	西岡繁
西冈茂	西岡茂
西格蒙德	シグムンド
西久	西久
西拉姆・E. 牛比尔	ハイムラニュービル
西里尔・贝茨	シリル・ベーツ
西里尔・查尔斯・米尔斯	シリルチャールスミルス
西里金藏	西裡金藏
西马・巴哈德	シマ・バハドウル
西门子	シーメンス
西蒙	サイモン
西蒙・拉米雷斯	シモン・ラミレス
西蒙・帕蒂纳马	サイモンパッチナマ
西蒙诺夫	セメヨノフ
西蒙斯	シモンス
西蒙斯・阿尔弗雷德	アルフレッドシモンズ
西蒙斯夫人	シモンズ夫人

中文人名	日文人名
西米茨	シミツ
西内雅	西内雅
西奈	シナゴナ
西尼・赖特	シドニト・ライト
西诺姆・宾・拉迪曼	シビリング・アライサ
西浦进	西浦進
西崎弘太郎	西崎弘太郎
西山荣久	西山榮久
西山五郎	西山五郎
西山直	西山直
西泰尔・威廉・皮亚农	サイテルウィリャムポヤノン
西田	西田
西田当元	西田當元
西田税	西田稅
西尾东造	西尾東造
西尾末广	西尾末廣
西尾寿造	西尾壽造
西尾秀彦	西尾秀彦
西乡从道	西郷従道
西乡从吾	西郷従吾
西乡南洲	西郷南洲
西义显	西義顯
西义一	西義一
西园寺	西園寺
西园寺八郎	西園寺八郎
西园寺公望	西園寺公望
西原一策	西原一策
西原一作	西原一作
西原周二	西原周二
西泽正夫	西澤正夫
希恩・厄内斯特・J.	シーン・アーネス・ジェイ
希尔德・布兰德	ヒルデ・ブランド
希尔肯・威廉・M.	ヒルキーン・ウイリヤム・エム
希尔曼	ヒルマン
希尔尼科夫	シーリニコフ
希尔斯・T.	シュールズ・T
希尔韦・丁克	フエルデインク
希基・弗兰斯	ヒッキー・フランス

中文人名	日文人名
希金斯	ヒギンズ
希克森	ヒックソン
希拉姆・E.纽比尔	ハイラム・イー・ニュービル
希利	ヒーリイ
希罗	ヒロエ
希罗卡	ヒロオカ
希姆莱	ハイリッヒ・ヒムラー
希钦斯	ヒッチェンズ
希思	ヒース
希特勒	希特勒
锡山政见	錫山政見
熙洽	熙洽
嬉野通轨	嬉野通軌
席姆勒	シムラー
袭敬钟	襲敬鐘
喜多长夫	キタ・ナガヲ
喜多诚一	喜多誠一
喜多村实	喜多村實
喜多永男	喜多永男
喜久代	キクヨ
细ヶ谷萱子郎	細ヶ谷萱子郎
细川护贞	細川護貞
细川若	細川若
细谷菅子郎	細谷菅子郎
细谷尚二	ホソタニ・ナホジ
细井	細井
细井外右卫门	細井外右衛門
细井秀夫	細井秀夫
细皮奥	スイビオ・T・L
细田	細田
细萱戊子郎	細萱戊子郎
细谷直次	細谷直次
下川	下川
下村	下村
下村定	下村定
下村广	下村廣
下村宏	下村宏
下村咸	下村鹹

中文人名	日文人名
下村信祯	下村信禎
下田	下田
下田千代士	下田千代士
下田武三	下田武三
下园佐吉	下園佐吉
下中弥三郎	下中彌三郎
下中源三郎	下中源三郎
夏井义胜	夏井義勝
夏洛克	シャイハート・チャルスー
夏目	夏目
夏目忠雄	夏目忠雄
仙波勉	仙波勉
仙石贡	仙石貢
仙石孝太郎	仙石孝太郎
仙田	仙田
闲院宫	閑院宮
线林	線林
乡川	郷川
乡古洁	郷古潔
相川胜六	相川勝六
相马镜次郎	相馬鏡次郎
相马庆子	相馬慶子
相泽	相澤
相泽三郎	相澤三郎
相泽治索	相澤治索
香阪昌康	香阪昌康
香川	香川
香田清贞	香田清貞
香月清司	香月清司
香月新	香月新
襄松子	襄松子
向井忠晴	向井忠晴
向山	サキヤマ
向义法	向義法
向哲濬	向哲濬
项英	項英
萧继荣	蕭繼榮
萧振瀛	蕭振瀛

中 文 人 名	日 文 人 名
小阪德三郎	小阪德三郎
小仓	小倉
小仓虎治	小倉虎治
小仓庸夫	小倉庸夫
小仓正恒	小倉正恒
小池	小池
小池谦一	小池謙一
小池银次郎	小池銀次郎
小池原男	小池原男
小池直人	小池直人
小出舍夫	小出捨夫
小出石繁九	小出石繁九
小川关治郎	小川關治郎
小川贯玺	小川貫璽
小川静男	小川靜男
小川丰彦	小川豊彦
小川平吉	小川平吉
小川清	オガワ・キヨシ
小川清四郎	小川清四郎
小川三郎	小川三郎
小川顺一郎	小川順一郎
小川藤一	小川藤一
小川喜一	小川喜一
小川乡太郎	小川鄉太郎
小川运平	小川運平
小村寿太郎	小村壽太郎
小岛利八郎	小島利八郎
小岛茂雄	小島茂雄
小岛太作	小島太作
小岛秀雄	小島秀雄
小岛一	小島一
小岛正教	小島正教
小幡虎太郎	小幡彪太郎
小幡实	小幡實
小幡酉吉	小幡酉吉
小宫幸次郎	小宮幸次郎
小河原浦治	小河原浦治
小河正义	小河正義

中文人名	日文人名
小矶国昭	小磯國昭
小菅肇	小菅肇
小津治三郎	小津治三郎
小久保	コクボ
小口守	小口守
小栗银三	小栗銀三
小笠原长生	小笠原長生
小笠原三九郎	小笠原三九郎
小林长次郎	小林長次郎
小林长选	小林長選
小林次郎	小林次郎
小林国男治	小林國男治
小林跻造	小林躋造
小林静男	小林靜男
小林康男	小林康男
小林康太郎	小林康太郎
小林美文	小林美文
小林米光	小林米光
小林品次	小林品次
小林浅三郎	小林淺三郎
小林仁	小林仁
小林淑人	小林淑人
小林顺一郎	小林順一郎
小林四男治	小林四男治
小林信明	小林信明
小林修治郎	小林修治郎
小林一三	小林一三
小林议五	小林議五
小柳富次	小柳富次
小柳司气太	小柳司氣太
小路元吉	ションジ・モトヨシ
小暮军治	小暮軍治
小楠正雄	小楠正雄
小桥一夫	小橋一夫
小桥一太	小橋一太
小清水石男	小清水石男
小泉亲彦	小泉親彦
小泉梧郎	小泉梧郎

中文人名	日文人名
小泉又次郎	小泉又次郎
小泉又二郎	小泉又二郎
小泉治作	小泉治作
小日山直登	小日山直登
小森田一记	小森田一記
小山广海	オオヤマ・ホロミ
小山进次郎	小山進次郎
小山亮	小山亮
小山松吉	小山松吉
小山松寿	小山松壽
小山田剑南	小山田劍南
小山完吾	小山完吾
小山右吉	小山右吉
小衫方也	小衫方也
小室力也	小室力也
小松	小松
小松光彦	小松光彥
小松辉久	小松輝久
小松崎重	小松崎重
小松禹一	小松禹一
小松原	小松原
小松原道太郎	小松原道太郎
小田部健一	小田部健一
小田村利武	小田村利武
小田岛	小田島
小田岛董	小田島董
小田十庄	小田十莊
小田原俊彦	小田原俊彥
小畑爱记	小畑愛記
小畑长左卫门	小畑長左衛門
小畑乕之助	小畑乕之助
小畑敏四郎	小畑敏四郎
小畑信良	小畑信良
小畑忠良	小畑忠良
小畠四郎	小畠四郎
小尾	小尾
小尾晴敏	小尾晴敏
小尾哲三	小尾哲三

中文人名	日文人名
小屋迫要	小屋迫要
小岩	小岩
小野	小野
小野间三雄	小野間三雄
小野敬直	小野敬直
小野久彦	小野久彦
小野猛	小野猛
小野内	小野内
小野清一郎	小野清一郎
小野实	小野實
小野实信	小野実信
小野寺	小野寺
小野寺五一	小野寺五一
小野武	小野武
小野武一	オノ・ブイチ
小野悟	小野悟
小野喜作	小野喜作
小野新三郎	小野新三郎
小野义德	小野義德
小野周一	小野周一
小原	小原
小原长四郎	小原長四郎
小原宁雄	小原寧雄
小原骐直	小原騏直
小原润一	小原潤一
小原义男	小原義男
小原直	小原直
小原竹次郎	小原竹次郎
小泽	小澤
小泽开作	小澤開作
小泽治三郎	小澤治三郎
小沼利雄	小沼利雄
小沼正	小沼正
筱崎嘉郎	篠崎嘉郎
筱原诚一郎	篠原誠一郎
筱泽义治	シノムビンラヂマン
筱冢大策	篠塚大策
筱冢义男	篠塚義男

中 文 人 名	日 文 人 名
孝澄	孝澄
孝明天皇	孝明天皇
孝彦	孝彦
肖・李・克里夫德	ショー・リイ・クリホード
肖蒂斯・亚历山大・W.	ジャウテイス・アレキサンダー・ダブルユウ
咲村	咲村
笑子	笑子
胁阪次郎	脇阪次郎
胁山	脇山
谢	謝
谢尔・詹格	シャジャン
谢尔顿・T. 怀特	セルドン・テイ・ポワイト
谢尔曼	チーマシ
谢刚哲	謝剛哲
谢介石	謝介石
谢金华	謝金華
谢珂	謝珂
谢克・纽斯塔尔	シークネスタール
谢列布里亚科夫	セレブリヤコフ
谢吕生	謝呂生
谢梅尔・查尔斯・M.	ジェメルヤルズ・エム
谢苗诺夫・格里高利・米哈伊诺维奇	セミヨーノフ・グリゴリー・ミハイロヴィッチ
谢泼德	シェパード
谢维麟	謝維麟
谢文东	謝文東
辛德・帕特・霍华德	ハーンドバットホワード
辛吉明	辛吉明
辛克莱・R. F.	シンクレア・R・F
辛克森・理查德・贾德	ヒンクソン・リチャード・ジュワド
辛珀斯・威廉・T.	シンバースウリヤム・テイ
辛普森	シミプソン
辛田足仪	辛田足儀
辛雪明	辛雪明
欣茨・欧文・拉齐	ヒンワオーエン・ライチ
欣德尔・H. R.	ヒンテル・エッチ・アール
新	新
新岛信夫	新島信夫
新见政一	新見政一

中文人名	日文人名
新井长三郎	新井長三郎
新井省二	新井省二
新井维平	新井維平
新井勋	新井勳
新井宗冶	新井宗冶
新罗山人	新羅山人
新纳克己	新納克己
新屋茂树	新屋茂樹
新乡	新鄉
新正雄	新正雄
信夫淳平	信夫淳平
信义	信義
兴田安正	興田安正
星辰太郎	星辰太郎
星岛二郎	星島二郎
星岛进	星島進
星吉兵卫	星吉兵衛
星井真澄	星井眞澄
星野光多	星野光多
星野梅子	星野梅子
星野一彦	星野一彦
星野毅子郎	星野毅子郎
星野直树	星野直樹
熊斌	熊斌
熊谷八郎	熊谷八郎
熊谷健一	熊谷健一
熊谷寿郎	熊谷壽郎
熊谷幸利	熊谷幸利
熊谷卓次	熊谷卓次
熊野修一	熊野修一
休・R. 威尔逊	ヒュー・アール・ウィルソン
休・弗拉瑟	ヒユーフレイザー
休・吉伯森	ヒュー・ギブスン
休・威尔逊	ヒユーウイルソン
休・约瑟夫・韦伯斯特	ヒュージョセフ・ウェブスター
休茨	スイツ
休厄尔	エイ・セウェル
休密特	シエーミット

中文人名	日文人名
休姆	ヒューム
休森	ヒュースン
休斯	ヒューズ
朽本后一	朽本後一
须阁森	ヒューゲッセン
须贺	スガ
须见丰三郎	スミ・トヨサブロウ
须江英雄	須江英雄
须磨弥吉郎	須磨彌吉郎
须山	須山
须田太郎	須田太郎
须田喜代松	須田喜代松
须佐嘉桥	須佐嘉橋
徐节俊	徐節俊
徐名鸿	徐名鴻
徐绍卿	徐紹卿
徐淑希	徐淑希
徐树全	徐樹全
徐桐	徐桐
徐文科	徐文科
徐新六	徐新六
徐亚福	徐亜福
徐燕谋	徐燕謀
徐永昌	徐永昌
许修直	許修直
许宜浩	許宜浩
许宗智	許宗智
旭川	旭川
旭藤市郎	旭藤市郎
绪方孝三郎	緒方孝三郎
绪方真记	緒方眞記
绪方竹虎	緒方竹虎
宣仁亲王	宣仁親王
宣统皇后	宣統皇后
萱岛高	萱嶋高
薛少臣	薛少臣
薛学海	薛學海
穴户芳之	穴戸芳之

中文人名	日文人名
学铭	學銘
雅各布	ゼコッブス
雅各布・D. 德谢吉亚	チェーコブ・デー・デシュシア
雅各布・D. 迪莎泽尔	ゼコッブ・D・ディシェーザー
雅各布・哈伯斯	ヤコブ・ハルベルツ
雅各布斯・布洛克	チャールス・ヨンゲネール
雅各布斯・斯蒂芬纳斯・史密特	ヤコブス・ステファヌス・スミット
雅科夫列夫	ヤーコフレフ
雅克特	ジャケット
雅库布・汉	ヤクブカーン
雅思拜尔斯	ヤスベルス
亚当森	アダムスン
亚当斯	アダムス
亚尔・亚尔・斯米尔诺夫	ヤー・ヤー・スミルノフ
亚历山大	アレクサンダー
亚历山大・范	アレキサンダー・ファン
亚历山大・戈登	アレクサンダー・カドガン
亚历山大・柯德	アレキサンダー・コード
亚历山大・克莱因	アレキサンドル・クレン
亚历山大・梅雷姆迪斯	アレグザンダー・メレデス
亚历山大・米勒	アレクサンドルミルレル
亚历山大・默顿・麦卡基	アレキサンダー・モートンマッケー
亚历山大・英格斯	アレキサンダー・エンヂス
亚纳尔	ヤーネル
延・哈里・T. K.	ユエン・ハリー・テイ・ケー
严德媛	嚴德媛
岩奥	岩奥
岩仓	岩倉
岩仓规夫	岩倉規夫
岩村清一	岩村清一
岩村通世	岩村通世
岩黑	岩黒
岩间幸平	岩間幸平
岩井	岩井
岩井静	岩井靜
岩濑太郎	岩瀬太郎
岩木	岩木
岩畔豪雄	岩畔豪雄

中文人名	日文人名
岩畔英雄	岩畔英雄
岩崎	岩崎
岩崎民男	岩崎民男
岩崎浅七	岩崎淺七
岩切传三郎	岩切傳三郎
岩松五良	岩松五良
岩松武	岩松武
岩松义雄	岩松義雄
岩田爱之助	岩田愛之助
岩田次夫	岩田次夫
岩田三夫	岩田三夫
岩田孝之	岩田孝之
岩田一	岩田一
岩田正之	岩田正之
岩田政胜	岩田政勝
岩田忠造	岩田忠造
岩田宙造	岩田宙造
岩下	岩下
岩下保太郎	岩下保太郎
岩下贞喜	岩下貞喜
岩永君	岩永君
岩渊	岩淵
岩元荣吉	岩元榮吉
岩泽诚	岩沢誠
岩中保章	岩中保章
岩佐	岩佐
岩佐凯实	岩佐凱実
岩佐直治	岩佐直治
盐谷好太郎	塩谷好太郎
盐谷庆一郎	塩谷慶一郎
盐谷温	塩谷溫
盐见晴雄	塩見晴雄,塩見晴雄
盐梅	塩梅
盐崎	塩崎
盐田淑夫	塩田淑夫
盐野季彦	塩野季彦
盐野秀彦	塩野秀彦
盐原时三郎	塩原時三郎

中文人名	日文人名
盐原时助	塩原時助
盐月学	塩月學
盐月哲雄	塩月哲雄
盐泽	シオザワ
盐泽幸一	塩澤幸一
阎传绂	閻傳紱
阎王	閻王
阎锡山	閻錫山
颜惠庆	顔惠慶
严崎	厳崎
扬	ヤンク
扬三	揚三
扬云竹	揚雲竹
阳永芳	陽永芳
阳有望	陽有望
杨	楊
杨春林	ヤン・チュン・リン
杨广才	楊廣才
杨虎	楊虎
杨虎城	楊虎城
杨靖宇	楊靖宇
杨儒	楊儒
杨世屏	楊世屏
杨永泰	楊永泰
杨宇霆	楊宇霆
杨兆雄	楊兆雄
姚旺	ヤオ・ウン夫人
姚震	姚震
耶鲁・坎迪・马克森	イエール・キアンデイー・マクソン
耶佩・伦佩恩	イエペーレムペン
耶斯特	エスター
野本	野本
野村常吉	野村常吉
野村吉三郎	野村吉三郎
野村来栖	野村來栖
野村三郎	野村三郎
野村秀雄	野村秀雄
野村直邦	野村直邦

中文人名	日文人名
野村重臣	野村重臣
野岛	野島
野地麟	野地麟
野富	野富
野间海造	野間海造
野见山勉	野見山勉
野口多内	野口多内
野口芳雄	野口芳雄
野口清臣	野口清臣
野口藤七	野口藤七
野口文云	野口文雲
野老山幸风	野老山幸風
野林	野林
野吕	野呂
野崎元德	野崎元德
野崎忠盛	野崎忠盛
野添孝生	野添孝生
野田耕夫	野田耕夫
野田坚固	野田堅固
野田卯太郎	野田卯太郎
野田卯一	野田卯一
野田谦吾	野田謙吾
野田武雄	野田武雄
野须正一	野須正一
野野村	野野村
野元金次	野元金次
野原	野原
野原驹吉	野原駒吉
野中	野中
野中四郎	野中四郎
业喜海顺	業喜海順
叶村茂	葉村茂
叶尔苏姆	エルスム
叶方丈	葉方丈
叶公超	葉公超
叶清和	葉清和
叶生炳	葉生炳
叶有德	葉有德

中文人名	日文人名
叶子	葉子
一宫松次	一宮松次
一宫义之	一宮義之
一户公哉	一戸公哉
一濑信一	一瀬信一
一木清直	一木清直
一木喜德郎	一木喜德郎
一桥成夫	イチハシ・シゲオ
一且久太保	一且久太保
一色正雄	一色正雄
一田次郎	一田次郎
伊达洋造	伊達洋造
伊达宗彰	伊達宗彰
伊地知义一	伊地知義一
伊东巳代治	伊東巳代治
伊恩・道格拉斯・纽兰兹	イアン・ダグラス・ニウランヅ
伊恩・法夸尔・麦克雷	イアン・ファークーハ・マクリー
伊高花吉	伊高花吉
伊格纳西奥・贝纳文特	イグナチォ・ベナヴェンテ
伊康菊次	伊康菊次
伊莱克斯・萨丹	エリエツイスサドラン
伊莱亚斯	エリアス
伊莱亚斯・德尔・科斯蒂拉	エリアス・デル・コスティラ
伊丽莎白・O.汉隆	エリザベス・オーハンロン夫人
伊利休・鲁特	エリヒュー・ルート
伊麻谦二	伊麻謙二
伊木嘉辰	伊木嘉辰
伊内兹・斯特里根	アイネズ・ストリーガン
伊普・坦	イブタ
伊萨克	アイザーク
伊萨克・R.汉德利	アイザック・R・ハンドレー
伊萨克・卡拜尔・基德	アイザック・キャンベル・キッド
伊萨克・塞缪尔・迪克森	アイザック・サミュール・ディクソン
伊森伯格・罗伯特・O.	アイゼンヘルク・ロバート・オウ
伊势	伊勢
伊藤爱二	伊藤愛二
伊藤安太郎	イトウ・セスタロウ
伊藤博	伊藤博

中文人名	日文人名
伊藤博文	伊藤博文
伊藤操戈	伊藤操戈
伊藤广	伊藤廣
伊藤龟城	伊藤亀城
伊藤国雄	伊藤國雄
伊藤恒治	伊藤恒治
伊藤嘉彦	伊藤嘉彦
伊藤良二	伊藤良二
伊藤六十次郎	伊藤六十次郎
伊藤猛	伊藤猛
伊藤明	伊藤明
伊藤清	伊藤清
伊藤尚平	伊藤尚平
伊藤述史	伊藤述史
伊藤太一	伊藤太一
伊藤田一	イトウ・タイチ
伊藤文吉	伊藤文吉
伊藤武雄	伊藤武雄
伊藤喜之助	伊藤喜之助
伊藤延吉	伊藤延吉
伊藤阳介	伊藤陽介
伊藤一郎	伊藤一郎
伊藤寅司	伊藤寅司
伊藤友太郎	伊藤友太郎
伊藤缘良	伊藤緑良
伊藤整一	伊藤整一
伊藤重二郎	伊藤重二郎
伊娃	イヴア
伊万杰琳	エバンヘリン
伊万杰琳・科斯塔斯・加西亚	エバンヘリン・コスタス・ガルシヤ
伊万诺夫	イワノフ
伊泽多喜男	伊澤多喜男
依光	依光
依克唐阿	依克唐阿
依仁亲王	依仁親王
仪峨彻二	儀峨徹二
宜仁亲王	宜仁親王
刈谷义晃	刈谷義晃

中文人名	日文人名
奕劻	奕劻
奕欣	奕訢
益田兼利	益田兼利
因德里	インデルリ
殷汝耕	殷汝耕
殷同	殷同
殷王则	殷王則
英斯・威廉・R.	インズ・ウイルヤー・アール
樱井兵五郎	櫻井兵五郎
樱井德三郎	櫻井德三郎
樱井德太郎	櫻井德太郎
樱井锭二	櫻井錠二
樱井三郎右卫门	櫻井三郎右衛門
樱井文夫	櫻井文夫
樱井文雄	櫻井文雄
樱井幸雄	櫻井幸雄
樱井英介	櫻井英介
樱井御太郎	櫻井禦太郎
樱井正	櫻井正
樱内	櫻內
樱内幸雄	櫻內幸雄
樱泽如一	櫻澤如一
影山正治	影山正治
影佐	影佐
影佐祯昭	影佐禎昭
佣负韩	傭負韓
雍仁亲王	雍仁親王
永代秀之	永代秀之
永岛文雄	永島文雄
永岛义治	永島義治
永岛重生	永島重生
永富	永富
永津佐比重	永津佐比重
永井八津次	永井八津次
永井古野	永井古野
永井了吉	永井了吉
永井柳太郎	永井柳太郎
永井仁八郎	永井仁八郎

中文人名	日文人名
永井三树三	永井三樹三
永井松三	永井松三
永井亚历山	永井亜歷山
永井英次郎	永井英次郎
永井正	永井正
永山忠则	永山忠則
永田俊幸	ナガタトシユキ
永田露	永田露
永田茂	永田茂
永田清	永田清
永田铁山	永田鐵山
永田信一	永田信一
永田秀次郎	永田秀次郎
永田永造	永田永造
永野修身	永野修身
永野贞信	永野貞信
永友吉忠	永友吉忠
幽王	幽王
尤德	ヨーダー
尤尔辛	ヤルシング
尤金・H. 杜曼	ユージン・エイチー・ドウマン
尤金・J. 特文德伦	ユー・ジエン・J・トヰンドレン
尤金・里克特	ユウジン・リッチャー
尤金・苏亚雷兹・赫莱罗斯	ユージェーヌ・スアレズ・ヘレロス
尤金・沃太加诺	ユージェーヌ・ヴェルテジァノ
尤来尼夫	ユレネフ
尤斯蒂斯・威廉・R.	ユウステイス・ウィアムアル
由白利健	由白利健
由喜子	由喜子
由雄又次郎	由雄又次郎
友田次郎	友田次郎
友雄	友雄
友野其助	トモノ・ソノスケ
有川立夫	アリカワタツオ
有岛俊郎	有島俊郎
有富治人	有富治人
有贺一永	有賀一永
有吉明	有吉明

中文人名	日文人名
有家	アラケ
有久	有久
有马高泰	有馬高泰
有马俊郎	有馬俊郎
有马赖宁	有馬賴寧
有马良橘	有馬良橘
有马馨	有馬馨
有马玄	有馬玄
有田八郎	有田八郎
有田大兄	有田大兄
有泽直定	有澤直定
右近司	右近司
右田政夫	右田政夫
右泽元	右澤元
于埃尔・T.	フユール・T
于冲汉	于沖漢
于静远	于靜遠
于学忠	于學忠
于芷山	于芷山
余汉谋	余漢謀
余晋龢	余晉龢
余庆文	余慶文
鱼住次策	魚住次策
鱼住赖一	魚住賴一
鱼左次作	魚左次作
俞鸿钧	俞鴻鈞
隅田	隅田
虞洽卿	虞洽卿
与谢野	與謝野
宇板	宇板
宇都宫良久	宇都宮良久
宇都宫三二雄	宇都宮三二雄
宇田川银次郎	宇田川銀次郎
宇田耕一	宇田耕一
宇野满寿子	宇野滿壽子
宇垣缠	宇垣纏
宇垣见	宇垣見
宇垣莞尔	宇垣莞爾

中 文 人 名	日 文 人 名
宇垣一成	宇垣一成
宇治野时彦	宇治野時彦
宇佐美	宇佐美
宇佐美宽尔	宇佐美寛爾
宇佐美六郎	宇佐美六郎
宇佐美兴屋	宇佐美興屋
宇佐美珍彦	宇佐美珍彦
羽根山	羽根山
羽山	羽山
羽生田进	羽生田進
羽田三好	羽田三好
雨宫信	雨宮信
雨谷菊夫	雨谷菊夫
玉村文夫	玉村文夫
玉井光一	玉井光一
玉井雄二	玉井雄二
玉木	玉木
玉木五郎	玉木五郎
玉越胜治	玉越勝治
玉置敬三	玉置敬三
御手洗辰雄	御手洗辰雄
誉本三叶	譽本三葉
渊山	淵山
渊上辰雄	淵上辰雄
渊田美津雄	淵田美津雄
渊田浦雄	淵田浦雄
元冈正雄	元岡正雄
元木	元木
元田肇	元田肇
园部和一郎	園部和一郎
园河	園河
原邦道	原邦道
原富雄	原富雄
原嘉道	原嘉道
原坚三郎	原堅三郎
原敬	原敬
原口纯允	原口純允
原良三郎	原良三郎

中文人名	日文人名
原茂吉	原茂吉
原清	原清
原清治	原清治
原四郎	原四郎
原田传	原田傳
原田清一	原田清一
原田熊吉	原田熊吉
原田熊男	原田熊男
原田熊雄	原田熊雄
原兴作	原興作
原修次郎	原脩次郎
原忠一	原忠一
原种行	原種行
袁金铠	袁金鎧
袁世凯	袁世凱
袁涛	袁濤
源田实	源田實
薗田长太郎	薗田長太郎
远山冈	遠山岡
远山猛雄	遠山猛雄
远藤柳作	遠藤柳作
远藤猛雄	遠藤猛雄
远藤三郎	遠藤三郎
远藤喜一	遠藤喜一
远藤幸税	遠藤幸税
远藤秀雄	遠藤秀雄
远藤一夫	遠藤一夫
远藤义一	遠藤義一
远藤三郎	遠藤三郎
约德尔	ヨドル
约翰	ジョーン
约翰 G. 麦基	ジョン・ジー・マギー
约翰. M. 埃里森	ジョン・エム・アリソン
约翰・A. 邦考斯基	ジヨン・エー・バンコスキー
约翰・A. 迪恩霍弗	ジョン・エー・ダーンホッフアー
约翰・A. 菲茨杰拉德	ジョン・エイ・フィッジェラルド
约翰・A. 柯蒂斯	ジェー・エー・カーチス
约翰・B. L. 安德森	ジョン・B・L・アンダーソン

中 文 人 名	日 文 人 名
约翰・B. 鲍威尔	ジョン・ポーエル
约翰・B. 凯查姆	ジョン・ビー・ケチヤム
约翰・B. 库尔利	ジョン・ビー・クウーレイ
约翰・B. 库利	ジョン・ビー・クーリ
约翰・B. 里帕德	ジョン・ビー・リッパード
约翰・B. 穆林斯	ジョン・ビー・ムリンズ
约翰・C. 明尼克	ジョン・C・ミニック
约翰・D. 服部	服部・ディ・ジョン
约翰・D. 福利	ジョン・デイ・フォリイ
约翰・D. 墨菲	ションス・デイー・マーフィー
约翰・D. 斯科温克	ジョン・D・シユウエンカー
约翰・D. 希尔	ジョン・ディー・ヒル
约翰・F. 布罗尼尔	ジョン・エフ・ブロナー
约翰・F. 赫梅尔	ジョーン・エフ・ハンメル
约翰・G. 默多克	ジョン・G・マドック
约翰・H. 艾伦	ジョン・エッチ・アレン
约翰・H. 兰	ジョン・エツチ・ラング
约翰・H. 马歇尔	ジョン・エッチ・マーシャル
约翰・J. 墨菲	ジョン・J・マーフィ
约翰・K. 卢伊	ヂョン・ケイ・ロウイ
约翰・L. 霍奇	ジョン・エル・ホツヂ
约翰・L. 马斯米诺	ジョン・エル・マシミノ
约翰・M. 阿里森	ジョーン・M・アリスン
约翰・M. 斯坦利	ジヨン・エム・スタンレー
约翰・P. 弗莱彻	ジョン・ピー・フレチァー
约翰・P. 希金斯	ヂョン・ビ・ヒギンズ
约翰・R. 本奇	ジョン・R・ベンヂ
约翰・R. 迪恩	ジョン・アール・デイーン
约翰・R. 弗莱明	ジョンアールフレミング
约翰・R. 普里查德	ジョン・アール・プリチャード
约翰・T. 韦伯	ジョン・テー・ウエーバー
约翰・W. 奥金克洛斯	ジョン・ダブリュー・オーチンクロツス
约翰・W. 费埃利	ジョン・ダブリューフイエリー
约翰・W. 盖斯特	ジョン・ダブリュー・ガイスト
约翰・威廉・萨尔蒙德	ジョン・ウイリアム・サルモンド
约翰・W. 萨蒙德	ジョン・ダブリュー・サーモンド
约翰・阿兰・麦克米兰	ジョンアラレマックシラン
约翰・艾伦	ジョン・アラン

中文人名	日文人名
约翰・艾伦・麦克米兰	ジョン・アラン・マックミラン
约翰・奥尼尔	ジョン・ポロック
约翰・巴索洛缪	ジョン・バルトロミュー
约翰・鲍德・穆林斯	ジョン・バウド・マリンス
约翰・鲍洛克	ジョー・オニール
约翰・布莱克兰德・伍利	ジョン・ブラックランド・ウーリー
约翰・布赖恩・利帕德	ジョン・ブリヤン・リッパード
约翰・布朗・莱斯利・安德森	ジョーン・ブラウン・レスリーアンダーソン
约翰・戴维・斯蒂德	ジョン・デービッド・ステイード
约翰・戴维斯	ジョン・ダーヴイス
约翰・费德里克・罗森	ジョン・フェデリック・ロウソン
约翰・弗朗西斯・瑞安	ジョン・ファンシス・ライアン
约翰・福德・贝歇尔	ジョン・ホード・ベーカー
约翰・格雷厄姆	ジョン・グラハム・レイトンージョンズ
约翰・哈马斯	ジョン・ハマス
约翰・海	ジョン・ヘイ
约翰・赫尔曼	ジョン・ヘルマン・モナコブロッオ
约翰・霍德・贝克尔	ジョン・ホード・ベッカー
约翰・霍尔	ジョン・ホア
约翰・加托利	ジョン・ガトリー
约翰・凯文・劳埃德	ジョン・ケウイン・ロイド
约翰・坎宾・劳埃德	ジョン・ケビン・ロイド
约翰・考恩・劳里	ジョンコーワンローリー
约翰・克里斯托弗・拉姆肖	ジョン・クリストフアー・ラムシャウ
约翰・拉贝	ジョン・ラーベ
约翰・拉德斯比	ジョン・ラッズビー
约翰・拉什	ジョン・ラッシュ
约翰・莱森	ジョン・レイサン
约翰・莱斯利・塞兰特	ジョン・レスレー・シーラント
约翰・劳伦斯・汉茨	ジョン・ローレンス・ハンズ
约翰・理查德森	ジョン・リチャードスン
约翰・林顿・特雷洛尔	ジョン・リントン・トレロアー
约翰・罗伯特・的・拉尔	ジョーン・ロバーツ・デ・ラーラ
约翰・罗斯・本奇	ヂョン・ロス・ベンヂ
约翰・洛亚尔	ジョン・ローヤル
约翰・麦鲁夫	ヨハンマイルフ
约翰・曼斯菲尔德	ジョン・マンスフイルド
约翰・纽兰兹	ジョン・ニューランヅ

中 文 人 名	日 文 人 名
约翰・欧文・爱德华茨	ジョン・オウエン・エドワズ
约翰・斯帕利・朗	ジョンスパリーロング
约翰・唐纳德・约翰斯	ジョン・ドナルド・ジョーンズ
约翰・威廉・卡德威尔・怀亚特	ジョンウィリャムカドウルワイヤット
约翰・威廉・萨尔蒙德	ジョン・ウイリアム・サルモンド
约翰・威廉・瓦伊尼	ジョン・ウィリアム・ヴィネー
约翰・威廉斯	ジョン・マンスロウ・ウィリアムス
约翰・西蒙	ジョン・サイモン
约翰・夏普	ジョンシャーブ
约翰森・欧拉夫	ジョンセン・オラブ
约翰森・约翰・阿瑟	ヨハンセン・ヨハン・アーサー
约翰斯顿	ジョンストン
约翰斯顿・约翰・罗格	ジョンストン・ジョンローシャ
约翰逊・F. 芒罗	ジョンソン・エフ・マンロー
约克・格拉迪・阿尔范	ヨークグレイディ・アルヴアン
约克・泰勒斯	ヨーク
约瑟夫・E. 戴维斯	ジョーゼフ・イー・デイヴイス
约瑟夫・F. 马克斯・巴伦	ジョセフエフマックスバラン
约瑟夫・G. 克洛斯	ジョセフ・ヂエイ・クロス
约瑟夫・J.	ヨゼフ・J
约瑟夫・M. 森科	ジョセフ・エム・センコー
约瑟夫・O. 柯林斯	ジョセフ・O・コリンズ
约瑟夫・P. 肯尼迪	ジョーゼフ・ビー・ケネデイ
约瑟夫・R. 巴克	ジョゼフ・アール・ベーカー
约瑟夫・T. 罗宾森	ジョーゼフ・ティー・ロビンスン
约瑟夫・W. 巴兰坦	ジョーゼフ・ダブリュー・バランタイン
约瑟夫・贝利・季南	ジョセフ・ビー・キーナン
约瑟夫・德・鲁勒	ジォゼフ・ド・リュエル
约瑟夫・戈德弗里德・班德斯	ヨセフ・ゴッドフリード・ベンダルス
约瑟夫・亨利	ジョセフヘンリー
约瑟夫・霍德弗里德	ヨセフ・ホッドフリード
约瑟夫・加布里埃尔・普拉斯基	ヨゼフ・ガブリエル・プラッキ
约瑟夫・雷恩理・比斯西亚	ショセフ・ライネリ・ビシッア
约瑟夫・珀希・斯马特	ジョーセフバーシー
约瑟夫・斯大林	ヨセフ・スターリン
约瑟夫・西奥多・范・阿姆斯特尔	ヨセツ・テオドール・ファン・アムステル
约泽尔・霍尔金	ジョゼル・ホルギン
约翰森	ジョンソン

中文人名	日文人名
月原	月原
越川	越川
越川正雄	越川正雄
越村	越村
越村信三郎	越村信三郎
越生佛之助	越生佛之助
越生虎之助	越生虎之助
越野久雄	越野久雄
云王	雲王
匝瑳胤	匝瑳胤
载仁亲王	載仁親王
在间茂	在間茂
赞德	ザンデ
臧式毅	臧式毅
早阪谦吉	早阪謙吉
早川胜	早川勝
早川五太郎	早川五太郎
早川武夫	早川武夫
早川勇浴	早川勇浴
早稻叶胜二	早稲葉勝二
早速	早速
泽邦夫	澤邦夫
泽本赖雄	澤本頼雄
泽边建平	澤辺建平
泽村	澤村
泽根初太郎	澤根初太郎
泽木	澤木
泽内	沢内
泽田毕磨	沢田畢磨
泽田邲	澤田邲
泽田虎夫	澤田虎夫
泽田节藏	澤田節藏
泽田廉三	澤田廉三
泽田龙夫	澤田龍夫
泽田茂	澤田茂
泽田卒造	沢田卒造
曾根朝起	曾根朝起
曾根田	曾根田

中 文 人 名	日 文 人 名
曾金斯・弗兰西斯・D.	ゼンキンス・フランシス・デイー
曾野明	曾野明
曾仲鸣	曾仲鳴
增田盛	增田盛
增田政治郎	增田政治郎
增泽毅	增澤毅
扎尔盖仑	ジャルガロン
扎米亚京	ザミアテイン
扎莫拉	ザモラ
扎维尔	ザビエル
扎亚诺夫	サリマン
扎伊通・比比	ザイトウン・ビビ
札噶尔	札噶爾
栅桥	柵橋
斋池岩	齋池巖
斋清儒	齋清儒
斋藤博	齋藤博
斋藤仓吉	齋藤倉吉
斋藤春义	齋藤春義
斋藤光之辅	齋藤光之輔
斋藤兼辅	齋藤兼輔
斋藤金助	齋藤金助
斋藤君喜	齋藤君喜
斋藤良卫	齋藤良衛
斋藤刘	齋藤劉
斋藤留五郎	齋藤留五郎
斋藤隆夫	齋藤隆夫
斋藤谦藏	齋藤謙藏
斋藤清	齋藤清
斋藤实	齋藤實
斋藤太郎	齋藤太郎
斋藤一郎	齋藤一郎
斋藤音次	齋藤音次
斋藤寅郎	齋藤寅郎
斋藤正锐	齋藤正鋭
斋藤忠	齋藤忠
宅野由夫	宅野由夫
翟树荣	翟樹榮

中文人名	日文人名
詹姆斯	ジエームス
詹姆斯 H. 麦卡勒姆	ジヤス・エイチ・マックカロム
詹姆斯・A. 麦克穆利亚	ジェイムス・A・マックムリア
詹姆斯・F. 伯恩斯	ゼエムス・エフ・バーンズ
詹姆斯・F. 劳伦斯	ジェイムス・E・ロウレンス
詹姆斯・G. 兰伯特	ジェムス・ジー・ラムバート
詹姆斯・G. 帕夫洛考斯	ジェイムス・ジー・パヴロコス
詹姆斯・H. 派克	ジエームズ・エッチ・ペック
詹姆斯・J. 罗宾森	ジェームス・シェー・ロビンソン
詹姆斯・J. 休斯	ヂエームズ・デニ・デス
詹姆斯・M. 麦克埃文	ジェームス・エム・マクイウエン
詹姆斯・N. 弗里曼	ジェムス・N・フリーマン
詹姆斯・R. 林奇	ジェームス・R・リンチ
詹姆斯・S. 布朗宁	ジェイムス・S・ブラウニング
詹姆斯・V. 韦尔	ジェームス・ヴィー・ウェアー
詹姆斯・阿兰	ジェームズ・アリン
詹姆斯・埃尔温・盖里克	ドクトルジェームスエルワンゲール
詹姆斯・爱德华・芬顿	ジェームズ・エドワード・フェントン
詹姆斯・爱德华・瓦尔斯	ジエイムス・エドワード・ウオルシユ
詹姆斯・弗朗西斯・伯恩斯	ゼエームス・エフ・バーンズ
詹姆斯・福布斯・劳伦斯	ジェイムス・フォーブス・ローレンス
詹姆斯・戈德温	ジェームス・ゴッドウヰン
詹姆斯・赫克托・科尔	ジェームス・ヘクター・コール
詹姆斯・霍伊特	ジエイムス・ホイト
詹姆斯・加特利	ジェイムス・ギヤトレイ
詹姆斯・杰顿・莱尔斯顿	ジェームズ・レートン・ロールストン
詹姆斯・科克霍尔	ジェムス・コックホール
詹姆斯・莱姆塞因・迈克唐纳德	ジェームズ・ラムジ・マタドナルド
詹姆斯・理查兹	ジェムスリカーズ
詹姆斯・萨马斯	ジェームス・サーマン
詹姆斯・史密斯	ジャムススミス
詹姆斯・斯柯特	ジェームズ・スコット
詹姆斯・斯柯特・布朗宁	ヂェイムス・スコット・ブラウニング
詹姆斯・托马斯・纳赫麦阿・克罗斯	ジェイムス・トーマス・ネヘマイアー・クロス
詹姆斯・威廉森	ジエームス・ウイリアムソン
詹姆斯・沃尔克	ジェイムズ・ヴェルカ
詹姆斯・亚历山大・吉尔伯特	ジェームス・A・ギルバート
詹森	ジャンセン

中 文 人 名	日 文 人 名
詹森・乔治	イエンセン・ジョージ
詹斯	イエンス
詹斯・帕尔・帕恩塞斯	ジャンパーフランセス
占东	占東
占林	占林
张宝志	張寶志
张辟	張辟
张伯伦	チェムバレン
张成德	張成德
张大年	張大年
张殿九	張殿九
张殿桐	張殿桐
张凤举	張鳳舉
张光万	張光萬
张国焘	張國燾
张海鹏	張海鵬
张汉卿	張漢卿
张鸿儒	張鴻儒
张吉清	張吉清
张季鸾	張季鸞
张继祥	張繼祥
张家良	張家良
张家训	張家訓
张间	張間
张景惠	張景惠
张可明	張可明
张来生	張來生
张凌云	張淩雲
张穆	張穆
张南文	張南文
张平	張平
张群	張群
张人杰	張人傑
张太真	張太眞
张文连	張文連
张我军	張我軍
张熙光	張熙光
张笑渠	張笑渠

中文人名	日文人名
张啸林	張嘯林
张学良	張學良
张学铭	張学銘
张燕卿	張燕卿
张永祥	張永祥
张雨公	張雨公
张元荣	張元榮
张振良	張振良
张之洞	張之洞
张知本	張知本
张治邦	張治邦
张自忠	張自忠
张祖德	張祖德
张作霖	張作霖
张作相	張作相
章	章
章乃器	章乃器
章祖申	章祖申
沼尻	沼尻
沼田多稼藏	沼田多稼藏
赵	趙
赵琛	趙琛
赵登禹	趙登禹
赵贵生	趙貴生
赵林生	趙林生
赵毛生	趙毛生
赵鹏第	趙鵬第
赵尚志	趙尚志
赵沈	趙沈
赵欣伯	趙欣伯
照沼操	照沼操
照枝	照枝
折柄	折柄
珍妮特・安德森	ジャネット・アンダーソン
珍田男	珍田男
珍田舍己	珍田捨己
真崎甚三郎	眞崎甚三郎
真室	眞室

中文人名	日文人名
真田穰一郎	眞田穰一郎
真田秀夫	眞田秀夫
真野文二	眞野文二
真井一郎	眞井一郎
真木和泉	眞木和泉
真山	マヤマ
真田	眞田
真野五郎	眞野五郎
正木昌之	正木昌之
正松田彰	正松田彰
郑垂	鄭垂
郑高锡	鄭高錫
郑介民	鄭介民
郑鲁达	鄭魯達
郑孝胥	鄭孝胥
郑禹	鄭禹
政尾	マサオ
芝勉	芝勉
芝诺斯・H. T.	ゼエノス・エッチ・テイイー
枝原百合一	枝原百合一
知田外松	知田外松
织田三郎	織田三郎
直井	直井
直木伦太郎	直木倫太郎
埴原正直	埴原正直
植草	植草
植场铁三	植場鐵三
植村甲子郎	植村甲子郎
植村敏夫	植村敏夫
植木	植木
植山喜志雄	植山喜志雄
植松	植松
植松正	植松正
植田次郎	植田次郎
植田俊雄	植田俊雄
植田谦吉	植田謙吉
植原悦二郎	植原悦二郎
指出录郎	指出録郎

中文人名	日文人名
志村陆城	志村陸城
志村正	志村正
志贺	志賀
志摩清英	志摩清英
志岐常雄	志岐常雄
志岐好人	志岐好人
志柿	志柿
治骨	治骨
栉田光男	櫛田光男
栉渊	櫛淵
秩父宫	秩父宮
蛭田正夫	蛭田正夫
中川	中川
中川辰生	中川辰生
中川范治	中川範治
中川见一	ナカガワケンイチ
中川建一	中川建一
中川千代八	中川千代八
中川青一郎	中川青一郎
中川透	中川透
中川望	中川望
中川新作	中川新作
中村伯三	中村伯三
中村辰二	中村辰二
中村钏治	中村釧治
中村高	中村高
中村宫明	中村宮明
中村贡	中村貢
中村光男	中村光男
中村龟三郎	中村亀三郎
中村宏策	中村宏策
中村兼松	中村兼松
中村敬一	中村敬一
中村靖	中村靖
中村俊久	中村俊久
中村俊雄	中村俊雄
中村考也	中村考也
中村良三	中村良三

中 文 人 名	日 文 人 名
中村明人	中村明人
中村秋剑	中村秋劍
中村森明	ナカムラ・モリアキ
中村通则	中村通則
中村武	中村武
中村武一	中村武一
中村孝太郎	中村孝太郎
中村雅郎	中村雅郎
中村伊三郎	中村伊三郎
中村义雄	中村義雄
中村义之	中村義之
中村寅吉	中村寅吉
中村勇	ナカムラタケシ
中村元量	中村元量
中村震太郎	中村震太郎
中村政治郎	中村政治郎
中村重次郎	中村重次郎
中岛虎吉	中島虎吉
中岛健藏	中島健藏
中岛进	中島進
中岛久万吉	中島久萬吉
中岛弥国	中島彌國
中岛民弥	中島民彌
中岛清彦	中島清彦
中岛荣治	中島榮治
中岛胜治郎	中島勝治郎
中岛铁藏	中島鐵藏
中岛完尔	中島完爾
中岛信郎	中島信郎
中岛兴兵卫	中島興兵衛
中岛知久平	中島知久平
中岛忠雄	中島忠雄
中道贯治	中道貫治
中道勘治	ナカミチ・カンジ
中地栋造	中地棟造
中谷武世	中谷武世
中谷郁夫	中谷郁夫
中筋	中筋

中文人名	日文人名
中井金兵卫	中井金兵衛
中马	中馬
中前马太郎	中前馬太郎
中桥德五郎	中橋德五郎
中桥基明	中橋基明
中桥照夫	中橋照夫
中山登	中山登
中山蕃	中山蕃
中山敏	中山敏
中山宁人	中山寧人
中山甚	中山甚
中山原夫	中山原夫
中山贞武	中山貞武
中山贞义	中山貞義
中松盛雄	中松盛雄
中藤幸太郎	中藤幸太郎
中田武夫	中田武夫
中田武男	中田武男
中田正之	中田正之
中尾弧平	中尾弧平
中尾熊太郎	中尾熊太郎
中西定吉	中西定吉
中西久夫	中西久夫
中西满洲次郎	中西滿洲次郎
中西泰男	中西泰男
中西贞喜	中西貞喜
中燮文比古	中燮文比古
中野大志	中野大志
中野富雄	中野富雄
中野琥逸	中野琥逸
中野清助	中野清助
中野胜之助	中野勝之助
中野正刚	中野正剛
中永太郎	中永太郎
中原	中原
中原八千代	中原八千代
中原次郎	中原次郎
中原义正	中原義正

中文人名	日文人名
中原英	中原英
中泽	中澤
中泽亨	中澤亨
中泽千代三郎	中澤千代三郎
中泽三夫	中澤三夫
中泽佑	中澤佑
中斋松次郎	中齊松次郎,中齋松次郎
忠宝勇武	忠寶勇武
忠国	忠國
忠太郎	忠太郎
钟毓	鍾毓
种村	種村
冢本	塚本
冢本浩次	塚本浩次
冢本毅	塚本毅
冢部	塚部
冢崎直义	塚崎直義
冢田攻	塚田攻
冢野道雄	塚野道雄
冢原二四三	塚原二四三
冢原繁朗	ツカハラ・シゲロウ
仲井间宗	仲井間宗
仲野	仲野
众田健男	衆田健男
重次	重次
重光葵	重光葵
重光彦三郎	重光彦三郎
重光直愿	重光直願
重井武一	重井武一
重郎	重郎
重藤	重藤
重藤千秋	重藤千秋
重田德松	重田德松
重巡那智	重巡那智
重政	重政
周保中	周保中
周恩靖	周恩靖
周恩来	周恩來

中文人名	日文人名
周凤歧	周鳳歧
周佛海	周佛海
周家基	周家基
周剑英	周劍英
周隆庠	周隆庠
周培炳	周培炳
周如桃	周如桃
周兴钿	周興鈿
周雄	周雄
周亚卫	周亜衛
周一渔	周一漁
周永业	周永業
周作民	周作民
朱	朱
朱德	朱德
朱帝翁	朱帝翁
朱厄尔・E. 纽曼	ジュエル・E・ニューマン
朱厄尼托・阿利梅斯	ジャユトー・アリメス
朱芳伟	朱芳偉
朱霁青	朱霽青
朱家骅	朱家驊
朱可夫	ヴーコフ
朱利安・弗洛里斯	ジュリアン・フロールス
朱利安・里米	ヂュリアン・レミー
朱利安・佩兰蒂	ジュリアン・ペランテ
朱利安纳・鲁查弗・马席诺	ホリアナ・リカフォア・マグシノ
朱利诺・阿尔菲利	ツリーノ・アルフィエリ
朱利斯・亨利・布鲁彻	ジュリアス・ヘンリー・ブルーチ
朱利亚・盖齐	ジュリヤ・チエッツイー
朱庆儒	朱慶儒
朱深	朱深
朱世明	朱世明
朱世全	朱世全
朱斯顿	ヨーステン
朱维尔・A. 布兰肯希普	ジェウィル・エー・ブラン・シワプ
朱维尔・E. 纽曼	ジューヴェル・イー・ニューマン
朱文黼	朱文黼
朱尹完	朱尹完

中文人名	日文人名
朱兆莘	朱兆莘
诸民谊	諸民誼
诸桥襄	諸橋襄
诸青来	諸青來
猪村承次	豬村承次
猪代茂	豬代茂
猪木	豬木
竹川义次	竹川義次
竹村胜清	竹村勝清
竹岛继夫	竹島繼夫
竹井	竹井
竹内德治	竹內德治
竹内贺久治	竹內賀久治
竹内可吉	竹內可吉
竹内四郎	竹內四郎
竹内新平	竹內新平
竹内馨	竹內馨
竹内元太郎	竹內元太郎
竹田次郎	竹田次郎
竹下敏男	竹下敏男
竹下义晴	竹下義晴
竹原	竹原
竹越兴三郎	竹越興三郎
竹之内一广	竹之內一廣
住山德太郎	住山德太郎
住田映介	住田映介
筑土立夫	ツクドタツオ
筑土龙男	築土龍男
筑紫熊七	築紫熊七
庄	莊
庄开永	莊開永
庄孔明	莊孔明
庄亲王戟勋	莊親王戟勛
椎名悦三郎	椎名悅三郎
卓代海	卓代海
卓特巴札布	卓特巴札布
紫纪子	紫紀子
紫有时	紫有時

中文人名	日文人名
宗宫信次	宗宮信次
宗谷源一	宗谷源一
宗井干	宗井幹
宗像久敬	宗像久敬
宗行安雄	宗行安雄
宗形安	宗形安
邹彬	鄒彬
诹访安太郎	諏訪安太郎
诹访和人	諏訪和人
足立	アダチ
足立泰雄	足立泰雄
足立正秋	足立正秋
左近	左近
左近司	左近司
左近司政三	左近司政三
左近允尚正	左近允尚正
左野虎太	左野虎太
佐伯	佐伯
佐伯乘	佐伯乘
佐伯千仞	佐伯千仞
佐伯有义	佐伯有義
佐渡高一	佐渡高一
佐尔格	ゾルゲ
佐分利	佐分利
佐谷户常男	佐谷戸常男
佐吉	佐吉
佐间茂	佐間茂
佐久间亨	佐久間亨
佐久间亮三	佐久間亮三
佐久间信	佐久間信
佐濑秀雄	佐瀬秀雄
佐木秋夫	佐木秋夫
佐藤爱麿	佐藤愛麿
佐藤邦吉	佐藤邦吉
佐藤昌介	佐藤昌介
佐藤朝海	佐藤朝海
佐藤朝生	佐藤朝生
佐藤进之丞	佐藤進之丞

中文人名	日文人名
佐藤晋之助	佐藤晉之助
佐藤善助	佐藤善助
佐藤尚武	佐藤尚武
佐藤守义	佐藤守義
佐藤寿雄	佐藤壽雄
佐藤通次	佐藤通次
佐藤武五郎	佐藤武五郎
佐藤贤良	佐藤賢良
佐藤贤了	佐藤賢了
佐藤信一	佐藤信一
佐藤信渊	佐藤信淵
佐藤熊	佐藤熊
佐藤秀雄	佐藤秀雄
佐藤正义	佐藤正義
佐藤政之	佐藤政之
佐藤直太郎	佐藤直太郎
佐藤忠雄	佐藤忠雄
佐薙毅	佐薙毅
佐田	佐田
佐乡屋	佐鄉屋
佐野	佐野
佐野富光	佐野富光
佐野均	佐野均
佐野雄	佐野雄
佐治谦让	佐治謙讓
佐竹	佐竹
佐竹三男	佐竹三男
佐竹义幸	佐竹義幸
佐佐诚	佐佐誠
佐佐川知治	佐佐川知治
佐佐井一晁	佐佐井一晁
佐佐廉平	佐佐廉平
佐佐木半九	佐佐木半九
佐佐木栋太郎	佐佐木棟太郎
佐佐木二郎	佐佐木二郎
佐佐木高荣	佐佐木高榮
佐佐木高一	佐佐木高一
佐佐木角太郎	佐佐木角太郎

中文人名	日文人名
佐佐木金太郎	佐佐木金太郎
佐佐木四郎	佐佐木四郎
佐佐木雄坐	佐佐木雄坐
佐佐木一	佐佐木一
佐佐木寅治	佐佐木寅治
佐佐木彰	佐佐木彰
佐佐木直	佐佐木直
佐佐木直吉	佐佐木直吉
作间	作間

英日文人名対照表

英文人名	日文人名
A. A. D. Jongh	アー・アー・ヂ・ヨング
A. A. Emmet	A・A・エメット
A. A. Muzzey	エー・エー・マツヂィー
A. A. Sanches De Miranda	アー・アー・サンチェス・デ・ミランダ
A. Basily	ア・バシリー
A. Baw	アー・ボー
A. Bernert	エー・ベルネールト
A. Beldiman	アー・ベルヂマン
A. C. Geddes	エー・シー・ゲデス
A. C. Heenan	A・C・ヒーナン
A. C. J. De Dewall	エイシジエイデトウアール
A. D. A. De Cart Angelino	エー・ディー・エー・デ・カート・アンケリノ
A. D. F. Gascog	A・D・F・ガスコイ
A. D. Van Mook	ア・ディ・フアン・モーク夫人
A. Dodds	A・ドッヅ
A. E. Buck	A・E・パック
A. E. Cullen	ザイエット
A. E. Martola	アー・エー・マルトラ
A. E. Percival	エイ・イー・パーツヴアル
A. E. Prinsnee Ronbon	A・E・プリンスネローンボン
A. E. Strong	エィ・イ・ストロング
A. F. Gordon	エー・エフ・ゴルドン
A. F. Hersey	アー・エフ・ハーシイ
A. F. Kretschmer	エー・エフ・クレッチマー
A. F. Scott	エイ・エフ・スコット
A. G. Leigh	エイ・ディレイ
A. G. Weynton	A・G・ウェイントン
A. H. Deakin	エー・エイチ・デイキン
A. H. H. Carlen	A・H・H・カレン
A. H. Jones	A・H・ジオーンズ
A. H. Richardson	A・H・リチャードスン
A. J. Bell	A・J・ベル
A. J. Mansfield	エイ・ジェー・マニスファルド
A. J. Martin	エイ・ジェイ・マーテイン

英文人名	日文人名
A. J. Murray	エイ・ジエ・マレイ
A. J. Smit	A・J・スミット
A. L. Maher	エー・エル・マハー
A. L. Owens	A・L・オウエンス
A. L. Rolff	A・L・ロルフ
A. L. Sadd	A・L・サッド
A. L. Taylor	A・L・テーラー
A. Luvis	A・ルウィス
A. M. Bell MacDonald	A・M・ベルマクドナルド
A. M. Droog	エイ・エム・ドルーグ
A. M. L. Moru	A・M・L・モオル
A. M. McArthur	A・M・マクアーサー
A. M. Sturock	A・M・スタロック
A. Moes	A・モエス
A. Nyain	アー・ニアイン
A. P. Baksheev	アー・ペー・バフシェーフ
A. P. Kislenko	アー・ピー・キスレンコ
ARA Kakeburo	荒梯三郎
A. R. Boyce	エー・アール・ボイス
A. Ripu	A・リープ
A. Saiker	A・サイケル
A. Sottile	アントアンヌ・ソッテイール
A. T. Brewer	エィ・ティ・ブルワー
A. T. Laverge	エー・ティー・ラブアージ
A. T. Mahan	エー・チー・マハン
A. Vader Sande	アー・ファンデル・ザンデ
A. W. Glober	A・W・グローバー
A. W. Merem	エイ・ダブリエー・メレマ
A. X. Mills	エーエックスミルス
A. Yong	アー・ヨン
A. Y. Vis	エー・ワイ・ウイシンス
Abbot Cyrus W.	アボット・シラフタウェ
Abdo Edward S.	アブド・ニドワード・エス
Abdul Gaffore	アブダル・カフォア
Abdul Hamid	アブドユル・ハミッド
Abdul Khaliq	アブダル・カリク
Abdul Rauf	アプドウル・ラウフ
Abdul Samad	アブドウル・サマッド

英 文 人 名	日 文 人 名
ABE Akira	安部明
ABE Fumio	阿部文雄
ABE Genki	安倍源基
ABE Ichiro	阿部一郎
ABE Kan	安倍寛
ABE Katsumi	阿部克己
ABE Katsuo	阿部勝雄
ABE Koso	阿部孝壯
ABE Masaomi	阿部眞佐臣
ABE Nobuyuki	阿部信行
ABE Takesi	阿部英
ABE Unao	阿部宇直
ABE Yasuo	阿部保男
ABE Yoshimitsu	阿部芳光
ABE Yoshishige	安部能成
Abin Anbun	アビン・アンブン
ABO Kiyokazu	安保清種
Achmad Bin Ketajoeda	アクマド・ビン・ケタジョーダ
ADACHI Kenzo	安達謙藏
ADACHI Masaaki	足立正秋
ADACHI Yasuo	足立泰雄
ADACHI Yuuroku	安達十六
Adair Machal Stabrin	アデア・マックリ・スターブライエン
ADATI Hatazo	安達二十三
Ade Mohamad Arif	アデ・モハマッド・アリフ
Adolf Hitler	アドルフ・ヒトラー
Agaton Navarro	アガトン・ナヴァロ
Agustin Lunar	アグスティン・ルナー
Agustin Segobia	アグスティン・セゴビア
Ahmad Maidin	アッマッド・マイデイン
AIKAWA Yoshisuke	鮎川義介
AIKAWA Yoshisuko	鮎川義助
AISHINKAKURASHI	愛親覺羅氏
AIZAWA Makoto	愛澤誠
AIZAWA Saburo	相澤三郎
AKAGI Kiyoji	赤木喜代治
AKANE Kazuo	阿金一夫
AKASHI Teruo	明石照男

英文人名	日文人名
AKATANI Kan	赤谷鑑
AKIBA Takeo	秋葉武雄
AKIKUSA Shun	秋草俊
AKINAGA Tsukizo	秋永月三
AKITA Hiroshi	穐田弘志
AKITA Kiyoshi	秋田清
AKURA Rindi	安倉リンヂ
AKUTAGAWA Nori	芥川典
AKUTAGAWA Osemu	芥川治
Alaska Dutch Harbor	アラスカ・ダッチ・ハーバー
Alberic Fallon	アルベリック・ファロン
Albert Altman	アルバート・アルトマン
Albert B. Ray	アルバート・ビー・レイ
Albert E. Mead	アルハード・イー・ミード
Albert J. Newlin	アルバート・ジエイ・ニユーリン
Albert King	アルバート・キング
Albert Pacheco	アルバアト・パチコ
Albert Victor Alexander	アルバート・ヴィクター・アレグザンダ
Alberto Doriveila	アルベルト・ドリヴェイラ
Alberto Guani	アルベルト・グアニ
Alberto Narte	アルベルト・ナーテ
Albertson Horman Arthur	アルバート・ノーマン・アーサー
Albini Edward R.	アルヒュ・エッワード・アル
Alec E. Jennings	アレック・イ・ジェニングズ
Aleconden Gorden Weynton	アレキサンダー・ゴードン・ウエントン
Alejandro Navarro	アレハンドロ・ナブアロ
Alejandro Tuvilla	アレデヤンドロ・ツヴイラ
Alexander Cadogan	アレクサンダー・カドガン
Alexander Code	アレキサンダー・コード
Alexander Enges	アレキサンダー・エンヂス
Alexander Fan	アレキサンダー・ファン
Alexander Gordon Weynton	アレギザンダー・ゴードン・ウェイントン
Alexander John McLachlan	アレグザンダー・ジョン・マクラックラン
Alexander Meremdith	アレグザンダー・メレデス
Alexander Morton Macaky	アレキサンダー・モートンマッケー
Alexandre Beldman	アレキサンドル・ベルヂマン
Alexandre Miller	アレクサンドルミルレル
Alexandre Savinsky	アレキサンドル・サヴィンスキー

英 文 人 名	日 文 人 名
Alexandro Ferraz De Andrade	アレシァンドロ・フェルラス・デ・アンドラーデ
Alexis J. Mott	アレクッス・ジェー・モット
Alexzander Klein	アレキサンドル・クレン
Alfons Fonck	アルフォンス・フォンク
Alfonso Young	アルフオンゾ・ヤング
Alfred Edward Wood	アルフレッド・エドワード
Alfred F. Kretchmer	アルフレット・エフ・クレッチマー
Alfred Farshawnee	マルフレド・ファルシオニ
Alfred Francis Dagulby	アルフレッド・フランシス・ダグルビー
Alfred Mailo	アルフレッド・マイロ
Alfred Philips	アルフレッド・フイリップス
Alfred Prichard	アルフレッド・ピリッチャード
Alfred Stevens	アルフレッド・ステイーヴンス
Alfredo Acton	アルフレド・アクトン
Alfredo De Castro	アルフレド・デ・カストロ
Ali Haider	アリハイダー
Alice Crube	アリスシークルーブ
Alico Pabronod	アリス・パブロノド
Alishauskas Francis T.	アリショウスカス・フランシス・テイ
Allah Yar	アラー・ヤー
Allan Berkeley	アラン・バーケレー
Allan Frank Winser	アラン・フランク・ウインザー
Allan Orr	アラン・オー
Allan Reginald Townsend	アラン・レジナルド・タウンセンド
Allan Sladen Palmer	アランスレイドンパルマー
Allen Horace L.	アレン・ボレース・エル
Allen W. Cullion	アレン・ダブリュ・ガリオン
Allgeier Robert F.	アルヂェイア・ロバート・エフ
Alnas Polteel	アルナスオルティール
Alphonse D. Quinones	アルホンズ・ディ・クイノネス
Alphonso Prospero	アルフォンソベロスベロ
Alva C. Carpenter	アルバ・シー・カーペンター
Alvey Stanley Auganus	アルヴイ・スタンレイ・アウガナス
Alvin L. Owens	アルビン・エル・オーエンス
Amadeo Cabe	アマデオ・カベ
AMAKASU Jutaro	甘粕重太郎
AMAKASU Masahiko	甘粕正彦
AMANO Isamu	天野勇

英文人名	日文人名
AMANO Rokuro	天野六郎
AMANO Shoichi	天野正一
AMANO Tatsuo	天野辰夫
AMAU Eiji	天羽英二
Ames Charles F.	エイムス・チヤールス・エフ
Amir Bin Sarodin	アミル・ビン・サロテイン
Amma Sue Rector	アンマ・シュー・レクター
ANAMI Korechika	阿南惟幾
ANAN Sansonan	阿南三蘇男
Anbin Louis Owens	アンビン・ルイス・オウェン
Ander Roland A.	カンドレ・ローンド・エィ
Anderson A. W.	アンダーソン・A・W
Anderson Carl J.	アンダーソン・カール・ジェイ
Anderson Donald	アンダーソン・ドナルド
Anderson Kenneth R.	アンダーソン・ケンネス・アール
Anderson Norman Nee	アンダーソ・ノーマン・ニィ
Anderson Robert A.	アンダソン・ロバート・エイ
ANDO Gotiyou	安藤伍長
ANDO Kisaburo	安藤紀三郎
ANDO Kyoshiro	安藤狂四郎
ANDO Nbumitu	安藤信三
ANDO Rikichi	安藤利吉
ANDO Saburo	安藤三郎
ANDO Satoru	安藤覺
ANDO Shisaburo	安藤シサブロ
ANDO Teruzou	安藤輝三
ANDO Yoshirou	安東吉郎
Andrew D. White	アンドリューヂー・ホワイト
Andrew Levinge	フードリュー・レウインゲ
Andrews David Jr.	アンドリウス・デビット・ジェニーア
Andrews Terry	アンドルス・テリー
Angel Lacos Peters W.	アンジェンラコス・ピーター・ダブリュウ
Anka Bloom	アンカ・ブルーム
Anly Lian Rolff	アンリリアンロルフ
Anna Chan	アンナチャン
ANNAKA Tadao	安中忠雄
Anthony Frencois Paulus Hulsewe	アンソニー・フランミス・ボールス・ヘルセリー
Antoek Bin Kassan	アンドエクビンカッサン

英文人名	日文人名
Anton Zublin	アントン・チューブリン
Antonio Angailen	アントニオ・アンガイレン
Antonio Augusto Dos Santos	アントニオ・アウグスト・ドス・サントス
Antonio Basile	アントニオ・バシレ
Antonio Campos	アントニオ・キャムポス
Antonio Chiaramonte Bordonaro	アン・ニオ・キアラモンテールドナロ
Antonio Hernandes	アントニオ・ヘルナンデス
Antonio Racaza	アントニオ・ラカザ
Antonio Sanchez De Bustamante	アントニオ・サンチェス・デ・ブスタマンテ
Antouard Leon	アンツーアル・レオン
Anvick Allen E.	アンヴィク・アレン・イ
AOKI Gizin	青木義人
AOKI Kazuo	青木一男
AOKI Kuichiro	青木九一郎
AOKI Takeshi	青木武
AOSHIMA Ryoichiro	青島良一郎
ARAFUNE Seiichi	荒船清一
ARAI Kakuzo	荒井角藏
ARAI Kentaro	荒井賢太郎
ARAI Mitsao	荒井光雄
ARAI Mitsuo	荒井光夫
ARAKAWA Shoji	荒川昌二
ARAKI Goro	荒木五郎
ARAKI Hata	荒木秦
ARAKI Kuniichi	荒木國一
ARAKI Naotaro	荒木直太郎
ARAKI Sadao	荒木貞夫
ARAKI Torasaburo	荒木寅三郎
Aranel Colin Mathues	アライオネル・コリン・マテユウス
ARAO Okikatsu	荒尾興功
Archibald Steele	アーチボールト・スライール
Archie Howard	アーチー・ハワード
Ardorn James W.	アルドーン・ジャームス・ダブリユウ
ARIKAWA Tatsuo	アリカワタツオ
ARIMA Ryokitsu	有馬良橘
ARIMA Shigeru	在間茂
ARIMA Shizuka	有馬玄
ARIMA Yoriyasu	有馬頼寧

英文人名	日文人名
Aristide Brian	アリスティード・ブリアン
ARITA Hachiro	有田八郎
ARIYOSHI Akira	有吉明
Arnal Emmeline	アルナル・エムリヲ
Arnold F. Caddy	アーノルド・F・キャディ
Arnold Leslie William	アーノルドレスリーウエリアム
Aronin William Aroy	クローニン・ウィリアムアロイ
Arthur A. Sandusky	アーサー・エイ・サンドウスキー
Arthur E. Naivs	アーサー・E・ナイフス
Arthur Ernest Percibal	アーサー・アーネスト・パーシバアル
Arthur F. Anders	アーサー・エフ・アンダース
Arthur G. Robinrin	アーサーヂーロビンリン
Arthur H. McCallum	アーサー・H・マッカラム
Arthur H. Rosen	アーサー・エッチ・ロウゼン
Arthur Henderson	アーサー・ヘンダスン
Arthur James Balfour	アーサー・ジエームス・バルフオア
Arthur J. Moore	アーサー・ジエー・ムーア
Arthur Laurence Maher	アーサー・ローレンス・マーハー
Arthur M. Bucroski	アーサー・エム・バックロースキ
Arthur Price	アーサー・ブライス
Arthur Seivory	アーサー・セイヴオリー
Arthur Walker	アーサー・ウォーカー
Arturo Pint Escalier	アルデュロ・ピント・エスカリエル
ARUGA Kazunaga	有賀一永
ASADA Kameichi	アサダ・カメイチ
ASAHI Toichiro	旭藤市郎
ASAI Kiyokazu	淺井喜代一
ASAKURA Junkou	朝倉純孝
ASANO Masanori	淺野正穂
ASANO Ryozo	淺野良造
ASATOSHI Eiji	淺利英二
ASHIDA Hitoshi	蘆田均
Ashton Rose	アシュトン・ローズ
Ashworth John E.	アショワトス・ジョン・イー
Asuncion Marbas	アスンシオン・マーバス
Ater Eua	アターエラ
ATOO Datoshiro	阿刀田俊郎
ATOYAMA Kaneichi	アトヤマカネイチ

英文人名	日文人名
Attar Singh	アッタル・シング
Atul Chandra Chatagy	アトゥール・チャンドラ・チャタジー
Auckland Campbell	オークランド・キアンプル
August Zalesky	アヴグスロ・ザレスキー
Auguste Charles Marotte	オーグスト・シャルル・マロット
Augusto De Vascon Cellos	アウグスト・デ・ヴァスコンセロス
Augusto Matte	アウグスト・マッテ
Augusto Rosso	アウグスト・ロッソ
Aukst Rium	オークスト・リューム
Austen Chamberlain	オースチン・チェムバレン
Authur Rose	アーサー・ロース
Authur Seaforth Blackburn	アーサーシーフォースブラックバーン
Avery John H.	エイヴアリ・ジョンイー
Avisse Denise Alexandrlnc	アヴィス・ドウニズ・アレクザンドリース
AYABE Kentaro	綾部健太郎
AYABE Kitsuju	綾部橘樹
AYAKAWA Takeharu	綾川武治
Ayaru Sleeve Cold	アヤール・スリーブ・コルド
Ayla W. Myers	エイラダウリューマイヤーズ
AZUMA Shozaburo	東省三郎
B. B. Perry	B・B・ベーリ
B. Blinishoty	ベノイト・ブリニシュティ
B. Damen	B・ダーメン
B. Fort	ピーフート
B. J. Block	ビイ・イ・エー・ブロック
B. J. De Crobon	ベ・ジー・ド・コロボン
B. Jean Balanesco	ベー・シァン・バラネスコ
B. L. W. Clark	ビー・エル・ダブルユー・クラーク
B. Lutter	B・ルッター
B. M. Fitch	ビー・エム・フイッチ
B. M. Thompson	B・M・トムソン
B. R. Carlson	B・R・カールスン
B. T. Humphreys	B・T・マムマリーズ
B. W. Lanfia	ビー・ダブリュー・ランフィヤー
Ba Han	ハー・ハン
Ba Maug	バーモー
Ba Maw	バー・モウ
Ban Herde	バンヘールデ

英文人名	日文人名
BABA Eiichi	馬場鍈一
BABA Seiro	馬場正郎
BABA Shaochi	馬揚鯱
Babin Jules Louis Desire	バベン・チャール・ルイ・デヂレ
Babin Pierre	バベン・ピエール
Bach T. E.	バック・T・E
Bacan Singh	バカンシング
Bachard Alex C.	バチヤード・アレクシス・シイ
Bahadur Singh	バハデユルスイング
BAI Chong-xi	白崇禧
BAI Yu-heng	白逾恒
Bailey John H.	ベイレイ・ジョン・エッチ
Bain James A.	ページ・ジェームズ・エイ
Baji Bin Lindman	バジ・ビン・リンドマン
Baker Warron P.	ベィカー・ウオレンピー
Bamboo Cart	バンブー・ガット
Ban D.	バン・テイ
Ban Dall Plas	バン・ダー・ブラス
Ban Cleffens	バン・クレフェンス
BANNO Kunkichi	阪埜淳吉
BANZAI Ichiro	坂西一郎
BANZAI Rihachiro	阪西利八郎
BAO Yu-lin	鮑毓麟
Barat Anna	バラ・アンナ
Barginia Mendoza	バージニア・メンドーザ
Barman Bin Geotaroe	バルマン・ビン・ジヨタロエ
Barn Jerom L.	バーン・ジェロム・エル
Barnstin L.	バルンスタイン・L
Baron R. N.	バロン・R・N
Barrett John F.	バレソトジョンエフ
Barrington Clyde Wain	バーリントン・クライド・ワイン
Barschers A.	バールシュルズ・A
Barsons Howard G.	バーソンス・ホワード・ジエイ
Bartholomeu Ferreira	エー・エム・バルトロミュー・フェレイラ
Bartolome Pons	バートローメ・ポンス
Bartwistle R.	バートワイッスル・アール
Bashew Carl Alfred	バシュカールアルレルド
Basil C. W. Hart	ベイシル・シー・ダブリュー・ハート

英文人名	日文人名
Basil Cleary	バシル・クリアーリー
Basil Jones	バズイル・ジョーンズ
Basilio Gosela	バシリオ・ゴセラ
Basilio Umagap	バシリオ・ウマギヤップ
Basonal Regona	パソナル・レゴナ
Bassett Richard M.	バセット・リヤード・エム
Batarsin Gilfan Abubic Rovichi	バタルシン・ギリファン・アブビケロヴイチ
Bearson Robert Bullsorfs	ビヤンソ・ロバート・ブルソフス
Beckwith Smith	バックウイズ・スミス
Beden Thomas J.	ベデン・トマス・ジェイ
Beecher James William	ビーチナ・ホムス・ウィリアム
Beelaerts Van Blockland	ビーレルツ・ヴァン・プロクランド
Befcroft Gordon C.	ビィクレフトゴードンシー
Bekarl John	ベーカルジョン
Belagio Reyes	ベラジオ・レイエス
Belair Arthur J.	ベライア・アーサー・ジェイ
Belerts Van Blockland	ベレルツ・ファン・ブロックランド
Belgodere Antane Mary	ベルゴテール・アントアンヌ・マリー
Bell Bahadur Ray	ベル・バハドウル・ライ
Bell R. Voss	ビエル・アル・フオスト
Bellanger Geogre	ベランがー・ジョージ
Beluma Brunel	ビルマブルネル
Ben Charles Hackney	ビー・シー・ハックネー
Ben Kendorff	ペン・ケンドルフ
Benito Mussolini	ベニト・ムッソリーニ
Benjamin G. Obarlin	ベンジャミン・ジー・オーバリン
Benjamin Geoge Mapleback	ベンジヤミン・ジヨージ・メープルバック
Benjamin Rucafor	ベンジアミンルカフォア
Bennett John C.	ベネット・ジヨン・シィ
Benny Valencia	ベニイ・ヴァレンチア
Bent Howard	ベント・ハワード
Bently Taylor	ベントリーテーラー
Berg Gordo C.	バーグユードンシー
Berg Strand	ストランドベルグ
Bernard A. Hargade	バーナード・エ・ハーガド
Bernard Victor A. Roling	ベルナルド・ビクトル・エイ・ローリング
Bernardino Carabu	バーナーディノ・カラブ
Bertil A. Renborg	バーチル・エイ・レンボールグ

英文人名	日文人名
Betty Merrill L.	ビーテイ・メリル・エル
Betty Pang	ベティパング
Betty Robert L.	ビーテイ・ロバート・エル
Bibensio Navarro	ビベンシオナブアロ
Bichar Nest Edward	ビーチヤーネストエドワート
Bictor Vicente Orano	ブィクトル・エム・レンドン
Bigue Bill	ビッグ・ビル
Bilarts Van Blockland	ビーラーツ・フォン・ブロックランド
Bill Tild	ヒル・チルデン
Billie Green	ビリィグリーン
Billings Marment M.	ビリングス・マーガレット・エム
Billy M. Curtius	ビリイ・M・カーテアス
Bin C. Lu	ビン・シー・ルー
Binder Malvin William	ヘンダーマルヴイン・ウイリアム
Bindow Mistry	ビンドウ・ミストリ
BING Ke-zhuang	丙克莊
Biolio A. F.	ビオリオ・A・F
Birkes Newton B.	バークスニユートンビー
Black Burn	ブラック・バーン
Black Sam	ブラック・サム
Blan Jeans	ブラン・ジャンス
Blanchard Henry M.	ブランチャード・ヘンリイ・エム
Blinn Welford Charies	ブリン・ウエルホード・チャールス
Bo Check	ボ・チエック
Bob Makil Wraith	ボッブ・マキルレイス
Bob Wilson	ボブ・ウィルソン
Bobby Hodges	ボビー・ホツゲス
Boml Kenneth J.	ボムルケネス・ジェイ
Bonar Milton J.	ボーナー・ミルトン・ジェイ
Bowats Walter C.	ボワッ・ウオタール・シー
Bowcutt Don R.	ボウカット・ドン・アール
Boyce Dave	ボイス・デイヴ
Boylan Robert John	ボィフン・ロバート・ジョン
Brady Charles E.	フレーデイ・チャルズ・イー
Brady Vincent R.	ブラデイ・ヴイセント・アール
Branko Dimitch	ブランコ・ディミッチ
Bravest W. B.	ブレーブスト・ダヴル・ビ
Breit Eugene	ブレイト・ユージーン

英文人名	日文人名
Brewer Ardest Trabis	ブルウアアーデアルトトラブイス
Brian Maurice Johns	ブリアン・モリス・ジョンス
Bridges Janes Erwin	ブリッヂズ・ションムス・アーウイ
Brooks Popbam	ブルツクボツバム
Brooks Walter Jr.	ブルクス・ウオーハクー二世
Brower Eugene V.	ブコーユージーンウィ
Brown Bom	ブラウン・ボーマ
Brown Harry D.	ブラウン・ハリ・デイ
Bruce Fraser	ブルース・フレーザー
Bruno Aberage	ブルトノ・アベラーヂ
Brusa Sandro Jose	ファルサ・サンドロ・ホム
Bruton Robert Alice	ブルートン・ロバート・エリス
Buehos Aires	ブェノス・アイレス
Bull Winkle	ブルウィンクル
Bullard Geogre Clough	ブラード・ジョーン・クロー
Bullock Thomas E.	バルロクトマス・イー
Bumi Nadan	ブミ・ナダン
Bunard Harold W.	ブナヤード・ハロルド・ダブリユウ
Bura Silaba Sastracom	ブラ・シラバ・サーストラコム
Buriett Howard R.	バーエツト・ハワード・アル
Burkholder Robert L.	バークホールダーロバートエル
Burnett Leslie Woodburn Clarke	バーネットレスリ・ウッドバーン・ウラーク
Butar Robert R.	バトアーロバート・アル
Butler Jones	バトラー・ジョーンズ
Butter Field	バタフィールド
C. A. Barch	シーエーハーチ
C. A. Kilpin	C・A・キルピン
C. A. Barsoll	C・A・ビアソール
C. A. Stewart	シー・エィ・スチュワード
C. Berry	シー・ベリー
C. C. Smith	シー・シー・スミス
C. Cookesley	シー・クークスレー
C. D. Alcott	シー・デー・アルコット
C. D. Smith	シィ・ディ・スミス
C. E. Buck	C・E・ビューケ
C. E. Gauss	シー・イー・コーツス
C. E. Green	C・E・グリーン
C. E. L. Helfrich	シエルフ・ヘルフリツヒ

英文人名	日文人名
C. E. Olsen	シ・イ・オルセン
C. F. T. Farles	C・F・T・フアレス
C. G. Escrean	シー・ジー・エスクリン
C. G. Grey	シイ・ジイ・グライ
C. H. Kappe	シー・エイチ・カツプ
C. J. Nielsen	シー・ジー・ニールセン
C. J. Owen	C・J・オウエン
C. J. Sequera	C・J・セクエラ
C. K. Brants	シケイブランツ
C. Keneally	シー・ケニアリ
C. Kennedy	シー・ケネデイ
C. L. Ensminger	シーエル・エンスミンガ
C. M. Vischer	C・M・ヴィッシャー
C. Mann	シー・マン
C. O. Peroguin	シ・オ・ペロクイン
C. R. B. Richards	C・R・B・リチャールズ
C. S. Myers	C・S・マイアー
C. S. Trimmer	C・S・トリマー
C. Schultz Pantin	ジー・シルツエパンチィン
C. S. Young	C・S・ヤング
C. W. Barter	シー・ダブリュー・バータ
C. W. Brimmer	シィ・ダブリュー・ブリマー
C. W. Corbitt	C・W・コーヒット
C. W. Maisey	シー・ダヴリュー・メイシー
C. W. Minitz	シイ・ダブリュウ・ミニツ
C. W. Octavianus Lucas	C・W・オクタビイアンスルカス
C. W. Willoughby	シー・ダブリュー・ウイルービー
C. Walsh	C・ウオルシュ
Caferine Villamor	カフエリネ・ヴイラモル
CAI Fa-ping	蔡法平
CAI Li-quan	蔡麗全
CAI Ting-kai	蔡廷楷
CAI Xi-tu	蔡西徒
CAI Yun-sheng	蔡運升
Calton Toops	カルトンツープス
Cambell Clance C.	キムベル・クランス・シィ
Camille Gorge	カミーユ・ゴルジエ
Campbell Westel Perry	キヤンベル・ウエストル・ペリ

英文人名	日文人名
Candido Rollo	カンディド・ロロ
Cantril Charles R.	カントリーチヤールズアル
CAO Ru-lin	曹汝霖
CAO Yu-cheng	曹玉成
CAO Zhi	曹植
Carl H. Buck	カール・エッチ・バーク
Carl H. Johonson	カール・エッチ・ジヨンソン
Carl H. Karsk	カール・エッチ・カースケ
Carl Hauser	カルル・ハウゼル
Carl Ivan Westman	カルル・イヴィァン・ヴェストマン
Carl O. Hawthorne	カール・O・ホーソーン
Carl Jone Baum	カール・ジョーン・バウム
Carl Stade	カール・スタデ
Carlo Torel	カーロ・トレル
Carlos Antibala	カルルス・アンテイバラ
Carlos Blanco E. Sanches	カルロス・ブランコ・イ・サンチェス
Carlos Concha	カルロス・コンチャ
Carlos G. Candamo	カルロス・ジェーカンダモ,カルロス・ジェー・カンダモ
Carlos Jose Sequeira	カルロスホセセケイラ
Carlos Rodriguez Larreta	カルロス・ロドリゲス・ラレタ
Carlton H. Clark	カールトン・エイチ・クラーク
Carlyle Thomas	カーライル・トマス
Carmen Locsin	カルメン・ロクシン
Carola Costas Garcia	カロラ・コスタス・ガルシヤ
Carr Ram	カル・ラム
Carr Welter	カー・ウエルター
Carroll Calkins Grinnell	キヤロル・カルキンス・グリンネール
Carter Arthur D.	カーター・アーヤーデイ
Carter W. Clarke	カーター・ダヴリウー・クラーク
Cartier De Marchienne	カルチエー・ド・ルシエンヌ
Casaula Fernan	カソーラ・フエルナン
Castle Verson Roy	カースル・ウアーンーロィ
Castner Earl K.	カストナー・アール・ケイ
Catalina Butay	カタリナ・ブテー
Catherine Ristry	カテリーヲ・リストリ
Cava John A.	キャウア・ジョン・エイ
Cayetano Narra	カイエタノ・ナーラ
Cecil B. Green	センル・ビー・グリーン

英文人名	日文人名
Cecil Collie	セシルコリー
Cecil Davis	セシルディグス
Cecil F. Hubbert	セシル・エフ・ハバート
Cecil George Lewis Syers	セシル・ジョージ・リュイス・シアーズ
Cecil Raymond Farley	セシル・レイマンド・ファーレイ
CH. H. Wens Veen	Ch・H・ウエンスヴエーン
CH. O. Van Der Plas	Ch・O・ウアンデアプラス
CH. Vander Sloot	Ch・ヴアンデルスルート
Chain Singh	チエインシング
Chalman Charles A.	チャルマン・チャールズ・エイ
Chambers Davis S.	チェンバーズ・ヴイヴイス・エス
CHANG Bin-xiang	常濱鄉
CHANG Kai-yun	昌開運
CHANG Yin-huai	常蔭槐
Charge Carleton G.	チヤーチ・カールロンジ
Charles A. Reinhard	チャール・A・レインハード
Charles Ackermann	シアルル・アッケルマン
Charles Albert Steward	チャールスアルバード
Charles B. Candle	チヤールス・B・コードル
Charles Berry	チャールス・ベリー
Charles Bowman	チャールスボウマン
Charles Cole	チャールス・テイー・ゴール
Charles Cunningham Boycott	チャールス・カンニンガム・ボイコット
Charles D. Sheldon	チャールス・デイ・シエルドン
Charles E. Hughes	チャールズ・イー・ヒューズ
Charles E. Maura	チャールス・イー・モーラー
Charles E. Pyle	チャールス・E・バイル
Charles Edward Green	チャールズ・エドワード・グリーン
Charles Evans Hughes	チアールス・エヴァンス・ヒユーズ
Charles Francis Adams	チアールズ・エフ・アダムズ
Charles G. Dauce	チアールズ・ジー・ドーズ
Charles H. Brent	チャレス・エッチ・ブレント
Charles H. Rodes	チャールス・H・ロード
Charles Henry	チャールスヘンリー
Charles Hubert Stringer	チャールス・ハーバート・ストリンガー
Charles York Nill	チャールレス・ヨンゲ・ネール
Charles Neleson Spinks	テヤールス・ネルソン・スピンクス
Charles Putonam	チャールス・プトナム

英文人名	日文人名
Charles Ream Jackson	チャールス・リーム・ジャクソン
Charles Rigues	キャールス・リグス
Charles Rowland Bromley Richards	チャールズ・ロウランド・ブロムリー・リチヤーズ
Charles S. Adama	チヤールズ・エス・アダムス
Charles Street	チヤールス・ストリート
Charles Vermill	シァルル・ヴェルメール
Charles Walton	チャルスウオールトン
Charm Carren G.	チヤーム・カールレン・ジ
Charm J. Robinson	チェーム・J・ロビンスン
Charus Libusleeve	チャールスリーブケルト
Chary Sundas	チャーリィスンダース
Chase J. Nielsen	チェイズ・J・ニールセン
CHEN Bo-fan	陳伯藩
CHEN Cai-qing	陳蔡清
CHEN Chang-fu	陳長福
CHEN Da-cheng	陳大成
CHEN Du-xiu	陳獨秀
CHEN Fu-bao	陳福寶
CHEN Gong-bo	陳公博
CHEN Gong-jing	陳恭景
CHEN Guang-yu	陳光虞
CHEN Jia	陳賈
CHEN Jie	陳介
CHEN Jin-hui	陳晉惠
CHEN Jin-tao	陳錦濤
CHEN Ji-tang	陳濟棠
CHEN Jue-sheng	陳覺生
CHEN Jun	陳郡
CHEN Kai-rong	陳開栄
Chen Kay	チェンケイ
CHEN Li-fu	陳立夫
CHEN Lu	陳籙
CHEN Ming-shu	陳銘樞
CHEN Nv-yu	陳女禹
CHEN Ping	陳平
CHEN Qun	陳群
CHEN Rui-fang	陳瑞芳
CHEN Rui-lin	陳瑞鄰

英文人名	日文人名
CHEN Shao-kuan	陳紹寛
CHEN Shu-min,CHEN Shu-zhi	陳述致
CHEN Si-zhai	陳思齋
Chen Wang	チエン・ワン
CHEN Wang-qing	陳望青
CHEN Ya-qing	陳亜清
CHEN Yi	陳毅
CHEN Yi	陳儀
CHEN Yong-qing	陳永清
CHEN You-ren	陳友仁
CHEN Ze-min	陳則民
CHEN Zhong-xiao	陳中孝
CHENG Ke	程克
CHENG Lan-shan	程藍珊
CHENG Xi-xian	程希賢
CHENG Yi-you	程宜有
Chester Brown	チエスター・ブラウン
Chester I. Lappen	チェスター・I・ラップン
CHIBA Hiroshi	千葉皓
CHIBA Saburo	千葉三郎
CHIBA Yukio	千葉幸雄
CHIDA Tomatsu	知田外松
CHIKARA Tsujita	辻田力
CHINDA Sutemi	珍田捨己
Christian Robert Steven Smokil	クリスチアーンレバートステイヴエンスモキル
Christian Deling	クルスチャンデリング
Christian Frederick	クリスチャンフレテリック
Christian Hindrik Wensveen	クリスチヤン・ヒインドリック・ウエンズヴィーン
Christian Van Harften	クリスチャン・ファン・ハーフテン
Christian Ⅹ	クリスチャン十世
Christinsen Thorljorn	クリスチヤンセン・トールジョルン
Christlan Frederik Scheller	クリスチアン・フレデリック・シェルレル
Christopher James Parr	クリストファー・ジェームスー・バール
Chu Min-yi	褚民誼
Claire Stefanely	クレエア・ステフアネリ
Clanter Oliva	クラウテル・オリヴァ
Clare Rodney C.	クレヤ・ロドニイシー
Clark Carlton Howard	クラーク・カールトン・ホワード

英文人名	日文人名
Clark G. Grazier	クラーク・ヂー・グレヂアー
Clark Carr	クラーク・カー
Clarksto Harold B.	クラークストン・ハロルド・ビー
Claro M. Lecter	クラーロ・エメ・レクト
Clary David S.	クラーク・デヴイド・エス
Class Geogre L.	グラス・ジョンジ・エル
Claud Russell	クロッド・ラッセル
Claudio Pinilla	クラウヂオ・ピニラ
Clave Jeanne	クラヴ・ヂャンヌ
Clavton L. Nelson	クレートン・エル・ネルソン
Clayton D. Carus	クレイトン・D・ケラス
Clayton Ruland	クレートンルーランド
Clem Carlin	クレム・カーリン
Clifford Henry	クリフォード・ヘンリ
Clifford Lawrence Larsen	クリフオード・ラウレンス・ラーセン
Clifton F. Garder	クリフトン・エフ・ガードナー
Clog Stato	クログスタット
Clumel Mathues	クルーメル・マシュス
Clyde P. Sullivan	クライド・P・サリヴアン
Cobarger Laurence	コバーガトロレンス
Coburn Lloyed	コハーン・ロイド
Cock James E.	コック・ジェイム・イー
Cohen Edward	コーヘン・エドワード
Cohrn Michael H.	フエセンイ・カエル・エイア
Colburn Verson	コルバーンベルノソ
Colin Edward Bartlett	コーリン・エドワード・バートレット
Collentin Bernard	コレンチン・ベルナード
Collins Remond E.	コリンズレイモンドイー
Collinson Carshaw	コリンソン・カーショウ
Columbus Darwin Smith	コランバス・ダーイン
C. O. M. M. Guido Faburis	シー・オー・エム・エム・ギド・ファブリス
Comyns Carr	コミンス・カー
Conception Blanco	コンツエプチォン・ブランコ
Conlins Lyndon V.	コンリンズ・リンドンヴイ
Connde Geenbattles	コニージーンバトルス
Conrad Battles	コンラド・バトルス
Constantine Willian Ross	コンスタンチン・ウイリアム・ロス
Conted William	コッフデッド・ウィリアム

英文人名	日文人名
Cook Dallas Harry	クックタラスハリー
Coonlaon Reymond Leonard	クールソン・レイモンド
Corazon Abellara	コラゾン・アベララ
Corbold P. C. V.	コーボールド・P・C・V
Cordell Hull	コーデル・ハル
Cornelio Tanza	コルネリア・タンザ
Cornider Louis M.	コーシア・ルイス・エム
Corholis Van Den Horhenband	コルホリス・ファン・テン・ホーヘンバント
Corr John W.	コア・ジョン・ダブリユウ
Cox Kanol L.	コクス・カノル・エル
Cox Lindel Jr.	ゴックス・リントエル二世
Cox S. H. K.	コクス・S・H・K
Cras A. De Weerd	クラース・アー・デ・ヴェールト
Cresenciana Rucafor	クレゼンシアナ・ルカフォア
Cresencio Tupaz	クレセンシオ・トウパズ
Cuchi W. Fees	クチダブリューフィース
Cumings David E.	カミンブス・ヴィヴィドイ
Curry R. R.	カリイ・アール・アール
Curry Warren R.	カリー・ウオレシ・アール
Curtis Warren	カーチスウレン
Cyril Charles Mills	シリルチャールスミルス
Cyril Wallace Maisy	シリル・ウォーレス・メイシー
D. C. Davis	チイー・シー・チイヴィス
D. H. Howe	D・H・ホウ
D. J. McBain	D・J・マクベイン
D. Lardory	デエラルドストーリ
D. Merrill	デー・メリル
D. Peach	デイ・ピーチ
D. R. Boardman	D・R・ボーヂマン
D. S. Stoller	D・S・ストーラー
D. W. Bogue	D・W・ボーク
D. W. Smith	ディ・ダブリュ・スミス
D. W. Tarensky	D・W・タレンスキー
D. W. Thompson	ディ・ダブリュ・トムソン
Dabid Richard Thomas	ダビットリッシャジトーマス
Dabis Lawrence A.	ダビス・ローレンス・エー
DAI Ji	戴戟
DAIGO Tadashige	醍醐忠重

英文人名	日文人名
Dalek Aflred Jane	グレク・アルフレッド・ジェン
Dalmacio Bueno	ダルマチオ・ブエノ
Dalton Bruce W.	ドルトン・ウルース・ダブリユウ
Dame Rachel Crowdy	デーム・レーチュル・クラウディ
Daniel Reyes	ダニエル・レイス
Daniel T. Brigam	タニエル・チィー・ブリガム
DATE Muneaki	伊達宗彰
Darfin F.	ダーフィン・F
Daurd Nelson Sutton	デヴイット・ネルソンサットン
Dave Edward Horlmart	デーヴ・エトワード・ホールマータ
David A. Hurt	ダウィド・エイ・ハード
David A. Reed	デー・ヴィド・エー・リード
David Binkley	デイヴィッド・ビンクレイ
David Curtiss Inners Wernham	デヴイッド・カーチスインネス・ワーンハム
David E. Runji	タビッド・E・ルンヂ
David Fresa	テーヴイット・フレーサー
David I. Day Jr.	ディヴィド・I・ディジュニア
David L. Osborn	デビド・エル・オスボルン
David LI	デーヴイド・李
David Murdock	デヴィット・マードク
David Nelson Sutton	デーヴイッド・ネルソン・サットン
David Solomon	デーヴィド・ソロモン
David T. Barsens	タヴィッド・W・バースンス
David W. Parson	ダビット・ダブリュ・パーソン
Davies Raymond H.	デムースレイモンドェヂ
Davis Joseph R.	ライヴィス・ジョセフ・アール
De Beaufort	デ・ビューフート
De Brinon	ド・ブリノン
De Grell Roger	ド・グレル・ロジェー
De Harn	デハーン
De Cart Angelino	テ・カート・アンデリノ
De Lange	デ・ランゲ
De Leon	デ・レオン
De Myer	ド・ミエー
De Seril	デ・セリール
De Valera	ド・ヴァレラ
De Wall	ド・ヴアール
De Weerd	デ・ヴェールト

英文人名	日文人名
De Wilde J.	デ・ヴィルテ・J
De Vitz	ヂ・ウイズ
Dean Donald	デイーン・ドーナルド
Dean Geogre W.	ラーン・ジョンージ・ダブリユウ
Debane John L.	デペーネ・ジョン・エル
Debouhan Thomas L.	デボウハントマスエル
DEBUCHI Katsuji	出淵勝次
Del Rosario	デル・ロザリオ
Delaney Parker A.	ブレーヲー・パーカー・エイ
Demsell Johns Elly	デンセル・ジョンク・エリ
Denis Braian Meyson	デニスブライアンメイスン
Denis H. Biwarse	テニス・エッチ・ビワース
Denis S. Carshaw	デニスセガー・カーショー
Denise Avisse	ドウニズ・アヴイス
Desiderio Bathan	デスイデリオ・バサン
Dever Aloy Ars J.	デウア・アロイ・アス・ジェイ
Dick Starl	デンルク・スタール
Dimitri Bikelas	ディミトリ・ビケラス
Dimitri Mikoff	ディミトリ・ミコフ
Dina Nath	ダイナナース
Dinah Brawn	ダイナー・ブラウン
DING Chang	丁昌
DING Chao	丁超
DING Jian-xiu	丁鑑修
DING Jing-chen	丁敬臣
DING Shi-yuan	丁士源
DING Zhao	丁趙
DING Zi-shang	丁字尚
Dino Grandy	ディノー・グランディ
Dionisia Carlos	テイオニシヤ・カルロス
Djon Sanbock	ジョンサンボク
Do Cartier	ド・カルテイール
Do Cart Angeli	ド・カト・アンゲリ
Dobins Harold	ドヒンズ・ハロルド
Dockter Vilbert William	ドクタイ・ウィルバートウィリヤム
DOHIHARA Kenji	土肥原賢二
DOI Akio	土居明居
Dorge Patow	ドルヂ・バートー

英文人名	日文人名
Dolsky Jack M.	ドルスキイ・ジャック・エマ
Domingo Estimada	ドミンゴ・エステイマダ
Dominic Desbelpan	ドミニック・デスベルパン
Don Antonio Himenes Arrieta	ドン・アントニオ・ヒメネス・アリエタ
Don Frenando Garcia Loygory	ドン・フェルナンド・ガルシーア・ロイゴリ
Don Manuel Ruiz De Atauri	ドン・マヌエル・ルイス・デ・アタウリ
Don Thompson Slaught	ドントンプソンスロード
Dona Concepcion Dobreydar Campos	ドナ・コンセプション・ドブレイダー・キャムポス
Donald Alexander Davie	ドウナルド・アレキサンダー・ダウイー
Donald B. Cooley	ドナルド・ビー・クーレィ
Donald Josey Sissel	ドナルドジョジセーシセル
Donald Lynch	ドナルド・リッチ
Donald W. Smith	ドナルド・ダヴリュー・スミス
DONG Dao-ning	董道寧
DONG Zi-lian	董子連
Donk T.	ドンク・T
DOUE Masao	ドウエ正雄
Douglas Ford	ダグラス・フォード
Douglas L. Waldorf	ダグラス・エル・ワルドーフ
Douglas MacArthur	ダグラス・マックアーサ
Douglas Jenkins	ダグラス・ジェンキンス
Dragan Milichevitch	ドラガン・ミリチェヴィッチ
Dreyer Henrilton	ドレイヤーヘンリールトン
Dries H.	ドイリス・H
Drowton John George	ブロウトン・ジョン・ジョンジ
DU Chong-yuan	杜重遠
DU Qi-yun	杜起雲
DU Yue-sheng	杜月笙
DU Yun-kang	杜雲康
DUAN Qi-rui	段祺瑞
DUAN Zhi-quan	段芝泉
Duckworth	ダックウワース
Dudley Pound	ダットレイバウンド
DUE Tuazon	ドウエ・トウアゾン
Duff Cooper	ダフ・ターバー
Dumary Frank Jr.	ダマリ・フランク二世
Duncan Macferren	ダンカン・マックファーレン
Duncan P. Stewart	ダンカン・ピースユウァト

英文人名	日文人名
Dunn Joseph M.	ダンジョセフ・エム
Duquesnay Philip	デュケネー・フィリップ
Dury Van Beast Holle	デューリーハンベイスト・ボーレ
Dovsin Norbo	ドフシン・ノルボ
Dwight W. Morrow	ドワイト・ダブリュー・モロー
Dye James Wesley Jr.	ダウィ・ビイムス・ウェスレィ・二世
Dyer Donald W.	ダア・トナルド・ダブリユン
Dypansy Peter Zabis	テイバンシー・ピーター・サビイス
E Le-chun	額勒春
E. A. Griffin	E・A・グリフイン
E. A. Lloyd	E・A・ロイド
E. A. Long	イ・エー・ロング
E. Allen	E・アレン
E. B. Gauer	イー・ビー・ガウエル
E. Ponn	エー・ポン
E. C. Millikin	イー・シー・ミリキン
E. De Palacios	エミリオ・デ・パラシオス
E. E. Danly	イー・イー・ダンリイ
E. Egre	イ・エグレ
E. A. Grinfin	イー・エー・グリフィン
E. F. Terry	E・F・テリー
E. Floyd Griffin	イー・フロイド・グリフィン
E. G. Allen	E・G・アーレン
E. Grey	イー・グレー
E. H. F. Svenson	E・H・F・スヴエンソン
E. H. Field	イー・エイチ・フイールド
E. H. Wallace	イー・エッチ・ワレス
E. Holt Wilson	イー・ホルト・ヴィルソン
E. J. Barrett	イー・ジェー・バレット
E. J. Green	イー・ジエー・グリーン
E. J. Johnson	イー・ヂエー・ジョンソン
E. KUSANO	イー・クサノ
E. L. Anderson	イー・エル・アンダーソン
E. L. R. Gleik	イ・エル・アール・グレイーク
E. L. Faind	イー・エル・ファインド
E. L. St. Jone Couch	E・L・セント・ジョン・クーチ
E. Londok	E・ロンドック
E. M. J. Emmanuel	イー・エム・ジェー・エマニュエル

英 文 人 名	日 文 人 名
E. M. Sheppard	E・M・シャバード
E. N. Rahusen	エー・エヌ・ラヒュセン
E. Penfold	イー・ペンフォード
E. Phillip	E・フキリップ
E. Sims	E・シムス
E. Tomlin Berry	E・トムリンベーリー
E. W. G. Halsebus	イー・ダブリー・ヂー・ハルセバス
E. W. Parry	E・W・パリー
E. W. Sayers	E・W・セイヤース
E. W. Wand	イー・ダブリュー・ワーンヅ
E. Watt	イー・ワット
E. X. Mills	イー・エクス・ミルス
Earles I. B.	アールスアイビー
Eckerson Edwin B.	エッカーソン・エトウイン・ビ
Eckert Iburin C.	エッカート・イブリン・シー
Eddy Roger K.	エデイ・ロガー・ケイ
Edgar Allan Griffin	エドガー・アラン・グリンフイン
Edmund McArthur Sheppard	エドマンド・マワクアーサー・シェッパード
Edmund Romberg	エドムンド・ロームベルグ
Edna M. Hickam	エドナ・M・ヒッカム
Eduard Sperling	エヅアード・スパーリング
Eduardo F. S. Dos Santos Lisboa	エヅアルド・エフ・エス・ドス・サントス・リスボア
Edward Ⅷ	エドワード八世
Edward Anderberg	エドワード・アンダーバーグ
Edward Atams	エドワード・アタムズ
Edward Eric William	エドワード・エリック・ウィリアムソン
Edward Fray	エドワード・フライ
Edward Grey	エドウード・グレー
Edward Hedley Armastrong	エトワード・ヘドレー・アームストロング
Edward Hughes Mills	エドワード・ヒューズ・ミルス
Edward Jonah Nathan	エドワード・ジョーナ・ネーサン
Edward L. Field	エドフード・エル・フィールド
Edward P. Monaghan	エドワード・ピー・モナハン
Edward R. Nell	エドワード・アール・ネル
Edward Stuart McDougall	イー・スチュアート・マックドウガル
Edward W. Gregory	エドワード・W・グレゴリー
Edwards Robert L.	エドワーソ・ロバート・エル
Edwin A. Petry	エドウィン・エイ・ペトリイ

英文人名	日文人名
Edwin F. Stanton	エドウイン・エフ・スタントン
Edwin F. Svare	エドワイン・エフ・スヴェア
Edwin L. Neville	エドウィン・エル・ネヴィル
Edwin L. Booth	エドヴィン・エル・ブース
Edwin R. Mcreynolds	エドウキン・R・マクレイノスヅ
Edwin T. Layton	エドウィン・T・レイトン
Edwin V. Leach	エドウイン・ヴイー・リーチ
Edwin W. Crons	エドウイン・ダブリュー・クーンス
EGAMI Sobei	江上惣
EGI Tasuku	江木翼
EGUCHI Hirokichi	江口弘吉
EGUCHI Toshio	江口俊男
Eidesen Ainar	アイデセン・アイナール
Eleanor Barc	エリーノア・バアク
Eleno Rucafor	エレノ・ルカフォア
Elias Del Costilla	エリアス・デル・コスティラ
Elias P. Sablan	エリアス・ピー・サブラン
Elie Chomette	エリーショーメッツ
Eliex Sadarn	エリエッイスサドラン
Elihu Root	エリヒュー・ルート
Eliot Wadsworth	エリオト・ワヅウォース
Elisa McPanty	エリザ・マグパンテイ
Elliott Conard	エリオットコナード
Mrs. Ellizabeth O. Hanlon	エリザベス・オーハンロン夫人
Elmer Alfred Morse	エリマー・アルフレッド・モース
Elmer P. Fleming	エルマー・P・フレミング
Elmore V. Deal	エルモア・ヴイ・テイール
Emile Gassie	エミール・ガシー
Emile Giglioly	エミレ・ジクリオーリ
Emilio Angos	エミリオ・アンゴス
Emilio Bello Codesido	エミリオ・ベロ・コデシド
EMPEROR JIMMU	神武天皇
EMPEROR KANGHSI	康熙皇帝
EMPEROR KOMEI	孝明天皇
EMPEROR MEIJI	明治天皇
EMPEROR TAISHO	大正天皇
Encarnasion Lines	エンカルナシオン・ラインズ
ENDO Hideo	遠藤秀雄

英文人名	日文人名
ENDO Kiichi	遠藤喜一
ENDO Ryusaku	遠藤柳作
ENDO Saburo	遠藤三郎
Engracio Losa	エングラシオ・ロサ
ENOMOTO Juji	榎本重治
Enrique Dorn E. De Alsa	エンリケ・トルン・イ・デ・アルスア
Enrique Gomez Carillo	エンリケ・ゴメス・カリリヨ
Enrique Horta Gahard V.	エンリケ・ホータ・ガハルド・ヴェー
Eldmans Dorff	エルドマンスドルフ
Eric B. Hoague	エリック・ビー・ホアグ
Eric De Virgin	エリック・ド・ヴィルジン
Eric John John Green	エリック・ジョン・ジョン・グリーン
Eric Kenneth Scott	エリック・ケネス・スコット
Eric Stern	エリック・スターン
Eric W. Fleisher	エリック・ダブリュー・フライシヤー
Erich Boltze	ユーリッヒ・ボルツェ
Eric Von Sydow	エリック・フォン・シドウ
Erima Harvey Northcroft	エリマ・ハービーノースクロフト
Ernest Alexander Lloyd	アーネスト・アレキサンダー・ロイド
Ernest C. Branch	アーネスト・シー・ブランチ
Ernest Mason Satow	アーネスト・メーソン・サトウ
Ernest Philip Higgs	アーホスト・フォリップ・ヒッグス
Ernest Malmann	アーネスト・マールマン
Ernest Solomon	アーネスト・ソロモン
Ernest Emil Johnson	アーネストエミル・ジョンスン
Ernesto Hoffmann	エルネスト・ホフマン
Erwin Bernard	エルウィル・ベルナート
James Esby	ジェームス・エスビー
Esrock Yale E.	エスロック・エィル・イー
Esteban Hill Borges	エステバン・ヒル・ポルゲス
Esther Garcia Moras	エスサー・ガルシヤ・モラス
ETO Toshio	衛藤利夫
Eufreshina Payot	ユーフレシナ・ペイヨット
Eugene H. Dooman	ユージン・エイチー・ドウマン
Eugene J. Twindlen	ユー・ジエン・J・トキンドレン
Eugene Richter	ユウジン・リッチャー
Eugene Suarez Herreros	ユージェーヌ・スアレズ・ヘレロス
Eugene Vertejano	ユージェーヌ・ヴェルテジァノ

英文人名	日文人名
Eulogia Rucafor	ユーロジアルカフォア
Eusebio Machain	エウセビオ・マチャイン
Eustis William R.	ユウステイス・ウィアムアル
Eutiquio Rusenas	ユーティキオ・ルセナス
Evangeline Costas Garcia	エバンヘリン・コスタス・ガルシヤ
Ebans Lee H.	エバンス・リー・エイチ
Everout Drumright	エヴェレット・ドウムライト
Eiffelt Van Eseen	エーフエルトファネッセン
F. A. Carl	エフ・エー・カール
F. A. M. Harderink	F・A・M・ハテリンク
F. B. Hugggins	エフ・ビー・ハギンス
F. B. Oldham	F・B・オルダム
F. Bill	エフ・ビル
F. D. Field	エフ・ディ・フィルド
F. D. Merrill	エフ・デー・マーリル
F. D. Williams	F・D・ウィリアムス
F. De Jone	エフ・デイ・ジオン
F. E. Mostin	エフ・イー・モステイン
F. G. Barchall	エフ・ジイ・バーチォール
F. G. Fletcher	エフ・ヂー・フレッチャー
F. H. Callahan	エフ・エイチ・カラハン
F. H. Terhigue	F・H・テルヒーゲ
F. H. Von Mayen Furt	F・H・フォン・マイエンフェルト
F. Honigue	エフ・ホニケ
F. J. Roway Path	F・J・ローワイ・バアッ
F. J. Reemer	F・J・レエメル
F. N. Roberts	エフ・エヌ・ロバーツ
F. Paravicini	エフ・パラヴィチニ
F. R. Chalmers	エフ・アール・チャーマル
F. R. Kramer	F・R・クレーマー
F. R. Oldam	F・R・オウルダム
F. S. G. Piggott	エフ・エス・ジー・ピゴット
F. Tideman	エフ・ティーデマン
F. W. Clark	F・W・クラーク
Fabenton George	ファベントン・ジョージ
Fabiana Morelos	フアビアナ・モレロス
Fagson Stuart M.	ファーグスン・スチャーアト・エム
Faizal Hassan	ファイザル・ハッサン

英文人名	日文人名
Falken Habsen	ファルケン・ハブセン
FANG Shi-qi	方式濟
FANG Zhen-wu	方振武
FANG Zhi-min	方志敏
Fanny Gadol	ファニー・ガドル
Faozal Nussain	ファオザル・ヌッサイン
Farrer Gilbert Gellace	ファーマー・ギルバート・ジエレス
Fateh Khan	フアテエーカハーン
Faunce James J.	ファウ・ス・ジェイムス・ジェイ
Faustino Bagubat	ファウスティノ・バグバット
Federico Garcia	フェデリコ・ガルシヤ
Federico Perante	フェデリコ・ペランテ
Felino Montante	フェリイーノ・モンタンテ
Felix Aliego	フェリックス・アリエゴ
Fell Dink	フエルデインク
Fenes Jack A.	フエネス・ジャング・エイ
FENG Han-qing	馮涵清
FENG Huan-zhang	馮煥章
FENG Ji-qing	馮汲清
FENG Yu-xiang	馮玉祥
FENG Zhi-an	馮治安
Ferdinand Do Myttenar	フェルディナン・ド・ミットナール
Ferdinand F. Melingoro	フアージナンド・エフ・メリンゴロー
Ferdinand Veverka	フェルディナンド・ヴェヴェルカ
Fereira Da Costa	フエレイラダコスタ
Ferm Harold W.	ファーム・ハロルド・ダブリユウ
Fern Barta	ファーン・バータ
Fern Joseph Barta	ファン・ジョンーセフ・バータ
Fernan Casaula	フエルナン・カゾーラ
Fernan Beltzer	フェルナン・ベルツェル
Filemon Delgado	フィレモン・デルガドー
Fisher Hall D.	フィシヤ・ヘール・デイ
Fldow F. Spillman	フロオド・エフ・スピールマン
Flint Howard A.	フリント・ハワード・エイ
Florence Sayles	フロレンス・セールス
Floyd E. Brainen	フロイド・イー・ブライネン
Floyd F. Spilman	フロイド・エフ・スピルマン
Floyd Herman Comfort	フロイド・ハーマン・カムフォート

英文人名	日文人名
Folke Enstedt	フオルク・エンステッド
Foras Bren B.	フォラス・ブレン・ビ
Foote John S.	フット・ジョン・エス
Foppo Rense Kremer	フオッポ・レンス・クレーマー
Forsberg Rondla	フォスバーグ・ロンドラ
Fort Myer	フォート・マイアー
Foss Ernest Jr.	フオス・アーネエスト二世
Foster John	フォスター・ジョン
Fou Rae Kin	フォ・ラエ・キン
Foust Albert C.	フオウスト・アート・シィ
Frances Becno D.	フランセス・ベークノ・デイ
Frances Calley	フランシーズ・カリー
Francis Allan Jacob	フランシスアラン・ジャーコブ
Francis C. Lund	フランシス・C・ルンド
Francis Dale G.	フランシス・デイ・ジー
Francis J. Cosgrave	フランシス・J・コスグラヴエ
Francis J. Morray	フランシス・J・モレー
Francis James	フランシスジェームス
Francis McGaragy	フランシス・マクギヤラギイ
Francis Wormersley Clarke	フランシス・ウヲマスリ・クラーク
Francisca Bernardo De Lunar	フランシスカ・ベルナルド・デ・ルナ
Francisco Carmona	フランシスコ・カルモナ
Francisco J. Duarte	フランシスコ・ジェー・デユアルテ
Francisco Hose De Urtia	フランシスコ・ホセ・デ・ウルティア
Francisco Lopez	フランシスコ・ロペズ
Francisco Magalona	フランシスコ・マガロナ
Francisco Pustmante Romero	フランシスコ・プスタマンテ・ロメロ
Francois Hietry	フランソア・ヒエトリ
Francois Tangy	フランソワ・タンギィ
Frank Alder	フランク・アルダー
Frank B. Keef	フランク・B・キーフ
Frank C. Walka	フランク・シー・ウオーカー
Frank Charles D.	フランク・チャールス・デイ
Frank Charles L. Jr.	ファン・チャレス・エル二世
Frank D.	フランク・デ
Frank Edward Pick	フランク・エドワード・ビック
Frank Gale	フランク・ゲール
Frank H. Morrison Jr.	フランク・エッチ・モリソン二世

英文人名	日文人名
Frank Hailand	フランク・ハイランド
Frank L. Pleadwell	フランク・エル・プリードウエル
Frank M. Tarna	フランク・M・ターナー
Frank McCoy	フランク・マッコイ
Frank MoKeefe	フランク・モーキーフ
Frank Ramsbotham	フランク・ラムスボーサム
Franklin D. Roosevelt	フランクリン・デイー・ルーズヴエルト
Franklin Omer E.	フランクリン・オメル・イー
Franrial Horing	フランリアルホーリング
Fransco Domacast	フランスコ・ドマカット
Frazier Gren Jr.	ブレイヂィエル・グレン二世
Fred F. SUZUKAWA	フレッド・エフ・鈴川
Fred M. Black	フレッド・M・ブラック
Fred Burnie	フレット・ブルニー
Fred Tomlack	フレッド・トムラック
Fred W. Kelly	フレデリック・ダブリュー・ケーリー
Freddie Costas Garcia	フレディー・コスタス・ガルシヤ
Frederic Russell Dolbea	フレデリク・ラッセル・ドルビア
Frederick Charles Stuart	フレデリック・チヤールズ・スチュアート
Frederick Huge Bashford	フレデリック・ヒュー・バシフォード
Fredericks Leo W.	フレデリックス・レオー・ダブリユウ
Fredric T. Suss	フレデリック・テイー・サッス
Freeman Thomas James	フリーマン・トマス・ヤイムス
French Albert B.	アレンチ・アルバート・ビー
Frits Hendrik Loupatty	フリッツヘントリックロウパッティ
Fritz Reiher	フリッツ・ライヘル
Von Petersdorf Fritz	フォン・ペテルスドルフ・フリッ
Fonta Neil	フオンタ・ネル
FU Ding-xun	傅定勛
FU Shi-shuo	傅式說
FUCHIDA Mitsuo	淵田美津雄
FUHA Hiroshi	不破博
FUJII Kiyoshi	藤井潔
FUJII Sadanobu	藤井眞信
FUJII Shigeru	滕井茂
FUJII Tatsuo	フジイ・タツヲ
FUJISAWA Ikunosuke	藤澤幾之輔
FUJITA Isamu	藤田勇

英文人名	日文人名
FUJITA Masamichi	藤田正路
FUJITA Risaburo	藤田利三郎
FUJITA Tsuguo	藤田嗣雄
FUJIWARA Ginjiro	藤原銀次郎
FUKAI Eigo	深井英五
FUKAI Eigo	深井英吾
FUKUDA Kiyoshi	福田冽
FUKUDA Rinnosuke	福田林之助
Fukuda Torakane	福田虎亀
FUKUHARA Katsuichi	福原勝一
FUKUHARA Shozo	フクハラ・ショーゾウ
FUKUHARA Tsutomu	福原勳
FUKUI Kiyoshi	福井淳
FUKUMOTO Taro	福本太郎
FUKUOKA Akira	福岡皓
FUKUSHIMA Daisuke	副島大助
FUKUSHIMA Michimasa	副島道正伯
FUKUTOME Shigeru	福留繁
FUKUYE Shimpei	福榮眞平
FUNATSU Tatsuichiro	船津辰一郎
Furman Urbin Hee	ファーマン・アービン・ヒイ
FURUKAWA Seiichi	古川清一
FURUKAWA Tamotsu	古川保
FURUNO Inosuke	古野伊之助
FURUNO Inosuke	古野繁石
FURUSHO Tsukasa	古莊司
FURUSYO Motoo	古荘幹郎
FURUYAMA Katsuo	古山勝夫
FUSEI Iwataro	フセイ岩太郎
Fusin Bin Abtala	フシン・ビン・アブタラ
FUTAGAMI Heiji	二上兵治
FUTAMI Akishuro	二見秋三郎
G. Diourich	ジー・ディウリッチ
G. A. Furness	ジーエイ・ファーネス
G. A. G. Sprangers	G・A・G・スプレンジヤーズ
G. A. Hermans	G・A・ベツマンズ
G. B. E. Monsell	G・B・E・モンセル
G. Barratt	ジー・バラット

英 文 人 名	日 文 人 名
G. Bourgor	ジェー・ブールゴア
G. D. Chandren	G・D・チャンドレン
G. D. Hagman	ジー・エル・ハーグマン
G. D. Kirwan	ジー・ディー・カーワン
G. De Lang	ジー・デ・ラング
G. Essers	G・エッセルス
G. F. Pearce	ジー・エフ・ピアス
G. Ford	ヂーフォード
G. H. Garde	ジー・エッチ・ガード
G. H. Thomas	G・H・トーマス
G. H. Whitfield	G・H・ワイワトフイールド
C. Hobbins	シー・ホッビンス
G. J. Dissevelt	G・J・デーセウェルト
G. J. Sip	G・J・シップ
G. Knowles	ヂー・ノールス
G. L. Russell	ヂー・エル・ラツセル
G. M. Thernett	G・M・サーネット
G. Osmond Hyde	ジー・オスモンド・ハイド
G. T. Cooper	G・T・クーパー
G. Taylor	ジー・テイラー
G. V. P. Picoggi	G・V・P・ピコッッイ
G. Van Slooten	ヘー・ファン・スローテン
G. W. Colton	G・W・コルトン
G. Warzy	ヂィ・ワルズイー
G. W. Wattles	G・W・ウオトルス
Gabriel Maura	ガブリエル・マウラ
Gaetano Manzoni	ガエタノ・マンゾニ
Galiams John R.	ガリアムスジョンアール
Gallaca William Yalbert	グッラガー・ウィーアム・ヤルバート
Ganda Singh	ガンダ・ジング
GAO Feng-shan	高鳳山
GAO Guan-wu	高冠吾
GAO Ling-shuang	高淩霜
GAO Ling-wei	高淩蔚
GAO Wen-bin	高文彬
GAO Xian-jia	高憲甲
GAO Zong-wu	高宗武
Gardner C. Carpentor	ガードナー・シー・カーペンター

英文人名	日文人名
Garl E. Stegmair	カール・E・ステグマイアー
Gaskill Merrill R.	ガスキル・メリル・アール
Gaston Bourgor	ガストン・ブルゴア
Gaston Carlin	ガストン・カルラン
Gaston Daniel Albert	ガストン・ブニエル・アルバート
Gaston Fransa Talbe	ガストン・フランソア・タルバ
Geciti Cooper	ゲシイディー・クーパー
Gee Jay Meyer	ジー・ジェー・メイヤー
Geeve A. J.	ゲーフェ・A・J
George Foster Pearce	ジョージ・フォスター・ピアス
Genaro Cabron	ゲナロ・カブロン
GENDA Minoru	源田實
Gendring Nathan	チエンダリング・ナーザン
Geo W. Forbes	ジーイーオー・ダブリュー・フォーブズ
Geoffrey Cadev Hamilton	ジェオフリー・カトフー・ハミルトン
Geofrey Knowles	ジエフレー・ノウルズ
Geogre K. Hess	ジョンジ・K・ヘス
George A. Fitch	ヂヨーヂ・エー・フィヂ
George A. Furness	ジョージ・エイ・ファーネス
George B. Machal Farland	ジョージ・ビー・マク・ファーランド
George Bafinton	チョヂ・バフィントン
George Barr	ジョージ・バー
George Brayan Collinson	ジョジ・ブライアン・コリンソ
George D. Watrous	ジョーデ・D・ワトラス
George De Verdom Westley	ジョージ・デ・ヴァードン・ウエストレー
George Ernest Ramsay	ジョージ・アーネスド・ラムゼー
George F. Getty Ⅲ	ジョージ・エフ・ゲテー三世
George J. Louis	ジョージ・ジエイムズ・ルイス
George Lee	ジョージ李
George N. McRae	ジョージ・N・マクレー
George Petresco	ショルジ・ペトレスコ
George Philip	ジョージ・フィリップ
George R. Tantz	ジョウジ・アール・タンツ
George Redston Warner	ジョジズ・レッドストン・ワルナー
George Topla	ジョージ・トプラ
George Trist	ヂョウジ・トリスト
George Tyndale Cooper	ジョージ・テインデール・クーパー
George W. Allen	ジョン・ジンヒ・アレン

英 文 人 名	日 文 人 名
Georges P. Vanier	ジョージス・ピー・ヴァニアー
Gerain William P.	ヂーラィン・ヴィリカム・ビー
GErald Beace Stock	ジェラルド・ビース・ストクー
Gerard Shefer	ヂエラード・シェーファー
German De Benecia	ゼルマン・デ・ベネチア
Gerrit Yan Sip	ヘリット・ヤン・シップ
Gerrity William B.	ゲリテイ・ウイリヤム・ビー
Giani C. Coy	ヂアー・シー・コイ
Gibbs Charles A.	ズッズ・チャールズ・エイ
Gifford Joseph	ボッフ・ションセツ
Gills Reiter Edward	ヂルス・レイター・エドワードシー
Ginn Edward J.	チン・エドワード・チー
Glasser Murray	グラッサー・マーレー
Glen C. Turner	グレン・G・ターナ
Gloria Chesoy	グロリヤ・チェソツイー
GODAI Tahayoshi	上代琢禪
GODAIIN Yoshimasa	後醍院良正
GODO Takuo	伍堂卓雄
Gosti Abdoel Hamad	グステイ・アプドル・ハミッド
Gostim Hill	グステイム・シイル
Gosti Mohamad Kelip	グスデイ・モハマッド・クリップ
Gosti Saunan	グスティ・サウナン
Gonzalo R. Sievell	ゴンザロ・アール・シーヴェル
Goodman Bareri A.	ダットマン・バレリー・エイ
Goodwin Warren A.	グッドヴイン・ウオレン・エィ
Goffrey Cazo Hamilton	ジョフリイ・カゾー・ハミルトン
Gordon Bowden	ゴードンボウデン
Goria Lains	ゴリア・ラインズ
GOTO Fumio	後藤文夫
GOTO Kotaro	後藤光太郎
GOTO Kotaro	後藤小太郎
GOTO Ryunosuke	後藤隆之助
GOTO Shigeru	後藤茂
GOTO Shimpei	後藤新平
GOTO Shiro	後藤四郎
GOTO Toshio	後藤利夫
GOTO Yuzuru	後藤譲
Gottfried Ashomann	ゴットフリード・アシュマン

英文人名	日文人名
Gouveia Leite	ゴーベヤレイテ
Gove Kenneth C.	ゴーブ・ケンネス・シイ
Grace Bauer	タレイス・バウア
Graciano Castillo	グラシアン・キャステイロ
Gracie Allen	グレーシー・アーレン
Graham Alfred T.	ダルーム・アルフレット・テイ
Graham Thomas	クラハム・トマス
Grand Rapids	グランド・ラピッヅ
Granville De Laune Ryrie	グランヴィル・ド・ローン・リリー
Green James Albert	グリン・ジェームス・アルバート
Gregory Namovitch Futensky	グレゴリー・ナアモウイッテ・フーテンスキー
Grenz William E.	ノレツ・ウィリヤム・イー
Grew Joseph Clark	グルー・ジョーゼフ・クラーク
Grewa Florens T.	グルウア・フローレンス・テイ
Griffice John Henry	グリフイス・ジョンヘンリー
Griffin A. F. R.	グリフィン・A・F・R
Groenfeld J. H.	グロンフェルト・J・H
Grobus Kenneth R.	グロブス・ケンネス・アール
GU Ci-heng	谷次亨
GU Tai-lai	顧泰來
GU Tai-yao	谷太耀
GU Tai-yi	谷太易
GU Wei-jun	顧維鈞
GU Zheng-zhi	谷正之
GUAN Yu-heng	關玉衡
GUI Fu	貴福
GUI Hong-bu	蕢鴻埠
GUI Zhen-xiong	桂鎮雄
Guido Fusinato	ギド・フジナト
Guido Ponpily	ギド・ポンピリ
Guido Vinge	グイド・ヴィンチ
Guillermo De Blance	ギリェルモ・デ・ブランク
Guillermo F. Mariano	グイルエルモ・エフ・マリアノ
Guillermo J. Reyes	ギレルモ・J・レイエス
Gumaker Van Heerden	グマカーヴァン・ヒールデン
Gunner Chick	ガンナー・チック
Guntar John Beat	ガンター・ジョーン・ビト
GUO Liang-qi	郭兩岐

英文人名	日文人名
GUO Song-ling	郭松齢
GUO Tai-qi	郭泰祺
GUO Yu-san	郭餘三
Gustav Strezemann	グスタフ・ストレーゼマン
Guy Nourrit	グイ・メーリ
H. A. Gwynne	エッチ・エイ・グウイン
H. A. J. Fryer	エイチ・エイ・ジェー・フライヤー
HATTORI John D.	服部・ディ・ジョン
H. B. Stowers	H・B・ストウアズ
H. Baron Van Till	エイチ・バロン・ヴハン・ティール
H. Basil Harrison	エッヂ・バシル・ハリソン
H. Borgray	エット・ボーグレイ
H. Clayton	エッチ・クレートン
H. D. Coombe	アッチ・デイ・クウームブ
H. D. W. Sitwell	H・D・W・シットウエル
H. Dallinga	H・ダリンガ
H. E. C. Breitung	エッチ・イー・シー・ブレイタング
H. E. Engelen	H・E・エンゲレン
H. E. Kimmel	エッチ・イー・キンメル
H. E. Stevens	ニワッチ・イー・スチーヴンス
H. G. Chilton	エッチ・ジー・チルトン
H. G. W. Woodhead	エッチ・ヂー・ウッドヘッド
H. H. J. De Vries	エッチ・エッチ・ジエイ・デ・フリース
H. H. Pauley	エッチ・エッチ・ポーレイ
H. Hagenall	エイチ・ハーゲナール
H. I. H. ASAKA	朝香宮
H. J. De Vries	エッチ・ジエー・デウ・ヴリース
H. J. Evans	H・J・エヴアンズ
H. J. Finger	エッチ・ジェー・フィンガー
H. J. Timperley	エイチ・ジェイ・チィムバーレイ
H. Jesse Mel Man	エッチ・ジェースイ・メル・マン
H. King	エッチ・キング
H. Loupawatty	H・ロウパワテイ
H. OMACHI	H・大町
H. Peasegood	エッチ・ピースグッド
H. R. C. Harn	H・R・C・ハーン
H. R. Nilsen	H・R・ネールセン
H. R. Stark	H・R・スターク

英文人名	日文人名
H. Rupatty	H・ルーパテイ
H. S. Thatcher	H・S・ザヤッチー
H. S. Williams	エイチ・エス・ウイリアムス
H. SUZUKI	エッチ・鈴木
H. T. Shing	H・T・シング
H. T. W. Fisel	H・T・W・フィゼル
H. Tacker	エイチ・タッカー
H. Van Ebenhorst Tengbergen	エッチ・ファン・エベンホルスト・テングベルゲン
H. Von Ecardt	ハー・フォン・エッカルト
H. W. A. Barron	H・W・A・バロン
H. W. Malkin	エッチ・ダブリュー・マルキン
HACHIJO Takamasa	八條隆政
Hagen Norman J.	ヘーケン・ノーマン・ジェイ
HAGIHARA Toru	萩原徹
HAI Min-sheng	海民聲
Haight Ralph E.	ハイト・ラルフ・イー
Hainess William A.	バインズ・ヴィリム・エイ
HAJI Saria	ハジ・サリア
HAJI Sarirawo	ハジ・サリラヲ
Hall Floyed Wing	ホール・フロイド・エウイング
Hallett Ande	ハレット・アンド
HAMACHI Bunhei	濱池文平
HAMADA Junichi	濱田純一
HAMADA Kunimatsu	濱田國松
HAMADA Tai	ハマダ・タイ
HAMADA Taira	濱田平
HAMAGUCHI Osachi	濱口雄幸
HAMAMOTO Kisaburo	濱本喜三郎
HAMANO Yonekichi	濱野米吉
Hamblin Ren S.	ハムブレン・レン・エス
Hamildar Changram	ハヴィルダー・チャンギラム
Hamilton Wright	ハミルトン・ライト
Hamil Singh	ハミール・シング
Hamrin Toay E. Jr.	ハムリン・トアイー二世
HAN Bai-ying	韓白英
HAN Fu-qu	韓複渠
HAN Shi-yuan	韓世元
HAN Wei-zhou	韓維洲

英 文 人 名	日 文 人 名
HAN Yun-jie	韓雲階
Hanai Tadashi	花井忠
HANAWA Gikei	花輪義敬
HANAYA Tadashi	花谷正
Hancock Jack	ハンコック・ギャック
HANDA Binji	半田敏治
Handley Robert W.	ハンドレイ・ロバート・ダヴリユウ
HANEDA Miyoshi	羽田三好
HANIHARA Masanao	埴原正直
Hans Lesment	ハンス・リースメント
Hansen John Van	ハンセン・ジョン・ウアン
Hanson S. G.	ハンソン・S・G
HARA Chuichi	原忠一
HARA Kei	原敬
HARA Mokichi	原茂吉
HARA Seiji	原清治
HARA Shiro	原四郎
HARA Syujiro	原脩次郎
HARA Taneyuk	原種行
HARA Tomio	原富雄
HARA Yoshimichi	原嘉道
HARADA Den	原田傳
HARADA Kumakichi	原田熊吉
HARADA Kumao	原田熊雄
HARADA Kumao	原田熊男
HARADA Seiichi	原田清一
Harald De Scavenius	ハラルド・ド・スガヴェニウス
Harald Scavenius	ハラルド・スカヴェニウス
Harbar Trow	ハーバー・トロー
Harbert L. Myers	ハーバート・エル・マイヤース
Harold A. Spatz	ハロルド・エイ・スパーツ
Harold Alfred Pritchard	ハロルド・アルフレッド・フリーハード
Harold Frank Hogue	ハロルド・フランク・ホーグ
Harold Hedice	ハロルド・ヘデイス
Harold R. Lee	ハロルド・R・リー
Harold Whitcomb	ハロルド・ジョン・フイットカム
Harr Bart Casbar	ハール・バート・キャスパー
Harrie A. Heals	ハリー・エー・シルス

英文人名	日文人名
Harris Geogre	ハリス・ジョージ
Harry B. Tuck	ハリー・ピー・タック
Harry Joseph	ハリイ・ジヨセフ
Harry Rai McDonal	ハリー・レ・マクドナル
Harry Slater	ハーリー・スレーター
Harryman Dorsey	ハリマン・ドルセイ
Hartley Shawcross	ハートレイ・ショウクロス
HARUO Kitazawa	北澤治雄
Harvey Goodrich	ハーヴェイ・グッドリッチ
Harvey Wilba C.	ハーウィー・ウイルバー・シ
Hasan Kuchi	ハサンクチ
HASEBE Shogo	長谷部照倍
HASEGAWA Kiyoshi	長谷川清
HASEGAWA Seisaku	長谷川清作
HASHIDA Kunihiko	橋田邦彥
HASHIGUCHI Masao	橋木正雄
HASHII Shin	橋井新
HASHIMOTO Gun	橋本群
HASHIMOTO Hirotoshi	橋本寛敏
HASHIMOTO Keishi	橋本啓四
HASHIMOTO Kingoro	橋本欣五郎
HASHIMOTO Masayuki	橋本正之
HASHIMOTO Shigeyoshi	橋本重義
HASHIMOTO Takeshi	橋本孟
HASHIMOTO Toranosuke	橋本虎之助
HASHIZUME Takejiro	橋爪竹次郎
HASHIZUMI Isami	橋詰勇
Hassan Bey	ハッサン・ベイ
HASUMI Yasushi	荷見安
HATA Eitaro	畑英太郎
HATA Shinji	秦眞次
HATA shunyoku	畑俊六
HATA Toyosuke	秦豊助
HATAKEYAMA Kunito	畠山國登
HATANO Kenichi	波多野乾一
HATOYAMA Ichiro	鳩山一郎
HATTA Yoshiaki	八田嘉明
HATTORI Naohiro	服部直博

英文人名	日文人名
HATTORI Shiro	服部四郎
HATTORI Takushiro	服部卓四郎
HATTORI Unokichi	服部宇之吉
Hattory Taizo	ハットリ・タイゾウ
Hauber W. E. G	ハウベル・W・E・G
HAYAKAWA Gotaro	早川五太郎
HAYAKAWA Takeo	早川武夫
HAYAKAWA Yuji	早川勇浴
HAYASHI Gonsuke	林権助
HAYASHI Hachima	ハヤシ・ハチマ
HAYASHI Heima	林平馬
HAYASHI Hisao	林壽夫
HAYASHI Ichiro	林壽一郎
HAYASHI Itsuro	林逸郎
HAYASHI Kaoru	林馨
HAYASHI Kyujiro	林久治郎
HAYASHI Raizaburo	林頼三郎
HAYASHI Ryujiro	林久次郎
HAYASHI Saburo	林三郎
HAYASHI Senjuro	林銑十郎
HAYASHI Senshi	林仙
HAYASHI Shojiro	林鉦次郎
HAYASHI Shuichi	林秀一
HAYASHI Tadao	林忠彦
HAYASHI Yoneshichi	林末七
HAYASHIDA Fujio	林田富士雄
Hazara Singh	ハザラシング
HAZEYAMA Totsuo	櫨山徹夫
HE Guo-zhong	何果忠
HE Jian	何建
HE Jie-cai	何傑才
HE Ming-hai	賀明海
HE Si-zhang	賀嗣章
HE Xiang-ning	何香凝
HE Ying-qin	何應欽
HE Yong-de	赫永德
HE Yu-men	何禹門
HE Zheng-kun	賀正坤

英文人名	日文人名
Hearnd Patt Howard	ハーンド・パット・ホワード
Hease Gordon	ヒースゴールドン
Heckler Charles H.	ハックラー・チヤールス・エッチ
Hedrick Bon O.	ヘドリック・ボン・オー
Hedrick Robert C.	ヘトリック・ロバート・シー
Heinrich Angust	ハインリッヒ・アングスト
Heims Austin S.	ヘイムスオステイエス
Helen Vasquez Prada	ヘレン・ヴアスクエズ・プラダ
Helena Rodriguez	ヘレナ・ロドリゲズ
Helmut Woltat	ヘルムート・ヴオールタート
Henri Bernard	アンリ・ベルナール
Henri Brenier	アンリー・ブルニエ
Henri Carriere	アンリー・カリエール
Henrik De Kauffmann	ヘンリック・カウフマン
Henry A. Dolan	ヘンリー・エー・ドーラン
Henry A. Dolan Jr.	ヘンリー・エー・ドーラン・ジュニア
Henry Alice Ishiddl	ヘンリー・エリス・イシドール
Henry Cabot Lodge	ヘンリー・カポット・ロッジ
Henry Doulan Jr.	ヘンリー・ドーラン・ジュニマー
Henry F. Marshall	ヘンリー・エフ・マーシャル
Henry Horace Pawley	ヘンリ・ホレース・ポーレー
Henry Howard	ヘンリー・ホワード
Henry Keys	ヘンリー・キイズ
Henry L. Gill	ヘンリー・エル・ギール
Henry L. Stimson	ヘンリ・エル・スティムスン
Henry Moran	ヘンリー・モウラン
Henry Raabl Werner	ヘンリ・ラーブル・ヴェルネル
Henry S. Beland	ヘンリ・エス・ベランド
Henry T. OMACHI	ヘンリー・チー・オーマチ
Herbert A. Engler	ハーバート・エ・エングヲー
Herbert C. Likins	ハーバート・シー・リキンス
Herbert Carlisie Vileys	ハーバート・カーリスル・ウィリス
Herbert M. Hart	ハーバート・M・ハート
Herlf Zahle	ヘルルーフ・ザーレ
Herman Dallinga	ヘルマン・ダリンガ
Herman E. Fayal	ヘルマン・E・ファイヤル
Herman G. Lavonius	ヘルマン・ゲー・ラヴォニユス
Herman Geering	ヘルマン・ゲーリング

英 文 人 名	日 文 人 名
Herman Hall	ヘルマン・ホール
Herman Wilhelm Goering	ヘルマン・ウイルヘルム・ゲーリング
Heinrich Stahmer	ハインリッヒ・スターマー
Hersma De Weiss	ヘルスマ・ド・ヴィス
Hervey Degge Wilmot Sitwell	ハーヴィ・デッグウィルモット・シットウェル
Hettick Howard L.	ヘイック・ハワード・エル
HIBINO Masaharu	日比野正治
Hicky France	ヒッキー・フランス
HIDAKA Shinrokuro	日高信六郎
HIGASA Hiroo	日笠博雄
HIGASA Ken	日笠賢
HIGASHIKUNI Naruhiko	東久邇宮
HIGUCHI Keishichiro	樋口敬七郎
Hilde Brand	ヒルデ・ブランド
Hilken William M.	ヒルキーン・ウイリヤム・エム
HINATA Genzo	ヒナタ・ゲンゾウ
HINATA Seizo	日向精蔵
Hindel H. R.	ヒンテル・エッチ・アール
Hintz Owen Lachie	ヒンワオーエン・ライチ
Hirad Leonard Reinderhoff	ビラード・レナード・ラインデルホフ
HIOKI Eki	日置益
HIRAIDE Hideo	平出英夫
HIRAIZUMI Sumi	平山澄
Hiram E. Newbill	ハイラム・イー・ニュービル
HIRAMATSU Kazumichi	平松一道
HIRANO Hideo	平野英雄
HIRANUMA Kiichiro	平沼騏一郎
HIRANUMA Setsuk	平沼節子
HIRAO Hachisaburo	平生釟三郎
HIRAOKA Junzo	平岡閏造
HIRATA Noboru	平田昇
HIRATA Yukihiro	平田幸弘
HIRATA Jiro	平野二郎
HIRATSUKA Tsunejiro	平塚常次郎
HIROSE Hisatada	廣瀬久忠
HIROSE Toyosaku	廣瀬豊作
HIROTA Koki	廣田弘毅
HISHIKARI Takashi	菱刈隆

英文人名	日文人名
Hitt Harbey A.	ビットハーベイエイ
Hlvly Walter D.	ヴエイ・ウオルタデイ
Hoang Van Lan	ナルホアン・ウアン・ラン
Hochestein Ernest	ホッチシュイ・アーネス
HOGEN Shinsaku	法眼普作
Hogue Jack	ホーグ・ジャック
HOKODATE Kaneya	鉾立金哉
Holdine Howard A.	ホルダイ・ハワード・エイ
Holiana Rucafor Magsino	ホリアナ・リカフォア・マグシノ
HONDA Kumataro	本多熊太郎
HONDA Kumataro	本田熊太郎
HONDA Masaki	本多政材
HONDA Shigeo	本多重雄
HONDA Tadao	本田終雄
HONDA Teske	本田槇助
HONDOU Kasuma	ホンドウ・カスマ
HONG Wei-guo	洪維國
HONJO Kazuo	本莊一雄
HONJO Shigeru	本莊繁
HONMA Kenichiro	本間憲一郎
HONMA Masaharu	本間雅晴
HONNJI Matagi	ホンジ・マタギ
HONRYO Shinichiro	本領信一郎
Horace Rumbold	ホレース・ランボルド
Horald J. Hogue	ロルド・J・ホーグ
HORI Teikichi	堀悌吉
HORI Yoshitaka	堀義貴
HORI Yuichi	堀雄一
HORIAI Masami	堀合正身
HORIBA Kazuo	堀場一雄
HORIE Hideo	堀江秀雄
HORIE Sueo	堀江季雄
HORII Sane	堀井實
HORIKAWA Hideo	堀川秀夫
HORIKIRI Zenjiro	堀切善次郎
HORIKIRI Zenbei	堀切善兵衛
HORINOUCHI Kazuo	堀内一雄
HORINOUCHI Kensuke	堀内謙介

英文人名	日文人名
HORINOUCHI Kikujiro	堀内竹次郎
Horn Borstel A.	ホルン・ボルステル・A
Hose Articora	ホゼ・アルティコラ
Hose I. Griego	ボセアイ・グリエゴ
Hose L. Holkin	ホセ・L・ホルキン
Hose Navarro	ホセ・ナブアロ
Hose R. Carlos	ホゼー・R・カルロス
Hose S. Pangelinan	ホセ・エス・パンゲリナン
Hose Villamor	ホゼ・ヴィラモール
Hose Zabala	ホセ・ザバラ
HOSHINA Reiichi	保科禮一
HOSHINA Zenshiro	保科善四郎
HOSHINO Kota	星野光多
HOSHINO Naoki	星野直樹
HOSOKAWA Morisada	細川護貞
HOSOTANI Naotsugu	細谷直次
HOTTA Masaaki	堀田正昭
Howard A. Sapman	ハワード・A・サプマン
Howard Breitung	ハワード・ブレイトング
Howard Kelly	ハウアッド・ケリー
HOZUMI Shigetake	穂積重威
Hsu Yung-Chang	徐永昌
HTTA Yoshiaki	八田吉秋
HU En-pu	胡恩博
HU Jia-chun	胡嘉椿
HU Jian-xun	胡建勳
HU Lin	胡霖
HU Mai	胡邁
HU Shi	胡適
HU Shi-ze	胡世澤
HU Si-fu	胡嗣複
HU Si-yuan	胡嗣瑗
HU Zhi-yuan	胡志遠
HU Zi-yi	胡自疑
HUA Gui-fang	華桂芳
HUANG Chao-ying	黄超英
HUANG Ding	黄丁
HUANG Fu	黄郛

英文人名	日文人名
HUANG Jian-jun	黄鑑鈞
HUANG Nong-xi	黄農溪
HUANG Qiang	黄強
HUANG Shi-ying	黄士英
HUANG Si-lun	黄思倫
HUANG Tian-xin	黄天新
HUANG Xian-xiang	黄顕祥
HUANG Xing	黄興
HUANG Ye-chun	黄業純
HUANG Ye-jiang	黄業江
HUANG Yi-fa	黄以法
Hubertus Ban Mook	ヒューベルタス・バン・ムワク
Huddon	ハッドン
Hudson	ハドソン
Hudson Ancil G.	ハドスン・アンシイル・ジィ
Huel T.	フユール・T
Huffman Albon T.	ハフマン・アルビオンテイ
Huggessen	ヒューゲッセン
Hugh Fraser	ヒユーフレイザー
Hugh Gibson	ヒュー・ギブスン
Hugh Joseph Webster	ヒュージョセフ・ウェブスター
Hugh Knatchbull Hugesser	ヒユー・ナッチブル・ヒユーゲッセン
Hugh R. Wilson	ヒュー・アール・ウィルソン
Hugh Wilson	ヒユーウ・イルソン
Hunfredo L. Gestro	ハンフレド・L・ゲストロ
Hurt David Albert	ハート・デービット・アルバート
Hushand E. Kimmel	ハスバンド・イー・ギンメル
HYAKUTAKE Gengo	百武源吾
HYAKUTAKE Saburo	百武三郎
I. Engo	アイ・インゴ
I. Gan	アイ・ガン
I. Jones	I・ジョーンズ
I. KAWASAKI	アイ川崎
I. M. Hurtado Machado	イヴァン・マヌエル・ウルタド・マチャド
I. M. Zariyanov	アイ・エム・ザリヤーノフ
I. Marien	アイ・マリエン
I. MOTONO	本野一郎
I. S. Dixon	アイ・エス・ディクソン

英文人名	日文人名
I. Sui Chong	イ・スイ・チョン
Ian Douglas Newlands	イアン・ダグラス・ニウランヅ
IBARA Junjiro	井原潤次郎
ICHIDA Jiro	一田次郎
ICHIHASHI Shigeo	イチハシ・シゲオ
ICHIKI Kitokuro	一木喜徳郎
ICHINOHE Kimiya	一戸公哉
ICHIOKA Hisashi	市岡壽
IDE Norimichi	井出宣通
IDEMITSU Sazo	出光佐三
IGUCHI Yoshihiro	井口義弘
IGUCHI S.	井口・S
IIDA Ryoichi	飯田良一
IIDA Takesato	飯田武郷
IIDA Yukio	飯田行雄
IIJIMA Tadao	飯島忠夫
IIMURA Minoru	飯村穣
IINUMA Mamoru	飯沼守
I. Kah	アイ・カー
IKAWA Katsuichi	井川克一
IKAWA Tadao	井川忠雄
IKAWA Teichi	井川貞一
IKEDA Hideo	池田秀雄
IKEDA Jiro	池田次郎
IKEDA Jiro	池田二郎
IKEDA Kumejiro	池田粂次郎
IKEDA Kyuzo	池田久藏
IKEDA Ryuzaburo	池田龍三郎
IKEDA Seihin	池田成彬
IKEDA Shiro	池田四郎
IKEDA Sumihisa	池田純久
IKEDA Tokisaburo	池田時三郎
IKEJIRI Satoshi	池尻敏
IKESAKI Tadataka	池崎忠孝
IKESHIMA Shigenobu	池島重信
IKI Kashin	伊木嘉辰
IKUTA Kazuhira	生田和平
IMAI Hiroshi	今井博

英文人名	日文人名
IMAI Kiyomi	今井清已
IMAI Kiyoshi	今井清
IMAI Shunsuke	今井俊介
IMAI Takeo	今井武夫
IMAMURA Hitoshi	今村均
IMAMURA Rikisaburo	今村力三郎
IMAMURA Ryonosuke	今村了之介
IMANARI Ichiro	今成一郎
IMANARI Yasutaro	今成泰太郎
IMAZUMI Kenkan	今泉兼寛
IMAZUMI Masahiro	今泉正浩
Imdad Ali	イムダッド・アリ
INADA Kaoru	稲田馨
INADA Masazumi	稲田正純
INADA Shuichi	稲田週一
INAGAKI Katsuhiko	稲垣克彦
INAHARA Katsuji	稲原勝治
Inez Streegan	アイネズ・ストリーガン
Inns William R.	インズ・ウイルヤー・アール
INO Hiroya	井野碩哉
INOUE Akira	井上昭
INOUE Fukuichi	井上福一
INOUE Goro	井上五郎
INOUE Junnosuke	井上準之助
INOUE Katsuhide	井上勝秀
INOUE Kenji	井上健二
INOUE Kojiro	井上孝治郎
INOUE Masutaro	井上益太郎
INOUE Nissho	井上日昭
INOUE Saburo	井上三郎
INOUE Shigemi	井上成美
INOUE Tadao	井上忠男
INOUE Takamaro	井上孚麿
INOUE Tatsuo	井上辰夫
INOUE Tora	井上寅
INOUYE Masaji	井上政次
INOUYE Yoshihiro	井上義弘
INUKAI Takeru	犬養健

英 文 人 名	日 文 人 名
INUKAI Tsuyoshi	犬養毅
IOCHI Yasuhiko	庵地保彦
IORIYA Makoto	庵谷忱
Irenee Hocena	イレネー・ホセナ
IRIE Akira	入江明
IRIE Yoshiaki	入江義明
IRIMANO Takeo	入間野武雄
Iris A. Myers	アイリス・エイ・マイヤーす
IROBE Mitsugu	色部貢
Isaac Samuel Dixon	アイザック・サミュール・ディクソン
Isabel Lanban	イサベル・ランバン
Isabel Tabaque	イサベル・タバク
ISAWA Hiroshi	井澤弘
ISAWA Masaharu	井澤正治
Isenburg Robert O.	アイゼンヘルク・ロバート・オウ
ISHIBASHI Kaneo	石橋兼雄
ISHIBASHI Tanzan	石橋湛山
ISHIDA Hikoichi	石田彦一
ISHIDA Takei	石田武亥
ISHIGURO Tadaatsu	石黑忠篤
ISHIHARA Kanji	石原莞爾
ISHIHARA Koichiro	石原廣一郎
ISHII Akiho	石井秋穗
ISHII Fujio	イシイ・フジオ
ISHII Itaro	石射豬太郎
ISHII Kikujiro	石井菊次郎
ISHII Masami	石井正美
ISHIKAWA Jun	石川順
ISHIKAWA Kikuo	石川菊雄
ISHIMARU Shizuma	石丸志都磨
ISHIMOTO Gonshiro	石本権四郎
ISHIMOTO Torazo	石本寅三
ISHIRO Shigoru	豬代茂
ISHIZAWA Yukata	石澤豐
ISHIZUKA Eizo	石塚英藏
ISOBE Taro	磯部太郎
ISOGAI Rensuke	磯谷廉介
ISOMURA Takesuke	磯村武亮

英文人名	日文人名
ISONO Yuzo	磯野勇三
Issac Carmbell Kidd	アイザック・キャンベル・キッド
Issac R. Handley	アイザック・R・ハンドレー
ISSHIKI Masao	一色正雄
ITABASHI Ryoui	板橋良位
ITABASHI Sabuou	板橋三郎
ITAGAKI Akira	板垣徹
ITAGAKI Misao	板垣操
ITAGAKI Seishiro	板垣征四郎
ITAKURA Itaru	板倉至
ITO Bunkichi	伊藤文吉
ITO Hirobumi	伊藤博文
ITO Ichiro	伊藤一郎
ITO Jujiro	伊藤重二郎
ITO Kiyoshi	伊藤清
ITO Nobufumi	伊藤述史
ITO Nobukichi	伊藤延吉
ITO Ryoji	伊藤良二
ITO Seiichi	伊藤整一
ITO Taichi	イトウ・タイチ
ITO Taichi	伊藤太一
ITO Takeo	伊藤武雄
ITO Torashi	イトー・トラシ
ITO Yasutaro	イトウ・セスタロウ
ITO Yosuke	伊藤陽介
ITOH Akira	伊藤明
ITOH Kunio	伊藤國雄
IWAKURA Norio	岩倉規夫
IWAKURO Hideo	岩畔豪雄
IWAKURO Hideo	岩畔英雄
IWAMASSA Fumihisa	イワマサ・フミヒサ
IWAMATSU Goro	岩松五良
IWAMATSU Takeshi	岩松武
IWAMATSU Yoshio	岩松義雄
IWAMURA Michiyo	岩村通世
IWAMURA Seiichi	岩村清一
IWASAKI Asashichi	岩崎淺七
IWASE Taro	磐瀬太郎

英 文 人 名	日 文 人 名
IWASHITA Sadaki	岩下貞喜
IWATA Chuzo	岩田忠造
IWATA Tsugio	岩田次夫
IZAWA Takio	伊澤多喜男
J. A. Amyot	ジェー・エー・アムヨット
J. A. Bonkoski	ヂエー・エー・ポンコスキー
J. A. Dirnhoffer	ヂエー・エー・ドイルンホツフアー
J. A. Grans	ヂエー・エー・グレーンズ
J. A. Louvitch	J・A・ロウウイチ
J. A. T. Wilson	J・A・T・ウイルスん
J. A. Worn	J・A・ウオーン
J. Andrews Levinge	ジェー・アンドリースーレウィニグ
J. B. Kan	イェー・ベー・カーン
J. C. B. Bardokin	J・C・B・バードキン
J. C. McKenna	ジェー・シー・マッケンナ
J. C. Pabst	ジェー・シー・パブスト
J. C. Reinders Folmer	ジェイ・シー・レインダース・フォルマー
J. C. Walton	ジェー・シー・ワルトン
J. E. Oram	ジェー・ビー・オラム
J. E. Patiasina	J・E・パティアシナ
J. F. Claucet	ジェー・エフ・クロスイト
J. F. McDonald	J・F・マックドナルド
J. F. Munroe	J・F・モンロー
J. G. Emmels	J・G・エメルス
J. G. Lambert	ジェー・ジー・ランバート
J. G. Murdock	J・G・マドック
J. G. Storey	ジェー・ジィ・ストーレイ
J. G. Yuglovich	ジエージーユグロウイチ
J. Gallagher	ジェー・ガラハー
J. Gillan	ジェー・ギラン
J. Guin	シエイ・グイン
J. H. Anderson	ゼエ・アイチ・アンダーソン
J. H. Beyas	J・H・ビーヤス
J. H. Mackenzie	ジェー・エイチ・マッケンジー
J. H. Nichol	J・H・ニコル
J. H. Scallin	ジュー・エイチ・スカリン
J. H. Van Roien	ジー・アシコ・フアン・ロイエン
J. H. W. De Rornmanin	J・H・W・ド・ローンマニン

英文人名	日文人名
J. H. Williams	J・H・ウイリアムス
J. J. A. Van De Lande	ジェージェーエーファンデランデ
J. J. Koster	J・J・コスター
J. J. Manning	ジェイ・ジェイ・マニング
J. J. McCarsey	J・J・マックカーシー
J. J. Robinson	ゼー・ゼー・ロビンソン
J. L. Curtis	J・L・カーチス
J. L. Hodge	ヂエー・エル・ホワヂ
J. Lennie	ジェイ・レンニー
J. M. Hansen	J・M・ハンセン
J. M. J. Muller	J・M・J・ミュラー
J. M. Lambert	ヂェ・エム・ランバート
J. M. Sandel	J・M・サンデル
J. M. Walsh	ジエー・エム・ウォルシ
J. Macartney	ジェー・マッカートニー
J. N. Freeman	ジェーエヌ・フリーマン
J. O. Cawn	ジェー・オー・カウン
J. O. Richardson	エイ・オー・リチャードソン
J. P. S. Devere	J・P・S・デヴレ
J. R. Hadock	ジェー・アル・ハドック
J. S. R. Furson	ヂェイ・エス・アール・ファースン
J. S. Sinninghe Damste	ジェイ・エス・シニング・ダムステ
J. S. Smit	ジェー・エス・スミット
J. S. Workman	ジェー・エス・ワークマン
J. Sayers	ジェー・セイヤーズ
J. Schim Van Dell Leff	J・シム・ヴァン・デル・レフ
J. Sloan	ジェー・スローン
J. Stewart	ジェー・ステュワルト
J. T. Cremer	イェー・ティー・クレーマー
J. T. N. Cross	ジェイ・ティー・エヌ・クロス
J. Van Boigen	ジェー・ヴァン・ボイゲン
J. Van Halm	J・ファン・ハルム
J. Van Pelt	J・ファン・ペルタ
J. Wilkinson	J・ウィルキソン
Jack Nara	ジャック・ナーラー
Jack C. Valness	シャツク・C・ウアンメス
Jack E. Thompson	ジャック・イー・ドンブソン
Jack King	チャク・キング

英 文 人 名	日 文 人 名
Jack Peddley	ジャック・ペドレー
Jackson Kennethe L.	ジャムスン・ケスス・エル
Jacob Harberts	ヤコブ・ハルベルツ
Jacobsen Forn	ジャコブセン・フォーン
Jacobus Stephanus Smit	ヤコブス・ステファヌス・スミット
Jacques Louis Dumenil	ジアック・ルイ・デュメニル
James A. McMurria	ジェイムズ・エィ・マックマリア
James Alexander Gilbert	ジェームス・A・ギルバート
James Alin	ジェームズ・アリン
James Cockholl	ジェムス・コックホール
James Edward Fenton	ジェームズ・エドワード・フェントン
James Edward Walthew	ジエイムス・エドワード・ウオルシユ
James F. Byrnes	ゼエムス・エフ・バーンズ
James E. Lawrence	ジェイムス・E・ロウレンス
James Forbes Lawrance	ジエィムス・フォーブス・ローレンス
James G. Lambert	ジェムス・ジー・ラムバート
James G. Pavlokos	ジェイムス・ジー・パヴロコス
James Gatley	ジェイムス・ギヤトレイ
James Godwin	ジェームス・ゴッドウヰン
James H. McCallum	ゼームス・エイチ・マックラム
James H. Peck	ジエームズ・エッチ・ペック
James Hector Cole	ジェームス・ヘクター・コール
James Hoyt	ジエイムス・ホィト
James Deny Dess	ヂエームズ・デニ・デス
James J. Robinson	ジェームス・シェー・ロビンソン
James Layton Ralston	ジェームズ・レートン・ロールストン
James M. Drought	ジエイムス・エム・ドラウト
James M. McEwen	ジェームス・エム・マクイウエン
James N. Freeman	ジェムス・N・フリーマン
James O. Monroe	ジェームズ・オー・モンロー
James R. Lynch	ジェームス・R・リンチ
James Ramsay MacDonald	ジェームズ・ラムジ・マタドナルド
James Richards	ジェムスリカーズ
James S. Browning	ジェイムス・S・ブラウニング
James Scott	ジェームズ・スコット
James Scott Browning	ヂェイムス・スコット・ブラウニング
James Smith	ジャムス・スミス
James Thomas Nahemaiah Cross	ジェイムス・トーマス・ネヘマイアー・クロス

英文人名	日文人名
James Sarman	ジェームス・サーマン
James V. Ware	ジェームス・ヴィー・ウェアー
James Velk	ジェイムズ・ヴェルカ
James Williamson	ジエームス・ウイリアムソン
James Francis Byrnes	ゼエームス・エフ・バーンズ
Jan Garrigue Masarigue	ヤン・ガリグ・マサリク
Jan Claud	ヤン・コロウド
Jan Raisser	ヤン・ライセル
Janet Anderson	ジャネット・アンダーソン
Jans Par Parnces	ジャンパーフランセス
Jas H. McCallum	ジヤス・エイチ・マックカロム
Jean Duesol	シャン・デュソール
Jean Paul	デヤン・ボール
Jean Reisser	ジアン・ライセル
Jem Mohan Singh	ゼムモーハンシング
Jemadar Adhin Chand	ジェマーダ・アデーン・チヤント
Jemadars Ram Singh	ジェマダーズ・ラム・スイング
Jemader Abdul Latif	ジェマダ・アブドル・ラテイフ
Jemader Chint Singh	ジェマダル・チント・シング
Jens Christein Meinich	ヤンス・クリスティアン・メイニック
Jensen Geogre	イエンセン・ジョージ
Jesuit Procreature	ジェスイット・ブロクリーチュア
Jesusa Lines	ジエスサ・ラインズ
Jewel E. Newman	ジュエル・E・ニューマン
Jewell A. Blankenship	デュウエル・エイ・ブランケンシップ
Jhon M. Allison	ジョン・エム・アリソン
JI Hong-chang	吉鴻昌
JI Xing-wen	吉星文
JI Zong-wu	季宗伍
JIANG Guang-nai	蔣光鼐
JIANG Jie-shi	蔣介石
JIANG Xiao-xian	蔣孝先
JIANG Zhen-ying	董震瀛
JIANG Zhi-en	董之恩
JIANG Zuo-bin	蔣作賓
Jim Flynn	ジム・フラン
Jimmy Barna	ジミー・バーナ
JIN Bi-dong	金壁東

英文人名	日文人名
JIN Ding-xun	金鼎勳
JIN Mingshi	金名世
JIN Yong-chang	金永昌
JING Heng-yi	經亨頤
JING Yue-xiu	井嶽秀
Joachim Givens	ヨアヒム・ギフェンヌ
Joaquin Quinet Costas Garcia	ジョアキン・キネット・コスタス・ガルシヤ
Joe Bill Chestin	ジョー・ビル・チェスチーン
Joe M. Stowe	ジョ・M・ストウエ
Joe Paul Little	ジヨー・ポール・リットル
Joe Stowe	ジョー・ストウ
Johan Carl Deil	ヨハン・カルル・ディール
Johanes Irgens	ヨハネス・イルゲンス
Johanes Marines Dehalt	ヨハネス・マリネス・デハルト
John A. Bancosky	ジヨン・エー・バンコスキー
John A. Darn Hoffer	ジョン・エー・ダーン・ホツフアー
John A. Cartis	ジョン・エー・カーチス
John A. Fitzgerald	ジョン・エイ・フィッジェラルド
John Allan MacMillan	ジョン・アラン・マックミラン
John Allen	ジョン・アラン
John B. L. Anderson	ジョン・B・L・アンダーソン
John B. Cooley	ジョン・ビー・クーリ
John B. Ketcham	ジョン・ビー・ケチャム
John B. Lippard	ジョン・ビーリッパード
John B. Mullins	ジョン・ビー・ムリンズ
John B. Powell	ジョン・ポーエル
John Blackland Wooley	ジョン・ブラックランド・ウーリー
John Boud Mullins	ジョン・バウド・マリンス
John Brown Leslie Anderson	ジョーン・ブラウン・レスリーアンダーソン
John Bryan Lippard	ジョン・ブリヤン・リッパード
John C. Minnick	ジョン・C・ミニック
John Christopher Ramshaw	ジョン・クリストフアー・ラムシャウ
John Cowan Lauri	ジョン・コーワン・ローリー
John D. Foley	ジョン・デイ・フォリイ
John D. Hill	ジョン・ディー・ヒル
Jones D. Murphy	ションス・デイー・マーフィー
John David Steed	ジョン・デービッド・ステイード
John Davies	ジョン・ダーヴイス

英文人名	日文人名
John Donald Johns	ジョン・ドナルド・ジョーンズ
John F. Bronner	ジョン・エフ・ブロナー
John F. Hummel	ジョーン・エフ・ハンメル
John Federick Rawson	ジョン・フェデリック・ロウソン
John Ford Becar	ジョン・ホード・ベーカー
John Francis Ryan	ジョン・ファンシス・ライアン
John G. Branon	ジョン・G・ブラノン
John G. Magee	ジョン・ジー・マギー
John G. Murdoch	ジョン・G・マドック
John Gatory	ジョン・ガトリー
John Graham Letghten Jones	ジョン・グラハム・レイトン－ジョンズ
John H. Allen	ジョン・エッチ・アレン
John H. D. Reb	ジョン・エイチ・ディー・レーブ
John H. Lang	ジョン・エッチ・ラング
John H. Marshall	ジョン・エッチ・マーシャル
John Hamas	ジョン・ハマス
John Hattori	ジョン・ハットリ
John Hay	ジョン・ヘイ
John Hord Beechor	ジョン・ホード・ベッカー
John Hore	ジョン・ホア
John J. Crowley	ジョン・ジョイ・クロリレー
John J. Murphy	ジョン・J・マーフィ
John K. Rovy	ヂョン・ケイ・ロウイ
John Kebin Lloyd	ジョン・ケビン・ロイド
John Kevin Lloyd	ジョン・ケウイン・ロイド
John L. Hodge	ジョン・エル・ホッヂ
John L. Massimino	ジョン・エル・マシミノ
John Lasby	ジョン・ラッズビー
John Lathan	ジョン・レイサン
John Lawrence Hands	ジョン・ローレンス・ハンズ
John Leslie Sirant	ジョン・レスレー・シーラント
John Linton Treloar	ジョン・リントン・トレロアー
John Loyal	ジョン・ローヤル
John M. Allison	ジョーン・M・アリスン
John M. Stanley	ジヨン・エム・スタンレー
John Mansfield	ジョン・マンスフイルド
John Newlands	ジョン・ニューランヅ
John Owen Edwards	ジョン・オウエン・エドワズ

英 文 人 名	日 文 人 名
John P. Fletcher	ジョン・ピー・フレチァー
John P. Higgins	チョン・ビ・ヒギンズ
John R Pritchard	ジョン・アール・プリチャード
John R. Benge	ジョン・R・ベンチ
John R. Deyn	ジョン・アール・デイーン
John R. Fleming	ジョン・アール・フレミング
John R. Pritchard	ジヨン・アール・ブリチヤード
John Rabe	ジョン・ラーベ
John Richardson	ジョン・リチャードスン
John Robert De Lara	ジョーン・ロバーツ・デ・ラーラ
John Ross Benge	チョン・ロス・ベンチ
John Rush	ジョン・ラッシュ
John Salmond	ジョン・サルモンド
John Sharp	ジョンシャーブ
John Simon	ジョン・サイモン
John Spaly Long	ジョンスパリーロング
John T. Weber	ジョン・テー・ウエーバー
John W. Auchincloss	ジョン・ダブリュー・アウチンクロス
John W. Fihelly	ジョン・ダブリューフイエリー
John W. Gaist	ジョン・ダブリュー・ガイスト
John William Salmond	ジョン・ウイリアム・サルモンド
John Wiilliam Kadwill Wyatt	ジョンウィリャムカドウルワイヤット
John William Viney	ジョン・ウィリアム・ヴィネー
John Mansrow Williams	ジョン・マンスロウ・ウィリアムス
Johnhoer Van Haorsma	フォン・ハエルスマ
Johnsen Olab	ジョンセン・オラブ
Johnson F. Munroe	ジェ・エフ・マンコウ
Johnson F. Munroe	ジョンソン・エフ・マンロー
Johnston John Roger	ジョンストン・ジョン・ローシャ
Jones Alfred A.	ジョンズ・アルフレド・エイ
Jones Geogre N.	ジョンズ・ジョージ
Jones Robert Clarence	ジョン・ロバート・クレイレンス
Jonkheer Frans Berlarts Van Blockland	ヨンクヘール・フランス・ベーラールツ・ヴァン・ブラックランド
Jonkheer J. Loudon	ヨンクヘール・ジェー・ルードン
Jonkheer William Hendrik De Beaufort	ヨンクヘール・ヴィルレム・ヘンドリック・ド・ポーフォール

英文人名	日文人名
Jose Francisco De Horta Mashado Da Fran	ジョー・フランシスコ・デ・オルタ・マシャド・ダー・フラン
Jose G. Tupaz	ジョセ・G・ツパヅ
Jose P. Laurel	ホセ・パー・ラウレル
Josel Holguin	ジョゼル・ホルギン
Joseoh Theodoor Van Amstel	J・T・ヴァン・アムステル
Joseph E. Davies	ジョーゼフ・イー・デイヴイス
Joseph W. Ballatine	ジョセフ・ダブリユー・バレンタイン
Joseph Berry Keenan	ジョセフ・ビー・キーナン
Joseph De Ruelle	ジォゼフ・ド・リュエル
Joseph F. Max Balun	ジョセフエフマックスバラン
Joseph G. Cross	ジョセフ・チエイ・クロス
Joseph Gabriel Pracki	ヨゼフ・ガブリエル・プラッキ
Joseph Godfried Benders	ヨセフ・ゴッドフリード・ベンダルス
Joseph Henry	ジョセフヘンリー
Joseph Hodfried	ヨセフ・ホッドフリード
Joseph J.	ヨゼフ・J
Joseph M. Senko	ジョセフ・エム・センコー
Joseph O. Collins	ジョセフ・O・コリンズ
Joseph P. Kennedy	ジョーゼフ・ビー・ケネデイ
Joseph Percy	ジョーセフ・バーシー
Joseph R. Baker	ジョゼフ・アール・ベーカー
Joseph Raineri Biscia	ショセフ・ライネリ・ビシツア
Joseph Stalin	ヨセフ・スターリン
Joseph T. Robinson	ジョーゼフ・ティー・ロビンスン
Joseph Theodoor Van Amstel	ヨセツ・テオドール・ファン・アムステル
Joseph W. Ballantine	ジョーゼフ・ダブリュー・バランタイン
Juan P. Juan	ジユアン・ピー・ジユアン
Juana Navarro	ユアナナブアロ
Juanita Juan Marcelo	ジユアニタ・ジユアン・マーセロ
Juanita Sigwa	ジュアニタ・シグワ
Juanito Alimes	ジャユトー・アリメス
Jell G. Jesran	ジェール・ジー・ジェスラン
Julie Lavilette	ジュリ・ラブィレット
Julian Flores	ジュリアン・フロールス
Julian Perante	ジュリアン・ペランテ
Julius Henry Bruche	ジュリアス・ヘンリー・ブルーチ
Julius Selyama	ユリウス・セルヤマ

英文人名	日文人名
Jullien Remy	ヂュリアン・レミー
Justice Mansfield	ジャスティスマンスフイールド
Juvel E. Newman	ジューヴェル・イー・ニューマン
Ivah Mackay	アイウアー・マッケイ
K. A. De Munter	K・A・デームンテル
K. A. De Weerd	ケー・エー・デ・ウィールド
K. A. Reen	K・A・リン
K. Allen	K・アレン
K. Bagshaw	ケー・バグショー
K. De G. MacVitty	K・ド・G・マックヴイテイ
K. HIRATE	K・平手
K. IKAWA	ゲイ・イカワ
KIKUCHI K.	菊池・ケイ
K. M. Dixon	K・M・デイクソン
K. M. R. Van Brakel	カ・エム・エル・ファン・ブラーケル
K. Raue	K・ラウェ
K. URABE	ケィ浦部
K. YOKOYI	ケイ・ヨコイ
KABURAGI Masataka	鏑木正隆
KADANI Tsuneo	鹿谷常雄
KADOWAKI Hidemitsu	門脇秀光
KADOWAKI Masao	門脇正男
KAGAWA Toyohiko	賀川豊彦
KAGESA Yoshiaki	影佐禎昭
KAGOSHIMA Torao	鹿兒島虎雄
Kai En Mok	カイ・エン・モク
KAINO Michitaka	戒能通孝
Kaiser Wilhelm Jr.	カイゼル・ウイルヘルム二世
KAKEGAWA Tadashi	掛川忠
KAKU Sagataro	賀來佐賀太郎
Kalidjo Bin Dariman	カリジョ・ビン・タリマン
KAMASAWA Masao	釜澤正雄
KAMATA Torajiro	浦田寅治郎
KAMEI Tatsuo	亀井辰雄
KAMEYAMA Kazuji	亀山一二
KAMEYAMA Kazuji	亀山孝一
KAMI Shigenori	神重徳
KAMIMURA Shinichi	上村伸一

英文人名	日文人名
KAMISUKI Kotaro	カミスキ・コウタロウ
KAN Chao-guang	闞潮光
KAN Chao-xi	闞朝璽
KANAI Shoji	金井章次
KANAISHI Kazuro	金石一雄
KANAMARU Matsuzo	金丸松藏
KANAMARU Yoshio	金丸吉男
KANAMORI Tokujiro	金森徳次郎
KANAOKA Kishiro	金岡喜四郎
KANASE Kunji	金瀬薫二
KANAUCHI Ryosuke	金内良輔
KANAYA Hanzo	金谷範三
KANAYA Shizuro	金谷静雄
KANAZAKA Yoshiro	金阪義郎
KANDA Masatane	カンダ・マサタネ
Kane Donald C.	ケーン・ドーナルド・シイ
KANEKO Setsuo	金子拙郎
KANEKO Teiichi	金子定一
KANEMATSU Manabu	兼松學
KANEMITSU Tsuneo	金光庸夫
KANEMOTO Keigo	金本慶吾
KANESHIRO Fukukan	カナシロー・フクカン
KANESIGE Yonwo	カネシゲ・ヨンヲ
KANNO Domei	簡野道明
KANOKOGI Kazunobu	鹿子木員信
Karel Rood	ケーレル・ルード
Karim Ilahi	カリム・イラヒ
KARIYA Yoshitaka	刈谷義晃
Karlyan Arne	カアルヤン・アルネ
Karnson John Irivin	カーンスン・ジヨン・イリヴィン
KASAGI Yoshiaki	笠木良明
KASAHARA Yukio	笠原幸雄
KASAI Heijuro	笠井平十郎
KASE Toshikazu	加瀬俊一
KASHIKAWA Masao	越川正雄
KASHIMA Morinoshuke	鹿島守之助
KASHIWABARA Hyotarou	柏原兵太郎
KASHIWABARA Kouichi	柏原幸一

英 文 人 名	日 文 人 名
KASHIWABARA Takahisa	柏原孝久
KATAGIRI Eikichi	片桐英吉
KATAKURA Tadashi	片倉衷
KATAYAMA Yoshio	片山義雄
KATO Denjiro	加藤傳次郎
KATO Eimei	加藤エイメイ
KATO Harumi	加藤春海
KATO Kanji	加藤寛治
KATO Kinji	加藤金治
KATO Komei	加藤高明
KATO Kyohei	加藤末平
KATO Mihachiro	加藤喜八郎
KATO Otomaru	加藤于菟丸
KATO Ryogoro	加藤鐐五郎
KATO Shohei	加藤昌平
KATO Shuji	加藤修治
KATO Sotomatsu	加藤外松
KATO Takahisa	加藤隆久
KATO Takayoshi	加藤隆義
KATO Tomosaburo	加藤友三郎
KATO Zenkichi	加藤善吉
KATOH Genzo	加藤源造
KATOH Tetsutaro	加藤哲太郎
KATSUJI Shimamura	カッジ・シマムラ
KATSUKI Kiyoshi	香月清司
KAWABARA Naoichi	川原直一
KAWABARA Yoshinobu	川原義信
KAWABE Masakazu	河邊正三
KAWABE Torashiro	河邊虎四郎
KAWABUCHI Tatsuhiko	川淵龍彦
KAWADA Itsuo	カワダ・イッヲ
KAWADA Mitsihihaki	鎌田道章
KAWADA Retsu	河田烈
KAWAGISHI Bunzaburo	川岸丈三郎
KAWAGOE Takeo	川越文雄
KAWAGUCHI Shojiro	川口正次郎
KAWAGUCHI Tai	カワグチ・タイ
KAWAHARA Masao	河原正雄

英文人名	日文人名
KAWAI Hiroshi	河合博
KAWAI Misao	河合操
Kawai Tatsuo	河相達夫
KAWAI Yoshinari	河合良成
KAWAKAMI Kiyoshi	川上清
KAWAKAMI Kiyoyasu	川上清康
KAWAKAMI Soroku	川上操六
KAWAKANI Kiyoshi	河上清
KAWAMOTO Kunio	川本邦雄
KAWAMOTO Suemori	河本末守
KAWAMOTO Yoshitaro	川本芳太郎
KAWAMURA Kameki	川村亀喜
KAWAMURA Kyoichi	川村享一
KAWAMURA Saburo	河村三郎
KAWAMURA Saburo	川村三郎
KAWAMURA Takeji	川村竹治
KAWAMURA Yoshio	川村芳男
KAWARADA Kakichi	川原田稼吉
KAWASAKI Suzumu	川崎進
KAWASAKI Takukichi	川崎卓吉
KAWASHIMA Tadashi	川島正
KAWASHIMA Yoshiko	川島芳子
KAWASHIMA Yoshiyuki	川島義之
KAYA Okinori	賀屋興宣
KAYASHIMA Takashi	萱嶋高
KAZAMA Yasuo	風間泰男
KAZAMI Akira	風見章
Keeler Ora K.	キーラー・オラ・ケイ
Keith Botterill	ケイス・ボタリル
Kelley Jone	ケレー・ジョン
Kelly Martin T.	クリー・マーテイ・テイ
Kengel Bacher	ケンゲル・バッヘル
Kennedy Thomas F.	ケネデイー・トマス・エフ
Kenneth J. Rice	ケネス・ジエー・ライス
Kenneth R. Boyle	ケネス・アール・ボイル
Kenney Duane J.	ケネー・ドウェーン・ジェイ
KERA Shichiro	解良七郎
Khagi Shima	カギシマ

英文人名	日文人名
KICHI Chosokobe	長曽我部喜一
KIDO Koichi	木戸幸一
KIDO Motosuke	城戸元亮
KIDO Takahiko	木戸孝彦
KIDO Takamasa	木戸孝正
KIDO Takayoshi	木戸孝允
Kidwell Charles A.	キッドウニル・チャールズ・エイ
KIKAWA Haruo	キカワ・ハルヲ
KIKKAWA Masaharu	吉川正治
KIKUCHI Hiroyasu	菊池弘恭
KIKUCHI Giro	菊池義郎
KIKUCHI Kakeo	菊地武夫
KIKUCHI Kenichi	菊地健一
KIKUCHI Shiro	菊地四郎
KIKUCHI Takenori	菊池武憲
KIKUCHI Takeo	菊池武夫
KIKUCHI Takeo	菊池武雄
Kim DI Ku	キム・デー・ク
Kim Il Sun	キム・イル・スン
KIMIHIRA Masatake	公平匡武
KIMURA Heitaro	木村兵太郎
KIMURA Hisao	木村久雄
KIMURA Keigoro	木村専五郎
KIMURA M. Makoto	木村・M・允
KIMURA Masaharu	木村正春
KIMURA Masayoshi	木村正義
KIMURA Shiro	キムラ・シロー
KIMURA Shotatsu	木村尚達
KIMURA Tokutaro	木村篤太郎
KINARI Ichiji	木成市治
King F. Sang	キング・ニフ・サング
King George	キング・ジョージ
King George Ⅴ	ジオージ第五世
KINOSHITA Kinzo	木下金藏
KINOSHITA Masaichi	木下政市
KISHI Fukuji	岸福治
KISHI Gunzo	キシ・グンゾ
KISHI Kuramatsu	岸倉松

英文人名	日文人名
KISHI Michizo	岸道三
KISHI Ryoshku	キシ・リョーシュク
KISHI Shinsuke	岸信介
KITA Ikki	北一輝
KITA Nagao	キタ・ナガヲ
KITA Seiichi	喜多誠一
KITAJIMA Hiroshi	北島弘
KITAMURA Kakuichi	北村角一
KITAMURA Kotarou	北村コタロウ
KITAMURA Masa	北村正榮
KITAMURA Ryouichi	北村良一
KITANO Kenzo	北野憲造
KITANO Shigeo	北野繁雄
KITATANI Sizuno	北谷静野
KITAURA Toyoo	北浦豊男
KITSUKAWA Katsuaki	橘川克明
KIYOI Tadashi	清井正
KIYOSE Ichiro	清瀬一郎
KIYOTA Matsunami	清田松並
KIYOURA Keigo	清浦奎吾
KIYOYAMA Naotsugu	清山尚次
Klock G. Jr.	クロック・ジィー二世
Knop John William	ノップ・ジョン・ウイリアム
KOBA Shigeru	木場繁
KOBAYASHI Asasaburo	小林淺三郎
KOBAYASHI Seizo	小林躋造
KOBAYASHI Shimaji	小林四男治
Kobilkin Innokenty Vasilevich	コブイルキン・インノケンティー・ワシーリェウィチ
KOBUN Hirotsugu	公文博嗣
KODAMA Hideo	兒玉秀雄
KODAMA Hisakichi	兒玉久吉
KODAMA Kenji	兒玉謙次
KODAMA Kyuzo	兒玉久藏
KODAMA Tomoo	兒玉友雄
KOGA Mineichi	古賀峯一
KOGURE Budayu	木暮武太夫
KOHARA Yasuo	小原寧雄
KOISO Kuniaki	小磯國昭

英 文 人 名	日 文 人 名
KOIZUMI Chikahiko	小泉親彦
KOIZUMI Goro	小泉梧郎
KOJIMA Chotaro	古島長太郎
KOJIMA Goichi	コジマ・ゴイチ
KOJIMA Hideo	小島秀雄
KOKUBU Tomoharn	國分友治
KOKUBUN Shinshichiro	國分新七郎
KOMAI Tokuzo	駒井德三
KOMATSU Mitsuhiko	小松光彦
KOMATSUBARA Michitaro	小松原道太郎
KOMODA Koichi	菰田康一
KONDO Eijiro	近藤英次郎
KONDO Giichi	近藤儀一
KONDO Hideaki	近藤英明
KONDO Jotaro	近藤壌太郎
KONDO Masao	近藤正雄
KONDO Seigo	近藤正吾
KONDO Shigeki	今藤茂樹
KONDO Shinichi	近藤信一
KONDO Shinsuke	近藤信竹
KONDO Shunsuke	近藤駿介
KONDO Susumu	近藤進
KONDO Yoshiharu	近藤義晴
KONG Xiang-xi	孔祥熙
KORANO Hisare	河野壽
KONOE Fumimaro	近衛文麿
KONOYE Hidemaro	近衛秀麿
KONOYE Yasuko	近衛泰子
KONUKI Kinzo	コヌキ・キンゾウ
Kopen Charles Bernard	クーペン・チャールス・ブルナード
KOSAKA Yasumasa	香阪昌康
KOSHI Saburo	古思三郎
KOSHIMURA Shinzaburo	越村信三郎
KOTANI Etsuo	甲谷悦雄
KOUDA Takeo	古宇田武郎
KOUDA Yoshio	古宇田芳夫
Koullen H. J.	コウレン・H・J
KOYAMA Kango	小山完吾

英文人名	日文人名
KOYAMA Matsukichi	小山松吉
KOYANAGI Shigeta	小柳司氣太
KOYASEKO Kaname	小屋迫要
KOZUKI Yoshio	コヅキ・ヨシヲ
Krause John R.	タラウス・ジョン・アル
KUBO Tatsuji	久保辰二
KUBO Teizo	久保貞三
KUBOTA Fujimaro	久保田藤麿
KUBOTA Hisaharu	久保田久晴
KUBOTA Seitaro	窪田静太郎
KUBOTA Tokujiro	久保田篤次郎
KUBOTA Tsuneo	クボタ・ツネオ
KUDO Goh	工藤剛
KUDO Tadao	工藤忠夫
KUDO Tadao	工藤忠
KUDO Tetsusaburo	工藤鐵三郎
KUHARA Fusanosuke	久原房之助
KUTAKE Takehiko	久武建彦
Kipers Van Steenburgen	クイパース・ファン・ステーンベルゲン
KUMAGAI Toshio	熊谷壽郎
KUMANO Shuichi	熊野修一
KUMEGAWA Yoshiharu	久米川好春
Kun Yang	クン・ヤン
KUNNO Jiro	クンノ次郎
KURAMOTO Kenjiro	倉本敬次郎
KURATANI Yoshiyuki	鞍谷良行
KURATOMI Yuzaburo	倉富勇三郎
KURAZAWA Go	倉澤剛
KURIHARA Masashi	栗原正
KURIHARA Yoshinari	栗原吉生
KURINO Shinichiro	栗野愼一郎
KURIYAMA Rempei	栗山廉平
KURIYAMA Shigeru	栗山茂
KURIYAMA・R.	栗山アール
KURODA Akira	黑田昶
KURODA Hideo	黑田英雄
KURODA Minoru	黑田實
KURODA Nagashige	黑田長成

英文人名	日文人名
KURODA Shigenori	黑田重徳
KUROKAWA Junichi	黑川純一
KUROKAWA Nishiguchi	黑川西口
KURUSU Saburo	來栖三郎
KUSABA Tatsumi	草場辰巳
KUSABA Tatsumi	草場巽
KUSAKA Ryunosuke	草鹿龍之介
KUSANO Hyoichiro	草野豹一郎
KUSE Kazuo	クセ・カズヲ
KUSHIDA Mitsuo	楠田光男
KUWAHARA Shigcharu	桑原重治
KUWAHARA Tsuru	桑原鶴
KUWASHIMA Kazue	桑島主計
L. A. C. Thomas William Adamson	コト・トーマス・ウィリアム・アダムソン
L. A. N. Rodreigues	L・A・N・ロードレイグス
L. A. Newnam	エルエーニューナム
L. A. Seward	エル・エイ・シーワード
L. Abott	エル・アボット
L. B. Speedy	L・B・スピーディ
L. Brower	エル・ブローワー
L. C. S. Sheppard	L・C・S・ジェバード
L. C. W. Ribe	エル・シー・ダブリュー・リーベ
L. Cortmans	L・コートマンス
L. E. Griffith	エル・イーグリイフィス
L. H. Barnard	L・H・バーナード
L. K. Van Der Horst	L・K・ヴアン・デル・ホルスト
L. Kalahan	エル・カラハン
L. L. Mckenzie	エルエルマケンズイー
L. Lanzing	エル・ランジン
L. M. Baker	エル・エム・ベーカー
L. M. Betances	エル・エム・ベタンセス
L. Cosgrew	エル・コスグレーヴ
L. Morris	エル・モリス
L. S. Morgan	エル・エス・モルガン
L. T. Raide	エル・テイ・ライド
L. V. Hudson	L・V・ハドスン
Lahde Robert A.	ラードロバート・エイ
LAI Gui-fu	頼貴福

英文人名	日文人名
Laidlow Barna	レードロウ・バーナ
Laliberte Robert C.	ウリバート・ロバート・シー
Lance Bonbardier	ランス・ボンバーディアー
Lance Homady Allice	ランス・ホマディ・アリーズ
Landrum James Dennis	ランドラム・ジェーム・デニス
Larson Alron L.	デーツン・アルロン・エル
Lason Carail Oscar	ラーソンカライル・オスカー
Latom Mahina	ラトウマヒナ
Lauchlin Currie	ロウクリン・キユウリー
Laura Haygood	ローラ・ヘーグッド
Laurence John William Seekings	ローランス・ジヨン・ウイリアム・シーキング
Anly Laurent	アンリ・ローラン
Laurie Chan	ラウリー・チャン
Lawrence F. Ebb	ローレンス・F・エッブ
Lawrence Frye Safford	ローレンス・フライ・サフォード
Lawrence S. Tohill	ローレンス・S・トヒル
Lawson William J.	ローソン・ウィリヤム・ジェン
Lazaro Navarro	ラザロ・ナヴアロ
L. B. Sarchin	エルビーサーチン
Leach Harold Frank	リーチ・ハロルド・フランク
Lebis Cunter	レビスガンター
Ledeboer E. W. C.	レーデボール・E・W・C
Lee Chong Wong	リー・チョン・ウォン
Lee Hye Som	リー・ヒエ・ソム
Lee L. G.	リー・L・G
Lee Yitsai	リー・イッサイ
Leendert Kamper	レンダート・カムペル
Lef Mihai Rovitch Karahan	レフ・ミハイロヴィチ・カラハン
Leh Daniel Barker	レーダニエルバーカー
LEI Shou-rong	雷壽榮
LEI Zheng-rong	雷崢榮
Lenkerkerker Van Dillewijn	レンカカーカーヴカンデイ
Lenson Alexander	レンソーアレキサンダ
Leo J. Laporte	レオ・J・ラポート
Leo Kandel	レオ・カンデル
Leonard S.	レナルト・エス
Leonardo Narra	レオナルド・ナーラ
Leone L. Woodruff	レーオネエルウッドラフ

英 文 人 名	日 文 人 名
Leonora Palacio Villas	レオノラ・パラチオ・ヴィラス
Leroy Healy	レロイ・ヒーリー
Les Kovaky John	レスゴグスキ・ジョン
Leslie Copland	レスリー・コープランド
Leslie William Mccann	レスリー・ウイリアム・マックカン
Lester Robert Schulz	スター・ロバート・シュルツ
Lewis Bryan	ルイス・ブライアン
Lewis S. C. Smith	ルイス・エス・シー・スミス
Lewis Walter F.	ルイス・ウオルター・エフ
LI Chong-ren	李崇仁
LI Ding-fu	黎定夫
LI Ding-gao	黎定告
LI Di-sheng	李滌生
LI Du	李杜
LI Haiqing	李海青
LI Han-chen	李漢臣
LI Hong-zhang	李鴻章
LI Hui-wen	李惠文
LI Hui-xing	李惠星
LI Jian	李鍵
LI Ji-chen	李濟琛
LI Ji-chun	李際春
LI Jing-fang	李經方
LI Jin-ming	李錦濤
LI Jin-ming	李錦明
LI Jun-lie	李烈鈞
LI Long-fei	李龍飛
LI Ming	李鳴
LI Ming	李銘
LI Ming-shu	李銘書
LI Pan	李槃
LI Ping-yao	李平耀
LI Pu-zhang	李溥章
LI Shao-geng	李紹庚
LI Shao-kun	李紹焜
LI Sheng	李生
LI Sheng-duo	李盛鐸
LI Sheng-sheng	李聖生

英文人名	日文人名
LI Shi-zeng	李石曾
LI Shou-xin	李守信
LI Si	李四
LI Wang-yin	李王垠
LI Xian-er	リ・シアンアー
LI Yao-lin	李耀林
LI Ye-heng	李葉衡
LI Ying-guo	李贏國
LI Yu	李宇
LI Yu	李鍝
LI Yuan	李垣
LI Ze-yi	李擇一
LIANG Cheng	梁誠
LIANG Han-cao	梁寒操
LIANG Hong-zhi	梁鴻志
LIANG Jing	梁菁
LIANG Lu	梁璐
LIANG Ting-fang	梁廷芳
Lie Bun Yat	リイブンヤート
Light Rolland	ラルド・ローアム
Lilia Tuvilla	リリア・ツヴィラ
Lillian Anderson	リリアン・アンダーソン
Lim Kah Chao	リム・カー・チャオ
Limpinsel Ansar L.	リムピンセル・アンサア・エル
LIN Bai-sheng	林柏生
LIN Geng-yu	林耕宇
LIN Qi	林棨
LIN Sen	林森
Lind C. Carrison	リンド・シイ・カールソン
Ling Henry	リング・ヘンリー
LING Sheng-wang	淩升王
Link Harold F.	リンク・ハロルド・エフ
Linsman Joseph F.	リンス・ジョンセフ・エフ
Lionel Vivian Hudson	ライオネル・ウイウイアン・ハドスン
LIU Bai-nian	劉百年
LIU Chong-wu	劉崇武
LIU De-shan	劉得山
LIU En-ge	劉恩格

英文人名	日文人名
LIU Hong Tai	リウ・ハン・タイ
LIU Hua	劉華
LIU Huan-zhang	劉煥章
LIU Ji-sheng	劉繼盛
LIU Jun-ru	劉鈞儒
LIU Kun-yi	劉坤一
LIU Men Lung	リウ・ウェン・ラン
LIU Meng-geng	劉夢庚
LIU Pao-sun	リュウ・パァオ・スン
LIU Ru-ming	劉汝明
LIU Sheng-yuan	劉盛源
LIU Shi-zhong	劉世忠
LIU Wei-pao	リュー・ウェイ・パオ
LIU Xiang	劉湘
LIU Xiang-ye	劉驤業
LIU Xing-san	劉省三
LIU Yao-hua	劉耀華
LIU Yu-fen	劉燏棻
LIU Zhen-sheng	劉振生
LIU Zi-jian	劉子健
LIU Zi-ran	劉自然
LIU Zi-zhen	劉自珍
Livesay Kelvin C.	ライウセィ・メルウィン・シィ
Lloyd B. Ruth	ロイド・B・ルース
Lloyd Biggs	ロイド・ビッグス
Lloyd E. Gluck	ロイド・イー・グラック
Lo Tong	ロー・トン
Loes Antonio Numes Roderigues	ルイアントニオ・ヌメス・ロデリゲス
Long Min	ロング・ミン
Lord Cecil	ロード・セシル
Lord Hankey	ロード・ハンケイ
Lorraine Quirino	ローレイン・キリノ
Louis Saban	ルイス・サバン
Louise Wiehle	ルイス・ウィール
Loumis Malcolm M.	ルーミス・マルカム・エム
LU Fu-shan	盧福山
LU Su	魯甦
LU Zheng-xiang	陸徵祥

英文人名	日文人名
LU Zhong-lin	鹿鐘麟
Latei Joseph H.	ルアテイ・ジョセフ・エーチ
Lucas Doctolero	ルーカス・ドクトレロ
Lucas Horst	ルーカス・ホルスト
Lucia Santos De Juan	ルシア・サントス・デ・ジユアン
Lucilie B. Brunner	ルシル・ビー・ブルンナー
Lucille C. Brunner	ルシール・シー・ブランナー
Lucille Holland	ルシール・ホランド
Lucy TANI	ルシー・タニ
Ludey Cario	ルデイガリオ
Luigi Albertiny	ルイジ・アルベルティニ
Luiz Remos	ルイツレモス
Lullet Albert	ルーレ・アルベール
LUO Deng-xian	羅登賢
LUO Nan	羅南
LUO Rong-huan	呂榮寰
LUO Song-qing	羅宋清
LUO Wen-gan	羅文幹
LUO Ya-cheng	羅亜程
LUO Zhen-Yu	羅振玉
Lutz Theron Kenneth	ルッツ・セロン・ケネス
Luzzi Victor L.	ルウジ・ウィクター・エル
Lynch Edgar L.	リンチ・エドガー・エル
Lyndon Lloyd Mckenzie	リンドン・ロイト・マッケンジー
Lynn B. Griffith	リン・B・グリアイス
Lythgow Gene	リズゴウ・ジーン
M. A. Matkovsky	エム・アー・マトコフスキー
M. B. Bell	M・B・ベール
M. Baudy	エム・ボウデー
M. Charles Arsene Henry	シャール・アルセヌ・アンリー
M. D. Perrins	エム・ディー・ペリンズ
M. De Gills	エム・ド・ギールス
M. E. Dastudis	エム・エイ・ダステユヂス
M. EMURA	エム・江村
M. Fisher	エム・フィッシヤー
M. Fuller	エム・フラー
M. Gilchin Blat	エム・ギルチン・ブラット
M. V. Bella	エム・ヴィ・ベルラ

英文人名	日文人名
M. Heyward	エム・ヘイワード
M. J. Anketel	M・J・アンケテル
M. J. Dickson	M・J・デックスン
M. J. Wilson	M・J・ウイルソン
M. D. KIKUCHI	エム・テー・菊地
M. KOBAYASHI	エム・小林
M. KURODA	エム・黑田
M. L. Shepherd	エム・エル・シェパド
M. M. Knobel	エム・エム・クノーベル
M. M. Williams	M・M・ウイリアムス
M. Menshova	エム・メンショブ
M. N. Gordeev	エム・エヌ・ゴルテーエフ
M. NAKAMURA	M・中村
M. M. Karakhan	エム・エム・カラハン
M. P. Beckwith Smith	エム・ピー・ベックウィズスミス
M. P. Mills	エム・ビー・ミルス
M. R. Jackson	エラ・エム・ジェコブソン
M. Ragers	M・ラグルス
M. S. Bates	エム・エス・ベーツ
M. S. Myers	M・S・マイヤース
M. SHOJI	M・東海林
M. T. Pompey	M・T・ポムペイ
M. TAKENISHI	エム・タカナシ
M. Van Olt	M・ファン・オールト
M. Vargas	エム・ヴァルガス
M. YOKOYAMA	エム・横山
M. Zorin	エム・ゾーリン
MA Feng-wei	馬鳳威
MA Ting-fu	馬廷福
MA Wu-yuan	馬屋原
MA Xiang-bo	馬湘伯
MA Xiu-ying	馬秀英
MA Zhan-shan	馬占山
MA Zhan-ting	馬占廷
MA Zhong-ren	馬仲任
Mac Daniels	マック・ダニエル
MACHI Moto	マチモト
MACHIDA Chuji	町田忠治

英文人名	日文人名
MACHIDA Minoru	町田稔
MACHIJIRI Kazumoto	町尻量基
Macintosh John G. Jr.	マキントッシ・ジョンジー二世
Mackey John W.	マッキイ・ジョンダブリユウ
Macmurrey Chroidsy	マックムリ・タロイタシー
MacPherson William	マックファーソン・ウィリアムエイ
Macuri Francis P.	マーキュリ・フランシス・ビー
Mad Vay Edward	マト・ウアィ・エドワード
Madoela Bin Mesdin	マドエラビンメスデイ
MAEDA Katsuji	前田勝二
MAEDA Katsumi	前田克巳
MAEDA Kazuo	前田一男
MAEDA Kazuo	前田和夫
MAEDA Masami	前田正
MAEDA Minoru	前田稔
MAEDA Tamon	前田多門
MAEDA Unosuke	前天卯之助
MAEDA Yonezo	前田米蔵
Magdalena Carrillo	マグダレナ・カリーロ
Macdaleno Yaballa	マグダレノ・ヤバラ
Maher Arthur Laurance	メイアー・アーサー・ローレンス
Mahomed Afsar	マホメッド・アフサー
Mahomed Akrum	マホメッド・アクラム
Mahomed Din	マホメッド・デイン
Mahomed Hussein	マホメッドハッセン
Mahomed Ramzan	マホメッド・ラムザン
Mahomed Shafee	マホメッド・シャーフィ
Maier George F.	メイヤー・ジョージエフ
Mairu Mackam	マールイー・マックアム
Majors Hoy F.	メージャース・ロィ・エフ
MAKATA Hidehiko	間片英彦
MAKI Hideki	マキ・ヒデキ
MAKI Izumi	眞木和泉
MAKIMURA Keishi	牧村慶治
MAKINO Nobuaki	牧野伸顯
MAKINO Umetaro	牧野梅太郎
MAKITA Kakusaburo	牧田覚三郎
Malcolm Delevinnue	マルコム・テレヴィンニュ

英文人名	日文人名
Marie Visky Bernard A.	マリ・ウスキ・ハーナード・エイ
Malley John E.	アレイ・ジョン・イー
MANAI Ichiro	眞井一郎
MANAKI Takanobu	馬奈木敬信
Manevsky Edward	マンエフスキ・エトワード
MANO Goro	眞野五郎
MANO Toshio	間野俊夫
Mansde Graff	マンズド・グラーフ
Mansel F. L.	マンセル・F・L
Mansfield	マンスフイルド
Manshi Khan	マンシィ・カーン
Manuel Buranko	マニュエル・ブランコ
MAO Ze-dong	毛澤東
Marcelino Esteiyada	マルセリノ・エステイヤダ
Marcia Luisa Sotelo	マリヤ・ルイサ・ソテロ
Margaret Lawrence	マーガレット・ローレンス
Margot Chezi	マーゴウト・チエッツイー
Maria Campos Lopez	マリア・キヤムポス・ロペッズ
Maria Casoula	マリア・カソーラ
Maria Castillo	マリア・カステイロ
Maria Chezi Galatas	マリア・チエジイ・ガラタス
Maria Lourdes Bera	マリア・ロウドス・ベラ
Maria Roncal	マリア・ロンカール
Maria Rucafor	マリア・ルカフォア
Mariano A. Yenko Jr.	マリアノ・A・イエンコJr.
Mariano Bayaras	マリアノ・バヤラス
Mariano Del Rosario	マリアノ・デル・ロザリオ
Mariano Ream	マリアノ・リム
Marie Jacket Pulican	マリー・ジャクット・ブリカン
Mario Inderly	マリオ・インデルリ
Mario Perzey	マリオ・ペルッチ
Maris Lee M.	マリス・リー・エム
Marvin W. Wales	マールヴィン・ダブリュ・ウイル
Manason Alden Curtis	マナソン・アルデン・ガーチス
Marshall E. Fields	マーシャル・イー・フイールド
Marshall Collins	マーシャル・コリンズ
Marshall Hurt	マーシヤル・ハート
Marshall S. Hall	マーシヤル・エス・ホール

英文人名	日文人名
Marshall Sidney Shellhart	マーシャル・シドニー・シェルハート
Marshall Vaince	マーツヤル・ヴアインズ
Marjone Marvie William	マージョン・マーウィ・ウィリアム
Marshall De Biberstain	マルシャル・ド・ビーベルスタイン
Martha H. Wilhelm	マーリーエイチ・ウィルヘルム
Martha W. Cowrane	マルタ・W・コウレン
Martin C. Hain Jr.	マルチン・C・ハイン・ジュニア
Martin Francisco	マーテイン・フランシスコ
Martin Ivanovitch Lacis	マルチンイヴアノヴイチ・ラッイス
Martin John	ユフイ・ジョン
Martin Strong	マーテイン・ストロング
Martin Zuo Heng-ji	マアチン左恒吉
Martin Walter	マーテイレ・ウオルター
Martinus Brahim	マルテイヌス・ブラヒム
Mary Erwin Martin	メアリ・アーウイン・マーチィン
Mary Friedman	メーリーフリードマン
Masan Walter W.	マサン・ウオタトダブリユウ
MASUDA Mori	増田盛
Mateo Estrella	マテー・エストレラ
MATOBA Sueo	的場末男
MATSUDA Chiaki	松田千秋
MATSUDAIR Tsuneo	松平恒雄
MATSUDAIRA Koto	松平康東
MATSUDAIRA Yasumasa	松平康昌
MATSUI Iwane	松井石根
MATSUI Keishiro	松井慶四郎
MATSUI Nanao	松井七夫
MATSUI Takuro	松井太久郎
MATSUKI Tamotsu	松木俠
MATSUMORE Hideo	マツモレ・ヒデオ
MATSUMOTO Joji	松本蒸治
MATSUMOTO Kunio	松本國雄
MATSUMOTO Sakuji	松本作次
MATSUMOTO Shunichi	松本俊一
MATSUMURA Shuitsu	松村秀逸
MATSUMURA Tomokazu	松村知勝
MATSUOKA Yosuke	松岡洋右
MATSUSHIMA Shikao	松島鹿夫

英文人名	日文人名
MATSUURA Kusuo	松浦九州男
MATSUURA Shizujiro	松浦鎮次郎
Matthew Debitt Monk	マシュー・デービット・モンク
Matthew Liaw Kon Fatt	マーシュー・リャンコン・ファット
Matthews Joe M.	マジュウス・ジョウル・エム
Maulden Robert Benton	モウルデーン・ブロハードベント
Maung Bu Gyi	モーン・ブ・ギイ
Maung Kin	マウング・キイ
Maungaye Ko	マウングアイエ・コ
Mauremn Joy Margaret Magness	モーリーン・ジヨイ・マーガレット・マグネス
Maurice Rave	マウリス・ラヴ
Maurice Simons	モーリス・シモンズ
Maurin A. E.	マウーリン・ア・イ
Maurits Carlile Yakov	マウリッツ・カーレル・ヤコブ
Mauta Leonard	マウタ・オナルド
MAWATARI Kuniyosh	マワタリ・クニヨシュ
Max R. Joss	マックスアルジョス
Max Parton	マックスパートン
Max Grassly	マックス・グラスリー
Max Huber	マツイス・ヒューバ
Max Fuber	マックス・フーバー
Max R. Joss	マックス・R・ジョス
Max R. Ton	マックス・R・トン
Max Ralph N.	マックス・ラルフ・ニク
Max Well	マックス・ウエル
Maximilian Riemer	マキシミリアン・リーメル
Maximo Mangbat	マキシモ・マングバット
Maximo Rucafor	マキシモ・ルカフォア
May H. Farrell	メイ・H・フアレル
Mazzella Pascale	マッツエラ・パスクエラ
McAfee Ralph D.	マカフィー・ラルフ・テイ
McCalister M. Kelly A.	マツカリスターエマクエリエイ
McCarn J.	マックカーン・J
McElroy Seims Jone	マツリエルロィ・セイムス・ジョン
McGorry James Joseph	マクゴリー・ジェームス・ミゼフ
McInnes Thomas L.	マクイネス・トマベ・エル
McKenzie Fredrick S.	マッチン・シイフレデリク・エス
Mead Albert Edward	メッド・アルバート・エドワード

英文人名	日文人名
Medy Flaser	メデイフラーセル
Meester Jan Daniel Van Pelt	メーステル・ヤン・ダニール・ファン・ペルト
Mehemed Noury	ヌーリー
MEI Ru-ao	梅汝璈
MEI Shi-bai	梅氏百
MEI Si-ping	梅思平
MEI Yao-mao	梅耀毛
Meimlick Philip J.	メイムリック・フィップ・ジェイ
Melbin H. Macoy	メルビン・エイチ・マコイ
Melkianus Augustijn	メルキアヌスアウガスチン
Melville Jacoby	メルヴイル・ジャコビー
Mena Navarra	メナ・ナブアロ
MENG Chang-jun	孟長軍
Messick Najor M.	メシッス・メイジア・エム
Metcalf Frederick F.	メトカル・フブレデリソク・エフ
MIAO Bin	繆斌
MIBUCHI Kantaro	三淵乾太郎
Michael Hogan	マイカル・ホーガン
Michael J. Robertson	マイカエル・ジェー・ロバートソン
Michael MacWhite	マイクル・マクホワイト
Micheal Gerent	ミカエル・ゲレント
MIFUJI Takejiro	三藤武次郎
Migacz Frank	シグッ・フランク
Migaz Melvin	ミガツ・メルウ
MIGITA Masao	右田政夫
Miguel Estimada	ミグエル・エステイマダ
MIKASA Takahito	三笠宮
MIKAWA Katsumi	三川克巳
MIKEMI Yoshihara	三上義春
Mikesell William	アイクセル・ウィリヤム
MIKI Takeo	三木武夫
MIKI Yoshihide	三木良英
Milagras Tupas	ミラグラス・トウパズ
Milagros Barrion	ミラグロス・バリオン
Miles Lampson	マイルズ・ラムプスン
Milham C. Coat	ミルハム・シー・コート
Miller V.	ミラーア・ウィ
MINAMI Hiroshi	南弘

英 文 人 名	日 文 人 名
MINAMI Jiro	南次郎
MINAMI Jisai	ミナミ・ジサイ
MINE Komatsu	峯幸松
MINOWA Saburo	箕輪三郎
MINOYAMA Seiji	箕山晴二
MISHIMA Yasuo	三島康夫
MITAN Takanobu	三谷隆信
MITANI Suejiro	三谷末次郎
MITANI Toshio	三谷敏夫
Mitchell Howard H.	ヨチョル・ハワドスサ
Mitchell Wein E.	ミチエル・ウェイン・イー
MITERAI Tatsuo	御手洗辰雄
MITO Hisashi	三戸壽
MITSUBASHI Mataichi	三橋又一
MITSUCHI Chuzo	三土忠造
MITSUEDA Masakatsu	三枝正勝
MITSUKAWA Yorio	水川依夫
MITUKAWA Kametaro	滿川亀太郎
MIURA Ichiro	三浦一郎
MIURA Kazwichi	三浦和一
MIURA Michihiko	三浦道彦
MIURA Sohichi	三浦惣市
MIYAGAWA Nobuhiro	宮川信廣
MIYAGI Chogo	宮城長五郎
MIYAJIMA Junkichi	ミャジマ・ジュンキチ
MIYAJIMA Mikinosuke	宮嶋幹之助
MIYAKAWA Kazuo	宮川カヅラ
MIYAKE Koichi	三宅鑛一
MIYAKE Mitsuharu	三宅光治
MIYAMA Yozo	美山要藏
MIYAMOTO Makotomi	宮本誠三
MIYAMOTO Masano	宮本正之
MIYAMOTO Musashi	宮本武藏
MIYANAKA Tozo	宮中東三
MIYANO Masatoshi	宮野正年
MIYASAKA Kanko	宮阪完孝
MIYATA Mitsuo	宮田光雄
MIYATA Toshihiko	宮田俊彦

英文人名	日文人名
MIYAWAKI Yoshikatsu	宮脇芳勝
MIYAZAKI Shuichi	宮崎週一
MIYAZAKI Hiroshi	宮崎博
MIYAZAWA Masayuki	宮澤政行
MIYAZAWA Jiro	宮澤次郎
MIYAZAWA Toshiyoshi	宮澤俊義
MIYO Tatsukichi	三代辰吉
MIYOSHI Katsumasa	三善克正
MIYOSHI Tada	三好多田
MOCHIZUKI Keisuke	望月圭介
Modest Farolan	モデスト・フアロラン
Modland Franklin Merrill	モドランド・フランクリン・メリル
Moe William H. Jr.	モーウィリヤムエッチ二世
Mofet Jed R.	モフエッテ・ジエト・アール
Mohamad Bin Cadir	モハマド・ビン・カヂル
Mohamad Inrahea Tsufioedin	モハマッド・イフラヒイムッアヒイウデイン
Mohamad Yatim	モハマソド・ヤテイム
Mohamad Lansan	モハマッド・ランザン
Mohamad Lim	モハマッド・リム
Mohamed Abdel Salam L. Guindy	モハメド・アブデル・サラム・エル・グィンディ
Mohamed Hussain	モハメドフッセイン
Mohamed Kamel Bey	モハメド・カメル・ベイ
Mohammed Afdel Moneim Riad	モハメド・アフデル・モネイム・リアド
Mohammed Ali	モハムメド・アリ
Mohd Nabaz Khan	モード・ナバヅ・カン
Mohr Alshas Maria Lunardas	モーア・アルーシャス・マリア・ルナルダス
MOMIYAMA Gisaburo	鞠山儀三郎
Monnet Jednne	モネ・チャンタ
Mont Comery	モントコメリ
Montgomery Waneth Maurice	モントゴメー・ワネッス・モウリス
Mooie Karel	モーイ・カレル
Moore Fred	モーア・フレッド
Moosa Ali	ムーサ・アリ
MORI Arinori	森有禮
MORI Iwao	森厳夫
MORI Shigeru	モリ・シゲル
MORI Tetsuo	森徹夫
MORIKAMI Shigeo	守上茂雄

英文人名	日文人名
MORIKAWA Hiroshi	森川博
MORIMOTO Iichiro	森本伊市郎
MORIMOTO Seiichi	森本セイイチ
MORIOKA Susumu	森岡皋
Moris Deeton	モーリス・デイトン
Moris Littman	モリス・リットマン
MORISADA Masao	モリサダ・マサオ
MORISHIMA Morito	森島守人
MORITA Fukumatsu	森田福松
MORITA Hachisaburo	モリタ・ハチサブロウ
MORITO Ryuzo	森戸隆三
MORIYA Kazuro	守屋和郎
MOROHASHI Noboru	諸橋襄
MOROMOTO Saburo	森本三郎
Morrice Hankey	モーリス・ハンケイ
Morrison George W.	モリソン・ジョージダブリユウ
Morsley William C.	モーズレー・ウィリム・シイ
Mortensen Norman Warren	モーテンスノルマン・ワーレン
Moses Ichiro	モセス・イチロウ
Mot Deliete	モット・ヂェリエット
MOTODA Hajime	元田肇
MOTOOKA Masao	元岡正雄
Mrs. A. Horst	エイ・ホルスト夫人
Mrs. Beelman	ビールマン夫人
Mrs. Begg	ベッグ夫人
Mrs. Broundan	ブルウダン夫人
Mrs. Buxton	バックストン夫人
Mrs. F. Box	エフ・ボックス夫人
Mrs. Grew	グルウ夫人
Mrs. H. E. Engelen	H・E・エンゲレン夫人
Mrs. HAGA	ハガ夫人
Mrs. Hownel	ホーウェネル夫人
Mrs. Jeavons	ジエヴオンス夫人
Mrs. Kiang Liu	キアン・リウ夫人
Mrs. LIU Ying	リウ・イン夫人
Mrs. Scott	スコット夫人
Mrs. SHIRATORI	白鳥夫人
Mrs. Simmons	シモンズ夫人

英文人名	日文人名
Mrs. Smith	スミス夫人
Mrs. TOGO	東郷夫人
Mueller Carl	ミューラ・カール
MUKAWA Nisaburo	武川仁三郎
Muldoon James W.	マルドーン・ジェームス・ダブリユウ
Mulens A.	マレンス・エイ
Muller Harold C.	マラーハロルド・シィ
Mullet Albert Louis	ムウレ・アルベール・ルイ
MUNAKATA Hisanori	宗像久敬
MUNAKATA Yasu	宗形安
MUNEYUKI Yasuo	宗行安雄
Murace Franklin	マラシー・フランクリン
Murad Ali	ムラド・アリ
MURAI Kuramatsu	村井倉松
MURAI Munezo	村井宗藏
MURAI Shichiro	村井七郎
MURAKAMI Giichi	村上義一
MURAKAMI Hajimu	村上一
MURAKAMI James	村上ジェームス
MURAKAMI Keisaku	村上啓作
MURAKAMI Kyoichi	村上恭一
MURAKAMI Takuji	村上宅次
MURAKAWA Kengo	村川堅固
MURAMATSU Tsuneo	村松常雄
MURAO Shigemasa	村尾成允
MURASE Naokai	村瀬直養
MURATA Goro	村田五郎
MURATA Shigeru	村田繁
MURATA Shozo	村田省藏
MURATA Sotaro	村田宗太郎
MURATA Toyozo	村田豊三
MURATA Yachiho	村田八千穗
MURAYAMA Tomiji	村山富治
MURAYUMA Michio	村山道雄
Murphy Johns R.	マーフィ・ジョンージ・アル
Murray Glasser	マレー・クラサー
Musa Menon	ムサ・メモン
Musa Osman	ムサ・オスマン

英 文 人 名	日 文 人 名
MUSHAKOJI Kintomo	武者小路公共
MUTAGUCHI Renya	牟田口廉也
MUTO Katsuhiko	武藤勝彦
MUTO Nobuyoshi	武藤信義
MUTO Okiza	武藤章
MUTO Tomio	武藤富男
MUTSU Munemitsu	陸奥宗光
Myers Richard B.	マイヤーズ・リチャード
Myrick Bene Jr.	ミリック・ベン二世
Myrtle B. Bills	マートル・ビーミルス
N. A. Bazenko	N・A・バゼンコ
N. D. Teters	エヌ・ディ・ティター
N. Delyanni	ニー・デリアンニ
N. H. Quinton	N・H・クキントン
N. Harthorn	エヌ・ハートホーン
N. J. Leath	エヌ・ジェ・リース
N. M. Mills	エヌエムミルス
N. R. Grasse	エヌ・エル・グラッセ
NACHIGAMI Hatahachi	那知上泰八
NAGAHARA Koiji	長原啓次
NAGAI Matsuzo	永井松三
NAGAI Mikizo	永井三樹三
NAGAI Ryutaro	永井柳太郎
NAGAI Tadashi	永井正
NAGAI Yatsuji	永井八津次
NAGAMINE Masayoshi	長嶺將義
NAGANO Akira	長野朗
NAGANO H. Charles	長野エイチ・チヤールズ
NAGANO Osami	永野修身
NAGANO Shiro	長野四郎
NAGAOKA Harukazu	長岡春一
NAGAOKA Ryuichiro	長岡隆一郎
NAGATA Hidejiro	永田秀次郎
NAGATA Kiyoshi	永田清
NAGATA Shigeru	永田茂
NAGATA Shinichi	永田信一
NAGATA Shuzo	長田周造
NAGATA Tetsuzan	永田鐵山

英文人名	日文人名
NAGATA Toshiyuki	ナガタトシュキ
NAGATANI Chu	長谷中
NAGATO Masadi	ナガト・マサヂ
NAGATOMO Tsuguo	長友次男
NAGATOMO Yoshitada	永友吉忠
NAGATSU Sahiju	永津佐比重
NAGUMO Chuichi	南雲忠一
Nai Bring	ナイ・ブリング
Nai Vanich Panananda	ナイ・ワニット・パーナナンダ
Naik Chandgy Ram	ナイクチャンギラーム
Naik Partap Singh	ナイク・パータップ・シング
Naito Chales	ナイトチャールス
NAITO Kiyoshi	内藤清
NAITO Seion	内藤正淵
NAKAEI Taro	中永太郎
NAKAFUJI Kotaro	中藤幸太郎
NAKAGAWA Chiyohachi	中川千代八
NAKAGAWA Kenichi	ナカガワ・ケンイチ
NAKAGAWA Kinichi	中川建一
NAKAGAWA Nozomi	中川望
NAKAGAWA Seiichiro	中川青一郎
NAKAGAWA Tatsunaru	中川辰生
NAKAGAWA Toru	中川透
NAKAHARA Jiro	中原次郎
NAKAHARA Suguru	中原英
NAKAHARA Yachiyo	中原八千代
NAKAHARA Yoshimasa	中原義正
NAKAHASHI Tokugoro	中橋徳五郎
NAKAI Kimbei	中井金兵衛
NAKAJIMA Chikuhei	中島知久平
NAKAJIMA Kumakichi	中島久萬吉
NAKAJIMA Mikuni	中島彌國
NAKAJIMA Tadao	中島忠雄
NAKAJIMA Tetsuzo	中島鐵藏
NAKAJIMA Torakichi	中島虎吉
NAKAMATSU Morio	中松盛雄
NAKAMICHI Kanji	ナカミチ・カンジ
NAKAMURA Aketo	中村明人

英文人名	日文人名
NAKAMURA Moriaki	ナカムラ・モリアキ
NAKAMURA Isaburo	中村伊三郎
NAKAMURA Kanematsu	中村兼松
NAKAMURA Kosaku	中村宏策
NAKAMURA Kotaro	中村孝太郎
NAKAMURA Kotaro	中村考太郎
NAKAMURA Koya	中村考也
NAKAMURA Masaro	中村雅郎
NAKAMURA Mitsuo	中村光男
NAKAMURA Ryozo	中村良三
NAKAMURA Shintaro	中村震太郎
NAKAMURA Takeichi	中村武一
NAKAMURA Takeshi	ナカムラ・タケシ
NAKAMURA Tatsuji	中村辰二
NAKAMURA Torakichi	中村寅吉
NAKAMURA Toshihisa	中村俊久
NAKAMURA Yoshio	中村義雄
NAKAMURA Yoshiyuki	中村義之
NAKANISHI Hisao	中西久夫
NAKANISHI Sadayoshi	中西定吉
NAKANISHI Yasuo	中西泰男
NAKANO Katsunosuke	中野勝之助
NAKANO Kiyosuke	中野清助
NAKANO Seigo	中野正剛
NAKANO Tomio	中野富雄
NAKAO Kohei	中尾弧平
NAKAO Kumataro	中尾熊太郎
NAKASAWA Mitsuo	中澤三夫
NAKASAWA Yu	中澤佑
NAKATA Masayuki	中田正之
NAKATA Takeo	中田武夫
NAKATA Takeo	中田武男
NAKATANI Takeyo	中谷武世
NAKAYAMA Bin	中山敏
NAKAYAMA Genpu	中山原夫
NAKAYAMA Jin	中山甚
NAKAYAMA Noboru	中山登
NAKAYAMA Sadatake	中山貞武

英文人名	日文人名
NAKAYAMA Shigeru	中山蕃
NAKAYAMA Yasuto	中山寧人
NAKAZAWA Chiyosaburo	中澤千代三郎
NAKAZAWA Toru	中澤亨
Nan G.	ナン・ジー
NANAMI Toshio	名波敏郎
NANBU Tadao	南部忠男
NAOKI Rintaro	直木倫太郎
Napolitano Bernon F.	ナポリタノバーノン・エフ
Narayan Fao	ナラヤン・フォ
NARITA Kanichi	成田乾一
NARITA Katsushiro	成田勝四郎
NARUSHIMA Masanori	成島正範
NASU Yoshihiro	那須嘉廣
Natan Dane Titters	ナタン・ダン・テイタース
NAWATA Hisakazu	ナワタ・ヒサカズ
Navy Bin Giman	ナウイ・ビン・ギマン
NAYA Takeshi	納屋武
NEBA Keiichi	毛木三雄
Neil Oliva	ネイルオリヴア
Nelson Hefferman	ネルソン・ヘッフアマン
Nelson Thomas Churchill Jr.	ネルソン・トーマス・チャーチルヂュニアー
Nelson Trusler Johnson	ネルスン・トラスラー・ジョンスン
NEMOTO Hiroshi	根本博
NEMOTO Eiji	根本英治
NEMOTO Hiro	根本弘
NEMOTO Kiyomi	ネモト・キヨオミ
Nena Alban	ニーナ・アルバン
Nena Pacheco De Fexer	ネナ・パチェコ・デ・フエクザー
Nening Navarro	ネニング・ナヴァーロ
Nenita Ricio De Santos	ネニタ・リシオ・デ・サントス
NERIO Isao	練尾勲
Nesta Gwyneth James	ネスタ・ギンスジェイムス
Neville Howard Morgan	ネヴィル・ホワード・モルガン
New South Wales	ニュー・サウス・ウェールズ
Newton L. Davis	ニュートン・エル・デヴイス
Nicholas Lloyd	ニコラス・ビイド
Nicola Joseph S.	ニコラ・ジェセク・エス

英 文 人 名	日 文 人 名
Nicolas Nuernberger	ニコラス・ヌゥルンベルゲル
NIE Shi-cheng	聶士成
Niels Erickson	ニルス・エリクソン
Nielsen Thador	ニールセン・チアドール
NIIJIMA Nobuo	新島信夫
NIKAIDO Masasuke	二階堂雅亮
NINAGAWA Shinsuke	皆川信助
NINOMIYA Harushige	二宮治重
NINOMIYA Takeo	二宮武夫
NINOMIYA Yoshikiyo	二宮義清
Nire Albert A.	ニレ・アルバート・エイ
NISHI Haruhiko	西春彦
NISHIDA Zoi	西田税
NISHIHARA Issaku	西原一策
NISHIJIMA Takeshi	西島剛
NISHIMURA Kumao	西村熊雄
NISHIMURA Shoji	西村祥治
NISHIMURA Takuma	西村琢磨
NISHIO Toshizo	西尾壽造
NISHIURA Susumu	西浦進
Noah C. Hard	ノア・シー・ハード
NODA Kengo	野田謙吾
NODA Kengo	野田堅固
NODA Takeo	野田武雄
NODA Uichi	野田卯一
NODA Utaro	野田卯太郎
NOGUCHI Tanai	野口多内
NOGUCHI Yoshio	野口芳雄
NOHARA Komakiori	野原駒吉
NOMIYAMA Tsutomu	野見山勉
NOMOTO Kinji	野元金次
NOMURA Hideo	野村秀雄
NOMURA Kichisaburo	野村吉三郎
NOMURA Naokuni	野村直邦
NOMURA Saburo	野村三郎
NOMURA Shigeami	野村重臣
NONAKA Shiro	野中四郎
Norah Olsterland	ノラ・オルスターランド

英文人名	日文人名
Nore Bert Berschtet	ノル・ベルト・ベルシュテット
Norlandin Altast P.	シーマンデイン・アルタットピ
Norman P. Marshall	ノーマル・ビイ・マーシヤル
Norman Gilbert	ノールマンギルベルト
Norten Hebit	ノールテン・ヘヒト
NOSU Masakazu	野須正一
Nouridin Bey	ヌーリディン・ベイ
NOZAKI Gentoku	野崎元德
NOZAKI Tadamori	野崎忠盛
NOZOE Takao	野添孝生
O. C. W. Furman	オー・シー・ダブリュー・フュルマン
O. E. Danahar	O・E・ダナハー
O. E. W. Six	O・E・W・シックス
O. H. Mead	オー・エイチ・ミード
O. H. Norton	オー・エイチ・ノートン
O. M. Ryen	O・M・レーン
O. Max Gardner	エー・マアクス・ガードナー
O. Mizutani	水谷乙吉
O. Munck	オ・ムンク
O. Ripa	オー・リバ
O. S. Colclough	オー・エス・カルクルー
OBA Jiro	大庭次郎
OBA Kojiro	大庭小二郎
OBARA Junichi	小原潤一
OBARA Naoshi	小原直
OBARA Yoshio	小原義男
OBATA Minoru	小幡實
OBATA Tadayoshi	小畑忠良
OBATA Toshishiro	小畑敏四郎
OBATA Yukichi	小幡酉吉
OBI Tetsuzo	小尾哲三
OBIGANE Yutaka	帯金豊
OBIKAWA Ushimatsu	帯川丑松
OBUCHI Miki	大渕三樹
ODA Saburo	織田三郎
ODACHI Shigeo	大達茂雄
ODAJIMA Tadashi	小田島董
Oden Robbert N.	オーデン・ロバート・エヲ

英文人名	日文人名
ODO Nagaharu	尾戸長春
Odore Fox	オドール・フォクス
Oehl Edward Jone	オエル・エドワード・ジョン
OGATA Taketora	緒方竹虎
OGAWA Gotaro	小川郷太郎
OGAWA Heikichi	小川平吉
OGAWA Kanji	小川貫璽
OGAWA Kiichi	小川喜一
OGAWA Kiyoshi	オガワ・キヨシ
OGAWA Saburo	小川三郎
OGAWA Seishiro	小川清四郎
OGAWA Sekijiro	小川關治郎
Ogg John Richie	オック・ジョン・ソッチイ
OGISU Rippei	荻洲立兵
OGITA Yoshiaki	茨田芳明
OGOSHI Kenji	大越兼二
OGURA Masatsune	小倉正恒
Oh Ting Ming	オーティ・ミン
OHARA Seidai	オハラ・セイダイ
OHARA Shinichi	大原信一
OHASHI Chuichi	大橋忠一
OHASHI Hachiro	大橋八郎
OHASHI Hyojiro	大橋兵次郎
OHASHI Kenichi	大橋憲一
OHASHI Saburo	大橋三郎
OHASHI Tatsuo	大橋龍男
OHIRA Hideo	大平秀雄
OHKI Eiichi	大木榮一
OHNO Taro	大野太郎
OHSAKA Masaharu	大阪正治
OHTA Kinjiro	太田金次郎
OHTAKE Michiji	大竹道二
OIKAWA Genshichi	及川源七
OIKAWA Koshiro	及川古志郎
OKA Tkasumi	岡敬純
OKABE Eiichi	岡部榮一
OKABE Nagakage	岡部長景
OKABE Naosaburo	岡部直三郎

英文人名	日文人名
OKABE Shiro	岡部史郎
OKADA Chiichi	岡田癡一
OKADA Keisuke	岡田啓介
OKADA Kenichi	岡田兼一
OKADA Kikusaburo	岡田菊三郎
OKADA Mishiroku	岡田三四六
OKADA Naoie	岡田直家
OKADA Ryohei	岡田良平
OKADA Ryuhei	岡田隆平
OKADA Tadahiko	岡田忠彦
OKADA Takashi	岡田尚
OKADA Takehiko	岡田武彦
OKADA Yoshimasa	岡田芳政
OKAMATSU Seitaro	岡松成太郎
OKAMOTO Renishiro	岡本連一郎
OKAMOTO Seifuku	岡本清福
OKAMOTO Shoichi	岡本尚一
OKAMOTO Suemasa	岡本季正
OKAMOTO Toshio	岡本敏男
OKAMURA Yasuji	岡村寧次
OKAWA Shumei	大川周明
OKAZAKI Ayakoto	岡崎文動
OKAZAKI Katsuo	岡崎勝男
OKAZAKI Kazuaki	岡崎一明
OKAZAKI Koichi	岡崎康一
OKAZAKI Seizaburo	岡崎清三郎
OKIDO Sanji	大城戸三治
OKO Mistuo	大湖光雄
OKOCHI Matatoshi	大河内又平
OKOCHI Nasatoshi	大河正内敏
OKUBO Kiyokazu	大久保清和
OKUBO Yozo	大久保ヨウゾウ
OKUDA Hideo	奥田秀夫
OKUDO Kuhyabyaku	奥戸足百
OKUMA Shigenobu	大隈重信
OKUMURA Katsuzo	奥村勝三
OKUMURA Katsuzo	奥村勝藏
OKUMURA Kiwao	奥村喜和男

英文人名	日文人名
OKUMURA Masao	奥村正雄
OKUMURA Shinzi	奥村慎次
OKUN Mitsuo	奥野光雄
OKUN Mitsutoshi	奥野光紀
OKURA Kinmochi	大藏公望
OKUSHI Koinochi	大串敬吉
OKUYAMA Hachiro	奥山八郎
OKUYAMA Kumeharu	奥山粂治
OKUYAMA Takami	奥山隆三
Olbert Richard Norman	オルバート・リチャード・イーマン
Oliver Edwin Roberts	オリヴァ・エドウィン・ローバツ
Olivera	オリヴエラ
Ollard Robert Vincent	オーラード・ロバート・ウィンセント
Olmsrand Blifford A.	オルムスランドブリフォドエイ
Olof Ripa	オローフ・リパ
Olsen Odvar	オールセン・オドバル
Olson Harold J.	オルソン・ハロルド・ジエイ
OMA Tadao	大麻唯男
Omar Chuki	オマ・チュキ
OMORI Nanzaburo	大森南三郎
OMURA Seiichi	大村清一
OMURA Yurin	大村有隣
ONISHI Akio	大西アキオ
ONISHI Takijiro	大西瀧治郎
ONIZUKA Meiji	鬼塚明治
ONO Buichi	オノ・ブイチ
ONO Hajime	大野ハジメ
ONO Ryokuichiro	大野綠一郎
ONO Ryuta	大野龍太郎
ONO Satoru	小野悟
ONO Seiichiro	小野清一郎
ONO Takeshi	小野猛
Onorata De La Roza	オノラタ・デ・ラ・ローザ
Onsrud Myrtle S.	オンスラッド・マートル・エス
Ori Rey	オリ・レイ
Orme Garton Sargent	オーム・ガートン・サージェント
Orn Myaing	オーン・ミアイング
Orns Paugh Claude W.	オーンス・ポー・クロードダブリユウ

英文人名	日文人名
Orville O. Dean	オービル・オー・デイーン
Orwen Kramer	オールウィン・D・クレーマ
OSANAI Shigeru	長内茂
OSANAI Shuichi	長内秀一
Osborne James V.	オズホーン・ジェームス・ヴイ
Osborne Roswell A.	オスボーンロズウエル・エイ
Oscar George Potier	オスカル・ジョージ・ポチェ
Oscar W. Underwood	オスカー・ダブリュー・アンダウッド
OSEKO Michisada	大迫通貞
OSHIMA Hiroo	大島弘夫
OSHIMA Hiroshi	大島浩
OSHIMA Kenichi	大島健一
OSHIMA Yutaka	大島豐
OSHITA Ben	大下ベン
Oscar Voit	オスカル・ヴォイト
Oslar Thomas	オスラー・トーマス
OSUGI Hiroshi	大杉浩
OSUGI Morikazu	大杉盛一
OSUMI Mineo	大角岑生
OTA Kozo	太田耕造
OTA Saburo	太田三郎
OTA Tamekichi	太田為吉
OTAHARA Kiyotomi	オタハラ・キヨトミ
OTAIRA Shinichi	大平進一
OTANI Inaho	大谷稲穗
OTANI Sonyu	大谷尊由
OTANI Takeshi	大谷猛
Othon Leon	オトン・レオン
OTSUBA Kazumi	大坪一馬
OTSUKA Koreyoshi	大塚唯清
OTSUKA Shigeru	大塚茂
OTSUKI AKIRA	大槻章
OTSUKI Fumihiko	大槻文彦
OU Shou-nian	區壽年
OUCHI Hyoe	大内兵衛
OUCHI Yoshihide	大内義秀
Owen Cunningham	オーエン・カニンガム
Owen R. Kobert	オウエン・アー・コバート

英文人名	日文人名
OYA Atsushi	大矢厚
OYAMA Ayao	大山文雄
OYAMA Hiromi	オオヤマ・ホロミ
OZAKI Hozumi	尾崎秀實
OZAKI Norihiko	尾崎憲彦
OZAKI Yukio	尾崎行雄
OZAWA Kaisaku	小澤開作
P. A. Hengris	P・A・ヘンクリス
P. B. Chiriata	P・B・チリアタ
P. C. Crosley	P・C・クロースリー
P. C. Gilmore	ビー・シー・ヂルモーア
P. Comnene	エヌ・ピー・コムネーヌ
P. Doornbos	P・ドオルンボス
P. G. De Vries	P・G・デ・フリース
P. H. Benetic	ピーエッチベネティクト
P. H. Oudeman	P・H・オウデマン
P. H. Rees	ビイ・エイチ・リース
P. I. Gribanovsky	ペー・イー・グリバノフスキー
P. Jouvelet	ペー・ジューヴレー
P. N. Dean	ピイー・エヌ・デイーン
P. Noonan	ピー・スナン
P. Bein	ビイ・ベイン
P. R. Shields	P・R・シールズ
P. W. William Powlett	ピ・ダブルュ・ウイリアム・ボーレット
Pagat Singh Palwa Singh	プアガット・シング・プルワ・シング
Pallsen William Everett	ボーセン・ウリアム・エヴアレット
Pamfilo Navarro	パムフイロー・ナヴァロ
PAN Gong-sheng	潘供生
PAN Gu	盤古
PAN Rong-ming	潘榮明
PAN Wen-ming	潘文明
PAN Ying-qun	潘英羣
Pang Nam Ting	パン・ナム・ティン
Panglima Alit	パンダキャ・アリト
Paolo Marella	バオラ・マレラ
Paquita Costas Garcia	パキタ・コスタス・ガルシヤ
Pasir Sinan	パシル・シナン
Pastor Rucafor	パストール・ルカフォア

英文人名	日文人名
Patrick J. Hurley	パトリックハーリー
Patrick Slaney Davis	パトリックスレイニィデーヴィス
Paul Alfred Stansbury	ポールアルフレドスタンスブリー
Paul Ashton	ポール・アシュトン
Paul Biau	ボール・ボウ
Paul Cambon	ボール・カムボン
Paul De Hevesy	ポール・ド・ヘヴェシ
Paul Demolder	ポール・ドモルデル
Paul Draudt	ハウル・ドラウト
Paul Elmer Maie	ポウルエルマ・マーイ
Paul Esrelgard	ポール・エスレルガルド
Paul Hymans	ポール・イーマンス
Paul Jones	ポール・ジョーンズ
Paul Mansella	ポール・マンセラ
Paul O. Schmidt	パウル・オー・シュミツト
Paul Sefan	ポール・セフン
Paul W. Wenneker	バウル・W・ヴェンネッカー
Paul Yip	バウル・イップ
Paulina Juan Zabala	ポーリナ・ジユアン・ザバラ
Paulina Zabala	パウリナ・ザバラ
Peck Alex	ペックアレックス
Pedersen Karsten	ペーヂルセン・カルステン
Pedro J. Campos	ペドロ・ゼイ・キャムポス
Peepsight Hasing	ビープサイト・ハシグ
Peman Dangan	ペマン・ダンガン
Penington Ernest R.	ペニングトン・アーネスト・アル
Percy Green	バーシー・グリーン
Perry B. B.	ベーリ・B・B
Perry O. Wilcox	ペリー・オ・ウィルコックス
Pete W. Scott	ピート・ダブリュー・スコット
Peter H. Clumpers	ピータイ・エッチ・クルンパース
Peter John Campbell	ピーター・ジョン・キャンベル
Peter Rainier Adams	ピーター・レーニアー・アダムス
Peters Earl R.	ピータース・アール・アール
Peters James A.	ビーターズ・ジャンムス・エイ
Philippe Roy	フィリップ・ロア
Phillip Burford	フィリツプ・ブエーフォード
Phillips John Paul	フィリツプス・ジョン・ポール

英 文 人 名	日 文 人 名
Phillp D. Smith	フイリップ・D・スミス
Phillp E. Sanders	フイリップ・イー・ソンダース
Phoebe Naivs	スフィビナイフス
Phuman Singh	フーマンシング
Phya C. Sena	ビア・シー・セナ
Pianka John Gadimier	ピアンカ・ジョン・ガヂマイアー
Pickering Russell W.	ピカリングラッセル・ダブルユウ
Pierre B. Denson	ピエール・ビー・デンソン
Pierre Louis J. Olle Lafrune	ピエール・ルイ・ジー・オレ・ラフリュヌ
Pierrepont Moffat	ピーアポント・モファト
Pilar Campos	ピラー・キャムポス
Pilar Miranda Ubaga	ピラー・ミランダ・ウバゴ
Pilar Regona	ピラ・レゴナ
Pinderson Paul M. Jr.	ヘンダスン・ボール・エム二世
Pipes Donald E.	パイプスドナルド・イー
Pistol Pete	ピストル・ピート
Plagio Tobalino	プラギオ・トバルノ
Poly Dominique	ボリ・ドミニッグ
Porte Laurent	ボルト・ローラン
Poyan Mantu	博彦満都
Pratt Archie Hays	ブラットアーナーベンズ
Presento Magsino	プレゼント・マグシノ
Preston Donald Willey	フレストンドナルド・ウィリ
Preya Frederick E.	プレヤ・フレデリック・イー
Price James R.	プライス・ジェイムス・アレ
PRINCE KUNG	恭親王
Primo Quintos	プリモ・クイント
Prin Napini	プリン・ナピーニ
PRINCE BLACK	黑太子
Prince Damras	ブリンス・ダムラス
PRINCE DE	德王
PRINCE HIROYASU	博恭王
PRINCE KATSURA	桂公
Prince Robabov	プリンス・ロパノフ
PRINCE YASUHITO	雍仁親王
PRINCE YOSHIHITO	宣仁親王
Prisila Costas Garcia	プリシラ・コスタス・ガルシヤ
Proferio Magsino	プロフェリオ・マグシノ

英文人名	日文人名
Punsgin Chogdan	プンツギン・チョグドン
Puran Singh	プランスイング
Pu-xiu	溥修
Pu-yi	溥儀
Pyaray Mohan	ピャレー・モハン
QI Xie-yuan	齊燮元
QIAN Xun	錢恂
QIAN Yong-ming	錢永銘
QIAN Zong-ze	銭宗澤
QIAO Fu-san	喬輔三
QIN De-chun	秦德純
QIU Shao-heng	裘劭恒
QUEEN HSUAN TUNG	宣統皇后
Quenardel Andre	クナルテル・アンドレ
Quintos	キントス
R. A. Burn	アール・エー・ブーン
R. A. Butler	アール・エイ・バトラー
R. A. Nicol	R・A・ニコル
R. B. Bennett	アール・ビー・ベネット
R. B. Crow	アールビークロウ
R. B. Wilson	R・B・ウイルスン
Richard Bevis Lame	リチャード・ベヴイス・ラム
R. B. Pal	アール・ビー・バル
R. C. Halse	アール・シー・ハルス
R. C. Sihavy	アール・シー・シルハヴィ
R. Chindel	アール・チンデル
R. Crawford	アール・クロフオード
R. D. Buck	アール・ディ・バック
R. D. Cromtan	R・D・クロムタン
R. D. Gilbert	アール・デー・ギルバード
R. Dandurand	アール・ダンデュランド
L. De Mares Van Swinderen	エル・ド・マレース・フアン・スウヰンデレン
R. E. Keeton	アール・イー・キートン
R. Elles	アール・エルズ
R. F. Coulson	アール・エフ・クールスン
R. F. Mahon	アイル・エフ・マホン
R. F. Molion	アール・エフ・モリオン
R. Ford Hughes	R・フォード・ヒュース

英文人名	日文人名
R. G. De L. Wormell	アール・ジー・ド・エル・ワーメル
R. G. H. Watts	R・G・H・ウオッツ
R. G. Reynold	アール・シー・レオナルヅ
R. G. Wells	R・G・ウエルズ
R. G. Williams	アール・チー・ウイリアムス
R. Gilbert	R・ギルバート
R. Gray	アール・グレイ
R. H. Davis	アール・エッチ・デービス
R. J. Buren	アール・ジェー・ブレン
R. J. Campbell	アール・ヂエー・キャンベル
R. J. Hensel	R・J・ヘンセル
R. J. Hitchen	R・J・ヒッチエン
R. Jones	R・ショーンズ
R. K. Harl Dwick	アール・ケイ・ハー・ドウイック
R. K. Sutherland	R・K・サザランド
R. KATO	アール・加藤
R. L. Borden	アール・エル・ボーデン
Robert Lead Borden	ロバート・レアド・ボーデン
R. L. Browning	アール・エル・ブラウニング
R. L. Craigie	アール・エル・クレーギー
R. M. Mackenzie	R・M・マケンジー
R. M. Turner	R・M・ターナー
R. Meindersma	R・マインデルスマ
R. O. Neil	アール・オー・ネイル
R. P. Bullcock	R・P・ブルコック
R. P. Paranipye	アール・ピー・パラニピー
R. Pullen	R・プレン
R. R. Hodge	R・R・ホッヂ
R. R. Petrie	アール・アール・ペトリー
R. Raphael	アール・ラファエル
R. Reed	R・リード
R. Reid	アール・レイド
R. Rumaider	アー・ルメートル
R. S. Goulden	R・S・グールデン
R. Saunders	アール・ソウンダーズ
R. Sperling	アール・スパーリング
R. T. Ofell	アールティオフエル
R. T. Peyton Griffin	アール・ティーペイトン・グリフィン

英文人名	日文人名
Racinger Carl J.	ラミガー・カール・ジェイ
Raden Abdol Baridas Perdana	ラデンアブドルバーリダスプルダナ
Raden Nalabrana	ラデンナラプラナ
Rae Thomas Johnnie	ライ・トーマス・ジョニー
Rafael Bernal Himenez	ラファエル・ベルナル・ヒメネス
Ragusa Paul S.	ラグサポール・エス
Rain Thomas F.	レイン・トーマス・エフ
Raionel Collin Mattuce	ライオネル・コリン・マテュウス
Rajindar Singh	ラジンターシング
Ralph E. Johnson	ラルフ・E・デョンドン
Ralph Millar	ラルフ・ミラー
Ralph Oliver Liner	ラルフオリバーライナー
Ram Singh	ラムスイング
Ram Swamy	ラムスワミ
Ramon Dumlao	ラモン・ドムラオ
Ramon Tolegida	ラモン・トレギダ
Rankin Morton D.	ランキン・モールドンデイ
Ranson Fullin Vaider	ランスン・アリン・ワイダー
RAO Zhen-wu	饒振武
Rapnow Francis	ラプナウ・フラシシス
Rashid Mohd	ラシドモード
Ratan Chand	ラタン・チャンド
Raten Soyon	ラーテン・スヨン
Rathcercedan Captain	ラッサースダン・キャプテン
Raul Do Rio Branco	ラウル・ド・リオ・ブランコ
Raul Fernandez	ラウール・フェルナンデス
Ray Hoira	レイ・ホイーラー
Ray Horfa	レイ・ホーフア
Ray J. Law	レイ・ジエー・ロオー
Ray Marion	レイ・マリオン
Ray P. Emile	レー・ピー・イーミル
Ray Ran	ライ・ラン
Raymond B. Roberta	レイノンド・B・ロバーツ
Raymond C. Richardson	レイモンド・C・リチャードソン
Raymond Dedow	レイモン・デドウロ
Raymond Guillien	レイモン・ギリアン
Raymond K. NIMURA	レーモンド・ケイ・ニムラ
Raymond L. Browning	レイモンド・エル・ブラウーニング

英 文 人 名	日 文 人 名
Raymond Loost	レイモン・ルストー
Red McQuade	レッドマックユイド
Red Topham	レツド・トップハム
Reed Lauton	リード・ラウトン
Reen K. A.	レーン・K・A
Refy John W.	レフイ・ジョン・ダブリユウ
Regina Lescamla	レヂナ・レスカムラ
Reginald G. Morgan	レジナルド・G・モーガン
Reginald Johnston	レジノールド・ジョンストン
Reginald Peterson	レイノールド・ペタソン
Reid T. A.	ルード・T・A
Reinder Hoff	レインデルホフ
Reinirt Harl C.	レーナーと・アル・シイ
Remidy Reyes	レミヂイ・レイエス
REN Yuan-dao	任援道
RENÉ Robin	ルネ・ロバン
Rene Zabala	レネ・ザバラ
Rey Grant M.	リヤ・グラント・エム
Ricardo De Castro	リカルド・デ・カストウロ
Rich Carl E.	リッチ・カール・イー
Richard E. Rudisill	リチャード・イ・ルディスイル
Richard E. Rudibill	リチャード・E・ルデイヒル
Richard Enoch Turf	リチャードエノックターフ
Richard Ernest Peterson	リチャード・アーネスト・ビータソン
Richard Gay Turner	チャード・ガイ・ターナー
Richard H. Chabel	リチャード・H・チャベル
Richard H. Larsh	リチャード・エッチ・ラーシ
Richard Hunt	リチャード・ハント
Richard J. Marshall	リチャード・ジエー・マーシャル
Richard Sharp	リチャード・シャープ
Richard T. Bullen	リチャード・T・ブレン
Richard Zorge	リハルド・ゾルゲ
Rienche Faber	リエンチエフアバー
Rienche Symons	リエンチエシモンズ
Ripa Olof	リパ・オロフ
Risaldar Rashid	リサルダールラシッド
Rloyd Craighill	ロイド・クレーグヒル
Robbins James William	ロビンス・セイムス・ウイリアム

英文人名	日文人名
Robbins Sheldon G.	ロビンス・シュルシ・ジ
Robert Abott	ロバート・アボット
Robert B. Starnes	ロバート・ビー・スターンズ
Robert B. Moody	ロバート・ビー・ムーデイ
Robert Bead Holy	ロバート・ビード・ホーリー
Robert Blue	ローパト・ブルー
Robert Bordan	ロバート・ボルドン
Robert Brown	ロバート・ブラウン
Robert C. Banberg	ロバード・ジー・バンブルグ
Robert Calvin `	ロバート・カルヴイン・バトラー
Robert Craigie	ロベアート・クレイギー
Robert Crawford	ロバート・クラウフォード
Robert D. Shasofer	ロバート・デイー・シヤソフアー
Robert Digby Buck	ロバート・デイックバイ・バック
Robert E. Brown	ローバト・イー・ブラワン
Robert F. Mabon	ロバート・エフ・マボン
Robert F. Mahan	ロバート・F・メイハン
Robert G. Storey	ロバート・ジー・ストーレイ
Robert Graigy	ロバート・クレーギー
Robert L. Haite	ロバート・エル・ハイト
Robert Heatler Scott	ロバート・ビートリー・スコット
Robert Heatley	ロバート・ヒートリー
Robert Hugh Lancaster	ロバート・ヒュー・ランカスター
Robert I. Curts	ロバート・I・カーツ
Robert J. Meader	ロバート・デェー・ミーダー
Robert L. Hubbard	ロバート・L・ハッバート
Robert Laird Bonden	ロパート・レアド・ボーデン
Robert Lansing	ロバート・ランジング
Robert Leroy Frey	ロバート・レロイ・フレイ
Robert Leslie Craigie	ロバート・レスリー・クレギー
Robert M. Boyd	ロバート・M・ボイド
Robert M. Law	ロバート・エム・ロー
Robert M. Russel	ロバート・ユムラッセル
Robert Marcel	ロベール・マルセル
Robert Macaro Brown	ロバート・マカロ・ブラウン
Robert Meindersma	ロバート・メインデールスマ
Robert Ocampo Bautista	ロバート・オカムポ・バウチスタ
Robert Pariut	ロバート・バリュット

英文人名	日文人名
Robert Pryor	ロバート・プライヤー
Robert R. Heburt	ロバート・アール・ヒーバード
Robert R. Jones	ロバート・アール・ジョンズ
Robert S. Teaze	ロバート・エス・ディーズ
Robert W. Nelson	ロバート・W・ネルソン
Robert W. Rinden	ロバート・W・リンデン
Robert Wahson Nelson	ロバート・ワーソン・ネルソン
Robert M. Boyd	ロバート・ボイド
Roberton Donald C.	ロバートン・トナルドシィ
Robin Robertson Petrie	ロビン・ロバートソン・ベトリー
Robinet Ralph T.	ロビネット・ラルフ・テイ
Robinson William G.	ロビンソン・ウィリアム・ジー
Roderick Bruce Crow	ロテリックブルスクロー
Roderick Graham Wells	ロデリック・グラム・ウエルズ
Rodgers Willian J.	ロッチヤース・ウィリヤム・ジェイ
Rodrigo J. Rodrigues	ロドリゴ・ロドリケス
Roger Barton Pigott	ロージヤー・バートビゴット
Roger D. Bamford	ロージャー・ディック・バムフォード
Roger De La Harpe	ロジェー・ド・ラ・ハルプ
Roger F. Burnar	ジョン・F・ブルナー
Roger Laurent	ロヂエ・ロラン
ROKUTAN Takeo	六反武雄
Roland J. Schwartz	ローランド・J・シュワルツ
Roland Joseph	ローランド・ジヨセフ
Rolin Warren Amel	ボリメ・ワン・アメル
Romana Rodriguez	ロマナ・ロドリヂズ
Romano Abad	ロマノ・アバッド
Romanov Nicolai Alex Sevis	ロマノフ・ニコライ・アレク・セエヴイズ
Romasney Dabit	ロマスネイダビット
Romine Gene G.	ロマイン・ヂエン・ヂー
Ronald Banks	ロナルド・バンクス
Ronald George Williams	ロナルド・ジョージ・ウイリアムズ
Ronald Hewitt Segins	ロナルド・ヘウイット・セギンス
Roncarst Edward	ロンカースト・エドワード
RONG Hou	榮厚
RONG Ping-gui	榮平貴
RONG Zhen	榮臻
Rorandi Richi	ロナンヂイリッチ

英文人名	日文人名
Roros Pekel	ローロスペケル
Rosa Calalong	ローサ・カラロング
Rosalinda Andoy	ロザリンダ・アンドイ
Rosarino Aurora	ローザラインオーローラ
Rosario Carlos	ローザリ・カルロス
Rouan George	ルーアン・ヂョルヂュ
Rouan George Germain	ルウアン・ジョルジェ・ジェルマン
Roy Bennett	ロイベネット
Roy Howard	ロイ・ハワード
Roy J. Donnelly	ロイジェードンネリ
Roy Squires	ロイ・スクアイアズ
Royal Scots	ロイヤル・スユト
RUAN Wen-ming	阮文明
RUAN Zhen-duo	阮振鐸
Rudolf Basil Wilson	ルドルフ・バシル・ウイルソン
Rudolph Muller	ルードルフ・ミュラー
Rufino Mangara	ルフィノ・マンガラ
Rufo Balao	ルフオ・バラオ
Rufus S. Bratton	ルーファス・エス・ブラットン
Rufus Smith	ルフス・スミス
RUI Fang-yuan	芮芳縁
Russel Pasha	ラッセル・パシャ
Russell L. Maxwell	ラツセル・エル・マックスウエル
Russell Paul Delbert	ラッセル・ポール・デルバート
Ruth F. Anderson	ルース・アンダーソン
Ruth Morgan	ルース・モルガン
Rutherford	ルーサフォード
Rutteri Cario	ルッテーリ・カルロ
Ryan William J.	ライアン・ウィリヤム・ジェィ
S. A. Soy	シ・ア・ソイ
S. B. De Mier	エス・ベー・ド・ミエー
S. De Wall	エス・デウ・ワール
S. Forcas	エス・フォーカス
S. G. Laymond	エス・ジー・レイモンド
S. Graca	エスグラカ
S. H. Hankins	S・H・ハンキンズ
S. HAYASHI	S・林
S. I. Rosen Bliwart	エス・ヤー・ローゼンブリワト

英文人名	日文人名
S. IGUCHI	S・井口
S. J. Vimans	S・J・ウィーマンス
S. K. Chula	S・K・チュラ
S. KOYAMA	エス・コヤマ
S. KOYAMA	エス・古山
S. L. Baker	エス・エル・ベイカー
S. M. Banfill	エス・エム・バンフィル
S. M. EMURA	エス・エム・江村
S. Morrison	エス・モリソン
S. N. Paul	S・N・ポワル
S. NAKANISHI	エス・中西
S. OHARA	S・オハラ
S. Peach	S・ピーチ
S. R. Pearson	エス・アール・ピアスン
S. R. Rozovski	エス・ア・ロゾフスキー
S. R. Vanderhurst	S・R・ウァンダーハースト
S. S. V. F. Noyan Mackenzie	S・S・V・F・ノイアン・マッゲンジー
S. T. Diblair	エス・ディブレル
S. TAKANO	S・タカノ
S. W. Welles	エス・ダブリュー・ウェルズ
S. YAMAMOTO	S・山本
Saburan Singh	サブラン・スイング
Saccacio Vincent Geo	サッカシオ・ビンセト・ジエオ
SADO Koichi	佐渡高一
SAEKI Cho	佐伯乗
SAGAGAMI Haito	サガガミ・ハイト
Saia Clement	サイアクレメント
SAIGO Nanshu	西郷南洲
Saidya Leonard Frans	サイヂャ・レオナルド・フランス
SAIKI Ariyoshi	佐伯有義
SAIKI Chiaki	佐伯千仞
SAIONJI Kinmochi	西園寺公望
SAITO Hiroshi	齋藤博
SAITO Ichiro	齋藤一郎
SAITO Kiniyoshi	齋藤君喜
SAITO Kiyoshi	齋藤清
SAITO Makoto	齋藤實
SAITO Masatoshi	齋藤正鋭

英文人名	日文人名
SAITO Ototsugu	齋藤音次
SAITO Takao	齋藤隆夫
SAITO Taro	齋藤太郎
SAITO Torao	齋藤寅郎
SAITO Yoshie	齋藤良衛
SAJI Kenjo	佐治謙譲
SAKADA Shuuichi	阪田修一
SAKADA Tadashi	阪田義
SAKAGUCHI Heibe	阪口平兵衛
SAKAGUCHI Zichio	阪口実雄
SAKAGUSHI Yoshitaro	阪口吉太郎
SAKAI Naoshi	阪井直
SAKAI No	酒井野
SAKAI Rokusuke	阪井六輔
SAKAI Tadamasa	酒井忠正
SAKAI Tadashi	薄井已刻
SAKAI Takashi	酒井隆
SAKAI Tokutarou	阪井德太郎
SAKAI Tomio	酒井富夫
SAKAI Toshihiko	酒井俊彦
SAKAI Yoshi	酒井義
SAKAIBARA Shigematsu	酒井原繁松
SAKAKI Kiyoshi	サカキ・トヨヒロ
SAKAKI Toyohiko	サカマキ・ツタエ
SAKAKIBARA Kazue	榊原主計
SAKAMAK Saburo	サカマキ三郎
SAKAMIZU Ghisatsune	阪水久常
SAKAMOTO Izumi	阪本泉
SAKAMOTO Kenichi	阪本兼一
SAKAMOTO Shizi	阪本静
SAKAMOTO Shoji	阪本正二
SAKAMOTO Siginosuke	阪本杉之助
SAKAMURA Hiroaki	阪村博暉
SAKATA Jiro	阪田次郎
SAKATANI Hiderou	阪谷秀郎
SAKATANI Kiichi	阪谷希一
SAKAYA Tadashi	昌谷忠
SAKI Akio	佐木秋夫

英文人名	日文人名
SAKOMIZU Hisatsune	迫水久常
SAKONJI Naomasa	左近允尚正
SAKUMA Kyo	佐久間亭
SAKUMA Ryozo	佐久間亮三
SAKUMA Shigeru	佐間茂
SAKUMA Shin	佐久間信
SAKURAI Fumio	櫻井文雄
SAKURAI Hamagoro	櫻井兵五郎
SAKURAI Joji	櫻井錠二
SAKURAI Tokusaburo	櫻井德三郎
SAKURAI Tokutaro	櫻井德太郎
SAKURAI Yukio	櫻井幸雄
SAKURAUCHI Yukio	櫻内幸雄
SAKURAZAWA Joichi	櫻澤如一
Salivan Donald	サリウアン・ドナルド
Salvador J. Campos	サルヴァド・ゼー・キャムポス
SAMEJIMA Takeo	鮫島健男
SAMEJIMA Tomoshige	鮫島具重
Samier	シャミール
SAMMONJI Shohei	三文字正平
Samuel A. Roberts	サムエル・A・ロバーツ
Samuel Hoare	サシエル・ホーア
Samuel Parker	サムエル・パーカー
Samuel Rowe	サミュエル・ロウ
San Bida	サン・ビーダ
San Fernando	サン・フェルナンド
San Lin	サン・リン
SANADA Joichiro	眞田穣一郎
SANAGI Sadamu	佐薙毅
Sanchez Albert N.	サンチズ・アルハート・エヲ
Sandro Sandri	サンドロ・サンドリ
SANKAI Matsuzo	三海松三
SANO Hitoshi	佐野均
SANO Osu	佐野雄
SANO Tomimitsu	佐野富光
SANO Torata	左野虎太
Sansom Nevill	サンソム・ネヴィル
Santo Thomas	サント・トーマス

英文人名	日文人名
Sapper Glover	サッパー・グローヴァー
Sarah B. Gadol	サラア・ビー・ガドル
Sarles B. D.	サールズ・ビーデイ
Sarton A. H.	サルトン・A・H
SASA Makoto	佐佐誠
SASA Rempei	佐佐廉平
SASAGAWA Tomoji	佐佐川知治
SASAKI Ichi	佐佐木一
SASAKI Jiro	佐佐木二郎
SASAKI Kakutaro	佐佐木角太郎
SASAKI Kintaro	佐佐木金太郎
SASAKI Kohichi	佐佐木高一
SASAKI Naoyoshi	佐佐木直吉
SASAKI Shiro	佐佐木四郎
SASAKI Sho	佐佐木彰
SASAKI Tadashi	佐佐木直
SASAKI Toraji	佐々木寅治
SASAKI Totaro	佐佐木棟太郎
SASE Hideo	佐瀬秀雄
SASHIDE Rokuro	指出録郎
SATAKE Mitsuo	佐竹三男
SATAKE Yoshiyuki	佐竹義幸
SATO Aimaro	佐藤愛麿
SATO Asao	佐藤朝生
SATO Asaumi	佐藤朝海
SATO Hideo	佐藤秀雄
SATO Kenryo	佐藤賢了
SATO Masayoshi	佐藤正義
SATO Masayuki	佐藤政之
SATO Michitsugu	佐藤通次
SATO Naotake	佐藤尚武
SATO Naotaro	佐藤直太郎
SATO Shinen	佐藤信淵
SATO Shinichi	佐藤信一
SATO Shosuke	佐藤昌介
SATO T.	サトウ・ティ
SATO Tadao	佐藤忠雄
SATO Takayoshi	佐藤賢良

英 文 人 名	日 文 人 名
SATO Takegoro	佐藤武五郎
SATO Takegoro	佐藤竹五郎
SATO Toshio	佐藤壽雄
SATOH Kunikichi	佐藤邦吉
SATOH Shinnosuke	佐藤晉之助
SATOMI Hajime	裡見甫
SATOMI Kishio	裡見岸雄
Sau Ki Wan	サアウ・キ・ワアン
SAWA Kunio	澤邦夫
SAWABE Seihei	澤辺建平
SAWADA Renzo	澤田廉三
SAWADA Setsuzo	澤田節藏
SAWADA Shigeru	澤田茂
SAWADA Tatsuo	澤田龍夫
SAWADA Tatsuo	澤田タツオ
SAWAMOTO Yorio	澤本頼雄
SAWANE Hatsutaro	澤根初太郎
Sawyer John R.	ソーヤー・ジョーレ・アール
Saxida Ernesto	サクシイダ・エルネスト
Saxon Geoffrey Dawes	サクソン・ジイオフリー・ドウーズ
Shans Lawton E.	シヤンス・ロントン・イ
Schnurr G. L. Timann	シュヌレジー・エル・ティマン
Schottler Herman	ショットラト・ハマン
Schuetz Wallace J.	ジューエズ・ウオレース・ジェイ
Scipio T. L.	スイピオ・T・L
Sean Lester	シーン・レスター
Senil	セニール
Sebastiao Graga	セバステイアノグラカ
Selamat Bin Joenoes	セラマット・ビン・ジョーノース
Selby Charles Austin	セルヒィ・チャルス・オウスチン
Seldon T. White	セルドン・テイ・ポワイト
Selwyn Clark	セルウイン・クラーク
SEMBA Tsutomu	仙波勉
SENKOKU Kotaro	千石興太郎
Sergei Ivanovich Duhovskii	セルゲイ・イヴアノヴイッチ・ドウホヴスキー
Servillano Aquino	セルヴイラノ・アクイノ
Seberino Bautis	セベリノ・バウテイス
Shakien Peg	シヤキエンペグ

英文人名	日文人名
SHAN Bao-shan	單寶善
Shandley John W.	シャドレイ・ジョン・ダブリユ
SHANG De-yi	尚德義
SHANG Guo-wu	尚國武
SHANG Zhen	商震
SHAO Lu	邵魯
Sheen Erenst J.	シーン・アーネス・ジェイ
Sheik Saley Bin Mohd	シィク・サレイ・ビン・モード
Shemel Charles M.	ジェメルヤルズ・エム
SHEN Jin-ding	沈覲鼎
SHEN Jun-ru	沈鈞儒
SHEN Rui-lin	沈瑞麟
SHEN Zhi-qiang	沈志強
SHENG Shi-zheng	盛世徵
SHENG Wen-yi	盛文頤
SHENG You-yan	盛有禽
Sherman Miles	シヤーマン・マイルス
SHI Jing-ting	石敬亭
SHI Lv-ben	施履本
SHI Qian-yi	施銭一
SHI Ying	石瑛
SHI You-san	石友三
Shi Zhao-ji	施肇基
SHIBA Katsuo	柴勝男
SHIBA Tsutomu	芝勉
SHIBATA Kosaburo	柴田小三郎
SHIBAYAMA Kenshiro	柴山兼四郎
SHIBUSAWA Keizo	渋澤敬三
SHIBUYA Shin	渋谷シン
SHIDEHARA Kijuro	幣原喜重郎
Shieru Rollin	シー・エル・ローリン
SHIGEI Takeichi	重井武一
SHIGEMITSU Hikosaburo	重光彦三郎
SHIGEMITSU Mamora	重光葵
SHIGETA Tokumatsu	重田德松
SHIGETO Chiaki	重藤千秋
Shih Wen Shu	シー・ウエン・シユウ
SHIINA Etsusaburo	椎名悅三郎

英 文 人 名	日 文 人 名
SHIKAME Yoshisuko	鹿目善輔
SHIMADA Hitoshi	島田斉
SHIMADA Shigetaro	島田繁太郎
SHIMADA Toshio	島田俊雄
SHIMAMOTO Masaichi	島本正一
SHIMAMURA Yasuichi	シマムラ・ヤスイチ
SHIMAMURA Yasukazu	シマムラ・ヤスカズ
SHIMANOUCHI Tastuoki	島内龍起
SHIMAZU Hisanaga	島津久大
SHIMIZU Konosuke	清水行之助
SHIMIZU Mitsumi	清水光美
SHIMIZU Toru	清水澄
SHIMIZU Tozo	清水薫三
SHIMIZU Yonosuke	清水與之助
SHIMIZU Yoshishige	清水喜重
SHIMOJIMA Henry	下島ヘンリー
SHIMODA Chiyoshi	下田千代士
SHIMODA Takeso	下田武三
SHIMOMURA Hiroshi	下村宏
SHIMOMURA Sadamu	下村定
SHIMOMURA Shintei	下村信禎
SHIMURA Tadashi	志村正
SHINOBU Jumpei	信夫淳平
SHINOZAKI Yoshiro	篠崎嘉郎
SHINOZAWA Yoshiharu	シノザワヨシハル
SHINTO Kiyoshi	進藤清
SHINTO Yoshiharu	進藤義晴
SHIONO Suehiko	塩野季彦
SHIONOYA Kotaro	塩谷好太郎
SHIONOYA On	塩谷溫
SHIOZAWA Koichi	塩澤幸一
SHIRA Kurusu	白來栖
SHIRAI Masatoki	白井正辰
SHIRAI Mchio	白井満雄
SHIRAKAMI Yuukichi	白上祐吉
SHIRAKAWA Yoshinori	白川義則
SHIRAKI Minari	白木未成
SHIRAO Tateki	白尾干城

英文人名	日文人名
SHIRATORI Toshio	白鳥敏夫
Shirley Shao Wang	シャーリー・シャオ・ワン
SHIRONE Miyauchi	白根宮内
SHIRONE Takesuke	白根竹介
SHOJI Motoyoshi	ションジ・モトヨシ
SHOTOKU Taishi	聖徳太子
Shoutis Alexander W.	ジャウテイス・アレキサンダー・ダブルユウ
Show Lee Clifford	ショー・リイ・クリホード
SHUDO Yasuto	首藤安人
OKAMURA Shun	岡村峻
Siap Bin Marhassen	シアブビンマルハッサン
Sidney F. Mashbir	シドニ・エフ・マシュビール
Sidney Wright	シドニト・ライト
Sima Bahadur	シマ・バハドウル
Simon Pattinama	サイモンパッチナマ
Simon Philomeck	シモン・フィロメーク
Simon Ramires	シモン・ラミレス
Simons Alfred	アルフレッドシモンズ
Sinclair R. F.	シンクレア・R・F
Sinom Bin Alaisa	シビリング・アライサ
Sinpers William T.	シンバースウリヤム・テイ
Sitel William Poyanon	サイテルウィリャムポヤノン
Sixto Kamintano	シクスト・カミンタノ
Smirnov Domitri Ivanowitch	スミルノフ・ドミトリ・イワノウキチ
Smith Charles Elmer	スミス・ユールス・エルマ
Smith Cletas	スミス・クレタス
Smith Clobis E.	スミス・クロビス・イー
Smith Edwin R.	スミス・エドウィン・アール
Smith F.	スミス・F
Smith George C.	スミス・ジョージ・シイ
Smith George Hawood	スミス・ジョージ・ハーウッド
Smith J. A.	スミス・ジエー・エー
Smith Robort H.	スミス・ロバート・エイチ
Smith W. Brookhart Jr.	スミス・ダブリユウ・ブルックハート・ジェニア
Soarny John B.	ソアーニイ・ジョンビー
SOGO Shinji	十河信二
SOMA Keiko	相馬慶子
SOMIYA Shinji	宗宮信次

英 文 人 名	日 文 人 名
Somnath Paul	ソムナスポール
SONG Qing-ling	宋慶齢
SONG Shao-han	宋紹韓
SONG Zhe-yuan	宋哲元
SONG Zi-jie	宋子傑
SONG Zi-liang	宋子良
SONG Zi-wen	宋子文
Sonkle Kenneth Karta	ソンクル・クツネス・カータ
SONO Akira	曽野明
SORIMACHI Eiichi	反町栄一
SOYA Genichi	宗谷源一
Sparrow Donald I.	スパロウ・ドナルド・アイ
Spencer H. T.	スペンサー・H・T
Splky Alberrt	セルスキイ・アルバート
St. John Francis Carl	セントション・フランシス・カール
Stahmer Ott	スターマー・オット
Staneley W. McNowen	スタンレー・ダブリュー・マックニオーエン
Stanford Crippe	スタツフォード・クリップス
Stanford Newel	スタンフード・ニュヴェル
Stanke Dorthy M.	スタンク・ドロシイ・エム
Stanley Baldwin	ネヴイル・チエンバレン
Stanley George	スタンレージョージ
Stanley M. Banfill	スタンレエイ・エム・バンフイル
Stanley Mcgary	スタンレイマクゲアリ
Stanley York Eales	スタンレー・ヨークー・イールヌ
Starken Baur	スタルケンボル
Starns Robert L.	スターンズ・ロバート・エル
Startz Robert E.	スタルツ・ローバート・イー
Steblow Alvin L.	ストレッロウ・アルウィン・エル
Stephen B. Gibbons	ステファン・B・ギボンス
Stephen Ari	ステフエン・アーリ
Stephen G. Porter	スティーヴン・ジー・ポーター
Stephen H. Green	ステフェン・エイチ・グリーン
Stephen M. Zivko	ステフェン・M・ジヴコ
Stephen Martin Sivko	ステフエン・マーテイン・スイヴコウ
Stephen Victor Bart D.	ステフエン・ヴヰクトル・バート・デイ
Sterling Tucker Diburell	スターリング・タッカー・ディブレル
Steve S. YAMAMOTO	スティヴ・エス・ヤマモト

英文人名	日文人名
Stirling P. Smith	スターリン・ピー・スミス
Stoller Seymour J.	ストラー・ヤイモイウア・ジェイ
Stamoniyakov	スタモニヤーコフ
Stone Willies C.	ストーン・ウィリスシー
Storm Van Siwen	ストルム・ファン・シウェン
Stosen Berg William E.	ストツエン・ベルグ・ウィリヤム・イー
Stuart J. Tuller	ステユアート・J・フラー
Stunp Stanley S.	スタンプ・スタンレ・エス
SU Bing-wen	蘇炳文
SU Xi-wen	蘇錫文
SU Zheng-xin	蘇正心
Subudar Ishar Singh	スブダルイシヤルスイング
Subhas Chandra Bose	スバス・チャンドラ・ボース
SUDA Kiyomatsu	須田喜代松
SUDO Masaju	首藤正壽
SUE Hideo	須江英雄
SUEMAGA Tadishi	末長正
SUETSUGU Nobumasa	末次信正
SUGANAMI Saburo	菅波三郎
SUGANO Nagatomoe	菅野長智
SUGASAWA Aki Lee	スガサワ・アキ・リ
SUGAWARA Michiyoshi	菅原通敬
SUGAWARA Yutaka	菅原裕
SUGAYA Yoshitsugu	菅谷吉次
SUGAYA Yozo	菅谷要三
SUGITA Kazuji	杉田一次
SUGITA Shoichi	杉田正一
SUGIYAMA Hajime	杉山元
Sukar Khan	スカール・カン
SUMA Yakichiro	須磨彌吉郎
Sumagina	スマギナ
SUMI Toyosaburo	スミ・トヨサブロウ
SUMIDA Eisuke	住田映介
Sums George C.	サマース・ジョンージ・シイ
SUMIOKA Harutaro	澄岡晴太郎
Sumner Welles	サムナー・ウエルズ
SUN Ke	孫科
SUN Lan	孫嵐

英文人名	日文人名
SUN Qi-chang	孫其昌
SUN Ru	孫如
SUN Wen	孫文
SUN Yi-xian	孫逸仙
SUN Yong-cheng	孫永成
SUN Yuan-zhen	孫遠震
SUN Zhe-sheng	孫哲生
SUN Zhong-shan	孫中山
SUN Zi	孫子
SUSA Kakitsu	須佐嘉橋
Susie Arthur Genee	スウシ・アサー・ジニー
SUSUKIDA Yoshitomo	薄田義朝
Susumu Hashida	福田進
SUWA Kazuto	諏訪和人
SUWA Yasutaro	諏訪安太郎
SUYETAKA Kamezo	尾高龜藏
SUZIKI Isamu	鈴木勇
SUZUKI Shigeyasu	鈴木重康
SUZUKI Bunshiro	鈴木文四朗
SUZUKI Chuji	鈴木忠次
SUZUKI Eiji	鈴木栄次
SUZUKI Goro	鈴木五郎
SUZUKI Hitoshi	鈴木育
SUZUKI Kantaro	鈴木貫太郎
SUZUKI Kisaburo	鈴木喜三郎
SUZUKI Kuhara	鈴木九原
SUZUKI Kunji	鈴木薫二
SUZUKI Masaaki	鈴木正敏
SUZUKI Masaaki	鈴木正明
SUZUKI Misashi	スズキ・ミサシ
SUZUKI Nobuo	鈴木信雄
SUZUKI Saburo	鈴木三郎
SUZUKI Sai	鈴木齋
SUZUKI Shiro	鈴木四郎
SUZUKI Soroku	鈴木莊六
SUZUKI Soroku	鈴木六莊
SUZUKI Sosaku	鈴木宗作
SUZUKI Sotsudo	鈴木率道

英文人名	日文人名
SUZUKI Suguru	鈴木英
SUZUKI Tadakatsu	鈴木タダカツ
SUZUKI Tadakatsu	鈴木九萬
SUZUKI Tadakatsu	鈴木政勝
SUZUKI Tadamasa	鈴木忠政
SUZUKI Taiichi	鈴木泰一
SUZUKI Tainiji	スズキ・タイニジ
SUZUKI Takashi	鈴木京
SUZUKI Takuji	鈴木卓彌
SUZUKI Teiichi	鈴木貞一
SUZUKI Teiji	鈴木貞次
SUZUKI Tomoo	鈴木知男
SUZUKI Yoshimichi	鈴木美通
Sweet Charles	スウィート・チャールス
Swift Carl B.	スウイスト・カール・ビー
Syennra Stelma	スヴェンラ・ステルマ
Szczypinski Edwin T.	ソクジビンスキイ・エドウイン・テイ
T. A. Bagreen	チーエーバカリン
T. A. Bison	T・A・ビソン
T. A. Coleman	テー・エー・コールマン
T. A. Shotling	T・A・シオトリング
T. B. Hunt	ティ・ビィ・ハント
T. Beighton	テー・バイトン
T. Bera	ト・ベラ
T. Barn	テー・バーン
T. C. Louie	T・C・ルイ
T. C. Murray	T・C・マレー
T. D. White	ティ・ディ・ホワイト
T. De Dybre	T・デーブレー
T. F. Mornane	テー・エフ・モルネーン
T. H. Van Harsen	T・H・フオン・ハーゼン
T. KATSUBE	T・勝部
T. M. C. Asser	テー・エム・セー・アッセル
T. Mornane	テイー・モールネーン
T. MUKAI	ティ・向井
T. R. C. King	ティー・アール・シー・キング
T. R. Cunningham	テイ・アール・カニンガム
T. R. TOMISHIGE	ティ・アール富重

英文人名	日文人名
T. S. Cumming	T・S・カミング
T. SATO	テイ・佐藤
T. Sem Cohen	テイ・セム・コーン
T. SHIMODA	T・下田
T. SUZUKI	テイ・鈴木
T. UEMATSU	ティ・ウエナツ
T. WATANABE	T・渡邊
T. YAMAMOTO	T・山本
Ta Tinh Sanh	タチンサン
TACHI Sakutaro	立作太郎
TADA Hayao	多田駿
TADA Takeo	多田武雄
Tadeusz Romer	タテウス・ロメール
TAJIMA Hikotaro	田島彦太郎
TAJIMA Ichiro	タシマ一郎
TAJIRI Akiyoshi	田尻愛義
TAKAGI Daisaku	高木大作
TAKAGI Noboru	高木登
TAKAGI Yasaka	高木八尺
TAKAHARA Mizuo	高原瑞夫
TAKAHASHI Bungoro	高橋文五郎
TAKAHASHI Ibo	高橋伊望
TAKAHASHI Ichiro	高橋市郎
TAKAHASHI Kazuo	高橋一夫
TAKAHASHI Kazuo	高橋一雄
TAKAHASHI Keinojoh	高橋廣之丞
TAKAHASHI Korekiyo	高橋是清
TAKAHASHI Masumi	高橋眞澄
TAKAHASHI Michitoshi	高橋道俊
TAKAHASHI Michitoshi	高橋通敏
TAKAHASHI Moto	高橋元
TAKAHASHI Nao	高橋直
TAKAHASHI Saburo	高橋三郎
TAKAHASHI Sankichi	高橋三吉
TAKAHASHI Takeji	高橋武二
TAKAHASHI Tan	高橋坦
TAKAHASHI Taro	高橋太郎
TAKAHASHI Tatsuo	高橋辰夫

英文人名	日文人名
TAKAHASHI Yoshiji	高橋義次
TAKAHASHI Yoshitsugu	高橋義次
TAKAHASHI Zempei	高橋善平
TAKAMURA Iwao	高村岩
TAKAMURA Koichi	高村広一
TAKAMURA Tokuichi	高村德一
TAKANO Tsuruo	高野弦雄
TAKAO Saburo	高尾三郎
TAKAOKA Daisuke	高岡大輔
TAKAOKA Fumio	高岡文夫
TAKARABE Takeshi	財部彪
TAKASAGO Ikutada	高砂育唯
TAKASAKI Iku	高崎育
TAKASHIMA Sadahiehi	高島定七
TAKASU Shiro	高須四郎
TAKASU Yoshijiro	高須芳次郎
TAKATA Toyomizu	高田豊水
TAKATA Toshitane	高田利種
TAKATSUJI Masami	高辻正巳
TAKAYAMA Hikoichi	高山彦一
TAKAYAMA Nobutake	高山信武
TAKAYAMAGI Jotaro	高柳錠太郎
TAKEBE Rokuzo	武部六藏
TAKEDA Hisashi	武田壽
TAKEDA Isamu	武田勇
TAKEDA Jiro	竹田次郎
TAKEGAWA Yoshiji	竹川義次
TAKEGOSHI Yosaburo	竹越興三郎
TAKEI Kintino	タケイ・キンテイノ
TAKEI Shozo	タケイ・ショウゾウ
TAKEMURA Katsukiyo	竹村勝清
TAKENOUCHI Kazuhiro	竹之内一廣
TAKESHIMA Tsuguo	竹島繼夫
TAKESHITA Toshio	竹下敏男
TAKESHITA Yoshiharu	竹下義晴
TAKEUCHI Gentaro	竹内元太郎
TAKEUCHI Kakichi	竹内可吉
TAKEUCHI Kaoru	竹内馨

英文人名	日文人名
TAKEUCHI Shinpei	竹内新平
TAKEUCHI Shiro	竹内四郎
TAKEUCHI Tokuji	竹内徳治
TAKI Masao	瀧正雄
TAKIGAWA Masajiro	瀧川政次郎
Talba Anly Gontran	タルバ・アンリ・ゴントラ
TAMAGI Keizo	玉置敬三
TAMAKI Goro	玉木五郎
TAMAKOSHI Tatsuji	玉越勝治
TAMAMURA Fumio	玉村文夫
TAMON Jiro	多門二郎
TAMURA Kanji	タムラ・カンジ
TAMURA Kazuo	田村一夫
TAMURA Nobusada	田村信忠
Tan Shin Carr	タン・シン・カー
Tan Bai Ming	タン・バイ・ミン
TANABE Harumichi	田邊治通
TANABE Moritake	田邊盛武
TANAKA Giichi	田中義一
TANAKA Hitoshi	田中均
TANAKA Kotaro	田中耕太郎
TANAKA Seiichi	田中静一
TANAKA Shinichi	田中新一
TANAKA Shizuka	田中恭
TANAKA Tadakatsu	田中忠勝
TANAKA Tomoenosuke	田中巴之助
TANG Bin	湯瀕
TANG Er-He	湯爾和
TANG Guo-an	唐國安
TANG Shan-zhen	唐山鎮
TANG Shao-yi	唐紹儀
TANG Xiao-ju	湯筱菊
TANG You-ren	唐有壬
Tang Yu-lin	湯玉麟
TANG Zai-fu	唐在復
TANG Zhi-yi	唐治儀
TANGE Kunji	丹下薫二
Tangy Joseph Jan Mary	タンギイ・ジョセフ・ジャン・マリ

英文人名	日文人名
TANI Hisao	谷壽夫
TANIGUCHI Naomi	谷口尚眞
TANIGUCHI Gosuke	谷口剛輔
TANIGUCHI Kiichiro	谷口喜一郎
TANIGUCHI Kyujiro	谷口久次郎
TANIGUCHI Tetsuo	谷口哲雄
TANIGUCHI Yasumaru	淺口泰磨
TANIHAGI Nakao	谷萩那華雄
TANIMOTO Umataro	谷本馬太郎
TANOMOGI Keikichi	頼母木桂吉
TAO Bao-jin	陶寶金
TAO Xi-sheng	陶希聖
TAO Yuan-ming	陶淵明
Tarbustora John R.	タープストラ・ジョン・アール
Tarens Keen	タレンスキーン
Tart Lacy Franklin	ダートレイシー・フランクタ
Taruka Isa	タルカ・イサ
TASHIRO Kanichiro	田代皖一郎
TATEKAWA Yoshitsugu	建川美次
TATEMACHI Sei	立町生
TATENO Morio	館野守男
TATSUMI Yeiichi	辰巳榮一
TAWARA Magoichi	俵孫一
TAZUMI Genzo	田住元三
TAZUMI Motozo	タヅミモトゾウ
Ten Brumendarl	テンブルーメンタール
Teodonico Villamor	テオドニコ・ヴィラモール
Teofilo Gocela	テオフィラ・ゴセラ
TERAI Kunizo	寺井邦三
TERAJIMA Ken	寺島健
TERAMOTO Takeji	寺本武治
TERAMURA Seiichi	テラムラ・セイイチ
TERAO Mitsuru	寺尾満
TERASAKI Taro	寺崎太郎
TERAUCHI Hisaishi	寺内壽一
TERAUCHI Masatake	寺内正毅
Teresita L. Garcia	テレジータ・エル・ガルシア
Teunissen B. J. H.	トイニッセン・B・J・H

英文人名	日文人名
TH. W. Bindeman	TH・W・ビンデマン
T. H. Fort Shafter	T・H・フオート・シヤフター
Thakin Sa	クーキン・サー
Than Aung	タン・アン
Than Maung	タン・ハイン・エング
Theodore Q. Lammers	テオドアー・Q・ラムマース
Theodore Wilkinson	デオドア・ウィルキンソン
Théophile Delcassé	デルカッセ
Thomas A. Coleman	トーマス・エー・コールマン
Thomas A. Cannon	トマス・エイ・キヤノン
Thomas Betty H.	トーマス・ビーティ・エッチ
Thomas Bruce Auchterlonte	トーマス・ブルース・オーチタロニー
Thomas C. Fisher	トマス・C・フイッシャー
Thomas C. Nelson	トーマス・シー・ネルソン
Thomas Dwyer	トーマス・ドワイヤ
Thomas F. Morname	トーマス・エフ・モーネーン
T. F. Moran	ティ・エフ・モーアン
Thomas F. Mornane	トーマス・エフ・モーネーン
Thomas H. Hewlett	トーマス・エイチ・ヒューレット
Thomas H. Melody	トーマス・H・メロデイ
Thomas H. Marrow	トーマス・エイチ・マロー
Thomas Henry Ramble	トーマスヘンリランブル
Thomas Joseph L.	トーマス・ジヨセフ・エル
Thomas Mason Wilford	トマス・メースン・ヴィルフォド
Thomas Michael	トマス・マイクル
Thomas Patrick Chaxon	トマスパトリックチャックソン
Thomas Phillips	トマス・フィリプス
Thomas R. Dagard	トーマス・R・タガード
Thomas William Bindeman	トーマスウイリアムビンデマン
Thompson Genn	ソムプソン・グーン
Thomson Therolf E.	トマスン・シイロルフ・イー
Thorendle Barsin	ソレンドルバールシン
Thornton Len C.	ソーントン・レン・シイ
TIAN Han	田漢
Tiffin Oscar R.	テイフィンオスカーアール
Timofy F. Domitry Ivanovich	ティモフェーエフ・ドミートリー・イワノーウィチ
Timothy Aloysius Smiddy	ティモシ・アロイシアス・スミディ
To Edin	ト・エディン

英文人名	日文人名
To Louie	ト・ルイ
To Morague	ト・モラク
To Urabagin	ト・ウラバヂン
To Bargil	ト・バーヂル
Toddy Cutter	トディカッター
TOGO Heihachiro	東郷平八郎
TOGO Shigenori	東郷茂德
TOGUCHI Takeo	戸口タケオ
TOHATA Shiro	東畑四郎
TOJO Hideki	東條英機
TOKAI Kosaku	東海幸作
TOKINORI Takeo	時乗武雄
TOKO Takeso	東光武三
TOKONAMI Takejiro	床次竹二郎
TOKUGAWA Yoshichika	德川義親
TOKUGAWA Yoshitomo	德川義知
TOKUTOMI Iichiro	德富豬一郎
Tom Ming Siao	トム・ミン・シャオ
Tomas J. Cara	トマス・J・カラ
TOMIMURA Junichi	富村順一
TOMINAGA Keoji	富永恭次
TOMIOKA Sadatoshi	富岡定俊
TOMISHIGE Toshio	富成トシオ
TOMITA Kenji	富田健治
TOMIYOSHI Eiji	富吉榮二
TOMODA Jiro	友田次郎
TOMONO Sonosuke	トモノ・ソノスケ
TOMURA Morio	戸村盛雄
TOMURA Sadao	戸川貞雄
TONG Ling-ge	佟凌閣
Tony Parba	トニー・パルバ
Tony Kernel	トニーケーネル
TOOYAMA Mitsuru	頭山満
TOSHIMA Fusataro	豐島房太郎
Toshio Ueda	植田俊雄
TOTSUKA Michitaro	戸塚道太郎
TOYAMA Ryosaku	トヤマリョウサク
TOYAMA Sakari	戸山盛

英 文 人 名	日 文 人 名
TOYAMA Shoji	トヤマ・ショウジ
TOYAMA Toyozo	外山豊造
TOYAO Yasumasa	トヤヲ・ヤスマサ
TOYAZAKI Hiroshi	トヤザキ・ヒロシ
TOYODA Soemu	豐田副武
TOYODA Teijiro	豐田貞次郎
TOZUKA Kuichiro	戸塚九一郎
Tran Kinh	トラン・キン
Trastvik Petter	トラッビック・ペーデル
Tred G. Fichtenmayer	アレッド・デー・フイヒテンマイアー
Trestrail Gladys C.	トレストレイル・グラデイス・シ
Trinidad Lanas Garcia	トリニダッド・ラナス・ガルシア
Truesdell Willard M.	トルスドール・ウキラード・エム
TSUBOI Yoshio	ツボイ・ヨシオ
TSUBOKAMI Teiji	坪上貞二
TSUCHIYA Hisayasu	土屋久泰
TSUDA Kojiro	津田孝次郎
TSUDA Koju	津田耕重
TSUDA Masaichi	津田正一
TSUDA Shizue	津田靜枝
TSUDA Tetsutoki	津田鐵外喜
TSUGITA Disaburo	次田大三郎
TSUKADA Osamu	塚田攻
TSUKAHARA Nishizo	塚原二四三
TSUKAHARA Shigero	ツカハラ・シゲロウ
TSUKAMOTO Hirotsugu	塚本浩次
TSUKAMOTO Takeshi	塚本毅
TSUKANO Michio	塚野道雄
TSUKAZAKI Naoyoshi	塚崎直義
TSUKUDO Tatsuo	築土龍男
TSUKUI Tatsuo	津久井龍雄
TSUKUSHI Kumashichi	築紫熊七
TSUNOOKA Tomoyoshi	角岡知良
TSURU Masako	都留正子
Tsurumi Mitsuzo	鶴見三三
TSURUOKA Eitaro	鶴岡栄太郎
TSUSHIMA Juichi	津島壽一
TSUSHIMA Juichi	對馬壽一

英文人名	日文人名
TSUSHIMA Katsuo	對馬勝雄
TSUTUMI Sakio	鶴見左吉雄
TSUZUKI Keiroku	都築馨六
Tucker Narl Koo	タッカー・ナール・グー
Turkhan Basha	チュルカン・バシャ
Turner D. White	ターナー・ディ・ホワイト
Turner Earl B.	ターナー・アール・ビー
Turner Scott F.	ターナー・スコット・エフ
U. San Cow	ウ・サン・コウ
U. Thai Kin	ウ・タイ・キン
U. Tan Shain	ウ・タン・シャイン
UCHIDA Fujio	内田藤雄
UCHIDA Ichiro	内田一郎
UCHIDA Nobuya	内田信也
UCHIDA Saburo	内田三郎
UCHIDA Yasuya	内田康哉
UCHIMURA Sazao	内村定雄
UCHIYAMA Eitaro	内山英太郎
UCHIYAMA Hiroshi	内山弘
UEDA Jiro	植田次郎
UEDA Kenkichi	植田謙吉
UEHARA Etsujiro	植原悦二郎
UEMATSU Tadashi	植松正
UEMURA Koshiro	植村甲子郎
UEMURA Mikio	上村幹男
UESUGI Keimei	ウェスギ・ケイメイ
UGAKI Kazushige	宇垣一成
UGAKI Matoi	宇垣纏
UKAI Yoshio	鵜飼芳男
Umay Pula	ウマイ・プラ
Umer Deen	ウマーデイン
UMEZAWA Haruo	梅澤治雄
UMEZU Yoshijiro	梅津美治郎
Underwood	アンダーウッド
UNO Masuko	宇野滿壽子
Upson Richard	アプソン・リチャード
URABE Hyakutaro	浦部百太郎
URABE Katsuma	浦部勝馬

英 文 人 名	日 文 人 名
Urho Toivola	ウルホ・トイヴォラ
URYU Kisaburo	瓜生喜三郎
USAMI Kanji	宇佐美寛爾
USAMI Okiie	宇佐美興屋
USAMI Rokuro	宇佐美六郎
USAMI Uzuhiko	宇佐美珍彦
USHIBA Nobuhiko	牛場信彦
USHIBA Tomohiko	牛場友彦
USHIJIMA Mitsuru	牛島満
USHIJIMA Sadao	牛島貞雄
USHIO Shigenosuke	潮恵之輔
USHIROGU Jun	後宮淳
USUDA Kanzo	臼田寛三
USUI Kyohiro	ウスイ・キヨヒロ
USUI Tanemasa	臼井胤正
UTSUNOMIDA Yoshihise	宇都宮良久
Van Adriwham	ファン・アドリワヒェン
V. Dirksen	ウイ・ダークソン
V. F. Puckett	ヴイ・エフ・プケット
V. I. Tarkhov	ヴイ・アイ・ターコフ
V. Istomin	ウエ・イストミン
V. J. Myatt	ブイ・ゼエ・マイセット
V. L. R. Berend	ヴィエルアール・ベーレント
V. M. Molotov	ヴエー・エム・モロトフ
V. Sparden	ウィ・スパーデン
V. S. Serinivasa Sastri	ヴィー・エス・スリニヴァサ・サストリ
V. Tarkhov	V・タルコフ
V. V. Pella	イ・ヴィ・ベルラ
V. V. Richkov	ウェー・ウェー・ルイチコフ
V. Wettum	ヴィ・ウェットゥム
Val Jobson J. P.	ヴアル・ジョブソン・ジエー・ビー
Valentine C. Hammack	ヴァレイタイン・C・ハマック
Van Amersfoolt G. A. A.	ファン・アメルスフォールト・G・A・A
Van Deen	ヴァン・テエン
Van Den Berg	ヴアン・デン・ベルク
Van Deen Hoivel	ヴアン・ヂン・ホイヴュル
Van Den Horhenband	マン・デン・ホーヘンバント
Van Den Sharf	ヴァン・デン・シヤーフ

英文人名	日文人名
Van Der Perk	フォン・デル・ペルク
Van Der Sloot	ヴァン・デル・スルート
Van Der Straton	ウアン・デル・ストラーテン
Van Der Valp	ファン・テル・ワルブ
Van Der Wouchi K.	ファン・デル・ヴォウチ・K
Van Doggnar	ヴァン・ドゲナール
Van Dranen	ヴァン・ヅラネン
Van Earlsen	フアン・アールセン
Van Halm J.	ファン・ハルム・J
Van Herlsburgen	ファン・ヘールスベルゲン
Van Hermelt	フアンヘーメルト
Van Hutten	ファン・ブッテン
Van Karnebeek	ファン・カルネベーク
Van Mook	フアンモーク
Van Ostrum	ヴァン・オーストラム
Van Reede	ファン・レーデ
Van Valkenburg Ralph	ヴァン・ヴァンケニグルズ・ラルフ
Van Vreede	ヴァン・ヴリーデ
Van Waveren	ヴァン・ワヴェレン
Vancil Vernon	ヴァンシル・ヴァン
Vander Eyden	フアンデル・アイぢん
Vander Mulen	フアンデルムウレン
Vander Veer	ヴアンデル・ヴーン
Vander Vift	ファンデル・フィフト
Vank Raibe	フアンク・ライベ
Vant Scott	デビット・スコット
Vasco De Quevedo	ヴァスコ・デ・ケヴェド
Vassili Dendramis	ヴァッシリ・デンドラミス
Worn Warton R.	ヴォーン・ワートン・アール
Vent Glen	ウアンド・グレン
Verdun Clive Ball	ヴァードンクライヴボール
Ver Nink	ヴェル・ニンク
Vernon Douglas	アーサネン・ダブラス
Vernon F. Puckett	ヴアリン・エフ・プケット
Vesparn V. Bella	ヴェスパッアン・ヴイ・ベルラ
Vicente Pinon	ヴイセンテ・ピノン
Vicky Gadol	ヴイキー・ガドル
Victor Joseph	ウイクター・ショセフ

英文人名	日文人名
Victor M. Rendon	ヴィクトル・エム・レンドン
Villiness Charles	ヴリンズ・チャールズ
Vincente Ledesma	ヴィンセント・レデスマ
Vine A.	ヴィン・エイ
V. C. Dowell	V・C・ダウエル
Viriato Figueredo Lora	ヴィリアト・フィグェレド・ロラ
Visconchy Benosta	ヴィスコンチイ・ベノスタ
Vittorio Rolandi Richi	ヴィットリオ・ロランディ・リッチ
Vivcent Bennett	ヴンセント・ベンネト
Vivian Kilner	ヴィヴイアン・キルケー
Volhov Lloyd Richard	ウオルホフ・ロイド・リチャード
Von B. Huffman	フオン・ビー・ハッフマン
Von Bardocy	フオン・バルドオシイ
Von Dirksen	フォン・ディルクセン
Von Falken Hausen	フォン・ファルケル・ハウゼン
Von Gundell	フオン・キュンテル
Von Lahousen	フォン・ラハウゼン
Von Mackensen	フォン・マッケンゼン
Von Mackensen	マッケンゼン
Von Naoirath	フォン・ノォイラァド
Von Neurath	コンスタンチン・フォン・ノイラート
Von Noiralt	フオン・ノイラート
Von Puttkamer	フオン・プットカメル
Von Rawmel	フオン・ラウメル
Von Ribbentrop	フオン・リッベントロップ
Von Spee	フォン・スピー
Von Stahmer	フォン・スターマー
Von Tannel	フォン・タネル
Von Visner	ハツオン・ウイズナー
Von Weizsacker	フオン・ワィゼッカー
Von Wiesner	フオン・ウイズナー
Virban Vinaroff	ヴルバン・ヴィナロフ
W. A. Beattie	W・A・ビアテイー
W. A. Hall	ダブリュウ・エイ・ホール
W. A. R. Parker	W・A・R・パーカー
Wolta Alexander Riddell	ウォルター・アレクザンダー・リッデル
W. A. Riddell	ダブリュー・エー・リデル
W. A. Talbot Bilfelt	ダブリュウ・エー・タルッボット・ビールフェルト

英文人名	日文人名
W. Bague	ダブリュー・バッゲ
W. Bern	ウエーベエーン
W. Bunsell	W・ブンセル
W. Cook	ダブリュー・クック
W. D. Boyd	W・D・ボイド
W. D. Collins	W・D・コリソス
W. Dickinson	ダブリュー・デイッキンソン
W. E. Acornham	ダブリュー・イー・アロンハム
W. E. Dill	W・E・デイル
W. E. Letton	W・E・レットン
W. E. Willson	W・E・ウィルソン
W. F. H. Plas	W・F・H・プラス
W. F. M. Tewu	W・F・M・テウ
W. F. Quinton	W・F・クイントン
W. F. Wijting	ダブリュー・エフ・ウィッチング
W. G. Cram	ダブリュー・チー・クラム
W. G. Glayton	W・G・クレートン
W. G. Salnais	ダブリュー・シー・サルナイス
W. G. Van Wettum	ダブリュー・ジー・ファン・ウェットゥム
W. H. Franklin	ダブリュー・エッチ・フランクリン
W. Hagedorn	W・ハジェドーン
W. Hagge	ダブリユウ・バッゲ
W. Jerzy Babecky	ヴー・イェジ・バベッキ
W. L. Brown	W・L・ブラウン
W. M. Drower	ダブリュー・エム・ドロウア
W. Maier	W・マイエル
W. Mitchell	ダブリュー・ミッチエル
W. Mooy	W・モオイ
W. P. Byrne	W・P・バーン
W. P. Cumming	ダブルュー・ピー・カミング
W. P. Mills	W・P・ミルズ
William R. Castle Jr.	ウィリアム・アール・キァッスル・ジューニア
W. R. Mountain	ダブリュー・アール・マウンテン
W. Solter	W・ソルター
W. R. Mountain	ダヴリュウ・アール・マウンテン
W. SUZUKI	W・鈴木
W. T. Foley	W・T・フォリー
W. Ten	W・Ten

英文人名	日文人名
W. W. Ashurst	W・W・アッシャースト
W. W. Legatt	W・W・レガット
W. W. Rockhill	ダブリユー・ダブリユー・ロックヒル
W. W. Willoughby	ダブリュー・ダブリュー・ウィロビ
WACHI Takaji	和知鷹二
WACHI Tsunezo	和智恒藏
WADA Hiroo	和田博雄
WADA Kei	和田勁
WADA Koroku	和田小六
WADA Taro	和田太郎
WADA Yasuto	和田安人
Wein Wright	ウェインライト
WAKAMATSU Makoto	若松眞
WAKAMATSU Makoto	若松誠
WAKAMATSU Tadaichi	若松只一
WAKATSUKI Reijiro	若槻禮次郎
WAKISAKA Jiro	脇阪次郎
Wallace	ウオーレス
Wall John Nichols	ウオル・ジョン・ニコリス
Walter Bossi	ウオルター・ボッシ
Walter Cheatham	ウオーター・チータム
Walter E. Derris	ウオルターイーデリス
Walter Edges	フォルター・アデス
Walter Joffrey Roffy	ウォルタージョレー・ロフイ
Walter Johnson	ウォールター・ジョンソン
Walter Lewis Treadway	ヴォルター・ルーイス・トレッドウェイ
Walter T. E.	ウォルター・T・E
Walters Duans M.	ウオルクース・ドウンス・エム
Walton Joshaw B.	オルトン・ジヨシユア・ビー
WAN Fu-lin	萬福麟
WANG Chang-gui	王長貴
WANG Cheng-fang	王成義
WANG Chen-shi	王陳氏
WANG Chong-hui	王寵惠
WANG De-lin	王德林
WANG Ding-fang	王鼎芳
WANG Er-dan	王二旦
WANG Er-he	王二和

英文人名	日文人名
WANG Fu-de	王福德
WANG Gen-chou	王根醜
WANG Guang-qi	王廣圻
WANG Guo-bin	萬國賓
WANG Jia-xiang	王稼祥
WANG Jing-wei	汪精衛
WANG Ke-min	王克敏
WANG Lan-fang	王蘭芳
WANG Len-zhai	王冷齋
WANG Ming	王明
WANG Pan	王潘
WANG Pi-cheng	王丕承
WANG Qun	王羣
WANG Rui-hua	王瑞華
WANG shao-cheng	汪少丞
WANG Sheng-ying	王生英
WANG Shu-yao	王樹耀
WANG Xian-zhang	王憲章
WANG Xiao-lai	王曉籟
WANG Xin-yuan	王馨園
WANG Yan-song	王延松
WANG Yi	王毅
WANG Yi-tang	王揖唐
WANG Yi-zhe	王以哲
WANG Yi-zhi	王羲之
WANG Yong-jiang	王永江
WANG Zhao-ming	汪兆銘
WANG zheng-ting	王正廷
WANG Zhong-fu	王仲夫
WANG Zi-dong	王玆楝
WANG Zi-hui	王子惠
Ward W. Kelley	ウオード・W・ケリー
Warnke Harry	ウアーンク・ハリ
Warron G. Hawkins	ウオレン・G・ホーキンズ
WASEBA Katsuji	早稲葉勝二
Wasey Sterry	ウェージー・スタリ
WATABIKI Shinro	綿引紳郎
WATANABE Chifuyu	渡邊千冬

英文人名	日文人名
WATANABE Haruo	渡邊春雄
WATANABE Hiroshi	渡邊洋
WATANABE Ichiro	渡辺一郎
WATANABE Jotaro	渡邊錠太郎
WATANABE Kaoru	渡邊熏
WATANABE Mutsuhiro	渡邊陸裕
WATANABE Sadao	渡邊貞夫
WATANABE Shoji	ワタナベ・ショウジ
WATANABE Tatsunosuke	渡邊辰之助
WATANABE Wataru	渡辺渡
WATANABE Yasuji	渡邊安次
WATASE Ryosuke	渡瀬亮輔
Waterous Woodrow W.	ウオタラスウッドロウダブリユウ
Watson Ville	ワトソンヴィル
WEI Ao-xiu	韋奥修
WEI Feng-chen	韋鳳琛
WEI Huan-zhang	韋煥章
WEI Jin-fang	魏晉芳
WEI Liao	韋廖
WEI Xiao-tang	韋霄堂
WEI Xing-fu	韋興福
WEI Zong-han	魏宗瀚
Welford C. Blinn	ウェルフォード・シー・ブリン
Welfred Lawson Crackson	ウエルフレワドロー
Welsers Hainb	ヴェルセルスハインプ
WEN Zong-yao	溫宗堯
WENG Zhao-yuan	翁照垣
Werner Fraihell Von Rainbaben	ウェルネル・フライヘル・フォン・ラインバーベン
Werthan R. D.	ウフートマン・アル・イー
West Lester R.	ウェストレスターアール
Westerbeek C. W.	ヴェステルベーク・C・W
Westerfairh D. J. A	ヴェステルフィス・D・J・A
Westerland Gerard R.	ウェスターランド・チエラード・アール
Westpfahl Edward R.	ウェストベール・エドツード・アール
White Clayton A.	ホワイト・クレイトン・ジェイ
White William C.	キワド・ウィリヤム・シィ
Widows Atto L.	ウィドス・アト・エル
Wincogski Bernard	ウインコクスキイ・バーケード

英文人名	日文人名
Wilbur Morris	ウイルバーモリス
Wilhelm Strasse	ウィルヘルムシュトライセ
Wilkie Dasmond Collins	ウィルキィ・テスモンド・コリンズ
Willam E. Clark	ウイリアム・イー・クラーク
Willam Edward Robert	ウィリャムエドワートロバート
Willam Rudolph Reibold	ウキリアム・ルドルフ・レイボルド
Willam Shilling	ウィリアム・シリング
Willard Harmed	ウルスラガー・ハマート
William A. McCabe	ヴイアム・エー・マックケーブ
William A. Luvy	ウキリヤム・エイ・ルーヴィ
William Aiken	ウイリアム・エイケン
William Anderson Beattio	ウイリナムアンタースンビーティー
William B. Dyess	ウイリアム・ビー・ダイス
William B. Flury	ウィリアム・B・ツラーリ
William C. Parot	ウイリアム・シー・バロット
William C. Prout	ウイルアム・シー・プラウト
William Cook	ウィリアム・クック
William Crozier	ウリアム・クォジェー
William D. Farrow	ウィリアム・デイ・ファロウ
William Ditton Cameron	ウイリャムディットン
William Donald Patrick	ウイリアム・ロナルド・バトリック
William E. Bray	ウィリアム・イー・ブレイ
William E. Dice	ウイリアム・E・ダイス
William Fairey	ウィリヤム・フェアレィ
William Flood Webb	ウイリアム・フラッド・ウェッブ
William G. Farrow	ウィリアム・G・ファロウ
William George Holophan	ウイリアム・ジョン・ホロハン
William Grenfell Max Muller	ウィリアム・グレンフェル・マッケス・ミューラー
William H. Coogan	ウイリアム・エッチ・クーガン
William Harris	ウィリアム・ハリス
William Harry Franklin	ウイリアム・ハリイ・フランクリン
William Hillman	ウイリアム・ヒルマン
William Hutton	ウイリアム・ハットン
William I. Bucanan	ウィリアム・アイ・ブカナン
William J. Balcas	ウィリヤム・ジェー・バルカス
William J. Fuller	ウィリアム・ジェー・フーラー
William J. Linch	ウイリアム・ジェ・リンチ
William J. O. Neil	ウイリアム・ジェイ・オ・ニール

英 文 人 名	日 文 人 名
William J. Welsh Jr.	ウイリアム・J・ウエルシュ・Jr.
William Job Collins	ウィリアム・ジョッブ・コリンス
William Johnson	ウイリヤム・ジョンソン
William Joseph	ウエリアム・ジョセフ
William L. Mitchell	ウイリアム・エル・ミッチエル
William Raion Mackenzie King	ヴイリアム・ライオン・マッケジー・キング
William M. Marhead	ウィリアム・M・ムアヘッド
William Mackecy	ウィリャムマッケシー
William Mahoney	ウィリアム・マホニー
William Manning Blackwood	ウィリアム・マニング・ブラックウッド
William Mauser	ウイリアムモーサー
William Mawaky	ウイリアムマワケジー
William Michelle	ウイリャム・ム・ミッチェル
William N. Knight	ウイリアム・エヌ・ナイト
William P. Lander	ヴイアム・ピー・ランター
William P. Mahoney	ウィリアム・ビイ・アホニイ
William P. Tice	ウイリアムピータイス
William Powlett	ウイリアム・ポーレット
William R. Gill	ウィリヤム・アー・ギル
William R. Leibold	ウィリヤム・アー・レイボルド
William Robert Linderfelt	ウィリヤム・アー・リンダーフエルト
William S. J. Curley	ウィリアム・エス・ジェー・カーレィ
William S. May	ウイルマ・エス・メー
William Sharp	ウイリアム・シャーブ
William Slade Bungey	ウィリアム・スレイド・バンギ
william Stevenson Meyer	ウィリアム・スチープンソン・マイヤー
William Strang	ヴィアム・ストラング
William T. Horneday	ウヰリアム・T・ハーネデイ
William Thomas Cosgrave	ヴイリアム・トーマス・コスグレーヴ
William Wedgewood Ben	ヴィリアム・ヴェヂウッド・ペン
William Young	ウィリヤム・ヤング
Williams A. O.	ウィリアムス・エー・オー
Williams V. G.	ウィリアムス・ヴィ・ヂー
Williamson Frank F.	ウィリヤツン・ユウグ・エフ
William Amarst	ウイリアム・アミャースト
Wilper Redmond	ウイルハー・レドモンド
Wilson Charles Macwell	ウイルソン・チャールス・マックウエル
Winfield S. Cunningham	フィールド・エス・カニンガム

英文人名	日文人名
Winfield Scott Cunningham	ウィンフィールド・スコット・カンニンガム
Winham Kenneth N.	ウィンハム・ケンネス・エク
Winston S. Churchill	ウインストン・エス・チャーチル
Wisnewski Stanley A.	ウィスニユウスキイ・スタンレイ・エイ
Withey Cummer	ウィズイ・カウム
Witts Shack Rudolph H.	ウィッツ・シヤック・ルドルフ・エイチ
Webster Edward R.	ウエブスター・エドワート・アル
William J. Archer	ウィリアム・ジェー・アーチャー
Wolfsburger Clarence F.	ウルフスバーガー・クラレンス・エフ
Wong Yo Sin	ウォング・ヨ・シン
Wood William R.	ウッド・ウィリアム・アール
Woods Charles	ウッゲ・ノナヤールツ
Woodworth Clayton R.	ウトワース・クレイトン・アール
Woosterman	ウースターマン
Wopo Comming	Wopo・カミング
Worth D. White	ウォース・D・ホワイー
Wright Warran T.	ライト・ウオラン・テイ
WU Chang-de	伍長德
WU Da-cheng	吳大澂
WU En-pei	吳恩培
WU He-ling	吳鶴齡
WU Jia-xing	吳家興
WU Jing-cai	吳經才
WU Ke-guang	吳可光
WU Lian-de	吳連德
WU Pei-fu	吳佩孚
WU Shi-dao	吳師道
WU Xiu-feng	吳秀峰
WU Ying	ウウ・イン
WU Yong-fan	吳永蕃
WU Yong-wei	吳用葳
WU Zhao	吳肇
WU Zhuo-qing	吳著清
XI Jing-zhong	襲敬鐘
XIANG Yi-fa	向義法
XIANG Ying	項英
XIANG Zhe-jun	向哲濬
XIAO Ji-rong	蕭繼榮

英文人名	日文人名
XIAO Zhen-ying	蕭振瀛
XIE Gang-zhe	謝剛哲
XIE Jie-shi	謝介石
XIE Jin-hua	謝金華
XIE Ke	謝珂
XIE Lv-sheng	謝呂生
XIE Wei-lin	謝維麟
XIE Wen-dong	謝文東
XIONG Bin	熊斌
XU Jie-jun	徐節俊
XU Ming-hong	徐名鴻
XU Shao-qing	徐紹卿
XU Shu-quan	徐樹全
XU Shu-xi	徐淑希
XU Tong	徐桐
XU Wen-ke	徐文科
XU Xin-liu	徐新六
XU Xiu-zhi	許修直
XU Ya-fu	徐亜福
XU Yan-mou	徐燕謀
XU Yi-hao	許宜浩
XU Zong-zhi	許宗智
XUE Shao-chen	薛少臣
XUE Xue-hai	薛學海
Y. A. Malik	Y・A・マリク
Y. Floyd	ワイ・フロイド
Y. HAYASHI	Y・ハヤシ
YA Renichi	八亜璉一
YAGI Haruo	八木春雄
YAGI Sentaro	八木千太郎
YAHATA Hakudou	八幡博堂
YAKIO Kawamato	塩原時三郎
Yacoub Khan	ヤクブカーン
Yale Candee Maxon	イエール・キアンデイー・マクソン
YAMADA Hanzo	山田半藏
YAMADA Junzaburo	山田純三郎
YAMADA Otozo	山田乙三
YAMADA Takao	山田孝雄

英文人名	日文人名
YAMADA Tatsuo	山田龍雄
YAMAGATA Arimitsu	山縣有光
YAMAGATA Kiyoshi	山形清
YAMAGISHI Hiroshi	山岸宏
YAMAGUCHI Eiji	山口英治
YAMAGUCHI Juji	山口重次
YAMAJI Akira	山路章
YAMAKAWA Tadao	山川端夫
YAMAMOTO Chikao	山本親雄
YAMAMOTO Asataro	山本淺太郎
YAMAMOTO Eiji	山本栄治
YAMAMOTO Isoroku	山本五十六
YAMAMOTO Jiro	山本次郎
YAMAMOTO Katsumi	山本勝美
YAMAMOTO Katsuro	山本勝郎
YAMAMOTO Kumaichi	山本熊一
YAMAMOTO Moichiro	山本茂一郎
YAMAMOTO Shiro	山本四郎
YAMAMOTO Tatsuo	山本達雄
YAMAMOTO Yoshio	山本善雄
YAMAMURA Haruo	山村治雄
YAMAMURA Yoshio	山村義雄
YAMANAKA Morio	ヤマナカ・モリオ
YAMANARI Kyokoku	山成喬六
YAMANASHI Katsunoshin	山梨勝之進
YAMANE Nihei	山根仁平
YAMAOKA Juko	山岡重厚
YAMAOKA Michitake	山岡道武
YAMASHITA Kamesaburo	山下亀三郎
YAMASHITA Tomoyuki	山下奉文
YAMAWAKI Masataka	山脇正隆
YAMAZAKI Iwao	山崎巖
YAMAZAKI Shigeru	山崎茂
YAMAZAKI Tatsunosuke	山崎達之輔
YAN Chuan-fu	閻傳紱
YAN De-yuan	嚴德媛
YAN Hui-qing	顏惠慶
YAN Xi-shan	閻錫山

英文人名	日文人名
YANAGAWA Heisuke	柳川平助
YANAGAWA Tetsuzo	柳川鐵藏
YANAGITA Genzo	柳田亢三
YANAGITA Genzo	柳田元三
YANAGITA Masaichi	柳田正一
YANAGITA Seijin	柳田清人
YANAGIZAWA Eiji	柳澤エイジ
YANAGIZAWA Izumi	柳澤泉
YANAI Kenchi	ヤナイ・ケンチ
YANAI Kenji	柳井建治
YANAI Tsuneo	柳井恒夫
YANG Chun-lin	ヤン・チュン・リン
YANG Guang-cai	楊廣才
YANG Hu	楊虎
YANG Hu-cheng	楊虎城
YANG Jing-yu	楊靖宇
YANG Ru	楊儒
YANG San	揚三
YANG Shi-ping	楊世屏
YANG Yong-fang	陽永芳
YANG Yong-tai	楊永泰
YANG You-wang	陽有望
YANG Yun-zhu	揚雲竹
YANG Yu-ting	楊宇霆
YANG Zhao-xiong	楊兆雄
YANO Masao	矢野政雄
YANO Mitsuji	矢野光二
YANO Shikazo	矢野志加三
YANO Yoshiski	矢野美章
YAO Zhen	姚震
Yar Yar Smirnov	ヤー・ヤー・スミルノフ
Yardbrough Mason Opel	ヤーブロウ・マンソ・オペル
YASATO Tomomichi	八裡知道
YASHIDA Yoshio	吉田義雄
YASHIRO Rokuro	八代六郎
YASUBA Ysuo	安場保雄
YASUDA Arai	安田新井
YASUDA Kinitirou	安田金一郎

英 文 人 名	日 文 人 名
YASUDA Muneharu	安田宗春
YASUDA Shigeo	安田重雄
YASUDA Sigeo	安田禎
YASUDA Takeo	安田武雄
YASUDA Tetsunosuke	安田鐵之助
YASUDA Tuneo	安田常男
YASUI Eiji	安井英二
YASUI Eiji	安井英次
YASUI Tozi	安井藤治
YASUKAWA Yoshimi	安川良三
YASUMI Saburo	八角三郎
YASUMOTO Yoshiwo	安本ヨシヲ
YASUOKA Masaatsu	安岡正篤
YASURAKU Atumaro	安樂篤麿
YASUSAKA Masaji	ヤスサカマサジ
YASUTAKE Hideo	安武日出男
YASUYOKO Tokuya	安横得也
YATAGAI Masayuki	八谷政行
YATSUGI Kazuo	矢次一夫
YAZAKI Kanju	矢崎勘十
YE Cun-mao	葉村茂
YE Fang-zhang	葉方丈
YE Gong-chao	葉公超
YE Qing-he	葉清和
YE Sheng-bing	葉生炳
YE You-de	葉有德
Yeapay Lempen	イエペーレムペン
Yeup Khai Soo	エブ・カイ・スー
Yi-kuang	奕劻
YIN Ru-geng	殷汝耕
YIN Tong	殷同
YIN Wang-ze	殷王則
Yi-xin	奕訢
Yohansen Johan Arthur	ヨハンセン・ヨハン・アーサー
Yokochi Hirokane	横地準尉
YOKOI Koji	横井孝治
YOKOI Tadamichi	横井忠道
YOKOI Tadao	横井忠雄

英文人名	日文人名
YOKOMIZO Mitsuteru	横溝光暉
YOKOYAMA Isamu	横山勇
YOKOYAMA Masaharu	横山正治
YOKOYAMA Shizuo	横山鎮雄
YOKOYAMA Yosuke	横山興助
YONAI Arita	米内有田
YONAI Mitsumasa	米内光政
YONEHARA Tom Tamotsu	米原トム保
YONEMOTO Haruo	米本治夫
YONEMURA Fukuji	米村福治
YONEYAMA Yoneshika	米山米鹿
YORIO Ogiya	ヨリオ・オギヤ
York Greidy Alvan	ヨークグレイディ・アルヴアン
YOSHIDA Akio	吉田章雄
YOSHIDA Gompachi	吉田權八
YOSHIDA Gonosuke	吉田後之助
YOSHIDA Hidemi	吉田英三
YOSHIDA Isaburo	吉川永三郎
YOSHIDA Masao	吉田正男
YOSHIDA Masuzou	半吉田增藏
YOSHIDA Seiji	吉田清二
YOSHIDA Shigeru	吉田茂
YOSHIDA Shoin	吉田松陰
YOSHIDA Tosuke	吉田洞介
YOSHIDA Tsunejiro	吉田常次郎
YOSHIDA Zengo	吉田善吾
YOSHIDA Kenkichi	吉田賢吉
YOSHIE Seiichi	吉江誠一
YOSHIHARA Musami	吉原正己
YOSHIHARA Takaji	吉原高次
YOSHII Kiyoharu	吉井清春
YOSHII Michinori	吉井道教
YOSHII Takashi	吉井卓
YOSHIKAWA Genzo	吉川源三
YOSHIKAWA Sadaichiro	ヨシカワサダイチラウ
YOSHIKAWA Takeshi	吉川武
YOSHIKAWA Teruyoshi	吉川照義
YOSHIKAWA Yasushi	吉川康

英文人名	日文人名
YOSHIKAWA Yukio	吉川幸雄
YOSHIMORI Yoshihisa	吉森良久
YOSHIMOTO Sadaichi	吉本貞一
YOSHIMOTO Shigeaki	ヨシモト・シゲアキ
YOSHIMURA Ekio	吉村・Ekio
YOSHINAGA Yoshitaka	吉永義尊
YOSHINO Shinji	吉野信次
YOSHIOKA Keiichi	吉岡恵一
YOSHIOKA Nobutaka	吉岡信敬
YOSHIOKA Yasunao	吉岡安直
YOSHITAKE Nobu	吉武信
YOSHIZAKI Kiyosato	ヨシザキキヨサト
YOSHIZAWA Kenkichi	芳澤謙吉
YOSHIZAWA Ko	吉澤洸
YOSHIZAWA Tadao	吉澤忠男
YOTSUMOTO Masanori	ヨツモト・マサノリ
YU Chong-han	于沖漢
YU Han-mou	余漢謀
Yu Hong Loo	ユー・ヘン・ロー
YU Hong-jun	俞鴻鈞
YU Jing-yuan	于静遠
YU Qia-qing	虞洽卿
YU Qing-wen	余慶文
YU Tong-he	余晉龢
YU Xue-zhong	于學忠
YU Zhi-shan	于芷山
YUAN Jin-kai	袁金鎧
YUAN Shi-kai	袁世凱
Yuan T. R.	ユアン・テー・アル
YUAN Tao	袁濤
YUASA Kurahei	湯淺倉平
Yuen Harry T. K.	ユエン・ハリー・テイ・ケー
YUKI Shiroji	結城司郎次
YUKI Toyotaro	結城豊太郎
Yung Pang Fae	ヨング・パン・フェ
YUNOME Kunio	ユノメクニオ
YUZAWA Michio	湯澤三千男
Zacarias Palatao	ザカリアス・パラタオ

英文人名	日文人名
Zaitoon Bibi	ザイトウン・ビビ
ZANG Shi-yi	臧式毅
Zarko Rouviditch	ザルコ・ルーヴィディッチ
ZENG Zhong-ming	曽仲鳴
Zenkins Francis D.	ゼンキンス・フランシス・デイー
Zenos H. T.	ゼエノス・エッチ・テイイー
ZHAI Shu-rong	翟樹榮
ZHANG Bao-zhi	張寶志
ZHANG Bi	張辟
ZHANG Cheng-de	張成德
ZHANG Da-nian	張大年
ZHANG Dian-jiu	張殿九
ZHANG Dian-tong	張殿桐
ZHANG Feng-ju	張鳳擧
ZHANG Feng-ju	張鳳擧
ZHANG Guang-wan	張光萬
ZHANG Guo-tao	張國燾
ZHANG Hai-peng	張海鵬
ZHANG Han-qing	張漢卿
ZHANG Hong-ru	張鴻儒
ZHANG Jia-liang	張家良
ZHANG Jian	張間
ZHANG Jia-xun	張家訓
ZHANG Ji-luan	張季鸞
ZHANG Jing-hui	張景惠
ZHANG Ji-qing	張吉清
ZHANG Ji-xiang	張繼祥
ZHANG Ke-ming	張可明
ZHANG Lai-sheng	張來生
ZHANG Ling-yun	張淩雲
ZHANG Mu	張穆
ZHANG Nai-qi	章乃器
ZHANG Nan-wen	張南文
ZHANG Ping	張平
ZHANG Qun	張群
ZHANG Ren-jie	張人傑
ZHANG Tai-zhen	張太眞
ZHANG Wen-lian	張文連

英文人名	日文人名
ZHANG Wo-jun	張我軍
ZHANG Xiao-lin	張嘯林
ZHANG Xiao-qu	張笑渠
ZHANG Xi-guang	張熙光
ZHANG Xue-liang	張學良
ZHANG Xue-ming	張学銘
ZHANG Yan-qing	張燕卿
ZHANG Yong-xiang	張永祥
ZHANG Yuan-rong	張元榮
ZHANG Yu-gong	張雨公
ZHANG Zhen-liang	張振良
ZHANG Zhi-bang	張治邦
ZHANG Zhi-ben	張知本
ZHANG Zhi-dong	張之洞
ZHANG Zi-zhong	張自忠
ZHANG Zu-de	張祖德
ZHANG Zuo-lin	張作霖
ZHANG Zuo-xiang	張作相
ZHANG Zu-shen	章祖申
ZHAO Chen	趙琛
ZHAO Deng-yu	趙登禹
ZHAO Gui-sheng	趙貴生
ZHAO Lin-sheng	趙林生
ZHAO Mao-sheng	趙毛生
ZHAO Peng-di	趙鵬第
ZHAO Shang-wu	趙尚志
ZHAO Shen	趙沈
ZHAO Xin-bo	趙欣伯
ZHENG Chui	鄭垂
ZHENG Gao-xi	鄭高錫
ZHENG Jie-min	鄭介民
ZHENG Lu-da	鄭魯達
ZHENG Xiao-xu	鄭孝胥
ZHENG Yu	鄭禹
ZHONG Yu	鍾毓
ZHOU Bao-zhong	周保中
ZHOU En-jing	周恩靖
ZHOU En-lai	周恩來

英文人名	日文人名
ZHOU Feng-qi	周鳳歧
ZHOU Fo-hai	周佛海
ZHOU Jia-ji	周家基
ZHOU Jian-ying	周劍英
ZHOU Long-xiang	周隆庠
ZHOU Pei-bing	周培炳
ZHOU Ru-tao	周如桃
ZHOU Xing-dian	周興鈿
ZHOU Xiong	周雄
ZHOU Ya-wei	周亜衛
ZHOU Yi-yu	周一漁
ZHOU Yong-ye	周永業
ZHOU Zuo-min	周作民
ZHU De	朱德
ZHU Di-weng	朱帝翁
ZHU Fang-wei	朱芳偉
ZHU Jia-hua	朱家驊
ZHU Ji-qing	朱霽青
ZHU Min-yi	諸民誼
ZHU Qing-lai	諸青來
ZHU Qing-ru	朱慶儒
ZHU Shen	朱深
ZHU Shi-ming	朱世明
ZHU Shi-quan	朱世全
ZHU Wen-fu	朱文黼
ZHU Yin-wan	朱尹完
ZHU Zhao-xin	朱兆莘
ZHUANG Kai-yong	莊開永
ZHUANG Kong-ming	莊孔明
ZOU Bin	鄒彬

国家出版基金项目
NATIONAL PUBLICATION FOUNDATION

远东国际军事法庭证据文献集成索引、附录

A Collection of Court Exhibits of the International Military Tribunal for the Far East: Index and Appendix

东京审判研究中心 编纂

中

地名部分

上海交通大学出版社
SHANGHAI JIAO TONG UNIVERSITY PRESS
國家圖書館出版社
National Library of China Publishing House

目　录

地 名 索 引

陈爱国、闫成、柴玉美、孙艺等编纂
程兆奇审定

凡　例

一、本索引检索的母本为国家图书馆和上海交通大学编纂、上海交通大学出版社和国家图书馆出版社出版的《远东国际军事法庭证据文献集成》(日文版),由地名、别称、册数、页数组成:

地名	别称	册数	页数
波蘭	波,ポーランド,ポーランド國,ポランド國,	1	19,175,268,309,317,323,463,483,543,556,561,618

二、地名词条按照日文50音图顺序排序。

三、不同拼法和表述的同一地名,一般以当时较常见者为主词条,其他拼法和表述法列入别称栏。如:"波蘭"为主词条,"波"、"ポーランド"、"ポーランド國"与"ポランド國"列入别称栏;"桑港"为主词条,"サンフランシスコ"列入别称栏。

四、含义接近而不等同的地名,一般以当时较常见者为主词条,其余列入别称栏。如"愛蘭"为主词条,"アイルランド自由國"、"アイルランド國"、"アイルランド"等列入别称栏。

五、对可以判断的误拼、误植,如"樵順"列入"撫順"条的别称栏。

六、本索引附有中日和英(包含少量其他西方文字)日两种文字对照表。以下为示例:

对照表有:

中文名	日文名
旧金山	桑港

英文名	日文名
San Francisco	桑港

七、所附中日地名对照表,以中文地名的汉语拼音首字母排序;英日地名对照表,以英文字母排序。

八、英日对照表中的中国地名,除有约定俗成者外,一般按汉语拼音拼写。

九、对原文模糊无法辨识者,本索引未收录。

十、地名对照表中的英文译名和中文译名时参考了周定国主编:《世界地名翻译大辞典》(中国对外翻译出版公司2008年版)等现行相关工具书。

十一、东京审判时日本尚未进行文字改革,所以在文献中以繁体为主,但也有少量简体,为保持一致,简、繁体与中国汉字相同者,如"國"与"国"、"學"与"学"、"獨"与"独"、"會"与"会"等,均改为繁体;简体与中国汉字不同者,如"讀賣"与"読売"、"廣"与"広"等,本索引为了保持原貌,一仍其旧。

索 引 正 文

地名	别称	册数	页数

ア

地名	别称	册数	页数
アー・チィアオ		7	121
アーカンソー州		2	170
アーシタ・コロラド街,マニラ・アーシタ・コロラド街		20	67
アーヂル街		23	14
アーデル・スザランド・ハイランダース		22	457
アードモアーカッテヂ	アドモアカテジ	21	327,342
アードモアー通	アドモア路	21	327,342
アーミテル,アーミチル		13	540
アイオワ州	アイオワ洲	7	1
		27	239,240,241
アイオワ州クリントン市		25	330
愛宕山		43	539
瑷琿	瑷琿港	2	583
		12	209,211
		14	200
		33	318
アイサック・ペラル街		20	66
アイシーケープ		46	523
アイスランド	アイスランド國,氷島,エイスランド	2	332
		13	132,135
		28	562
		29	539,540,541,542,543,544,545,546,547,548,297
		45	342
		48	278
		49	411,550
アイタペ	アイタペー	21	100,105
		24	582,643,645
		25	197

地　名	别　称	册数	页　数
アイダホラオール		27	239
アイダホ州		27	8,239,241
愛知	愛知縣	4	372
		5	299
		35	504
		41	435
		49	247
愛知縣須田郡形埜村大字鍜埜土田拾八番地		32	397
アイナロ		24	199,267
アイネマン		27	206
アイムイタム		24	182
アイリッピン		14	324
アイリュー		24	199,264
アイリンラパラップ		50	157
アイルパミン		39	404
アイルランド			参见：愛蘭
愛蘭	アイルランド自由國,アイルランド國,アイルランド,ライルランド	1	309,464,482
		2	5,6,34,49,66,157,173,230,599
		3	295,395,401,413,431,442,494
		18	41
		29	334
		36	343
		47	315
アウストラル群島		19	225
アエルマテイテイ		46	576
アエルマデディ		24	435,436,437,438,439
青木閘		7	370
青森	青森縣	5	233,299
		35	503
		41	467
青森函館連路		49	144
青山會館		5	229
青山砲台		6	411,504
赤坂		10	137
		17	459
		43	206,536,539
赤坂區表町		5	296

地　　名	别　　称	册数	页　　数
赤坂三會堂		5	235
アガナ市		13	475
秋田	秋田縣	5	238,299,474
		11	566
		30	284
		35	503
		40	299
秋田縣檜山本新町上町二九番地		39	290
アキャブ		22	93
		39	308,309,342
アギンガン		15	353
アギンガン岬	アギーガン岬	37	421,462
アグサンバッアンノカルート		20	44,297
埡子		6	537
阿久津村		5	235
アグノ街		20	9
アグラ		24	375
アグランハン		15	351
アゴチ駅	アゴチ	13	54
淺草區		5	296,297
アサクチ郡		27	30
朝倉		13	563
アサハン河		19	53
麻布		44	354
アサミヤソウトアルガソ		13	467
亜細亜	アジア,亜細亜,亜,亜,亜細亜,東方	2	332,601,602,633
		3	33,139,194,230,391,394
		4	607
		5	5,44,45,47,48,65,88,97,111,201,335,362,377,381,394,404,535,613
		6	210,219,221,582
		7	524
		8	56,543
		9	355
		10	16,133,175,316,321,323
		11	148,151,170,197,579,616,618,619
		12	56,131,219

地名	别称	册数	页数
亜細亜		13	130,136,146,147,148,149,150,153,154,166,168,236,444,450,471,554
		14	82
		16	186, 219,362,363,439,621
		17	122,164,165,308,500
		18	467,468,469,470,503,506,514,526
		19	5, 14, 130, 253, 256, 331, 332, 336, 337, 372,407,408,438,477
		21	310,429
		23	509
		28	49,107,108,113,114,115,116,117,120,121,135,136,138,139,140,144,145,151,153,156,163,167,168,170,174,175,224,225,238,360,507,521,564,575,576,578,579,588,604,625,632
		29	169,435,444
		30	10,11,12,15,16,18,19,20,21,24,31,32,33,34,35,36,37,42,44
		31	379
		33	22,259,441
		34	488
		35	37,48,117,282
		36	110,114,258,285,316,317,356,363,364,402
		37	326
		38	543
		40	354,384
		41	185,186,235
		42	15,87
		43	174,332
		44	553,554,555,556,568,569,571,572,573,576,577,581,586,592,602
		46	38,61,71,72,73,74,80,81,85,162,180,236,415,538,579
		47	175,179,181,182,183,184,191,195,198,200,561,572,666,702,716,720,721
		48	26,192,217,218,260,264,325,326,393,398,399,400,401,403,405

地　名	别　称	册数	页　数
亜細亜		49	108,121,148,149,150,151,193,200,201,202,204,205,206,244
		50	73
亜細亜合衆國		46	582
亜細亜大陸		26	256
		30	423,425
足尾鋼山小籠坑	足尾鋼山小瀧坑	40	207
足柄下郡下中村小船		46	29
アジュー	アヂュイ,アジュイ,アジュイ町	20	19,228,253,256,259,260,261
アジュソレダード街		20	256
アシュベリー		24	567
亜娘鞋島		6	354,422
アシングトン		22	505
アスリート	アスリト	37	419,462
		50	136
アゼルバイジャン		12	512,509,513
		30	451
アタル港		13	58
アチェ州		45	229,289
アチミ		33	325
アッカラカソフ二番地		20	5
厚岸		18	72,105,110
厚岸灣		38	56
アッサム		39	341
アッシュフィルド		22	22
アッシリア		28	585
アッスイル廟		50	332
アッスールスム		50	563
アッタッシェ		12	594
アップヴェイ		23	210
アップランド公園通十一番地		25	179
アッボワヌ		11	171
アデスコム路一七番地		22	339
アテレード	アデレイド	13	544
		48	426
亜丁灣	アデン灣,アデン,アテン	1	317

地　名	别　称	册数	页　数
亜丁灣		8	599
		15	532
		27	360
		39	109,111
		49	181
		50	164,349,351
アド・レフエレンダム		13	275
アトク		20	15,317,320,321
アトサベ		24	199,268
アトヂェー		24	125,135
アドミラリチ群島		19	224
アドラ湾	アルダー湾,Adler Bay	25	9,16
アドリア海		49	162,166
アナクイン		9	213
アナノヴィ		50	157
アナンバス	アナンバス諸島	9	265,287
兄島		27	165,166
アバージール		22	536
アバーディン埠頭		22	350,361
アバオコロ		25	117
アバジン		12	516
アバティーン・バザー		22	357,361,362
アバティーン村		22	355,357,358
アパリ		13	406,517
		20	26
		45	294
		46	546
アパリ飛行場		46	546
アピ		23	150
アピアピ		23	70
アヒオマ		24	587
アビシニヤ		3	97
アフガニスタン	アフガン,阿富汗	5	583
		9	475,477
		11	597,598
		12	196
		28	197,198,239
		30	453

地名	别称	册数	页数
アフガニスタン		46	167,341
		47	365
		48	400
		50	520
アブゾチェルケス		12	514
アブトン		26	589
アブハシャ		12	516
アフフラ海		50	164
アブラバンゲドノアンガド		20	42,190
油山火葬場		25	405
アブリーメント		11	409,410
阿弗利加	アフリカ,亜弗利加,阿佛利加,Africa	1	1
		2	332
		3	114
		5	583
		8	599
		10	95,97,103,104,105,106,107,108,109,110,113,178,243,346,389,419,438,439,452,454,456,508,636,637
		11	648,649
		16	219,363
		18	26
		19	193,234
		21	415
		23	353
		28	554,577
		35	114,244
		39	33,123,124,128,130
		40	387
		46	236,555
		47	191,195,366
		48	244,246,400
		49	144,150,151,180
		50	164
東南岸印度洋北西部		39	65
アプリングトン		27	239
アベママ		25	115

地　名	别　称	册数	页　数
アボーラン		21	141,143
アボストリック		23	512
アホプスカンリー地区		13	54
アポワン		2	284
		11	175
天津馬廠道西湖飯店		44	572
乾靈國		13	74
天橋立		41	476
アマラルテイン・オーラ	ア・ラルティン・オーラ	34	69,70
アムール河		30	177,178
		31	415
アムール州	アムール	11	549
		12	72
アムグン河		12	137
アムグン河谷		12	135
アムコロ		34	7
		50	559,564
アムステルダム		1	452
アムテルダムスタディオンカーデ		23	8
アムラン		11	367
		46	576
アムラングス		24	418
アメリカ			参见：米國
亜米利加港灣		36	192
亜米利加半球		10	468
亜米利加湾		12	208
アメリカ町		50	120
アメリカ諸國		3	253
厦門	廈門市,アモイ	6	342,351,353,362,364,365,463,535,557
		7	513,572
		8	49,50,51,53,54,55,57,58,59,62,70,71,656,663,681
		17	370
		19	126,127,129,130
		22	98
		30	505
		32	523

地名	别称	册数	页数
厦門		37	55
		42	143,147,183,186
		45	315
		47	614
		49	402,405,408
厦門島		6	353,362,363,451,459,463
アヤー・ヒタム		21	331
アユキタン		20	41
アユンゴン		20	39
アライ		13	149
アラカベサン島		50	132,157
アラカラ		20	52
荒川區南千住町		5	296
アラガン		39	342
アラガンダ		13	659,659
阿拉善		5	515,569
アラスカ		3	95,96,138
		11	648
		15	526
		19	226
		29	286
		36	376,535
		37	14
		39	25
		46	521,523,524,551
アラバマ州		25	223
アラハラカサ		50	332
アラビヤ	亜剌比亜,アラビア,Arabia,アラブ,アラビヤ灣	8	248
		13	149
		16	178
		19	427
		25	361
		28	585
		39	111,115,123,124,128,129,130,131
		50	164
アラミノス	アラミノス町	20	48,52,175,176,195
アラヤット		26	662
アランガラン		21	185

地　名	别　称	册数	页　数
アリアンバーター		48	437
アリウシヤン・アラスカ地方		11	658
有明灣		38	54,57
アリタオ・ヘツザ地區		33	429
アリックビル		13	541
アリヘンス湾		26	526
アリューシャン	アリウーシャン	13	223,224,472
		15	526
		18	56299
		34	185,186,252
アリューシャン群島	アリューシャン諸島,アリューシャン列島アリーシャン	3	138
		11	595,622,639,648
		28	195
		39	4,16,22,25
		46	521
アルー群島	アル諸島	19	52
		42	425
アルカラ		20	37
アルギイル街		22	320,323
アルグニ河	アルクノ河,アルグン	31	16
		33	319
		34	230
アルクロース街		27	562
アルサス		47	318
阿爾山		14	143,146
アルジエリア		48	400
アルシャン	アルシャン河	34	18,49,51
アルゼンチン	亜爾然丁共和國,亜爾然丁國,アルゼンチィン,アルセンチン,アルヂェンティン,アルゼンティン共和國	1	110,168,182,201,217,236,328,345,358,389,416,435,445,449,458,614
		2	469
		10	223
		21	273,277,389
		25	532,535
		29	225
		36	356,473
		39	30,34,36
		41	108

地　名	别　称	册数	页　数
		48	181
		49	116,159,160
アルタヴァス		20	229,230
アルタンブラーク		29	250
アルチェー		9	594
アルデン文縣		27	558
アルト・アディチェ		47	73
アルバータ州		19	226
アルバートバーク		23	209
アルバガル		12	62
アルバギ		27	240
アルバチョ		27	498
アルバニア	アルバニア國,アルバニヤ	1	463,481,542,550,560
		9	593
		11	579
		16	492
		35	136
アルプス山脈地帶		9	584
アルミニューム		13	660
アルメニア		12	504,507,508,511,512,513
アルモンガイ		18	132,152,172
アルンガスク・オルドマンス		22	530
アレア・カンガルー・ポイント・レッドブレイク・ハウス		23	313
亜鈴灣		6	351,420,513
アレー路		27	511
アレキサンドラ		21	333
アレクサンドロウスク		29	299
アレクベセン島		37	435
アレヂエリア		27	511
アロンゴボ		22	490
アワルスター		9	219
アン・ピン通		7	116
アンガウ		25	88,92
アンガウル		27	205
アンガノマン群島		18	56

地　名	别　称	册数	页　数
アンカヤン・マウンテン州		20	17
アンカラ		30	453
アンカレーヂ		46	524,525,526
安徽	安徽省	2	429
		5	553
		6	223,395
		7	430,431,433
		8	100,102,110,600,631
		13	98
		29	414
		31	463,553
		32	216
		33	69,155
		48	280
アングーソンヴィル		29	576
アングロアラブ		8	248
アングロサクソン	アングローサクソン,アングロ・サクソン,アングロサクソン國,アングローサクソン王國	9	587
		10	58,79,229,236,350,419,428,678,680
		11	299
		12	483
		13	356,368,370
		16	444
		47	145,153,156,196,200
安慶	安慶城	6	343,353,395,397,399,400,404,406,447,457,468,470,471,497,524,564
		7	225,257
		8	611
		32	216,351,432
		49	491
安慶港		6	399
アンゴラ		5	409,426
鞍山		2	408,667
		8	348,365,377,413
		14	380
安圖		7	550
安達	アンダ町	7	552
		12	147,149

地　名	别　称	册数	页　数
		21	35
アンダーソン・ベイ・ドウネディン		25	337
アンダマン	アンダマン島,アンダマン諸島,アンタマン群島	19	227,332
		22	349
		42	518,544
		48	215,216,393
安中		50	426
アンティク		20	52
安定縣		6	561
安亭鎮		30	514
アンディレス	アンゼレス	20	21,37
アンド	ェンド	35	176,177
安東	安東衛,安東省	2	448,458,485,524,570,583,671
		3	438
		6	109,540
		7	440,441,442,444,445,447,448,449,450,451,452,475,541,546,547
		8	244,252,286,291,431
		12	212,276,322
		16	588
		30	464,583
		31	277
		32	559
		41	191
		45	43
安德門		7	152
アントメッツ		42	384
アントヨル	アンチョル	23	658
		24	10
安德里西山		7	136,152
アントワープ		49	162,166
安南	アンナン	2	414
		9	207
		11	16,17,279,367,495,618,650
		12	387
		13	444
		27	563,600

地　名	别　称	册数	页　数
		28	151,166
安南王國		19	228
安南國		11	481
		47	515
安南山脈		11	494
安南灣	安南海灣	6	546
		38	349
安寧		16	228
アンバラワ	アムバラワ	23	397,522,614
安平		31	464,551
安平河口		29	147
安邊	安辺,安辺橋	12	417
		27	439,452,484
安北城		6	461
アンボン	アンボン市,アムボン,アンボイナ,アムボイナ	18	56
		22	393,508
		23	39,209,210,227,387,403,488
		24	47,48,251,458,462,463,469,470,472,475,476,477,478,481,482,483,487,488,489,490,499,500,505,506,507,509,511,512,517,520,524,525,527,532,536,537,539,550,552,556,560,561,562,563,568,572,574,582
		37	426
		39	82,83,152
		46	571,573
		48	437
アンボン島	アウボイナ島,アムボイナ島	22	384,386,388,389,508,512
		23	211
		24	568
アンリ・リウェール街		27	516

イ

地　名	别　称	册数	页　数
イースト・セントリー		21	431
イーチャ		12	365
飯塚		5	419
イエヌ	イヌン市	11	168,529
硫磺島	硫黄島	25	403

地　　名	别　　称	册数	页　　数
硫磺島		27	137,139,211
		43	484
威海衛		1	422
		2	663
		6	351,353,570
		8	587
		29	153,399,400
易家灣驛		6	528,576
イギリス			参见：英國
イギリス海峡		39	197,341
イギリス租界		6	500
伊勤克特驛		2	511
生野		25	466
威縣		26	651
維縣	濰縣	21	214
		26	526,532,568,584,658
伊克昭盟		5	515,569
イサク・ペラル四一七番地		20	16
イサベラ	イサベラ島	20	40,52
		39	22
蔚山		12	433
石頭河子		12	153
石頭河子駅		12	476
石板橋		7	127,146
石景山		8	591,593
石壁口		6	570
石川	石川縣	4	448
		5	299
		23	372
		35	504
		45	129
石川縣金澤市長町二十三番地		45	17
石切		25	413
石首		6	567
石陵		7	388,389,390
石陵街		7	388

地　　名	别　　称	册数	页　　数
石門		7	344,346
石門子		34	109
圍場		7	479,543
石竜		15	312
伊豆山		44	592,596,597
		46	76
イスタンブール		46	415
伊豆長岡		41	320
嶧壯		8	595
イソラ	アイゾラ	19	309
イソンゾ河流域		32	288
板木		27	482
板橋區		5	296
伊太利	イタリア,伊國,伊太利國,イタリア國,イタリヤ,伊,イタリー,伊	1	17,18,19,98,108,117,123,171,179,189,194,196,205,215,228,230,239,309,317,322,326,332,335,336,348,356,365,370,372,392,422,427,432,438,446,452,460,555,616
		2	37,54,69,75,120,133,134,163,164,165,166,167,168,178,199,200,204,216,217,236,237,295,296,332,333,334,337,339,340,464,551,600,601
		3	30,31,56,61,74,83,91,97,108,109,110,169,238,326,393,396,401,442,493,552,560
		4	475,488,600,605,626,643
		5	82,110,111,389,390,399,400,404,410,422,426,431,583
		6	195,210,240,241,243,244,245,246,252,253,296,492
		7	429
		8	599,583
		9	33,34,35,36,37,355,361,362,363,365,391,443,462,463,464,465,466,468,477,484,491,492,493,495,496,497,498,499,505,506,507,510,512,521,522,533,534,543,555,556,557,558,561,562,570,571,572,575,584,598,599,600,606,607,616

地　名	别　称	册数	页　数
伊太利		10	6,13,15,34,41,42,78,101,102,103,104,105,107,108,110,116,119,120,138,144,175,177,178,179,180,181,182,183,184,185,188,189,201,208,209,227,228,229,234,235,236,238,243,244,245,246,247,254,256,261,262,267,270,283,284,285,287,289,303,313,314,317,318,319,320,322,323,328,331,345,346,383,387,388,389,421,438,442,454,456,469,504,505,508,510,614,615,637,644,650,654
		11	5,102,206,210,211,212,219,258,265,314,317,318,419,604,605,612,613,659
		12	5,110,491,594
		13	128,144,148,151,164,187,92,195,217,218,219,252,263,266,267,269,270,271,272,274,275,276,301,358,359,363,652,653,664
		14	67,69,71,74,75,77,80,81,83,294,487
		15	329,338,339,473,474,482,501,533,564,565,566,597
		16	75,84,122,182,203,204,208,212,219,221,225,231,232,234,266,290,291,299,300,304,308,329,334,339,426,435,453,464,475,477,478,479,585,610,621
		17	33,142,162,164,165,208,215,237,252,255,258,308,309,473,483,500,531,551,577,582
		18	332,337,340,344,345,346,348,349,350,501,502,503,506,514
		19	46,83,107,190,195,234,283,286
		27	1,6
		28	88,294,295,387,469,475,485,486,488,500,501,503,506,508,509,510,516,517,518,520,523,526,527,528,530,533,534,537,539,540,543,550,551,552,553,554,555,556,557,558,561,562,565,568,569,570,571,572,574,577,583,591,595,596,

地名	别称	册数	页数
伊太利			604,607,614,615,620,621,622,623,626,629,631,632,633,635
		29	15,72,105,120,222,325,326,327,330,334,382,386,396,402,417,432,455,457,461,572,582,583,604,606,613
		30	117,126,140,159,181,222,331,453,517,523,529
		31	524,534
		32	21,55,99,104,105,106,140,288,306,519
		33	25,34,232,239,240,241,254,255,256,257,258,259,261,262
		34	35,39,166,482,483,484,486,512,513
		35	1,12,13,15,16,17,48,50,53,60,61,65,66,67,76,77,80,87,88,90,91,92,93,96,106,107,115,117,131,133,136,139,142,147,182,200,212,215,217,233,244,245,274
		36	106,107,116,343,369,401,489
		37	12,13,16,58,468,474,475
		38	78,92,94,97,109,118,119,122,139,141,142,145,151,153,154,156,159,165,166,199,215,216,233,236,238,240,243,244,253,258,260,271,291,332,334,381
		39	6,21,198
		40	363,368,372,373,384,385,386,387,388,389,391,393,394,395,396,397,399,400,403,405,406,407,411,413,414,415,416,418,420,421,422,424,425,426,431,432,438,446,447,450,451,452,453,454,455,456,461,464
		41	108,272,369,370,371,420
		42	4,10,12,13,15,20,21,23,24,25,26,27,28,64,90,215, 219,267,268,269,270,286,292,293,369,376,441,445, 591,600,608
		43	297,304,323,328,337,401
		44	464
		45	192,271,272,329,331,488,489

地　　名	别　　称	册数	页　　数
伊太利		46	4,37,102,240,234,382,415,471,578
		47	7,8,20,22,26,28,35,36,51,59,60,66,67,70,71,81,83,86,87,88,125,144,148,149,151,153,154,158,159,167,169,170,171,174,180,181,182,191,192,193,195,196,197,199,315,319,329,330,400,429,445,586,587,597,651,652,655,659
		48	23,25,26,27,28,45,50,120,167,243,244,245,246,294,408
		49	136,161,167,181,187,200,255,297,364,479,483,505,508,512,514,515,516,518,531,539,547,578,579,635
		50	8,9,16,18,62,73,544,547,549,573
市岡		25	454,463,464
市ヶ谷		41	104,472
		48	234
		49	275
		50	445
市ヶ谷本村町		46	280
市川		5	418
		43	243
一面坂駅		12	476
イチャン		26	511
伊通河		2	506,507,508
イッキング		47	17
イッワジ		44	251
葦塘溝		2	540
伊藤村		24	52
伊東灣		14	13,14
イナナム	イナナニ島	23	29,33,69,70,78,79,106
井上侯邸		47	266
イノパカン	イノパカン市	20	262,264,265,266
イバ		20	52
伊哈布爾墳廟		40	493,499
茨城	茨城縣	5	299
		28	34,35,36,81,82,83
		35	504
茨城縣真壁都雨引村		44	308

地名	别称	册数	页数
維府		12	496,498
イフォン		11	171
イブスキ町		24	572
イブスキ郡		24	572
イフラホテル		13	524
イポー	イポウ,イポ,イボー	9	264,266,291
		21	443,445,446,452,515
		39	439,441
		45	235,236
イマン	イマン市	14	118,144
		27	633
イミイージ島	イミヂ島,イミエヂ,イミエジ	50	109,110,119,121,155,157
イムス		20	18
射陽河		6	533,538,539,541,542
イラウアン	イラウン	20	41,234
イラク	イラーク,イラーク國	1	317
		2	77
		3	402
		5	111
		10	679
		16	232
		19	188
イラク		36	316,365
		48	140,278
イラワヂ河		39	341,343,348,369
イラン	依蘭國,依,イラン	5	583
		7	493,497,499,501,502,503,504,510,553,569
		8	155,348,365,376
		10	120,456,679
		12	511
		16	178, 232
		18	512
		19	188,234
		31	324
		34	311
		35	16

地　　名	别　　称	册数	页　　数
イラン		36	316,365
		48	244
		49	144
イラング		20	24
イラングイラング		20	23
イラ地峡		46	245,246
イリエ街		27	547
イリガン		14	56
		20	46,52
		21	135
イリサン		21	92
イリノイ州		27	241
イリヤ灣		13	478
伊領ソマリーランド		49	148,149
イルクーツク	イルクーツク市	43	343
		50	231
イルクーワク州		12	72
イロイロ	イロイロ市,イロイロ州,イロイロ地区	20	11,19,24,27,28,52,225,226,227,229,230,240,245,246,248,253,254,256,260,261,326
イロコス・スル		20	48,298
イロコススア・セルバンテス・バリオデンウイデエ・シチオリロング		20	206
岩國		13	556
岩手	岩手縣	4	305
		5	299
		35	503
イワノラ村		24	277
怡和碼頭		7	135,152
イワヒッグ		21	144
頤和路六番地		7	236,267
殷		7	157
イン・イアン・イン二十一号		7	121
イン・イアン・イン四十三		7	121
イン・マ小路		7	114

地　名	别　称	册数	页　数
員岡		6	570
イングシ		12	517
陰山		6	327,330
印支海軍根據地		47	325
印支國		11	177
インセイン		22	72
インセン・キャンプ		39	333
インデイヤナ州インデイヤナポリス市		7	1
インテン		39	309
印度	インド,英領印度帝國,印	1	19,20,25,40,309,321,422,463,464,482,543,554,567
		2	6,34,49,66,76,122,157,173,204,228
		3	45,137,396,554,556
		5	67,614
		6	247,592
		7	508,566
		8	510,520,599
		9	100,452,455
		10	97,107,112,115,117,118,120,130,181,182,243,249,346,456,614,679
		11	83,112,118,129,175,180,251,277,286,305,348,356,392,396,408,422,427,487,596,597,598,603,605,618,622,639,648,649,658
		12	3,56,231
		13	147,149,165,168,222,287,371,372,375
		14	75,76,222,324,427
		15	536564565
		16	178, 356, 357, 363, 372, 409, 527, 583, 600,629
		17	215,237,392
		18	41,275,370,378,474,480,526
		19	118,234,263,266,271,332,336,343,344,450
		20	8
		21	387
		22	355,364,366,459

地名	别称	册数	页数
印度		23	375
		24	292,383
		25	432
		26	223,243,246,249,253,257,284,300,350,418,457,524,531
		28	49,91,151,162,166,167,173,174,175,197,198,205,227,240,360,578,586,615
		29	199,201,204,334,382,386,396,402,416,420,432,488,606
		30	18,24,28,37,40,453
		31	207,208,215,281,632
		32	97,512
		33	17
		34	39,172,180,382
		35	16,114,117
		36	110,111,112,113,114,115,119,120,125,126,127,128,130,130,131,132,133,136,137,138,139,140,141,142,143,145,149,150,156,157,160,161,165,195,204,207,210,220,247,248,254,255,256,257,258,272,279,280,282,284,285,286,312,314,316,319,343,344,348,402,472,525,527,542,544,545,550,557
		38	379,432
		39	24,220,229,342
		40	358,391,393
		42	98,139,502
		44	339,567
		46	236,241,555,559,596,597,598
		47	310,315,322,323,343,516,526,649
		48	32,61,86,90,124,130,213,215,246,260,262,275,284,331,332,358,390,391,393,394,396,398,399,400,401,402,403,415,416,417,418,419,421,422,423,424,438
		49	113,142,144,145,417,158,164,167,169,170,171,176,591
		50	164,349,351,506
印度亚		28	150,166

地　名	别　称	册数	页　数
印度アッサム州		19	227
印度海	印度地方及印度海中諸島	28	151,167
印度支那	印支	2	284,286,308,309,311,315,316,328,414
		3	239,240,242,250,669
		4	34,40,374,390,434
		5	331,332,335,336,349,356,357,359,361,362,363
		6	510
		10	57,59,62,71,72,220,347,350,357,389,483,669
		11	95,97,146,147,148,149,151,152,156,157,158,159,160,161,162,163,164,165,166,168,171,172,177,186,192,196,197,198,199,200,225,229,233,234,236,237,241,275,276,278,279,280,281,282,283,285,286,297,299,300,306,314,318,322,326,327,328,329,333,334,335,336,337,357,358,364,366,367,368,369,373,379,380,387,388,400,401,412,420,429,433,434,435,440,441,442,443,444,446,447,448,449,465,467,469,473,480,485,486,488,490,491,493,495,496,497,498,499,503,507,508,509,510
		13	134,348,501,502
		16	211, 238, 285, 316, 321, 322, 327, 335,342,353,354,364,396,411,553,567,568,621
		17	21,41,45,50,174,175,376,452,514,516,521,522,571,574,575
		19	17,66,253,254,255,258
		27	431,432,440,482,505,537,574,585,593,594,595,599
		29	34,38,39,62,63
		35	208
		36	259,284
		38	338,357,396,474
		43	103,104
		44	339,565

地　　名	别　　称	册数	页　　数
印度支那		47	321,515
		49	549
		50	150,203,208,211,212,391,396
印度支那聯邦	印度支那联邦	11	335,336,360,497
印度諸國		46	71
印度諸島		27	281
インドネシア	インドネシヤ	11	635
		19	98,215,245,264,319,326,347,349,351,360,378,392,396,397,401,404,408,409,418,420,444,448,452,453,454,455,456,457,458,461,463,468
		23	268,309
		24	33,68,147
		44	474
		47	675
		48	214,390
印度半島		19	225
印度ポルトガル國領マルマゴン港		50	522
イントムロオス・フォート・サンチヤゴ	フォート・サンチヤゴ,イントムロス・フォート・サンチヤゴ	27	605,606,607,608,611
印度洋		2	332,333,334
		5	427
		10	346
		11	414,595,598,618,639,648,649
		12	56
		13	223,534
		16	411
		17	227
		18	54,58,60,370
		19	196,234,253
		25	511,522
		27	344,347,355,372,377,403,404,406
		28	239
		32	471,546
		34	252,253,255
		35	60

地　名	别　称	册数	页　数
印度洋		37	474,475
		39	3,5,6,8,9,10,21,29,65,66,76,107,108,109,111,113,115,116,118,121,156,157,403
		45	289
		46	225,557,608
		47	313
		49	571,573,587,588
		50	164,165,166,167
印度洋諸島		11	597
		28	197,198
インドラマユ		19	429
イントラムロス	イントラムロス区,イントラムラス,イントラミュロス	20	301,330,331,335,336,338
		21	13,14,35,77
インノッマ		22	547
インパール		39	308,324,326,347,350,353,364
		44	235
インビン		22	62
インファンタ		20	50,52
陰陽營南秀村		7	149
陰陽營南村		7	130
陰陽營北秀村		7	130,149
インランド		12	606

ウ

地　名	别　称	册数	页　数
ヴァージニャ州アーリングトン		25	280
ヴァージン諸島		29	286
ヴァーヂニア		50	99
ヴァーデン市		22	332
ヴァゴン・リ・ホテル	リホテル,リ・ホテル	47	63,64
ヴァジニア州		18	149,169
ヴァジラウド		22	262
ウァシントン大陸記念堂		29	438
ヴァチカン	ヴァチカン市,ローマ法王國,ローマ法王サルバドル共和國	23	512
		31	49,593
		47	393
ヴァルネラビテイー		38	157
ヴァル縣		27	562

地　名	别　称	册数	页　数
ヴァレイ街		27	420
ヴァレエルモンバリオ・マレイバ		20	233
ヴァレンシア		20	46
ヴァンゼヘ地区		13	58
ヴァンバボッチイ		13	57
ヴィイプリ		29	481
ウィーラー飛行場		13	627
ウィーン	維納	1	449
		12	164
		13	268
		30	453
		35	159
ヴィエンチアン		11	506
ウィエンナ		13	254
ウィガン	ビガン	13	501,517
		20	52,298,300
ヴィクトリア		24	210,268,472,520,524,572,642
ヴィクトリア・チャンドパラ		25	513
ヴィクトリア岬		22	237,239
ヴィクトリア州	ヴィクトリヤ州	21	333,349,368,409,502
		22	221,316,384,388,393,398
		23	5,109,116,117,209,210
ヴィクトリヤ島	ビイクトリヤ島,ビクトリヤ島	14	27,28,29,38
ヴィクリヤ州タチュラ町	ヴィクリア州タチュラ町	40	257,276
ヴィザヤ		45	246
ヴィシー	ヴィッシー,ウィッシー,ヴィーシー	11	225,257,361,366,409,427,468,470,473
		17	21,45,46
		35	182
		46	375
ウィスコンシン州		27	242
ウィストファリヤ		10	626
ウィスバーデン		50	201
ウィヅウェル		22	180
ウィデビア		15	359,360

地　名	别　称	册数	页　数
ヴィト街一五〇番地テラス・ルピオ荘		20	3
ヴィニッツサ		50	593
ウィヌ・イエヌ		11	170
ウイラムァ・ホール		27	604
ウィルヘルミナキャンプ第二號バラック チャティムダ村		23	601
ウィルヘルミナホテル		24	420
ウイルミングトン		27	333
ヴィーレー		11	299
ヴィレムス街二番地		23	228
ヴィン		11	506
		27	594
ヴィンスホーテン		23	422
ウィンダーメーアー		22	216
ウィンバーリ村		22	371
ウィンファルド		27	239
ウィンヤウ	ウィシャウ	9	176,186
ウーストハーフェン		36	137
ウェイ・チン・リ七号		7	122
ウェイジャミ		22	508
ウェイホウ		7	551
ウェインガポ		24	256,259,260
ウェーク	ウェーキ,ウェーク島,ウェーキ島,ウェーキ嶋,ウェイキ島,ウェィク島	13	429
		17	437
		18	12,90,323,329
		19	224
		22	467,496,497,501
		25	186,225,226,230,234,241,242,244,272,276,289
		27	7,8,9,23,30,39,40,41,48,49,51,53,55,56,59,60,61,63,65,67,69,70,97,98,99,100,101,106,108,110,115,205,237,344
		36	429
		38	556,567
		39	140,141,143,144,152,153,154,155
		45	472

地　　名	别　　称	册数	页　　数
ウェーク		46	513,549,550,551
		50	112
ヴェールマハト		11	298
上河		7	147
ウェスタオーフ		24	17
ウェスト・コースト		46	554
ウェストミンスター市	ウェストミンスタ,ウェストミンスター	17	423
		22	258
		23	448,456,459
		24	129,360
		25	281
ウェストモーランド		22	216
ヴェチュラ郡		46	537
ウェック		13	535
ウェトクラック		18	143,163,183
ヴェニス	ヴェニス市,ヴェネーツイヤ	13	255
		27	420
		34	513
		49	629
ヴェネズエラ	ヴェネズエラ國,ヴェネヅエラ,ヴェネズエラ合衆國,	1	175,208,243,309,323,351,395,417,455,462,558,619
		2	41,60,74
		3	402
		16	178
		19	226
ヴェネツイヤ宮	ヴェネーツイヤ宮	9	593,596
上野驛		50	426
上野公園		15	279
上野無私庵		5	436
ウェユタヴアル		27	266
ウェリントン		48	426
ウェリントン市・カロリ・ノッティンガム街八十五番地		23	1
ウェルズリー		18	396
ウェワク		24	606,608,612,613,618,626,629,631
魚磯		6	524
ウォーアスパイト		25	524

地　名	别　称	册数	页　数
ウォータール		27	240
ウォーム・スプリングス	ウォーム・スプリング	5	362
		36	285,476
ウォッヂェ	ウォジェ,ウォッチェ,ウォトジャアナ,ウォッゼ	18	11,13,14,72,105,110,129,131,132,133,137,138,139,141,144,146,147,148,149,151,152,153,157,158,159,161,164,166,167,168,169,171,172,173,177,178,179,181,184,186,187,188,190,192
		50	109,110,111,114,115,122,143,155,157,159,161,162,163
ウォッヂェ島	ウォッヂェ	37	387,433,434,449,450,452
ウォット		50	125
ウォトエ・アトル		15	384
ウォノクロモ		23	607
ウォリントン・オンスローガーデンズ百十一番地		22	320
ヴォルガ		19	187,188,189
ウォルシュ		36	451
ヴォルフシェンツエ		49	543
ウォレアイ		50	130,157
ウォロシーロフ	ウォロシーロフ市,ウォロシワフ,オロシロフ,ウォロシロフ,ウォロシイロフ,オロシロフ	12	61,388,389
		14	111,118,119,120,144,151,184
ウォロシロフグラード		13	39
ウォロワンナヤ		14	162
ウォンネイチョン		22	308
ウォンネイチョン峡谷地帶		22	316
雨花臺	雨花台	7	127,140,147,156
		44	507,509
雨花牌三二號		7	140
雨花路一〇二號		7	140
ウガンダ	アガンダ	49	148,149,181
ヴキザバタム		27	354
浮棧橋		7	200
浮橋		7	127,146

地　　名	别　　称	册数	页　　数
ウキンダム街四九番地		22	309
ウクライナ	ウクライナソビエット社會主義共和國	1	19
		9	477
		29	506,507
		30	451
		47	351,486
ウジェラン		50	126,157
牛込區揚方町		5	296
東京都牛込區市ヶ谷		32	483
		38	574
東京都牛込區市ヶ谷本村町		45	9,16
宇品		13	402,438,480,561,583,486,493,563,564,576,577,583
		15	316
ウジャエ		50	126,157
宇治山田市		27	574
ウズベキスタン		13	659,660
烏蘇里江	ウスリー,ウスリー河	2	496
		7	554
		11	529,540
		31	16
		33	319,321,414
		34	155
烏蘇里洲		18	87
宇田		12	103,104
ウダール		23	74,76
内合衆國		36	356
内長城線		8	658
		49	403
内南洋		11	658
		15	201,404
内ブラジル		36	356
内滿洲		36	356
ウックヒュールド		17	453
ウッドヴィル		24	79
宇都宮		41	179
		44	347

地名	别称	册数	页数
宇都宮県公會堂		5	235
鬱林		6	528,569,575,576
ウトカ		12	369
ウトコロカ		12	364
ウドルン		48	435
ヴナコ町		27	516
ウナラスカ		46	523,526,551
ウナラスカ島		46	521
ウナルガ島		46	523
ウビン島		46	553
ウブル・ポイント飛行場		46	535
宇部		22	546
ウマゴス部落		20	296
ウマゴス村		20	42
ウマリタ		12	62
ウマンズ湾		46	523
ウマン島		15	373,374
ウマ村落		25	146
梅村		6	528,575
ウラカス		50	135
烏蘭察布盟		5	515,569
浦潮		12	97,107,147
		18	87
浦潮港		33	336
浦塩港		11	546,549,551,658
浦塩斯徳	浦潮斯徳,浦塩須徳,ウラジオストク,ウラジオストック,ウラジオ,浦鹽斯徳,ウラヂオストック,ウラヂウオストーク,浦塩斯徳市,浦汐斯徳,浦鹽,浦塩,浦塩斯徳市,ウラジヲストック,ウラヂヴアストック	2	146
		10	524,614,630,681
		11	386,526,528,546,548,549
		12	61,82,83,195,227,419,420,421,437,439
		13	75,134,201,205,225,362,372,373,374
		14	2,9,10,13,14,16,20,37,43,49,50,93,111,118,119,120,144,151,184
		29	312
		30	191,468
		31	415
		34	269
		36	220
		42	111

地　名	别　称	册数	页　数
浦塩斯德		44	363
		49	553,554,571,574,583,589
		50	216,350,351,468,523
浦城		6	465
ウラル		11	526
		12	467
		31	422
		50	352
ウラル地方		13	660
ウラル山脈		10	635,636
		14	182
浦和市		5	297
ウラン・バトール・コート市		5	576
ウラン・バトル	ウラン・バトール	50	338,374
ウランウデ		12	62
ウランスウィク		13	543
ウランバートルーザバイカル	ザバイカル	14	107,160,161,188
ウリアスタイ		29	250
ウリチ	ウリティ	50	130,157
烏龍山		44	588
ウルヴァーハンプトン		24	537,550
烏魯木齊		30	182
ウルカイ		5	111
ウルグアイ國	ウルグェー國	1	175,208,243,309,351,395,417,442,455,462,484,558,561,619
		2	41,60,74
ウルクサベル		15	365
ウルシン・ゴル		13	115
ヴルスキー		12	511
ウレミヤ		12	596
運河	大運河	5	557,558
		6	383,385,470
		29	258
運鹽河		6	539
雲臺山		6	570
ウンドウルハン市		50	333

地　名	别　称	册数	页　数
雲南	雲南省	2	415
		5	563
		6	368,417,481,507,511,556,579
		7	431,433,516,566
		8	91,103
		10	669
		11	25,390
		13	98
		16	284
		17	264
		29	410
		36	434
		38	350
		48	412,422

エ

地　名	别　称	册数	页　数
エイ・バビニイ街		21	235
灤縣		29	413
營口	営口	2	448,478,479,480,520,524,583
		3	438
		5	493
		6	209,609,610,626,631
		7	475
		8	244,286
		12	323
		28	315
		40	515
		44	445
		45	43,518
營口港		14	380
永興湾		12	438
英國	英帝國,英,聯合王國,英吉利聯合王國,英國,大ブリテン,大不列顛及愛蘭國,グレート・ブレテン及北部アイルランド,大不列顛國,グレート・ブレテン,Great Britan,	1	3,11,12,13,15,16,17,18,20,22,23,25,27,28,33,34,38,53,98,110,112,115,119,120,121,122,123,170,181,182,184,190,192,194,195,204,216,217,226,227,228,229,238,309,317,319,321,328,334,335,347,357,358,361,368,370,371,391,403,421,422,426,432,437,446,451,454,

地　名	别　称	册数	页　数
英國	英吉利,イギリス,大ブリテン國,グレート・ブレテン國,大不列顛及愛蘭聯合王國,大ブリテン及愛蘭聯合王國,英帝國,大英帝国		460,463,482,543,551,552,561,566,569,572,608,614
		2	5,31,32,47,65,76,108,110,112,113,115,117,118,119,120,122,133,134,156,157,163,164,165,166,167,168,170,171,173,175,176,177,199,203,204,211,217,218,225,227,228,229,333,339,384,463,464,551,600,601,620
		3	4,10,11,23,24,28,29,30,31,33,35,36,37,39,41,42,43,44,45,46,48,49,50,51,56,59,60,62,71,75,76,77,78,80,82,93,96,102,109,121,122,123,130,145,167,169,193,194,234,242,244,252,254,262,277,289,330,312,328,342,345,346,364,365,394,401,494,551,552,554,556,577
		4	233,282,283,286,461,470,548,604,605,618,624,627,629,641
		5	48,82,110,111,304,305,332,340,360,361,362,379,394,396,397,399,401,402,403,404,405,406,407,408,422,423,425,428,460,582,583,585,587,597,605,622,624
		6	169,191,195,201,212,232,234,238,239,240,241,242,243,244,245,246,247,250,251,252,253,255,257,259,260,272,273,274,275,281,282,284,285,286,299,313,322,416,417,424,435,436,437,438,439,452,457,462,484,485,509,510,516,521,551,564,565,566,571,572,578,582,591
		7	43,47,55,169,176,178,191,199,215,293,483,500,508,575
		8	35,150,608,696,697
		9	33,34,35,36,37,90,100,139,141,142,144,147,245,265,271,272,273,276,279,281,287,296,324,372,378,381,389,421,432,433,437,438,452,453,455,456,463,465,482,507,508,559,562,585,587,600,615

地　　名	别　　称	册数	页　　数
英國		10	6,13,16,17,23,34,37,38,47,54,58,62,63,66,76,78,91,95,96,97,100,104,107,109,115,116,117,118,119,176,177,180,183,184,185,196,203,204,216,223,229,236,237,239,245,246,249,266,267,271,276,286,315,345,346,350,372,378,381,382,383,384,385,386,387,388,395,397,398,402,406,409,413,418,419,420,423,435,436,437,440,441,442,443,444,445,451,453,454,455,465,466,473,491,492,495,500,505,506,507,508,509,510,514,518,525,529,533,534,538,539,540,541,542,547,579,608,634,636,637,650,656,674,675,677,678,680
		11	6,7,48,87,90,93,99,185,194,195,196,210,211,212,213,214,215,216,217,218,225,229,241,265,272,273,274,302,303,304,305,311,322,327,344,345,349,356,389,401,402,403,408,414,415,418,419,421,422,423,424,425,426,427,428,432,480,520,536,562,582,583,600,602,603,604,605,606,607,608,610,612,613,617,618,658
		12	65,66,67,118,164,173,218,219,231,236,269,391,400,486,495,497,503,504,509,573,574
		13	83,126,128,133,135,144,148,146,149,150,152,153,154,167,168,172,185,188,224,228,229,230,231,232,237,250,251,253,254,276,286,287,288,289,294,296,297,298,299,300,302,348,349,356,358,366,380,381,389,401,407,412,419,420,421,422,427,442,448,449,450,473,479,480,482,484,494,499,502,526,533,555,558,577,580,581,585,614,615,616,617,643,653,656,663,664,668
		14	23,27,75,76,77,80,85,86,87,204,284,294,428,484,486,487,488,492,494

地　名	别　称	册数	页　数
英國		15	1,107,311,324,329,331,332,336,337,338,339,421,436,442,444,455,473,474,481,482,491,492,505,516,518,518,521,530,531,532,535,536,538,540,546,547,552,553,564,565,597,629
		16	3,23,24,83,84,96,102,120,122,132,159,160,162,182,190,193,195,196,197,198,200,203,204,207,208,211,212,217,219,220,221,225,231,232,233,234,235,242,244,247,249,251,252,253,254,261,264,266,267,269,270,271,272,276,278,280,283,284,285,292,301,302,303,305,306,307,316,318,326,328,329,330,333,334,335,336,337,340,341,342,343,346,349,351,356,357,363,364,365,366,368,371,372,376,379,380,382,383,384,388,391,393,394,396,398,418,425,426,427,430,464,474,478,493,547,548,560,562,563,568,583,585,600,602,609,621,627
		17	11,15,21,75,77,78,81,130,131,142,143,171,194,196,208,209,213,214,227,228,229,230,233,234,248,250,260,263,264,266,270,272,275,276,298,308,309,325,326,328,329,335,336,338,349,350,363,370,373,375,392,395,404,405,412,424,425,427,452,453,456,459,462,463,464,469,473,475,477,478,479,481,486,496,513,515,519,526,571,578,582,583,585
		18	8,28,41,49,50,51,53,55,56,57,67,72,87,90,91,92,125,126,271,276,277,278,279,283,284,287,319,321,332,336,340,344,345,346,349,354,355,356,359,370,376,403,404,411,429,448,449,453,454,455,456,459,478,479,501,509,514,519,524,525,530
		19	5,9,20,34,89,101,107,111,117,119,172,179,180,181,182,187,188,190,191,

地名	别称	册数	页数
英國			192,193,195,209,221,224,227,230,233,234,235,236,238,242,244,247,248,250,252,255,256,258,259,267,268,269,270,271,272,273,275,276,277,278,283,284,285,286,297,328,332,336,337,338,339,340,343,344,345,419,439,444,446,468,474,477,478
		20	343
		21	247,273,275,277,282,284,322,331,342,344,348,369,370,386,387,396,400,403,437,499,510
		22	75,95,294,309,316,535,536,539
		23	184,187,353,355,439,446,447
		24	62,79,88,135,369,373,550,551
		25	256,334,336,432,457,491,493,531,532,537
		26	246,261,340
		27	2,281,362,374,397
		28	49,155,159,161,173,203,204,205,206,207,208,210,212,213,216,222,223,224,225,227,230,232,235,236,237,238,240,242,243,244,258,294,296,304,407,408,461,469,485,488,489,492,500,503,508,512,513,514,515,517,518,519,520,521,523,524,527,528,529,534,535,538,539,540,541,543,544,546,548,549,550,551,552,553,555,556,557,558,559,562,563,564,565,566,569,570,571,572,573,574,575,576,578,579,581,586,589,603,605,609,613,614,615,617,618,619,620,623,624,625,630,631,634
		29	3,22,26,51,66,77,78,81,82,85,87,105,106,123,132,147,169,173,177,194,195,196,197,200,201,203,204,205,207,211,214,222,325,326,329,330,334,343,382,386,390,395,398,399,400,401,412,416,420,431,455,457,461,487,488,492,516,519,520,521,522,539,559,572,582,583,604,605,613

地　　名	别　　称	册数	页　　数
英國		30	11,13,19,20,21,22,28,36,54,56,61,62,65,115,117,121,122,123,126,127,140,157,158,171,172,187,191,222,238,239,405,453,455,503,507,517,523,529,538
		31	10,30,31,51,95,200,207,208,215,339,524,630,631
		32	21,22,23,24,45,51,52,90,91,97,99,104,106,107,129,140,167,190,207,210,221,247,288,299,302,306,359,365,377,500,501,541,546,567
		33	17,25,64,94,149,170,242,246,247,248,253,255,256,294
		34	36,156,157,158,169,170,171,172,173,174,180,181,183,185,268,278,287,288,295,297,312,345,474,483,487
		35	6,11,12,13,15,18,20,21,22,45,49,52,55,58,59,60,71,82,83,86,87,88,90,92,113,116,140,161,162,164,165,166,167,173,193,211,212,213,218,224,225,227,230,235,236,238,241,245,257,259,268,272,273,275,314,331,343,344,359,360,371
		36	1,3,4,8,43,52,149,156,157,160,166,195,196,197,207,210,234,236,247,248,255,263,284,285,298,312,313,319,348,371,374,375,377,383,387,389,391,393,394,395,396,401,402,403,406,410,411,413,414,415,416,420,433,434,435,450,457,468,488,489,490,494,497,502,506,507,525,527,534,536,550,558
		37	16,17,18,40,58,59,64,70,79,80,96,121,126,135,137,154,171,176,177,178,182,183,193,200,203,204,224,245,267,348,392,398,401,459,465,500,501,526
		38	4,10,11,13,14,17,23,24,25,78,79,80,81,82,83,84,86,87,88,89,90,91,93,94,96,97,98,100,101,106,108,109,110,111,113,114,115,116,118,122,123,124,

地　名	别　称	册数	页　数
英國			125,126,127,128,130,134,136,137,138,139,140,141,142,143,144,145,146,147,148,149,150,151,154,155,156,157,158,159,160,161,162,163,164,165,166,171,173,174,176,177,181,182,183,184,186,188,189,190,191,192,193,194,195,196,197,199,201,202,205,215,216,220,223,232,233,234,236,238,240,243,244,246,248,251,253,254,255,258,260,261,265,267,268,269,270,271,272,278,288,298,302,308,329,330,331,332,333,334,335,336,378,379,380,382,398,403,407,410,411,412,429,432,436,440,441,442,444,445,446,447,450,452,453,454,455,456,457,459,463,464,465,468,469,472,473,474,499,502,535,536,539,546,548,552,558,565,566
		39	15,17,18,20,24,25,26,64,72,95,167,168,170,171,209,210,213,283,414,415
		40	111,220,223,262,263,264,265,266,267,283,284,285,314,315,357,358,363,372,385,389,394,395,396,397,418,421,427,442,443,444,452,454,457,466,478,516,517,519
		41	35,36,37,38,88,127,128,225,235,237,246,289,293,312,489
		42	4,16,19,22,23,26,27,28,31,32,33,70,98,113,139,143,144,147,148,150,151,152,154,156,164,165,188,211,215,216,220,262,264,265,266,267,269,275,282,290,292,293,303,319,320,322,345,353,370,376,415,442,496,590,591,593,606,607,609,619
		43	3,17,21,25,34,48,121,125,232,238,239,282,283,290,291,292,301,304,316,317,326,327,328,329,332,333,335,338,345,359,360,377,395,398,422,431,440,441,444,445,448,453,454,464,484,507

地　　名	别　　称	册数	页　　数
英國		44	366,377,378,379,458,464,480,529,566,577
		45	143,144,191,193,200,211,212,213,220,260,264,272,273,329,331,332,334,446,447,460,461,462,463,478,492,530,531
		46	24,75,76,80,85,86,87,101,145,227,229,230,234,235,239,245,246,248,249,257,258,370,372,373,374,377,379,382,383,384,385,386,389,390,392,394,396,397,399,400,404,408,412,414,415,431,449,476,478,479,481,490,499,500,501,508,509,513,514,516,533,559,563,569,586,587,588,589,590,591,592,596,597,598,600,602,603,608,609
		49	29,123,96,104,116,117,119,122,135,136,155,161,162,163,164,167,168,169,170,177,187,189,191,200,203,204,206,231,268,269,273,297,381,408,447,454,468,471,477,478,479,505,508,515,518,534,554,555,570,573,587,588,591,595
		50	8,9,15,16,18,20,72,73,196,244,252,403,404,407,408,411,431,497,511,516,522
		47	35,80,87,148,150,152,153,154,155,156,167,174,175,181,182,183,184,191,193,195,196,197,198,202,223,228,230,233,236,237,242,243,244,253,259,260,271,272,274,275,291,305,310,311,312,313,314,315,316,317,318,319,320,321,322,323,324,326,329,330,343,344,347,360,364,365,366,368,376,389,392,397,400,401,403,420,421,440,441,446,450,451,452,456,459,467,484,512,513,524,526,530,568,569,577,582,585,586,592,598,599,600,609,610,612,617,618,619,635,640,647,648,655,662,664,665,676,678,682,685,687,692,731

地　名	别　称	册数	页　数
英國		48	19,20,22,23,24,25,31,37,38,39,43,48,58,62,63,64,65,67,68,69,70,73,76,77,78,79,82,84,85,86,87,88,90,92,94,99,116,123,124,129,131,132,138,139,140,141,145,146,147,150,152,153,154,166,170,171,172,173,174,175,190,191,210,212,244,250,252,257,258,259,261,262,263,264,265,266,207,270,275,276,278,279,285,293,294,296,317,324,325,326,327,328,329,331,332,342,343,352,355,356,357,360,382,386,387,388,390,391,393,395,396,400,401,402,403,404,412,430,432,440
英国ペニンシュラ	英半島	49	166
滎市		27	433
穎州		6	385,465
永城		6	463
永清		8	13
		42	325
		49	349
永清寺		7	134
永川		12	417
英租界	英國租界	16	164, 165
		32	429
		47	311
		49	522
エイタ		25	124
永定河		6	286
		29	4,5
		31	497,550,555,556,568,572,583
		32	33,527,535
		41	204
		42	230,313,325,330
		49	349
永定門		31	498,518
英佛海峽		17	444
		28	561
英佛租借		6	274

地　名	别　称	册数	页　数
永平寺		44	501
英蘭領ギヤナモ		19	226
英領印度	英印,英領インド,英印,英领印度	2	623
		5	111
		10	16
		11	604
		28	204,573,576
		30	160
		36	312,365
		46	594
		47	366
		49	96,101,104,147,150,151,167,193,201,204,205,209,231
英領印度海峡植民地	英印海峡植民地	49	150,151
英領カナタ		19	226
英領ギアナ南部		29	539
英領ジャメイカ島		19	226
英領バハマ諸島		19	226
英領東アフリカ植民地		49	181
英領東印度		11	597
		28	197,239
英領ベナン	ペナン	19	169,244
英領保護國		31	237,238
英領ボルネオ・モルナーン		23	25
英領ホンヅラス		19	226
英領馬來	英領マレー,英領マライ,英領馬来	10	181
		11	211,345,648,650
		13	581
		14	554,560
		18	28,53,55,91,275,376,393,396
		19	203,217,228,240
		31	237,238
		36	299,365
		40	391
		46	71,136,590,593,599,600
		47	674
		49	78,97,98

地　名	别　称	册数	页　数
英領馬來及海峡殖民地	英領馬來地方	11	15,213,214,216
英領緬甸	英領ビルマ,英領緬	6	417,511
		11	213,214
		19	227
		46	593
エヴァンズ		27	240
エービー		46	415
エカゲメ		13	517
エキア		46	565
厄瓜多	エクアドル共和國,エクアドル,エクアドル國	1	170,238,391,416,437,446,450,459
		5	111
		11	48
エグメディオ		18	143,163,183
エクワドル		19	226
埃及	エジプト國,埃,エヂプト	1	309,317,322,553,615
		2	36,52,67,77
		5	111
		7	500,525,526,529
		8	150,599
		10	223
		16	601
		19	188
		21	253
		31	10
		46	35,435
		47	322
		49	554
		50	189,516
エス・クーロン		7	31
エスコルタ		21	2
エステロ・セガド	エステロ・セガト	21	2,4
エストニア	エストニア國,エスロニア,エストニア,エストニヤ	1	309,317
		2	36,52,68
		12	400,606
		29	489,491,492,493,494,495,498,500,501
		30	453
		38	233
		47	365

地　名	别　称	册数	页　数
エスパナ		20	378,381
エスプラナード		22	242
エスペラレザ		20	204,224
エセックス州	エッセクス州,エセックスマ郡	17	392
		22	75
		24	129 130
		46	401
エタニバナバ		25	147
エチオピヤ	エチオピア,エツヲピア,エティオピア國	1	18,616
		3	97
		11	579
		28	556
		30	159
		33	240
		47	366
エヂグチ		22	18
エヂンバラ・ブラックホル・コランバ路六二番地		22	539
エテン		18	132,152,172
エテン島		15	382,383
エドウィンゴン		22	53
江戸川區		5	297
江戸川區小岩町		5	296
擇捉島		13	431,436,460,469,471,570
		17	69
エドワード七世通り		17	406,407
エニイボル島	エニボル,エニボイ島,	50	110,119,120,157
エニウェトク	エニウェトック	50	123,157
エニウェトク環礁		15	388,389
エヌ・ドミンゴ街		20	408
エネチエルタック		18	143,163,183
エバイング		22	35
江橋		12	184
		30	399
江橋驛		45	56
恵比須町		26	9
愛媛		5	300

地名	别称	册数	页数
愛媛		35	504
		49	247
愛媛縣越智郡富田村		39	278
愛媛縣喜多郡新谷村		39	1,2
愛媛縣喜多郡新谷村大字新谷町甲八六番地		38	368
エベーイング村	エベーイング村落	22	2,3,29,30,31
エベン・エマエル要塞		10	472
エボン		50	126,157
エマハーヴェン		23	11
蝦夷		28	167
エミジ島		50	119,121
エメルチノ居住区		27	618
エリス島	エリス群島,エリスアイランド	19	224
		25	114,115,116,117,127
		26	314,590
エリス・ウリイン・オボ	エリス・ウルイン・オボー	13	115
		50	335,376
エリスウルイン・オボ		34	70
エリワン		12	509
エル		50	157
エルスウルイン		50	558
エルミタ・アフレブラ街		20	346
エルメンドルフ・フィールド		46	525
エレヴェンタ		25	78,79,81,82
エレタン		23	438
エレベンタ		25	100,101
エワ		18	25
延安		33	178
エンイヤイドック		50	157
沿海		12	72
沿海州		4	241,491
		11	294,516,525,526,527,528,529,531,540,541,548,549,550,552,553,566,622,633,635
		12	82,132,137,208,210,226,275,303,386,453,466,471,528,592

地　名	别　称	册数	页　数
		14	109,110,111,118,120,141,144,145,150,160,161,167,181,187,188,189,194,488
沿海州		31	594
		36	431
		44	333,339
		50	221,228,281
延慶		5	501,522
		42	325
		49	349
煙秋	ノヴォキエフスク	33	458
		50	553
袁州		6	533
袁州驛		6	533
瀏洲島		6	530,578
瀏洲南灣		6	525,526
エンソ		29	481
煙台		2	458
		8	206
エンデルビー		50	130
遠東半島		29	216
延福寺		50	332
遠陽		40	515
延和		8	359
オ			
オ		15	400,401
オアフ島	瓦無島	13	427,437,623,630,631,638
		18	32,207
		38	476,477
		46	527,535
オイグル		15	
王沙堡		10	685
應山		32	398
王子區豊島		5	296
汪氏宅		34	436
歐洲	歐羅巴,歐,ヨーロッパ,歐洲,欧洲	1	18
		2	295,332,336,405,406,601,610,623
		3	25,93,96,104,114,182,186,232,235,238,251,259,528,543,583

地名	别称	册数	页数
歐洲		4	255,268,313,385,390,395,461,530,604,607,608,612,613
		5	13,51,57,66,97,321,389,394,399,404,409,461,464,465,524,534,535,582,583
		6	78,86,190,210,211,212,213,215,240,245,246,248,250,251,252,253,323
		7	508,524,526,529
		8	507,601
		9	316,343,346,355,362,363,367,377,379,380,386,387,391,462,463,495,507,587,588,595,611
		10	14,23,66,67,73,76,77,78,87,90,95,97,100,103,104,105,106,108,109,110,113,115,119,126,127,133,175,178,182,183,184,197,202,235,243,263,267,284,285,300,316,322,323,329,336,344,371,372,388,389,418,419,420,423,437,439,442,451,453,454,455,456,468,472,473,504,506,507,508,510,533,551,634,636,637,648
		11	7,81,96,273,329,419,517,579,588,592,599,605,616,649
		12	110,131,134,195,218,219,380,399
		13	79,90,126,131,136,145,147,154,163,164,172,200,218,219,232,250,252,270,271,286,299,300,302,304,373,448,529,646
		15	457,531,539,552,553,554,614
		16	80,182,189,208,212,216,219,295,333,336,339,340,342,343,363,384,393,408,414,418,426,430,477,478,482,494,497,504,547,560,563,617,618,632
		17	51,77,131,162,165,308,500
		18	377,378,393,396,398,399,443,462,459,467,469,470,471,487,492,494,501,502,503
		19	20,24,56,66,95,96,98,116,169,179,187,188,189,191,192,193,194,195,215,

地　名	别　称	册数	页　数
歐洲			233,234,235,244,247,253,254,256,257,259,260,266,267,268,271,272,277,292,336,337,345
		22	491
		23	507
		28	113,114,115,116,117,118,121,135,136,138,139,151,153,154,155,166,168,169,170,199,205,223,241,257,387,474,481,485,488,491,504,506,511,519,507,521,522,523,534,537,538,539,542,551,554,556,557,558,559,561,563,564,568,569,570,571,572,573,574,575,576,577,578,579,585,586,589,601,612,615,618,621,622,628,631,632,633,634,635
		29	60,105,150,211,422,435,444,500,524,525,559
		30	10,11,51,130,135,136,141,151,185,194,197,217,222,223,246,247,266,334,423,449,451
		31	33,39,203,413
		32	97,219,220,519
		33	95,103,104,108,217,243,253,259,262
		34	40,170,178,272,274,311,312,319,380,381,382,383,391,474,483,486,487,490
		35	1,17,20,48,52,53,60,63,64,76,77,80,87,91,114,117,139,154,155,174,215,244,359,469,480,481
		36	33,34,43,110,114,170,189,202,276,356,363,364,369,378,385,387,452,456,479,484,490,497
		37	12,41,80,88,95,106,126,157,465
		38	94,101,138,140,148,150,159,240,258,259,268,316,331,336,355,397,407,438,493
		39	283
		40	354,363,364,368,384,385,387,389,393,399,403,406,407,409,410,413,414,416,421,422,424,425,426,427,431,432,433,

地名	别称	册数	页数
歐洲			434,446,450,451,455,456,457,458,460,461,463,464,466,467,471
		41	23,36,39,42,77,343
		42	3,4,6,7,8,11,12,15,16,18,19,20,21,22,24,26,27,28,87,141,147,267,286,356,376,579,610
		43	17,72,107,121,306,317,335,377,448,449,478,479,501
		44	324,326,546,569,570
		45	200,251,252,263,273,397,530
		46	23,38,51,52,71,81,120,162,180,181,191,205,229,234,236,392,393,396,409,413,415,432,471,516,538,559,561,566,579,580,609
		47	21,23,28,34,75,86,95,96,140,147,155,156,158,162,175,177,181,183,184,191,193,195,197,198,200,290,300,315,319,320,321,325,330,331,357,389,392,400,415,420,421,428,524,561,569,572,587,593,595,616,659,702,716,720,721
		48	2,19,26,30,44,45,50,72,181,244,245,246,293,399,430
		49	88,89,93,125,131,142,145,150,160,162,165,166,167,171,175,181,182,202,203,204,206,412,447,466,518,577,588,593,615
		50	8,10,15,16,18,165,199,250,467
歐州合衆國		46	582
應城		32	398
汪清		2	501
		7	550
		14	183
オヴドウィック・コメ		13	115
王磐州		6	399,467
王福村		7	133,151
王爺廟		7	545
		12	271
鴨緑江	鴨緑江	2	451,524

地　名	别　称	册数	页　数
鴨綠江		5	218
		6	113
		7	448
		8	245,330,334,338,361,379,414,420
		14	485
		30	390,433,434
		45	51,87
歐露	欧露	11	516,519,546,551,649
オエ郡		22	373
大井倉田町		46	92
大石		6	570
大石泊地		6	526
大石橋		7	125,126,145,443,450
		8	418
		30	328,386
		40	515
大磯	大磯町	49	429
		50	423,426,427
大磯町高麗寺		50	423
大分	大分縣	4	392,460
		5	300
		15	344
		35	504
		45	127
大分縣西國東郡高田町		30	135
大分縣日出町		31	38
大井村		6	135
大渦子		7	135,152
大角頭島		6	422,515
大熊湖		19	226
大倉		44	483
大藏省別館		36	336
オークランド		25	280,281
		27	238,332
		46	503,504,506,507,509,566
		48	426
大阪	大阪市,阪,大坂,大阪府	2	407,613,622,658,659
		4	495

地名	别称	册数	页数
大阪		5	82,191,193,235,299,418,419
		6	29,587
		7	292,460,467
		11	570,620
		12	165,204
		13	438,482,488,490,558,564,565,567,570,571
		15	295,296,298,299,300,391,396,400,401
		16	412,439
		17	251
		19	73
		21	153
		22	476,496
		24	52
		25	280,300,307,309,315,316,391,392,393,394,396,401,406,412,414,429,450,452,455,464,466,503,504,506,507,509,531
		26	41,44,79,162,194,303,363,370,384,511,626
		28	340,518
		29	110
		30	293,488
		34	465
		35	504,544
		36	295
		39	80
		40	75,115,118,119,167,201,210,220,229,232,233,238,240,245,328,329,331,332
		41	64,393,394,456,457,458,461,475
		43	173,175
		44	51,593
		48	425,438
		49	167,532
大阪港		12	207
		40	61
大阪市阿倍野區北昌中二丁目五七		38	62

地　　名	别　　称	册数	页　　数
大阪市北區老松町二丁目二番地		40	115
大阪市天王寺區北山町四兒春地		41	435
大阪市港区入幡屋松之町市立運動場		26	41
大阪府三郡昧生村		32	200
大阪府北河内郡枚方町		23	238
大阪府センベク		25	413
大阪府泉北郡信太山		25	393,401
大阪府泉北郡横山村		25	392,401
		26	162
大阪府豐能郡豐同島村		25	402
大崎町		28	84
大島		41	476
大島沖		28	517
オーシャン島	オーシァン島,大洋島,オセアン島,オーション島	19	224
		25	74,75,76,138,142,143,145,153,156
オースタリー		46	230
オーストラリア			参见：濠洲
墺地利	オーストリア,墺地利國,墺,オーストリー,オーストリー國	1	96,168,202,236,309,317,346,389,416,442,463,482,552,614
		2	31,47,64
		10	288
		12	498
		16	601
		28	527
		29	222
		30	453
		42	139
		49	162,167
大田		12	416
オーダー島		23	70
大田区		46	215
大田區馬込東		5	298
オート・ソーヲ縣		27	567
オート・ヒレネ		27	484
大泊港	大泊	14	16,17,21,22

地　　名	别　　称	册数	页　　数
オートラム・ロード	アウトラム通	21	294,296,358,361,409
大鳥島		27	16,21
大鳳門		8	414
大名		5	522,528
		31	541
大場鎮		8	602
		44	591
大原		8	591
大平		6	567
		8	602
大平山		44	521
大房小路六号		7	117
大船	大船国	25	443,449
		27	14
オーホンゴテ		50	332
オオマ岬		25	76
大道河		31	46
大道口		7	440
大湊		13	435
		18	72,87
大宮		5	418
		13	483
大村		34	470
大森	大森區	5	297
		25	435,528
		44	581
大森區上洗足町		5	296
オールバリ	オールバリー	21	505,507
オールンベルグ	ヲールンベルグ	13	258
岡崎公園		28	214
小笠原諸島	ボーニン島	13	402,476,482,483,484,488,492,494,570,571,573,583
		27	125,203,208,209,225,230,231
		50	134,157
オカナマル		24	376
オカベティ路		24	207
岡山	岡山縣	4	239
		5	300

地　　名	别　　称	册数	页　　数
岡山		23	326
		27	30
		30	135
		35	504
		41	476
		44	226
		49	247
岡山縣後月郡西江原町四六三番地		32	379
岡山縣苔天郡田邑村丸林		44	226,227
オキーラ飛行場		13	601
荻窪		17	120
		42	47
		43	276,309,372,374,394,558
		45	266,402,452
		47	247
オキシデンタル	ネグロスオクシテンタル州	20	22,23,24,26,29,31,35,36,39,40,41,42,43,44,45,47,231,309
冲沙		12	153
沖縄	沖繩	5	300
		11	487,488
		18	425,428,429,430,457,458,475,476
		27	252,255
		32	446
		35	504
		36	130,349
		43	504,506
		49	144,211
オキ村		13	483
オクラホマ市		22	496
オクラホマ州		22	496
		27	8
オサム・カンボウ		19	360
收兵橋		7	129,149
オスロ		50	295,328
オゼルノイ		12	371
オゾルニン		32	89

地　名	别　称	册数	页　数
オタクワ		24	582,638
小田原市入生田七十九番地		35	3
小田原市入宇田七拾九番地		41	454
オックスフォード		25	179
オッス		24	202,269
オッタロ市		26	667
オッタワ		17	357
		36	340
オッタ島		15	375,376
オデッサ		9	594
		11	582
諸島	PARAO	11	312
オナハマ温泉		25	334
オネガ湖		17	448
オノトア島		25	133
オハ		39	25
オバ・エバヒ		12	61
オハイオ州		22	482,487
		25	527
オバラ		12	371
オバンド・バラカン		20	50
オビ島		46	572
オブソンヌール・アイマリ ブフムルン・ソモン第七バグ		50	374
オブルコイナ		12	366
オボ		13	115
オホーック海	オークック海,オコーック海	2	82
		11	648
		14	6
		29	311
		39	25
鄂博圖廟		40	493,496
オポン		20	212
オマ		24	47,48
オミ郡		24	303

地　　名	别　　称	册数	页　　数
オーメド		18	137,142,157,162,177,182
思楽		11	501
思楽昭峡		11	500
オモタ島		25	145
表高島町驛		26	9
オラカイ		11	170
オラニ		21	113
和蘭王國蘭領東印度バタヴィヤ市		23	226,227,228,344,356
オランダ			参见：和蘭
和蘭	和蘭國,和蘭王國,オランド,オランダ,和,蘭,オランダ王國,蘭國,和蘭陀,ネザーランド,オランダ國,和蘭,ボーランド	1	15,20,53,55,99,107,110,111,113,114,115,116,117,118,120,121,122,172,175,179,181,182,185,186,187,188,189,190,192,193,206,216,217,226,227,228,229,241,309,317,322,326,328,329,330,331,332,333,334,335,349,355,357,358,359,361,362,363,365,366,368,369,370,371,393,399,401,402,403,422,424,428,432,434,435,437,438,439,443,447,448,449,450,451,452,453,454,455,461,463,466,483,543,552,555,561,608,617
		2	39,56,71,77,118,120,333,341,355,356,359,360,361,362,363,365,366,374,378,379,464
		3	109,232,259,395,397,401,407,411,413,495,554,556
		4	288
		5	111,332,336,340
		9	33,34,35,36,37,245,271,279,477
		10	16,41,47,54,98,206,539,540,547
		11	48,194,217,345,415,427,477
		13	401,407,419,429,442,476,480,494,499,523,555,558,580,585,614,615,616
		14	491
		15	545,564
		15	597
		16	189,190,231,363,492,583,585,600,613,623

地　　名	别　　称	册数	页　　数
和蘭		16	231
		17	81,196,250,260,263,264,270,309,349,363,392,473,504,513,519,526,571,578,582,583,585
		18	49,50,51,53,57,67,87,92,276,276,279,284,335,443,444,446,448,453,459,469,475,478,492,513,514,523,524
		19	1,2,4,5,9,10,14,15,17,18,19,24,25,26,27,28,29,31,32,34,39,46,51,63,68,71,75,81,86,93,104,112,114,116,117,118,119,120,123,179,180,181,182,190,191,195,221,247,248,263,273,277,292,298,308,316,319,357,361,371,374,419,422,439,446
		21	387
		22	118,551,554
		23	8,195,226,242,275,311,314,345,347,350,400,417,435,452,486,487,510,544,526,635
		24	33,43,53,62,63,79,82,85,88,106,108,109,112,117,125,135,139,142,143,154,172,186,192,215,216,291,433,536,546,550,568
		27	273,282,287,295
		28	528,540,561,566,574,616,617,624
		29	35,81,82,192,225,354,402,417,457,516
		30	171
		31	207,208,209,216
		35	139
		36	110,111,112,113,114,115,116,117,118,119,120,122,124,125,126,127,128,130,131,132,133,136,137,138,139,140,142,143,145,148,149,150,151,156,157,189,196,197,207,210,234,247,248,255,263,314,316,319,344,348,401,402,403,413,414,420,433,434,435,472,557,525,527
		37	40,59,64,70,79,81,121,124,126,135,137,177,178,182,183,193,200

地　名	别　称	册数	页　数
和蘭		38	23,24,25,233,379,382,398,429,442,455,456,457,459,468,472,473,474,499,502
		39	72,95
		40	207
		42	115,133,161
		43	316,317,326,338,395,422,453
		45	211,213,492
		46	241,476,499,500,513,514,569,577,578,590,596
		47	181,243,253,260,271,275,276,332,333,334,577,609,655
		48	19,31,62,65,70,77,79,80,82,84,88,99,140,152,153,164,170,173,191,191,213,244,246,257,258,260,265,266,268,269,279,285,314,332,343,430,437,438,440
		49	83,136,162,166,175,176,187,188,200
		50	72
和蘭アーンヘム		23	461
蘭領		10	47,96
		19	5,227,349
蘭領印度	荷蘭領印度,蘭領東印度,蘭印,和蘭領印度,蘭領東印度諸島	2	332,365,366
		5	111,336,583
		6	214
		8	496,510
		9	142
		10	16,47,51,54,71,72,86,90,96,98,102,103,105,109,113,114,115,181,209,243,263,264,346,403,409,413,414,473,541,542,546,608,614,615
		11	15,211,213,214,215,217,218,234,257,297,300,312,322,387,405,414,415,417,418,420,477,597,635,636,648,658
		12	220
		13	231,232,236,396,400,416,427,430,433,442,443,473,476,519,523,524,525,534,581
		14	45,559

地　名	别　称	册数	页　数
蘭領印度		15	202,218,219,330
		16	178,189,190,215,221,293,296,365,411,567,613,623,629
		17	38,75,210,249,254,261,275,276,504,554,578,579
		18	53,55,57,60,91,92,93,95,102,275,277,278,287,370,375,376,377,443,444,446,448,449,450,451,452,453,455,456,457,458,475,476,491,492,500,503,510,511,518,519,525,526,529,531
		19	4,5,6,7,8,13,15,16,17,18,20,22,23,24,25,26,27,28,29,32,33,34,35,36,37,39,40,41,43,44,46,47,51,53,54,56,57,58,59,60,61,62,63,64,65,66,67,68,69,71,73,74,75,76,77,80,81,83,84,85,86,87,88,90,91,93,95,96,98,99,100,102,107,108,109,111,113,117,120,121,123,124,125,127,130,139,149,168,175,176,177,190,191,201,203,215,240,245,246,258,264,273,277,285,309,311,313,314,315,316,319,324,328,347,350,351,355,357,359,360,362,363,364,378,442,449,452,456,467
		22	247
		23	226,227,229,236,242,258,269,275,375,379,380,392,510
		24	3,18,39,86,160,189,284,299,300,303,307,308,317,324,325,334,347,348,431,572
		26	649
		28	239,360,576,603,604,624
		29	65,77,78,516,520
		30	160
		31	208,209,237,238,632
		35	65,82,173,193,257,262,268,272,273,275
		36	130,136,147,150,165,166,189,197,198,206,209,257,259,365,431,432,433

地　名	别　称	册数	页　数
蘭領印度		37	126,135,164,171,191
		38	10,25,380,457,475,477
		39	196,399
		40	27,391,392
		41	439
		43	81,119,399,427
		44	379,459
		45	211,212,213
		46	84,136,236,245,500,502,503,513,569,570,577,578,579,580,582,583,585,589,593,596,597,601
		47	162,244,253,255,271,332,333,501,624,625,664,675
		48	56,60,63,69,81,86,116,129,131,132,138,139,142,146,150,213,265,266,269,272,276,409,431,437,438,439,440
		49	93,104,109,113,150,151,164,175,176,177,193,200,231,236,577
蘭領チモール		19	216
		38	476
蘭領ニューギニヤ		36	150
オランチェスクール		24	142
オリエンタル		20	41,42,233,296
折尾		25	496
オルーメン・オーメイ路七番地		5	547
オルギン・ゴル河	ヲルギン・ゴル河	13	116
オルモック		45	293
オレーレー		24	126,127
オレゴン州		4	380
		27	238,240,241,242
オレンヂ		50	124,141
オレ島	オレット	50	163
オロヴヤンナヤ		50	227
オロキエタ		20	52
オロスコイ		12	367
蛇山		6	473
オロル		50	130,157

地　名	别　称	册数	页　数
オロンガポ		45	299
オングン		22	6,7,66,67
翁源		6	484,485,564,566,569
温州		8	608
		11	23
		33	173
オンスロー路		21	321
オンタリオ州		22	332,524

カ

地　名	别　称	册数	页　数
カ		15	400,401
華		6	591
		8	638,644,647,649,658,659,662,663,696,697
		9	413
		11	58,65,68
		30	72,73,353,354,355,357,358
		32	247,435
		36	256,257,258,263,272,280,482,483,497
		42	71,115,116,117,118,119,120,122,125,126,127,128,131,132,210,211,218,289,290,293,294,303,305,308,319,425,441,442,587,589,590,592,598,601,603,604,610,611,613
		43	114,115
		46	341,351,352,528
カーク		29	481
カースルメーン	キャスルメイン	21	368
		23	117
カーテンウエ		22	398
ガーデンス四番地		22	177
カーベンター倉庫		13	533
カアンデー		24	62
海安		6	535
海河		42	313,325,330
		49	349
海峡殖民地	海峡植民地	5	111
		10	243,267
		31	237

地名	别称	册数	页数
		36	131,365
海峽殖民地馬來		36	356
回教地帯		11	648,649
海口	海口市	6	361,468,469,472,531,534,544,545,548,549,551,554,557,558,559,560
		11	5,23,140,141,142
		13	441,561,567,497,577
		32	296
		38	350
		46	356
		48	426
海口港		6	544,558
海口灣		6	544
海州		6	384,385,446,447,448,449,450,459,464,465,470,538,539,541,542,579
		11	23
		12	136,152
		39	25
懷柔		12	136
海心沙		6	423,516,526
開通		7	549
外南洋方面		16	97,106
海南		11	172
		18	91
		19	126,130,224,244
		45	315
海南海峽		6	550
海南島		6	342,358,361,369,468,469,486,488,531,534,535,542,543,545,546,547,548,550,557,562
		8	586,608,656,663,681
		9	432
		10	545,680
		11	2,5,6,21,23,28,32,110,312,389,487,598
		13	235,497,441,486,491,499,501,502,503,577,579,582,397,404,405,473,561,567,568

地名	别称	册数	页数
海南島		15	40
		16	151,396,612
		17	188
		18	1
		22	382,384,385,388,393,398
		24	525
		27	600
		28	306
		33	280
		36	482
		37	55,87,114,187
		38	349,350,351,369,389
		39	152
		40	28
		41	58
		42	602
		43	305
		44	296,298
		48	69
		49	402,405
海寧		27	560,580
會寧	会寧	2	675
		12	416,447
		14	174,182
海寧縣		8	610
海濱ホテル		45	175
盖平		7	450
海豐		6	565,567
開封		6	156,157,465
		7	253,284
		33	100,173
開封城		41	246,247
外蒙アルタイ省		30	182
外蒙古	外蒙	2	457,596,632
		3	373
		5	515,569
		6	320,327,330
		9	316,367,377,379,387

地　　名	别　　称	册数	页　　数
外蒙古		11	639
		12	133,138,157,226,264,567,568,569,570,571,573,574,575,577
		13	81,82,92,104,113,166,168
		14	93,107,146
		19	262
		29	231,233,234,236,237,238,239,240,242,244
		30	165,181,191
		32	42,43
		33	156,237,283
		34	2,3,4,5,7,17,19,25,26,34,44,45,46,47,48,49,51,52,53,61,62,63,227,312,473,478
		37	98
		42	122,181,184,251,261,584
		44	368
		46	424
		48	243
		49	403
外蒙古博克多哲布専丹巴呼圏克圏汗		29	233,234,236
海門		8	608
		11	23
カイヤオ	カイヤホ市	15	391,392,394,396,399
懐來		42	325
海龍		7	546
		8	234
		14	175
海林		2	540,541
海倫		2	530,540,544
		12	145
		42	569
		45	60
カイロ	カイロ市	7	528
		46	435
開魯		7	544
カイン街		27	238

地名	别称	册数	页数
カイ島		24	470,567,568
カヴイーエン		13	534
カウイット		20	47
カヴェダナアール		23	565
カウティン村		22	28
ガウン村		20	259
カエナ岬		13	602,631
カオ・クウプ		2	323
カオイオ・ポイント		46	532
加賀		18	294
河檜		27	596
カカス		46	573,576
カカナ村		22	374
カガノヴイドヴイチ区		13	39
カガヤン	カカヤン，カガヤン州,カオアヤン	9	260
		20	19,22,26,37,52,173,300
		45	298
		46	546
香川	香川縣	13	487
		35	504
香川縣丸某市本町四十六番地		39	239
河間		5	522,528
下關		2	462,671,675
		5	418
下關區	シャアクワン,下関	2	554
		5	555
		7	122,123,132,134,137,151,152,199,200,204,254,285,294
		44	510,521,522,531
下關九家坪		7	132,151
下關姜家園		7	134,151
下關魚雷軍營		7	132,151
下關魚雷軍營碼頭	魚雷營碼頭	7	132,133,151
下關興中門		7	57
下關興中門内北租師庵四六號		7	57
下關上元門		7	134,151

地　名	别　称	册数	页　数
下關石榴園		7	133,134,135,137,151,152,153
下關淺固里		7	131
下關草鞋閘	草鞋閘,下關草鞋峽	7	132,133,139,151,156,160
下關東砲台		7	134,151
下関渡固里		7	150
下關煤炭港		7	135,136,137,152,153
下關兵站處		7	136,152
下関门		7	294
樂會		6	551
樂群路		7	376,378
岳州		6	414,425,506,518,532,567
		29	413
		32	348,358
鄂湘		6	537
樂昌		6	519,569,571
鄂城		6	411,475,476,478,503,524
額穆		7	548
岳陽		6	156,343,413,473,506,567
額爾克納河		34	224,229
額尔都克布拉克		50	306
化縣		6	527
河源		6	564,565,568,570
賀縣		6	569
崖縣	崖縣城	6	546,548,549,554
嘉興		8	610
		16	57
		31	588
		32	416,489
		45	255
牙克石		12	552
鹿兒島	鹿児島,鹿児島縣	4	500
		5	300
		13	410
		17	59,62,63
		24	572
		26	179,183,186
		27	93
		35	504

地　名	别　称	册数	页　数
鹿兒島		43	444
		47	471,472
鹿兒島基地		38	44
鹿兒島縣給良郡横川町上之一〇六〇番地		32	422
鹿兒島市西田町	西田町	47	471,472
鹿兒島灣		38	46
カザクスタン		31	422
カザケウイチ水道		33	414
カザック		12	563
		50	214
重山		32	342
カザリン島		27	208,210
霞山會館		5	439
下三山		16	24
橿原		34	365
華沙河		12	153
カシュカルツイ		12	512
樺樹鎮		6	326,332
嘉祥		6	454
夏庄		6	452
牙城		6	542
		36	488
下城子		14	183
ガジル		50	131
花神廟		7	127,140,147,160
ガステイン		13	212
カスバル海峡		46	571
ガスピ		18	91
カスピ海		29	487
霞ヶ浦		43	226
霞ヶ關		5	301
カセウユ		24	526
嘉積		6	561
樺川		7	553
嘉善		32	416
下川山		8	68
牙莊		11	495

地　　名	别　　称	册数	页　　数
ガダルカナル	ガタルカナル,ガダルカナル島,カダルカナール島,ガタルカナル島	23	353
		25	98
		34	187
		39	22
		47	672
カタルナン・グランデ		20	46
カタンガラン・オバンド		20	420
華中		6	159
		8	600
		11	57,60,487,489
		38	408,409
		42	122
カチン		22	82
恰克國		29	233,235,241,244,245
カッカス村落		24	417
學宮	學宮縣,学宫縣城	7	374
		39	234,291
葛飾區		5	297
葛飾區本田淡之須町		5	296
合衆國太平洋岸		49	158
合衆國太西洋岸		49	158
葛店鎮		6	504
		32	347
カットカット村		20	21
鹿角		6	537
カップ・サン・ジャック		11	394,396,398
嘉定		6	259,260
		8	626
		44	502
カティプナン		20	225
カティワ		27	242
嘉手名		27	253
樺甸		7	548
		31	344
ガトインガン		20	38
カドカド		20	231
化德		5	511,532
カトバロガン		20	221

地　　名	别　　称	册数	页　　数
カトバ島		34	439
カトライ		24	199
カトン		46	553
カトンガ		21	325
神奈川	神奈川縣	5	299
		31	392
		35	504
		39	162
		46	29
神奈川縣川崎市下麻生六四八番地		39	290
神奈川縣足柄上郡金田村		42	415
神奈川縣熱海市伊豆山		32	497
神奈川縣浦和市常盤町	浦和市常盤町	39	162,164
神奈川縣大磯町		31	64,74
神奈川縣鎌倉郡片瀬町南濱		32	154
神奈川縣業山町		32	185
神奈川縣仙石原村		49	299
神奈川縣仙石原村春山莊		49	297
神奈川縣中郡大機町		5	296
神奈川縣平塚市平塚三五九四番地		45	400
神奈川縣藤澤市片瀬町二九三一番地	藤澤市片瀬町	50	587,589
神奈川縣藤澤市辰巳町五百四十五番地		40	483
神奈川縣三浦郡葉山町下山口字平六三〇	神奈川縣三浦郡葉山町下山口六三〇番地	45	9,16,17
神奈川縣横濱市港北區日吉本町		39	57,58
金沢		30	84
金澤市		6	103
		30	360
カナダ			参见：加奈陀

地　名	别　称	册数	页　数
加奈陀	加奈大,カナダ,加	1	15,18,34,53,309,317,321,463,482,543,551,566,567,614
		2	32,48,65,77,121,156,172,227,228,469,663
		3	396,397,401,402,407,411,494,554,556,669
		5	110,111
		7	500
		8	125,141,150
		10	207,223,249,268,455
		11	658
		14	427
		16	179, 366,583,600
		17	392
		18	354,355,356
		19	191
		21	273,275,277
		22	332,524
		25	532,534
		26	246,402,643,667
		28	578,614,615
		29	334,382,395,401,416,420,431,605
		31	33,201
		32	512
		35	60
		36	1,2,3,4,6,7,8,313,344,348,356
		38	566
		40	209
		42	147
		46	590
		47	184,311
		49	105,109,110,150,151,164,187,188,521
		50	73,506
カナダ自治領		29	258
河南	河南省	7	430,431,433,434
		13	98
		16	113, 150,154
		29	414

地　　名	别　　称	册数	页　　数
河南		31	463,553,568
		32	398,528
		33	155,173,197
		49	403
華南		11	487,488,489
		39	246
		42	122
華南沿岸		8	656,663,681
カナンガイ		20	263
河南路		3	453
カニボン		24	125
下任鎮方泉		6	456
カネオヘ	カネオヘ湾	13	598,600,629,630
		46	531,532,551
カネオヘ海軍飛行基地	カネオヘ海軍航空基地	46	535,536
カノコ		20	220
カノサス街六一〇番地		20	4
鹿屋		13	410
		38	54
花牌樓		7	145
カバカン		20	43,52
カパス		20	52
		21	164
カハスノパス・ブリッチ・デイテイル		20	23
カバナツアン	カバナトアン,カバナチュアン,キャバナトワン,キャバナトウアン,キャバナチュアン,カバナツアン駅	20	52
		21	83,128,219,223,224
		22	487
		25	418,490,506
		26	529,534,660
		27	424
カバヨ		20	317,320,321
カパラポカ		24	639
カバリ山		20	188
カバルチン		12	516
果哈勒哈		50	306
ガパン		20	52
		21	168

地　　名	别　　称	册数	页　　数
カバンカラン		20	22,52
カパングバンガン		20	300
カバンチャヘ		24	151,153
カピス州	カピッ州	20	21,225
カビリ		25	90
カピンガマランギ	カピンガラマンギ	50	109,157
カプアス河		23	314,335
カフィヤ		19	429
カブール		30	453
カブガオ		20	52
カブパテン		23	487
牙不利大錫鬼		12	152
カボ		27	488
華寶		8	595
瓦房店		5	648,649
河北	冀,河北省,直隷	2	392,434,436,621,624,626,627,632
		3	145,148,155,202,203,205,209,211,241,473
		5	502,503,512,521,533,566,567,568,578,580,591,594,595,596,597,598,599
		6	137
		7	337,338,340,345,348,349,352,355,367,543
		8	13,31,39,594,658,676
		11	55,57,61,168,170
		13	93
		17	509
		28	337,346,347,352
		30	277,471
		31	25,553,574
		32	462,531
		33	197,198,310
		41	214
		42	120,121,213,230,231,236,290,305,313,325,326,327,330,333,420,587
		44	364
		49	349,350,351,403
華北		2	269,271

地　名	别　称	册数	页　数
華北		5	522,523,524,530,531,533,535
		6	127,159
		7	350
		8	594,595,621,638,640,641,658,659,660,676,678
		9	359
		11	55,56,57,60,64,65
		15	616
		16	507,592
		17	188,509
		18	510
		31	605,606,609,610,611,612,613
		32	479,480
		33	71,192,195,218,219,228,229,231
		34	401,416,417
		40	483,484,485
		41	179
		42	120,122,124,126,127,128,129,210,211,212,288,303,304,305
		45	315
華北國		33	198
カボポ・ポイント		46	532
鐮倉		5	430,447
		37	34
		42	57
		43	189,193,221
		45	175,176
		49	451
鎌倉市大町名越二、二三四番地		32	478
鎌倉市腰越町		5	296
鐮倉市材木區		50	607
鐮倉市材木座一六八		44	241,243
蒲州		8	586
濂野川區田瑞町		5	296
蒲淞鎮		41	74
上		15	396,403,400,401
神池		27	490

地　名	别　称	册数	页　数
神岡		25	418
上川山		8	68
香美郡山田町		46	140
上高井戸		46	465,468
ガム・ビルデイング		27	332
カムチャッカ	勒察加	12	72
		14	13
		31	415
		34	46,47,309
		49	411
		50	221
カムチャッカ半島		11	622
		19	257
カムチャッカ州		12	75
カムチャトカノペ港	フムチャトカノペ港	14	119,120,121
カムバニロ		24	257
カムボン・バロー		23	407
カムホンクトー		22	263
カムボンバルー・タンチョンバガルー		23	567
カムラン		11	333
		13	499
カムラン灣	カムラン湾	11	307,315,358,363,365,394,395
		13	585
		16	335
		18	60,105,72,110
		43	334
カモーテス諸島	カモテス諸島	20	1,47,48,196,222,223
カモト郡		24	277
ガヤ島	ガヤ	23	32,74,76,102
渦陽		6	385
賀陽官邸		10	137
カラウァング	カラウァン,カラパン,カラウァグ	20	30,52,176
		21	149
カラウェーン		26	458
カラゴン	カルゴン	22	4,36,39,40,41,42,45,46,47,54
カラザル		29	562
カラダン		39	342

地　名	别　称	册数	页　数
カラハエフ		12	516
カラバフ		12	512
カラハン		32	89
ガラパン		15	350,351,352
		50	136
樺太	薩哈嗹島	2	81,82,86,112,113,146,147
		4	7,32,38,83,555,558,580,583
		5	155,299
		10	263,470,471
		11	527
		12	5,132,136
		14	93,227
		15	190,320
		31	416,630
		34	168,309,312
		35	426,503,527,528
		36	355
		44	32,45,196
		47	388,667
		48	43,212,243
		49	86,110,111,221
樺太島		30	189
樺太州		11	553
カラミヤン群島		20	52
カラムバ町		20	18
カラムピット		20	18
ガララ	garara	24	512,513,572,574
カラワット		25	43
カラワット飛行場	KARAWAT飛行場,カラワト飛行場	25	5,43
カラン		24	33,37,120,172
カランガニヤル		23	610
ガラング		24	55,56,147
カラング・バナス		23	536
カラングロード		21	312
カランサリ村		23	625
カランパ		39	446
ガランビ		48	279

地　名	别　称	册数	页　数
ガランビー		13	518
カリエド街	カリーエド街,カリーエド	21	1,2,3,4,7
カリオラング	カリオラン	19	52101
カリガラ市		20	3
カリジャチ	カリヂャチ	19	309
		23	427,438
カリドジャティ		23	434
カリナン		20	23,37,41
カリバオン村		23	614
カリビアン	カリビアン海	36	439
		37	295
カリフォニア・ノースホリウッド・カンプストン街		25	441
カリフォルニア	カリフォルニヤ,加州,キャリフォルニア州,カリフォニヤ州,カルフォルニア,カリホルニア,カリホルニャ	3	95
		13	377
		21	147,153
		25	47,48,280,281,282
		27	8,10,232,238,239,240,241,242,324,332,420
		29	291
		34	311
		35	234
		36	218,436
		45	169,179,180,182,183,184,185
		46	536
		49	157,158
		50	103,115
カリフォルニア街	カリフォルニヤ街	20	135
カリフォルニア州アルタデナ市北エル・モリノ街二三四六番地		25	261
カリフォルニヤ・サンチエゴ		40	308
カリベニン小區カランコバル區バンギャノガラ		23	564
カリマタガスパー海峡		18	61
カリマタ海峡		46	571

地名	别称	册数	页数
カリムンジャワ島		46	574
カリヤン	カラヤン島	20	52
嘉林		27	493
カリンダガン村		20	44
輕井澤		37	470
		41	37
		43	280,518,527,553
		47	531,541,679,683
		50	426,526
ガルー		46	574
カルカッタ		48	86,130,269,273
		49	169,170
カルカル		20	20,30,32,33,34
カルガン		14	94
カルゴング山		21	86
ガルシヤ・ヘルナンデズ		20	46
カルソン	カールソン	27	210
カルタゴ		50	373
輕棚	Kingpeng	7	544
カルタヘーナ		9	594
カルティバン・マアバド		20	166
カルト		19	429
カルパアン		20	231
カルバヨグ		20	221
カルビルド		21	36
カルムスカヤ		14	162
カルンガン		23	254,258,259
カレプイア街		27	240
カレリア		17	446
カレリヤ地峡		29	471,478,479,480,482
カレロ街		20	346,348
カレワ		39	341
カレン		22	72
		39	330
花蓮港		22	431,432,434
カレンニ		48	352
ガロエト		25	337
カロー		39	327,351

地　　名	别　　称	册数	页　　数
		44	251
カロリン群島	カロリナ諸島,カロライ一群島,カロリン,東カロリン群島	15	349,377
		25	142
		27	106
		36	429
		39	59
		50	126,139,141
河江		27	440,452,458,459,480,486,488,596,572,575
河口		8	587
川崎		5	418
		25	318,416
		40	88,328
川崎駅		26	9,17
川崎市大島町		5	297
川崎市片平七十六番地		33	411
川崎埠頭		26	17
河津		6	455
川奈		42	337
河邊		39	234,291
川鼻角		6	422,515
川鼻角砲台		6	515
カワンカワン		46	576
ガン		20	52
贛南		7	549
灌雲		6	528
灌河	灌河口	6	533,538,541
丸龜		13	566
罕奇英安河		46	356,359
関溪鎮		6	480
莞口		6	464
漢江		11	22,23
漢口	漢口市	2	481,661
		3	217,220,227
		4	500,585
		6	150,151,156,277,294,295,340,342,343,351,353,369,370,372,374,378,394,397,399,401,411,412,414,466,471,473,474,

地名	别称	册数	页数
漢口			475,476,477,482,484,488,490,497,499,503,504,505,506,507,525,547,567
		7	37,165,177,179,225,227,242,243,247,248,249,251,252,253,257,258,273,274,278,279,280,282,284,286,287,291,513
		8	34,63,91,557,580,585,586,611,621,628
		9	399,410,412,414,416,417,419,421,422,423,424,427,428,430,440,443,444,445,447,449,450,451,453,457,459
		10	574,591,600
		11	13
		12	382,400
		15	396,403
		16	31, 125,282
		25	161,189,190,193,194,195,198
		28	266,338
		29	13,14,104,107,138,390,405
		30	488,535
		31	61,485,486,490,520,521
		32	20, 28, 79, 108, 158, 196, 308, 322, 323,327,328,331,332,334,338,341,342,343,347,348,351,352,353,358,359,360,364,365,366,374,375,377,401,402,423,425,427,428,430,432,433,434,435,438,439,440,462,467
		33	96,271,275
		39	242,246,254
		41	294,312
		42	143,147,148,183,186,219,351,592,594,595
		43	171,174
		45	512
		47	285,312
		49	356,376,377,491
咸興		12	446,447,459,460
漢口市日本租界		32	447
漢口通		7	90,93
漢口日本租界		49	377

地　名	别　称	册数	页　数
漢口路		7	237,268
漢口路五番地		7	234,265
韓國	韓国,Korea,韓	2	79
		4	283,374,383
		5	229
		17	501
		29	220,222,223,225,226
關西	関西	41	476
		43	274
		44	576
カンサス州レーヴンワース要塞		37	289
含山		6	461
ガンジス河		19	227
甘粛	甘肅省	5	573
		6	368,417,507,510
		7	431,433
		8	2,3,10,103
		9	317,367,380,387
		11	25
		13	98
		30	174,182
		33	177,178,179
甘珠寺		50	306
甘珠寺廟		50	332
甘珠爾廟		13	104
		33	284
巖杵	厳杵	33	324
		46	358,359
寛城子		2	525
		3	437
		12	141,143
		30	385,408
		32	559
桓仁		7	547
		14	162
漢水		32	347,385,432,439
漢西門		7	131,150

地　　名	别　　称	册数	页　　数
漢西門外廣東共同墓地		7	131,150
贛泉巷西倉山		7	129,149
神田		18	203
神田區		5	298
神田錦町錦輝館		5	229
乾岔子島		47	574
カンチャナブリ	カンチャナブリー	9	108,130,155,181,183,197,215,243,245
緩中		42	621
漢中街		7	83
漢中門		7	141,156,160
漢中門外二道桿子		7	132,151
漢中路		7	129,149
寬甸		7	547
關東	關東地區	5	299
		35	504,544
間島	カントウ,カンドウ,間島省	2	477,489,496,497,500,501,502,503,510,525,531,545,573
		5	493,645
		7	541
		11	549
		12	82,137
		14	151
		30	429,437,583
		31	277,381
		40	488
		45	77,101
		49	443
冠頭角		6	521
關東州	関東州,Kwantung Province,関東洲,関東,ケントン	4	34,40,307,575,579,583,584
		5	321,649,652,666
		6	29
		7	509,537
		8	68,149,327,429,455,463,599
		9	13,14,15,16,17,18,83
		11	447
		12	5,52,275
		14	582
		15	25,36,320

地　名	别　称	册数	页　数
關東州		16	618
		17	299,491
		25	635,636,639,640
		26	29
		29	397
		30	72,258,259,260,293,311,429,430,498
		32	552
		34	175,182
		35	441
		36	316,317,365
		39	18,290
		40	49
		42	410,411
		44	44,45,47,49,52,196,197,405
		47	667
		49	84,94,96,98,110,121,148,149,202,205,224,225,226,227,228,229,230,231,232,237,238,240,244
關東州租借地	關東租借地,關東洲租借地	2	256,435,458,546,580,583,602,603,620
		5	623
		29	398,407
		31	15,218,237,238,324,338
		49	225,226,230,232,235,237,238,239
関東省		7	372,539
間島省		7	550
関東都		4	361
廣德		32	416,489
廣東	広東,廣東省,廣东	1	399
		2	407,417,420,429
		3	217,220
		6	72,122,156,189,268,277,337,343,344,347,349,358,369,370,387,414,417,419,420,421,423,424,426,440,452,462,465,468,469,470,472,476,482,484,488,490,493,505,508,510,511,512,514,535,542,546,547,550,552,553,555,557,558
		7	309,430,431,497,126,514,572

地名	别称	册数	页数
廣東		8	73,74,76,78,79,80,567,585,578,605,606
		9	166,432,444
		10	62
		11	13,22,92,298,311,436,498
		12	204
		13	98,501
		14	132,338
		15	309,310,311,312,314,396,403
		16	28,31,115,125,167,237,258, 268,610,615
		17	489
		18	483
		19	126,130,154
		21	214
		24	281
		25	88
		26	526,568,605,610,651
		27	584
		28	279,306,417
		30	170,300,304,306,501,505
		31	464,553,572
		32	90,195,404,459,530,566
		33	12,47,97,120,155,173,279,281
		38	349,350,451,465,574
		39	233,234,239,240,242,246,247,251,260,261,266,267,290,291
		41	34,50,93,226,294,312
		42	131,143,147,148,183,186,233,278,279,282,613
		43	171,174
		44	592
		45	177,178,186,478,512
		46	70
		48	239,426,433
		49	491
廣東黄埔		6	450,451
廣東省潭江		6	530

地　名	别　称	册数	页　数
觀音庵		7	125,126,144
カンバーウェル	カンバーウェル街	24	472,520
東坡塞		28	151
カンバル	カンパル	9	262,283,284
		39	168
カンバレー		24	350
カンフォート		27	262
カンブリ	カングリ	22	137,150,151,165,187,189,191,193,194
ガンベッタ街		27	502
カンボエングセンテイング		24	536
カンボジア	カンボジャ,カンボチャ王國,カンボヂャ,カンボヂア,カンボジア國,カンボヂャ,カムボジャ	11	96,97,116,213,214,367
		19	228
		37	330
		46	248
		47	515,675
		50	207
カンポング・ピアサン		23	99
カンポンバルー		23	582,583
韓村集		6	463
漢陽		6	461,476,484
		8	591
		32	347,359,385,432
漢陽龜山		6	326,332
觀樂街		5	65
甘露寺		10	143
カンークイヌ		11	168
ガン市		29	340

キ

地　名	别　称	册数	页　数
ギアナ		48	140,279
キアリフォーニア		27	252
ギアンカ		20	27
ギイトホールン		24	186
キーバ		24	366
基隆	基	11	142
		15	316,400,401
		22	436,452
		34	439,466
基隆港		13	479,495,510

地　名	别　称	册数	页　数
義烏		6	567
キウダ		12	62
キエフ州		27	618
キエラン		25	441
紀尾井町		29	128
		43	314
琿河驛		42	392
几几城		45	43
菊川國		4	470
キクチク		12	369
貴溪驛		6	537
貴縣		6	519,528,530,531,571,576,577
沂縣		42	433,588
義縣		14	190
宜興		2	660
		6	457
奇克		12	296
		14	196,199
冀察	冀,察	6	286
		11	57,63
		31	503,568,569,571,572,586
		49	347,350,352
宜山		6	531
キジー		19	224
貴州	貴州省	5	553
		6	531,556
		7	430,431,433,516
		8	91,103
		13	98
		29	410,411
		38	350
		42	158
		48	412,422
紀州		13	484
沂州		6	447,456,460,543
紀州港		13	566
琿春		11	549
		12	153,296,302

地　名	别　称	册数	页　数
琿春		13	11,12,41,62
		14	184
		27	689
		29	232
		33	325,326,395,411,412,413,414,429,456,458
		34	218,352
		46	358
		50	285
琿春河		33	319
琿春卡倫		46	356
琿春縣		2	501,502,503
琿春小哨		13	18
琿春頭道溝		30	277
宜昌		2	661
		6	157,378,473,537,567,568,569,570,571
		16	116,117,257
		29	152,390,412,414
		33	280
歸綏		6	156
沂水		6	447
キスカ		46	551
揮善達克沙漠		14	106
北愛蘭	北部アイルランド,北アイルランド,北部愛蘭,アイルランド聯合王国	2	5,31,65,76
		22	177
		47	315
北愛蘭ベルファスト・クリフトンヴィル路		25	515
キタスキー街		7	474
北阿佛利加	北アフリカ,北阿,北亜弗利加,北方アフリカ,北アメリカ	10	383,438,679
		19	188,336
		29	539
		36	165
		37	475
		46	373,377
		47	366
		49	210,554,577
		50	349,368

地　名	别　称	册数	页　数
北イロコス		20	52
北ウェイル		22	536
北江		6	535,536,565,571
		39	242
北樺太	北サガレン	10	264,340,470
		11	297,322,386,528
		12	72,73,82,136,137
		14	121
		16	82,293, 302
		17	75
		29	293,294,295,296,298,299,301,303,304,309
		30	156
		34	35,45,278
		39	18
		43	81,119
		47	334,340,348,353,354,361,375,578
夾河		32	385
北キシカ		12	370
北九州		41	476
北区西ヶ原町		46	341
北国東北		15	216
北クンタカル		19	225
北高架索		47	351
北四川路		3	452
		30	522
		49	370
キタダ・カゲタカ		23	377
北大西洋	北部太西洋	29	539
		36	419,420
		49	119
北太平洋		38	30
		39	22
北多摩郡三鷹町		5	297
北多摩郡神代村大町		5	297
北多摩郡神代村		46	47
北多摩郡武藏野町吉祥寺		5	296

地　名	别　称	册数	页　数
北千島		46	426,428,429
北察哈爾		5	511
		8	4,5,7,8
北中國		32	306
北フイツロイ		21	333
北ブケスタン		12	516
北ベラルディ		19	225
北ボルネオ東海州サンダカン		40	259,278
北門外		39	234,291
北門橋		7	112,124,144
北ローデシャ	北ローデシァ	36	4,8
吉安		6	326,332,379,470,477,528,575
		7	547
吉林	吉林省,吉林市,チィリン,キリン	2	408,436,446,448,476,496,522,525,536,537,541,543,544,545,558,559,563,566,567,570,572,574,581,596,624,644,664,676
		3	439,446,536
		5	488,493,494,499,617
		6	631
		7	471,475,536,541,548
		8	234,240,246,252,287,291,346,347,348,365,376,414,418,430
		12	154,211,271,470,476,554
		14	129,174,175,182
		16	588
		28	285,288,316
		29	170
		30	278,352,386,387,388,389,390,391,392,407,414,418,434,435,442,469,493,495,577,583
		31	191,277,319,344,375,376
		32	559
		41	14,194,195
		42	408,569,570
		44	356,445
		45	46,47,48,49,50,51,63,100,515

地　名	别　称	册数	页　数
吉林		46	334
		49	439,444
冀東	冀東地區	5	580,591,603
		7	498
		8	609
		31	541,599,610
		33	197,312
		42	230,231,232,305,313,326,330,333,334
		49	350,351,352
木戸内府		17	135,139
遼東灣		29	147
歸德		6	461
ギナベイ		20	263
輝南		7	546
冀南		5	522,528
		6	137
キネルート		23	73
紀念碑路		49	370
綦盤洲		6	524
启府		12	511
岐阜	岐阜縣	4	440
		5	299,418
		35	504
宜風鎮		6	570
岐阜縣武儀郡関町倉知八八五番地		42	78
宜豐		6	565
キマニス		23	76
ギマラス諸島・ベナヴィスタ		20	27
キャイクト	キャイクトー,キャイクトウ	22	11,28,83,86
ギャウングビュトタウ		22	64
キャスキン・ロード二十番地		25	519
キャスケード山脈		7	26
キャタリナ		37	436
キャヒテ		46	550
キャランバ		20	178,181,185

地　名	别　称	册数	页　数
ギャロニト		22	547
喜屋武		27	254
キャンギイ		21	502,504
キャンドウ		9	245
キャンラハ村		22	60
キュー		21	502
舊英吉利租界		6	402
九江		2	408,661
		6	156,343,351,354,401,402,407,435,452,470,472,473,474,475,477,478,498,499,500
		8	611
		16	262, 263
		31	486,489
		32	79,338,347,351,364
		47	231
九江港		6	404,406
九江棧橋		6	435
九江路		7	299
キュウサンル		7	100
九州	九州地區	1	4
		5	300,423
		13	460,469,559
		14	6,7
		15	190,237,244,259,261,344
		18	29,147,167,187,291,200
		22	318,488,494
		25	405
		29	145
		35	504,544
		39	203,242
		43	173
		44	576
		47	278,312
		49	111,459
九州大牟田		25	330
牛莊		6	624,625,646,647
		16	588

地　　名	别　　称	册数	页　　数
		40	515
キューチング		23	203,204,207
舊獨植民地		47	331
舊獨領		16	298
旧獨領委任統治諸島		10	181
舊獨領南洋委任統治地域		47	331
玖馬共和國	玖瑪,キュバ國,キュウバ,キュバ,キューバ共和國,キュバ共和國	1	169,237,309,322,347,390,416,463,482,543,552,615
		2	7,35,51,67
		3	402
		18	456,459
		19	226
		29	258,346
		42	147
		49	84,85
九番地		8	41
キューバンバ・バゴング		20	165
九門口		5	499
九龍	九龍市	14	23,24,33,34,37,38,39,40
		22	318,332
		29	399
		44	590
九龍市街北方郊外地區		39	285
九龍半島		39	278,279,282,284
舊露西亜帝國		2	411
キュエスタア		21	15
キュエル・レビュブリック		27	486
キュバマ部落		20	164
キュベック州	ケエベック州	22	298,332
キュラソウ		49	158
貴陽		6	578
		29	411
京漢線以西地域		32	398
恭城		7	381,383,385,387
响水港		11	23
京都	京都府	2	407,659,674,676
		4	69,271,532

地　名	别　称	册数	页　数
京都		8	34
		28	290
		29	145,165
		30	193,248,251
		35	504
		41	476
		43	194,195
		44	347
		45	174,187
		47	228,234,268
京都市		5	191,193,299,418,447
京都市左京區下鴨芝本町六十四番地		40	483
京都府久世郡大久保村伊勢田		25	402
京都府相榮郡草内村		25	402
鏡泊湖		8	361,379,431
		29	232
京佛		11	29
清瀾		6	548
清瀾港		6	549,558
共和爾村		50	332
清河		6	127
局子街		5	637
		45	101
極東	極东,遠東	2	90,394,395,406,412,457,471,523,632,633,654,656
		3	3,45,144,156,158,163,201,212,218,219,225,236,253,273,281,308,325,377,391,400,411,432,434,435,477,492,494,496,523,524,539,543,558,559
		4	543,544,618
		5	301,314,321,353,362,394,420,464,465,575,588
		6	216
		7	434,437,508,537,565
		8	545,548,549,551,552,581

地名	别称	册数	页数
極東		9	317,318,367,368,377,379,380,386,387,438,440,465,611
		10	37,76,77,79,97,100,321,395,397,398,455,456,465,468,481,508,533,541,542,546,614,648,669,670
		11	46,49,54,64,70,71,72,74,105,106,124,147,149,158,161,164,165,193,194,195,196,247,265,420,425,429,519,522,550,604
		12	75,130,131,132,134,152,155,183,195,196,216,217,229,231,309,465,521,528
		13	17,73,75,78,81,127,128,206,231,236,286,339,348,662
		14	107,143,152
		15	533,564,566,598,599
		16	5,6,9,11,31,42,48,49,97,106,118,128,135,216,292,327,328,329,335,336,337,346,349,354,382,418,456,469,490,507,516,548,552,602,617,630
		17	205,206,233,419,474,490,495,499,541
		18	5,67,78,81,87,189
		26	666
		27	2
		28	204,206,222,234,239,305,343,511,523,541,542,556,572,574
		29	194,209,211,447,449,457
		30	181,188,190,451,475,480,485,488
		31	2,7,209,214,240,243,244,354,415,416,417,422
		32	44,304,309,311,567
		33	64,236,253,281,282,389,460
		34	34,125,141,154,155,165,153,168,170,171,172,174,178,183,280,303,310,311,319,333,474,487,488
		35	26,37,38,44,168,174,193,203,245
		36	18,158,163,236,249,264,273,276,285,401,421,431,433,442,498,526,545,561,563,564

地　　名	别　　称	册数	页　　数
極東		37	21,23,24,56,92,93,96,97,98,103,187,200,201,203,204,300,333,510
		38	80,182,430,431,457
		40	472
		41	22,23,24,77,135,154
		42	7,15,16,17,23,24,26,27,28,63,86,111,113,177,178,261,262,346,580,590
		43	237
		44	568
		45	106,173
		46	162,189,230,398,435,502,527,528,529,530,538,552,577,599
		47	47,86,153,155,236,257,301,303,305,310,312,317,331,332,336,337,339,352,356,358,360,362,363,429,549,626
		48	154,262,270,396
		49	43,84,105,114,171,200,412
		50	221,227,233,240,281,351
極東共和國		2	143
極東西伯利		12	91
極東ソ領	極東ソビエート	11	525,541,542,597
		19	189
		45	343
		47	337,339
		50	350
極東蘇領海		12	96
極東ロシヤ		11	525,527,528,529,530,533
		12	463
曲阜		6	448
		33	173
曲沃		6	455
墟溝		6	385,541
許洲		6	156
御史樓		7	145
キョンカヤ		22	207
キョンタカ		22	234
キョンラナ村		22	5
キラス湾		18	60

地　名	别　称	册数	页　数
キリア		50	394
キリカン		22	253
希臘	希臘國,ギリシャ,キリシャ	1	19,98,108,171,180,204,215,239,309,322,327,348,356,391,416,442,463,483,543,554,561,616
		2	37,53,69
		3	109
		10	381,382,383,437
		12	563
		18	118,468,469
		28	108,583,586,589,630,631
		29	225,572,582
		35	87,136
		36	387
		38	233
		39	68
		48	64,263
		49	156,171,188
ギリシャ半島		28	585
ギリシャ植民地		28	585
机溜鎮		6	524
麒麟門		7	292
キルカン		44	262
キルダロード		24	267
ギルバート	ギルバート群島	25	76,114,115,116,117,127,133,139,142
		39	16,22
ギルバート群島	ギルバード群島,ギルバート島,ギルバート諸島,ギルバート	19	224
		27	78,232,233,235
		50	141,142,154
キレナイカ沖		17	444
キンウケーヨク		22	203
近衛公官邸	近衛邸	48	18,80
錦廈		6	449,450,451,452,456
金華驛		6	567
金瓜石		22	429,437,439,452,453,454
近畿		35	504,544
近畿地方	近幾地區	4	69
		5	299

地　　名	别　　称	册数	页　　数
キングマンリーフ		46	551
錦縣		7	549
		14	190
欽縣	欽縣市	6	480,528,529,530,576,577
		11	92
忻康里		8	96
銀座		5	11,51,52,53,54,57
錦西		41	9
キンサイヨーク	キンサーヨーク	9	130,212,229,243
銀座食堂		5	432
銀座四丁目椎名事務所		36	215
金山		13	93
金山寺		44	550
キンシオック	キンシオワク	22	146,170,172,173,174
金州	金洲	16	590,591,592
		30	249
錦州	錦洲,錦州省	2	408,525,534,536,537,542,545,546,556,557,570,669
		3	441,446,450
		5	74,480,496,497
		7	542
		8	346,347,365,376,416,431
		14	128,129
		15	588
		16	589, 590
		28	327,328
		30	352,383,392,393,401,403,404,405,406,439,440,441,494,583
		31	46,47,277
		32	563,564,565
		41	6,7,8,9,14,71,99
		44	356,357,364
		45	47,51,52,59,60,61,62,63,65,505
		47	301
		49	244
欽州		6	531
銀洲湖		6	527,575
欽州湾		11	24
錦田		39	278

地　名	别　称	册数	页　数
近東		2	332,333
		10	115,636
		11	648
		13	287,288
		14	487
		15	565
		19	190,193,336
		28	523,556
		36	165,488
		47	195,365
		49	571,577
金牌門砲台		6	536
金門島		6	351,352
金龍亭		5	201

ク

地　名	别　称	册数	页　数
ク		15	400,401
ク・リン寺九番地		7	121
グアダルカナル島		26	512
グアデマラ	グワテマラ,グァデマラ國,グァテマラ國,グワチマラ	1	171,204,239,348,392,416,616
		3	396
		19	226
グアム	グワム,グワム島,グアム島,ガム,ガム島,グアム,グアム島,大宮島	2	138
		9	223
		10	403
		11	213
		13	392,394,402,403,429,474,475,476,477,478,480,482,483,484,489,491,492,494,495,498,442,450,466,467,570,574,575,578,581,584,642
		15	354
		17	376,437
		18	12,90
		25	461,474
		26	41,374,381,387,430,567
		27	124,183,204,208,324
		30	427
		36	433
		37	422,436,468

地　名	别　称	册数	页　数
グアム		38	430,454,567
		42	113
		46	528,531,549,550,551,552
		48	264,292
クアラ・パーマット		17	418
クアラ・バラット	クアラ・バラト,クアラベラワト	23	25,41,42,43,44,45,50,60
クアラルンプール	クアラランプール,クアラ・ルンプール,クアラ・ルムブル,クアラウンプール	9	263,270,284,301
		21	497
		23	572,573,599
		39	168
		42	526
グアン		12	476
クイーン・メアリ病院		39	214
クイーンスランド	クインスランド州,クイーズランド州,クインスランド	21	379
		22	167
		23	308,353
		24	586
クイーンスランド・アミテイー・ポイント		23	450
クイーンズ街五十二番地		23	209
クイビシェフ		34	282
		47	486,683
クイブシェフカ	クイブセフカ	14	118,119,120,194,195,196,199,200
クイリナーン		34	482
クインラン		25	482
クインース街		39	222
クースキャ		26	314
グーバン		13	441
クーヨング街五一九番地		22	398
庫倫		29	235,236,238,239,240,241,242,244
クェセリン		27	78,81,84,85,89
クエゼリン	クェジェリン島,クワシャレーン,クェジェリン,クエゼリン島,クウエゼリン,クワゼリン,クウエゼリン島	13	473
		18	11,12,13,72,83,105
		27	21,78,81,84,85,89,95,98,99,100,101,102,105,110,111

地　名	别　称	册数	页　数
クエゼリン		34	252
		37	387
		39	59,61,63,156
		50	123,143,153,155,157,161,162,163
クエゾン		20	231,381
クエンカ		20	167
クオ・ツウ通		7	114
クオ・ツウ通二四七號		7	115
クオウフウ・ルウ		7	103
クキン街		22	22
鵠沼		42	207,208
		50	419
クサエ	クセイ,クサイエ	50	119,126,157
九十九里濱		43	524
クシラスーム		50	332
クタイ地區		19	52
クダツ		46	564
クタパン	グタパン,ケタパン	23	276,347,378
クタパング		23	336,338
グチコヴスキー地区		27	615
クチン	クッチン,クチング	21	368
		23	28,29,37,38,40,41,42,50,61,63,70,114,115,116,128,131,155,164,165,168,171,172,174,175,176,179,182,184,185,188,189,191,193,200,206,210,316,546
		46	565
クック	コッカ	19	225
		29	481
クック海峡		39	33,65
グッドエナフ島		24	591,594
グテドウハ		33	398
クナリ港		22	499
クヌング・アピ		23	268
クノールーン九龍		22	347
クバン		46	571,575
クパン		48	426,437,439
クハンガ		26	593
クパング		24	200,212,219,220,221,222,253

地　名	别　称	册数	页　数
クブー		23	350
熊本	熊本縣,熊本市,熊本県	4	402
		5	300
		12	222
		24	277
		27	542
		30	135
		35	504
		46	297
熊本縣阿蘇郡柏村		39	246
熊本縣上益城郡御船町大字御船七六〇番地		32	321
熊本縣鹿本郡吉松村龜甲八八一番地		32	369
熊本縣玉名町大字中一、三七六番地		32	416
熊本縣本縣飽託郡河内村二六零九番		41	355
熊本仲間町一七番地		39	233
伍祐場		6	461
クムブ・タマカン・クドース		23	576
クヤオチ湖		13	57
句容		32	489
		44	484,520,584
クラ		18	22
クラークフォト		27	240
クラーク飛行場	クラークフヰルド	45	248,293
クラー地峡	クラ地峡	5	361,363
		10	630
		13	503
		36	284,286
クライ	クレー	21	449,505,506
クライド		22	530
貝爾達賴湖		40	493,497
クライノフ	カランティン	50	285
クラウン山		46	546
グラスゴウ		25	491,519

地　名	别　称	册数	页　数
グラスゴー・ジョルダン・ビーチウッドドライブ八十六		23	3
クラチェ		27	450,541
クラットン通		24	552
クラテン		23	586
クラファーズ		24	79
クラムブナ		23	78
グラン・ラック州	グラン・ラック	2	321,322
グランヴィルイースト		13	531
クランギー		21	385
クランデ河口		46	554
クランレイ		42	33
		45	144
		46	380
グランレー・サレー		44	480
クラ半島		5	361
		36	284
クリア	クリヤ	25	114,115,119,121,122
クリーウランド		22	482
クリーク		3	168
グリーン・ヒル		7	169
グリーンビール		21	127
グリーンランド		29	524,525,526,527,528,529,530,531,532,533,534,535,536,537,539
クリシナ河		27	354
クリストバル		36	152
クリスマス島	クリスマス群島	19	227
		46	551
クリッパー		46	547
グリニッチ	グリーンウィチ	11	622
		17	378,379,380,381,382,383,384,385,386,387,388,389,390,391
		29	147
		37	257,258,259,260,261,262,264
グリニッチ島		50	109,134,157
久里濱		41	35137
グリフィススバーク		26	314

地名	别称	册数	页数
グリプスホルム	グリイプスホルム	21	163
		39	220,228,229
クリフパレイド		24	129,130
クリミヤ		9	477
		12	512
		46	53,166
クリムススキ		12	511
クリリスキー海峡		14	61
枯輪海		34	5
クルアン		9	263,284
クルアン・クライ		22	174
グルーヴロード		21	312
グルカー		22	89
クルガン市		50	231
クルジャ	グルジャア,グルジャ	12	505,507,508,515
グルジン		12	515
クルトコロワ		12	366
久留米	久留米市	5	419
		22	318
		44	51
		47	228
クルモンレ・フェラン	クレルモン・フェラン	27	589
グルリト		46	502
クルリンゲ		24	580
グレイト・ウエスクーン街		25	205
グレイトナツナ		14	45
クレヴァト		25	42
クレヴァト飛行場		25	42
大奴湖		19	226
クレーフィールド		24	586
クレーン・インス町		24	532
クレブラ島		46	551
クレムリン		34	358
		47	575
九連城		7	442,451
クレンダー		23	586,614
クレンヂ・テンガ		46	556

地名	别称	册数	页数
グレンファーグ		22	530
クロアチア		9	543
		10	326
		19	188
クロースネット		13	540,541
黒河		8	358,418
		12	135,145,207,211,271,273,276,296,302,470,553
		14	118,142,143,145,152,174,183,188,192,199,200
		31	16
		34	161,162,164
		41	200,201
黒河省		7	542
		30	583
黒島		13	416
グロデコヴォ		33	398
グロデコーオ		14	111
クロデコフ		14	144
クロメニー・ウェーヴェルシュトラート七三番地		23	486,491
黒山		8	593
グワテマラ		38	566
桑名		5	418
		43	311
クワラルンプール		23	625
クワロンメ		29	184
クワンタン		9	260
グンウル		27	242
クンダッキー州		25	503
君府		12	510
		30	453
群馬		5	299
		35	504
郡馬縣		41	476
群馬縣前橋市		31	175
群馬縣前橋市南區輪町八九		42	548

地　　名	别　　称	册数	页　　数
軍糧城	軍量城	5	522
		6	126
		11	68
		29	189

ケ

地　　名	别　　称	册数	页　　数
惠安		8	58
瓊崖		6	550
薊河		44	365
雞冠山		7	451
慶興	慶興市	12	296,437,440,446
		33	411,413,414,416,429,459
		34	146
慶興要塞		12	437,438,442
瓊山		6	544,548
惠州		6	483
		16	28, 280,396
		42	339
荊州		6	565
慶州		12	417
瓊州		6	469,532,534,544,555,558,560
		11	5,23
京城	京城府	2	671,675
		5	642
		12	165,416,417,419,420,421,433,445,446,447,439,452
		13	493
		26	49,510
		29	220,227
		33	459
		39	414
		42	491,492,493,495
		44	46,454,455
		45	2,3,11
		50	183
京城府龍山町		42	485
京津	京津地方	29	5
京津地帶	京津地方	44	365
		2	467

地名	别称	册数	页数
京津地帶		5	315
		6	286
瓊東		6	535,548
桂東路		7	376
雞寧		14	183
京濱		40	75
京濱運河		26	9
京濱港芝浦地區		26	8
桂平		6	519,569,571
桂北路		7	376
京奉陸橋		30	455
		42	392,393
慶北安東		12	417
ケイモブ		24	172
荊門	荊門縣	6	537,567
		7	306,309
		16	116, 150
ゲイラングロード		21	312
桂林	桂林市	6	482,527,528,569,571,573,575
		7	376,378,379
		11	25,498
		16	116
		32	370,404,408,456,458,459,465
		39	242
		44	367
桂林河		12	141
ケープタウン		49	181
ケオノイ	チオノイ河	9	153,169,172,175,176,180,183,184,187,199,214
華巖寺		7	135,152
ケシケテン・バンナー		7	485
科爾泌左翼後旗		40	342
ケシリイール		23	636
ケスウック		13	544
ケソン	ケソン市,ケゾン市,クソン	20	50,377,378,402,409,410,411,416
		39	441
		48	85,87,271
ケダ州	ケダー	9	268,269,300,301
		19	217

地　名	别　称	册数	页　数
ケダ州		46	556
		48	209,382
ケッテレル街		29	188
ケディリ		24	13
ケナルテル		27	512
ケニヤ	ケニンゴー	42	549
ケネアング部落		24	419
ゲネイ島		15	384
ケフタ		12	368
ゲペウ屯所		13	12
ケマ		46	571
ケマス		39	168
ゲマス		9	263,264,284,285
ケマビュー		39	330,351,352
ケマヨウン		23	597
ケムポン		23	625
ケムルク		13	52,53
ケムルクキ		13	54
ケムルクヒ部落		13	24
ケヤンクフィン丘		13	62
ケランタン		19	217
		48	209,382
ケランタン州		9	268,300
ケラン河		9	305
ケリカイ		24	200,269
ケルーマエキ		17	447
ケルトソノ		23	441,442
ケルトバテイ		24	175
ケルマン		46	556
ケルレソ河		50	332
建安		27	447,523
建甌		6	454,465,471
獻縣		5	522
甄山		33	412,416
鹽城		6	461,462,538,539
ケンシントウ街四六二九番地		22	296
ケンダリ		20	49
		24	286,320,322

地　名	别　称	册数	页　数
源潭		6	480
ケンデボキャンプ		25	70
ケントン		48	209,352,382
ケント州	ケント縣	21	499
		22	436
ケンヒン・ケムルキヒ		13	57
ケンフン	キエンフン	13	20,24,52
建平		7	479,543
ケンポントー		22	264
ケンヤ		49	148,149,181
ケンリー		46	565
コ			
呉	呉港	13	435
		27	30,35
		34	252,253,254,255,256
ゴア		50	522
固安		8	13
		41	214
		42	325,330
		49	349
小石川區		5	296
小石川區大塚坂		5	296
小石川區水道場		5	297
小石川區西江戸川町		5	296
小石川區高田豊川町		5	296
古依廊		7	124,142
甲		15	396,403
公安		6	567
興安	興安省	2	572,573
		8	321
		11	543
		31	277,375,598
		34	130
興安駅		12	470
興安山地		12	140
江安乗合自動車停留所		7	20
興安西省	興安一西省,興安一西	7	485,541,542,544,545
		30	583

地　　名	别　　称	册数	页　　数
		40	522
興安東省	興安一東省	7	542
		30	583
興安南省	興安一南省,興安一南	7	541,542,545
		30	583
興安熱河		7	471
興安北省	興安一北省	7	542
		30	583
		34	4,5,6
廣安門		31	499,502,503,506,552,554
興安嶺	興安岺	6	267
		12	140,143
		14	127,131,152
		30	468
		34	18,105
江陰		6	574
		32	260
衡州		33	219
黄州		29	411
高慧門		7	442
高園寺		46	35
興化		6	536
		11	23
黄河		6	204,206,446,457
		8	157
		9	444
		16	229
		32	54,513
		33	275
		41	247
		49	403,491
紅海		11	648
		48	269
		49	181
黄海		2	436
江海		11	599
江界		14	184
興凱湖	ハンカ湖	12	217,226
		13	2,3,9

地　名	别　称	册数	页　数
興凱湖		14	144
		31	16
		33	43,319,321
		34	230
黄海沖		6	361,466
黄海北岸		29	147
香河縣	香河	5	501,566
光華門		44	492,493,499,500,507,509
孝感		6	370
		29	415
浩罕	コーカンド	33	320,321
江漢路附近		32	431,440
洪儀		50	551
洪儀驛		33	412
廣九		15	312
興京		14	162
虹橋飛行場		2	548
		49	370
		32	103,156
虹橋墓地		49	370
高橋門		7	145
璜溪子驛		6	532,578
黄溪頭		6	483
亳縣		6	465
虹口		3	166
		8	96
		16	231
		30	528
		34	463
		41	74
		49	370
黄江		7	569
江口		6	425
窖口		6	524
昂昂溪	昂昂溪驛,昂々溪	2	530
		3	444
		12	183
		14	173
		30	401

地　　名	别　　称	册数	页　　数
		45	59
虹口公園		41	74
		46	348
虹口地區		32	137
皇姑屯		30	363,371,373
		42	393
廣濟		6	479
		32	374,432
膠済		8	586
黄沙驛		6	567
高沙嶺		42	325,330
		49	349
廣三		15	312
光山		6	479,480
衡山		6	568
香山		6	477,527,528,575
興山鎮		12	296
香山洞		33	458
交趾支那		2	414
		11	367
黄島		6	452
麹町區内幸町東洋ビル三階		5	232
麹町區永田町		5	228,234
麹町區平河町		5	230,231
磊石山		6	532
光州		12	419,420,421,433,445
		42	493,497
廣州	廣州市	6	484,531
		13	98
杭州	坑州,抗州	2	407,660
		6	184,185,187,446
		7	211,245,276,513
		8	129,599,600,602,610,611
		16	55, 243
		29	152
		31	483
		32	416,417,502
		33	173

地名	别称	册数	页数
杭州		34	181
		41	294
		45	304
		46	62
黄州		6	411,524
甲州		26	512
江州		26	559
膠州	青岛	29	175,209,211,397,398
濠洲	濠州,濠洲聯邦,濠州聯邦,オーストラリア聯邦,濠太利聯邦,オーストラリア,濠州,濠,澳大利亜,オーストラリヤ,濠太利,AUSTRALIA	1	15,20,25,53,309,317,321,463,482,543,550,561
		2	32,33,48,65,76,121,156,172,203,228,332
		3	137,396,554,556,669
		4	422
		5	111,340,583
		7	250,281
		8	41,324
		9	139,141,142,144,245,271,279
		10	112,181,243,249,346,398
		11	41,46,48,51,68,211,597,598,618,622,639,648,649,658
		12	56
		13	222,370,371,375,396,428,442,511,526,527,528,529,533
		16	178,583,600,492
		17	263,264,270,309,392,423,519,585
		18	53,56,57,58,60,189,284,354,355,356,360,370,375,377,378,474,512
		19	191,224,225,240,253,254,255,264,268,271,336
		21	77,79,81,84,100,103,177,179,181,183,185,187,273,275,277,290,351,368,378,382,386,387,407,408,417
		22	120,437
		23	45,50,52,117,133,187,208,300,438,439
		24	79,80,82,87,88,89,96,97,99,101,104,105,107,108,110,112,113,114,117,122,208,252,253,261,469,526,536,588,605,611,642

地名	别称	册数	页数
濠洲		25	14,50,532,534
		26	246,300,465,466,666
		27	267,333,372,387,657,672
		28	197,198,239,573,578,586
		29	334,382,386,395,401,416,420,432,516,518,555,556,557,558,559,560
		30	118,160
		31	31
		32	512
		35	60,82,91,116,344,349,360
		36	151,165,263,313,314,319,344,348,511
		37	70,171
		38	11,432,557,566
		39	21,24,29,32,65,84,109,112,119,120,126,131
		40	257,258,276,277,314,391,392
		42	502
		44	339,566
		46	500,501,503,506,508,509,514,550,555,559,560,561,562,563,588,590,594,596,597,598,608
		47	184,310
		48	86,124,131,132,244,262,265,272,275,276,277,279,430,437,438,439
		49	97,98,115,116,142,145,150,151,177,178,179,180,210,571,590
		50	72,73,164
杭州飛行場		2	548
膠州路		17	413
廣州灣	廣州湾	29	399
		35	57
		38	349
		48	408
杭州灣	抗洲灣,杭州湾	6	355
		31	587
		44	538,565
		45	304
		46	65

地名	别称	册数	页数
膠州灣		8	597
		15	320
		29	211
杭州灣北岸		32	488
廣州湾租借地		11	481
公主嶺		2	664
		13	57
公主嶺駅		45	45
高城		6	479
興津		10	147
		42	207,244
		43	183,185,214,215,221,243,326,550
		49	425,429,458,490,512
		50	424,431
廣西	廣西省,広西	6	417,480,511,519,531,556
		7	376,381,383,385,387,393,397,399,402,430,431,433
		8	610
		11	25,31,33,88
		38	350
		48	412,422
江西	江西省	2	427,428,429
		5	553
		6	321,468,530
		7	49,430,431,433
		8	102
		9	317,367,379,387
		11	23
		13	98
		28	259
		29	414
		30	151
		33	155,160,164,170
		42	158
		46	608
		49	376
黄石		6	475
黄石港		6	354,411,471,475,476,477,480,483,503

地　名	别　称	册数	页　数
江浙地方		6	223
高千穂の峰		5	62
江蘇	江蘇省	2	429
		5	558,573
		6	488,539,541,570
		7	4,50,141,306,308,311,430,431,433
		8	100,102,110,124,601,631
		11	22
		16	57
		29	151
		31	553
		33	69,145
		46	65
江蘇路	キアンス通	7	120,299
黄村	黄村	6	126
		11	68
		29	189
洪澤湖		6	385
高知	高知縣,高知	4	412
		5	300
		35	504
		46	140
高知縣高岡郡北原村甲原三四八番地		42	441
高知縣土佐郡鴨田村字鴨部四番地		39	207
興中門		7	125,126,144
黄昕飛		27	487,488,491,575,576,578
杭頭		6	570
紅土橋		7	125,126,144
黄土橋		6	479
黄土項		7	442
溝墩鎮		6	539
江墩鎮		6	539
興南		42	486
		50	177
コウニングスプレン		23	662
廣寧		6	570

地　名	别　称	册数	页　数
コヴノ		30	453
興農鎮		42	325
		49	349
黄梅		6	474
		32	432
黄梅山		8	602
黄梅地區		32	446
溝幇子	溝幣子	30	383,404
		44	356
黄陂	黄坡	32	322,341,375,425
合肥		6	447
光彪哨所	カン・バ	27	480
康福里		8	96
公府師		7	473
洪武門		7	145
神戸	神戸市，神，神戸港，神戸湾	2	659,663,666,672,674,676
		5	191,193,418
		11	142
		15	391,395,396,400,401,402
		19	45
		21	213
		25	300,390,391,392,393,396,402,412,427,428,467,496
		26	41,44,162,218,370,384,511,567
		30	293
		31	309,331
		33	23,94
		34	448
		36	139,140,141,143,144,145,146
		38	554
		40	75
		41	476
		46	552
		47	526
		48	192
		49	114
		50	523
高平		11	254

地名	别称	册数	页数
黄埔		2	417
康保		5	511,532
		8	5
閘北		2	548
		3	453
		8	602,606,610,611,626
		13	93
		16	594
		26	525,568
		30	506,522,528
		46	342
		49	370
濠北		42	517
閘北支那街		3	452
江北地方		6	223
黄浦江		25	235
		29	188,190,191
		30	531
		32	108,157
		41	74
		44	565
		49	370
黄浦灘		17	375,405
港浦塘市驛		6	577
高密		6	449
江門		6	577
高郵		11	24
興与		12	433
高陽		29	411
高要		6	476,519,521,571,572
衡陽		6	372,379,528,565,566,567,570,575
		16	116
		32	371,403,404,408,456,457,458
		44	367
高陽縣		7	349
高陽縣王家坨村		7	348
高陽縣博士莊		7	349
高麗營		5	501

地　名	别　称	册数	页　数
後楽園		15	279
興隆		7	543
興隆溝		12	153
黄龍廟		7	442
濠領		11	218
江陵縣	江陵	7	313,315,316,317,320,322,323,325,327,329,331
江陵縣沙市		32	451
江陵縣里市鄉第五保		7	313
江陵縣里市鄉第五保里魚咀		7	314
膠州湾租借地		29	209
黄連洲		6	524
高輂柏村		7	149
高輂柏村十四號		7	140
厚和		6	325,329
		7	512
		34	4
公和橋		42	396
江灣		2	548
		25	235,238,251,272,289
江灣鎮		32	156
江灣路		25	241
ゴエゴエ		50	162
コエベル		24	585
コエベルジェティ		24	585
ゴエベング		23	442
高加索	コーカサス,高架索	9	473,477
		10	635,677,678,679
		12	133,502,503,504,505,506,507,509,513,514
		13	210,211
		19	187
		47	486
		50	349
コーカレイ		39	330
コーカレイク		22	37
コーストン通リ一三番地		22	191

地　　名	别　　称	册数	页　　数
コードハ湾		46	523
コートランド街		27	240
ゴートン高原		46	558
コーニングスプレイン		24	40
コーヌ島		2	321
コーバービタート街		21	234,235
ゴーリキ市		27	633
ゴールドン・ハイランダーズ		22	530
コールヒールド		13	543
コオンビヤ		23	308
五河		6	385
五角場		8	96
五眼橋		39	234,291
五眼樓		7	374
克山		2	541
		45	60
黒頂子		46	359
コクツ	ココツ	22	437,457
国府路		7	299
小倉	小倉市	5	418
		23	22
		28	214,215
		29	145
克拉多山		46	356,359
國立東京第一病院小諸分院十七號室		45	537
黒竜		12	136
黒龍江	黒龍江省,黒龍江省都,黒竜江,黒竜江省,アムール	2	145,436,446,448,496,543,558,559,560,563,566,567,572,574,581,596,625,644
		3	444,536
		5	488,499,617
		6	54,267
		7	430,471,475,549,550
		8	245
		12	137,145,148,152,275,276,308,466,471,475
		14	119,129

地　　名	别　　称	册数	页　　数
黒龍江		29	170,422,423,424
		30	352,393,394,395,396,397,403,417,437,493,577
		31	16,191,320,375,629
		33	319,414
		34	130,208,221,230
		41	195
		42	408,569,571
		45	54
		46	364
		47	574
黒竜州	黒龍州	12	135,137
		14	152
呉軍港		13	556
沽源		5	511,532
		8	5,6
五原	五原市	7	405,406,407,408,409,411,413,414,415,416,417,418,419,420,423,424,425,426
五原北街		7	409
五原縣西街	五原區西街	7	415,417
庫庫淖爾湖		50	332
湖口		6	351,354,395,400,401,402,471,472,497,498,524,537
湖廣洲		6	524
ココス島		39	24
ココポ		25	15,37,39,41
滬西		8	626
虎耳山		7	442
湖州		16	57
		31	588
		32	416,489
衢州		6	465
呉州		6	575
梧州	梧洲	6	476,479,484,527,574
		39	241,242,248,251,260
呉淞	呉松	2	548,550
		3	151
		6	156,225,227

地　名	别　称	册数	页　数
呉淞		8	600,610,626
		11	60
		13	440,486,562,567
		22	496,499
		25	227,235,253,276,283,284,289
		27	25
		30	531
		32	103,133,134,143,145,148,234
		33	186
		34	467
		39	152
		44	490,506,543
		46	62
五常		7	551
		12	149
五常小城子		12	153
呉淞江		29	152
呉淞砲台	呉淞砲臺	2	548,549
呉淞要塞		32	134,136,138,140,143,150,151
コシンオウ旗		5	515,569
五新滬		6	539
コスタリカ	コスタリカ國,コスタリカ共和國	1	416,436,445,615
		19	226
コスフォード		24	537,550
呉川		6	528
ゴタ		50	294,315
五台山		7	100,124,129,142,149
		33	309
五台山チン村		7	120
コタトジャネ		24	116,143
コタバト		20	43,45,52,257
コタバル	コタ・バル	13	399,400,408
		17	375,376,378,379,380,381,382,383,384,385,386,387,388,389,390,391,422
		23	99,278
		46	564
コタバロ		23	369,370
コタベルト	コタ・ベリュード	23	29,69,72,76,79

地　　名	别　　称	册数	页　　数
コタラジャ		46	571
コタラッジャ		24	114,124,125
湖潭		6	465
コチパス		18	59
固鎮		6	382,462,464
呉鎮		30	516
黒海		9	477
		12	504,507,511
		16	232
		19	187
		46	53,166
コック・バイ		27	488
コッソル		50	134
ゴッダヴァ		29	524
ゴッドハーヴン		29	532
コディアック島		46	523,526,551
コティアック海軍航空隊基地		46	521
虎頭		12	273,275,276
虎頭地区	虎頭	14	151,183,188,190
コトバト小町		14	56
湖南	胡南,湖南省	2	427,428
		6	321,556
		7	139,307,312,334,370,376,392,394,396,398,404,430,431,433
		13	98
		30	300,305,306
		33	155,219
		49	376
コニクタート		18	138
小西関		7	473
小西炊事室		27	186
小西門大街		45	499
コニングスレイン・ウェスト		23	647
コネティカット州		49	227
コバタン村		20	257
科布多	コブト	29	235,237,241,250

地　　名	别　　称	册数	页　　数
湖北	湖北省	2	427,429
		7	306,309,311,313,316,317,320,322,323,325,327,329,331,430,431,433
		8	102
		13	98
		16	116, 117,150
		25	252
		29	151,152,390,411,412,413,414,415
		31	463
		32	429,462
		33	155
		49	376
湖北口		3	168
古北口	古比口	6	137
		8	586
		30	471
		40	522
湖北省キンツン		29	413
ゴホリ		12	439
呼瑪		14	199,200
五峰山島		6	360
コミンターン		48	12
コミンテルン		12	483
ゴム		10	182
コムソヒリスク		14	119
コムソモルスク		31	416
コムソモロスク・ニコライフスク地區		34	309
コモ		49	516
虎門		6	351,354,422,423,458,471,515
		13	576
		15	311,312
虎門砲台		6	482
コヤリアン		22	371
古邑		33	459
五又溝		12	211
ゴリコフスカヤ州		27	626
胡里山砲台		6	364

地　名	别　称	册数	页　数
五龍背		6	631
虎林		13	56
		14	144
		33	458
古林寺山	古林寺後山	7	130,149
コルウコ		14	199
コルシカ島		27	516
コルドヴァ		20	19,209,212
ゴル河地方		13	2,9
五靈觀		7	313,315,317,319,321,323,325,327,329,331
古靈村		27	493
コレヒドール	コレヒドル,コレヒドール島	20	29,52
		21	122,123,124,214,215,217,245,247
		25	271,475,478,482,490
		26	528,578,651
		27	424
		39	414
		40	9,10,21,101
		46	547
鼓樓	鼓楼	7	26,125,126,145
コロヴェンネィラ		13	104
鼓樓新邨十四番地		7	238,269
鼓樓子倒鐘場		7	125,126
コロール	コロル島,コロル	18	132,152,172
		27	205
		50	132,157
ゴロギフスキー鉱山		13	45
コロス島		19	227
葫蘆島	胡蘆島,壺蘆港,胡蘆島港	2	479,480,481
		6	54
		8	244,327,387
		12	323
		28	16,64
コロナ		21	153
ゴロニ		24	586
コロベソネーラ		50	332
コロラド州		27	238

地名	别称	册数	页数
鼓浪嶼		8	55,57,58
		11	7
コロンビア	コロンビヤ,コロンビヤ行政地區,コロムビヤ地區,コロンビヤ地区,コロンビヤ州,コロムビア行政區,コロンビヤ,コロンムビア行政區,コロムビア,コロムビア地区,コロンビア區,コロンビャ地区,コロムビヤ	1	7,11,23
		2	111
		3	1,396
		6	225
		7	438,439,440
		8	65,97,102,110,116,142,145,150
		9	396,397,400
		10	62,63
		13	141,377
		16	600
		17	431
		18	122,129,147,149,167,199,203,211,245,250,256,261
		19	226
		21	87,89,91,93,95,97,99,108,113,136,176,192
		25	281,435,439
		26	641,642,643,650
		27	255,343,346,394
		29	286
		36	428
		37	481,482,509,511,512,532
		45	105,109
		49	256,258,260,263,265,266,420
		50	77,78,79,86,87,88,98
哥倫比亜國	格倫比亜國,コロンビア,コロンビア國	1	169,237,309,322,346,390,416,436,445
		2	35,50,67
		29	225
コロンビヤ二五區		20	58,77,196,339
コロンプス		29	416
コロンボ		8	118
		15	532
		18	60
		27	324,326,331,333,372
コン・フーシー		7	522
公爺處		7	473

地名	别称	册数	页数
渾河		14	380
コンクタート		18	138
コンコイター		9	130,172,243
ゴンサガ・タペル		20	173
昆山		16	57
		44	509,510
昆山驛		2	549
袞州		6	447,448
コンセプション		20	50
ゴンタル		10	660
コンバ		12	367
コンボン・トラッシュ	コンボン・トラック	11	307,333,363,365
昆明		5	563
		6	343,346,368,370,372,392,393,481,507
		11	16,25,186
		16	434,449,462
		17	119
		43	371
昆侖關		6	157
コン島		2	321

サ

地名	别称	册数	页数
サ		15	400,401
ザ・エスプラネイド		22	316
ザ・リッチレオアルス灣		22	316
沙田		8	608
		11	23
サアムバチイアト		22	117
サアレイ州	サリー州,サリーイーストクロイドン,サリー郡,サリー,サレー,サレー州	22	320,322,339
		24	350,537
		42	33
		45	143,144
		46	371,379,380
濟河縣		7	341
祭家橋		6	539
戴家山		32	322,327,331,341,401,423,427,435
サイカモア街		27	240
佐伯		13	410,417,418,431
佐伯灣	佐伯湾	18	276,325

地　名	别　称	册数	页　数
		38	57,58
彩港		6	523
采港市並州		34	311
柴溝堡		5	522
西貢	サイゴン,レップ	2	152,301
		5	336,361
		10	347,350
		11	93,134,139,141,143,277,294,307,313,315,333,358,363,365,367,368,369,373,381,382,396,397,398,483,485,486,487,489,492,493,494,495,502,506
		13	343,405,491,565,568
		16	409,411
		17	52
		18	72,105,110
		19	452,456
		22	22,25,26,549
		23	622
		25	88
		26	525,650
		27	449,453,528,529,539,542,543,551,554,562,573,574,575,588,592,593,594,597
		36	284,125,259
		38	389
		39	375,377
		42	527
		43	334
		45	288,291,536
		46	293,322
		47	526
		48	426
西貢港		11	139
濟州島		12	433
		32	195
埼玉	埼玉縣	4	346
		5	299
		31	508
		35	504

地名	别称	册数	页数
埼玉		44	316
		50	399
埼玉縣北足立郡六辻村		45	122
埼玉縣入間郡入間川町		30	466
埼玉縣入間郡飯能町野田		44	506
埼玉縣浦和市北浦和		30	338
斎堂		8	595
濟南	济南府,済南	2	432,662,672,677
		5	67,307,573
		6	106,206,447
		7	251,282,346,512
		8	16,17,18,19,20,21,22,160
		14	132
		29	145
		31	514,540
		32	67,479
		33	173,271,272
		41	70
		42	143,147,148,183,186,421,433
		45	512
		49	457
		50	569
サイパン	サイパン島,サイパン,サイパン港,ナイパン島	13	409
		15	346,349,350,351,352,354,355,356,396,400,401,403
		18	11,72,84,100,102,105,110,114,270
		19	440
		25	300,412
		26	430
		27	101
		37	383,386,387,388,389,390,407,408,412,418,419,420,421,433,435,436,441,443,444,445,459,461,463,468
		40	28
		43	455
		44	465,466
		48	426,437

地　　名	别　　称	册数	页　　数
		50	119,136,139,141,143,151,153,154,157
サイペリア		29	56,58
サイム街		21	417
サウオイ・ホテル		46	369,370
サウザーランド高原		46	558
サウス・ウェールズ州		22	242
サウスカロライナ州		21	127,134
サウスダウンスロード		23	14
サウスブロークンヒル		24	588
ザオジョルナヤ高地	ザオーゼルナヤ丘陵,ザオゼエルナヤ高地,ザオビルナヤ高地,オゼルナヤ高地	13	16,17,20,25,40,41,42,45,46,47,48,49,52,56
		27	616
		33	368,373,404
		50	283,284,286,287,288,289,290,551,553
佐賀	佐賀縣	5	300,418
		24	303
		35	504
坂出	坂出港	13	402,483,486,487,490,492,494,562,563,564,565,566
佐賀縣鹿島町高津原		24	633
佐賀縣小城郡小城町		31	195
佐賀縣錦江村		11	625
佐賀市赤松町二十七番地		42	485
酒田市		5	238
サカモト		22	193
策源		30	403
索岳爾濟山		34	5,6
サクラメント		27	238,353
索倫		12	140
		14	127,183
		50	332
沙市	沙	15	391,394,396,400,401,403
		16	116
		24	570
		25	252
		29	412,413
		32	452

地名	别称	册数	页数
		37	81
沙洲玗		7	140
砂州		8	587
サジン		22	68
サセックス郡		17	453
サセックス州アックウェル・ポッシングワース莊園		49	267
佐世保		4	422
		13	435,469,559
		18	72,80,87,113,118
		30	531
		32	295
		34	254,255,256
		38	50
サタワン		50	127
サッパハロー		50	332
サッパ貝子府		50	332
サッフォーク	サッフォーク郡	16	583,597,598,599
札幌		35	543
		44	46
ザト・ケ		50	394
沙頭		3	168
		30	514
真田山陸軍墓地		25	392,394,401
		26	162
サナナ		46	572
サナナンダ岬		24	589
沙下		7	374
		39	234,291
ザバイカル		14	110,111
		44	333
ザバイカルーアムール軍管區		27	628
ザバイカル州		11	525,528,542,566
		50	214,216,217,219,221,222,224,227,232
サバク海岸		17	418,419
サハリン	北樺太州	12	62,75

地　名	别　称	册数	页　数
		34	46,47
サバン		20	149,156
		46	571,574
ザハンガンエ		11	539
サビタヤ		14	194
サビル		19	429
サフヴェ停車場		13	53
サフォーク・ウッドブリッチ・スクールハウス		23	454,457
サブレイ部落		20	169
沙坪壩		7	306,309
サボン		42	549
サマ		13	405,407,441,473,497,481,487,497,498,499,577,578,578,583,584,585
サマール		20	52,221
サマリンダ		23	261,263,272,280,282,285,287,298,303
サマル・カルバヨク		20	27
サムバス		23	347
サムバヂイアト		22	114,115,118,119
サムパロック地區		20	376
サムビット		23	292
ザムボアンガ市サン・ローク村		20	45
サモア	サモア島	13	429
		18	56
		27	387
		34	185
		39	8
		46	528,549,550,551
サモア基地		46	507
サモア群島		19	225
沙陽鎮		6	565
サライゴメク島		19	227
サラエヴオ	ラジニヴォ	29	557
		46	348
サラグ島	サラック,スラッグ	23	70,71,74,75,76
サラット島		15	375,376
サラトガ港		18	215

地名	别称	册数	页数
サラトフ市		14	43
サラバング		24	320
サラマウア		13	535
サラモア		24	600
		39	22
サラワク		19	217,227
		23	280
サラワテイ		22	72
サランガニ湾		14	54
サランガ諸島		14	49
サラ町		20	19,228
サルウアドル		19	226
サルウィン		9	175
サルウィン河	サルウキン河	39	362
サルウキン河	サルウィン河	44	235,241
サルカルロス山	サンカルロス山	20	231
サルク		23	104
サルスベリー	サリスベリー	22	431,520
ザルツブルグ市		13	657
サルフィーン河		5	563
サルミ		20	47
サルワドル國	サルヴァドル國,サルバトル共和國,サルバトル	1	174,207,242,350,394,417
		3	402
		31	49
サルンガン		20	250
ザレーチェ国境警備地区		13	24,25
サロミ		24	634
サロン		13	478
沙灣		6	527
沙灣水道		6	526,574
サン・アントニオ	サンアントニオ	20	73
		21	147,148,154
サン・アンドレス街		20	135
サン・カルロス		20	36,48
サン・ジァン・ド・ジェルザレム		1	320
サン・ジュアン		20	18,31,203
サン・ジュリアン村		20	300

地　名	别　称	册数	页　数
サン・ノゼ		20	170
		45	181
サン・パイ門	サン・パイ・ロウ	7	122
サン・パブロ		20	176
サン・ファン		20	168
サン・フェルナンド	サンフェルナンド	20	52
		21	118,214,217,222,223
		26	528,651
サン・フェンタ		20	52
サン・ホセ・デ・ブエナヴィスタ		20	52
サン・マリノ國		1	618
サン・マンクン		7	117
サン・ユアンローマン街・五五番地		20	9
サン・ヨアキン二村		20	17
サン・ラモン徒刑地		20	294
サン・レモ	サシレモ	9	570,571
サン・ロケイ		20	294
三亜	三亜	6	549
		11	5
		18	84,110,114
		38	389
		48	69,70
三亜港		6	546,548,554,558
サンイシドロ村		21	75,76
サンガ・サンガ		23	298
山海關	山海関	2	408,522,534,536,537,663,668,669,671
		3	145,185,202,392,450,473
		5	499,568
		6	126,137,145,654
		8	163,234,431,586
		11	55,68
		14	191
		28	353
		29	189
		30	494
		31	468,473,516,526,534,535,540,546,553

地　名	别　称	册数	页　数
山海關		42	124,188,620,621
		45	115
サンガウ		23	350
桑家市		6	565
サンカルロス		20	52,231
三間房		45	59
サンギへ諸島		46	571
サンギル		46	575
サンクライ		22	147
蚕糸会館		7	113
三軒房		2	529,530
三江市		6	548
三江省	三江	7	485,541,553
		8	418
		30	583
		31	277
		34	207,209
珊瑚海		34	253
三叉河	三汊河	7	134,135,136,152
三岔口		12	154
サンサラトウン		13	3
ザンジバル		36	8
三車縣三車郡水澤村横瀬右二〇四二番		38	429
サンジャック岬要塞		11	367
蕲州		6	479
三十六クランフォード		22	322
蕲春	蕲春市	6	410,409,476,477,480,482,501,502
三條巷		7	145
山神府		34	130
三水		6	424,451,471,484,520,525
山水		6	572
蕲水		6	472
三水浦		22	348
三姓		2	540,541
		8	311,329,333,337,346,347,365,376,377
山西	山西省,晋	5	512,524,568,571,591,592,597,604,610
		6	286,457,522

地　名	别　称	册数	页　数
山西		7	421,430,433
		8	561,591,594,658,676
		13	95
		17	509
		29	5,410
		31	463,541,542,553
		32	45,531,536
		33	156,157,177,178,272,274,309
		34	5
		41	214
		42	236,421,475,587
		49	403,491
陕西	陕西省	5	571
		7	431,433
		8	2,3,103
		9	317,367,380,387
		11	25
		13	98
		32	45
		33	155,156,177,178,220,222
山西路	山西通	7	117,235,266,299
山西省西南部八縣		33	157
サンタ・アナ	サンタ・アナ,サンタ・アンナ	20	2,386,391
サンタ・カタリナ		20	299,300
サンタ・カタリナ街		21	14
サンタ・クルス	サンタ・クルツ	20	36,48,52
		21	115
		27	602
サンタ・メサヴアレンスエラ街		20	291
サンダカン		23	34,36,78,109,111,117,124,128,133,134,135,136,137,138,139,140,144,146,147,150,153,154,155,156,157,161,176,187,188,190,197,546
		40	261,262,264,279,280,281
		46	564,565
サンダガン		42	548
サンダカン灣		23	553

地　名	别　称	册数	页　数
サンダカン港口バハラ島		40	263,282
サンタクララ郡	サンタ・クララ郡	45	169,179,180,182,183,184
サンタクルーズ群島	サンタクルズ群島,サンタクルーツ群島	13	429
		18	284
		19	224
サンタクルズ・ラオン三三八		20	372
サンタメサ		21	54
サンタローサ	サンタローザ	21	82,83
サンチアゴ		20	411
サンチアゴ要塞		20	301
サンチマゴ		13	516
サンヂャック		48	70
サンヂュアン村		21	75
サンディエゴ		46	551
サント・トマス		26	535,545
サント・ドミンゴ		20	127,128,129
サンドアイランド		26	588
山東	魯,山東省	2	392,434,462,608,621,624,625,626,632
		5	307,524,528,568,573,591,597,598,604,610
		6	122,206,540,579
		7	251,282,341,430,431,433
		8	16,17,18,19,21,23,25,497,528,586,591,592,593,594,597,597,599,610,658,676,601
		9	444
		11	22
		13	93
		16	110
		17	509
		28	357
		29	153,388,399,400,403,437,438,443,450
		30	264,277,383
		31	514,541,594
		32	24,28
		33	189,197,310
		35	53

地名	别称	册数	页数
山東		42	23,236,432,433,588
		49	403,457,483,484
サンドウイヅ路		22	74
ザントヴォート大通		24	48
三道卡		14	199
山東頭		6	357
山東半島		11	21
三都澳洛源		11	23
サンドゲード街		24	586
サントトマス	サント・トーマス,サント・トマス,セントトーマス	20	17,146,149,157,158
		21	208,226
		39	385,386,445
サンドミンゴ		19	226
サントラン		20	408
サンバイデヤット		22	130,131
ザンバレス		20	52
サンパロク		20	84,155
杉板鋪驛		6	528,576
汕尾		6	535
三埠		39	251
サンフェリペ		20	168
サンフェルナンド		26	651
サンファンデルモンチ		39	441
サンフランシスコ			参见：桑港
サンブリン・ツアガン・ヌール		50	375
サンベドロ		26	314
サンペドロ		27	333
サンペドロ村		21	74,75
サンベルナジー海峡		18	59
ザンボアンガ	ザンボアンカ,ザンボアンガ市	21	156,211
サンホセ		45	294
サンボ島		9	256
三門峡		32	513

シ

地名	别称	册数	页数
市		15	394,396,399,400,401,403

地名	别称	册数	页数
ジアヴァ・バタヴィア		23	518
シアオ・ワン・ツー・ユアン三五号		7	117
ジアテル		23	381,382
シアトル		36	535
ジアラムーランソン		11	169
ジアラムラオカイ		11	169
シアンウ・ウア		7	100
シイアトン		20	45
シイエラ・ブロネス		20	47
シイカツーナ		20	46
シイキジョル島		20	46
シーサイド・パーク		46	537
シイティオ・ビチュート		20	45
シイニロアン		20	33
シーパウ	シーポウ	22	12,88
シイパレイカワヤン		20	47
シーフオス		21	453
ジールフリード	ジークフリード線	28	519,550,551,552,554
シイレー	シイレイ	20	36,39
ジーロウォ駅		50	223,227
シーロン島		19	226
シイングカング		20	49
シウイ・スイ		7	116
ジェームスタウレ湾		46	523
ジェグイノット・ベイ	Jacquinot Bay	25	50
ジェスフィールド	ジェスフィールド路	25	180,182
ジエネラルルーナ街		21	45
ジェヒルトン		23	33,70
ジェフアリイ街十七番地		25	337
ジェホール	ボール	7	525526529
シェム・レアプ	シェムレアップ	11	307,333,358,363,365
シェムシアップ		11	315
シェムレアプ州		2	321,322
哲里木盟		2	560,573
シェル		27	500,511,512
シェン・ガイ小路		7	114
シェンチョウ通一七一號		7	115

地　名	别　称	册数	页　数
シェントンパーク		21	321
塩江		7	547
滋賀		5	299
		35	504
四海		6	567
シカイ地区		13	54
シカイ駅		13	54,55
市俄古	シカゴ	10	223,687
		26	314
		35	141
		42	147,346
		50	69
ジガシェリ		50	283
シカツナ		20	52,428
シガラム本島		23	75
紫金		6	564
紫金山		7	200,293
		32	385
		44	520,521,531
磁縣		8	595
		41	249
芷江		6	565
四國	四國島	1	4
		5	300
		13	527
		15	198
		25	302,420,421
		26	252
		29	145
		35	503,504
		41	476
		43	514
		49	111
獅々山		30	538
		6	472
獅子山砲台	獅子山砲臺	2	553,554
シシリア	シチリヤ	9	594
		18	147,167,187

地　名	别　称	册数	页　数
靜岡	静岡	5	299
		35	504
		43	203
靜岡縣		41	297
靜岡縣磐田郡十東村下本鄉一七九番		39	260
靜岡縣賀茂郡南中村		30	193
靜岡縣清水市外横砂		47	208
靜岡縣田方郡長岡町		41	301
靜岡縣長岡		34	342
		42	195
靜岡縣沼津市城内添地町百六拾番地		39	233
靜岡縣榛原郡相良町		31	175
靜岡市北安東町七一番地		39	260
水西門		7	127,130,131,147,150
水西門外大王廟		7	131,150
水西門外二道桿子		7	150
水西門外南傘巷		7	130,150
四川	四川省,泗川	6	368,507,533
		7	431,433,516
		8	91,103
		9	317,367,380,387
		11	25
		13	98
		28	143
		29	151,152,410
		32	45
		33	155,170,177,178,219
		42	131,158,278,279
淄川		8	593
慈善会十一号		7	119
四川路		17	406,408
四川路西側地區		32	160
靜岡縣伊豆長岡溫泉松籟莊	靜岡縣長岡溫泉	50	532,537
シタテル街		11	250

地　　名	别　　称	册数	页　　数
シチオ・ヴィラアイオワサンカルロスネグロス・オキシデンタル		20	232
シチオ・ビッテー		20	294
七道溝		7	441,448
児町		30	97
七了口		41	101
シッターン	シッタン河	9	175
シッタン		39	331,361,362,363
		44	241
シティオ・プラ		20	233
シテイオリロングテインワイチイ村		20	20
シデンプアン		24	160
シドアージョ		23	443,444
シトカ		36	535
		46	526
シトカ航空隊基地		46	521
シドダテ村		24	163
シドニー	シドニイ,シドニ,シドニー市,シドニ一市	13	539,540,541
		15	396,403
		21	317,325,331,332,457,480
		22	21,27,125,129,190,529
		23	186,202
		24	248,401,403
		25	15,511
		46	506,509,560
		48	265,426
支那沿海		32	392
支那沿岸		11	22
		32	260,262,392
支那海		6	348,352
		8	656
		45	298
支那街		2	532,533,538
支那街傳家甸		2	538
品川	品川区	26	359,383,633,664
		43	189
		46	92

地　名	别　称	册数	页　数
品川駅		26	626
品川區大井伊藤町		5	298
品川區上大崎		5	297
品川要塞		26	626,634
支那町		32	247,248
支那陸軍飛行場		3	150
支那領トルキスタン		30	182
シナルャラタン	Phonetio	19	174
シバィカル		11	530
芝化監獄		27	543
芝區白金三光町		5	296
芝公園		5	229
		15	279
		40	297
芝塘		6	423,517
荏原郡		28	84
師府園		8	38
澁野川區澁野川町		5	296
澁谷區上道		5	296
澁谷區金王町		5	296
渋谷櫻ヶ丘五番地		11	645
澁谷區千駄谷		5	297
澁谷區丸山町		5	297
涉谷區山下町		5	296
澁谷區代々木西原町		5	297
ジブラルタル	ヂブラルタル	5	460
		10	636
		15	532
シブ市		14	46
四平		28	327
四平街		2	522,527
		5	493
		8	308,311,329,333,337,347,365,376
		12	211,212
		14	173,174,184,191
西比利亜	シベリア,シベリヤ,西伯利亜,西伯利	2	436,452,453,457,678
		4	285,362,396,513
		5	5,45,67,68,324
		6	246

地　名	别　称	册数	页　数
西比利亜		9	554
		10	208,468,484,635
		11	322,518,526,527,528,530,541,546,547,548,552,553,566,618,633,649
		12	56,61,66,75,125,130,131,132,133,134,138,154,155,157,159,205,470
		13	134,164,205,296,373,374,375
		14	107,146
		16	622
		17	502
		19	190,257
		28	177,183
		29	15,58,422,423,426,427,428,429
		34	116,154,307,308,309
		35	98,100
		36	161,207,208,209,210,433,452,511
		38	487
		41	95
		42	111
		43	342
		44	333,339
		45	342
		46	140,148,199
		47	242,267,342
		48	227
		49	411,574,589,595,622
		50	214,232,240
シベリヤ基地		34	308
シベンコック		23	310,311
シボルガ	シボルガ州	24	119,160,167,168,170
島根		5	300
		35	504
島根県簸川郡大社町稲佐		41	280
シマノフスカヤ		14	195,199
清水		5	418,431
清水		27	575
ジモモムア	ジモモヌア	20	227,250,251

地名	别称	册数	页数
シャートル		26	314
ジャービス灣		46	560
ジャヴァ海		13	520,521,524
シャオ・タオ・シェン		7	92
沙岡子		46	356,359
ジャオホーバオチン縣		7	485
沙河子		12	152
ジャカルタ		24	71
社河集		6	463
ジャグナ		20	47,236
岔口		12	154
沙口		6	520,521,522,572
砂岬		13	15
沙湖鎮		6	569
晒市場		7	374
沙草峰		6	474
		33	276,459,460,461,463
ジャティネガラ		23	625
砂的		27	560
シャテホス山		39	279
沙土岡		46	359
シャトル	シアトル,シャトル市	7	535
		15	454,526
		17	358
		25	235
		49	144
シャトル港	シアトル港	14	9
シャトン		20	52
シャニワ	シヤニワ	22	8,68,69
シャバッブル水道		19	227
ジャパン・スマトラ		15	218
沙賓達巴哈	シャビンダバグ	33	320,321
沙幅嶺		6	479
設堡地區		27	629
ジャムジュイボ	シャムシュイポー,シャムスイボ	22	320,321,323,335,337,339
		23	14
ジャムバタン・チンギ		24	50
ジャムビ		24	179

地　名	别　称	册数	页　数
シャム灣		37	217
暹羅灣		2	299
シャム東北部		11	489
沙面		32	90
扎賚諾爾	ジャライノール	2	448
		12	296
		13	104
		50	218,219,224,233
札賴諾爾驛		12	522
ジャラム		2	283
		11	174
ジヤラムーエンバイ		11	169
ジャラムランソン		11	169
ジヤラン・ベザー		21	312
ジャラントン		30	468
札蘭屯		34	130
札蘭屯駅		12	140
ジャルート	ジャルート島	18	11,72,105,110
		50	119,121,139,141,143,151,153,155,157
ジャルボル島	ジャボル	50	119,120,157
シャレン・オボ		50	366
爪哇	ジャワ，瓜哇，シャパ，JAVA，ヂャバ，ジャハ，ジャパ	8	599
		9	107,139,142,163,166,167,204,207,208,232
		10	114
		11	598
		13	396,398,444,519,603,604,611
		18	54,58
		19	4,25,65,91,92,144,145,216,264,298,315,317,319,321,322,347,349,350,351,352,355,357,358,360,363,365,369,371,372,374,375,378,381,385,388,391,398,399,402,404,405,406,408,409,412,414,415,417,418,419,423,424,427,429,430,432,433,437,438,440,441,442,443,446,449,450,451,452,453,456,457,458,460
		21	387
		22	22,134,196,505,524,536,547,550

地　名	别　称	册数	页　数
爪哇		23	8,165,176,226,236,237,317,347,380,381,382,383,385,386,388,389,390,391,392,397,398,400,401,405,413,420,421,438,445,450,454,457,486,500,512,513,526,551,556,570,597,601,608,619,614,622,623,628,639,640,651
		24	9,14,53,54,56,65,67,68,69,72,73,76,80,83,87,89,91,93,94,95,98,105,107,112,113,118,119,129,130,133,172,232,277,296,305,356,364,469,537,540,548,550,552,559
		25	60,67,337,435,519,559,653
		26	79,203,612,613,649
		28	198
		29	145
		30	28
		36	110,111,130,131,137,141,314
		37	238
		38	454,476
		39	82
		41	258
		42	515,517,518,524,525,531,532,536
		43	338
		45	288
		46	571,572
		48	356,389,390
		49	6,18,84,85,91
爪哇島	ジャバ島	14	49
		18	95,475
		19	422
		23	625
爪哇ペトウー・グーラン		23	582
爪哇ペトウー・グーラン村パグージャンガン副地區ブレベス		23	582
シャン		18	393,396
		30	14
		48	209,210,351,352,381,382,384

地　名	别　称	册数	页　数
ジャングル		23	70
シャンタル市		39	400
シャンヅー		22	37
上海	上海市,上海地區,上海特別市,沪,滬	2	392,394,395,407,425,427,429,441,547,548,549,550,551,552,553,554,584,604,611,615,622,627,658,659,660,670,672,673,678
		3	28,149,150,151,166,167,197,199,205,206,207,208,231,433,435,450,451,452,453,455
		4	380,467,585
		5	199,315,423,543,563,570,622
		6	29,115,116,117,120,122,125,150,151,156,162,163,165,167,173,175,177,179,182,183,191,192,193,195,196,200,234,247,285,286,288,289,314,324,350,370,471,607,608
		7	36,38,43,44,46,48,80,85,168,170,172,173,177,178,179,193,194,207,210,217,218,221,224,227,241,242,243,245,247,248,249,250,252,254,255,258,272,273,274,276,278,279,280,281,283,285,286,287,301,302,309,430,431,433,437,438,439,454,478,499,513,529,555,556,565,569,570,572,573
		8	2,4,7,8,12,29,30,31,41,49,53,57,59,61,63,65,69,77,82,83,85,86,87,88,89,91,94,95,96,98,100,102,103,105,106,107,110,113,115,116,118,119,121,122,127,128,129,132,133,158,161,162,163,164,526,529,530,531,538,571,600,602,605,606,607,610,611,612,621,622,625,626,627,628,629,631,633,634,648,649,662,680
		9	70,444,445,451,454
		10	34,117,591,593,597,598,600,684
		11	5,58,59,60,68,86,436,537,575,608
		12	36,133,476

地　　名	别　　称	册数	页　　数
上海		13	92,98,93,343,400,404,459,438,558,560,562
		14	93,125,134
		15	259,592,599,600
		16	24,57,71,93,94,95,111,114,151,199,228,229,230,232,242,243,244,249,251,260,314,594,610,612
		17	370,375,378,379,380,381,382,383,384,385,386,387,388,389,390,391,405,410,412,413,437
		21	197,204,214,215
		22	441,451
		23	21,22
		25	29,30,31,158,162,182,189,193,194,201,203,206,208,209,211,212,219,225,234,236,237,241,246,247,248,253,254,256,261,273,275,289
		26	191,229,231,233,241,256,265,266,417,514,526,527,530,532,538,558,570,574,576,580,605,649,651,652,656,658,662
		27	23,25,30,31,35
		28	11,34,61,81,83,143,208,234,240,266,279,336,340,349,350,414
		29	4,5,6,8,13,70,186,191,628
		30	170,175,180,325,326,488,502,503,505,506,507,508,512,513,514,520,521,523,528,529,530,535,536,537,561
		31	340,466,483,489,515,520,570,582,583,585,586,587,588
		32	20,21,22,23,28,29,58,74,77,78,80,88,93,98,99,100,101,102,103,106,107,108,112,113,114,115,116,117,119,121,124,131,134,138,140,141,142,143,146,152,153,155,158,159,160,162,163,168,186,187,203,210,212,213,233,236,237,238,239,240,242,243,245,247,248,256,306,307,308,313,314,364,376,393,470,486,488,489,490,499,500,501,502,511,523,535,536,537,538,546

地　　名	别　　称	册数	页　　数
上海		33	12,45,58,64,67,69,72,91,96,97,102,112,164,172,173,174,175,186,187,189,293,294,314
		34	181,412,413,424,428,433,434,435,437,443,444,461,462,464,466,468
		35	46
		36	433,511
		37	19
		38	465,528,529,534,539,553,557,562
		39	141,207,209,211
		40	327,328,329,330,332,333,356,472,510
		41	10,12,32,33,75,76,92,93,94,100,149,162,324,325,326,328,332,380,381
		42	71,127,136,188,210,211,212,213,219,228,231,233,238,239,240,241,251,278,279,280,286,287,292,293,294,303,305,308,309,310,324,335,338,347,352,356,385,444,474
		43	14,23,111,131,208,209,213,214,255,559
		44	325,358,483,490,498,506,529,539,543,544,546,555,565,581,582,583,588,590,591,593
		45	143,255,256,258,285
		46	60,61,62,63,65,66,67,70,75,76,108,110,118,120,126,325,326,327,330,331,334,335,337,341,342,343,346,347,348,349,351,352,353,475,495
		47	16,177,228,230,282,284,285,288,301,311,312,452,526
		48	66,262,279,280
		49	144,347,359,361,370,402,405,475,615
		50	26,27,28,40,41,45,46,57,59,60,69,72,73,294,398,399,400
上海路		7	59,75,129,149,202
上海路第百番		7	74
上海愚園路六一一號里十六番館		7	72,73

地　名	别　称	册数	页　数
上海北停車場		33	173
上海共同租界		6	447,455
		25	163,201
上海港		8	102
		34	468
		44	588
上海三角地帶		37	55
		47	614
上海路華新巷一號		5	555
上海租界		2	386,389
		3	455,459
		6	313,323
		11	606
		28	206
上海通四十六号		7	117
上海通一一五号		7	120
上海南市	南市	44	483,593
上海虹口碼頭		34	439
ジャンラム		11	254
シャン高原		39	351
シュアンルン・シアン		7	90
輯安		7	445
昭烏達		2	561,573
潚江		32	456
從化	従化	6	483
		8	79
周家園		12	153
周家橋鎮		41	74
重慶	重慶市	2	661
		4	641
		6	155,156,159,346,374,377,474,565
重慶		7	306,309,311,370,404
		8	72,621
		9	440,445
		10	518
		11	14,16,17,18,20,21,25, 219,220,258,273,381,402,423,426,427,617
		13	153,370

地　　名	别　　称	册数	页　　数
重慶		14	489
		15	332
		16	116, 149, 151, 152, 187, 188, 229, 256, 298,303,502,506,526,558,605,606
		17	119,214,227,264,585
		18	370,376,370,500
		19	174,235,236,277
		24	3
		25	194
		27	514
		28	143,161,173,338,488
		29	133,152,410
		32	79,253,254,255,256,371
		33	21,26,50,62,64,69,75,76,77,78,80,85, 88,89,90,91,92,96,100,114,128,131, 132,135,140,279
		34	434,435,437,439,440,441,448,454,455
		35	46
		36	453,459,511,523
		37	23
		38	340,378,444,445
		39	214
		42	438,476,611,612
		43	288,292,330,331,371,484,558
		44	380,381,471,472,567
		46	84,85,86,592,605,608
		47	285
		48	24,37,62,63,64,86,88,129,130,166, 239,263,264,265,267,271,274,275,279
		49	383,397,398,587
		50	198
重慶中二路		7	370
岫巖		7	440,443,447,450,451,453
舟山列島		11	24
樟樹鎮		6	379,476,533
樟樹鎮驛		6	577,578
嶺城		6	382

地　名	别　称	册数	页　数
修水		6	567
聚寶街		7	440
シュエジン		39	331
珠河		7	551
宿縣		6	381,382,462,464
宿城		6	522
宿遷		6	547
宿松		6	474
宿毛		13	410
珠江		6	343,346,351,354,422,423,424,484,490,496,514,515,516,517,525,525,526,535,536,566,570,576
		11	21,22,24
		15	313
		32	54,260,262
		34	497
		39	242
		45	529
		46	605
珠江小虎沙		6	526
珠江流域		33	198
株州	株洲	6	478,528,568
		39	254
株州驛		6	528,575,576
修善寺		5	418
シュタインオルト		49	553
朱亭		6	568
シュトラウスベルク		13	647
シュヌレ		34	477
ジュネーブ			参见：寿府
壽府	寿府,ジュネーヴァ,ジュネーヴィ,シュネーヴ,ジェネバ,ジューネーヴ,日内瓦,ジュネーヴ,ジュネーブ,ジエニーバ	1	306,308,320,321,463,481,542,549,550,553,555,556,557,558,562,564,567,568,570,573
		2	1,4,27,30,43,45,63,387,396,397,405,408,535,631,641,678
		3	19,436,441,453,456,457
		5	91,304

地　名	别　称	册数	页　数
壽府		6	219
		7	434,515
		8	150,157
		9	437
		10	686
		11	49,50,52,72,137
		12	223
		21	193,273,275,389
		27	676,678
		29	471
		30	191
		31	207,215,235
		33	246
		36	296
		37	99
		38	77,86,87,98,132,186,200,220,265,566
		42	343,492,493
		43	66,109
		44	552,553
		45	442
		47	315,330,381,382,459,483,484,489,549,561,562,563,564,569,653
		49	189,444
ジュノア	ジュノウ	36	535,556
ジュノー島		46	523
ジュフ		23	69
珠倫河		46	359
春化		34	218
順化		11	495,506
		27	594,600
淳化鎮		44	499
順義		5	501
		31	553
順國		29	202
順德		6	206
		7	367
		41	249

地名	别称	册数	页数
春蘭		27	582
詔安		8	608
		11	23
昌榮		6	448
上元門		7	151
		44	521
上元門大茅洞		7	139
翔華		8	602
尚郭庄		6	463
松花江		2	145,436,496,540,543,625
		6	54
		7	474,554
		8	234,245,330,334,338,361,379,392,414,420
		12	136,142,145,147,242,273,276,407,473
		31	366,373,393
		33	414
		34	115,221
松花江駅	松花江驛	11	539
		12	473,477,478,596,597,600
韶關		6	469
韶關驛		6	569
上京	京	40	16
		41	15,34,135
小興屯		45	59
小興屯三間房		30	401
ジョウキワン		22	301
將軍廟		40	494,500
將軍峯		33	334,335
湘桂線沿線地域		32	403
湘桂地區		32	403
唱經樓		7	124,144
湘江		11	24
囁口		32	424,429
廂黄正白旗		50	332
小港地区		27	164
小黒頂子山		46	356,359

地　名	别　称	册数	页　数
焦作		8	595
鐘山		8	603
焦山		6	352
鐘山縣		11	24
小スンダ列島		39	82
鐘山北通		7	122
ショウサン群島		19	52
韶州		16	116
漳州		6	458,472
		8	55
常州		8	606,611
常熟		16	57
		31	588
		44	545
		46	65
鍾祥		29	411
乘昌		6	469
尚書街		7	127,146
上新河		7	136,137,150,152,153
上新河二埂		7	131,150
上新河鳳凰街		7	132,150
上新河買家桑園		7	136,152
上新河棉花堤		7	131,150
上新河觀音庵		7	132,150
上新河甘露寺		7	135,136,152
上新河北河口	北河口	7	132,151
上新河黒橋		7	137,150,153
上新河江東橋	江東橋	7	131,150
上新河五福村		7	151
上新河太陽宮		7	130,150
昌圖		32	553
商都		5	511,532
		8	5,6
淞沪		41	76
小東門		7	125,126,144
承徳		3	185,371
		5	513,617

地　　名	别　　称	册数	页　　数
承徳		7	478,536,540,543,554
		8	431,586
		14	190,191
		40	522
彰徳		8	621
		29	414
		41	249
常徳		6	567
昌圖縣		7	471
ショウトランド島		25	93,99,109
昭南	昭南岛,昭南市,昭南島,昭南港	9	195,219,223,229,248,253,254,256,257,258,296,298
		25	632
		26	57,202,344,345,353,402
		34	252
		39	414
		42	493,495
昭南河		9	305
小南群島		41	58
小泊崎		14	61
小幡ヶ原射場		26	159
小坂		22	483
昌平		5	501
上万鎮		44	499
襄陽	襄陽縣	6	378,379,452,537,565
		7	309,311
		29	412
饒陽縣		7	340
小膺府		7	125,126,144
城陵磯		6	523,532,564
昌黎		6	126
		11	68
		29	189
昭和通		46	88
ジョージア州コマンバス市ベニング街九三三番地		25	47

地　名	别　称	册数	页　数
ジョージャ街		20	134
ジョーホール		46	554
徐家匯		49	370
ジョクジャカルタ	ジョクヂャカルタ	23	404,571
		24	71
ジョクヂャ		23	482,483
如皋		6	457
ジョジャ州	ヂョーヂャ州	25	223
ジョジャ州		29	576
徐州	叙州,除州	6	204,206,208,299,343,381,382,383,384,385,447,450,462,463,464,507
		8	593
		11	16
		14	576
		29	18
		31	483,484,568,575
		32	216
		33	173,273,274,275
		42	279,282
		49	491
卓索圖		2	561,573
徐聞		6	529
ジョホーム海峡		13	503
ジョホール州	ジョホール,ヂョホール	9	268,269,271,278,290,299,301
		21	284,331,382,403,449,502,503,504
		46	556
ジョホール水道		21	290,351
ジョムバング		23	442
ジョルジア		30	451
ジョンストン島	ジョンストン	46	528,530,549,551
ジョンソン島		27	26
シラクル・タフト		27	611
白鳥氏邸		47	131
シリア	ミリア,シリヤ	11	356
		19	188
		35	186
		36	165

地　　名	别　　称	册数	页　　数
		38	233,379
シリンゴリンゴ		39	404
シリンニ・フドウク		13	115
シル・オボ		50	362,367
シルク河		33	319
シルミ高地	シルミ山	13	24,54
シレン・オボ		50	364
城山		38	554
シロン・オボ		13	116
ジエラレット		23	448
新		15	391,396,400,401,403
シン・マン		27	460,575,577
信安		42	325
		49	349
新安鎮		6	463,544
新域		8	13,14
新印度支那		11	507
新英港		6	558
信越		35	504,544
新河		7	160
新海		6	577
新會		6	530,531,577
新海驛		6	575
新會驛		6	527,530
新街口		7	124,142
新開溝		6	398
シンカイ路七番地		5	549
シンカチット村		22	31,32
新嘉坡	シンガポール,シンガポル,Singapore,新嘉坡海峡	7	80,504
		9	130,139,140,141,142,143,144,163,164,232,247,251,257,258,264,265,266,268,270,271,272,273,275,276,277,278,279,281,282,284,287,288,289,290,291,292,295,296,299,302,303,304,548
		10	107,118,245,343,344,346,347,372,378,385,386,387,388,392,398,402,403,414,

地　名	别　称	册数	页　数
新嘉坡			422,443,444,452,453,458,459,464,466,471,472,473,491,497,523,529,533
		11	15,225,214,215,216,217,218,298,312,345,387,388,389,486,488,596,606,629,658
		12	391
		13	128,189,189,253,293,368,372,397,502,503,504
		15	532
		16	232, 303,366,396,411,418,445,478,547
		17	38,52,75,376,378,379,380,381,382,383,384,385,386,387,388,389,390,391,419,427,437
		18	56,59,60,73,106,354,358,359,370,378,459,500
		19	124,182,191,216,217,244,263,320,388,389,390,415,449,450,452
		21	280,284,286,288,290,291,292,294,301,304,305,310,312,316,318,319,321,324,327,328,331,333,336,338,339,342,345,347,351,352,355,358,368,371,373,378,382,383,391,398,399,400,401,402,403,405,408,411,412,413,416,417,418,422,430,431,432,435,437,442
		22	17,29,114,119,125,138,144,146,152,165,168,177,180,191,216,436,239,255,208,367,368,431,443,445,451,459,472,520,523,524,525,536,541,547,550,551,553
		23	27,53,109,117,131,133,174,175,187,236,237,238,404,406,407,408,409,410,411,412,476,548,549,550,557,563,564,565,566,572,582,584,586,588,589,591,601,602,615,616,617,619,622,625
		24	52,56,118,160,161,174,375,376,606
		25	88,95,334,337,427,496,498,515,516
		26	223,225,373,402,432,466,475,478
		27	176,186,188,189

地　　名	别　　称	册数	页　　数
新嘉坡		29	519
		34	468
		35	105,143,144,145,155,162,163,230
		36	400,413,414,416,434,472,510
		37	133,317
		38	11,395,432,477,557
		39	81,115,116,117,120,167,170,171,172,196,197,203,314,319,399
		40	59,259,278,358,364,365,470
		42	30,516,517,518,519,520,521,525,527,528,532,533,534,536,538,544,615
		43	385,442,444
		44	236
		45	230,288,539
		46	29,135,141,188,189,190,257,293,351,501,506,513,550,552,554,555,557,558,559,561,565,566,571,590,592,596,597,600
		47	42,98,310,313,526
		48	45,65,67,86,87,129,130,131,140,260,261,262,263,264,265,269,272,274,275,277,279,280,292,426,433
		50	69,73,165,177,358,523
新嘉坡軍港		44	566
		47	312
シンガポール港		22	451
シンガポール州		42	515
新嘉坡ダンモンロード五一二番地		23	472
新嘉坡島	シンガポール島	21	378,415
		23	628,629
		42	515,525,531
シンガポール島第三軍用飛行場		46	556
シンガロング		20	3,7
シンカワン		23	277,345,347,349,357,358
シンカン		22	77
		23	411

地　　名	别　　称	册数	页　　数
		24	286,330
新貴		27	597
新義州	新義洲	7	441,448
		12	416,417,421
		14	380
		29	224
		30	386,433,434,583
		31	43
		45	47,70,100
新疆	支那ターキスタン,新疆省,支那突厥斯坦	2	415,451
		3	373
		5	5,45
		9	316,367,379,387
		11	639
		13	82,92,94,166,235
		29	237
		33	189
		42	112,158,536
新京	新京特別市,滿洲長春	5	513,514,515,517,519,569,672,702
		6	4,10,13,29,30,31
		7	517,536,538,540
		8	230,287,418,430,431
		9	443,447,515
		10	34
		12	302,520
		14	161,162,512,514,515,520
		15	620
		17	363
		28	338
		30	583
		31	51,185,196,200,201,202,220,222,259,260,268,269,276,292,309,310,340,343,354,357,361,362,366,430,434,442,444,454,457,460,461,614
		33	266,267,286,287
		34	20,94,142,192,193,217,236
		40	94,97,519
		43	175

地　　名	别　　称	册数	页　　数
新京		44	2,447
		46	108,110,120,126
		47	376,387,388,397,452,476,604,661
		49	22,26
		50	247,248,256,258,265,269,277
新橋		7	122
新郷		41	241,242,244,245,249
新京駅		5	89
新橋驛	新桥	42	208
		43	231
		50	426
新橋花街		29	107
新興岸壁		26	9
新京ダー・トウン廣場		50	266
新京中央通り		31	361
新險		29	413
身堅橋		7	125,126,144
新鴻		35	504
清國	清	1	97,169,237,346,390
		2	80,88,89,90,502
		4	240,254,281,282,373,382,385,415
		5	77
		18	436,502
		30	136,180,246,249,252
		31	524,525,530
		33	103
		34	44
		36	180
		38	360
		43	498
		46	358
		49	489
シンゴラ	SINGORA	11	312
		13	438,497
		17	376
		48	433,435
新五侖	新五仑	14	190,191
新州		6	474

地　名	别　称	册数	页　数
		32	425
新宿区		46	280
眞珠灣	パール・ハーバー,真珠灣,眞珠湾,真珠港	3	2
		5	363
		12	384,392,393
		13	363,395,396,401,409,410,415,416,433,434,436,437,438,464,507,509,514,515,558,590,603,610,611,612,631,637
		15	525
		17	58,59,62,63,64,68,69,94,116,294,302,330,376,378,379,380,381,382,383,384,385,386,387,388,389,390,391,395,455,486,487,488,527
		18	4,5,6,9,12,15,16,18,19,23,24,25,26,27,29,31,32,34,190,197,203,205,207,208,215,221,226,228,254,255,268,269,270,274,275,280,281,287,288,296,298,299,301,303,304,308,309,310,312,314,325,329,330,331
		28	453
		34	268
		35	173,239,240
		36	250,286
		37	277,465
		38	22,23,30,31,38,44,45,46,48,50
		43	125,437,438,441,442,444,445
		45	410
		46	258,483,504,506,527,531,536,549
		47	479,623,624,696
		48	164,167
		49	90,278,279,598
		50	99,104,111,160
眞珠灣軍港		16	191
真茹	眞如鎮,直茹	8	602,610,626
		32	160
ジンジン・スメ地方		13	110
新水		11	23
新西班牙國		9	528

地名	别称	册数	页数
神聖羅馬帝國		10	507
新村		6	535,549
新泰		8	595
新堤市		6	523,566
眞東		2	298
新東亜	新東亜	8	647
		11	622
		16	615
新南群島	スプラットリー群島	10	27
		11	28,32,110
		16	151, 354,396
秦皇島	秦皇岛	2	662,663
		3	145,202
		6	126
		8	587
		11	55,68
		17	444
		28	353
		29	189
		31	526,540
新發田		41	283
新巴尔虎厢黄正白旗		50	306
新巴尔虎正藍旗		50	306
新バルカ		50	332
シンパング		23	350
シンベスキ郡		22	373
新浦鎮		6	570
新滿洲國	新滿	6	89
		42	403,408
新民		2	524
		44	445
		45	44,46,47
新民東方遼河渡河點		30	392
新民屯		2	545
		3	439
		5	493
		31	46,189
新民府		6	654

地　名	别　称	册数	页　数
信陽		6	156,471,473,474
		29	414
		32	358,398
新羅		5	542

ス

地　名	别　称	册数	页　数
ス・ゼ小路橋		7	121,122
スアレズ		39	109
スアンナンナ		21	133
スイ・ツア小路		7	114
綏遠	綏,綏遠省	2	436
		5	512,517,524,571,591,592,604,610
		7	405,410,412,430,433
		8	1,2,3,10,11,13,103,621
		13	82
		17	509
		30	181
		32	94
		33	156,177,178,197,198
		42	333
		49	352
炊煙道		13	12
綏化		7	552
		14	190
水牛灣		39	279
邹圩白山村		7	399,402
瑞金		9	317,367,379,387
		33	155,156
瑞昌		6	478,479
スイス			参见：瑞西
瑞西	スイス,瑞西聯邦,瑞西國,スイス國,スウイス,スイス聯邦,スヰス,スウッツルランド	1	7,8,100,120,174,193,208,227,243,309,317,319,323,334,350,369,395,417,443,454,462,463,464,484,550,551,553,554,556,557,558,608,619
		2	1,22,30,32,33,34,40,43,59,73,75
		3	294,328,362,396,405,413
		4	288,388,415,501,514,530
		7	515
		12	594

地　　名	别　　称	册数	页　　数
瑞西		14	284
		16	33,601
		21	193,194,196,197,199,204,212,213,228,239,243,257,259,262,264,265,266,268,270,272,411
		24	17
		27	67,76,297,306
		29	225,516
		31	209
		36	344,517
		38	233,552,558
		39	30,36
		40	327
		43	448
		45	300
		47	381,393,489,561,686
		48	181
		49	105,162,166
綏東		7	479
崇武		6	536
綏芬		13	57,58
綏芬河		7	474
		14	118
		33	326,458
		34	158,160,161
崇明	崇明島	6	342,353,361,362,457
		8	626
崇明縣城		6	362,457
水流峰		33	413,459
崇陽		6	565
綏陽		14	183,191
スウウオ		7	255
スウエイ		24	192,219
スウェーデ		50	130
瑞典	スウェーデン國,瑞典國,スエーデン,スウィーデン,スィーデン	1	8,100,174,207,243,309,317,323,350,395,402,417,442,454,461,557,618
		2	40,59,72,76
		3	109,294,328,396,413,559

地　名	别　称	册数	页　数
瑞典		4	487,488
		9	555
		10	440
		11	48
		12	594
		13	656
		15	552,597
		23	241
		26	649
		29	225
		31	361
		38	233
		39	30,34,34,36
		42	303
		46	431,432,433,434
		47	6,7,13,125,392,430,686
		49	136,155,161,162,165,166,187,189
スウォボードヌイ		14	120,121
スウカミスキン		23	648
スーザアリー島	スウーザリー島	29	473,474
スースト		23	481,485
スーダン	サルタン	1	463,484,543
		8	599
		9	271,278
スーバン		19	308,309
		23	423
スールー諸島		40	261,279
スエズ		2	678
スエズ運河		10	438
		15	532,565
		16	366, 411
		47	149,366
		49	181
		50	349
スエンサ		20	16
ズオレ		24	139
スカダナ		23	350
スカダン		23	350

地　名	别　称	册数	页　数
スカブミ		19	46,391
		23	471,472,474
		24	11
巣鴨		27	381
		47	162,604
		50	494
巣鴨拘置所		13	176
		30	90
スカルノ		19	319,409,418,448,456,457
スカンチナヴィア	スカンヂナヴィア,スカンヂナビア	28	551
		47	144,147,195
		49	162,165
スギタ町		24	451
スキヂャング		23	571,599
杉並區	杉並区	5	296
		17	398
		46	13,35,318,465
杉並區阿佐ヶ谷		5	297
杉並區和泉町		5	296
杉並區永福町		5	297
杉並區西荻窪		5	296
杉並區西田町		5	296
杉並區馬橋二丁目一九〇番地		42	474
スキリン		7	552
スクール・ラインズ村		22	356,358,364
スクルー		25	66
スコウオロジノ,スコウオロヂノ		14	199
スコェ		12	596
スコットランド		35	116
		46	388,389
逗子		43	239,569
水城		6	576
スターリン		16	444
スターリングラード		12	391,465
スタンドフォード		24	584
スタンフ		27	308

地　名	别　称	册数	页　数
スタンレイ街		22	436
スタンレー		22	316
ズットコ		7	255
スツン・コンボト		2	321,322
スツン・ドントリ		2	322,323
ストアズヘウス		24	125
ストーニー・ストラトフオード		21	373
ストックホルム		46	414,432,433,435
		47	7,148,370
ストツセンベルク		13	516
ストヤデイノウイチ		9	593
ストラン トレン市		50	207
スニーータス・クオー		11	408
スニダ海		13	520,521
スニパワ		13	521
スパー		29	214
スバイ		13	557
スパイス群島		24	567
スバスコエ		12	83
スパワスク		12	389
スバン		23	432
巣飛行場		5	420
スビック湾		46	547,551
		48	269
スブオドタイ,スヴオドタイ		14	199,200
スプラットリー	SPRATLEY	11	312
スプリング・グーデン		22	258
スプリングガーデンズ		24	129,360
西班牙	スペイン,西班牙國,スペイン国,西	1	97,112,170,184,219,238,309,317,322,360,391,416,437,446,450,459,463,483,553,561,615
		2	36,52,68,75
		3	109,110,328,395,401,413,439,442,493
		9	317,368,380,387,526,536,543
		10	223,336,383,667
		11	219

地　　名	别　　称	册数	页　　数
西班牙		12	594
		13	251
		15	553
		16	84
		17	164,252,255,258
		18	463,469
		26	278,314,649
		28	518,520,577,613
		29	225,522
		30	25,151,165,171
		33	75,239
		36	343,369
		38	233
		39	30,34,36,89
		40	14
		42	337
		50	62,368,547,549
スポイン		27	238
ズボーフスカヤ街		27	626
スマトラ	Sumatra,スマドラ,スマテラ	6	166,178
		10	114
		11	388,598
		13	398,430,519,521,523
		18	53,54,95,285
		19	53,57,145,216,322,326,349,351,357,374,375,388,438,449,450,456,457
		21	387
		22	244
		23	5,8,10,403,512,615
		24	33,37,65,69,114,115,116,117,119,120,121,129,130,131,135,136,141,142,296
		25	60
		29	44,45,145
		30	29
		38	454,476
		39	192
		41	258
		42	515,517,524,531,543

地　名	别　称	册数	页　数
スマトラ		43	338
		45	189,229,230,286,288,289
		46	571,574
		47	501
		48	389
スマトラ・ジャバ街		23	422
スマトラ西海岸州		45	229
スマラン	セマラング,サマラン	23	398,416,472,532,605,607,614,639,644,645,647,648
		24	11,12,14,68,71
		46	574
スマラン要塞		13	521
スミス街		21	434,435,436
スミレ		26	530
スムナップ作業地		46	571
スムブリン・ツアガン・ヌル湖	スンブリン・ツアガン・ヌール,サンブリン・ツアガン・ヌール	50	336,376,377,378,379
スモレンスキー街		27	622
スモレンスク		11	582
スユーテ		13	251
スラカルタ		24	71
スラク		20	149
スラッカ海峡		18	60,61
スラバ		25	88
スラバヤ	Soorabaya,スラバヤ港	11	139
		14	49,50
		18	56,59,60,73,106
		19	91,124,291,294,357,390
		22	508,518,519
		23	2,276,281,330,343,358,359,360,372,385,386,418,442,445,448,450,605,610,649
		24	33,54,62,69,71,174,226,537,538,552,560
		27	266,267,269,274
		36	116,139,140
		46	573,575

地　名	别　称	册数	页　数
		48	426
スラピヤ		39	81
スリガオ		20	52
		46	546
スリガオ海峡		18	59
スリケイ町		14	46
スルー	スルー列島	20	52
駿河臺		43	234
スルマタ島		24	271,272,273
スレーテンズク駅		50	223
スロ		24	267
スロヴァキア	スロバキア,スロヴァキア國	1	317
		4	446
		9	543
		10	326,382,387
		13	267,268,269,270,271,275,283
		18	507
スロック村		20	146
スロベニア王國,セルブ、クロアート、スロヴェーヌ王國		1	309,317,323,463,484,543,556,561
スワード		46	523
スワニ		12	516
スワングチン		7	552
スワンフ		46	554
スンガイ・テウリアン		23	339,342
スンガイバタニ		46	556
スンガイプテイ		24	147
スンガチァ河		31	16
スンガリ河	スンガリ	30	177,178
スングチ河		33	319
スンクライ		22	148,180
スンゲイ・ドルアン		23	276,328
スンゴイバタニ		22	459
スンダ海峡	スンダ海峡	18	60,61
		25	435
スンダ諸島	スンダ列島,スンダ郡島,スンダ群島	19	258
		24	189,190

地名	别称	册数	页数
		26	272
		46	575
スンバ島		24	195,198,247,248,256,258,259,260
スンブル・オボ		50	364,366
スンホア・ホテル		39	221

セ

地名	别称	册数	页数
青		15	396,403
西亜		13	465
		48	400
西安		7	546
		8	346,347,365,376
		11	25
		16	260
		30	155
		33	222
西安新橋		7	113
成圩		6	564
西烏珠穆沁		5	515,569
清遠		6	519,567,571
清苑		8	13
西苑		5	522
		31	555
西歐	西欧	7	249,280
		9	437
		10	5,47
		13	164
		16	305,384
		17	499
		18	469
		19	364,365,366,367
		30	51
		34	380,474
		43	335
		46	516
		47	338
		49	199
青海		5	515,569
		7	431

地　名	别　称	册数	页　数
		11	639
棲霞山		7	300
醒家埠		6	533
西崎山		25	60,65
齊縣		6	467
西湖		39	234,291
西江		6	484,519,521,530,531,564,565,571,572,578
		39	240,246
西康		33	177,220
西高井戸		17	398
青國	青国	11	663,671,673
		15	141,143,147,150,153,155,177,178,179,182,196,200,246,277,285
西湖畔		7	374
西塞山		6	410,503
西沙島		6	471
		11	28,110
星子		6	354,404,406,407,478,500
青州		6	448
清州		12	419,420,421,445
靖西		38	451
セイセル群島		19	226
誠善里		8	96
西倉		7	129,149
成担		7	451
青膽江		6	527,573
西直門		33	172
正定		8	586
成都		6	346,368,370,507,565,566,568
		8	606
		11	16,21,25
		30	154
		42	131,132
西南阿弗利加		2	103
西南高架索		12	512
西南支那		11	13,14
西南太平洋	南西太平洋	16	414,418,451,454,457,458,461,509,510,512

地　名	别　称	册数	页　数
西南太平洋		17	511,547,550,553,554,560
		37	28,68,136,138,155,169,331
		43	120,338
西南太平洋地域	西南太平洋領域	5	332
		36	255,571
西南滿洲		3	450
西寧		16	115
西部軍管區		25	404
西部濠洲	西部オーストラリア州	21	321,351
西部サモア		1	482
西部支那		5	543
西部爪哇	せいぶじゃわ	19	383
		23	438
		25	491
西部爪哇ソウバン		23	438
西豊		7	546
西北五街二二五番地		22	496
西満		12	140
西門口		39	234,291
青陽		6	470,480
西洋		2	412,413,416,561,622
		5	51
		9	361,364,510,521,533
		10	315,316,322,427
		19	396,400,407,412,439
		30	19,21,24,26,28,29,30,50,98,99,240
		32	519,520
		34	371,488
		36	237,296
		42	27
		44	416
		47	171,176,177,178,179
		48	398
		49	107,109,124,408
		50	489
正陽關		6	467
西洋諸國		8	551
清涼山		7	128,129,149

地　名	别　称	册数	页　数
		44	587
清涼山墓地		7	149
錫林郭盟		5	515,569
西林虎都克		50	306
青葦江		6	527
錫蘭	セイロン,錫倫	1	422
		11	598
		23	1
		27	331,333
		36	131,365
		39	114,119
		49	96,571
		50	167,349
セイント・オスワルドハウス		21	373
セガマット		9	263,264,284,285
		39	168
赤崗		6	570
赤鋤埠		6	573
石版圖		29	249
赤壁		6	414,506,524,565
赤峰		7	479,543
		8	431
		40	522
セケジアン		23	560
ゼスフイールド街第七十六番地		25	204
世田谷區		5	296
世田谷區赤堤町		5	297
世田谷區北澤町		5	296
世田谷區下鳥町		5	298
世田谷區代田	世田谷区代田	5	297
		46	17
世田谷區世田谷		5	296
世田谷區祖師谷		5	297
世田谷區野沢町		5	297
世田谷區八經堂町		5	296
世田谷區東玉川		5	296

地名	别称	册数	页数
世田谷區若林町		5	297
石灰窖		6	410,483,503
石家莊	石家庄	6	286
		8	13,14,586
		29	5
		32	479
		33	271
		41	241
		50	569
浙江	浙江省	6	223
		7	430,431
		8	100,102,110,124,631
		11	22
		13	98
		16	57
		29	151
		33	69,155
		46	62,65,70,608
浙江路	上海市浙江路	32	78
ゼッセルトン	ジェスルトン,ヱッセルトン	23	28,29,30,31,32,70,71,74,75,79,81,82,83,85,92,94,95,96,97,98,103,106,108,116,150,547
		42	549
		46	564
薛哈嵊島		29	217
瀬戸市赤津町宮地山		25	388
瀬戸内海		13	623,625
		18	29,326
		34	254
セニングーオーチョー		23	303
セネガル		11	229
ゼネバ	ゼネヴァ	30	331
		32	233
セネン		23	8
セバストポール		10	677
セブ	セブ島,セブ州,セブ市,チェブー	20	13,17,19,20,22,26,28,30,32,33,34,35,38,40,41,44,47,48,52,196,210,212,215,216,218,220,347

地　名	别　称	册数	页　数
		21	157,171,172,205
		45	293
セブカモテス諸島		20	222
ゼブル		21	82
セマラング・ワトゲド五番地		23	640
セラビンタナ	セラビンタナー	19	46
		24	94,98,104,106,108,109
セラム諸島		24	537
セララン・バラック・スクエアー	バラックス・スクエア,バラック・スクエア,セララン・バラック・スクエア,スクエア	21	392,393,396,397
セラレクル		11	96
セランカイ		19	410
セラング	セラン	24	15,71
		25	435
セランゴール州	セランゴール	9	268,269,300,301
セリア	セリヤ,シーリア	23	25,41,50
セルヴァンテス		20	52
塞爾比亜國	セルビア,セルビエ	1	100,174,207,242,350,394,417,442
		28	550
		29	558,582
セルブ・クロアート・スロヴェーヌ國	セルブ・クロアート・スロヴェーヌ王國	2	40,58,72
セルマタ		24	201,274,276,277
セレタ		46	556
セレタル		18	148
セレベス	セレブス,OELEBES,セレベス島	11	598
		13	430
		19	25,52,91,216
		20	49
		23	403,409,410,411,607
		24	284,285,286,287,288,294,296,299,300,302,311,317,319,320,324,325,334,335,338,347,348,349,350,357,401,413,418,430
		27	278

地　名	别　称	册数	页　数
セレベス		28	198
		39	82
		48	356,389,437
セレラング		21	379,380
セレンバン	セレンパン	9	260,264,285,301
セン・テチエンヲ		27	589
先安		27	560,583,596
全英聯盟		2	203,206,208,212,216,226
		15	483
宣化		8	1
千金塞	千金寨	41	47
千金堡		10	684,687,688
全縣驛		6	519,571
遷江		7	388,390
宣光街		27	558
川沙		8	626
潛山		6	395,468,497
		32	432
千州		6	564
全州		8	608
		11	23
泉州		6	536
		8	55
専修寺		13	564
陜堉		7	421
仙台	仙臺,仙台市	22	483
		25	498
		32	446
		35	543
		38	554,564
		40	196,207,336
		42	70
全太平洋地域	全太平洋領域,太平洋全域	36	270,271,277
千駄ヶ谷		36	117
センタンバンシヨン		50	332
善通寺		13	563
		25	429,459,546
		26	41,79,194,253,384

地　名	别　称	册数	页　数
善通寺		38	565
		40	118,119,327,329,331,332
		45	285
セント・ピーターズバーグ	セントビータースプルグ	2	451
		29	232
セント・ポール	サンビドロ	15	526
		20	138
		46	536
セント・ロチャース飛行場		46	535
汕頭		6	337,339,452,469,470,529,535,536,557,576
		8	54,55
		16	144, 149,155,269,270,610
		28	306
		32	523
		33	280
汕頭驛		6	536
錢塘江		6	286
		29	5
仙頭港		11	24
東部ロシヤ		11	528
セントトーマス		38	562
セントラル		20	320
セントルム	センテウルム	23	306,312,324,329
		24	146,166,250
センビランガン		27	287
前米國海兵隊兵舍		25	204
全米洲共和國		46	579
仙峰岩		6	523
陝北區		33	178
前本紅		7	64
蘇家屯		8	206
江西ソヴィエト区		9	317,367,380,387

ソ

地　名	别　称	册数	页　数
ソヴィエト極東	ソヴィエート極東	11	513,542
		12	463
莊河	莊河縣	7	440,443,444,447,451,450,453

地　　名	别　　称	册数	页　　数
曹家秦		30	516
曹家渡		8	96
巢縣		32	432
桑港	サンフランシスク,サンフランシスコ,サンフランシスコ市,桑	9	279
		10	223
		13	377
		15	391,392,394,396,400,401,526
		21	147,246,252
		25	280,281,282
		26	314
		27	8,10,12,232,238,324,326,332,337
		28	349
		35	234
		36	436,535
		37	175
		42	147
		45	173,185
		49	144
		50	69
象山砲台	象山跑壘	6	408,501
ソウザ街		24	174
滄州		5	522
		8	586
		33	314
曹州		6	463
增城		6	483,484
ソウトリー		24	552
早寧		11	23
双峡		14	199,200
ソウバン		23	438,439
宋埠		32	331
宗埠		6	480
蘇北		6	534,538,541,546
宗谷		14	2,8
宗谷海峡	宗谷海峡	2	82
		14	1,5,6,8,9,16,17
		34	242,243
		36	220
		39	18

地　　名	别　　称	册数	页　　数
棗陽		6	570
ソエカボエミ		24	94,104
ソエギ		24	299
ソエンバワ		24	274
ソーヴィントン		29	438
ソーサリ		27	21
ソーポチナヤ		12	365
ソールトレイク		27	242
蘇河		30	472
		41	20
ソクトラン		11	307,315,333,363,365
ソグレムデイウ		15	365
ソゲル・ベチェッド		15	363
ソサエテ群島		19	225
ソシェタイト		23	461
蘇州	蘇洲,呉縣,蘇州市	7	5,179,221,245,252,276,283,308,309,311,513
		8	602,610
		9	440
		16	54,55,57
		29	152
		31	588
		32	243,489,493,495
		44	491,506,510,583,584
		45	255,256
		46	65,66,67,68
蘇州河		17	405
		30	514
		34	463,496
		38	539,540
		44	490
蘇城		12	136
蘇城アルチョム		12	61
ソセボ		13	53,54
外トルキスタン		12	512
ゾネニブルグ	ゾネニブルク	9	544,545
ソヒエラン		24	172
ソフガワニ	ソフガワニー	14	111
ソボネヤ		14	145

地　名	别　称	册数	页　数
ソマセット州シュウデッチ・トーントン・グリンエーカ	ソマセット州トーントン	17	456,457
ソマリーランド		8	599
		49	181
ソラー		21	16
ソラノ		20	22
ソラノ街		21	14
蘇領		36	561
ソリン		11	13
		13	535
ソルソゴン		20	52
ソルトレーキ		26	314
ソルトレーク市		27	424
ソルモヴォ市		27	626
蘇聯	ソ聯國,ソ聯,ソビエット社會主義共和國聯邦,勞農社會主義共和國聯邦,蘇國,蘇,ソ聯邦,Soviet,蘇聯邦,ソビエット聯邦,ウクライナソビエット社會主義共和國聯邦,ソビエット社會主義共和國聯邦,露,露西亜,ソヴイエト社會主義共和國聯邦,ソヴイエト聯邦,ソヴイエト,蘇連,ソ国,ソヴイエト联邦,ソ联,ソ,ソ联邦,ソヴイエト国,ソヴイエト國,ソビエット,蘇聯邦,ソ聯邦,ソ联,ソ耼,ソヴイエート,ソヴエート,ソビエット社会主義共和國耼邦,ソビエット耼邦,ソヴイエート耼邦,蘇联,蘇耼,社會主義ソビエット共和國耼邦,the Soviet Union	1	7,9,11,13,15,17,18,19,20,22,23,25,27,28,29,34,38,53
		2	77,148,150,151,257,303,384,411,426,427,428,429,430,440,441,442,445,454,455,456,457,462,499,502,539,596,598,619,620,623,636,637
		3	12,277,407,469,471,475,480,490,495,554,556,577,578
		4	94,95,96,99,289,469,508,609
		5	65,110,111,306,335,402,404,406,410,575,577,581,582,583,585,587,588,590,591,599,601,662
		6	243,244,246,250,251,255,282,284,285,286,287,295,298,314,320,343,375,376,377,378,416,417,418,472,474,492,509,510,512
		7	504,553
		8	262,265,266,267,268,269,270,271,272,273,274
		9	316,317,318,319,321,322,323,325,326,331,333,335,337,338,352,358,359,363,364,367,368,369,370,371,372,373,374,377,378,379,380,381,382,383,386,387,

地　名	别　称	册数	页　数
蘇聯			388,389,390,391,392,433,473,482,495,496,497,545,546,606
		10	15,90,95,98,99,101,102,104,106,109,110,114,115,117,118,119,120,121,177,178,181,182,183,184,188,189,203,205,206,208,223,229,235,236,240,246,247,256,262,264,265,266,267,270,272,273,274,276,285,286,302,340,346,406,409,441,473,500,514,524,525,532,533,534,538,539,540,541,543,634,635,637,641,670
		11	48,68,211,212,264,272,273,274,345,346,386,481,525,527,528,529,530,531,535,536,537,538,539,540,541,542,543,544,545,557,558,559,562,565,566,570,582,583,591,596,602,603,610,633,635,636,658
		12	57,63,65,66,67,73,91,92,95,98,99,101,102,103,105,106,107,108,110,113,114,115,119,167,168,170,171,172,173,174,177,178,179,180,182,183,190,191,200,205,216,217,218,219,222,223,224,225,226,227,228,229,230,231,233,246,263,264,267,273,276,294,303,309,364,365,366,369,370,371,372,375,385,386,388,389,390,400,402,403,417,432,433,443,444,453,461,462,463,464,465,466,469,470,471,472,473,474,475,476,477,478,503,504,505,507,508,510,511,513,516,517,519,521,522,523,524,528,529,530,531,534,558,562,563,568,569,570,571,572,573,574,575,576,591,592,593,596,598,602,603,606,610,609,615,618,619,623,625,626,631
		13	1,2,3,4,5,7,9,11,12,15,16,17,20,24,34,36,38,39,41,42,43,45,46,48,50,60,62,63,64,66,67,69,71,77,78,79,80,81,83,90,104,105,107,108,113,114,118,

地　　名	别　　称	册数	页　　数
蘇聯			126,134,136,159,163,164,165,166,166,167,168,169,171,172,175,176,177,178,179,180,181,182,183,184,186,188,189,191,193,196,197,198,199,200,201,202,204,205,206,207,209,210,213,214,223,224,228,229,230,231,233,238,242,243,244,251,252,260,269,276,277,278,286,287,293,294,298,302,304,306,308,309,314,315,316,319,324,330,335,339,348,349,352,353,358,361,362,363,364,365,373,374,375,376,378,381,383,421,422,431,433,555,640,643,646,647,648,649,651,652,653,654,655,658,661,662,663,665,666,667,668,669
		14	1,2,3,5,6,7,8,9,10,12,14,19,20,23,27,29,30,32,45,49,60,108,109,110,111,113,118,130,132,140,143,148,149,150,152,157,159,161,162,165,182,186,187,188,206,488,489
		15	1,107,330,491,516,518,519,533,538,552,553
		16	81,82,96,105,106,132,181,186,195,197,198,204,219,220,221,225,229,232,234,292,296,297,302,303,304,305,306,309,362,388,444,476,477,515,518,528,546,547,548,553,583,599,614,633
		17	78,129,143,208,210,215,237,240,241,254,255,256,392,473,474,475,513,541,542,571,582
		18	67,278,280,281,286,300,370,403,404,461,513,514,524
		19	83,182,187,188,189,191,230,233,234,235,236,249,250,252,256,258,259,261,269,270,271,276,478
		25	192
		27	615,616,618,622,626,629,630,633,634
		28	145,191,203,204,205,210,223,224,239,242,258,304,501,502,509,510,511,512,

地　　名	别　　称	册数	页　　数
蘇聯			513,514,515,518,523,527,528,529,530,531,532,534,535,536,537,541,544,551,556,557,606,609,615,620,630
		29	3,5,6,15,17,26,45,81,82,293,294,295,296,297,299,301,303,306,307,308,309,310,311,313,314,315,316,317,318,319,320,321,327,467,468,469,471,472,473,474,475,476,477,478,479,480,481,482,483,484,485,491,493,494,495,496,498,500,501,503,506,507,511
		30	45,121,122,155,156,157,168,171,172,173,174,176,177,178,179,181,182,186,191,425,427,428,447,451,453,467,468,570,571,572
		31	23,27,28,49,57,58,60,106,393,401,408,410,411,412,417,564,593,594,596,627,629,630
		32	42,43,44,50,51,90,359,519,550,566,567,568
		33	17,41,56,59,64,90,103,235,236,237,239,240,242,244,247,248,250,251,252,253,255,256,262,264,272,275,281,282,284,286,306,313,335,336,339,355,363,369,370,375,378,379,384,391,394,397,401,402,404,413,414,416,419,432,453,456,457,458,459,460,461,462,463,464
		34	17,26,34,35,39,44,45,46,47,48,49,51,53,61,62,66,67,76,77,78,79,80,81,82,83,86,90,95,104,105,106,107,108,109,110,111,112,113,114,115,116,123,124,125,126,127,130,137,138,141,142,150,154,155,156,157,158,159,160,161,162,163,164,165,166,167,168,169,170,171,172,174,175,177,178,179,180,181,182,183,185,186,187,191,192,193,194,197,199,207,208,209,217,218,220,224,227,228,230,235,241,242,243,244,245,246,267,268,269,278,279,280,281,282,283,

地　名	别　称	册数	页　数
蘇聯			288,290,291,292,294,295,297,298,300,302,307,308,309,310,311,312,313,318,319,320,333,335,342,344,345,352,473,474,475,476,479
		35	11,12,13,15,16,17,18,19,20,21,22,55,56,60,65,81,87,97,110,117,143,144,150,151,155,161,163,164,165,166,167,168,170,174,181,212,228,229,231,245,251,257,273,274,344,360
		36	218,220,232,258,343,458,467,534,555
		37	16,17,137,141,143,145,146,177,179,193,197,201
		38	86,405,406,407,409,410,411,430,436,440,441,447,457
		39	30,34,36,280,389
		40	359,360,361,362,364,368,372,387,391,393,394,395,407,410,414,416,426,432,435,440,453,454,455,461,464,478,480,493,515
		41	20,29,30,31,87,101,225,235,237,238,289,309
		42	16,28,63,64,65,79,80,81,82,83,86,87,88,89,96,97,110,111,112,157,174,175,176,177,178,179,261,262,263,264,265,269,275,282,370,441,442,580,583,584,585,590,591,594,595,596,597,605,606,608,609
		43	110,281,282,303,305,323,331,332,337,341,342,343,344,345,377,401,444,454,477,478,479,507,517,518,519,520,521,522,523,524,580
		44	2,336,339,363,368,380,381,453,454,455,467,470,473,481
		45	113,191,343
		46	23,24,29,30,36,37,39,40,41,51,53,54,55,120,159,162,163,164,166,169,171,172,174,175,177,179,181,183,188,191,192,199,227,230,240,258,358,363,414,415,423,424,425,426,428,585

地名	别称	册数	页数
蘇聯		47	24,32,64,86,96,154,155,158,199,235,236,237,238,243,266,277,291,319,320,327,329,334,335,336,337,338,339,340,341,342,343,344,345,346,347,348,349,350,351,352,353,354,354,355,356,357,359,360,361,364,365,369,370,372,373,374,375,376,377,378,383,384,387,388,389,391,392,393,394,401,402,408,409,410,421,435,440,445,446,450,451,476,483,486,543,544,545,561,568,569,570,571,572,573,574,576,577,578,582,583,584,592,594,595,597,600,655,657,658,659,661,662,663,682,683,685,686,687,688,689,699,701,702,703,704,706,707,708,709,715,716,717,720,721,722,723,727
		48	4,12,15,23,24,27,29,42,43,45,46,54,61,70,72,73,74,89,93,124,125,149,153,155,167,190,211,212,227,228,236,243,244,245,246,266,284,293,408
		49	32,35,39,43,47,48,49,50,101,110,192,200,247,250,268,302,304,313,322,343,408,412,453,454,484,486,491,492,495,497,499,502,508,555,587,588,601
		50	8,17,72,73,216,217,218,219,220,221,222,223,224,225,228,231,232,233,234,235,239,244,281,283,284,285,290,334,335,345,350,351,352,353,357,372,373,458,467,473,491,606
蘇聯港		34	278
蘇聯興安南省		40	342
ソロ		23	586,607
		27	78,387
		40	263,264,282,283
ソロモンス岬		25	154
ソロモン島	ソロモン,ソロモン群島,ソロモン群島,ソロモン諸島	13	400,416,429,535
		18	275,284
		19	224

地　名	别　称	册数	页　数
ソロモン島		34	187
		39	22,59
ソロル		50	131,157
ソワコード		24	459,460,483,484,485,486,487,494,507,508,509,511
ソンクライ		22	144,164
孫家埠		8	600
ソンボク		25	414
山羅		27	597
孫吾		34	130
ソ聯行政区		12	72
ソ領		19	253,254
ソ領沿海地域		12	56,64
ソ領沿海州		12	308,317
ソ領中央亜細亜		47	366

タ

タ		15	400,401
ダ		15	401
タ・シア・マオ・シアン小路一号		7	118
タ・フワイ・フ小路二十四号		7	117
ダーウィン	ダーウヰン	46	560,562
		48	426
タアウンギ		22	89
ターカヌン		9	130,243,245
大沽		5	522
		6	607
		7	504
		42	330
ダーダネル海峡		29	556
ダート街		20	9,135
ターバン		48	86,269
ターマカム		9	108
ターマヂョウ		9	130
ターラック		21	164
ターリン		30	453

地名	别称	册数	页数
タアル	タアル湖畔	20	163,164,165
タールア		9	130
ダアルケース		21	351
タールラック附近		26	514
ターレナ		25	78,79,80,82
ターレナ・ボートン地区		25	78
ター中央橋		7	114
タイアオング		21	88
タイアサルパーク		23	53
大亜細亜		4	666
		11	616,618
泰安		2	670
大尉路		27	505
タイエ		9	130
大營集		6	463
タイエヌケブ		11	168
大凹山		8	602
大王廟		6	399
タイオフ島		25	80
泰家巷六番地		7	238,269
タイガロエンゴ		24	114
タイギ		44	251
太原	太原市	6	156
		8	586,594,621
		31	540
		33	173,271,309,314
		42	425
		50	569
太湖		6	360,456,471,476
		13	93
大興	大興嶺	30	393,395,398,399,401,438,400
		45	52,58,59,60
大興安山脈		2	436
大興安嶺		30	468
		34	130,161,162
大興驛	大興,大興駅	2	528,529
		45	56
大耕子		30	413

地　名	别　称	册数	页　数
泰國	タイ國,暹羅國,タイ,シャム,Thailand,タイー,シャム王国,泰,泰国,タイ,暹羅	1	100,174,207,242,309,317,323,350,395,423,430,433,440,447,454,461,463,484,543,557,560,561,618
		2	40,58,72,277,297,319,321,323,324,325,326,327,328
		3	252,669
		4	34,40,95,96,99,100,291,390,409,434,656
		5	111,356,583
		6	591
		7	157
		8	150,521,703
		9	91,105,106,107,109,110,114,131,135,139,140,141,142,143,145,147,150,152,153,154,155,162,163,167,168,169,173,175,176,178,180,181,182,183,185,189,195,198,207,208,212,213,218,220,240,242,246,270,278,279
		10	28,181,243,267,347,350,357,360,371,389,473,538,541,542,614,630
		11	95,96,97,98,99,100,137,138,139,211,213,214,215,216,225,232,236,237,243,244,245,246,270,271,272,273,275,278,288,290,292,298,322,342,345,367,368,388,390,478,598,617,618,622,623,648,650,658
		12	14,15,52,220
		13	147,228,232,421,430,433,447,497,556,582
		14	136,288,324,554,560
		15	219,325,330,331
		16	191,327,335,356,357,363,372,376,396,409,411,631
		17	52,211,215,249,271,272,276,376,436,438,441,442,473,560,571,575,582,583
		18	54,91,278,285,287,370,376,300,393,396,398,399,459,510,511,524,525

地名	别称	册数	页数
泰國		19	66,95,117,124,132,133,134,135,170,178,193,198,199,203,227,228,242,243,263,276,286,329
		21	338,384,385,408
		22	1,138,146,168,175,176,180,191,198,216,221,259,262
		23	227,403,411
		25	198,653
		26	124,138,143,203,243,253,257,258,315,344,350,353,373,385,391,402,403,418,428,433,435,453,545,455,459,460,461,462,475,484,485,486,487,488,489,491,493,494,495,496,501,502,503,512,524,556,628,634,649
		27	600,639
		28	150,166
		29	77
		30	9,11,12,13,14,15,18,24,26,28,40
		31	207,209,216,238,239
		32	512
		35	65,82,117,173,268,343
		36	131,213,214,279,284,365,402,413,431,432,434,473,510,536
		37	141,177,178,193,217,283,285
		38	233,379,380,394,446,456,457,464,475,477,525
		39	196,204,343,366,430,452
		40	391
		41	37,108
		42	356,526,528,531,532
		43	332,333,334,335
		44	236,262,567
		45	298
		46	71,84,86,241,245,246,248,249,322,500,509,582,583,584,588,589,591,593,595,597,598
		47	9,94,162,253,255,512,524,572,624,625,667,678

地　名	别　称	册数	页　数
泰國		48	56,57,58,59,63,64,67,68,71,77,79,84,87,154,167,170,171,185,191,192,199,209,210,211,214,215,248,250,251,252,253,317,324,332,360,368,369,371,372,373,378,379,380,381,382,384,388,432,433,434,435,436
		49	110,235,577
		50	69,73,144,202,247,526
大黒河		2	544
大黒頂子山		46	356,359
大孤山		7	451,453
太鼓塔		7	121,301
太鼓橋		7	111
大沙河	大沙河鎮	6	385,465
臺山	台山	6	574
		8	68,69
		39	240,246,247,248,251,267
袋山		11	24
太子磯		6	398,466
太子河		14	380
台兒莊	台児荘	8	593
		31	483,484
		33	273,314
タイシヤ島		6	526
臺州		6	537
大樹莊		7	146
大小興安嶺		8	356
大清國		33	318,324,327
大辛店		6	570
大邃河		44	356,362
対翠閣		6	633
タイスク		13	104
大西関		7	473
大正街		7	474
大西洋	太西洋,太西洋,北大西洋	2	333
		10	228
		11	670,673
		13	415

地　名	别　称	册数	页　数
大西洋		14	487
		15	566
		16	217, 306,474
		17	242,308
		18	274,287,515
		19	190,336,344
		28	488,614
		29	463
		30	140,423
		36	210,409,410,419
		37	12,16,17,160,467,474
		39	29
		40	416,426,453
		43	452
		45	200
		46	85,102,197,550
		47	35,304
		48	154
		49	119,155,156,158,543
		50	66,99
大西洋沿岸		35	60,149
大西洋岸		26	601
		36	152,420
太倉		6	260
		32	166
タイタイ	タウイ・タウイ,タヰタヰ	23	68,70,86
大中華民国		8	671
大通		6	394,398,466,474
大通水道		6	524
大同	大同地方	3	148,205
		7	512
		8	586,595
		11	57
		12	204
		32	479
大東亜	大東亜,大東亜地域,全東亜,東亜	2	295,333,336
		4	32,33,36,38,39
		8	517,518,521,613,696,697,700

地　名	别　称	册数	页　数
大東亜		9	277
		11	217,243,245,246,305,467,469,594,597,598,618,666
		14	75
		15	28,29,30,31,33,35,39,44,45,46,47,73,78,83,84,89,92,94,96,99,100,335,337,338,503,564,606,607,611,612
		17	162,233,234
		22	504
		29	75,211
		30	3,10,11,12,15,16,17,18,19,20,21,22,23,25,26,27,28,29,41,44
		35	1,30,44,48,50,53,54,55,56,60,62,65,70,73,76,77,79,80,81,82,84,162,259,273
		40	33,46,54,178,189,259,278,351,353,354,355,363,387,389,391,393,406,409,411,413,416,418,419,421,426,427,431,434,450,453,455,457,460,461,463,466,467,483
		44	339,565
		46	83,235,236,238,582,584
		48	22
大東亜通		21	78
大東地方		19	57
		46	568,571,574
大東溝		7	442
大中橋		7	145
第七インヤンリン		7	103
第二松花江		8	361
大日本		2	161
大日本帝國	日本帝國,日本帝国	9	331,338,443
		30	11,12,17,18,19,22,23,26,28,44
		41	449
大板上		7	544
大楓林		6	479
太平	タイピン	7	16
		9	260,264,283

地　　名	别　　称	册数	页　　数
太平		21	499
		42	526
台北		22	429
		26	188,189,205
		32	195
		34	466
		42	233
		44	46
		48	426,433
太平街		7	387
台北基地		32	211
太平門	タイピン・シアン	7	111,112,136,146
	大平門	44	525
太平洋	大平洋	1	1
		2	87,88,90,108,109,116,118,119,134,137,142,146,333,334
		3	20,24,30,31,54,98,138,139,143,241,258
		4	94,95,96,99,100,607
		5	5,45,336,355
		7	490,492
		9	223,560
		10	42,57,72,73,77,99,245,249,343,346,372,395,413,545,547,679
		11	31,196,212,265,405,414,415,416,418,592,595,597,598,618,670,673
		12	56,465,486
		13	232,235,236,237,300,348,389,395,415,419,428,463,464,513
		14	5,6,7,8,75,136,221,488,489
		15	153,171,335,456,520,524,525,526,552,564,594,601
		16	498
		17	112,182,187,198,200,203,227,240,242,247,265,292,309,311,425,431,455,506,508,510,511,512,515,520,521,535,536,537,538,542,543,544,545,548,549,550,552,553,556,557,558,559,560,562,563,

地名	别称	册数	页数
太平洋			565,567,568,569,572,573,574,577,578,579,580,582,585
		18	8,9,54,66,88,189,190,236,274,275,284,296,299,303,324,369,370,403,451,457,458,284,487,488,489,491,492,494,512,515
		19	14,34,193,196,253,321,336
		20	52
		21	13,203
		24	600
		27	3,70,207,225,232,233,243,280,344,373,374
		28	192,197,239,394,488,569,570,572,573,623
		29	77,447,522
		30	158,423,424
		31	30
		32	46
		33	44
		34	185,187,188,270,319
		35	15,20,21,22,60,83,84,110,114,140,180,185,187,204,207,211,214,221
		36	18,165,195,223,231,237,242,252,259,270,276,348,374,375,426,427,455,457,461,462,466,479,483,484,489,492,517,520,521,523,525,531,532,534,538,546,548,553,557,558,565
		37	12,13,14,17,28,51,52,56,77,91,102,111,113,120,121,122,126,130,134,138,140,150,160,161,162,163,178,185,187,193,194,203,226,246,248,274,275,295,297,340,392,465,466,472,474,475
		38	24,32,148,182,184,240,258,316,336,566
		39	6,8,9,18,20,29,33,59,64,66,356
		40	358,416,419,426
		41	23,84,86,88
		42	17,23,27,98,156

地名	别称	册数	页数
太平洋		43	120,327,397,401,405,454,508
		45	210,486,530
		46	101,102,223,237,396,507,508,514,520,522,527,528,549,550,577,579,580,596,608
		47	35,42,186,259,304,305,310,311,313,321,322,325,332,333,334,363,636,696,697
		48	5,48,51,55,65,80,81,84,90,123,131,137,154,261,268,285,292,294,305,306,396
		49	43,123,155,156,158,550,587,588
		50	72
太平洋沿岸		26	601
		36	298,348
		47	301
太平洋基地		46	513
太平洋國		36	511
太平洋諸島		12	56
		19	254
		30	189
		44	339
太平洋戦場		13	202
太平洋地域	太平洋水域,太平洋領域,太平洋全地域,太平洋全域,全太平洋,太平洋地區	3	26,552,553
		5	329,333,335,340,341,342,347,348,349,354,358
		11	413,415
		16	10,11,12,48,49,182,190,217,233,239,355,360,362,368,392,413,414,416,417,418,424,450,451,455,458,470,474,485,486,488,489,501,509,510,511,516,520,521,523,524,531,532,534,535,537,538,561,567,585,586,602,613,614,629,632,634
		36	256,258,263,264,265,272,281,348,447,448,496,497,567
		37	43,57,84,104,136,149,191,197
		44	371

地　名	别　称	册数	页　数
太平洋島嶼		10	181
太平路		7	6,201,299
大別山		6	400
		32	331,398,432
大埔		39	279
タイモンタ		22	157
大冶	大冶縣	6	484
		29	412
		32	433,434
台山縣		7	372
台山村		7	371
大洋洲	オセアニヤ,太洋洲	11	30,648
		13	554
		36	356,363,364
		49	150
大陽洲		6	524
大洋洲諸島		3	669
		11	648
太陽宮河		7	130,150
泰來	泰来	7	549
		30	397
		45	54
大賚		7	549
泰領	Thaiesh	11	312
大凌河		2	531
		30	441
		45	60,62
大連	大连,大	2	80,408,448,450,459,470,478,479,480,481,485,546,580,583,622,662,667,668,669,676
		5	316,457,614,615,618,623,642,647,648,649
		6	29,30,215,276,605,607,610,621,629,651
		7	443,447,450,453,526,529,535,538,539,559
		8	2,13,14,58,94,161,163,206,327,416
		10	608

地名	别称	册数	页数
大連		11	235,536,541,553
		12	147,207,322,419,420,421,433,439,466,553
		15	391,396,403
		28	16
		29	398,399
		30	253,257,258,259,260,261,293,325,326,464
		31	201,605
		32	36
		34	116,117,194,233
		40	509
		41	21,171,176
		42	124,213,584
		43	337
		44	359
		45	335,518
		46	334,341
		48	48
		49	144,224,225,230,231,232,240,241
大連港	大連商港	5	623
		34	235,312,313,315
大連市山縣通		32	37
大連滿洲國税關區		49	235
大連溝		7	451
大ローマ帝國	ローマ	9	362
臺灣	台湾,台,	1	1
		2	112,113,414,580,621
		4	7,32,38,83,377,536,555,579,583,584,585,586
		5	
		6	182,363,550,553,585
		7	509,510
		9	142
		10	597,601
		11	368,388,649,651
		12	5,20
		13	405,518,445,479,527

地　名	别　称	册数	页　数
臺灣		14	4,5,93,321,328,338,340
		15	25,201
		17	491
		18	91,480,481
		19	125,127,129,154,155,440
		21	13
		22	428,431,436,439,452,453,454,456,461,470,475,476,482,483,543,546,549
		25	441,443,445,558,610,623,625,631,632,635,636,637,639,640,652,653,667
		26	57,79,120,123,124,187,188,195,196,197,200,202,203,374,384,430,565,649
		28	395,517
		30	427
		31	53,86,218,220,224,227,238,328
		32	195,393
		34	110,180,318,461,463,464,466,468
		35	314,426,431,432,436,445,500,527,528
		36	112,130,136,137,147,300,301,307,308,343,355,359,394,433
		37	176,397
		38	34,402,453,465,466,474,475,545
		39	49
		40	15,37,46,47,49,57,329,331
		42	527
		43	67,104
		44	32,34,44,45,47,49,50,52,196,197,474
		45	177,288,352,353,354
		47	667
		48	188,212
		49	78,80,83,84,86,91,110,111,121,124,147,148,149,176,183,191,195,202,205,207,208,209,210,211,214,222
臺灣海峽	台灣海峽	13	462
		14	4
		25	441
		46	481
臺灣島		7	505

地　　名	别　　称	册数	页　　数
タイ佛印		46	245
タイ國灣		11	367
タヴォイ	タブオイ	22	237,247,249
		44	261,262
ダウグドッグ		20	263
タウラソ		50	332
ダウリア		14	156
タウリー		24	462,463,489,490,494,497,511,512
タウンスヴィル		13	539
		48	426
ダエット		20	52
タオレギ島		50	124
高天ヶ原		47	188
ダカール		11	229
タカウ		22	522
タカウア		25	125
高雄		13	405,459,518
		18	63,68,72,83,84,85,110,114,115
		22	543,544
		32	393
		34	466
タガクパン		20	32
高德		6	535
高松	髙松	35	544
高松駅		26	42
高松市新港町四丁目		26	42
タカヤ・ビサイ		25	68
タカラ		22	38
ダガンバンゴン		21	96
タガンログ		10	677
拓縣		6	466
涿州	涿縣	8	14,160
		42	325,330
		49	349
拓城		6	466
ダグパン		20	195
タグビララン		20	47,52,238
タグブロス河濱		20	234

地　名	别　称	册数	页　数
タグボック		20	26,280
濁流鎮	濁流鎮	32	535
		42	325
		49	349
タクロバン		20	11,40,52,262
ダゲスタ		12	512
ダケスタン		12	513
タケック		27	448,453,532
竹之臺		42	349
打虎山		2	474
		8	234
打虎山溝幣子		30	403
ダコダ街五一五番地		20	6
沱市		7	335,336
タスマニア	タスマニア州	19	225
		22	168
		24	204
ダスマリナス通	ダスマリナス	21	30
タスル		22	377
タソ		22	168
タタール		12	511
ダタイ		12	62
ダチスタン		12	517
達音山		14	199,200
韃靼海峡		2	82
ダッチ・ハーバー		46	523,526
ダッチ・ハーバー軍港		46	521
タツメタ		24	191,214
タツラ		21	349
		23	109
タトイ・タルイセイ		12	512
タトン		22	36
		39	309,329,362,367
タナウアン		20	306
ダナオ		20	17,22
タナバク港		37	462
タナパング	タナパグ	15	350,351,352,353
タナル		46	575

地　名	别　称	册数	页　数
谷區代田一丁目六百二十五番地		39	253
谷口		3	12
ダネデイン		21	417
タネル・ヒル		25	47,48
ダバオ	ダヴァオ,タバオ,ダウァオ流刑地,ダバオ市	15	391,396,403
		17	437
		18	56,73,91,106
		20	23,24,26,30,32,34,35,36,37,38,40,41,44,45,46,52,273,278,279,280,282,290,291,292
		21	155,156,209,211,219,221,225
		22	487
		26	509,530,546,547,599
ダバオトリルリザーダ部落		20	281
ダバオニモ		14	50
タパツ	タバズ,タパス	20	21,52,225
ダハット		21	75
タバノリ州		45	229
タバル		20	52
タパンエリ郡		24	168
タビアング村落		25	148,149
タビテウェア		25	118
ダブアオ市バカカ		20	23
タブウェヴァ	タブウェア	25	147,152
タブウェワ村落	タブウェワ	25	145,146
タブォイ町		26	463
ダプダプ	ダプダプ村,ダップダップ部落	20	196,197,203,204,223
タフト街	タフト大通り,タフト道り	20	12,77,140
タブラス島		20	229,230
タブリチャン力		12	61
タブロス河		20	41
ダブロレ島		50	129
ダブロン		18	132,152,172
		27	206
ダブロン島		15	381,382

地　　名	别　　称	册数	页　　数
タペル		20	174
タボイ		9	99,100,231,232
		22	130,243
		39	334
ダボン		9	271,279
タマナ		25	115,116,118,121,122
玉山		6	465,475,477
タマルカン		22	22,134,135,136,137,150,186
ダマル島		24	279
タマン半島		12	514
タムスク		33	284,285
タムスボルガ		50	332
タムツアク・ブラク		50	334,335,338,364
タムツアクスキイ		13	105
タムプナン		23	160
タモスクワ		12	510
タヤバス	タヤバス州	20	20,36,50
		21	98,147,149,150,152
タヤバスパイン		21	88
タヤバス濟		45	247
ダヤルバー		24	375
タヤン		23	350
ダライノール	ダライ湖	14	161,167,168
タラウド島		24	287
タラオ島	タロア	50	122,157,161,162,163
タラカン	タカラン,ホサカン	11	387
		14	50
		18	56,60,73,106
		23	249,250,251,252,253,254,256,258,264,270,273,281,284,285,288,295,296,310,311,365,366
		46	573
		48	426
タラカン島		19	53,291,292,302
タラカン要港		46	571
ダラス		21	148
ダラスン		12	62
ダラット		11	398,495

地　名	别　称	册数	页　数
タラワ		25	114,116,119,120,122,123,125,127,130
		50	142,154
タラワ島		15	386
ダリアオ	ダリアオ市	20	36,290
ダリグ		20	164
タリセイ	タリサイ	20	22,310
タリトン		13	53
タリン		29	495,498,500,502
多倫		5	511,513
		8	1,4,5
		44	396
多倫諾爾		28	341
ダリ川		5	564
ダリ森林		22	37
タルガンシーレ		50	332
ダルザァヴオド		31	416
タルトウ		29	483
タルナア		46	573
タルナテ		46	571
ダルニー	大連灣	29	175
タルバガタイ		12	62
		33	321
タルラック	タルラク州,ダルラック州	20	20,21,23,50,52
ダルラン		11	304
ダレイスチャーチ街十五		22	208
タロア	タロア島	18	11,72,105,110
		37	387,433
タロフォフォ灣		13	477,575
タロ湾		13	394,477
タワオ		15	403
		23	551
タワトク		50	395
潭河		27	460,580,596
ダンガニカ	タンガンイカ	49	148,149,181
タンクア市場		7	120
塘沽	沽	2	667,669,676
		3	145,202
		5	522

地　　名	别　　称	册数	页　　数
塘沽		6	126,624,626
		8	587,599,609,610
		11	55,68
		29	189
		30	473
		31	465,540
		41	71
		45	518
塘沽港		8	587
塘沽洲		8	587
タンクバン・プラウ		23	423
タンクワ池八号		7	119
ダンケルク		43	338
		45	272
		47	35
潭江		6	578
ダンザー		13	4
ダンサラン	ダンサラン市	20	34,52,267,268,270,271,272
		46	546
タンジォンプリオク		23	586
潭州		6	424
潭洲水道		6	516
タンジュオンブリラク		23	565
タンジュンピナン	タンジョング・ビナン	23	409,571,598,599
男女群島		34	244
タンジョン		23	164
		24	33,37,120,172
タンジョン・アル		23	74
タンジョン・バトウ駐屯地		23	250
タンジョン・ブリオク	タンジョン・プリオク	23	174,591,615,625
タンジョンゴラノ		24	452
タンジョンパガル	タンジョンパガール	23	602
		24	160
タンジョンバレイ		23	526
		24	160
タンジョンフリオク		46	573
郯城		6	461

地　　名	别　　称	册数	页　　数
潭水泡		7	442
ダンチヒ		28	540
ダンヂョンバレー市		39	399,400
タンヂョンプリオック		24	43,48
ダンツィヒ自由市	ダンチッヒ自由市	1	553,568,615
タンツエ街ツアンクン橋二十二号		7	119
タンドエイ街		20	349
タンヌ		30	182
ダンバ市		22	480
タンビー		9	243
タンビザヤ	タンビサヤ	9	153,155,232,233,234
		39	367
ダンビヂェン		13	57
ダンビヂェンダデインク地区		13	57
タンビュザヤット		22	204,205,207,223,224,225,228,230,233,234,236
團風水道		6	503,523
ダンマップ		21	100
丹		32	489
タンレン・カイ十八号		7	118

チ

地　　名	别　　称	册数	页　　数
チアーチル		19	446
チアオ・チィエン寺ファン・リ小路十九号		7	120
チアオ・チィエン寺西街四十七号		7	118
ヂアシエリイ・ザオーゼルナャ		13	52
チァテル		23	424,425
チアライノール,ヂアライノール	ヂヤライノール	14	167,168
ヂアラン・ソルダー		21	508
ヂイープ・ウォータ灣		22	318
チィエン・フェイシャン		7	113
チイカル		14	156

地　　名	别　　称	册数	页　　数
芝罘		6	342,351,353,359,361,451,520,522,572,574
		8	18,23,527,587
		16	228, 278
		26	526,556,568,650,651
		29	146
チイマヒ	チマヒ	23	394,467,468
		24	91
チウキアン通		7	121
チウンチャ		46	574
チェウイー街		27	424
チェク・ユーゴースラブナ		12	496
ヂェゴ		39	109
智惠古國	知惠古	3	286,362,401,405
チェスターフィールド群島		19	224
チェスター州		23	14
ヂェスフィルド公園		49	370
ヂェスルトン		23	69
チェチェン		12	517
チェチェンスキ		12	515
チェッコスロヴァキア	チェコ,チェッコ・スロヴァキア國,チェッコ国,致,チェッコスロバキヤ,チェコスロボキア,チェスロバギア,チェッコスロヴァキヤ,チェッコスロヴァキヤ國,チェッコスロヴァキア國,チェッコスロヴァキア国,チェッコ国,チェッコスロバキア国	1	18,175,309,463,484,543,557,619
チェッコスロヴァキア		2	41,59,73
		3	395,413,495
		9	316,318,367,368,379,381,386,388
		11	579
		16	492
		28	528
		29	334,582
		35	87
		36	43
		38	233
		42	261
		46	230
		47	397
		49	162
チェプ		23	486,490
ヂェベル		10	659

地名	别称	册数	页数
チェポエ		23	391
チェリトリア		8	599
チェリョーシキン・ヒョートル		13	17,45,47
チェルーフスキー		12	62
チェルケス		12	516
チェルノピヤトコ・イワン		13	49
チェルミン・ヒョートル・ヨドロウイチ哨所		13	43
チェルムスフォード		25	520
チェン・チアン小路十三号		7	116
チェンイエン		11	14
チェンイン・シャン		7	89
茅ヶ崎		49	504
チガト		20	38
チギリ		12	375
チクイーンスランド州		22	152
ヂクリフ・ニューサウスベットロード二二九番		22	250
千島擇捉島		18	31,289,295,300,327
千島海峡		14	6,9
千島列島	千島	13	403,431,436,460,463,469
		14	8
		17	69,302
		34	313
		48	212
ヂジャレンカ		23	508
ヂスフィールド街		26	516
地闆堡		10	686
チタ	チタ市	2	449
		12	227
		14	93,111,161,167,188
		30	583
		34	49,51,52,194
		50	214,216,225,232
チタカルイムスカヤ・ルフローオ		12	62

地　名	别　称	册数	页　数
父島		13	402,482,488,571,574
		27	165,166,190,203,206,208,209,210,211,230,345
		50	134,157
齊齊哈爾	齊齊哈爾驛,齊々哈爾チ,チハル,斉斉哈爾	2	488,526,527,530,531,539,560,566,570,665,666
		3	445
		8	234,240,246,430
		12	143,147,149,181,182,184,211,271,470,553,601
		14	109,129,138,173,174,175,183,188,189,190,191,192,197
		16	590
		28	327
		30	352,394,396,401,402,414,417,418,438,439,440,467,491,492
		32	563
		34	130,131,289,473
		41	70,201
		42	569
		43	200,201
		45	53,60,65,81,82
		50	293,301
地中海		2	333
		9	362
		10	105,107,110,245,346,381,413,437,439,465,636,650,677
		12	510
		18	479
		19	111,188,234
		28	503,553,554,555,570,585,614
		29	522
		37	474
		38	112,258
		46	373,374
		47	151,197
		49	161
		50	20

地　　名	别　　称	册数	页　　数
チナルド		21	35
ヂナワン		23	73,76
ヂナワン島	ディナワン島	23	32,33,101,102,103
チニルン・フドウック	チュルン・フドウク	50	363,365
千葉	千葉縣,千葉市	4	480,490
		5	32,85,299
		35	504
		42	514
		47	228
千葉縣夷隅郡		32	8
		45	127
千葉縣市川市		32	455
千葉縣市川市國府壹三二番地		32	346
千葉縣柏町豊四季八八二番地		49	2
千葉縣君澤郡大貫町千種新田七〇七		32	422
千葉縣關宿		47	533
千葉縣千葉郡譽田村十文字二四番地		39	266
千葉縣長生郡日吉村		25	346
千葉縣東葛飾郡關宿町大字壺宿	千葉縣東葛飾郡關宿町大字壺町二五九番地	47	529
千葉縣日吉村		25	296
千葉縣松戸市上矢切二四〇番地		34	317
千葉市稲毛町二ノ一二三四番地		44	490
千葉市黒砂二四一番地		32	373,377
千葉市小仲臺町、四十六		45	235
千葉市作草部町九三八		32	13
千葉市汐見ヶ丘町二三番地		41	355
千葉市千葉寺町七三番地		42	536
千葉市登戸五丁目五五		39	345,347

地　名	别　称	册数	页　数
チバヌンジャン湖		46	574
チピナン		24	13
チブチ		11	229
チブロン		50	103,115
西藏	西藏	3	373
		5	5,45
		6	315
		11	639
		30	263
		33	189
ヂマヒ		23	498,500,501,507,513,515
チモール	TIMOR,チモール島,モチール島	19	375
		22	168
		24	189,190,191,192,194,195,196,198,199,200,201,202,203,206,207,208,210,214,217,218,219,252,254,264,266,267,269,270,277,281,283
		29	516,518,519,520,521
		36	434
		48	437,439
チャーレ		22	180
チャゴス島		27	372
チャゴス群島	チャゴス諸島	19	226
		39	109,117
ヂャチナンゴール	ヂャティ・ナンゴル	23	389,478
察哈爾	察哈爾盟,察哈爾省,察,チャーハル	2	436
		3	148,155,205,208,211
		5	512,513,515,519,521,522,524,531,532,533,566,568,569,578,580,591,595,596,598,599
		7	539,540
		8	2,3,4,10,11,13,90,591
		11	57
		12	269
		13	8
		17	509
		28	341
		30	181

地　名	别　称	册数	页　数
察哈爾		31	25,596,597
		32	24
		33	197,198,200
		42	120,121,122,181,213,230,231,236,305,326,333
		44	364,396
		45	116
察北		33	312
		42	313
佳木斯		12	271,273,276,302,470,553
		14	129,142,145,150,183,190
		34	207,221
チャユアン湾		16	246
チャンガナヤ		9	245
チャンギー	チャンギ,チャノイ	9	248,253
		21	280,281,284,290,294,299,312,318,327,336,338,352,357,358,365,384,386,390,391,400,401,411,413,417,432,435,438
		22	17,22,24,166,168,177,185,436,520,521,530
		23	164,171,174,184,193,436,437
		39	170,172,316
		42	525
チャング		46	553
チャンチイ湖		33	353,354,356
チャンブロン路		24	207,208
中亜	中央アジア,中央亜細亜	7	565
		19	190,193
		31	422
中歐	中央欧羅巴,中歐諸國	29	560
		46	368,373,374
中央阿弗利加	中部アフリカ,中部阿弗利加,中央アフリカ	2	103
		35	16
		49	557
中央街		12	468
中央カロリン諸島		15	358,373,379
中央監獄		27	446,519,539,542

地　名	别　称	册数	页　数
中央區日本橋呉服橋三和ビル		41	396
中央爪哇		19	383
中央体育場共同墓地		7	131,150
中央ルソン		21	229
中央呂宋平原		45	248,249
中花橋		7	376
中華ホテル		8	55
中華門		7	124,135,136,137,138,143,149,150,152,153
中華門外普德寺貧民墓地	中華門外普德寺平民墓地	7	135,151,152
中華門外兵工廠	中華門外兵工廠	7	127,147
中華門外望江貧民墓地		7	134,151
中華路		7	198,201
中原		6	315
		8	580
中國	中華民国,民國,支,支那,支那國,中,中華,China,支那共和國,中華民國	1	1,3,7,8,9,11,13,15,16,17,18,20,22,23,25,27,28,29,30,34,38,53,309,317,322,412,413,414,421,425,432,436,445,450,459,552
		2	35,50,67,120,124,125,126,127,128,129,269,270,272,273,274,275,276,284,286,386,394,396,397,398,399,400,402,403,404,405,406,407,408,409,410,411,412,413,414,415,417,418,419,420,421,422,423,424,425,426,427,428,429,430,431,432,433,434,435,436,437,438,439,440,442,443,444,445,446,447,448,449,450,451,452,453,454,455,456,457,458,459,460,461,462,463,464,465,466,467,468,469,470,471,472,473,474,475,476,477,478,479,480,481,482,483,484,485,486,487,488,489,490,491,492,493,494,495,496,497,498,499,500,501,503,504,505,506,507,508,509,510,511,512,513,514,516,517,520,523,525,526,527,528,529,531,535,536,538,539,541,542,543,

地　名	别　称	册数	页　数
中國			544,545,546,547,548,549,550,551,552,553,554,556,557,558,559,561,569,579,581,583,584,586,587,591,592,593,594,596,597,598,599,600,602,603,604,605,606,607,608,609,610,611,612,613,614,615,616,617,618,619,620,622,623,624,625,626,627,628,629,630,631,632,633,634,635,636,637,638,639,640,641,642,643,645,646,647,648,651,652,653,654,655,656,662
		3	3,4,6,19,28,35,36,44,50,51,98,145,146,147,148,149,150,151,152,153,154,155,156,157,158,159,160,161,162,163,164,165,166,167,172,174,175,176,183,187,193,194,197,198,202,203,204,205,206,207,208,209,210,212,213,214,215,216,217,218,219,224,226,227,234,236,245,247,248,249,250,251,253,254,255,256,262,263,269,270,271,282,283,285,287,294,314,320,324,325,326,334,335,342,344,346,347,363,366,369,370,371,373,378,380,381,382,395,398,399,404,405,413,419,423,424,428,432,433,434,435,437,438,439,440,442,443,444,445,446,447,448,450,451,452,453,454,455,462,464,466,472,473,474,476,477,478,479,480,481,482,483,484,485,486,487,488,490,491,492,493,494,505,507,508,510,515,516,522,524,525,527,529,530,531,532,533,534,535,537,538,539,540,542,543,545,549,551,552,553,555,556,557,562,571,574,558,566,567,571,574,580,583,616,634,676,669
		4	12,34,40,94,96,97,98,99,100,241,242,272,279,284,335,369,396,466,467,470,484,492,496,525,551,579,580,583,584,585,607,622,623,626,629,633,637,641,666

地名	别称	册数	页数
中國		5	5,7,18,20,27,41,45,47,48,65,66,67,68,69,98,110,111,148,211,217,229,301,302,306,307,308,309,311,312,313,314,315,317,318,321,322,323,324,325,327,328,329,331,333,334,335,340,341,345,349,355,356,359,363,395,396,397,398,420,424,433,447,455,456,458,459,462,463,464,475,476,489,492,493,495,498,499,501,503,502,505,506,508,510,511,514,518,529,541,543,547,554,557,563,564,571,572,573,574,579,580,581,582,585,588,590,592,596,597,599,601,602,604,605,606,608,609,610,611,615,616,622,624,625,626,630,634,642,648,649,661,662,689
		6	42,46,47,73,74,76,85,87,89,91,98,99,104,106,109,113,116,117,118,120,123,128,129,130,132,137,140,141,143,144,145,148,152,154,158,159,160,165,177,182,185,186,187,188,189,191,192,194,196,198,204,206,213,215,223,225,231,234,239,240,241,245,249,250,251,252,256,259,260,262,263,264,268,269,270,271,274,275,277,278,279,280,282,284,285,287,288,289,290,291,292,293,294,295,296,299,304,305,307,313,316,320,321,322,323,342,344,346,347,349,350,351,353,356,357,359,363,364,368,369,373,374,375,376,387,414,415,416,417,418,425,428,430,432,437,440,441,454,461,490,491,495,507,508,510,511,523,542,543,553,551,560,580,591,597,600,601,602,609,610,616,619,624,626,629,639,640,654,655
		7	1,3,4,5,10,16,21,35,41,49,50,52,57,59,62,67,69,72,73,74,77,81,82,88,102,141,161,168,172,182,192,196,199,204,208,209,210,216,217,219,220,221,

地　　名	别　　称	册数	页　　数
中國			222,242,244,246,249,250,252,253,254,255,273,275,276,277,280,281,283,284,285,287,293,295,303,336,338,341,342,344,345,346,348,353,354,356,364,265,369,371,426,431,432,435,436,438,443,448,454,478,495,496,498,499,500,504,505,507,508,510,511,516,518,525,528,529,531,532,533,565,566,567,568,569,572,573,574
		8	2,4,6,7,10,11,13,16,17,21,22,29,30,31,32,33,34,35,38,39,40,41,42,44,48,49,50,51,53,56,57,61,62,63,65,68,69,70,71,72,74,75,82,87,89,90,94,95,98,100,101,103,105,106,107,110,117,122,125,126,127,128,129,130,131,150,152,154,155,157,158,159,160,161,163,165,284,287,288,292,354,521,495,462,465,495,506,508,511,521,523,524,525,526,527,528,529,530,531,532,533,534,537,538,540,542,544,546,553,554,543,551,553,558,559,560,561,562,563,564,567,568,570,571,573,577,578,580,581,582,586,588,591,594,596,597,599,600,601,602,603,605,606,600,601,603,605,606,607,608,611,613,614,615,616,617,618,619,624,625,632,640,641,642,643,644,645,646,647,652,653,654,656,657,661,663,670,671,676,678,680,682,687,689,690,696,697,700,701,707,708,712,713
		9	21,22,23,24,25,26,27,28,29,33,34,35,36,37,54,56,79,80,82,86,89,116,118,142,207,257,282,316,317,318,324,356,358,359,367,368,372,377,379,380,387,388,389,403,404,405,407,408,410,413,416,417,419,420,421,422,427,430,432,433,436,437,439,440,441,442,443,444,445,446,449,451,453,454,456,457,459,460,465,508,543,554

地　名	别　称	册数	页　数
中國		10	5,20,23,34,62,72,73,77,79,80,96,98,101,104,106,109,115,116,117,120,125,126,171,173,174,181,182,197,202,205,208,271,315,328,340,363,377,389,420,468,469,471,495,538,540,541,545,546,547,568,569,572,578,579,580,584,586,591,592,594,595,597,598,600,601,605,614,684,685,688
		11	2,12,13,15,16,17,20,21,22,23,24,25,28,31,32,33,34,40,42,44,46,47,48,49,50,55,56,57,58,59,60,61,62,63,64,65,66,67,68,69,70,71,72,74,76,77,80,82,83,88,89,92,104,106,112,113,119,126,129,130,146,147,148,149,150,153,159,162,163,165,168,175,176,177,178,193,194,196,197,206,210,211,213,214,218,221,222,241,275,287,297,322,345,349,381,386,401,405,410,418,419,422,423,425,426,428,429,430,442,443,444,467,469,471,473,487,494,498,499,500,506,510,531,533,535,543,544,549,557,562,570,574,575,596,597,598,602,603,608,610,612,617,618,627,632,648,650,658
		12	11,52,56,72,83,84,132,133,139,142,147,182,183,184,195,204,216,217,218,219,231,267,335,384,468,469,471,474
		13	33,67,70,74,82,83,84,85,90,93,106,110,128,147,149,153,157,163,165,167,168,171,202,228,231,232,235,237,274,285,297,343,352,370,420,421,444,448,471,502,616,641,666,669
		14	4,87,93,124,125,126,128,132,133,134,142,165,175,180,189,190,319,321,322,323,324,330,331,338,417,463,470,490,491,584,585,586,635,636,638,639,640,641,642
		15	28,29,30,31,35,36,37,38,39,40,41,42,43,44,46,47,48,49,50,51,73,82,83,88,

地　　名	别　　称	册数	页　　数
中國			89,90,91,92,94,95,96,97,99,100,222,293,305,311,331,332,335,338,438,456,518,519,573,577,578,582,584,585,586,588,592,593,594,595,597,598,599,600,601,602,605,606,607,608,609,616,617
		16	3,5,6,8,11,12,13,16,18,19,25,27,28,30,31,33,41,42,48,53,54,55,58,65,67,68,70,71,72,73,76,79,80,81,82,84,85,88,89,91,92,105,112,114,115,118,119,120,122,123,124,126,128,129,130,131,132,133,134,139,142,149,155,160,167,168,178,182,186,188,196,198,204,207,208,217,228,230,232,237,238,241,243,244,245,247,251,253,264,271,272,275,278,282,283,285,293,298,311,314,317,362,365,392,409,416,434,453,456,457,460,469,483,484,486,487,488,490,491,497,498,500,501,505,506,507,508,509,516,521,523,530,532,533,534,535,539,540,552,557,583,585,586,587,591,592,593,594,600,603,604,605,608,610,611,612,613,614,615,618,619,620,622,623,624,628,633,634,635
		17	77,101,104,118,119,126,151,157,174,187,188,191,198,203,204,205,206,213,214,233,237,240,241,255,307,309,370,371,392,405,456,457,489,249,491,492,493,494,495,497,498,502,503,504,506,507,508,509,510,511,514,516,517,518,519,520,522,523,524,525,526,528,529,530,532,533,534,547,550,552,553,555,561,562,565,566,571,572,577,578,579,580,582,583,584
		18	1,22,50,86,87,88,230,243,278,283,335,370,376,403,458,460,483,496,497,499,508,510,511,512,513,514,519,526,530
		19	16,27,96,125,126,130,144,146,156,159,168,173,174,175,178,179,182,189,

地名	别称	册数	页数
中國			197,208,227,230,233,234,238,239,240,252,255,254,256,258,259,261,266,267,269,270,272,286,329,338,366,377,379,473,474,477,478
		20	56
		21	296,300,316,360,366,450
		22	98,325,336,451,496,499
		23	21,29,95,347,375
		24	53,63,281,479,502
		25	5,71,158,161,162,174,175,197,198,209,211,216,220,225,226,227,229,230,235,239,258,261,272,273,274,275,276,277,283,289,291,432,631
		26	123,127,202,229,231,243,246,249,253,257,284,330,374,418,524,539,565,584,623,662
		27	190,447,506,574,588,597,599,635,689,693,697
		28	9,10,46,59,60,61,96,98,132,142,143,144,146,150,151,153,159,161,162,166,167,168,174,175,186,198,202,203,210,212,222,224,225,227,239,258,266,272,274,275,278,279,280,281,306,312,313,314,319,324,327,332,333,334,335,336,337,338,339,340,341,342,343,346,347,351,352,353,389,398,406,407,408,415,419,426,431,432,433,434,435,436,437,438,439,470,472,473,485,503,507,513,517,522,530,532,533,538,539,540,543,544,560,573,586,588,611,612,613,625
		29	3,4,5,6,7,8,9,10,12,13,14,15,18,19,45,53,55,56,101,103,109,127,137,138,139,146,147,148,149,150,151,153,154,158,165,169,170,171,172,173,174,175,178,179,180,183,184,185,186,188,192,194,195,199,209,222,233,234,235,237,238,240,241,242,243,244,252,267,281,282,309,356,360,363,370,371,373,374,

地名	别称	册数	页数
中國			376,382,386,388,390,391,392,394,396,397,402,403,404,405,407,410,417,418,419,425,432,433,434,435,437,438,439,440,441,443,444,445,446,447,448,449,450,451,453,454,455,457,458,459,628,629
		30	15,18,24,26,28,40,45,53,60,119,120,151,153,154,155,165,170,171,172,173,174,175,176,177,178,179,180,181,187,188,190,191,253,254,255,258,260,261,266,267,272,273,274,275,277,279,281,282,283,284,285,287,293,294,295,298,301,302,303,304,307,308,309,321,325,327,347,354,356,378,386,387,388,393,394,402,404,405,407,418,423,424,425,426,427,429,430,431,434,437,438,439,453,455,473,474,479,480,481,482,483,484,488,489,490,493,495,501,502,503,505,506,507,508,510,512,517,520,521,522,523,524,528,536,538,550,578,579
		31	2,3,4,5,6,7,8,9,10,11,23,24,25,26,27,40,44,49,51,52,61,73,80,86,170,127,180,181,189,201,202,205,208,215,309,311,357,377,432,463,466,467,468,469,473,474,476,477,478,488,493,494,495,496,497,496,499,502,509,513,515,517,520,530,537,538,541,542,543,544,545,546,547,548,549,550,551,552,553,554,556,557,562,563,564,565,566,567,568,570,574,576,577,579,580,582,583,584,585,586,588,593,594,595,596,596,597,598,599,600,605,606,610,612,613,614,615,616,621,622,625,626,627,628,629
		32	21,22,23,24,25,27,28,29,30,31,33,36,37,44,47,50,54,55,57,58,67,81,82,84,86,90,91,92,94,98,99,101,102,103,105,106,107,108,113,114,115,116,117,

地　名	别　称	册数	页　数
中國			118,120,121,122,124,126,127,128,134,135,136,137,138,139,140,141,142,143,144,145,146,148,150,151,152,155,156,157,158,159,160,161,162,166,173,177,179,183,195,196,207,208,211,216,217,218,219,220,223,224,225,226,228,229,234,236,238,243,244,248,253,261,262,267,271,278,304,305,306,307,308,309,310,311,327,334,351,359,371,377,388,389,403,408,412,418,429,467,480,481,482,486,490,491,497,500,501,509,510,513,520,521,522,524,525,528,532,533,536,537,538,539,540,541,542,550,553,555,556,561,563,564,566,567,568
		33	2,3,4,5,6,8,9,10,11,12,14,17,18,19,20,22,23,24,25,26,29,30,32,33,35,36,37,39,40,41,42,43,44,45,46,47,48,49,50,51,52,53,54,55,57,58,59,60,63,64,65,66,68,70,71,75,76,77,78,79,80,81,83,85,86,87,89,90,92,94,95,96,97,98,99,102,103,104,105,106,107,108,109,110,112,119,122,123,126,130,131,132,133,136,137,138,139,140,141,148,149,150,151,152,155,159,163,165,166,167,169,171,179,186,187,188,189,191,192,193,194,195,199,200,201,202,203,204,205,206,208,209,211,213,217,221,223,227,228,229,230,231,248,252,253,271,272,275,277,280,281,291,293,294,295,297,298,302,304,306,307,312,315,316,318,319,320,321,325,353,356,369,371,395,422,425,441,444,454,455,463
		34	1,2,5,7,32,33,35,37,38,63,110,156,157,159,166,167,177,180,181,183,187,270,308,310,313,315,318,319,320,352,365,380,381,382,390,391,405,407,408,409,411,425,427,432,434,435,436,439,440,441,443,444,446,447,449,450,451,

地　名	别　称	册数	页　数
中國			452,454,455,456,457,461,468,474,485,486,488,496,497,498,508
		35	15,16,24,27,28,34,35,36,37,41,49,53,54,55,56,57,58,66,70,71,73,80,86,109,114,116,178,179,212,213,229,274,283,289,293,305,306,307,366,482,504,544
		36	11,18,160,161,165,171,193,195,210,220,230,234,250,251,252,254,255,256,257,258,263,264,268,272,278,279,280,282,284,285,286,316,317,318,343,356,365,369,387,393,394,395,396,398,402,403,420,432,433,461,462,474,476,481,482,495,498,500,516,536,542,544,545,550,554,555,557,559,561,563,569,570,571
		37	4,6,7,8,9,10,18,23,28,30,35,37,38,43,44,45,47,48,50,52,53,54,55,56,64,69,70,79,84,85,86,87,88,93,95,98,103,104,105,113,114,121,122,123,124,125,127,128,130,131,138,141,153,154,155,158,159,168,170,171,176,177,178,182,183,185,186,187,189,190,191,192,193,194,195,196,197,201,207,340,384,413,472,526
		38	32,33,118,120,233,338,340,341,345,349,350,355,356,357,364,378,379,380,382,396,397,398,402,406,407,408,409,410,411,412,435,436,444,445,447,448,451,453,457,465,466,467,475,493
		39	6,15,16,17,18,20,24,25,26,36,210,222,228,231,253,255,267,273,283,292,341,342,444
		40	4,27,188,226,237,350,351,352,353,355,356,357,358,359,361,362,369,390,391,392,393,394,395,399,403,407,410,414,422,424,425,426,432,446,451,461,472,475,477,483,485,510,511,512,515,522

地　名	别　称	册数	页　数
中國		41	6,10,11,12,21,32,33,34,41,46,47,48,49,64,70,71,72,76,87,88,89,90,93,94,99,100,134,150,153,160,162,171,175,176,178,179,191,192,193,194,196,203,206,207,208,209,210,215,216,217,222,223,224,225,226,227,228,229,230,231,232,233,234,235,236,237,239,247,248,249,272,311,319,323,324,326,329,331,332,337,359,365,369,370,380,382,439,443,449,467
		42	7,12,14,21,22,23,24,25,27,28,71,72,73,74,75,94,95,103,112,123,112,113,115,116,118,119,120,121,122,124,125,126,130,131,132,136,137,138,139,140,141,143,144,145,146,147,148,150,151,152,153,157,158,159,168,169,170,171,177,180,181,183,184,186,188,192,193,207,209,210,211,212,213,215,216,217,218,219,220,227,228,229,230,231,232,233,234,235,236,237,240,241,242,244,247,249,250,251,252,253,254,255,261,265,267,268,269,270,274,275,286,287,288,290,291,292,293,294,303,320,310,312,313,314,319,323,324,325,326,327,328,330,331,332,333,334,335,336,340,341,345,346,347,349,351,352,356,364,370,391,392,393,394,395,398,401,405,406,410,411,425,432,433,437,438,441,442,445,469,474,475,476,531,553,554,556,557,560,562,563,565,566,567,568,574,579,602,574,579,580,581,587,589,590,591,592,593,597,598,599,600,601,603,604,608,610,618
		43	2,3,13,39,41,72,110,111,112,132,140,159,169,170,171,172,173,174,187,188,205,208,211,213,239,255,260,263,264,265,266,267,268,270,277,283,290,300,315,328,332,342,345,355,362,371,385,

地　　名	别　　称	册数	页　　数
中國			396,397,399,421,446,447,449,453,454,484,513,546,575
		44	33,331,339,347,355,357,358,366,380,387,391,405,408,417,453,467,470,471,472,485,492,498,500,501,520,522,523,524,525,531,538,552,553,554,555,556,561,565,566,572,573,576,581,582,583,585,586,587,588,589,590,591,592,593,596,599,601,602
		45	48,53,60,63,67,107,113,114,116,117,143,170,177,190,191,193,205,210,254,260,266,278,286,287,315,319,320,322,323,324,326,327,328,329,331,333,335,336,339,349,350,416,449,462,478,499,502,506,515,518,522,525,533
		46	24,60,61,63,64,65,68,70,72,73,74,76,81,86,96,118,119,163,164,203,234,241,293,341,342,343,347,349,351,352,355,356,357,358,359,360,364,372,398,401,425,444,449,450,472,478,479,483,554,592,597,598,605,606,612
		47	4,9,10,16,17,18,19,66,87,92,144,153,154,172,177,179,180,182,183,184,186,190,191,202,228,230,231,232,234,235,239,240,247,248,249,255,256,268,284,285,286,287,288,289,291,302,305,310,311,316,317,321,322,323,324,326,335,356,359,362,363,364,390,393,398,401,403,422,423,424,428,446,450,451,452,456,509,512,524,568,569,572,582,585,587,588,590,591,599,603,606,607,609,613,615,617,622,625,648,656,660,661,662,663,667,669,678,687,690,692,699,716,717
		48	15,16,24,31,32,34,33,35,36,37,40,41,52,53,54,61,80,87,94,99,101,103,104,105,125,129,130,131,132,136,138,140,141,166,178,184,188,190,192,193,200,

地名	别称	册数	页数
中國			203,204,205,215,231,239,240,243,257,258,260,261,265,270,278,284,316,324,325,326,327,328,330,331,332,343,355,360,386,387,388,405,411,412,413,414,415,416,417,418,419,421,422,423,424,430,436
		49	16,82,86,97,98,104,110,112,118,121,148,149,164,192,193,200,202,203,214,226,230,231,235,238,259,261,262,268,269,271,292,346,347,348,349,350,351,352,356,357,361,362,363,364,365,366,376,377,380,381,382,384,386,397,398,399,400,402,403,404,405,406,407,416,438,441,451,454,461,465,468,472,474,475,477,478,479,481,483,486,487,490,515,525,533,534,535,553,577,587
		50	12,13,20,21,23,26,29,41,53,57,59,72,196,198,215,216,244,247,335,369,355,392,398,400,401,403,409,418,443,463,490,523,534,546,568
南京ノ中國空軍基地		32	195
中國上海南京路二一二		47	284
中國地區		5	300
中國内地		3	217
中山公園		32	431
		41	178,180
中山東路		7	293,299
中山門		7	127,147
		32	494,495
		44	521,522,525,584
中山陵		44	520,521,531,583,587
中山路		7	11,22,30,193,201
		32	431,432,434
		44	510,521
中支	中支那	3	148,152,208,419,423,555,570
		4	583
		5	420

地名	别称	册数	页数
中支		6	181,186,289,294,295,298,310,386,446,447,448,449,450,451,452,453,454,456,457,458,459,460,461,462,465,466,467,469,471,473,474,475,476,477,478,479,480,482,488,522,523,527,529,532,537,542,564,565,566,567,568,569,570,571,575,576,577,578
		7	496,497,504,505,513,573
		8	538,558,563,567,570,573,574,577,586,594,600,601,602,608,610,611,625,628,632
		10	591,592,593,594,600,601
		11	498
		12	382,400
		13	92,94
		15	2,190
		16	67,70,71,614
		29	9,19,45,138
		30	165
		31	61,482,487
		32	24,374,464,481,486,509
		33	155
		34	469,470
		39	196
		41	449
		42	228,235,239,240,251,437,441,450,475,589,593,619
		43	104,140,172,174,175
		45	254,255,258,260,287,324,327,329,330,338
		46	65,66,69,70,76,119
		47	290
		49	347,389,393,394,405,493
中支占領地域		45	329
中恕郷		7	419,425
中正街		6	528,574
チューチャ	朱家	16	255
中東		2	332,333

地　名	别　称	册数	页　数
		18	63
中東鐵道沿線		29	405,406
中東米獨立國		29	258
中南支		5	419
		6	284
		7	510
		15	39
		16	68, 168
		29	4,14,152
		32	24
中南支南洋		14	413
中南米		3	252
		5	583
		10	106,179
		11	658
		15	566
		17	215,238
		19	271
		26	603
		34	39
		36	316,474
		37	160,161
駐馬店		6	384,464
中部印度洋		39	111,112
中部ジャワプルボリンゴ州カランモンチョル郡カランサリ村		23	625
中部太平洋		32	403
		39	22
		47	619
中部馬來		11	488
中米	中央アメリカ,中央亜米利加	18	58
		36	363,364
		43	367
		49	150,151,157,204,577,580
中牟		41	247
中北		15	259
チューリッヒ		24	17

地名	别称	册数	页数
チュニス		48	400
チュビーリアス街		20	90,103,104,105
チュムポーン		22	259,260,269,270
ヂュリック		27	583
チュループ		24	174
チュワン		12	509
チュン・ツワ門		7	116
ヂュングリ・グハト		22	367
長		15	391,396,400,401,403
長安鎮		8	610
張家江		8	10
張家口	張家口市	3	148,205
		5	513,522,531,578,580
		6	156,428
		7	347,512,572
		8	1,3,5,6
		10	597
		11	57
		12	231
		14	103,190
		16	237
		29	241,244,414
		31	468,469,540,541
		32	479
		33	173
		34	4,309
		42	230
		50	569
張家洲		6	523,524
長夏路		7	15
張家樓		41	74
長者園		5	430
釣魚山		8	603
肇慶		6	531
張公堤		32	322,341,375,423
張鼓峰	張鼓峯	6	472,474
		12	589,590
		13	62

地　　名	别　　称	册数	页　　数
張鼓峰		33	275,333,334,335,339,340,353,354,366,367,370,372,391,411,413,414,416,456,457,459,460,461,463
		34	354
		43	282
		44	367,454,456
		49	499,507
張鼓峰地区		27	615,616
長沙		6	378,437,438,439,473,477,528,564,565,568
		7	334,335,336
		8	621
		11	498
		29	413
		32	371,403,408,456
		33	280
		34	181
		39	253,254,256
		42	294,295,476,612
		44	367
潮州		6	469,470,529,552,576
		45	353
潮州驛		6	536
長春		2	81,408,409,452,458,459,477,485,506,522,523,524,525,526,536,537,539,557,568,569,573,575,577,580,627,664,665,666,673,676
		3	437,438,463
		5	493,494,618,631,642
		7	518
		11	533,538,557,567,577
		12	149,211,212,275
		14	174,175,183,190,191
		16	587, 588
		28	316
		30	385,386,387,388,389,390,391,392,397,408,414,418,492,496,574
		31	78

地　名	别　称	册数	页　数
長春		32	552,553,559
		40	515,518,519
		41	190,410,453
		42	415,584
		44	356,420,445
		45	45,46,47,48,50,51,57,92
		49	439
張庄		6	464
長城	萬里長城,萬里之長城,長城線	2	440,460,467,535,536,543,569,573,625,632
		3	450,473
		5	499,501,580
		6	145
		7	516,525,568,569
		8	157
		13	93
		16	47,596
		28	346,351,352,353
		30	287,470,471
		41	20,71,101
		42	230,326
		44	364,448,449
		45	116
		49	350,461
清津		5	638,640
		12	321,419,420,421,433,437,443,445,447,458
		13	57
		14	93
長辛店		5	522,526,527
		6	137
		31	555
		42	325
		49	349
烏水		11	23
朝西菴		39	234,291
長生郡日吉村		25	345
朝西巷		7	374

地名	别称	册数	页数
朝鲜	鲜	1	2,27,28
		2	146,409,414,435,436,451,459,462,474,477,494,496,497,501,502,505,506,508,509,510,514,536,580,597,607,621
		3	363,451,465
		4	7,32,38,80,83,311,370,400,401,555,558,579,583,584,585,586
		5	70,155,316,317,321,324,458,463,494,513,588,638
		6	585
		7	209,344,347,441,448,487,488,493,494,495,499,506,508,509,510,511,533
		8	18,33,135,137,138,142,143,145,149,401,418,517
		9	142
		10	597,601
		11	142,529,531,549,550,552,649,651
		12	5,43,46,72,73,81,132,207,225,243,244,257,275,321,383,387,416,417,432,433,437,438,443,444,452,453,470,526,547,554
		13	25,53,73,57,396,446,485,546,548,666
		14	2,5,8,93,109,127,174,175,184,320,321,322,329,338,340,343,345,379,380,384,412,593
		15	25,182,200,201,250,287,456
		16	97,179,334,622
		18	480,481
		19	387,388,440
		21	408
		23	169,179
		24	227,535
		25	427,522,558,610,623,625,631,632,635,636,637,639,640,652,653,667
		26	36,47,49,50,52,57,67,68,74,79,123,202,203,265,510,524,525,556,559,560,565
		28	9,59,151,167,309,310,315,393,462,517

地　　名	别　　称	册数	页　　数
朝鲜		30	120,186,191,246,277,287,300,304,306,428,434,435,441,578
		31	53,71,86,199,324,338,381,553,577,583,594
		32	528
		33	204,211,213,217,232,282,325,334,335,370,411,412,428,429,459
		34	145,153,160,165,173,175,178,215,216,283,317,318,319,320,342,373,375
		35	314,426,431,432,436,437,445,500,527,528
		36	136,137,147,180,300,301,307,308,343,348,355,359
		38	545
		39	18,49
		40	28,37,46,47,49,57,327,330
		41	8,40,90,91,92,137,476
		42	288,485,487,503,525,587,614
		43	210,281,476,483
		44	32,34,45,44,47,49,50,52,196,197,376,422,446,453,454,456,466,474
		45	43,99,100,122,123,174,252
		47	178,236,667
		48	104,188
		49	78,80,81,84,86,95,97,98,100,101,110,111,112,114,121,147,148,149,176,183,191,192,193,195,202,205,207,208,209,210,214,222,231,438
		50	283,355
朝鮮上三峰		5	637
朝鮮京城		8	134,136,137,142,143
朝鮮島		28	162,174
朝鮮南陽		5	637
朝鮮半島		6	283
		14	485
		25	274
		29	2,147,169,223,224,230,231,232,425,428

地　　名	别　　称	册数	页　　数
朝鮮羅南		50	551
肇東		7	552
長白山		8	418
長白山脈		2	436
朝羽田飛機場		33	276
張北	張北縣	5	511,522,531,532
		7	547
		8	5,6
		42	325
		49	349
長門		13	418,436,556
朝陽		7	479
		39	266
朝陽川		5	637
長樂路		7	145
烏里雅	烏里雅蘇臺	29	241
長嶺子		13	12
		33	326,458
チョークピットテラス		24	537,550
チョールト山		13	16
チョーヰ・サウンド		46	560
ヂョクヂャカルタ		23	481
チョクドン		50	558
直隷省		30	264
千代田		18	101
千代田區内幸町		36	336
千代田區靖國神社社務所		50	437
ヂョホールバル		21	403
チョル		47	715
チョンイワ村		44	246
チョンカイ		22	530
チラチャップ		46	571,574
チラチャップ・チスルウ村		23	555
チラチャップ管區メルガワチ		23	560
智利	チリ國,智利國,智,知利	1	169,202,237,309,317,322,324,390,416,435,437,445,449,459,462,463,482,543,615

地　名	别　称	册数	页　数
智利		2	35,50,66,77
		5	111
		16	179
		29	225
		30	453
		39	30,34,36
		47	329
		49	159,160
		50	73
チレナイカ		10	656
千若町倉庫		26	9
鎮安		7	548
鎮海	鎭海	6	537
		12	322,438,440,443,446,452
		18	87
鎮江		8	611,616
		16	57
		44	485,550,588
陳行鎮		6	524
陳村		6	526
青島	青岛,靑島	2	670,677
		5	573
		6	206,342,351,352,356,357,358,446,447,448,533
		7	251,282,346,512,572
		8	18,25,526,527,529,538,587,605,606,607
		10	591,601
		16	69, 254,278
		17	508
		21	214,215
		26	508,512,514,542,555,556,568,568,651
		29	175
		30	383,501,505
		31	514,570,574,582,583,585
		32	523,535
		33	12,94,101,115,173
		34	405

地　　名	别　　称	册数	页　　数
青島		39	228
		42	143,147,148,183,186,233,287,304,421,432
		45	284,347,512
		49	400,402,457,483
		50	20
青島港		6	449
チンタルバン		50	332
ヂンヂン・スメ		50	380
チンドウイン河		39	341,342
鎮東市	鎮东市	7	333,334
チンボン		23	411
		24	71

ツ

地　　名	别　　称	册数	页　　数
ツアイ・シア・カイ		7	121
ツアイリンヘ		47	715
ツアガン・ホシュ山		13	115
ツアモッ群島		19	225
通遠堡		7	449,451
通河		7	553
通化省	通化	7	546,547
		8	418
		12	212
通縣		7	344
		8	29,30
通濟門		7	128,147
		44	500,509
通山		6	480,482
通州	南通州	3	225
		5	501,529
		6	342,361,362,455,456
		8	586
		29	4
		31	468,472,474,475,516,518,540,547,525,553
		32	2,3,8,13
通城		6	157,567
通北		31	344

地　名	别　称	册数	页　数
ツーラク市		21	409
ツーラン		11	307,333,363,365,398,486
通遼	通遼驛	2	474
		7	545
		8	234
		12	211
		14	161,190
		30	413
		44	364
		45	47
ツーロン		27	562
津浦		5	522
		33	197
津輕	津輕海峡	14	2,5,6
		34	243
		36	220
		39	18
		46	425
築地精養軒		5	229
ツゲカラオ		13	517,518
		20	52
		46	546
嗣定舍		27	493
辻堂		50	426
ツシヌ		12	516
辻山		7	449
辻山粳米所		7	449
土默特旗		5	515,569
ツヂマヒ		23	518
ツツイラ		46	550,551
ツツボイ		20	232
塘運驛		6	528,575
塘山		28	353
ツニジーヤ		10	659
ツポット		10	13
津山		4	261
ツラキ		25	88
ツリローグ		14	184

地　　名	别　　称	册数	页　　数
鶴岡市		28	110
		31	77
鶴見		40	88

テ

テ		15	400,401
デ・ラ・ラマ街		20	248
テイアオング		20	20
定安		6	535
		44	297
デイエゴ・スアレズ		27	361
ディエムベ	ディエム・ヒー	50	392,394
鄭家屯		3	439
		5	493
		6	209
		30	397,402,413,418
		44	356,445
		45	46,47,54,57,81,83
テイグバウアン	テイグバウアン町	20	19,240,240,241,245,246
テイゴス		20	36
狄思威路		3	452
鄭州		16	117
		42	282
ティジュク		24	376
ディセ		25	524
ティタ		20	169
ティティグ山		20	188
ティディム		39	342
ティニアン		26	387
ティマヨン村		20	34
ディモインス		7	1
定立		27	460,596
ディン街		21	505
デウィリイエ路		27	509
テウルンガグング		23	610
荻外荘		41	461
		48	99,102
荻港		6	394,398
テキサス州		21	147,148,153,154

地　名	别　称	册数	页　数
		25	285,418,425,482,525
テキサス洲ボウマント カートライト街一三一五番地		25	525
大邱		12	419,420,421,433,445,447
テクラト・ウリイン・オボ		13	115
豊島		41	247
デシング市		27	420
デスブルグ		24	82
デズマンシエー街		22	332
テチユヘ		12	61
北満鉄道		31	593
鐵板洲		6	398
鉄驪		7	552
鉄嶺		7	546
鐵嶺縣		30	272
テナセリウム		9	176
テナセリューム		39	327,330,351,352,361,365,366,369,370
		44	235,241
テニアン	ティニアン,テニアン島	26	374,381
		37	386,408,418,420,421,459,463
		50	138,139,157
テニンバウバウ		25	85
デヌー		24	254
テネシー		27	340
テネシー街		20	134
テノム		23	142
テノン		23	546
テパイッス		7	545
テフアンテペック地峡		19	227
テヘラン		7	502
		30	453
		34	308
テヘロ河		20	150
テモール		39	82
デヤラムータイングエンーカオバンーチュエンカングハチャン道		11	169

地　名	别　称	册数	页　数
テラガン		24	289,292,377
テラス街		27	238
デリ・タバクスマーッチャッピジ		24	185,186
デリー		24	192,202,203,214,215,217,261,263,264,266,267,269,270,283
		48	426,437,438,439,440
テリポック	テリポク	23	70,74,79
テリング		24	414,422
デル・カルメン部落		20	175
デルタ		39	329
テルナテ		46	575
テルミニロ		47	80
テレグラフ街一一一六ケント館		49	29
天岩屋		5	424
田家鎮		6	351,354,408,409,470,471,472,474,475,476,478,479,480,482,501
		32	398
テンガデイング		22	264
天山		7	544
		33	320
天竺		28	162
天子山		30	467
田庄台	四庄台,田庄臺	30	406
		44	357
		45	62
天津	天津市,津	2	532,534,567,662,670,671
		3	145,147,148,159,203,204,205,214,228
		5	512,513,521,522,528,529,533,534,571,572,573,578,579,580
		6	29,106,126,137,143,144,196,273,274,600,603,605,606,607,609,610,611,612,614,616,617,619,620,621,622,624,626,628,629,630,631,633,638,639,640,641,643,646,649,651,652,655
		7	342,343,344,346,347,499,512,524,527,529,532,543,569

地　名	别　称	册数	页　数
天津		8	2,14,19,90,91,155,159,160,287,526,586,587,605,606,607,609,623,626
		10	58,117,591,597,601
		11	55,57,68,608
		13	343
		14	93,190
		15	396,402
		16	143, 156,157,158,159,160,161,164
		26	542
		28	208,237,238,266,267,268,280,288,334,337,340,341,342,346,349,350,351,352,353,532
		29	189
		30	257,259,404,418,438,439,472,488,580
		31	44,46,69,195,201,468,469,472,475,476,502,513,514,515,516,518,519,524,525,526,528,530,531,535,540,541,545,546,547,548,551,553,556,569,571,579,580,581,582,583,584,606,609,613,623
		32	2,18,19,58,79,479,523,533,535,536,538
		33	12,157,172,173,229,318
		34	119,309
		40	349,508,509,512,513,514,515
		41	176,193,195,196,197
		42	30,31,35,115,143,147,148,180,183,186,188,193,213,271,325,330,442,621
		44	356,554,573
		45	2,11,59,61,93,143,254,502,506,512,515,518,525
		46	73
		47	285
		48	141
		49	28,349,457,473,477
		50	569
天津街三八四号		7	119
天津港		8	587
天津租界		11	608

地　名	别　称	册数	页　数
天津日本租界	天津日租界	3	457
		5	502
		6	144
		11	532
天津佛國租借		6	273
天長		6	446
		11	24
田鎮		6	501
テンツアイ橋三十号		7	118
デンバー		26	314
電白		6	531,578
電白港		6	529,576
電白江		6	577
テンブリン		12	400
天寶山		2	545
		8	351,378
		30	494
デンマーク			参见：丁抹
丁抹	丁抹國,デンマーク國,デンマルク,デンマーク	1	97,118,122,170,190,195,229,238,309,317,322,332,360,366,371,390,416,436,445,450,459,463,483,552,615,625
		2	7,36,51,67,77
		3	405,559
		4	487,529,530
		9	543
		10	206
		15	597
		16	492,601
		17	11
		29	222,524,525,526,528,531,532,533,534,535,537
		36	344
		38	233
		39	68
		46	513,241
		47	6,7
		49	155,161,162,165,166,187,188
天門		29	411

地　名	别　称	册数	页　数
	ト		
ト		15	400,401
ド・ホウ・ヴィ		27	505
ドイツ			参见：獨逸
獨逸	獨逸國,ドイツ,德,獨,独逸,独,獨逸,独國,德國,独乙,独乙国,ドイツ國,獨逸帝國,獨逸國,独逸国,獨逸国,独逸國,獨國	1	3,96,110,114,115,116,120,124,167,182,187,189,193,196,201,217,227,230,235,309,317,320,321,328,331,332,334,336,345,358,363,365,369,373,388,397,421,424,431,434,436,444,448,450,458,463,481,543,550,552,560,608,611
		2	30,45,63,77,133,237,245,246,247,248,250,255,257,258,260,261,262,264,265,266,267,295,296,332,333,334,336,337,339,340,384,435,462,600,601,621,630
		3	293,328,393,395,401,413,442,494,577
		4	254,348,404,442,444,445,446,460,467,485,502,503,508,529,600,604,605,609,626,643
		5	78,110,111,355,389,390,399,400,404,410,422,423,426,582,583
		6	484,485,521,564,565,566,571,572
		7	43,191,215,304,305,426
		8	150,594,624
		9	33,34,35,36,37,308,311,318,319,320,321,322,323,324,325,326,333,337,348,350,351,352,353,355,356,357,361,362,363,364,365,368,369,370,371,372,373,374,377,378,381,382,383,388,389,391,392,396,398,400,401,403,404,405,407,408,409,410,415,418,420,426,429,431,432,434,435,436,437,438,439,440,441,442,445,446,447,448,451,452,453,454,455,456,457,458,459,461,462,463,464,465,466,467,468,469,470,471,474,477,479,480,483,484,490,491,492,493,495,496,497,498,499,504,505,506,507,510,512,521,522,533,534,540,543,544,545,546,553,555,556,558,559,560,561,562,

地名	别称	册数	页数
獨逸			563,564,565,566,567,575,578,579,580,581,583,584,589,598,600,603,606,607,609,613,615,616,617,618,620,622
		10	3,5,6,7,8,10,11,13,14,15,17,18,20,21,24,25,34,35,37,39,41,42,44,46,47,48,49,51,52,54,55,57,58,60,62,63,64,66,67,68,69,71,72,73,74,76,77,78,79,80,81,83,84,86,88,90,91,94,95,96,97,98,99,100,101,102,103,104,105,106,107,108,109,110,113,114,115,116,117,118,119,120,121,131,133,134,138,144,152,157,160,163,165,166,175,176,177,178,179,180,181,182,183,184,185,188,189,191,194,196,197,199,201,202,203,204,205,206,207,208,209,218,221,225,227,228,229,234,235,236,238,239,240,241,243,244,245,246,247,248,254,256,261,262,264,265,266,267,268,270,271,272,273,274,275,283,284,285,286,287,288,289,290,302,303,310,313,314,315,317,318,319,320,322,323,328,331,338,341,345,346,347,348,352,355,357,358,361,363,364,365,369,372,375,379,381,382,383,384,389,390,393,397,400,402,404,407,409,411,414,415,416,418,419,420,421,423,424,430,432,434,435,436,437,438,439,440,441,442,443,444,446,448,451,452,453,454,456,457,461,462,464,465,468,469,471,473,475,478,479,481,482,483,484,485,486,487,490,491,492,493,494,498,503,504,505,506,507,508,509,510,511,512,515,516,517,518,520,521,523,524,527,529,530,532,533,535,551,552,553,554,555,560,562,563,564,566,568,569,570,572,574,575,577,579,582,584,585,586,589,591,592,593,595,597,598,599,600,601,603,606,608,609,610,615,616,619,622,626,627,629,

地　名	别　称	册数	页　数
獨逸			632,634,635,636,637,640,644,650,651,667,673,674,675,676,678,679,680,682,683
		11	5,10,40,46,48,102,184,185,188,194,195,196,203,206,210,211,212,213,214,215,218,219,220,225,227,229,230,234,235,239,258,262,264,265,267,273,277,290,295,297,299,300,314,317,318,320,324,331,371,376,378,379,380,384,389,401,418,419,520,546,567,583,604,605,612,613,633,659
		12	6,64,66,67,117,219,229,380,391,403,465,471,475,482,491,497,498,591,593,595
		13	126,128,135,144,147,148,154,164,166,168,172,177,178,179,180,181,182,183,184,185,186,187,188,189,190,191,192,194,195,196,197,200,201,202,207,209,212,217,218,219,222,224,237,240,242,243,244,247249,250,251,252,253,254,258,260,263,266,267,269,270,271,272,274,275,276,277,278,291,293,294,296,297,298,299,300,301,302,304,305,309,311,314,315,322,324,325,327,333,337,339,341,346,350,354,358,359,363,378,384,417,433,449,643,648,652,653,654,656,657,664,665,667,668
		14	67,69,71,74,75,77,80,81,83,87,88,95,113,121,152,153,159,239,284,294,427,428,487,491
		15	108,329,338,339,355,533,538,552,553,564,565,566,597
		16	3,75,84,122,179,182,185,192,198,199,204,208,212,216,218,219,221,222,224,225,226,231,232,234,284,290,291,292,295,296,297,298,299,300,301,302,303,304,305,306,307,308,309,310,311,312,326,328,329,330,334,336,339,354,356,

地　名	别　称	册数	页　数
獨逸			361,362,363,365,366,372,373,382,383,388,389,393,401,408,411,425,426,427,435,443,444,447,453,464,467,472,473,474,475,476,477,478,479,480,481,515,518,527,528,529,546,547,550,555,601,620,621,623
		17	11,13,17,19,23,32,33,35,43,53,77,78,130,131,142,143,162,164,165,172,208,215,223,237,240,247,252,254,255,256,258,276,308,309,473,474,475,483,500,504,510,513,531,551,577,582
		18	55,332,340,344,345,346,348,349,350,501,502,503,506,514,524,526
		19	28,29,46,47,66,83,107,117,182,187,188,190,191,192,195,234,244,258,276,283,286,345
		20	62
		23	428
		25	457,463,522
		27	1,6,395,397,398,401,402,403,404,405,406,633
		28	213,300,301,302,387,469,470,477,481,482,483,484,488,491,500,501,502,506,508,509,510,511,515,516,517,518,519,521,522,524,526,527,528,529,530,533,534,535,536,537,538,539,541,542,543,544,545,546,547,548,549,550,551,552,554,555,556,557,558,559,561,562,563,565,566,568,569,570,571,572,574,576,577,581,583,584,590,595,596,602,603,604,607,610,613,614,615,617,618,620,622,623,624,626,629,631,632,633,634,635
		29	15,26,72,74,78,120,132,165,173,177,209,210,211,222,325,326,327,330,334,343,390,422,427,487,490,492,504,539,554,555,556,559,560,561,585,588

地名	别称	册数	页数
獨逸		30	116,117,126,140,150,151,152,164,166,167,181,185,222,238,246,247,248,251,331,453,455
		31	412,524,534,631
		32	21,55,500
		33	25,34,52,59,64,90,232,238,239,240,244,246,247,248,249,254,258,259,261,262
		34	35,86,106,108,109,110,166,168,169,170,172,181,268,269,270,280,308,312,474,475,476,479,482,484,486,512,513,514
		35	1,11,12,13,15,16,17,18,19,20,21,22,48,50,53,60,61,63,65,66,67,76,77,80,81,86,87,89,91,92,93,94,96,97,98,99,100,101,102,103,105,106,107,109,110,113,114,115,116,117,120,121,122,123,124,125,126,129,130,131,132,133,136,137,138,139,140,141,143,144,146,147,148,149,150,151,152,154,155,156,159,160,162,163,164,165,166,167,168,172,173,174,177,180,186,193,194,200,201,210,211,212,213,215,216,217,220,224,225,226,227,228,230,232,233,235,236,237,241,242,245,274,343,344,359,360
		36	17,106,107,116,117,232,276,344,369,401,409,454,457,458,460,461,467,468,488,489,490,541,542,565,567
		37	1,2,12,13,16,17,22,23,58,106,133,134,136,137,146,152,160,161,190,400,465,466,467,468,472,473,474,475,476,477
		38	86,109,152,156,171,183,233,298,381,438,439,519,520,521,522
		39	3,5,6,7,21,66,67,76,109,187,198
		40	352,355,359,360,361,362,363,364,368,372,373,384,385,386,387,388,389,391,392,393,394,395,396,397,399,400,403,

地　　名	别　　称	册数	页　　数
獨逸			405,406,407,410,411,413,414,415,416,418,419,420,421,422,424,425,426,427,428,431,432,433,434,438,440,441,442,443,446,447,450,451,452,453,454,455,456,457,458,459,461,464,466,467,468,469,471,472
		41	57,108,272,369,370,371,420
		42	4,10,12,13,15,19,20,21,23,24,25,26,27,28,31,32,139,215,216,218,234,244,253,261,263,264,265,267,268,269,270,292,293,369,376,441,442,445,591,600,601,602,606,608,609,610
		43	282,283,287,290,291,292,296,297,303,305,317,323,326,327,328,332,337,338,341,342,343,344,347,377,385,401,444,451,452,453,477,478,503,507
		44	2,449,464
		45	191,192,193,271,272,273,274,275,329,331,446,471
		46	4,6,7,9,11,17,18,21,23,24,25,29,30,31,35,36,37,39,40,41,42,43,51,52,54,55,56,80,87,93,100,102,107,108,109,110,112,130,132,140,141,148,149,153,155,156,157,158,159,161,162,163,164,165,168,169,170,171,172,174,175,177,179,180,181,182,184,186,187,188,189,190,191,192,194,195,196,197,198,199,200,202,203,205,216,219,221,223,225,228,229,230,232,233,234,235,236,239,240,241,243,244,245,250,257,258,368,372,373,382,386,392,399,402,403,419,423,424,467,490,516,581,582,609
		47	5,18,19,20,22,26,28,33,34,49,50,51,52,53,54,56,57,58,59,60,66,73,74,86,87,97,99,144,148,149,151,153,154,155,157,158,164,169,170,171,174,180,181,182,184,191,192,193,195,196,197,199,237,242,271,277,315,318,319,324,

地名	别称	册数	页数
獨逸			327,328,329,330,331,363,368,377,369,370,376,377,381,382,389,390,394,397,400,402,415,416,420,421,422,423,424,428,429,439,440,441,444,445,462,483,486,574,577,581,582,583,585,586,587,588,590,591,592,592,593,594,595,597,598,619,639,651,652,655,655,657,659,682,683,685,731
		48	4,23,25,26,27,28,29,42,43,45,49,50,54,55,61,70,72,73,74,75,76,120,167,211,243,244,245,246,284,294,396,408,430
		49	47,82,96,104,117,136,155,161,162,163,164,188,200,203,206,231,255,291,292,297,298,343,364,365,363,409,479,481,483,484,485,487,501,505,508,512,514,515,516,518,531,533,534,535,537,539,540,541,547,551,556,557,558,561,563,564,567,568,570,577,578,582,584,585,589,591,593,595,596,598,601,609,612,616,617,620,623,625,626,631,635
		50	1,2,4,8,16,17,18,62,63,64,65,66,72,73,165,201,204,208,209,349,350,351,357,358,368,369,370,371,372,373,415,418,431,449,458,474,544,545,547,548,549,573,582,587,588
獨逸國マールブルグ		17	13,19,23,35,43,53,223
獨逸西方國境		47	329
獨逸領諸群島		2	134,137
ドイツ植民地		36	149
ドイマゲテ		20	31
ドウ・ウェールド		23	364
東亜	東部亜細亜,東亜,東亜細亜,東アジア,東部アジア,東亜,大東亜,East Asia	2	268,277,280,462
		3	20,114,230,232,259,425,553,558,560,561,562,565,567,568,569,571,669
		4	607,608,631
		5	332,389,398,399,402,403,423,581,582,583,585,587,613

地名	别称	册数	页数
東亜		6	98,210,211,213,215,219,220,221,222,250,264,265,268,269,270,271,284,292,416,429,430,432,440,441,496,547,590,591,593,597
		8	420,449,505,507,537,540,541,543,546,557,558,560,561,568,578,579,582,583,584,585,603,613,623,638,646,653
		9	1,2,142,296,316,318,355,356,367,368,377,379,380,386,387,388,407,451,454,508,606
		10	5,14,16,28,42,48,58,78,80,97,104,105,107,108,109,113,115,125,126,127,171,172,173,178,180,182,183,184,185,202,216,228,235,243,266,267,284,285,300,302,306,321,327,328,329,372,377,378,385,402,420,442,444,533,541,634,649
		11	119,123,144,145,154,155,156,157,158,185,198,270,271,272,274,277,287,289,357,358,360,387,406,408,410,419,427,497,521,538,539,583,602,603,605,610,611,617,666
		12	56,63,216,218,387,437,482,483,486
		13	70,74,75,81,132,133,146,149,150,151,152,154,166,167,216,218,219,231,269,270,271,300,302,356,361,369,370,419,420,421,452,453,556
		16	3,15,19,20,58,68,70,72,73,79,80,81,82,83,84,86,88,96,105,126,132,135,140,141,183,186,188,204,207,208,211,212,219,220,231,232,233,284,301,309,334,342,362,391,392,408,418,437,438,439,478,512,547,561,562,563,615,623,626,627
		17	50,234,272,294,295,299,453,462,464,466,498,499,501,503,505,507,510,511,520,526,528,529,530,534,577,578,582,583,584,585

地名	别称	册数	页数
東亜		18	5,277,278,319,337,370,376,443,483,484,496,497,501,502,503,506,508,511,512,531
		19	95,104,108,169,176,193,223,233,235,236,244,248,249,253,254,255,256,259,266,267,268,269,271,272,275,276,277,278,279,282,284,285,328,329,331,332,333,336,337,338,339,340,341,342,343,344,345,347,349,350,381,404,411,412,427,432,442,445,473,474,476,477
		25	209
		27	695
		28	224,232,241,242,306,388,433,472,473,488,489,491,493,506,522,525,572,574,612,628,632,633,634
		29	11,12,138,139,141,199,204,209
		30	19,26,33,34,35,37,38,39,40,41,42,43,150,151,152,155,158,166,423,424,564,568,579
		31	3,21,23,24,26,31,95,99,135,595,627,628,630
		32	25,30,42,43,44,45,50,51,54,55,56,216,218,219,220,221,223,224,228,310
		33	17,18,19,20,22,23,25,44,45,51,53,57,60,63,65,66,69,78,95,96,98,107,110,112,123,126,129,138,141,148,149
		34	32,33,34,35,39,40,104,112,295,451,490
		36	189,255,483,526
		37	46,47,67,69,84,91,99,141,162,163,186,192,196,197,245,327,329
		38	10,338,397,406,438,469,547,557
		39	15
		41	76,77,84,86,88,96,206,231,232,447,448,449,450,451,453
		42	92,94,96,97,100,108,140,153,158,175,180,181,183,235,247,261,271,282,323,438,445

地名	别称	册数	页数
東亜		43	169,170,174,175,432
		45	350
		46	76,234,235,236,237,245,479,500,577,578,579,582,583,608,609
		47	172,179,232,235,236,472,507,509,512,513,515,516,571,599,606,655,665,666,667,668,669,670,673,674,675
		48	19,20,21,30,51,53,58,62,66,77,137,190,191,192,193,194,195,196,197,198,200,202,203,207,211,215,216,217,228,229,231,244,261,278,286,295,311,324,325,326,327,328,329,330,331,332,345,348,352,362,369,382,386,388,389,390,393,394,395,397,400,401,403,404,405,406,412,413,429
		49	116,142,161,255,270,357,407,539,577,583,612
		50	8,14,20,21,22,199,243,244,248,254,255,350
東亜殖民地		35	139
トウアラン	ツウアラン	23	29,69,79,88,95
東安	東安地域	8	418
		12	271,275,276
		14	184,188,190,191
		29	145
		34	197,202
		40	488
		41	253,254
洮安		7	549
桃安		12	275
トウヴァ		30	182
ドウーエ		29	304
ドウーブロン		50	157
東歐	東欧	10	383
		12	496
		16	232
		47	420
東鹿		8	14

地　名	别　称	册数	页　数
湯河		16	150
東海	日本东海北陆地區	35	504,544
東海岸州		39	399
		45	229,289
東海軍管區		25	387
東海地區		5	299
東海道		15	262
東莞		7	373
		8	76
		15	312
潼關		33	222
東坎鎮		6	538
東京	東京府,東京市,京,东京,東京都,トンキン	1	23,25,39,40,50,66
		2	43,220,221,256,277,279,317,318,319,329,330,338,364,365,367,377,378,407,409,414,471,512,513,515,517,547,589,613,656,658,659,664,671,672,673,674,675,676
		3	12,15,16,21,29,120,122,123,126,130,141,184,205,228,239,240,313,316,317,345,565,573,575,578,679
		4	229,261,293,312,334,390,409,411,422,434,472,509,512,548,552,619,624,627,665,668
		5	91,100,191,193,198,199,203,204,207,212,214,215,216,221,225,235,261,262,316,332,357,382,383,385,418,419,430,437,449,450,453,496,515,523,546,569,571,577,612,613,614,618,619,672,673,686
		6	29,109,113,166,174,178,182,198,224,275,587,595,596,603,604,606,608,611,614,615,617,618,620,623,625,628,630,632,634,637,639,641,642,645,647,648,650,652,653,656
		7	27,36,177,178,217,218,219,221,223,227,242,243,244,245,246,247,250,253,258,272,273,274,275,276,277,278,281,284,460,467,488,535,567,572,573,575

地　　名	别　　称	册数	页　　数
東京		8	34,42,72,92,109,127,128,130,150,165,196,206,263,267,270,271,272,273,278,305,428,429,430,460,467,476,502,503,504,515,516,523,534,556,571,605,637,648,666,683,692,698,704,705,709,714,715
		9	45,46,47,50,51,52,53,56,57,69,79,113,114,115,118,119,127,128,137,311,329,330,339,340,364,384,385,394,395,399,402,403,407,411,412,416,419,421,424,427,428,430,432,435,449,450,452,453,455,456,460,462,465,468,473,513,524,525,536,537,544,545,550,558,569,570,572,575,578,579,580,587,596,598,599,600,601,605,611
		10	1,10,15,32,33,34,37,41,51,54,57,58,62,71,89,93,104,107,110,111,123,129,130,133,137,138,140,143,150,155,156,159,165,186,196,197,211,213,216,220,223,257,278,292,293,296,297,298,299,300,303,304,305,306,307,308,309,311,324,331,332,335,336,343,350,352,357,360,363,367,371,373,377,381,392,425,518,523,532,548,556,561,562,585,586,587,605,608,615,620,622,623,624,626,629,634,638,647,648,669
		11	4,7,20,29,36,37,51,57,90,91,93,94,95,100,101,107,112,114,115,135,137,138,139,148,149,151,152,158,168,180,182,183,184,185,197,200,201,213,214,223,224,225,233,234,237,255,257,264,293,294,298,299,310,311,314,318,322,337,351,355,356,369,374,380,390,401,414,417,418,427,432,433,447,448,496,509,510,532,533,540,541,559,572,577,585,586,598,599,614,615,620,637,645,652,681

地　　名	别　　称	册数	页　　数
東京		12	54,58,59,68,69,76,77,83,85,86,87,92,93,105,109,111,112,121,123,126,127,158,160,161,164,165,166,179,186,187,188,190,197,200,221,222,233,352,355,361,378,399,401,404,409,464,473,483,492,493,499,500,518,530,533,540,555,566,577,578,579,580,582,583,584,585,594,602,607,608,611,616,622,624,625,628,634
		13	14,28,38,60,66,71,69,85,96,113,119,120,140,156,174,176,179,196,197,200,201,203,206,214,220,221,222,238,261,283,319,320,324,352,356,363,364,366,368,373,377,378,380,382,384,411,428,470,488,555,617,644,651,652,654,663,664,666,668,672
		14	12,78,92,99,100,102,123,132,135,142,148,154,405,477,519,526,572,573,580,591,592,594,632,644
		15	10,12,22,102,112,113,157,213,261,262,272,279,303,306,307,315,316,317,318,321,322,327,333,355,406,428,468,487,499,502,559,568,572,601,609,610,620,622,627,629
		16	8,15,16,17,19,21,22,26,27,28,30,34,46,53,54,56,57,59,62,64,66,74,78,87,90,93,94,95,100,103,109,110,114,115,120,123,127,128,137,138,139,143,144,148,150,151,154,155,156,159,166,167,168,175,188,191,194,199,202,206,210,213,214,223,226,227,229,235,236,237,239,242,283,288,289,294,299,304,313,314,315,317,319,320,321,324,325,332,340,345,347,348,351,352,353,359,370,375,376,377,378,380,381,387,389,390,395,396,397,399,400,402,403,405,406,412,428,429,430,432,433,434,435,439,440,441,442,443,449,462,463,475,502,

地　　名	别　　称	册数	页　　数
東京			518,526,544,546,552,558,559,560,561,565,566,581,582,588,589,591,595,601,604
		17	9,11,16,21,22,25,26,27,32,39,40,41,47,48,61,63,66,78,83,85,90,104,106,113,116,117,153,154,155,172,175,176,177,180,182,184,185,187,188,189,190,195,216,217,218,221,225,228,239,241,244,259,260,261,266,268,269,271,275,276,280,281,291,294,304,307,309,311,349,352,357,361,363,368,370,371,375,377,378,379,380,381,382,383,384,385,386,387,388,389,390,391,393,394,398,455,399,402,439,451,453,456,468,482,483,489,538,549
		18	15,16,17,18,19,20,23,24,25,28,63,64,67,100,127,192,193,197,201,202,203,204,205,210,213,214,215,219,220,221,224,225,241,351,354,358,359,374,247,248,249,252,253,254,258,259,260,262,264,265,271,290,296,323,339,351,354,358,359,374,375,382,384,385,400,422,451,455,457,482,486,489,493,511,520,521,525
		19	3,102,103,115,122,124,125,126,127,130,147,154,157,158,163,174,184,185,186,194,211,212,220,280,290,324,327,329,333,335,346,348,354,356,360,363,373,383,410,449,453,456,458,470,472
		20	51,53,55,57,76,113,123,133,148,187,194,217,247,255,256,266,272,293,308,313,325,328,329,371,384,394,400,401,427,433
		21	12,27,34,70,117,126,146,191,193,194,212,213,249,254,257,258,262,263,266,267,270,271,273,274,275,276,279,367,372,391,392,407,414
		22	348,497

地　名	别　称	册数	页　数
東京		23	132,140,235,236,241,243,244,245,246,248,368,394,512,601
		24	53,85,86,208,473
		25	113,200,234,251,279,282,297,319,369,391,393,404,412,472,498,525,528,533,536,542,550,565
		26	6,7,11,12,15,22,38,41,43,46,55,58,65,66,78,79,88,101,117,122,139,140,151,153,157,161,162,165,167,177,200,203,213,215,217,219,221,223,225,229,233,235,237,240,241,243,245,250,252,254,256,261,263,268,270,274,278,280,282,288,289,290,292,295,296,298,300,303,304,307,309,311,316,319,324,326,330,334,336,337,348,350,351,355,357,359,361,363,364,370,375,379,381,384,387,393,398,400,403,405,423,434,436,439,440,443,444,445,446,447,448,449,451,453,454,458,459,464,470,472,475,478,481,485,487,490,494,498,499,516,517,615,617,618,619,621,623,625,626,627,628,631,636,638,639,644,649
		27	4,8,10,23,29,37,38,39,41,50,54,55,59,61,65,76,77,86,95,97,99,104,106,107,112,114,116,118,165,210,245,246,253,273,277,287,291,292,293,294,295,296,299,301,303,306,307,321,346,347,379,380,385,432,439,452,457,537,560,595,613,614,617,621,625,627,628,632,638,680,681,682,685,686,689
		28	11,12,29,36,37,61,84,104,111,112,147,148,149,165,176,184,198,199,218,260,261,262,263,266,282,284,289,290,294,297,299,311,321,324,326,334,354,356,364,373,378,380,381,387,397,408,429,440,468,471,475,479,481,482,483,484,487,497,623,636,637

地　　名	别　　称	册数	页　　数
東京		29	20,21,23,24,25,27,28,29,44,45,59,68,71,79,144,145,161,164,166,168,171,172,177,198,208,215,219,221,226,246,297,310,322,324,330,367,376,380,460,466,613
		30	1,9,75,84,85,123,132,234,253,255,256,293,297,298,300,305,306,335,391,404,412,415,419,420,431,445,454,470,476,487,488,511,520,525,532,540,545,558,572
		31	47,52,56,62,97,126,183,187,194,205,217,294,307,331,383,385,287,394,432,433,435,443,453,458,462,467,480,501,516,518,519,529,533,536,538,542,553,560,576,602,607,609,618,619,620,621,624,633
		32	6,12,16,22,32,34,49,73,75,92,95,109,124,131,153,164,191,182,188,191,198,201,214,222,231,240,241,250,256,258,265,272,280,282,289,290,301,318,354,367,386,394,409,420,440,443,447,449,453,473,477,503,516,543,546,556,557
		33	4,8,10,11,12,14,15,28,37,38,62,74,77,80,96,101,134,181,241,246,249,264,268,271,285,289,299,317,318,322,323,324,329,331,336,341,342,346,347,351,360,365,373,374,378,379,381,406,411,413,414,415,418,427,429,450,460,465,466
		34	3,22,45,55,57,64,67,78,102,120,133,137,144,147,155,191,192,193,195,200,204,210,216,218,222,226,232,235,236,237,249,251,257,260,262,264,265,267,272,275,282,285,286,297,300,302,306,321,340,348,351,353,356,359,362,423,432,444,449,451,458,468,470,471,476,482,483,491,494,504

地名	别称	册数	页数
東京		35	41,43,47,58,88,96,98,99,100,101,103,104,106,110,112,113,124,130,138,140,142,146,154,157,160,171,172,174,175,176,177,191,197,216,220,221,224,278,279,280,293,301,401,420,433,439,446,450,502,503,504,544
		36	110,147,149,187,229,244,280,294,295,348,455,456,478,505,516,519,552,556,562,565
		37	4,20,21,25,28,31,79,89,97,107,112,121,135,168,173,184,187,199,201,209,214,220,229,235,239,242,254,257,258,259,261,262,264,270,276,292,322,348,353,357,359,361,363,370,372,378,404,411,414,423,426,449,464,472,473,475,476,477,478,479
		38	19,40,51,60,127,168,179,180,185,204,207,211,225,227,228,230,234,235,245,247,249,256,264,266,273,301,305,306,309,319,322,327,328,338,340,343,346,352,356,358,361,366,371,375,384,393,425,427,474,481,482,497,509,510,524,528,535,541,549,553,554,559,561,565,570,572,574,577,581,584,589,604
		39	12,14,27,28,32,35,43,45,56,70,73,75,77,85,89,90,92,105,121,148,154,159,167,174,189,190,192,194,196,200,215,221,236,243,249,257,269,293,297,383,393,396,397,423,434,455
		40	30,53,65,67,75,118,119,159,162,165,196,207,208,209,237,242,243,251,273,297,301,307,326,327,328,329,331,332,333,334,335,337,339,376,381,386,398,403,409,415,422,436,439,440,445,463,467,472,478,507,524
		41	4,108,132,134,173,170,180,182,188,191,193,211,214,220,253.255,263,268,

地　　名	别　　称	册数	页　　数
東京			269,278,281,284,310,311,314,323,324,325,326,327,329,330,331,332,340,341,351,356,357,362,369,372,374,377,380,382,384,386,388,393,403,429,445,456,457,458,476,478,486,491
		42	2,3,9,11,26,30,31,33,40,63,64,66,73,76,79,81,84,89,101,102,109,110,112,113,124,127,129,134,142,148,151,163,166,167,173,175,176,182,185,187,189,195,198,203,207,210,211,212,213,221,272,276,277,281,283,286,293,295,296,304,306,309,312,314,319,321,328,331,332,336,341,347,358,365,366,373,377,384,388,413,417,427,431,432,434,435,440,442,447,448,470,471,472,475,478,479,482,489,503,504,522,524,525,534,537,545,550,559,572,573,587,589,606,609,616
		43	5,8,13,18,31,43,47,49,55,60,62,64,67,78,84,93,100,128,173,175,181,183,189,190,193,194,201,202,221,225,243,288,340,447,476,514,518,519,541,550
		44	4,6,27,28,46,51,60,201,210,214,218,221,254,294,301,303,304,306,333,336,337,338,368,392,403,406,409,412,413,418,433,437,441,449,451,454,460,468,476,479,481,487,495,503,511,515,517,526,534,540,546,547,550,557,564,575,579,581,604
		45	2,3,4,7,11,14,22,27,28,34,38,68,69,97,99,102,119,123,124,131,138,141,143,157,167,169,171,174,175,177,187,201,207,214,215,221,230,232,240,247,255,261,286,297,314,341,345,351,355,357,390,394,396,398,399,405,413,419,426,431,438,475,479,487,491,493,497,500,501,503,504,507,508,511,514,516,517,519,520,523,524,526,527

地名	别称	册数	页数
東京		46	1,2,3,4,5,6,7,9,11,13,17,19,23,25,26,30,31,35,37,40,42,43,44,46,47,48,56,68,78,88,92,107,119,124,129,130,134,141,142,148,158,159,161,169,170,173,175,176,177,179,180,181,182,183,187,190,192,193,195,196,197,198,200,201,209,210,214,215,243,253,280,286,291,293,294,314,318,319,323,328,329,332,333,336,338,339,341,344,346,348,355,361,362,363,366,367,368,370,379,385,388,392,400,402,404,405,408,409,417,418,430,433,436,437,442,444,446,447,448,465,468,471,473,487,489,583,586,602,603,607,610,612,619
		47	1,2,3,4,5,7,8,16,18,19,21,22,23,26,28,32,34,37,44,51,55,56,57,67,80,83,87,88,94,95,104,106,112,120,127,141,142,144,148,152,153,157,165,216,219,221,234,268,280,296,297,299,367,375,379,381,382,383,384,395,397,398,400,404,406,412,415,416,417,422,423,429,431,433,435,436,447,450,454,458,463,468,473,476,480,483,487,489,492,497,506,512,517,519,520,522,541,547,554,558,564,577,579,582,586,587,588,591,594,595,606,633,641,659,673,674,683,689,693,698,706,711,712
		48	14,48,49,59,135,183,192,215,234,241,247,253,255,256,257,281,282,313,314,315,316,318,323,341,350,354,359,361,367,371,372,377,378,380,384,385,392,425,426,441,442,438
		49	4,19,23,27,28,30,33,36,39,40,52,53,58,61,63,64,68,70,114,131,132,146,247,267,281,294,310,317,323,328,332,336,339,340,344,353,354,357,367,368,372,374,375,378,379,388,390,391,395,396,408,413,415,416,421,422,424,426,

地名	别称	册数	页数
東京			428,441,481,484,504,512,514,533,534,539,548,549,550,553,554,559,567,570,576,587,589,598,600,603,605,608,610,612,614,615,625,628,636,637
		50	24,39,40,41,42,43,44,45,67,68,70,71,72,74,75,77,78,79,84,85,86,88,103,166,192,194,201,204,206,207,208,209,213,242,281,290,333,347,356,357,367,371,385,389,391,396,399,415,420,426,433,450,454,455,459,500,512,513,526,528,541,542,544,554,560,565,569,570,573,575,579,584
東京赤政王會堂		5	412
東京市ヶ谷		43	69
		45	302
東京驛	東京駅	5	51,88,195
		10	137
		11	530
東京小石川		30	107
東京宮城		2	43,161
東京宮城		48	363,378
東京市青山高樹町		47	131
東京市青山四丁目		39	266
東京市神田區旭町二番地大同ビル		11	622
東京市京橋区銀座西五丁目五番地		11	580
東京市麴町区有楽町壹丁目四番地		11	580
東京市瀧野川區西ヶ原町八八九番地	東京市瀧野川區西ヶ原町八八九	47	121,133
東京澁谷區松濤町		42	35
東京澁谷區代々木大山町一〇五三番地		42	57
東京州		2	283,285,286
		11	114,121,126,130,139,172,174,176,177,252
東京世田ヶ谷		42	52

地　　名	别　　称	册数	页　　数
東京世田谷・岡本町一・二一九番地		45	495
東京立川		48	17
東京都赤坂區青山一丁目		30	338
東京都板橋區板橋町		31	305,307
東京都板橋區志村蓮根町三四六番地		38	374
東京都牛込區余丁町十六番地		32	455
東京都文京區大塚町		42	194
東京都文京區大塚仲町五七番地		49	320
東京都文京區千駄木町五〇ノ一二		32	470
東京都大田區調布鵜木町二二六番地		38	416
東京都大田區田園調布二丁目八〇八番地		33	345
東京都大田區田園調布二ノ七八九		45	189,196
東京都大田區圓調布四丁目五七		39	78,79
東京都大田區南千束町三三五		39	87
東京都大田區雪ヶ谷町		40	379
東京都大田區雪ヶ谷町六三九番地		50	496
東京都大森區田園調布二丁目七八九番地		44	443
東京都神田區		11	640
東京都北多摩郡		31	481
東京都北多摩郡神代村		50	453
東京都北多摩郡調布町多摩川原		42	431
東京都北多摩郡三鷹町牟櫃二二八番地		32	330

地　名	别　称	册数	页　数
東京都北多摩郡武蔵野町吉祥寺二九五六番地		44	463
東京都小石川區大塚仲町		30	107
東京都趨町區紀尾井町四		32	330,335
東京都趨町區永田町一ノ八		32	379,381
東京都麹町區永田町一丁目八番地		30	543
東京都趨町區有樂町二丁目三番地		32	338,344
東京都品川區上大崎五ノ六三一		49	56
東京都品川區上大崎二丁目三百番地		30	519
東京都品川區西中延五丁目一、二一三番地		33	339
東京都渋谷區縁ヶ岡町十六		50	602
東京都澁谷區千駄ヶ谷三丁目四九六		36	45
東京都澀谷區櫻ヶ丘町五番地		47	14
東京都渋谷區松濤		33	181
		40	349
東京都澁谷區松濤町五		32	268,272
東京都澁谷區松濤町四十二番地		42	34
東京都渋谷區松濤四二番地		50	573
東京都渋谷區原宿三丁目二百三十番地		30	527
東京都澀谷區代々木大山町一〇三二番地		32	392
東京都澁谷區代々木上原町		42	379

地　　名	别　　称	册数	页　　数
東京都澁谷區代々木上原町九百十二番地		42	382
東京都澁谷區代々木西原町		42	368
東京都新宿区本村町四十二番地		34	14,17
東京都新宿區下落合二丁目八〇四番		49	331
東京都新宿區代代木初臺六二七番地		50	551
東京都衫並區阿佐		39	207
東京都衫並區阿佐ヶ谷六ノ九九番地		45	539
東京都杉亜區天沼一丁目一七一番地		41	389
東京都衫並區天沼三		39	266
東京都杉並区荻窪	東京都杉並區荻窪	35	4
		48	18
東京都杉並區荻窪一丁日十九番地		33	2
東京都杉並區荻窪二丁目九十八番地		32	351
東京都杉並區萩窪四ノ九三番地佐藤勝郎方		44	257,258
東京都杉並區下高井戶四丁目九八二	東京都杉並區下高井戶九八二	37	380,517
東京都杉並區高圓寺二丁目四四三番地		38	533
東京都衫並區高圓寺二丁目四四三番地		39	149
東京都杉並區高園寺二丁目四四二		32	259
東京都衫並區高園寺四丁目六一六番地		50	578
東京都杉並區西田町一丁目七七九番地		32	416
東京都杉並區方蘭町四二一		32	474

地　　名	别　　称	册数	页　　数
東京都杉並區松ノ木一一八一番地	杉並松ノ一一八一番地	32	507,513
東京都衫並區馬橋		39	239
東京都杉並區馬橋一丁目四十一番地		32	36
東京都衫並區成宗三丁目四八三番地		50	432
東京都世田		39	174
東京都世田谷區上北澤町四丁目一,七三一番地		41	399
東京都世田谷區祖師ヶ谷二一五〇		38	507
東京都世田谷區上北澤町三丁目一〇四八番地		47	131
東京都世田谷區上北澤町二丁目八三八番地		41	132,138
東京都世田谷區上馬町一丁目八四〇番地	東京都世田谷區上馬町一丁目八百四拾番地	42	39,40
東京都世田谷區上馬一丁目四三三番地		47	213
東京都世田ヶ谷區上馬町一丁目七百七拾六番地		35	154
東京都世田谷匠上北澤町三丁目八七七番地		41	295
東京都世田谷區北澤二ノ一		37	471
東京都世田谷區北澤町		42	302
東京都世田谷區北澤町一ノ一一二三		32	96
東京都世田ヶ谷區北澤二丁目一二四番地		38	387
東京都世田ヶ谷區北澤町二丁目一番地		45	428
東京都世田ヶ谷區北澤町二丁目三十一番地		45	99

地名	别称	册数	页数
東京都世田谷區北澤四丁目四五六番地		33	271
東京都世田谷區北澤四丁目四百五十六番地		50	448
東京都世田ヶ谷區下馬町		37	364
東京都世田谷區代田一丁目七八三番地		44	561
東京都世田谷區下馬町三丁目九番地		50	458
東京都世田ヶ谷區成城町四五五		50	464,613
東京都世田谷區成城町四五五番地		41	108
東京都世田谷區太子堂一六六		38	348
東京都世田ヶ谷區太子堂一六六番地		38	1
東京都世田ヶ谷玉川		41	366
東京都世田谷區玉川		42	114
東京都世田ヶ谷區玉川等等力町		37	374
東京都世田ヶ谷區玉川上野毛町一一三二		45	421
東京都世田谷區玉川奥澤町		31	353
東京都世田ヶ谷區玉川奥澤町一三五		38	527
東京都世田谷區玉川中町一丁目九五五		39	132
東京都世田ヶ谷區玉川中町一丁目九五五番地		45	434
東京都世田谷區野澤町一ノ四五		33	293
東京都世田谷區深澤町		31	77
東京都世田ヶ谷區松原町三丁目一〇三〇番地		32	233

地　名	别　称	册数	页　数
東京都世田谷區松原町四丁目三〇四番地		47	136
東京都世田谷區松原町四丁目四二六番		39	192
東京都世田ヶ谷區若林		50	597
東京都世田ヶ谷區若林町百五番地		42	43
東京都世田ヶ谷區柗原町		42	285
東京都滝野川區西ヶ原町		42	355
東京都中央区明石町五十三番地		45	104
東京都中央區槇町三ノ一		44	223
東京都千代田區霞ヶ關一丁目一ノ一		32	49
東京都千代田區永田町一丁目八番地		38	485
東京都千代田區		41	432
		40	170
東京都千代町区丸ノ内弍十丁目八番地		7	455,464
東京都豐島區高田磨町一丁目二一五番地		32	340
東京都豐島區高松二ノ十八		44	275
東京都豐島區親司ヶ谷		41	239
東京都豐島區目白町四丁目四十一番地		44	458
東京都中野區江古田四丁目一七四一番地		39	290
東京都中野區鷺ノ宮一丁目二百二十九番地		44	552
東京都中野區仲町十七香地		32	194
東京都中野區野方町二丁目一五八三番地		44	435

地　名	别　称	册数	页　数
東京都練馬區東大泉町		41	323
東京都文京區小石川大塚仲町五七番地		41	406
東京都文京區西片町		50	429
東京都本郷區本富士町		5	208
東京都本郷區弓町二丁目二六番地		45	21
東京都港區高輪南町一七番地		47	225
東京都南多摩郡多摩村關戸		32	486
東京都武藏野町吉祥寺二八三一番地		45	122
東京都目黒區		37	334
東京都目黒區(檢察的檢右邊)町一四〇二		32	545
東京都目黒區大原町一三〇七		34	240
東京都目黒區ヶ丘二三二〇		38	354
東京都目黒區柿ノ木坂一一〇番地		44	58
東京都目黒區上目黒		42	200
東京都目黒區上目黒五丁目二四二八		39	412
東京都目黒區上目黒五丁目二六五八番地		45	95
東京都目黒區駒場町八六一番地		44	308,312
東京都目黒區下目黒		42	205
東京都目黒區中目黒一		39	93
東京都目黒區田園調布		42	223,256,298,315,360
東京都目黒區仲根町一九四番地		32	364
東京都目黒區六原町一三〇七		32	252
東京都目黒區平町五十一番地		30	360

地　名	别　称	册数	页　数
東京都目黒區平町三六		38	21,377
東京都目黒區富士見臺		42	375
東京都目黒區緑ヶ丘二三七二番地		30	534,535
東京都目黒區平町一一八番地		50	563
東京都淀橋區角筈		42	54
東京都中野區上ノ原八番地		30	338
東京都中野區上町四三番		41	305
東京日比谷公會堂	皇都日比谷公會堂	5	422,423
東京府		44	2
東京三菱第三十一号館		44	337,344
東京陸軍省ビル	陸軍省ビル,東京陸軍省ビルデング	5	203,206,216,220,225
		50	241
東京灣		1	14,38
		13	624
		26	626
		34	252,253
		38	363
東宮假御所		10	137
湯原		7	553
		12	145
東江		6	484
東郷		6	533
同江		7	485
東興		6	529,577
湯崗子		2	568
		6	631,633,646
		40	515
東郷神社		48	112
道贯尖		32	423,424,426,429,430
東興鎮		12	296
		33	413
東沙島		6	351,352
碭山		6	382,450,463
東山		7	524

地名	别称	册数	页数
東山		8	602
		11	23
唐山	唐山市	6	126
		7	346,350
		8	13
		11	68
		29	189
		31	540,553
		33	173
東三省	滿洲三省,東北,东北三省,東省	2	433,436,441,446,453,460,467,490,546,556,562,563,582,594,619,620,622,623,624,625,626,627,631,632,633,638,639,640,641,642,644,645,646,647,653
		3	325,366,369,392,394,480,481,484,491,515
		13	98
		30	264,265,266,267,333,575
		31	377
		33	186,187,192,195,198
		45	46
湯山城		7	449
東支		29	391
		42	86,88
		47	336,357,719,720,721
塔市		6	548
道子橋		7	125,126
東支十四線		12	81
東支線		12	140
東支鉄道		30	191
登州		6	520,528,533,538,572,574,575
同登	ドングダング,ドンダン	27	585,595,596
同登		50	391,392,394
桐城		32	432
倒鐘場		7	145
東水鎮		6	539
湯水鎮		32	493,495
		44	485,493,507,509
		45	257

地　名	别　称	册数	页　数
東青宿舎		7	362,370,404
ドウソン		2	284
		11	394
東大營		2	520,524
東拓ビル		44	446
桃沖		8	603
東亭		32	228
		44	601
洞庭湖		11	22,23
洮南		2	511,666
		7	549
		12	81,140,144,471
		14	173,174
		28	263
		30	395,414,417,491,492
		42	569
		45	47
東南亜細亜	東南アジア,東南亜,南東亜細亜	5	361,333,335
		10	546
		11	234,235
		15	39
		17	249,424,565,579
		22	34
		23	403,542
		24	36,59,218
		36	256,258,284
東南支那		32	403
ドウニシンチメニ		13	52
東寧		12	296
		13	55,57
		14	151,183,188,190
		34	102,158,160,161
		47	238,239
桐柏		16	113, 115,150,154
東坡村		44	299
東発		15	403
東部ヴァジニア		26	601
東部西比利亜	東部シベリヤ	11	529,530,551,553,618

地名	别称	册数	页数
東部西比利亜		12	72,520
		17	502
		19	240,253
		30	191
		31	28,422
		38	405
		42	111
		49	589,595
東部爪哇		19	383,386,447
		23	635
		24	54
東部蘇領	東部ソ領	12	57
東部内蒙古		2	465,482,490,498,644
		3	479
		5	463,464
		30	253,254
東部満州		12	386,389
		41	253,254
東邊道	東辺道,奉天省东边道	14	380
		30	466,467,469
		31	398
東豐縣		7	470
東方壹地		27	200
東北		5	499
		6	605,619
		30	562,564
		31	513,514
		32	550,551,562
		33	186,202,220,231
		42	305,408
東北三省	東三省	5	303,308,316,317,318,463,464,489,521
		7	517,543
		30	488,490
東北地區	東北	5	299
		35	503,543
		40	75
		41	476

地　　名	别　　称	册数	页　　数
東北四省	東四省	5	463
		6	104,128,607,635
		8	2
		32	550
		33	39,197,304,312
		44	362
澄邁灣		6	543,544,545,548
ドウマグエト		20	41
ドウマケテ	ドウマゲテ,ドマグエテ	20	44,45,309
ドウマゲラ		20	43
東滿	東滿洲	8	362
		47	239
ドウマンジウグ	ドウマンジュグ	20	26,28
當陽	當陽市	6	533,578
東洋	东洋	2	449
		3	25,218,245,399,400,401,418,419,420,421,423,424,427,428,464,543,579,580,581
		5	6,18,19,20,34,46,48,65,67,68,69,70,83,90,91,464,465,505,508,585,587,677,689
		6	43,46,68,223,247,248,262,418,511
		7	437
		8	584
		9	361,364,510,521,533
		10	288,315,316,322,466
		11	216,670,673
		13	70,75,443,444,448,470,491,577,616
		15	2,438,506,519,520,531,532,533,534,551,552,553,610,612,614
		16	96,105,131,132,212,368,382,396,432
		18	28,51,503
		19	221,256,400,422
		21	48,54
		28	504,521,524,528,530,533,535,544,557,559,569,577,578,579,618
		29	137,211

地名	别称	册数	页数
東洋		30	11,20,21,24,25,27,29,34,37,44,47,64,165,186,246,357,505,508,510
		31	196,198,200,378,379,437
		32	51,54,229,519,521
		33	17,18,119,132,301
		34	391
		35	49,349,364
		36	295,351,356
		38	32
		39	224
		40	15,302,516
		41	32,33,37,136,223,227,232,230,231,449,453
		42	21,93,144,145,146,169,249,274
		43	131,140,157,169,170,171,172,239,267
		44	501,555,602
		45	251
		46	237
		47	171,174,176,180,300,310,316,321,322,323,324,332,365
		48	397
		49	161,167,193,362,407,454
		50	12,20,21
ドウラオ		20	42
トウリーローグ小哨所		13	3,4
東陵驛		2	522
銅陵縣		8	602
ドウルルグエフスカヤ駅		11	525
トウルン・ウルデ・オボ		50	362,367
ドウングル・オボ		50	377,378
ドウンナン市		27	635
ドーヴァー海岸		28	617
ドーヴァ海峡		28	561
ドーキング		24	537,550
ドーソン		11	171,175
戸緒法		4	561
トール		18	132,152,172
		25	522

地　　名	别　　称	册数	页　　数
ドールセット	ドスエット	21	327,342
トール島		15	377
トーレス海峡	トレス海峡,イトレス海峡	13	368,526,533,534
		18	375
		36	427
土河		7	127,147
都下西多摩郡青梅町青梅五六〇番地		45	147
涂家灣		6	409,502
特穆爾圖淖爾湖	イシクフール	33	320
德安		6	369,478,484
		32	398
德惠		7	548
特克烏唎山		50	332
德島	德島縣	5	300
		22	373
		35	504
德島政美馬郡重清村	德島縣美馬郡重清村	45	242,244
德州		7	344
		8	621
ドクター・アンテエー路		27	540
特別租界		3	151
德山要港		37	362
獨領印度支那		43	339
涂縣		6	446
土山鎮		44	485
トジコエダパテウン		23	8
豊島區		5	296
豊島區池袋		5	297
豊島區駒込		5	296
豊島區巣鴨		5	296
豊島區千早町		5	296
豊島區西巣鴨		5	296
豊島區目白町		5	297
トタビル地区		25	70
枥木	枥木縣	5	235,299
		35	504
枥木縣足尾町		5	613

地　名	别　称	册数	页　数
櫪木縣下都賀郡桑村		40	167
栃木縣下都賀郡國府村大塚八一三番地		33	2
栃木縣那須郡那須村大字豐原字西田		32	397
德化	德花	5	515,569
		42	325
		49	349
凸元典那古城		50	306
突泉		7	549
		12	140
鳥取		5	300
		35	504
鳥取縣氣高郡瑞穗村字坂本		32	373
島取縣		41	428
鳥取縣東治郡淺津村大字南谷		32	326,328
トトン公府		50	332
ドナタ街一七六〇番地		20	5
トナン		13	484
ドネツ		11	582
ドネツ盆地		13	659,660
トノソン		27	479
戸畑		26	41
トバ湖		46	574
トビ		50	134,157
トフキシー島		19	225
トベラ	Tobera	25	54
トベラ飛行場		25	6,52,55
トホリ		13	25
トボリスカヤ縣コルカ村		50	215
トマ		25	16,68,69
ドマグエテ		20	52
ドマンジャグ		20	220
富家財園十一番地		7	237,268
富家店市		7	526
富田		12	473

地　　名	别　　称	册数	页　　数
富田灣		13	475
ドミニカ共和國	ドミニカ國,ドミニーカン共和國,ドミニカ	1	170,238,309,322,347,390,416,437,446,450,459,553
		2	36,51,67
		3	402
		29	258
		31	49,593
トモホン		20	49
		24	285,304,420,421,433,435,438
		46	576
圖們江	图們,図們江,圖们江,圖門,豆滿江	2	501,502,514
		8	235
		12	217,275,419
		32	43
		33	319,321,324,325,326,334,336,412
		44	367,454
		46	356,358
		50	286,288,289,551,552,553
土門子	土门子	13	12
		14	188
富山	富山縣	5	299
		30	295
		35	504
		40	322
富山縣東礪波郡		31	481
豐橋		47	228
ドラキュラ		39	341
虎踞關		7	58
虎山			参见：小黑顶子山
トラック	トラック島	15	358,373,379
		18	11,72,85,100,105,110,132,152,171,172,323
		25	99
		27	96,101,110,205,206,212,223,225,387
		34	256
		36	429
		37	386,388,389,390,412,426,433
		39	60,154,171

地　　名	别　　称	册数	页　　数
		50	119,127,128,129,130,139,141,142,151,153,154,155,157
トラック・アトル島		15	358
トラツリ		25	133
ドラム		13	437
トリーノ		10	663,665
トリエスト		49	162,166
鳥蘇里		34	224,229
トリダニト		13	517
トリトリ		20	49
		24	286,311,312,313,316
トリニダッド	トリニタッド島	29	539
		48	268
トリポリ		10	438
土龍山		14	129
トル	Tol	25	1,9,10,11,13,14,16,17,18,24,133
トルキスタン		12	512
土耳古	トルコ,トルコ國,土耳其國,土耳其帝國,土耳古国,土國,土耳其	1	101,106,174,178,208,213,243,309,317,326,351,354,395,417,442,557,608
		2	41,60,73,77,102
		3	395,401,495
		4	247
		5	426,583
		7	508
		10	223,288,382,440,440
		12	497,498,500,502,503,504,505,509,510,511,512,515,606
		13	251,277
		16	204,232,388,601
		28	518
		29	292,509,585
		30	449,451,453
		31	632
		38	99,233
		39	30,34,36
		41	309
		42	64
		47	365

地　名	别　称	册数	页　数
		50	368
トル島		50	129,157
トル農場	トル農園	25	21,24
トレド		20	30
トレナットピーク		18	132
トレンガヌ	トレンガヌ州	9	268,300
		19	217
		48	209,382
トロサ		18	124
トロント		33	154
敦化		2	476,477,545
		5	637
		7	541,548
		8	234,235,291
		14	174
		30	492,494
屯家		49	444
トンカ群島		19	225
トンキン州		11	117,128,129,144,145,146,154,155,156,157,279,364,366
トングー	トングーン	39	309,329,352,361
トンシュリイ		27	558
トンダノ		24	405,427,428
		46	576
トンダノ湖		46	573
トンド		21	29
ドンバス		13	45
トンペ		16	605
ドン河		35	151
		50	373
ド二ンツイ		13	4
那		15	400,401
内海		13	467
		18	78,79,80,97,113
内外蒙古		2	436
		11	648,650
		34	309
内蒙古	内蒙	2	436,444,459,560,596

地名	别称	册数	页数
内蒙古		3	148,205
		4	95,96,97,99,100
		5	464,506,510,513,515,516,517,569,580,581,592
		6	271,289,295,298,335
		7	539
		8	127,131,132
		10	592,600
		11	57,539,542,543
		12	72,73,242,266,269,308,570,571,575
		13	82,114
		14	103,105,137
		16	88,89,483,507,530,633
		17	508
		18	1
		19	262
		28	336,339
		29	8,9,15,237,243,436,442,444,452,453
		30	181,479
		31	51,592,598
		32	224
		34	4,5
		39	196
		41	170
		42	132,231,251,333,584,585
		45	115
		46	425,426
		49	327,352
		50	244
ナイル河		35	245
ナイ橋		7	119
ナウル・オセアン		25	138
ナウル島		19	224
		25	133,140,143
ナウングロン		22	53
ナウンケエ		22	77
直江津	直江津市	22	497
		41	283

地　名	别　称	册数	页　数
ナガ		20	41,44,52
ナガイ		12	516
長池	哈桑池	33	275,457,459,460,461,462
ナガイッイ		12	516
那珂川		40	242
中城湾		27	254
長崎	長崎市,長崎縣	4	272
		5	300
		7	570
		11	142
		25	405
		26	44
		32	566
		35	504
		37	19
		38	554
		43	525
		45	492
		49	122
長崎縣大村		42	420
長崎縣五島		12	222
長崎縣長崎市東小島町一四七番地		38	53
長崎棧橋		45	492
永田町		29	72
		41	136
中富街		7	440
長野	長野縣	5	299
		35	504
		38	600
		39	162
中野区		46	88
中野區上高町		5	297
中野區桃園町		5	297
長野縣小縣郡上田市馬場町四三七六		30	324
長野縣下伊那郡下縣村大字睦澤九五〇四番地		32	356

地　名	别　称	册数	页　数
長野縣上伊那郡伊那町		45	33,39
長野縣上伊那郡伊那町伊那九二一五番地		30	378
長野縣輕井澤町輕井澤七七四番地		37	459
長野縣輕井澤町近衛別邸		42	54
長野縣北佐久郡小諸町		45	537,540
長野縣小縣郡神川村上掘		38	600,602
長野縣松本市西埋橋一一一0番地		39	399
恒春		45	353
納河		12	276

ナ

地　名	别　称	册数	页　数
ナギリアン		20	17
ナギリヤル		20	52
ナグバラン村・マリラオブラカン		20	21
名古屋	名古屋市,名	4	272
		5	191,193,418,419
		12	165
		15	296,298,299,300,391,396,400,401,402
		25	311,388,393,396,482
		26	159,348,363,370
		35	544
		36	295
		40	75,198,209,229,230,232,233,234,239,240,245
		41	359,476
		43	175
		48	66
		49	434
		50	44,45
名古屋市北區船付町二丁目五番地		44	483
名古屋市千種區都通四丁目十一番地		44	498

地　名	别　称	册数	页　数
名古屋市東區筒井町		41	359
名古屋市東區筒井町二丁目三番地		44	529
ナコン・ニョック		22	189
ナコン・バトン		22	255,257
ナコンパトン		9	215
		22	254
ナザレ		50	484
梨本宮		41	132
那熟泊		50	306
ナスク		27	387
那大		6	561
ナチ・ドイツ		36	340
ナチヌ・ドイツ		11	579
ナチヤトマンデイ		13	49
ナチャム		50	393,394,395
ナッソウ郡		46	366
ナツナ島		14	45
ナトナ群島		19	216
七番埠頭		22	488
ナニピル	ナニピル村	20	15,188
ナネシー街三三四番地		20	8
那覇		45	177
		49	144
ナバハ候国		21	445
ナハレカ		24	200,269
ナピアガーデンス		21	499
ナヒチワン		12	512
ナファ		13	532
ナプタン		15	353
ナフタン岬		37	421,462
ナブチ		25	117
ナフテン		15	351
ナプヨードー村		22	84
ナポリ		18	132,152,172
ナマタナイ・ブカ水路		13	535
ナマヌラ	NAMANURA	25	9,15
泗縣		44	546

地　名	别　称	册数	页　数
泗礁山列島		32	212,213
泗陽		6	385,465
ナムカン		50	392
ナムト・スリー・ミスターズ		22	88
ナムリア		46	572
ナモヌイト		50	157
奈良		2	659
		35	504
奈良縣生駒郡平成村		25	406
奈良縣宇陀郡三木松村		25	402
奈良縣磯城郡田原本町三六五		38	42
奈良縣吉野上市下市		25	402
習志野原		5	32,85
南亜	南亜細亜,南アジア,南方アジア	28	162
		47	274
		49	147
南菀		6	138
南苑		5	522,528,529
		7	344
		31	469,498,551,554
		32	2
南澳島		6	353
南海		13	398,455,477,486
		42	534
		48	316,327
南匯		8	626
ナンガグア		25	66
鎮南関		11	31
南極		3	669
		49	131
南京	南京市,金陵,南京城	2	268,272,274,276,407,415,418,427,444,446,449,468,471,512,553,554,655,660,661,670
		3	147,149,155,197,211,219,223,224
		5	214,423,535,543,546,547,550,551,553,554,555,557,560,561,578,580,595,623,624,648,649

地　名	别　称	册数	页　数
南京		6	116,117,119,125,127,131,150,151,162,163,164,166,167,173,175,176,178,179,182,183,190,191,192,193,194,195,196,197,198,199,200,201,223,226,227,238,239,242,259,263,286,287,290,292,293,340,342,344,346,355,375,398,401,415,429,458,481,499,508,579,606,607,608,649
		7	1,2,3,4,5,8,10,11,14,15,20,26,27,31,36,41,45,49,50,51,54,57,60,61,62,64,66,67,69,70,71,72,73,74,77,78,79,80,81,101,103,105,123,140,156,158,159,160,161,163,164,165,166,167,168,177,178,179,180,181,182,183,184,186,188,189,191,194,195,196,200,201,202,204,207,208,209,211,212,213,215,216,220,227,228,239,242,243,245,247,251,252,253,254,255,258,259,270,273,274,276,278,282,283,284,285,286,287,290,291,292,300,301,303,359,431,433,513,566
		8	83,101,129,132,133,161,530,531,582,600,602,610,611,621,625,626,631,633,638,642,644,645,646,647,648,649,654,664,670,674,687,689,700,701,707,712
		9	410,440,444,451,459
		10	591,600,676,684
		11	25,57,63,273,423,575
		12	204,394
		14	102,126,134
		15	222,305,592
		16	23,24,30,31,34,43,56,57,58,60,68,79,114,122,196,243,244,506,591,605,606,620
		17	499,516
		18	376,509
		19	126,431
		25	205,208,210
		28	143,230,231,259,335,337,338,347

地名	别称	册数	页数
南京		29	5,6,10,11,13,53,55,108
		30	154,174,175,180,300,305,306,406,488,535,536,538
		31	483,486,489,490,520,572,574,575,576,577,588,625,628
		32	21,58,79,107,119,124,169,186,187,190,195,203,204,207,233,235,238,239,240,241,244,245,247,306,314,376,489,490,491,494,495,498,499,500,501,502,503,533,536,540,563
		33	2,12,14,48,67,69,90,96,100,118,122,123,125,127,130,135,141,143,145,150,152,155,173,176,218,219,222,223,271,272,314
		34	181,425,447,469,497
		35	62,86,88,109,110,116,162
		36	232,356
		40	356
		41	49,50,70,294,311,312,328,331,332,381
		42	122,125,127,131,132,138,142,143,147,148,150,151,152,180,183,186,188,189,190,192,207,210,211,212,217,231,247,279,286,287,293,294,295,303,304,305,308,321,323,333,337,338,339,340,341,346,348,349,350,352,353,356,357,421,438,534,587,611
		43	3,111,270,559
		44	472,483,484,485,490,492,493,494,498,499,500,501,507,509,510,513,520,521,522,523,524,525,530,531,532,538,539,543,544,545,546,583,584,585,587,588,589
		45	191,255,256,257,258,398,502,506,512,515
		46	62,65,66,67,68,69,70,75,76,84,85,119,327,330,331,335,354
		47	95,452,661
		48	15,36,327

地　名	别　称	册数	页　数
南京		49	27,352,359,362,398,481,482
		50	53,56,57,60,69,72,73,195,399
南京衛		7	60
南京驛		7	51
南京京宅路四五七		7	72,73
南京市九兒園四〇號		7	74
南京集慶路終所巻七號	南京終所巻七號	7	56,57
南京城外		32	491,496
南京城西昇州路彩霞街五間廳第六號		5	555
南京城内		32	244,491,493
南京上流		32	169,172
南京白下路東井巷二二號		5	560
南京第七號宿舍		5	556
南京市珠巷路常熟巷七		7	52
南京鐵道停車場		7	54
南京糖坊橋十八號		7	141
南山		8	602
		13	5
ナンサ駅		12	471
南支	南支那,南方支那	2	415,416
		6	291,295,342,349,351,354,358,361,387,410,414,419,420,421,422,426,446,447,448,449,450,451,452,453,454,455,456,457,458,459,460,461,462,463,464,465,466,467,468,469,471,473,475,476,477,478,479,480,481,483,488,493,503,505,505,508,512,513,514,519,520,525,526,527,529,534,542,543,546,564,565,566,567,568,569,570,571,572,573,574,575,576,577,578
		7	505,513,531,532,569,573
		8	155
		9	444,445
		11	137,389,498
		12	133,204
		13	92,442,443,446

地　　名	别　　称	册数	页　　数
南支		15	39,40
		16	28, 65,167,179,280,613,614
		29	38,410
		31	586
		32	20,28,211,399,403,465
		33	97,155
		38	351,363,369,448,450,466,474
		42	228,235,282,593,619
		43	104
		45	324,327
		46	119
		47	326
		49	347,380,381,382,384,402
		50	144
南支沿岸		32	195
南支那海		6	550
		9	139
		10	27
		11	5
		15	261
		18	61,63,64
		19	196
		20	52
		46	513,514
南昌		2	427
		6	157,326,332,370,372,374,379,387,389,394,400,448,469,470,471,472,474,476,477,528,532,565,566
		8	51,608
		11	23,423
		16	115
		28	143,259,306
		29	69,414
		33	280
		40	229,232,238
南翔	南翔縣	7	306,308
		16	57
南城		6	479

地　　名	别　　称	册数	页　　数
南城子		2	540
南西印度洋		39	112
南西太平洋	西南太平洋	10	542
		17	11,547,550,553,560
		18	46
		19	192,313
		21	79,80,84,85,88,103,104,179,180,183,184,187
		23	546
		30	191
		36	461,483,495,526,527,561,571
		40	18
		50	72
南泰		11	388
南大寺		31	475,476
南中米		10	206,207
		18	57
南島		13	11
		14	144
南寧	南寧市	6	157,527,530,568,569,575,577
		8	609
		11	23,25,81,498,499,500,501
		33	280
		38	355
南部印度支那		5	334,340
		15	305
		17	10,49,513,514
		19	8,66
南部烏蘇里		12	137
南部沿海州		11	550
南部太西洋		29	539
南部朝鮮		1	27,28
南部比島		45	291,293
南部佛印	南佛印，南部佛領印度支那	17	21,266,521,574,579,581
		35	82
		36	279
		37	52,57,58,70,169,192,195

地　名	别　称	册数	页　数
南部佛印		38	378,380,382,383,394,395,416,444,445,448,450,451,453,471,516
		47	242,258,615,625
南部蒙古		30	181
南米	南美,南アメリカ	3	109,293,402,431
		10	77,110,118,119,183,206,468
		11	648,649
		13	372
		18	57,378,453
		19	271,277
		28	577
		29	90
		36	363,364,495
		37	160
		39	30,224,226,227,229
		42	147
		43	367
		47	274
		48	430
		49	144,145,150,151,157,158,204,580
南米西海岸		36	420
南方雷州半島		39	266
南北米		16	198, 208
南北両極		11	648
南門坡		44	299
南雄		6	372,390,391,392
南洋	南洋地域,南洋地方,南洋群島,南洋諸島,南洋群島,南洋諸島,南洋島嶼,南洋地方	2	333,580
		3	232,259,669
		4	1
		5	67,111,155,583,588
		6	241,252,261,306,557
		8	122
		10	76,90,96,98,99,101,103,104,105,106,107,108,109,112,114,115,126,127,178,180,181,183,185,196,202,203,204,249,254,267,297,310,409
		11	30,31,265
		12	5,52,56,219

地　名	别　称	册数	页　数
南洋		13	371,444,513,445,505,525,556,562
		14	327
		15	34,275,391,394,396,399,400,403,410
		16	151,181,212,219,311,356,365,561,615,629
		17	215,237,254,506
		18	11,12,27,57,58,63,64,80,85,90,95,97,99,101,102,103,105,111,112,113,115,377,443,475,478,503,515
		19	24,91,96,224,253,254,255,256,258,478
		28	177,183,588,624
		29	67,120
		30	120,159
		31	31
		33	97,217
		35	16,48,60,63,81,349,364,527,528
		36	130,149,150,151,189,280,355
		37	381,383,390,392,394,406,407,408,412,413,426,427,432,433
		38	64,426
		39	4,22,155,156
		40	389,391,394,396,397,428,433,441,458,459,468
		43	357
		44	44,196,197,373
		45	411
		46	236,245,487,500,577,578,581,582
		47	331,654,667
		48	246,324,343
		49	109,110,144,381,540,588
南陽	南陽市	6	528,532,537,577
南洋委任統治諸島		3	18
南洋委任統治地域		16	298
南洋委任統治領		37	432,433,436,437
南闾		44	297
南嶺	ナンリン	2	525,542
		30	385
		32	559

地　名	别　称	册数	页　数
		50	248
南露		12	134
南灣		23	88,96
南オーストラリヤ州アデレード市外ステッラステップニー町	南オーストラリア州アデレード市外ステッラブニー町	40	257,276

ニ

地　名	别　称	册数	页　数
ニアル山脈		13	32
ニアル獄		27	442
新潟		5	299
		26	300,384
新瀉縣高田市南城町三丁目百三十四番地		44	261
新潟縣高田市南城町		39	372
新潟縣中魚沼郡中條村四五二番地		32	346
ニーケ		9	130,184,186,212,229
		22	142,157,160
ニースウォース街		21	497
ニースン		39	170
ニガバン		23	350
ニカラカ		19	226
ニカラカ,ニカラガ		3	402
ニカラグア國		1	172,205,240,309,349,393,417,463,483,543,555
		2	10,38,56,70
ニカラグワ		38	566
仁川		2	509
		4	422
		12	421
		42	485,491,492,493,495
		50	179,183
ニキ		22	215
ニクナウ島		25	74,145
尼港		12	135,137
		31	41
		41	70
ニコバル群島	ニコバル諸島,ニコバル	19	227,332

地名	别称	册数	页数
		22	353
		42	518
		48	215,216,393,394
ニコラエフスク	ニコライエフスク,ニコライエスク	12	61
		14	119
		43	188
		50	215
ニコリスク		11	549
ニコルスク		11	548
尼市		12	83
ニシアシベツ		25	343
西阿弗利加	西アフリカ	19	336
西印度		25	427
		36	473
西印度諸島		3	252
		10	47
西オーストラリア州ノース・ビーチ・ジョージ街		50	177
西オーストラリヤ州バース市	西オーストラリア州パース,西オーストラリア州バース市	23	440
		40	257,276
		50	185
西區川口町参拾六番地		40	117
西濠洲	西オーストラリヤ州	22	524
西島		27	178
西太平洋	西部太平洋,西太洋,西部大平洋	2	333
		5	588
		6	348,427,496
		10	275,343
		15	454,535,536,551
		16	97, 106,183,418,470,630
		17	435,436,445,446,501,513,519,520,526
		30	188
		38	54
		43	81,120
		45	459
		47	42
西田町		46	13

地名	别称	册数	页数
ニジネアール州		12	75
西橋		7	113,129,149
西半球		10	179,206,228,389
		35	12,115,193,245
		36	380,383,411,474,503
螺山		6	566
西山		6	524
水冶		7	434
二層甸子		12	153
二臺子村落		2	521,522
日光		2	675
日東帝國		6	255
二虎島		6	425,517,526
日比谷公園		5	229
		15	279
		30	296
日本	日本國,日本帝國,日本帝国,日,Japan,帝国,皇国,日本国,帝國	1	1,2,3,4,5,6,10,11,12,13,14,15,20,21,25,26,29,38,39,44,66,99,171,239,309,318,392,421,427,432,438,446,452,460,463,483,543,555,561,608
		2	37,38,54,70,79,80,81,82,84,85,86,87,108,110,112,113,115,117,118,119,120,133,134,137,138,139,142,143,146,147,148,150,163,164,165,166,167,168,175,176,177,188,199,200,206,207,212,228,230,237,245,246,247,248,250,255,257,258,260,261,262,264,265,266,267,268,269,270,272,273,274,275,277,279,283,284,285,295,296,304,305,308,309,311,313,315,316,332,333,334,336,336,337,339,340,341,353,359,360,361,362,363,365,366,374,378,379,384,386,389,392,394,395,396,397,398,399,400,402,403,404,405,406,407,408,409,410,411,413,431,432,434,435,436,441,442,443,444,445,448,449,451,452,456,457,458,459,460,461,462,463,464,465,466,467,468,469,470,471,472,473,474,475,476,477,

地名	别称	册数	页数
日本			478,479,480,481,482,483,484,485,486,487,488,489,490,491,492,493,494,495,496,497,498,499,500,501,502,503,504,505,506,507,508,509,510,511,513,514,515,516,517,518,519,520,522,523,525,526,527,528,530,531,532,533,535,536,538,539,541,542,543,544,545,546,548,549,550,552,553,554,556,557,560,567,568,569,570,571,578,579,580,584,585,588,589,590,591,592,593,594,595,597,599,600,601,602,603,604,605,606,609,610,611,612,613,615,616,617,618,619,620,621,622,623,624,627,629,630,631,632,633,634,635,636,637,638,639,640,641,642,644,645,647,648,651,652,653,654,655,662
		3	1,2,3,4,5,10,11,12,13,14,16,17,18,19,20,21,22,23,24,25,26,27,28,29,30,31,33,34,35,36,37,38,39,40,41,42,43,44,46,47,48,49,50,51,52,54,56,59,60,67,71,72,74,75,76,77,78,79,80,82,89,92,93,94,95,96,97,98,100,101,102,103,105,106,108,109,111,112,114,117,118,121,122,123,126,131,132,138,139,141,143,144,145,146,147,148,149,150,151,154,156,157,161,162,163,167,174,175,179,181,182,185,186,187,188,192,193,194,195,197,201,202,203,204,205,206,207,208,210,212,213,214,215,217,218,219,220,222,227,231,232,233,234,235,236,240,241,242,244,245,246,247,248,250,251,252,253,254,255,257,258,259,261,268,269,271,277,281,282,283,284,284,289,290,291,292,293,294,298,300,301,302,313,314,318,320,322,327,331,334,335,342,349,350,351,357,360,361,362,363,364,365,366,367,369,371,372,376,377,378,379,382,383,386,394,

地名	别称	册数	页数
日本			402,404,405,411,413,419,428,430,431,432,433,434,435,439,440,443,444,446,447,448,450,451,452,453,454,455,456,463,464,465,466,472,473,474,475,477,478,479,481,482,484,485,490,491,492,493,494,514,516,517,518,519,520,522,523,524,525,526,527,528,529,530,531,532,533,534,535,536,537,539,540,545,547,548,554,556,557,558,559,561,562,571,572,577,578,583,596,606,687
		4	94,95,96,98,99,100,467,543,546,548,549,550,551,552,597,598,599,600,601,607,618,619,620,621,622,623,624,625,626,627,629,633,637,643,651,654,660,662,665,666,667,668
		5	3,4,6,7,8,9,11,12,15,16,18,20,23,24,25,27,29,30,31,33,34,35,37,38,42,43,44,45,46,48,49,50,54,55,56,61,62,65,66,67,68,70,71,72,73,74,76,77,79,80,81,82,83,87,91,92,93,94,96,98,147,149,151,152,195,198,201,209,217,229,301,302,304,305,311,314,316,317,318,321,99,100,203,206,207,212,216,220,221,225,261,262,322,323,324,325,326,327,328,329,330,331,332,333,334,335,336,337,338,339,340,341,342,344,345,346,347,349,350,351,352,353,354,355,356,357,358,359,360,361,362,363,366,367,368,369,370,372,373,375,377,379,385,388,390,391,394,395,396,397,398,399,400,401,402,404,406,411,416,422,423,424,426,427,456,461,462,464,476,481,492,493,495,497,498,499,500,501,502,505,508,511,512,513,521,522,523,524,528,531,533,534,546,552,555,564,566,567,568,571,572,573,577,578,581,582,581,585,587,588,590,592,596,597,599,601,604,605,608,610,611,612,613,

地　名	别　称	册数	页　数
日本			614,616,619,622,624,625,626,627,628,634,639,640,642,648,649,650,654,655,656,659,662,663,665,666,667,668,669,670,672,673,674,680,681,683,684,687,688,689,693,695,699,700,701
		6	2,3,10,12,13,24,26,29,32,47,48,49,60,66,69,72,73,74,77,78,83,85,87,88,89,90,92,96,99,101,103,106,115,123,127,128,129,130,132,135,136,137,138,141,144,145,159,181,183,186,189,190,191,192,193,196,199,210,211,212,214,216,217,218,219,220,222,223,227,228,231,233,238,243,244,245,246,249,250,251,255,257,258,259,260,261,262,263,267,268,270,271,272,273,274,275,276,277,278,279,280,282,284,285,287,288,289,290,291,293,294,295,298,299,320,338,416,427,432,437,509,510,561,589,591,597,601,605,607,609,612,616,621,639,655
		7	2,8,9,11,26,39,43,54,55,57,71,74,81,93,96,97,102,103,166,169,170,173,175,176,179,183,200,202,209,212,215,216,219,220,229,233,235,238,239,244,245,246,249,250,252,253,260,264,266,269,270,275,276,277,280,281,283,284,287,293,294,295,300,301,302,337,340,341,342,343,344,345,346,347,348,359,378,388,389,429,435,437,441,445,448,450,453,454,457,458,473,474,478,492,500,504,505,507,510,511,516,517,518,525,529,531,532,533,535,537,539,540,555,556,561,569,570,575
		8	1,7,8,9,10,11,16,18,19,30,31,33,34,36,37,41,43,44,49,50,53,54,55,56,58,61,62,63,64,70,71,74,80,87,89,90,91,95,96,100,102,103,104,105,107,109,116,117,119,120,125,126,127,128,129,

地　名	别　称	册数	页　数
日本			130,131,132,134,136,137,140,148,149,150,152,154,157,158,159,160,163,229,230,231,258,262,263,264,265,268,270,271,284,287,288,292,294,295,296,305,306,307,311,314,315,324,339,341,352,354,356,368,369,393,395,396,397,402,412,414,415,418,420,429,430,434,436,437,446,447,449,453,454,458,461,465,490,495,467,476,477,478,479,480,482,483,484,485,486,487,489,490,494,495,496,497,498,499,500,501,502,503,505,506,507,508,509,510,524,525,526,527,528,529,531,532,533,534,535,538,539,542,543,544,548,549,550,553,554,558,560,561,562,568,570,577,580,581,582,583,584,585,586,588,591,594,596,597,601,603,605,607,608,613,614,615,616,618,619,624,625,627,628,632,633,634,638,640,641,642,643,644,645,646,647,649,653,656,657,658,659,660,662,663,670,671,676,678,680,696,697,700,707,708
		9	1,2,3,13,21,33,34,35,36,37,46,50,51,53,54,56,57,80,81,85,86,88,90,91,103,114,115,116,118,119,139,140,141,142,145,173,218,219,221,225,258,271,272,276,278,279,280,281,282,297,308,311,312,317,318,319,321,322,323,324,326,329,330,355,357,358,361,363,364,365,368,369,370,371,372,373,378,381,382,387,388,389,391,392,403,404,405,406,407,408,410,411,413,416,419,420,421,422,424,427,428,430,432,433,435,436,437,438,439,441,442,443,444,446,449,451,452,453,454,455,456,459,460,462,463,464,465,466,468,469,471,473,475,477,490,491,492,493,495,496,497,498,499,504,505,506,507,508,509,510,

地　名	别　称	册数	页　数
日本			512,513,521,522,533,534,543,544,545,546,548,549,550,552,553,554,555,556,558,559,560,561,562,564,565,566,567,568,573,574,575,576,580,583,587,592,593,595,596,597,598,600,606,607,608,611,612,615,621
		10	5,6,7,10,13,14,15,16,17,20,24,28,29,34,37,38,41,42,46,48,54,57,58,59,62,63,66,68,71,72,73,76,77,78,79,80,82,87,90,94,95,96,97,98,99,100,101,102,103,104,105,106,108,109,110,112,113,114,115,116,117,118,119,120,121,130,133,159,162,165,171,173,174,175,177,178,179,180,181,182,183,188,189,193,196,197,201,202,203,204,205,206,207,208,209,216,220,224,227,228,229,234,235,239,240,243,244,245,246,247,248,249,250,254,256,262,263,264,266,267,268,271,273,274,275,283,284,285,288,289,302,303,306,310,313,314,315,317,318,319,320,321,322,323,324,328,331,332,336,340,343,344,345,346,360,364,372,373,377,378,381,384,385,386,388,389,392,395,396,397,402,403,409,413,414,415,418,419,420,421,422,423,424,426,427,434,435,440,442,443,444,450,451,452,453,454,456,457,458,459,464,465,466,468,469,470,471,472,473,475,481,482,483,484,488,490,491,492,493,494,495,496,497,503,504,505,506,507,508,509,510,518,519,520,523,524,533,534,537,540,541,543,545,546,547,548,551,552,553,554,560,561,562,563,564,568,569,573,574,577,578,579,580,584,585,586,587,591,592,593,594,595,597,598,599,600,601,602,605,608,614,615,618,619,626,629,634,635,637,640,641,644,648,649,650,652,654,656,657,661,

地名	别称	册数	页数
日本			669,670,673,674,675,676,678,679,680,681
		11	2,5,6,7,13,15,16,20,28,29,31,33,34,40,42,44,46,47,50,54,55,56,57,58,59,60,61,62,63,64,65,66,67,68,69,70,71,77,80,81,82,83,86,87,88,89,90,91,93,94,96,98,104,105,106,108,109,112,113,114,115,118,119,121,123,124,125,126,128,131,138,141,144,145,146,147,148,149,151,152,153,154,155,156,157,158,159,161,162,163,165,166,167,168,170,171,172,173,174,175,176,180,181,184,185,186,190,192,193,194,195,196,197,198,200,201,210,211,212,214,215,219,220,223,225,232,233,234,236,237,241,244,246,247,250,251,257,258,259,264,265,270,271,274,275,276,277,278,279,280,281,282,283,285,286,287,292,297,298,299,300,304,305,306,311,314,315,322,326,327,328,329,333,335,336,337,348,352,356,357,358,360,367,368,369,373,374,378,379,380,381,386,387,388,389,390,392,394,395,396,398,399,400,401,406,408,409,410,411,412,414,415,417,418,419,421,422,423,425,426,427,430,433,434,435,436,440,441,442,443,444,446,447,448,449,465,467,469,471,472,473,476,477,486,487,488,490,491,492,493,495,496,497,503,516,520,525,526,527,528,529,530,531,532,533,535,536,537,538,539,540,541,542,543,544,545,546,547,548,549,550,552,553,554,555,557,558,559,567,570,572,579,582,583,584,596,597,598,599,600,606,607,609,610,611,612,613,616,617,618,625,628,633,636,637,639,658
		12	56,57,66,91,92,100,105,110,125,137,142,147,162,164,165,171,173,175,180,

地　名	别　称	册数	页　数
日本			183,184,204,206,207,217,218,220,224,230,231,233,267,269,275,302,308,333,383,384,385,387,390,391,392,393,400,404,405,409,433,437,443,452,461,462,463,464,465,466,467,468,469,470,471,472,473,474,478,483,487,492,495,503,519,520,525,528,543,544,549,554,558,562,563,566,570,571,575,577,579,580,582,583,584,589,590,591,593,594,595,596,597,598,599,603,605,606,608,609,610,611,612,613,614,615,616,619,622,625,628,634
		13	1,6,16,28,34,35,36,38,45,53,60,62,64,66,67,69,70,71,73,74,75,78,79,80,81,82,83,84,93,95,96,104,105,106,107,108,113,114,119,127,128,129,131,132,133,135,140,148,149,153,154,163,171,177,178,179,180,181,183,184,185,187,188,189,190,191,192,193,194,195,196,200,201,202,204,205,206,207,208,209,217,218,219,222,223,224,225,230,231,236,237,238,242,243,244,249,251,252,254,255,263,266,267,269,270,271,272,274,277,278,275,285,286,287,288,289,301,302,304,305,306,307,308,314,315,319,320,324,325,326,330,348,349,352,356,369,370,371,372,373,374,375,376,377,381,382,387,389,390,391,397,399,402,403,407,408,409,410,411,412,415,419,420,431,438,439,443,444,447,448,449,460,465,473,480,482,500,501,502,507,512,515,523,524,527,528,530,531,549,551,555,578,580,581,586,589,591,606,608,610,612,616,620,621,643,646,648,652,653,654,655,656,663,664,665,666,667,668,669,672,559
		14	1,2,3,4,5,6,7,8,9,10,12,13,14,16,19,21,23,24,45,46,63,67,69,71,74,75,78,

地名	别称	册数	页数
日本			80,81,86,87,92,93,97,99,109,113,114,121,123,124,127,128,129,130,132,133,134,136,140,141,142,143,144,147,148,157,163,164,165,173,174,175,176,177,180,181,182,204,213,214,216,220,221,222,223,225,226,227,230,233,235,237,239,240,245,248,253,254,257,260,262,263,264,265,266,268,269,272,277,278,279,284,285,286,288,291,294,295,296,299,300,301,307,317,319,320,321,322,323,324,326,327,328,329,330,331,332,333,335,336,338,340,341,343,344,345,347,349,350,357,375,376,378,382,384,385,387,409,410,411,412,413,417,424,425,427,434,435,436,437,455,459,463,470,473,475,485,487,488,489,490,491,492,499,500,501,502,503,505,506,507,508,511,512,514,520,545,548,572,573,593,634,635,636,637,638,639,640,641,642
		15	1,2,4,25,28,29,30,31,33,34,35,36,37,38,39,40,41,42,43,44,46,47,48,49,50,51,52,55,73,78,79,82,83,84,88,89,90,91,92,93,94,95,96,97,99,100,105,319,325,329,330,334,335,336,338,339,344,347,355,373,385,386,387,388,390,395,421,436,437,438,442,443,444,449,452,453,454,455,456,457,460,473,474,475,477,478,479,482,487,488,490,491,503,504,506,510,516,517,518,519,520,521,527,529,533,534,535,536,537,540,542,545,546,547,549,550,551,559,564,565,566,570,573,577,578,581,582,584,585,586,588,590,591,593,597,600,602,604,605,606,607,608,609,610,611,612,613,615,618,619,622,623,626,627
		16	3,5,6,8,11,12,13,18,19,23,24,25,28,30,34,37,41,42,43,45,47,48,53,54,61,

地名	别称	册数	页数
日本			69,71,75,76,79,81,83,84,85,88,89,91,93,95,96,101,102,105,111,112,113,114,119,120,121,122,123,127,128,129,130,131,132,133,134,135,139,141,142,143,145,151,153,154,155,156,165,168,169,170,171,172,173,174,176,181,182,183,184,185,186,187,189,190,191,195,196,198,199,200,204,208,211,212,215,216,217,218,219,220,224,225,228,229,230,231,233,238,240,242,245,246,247,249,250,251,252,254,255,256,260,261,262,266,267,268,269,270,271,272,273,275,276,281,283,285,287,290,291,292,293,295,296,297,298,299,300,301,302,303,304,305,306,307,308,309,310,311,316,318,321,322,326,327,328,329,330,333,334,335,336,337,339,340,341,342,343,346,349,354,356,357,360,361,362,363,364,365,366,367,372,373,376,379,384,388,391,392,393,396,398,401,408,409,410,411,414,416,417,418,419,420,421,425,426,427,430,431,434,437,438,439,443,444,445,449,451,453,454,455,456,458,459,460,461,462,464,469,470,471,473,474,475,476,477,478,479,482,483,484,485,486,487,488,490,491,496,497,498,501,502,503,505,507,508,509,510,511,513,514,516,518,520,521,523,524,525,526,529,530,531,532,533,534,535,536,537,539,540,547,548,552,553,558,559,561,562,568,584,585,586,587,588,589,590,591,592,593,594,595,596,597,601,602,603,604,605,607,608,609,610,611,612,613,614,615,616,617,618,619,620,621,622,624,625,626,627,628,629,630,631,632,633,634,635
		17	9,11,21,25,31,33,38,39,45,47,50,52,56,61,66,71,77,78,93,97,98,103,126,129,131,142,143,145,148,151,153,154,

地名	别称	册数	页数
日本			157,162,164,171,174,175,179,180,181,184,188,189,199,200,201,202,203,204,205,206,208,214,215,218,221,225,227,228,229,230,237,239,240,245,247,252,254,255,256,258,260,263,264,265,266,267,269,270,271,272,273,275,278,282,292,295,297,304,307,308,309,313,323,324,325,334,336,338,350,360,363,365,368,371,376,377,393,394,395,403,407,408,425,427,430,432,438,447,450,452,453,455,456,463,464,466,473,474,475,478,489,490,491,492,493,494,495,496,497,498,499,500,501,502,503,504,505,506,507,508,509,510,511,512,513,514,515,516,517,518,519,520,521,523,524,525,526,527,528,529,530,531,532,533,534,535,537,538,539,540,541,542,544,545,547,548,549,550,551,552,553,555,556,557,560,561,562,563,566,569,571,572,573,574,575,578,579,580,582,583,585
		18	1,2,4,5,6,7,8,9,10,12,13,14,15,16,17,18,25,26,27,33,36,37,38,42,43,78,89,122,125,127,128,129,131,133,147,148,151,153,167,169,171,173,187,197,199,201,203,204,205,208,210,211,213,214,215,217,219,220,221,222,224,225,236,237,245,247,248,249,250,252,253,254,256,258,259,260,261,262,264,265,267,268,269,270,271,276,281,286,290,291,296,298,309,310,319,320,321,323,324,325,326,328,329,330,332,340,344,345,346,348,349,350,355,360,369,371,373,375,376,377,378,382,383,385,386,392,393,398,401,402,403,404,411,417,436,443,451,452,456,457,458,459,461,462,467,470,472,473,477,478,479,480,483,487,488,489,490,491,492,493,494,

地　名	别　称	册数	页　数
日本			496,497,499,501,502,503,505,506,508,509,510,511,513,514,515,518,525,526,530,531
		19	1,2,5,6,7,9,13,14,16,17,18,19,20,21,23,24,25,26,27,28,29,31,32,33,34,35,36,39,40,41,42,43,46,47,48,49,50,51,52,53,54,56,58,59,60,61,63,65,66,67,68,69,70,71,72,73,75,76,77,79,80,81,84,86,87,90,91,93,95,96,99,100,102,107,109,111,112,116,117,120,119,123,124,125,128,130,132,133,134,135,136,140,143,144,145,146,153,159,162,168,172,173,174,175,176,179,184,189,190,197,233,234,243,247,249,253,254,255,261,265,268,270,271,272,273,276,278,279,291,292,297,298,302,303,304,307,308,310,311,316,318,326,329,332,333,337,338,358,359,360,362,363,366,370,371,372,373,374,376,377,378,379,380,381,382,383,384,385,386,387,390,391,392,393,394,395,396,402,407,409,410,414,420,421,422,423,429,430,431,432,433,438,439,440,441,442,443,444,445,448,449,450,454,455,456,457,458,460,461,463,464,467,469,470,473,474,478
		20	51,53,55,57,63,76,104,111,113,123,133,141,148,187,194,207,217,225,232,239,247,255,256,272,279,282,293,308,311,313,314,315,325,329,350,367,371,382,383,394,400,401,410,413,414,415,427,433
		21	12,13,27,33,34,48,54,68,70,110,111,117,118,120,125,126,127,129,131,138,139,146,147,149,151,152,165,166,169,176,191,194,195,196,197,198,199,200,202,206,207,210,211,213,215,216,217,218,220,222,223,224,225,226,228,229,231,232,233,234,235,237,239,240,241,

地名	别称	册数	页数
日本			243,244,245,246,247,248,249,250,252,253,254,255,257,260,275,284,286,296,297,302,318,319,327,328,329,331,334,337,338,341,360,361,362,384,387,389,391,392,393,397,398,400,402,403,405,408,410,411,412,413,414,415,416,420,421,437,439,454,461,483,487,488,502,503,504,506,508
		22	60,61,62,373,476,483,488,494,496,504,522,523,524,525,529,531,542,549,551,554
		23	1,2,3,8,10,14,18,19,20,21,22,28,29,47,69,71,72,74,75,76,93,97,129,144,145,169,170,171,173,180,182,183,185,227,231,232,238,241,245,251,253,262,268,277,296,309,311,315,320,326,329,330,332,336,337,340,343,359,367,372,374,375,383,387,401,402,417,424,434,436,442,446,457,458,464,465,473,475,482,493,495,496,508,510,512,516,518,520,521,540,555,587,591,607,615,619,628,629,640,646
		24	31,54,62,74,79,80,82,83,84,85,86,87,88,89,90,91,93,94,96,98,99,101,102,104,105,106,108,110,111,112,115,117,122,123,127,129,130,131,135,147,148,154,159,163,178,192,196,203,211,214,219,227,228,238,263,264,265,269,293,308,309,314,323,338,344,355,364,365,390,392,402,408,409,418,424,432,439,441,452,458,466,470,472,477,521,526,527,528,532,533,534,535,537,541,551,555,557,558,560,567,568,570,571,572,590,602,604,606,607,608,639,650
		25	10,13,32,35,37,45,48,54,66,70,90,118,127,148,158,169,174,175,179,186,206,214,220,229,231,232,233,241,242,254,255,256,257,258,259,261,267,278,

地名	别称	册数	页数
日本			279,280,282,291,292,296,297,311,317,320,330,332,337,338,363,383,406,408,412,416,418,420,425,429,435,441,448,451,452,456,472,473,478,479,480,482,490,493,494,496,498,502,503,504,506,507,509,511,512,514,519,528,529,531,532,534,539
		26	63,80,94,107,108,109,110,111,115,117,118,126,127,160,221,227,233,235,253,257,258,260,265,276,278,285,288,300,301,303,305,323,330,331,334,363,366,368,374,378,389,402,418,420,426,431,447,504,505,511,515,518,520,521,523,527,535,559,561,565,568,575,580,595,601,621,623,625,626,628,632,634,635,636,644,645,646,652,655,656,658,661,667
		27	1,3,4,6,8,10,17,23,26,27,28,29,38,41,42,43,59,65,67,69,79,82,85,86,87,92,93,95,97,99,102,104,106,108,111,112,114,116,118,120,141,149,207,210,245,248,249,267,269,271,272,273,276,278,280,281,282,285,286,287,293,297,306,310,334,346,347,348,349,352,360,362,378,380,385,395,396,397,398,400,401,402,403,404,406,419,421,432,480,481,488,450,507,537,538,539,542,563,566,567,583,586,587,593,594,605,613,614,617,619,621,625,627,628,629,630,632,633,634,635,680,685,689
		28	7,10,11,12,13,14,15,30,47,49,50,53,54,55,58,60,62,64,65,68,69,78,87,88,89,91,98,99,109,111,112,116,120,121,122,123,124,131,132,133,134,135,137,139,140,142,143,144,145,146,147,148,149,150,151,152,153,154,155,156,157,159,163,163,165,166,167,168,169,170,172,173,175,176,177,182,183,184,186,

地　　名	别　　称	册数	页　　数
日本			191,194,195,196,198,199,206,207,209,210,211,212,213,219,220,221,222,223,224,225,227,228,231,232,239,240,242,243,246,247,249,250,251,252,254,256,257,258,259,272,275,282,289,290,291,292,294,295,298,301,304,305,306,307,312,313,319,324,327,328,332,334,335,336,338,339,340,341,342,343,346,347,353,367,388,389,393,395,407,408,409,411,415,416,419,420,421,422,426,431,432,433,434,435,436,437,438,439,443,444,452,454,460,462,470,472,475,479,482,483,485,489,491,492,493,495,496,500,501,502,503,505,506,507,508,509,510,511,512,513,514,515,516,517,521,522,523,524,525,526,527,528,530,531,532,533,534,535,536,537,538,539,540,541,542,543,544,545,546,554,555,556,557,558,559,560,564,565,566,567,568,569,570,571,572,574,575,579,581,583,584,587,588,589,591,592,594,596,597,598,604,605,606,607,611,612,618,620,622,623,624,625,626,629,631,632,633,635
		29	4,5,6,7,8,9,10,11,13,14,18,19,31,33,36,45,47,55,58,60,68,69,71,72,75,77,83,90,109,115,135,139,140,142,143,146,147,148,150,152,154,158,159,164,165,166,167,168,169,171,172,175,195,196,200,201,202,204,205,209,214,216,217,219,220,222,223,224,225,226,227,230,231,291,292,293,294,295,296,297,298,299,301,303,304,305,306,307,308,309,310,314,315,316,317,319,320,324,325,326,327,334,343,363,370,371,373,374,377,379,382,386,388,390,392,394,396,397,398,399,402,404,405,407,410,412,417,418,419,422,423,424,427,428,

地名	别称	册数	页数
日本			429,430,432,433,434,435,436,437,438,439,440,441,442,443,444,445,446,447,448,449,450,451,453,455,457,461,516,517,518,519,520,521,572,582,583,604,606,612,613,627,628
		30	9,13,14,15,21,22,23,24,26,28,29,34,35,45,47,48,49,51,53,56,61,62,63,65,69,72,73,75,85,115,117,127,128,136,139,145,151,153,154,155,156,157,158,164,166,171,181,182,185,187,188,189,190,191,234,238,239,240,246,249,252,253,255,257,258,259,260,261,266,284,285,286,287,291,294,295,298,300,301,302,304,305,306,307,308,310,311,313,315,317,320,322,331,334,338,353,355,356,357,360,361,362,364,365,373,386,388,404,422,424,425,429,430,431,454,466,468,469,471,472,473,474,479,480,481,482,483,484,488,489,490,491,492,495,507,510,512,516,517,521,523,524,529,536,537,566,578,581,582
		31	2,3,4,5,7,8,10,11,12,13,14,15,23,24,25,27,28,30,39,40,45,49,50,51,64,66,68,69,71,72,73,80,82,86,90,93,94,95,96,165,166,175,181,183,184,185,189,196,197,198,199,201,203,204,207,208,216,223,225,278,309,330,331,332,333,341,361,362,365,366,378,392,395,397,423,425,426,429,430,432,439,440,441,442,443,444,445,446,447,448,449,450,451,452,454,455,456,457,458,459,460,466,469,474,476,478,481,493,494,495,498,508,513,518,524,529,533,534,536,542,544,545,546,547,549,550,551,554,557,562,563,564,567,569,571,572,578,582,583,584,586,587,593,594,596,600,605,606,610,611,612,613,622,624,625,626,627,628,629,631

地　　名	别　　称	册数	页　　数
日本		32	9,21,22,23,25,27,28,30,33,36,41,42,43,44,45,46,47,50,52,54,55,59,67,68,69,97,98,99,101,102,103,105,106,108,113,114,115,116,117,120,121,122,124,127,128,129,134,135,136,137,139,140,141,142,144,145,146,147,149,150,151,152,155,156,157,159,166,167,180,183,184,190,216,217,218,219,220,223,224,225,228,229,242,243,245,247,248,262,264,267,304,306,310,311,326,352,353,365,377,388,389,430,434,435,480,481,482,497,508,509,510,511,512,513,520,521,525,528,536,537,539,540,542,546,550,552,553,555,556,566,567,568,569
		33	2,3,4,5,6,7,8,9,10,11,12,17,18,19,20,22,23,24,25,26,29,30,31,32,33,34,35,36,37,39,40,41,42,44,45,46,47,48,50,51,52,53,54,55,56,57,60,62,63,64,65,66,67,70,71,73,74,75,76,77,78,79,80,81,82,83,84,85,86,90,92,94,95,96,97,98,102,103,104,105,106,107,108,109,110,112,113,114,119,120,125,126,130,131,132,136,137,138,139,140,141,148,149,150,151,152,162,166,169,186,189,190,191,193,194,195,196,204,211,212,213,216,217,231,232,237,238,239,240,241,242,243,244,246,247,248,249,250,251,252,253,254,255,256,257,258,259,260,261,262,263,272,281,282,294,295,297,298,303,306,307,315,333,336,339,345,350,354,355,356,357,358,359,361,363,366,367,369,370,371,397,372,374,375,382,383,384,385,386,390,391,393,394,395,396,401,404,411,412,414,419,425,428,432,435,436,437,439,440,441,442,444,445,448,449,450,451,452,454,457,462,463,464

地　名	别　称	册数	页　数
日本		34	17,25,32,35,36,37,38,44,45,46,47,48,49,51,61,62,86,91,94,98,104,105,106,107,108,109,110,113,114,116,118,119,123,146,150,153,154,155,158,159,161,162,164,166,167,168,169,170,171,172,174,178,180,181,183,186,192,194,208,217,218,221,234,241,244,245,246,265,268,269,270,278,279,283,287,294,298,301,302,303,307,308,309,310,311,312,313,318,319,333,342,344,345,350,352,354,355,364,367,372,382,383,384,390,391,407,416,417,423,432,433,434,435,437,439,440,441,442,443,444,445,447,448,450,451,452,454,455,456,457,461,464,468,473,475,478,482,483,484,486,487,488,489,494,495,498,499,500,501,502,505,506,508,509,510,512
		35	3,4,11,12,13,14,15,16,17,18,19,20,21,22,23,24,25,26,27,28,30,31,34,35,36,37,38,39,40,41,43,44,45,47,48,49,50,52,53,54,55,56,59,61,62,63,64,65,67,71,73,76,77,80,81,82,83,86,88,91,93,94,96,97,98,99,100,101,102,103,105,110,11,112,114,116,117,119,120,121,122,123,124,126,129,130,131,132,133,134,136,138,139,140,143,144,145,146,147,152,156,160,161,162,163,165,166,167,168,169,171,173,174,175,176,178,180,181,182,183,184,186,187,188,189,190,192,193,194,195,200,201,202,203,204,205,206,207,208,209,210,211,212,213,214,215,216,217,218,219,221,222,224,225,226,227,228,229,230,231,232,233,239,244,245,249,250,251,257,259,260,274,282,283,284,287,289,292,293,294,295,296,299,300,301,303,305,306,307,310,314,326,343,344,346,347,349,350,351,352,354,359,360,364,368,

地　名	别　称	册数	页　数
日本			395,441,480,481,482,484,486,487,491,501,502,503,505
		36	11,12,13,14,15,16,17,18,19,26,27,35,39,40,43,44,48,52,54,105,106,107,110,111,112,113,114,115,116,117,118,119,120,122,124,125,126,127,128,130,131,132,133,136,137,139,140,141,142,143,145,149,150,151,152,154,155,156,157,159,160,161,162,163,166,167,168,169,170,171,189,190,191,193,194,195,196,197,200,200,201,202,203,204,205,206,207,208,209,210,212,217,218,219,220,222,223,224,226,227,229,230,231,232,233,234,235,236,237,238,240,241,242,243,244,245,246,247,248,250,251,252,253,254,255,256,257,258,259,260,261,262,263,264,265,266,267,268,269,270,271,272,273,274,275,276,277,278,280,281,282,283,284,285,286,289,290,291,292,294,295,296,297,298,299,300,301,302,303,306,307,308,309,311,312,313,314,315,316,317,318,319,323,324,325,326,329,343,346,356,357,369,374,375,401,402,403,420,422,423,424,427,431,432,433,434,436,437,438,439,440,441,444,447,448,451,452,453,454,455,456,457,459,460,461,462,463,464,465,466,467,468,470,473,474,476,479,480,481,482,483,484,487,489,490,491,492,493,494,495,496,497,498,500,501,505,506,507,508,509,510,511,512,513,514,515,516,517,518,520,521,522,523,524,525,527,529,531,532,535,536,537,539,541,542,543,544,546,547,548,549,550,552,553,554,555,557,558,559,560,562,563,564,565,567,569,570,571
		37	1,2,3,4,5,6,7,8,9,10,12,13,14,15,16,17,18,19,21,22,23,24,26,27,28,31,32,

地　名	别　称	册数	页　数
日本			33,34,35,38,40,43,44,45,47,48,49,51,52,53,54,55,56,57,58,59,60,61,64,65,66,67,68,69,70,71,72,73,74,75,77,78,79,80,84,85,86,87,88,89,90,91,92,93,94,95,96,97,98,99,100,101,102,103,104,106,107,110,111,114,115,117,119,120,121,123,124,125,126,127,128,130,131,132,133,134,135,136,137,138,140,141,142,143,145,146,147,150,151,152,153,154,155,156,157,158,159,160,161,162,163,165,166,168,169,170,172,174,176,177,178,179,180,185,186,187,188,189,190,191,192,193,195,196,201,202,203,205,206,230,231,245,248,257,258,259,260,261,262,264,267,269,274,277,278,281,282,283,285,294,300,313,319,320,328,331,332,348,376,381,382,390,392,400,411,412,413,418,433,436,437,459,464,465,466,467,468,469,470,472,473,474,475,476,477,518,519,525,528
		38	3,4,5,15,16,17,18,23,24,25,27,32,35,36,37,39,44,54,71,72,78,79,80,81,82,83,84,85,86,87,88,89,91,92,93,94,95,96,97,101,105,106,107,109,110,111,112,113,114,115,116,118,119,120,122,123,124,125,126,127,128,129,130,132,134,136,137,138,139,140,141,142,143,144,145,146,147,148,149,150,152,153,154,155,156,157,158,159,160,161,162,163,164,165,166,167,170,171,173,174,175,177,181,182,183,186,188,197,199,201,202,205,208,209,215,216,223,233,236,237,238,240,243,244,246,250,251,252,253,254,257,259,260,262,267,268,269,271,280,281,282,283,285,288,290,292,302,303,304,307,308,310,311,312,313,314,315,316,317,318,320,323,325,326,329,330,332,334,335,336,338,340,

地　名	别　称	册数	页　数
日本			341,343,345,349,350,355,357,374,379,382,383,387,388,389,393,394,396,397,398,400,405,406,407,408,409,410,411,412,426,430,431,433,435,437,438,439,446,447,448,452,453,454,455,456,457,460,462,467,468,469,470,473,475,499,500,509,510,511,512,513,514,516,520,521,522,524,525,535,536,539,546,547,548,552,555,561,562,565,566,567,588
		39	5,6,7,27,30,34,76,89,97,100,102,103,108,110,115,117,119,120,143,144,156,157,168,170,171,172,178,179,182,188,196,200,214,215,216,223,225,239,246,253,260,278,310,316,325,329,341,343,347,349,355,357,386,388,389,393,406,410,417,419,446,447
		40	9,10,12,14,15,17,18,20,22,27,28,37,38,42,67,68,70,71,75,87,113,135,140,168,184,211,220,227,229,232,242,243,246,282,285,293,299,300,301,317,322,327,335,336,337,338,343,349,350,351,352,353,355,356,357,358,359,360,361,362,363,364,365,366,367,368,369,370,371,372,373,375,384,385,386,387,388,389,391,392,393,394,396,397,399,400,403,405,406,407,410,411,413,414,415,416,418,419,420,421,422,424,425,426,427,428,431,432,433,434,435,441,442,443,446,447,450,451,452,453,454,455,456,457,458,461,464,466,467,468,470,471,472,478,480,485,513,515,523
		41	12,18,19,20,21,29,32,33,34,35,36,37,40,41,42,43,46,47,48,49,57,64,65,70,71,72,75,78,84,85,86,88,89,90,94,95,96,99,100,101,102,108,121,127,128,134,135,137,150,151,153,154,159,160,161,162,176,178,203,207,209,210,215,216,217,222,223,225,226,227,228,229,

地　名	别　称	册数	页　数
日本			230,231,232,233,234,235,236,237,238,253,272,281,283,309,317,318,319,323,324,337,338,343,349,350,365,369,370,380,386,389,390,394,395,400,403,410,411,412,415,416,418,421,435,437,447,438,439,443,453,463,486,489,490
		42	3,4,6,7,9,11,12,13,14,15,16,17,19,20,21,22,23,24,25,26,27,28,30,31,35,44,46,49,50,51,57,63,64,65,71,73,74,75,79,80,81,86,87,90,94,96,97,98,103,104,105,107,108,111,112,113,115,116,117,118,119,120,122,125,126,127,128,130,131,132,136,138,139,140,141,143,144,145,146,147,152,153,154,156,157,161,164,168,170,171,174,175,176,177,178,179,180,181,183,184,188,190,191,192,198,207,208,211,212,213,214,215,216,217,218,219,227,228,229,230,231,233,235,236,237,241,249,251,253,254,255,261,262,263,264,265,267,269,271,274,275,286,287,288,289,290,293,294,303,304,305,313,319,320,321,323,326,330,333,337,339,340,341,343,345,347,350,351,352,353,364,369,370,371,376,384,385,386,388,393,395,401,403,406,407,409,410,411,425,432,438,440,441,442,445,474,475,476,486,494,496,506,507,512,527,530,541,553,554,556,562,565,566,567,568,570,571,574,579,580,581,582,583,585,586,587,589,590,592,593,595,596,597,598,599,600,601,602,603,604,605,606,607,608,609,610,611,612,613,618,619
		43	2,13,21,22,23,26,27,29,30,34,41,47,48,52,62,66,68,75,76,80,81,82,83,87,90,91,101,103,104,105,106,108,109,110,114,115,116,117,118,119,120,121,122,123,124,125,126,127,131,132,133,

地名	别称	册数	页数
日本			159,169,170,171,172,173,174,181,188,193,200,204,207,208,210,211,212,213,232,237,255,268,281,282,283,286,287,288,289,290,297,300,305,315,323,326,327,328,331,332,333,334,337,338,339,340,342,344,345,348,349,350,351,352,353,354,355,356,357,358,360,363,365,368,370,373,375,376,377,379,380,382,385,388,389,391,392,395,396,397,398,401,402,404,405,414,415,416,420,422,423,424,427,431,435,437,445,448,449,453,454,464,471,477,484,498,501,503,517,521,529,530,545,546,547,561,563,564,566,568,573,575
		44	4,213,263,327,333,334,337,339,341,347,357,359,362,363,369,371,372,378,380,387,405,414,415,416,417,419,427,436,443,449,458,459,471,472,479,480,486,498,499,501,524,529,552,553,554,555,556,561,562,566,569,573,574,576,577,581,582,583,585,586,587,588,589,590,591,592,593,596,601,602
		45	28,68,78,90,107,127,130,143,161,165,170,171,173,174,176,177,178,190,191,193,194,195,200,203,204,205,206,210,211,212,213,214,231,246,247,263,264,265,266,269,271,272,273,275,282,283,286,287,292,294,298,301,315,319,320,321,323,324,326,327,328,332,335,342,343,345,350,397,398,401,402,403,416,418,424,425,434,435,436,442,446,447,449,452,453,454,455,456,459,460,462,463,468,499,518,530,531,533,534,536
		46	5,6,7,17,23,24,25,29,30,31,35,36,37,38,39,40,41,42,43,52,54,55,56,60,61,65,72,73,80,84,85,86,96,97,98,99,100,101,102,103,104,105,115,116,117,119,120,124,125,126,129,130,131,134,

地　名	别　称	册数	页　数
日本			140,141,142,145,146,155,156,158,159,160,161,162,163,164,166,168,169,170,171,172,174,175,176,177,178,179,180,182,184,186,187,188,189,191,192,193,194,195,197,198,199,200,201,203,204,205,221,223,224,225,230,232,233,235,236,237,238,239,241,243,244,245,246,248,249,257,258,285,289,290,294,303,304,325,330,341,348,351,352,353,364,370,372,373,377,382,383,386,389,391,392,394,396,397,398,399,401,403,404,415,424,425,431,432,433,438,449,450,452,476,477,478,479,480,481,485,486,490,499,500,507,508,509,528,577,580,581,582,583,585,588,589,591,604,609,612
		47	9,18,20,22,23,26,27,28,30,33,34,35,36,37,39,47,49,50,51,52,53,56,57,58,59,60,64,66,71,74,75,77,80,81,82,86,87,96,111,120,123,125,126,145,146,147,148,149,151,152,153,154,155,156,157,158,159,162,163,167,169,170,171,172,173,174,177,178,179,180,181,182,183,184,185,186,187,188,189,190,191,192,193,199,202,203,224,230,231,234,235,236,237,240,242,243,244,245,247,248,249,252,253,254,255,256,257,258,259,260,261,266,271,272,273,274,276,277,285,286,287,289,290,291,292,293,294,295,296,301,302,303,304,307,308,309,311,313,314,316,317,320,321,322,323,324,325,326,327,331,333,334,336,337,338,339,340,341,342,343,344,345,346,350,354,354,355,357,360,364,366,368,369,372,373,374,376,377,387,388,389,391,392,400,401,402,403,408,420,421,422,423,424,428,429,430,435,439,440,441,445,446,451,452,456,458,459,

地名	别称	册数	页数
日本			461,462,467,477,478,483,484,486,495,509,515,524,526,533,541,544,563,564,566,567,568,569,571,572,574,575,577,578,581,582,584,585,586,587,588,590,592,593,594,595,596,597,598,599,600,601,603,605,606,607,609,610,611,612,613,614,615,616,617,618,619,620,621,622,623,624,625,626,627,628,629,630,631,632,635,636,639,640,645,647,649,651,652,653,654,655,657,658,659,661,662,663,664,666,667,668,669,670,674,675,676,677,678,679,680,682,683,685,688,689,691,696,697,699,700,701,703,706,708,709,710,711,720
		48	11,20,23,24,25,26,27,28,29,30,31,32,33,34,35,36,37,39,40,41,43,44,45,46,47,49,51,52,54,55,56,58,59,62,63,65,66,67,68,69,70,71,72,73,74,75,76,77,79,80,81,82,84,87,88,89,90,91,92,93,94,96,97,98,102,103,104,115,116,120,124,127,128,132,133,134,136,137,139,140,141,142,143,145,147,149,156,167,170,171,173,174,175,177,180,181,190,191,194,199,201,204,208,209,212,213,215,217,218,219,220,221,223,224,227,228,230,231,233,240,243,244,246,250,251,254,257,258,259,260,261,262,265,266,267,269,270,271,277,278,293,294,306,324,325,326,327,328,330,332,337,347,348,350,352,353,354,355,360,365,366,367,368,369,371,372,373,378,379,380,381,382,384,386,387,388,395,401,405,406,414,418,419,422,424,425,428,429,432,433,434,436,438,439
		49	16,28,30,39,48,52,78,79,80,81,82,83,84,85,86,87,88,89,90,91,92,93,95,96,97,98, 99, 100, 101, 102, 103, 104, 105,106,107,108,109,110,111,112,113,114,

地名	别称	册数	页数
日本			115,116,117,118,119,120,121,122,123,124,125,126,127,128,129,130,131,132,133,134,135,136,137,138,139,140,141,142,145,146,148,149,152,154,155,156,157,158,159,160,161,162,163,164,165,166,167,168,169,170,171,173,174,175,176,177,178,179,180,181,182,183,184,185,186,187,188,190,191,192,193,194,195,196,197,198,199,200,201,202,203,204,205,206,207,208,209,210,211,212,213,214,215,216,217,218,219,220,221,222,226,231,236,241,244,254,255,257,259,261,262,264,267,268,269,271,272,291,292,297,302,320,321,343,346,347,348,351,352,356,357,359,360,361,362,363,364,365,366,370,380,382,384,385,386,389,393,398,399,400,401,402,403,404,405,406,407,408,415,416,418,419,422,438,442,443,444,446,447,449,451,452,454,457,458,460,466,470,471,472,475,477,479,482,483,486,487,488,489,490,501,508,511,512,513,514,515,516,517,518,521,525,531,533,534,535,539,540,544,549,550,553,554,559,560,561,562,571,572,573,574,577,578,579,583,584,587,588,589,590,591,592,595,598,600,601,603,605,608,609,610,612,614,615,616,619,622,625
		50	1,2,4,5,8,9,10,11,12,13,15,16,17,20,21,22,23,39,50,52,55,62,63,64,65,66,69,72,77,78,79,84,86,88,93,94,95,96,97,98,113,114,119,166,168,170,171,177,180,181,183,190,197,198,199,206,207,227,228,229,241,242,243,244,247,251,252,253,254,255,257,268,273,279,283,285,289,291,334,335,336,337,344,346,348,349,350,351,352,355,356,357,358,359,360,361,362,367,368,369,370,

地　　名	别　　称	册数	页　　数
日本			371,373,374,378,392,394,403,404,407,409,410,442,443,444,448,453,458,467,468,473,484,485,486,487,488,489,490,491,492,493,496,498,511,515,516,522,532,544,545,547,549,550,551,573,579,587,588,592
日本海		2	82,478
		10	443
		14	2,5,6
		18	303,350
		29	90,311
		34	243
		49	144
		50	282
日本人居留地		32	156
日本人墓地		49	370
日本青年館大講堂		5	416
日本総領事館		18	15
日本租界		32	427,428,430,432,436,445
日本体育協会運動場		49	370
日本列島		28	162,174,492
ニヤトラン		11	307,333,363,365,493
ニュー・ギニイ		20	47
ニュー・サウス・ウェールズ	ニュース・サウス・ウェールス州,ニューサウス・ウェールス洲,新南ウェールス	21	316,318,331,453,505,507
		22	111
		25	511
ニュー・サウス・ウェールズ州カトームバ・ゴイダトアヴェニュー		23	133
ニュー・ヨーク州・ロング・アイランド・クイーンズ・ヴィレッヂ 九四番街二一一一四七番地		50	52
ニュー・ワシントン		20	229,230
ニューアイルランド		13	534
		19	224
ニューカッスル		13	540

地　名	别　称	册数	页　数
ニューカレドニア	ニューカレドニヤ,ニュートカレトニア	10	181,243,267
		11	648
		34	185
		36	434
		40	391
		46	588
ニューカレドニヤ諸島		19	224
ニューギニア	ニューギニヤ,ニューギニア島,ニューギニヤ島,ニーギニーア島	9	166,201
		10	243,267
		11	648
		13	368,396,402,525,526,527,528,535,551
		18	56,92,189,375
		19	25,52,92,216,224,264,347,258,264
		20	1
		23	335,512
		24	575,580,583,588,590,597,606,612,614,616,625,630,639
		25	47,197
		27	130,387
		34	185,186
		36	151
		39	16,22,24,82,112,197,203
		40	263,264,282,283
		41	259
		43	450
		48	437
		49	113
ニュウギニヤ街		24	45
ニューサウス・ウェルス・アルベリイ		23	174
ニュウサウスウェールス		24	247,526,532,588
ニューサウスウェールス州	ニュー・サウス・ウェールズ州	22	17,22,125,250
ニュウサウスウェールス州カワラ町		40	258,276
ニュウサウスウェールス州ベクスリイ町		40	258,277
ニュージャージ州		27	420

地　名	别　称	册数	页　数
ニュウジョジア		25	78
新西蘭	ニュー・ジーランド,ニュージーランド,紐西蘭,新,ニユーヂランド,紐絲綸,ニュー・ジーランド自治領,ニュー・ジランド,ニュージランド	1	15,19,20,25,53,309,317,321,463,464,482,543
		2	5,33,49,66,76,122,156,172,227,228,332
		3	137,396,554,556,669
		5	583
		9	245
		10	112,181,243,249,346
		11	48,211,595,597,598,622,648
		13	417
		16	583,600
		17	392
		19	225,264
		21	273,275,277,389,417,437
		23	1,3
		24	107,567
		25	51,532,534
		26	246
		27	4
		28	195,197,198,239,578
		29	139,334,382,386,395,402,416,420,605
		31	31
		35	60,116
		36	131,165,319
		39	29
		40	391,392
		46	499,500,501,503,507,508,509,555,559,566,594,596
		47	310
		48	86,124,131,244,262,265,272,276,277
		49	116
ニューステッド		22	316
ニューハンプシャー		35	24
ニューフアウンドランド		29	258
ニューブリテン	ニュブリテン	18	56
		19	224
		25	15
		39	59

地名	别称	册数	页数
ニューブリテン島		25	1,48,52
ニューベッドホード		21	128
ニューヘブライス群島		19	224
ニューメキシコ		25	529
ニューヨーク			参见：紐育
紐育	ニューヨーク,ニューヨーク市,ニューヨーク州,紐,紐育州	2	406
		7	5
		10	223
		15	391,392,396,399,400,401,403,526
		16	583,598,599
		17	448,449
		19	4,13
		22	311
		27	238
		28	336,339,353
		30	139,170,171
		31	437
		33	154,251
		35	176,177
		36	170
		42	147
		45	173,175,177,178
		46	366
		47	157
		50	294,319
ニューヨーク・アルベン州・エリコット街RFD一号		25	286
ニューヨーク・東五十二番街一二九番地	ニューユーク・東五十二番街一二九番地	30	47,55,64
ニューヨーク州ニューヨーク市二十区アヴェニュー・オブ・アメリカズ一二七〇番地		25	261
ニュールンベルグ	Nurnberg,ニュールムベルク,ユールンベルク,ヌールンベルク,ユールンベルグ,ニュールンベルク,ニュールムベルク	9	348,350,479,480,483,622
		10	13,83,400,404,407,430,434,446,461,477,478,485,498,401,503,515,516,527,682
		14	207

地　　名	别　　称	册数	页　　数
ニュールンベルグ		15	108
		35	164,166,233,235
		46	257
		49	556,557
ニュエバエシジャ		20	273
ニュオン群島		19	225
韮島		39	63
ニリス		36	427
任邱	任邱縣	5	522
		7	349
ニングクオ路		25	207
ニングクオ路街四一番地		25	201
仁和里		8	96
日本西部管區		25	298

ヌ

地　　名	别　　称	册数	页　　数
ヌーヴァ・インヴェンシオン	ヌエバ・インヴェン・シオン	20	227,250
ヌーヴァ・ヴィッカヤ州ノバヨムポング		20	22
ヌエヴァエシジャ		20	52
ヌエバ・エシイシヤ州ガパン		20	32
ヌエバ・エシハ・タラベラ市・サンパロク部落		20	430
ヌガジャンゲル島		50	134
ヌガバトキャ		22	62
ヌマヌマ		25	78
ヌムルギン・ゴル河		47	728
ヌムンハン・ブルド・オボ		50	376
ヌメア帝國領事館		11	28
ヌレン・オボ		50	377,378
寧安		7	551
寧夏	寧夏省	5	512,573
		13	92
		30	181
寧河		5	501

地　名	别　称	册数	页　数
寧海街		7	89
寧海街五番地		7	228,232,233,259,263,264
寧海路五番地		7	1
寧海通		7	97,101
寧口		12	360
		16	221,364,365,392,457,562,615
		34	150,268,455
		39	421
		44	454
寧口河		6	147
寧國		6	566
寧城		7	543
寧晋縣		7	338
寧波		6	451,465,477
		16	149,243
		29	69
寧陵		6	466

ネ

地　名	别　称	册数	页　数
ネヴァヴィスカヤ		20	52
ネクリエ堡壘		27	479
ネグリセンビラン州		9	268,300
ネグロ		20	52
ネグロス	ネグロス島	20	22,23,24,26,29,31,35,36,39,40,41,42,43,44,45,47,48,231,233,309
ネグロス島西部州バコロド		20	310
熱海	熱海市	39	196
		41	135
		44	556,592,594,596,597
		46	76
熱河	熱河省,ジェホ	2	436,444,446,492,541,542,545,560,561,563,572,611,644,647,648,653
		3	146,202,268,370,394,405,406,473,536
		5	463,480,488,499,500,615
		7	403,430,433,441,478,485,541,542,543,544,554,568
		8	1,2,3,90,103,157,159,163,359,418,590
		11	55

地　　名	别　　称	册数	页　　数
熱河		12	212,271
		14	128,129
		16	596
		17	509
		30	264,468,469,470,471,493,494,577,583
		31	10,196,276,277,319,344,374,376,598,599
		33	190,192,195,198
		40	522,523
		41	20,46,71,78,101,170
		42	120,408
		43	236
		44	362
		45	117
		49	308,456,457,458,461
熱海市咲見町二〇一番地		44	597
熱河省平泉縣寬城西土地村		7	403
ネブカラスカ州		27	238
ネブラスカ州オマハ		25	280
ネブラスカ州カーネィ市B街一六二二番地		25	276,283
ネブラスカ州フリモント市北キーン街一三二五番地		25	473
ネルソン街		24	401
ネロル	NELLORE	19	226
寧古塔		33	325

ノ

地　　名	别　　称	册数	页　　数
濃江		7	546
ノエムフーア島		24	583,646,647,648
ノーガ		25	59
ノーサンバランド	ノーザンバーランド	22	505
		25	334
ノース・ウィリアムタウンレンニー街七番地		25	522
ノースカロライナ		21	133

地　名	别　称	册数	页　数
ノーハム・オン・トワイード		25	334
ノーフォーク		50	99
ノーリス街		27	238
ノールインバルタ		40	493
諾威	ノールウェー國,諾威國,ノールウェイ、ノルヱー	1	19,100,172,205,240,309,317,322,349,393,417,442
		2	39,56,71,76
		3	396,413,414,442,559
		4	487
		7	508
		10	677
		15	597
		16	492
		18	118
		19	188
		27	374
		28	561,613
		29	225,472
		38	233
		39	68
		45	488,490
		46	241
		47	6,7
		49	136,155,156,162,165,166,172,187,188
ノーワャ・デレウニヤ		50	285
能登呂岬		14	17
ノノウチ		25	114,115,120,122
延吉		2	501
		7	550
		8	431
		12	302
ノボーアレクセーエフカ地区		13	53
ノムフル島		20	1
ノムン・ハン・ブルド・オボ	ナムン・ハン・ブルド・オボ	13	115
		50	362,363,376,377
ノモトソーリン	ノモトソ・リン	34	7

地名	别称	册数	页数
		50	557,559,564
ノモン・カン・ブルド・オボ		13	105
ノモンハン		12	226,590
		13	104,105,353
		33	266,267,285,286,287,339,350
		34	19,20,21,25,26,34,47,48,49,52,53
		42	609,610
		47	573,657
ノモンハン・ブルド・オボ	ノモンハン・ブルド・オボー	50	336,337,364,558,559,564
ノモンハンブール		34	21
ノルウェー			参见：諾威
ノルマンディー		18	167,187
嫩江		2	526,543
		3	444
		12	140
		14	188,191
		30	352,396,397,398,438,468
		32	563
		45	52,54
嫩江江橋	嫩江橋	45	54,55
ノンプラドック,ノンプラドック		9	108,153,155

ハ

地名	别称	册数	页数
バ		15	400,401
バー・モウ國家		6	591
馬合		32	296
バーカー山		22	298
バークシヤー		8	248
パークストン		21	327,342
パークホテル		24	251
バーク郡		46	352
パース		48	426
パースマウント街		22	239
パース市		22	524
パース市ピーア街キング・エドワードホテル		23	438

地名	别称	册数	页数
バーゼル		13	646
ハーツ州		21	497
バードガスタイン		46	202
ハートフォード		23	14
ハートフォード州		17	418,420,421
バーバース		13	598
バーバース・ポイント		13	628,629
		46	536
バーバロッサ		35	170
バーモ		22	77,79,81
バーモウ		18	396
パーリエ		27	239
ハールレム・ソメルルスト・ストラート十八番地デー・フッテル		23	526
巴安勒		50	306
パイロットステインション		34	468
バーンズ・フィリップ		25	123
バーンステイブル郡		46	397
ハイ・チャン		6	110
バイアス灣	バイヤス灣	6	355,368,410,419,420,424,483,508,512,513,516,542
		33	279
		45	478
排牙山砲台		6	420,513
貝加爾	バイカル	11	386,528,540,541,542,622
		12	72,467
		34	125,154,170
		47	236
		12	135,146,205
		14	145
貝加爾湖	ハイカル湖,ベイカル,ベイカル湖	11	546,547,549,639
		12	227
		13	339
		14	93,143
		30	186
		31	415
		34	125,309

地　名	别　称	册数	页　数
		49	554,571
		50	351,352
排沙		39	234,291
ハイジャン		12	505
簰洲		6	523
ハイジョ		22	390,392
ハイスクール・サウス・ポイント		22	366
煤炭港碼頭		7	134
ハイチ		19	226
		38	99,566
白城子		14	183,188,190,191
バイチュイエヌ		11	168
ハイチ共和國		29	258
ハイチ國	ハイチ共和國	1	171,204,239,348,392,416,438,446,451,460
ハイテルベルグ		23	5
バイテンゾルグ	バイテンゾルフ,Buitenzorg	23	415
		24	2,3,4,5,8,9,10
バイニング		25	45
海防	海防港,海防市,Haiphons,ハイフォグ街,ハイフォン,バイフオング街	2	284,285,286
		6	417,511
		11	13,14,129,169
		11	93,104,134,139,140,141,142,143,175,176,177,373,412,495
		25	204
		27	446,452,516,594
		43	330
海防ボール・ベール街		27	522
ハイフォンヤン		11	18
ハイフォンージャラム	ハイフォンージアラム	11	169
ハイフォン港		11	12
バイヤス島		34	439
ハイラストイス・ゴル河		50	365
海拉爾	ハイラル	11	539,543
		12	138,207,211,271,296,302,407,469,470,476,478,523,525,552,597,600
		13	104

地　　名	别　　称	册数	页　　数
海拉爾		14	118,138,139,141,143,145,156,160,162,167
		30	467
		34	17,18,19,20,21,25,26,115,130,161,162
		40	491
		50	228,273,343,563
海拉爾市		27	629,630
ハイルアステン・ゴル		50	377
バイン・ウラ		50	365
バイン・トウメニ市		50	363,365
巴陰山		7	388,389
パインツリーヒル		24	350
ハインド		22	356,551
ハウ・ツアイ門三二一番地		7	115
バウィン島	バウィン	27	266,267
バウエン島		27	289
バウカウ		24	261
バウロコントール		11	367
ハヴロック路		21	342
バヴロワ丘		13	4,5,6
バエテ		20	31,52
バエテエ、ラグナ		27	602
霸王山		6	464
バカカ		20	282,287
パガケイ村		20	40
葉柏寿		14	190,191
東流水道		6	523
巴河川口		6	524
パガン	パガン島,バガン島	18	132,152,172
		37	383,386
		50	135,157
パカン・パロエ		23	13
パカンバルー		24	131,136
バギオ		20	30,33,52,319
		21	213,214,215,222,225
		26	526,527,568,583,650,651,661
		39	439

地　　名	别　　称	册数	页　　数
		45	237,238,292,293,295,300
パク・シャ・ワン		22	301
ハクー		12	509
バクヴィア・セントルム		23	364
バクープロレタリア		12	513
バクー市		12	513,514
白河		29	188,190,191
		42	211,305
博河圏駅		12	140
白河口		31	526
漠口		32	436
		41	34
白游山		6	411,504
莫子河		12	276
パクシホリ		50	282
白城		12	275
白梢溝		12	153
バクセ		11	97,99
百善站		6	463
バクソン		27	466
泊鎮		8	13
白濤山		6	484
白刀山子		34	109
ハグナ		20	52
バグニタン		23	141
幕府山		7	62,133,134,135,139,151,152,156
博文市		44	296,298,299
白茆江		31	587
		44	545
白螺磯		6	523
博羅		6	483
		7	374
バクラヨン		20	238
バクリ		21	457,480
白稜河		33	326
ハクリ湾		22	398
白露西亜ソビエット社會主義共和國		1	18

地　　名	别　　称	册数	页　　数
巴彦		7	552
巴彦查汗廟		50	332
バケンテイット湖		46	574
パコ		20	4,5,9,42,47
パコイ		27	581
函館		25	338,517
		26	79,348,384,422
		40	192,193,194,195,196,206,207,214,329,330,332
箱根		49	435
箱根強羅		47	686
バコバコ港		27	393
バゴボ		20	47
バコロド		20	22,23,24,311
バコロドームルシャ		20	310
バコン		23	282
哈桑湖	ハサン湖,ハサン,ハッサン湖,ハーザン湖	11	541
		12	246
		13	15,16,17,41,45,60,105,208
		23	78
		27	615,616
		33	337,353,354,363,404,406
		34	333
		41	58
		46	356,359
		50	282,283,285,286,288,289,290
パシコフスキー・アーアー		12	397
パシダ		20	188
橋立街		7	528
ハシドニイ		22	187
羽島		27	11,16
バジャネガラ		23	565
バシュカリァ		31	422
パジョエコエムホエ	パジョエコエムボエ駅	23	13
パシラン海峡		18	59
バシル・バンザン		46	553
パジル・パンジャン村		21	321

地　名	别　称	册数	页　数
哈刺尔格		12	144
バジングトン		13	540
バスコ		20	52,191
バスラ		29	487
		50	349,351
バス街		24	532
パセイ	パセイ区	20	2,5,6,140
		21	127,128
バセイン		39	308
パソナンカ区ビッテー街		20	295
バターン	バタン,バタン島,バタン諸島,バタアン州,バターン半島,バタアン	18	91
		20	16,52,229,230,395
		21	108,109,111,112,115,118,122,123,148,152,210,214,217,222,245,247
		22	482,487
		25	197,330,474
		26	544,651
		39	192,414,430
		40	9,10,22,101
		48	177
バターン州		46	547
バタヴィア	バタビヤ,バタビア,バタヴィヤ,バタビア市,バタビヤ市	16	369
		18	56,60,73,106
		19	4,7,12,16,25,40,43,47,55,91,100,101,104,111,112,116,117,118,120,124,130,136,140,146,156,159,168,169,170,173,174,291,294,295,298,299,300,306,307,310,357,359,372,376,377,386,402,406,410,416,427,429,430,441,446,467,471
		22	114,519,547,552
		23	1,3,8,226,236,238,249,305,306,307,312,324,329,370,371,385,390,419,420,425,428,433,437,441,452,456,460,461,467,468,477,478,480,484,485,511,512,515,517,520,523,536,541,542,556,558,559,560,569,571,572,575,579,581,582,585,586,590,595,596,597,604,613,618,621,624,625,629,630,635,639,643,644,645,646,647,648,649,653,661

地　名	别　称	册数	页　数
バタヴィア		24	1,2,3,5,11,12,14,36,37,38,40,43,47,48,53,56,61,62,63,64,67,69,72,75,80,82,83,84,86,87,93,96,98,102,103,104,107,108,111,113,130,132,138,139,141,146,159,166,167,171,184,222,246,250,251,255,260,274,276,302,361,412,430,448,450,455,642,646
		25	87,88,337,435
		27	275
		29	517
		36	110,111,112,113,115,118,135,143,144,145,314,414
		37	317
		42	161,527
		46	571,573,575,596
		48	129,130,263,272,273,277,426
		49	18
		50	69
バタヴィア・エンゲルシェケルクウェグ三番地	エンゲルシェケルクウェグ三番地	23	518
バダヴィア・タンジョンブリオク		22	539,540
バダナ		13	532
バタネス	バタネス島	20	52,191,193
パタノリ州		45	289
バタフィールド		23	3
バタワイ		23	346
パダン		23	10
		36	137
バタンガス	バタンガス州	20	16,17,23,18,149,154,155,156,157,161,163,167,172,306
		21	73,75,128,219
		39	437,439,448
バダンガス湾		45	247
バタンガス半島		45	237,294
パタング		24	115,131,132,133,139,142,160
ハタンダスホイント地區		22	373
バタン海岸		17	418,419

地　名	别　称	册数	页　数
パチー・ビン		23	78
八字橋		32	105,107,113,121,122,125,162
		49	370
八丈島		15	391,396,400,403
八幡		30	119,120
バチャエ		23	572
バチャン島		46	572
バヂョ		26	525
バッキンガム郡		21	373
バッグ	ハッグ	20	4,17
八卦州		7	139,156
パッシイ		20	227
パッジングトン		13	541
パッスイ		20	248,250
バッセーヂ・カナル		46	523
パッソ		24	251
ハッタ		19	319
バッタンバン州		2	321,322,323
バット		24	577,606,608,609,614
バッドガステイン		13	211
ハツハザ		13	52
八寶山		6	137,138,144
		31	469,550,555
バッング河口		46	546
バデイドノン		21	135
バトインセー村	バトインヤ村	20	258,259
バトーガシユテイン市		13	657
バトバハト	バツ・パハット	9	263,284,285
		21	508
		39	169
ハトリア		24	264
バドン	バタング	23	590
		27	466
パナイ	パネイ,パナイ島,パネイ島,パネー島	20	19,21,24,26,27,28,52,225,226,227,229,240,245,246,248,256,260,261,326
バナニエ路		27	511
巴奈馬	巴奈馬國,パナマ,パナマ國	1	172,206,240,349,393,417,617
		3	396

地　　名	别　　称	册数	页　　数
巴奈馬		15	526
		17	357,448
		18	24,118,254
		19	226
		26	593,595
		30	139
		36	420
		37	81,275,283
		39	29,30,68
巴奈馬運河	パナマ運河,ペナマ運河	3	101
		9	192
		17	548
		31	10
		36	152,420
		49	158
パナマ海峡		36	448
バニラド村		20	44
バネロセイロイロノイロイロ市		20	18
河内	ハノイ市,河内市,Hanoi,ハノイ,カワチ	2	284,286
		5	336,361
		6	417,511
		11	13,18,29,32,33,34,83,90,92,94,107,136,132,133,134,135,136,137,138,139,141,143,152,168,173,175,177,180,200,373,393,409,412,417,486,488,489,493,494,495,499,500,506
		16	316, 317,321
		17	269
		22	260
		27	440,441,442,443,445,455,478,490,495,496,500,502,505,507,509,511,514,519,554,558,565,575,594
		33	21,39,91,96
		34	431,435,436,460,461,463,464,465
		36	160,259,284
		38	338,342,387,389
		46	248

地　　名	别　　称	册数	页　　数
河内		48	415,426,433
		50	69,72,73,391
河内コロム街		34	437
ハノワ		40	299
馬厰		5	522
パパール		23	74,75
パパー島		23	102
ババイ		25	125
パハガオン		22	364
母島		13	402,467,476,477,479,482,483,486,488,491,492,494,570,571,572,573,574,575,578,579,580,581,582,584
		27	165,166
		50	157
バハダ		20	282
ハバナ	ハヴアナ	17	357
		49	158
伯力	ハバロフスク,ハバロフスク市,ハバロフスク・ブラゴエンチエンスクルフロフ,ハバーロフスク市,哈府,哈府市,ハバロスク	2	456
		11	528,529,556,568
		12	62,72,136,137,195,203,214,226,227,379,396,397,527
		14	101,111,118,145,148,155,169,171,200,201,202
		29	319
		31	416
		34	184
		44	481
		50	215
パパン		21	515
パハン州	パハン	9	268,269,300,301
馬尾		6	469
バビロニア		28	585
バブー		24	190,191,206,210
パフキーブシー		36	170
バブン		39	330
バベイ		20	202
バベルスアップ	バベルサープ,バベルスウァップ	15	365,367,368

地　名	别　称	册数	页　数
バベルスアップ・ゲレムレングイ		15	364
バベルスウアップ		27	205
バベルチュアップ島		50	132,157
パマノウカン		23	438
ハマルダバ山地		50	339
バムバン		20	21
パムパンガ		20	37,386
バメラング市		23	590
ハモヴニキ街		27	618
哈門通り		8	41
パヤコムブー		24	131
葉山		5	430
		10	138,139,147
		46	411
		47	44,95,121,135,398
駅馬河		12	141
鄱陽湖		6	354,401,404,406,478,498
バヨンボン		20	52
ハラ・ヌール		50	365
バラ・マツタ		13	541
ハライナ		22	366
パラウ		18	152
バラウァン島プェルト・プリンセサ		50	524
バラオ	バラヲ	5	336
		13	400,405,480,567,435,575,578,583,584
		15	261,391,396,400,401,403
		18	11,61,72,105,110,132
		19	125,127,130
		27	205
		48	426,437,438,440
		50	119,131,134,139,141,142,151,153,154,157
パラオ・コロール島		15	363,367
パラオ島	パラオ,パラオ諸島	13	471,499,505
		37	385,387,389,390,407,408,411,412,426,433,435,441,468

地名	别称	册数	页数
バラグアイ	バラグェー國,バラグァイ國	1	172,206,240,349,393,417,617
		3	402
ハラクテン・ウラ山地區		50	363
バラセル		19	224
ハラチールラ		7	545
バラック		21	400
ハラト山		34	51
パラナ	パラナ河口	12	364,373,374,375
パラナク		21	48
バラナクサン・デイオニシオ		20	48
パラナックノテン・デイオニシイオ村		20	16
巴啦諾伏山		46	356
ハラバック海峡		18	59
バラバック海峡		20	52
パラム		18	132,152,172
幌筵		18	105,114
バラヤン灣		45	247
パララ		20	241
バララットノドーソン街		22	221
パラロング崖		20	220
パラワン	パラワン島	20	41,52,234
		21	138,144,239
		27	411,412,416,418,424,613,684
		47	680
バランガ		20	52
		21	113
バランガス	バランガス州	20	21,144,146
バラン駐屯所		46	546
バリ	バリー,VALI	19	216,357,389,457
巴里	パリ,パリー,ペリ	2	153,160,161,162,398,635,664,678
		3	447
		5	310
		9	471,592
		11	314,378,379
		12	496
		13	398

地　名	别　称	册数	页　数
巴里		16	585,601
		27	500,522
		28	617
		29	496,556
		30	116,453
		33	245,252
		42	79
		45	442
		46	415
		47	75
		49	615
		50	206,211
バリ・バリ		22	518
バリーサンアンドレス		21	73
パリー島		50	124
バリオ		20	220,227,231,232,233,240,241,294
バリオラヤ		20	267
バリクパパン	バリックパパン,バリウクパパン	11	387
		18	56,60,73,106
		19	291,292,294,297,302,305,306
		23	209,249,250,254,261,273,278,297,299,300,301,303,305,331,341,342,367,372,391,410,610,613
		24	313
		36	137
		46	571,574
		48	426
ハリコフ		19	187
パリット・スロング		21	446,457,480
ハリファックス		45	200
バリャステロス		20	52
バリリ		20	220
バリリハン		20	46,428
バリンガサク		20	52
バリンゲイン	バリンゲン	20	280
バリ島		13	519,521
バリ街		24	162
ハル		23	14

地　　名	别　　称	册数	页　　数
パルート		50	130
巴爾虎	バルガ	2	560,563
		34	5
バルカン		10	382,439,457
		13	297
		28	551,574
		35	244
		36	488
		37	16
		47	195,197,420
		48	396
巴爾幹		16	232
巴羅幹諸国		27	6
ハルク島		24	467,537,539,540,549
バルセロナ		1	553
		46	375
バルチザン		12	477
バルチック		5	110
バルチック海	波尔的,波爾的	12	504,505,506
		15	538
		30	451
		34	123
		46	230
		49	553
バルト		16	232
バルト河		29	490
バルバーリン		34	477
喀尔喀王府		50	306
哈爾哈河	哈拉哈河,ハルハ河,ハルヒンゴル河,ハルヒンゴール	13	104
		27	618,619,622,626,627
		33	283
		34	5,6,7,19,25,26,44,45,51,473
		47	727
		50	292,293,334,335,336,339,341,374,378,381,557,563,564
巴爾巴什山		46	356,359
ハルハ廟		34	4

地名	别称	册数	页数
哈爾濱	哈爾賓,哈,哈市,哈爾濱市,ハルビン,ハルビン特別市	2	408,435,448,488,511,525,537,538,539,540,541,544,559,560,562,566,570,573,583,598,664,665,666,673
		3	456
		6	30,631
		7	471,474,475,522,524,526
		8	158,235,240,246,252,287,291,419,430
		11	536,537,540
		12	125,128,129,138,140,141,142,143,145,146,147,149,152,154,177,181,182,183,209,271,273,276,335,404,462,463,465,466,467,468,469,470,473,474,475,476,481,489,520,522,523,524,525,526,531,553,554,561,595,598,599,600,624,626,629,630
		14	118,128,129,130,162,174,197
		28	285,288
		30	173,174,175,177,179,352,386,387,389,407,408,409,414,418,429,437,442,493,495,583,584
		31	45,202,354,357,375,436
		32	94
		34	5,49,53,194,236
		35	160
		41	14,155,194,195,197,199
		42	569
		44	358
		45	46,47,50,51,63,64,65,75,76,84,85,515
		47	450,661,715
		50	215,218,221,224,225,227,228,233,234,235,243,259,272,273,278
ハルヒン・ウンドウル		50	365
ハルヒン・ゴール		12	390
ハルヒン・ゴル地区		13	121
ハルヒン・ゴル河		13	105,106,108,114,115,116,118,119,209
ハルヒン・スメ		50	366
哈爾濱駅		12	142
ハルピンゴール	ハルヒンーゴル	12	477

地　名	别　称	册数	页　数
		34	50
ハルピンゴール河	ハルヒンゴル河	12	246
		27	621
		34	26
ハルピンーペイホ		34	209
ハルビン東省特別區		42	408
ハルマヘラ	ハルマヘイラ,ハルマヘラノ,ハルマヘラ島,Halmahera,ハルマヘラス,ハルマヘラス島,バルマイラ,ハルマイラ島	23	411,619
		24	289,298,376,394,399,445,447,449
		46	528,530,572
パルミラ	バルミラ島	27	26
		46	531,549,550,551
パルミラ群島		19	225
パルメンラーン五六		24	33
バルモーラル		22	242
バルモラルエスプラオード		22	111
ハルン・アルシャン	ハルン・ルシャン	12	275,276,471
バレー・デ・コント		1	424
バレー・デ・ナシオーン		1	549
ハレーキンスキー		12	62
バレーテ	バレート	20	229,230
パレスチナ		36	165
バレステロス		20	22,27,40
パレック		39	441
パレテパス		45	292,293
パレパレ		24	294,431
パレンバン	パレンバング,パレムバン	19	124
		23	5
		24	120,123,171,172,175,180
		36	137
		42	517,543
		45	288
		46	571,574
		48	426
パレンバンボエキット・ベサー		23	8
パロ	パロ市	20	314

地　　名	别　　称	册数	页　　数
ハロウ・オン・ザ・ヒル		22	508
バロウ・ボコームト		23	408
ハロエコエ		22	512,515,517
バロス	デイマヒ・バロス	23	515,516,518
パロム		24	616,620
ハロンアルシャン	ハロアルシャ,アルシヤン	12	296
		14	183,188
		34	7,17,18
布哇	ハワイ,布畦	5	368
		10	41,72,100,386,453
		11	213,595,597,639,648,658
		13	223,400,404,429,464,484,583,590,591,599,603,604,609,610,611,612,615,619
		16	191
		17	436,479
		18	4,9,24,29,33,58,90,117,207,208,219,233,236,237,238,247,252,254,258,263,274,275,284,298,301,304,308,309,312,323,325,328,330,352,353,354,355,356,358
		21	202
		26	286,313,315,523,586,649
		27	16
		28	195,197,239
		36	167,168,201,202,291,356,376,428,436,438,440,556
		37	78,238,275,277,278,283,288,295
		38	7,10,22,24,25,26,27,28,29,30,36,37,38,44,54,56,58,63,64,65,68,69,71,72,431,534
		39	21,29,68
		43	385
		46	85,480,527,528,534,535,537,549,550,552
		47	261,313,641,645
		48	84,149,154,174,264,277,292
		49	84
布哇諸島	ハワイ群島,ハワイ諸島,布哇全島,布哇群島	3	18
		11	622

地名	别称	册数	页数
布哇諸島		19	225,264
		46	527,538,551
布哇ジョンストン		46	528
布哇領	ハワイ領	29	286
		50	166
ハワイ領真珠港	布哇地区真珠湾	50	117,148
パワン		26	664
ハヲダマヴア島		13	529
藩湊		27	449,542,543
バンカ		46	575
バンガ		20	229
パンガシイナン	パンガシナン,パンガシナン島	20	47,48,195
パンカム		22	269
バンガラウ		22	65
パンカランズースー・スマトラ東海岸州		23	619
洪牙利	匈牙利亜,ハンガリー,匈牙利,洪牙利國,ハンガリイ,ハンガリー國,洪,洪牙國,ハンガリー国	1	17,18,19,96,168,202,236,309,317,322,346,389,416,442,463,483,554,561
		2	37,53,69
		3	396
		9	485,492,493,495,496,497,498,499,543
		10	387
		11	219
		12	594
		13	257,263,267,268,269,270,271,275,277,283
		16	492,601
		17	252,255,258
		18	507
		29	222,555,556,557,558,560
		35	76,87
		36	344
		41	108
		42	605
		50	62,547,549
バンガロウ		24	157,158
パンガワン		23	76

地　名	别　称	册数	页　数
バンカ島		23	5
		24	114,117,122
パンギル		20	33
パング		20	3
番禺		8	79
バンクーバー	晚香坡,ヴァンクーバー	16	368
		17	357
		37	81
	ヴァンクーバー	50	69
バングエット		13	517
バングダンク		24	133
パングワン・エステート		23	74
盤谷	バンコック	2	277,278,279,281,321
		9	130,155,178,195,197,205,212,219,270,278
		11	138,388,489
		17	271,378,379,380,381,382,383,384,385,386,387,388,389,390,391
		22	137,165,189,262
		26	345,513
		27	575
		36	125
		38	525
		42	526
		44	236
		45	288
		46	322,583
		48	368,370,372,373,379,381,383,426,433,435,438
半截河		14	188
盤山		30	406
		45	62
半山園		7	145
ハンシー		33	458
バンジェルマシン	バンゼルマシン	23	256,273,275,321,324,332,336,353,354
バンシック		20	395
磐石		7	548
磐石水道		6	569

地　名	别　称	册数	页　数
磐石砲台		6	364
パンジャプ		22	371
バンジャルマシン		46	571
樊城		6	570
バンジョービロー		23	526
バンジョマス		24	71
バンジョワンギ		24	71
阪神地方	阪神地区	25	390
		26	384
バンタ		9	166
バンタイ		20	299,300
ハンダガイ		12	276
ハンダガヤ		34	5,7
		50	557,559,564
バンダカン	パンガシナン島	20	4,47,69,74,75
バンダン		46	554
パンダン		20	229
パンチップ		7	565
バンヂャノガラ・カランコバル區カリベニン小區		23	564
バンチャマシン		23	308,317,318
パンヂャング		24	142
ハンチュン		13	57
ハンチングドンシア		24	552
ハンツ		25	211
ハンツ・アルダショット・コロネイション・ロード五五番地		22	547
バンテウル・レヘント領バラング・ウェル		23	570
バンドエン		23	495,508,511,514
バンドーン		23	622
バンドジヤーマシン		27	268
ハンドン		46	574,575
バンドン	BANDUNG	13	524
		19	308,309,311,312,315,317
		22	196

地　　名	别　　称	册数	页　　数
バンドン		23	164,174,175,383,386,388,394,417,422,424,425,430,447,448,453,457,461,466,480,482,527
		24	17,18,69,71,112,245,411,412
		43	446
バンバン		45	238
パンピーガット		22	371
バンプー・フラット		22	362,363
バンブライ		22	81
漢堡	ハンブルグ	7	510
		10	223
		35	86
		47	423
		49	162,166
半壁山		6	354,408,409,482,501,502
板浦鎮		6	385
バンポン		9	130,181,183,184,214,229
		22	153,154,168

ヒ

ピアオ		20	23,35
ピアサン		23	32
ピアス郡		25	47
ビアフガニスタント		12	606
ビアムール河		11	546
ビアムール州		11	525,547
ビー・エイー・チィ		7	45
ピー・バタン		23	601
ピーク		39	216
ピークヒルー		24	526
ピェンホア		11	307,333,363,365
灤東		33	197,198,200
東阿弗利加	東アフリカ,東部阿弗利加,東部アフリカ	5	111
		10	660
		47	331
		49	150,151,180,181
東印度		6	592,593
		17	504,575

地名	别称	册数	页数
東印度		19	316,320,321,322,324,347,349,355,364,367,374,375,380,391,440,448,459
		26	221,231
		47	515
アンポン	東印度アンボイナ	20	50
東印度王國		19	227,414
東印度諸島		3	232,241,248,259,669
		46	608
東支那		8	116,117
東西比利亜	東西伯利亜,東シベリヤ	19	254,255
		47	361
東シワード路		25	182
東太平洋		46	608
東チー門		7	112,113
東朝鮮		12	433
東連島		6	365,464
東フロレンス		23	369
東豊		7	546
東四省		41	63,70
		45	43
東蘭印		36	510,511
ビキエタ		13	535
ビキニ		50	124
ビクトーリアス		20	39
ビクトリャ・ポイント		22	17,18,130
ビクトリヤ川		9	274
ビグレート・ブリテンガ		4	626
邳縣		6	463
彦根市五番町二十九番地		44	453
ビサラワク		23	25
徽山湖		8	603
ビザンチン		12	507
貔子窩		7	443,444,450
ビジニングラード		13	202
眉州		8	608
		11	23
ビジュットナガール		24	375

地　名	别　称	册数	页　数
肥城		6	447
ビスマーク	ビスマーク群島,ビスマルク諸島,ビスマーク諸島	13	368,527,533,534
		38	454,476,477
		40	265,267,282,284,286
ビゼルタ		9	594
ビゼルタ港		10	659
ビセルビアノ		29	572
ビタガリフ		25	52
日立		25	425
ビチジュマン	ビチュマン	23	281,291
ヒッカム飛行場		13	628,629,630
		46	532,533
泌源		6	459
ヒッチュック		35	176,177
ビッツバーゲ市		31	437
秀英砲台		6	531,534,544
ビトエング		24	425
單冠灣	ヒトカップ灣,単冠灣,ヒトカップ湾	13	403,406,431,460,463,469,470,568,570,605,606,619,620,621,623,625
		17	69
		18	31,269,289,327,328
		37	78
		38	36,46,48,49,50,56,58,59,68,71
		47	623
一文字山		31	464,473,476,479,496,546,551
ヒトラマ		24	459,476,499
葦北部日奈久町		46	297
ビナン	ペナン州,ピナン,ペナン	9	260,268,293,300,301
		21	499,510,513
		34	253
		39	113,115,116,117,118,119,120
		42	526
		46	556
ピナン街		21	513
ヒヌンダヤン		20	26
日比谷東洋軒		5	229
ビメキシコモ		15	597
比谷		49	634

地名	别称	册数	页数
百色		6	568
百靈廟		45	115
ビュイ・ツ・ドーム縣		27	589
兵庫縣姬路市飾磨區英賀甲一六二五番地		40	155
屏風谷		27	186
兵庫	兵庫縣	5	299
		26	44
		30	460,461
		35	504
		38	586
		42	400
		44	463
漂江		6	531,577
兵庫縣淡路島		25	402
兵庫縣多紀郡篠山町北新町		30	84
兵庫縣西宮市神呢天神下拾五番地		40	115
兵庫縣武庫郡山岳村		25	402
萍株		6	528
ヒヨヤ地区		27	160
ピラー	ピラー町	20	47,203,204,222,223,224
平泉		7	478
		40	523
ビラウ		13	535
平江	平江縣	6	565,567,568
		7	392,394,396,398
		16	259
		29	411
平江省		8	158
平岡		6	567
平椽		7	543
平津	平津地方	3	405
		5	512
		6	128,207
		11	57
		30	472

地　名	别　称	册数	页　数
平津		33	189,197,228,229,231,304
		48	16
ピラヤン		20	45
ヒリトン		46	575
ビリビッド	ビリイビド,ビリビド,ビリビット	21	128,148,151,158
		27	424
		39	385,386,387
ビルーマニヤト		12	606
ビルキュ		22	38
緬甸	ビルマ,ビルマ國,緬,Burma	1	317
		2	321,414
		3	669
		5	563
		6	591
		8	703
		9	91,95,96,97,103,105,106,107,108,109,110,114,131,133,136,139,140,141,142,145,146,147,150,151,152,153,154,155,162,163,167,168,169,171,173,175,176,178,180,181,183,186,188,189,190,193,195,198,207,208,209,212,213,230,232,233,242,243,246,259,271,279
		10	97,107,112,117,118,181,243,249,267
		11	211,422,423,424,426,478,488,489,597,598,618,629,650,659
		12	231,400,401
		13	147,149,231,369,372,374,368,416,442,512,515
		14	75,76,136
		15	564
		16	285,286, 327,335
		17	50,212,215,271
		18	54,275,378,396,509
		19	191,227,240,245,263,285,319,320,329,349,380,415
		20	56
		21	384,408

地名	别称	册数	页数
緬甸		22	1,2,22,39,42,77,93,94,105,237,239,223,229,233
		23	227,245,247,403,512
		25	197,198
		26	124,143,315,451,454,455,456,457,459,469,473,475,478,479,649
		27	638
		28	197,198,239,360
		29	139
		30	15,18,24,26,28,30,32,34,36,37,38,40,41,42,43
		31	237,238,632
		36	319,434
		39	24,122,124,125,127,128,129,130,204,309,310,313,325,329,334,338,341,342,343,347,349,353,355,356,364,366,370,430,452,453
		40	391
		42	356,518,525,526
		44	235,237,241,242,246,247,257,261,263,443,566,567
		46	590,596,597,598,608
		47	512,674,679
		48	31,131,185,205,206,207,214,215,216,217,262,324,332,345,348,349,350,351,352,353,354,356,357,388,393,395,405
		49	96,417,571,577
ビルマ・ラングーン・マーチャン一街五二九	ビルマ	49	415
滇緬公路	ビルマ公路,ビルマルート,ビルマロード	36	431,432,510
		46	580
		49	418
ビルマ泰地区	泰及ビルマ,ビルマ	26	139,461,462
弘前		45	2,11
		50	441,442
廣島	廣島縣,広島,廣島市,廣嶋	4	312,346
		5	300
		15	295,296,298,299,300

地　　名	别　　称	册数	页　　数
廣島		23	22
		25	405,491
		27	271,273,297
		28	262
		29	145
		30	245
		32	364,566
		35	504,544
		38	554,563,564
		39	354
		40	202,210,221
		42	425,586
		43	107,174,175,521,554,568
		44	443
		47	545,688
廣島縣安藝郡		24	499,502
廣島縣安藝郡坂村字小屋浦		39	278
廣島縣安佐郡		24	502
廣島縣呉市		24	311,475,479
廣島縣双三郡		24	475,479
廣島市己斐中町四一七番地ノ五		32	321
廣島市鐵砲町一二三番地		32	478
廣島市南竹尾町二三九番地		32	373
廣島灣		13	619
廣畑	廣畑港	26	41,44
ヒロマサシケオ		24	311
ヒロンゴス		20	29,31
琵琶湖		7	44
		8	420
濱		15	401
ピン		7	552
ピンゲラップ	ピンジェラップ	50	127,157
賓縣		7	552
		30	407

地　名	别　称	册数	页　数
		45	63
濱江省		7	485,541,551,552
		12	519
		30	583
		31	277
ビンセント通四番地		22	393
濱松		25	391
ヒンダート		9	243,245
ヒンタン		46	575
ビンタン		42	534
ビンタン島		9	249,254,256
ビンヂェイ市		39	400
ヒンテル・インデイア		11	322
ヒントック	ヒントク	9	130,243
		22	168
ヒントロ		46	565
ビンヒチマ	チマ	50	391,393,394
ビンヨク		22	262,263
ビン市		27	466
ビ島		29	539
齊桑淖爾湖	ファイサン	33	320
ファイス		50	131,157
ファウロ	ファウロ島	25	79,99
ファクファク		46	571,575
ファブリカ		20	26
ファリンケンゼ湖		13	211
ファルカーク		25	521
ファルケンゼー	フワルケンゼー	9	474,475,477
		46	53,166
ファンデポール		24	40
フィーム		49	162,166
フィゲロア街		20	73
フィジー		18	56
		27	387
		34	185
		39	8
ブィテンゾルグ		23	662,665
ブィテンツオルク		23	414,415

地　名	别　称	册数	页　数
フィナスス		50	136
フィニイステール縣		27	509
フィフスロウ六十一番地		22	505
フィラヂルフィヤ		37	332
比律賓	比律賓國,比律賓共和國,フィリピン,フィリッピン國,ヒリッピン,菲律賓,フィリッピン共和國,フィリッピン聯邦,比律賓聯邦,比,フィリッピン,比律賓群島,比律賓諸島,比岛,ヒリッピン共和國,菲岛,フィリッピン,フィリピン群島,比島,フィリッピン群島,ヒリッピン諸島,比律賓島,フィリッピン諸島	1	20,40
		3	95,96,669
		4	525
		5	65,332,583
		6	592
		8	496,510,703
		9	259
		10	72,100,385,386,403,413,459,465,466,542,630,679
		11	211,212,213,387,490,597,598,618,648,658
		12	220,232
		13	147,149,232,369,392,393,394,396,400,405,408,409,416,421,427,430,433,444,476,480,491,501,502,515,516,525,526,534,578,587
		14	136,554,560
		15	218,219,293,565
		16	418,455,458,486,489,513,521,524,532,535,583,599,600,632
		17	75,215,392,436,487,488,536,554
		18	27,53,55,57,60,91,93,95,102,275,278,283,287,369,375,459,480
		19	192,203,215,224,240,244,246,262,285,319,320,323,326,329,349,414,415,451
		20	1,2,3,4,5,6,7,9,11,16,17,18,19,20,21,22,23,24,26,27,28,29,30,31,32,33,34,35,36,37,38,39,40,41,42,43,44,45,46,47,48,49,50,51,56,66,75,77,134,144,146,149,153,154,155,156,157,163,167,172,173,175,188,190,195,196,202,206,210,215,216,218,220,221,222,225,231,233,234,236,240,245,246,253,256,260,261,262,264,265,266,267,269,270,

地　名	别　称	册数	页　数
比律賓			271,272,273,278,280,282,290,291,294,296,297,298,301,309,310,314,317,322,323,326,369,428
		21	71,72,73,80,85,104,110,124,127,129,136,159,161,162,171,180,182,184,187,190,195,196,203,205,209,210,211,213,214,215,216,217,218,222,229,231,232,233,234,237,239,245,246,247,250,253
		22	475,480,482,483,490
		23	403,411,512
		24	637
		25	197,198,280,286,418,478,506,559
		26	79,100,103,104,105,107,115,117,118,119,124,221,231,272,288,315,428,509,510,514,515,524,525,526,529,532,557,558,567,568,570,571,574,577,579,580,583,585,597,605,649,650,651,653,654,658,662,663,664
		27	126,272,412,601,605
		28	151,166,227,239,360,393
		29	45,65,145
		30	15,18,20,21,22,24,26,34,40,180,189,427
		31	31,218
		35	117,162,173
		36	108,150,159,168,201,202,255,356,365,380,429,431,432,433,434,441,443
		37	275,283,295
		38	11,25,34,395,430,454,475,476,477,555
		39	82,88,197,343,390,414,437,438
		40	9,10,11,12,13,14,15,17,18,19,20,21,22,23,27,300,305,307,341
		42	113
		43	385,480,481,482,484
		44	374,381
		45	106,235,236,290,291,297,298,356
		46	136,241,481,528,532,538,547,548,549,550,551,552,589,594,599

地　名	别　称	册数	页　数
比律賓		47	257,307,313,512,623,624,663,674,679
		48	85,133,140,174,207,208,214,215,217,260,262,266,267,270,273,280,292,325,332,357,363,364,365,366,367,389
		49	91,97,98,109,110,113,142,150,151,164,171,173,174,175
		50	441,524

フ

地　名	别　称	册数	页　数
貝爾湖	ボイルノール湖,ブイル・ヌイル湖,ブイル・ヌル	13	105,114
		34	6
		47	728
		50	292,308,332,364,563
貝爾諾爾		13	104
貝爾池		50	306
ブイン	ブイン地区	25	88,92,98,107
芬蘭	フィンランド自由國,フィンランド國,フィンランド,Finland,芬,芬蘭土,フィンランド國	1	17,18,19,175,309,322,553
		2	36,52,68
		4	487,488
		5	583
		9	543
		10	223
		12	495,506
		16	232
		17	11
		29	467,469,471,472,473,474,475,476,477,478,479,480,481,483,484,485,490,492
		30	453
		38	99,233
		47	6,7,365,428,684
		49	165,166,188
		50	371
楓木市		44	297
富貴山		7	146
		44	525
富金山		6	479
楓涇		16	242
ブーゲンヴィル	プウヂィンビル,ポウヂィンビル	25	77,85,87,98,99,100

地　　名	别　　称	册数	页　　数
ブーゲンビル・ショートランド地区		25	50
ブーケンビルトブカ島		13	535
夫子廟		7	299
		44	545
フースツエーンハールト街 四七番		24	9
フートー		11	170,174,397
フウブマウ河	瑚布圖河	33	319,326
ブーラウ・スキヂャン		23	576
ブーラウダマール		23	591
フーランチョン		2	283
		11	174
フーリイ		24	298
フーリン縣		7	485
ブールー・セキヂャン		23	565
ブールヴァール		20	377,378
プールーシキジャング		23	583
プールーボクームト		23	583
ブールー島		46	572
プールワカリタ		23	555
フーロック		11	397
ブーロム		22	15
フェヴィアン	フェヴィアン島	15	379
		18	132,152,172
フェカレイク村		22	83
フェトカレイク		22	28
フェニックス群島		19	225
フェヤバックス		46	525,526
プェルト・キャベコ	プェルト・キャベロ	49	158
プェルト・プリンセサ	プェルトプリンセサ,ペルト・プリンセサ,フェルト・プリンセサ	20	52
		21	136,144,239
		26	664
		27	411,412,420,428,429
		47	680
プェルトリコ		19	226
フォーシュラ		38	111
フォード		18	25,330,197,216

地　名	别　称	册数	页　数
フォート・カンニング		46	553
フォート・ドラム		21	122,123
フォート・ヒュース		25	286
フォート・ヒューズ		25	506
フォート・マッキンレー	ポートマキンレー	21	229
		45	235,238,290,300
フォート・リュイス		25	280,281
フォートカニング	フォートカンニング	9	247,252
フォートサンチャゴ	フォート・サンチアゴ,フォート・サンチャゴ,サン・チャゴ要塞	20	127,302,303,305,411
		21	208
		26	544
フォートハワード		26	314
フォートフォース市	フォートウォース市	25	285
フォートマッキンレイ	マックキンレイ	39	385,386,389
フォード島	フォード・アイランド	13	598,600,601,627,628,629,630,638,639
		46	536
		50	162
フォフハア路		22	318
フォルリ		47	81
フォレスト		48	426
フォレストプレイス		22	524
深川		39	278
府下國和寺町本多		5	297
ブカチヤチヤ		12	62
傅家甸		45	84
ブカレスト	プカレスト	1	31
		29	615
		30	453
武漢	武	2	427
		6	370,396,397,407,414,497,504
		8	567,578,603,605,606,607,608
		18	483
		25	195
		28	306,417
		32	357,358,359,398,399,400,401
		33	90,120,173,275,276,279,280,281
		41	50
		42	598

地名	别称	册数	页数
		43	171
武漢三鎮		6	268,326,332,343,344,346,351,355,395,397,409,410,411,412,413,415,425,429,440,477,484,493,497,498,503,504,505,509
		28	143
		32	333,384,385,398
武漢特別市		7	513
ブキット・テイマ		24	174
ブキテイマ	ブキテア,ブキテマ,ブキテマ村	9	305
		21	281,294,319,321,358
ブキパンヂャン		21	299,365
プキャナン街二零零番地		22	487
富錦		7	485,553
		12	145,273,296,302
ブキンドノン・マライバレイ		20	273
福井	福井縣	5	299,370
		35	504
		42	44
		44	501
福井縣今立郡神明村		39	437
福岡	福岡縣,福岡市	4	247,281
		5	300,418
		6	275
		8	621
		22	318
		25	311,405,479,519
		26	44,79,300,303,384
		34	130
		35	544
		40	118,119,203,204,205,211,223,246,328,329,331,332,336
		42	233,286
		45	177
		48	425,426,438
福岡縣遠賀郡中間町		39	324

地　　名	别　　称	册数	页　　数
福岡縣筑紫郡二日市町字武藏寺		32	455
福岡市馬屋谷六八番地		42	543
福岡市外雁		5	420
福岡市春吉四六二番地ノ三		32	451
福島		5	299
		27	539
		35	503,504
福州	福洲	4	385
		6	157,183,468,469,470,471,535,536
		8	61,62,608
		11	23
		16	149, 152,246,277
		30	502,505
		31	521
		32	296
		42	143,147,148,183,186
		44	592
		46	35,70
福知山		41	476
ブクム		9	256
		46	553
福山		32	489
		45	255
ブゲー・ミション		20	173
ブゲトウール		33	430
撫湖		41	291,311
蕪湖		6	201,238,239,242,386,394,398,462
		7	163,164,165,168,172,173,175,176,178,224,225,255,257,301,513
		8	600,611
		16	23
		29	414
		32	190,193,238,241,416,432,489,496,500,501
		50	195
プゴ		21	86

地　名	别　称	册数	页　数
ブコビナ		29	507
釜山		2	671,675
		9	223
		12	207,322,416,417,419,420,421,433,439,443,445,446
		13	402,485,493,559,560,561
		14	127,184
		39	416
		40	101
釜山港		25	274
浮山所		6	357
釜山廠舎		26	52
フシアヴ		12	516
ブシール		7	504
埒子口		6	573
富士山		5	92,93
藤谷		43	189
藤橋港		6	558
伏見		30	135
富士屋ホテル		45	175
富壽	フートー,フートウ,フウトー	2	283
		27	597
撫挹		7	485
フシュル		13	126,128,129,140,699
撫順	橅順	2	408,458,624,668
		6	110
		7	546
		8	308,311,312,314,329,320,333,334,337,338,346,347,348,365,376,377,414,415,416,417,418
		10	684,685,688
		14	380
		30	388
		42	397
		45	74,174
府城		7	374
		39	234,291
撫松		7	547

地　　名	别　　称	册数	页　　数
武昌		6	452,473,476,478,484
		8	611
		16	111
		29	414,415
		32	347,359,385,433
武昌蛇山		6	326,332
阜新		8	308,311,329,333,337
武穴		6	407,408,471,474,478,479,500,501
		29	415
武穴水道獅子山		6	523
府前横街四号		7	374
ブソク		20	321
雙港子		6	538
雙城		2	538,539,540
ブタペスト		12	164
二見		15	391,396,400,403
ブタリタリ		25	117
		50	142,154
フタンボンビン		22	64
富池口		29	412,414
佛印「タッケー」		38	364
佛印南部	南部佛印,佛印南部地區	11	302,345,427,477,486
佛印北部地區		11	486
福建	福建省	2	428,429
		6	362,363,536,553
		7	375,430,431
		8	50,53,54,60,62,63,90
		11	22,598
		28	198
		30	151
		31	521
		33	155,192,195
		42	158,233
		44	592
佛岡		6	569
佛國租界		3	229
復興洲		6	523

地　名	别　称	册数	页　数
佛國領土		46	415
佛山		8	76
		15	312,313
フッシュル	フシル	10	378
物走		27	457,560
佛租界		44	590
		49	370
佛属越南		44	565
ブツマン		46	546
ブテインダ		20	17
プテラ		19	412,413,414,432,434
ブトアン		20	52
フトウ	Pnutho	11	129
フドウク		13	115
阜頭区回地街		12	154
普德寺		7	137,138,150,152,153
普德寺西安里堂		7	135
太限		8	593
ブトラキ村		14	55
布敦哈爾根努圖克		40	342,344
ブトン島		46	571
ブナ		24	575,589,590,591,592,594,598,649
ブナポペ	Vunapope	25	9,15
プナワン		20	23,40
ブニン湖		46	574
阜寧		6	462,469,538,539,542
フネン		13	583
ブネング		20	320
フノムペン		11	493
プノムペン金辺ツーランニヤットラン		11	315
金邊	プノンベン,プノン・ベン,プノンベン,金辺	9	218,219
		11	307,333,363,365,396,495,506
		27	575,594
ブヒン・トロゴイ		13	115
ブムリタ		22	370
武鳴		6	480,569

地　　名	别　　称	册数	页　　数
ブユアン		20	241
富裕		7	548
フユーガ島		20	38
扶餘		7	549
プラ		20	232
プラーグ		10	223
フライブルグ		46	225
ブラカン		21	404
ブラカン・マテイ		46	553
ブラゴヴェシチェンスク	ブラゴエンチエンスク,ブラゴエ,ブラゴ,ブラゴエスチェンスク,バラゴエ,武市,ブラゴエシチエンスク	10	524
		12	389,461,470
		13	201
		14	111,118,119,121,156,160,184,187,188
		30	582
		34	162,163,194
		50	293,301,350,351,468
ブラザ・ゴイチ		21	10
富拉爾基	富拉爾机	14	193
伯剌西爾	伯,伯剌西爾國,ブラジル國,ブラジル,フラジル,伯國,伯剌西爾合衆國	1	18,168,202,237,309,317,321,346,389,416,435,445,449,458,463,482,551,561,614
		2	31,47,65,76
		5	111
		10	223
		18	512,514,524,526
		29	225
		35	90
		36	207
		41	108,114
		42	90,147,356
		49	113,159,160,209,580
		50	73
ブラスタギ	ブラスタギー市	24	118,142
		39	400
ブラセル沖小島		46	546
プラタス	東沙島	19	224
ブラッドフィールドパーク		24	247

地　　名	别　　称	册数	页　　数
フラト・ウリイン・オボ	フラド・ウルーン・オボ,フラント・ウリイン・オボ,フラット・ウリイン・オボ山	13	105,115
		34	69,70
		50	336,362,363,364,366,376,378,379,380,381
ブラバット		46	574
プラバン		11	99
ブラマブトラ河		19	227
フラルキ		30	468
ブラワン		46	574
ブラン		46	553
呼蘭河		2	544
フランク		29	185
ブランケージュレン		24	139
フランス			参见:佛蘭西
佛蘭西	弗蘭西國,佛蘭西國,佛,佛國,法蘭西共和國,フランス,フランス共和国,佛蘭西帝國,仏,仏蘭西,佛蘭西國,佛蘭西共和國,フランス國,佛蘭西共和国,佛国	1	15,17,18,19,20,34,53,55,98,111,112,115,117,118,119,121,170,183,184,187,188,189,190,191,192,193,194,196,204,218,219,225,226,227,228,230,238,309,317,322,328,331,332,333,334,336,347,359,360,364,365,367,368,369,370,372,391,421,426,432,436,437,446,451,455,459,463,483,554,555,557,561,570,608,616
		2	37,53,68,108,110,112,113,115,117,118,119,120,133,134,163,164,165,166,167,168,175,178,182,199,200,216,217,278,282,284,285,297,308,311,313,315,316,319,324,326,327,328,435,462,463,551,601,621,630
		3	4,30,31,56,61,74,83,91,109,110,119,130,145,169,202,240,242,243,272,277,328,393,395,401,413,442,449,494,532,551,554
		4	282,374,426,604,605
		5	48,82,110,111,205,305,394,399,402,407,408,425,428,582,583,624
		6	191,195,243,244,245,246,247,250,251,253,273,274,275,281,282,416,471,492,509,547,551,557,560,561,578,621

地　名	别　称	册数	页　数
佛蘭西		7	191,508
		8	150,599
		9	33,34,35,36,37,316,318,367,368,379,381,386, 388,452,455,463,465,482,600,615,616
		10	27,47,58,62,76,78,96,98,223,246,265,315,382,406,419,468,500,505,514,525,541,650,659,669
		11	6,7,12,14,15,16,17,18,27,28,29,30,31,32,33,34,48,80,81,82,83,84,85,86,87,88,89,90,91,92,94,95,96,102,105,106,107,109,110,112,113,114,115,118,124,125,126,127,128,130,131,133,135,136,137,138,139,140,147,149,153,156,157,161,162,163,164,165,170,174,175,180,181,186,194,200,213,219,229,236,246,251,257,270,271,273,274,275,277,286,287,288,290,292,300,302,303,304,305,306,308,314,315,326,327,328,329,333,334,335,336,352,356,357,358,360,361,374,378,379,380,381,392,395,396,401,408,409,410,415,418,419,421,425,427,429,433,436,442,443,444,447,448,467,469,471,473,476,481,486,487,490,492,493,497,506,507,508,520,604,605
		12	13,118,219,223,400,495,606
		13	128,172,185,188,192,210,228,229,230,237,287,300,401,422,482
		14	136,206
		15	107,473,474,482,501,533,538,571,597
		16	122,164,190,195,198,203,204,207,208,211,215,217,219,232,238,241,242,243,245,272,275,298,302,305,311,356,357,363,372,492,527,583,585,599600,602,621
		17	45,51,130,215,365,392,425,499,500,578

地名	别称	册数	页数
佛蘭西		18	8,41,449,454,455,450,456,511
		19	34,125,188,190,208,244,366,377,379,447,478
		23	368
		25	212
		27	433,479,480,484,486,490,500,532,567,581,586,592,597
		28	205,304,342,485,500,503,517,518,519,521,527,528,529,534,538,539,540,541,544,546,548,549,550,551,552,553,554,561,562,563,564,569,570,571,572,573,574,576,579,581,589,603,605,613,614,615,617,618,619,620,623,625,630,634
		29	105,106,148,149,158,165,179,183,184,185,186,187,222,237,238,252,267,279,281,282,325,326,327,328,330,334,340,343,354,356,360,363,382,386,396,398,399,402,417,432,455,457,461,492,522,557,559,572,582,583,604,606
		30	12,56,117,122,126,140,171,222,238,248,251,331,405,447,449,451,453,454,455,503,517,523,529
		31	207,208,215,524
		32	21,22,24,99,104,140,207,221,247,275,287,306,359,365,377,512
		33	25,64,243,245,256
		34	39,172,180,268,439,461,462,464,474,483
		35	56,57,58,59,65,81,87,88,90,92,113,139,161,164,167,184,185,186,187,189,190,191,193,194,201,202,203,268,359,371
		36	165,343
		37	526
		38	78,86,92,94,97,98,109,118,119,122,131,134,139,141,142,145,153,154,156,159,160,164,165,166,171,199,212,215,

地　名	别　称	册数	页　数
佛蘭西			216,220,222,233,236,238,240,243,244,253,260,271,278,291,329,331,332,334,338,341,380,387,388,389,393,396,449,450,452
		39	30,34,36,210,222,242,267,444
		40	478,480
		41	256
		42	4,16,26,27,261,292,293,442,591,609,619
		43	34,121,139,291,338,347
		44	529
		45	441
		46	63,80,101,102,229,230,241,246,248,249,250,415,416,553,583
		47	35,80,154,155,156,181,182,191,196,305,311,315,318,329,320,321,322,323,324,325,326,327,329,330,363,389,400,483,568,636,731
		48	19,31,32,33,34,58,60,61,62,68,69,70,244,254,259,415,416,417,418,419,421,432
		49	82,161,162,164,165,188,200,297,270,408,454,505,508,515,518,555
		50	8,9,15,198,199,202,207,211,393,394
佛蘭西植民地		11	225
佛蘭西植民地帝国		50	198,199
佛蘭西租界		16	164
佛領アフリカ		10	382
佛領印度	佛印	9	143,167,195,208,218,220
佛領印度支那	佛印,佛蘭西領印度支那,佛領印度	2	297,305,319,321,323,328
		5	111,305,332
		6	214,255,417,550
		10	27,57,86,96,98,102,103,105,109,113,114,115,181,209,243,267,329,360,468,473,529,538,542,546,669
		11	12,13,14,15,16,18,25,27,28,29,30,31,32,33,34,80,83,88,90,92,93,95,96,97,98,99,102,104,105,106,107,108,109,110,111,112,113,116,117,118,120,121,

地名	别称	册数	页数
佛领印度支那			123,125,126,127,131,132,134,137,139,141,144,145,146,151,154,155,156,157,160,172,180,182,192,194,195,205,206,211,213,216,218,243,244,245,246,247,250,252,253,257,265,270,271,275,276,277,278,286,287,278,288,290,291,299,300,302,303,304,304,305,306,308,311,312,313,317,333,339,345,346,347,349,352,355,356,357,358,378,379,360,380,381,392,394,395,396,398,399,400,401,402,404,405,406,408,409,410,412,417,418,419,422,425,426,427,428,433,467,469,471,476,477,478,480,481,483,489,490,491,492,495,496,497,503,509,597,598,612,648,651,658
		12	13,52
		13	442,443,556
		15	218,303,325
		16	215, 221,327,335,552,553,559,567
		17	10,15,39,45,46,47,50,51,52,78,116,122,188,215,237,248,275,276,276,282,307,365,403,419,500,521,541,553,562,565,571,574,578,579,581,583,584
		18	2,54,91,278,287,459,492,503,510,511,512,523,524,529,531
		19	83,117,174,178,193,198,199,203,240,242,244,262,276,286
		25	253
		26	649
		27	430,432
		28	212,239,573,576,603
		29	77,81
		33	39
		34	435,462
		35	23
		36	160,161,213,214,255,256,257,348,506,510,517,520,521,524,525,526,532,535,536,560

地　名	别　称	册数	页　数
佛領印度支那		37	56,57,85,87,88,102,103,114,141,161,169,173,177,186,187,191,193,194,195,217,397
		38	10,338,340,341,342,343,344,345,351,355,356,357,364,365,380,382,387,388,389,390,395,396,397,398,402,445,446,447,448,450,451,452,456,457,462,463,464,465,466,475,502
		39	196
		40	27,28,392
		41	58,60
		42	518,531,549,613
		43	104,110,324,325,330,332,333,334,335,338,339,344,345,347,351,386,391,395,401,481,482
		44	374,459,565,566,567
		45	275,298,342
		46	71,84,86,236,245,246,318,411,444,449,478,479,579,500,580,581,582,583,584,588,589,590,591,593,595
		47	94,162,253,255,322,524,615,624,625,663,667,674,675,678,696,697
		48	2,31,32,33,34,35,36,56,57,58,59,60,62,63,64,65,67,68,70,71,75,77,79,80,81,82,84,87,93,120,141,191,199,248,250,251,253,254,260,261,284,285,390,408,411,412,413,414,415,416,417,418,419,420,421,422,423,424
		49	86,148,149
		50	144,202,247,523
佛領交趾支那		19	228
佛領東京地方		19	228
佛領トンキン		50	199
佛領ニュー・カレドニア		11	92
佛領ラオス		2	324,326
フランダース		10	206
フランチョン	phulanc Thuong	11	129
普蘭店		49	244

地　　名	别　　称	册数	页　　数
フランド		27	242
プリオク		23	164
ブリスベン	ブリスベーン,ブリスベイン,ブリズベイン市,ブリスベーン市	13	539
		19	291
		21	379,390
		22	167
		23	313
		24	420,429,586
		46	506
		48	265,426
プリター		19	447
ブリチッシュコロンビアリ州		19	226
ブリッヂ・ハウス		25	162,163,171,172,173,201,202,203,204,211,212,218,219,235,237,238,241,245,246,249,250,253,254
ブリバン		21	76
ブリハン村		20	146,147
ブリマス		2	406
フリマントル	プリマントル	27	324,333
		46	560,561
ブリヤト		12	62
ブリュウボネット・ブールバード		21	147
ブリュッセル	ブラッセル,ブラュッセル	3	549,553,556,557,558,559,566,570,572,573,574
		42	343,345
		47	16
		50	20
プリョク		23	556
プリンスエドワード街二七二号		14	33
プリンセス街		21	502
フリンヂ		24	627
プルヴォレジョ		23	586
ブルースター街		21	515
ブルーム		24	208

地名	别称	册数	页数
勃牙利	勃爾牙利亜,ブルガリア國,ブルガリア,ブルガリヤ,勃,勃牙利亜,勃爾牙利國	1	17,18,19,33,101,168,202,237,322,389,416,442,482,551
		2	35,50,66
		6	86
		9	543
		10	223,326,382,387
		13	257
		16	492
		19	188
		29	562,585
		35	87
		36	344
		46	415
		47	377,372,377,400
古川		5	300
ブルゴス		9	528
プルサ・ト		11	396
プルサト州		2	322,323
ブルシャン		21	75
ブルックス・ポイント		21	141,142,143,144
フルドウルイン		50	558
ブルドーザ		39	342
ブルネイ		19	217,227
		23	59,60,63,155
プルボリンゴ		23	625
プルワット		50	130,157
プレイン一番地		24	9
フレーザー		21	435
プレグレソ村・バトインセー部落		20	256
プレジテンシヤ・ダクン・シテイオ・ペニテット		20	20
ブレスト		27	509
ブレマートン軍港		46	521
フレモント市		22	487
浮蓮崗		6	570
ブレンネル		50	9

地名	别称	册数	页数
プロヴィンスリパ市	比律賓群島ルソンバランガス・プロヴィンスリパ市	20	144
ブロウダマル		23	408
プローム・コート		22	98,99
フローレス	フローレス島	23	387
		24	194
プロシャ		50	493
普魯西國	プロシヤ	10	287,319
ブロスベクト・テレス十二番地		22	180
プロムレー		22	436
ブロラ		23	486,487,490
フロリタブランカ		20	52
フロリダ街		20	134,135,137
		22	480
フロリダ州		27	242
フロレン		29	185
プロワセキジャング		23	406,407
フワ・パイ门		7	111
汾河		8	595
文河縣		7	348
文官屯		2	521
		42	392,395
フンギケイアンゲ		26	458
文教		6	535
文昌	文昌縣	6	535,548,561
		44	299
プンデプ		22	366
文登		6	461,533

へ

地名	别称	册数	页数
ベアソ		48	437
ベアテリオ街		21	14
ベイ		20	29
ペイ・シア通十号		7	117
平安神宮		28	214
ペイエット		27	238
平漢		33	197
ペイガン		39	343

地　名	别　称	册数	页　数
平漢沿線		32	529
米國	合眾國,米,米國,アメリカ國,亜美利加合眾國,アメリカ合眾國,北米合眾國,アメリカ,米国,美國,USA,亜米利加合眾國,アメリカ合眾國,亜米利加,亜美利加,米合眾國,合眾国,亜米利加	1	3,7,11,12,13,15,16,17,18,20,22,23,25,27,28,29,33,34,38,53,97,111,115,167,183,187,201,218,236,309,317,321,328,329,331,345,359,360,364,388,421,425,432,434,444,448,458,474,549,550,552,608,611,612,613
		2	30,46,64,76,87,108,110,112,113,115,116,117,118,119,120,121,122,123,124,133,136,137,138,139,140,163,164,165,166,167,168,175,176,177,199,201,206,208,210,216,228,229,230,331,333,339,384,405,406,463,464,551,600,601,602,606,610,618,620,623,678
		3	1,2,3,4,5,10,11,13,14,18,19,20,21,22,27,28,30,31,34,35,41,42,43,44,45,52,54,55,56,57,59,60,64,65,70,76,79,80,81,82,85,87,88,91,92,93,95,96,97,98,100,102,107,111,114,115,119,123,130,132,136,138,139,169,180,181,183,184,191,194,197,199,201,216,225,226,227,230,231,234,235,236,237,241,244,245,247,251,252,254,255,258,277,281,287,288,289,290,292,293,296,320,325,334,336,393,397,407,411,412,413,414,449,469,471,474,495,523,528,532,533,543,551,552,554,556,577,583,669
		4	268,284,285,312,383,384,415,416,417,450,481,604,605,607,608,612,613,617,618,620,622,625,626,629,641,664,666,667
		5	13,45,48,51,57,65,82,97,98,110,111,147,151,195,199,204,209,213,217,222,260,304,305,311,322,324,326,327,328,330,331,332,333,334,338,340,341,345,350,355,362,363,370,381,385,394,401,402,406,461,492,524,534,535,543,582,585,587,588,605,612,613,662

地　　名	别　　称	册数	页　　数
米國		6	72,76,88,90,103,122,166,178,190,191,195,212,213,215,225,226,227,228,231,232,234,237,240,241,243,245,250,251,252,254,255,256,257,258,261,281,282,323,436,437,492,551,559,560,578,582,591,600,629,635
		7	5,6,12,27,43,47,61,66,92,163,164,169,172,173,174,175,176,191,216,220,221,222,225,226,227,244,245,246,247,248,252,254,256,257,258,275,276,277,278,279,283,285,355,360,477,478,481,484,490,492,500,507,508,516,529,559,569,572
		8	6,16,17,19,22,30,35,53,57,61,63,73,144,149,154,155,156,157,158,159,324,461,477,503,505,506,507,524,525,526,527,528,530,531,532,533,534,535,539,540,542,543,548,549,551,552,553,554,601,605
		9	33,34,35,36,37,90,141,144,245,272,273,279,281,324,345,348,363,372,378,389,391,396,417,421,437,438,465,480,482,508,559,562,600
		10	3,9,23,24,34,37,38,41,42,47,57,58,63,66,67,74,76,77,79,99,100,101,104,106,110,117,118,119,120,121,126,127,176,177,179,183,184,185,188,196,197,202,203,206,207,208,223,227,228,229,236,244,245,246,248,249,250,251,254,256,262,263,264,266,267,268,269,270,272,274,275,276,284,286,343,346,350,372,383,384,385,386,387,388,389,395,397,398,402,403,405,406,413,418,419,420,436,441,442,443,444,445,453,455,456,458,459,465,466,468,472,490,491,492,493,494,495,498,500,508,514,518,523,524,525,528,534,537,538,539,540,541,542,544,545,546,547,548,579,608,

地名	别称	册数	页数
米國			626,629,630,634,634,635,637,638,641,644,648,650,654,656,661,666,667,669,670,671,674,675,681
		11	15,20,48,87,89,93,94,99,184,190,191,192,193,195,196,197,210,212,251,258,259,265,272,287,298,302,303,304,305,311,322,327,333,337,344,345,346,349,356,378,379,387,388,401,402,403,404,405,406,407,408,410,414,417,418,419,422,425,427,428,432,472,476,477,480,509,521,536,546,547,548,550,562,582,583,584,588,592,600,612,613,616,617,618,649,658
		12	14,63,65,66,67,91,110,125,486,495,508,510,573,574,578,581,606
		13	90,132,133,135,144,146,148,149,150,152,153,154,167,168,172,188,196,201,228,229,230,231,232,234,235,236,237,244,252,254,285,287,288,289,296,298,299,302,304,326,335,349,356,358,364,365,366,374,375,376,377,380,381,389,401,406,407,412,415,419,420,421,422,427,428,435,442,443,447,448,449,450,465,466,472,473,476,478,479,480,482,507,516,533,555,558,575,577,578,580,581,584,585,599,604,605,608,612,614,615,616,617,620,643,646,653,663,664,666,671,668,671
		14	2,3,9,10,12,16,19,21,22,23,27,60,71,75,76,77,80,81,82,85,86,87,95,96,140,149,157,204,206,239,240,284,294,427,484,486,487,488,489,490,491,492,493
		15	1,105,108,107,109,114,200,324,329,331,332,334,335,336,337,338,339,375,376,421,436,437,438,442.443,444,448,449,452,453,454.,455,456,460,473,474,475,478,481,482,487,488,492,501,

地名	别称	册数	页数
米國			505,516,518,519,520,521,523,524,525,526,527,529,535,536,538,539,540,541,546,547,551,553,564,565,566,586,587,588,594,597,602,603,610,616,619,621,622,625,627
		16	7,8,12,28,34,36,37,38,40,43,51,52,54,55,57,60,61,67,80,83,91,94,95,96,102,110,112,113,114,115,118,119,120,124,126,127,128,129,131,132,133,134,135,139,145,149,150,151,153,156,167,168,176,177,178,179,181,182,183,184,185,186,188,190,191,204,208,211,217,218,219,220,221,225,228,229,230,231,232,233,234,237,238,242,292,293,295,296,297,301,302,303,304,305,306,307,310,312,314,315,316,321,328,336,337,341,342,354,357,360,361,362,363,365,366,367,368,371,372,373,379,382,383,388,393,396,401,402,409,410,414,415,416,417,418,419,420,421,425,426,435,436,442,443,444,445,451,453,454,455,456,458,459,461,463,464,469,471,473,474,475,476,477,478,479,482,485,486,488,493,494,496,500,503,504,505,509,510,511,520,521,523,524,525,526,529,530,531,532,533,534,536,544,559,568,583,584,585,592,593,594,595,597,599,600,601,602,603,604,605,606,608,609,610,611,612,616,617,619,622,624,625,626,628,630,631,632
		17	11,21,27,39,52,56,73,74,75,78,80,81,91,95,96,97,100,102,109,111,112,113,114,118,119,122,126,130,131,132,142,143,145,149,150,151,168,170,171,172,173,175,177,179,180,181,182,184,185,187,189,190,191,193,194,196,198,199,201,202,203,205,206,208,209,213,214,215,218,219,221,225,227,228,229,230,

地　　名	别　　称	册数	页　　数
米國			231,233,234,238,240,241,242,244,245,247,248,249,250,256,264,265,266,267,269,270,275,276,278,292,295,296,297,298,299,302,307,308,309,313,318,321,324,325,326,328,329,331,335,336,338,349,350,356,360,361,363,366,367,373,375,392,393,395,403,404,425,431,432,434,452,453,456,459,462,463,464,469,472,473,474,475,477,478,479,481,483,484,486,489,490,492,493,494,495,496,497,498,500,502,504,506,508,509,510,512,513,514,515,516,517,518,520,523,524,525,526,530,533,535,536,537,538,539,540,542,547,548,549,550,553,556,557,560,561,562,563,569,572,573,574,575,578,580,582,583,585
		18	2,3,4,5,6,8,10,14,15,17,24,26,27,28,33,34,36,37,38,41,49,50,51,53,54,55,56,57,67,87,90,91,117,122,129,133,137,147,149,157,167,169,187,189,199,203,205,207,211,217,222,236,245,250,254,256,261,269,271,274,276,277,278,279,280,283,284,287,288,298,308,309,310,314,319,321,325,326,332,336,340,344,345,346,349,354,355,356,360,366,369,370,379,390,392,403,404,411,429,446,449,451,452,453,454,455,456,457,459,460,461,480,487,489,490,491,492,494,502,503,509,514,515,519,525,527,530
		19	5,9,20,24,34,43,56,83,89,101,107,111,116,117,119,179,180,181,182,187,188,189,190,191,192,193,195,209,215,221,227,230,233,234,235,236,238,242,247,248,250,252,253,254,255,256,257,258,259,260,266,267,268,269,270,271,272,273,275,276,277,278,283,284,286,321,328,332,336,337,338,339,340,343,344,345,419,444,468,474,477,478

地名	别称	册数	页数
米國		20	56,63,143,305,333
		21	10,11,13,49,51,52,108,124,125,128,129,136,137,138,139,147,149,154,158,160,168,171,193,194,195,196,197,199,200,202,203,204,205,206,208,211,212,213,215,216,217,218,222,228,229,231,234,235,237,239,243,244,246,250,253,265,316,331,351,368,379,505
		22	114,125,152,185,311,501
		23	117,133,226,300,353,355,513
		24	18,98,118,228,267,286,293,311,312,330,331,431,451,471,572,605,606,607
		25	48,71,79,83,127,135,196,222,225,226,239,241,244,253,266,273,274,320,342,412,416,417,425,443,445,521,528,531,537
		26	105,112,246,635,651
		27	8,9,13,36,40,42,43,48,49,51,53,93,99,208,230,245,249,252,281,306,332,343,346,374,397,403,426,563,675
		28	91,98,108,116,147,155,159,161,165,172,173,213,216,222,224,242,244,246,258,259,324,407,408,450,452,454,456,461,469,478,479,481,485,488,489,491,492,500,503,507,513,514,515,517,524,529,543,544,545,546,547,558,565,566,569,570,571,572,573,574,575,576,577,578,579,588,589,603,605,614,615,616,618,619,620,623,624,630,631,634
		29	22,31,51,55,62,66,69,77,78,80,81,82,83,84,85,87,106,123,132,135,136,172,173,177,187,222,255,256,257,258,260,265,266,267,268,271,272,273,274,275,276,277,279,280,281,284,285,286,287,288,289,290,291,292,326,327,328,333,334,356,363,377,381,385,395,398,401,412,416,420,422,423,424,426,431,455,457,487,524,525,526,527,531,533,553,

地名	别称	册数	页数
米國			554,556,560,561,562,563,565,566,569,570,571,572,573,574,575,576,577,579,580,581,582,583,584,585,586,588,595,596,597,598,599,604,612,613,627,628,629
		30	11,13,19,20,21,22,25,56,65,83,101,113,115,117,121,122,123,126,130,131,134,135,136,139,140,141,158,171,174,187,188,189,190,192,194,197,217,222,223,233,239,266,323,337,343,359,377,405,421,424,427,453,455,460,465,485,503,507,517,519,523,527,529,534,535,536,538,542,555
		31	10,30,33,36,39,63,72,76,95,159,101,174,182,192,308,331,340,352,366,367,391,412,413,420,429,437,467,481,494,507,508,512,524,530,539,561,591,604,609,631
		32	1,8,13,21,22,24,35,51,96,97,99,106,107,140,154,172,173,174,175,178,179,183,184,185,194,200,207,209,219,220,221,232,241,247,252,259,268,304,306,312,321,326,330,337,340,346,350,356,363,369,373,379,391,396,403,415,422,450,455,462,470,474,478,485,486,500,507,512,517,545,549,567
		33	1,18,94,95,103,104,149,164,195,217,242,253,270,292,330,338,344,349,377,408
		34	3,16,24,36,37,38,39,43,102,111,129,135,149,152,156,157,158,169,170,171,172,173,174,180,181,183,185,192,196,206,217,219,233,240,243,246,268,269,271,277,278,281,282,287,288,295,297,307,308,309,310,312,316,320,341,361,376,380,381,382,383,391,430,485,486,487,488,489,494,498,499,500,501,502,505,506,508,509,510

地　　名	别　　称	册数	页　　数
米國		35	2,3,4,5,6,11,12,13,14,15,16,18,20,21,22,23,24,25,27,28,30,31,32,33,34,35,36,37,38,39,40,41,43,44,45,47,49,50,52,53,55,56,59,60,63,64,71,82,83,84,87,88,92,98,100,102,103,109,111,113,114,115,126,132,136,137,140,146,153,161,162,164,167,168,171,173,176,180,181,184,185,186,187,188,189,190,192,193,194,195,201,202,203,204,205,206,207,208,209,210,211,212,213,214,215,217,218,219,221,222,223,224,227,229,231,241,242,243,245,248,249,250,252,257,259,268,270,272,273,275,314,333,340,343,344,348,349,351,359,360,369,371,391,395,427,469
		36	11,13,14,16,17,18,19,21,24,25,26,28,32,34,49,51,55,59,82,83,84,95,100,101,102,103,104,105,106,108,109,115,117,153,154,155,156,157,158,159,160,161,168,169,170,171,172,190,192,195,200,201,202,203,204,205,206,207,208,209,210,211,218,219,220,222,224,227,229,230,231,232,233,234,235,236,237,238,239,240,241,242,244,245,246,247,248,249,250,251,253,254,255,256,257,261,263,264,2268,273,276,285,286,293,315,316,319,322,337,338,340,343,348,367,368,369,370,371,372,374,375,376,377,379,380,382,383,384,387,388,389,390,391,392,401,402,403,407,408,409,410,413,417,418,419,422,423,426,432,433,434,437,439,447,449,451,452,453,454,455,456,457,458,459,460,461,462,463,464,465,466,467,468,469,470,473,477,479,480,481,482,483,484,486,487,488,489,490,491,492,493,494,495,496,497,499,502,503,505,506,507,509,511,512,513,514,515,517,520,521,522,

地名	别称	册数	页数
米國			523,524,525,526,528,534,535,536,527,537,538,539,540,541,542,542,544,545,546,547,548,549,550,552,554,557,559,560,563,564,565,569,570,571,572
		37	1,2,3,4,8,9,12,13,14,15,16,17,18,19,21,22,23,24,26,27,31,32,33,34,35,38,40,41,42,43,44,45,46,47,48,49,51,52,53,54,56,57,58,59,60,61,63,64,65,66,67,68,69,70,71,72,73,74,75,77,78,79,80,81,84,85,86,87,88,89,90,91,92,93,94,95,96,99,100,101,103,104,105,106,107,110,111,113,114,115,116,117,118,119,120,121,123,124,126,127,128,129,130,131,132,133,134,135,136,137,138,140,145,147,149,150,151,152,153,154,155,156,157,158,159,160,161,162,163,164,165,168,169,170,172,174,175,176,177,178,179,180,182,185,186,187,188,189,190,191,192,193,195,196,197,201,202,203,205,206,207,208,218,222,224,226,227,228,230,231,236,245,247,248,249,251,267,268,274,275,281,288,324,325,332,334,364,374,380,401,405,411,417,418,425,430,431,436,440,448,456,464,465,466,471,472,473,474,475,517,518,519,525,526,528
		38	1,4,7,8,10,11,13,14,17,21,22,23,24,25,30,35,36,37,39,42,44,47,53,54,58,62,63,71,72,76,78,79,80,81,82,83,84,85,86,87,88,89,90,91,93,94,96,97,98,101,102,105,106,107,110,111,113,115,116,118,120,122,123,126,127,128,129,130,139,140,142,143,144,145,150,155,156,159,161,164,166,173,174,175,176,177,182,186,187,188,189,190,191,193,194,195,196,197,199,201,202,205,208,209,215,216,221,223,233,236,238,240,243,244,251,253,254,255,257,260,262,

地名	别称	册数	页数
米國			265,267,269,271,278,285,288,297,330,332,336,339,348,354,362,368,373,377,378,379,380,382,386,395,396,398,399,403,407,410,411,412,415,420,428,429,430,431,432,436,438,439,440,441,442,444,445,446,447,452,453,454,455,456,457,459,463,465,468,469,472,473,474,475,484,493,499,502,503,512,513,519,527,533,535,536,544,545,548,551,552,558,564,565,566,573,585,599
		39	1,15,17,18,20,21,24,25,26,29,34,57,64,72,78,87,89,93,95,132,149,161,166,167,191,196,202,207,209,210,225,232,238,245,252,259,265,271,277,289,295,298,307,323,341,342,344,353,360,374,388,398,414,424,436,451
		40	1,8,10,13,15,17,21,26,27,114,154,160,166,207,208,221,227,246,252,264,265,266,267,282,283,284,285,298,334,348,352,357,358,359,361,362,365,366,367,368,369,370,371,372,378,385,388,393,394,395,397,423,452,453,470,474,482,508,521
		41	3,35,36,37,38,57,77,87,88,98,106,108,111,117,125,127,128,131,137,151,168,177,184,202,213,225,235,237,240,246,252,257,265,270,280,290,297,299,303,307,325,345,348,354,364,365,375,379,386,389,390,392,405,427,434,435,436,438,439,454,466,474,487,489,490
		42	3,4,7,13,14,20,21,22,23,24,26,27,28,31,32,34,35,39,43,44,56,67,70,73,78,90,97,98,104,105,107,108,113,114,115,138,141,143,147,148,150,151,152,154,156,164,165,194,200,205,206,211,215,216,223,256,267,269,282,285,292,293,298,302,303,315,319,320,322,339,340,341,345,346,347,348,349,350,351,

地名	别称	册数	页数
米國			352,355,356,360,368,370,371,375,376,379,380,386,388,414,415,419,430,440,441,473,474,475,480,484,513,535,542,547,552,579,590,591,593,603,607,613,619
		43	1,3,6,10,13,17,20,22,30,33,34,45,47,48,50,56,61,62,65,68,71,72,75,76,79,80,81,82,83,87,88,89,95,101,104,107,117,118,119,121,122,123,124,125,176,192,232,238,239,282,283,290,304,316,317,324,326,327,328,329,332,333,335,337,338,339,340,345,348,349,350,351,352,353,354,356,357,358,359,360,362,364,365,367,368,369,370,371,372,373,375,376,377,380,382,385,386,391,393,395,396,397,398,399,400,401,402,404,405,415,416,419,420,421,422,423,424,427,428,431,435,436,437,438,440,441,444,448,453,454,456,464,484,507,521,546,560,574,578,579,580
		44	1,54,211,215,220,225,229,234,240,245,250,256,260,307,314,324,326,332,338,345,366,374,377,378,379,423,434,440,443,450,457,462,464,479,480,482,489,497,505,519,528,529,537,542,551,560,566,567,569,577,580
		45	1,10,20,32,94,105,106,110,121,126,133,139,146,169,170,172,178,188,189,191,193,194,195,200,202,203,204,205,206,210,211,212,213,214,218,220,228,234,246,247,250,251,260,264,265,266,269,273,282,283,300,331,342,344,345,397,398,400,401,402,403,408,412,416,417,418,421,424,425,428,433,434,435,436,440,446,447,448,449,452,453,454,455,456,457,460,461,462,463,488,489,492,494,528,529,530,531,533,534,535,536

地名	别称	册数	页数
米國		46	11,16,22,24,28,34,46,50,59,63,71,76,80,81,84,85,86,87,88,92,96,100,101,102,107,109,112,114,119,142,131,135,139,145,147,152,186,193,194,197,203,216,227,234,236,237,238,239,240,245,246,249,258,260,273,279,285,289,290,292,297,304,311,317,320,340,352,364,382,396,397,398,399,404,412,413,414,431,437,448,449,452,456,460,465,470,476,477,478,479,480,481,484,485,486,490,491,499,500,501,503,506,507,508,509,513,514,516,520,535,548,550,551,555,556,563,569,575,577,578,579,580,586,587,588,589,590,591,592,596,597,598,599,601,602,603,608,609
		47	2,12,17,24,34,35,36,39,42,47,65,80,84,87,91,96,103,109,111,119,131,139,144,148,152,153,174,175,177,181,182,183,184,191,193,194,195,197,198,199,200,201,202,205,210,222,223,224,227,236,237,242,243,244,245,246,247,248,249,250,251,252,253,253,255,256,257,258,259,260,261,271,272,274,275,276,284,290,291,298,300,301,302,303,304,305,307,308,309,311,313,315,317,318,319,320,322,323,324,325,326,327,342,343,344,347,352,357,359,360,362,363,364,371,376,381,386,392,399,403,407,414,419,420,427,430,434,438,440,441,443,446,449,450,451,457,459,465,467,470,475,477,479,482,484,485,490,494,495,496,499,500,505,512,513,523,524,526,530,535,540,542,545,551,559,568,569,577,582,592,598,599,600,603,605,606,607,609,610,611,612,613,614,615,616,617,618,619,620,621,622,624,625,626,627,628,629,630,631,632,634,635,636,637,638,640,641,642,645,646,647,

地　名	别　称	册数	页　数
米國			648,649,652,655,656,658,662,663,664,676,678,682,684,685,686,687,688,690,692,696,697,729,730
		48	13,19,20,22,23,24,25,27,28,29,31,35,37,39,47,48,49,51,52,54,55,56,62,63,64,65,66,67,68,69,70,71,76,77,78,79,80,82,84,85,86,87,88,90,94,96,97,99,101,102,103,104,113,114,115,116,120,123,124,125,129,131,132,133,135,138,139,140,141,142,143,145,146,147,150,152,153,154,155,156,162,164,165,167,170,172,173,174,175,176,177,181,188,190,191,208,212,231,250,252,257,258,259,260,261,262,263,264,265,266,267,268,269,270,271,272,275,276,278,279,280,285,292,293,294,295,296,303,304,306,314,319,323,324,325,326,327,328,329,331,342,343,352,355,356,357,360,382,386,387,388,389,390,391,393,395,396,401,403,408,412,430,431
		49	1,20,31,34,34,38,39,41,51,52,55,60,62,67,68,72,80,82,84,93,96,101,102,104,105,106,109,110,113,114,117,119,122,126,127,131,135,136,137,147,150,151,155,156,157,158,159,160,161,187,189,192,194,200,201,203,205,209,213,217,235,236,230,231,246,253,254,255,257,259,264,268,273,274,290,296,301,307,312,319,325,330,334,341,297,343,411,414,419,447,454,451,466,483,531,534,543,544,547,550,553,554,555,570,573,574,578,580,587,588,589,590,591,598,609
		50	10,11,15,16,18,20,21,25,30,52,58,59,61,63,64,65,66,69,72,73,77,78,79,89,93,94,96,112,151,160,198,201,204,209,213,239,244,252,386,398,400,403,407,422,434,440,441,442,443,444,447,

地名	别称	册数	页数
米國			452,457,462,466,472,478,491,495,506,511,515,522,531,540,544,545,546,550,556,562,567,572,577,581,586,594,599,604,605,609
米洲	アメリカ洲	10	182
		11	599
		16	208
		19	96,233,234,271
		28	573
		35	48
		36	384,411
		46	516
		48	244
米洲西岸		39	29
平城		12	416
平壤	平壌,平壌府	5	642
		12	419,420,421,433,443,445,446,447,452,459,460
		14	184,185,380
		26	49
		45	2,11,174
		48	17
平綏		6	127
		33	197
平綏路		11	57
米西岸		39	21
米大陸		2	332
		10	99,104,106,110,119,208,670
		19	336
		26	595
		28	577,579,581
平頂山		10	684,685
平定		8	595
屏東		26	13
平南		7	389,390
ヘイホ		24	646
平樂		6	482
米領印度支那		43	339

地名	别称	册数	页数
米領グアム島		13	581
米領ワシントン州		19	226
ベーエル・エ・エム		11	536
海牙	ヘーグ,ハーグ	1	67,78,81,83,95,96,101,103,129,131,141,152,164,167,175,176,198,209,235,268,269,271,324,343,384,388,397,417,420,424,429,444,448,457,479,564
		2	341,352,353,354,357,364,367,380,381
		4	288
		16	584,585,602
		19	1,9,31,34
		24	9,16,251
		36	150
		38	77
ヘーグ市リアウ街一八三		23	537
ベースシャー		22	530
ヘーチェン		18	143,163,183
ベーリング海		2	83
		11	648
		29	311
ベオ		24	287,336
ベオロパウロスク		39	25
ペカデン・バロウ		23	438
ベカロンカン		23	590
北京	北平,北平市,北京市,京,京城	2	148,151,408,409,410,416,420,440,441,443,454,460,467,468,471,477,478,512,522,536,537,590,596,656,659,662,667,668,669,670,671,672,673,674,676,677
		3	145,146,147,148,159,161,202,204,205,214,219,436,473,527
		5	373,381,512,513,521,522,528,531,532,533,534,535,571,572,573,579,580
		6	106,116,117,119,125,127,128,132,135,136,137,138,140,141,142,143,196,209,602,605,607,610,613,616,619,621,624,627,631,633,639,640,643,646,649,650,655

地　名	别　称	册数	页　数
北京		7	37,177,179,217,227,241,247,248,249,250,251,252,258,272,278,279,280,281,282,283,342,343,344,345,346,347,350,354,355,356,360,363,364,365,369,430,486,492,512,524,543,572
		8	11,13,14,15,19,20,29,30,31,33,34,36,37,38,39,40,41,42,46,72,84,157,160,529,582,586,591,594,609,621,622,623
		9	56,118,445,446,451,454
		10	591,597,601
		11	55,56,57,61,66,68,532
		12	184,271
		14	105,132,134
		15	402,593
		16	7,41,53,151,242,620
		17	443,494,499
		21	214
		25	186,204,211
		26	508,526,651
		28	143,266,285,288,334,335,337,338,340,341,342,346,347,349,350,352,353
		29	179,181,183,186,189,193,296,300,301,308,309,310
		30	84,85,171,253,255,270,274,328,333,353,362,392,393,394,406,414,418,440,472,473,488,492,558
		31	202,205,319,467,468,469,472,474,475,493,494,495,497,499,502,508,513,514,516,517,518,520,526,531,534,540,541,545,546,547,548,549,552,553,555,556,568,569,571,579,580,581,582,583,601,605,609,614,623
		32	2,33,71,79,81,89,155,305,479,523,524,529,535,536,538,563
		33	2,56,67,71,90,97,172,173,177,218,219,251,326
		34	1,62,309,469
		35	46,216,217,220

地名	别称	册数	页数
北京		37	320
		38	360
		39	215
		40	349,484
		41	178,179,180,310
		42	35,125,141,143,147,150,151,152,180,183,186,193,213,230,279,288,320,326,431,433,434,587,612,621
		43	47,62
		44	298,299
		45	254,259,336,502,506,512,515,518,522,525
		46	72,73,334,341
		47	4,17,18,19,144,228,286,408,452,568
		48	326
		49	350,400,457,477
		50	69,72,73,410,569
北京居仁堂		6	428
北京ノ公使館區域		3	145
北京飯店		8	38,40
北京路		7	58
ベグー		39	309,327,329,361,368
ベクザー郡		21	153
ベゴングポック村		21	74
ベサモ		29	482
ヘショウスム		50	332
ベズイミヤンナヤ高地	ベスイミアンナヤ丘,ベズイミヤンヤ高地,沙草峰	13	41,54
		33	373,391
		50	283,287,553
ベスケスホテル		22	536
ペスチャナヤ灣		50	282
ペスチャナヤ高地		27	623
ベストウヂェーワ三五號館七住宅		14	43
ベスミヤンナヤ丘		13	62
ペタンシアンタル		24	117,120
ヘヂァーズ及ネヂド國		1	616
ベチール		13	667

地　名	别　称	册数	页　数
ベチオ	ベチイオ	25	117,121,123,124,125,127,130
ペチョジョ		23	556
ベツアモ	ペツアモ地區	29	472,482
ベッサラビア		13	276
		29	506,507
ベッテイング・クサ		21	328
ベット・ジェノンガン四八B		24	2
ベッドフォード		46	202
ベッドフォード・オークレイ・ヘイヅコッテジ		23	445
ベッドフォード・リチモンド路五番地		22	334
越南		44	565,566
ペトリヤ駅		12	140
ペトロパヴロフスク	ペトロハブロスク,ペトロヴロフスク,ベトロパウロフスク	12	61
		13	225
		14	10,13,16
		49	144
ベトン		22	263
ベトング		22	263
ベナヴィデス		21	115
彼南	ペナン	50	164,165,166,170
ベナング		22	553
ペナント		18	56,73,106
ベナンバン		23	79
ペナン島		18	106,396
ペニトン		24	100
ペニンキ		23	258
ベネジェラ		5	111
ベネル	PENNER	19	225
ベネロング・クレセント	ベンロング・クレセント	21	457,480
ペネンキ		23	259
ヘフスルル		12	516
ヘブライ		50	487
ペラ	ペーラ,ベラ,ベーラ,	9	268,269,300,301
ベラウ		23	264,277
ベラウニ		23	365

地　　名	别　　称	册数	页　　数
ベラウンデリ		24	160
ベラカ		23	280,290
ペラク街		21	510
ペラチェ・ベラ		50	157
ベラル島	バラレ島	25	95,96,98
ペラロンガン・ブレベス行政區ブーミアジュー地區バグージャンガン副地區ハトウーグーラン村		23	582
ベラワン		46	571
ベランゲ		19	458
ヘラン街		20	135
ペリリュー	ペレリウ,ペレリュー,ペリリュウ島,ペリリュー群島	15	354
		18	132,152,172
		27	205
		37	441
		50	131,132,153,157
ベルー	ベル	25	114,115,117,118,121
		39	30,34
		50	142,154
秘露	祕露國,ペルー國,ペルー,秘露國	1	173,206,241,349,393,417,442
		2	77
		3	402
		6	306
		18	452
		29	225
		36	207,356
ベルヴュー・ヒル	ベルルビユー・ヒル	21	457,480
ベルガン	ベンガル・ベルガル灣	39	24,33,113,114,116,118
白耳義	白,ベルギー國,ベルジァ國,白耳義國,比利時,ベルギイ,ベルギー,ベルジューム,ベルギン,比律悉,白國,ベルリン	1	18,97,117,118,168,189,191,202,225,236,309,317,321,323,332,333,346,365,367,389,403,416,435,436,445,449,450,452,454,455,458,463,482,551,561,614
		2	31,47,64,76,120,170,464,600,601
		3	347,395,401,413,494,552,554,556,560,570
		4	460

地名	别称	册数	页数
白耳義		5	111
		6	306
		7	500
		9	33,34,35,36,37
		10	41,47,206
		11	29,48
		15	597
		16	203,585,492
		28	561,566,616,617
		29	222,334,349,381,385,395,401,416,420,431,455,457,560,566,568,569,570,572,582
		35	87,343,359
		36	343
		38	233
		41	108
		42	127
		46	241
		47	16,319,329,483
		49	96,162,166,166,200
ベルギー			参见：白耳義
ベルグラード		10	439
		13	250
		47	77
ペルザー		21	127
波斯	ペルシャ國,波斯國,ペルシャ,ペルシァ國	1	99,173,206,241,309,349,393,423,429,433,453,461,463,483,543,556,559,560,561,618
		2	39,57,71
		5	111,410,426
		8	50,51,53,54,61,77,81,90,93,94,97,103,112,113,118,120
		12	196,503,507,512,606
		17	215,237
		18	468,469
		28	108
		47	365
		49	144

地名	别称	册数	页数
波斯灣	波斯湾,ペルシャ灣	10	182
		11	595,599
		28	195,523
ヘルシンキ		17	445
		29	481,482
		46	414
ヘルシング		30	453
ペルセッド		21	134
ベルテン		23	551
ベルファスト		22	177
ベルフニヤヤ・バジセンナヤ		13	58
ベルメル街		46	388
ヘルモサ郡バンシック村		20	395
ベルランタワオ		23	553
ベルラン臺灣		23	553
ベルリス		19	217
		48	209,382
伯林	ベルリン,柏林,ベルン	1	8
		2	45,232,233,256,259,260,263,264,267,296,339
		3	250
		7	304
		9	310,331,333,334,336,337,338,352,353,364,403,407,408,420,427,452,455,462,463,465,473,474,476,478,510,518,519,521,530,531,533,539,540,543,555,558,561,568,570,571,575,579,581,583,589,595,597,598,600,601,603,605,608,609,613,617,618
		10	1,3,7,8,10,11,13,17,18,20,21,25,35,39,44,46,49,52,55,60,64,68,69,74,80,84,86,88,90,131,134,152,157,160,162,163,166,187,191,194,196,199,202,208,218,221,225,241,247,312,331,332,336,338,340,341,348,352,355,358,361,363,364,365,368,369,371,372,373,375,377,379,387,389,390,393,411,416,425,429,

地　名	别　称	册数	页　数
伯林			435,445,447,449,459,462,473,475,479,484,486,490,496,497,503,510,511,517,521,524,529,530,535,566,570,558,568,574,575,582,584,589,602,603,606,608,610,612,616,626,627,632,634,644,648,654,655,656,669,683
		11	7,10,188,203,225,227,230,236,239,257,258,262,264,267,295,320,324,331,371,376,379,380,384,386
		12	230,496,499,500,594
		13	129,141,177,186,187,189,195,199,211,212,222,240,247,249,260,268,291,293,295,304,305,306,311,322,327,333,337,339,341,346,350,354,356,363,364,366,378,380,382,384,647,648,652,653,657,667,671,672
		14	95
		16	215,224,297,311,388,442,443,447,467,550,555
		17	11,13,19,23,35,43,53,223,247,307,309,444
		18	380,388,525,527
		27	307,401,407
		28	295,300,302,474,477,484,485,623,624
		29	521,558,559
		30	181,453
		33	258,260
		34	272,273,291,298,302,304,471,472,473,475,477,478,481,483,487
		35	17,87,89,90,94,96,99,100,103,106,107,112,116,120,130,135,138,142,143,144,145,152,156,160,169,182,210,224,226,229
		37	472,473
		40	408,436,440,442,445
		42	262,263,352
		45	397,530

地　名	别　称	册数	页　数
伯林		46	1,2,3,5,6,7,8,9,13,17,18,21,23,24,25,29,30,31,35,38,43,51,52,53,54,71,88,92,105,120,130,132,140,142,148,153,157,158,159,161,162,163,164,167,169,171,178,181,182,188,190,191,194,197,198,199,200,201,202,205,217,219,243,244,258,372,373,374,377,382,383,384,385,414
		47	5,50,56,59,61,74,77,80,81,84,86,87,157,162,376,381,382,383,387,389,390,391,397,400,401,415,416,421,428,429,435,440,450,483,562,563,564,566,581,582,587,590,593,595,596,604,652,659
		49	291,292,297,408,409,512,514,516,533,537,541,549,551,554,558,561,564,566,568,570,583,585,594,596,601,605,616,617,619,620,623,625,626,631
		50	295,326,345,348,353,368,453,454,544,547,548,573,578,587,591
伯林西八・ウィルヘルム街六十四番地		9	332
ベルン	ベルヌ,ベルス	1	306,567,573
		2	28
		21	193,194,195,197,200,203,204,205,206,212,213,228,229,231,234,237,239,243
		46	374
ベレヒスガーデン		46	188
ヘレン・リーフ		50	134,157
ペレン河		33	319
ベンガラ河		19	53
ベンガル		28	198
ベンガル湾		50	165
ベンガル州		19	227
ベンキ		19	446
ベングエットラ・トリニダッドピコ		20	323
ベンゲットマンカヤン		20	45,49
ベンケトラ・トリニダド		20	45

地名	别称	册数	页数
ベンケレン		24	142
ベンコエレン		23	10
ベンゴール		39	341
ヘンザダ		22	62
		39	309,329
邊山地區		32	358
ペンシペンシルヴエヤ街	ペンシルヴァニア街	20	11,141
ペンシルヴァニア州	ペンシルバニア州,ペンシルヴェーニア州	2	170
		25	223,417
		31	437
		46	202
ヘンダーソン街路		23	586
ベンヂット・ラ・トリニダド		20	317
ベンドルトン		27	238
汅陽		6	569

ホ

地名	别称	册数	页数
ホ		15	400,401
ボ		15	400
ボアク		20	52
ホアンルナ		21	29
ボイケン		24	608,609,612
ボイス		27	9,239,242
ホイト・エリグ		34	69,72
ホイラー飛行場		46	532,533,534
ボイル湖		33	284
		34	69,72
ポイント・ルックアウト		23	453
竇安		6	566
		15	311
鳳凰街司法處		7	336
鳳凰		6	467
鳳凰山		6	464
鳳凰城		2	520
		29	147
		32	553,559
豐河渡鎮		41	74
竇慶	宝慶	6	478

地　　名	别　　称	册数	页　　数
		11	24
望奎		7	552
奉賢		8	626
望江磯		7	140,149,150
挹江门		7	124,294
澎湖港		14	4
澎湖島		1	1
		13	406
		48	212
澎湖列島	澎湖群島	2	112,113
		13	462
		14	4
		29	147
宝山		8	626
方山		7	147
王子區王子町	王子區王子	5	296,297
竇山城		44	543
封州		6	574
豐潤縣		7	352
法床		7	546
豐場		6	565
鳳城		7	440,442,444,445,447,449,450,451,452
豊城縣	豊城	7	451,547
方正		2	540
		7	553
望仙橋	ワンシェンチャ	3	168
		30	514
法曹會館		45	436
豐台	豐臺	5	522,526,528,529,534
		6	127,128,138
		7	341,342,343
		31	468,469,472,473,475,499,503,518,540,545,525,547,549,579
		32	2
豐台西方大井村		32	2
彭澤		6	475
竇抵		5	501

地名	别称	册数	页数
奉天	奉天市,奉天省,奉,フェンテイエン	2	396,408,428,436,438,440,441,443,445,446,453,458,459,461,478,485,501,511,512,513,515,517,518,519,520,522,523,524,525,526,535,537,541,545,555,556,558,560,562,563,564,565,566,567,569,570,572,573,574,580,620,624,625,644,662,663,665,666,667,668,669,671,672,673
		3	180,371,434,437,438,441,445,446,457,473,484,536
		4	480,500
		5	77,201,217,316,319,373,381,455,456,457,488,491,492,493,614,615,617,626,642
		6	30,103,104,109,110,113,116,117,119,125,145,196,601,602,605,607,609,610,612,613,616,619,621,624,627,631,632,633,643,646,649,654,656
		7	447,472,473,480,482,483,499,518,522,524,526,527,536,537,538,540,541,542,544,545,546,547,548,549
		8	234,235,240,246,252,287
		10	684,685
		11	533
		12	140,142,149,155,168,169,181,184,205,211,212,302,467,476,482,553,554,601
		14	127,175,184,191,380,488
		16	587,589
		17	489
		22	488
		25	175,177,204,205,232,271,286,287,418
		26	79,203,430,649,653
		28	63,157,158,261,262,265,266,281,282,283,284,285,286,288,314,315,316,338,339,351,353
		29	147
		30	175,274,285,293,325,326,327,328,349,352,354,360,361,362,363,364,367,368,

地　　名	别　　称	册数	页　　数
奉天			371,372,373,374,380,382,383,384,385,386,387,388,389,391,392,394,404,413,415,417,419,428,431,433,434,435,439,440,466,469,488,492,493,494,543,549,577,583
		31	40,45,96,191,204,277,318,329,354,357,374
		32	553,554,557,559,560,563
		34	131
		39	414,416,418,419
		40	98,167,168,329,333,509
		41	6,90,91,159,170,175,191,193,197,198,199,200
		42	392,401,408,409,411,416,493,557,558,559,560,561,562,563,564,569,572,573,576
		43	189
		44	362,420,446,447
		45	5,13,42,43,44,45,46,48,51,61,65,66,99,100,114,115,251,495,499,502,505,509,510,512,513,515,516,518,519,521,525
		46	35,327,331,335
		47	1,561
		49	371,373,437,441,442,444
奉天驛	奉天駅	42	396
		45	46
奉天驛北方柳條溝		44	354
奉天市大東區珠林衙二段		40	343
奉天城		42	561
奉天名古屋旅館		11	535
奉天半岛		29	165
		30	249,251
包頭		6	325,329
		8	586
寶塔洲		6	523,565
豊寧		7	479,543

地　名	别　称	册数	页　数
蚌埠		6	384,447
		7	513
		33	271,272
鳳北路		7	376
寶陽永和		7	380,382,384,386
寶陽縣	寶陽	7	391,393,395,397,399,402
寶陽縣鄒玗郷長運村	鄒玗郷長運村	7	391,392,394,395,398
ホウランド		19	225
ボエオル		24	312
ボエキット・ベサー		23	8
ボー		32	288
ボーアン		20	161,163
ボーイ部屋		27	436
ボーウェンロード		22	340,344
ホーキンス島		46	523
ボーシャム町		22	393
ホーソーン		22	388
ホーソン		24	584
ポーツマス		2	79
		29	216,218
ホート	ボート	27	333,335,340,348
ボート・グラハム		46	523
ボート・プレーア		22	355,356,357,358,361,364,371
ボートアブラ		13	474
ボードウィン		22	91
ボートジャク		22	549
ポートダーウィン	ボートダーウキン	13	371,372
		18	60
ポートディクソン		23	237
ポートプレア	ボートブレーア	22	364,370,371
ポートモレスビ	ボートモレスビー	13	527,528,529,531,535
ポートランド	ポートランド市	4	380
		17	358
		37	81
ホートランド港		14	16
ポートリコ		29	286
ポートン		25	80
ホーマンホテル		13	524

地　名	别　称	册数	页　数
ホーランディア	ホーランヂア,ホールランディア	23	335
		24	449,450,609,612,644
ポーランド			参见：波蘭
波蘭	波,ポーランド,ポーランド國,ポランド國	1	19,175,268,309,317,323,463,483,556,561,618
		2	39,57,71,77,620
		3	396
		5	582
		6	306
		10	13,14,116,246,673
		11	48
		12	195,219,380,400,495,496,497,498,506,615
		13	166,210,297,660
		15	552
		16	492
		28	485,542,620
		29	334,490,503,504,505,582
		30	164,451,453
		33	64
		34	123,126,476
		35	87,98
		36	344
		38	233
		41	42,108
		42	384,385
		46	53,166,229,230
		47	319,329,335,365,636,731
ポール		18	132,152,172
ボールダク街		17	420
ポカーク	ポカアック	50	124,157
北海道釧路郡釧路村達古武		49	291
ホキアム市		27	337
ホキーラ		13	598,600
ボギロホドビー		13	529
北亜		15	565
北安		12	470

地　名	别　称	册数	页　数
		14	190,193
		34	130
北緯 115 度一東経 40 度 30 分		8	1
北緯 116 度 30 分一東経 42 度 30 分		8	1
北雲臺	北雲台	6	520,522,572
北苑		5	522
		31	469
北歐	北欧	18	443
		28	616
		49	166
北夏路		7	31,39
北興安		8	418
北興安嶺		12	81
濮縣		6	458
		41	244,245
北支	北支那,北部支那	1	29
		2	439,627,632
		3	145,146,147,148,152,156,158,202,203,204,205,212,213,271,405,479
		5	420,504,505,508,509,512,513,516,566,570,571,572,573,578,579,580,581,590,591,592,594,595,597,599,601,602,603,605,608,609,610
		6	99,128,141,166,178,193,196,202,204,205,206,207,208,209,223,267,271,276,278,279,280,281,289,291,294,295,298,342,361,386,428,446,447,448,449,450,452,456,457,458,459,460,461,462,463,464,465,469,520,522,525,527,528,529,534,538,542,564,570,572,573,574,575,576
		7	344,499,500,505,507,512,532,539,540,542,544,545,561,569,573
		8	9,10,13,20,27,29,34,35,71,155,158,324,393,397,412,421,443,526,527,529,535,538,539,562,563,567,570,573,574,

地　　名	别　　称	册数	页　　数
北支			577,586,587,588,590,593,596,601,602,607,608,609,610,611,617,621,622,624,625
		9	75,404,435,444,445,446
		10	469,545,586,584,585,593,597,601,572,591,592
		11	21,297,634
		12	56,217,218,231,382,600
		13	92,94,162,235,505
		14	104,376
		15	2,39,40,50,616
		16	67,68,69,70,71,79,89,124,143,168,228,237,242,252,253,254,314,315,539,612,614,623
		17	503
		18	1
		19	253,254,255,270
		25	204
		28	271,278,280,334,337,338,346,347,469,470
		29	8,9,14,44,45,95,98,99,101,138,391
		30	45,171,175,260,393,404,438,439,580
		31	25,61,195,323,324,397,463,464,468,471,482,513,514,515,519,520,541,542,544,547,550,553,554,568,569,570,571,572,579,580,583,584,587,592,593,594,599,600,601,606,623
		32	20,24,25,28,29,98,102,107,157,224,393,399,464,481,482,509,512,522,528,529,530,532,533,536,537,538,539
		33	3,39,40,172,198,237,252,271,280
		37	29,55,87,114,186
		39	196,273
		40	28,522
		41	20,443,449
		42	22,30,31,71,94,103,121,122,128,129,136,181,184,188,190,191,228,230,231,232,234,235,236,237,238,240,242,245,

地　名	别　称	册数	页　数
北支			251,271,274,286,290,291,292,293,313,323,326,365,432,437,450,464,475,585,587,588,589,590,620,621
		43	2,23,38,39,114,115,116,117,140,172,174,175,239,254,266
		44	448,449,453,554,561,572
		45	93,113,116,254,260,324,327,335,338
		46	60,65,73
		47	177,178,285,289,290,422,423,590,591
		48	16
		49	26,28,29,30,95,113,261,297,313,347,351,382,384,389,401,403,404,407,472,477,493,563
		50	244,299,410
北西印度洋		39	111
木石橋		6	479
北鮮		12	82,83,84,136
		13	55
		45	101
北大營	北營	2	517,519,524
		3	438
		28	158,314
		32	557
北戴河		2	669
		7	369
北中支		29	14,18
		31	575
ボグトーラ山		50	332
北寧		6	204
		27	440,493
		33	197
北票		2	542
北部アセチン		12	517
北部印度支那	北印度支那	5	334
		11	390,499
		16	621
		36	257
北部スマトラ		45	288,289

地　名	别　称	册数	页　数
北部セレベス	セレベス	19	25,326,349,374,379,389,390,438,450,457
北部朝鮮	北朝鮮	1	27,28
		12	417,452
北部佛印		11	347,392,401,402,432,487,488,494
		17	50,51,264,266,360,500,574,580
		36	520
		38	340,341,342,345,355,357,380,395,397,448,450,453
		45	444
北部蒙古		30	181
北部蘭印	北部佛印,北部佛领印度支那	37	41,192
北部呂宋		45	292
北米	北アメリカ,北米合衆國,北亜米利加	10	77
		18	58
		30	137,423
		36	44,299,356,363,364
		49	142,144,145,150,151,155,171,201,204,577
		50	73
北平彰儀門		5	522
北平地安門		7	361,363,365
北平通六十四番地		7	108
北平東停車場		7	369
北平王府井大街		8	38
北滿	北滿洲,北滿州,北滿地方,北滿地区	2	435,454,456,457,479,540,541,544,580,619,620,648
		3	435,444
		6	30,122
		8	315,321,322,362
		11	513
		12	84,130,132,133,138,139,141,142,145,146,147,149,151,152,157,182,206,317,469,470,519,521,623
		15	2
		16	590
		29	406

地　名	别　称	册数	页　数
北滿河		30	173,175,191,263,394,395
		31	71,432
		32	552,566
		41	20,70,71
		42	86,87
		45	53,64,65,85
		47	336,337,452,453,715,716
		50	233,239,240
北満河		12	143
北洋		30	156
		31	630
		34	168
		47	340,348
ポグラニーチナヤ	ポクラニチナヤ	12	207,276,390,470
		13	57
ポグラニーチナヤ駅	ポグラニチナヤ停車場	12	470
		13	54
		50	216,228
ポクランチナヤ支那町	支那町	30	178
北陸		5	299
		35	504,544
		40	75
		41	476
北陵街道		42	393
ホグ島		49	137
ボゴ		20	52,218
浦口		2	662
		7	295
		8	586
		30	514
ボゴール		24	67,68,69,71
ホサクラ		25	498,502
保芝		7	344
星星岡茶寮		50	348,352
ボシテイアナワイ		23	345,346
寶昌		5	511,532
		8	5,6
		49	349

地　名	别　称	册数	页　数
ポスチアゴ		21	36
ボストン	ボシェウト	33	458
		37	312
		48	268
ポスト街十二番		23	369
ポセ		23	622
ボセット湾		30	191
鋪前港		6	558
ポゾツルビロ		21	81
ホソン・アーミーストリート		24	584
ポタP・O・カニカ		21	445
甫多摩郡		5	297
牡丹江	牡丹江省,ムウトンチャン	2	625
		7	541,551
		8	361,379,431
		12	271,275,276,302,470,553,601
		14	109,143,182,183,184,191
		23	236
		39	272
		47	238,661
牡丹江溪谷		2	541
牡丹江省東寧縣		32	464
牡丹江東方隧道		12	143
北海		6	521,527,528,531,535,547,572,575,576
		16	282
		30	153
		42	131,132
北満鎮		44	397
北海道		1	4
		4	19
		5	299,423
		12	136
		13	606,625
		15	190,259
		22	373
		25	338,343,531
		30	427

地　名	别　称	册数	页　数
北海道		35	503,543
		36	349,350
		38	36,37
		40	75
		41	476
		49	111
渤海湾		8	597
北華山村		25	235
北極閣		7	125,126,144
北極洋		29	471,472,474
北港道		6	524
北光		27	487
北固山		6	366
ボッジョ		24	294,431
ポツダム	ポツタン	1	3,7,13
		34	310
		43	521
ポットネーラ		50	332
北方ダーウヲン		46	562
保定		5	522,529
		6	138,156,286
		28	346
		29	411,413
		31	468,469,541,555,574,580
		32	535,538
		33	173,314
		41	204,214,215,217
		42	420,587
		49	481
		50	414
ホテル・カイザーホフ		10	558
ホテル・ブリストル		47	435
浦東	プートン	6	428
		8	89,602,606,607,610,611,626
		16	249
		25	235,275
		26	526,568
		38	538

地　　名	别　　称	册数	页　　数
		49	370
寶臺街七番地		7	197
ホトク		13	57
ポドゴルナヤ	ポトゴルナヤ	13	53
		50	282
ポナペ	ポネイプ,ポナペ島	15	356
		18	11,72,105,110,132,172
		36	429
		37	386,387,388,389,408,412
		50	119,127,128,139,141,151,153,157
ボニン		27	205,206
ボニン諸島		13	477
ホノルル		8	156
		15	392,394,396,399,403
		17	358
		18	15,219,221,224,233,236,238,241,247,249,252,254,258
		25	485
		35	206,208
		36	427,429,466,531,535,547,550
		37	81
		46	531,534,537
		48	86,269
		50	69,73
ホビン		22	14,93,94
ホペヴァレ地域		20	226
ボヘミヤ		2	258
ボホール	ボホール州,ボホール島,ボホル	20	236,238,239,428
ポポツンテッタ		19	313
ホボンハシャトウ		50	332
ポマラ		24	401
ポマラー		24	350
ホムスク村		50	283
ボムラン島		20	50
ポムロイ		27	238
ホモク	ハモカ村	13	25,40,49,53,57
ボヤン・オボ・ヒド		50	362

地　名	别　称	册数	页　数
ボリヴィア	ボリピア,ボリビア,ボリヴィア國,ボリヴィア共和國	1	168,237,309,321,324,389,416,561,614
		2	31,47,65
		3	402,554,556
		15	597
ボリジャ	ボリヂア,ボリヂャ	14	156,167
葡領ゴア		19	225
葡領チモール	PORTUQESH TIMOR	11	312
		19	227,375
葡領東阿弗利加		47	525
葡領マルマゴン港	ゴア	47	526
ボルガ河		14	94
ボルジャ		14	111
ボルジンスキー地區アバグイショフスキー鉱山		50	216
ボルタフカ村		12	526
ホルツ波止場		22	347
ポルト・リコ		36	376
ボルドー・マンドロン		27	480
葡萄牙	ポルトガル,ポルトガル國,葡萄牙國,葡,葡國,ポトトガル國	1	99,173,206,241,309,317,349,394,423,429,433,439,447,453,461,463,483,543,556,561,618
		2	39,57,72,76,119,120,464
		3	395,401,413,495,554,556
		12	594
		15	597
		16	231,585
		17	164
		21	411,415
		24	197,198,199,200,201,202,203,214,217,218,219,261,264,266,269,270,281,282,283
		29	225,383,387,396,402,417,432,456,457,516,517,518,522,572,582
		30	171
		31	207,209,216
		36	434
		38	233
		39	30,34,36

地　　名	别　　称	册数	页　　数
葡萄牙		41	108
		48	244,440
ボルネオ	蘭領ボルネオ,英領ボルネオ,英領北ボルネオ,北ボルネオ	3	669
		9	208
		10	181,403,630
		11	211,216,218,387,598,658
		13	396,430
		14	46,324,554,560
		18	53,57,285
		19	25,52,53,57,124,203,216,217,227,240,244,263,326,350,357,375,389,437,438,450,457
		20	52
		21	384
		22	518,525
		23	25,27,28,29,39,54,61,68,74,76,103,117,119,133,209,211,261,269,270,272,274,275,276,277,278,345,350,351,353,354,375,379,551
		24	296
		25	559,653
		26	79,203
		28	198
		29	145
		30	28,29
		35	162
		36	365
		38	454,476
		39	82
		40	261,279,391
		41	258,259
		42	515,517,518,520,521,548,549
		46	563,571,574
		47	333
		48	356,389
		49	93,109
ボルヘール		50	332

地　　名	别　　称	册数	页　　数
ホルボ・ウィンドウル・オボ		50	365
ホルンムイン		12	276
ホロ		20	52
ボロカウエ		20	240
ホロスタイ		50	332
ポロニア街		24	162
ボロング		24	431
呼倫貝爾	呼倫具爾,北満呼倫貝爾,ホロンバイル	2	560,563,573
		12	139,146
		13	104
		30	466,467,468,469
		33	286
		34	6,135
		41	20,101
		44	363
ホロ島		24	482,501
ホワイトサルファスプリングス		26	589
白亜館	白堊館,ホワイトハウス	3	251
		17	421,458
		35	192
		36	55,81,85,218,393,473
ホワイトホール		46	367
ホワイトホール街		22	340
本街		7	413
本溪湖		2	448
		8	344,345,364,376
		14	380
本郷區菊坂町		5	297
本郷區駒込千駄木町		5	297
本郷區東片町		5	296
香港	香,ホンコン,H・K	1	422
		2	414,602,603
		3	237,669
		4	480
		6	247,349,417,418,435,437,510,511,550,557,578

地　名	别　称	册数	页　数
香港		7	37,41,80,237,268,430,433,561
		8	621,627
		9	142,271,276,277,279
		10	16,107,117,130,378,385
		11	13,15,216,218,387,423,424,436,598,606,608
		12	24
		13	484,501,564
		14	23,24,27,32,33,34,39
		15	309,310,311,312,313,391,396,400,401,403,532
		16	199,232,271,275,276,418
		17	193,215,376,378,379,380,381,382,383,384,385,386,387,388,389,390,391,427,436,437,441,449,451,457,487,488
		18	86,91,283,354,355,356,360,492,509
		19	83,154,218,244,285
		21	213,215,216
		22	281,282,287,293,295,296,299,301,304,308,309,316,318,320,324,325,326,332,334,339,340,390,441,474,484
		23	3,14
		24	261
		25	71,88,158,257,429,445,522
		26	203,221,223,225,231,234,265,272,509,527,544,556,565,567,568,577,605,649,650,653
		28	206,208,234,238,240
		30	170
		31	239,520,521
		32	89,90,94
		33	91,176
		34	466
		35	57,58
		37	158,317
		38	432,476,477,553,554,557
		39	196,213,214,215,216,217,218,219,220,222,223,224,228,230,278,279,280,281,282,283,284,285

地　名	别　称	册数	页　数
香港		40	327,329,330,331,332,333
		42	143,147,148,219,278,280,282,476,612
		43	330,445
		44	583,590
		45	177
		46	135,188,241,258,513,554,555,558,588,598,608
		47	1,9,144,310,313,526,678
		48	129,130,140,166,174,260,264,265,274,275,278,343,408
		49	104,121,148,149
		50	69,72,73,523
香港殖民地ヴィクトリア市		40	519
本四縣		7	454,450
本州	本洲	1	4
		12	162
		13	527
		14	6,7,121
		15	198,356
		24	52
		25	199,334
		27	271
		34	318
		40	299
		49	111
ボンセイン		22	512
ポンソンビー路		21	453
ポンソン島		20	47,196,203,204
ボンソン島ノダブダブ		20	1
ポンチャナック	ポンチアナク,ボンティアナ	19	437
		23	273,274,276,278,313,314,325,326,328,329,330,331,332,333,336,345,349,350,351,353,354,355,357,358,359,363,372,373,374,409
		42	518
		46	574
ポンチャン路		21	509

地　　名	别　　称	册数	页　　数
ホンヂュラス國	ホンヅラス,ホンクュラス,ホンヂュラス	1	416
		3	402
		19	226
本島		22	450
		27	11,14,156
ボントク	ボントック	20	27,52
ポントラック		11	315
ボンナル街		27	445,516
ボンベイ	ボムベイ	18	60
		49	118,167,168,169,170
		50	168
ホンベルグ		23	428
ボンテホール		46	537
ボンリキ		25	121

マ

地　　名	别　　称	册数	页　　数
マ・タイ通		7	113
マーアオ		20	48
マアガオ		20	19
マーケット街		27	332
マーケツト通		27	324
マアシイン		20	31
マーシャル		18	100,144
マーシャル・ギルバート地域	マーシャル・ギルバート諸島	27	205,207,208,209,237
マーシャル群島	マーシャル諸島	15	384,386,387
		27	86,97,102,104,106,110,115,206,346
		36	429
		37	436
		39	59
		50	107,113,119,139,141,143,154,157,159,160
マーチソン		24	642
マーチモント路		22	322
マーチンテール市		27	420
マーニオン・グローウ		22	388
マアバト		20	165
マーラヤ・サヴェロフカ		13	24
マーラヤ・チョルトヴァ		13	24

地　名	别　称	册数	页　数
マーラヤ・ドミトロフカ村		27	615
マールブルグ	Marburg,マルブルグ	9	348,353,396,397,540,581,589,603,609,613,618
		10	3,8,11,18,21,25,34,35,37,39,41,42,44,49,52,55,60,64,69,74,84,131,134,152,157,160,163,166,191,194,199,218,221,225,338,341,348,352,355,358,361,365,369,375,379,390,393,411,416,446,462,478,485,498,516,521,530,535,566,570,575,582,589,603,606,610,616,627,632,682
		11	10,188,203,227,230,239,262,267,295,320,324,371,376,384
		13	240,247,291,311,322,327,333,337,341,346,350,354
		14	95
		16	447,467,550,555
		18	380,388
		46	132
		49	409,537,541,551,557,564,568,585,596,617,620,623,626,631
馬鞍		7	141
馬鞍群島		46	62
馬鞍山		6	409,479,482,502,532,577
マイアナ		25	114,115
マイアミ		27	8
舞鶴		18	87
		34	254,256
舞鶴港		27	298
マイノラロード		21	351
マイヤバイ		46	546
マウア		13	535
マウイ島		18	22,232,243
マウイ飛行場		46	535
マウグ		50	135
マウバラ		24	262
マウルメン		22	115

地　名	别　称	册数	页　数
マウレアウ		24	38
マウンティン州		21	92
マウンテーンホーム		27	8
マウンテン州		20	15,20,27,29,30,31,33,49,188,317,322,323
マオエメレ		24	223,234,239
マオスバテイ		46	572
對馬海峽		39	18
澳門	ポルトガル租借地澳門,葡租借地澳門,蘭領マカオ,マカオ,墺門	3	669
		6	417,511
		7	504
		8	74,77,78
		12	24
		16	112
		19	224
		47	9
		49	381
澳門州		31	209
馬家胡同		8	29
マカチガダルーペ村	比律賓群島リザールマカチガダルーペ村	20	45
マカッサル	マナッサル	18	56,60,73,106
		19	124,389
		20	49
		22	511,512,514,515,518
		23	250,409,411,605,608,619,621
		24	287,288,291,297,300,320,321,324,325,330,338,339,347,348,349,350,369,374,411,413,414,441,444,449,560
		27	268,269,270,271,278
		36	137,141
		39	152
		46	571,575
マカピリ		20	153,154
マガラネス街ノ五三		20	125
マカル村		14	54,55,56
マカレ		24	296,443,444
馬家灣		6	409

地　名	别　称	册数	页　数
マキン	マキン島	27	78,112,116,210,232,233,235
		45	472
マクアリスター街		27	242
マググポ		20	29
マクタン	マクタン島	20	19,209,212
マグワ		23	483
馬羣		7	127,147
マケドニア		28	586
マゲラン		23	538
		24	14
孫家山		6	366,522
馬公		13	435,462,563
		18	61,83,110
		32	295
馬口		6	525
馬公海軍軍港		13	406
馬公要港		37	362
孫呉	孫呉地区	12	209,211
		14	151,196,199
孫鐵鋪		6	479
マサチューセッツ州		17	392,397
		21	51,128
		46	397
マサチューセッツ州ピボディ市チェスナット街三三番地		25	479
マサチュセッツ州ボストン	マサチューセッツ州ボストン	25	281
魔山			参见：大黑顶子山
マジーロ・アトル		15	387
マジノ線		10	472
マシュロ	マジュロ	50	126,157
マス		37	312
マスバテ		20	52
マズラ島	マツラ	18	475
		19	216
マスリバタム		27	354
マス村		22	374,380
馬積山島		6	456

地名	别称	册数	页数
マダガスカル		49	571
マタビヤ		24	269
マタン		13	535
麻池溝		6	456
マチノ要塞		28	619
松		27	505
松阿察		34	224,229,230
マツイエフスカヤ		30	468
マヅーラ		23	420
松江		8	611
		13	493
		16	57
		32	489
松江市		30	556
松枝町三丁目三十五番地		22	318
マッカリ群島		19	225
マッカン		27	332
マッキンレー		39	439,441,442
マックアーサ		19	390
マッケイ街		24	147
マッケンシー河		19	226
末珠		27	597
松水杵		17	109
松山		22	458
マディウン		24	174
マディオン		46	572
馬墻		6	156
馬當夾		6	523
馬當鎮		6	468
馬頭鎮		6	395,407,469,497,500
マドウラ		24	72,73
マドラ		24	71
マドラス		46	558
マドリッド		29	517
マナトウト		24	204,268
マナムバス群島		19	216
マニアガハ島		50	136

地名	别称	册数	页数
マニピ		24	338
マニブール		26	458
馬尼剌	マニラ,マニラ市,馬尼羅	3	237
		5	361
		8	156
		10	523
		11	388,436
		14	57
		15	403
		17	378,379,380,381,382,383,384,385,386,387,388,389,390,391
		18	56
		19	415
		20	1,2,3,4,5,6,7,8,9,10,11,12,13,15,16,32,58,59,66,67,69,74,75,77,112,134,155,187,194,291,301,302,328,330,339,346,348,349,369,372,373,376,381,383,401,402,403,415
		21	13,15,28,34,35,36,40,41,64,66,70,77,115,117,135,137,148,149,158,159,160,189,208,214,215,221,234
		22	475,482,488,525,532,534,535
		23	267,411,444,622
		24	205,209,330,637
		26	344,345,427,526,532,544,545,568,598,651,652
		27	413,424,427,429,603,604,608,609
		29	53,54,55
		36	284,416
		37	81,158,238,317
		38	11
		39	82,378,382,437,438,439,440,441,442,443,444,445,447,448
		40	9,11,21
		42	352,524
		45	178,235,236,237,238,248,288,291,292,293,294,296,299,300,301,398,399,295,297

地　名	别　称	册数	页　数
馬尼剌		46	500,546,549,597,598,599
		48	65,86,129,130,131,132,263,265,269,272,274,275,279,280,344,362,363,364,365,366,426
		49	173,174,416
		50	69,73,443
馬尼剌市サンパロク・アレジャンドロ六世街五五番地		20	349
マニラ灣	マニラ湾,マニラ	18	47,59,60,73,84,106,122,123,370
		20	135
		21	158,160
		46	547
		48	140,269,271
マネイ		20	38
マノクワリ		39	203
		46	575
		48	426,437
マパク		18	91
磨盤山	摩盤山	44	507,531
		45	256
磨盤石		6	524
マフィン		21	177
マフタン		50	136
マホメット		19	427
マライバ		20	231
マライバライ		14	57
		20	52
マラカイボ		19	226
マラカナン		20	410,418
マラカル島		50	134
マラスペ		21	105
マラッカ	マラッカ州	9	260,263,268,269,285,300,301
		18	95
		21	346
		22	380
マラッカス		24	251,289,303,424
マラッカ海峡	マリューシャン群島	13	570

地名	别称	册数	页数
マラッカ海峡		18	58
		39	63,169
		50	165
マラテ		20	6,8,11
マラバル		36	126
マラブンガ	MARABUNGA	25	9
マラヤ・サベロカフ地区		13	54
マラヤ・ノバヤ丘		13	54
マラヤン		22	520
マララヤット山		20	149,153,154
マラリヤ		39	368
マラング	ジアヴァ・マラング,マラン	23	518
		24	256
		27	505
マリアナ群島	マリヤナ,マリアナ諸島	19	321
		27	124,183,195,196,197,198,203,204,205,207,210,231,234,345
		39	59
		50	135,139,157
マリーン郡		50	103
マリキナ河		39	440,442
マリコフ村		24	590
マリスベーン		22	152
マリックビル		13	540
マリベレス	マリベールス	21	148,214
		46	547
馬領		6	549
マリンスク		12	61
マルウ		24	643
マルキニア		35	106,107
マルキュス		50	157
マルク		29	184
マルクエサス群島		19	225
マルコポーロ橋		6	140
マルジップ		21	105
マルセイユ	マルセーユ	27	486,502
		49	161
マルタ		5	460

地　名	别　称	册数	页　数
		15	532
マルダイグ島		27	372
マルタ島		17	444
マルディブ諸島		39	109,119
マルチニック島		27	505
マルッカス		24	552
マルテイ		23	280
マルデブ群島		19	226
マルバー	マルヴァー	20	23
		21	73,74,75,76
マルメニア		12	509,510
馬來	マレー,マレイ,マライ,馬,馬末,馬来,MALAY,馬來半島,マレー半島,馬來千島	3	669
		8	496
		9	98,150,166,167,195,207,218,220,257,259,265,266,267,268,270,275,276,277,282,287,289,290,291,293,296,297,299,302,303
		11	234,489,597,598,658
		13	392,393,394,399,400,404,405
		14	324,491
		15	218,219
		16	376,396
		17	212,271,376,422,436,479,487,488,575
		18	88,91,93,95,275,285,354,355,359,356,300,376
		19	217,228,244,246,263,326,350,360,375,388
		21	295,315,359,391,409,418,437,445,446,448,450,497,505,510,515
		23	403,558,559,569,575,579,581,585,595,596,604,618
		24	117,243,244
		25	559,653
		26	79,203,231,272,315,421,431,451,460,524,649
		28	197,198,239
		29	145
		30	14

地名	别称	册数	页数
馬來		36	198,319,348,431,432,511,525
		38	11,25,454,475,477,536
		39	122,127,129,130,131,167,168,172,196,204,430,437
		40	27
		41	258
		43	338
		46	555,560,589,591,596,598
		47	257,623,624
		48	171,174,175,209,210,262,317,356,381,382,384,389
馬來諸島	マライ諸島	46	241
馬來地域		46	481
マレイト区ノヘラン街		20	134
馬来南東海面		18	59
マレイバ		20	233
馬來半島	馬来半島,マレー半島,マライ半島	8	510
		10	679
		11	388
		13	369,407,408,416,427,430,473,502,503,504,512,522,554,562,591,624
		17	427,437
		19	244,258,285
		36	165
		42	515,524,525,526,527,528,531,532,537,549
		46	241
		48	171,177,317
マレイヤ		23	630
馬來聯邦		5	111
		36	131
マレーバレー		21	135
マレー帝國		45	246
マレー聯邦		10	413,414
馬連洞		7	441
マロエラ	マロエラップ	27	102,104,105,206
		50	122,157
マロエラップ環礁		15	386

地　名	别　称	册数	页　数
マロス		24	287,339,340
マロロス		20	52
マワカトライ		24	268
マンカヤン		20	52
マンガラム		23	68
マンガラン		24	245
マンガン・ハツーム港		12	509
萬縣		6	533,578
萬山群島		32	211
滿洲	滿,满,滿州,满州,滿洲國,滿州帝國,manchoukuo,滿洲国	1	29
		2	80,81,85,146,304,392,394,395,396,397,402,403,407,408,409,410,411,414,420,431,433,434,435,436,437,438,439,440,442,443,444,445,446,447,448,449,451,452,454,455,456,457,458,459,460,461,462,463,464,465,466,467,468,469,470,471,472,473,474,475,477,478,480,482,483,484,486,487,488,489,491,492,493,494,495,496,497,498,499,500,501,503,504,505,506,511,512,515,517,524,527,532,535,536,541,542,543,544,545,546,547,549,552,555,560,561,562,568,569,570,571,572,573,574,575,576,577,578,579,580,581,582,583,585,586,587,588,589,590,592,593,594,595,597,598,599,600,603,604,619,620,621,622,623,624,625,626,627,628,629,630,631,632,633,634,635,636,637,638,639,640,641,643,644,647,648,652,654,655,656
		3	2,27,146,147,177,179,181,183,184,198,202,204,205,214,218,269,279,289,303,323,324,325,334,335,336,339,340,342,344,351,357,359,362,363,365,366,369,370,371,372,373,377,379,381,383,389,400,406,413,414,419,424,425,428,431,433,434,435,436,437,439,443,444,450,455,456,457,464,465,472,473,477,478,479,480,481,482,485,486,491,492,

地名	别称	册数	页数
满洲			493,496,505,506,507,508,510,514,515,516,519,523,524,526,527,528,529,531,533,534,535,536,537,539,540,541,542,543,634,669,676
		4	12,14,33,34,39,40,95,96,97,99,100,290,400,470,539,551,555,558,579,580,583,584,585,586,598,599,607,621,666
		5	1,5,14,20,21,34,39,56,58,59,65,67,69,70,74,88,89,90,92,111,197,209,210,211,214,218,219,229,238,301,303,308,312,313,315,316,321,322,325,326,372,373,375,377,378,381,398,424,438,446,447,458,459,460,461,462,464,465,470,472,474,475,478,479,489,492,494,498,499,502,505,508,509,511,512,513,515,516,568,569,570,578,579,580,581,585,587,588,590,592,596,599,601,602,604,608,609,610,614,615,617,618,622,623,624,625,628,629,630,634,635,636,637,638,639,640,642,643,645,647,648,649,650,651,652,653,654,655,656,657,659,660,661,662,663,665,666,667,668,669,670,671,672,673,674,675,676,677,679,680,681,682,683,684,685,687,688,689,690,692,693,694,695,697,698,699,700,701
		6	2,3,7,8,9,10,12,13,17,24,25,26,27,31,32,42,43,44,45,46,47,49,50,51,52,54,55,56,57,58,60,61,62,63,64,65,66,67,68,69,71,72,73,76,77,78,79,80,81,82,84,85,87,88,89,90,91,92,96,97,98,99,101,103,104,106,112,113,115,117,122,145,214,215,216,217,219,221,249,250,252,267,268,270,277,278,279,280,282,285,287,288,289,291,295,296,298,591,598,600,601,609,612,616,626,629,635,638,649

地名	别称	册数	页数
滿洲		7	438,439,440,443,444,448,453,454,461,470,471,477,480,481,483,484,487,488,489,493,494,495,499,500,504,505,507,508,509,510,511,518,519,520,522,523,525,528,529,531,532,534,536,537,539,540,541,542,544,551,555,556,557,558,561,563,564,568
		8	1,54,55,90,91,103,107,138,139,157,159,173,229,230,233,235,258,262,263,264,265,266,267,268,270,271,272,273,284,287,289,290,292,293,294,295,296,305,306,311,313,317,327,341,352,354,359,369,371,374,393,396,397,412,413,414,415,416,417,418,439,420,421,425,429,430,431,432,440,434,436,437,438,441,443,445,446,447,449,453,454,458,459,460,461,462,477,478,479,480,481,482,483,484,485,486,487,488,489,490,493,494,497,498,499,500,501,502,520,525,526,558,560,581,586,596,597,599,608,613,614,615,616,617,618,619,621,624,638,646,647,660,678,679,697
		9	3,4,5,6,7,8,9,10,12,32,33,38,40,42,44,80,81,83,84,85,88,89,308,312,317,318,322,331,338,367,368,371,378,380,382,383,387,420,435,443,444,453,456,485,492,493,495,496,497,499,509,514,543
		10	63,68,96,115,117,165,171,173,174,181,182,197,202,208,328,469,540,543,569,591,592,600,635,636,684,687
		11	57,65,147,211,281,519,530,531,532,533,535,536,537,538,540,541,557,558,563,564,565,566,596,597,598,610,617,618,622,633,634,650,658,664
		12	5,52,56,57,72,73,81,83,84,132,133,149,166,167,168,170,171,172,173,174,176,179,182,183,184,185,191,194,195,

地　　名	别　　称	册数	页　　数
满洲			204,205,206,207,208,209,210,212,216,217,218,224,225,226,229,230,242,243,246,248,249,257,264,266,267,275,276,277,287,288,294,295,302,303,308,309,317,321,333,334,338,342,360,361,382,383,386,387,388,390,401,402,404,437,443,452,461,462,466,467,469,470,471,472,474,476,477,478,482,483,487,489,519,520,521,522,523,526,528,530,532,543,544,547,548,549,554,557,562,563,564,571,575,586,587,598,610,615,625
		13	3,5,11,15,16,32,33,34,36,40,43,45,46,49,53,62,64,67,70,73,75,78,79,80,82,83,84,85,92,95,104,105,106,107,110,114,118,119,131,162,177,178,339,343,369,400,402,409,444,640,666
		14	92,93,100,109,114,120,124,125,126,127,128,129,130,131,133,136,144,156,157,158,159,160,161,163,165,168,173,176,177,179,180,182,183,184,185,186,187,189,190,193,230,253,299,300,318,319,320,322,326,327,330,331,338,341,345,347,375,376,378,380,382,384,385,387,401,409,411,412,413,417,424,425,427,434,436,437,455,459,461,463,470,499,500,501,502,503,504,505,506,507,508,511,512,513,514,520,521,582,589,593,634,635,636,637,638,639,640,641,642
		15	2,24,28,29,30,31,33,34,35,36,37,38,39,40,41,42,43,44,46,47,48,49,50,51,73,82,83,88,89,90,91,92,94,95,96,97,99,100,320,338,438,453,454,456,488,550,569,571,572,574,575,577,578,581,582,583,585,591,604,605,618,620,621,622,623,627
		16	45,47,76,81,84,88,96,97,105,106,131,132,133,168,181,208,285,293,314,416,

地　名	别　称	册数	页　数
满洲			453,456,461,469,491,507,536,587,586,588,589,590,591,592,593,595,596,597,603,607,608,609,610,614,618,623,625
		17	11,252,258,363,489,490,491,492,503,509,532,534,535,541,555
		18	376,378,390,404,440,443,462,473,483,491,492,496,497,499,508,510,513,514
		19	27,96,189,231,253,254,255,261,262,265,276,286,329
		22	488
		23	236
		24	479,502
		25	232,271,286,507,631,637
		26	31,32,123,202,374,514,556,565,649
		27	627
		28	9,10,11,14,15,27,38,46,59,60,61,64,68,75,85,97,98,99,100,142,151,156,157,158,160,167,170,172,186,261,263,268,269,270,271,273,275,276,277,279,324,327,328,339,342,357,358,361,362,393,394,395,413,426,431,432,433,434,435,436,437,438,439,451,462,472,483,503,505,517,530,586,588,611,612
		29	4,6,8,9,14,15,19,45,46,89,90,91,127,145,216,217,230,232,389,390,392,393,398,400,404,406,410
		30	15,18,24,28,40,45,72,151,153,156,157,165,171,175,178,181,189,191,255,266,284,285,287,288,290,291,293,294,295,301,307,310,311,314,315,317,322,327,330,331,332,333,334,347,348,349,351,352,353,354,355,356,357,360,361,363,368,378,388,405,423,428,429,430,431,433,434,435,436,437,440,442,444,466,469,470,471,472,474,475,479,480,481,490,491,495,496,544,556,566,568,570,572,575,576,577,578,579,581

地名	别称	册数	页数
满洲		31	2,3,4,5,6,7,9,10,11,12,13,14,15,22,23,24,25,27,28,41,42,43,44,48,49,50,51,52,64,65,66,67,68,69,70,71,72,73,78,79,81,82,86,89,90,91,92,93,95,96,99,106,175,179,180,181,183,184,185,186,189,191,195,196,197,198,199,201,202,203,204,205,220,221,223,224,230,266,276,309,310,311,312,313,314,315,317,318,320,321,322,326,330,331,332,334,335,337,338,340,341,343,348,349,353,354,356,357,361,362,364,365,366,367,368,373,377,385,387,392,393,395,397,398,401,423,425,428,430,431,432,433,435,436,437,438,439,440,441,442,443,444,445,446,447,448,449,450,451,452,454,455,456,457,458,459,460,461,487,493,520,530,542,569,577,583,592,593,594,595,598,599,600,601,605,610,614,627,628,629,630
		32	25,27,36,37,41,42,43,44,47,50,54,66,67,92,218,219,220,221,223,464,481,512,521,528,550,551,552,554,566,567,568,569
		33	130,179,192,193,195,237,240,248,252,260,274,277,282,283,284,286,333,334,335,350,353,354,355,356,357,359,391,398,361,366,367,368,369,370,371,372,382,383,384,385,386,390,391,393,394,395,397,401,411,413,414,417,428,429,430,432,435,444,445,448,454,457,459,462,463,464
		34	4,5,7,17,19,20,25,33,34,38,44,45,46,47,48,49,50,51,52,53,61,62,64,68,69,70,77,94,107,111,112,114,115,116,117,118,119,130,138,139,153,157,159,160,161,162,163,165,168,170,171,172,173,175,177,178,179,180,182,187,192,193,194,197,199,202,207,208,215,216,

地　名	别　称	册数	页　数
满洲			217,220,221,224,227,228,230,282,283,289,309,310,313,319,320,342,352,391,448,473,474
		35	49,53,66,71,73,274,305
		36	39,40,49,53,66,71,73,180,212,274,305,316,317,328,343,365,495,498
		37	70,88,104,142,143,155,196,197,368
		38	401,402,405,406,407,408,410,411,440,441,466
		39	196,203,272,295,296,414,418
		40	27,28,46,47,168,341,342,346,350,353,391,392,393,475,476,483,484,485,486,487,488,494,509,511,512,513,516,517,518,519,522,523
		41	5,7,10,12,14,15,16,17,18,19,20,21,26,27,28,33,39,40,41,43,46,63,64,70,71,89,90,91,92,93,99,101,102,135,149,150,151,152,153,154,155,159,171,178,180,191,195,196,197,200,201,209,227,238,311,394,395,399,400,403,406,410,411,412,415,416,417,418,421,435,436,437,443,447,450,451,452,453,467,470,476
		42	63,64,65,81,82,83,88,92,93,94,96,97,111,112,117,122,124,125,127,139,140,141,143,147,148,150,151,152,154,157,175,177,178,180,181,183,184,186,212,213,217,218,227,228,231,232,234,235,236,237,240,242,249,251,271,274,286,288,324,330,333,403,404,405,406,409,410,411,415,531,553,554,557,558,565,566,567,568,579,570,571,572,573,574,578,580,581,582,583,584,585,605
		43	13,116,169,170,171,172,173,174,175,187,188,190,195,203,207,208,210,212,216,217,223,281,523,558
		44	2,33,34,222,333,334,336,339,347,348,353,355,358,359,362,363,364,365,366,

地名	别称	册数	页数
滿洲			368,387,388,391,394,395,396,398,399,405,411,419,443,444,446,447,455,568,574
		45	4,12,42,71,79,86,87,89,99,100,107,112,113,174,284,315,326,327,328,342,343,411,443,502,506,512,518,522
		46	74,120,158,183,241,330,331,334,341,358,424,425,426,428,429,431,500,506,509
		47	64,146,172,174,178,234,236,238,253,255,268,290,291,301,316,324,326,336,338,339,340,340,341,342,344,345,349,352,354,354,355,356,357,358,360,361,362,373,387,388,406,408,409,410,452,476,483,512,524,563,570,571,572,573,574,576,587,599,604,657,660,661,662,667,678,689,699,700,701,702,703,704,707,708,711,714,717,716,720,721,728
		48	15,16,17,37,84,87,104,141,188,227,167,199,215,216,227,240,243,244,277,324,332,343,386,406,436
		49	22,35,38,48,49,78,81,82,84,86,92,93,95,96,98,101,110,111,113,115,121,127,147,148,149,193,202,214,224,225,226,227,228,229,230,232,237,238,240,243,244,247,248,250,257,261,297,303,308,313,316,320,321,322,346,347,350,352,359,361,399,401,403,404,407,412,435,437,438,439,441,446,447,451,454,455,456,463,477,497,499,525,553
		50	12,21,62,69,72,73,217,218,220,221,233,243,244,247,248,250,251,252,253,254,255,257,260,264,267,269,275,278,279,280,281,283,284,290,292,293,334,336,337,353,354,355,356,357,378,547,549,553,557,558
滿洲國第五軍管區		49	308
滿洲平原		2	436

地　名	别　称	册数	页　数
滿洲里	滿州里,滿洲里市,滿州里市	2	488
		11	526
		12	143,522,526,552
		13	104,288
		30	467,468
		33	430,458
		34	289
		50	223,224,228,232,233,235
滿城		41	214
マンダイリン		24	160
マンダウエスバンダク		20	210
マンダウニ		20	48
マンタナニ	マンタナニ島,マンタナニ村	23	31,68,71,72,76,81,82,84,86,88,89,90,91,93,94,95,96,98
マンダムポグ		20	42
マンダルヨン		20	2
マンダレー		39	341,343
マンタワニ島		23	30
マンチェスター		46	557
マンチェスター町		17	392
マンテインクルバ		27	606
滿鐵沿線		32	563
滿鐵附屬地	南滿洲鐵道地域,滿鐵附屬地,鐵道附屬地,滿洲鐵道附属地,南滿洲鐵道附屬地	3	177,381,434,437,438,439,440,442,447,449,478,493,481,538
		5	652,666,700,701
		31	13,14,46,435,440,447,450,454,455,456,458,459
		41	415,416
		45	499
マンドウリアオ		20	26
マントクリン・ザオゼルナヤ		13	57
マンドル		23	276,327,328,329,338,339
萬寧		6	535
マンバグ部落		20	167
マンバリン		20	210
萬寶山		2	506,507,508,509,510
		30	285,287,301,304,307

地　名	别　称	册数	页　数
满浦鎮		12	416
マンラマリ町		30	178
ミ			
ミアガオ		20	19
ミアナウング		22	6
ミイクテイラー	メイクチィラ	39	330,343
ミイッキイナ		22	79
ミウワス市		27	241
三重	三重縣	5	299
		27	574
		35	504
		46	135
三重郡水澤村		46	135
三重縣河蕓郡一身田町榮町		42	420
三重縣三重郡		31	562
三重縣鈴鹿市神戸本多町四ノ三		44	235
三重隊三重郡水澤村横瀨古二〇四二番地		34	153
ミオシ		27	273
三河		12	552
		50	273
ミグエルマユガ		20	165
ミクラ島		14	13
ミサミスバリガサグマンダムポグ		20	41,42,296
ミシガン州		18	203
ミシシッピー		30	177
ミシシッピ州ジャックソン市デウイット通二〇四番地		25	289
三島		29	145
三島市		41	308,311
美壽		27	453,547
ミズーリ河		30	177

地名	别称	册数	页数
水口墟		6	519,521,571,572
ミスターコウネリス		24	43,172
水原		27	447,523
ミゾラ		26	591,597
ミダリ		5	362
密雲		30	473
三次		38	554
密山		12	153,296
		14	183
虬江		8	94,600
ミッドウェー	ミッドウェイ,ミッドウェイー,ミッドウェ	13	429
		18	56
		19	264
		27	26
		34	186
		43	448
		46	513
		47	655,672
		49	590,591
ミッドウェー島	ミッドウェイ島	13	623,624
		46	528,530,549,551
三菱礦山	三菱鑛山	40	300
光安		27	479
ミドウルブロック		21	435
緑ヶ丘		46	148
ミドルセックス州		22	508
港區芝新橋一ノ二		43	576
ミナハサ		24	405,413,417
		46	575
南亜聯邦		5	111
南阿弗利加	南アフリカ,南阿聯邦,南アフリカ聯邦,南阿弗利加聯邦	1	19,309,317,321,463,464,482,543
		2	6,33,49,66,76,122,157,173,228
		3	554,556
		26	300
		29	334,606
		36	4,8,319
		38	566
		39	29,30

地　名	别　称	册数	页　数
		49	116,148,149,150,151,158,180,181,210
南市		8	602,606,607,610,611
		46	64,76
南印度支那	南部印度支那,南印	11	315,333,357,363,365,367,388,390
		36	257,263,284,356
南ウスリー		33	324
南雲臺山		6	533,574
南樺太		5	321
		11	637
		16	618
		17	491
		46	428,429
南キシカ		12	370
南九州		38	44
南區		31	380,390
南口		3	148,205
		5	522
		11	57
南口鎮		33	314
南スマトラ		42	532
南大西洋	南西大洋	11	265
		25	457,463
		36	419
南太平洋	南部太平洋,南太平洋地區	5	333
		10	546
		11	622,639
		14	321
		15	275
		16	211
		17	249,264,576,579
		19	224,264
		36	157,165,166,248,256,258,448
		39	20,21,29
		46	501,508,587,602,603
南太平洋諸島		2	103
		8	149
		17	300
南察哈爾十縣		8	5

地　　名	别　　称	册数	页　　数
南中國		35	59
南通州		16	93
南獨逸	南獨	46	43,177,202
南鳥島	マーカス島	18	72,92,100,105,110
		50	135
南日本		25	337
南福建		8	57
南滿洲	南滿,南滿州,滿洲南部,南滿地區	2	434,435,441,449,452,456,459,473,475,482,490,491,498,510,518,555,619,620,621,625,627,648
		3	370,371,435,437,450,479
		4	575,580
		5	321
		6	30,283,296
		8	321,322,362,436
		11	541
		12	132,147,470,471,554
		15	573,588
		16	587,588,589,590,609,618
		28	162,174
		29	2,15,388,389,404,406,407,408,409,436,437,442,443,444,451,452,453
		30	253,287,311,410,439,440,441,498
		32	552,563
		42	587
		44	364
		45	63
		47	301,335,716
南滿洲鐵道	南滿洲鉄道	3	178,446
南村		6	570
南シャム		22	262
南呂宋		45	247
南ローデシァ		36	4,8
ミナラズ米州		46	285
ミネアポリス		21	158
ミネソータ州ポーロ市チレートン道一六四〇番地		25	330

地名	别称	册数	页数
ミネソタ州		18	203
		21	158
		25	280
宮城		5	299
		10	138
		13	467,476,580
		19	373
		35	503
宮城二重橋		5	63
宮崎		5	300
		35	504
宮崎縣兒湯郡都農町		32	451
		39	311
宮崎縣高鍋町一七八四		32	2
宮島		13	642
宮田		25	429
ミャナウング		22	64,65
宮ノ下	宮之下	2	674
		45	175
緬甸	甸緬	38	397,432,475,476,477
ミューニツヒ	ミュンハン,ミュンヘン	47	17,416
ミューリグ		20	44
ミューリチン		33	326
ミューニッヒ		46	96
		49	516
茆山		7	141
ミヨーシ		26	530
ミヨシ		27	274,279,284
ミリ		22	525
		23	27,41,43,58,60,68,281,548,549,550
ミリー		46	565
ミリサラワク		23	280
ミリンホの地区		13	57
ミリ環礁		27	206,208,209
ミル・マロエラプ		15	387
ミルチョット		15	353
ミルニオンダグローヴホーソーン		24	524

地　　名	别　　称	册数	页　　数
ミルネ・ベック・ハウス		22	216
ミルンガヴィー キンタイリー		25	491
ミルン湾		24	584,586,588,597
ミレ	ミク	50	126
ミレアトル ミレ島		15	390
ミングラニラリパタ		20	35
明孝陵		44	520,521
ミンシビ州		27	242
ミンダナオ	ミンダナオ島,ミンダナヲ	14	51,55,56,57
ミンダナオ	島,ミンダナヲ,ミンノナオ島,ミンダナフ	20	23,24,27,30,32,34,35,36,37,38,40,41,42,43,44,45,46,52,267,269,273,280,294,296,297,298
		27	244
		40	12
		45	293
		46	546
		48	280
ミンダナオ海岸沖		21	231
ミンダナオ群島		22	480,487
ミンタル		20	37
ミンドロ	ミンドロ島	20	52
		27	425
		45	235,294,299

ム

地　　名	别　　称	册数	页　　数
ムアー		21	446
ムアール河	ムア河,ムーア河	9	263,285
		21	284,331
ムーア		21	133
ムールメーン		22	42
ムエハウク		22	69
ムグアイ		25	90
婿島		27	166
武蔵野町吉祥寺		46	23
無錫	無錫市	8	602,606,610
		16	57
		32	489
		44	506,507,544

地　名	别　称	册数	页　数
ムシ河		23	6
ムダンジタン市		50	273
陸奥海灣	陸奥灣	13	606,625
		38	37,56
ムドン		22	68,70
ムブーリヴ		27	512
ムプン		22	233
ムホル・オボ		13	114
ムホロボ		13	114
無名池		33	461
ムラウイン		20	165
室蘭		25	338
		26	41
ムンガオ		20	250
ムンガタル		23	69,74
ムンジッタル		23	70
ムンダ		25	99
ムンテインルバ		27	601
ムントック	ムントク	23	5
		24	123
ムンパワー		23	350
ムンラウイン		20	165

メ

地　名	别　称	册数	页　数
メ		15	400,401
メイア		27	240
明江		11	500,501
明治神宮	東京青山明治神宮外苑	5	411,416
		48	112
明治ビル	明治ビルディング	27	23,380
明水		7	549
メイプル街		27	238
メイミョウ	マイミョウ	22	15,93,102
		39	326,349
		42	526
		44	251
メイン州		36	534
メークテーラ		44	241

地　　名	别　　称	册数	页　　数
墨西哥	メキシコ國,墨西哥合衆國,メキシコ共和國,墨西哥國,墨,メキシコ	1	98,172,205,240,309,317,322,348,392,416,438,447,452,460,617
		2	38,55,70,77,170
		3	396,413,551,554,556
		5	110,111
		16	178,601
		25	484
		29	225,233,258,334,335
		42	147
		47	635
		49	150,151,157,204
		50	73
メキシコ湾		49	155,156,158
メキシコ州		27	420
目黒上目黒		5	296
目黒區		46	148,448,454
目黒區下目黒		5	296
目黒區上目黒		5	297
目黒區月光町		5	297
目黒區自由ヶ丘		5	296
目黒區富士見臺		5	296
目黒區本鄉町		5	296
目黒區宮前町		5	298
メクロン河		9	175
メコン河	Mekong河,メコン,メーコン河	2	298,321,324,325,326
		11	96,97
		50	207
メザリ		9	176,186
目白		42	47
目白近衛公控邸		13	242
メソード		39	367
メソト		9	164
メソボタミヤ		28	585
メダン	MEDAN	19	53,124,357
		24	119,125,135,139,142,146,147,149,150,151,163,165,166,185,186
		34	151
		39	192,400

地　名	别　称	册数	页　数
		45	230,288,290
		47	501
メダン・ホウトマンラーン四番地		23	526
メトロポリタン市		27	242
メナド	メナード,メナド港,マナド	15	391,396,403
		18	56
		19	124
		23	411,622
		24	285,291,292,294,296,297,317,319,330,334,335,336,337,404,406,409,412,413,414,420,422,425,426,428
		36	126,137,138
		46	571,576
		48	426,437
メナム河		9	178
メムフイス		27	340
メラ		46	571
メラウケ		24	446
メラネシャ地方		19	224
メリーランド州		18	189
メリーランド州・アナポリス アール・エフ・ディ二番シーター・パーク		25	234
メリキス		29	492
メリブ・ケラング		23	599
メリレン島	メリリン	50	124,157
メルギー	マーグイ,マーグウィ	22	130,134,237,244,245,253
		39	334
		44	262
メルボルン		13	542,543,544,538
		17	422
		22	21,398
		23	208,294
		24	267,268,642
		25	77,91,93
		46	560

地　名	别　称	册数	页　数
		48	426
メレケイオク村		15	367
メワヲード	メウヲード	25	236
メンガタル	メンガッタル	23	29,79,95
綿州		42	621
メンタナニ島		23	95
メンデイオラ街		20	90,103,104,108,110
メンテングエグ二番地		24	48

モ

地　名	别　称	册数	页　数
モ・チェン通十三号		7	120
モア島	モーア島	15	361,362
		24	201,273,274,277,278,279
孟		15	396,403
蒙核		27	582
蒙疆	蒙疆國	2	269,271
		6	278,279,280,281,325,327,329,330
		7	497,512
		8	10,608,640,641,658,660,676,678,679
		10	545
		13	92,94,235
		15	40,45
		16	71
		17	188
		18	510
		32	512
		36	482
		37	55,87,114,187
		41	449
		43	174,175
		45	315,324,327
		49	382,384,403,405,407
蒙古	蒙,蒙疆,蒙古國,蒙古大帝國,大蒙古國	2	438,451,542,562,563,567,573,596
		3	219,323,536
		5	5,44,45,301,303,308,315,458,459,460,461,462,464,465,470,472,475,492,513,515,517,569,575,576,617,629,642,643,677

地　名	别　称	册数	页　数
蒙古		6	12,42,43,85,91,92,214,215,216,217,219,221,325,333,334,598,601,635
		8	130,131,324,538,582
		12	57,72,132,191,217,226,547,549,568,570,573
		13	70,73,74,75,92,98,99,107,108,110,162,339
		15	438,453,456
		18	469,513
		19	255,257,262
		28	277,328,337,442
		29	230,234,235,236,237,243,248,250,252,253,410
		30	181,266,284,285,287,290,291,293,294,295,315,322,405,544,562,575,576,577,579
		31	52
		32	43,66,67,567
		33	101,198,284
		37	29
		41	90,149,150,151
		42	403,404,405,406,408,409,410,411,571,580,584
		43	175,207,210,212
		44	353,387,388,391
		45	4,12,315,324,327
		46	424,428,429
		47	174,339,358,362,373,408,573,576,657
		48	406
		49	43,48,435,438,437,446
		50	334,337,557,558
蒙古軍哨所		13	107
蒙古人民共和國	蒙古人民共和国,外蒙人民共和國	5	575,576,577
		11	542
		12	226,269,275,470
		13	105,107,108,109,114,118,119,121,122,123,162
		27	618,619,622,623,627

地　　名	别　　称	册数	页　　数
蒙古人民共和國		30	181
		33	350
		34	4,6,7,50,51,62,68,69,70,75,312
		47	728
		50	292,293,310,333,335,362,363,364,365,367,374,376,378,381,384,558
蒙古連盟	自治蒙古聯盟	50	244,247
蒙自		38	451
蒙城		6	383,385,462
毛庄		6	464
モウチ		39	352
モウルメイン地区	モウルメン	26	456,457
モウルメン		22	114,115
モエアラ		23	13
モエナ島		22	512
モエム		25	67
モエンチラン		23	400
モーエン島	モエンモウエン	15	358,360,373,377,379
莫干路七番地	モーカンルー	7	234,265
モーナ		23	410
モーニングトン		22	316
		24	210
モーパン		20	36
モービンズ		46	401
モーリシアス	マウリシャス島	19	226
		46	561
モールメイン	モールメン	9	99,100,104,133,135,146,147,148,164,181,212,231,232,233,235,270,278
		22	34,37,38,53,185,230,233,552
		39	361,362,363,364,365,366,367
		44	235,236,237,246,251,252
モガチヤ		14	146
モカフ半島		46	532
木阪町		37	334
モクソクウイン		22	8
木浦		12	416,445
木蘭		7	552
穆稜		2	448

地　　名	别　　称	册数	页　　数
穆棱		7	551
		12	302,389,553
穆棱炭坑		12	477
モザンビック	モガンビーク	49	148,149,181
門司	門,門司港	5	418
		11	142
		15	295,296,298,299,300,391,396,400,401,402
		22	494,529,544,545,546,549,550
		25	337
		26	41,44
		30	583
		38	574
		40	67
		43	175
モスクワ	モスコー,モスコウ,莫斯科市,莫斯科,モスクワ市	1	17
		2	426
		8	506
		9	363,440,443
		10	15,241,363,371,426,457,458,470,518,519,679
		11	543,545,567,582,637
		12	87,88,110,111,119,121,124,158,187,188,198,222,465,480,492,555,566,577,578,590,603,604,608,611,622,634
		13	32,38,43,45,49,50,96,117,134,201,202,204,307,315,319,651
		14	1,3,60,489
		15	105
		16	430,442
		19	187
		27	615,618,622,626
		28	483,534
		29	247,254,310,322,475,480,484,492,495,499,500,501,502
		30	151,164,177,183,453,454
		31	401
		32	80

地　名	别　称	册数	页　数
モスクワ		33	159,288,335,350,362,363,375,400,401,404,406,431,434,453,457,458,460
		34	34,51,61,86,100,170,236,269,290,291,293,297,300,302,303,305,306,307,309,310,333,343,344,474,475,477,481,482
		35	17,168,210
		36	456
		40	440
		42	63,64,65,79,174,177,581
		43	337,521
		46	43,161,162,188,190,195,363,365,402,420,435,585
		47	30,75,155,334,369,370,372,373,376,383,384,391,421,429,466,486,532,574,575,576,578,579,592,595,596,687,688,689,699,705,712,713,722,723,728
		49	45,47,49,615
		50	345
モスコーカルジスカヤ街		13	45
モテオ		24	584
モドヂョケルト		23	443
元パレンバン		21	374
本町		25	454,463
モトヤマ		25	491
元山		12	322,416,433,437,438,439,440,443,445
		13	57
		14	185
元山要塞		12	438
モナコ國		1	617
茂名		6	558
沐府西門		7	124,142
モラオ村ギナベイ		20	262
モラヒヤ		2	258
盛京		12	271
守屋町倉庫		26	9
モリヤマ村		22	373
モルツカ	THE MOLUCCAS	19	216,375
モルッカス		23	411

地　名	别　称	册数	页　数
モルトロック		50	127,157
モレスビー		24	576,604
		36	429
		39	22
モロカイ飛行場		46	535
モロキキナ		22	191
モロタイ		23	46,48,49,57,209,210,211
		24	299,303,307,308,311,320,375,433,440,451,453,455,523,564,572,639
		25	280
モロタイ島		27	422
モロッコ		29	522
		48	400
モロトフ		29	504
モロベ		13	535
モロ河	モロ灣	20	52,150
モン・ルホ莊		27	511
モングカイ		22	13,90
モンゴリヤ		12	62
モンゴルゴーロド		33	325
モンタルバン		39	439,440,443
モンテーグ湾		24	204
モンテネグロ國		1	99,172,205,240,349,393,416,442,452,460
門頭溝		6	137
		42	325
		49	349
モントクサン部落		13	24
モントリオール		22	296,524
モンバサ		39	109
モンパン		48	209,352,382
モンボソン		27	567

ヤ

地　名	别　称	册数	页　数
ヤ		15	400,401
ヤード		27	337,353
霞飛路	チョッフル路	49	370
ヤーブロニヤ駅		12	477

地　　名	别　　称	册数	页　　数
ヤールトンホテル		36	471
ヤイナ		12	371
ヤエナノロベーツ		20	4
ヤカノ		24	627,630
ヤクート自治共和國		12	72
藥王寺町兒玉邸		29	110
ヤクタット湾		46	523
ヤーコスコエ・ポーレ五番街		13	39
靖國神社		18	317,319,323
		48	112,114
遂寧		11	25
八代郡文政		27	542
ヤップ	ヤップ島	2	136,138,139
		15	345
		27	205
		36	126
		37	408,435
		47	322,325
		50	131,157
ヤブヘンドン部落		13	25
山形	山形縣	4	360
		5	299
		28	44,110
		31	77
		32	570
		35	503
ヤマキタ	山北	26	530
山口	山口縣	4	312,380
		5	300
		35	504
		44	315
山口縣防府市中關町大字		39	253
山口縣豊浦郡豊西村大字吉母		45	539
大和		13	74
山梨	山梨縣	3	12

地　名	别　称	册数	页　数
山梨		5	299
		35	504
		47	120
山梨縣南都留郡旭ヶ岡	山梨縣郡旭ヶ岡	36	320,330
山梨縣東山梨郡大和村字丸林一九二七番地		32	464
山梨縣甲府市湯田町十八番地三森周吉方	甲府市湯田町十八番地三森方	32	464,468
山内町倉庫		26	9
ヤラ		22	262
ヤララン		22	165
ヤルイアトル		15	384
ヤルート	ヤルート島	18	105
		27	206
		36	429
		37	387,388,389,412,433
ヤルタ		34	312
ヤロ・サンタ・イサベル街		20	248
ヤワ		24	580,627,630

ユ

地　名	别　称	册数	页　数
ユイ・ツワ・ルン八十号		7	116
ユイ・フー・ファン七番地		7	114
ユーイエン路		25	201,205,207
雄基		5	638
		12	321,443,445
		13	57
		14	188
ユーゴースラヴィア	ユーゴスラビア,ユーゴースラビヤ,ユーゴーマラヴィヤ,ユーゴー,ユーゴースラヴィヤ	1	19
		3	109
		7	508
		9	592,593
		10	382,451
		16	492
		19	188
		35	87
ユーコン地方		19	226

地　名	别　称	册数	页　数
ユーハースト	ユウハースト,エワース	42	33
		45	143
		46	371,379,380
ユーマン		18	132,152,172
楡關		5	499
楡樹		7	548
ユゴー		38	233
ユター州	ユタ州	27	240,420,424
ユダヤ		28	555,572
		47	200
		50	487
ユダヤ自治州		12	72
ユティリク	ウティリック	50	124,157
ユニオン・ジャック・クラブ		25	204
ユニオン・ビル		46	555
楡林		6	546,548
楡林港		6	342,358,449,549,551,558
楡林港崖縣		11	5
ユンコイタ		22	139,157,158
ユントオ		27	484

ヨ

地　名	别　称	册数	页　数
ヨアケ地区		27	159,160
楊家河		32	423
楊家子		40	344
姚家鎮		6	533
楊家双子		8	378
陽江		6	521,527,528,529,536,572,573,574,576,577
羊塞鎮		6	538
洋山磯		6	398,466,475
搖子口		6	574
揚州	楊州,揚洲	7	216,513
		8	611
		16	57
		21	214
		25	205,208
		26	526,567,568,650,651

地　名	别　称	册数	页　数
楊樹浦		32	108
		49	370
洋珠巷一號		7	70
陽春		6	477,480,521,572
陽新		6	483
揚秦鎮		6	539
揚子江	楊子江,長江	2	271,429,548
		3	152,168,208
		5	309,440,543,553
		6	225,226,227,238,239,242,278,313,316,342,343,346,347,351,352,354,355,361,362,367,394,395,396,397,398,400,401,403,405,409,410,413,414,425,435,468,469,470,471,473,474,480,482,483,484,488,490,495,496,497,499,501,503,507,517,518,520,523,524,525,530,564,565,566,567,571,572,576
		7	139,156,163,169,207,254,285
		8	531,539,600,603,606,641,656,662,680
		9	445
		11	21,22,24,32,34,60,498
		13	92,93
		16	43,71,79,153,129,241,264,266,267,558,594,605
		17	496
		19	253,254
		25	208,235
		28	230
		29	152,627,628
		30	514,520,535
		32	20,54,102,169,172,183,186,196,204,242,260,261,333,338,343,347,351,359,360,366,377,400,401,402,427,430,432,433,436,438,439,446,489,496,499,501,529
		33	186,198,275,279
		34	497,498
		41	101,291,292
		42	349,353

地　　名	别　　称	册数	页　　数
楊子江		44	494
		45	324,329,529
		46	62,75,119,605
		47	240
		48	239
		49	382,384,402,405,407
		50	10,11
陽泉		8	591,593
楊村	揚村	5	522
		6	126
		11	68
		29	189
窑門駅		12	141
揚陵磯		6	523
ヨカジ島		50	128
横		15	391,396,399,402
横須賀	横須賀市	4	422
		13	403,435,463
		18	72,80,87,105,113,118,192,295
		23	341
		31	309
		34	252,253,255,470
		37	441
		38	43
		46	21,472,605
		47	527
		50	153,171
横須賀軍港		45	435
横須賀港		13	463
横須賀市浦郷		32	209
横須賀市逗子町		30	135
横須賀市逗子町櫻山二-三八〇番地		30	147
横須賀市久木町九七		38	362
横濱	横浜,横濱市,横濱	2	658,674
		5	191,193
		8	571
		9	223

地名	别称	册数	页数
横濱		11	283,443
		13	472,646
		21	253
		23	341
		25	312,490,522
		26	41,295,298,300,370,384,423,511,556,633,649
		27	272,276,279
		31	201,353
		38	563
		40	88,327,328
		45	172,435
		47	526
		48	426,437
		49	297,517
横濱港		26	8
		27	26
横浜市北區篠原町		5	296
横濱市中區山下町二五四番地		26	637
横濱市保土谷區月見區二二一遠山方		41	118,123
横道河子	横導河子	11	539
		12	153,407,553,597,600
		34	115
横道河子駅		12	477,478
ヨコヤマ		25	413
横浜市神奈川		5	296
横浜市中區		5	296
横浜市中區久保町		5	296
横浜市中區花咲町		5	296
横濱市中區本牧元町一八三番地		50	515
横浜市中區宮川町		5	296
横濱市南區井土ヶ穀中町		31	380,390
横山島		6	360
横山練兵場		25	414

地　名	别　称	册数	页　数
舒城		6	467
吉村		7	430
世田ヶ谷区玉川上野毛町		46	437,442
ヨチョー	岳州	25	174,258
四谷區木鹽町		5	296
淀橋區		5	296
淀橋區下落合		5	297
		46	404
淀橋區戸塚町		5	297
淀橋區西大久保		5	296
米子市尾高町		46	460
四會		6	570
四會路		7	376
四洮線		12	81
四洮沿線地方		12	83
ヨンペン		9	263,284

ラ

地　名	别　称	册数	页　数
ラ・グワィラ		49	158
ラ・トリニダッド市		20	322,323
ラ・ユーニオン・サン・フエルナンド		20	24
ラ・ユニオン州	ラ・ユニオン	20	17,31
		21	86
ラーチィ		29	481
ラーブル所		27	133
ラーベン	ラーヘン	9	164
ライウィ		46	572
雷鼓山		6	414,506
萊州		6	533
雷州角		6	535
雷州半島		6	534,535,547,550
		11	487
		39	242
ライチヒンスク		12	62
雷白港		6	528
ライプチヒ市	ライプチッヒ市	50	294,310

地名	别称	册数	页数
ライム・ストリート		21	431
ライン		47	329
ラインランド	ライランド	10	494,506
		46	228
ライン群島		19	225
ラヴェンダ街		21	312
ラウテム		24	201,272,273,278
ラウラウ		50	136
ラエ		13	535
		24	599,649
		39	22
ラオ・メッアン		7	115
ラオアグ		13	517
		20	52
ラオエト島		23	369,370
ラオカイ	Laokay	2	283
		11	129,174
老撾	Laos,ラーオーズ,ラオス,ラオス王國	2	299,414
		7	566
		11	97,99,494
		19	228
		27	453,597,600
ラオハイ		38	451
饒河		12	296
ラカクジ		22	269
ラカデブ群島		19	226
ラグナ	ラグナ州,ラグナ島	20	4,16,18,29,30,31,33,48,178
ラグナ県系カラウアン町	比律賓群島ルソン,ラグナ県系カラウアン町	20	175
ラグナ州		21	96
ラグバン		20	36
洛陽		2	553
		32	513
ラケンバ水道		27	387
ラゴアン		24	414
羅山		6	479
ラサング		21	221,222
羅子溝		8	365,377

地　　名	别　　称	册数	页　　数
羅津		5	638
		8	327
		12	321,421,420,421,433,437,438,440,443,445
		13	57
		14	93,127,182
		34	145,146
羅津港		8	387
ラスヴェガス		27	238
ラストヤ		12	606
ラゾ街		27	633
ラタン・チャンド		22	367
ラチエイ河岸,ラヂエイ河岸		14	46
ラッセールス街		21	409
ラッド・フィールド		46	524
羅定		16	116
ラテリ		24	251
ラテン		49	157,158,159,160
ラテンアメリカ		36	204
		48	192
羅店鎮		6	287
ラトヴィア	Latvla,拉特維亜,ラトヴィヤ,ラトビヤ,ラトビア,ラトヴィア國	1	309,317,322,463,483,543
		2	38,55,70,76
		11	46,48
		12	380
		29	490,491,492,493
		30	453
		38	233
		47	365
ラドカ湖		29	482
ラナイ村落		14	45,46
ラナイ島		13	601,625
ラナウ		23	137,138,139,141,146,153,155,157,158,160,161
ラナウン		22	259,269
ラナオ	ラナオ州	20	34,35,45,46,224,267,268,269,270,271,272

地　名	别　称	册数	页　数
		21	135
ラナオービラヤン		20	298
羅南		12	419,420,421,433,439,443,445,446,447,452,460
		14	127
		33	334
ラニンボア		24	616,622,625
ラハ		24	458,459,463,464,472,476,477,488,490,500,501,511,512
ラバウル	ラボウル,ラバアール	13	402,429,535
		18	56
		24	590,591,599
		25	2,11,15,19,24,29,30,32,36,44,45,47,48,50,54,59,65,78,81,88,101
		27	669
		34	254
ラバウル・トネル・ヒル・ロード	Rabul Tunnel Hillroad	25	50
ラバウル中華街		25	45
ラハスス		30	179
拉哈蘇蘇		12	470
ラハト		22	512
ラハムナ	ラハ,ムナ	23	607,608,609
ラバン		24	577,614
ラピア村		23	586
ラビス		9	264,285
羅府	羅	15	392,396,400,403
ラファ		12	470
ラブアン	ラブマン	19	217,227
		23	28,59,71,72,141,145,146,155,160,163
ラプク街道		23	147
ラブスリー		46	379,381
ラプレイ		42	33
ラフ島		20	19
ラベルリエー		27	511
ラポイ		20	283
ラボール	ラポール	18	100
		39	152

地　名	别　称	册数	页　数
		43	450
ラボック路		40	264,278,283
ラボレス街		20	69,74,75
ラマタ		27	668
ラマ廟		50	332
ラムノ		21	110
ラムバサリー・カムベング		23	532,536
ラムブゼレック		27	473
ラムリー		39	342
ラメン		13	498,578
ラモトレック		50	130,157
ラヤ村	レーヤー村	20	35,269
ラユニオン・サン・エルナンドサンテイアゴ・スル村シエイオ・サコク		20	34
ララ		24	285,300
ララントケ		23	369
ラロ		20	19
ラロキ川		13	533
ラワイナ		13	631,637
藍衣荘		7	146
蘭印諸島	蘭領東印度群島	19	126,159,173,174,177,394
蘭印ヤラマン		19	4
灤河		8	590
ランカシヤ		22	180
ランガル島		50	128,157
蘭貢	ラングーン,ラングーン市	9	155,181,223
		13	368
		18	60
		22	44,74,95,98,207,230,233,552,554
		24	568
		25	197
		39	309,328,329,333,334,335,337,343,347,350,357,361,362,364
		40	266,285
		42	525

地　名	别　称	册数	页　数
蘭貢		44	236,237,241,246
		45	288
		47	674
		48	129,130,347,348,352,353,433
		49	418
		50	69,164,349,524
ラングーン四十七番街第百五十六號館		22	223
ラングタンド		20	44
蘭溪		6	567
灤縣		7	400,402
ランゴアン	ラングアン	24	304,305,405,418
		46	576
ランジャ		24	608
蘭州		6	368,374,417,446,507,510
		11	25,500,501
		30	182
灤州		5	568
		6	126
		29	189
		32	512
ランス		12	380
ランスアンガオ村		20	300
ランズオプ・ヴォウディングスゲスティワヒト		23	461
蘭西		7	552
ランソン		38	451
諒山	ラングソン,ラングソン・クルア,イアンソン	11	137,252,493,499,500
		27	473,478,589,591,595,597,598
		50	391,392,394,395
ランタド街		20	314
爛泥渡		41	74
ランドプラパット	タンヂョンパレー	39	404,407,408
ランハン		15	353
灤平		7	479,543
蘭封		7	253,284
ランンン・セン・ミッシュエル農園		27	472

地名	别称	册数	页数
		リ	
リアム街		23	28,61,62,63,64,66
リアング		24	469,551,552,553
リイエマン		22	301
リール村		20	181,185
リヴイングストン		26	590
リウオフ市		50	281
リオ・デ・ジャネイロ		39	229
リオウ		9	265,287
リオー群島		19	216
リオ州		45	229
リガ	リガ市	12	400
		30	453
黎界		6	552
李家溝		10	684,688
リクイサ		24	261,262,263,281
陸溪洲		6	523
陸水		6	535
陸豐		6	483,484,521,564,567,568,570,572
離江		7	378
リコータク		33	429
リザール	リザール州,リザル,リサール市	20	2,4,5,6,16,17,3,18,48,45,140
		21	83
リザール街	リザール街,リザル,リザル道路	21	1,2,3,7,10,11
リサル	リサル州	27	601,606
リザル・パセー・タボン・アペロ・クルズ百三十一番地		20	349
リザル・パセー・ロルデス街七八番地		20	349
李子園		7	378
里市郷第五保		7	316
里市郷第五保亭子廟		7	327
里市郷第三保三仙廟	里市郷第三保三仙廟	7	317,320,325,326,327,329,330,331
里市郷第三保三仙廟賀會郷		7	319

地　名	别　称	册数	页　数
里市郷第六保唐家洲	里市郷第六保唐家州	7	321,322,323,324
梨樹鎮		12	302
		14	183
黎城縣		8	22
リスアニア	リッアニア,リトワニヤ,リトアニア,リスアニア國	1	317,617
		3	402
		12	606
		29	490,491,492,493
		30	453
		38	233
		47	365
リスボン		29	520
		44	298,299
		46	374,375
リスリスキー		12	516
立水		6	452
リッツ・ホテル		46	370
溧陽		6	457
リツル・イーストン		46	401
リツルバガオ		21	160
リトルフォルズ		27	239
リニシー縣		7	485
リノサンガンマライバカルパアン(クエゾン)バラバック		20	231
リパ	リパ町,リパ市	20	18,145,146,149,154,155,156
		21	76
リバーバリー		21	342
リバープール		49	161
リバープール街		21	333
リバカオ		20	225,229,230
リバサイドノワンガン		20	41
リビヤ		10	383,658,659,660,661,665
		29	522
リベリア	リベリア國	1	617
		3	402
リマ		15	403
リマイ附近		26	583

地　　名	别　　称	册数	页　　数
リム街道		23	61
リヤザンスカヤ州		27	615
リヤンチヤンコウ		12	276
龍王廟		31	469,478,496,497,498,546,548,549
		42	208
龍王廟嗎頭		32	431
劉河		16	57
柳河		14	162
隆化		7	479,543
龍華		26	568
龍華停車場		49	370
龍華飛行場		49	370
琉球		28	151,167
琉球諸島	琉球列島	2	414
		27	255
龍溪		6	536
龍峴		33	459
龍原		7	453
龍江		7	541
		32	563
		40	488
龍口		6	570
		8	587
劉公河		6	479
龍江縣		31	320
龍江省		30	583
龍山		12	416
柳州	柳洲	6	568,573
		11	25
		32	404,456,459,467
		39	239,240,242,246,260,261,266
		44	367
龍州		6	568,569
		38	451
龍珠路		7	376
柳條溝	柳條湖	6	216,218
		28	21,26,74,157,158,170
		30	349,351,455,543

地　名	别　称	册数	页　数
柳條溝		42	396,559
		45	5,13,495
		47	172
		49	498
柳條溝驛		2	519
龍清		27	448,528,530
龍井村		2	525,583,675,676
		5	637
劉莊		6	461
龍池庵		7	130
龍池巷		7	149
龍南		6	468
龍蟠里		7	129,149
龍門		42	325
		49	349
瀏陽		6	566
龍陵		6	157
		44	241
遼河	潦河	2	531,534,535,537,625
		8	245
		12	145
		14	380
		28	361
		30	401,403,404,405,406,439,440,441,469
		41	6,8
		45	59,62,83
遼河渡河臬	遼河渡臬	45	46,47
遼河流域		2	436
遼源	遼原	2	524
		12	211
陵源	凌源	7	478,543
兩廣	两広	33	176
		49	380,381
梁山		6	370,373
遼西		30	404,406
		41	8,70,71,92
		45	62
遼東		8	1

地名	别称	册数	页数
遼東		30	246,286
		44	362
兩洞鄉		7	371,372
遼東半島		2	435,436,449,450,461,462
		14	485
		41	39
		49	224,226,240
遼東半島租借地		2	85
遼東領域		2	483
陵南	凌南	7	479,543
遼寧	遼寧省	5	499,614
		7	361,430,438,439,440
		8	38
		30	281
		42	408
遼陽		2	461,520,524,537
		6	633,634
		12	212
		14	380
		30	360,369,384,430
		32	557,560
		42	558,559
旅順	旅,旅順口	2	80,81,408,450,452,459,462,520,524,534,567,568,667
		4	413,414,422
		5	67
		6	113,215,646
		8	206
		14	485
		18	87
		28	158
		30	253,257,258,259,260,261,385
		31	40,197
		32	295,556,557,559,560
		41	191
		42	558,559,568,569,573,577
		49	225,243
旅順港		34	313

地　名	别　称	册数	页　数
リョン街十一番地		22	508
リリ		24	586
リリアン岬		25	154
リロイ		20	30
リワド群島		19	226
臨域		8	595
リンオンシー		24	129,130
リンガ		9	265,287
リンガエン灣	リンガイェン,リンガエン	18	60
		20	52
		39	437
		43	480
		45	236,248,249,293,294
		46	547
リンカス		23	254,262
リンガラン灣		46	547
リンガ群島		19	216
臨漁集		6	463
リングエン		22	491
林縣		6	460
林口		12	275,276
		14	184,190,191
臨江	淋江	7	433,445,547
臨湘		6	566
		29	412
臨湘磯		6	564
臨湘磯螺山		6	524
林西		7	544
林亭口		5	501
林東		7	544
リンドハースト		24	129,130
リンドフィールト		24	401
リンブルク州	BIMBURG	19	357
臨汾		33	314
臨紛河		11	23

ル

ル・アーヴル		2	406

地　　名	别　　称	册数	页　　数
ルアン・プラバン	ルアン・プラバン國,ルアンプラバン,ルアノ プラバン市,ルアン	2	325
		11	97,99
		47	515,675
		50	207
ルアン島		24	201,271,272,273,274,276
露京		29	167
ルージュ		11	168
ルート・カーデナルメルシエ二一九・グローヴナーハウス第六〇二号		25	212
ルーブル		29	185
羅馬尼亜	ルーマニア國,ルーマニア,ルーマニヤ,羅馬尼,羅馬尼亜國	1	17,18,19,31,99,173,207,241,309,317,323,350,394,417,442,454,461,556,618
		2	40,58,72,76
		5	111
		9	477,543
		10	99,223,326,382
		11	219
		12	195,505,594,615
		13	254,257,267,268,269,270,271,275,276,283,660
		16	178,492
		18	507
		28	550
		29	106,506,507,572,582,615
		30	453
		34	123,126
		35	76,87
		36	344
		38	233
		43	478
		46	166
		47	365
		48	211
ルール		47	319
ルオソエコエン		24	125
ルオット		50	109,111,123,157

地　　名	别　　称	册数	页　　数
盧森堡國	ルクセンブルグ國,ルクセムブルグ,ルクセンブルグ	1	99,171,205,239,309,322,348,392,416,438,447,452,460,463,483,543,555,561,617
		2	38,55,70
		16	492
		29	560,568,569
		46	241
		49	200
ルクバン北東		21	98
ルズリアガ		20	39
ルセナ		20	52
呂宋	ルソン島,ルゾン,ルソン,ルゾン島,ルソン嶋,呂宋島	11	487
		13	406,501,517,518,583
		20	10,18,20,22,24,26,31,52,16,17,18,19,20,21,22,23,27,29,30,31,33,34,36,38,32,144,146,157,163,173,175,188,206,273
		21	73,81,82,86,88,92,96,98,124,147,149
		22	490,491
		25	280
		36	401
		39	380,437,439,445
		43	480
		45	235,236,237,247,290,291,292,294,298,300,356
		46	546
		48	280
爾遜河		50	332
ルチン		23	59
ルットルフィールド		25	418
ルツベンツロップ		13	254,255
ルトオング・フェリー		23	55
ルトキハロシヤ		12	72
ルトング		23	58
ルバオ		21	223
爾哈河		50	332
ルフキン		25	425
ルフロオ		14	195

地　名	别　称	册数	页　数
ルムバン		20	16
ルモト部落		20	176
ルンガオ		20	227,249
ルンタル		20	165,166

レ

地　名	别　称	册数	页　数
レイ・ムン		22	296
麗水		6	379,465,475,477
		12	438
レイテ	レイテ島,レイテ州	20	11,27,26,29,31,40,170,202,262,264,265,266,314,347
		21	141,181,185
		39	437
		45	290,291,293,294,356
伶仃島		6	525
レイテパロ濱		21	94
レイテ島イノパカン		20	30
レイトピャガン地區		22	84
レイナ・レゲンテ街		21	16
レイナス		24	337
レイナル	レナル	35	176,177
レイニス		24	287,336
嶺門	嶺門市	44	296,297
靈谷寺		7	141,160
醴陵		6	528,533
醴陵驛		6	576
レインボー・ファイブ		36	437,439
レインボー街		24	588
レウリザ街一九〇番地		20	6,27,52
レーク路		22	216
レールモンド	ROERMOND	19	357
レカスピ		20	52
レサレクション湾		46	523
レスター		3	295,431
レッサー・スンダ		19	450
埒子口		6	528
レッド・ヒル・サウス・ハヲワ谷		46	531

地名	别称	册数	页数
レトブ		22	118
レニングラード		10	677
		11	582
		17	444
		19	187
		29	472,476,478,480
		31	401,418
レミゾヴオ丘		27	619
レラン島		24	271,272,277
連雲港		6	343,351,353,365,366,386,464,522,533,538,545,541,574
蓮花砲臺		6	352,423,517
連縣		6	569
晋江		8	60
連江縣		7	309
レンシー		22	234
蓮子營		7	144
廉州		6	535,536
連城		7	375
レンス		27	558
漣水		6	538
レンソ・マルケス		32	97
レンチチョー番地		26	560
レンバン	レムバン,レムバング	19	308
		23	382,423,432,486
連兵		6	566
連平		6	565,565
連和國		36	401,403

ロ

地名	别称	册数	页数
ロ		15	400,401
ロ・チア通		7	122
ロアール縣		27	589
ロイ	ロイ島	50	109,123,161,162,163
ロイコウ		39	351
ロイストン町		21	497
老王府		7	126
隴海線	隴海	32	529,531,536
		49	404

地　名	别　称	册数	页　数
老江口		7	137,153
老黒山		34	109
瀧州		6	157
ロウシュウオール・シュール・メール縣		27	588
ロウズバーゾ		27	240
老走		27	575
浪頭		7	449
老頭溝		2	448
廊坊	廊房	5	522
		6	126
		7	344
		11	68
		31	552,554
		43	131
羅馬	ローマ,ローマン,大ローマ帝国	2	235
		9	361,362,364,462,463,465,511,523,535,556,571,580,592,598,599,600,605,608,621
		10	6,58,104,107,110,247,331,332,363,373,425,615,648
		11	7
		13	335,359,385
		16	475
		24	199,232
		28	108,127,295,481,482,583,586,589,623
		30	31,453
		33	254
		34	482,483,512,513,514
		35	107,134,135,182,210,226
		38	131
		39	418
		40	415,441
		42	286
		43	500
		45	169
		46	37,231,372,373,374,377
		47	8,20,22,30,31,32,69,73,77,78,83,86,87,147,148,149,157,158,330,652

地　名	别　称	册数	页　数
羅馬		48	149,342
		49	408,512,567,615,619,622
		50	373,484,573
羅馬大帝國		18	20,469
ローガン市		27	420
ローグイ		27	324
ローズ		46	549,551
ローズベルト		19	446
ローデシア		49	181
ロード・ノース		50	134,157
ロードアイランド州リバーサイド市コゼンス通り十三号		25	450
ロードホウ島		19	225
ロード州		49	226
ローランド街		27	340
ローラ島		15	387
ローレン		47	318
ローワーミーケ		22	140,159
ローン		20	239
ロカルチー群島		19	224
ロカルノ		29	331
ロク・ビン	ロク・ビング	50	393,394,395
ロクヴイル		27	241
錄丸		32	365
六金闘鎮		6	398
淥口驛		6	570
蘄春		6	410
祿步		6	530,577
盧溝橋	蘆溝橋,芦溝橋	3	146,147,203,204
		4	607
		5	522,525,526,528
		6	127,128,135,137,138,142,209
		7	344
		11	56,68,251
		28	143,160,172
		31	469,475,476,478,495,517,546,549,551,555,557,568,580
		32	33,393,527

地　名	别　称	册数	页　数
盧溝橋		33	228,304
		49	498
盧溝橋城廓		42	208
ロザチオ		21	30
ロサリオ町		20	172
廬山	盧山	11	65
		42	287
ロシア			参见：露西亜
露西亜	露西亜國，ロシヤ，ロシア，ロシアー，露，露國，露西亜，露西亜帝國，Russia，ソビエット社會主義共和國聯邦，ソ聯，蘇聯	1	100,173,207,242,350,394,423,429,433,439,447,454,461
		2	79,80,81,82,83,84,85,86,143,148,411,417,433,434,435,449,450,451,453,455,456,458,460,461,462,463,467,469,482,487,496,539,573,620,627,629,636
		3	254,278,287,288,290,292,293,294,296,325,397,411,412,478,479
		4	231,233,270,282,383,599
		5	27,48,77,78,80,82,312,394,402,426,624
		6	243,246,251,283
		8	505,506
		9	33,34,35,36,37,307,324,403,407,437,440,441,468,469,471,473,474,475,477,545,546,550,553,554,555,558,559,561,562,563,564,565,575,576,577,578,579,600,615
		10	5,6,24,37,67,71,72,73,76,196,373,377,381,382,383,403,413,414,419,420,452,456,457,458,464,465,469,470,471,483,494,518,519,592,614,665,673,678,681
		11	6,68,294,386,520,525,526,528,529,549,550,551,552,553,554,555,556,568,649
		12	96,97,101,108,131,132,133,134,144,147,154,155,156,157,195,223,236,269,383,384,473,492,494,495,496,497,498,506,506,507,510,515,516,517,562,563,565,585,591,597,603

地　　名	别　　称	册数	页　　数
露西亚		14	4,46,170,202,206,485
		16	444,445,464,465,552,553,546,547,548,601,621
		17	475
		18	50,87,355,502
		19	474
		25	181,212,325
		27	689
		28	88,89,154,156,336,393,482,483,484,485,550,556,560,606,609
		29	2,5,10,16,94,165,166,167,169,170,171,173,177,216,217,222,230,231,232,233,234,235,237,241,242,243,244,248,250,252,338,339,343,344,390,404,422,426,427,428,430,461,472,489,490,491,503,504,505,506,559
		30	136,171,173,174,178,181,182,183184,185,187,188,189,190,191,222,227,248,251,315,424,430,455
		32	567
		33	136,247,307,318,319,320,321,324,325,326,327,333,334,335,353,356,395,422,425,441,444,454,455,457
		34	107,122,268,310,311,344,352,477,478,483
		36	210,232
		37	465,526
		39	414
		40	478,480,493,515
		41	29,45,137,151,152,154,155,226
		42	15,16,63,64,65,90,110,112,495,593
		43	301,331,385,551
		44	324,325,326,405,569
		46	119,258,356,357,358,360,382,509
		47	47,126,164,186,192,202,310,532
		49	93,101,121,148,149,226,382,451,454,466,489,553,554,570,571,572,583,584,589,590,591,595,606
		50	215,333,368,371,403,552,553

地　名	别　称	册数	页　数
廬州	廬州府,瀘州,Luchowtu	7	37,41
		11	25
		32	398
ロスアンゼルス	ロサンジェルス,ロス・アンヂュレス	15	526
		17	358
		25	280
		36	420
		49	157
ロスアンゼルス市コート通り一四四八		25	47,48
ロスシュ・ゴル河		13	116
ロストフ		19	187
ロスパニオス		39	445,446
ロス農場	ロス農園	25	17,18,21
ロタ	ロタ島	37	408,418,420,459,463
		50	138,157
蘆台		5	501
		6	126
		11	68
六河溝		8	595
六甲山		2	659
ロッシュフォール街		27	585
ロッテルダム	ノッテルダム	1	436
		23	635
		49	162,166
ロデコヴイ		13	53
ロバング		23	61,62
ロバン岬		23	28,60
魯北		7	544
ロポク		24	278
ロムボク		19	216
ロメン		30	331
ロヤルテイー島		36	434
ロリアン		49	559
露領		39	30
露領巌杵		46	354
露領沿海州		36	431
露領樺太		29	429,430
露領樺太州		11	554

地　名	别　称	册数	页　数
露領極東地方		11	658
ロレクフク		14	199
ロレト		20	155
ロレンソ・マルケス	ロレンソ・マルケス港	39	224,225
		47	525
ロロ		20	50
ロロバタ		24	298,445
ロロボ		13	535
ロングナワン		23	271,278,280,281,282,283,284,285,287,288,290,292,295,296
ロンジェラップ		50	124,157
ロンジェリク		50	124
ロンダ		19	225
ロンテェオー		50	391
倫敦	倫,LONDON,ロンドン,ロンドン市,倫敦市	1	18
		2	110,216,218,224,228,230
		3	10,11,21,22,29,34,36,42,49,52,54,65,68,71,73,76,80,91,100,103,105,107,111,118,119,121,137,248
		4	419
		9	271,278,279,397,407
		10	223,510
		11	237
		13	651
		14	489
		15	391,396,400,401,628
		16	160,192,203,207,211,231,333,336,339,342,343,369,379,391,430
		17	227,349,421,422,423,426,428,458
		18	41
		19	5,6,8,18
		21	247,431
		22	208,260,270,340,509
		24	129,130,360
		26	310,341,462
		28	351
		29	169,194,199,203,204,328,332,461,462,483,509,513,516,518
		30	453

地名	别称	册数	页数
倫敦		31	28,29,200,341
		32	269
		33	154
		35	228,282
		36	110,168,294,313,373,375,389,472
		37	21,25,203,310,317,330,504
		38	6,102,106,107,111,116,127,217,258,267,302,304,328,329,336,337
		42	136,154,266,319,384,385
		43	34,90,109
		46	146,196,231,348,365,367,373,376,377,385,388,389,391,395,397,398,399,404,408,409,431
		47	75,397,647,647
		48	278
		49	28,29,123,161,178,615
		50	294,295,313,317,322,324,407
ロンドンW8 ホーントン街三二番地		42	384
倫敦市サウス・ケンシングトン・グロスター街八十三		39	213
倫敦西八區ケンシングトン・ゲイト二十一番地		39	213
ロンドンミルバンク		22	255
ロンドン市テレグラフ街一一一一六 ケント館		49	29
ロンブロン		20	52
ロンポク島		13	521

ワ

地名	别称	册数	页数
ワーテルグラーフスメド		23	8
ワーム・スリング		37	326
ワイアーヂン・プラット三番地		22	242
ワイアジン・フラッ		22	111
淮安		6	385,465,468,538

地名	别称	册数	页数
淮陰		6	385,465,468,548,541
		11	23
ワイオーミング州		46	352
ワイオミンウ州		27	241
淮河		6	539
ワイキキ		35	176
ワイシル・フリー		24	449
ワイタヴロ		25	25,26
ワイド湾		46	523
ワイル		19	227
ワウ		13	535
ワウワウ		21	128
邑江口		6	458
和歌山		26	348,363
		35	504
和歌山縣		24	52
		25	391,392
和歌山縣西牟婁郡稲成村		25	402
和歌山縣日高郡上山路		25	402
和歌山縣日高郡寒川村		25	402
和歌山縣日高郡眞妻和大字川		25	402
和歌山市北町二十二番地		32	351
ワカルキャンプ		23	308
ワガワガ		24	586
和縣		6	449,461
ワゴ		20	52
ワコル		24	300,431
ワサパベサー		24	190,191,200,204,206,210,211,212
ワシンガン		13	518
華盛頓	華盛頓行政地區,ワシントン,華府,ワシントン・D・C,ワシントン市,ワシントン府,華盛頓市,萃盛顿,华府,ワシントン市,ワシントン州	1	7,11,23
		2	84,87,108,110,111,112,113,114,115,117,119,129,130,133,141,142,159,163,164,166,167,174,331,382,383,432
		3	1,27,29,33,34,36,38,39,64,65,67,68,71,73,80,119,120,121,124,130,137,142,164,209,555,570

地名	别称	册数	页数
華盛頓		5	362
		6	225,600
		7	1,247,248,249,251,252,278,279,280,282,283,436,438,439,440,477,478,480,555
		8	2,4,6,7,12,16,21,22,25,26,30,53,57,61,63,65,68,70,73,74,82,83,94,95,98,99,100,102,110,116,118,142,145,150,152,165
		9	397,400,407,587
		10	336,388
		11	44,48,61,71,77,190,192,229,415,417,418,419,555
		13	356,380,382,385
		14	12
		15	575,580,588,592,602
		16	3,5,9,12,46,47,145,152,153,169,190,228,238,354,369,407,411,420,432,442,463,464,469,482,485,496,501,503,531,600,620
		17	112,116,117,172,177,180,182,184,187,188,189,190,192,218,220,228,232,239,241,243,244,246,248,260,261,262,263,264,275,276,277,280,282,294,310,311,312,314,319,352,361,368,372,374,375,378,379,380,381,382,383,384,385,386,387,388,389,390,391,447,448,449,452,506,519,556,569,573,586
		18	39,41,122,125,126,129,133,147,149,153,67,169,173,187,188,190,199,203,211,217,222,245、250,256,261,339,351
		19	5,20,318
		20	54,58,77,196,339
		21	87,89,91,93,95,97,99,108,113,136,176,191,192,193,194,196,197,199,200,245,252
		22	398
		24	570

地名	别称	册数	页数
華盛頓		25	47,235,280,281,439,440
		26	341,642
		27	196,197,236,255,343,240,337,420
		28	101,104,217,282,284,286,289,321,324,330,354,355,363,372,378,380,381,386,397,429,430,440,468,471,497,636
		29	355,367,368,370,375,377,379,401,457,458,489,503,506,525,531,537,576,604,610,612,627
		32	269
		33	363,364,375,376,403,404,405,406,407
		34	307,333,501,506,511
		35	24,25,43,47,200,201,202,206,209
		36	11,25,28,61,102,104,105,152,159,191,201,217,218,221,223,225,229,234,285,326,368,393,416,421,451,464,471,473,475,493,500,502,505,508,510,513,515,522,541,543,548,551,556,562,567,569
		37	21,30,31,49,61,70,72,78,79,92,97,107,147,150,151,165,188,201,212,223,226,227,229,230,231,232,234,235,236,245,248,256,257,261,262,264,266,269,277,279,288,305,307,310,313,317,330,481,504,509,511,532
		38	6,117,132,134,177,187,258,400
		39	217,226
		42	3,6,9,11,15,35,349
		43	88,426,579
		45	29,30,109,172,173,174,175,176,177,178,457,533
		46	110,126,366,369,382,410,411,412
		47	2,3,75,479,500,621,622,624,633,638,641
		48	49,65,120,135,142,272,276,352
		49	256,257,260,263,265,278,483,550,615
		50	20,72,77,78,86,87,88,98,541,544
ワシントン市北西デヴォンシャ街二二三七番地		25	435

地　名	别　称	册数	页　数
ワシントン洲ベンブリッヂ島	海軍基地 s	37	257,258,259,261,262,264
ワタムポウン		24	332
稚内父島		18	72,87,105,110,114
ワト	ワト市政区	20	35,267,269
和平		27	458,595
和平門	和平门	7	47,62,134
ワヤブラ		46	572
ワラット・ウリイン・オボ		50	375
和龍		2	501
		7	550
ワルシャワ		30	447,453
ワルソー		9	471,473
		35	127
ワルソー市		42	384
ワレンデル		23	625
ワロレン		29	185
ワン		48	352
ワンティピイ		24	645
宛平	苑平	6	127,131,132,137,140,141,142,143,145
		11	56
		31	469,477,496,497,498,546,558
宛平縣		7	343
宛平城		5	526,527,528
ワンヤイ		9	130,181,183,213,243,245

中日文地名对照表

中文地名	日文地名
阿贝马马	アベママ
阿伯丁村	アバティーン村
阿伯丁市场	アバティーン・バザー
阿博兰	アボーラン
阿德雷德	アテレード
阿德列尔湾	アドラ湾
阿德摩尔小屋	アードモアーカッテヂ
阿德莫路	アードモアー通
阿尔巴尼亚	アルバニア
阿尔卑斯山脉地带	アルプス山脈地帶
阿尔及尔	アルヂェー
阿尔及利亚	アルジエリア
阿尔卡拉	アラカラ
阿尔帕容	アルバチョ
阿尔萨斯	アルサス
阿尔山	阿爾山
阿尔尚	アルシャン
阿尔塔瓦斯	アルタヴァス
阿富汗	アフガニスタン
阿盖尔和萨瑟兰高地	アーデル・スザランド・ハイランダース
阿盖尔街道	アルギイル街
阿格拉	アグラ
阿根廷	アルゼンチン
阿加尼亚	アガナ市
阿劲岗	アギンガン
阿劲岗岬	アギンガン岬
阿久津村	阿久津村
阿肯色州	アーカンソー州
阿拉巴姆	アラバマ州
阿拉伯	アラビヤ
阿拉弗拉海	アフフラ海
阿拉干邦	アラガン
阿拉卡贝桑岛	アラカベサン島
阿拉米诺斯	アラミノス

中文地名	日文地名
阿拉善	阿拉善
阿拉斯加	アラスカ
阿拉斯加阿留申地区	アリウシヤン・アラスカ地方
阿拉亚特	アラヤット
阿朗阿朗	アランガラン
阿留申	アリューシャン
阿留申群岛	アリューシャン群島
阿鲁群岛	アルー群島
阿姆斯特丹	アムステルダム
阿穆尔河	アムール河
阿穆尔州	アムール州
阿南巴斯	マナムバス群島
阿南巴斯群岛	アナンバス
阿帕里	アパリ
阿帕里机场	アパリ飛行場
阿普兰公园路 11 号	アップランド公園通十一番地
阿恰布	アキャブ
阿萨汉河	アサハン河
阿萨姆邦	アッサム
阿塞拜疆	アゼルバイジャン
阿什伯里	アシュベリー
阿什菲尔德	アッシュフィルド
阿斯里托	アスリート
阿希奥马	アヒオマ
阿兴顿	アシングトン
埃查格	エカゲメ
埃及	埃及
埃利斯	ニリス
埃利斯岛	エリス島
埃尼威托克岛	エニウェトク
埃塞俄比亚	エチオピヤ
埃塞克斯	エセックス州
埃文斯	エヴァンズ
艾莱乌	アイリュー
艾林拉普拉普	アイリンラパラップ
艾纳鲁	アイナロ
艾塔佩	アイタペ
爱达荷瀑布	アイダホラオール

中文地名	日文地名
爱达荷州	アイダホ州
爱宕山	愛宕山
爱尔兰	愛蘭
爱荷华州	アイオワ州
爱荷华州克林顿市	アイオワ州クリントン市
爱沙尼亚	エストニア
爱媛	愛媛
爱媛县喜多郡	愛媛縣喜多郡
爱媛县越智郡	愛媛縣越智郡
爱知	愛知
瑷珲	璦琿
安巴拉哇	アンバラワ
安北城	安北城
安边	安邊
安波那岛	アンボン島
安达	安達
安达曼	アンダマン
安大略	オンタリオ州
安德里西山	安德里西山
安德门	安德門
安定县	安定縣
安徽	安徽
安卡拉	アンゴラ
安南	安南
安南山脉	安南山脈
安南湾	安南灣
安南王国	安南王國
安宁	安寧
安平	安平
安平河口	安平河口
安平路	アン・ピン通
安庆	安慶
安庆港	安慶港
安特卫普	アントワープ
安亭镇	安亭鎮
安图	安圖
安汶	アンボン
安中	安中

中 文 地 名	日 文 地 名
鞍山	鞍山
昂昂溪	昂昂溪
昂奥尔岛	アンガウル
盎格鲁-撒克逊	アングロサクソン
敖德萨	オデッサ
奥比	オビ島
奥博	オボ
奥地利	墺地利
奥尔巴尼	アルバギ
奥尔伯里	オールバリ
奥尔莫克	オルモック
奥哈	オハ
奥克兰	オークランド
奥拉尼	オラニ
奥洛维扬纳亚	オロヴヤンナヤ
奥马	オマ
奥涅加湖	オネガ湖
奥诺托阿	オノトア島
奥斯陆	オスロ
澳大利亚	濠洲
澳大利亚北部地区	濠北
澳大利亚领地	濠領
澳大利亚西部的国家北滩乔治街	西オーストラリア州ノース・ビーチ・ジョージ街
澳大利亚西部的珀斯市	西オーストラリヤ州バース市
澳门	澳門
澳门州	澳門州
八宝山	八寶山
八打雁	バタンガス
八代郡文政	八代郡文政
八幡	八幡
八卦州	八卦州
八莫	バーモ
八丈岛	八丈島
八字桥	八字橋
巴班	パパン
巴比伦尼亚	バビロニア
巴伯斯角	バーバース・ポイント
巴达维亚	バタヴィア

中文地名	日文地名
巴丹	バターン
巴德加施泰因	バードガスタイン
巴东	バドン
巴恩斯特布尔县	バーンステイブル郡
巴尔巴洛萨	バーバロッサ
巴尔干半岛	バルカン
巴尔加	巴爾虎
巴尔米拉	パルミラ
巴河川口	巴河川口
巴克里	バクリ
巴拉巴克海峡	バラバック海峡
巴拉圭	バラグアイ
巴拉望岛	パラワン
巴拉延	バラヤン灣
巴朗牙	バランガ
巴劳	バラオ
巴勒斯坦	パレスチナ
巴厘巴板	バリクパパン
巴厘岛	バリ島
巴黎	巴里
巴列斯特罗斯	バリャステロス
巴拿马	巴奈馬
巴拿马海峡	パナマ海峡
巴拿马运河	巴奈馬運河
巴帕	パパール
巴塞尔	バーゼル
巴塞罗那	バルセロナ
巴色	バクソン
巴生	ケラン河
巴士拉	バスラ
巴塔克	バタワイ
巴坦群岛	バタネス
巴特菲尔德	バタフィールド
巴万	ボーアン
巴韦安岛	バウエン島
巴西	伯剌西爾
巴西兰	パシラン海峡
巴彦	巴彦

中文地名	日文地名
巴彦查汗庙	巴彦査汗廟
巴阴山	巴陰山
巴株巴辖	バトバハト
霸王山	覇王山
白城	白城
白城子	白城子
白刀山子	白刀山子
白俄罗斯苏维埃社会主义共和国	白露西亜ソビエット社會主義共和國
白宫	白亜館
白河	白河
白河口	白河口
白浒山	白滸山
白棱河	白稜河
白令海	ベーリング海
白硫磺泉镇	ホワイトサルファスプリングス
白螺矶	白螺磯
白茆江	白茆江
白鸟氏邸	白鳥氏邸
白梢沟	白梢溝
白涛山	白濤山
百灵庙	百靈廟
百色	百色
百善站	百善站
柏林	伯林
班达海	バンタ
班丹	パンダン
班乃岛	パナイ
阪神地方	阪神地方
坂出	坂出
板浦镇	板浦鎮
板桥区	板橋區
半壁山	半壁山
半截河	半截河
半山园	半山園
邦板牙	パムパンガ
邦加岛	バンカ
蚌埠	蚌埠
包考	バウカウ

中文地名	日文地名
包头	包頭
宝安	寶安
宝昌	寶昌
宝抵	寶抵
宝庆	寶慶
宝山	宝山
宝山城	寶山城
宝塔洲	寶塔洲
宝苔街七号	寶臺街七番地
宝阳县	寶陽縣
宝阳县邹玗乡长运村	寶陽縣鄒玗鄉長運村
宝阳永和	寶陽永和
保定	保定
保加利亚	勃牙利
保芝	保芝
卑谬	ブーロム
北爱尔兰	北愛蘭
北爱尔兰贝尔法斯特克利夫顿维尔路	北愛蘭ベルファスト・クリフトンヴィル路
北安	北安
北碧	カンチャナブリ
北冰洋	北極洋
北部朝鲜	北部朝鮮
北察哈尔	北察哈爾
北达尔文	北方ダーウヲン
北大西洋	北大西洋
北大营	北大營
北戴河	北戴河
北多摩郡三鹰町	北多摩郡三鷹町
北多摩郡神代村	北多摩郡神代村
北多摩郡武藏野市吉祥寺	北多摩郡武藏野町吉祥寺
北法属印度支那	北部佛印
北非	北阿佛利加
北菲茨罗伊	北フイツロイ
北港道	北港道
北高加索	北高架索
北固山	北固山
北光	北光
北海	北海

中文地名	日文地名
北海道	北海道
北海道钏路郡	北海道釧路郡
北华山村	北華山村
北极阁	北極閣
北江	北江
北京	北京
北京的公使馆区域	北京ノ公使館區域
北京饭店	北京飯店
北京居仁堂	北京居仁堂
北京路	北京路
北九州	北九州
北卡罗来纳	ノースカロライナ
北库页岛	北樺太
北陵街道	北陵街道
北陆	北陸
北罗得西亚	北ローデシャ
北吕宋	北部呂宋
北满河	北滿河
北满	北滿
北满铁道	北滿鉄道
北满镇	北滿鎮
北美	北米
北门桥	北門橋
北门外	北門外
北宁铁路	北寧
北欧	北歐
北票	北票
北平地安门	北平地安門
北平东停车场	北平東停車場
北平路六十四号	北平通六十四番地
北平-绥远	平綏
北平王府井大街	北平王府井大街
北平彰仪门	北平彰儀門
北千岛	北千島
北区西原町	北区西ヶ原町
北四川路	北四川路
北太平洋	北太平洋
北威尔士	北ウェイル

中文地名	日文地名
北纬 115 度东经 40 度 30 分	北緯 115 度一東経 40 度 30 分
北纬 116 度 30 分东经 42 度 30 分	北緯 116 度 30 分一東経 42 度 30 分
北西印度洋	北西印度洋
北夏路	北夏路
北兴安	北興安
北兴安岭	北興安嶺
北亚	北亜
北伊罗戈省	北イロコス
北印度支那	北部印度支那
北苑	北苑
北云台	北雲臺
北支	北支
贝奥	ベオ
贝德福德港	ベッドフォード
贝恩图们	バイン・トウメニ市
贝恩乌拉	バイン・ウラ
贝尔池	貝爾池
贝尔达赖湖	貝爾達頼湖
贝尔法斯特	ベルファスト
贝尔格莱德	ベルグラード
贝尔湖	貝爾湖
贝尔诺尔	貝爾諾爾
贝尔维尤岭	ベルヴュー・ヒル
贝加尔	貝加爾
贝加尔湖	貝加爾湖
贝拉	ベルー
贝劳	ベラウニ
本岛	本島
本町	本町
本街	本街
本山	モトヤマ
本四县	本四縣
本溪湖	本溪湖
本乡区东片町	本郷區東片町
本乡区驹迂千驮木町	本郷區駒込千駄木町
本乡区菊坂町	本郷區菊坂町
本州岛	本州
比谷	比谷

中文地名	日文地名
比基尼岛	ビキニ
比利时	白耳義
比萨拉比亚	ベッサラビア
比塞大	ビゼルタ
彼得罗巴甫洛夫斯克	ペトロパヴロフスク
彼南	彼南
俾斯麦群岛	ビスマーク
碧瑶	バギオ
边山地区	邊山地區
表高岛町站	表高島町驛
宾夕法尼亚州	ペンシルヴァニア州
宾县	賓縣
滨江省	濱江省
滨松	濱松
槟城	ビナン
槟城路	ピナン街
冰岛	アイスランド
兵库县	兵庫
兵库县淡路岛	兵庫縣淡路島
兵库县多纪郡筱山町北新町	兵庫縣多紀郡篠山町北新町
兵库县武库郡山岳村	兵庫縣武庫郡山岳村
兵库县西宫市	兵庫縣西宮市
兵库县姬路市	兵庫縣姫路市
波茨坦	ポツダム
波德戈尔纳亚	ポドゴルナヤ
波多黎各	ポルト・リコ
波尔多・人多隆	ボルドー・マンドロン
波基普西市	パフキーブシー
波兰	波蘭
波勒	ポール
波罗的海	バルチック海
波纳佩岛	ポナペ
波士顿	ボストン
波斯湾	波斯灣
波特兰	ポートランド
波希米亚	ボヘミヤ
玻利维亚	ボリヴィア
伯尔尼	ベルン

中文地名	日文地名
伯爵宫	バレー・デ・コント
伯力	伯力
泊镇	泊鎮
勃固	ベグー
勃生	バセイン
博城	ボー
博尔贾	ボルジャ
博隆	ボロング
博罗	博羅
博文市	博文市
渤海湾	渤海湾
不列颠哥伦比亚省	ブリチッシュコロンビアリ州
布敦哈尔根努图克	布敦哈爾根努圖克
布尔戈斯	ブルゴス
布干维尔岛	ブーゲンヴィル
布加勒斯特	ブカレスト
布科维纳	ブコビナ
布拉戈维申斯克	ブラゴヴェシチェンスク
布拉格	プラーグ
布莱尔港	ポート・プレーア
布雷默顿军港	ブレマートン軍港
布里斯班	ブリスベン
布鲁克斯波因特	ブルックス・ポイント
布鲁姆	ブルーム
布鲁姆利	プロムレー
布鲁塞尔	ブリュッセル
布伦内罗	ブレンネル
布纳	ブナ
布斯顿路 13 号	コーストン通リ一三番地
布塔里塔里	ブタリタリ
布通	ブトン島
布因	ブイン
彩港	彩港
蔡家桥	祭家橋
蚕丝会馆	蚕糸会館
沧州	滄州
曹家渡	曹家渡
曹家秦	曹家秦

中文地名	日文地名
曹州	曹州
策源	策源
查戈斯群岛	チャゴス島
查维斯湾	ジャービス灣
察北	察北
察哈尔	察哈爾
岔口	岔口
柴沟堡	柴溝堡
昌黎	昌黎
昌平	昌平
昌荣	昌榮
昌图县	昌圖縣
长安镇	長安鎮
长白山	長白山
长白山脉	長白山脈
长城	長城
长池	長池
长池湖	チャンチイ湖
长春	長春
长春市	新京
长乐路	長樂路
长岭子	長嶺子
长门	長門
长崎	長崎
长崎县大村	長崎縣大村
长崎县五岛	長崎縣五島
长崎县长崎市东小岛町一四七番地	長崎縣長崎市東小島町一四七番地
长崎栈桥	長崎棧橋
长沙	長沙
长生郡日吉村	長生郡日吉村
长夏路	長夏路
长辛店	長辛店
长野县	長野
长野县北佐久郡	長野縣北佐久郡
长野县轻井泽町	長野縣輕井澤町
长野县上伊那郡	長野縣上伊那郡
长野县松元市西埋桥一一一〇番地	長野縣松本市西埋橋一一一〇番地
长野县下伊那郡	長野縣下伊那郡

中文地名	日文地名
长野县小县郡	長野縣小縣郡
常德	常德
常熟	常熟
唱经楼	唱經樓
巢鸭监狱	巣鴨拘置所
巢县	巣縣
巢鸭	巣鴨
朝仓	朝倉
朝西庵	朝西菴
朝西巷	朝西巷
朝鲜	朝鮮
朝鲜半岛	朝鮮半島
朝鲜京城	朝鮮京城
朝鲜罗南	朝鮮羅南
朝鲜南部	南部朝鮮
朝鲜南阳	朝鮮南陽
朝鲜上三峰	朝鮮上三峰
朝阳	朝陽
朝阳川	朝陽川
潮州	潮州
潮州站	潮州驛
陈村	陳村
陈行镇	陳行鎮
成担	成担
成都	成都
成圩	成圩
诚善里	誠善里
承德	承德
城陵矶	城陵磯
城山	城山
乘昌	乘昌
澄迈湾	澄邁灣
茌原郡	茌原郡
赤坂	赤坂
赤坂区表町	赤坂區表町
赤壁	赤壁
赤锄埠	赤鋤埠
赤峰	赤峰

中文地名	日文地名
赤峰市	昭烏達
赤岗	赤崗
赤塔	チタ
炽布	チェブ
冲沙	冲沙
冲绳	沖縄
重庆	重慶
重庆中二路	重慶中二路
重山	重山
崇明	崇明
崇明县城	崇明縣城
崇武	崇武
崇阳	崇陽
川鼻角	川鼻角
川鼻角炮台	川鼻角砲台
川奈	川奈
川崎	川崎
川崎埠头	川崎埠頭
川崎市大岛町	川崎市大島町
川崎市片平七十六番地	川崎市片平七十六番地
川崎驿	川崎駅
川沙	川沙
春化	春化
春兰	春蘭
淳化镇	淳化鎮
茨城	茨城
茨城县真壁都	茨城縣真壁都
磁县	磁縣
从化	從化
达达尼尔海峡	ダーダネル海峡
达尔基斯	ダアルケース
达尔文	ダーウィン
达尔文港	ポートダーウィン
达古潘	ダグパン
达拉斯	ダラス
达尼丁	ダネデイン
达斯马里尼亚斯街	ダスマリナス通
达特	ダエット

中文地名	日文地名
达沃	ダバオ
达音山	達音山
鞑靼海峡	韃靼海峡
打虎山	打虎山
打虎山沟帮子	打虎山溝幣子
打拉	ターラック
打拉根	タラカン
打里卜	テリポック
大凹山	大凹山
大阪	大阪
大阪府北河内郡枚方町	大阪府北河内郡枚方町
大阪府丰能郡	大阪府豐能郡
大阪府泉北郡	大阪府泉北郡
大阪港	大阪港
大阪市阿倍野区	大阪市阿倍野區
大阪市北区	大阪市北區
大阪市港区	大阪市港区
大阪市天王寺区	大阪市天王寺區
大板上	大板上
大别山	大別山
大泊港	大泊港
大仓	大倉
大藏省别馆	大藏省別館
大场镇	大場鎮
大船	大船
大湊	大湊
大村	大村
大岛	大島
大岛冲	大島沖
大道河	大道河
大道口	大道口
大东地方	大東地方
大东沟	大東溝
大东亚	大東亜
大东亚通	大東亜通
大房小路六号	大房小路六号
大分	大分
大分县日出町	大分縣日出町

中文地名	日文地名
大分县西国东郡	大分縣西國東郡
大枫林	大楓林
大凤门	大鳳門
大耕子	大耕子
大宫	大宮
大沽	大沽
大孤山	大孤山
大和	大和
大黑顶子山	大黒頂子山
大黑河	大黒河
大矶	大磯
大矶町	大磯町
大矶町高丽寺	大磯町高麗寺
大角头岛	大角頭島
大井仓田町	大井倉田町
大井村	大井村
大赉	大賚
大连	大連
大连港	大連港
大连沟	大連溝
大连市山县通	大連市山縣通
大连湾	ダルニー
大凌河	大凌河
大名	大名
大鸟岛	大鳥島
大奴湖	大奴湖
大平山	大平山
大埔	大埔
大崎町	大崎町
大清国	大清國
大邱	大邱
大森	大森
大森区上洗足町	大森區上洗足町
大沙河	大沙河
大石	大石
大石泊地	大石泊地
大石桥	大石橋
大树庄	大樹莊

中文地名	日文地名
大鋆河	大鋆河
大田	大田
大田区	大田区
大田区马迁东	大田區馬込東
大通	大通
大通水道	大通水道
大同	大同
大同	平城
大王庙	大王廟
大尉路	大尉路
大涡子	大渦子
大西关	大西関
大西街	グレイト・ウエスクーン街
大西洋	大西洋
大西洋岸	大西洋岸
大西洋沿岸	大西洋沿岸
大小兴安岭	大小興安嶺
大辛店	大辛店
大兴	大興
大兴安岭	大興安嶺
大兴安山脉	大興安山脈
大兴驿	大興驛
大熊湖	大熊湖
大亚湾	バイアス灣
大雁	タヤン
大阳洲	大陽洲
大洋岛	オーシャン島
大洋洲	大洋洲
大洋洲诸岛	大洋洲諸島
大冶	大冶
大营集	大營集
大原	大原
大正街	大正街
大中桥	大中橋
戴家山	戴家山
丹彪扎亚	タンビュザヤット
丹东	安東
丹佛	デンバー

中文地名	日文地名
丹老	メルギー
丹麦	丁抹
丹南	テノム
丹戎巴葛	タンジョンパガル
丹戎槟郎	タンジュンピナン
丹绒不碌	タンジョン・ブリオク
丹绒亚路	タンジョン・アル
丹阳	丹
担布南	タムプナン
单冠湾	單冠灣
但泽自由市	ダンツィヒ自由市
当阳	當陽
砀山	碭山
岛根	島根
岛根县簸川郡大社町	島根県簸川郡大社町
岛取县	島取縣
倒钟场	倒鐘場
道贯尖	道贯尖
道子桥	道子橋
得梅因	ディモインス
德岛	徳島
德岛政美马郡重清村	徳島政美馬郡重清村
德州	徳州
德安	徳安
德班	ターバン
德尔塔	デルタ
德国	獨逸
德国马尔堡	獨逸國マールブルグ
德国南部	南独逸
德国西方国境	獨逸西方國境
德黑兰	テヘラン
德化	徳化
德惠	徳惠
德克萨斯州	テキサス州
德拉姆	ドラム
德拉姆堡	フォート・ドラム
德里	デリー
德林达依区	テナセリューム

中文地名	日文地名
德罗湾	タロ湾
德明	デシング市
德山要港	德山要港
德属印度支那	獨領印度支那
德属诸群岛	獨逸領諸群島
的黎波里	トリポリ
的里雅斯特	トリエスト
登州	登州
狄克逊港	ポートディクソン
狄思威路	狄思威路
迪安大街	ディン街
荻港	荻港
荻洼	荻窪
荻外庄	荻外莊
地关堡	地關堡
地中海	地中海
帝汶岛	チモール
第二松花江	第二松花江
滇缅公路	滇緬公路
电白	電白
电白港	電白港
淀桥区	淀橋區
淀桥区户塚町	淀橋區戶塚町
淀桥区西大久保	淀橋區西大久保
淀桥区下落合	淀橋区下落合
钓鱼山	釣魚山
丁加奴州	トレンガヌ
定安	定安
定立	定立
东安	東安
东北	東北
东北地区	東北地區
东北四省	東北四省
东边道	東邊道
东部弗吉尼亚	東部ヴァジニア
东部满州	東部滿州
东部内蒙古	東部內蒙古
东部苏领	東部蘇領

中文地名	日文地名
东部西比利亚	東部西比利亜
东部爪哇	東部爪哇
东朝鲜	東朝鮮
东大营	東大營
东发	東発
东非	東阿弗利加
东丰	東豊
东丰县	東豐縣
东宫假御所	東宮假御所
东莞	東莞
东海	東海
东海岸州	東海岸州
东海道	東海道
东海地区	東海地區
东海军管区	東海軍管區
东江	東江
东京	東京
东京赤政王会堂	東京赤政王會堂
东京都板桥区	東京都板橋區
东京都板桥区板桥町	東京都板橋區板橋町
东京都北多摩郡	東京都北多摩郡
东京都北多摩郡三鹰町	東京都北多摩郡三鷹町
东京都北多摩郡神代村	東京都北多摩郡神代村
东京都北多摩郡调布町	東京都北多摩郡調布町
东京都北多摩郡武藏野町	東京都北多摩郡武藏野町
东京都本乡区本富士町	東京都本郷區本富士町
东京都本乡区弓町	東京都本郷區弓町
东京都赤坂区	東京都赤坂區
东京都大森区	東京都大森區
东京都大田区南千束町	東京都大田區南千束町
东京都大田区田园调布	東京都大田區田園調布
东京都大田区调布鹈木町	東京都大田區調布鵜木町
东京都大田区雪之谷町	東京都大田區雪ヶ谷町
东京都大田区圆调布	東京都大田區圓調布
东京都淀桥区	東京都淀橋區
东京都丰岛区	東京都豐島區
东京都丰岛区高田磨町	東京都豐島區高田磨町
东京都丰岛区目白町	東京都豐島區目白町

中文地名	日文地名
东京都港区高轮南町	東京都港區高輪南町
东京都练马区	東京都練馬區
东京都泷野川区西之原町	東京都滝野川區西ヶ原町
东京都目黑区	東京都目黒區
东京都目黑区大原町	東京都目黒區大原町
东京都目黑区富士见台	東京都目黒區富士見臺
东京都目黑区驹场町	東京都目黒區駒場町
东京都目黑区六原町	東京都目黒區六原町
东京都目黑区绿之丘	東京都目黒區緑ヶ丘
东京都目黑区平町	東京都目黒區平町
东京都目黑区上目黑	東京都目黒區上目黒
东京都目黑区田园调布	東京都目黒區田園調布
东京都目黑区下目黑	東京都目黒區下目黒
东京都目黑区中目黑	東京都目黒區中目黒
东京都目黑区仲根町	東京都目黒區仲根町
东京都南多摩郡	東京都南多摩郡
东京都牛迂区余丁町	東京都牛込區余丁町
东京都牛迂区	東京都牛込區
东京都牛迂区市ヶ谷本村町	東京都牛込區市ヶ谷本村町
东京都品川区	東京都品川區
东京都品川区西中延五丁目	東京都品川區西中延五丁目
东京都千代町	東京都千代町
东京都千代田区	東京都千代田區
东京都趋町区纪尾井町	東京都趨町區紀尾井町
东京都趋町区永田町	東京都趨町區永田町
东京都趋町区有乐町	東京都趨町區有樂町
东京都麹町区永田町	東京都麹町區永田町
东京都涩谷区	東京都渋谷區
东京都涩谷区代々木大山町	東京都澀谷區代々木大山町
东京都涩谷区代々木上原町	東京都澁谷區代々木上原町
东京都涩谷区代々木西原町	東京都澁谷區代々木西原町
东京都涩谷区松涛町	東京都澁谷區松濤町
东京都涩谷区缘之冈町	東京都渋谷區緣ヶ岡町
东京都杉并区	東京都杉並區
东京都杉并区荻洼	東京都杉並区荻窪
东京都杉并区西田町	東京都杉並區西田町
东京都神田区	東京都神田區
东京都世田谷区北泽町	東京都世田ヶ谷區北澤町

中文地名	日文地名
东京都世田谷区成城町	東京都世田ヶ谷區成城町
东京都世田谷区成城町	東京都世田谷區成城町
东京都世田谷区若林町	東京都世田ヶ谷區若林町
东京都世田谷区上北泽町	東京都世田谷區上北澤町
东京都世田谷区上马町	東京都世田谷區上馬町
东京都世田谷区深泽町	東京都世田谷區深澤町
东京都世田谷区松原町	東京都世田谷區松原町
东京都世田谷区太子堂	東京都世田谷區太子堂
东京都世田谷区下马町	東京都世田谷區下馬町
东京都世田谷区野泽町	東京都世田谷區野澤町
东京都世田谷区玉川	東京都世田谷區玉川
东京都世田谷区玉川奥泽町	東京都世田谷區玉川奥澤町
东京都世田谷区玉川上野毛町	東京都世田ヶ谷區玉川上野毛町
东京都世田谷区玉川中町	東京都世田谷區玉川中町
东京都世田谷区祖师ヶ谷	東京都世田谷區祖師ヶ谷
东京都文京区	東京都文京區
东京都文京区大冢町	東京都文京區大塚町
东京都文京区千驮木町	東京都文京區千駄木町
东京都文京区西片町	東京都文京區西片町
东京都武藏野町	東京都武藏野町
东京都小石川区	東京都小石川區
东京都新宿区	東京都新宿區
东京都新宿区本村町	東京都新宿区本村町
东京都新宿区下落合二丁目	東京都新宿區下落合二丁目
东京都中央区明石町	東京都中央区明石町
东京都中央区槙町	東京都中央區槇町
东京都中野区	東京都中野區
东京都中野区上町	東京都中野區上町
东京都中野区野方町	東京都中野區野方町
东京府	東京府
东京宫城	東京宮城
东京立川	東京立川
东京陆军省大楼	東京陸軍省ビル
东京日比谷公会堂	東京日比谷公會堂
东京三菱第三十一号馆	東京三菱第三十一号館
东京涩谷区松涛町	東京澁谷區松濤町
东京世田谷	東京世田ヶ谷
东京世田谷冈本町	東京世田谷・岡本町

中文地名	日文地名
东京市谷	東京市ヶ谷
东京市京桥区银座西五丁目	東京市京橋区銀座西五丁目
东京市泷野川区西原町	東京市瀧野川區西ヶ原町
东京市青山高树町	東京市青山高樹町
东京市青山四丁目	東京市青山四丁目
东京市曲町区有乐町	東京市麴町区有楽町
东京市神田区旭町	東京市神田區旭町
东京湾	東京灣
东京小石川	東京小石川
东京站	東京驛
东京州	東京州
东坎镇	東坎鎮
东连岛	東連島
东陵驿	東陵驛
东流水道	東流水道
东鹿	東鹿
东满	東満
东南亚	東南亜細亜
东宁	東寧
东欧	東歐
东坡村	東坡村
东青宿舍	東青宿舍
东三省	東北三省
东沙岛	東沙島
东山	東山
东水镇	東水鎮
东太平洋	東太平洋
东亭	東亭
东拓楼	東拓ビル
东西伯利亚	東西比利亜
东乡	東郷
东乡神社	東郷神社
东兴	東興
东兴镇	東興鎮
东吁	トングー
东亚	東亜
东亚殖民地	東亜殖民地
东洋	東洋

中文地名	日文地名
东印度	東印度
东印度诸岛	東印度諸島
栋瓜	チョンイワ村
栋谢里	トンシュリイ
洞庭湖	洞庭湖
都灵	トリーノ
都下西多摩郡青梅町	都下西多摩郡青梅町
斗湖	タワオ
逗子	逗子
杜马格特	ドマグエテ
杜斯堡	デスブルグ
对马海峡	對馬海峡
对翠阁	对翠閣
敦化	敦化
敦刻尔克	ダンケルク
顿巴斯	ドンバス
顿河	ドン河
顿涅茨河	ドネツ盆地
多巴	トバ湖
多佛尔海峡	ドーヴァ海峡
多伦	多倫
多伦多	トロント
多伦诺尔	多倫諾爾
多米尼加共和国	ドミニカ共和國
多塞特	ドールセット
俄国	露西亜
俄国领地	露領
俄亥俄州	オハイオ州
俄克拉何马市	オクラホマ市
俄克拉何马州	オクラホマ州
俄勒冈州	オレゴン州
俄罗斯东部地区	東部ロシヤ
俄属库页州	露領樺太州
俄属远东	極東ロシヤ
鹅銮鼻	ガランビ
额尔古纳河	アルグニ河
额穆	額穆
厄瓜多尔	厄瓜多

中文地名	日文地名
厄里斯幼林敖包	エリス・ウリイン・オボ
鄂博图庙	鄂博圖廟
鄂城	鄂城
鄂尔多斯市	伊克昭盟
鄂霍次克海	オホーック海
鄂湘	鄂湘
恩德比	エンデルビー
尔哈河	爾哈河
尔逊河	爾遜河
二层甸子	二層甸子
二虎岛	二虎島
二见	二見
二台子村落	二臺子村落
法曹会馆	法曹會館
法床	法床
法尔肯塞	ファルケンゼー
法国	佛蘭西
法国租界	佛國租界
法克法克	ファクファク
法兰西殖民地	佛蘭西植民地
法兰西殖民地帝国	佛蘭西植民地帝国
法属东京地方	佛領東京地方
法属非洲	佛領アフリカ
法属交趾支那	佛領交趾支那
法属老挝	佛領ラオス
法属新喀里多尼亚	佛領ニュー・カレドニア
法属印度	佛領印度
法属印度支那	佛領印度支那
法属印度支那南部	南部佛印
法属越南	佛属越南
法斯岛	ファイス
番禺	番禺
藩切	藩湞
凡尔登	ヴァーデン市
樊城	樊城
饭冢	飯塚
梵蒂冈	ヴァチカン
方山	方山

中文地名	日文地名
飞镖街	ダート街
非洲	阿弗利加
非洲东南岸印度洋北西部	阿弗利加東南岸印度洋北西部
菲律宾	比律賓
肥城	肥城
斐济	フィジー
芬兰	芬蘭
汾河	汾河
丰场	豐場
丰城县	豊城縣
丰岛	豐島
丰岛区	豊島區
丰岛区巢鸭	豊島區巣鴨
丰岛区池袋	豊島區池袋
丰岛区驹迁	豊島區駒込
丰岛区目白町	豊島區目白町
丰岛区千早町	豊島區千早町
丰岛区西巢鸭	豊島區西巣鴨
丰河渡镇	豐河渡鎭
丰宁	豊寧
丰桥	豐橋
丰润县	豐潤縣
丰台	豐台
丰台西方大井村	豐台西方大井村
枫泾	楓涇
枫木市	楓木市
封州	封州
凤北路	鳳北路
凤城	鳳城
凤凰城	鳳凰城
凤凰街司法处	鳳凰街司法處
凤凰山	鳳凰山
奉天城	奉天城
奉天名古屋旅馆	奉天名古屋旅館
奉天市大东区珠林衙二段	奉天市大東區珠林衙二段
奉天站	奉天驛
奉天站北方柳条沟	奉天驛北方柳條溝
奉贤	奉賢

中文地名	日文地名
佛冈	佛岡
佛吉尼亚州	ヴァジニア州
佛兰德斯	フランダース
佛山	佛山
夫子庙	夫子廟
垺子口	垺子口
弗吉尼亚	ヴァーヂニア
弗吉尼亚州阿灵顿	ヴァージニャ州アーリングトン
弗赖堡	フライブルグ
弗雷泽	フレーザー
弗里曼特尔	フリマントル
弗利	フォルリ
弗罗里达州	フロリダ州
弗洛雷斯岛	フローレス
伏尔加河	ボルガ河
伏见	伏見
伏罗希洛夫	ウォロシーロフ
伏罗希洛夫格勒	ウォロシロフグラード
扶余	扶餘
浮莲岗	浮蓮崗
浮桥	浮橋
浮山所	浮山所
浮栈桥	浮棧橋
福岛	福島
福尔柯克	ファルカーク
福冈	福岡
福冈市	福岡市
福冈县远贺郡	福岡縣遠賀郡
福冈县筑紫郡	福岡縣筑紫郡
福建	福建
福建南部	南福建
福井	福井
福井县今立郡	福井縣今立郡
福康宁	フォートカニング
福里斯特	フォレスト
福山	福山
福知山	福知山
福州	福州

中文地名	日文地名
抚湖	撫湖
抚顺	撫順
抚松	撫松
抚挹	撫挹
府城	府城
府前横街四号	府前横街四号
釜山	釜山
釜山厂	釜山廠舍
釜山港	釜山港
父岛	父島
阜姆	フィーム
阜宁	阜寧
阜头区回地街	阜頭区回地街
阜新	阜新
复兴洲	復興洲
傅家甸	傅家甸
富池口	富池口
富贵山	富貴山
富家店市	富家店市
富金山	富金山
富拉尔基	富拉爾基
富山	富山
富山县东砺波郡	富山縣東礪波郡
富士山	富士山
富士屋饭店	富士屋ホテル
富寿	富壽
富田	富田
富田湾	富田灣
富裕	富裕
盖平	盖平
甘露寺	甘露寺
甘肃	甘粛
甘珠尔庙	甘珠爾廟
甘珠寺	甘珠寺
干岔子岛	乾岔子島
干冬墟	ジャティネガラ
赣南	贛南
赣泉巷西仓山	贛泉巷西倉山

中文地名	日文地名
冈崎公园	岡崎公園
冈山	岡山
冈山县后月郡	岡山縣後月郡
冈山县苔天郡田邑村丸林	岡山縣苔天郡田邑村丸林
岗城	崗城
港浦塘市站	港浦塘市驛
港区芝新桥	港區芝新橋
高城	高城
高德	高德
高尔河	ゴル河地方
高尔基	ゴーリキ市
高尔基州	ゴリコフスカヤ州
高慧门	高慧門
高加索	高加索
高丽营	高麗營
高密	高密
高辇柏村	高輦柏村
高辇柏村十四号	高輦柏村十四號
高平	高平
高千穗峰	高千穗の峰
高桥门	高橋門
高沙岭	高沙嶺
高山省	マウンテイン州
高松	高松
高松驿	高松駅
高天原	高天ヶ原
高雄	高雄
高阳	高陽
高阳县	高陽縣
高阳县博士庄	高陽縣博士莊
高阳县王家坨村	高陽縣王家坨村
高要	高要
高邮	高郵
高园寺	高園寺
高知	高知
高知县高冈郡	高知縣高岡郡
高知县土佐郡	高知縣土佐郡
戈德港	ゴッドハーヴン

中文地名	日文地名
戈登	ゴートン高原
戈登高地	ゴールドン・ハイランダーズ
哥达	ゴタ
哥打巴鲁	コタバル
哥打巴托	コタバト
哥伦比亚	コロンビア
哥伦比亚国	哥倫比亜國
哥萨克	カザック
哥斯达黎加	コスタリカ
格拉斯哥	グラスゴウ
格拉藤路	クラットン通
格兰特	フランド
格利普霍姆	グリプスホルム
格林兰	グリーンランド
格林尼治	グリニッチ
格林尼治岛	グリニッチ島
格林维尔	グリーンビール
格林维尔市	グンウル
格林希尔	グリーン・ヒル
格鲁吉亚	ジョジャ州
格伦法格	グレンファーグ
格伦因尼斯	クレーン・インス町
葛店镇	葛店鎮
葛礼瓦	カレワ
葛饰区	葛飾區
葛饰区本田淡之须町	葛飾區本田淡之須町
公安	公安
公府师	公府師
公和桥	公和橋
公主岭	公主嶺
公主岭站	公主嶺駅
宫城	宮城
宫城二重桥	宮城二重橋
宫岛	宮島
宫崎	宮崎
宫崎县儿汤郡都农町	宮崎縣兒湯郡都農町
宫崎县高锅町一七八四	宮崎縣高鍋町一七八四
宫田	宮田

中文地名	日文地名
宫之下	宮ノ下
恭城	恭城
共青城	コムソモルスク
共青城-伊古拉耶夫斯克	コムソモロスク・ニコライフスク地區
贡德尔	ゴンタル
贡德格尔	北クンタカル
贡萨加	ゴンサガ・タペル
沟帮子	溝幇子
沟墩镇	溝墩鎮
沽源	沽源
古巴共和国	玖馬共和國
古邦	クパン
古比口	古北口
古比雪夫	クイビシェフ
古川	古川
古晋	クチン
古林寺九番地	ク・リン寺九番地
古林寺山	古林寺山
古依廊	古依廊
古邑	古邑
谷迪纳夫岛	グッドエナフ島
谷口	谷口
鼓浪屿	鼓浪嶼
鼓楼	鼓樓
鼓楼新屯十四番地	鼓樓新邨十四番地
鼓楼子倒钟场	鼓樓子倒鐘場
固安	固安
固镇	固鎮
瓜达尔卡纳尔岛	グアダルカナル島
瓜哇	瓜哇
关岛	グアム
关东	關東
关东省	関東省
关东州	關東州
关西	關西
关溪镇	関溪鎮
观乐街	觀樂街
观音庵	觀音庵

中 文 地 名	日 文 地 名
莞口	莞口
冠头角	冠頭角
灌河	灌河
灌云	灌雲
光安	光安
光彪哨所	光彪哨所
光华门	光華門
光山	光山
光州	光州
广安门	廣安門
广岛	廣島
广岛湾	廣島灣
广岛县安艺郡	廣島縣安藝郡
广岛县安佐郡	廣島縣安佐郡
广岛县双三郡	廣島縣双三郡
广岛县吴市	廣島縣呉市
广德	廣德
广东	廣東
广东、广西	兩廣
广东黄埔	廣東黃埔
广东省潭江	廣東省潭江
广济	廣濟
广九	廣九
广宁	廣寧
广三	廣三
广畑	廣畑
广西	廣西
广州	廣州
广州湾	廣州灣
广州湾租借地	廣州湾租借地
归德	歸德
归绥	歸綏
圭亚那	ギアナ
贵溪站	貴溪驛
贵县	貴縣
贵阳	貴陽
贵州	貴州
桂北路	桂北路

中文地名	日文地名
桂东路	桂東路
桂林	桂林
桂林河	桂林河
桂平	桂平
兖州	袞州
国府路	国府路
果阿	ゴア
哈巴罗夫斯克	ソボネヤ
哈尔滨	哈爾濱
哈尔滨东省特别区	ハルビン東省特別區
哈尔滨和白河	ハルピンーペイホ
哈尔滨站	哈爾濱駅
哈尔哈河	哈爾哈河
哈尔科夫	ハリコフ
哈拉哈庙	ハルハ廟
哈利法克斯	ハリファックス
哈薩克斯坦	カザクスタン
哈桑湖	哈桑湖
哈瓦那	ハバナ
海安	海安
海滨旅馆	海濱ホテル
海参崴	浦塩斯徳
海德堡	ハイテルベルグ
海地	ハイチ
海地国	ハイチ國
海防	海防
海丰	海豊
海河	海河
海口	海口
海口港	海口港
海口湾	海口灣
海拉尔	海拉爾
海拉尔市	海拉爾市
海林	海林
海龙	海龍
海伦	海倫
海门	海門
海南	海南

中 文 地 名	日 文 地 名
海南岛	海南島
海宁	海寧
海宁县	海寧縣
海峡殖民地	海峽殖民地
海心沙	海心沙
海牙	海牙
海州	海州
含山	含山
函馆	函館
韩村集	韓村集
韩国	韓國
汉堡	漢堡
汉江	漢江
汉口	漢口
汉口路	漢口路
汉口路五番地	漢口路五番地
汉口日本租界	漢口日本租界
汉口通	漢口通
汉水	漢水
汉斯	ハンシー
汉西门	漢西門
汉西门外广东共同墓地	漢西門外廣東共同墓地
汉阳	漢陽
汉阳龟山	漢陽龜山
汉中街	漢中街
汉中路	漢中路
汉中门	漢中門
汉中门外二道杆子	漢中門外二道桿子
杭头	杭頭
杭州	杭州
杭州机场	杭州飛行場
杭州湾	杭州灣
杭州湾北岸	杭州灣北岸
亳县	亳縣
豪兰	ホウランド
浩罕	浩罕
合肥	合肥
合众国大西洋岸	合衆國太西洋岸

中文地名	日文地名
合众国太平洋岸	合衆國太平洋岸
和歌山县	和歌山縣
和歌山县日高郡	和歌山縣日高郡
和歌山县西牟娄郡	和歌山縣西牟婁郡
和龙	和龍
和平	和平
和平门	和平門
和县	和縣
河北	河北
河间	河間
河江	河江
河津	河津
河南	河南
河南路	河南路
河内	河内
河源	河源
荷兰	和蘭
荷兰港	ダッチ・ハーバー軍港
荷兰领地	蘭領
荷属帝汶	蘭領チモール
荷属婆罗洲	ボルネオ
荷属新几内亚岛	蘭領ニューギニヤ
荷属印度	蘭領印度
贺县	賀縣
贺阳官邸	賀陽官邸
赫达	ハッタ
赫尔辛基	ヘルシンキ
赫特福德	ハートフォード
赫特福德郡	ハーツ州
鹤冈市	鶴岡市
鹤见	鶴見
黑岛	黒島
黑顶子	黒頂子
黑海	黒海
黑龙	黒竜
黑龙江	黒龍江
黑尔	ハル
黑尔福德	ハートフォード州

中文地名	日文地名
黑河	黒河
黑山	黒山
黑山国	モンテネグロ國
亨廷登郡	ハンチングドンシア
恒春	恒春
恒河	ガンジス河
横浜市北区筱原町	横浜市北區篠原町
横浜市神奈川	横浜市神奈川
横浜市中区	横浜市中區
横浜市中区宫川町	横浜市中區宮川町
横浜市中区花咲町	横浜市中區花咲町
横浜市中区久保町	横浜市中區久保町
横滨	横濱
横滨港	横濱港
横滨市南区井土谷中町	横濱市南區井土ヶ穀中町
横滨市中区山下町	横濱市中區山下町
横道河子	横道河子
横道河子驿	横道河子駅
横山岛	横山島
横山练兵场	横山練兵場
横须贺	横須賀
横须贺港	横須賀港
横须贺军港	横須賀軍港
横须贺市逗子町	横須賀市逗子町
横须贺市久木町	横須賀市久木町
横须贺市浦乡	横須賀市浦郷
衡山	衡山
衡阳	衡陽
衡州	衡州
弘前	弘前
红海	紅海
红土桥	紅土橋
虹口	虹口
虹口地区	虹口地區
虹口公园	虹口公園
虹桥机场	虹橋飛行場
虹桥墓地	虹橋墓地
洪都拉斯	ホンヂュラス國

中文地名	日文地名
洪武门	洪武門
洪仪	洪儀
洪仪驿	洪儀驛
洪泽湖	洪澤湖
后贝加尔斯克	ザバイカル州
后乐园	後楽園
厚岸	厚岸
厚岸湾	厚岸灣
呼和浩特的旧称	厚和
呼兰河	呼蘭河
呼伦贝尔	呼倫貝爾
呼玛	呼瑪
胡里山炮台	胡里山砲台
胡芦岛	葫蘆島
鹄沼	鵠沼
湖北	湖北
湖北口	湖北口
湖广洲	湖廣洲
湖口	湖口
湖南	湖南
湖潭	湖潭
湖州	湖州
虎耳山	虎耳山
虎踞关	虎踞關
虎林	虎林
虎门	虎門
虎门炮台	虎門砲台
虎头	虎頭
虎头地区	虎頭地区
户畑	戸畑
沪西	滬西
花莲港	花蓮港
花牌楼	花牌樓
花神庙	花神廟
华宝	華寶
华北	華北
华北和华中	北中支
华南	華南

中文地名	日文地名
华沙	ワルソー
华沙河	華沙河
华盛顿	華盛頓
华岩寺	華巖寺
华中	華中
华中和华南	中南支
华中占领地域	中支占領地域
滑铁卢	ウォータール
化德	化德
化县	化縣
桦川	樺川
桦甸	樺甸
桦树镇	樺樹鎮
怀俄明州	ワイオーミング州
怀基基	ワイキキ
怀来	懷來
怀特霍尔	ホワイトホール
淮安	淮安
淮河	淮河
淮阴	淮陰
怀柔	懷柔
桓仁	桓仁
绥中	綏中
荒川区南千住町	荒川區南千住町
皇姑屯	皇姑屯
皇家广场	コーニングスプレイン
黄陂	黄陂
黄村	黄村
黄岛	黄島
黄海	黄海
黄海北岸	黄海北岸
黄河	黄河
黄连洲	黄連洲
黄龙庙	黄龍廟
黄梅	黄梅
黄梅地区	黄梅地區
黄梅山	黄梅山
黄埔	黄埔

中文地名	日文地名
黄浦江	黄浦江
黄浦滩	黄浦灘
黄沙驿	黄沙驛
黄石	黄石
黄石港	黄石港
黄树皮	黄听飛
黄土桥	黄土橋
黄土项	黄土項
黄溪头	黄溪頭
黄州	黄州
璜溪子站	璜溪子驛
幌筵	幌筵
珲春	琿春
珲春河	琿春河
珲春卡伦	琿春卡倫
珲春头道沟	琿春頭道溝
珲春县	琿春縣
珲河站	琿河驛
辉南	輝南
徽山湖	徽山湖
会宁	會寧
惠安	惠安
惠比须町	恵比須町
惠灵顿	ウェリントン
惠州	惠州
浑河	渾河
浑善达克沙漠	揮善達克沙漠
火奴鲁鲁	ホノルル
霍奎厄姆	ホキアム市
霍兰迪亚	ホーランディア
霍洛岛	ホロ島
霍索恩	ホーソーン
霍索恩陆军街道	ホソン・アーミーストリート
机溜镇	机溜鎮
鸡冠山	雞冠山
鸡宁	雞寧
基辅	キエフ州
基拉兹	キラス湾

中文地名	日文地名
基里亚	バシュカリア
基隆	基隆
基隆港	基隆港
基纳鲁特	キネルート
基尤	キュー
吉安	吉安
吉村	吉村
吉打邦	クタパン
吉打州	ケダ州
吉尔伯特	ギルバート
吉兰丹	ケランタン
吉兰丹州	ケランタン州
吉林	吉林
吉隆坡	クアラルンプール
吉特伯特群岛	ギルバート群島
辑安	輯安
几几城	几几城
纪念碑路	紀念碑路
纪尾井町	紀尾井町
纪州港	紀州港
济河县	濟河縣
济南	濟南
济州岛	濟州島
蓟河	薊河
冀察	冀察
冀东	冀東
冀南	冀南
加的斯	カティワ
加登韦尔	カーテンウエ
加尔各答	カルカッタ
加贺	加賀
加吉尔岛	ガジル
加拉丹	カラダン
加拉潘	ガラパン
加蓝文莱	クラムブナ
加勒比	カリビアン
加利福尼亚	カリフォルニア
加鲁特	カルト

中文地名	日文地名
加罗林群岛	カロリン群島
加罗林群岛中部	中央カロリン諸島
加拿大	加奈陀
加拿大自治领	カナダ自治領
加椰岛	ガヤ島
佳木斯	佳木斯
迦太基	カルタゴ
嘉定	嘉定
嘉积	嘉積
嘉林	嘉林
嘉善	嘉善
嘉手纳	嘉手名
嘉祥	嘉祥
嘉兴	嘉興
夹河	夾河
甲万那端	カバナツアン
甲州	甲州
贾卢伊特	ジャルート
间岛	間島
间岛省	間島省
柬埔寨	カンボジア
建安	建安
建瓯	建甌
建平	建平
谏义里	ケディリ
蕲春	蕲春
蕲水	蕲水
蕲州	蕲州
江安	江安
江北地方	江北地方
江墩镇	江墩鎮
江户川区小岩町	江戸川區小岩町
江界	江界
江口	江口
江陵县	江陵縣
江陵县里市乡	江陵縣里市鄉
江陵县沙市	江陵縣沙市
江门	江門

中文地名	日文地名
江桥	江橋
江桥站	江橋驛
江苏	江蘇
江苏路	江蘇路
江湾	江灣
江湾路	江灣路
江湾镇	江灣鎮
江西	江西
江西苏区	江西ソヴィエト区
江阴	江陰
江浙地方	江浙地方
江州	江州
将军峰	將軍峯
将军庙	將軍廟
橿原	橿原
胶济	膠済
胶州	膠州
胶州路	膠州路
胶州湾	膠州湾
焦山	焦山
焦作	焦作
窖口	窖口
捷克斯洛伐克	チェッコスロヴァキア
金边	金邊
金瓜石	金瓜石
金华站	金華驛
金兰	カムラン
金兰湾	カムラン灣
金马尼士	キマニス
金马士	ゲマス
金门岛	金門島
金牌门炮台	金牌門砲台
金山	金山
金山寺	金山寺
金泽市	金澤市
金之岛	ヂナワン島
金州	金州
津巴布韦	ローデシア

中文地名	日文地名
津浦铁路	津浦
津轻海峡	津輕
津山	津山
锦厦	錦廈
锦田	錦田
锦西	錦西
锦县	錦縣
锦州	錦州
近东	近東
近畿	近畿
近畿地方	近畿地方
近卫公官邸	近衛公官邸
晋江	晋江
京滨	京濱
京滨港芝浦地区	京濱港芝浦地區
京滨运河	京濱運河
京城(朝鲜)	京城
京城府龙山町	京城府龍山町
京都	京都
京都府久世郡	京都府久世郡
京都府相了郡	京都府相榮郡
京都市左京区	京都市左京區
京奉陆桥	京奉陸橋
京汉线以西地域	京漢線以西地域
京津	京津
京津地方	京津地方
荆门	荊門
荆州	荊州
景栋	ケントン
靖国神社	靖國神社
靖西	靖西
静冈	靜岡
静冈市	靜岡市
静冈县	靜岡縣
静冈县贺茂郡	靜岡縣賀茂郡
静冈县盘田郡	靜岡縣磐田郡
静冈县清水市	靜岡縣清水市
静冈县田方郡	靜岡縣田方郡

中文地名	日文地名
静冈县长冈	靜岡縣長岡
静冈县沼津市	靜岡縣沼津市
静冈县榛原郡相良町	靜岡縣榛原郡相良町
镜泊湖	鏡泊湖
九江	九江
九江港	九江港
九江路	九江路
九江栈桥	九江棧橋
九连城	九連城
九龙	九龍
九龙半岛	九龍半島
九门口	九門口
九十九里滨	九十九里濱
九州	九州
九州岛大牟田	九州大牟田
久里滨	久里濱
久留米	久留米
酒田市	酒田市
韭岛	韮島
旧德领	舊獨領
旧德领南洋委任统治地域	舊獨領南洋委任統治地域
旧德领委任统治诸岛	旧獨領委任統治諸島
旧德殖民地	舊獨植民地
旧金山	桑港
旧英吉利租界	舊英吉利租界
居銮	クルアン
局子街	局子街
桔井	クラチェ
巨港	パレンバン
句容	句容
聚宝街	聚寶街
军粮城	軍糧城
郡马县	郡馬縣
骏河台	駿河臺
卡埃纳角	カエナ岬
卡巴洛甘	カトバロガン
卡贝罗港	プェルト・キャベコ
卡布高	カブガオ

中文地名	日文地名
卡尔根	カルガン
卡尔梅克	ケルーマエキ
卡加延	カガヤン
卡拉瓦格	カラウァング
卡朗	カラン
卡劳河	カロー
卡累利阿	カレリア
卡内奥赫	カネオヘ
卡帕斯	カパス
卡平阿马朗伊	カピンガマランギ
卡普阿斯河	カプアス河
卡斯尔梅恩	カースルメーン
卡塔赫纳	カルタヘーナ
卡塔琳娜	キャタリナ
卡通加河	カトンガ
卡亚俄	カイヤオ
卡宴	カヴイーエン
卡伊岛	カイ島
开封	開封
开封城	開封城
开鲁	開魯
开罗	カイロ
开普敦	ケープタウン
开通	開通
凯特勒街	ケッテレル街
勘察加	カムチャッカ
堪萨斯州	カンサス州レーヴンワース要塞
坎伯利	カンバレー
坎伯维尔	カンバーウェル
坎多	キャンドウ
康保	康保
康福里	康福里
康涅狄格州	コネティカット州
康提	カアンデー
考特兰街	コートランド街
柯雷吉多尔	コレヒドール
科迪亚克岛	コディアック島
科迪亚克海军航空队基地	コティアック海軍航空隊基地

中文地名	日文地名
科尔沁左翼后旗	科爾泌左翼後旗
科科斯岛	ココス島
科可波	ココポ
科雷希多	グリフィススバーク
科罗尔	コロール
科罗尔帛琉	パラオ・コロール島
科罗拉多州	コロラド州
科罗纳	コロナ
科摩	コモ
科斯福德	コスフォード
科索尔	コッソル
科西嘉岛	コルシカ島
克尔曼	ケルマン
克拉半岛	クラ半島
克拉登	クラテン
克拉地峡	クラー地峡
克拉克菲尔德	クラーク飛行場
克拉克斯顿	クラークフォト
克莱德	クライド
克莱菲尔德	クレーフィールド
克莱蒙-费朗	クルモンレ・フェラン
克雷格	クランレイ
克雷格萨里	グランレー・サレー
克里米亚	クリミヤ
克里姆林	クレムリン
克里斯托瓦尔	クリストバル
克里希纳	クリシナ河
克利夫兰	クリーウランド
克鲁伦河流域	ケルレソ河
克罗地亚	クロアチア
克马	ケマ
克山	克山
克托索诺	ケルトソノ
硌斯硌特山脉	キャスケード山脈
肯达里	ケンダリ
肯尼亚	ケンヤ
肯特	ケント州
肯辛顿大街 4629 号	ケンシントウ街四六二九番地

中文地名	日文地名
枯轮海	枯輪海
库班河	クバン
库尔干	クルガン市
库克	クック
库克海峡	クック海峡
库拉	クラ
库拉索岛	キュラソウ
库莱布拉	クレブラ島
库里亚	クリア
库伦	庫倫
库塞埃	クサエ
库页岛	樺太
夸贾林岛	クエゼリン
宽城子	寛城子
宽甸	寛甸
奎松	ケソン
奎松城	クエゾン
坤甸	ポンチャナック
昆仑关	昆侖關
昆明	昆明
昆山	昆山
昆山站	昆山驛
昆士兰	クイーンスランド
昆士兰州	チクイーンスランド州
拉包尔	ラボール
拉丁	ラテン
拉丁美洲	ラテンアメリカ
拉瓜伊拉	ラ・グワィラ
拉哈苏苏	拉哈蘇蘇
拉海纳	ラワイナ
拉美士	ラビス
拉莫特雷克	ラモトレック
拉奈岛	ラナイ島
拉瑙	ラナオ
拉桑	ラサング
拉脱维亚	ラトヴィア
拉瓦格	ラオアグ
拉乌尼翁	ラ・ユニオン州

中文地名	日文地名
拉佐	ラゾ街
腊包尔	ラバウル
莱比锡	ライプチヒ市
莱城	ラエ
莱斯特	レスター
莱特岛	レイテ
莱茵兰	ラインランド
莱州	莱州
赖恩	ライン群島
濑户内海	瀬戸内海
濑户市赤津町宫地山	瀬戸市赤津町宮地山
兰贝斯街	バス街
兰厄姆	ランハン
兰封	蘭封
兰加尔	ランガル島
兰开夏	ランカシヤ
兰里	ラムリー
兰瑙	ラナウ
兰西	蘭西
兰溪	蘭溪
兰印三宝垄	蘭印ヤラマン
兰州	蘭州
蓝衣庄	藍衣莊
烂泥渡	爛泥渡
琅勃拉邦	ルアン・プラバン
廊坊	廊坊
朗布隆	ロンブロン
朗格拉普	ロンジェラップ
朗斯	レンス
浪头	浪頭
劳滕	ラウテム
老黑山	老黒山
老江口	老江口
老街	ラオカイ
老头沟	老頭溝
老王府	老王府
老挝	老撾
老走	老走

中文地名	日文地名
乐昌	樂昌
乐会县	樂會
乐群路	樂群路
勒阿弗尔	ル・アーヴル
雷白港	雷白港
雷鼓山	雷鼓山
雷州半岛	雷州半島
雷州半岛南部	南方雷州半島
雷州角	雷州角
磊石山	磊石山
离江	離江
梨本宫	梨本宮
梨树镇	梨樹鎮
黎刹	リザール
黎城县	黎城縣
黎界	黎界
李家沟	李家溝
李子园	李子園
里海	カスピ海
里市乡	里市鄉第五保
里斯本	リスボン
醴陵	醴陵
醴陵火车站	醴陵驛
立水	立水
立陶宛	リスアニア
丽水	麗水
丽兹酒店	リッツ・ホテル
利昂	リアング
利巴	リパ
利比里亚	リベリア
利比亚	リビヤ
利马	リマ
利特尔福尔斯	リトルフォルズ
利沃夫	リウオフ市
利物浦	リバープール
枥木	栃木
枥木县那须郡	栃木縣那須郡
枥木县下都贺郡	栃木縣下都賀郡

中文地名	日文地名
枥木县下都贺郡桑村	櫪木縣下都賀郡桑村
枥木县足尾町	枥木縣足尾町
溧阳	溧陽
连兵	連兵
连城	連城
连江县	連江縣
连平	連平
连县	連縣
连云港	連雲港
莲花炮台	蓮花砲臺
莲子营	蓮子營
涟水	漣水
联合国	連和國
廉州	廉州
镰仓市材木区	鐮倉市材木區
镰仓	鐮倉
镰仓市大町	鎌倉市大町
镰仓市腰越町	鎌倉市腰越町
梁山	梁山
两洞乡	兩洞鄉
谅山	諒山
谅山市	ランソン
辽东	遼東
辽东半岛	遼東半島
辽东半岛租借地	遼東半島租借地
辽东领域	遼東領域
辽东湾	遼東灣
辽河	遼河
辽河渡河点	遼河渡河臭
辽河流域	遼河流域
辽宁	遼寧
辽西	遼西
辽阳	遼陽
辽源	遼源
廖内群岛	リオー群島
列宁格勒	レニングラード
埒子口	埒子口
林堡	リンブルク州

中文地名	日文地名
林德菲尔德	リンドフィールト
林东	林東
林加/林牙	リンガ群島
林口	林口
林亭口	林亭口
林西	林西
林县	林縣
临纷河	臨紛河
临汾	臨汾
临江	臨江
临湘	臨湘
临湘矶	臨湘磯
临湘矶螺山	臨湘磯螺山
临渔集	臨漁集
临域	臨域
伶仃岛	伶仃島
灵谷寺	靈谷寺
灵卡斯	リンカス
陵南	陵南
陵源	陵源
岭门	嶺門
刘公河	劉公河
刘河	劉河
刘庄	劉莊
浏阳	瀏陽
琉球	琉球
琉球诸岛	琉球諸島
硫磺岛	硫磺島
柳河	柳河
柳条沟	柳條溝
柳条沟站	柳條溝驛
柳州	柳州
六国饭店	ヴァゴン・リ・ホテル
六河沟	六河溝
六甲山	六甲山
六金斗镇	六金鬪鎮
龙池庵	龍池庵
龙池巷	龍池巷

中文地名	日文地名
龙华	龍華
龙华飞行场	龍華飛行場
龙华停车场	龍華停車場
龙江	龍江
龙江省	龍江省
龙江县	龍江縣
龙井村	龍井村
龙口	龍口
龙陵	龍陵
龙门	龍門
龙目岛	ロムボク
龙南	龍南
龙清	龍清
龙山	龍山
龙王庙	龍王廟
龙溪	龍溪
龙岘	龍峴
龙原	龍原
龙州	龍州
龙珠路	龍珠路
泷州	瀧州
隆达	ロンダ
隆化	隆化
陇海线	隴海線
垄州	ロンテェオー
卢沟桥	盧溝橋
卢沟桥城廓	盧溝橋城廓
卢森堡国	盧森堡國
卢山	蘆山
卢州	盧州
芦台	蘆台
庐州	廬州
鲁北	魯北
鲁尔	ルール
鲁尔蒙德	レールモンド
陆奥湾	陸奥海灣
陆丰	陸豐
陆水	陸水

中文地名	日文地名
陆溪洲	陸溪洲
鹿儿岛	鹿兒島
鹿儿岛基地	鹿兒島基地
鹿儿岛市西田町	鹿兒島市西田町
鹿儿岛湾	鹿兒島灣
鹿儿岛县给良郡	鹿兒島縣給良郡
鹿角	鹿角
鹿特丹	ロッテルダム
鹿屋	鹿屋
渌口站	淥口驛
禄步	祿步
滦东	灤東
滦河	灤河
滦平	灤平
滦县	灤縣
滦州	灤州
伦邦	レンバン
伦敦	倫敦
罗德岛	ロード州
罗店镇	羅店鎮
罗定	羅定
罗府	羅府
罗津	羅津
罗津港	羅津港
罗克堡街	ロッシュフォール街
罗克维尔	ロクヴイル
罗马	羅馬
罗马大帝国	羅馬大帝國
罗马帝国	大ローマ帝國
罗马尼亚	羅馬尼亜
罗南	羅南
罗萨里奥	ロザチオ
罗山	羅山
罗什福尔	ロウシュウオール・シュール・メール縣
罗塔岛	ロタ
罗伊斯顿	ロイストン町
罗子沟	羅子溝
螺河	スクルー

中文地名	日文地名
螺山	螺山
洛代	ローグイ
洛迦诺	ロカルノ
洛里昂	ロリアン
洛林	ローレン
洛伦索贵斯马普托	ロレンソ・マルケス
洛洛巴塔	ロロバタ
洛杉矶	ロスアンゼルス
洛阳	洛陽
吕宋	呂宋
吕宋平原中部	中央呂宋平原
旅顺	旅順
旅顺港	旅順港
绿丘	緑ヶ丘
麻布	麻布
麻池沟	麻池溝
麻坡	ムアール河
马鞍	馬鞍
马鞍群岛	馬鞍群島
马鞍山	馬鞍山
马比尼街	エイ・バビニイ街
马厂	馬廠
马辰	バンジャルマシン
马达加斯加	マダガスカル
马当夹	馬當夾
马当镇	馬當鎮
马当	馬壋
马德拉斯	マドラス
马德里	マドリッド
马德望省	バッタンバン州
马丁代尔	マーチンテール市
马都拉	マズラ島
马尔堡	マールブルグ
马尔代夫	マルデブ群島
马耳他	マルタ
马格朗	マゲラン
马公	馬公
马公海军军港	馬公海軍軍港

中文地名	日文地名
马公要港	馬公要港
马合	馬合
马积山岛	馬積山島
马家胡同	馬家胡同
马家湾	馬家灣
马卡勒	マカレ
马克	マルク
马口	馬口
马拉巴尔海岸	マラバル
马拉卡尔	マラカル島
马拉开波	マラカイボ
马来	馬來
马来巴来	マレーバレー
马来半岛	馬來半島
马来地域	馬來地域
马来联邦	馬來聯邦
马来群岛	馬來諸島
马来西亚	マレー帝國
马老奇	メラウケ
马里克维尔	マリックビル
马里兰	メリーランド州
马里亚纳群岛	マリアナ群島
马连洞	馬連洞
马林郡	マリーン郡
马六甲	マラッカ
马六甲海峡	マラッカ海峡
马鲁迪	マルテイ
马洛埃拉普	マロエラ
马纳图托	マナトウト
马尼拉	馬尼剌
马尼拉市艾萨克珍珠街	アイサック・ペラル街
马尼拉市科罗拉多街	アーシタ・コロラド街,マニラ・アーシタ・コロラド街
马尼拉湾	マニラ灣
马尼托巴	マーチモント路
马诺夸里	マノクワリ
马其顿	マケドニア
马其诺防线	マチノ要塞
马萨诸塞	マス

中文地名	日文地名
马萨诸塞州联邦	マサチューセッツ州
马赛	マルセイユ
马绍尔群岛	マーシャル群島
马提尼克岛	マルチニック島
马头镇	馬頭鎮
马尾	馬尾
马亚纳环礁	マイアナ
马朱罗	マシュロ
玛琅	マラング
玛丽皇后医院	クイーン・メアリ病院
迈阿密	マイアミ
麦卡利斯特	マクアリスター街
麦克坦	マクタン
满城	満城
满浦镇	満浦鎮
满铁附属地	滿鐵附屬地
满铁沿线	滿鐵沿線
满洲	滿洲
满洲里	滿洲里
满洲平原	滿洲平原
曼彻斯特	マンチェスター
曼德勒	マンダレー
曼多尔	マンドル
曼谷	盤谷
芒廷霍姆	マウンテーンホーム
毛淡棉	モールメイン
毛里求斯	モーリシアス
毛伊岛	マウイ島
毛庄	毛庄
茆山	茆山
茅崎	茅ヶ崎
茂名	茂名
茂物	バイテンゾルグ
眉苗	メイミョウ
眉州	眉州
梅村	梅村
湄公河	メコン河
湄南河	メナム河

中文地名	日文地名
煤炭港码头	煤炭港碼頭
美国	米國
美拉尼西亚	メラネシャ地方
美拉牙	ベラカ
美属关岛	米領グアム島
美属华盛顿州	米領ワシントン州
美属印度支那	米領印度支那
美索不达米亚	メソポタミヤ
美洲	米洲
美洲大陆	米大陸
美洲港湾	亜米利加港灣
美洲各国	アメリカ諸國
美洲西岸	米洲西岸
美洲中部	中米
门司	門司
门头沟	門頭溝
蒙巴萨岛	モンバサ
蒙城	蒙城
蒙古	蒙古
蒙古北部	北部蒙古
蒙古军哨所	蒙古軍哨所
蒙古人民共和国	蒙古人民共和國
蒙特利尔	モントリオール
蒙廷卢帕	マンテインクルバ
蒙自	蒙自
孟斐斯	メムフイス
孟加拉	ベンガル
孟买	ボンベイ
米德尔布鲁克	ミドウルブロック
米德尔塞克斯郡	ミドルセックス州
米尔恩湾	ミルン湾
米尔环礁	ミレアトル ミレ島
米里	ミリ
米沙鄢	ヴィザヤ
米子市尾高町	米子市尾高町
泌源	泌源
秘鲁	秘露
密山	密山

中文地名	日文地名
密铁拉	ミイクテイラー
密西西比州	ミンシビ州
密西根州	ミシガン州
密云	密雲
绵州	綿州
棉兰	メダン
棉兰老岛	ミンダナオ
沔阳	沔陽
缅甸	緬甸
缅甸仰光商业街529号	ビルマ・ラングーン・マーチャンー街五二九
缅因州	メイン州
庙街	尼港
民丹岛	ビンタン島
民都洛岛	ミンドロ
名古屋市北区船付町	名古屋市北區船付町二丁目五番地
名古屋市东区筒井町	名古屋市東區筒井町
名古屋市千种区都通四丁目十一番地	名古屋市千種區都通四丁目十一番地
明江	明江
明尼阿波利斯	ミネアポリス
明尼苏达州	ミネソタ州
明水	明水
明孝陵	明孝陵
明治大厦	明治ビル
明治神宫	明治神宮
摩拉维亚	モラヒヤ
摩鹿加群岛	マラッカス
摩罗泰岛	モロタイ
摩洛哥	モロッコ
摩纳哥	モナコ國
磨盘山	磨盤山
磨盘石	磨盤石
末珠	末珠
莫尔岛	モア島
莫尔斯比	モレスビー
莫尔兹比港	ポートモレスビ
莫罗贝	モロベ
莫罗河	モロ河
莫宁顿	モーニングトン

中文地名	日文地名
莫桑比克	モザンビック
莫斯科	モスクワ
莫子河	莫子河
漠口	漠口
墨尔本	メルボルン
墨西哥	墨西哥
墨西哥湾	メキシコ湾
墨西哥州	メキシコ州
默奇森	マーチソン
母岛	母島
牡丹江	牡丹江
牡丹江东方隧道	牡丹江東方隧道
牡丹江省东宁县	牡丹江省東寧縣
牡丹江溪谷	牡丹江溪谷
木阪町	木阪町
木冬	ムドン
木户内府	木戸内府
木兰	木蘭
木浦	木浦
木石桥	木石橋
目白	目白
目黑区	目黒區
目黑区本乡町	目黒區本郷町
目黑区富士见台	目黒區富士見臺
目黑区宫前町	目黒區宮前町
目黑区上目黑	目黒區上目黒
目黑区下目黑	目黒區下目黒
目黑区月光町	目黒區月光町
目黑区自由丘	目黒區自由ヶ丘
幕府山	幕府山
慕尼黑	ミューニツヒ
穆棱	穆稜
拿撒勒	ナザレ
拿骚县	ナッソウ郡
那霸	那覇
那不勒斯	ナポリ
那大	那大
那珂川	那珂川

中文地名	日文地名
纳粹德国	ナチ・ドイツ
纳尔逊路	ネルソン街
纳河	納河
纳米比亚共和国	西南阿弗利加
纳莫努伊托	ナモヌイト
纳土纳群岛	ナトナ群島
奈良	奈良
奈良县矶城郡	奈良縣磯城郡
奈良县吉野上市	奈良縣吉野上市
奈良县生驹郡平城村	奈良縣生駒郡平成村
奈良县宇陀郡	奈良縣宇陀郡
男女群岛	男女群島
南安由	インドラマユ
南澳岛	南澳島
南布罗肯希尔	サウスブロークンヒル
南部大西洋	南部太西洋
南部非洲	南阿弗利加
南察哈尔	南察哈爾
南昌	南昌
南城	南城
南村	南村
南大寺	南大寺
南大西洋	南大西洋
南岛	アウストラル群島
南海	南海
南桦太	南樺太
南汇	南匯
南极	南極
南京	南京
南京白下路	南京白下路
南京城内	南京城内
南京城外	南京城外
南京城西升州路	南京城西昇州路
南京的中国空军基地	南京ノ中國空軍基地
南京第七号宿舍	南京第七號宿舍
南京集庆路	南京集慶路
南京京宅路四五七	南京京宅路四五七
南京市九儿园四〇号	南京市九兒園四〇號

中文地名	日文地名
南京市珠巷路	南京市珠巷路
南京糖坊桥十八号	南京糖坊橋十八號
南京铁道停车场	南京鐵道停車場
南京站	南京驛
南九州岛	南九州
南口	南口
南口镇	南口鎮
南岭	南嶺
南罗得西亚	南ローデシァ
南间	南間
南吕宋	南呂宋
南满洲	南滿洲
南满洲铁道	南滿洲鐵道
南满洲铁道附属地	南滿洲鐵道附屬地
南美洲	南米
南美洲和北美洲	南北米
南美洲西海岸	南米西海岸
南门坡	南門坡
南鸟岛	南鳥島
南宁	南寧
南区	南區
南日本	南日本
南山	南山
南市	南市
南斯拉夫	ユーゴースラヴィア
南苏门答腊	南スマトラ
南太平洋	南太平洋
南太平洋诸岛	南太平洋諸島
南通州	南通州
南湾	南灣
南苑	南苑
南威尔士	サウス・ウェールズ州
南乌苏里	南ウスリー
南西太平洋	南西太平洋
南西印度洋	南西印度洋
南翔	南翔
南雄	南雄
南亚	南亜

中文地名	日文地名
南阳	南陽
南洋	南洋
南洋群岛	南洋群島
南洋委任统治诸岛	南洋委任統治諸島
南印度支那	南印度支那
南苑	南苑
南云台山	南雲臺山
南支	南支
南中美	南中米
瑙鲁	ナウル島
内布拉斯加州	ネブカラスカ州
内布拉斯加州奥马哈	ネブラスカ州オマハ
内洛尔	ネロル
内蒙古	内蒙古
内志与汉志王国	ヘヂァーズ及ネヂド國
嫩江	嫩江
嫩江江桥	嫩江江橋
能登吕岬	能登呂岬
尼加拉瓜	ニカラグア國
尼科巴群岛	ニコバル群島
尼库瑙岛	ニクナウ島
尼罗河	ナイル河
鸟取	鳥取
鸟取县东治郡	鳥取縣東治郡
鸟取县气高郡	鳥取縣氣高郡
嗫口	囁口
宁安	寧安
宁波	寧波
宁城	寧城
宁古塔	寧古塔
宁国	寧國
宁国路	ニングクオ路
宁海街	寧海街
宁河	寧河
宁晋县	寧晋縣
宁口	寧口
宁口河	寧口河
宁陵	寧陵

中文地名	日文地名
宁夏	寧夏
牛津	オックスフォード
牛迂区扬方町	牛込區揚方町
牛庄	牛莊
纽埃岛	ニュオン群島
纽芬兰	ニューフアウンドランド
纽卡斯尔	ニューカツスル
纽伦堡	ニュールンベルグ
纽斯特德	ニューステッド
纽约	紐育
纽约长岛皇后村	ニュー・ヨーク州・ロング・アイランド・クイーンズ・ヴィレッヂ
浓江	濃江
怒江	サルウィン河
挪威	諾威
诺福克	ノーフォーク
诺曼底	ノルマンディー
诺门坎	ノモンハン
诺诺乌蒂	ノノウチ
诺森伯兰郡	ノーサンバランド
女王大街	クイーンズ街
欧州合众国	欧州合衆國
欧洲	歐洲
琶江口	琶江口
帕甘岛	パガン
帕克斯通	パークストン
帕劳群岛	パラウ
帕里岛	パリー島
帕赛	パセイ
帕索	パッソ
帕西	パッスイ
排沙	排沙
排牙山炮台	排牙山砲台
簰洲	簰洲
盘山	盤山
盘石	磐石
盘石炮台	磐石砲台
盘石水道	磐石水道

中文地名	日文地名
旁遮普	パンジャプ
旁遮普省	パンヂップ
佩埃特	ペイエット
佩莱利乌岛	ペリリュー
佩思	パース
佩斯恰纳亚	ペスチャナヤ灣
朋达因	ポンセイン
彭德尔顿	ペンドルトン
彭亨	パハン州
彭宁顿	ペニトン
彭泽	彭澤
澎湖岛	澎湖島
澎湖港	澎湖港
澎湖列岛	澎湖列島
邳县	邳縣
皮克希尔	ピークヒルー
琵琶湖	琵琶湖
貔子窝	貔子窩
匹茨堡市	ピッツバーゲ市
漂江	漂江
品川	品川
品川区大井伊藤町	品川區大井伊藤町
品川区上大崎	品川區上大崎
品川要塞	品川要塞
品川站	品川駅
平安神宫	平安神宮
平椽	平椽
平顶山	平頂山
平定	平定
平冈	平岡
平格拉普岛	ピンゲラップ
平汉	平漢
平江	平江
平江省	平江省
平津	平津
平乐	平樂
平南	平南
平泉	平泉

中文地名	日文地名
平壤	平壤
平绥路	平綏路
屏东	屏東
屏风谷	屏風谷
萍株	萍株
婆罗洲	ボルネオ
鄱阳湖	鄱陽湖
铺前港	鋪前港
菩萨省	プルサト州
葡属帝汶	葡領チモール
葡属东部非洲	葡領東阿弗利加
葡属果阿	葡領ゴア
葡萄牙	葡萄牙
蒲甘	ペイガン
蒲淞镇	蒲淞鎮
蒲州	蒲州
濮县	濮縣
朴茨茅斯	ポーツマス
浦潮港	浦潮港
浦城	浦城
浦东	浦東
浦和市	浦和市
浦口	浦口
普德寺	普德寺
普德寺西安里堂	普德寺西安里堂
普兰店	普蘭店
普利茅斯	ブリマス
普林塞萨港	プェルト・プリンセサ
普鲁士	プロシャ
普鲁西国	普魯西國
七道沟	七道溝
七番埠头	七番埠頭
七了口	七了口
七溪	ザト・ケ
栖霞山	棲霞山
齐格弗里德	ジールフリード
齐齐哈尔	齊齊哈爾
齐桑淖尔湖	齊桑淖爾湖

中文地名	日文地名
齐县	齊縣
岐阜	岐阜
岐阜县武仪郡关町仓知八八五番地	岐阜縣武儀郡関町倉知八八五番地
奇克	奇克
埼玉	埼玉
埼玉县北定立郡	埼玉縣北定立郡
埼玉县浦和市	埼玉縣浦和市
埼玉县入间郡饭能町	埼玉縣入間郡飯能町
埼玉县入间郡入间川町	埼玉縣入間郡入間川町
棋盘洲	棊盤洲
蕲春	蘄春
麒麟门	麒麟門
葺北部日奈久町	葺北部日奈久町
恰克图	恰克國
千代田	千代田
千代田区内幸町	千代田區内幸町
千金堡	千金堡
千金塞	千金塞
千若町仓库	千若町倉庫
千叶	千葉
千叶市登户	千葉市登戸
千叶市千叶寺町	千葉市千葉寺町
千叶市汐见丘町	千葉市汐見ヶ丘町
千叶市小仲台町	千葉市小仲臺町
千叶市作草部町	千葉市作草部町
千叶县柏町	千葉縣柏町
千叶县东葛饰郡	千葉縣東葛飾郡
千叶县关宿	千葉縣關宿
千叶县君泽郡	千葉縣君澤郡
千叶县千叶郡	千葉縣千葉郡
千叶县日吉村	千葉縣日吉村
千叶县市川市	千葉縣市川市
千叶县松户市	千葉縣松戸市
千叶县夷隅郡	千葉縣表隅郡
千叶县长生郡	千葉縣長生郡
千州	千州
迁江	遷江
前本红	前本紅

中文地名	日文地名
前巨港	元パレンバン
钱塘江	錢塘江
潜山	潛山
浅草区	淺草區
浅水湾道	ザ・リッヂレオアルス灣
乔利	チャーレ
乔治亚街	ジョージャ街
桥立街	橋立街
切斯特	チェスター州
切斯特菲尔德群岛	チェスターフィールド群島
钦县	欽縣
钦州	欽州
钦州湾	欽州湾
亲墩江	チンドウイン河
秦皇岛	秦皇島
青胆江	青膽江
青岛	青島
青岛港	青島港
青海	青海
青海湖	庫庫淖爾湖
青木闸	青木閘
青辇江	青輦江
青森	青森
青森函馆连路	青森函舘連路
青山会馆	青山會館
青山炮台	青山砲台
青阳	青陽
青州	青州
轻井泽	輕井澤
轻棚	輕棚
清国	清國
清河	清河
清津	清津
清澜	清瀾
清澜港	清瀾港
清凉山	清涼山
清凉山墓地	清涼山墓地
清水	清水

中文地名	日文地名
清远	清遠
清苑	清苑
清州	清州
庆北安东	慶北安東
庆兴	慶興
庆兴要塞	慶興要塞
庆州	慶州
箐门	シン・マン
琼东	瓊東
琼山	瓊山
琼崖	瓊崖
琼州	瓊州
琼州海峡	海南海峡
丘吉尔	チアーチル
秋田	秋田
秋田县桧山本新町	秋田縣檜山本新町
虬江	虬江
麹町区内幸町	麹町區内幸町
麹町区平河町	麹町區平河町
麹町区永田町	麹町區永田町
衢州	衢州
曲阜	曲阜
曲沃	曲沃
全县站	全縣驛
全州	全州
泉州	泉州
群马	群馬
群马县前桥市	群馬縣前橋市
群马县前桥市南区轮町八九	群馬縣前橋市南區輪町八九
饶河	饒河
饶阳县	饒陽縣
热海	熱海
热海市咲见町	熱海市咲見町
热河	熱河
热河省平泉县	熱河省平泉縣
仁川	仁川
仁和里	仁和里
仁木	ニキ

中文地名	日文地名
仁牙因湾	リンガエン灣
任邱	任邱
日本	日本
日本列岛	日本列島
日本青年馆大讲堂	日本青年館大講堂
日本人居留地	日本人居留地
日本人墓地	日本人墓地
日本体育协会运动场	日本体育協会運動場
日本总领事馆	日本総領事館
日本租界	日本租界
日比谷东洋轩	日比谷東洋軒
日比谷公园	日比谷公園
日光	日光
日立	日立
日内瓦	壽府
日惹	ヂョクヂャカルタ
柔佛海峡	ジョホーム海峡
柔佛省	ジョホール州
如皋	如皋
瑞昌	瑞昌
瑞典	瑞典
瑞金	瑞金
瑞士	瑞西
萨尔温江	サルウィン河
萨尔茨保	ザルツブルグ市
萨尔瓦多	サルワドル國
萨福克	サッフォーク
萨哈林	サハリン
萨克拉曼多	サクラメント
萨拉马瓦	サラマウア
萨拉热窝	サラエヴオ
萨拉特河	サラット島
萨拉托夫	サラトフ市
萨拉托加	サラトガ港
萨隆河	サロン
萨马岛	サマール
萨摩亚	サモア
萨纳纳	サナナ

中文地名	日文地名
萨塔万	サタワン
萨万	サバン
塞班	サイパン
塞比勒	サビル
塞尔维亚	塞爾比亜國
塞尔维亚克罗地亚和斯洛文尼亚王国	セルブ・クロアート・スロヴェーヌ國
塞舌尔	セイセル群島
塞瓦斯托波尔	セバストポール
塞万提斯	セルヴァンテス
赛嫩	セネン
三宝垄	スマラン
三宝颜	ザンボアンガ
三埠	三埠
三叉河	三叉河
三岔口	三岔口
三次	三次
三岛市	三島市
三道卡	三道卡
三都澳洛源	三都澳洛源
三发	サムバス
三河	三河
三间房	三間房
三江省	三江省
三江市	三江市
三口洋	シンカワン
三菱矿山	三菱礦山
三马林达	サマリンダ
三门峡	三門峡
三描礼士	ザンバレス
三牌楼	サン・パイ門
三水	三水
三水浦	三水浦
三条巷	三條巷
三姓	三姓
三轩房	三軒房
三亚	三亜
三亚港	三亜港
三重	三重

中文地名	日文地名
三重郡水泽村	三重郡水澤村
三重县铃鹿市神户本多町	三重縣鈴鹿市神戸本多町
三重县三重郡	三重縣三重郡
桑高	サンガウ
桑给巴尔	ザンジバル
桑吉尔	サンギル
桑家市	桑家市
桑名	桑名
桑帕洛克	サンパロク
桑帕洛克地区	サムパロック地區
涩谷区代代木西原町	澁谷區代々木西原町
涩谷区金王町	澁谷區金王町
涩谷区千驿谷	澁谷區千駄谷
涩谷区上道	澁谷區上道
涩谷区丸山町	澁谷區丸山町
涩谷樱丘	渋谷櫻ヶ丘五番地
涩野川区涩野川町	澁野川區澁野川町
沙宾达巴哈	沙賓達巴哈
沙草峰	沙草峰
沙俄帝国	舊露西亜帝國
沙幅岭	沙幅嶺
沙冈子	沙岡子
沙河子	沙河子
沙湖镇	沙湖鎮
沙口	沙口
沙捞越	サラワク
沙面	沙面
沙坪坝	沙坪壩
沙市	沙市
沙田	沙田
沙头	沙頭
沙湾	沙灣
沙湾水道	沙灣水道
沙下	沙下
沙阳镇	沙陽鎮
沙洲玗	沙洲玗
砂州	砂州
厦门	厦門

中文地名	日文地名
厦门岛	厦門島
晒市场	晒市場
山打根	サンダガン
山东	山東
山东半岛	山東半島
山东头	山東頭
山海关	山海關
山口	山口
山口县防府市	山口縣防府市
山口县丰浦郡	山口縣豐浦郡
山梨	山梨
山梨县东山梨郡	山梨縣東山梨郡
山梨县甲府市汤田町	山梨縣甲府市湯田町
山梨县南都留郡旭冈	山梨縣南都留郡旭ヶ岡
山罗	山羅
山内町仓库	山内町倉庫
山神府	山神府
山水	山水
山西	山西
山西路	山西路
山形	山形
杉板铺站	杉板鋪驛
杉并区	杉並區
杉并区阿佐谷	杉並區阿佐ヶ谷
杉并区和泉町	杉並區和泉町
杉并区马桥	杉並區馬橋
杉并区西荻洼	杉並區西荻窪
杉并区西田町	杉並區西田町
杉并区永福町	杉並區永福町
珊瑚海	珊瑚海
陕北区	陝北區
陕西	陝西
陕埙	陝塤
汕头	汕頭
汕头站	汕頭驛
汕尾	汕尾
善通寺	善通寺
商都	商都

中文地名	日文地名
上阿迪杰	アルト・アディヂェ
上川山	上川山
上高井户	上高井戸
上海	上海
上海北停车场	上海北停車場
上海港	上海港
上海共同租界	上海共同租界
上海虹口码头	上海虹口碼頭
上海路	上海路
上海路第百号	上海路第百番
上海路华新巷一号	上海路華新巷一號
上海路四十六号	上海通四十六号
上海路一一五号	上海通一一五号
上海南市	上海南市
上海三角地带	上海三角地帶
上海愚园路六一一号	上海愚園路六一一號
上海租界	上海租界
上河	上河
上京	上京
上万镇	上万鎮
上新河	上新河
上新河北河口	上新河北河口
上新河二埂	上新河二埂
上新河凤凰街	上新河鳳凰街
上新河甘露寺	上新河甘露寺
上新河观音庵	上新河觀音庵
上新河黑桥	上新河黒橋
上新河江东桥	上新河江東橋
上新河买家桑园	上新河買家桑園
上新河棉花堤	上新河棉花堤
上新河太阳宫	上新河太陽宮
上新河五福村	上新河五福村
上野公园	上野公園
上野无私庵	上野無私庵
上野驿	上野驛
上元门	上元門
上元门大茅洞	上元門大茅洞
尚郭庄	尚郭庄

中文地名	日文地名
尚书街	尚書街
尚志县	珠河
韶关	韶關
韶关站	韶關驛
韶州	韶州
蛇山	蛇山
社河集	社河集
射阳河	射陽河
涉谷区山下町	涉谷區山下町
申顿公园	シェントンパーク
身坚桥	身堅橋
深川	深川
深水埗	ジャムジュイボ
深水湾	ヂイープ・ウォータ灣
神茶川县中都大机町	神奈川縣中郡大機町
神池	神池
神冈	神岡
神户	神戸
神奈川	神奈川
神奈川县川崎市	神奈川縣川崎市
神奈川县大矶町	神奈川縣大磯町
神奈川县横滨市港北区	神奈川縣横濱市港北區
神奈川县镰仓郡	神奈川縣鎌倉郡
神奈川县平家市	神奈川縣平塚市
神奈川县浦和市	神奈川縣浦和市
神奈川县热海市	神奈川縣熱海市
神奈川县三浦郡	神奈川縣三浦郡
神奈川县藤泽市	神奈川縣藤澤市
神奈川县藤泽市辰巳町	神奈川縣藤澤市辰巳町
神奈川县仙石原村	神奈川縣仙石原村
神奈川县业山町	神奈川縣業山町
神奈川县足柄上郡金田村	神奈川縣足柄上郡金田村
神圣罗马帝国	神聖羅馬帝國
神田	神田
神田锦町锦辉馆	神田錦町錦輝館
神田区	神田區
生野	生野
圣安德烈斯街	サン・アンドレス街

中文地名	日文地名
圣安东尼奥市	サン・アントニオ
圣巴勃罗	サン・パブロ
圣保罗	セント・ポール
圣彼得堡	セント・ピーターズバーグ
圣诞岛	クリスマス島
圣地亚哥	サンチアゴ
圣地亚哥城堡	フォートサンチャゴ
圣多明各	サント・ドミンゴ
圣费尔南多	サン・フェルナンド
圣费利佩	サンフェリペ
圣何塞	サン・ノゼ
圣荷西	サンホセ
圣胡安	サン・ファン
圣卡洛斯山	サルカルロス山
圣卡塔利娜	サンタ・カタリナ
圣克鲁斯	サンタ・クルス
圣克鲁斯群岛	サンタクルーズ群島
圣雷默	サン・レモ
圣罗莎	サンタローサ
圣马力诺	サン・マリノ國
圣佩德罗	サンペドロ
圣佩德罗区	サンペドロ村
圣-让-蒙马特	サン・ジァン・ド・ジェルザレム
圣若泽-德布埃纳维斯塔	サン・ホセ・デ・ブエナヴィスタ
圣塔克拉拉	サンタクララ郡
圣特阿拉	サンタ・アナ
圣托马斯	サントトマス
圣托马斯岛	セントトーマス
盛京	盛京
师府园	師府園
诗里亚	セリア
狮子山	獅々山
狮子山炮台	獅子山砲台
施特劳斯贝格	シュトラウスベルク
辻堂	辻堂
石板桥	石板橋
石壁口	石壁口
石川	石川

中文地名	日文地名
石川县金泽市长町	石川縣金澤市長町二十三番地
石灰窖	石灰窖
石家庄	石家莊
石景山	石景山
石陵	石陵
石陵街	石陵街
石龙	石竜
石门	石門
石门子	石門子
石切	石切
石首	石首
石头河子	石頭河子
石头河子驿	石頭河子駅
史拉兰军营广场	セララン・バラック・スクエアー
世田谷区	世田谷區
世田谷区八经堂町	世田谷區八經堂町
世田谷区北泽町	世田谷區北澤町
世田谷区赤堤町	世田谷區赤堤町
世田谷区代田	世田谷區代田
世田谷区东玉川	世田谷區東玉川
世田谷区若林町	世田谷區若林町
世田谷区世田谷	世田谷區世田谷
世田谷区下乌町	世田谷區下鳥町
世田谷区野泽町	世田谷區野沢町
世田谷区玉川上野毛町	世田ヶ谷区玉川上野毛町
世田谷区祖师谷	世田谷區祖師谷
市川	市川
市冈	市岡
市谷	市ヶ谷
市谷本村町	市ヶ谷本村町
室兰	室蘭
收兵桥	收兵橋
守屋町仓库	守屋町倉庫
梳邦	スバン
舒城	舒城
双城	雙城
双港子	雙港子
双峡	双峡

中文地名	日文地名
水城	水城
水口墟	水口墟
水流峰	水流峰
水牛湾	水牛灣
水西门	水西門
水西门外大王庙	水西門外大王廟
水西门外二道杆子	水西門外二道桿子
水西门外南伞巷	水西門外南傘巷
水冶	水冶
水原	水原
顺德	順德
顺化	順化
顺义	順義
舜邦	サボン
斯德哥尔摩	ストックホルム
斯堪的纳维亚	スカンチナヴィア
斯考滕群岛	ショウサン群島
斯洛伐克	スロヴァキア
斯洛文尼亚、克罗地亚和塞尔维亚国	スロベニア王國，セルブ、クロアート、スロヴェーヌ王國
斯摩棱斯克	スモレンスク
斯摩棱斯克街	スモレンスキー街
斯坦福	スタンドフォード
斯坦利	スタンレー
斯坦利路	スタンレイ街
斯托尼斯特拉特福	ストーニー・ストラトフオード
斯托亚迪诺维奇	ストヤデイノウイチ
四川	四川
四川路	四川路
四谷区	四谷區木鹽町
四国	四國
四会	四會
四会路	四會路
四平	四平
四平街	四平街
四洮线	四洮線
泗礁山列岛	泗礁山列島
泗县	泗縣
泗阳	泗陽

中 文 地 名	日 文 地 名
松阿察河	スングチ河
松巴岛	スンバ島
松巴哇岛	ソエンバワ
松花江	松花江
松花江站	松花江駅
松江	松江
松江市	松江市
松嫩堡	ゾネニブルグ
松山	松山
松枝町三丁目	松枝町三丁目
淞沪	淞沪
宋埠	宋埠
宋卡	シンゴラ
苏北	蘇北
苏比克湾	スビック湾
苏布尔敖包	スンブル・オボ
苏城	蘇城
苏城阿尔乔姆	蘇城アルチョム
苏丹	スーダン
苏厄德	スワード
苏格兰	スコットランド
苏河	蘇河
苏加诺	スカルノ
苏加武眉	スカブミ
苏家屯	蘇家屯
苏腊巴亚	スラバヤ
苏腊卡尔塔	スラカルタ
苏黎世	チューリッヒ
苏里高	スリガオ
苏联	蘇聯
苏联港	蘇聯港
苏联远东地区	極東ソ領
苏鲁	スルー
苏禄群岛	スールー諸島
苏罗	スロ
苏洛岛	サラグ島
苏门答腊	スマトラ
苏门答腊岛北部	北部スマトラ

中文地名	日文地名
苏塞克斯	サセックス郡
苏斯特	スースト
苏伊士	スエズ
苏伊士运河	スエズ運河
苏州	蘇州
苏州河	蘇州河
潚江	潚江
绥东	綏東
绥芬	綏芬
绥芬河	綏芬河
绥化	綏化
绥阳	綏陽
绥远	綏遠
遂宁	遂寧
孙家埠	孫家埠
孙家山	孫家山
孙铁铺	孫鐵鋪
所罗门	ソロモン
所罗门岛	ソロモン島
索尔兹伯里	サルスベリー
索克尔	スポイン
索拉诺街	ソラノ街
索伦	索倫
索罗尔	ソロル
索马里	ソマリーランド
索莫夫	ソルモヴォ市
索索贡	ソルソゴン
索特里	ソウトリー
索岳尔济山	索岳爾濟山
塔比拉兰	タグビララン
塔尔巴哈台山	タルバガタイ
塔尔湖	タアル
塔甘罗格	タガンログ
塔卡拉	タカラ
塔克洛班	タクロバン
塔拉瓦岛	タラワ
塔劳岛	タラウド島
塔洛福福	タロフォフォ灣

中文地名	日文地名
塔马纳岛	タマナ
塔纳万	タナウアン
塔市	塔市
塔斯马尼亚	タスマニア
塔图拉	タツラ
塔威塔威	タイタイ
塔翁吉	タオレギ島
塔亚巴斯	タヤバス灣
台北	台北
台北基地	台北基地
台儿庄	台兒莊
台山	臺山
台山村	台山村
台山县	台山縣
台湾	臺灣
台湾岛	臺灣島
台湾海峡	臺灣海峡
台州	臺州
太仓	太倉
太鼓桥	太鼓橋
太鼓塔	太鼓塔
太湖	太湖
太平街	太平街
太平路	太平路
太平门	太平門
太平洋	太平洋
太平洋岛屿	太平洋島嶼
太平洋地域	太平洋地域
太平洋基地	太平洋基地
太平洋沿岸	太平洋沿岸
太平洋战场	太平洋戦場
太平洋中部	中部太平洋
太平洋诸岛	太平洋諸島
太平镇	太平
太限	太限
太阳宫河	太陽宮河
太原	太原
太子河	太子河

中文地名	日文地名
太子矶	太子磯
泰安	泰安
泰奥夫岛	タイオフ島
泰国	泰國
泰国南部	南シャム
泰家巷六番地	泰家巷六番地
泰来	泰來
郯城	郯城
潭河	潭河
潭江	潭江
潭州	潭州
潭洲水道	潭洲水道
坦噶尼喀	ダンガニカ
坦帕	ダンバ市
汤岗子	湯崗子
汤河	湯河
汤加群岛	トンカ群島
汤山城	湯山城
汤水镇	湯水鎮
汤斯维尔	タウンスヴィル
汤原	湯原
唐都伊街	タンドエイ街
唐山	唐山
塘沽	塘沽
塘沽港	塘沽港
塘沽洲	塘沽洲
塘山	塘山
塘运驿	塘運驛
糖库班帕拉胡	タンクバン・プラウ
洮安	洮安
洮南	洮南
桃安	桃安
桃冲	桃沖
特别租界	特別租界
特尔纳特	テルナテ
特基拉	ホキーラ
特克乌唎山	特克烏唎山
特勒斯	テラス街

中文地名	日文地名
特立尼达岛	トリニダッド
特鲁克	トラック
特鲁克环礁岛	アルト島,トラック・アトル島
特穆尔图淖尔湖	特穆爾圖淖爾湖
特旺特佩克地峡	テフアンテペック地峡
藤谷	藤谷
藤桥港	藤橋港
天宝山	天寶山
天津	天津
天津法国租借地	天津佛國租借
天津港	天津港
天津街三八四号	天津街三八四号
天津马厂道西湖饭店	天津馬廠道西湖飯店
天津日本租界	天津日本租界
天津租界	天津租界
天门	天門
天宁岛	テニアン
天桥立	天橋立
天山	天山
天岩屋	天岩屋
天长	天長
天竺	天竺
天子山	天子山
田家镇	田家鎮
田纳西州	テネシー
田镇	田鎮
田庄台	田庄台
铁板洲	鐵板洲
铁骊	鉄驪
铁岭	鉄嶺
铁岭县	鐵嶺縣
汀娜湾	ヂナワン
通北	通北
通城	通城
通达诺	トンダノ
通多	トンド
通河	通河
通化省	通化省

中文地名	日文地名
通济门	通濟門
通辽	通遼
通辽市	哲里木盟
通山	通山
通县	通縣
通远堡	通遠堡
通州	通州
同登	同登
同江	同江
桐柏	桐柏
桐城	桐城
铜陵县	銅陵縣
潼关	潼關
凸元典那古城	凸元典那古城
突尼斯	チュニス
突泉	突泉
图拉吉岛	ツラキ
图拉克	ツーラク市
图隆阿贡	テウルンガグング
图们	图們
图们江	圖們江
涂家湾	涂家灣
涂山	ドウソン
涂县	涂縣
土阿莫土	ツアモツ群島
土耳其	土耳古
土格加劳	ツゲカラオ
土河	土河
土龙山	土龍山
土伦	ツーロン
土门子	土門子
土默特旗	土默特旗
土山镇	土山鎮
土瓦	タヴォイ
土瓦镇	タブォイ町
团风水道	團風水道
屯家	屯家
托比岛	トビ

中文地名	日文地名
托洛萨	トロサ
托马	トマ
托莫洪	トモホン
托木斯克	タムスク
沱市	沱市
拓城	拓城
拓县	拓縣
瓦城	ワン
瓦达尔卡纳尔	ガダルカナル
瓦尔河	ヴァル縣
瓦房店	瓦房店
瓦胡岛	オアフ島
瓦坦波尼	ワタムポウン
瓦乌	ワウ
外蒙阿尔泰省	外蒙アルタイ省
外蒙古	外蒙古
丸龟	丸龜
宛平	宛平
宛平城	宛平城
宛平县	宛平縣
晚香坡	バンクーバー
万宝山	萬寶山
万国宫	バレー・デ・ナシオーン
万隆	バンドン
万宁	萬寧
万山群岛	萬山群島
万县	萬縣
万鸦老	メナド
汪精卫的住宅	汪氏宅
汪清	汪清
王福村	王福村
王盘州	王磐州
王沙堡	王沙堡
王爷庙	王爺廟
王子区丰岛	王子區豊島
王子区王子町	王子區王子町
望加锡	マカッサル
望江矶	望江磯

中文地名	日文地名
望奎	望奎
望仙桥	望仙橋
危地马拉	グアデマラ
威尔明顿	ウイルミングトン
威海卫	威海衛
威克	ウェーク
威利斯	ウェルズリー
威灵顿	ウェリントン市・カロリ・ノッティンガム街八十五番地
威尼斯	ヴェニス
威尼斯宫	ヴェネツイヤ宮
威斯巴登	ウィスバーデン
威斯康星州	ウィスコンシン州
威斯敏斯特市	ウェストミンスター市
威斯特伐利亚	ウィストファリヤ
威斯特摩兰郡	ウェストモーランド
威县	威縣
韦瓦克	ウェワク
围场	圍場
涠洲岛	潿洲島
涠洲南湾	潿洲南灣
维多利亚	ヴィクトリア
维多利亚岛	ヴィクトリヤ島
维多利亚港	ビクトリャ・ポイント
维多利亚湖	ビクトリヤ川
维多利亚角	ヴィクトリア岬
维多利亚州	ヴィクトリア州
维萨卡帕特南	ヴキザバタム
维希	ヴィシー
维县	維縣
维亚济马	ヴィヤジマ
维也纳	ウィーン
苇塘沟	葦塘溝
委内瑞拉	ヴェネズエラ
蔚山	蔚山
温德米尔	ウィンダーメーアー
温都尔汉市	ウンドウルハン市
温菲尔德	ウィンファルド
温斯霍滕	ヴィンスホーテン

中文地名	日文地名
温州	温州
文昌	文昌
文登	文登
文官屯	文官屯
文河县	文河縣
文教	文教
文莱	ブルネイ
文尼察	ヴィニッツサ
翁源	翁源
涡阳	渦陽
沃杰	ウォッヂェ
沃杰岛	ウォッヂェ島
沃莱艾	ウォレアイ
沃姆斯普林斯	ウォーム・スプリングス
沃诺克罗莫	ウォノクロモ
沃斯派特	ウォーアスパイト
渥太华	オッタワ
乌干达	ウガンダ
乌贾	ウジャエ
乌杰朗	ウジェラン
乌克兰	ウクライナ
乌拉尔	ウラル
乌拉尔山脉	ウラル山脈
乌拉圭	ウルグァイ國
乌兰巴托	ウラン・バトル
乌兰察布盟	烏蘭察布盟
乌里雅	烏里雅
乌利西	ウリチ
乌龙山	烏龍山
乌鲁克萨佩尔岛	ウルクサベル
乌鲁木齐	烏魯木齊
乌玛村落	ウマ村落
乌曼岛	ウマン島
乌纳尔加岛	ウナルガ島
乌纳拉斯卡	ウナラスカ
乌纳拉斯卡岛	ウナラスカ島
乌水	烏水
乌苏里江	烏蘇里江

中文地名	日文地名
乌苏里南部	南部烏蘇里
乌苏里州	鳥蘇里洲
乌塔河	オッタ島
乌特勒姆	オートラム・ロード
乌兹别克斯坦	ウズベキスタン
无名池	無名池
无锡	無錫
芜湖	蕪湖
吴川	呉川
吴港	呉
吴军港	呉軍港
吴淞	呉淞
吴淞炮台	呉淞砲台
吴淞要塞	呉淞要塞
吴镇	呉鎮
吴州	呉州
吴淞江	呉淞江
梧州	梧州
五常	五常
五常小城子	五常小城子
五峰山岛	五峰山島
五河	五河
五角场	五角場
五灵观	五靈觀
五龙背	五龍背
五台山	五台山
五新沪	五新滬
五眼楼	五眼樓
五眼桥	五眼橋
五又沟	五又溝
五原北街	五原北街
五原县西街	五原縣西街
伍德维尔	ウッドヴィル
伍尔弗汉普顿	ウルヴァーハンプトン
伍佑场	伍祐場
武藏野町吉祥寺	武蔵野町吉祥寺
武昌	武昌
武昌蛇山	武昌蛇山

中文地名	日文地名
武公角	ブクム
武汉	武漢
武汉三镇	武漢三鎮
武汉特别市	武漢特別市
武吉班让	ブキパンヂャン
武吉知马	ブキテイマ
武鸣	武鳴
武穴	武穴
武穴水道狮子山	武穴水道獅子山
舞鹤	舞鶴
舞鹤港	舞鶴港
勿拉湾	ブラワン
勿里达	プリター
西安	西安
西安新桥	西安新橋
西班牙	西班牙
西半球	西半球
西北五街二二五番地	西北五街二二五番地
西伯利亚	西比利亜
西伯利亚基地	シベリヤ基地
西部爪哇	西部爪哇
西藏	西藏
西岛	西島
西多尔佐	シドアージョ
西非	西阿弗利加
西丰	西豊
西高井户	西高井戸
西贡	西貢
西贡港	西貢港
西湖	西湖
西湖畔	西湖畔
西江	西江
西康	西康
西冷	セラング
西里伯斯岛	セレベス
西里伯斯岛北部	北部セレベス
西林虎都克	西林虎都克
西门口	西門口

中文地名	日文地名
西南高加索	西南高架索
西南满洲	西南滿洲
西南太平洋	西南太平洋
西南太平洋地域	西南太平洋地域
西宁	西寧
西欧	西歐
西崎山	西崎山
西桥	西橋
西区川口町	西區川口町参拾六番地
西萨摩亚	西部サモア
西塞山	西塞山
西沙群岛	バラセル
西山	西山
西太平洋	西太平洋
西田町	西田町
西乌珠穆沁	西烏珠穆沁
西西里岛	シシリア
西雅图	シャトル
西亚	西亜
西洋	西洋
西印度	西印度
西印度群岛	西印度諸島
西苑	西苑
西爪哇	西爪哇
西直门	西直門
希伯来	ヘブライ
希腊	希臘
希特霍伦	ギイトホールン
昔卜	シーパウ
昔加末	セガマット
悉尼	シドニー
锡福斯	シーフオス
锡卡莫尔	サイカモア街
锡兰(锡伦)	錫蘭
锡林郭勒盟	錫林郭盟
锡唐河	シッタン
锡特卡	シトカ
锡亚顿	シャトン

中 文 地 名	日 文 地 名
习志野原	習志野原
喜屋武	喜屋武
虾夷	蝦夷
霞飞路	霞飛路
霞关	霞ヶ關
霞浦	霞ヶ浦
下城子	下城子
下川山	下川山
下关	下關
下关兵站处	下關兵站處
下关草鞋闸	下關草鞋閘
下关东炮台	下關東砲台
下关渡固里	下関渡固里
下关姜家园	下關姜家園
下关九家坪	下關九家坪
下关煤炭港	下關煤炭港
下关门	下関门
下关浅固里	下關淺固里
下关区	下關區
下关上元门	下關上元門
下关石榴园	下關石榴園
下关兴中门	下關興中門
下关兴中门内北租师庵	下關興中門内北租師庵四六號
下关鱼雷军营	下關魚雷軍營
下关鱼雷军营码头	下關魚雷軍營碼頭
下任镇方泉	下任鎮方泉
下三山	下三山
夏威夷	布哇
夏威夷境内	布哇領
夏威夷群岛	布哇諸島
夏威夷庄士敦	布哇ジョンストン
夏庄	夏庄
仙峰岩	仙峰岩
仙台	仙台
仙头港	仙頭港
先安	先安
暹粒	シェムレアプ州
咸兴	咸興

中文地名	日文地名
献县	獻縣
香川	香川
香港	香港
香河县	香河縣
香料群岛	スパイス群島
香美郡山田町	香美郡山田町
香山	香山
香山洞	香山洞
湘桂地区	湘桂地區
湘江	湘江
箱根	箱根
箱根强罗	箱根強羅
襄阳	襄陽
翔华	翔華
响水港	响水港
象山炮台	象山砲台
肖特兰群岛	ショウトランド島
小坂	小坂
小泊崎	小泊崎
小仓	小倉
小东门	小東門
小幡原射场	小幡ヶ原射場
小港地区	小港地区
小黑顶子山	小黒頂子山
小黑顶子山	虎山
小笠原诸岛	小笠原諸島
小石川区	小石川區
小石川区大冢坂	小石川區大塚坂
小石川区高田丰川町	小石川區高田豊川町
小石川区水道场	小石川區水道場
小石川区西江戶川町	小石川區西江戸川町
小田原市	小田原市
小西关	小西関
小西门大街	小西門大街
小兴屯	小興屯
小兴屯三间房	小興屯三間房
小巽他群岛	小スンダ列島
小膺府	小膺府

中文地名	日文地名
孝感	孝感
辛康	シンカン
忻康里	忻康里
新爱尔兰岛	ニューアイルランド
新安镇	新安鎮
新巴尔虎厢黄正白旗	新巴尓虎廂黄正白旗
新巴尔虎正蓝旗	新巴尓虎正藍旗
新不列颠	ニューブリテン
新村	新村
新堤市	新堤市
新东亚	新東亜
新发田	新發田
新高尔吉亚	ニュウジョジア
新贵	新貴
新海	新海
新海站	新海驛
新罕布什尔州	ニューハンプシャー
新河	新河
新赫布里底群岛	ニューヘブライス群島
新华盛顿	ニュー・ギニイ
新会	新會
新会站	新會驛
新几内亚岛	ニューギニア
新加坡	新嘉坡
新加坡	昭南
新加坡丹一路 512 号	新嘉坡ダンモンロード五一二番地
新加坡岛	新嘉坡島
新加坡港	シンガポール港
新加坡军港	新嘉坡軍港
新加坡州	シンガポール州
新疆	新疆
新街口	新街口
新京大同广场	新京ダー・トウン廣場
新京站	新京駅
新京中央大通	新京中央通り
新喀里多尼亚	ニューカレドニア
新开沟	新開溝
新罗	新羅

中文地名	日文地名
新民	新民
新民东方辽河渡河点	新民東方遼河渡河點
新民府	新民府
新民屯	新民屯
新墨西哥	ニューメキシコ
新南群岛	新南群島
新南威尔士州	ニュー・サウス・ウェールズ
新浦镇	新浦鎮
新桥	新橋
新桥花街	新橋花街
新桥驿	新橋驛
新水	新水
新泰	新泰
新西兰	新西蘭
新乡	新鄉
新泻	新潟
新泻县高田市南城町	新潟縣高田市南城町
新泻县中鱼沼郡	新潟縣中魚沼郡
新宿区	新宿区
新义州	新義州
新印度支那	新印度支那
新英港	新英港
新域	新域
新喻	新險
新泽西州	ニュージャージ州
新州	新州
信安	信安
信阳	信陽
信越	信越
星子	星子
醒家埠	醒家埠
兴安	興安
兴安北省	興安北省
兴安东省	興安東省
兴安岭	興安嶺
兴安南省	興安南省
兴安西省	興安西省
兴安站	興安駅

中文地名	日文地名
兴化	興化
兴津	興津
兴京	興京
兴凯湖	興凱湖
兴隆	興隆
兴隆沟	興隆溝
兴南	興南
兴农镇	興農鎮
兴山镇	興山鎮
兴中门	興中門
兄岛	兄島
匈牙利	洪牙利
雄基	雄基
熊本	熊本
熊本县阿苏郡柏村	熊本縣阿蘇郡柏村
熊本县本县饱托郡河内村二六〇九番	熊本縣本縣飽託郡河内村二六〇九番
熊本县鹿本郡吉松村龟甲八八一番地	熊本縣鹿本郡吉松村龜甲八八一番地
熊本县上益城郡御船町大字御船七六〇番地	熊本縣上益城郡御船町大字御船七六〇番地
熊本县玉名町大字中一、三七六番地	熊本縣玉名町大字中一、三七六番地
熊本仲间町一七番地	熊本仲間町一七番地
修善寺	修善寺
修水	修水
宿城	宿城
宿毛	宿毛
宿迁	宿遷
宿松	宿松
宿务	セブ
宿县	宿縣
秀英炮台	秀英砲台
岫岩	岫巖
墟沟	墟溝
徐家汇	徐家匯
徐闻	徐聞
徐州	徐州
许洲	許洲
叙利亚	シリア
婿岛	婿島
宣化	宣化

中文地名	日文地名
学宫	學宮
雪兰莪州省	セランゴール州
巽他	レッサー・スンダ
巽他岛	スンダ諸島
巽他海峡	スンダ海峡
鸭绿江	鴨綠江
牙城	牙城
牙克石	牙克石
芽笼路	ゲイラングロード
芽庄	牙莊
崖县	崖縣
雅邦	ニガバン
雅尔塔	ヤルタ
雅基诺湾	ジェグイノット・ベイ
雅加达	ジャカルタ
雅鲁藏布江	ブラマブトラ河
雅浦岛	ヤップ
亚庇	ゼッセルトン
亚伯达	アルバータ州
亚得里亚海	アドリア海
亚丁湾	亜丁灣
亚皆老街	アーヂル街
亚库塔特湾	ヤクタット湾
亚历山大	アレキサンドラ
亚铃湾	亜鈴灣
亚娘鞋岛	亜娘鞋島
亚齐	アチェ州
亚齐特区	アトヂェー
亚述	アッシリア
亚巫兰	アムラン
亚洲	亜細亜
亚洲大陆	亜細亜大陸
烟秋	煙秋
烟台	煙台
延安	延安
延福寺	延福寺
延和	延和
延吉	延吉

中 文 地 名	日 文 地 名
延庆	延慶
岩杵	巖杵
岩国	岩國
岩手	岩手
沿海州	沿海州
盐城	鹽城
盐湖	ソールトレイク
盐江	塩江
彦根市五番町	彦根市五番町
扬陵矶	揚陵磯
扬秦镇	揚秦鎮
扬州	揚州
扬子江	揚子江
羊塞镇	羊塞鎮
阳春	陽春
阳江	陽江
阳泉	陽泉
阳新	陽新
杨村	楊村
杨家河	楊家河
杨家双子	楊家双子
杨家子	楊家子
杨树浦	楊樹浦
洋山矶	洋山磯
洋珠巷一号	洋珠巷一號
仰光	蘭貢
姚家镇	姚家鎮
窑门驿	窑門駅
摇子口	搖子口
药王寺町	藥王寺町
也拉	ヤラ
叶柏寿	葉柏寿
叶山	葉山
一文字山	一文字山
伊东湾	伊東灣
伊豆山	伊豆山
伊豆长冈	伊豆長岡
伊尔库茨克	イルクーツク

中文地名	日文地名
伊哈布尔坟庙	伊哈布爾墳廟
伊拉克	イラク
伊朗	波斯
	イラン
伊利甘	イリガン
伊利诺伊州	イリノイ州
伊洛瓦底	イッワジ
伊洛瓦底江	イラワヂ河
伊曼	イマン
伊纳南	イナナム
伊莎贝拉	イサベラ
伊斯坦布尔	君府
伊松佐河	イソンゾ河流域
伊索拉	イソラ
伊藤村	伊藤村
伊通河	伊通河
揖宿町	イブスキ町
揖宿郡	イブスキ郡
沂水	沂水
沂县	沂縣
沂州	沂州
怡保	イポー
怡和码头	怡和碼頭
怡朗	イロイロ
宜昌	宜昌
宜丰	宜豐
宜风镇	宜風鎮
宜山	宜山
宜兴	宜興
颐和路 6 号	頤和路六番地
义乌	義烏
义县	義縣
易家湾火车站	易家灣驛
峄壮	嶧壯
挹江门	挹江门
意大利	伊太利
意属索马里兰	伊領ソマリーランド
因宾	インビン

中文地名	日文地名
因岛	インノッマ
因凡塔	インファンタ
因帕尔	インパール
阴山	陰山
阴阳营北秀村	陰陽營北秀村
阴阳营南村	陰陽營南村
阴阳营南秀村	陰陽營南秀村
殷	殷
银洲湖	銀洲湖
银座	銀座
银座食堂	銀座食堂
银座四丁目椎名事务所	銀座四丁目椎名事務所
印第安纳印第安纳波利斯	インデイヤナ州インデイヤナポリス市
印度	印度
印度阿萨姆邦	印度アッサム州
印度半岛	印度半島
印度尼西亚	インドネシア
印度洋	印度洋
印度洋群岛	印度洋諸島
印度洋中部	中部印度洋
印度支那	印度支那
印度支那南部	南部印度支那
印度诸岛	印度諸島
印度诸国	印度諸國
印支海军根据地	印支海軍根據地
英法海峡	英佛海峽
英法租借地	英佛租借
英国	英國
英国半岛	英国ペニンシュラ
英国领土	英領
英荷属特立尼达	英蘭領ギヤナモ
英吉利海峡	イギリス海峽
英领东印度	英領東印度
英属巴哈马群岛	英領バハマ諸島
英属保护国	英領保護國
英属贝宁	英領ベナン
英属东非洲殖民地	英領東アフリカ植民地
英属圭亚那南部	英領ギアナ南部

中文地名	日文地名
英属洪都拉斯	英領ホンヅラス
英属加拿大	英領カナタ
英属马来亚	英領馬來
英属马来亚及海峡殖民地	英領馬來及海峡殖民地
英属缅甸	英領緬甸
英属婆罗洲	ボルネオ
英属婆罗洲南摩尔	英領ボルネオ・モルナーン
英属牙买加岛	英領ジャメイカ島
英属印度	英領印度
英属印度及海峡殖民地	英領印度・海峡植民地
英租界	英租界
营口	營口
营口港	營口港
滦县	灤縣
颍州	穎州
应城	應城
应山	應山
永城	永城
永川	永川
永定河	永定河
永定门	永定門
永平寺	永平寺
永清	永清
永清寺	永清寺
永田町	永田町
永兴湾	永興湾
尤赫斯特	ユーハースト
尤利希	チュリック
尤曼	ユーマン
犹他州	ユター州
犹太	ユダヤ
油山火葬场	油山火葬場
友谊关	鎮南関
有明湾	有明灣
鱼矶	魚磯
榆关	楡關
榆林	楡林
榆树	楡樹

中文地名	日文地名
榆林港	楡林港
宇部	宇部
宇都宫	宇都宮
宇都宫县公会堂	宇都宮県公會堂
宇品	宇品
宇治山田市	宇治山田市
羽岛	羽島
雨花路一〇二号	雨花路一〇二號
雨花台	雨花臺
玉山	玉山
郁林	鬱林
育空	ユーコン地方
御史楼	御史樓
元山	元山
元山要塞	元山要塞
员冈	員岡
袁州	袁州
袁州站	袁州驛
源潭	源潭
远东	極東
远东半岛	遠東半島
远东共和国	極東共和國
远东苏联领海	極東蘇領海
远东西伯利亚	極東西伯利
远阳	遠陽
约翰斯顿	ジョンストン島
岳阳	岳陽
岳州	岳州
越南	越南
云南	雲南
云台山	雲臺山
运河	運河
运盐河	運鹽河
早宁	早寧
枣阳	棗陽
增城	増城
扎赉诺尔	扎賚諾爾
扎赉诺尔站	札頼諾爾驛

中文地名	日文地名
札幌	札幌
札兰屯	札蘭屯
札兰屯站	札蘭屯駅
闸北	閘北
斋托	キャイクト
斋堂	斎堂
站马河	駅馬河
张北	張北
张公堤	張公堤
张鼓峰	張鼓峰
张家江	張家江
张家口	張家口
张家楼	張家樓
张家洲	張家洲
张庄	張庄
彰德	彰徳
漳州	漳州
樟树镇	樟樹鎮
樟树镇站	樟樹鎮驛
樟宜	チャンギー
昭和路	昭和通
昭南河	昭南河
爪哇	爪哇
爪哇岛	爪哇島
爪哇海	ジャヴァ海
诏安	詔安
肇东	肇東
肇庆	肇慶
折尾	折尾
浙江	浙江
浙江路	浙江路
珍珠港	眞珠灣
珍珠湾军港	眞珠灣軍港
真茹	真茹
真田山陆军墓地	真田山陸軍墓地
甄山	甄山
镇安	鎮安
镇东市	鎮東市

中 文 地 名	日 文 地 名
镇海	鎮海
镇江	鎮江
镇萨拉	サラ町
正定	正定
正阳关	正陽關
郑家屯	鄭家屯
郑州	鄭州
芝罘	芝罘
芝公园	芝公園
芝化监狱	芝化監獄
芝加哥	市俄古
芝拉扎	チラチャップ・チスルウ村
芝马墟	チイマヒ
芝区白金三光町	芝區白金三光町
芝塘	芝塘
直布罗陀	ジブラルタル
直江津	直江津
直隶省	直隸省
直通	タトン
芷江	芷江
智利	智利
稚内	稚内父島
中部马来	中部馬來
中城湾	中城湾
中东	中東
中非	中央阿弗利加
中富街	中富街
中国	華
中国领地突厥斯坦	支那領トルキスタン
中国内地	中國内地
中国上海南京路二一二	中國上海南京路二一二
中国西部	西部支那
中花桥	中花橋
中华饭店	中華ホテル
中华路	中華路
中华门	中華門
中华门外兵工厂	中華門外兵工廠
中华门外普德寺贫民墓地	中華門外普德寺貧民墓地

中文地名	日文地名
中华门外望江贫民墓地	中華門外望江貧民墓地
中华民国	大中華民国
中美洲和南美洲	中南米
中牟	中牟
中南美洲独立国	中東米獨立國
中欧	中歐
中山东路	中山東路
中山公园	中山公園
中山陵	中山陵
中山路	中山路
中山门	中山門
中恕乡	中恕郷
中途岛环礁	ミッドウェー島
中亚	中亜
中央监狱	中央監獄
中央街	中央街
中央吕宋	中央ルソン
中央区日本桥	中央區日本橋呉服橋三和ビル
中央体育场共同墓地	中央体育場共同墓地
中野区	中野区
中野区上高町	中野區上高町
中野区桃园町	中野區桃園町
中原	中原
中爪哇	中央爪哇
中正街	中正街
中支	中支
钟山	鐘山
钟山北路	鐘山北通
钟山县	鐘山縣
钟祥	鍾祥
舟山群岛	舟山列島
周家桥镇	周家橋鎮
周家园	周家園
朱诺	ジュノア
朱亭	朱亭
珠江	珠江
珠江流域	珠江流域
珠江小虎沙	珠江小虎沙

中文地名	日文地名
珠伦河	珠倫河
株州	株州
株州站	株州驛
猪岛	ホグ島
竹岛	エテン島
竹之台	竹之臺
驻马店	駐馬店
筑地精养轩	築地精養軒
专修寺	專修寺
庄河	莊河
涿州	涿州
卓索图盟	卓索圖
浊流镇	濁流鎮
兹沃利	ズオレ
淄川	淄川
滋贺	滋賀
紫金山	紫金山
紫金县	紫金
宗埠	宗埠
宗谷	宗谷
宗谷海峡	宗谷海峽
邹圩白山村	鄒圩白山村
足柄下郡	足柄下郡
足尾钢山	足尾鋼山
佐伯	佐伯
佐伯湾	佐伯灣
佐贺	佐賀
佐贺市赤松町	佐賀市赤松町
佐贺县锦江村	佐賀縣錦江村
佐贺县鹿岛町	佐賀縣鹿島町
佐贺县小城郡	佐賀縣小城郡
佐世保	佐世保

英日文地名対照表

英 文 地 名	日 文 地 名
Abaokoro	アバオコロ
Abemama	アベママ
Abeno,Osaka	大阪市阿倍野區
Aberdeen Bazaar	アバティーン・バザー
Aberdeen Village	アバティーン村
Abergele	アバージール
Aborlan	アボーラン
Abuton	アブトン
Abyssinia	アビシニヤ
Aceh	アチェ州
Achimi	アチミ
Adelaide	アテレード
Aden Bay	亜丁灣
Adler Bay	アドラ湾
Admiralty	アドミラリチ群島
Adriatic Sea	アドリア海
Aedennes	アルデン文縣
Aen Item	アイムイタム
Aermadedi	アエルマデディ
Afghanistan	アフガニスタン
Africa	阿弗利加
Agana	アガナ市
Agingan	アギンガン
Agingau point	アギンガン岬
Agochi	アゴチ駅
Agra	アグラ
Agranhan	アグランハン
Ahioma	アヒオマ
Ahoouskanry	アホプスカンリー地区
A-Ialtein-Ola	アマラルテイン・オーラ
Aichi	愛知
Aihui	瑷琿
Aileu	アイリュー
Ailing Lapalap	アイリンラパラップ

英 文 地 名	日 文 地 名
Ainaro	アイナロ
Aineman	アイネマン
Airupominke	アイルパミン
Aitape	アイタペ
Akamatsu-cho, Saga	佐賀市赤松町
Akasaka	赤坂
akasaka,Tokyo	東京都赤坂區
Akashicho,Chuo, Tokyo	東京都中央区明石町
Akatsutsumi,Setagaya	世田谷區赤堤町
Akazu,Seto	瀬戸市赤津町
Aki,Hiroshima	廣島縣安藝郡
Akita	秋田
Akkeshi	厚岸
Akutsu Village	阿久津村
Akyab	アキャブ
Alahalakasa	アラハラカサ
Alaminos,Pangasina,P. I.	アラミノス
Alangalang	アランガラン
Alaska	アラスカ
Albania	アルバニア
Albany	アルバギ
Alberta	アルバータ州
Albury	オールバリ
Alcala	アラカラ
Aleutian	アリューシャン
Aleutian Islands	アリューシャン群島
Aleutian Region,Alaska	アリウシヤン・アラスカ地方
Alexandra	アレキサンドラ
Alexandrovak	アングーソンヴィル
Alger	アレー路
Algeria	アルジエリア
Algiers	アルチェー
Allamanda	アラガンダ
Alloha Kengaroo Point	アレア・カンガルー・ポイント・レッドブレイク・ハウス
Alongope	アロンゴボ
Alsace	アルサス
Altan-Bulak	アルタンブラーク
Altavas	アルタヴァス

英文地名	日文地名
Alto Adige	アルト・アディヂェ
Aluminium	アルミニューム
Alxa	阿拉善
Amanohashidate	天橋立
Ama-no-Iwaya	天岩屋
Ambarawa	アンバラワ
Ambon	アンボン
Ambon Island	アンボン島
American Continent	米洲
American Guam	米領グアム島
American Indo-China	米領印度支那
American Port	亜米利加港灣
American Town	アメリカ町
Amkoro	アムコロ
Amoerang	アムラングス
Amsterdam	アムステルダム
Amur Oblast	アムール州
Amur River	アムール河
Amurang	アムラン
An Ping Chieh	アン・ピン通
Anahgai	アナノヴィ
Anambas	アナンバス
Anambas	マナムバス群島
Anbeicheng	安北城
Anda	安達
Andakans	三水浦
Andaman	アンダマン
Ande Gate	安德門
Andersons Bay-Dunedin	アンダーソン・ベイ・ドウネディン
Anding County	安定縣
Andong	安東
Andong, Gyeongbuk	慶北安東
Ang'angxi	昂昂溪
Angau	アンガウ
Angaur	アンガウル
Anglo-Dutch Trinidad	英蘭領ギヤナモ
Anglo-Saxon	アングロサクソン
Anhui	安徽

英文地名	日文地名
Ankara	アンゴラ
Annaka	安中
Annam	安南
Annam Bay	安南灣
Annam Kingdom	安南王國
Annamese Cordillera	安南山脈
annex of Finance Ministry	大藏省別館
Anning	安寧
Anping	安平
Anping Estuary	安平河口
Anqing	安慶
Anqing Port	安慶港
Anshan	鞍山
Antarctic Region	南極
Anting Town	安亭鎮
Antique	アンティク
Antjol	アントヨル
Antonosz	アントメッツ
Antu	安圖
Antwerp	アントワープ
Anunghoy Island	亜娘鞋島
Aomori	青森
Aomori-Hakodate	青森函館連路
Aoyama 4-chome, Tokyo	東京市青山四丁目
Aoyama Hall	青山會館
Aoyama takaki machi, Tokyo	東京市青山高樹町
Aparri	アパリ
Aparri Airfield	アパリ飛行場
Api	アピ
Api Api	アピアピ
Aplington	アプリングトン
Arabia	アラビヤ
Arafura	アフフラ海
Arai	アライ
Arakabesan	アラカベサン島
Arakan	アラガン
Araksbesen	アレクベセン島
Arayat	アラヤット

英文地名	日文地名
Arclause	アルクロース街
Arctic Sea	北極洋
Ardmore Cottage	アードモアーカッテヂ
Ardmore Road	アードモアー通
Argentina	アルゼンチン
Argun River	アルグ二河
Argyle and Sutherland Highlanders	アーデル・スザランド・ハイランダース
Argyle Street	アーヂル街
Argyll Street	アルギイル街
Ariake Bay	有明灣
Arianbarter	アリアンバーター
Aricizans-Avant	オート・ヒレネ
Arlington Va.	ヴァージニャ州アーリングトン
Arngask Old Manse	アルンガスク・オルドマンス
Arpajon	アルバチョ
Arsenal outside of the Gate of China	中華門外兵工廠
Arshan	アルシャン
Aru Islands	アルー群島
Arumongui	アルモンガイ
Arxan	阿爾山
Asa, Hiroshima	廣島縣安佐郡
Asagaya, Suginami	杉並區阿佐ヶ谷
Asahan River	アサハン河
Asahi, Kanda, Tokyo	東京市神田區旭町
Asakura	朝倉
Asakusa	淺草區
Asakuti	アサクチ郡
Ashbury	アシュベリー
Ashfield	アッシュフィルド
Ashigarakami, Kanagawa	神奈川縣足柄上郡
Ashigarashimo District	足柄下郡下中村
Ashington	アシングトン
Ashio Steel Mine	足尾鋼山小籠坑
Ashio, Tochigi Prefecture	栃木縣足尾町
Asia	亜細亜
Asia Continent	亜細亜大陸
Aslito	アスリート
Aso District, Kumamoto	熊本縣阿蘇郡柏村

英 文 地 名	日 文 地 名
Assam	アッサム
Assuir-Miao	アッスイル廟
Assursum	アツスールスム
Assyria	アッシリア
Atami	熱海
Atami, Kanagawa	神奈川縣熱海市
Atjeh	アトチェー
Atlantic Ocean	大西洋
Atlantic Region of the United States of America	合衆國太西洋岸
Atsabe	アトサベ
Atsugishi Bay	厚岸灣
Attaru	アタル港
Austral	アウストラル群島
Australia	濠洲
Austria	墺地利
Austrilia Territory	濠領
Avenue Edward VII	エドワード七世通り
Awaji Island, Hyogo Prefecture	兵庫縣淡路島
Awalsta	アワルスター
Ayeritam	アヤー・ヒタム
Azabu	麻布
Azerbaijan	アゼルバイジャン
Ba Maw	バーモウ
Babai	ババイ
Babaoe	バブー
Babaoshan	八寶山
Babay, Leyte	バベイ
Babelthuap	バベルスアップ
Babelthuap Island	バベルチュアップ島
Babers	バーバース
Babylonia	バビロニア
Bac Quang	北光
Bacaca	バカカ
Bacan	バチャン島
Baclayan	バクラヨン
Bacolad, Murcia	バコロドームルシャ
Bacolad, Occidental Province, Negros, P. I.	ネグロス島西部州バコロド

英文地名	日文地名
Badgastein	バードガスタイン
Badon	バドン
Baffalo Bay	水牛灣
Bagong Calle,Cubamba,Taal	キューバンバ・バゴング
Baguazhou	八卦州
Baguio	バギオ
Bahada	バハダ
Bahe River	巴河川口
Baicheng	白城
Baichengzi	白城子
Baihe River	白河
Baihekou	白河口
Baihushan	白滸山
Baileng River	白稜河
Bailingmiao	百靈廟
Bailuoji	白螺磯
Baimao River	白茆江
Baining	バイニング
Bain-Tumen	バイン・トウメニ市
Bain-ula	バイン・ウラ
Baise	百色
Baishan Station	百善站
Baishan Village, Zouxu	邹圩白山村
Baitaoshan	白濤山
Baixia road Nanjing	南京白下路
Baixiaogou	白梢溝
Baker	ベンキ
Bakli Bay	ハクリ湾
Bakon	バコン
Bakri	バクリ
Balabac Strait	バラバック海峡
Balanga	バランガ
Balao	バラオ
Balawan Island Puerto Princessa	バラウァン島プェルト・プリンセサ
Balayan	バラヤン灣
Baldack Street	ボールダク街
Balete	バレーテ
Balikpapan	バリクパパン

英文地名	日文地名
Balilihan P. I.	バリリハン
Balingain	バリンゲイン
Balingasag	バリンガサク
Balistraat	バリ街
balkan	バルカン
Ballale	ベラル島
Ballesteros	バリャステロス
Balmoral	バルモーラル
Baltic area	バルト
Baltic Sea	バルチック海
Bamboo Flats	バンブー・フラット
Bananiere	アレヂエリア
Banbishan	半壁山
Banda	バンタ
Bandana	バダナ
Bandjarmasin	バンジャルマシン
Bandjermasia, Bandjermasin	バンジェルマシン
Bandjermasin	バンドジヤーマシン
Banga	バンガ
Bangal	ベンゴール
Bangawan Estate	パングワン・エステート
Bangka	バンカ
Bangkinang	バングダンク
Bangkok	盤谷
Bangued	バングエット
Banjiehe	半截河
Banjoemas	バンジョマス
Banjoewangi	バンジョワンギ
Banka Island	バンカ島
Banpon	バンポン
Banpu Town	板浦鎮
Banshanyuan	半山園
Bansic	バンシック
Bansic, Hermosa, Bataan	ヘルモサ郡バンシック村
Bantay	バンタイ
Banteng	バンガロウ
Bao'an	寳安
Baochang	寳昌

英文地名	日文地名
Baodi	寶抵
Baoding	保定
Baoqing	寶慶
Baoshan	宝山
Baoshancheng	寶山城
Baotazhou	寶塔洲
Baotou	包頭
Baoyang County	寶陽縣
Baozhi	保芝
Barbarossa	バーバロッサ
Barbers Point	バーバース・ポイント
Barcelona	バルセロナ
Barga	巴爾虎
Bari Bari	バリ・バリ
Barili,Cebu,P. I.	バリリ
Barnstable County	バーンステイブル郡
Barrio Batoinsay	バトインセー村
Barrio Begong Pock	ベゴングポック村
Barrio Bolocawe,Tigbauan	ボロカウエ
Barrio Buyuan,Tigbauan	ブユアン
Barrio Canoco	カノコ
Barrio Cudcud	カドカド
Barrio Del Carmen,Alaminos	デル・カルメン部落
Barrio Gobatan	コバタン村
Barrio Lansuangao,Caoayan	ランスアンガオ村
Barrio Lumot,Calauang	ルモト部落
Barrio Lungao,Passi	ルンガオ
Barrio Malaiba, Vallehermoso, Negros Oriental, P. I.	ヴァレエルモンバリオ・マレイバ
Barrio of Bulihan,Lipa,Batangas Luzon P. I	ブリハン村
barrio of Cubama	キュバマ部落
barrio of Mambug	マンバグ部落
barrio of Sablay	サブレイ部落
barrio of Sulao, Sto. Tomas, Batangas Province, P. I	スラク
Barrio of Suloc, Santo Tomas, Batangas Luzon P. I	スロック村
Barrio Parara,Tigbauan	パララ

英文地名	日文地名
Barrio Pula	プラ
Barrio Rayah, Municipal District of WATO, Lanao Province, Mindanao, Philippines	バリオラヤ
Barrio San Angres	バリーサンアンドレス
Barrio San Isidro	サンイシドロ村
Barrio San Juan	サンヂュアン村
Barrio San Pedro	サンペドロ村
Barrio San Roque, Zamboanga City, Mindanao, P. I.	サン・ロケイ
Barrio Tutuboy	ツツボイ
Barrio Umagos	ウマゴス部落
Barrios San Julian, Vigan	サン・ジュリアン村
Basco	バスコ
Basel	バーゼル
Bashkiria	バシュカリァ
Basilan	バシラン海峡
Basra	バスラ
Bassein	バセイン
Batak	バタワイ
Batan	バターン
Batan, Altavas, Balete, Libacao	リバカオ
Batanes	バタネス
Batangas	バタンガス
Batangas Peninsula	バタンガス半島
Batavia	バタヴィア
Batavia Tanjong	バダヴィア・タンジョンブリオク
Bat-flang	板木
Battambang	バッタンバン州
Batu Pahat	バトバハト
Bauan, Batangas	ボーアン
Baucau	バウカウ
Bawang Mountain	覇王山
Bawean	バウエン島
Bawear	バウィン島
Bayan	巴彦
Bayinshan	巴陰山
Bayombong	バヨンボン
Bazi Bridge	八字橋

英文地名	日文地名
Bd Dong-Khann	キュエル・レビュブリック
Beach Hotel	海濱ホテル
Beaso	ベアソ
Beaterio Street	ベアテリオ街
Bedford	ベッドフォード
Begall	貝加爾
Bei'an	北安
Beidaihe	北戴河
Beidaying	北大營
Beiernouer	貝爾諾爾
Beigangdao	北港道
Beigu Mountain	北固山
Beihai	北海
Beihuashan Village	北華山村
Beiji Ge	北極閣
Beijiang River	北江
Beijing	北京
Beijing Hotel	北京飯店
Beijing Jurentang	北京居仁堂
Beijing Legation Quarter	北京ノ公使館區域
Beijing Road	北京路
Beijing-Fengtian Land Bridge	京奉陸橋
Beijing-Tianjin	京津
Beijing-Tianjing Region	京津地方
Beiling Subdistrict	北陵街道
Beiman Town	北満鎮
Beimenqiao	北門橋
Beimenwai	北門外
Beipiao	北票
Beiping-Hankou	平漢
Beiping-Liaoning	北寧
Beiping-Suiyuan	平綏
Beiping-Tianjin	平津
Beixia Road	北夏路
Beixiu Village, Yinyangying	陰陽營北秀村
Beiyuan	北苑
Beiyuntai	北雲臺
Belaga	ベラカ

英 文 地 名	日 文 地 名
Belawan	ブラワン
Belawan Deli	ベラウンデリ
Belfast	ベルファスト
Belgium	白耳義
Belgrade	ベルグラード
Bellevue Hill	ベルヴュー・ヒル
Bellmer	ベルメル街
Belorussian Soviet Socialist Republic	白露西亜ソビエット社會主義共和國
Benavides	ベナヴィデス
Benelong Grescent	ベネロング・クレセント
Bengal	ベンガル
Bengal Bay	ベンガル湾
Bengara	ベンガラ河
Bengbu	蚌埠
Bening	ブニン湖
Benjie	本街
Benkoelen	ベンケレン
Bensi County	本四縣
Benxihu	本溪湖
Beo	ベオ
Beraoe	ベラウ
Berau	ベラウニ
Bering Sea	ベーリング海
Berlin	伯林
Berlin West 8,Wilhelmstraasse 64	伯林西八・ウィルヘルム街六十四番地
Berne	ベルン
Beru	ベルー
Bessarabia	ベッサラビア
Betio	ベチオ
Bhamo	バーモ
Bias Bay	バイアス灣
Bidyut Nagar	ビジュットナガール
Bikini	ビキニ
Bilibid	ビリビッド
Bilugyun	ビルキュ
Bingzhanchu Xiaguan	下關兵站處
Binhi Chima	ビンヒチマ
Binjay	ビンヂェイ市

英文地名	日文地名
Binjiang Province	濱江省
Bintan Island	ビンタン島
Bintang	ビンタン
Binxian County	賓縣
Bismark Islands	ビスマーク
Bitagalif	ビタガリフ
Bitoeng	ビトエング
Bizerta	ビゼルタ
Black Sea	黒海
Blagovestchensk	ブラゴヴェシチェンスク
Blakang Mati	ブラカン
Blastagy	ブラスタギ
Blitar	プリター
Bluebonnet Boulevard	ブリュウボネット・ブールバード
Bo	ボー
Boac	ボアク
Bodjoe	ボッジョ
Boeal	ボエオル
Boekit Besar	ボエキット・ベサー
Boekit Timah Road	ブキット・テイマ
Bogainville Shortlands	ブーゲンビル・ショートランド地区
Bogo	ボゴ
Bogor	ボゴール
Bogutolashan	ボグトーラ山
Bohai Bay	渤海湾
Bohemia	ボヘミヤ
Boiken	ボイケン
Bolivia	ボリヴィア
Bolong	ボロング
Boluo	博羅
Bombay	ボンベイ
Bonin	ボニン
Bonin Islands	小笠原諸島
Bonriki	ボンリキ
Bonthain	ボンセイン
Bordeaux Mende Ron	ボルドー・マンドロン
Bornel	ボルネル
Borneo	ボルネオ

英文地名	日文地名
Boruer	ボルヘール
Borzya	ボルジャ
Boshi Village, Gaoyang County	高陽縣博士莊
Boston	ボストン
Boston Mass	マサチュセッツ州ボストン
Bougainville	ブーゲンヴィル
Bow, Hongo, Tokyo	東京都本郷區弓町
Bowen City	博文市
Bowen Road	ボーウェンロード
Boyan-Obo-hid	ボヤン・オボ・ヒド
Bozzia	ボリジャ
Bradfield Park	ブラッドフィールドパーク
Brahmaputra	ブラマブトラ河
Brangerdjeren	ブランケージュレン
Brazil	伯剌西爾
Bremerton Naval Base	ブレマートン軍港
Brenner	ブレンネル
Brewstar Road	ブルースター街
Bridge House	ブリッヂ・ハウス
Brigadier	ブルドーザ
Brigan	ベルガン
Brisbane	ブリスベン
British Benin	英領ベナン
British Borneo	ボルネオ
British Borneo Nan molar	英領ボルネオ・モルナーン
British Burma	英領緬甸
British Canada	英領カナタ
British Columbia	ブリチッシュコロンビアリ州
British Commonwealth of Nations	全英聯盟
British Concession	英租界
British East Africa Colony	英領東アフリカ植民地
British East India	英領東印度
British Honduras	英領ホンヅラス
British India	英領印度
British India and Straits Settlements	英領印度・海峡植民地
British Jamaica Island	英領ジャメイカ島
British Malaya	英領馬來
British Malaya and the Straits Settlements	英領馬來及海峡殖民地

英文地名	日文地名
British Peninsular	英国ペニンシュラ
British Territory	英領
Brooke's Point	ブルックス・ポイント
Broome	ブルーム
Brsst	ブレスト
Brumley	プロムレー
Brunei	ブルネイ
Brussels	ブリュッセル
Bsrzinsky Abugaituevaky	ボルジンスキー地區アバグイショフスキー鉱山
Bucharest	ブカレスト
Bucovina	ブコビナ
Budidnon	バデイドノン
Buin	ブイン
Buir Nor	貝爾池
Buir-Nur lake	貝爾湖
Buitenzorg	バイテンゾルグ
Bukhin Tologoy	ブヒン・トロゴイ
Bukit Panjang	ブキパンヂャン
Bukit Timah	ブキテイマ
Bukum	ブクム
Bulgaria	勃牙利
Buliban	ブリバン
Bulshan	ブルシャン
Bumbrai	バンブライ
Bumlitan Port Blair	ブムリタ
Buna	ブナ
Buneng,Atok	ブネング
Bungalow	バンガラウ
Bunkyo,Tokyo	東京都文京區
Bunsei,Ytsushiro	八代郡文政
burg County	バーク郡
Burgos	ブルゴス
Burhou	ブールー島
Burma	緬甸
Burma Road	滇緬公路
Burma Tai district	ビルマ泰地区
Burns Philips area	バーンズ・フィリップ
Busan Port	釜山港

英文地名	日文地名
Busok, Atok	ブソク
But	バット
Butaritari	ブタリタリ
Buton	ブトン島
Butterfield	バタフィールド
Butuan	ブトアン
Cabali Mountain	カバリ山
Cabanatuan	カバナツアン
Cabanatuan, Nueva Ecija, Luzon, P. I.	ニュエバエシジャ
Cadiz	カティワ
Cagayan	カガヤン
Caigang	彩港
Caijiaqiao	祭家橋
Caine	カイン街
Cairo	カイロ
Calamia	カラミヤン群島
Calauang	カラウァング
Calbayog, Samar, P. I.	カルバヨグ
Calbildo	カルビルド
Calcon	カルソン
Calcutta	カルカッタ
Calenni	カレンニ
Calepooia	カレプイア街
Calero Street, Manila	カレロ街
Calian	カリヤン
California	カリフォルニア
California Street	カリフォルニア街
Callao	カイヤオ
Calupa-an	カルパアン
Calut, Butuan, Agusan, Mindao, P. I.	アグサンバツアンノカルート
Cam Ranh	カムラン
Cam Ranh Bay	カムラン灣
Camberley	カンバレー
Camberwell	カンバーウェル
Cambodia	カンボジア
Camotes Islands, Cebu, P. I.	セブカモテス諸島
Canada	加奈陀
Canangay	カナンガイ

英文地名	日文地名
Cando	キャンドウ
Cangzhou	滄州
Caojiadu Ferry	曹家渡
Caojiaqin	曹家秦
Caozhou	曹州
Capangpangan	カパングバンガン
Capas	カパス
Cape Lobang	ロバン岬
Capetown	ケープタウン
Capponi	カポ
Caribbean	カリビアン
Carifonia	キアリフォーニア
Carlton Hotel	ヤールトンホテル
Caroline	カロリン群島
Carriedo Street	カリエド街
Cartagena	カルタヘーナ
Carthage	カルタゴ
Cascade Range	キャスケード山脈
Caspian Sea	カスピ海
Castlemaine	カースルメーン
Caswell	カセウユ
Catalina	キャタリナ
Catbalogan	カトバロガン
Caucasus	高加索
Cayenne	カヴイーエン
Cebu	セブ
Cedar Park R. F. D ＃2 Annapolis Maryland	メリーランド州・アナポリス アール・エフ・ディ二番シーター・パーク
Celebes	セレベス
Celenban, Serengban, Selembang, Selanbang	セレンバン
Cental Pacific	中部太平洋
Central Africa	中央阿弗利加
Central America	中米
Central and South America	中南米
Central and South China	中南支
Central Asia	中亜
Central Atok	セントラル
Central Caroline Islands	中央カロリン諸島

英文地名	日文地名
Central China	中支
Central China	華中
Central Europe	中歐
Central Indian Ocean	中部印度洋
Central Java	中央爪哇
Central Luzon	中央ルソン
Central Luzon Plain	中央呂宋平原
Central Malay	中部馬來
Central Prison	中央監獄
Central Stadium Common Cemetery	中央体育場共同墓地
Central Street	中央街
Cepu	チェプ
Ceram Island	セラム諸島
Cervantes	セルヴァンテス
Ceyuan	策源
Chagos Archipelago	チャゴス島
Chahar	察哈爾
Chaigoubao	柴溝堡
Chakou	岔口
Chalkpit Terrace	チョークピットテラス
Chandpara Victoria	ヴィクトリア・チャンドパラ
Chang'an Town	長安鎮
Changanaya	チャンガナヤ
Changbai Mountains	長白山脈
Changchi	長池
Changchun	長春
Changde	常德
Changi	チャンギー
Changjinglou	唱經樓
Changle Road	長樂路
Changli	昌黎
Changlingzi	長嶺子
Changping	昌平
Changrong	昌榮
Changsha	長沙
Changshu	常熟
Changtu County	昌圖縣
Changxia Road	長夏路

英文地名	日文地名
Changxindian	長辛店
Chankhufing hill	ケヤンクフィン丘
Chaochi lake	クヤオチ湖
Chaoxi lane	朝西巷
Chaoxi Monastery	朝西菴
Chaoxian	巣縣
Chaoyang	朝陽
Chaoyangchuan	朝陽川
Chaozhou	潮州
Chaozhou Station	潮州驛
Chayuan-Bay	チャユアン湾
Chemical Oji-cho	藥王寺町兒玉邸
Chencun	陳村
Chengchang	乘昌
Chengdan	成担
Chengde	承徳
Chengdu	成都
Chenglingji	城陵磯
Chengmai Bay	澄邁灣
Chengshanli	誠善里
Chengwei	成圩
Chenxing Town	陳行鎮
Cheongiu	清州
Chesterfield	チェスターフィールド群島
Chiba	千葉
Chiba, Chiba	千葉縣千葉郡
Chibadera, Chiba	千葉市千葉寺町
Chibi	赤壁
Chicago	市俄古
Chichihaerh	チイカル
Chichi-jima	父島
Chichubu	赤鋤埠
Chien Ying Hsiang	チェンイン・シャン
Chifeng	赤峰
Chigang	赤崗
Chigasaki	茅ヶ崎
Chihaya, Toshima	豊島區千早町
Chihoa Prison	芝化監獄

英 文 地 名	日 文 地 名
Chiisagata, Nagano	長野縣小縣郡
Chikusa,Nagoya	名古屋市千種區
Chikushi,Fukuoka	福岡縣筑紫郡
Chilachap	チラチャップ・チスルウ村
Chile	智利
China	華
China Air Force Base in Nanjing	南京ノ中國空軍基地
Chinatown Rabul	ラバウル中華街
Chincha	チウンチャ
Chindwin	チンドウイン河
Chinkurban	チンタルバン
Chirebon	チンボン
Chishirocho, Tokyo	東京都千代町
Chita	チタ
Chiyoda	千代田
Chiyoda,Tokyo	東京都千代田區
Chofu Unoki,Ota, Tokyo	東京都大田區調布鵜木町
Chofu,North Tama,Tokyo	東京都北多摩郡調布町
Chogdan	チョクドン
Chol	チョル
Chongjin	清津
Chongming	崇明
Chongming County	崇明縣城
Chongqing	重慶
Chongsha	冲沙
Chongshan	重山
Chongwu	崇武
Chongyang	崇陽
Chorley	チャーレ
Chosei,Chiba	千葉縣長生郡
Christmas	クリスマス島
Chuanbijiao	川鼻角
Chuanbijiao Artillery Battery	川鼻角砲台
Chuansha	川沙
Chukiang Road	チウキアン通
Chulun-Hudue	チニルン・フドウック
Chung Hwa Men	チュン・ツワ門
Chungkai	チョンカイ

英文地名	日文地名
Chunhua	春化
Chunhua Town	淳化鎮
Churchill	チアーチル
Ciba	キーバ
Ciel	シェル
Cimahi	チイマヒ
Cirenaica	チレナイカ
City of Fengmu	楓木市
Ci County	磁縣
Clark Field	クラーク飛行場
Clarkston	クラークフォト
Clayfield	クレーフィールド
Clermond Ferrand	セン・テチエンヲ
Clermont-Ferrand	クルモンレ・フェラン
Cleverland	クリーウランド
Cliff Parade	クリフパレイド
Clyde	クライド
Coal Harbour Wharf	煤炭港碼頭
Coal Harbour Xiaguan	下關煤炭港
Cobdova	コルドヴァ
Coc Pai	コック・バイ
Cochinchine	交趾支那
Cocos Island	ココス島
Colombia	コロンビア
Colorado	コロラド州
Colorado Street, Ersita District of Manila	アーシタ・コロラド街,マニラ・アーシタ・コロラド街
Columbia	哥倫比亜國
Columbo	コロンボ
Comfort	カンフォート
Commonwealth of Massachusetts	マサチューセッツ州
Commonwealth of Virginia	ヴァジニア州
Como	コモ
Concessions in Tianjin	天津租界
Conghua	從化
Consulate-General of Japan	日本総領事館
Cook Islands	クック
Corbabitarte Street	コーバービタート街
Corona	コロナ

英文地名	日文地名
Coros	コロス島
Corregidor	コレヒドール
Corsica	コルシカ島
Cosford	コスフォード
Costa Rica	コスタリカ
Cotabato	コタバト
Count of Pierce	ピアス郡
County of Bexar	ベクザー郡
Courtland	コートランド街
Crafers	クラファーズ
Cranleigh	クランレイ
Cranleigh Surrey	グランレー・サレー
Crimea	クリミヤ
Cristobal	クリストバル
Croatia	クロアチア
Cuenca, Batangas, P. I.	クエンカ
Cuesta	キュエスタア
Culebra	クレブラ島
Cultihan, Maabud	カルティバン・マアバド
Curacao	キュラソウ
Czechoslovakia	チェッコスロヴァキア
Da Wang Temple, Shui Xi Men	水西門外大王廟
Da'ao Mountain	大凹山
Dabanshang	大板上
Dabie Mountains	大別山
Dabon	ダボン
Dabu	大埔
Dacang	大倉
Dachang Town	大場鎮
Dadaokou	大道口
Dadong District, Fengtian City	奉天市大東區
Dadonggou	大東溝
Daegu	大邱
Daet	ダエット
Dafenglin	大楓林
Dafengmen	大鳳門
Dagengzi	大耕子
Dagu	大沽

英文地名	日文地名
Dagu Mountain	大孤山
Dagumbagon	ダガンバンゴン
Dagupan, Pangasinan	ダグパン
Dahei River	大黒河
Daheidingzi Mountain	大黒頂子山
Dahu Mountain	打虎山
Dahu Mountain Goubbangzi	打虎山溝幣子
Daido River	大道河
Daijia Mountain	戴家山
Daitoa Road	大東亜通
Dajiaotou Island	大角頭島
Dajin Village, Fengtai	豐台西方大井村
Dajing village	大井村
Dalai	大賚
Dalainor	チアライノール, ヂアライノール
Dalainor Lake	ダライノール
Dali Forest	ダリ森林
Dalian	大連
Shanxian Road, Dalian City	大連市山縣通
Dalian Port	大連港
Daliangou	大連溝
Daliao, Davao City	ダリアオ
Dalig	ダリグ
Daling River	大凌河
Dalkeith	ダアルケース
Dallas	ダラス
Dalzavod	ダルザァヴオド
Dam Ha	潭河
Damaodong, Shangyuanmen	上元門大茅洞
Damar Island	ダマル島
Daming	大名
Danbichzhan	ダンビヂェン
Dangshan	碭山
Dangyang	當陽
Dangzig	ダンチヒ
Danmap	ダンマップ
Danria	ダウリア
Daoguanjian	道貫尖

英 文 地 名	日 文 地 名
Daozhongchang	倒鐘場
Daozhongchang, Gulouzi	鼓樓子倒鐘場
Daoziqiao	道子橋
Dapdap	ダプダプ
Dardanelles	ダーダネル海峡
Dart Street	ダート街
Darwin	ダーウィン
Dashahe	大沙河
Dashi	大石
Dashi Bridge	大石橋
Dashipodi	大石泊地
Dashuzhuang	大樹莊
Dasmarinas Street	ダスマリナス通
Dasui River	大邃河
Datong	大同
Datong	大通
Datong Waterway	大通水道
Daudog	ダウグドッグ
Davao	ダバオ
Dawangmiao	大王廟
Dawei Road	大尉路
Dawozi	大渦子
Daxiguan	大西関
Daxindian	大辛店
Daxing	大興
Daxing Station	大興驛
Dayal Bagh	ダヤルバー
Dayangzhou	大陽洲
Daye	大冶
Dayin Mountain	達音山
Dayingji	大營集
Dayuan	大原
Dazheng Street	大正街
Dazhong Bridge	大中橋
De La Rama St.	デ・ラ・ラマ街
De'an	德安
Dean Street	ディン街
Deep Water Bay	ヂイープ・ウォータ灣

英文地名	日文地名
Dehua	德化
Dehui	德惠
Deinian	ティニアン
Delhi	デリー
Deli Tabaksmaatschappij	デリ・タバクスマーッチャッピジ
Delta	デルタ
Deming	デシング市
Denenchofu, Ota, Tokyo	東京都大田區田園調布
Dengzhou	登州
Denmark	丁抹
Denoe	デヌー
Denver	デンバー
Des Moines	ディモインス
Desmarchais	デズマンシエー街
Dewey Avenue	チェウイー街
Dezhou	德州
Di'an Gate, Beiping	北平地安門
Dianbai	電白
Dianbai Port	電白港
Diaoyushan	釣魚山
Diasheli Zaozernaya	ヂアシエリイ・ザオーゼルナャ
Diego Squrez	デイエゴ・スアレズ
Diembe	ディエムベ
Diethylene graphics field	ヂスフィールド街
Digang	荻港
Digasheli	ジガシェリ
Diguanbao	地關堡
Dinawan	ヂナワン
Ding'an	定安
Dinh Lap	定立
Dise	ディセ
Dita	ティタ
Dixwell Road	狄思威路
Djakarta	ジャカルタ
Djambatan Tinggi	ジャムバタン・チンギ
Djanbi	ジャムビ
Djindjin Sume	ヂンヂン・スメ
Djoekd jakarta	ジョクジャカルタ

英 文 地 名	日 文 地 名
Do Son	ドウソン
Doctor Angier	ドクター・アンテエー路
Doesburg	デスブルグ
Dogling Station	東陵驛
Do-Hun-Vi	ド・ホウ・ヴィ
Dolon Nuur Lake	多倫諾爾
Dominican Republic	ドミニカ共和國
Don river	ドン河
Donbass	ドンバス
Donchery	トンシュリイ
Donets	ドネツ盆地
Dong Dang	同登
Dong'an	東安
Dongbiandao	東邊道
Dongdaying	東大營
Dongfa	東発
Dongfeng	東豊
Dongfeng County	東豐縣
Dongguan	東莞
Dongjiang	東江
Dongkan Town	東坎鎮
Dongliushuidao	東流水道
Donglu	東鹿
Dongning	東寧
Dongning County, Mudanjiang Province	牡丹江省東寧縣
Dongpaotai Xiaguan	下關東砲台
Dongpo Village	東坡村
Dongqing Dormitory	東青宿舍
Dongsha Island	東沙島
Dongshan Mountain	東山
Dongshui Town	東水鎮
Dongting	東亭
Dongting Lake	洞庭湖
Dongtuo Building	東拓ビル
Dongxiang	東郷
Dongxing	東興
Dongxing Town	東興鎮
Dorking	ドーキング

英文地名	日文地名
Dorset	ドールセット
Doublon	ドウーブロン
Doue district	ドウーエ
Dracula	ドラキュラ
Drodekovo	グロデコヴォ
Drum	ドラム
Dublon	ダブロン
Dublon Island	ダブロレ島
Duguli Xiaguan	下関渡固里
Duhat	ダハット
Duicuige	対翠閣
Dumaguete	ドマグエテ
Dumanjug	ドマンジャグ
Dumbbell Bay	亜鈴灣
Dunedin	ダネデイン
Dungur-obo	ドウングル・オボ
Dunhua	敦化
Dunkirk	ダンケルク
Dunnan	ドウンナン市
Duolun County	多倫
Durban	ターバン
Dutch Gulaen	フロレン
Dutch Harbor	ダッチ・ハーバー軍港
Duvillier	デウィリイエ路
East Africa	東阿弗利加
East Asia	東亜
East Asis Colonies	東亜殖民地
East Coast state	東海岸州
East Indies	東印度
East Java	東部爪哇
East Korea	東朝鮮
East Liandao Island	東連島
East Manchuria	東満
East Pacific	東太平洋
East Parking Lot, Beiping	北平東停車場
East Siberia	東西比利亜
East Zhongshan Road	中山東路
Eastern Europe	東歐

英 文 地 名	日 文 地 名
Eastern Hebei	冀東
Eastern Inner Mongolia	東部内蒙古
Eastern Manchuria	東部滿州
Eastern Russia	東部ロシヤ
Eastern Viginia	東部ヴァジニア
Ebaing Village	エバイング
Ebisu cho	恵比須町
Ebon	エボン
Ebotu Miao	鄂博圖廟
Echague	エカゲメ
Echeng	鄂城
Ecuador	厄瓜多
Edge Hill District	邊山地區
Edogawa	江戸川區小岩町
Egmedio	エグメディオ
Egypt	埃及
Ehime	愛媛
Eifuku,Suginami	杉並區永福町
Eight Sutra library,Setagaya	世田谷區八經堂町
Eihei-ji	永平寺
Eita	エイタ
Ejguchi	エヂグチ
Elis-ul-in-Obo	エリスウルイン・オボ
Ellis Island	エリス島
Elmendorf Field	エルメンドルフ・フィールド
Emelchino	エメルチノ居住区
Emidjts	エミジ島
Emishi	蝦夷
Emmahaven	エマハーヴェン
Empire of Japan	大日本帝國
Emu	額穆
Enchofu,Ota,Tokyo	東京都大田區圓調布
Enchofu, Meguro, Tokyo	東京都目黒區田園調布
Enderby	エンデルビー
ENE Chertakku	エネチエルタック
English Channel	イギリス海峡
Eniaidokku	エンイヤイドック
Eniwetok	エニウェトク

英文地名	日文地名
Eniwetok Atoll	エニウェトク環礁
Enybor Island	エニイボル島
Er Dao Gan Zi, Shui Xi Men	水西門外二道桿子
Er Tiao Hsiang	アー・チィアオ
Ercengdianzi	二層甸子
Erdaoganzi Outside of Hanzhong Gate	漢中門外二道桿子
Erebenta	エレベンタ
Eretan	エレタン
Ereventa	エレヴェンタ
Erhudao	二虎島
Eris Ulun-obo	エリス・ウリイン・オボ
Ers Ulyn	エルスウルイン
Ertaizi Village	二臺子村落
Eru	エル
Escolta	エスコルタ
Esplanade	エスプラナード
Esporanza	エスペラレザ
Essex	エセックス州
Estero Cegado	エステロ・セガド
Estonia	エストニア
Etanibanaba	エタニバナバ
Ethene	エテン
Ethiopia	エチオピヤ
Etienne	ロアール縣
Europe	歐洲
Evans	エヴァンズ
Ewa	エワ
Ewhurst	ユーハースト
Fabian	フェヴィアン
Fachuang	法床
Fais	ファイス
Fakfak	ファクファク
Falkensee	ファルケンゼー
Falkirk	ファルカーク
Fancheng	樊城
Fangquan, Xiaren Town	下任鎮方泉
Fangshan	方山
Fanyu	番禺

英文地名	日文地名
Far East	極東
Far East Peninsula	遠東半島
Far Eastern Republic	極東共和國
Far Eastern Siberia	極東西伯利
Far Eastern Soviet	極東ソ領
Far Eastern Soviet Territorial Sea	極東蘇領海
Fauro	ファウロ
Federated Malay States	馬來聯邦
Federation of Malaya	マレー聯邦
Feicheng	肥城
Fengbei Road	鳳北路
Fengchang	豐場
Fengcheng	鳳城
Fengcheng County	豊城縣
Fengchiang	楓涇
Fenghedu Town	豐河渡鎮
Fenghuangcheng	鳳凰城
Fengning	豊寧
Fengrun County	豐潤縣
Fengtai	豐台
Fengtian	奉天
Fengtian City	奉天城
Fengtian Peninsula	奉天半岛
Fengtian Station	奉天驛
Fengxian	奉賢
Fengzhou	封州
Fenhe River	汾河
Figueron St.	フィゲロア街
Fiji	フィジー
Fina Susu	フィナスス
Finistero	フィニイステール縣
Finland	芬蘭
Fiume	フィーム
Flanders	フランダース
Floating Pier	浮棧橋
Florcs	フローレス
Florida	フロリダ州
Florida Street	フロリダ街

英文地名	日文地名
Floridablanca	フロリタブランカ
Foelie	フーリイ
Foelie-Wasile Bay	ワイシル・フリー
Fogang	佛岡
Ford	フォード
Ford Island	フォード島
Forest	フォレスト
Forest Gate, Berrswood Road, New Milton, Hants	ハンツ
Forfar Road	フォフハア路
Forli	フォルリ
Former English Concessions	舊英吉利租界
Former German League of Nations Mandate Islands of the South Sea Region	舊獨領南洋委任統治地域
Former German Colony	舊獨植民地
Former German League of Nations Mandate Islands	旧獨領委任統治諸島
Former German Territory	舊獨領
Former Palembang	元パレンバン
Former Russian Empire	舊露西亜帝國
Fort Canning	フォートカニング
Fort Drum	フォート・ドラム
Fort Eben Emael	エベン・エマエル要塞
Fort Howard	フォートハワード
Fort Hughos	フォート・ヒュース
Fort McKinley	フォート・マッキンレー
Fort Santiago	フォートサンチャゴ
Fort Santiago Intramuros	イントムロオス・フォート・サンチヤゴ
Fort Santiago, Intramuros Manila P. I.	サンチアゴ要塞
FortMcKinely	フォートマッキンレイ
Foshan	佛山
France	佛蘭西
France-United Kingdom Concessions	英佛租借
Frank	フランク
Fraser	フレーザー
Free City of Danzig	ダンツィヒ自由市
Freiburg	フライブルグ
Fremantle	フリマントル

英文地名	日文地名
Frement	フレモント市
French Tokyo	佛領東京地方
French Africa	佛領アフリカ
French Cochinchina	佛領交趾支那
French Colonies	佛蘭西植民地
French Concession	佛國租界
French Concession in Tianjin	天津佛國租借
French India	佛領印度
French Indo-china	佛領印度支那
French Laos	佛領ラオス
French New Caledonia	佛領ニュー・カレドニア
French Vietnam	佛属越南
Ft Worth, Texas	フォートフォース市
Ft. Lewis, Wash	フォート・リュイス
Fucheng	府城
Fuchikou	富池口
Fuguishan	富貴山
Fuhu	撫湖
Fujiadian	傅家甸
Fujiadian City	富家店市
Fujian	福建
Fujigaya	藤谷
Fujihashi Port	藤橋港
Fujimi, Meguro, Tokyo	東京都目黒區富士見臺
Fujimidai, Meguro	目黒區富士見臺
Fujin Mountain	富金山
Fujisawa, Kanagawa	神奈川縣藤澤市
Fujiya Hotel	富士屋ホテル
Fukazawa, Setagaya, Tokyo	東京都世田谷區深澤町
Fukuchiyama	福知山
Fukui Prefecture	福井
Fukuoka	福岡
Fukuoka City	福岡市
Fukushima	福島
Fularji	富拉爾基
Fuliangang	浮蓮崗
Fune-dzuke, kita, Nagoya	名古屋市北區船付町
Fungikeiange	フンギケイアンゲ

英文地名	日文地名
Funing	阜寧
Fuqiao	浮橋
Furringe	フリンヂ
Furukawa	古川
Fuschl	フッシュル
Fushan	福山
Fushansuo	浮山所
Fushimi	伏見
Fushun	撫順
Fusong	撫松
Futami	二見
Futami, Hiroshima	廣島縣双三郡
Fuxin	阜新
Fuxingzhou	復興洲
Fuyi	撫挹
Fuyu	扶餘
Fuyu	富裕
Fuzhou	福州
Fuzikou	埒子口
Gagil	ガジル
Gaiping	盖平
Galala	ガララ
Galang	ガラング
Gambetta	ガンベッタ街
Ganchazi Island	乾岔子島
Gangcheng	崗城
Ganges	ガンジス河
Gangputangshi Station	港浦塘市驛
Gangued	ガン
Gansu	甘粛
Ganzhu Temple	甘珠寺
Ganzhur Miao	甘珠爾廟
Gaocheng	高城
Gaode	高德
Gaohuimen	高慧門
Gaoliying	高麗營
Gaomi	高密
Gaonianbai Village	高輦柏村

英 文 地 名	日 文 地 名
Gaoping	高平
Gaoqiao Gate	高橋門
Gaoshaling	高沙嶺
Gaoyang	高陽
Gaoyang County	高陽縣
Gaoyao	高要
Gaoyou	高郵
Gapan	ガパン
Garanpi	ガランピー
Garapan	ガラパン
Gardenvale	カーテンウエ
Garoet	ギャロニト
Garoot	ガロエト
Garut	カルト
Gate of China	中華門
Gaun	ガウン村
Gaya Island	ガヤ島
Gebel	ヂェベル
Gedian Town	葛店鎮
Gekko, Meguro	目黒區月光町
Gemas	ゲマス
General Luna Street	ジエネラルルーナ街
Geneva	壽府
George Street, North Beach in the State of Western Australia	西オーストラリア州ノース・ビーチ・ジョージ街
Georgia	ジョジャ州
Georgia Street	ジョージャ街
German Indo-China	獨領印度支那
German Islands	獨逸領諸群島
Germany	獨逸
Geylang Rd.	ゲイラングロード
Ghent	ガン市
Ghtemoul	テモール
Gibraltar	ジブラルタル
Giethoorn	ギイトホールン
Gifu	岐阜
Gilbert	ギルバート
Ginabay	ギナベイ

英文地名	日文地名
Ginza	銀座
Ginza Dining Hall	銀座食堂
Ginza west 5-chome, Kyobashi, Tokyo	東京市京橋区銀座西五丁目五番地
Gladnkha	グテドウハ
Glasgow	グラスゴウ
Glasgow Jordan	グラスゴー・ジョルダン・ビーチウッドドライブ八十六
Glasgow Oathkin Road	キャスキン・ロード二十番地
Glatten Road	クラットン通
Glen Innes	クレーン・インス町
Glenfarg	グレンファーグ
Go Butai kendebo Camp	ケンデボキャンプ
Goa	ゴア
Goban, Hikone	彦根市五番町二十九番地
Godhava	ゴッダヴァ
Godhavn	ゴッドハーヴン
Goenoeng Api	クヌング・アピ
Goes, Wijngaartstraat 47	フースッエーンハールト街四七番
Gol river	ゴル河地方
Golobovski mine	ゴロギフスキー鉱山
Gondar	ゴンタル
Gong'an	公安
Gongcheng	恭城
Gongfushi	公府師
Gonghe Bridge	公和橋
Gongzhuling	公主嶺
Gongzhuling Railway Station	公主嶺駅
Gonteau	ユントオ
Goodenough Island	グッドエナフ島
Gordon	ゴートン高原
Gordon Highlanders	ゴールドン・ハイランダーズ
Gorky	ゴーリキ市
Gorky District	ゴリコフスカヤ州
Goroni	ゴロニ
Gotha	ゴタ
Goto, Nagasaki	長崎縣五島
Goubangzi	溝幇子
Goudun Town	溝墩鎮

英文地名	日文地名
Goyder Avenue, Katoomba, New South Wales	ニュー・サウス・ウェールズ州カトームバ・ゴイダトアヴェニュー
Grand Canal	運河
Grand Lac	グラン・ラック州
Grant	フランド
Great Bear Lake	大熊湖
Great East	大東地方
Great Roman Empire	大ローマ帝國
Great Slave Lake	大奴湖
Great Western Road	グレイト・ウエスクーン街
Greater East Asia	大東亜
Greater Xing'an Mountains	大興安嶺
Greece	希臘
Green Hill	グリーン・ヒル
Greenland	グリーンランド
Greenville	グリーンビール
Greenwich	グリニッチ
Greenwich Island	グリニッチ島
Griffiths Burke	グリフィススバーク
Gripsholm	グリプスホルム
Groove Road	グルーヴロード
Guadalcanal	ガダルカナル
Guadalcanal Island	グアダルカナル島
Guam	グアム
Gu'an	固安
Guandong Province	関東省
Guandong Territory	關東州
Guang'an Gate	廣安門
Guangbiao Post	光彪哨所
Guangde	廣德
Guangdong	廣東
Guangdong and Guangxi	兩廣
Guangdong Common Cemetery Outside of Hanxi Gate	漢西門外廣東共同墓地
Guanghua Gate	光華門
Guangji	廣濟
Guangning	廣寧
Guangshan	光山

英文地名	日文地名
Guangxi	廣西
Guangzhou	廣州
Guangzhou-Kowloon	廣九
Guangzhou-Sanshui	廣三
Guangzhouwan	廣州灣
Guangzhouwan Least Territory	廣州湾租借地
Guanhe River	灌河
Guankou	莞口
Guanle Street	觀樂街
Guantoujiao	冠頭角
Guanxi Town	関溪鎮
Guanyin'an	觀音庵
Guanyun	灌雲
Guatemala	グアデマラ
Gubikou	古北口
Guchkovsky	グチコヴスキー地区
Guemasa	ケマス
Guianas	ギアナ
Guibei Road	桂北路
Guide	歸德
Guidong Road	桂東路
Guilin	桂林
Guilin River	桂林河
Guiping	桂平
Guishan Mountain, Hanyang	漢陽龜山
Guisui	歸綏
Guixi Station	貴溪驛
Guixian	貴縣
Guiyang	貴陽
Guizhou	貴州
Gulangyu Island	鼓浪嶼
Gulf of Ito	伊東灣
Gulf of Ryougo	永興湾
Gulin Temple Mountain	古林寺山
Gulou	鼓樓
Gunma	群馬
Gunma Prefecture	郡馬縣
Guntakal	北クンタカル

英文地名	日文地名
Gunzhou	袞州
Guofu Road	国府路
Gustin	ガスティン
Guyilang	古依廊
Guyuan	沽源
Guzhen	固鎮
Gwangju	光州
Gwgegwe	ゴエゴエ
Gyaungbyut	ギャウングビュトタウ
Gyeongju	慶州
Ha Giang	河江
Hachijo-jima	八丈島
Haco	パコイ
Hacquarie	マッカリ群島
Haeoveniki	ハモヴニキ街
Hague	海牙
Haha-jima	母島
Hai chiang	ハイ・チャン
Hai Ninh	海寧
Hai'an	海安
Haifeng	海豐
Haihe River	海河
Haikou	海口
Haikou Bay	海口灣
Haikou Port	海口港
Hailar	海拉爾
Hailar City	海拉爾市
Hailastin-gol river	ハイラストイス・ゴル河
Hailin	海林
Hailong	海龍
Hailun	海倫
Haimen	海門
Hainan	海南
Hainan Island	海南島
Hainan Strait	海南海峡
Haining County	海寧縣
Haiphong	海防
Haisho	ハイジョ

英文地名	日文地名
Haiti	ハイチ
Haiti	ハイチ共和國
Haixinsha	海心沙
Haizhou	海州
Hakodate	函館
Hakone	箱根
Hakone Goura	箱根強羅
Hakucho	白鳥氏邸
Hakutsoanshi	白刀山子
Hale	ハル
Halhin-Gol River	ハルピンゴール河
Halifax	ハリファックス
Halkin-sume	ハルヒン・スメ
Halkin-Undur	ハルヒン・ウンドウル
Haluha-miao	ハルハ廟
Hamamatsu	濱松
Hamardaba	ハマルダバ山地
Hamburg	漢堡
Hamhung	咸興
Hanasaki, Naka, Yokohama	横浜市中區花咲町
Hanchun	ハンチュン
Hancunji	韓村集
Handagaya	ハンダガヤ
Haneda Airfield	朝羽田飛機場
Hangtou	杭頭
Hangzhou	杭州
Hangzhou Airport	杭州飛行場
Hangzhou Bay	杭州灣
Hanjiang River	漢江
Hankou	漢口
Hankou Road	漢口路
Hanno,Iruma,Saitama	埼玉縣入間郡飯能町野田
Hanoi	河内
Hanshan	含山
Hanshin Region	阪神地方
Hanshui River	漢水
Hansi	ハンシー
Hanxi Gate	漢西門

英 文 地 名	日 文 地 名
Hanyang	漢陽
Hanzhong Gate	漢中門
Hanzhong Road	漢中路
Hanzhong Street	漢中街
Haoxian County	亳縣
Harachierla	ハラチールラ
Harackchin-Ula	ハラクテン・ウラ山地區
Haraina	ハライナ
Hara-nur	ハラ・ヌール
Harbin	哈爾濱
Harbin and Peiho	ハルピンーペイホ
Harbin Station	哈爾濱駅
Haroekoe	ハロエコエ
Haroekoe Island	ハルク島
Haronarshan	ハロンアルシャン
Harrow-on-the-hill	ハロウ・オン・ザ・ヒル
Hashima	羽島
Hatolia	ハトリア
Hatta	ハッタ
Hatuheza	ハツハザ
Haute-Saone	オート・ソーヲ縣
Havana	ハバナ
Havelock Road	ハヴロック路
Hawaii	布哇
Hawaii Johnston	布哇ジョンストン
Hawaii territory	布哇領
Hawaiian Islands	布哇諸島
Hawkins	ホーキンス島
Hawthorn	ホーソーン
Hawthorne Army Street	ホソン・アーミーストリート
Hayama	葉山
Hebei Province	河北
Hebei-Chahar	冀察
Hebrew	ヘブライ
Hefei	合肥
Heian-jingu Shrine	平安神宮
Heichen	ヘーチェン
Heidelberg	ハイテルベルグ

英文地名	日文地名
Heidingzi	黒頂子
heigi, Ikoma, Nara	奈良縣生駒郡平成村
Heihe	黒河
Heihe Province	黒河省
Hei-Ho	ヘイホ
Heilong	黒竜
Heilongjiang	黒龍江
Heilongzhou	黒竜州
Heishan	黒山
Hejian	河間
Hejin	河津
Helen Reef	ヘレン・リーフ
Helong	和龍
Helsinki	ヘルシンキ
Henan Province	河南
Henan Road	河南路
Hengchun	恒春
Hengdaohezi	横道河子
Hengdaohezi Station	横道河子駅
Hengshan Island	横山島
Hengyang	衡陽
Hengzhou	衡州
Henri Riviere Blvd	アンリ・リウェール街
Henzada	ヘンザダ
Heping Gate	和平門
Herford	ハートフォード州
Herran Street in the Malate District of Manila, Philippine Islands	マレイト区ノヘラン街
Hertford	ハートフォード
Herts	ハーツ州
Heshousum	ヘショウスム
Hesketh Hotel	ベスケスホテル
Hexian	和縣
Hexian County	賀縣
Heyang Official Residence	賀陽官邸
Heyuan	河源
Hibiya	比谷
Hibiya Park	日比谷公園

英文地名	日文地名
Hibiya Public Hall, Tokyo	東京日比谷公會堂
Hickam Field	ヒッカム飛行場
Hidaka, Wakajama	和歌山縣日高郡寒川村
Higashi chi, Tottori	鳥取縣東治郡淺津村大字南谷
Higashikata-cho, Hongo	本郷區東片町
Higashi-Katsushika, Chiba	千葉縣東葛飾郡關宿町大字壺宿
Higashitamagawa, Setagaya	世田谷區東玉川
Higashitonami District, Toyama Prefecture	富山縣東礪波郡
Higashiyamanashi, Yamanashi	山梨縣東山梨郡
High School South Point	ハイスクール・サウス・ポイント
Hiji, oita	大分縣日出町
Himeji, Hyogo	兵庫縣姫路市
Hinaku-cho, Ashikita-gun	葦北部日奈久町
Hindato	ヒンダート
Hintoku	ヒントック
Hirakawa, Kojimachi	麹町區平河町
Hiratsuka, Knagawa	神奈川縣平塚市
Hirosaki	弘前
Hiroshima	廣島
Hiroshima Bay	廣島灣
Hirota	廣畑
His Hun Hsiang	スイ・ツア小路
Hisagi, Yokosuka	横須賀市久木町
Hitachi	日立
Hitlama	ヒトラマ
Hitokappu Bay	單冠灣
Hiyama motoshin, Akita	秋田縣檜山本新町
Hiyoshi, Chiba	千葉縣日吉村
Hiyoshi-mura, Chosei	長生郡日吉村
Hoa Binh	和平
Hoang su phi	黄听飛
Hobonhashato	ホボンハシャトウ
Hoeryǒng	會寧
Hofu, Yamaguchi	山口縣防府市
Hog Island	ホグ島
Hohore Bahru	ヂョホールバル
Hokkaido	北海道
Hokuriku	北陸

英文地名	日文地名
Holbo-Undur-abo	ホルボ・ウィンドウル・オボ
Hollandia	ホーランディア
Holostal	ホロスタイ
Holts Wharf	ホルツ波止場
Holy Roman Empire of the German Nation	神聖羅馬帝國
Hommachi	本町
Hon fuji, Hongo, Tokyo	東京都本郷區本富士町
Honden awa kore, Katsushika	葛飾區本田淡之須町
Honduras	ホンヂュラス國
Hongkong	香港
Hongkou	虹口
Hongkou Park	虹口公園
Hongkou Region	虹口地區
Hongkou Wharf, Shanghai	上海虹口碼頭
Hongo, Meguro	目黒區本郷町
Hongqiao Airport	虹橋飛行場
Hongqiao Cemetery	虹橋墓地
Hongtuqiao	紅土橋
Hongui Station	洪儀驛
Hongwu Gate	洪武門
Hongze Lake	洪澤湖
Honmura, Shinjuku, Tokyo	東京都新宿区本村町
Honmura, Ushigome, Tokyo	東京都牛込區市ヶ谷本村町
Honmura, Ichigaya	市ヶ谷本村町
Honolulu	ホノルル
Honshu	本州
Hopevale	ホペヴァレ地域
Hoquiam	ホキアム市
Horqin Left Wing Rear Banner	科爾泌左翼後旗
Hotaka District, Kumamoto	熊本縣本縣飽託郡
Hotel Bristol	ホテル・ブリストル
Hotel Kaiserhof	ホテル・カイザーホフ
Hoth	ホート
Hotoku	ホトク
Houhe	厚和
Howland	ホウランド
Hozyatwandi	ナチヤトマンデイ
Hsipaw	シーパウ

英文地名	日文地名
Htanbone	フタンボンビン
Huabao	華寶
Huachuan	樺川
Huade	化德
Huadian	樺甸
Huai'an	淮安
Huaihe River	淮河
Huailai	懷來
Huairou	懷柔
Huaiyin	淮陰
Huangcun	黄村
Huangdao	黄島
Huanggutun	皇姑屯
Huanglianzhou	黄連洲
Huanglongmiao	黄龍廟
Huangmei	黄梅
Huangmei Mountain	黄梅山
Huangmei Region	黄梅地區
Huangpi	黄陂
Huangpu	黄埔
Huangpu River	黄浦江
Huangpu, Guangdong	廣東黄埔
Huangputan	黄浦灘
Huangshayi	黄沙驛
Huangshi	黄石
Huangshi Port	黄石港
Huangtuqiao	黄土橋
Huangtuxiang	黄土項
Huangxitou	黄溪頭
Huangxizi Station	璜溪子驛
Huangzhou	黄州
Huanren	桓仁
Huanzhong	綏中
Huapailou	花牌樓
Huasha River	華沙河
Huashenmiao	花神廟
Huashu Town	樺樹鎮
Huaxia	化縣

英文地名	日文地名
Huayan Temple	華巖寺
Hubei	湖北
Hubei-Hunan	鄂湘
Hubeikou	湖北口
Hue	順化
Huer Mountain	虎耳山
Huguanzhou	湖廣洲
Hui'an	惠安
Huichun	琿春
Huichun River	琿春河
Huidi street Futou District	阜頭区回地街
Huihe Station	琿河驛
Huinan	輝南
Huit-erig	ホイト・エリグ
Huizhou	惠州
Huju Guan	虎踞關
Hukou	湖口
Hulan River	呼蘭河
Hulat-Ulin-Obo	フラト・ウリイン・オボ
Huld Ulyn	フルドウルイン
Hulin	虎林
Hulishan Artillery Battery	胡里山砲台
Huludao	葫蘆島
Hulunbuir	呼倫貝爾
Huma	呼瑪
Human-Han-Burd-Obo	ノムン・ハン・ブルド・オボ
Humen	虎門
Humen Artillery Battery	虎門砲台
Hunan	湖南
Hunan — Guangxi Areas	湘桂地區
Hunchun County	琿春縣
Hungary	洪牙利
Hungnam	興南
Hunhe River	渾河
Hunshandake Desert	揮善達克沙漠
Huntingdonshire	ハンチングドンシア
Hutan	湖潭
Hutou	虎頭

英文地名	日文地名
Hutou Region	虎頭地区
Huxi	滬西
Huzhou	湖州
Hwa Pai Lou	フワ・パイ门
Hyogo Agata Kitashinmachi, Sasayamamachi, Taki-gun	兵庫縣多紀郡篠山町北新町
Hyogo Agata Muko Kooriyama village	兵庫縣武庫郡山岳村
Hyogo Prefecture	兵庫
Ibaraki	茨城
Ibusuki Gun	イブスキ郡
Ibusukicho	イブスキ町
Iceland	アイスランド
Ichan	イチャン
Ichigaya	市ヶ谷
Ichigaya, Tokyo	東京市ヶ谷
Ichikawa	市川
Ichikawa, Chiba	千葉縣市川市
Ichioka	市岡
Icking	イッキング
Idabo Falls	アイダホラオール
Idaho	アイダホ州
Ih Ju League	伊克昭盟
Iizuka	飯塚
Ikebukuro, Toshima	豊島區池袋
Ikuno	生野
Iligan	イリガン
Ilocos Norte	北イロコス
Iloilo City	イロイロ
Imadate District, Fukui Prefecture	福井縣今立郡神明村
Iman	イマン
Imiejits	イミイージ島
Imphal	インパール
Inanam	イナナム
Inbin	インビン
Independent State of Central and South America	中東米獨立國
India	印度
India Assam	印度アッサム州

英文地名	日文地名
India Countries	印度諸國
India Islands	印度諸島
Indian Ocean	印度洋
Indian Peninsula	印度半島
Indianapolis. Ind.	インデイヤナ州インデイヤナポリス市
Indochina	印度支那
Indonesians	インドネシア
Indramayu	インドラマユ
Infannta	インファンタ
Inland of China	中國内地
Inner Mongolia	内蒙古
Innoshima	インノッマ
Inopacan, Leyte, P. I.	イノパカン
insen camp	インセン・キャンプ
Inside of Nanjing City	南京城内
Intern	インテン
Intramuros	イントラムロス
Iowa	アイオワ州
Iran	イラン
Iraq	イラク
Ireland	愛蘭
Irkutsk	イルクーツク
Irrawaddi	イッワジ
Irrawaddy	イラワヂ河
Isaac Peral St. Manila, P. I	アイサック・ペラル街
Isabela	イサベラ
Ishikawa	石川
Ishikiri	石切
Isisan	イリサン
Islands	ビ島
Islands in the Indian Ocean	印度洋諸島
Isola	イソラ
Isonzo Rivers	イソンゾ河流域
Istanbul	君府
Isumi, Chiba	千葉縣夷隅郡
Itabashi	板橋區
Itabashi, Itabashi, Tokyo	東京都板橋區板橋町
Itabashi, Tokyo	東京都板橋區

英文地名	日文地名
Italian Somaliland	伊領ソマリーランド
Italy	伊太利
Iturup, Kuril Islands	千島擇捉島
Ivan Tereshkin	チェルノピヤトコ・イワン
Iwahig	イワヒッグ
Iwakuni	岩國
Iwano Ura	イワノラ村
Iwata, Shizuoka	静岡縣磐田郡
Iwate Prefecture	岩手
Iwo Jima	硫磺島
Izumi, Suginami	杉並區和泉町
Izunagaoka	伊豆長岡
Izusan	伊豆山
Jacquinot Bay	ジェグイノット・ベイ
Jagna	ハグナ
Jalainur	扎賚諾爾
Jalan Besar	ジヤラン・ベザー
Jalan Soldah	ヂアラン・ソルダー
Jaluit	ジャルート
Jaluit Island	ヤルート
Jalutt Atoll	ヤルイアトル
Jamskoya Polye street	ヤーコスコエ・ポーレ五番街
Japan	日本
Japan Sumatora	ジャパン・スマトラ
Japanese Archipelago	日本列島
Japanese Cemetery	日本人墓地
Japanese Concession	日本租界
Japanese Concession in Hankou	漢口日本租界
Japanese Concession in Tianjin	天津日本租界
Japanese Settlement	日本人居留地
Jarbor Island	ジャルボル島
Jarvis	ジャービス灣
Jatinegara	ジャティネガラ
Java	瓜哇
Java Sea	ジャヴァ海
Jeju Island	濟州島
Jeonju	全州
Jesselton	ゼッセルトン

英 文 地 名	日 文 地 名
Jessfield Road	ジェスフィールド
Jessheld Park	チェスフィルド公園
Jewish	ユダヤ
Jiading	嘉定
Jiahe	夾河
Jiaji	嘉積
Jiamusi	佳木斯
Ji'an	吉安
Jianchun	蘄春
Jiandao	間島
Jiandao Province	間島省
Jiang'an	江安乗合自動車停留所
Jiangbei Region	江北地方
Jiangdun Town	江墩鎮
Jiangjiayuan Xiaguan	下關姜家園
Jiangjunfeng Hill	將軍峯
Jiangjunmiao	將軍廟
Jiangkou	江口
Jiangling County	江陵縣
Jiangmen	江門
Jiangqiao	江橋
Jiangqiao Station	江橋驛
Jiangsu Province	江蘇
Jiangsu Road	江蘇路
Jiangwan	江灣
Jiangwan Road	江灣路
Jiangwan Town	江灣鎮
Jiangxi Province	江西
Jiangyin	江陰
Jiangzhe Region	江浙地方
Jiangzhou	江州
Jian'ou	建甌
Jianping	建平
Jianshui	蘄水
Jianzhou	蘄州
Jiaokou	窖口
Jiaoshan Mountain	焦山
Jiaozhou	膠州

英文地名	日文地名
Jiaozhou Bay	膠州湾
Jiaozhou Road	膠州路
Jiaozhou-Jinan	膠済
Jiaozuo	焦作
Jiashan	嘉善
Jiaxiang	嘉祥
Jiaxing	嘉興
Jicun	吉村
Jiguan Mountain	雞冠山
Jihe County	濟河縣
Jihe River	薊河
Jijicheng	几几城
Jilin	吉林
Jiliu Town	机溜鎮
Jimomomua	ジモモムア
Jinan	濟南
Jindai Village,Kitatama	北多摩郡神代村
Jindai-mura,North Tama,Tokyo	東京都北多摩郡神代村
Jingmen	荊門
Jingpo Lake	鏡泊湖
Jingxi	靖西
Jingzhou	荊州
Jinhua Station	金華驛
Jinianbei Road	紀念碑路
Jining	雞寧
Jinjiang	晋江
Jinpaimen Artillery Battery	金牌門砲台
Jinshan	金山
Jinshan Temple	金山寺
Jintian	錦田
Jinxi	錦西
Jinxia	錦厦
Jinxian	錦縣
Jinzhou	錦州
Jinzhou	金州
Jiqing Road,Nanjing	南京集慶路
Jirem League	哲里木盟
Jiujiang	九江

英文地名	日文地名
Jiujiang Pier	九江桟橋
Jiujiang Port	九江港
Jiujiang Road	九江路
Jiujiaping Xiaguan	下關九家坪
Jiuliancheng	九連城
Jiumenkou	九門口
Jiyūgaoka, Meguro	目黒區自由ヶ丘
Johnson	ジョンソン島
Johnston	ジョンストン島
Johore Province	ジョホール州
Jolo Island	ホロ島
Joro	ホロ
Josutu League	卓索圖
Joto, Shibuya	澁谷區上道
Ju Ud League	昭烏達
Juan Luna	ホアンルナ
Jubao Street	聚寶街
Judicial officer Hall	法曹會館
Julich	チュリック
Juneau	ジュノア
Jungli Ghat	チュングリ・グハト
Junliangcheng	軍糧城
Jurong	句容
Justice, Fenghuang Street	鳳凰街司法處
Juzijie	局子街
Kabakan	カバカン
Kaban Djahe	カバンチャヘ
Kabankalan	カバンカラン
Kabayo, Atok	カバヨ
Kabugao	カブガオ
kabupaten	カブパテン
Kadena	嘉手名
Kaena Point	カエナ岬
Kafir	カフィヤ
Kaga	加賀
Kaganovitch	カガノヴイドヴイチ区
Kagawa	香川
Kagoshima	鹿兒島

英文地名	日文地名
Kagoshima Base	鹿兒島基地
Kagoshima Bay	鹿兒島灣
Kahili	カビリ
Kai Island	カイ島
Kaifeng	開封
Kaifeng city	開封城
Kailu	開魯
Kaitong	開通
Kaiye	タイエ
Kakana Village	カカナ村
Kakkas village	カッカス村落
Kaladan	カラダン
Kalagon	カラゴン
Kalewa	カレワ
Kalgan	カルガン
Kaliorang	カリオラング
Kalmyk	ケルーマエキ
Kalow	カロー
Kalun，Huichun	琿春卡倫
Kamakura	鎌倉
Kamakura，Kanagawa	神奈川縣鎌倉郡
Kambaniroe	カムバニロ
Kamburi	ハシドニイ
Kamchatka	カムチャッカ
Kami District	香美郡山田町
Kamiina，Nagano	長野縣上伊那郡伊那町
Kami-machi，Nakano，Tokyo	東京都中野區上町
Kamimashiki District，Kumamoto	熊本縣上益城郡御船町
Kamimeguro，Meguro，Tokyo	東京都目黒區上目黒
kamimeguro，Meguro	目黒區上目黒
Kamiosaki，Shinagawa	品川區上大崎
Kamipew	ケマビュー
Kamitakaido	上高井戸
Kamitakamachi，Nakano	中野區上高町
Kamiuma，Setagaya，Tokyo	東京都世田谷區上馬町
Kamn Building	ガム・ビルデイング
Kamo，Shizuoka	静岡縣賀茂郡
Kamoto District，Kumamoto	熊本縣鹿本郡

英文地名	日文地名
Kamoto Gun	カモト郡
Kampoeng Senting	カンポエングセンテイング
Kampong Baroe	カムボン・バロー
Kampongs	カニボン
Kampung Baru	カンポンバルー
Kanagawa	神奈川
Kanagawa, Yokohama	横浜市神奈川
Kanazawa City	金澤市
kanazawa shicho, Ishikawa	石川縣金澤市長町
Kanbahru	カンバル
Kanbehonda, Suzuka, Mie	三重縣鈴鹿市神戸本多町
Kanburi	カンブリ
Kanchana Buri	カンチャナブリ
Kanchatka Peninsula	カムチャッカ半島
Kanda	神田區
Kanda, Tokyo	東京都神田區
Kandy	カアンデー
Kaneohe	カネオヘ
Kangbao	康保
Kangfuli	康福里
Kanggye	江界
Kaningo	ケニヤ
Kankarein	コーカレイク
Kanoya	鹿屋
Kanping Piason	カンポング・ピアサン
Kansai	關西
Kansai Region	近畿地方
Kantō	關東
Kaohsiung	高雄
Kaparapoka	カパラポカ
Kapingamarangi	カピンガマランギ
Kara Vienna	カラウェーン
Karakhan	カラハン
Karang	カラン
Karawat	カラワット
Karelia	カレリア
Karella	カレリヤ地峡
Karen	カレン

英 文 地 名	日 文 地 名
Karenko	花蓮港
Karijati	カリジャチ
Karimunjawa	カリムンジャワ島
Karoengan	カルンガン
Karuizawa	輕井澤
Karuizawa,Nagano	長野縣輕井澤町
Karymskaya	カルムスカヤ
Kashihara	橿原
kashima machi,Saga	佐賀縣鹿島町
Kashiwa,Chiba	千葉縣柏町
Kasumigaseki	霞ヶ關
Katipunan	カティプナン
Katonga	カトンガ
Katrai	カトライ
Katsushika	葛飾區
Kawage,Mie	三重縣河藝郡
kawaguchi machi,Nishi	西區川口町
Kawamachi,Iruma,Saitama	埼玉縣入間郡入間川町
Kawana	川奈
Kawasaki Statio	川崎駅
Kawasaki Wharf	川崎埠頭
Kawasaki,Kanagawa	神奈川縣川崎市
Kawtin Village	カウティン村
Kazak	カザック
Kazakeivitch Passage	カザケウイチ水道
Kazuno	鹿角
Kedah Province	ケダ州
Kediri	ケディリ
Keelung	基隆
Keiko	慶興
Keiko Fortress	慶興要塞
Keimobu	ケイモブ
Kelantan	ケランタン
Kelantan Province	ケランタン州
Kelicai	ケリカイ
Kema	ケマ
Kempong Toh	カムホンクトー
Kemurukuhi	ケムルク

英文地名	日文地名
Kendari	ケンダリ
Keneang village	ケネアング部落
Kengtung	ケントン
Kenhin Kemurukihi	ケンヒン・ケムルキヒ
Kent	ケント州
Kent House,11/16,Telegraph Street	テレグラフ街一一——一六 ケント館
Kent House, 11/16, Telegraph Street in the city of London	ロンドン市テレグラフ街一一——一六 ケント館
Kenya	ケンヤ
Keonoi	ケオノイ
Kepulauan Riau	リオー群島
Kerevat	クレヴァト
Kerman	ケルマン
Kertopati	ケルトパテイ
Kertosono	ケルトソノ
KERULEN RIVER	ケルレソ河
Keshan	克山
Ketaka,Tottori	鳥取縣氣高郡
Ketapang	クタパン
Ketteler Street	ケッテレル街
Kew	キュー
Kg. Postoe No. 12	ポスト街十二番
Khabarovsk	伯力
Khailastjin Gol	ハイルアステン・ゴル
Khalhin-Gol	ハルヒン・ゴル地区
Khalhin-Gol river	ハルヒン・ゴル河
Khalkhin Gol	ノモンハン
Khamoku	ホムスク村
Khao Koup	カオ・クウプ
Kharat-Ulain Obo	テクラト・ウリイン・オボ
Kharkov	ハリコフ
Khone	コーヌ島
Khong Islands	コン島
Khuduk	フドウク
Khulat Ulun-obo	ワラット・ウリイン・オボ
Ki ban machi	木阪町
Kiangi	キャンギイ
Kiangsi Soviet region	江西ソヴィエト区

英 文 地 名	日 文 地 名
Kichijoji Musashino-cho, Kitatama	北多摩郡武蔵野町吉祥寺
Kichijoji, Musashinocho	武蔵野町吉祥寺
Kien An	建安
Kieran	キエラン
Kiev	キエフ州
Kikosahto	リコータク
Kikuzaka-cho, Hongo	本郷區菊坂町
Kilda Road	キルダロード
Kimanis	キマニス
Kimi sawa, Chiba	千葉縣君澤郡大貫町
Kinarut	キネルート
Kingdom of Nejd and Hejaz	ヘヂァーズ及ネヂド國
King's Hall in Tokyo	東京赤政王會堂
Kinkasuki	金瓜石
Kinki	近畿
Kinki-kan Theater in Kandanishiki	神田錦町錦輝館
kinko mura, Saga	佐賀縣錦江村
Kinmen Island	金門島
Kin-o, Shibuya	澁谷區金王町
Kinsaiyoku, Kinsaiyork	キンサイヨーク
Kinsayok	キンウケーヨク
Kinsiok	キンシオック
Kioi, Kojimachi, Tokyo	東京都麹町區紀尾井町
Kioicho	紀尾井町
Kiraz	キラス湾
Kirihkan	キルカン
Kishu Port	紀州港
Kita teiritsu, Saitama	埼玉縣北定立郡
Kita, Ehime	愛媛縣喜多郡
Kita, Shinohara, Yokohama	横浜市北區篠原町
Kita, Osaka	大阪市北區老松町
Kitada Kagetaka	キタダ・カゲタカ
Kita-Kawacki-Gun, Osaka-Fu	大阪府北河内郡枚方町
Kitakyushu	北九州
Kitasaku, Nagano	長野縣北佐久郡
Kitazawa, Setagaya	世田谷區北澤町
Kitazawa, Setagaya, Tokyo	東京都世田ヶ谷區北澤町
Klang	ケラン河

英文地名	日文地名
Klaten	クラテン
Kluang	クルアン
Kluang Klai	クルアン・クライ
Kneesworth Street	ニースウォース街
Ko amaga hara	高天ヶ原
Kobe	神戸
Kochi	高知
Kodiak	コティアック海軍航空隊基地
Kodiak Island	コディアック島
Koebele	コエベル
Koebele Jetty	コエベルジェティ
Koeboe	クブー
Koenji	高園寺
Koepang	クパング
Koetai	クタイ地區
Kohoku, Yokohama, Kanagawa	神奈川縣横濱市港北區
Koishikawa	小石川區
Koishikawa, Tokyo	東京都小石川區
Kokand	浩罕
Kokonor Lake	庫庫淖爾湖
Kokopo	ココポ
Kokura	小倉
Kokutsu	コクツ
Kolovenneila	コロヴェンネィラ
Kolovennera	コロベソネーラ
Kolsako	コルウコ
Komaba machi, Meguro, Tokyo	東京都目黒區駒場町
Komagome Sendagi-cho, Hongo	本郷區駒込千駄木町
Komagome, Toshima	豊島區駒込
Komcoita	ユンコイタ
Komsomolsk	コムソモルスク
Komsomolsk-Nikolaevsk	コムソモロスク・ニコライフスク地區
Konaka Dai, Chiba	千葉市小仲臺町
Koningsplein	コーニングスプレイン
Konkoiter, Konkoita	コンコイター
Koraku-en	後楽園
Korea	朝鮮
Korean Peninsula	朝鮮半島

英文地名	日文地名
Kork, Tobelsky	トボリスカヤ縣コルカ村
Koror	コロール
Koror Palau	パラオ・コロール島
Koshigoe, Kamakura	鎌倉市腰越町
Koshu	甲州
Kossol	コッソル
Kota Bahru	コタバル
Kota Bandung	バンドン
Kota Belud	コタベルト
Kota Tjane	コタトジャネ
Kotaradja	コタラッジャ
Kotaraja	コタラジャ
Kothelian	コヤリアン
Kotta Baroe	コタバロ
Koup	古邑
Kowloon	九龍
Kowloon Peninsula	九龍半島
Kozaka	小坂
Kra Isthmus	クラー地峡
Kra Peninsula	クラ半島
Krainov(Karantin)	クライノフ
Krambunai	クラムブナ
Krangi	クランギー
Kratie	クラチェ
Kremlin	クレムリン
Krishna River	クリシナ河
ku Shoto, Shibuya, Tokyo	東京都澀谷區松濤
ku Yoyogi Daisen, Shibuya, Tokyo	東京都澀谷區代々木大山町
Kuala Balat	クアラ・バラット
Kuala Lumpur	クアラルンプール
Kuala Paamat	クアラ・パーマット
Kuanchengzi	寛城子
Kuandian	寛甸
Kuban	クバン
Kubo, Naka, Yokohama	横浜市中區久保町
Kuching	クチン
Kugenuma	鵠沼
Kuibshevska	クイブシェフカ

英文地名	日文地名
Kuibyshev	クイビシェフ
Kujūkuri Beach	九十九里濱
Kulunhai	枯輪海
Kumameto	熊本
Kunghair	共和爾村
Kunlun Pass	昆侖關
Kunming	昆明
Kunshan	昆山
Kunshan Station	昆山驛
Kuo Fu Lu	クオ・ツウ通
Kupang	クパン
Kura	クラ
Kurai	クライ
Kure	呉
Kure Naval Base	呉軍港
Kure, Hiroshima	廣島縣呉市
Kurgan	クルガン市
Kuria	クリア
Kurihama	久里濱
Kuril Islands	千島列島
Kuril Straits	千島海峽
Kuriye	庫倫
Kuroshima	黒島
Kurringe	クルリンゲ
Kurume	久留米
Kusaie	クサエ
Kuse, Kyoto	京都府久世郡
Kushiro, Hokkaido	北海道釧路郡釧路村
Kusilasum	クシラスーム
Kuwana	桑名
Kwajalein	クエゼリン
Kwantan	クワンタン
Kwantung Leased Territory	關東州租借地
Kwasaki	川崎
Kwoh Fu Lu	クオウフウ・ルウ
Kyaikto	キャイクト
Kyakhta	恰克國
Kyan	喜屋武

英文地名	日文地名
Kyih San	キュウサンル
Kylua	キリア
Kyonkaya	キョンカヤ
Kyontaw	キョンタカ
Kyoto	京都
Kyu ryo, Kagoshima	鹿兒島縣給良郡横川町
Kyushu	九州
La Guaira	ラ・グワィラ
La Trinidad, Benguet, Mountain Province, P. I.	ベンヂット・ラ・トリニダド
La Union	ラ・ユニオン州
Labores, Pandacan District, Manila, P. I.	ラボレス街
Labuan	ラブアン
Labuk Road	ラプク街道
Laccadive	ラカデブ群島
Lae	ラエ
Lagoan	ラゴアン
Laguna Prov	ラグナ州
Laha	ラハ
Lahaina	ラワイナ
Lahasusu	拉哈蘇蘇
Lai Chau	末珠
Laizhou	萊州
Lake Baikal	貝加爾湖
Lake Bail	ボイル湖
Lake Biwa	琵琶湖
Lake Boir Dalai	貝爾達頼湖
Lake Changchi	チャンチイ湖
Lake Hassan	哈桑湖
Lake Issyk-koul	特穆爾圖淖爾湖
Lake Kasumigaura	霞ヶ浦
Lake Onega	オネガ湖
Lake Osaisang	齊桑淖爾湖
Lake Road	レーク路
Lamamiao	ラマ廟
Lamao	ラムノ
Lambeth Street	バス街
Lambezellec	ラムブゼレック
Lamotrek	ラモトレック

英文地名	日文地名
Lamtprapat	ランドプラパット
Lanai Island	ラナイ島
Lanao	ラナオ
Lancashire	ランカシヤ
Lanfeng	蘭封
Lang Son	諒山
Lạng So'n	ランソン
Langar	ランガル島
Langfang	廊坊
Langham	ランハン
Langoan/Langowan	ランゴアン
Langtou	浪頭
Lannidu Ferry	爛泥渡
Lanxi	蘭溪
Lanxi	蘭西
Lanyizhuang	藍衣莊
Lanzhou	蘭州
Lao Cai	ラオカイ
Lao Me Tsang	ラオ・メッアン
Lao Tsohay	老走
Laoag	ラオアグ
Laoheishan Mountain	老黒山
Laojiangkou	老江口
Laos	老撾
Laotougou	老頭溝
Laowangfu	老王府
Laperlier	ラベルリエー
Lapoy	ラポイ
Larantoeke	ララントケ
Larbre	ラーブル所
Large Asia	大亜細亜
Large Ikura Tamachi	大井倉田町
Las Vegas	ラスヴェガス
Lasang	ラサング
Lat. 115°— Long. 40°30′	北緯 115 度ー東経 40 度 30 分
Lat. 116°30′—Long. 42°30′	北緯 116 度 30 分ー東経 42 度 30 分
Lateri	ラテリ
Latin	ラテン

英文地名	日文地名
Latin America	ラテンアメリカ
Latvija	ラトヴィア
Laulau	ラウラウ
Laura	ローラ島
Lautem	ラウテム
Lavender Street	ラヴェンダ街
Lazo	ラゾ街
Le Havre	ル・アーヴル
Lechang	樂昌
Lecture Halll of Nippon Seinenkan	日本青年館大講堂
Leeward	リワド群島
Legaspi	レカスピ
Lehui	樂會
Lei Mun	レイ・ムン
Leibai gang	雷白港
Leicester	レスター
Leigh-on-sea	リンオンシー
Leigushan	雷鼓山
Leipzig	ライプチヒ市
Leishishan	磊石山
Leizhou Peninsula	雷州半島
Leizhoujiao	雷州角
Lembang	レンバン
Leningrad	レニングラード
Lens	レンス
Leon	レオン
Lequn Road	樂群路
Leran	レラン島
Lesser Sunda	レッサー・スンダ
Lesser Sunda Island	スンダ諸島
Leyte	レイテ
Lianbing	連兵
Liancheng	連城
Liang	リアング
Liangdong Township	兩洞郷
Liangshan	梁山
Lianjiang County	連江縣
Lianping	連平

英文地名	日文地名
Lianshui	漣水
Lianxian County	連縣
Lianyungang	連雲港
Lianzhou	廉州
Lianziying	蓮子營
Liao Dong Bay	遼東灣
Liaodong	遼東
Liaodong Peninsula	遼東半島
Liaodong Peninsula Concession	遼東半島租借地
Liaodong Territory	遼東領域
Liaohe River	遼河
Liaohe River Valley	遼河流域
Liaoning	遼寧
Liaoxi	遼西
Liaoyang	遼陽
Liaoyuan	遼源
Liberia	リベリア
Libya	リビヤ
Licheng County	黎城縣
Liezikou	埒子口
Lijiagou	李家溝
Lijiang River	離江
Lijie	黎界
Lilian Point	リリアン岬
Liling	醴陵
Liling Station	醴陵驛
Lillihi	リリ
Lima	リマ
Limburg	リンブルク州
Lime Street	ライム・ストリート
Lindfield	リンドフィールト
Lindong	林東
Linfen	臨汾
Linfen River	臨紛河
Lingayen Bay	リンガエン灣
Lingding Island	伶仃島
Lingga	リンガ群島
Linggu Temple	靈谷寺

英文地名	日文地名
Lingkas	リンカス
Lingmen	嶺門
Lingnan	陵南
Lingu, Lingga	リンガ
Linguien	リングエン
Lingyuan	陵源
Linjiang	臨江
Linkou	林口
Linothangan, Malaiba, Calupa-an (Quezon), Balag	リノサンガンマライバカルパアン(クエゾン)バラバック
Lintingkou	林亭口
Linxi	林西
Linxian County	林縣
Linxiang	臨湘
Linxiangji	臨湘磯
Linyu	臨域
Linyuji	臨漁集
Lion Mountain	獅々山
Lion Rock Fort	獅子山砲台
Lion Rock, Wuxue Waterway	武穴水道獅子山
Lipa	リパ
Lipa, Batangas Province, Luzon P. I	プロヴィンスリパ市
Liquica	リクイサ
Lisal	リサル
Lisbon	リスボン
Lishi Township,	里市郷第五保
Lishi Township, Jiangling County	江陵縣里市郷
Lishu Town	梨樹鎮
Lishui	立水
Lishui	麗水
List Takashimacho Station	表高島町驛
Lithuania	リスアニア
Little Baguio	リツルバガオ
Little Falls	リトルフォルズ
Littlefield Texas	ルットルフィールド
Liugong River	劉公河
Liuhe	柳河
Liuhe	劉河

英文地名	日文地名
Liuhegou	六河溝
Liujindou Town	六金闘鎮
Liutiaogou	柳條溝
Liutiaogou Station	柳條溝驛
Liuyang	瀏陽
Liuzhou	柳州
Liuzhuang	劉莊
Liv Ing Stone	リヴイングストン
Liverpool	リバープール
Liverpool Street	リバープール街
Liyang	溧陽
Liziyuan	李子園
Lo Chia Lu	ロ・チア通
Lobang	ロバング
Loc. Binh	ロク・ビン
Locarno	ロカルノ
Lodi	ローグイ
Logan	ローガン市
Loh Soekoen	ルオソエコエン
Lolobata	ロロバタ
Lombok	ロムボク
Londa	ロンダ
London	倫敦
Long Thanh	龍清
Longchi'an	龍池庵
Longchixiang	龍池巷
Longhai Railway	隴海線
Longhua	隆化
Longhua	龍華
Longhua Airfield	龍華飛行場
Longhua Parking Lot	龍華停車場
Longjiang	龍江
Longjiang County	龍江縣
Longjiang Province	龍江省
Longjing Village	龍井村
Longkou	龍口
Longling	龍陵
Longmen	龍門

英文地名	日文地名
Longnan	龍南
Longnawan	ロングナワン
Longtcheou	ロンテェオー
Longwangmiao	龍王廟
Longxi	龍溪
Longyuan	龍原
Longzhou	龍州
Longzhu Road	龍珠路
Lonsi	レンシー
Loon,Bohol	ローン
Lopok	ロポク
Lord North	ロード・ノース
Lorenyso marcez	レンソ・マルケス
Lorenzo Marques	ロレンソ・マルケス
Loret,Sampaloc,Manila	ロレト
Lorient	ロリアン
Lorraine	ローレン
Los Angeles	ロスアンゼルス
Lotus Artillery Battery	蓮花砲臺
Lower Mieke	ローワーミーケ
Loyalty	ロカルチー群島
Loyalty Islands	ロヤルテイー島
lpoh	イポー
Luam Island	ルアン島
Luandong	灤東
Luang Prabang	ルアン・プラバン
Luanhe River	灤河
Luanping	灤平
Luanxian County	灤縣
Luanzhou	灤州
Lubao	ルバオ
Lubei	魯北
Lubu	祿步
Lucena	ルセナ
Lufeng	陸豊
Lufkin Texas	ルフキン
Lukou Station	淥口驛
Luntad Street,Palo,Leyte,P. I.	ランタド街

英文地名	日文地名
Luntal	ルンタル
Luodian Town	羅店鎮
Luoding	羅定
Luoshan	羅山
Luoshan Hill	螺山
Luoshan Hill in Linxiangji	臨湘磯螺山
Luoyang	洛陽
Luozigou	羅子溝
Lushui	陸水
Lushun	旅順
Lushun Port	旅順港
Lutai	蘆台
Lutong	ルトング
Lutong Ferry	ルトオング・フェリー
Luxembourg	盧森堡國
Luxizhou	陸溪洲
Luzhou	廬州
Luzon	呂宋
Lvov	リウオフ市
Lyemun	リイエマン
Lyndhurst	リンドハースト
Ma T'ai Chieh	マ・タイ通
Maabud	マアバト
Ma'an	馬鞍
Ma'an Archipelago	馬鞍群島
Ma'anshan	馬鞍山
Mabashi 2 - chome, Suginami	杉並區馬橋二丁目
Mabini Street	エイ・バビニイ街
Macao Delta	澳門州
Macassar	マックアーサ
Macau	澳門
Macedonia	マケドニア
Machang	馬廠
Machigou	麻池溝
Mackaylaan	マッケイ街
Mackenzie	マッケンシー河
Mactan	マクタン
Madagascar	マダガスカル

英 文 地 名	日 文 地 名
Madang	馬壒
Madang Town	馬當鎮
Madangjia	馬當夾
Madioen	マディウン
Madoera	マドラ
Madras	マドラス
Madrid	マドリッド
Madura	マズラ島
Maebashi, Gunma Prefecture	群馬縣前橋市
Maffin	マフィン
Magelang	マゲラン
Magong	馬公
Magong Naval Port	馬公海軍軍港
Mahe	馬合
Maiana	マイアナ
main island	本島
Maine	メイン州
Maizuru	舞鶴
Maizuru Port	舞鶴港
Majia Alley	馬家胡同
Majiawan	馬家灣
Majishan Island	馬積山島
Majuro	マシュロ
Majuro atoll	マジーロ・アトル
Makabe, Ibaraki	茨城縣真壁都
Makale	マカレ
Makapili	マカピリ
Makassar	マカッサル
Maki machi, Chuo, Tokyo	東京都中央區槇町
Makin	マキン
Makou	馬口
Malabar	マラバル
Malabunga	マラブンガ
Malacanang	マラカナン
Malacca	マラッカ
Malacca Strait	マラッカ海峽
Malaiba	マライバ
Malakal	マラカル島

英文地名	日文地名
Malang	マラング
Malarayat Mountains	マラヤット山
Malaria	マラリヤ
Malay	馬來
Malay Peninsula	馬來半島
Malaya Dmitrovka	マーラヤ・ドミトロフカ村
Malaya Novaya hill	マラヤ・ノバヤ丘
Malaya Tchertova	マーラヤ・チョルトヴァ
Malayan	マラヤン
Malaybalay, Bukidnon, Mindanao, P. I.	ブキンドノン・マライバレイ
Malaysia	マレー帝國
Maldive	マルデブ群島
Maliandong	馬連洞
Malkinia	マルキニア
Maloelap	マロエラ
Malolos	マロロス
Malta	マルタ
Maluccas	マルッカス
Malvar	マルバー
Mambaling, Cebu, P. I.	マンバリン
Manado	メナド
Manatanani	マンタナニ
Manatuto	マナトウト
Mancheng	満城
Manchester	マンチェスター
Manchuria	満洲
Manchuria Plain	満洲平原
Mandailing	マンダイリン
Mandalay	マンダレー
Mandampog, Balingasag, Oriental Misamis, Mindanao, P. I	ミサミスバリガサグマンダムポグ
Mandor	マンドル
Manggalaan	マンガラン
Maniburu	マニブール
Manigaha	マニアガハ島
Manika	マリキナ河
Manila	馬尼刺
Manipi	マニピ

英 文 地 名	日 文 地 名
Manitoba	マーチモント路
Mankayan	マンカヤン
Manokwari	マノクワリ
Manpo Town	満浦鎮
Mantanani Islands	マンタナニ島
Mantawani	マンタワニ島
Mantokusann Zaczernaya	マントクリン・ザオゼルナヤ
Manzhouli	滿洲里
Maoemere	マオエメレ
Maoming	茂名
Maoshan	茆山
Maozhuang	毛庄
Maple	メイプル街
Maracaibo	マラカイボ
Marasupe	マラスペ
Marburg	マールブルグ
Marburg,Germany	獨逸國マールブルグ
Marco Polo Bridge	盧溝橋
Marcus	マルキュス
Mariana	マリアナ群島
Marikofu village	マリコフ村
Marin	マリーン郡
maritime province	沿海州
Mariveles	マリベレス
Mark	マルク
Market street	マーケット街
Maroe	マルウ
Marouesas	マルクエサス群島
Marrickville	マリックビル
Marseilles	マルセイユ
Marshal Islands	マーシャル群島
Marshall	マーシャル
Martindale	マーチンテール市
Martinique	マルチニック島
Maru certain city Honcho,Kagawa	香川縣丸某市本町
Marubayashi,Tanomura,Tomata-Gun,Okayama	岡山縣苔天郡田邑村
Marudi	マルテイ
Marugame	丸龜

英文地名	日文地名
Marujippu	マルジップ
Maruyama，Shibuya	澁谷區丸山町
Maryland	メリーランド州
Masbate	マスバテ
Mass	マス
Masulioatam	マスリバタム
Matabia	マタビヤ
Matin	マタン
Matou Town	馬頭鎮
Matsubara，Setagaya，Tokyo	東京都世田谷區松原町
Matsudo，Chiba	千葉縣松戸市
Matsue	松江市
Matsuiyama	松山
Matsumoto，Nagano	長野縣松本市
Maua	マウア
Maubarra	マウバラ
Maug	マウグ
maui	マウイ島
Mauritius	モーリシアス
Mauroau	マウレアウ
Mawei	馬尾
Maymyo	メイミョウ
McAllister	マクアリスター街
McCann	マッカン
Mckinley	マッキンレー
Mcrecambe	モロキキナ
Medan	メダン
Mediterranean Sea	地中海
Meguro	目黒區
Meguro ku Nakane machi，Tokyo	東京都目黒區仲根町
Meguro，Tokyo	東京都目黒區町
Meicun	梅村
Meiji Shrine	明治神宮
Meijibiru	明治ビル
Meiklila	メークテーラ
Meiktila	ミイクテイラー
Meir	メイア
Meizhou	眉州

英 文 地 名	日 文 地 名
Mejiro	目白
Mejiro, Toshima	豊島區目白町
Mejiro, Toyoshima, Tokyo	東京都豊島區目白町
Mekong River	メコン河
Melanesia	メラネシャ地方
Melbourne	メルボルン
Melpawah	ムンパワー
Memphis	メムフイス
Mendiola Street	メンデイオラ街
Mengcheng County	蒙城
Mengzi	蒙自
Mentengweg	メンテングエグ
Mentougou	門頭溝
Merauke	メラウケ
Meriren	メリレン島
Mesopotamia	メソボタミヤ
Mesot	メソト
Messord	メソード
Messter Cornelis	ミスターコウネリス
Mexican state	メキシコ州
Mexico	墨西哥
Mexico Bay	メキシコ湾
Mezari	メザリ
Miami	マイアミ
Mianyang	沔陽
Mianzhou	綿州
Michigan	ミシガン州
Middle East	中東
Middlebrook	ミドウルブロック
Middlesex	ミドルセックス州
Midorigaoka	緑ヶ丘
Midorigaoka, Meguro, Tokyo	東京都目黒區緑ヶ丘
Midway	ミッドウェー
Midway Atoll	ミッドウェー島
Mie	三重
Mie, Mie	三重縣三重郡
Miguel Mayuga	ミグエルマユガ
Mili	ミリ環礁

英文地名	日文地名
Millbank, London	ロンドンミルバンク
Mille	ミレ
MILLE Atoll	ミレアトル ミレ島
Mille Malloel	ミル・マロエラプ
Milne Bay	ミルン湾
Milngavie Kintyrie	ミルンガヴィー キンタイリー
Minahassa	ミナハサ
Minami	南區
Minami, Yokohama	横濱市南區井土ケ穀中町
Minamisenju, Arakawa	荒川區南千住町
Minamisenzoku, Ota, Tokyo	東京都大田區南千束町
Minamishiro, Takada, Niigata	新潟縣高田市南城町
Minamitama, Tokyo	東京都南多摩郡
Minami-Tori-Shima	南鳥島
Minamitsuru District, Yamanashi	山梨縣南都留郡
Minato shiba shinbashi	港區芝新橋一ノ二
Minato, Osaka	大阪市港区入幡屋松之町
Minato, Tokyo	東京都港區高輪南町
Mindanao	ミンダナオ
Mindoro	ミンドロ
Ming Xiaoling Mausoleum	明孝陵
Mingjiang River	明江
Mingshui	明水
Minkathit Village	シンカチット村
Minneapolis	ミネアポリス
Minnesota	ミネソタ州
Minora Road	マイノラロード
Mioshi	ミオシ
Miracle Tuft	シラクル・タフト
Mirchot	ミルチョット
Miri	ミリ
Miri Sarawak	ミリサラワク
Mishan	密山
Mishima	三島市
Mission, Buguey, Cagayan, Luzon, P. I.	ブゲー・ミション
Mississippi	ミンシピ州
Mitaka, North Tama, Tokyo	東京都北多摩郡三鷹町
Mitaka-cho, Kitatama	北多摩郡三鷹町

英 文 地 名	日 文 地 名
Mitsubishi Building No. 31, Tokyo	東京三菱第三十一号館
Miura Kanagawa	神奈川縣三浦郡
Miyagi	宮城
Miyagi Niju-bashi Bridge	宮城二重橋
Miyajima	宮島
Miyakaa, Naka, Yokohama	横浜市中區宮川町
Miyamae, Meguro	目黒區宮前町
Miyanoshita	宮ノ下
Miyata	宮田
Miyazaki	宮崎
Miyoshi	三次
Miyuan	泌源
Miyun	密雲
Mizora	ミゾラ
Mizusawa village, Mie	三重郡水澤村
Moa Island	モア島
Moeara	モエアラ
Moem	モエム
Moen	モーエン島
Moentilan	モエンチラン
Mogacha	モガチヤ
Mohammedian	マホメット
Moji	門司
Mokou	漠口
Mokpo	木浦
Moksokwin Forest	モクソクウイン
Moluccas	マラッカス
Mombasa	モンバサ
Momozono-cho, Nakano	中野區桃園町
Mon Repos	モン・ルホ荘
Monaco	モナコ國
Mongkai	モングカイ
Mongolgorod	モンゴルゴーロド
Mongolia	蒙古
Mongolia's Military Outpost	蒙古軍哨所
Monoay	蒙核
Monpanu	モンパン
Montague Bay	モンテーグ湾

英文地名	日文地名
Montalban Road	モンタルバン
Montbozon	モンボソン
Montenegro	モンテネグロ國
Montokusan	モントクサン部落
Montreal	モントリオール
Moona	モーナ
Moore	ムーア
Mopanshi	磨盤石
Moravia	モラヒヤ
Moresby	モレスビー
Moriyacho warehouse	守屋町倉庫
Moriyama Village	モリヤマ村
Mornington	モーニングトン
Moro River	モロ河
Morobe	モロベ
Morocco	モロッコ
Morotai	モロタイ
Mortlock	モルトロック
Morumen district	モウルメイン地区
Moscow	モスクワ
Moscow Kalujskaya	モスコーカルジスカヤ街
Moteo	モテオ
Motoyama	モトヤマ
Mouchi	モウチ
Moulmein	モールメイン
Mount Atago	愛宕山
Mount Changbai	長白山
Mount Daping	大平山
Mount Fuji	富士山
Mount Heng	衡山
Mount Lu	廬山
Mount Shiroyama	城山
Mount So-yueh-erh-chi	索岳爾濟山
Mount Street	パースマウント街
Mount Wutai	五台山
Mountain Home	マウンテーンホーム
Mountain Prov.	マウンティン州
Mozambique	モザンビック

英文地名	日文地名
Mozihe	莫子河
Mr. Konoe's Official Residence	近衛公官邸
Mt Calugong	カルゴング山
Mt. Sanada Army Graveyard	真田山陸軍墓地
Mt. Chortova	チョールト山
Mt. katrai	マワカトライ
Mt. Parker	バーカー山
Mudanjiang	牡丹江
Mudanjiang East Tunnel	牡丹江東方隧道
Mudon	ムドン
Mufu Mountains	幕府山
Muguai	ムグアイ
Mukhorobo	ムホル・オボ
Muko shima	婿島
Mulan	木蘭
Mulawin	ムラウイン
Muling	穆稜
Munda	ムンダ
Mungao	ムンガオ
Munich	ミューニツヒ
Munlawin	ムンラウイン
Muntinglupa	マンテインクルバ
Muntinlupa	ムンテインルバ
Muntok	ムントック
Murchison	マーチソン
Muroran	室蘭
MUS Village	マス村
Musashi Nomachi, Tokyo	東京都武藏野町
Musashino, North Tama, Tokyo	東京都北多摩郡武藏野町
Mushiqiao	木石橋
Musi River	ムシ河
Mutankiang	ムダンジタン市
Mutsu Bay	陸奥海灣
Mveniong	マーニオン・グローウ
My Tho	美壽
Myabaung	ミアナウング
Myin Wa Taung	ミャナウング
Mylnebeck House	ミルネ・ベック・ハウス

英文地名	日文地名
Myrniong Grove Hawthorn	ミルニオンダグローヴホーソーン
N. 8 Tung Kwa Chih	タンクワ池八号
N. Domingo Street	エヌ・ドミンゴ街
Nabha State	ナバハ候国
Nabuti	ナブチ
Nacham	ナチャム
Nada	那大
Naftan	ナプタン
Nafutan	マフタン
Nafutan point	ナフタン岬
Nagano	長野
Nagaoka, Shizuoka	靜岡縣長岡
Nagasaki	長崎
Nagasaki Pier	長崎棧橋
Nagasaki, Nagsaki Prefecture	長崎縣長崎市東小島町
Nagata, Kojimachi, Tokyo	東京都麴町區永田
Nagata, Kojimachi	麴町區永田町
Nagatacho	永田町
Nagato	長門
Nagoya Hotel, Fengtian	奉天名古屋旅館
Naha	那覇
Nahareca	ナハレカ
Nahe	納河
Nai bridge	ナイ橋
Naka, Yokohama	横浜市中區
Nakagusuku Bay	中城湾
Nakameguro, Meguro, Tokyo	東京都目黒區中目黒一
Nakano	中野区
Nakano, Tokyo	東京都中野區
Nakauonuma, Niigata	新潟縣中魚沼郡
Nakoe Faton	ナコン・バトン
Nakom Nyok	ナコン・ニョック
Nakonpaton	ナコンパトン
Nam Quan	鎮南関
Namarula	ナマヌラ
Namoa Island	南澳島
Namonuito	ナモヌイト
Namquan	ナムカン

英文地名	日文地名
Namur Khan Burd-obo	ヌムンハン・ブルド・オボ
Namyang, Korea	朝鮮南陽
Nan Mountains	南嶺
Nan San Xiang, Shui Xi Men	水西門外南傘巷
Nanchang	南昌
Nancheng	南城
Nancun	南村
Nancun Village, Yinyangying	陰陽營南村
Nangagua	ナンガグア
Nanhui	南匯
Nanjing	南京
Nanjing Railway Parking	南京鐵道停車場
Nanjing Station	南京驛
Nankou	南口
Nankou Town	南口鎮
Nanlv	南閭
Nanmenpo	南門坡
Nanning	南寧
Nanshan Mountain	南山
Nanshi	南市
Nanshi District, Shanghai	上海南市
Nantongzhou	南通州
Nanuku	ナスク
Nanxiang	南翔
Nanxiong	南雄
Nanxiu Village, Yinyangying	陰陽營南秀村
Nanyang	南陽
Nanyuan	南苑
Naoetsu	直江津
naphthen	ナフテン
Napier Gardens	ナピアガーデンス
Napoli	ナポリ
Nara	奈良
Narashino Hara	習志野原
Nashimoto-no-miya	梨本宮
Nassau County	ナッソウ郡
Nasu, Tochigi	栃木縣那須郡
Natuna	ナトナ群島

英文地名	日文地名
Naungkho	ナウンケエ
Nauru	ナウル島
Naval Base In Indochina	印支海軍根據地
Navy Station S (Bainbridge Island, Washington)	ワシントン洲ベンブリッヂ島
Nazareth	ナザレ
Nazis Deutschland	ナチ・ドイツ
Nea Bedford	ニューベッドホード
Near East	近東
near Liutiaogou to the North of Fengtian Station	奉天驛北方柳條溝
Nebraska	ネブカラスカ州
Negrisembilan Province, Negri Senbiran Province	ネグリセンビラン州
Negro	ネグロ
Nellore	ネロル
Nelson Road	ネルソン街
Nenjiang	嫩江
Nenjiang-Jiangqiao	嫩江江橋
Nerima, Tokyo	東京都練馬區東大泉町
Nerja River	爾哈河
Netherlands	和蘭
Netherlands Borneo	ボルネオ
Netherlands Indies	蘭領印度
Netherlands New Guinea	蘭領ニューギニヤ
Netherlands Timor	蘭領チモール
NetherlandsTerritory	蘭領
Nevavicaya	ネヴァヴィスカヤ
New Britain	ニューブリテン
New Britain Island	ニューブリテン島
New Caledonia	ニューカレドニア
New East Asia	新東亜
New Gorgia	ニュウジョジア
New Guinea	ニューギニア
New Hampshire	ニューハンプシャー
New Hebrides	ニューヘブライス群島
New Indochina	新印度支那
New Ireland island	ニューアイルランド

英 文 地 名	日 文 地 名
New Jersey	ニュージャージ州
New South Wales	ニュウサウスウェールス
New Washington	ニュー・ギニイ
New York	紐育
New York Long Island Queen's Village	ニュー・ヨーク州・ロング・アイランド・クイーンズ・ヴィレッヂ
New Zealand	新西蘭
Newcastle	ニューカツスル
Newfoundland	ニューフアウンドランド
Newstead	ニューステッド
Nga Bat Kya Village	ヌガバトキャ
Ngabang	ニガバン
Ngalangel	ヌガジャンゲル島
Ngapyawdaw Village	ナプヨードー村
Ngerbeched	ソゲル・ベチェッド
Ngeremdtu	ソグレムデイウ
Ngeremid	メレケイオク村
Ngoluanpi	ガランビ
Nha Trang	牙莊
Nicaragua	ニカラグア國
Nicholaevsk	ニコラエフスク
Nicobar Islands	ニコバル群島
Niekou	囁口
Nieson	ニースン
Nieuw Guinea road	ニュウギニヤ街
Nigawa	仁川
Nihonbashi,Chuo	中央區日本橋
Niigata	新潟
Niike	ニーケ
Niki	ニキ
Nikko	日光
Nikolaievsk	尼港
Nikunau Island	ニクナウ島
nile river	ナイル河
Ning'an	寧安
Ningbo	寧波
Ningcheng	寧城
Ningguo	寧國

英文地名	日文地名
Ningguta	寧古塔
Ninghai Road	寧海通
Ninghai Road NO. 5	寧海路五番地
Ninghai Street	寧海街
Ninghai Street NO. 5	寧海街五番地
Ninghe	寧河
Ningjin County	寧晋縣
Ningkou	寧口
Ningkou River	寧口河
Ningkuo Road	ニングクオ路
Ningling	寧陵
Ningxia	寧夏
Nirashima	韮島
Nishi, Takaido	西高井戸
Nishidamachi, Suginami, Tokyo	東京都杉並區西田町
Nishie Togawamachi, Koishikawa	小石川區西江戸川町
Nishigahara, Takinogawa, Tokyo	東京都滝野川區西ヶ原町
Nishi-gahara-machi, Kita	北区西ヶ原町
Nishikata, Bunkyo, Tokyo	東京都文京區西片町
Nishikunisaki, Oita	大分縣西國東郡高田町
Nishimuro, Wakajama	和歌山縣西牟婁郡稲成村
Nishi-Nakan-bu, 5 chomes, Shinagawa-ku, Tokyo	東京都品川區西中延五丁目
Nishinomiya, Hyogo	兵庫縣西宮市
Nishiogikubo, Suginami	杉並區西荻窪
nishiōkubo, Yodobashi	淀橋區西大久保
Nishi-Sugamo, Toshima	豊島區西巣鴨
Nishita machi	西田町
Nishita, Kagoshima	鹿兒島市西田町
Nishita, Suginami	杉並區西田町
Nisi Asibetu	ニシアシベツ
Niue	ニュオン群島
Niuzhuang	牛莊
No. 4 Fuqian Street	府前横街四号
No. 7 Dormitory, Nanjing	南京第七號宿舍
No. 1 Huaxin Lane, Shanghai Road	上海路華新巷一號
No. 1 Ta Sha Mao Hsiang	タ・シア・マオ・シアン小路一号
No. 1 Yangzhu Lane	洋珠巷一號

英 文 地 名	日 文 地 名
No. 100 Shanghai Road	上海路第百番
No. 102, Yuhua Road	雨花路一〇二號
No. 10Pei Hsia Lu	ペイ・シア通十号
No. 11 Lyon Road	リョン街十一番地
No. 11 Upland Park Road	アップランド公園通十一番地
No. 111 Onslow Gardens	ウォリントン・オンスローガーデンズ百十一番地
No. 11442 Cumpston Street, North Hollywood, Calif	カリフォニア・ノースホリウッド・カンプストン街
No. 115 Shanghai Road	上海通一一五号
No. 12 Prospect Terrace	ブロスペクト・テレス十二番地
No. 1270 Avenue of the Americans New York 20, N. Y.	ニューヨーク州ニューヨーク市二十区アヴェニユー・オブ・アメリカズ一二七〇番地
No. 13 Cozzens Avenue, Riverside, Rhode Island	ロードアイランド州リバーサイド市コゼンス通り十三号
No. 13 Mo Chen Lu	モ・チェン通十三号
No. 131 Apelo Cruz, Tabon, Pasay, Rizal	リザル・パセー・タボン・アペロ・クルズ百三十一番地
No. 1315 Cartwright Street Beaumont, Texas	テキサス洲ボウマント カートライト街一三一五番地
No. 1325 N. Keone Avenue Fremont Nebraska	ネブラスカ州フリモント市北キーン街一三二五番地
No. 13Chien Chang Hsiang	チェン・チアン小路十三号
NO. 14 Gaonianbai Village	高輦柏村十四號
No. 14 Xintun, Gulou	鼓樓新邨十四番地
No. 1448 Court St. Los Angeles, Calif	ロスアンゼルス市コート通り一四四八
No. 15 Gracechurch Street	ダレイスチャーチ街十五
No. 1622 Avenue B, Kearney Nebraska	ネブラスカ州カーネィ市 B 街 一六二二番地
No. 1640 Dayton Avenue, St. Paul Minnesota	ミネソータ州ポーロ市ヂレートン道一六四〇番地
No. 17 Addiscombe Road	アデスコム路一七番地
No. 17 Jeffery Street	ジェファリイ街十七番地
No. 171 Sheng Chou Lu	シェンチョウ通一七一號
No. 1784 Takanabe, Miyazaki Prefecture	宮崎縣高鍋町一七八四
No. 18 Tangfang Bridge, Nanjing	南京糖坊橋十八號
No. 18 Tung Ren Kai	タンレン・カイ十八号
No. 19 Huang Lj. Hsiang Chao Tien Kung	チアオ・チィエン寺ファン・リ小路十九号
No. 2 Middle Road, Chongqing	重慶中二路
No. 200 Buchanan Street	プキャナン街二零零番地
No. 204 Dewitt Street, Jackson, Miss	ミシシッピ州ジャックソン市デウイット通二〇四番地
No. 21 Yin Yang	イン・イアン・イン二十一号
No. 212 Nanjing Road, Shanghai, China	中國上海南京路二一二

英文地名	日文地名
No. 22 Tsang Kung Chiao	タンツエ街ツアンクン橋二十二号
No. 220 Alhambra Street, Ermita, Manila	エルミタ・アフレブラ街二二〇
No. 2237 Devonshire Road, N. W. Washington, D. C.	ワシントン市北西デヴォンシャ街二二三七番地
No. 225 N. W. 5th Street	西北五街二二五番地
No. 229 New South Head Risa	チクリフ・ニューサウスベットロード二二九番
No. 2346 North American Avenue, Altadena, California	カリフォルニア州アルタデナ市北エル・モリノ街二三四六番地
No. 24 Ta Hwai Hu Hsiang	タ・フワイ・フ小路二十四号
No. 247 Kuo Fu Lu	クオ・ツウ通二四七號
No. 3 Buston Road	コーストン通リ一三番地
No. 3 Chome, Matsugae Cho	松枝町三丁目三十五番地
No. 3 Wyarcine Flats	ワイアーヂン・プラット三番地
No. 30 Ten Tsai Ch'iao	テンツアイ橋三十号
No. 32 Hornton Street, London W. 8.	ロンドンW8ホーントン街三二番地
No. 321 Hou Tsai Men	ハウ・ツアイ門三二一番地
No. 33 Chestnut Street Peabody, Massachusetts	マサチューセッツ州ピボディ市チェスナット街三三番地
No. 338 Roan, Santa Cruz, Manila	サンタクルズ・ラオン三三八
No. 35 Hsiao Wang Foo Yuan	シアオ・ワン・ツー・ユアン三五号
No. 384 Tianjin Street	天津街三八四号
No. 4 Crescent Gardens	ガーデンス四番地
No. 4 Pynsent Street Horsham	ピンセント通四番地
No. 40, Jiuer Garden, Nanjing	南京市九兒園四〇號
No. 43 Yin Yang Ying	イン・イアン・イン四十三
No. 457 Jingzhai Road, Nanjing	南京京宅路四五七
No. 46 Shanghai Road	上海通四十六号
No. 4629 Kensington Avenue	ケンシントウ街四六二九番地
No. 47 West Street, Chao Tien Kung	チアオ・チィエン寺西街四十七号
No. 48b Pet Jenongan	ベット・ジェノンガン四八B
No. 49 Hyndham Street	ウキンダム街四九番地
No. 5 Hankou Road	漢口路五番地
No. 5 Richmond Road	ベッドフォード・リチモンド路五番地
No. 512 Dan mon Road, Singapore	新嘉坡ダンモンロード五一二番地
No. 519 Kooyong Road	クーヨング街五一九番地
No. 529 Merchant Street Rangoon Burma	ビルマ・ラングーン・マーチャン一街五二九
No. 53 Magallanes Street	マガラネス街ノ五三
No. 55 Coronation Road, Aldershot, Hants	ハンツ・アルダショット・コロネイション・ロード五五番地

英 文 地 名	日 文 地 名
No. 6 Dafang Road	大房小路六号
No. 6 Yihe Road	頤和路六番地
No. 602 Grosvenor House, 219 Route Cardinal Morcier	ルート・カーデナルメルシエ二一九・グローヴナーハウス第六〇二号
No. 61 Fifth Row	フィフスロウ六十一番地
No. 62, Columbia Road, Blackwell, Edinburgh	エヂンバラ・ブラックホル・コランバ路六二番地
No. 64 Beiping Road	北平通六十四番地
No. 7 bag Bukho murunsomon. aimar obsomer	オブソンヌール・アイマリ ブフムルン・ソモン第七バグ
No. 7 Baotai Street	寶臺街七番地
No. 7 Rennie Street North Williamstown	ノース・ウィリアムタウン レンニー街七番地
No. 7 Wei Ching	ウェイ・チン・リ七号
No. 7 Yui Hoo Fang	ユイ・フー・ファン七番地
No. 76 Jessfield Road	ゼスフイールド街第七十六番地
No. 76 Katahira Kawasaki City	川崎市片平七十六番地
No. 78 Lourdes Street, Pasay, Rizal	リザル・パセー・ロルデス街七八番地
No. 80 Yui Hwa Lun	ユイ・ツワ・ルン八十号
No. 9 Ku Ling Temple	ク・リン寺九番地
No. 933 Benning Blvd Columbus, Ga	ジョージア州コマンバス市ベニング街九三三番地
No. 95 Cliftonville Road Belfast, Northern Ireland	北愛蘭ベルファスト・クリフトンヴィル路
Noborito, Chiba	千葉市登戸
Noemfoor Island	ノエムフーア島
Nogata-cho, Nakano, Tokyo	東京都中野區野方町
Noisy-le-Grand	グランヴィルイースト
Nollis	ノーリス街
Nomo-Kan Burd Obo	ノモン・カン・ブルド・オボ
Nomongan-Burd-Obo	ノモンハン・ブルド・オボ
Nomotsohrin	ノモトソーリン
Nongjiang	濃江
Nonouti	ノノウチ
Nonpradoc	ノンプラドック，ノンブラドック
Norfolk	ノーフォーク
Norga	ノーガ
Norham-on-Tweed	ノーハム・オン・トワイード
Normandie	ノルマンディー
North Africa	北阿佛利加
North America	北米
North and Central China	北中支

英文地名	日文地名
North Asia	北亜
North Atlantic Ocean	北大西洋
North Carolina	ノースカロライナ
North Chahar	北察哈爾
North Chahar	察北
North China	北支
North China	華北
North China	北中國
North Coast of Hangzhou Bay	杭州灣北岸
North Coast of the Yellow Sea	黄海北岸
North Darwin	北方ダーウヲン
North Fitzroy	北フイツロイ
North Indochina	北部印度支那
North Korea	北部朝鮮
North Kurils	北千島
North Manchuria	北滿
North Manchuria Railway	北滿鉄道
North of Australia	濠北
North of Shaanxi	陝北區
North Pacific Ocean	北太平洋
North Sichuan Road	北四川路
North Station, Shanghai	上海北停車場
North Street, Wuyuan	五原北街
North Tama county, Tokyo	東京都北多摩郡
North Wales	北ウェイル
North Xing'an	北興安
Northeast China	東北
Northern Atlantic	北太西洋
Northern Caucasia	北高架索
Northern Europe	北歐
Northern Ireland	北愛蘭
Northern Luzon	北部呂宋
Northern Mongolia	北部蒙古
Northern Rhodesia	北ローデシャ
Northern Sakhalin	北樺太
Northern Sumatra	北部スマトラ
Northest of Lucban	ルクバン北東
Northumberland	ノーサンバランド

英文地名	日文地名
Norway	諾威
Noto ryo misaki	能登呂岬
Nottingham Street, Karori, Wellington	ウェリントン市・カロリ・ノッティンガム街
Novo-Alekseevka	ノボーアレクセーエフカ地区
Novokievsk	煙秋
Novoya Derevnya	ノーワャ・デレウニヤ
Nozawa, Setagaya	世田谷區野沢町
Nozawa-machi, Setagaya, Tokyo	東京都世田谷區野澤町
Nueva Invencion	ヌーヴァ・インヴェンシオン
Nuevaecija	ヌエヴァエシジャ
Numa Numa	ヌマヌマ
Numazu, Shizuoka	静岡縣沼津市
Numurgin-Gol	ウルシン・ゴル
Numurgin-Gol river	オルギン・ゴル河
Numurgin-Gol River	ヌムルギン・ゴル河
Nuren-obo	ヌレン・オボ
Nurnberg	ニュールンベルグ
Nurnborg	オールンベルグ
Oahu	オアフ島
Oakland	オークランド
Obando, Katangalan	カタンガラン・オバンド
Obata original Iba	小幡ヶ原射場
Obi	オビ島
Obo	オボ
Ocean Island	オーシャン島
Oceania	大洋洲
Ochi, Ehime	愛媛縣越智郡
Odaka, Yonago	米子市尾高町
Odawara	小田原市
Odessa	オデッサ
Odomari Port	大泊港
Oe gun	オエ郡
Ofuna	大船
Ogi District, Saga	佐賀縣小城郡小城町
Ogikubo	荻窪
OGIKUBO, Sugikubo, Suginami, Tokyo	東京都杉並区荻窪
ohara machi, Meguro, Tokyo	東京都目黒區大原町
Ohelmsford	チェルムスフォード

英文地名	日文地名
Ohio	オハイオ州
Ohongote	オーホンゴテ
Oigul	オイグル
Oiito, Shinagawa	品川區大井伊藤町
Oiso	大磯
Oiso-machi	大磯町
Oiso-machi, Koma temple	大磯町高麗寺
Oisomachi, Naka, Kanagawa	神奈川縣中郡大機町
Oita	大分
Oji machi, Ouji	王子區王子町
Okabeti road	オカベティ路
Okamachi, Shibuya, Tokyo	東京都渋谷區緣ヶ岡町
Okanamaru	オカナマル
Okayama	岡山
Okazaki Park	岡崎公園
Okinawa	沖縄
Okitsu	興津
Oklahoma City	オクラホマ市
Oleh-leh	オレーレー
Olinton, Iowa	アイオワ州クリントン市
Ollet	オレ島
Olol	オロル
Olovyamaya	ウォロワンナヤ
Olovyannaya	オロヴヤンナヤ
Oma	オマ
Omachi, Kamakura	鎌倉市大町
Omaha, Nebr.	ネブラスカ州オマハ
Omi-Gun	オミ郡
Ominato Station	大湊
Ōmiya	大宮
Omori	大森
Omori Upper Senzoku-town	大森區上洗足町
Omori, Tokyo	東京都大森區
Omota	オモタ島
Omote-cho, Akasaka	赤坂區表町
Omura	大村
Omura, Nagasaki	長崎縣大村
Omuta, Kyushu	九州大牟田

英文地名	日文地名
Onahame	オナハマ温泉
Onga, Fukuoka	福岡縣遠賀郡中間町
Ongun	オングン
Onotoa	オノトア島
Onslow Road	オンスロー路
Ontario	オンタリオ州
Ooiso, Kanagawa	神奈川縣大磯町
Ooma Point	オオマ岬
Oosthaven	ウーストハーフェン
Opon	オポン
Orange	オレンヂ
Orani	オラニ
Oranjeschool	オランヂェスクール
Oregon	オレゴン州
Orio	折尾
Ormed	オーメド
Ormoc	オルモック
Ornej	ゲネイ島
Orongapo	オロンガポ
Osaka	大阪
Osaka Port	大阪港
Osaki Town	大崎町
Osamu Kan Po	オサム・カンボウ
Osapa Besar	ワサパベサー
Oshima	大島
Oshima-machi, Kawasaki	川崎市大島町
Oslo	オスロ
Ossu	オッス
Ota, Tokyo	大田区
Otakwa	オタクワ
Otori-shima	大鳥島
Otsuka, Bunkyo, Tokyo	東京都文京區大塚町
Otsuka, Koishikawa	小石川區大塚坂
Otta	オッタ島
Ottawa	オッタワ
Oudar Island	オーダー島
Oume machi, Tama district, Tokyo	都下西多摩郡青梅町青梅五六〇番地
Outer Mongolia	外蒙古

英文地名	日文地名
Outer Turkestan	外トルキスタン
Outram Road	オートラム・ロード
Outside of Nanjing City	南京城外
Ovdik-Sume	オヴドウィック・コメ
Oxa Okha	オハ
Oxford	オックスフォード
Oyris	イリエ街
Paceda, Mountain Province, Luzon, P. I.	パシダ
Pacific Base	太平洋基地
Pacific Battlefield	太平洋戦場
Pacific Coast	太平洋沿岸
Pacific Islands	太平洋諸島
Pacific Ocean	太平洋
Pacific Region	太平洋地域
Pacific Region of the United States of America	合衆國太平洋岸
Padang	パタング
Pagan	ペイガン
Pagan Island	パガン
Pahang Province	パハン州
Pahargaon	パハガオン
Paisha	排沙
Paiya Mountain Artillery Battery	排牙山砲台
Paizhou	簰洲
Pajiangkou	琶江口
Pajoekoemboeh	パジョエコエムホエ
Pak Sha Wan	パク・シャ・ワン
Pakan Baroe	パカン・パロエ
Pakan Baroe	パカンバルー
Pakse	パクソン
Pakshikori	パクシホリ
Palace of Nations	パレー・デ・ナシオーン
Palalong Cliff	パラロング崖
Palau	パラウ
Palau Bokoemto	バロウ・ボコームト
Palawan	パラワン
Palazzo Venezia	ヴェネツイヤ宮
Palembang	パレンバン
Palembang Boekit Besar	パレンバンボエキット・ベサー

英文地名	日文地名
Palestine	パレスチナ
Paletepas	パレテパス
Palmenlaan56	パルメンラーン五六
Palmyra	パルミラ
Palo Beach, Leyte	レイテパロ濱
Palo,Province o Leyte,P. I.	パロ
Pampanga	パムパンガ
Panama	巴奈馬
Panama Canal	巴奈馬運河
Panama Straits	パナマ海峡
Panay	パナイ
Pandan	パンダン
Pandjang	パンヂャング
Panshan Mountain	盤山
Panshi	磐石
Panshi Artillery Battery	磐石砲台
Panshi Waterway	磐石水道
Papan	パパン
Papar	パパール
Parace、Vela	ペラチェ・ベラ
Paracel	バラセル
Paraguay	バラグアイ
Paramushiru	幌筵
Paranaque	パラナク
Pare-Pare	パレパレ
Paris	巴里
Parit Sulong	パリット・スロング
Park Hotel	パークホテル
Parkstone	パークストン
Parlier	パーリエ
Parom	パロム
Parry	パリー島
Pasay	パセイ
Pasir Panjang Village	パジル・パンジャン村
Passi	パッスイ
Passik	パレック
Passo	パッソ
Patanori	パタノリ州

英文地名	日文地名
Pavlova	パヴロワ丘
Pawan	パワン
Paya komboe	パヤコムブー
Payang Chakan Miao	巴彦査汗廟
Payette	ペイエット
Peak	ピーク
Peak Hill	ピークヒルー
Pearl Harbor	眞珠灣
Pearl Naval Port	眞珠灣軍港
Pearl River	珠江
Pearl River Valley	珠江流域
Pegu	ベグー
Peleliu	ペリリュー
Pelzed	ペルセッド
Pelzer	ペルザー
Pematang Siantar	ペタンシアンタル
Penampang	ベナンバン
Penang	ピナン
Penang Road	ピナン街
Pendleton	ベンドルトン
Penengki	ペネンキ
Penghu Islands	澎湖列島
Penghu Port	澎湖港
Pengze	彭澤
Peningki	ペニンキ
Pennant	ペナント
Penner	ベネル
Pennington	ペニトン
Pennsylvania	ペンシルヴァニア州
Perah Province, Pera Province	ペラ
Perak Road	ペラク街
Persia	波斯
Persian Gulf	波斯灣
Perth	パース
Perthshine	ベースシャー
Peru	秘露
Perulis	ペルリス
Peschanaya	ペスチャナヤ灣

英 文 地 名	日 文 地 名
Peschanaya hill	ペスチャナヤ高地
Petropavlovsk	ペトロパヴロフスク
Phan Thiet	藩渋
Phekaleik Village	フェカレイク村
Phetkaleik	フェトカレイク
Philippines	比律賓
Phnom Penh	金邊
Phoenix Mountain	鳳凰山
Phonenix	フェニックス群島
Phú Thọ	富壽
Phu-lang(thuong)	フーランチョン
Piaojiang	漂江
Piasan	ピアサン
Pico,La Trinidad,Benguet,Mt. Province	ベングエットラ・トリニダッドピコ
Pier 7	七番埠頭
Pine-tree Hill	パインツリーヒル
Pingcheng	平城
Pingchuan	平椽
Pingding	平定
Pingdingshan	平頂山
Pingdong	屏東
Pingelap	ピンゲラップ
Pinggang	平岡
Pingjiang County	平江
Pingjiang Province	平江省
Pingle	平樂
Pingnan	平南
Pingquan	平泉
Pingquan County,Rehe Province	熱河省平泉縣
Pingsui Road	平綏路
Pingzhu	萍株
Pinyok	ピンヨク
Pitjuman	ピチジュマン
Pittsburgh	ピッツバーゲ市
Pixian County	邳縣
Piziwo	貔子窩
Playground of Japan Sports Association	日本体育協会運動場
Plaza Goiti	プラザ・ゴイチ

英文地名	日文地名
Plein 1	プレイン一番地
Plymouth	プリマス
Podgornaya	ポドゴルナヤ
Poggranichnaya	ポグラニーチナヤ
Pogranichnaya	ポグラニーチナヤ駅
Pokaakku	ポカーク
Poland	波蘭
Polle	ポール
Poloniaweg	ポロニア街
Poloot	パルート
Pomala	ポマラ
Pomalaa	ポマラー
Pommeroy	ポムロイ
Ponape	ポナペ
Ponsonby Pde	ポンソンビー路
Pontian Road	ポンチャン路
Pontianak	ポンチャナック
Port Blair	ポート・プレーア
Port Darwin	ポートダーウィン
Port Dixon	ポートディクソン
Port Jaques	ポートジャク
Port Moresby	ポートモレスビ
Port of Kamchatka	カムチャトカノペ港
Port of Keelung	基隆港
Port of Yokosuka	横須賀港
Portland	ポートランド
Porton	ポートン
Portsmouth	ポーツマス
Portugal	葡萄牙
Portuguese East Africa	葡領東阿弗利加
Portuguese Goa	葡領ゴア
Portuguese Timor	葡領チモール
Poshiet	ホサクラ
Post Tg. Batoe	タンジョン・バトウ駐屯地
Postiago	ポスチアゴ
Potnela	ポットネーラ
Potsdam	ポツダム
Poughkeepsie	パフキーブシー

英文地名	日文地名
Poyang Lake	鄱陽湖
Pozhen Town	泊鎮
Pozorrubiro	ポゾツルビロ
Prague	プラーグ
Pratas Island	プラタス
Prince Edward	プリンスエドワード街
Princess Street	プリンセス街
Priok	プリオク
Privy Seal KIDO	木戸内府
Prome	ブーロム
Prome Court	プローム・コート
Propeller	マルダイグ島
Prussia	普魯西國
Prussion	プロシャ
Pucheng	浦城
Pude Temple	普德寺
Pude Temple Pauper Cemetery outside of the Gate of China	中華門外普德寺貧民墓地
Pudesi Xianlitang	普德寺西安里堂
Pudong	浦東
Puerto cabelo	プェルト・キャベコ
Puerto Princesa	プェルト・プリンセサ
Puerto Rico	ポルト・リコ
Pugnitan	バグニタン
Pugo	プゴ
Pukou	浦口
Pulantien	普蘭店
Pulau Bali	バリ島
Pulau Lombok	ロンポク島
Pulau Sekidjang	プロワセキジャング
Puluwat	プルワット
Punjab	パンジャブ
Puorto Rico	ブェルトリコ
Puqian Port	鋪前港
Pursat	プルサト州
Pusan	釜山
Pusan depot	釜山廠舍
Pusong Town	蒲淞鎮

英文地名	日文地名
Putera	プテラ
Putonhargennutok	布敦哈爾根努圖克
Puxian County	濮縣
Puy de Dome	ピュイ・ツ・ドーム縣
Puzhou	蒲州
Pyongyang	平壌
Qianbenhong	前本紅
Qianguli Xiaguan	下關淺固里
Qianjiang	遷江
Qianjinbao	千金堡
Qianjinzhai	千金塞
Qianshan	潛山
Qiantang River	錢塘江
Qianzhou	千州
Qiaoli Street	橋立街
Qichun	蘄春
Qidaogou	七道溝
Qike	奇克
Qiliaokou	七了口
Qilinmen	麒麟門
Qing Dynasty	清國
Qingdanjiang	青膽江
Qingdao	青島
Qingdao Port	青島港
Qinghai	青海
Qinghe	清河
Qinglan	清瀾
Qinglan Port	清瀾港
Qingliang Hill	清涼山
Qingliangshan Grave Yard	清涼山墓地
Qingmuzha	青木閘
Qingnianjiang	青輦江
Qingpeng	輕棚
Qingshan Artillery Battery	青山砲台
Qingyang	青陽
Qingyuan	清遠
Qingyuan	清苑
Qingzhou	青州

英文地名	日文地名
Qinhuangdao	秦皇島
Qinxian County	欽縣
Qinzhou	欽州
Qinzhou Bay	欽州湾
Qiongdong	瓊東
Qiongshan	瓊山
Qiongya	瓊崖
Qiongzhou	瓊州
Qipanzhou	棊盤洲
Qiqihar	齊齊哈爾
Qiujiang	虬江
Qixia Mountain	棲霞山
Qixian County	齊縣
Quanzhou	泉州
Quebec	キュベック州
Queen Mary Hospital	クイーン・メアリ病院
Queen Street	クキン街
Queens Street	クイーンズ街
Quezon	ケソン
Quezon Bridge	ブールヴァール
Qufu	曲阜
Quinlan, Texas	クインラン
Quir	クイリナーン
Quwo	曲沃
Quzhou	衢州
Rabang	ラバン
Rabaul	ラボール
Rabaul	ラバウル
Rabis, Labis	ラビス
Rabul Tunnel Hill Road	ラバウル・トネル・ヒル・ロード
Rafu	羅府
Rahat	ラハト
Rain	ライン群島
Rainbow Avenue	レインボー街
Rainis	レイニス
Rainus	レイナス
Rajin Port	羅津港
Rakemba	ラケンバ水道

英文地名	日文地名
Ralla	ララ
Ramata	ラマタ
Ramree	ラムリー
Ranan	羅南
Ranao-Pilayan, Cotabato, Mindanao, P. I.	ラナオービラヤン
Ranau	ラナウ
Ranaung	ラナウン
Rangoon	蘭貢
Ranimboa	ラニンボア
Ranja	ランジャ
Raoet Island	ラオエト島
Raohe	饒河
Raoyang County	饒陽縣
Rapsley	ラプレイ
Rashin	羅津
Rastov	ロストフ
Ratan Chand	ラタン・チャンド
Rayah Wato, Lanao, Mindanao, Philippines	ラヤ村
Ream Road	リアム街
Red Sea	紅海
Rehe	熱河
Reina Regenta Street	レイナ・レゲンテ街
Remizoyo	レミゾヴオ丘
Renheli	仁和里
Renqiu	任邱
Republic of China	大中華民国
Republic of Cuba	玖馬共和國
Repulse Bay Road	ザ・リッチレオアルス灣
Resurrection	レサレクション湾
RFD♯1, Ellicott Road, Alben, New York	ニューヨーク・アルベン州・エリコット街 RFD 一号
Rheinland	ラインランド
Rhio, Riouw	リオウ
Rhode Island	ロード州
Rhodesia	ローデシア
Riazansky	リヤザンスカヤ州
Ribbentrop	ルツベンツロツプ
Rimai vicinity	リマイ附近
Rio	リオ州

英文地名	日文地名
Rio de Juneiro	リオ・デ・ジャネイロ
Ritz Hotel	リッツ・ホテル
Riuken	龍峴
River Huputu	フウブマウ河
River Pailing	ペレン河
River Songacha	スングチ河
River Tumen	圖們江
River Valley Road	リバーバリー
Rizal	リザール
Rizal Avenue	リザール街
Roch Fort Street	ロッシュフォール街
Rochefort	ロウシュウオール・シュール・メール縣
Rockville	ロクヴイル
Rodoho	ロードホウ島
Roermond	レールモンド
Roesburg Oregon	ロウズバーゾ
Roheng	ラーベン
Roi	ロイ
Rokkō-san	六甲山
Rokuhara machi, Meguro, Tokyo	東京都目黒區六原町
Roland	ローランド街
Roma	羅馬
Roman Empire	羅馬大帝國
Romania	羅馬尼亜
Romblon	ロンブロン
Rongelap	ロンジェラップ
Rongerik	ロンジェリク
Roosavelt	ローズベルト
Rosario	ロザチオ
Ross	ロス農場
Rossien-Gol river	ロスシュ・ゴル河
Rota	ロタ
Rotterdam	ロッテルダム
Rouble	ルーブル
Roykow	ロイコウ
Royston	ロイストン町
Rugao	如皋
Ruhr	ルール

英文地名	日文地名
Ruichang	瑞昌
Ruijin	瑞金
Rukhlovo	ルフロオ
Ruotto	ルオット
Russia	露西亜
Russian Far East	極東ロシヤ
Russian Sakhalinskaya Oblast	露領樺太州
Russian Territory	露領
Ryukyu	琉球
Ryukyu Islands	琉球諸島
S. Kulou	エス・クーロン
Sabak	サバク海岸
Saban	サバン
Sabbahalo	サッババハロー
Sabil	サビル
Sabon	サボン
Sacel	砂的
Sacramento	サクラメント
Saeki Bay	佐伯灣
Saga	佐賀
Sagara, Haibara, Shizuoka	静岡縣榛原郡相良町
Saigon	西貢
Saigon Port	西貢港
Saiki	佐伯
Saint Michel	ランンン・セン・ミッシュエル農園
Saint Thomas	セントトーマス
Saint-Jean-de-Montmartre	サン・ジアン・ド・ジェルザレム
Saipan	サイパン
Saitama Prefeture	埼玉
Sakaide	坂出
Sakata	酒田市
Sakhalin	樺太
Sakimi, Atami	熱海市咲見町
Sakomoto	サカモト
Sakura Hill, Shibuya	渋谷櫻ヶ丘五番地
Sakusabe, Chiba	千葉市作草部町
Sakyo, Kyoto	京都市左京區
Salabangka	サラバング

英文地名	日文地名
Salamaua	サラマウア
Salat	サラット島
Salisbury	サルスベリー
Salngan	サルンガン
Salomi	サロミ
Salon	サロン
Salrador	サルウアドル
Salvador	サルワドル國
Salween	サルウィン河
Salween	サルウィン河
Salwin	サルウィン
Salzburg	ザルツブルグ市
SAMAR	サマール
Samarinda	サマリンダ
Sambas	サムバス
Sambo	サンボ島
Samburin Tsagan nur	サンブリン・ツアガン・ヌール
Samoa	サモア
Sampaloc	サンパロク
Sampaloc District	サムパロック地區
San Andres Street	サン・アンドレス街
San Antonio	サン・アントニオ
San Carlos Mountain	サルカルロス山
San Domingo	サンドミンゴ
San Felipe	サンフェリペ
San Fernando	サン・フェルナンド
San Francisco	桑港
SAN JOSE DE BUENAVISTA	サン・ホセ・デ・ブエナヴィスタ
San Juan	サン・ファン
San Man Kung	サン・マンクン
San Marino	サン・マリノ國
San Pablo	サン・パブロ
San Pai Lou	サン・パイ門
San Pedro	サンペドロ
San Ramo	サン・レモ
San Ramon, Penal Colony, Zamboanga City	サン・ラモン徒刑地
Sanana	サナナ
Sananda Point	サナナンダ岬

英文地名	日文地名
Sanbedoro	サンベドロ
Sanbu	三埠
Sanchahe	三叉河
Sanchakou	三岔口
Sanchimago	サンチマゴ
Sand Island	サンドアイランド
Sand Thomas	サント・トマス
Sandakan	サンダガン
Sandaoka	三道卡
Sandgate Road	サンドゲード街
Sanduao Luoyuan	三都澳洛源
Sanga Sanga	サンガ・サンガ
Sanggau	サンガウ
Sangir	サンギル
Sangjiashi	桑家市
Sanhe	三河
Sanjak	サンヂャック
Sanjianfang	三間房
Sanjianfang, Xiaoxingtun	小興屯三間房
Sanjiang city	三江市
Sanjiang Province	三江省
Sanjuan Delmonte	サンファンデルモンチ
Sanmenxia	三門峡
Sannta Catalina Street	サンタ・カタリナ街
Sansalatum	サンサラトウン
Sanshui	三水
Santa Ana	サンタ・アナ
Santa Catalina	サンタ・カタリナ
Santa Clara	サンタクララ郡
Santa Cruz	サンタ・クルス
Santa Cruz Islands	サンタクルーズ群島
Santa Mesa	サンタメサ
Santa Rosa	サンタローサ
Santa Ysabel St. ,Jaro Iloilo City	ヤロ・サンタ・イサベル街
Santiago	サンチアゴ
Santiaoxiang	三條巷
Santo Domingo	サント・ドミンゴ
Santo Tomas	サントトマス

英 文 地 名	日 文 地 名
Santolan	サントラン
Sanxing	三姓
Sanxuanfang	三軒房
Sanya	三亜
Sanya Port	三亜港
Saoxiezha Xiaguan	下關草鞋閘
Sappabuitzufu	サッパ貝子府
Sapporo	札幌
Saraigomec	サライゴメク島
Sarajevo	サラエヴオ
Saratoga	サラトガ港
Saratov	サラトフ市
Sarawak	サラワク
Sasebo	佐世保
Satawan	サタワン
Sawtry	ソウトリー
Sazin	サジン
Sbuy	スバイ
Scandinavia	スカンチナヴィア
Scarlos	サンカルロス
Schilka River	シルク河
School Lines Village	スクール・ラインズ村
Schouten Archipelago	ショウサン群島
Scotland	スコットランド
Screen valley	屏風谷
Screw River	スクルー
Sea of Okhotsk	オホーック海
Seacoast of Dever	ドーヴァー海岸
Seaforth	シーフオス
Seattle	シャトル
Second Songhua River	第二松花江
Segamat	セガマット
Seijo, Setagaya, Tokyo	東京都世田谷區成城町
Sekadan	スカダン
Seki, Mugi,Gifu	岐阜縣武儀郡関町
Seki-juku, Chiba	千葉縣關宿
Selangor Province	セランゴール州
Selarang Barrack Square	セラランｂ・バラック・スクエアー

英文地名	日文地名
Selat Johor	ジョホーム海峡
Selat Karimata	カリマタ海峡
Selflessness Hermitage in Ueno	上野無私庵
Semarang	スマラン
Sembilangan	センビランガン
Senboku, Osaka	大阪府泉北郡横山村
Senboku,Osaka	大阪府センベク
Sendagaya	千駄ヶ谷
Sendagi, Bunkyo,Tokyo	東京都文京區千駄木町
Sendai	仙台
Sendatani,Shibuya	澁谷區千駄谷
Senen	セネン
Sengokuhara-mura,Kanagawa	神奈川縣仙石原村
Senju-ji	専修寺
Sentanbanshon	センタンバンシヨン
Seoul	京城
Seoul,Korea	朝鮮京城
Serang	セラング
Serangkai	セランカイ
Serbia	塞爾比亜國
Seregeevka	ロレクフク
Seria	セリア
Sermata	セルマタ
Sesgton	ソーヴィントン
Setagaya	世田谷區
Setagaya,Setagaya	世田谷區世田谷
Setagaya,Tokyo	東京世田ヶ谷
Seto Inland Sea	瀬戸内海
Sevastopol	セバストポール
Sevmarang	蘭印ヤラマン
Seward	スワード
Seychelles	セイセル群島
Sha Tin	沙田
Shabappur	シャバップル水道
Shabindabaha	沙賓達巴哈
Shacaofeng	沙草峰
Shafuling	沙幅嶺
Shagangzi	沙岡子

英文地名	日文地名
Shaheizi	沙河子
Shahu Town	沙湖鎮
Shaishichang	晒市場
Shakou	沙口
Shamian	沙面
Shamshuipo	ジャムジュイポ
Shan	シャン
Shanbanpu Station	杉板鋪驛
Shandong	山東
Shandong Peninsula	山東半島
Shandongtou	山東頭
Shangchuanshan	上川山
Shangdu	商都
Shangguozhuang	尚郭庄
Shanghai	上海
Shanghai Concession	上海租界
Shanghai International Settlement	上海共同租界
Shanghai Port	上海港
Shanghai Road	上海路
Shanghai Triangular Zone	上海三角地帶
Shanghe	上河
Shangjing	上京
Shangshu Street	尚書街
Shangwan Town	上万鎮
Shangxinhe	上新河
Shangxinhe Ganlu Temple	上新河甘露寺
Shangxinhe Maijiashangyuan	上新河買家桑園
Shangxinhe Beihekou	上新河北河口
Shangxinhe Ergeng	上新河二埂
Shangxinhe Fenghuang Street	上新河鳳凰街
Shangxinhe Guanyin nunnery	上新河觀音庵
Shangxinhe Jiangdong Bridge	上新河江東橋
Shangxinhe Liqiao	上新河黒橋
Shangxinhe Mianhuadi	上新河棉花堤
Shangxinhe Sun Palace	上新河太陽宮
Shangxinhe Wufucun	上新河五福村
Shangyuanmen	上元門
Shangyuanmen Xiaguan	下關上元門

英文地名	日文地名
Shanhaiguan	山海關
Shanshenfu	山神府
Shanshui	山水
Shantal	シャンタル
Shantou	汕頭
Shantou Station	汕頭驛
Shanwei	汕尾
Shanxi	陝西
Shanxi Province	山西
Shanxi Road	山西路
Shanxun	陝塤
Shanywa	シャニワ
Shanzu	シャンヅー
Shaoguan	韶關
Shaoguan Station	韶關驛
Shaozhou	韶州
Shapingba	沙坪壩
Sharen-obo	シャレン・オボ
Shashi	沙市
Shashi, Jiangling County	江陵縣沙市
Shatoru	シャートル
Shatou	沙頭
Shaukiwen	ジョウキワン
Shawan	沙灣
Shawan Waterway	沙灣水道
Shaxia	沙下
Shayang Town	沙陽鎮
Shazhou	砂州
Shazhouyu	沙洲玗
Sheheji	社河集
Shen Gai Hsiang	シェン・ガイ小路
Shenchuan	深川
Shengang	神岡
Shengjing	盛京
Shengzhou Road in the West of Nanjing City	南京城西昇州路
Shenjian Bridge	身堅橋
Shenton Park	シェントンパーク
Sheshan	蛇山

英 文 地 名	日 文 地 名
Sheyang River	射陽河
Shiba Park	芝公園
Shiban Bridge	石板橋
Shibata	新發田
Shibaura Region, Tokyo-Yokohama Port	京濱港芝浦地區
Shibikou	石壁口
Shibolga	シボルガ
Shibuno kawa,Shibuno kawa	澁野川區澁野川町
Shibuya	涉谷區山下町
Shibuya,Tokyo	東京都渋谷區
Shifuyuan	師府園
Shiga	滋賀
Shihuijiao	石灰窖
Shiina office in Ginza 4 chome	銀座四丁目椎名事務所
Shijiazhuang	石家荘
Shijing Mountain	石景山
Shiki,Nara	奈良縣磯城郡
Shikoku	四國
Shiling	石陵
Shiling Street	石陵街
Shilingolingo	シリンゴリンゴ
Shiliuyuan Xiaguan	下關石榴園
Shilong	石竜
Shimane	島根
Shimbashi Station	新橋驛
Shimen	石門
Shimenzi	石門子
Shimizu	清水
Shimizu,Shizuoka	靜岡縣清水市外横砂
Shimochiai 2-chome Shinjuku,Tokyo	東京都新宿區下落合二丁目
Shimodori,Setagaya	世田谷區下鳥町
Shimoina, Nagano	長野縣下伊那郡
Shimomeguro, Meguro	目黒區下目黒
Shimonoseki	下關
Shimoochiai,Yodobashi	淀橋区下落合
Shimotsuga District,Tochigi Prefecture	櫪木縣下都賀郡桑村
Shimotsuga,Tochigi	栃木縣下都賀郡
Shimouma, Setagaya,Tokyo	東京都世田谷區下馬町

英文地名	日文地名
Shinagawa	品川
Shinagawa Fortress	品川要塞
Shinagawa Station	品川駅
Shinagawa,Tokyo	東京都品川區
Shinanta,Setagaya	世田谷區代田
Shinbashi hanamachi	新橋花街
Shinbeski Gun	シンベスキ郡
Shinetsu	信越
Shinjuku	新宿区
Shinjuku, Tokyo	東京都新宿區
Shinoda	ヒヨヤ地区
Shiomi Oka,Chiba	千葉市汐見ヶ丘町
Shionoe	塩江
Shiren-obo	シレン・オボ
Shir-Obo	シル・オボ
Shirokane Sanko,Shiba	芝區白金三光町
Shishou	石首
Shitouhezi	石頭河子
Shitouhezi Station	石頭河子駅
Shitsuki,Okayam	岡山縣後月郡西江原町
Shittan	シッターン
shiyuan county	茌原郡
Shizuoka	静岡
Shizuoka City	静岡市北安東町
Shizuoka Prefecture	静岡縣
Shonan	昭南
Shonan River	昭南河
Shortlands Islands	ショウトランド島
Shoto, Shibuya,Tokyo	東京都澁谷區松濤町
Shoubing Bridge	收兵橋
Showa Road	昭和通
Shuan Lung Hsiang	シュアンルン・シアン
Shuang Gang Zi	雙港子
Shuangcheng	雙城
Shuangxia	双峡
Shuangzhou	瀧州
Shucheng	舒城
Shui His Men	シウイ・スイ

英文地名	日文地名
Shuicheng	水城
Shuikouxu	水口墟
Shuilingfeng	水流峰
Shuixi Gate	水西門
Shuiye	水冶
Shulichill	ミューリチン
Shunde	順德
Shunyi	順義
Shuzenji	修善寺
Si Tao line	四洮線
Siam Bay	暹羅灣
Sian Fu Wua	シアンウ・ウア
Siao T'ao Yuen	シャオ・タオ・シェン
SIATON	シャトン
Sibengkok	シベンコック
Siberia	西比利亜
Sichuan Province	四川
Sichuan Road	四川路
Sicily	シシリア
Sidempoean	シデンプアン
Sidodadi	シドダテ村
Siegfried	ジールフリード
Siem Reap	シェムレアプ州
Sihui	四會
Sihui Road	四會路
Sijiao Island	泗礁山列島
Sikai	シカイ地区
Sikatuna	シカツナ
Silinho	ミリンホの地区
Silk Thread Hall	蚕糸会館
Silla	新羅
Simanovskaya	シマノフスカヤ
Singapore	新嘉坡
Singapore Island	新嘉坡島
Singapore naval port	新嘉坡軍港
Singapore Port	シンガポール港
Singapore Province	シンガポール州
Singkang	シンカン

英文地名	日文地名
Singkawang	シンカワン
Singora	シンゴラ
Sinpang	シンパング
Sinuiju	新義州
Sioux City	蘇城
Siping	四平
Sipingjie	四平街
Sirumi Hill	シルミ高地
Sisoevo	サフヴェ停車場
Sitio Batoinsay, Barrio Progreso, Ajuy, Iloilo	プレグレソ村・バトインセー部落
Sitio Bitute	シチオ・ビッテー
Sitio Bitute, Barrio Pasonanca, Zamboanga City	パソナンカ区ビッテー街
Sitio Lilong, Barrio Dinwiddie, Cervantes, Ilocos Sur, Luzon, P. I.	イロコススア・セルバンテス・バリオデンウイデエ・シチオリロング
sitio of Ginabay, Barrio of Morao, Town of Inopacan	モラオ村ギナベイ
Sitio Pula, Barrio Malaiba	シティオ・プラ
Sitio Villa lowa, San Carlos, Negros Occidental	シチオ・ヴィラアイオワサンカルロスネグロス・オキシデンタル
Sitka	シトカ
Sittang	シッタン
Sixian	泗縣
Siyang	泗陽
Skovolodino	スコウオロジノ，スコウオロチノ
Slacker	スラッカ海峡
Slovakia	スロヴァキア
Small Hassaki	小泊崎
Smith Street	スミス街
Smolensk	スモレンスク
Smolensky Town	スモレンスキー街
Snake Mountain, Wuchang	武昌蛇山
Society	ソサエテ群島
Soebang	スーバン
Soegi	ソエギ
Soegita	スギタ町
Soekaboemi	ソエカボエミ
Soekadana	スカダナ
Soekarno	スカルノ

英文地名	日文地名
Soemba Island	スンバ島
Soembawa	ソエンバワ
Soengei Doerian	スンガイ・テウリアン
Soengei Poetih	スンガイプテイ
Soerakarta	スラカルタ
Soest	スースト
Soeway	スウエイ
Solano Street	ソラノ街
Soledad Street, Ajuy, Iloilo, Panay	アジュソレダード街
Soler	ソラー
Solomon	ソロモン
Solomons Point	ソロモンス岬
Solow	索倫
Somaliland	ソマリーランド
Somerset, Greenacre, Shoreditch Taunton	ソマセット州シュウデッチ・トーントン・グリンエーカ
Son La	山羅
Sonboku	ソンボク
Songbu	宋埠
Songhu	淞沪
Songhua River	松花江
Songhuajing Station	松花江駅
Songjiang	松江
Sonkurai	ソンクライ
Sonnenburg	ゾネニブルグ
Soochow Greek	クリーク
Sophielan	ソヒエラン
Soquel	スポイン
Soraku, Kyoto	京都府相槊郡草内村
Sorcery	ソーサリ
Sorin	ソリン
Sormovo	ソルモヴォ市
Sorol	ソロル
Sorsogon	ソルソゴン
Sorutoreki	ソルトレーキ
Soshi ke tani, Setagaya, Tokyo	東京都世田谷區祖師ヶ谷
Soshigaya, Setagaya	世田谷區祖師谷
Sounthern Hebei	冀南
South Chahar	南察哈爾十縣

英文地名	日文地名
South Africa	南阿弗利加
South America	南米
South and North America	南北米
South Asia	南亜
South Atlantic Ocean	南大西洋
South Bay	南灣
South Bay, Weizhou	潿洲南灣
South Broken Hill	サウスブロークンヒル
South Central America	南中米
South China	南支
South China	華南
South China	南中國
South China Sea	南海
South Downs Road	サウスダウンスロード
South Fujian	南福建
South Germany	南獨逸
South Indochina	南部印度支那
South Japan	南日本
South Kyushu	南九州
South Luzon	南呂宋
South Manchuria	南滿洲
South Manchuria Railway	南滿洲鐵道
South Manchuria Railway Zone	南滿洲鐵道附屬地
South Manchuria Railway Zone	滿鐵附屬地
South of Jiangxi	贛南
South Pacific	南太平洋
South Pacific Islands	南太平洋諸島
South Siam	南シャム
South Sumatra	南スマトラ
South Ussuri	南ウスリー
South Wales	サウス・ウェールズ州
South West Pacific	西南太平洋
South West Pacific Area	西南太平洋地域
South Yuntai Mountain	南雲臺山
South-east Asia	東南亜細亜
Southeast China	東南支那
Southeast Coast of Africa and Northwest Coast of the Indian Ocean	阿弗利加東南岸印度洋北西部

英 文 地 名	日 文 地 名
Southern British Guiana	英領ギアナ南部
Southern Korea	南部朝鮮
Southern Leizhou Peninsula	南方雷州半島
Southern Rhodesia	南ローデシァ
southern Sakahalin	南樺太
Southern Ussuriensis	南部烏蘇里
South-West Africa	西南阿弗利加
Southwest Caucasus	西南高架索
Southwest China	西南支那
Southwest Indian Ocean	南西印度洋
South-west Manchuria	西南滿洲
Southwest Pacific	南西太平洋
Souzastreet	ソウザ街
Soviet Castle Artyom	蘇城アルチョム
Soviet ports	蘇聯港
Sowacoad	ソワコード
Soya	宗谷
Sozen	甑山
Spain	西班牙
Special Concessions	特別租界
Spice Island	スバイス群島
Spn	スパー
Spratly Islands	新南群島
Sri Lanka	錫蘭
St. Oswald's House	セイント・オスワルドハウス
St. Paul	セント・ポール
St. Petersburg	セント・ピーターズバーグ
Stadionkade	アムテルダムスタディオンカーデ
STALIN	スターリン
Standford	スタンドフォード
Stanley	スタンレー
Stanley Road	スタンレイ街
Stanovoy Range	北興安嶺
State of Alabama	アラバマ州
State of Arkansas	アーカンソー州
state of Connecticut	コネティカット州
State of Haiti	ハイチ國
state of Illinois	イリノイ州

英文地名	日文地名
State of Kansas, Fort Leavenworth Kans	カンサス州レーヴンワース要塞
State of New South Wales	ニュー・サウス・ウェールズ
State of Oklahoma	オクラホマ州
State of Queensland	クイーンスランド
State of Slovenes, Croats and Serbs	スロベニア王國,セルブ、クロアート、スロヴェーヌ王國
State of Victoria	ヴィクトリア州
State of Wisconsin	ウィスコンシン州
Station of Quanxian County	全縣驛
STEINORT	シュタインオルト
Stockholm	ストックホルム
Stony Stratford	ストーニー・ストラトフォード
Stores House	ストアズヘウス
STOTSENBERG	ストツセンベルク
Stoyadinovich	ストヤデイノウイチ
Strait of Dover	ドーヴァ海峡
Strait of Tartary	韃靼海峡
Straits of Johore	ジョホール水道
Straits of Soya	宗谷海峡
Straits Settlements	海峡殖民地
Strausberg	シュトラウスベルク
Stretensk	スレーテンズク駅
Strung Treng	ストラン トレン市
Stumpf	スタンフ
Stung Dontri	スツン・ドントリ
Stung Kombot	スツン・コンボト
Suangcheng	スワングチン
Suannanna	スアンナンナ
Subang	スバン
Subang-daku, Mandaue, Cebu, P. I.	マンダウエスバンダク
Sub-East Gate	小東門
Subei	蘇北
Subic Bay	スビック湾
Sucheng	宿城
Sudan	スーダン
Suez	スエズ
Suez Funnel	スエズ運河
Suffolk	サッフォーク
Sugamo	巣鴨

英文地名	日文地名
Sugamo Prison	巣鴨拘置所
Sugamo, Toshima	豊島區巣鴨
Suginami-ku	杉並區
Suhe	蘇河
Suido-jo Koishikawa	小石川區水道場
Suidong	綏東
Suifen	綏芬
Suifen River	綏芬河
Suifunska	ベスミヤンナヤ丘
Suihua	綏化
Suilin	スキリン
Suining	遂寧
Suiyang	綏陽
Suiyuan	綏遠
Sujiatun	蘇家屯
Sukabumi	スカブミ
Sukumo	宿毛
Sulmate Island	スルマタ島
SULU	スルー
Sulu Archipelago	スールー諸島
Sulug Island	サラグ島
Sumatera	スマトラ
Sumburin-Tsagan-Nur	スムブリン・ツアガン・ヌル湖
Sumbur-obo	スンブル・オボ
Sumpit	サムピット
Sun Yat-sen Mausoleum	中山陵
Sunda Strait	スンダ海峡
Sungetia	スンガチァ河
Sunggei Durian	スンゲイ・ドルアン
Sungkrai	スンクライ
SunHua Hotel	スンホア・ホテル
Sunjiabu	孫家埠
Sunjiashan	孫家山
Suntiepu	孫鐵鋪
Sunwu	孫呉
Sunwu Region	孫呉地区
Suqian	宿遷
Surabaya	スラバヤ

英文地名	日文地名
Surigao	スリガオ
Suro	スロ
Surry County	サアレイ州
Surugadai	駿河臺
Susong	宿松
Sussex	サセックス郡
Suxian	宿縣
Suzhou	蘇州
Suzhou Creek	蘇州河
Svodny	スブオドタイ,スヴオドタイ
Swede	スウェーデ
Sweden	瑞典
Sweet Dew Temple	甘露寺
Switzerland	瑞西
Swovodonuk	スウォボードヌイ
Sycamore	サイカモア街
Sydney	シドニー
Syria	シリア
Sze Hsiang Chiao	ス・ゼ小路橋
Ta Chung Chuiao	ター中央橋
Taal Lake	タアル
Tabalas Island	タブラス島
Tabiteuea	タビテウェア
Tabwewa Village	タブウェワ村落
Tachikawa City，Tokyo	東京立川
Tacloban	タクロバン
Taganrog	タガンログ
Tagata District，Shizuoka	静岡縣田方郡長岡町
Tagbilaran	タグビララン
Tagburos River,Palawan Island,P. I.	タグブロス河濱
Tahrua	タールア
Tai Jia Xiang NO. 6	泰家巷六番地
Tai'an	泰安
Taibei	台北
Taibei Base	台北基地
Taicang	太倉
Taigii	タイギ
Taiguqiao	太鼓橋

英 文 地 名	日 文 地 名
Taihu Lake	太湖
Tailai	泰來
Taimonta	タイモンタ
Taiof Island	タイオフ島
Taiping Road	太平路
Taiping Street	太平街
Taipingmen	太平門
Tairamachi, Meguro, Tokyo	東京都目黒區平町
Tairzhuang	台兒莊
Taisha, Hikawa, Shimane	島根県簸川郡大社町
Taishan	臺山
Taishan County	台山縣
Taishan Village	台山村
Taishi-do Hall, Setagaya, Tokyo	東京都世田ヶ谷區太子堂
Taiwan	臺灣
Taiwan Island	臺灣島
Taiwan Strait	臺灣海峽
Taixian	太限
Taiyanggong River	太陽宮河
Taiyuan	太原
Taizhou	臺州
Taizi River	太子河
Taiziji	太子磯
Takachiho-no-mine Mountain(Mt. Takachiho)	高千穂の峰
Takada toyokawa, Koishikawa	小石川區高田豊川町
Takada, Toyoshima, Tokyo	東京都豊島區高田磨町
Takamatsu	高松
Takamatsu Station	高松駅
Takanun	ターカヌン
Takaoka, Kochi	高知縣高岡郡
Takara	タカラ
Takau	タカウ
Takaua	タカウア
Takaya Bithai	タカヤ・ビサイ
Take-shima	エテン島
Takeyuki	竹之臺
Talaud Island	タラウド島
Talofofo	タロフォフォ灣

英文地名	日文地名
Tamagawa Kaminoge, Setagaya, Tokyo	東京都世田ヶ谷區玉川上野毛町
Tamagawa Nakamachi, Setagaya, Tokyo	東京都世田谷區玉川中町
Tamagawa sawa, Setagaya, Tokyo	東京都世田ヶ谷區玉川奥澤町
Tama-gawa, Setagaya, Tokyo	東京都世田ヶ谷區玉川中町
Tamakawa, Setagaya, Tokyo	東京都世田谷區玉川
Tamalu	タスル
Tamana	タマナ
Tamana, Kumamoto	熊本縣玉名町
Tamarkan	タマルカン
Tampa	ダンバ市
Tamsk	タイスク
Tamsuboruga	タムスボルガ
Tamtsak-Bulak	タムツアク・ブラク
Tamtsaksky	タムツアクスキイ
Tan Qui	新貴
Tanapag	タナパング
Tanapug	タナバク港
Tanauan, Batangas	タナウアン
Tancheng	郯城
Tandiong	タンジョン
Tandjong Balei	タンジョンバレイ
Tandjong Gorano	タンジョンゴラノ
Tandjong Priok	タンヂョンプリオック
Tanduay Street, Manila	タンドエイ街
Tanganyika	ダンガニカ
Tanggangzi	湯崗子
Tanggu	塘沽
Tanggu Bar	塘沽洲
Tanggu Port	塘沽港
Tanghe	湯河
Tangkuban Prahu	タンクバン・プラウ
Tangshan	唐山
Tangshan	塘山
Tangshancheng	湯山城
Tangshui Town	湯水鎮
Tangyuan	湯原
Tangyun Station	塘運驛
Tanibabo	テニンバウバウ

英 文 地 名	日 文 地 名
Tanjiang	潭江
Tanjiang, Guangdong Province	廣東省潭江
Tanjon Valley	ダンチョンバレー市
Tanjong Aru	タンジョン・アル
Tanjong Pagar	タンジョンパガル
Tanjung Pinang	タンジュンピナン
Tanjung Priok	タンジョン・ブリオク
Tanpizaya	タンビザヤ
Tanzhou	潭州
Tanzhou Waterway	潭洲水道
Tao'an	洮安
Tao'an	桃安
Taochong	桃沖
Taonan	洮南
Taongi	タオレギ島
Tapal	タバル
Tapanoeli	タパンエリ郡
Tapanori	タバノリ州
Tapaz, Capiz Province, Panay, P. I.	タパツ
Tapel	タペル
Tapel, Gonzaga, Cagayan, Luzon, P. I	ゴンサガ・タペル
Tarakan	タラカン
Tarawa	タラワ
Tarbagatai	タルバガタイ
Tariton	タリトン
Tarlac	ターラック
Tarlena	ターレナ
Tarlena-Porton	ターレナ・ボートン地区
Tarmajo	ターマチョウ
Taro	タロ湾
Taroa	タロア
Taroa Island	タラオ島
Tarugansilie	タルガンシーレ
Tashi	塔市
Tasmania	タスマニア
Taso	タソ
Tasukya	クースキャ
Tatsumi, Fujisawa, Kanagawa	神奈川縣藤澤市辰巳町

英文地名	日文地名
Tatsuyama, Seoul	京城府龍山町
Tatu Meta	タツメタ
Tatura	タツラ
Tauli	タウリー
Tavoy	タヴォイ
Tavoy town	タブォイ町
Tawau	タワオ
Tawi Tawi	タイタイ
Tawulan	タウラソ
Tayabas	タヤバス灣
Tayabas Pine	タヤバスパイン
Tayabas Province	タヤバス
Tayan	タヤン
Tayden	大田
Tayrsal Park	タイアサルパーク
Teheran	テヘラン
Tehero river	テヘロ河
Tehuantepec	テフアンテペック地峡
Tekewulashan	特克烏唎山
Tekigaiso	荻外莊
Teling	テリング
Telipok	テリポック
Tenaserium	テナセリウム
Tenasserim	テナセリューム
Tengading	テンガデイング
Tenjiku	天竺
Tennessee	テネシー
Tennessee Street	テネシー街
Tennoji, Osaka	大阪市天王寺區
Tenom	テノム
Tepaissu	テパイッス
Tequila	ホキーラ
Teragan	テラガン
Termacam	ターマカム
Terminillo	テルミニロ
Ternate	テルナテ
Terrace	テラス街
Teshima, Ouji	王子區豊島

英 文 地 名	日 文 地 名
Teuynguyen	水原
Texas	テキサス州
Thailand, siam	泰國
Thakher	タケック
Thanbuyzyat	サンバイデヤット
Thanbyuzayat	タンビュザヤット
Thanh Thuy	清水
That Khe	ザト・ケ
Thatke	タワトク
Thaton	タトン
the Alpine circle	アルプス山脈地帶
The Altantic Coasts	大西洋沿岸
The Atlantic Bank	大西洋岸
the barrio of Sampaloc, Municipality of Talavera, Nueva Ecija	ヌエバ・エシハ・タラベラ市・サンパロク部落
the British Bahamas	英領バハマ諸島
the British protectoratas	英領保護國
the Citadel of the Marco Polo Bridge	盧溝橋城廓
The Confucious Temple	夫子廟
the Coral Sea	珊瑚海
the County of Buckingham	バッキンガム郡
the county of Chester	チェスター州
The Crematorium In Youshan	油山火葬場
the Danjo Archipelagoes	男女群島
the Dundas Point area	ハタンダスホイント地區
The East	東洋
the East Indies	東印度諸島
The East Part of Siberia	東部西比利亜
The eastern part of the territory of the Soviet Union	東部蘇領
The Empire of Japan	大日本
The English-France Channel	英佛海峡
The Four North-Eastern Provinces	東北四省
The French colonial empire	佛蘭西植民地帝国
The Great Wall	長城
the Greater and Lesser Khingan Mountains	大小興安嶺
The Greater Xing'an Range mountains	大興安山脈
the Harbin Eastern Province Special District	ハルビン東省特別區

英 文 地 名	日 文 地 名
the island of Moena	モエナ島
the Kapuas River	カプアス河
the Khalkha River	哈爾哈河
The Kingdom of Serbs, Croats and Slovenes	セルブ・クロアート・スロヴェーヌ國
The Korea Luo south	朝鮮羅南
the Line of Manchuria Railway	滿鐵沿線
The Magong Auxiliary Naval Port	馬公要港
the Malay Archipelago	馬來諸島
the Mandated Islands	南洋委任統治諸島
the Mitsubishi Mine	三菱礦山
The Mokuccas	モルツカ
the Mongolian People's Republic	蒙古人民共和國
The MoPan Mountain Range	磨盤山
the national tax District of Manchoukuo in Dalian	大連滿洲國税關區
The new Palestinian Erhu Zhengbai District	新巴尔虎厢黄正白旗
The new Palestinian Erhu Zhenglan District	新巴尔虎正藍旗
the Nile	ラロキ川
The North West Indian Ocean	北西印度洋
the Obo	ムホロボ
the Occupied Districts of Central China	中支占領地域
the Oceanic Islands	大洋洲諸島
The Oshima offing	大島沖
The Point of CrossingLiaohe River	遼河渡河点
the Republic of Korea	韓國
the River Mecron	メクロン河
the River Menam	メナム河
the River Muarh, Muar	ムアール河
the Siberian bases	シベリヤ基地
the Solomon Islands	ソロモン島
the South Sea Islands	南洋群島
the South Seas regions	南洋
The South Temple	南大寺
the Special City of Wuhan	武漢特別市
the State of Queensland	チクイーンスランド州
The Three North- Eastern Provinces	東北三省
the Tokyo-Yokohama Area	京濱
the Union of Soviet Socialist Republics	蘇聯

英文地名	日文地名
the United Nations	連和國
the United States of America	米國
The Ussuri State	烏蘇里洲
The Village of Ebaing	エベーイング村
the village of Ito	伊藤村
The West	西洋
The Western	西半球
the Yin Dynasty	殷
the Zabaikalye Amur Military district	サバイカルーアムール軍管區
Thongwa	チョンイワ村
thr coast of Cyrenaica	キレナイカ沖
Three Towns of Wuhan	武漢三鎮
Tianbaoshan	天寶山
Tianchang	天長
Tianjia Town	田家鎮
Tianjin	天津
Tianjin Port	天津港
Tianjin-Pukou	津浦
Tianmen	天門
Tianshan Mountains	天山
Tianzhen Town	田鎮
Tianzhuangtai	田庄台
Tianzi Mountain	天子山
Tiaong	タイアオング
Tiaping	太平
Tiburon	チブロン
Tidim	ティディム
Tiebanzhou	鐵板洲
Tieli	鉄驪
Tieling	鉄嶺
Tieling County	鐵嶺縣
T'ien Fei Hsiang	チィエン・フェイシャン
Tienyen	先安
Tiga Roenggo	タイガロエンゴ
Tiguta	太鼓塔
Tijku	ティジュク
Timor	チモール
Tinaldo	チナルド

英文地名	日文地名
Tinian	テニアン
Titig Mountain	ティティグ山
Tjamplong road	チャンブロン路
Tjepoe	チェポエ
Tjiater	ジアテル
Tjikoedapateun	トジコエダパテウン
Tjipinang	チピナン
Tjoeroep	チュループ
Tkhori	トホリ
Toba	トバ湖
Tobata	戸畑
Tobera	トベラ
Tobi	トビ
Tochigi Prefecture	栃木
Togo Shrine	東郷神社
Togu Palace	東宮假御所
Tōhoku region	東北地區
Tokai	東海
Tokai army area	東海軍管區
Tokai Region	東海地區
Tokaido	東海道
Tokushima	徳島
Tokushima Mima-gun Shigekiyo village	徳島政美馬郡重清村
Tokuyama auxiliary naval ports	德山要港
Tokyo	東京
Tokyo Bay	東京灣
Tokyo Prefecture	東京府
Tokyo State	東京州
Tokyo Station	東京驛
Tokyo-Miyagi	東京宮城
Tokyo-Yokohama Canal	京濱運河
Tol	トル
Tol Island	トル島
Tolenot Peak	トレナットピーク
Toli-Toli	トリトリ
Toll	トール
Tolosa	トロサ
Toma	トマ

英文地名	日文地名
Tomohon	トモホン
Tomsk	タムスク
Tonbi	タンビー
Tondano	トンダノ
Tondo	トンド
Tong	松
Tonga	トンカ群島
Tongbai	桐柏
Tongbei	通北
Tongcheng	通城
Tongcheng	桐城
Tongguan	潼關
Tonghe	通河
Tonghua Province	通化省
Tongjiang	同江
Tongjimen	通濟門
Tongliao	通遼
Tongling County	銅陵縣
Tongshan	通山
Tongxian County	通縣
Tongyuanbao	通遠堡
Tongzhou	通州
Tonkin	トンキン
Tonnant	トナン
Toorak	ツーラク市
Toridahito	トリダニト
Torino	トリーノ
Torisato miyabi	烏里雅
toronto	トロント
Torpedoe Military Camp Wharf Xiaguan	下關魚雷軍營碼頭
Torpedoe Military Camp Xiaguan	下關魚雷軍營
Tosa,Kochi	高知縣土佐郡
Toshima	豊島
Toshima,Tokyo	東京都豊島區
Toshima-ku	豊島區
Totabil	トタビル地区
Totonkungfu	トトン公府
totsuka machi,Yodobashi	淀橋區戸塚町

英文地名	日文地名
Tottori	鳥取
Tottori Prefecture	島取縣
Toudaogou, Huichun	琿春頭道溝
Toulon	ツーロン
Toungoo	トングー
Towel rack vicinity	タールラック附近
town of Calauang, Laguna Province, Luzon, P. I.	ラグナ県系カラウアン町
Town of Manchester	マンチェスター町
town of Pilar, Ponson Island	ピラー
Town of Rosario, Batangas, P. I.	ロサリオ町
towns of Sara	サラ町
Townsville	タウンスヴィル
Toyama	富山
Toyo noki in Hibiya	日比谷東洋軒
Toyohashi	豐橋
Toyono, Osaka	大阪府豐能郡
Toyoshima, Tokyo	東京都豐島區
Toyoura, Yamaguchi	山口縣豐浦郡
Treatn	タリン
Trengganu	トレンガヌ
Trieste	トリエスト
Tri-Fartite	スユーテ
Trinidad	トリニダッド
Tripoli	トリポリ
Truk	トラック
Truk Atoll	アルト島,トラック・アトル島
Ts'ai Hsia Kai	ツアイ・シア・カイ
Tsailinghne	ツアイリンヘ
Tsugaru Straits	津軽
Tsujido	辻堂
Tsukiji Seiyo-ken	築地精養軒
Tsuno, Koyu District, Miyazaki	宮崎縣兒湯郡都農町
Tsurumi	鶴見
Tsuruoka	鶴岡市
Tsushima Strait	對馬海峽
Tsutsui, Higashi, Nagoya	名古屋市東區筒井町
Tsuyama	津山

英 文 地 名	日 文 地 名
Tuamotu	ツアモツ群島
Tuanfeng Waterway	團風水道
Tuberias Street	チュビーリアス街
Tugbok, Davao City, Mindanao, P. I.	タグボック
Tuguegarao	ツゲカラオ
Tuhe	土河
Tujiawan	涂家灣
Tulagi	ツラキ
Tulongshan	土龍山
Tulungagung	テウルンガグング
Tulun-Uldi-Obo	トウルン・ウルデ・オボ
Tumed Banner	土默特旗
Tumen	图們
Tumenzi	土門子
Tumon	富田
Tumon Bay	富田灣
Tung Kwa Shih	タンクア市場
Tungpen	トンペ
Tunis	チュニス
Tunisia	ツニジーヤ
Tunjia	屯家
Tunnel Hill	タネル・ヒル
Tunsinachan	ドウニシンチメニ
Tuocheng	拓城
Tuoshi	沱市
Tuoxian	拓縣
Tuquan	突泉
Turkey	土耳古
Tury Rog	トウリーローグ小哨所
Tushan Town	土山鎮
Tuxian County	涂縣
Tuyuandianna Ancient City	凸元典那古城
Ube	宇部
Uchisaiwai, Kojimachi	麹町區内幸町
Uchisaiwaicho, Chiyoda	千代田區内幸町
Uda, Nara	奈良縣宇陀郡
Udar	ウダール
Udorua	ウドルン

英文地名	日文地名
Ueno Park	上野公園
Ueno Station	上野驛
Uganda	ウガンダ
Ujae	ウジャエ
Ujelang	ウジェラン
Ujina	宇品
Uki-Tumen	ケムルクキ
Ukraine	ウクライナ
Ulan Bator	ウラン・バトル
Ulanbator — Zabaikalye	ウランバートルーザバイカル
Ulanqab League	烏蘭察布盟
Ulisssutai	ウリアスタイ
Ulithi	ウリチ
Ulsan	蔚山
Uma village	ウマ村落
Uman Island	ウマン島
Unalaska	ウナラスカ
Unalaska island	ウナラスカ島
Unalga Island	ウナルガ島
Undur-han	ウンドウルハン市
Ungermann	アンガノマン群島
Unggi	雄基
Union Jack Club	ユニオン・ジャック・クラブ
United Kingdom of Great Britain and Northern Ireland	英國
United States of Europe	欧州合衆國
Upper Kitazawa, Setagaya, Tokyo	東京都世田谷區上北澤町
Upper Mitsumine in Korea	朝鮮上三峰
Uracas	ウラカス
Uragoko, Yokosuka	横須賀市浦郷
Ural	ウラル
Ural Mountains	ウラル山脈
Urawa	浦和市
Urawa, Knagawa	神奈川縣浦和市
Urawa, Saitama	埼玉縣浦和市
Uruguay	ウルグァイ國
Urukthapel	ウルクサベル
Urumqi	烏魯木齊

英 文 地 名	日 文 地 名
Ushigome，Tokyo	東京都牛込區
USHINGAN	ワシンガン
Ussuri River	烏蘇里江
Utah	ユター州
Utirik	ユティリク
Utsunomiya	宇都宮
Utsunomiya Municipal Hall	宇都宮県公會堂
Uzbekistan	ウズベキスタン
Va、Virginia	ヴァーヂニア
Valenzuela Street,Sant Mesa,Manila,P. I.	サンタ・メサヴアレンスエラ街
Vali	バリ
Valley Road	ヴァレイ街
Van de Poll	ファンデポール
Vanbabotzi	ヴァンバボッチイ
Vancouver	バンクーバー
Vantzche	ヴァンゼヘ地区
Var	ヴァル縣
Vatchay	物走
Vatican	ヴァチカン
Veanco	ヴナコ町
Vegeel	ベチール
Venezuela	ヴェネズエラ
Venice	ヴェニス
Verdun	ヴァーデン市
Verhnya Pad Sannaya	ベルフニヤヤ・バジセンナヤ
vichy	ヴィシー
Victoria	ヴィクトリア
Victoria Island	ヴィクトリヤ島
Victoria Point	ヴィクトリア岬
Vienna	ウィーン
Vietnam	越南
Vietri	神池
Vigan	ウィガン
Vikfield	ウックヒュールド
Villamor Hall	ウイラムァ・ホール
Vinh	榮市
Vinnitsa	ヴィニッツサ
Violet	スミレ

英文地名	日文地名
Visayas	ヴィザヤ
Vith	ビン市
Vizagapatam	ヴキザバタム
Vladivontok	浦潮港
Vladivostok	浦塩斯徳
Voroshilov	ウォロシーロフ
Voroshilovgrad	ウォロシロフグラード
Vunapope	ブナポペ
Vyazma	ヴィヤジマ
Wa	ワン
Wacol	ワコル
Wafangdian	瓦房店
Waga Waga	ワガワガ
Wago	ワゴ
Wagons-Lits Hotol	ヴァゴン・リ・ホテル
waikiki	ワイキキ
Waingapoe	ウェインガポ
Wakabayashi machi, Setagaya, Tokyo	東京都世田ヶ谷區若林町
Wakabayashi, Setagaya	世田谷區若林町
Wakajama Prefecture	和歌山縣
Wake	ウェーク
Wakkanai	稚内父島
Wanbaoshan	萬寶山
Wangfu Village	王福村
Wangfujing Street, Beiping	北平王府井大街
Wanghsienchiao	望仙橋
Wangjiang Pauper Cemetery outside of the Gate of China	中華門外望江貧民墓地
Wangjiangji	望江磯
Wangjiatuo Village, Gaoyang County	高陽縣王家坨村
Wangkui	望奎
Wangpanzhou	王磐州
Wangqing	汪清
Wangshabao	王沙堡
Wangyemiao	王爺廟
Wanning	萬寧
Wanping	宛平
Wanping City	宛平城

英 文 地 名	日 文 地 名
Wanping County	宛平縣
Wanshan Archipelago	萬山群島
Wantipi	ワンティピイ
Wanxian County	萬縣
Wanyai	ワンヤイ
War Ministry Building, Tokyo	東京陸軍省ビル
Ward Road	メワヲード
warehouse in Chiwaka	千若町倉庫
Warm Springs	ウォーム・スプリングス
Warsaw	ワルソー
Warspite	ウォーアスパイト
Washington	華盛頓
Washington 25, D. C	コロンビヤ二五區
Washington memorial continental hall	ウァシントン大陸記念堂
Watampone	ワタムポウン
Watergraafsmed	ワーテルグラーフスメド
Waterloo	ウォータール
Wattaulo	ワイタヴロ
Wau	ワウ
Waw Waw	ワウワウ
Weck	ウェック
Weichang	圍場
Wei-hai-wei	威海衛
Weihe	ウェイホウ
Weijami	ウェイジャミ
Weishan Lake	徽山湖
Weitanggou	葦塘溝
Weitehall	ホワイトホール街
Weixian County	維縣
Weixian County	威縣
Weizhou Island	潿洲島
Wellesley	ウェルズリー
Wellington	ウェリントン
Wenchang	文昌
Wendeng	文登
Wenguantun	文官屯
Wengyuan	翁源
Wenhe County	文河縣

英文地名	日文地名
Wenjiao	文教
Wenzhou	温州
West Africa	西阿弗利加
West Asia	西亜
West Coast of America	米洲西岸
West Coast of South America	南米西海岸
West Hill at Andeli	安德里西山
West India	西印度
West India Islands	西印度諸島
West of Beijing-Hankou Railway	京漢線以西地域
West Samoa	西部サモア
West Street, Wuyuan	五原縣西街
West Ujimqin	西烏珠穆沁
Westerhof	ウェスタオーフ
Western Australia Perth City	西オーストラリヤ州パース市
Western China	西部支那
Western Europe	西歐
Western frontier of German	獨逸西方國境
Western Java	西部爪哇
Westminster	ウェストミンスター市
Westmorland	ウェストモーランド
Westorvaarwaton	ウェユタヴアル
Westphalia	ウィストファリヤ
WETOW ERAKKU	ウェトクラック
Wewak	ウェワク
White House	白亜館
White Sulphur Springs	ホワイトサルファスブリングス
Whitehall	ホワイトホール
Wiesbaden	ウィスバーデン
Wile	ワイル
Wilhelmina Hotel	ウィルヘルミナホテル
Williamslaan 2	ヴィレムス街二番地
Wilmington	ウイルミングトン
Wimberley Ganj	ウィンバーリ村
Windermere	ウィンダーメーアー
Winfield	ウィンファルド
Winschoten	ヴィンスホーテン
Winyau	ウィンヤウ

英 文 地 名	日 文 地 名
Withwell	ウィヅウェル
Wocdville	ウッドヴィル
Woleai	ウォレアイ
Wolfsschanze	ヴォルフシェンツエ
Wolverhampton	ウルヴァーハンプトン
Wong Hel Chong Gap area	ウォンネイチョン峡谷地帯
Wongcichong	ウォンネイチョン
Wonokromo	ウォノクロモ
Wonsan	元山
Wonsan Fortress	元山要塞
Work yama, Kanagawa	神奈川縣業山町
Wotje	ウォッヂェ
Wotje Island	ウォッヂェ島
Wotjoe Atoll	ウォトエ・アトル
Wotto	ウォット
Woyang	渦陽
Wrench Cho address	レンチチョー番地
Wuchang	武昌
Wuchang	五常
Wuchuan	呉川
Wuerxun River	爾遜河
Wufengshan Island	五峰山島
Wuhan	武漢
Wuhe	五河
Wuhu	蕪湖
Wujiaochang	五角場
Wuling Guan	五靈觀
Wulong Mountain	烏龍山
Wulongbei	五龍背
Wuming	武鳴
Wumingchi	無名池
Wushui	烏水
Wusong	呉淞
Wusong Fort	呉淞砲台
Wusong Fortress	呉淞要塞
Wusong River	呉淞江
Wuxi	無錫
Wuxinhu	五新滬

英文地名	日文地名
Wuxue	武穴
Wuyanlou	五眼樓
Wuyanqiao	五眼橋
Wuyouchang	伍祐場
Wuyougou	五又溝
Wuzhen	呉鎮
Wuzhou	呉州
Wuzhou	梧州
Wyoming	ワイオーミング州
Xi Qi Mountain	西崎山
Xiachengzi	下城子
Xiachuanshan	下川山
Xiafei Road	霞飛路
Xiaguan District	下關區
Xiaguanmen	下関门
Xiamen	厦門
Xiamen(Amoy) Island	厦門島
Xi'an	西安
Xianfengyan	仙峰岩
Xianghe County	香河縣
Xianghua	翔華
Xiangjiang River	湘江
Xiangshan	香山
Xiangshan Artillery Battery	象山砲台
Xiangshandong	香山洞
Xiangshui Port	响水港
Xiangyang	襄陽
Xiantou Port	仙頭港
Xianxian County	獻縣
Xiaochengzi,Wuchang	五常小城子
Xiaogan	孝感
Xiaogang District	小港地区
Xiaoheidingzi Mountain	小黒頂子山
Xiaohusha,Zhujiang River	珠江小虎沙
Xiaoshui River	潇江
Xiaoxiguan	小西関
Xiaoximen Street	小西門大街
Xiaoxingtun	小興屯

英文地名	日文地名
Xiaoyingfu	小膺府
Xiasanshan	下三山
Xiazhuang	夏庄
Xicang	西倉
Xicangshan，Ganquan Lane	贛泉巷西倉山
Xidao	西島
Xifeng	西豊
Xigu，Mudanjiang	牡丹江溪谷
Xihu Hotel，Machangdao Street，Tianjin	天津馬廠道西湖飯店
Xihu Lake	西湖
Xihupan	西湖畔
Xijiang	西江
Xikang	西康
Xilingol League	錫林郭盟
Xilinhuduke	西林虎都克
Ximenkou	西門口
Xin Man	シン・マン
Xin Yu	新險
Xin'an	信安
Xin'an Town	新安鎮
Xincun	新村
Xindi City	新堤市
Xing'an	興安
Xing'an Mountains	興安嶺
Xingan Southern Province，Soviet	蘇聯興安南省
Xing'an Station	興安駅
Xing'anbei Province	興安北省
Xing'andong Province	興安東省
Xing'annan Province	興安南省
Xing'anxi Province	興安西省
Xinghua	興化
Xingjiabu	醒家埠
Xingjing	興京
Xingkai Lake(Lake Khanka)	興凱湖
Xinglonggou	興隆溝
Xingnong Town	興農鎮
Xingshan Town	興山鎮
Xingzi	星子

英文地名	日文地名
Xinhai	新海
Xinhai Station	新海驛
Xinhe	新河
Xinhui	新會
Xinhui Station	新會驛
Xining	西寧
Xinjiang	新疆
Xinjiekou	新街口
Xinjing	新京
Xinjing Chuodori ri	新京中央通り
Xinjing Da-Tung Square	新京ダー・トウン廣場
Xinjing Station	新京駅
Xinkaigou	新開溝
Xinmin	新民
Xinmin Liaohe River Crossing Points	新民東方遼河渡河點
Xinminfu	新民府
Xinmintun	新民屯
Xinpu Town	新浦鎮
Xinqiao	新橋
Xinqiao Xi'an	西安新橋
Xinshui	新水
Xintai	新泰
Xinxiang	新郷
Xinyang	信陽
Xinying Port	新英港
Xinyu	新域
Xinzhou	新州
Xionglong	興隆
Xiongzhongmen	興中門
Xiongzhongmen Xiaguan	下關興中門
Xiqiao	西橋
Xisai Mountain	西塞山
Xishan	西山
Xiushui	修水
Xiuyan	岫巖
Xiuying Artillery Battery	秀英砲台
Xiyuan	西苑
Xizang	西藏

英文地名	日文地名
Xizhimen	西直門
Xuan Lan	春蘭
Xuanhua	宣化
Xuegong	學宮
Xugou	墟溝
Xujiahui	徐家匯
Xuwen	徐聞
Xuzhou	許洲
Xuzhou	徐州
Yacheng	牙城
Yakano	ヤカノ
Yakeshi	牙克石
Yakutat Bay	ヤクタット湾
Yala	ヤラ
Yalta	ヤルタ
Yalu River	鴨綠江
Yamada, Uji	宇治山田市
Yamagata	山形
Yamaguchi	山口
Yamanashi	山梨
Yamanouchi warehouse	山内町倉庫
Yamashita, Naka, Yokohama	横濱市中區山下町
Yan'an	延安
Yancheng	鹽城
Yanfu Temple	延福寺
Yangchun	陽春
Yangcun	楊村
Yangjia River	楊家河
Yangjiang	陽江
Yangjiashuangzi	楊家双子
Yangjiazi	楊家子
Yanglingji	揚陵磯
Yangqin Town	揚秦鎮
Yangquan	陽泉
Yangsai Town	羊塞鎮
Yangshanji	洋山磯
Yangshupu	楊樹浦
Yangtze River	揚子江

英文地名	日文地名
Yangxin	陽新
Yangzhou	揚州
Yanhe	延和
Yanji	延吉
Yanqing	延慶
Yantai	煙台
Yaojia Town	姚家鎮
Yaomen Station	窑門駅
Yaozikou	搖子口
Yap	ヤップ
Yapkhendon	ヤブヘンドン部落
Yard	ヤード
Yasukuni Shrine	靖國神社
Yawa	ヤワ
Yawata	八幡
Yaxian	崖縣
Yebaishou	葉柏寿
Yellow River	黄河
Yellow Sea	黄海
Yen Bien	安邊
Yenchun	巖杵
Yi'an	輯安
Yichang	宜昌
Yifeng	宜豐
Yifeng Town	宜風鎮
Yihaburfenmiao	伊哈布爾墳廟
Yihe Wharf	怡和碼頭
Yijiangmen	挹江门
Yijiawan Station	易家灣驛
Yikangli	忻康里
Yin Ma Hsiang	イン・マ小路
Yingcheng	應城
Yingkou	營口
Yingkou Port	營口港
Yingshan	應山
Yingxian	瀯縣
Yingzhou	潁州
Yinshan Mountains	陰山

英 文 地 名	日 文 地 名
Yinzhou Lake	銀洲湖
Yishan	宜山
Yishui	沂水
Yitong River	伊通河
Yiwenzishan	一文字山
Yiwu	義烏
Yixian County	義縣
Yixian County	沂縣
Yixing	宜興
Yizhou	沂州
Yizhuang	嶧壯
Yo kata, Ushigome	牛込區揚方町
Yoake	ヨアケ地区
Yocho, Ushigome, Tokyo	東京都牛込區余丁町
Yochow	ヨチョー
Yodobashi, Tokyo	東京都淀橋區
Yogyakarta	ヂョクヂャカルタ
Yokohama	横濱
Yokohama Port	横濱港
Yokosuka	横須賀
Yokosuka Navy Port	横須賀軍港
Yokoyama	ヨコヤマ
Yokoyama Training Ground	横山練兵場
Yongcheng	永城
Yongchuan	永川
Yongding River	永定河
Yongdingmen	永定門
Yonghe, Baoyang	寶陽永和
Yongpeng, Yompen	ヨンペン
Yongqing	永清
Yongqing Temple	永清寺
Yongsan District	龍山
Yoshino kamiichi, Nara	奈良縣吉野上市
Yotsuya	四谷區木鹽町
YOUMAN	ユーマン
Yoyogi Kamiharamachi, Shibuya, Tokyo	東京都澁谷區代々木上原町
Yoyogi nishihara, Shibuya	澁谷區代々木西原町
Yoyogi Nishihara, Shibuya, Tokyo	東京都澁谷區代々木西原町

英文地名	日文地名
Yuangang	員岡
Yuantan	源潭
Yuanyang	遠陽
Yuanzhou	袁州
Yuanzhou Station	袁州驛
Yuda,Kofu,Yamanashi	山梨縣甲府市湯田町
Yueyang	岳陽
Yuezhou	岳州
Yugoslavia	ユーゴースラヴィア
Yuguan	榆關
Yuhuatai	雨花臺
Yuji	魚磯
Yuki-ke tanimachi, Ota,Tokyo	東京都大田區雪ヶ谷町
Yukon	ユーコン地方
Yulin	榆林
Yulin	鬱林
Yulin Port	榆林港
Yunnan	雲南
Yuntai Mountain	雲臺山
Yunyan River	運鹽河
Yuraku,Kojimach,Tokyo	東京市麹町区有楽町
Yushan	玉山
Yushilou	御史樓
Yushu	榆樹
Yuyuan Road No. 611,Shanghai	上海愚園路六一一號里十六番館
Yuyuen	ユーイエン路
Zabaikalsky	ザバイカル州
Zabaikalye	ザバイカル
Zahve	ソセボ
Zambales	ザンバレス
Zamboaga	ザンボアンガ
Zandvoort road	ザントヴォート大通
Zanzibar	ザンジバル
Zaoning	早寧
Zaoyang	棗陽
Zaozernaya Hill	ザオジョルナヤ高地
Zarechyo	ザレーチェ国境警備地区
Zavitoya	サビタヤ

英文地名	日文地名
Zebul	ゼブル
Zengcheng	増城
Zentsu-ji	善通寺
Zhabei	閘北
Zhaitang	斎堂
Zhalainuoer Station	札頼諾爾驛
Zhalantun	札蘭屯
Zhalantun Station	札蘭屯駅
Zhang Gongdi	張公堤
Zhangbei	張北
Zhangde	彰徳
Zhanggufeng	張鼓峰
Zhangjiajiang	張家江
Zhangjiakou	張家口
Zhangjialou	張家樓
Zhangjiazhou	張家洲
Zhangshu Town	樟樹鎮
Zhangshu Town Station	樟樹鎮驛
Zhangyi Gate, Beiping	北平彰儀門
Zhangzhou	漳州
Zhangzhuang	張庄
Zhanma River	駅馬河
Zhao'an	詔安
Zhaodong	肇東
Zhaoqing	肇慶
Zhejiang	浙江
Zhejiang Road	浙江路
Zhen'an	鎮安
Zhendong	鎮東市
Zhengding	正定
Zhengjiatun	鄭家屯
Zhengyangguan	正陽關
Zhengzhou	鄭州
Zhenhai	鎮海
Zhenjiang	鎮江
Zhenru	真茹
Zhifu	芝罘
Zhijiang	芷江

英文地名	日文地名
Zhili Province	直隷省
Zhitang	芝塘
Zhongfu Street	中富街
Zhonghua Hotel	中華ホテル
Zhonghua Road	中華路
Zhonghuaqiao	中花橋
Zhongmu	中牟
Zhongshan County	鐘山縣
Zhongshan Gate	中山門
Zhongshan Mountain	鐘山
Zhongshan North Road	鐘山北通
Zhongshan Park	中山公園
Zhongshan Road	中山路
Zhongshuxiang	中恕郷
Zhongxiang	鍾祥
Zhongyuan	中原
Zhongzheng Street	中正街
Zhoujiaqiao Town	周家橋鎮
Zhoujiayuan	周家園
Zhoushan Islands	舟山列島
Zhuanghe	莊河
Zhuhe	珠河
Zhulun River	珠倫河
Zhumadian	駐馬店
Zhuoliu Town	濁流鎮
Zhuozhou	涿州
Zhuting	朱亭
Zhuxiang Road, Nanjing	南京市珠巷路
Zhuzhou	株州
Zhuzhou Station	株州驛
Zichuan	淄川
Zijin	紫金
Zijin Mountain	紫金山
Zilovo	ジーロウォ駅
Zongbu	宗埠
Zoppot	ツポット
Zouyu Township, Baoyang County	寶陽縣鄒玗郷
Zubowsky	ズボーフスカヤ街

英文地名	日文地名
Zurich	チューリッヒ
Zushi	逗子
Zushi，Yokosuka	横須賀市逗子町
Zwolle	ズオレ

国家出版基金项目
NATIONAL PUBLICATION FOUNDATION

远东国际军事法庭
证据文献集成索引、附录

A Collection of Court Exhibits of
the International Military Tribunal for the Far East:
Index and Appendix

东京审判研究中心 编纂

下

事件名
文献名
其他名词部分

上海交通大学出版社
SHANGHAI JIAO TONG UNIVERSITY PRESS
國家圖書館出版社
National Library of China Publishing House

目　录

事件名索引

杨雪君、邹皓丹、程维荣、谢芬芬等编纂
程兆奇审定

凡　　例

一、本索引检索的母本为国家图书馆和上海交通大学编纂、上海交通大学出版社和国家图书馆出版社出版的《远东国际军事法庭证据文献集成》，由姓名、别称、册数、页数组成：

事件名	别　　称	册数	页数
レデバード號事件	レデイ・バード號砲擊事件、レディ・バード号事件，レヂーバード號事件	32 41 43	541、500 293 3

二、事件名词条按照日文50音图顺序排序。

三、事件名包括在历史上曾发生的具体事件，如：海牙会议、十月革命、西安事变、太平洋战争等。

四、不同拼法和表述的同一事件名，汉字与假名之间一般以汉字作为主词条，同为汉字则以较常见者为主词条，其余列入别称栏。

五、中性词与带有感情色彩的词之间中性词优先。

六、本索引附有中日和英(包含少量其他西方文字)日两种文字对照表。以下为示例：

对照表有：

中文名	日文名
诺门罕事件	ノモンハン事變

英文名	日文名
disputebetween French Indo-Chinaand Thailand	タイ佛印紛爭

七、所附中日文事件名对照表，以中文事件名的汉语拼音首字母排序；英日文事件名对照表，以英文字母排序。

八、英日文对照表中的事件名，在英文版证据文献和通行译法中酌选。

九、对原文模糊无法辨识者，本索引未收录。

十、东京审判时日本尚未进行文字改革，所以在文献中以繁体为主，但也有少量简体，为保持一致，简、繁体与中国汉字相同者，如"國"与"国"、"學"与"学"、"獨"与"独"、"會"与"会"等，均改为繁体；简体与中国汉字不同者，如"讀賣"与"読売"、"廣"与"広"等，本索引为了保持原貌，一仍其旧。

索引正文

事件名	别称	册数	页数

ア

事件名	别称	册数	页数
相澤事件		5	383
赤十字國際會議		2	45
淺間丸事件	淺間丸臨検事件	38	10
		46	131
アピ事件		23	70
阿片委員會幹事會	阿片幹事會	7	494,506,509
阿片關係事務官會議		7	488
阿片吃煙撲滅運動	阿片撲滅運動,阿片排斥運動,麻藥撲滅運動	31	242,254,343
アマンド・サトレノ殺害		20	34
廈門攻略戰		6	387
アルセニオ・エスクデロ二世殺害事件		20	4
アレキサンダー病院事件		39	172
阿波丸事件		50	526
安慶攻略		6	351,398,400
アンボン島攻略作戰		24	499,505,506,510,513
アンリー大使會談		11	120,124,128,130

イ

事件名	别称	册数	页数
伊エ紛爭		38	141
犬養首相暗殺事件		42	79
イラワジ會戰		39	327,349,350
		44	241

ウ

事件名	别称	册数	页数
ウアキン・ナクアノ殺害、掠奪		20	33
ヴアンリース事件		24	238
ヴィッサー事件		24	242
ヴェルサイユ議和會議		48	396
宇垣擁立運動		43	567

事件名	别称	册数	页数
雲南鐵道爆撃	雲南鉄道ノ爆撃	11	27,28,82,83,85,86,87,89,401

エ

事件名	别称	册数	页数
英極東會議	イギリス極東會議	48	130,274
英國市民殺害事件		24	117
英國メソヂスト傳道會爆撃		16	259
英獨會談		15	552
英獨戰爭	英獨戰	16	365
		36	488
		45	272
英米戰爭	米英戰	15	453
		48	94
英本土上陸作戰		15	565
越境事件		5	377
エッドウインゴンノ件		22	52
エバイングノ虐殺		22	35
ヱルサイユ會議		30	189
エンプレス・オブ・エシア號爆弾投下事件	エムプレスオブアシア號ノ爆撃	11	422,430

オ

事件名	别称	册数	页数
歐洲大戰	歐羅巴戰爭,歐洲戰爭,歐洲戰,ヨーロッパ戰爭,歐洲戰亂,歐洲戰爭,歐羅巴大戰,歐戰,全歐大戰,ヨロッパ戰爭,ヨロッパ大戰,歐洲大戰,ヨーロッパ戰爭	4	588
		6	241,252,253
		8	118,506
		9	324,372
		10	41,57,108,125,127,179,255,264,265,273,274,284,285,288,289,301,319,422,542
		11	17,18,28,29,81,419,579
		14	489
		16	189,211,233,296,301,302,308,310,372,398,415,443,451,452,453,455,459,477,478,482,486,487,491,496,497,503,521,522,529,532,533,537,538,561,562,613,632,633,634,635
		17	114,172,187,249,309,531,532,547,550,551,562,582
		19	95,170,192,338

事件名	别称	册数	页数
歐洲大戰		27	6
		28	42,50,88,160,161,173,318,523,543,544,564,565,566,587,602,613,618,624,625
		30	198
		32	286,565
		34	39,492
		35	61,66,67,81,102,156,225,241,252,293,336,337,342,343,344
		36	17,117,189,369,375,378,380,381,454,457,460,462,465,480,481,488,490,493,494,516,563
		37	1,16
		40	418
		41	102,345,402
		43	306,311,332,358,396,401
		45	441
		46	141,184,187,231,233,234,239,577,579,580,600
		47	183,310,318,321,435,561,594
		48	44,51,77,78,123,132,137,154,231,244,286,431
		49	47,144
		50	9,15,20,474,573
汪兆銘狙擊事件		42	188
荻窪會談	荻窪會議,荻外莊會議	29	83
		43	376
		48	18,106
沖繩戰		43	513
國際阿片會議	第二回國際阿片會議,第二回萬國阿片會議,第二國際阿片會議,第三回國際阿片會議	1	424,434,440,448,455,549
オタワ會議		47	314
オプ・テン・ノールト號事件		27	266
オメガ事件		20	16
オレヤコブ號事件		16	318

事件名	别称	册数	页数
海軍軍縮會議	海軍軍縮會議予備交涉,軍縮會議,軍備縮少會議,海軍會議,海軍軍備會議,海軍軍備制限會議,海軍軍縮會議預備會談,海軍制限會議,軍縮會議,一般軍縮會議,軍備減少會議,ジュネーブ軍縮會議,ジュネーヴ海軍會議,倫敦海軍軍縮會議,倫敦會議,ロンドン會議,ロンドン軍縮會議,ロンドン海軍會議,ロンドン海軍軍縮會議,倫敦海軍會議,倫敦軍縮會議,ワシントン軍縮會議,聯盟軍縮會議,ワシントン會議,ワシントン海軍會議,ワシントン會議,華盛頓會議,華府會議,華府軍縮會議,ワシントン會議,ワシントン會談,ゼネバ會議,一九三二年二月九日一般軍縮會議,一九三二年ジュネーブ一般軍縮會議,世界全海軍國軍縮會議,一九二一年華府會議,米英日三國海軍軍縮會議,一九三〇年ロンドン海軍軍縮會議,一九三五年ロンドン海軍軍縮會議,壽府海軍軍縮會議,壽府軍縮會議,壽府三國海軍軍備制限會議,一九二七年ジュネーブ三國會議	2	170,419,420,421,422,453,459,463,465,466,482,635
		3	12,21,46,76,77,80,88,127
		4	316,350,376,417,419,427,428,506
		5	229,304,321,322
		15	418,427,429,432,433,442,455,473,478,487,488,490,491,503,506,511,517,536,549,550,551,552,597,601
		16	618,619
		17	394,453
		18	5,6,7,8,39
		28	17,19,65,67,155,517,457,458
		29	381,385,395,416,420,431
		30	187,291,292,485
		31	38
		35	53
		37	32,520
		38	5,6,17,77,78,86,89,92,96,100,101,103,104,105,117,123,131,134,135,136,137,147,163,166,179,181,185,186,192,211,227,228,229,230,231,232,234,245,246,247,267,288,292,295,296,297,298,307,319,320,322,323,324,325,326,327,329,337
		41	36
		42	214
		43	34,57,62,90,91,92,108,218
		44	552
		45	459,460
		47	145,146,311,313,315,325,332,458,459,483,564,653
		48	23,194
		49	342
		50	403,407

カ

事件名	别称	册数	页数
海軍艦政本部技術會議		4	417,427

事件名	别称	册数	页数
海軍省戰災		34	267
改組會議		2	442
海南島攻略	海南島攻略作戰	6	488,542,548
カイロ會議		48	212
嶽州攻略		32	333
郭松齡叛亂事件		5	372
ガダルカナール島反攻作戰		43	450
河南作戰		32	464,465,466
人肉食事件		27	130
河北事件	胡白兩氏暗殺事件	5	502,503
華北自治運動	北華事變	31	616
		35	54
カラゴン村事件	カラゴン事件,カルゴン虐殺事件	22	4,36,44,54
		39	332,333
		44	236,237
カルカッタ日本會議		49	169
川越—高會談		3	198
漢口英租界武力回收事件		32	90
漢口陷落	漢口占領,漢口入城,漢口市街占領,漢口進入,漢口入市,漢口上陸	32	322,323,324,327,331,332,333,334,343,351,398,401,424,427,430,433,439
		45	323
漢口攻略	漢口攻略戰,漢口市攻略,漢口攻擊,漢口空襲,漢口作戰	6	366,374,380,426,444,486,488,562
		31	484,485,487,574,576,577
		32	322,324,326,331,337,341,346,347,351,364,374,422,423,449
		43	112,169
		45	259
關東大震災	關東大震災	5	229
		8	571
廣東航空作戰		32	210
廣東攻略	広東攻略,廣東攻擊	6	351,415,419,421,422,483,506,508,513,514,515,516
		43	112,169
		45	259,478,479
廣東コムミューン		33	154
廣東作戰		31	486,574,576,577

事件名	别称	册数	页数
換物運動		15	210

キ

事件名	别称	册数	页数
企畫院總裁會議		43	372
九江攻略		6	400,401,402,405,500
九箇國條約會議	九國會議,九ヶ國會議,九箇國條約國會議,九國條約關係國會議,九國條約會議,九國條約関係國會議,	6	77
		16	15,84
		42	343
		49	364,365
		50	20
共產主義運動	共產主義活動,共產主義ノ活動,共產運動,共產運動,共產主義活動,共產主義ノ活動,共產主義運動	16	488,498,529,534
共產黨事件		47	341
協和會全滿大會	協和會第四回全滿大會,協和會第三回全滿大會,協和會第八回全滿大會,協和會臨時全滿大會(一九四二年)	50	265,266,267,268,277
協和會中央本部委員會員會議		50	258,262
極東戰線司令部軍事會議		13	53
義和團事件		6	126
錦旗維新	錦旗革命	28	18,67,77
金廠溝事件		13	80

ク

事件名	别称	册数	页数
クリミア會議		1	17
クリミア戰爭		48	396
來棲會談		10	630
黒田事件	第エイチ事件	20	16
軍法會議被告事件		44	67,69

ケ

事件名	别称	册数	页数
桂林攻略	桂林爆擊,桂林攻略戰,桂林占領	32	372,369,370,406,465,466

事件名	別称	冊数	頁数
血盟團事件		5	236
		28	30
原子爆弾攻擊		6	189
元老大臣會議	元老會議,元老重臣會議	43	214,234,473
	コ		
五・一五事件	五月十五日事件	5	215,236,293,388,427
		28	1,92,118,226,479
		41	45
		43	23,46,181,222,225,253,545,562
		44	353
		47	266
		48	225
		49	2,73
興亜院會議		49	389,393,397
江岸事件		32	77
合囲地軍法會議		44	63,65,71,72,75,76,203,204
高加索事情		41	289,309
黄河渡河作戰		41	241,243,244,245
黄事件		24	69
杭州攻略	杭州攻擊	32	489
		45	258
杭州灣作戰		44	539
廣西作戰	広西作戰	11	32,81
高等軍法會議牽連事件		44	67,71
幸德事件		43	205
抗日運動		8	647
		28	305
抗日戰闘	抗日戦	11	30,617
衡陽攻略		32	406,407
國際貸借審議會		35	318
國際共產黨大會	コミンテルン大會,第七回國際共產黨大會	30	165,166
		46	161
國際經濟會議		35	370
國際麻藥品會議		8	148
國際聯盟會議		49	364
國際聯盟第九回總會		31	243
湖東會戰		44	513

事件名	别称	册数	页数
國務院會議		50	246
護憲運動		28	189
		43	228
五相會議	五相會談	6	293
		28	294
		30	60
		41	23,50,57,82,107,114
		42	10,442,600,602
		43	104,281,290,291,292,296,297,305
		44	369,464,478
		45	318,319,320,322,323,326,329,330,332,333,334,335,339,478
		46	29,30,31,36,37,42,169,178
		49	382,502,505,506,512,513,516,517,518,519,526
		50	397,532,533,534,535,536
禦前會議	禦前會議	28	446,448,455
		35	13,255,270
		45	261,262,265,266,269,308,309,310,312,313,319,422,423,424,465,466,531,533
		48	4,5,9,26,28,72,75,82,109,127,134,142,143,146,150,151,153,156,160,173,209,213,214,224,237,239,241,281,297
		49	69,279,406,483,485,487,490
五卅事件	五月三十日事件,五卅運動	2	606
		32	76,77,79,82,89,90,91
國境紛爭事件		12	615
近衛首腦者會談		48	96
コミンテルン大會		30	151
虎門飛行場爆撃		32	212
コロンス事件		6	250

サ

事件名	别称	册数	页数
最高經濟會議		35	491
最高國防會議		43	314
最高戰爭指導會議	最高戰爭會議	18	434,440

事件名	别称	册数	页数
最高戰爭指導會議		35	505、506
		43	104,484,495,514,515,516,517,518,522,523,528,530,531,533,554
		44	374,379,380,381,468,470,471
		46	308
		50	522
濟南事件	濟南事變,濟南慘案	2	607
		5	68,229
		28	319,357
		32	66,67
		33	47
		41	95
		48	16
済南府市街戰		7	251,282
咲村教授ノ事件		13	656
櫻田門事件	天皇殺害未遂事件	30	52
		43	204
サゲイ殘虐		20	35
沙草峰事件		33	456,459,460
サマリンダ警備隊ニ対スル事件		23	298
沙面事件		32	90
サン・パブロ事件		20	17
サン・ホセ事件		20	17
山海關事件		16	596
三月事件	三月ノ事件,三月革命	5	223,290,467
		28	18,20,21,24,26,67,68,83,89,228,229
		30	557,558
		32	555
		41	310
		43	181,182,188,190,217,218,253,556,562
		44	348,352,353
		47	206,233,263
		49	21
三國會談		34	288
三國干涉		43	524

事件名	别称	册数	页数
三國條約締結一周年記念日外務大臣午餐會		35	76
三相會議		49	493
三長官會議		42	70
サンテイアゴ要塞事件		20	17
サント・トーマス事件		20	16
桑港會議	サンフランシスコ會議	18	428,430
		43	489
		47	285

シ

事件名	别称	册数	页数
シーメンス事件		5	229
シエル給油所事件		20	14
重光會談	チアチル重光會談,イーデン重光會談,重光イーデン會談,重光リトヴイノフ第二次會談,重光リトヴイノフ第三次會談,第三次會談,重光リトヴイノフ第一次會談	13	66
		16	344,347,386
		33	460,461,462,463
四相會議	四相會談,總理陸海外四相會議	6	481
		10	154,175
		48	27
		49	528
四川省方面攻撃	四川省奥地攻撃作戦	32	253,255
師団軍法會議		44	63,64,65,165,174,181,182,197,203,204
師團長會議		34	207
七・五事件		5	254
		43	317
七公臺堡事件		30	275
支那関税特別會議		4	466
支那大陸作戰		32	408
支那滿洲衝突事件		5	447
支那問題ニ關スル會談		34	278
西伯利亜事變	シベリア事変	11	518,520
		12	204
シムラ會議		50	403

事件名	别称	册数	页数
爪哇海戰		24	350
爪哇日本軍法會議		23	635
上海大山事件	日本海軍將校殺害事件,大山事件,大山大尉事件,上海大山事件,虹橋事件	6	284
		31	465,585
		32	107,114,158
		42	212,305
		49	370
上海會議		3	149,206
		11	58
		28	278
上海攻略	上海作戰,上海戰	31	587
		32	249,539
		44	484,485,498,529
上海事件	上海事變	2	548,552,553,554,607
		3	151,281,456,531
		5	499
		15	607
		17	529
		28	338
		30	501,505,528,536
		31	574
		32	143
		33	162
		41	27,42,71,74,150,160
		42	136
		43	208,209,212,213,214,216
		47	301
		48	16
		49	456,457
上海中山事件	上海水兵事件	42	136,192
十一會		43	198
十一月事件		43	223,226,253
十月革命	十月事件	5	290,467
		12	507
		14	43
		28	26,89,228,229
		30	557,558
		33	307

事件名	别称	册数	页数
十月革命		41	4,308,310,311
		42	87
		43	181,193,197,205,217,219,223,253,555,556,562
		44	352,353
重慶空襲	重慶爆撃,重慶攻撃	6	374
		11	20
		32	253,254,255
重慶攻略		34	187,188
重慶大使會談		48	279
重臣會議	重臣閣寮會議,重臣大臣會議	43	196,229,230,231,232,233,322,350,393,412,413,416,426,428,459,460,461,462,473,474,476,480,481,487,489,503,564
集團殺戮事件		19	306
		23	254
集團者自家用冷蔵庫征発事件		26	584
首相會議		43	196
首相大總統會談		35	207
賞勳會議		40	475
		42	1
蔣軍事會議		48	87
湘桂作戰		32	371,372
湘江戦		11	24
松滬決戰		33	200
鐘山縣追擊戦		11	24
常設軍法會議		44	71
昭和維新		28	195,492
ジョージ・ジェイムズ・リイス殺害事件		20	4
徐州會戰	徐州大會戰,徐州戰,徐州攻略戰,徐州攻略,徐州作戰	6	351,366,367,386,380,383,384,539
		31	484,574,576,577
		33	273,275
		43	274,275
辛亥革命		31	205
新嘉坡空襲		17	376
シンガポール事件		45	286

事件名	别称	册数	页数
真珠灣攻擊	真珠灣港事件,真珠灣事件,真珠港攻擊,真珠港空襲,眞珠灣奇襲,ハワイ攻擊,パールハーバーアタック	5	327
		6	170
		8	485
		13	397,400,410,416,417,418,426,433,434,461,463,469,555,586,587,613
		17	63,64,67,94,171,300,301,302,319,324,333,430,432,487
		35	127,166,231,224
		37	8,34,40,245,256,266,277,293,305,307,310,315,330
		38	18,22,28,44,45,46,49,55,63,66,67,68,71,534
		42	3
		43	437,438,444
		46	142,196,220,221,257,258,457,570,571,572,573,574,575,576,577,578,579,580,613
		48	9,123,164,174,175,176
		50	111
新通商條約締結ニ關スル第四次東京會談		34	504,505
新黨運動		28	600
神兵隊事件	神風隊事件	5	238,254,294,388,427
		43	181,253,379
新滿蒙ノ建設日支名士ノ座談會		42	413
ス			
綏遠事件	綏遠事變	31	544
		42	132,207
		47	450
樞密院會議		28	449,450
		43	288
		48	26,29
スターリン暗殺		46	53,166
ステロ共産黨事件		24	68
スペイン戰爭		11	579
スマラン市長諜報事件		24	68
スルマタ事件		24	274

事件名	别称	册数	页数
セ			
西安事變	西安事件	9	357
		30	180,181
		31	495,544
		32	93,94,98
		33	2,3,49,59,95,226,302
		41	72,224
		42	207
政治新體制運動		43	564
聖戰	支那聖戰	6	210,256,258,263,318,345,368,426,427,494,508,517,593
		28	306,493
		50	8,17,244,484
成都事件		30	153
		31	627
		42	207
		47	450
西南戰爭		15	453
世界經濟會議		47	315
世界大戰	世界戰,世界戰爭	4	604,605
		11	593
		17	298
		32	45
		35	54,284,311,480
		36	165,236,380
		43	431,442
		47	328,676
世界通貨經濟會議		36	312
石油不正事件		15	456
赤化運動		31	26
一九二五——二七年の大革命		33	160
全國農業學校長會議		28	423,429
戰時經濟會議		35	491,541,542
ソ			
ソヒエト聯邦共產黨第十七次會議		31	401

事件名	别称	册数	页数
ソ芬戰		34	155
蘇炳文事件		47	336
ソ聯邦最高裁判所軍事委員會イルクーク市派出會議		50	214
ソ聯領内ニ潛入セルスパイテロ陰謀團事件		50	214

タ

事件名	别称	册数	页数
第一次上海事變	第一次上海戰,第一次上海事件	32	158,254
		41	10
		46	342
第一次對日商談		35	113
第一陸軍集團軍事會議		13	111
第一回國民會議		2	426
第一次世界大戦	第一回世界大戰,第一次世界戰爭,第一次世界戰,第一次大戰,第一次歐洲大戰,第一次歐洲戰爭,前世界大戰,歐洲大戰	4	541
		5	321
		6	253
		10	436
		11	14,515
		13	300,505
		17	165
		18	369
		19	324,336,474
		30	115,116,119,121,126,131,136,137,173,174,194,423,424
		31	39
		32	422,519
		36	34,302,307
		37	388
		38	404,487,490,491
		39	198
		41	4,22,37,39,40,41,42,43
		42	431
		43	121,139,150,306,452
		44	346
		45	251,252,272,284
		46	401,471
		47	145,616,676

事件名	别称	册数	页数
第一次世界大戦		48	190,194,220
		49	114,117,118,123,125,126,127,129,134,145,169,182,200
第一回全國ソヴエート代表大會		33	155
第一回の在鄉軍人國際會議		35	87
第一回兵團長會議		34	200
第一師管軍法會議		4	230
対華戰爭	対支戰，対支戦爭，対支戰爭	30	451,453
		49	124
		50	197
第九八〇一部隊臨時軍法會議		40	272,275,288,292
泰國駐屯軍軍法會議		9	216
第五次討伐		33	162,164,165
第三次ソロモン海戰		24	98
阿片中央委員會		7	508
大西洋戰	大西洋戰，太西洋戰	37	16
		48	97
大政翼贊會中央協力會議		47	491
対蘇戰爭	対ソ戦爭，対ソ戦，対蘇戰，対蘇戰，對ソ作戰	11	558,563
		14	97,105,106,114,158,167,168,187
		30	451,453
		34	123,124,126,128,181,270,333
対中國パルチザン作戰	パルチザン戦闘	11	540
		12	538
大東亜會議	大東亜皇化圈共栄圈最高會議，大東亜皇化圈最高會議	18	425
		19	321,328,329,333,336,346,469
		28	198
		40	20
		45	418
		47	515
		48	199,206,210,215,324,332
大東亜記者記念大會		50	248
大東亜建設審議會		48	338,339,340,341
大東亜戰爭	大東亜戰爭，大東亜戰，大東亜聖戰	4	71,74
		6	582,583,592
		8	517,520,696,697
		9	282

事件名	别称	册数	页数
大東亜戰爭		11	558,598,616,617,618,619,632,633,637
		13	153
		18	319,321,403,422
		19	221,235,237,260,267,282,283,328,330,333,336,339,340,345,349,355,404,429,455
		24	499
		25	551,553
		26	2,40,52,60,90,93,118
		28	160,162,163,173,174,203,488,489,495
		29	22
		30	9,13,32,38,41,43,87
		31	367
		33	145,148,149
		34	104,112,150,193,194,288
		39	15,20,234,399
		44	341
		45	346,347,348,459
		46	224,608,609
		47	503,512,513
		48	216,324,325,327,329,332,348,355,360,365,386,388,389
		50	186,244,249,252,262,275,479,504,509
大東亜大使會議		47	517,673,675
對獨戰爭	對獨戰爭,對獨戰	9	145
		11	30,114,289
		46	405,480
第七回コミンテルン大會	コミンテルン第七回大會	33	166,295,296
第二回平和會議		1	103,164,165,201,233,235,343,345,385,388
第二回勞働大會		32	77
第二次世界大戰	第二次歐洲大戰,第二次歐洲戰爭,第二次世界戰爭,第二次大戰,第二世界戰爭,第二前世界大戰,第二歐洲大戰,第二次ヨーロッパ戰爭	5	423
		6	253
		7	344
		19	19,319
		28	223,256,567
		29	489,503,506,537

事件名	别称	册数	页数
第二次世界大戰		30	187
		33	109
		40	472
		41	48
		43	306
		45	447
		46	230,552,554,561,563,566
		48	19,213,229,398,417
		49	79,111,117,118,119,122,126,129,134,135,144,167,169,197,200
		50	260
第二次天津事變		32	564
第二十三回阿片顧問委員會		8	157
第二次ワシントン會議		35	53
第二スパイ事件		22	366
對日戰爭	対日抗戰,對日戰,對日反攻作戰	11	220
		34	307,312
		43	450
		46	428
對日侵略戰爭		9	358
對日本聯合國會議		1	21
泰佛印間調停會議	タイ佛印國境紛爭調停會議	11	356
		16	356
タイ佛印紛爭		30	12
對米英戰爭		34	181
對米英蘭戰爭		46	449
對米戰爭	対米戰,對米作戰,アメリカ戰爭	15	566
		16	51
		28	455
		30	451,453
		46	599
対米通商破壞戰		15	565
太平ノ亂		2	424
太平洋戰爭	太平洋戰,太平洋作戰	5	152
		12	247
		17	77
		19	5

事件名	别称	册数	页数
太平洋戰爭		24	87
		26	332
		27	30
		30	88,89,187
		31	95,175
		32	512
		34	130,131,201,202,242,282,307,309,318
		35	114,244,249,254,348,350,363,365,366,368,394,399
		39	74,79,138,167,207,426
		41	60,275,308,319,439,471,490
		43	37,329,380,414,423,453,525,531,546
		44	216,380
		45	147,150,279,281,284
		46	140,146,192,198,200,204,293
		47	42,98,392,524,569,599,602,607,634,653,657,662,676,692
		48	90,91,95,122,178,180,199,208,209,220,223,228,231,232,257
		49	38,39,52,320
		50	474
大別山系突破作戰		32	400
對波戰		46	182
大本營政府連絡會議	聯絡會議,大本營連絡會議,大本營聯絡會議,大本營會議,連絡會議,政府連絡會議	6	171,173
		35	253,267
		43	104,443
		44	381
		45	155,203,308,309,422,423
		50	69
第四次討伐		33	161,162
大連會議		2	143
		28	278
		31	593
		32	36
		41	21
臺灣空襲		6	376

事件名	别称	册数	页数
臺灣軍軍法會議		44	197
高橋事件		23	308
タカラ事件		22	38
辰丸事件	第二辰丸事件	2	606
		33	294
タルラック橋事件		20	20
ダルラン會談		10	666
ち			
芝罘攻略		6	359
秩序攪亂運動		43	397
地方長官會議	地方會議	49	247,248,249
チャムピヨン事件		24	555
中央經濟會議		28	462
中央政治會議		49	397,398,399,400,401,406
中央物價協力會議		45	436
中國共產黨第六回大會		33	159
中國國民黨第五次全國代表大會		33	126,176
中國國民黨第六次全國代表大會	六全大會,國民黨六全大會	8	648,649
駐支英國大使遭難事件		6	259
中部河北省作戰		31	580
長江作戰	長江大作戰,揚子江進攻作戰,揚子江進攻戰	6	397,398,399,498,415,506
張鼓峰事件	張鼓峰問題,ハサン湖事件,Khissan 湖事件,ハサン湖事變,ハーサン湖地區事件,ザオゼルナャ地區事件	6	287,472,476
		12	257,590
		13	28,52,53
		27	614,622
		31	487
		33	275,276,281,333,345,414,456
		38	409
		42	596
		43	281,282
		44	453,454
		47	398
		50	282,551
長沙陷落		32	457

事件名	别称	册数	页数
張作霖殺害事件	張作霖爆死事件	6	107
		32	555
長沙攻略	長沙作戰	32	406,407,456
長沙事件		6	344,437,438
長州征伐		15	453
朝鮮軍軍法會議		26	168
		44	197
朝鮮事件		6	121
張北事變	張北事件,察北事件	5	511,531,532
貯蓄奨励運動	貯蓄運動	43	16,26,27,155,156,157
青島會談		33	101,121
青島攻略戰		32	422

ツ

事件名	别称	册数	页数
通州事件	通州事變,通州虐殺	31	465
		32	13
ツエペリン格納庫爆撃		32	287

テ

事件名	别称	册数	页数
デ・ツーアース大尉事件		24	239
帝國議會	帝國議會,第六十・六十一・二・三回帝國議會,第六十一回帝國議會,第七十六回帝國議會,第七十一回帝國議會,第六十八回帝國議會,第六十二議會,第七十二議會,第七十三議會	26	2
		28	472
		30	76,91,509
		32	20,44
		35	334,338
		43	131,137,140,141
帝國主義戰爭		28	587
ティンクラー事件		16	249
鉄道怠業事件		24	68
テヘラン會議		34	307
天津租界封鎖事件	天津英租界封鎖問題	28	208
		42	606,609
天津危機		42	30
天津事件		2	534
		5	397,402
		28	485,532

事件名	别称	册数	页数
天津事件		34	36,474
		46	401
天津問題		42	30,32

ト

事件名	别称	册数	页数
獨逸潛水艦戰	ユーポート戰,一九四三年潛水艦戰	35	232
		43	452
		46	224,490
東亜教育家會議		50	248
倒閣運動		28	61
東京海軍高等軍法會議	海軍軍法會議,高等軍法會議	24	458
		44	63,64,67,68,69,72,102,142,145,164,168,170,171,172,173,174,175,176,179,180,181,182,184,203,204,205
東京會談	東京會議	5	402
		28	624
		29	120
		43	302
東京國際軍法會議	在東京國際軍法會議,軍律會議,軍法會議,軍法會議	12	180,203,410,603
		14	155,165,169,201
		26	127
		28	27,75
		38	344
		40	204,205,249,253,256,258,340
		43	447,450
		44	61,62,63,64,65,66,67,68,69,70,71,72,74,75,80,81,86,87,92,93,94,95,97,99,100,101,102,103,104,107,108,109,110,111,112,113,114,118,121,123,130,131,132,133,134,135,137,140,141,142,144,146,147,148,150,151,152,153,156,158,160,161,162,163,164,165,166,168,169,170,173,174,175,177,178,179,180,181,182,184,186,187,190,191,192,196,197,198,202,203,204,205,206,208,213,501

事件名	别称	册数	页数
東京國際軍法會議		49	57,60
		50	48,49,50,170
東京調停會議		16	364
東郷外務大臣在京米國大使會談		47	697
塘沽休戰會議		3	148,205
東省事變		31	135
ドウリットル飛行士事件		29	70
特設軍法會議		44	64,70,71,72,75,76,80,82,90,99,151,154,164,180,183,186,197,204,205,208,213
獨蘇戰爭	獨ソ戰,獨蘇戰,獨蘇戰,獨ソ開戰,獨ソ戰,獨ソ開戰,獨蘇戰,獨ソ開戰、獨ソ戰爭,ソ獨戰爭,獨露戰爭	10	538,641
		11	265,542,559,560,582,584
		12	63
		13	382,661
		14	105,114,138,487
		16	473,541,543,557
		19	188,189,193
		34	52,168,169,170,171,172,194,236,268
		35	111,172,173,174,231
		36	467,468,506
		43	345
		44	2
		45	343,531
		47	59,96,162,237,242,271,277,370,486,659
		48	74,75,76,78
		49	43,412
		50	262,354,355
獨對英佛戰爭		28	511
獨波戰爭	獨波戰爭	29	503
		35	98
獨米戰爭	米獨戰,米獨戰爭	10	91
		15	453
		36	488
特別赤旗極東軍軍法會議		12	527,528
特務機關長會議		34	116

事件名	别称	册数	页数
獨立運動		17	215
ドゴール運動		11	322

ナ

事件名	别称	册数	页数
内閣顧問會議		35	491,492,539,540,542
内務省臨時員警部長會議		6	283
永田事件		43	253
中村大尉事件	中村事件,中村殺害事件,中村震太郎事件,日本軍人中村ノ殺害事件,中村震太郎少佐殺害事件,中村大尉虐殺事件	2	506,510,512,513,514,515
		6	108,216
		28	20,69,311,319
		30	298,300,302,306,308,365,431
		32	553,560
		41	179,180
		42	558
		49	371
ナチス大會		49	523
南苑戰鬥		31	465
南京會談		33	100
南京攻略	南京城攻略,南京攻擊,南京攻略戰、南京戰	6	351,352,356,373,375,394,397,425,428,430,444
		31	574,575,577
		32	235,326,491,493,502
		34	428
		44	498,502,506,515,520,522,529,530,538,583,584
		45	255,442
南京爆擊	南京空襲	16	43,122
		32	207
南京大虐殺	南京事件,南京慘虐事件,南京掠奪暴行事件,南京虐殺事件,南京入城,南京入城式,南京喪失,南京陷落,南京占領,南京作戰	2	553
		7	154,161
		14	125
		28	11,61,319
		32	238,241,242,244,246,314,357,494,495,497,503,539
		42	421,587
		43	3,268,269,270
		45	257,258
		46	66

事件名	别称	册数	页数
南京大虐殺		48	16
南市攻略	南市攻撃	44	483
南支作戦	南支戦	6	419,421,525
		43	319
南昌戦		11	23
南昌大空襲	南昌空襲	6	374,387,388
南寧戦		11	24,25
南方渡洋作戦	南方作戦	43	362
		48	93
南北戰爭		15	453

ニ

事件名	别称	册数	页数
二・一五事件		44	353
二七事件		32	77
二・二六事件	帝都叛亂事件,二月廿六日事件	5	241,254,388,411,427
		18	463
		28	226,229
		30	59,102,103,104
		35	306
		41	25,136
		42	44,127
		43	23,35,36,52,181,243,249,253,257,438,545,556
		48	225
		49	2,14,15,21,73,259
ニコライエブスク事件		29	308
尼港事件	ニコライエブスク事件,ニコラエウスク事件	11	553
		31	41
		49	456
ニコリスク事變		2	146
二七人ノビルマ人行方不明事件		22	34
日印會商		36	312
日英會談	日英東京會議	5	397,398
		28	210,296,298,532
		43	301,302
日英戰爭	日英戰	16	301
		46	598

事件名	别称	册数	页数
日英佛米四國會談		35	45
日英米戰		34	280
日英民間棉業會議	日英棉業會議	36	313
日支衝突事件	日支紛爭,日支事變,日支衝突,日支兩軍衝突事件,日支兵衝突事件	2	295,388,504,512,552,600,635
		4	607
		6	213
		7	451
		16	63,296,308,309,398,633
		31	5,61
		32	103,393,561
		35	133
		45	47,48,66
		50	573
日支戰爭	日支戰鬪,中日の戰役,支那戰爭,中日戰爭,日華戰爭	5	417,527
		10	20,77
		11	122
		30	67
		33	49,95,102,106,302
		34	278
		35	79,249
		47	180,183,185,188
日獨伊三國同盟	日獨伊同盟,日獨伊軍事同盟,獨伊軍事同盟	28	161,208,387,446,493,508,515,516,527,532,537,538,539,541,543,557,565,569,623,626
日獨戰爭	日獨戰役	5	68
		45	441
日獨並英米蘇關係ニ關スル會談		34	278
日佛會談	日佛會談,日佛第二次會談,日佛第一次會談	11	34,112,114,328
日米會談	日米會議,米日會談	10	641,648
		13	132,476
		17	182
		36	453
		43	426
		48	98
日米戰爭	日米戰,日米開戰	10	86,87,91,255,271,272,274,275
		13	476

事件名	别称	册数	页数
日米戰爭		14	19,136
		15	454
		16	186,217,295,302,306,307,310,362
		17	123,131,276
		18	461
		19	190
		28	20,68
		35	110
		43	82,327,329,351,354,357,377,387,403,405,407,423
		45	402,436,533
		46	194,195,196,199,200
		47	198,247,305,306,362,363,477,491
		49	342
日米通商條約廢棄事件		6	250
日滿支經濟懇談會	日滿支經濟大阪懇談會,日滿支經濟懇談會,大阪懇談會	31	423,428
		41	447,453
日緬協力會議		39	326
日蘭印會議		45	444
日蘭會商		36	110,314
日露戰爭	日露戰役	2	463,469,470
		5	29,68,77,80,321,458,459
		6	215,246,283,285,291,297,551
		7	215
		10	454
		11	579
		13	73,160,172,465
		14	484,488,493
		15	320,456,531
		16	81,379,618
		17	130,491
		26	2
		28	156,163,170
		30	7,115,296,354,362,425,480
		31	13,38
		32	550,567
		41	39,95
		43	133,135,445

事件名	别称	册数	页数
日露戰爭		45	284
		46	224,234
		47	126,677
		48	146,182
		49	118,124,125,226
		50	215
日支會議		2	471
日支休戦講和會議		17	102
日清戰爭	日清戰役,日清事件	2	414,415,449,605
		4	540,620,635
		5	68,458
		6	215,283,285,291,297
		11	579
		13	73
		15	320,453,456
		27	174
		30	119,246
		32	567
		35	310
		46	234,235
日蘇戰爭	日ソ戰,日ソ戰爭,日蘇開戰	6	246
		10	273
		13	83,157
		14	118
		32	552
		33	378
		34	123,126,158
		35	310
		47	345
日本海海戰		14	484,486
		17	56
		43	352
廣東爆擊		16	31
日本國民虐待事件		27	281
日本國旗ノ凌辱事件		31	545
日本商店襲擊事件		42	192
日本人戰爭犯罪事件		23	445
日本人被害事件		42	131

事 件 名	别 称	册数	页 数
日本水兵殺傷事件		42	131
ニュー・ロー・コーツ・アネキス事件		22	48,50

ネ

熱河作戰		44	396,397

ノ

農民自治運動	農民運動	28	35,37,80,82,84
		31	616
ノモンハン事變	ノモソハソ國境事件,ノモンハン事件	5	402
		6	250,580
		11	558
		12	225,402,590
		28	539,541
		33	281,282,283,287,288,350
		34	17,25,34,44,46,47,51,138,155,193,197,198,202,207,220
		38	409
		41	58,114,253.254
		42	608
		47	369,372,373,374,376,394,575,576
		49	31,32
		50	251,557

ハ

海牙會議	海牙第一回會議,第一回平和會議,萬國平和會議,海牙平和會議,平和會議	1	67,68,104,211,441
		38	174
		47	329,635,639
排日運動		31	27,570
ハカ・ボルネオ東南州知事ノ事件		23	317,324
白佛國境陸上戰		16	207
函館戰爭		15	453
箱根會談		47	378
八・一三事變		33	69
八月九日事變		11	59
八字橋事件		32	119

事件名	别称	册数	页数
バナー號事件	パネー事件,パネー號事件,バナイ號事件,バナイ號誤爆事件,バネー號爆擊,バナー號事件,パナイ號誤爆事件,パネー號擊沈事件	6	201,290,446
		16	83
		28	230
		31	367
		32	172,180,183,184,187,204,206,256,502
		36	237
		37	209,217
		38	364
		41	294
		43	3
		49	264,265
パラワン島事件		25	197
巴裏講和會議	パリ會議,巴裏會議,パリ講和會議,パリ一媾合會議	2	482
		7	429
		33	108
		47	318,561
		48	396
ハリマン事件		31	367
ハルヒン・ゴル事件	ハルヒンゴール事件,ハルヒンゴルノ國境事件,ハルヒンゴル河事件,ハルキンゴール事件	11	542
		13	121,123
		27	617,625
		33	339,340
		44	368
		45	259
ハワイ支部大會		48	259
反英運動	反英示威行進	16	278
		28	529,533
漢口米軍俘虜事件		25	191
萬國郵便會議		28	476
反蔣運動		47	291
反日運動		16	233
反米運動	排米運動	16	312
反米國示威行進		16	229

ヒ

事件名	别称	册数	页数
B-29歐打事件		25	307
比島戰	比島作戰	45	237,294,301

事件名	别称	册数	页数
ヒューゲッセン大使被害事件		42	215
平沼國務大臣暗殺事件		42	40
廣島経済懇談會		43	174
廣田リンドレー會議		42	143

フ

事件名	别称	册数	页数
ブーバー案		38	144
武漢陥落		6	414
武漢攻略	武漢攻略,武漢攻略戰,武漢三鎮攻略,馬頭鎮、武穴、田家鎮、半壁山攻略,武漢攻略	6	373,397,407,413,414,413,415,494,506,517
		32	351,357,358,359,398,405,439,446
武漢作戰		31	486,489
武漢占領		32	359
撫順事件		10	687
佛印タッケー爆彈投下事件		38	363
福建事變		42	141
佛人兵ノ日本軍屬殺傷事件	佛印兵ノ日本軍屬殺傷事件	11	250,255
佛獨戰爭		47	325,327
プナワン殺人事件		20	38
侮日事件		45	42
武府會議		42	214,215
プライス・ハウス事件		20	14
プライス邸事件		20	67
ブラッセル會議		42	343,345,347
比律悉會議	日本ブラッセル會議,ブラッセル會議,ブラッセルズ會議	1	211
		42	343
		49	272
佛蘭西革命		28	56,88,134
俘虜等の虐待及虐殺に關する事件		44	376

ヘ

事件名	别称	册数	页数
米江上艦モノカシー事件		6	344,435
米軍俘虜三名殺害事件		25	189
米國政府海軍省將官會議		18	38

事件名	别称	册数	页数
米人俘虜虐殺事件		47	680
		50	524
米騷動		28	53
米飛行士虐殺事件		25	194
北京會議		2	471,472
北京廣安門事件	北平廣安門事件,廣安門事件	6	284
		29	3
		31	465,479,499,552,554,555,572,493
		32	533
		42	292
伯林會議	ベルリン會談	1	17
		10	364,371
		48	396
ベルリン會談		13	307
ペレコープ、マイコープ號爆沉事件		34	246
ヘンリウイルツノ事件	ウイルツ事件	29	576
ホ			
豐臺事件		5	534
奉直戰爭		49	446
奉天會戰	奉天附近攻擊	13	653
		14	484,486,489
		32	559
奉皇運動		28	593,595
ポートモレスビー攻略作戰		43	450
ホーヘンベルグ公爵夫人暗殺事件		29	557
北海事件		30	155
		42	207
北清事變		5	68
		8	707
		31	541,614
捕鯨會議		10	573
ホセ・ヘルマン二世殺害事件		20	4
ホセ・ヘルマン一世殺害未遂事件		20	4

事件名	别称	册数	页数
ポツダム會議		34	307,310
		43	521
ボルグマン事件		24	243
香港會議		48	130
香港事件		47	678
ポンチャナック虐殺事件		23	371
ポンチャナ臨時軍法會議		23	363

マ

事件名	别称	册数	页数
マクン・バノンデイオンガンノ殺害		20	34
マチェリス・シュラ・ムスリミン・インドネシャーインドネシャ回教徒協議會		19	426
松岡「イーマンス」「ドラモンド」會談		3	261,321
松岡イーマンス會談		3	260,302
松岡ドラモンド會談		3	264,350,370,393
マドリガル農園殺害事件		20	17
馬尼剌會談		46	514,597
滿洲國省長會議		7	518
滿州事變	九月十八日至九月十九日事件,九月十八日事件,奉天事變,奉天事变,奉天事件,九・一八事變,柳條溝事件,滿洲里事件,滿洲事件,滿洲紛爭,滿洲事變,奉天事件,柳條溝事件,九・一八事變,滿洲侵入,柳條湖事件,柳條湖鐵道爆破,奉天事件,柳條溝事件,九月十八日事變,九、一八事件	2	395,428,523,579,580,581,607
		3	144,201,335,529
		4	549,550,597,599,603,605,607,620,621,664,666
		5	12,18,20,36,56,66,70,94,152,196,201,217,377,388,390,427,529,630,642
		6	42,50,118,210,212,214,216,220,221,251,254,296,597,598
		7	215,440,441,443,448,450,455
		8	2,34,50,417,429
		10	79,321
		11	54,289,533,616,617
		12	166,185,210,225,344
		13	73,74,76,80,85,168,169,177
		15	1,518,521,525,526,532,586,607
		16	216,596

事件名	别称	册数	页数
滿州事變		17	529
		18	473,511
		28	15,21,26,69,74,94,99,142,158,159,171,221,258,261,304,311,312,313,320,323,324,358,375,376,377,379,383,384,385,386,480,513,532,533,574,622,635
		30	51,165,325,333,341,342,347,355,360,361,362,374,422,431,437,439,442,474,479,482,483,484,485,520,528,535,536,543,556,558
		31	392,605,610,611
		32	550,552,555,556,557,561,565
		33	47,54,94,105,162,198,207,281
		36	327
		41	4,5,21,26,33,36,37,42,43,46,62,63,134,136,145,146,147,148,149,152,153,154,159,164,165,178,179,180,185,191,222,308,310,311,419,449
		42	64,86,92,96,97,103,110,115,116,119,122,129,140,168,207,214,371,553,564,568,577,583
		43	52,109,188,190,191,203,216,217,238,253,562
		44	333,346,348,354,365,411,439,445,568,569,588
		45	33,36,40,66,101,106,107,109,147,252,264,441,442,495
		46	24,47,72,158,162,234,235,342,492
		47	145,146,148,172,173,174,175,177,178,181,188,279,300,303,316,323,335,336,337,339,344,345,357,483,484,563,564,566,601,606,609,660
		48	220,231
		49	73,146,200,498
		50	244,245,483
滿ソ國境事件	國境事件	32	43

事件名	别称	册数	页数
満ソ國境事件		33	365
滿鐵事變		5	614
萬寶山事件	萬寶山事件	2	506,509,510,514,607
		6	216
		30	298,347,364,431
		32	553
		42	558
滿蒙政治經濟座談會		42	404
滿蒙事變		5	229

ミ

事件名	别称	册数	页数
ミッドウェイ海戰	ミッドウェー海戰，ミッドウェイ海戰	37	466,521
		46	457
ミュンヘン會談	シユーニッピ會議	17	240
		35	135,238
		47	416

メ

事件名	别称	册数	页数
明治維新		28	133,151,167,492
		30	135
		35	79
		43	561
		46	389
		50	370
メーン號事件		36	237
墨西哥戰爭		15	453

モ

事件名	别称	册数	页数
モールメン事件		44	246
モスクワ共産黨大會		34	166
モスコー會議	英米蘇モスコー會議，モスコー會議	1	17
		10	364
		34	279,307,474

セ

事件名	别称	册数	页数
山下奉文事件		39	374
ヤルタ會議		34	279,307,309

事件名	别称	册数	页数
		ユ	
ユネバ戰爭		26	518
		ヨ	
揚子江事件		16	272
吉沢ドウマン會談		34	506
		ラ	
ライン戰爭		6	246
ラハ攻略戰		24	459,476
ラポイ農園ノ殺人		20	34
蘭貢中央監獄事件		22	55,58
蘭州爆擊		6	374
		リ	
リオデシャネイロ會議	リオ會談	13	372
		19	277
陸海外漢口連絡會議		49	376,377
陸海外廣東連絡會議		49	380,381
陸海軍合同軍事参議官會議		48	7,122
リパ、バダンガス事件		20	15
掠奪強姦事件		45	257
柳州攻略戰	桂柳地區攻略	32	405,459
旅順口臨時海軍々法會議		4	414
		ル	
呂宋作戰		45	235
		レ	
レディ・バード號砲擊事件	レデバード號事件,レディ・バード號事件,レヂーバード號事件	32	541,500
		41	293
		43	3
勞山會議		47	330
郎坊事件		31	464,479,502,554,572,581

ロ

事件名	别称	册数	页数
ローズベルト近衛會談		36	240
ロカルノ會議		48	396
盧溝橋事件	七月七日ノ事變,蘆溝橋事變,七月七日事変,七月七日戰爭,盧溝橋事變,盧溝事件,瀘溝橋事件,瀘溝橋事變,七月七日事變,七月七日事件,七七事變,七月事變,一九三七年蘆溝橋事件,日華事變,日支問題,日支紛爭,日支事變,日支事件,日支衝突事變,北支の事變,北支事件,北支事變,北支事変,支那事變,日支事変,支那事変,支事變,中國事變,中華事變,北支事變,支那事件,北支事變,日支事變,日華事變,盧溝橋事件,中日事變,中日事件	3	159,205,214,260,270,277,278,326,347,390,393,398,400,402,407,411,418,420,423,424,441,459,478,490,506,507,509,510,531,548,554,566,568,579,581
		4	73,251,304,311,378,401,411,435,451,452,456,470,489,539,544,549,588,601,602,603,615,621,623,625,626,667
		5	98,148,149,332,355,394,395,397,402,403,404,412,413,420,423,485,512,521,522,524,529
		6	127,129,156,159,188,209,213,221,240,243,250,251,252,254,255,256,257,262,267,282,284,304,305,307,344,428,431,432,461,471,493,542,547
		7	252,283,341,342,344,346
		8	34,35,36,43,122,493,511,624,636
		9	75,355,358,359,413,420,435,437,446,507,544,549,552,553
		10	13,34,37,57,58,71,76,77,97,103,107,115,117,125,145,146,172,177,179,180,184,203,204,205,239,250,254,255,256,262,269,283,301,321,345,373,521,537,540,541,545,546,591
		11	16,21,22,27,28,29,30,54,57,65,77,88,108,109,112,119,180,191,252,257,344,345,346,401,406,410,419,516,563,579,583,584,602,603,604,608,612,616,617,664
		13	187,216,218,230,231,235,279,378,453,509

事件名	别称	册数	页数
盧溝橋事件		14	209,240,284,316,322,333,334,351,355,455、491,492,575
		15	28,31,222,334
		16	76,79,180,184,292,302,303,310,328,336,360,414,415,417,451,453,455,460,477,478,523,562
		17	11,50,86,114,119,121,127,129,131,150,151,173,188,189,203,205,233,266,276,298,477,509,532,533,541,548,552,555,573,577,584
		18	1,277,404,440,442,444,460,461,495,496,501,503,508,511,524,529
		19	33,83,113,140,144,175,176,218,243,267,338
		25	163,201
		26	93
		28	160,161,162,173,174,186,202,204,208,212,214,221,222,232,237,238,241,244,245,304,305,306,307,326,330,354,355,389,399,400,404,442,472,506,508,513,514,516,522,524,526,527,539,540,560,564,565,566,567,569,574,600
		29	95
		30	84,86,114,115,118,201,203,209,239,510
		31	72,73,367,368,373,395,424,437,463,468,478,474,493,495,516,541,543,546,548,552,557,562,563,564,568,570,583,610,619,621,628
		32	27,100,101,155,157,210,228,253,260,306,311,380,393,405,416,437,508,511,518,519,522,524,525,527,536,539
		33	11,39,49,67,95,102,105,110,228,271,280,281,286,297,302
		35	21,53,54,56,57,60,61,67,68,69,80,81,82,91,102,116,202,201,203,209,225,226,228,249,250,251,253,

事件名	别称	册数	页数
盧溝橋事件			261,311,345,348,350,351,354,361,363,365,366,392,396,416,419,422,426,441,445,447,449,466,472,481,482
		36	35,37,38,39,41,42,43,160,175,212,213,220,255,278,317,324,325,328,453,456,457,481,483,490,491,520,526,527,542,544,545,550,551,570
		38	10,32,406,408,490,494,495,502,513,516
		39	137
		41	48,56,57,59,60,64,112,118,121,127,128,156,159,179,203,208,210,214,217,241,249,308,311,337,338,345,369,371,372,402,418,437,438,439,443,449
		42	71,141,213,249,253,267,269,274,346,370,432,439,445,450,460,470,474,586,590,591,597,611
		43	3,14,15,17,21,24,25,26,29,36,67,72,82,103,104,110,112,113,121,127,132,140,141,142,148,153,159,167,169,174,254,255,256,258,259,260,261,262,264,268,273,274,275,276,277,280,282,283,284,285,286,288,290,291,292,295,297,300,301,327,328,329,330,331,332,338,342,345,362,370,371,375,376,397,399,400,401,402,404,405,431,447,484,546,575
		44	311,367,453,471,550,554,565,596,601
		45	135,150,190,191,193,210,260,264,273,274,275,286,305,313,318,424,434,436,441,442,444,446,460,462,463,529,531,534
		46	7,17,29,36,54,85,119,120,163,170,180,186,234,235,237,238,299,

事件名	别称	册数	页数
盧溝橋事件			308,318,397,492,500,556,606,608,609
		47	71,147,148,156,158,181,182,183,185,186,188,202,230,239,241,257,268,272,279,286,316,389,393,394,403,422,435,452,484,567,586,587,588,594,599,602,606,660,662,663
		48	17,18,19,20,21,23,24,25,28,30,31,32,36,37,40,42,48,49,52,62,76,77,81,88,91,92,93,94,104,105,161,171,124,137,149,166,190,191,199,220,223,326,228,231,284,285,286,287,327,407,408
		49	16,146,270,271,297,397,475
		50	5,6,7,10,12,21,22,249,250,387,467
廬山會議		32	157
露西亜革命	ロシア革命,蘇國革命,ソヴェート革命	2	435,452,456
		9	379
		11	517,519
		41	289
		47	568
ロシア戰爭		35	231
蘇支紛爭	露支紛爭	32	567
		47	452
ロス・バノス虐殺		20	33
ロ大統領議會		48	278
六郡事件		5	511
露土戰爭		48	396
倫敦經濟會議	ロンドン經濟會議	37	134,162
		42	99
ロンドン爆撃		32	565

ワ

ワシントン海軍會議		46	368
ワシントン會談		36	240
宛平事件		6	145

中日文事件名对照表

中文事件名	日文事件名
B－29 殴打事件	B－29 歐打事件
阿波丸事件	阿波丸事件
阿尔塞尼奥・埃斯库德罗二世杀害事件	アルセニオ・エスクデロ二世殺害事件
安庆攻略	安慶攻略
安汶岛攻略作战	アンボン島攻略作戰
暗杀斯大林	スターリン暗殺
八一三事变	八・一三事變
八月九日事变	八月九日事變
八字桥事件	八字橋事件
巴拉望岛事件	パラワン島事件
巴黎和会	巴裏講和會議
柏林会议	伯林會議
北海事件	北海事件
北京广安门事件	北京廣安門事件
北京会议	北京會議
北清事变	北清事変
比岛战	比島戰
比利时法国边境战争	白佛國境陸上戰
波茨坦会议	ポツダム會議
捕鲸会议	捕鯨會議
布鲁塞尔会议	比律悉會議
常设军法会议	常設軍法會議
朝鲜军军法会议	朝鮮軍軍法會議
朝鲜事件	朝鮮事件
辰丸事件	辰丸事件
成都事件	成都事件
吃人肉事件	人肉食事件
赤化运动	赤化運動
冲绳战	沖縄戰
储蓄奖励运动	貯蓄奬勵運動
川越—高会谈	川越—高會談
长江作战	長江作戰
长沙攻略	長沙攻略
长沙事件	長沙事件

中文事件名	日文事件名
长沙陷落	長沙陷落
长州征伐	長州征伐
达尔朗会谈	ダルラン會談
打拉桥事件	タルラック橋事件
大本营政府联络会议	大本營政府連絡會議
大别山突破战	大別山系突破作戰
大东亚大使会议	大東亜大使會議
大东亚会议	大東亜會議
大东亚记者纪念大会	大東亜記者記念大會
大东亚建设审议会	大東亜建設審議會
大东亚战争	大東亜戰爭
大连会议	大連會議
大西洋战	大西洋戰
大政翼赞会中央协力会议	大政翼贊會中央協力會議
戴高乐运动	ドゴール運動
倒阁运动	倒閣運動
德波战争	獨波戰爭
德对英法战争	獨對英佛戰爭
德国潜艇战	獨逸潜水艦戰
德黑兰会议	テヘラン會議
德美战争	獨米戰爭
荻窪会谈	荻窪會談
帝国议会	帝國議會
帝国主义战争	帝國主義戰爭
第二次和平会议	第二回平和會議
第二次华盛顿会议	第二次ワシントン會議
第二次世界大战	第二次世界大戰
第二次天津事变	第二次天津事變
第二间谍事件	第二スパイ事件
第二届劳动大会	第二回勞働大會
第二十三届鸦片顾问委员会	第二十三回阿片顧問委員會
第九八〇一部队临时军法会议	第九八〇一部隊臨時軍法會議
第七次共产国际会议	第七回コミンテルン大會
第三次所罗门海战	第三次ソロモン海戰
第四次讨伐	第四次討伐
第五次讨伐	第五次討伐
第一次对日商谈	第一次對日商談
第一次国民会议	第一回國民會議

中文事件名	日文事件名
第一次上海事变	第一次上海事變
第一次世界大战	第一次世界大戦
第一回兵团长会议	第一回兵團長會議
第一回在乡军人国际会议	第一回の在鄉軍人國際會議
第一届全国苏维埃代表大会	第一回全國ソヴエート代表大會
第一陆军集团军事会议	第一陸軍集團軍事會議
第一师管军法会议	第一師管軍法會議
东京国际军法会议	東京國際軍法會議
东京海军高等军法会议	東京海軍高等軍法會議
东京会谈	東京會談
东京调停会议	東京調停會議
哈咖婆罗洲东南州知事事件	ハカ・ボルネオ東南州知事ノ事件
东省事变	東省事變
东乡外务大臣在东京与美国大使的会谈	東鄉外務大臣在京米國大使會談
东亚教育家会议	東亜教育家會議
独立运动	獨立運動
杜利特尔飞行员事件	ドウリットル飛行士事件
对波战争	對波戰
对德战争	對獨戰爭
对华战争	対華戰爭
对抗沙马林达警备队事件	サマリンダ警備隊ニ対スル事件
对马海峡海战	日本海海戰
对美通商破坏战	対米通商破壊戰
对美英兰战争	對米英蘭戰爭
对美战争	對米戰爭
对日侵略战争	對日侵略戰爭
对日战争	對日戰爭
对苏战争	対蘇戰爭
对英美战争	對米英戰爭
对中国游击队作战	対中國パルチザン作戰
俄芬战争	ソ芬戰
俄国革命	露西亜革命
俄国战争	ロシア戰爭
俄日战争	日露戰爭
俄土战争	露土戰爭
二・一五事件	二・一五事件
二・二六事件	二・二六事件
二七铁路罢工事件	二七事件

中文事件名	日文事件名
法德战争	佛獨戰爭
法国革命	佛蘭西革命
法属印尼士兵杀伤日本军属事件	佛人兵ノ日本軍屬殺傷事件
凡尔赛会议	ヱルサイユ會議
凡尔赛议和会议	ヴェルサイユ議和會議
反蒋运动	反蔣運動
反美示威游行	反米國示威行進
反美运动	反米運動
反日运动	反日運動
反英运动	反英運動
丰台事件	豐臺事件
奉皇运动	奉皇運動
奉天会战	奉天會戰
奉直战争	奉直戰爭
福建事变	福建事變
抚顺事件	撫順事件
改组会议	改組會議
高等军法会议牵连事件	高等軍法會議牽連事件
高加索事件	高加索事情
高桥事件	高橋事件
共产党事件	共產黨事件
共产主义运动	共產主義運動
共政会	十一會
鼓浪屿事件	コロンス事件
瓜达卡纳尔群岛作战	ガダルカナール島反攻作戰
关东大地震	關東大震災
关于虐待及虐杀俘虏等的事件	俘虜等の虐待及虐殺に關する事件
关于日德和英美苏关系的会谈	日獨並英米蘇關係ニ關スル會談
关于中国问题的对话	支那問題ニ關スル會談
广岛经济恳谈会	廣島経済懇談會
广东攻略	廣東攻略
广东航空作战	廣東航空作戰
广东会谈	廣東コムミューン
广东战役	廣東作戰
广田林德瑞会议	廣田リンドレー會議
广西作战	廣西作戰
桂林攻略	桂林攻略
郭松龄叛乱事件	郭松齡叛亂事件

中文事件名	日文事件名
国际贷款调查委员会	國際貸借審議會
国际共产党大会	國際共產黨大會
国际经济会议	國際經濟會議
国际联盟第九次总会	國際聯盟第九回總會
国际联盟会议	國際聯盟會議
国际麻药品会议	國際麻藥品會議
国际鸦片会议	國際阿片會議
国境纷争事件	國境紛爭事件
国民革命	一九二五——二七年の大革命
国务院会议	國務院會議
哈拉哈河国境事件	ハルヒン・ゴル事件
哈里曼事件	ハリマン事件
海军舰政本部技术会议	海軍艦政本部技術會議
海军军缩会议	海軍軍縮會議
海军省战灾	海軍省戰災
海南岛攻略	海南島攻略
海牙会议	海牙會議
函馆战争	函館戰爭
汉口攻略	漢口攻略
汉口美军俘虏事件	漢口米軍俘虜事件
汉口陷落	漢口陷落
汉口英租界武力回收事件	漢口英租界武力回收事件
杭州攻略	杭州攻略
杭州湾作战	杭州灣作戰
合围地军法会议	合囲地軍法會議
河北省中部作战	中部河北省作戰
河北事件	河北事件
河南作战	河南作戰
黑田事件	黒田事件
亨利大使会谈	アンリー大使會談
亨利华尔兹世界	ヘンリウイルツノ事件
衡阳攻略	衡陽攻略
轰炸广东	廣東爆擊
轰炸虎门机场	虎門飛行場爆擊
轰炸科隆	Cologne 爆擊
轰炸伦敦	ロンドン爆擊
轰炸米卢斯	Mulhouse 爆擊
轰炸南京	南京爆擊

中文事件名	日文事件名
轰炸齐柏林飞机库	ツエペリン格納庫爆撃
轰炸英国卫理公会传道会	英國メソヂスト傳道會爆撃
红十字国际会议	赤十字國際會議
虹桥机场事件	上海大山事件
湖东会战	湖東會戰
护宪运动	護憲運動
华北自治运动	華北自治運動
华南作战	南支作戰
华盛顿海军会议	ワシントン海軍會議
华盛顿会谈	ワシントン會談
换物运动	換物運動
皇姑屯事件	張作霖殺害事件
黄河渡河作战	黄河渡河作戰
黄事件	黄事件
吉泽德曼会谈	吉沢ドウマン會談
集体杀戮事件	集團殺戮事件
济南府市街战	済南府市街戰
济南事件	濟南事件
加尔各答日本会议	カルカッタ日本會議
甲午战争	日清戰爭
江岸事件	江岸事件
蒋军事会议	蔣軍事會議
金厂沟事件	金廠溝事件
锦旗革命	錦旗維新
近卫首脑会谈	近衛首腦者會談
九国条约会议	九箇國條約會議
九江攻略	九江攻略
九一八事变	満州事變
旧金山会议	桑港會議
军法会议被告事件	軍法會議被告事件
开罗会议	カイロ會議
抗日运动	抗日運動
抗日战争	抗日戰闘
克里米亚会议	クリミア會議
克里米亚战争	クリミア戰爭
坤甸临时军法会议	ポンチャナ臨時軍法會議
坤甸虐杀事件	ポンチャナック虐殺事件
来栖会谈	來棲會談

中文事件名	日文事件名
兰州空袭	蘭州爆撃
廊坊事件	郎坊事件
劳山会议	勞山會議
里约热内卢会议	リオデシャネイロ會議
联合国对日本会议	對日本聯合國會議
凌辱日本国旗事件	日本國旗ノ凌辱事件
柳州攻略战	柳州攻略戰
六郡事件	六郡事件
卢沟桥事变	盧溝橋事件
庐山会议	廬山會議
陆海军合同军事参议官会议	陸海軍合同軍事参議官會議
陆海外广东连络会议	陸海外廣東連絡會議
陆海外汉口连络会议	陸海外漢口連絡會議
陆军士官学校事件	十一月事件
掠夺强奸事件	掠奪強姦事件
伦敦经济会议	倫敦經濟會議
罗斯福近卫会议	ローズベルト近衛會談
罗斯福议会	ロ大統領議會
洛迦诺会议	ロカルノ會議
洛斯巴诺斯虐杀	ロス・バノス虐殺
吕宋作战	呂宋作戰
旅顺口临时海军军法会议	旅順口臨時海軍々法會議
马尼拉会谈	馬尼剌會談
满苏国境事件	満ソ國境事件
满蒙事变	滿蒙事變
满铁事变	滿鐵事變
满洲国省长会议	滿洲國省長會議
美国飞行员虐杀事件	米飛行士虐殺事件
美国俘虏虐杀事件	米人俘虜虐殺事件
美国政府海军省将官会议	米國政府海軍省將官會議
美舰莫诺卡西号事件	米江上艦モノカシー事件
米价骚动	米騷動
缅甸二十七人失踪事件	二七人ノビルマ人行方不明事件
毛淡棉事件	モールメン事件
缅因号事件	メーン號事件
明治维新	明治維新
莫尔斯比港	ポートモレスビー攻略作戰
莫斯科共产党大会	モスクワ共產黨大會

中文事件名	日文事件名
莫斯科会议	モスコー會議
墨西哥战争	墨西哥戰爭
慕尼黑会议	ミュンヘン會談
纳粹大会	ナチス大會
南北战争	南北戰爭
南昌会战	南昌戦
南昌空袭	南昌大空襲
南方作战	南方渡洋作戰
南京大屠杀	南京大虐殺
南京攻略	南京攻略
南京会谈	南京會談
南宁会战	南寧戦
南市攻略	南市攻略
南苑战斗	南苑戰鬥
内阁顾问会议	内閣顧問會議
内务省临时警察部长会议	内務省臨時員警部長會議
尼港事件	尼港事件
尼科利斯克事变	ニコリスク事變
农民自治运动	農民自治運動
诺门罕事件	ノモンハン事變
欧洲战争	歐洲大戰
帕奈号事件	パナー號事件
排日运动	排日運動
瓢虫号事件	レディ・バード號砲擊事件
平沼国务大臣暗杀事件	平沼國務大臣暗殺事件
七・五事件	七・五事件
七公台堡事件	七公臺堡事件
企画院总裁会议	企畫院總裁會議
潜入苏联间谍阴谋团事件	ソ聯領内ニ潛入セルスパイテロ陰謀團事件
浅间丸事件	淺間丸事件
乔治・詹姆斯杀害事件	ジョージ・ジェイムズ・リイス殺害事件
青岛会谈	青島會談
青岛攻略战	青島攻略戰
犬养首相暗杀事件	犬養首相暗殺事件
热河作战	熱河作戰
日本国民虐待事件	日本國民虐待事件
日本人被害事件	日本人被害事件
日本人战争犯罪事件	日本人戰爭犯罪事件

中文事件名	日文事件名
日本商店袭击事件	日本商店襲擊事件
日本水兵杀伤事件	日本水兵殺傷事件
日德战争	日獨戰爭
日法会谈	日佛會談
日荷会商	日蘭會商
日兰印会议	日蘭印會議
日满支经济恳谈会	日滿支經濟懇談會
日美会谈	日米會談
日美通商条约废弃事件	日米通商條約廢棄事件
日美战争	日米戰爭
日缅协力会议	日緬協力會議
日苏战争	日蘇戰爭
日印会商	日印會商
日英法美四国会谈	日英佛米四國會談
日英会谈	日英會談
日英美战争	日英米戰
日英民间棉业会议	日英民間棉業會議
日英战争	日英戰爭
日中会议	日支會議
三宝垄市长谍报事件	スマラン市長諜報事件
三国干涉还辽	三國干涉
三国会谈	三國會談
三国条约缔结一周年纪念日外务大臣午餐会	三國條約締結一周年記念日外務大臣午餐會
三国同盟	日獨伊三國同盟
三名美军俘虏被虐杀事件	米軍俘虜三名殺害事件
三相会议	三相會議
三月事件	三月事件
三长官会议	三長官會議
沙草峰事件	沙草峰事件
沙面事件	沙面事件
山海关事件	山海關事件
山下奉文事件	山下奉文事件
赏勋会议	賞勳會議
上海攻略	上海攻略
上海会议	上海會議
上海事件	上海事件
上海中山事件	上海中山事件
神兵队事件	神兵隊事件

中文事件名	日文事件名
圣保罗号事件	サン・パブロ事件
圣地亚哥要塞事件	サンテイアゴ要塞事件
圣何塞事件	サン・ホセ事件
圣托马斯事件	サント・トーマス事件
圣战	聖戰
师团长会议	師團長會議
师团军法会议	師団軍法會議
十月革命	十月革命
石油不正事件	石油不正事件
世界大战	世界大戰
世界经济会议	世界經濟會議
世界通货经济会议	世界通貨經濟會議
首相大总统会议	首相大總統會談
首相会议	首相會議
枢密院会议	樞密院會議
四川省方面攻击	四川省方面攻擊
四相会议	四相會議
松冈、伊曼斯、特拉蒙特会谈	松岡「イーマンス」「ドラモンド」會談
松冈特拉蒙特会谈	松岡ドラモンド會談
松冈伊曼斯会谈	松岡イーマンス會談
淞沪会战	松滬決戰
苏炳文事件	蘇炳文事件
苏德战争	獨蘇戰爭
苏联共产党第十七次代表大会	ソヒエト聯邦共產黨第十七次會議
苏联最高裁判所军事委员会伊尔库茨克市派出会议	ソ聯邦最高裁判所軍事委員會イルクーク市派出會議
绥远事件	綏遠事件
台湾军军法会议	臺灣軍軍法會議
台湾空袭	臺灣空襲
太平天国之乱	太平ノ亂
太平洋战争	太平洋戰爭
泰、法属印尼纷争	タイ佛印紛爭
泰、法属印尼调停会议	泰佛印間調停會議
泰国驻屯军军法会议	泰國駐屯軍軍法會議
塘沽休战会议	塘沽休戰會議
特别赤旗远东军军法会议	特別赤旗極東軍軍法會議
特设军法会议	特設軍法會議
特务机关长会议	特務機關長會議

中文事件名	日文事件名
天津事件	天津事件
天津危机	天津危機
天津问题	天津問題
天津租界封锁事件	天津租界封鎖事件
铁道怠业事件	鉄道怠業事件
通州事件	通州事件
宛平事件	宛平事件
万宝山事件	萬寶山事件
万国邮政会议	萬國郵便會議
汪兆铭狙击事件	汪兆銘狙撃事件
渥太华会议	オタワ會議
五・一五事件	五・一五事件
五卅惨案	五卅事件
五相会议	五相會議
武府会议	武府會議
武汉攻略	武漢攻略
武汉陷落	武漢陥落
武汉占领	武漢占領
武汉战役	武漢作戰
侮日事件	侮日事件
西安事变	西安事變
西班牙战争	スペイン戦爭
西伯利亚事变	西伯利亜事變
西门子事件	シーメンス事件
西姆拉会议	シムラ會議
西南战争	西南戰爭
夏威夷支部大会	ハワイ支部大會
厦门攻略战	廈門攻略戰
相泽事件	相澤事件
香港会议	香港會議
香港事件	香港事件
湘桂作战	湘桂作戰
湘江战	湘江戦
箱根会谈	箱根會談
咲村教授事件	咲村教授ノ事件
协和会全满大会	協和會全滿大會
协和会中央本部委员会员会议	協和會中央本部委員會員會議
辛亥革命	辛亥革命

中文事件名	日文事件名
新党运动	新黨運動
新加坡空袭	新嘉坡空襲
新加坡事件	シンガポール事件
兴亚院会议	興亜院會議
幸德事件	幸德事件
徐州会战	徐州會戰
许阁森大使被害事件	ヒューゲッセン大使被害事件
血盟团事件	血盟團事件
鸦片关系事务官会议	阿片關係事務官會議
鸦片排斥运动	阿片吃煙撲滅運動
鸦片委员会干事会	阿片委員會幹事會
鸦片中央委员会	阿片中央委員會
雅尔塔会议	ヤルタ會議
亚历山大医院事件	アレキサンダー病院事件
亚洲皇后号炮击事件	エンプレス・オブ・エシア號爆彈投下事件
扬子江事件	揚子江事件
仰光中央监狱事件	蘭貢中央監獄事件
伊洛瓦底江会战	イラワジ會戰
义和团事件	義和團事件
印尼回教徒协议会	マチェリス・シュラ・ムスリミン・インドネシャーインドネシャ回教徒協議會
英本土登陆作战	英本土上陸作戰
英德会谈	英獨會談
英德战争	英獨戰爭
英国市民杀害事件	英國市民殺害事件
英国远东会议	英極東會議
英美战争	英米戰爭
樱田门事件	櫻田門事件
永田事件	永田事件
宇垣拥立运动	宇垣擁立運動
御前会议	御前會議
元老会议	元老大臣會議
原子弹攻击	原子爆彈攻擊
远东战线司令部军事会议	極東戰線司令部軍事會議
岳州攻略	嶽州攻略
越境事件	越境事件
云南铁道炮击	雲南鐵道爆擊
战时经济会议	戰時經濟會議

中文事件名	日文事件名
张北事件	張北事變
张鼓峰事件	張鼓峰事件
昭和维新	昭和維新
爪哇海战	爪哇海戰
爪哇日本军法会议	爪哇日本軍法會議
珍珠港事件	真珠灣攻擊
征发集团者自家用冰箱事件	集團者自家用冷蔵庫征発事件
政治新体制运动	政治新體制運動
支那大陆作战	支那大陸作戰
芝罘攻略	芝罘攻略
秩序搅乱运动	秩序攪亂運動
中村事件	中村大尉事件
中国共产党第六次大会	中國共產黨第六回大會
中国关税特别会议	支那関税特別會議
中国国民党第六次全国代表大会	中國國民黨第六次全國代表大會
中国国民党第五次全国代表大会	中國國民黨第五次全國代表大會
中国满洲冲突事件	支那滿洲衝突事件
中日冲突事件	日支衝突事件
中日休战讲和会议	日支休戦講和會議
中日战争	日支戰爭
中苏纷争	蘇支紛爭
中途岛海战	ミッドウェイ海戰
中央经济会议	中央經濟會議
中央物价协力会议	中央物價協力會議
中央政治会议	中央政治會議
钟山县追击战	鐘山縣追擊戦
重臣会议	重臣會議
重光会谈	重光會談
重庆大使会谈	重慶大使會談
重庆攻略	重慶攻略
重庆空袭	重慶空襲
驻中英国大使遭难事件	駐支英國大使遭難事件
最高国防会议	最高國防會議
最高经济会议	最高經濟會議
最高战争指导会议	最高戰爭指導會議

英日文事件名対照表

英文事件名	日文事件名
A conference of departmental opium secretaries	阿片關係事務官會議
A conversation concerning Japanese-German and Anglo-American-Soviet relations	日獨並英米蘇關係ニ關スル會談
A conversation on the China question	支那問題ニ關スル會談
Aggressive action against Japan	對日侵略戰爭
Agrarian movement	農民自治運動
Air operation of Canton	廣東航空作戰
Alexandra Military Hospital Incident	アレキサンダー病院事件
Allied Council for Japan	對日本聯合國會議
Ambon Island Occupation Campaign/Battle of Ambon	アンボン島攻略作戰
American Civil War	南北戰爭
Anglo-American War	英米戰爭
Anglo-German Conference	英獨會談
Anglo-German War	英獨戰爭
Anglo-Japanese Conference	日英會談
Anglo-Japanese War	日英戰爭
Anti-American demonstration	反米國示威行進
Anti-American movement	反米運動
Anti-British movement	反英運動
Anti-Chiang movement	反蔣運動
Anti-Japanese movement	排日運動
Anti-Japanese movement	反日運動
Api Incident	アピ事件
Asama Maru Incident	淺間丸事件
Assassinating Stalin	スターリン暗殺
Atomic bombings	原子爆彈攻擊
August 13th Incident	八・一三事變
August 9th Incident	八月九日事變
Awa Maru Incident	阿波丸事件
B－29Bomber	B－29 歐打事件
Battle of Canton	廣東作戰
Battle of Dabie Mountains	大別山系突破作戰
Battle of Guadalcanal	ガダルカナール島反攻作戰

英文事件名	日文事件名
Battle of Guangxi	廣西作戰
Battle of Hakodate	函館戰爭
Battle of Hangchow Bay	杭州灣作戰
Battle of Henan	河南作戰
Battle of Laha	ラハ攻略戰
Battle of Lake Khasan (Changkufeng Incident) (The Events in the Zaozernaya Area)	張鼓峰事件
Battle of Liuzhou	柳州攻略戰
Battle of Luzon	呂宋作戰
Battle of Meiktila and Mandalay/Battle of Irrawaddy	イラワジ會戰
Battle of Midway	ミッドウェイ海戰
Battle of Mukden	奉天會戰
Battle of Nanchang	南昌戰
Battle of Nanning(Battle of South Guangxi)	南寧戦
Battle of Nanyuan	南苑戰鬥
Battle of Okinawa	沖縄戦
Battle of Portmoresby	ポートモレスビー攻略作戰
Battle of Rehe	熱河作戰
Battle of Shanghai	松滬決戰
Battle of Siang River	湘江戦
Battle of Sichuan	四川省方面攻擊
Battle of Suchow	徐州會戰
Battle of the Atlantic	大西洋戰
Battle of the Continent of China	支那大陸作戰
Battle of the Java Sea	爪哇海戰
Battle of the middle Hebei	中部河北省作戰
Battle of Tsinan	済南府市街戰
Battle of Tsingtao	青島攻略戰
Battle of Tsushima(Sea of Japan Naval Battle)	日本海海戰
Battle of Wuhan(Capture of Wuhan)	武漢作戰
Battle of Xianggui	湘桂作戰
Battle of Yangtze River	長江作戰
Berlin Conference	伯林會議
Bezymyannaya Incident(Shachaofeng Incident)	沙草峰事件
Bombing and sinking of the Perekop and Maikop	ペレコープ、マイコープ號爆沉事件
Bombing of Canton	廣東爆擊
Bombing of Chongqing	重慶空襲

英文事件名	日文事件名
Bombing of Cologne	Cologne 爆擊
Bombing of English Methodist Mission	英國メソヂスト傳道會爆擊
Bombing of hangar of the Zeppelin	ツエペリン格納庫爆擊
Bombing of Humen Airport	虎門飛行場爆擊
Bombing of Lanchow	蘭州爆擊
Bombing of London	ロンドン爆擊
Bombing of Mulhouse	Mulhouse 爆擊
Bombing of Nanchang	南昌大空襲
Bombing of Nanking	南京爆擊
Bombing of Singapore	新嘉坡空襲
Bombing of Taipei	臺灣空襲
Bombing of Yunnan Railway	雲南鐵道爆擊
Border conflicts Incident	國境紛爭事件
Border Incident	越境事件
Boxer Rebellion(Yihetuan Movement)	義和團事件
British concession in Tientsin	天津租界封鎖事件
Brussels Conference	比律悉會議
Buber case	ブーバー案
Burma Mawlamyaing Incident	モールメン事件
Cabinet Advisory Cuncil	内閣顧問會議
Cairo Conference	カイロ會議
Calcutta-Japan Conference	カルカッタ日本會議
Canton Commune	廣東コムミューン
Capture of Amoy	廈門攻略戰
Capture of Anking	安慶攻略
Capture of Canton	廣東攻略
Capture of Changsha	長沙攻略
Capture of Chefoo	芝罘攻略
Capture of Chongqing	重慶攻略
Capture of Guilin	桂林攻略
Capture of Hainan Island	海南島攻略
Capture of Hangchow	杭州攻略
Capture of Hankou	漢口攻略
Capture of Hengyang	衡陽攻略
Capture of Jiujiang	九江攻略
Capture of Nanking	南京攻略
Capture of Nanshi	南市攻略
Capture of Shanghai	上海攻略

英文事件名	日文事件名
Capture of Wuhan(Battle of Wuhan)	武漢攻略
Capture of Yueyang	嶽州攻略
Case de Thouars	デ・ツーアース大尉事件
Case Koo	黄事件
Case van rees	ヴァンリース事件
Caucasus Incident	高加索事情
Champion Incident	チャムピヨン事件
Chengtu Incident	成都事件
Chiang's Military Council	蔣軍事會議
Chihli-Fengtien War	奉直戰爭
China and Manchukuo Conflict	支那滿洲衝突事件
Chinese Special Tariff Conference	支那関税特別會議
Chōshū expedition	長州征伐
Ciel Incident	シエル給油所事件
Comintern congress	國際共產黨大會
Commerce raiding against America	対米通商破壊戰
Communist movement	共產主義運動
Communist party Incident	共產黨事件
Concordia Association	協和會中央本部委員會員會議
Conference of Decoration Bureau	賞勳會議
Conference of Provincial Governors of Manchukuo	滿洲國省長會議
Conforence of East Asia Development Board	興亜院會議
Conforence of League of Nations	國際聯盟會議
Conforence of State Council	國務院會議
Congress of Communist Party in Moscow	モスクワ共產黨大會
Constitution protection movement	護憲運動
Conversations between Roosevelt and Konoe	ローズベルト近衛會談
Conversations between the Prime Minister and the President	首相大總統會談
Conversations between Yoshizawa and Dorman	吉沢ドウマン會談
Court Martial of the First Divisional District	第一師管軍法會議
Court-martial of Division	師団軍法會議
Court-martial of Japanese Korean Army	朝鮮軍軍法會議
Court-martial of Siam Garrison	泰國駐屯軍軍法會議
Court-martial of Taiwan Army of Japan	臺灣軍軍法會議
Crimea Conference	クリミア會議
Crimea War	クリミア戰爭
Dalian Conference	大連會議

英文事件名	日文事件名
De Gaulle movement	ドゴール運動
Dispute between French Indo-China and Thailand	タイ佛印紛爭
Dongsheng Incident	東省事變
Doolittle fliers Case	ドウリットル飛行士事件
Dr. SAKIMURA Incident	咲村教授ノ事件
Elder statesmen's conference	元老大臣會議
Erqi Strike	二七事件
European War	歐洲大戰
Extraordinary Court-martial	第九八〇一部隊臨時軍法會議
Fall of Changsha	長沙陷落
Fall of Hankou	漢口陷落
Fall of Wuhan	武漢陷落
Far East Conference in England	英極東會議
February 15th Incident	二・一五事件
February 26th Incident (Revolt in the Imperial Capital)	二・二六事件
Fengtai Incident	豐臺事件
Fifth Encirclement Campaign(The fifth drive)	第五次討伐
First international congress of ex-servicemen	第一回の在鄉軍人國際會議
First Nation Congress of the Soviet Representatives	第一回全國ソヴエート代表大會
First National Congress	第一回國民會議
First Negotiation with Japan	第一次對日商談
First Sino-Japanese War	日清戰爭
Flag officer meeting of the United States Department of the Navy	米國政府海軍省將官會議
Four-Power conference including Japan, England, France and The United States	日英佛米四國會談
Fourth Encirclement Campaign(The forth drive)	第四次討伐
French Revolution	佛蘭西革命
French-German War	佛獨戰爭
French-Japanese Conference	日佛會談
Fukien Incident	福建事變
Fushun Incident	撫順事件
German-American War	獨米戰爭
German-Japanese War	日獨戰爭
German-Polish war	獨波戰爭
German-Soviet Union (The German-Russian War、Great Patriotic War)	獨蘇戰爭

英文事件名	日文事件名
Great Kantō earthquake	關東大震災
Great Pacific War(The Great East Asia War、War of Greater East Asia)	大東亜戰爭
Greater East Asia Conference	大東亜會議
Guo Songling Incident	郭松齡叛亂事件
Haga Borneo Case	ハカ・ボルネオ東南州知事ノ事件
Hague Conference	海牙會議
Hakone Conference	箱根會談
Harriman Affair	ハリマン事件
Hebei Incident	河北事件
High Treason Incident(Kotoku Incident)	幸德事件
Hiroshima Economic round-table conference	廣島経済懇談會
Hirota-Lindley Conversation	廣田リンドレー會議
Hohenberg	ホーヘンベルグ公爵夫人暗殺事件
Hongkong Conference	香港會議
Hongkong Incident	香港事件
Huanggutun Incident	張作霖殺害事件
Imperial Conference	禦前會議
Imperial Diet/Parliament of Japan	帝國議會
Imperial General Headquarters-Government Liaison Conference	大本營政府連絡會議
Imperial Japanese Army Academy Incident(November Incident)	十一月事件
Imperial Rule Assistance Association	大政翼贊會中央協力會議
Imperialist war	帝國主義戰爭
Independence movement	獨立運動
International Conference of the Red Cross	赤十字國際會議
International Drug Conventions	國際麻藥品會議
International Economic Conference	國際經濟會議
International Loan Investigation Commission	國際貸借審議會
International Opium Conference	國際阿片會議
January 28 Incident(Shanghai Incident)	第一次上海事變
Japanese Court-martial in Java	爪哇日本軍法會議
Japanese-American conversation	日米會談
Japanese-American War	日米戰爭
Japanese-Anglo-American Wars	日英米戰
Japanese-Dutch negotiation	日蘭會商
Japanese-Indian negotiation	日印會商

英文事件名	日文事件名
Japanese-Netherlands East Indies conference	日蘭印會議
July Fifth Incident	七・五事件
Karagon Case/The Karagon Massacre	カラゴン村事件
Khalkhin Gol River Incident	ハルヒン・ゴル事件
Korean Incident	朝鮮事件
Kulangsu Incident	コロンス事件
KURUSU Conference	來棲會談
Kyosei-kai	十一會
Ladybird Incident	レディ・バード號砲撃事件
Landing operations against England	英本土上陸作戰
Langfang Incident	郎坊事件
Laoshan Conference	勞山會議
Locarno Conforence	ロカルノ會議
London Economic Conference	倫敦經濟會議
Los Banos Massacre	ロス・バノス虐殺
Lushan Conference	廬山會議
Maine Incident	メーン號事件
Majelis Shura Muslimin Indonesia(Masyumi Party)	マチェリス・シュラ・ムスリミン・インドネシャーインドネシャ回教徒協議會
Manchuria Incident	滿州事變
Manchuria Railway Incident	滿鐵事變
Manchuria-Mongolia Incident	滿蒙事變
March Incident	三月事件
Marco Polo Bridge Incident	盧溝橋事件
May 15 Incident	五・一五事件
May Thirtieth Movement	五卅事件
Mayor of Semarang spying case	スマラン市長諜報事件
Mediation conference between Thailand and French Indochina	泰佛印間調停會議
Meeting of the Concordia Association	協和會全滿大會
Meiji Restoration	明治維新
Mexican-American War(Mexican War)	墨西哥戰爭
Military Academy Incident(November Incident)	相澤事件
Moscow Conferences(The negotiaton in Moscow)	モスコー會議
Movement of Resistance Against Japan	抗日運動
Movement to overthrow the Cabinet	倒閣運動
Munich Conference	ミュンヘン會談
Nagata Incident	永田事件

英文事件名	日文事件名
Nakamura Incident	中村大尉事件
Nanking Conference	南京會談
Nanking Massacre(The rape of Nanking)	南京大虐殺
National Revolution of 1925－27(The revolution of 1925－27)	一九二五——二七年の大革命
Naval Conference	海軍軍縮會議
Nazi Party Conference	ナチス大會
New Law Courts Annexe Case	ニュー・ロー・コーツ・アネキス事件
Nikolayevsk Incident	尼港事件
Nikolsk Incident	ニコリスク事變
Nine Power Treaty Conference	九箇國條約會議
Nomonhan Incident	ノモンハン事變
North Chahar Incident	張北事變
North China Buffer State Strategy	華北自治運動
North China Incident	北清事変
Occupation of Wuhan	武漢占領
Ogikubo Conference	荻窪會談
Oleyacob Incident	オレヤコブ號事件
Omega Incident	オメガ事件
OP Ten Noort Incident	オプ・テン・ノールト號事件
Osaka Economic round-table conference	日滿支經濟懇談會
Ottawa Conference	オタワ會議
Oyama Incident	上海大山事件
Pakhoi Incident	北海事件
Palawan Island Incident	パラワン島事件
Panay Incident	パナー號事件
Paris Peace Conference	巴裹講和會議
Pearl Harbor Attack(Attack on Pearl Harbor)	真珠灣攻擊
Peking Conference	北京會議
Peking Kuanganmen Incident	北京廣安門事件
Permanent Central Opium Board	阿片中央委員會
Permanent Court-martial	常設軍法會議
Philippines Campaign	比島戰
Pontianak Extraordinary Court-martial	ポンチャナ臨時軍法會議
Pontianak Massacre	ポンチャナック虐殺事件
Potsdam Conference	ポツダム會議
Price House Case	プライス邸事件
Privy Council Conference	樞密院會議

英文事件名	日文事件名
Provisional Navy at Port Arthur	旅順口臨時海軍々法會議
Railway sabotage case	鉄道怠業事件
Rangoon Central Jail Case	蘭貢中央監獄事件
Reddening(Turning communist)	赤化運動
Rice riots	米騒動
Rio De Janeiro Conference	リオデシャネイロ會議
Roosevelt Conforence	ロ大統領議會
Russian Revolution	露西亜革命
Russian war	ロシア戰爭
Russo-Finnish War	ソ芬戰
Russo-Japanese War	日露戰爭
Russo-Turkish War	露土戰爭
Saint Thomas Incident	サント・トーマス事件
Sakuradamon Incident	櫻田門事件
San Francisco Conference	桑港會議
San José Incident	サン・ホセ事件
Santiago fortifications Incident	サンテイアゴ要塞事件
Satsuma Rebellion	西南戰爭
Second Peace Conference	第二回平和會議
Second Spy Case	第二スパイ事件
Second Tientsin incident	第二次天津事變
Second Washington Conference	第二次ワシントン會議
Senior statesmen's conference	重臣會議
Seventeenth Congress of the Commiunst Party of the Soviet Union	ソヒエト聯邦共産黨第十七次會議
Seventh congress of the Comintern	第七回コミンテルン大會
Shakee massacre	沙面事件
Shanghai Conference	上海會議
Shanghai Incident	上海事件
Shanghai Nakayama Incident	上海中山事件
Shanhai Pass Incident/Shanhaiguan Incident	山海關事件
SHIGEMITSU Conference (the talk with SHIGEMITSU)	重光會談
SHINPEI Incident	神兵隊事件
Shōwa Restoration	昭和維新
Sian Incident(Xi'an Incident)	西安事變
Siberia Incident	西伯利亜事變
Siemens Scandal	シーメンス事件

英文事件名	日文事件名
Simla Conference	シムラ會議
Singapore Incident	シンガポール事件
Sino-Japanese Conference	日支會議
Sino-Japanese Incident	日支衝突事件
Sino-Japanese truce and peace conference	日支休戦講和會議
Sino-Japanese War	日支戰爭
Sino-Soviet dispute	蘇支紛爭
South China War	南支作戰
Southern Operations	南方渡洋作戰
Soviet-Japanese border conflicts (Soviet-Manchurian border conflicts)	滿ソ國境事件
Soviet-Japanese War	日蘇戰爭
Spanish War	スペイン戦爭
Special Court-martial	特設軍法會議
Su Bingwen Incident	蘇炳文事件
Sudero Communist Party Case	スデロ共産黨事件
Suiyuan Campaign	綏遠事件
Supporting Ugaki assume the Prime Minister	宇垣擁立運動
Supreme Council for the Direction of the War	最高戰爭指導會議
Supreme Council for the National Defense Council	最高國防會議
Supreme Economic Coucil	最高經濟會議
Taiping Rebellion	太平ノ亂
Takahashi Incident	高橋事件
Tarlac Bridge Incident	タルラック橋事件
Tatsumaru Incident	辰丸事件
Technical Council of the Bureau of Naval Construction	海軍艦政本部技術會議
Teheran Conference	テヘラン會議
The Ambassador Henry conversation	アンリー大使會談
The assassination of Prime Minister Inukai	犬養首相暗殺事件
The Bazi Bridge Incident	八字橋事件
The Blood Brotherhood Incident	血盟團事件
The Bombing of the "Empress of Asia" Incident	エンプレス・オブ・エシア號爆弾投下事件
The case of assassination attempt on Wang Ching-wei	汪兆銘狙撃事件
The case of Ambassador Huggessen' saccident	ヒューゲッセン大使被害事件
The case of assassination of Minister of State Hiranuma	平沼國務大臣暗殺事件

英文事件名	日文事件名
The case of attack on Japanese Stores	日本商店襲撃事件
The case of Borgman	ボルグマン事件
The case of Henry Wirz	ヘンリウイルツノ事件
The case of Sulmata	スルマタ事件
The case of the 27 Missing Burmans	二七人ノビルマ人行方不明事件
The case of Visser	ヴィッサー事件
The Central Political Conference	中央政治會議
The Chang-sha Incident	長沙事件
The Darlan conversation	ダルラン會談
The Drive on Chungshanhsien	鐘山縣追擊戦
The Ebaing Massacre	エバイングノ虐殺
The Fifth Plenary Conference of the Kuomintang	中國國民黨第五次全國代表大會
The First Army Group Military Council	第一陸軍集團軍事會議
The Five Minister Conference	五相會議
The Four Minister Conference	四相會議
The Holy war	聖戰
The Incident of the American River Gunboat, Monocasy	米江上艦モノカシー事件
The Japanese sailor sniping incident	日本水兵殺傷事件
The land action on the Belgium-French border line	白佛國境陸上戰
The luncheon in commemoration of the first anniversary of the conclusion of the Three-Power Pact	三國條約締結一周年記念日外務大臣午餐會
The Manila talks	馬尼剌會談
The Military Council of the Far Eastern Front	極東戦線司令部軍事會議
The movement for the conversion of money into goods	換物運動
The Ninth Assembly of the League of Nations	國際聯盟第九回總會
The October Revolution	十月革命
The oil graft case	石油不正事件
The Opium Committee	阿片委員會幹事會
The Pacific War	太平洋戰爭
The Prime Minister Conference	首相會議
The reorganization conference	改組會議
The Sixth National Congress of the Communist Party of China	中國共產黨第六回大會
The sixth Plenary Conference of the Kuomintang	中國國民黨第六次全國代表大會

英文事件名	日文事件名
The Takar Case	タカラ事件
The Three Minister Conference	三相會議
The Twenty-third Session of the Opium Advisory Committee	第二十三回阿片顧問委員會
The war against America	對米戰爭
The war against Anglo-American	對米英戰爭
The war against China	対華戰爭
The war against Germany	對獨戰爭
The war against Japan	對日戰爭
The war against Poland	對波戰
The war against Soviet Union	対蘇戰爭
The war against the Chinese partizan	対中國パルチザン作戰
The World War Ⅰ	第一次世界大戦
The World War Ⅱ	第二次世界大戰
Third Battle of the Solomon Sea/Naval Battle of Guadalcanal	第三次ソロモン海戰
Three Chief's Council	三長官會議
Three-Power Conference	三國會談
Tianjin crisis	天津危機
Tients Incident	天津事件
Tientsin Problem	天津問題
Tinkler Incident	ティンクラー事件
Tokyo Conference	東京會談
Tokyo International Court-martial	東京國際軍法會議
Tokyo Mediation Conference	東京調停會議
Tokyo Naval General Court Martial	東京海軍高等軍法會議
Tomoyuki Yamashita Incident	山下奉文事件
Tripartite Intervention	三國干涉
Tripartite Pact	日獨伊三國同盟
Truce Conference at Tangku	塘沽休戰會議
Tsgutao Conference	青島會談
Tsinan Incident	濟南事件
Tungchow Mutiny(The Tungchow Incident)	通州事件
U. S. Veterans League in Hawaii	ハワイ支部大會
U-boat War	獨逸潛水艦戰
Universal Postal Conference	萬國郵便會議
USS San Pablo Incident	サン・パブロ事件
Versailles Conference	エルサイユ會議

英文事件名	日文事件名
Versailles Peace Conforence	ヴェルサイユ議和會議
Wanpaoshan Incident	萬寶山事件
Wanping Incident	宛平事件
War between German and British-French	獨對英佛戰爭
War of Resistance Against Japan	抗日戰闘
War time Economic Council	戰時經濟會議
War with U. S. ,Great Britain and the Netherlands	對米英蘭戰爭
Washington Conforence	ワシントン會談
Whaling Conference	捕鯨會議
World Economic Conference	世界經濟會議
World Monetary and Economic Conference	世界通貨經濟會議
World War	世界大戰
Xinhai Revolution（Hsin-hai Revolution、Revolution of 1911）	辛亥革命
Yalta Conference	ヤルタ會議
Yangtze River Incident	揚子江事件
Yedwingon Case	エッドウインゴンノ件

文献名索引

邹皓丹、杨雪君、孙艺、李雨等编纂
程兆奇审定

凡　例

一、本索引检索的母本为国家图书馆和上海交通大学编纂、上海交通大学出版社和国家图书馆出版社出版的《远东国际军事法庭证据文献集成》(日文版)，由地名、别称、册数、页数组成：

文献名	别　　称	册数	页数
石渡莊太郎口供書	石渡莊太郎口述書	50	435,439,463

二、文献名包括官方文书、公告、条约、法律法令、法庭文献及书籍、报刊、个人文书等公司文献。如:“濠洲帝國軍前中尉ロデリック・グラハム・ウエルズニ依ル宣誓書”、“第十九濠洲步兵大隊兵九十ケイスボテリルニヨル口供書”、“バルト公論”、“パリ條約”、“大藏省令”、“大川周明博士控訴公判辯論要旨”、“陸亜密大日記”、“蒙古人民共和國地圖”。

三、文献名词条按照日文 50 音图顺序排序。

四、不同拼法和表述的同一文献名，一般以当时较常见者为主词条，其他拼法和表述法列入别称栏。

五、含义接近而不等同的文献名，一般以当时较常见者为主词条，其余列入别称栏。

六、对可以判断的误拼、误植列入别称栏。

七、本索引附有中日和英(包含少量其他西方文字)日两种文字对照表。以下为示例：

对照表有：

中文名	日文名
北京天津时报	ペキン・テンシン・タイムス

英文名	日文名
Delimitation of the Soviet-Manchurian boundary	露满国境协定

八、所附中日文文献名对照表，以中文文献名的汉语拼音首字母排序；英日文文献名对照表，以英文字母排序。

九、英日对照表中的中国文献名，除有约定俗成者外，一般按汉语拼音拼写。

十、对原文模糊无法辨识者，本索引未收录。

十一、东京审判时日本尚未进行文字改革，所以在文献中以繁体为主，但也有少量简体，为保持一致，简、繁体与中国汉字相同者，如“國”与“国”、“學”与“学”、“獨”与“独”、“會”与“会”等，均改为繁体；简体与中国汉字不同者，如“讀賣”与“読売”、“廣”与“広”等，本索引为了保持原貌，一仍其旧。

索 引 正 文

文 献 名	别 称	册数	页 数
	ア		
A. T. I. S. 報告書		23	404
ATIS 時事翻譯		13	477,478,480,481,482,483,491,493,512,515,519,523,524,536,548,551,552,553
H. ルーパティノ報告		23	274
M. J. デックスンニヨル報告書		23	28
NT 共同防衛協議		15	174
P. G. デ. フリースノ供述書		23	382
WANG KIANG SZE 夫人(六十六歲)口供書		7	66
北京政府阿片禁止狀況簡明表		8	43
アクリル樹脂生產表		14	247
朝日新聞	Asahi Shimbun	35	6
		42	66
		45	21,480,482,484
亜細亜、諸國及交通概覽圖		50	295,326
亜西亜、歐羅巴、日本		28	107,110,113,118
亜細亜建設者		28	118,147,165
阿部大使壯行國民大會ニ於ケル有田外務大臣挨拶		33	130,134
阿片喫煙使用禁止協議		9	394
阿片禁止法案		8	129
阿片條約		7	507
阿片取締法		7	512
阿片取締令		31	227,228
阿片法	阿片令	7	513
		31	218,220,231,232,258,310,316,332,334,335,350
阿片法施行令	阿片法施行に關する規則,阿片法施行規則	7	485
		31	267,310,334

文　献　名	别　称	册数	页　数
アメリカ-オランダ-イギリス會談		36	399
アメリカ合眾國代表委員報告書		18	39,42
天羽聲明		17	493,528
荒木貞夫訊問調書		5	653
有田外務大臣ノ年頭所感（昭和十四年一月一日）		32	54
有田外務大臣發在獨武者小路大使宛電報		33	238
有田聲明		46	577
アルミニュームノ生產、輸入及ビ消費		14	270
アレキサンドロポリスキ條約		12	510
安保清種供述書		50	432

イ

文　献　名	别　称	册数	页　数
如何に内閣制度を強化すべきや		30	62
池田陸軍少將口供書		49	338
石井秋穗口供書	石川秋穗供述書	45	529,541
石井ランシング交換公文ノ廢棄ニ關スル日米交換公文		29	377,379
醫師齒科醫師獸醫師藥劑師藥品法		31	272
石渡莊太郎口供書	石渡莊太郎口述書	50	435,439,463
維新政府聲明		33	69
磯野勇三口述書		33	339
板垣征四郎宣誓供述書訂正表		42	618,619
委託檢查ニ關スル件		44	36,280
伊太利國家總動員法		36	43
一月十八日閣議決定重要物資供給確保ニ關スル件		14	586
一時賜金、特別賜金、造兵廠職工扶助金、生徒死傷手當及雇傭人死傷手當ニ關スル件		44	281

文献名	别称	册数	页数
一年志願兵制度		30	211
一般合計總豫算追加案		15	211
一般法令及支那事變特殊法令		35	484
イナナム・バチー・ビン・O・K・Kハッサムノ宣誓口述書		23	29
委任統治條約		18	10
移民法追補條令		29	285
醫療關係者職業能力申告令		4	84
岩畔豪雄口供書		45	189,198,199,398
印刷局官制		41	484
印度支那-日本通商協定		11	373
印度支那共同防衛議定書		36	542
印度支那軍司令官ト在印度支那日本陸海軍代表トノ間ニ於テ締結セラレタル協定		2	283
印度支那ニ於ケル事件概觀		50	396
印度支那日佛共同防衛ニ關スル議定書	印度支那ノ共同防衛ニ關スル日本佛蘭西間議定書	11	490,497

ウ

文献名	别称	册数	页数
ヴァンアムステルノ口供書		23	278
ウィンストン・チャーチル氏ノ演說		29	486
ヴィンソン案	ヴィンソン海軍建造案,第三次ヴィンソン海軍軍備擴張案,第二次ヴィンソン案,第二次ヴインソン海軍擴張法,第三次ヴインソン海軍擴張法	15	522,529,545
		36	368
		38	7,8,10
		46	516,517
ウェーク島ニ於テ死亡セル非戰鬥員九十八名ノ名簿		27	238
植村甲午郎供述書		36	47

文献名	别称	册数	页数
ヴェルサイユ條約	ベルサイユ條約,ベルサイユ條約,ヴェルサイユ平和條約,ヴエルサイユ條約,ドイツモヴエルサイユ講和條約	2	133,136
		5	423
		9	356,422
		10	507
		15	615
		16	185,219,299,311,361
		18	10
		29	397
		33	62,108,109
		42	24
		46	228
		47	330
鵜飼芳男宣誓供述書		34	239
宇垣外務大臣宛三浦起草琿春片桐副領事發電報		33	416
宇垣一成大將口供書	宇垣一成供述書,宇垣一成口供書	34	342,348
		50	539
宇垣大臣內奏資料		6	272
宇野滿壽子口供書		47	114
梅津何應欽協定	梅津何應欽協定,梅津何応欽協定,何梅協定	3	148,205,329
		5	394
		11	57
		31	51,606,613,615
		32	36
		33	94,197
		42	230,252,326,327,330
		45	113
		49	350
ヴォルスト地圖第七集		50	292,293,301
運輸部管理汽船處分ノ件		44	287

エ

文献名	别称	册数	页数
英、米、佛、露ノ各國及支那國間ノ條約	英、米、佛、露ノ各國及支那國間ノ條約	34	1,62,65
エイ・エム・ドルーグ夫人ノ口供書		23	397
英外相申出ニ關スル件		16	356
映畫法		5	156

文献名	别称	册数	页数
映畫法施行規則		5	167
映畫法施行令		5	166
映畫關係法令		5	156,168,169,171,172,173,174,175,176,178,179,180,181,182,183,184,185,187,188,189,191,192
		43	305
英軍兵器遍覽		13	551
英國外務大臣宛在英米國大使書翰		2	224
英國軍無兵科名簿		24	46,51
英國抗議書		9	107
英國指導者演說集		29	486
英國兵器介紹		13	551
英國陸軍ステファヴィクターバードディ中尉ノ口供書		23	36
英支軍事協定		46	597
英人俘虜收容ニ伴フ一般民衆ノ反響提出ノ件		44	272
衛生材料ノ試驗ニ關スル件		44	36,280
衛生ニ關スル教科書改定ニ關スル件		44	290
英ソを恐れぬ最高度の戰時內閣を作れ		11	609
		28	209
英獨海軍協定		15	538
英佛獨伊四國協定		47	330
日滿年鑑	日本滿洲國年鑑,一九四一年日本滿洲國年鑑	30	581
		31	12
		49	222,229
英米共同宣言		29	463
		48	271
英領ニューギニア軍ニ關スル軍事報告		13	525
英領ボルネオ兵要地誌及一般敘述		13	549
英領馬來東海岸航空軍用地圖第一部		13	408
英領馬來ノ資源		13	549

文献名	别称	册数	页数
英領馬來兵要地誌及一般敘述		13	549
液體燃料自給方案		35	256
エストニア國ソヴィエト社會主義共和國聯邦間不侵略及紛爭平和的處理條約		29	494,495,500,501
エム・エム・リトヴイノフノ日記	同志M・M・リドビノフ日記,M. M. リトヴイノフ日誌,M. M. リトヴイノフ日記,M. M. リトヴイノフノ日記,エム・エム・リトビノフノ日記	13	61,62,64,67
		33	353,365,382,419,437,454
		34	349,352,354,357
エム・ピー・ハバカンプ夫人ノ口供書		23	398
エンサイクロペディア、ブリタニカ		2	600
演習費全般ノ運用ニ關スル件（次官委任事項ヲ除ク）		44	283
演習用彈藥ニ關スル件		44	292
エンタープライズ號司令官報告書		50	160
遠東諮詢委員會小組委員會第一報告書		11	41
遠東諮詢委員會小組委員會第二報告書		11	41,70
遠洋航路補助法		30	135
		35	443

オ

文献名	别称	册数	页数
汪工作指導腹案		49	383
王國近世地理卓上地圖書		50	294,313
王室文書局印刷刊行一九三〇年倫敦海軍會議文書		38	217
歐洲形日本國海洋航行船舶積量測度證書		2	365,366

文献名	别称	册数	页数
歐洲形和蘭領印度船舶積量測度證書		2	366
汪主席談（清鄉委員會成立）		33	143
歐米軍制ニ關スル研究		36	173
大川周明博士控訴公判辯論要旨		28	480
大藏省臨時軍事費特別會計始末第8號表		36	334
大島浩訊問調書		34	269
墺太利漢牙ニ對スル平和條約		12	164
オーストラリア洲最高裁判所供述書		50	185
オーストラリヤ軍中尉 F. B. オルダムノ陳述書		23	271
大野綠一郎口供書		45	122
大平秀雄口供書		45	229,399
岡口供書		45	476
オッタワ協定		28	503
		36	312
オット・キューン宣誓口供書		18	236
已を罪するの精神		33	135
和蘭國海洋航行船舶積量測度證書		2	365
オランダ軍情報局野戰情報部隊三六/二報告書		23	274
和蘭軍に對し戰鬥開始に関し昭和十七年一月十二日情報局に依って發せられれる帝國政府聲明		19	273
オランダ正規軍大尉檢事 J. N. ヘイブレクノ報告書		23	279
和蘭國ノ海外領地及殖民地ニ關スル領事職務條約		2	355
恩給法		44	198

文献名	别称	册数	页数
恩給法改正案		45	3,12

カ

文献名	别称	册数	页数
ガーディアン		42	136
海外関係	對外關係	16	117,150,154
海外旅務ノ請求及其ノ返納ニ關スル件		44	291
海軍軍縮條約	ワシントン海軍條約,海軍軍備制限ニ關スル條約,海軍軍備ノ制限及縮少ニ關スル條約,海軍軍備制限協定,ロンドン條約,倫敦條約,海軍軍備制限條約,海軍協定,海軍軍備制限條約,海軍條約,海軍軍備撤廢條約,ロンドン海軍條約,倫敦海軍條約,ロンドン海軍軍縮條約,華府條約,ワシントン條約,華盛頓條約,華府海軍條約,ワシントン會議條約,華府海軍軍備制限條約,海軍制限條約,海軍軍備制限及ビ縮少條約,海軍軍縮協定,一九二二年華府海軍軍備制線條約,海軍條約,一九三〇年ロンドン海軍條約,倫敦協定,倫敦軍縮條約	2	165,168,169,174,176,178,180,181,185,186,196,198,215,220,222,224,225,226,230
		3	10,12,13,16,25,34,42,57,61,64,67,69,71,72,73,75,78,81,85,86,86,87,89,94,105,107,108,120,124,125,128,130,131,134,135,137,138
		4	350,427
		5	195
		13	170
		15	8,415,417,418,422,423,425,429,441,447,450,453,456,457,462,465,469,470,473,474,479,482,483,499,501,502,503,507,510,529,538,590
		16	10,469,620
		17	492
		18	7,8,39,41,42
		28	142,226,457,533
		30	49,68,158
		36	149,368
		38	4,83,87,92,97,98,106,108,113,119,120,126,129,130,131,132,133,134,135,148,149,186,187,189,190,191,192,201,202,223,254,260,261,262,263,267,268,269,271,273,275,277,278,279,280,281,283,284,285,286,287,288,289,290,291,308,309,330
		43	34,91,181,251,561
		47	304,312,313,329,459,653
		49	342,429,470

文献名	别称	册数	页数
海軍軍縮條約		50	409
海軍軍備ノ制限及縮少ニ關スル條約第十九條ノ解釋ニ關スル日米兩國間交換公文		2	220,223
海軍軍備ノ制限及縮少ニ關スル條約ノ批准書寄託調書	千九百三十四年四月二十二日ロンドンニ於ケ署名セラレタル海軍軍備ノ限制及縮少ニ関スル條約ノ批准書	2	227
海軍軍法會議法		4	80
		26	5
		38	569
		44	63,91
海軍刑法		40	270,271,289,290
		44	62
海軍裁判所及委員會法		27	127,128,129
海軍作戦方針及命令		18	45,46
海軍省官制		3	652
		4	54,60,63
海軍諸例則		34	250,261
海軍豫算要綱		15	515,516,556
會計委員會議事錄		28	397
解決ノ為ノ米國側対案		16	174
戒嚴、警備及衛戍勤務ニ關スル事項中輕易ナル件	戒嚴,警備及衛戍勤務ニ關スル事項中重要ナラサル件	44	33,278,285
戒嚴令案		43	245
外交官の回想錄		35	44
外國為替管理法		14	332,336
		35	383
外國艦船本邦寄港ニ關スル件		44	287
外國語學校依託學生及留學者決定ニ關スル件		44	33,277
外國語學校依託學生ニ關スル件(次官委任事項ヲ除ク)		44	282
外國資源ノ利用ニ關スル件		44	34,279

文　献　名	别　　称	册数	页　　数
外國人勤勞條例	外國人勤勞條令	19	27,57,72,87
外國船舶行動調查報告ノ件		19	196
外國船舶ノ輸入禁止制度（昭和八年五月）		30	139
外國駐在員、留學者及外國差遣者ニ與フル訓令ニ關スル件		44	33,278
外國通信員に對する宇垣外務大臣談（一九三八年（昭和十三年）六月六日）		32	216
外國土地法關係雜件中國ノ部		30	272,273,279,281
外國米輸入計畫		35	438
外國貿易組合法		14	335
外國貿易調整法		14	334
外國貿易累年表		36	359
回顧と前瞻		33	76
會社經理統制令		4	85
會社所有株式評價臨時措置令		4	85
外人記者會見ニ於ケル有田大臣談（一九三八年十二月十九日）		32	218
外人土地法ニ關スル件		44	34,278
改正阿片取締令		31	227
改正國籍法		2	499
兵役法改正法		15	24
開戰ニ關スル條約		1	176
海戰に關する倫敦宣言		34	245,258,260
海戰法規		32	299
		39	136
海難ニ於ケル救援救助ニ就テノ規定ノ統一ニ關スル條約		34	263
外務省官制		8	557,559
		47	9
外務省公表集		10	27
		19	1,3

文献名	别称	册数	页数
外務省在外公館報告		46	586
外務省年鑑		46	211
外務大臣大島大使會談ノ覺書		13	130
外蒙行政明細図		12	353,356
外蒙古及港灣鐵道ニ關スル協定		34	313
外蒙古ニ關スル露蒙支三國協定		29	233
外蒙古方面通信網圖		12	339
外蒙詳密行政圖		12	355,358
傀儡政府阿片管理規則		8	110
カイロ宣言		1	1,4
ガウス案		49	518
價格等統制令		4	84
華僑新生記		9	292,304
各公債發行ニ關スル法律案		15	214
各省官制通則		3	624
		45	148
革新ノ必然性	革新の必然性	15	104
		28	240
		41	286,300,308
各團隊ト航空部隊トノ連合演習ノ協議ニ關スル件		44	282
各特別會計昭和十七年度豫算案		15	214
下士官候補者ノ分遣ニ關スル件		44	284
下士官ノ轉屬ニ關スル件		44	284
假出獄ニ關スル件		44	290
學校技能者養成令		4	84
學校教練檢定規程		30	208
學校卒業者使用制限令		4	84
學校法人法案		15	168,272
合衆國海事委員會調査部報告書		49	141
合衆國借款協定		28	186
合衆國船舶局年報		49	126

文献名	别称	册数	页数
カツペレン世界地圖書		50	295,328
カナダ西印度間貿易協定		36	8
金光庸夫口供書		49	73
金資本特別勘定法		14	342
華府海軍軍縮會議公式報告書		38	180
華府海軍軍備制限條約廃止通告文		15	624
株式價格統制令		4	85
貨幣法		31	434
		35	410,411
華北阿片吃煙禁止臨時措置法		8	166
為替管理法		3	179,180
為替清算協定		15	239
官衙學校ニ在職スル將校ヲ軍隊ニ於テ施行スル演習ニ参加認可ニ關スル件		44	283
漢口市街地圖		32	428,429
漢口市土地區畠一覽圖		32	448,449
漢口方面政務處理要綱		49	376
韓國駐剳軍陸軍軍法會議法		44	192
韓國併合ニ關スル宣言		29	222
艦船職員服務規程		34	247,261,262
間島協約	千九百九年九月四日ノ間島ニ関スル協約	2	477,494,497,498,501,502,509
関東軍及ビ全日本軍地上部隊兵力増強図		12	237
関東軍及ビ全日本軍兵力増強一覧表		12	234,235,242
関東軍及ビ日本軍地上部隊保有戰車總數		12	238
関東軍及ビ日本地上部隊步兵師團總數		12	239
関東軍及ビ日本地上部隊保有大砲總數		12	240

文献名	别称	册数	页数
関東軍及ビ日本軍ニ於ケル技術装備ノ描述全般ニ関スル一覧表		12	242
關東軍國境警備要綱	國境警備要綱,警備要綱,國境警備要綱	34	93,101,198,199,201,208,217
關東軍作戰計畫		49	326
關東軍作戦行動ノ概要及経緯	關東軍作戦行動ノ概要	45	41,42
關東軍作戰準備要綱		34	93,101
関東軍師団組織		12	250,252
関東軍情		12	541
關東軍司令部條例	關東軍司令部條令	30	498
		32	565
関東軍ノ任務ニ基ク對外諸問題ニ関スル軍ノ意見		13	77
關東軍ノ任務ニ基ク對外諸問題ニ關スル軍ノ意見(有田大使トノ懇談席上)		33	235
關東軍陸軍通譯補備教育要領	關東軍陸軍通譯補助教育ニ關スル件	14	98,99
關東軍々政計畫書(試案)		49	339
關東憲兵隊編制改正ニ關スル意見ノ件		44	386
關東州阿片規則		9	394
關東租借地その經濟の概要		49	223,226
關東都督府陸軍部條例		30	500
還都宣誓		33	125
幹部候補生制度		30	201
奸民懲辦條例		32	58,62
官吏制度		30	67
官吏制度の改正に關する意見		30	67
官僚の今昔を見よ		30	67

キ

議院法		36	53
議會制定法		36	57
議會制度		30	54
議會制度の改革	議會制度の改革	28	188

文 献 名	别 称	册数	页 数
議會制度の改革		41	287
生産力擴充計畫要綱		42	604
企畫院ニヨル生產力擴充案要綱(國際検察部書類一五二二、第三部)	企畫院ノ生產力擴充案要綱(國際検察部書類一,二二二ノ第三部),企畫院ノ生產力擴充計畫要綱(國際検察部書類一,五二二ノ第三部)	14	255,261,269,286
歸化法		28	277
企業別ニ分類セラレタル支那ニ於ケル日本側投資ノ概觀		9	80
琿春界約附圖	琿春界約並ニ附屬ノ地圖,琿春界約ノ地圖	34	349,352
汽船運航見込調查ノ要求ニ關スル件		44	287
汽船ジーン・ニコレット撃沈ノ件		50	166
北支那開発株式會社法案		8	569,570,574
吉長鐵道借款契約		30	255
吉敦延長線建設ニ關スル方針要綱		5	637
吉林會寧鐵道計畫		2	476
吉林省政府建設廳稲田水利管理暫行章程		30	279
既定軍事豫算ノ培養ヲ以テスル飛行機工業擴充目途算定基準表		14	395
規定ノ召集個數ヲ終アシタル者ノ召集ニ關スル件		44	284
木戶口供書		50	610
木戶侯爵日記	木戶侯日記,木戶日記,木戶公日記	5	429,430,431,433,434,435,436,437,438,439,440,441,443,444,445,446,447
		10	136,154,168
		11	102,205,206,317
		13	175,242
		16	412,435,436,514,527,528,541,543,544,557

文　献　名	别　　称	册数	页　　数
木戸侯爵日記		17	6,15,25,28,30,55,73,74,91,92,100,107,109,111,118,120,142,144,148,158,160,161,178,196,250,278,296,305,356,373,459
		18	390,392,401,405,408,421,422,427,439,491,500,523
		29	89,91,94,95,96,97,98,100,101,102,103,105,107,110,111,112,113,116,117,118,120,122,124,127,128,130,132,133,135,136
		44	372
		45	463
		46	487
		47	232,263,265,266,268,269,274,593
		48	79,99,108,109
		49	432
		50	421
機秘密書類ノ調製、配布、保管及認可ニ關スル件		44	291
機秘密書類ノ謄寫複寫、拔萃等ノ承認及認可ニ關スル件		44	291
基本國策綱要	國策,基本國策,基本國策要綱実施要綱,基本國策要綱	10	170,171
		15	27,28,30,36,89,94,99,100,102
		48	18,20,21,25
機密費支出法		44	361
機密聯合艦隊命令		18	26,27,49,116,117,119,124,126,276,280,289,325,327
機密聯合艦隊命令作第一號		13	424,432,621,625
木村兵太郎履歴		44	6
恰克圖協定		29	244
九箇國條約	九國條約,九國々條約,九ヶ國條約,九個國條約,九國條約,九國々條約,九ヶ國條約,九國條約,九ヶ國條約,九箇國條約,ワシントン九國條約,支那ニ關スル九國條約	2	120,463,464,466,630,631,637,644,656
		5	322,325,487
		6	71,72,73,74,75,76,78,88,89,250,281,282,305,600,635
		10	79,80
		11	44,48,61,67,71,72,77

文献名	别称	册数	页数
九箇國條約		15	573,580,582,586,592,594,598,599,609,610,616,619
		16	13,15,18,19,38,41,42,125,128,176,602,607,611,612,618,622,628
		17	492,495,584
		18	491
		28	159,238,272,410,411
		29	39,96,454
		30	485
		35	52
		36	467
		42	23,143,144,145,146,214,267,269
		43	212,257
		49	446
		50	5,6,7,8,20,21,22,23
九國條約會議不參加回答文		16	18
旧式兵器ヲ普通物品トシテ保管転換ニ關スル件		44	292
休戰協定		46	414
キューバ國憲法		29	346
キューン自白書		18	19
擧一例		34	432
興亜院連絡部官制		4	36,42
教育審議會會議錄	教育審議會第二回總會會議錄	41	166,167
教育勅語		4	596
共産インターナショナルニ對スル協定	共産インターナショナルニ對スル協定ノ附屬議定書,共産インターナショナルニ對スル協定ノ效力延長ニ關スル議定書,共産インターナショナルに對する協議の秘密附屬協議,共産インターナショナルに對する協議の效力延長に關する議定書	2	232
		9	369,370,381,517,519,522,526,529,531,534
		17	252,254,255,256,258
		30	150,164
		34	272,273
		50	547

文献名	别称	册数	页数
行政院於一九三八年五月十四日所通過之決議案		11	41,76
行政院於一九三八年二月二日所通過之決議案		11	41
行政官廳許可權移譲ニ關スル法		35	529
行政查察規程		4	71
行政措置法		35	489
競争入劄加入停止ノ處分ニ關スル件	競走入劄加入停止ノ處分ニ關スル件	44	36,280
共同技術委員會規則		31	18
共同耕作法案		15	165
共同コミュニク		33	447
共同防衛及經濟協定		19	244
共同防衛協議		43	104
佛領印度支那ノ共同防衛ニ関スル日本國フランス國間議定書締結及軍事上ノ協力ニ関スル公文交換ノ件		11	339,350,355,360,361,392,394
教練查閲官ノ命免ニ關スル件		44	281
局長會報		44	230,231
極東から英國勢力を撃滅せよ		11	606
極東管區内務人民委員部國境警備隊長ノ報告		13	17,24
極東局長ハミルトンノ日本大使館參事官須磨トノ會談備忘錄		16	31
極東國際軍事裁判所條例		1	40,53,54,57
極東國際軍事裁判所手續規程		1	57
極東戦線、「ハーサン」湖地區事件ニ關スル赤軍參謀本部第一部ノ戦闘日誌		13	52

文献名	别称	册数	页数
極東ニ於ケル國際關係史條約文書集		14	5
極東ニ關スルラゲオ報告	極東ニ關スルラゲオ報導	35	539,542
極東年鑒		35	305,310
極東ヨリ英勢力追放		28	233
清季外交資料		46	355
公氏ノ口頭聲明		16	173
近衛公手記	近衛公手記	35	3,5
		36	505
近衛聲明	近衛聲明,十二月二十二日の聲明,近衛首相談,近衛聲明ノ三原則,近衛三原則,近衛原則,總理大臣近衛文麿公爵聲明(一九三八年十二月二十二日)	6	250
		16	453,455,487,488,505,506,507,523,533
		17	532
		32	223,225
		33	10,23,40,51,52,54,63,70,112,114,280
		34	416,417,435,436,437,440,442,445,452,453,454
		46	119
		47	588
		50	22,534,569
禁煙禁毒條例		8	48
禁煙法及施行法草案		7	512
禁煙清査暫行條例		7	512
禁煙法	國民政府禁煙法,禁煙法規,禁阿片法	7	511,512,567
		8	43,163
緊急軍需金融法		35	499
銀行等資金運用令		4	85
金資金特別會計法案		35	412,423
金準備評価法	金準備評價法案	35	410,412
		43	16,17
金生產法		14	342
金銭債務調停法		15	267
金屬類回收令		4	85
勤務演習、教育召集及ニ關ス簡閲點呼ニ關スル定例事項中輕易ナル件		44	284

文献名	别称	册数	页数
勤務演習、教育召集ニ關スル件		44	33,278
金融團體法案		15	167,215,242
勤労新體制確立要綱	勤労新體制	15	27,52,55,69,72

ク

文献名	别称	册数	页数
空襲軍律		48	10
空襲ノ敵航空機搭乗員取扱ノ件	空襲ノ敵航空機搭乗員取扱ニ關スル件	44	213,272,320
空襲保險國營法案		15	167,194
空襲保險特別會計法案		15	214
空戰ニ關スル標準		32	269,274,279
空中戰斗法		32	210
空爆規則ニ關スル雜件	爆擊規則ニ關スル雜件	32	270,281,283
宮内省官制		4	64
苦悶する中國		30	170
グリーンランドノ防衛ニ關スル協定草案		29	534
クリスマス覺書		13	150
グルー前米國大使日記「在日十年」	在日十年,グルー元米國大使日記,グルー元合眾國大使日記,前米國大使グル氏日記,前米國大使グルー氏日記,グルー元米合眾國大使日記,前グルー大使日記,滯日十年,日記「日本滯在十年」	35	24,209
		36	222,228,243
		42	91,113,214,322,338,342,344,348,352,389
グルー米國大使宛廣田外相公文(昭和十二年十二月十四日)		32	169
クレイギー英國大使宛廣田外相公文(昭和十二年十二月十四日)		32	190,191
クレートン法	Clayton Act	30	131
クレッチマー宣誓供述書		39	201
軍醫中佐 C. W. マイセイノ宣誓書	マイセイ醫師ノ宣誓書	23	386
軍艦外務令解說		34	247,263,264

文献名	别称	册数	页数
軍紀、風紀、内務、憲兵及軍事員警ニ關スル事項中重要ナラサル件		44	33,278
軍紀、風紀、内務ニ關スル事項中輕易ナル件		44	284
軍紀違反者一覽表	軍紀違反者人名表	32	320,317
軍機保護及防碟ニ關スル事項中輕易ナル件		44	285
軍機保護及防諜ニ關スル事項中重要ナラサル件		44	33,278
軍機保護法		5	147,151,154
		15	26
		44	62
軍刑法		32	314
軍事機密事項		46	300
軍事機密大日記		45	69
軍事工業動員法		36	34,42,43,44
軍事参議院條例		47	556,558
軍事参議官條例		47	557
軍事同盟交涉に関する方針案		47	104,105
軍事同盟交涉ニ関スル要綱		10	177
軍需會社法		35	486,497,499,500,501,545
軍縮協定	軍縮條約,軍縮案,軍縮條約,軍縮協約,軍縮協議	5	388,427
		15	507,509,510,549,550,551,552,553
		31	30
		50	406,407,409,412
軍需工業研究獎勵金交付ニ關スル件		44	287
軍需工業動員法		15	19
		35	465,466
軍需工業平戦時生產轉換標準表		14	393
軍需產業動員令		30	63
軍需省官制		4	24
軍需調查令ニ基ク定例報告ニ關スル件		44	286

文献名	别称	册数	页数
軍需品工業ノ指導補助及監督上ノ諸調査ニ關スル件		44	287
軍需品工場事業場檢査令		4	85
勳章褫奪及傳記返上ニ關スル件		44	281
軍人軍屬休暇ニ關スル件		44	282
軍人傷痍記章及軍人遺族記章ニ關スル件		44	282
軍人の政治關與國防上當然の任務		41	287
軍隊經理規程		25	597
軍隊輸送用補助材料定數表ノ細部ニ關スル件		44	287
軍動員計畫及憲兵增員計畫ニ關スル定例事項中輕易ナル件		44	284
軍ニ關係アル外國留學生ニ關スル件		44	283
軍馬及軍犬ノ教程改定ニ關スル件		44	286
軍馬及其他軍用動物ノ衛生試驗ニ關スル件		44	286
軍票前送ニ關スル件照會		14	545
軍法會議指定弁護士ニ關スル件		44	281
軍用機生產表		14	303
軍用資源秘密保護法		5	147,151,155
軍用資源秘密保護法		15	26
軍用資源密保護ニ關スル事項中輕易ナル件		44	285
軍用自動車檢査ノ細部ニ關スル件		44	293
軍用手票「は號」及「に號」製造ノ件		14	531
軍用手票「ほ號」並ニ「ろ號」「は號」及「に號」製造ニ關スル件		14	541

文献名	别称	册数	页数
軍用手票原型準備ニ關スル件照會		14	528
軍用手票ノ發行準備ニ關スル件		14	529
軍用鳩ノ供給、飼養、保管、獻納、輸送ニ關スル件		44	287
軍用保護自動車ニ關スル件		44	34,278
軍抑留者取扱規程		25	572,660,667
軍律被告事件ニ關スル件		26	164
軍令關係事項		46	300

ケ

文献名	别称	册数	页数
輕易ナル衣糧器具ノ制式ノ制定及制式ノ一部改正ニ關スル件		44	288
輕易ナル兵器制式、制定ニ關スル件		44	292
計畫産業ノ生産力擴大率表		14	416,455
企畫廳官制		35	532,534,537
警官ジー・デ・ラングノ口供書		23	397
輕金屬製造事業法	輕金屬製造事業法案	14	282
		35	468,469
経済開發方針ニ對スル閣議諒解事項		42	242
経済新體制確立要綱		15	27,73
經濟同盟條約		49	566,567
經濟問題に關聯する内閣閣員の更迭	經濟閣僚の更迭	41	454,456,457,458
警察法中麻藥法		31	278
刑事訴訟法		4	78,79,80,81,82,83
經費科目區分及支出區分ニ關スル件		44	35,279
經費決算報告書及歲入增減報告書ニ關スル件		44	35,279
經費繰越ニ關スル件		44	35,279

文献名	别称	册数	页数
輕微ナル國有財產(他局掌管ニ系ルモノヲ除ク)取得ニ關スル件		44	285
輕微ナル國有財產ノ管理換ニ關スル件		44	289
衆議院決算委員第一、第二、第三、及第四、分科聯合會々議錄	衆議院決算委員會速記錄	45	160,167,168
月別俘虜勞務延人員統計表		9	239
現役軍人ノ婚姻ニ關スル件		44	281
建艦通報協定		15	539
現行電氣事業法		35	456
建國公債條例		31	433
建國公債發行規程	建國公債發行規定	7	455,464,465,466
建國宣言		5	630
		31	70,86
現在ノ俘虜處理ニ關スル件		44	221,268,272,319
建造物ノ管轄換、解除、用途変更及用途廢止ニ關スル件		44	289
現代極東史		6	190
現代支那		33	293
現代支那ノ政治ト人物		33	293
現代ノ日本	現代日本	10	312,324
現地協議三條件	現地協定	42	210,211,292
憲兵及軍事警察ニ關スル事項中輕易ナル件		44	285
憲兵下士官候補者及少尉候補者(各部ヲ含ム)ノ採用數ノ決定ニ關スル件		44	32,277
憲兵隊細穀直樹軍曹ノ陳述書		23	36
憲兵隊陸軍中尉中田新一ニヨル陳述書		23	32
憲兵令		44	44,320
憲法と政治の強化		30	63
憲法取調を命ずる勅語		34	386

文献名	别称	册数	页数
ユ			
五、一五裁判		3	12
雇員及傭人ノ採用並ニ轉免ニ關スル件		44	291
興亜院官制		8	557
興亜院連絡部官制		8	557
廣安門事件報告		31	502
航海獎勵法		49	142
高架索事情及之レガ謀略的利用		12	518
工業組合法		35	403,407
工業調整法		35	486
工業統制法		14	296
工業發展五ヶ年計畫		50	267
航空機制造事業法		14	262,301
航空兵團情報記錄		6	326,332
皇軍進む所・武漢慴伏す		32	442
公債発行ニ關スル法律案		15	211
工作機械製造事業法		14	262
		35	462,463,464,465
皇室典範上諭		34	384
濠洲軍アレクサンダー・ゴルドン・ウェイントン中尉ニ依ル口供書		23	34
濠州軍配備要圖		13	537
合衆國外交關係ニ關スル文書		17	429
濠洲帝國軍前中尉ロデリック・グラハム・ウエルズニ依ル宣誓書		23	33
濠洲陸軍中佐ジョン・リントン・トレロアーニヨッテナサレタル供述書		23	38,39
工場事業場技能者養成令		4	84
工場事業場使用收用令		4	86
工場事業場管理令		4	84
工場就業時間制限令		4	84

文献名	别称	册数	页数
合成化學品製造事業法		14	252
更生新支那トノ関係調整ニ関スル近衛内閣總理大臣談		6	270
交通政策要綱		15	27,89,94
鋼鐵五ヶ年計畫		43	112
鋼鐵製品ノ生產及ビ輸入（日本本土）		14	263,266
皇道思想の覺醒		34	386
高等文官以下恒例ノ賞與ニ關スル件		44	281
抗日華僑名簿		9	266,291
抗日合作宣言	抗日宣言	33	163,295
抗日救國ノ初步的政治綱領		33	183,214
抗日救亡草案		33	223
抗日民族統一戰線運動史		33	181,182
廢約促進會ニ關スル件		32	71,72,73
恒例ニ屬スル外國駐在員費ニ關スル件		44	283
恒例ノ拜謁及賢所參拜ニ關スル件		44	291
恒例ノ陸軍諸學校卒業優等學生ニ賞品下賜ニ關スル件		44	291
航路補助法		49	143
媾和條約		46	431
港灣運送業等統制令		4	85
五ヶ年禁煙計畫	五ヶ年禁絶計畫	8	124,125
五ケ年計畫		49	111,320
小切手支拂未済金ノ償還ニ關スル件		44	288
國營極東海運汽船會社所屬船イングール號抑留ニ関スル件報告		13	142
國外及國內政策ニ關スル重要決議		11	1

文献名	别称	册数	页数
國際阿片條約	國際阿片會議最終議定書,第二回國際阿片會議最終議定書,第二阿片會議最終議定書,第三回國際阿片會議最終議定書,國際阿片條約實施ニ關スル議定書,第二阿片會議條約	1	397,424,434,440,444,448,462,463,484,542,549,564,573,580,597,604,618
國際軍事裁判速記錄	極東國際軍事裁判速記錄	50	89,107
國際検察部公文書		49	355,576,582,598,600,604,607,611,612,614
		50	210
國際裁判議定書		29	292
國際情勢研究(一九三七)		30	54
國際情勢ト帝國ノ立場		10	124
		43	353
國債整理基金特別會計法		41	146,163
國際賣藥協定		7	435
國際紛爭平和的處理條約非署名國ノ加入ニ關スル議定書		1	101
國際法	國際法規,國際法	7	81
		15	610
		17	326,427
		26	118,123
		41	16,21,26
		49	270,278,346
千九百十年-二十三年亜米利加合衆國ト外國トノ條約、議會、國際法令議定書及條約		29	604
國際聯合會關於一九三七年七月七日瀘溝橋事變以後中日爭議所通過之決議案及報告書		11	38,40
國際聯盟關係文書集3卷		45	91
國際聯盟規約	國際聯盟條約規約,國際聯盟規約,國際連盟規約,聯盟規約	2	389,629,630,635,637,656
		16	13,38,63,592,593
		29	214,331,467,468,469,593

文献名	别称	册数	页数
國際聯盟規約		31	4
		38	174
國際聯盟支那調査委員豫備報告		30	488
國際聯盟事務局長宛ノ通達		16	625
國際聯盟第廿五回議事細目		7	434
國際聯盟脱退後に於ける帝國の對歐米外交政策	聯明脱退後ニ於ケル帝國の對歐米外交方針,國際聯盟脱退後に於ける帝國の外交方針	47	298,300,569
國際聯盟脱退ニ關スル詔書		30	568
國際聯盟調査委員會報告書		2	394
國策大綱		16	96,99,101,103
國産品使用取扱規程ニ依ル國産品及外國品購入ニ關スル件		44	36,280
國史讀本		28	50,118,119,120
國體學入門		34	371
極東蘇領竝外蒙古兵要地誌資料		12	339,353
極東問題諮議院ニ關スル決議		29	457
國土計畫設定要綱	國土開發計畫,國土計畫	15	27,32,33,34,36,37,38,81
國土盜賣條例	盜賣國土懲罰法,國土盜賣處罰條約,國土盜賣懲罰法	30	275,281
國内産業發展五ヶ年計劃		50	257
國人に告ぐる書		33	175
極秘日本經濟許價		36	163
國兵法		49	302,304
國防強化促進法		36	20,26,49,57,59,95
國防國家計書		28	589
國防思想普及定例業務ニ關スル件		44	283
國防政策ノ一般ニ關スル事項		45	153
國防ノ大綱ニ關スル事項		45	153
國防保安法		15	26,278

文献名	别称	册数	页数
國防保安法		16	323,324
國民勤勞奉公法		49	315
國民勤勞報國協力令		4	85
國民職業能力申告令		4	84
國民政府建國大綱	建國大綱	2	417
		33	47
國民政府政綱		33	123
國民政府崩壞宣傳工作ニ關スル件		42	278
國民政府令		32	40
國民徵用令		4	84
國民貯蓄ノ推計表		14	416
國民ニ告グルノ書		33	48
國民評論		28	585
國民優生法		15	82,88
國務卿聲明書		16	1
國務次官覺書		36	191,471,473
國務省會議錄		18	39
國務省條約集		3	10
國務長官備忘録		15	569
國有財産ノ取得、管理及用途廢止ニ關スル事項中重要ナラサル件		44	34,278
黑龍江明細地圖		50	294,307,308
五權憲法		2	418
		33	14
五國々條約		29	612
小作料統制令		4	86
古事記		28	492
故事熟語大辭典		30	46
五相會議決定事項集		45	317,340
五相會議連絡委員會設置ニ關スル件		45	317,339
五條ノ禦誓文		43	224
扈從訪日恭記		31	94
吾人ノ日支關係ニ對スル根本観念ト前進目標		33	45
御前會議々案		43	506

文献名	别称	册数	页数
御前會議協議事項書		43	360,361
國家改造案大綱		28	52
國家産業復興法	産業復興法	30	130
		36	367
國家集團犯罪並ニ將來ノ刑法		29	614
國家總動員法	総動員企畫,総動員計畫,総動員令,動員令,國民総動員法,國家總動員,總動員法,國総動員法,國家總動員計畫	4	2,84
		5	154
		12	46
		14	309,310,362,371,469,576,578
		15	1,2,7,12,15,16,17,18,19,20,21,284
		16	404,405
		17	290
		29	17,34,35,37,38
		30	59,61,63
		31	588
		35	460,461,466,467,485,486,487,503,506,507,514,516,521,529,535,547
		36	42,44
		43	140
		45	444
國共合作ニ關スル政治資料		33	182
國境警備要綱	國境警備要項	34	113,138,217
國境地圖		34	73
國境地圖圖葉配列圖		34	73
國境地圖帖		34	73
國境標識ニ關スル議定書		34	74
國境標識ノ保全ニ關スル規程		34	74
國境標識明細書		34	74
固定無線ノ通信區處ニ關スル件		44	287
近衛内閣基本國策要綱		18	496
コペルノ宣誓陳述書		23	624,625,626
胡霖供述書		47	282,284
葫蘆島築港計劃		2	448
コロンムブ世界地圖書		50	295,326

文献名	别称	册数	页数
コンゴー盆地條約		30	161
今後五年ヲ目途トスル列國對東亜侵攻作戰能力推定表		19	235
今後採ルヘキ戰爭指導ノ方策		19	321
今次事變と我が制海權		6	496
琿春及南島地方作戰資料調査		13	11
琿春界約	琿春協定,清露琿春東界約,Khunchun 協定	13	32,33,61,62,67
		33	324,328,329,333,353,354,356,358,360,367,369,371,373,374,389,390,391,393,395,396,397,424,425,426,432,435,444,454,457,459,460,462,463
		46	355,357,358
琿春議定書		50	290

サ

文献名	别称	册数	页数
西園寺回顧錄		49	425
西園寺原田日記	西園寺日記,西園寺原田文書	48	406
		49	26,429,434,435,436,437,438,439,441,443,444,446,451,465,468,470,471,472,473,475,476,477,478,479,480,481,482,483,485,491,495,497,500,501,502,503,504,505,506,508,511,512,514,515,516,518,519,520,521,523,524,526,528,529,531
		50	403,404,406,407,409,410,414,415,417,418,419,431
災害地租稅減免法案		15	167,215
在外部隊獸醫材料、蹄鐵ノ補給還送ニ關スル件		44	285
在外部隊ニ衛生材料補給ニ關スル件		44	290
佐尉官及高等文官ノ升級ニ關スル件		44	281

文　献　名	别　称	册数	页　数
在郷軍人外國旅行ニ關スル件		44	281
在郷將校(將官及各部將官ヲ除ク)ノ服役継続ニ關スル件		44	281
最近十年間ニ於ケル蘭領東印度群島二於ケル日本ノ破壊的活動二就テノ和蘭領東印度政府公報		19	156,197
最近ノ阿片事情		7	480,481,484
最惠國條款	最惠國約款	2	651
		19	23
最高戰爭指導會議記錄		46	419
在支二十五年	吾在支二十五年,餘ノ在支二十五年	30	171,180,183,186,187
在支米國權益ニ対スル対米帝國回答ニ関スル情報發表		16	67
在職官吏他ノ事業服務ニ關スル件		44	281
最新中華民國大地圖		50	330,331
在敵國居留民關係事務室案		50	496
在敵國居留民並ニ在日敵國人関係事務室設置ノ件		50	194
在敵國邦人及我方在住敵國人關係事務部(假稱)設置ニ關スル件		50	186,192
在東京英國皇帝陛下政治代表署名入り證明書		32	192
濟南事件排日排貨關係第十巻		30	268
		32	70
済南市土藥業同業公會暫行章程		7	512
在日大使館参事官ドウ・マン覺書	在日大使館参事官萄一・マン覺書,在日大使館参事官ドー・マン覺書	37	1,26,31

文献名	别称	册数	页数
歳入過誤納拂戻ニ關スル件		44	288
歳入徵收報告書及支出報告書ニ關スル件		44	288
裁判所構成法		15	267
裁判所ヨリ呼出、詢問書類ノ送付等囑託ニ關スル件		44	290
在本邦米國大使宛幣原外務大臣往翰		2	222
在滿輿論指導機關ノ機構統制案		6	27
在滿部隊ニ屬スル昭和十年徵集兵ノ服役延期ニ関スル件		12	340
在滿部隊服役延期ニ関スル件		12	341
細目協議		17	102
在モスクワ日本大使重光氏トノ會談記		33	353
作戰海域協定		39	5
作戰要務令		44	544
察綏氣象観測網配置計畫		12	333
佐藤外相答辯		33	250
佐藤信淵の理想國家		28	177,183
三J政策		50	485
三月九日新政府組織法		2	568
產業建設建設計畫		35	251
產業設備營團ニ關スル法令		14	313
產業調查法		35	492,494
產業轉換計畫		35	502
產業復興法農調整法		36	315
產金法案		35	409
三江地區警備要綱		34	208
三國同盟及ビ明日ノ世界	三國同盟と明日の世界	10	312,324
		47	109,110
山東條約		8	597

文献名	别称	册数	页数
参謀長會議ノ召集及日課豫定決定ニ關スル件		44	33,278
サンラウィ・ビン・ウィリアスヂャノ宣誓口供書		23	569
	シ		
ジェイ・シー・レインダース・フォルマーノ報告書		23	394
ジエイムス、エドワード、ウオルシユ司教口供書	ウオルシユ供述書	45	169,187
ジェー・ピー・リセラダノ口供書		23	397
ジェネヴア阿片協定	ゼネヴァ阿片協定	31	227,242
士官候補生、經理部士官候補生及依託學生生徒ノ免除ニ關スル件		44	281
持久戰論		33	297,301,302,304,306,307,311,312,314,315,317
時局参考資料第二十五輯		33	39,45,58,64,67,69,71,72,94,102,112,115,118,122,123,125,135,143,145
時局收拾大綱		43	224
紫禁城ノ黄昏		31	105
資金調整法		15	213
		35	421
		43	16,152
資金流出防止法		14	332
重光總領事ヨリ弊原外相宛電文(昭和四年八日十九日)		32	75
重光トノ會談覺書	重光大使トノ會談記錄,重光トノ會談錄	13	61,62,64,67
		34	349,352,354,357
資源調査証票ニ關スル件		44	287
資源調查法令施行上調查除外工廠ノ指定ニ關スル件		44	34,279
資産凍結令	The Fund Adjustment Law	35	22

文献名	别称	册数	页数
師子王全集		34	366
私設及官廳用無線電信施設許可ニ關スル件		44	287
私設鐵道敷設工事施行ニ關スル件		44	287
思想犯保護觀察法		4	80,83
師團長、参謀長等各會議参列者ニ關スル件		44	282
幣原外務大臣宛在本邦米國大使來翰		2	220
自動車生産統制法		14	296
自動車製造事業法		14	262,297
自動車製造事業法施行ニ付商工省及陸軍省兩省連絡ニ關スル件		44	287
自動車征發及整備ニ關スル件		44	33,278
自動車征發ニ關スル細部ノ件		44	285
自動車ノ征発及整備ニ關スル細部ノ件		44	293
自働觸發海底水雷の敷設に關する條約	自働觸發海底水雷ノ敷設ニ關スル條約	34	250,251
支那側ノ鮮農ニ對スル荒地出放辦法發布竝實施方訓令ニ關スル件		30	277
支那官憲ノ邦人ニ對スル家屋敎地租興嚴禁ノ密令ニ關スル件		30	272,479,482,502
支那共和國及「ソヴイエート」社會主義共和聯合國間諸問題解決ノ為ノ大綱ニ關スル協議		34	1,62
支那國軍隊ノ消滅ニ關スル決議		29	458
支那國員警法令		30	254
支那國籍法		2	499

文献名	别称	册数	页数
支那事變海軍作戰經過一覽表		6	344,444,562
支那事變關係公表集		16	14,21,26,58,59,62,63,64,66,74,78,87,90
		32	20
支那事変急速處理方針	支那事変處理根本方針	11	210
		42	249,253
支那事變處理要綱	支那事變對處要綱	11	221,222
		42	213,227,235
		48	36,238,239,241
支那事変と帝國外交		6	267
支那事變に於ける帝國海軍の行動		6	340,341,486,488
支那事変ニ関スル政府聲明		6	268
支那事變臨時軍事費特別會計豫算案		15	164
支那事變臨時軍事費特別會計豫算案追加案		15	167
支那人關係條約規定施行令		29	287,596
支那新中央政府關係重要事項集		49	378,390
支那政權内面指導大綱		45	317,324,326
支那ソヴィエト協定		2	440,456,485,487
支那地圖		50	294,295,313,317,319,322,324
支那中央政府樹立指導方策		50	535
支那ニ於ケル日本側事業ノ發展		9	80
支那ニ於テル日英間ノ諸懸案ニ關スル覺書		16	241
支那ニ關スル交換公文		29	370
支那ニ於テル日英間ノ懸案摘要	支那ニ於テル日英間懸案摘要	16	242,243,244,245,246,247,249,251,252,253,254,255,256,257,258,259,260,261,262,264,266,267,268,270,274,275,276,277,278,279,282
支那ノ政黨		33	293

文献名	别称	册数	页数
支那ノ日本占領地區ニ於ケル獨逸經濟權益ノ狀況ニ関スル覺書		10	591
支那派遣軍軍令第四號		26	146
支那郵便蒐集帳ヨリノ蒙古地図		13	96
陳謝ト米國軍ノ支那ヨリノ撤退トヲ要求スルアマガサキヨリノ電報		16	229
支那ニ於ケル日獨経済提攜協定		28	469
ジヒーチン ヴオン リツペントロツプノ證言		34	268
支拂豫算及歲入豫算ノ年度初頭令達ニ關スル件		44	35,279
支拂豫算書及明細支拂預算書ノ更定ニ關スル件		44	288
西伯利(含外蒙)統治方策		12	71
西伯利亜出兵關係書類		38	487
事変処理方針等ニ就テ		50	385
事変対處要綱		8	623
事変対處要項總則		49	346
事變對處要綱附屬具體的方策		42	230
事変の解決は攘英だ!		28	207
司法省事件ニ関スル覺書		7	96,97
死亡俘虜人種別人員表		9	245
資本逃避防止法案		35	331
嶋田繁太郎和文宣誓口供書		49	283
市民世界地圖書		50	295,324
時務要言		11	607
		28	207
		41	287
指名競爭入割及隨意契約ニ關スル件		44	288
下關條約	下ノ關條約, Shimonoseki Treaty,下關條約別約,下關條約議定書	2	449
		29	157,158,161,162,164
		30	249

文献名	别称	册数	页数
ジャヴァ島兵力配備略図	ジャヴァ島軍備配置略図,ジャヴァ島軍備配置略圖	13	520,521,641
社會改造法案		43	220
謝外交部長ノ聲明		15	620,621
寫眞諜報特別報告書	寫眞情報報告書,寫眞情報本部報告書,寫眞情報本部特別報告書	18	129,133,137,138,144,147,149,151,153,157,158,178,188
射表、兵器取扱法、兵器説明書、兵器保存要領ニ關スル件		44	293
シヤム、ビルマ聯絡鐵道建設ニ於ケル俘虜使用ニ關スル報告		27	637
爪哇明細地圖		13	551
上海共同委員會書記局成作ノ上海共同委員會議事錄	上海共同委員會議事錄(訂正濟)	32	131,132
上海事件外交史		41	73,74,76
上海事件並陸兵派遣ニ關スル帝國政府聲明		30	505
上海事件ニ關スル帝國政府聲明		30	501
上海周邊處理方針		42	243
上海停戰協定	昭和七年ノ休戰協定,一九三二年休戰協定,一九三二年五月五日締結セラレタル上海ニ於ケル戰鬪行為ノ最後的停止ニ關スル協定,上海停戰協議,昭和七年五月五日協定,五月五日協定,一九三二年五月五日協定,一九三二年協定一九三二年停戰協定,一九三二年五月五日停戰協定	3	149,150,151,166,206
		11	58,59
		30	512
		31	466
		32	23,134,135,136,138,139,141,142,143,144,145,147,148
		33	48,94
		42	252,334
		49	352
上海俘虜收容所ノ施設改善促進ニ關スル件		50	176

文献名	别称	册数	页数
獣醫師等職業能力申告令		4	84
獣醫材料及装蹄剔毛器械制式ノ一部改正ニ關スル件		44	286
獣醫材料蹄鐵ノ試驗研究ニ關スル件		44	36,280
十一月二十九日樞密院ニ於ケル對支外交ヲ中心トスル有田大臣説明資料		6	277
衆議院委員會譯録		29	74
衆議院議會議事録概要	衆議院第七十七議會議事録概要,衆議院第八十一議會議事録概要,帝國議會衆議院議事綜覽	29	23,25,27,29
衆議院議員生田和平君外一名提出八纮一宇ニ關スル質問ニ對スル答辯書		34	397
衆議院議員選舉法	衆議員選舉法	45	391,392
衆議院公報附録衆議院手帖(昭和二十二年度)		30	1
重慶同志への通電		33	64
十ヶ年相互援助协約	十ヶ年相互援助條約	29	490
青島(膠州)の自由港宣言		29	175
重臣會議要綱	重臣會議議事録摘要	43	394,402
修正支那國籍法		2	499
七月十三日秋山秘書出廣田總裁宛文書、一九三七年六月十日陸軍五ヶ年計畫案大綱		42	201
十七條憲法		34	385
十二月十四日附米國政府公文	十二月十四日附合衆國政府公文	32	177,178,179,180
十二月二十四日附日本政府公文	十二月十四日附日本公文,十二月十四日附公文	32	177,178
米國大使來翰假譯文		32	177,180
週報		43	272,273
銃炮火藥類取締規則		26	554

文　献　名	别　　称	册数	页　　数
重要礦物增產法	重要礦物增產法案	14	234,260,280,281
		35	457
重要產業擴充計畫策定經緯		14	406,476
重要產業組合法		35	486,488,530
重要產業五ヶ年計畫要綱實施ニ關スル政策大綱(案)	重要產業五ヶ年計畫要綱實施ニ關スル政策大綱(國際檢察部書類第一五二二號第二部)	14	359,364,407,414
重要產業振興一般目標		14	412,413
重要產業團体令		4	85
		35	514
重要產業統制法	重要產業統制法案	14	430,437
		15	15
		28	462
		30	131
		35	329,487
重要ナラサル人馬ノ配屬變更、交代等ニ關スル件		44	282
重要ナラサル人馬ノ補充ニ關スル件		44	284
重要ナラサル土地建造物ノ經營ニ關スル件		44	36,280
重要ナルサル諸規則ノ制定改廢ニ關スル件		44	32,277
重要ナル兵器ノ新調ニ關スル件		44	35,279
重要肥料業統制法		14	430
重要物資需給計畫の改訂		42	595
主權尊重原則實行ニ關スル諸要望		34	443,450
守勢軍事協定		49	304,308
囑託員及雇員ノ命免、進退ニ關スル件		44	281
出入品等ニ關スル臨時措置ニ關スル法律案		35	414,420,447,450

文献名	别称	册数	页数
出納官吏保管現金亡失ニ關スル件		44	36,280
出版屆及版權登錄ニ關スル件		44	291
恤兵金使用方認可ニ關スル件	恤兵金使用方認可ニ關スル事項中輕易ナル件	44	32,277,291
朱帝翁(CHU YDNG VNG)及張繼祥(CHANG CHI HSANG)共同陳述書		7	64
主ナル日本人戰爭犯罪人ノ審問ニ於ケル國際法庭ニ關スル件		17	456
ジュネーヴノ俘虜待遇ニ關スル條約		26	657
壽府條約	ゼネヴア條約,ヂェネバ俘虜條約,壽府俘虜條約,壽府赤十字條約,ジネーヴ戰俘虜條約,ゼネヴァ條約,ゼネバ條約,ジュネーブ條約,ジュネーヴ條約,ジュネーヴ條約,ジェネヴァ條約,ジュネバ條約,ジュネバの捕虜取扱條約,ヂエネーブ條約,俘虜ノ待遇ニ關スル千九百二十九年七月二十七日ノ條約,ジェネヴァ條約ノ原則ヲ海戰ニ應用スル條約,ジエネバ俘虜協約,ジエネーヴ條約 戰地軍隊ニ於ケル傷者及病者ノ狀態改善ニ關スル千九百二十九年七月二十七日ノジュネーヴ條約	1	317,254,256,318,319,320,340,352,353,376,385,386
		2	1,3,27,43,45,75
		22	143,163
		23	231,232,245,255,246,445,446
		25	537,537
		26	223,252,253,285,286,293,316,415,489,505,514,557,619,623,625,626,627,628
		27	43,48,263,268,289,412,455,673
		38	545,546,547,548,571,572
		47	676,677
		48	180,181,183,185
主要產業統制法		14	306
受領日記		44	14
ジュルナルドシャンハイ		42	137

文献名	别称	册数	页数
常律的兵器ノ新調、支給、交換、貸與及返納ニ關スル件		44	292
商業船舶法		49	127
賞勳會議規程		45	134,140
將校以下補充人員ノ一部変更中輕易ナル件		44	284
將校學校配屬申請ニ關スル件		44	32,277
將校候補者タル生徒ノ各隊配當ニ關スル件		44	32,277
商工省官制		4	31
商工省工場統製錶		36	357
硝酸生產表		14	244
召集猶豫者ノ調查並示達ノ件		44	284
情勢ノ推移ニ伴フ帝國國策要綱	情勢の推移に伴ふ帝國國策要綱	10	537
		29	81
		48	74
商船業に対する政府の援助		49	145
商船建造助成計畫		35	284
省內奏任官以下ノ內地、朝鮮、臺灣及樺太出張ニ關スル件		44	32,277
昭南警備司令官聲明		9	296
情報局昭和十一年(1942年)外交關係公表集		8	523
情報宣傳ニ關スル實施計劃綱領		5	101,102,104
條約、契約及既得權尊重ニ關スル支那國大總統ノ宣言		31	537
常用衛生材料ノ調弁、供給、保管及貸與ニ關スル件		44	290
上陸作戦ノ為兵要地誌情報資料		12	363

文献名	别称	册数	页数
上陸作戰遍覽参考書		13	552
條令ニ依リ各學校(航空兵及各部ヲ除ク)ニ學生分遣ノ件		44	284
條令ニ依リ陸軍獸醫學校ニ學生分遣並ニ下士官候補者ノ入退校ニ關スル件		44	285
條令ニ依ル技術部將校以下ノ學校分遣ニ關スル件		44	293
條例ニ依ル陸軍軍醫學校ニ學生分遣ニ關スル件		44	290
條例ニ依ル陸軍經理學校ニ學生生徒ノ分遣並ニ入退校ニ關スル件		44	288
昭和九年度鐵路總局決算ニ關スル件		42	623
支那及滿洲ニ於ケル共産運動概況		32	76
昭和七年ノ停戰協定		32	21
昭和十九年度計畫		34	112
米國國務長官ノ公式聲明	昭和十五年(一九四〇年)四月十七日爲サレタル米國國務長官ノ公式聲明,昭和十五年五月十一日爲サレタル米國國務長官ノ公式聲明	11	414
昭和十三年重要物資需給對照、補塡對策一覽表		14	586
昭和十三年ニ於ケル重要物資ノ需給計畫改訂ニ關スル件		14	581,582
昭和十七年、八年第二方面軍攻勢作戰副計畫要図		14	199
昭和十七年度一般會計豫算案		15	167,214
昭和十年海軍々縮會議軍備制限研究委員會報告		38	292,325

文献名	别称	册数	页数
昭和十六年軍用手票ニ關スル件		14	527
昭和十六年度戦時通商保護計畫		18	56
昭和十六年度追加豫算案		15	214
昭和十六年七年八年第二方面軍攻勢作戰本計畫要図		14	200
昭和二十一年二月一日大島浩ノ訊問調書	大島浩將軍訊問調書,大島浩訊問記錄	9 49	311 608,614
昭和二十年度計畫	昭和二十年(一九四五年)度計畫	34	112,143
昭和日本ノ使命		13	70,73
昭和六年軍人俸給減額證明書		45	18
昭和十七年度綜合研究記事		12	70
昭和十七年度綜合研究実施要綱		12	80
所管ヲ異ニスル部隊、職員ノ演習參加ノ協議令達ニ關スル件		44	282
職員官制		41	480,486
植民地革命運動と共産黨の戰術		33	168
書類鑒定法		31	102
白尾幹城日記		17	403
白鳥敏夫口供書		47	168
シンガポール軍事設施略圖		13	551
新嘉坡擔任區域要圖		9	274
新嘉坡ニ於ケル華僑處斷狀況調書		9	261
新興支那建設方策大綱		13	89
人口政策確立要綱	人口政策	15	27,78,79,80,83,85
新國家ノ建設綱領		6	42
震災善後公債法		41	145
新シイ佛國週刊紙ノ驚クベキインターヴュー		33	252

文献名	别称	册数	页数
新支那地方政治形體ニ関スル指導腹案		49	403
眞珠灣攻擊調查共同委員會議事錄	真珠灣攻擊調查共同委員會議事錄,真珠灣攻擊調查共同委員會議事錄(合衆國),眞珠灣攻擊調查共同委員會審問,眞珠灣攻擊合同共同委員會記錄(合衆國國會),眞珠灣攻擊合同調查委員會記錄,眞珠灣攻擊聯合調查委員會證據書類,眞珠灣攻擊書類	45	216,217
眞珠灣攻擊調查共同委員會議事錄(米合衆國)		36	169,194,373,389,393,413,421,440,442,446
眞珠灣攻擊編	眞珠灣攻擊	36	164,210,375,392,400,402,404,417,420,427,430,435,437,439,441,445,448,449,451,505
真珠灣攻擊報告		42	5
眞珠灣作戦		18	266,267
眞珠灣-一九四一年/昭和十六年/七月一日ヨリ十二月八日迄ニ傍受セル日本政府ヨリ送ラレタル外交電報		17	280
人身保護命令及ビ裁判停止命令嘆願書		27	127
人事ニ關シ大臣ノ名ヲ以テ諸方ヘノ往復ノ件		44	32,277
人造石油計畫		43	81
新造船建造奬勵金法		49	132
新卓上一般地圖書		50	294,317
新中央政府既成政權間ノ関係調整要項		49	398,400,403
新中央政府樹立前新中央政府ノ主要構成分子ノ日本側ニ対ルス確約ニ関スル件	新中央政府樹立前新中央政府ノ主要構成分子ノ日本側ニ対スル確約ニ関スル件(案)	49	399,406

文献名	别称	册数	页数
新中央政府樹立ニ関スル大綱		49	399
新中央政府樹立方針		49	382,387
新訂詳解漢和大字典		34	377
新東亜建設と海軍力		6	496
新南群島ノ行政管轄決定ニ關スル外務省發表		10	27
新日印通商條約		36	312
新日本根本法典		50	492
新聞事業法		15	16
新聞紙等掲載制限令		4	86
新聞ノ編輯及發行ニ關スル件		44	283
新聞通信等ノ取締ニ關スル件		44	283
新民屯法庫門鐵道計畫		2	473
臣民ノ道	臣民の道	4	601,603
侵略國定義條約		9	316,367,379,386
侵略ノ定義ニ關スル條約（五國條約）		29	508,509
人類最終戦のために——世界戦争の前途——		28	488
清露追加條約		33	318
新ロンドン軍縮條約		15	539
自一九二九年至一九三五年輸出入表		19	6

ス

文献名	别称	册数	页数
瑞西國代表者ノ英國人俘虜及抑留者訪問ニ關スル件		44	302,303
水難救護法		34	263
樞密院會議筆記	樞密院會議筆記	2	245
		6	33
		9	386,485,501
		10	279,551
		11	269,352
		18	340

文献名	别称	册数	页数
樞密院會議筆記		41	140
樞密院議事錄		9	384,394
樞密院審查委員會記錄		17	469,481
樞密院定例參集		16	292
須賀部隊高桑隊ノ渡辺ゲンジョ中尉ノ陳述書		23	36
須賀部隊ノ石井藤夫ニ依ル陳述書		23	35
スジャングニ依ル宣誓書		23	32
鈴木九萬宣誓供述書		50	530
鈴木貞一宣誓供述書	鈴木貞一供述書	47	228,282
スターラ案		38	10
スチーラー卓上地圖書		50	294,315
須磨情報部長談		18	448,449
スマトラ兵力配備要図		13	522
澄原ドクー協定		38	389

セ

文献名	别称	册数	页数
西安抗日綱領		33	222
制海、制空の一年		6	494
世界新秩序條約	新秩序條約	28	627,628,635
生產力擴充要綱	生產力擴充計畫要綱，生產力擴充計畫	14 35	407,417,462,463 469
生產力增強計畫概要(I. P. S. 調書一五二二ノ三項)	生產力擴張計畫要綱(第三部，I. P. S. 書類第一五二二號)	14	296,300,305
西蘇方面通信網圖		12	339
製鐵事業法	製鐵業獎勵法	30	141
製鐵用輸入原料配給等統制令		4	86
制鐵業參考數據		35	342
制鐵事業法		14	257,259
青年學校規定		30	241
青年學校教授及訓練科目要旨		4	590
青年學校教練科查閲令		30	241
青年學校教練科等查閲規程		4	578,585

文　献　名	别　　称	册数	页　　数
青年學校令		30	241
青年訓練所規定		30	241
青年訓練所規程		4	569
青年將校ノ時局ニ關スル策動ニ對スル指導方針ノ件調示		45	25
青年諸子に告ぐ		5	409,426
		28	187
		41	287
青年に贈る		41	286,308
政府公表集		10	325
		14	67,69
西部シベリヤ素図		12	343
政府出資特別會計豫算追加案		15	211
政府組織法		8	173
		44	407
政府組織法及人權保障法		2	571,572
政友會黨大會の宣言		28	365
世界再建ノ道	世界再建の道	5	386,388,425,428
		28	226
		41	286,300,308
世界情勢ノ推移ニ伴フ時局處理要綱骨子	世界情勢の推移に伴ふ時局處理要綱	19	82,83
		48	20,23,25
世界地圖書		50	294,319
赤軍ノ兵員ニ就テ		13	650
赤十字國際委員會代表ノ俘虜收容所視察ニ關スル件		44	305
赤十字條約		25	646,647
		27	42
赤色支那ノ究明		33	293
石炭配給統制法	石炭配給統制法案	14	235
		35	471
石炭販賣取締規則		35	472
石油費原開發法		14	226
石油業法		15	15

文献名	别称	册数	页数
石油業法ニ依ル事業ノ許可、廢止、休止、讓渡等ニ關スル件		44	35,279
石油產業法		14	221
石油費原開發法施行規則		14	227
設計変更ノ指令ニ關スル件		44	289
ゼネバ協商		27	276,278,284
セミヨノノフ・グリゴリーミハイロヴィチ訊問調書		11	525
船員給與統制令		4	85
船員徵用令		4	84
一九一二年/大正元年/ノ一般貿易條約		19	6
一九〇一年九月七日最終議定書		31	525
一九〇一年九月七日付協定	一九〇一年九月七日協定書	3	145,202,209
一九三一年——一九四一年米日外交關係		17	374
一九三一年一九四五年に至る期間に於ける松花江上艦艇の增強狀態一覽表		12	273
一九三一年關稅審議會法		36	5
一九三九年(昭和十四年)迄の滿洲國發展に關する第六回報告		31	256
一九三七年九月二日コロンビヤ放送網ニ於ケル外務次官堀內謙助氏ノラヂオ演說		32	304
一九三七年十月五日シカゴニ於テルーズヴェルト大統領行ヘル演說	チカゴニ於テ大統領行ヘル演說	16	35
一九三七年十月六日國際聯盟總會ニ依リ採擇セラレタル第一報告		16	41

文献名	别称	册数	页数
一九三七年五月二十九日陸軍省重要産業五年計劃要綱	重要産業五ヶ年計畫,重要産業五年計劃要綱,重要産業五箇年計畫要綱,五ヶ年計畫,第二次五ヶ年計畫,第一次五ヶ年計畫,五個年計畫	14 36 42 43	374,407,408,409 41 201 7,112,237,331
一九三七年昭和十二年ノハート石澤協定	石條例,ハルト石澤協定,ハート石澤協定,石澤,ハルト協定	19 36	6,32,33,36,75 113,130
一九三七年六月二十三日陸軍省､軍需品製造工業五年計劃要綱	軍需品製造工業五年計劃要綱,軍需品生産五ヶ年計畫要綱(國際検察部書類第九〇〇二號甲),軍需品生産五年計劃要綱(I. P. S. 調書第九〇〇二號ノA),軍需品製造工業五年計劃要綱國際検察部書類第九〇〇二號 A,陸軍省ノ軍需品製造工業五年計劃要綱(國際検察部書類第九 002A),陸軍省ノ軍需品製造工業五年計劃要綱(I. P. S. 書類第九〇〇二ノA 號),國際検察部文書第九〇〇二號,軍需工業五ヶ年計畫	14 36 42 43	210,282,296,297,298,299,300,305,308,285,286,301,320,324,373,376,404 41 201 7
一九三七年六月十日陸軍試案重要産業五年計劃要綱實施に關する政策大綱		42	201
一九三二年輸入税法		36	1,2
一九三八年一月三十一日國務省提供新聞發表		16	34
一九三八年十一月二十二日樞密院會議諮詢の文化的協力に關する日本國獨乙國間協議締結の件		42	602

文献名	别称	册数	页数
一九三八年十一月二日樞密院會議に於て諮詢を經て決定せられた日本と國際聯盟諸機關との協力關係終了の件		42	601
一九三八年八月二十一日附日本側提案ニ對スルソヴイエト側修正案		33	435
一九三八年八月七日ノ重光會談記	一九三八年八月四日重光氏トノ會談手記	33	365,382
一九三四年昭和九年ノ最初ノ正式經濟交涉		19	6
一九三四年一月二十三日第六十五帝國議會ニ於ケル外務大臣廣田弘毅氏演說		42	101
一九三六年ノ太平洋ノ諸問題		33	154
一九三六年八月十五日ヨリ二十九日迄ノ加州ヨセミテ國立公園ニ於ケル第六回太平洋會議議事錄		33	154
一九三六年一九三七年ニ於ケル滿洲ノ軍需倉庫		12	306
一九一一～一九二二年律令		24	632
千九百十一年八月十九日ノ佛領印度支那ニ關スル宣言書		2	317
一九一三年関稅法		34	505,510
千九百七年六月十日ノ佛領印度支那ニ關スル宣言書		2	317
一九二九年ノ俘虜待遇條約		23	247
一九二二年九國間關於中國事件應適用各原則及政策之條約		11	61

文献名	别称	册数	页数
一九二〇～二一年郵便拜金支拂法		49	143
移民法	一九二四年移民法,一九一七年移民法	29	255,256,257,262,265,267,276,280,281,282,283,284,285,286,287,288,595,596
一九四一年(昭和十六年)三月二十八日獨逸外務大臣及日本外務大臣松岡ノ會談ニ關スル覺書		10	451
一九四一年/昭和十六年/八月二十八日日本大使(野村)ヨリ大統領「ルーズベルト」ニ手交セラレタル日本政府聲明書		17	539
一九四一年(昭和十六年)三月廿七ドイツ外相並ニオット、大島兩大使陪席ニテ總統ト松岡日本外相トノ會談議事要錄		10	418
一九四一年一四五年ニ於ケル朝鮮ノ要塞構築	朝鮮ノ要塞構築	12	440,441,442
一九四一年三月廿六日、永野修身ニ對スル訊問		17	300
一九四一年十二月七日現在米日海軍建造中ノ艦艇比較表	一九四一年十二月七日現在建造中ノ米日艦艇比較表	50	86,89,96
一九四五年ニ於ケル朝鮮ノ要塞構築図		12	439
一九四五年ヲ目途トスル満州設堡地區ノ性格描寫建設ニ関スル總表		12	295,296
一九四三年(昭和十八年)十一月六日採擇ノ共同宣言		19	328
一九四〇年(昭和十五年)七月八日ノ獨逸外務大臣ト佐藤日本大使トノ會談ニ関スル覺書		10	76

文献名	别称	册数	页数
一九四〇年六月九日協定		34	50
一九四六年四月二十三日附證人ロマノフ・エヌ・アーノ宣誓口供書		27	632
一九四六年一月十七日橋本欣五郎ニ對スル訊問		50	195
全國通電		33	58
全國民動員計畫		50	276
善後借款契約		5	624
戦時下の経済生活		43	130,131,139,140
戦時行政職權特例		35	537
戦時緊急狀態下ニ於ケル特別刑事手續ニ關スル法律案		15	165
戦時高等司令部勤務令		45	358,390
戦時國際法		50	521
戦時國際法規		34	258
戦時國民生活ノ保持ニ關スル法律案		15	165
戦時資源管理營團法案		15	167,194
戦時設備利用營團法案		15	167,194
戦時特別行政措置法		35	489,490,491,497
戦時特別犯罪處罰ニ關スル法律案		15	167
陸軍ハ戦時法案ヲ説明スル	陸軍戦争法案,軍ハ戦時法案ヲ説明スル	15	1,12
戦車工業擴充目途算定基準表		14	401
戦時抑留者關係事務室名稱變更ニ関スル件		50	513,514
潛水艦及對潛水艦行動ノ特質		13	515
宣戦詔勅	宣戦詔勅開戦詔書,宣戦佈告書	28	456
		30	87
		43	125
戦爭廢棄協約		30	49
戦爭勃発ニ直接関係アル重要國策ノ決議書類		10	186

文 献 名	别 称	册数	页 数
戰爭犯罪及ビ虐待ニ関スルクナルデル醫師ノ法醫學的報告		27	558
戰爭法規	戰爭法規慣例	27	206
		29	561,562,563,567,568,572,573,574,575,584,585,586,589,592,608
全體主義と人民戰線		47	169
戦陣訓		26	119
鮮農ニ對スル荒地貸付辧法		30	277,278
專賣局組織法		31	334
船舶運航技能者養成令		4	86
船舶及造船補償	船舶改造補助法	49	124,126,130
船舶改良三計畫		35	287
船舶業組合法案		35	326,327
船舶國家管理		15	211
船舶國家管理法案		15	164
船舶職員法		35	443
船舶設備改良法		49	131
船舶征庸ニ關スル件		44	34,278
船舶滿載吃水線證書		2	378,379
一八九七年佛清條約		6	551
一八九四年乃至一九一九年清國(中華民國)關係條約集		31	524,530,534
一八五八年佛支條約		3	183
戦ひの時代		47	169,172
全面和平への路		34	425
戰用糧食品ノ更新ニ關スル件		44	288
染料生產表		14	245

ソ

文 献 名	别 称	册数	页 数
露西亜共和國刑法	ロシア共和國刑法,ソヴィエート共和國刑法,ソヴエト共和國刑法典,ソヴィエート共和國刑法法典,ソヴィエート共和國刑法,ロシヤ社會主義聯邦ソヴェート共和國刑法,露西亜社會	12	203,214
		13	39,45,213,214
		14	170,202
		50	214,231,232,235,236,291,333,344,346,359,360,361

文献名	别称	册数	页数
	主義連邦ソヴイエト共和國刑法,ロシヤ共和國刑法,ロシヤ社會主義ソヴェト聯邦共和國刑法		
ソヴイエートロシヤノ軍事潛在力		13	649
ソヴイエト、アメリカ、英國飛行機ノ識別		13	553
ソヴィエート共和國刑事訴訟法		12	490
綜合戰果一覽表		15	314
相互援助協定案	相互援助協定	5	515,516,569
相互援助條約		9	316,318,368,388,462
		49	608
造船事業法	造船業法	14	255,262
		30	141
		35	293
造船奬勵法		30	135
造船保護法		49	129
送達日記		44	18
總動員業務事業主計畫令		4	84
總動員業務事業設備令		4	84
總動員計畫上ニ伴フ平時施設ニ關スル件		44	34,279
總動員計畫上ノ戰時需要量ノ件		44	34,279
總動員計畫上ノ戰時需要量ノ件中輕易ナル件		44	283
總動員計畫ニ伴フ平時施設ニ關スル件中輕易ナル件		44	283
總動員試驗研究令		4	84
總動員秘密保護ニ關スル事項中輕易ナル件		44	285
總動員物資使用收用令		4	86
奏任官以下軍法會議判士及部內各委員、御用掛並ニ派遣將校ノ命免ニ關スル件		44	281

文献名	别称	册数	页数
奏任官以下滿洲國、中華民國等出張ニ關スル件		44	281
總理、陸海軍、大藏、外務五大臣花押國策ノ基準		16	105,108
租界還付及治外法權撤廢等ニ關スル日本國中華民國間協議		33	150
即位詔書		30	566
續對支回顧錄		32	33
測地成果表		34	74
測地要圖		34	74
測地要圖及成果帖		34	73
測地要圖配列圖		34	74
ソ支協定		47	356
ソ支通商協定		34	166
ソ支不可侵協定	蘇支不可侵條約,蘇支不侵略條約	9	359
		32	30
		34	166
租稅外諸收入金ヲ貸付金ニ編入ノ件		44	288
租稅證券法案		15	167,215
租稅增征ノ為ノ各稅法中改正法律案		15	211
租稅ノ增徵ニ關スル法律案		15	164
蘇土條約		12	509
ソ日北京協定		12	519
ソビエット最高委員會電報		2	304
ソ奉協定		47	356
ソ領極東素図		12	343
蘇聯邦及日本國間ノ關係ヲ律スル基本的法則ニ關スル條約		47	374
ソ聯邦國境警備隊々長スタハーノフ中將ノ調書		13	23
蘇聯邦無線通信網圖		12	339

タ

文献名	别称	册数	页数
タール酸樹脂生產表		14	248

文献名	别称	册数	页数
泰、緬甸連接鐵道建設ニ伴フ俘虜使用狀況調書	泰緬連接鐵道建設ニ伴フ俘虜使用狀況調書	9	132,133
大愛以テ民衆抱擁		32	412
大亜細亜協會創立趣意書		44	561,568
大亜細亜協會年報		44	561,568
大亜細亜主義(報刊)		44	561,565,579
大亜細亜主義志		28	617
對アジア輸出 1937 年以降增減表		36	365
第一次對日宣戰		33	186
第一預備金支出要求書ニ關スル件		44	35,280
第一預備金ヲ以テ補充シ得ヘキ費途ノ件		44	36,280
第一預備金ヲ以テ補充シタル計算書ニ關スル件		44	36,280
第一回總力戰機上演習經過記錄		49	289
對英懸案解決ニ關スル件		45	317,334
對英米問題二關スル輿論指導方針	一九四一年/昭和十六年/十一月四日/ノ閣議ニ於テ到達セル諒解ノ結果トシテノ対米英問題ニ關スル輿論指導方針	17	194,195
對外關係ニ關スル政府公表集	政府公表集—對外關係—	2	336
		9	542
大海指第五號		38	35,71
大言海		30	46
大工業統制法		14	307
タイ國フランス國間平和條約		2	319
第三回同盟協約		29	204
第三回海牙條約	海牙第三條約	16	584
		18	355,356,357,358,359,360,361,362,363,364,365,366,368,371,372
		47	635
第三次內閣總辭職ノ顛末		17	122,141
第三次北支處理要綱		5	601

文献名	别称	册数	页数
對支根本態度闡明		29	11
對支作戰計畫大綱(昭和十二年(一九三七年)七月二十九日)	對支作戰計畫大綱	32	515,535,538
對支政策ニ關スル件		42	183,186
對支特別委員會ニ關スル解釋ノ件		45	317,334
第十九濠洲步兵大隊兵九十ケイスボテリルニヨル口供書		23	35
對蔣通電		33	112
大正十年法律		44	197
大政翼贊會諸規程		5	263
對ソウエト聯邦帝國國防ニ關スル雜感		34	122
對ソ外交交涉要綱		15	330
對ソ外交施策ニ關スル件		46	423
對ソ作戰計畫別案		34	184
對ソ作戰計書		48	94
対ソ戰爭計畫	ソ聠攻擊計畫	50	350
對ソ防衛計書	對ソ防衛作戰計劃,對ソ防衛方針,對ソ謀略計劃,對ソ謀略,對露謀略,對ソ作戰計劃	34	183
		48	92,93
		50	239,240,468
対ソ謀略の刷新と元に伴う日系指導方策		12	262
對ソ聯邦接壤諸國竝近東及阿弗利加諸國方策		47	364
大隊陣中日誌		44	515
大東亜共榮圈及太平洋ノ印刷地圖		13	397,398
大東亜共榮圈建設原案		19	251,252
		49	285,286
大東亜共榮圈建設原案(草稿)		12	55
大東亜共榮圈建設方策草案		11	640
大東亜共榮圈組織		12	53

文献名	别称	册数	页数
大東亜共榮圏ト太平洋ノ印刷地圖		13	551
大東亜共榮圏の範囲及びその構成に関する試案		11	647
大東亜共榮圏ニ於ケル土地處分案		11	630,632,633
		19	224
大東亜共同宣言	大東亜宣言	13	154
		19	349,469
		47	515
		48	216,404
大東亜皇化圏		11	592,594,595,596,597,600,601
		28	192,195,196,197,200,201,214
大東亜省官制		4	32,38
		12	16
大東亜省設置要綱		8	517
大東亜政策指導大綱		48	209,213,385
大東亜戰爭下ノ支那派遣軍將兵	大東亜戰爭下の支那派遣軍將兵	32	387,390
大東亜戦爭關係國際法諸問題論文集	大東亜戦爭關係國際法問題論叢	18	354,373
大東亜戦爭定期功績概見表		50	164
大東亜戰爭陸軍給與令細則		25	596,597,656
大東亜戰爭陸軍給與令細則第七表		40	46
大東亜戰爭ニ依ル南方佔據諸地域善後處理方策大綱		19	221
大東亜秩序建設	大東亜秩序ノ建設	28	147,165,166
大東亜ト太平洋ト題スル彩色地圖		13	551
大東文化		28	111
對獨伊ソ交涉案要綱		48	41,43,242,243,247
對獨最後通牒		29	209
對獨通商協定		6	99
對独平和條約		4	386,463,502
對內宣言(民眾ニ告グル書)		33	186

文献名	别称	册数	页数
第七拾回帝國議會ニ於ケル有田外務大臣演說		30	150
第七十回帝國議會ニ於ケル林外務大臣演說(昭和十二年二月十五日)		32	50
第七十二回帝國議會ニ於ケル廣田外務大臣ノ演說		32	20
第七十四回帝國議會衆議院豫算委員會議錄		30	96,100
對南方航空政策要綱		48	411,425
第二次北支處理要綱		5	590,594
		42	130
對日作戰合作協議通電		33	162
對日宣戰佈告	對日宣戰通電	33	162,378
		34	308
第二の開闘		41	286,300,308
第二篇英領ニューギニアニ於ケル上陸作戰上ノ觀察		13	526
大日本興亜同盟役職員名簿		5	282,283
大日本國語大辭典		15	445
大日本詔勅謹解		30	46
大日本翼賛壯年團中央本部機構一覽表		5	282,286
大日本翼賛壯年團中央本部参與		5	282,286
大日本翼賛壯年團本部役職員表	大日本翼賛壯年團本部役職員名簿	5	282,289,295,296
第二臨時政府ト新中央政府トノ関係調整要領		49	401
第八十五回帝國議會ニ於ケル內閣總理大臣演說		6	581
對佛印經濟通商交涉方針ニ關スル件		11	108
對佛印、泰施案要綱	對佛印泰施策要綱,對佛印泰ノ施策要綱,對佛印泰施策要綱	10	538
		13	228
		15	331
		43	332,333
		48	3,56,57,60,149,253

文献名	别称	册数	页数
泰佛平和條約	Franco-Thai Peace Treaty	11	272
泰俘虜收容所調査		9	105,106
泰俘虜收容所展開要圖		9	129
對米、英、蘭海軍作戰方針		13	617
對米英開戰名目骨子(案)	對米英開戰名目骨子案,對米英開戰名目骨子(案)と題する書類	17 45 46	233 219 312
對米英宣戰佈告		13	432
對米英宣戰佈告ノ際ニ於ケル樞密院ノ執務概況		17	477
対米英蘭蔣戰爭終末促進要領		17	215,236
對米英蘭蔣戰爭終末促進要領		15	563,568
対米外交ニ關聯ノ采ルベキ経済政策		16	169
對米交涉要領		48	115,129,135
太平洋關係研究會叢書		30	64
太平洋四國條約	四國條約,四ヶ國條約,日英米佛四國條約,太平洋方面ニ於ケル島嶼タル屬地及島嶼タル領地ニ關スル亜米利加合衆國、英帝國、佛蘭西國及日本國間ノ條約	2 46 47 50	108,113,115,116,118,119 578 308,332,334 407
太平洋諸國ノ社會及經濟政策ノ目的ト結果		33	154
太平洋の監視		30	187
太平洋方面總司令官書類		50	117
太平洋方面總司令官秘密書翰		50	118
太平洋方面ニ於ケル和蘭國ノ島嶼タル屬地ニ關スル權利尊重ニ関スル聲明		2	118,119
太平洋方面ニ關スル交換公文		2	87
太平洋問題調査會調査書	太平洋協會調査叢書	30	47,55
太平洋連合軍最高司令部法務部戰爭犯罪支局報告		27	613

文献名	别称	册数	页数
大本營勤務令		45	467
大本営政府連絡會議決定		18	531
大本營大東亜機密作戰日誌關係事項		9	256
大本營ト政府トノ連系ニ關スル件		45	309,312
對滿蒙策現行過度的制度案ニ關スル書類送付ノ件		44	389
泰緬鐵道建設ニ俘虜ヲ使用シタ件		44	320
泰緬甸連接鐵道一般圖及俘虜收容所展開要圖		9	131
タイムス卓上地圖書		50	294,322
對支機關要綱		6	481
太陽大日本紙		28	187,188,190,191,192,202,206,207,209,210,212,233,235
大陸政策の世界史的意義		47	172
對露協定		46	119
第六委員會規程		19	198,200
第六委員會設置ニ関スル件		19	199
第六十回帝國議會		30	478
臺灣阿片取締令		31	225
臺灣陸軍軍法會議法		44	192
拓殖事務局官制		41	484
宅地建物等價格統制令		4	85
拓務省官制		4	12,36,42
		8	559
武居清太郎口供書		49	41
武部六藏口供書		49	35
タス公表	タス報導	33	404,406
健川提案		48	243
田中覚書		11	529,531
田中清中佐手記		5	467
ビオランダ正規軍支那人軍醫タン・エン・ドンノ宣誓報告書		23	273
塘沽協議	塘沽協定,塔沽停戰協議,塘沽停戰協議,搪沽停戰協定文,北支停戰協定	5	501,505,509,572,573,574
		8	13
		11	57

文　献　名	别　　称	册数	页　　数
塘沽協議		28	335,338
		30	471,474
		31	544,593,596,597,599,600,605,610
		33	39,48,193,195
		41	21,22,24,33,101,135
		42	94,120,124,230,252,313,326,579
		44	449
		49	350
單獨不講和條約	單獨不講和	10	263
		43	503
		47	597,651,652
擔保附社債信託法		35	424
チ			
治安維持法	治安維持法案,衆議院治安維持法	4	77,83,546,550
		5	147,148,151,152
		30	49
		31	445
		44	323,330
治安警察法		5	147,151
		30	79,80,85,91,92,93,94
チエッコスロバキヤ國家總動員法		36	43
チェーリーベルト氏ノ陳述豫定書		14	208
チェンケイ,チンキン及ロトンノ三人ノ支那人ニヨル陳述書		23	35
治外法權條約		2	489
治外法權撤發に關する日本の政策		31	12
滿洲の兵営用予備施設	地図一九三一年に於ける滿洲の兵営用予備施設(占領以前),地図一九三六年ヨリ三七ニ迄の滿洲の兵営用予備施設,地図一九四一年ヨリ四五ニ迄の滿洲の兵営用予備施設,滿洲の兵営予備施設	12	309,311,312,313,314,315

文献名	别称	册数	页数
チゼール船マイコープ號前船長ノ海事抗告		13	143
地代家賃統制令		4	85
チモール航空政策要領		48	437
チャーノ伯日誌	チアノ日記	9	584,592,594,596
		10	654,656,657,659,661,663,664,666,668
		13	254
		47	73,76,80,149,150
中央政治委員會組織條例		8	649
中央政治會議綱要		33	122
中央政治會議指導要領		49	397
中央政府還都ノ決議		33	7
中央政府樹立ニ関スル大綱		49	398
中央政府の法統問題		33	115
中央歐羅巴旅行案		46	373
中外條約彙編		46	354,355
中華民國大地圖		34	329,331
中華民國ニ於ケル阿片麻藥類取締令改正案	中華民國ニ於ケル麻藥取締令	7	511
中華民族對日作戰基本綱領		33	201
中華郵政輿圖		13	98
中共中央政治局ノ現下ノ政治形勢ト黨ノ任務ニ關スル決議	十二月決議	33	182,208
中共中央政治局ノ抗日救亡運動ノ新形勢ト民主共和國建立ニ關スル決議		33	184,221
中共中央ト中ソ政府ノ西安事變ニ對スル通電		33	184,222
中共中央ノ中國國民黨三中全會ニ對スル通電		33	185,223
中共中央ノ目前ノ形勢ト黨ノ任務ニ關スル決議		33	185,234
中共中央ノ目前ノ政治情勢ニ關スル決議		33	184,218

文献名	别称	册数	页数
中共中央ノ全黨同志ニ告グル書		33	184,226
中共中央北方局ノ抗日救國宣言	抗日救國宣言	33	183,212
中共ノ抗日救國十大綱領		33	185,231
中共ノ抗日救國ノタメ全國同胞ニ告グル書	八一宣言	33	182,197,206,207,219,295,296
中共ノ日軍盧溝橋進攻ニ關スル通電		33	184,228
中國共產黨の反帝國主義運動の現狀		33	159
中國工農軍北上抗日宣言	中國勞農紅軍北上宣言	33	164,182,192
中國國民黨過去の功罪と今後の地位		33	76
中國國民黨通史		33	293
中國主權尊重原則實行等ニ關スル中國側希望及之ニ對スル日本側回答要旨		33	29
中國主權尊重原則實行ニ問シ日本ニ對スル希望		33	8
中國人民對日作戰基本綱要		33	164
中國ソヴエート政府ノ抗日合作宣言		33	182,188
中國大亜細亜協會宣言		44	562,572
中國與在北京設有使館之各國締結之議定書		11	55
中國ニ於ケル民間企業關係日本側投資等調査		9	85
中國聯合準備銀行條例		8	166
仲裁裁判條約		2	101
		29	206
		47	307,308,309
中支新政権樹立方案		8	633
中支政務指導方案	中支新政権樹立方案	8	628,632,634
中支那派遣軍命令		32	384,386

文献名	别称	册数	页数
中ソ臨時政府對日宣戰佈告文		33	182,186
中東鐵路條約		30	266
中日條約		33	231
駐日大使館參事官ドゥーマン(DOOMAN)覺書		16	120
駐日大使グルー氏覺書	在日大使グルー覺書	37	28,91,107
駐日米國大使グルー備忘録		16	8
中日永久和平への途		33	102
布哇大学内戰爭記錄局中部太平洋陸軍民情調査隊特別代理人報告		18	33
中立國代表者ノ占領地俘虜收容所訪問許可方ノ件		50	523
中立國ニ対スル政策及他ノ問題		19	215
中立條約		9	325,333,337,371,373,383
		11	273
		13	178,179,180,199,200,315,320,349,361,199,200,201,243,654
		18	378
		35	17,245
		36	220
		43	337,342
中立保障條約		29	566
張鼓峰(哈桑湖)事件ニ關スル報告		33	456,465,466
張鼓峰事件ニ關スル米國大使館報告		33	363,375,401,404,406
張作霖元帥殺害ニ關スル調査報告		5	451,453,454
懲治盜賣國土暫行條例		30	275
徵集延期資格學校ノ認定ニ關スル件		44	32,277
朝鮮,臺灣各特別合計豫算追加案		15	211

文献名	别称	册数	页数
朝鮮、臺灣其他植民地ノ總動員ニ關スル件		44	34,279
朝鮮及奉天俘虜收容所視察報告送付ノ件		42	506
朝鮮京城、仁川、興南俘虜收容所ノ件		50	177
朝鮮刑事令		4	83
朝鮮收容所視察報告譯文送付ノ件		42	492
朝鮮思想犯保護觀察法		4	83
朝鮮駐劄憲兵條例		44	53
朝鮮ニ於ケル軍需品倉庫地図	一九三一年ヨリ一九四五年ニ至ル期間中ノ朝鮮ニ於ケル軍需品倉庫地図,一九四一年ヨリ一九四二年ニ至ル期間中ノ朝鮮ニ於ケル軍需品倉庫地図,一九四五年朝鮮ニ於ケル軍需品倉庫地図	12	444,445
朝鮮ニ於ケル兵営施設	一九三一年乃至一九三二年ノ朝鮮ニ於ケル兵営施設,一九四五年ニ朝鮮ニ於ケル兵営施設,一九四一年乃至一九四二年ノ朝鮮ニ於ケル兵営施設,1941年乃至1942年在朝鮮兵営施設,1931年乃至1932年在朝鮮兵営施設	12	453,459,460
朝鮮ニ俘虜収容ノ件	朝鮮ノ俘虜收容ノ件	26	47
		44	272
朝鮮ノ軍需品倉庫	一九三一年至一九三二年ニ於ケル朝鮮ノ軍需品倉庫,一九四一年至一九四二年ニ於ケル朝鮮ノ軍需品倉庫	12	446,447
朝鮮俘虜労役規定		26	68,69
町村制改正法案	町村制改正案	43	294,295
日米調停條約	調停條約	47	307,309,327,333,363

文献名	别称	册数	页数
廳費及需品費ノ運用ニ關スル件		44	288
徵兵處分ノ輕易ナル变更、取消ニ關スル件		44	284
賃金統制令		4	85
賃金臨時措置令		4	85

ツ

文献名	别称	册数	页数
通貨安定策		31	340
遞信省吏員ニ關スル件		44	287

テ

文献名	别称	册数	页数
帝位継承法		31	79
帝國外交方針大綱	帝國外交方針要綱	5	581
		38	374
帝國議會貴族院議事速記録	貴族院議事速記錄,貴族院委員會速記錄	14	85
		30	478,487,509,511
		41	89,97
帝國議會貴族院豫算委員會議事速記錄		49	359,367,368
帝國議會衆議院議事速記錄	第六十九回帝國議會衆議院議會速記錄	32	41,49
		34	395
		35	313,320,326,329,331,333,336,370,372,374,375,377,380,383,384,386,388,403,413,416,451,457,460,462
帝國議會衆議院豫算委員會議錄(速記)	豫算委員會議錄,衆議院豫算委員會議錄,豫算委員會議事錄	34	390,394
		44	418
		49	368
		50	19,20,24
帝國經濟會議一九三二年於オツタワ		36	1
帝國憲法義解		11	588
		28	188
帝國國策遂行要綱	帝國國策遂行要領,帝國々策逐行要領,帝國國策要綱	13	229
		15	329,333
		17	150,207,216
		36	507
		43	395,402

文献名	别称	册数	页数
帝國國策遂行要綱		45	424
		48	79,82,83,281
帝國政策遂行要領		48	119
帝室制度史		34	384,385,389
帝國政府聲明		16	58
		29	452
		32	54,218
帝國石油株式會社法		14	228
帝國ト國際聯盟諸機關トノ協力關係終止ノ件		6	301,304
帝國燃料興業株式會社法	帝國燃料興業株式會社法案	14	228,229
		35	388
帝國ノ経済的權益設定策ニ對スル閣議諒解事項		42	243
鄭國務總理トノ間ノ滿洲國政府ノ鐵道、港灣、水路、航空路等ノ管理竝線路ノ敷設管理ニ關スル協約		6	53
帝國陸軍作戰計畫		34	103
帝國陸軍作戰計畫要綱		34	95,101
帝國領土外ニ於テ演習實施ニ關スル事項中輕易ナル件		44	283
定數外器械備付ニ關スル件		44	290
定數外獸醫材料備付ニ關スル件		44	286
帝大聽講生ニ關スル件(次官委任事項ヲ除ク)		44	282
敵航空機乗員處罰ニ關スル軍律		26	146,147
鐵鋼生產業法		15	15
鐵礦ノ生產及ビ輸入(日本本土)		14	262
鐵道營業法中改正ノ件		15	165,245
鐵道建設ニ關スル業務系統圖		9	160

文献名	别称	册数	页数
鐵道建設ノ為俘虜系統及任務概要圖		9	161
鐵道乘車ニ關スル件	鐵道乘車證使用ニ關スル件	44	34,278,287
天津還附條件受諾ニ關スル公文		31	530,533
天津還附ニ關スル公文		31	529
天津條約		33	318,319
天津統稅公署禁煙清查暫行條例		7	512
電信法及郵便法中改正法律案		15	167
電信法中改正法律案		15	263
天圖鐵道處理方針		5	637
轉地療養患者收療ニ關スル件		44	290
デンマーク國公使ノ回答		29	535
電力管理法		35	456
電力調整令		4	86
電話事業公債法		41	146

ト

文献名	别称	册数	页数
獨逸外務省記錄		10	435
獨逸外務省集綴文書	獨逸外務省集綴文書,獨逸外務省集綴文書並文庫,ドイツ國外務省綴及ビ記錄	10	4,9,12,19,22,26,36,40,45,50,52,53,56,61,65,70,75,84,132,135,153,158,161,164,167,192,195,200,219,222,226,339,342,349,353,356,359,362,366,368,369,376,380,391,394,412,417,435,463,522,531,536,567,571,576,590,604,607,611,617,628,633
		17	13,14,19,20,23,24,35,36,43,44,53,54,223,224
獨逸休戰條約		46	249
獨逸政府ノ指令要旨		16	171
獨逸秘密國家事項		13	222
土肥原秦德純協定	土斐原秦德純協定	31	51,596,597,600
		33	94
		42	230,252,326

文献名	别称	册数	页数
土肥原秦德純協定		49	350
東亜共榮圈、西部太平洋大地圖		13	551
東亜経済業取書		49	146
東亜建設第一期總力戰方略(案)		19	229,230
東亜建設第一期総力戰方略文書	第一期總力戰方略案	12	60,68
東亜大陸圖		34	6,14
東亜に漲る妖雲を拂へ	東亜に漲る妖雲を拂く	28	202
		41	287
東亜ノ將來ニ關スル帝國政府聲明		18	483
東亜ノ新秩序		30	45
統一國防法		36	43
東印度獨立施策ニ関スル件(關係省主務省案)	蘭領印度獨立施策ニ関スル件(關係省主務省案)	19	347,348
東印度獨立措置ニ関スル件		19	349,354,355,356
東印度獨立認容宣明ニ伴フ宣傳教化基本要領		19	468,471
東印度獨立容許宣明ニ伴フ處置ノ件通牒		19	467
東京ガゼット	東京ガゼット志	11	12
		43	271,272
東京聲明		10	593
東京日日新聞		45	486
東京毎日新聞		45	487
統計局官制		41	484
東郷「モロトフ」協定		34	51
東郷「モロトフ」申合附屬地圖		34	73
東郷茂德訊問書		17	339,341,343,345,347,349
東郷大臣オット獨大使會談錄		50	62
東三省地方自治法案		6	605
東支鐵道讓渡協定		42	83,176,177
東支鐵道賣買協定		31	49

文　献　名	别　　称	册数	页　　数
政府統師部連絡協議		43	401
同志モロトフ及ビクビシェフ報告ニ關スル決議		31	422
東條英機口供書		48	1,236
東條英機訓問調書	東條英機訊問調書,東條英機訊問書,東條英機尋問,東條英機訊問調書,東條英機訊問書,東條英機ニ對スル訊問	17	162,164,165,167,316,318,321,325,336,355,486,487
		30	5,6,8
		38	394,499
		45	465
島嶼支配權ニ関スル條約		16	190
同志リトヴイノフト重光ノ會談記錄	エム・エム・リトピノフ・重光會談記,M. M. リトヒノフ重光會談記	33	400,419,431
東清鐵道建設契約		29	231
統制會許可權ニ關スル基本規定		35	514
統稅公署禁煙清查條例		7	512
東蘇方面通信網圖		12	339
倒張計畫		6	639
東南アジア聯合軍陸軍戰爭犯罪訓令		24	188
東部亜細亜圖		50	295,328
東部西伯利亜地圖		50	294,315
東北三省ニ於ケル所謂獨立運動ニ關スル覺書		2	569
東北文化半月刊		2	565
同盟報		49	547
當面ノ時局ニ關スル緊急宣言		32	94
東洋経済通信篇		49	131,132
東洋經濟統計年鑑		36	294,359,360,362,363,365
東洋経濟年鑒		9	31
東洋に於ける英國海運		49	178
道路公債法		41	146
獨逸文書ノ押收處理保管ニ關スル宣誓供述書	ドイツ國文書の接収、寫真版作成及ビ保存ニ關スル供述書	9	341
		10	430,446,478,485
獨伊同盟協約	獨伊協約	9	462,463,464

文献名	别称	册数	页数
特殊移民地區日系露人青年教育実施計畫		12	566
特種船ノ乗船許可ニ關スル件		44	287
特殊速達郵便五ヶ年契約		49	143
特許及実用新案ニ關スル件		44	293
獨蘇不可侵條約	不可侵條約,獨ソ條約,獨ソ協定,獨ソ協定,獨蘇協定,獨ソ不可侵條約,不可侵協議,不可侵條約,獨ソ不可侵條約,獨蘇不可侵條約,獨ソ不可侵條約,獨ソ不可侵條約,獨蘇不可侵條約,獨蘇不可侵條約,獨逸ハ蘇聯トノ間ニ不可侵條約,獨ソ不侵條約,獨逸ハ蘇聯トノ間ニ不可侵條約,獨蘇協議,獨ソ不侵略條約,獨ソ不侵畧條約,獨ソ不侵略條約,獨逸國「ソヴイエト」社會主義共和國聯邦間不侵略條約,獨「ソ」不可侵條約,獨ソ條約	5	423
		9	437,468,469,471,578,579
		10	271,288
		11	28,273,274
		16	220,305,306,309,465
		28	481,482,483,484,506,509,510,511,515,516,535,537,541,542,543,544,558,566
		33	59,286
		34	109,479,490
		35	15,19,94,95,97,229
		42	610
		43	303,305
		45	191,271
		46	42,43,179,182,230
		47	22,30,37,154,156,157,158,236,346
獨佛休戰協定		11	95
獨佛停戰協定		10	354
特別海軍攻擊隊ノ勇士		13	507
特別各兵(特種)演習ノ令達及特別航空兵演習計畫要綱ノ通牒ニ關スル件		44	282
特別志願將校及短期軍醫ノ職務延長ニ關スル件		44	281
特別施設隊長トノ會見ニ關スル記錄		7	212
特別宣言書 極東國際軍事裁判所ノ設定		1	38
特別戰時行政授權法		35	539,541

文献名	别称	册数	页数
特融ノ為ノ豫算外契約案		15	211
都市計畫ニ關スル事項中重要ナラサル件		44	33,278
都市計畫ニ關スル事項中輕易ナル件		44	285
執務報告	昭和十五年度執務報告,昭和十六年度執務報告,昭和十七年度執務報告,昭和十三年執務報告	33 34	456 61,64,65,224,227,230
土地以外ノ國有財産ノ賣拂ニ關スル件		44	289
土地工作物管理使用收用令		4	86
富田健治口供書		45	407
トラスト禁止法		30	130
度量衡施工規則		8	291
度量衡法		8	291
トング・ア・ショングノ宣誓口述書		23	31

ナ

文献名	别称	册数	页数
内外時局を語る		47	180
内外輿論指導ニ關スル輕易ナル件		44	283
内閣一覧表		30	1,3
内閣強化案		15	169
内閣書記官長談		29	11
内閣總理大臣ノ指定ヲ受クヘキ陸軍軍需品生産能力調査ノ照會ニ關スル件		44	35,279
ナイク・チャンギ・ラームノ宣誓口述書		23	25
ナイク・パータップ・シングノ宣誓口述書		23	27
内大臣府官制		4	70
内地還送俘虜ニ關スル件照會		45	492,493

文献名	别称	册数	页数
内務省官制		4	18
内面的援助ニ勉メ表面的工作ヲ避ク		16	102
中支那金融緊急對策處理要領		45	317,329,330
中村孝太郎大將供述書		45	2,11
何故に中央政府を組織するか		33	72
中村雅郎口供書		50	441
南海將士ニ寄スル告示		13	402
南海ニ於ケル將兵ニ對スル訓示		13	559
南京安全地區書類		7	2
南京空爆ニ關スル帝國政府回答文(昭和十二年(九月卅日))		32	207
南京攻擊命令原本		32	506
南京城攻略要領		32	490,491
南京條約		2	412
		17	114
南進に於ける日本の地位——英雄的時代來る——		47	202
南太平洋司令部翻譯書類		18	297
南方外貨表示軍用手票取扱手續制定ニ關スル件		14	550
南方經濟對策要綱	南方經濟対策要綱,南方經済施案要綱	19	201,211
		48	432
南方航空政策大綱		48	430,432
南方施策促進ニ関スル件		10	538
		13	228
南方施策ニ關スル大本営陸海軍部方針骨子		18	529
南方諸國ニ於ケル航空機		13	553
大東亜戰爭ニ依ル南方占據諸地域善後處理方策大綱		11	633,637
南方占領地行政實施要領		48	168,169

文献名	别称	册数	页数
南方要域攻略(進攻作戦保留)		38	482
南方要域攻略準備		38	482
南滿洲及東部内蒙古ニ關スル條約	南滿洲及東部内蒙古ニ關スル條約及交換公文	2	494
		30	253,256
南滿洲鐵道株式會社總裁ト吉林省長トノ間ニ成立セシ鐵道ノ新設經營貸金ニ關スル契約		6	59
南滿洲鐵道線路爆破狀況調查書		30	547,548
南滿鐵道爆破報告		34	94
南洋航路改正船客運賃表送附ノ件		15	401
南洋航路ニ洋人船客引受ケザルノ件		15	392
南洋諸島空軍配置要図		13	510

ニ

文献名	别称	册数	页数
西原マルタン協定	西原一マルチン協約	11	307,316,333,347,363,366
二十一箇條要求	千九百十五年ノ條約及交換公文,二十一ヶ箇條ノ要求,二十一ヶ條要求,對支二十一ヶ條々約	2	459,466,476,481,482,483,484,489,502,606
		5	324
		14	174
		17	502
二重國籍法		28	277
日、獨、伊、滿協約		9	524
日伊協定		14	67
日印支通商條約		47	323
日印通商條約		36	312
		47	314
		48	270
日英共同聲明		42	607
日英支那戰爭		11	578,580,581
日英通商航海條約	日英通商條約	47	314
		48	270
日英同盟條約	日英同盟協約,日英協約	2	451
		29	194,199,209,214

文献名	别称	册数	页数
日英米造艦量比較表		15	548
日軍罪行證明書		7	333,334
日支關係調整方針		34	433
日支關税協定		42	234
日支媾和交涉條件		42	249,251
日支國交全般的調整案要綱		42	333
		49	352
日支事变ニ對スル第三國ノ幹旋乃至干涉ニ對シ帝國政府ノ提ルヘキ方針決定ノ件		42	269
日華條約	日支協定,日支條約,日華協定	2	481,494,642,647,653
		5	229
		15	453
		16	507
		17	114
		29	404,433,436,437,439,443,448,449
		34	454
		48	204
日支新関係調整ニ関スル原則	日支新関係調整ニ関スル原則	49	400,401,402,406,407
日支新關係調整方針		49	382,384
日支新關係調整要綱議決		11	1
日支防共協定		6	270
		32	223
		33	3,41,43,52
日支和平條件試案		34	433
日ソ停戰協定		6	476
日泰間不侵略條約		11	215
日獨伊軍事同盟ニ關スル御前會議ニ於テ海軍統帥部ヨリ政府ニ對スル質問事項		10	255
日獨伊三國條約締結一週年紀念伊藤情報局總裁放送原稿		10	326
日獨伊三國條約締結ニ関スル件		10	233,234

文献名	别称	册数	页数
日獨伊三國條約締結ニ關スル調查委員會ノ議事錄		10	277
日獨伊樞軸強化ニ関スル件	日獨伊樞軸強化に関する件	10	175
		47	104
日獨伊樞軸論		28	498,636
日獨伊西協約		9	536
日獨伊提攜強化案		10	103,108
日獨伊提攜強化案ニ関スル陸軍海軍及外務省當局連絡會議議事錄	日獨伊提攜強化案ニ関スル陸海外三省係官會議議事錄,日獨伊提攜強化案ニ関スル陸軍・海軍・外務省・當局・三省會議議事錄,日獨伊提攜強化ニ関スル陸海外協議議事錄	10	94,111,112,122
日獨伊提攜強化ノ為ノ基本トナルヘキ政治的瞭解事項		10	178
日獨伊文化協定		41	108
日獨伊防共協定		6	244,270,282
		9	355,363,493,508,571,598
		11	604
		14	132,133,159
		16	88
		28	204,527,540
		32	223
		33	41,52
		35	11,165
		49	292
日獨伊防共協定ニ參加スル件		6	96
日獨間に於ける政治的協議問題		42	257,258
日獨協議締結ノ件審查報告		9	329
日獨協議援助條約		35	90
日獨協定	日獨協定,日獨間協定	9	319,325,326,355,357,361,369,373,383,390,391,392,407,491,493,497,499,505,507,546,579
		11	633

文献名	别称	册数	页数
日獨協定		14	67
		19	226
		33	242,250,253,254,255
		43	303
		46	17
日獨協議締結ノ件審査報告	日獨間防共協議締結ニ關スル調査報告	9	313,314,315,316
日獨共同戰爭及ビ戰後計畫ノ討議		13	377
日獨軍事協力		44	2
日獨通商條約		10	573,577
日獨不侵略條約		43	303,551
日獨秘密協定		10	1
日獨文化協定		30	238
		41	57
日獨貿易協議		35	252
日獨防共協定		4	421,600
		6	244,294,296,298
		9	307,355,357,360,361,384,392,394,403,469,471,473,484,491,493,495,496,497,498,499,507,508,509,536,543,547,587,600,605,606
		10	201
		13	127,175,180,183,184,185,186,652,654
		16	84,306
		29	15,19
		30	152,181
		31	631
		32	51
		33	241,242,243,246,250,251,252,254,255
		34	35,167,474,482,486
		35	91,97,228
		41	60
		42	15,231,333,441,442,605,609
		43	282,291,292,421
		45	412,443,444,468

文献名	别称	册数	页数
日獨防共協定		46	1,2,35,39,154,155,159,162,163,168,169,170,181,226,426,461,462,492,493
		47	66,67,73,170,368,369,389,400,401,402,403,420,428,429,440,444,445,450,451,566,575,581,582,585,586,587,592,593,597
日佛印間経済協定		11	271
日佛印議定書		45	444
日佛印共同防衛議定書		48	62,70
日佛印條約		36	214
日佛議定書		11	304
		48	390
日佛協定	日佛協約	11	33,113,123,125,126,151,178,198,252,275,280,381
		47	323,326
日仏共同防衛議定書		17	360
日佛居住航海條約		11	275,278
日佛通商航海條約		11	276,278
日米関係調節計畫ニ関シテ獨伊政府ニ送ラレタ秘密情報		16	170
日米協定	日米間條約	11	258
		16	472,474,476,477,478,480,481
		17	103,581
		35	218
		43	317
日米交渉概要		16	124,137
日米交渉関係ニテ禦前會議ヲ經テ決定シタル諸決定		13	227
日米交渉現段階ニ関スル件		50	69,72
日米交渉今後ノ措置ニ關スル腹案		45	209
日米條約		28	545
日米中立條約案		48	50
通商航海條約	通商及航海條約	2	382,383,606
		5	305,327,402
		16	176

文献名	别称	册数	页数
通商航海條約		29	150,153,154,190,258,355,366,368
		34	36
		36	12,15,250
		45	531
日米通商航海條約廢棄ニ關スル北米合衆國ハル國務長官發在米堀内大使宛通牒	北米合衆國ハル國務長官發在米堀内大使宛通牒	16	145,147
日米通商條約		8	532
		18	514
		28	543
		34	510
		35	250
		36	115
		38	7
日米諒解案		43	374,401
		45	194,530
		48	47
日米瞭解案ニ就テノ交渉経過摘要		16	171
日滿華共同宣言	日滿支三國政府共同宣言,日滿支三國共同宣言	8	638,646,647,650
		13	230
		18	508,510
		45	315
		46	86
		47	95
		48	2,36,37,39,52,199
日滿協定書	日滿條約,日滿協定,日滿議定書	5	674
		6	84,92
		13	82
		14	499,503
		15	620
		28	142
		30	466,469
		31	12,49,66,595
		34	153
		41	18,20,43,101,416
		42	93

文献名	别称	册数	页数
日滿協定書		45	113
		47	341
		49	302
日滿議定書調印ノ件		6	33,41,93
日滿共同經濟委員會設置ニ關スル協議書		14	318
日滿共同經濟統制委員會設置ノ書類		14	524
日滿軍需工業擴充分野標準表		14	403
日滿経済共同委員會委員(日本側)名簿		14	523
日滿經濟共同委員會設置ニ關スル協議		14	500,511,518
日滿經濟共同委員會設置ニ關スル協議ノ締結ニ付日本國及滿洲國全權委員ガ一致シタル瞭解事項		14	500
日滿經濟統制方策要綱		5	687
日滿航法教育ノ認可ニ關スル件		44	283
日滿支一般提攜就中善鄰友好防共々同防衛経済提攜原則		45	324
日滿支経済協議會設置ニ關スル件		15	27,99,100
日滿支經濟建設十年計畫要綱		28	431
日滿支経済建設要綱	日滿支経済建設要綱	8	612,613
		14	372,634,643
		15	27,39,40,46,47,89,94,99,100,101
日滿支經濟懇談會報告書		31	428
日滿重要產業擴充計畫所要資金概算表		14	416,459
日滿重要產業擴充計書(所要資金概算表)		28	465
日滿蘇間ノ諸問題ニ就テ		13	79
日滿法條對照表		31	278

文献名	别称	册数	页数
日緬條約		48	206
日緬通商條約		48	270
日緬同盟條約		48	205
日蘭經濟協定		19	121
日露條約		4	257,466
日露戰役日記		38	487
日露通商航海條約		2	83
日露密約		41	154
日華基本條約	日支基本條約,日本國中華民國間基本關係ニ關スル條約	2	268
		8	638,643,644,647,652,653,655,656,658,665,668,669,671,672,673,676,683,684,701
		10	540
		11	274
		13	230
		18	508
		45	349,533
		48	2,36,39,52,53,103,199,204
日華共同宣誓		33	150
日華事變方策		29	20
日貨登記條例及反日標語等報告ノ件		32	58,70
日貨沒收條例		30	268,269,270
日韓協約		29	219,222
日系青少年訓練強化要綱		12	548
日系日語普及実施要綱		12	549
日支通商條約	日華通商條約	2	654
		46	341
日支停戰協定		13	76,85
日支停戰交涉開始方ノ件		42	310
日支兩軍相互撤退協定		3	146
日清戰役日記		38	487
日蘇基本條約	日ソ基本條約	16	82
		46	425
		47	348,408,568
日露漁業協定	日露漁業條約,漁業條約,日ソ漁業協定,日ソ漁業條約,漁業條約,日蘇漁業條約日ソ漁業條約	2	143
		9	322,331,338,371,382,391,392
		13	372
		16	81

文献名	别称	册数	页数
日露漁業協定		18	378
		42	177
		47	334,402,408,450,486,574,575
		48	43
日ソ中立條約	日蘇中立條約,日ソ平和條約,日ソ中立條約,日蘇中立條約,日ソ協定,中立條約,ソビエット聯邦ト日本國間トノ中立條約	2	148,302,384,635
		10	267,518,543
		11	272,345,543
		13	233,361,651,652
		16	443,518
		19	66
		34	52,139,274,278
		35	163
		45	531
		46	584,585
		47	369,373,374,376,391,392,392,578,685,689
		48	2,41,45,73,75,76,228
		49	47,49,50,321
日ソ通商協定		48	73,236
日蘇不可侵條約	日ソ不侵略條約,不侵略條約,日ソ不可侵協定,不可侵協定,日蘇不可侵犯條約,日ソ不侵條約,日露不可侵條約,對ソ不可侵條約	9	316,367,379,386
		13	175,180,181,183,307,309,335
		28	512
		41	420
		42	63,64,65,66,79,80
		44	372
		46	424
		47	266,277,327,336,337,340,343,344,346,347,348,349,350,352,353,354,361,369,374,375,408,410,451,570,577
		48	43
		49	458
日泰間議定書	日泰間條約,日泰軍事同盟經濟協定,日泰條約	18	397
		46	597
		48	209,211
日泰文化協定		48	209
日泰友好和親條約		48	209
日本銀行條例中改正法律案		15	167,215

文献名	别称	册数	页数
日本銀行特別融通並損失補償法		15	212,240
日本興業銀行法		14	422
日本、其資源と産業		49	146
日本案ニ対スル米國側修正要點		16	173
日本及日本人之道	日本及日本人の道,日本及日本人ノ道	28	118,119,121,122,138,139
日本及日本船舶		49	123
日本及満洲の工業化一九三〇～四〇年表		49	184
日本海及オホック海航路略圖	日本海及オホック海航路略圖	34	265,266
日本海軍ノ戦備ニ關シ準備サレタル陳述並ニ報告		18	3
日本海軍陸戰隊司令官ニ依ル亂暴ナル声明		16	229
日本外國貿易日報		49	154
日本外國貿易年次報告書		49	180
日本改造案大綱		28	177
日本銀行金買入法		35	412
日本軍中尉M・東海林陳述書	日本軍中尉M.東海林ノ口供	23	272,277
日本軍ノ蘭領印度佔領		19	360,361,362
日本軍佛印進駐ニ關スル日佛協定締結交渉經緯		11	104
大日本帝國憲法	日本國憲法,日本憲法,明治憲法,日本舊憲法,欽定憲法	15	429,457
		30	48,56
		34	377
		36	173,178
		41	86,146,147,162,174,480
		43	101,211,224
		44	374,382
		45	279
		50	493
日本國、伊太利國及獨逸國間議定書締結方ノ件		9	501,504
日本國、獨逸國及伊太利國間三國條約締結ノ件		10	259,279,283

文献名	别称	册数	页数
日本國伊太利國間經濟提攜ニ關スル協定		2	337
日本國印度支那間関税制度貿易及其ノ決済ノ様式ニ関スル日佛協定		11	280,433,467,469,471,474
日本國及和蘭國間ノ通商航海條約		2	355,367
日本國和蘭國間司法的解決、仲裁裁判及調停條約	日蘭司法的解決,仲裁裁判及調停條約	2	341,353,380
日本國外務省宛瑞典公使覺書		23	244
日本國間通商航海條約	日米通商條約,日米通商及ビ航海條約,通商航海條約	16	145,218,454,488,523,534
日本國軍備年表		13	392,399,672
日本國刑罰法規		31	445
日本國タイ國間議定書		11	270
日本國中華民國間同盟條約	日本中國同盟條約,中華民國日本國間同盟條約,日華同盟條約	8	687,689,690,691,696,698,700,701,703,705,707,710,712,713,714
		48	41,204,328
日獨伊三國同盟條約	日獨伊三國條約,三國條約,日獨伊三國協定,三國協定,三國同盟の條約,日獨伊條約,日獨伊協定,三國同盟條約,日獨伊三國同盟協定,日獨伊三國同盟條約,三國共同宣言,樞軸協定,日獨伊軍事協定,樞軸條約,三國協議,日本國獨逸國及伊太利國間三國條約,日伊獨協定,獨逸、伊太利及日本間ノ軍事協定,日獨伊三國同盟,三國同盟,樞軸側三國條約,同盟協約,同盟條約規約,同盟條約,日,獨,伊同盟條約,樞軸軍事條約	2	294,295,332,337,338,339,340
		6	210,211
		8	612
		9	462,463,464,465,559,596
		10	15,245,285,318,326,327,329,331,336,363,364,372,382,388,389,395,398,435,451,458,459,542,545,547,608,612,613,670
		11	210,237,345
		13	128,144,148,194,195,199,200,216,217,229,235,236,249,257,261,263,267,268,269,270,271,272,273,274,275,277,286,325,326,384,668
		14	67,69,74,80
		15	46,147,335
		16	184,290,354,360,372,388,398,411,453,472,473,474,476,477,478,487,497,522,533,561

文献名	别称	册数	页数
日獨伊三國同盟條約		17	11,33,55,56,116,126,142,162,163,165,172,198,247,249,531,547,551
		18	383,502,503,506,507,509,516
		19	46
		28	446,626,627,635
		29	72,243,244
		30	5
		34	165,166,167,169
		35	51,70,76,77,80,95,115,131,135,165,181,215,217,218,219,222,224
		36	117,258,457,460,481,491,567
		38	437,438,439
		40	349,352,354,355,358,361,362,363,364,365,366,368,369,370,371,372,374,379,380,383,398,399,400,403,404,405,406,420,422,424,428,431,434,435,438,439,440,446,447,460,463
		42	370
		43	297,396,396
		45	170,190,191,192,200,271,272,273,274,275,397,444,446,447,468,529,530,533
		46	5,8,9,18,56,85,155,184,186,187,191,193,198,199,243,370,383,399,426,428,429,581,584
		47	24,38,40,51,52,53,59,77,82,84,85,87,94,104,151,152,153,154,156,160,161,162,185,191,389,598
		48	28
		48	29,49,51,52,55,75,97,141,246,261
		49	255,273
		50	141,370,449,454,573,578
日本國獨逸國間經濟提攜ニ關スル協定	日獨協定	2	336
日本國獨逸國間貿易協定支拂取極ノ實施ニ關スル細目取極		2	264

文献名	别称	册数	页数
日本國獨逸國間貿易ニ關スル協定		2	254
日本國獨逸國間貿易ニ關スル協定ノ實施ニ伴フ支拂ニ関スル取極		2	260
日本々土ニ於ケル原油消費量及ビ貯蔵量		14	479
日本々土ニ於ケル工業ノ發展		14	368,633
日本々土ニ於ケル工作機械ノ生產及ビ純輸入		14	482
日本々土ニ於ケル鋼鐵ノ生產量及ビ輸入量		14	267,480
日本々土ニ於ケル電力消費量		14	218,219,478
日本國佛領印度支那間決済ノ様式ニ関スル公文		11	471
日本國フランス國間議定書		11	270
日本國佛蘭西國間通商協定		11	285
日本國法令		31	440,441,445,446,448,449,450,451,454,455,460
日本産金振興株式會社法案		35	458,459
日本思想及日本精神		28	50
日本商法		30	314,322
日本書紀		28	492,493
		30	46
日本書紀通釋		30	46
日本人S・林ノ審問調書	S.林ノ陳述書	23	277,279
日本人主要戰爭犯罪人ニ對スル國際法庭ニ關スル件		17	418
日本人ニ依ルソ聯國境侵害調査		13	1,2,9
日本人ノ進出及諜報		19	6
日本精神		43	271
日本精神の昂揚		6	263

文献名	别称	册数	页数
日本精神の昂揚		43	272
日本制鐵會社法		14	257
日本制鐵株式會社ニ對スル命令其他法令ニ依ル組織、設備、業務、經營等ニ關スル件		44	35,279
日本制鐵株式會社法案		35	336
日本政府聲明		32	226
日本潛水部隊行動所在ノ概要		34	252,257
日本總理大臣兼外務大臣近衛公ニ対スル駐日米國大使グルー/GREW/二依ルロ頭申入		16	91
日本速記録		43	270
日本タイムス紙	ジャパンタイムス,日本タイムスエンドメイル	39	417
		43	559
		49	547
日本地圖		50	292,294,295,319,322,324
日本帝國統計年鑑		36	356
日本帝國ニ於ケル「アルミニユウム」ノ生產量		14	270,271,481
日本帝國ニ於ケル金生產	日本帝國ニ於ケル金ノ生產額	14	344,345,346
日本的言行		28	118
日本統制下ノ新聞ニ依リテ發表サレタル煽動的刺戟的ナル論說ノ報告		16	229
日本內地ニ於ケル工作機械ノ生產及ビ純輸入		14	288,290
日本內地ニ於ケル工作機械ノ生產輸入及ビ輸出		14	288,289
日本內地ニ於ケル精密軸承工業ノ擴充		14	291
日本內地ニ於ケル精密軸承工業ノ生產及ビ資本金		14	291,293
日本ニ於ケル十年		30	45
日本に於ける政治		30	47

文　献　名	别　　称	册数	页　　数
日本ニ關スル協議		34	312
日本二千六百年史	日本二六〇〇年史	28	142,144,147,165
日本年鑑	ジャパン、イーヤ、ブック	2	602
		8	399
		19	121,122,327,328,325,335
		49	132,133,135
日本の假面の内幕		42	354
日本ノ攻擊計畫書		18	267,269
日本の公式聲明書		35	114
日本の樞密院		30	75
日本の政府その活動範圍及運營の最近の傾向		30	55,63
日本ノ戦争決意	日本ノ開戦決意	18	27,267
日本ノ戰爭準備ニ關スル日誌		13	558
日本ノ戰爭犯罪關係並ニ一九四一年十二月ニ於ケル日本軍ノ馬來攻擊關係證據書類		17	422
日本の船舶業		49	146
日本ノ内閣		30	62
日本ノ輸出		14	339
日本ノ輸入		14	339
日本發送電株式會社ト東北振興電力株式會社トノ合併ニ關スル件		4	85
日本發送電株式會社法		35	451,453,456
日本文明史		28	50,118,119,121
日本貿易精覽		36	360,362,363
日本本國ニ於ケル原油ノ消費量及貯藏量		14	223,224,225
日本本國ニ於ケル產業ニ依ル電力消費量		14	217
日本本土ノ產業ノ伸展		14	367
日本陸軍刑法	陸軍刑法	25	236
		32	380
		40	254,270,271,289,290
		43	220

文献名	别称	册数	页数
日本陸軍刑法		44	61,62,202,203,209,210
		45	393,394
日本陸軍山本茂一郎少將ニ對スル訊問調書		49	6
日本聯合艦隊極秘作戦命令		18	127
日本和平條件		42	14
日本を宗主とする日満支聯邦を作れ		11	610
日本を宗主とする日滿支聯邦を作れ		28	210
ニューギニア方面航海指標		13	525
ニューヨーク、ヘラルド、トリビューン		42	352
ニューヨク、タイムス		45	114,115

ネ

文献名	别称	册数	页数
熱帶地方ニ於ケル簡易醫療必攜		13	554
熱地衛生便覽		13	554
一九三四年石油業法		30	122
年代集録補遺		43	207
年度開始並支出、過年交支出認可ニ關スル件		44	288
年度物資動員計畫		35	253

ノ

文献名	别称	册数	页数
農業水利臨時備調整令		4	86
農業保険法		5	420
農地調整法		5	420
農地問題に関する統計資料		36	344
農調整法		15	12
ノモソハソ國境事件處理要綱		33	266
ノモンハン地區滿蒙國境協議		34	50
ノモンハン停戰協議		34	64
ノモンハン停戰協定	ノモンハン停戰協議	28	512
		34	49,61

文献名	别称	册数	页数

ハ

海牙ノ第五條約		18	360
廢船及ビ造船計畫		35	285
配屬將校ノ事務引継ニ關スル件		44	284
配電統制令		4	85
排日移民法		5	305,311
バキ・ビン・リンドマンニ依ル宣誓書		23	32
派遣俘虜取扱規則		25	569,620,629
は號及に號軍用手票見本製造方内閣印刷局ニ通知ノ件		14	534
は號軍用手票製造方ニ關スル件		14	533
哈桑湖地區ニ於ケル日本軍挑戦ニ関スル調書		13	15
橋本欣五郎宣言	橋本宣言	5	412
		28	247
八月十一日停戰協議		33	278
八月十二日午後四時會議室にて開催の共同委員會議事錄		32	111,153
八纮一宇ニ關スル質問主意書		34	395
パネー號事件ニ關スル外務省發表	パネー號事件ニ關スル外務省發表(十二年二十四日),米國砲艦パネー號事件ニ關スル外務省發表(昭和十三年三月二十三日),米國軍艦パネー號事件ニ關スル外務省發表(昭和十三年三月二十三日)	32	172,180,182
ハバナ條令		29	526,534
原田回顧錄		49	425
原田日記		49	431

文献名	别称	册数	页数
原田日記		50	397
巴里不戰條約	巴裏協約,巴裏條約,バリ條	2	153,161,162,388,456,630,637,656
	約,巴黎公約,巴黎非戰	3	161,209,277,307,308,312,353,436,
	公約,パリ條約,ケロッグ		441,442,458,461,462,468,487,488,
	條約,不戰條約,戰争抛		489,490,491,497,498,502,507,532,
	棄ニ關スル條約,ケロッグ		538,541,542,554,557
	條約(Kellogg),ケロッグ	6	71,88,122
	協約,ケロッグブリアンド	11	61,62,67
	協定,不戰條約,ブリアン	12	613,614,617
	不戰條約,ケロッグ・ブリ	15	442,573,574,581,586,588,598,599
	アン協約,ケログ・ブリア	16	10,12,35,41,42,585,592,602,628
	ンド協定,ケロックブリアン	17	95,338,495
	協定,ケロックブリアン條	28	159
	約,巴裏ケロッグーブリア	29	39,509
	ン條約,巴利ケロックブリ	30	485
	アン協定,ケロックブリアン	35	53
	協議,巴厘ケロックブリア		
	ン協定,ケロッグブリアン		
	條約,ブリアン・ケログ平		
	和條約,バリー條約,巴厘		
	ケロックブリアン協定		
ハル長官宛日本大使ノ聲明書		16	174
バルト公論		29	492
ハルヒン・ゴル河地方ニ於ケル日本人ノ挑戦的攻擊ニ就テ		13	105
ハロルド・アー・スターク海軍大將證言		36	194
ハワイ群島明細地圖		13	551
番案文書		44	14,17,18,19,22
興凱湖地區ニ於ケル日本軍挑戦ニ関スル報告		13	2,3,9
防共協定	共産インターナショナルニ對	2	234,245
	スル協定,日獨防共協定,	5	420
	コミンテルンニ対スル協	9	339
	定,共産インターナショナ	10	271
	ルニ対スル協定,防共協	28	387

文献名	别称	册数	页数
防共協定	定,共産インターナショナルに對する協定,共產インターナショナルニ對スル協定ノ附屬議定書,共產インターナショナルニ対スル協議及附屬議定書,日獨防共協定,日獨間防共協定,防共協定,防共協定強化,日獨協定,日獨防共協定,日獨防共協定議定書,日獨伊防共協定,日獨伊三國防共協議,日獨伊協議,三國協議,防共協定,日獨伊三國防共協定,日獨伊防共協定,三國防共協定,獨伊防共協定,反共協定,アンテ,コミンテルン協定,防共秘密協定	33 42	241 13,263
反國際共產主義協議ノ效力期間延長ニ關スル議定書		9	538
反國際共產黨條約		9	352,538
萬國條約		5	626
萬國赤十字國際委員會駐日代表マックスペスタロッチ氏對俘虜代表會談内容		42	499,500
反獨佔法		14	307
反米國論說		16	230
一九三八年昭和十三年ノバンムック小穀協定	ファン・モーク小穀協定	19	6,75

ヒ

文献名	别称	册数	页数
オランダ正規軍支那人軍醫タン・エン・ドンノ宣誓報告書	タン・エン・ドン醫師ノ報告書	23	271
非公式發表問題ニ關スル件		42	150,152

文献名	别称	册数	页数
ピゴット宣誓供述書	エフ、エス、ジー、ピゴット陸軍少將口述書	45	145
		49	30
非常時日本		5	1,4,7,22,39,42,43,47,97
非侵略及平和紛擾解決條約		29	489
非訟事件手續法		15	267
ピットマン案		16	176
比島統計局公報		49	174
被服、衣糧器具ノ貸與ニ關スル件		44	288
被服、糧秣、衣糧器具等ノ臨時交付ニ關スル件		44	288
被服、糧秣及衣糧器具ノ試驗ニ關スル件		44	36,280
秘密附屬議定書	秘密議定書	33	261
		49	566,578
秘密諒解事項		46	40,41,42,171,172,174,175,177,179
ヒムラー覺書		46	164
ヒユーゲッセン大使遭難事件ニ關スル回答		32	166
病兵及負傷兵ノ取扱改善ニ關スル條約		26	520,521
平沼首相談		34	491
ビルマ・タイ鐵道ニ關スル日本政府報告		9	126
ビルマ及泰ノ俘虜待遇ニ關スル件	ビルマ及びシャムに於ける捕虜待遇に關する件	9	90,112
ビルマニ於ケル英國人俘虜ニ關スル件	ビルマニ於ケル英國俘虜ニ關スル調査ノ件報告	9	93,94,95,96,98,101,103,107
ビルマ人ニ對スル心得		39	308,309,325
廣田外務大臣聲明(昭和十五年九月二日於外務大臣官邸外人記者會見)		32	27,32

フ

文献名	别称	册数	页数
ファシスト法案		43	294
フィリッピン移民法案		18	452
フインランド國條約規定		29	480

文献名	别称	册数	页数
風紀違反者一覽表		32	320
武漢戒煙暫行法		7	513
武官令		31	79
武器貸與法案		48	264
武器工業擴充目途算定ノ基準表		14	399
溥儀執政本莊關東軍司令官交換公文		49	302
不揮發窒素生產並ニ輸入表		14	244
福建省政府宛國民政府訓令		32	74
附屬議定書ニ關スル日華兩國全權委員間瞭解事項		2	274
ブダペスト解釋條項		29	624
不單獨議和條項		35	146
佛印共同防衛議定書		48	60
佛印進駐ニ關スル応酬資料トシテ野村大使訓電案		45	344
		49	414
佛印ニ関スル日佛間(不公表ヲ含ム)條約集		11	466
復興亜細亜諸ノ問題		28	119
復興貯蓄債券法		35	425
佛國援助條約		47	318
佛國政府公表		47	731
物質文明ト精神文化		28	256
物資動員計畫書		35	354
物資動員ニ關スル事項中輕易ナル件		44	286
佛人宣教師殺害ニ關スル件		44	295,296,297,298
佛蘇相互援助條約		5	583
佛タイ不侵略條約		11	96
佛典		50	489
物品ヲ統制スル臨時輸出入統制法		14	336
佛領印度支那ニ関スル日佛居住航海條約		11	474

文献名	别称	册数	页数
不動產登記法		15	268
船津歸滬ノ件		42	308
フランス國タイ國間ニ千九百三十七年十二月七日ノ友好通商航海條約		2	320
佛領印度支那及泰國間ノ停戰ニ関スル協定		2	297
佛領印度支那ニ關スル日佛居住航海條約		2	305,317
俘虜患者月別調查表		9	242
俘虜患者調查表		9	109
俘虜患者病名別一覽表		9	240
俘虜虐待ニ關スル抗議報告		44	231
俘虜給與規則		25	568,596,636,638,639,645,647,658,677
俘虜收容所條例改正ノ件		4	53
俘虜收容所服務規則		25	583
俘虜收容所令		25	568,577
俘虜就勞に關スル件		44	226
俘虜情報局官制		4	52
		25	568,573
俘虜處罰法		25	569
		40	254,271,277,290,291
		44	216,217,320
		48	10,178,182,183
俘虜處理ニ關スル件		26	201
俘虜處理要領		25	631
俘虜調查日記		24	649
俘虜調查部作成ニヨル俘虜中央調查委員會調查報告		25	197
俘虜取扱規則	俘虜取扱,俘虜取扱規定,俘虜取扱細則,俘虜取扱細則	25	568,579,586,658
		39	38,43,53,54,55,136,138,145,146,151,158,302,426,428
		46	287,288
俘虜取扱ニ關スル件照會		32	291
俘虜日誌		39	40,42,425

文献名	别称	册数	页数
俘虜ノ裁判、刑罰ニ關スル協約		26	648
俘虜ノ釋放ニ關スル件		26	166
俘虜ノ労役ニ關スル件	俘虜就勞に關スル件,俘虜就勞狀況ニ關スル件,俘虜就勞狀況ニ關スル件報告	26	8,10,16,17
		39	162
俘虜派遣規則		25	569,602,610,629,658
俘虜郵便規則		25	572
俘虜郵便取扱規程		25	572
俘虜勞役規則	俘虜勞務規則	25	569,602,644
		26	8
		40	69
		44	226
俘虜勞務狀況月別一覽表		9	238
文化的協力ニ關スル日本國及伊太利國間協定		2	252
文化的協力ニ關スル日本國及獨逸國間協定		2	250
文化的協力ニ関スル日本國獨逸國間協定締結ノ件		10	550,551
文官令		31	79
紛争地域國境劃定申和セ附屬地圖寫送付ノ件	紛争地域國境劃定申和セ附屬地圖寫送付ノ件	34	57,66
紛争地域國境確定ニ關スル協議		34	50,61,66
文武官ノ恩給ニ關スル件		44	281
文武官ノ定例ノ敍位、敍勳ニ關スル件		44	281
文武判任官、同待遇者ノ任免(懲戒免官ヲ除ク)進退ニ關スル件		44	281
文武判任官以下ノ特別賞與ニ關スル件		44	32,277

へ

文献名	别称	册数	页数
米英支三國對日共同宣言	三國共同宣言	34	302,304

文献名	别称	册数	页数
兵役法施行令中改正		30	210,211,213
兵役法中改正法律案		26	2
兵役法ヲ朝鮮ニ施行スルノ件		15	167
陛下禦臨席ノ許ニ開カレタル樞密院ニ於テ三國條約ニ關スル討議ノ要點		10	257
兵器細目名稱表、兵器類別表ニ關スル件		44	292
兵器採用願ニ關スル件		44	292
兵器制式ノ一部改正(修正)ニ關スル件		44	292
兵器製造材料ニ關スル件		44	292
兵器定價表ニ關スル件		44	293
兵器ニ關スル諸規則ノ制定改廃ニ關スル事項中輕易ナル件		44	293
兵器ニ關スル報告ノ件		44	292
兵器ノ採用願ニ關スル件		44	35,279
兵器ノ修理及廃兵器處分ニ關スル件		44	292
兵器ノ製造、修理及自動車燃料ニ關スル常律的事項		44	292
兵器ノ拂下及下附ニ關スル件		44	35,279
兵器ノ輸出許可ニ關スル事項中重要ナラサル件		44	35,279
米合眾國海軍條例		50	160
米國海軍記錄	アメリカ合眾國海軍記錄	50	96
米國海軍冩眞情報報告書		18	148,168,188
米國憲法	合眾國憲法	27	127
		43	579
米國國務省公刊物「平和と戦爭」	米國國務省「平和と戦爭」,平和と戦爭,戦爭と平和,合衆國外交政策「平和と戦爭」,平和ト戦爭,平和ト戦爭	2	331,382
		32	184,267
		34	485
		36	19,154,190,199,245,368,372,377,380,381,388,412
米國國務省文書		10	672

文献名	别称	册数	页数
米穀搗精等制限令		4	86
米國の外交關係(對日本關係)	米國の外交關係(日本),米國外交關係(日本),合衆國ノ外交關係(日本),合衆國外交關係(日本),米國對外關係(日本),合衆國對外關係(日本),合衆國の對外關係(日本),アメリカの對外關係,米國對外關係ノ日本,合衆國の對外關係,米日對外關係,未日外交關係,日米外交關係,米國對外關係-日本,アメリカ合眾國外國關係文書	36	16,25,27,29,31,51,52,54,56,58,61,68,71,85,87,91,94,100,102,104,108,153,161,166,192,193,244,471,473,493,500,508,510,513,515,537,539,541,552,562,567,569
		37	1,328
米國提案協定案		16	473
米國ノ外交關係—日本		17	365
米國の對外關係	合衆國の對外關係	34	494,501
米國輸出統制法		46	589
米國陸軍戰術ニ關スル調查資料第七號、米國步兵聯隊守勢配置ノ一範例		13	553
米支條約		16	607
米人俘虜處刑ニ關スル命令		27	200,201
米内海相、汪會談要領		33	17
米日海軍艦艇保有量比較表	一九四一年十二月七日現在米日海軍保有艦艇比較表	50	86,89,93
米俘虜労働ニ關スル往復		26	632
米-露-支協約案		30	190
和平運動の經過		33	94
和平救國の宣言		33	69
和平協約	和平協議	45	169,171,174,176,178
和平對策案		43	477
和平提案		45	172,174
平和不可侵條約		29	471
和平論		34	433,440,441

文献名	别称	册数	页数
海牙公約	海牙條約,海牙公約,ヘーグ協約,ヘーグ協定,ヘーグ條約,ヘーグ條約,國際紛爭平和的處理條約(1899),國際紛爭平和的處理條約(1907)	1	67,103,163,173,175,306,463,468,542,604
		2	345,349
		7	531,532
		11	61,69
		17	337,424,425,427
		18	30,360
		26	626,627
		27	245,249
		29	481
		31	213
		32	263
		46	366
		47	636,639
		48	185
ページ傳		43	192
北平特別市各商店日貨登記條例		32	58,59
ペキン・テンシン・タイムス		33	157
北京會議會議錄		2	472
北京基本條約		42	96
		47	334
北京山海關鐵道ノ軍事占領ニ關スル北京外交團ノ決議		31	534,536
北京條約	日支北京條約,北京協約,北京協定,北京議定書	2	458,487,488
		8	707
		10	470
		12	605
		29	389
		30	172
		33	457
		42	87,88,177
		47	707,714,719
北京追加條約	北京追加協定	33	318,322,323
ヘット夫人ノ口供書		23	275
ヘラルド、オヴ、エシア		2	525,532,533
ベルサイユ條約		28	532,548,549

文献名	别称	册数	页数
柏林駐在オーストリア・ハンガリー國大使ヨリ在維納外務大臣宛ノ極秘暗號電報		29	559
伯林中立條約		42	264
ベルリンニ於ケル三國協定經濟分科委員會ノ事業計劃		10	612
片務的關稅協定		2	413
ホ			
國防計畫及軍備方針		38	13
貿易精覽		36	294
貿易統制令		4	85
法規分類大成	法規分類大全	34	384,386
防共協議新加入國ニ關スル情報局發表		9	543
防共協定延長ノ件		50	62
防共協議ニツイテ佐藤外相トノ會談		33	242
防共協定に滿洲國、ハンガリー國參加の件		42	605
防禦營造物ノ除籍ニ關スル件		44	34,278
防禦同盟條約		47	581,664
防空情報第一號		13	513
防空ニ關スル事項中輕易ナル件		44	285
防空ニ關スル事項中重要ナラサル件		44	33,278
暴行ニ關スル戰爭犯罪報告		27	603
防守同盟密約		2	449
法人設立及定款、寄附行為等認可ノ件及同規約等變更ノ件		44	32,277
奉天協定		42	87,88
		47	707,714,719

文献名	别称	册数	页数
報導部ニュース系		17	440
堡壘及炮臺ノ見學ニ關スル件		44	285
ポーツマス條約	日本國及露西亜國講和條約,日露講和條約,プーツマス條約	2	79,85,148,435,452
		10	470,519
		12	98
		14	1,5
		15	456
		16	302
		29	307
		30	296
		47	568
		49	226
ポール・ポンクール案		38	126,166
北支指導方策		5	608
北支事變處理方針		32	530
北支生產力擴充計畫		14	474
北支駐屯軍發表		32	33
北支ニ於ケル各鐵道ノ軍事的処理要領案		6	203,204
北支ニ於ケル日本ノ麻醉政策		8	12
北支處理要綱		5	578,581
北清事變議定書		31	547
北清事變ニ關スル最終議定書		29	179
北蘇方面通信網圖		12	339
北鐵讓渡條約		42	174
北米合衆國外交關係		31	532
北米合衆國國家總動員法案		36	43
北米合衆國憲法		29	346
北滿鐵道讓渡交涉關係發表集		42	86,89
北洋方面兵要地誌情報資料		12	363
保健指導綱		15	86,87
保甲制度		6	555

文　献　名	别　　称	册数	页　　数
補充兵教育召集予定人員ノ件		44	284
補助金ニヨル奬勵及最近ノ法令		35	481
邦交敦睦令		31	51
		32	40
ポツダム宣言	ポツダム宣言,ポツダム協定,ポツダム米,英,支三國宣言,ポツダム宣言,ポ宣言,ポツダム	1	3,9,10,11,12,14,53
		42	44,51
		43	127,521,522,523,524,568
		47	445,446,532,533,544,545,687,688,689,690,691,692
北方問題處理ニ關スル応酬資料トシテ野村大使訓電案	北方問題處理ニ關スル応酬資料	45	344
		49	414
歩兵第九旅團長河村少將日記		9	251
ポリテイス報告書		29	511
ボルネオ及爪哇地圖		13	550
本計畫遂行ノ為ノ附帯事業ニ對スル日本政府助成額豫想		14	461
本計畫産業ニ對スル日本政府直接及間接助成経費豫想額		14	460
本計畫産業ニ對スル日本政府助成額豫想		14	416
本莊關東軍司令官ト鄭國務總理トノ間ノ航空會社ノ設立ニ關スル協定		6	60
本莊手記		49	441
翻訳及印刷ニ關スル件		44	291

マ

文　献　名	别　　称	册数	页　　数
マーシヤル元帥報告書		45	249
米穀統制法		35	419,435,436
米穀ノ應急措置ニ關スル法律		35	419
米穀法		35	434,435

文献名	别称	册数	页数
松井軍司令官聲明		6	223,224
松井大將傳		32	231
松岡アンリー協定	松岡アンリー決定	11	96,348
		48	32,58
松岡大臣オット獨逸大使會談要領	外務大臣松岡大臣,獨逸大使オット間ノ會談概要,千九百四十年八月一日外務大臣松岡大臣,獨逸大使オット間ノ會談概要	10	201,211,213
松岡外相演說集		6	212
松岡外務大臣スターマー非公式會談要旨		10	227
松岡外務大臣ノ三國協定締結ノ說明	日獨伊三國條約締結ニ関スル外務大臣說明案	10	236,252
松岡スターマー會談録		35	16
松岡代表の演說		31	1,2
マホメッドノ宣誓口述書		23	26
麻藥取締法	麻藥法	31	257,278,279,291,292,330
馬來ニ於ケル暴行ノ報告書		44	321
滿軍指導綱		44	395
滿洲及支那ニ關スル件中輕易ナル件		44	283
滿洲及支那ニ關スル事項中重要ナラサル件		44	33,278
滿洲及び支那本土ニ於ケル日本側投資ノ件		9	80
滿洲及び朝鮮の港灣及び海軍基地	地図一九三七年に於ける滿州及び朝鮮の港灣及び海軍基地,地図一九四五年に於ける滿州及び朝鮮の港灣及び海軍基地	12	323,327,328,329,330,331
滿洲經濟建設ノ現況		8	412
滿洲經濟統治關係事項		44	404
滿洲經濟統治關係書類送付ノ件		44	404
滿洲航空ニ關スル件		5	642
滿洲工作機械株式會社ニ俘虜ヲ使用スル件		44	221

文献名	别称	册数	页数
滿洲工作機械株式會社ヲ航空緊急整備ノタメ利用致度件照會	滿洲工作機械株式會社ヲ航空緊急整備ノタメ利用致度件通牒	44	221,222,272
阿片專賣制度	滿洲國阿片專賣制度	7	493,497
滿洲國外國貿易年報		49	230,236,240
滿洲國關稅一般方案		44	404,405,406
滿洲國關稅法		44	405
滿洲國軍人敕論		34	118
滿洲國軍整備要領		44	394
滿洲國軍年次增強表		12	268
滿洲國經済建設綱要		8	240,258,284,286
滿洲國刑罰法規		31	445
滿洲國建國公債條例	建國公債條例,建國公債例	7	455,457,461,464,465,466
滿洲國建國宣言		30	575
滿洲國國務院令		7	461
滿洲國産業開發五個年計畫		14	471
滿洲國指導方針要綱	滿洲國指導要綱	5	658,659,674,677
滿洲國指導要綱		44	366,446
滿洲國圖		34	329,331
滿洲國政府建國公債引受募集契約書	滿洲國政府建國公債引受募集契約書	7	455,456,464
滿洲國全圖		13	101
滿洲國ソウィエー聯邦間國境條約集		46	358
滿洲國ソヴィエト社會主義共和國聯盟間協定		30	570
滿洲國ソヴエート聯邦間國境條約集		33	318,324
滿洲國組織法		44	409
		49	308
滿洲國對外貿易	Foreign Trade of Manchukuo	9	45
滿洲國第二次産業建設五ヶ年計畫		49	320
滿洲國中央政府ノ首腦職員表		5	632
滿洲國ニ於ケル君主制實施準備ニ關スル件		5	678,679

文献名	别称	册数	页数
滿洲國ニ於ケル日本國臣民ノ居住及滿洲國ノ課税等ニ關スル日本國滿洲國間條約		6	1,2,17
滿洲國ニ於ケル日本國臣民ノ居住及滿洲國ノ課税等ニ關スル日本國滿洲國間條約及附屬協定		6	12
滿洲國ニ依ル東支鐵道買收ノ基本的原則ニ関スル覚書		47	714,723
滿洲國年鑒	滿洲年鑑,滿洲年鑒	30	310
		31	189,220,222,276,340,343
滿洲國ノ共產インターナショナルニ対スル協議參加ニ關スル議定書締結ノ件		9	490
滿洲國飛行場網	滿洲國飛行場網仲長表,滿洲國飛行場網一九四一年度,滿洲國飛行場網一九四五年度	12	289,290,291,292,293
滿洲國法令		31	446,451,455
滿州根拠地ノ築城構築	1936—1938年ニ於ケル滿州根拠地ノ築城構築,1944年ニ於ケル滿州根拠地ノ築城構築	12	300,301
滿州根拠地ノ築城構築図	一九三六年一九三七年間ノ滿州根拠地ノ築城構築図,一九四五年ノ滿州根拠地ノ築城構築図,一九四一年ノ滿州根拠地ノ築城構築図,1941年ニ於ケル滿州根拠地ノ築城構築図,一九三一年築城構築図	12	295,298
滿洲五ヶ年計畫	滿洲產業開發五年計劃綱要	8	306,374,375
滿洲資源ノ統制運用ニ關スル件		44	34,279
滿洲事件費機密費交付ノ件		44	410
滿洲志附圖	滿洲志圖	34	327,328

文献名	别称	册数	页数
滿州事變機密費支出		28	372
滿洲事變史		45	34
滿洲事變ノ本質		30	344,347
滿洲事変陸海軍出兵撤兵關係		45	33
滿洲重工業確立要綱		6	24
滿洲重工業建設要綱		43	257
滿洲條約		8	449
滿洲帝國及蒙古人民共和國間現地國境確定混成委員會會議議事錄		34	68,73
滿洲帝國及蒙古人民共和國間現地國境確定混成委員會ノ作業ニ關スル綜合議定書		34	68
滿洲帝國根本法		44	407
滿洲鉄道図	一九三六年一九三七年ノ滿洲鉄道図,一九三一年占領前ノ滿州鉄道図,一九四五年占ノ滿州鉄道図,一九四一年占ノ滿州鉄道図	12	277
滿洲内ノ軍用倉庫図	一九三一年ニ於ケル滿洲内ノ軍用倉庫図,一九四一年一九四五年ニ於ケル滿洲内ノ軍用倉庫図	12	303
滿洲ニ於ケル阿片		7	484,485
滿洲ニ於ケル主要軍需品戰時月制目途數量標準表		14	402
滿洲ニ於ケル日本投資々本事業別調查		9	83
滿州ニ於ケル飛行場網ノ図	一九三六年(昭和十一年)滿州ニ於ケル飛行場網ノ図,一九三一年(昭和六年)滿州ニ於ケル飛行場網ノ図,一九四五年(昭和二十年)滿州ニ於ケル飛行場網ノ図,一九四一年(昭和十六年)滿州ニ於ケル飛行場網ノ図	12	287

文献名	别称	册数	页数
満州ノ自動車道路	1941～45年ニ於ケル満州ノ自動車道路,1936年—37年ニ於ケル満州ノ自動車道路	12	281,285
満州ノ鉄道	1941年ニ於ケル満州ノ鉄道,1945年ニ於ケル満州ノ鉄道,1931年ニ於ケル満州ノ鉄道,1936年—37年ニ於ケル満州ノ鉄道	12	279,280,282,284
滿洲帝國六法全書	最新滿洲帝國六法全書,新制定加除式滿洲帝國六法,六法全書	31	266,278,294
		34	391
満受大日記		12	332,351,359
		13	87
滿蘇國境關係協定		47	402
滿ソ國境事件概要		34	224,227,230
滿密大日記		30	574,580
		44	393,412
		45	30,86,89,92,93
滿蒙四鐵道協定		2	475
滿蒙新選地図		34	323,324
滿蒙新國家獨立宣言		30	562
滿洲國獨立宣言		41	14,64,195
		42	569,576
		44	362

ミ

文献名	别称	册数	页数
三木良英口供書	三木良英供述書	45	219,245
三島康夫口供書		47	129
密大日記		5	470
		45	24,30,69
三矢協定		2	494,505
南大將宛書	南大將軍書翰	31	105,161,162,163,166,168
宮中、禦府及御苑拜觀ニ關スル件		44	291
英領緬甸對策		16	284,288,289
緬甸方面軍俘虜取扱規定		39	319
ミュラーノ口供書		23	271

文献名	别称	册数	页数
民事訴訟法		44	93,189
民籍法		31	86
ム			
無條件中立保證		13	664
無線電信法		26	554
武藤章宣誓口供書	武藤口供書	45	304,356,357,398,399
武藤章ノ詢問調書	武藤章中將ノ詢問調書	6	158,161,168
武藤關東軍司令官ト鄭國務總理トノ間ノ國防上必要ナル鑛業權ノ設定ニ關スル協定		6	65
メ			
明治三十七年緊急勅令第二百二十五號		26	2
明治三十八年法律第三十八號トシテ俘虜處罰ニ關スル法律		26	2
明治十九年教育法令		30	216
明治大正國勢總覽		36	294,359,360
免許阿片館制度		7	519
モ			
蒙疆地方特別調査計畫		6	327,330
蒙疆地方特別調査ニ関スル件通牒		6	325,329
蒙古人民共和國教育用圖		50	294
蒙古人民共和國刑法		50	375,383
蒙古人民共和國地圖		50	294
蒙古人民共和國内務省國境警備隊管理局覺書		50	362,367
蒙古地方概圖		34	10,134
蒙古遊牧記		34	5
毛澤東選集		33	301,302,304,306,307,311,312,314,315
毛澤東ト中國ノ紅星		33	293

文献名	别称	册数	页数
モスコウ駐在日本大使館附武官河邊陸軍中佐ノ報告		12	187
森島受人口供書		47	456
門戸開放政策		2	451
文部省官制		4	44
文部省訓令學校教練教授要目		30	231

ヤ

文献名	别称	册数	页数
藥品法	藥用阿片販賣人及藥品法	31	272,280,281,291
靖國神社並遊就館經常豫算ニ關スル件		44	32,277
靖國神社及遊就館ノ定例事項ノ處理ニ關スル件		44	291
ヤップ島及他ノ赤道以北ノ太平洋委任統治諸島ニ關スル日米條約		2	133
山本熊一口供書		45	203
ヤルタ協定		48	212

ユ

文献名	别称	册数	页数
友好關係ノ存續及相互ノ領土尊重ニ關スル日本國「タイ」國間條約	友好関係ノ存続及相互ノ領土尊重ニ関スル日本國タイ國間條約,友好關係ノ存續並ニ各國領土保全ニ對スル相互尊重ニ関スル日泰條約	2 10	277,279 28,32
友好中立條約		18	512
郵便法中改正法律案		15	262
輸出統制稅法案		35	386
輸出統制法		36	56,246
輸出入金額地域別表		36	363
輸出入暫定處理法		35	529
輸出入臨時統制法		14	334
輸出貿易類別表		36	361
油槽船マリウポリ號遭難調査ノ結果ニ関スル調書		13	142

文献名	别称	册数	页数
輸送路遮斷擔任區域及主要待敵地點圖		27	410
輸入品及輸入業ニ対スル許可法		19	6

ヨ

文献名	别称	册数	页数
要塞築造工事中輕易ナル件		44	285
要塞築造工事ニ關スル件		44	34,278
要塞地帶法並ニ宇品港域軍事取締法ニ關スル件	要塞地帶法及宇品港域軍事取締法ニ基ク軽易ナル件	44	34,278,285
翼賛會改革陸海軍共同改正案		45	484
翌年交ニ亙ル契約認可ニ關スル件		44	288
抑留者及俘虜事務ニ関スル件		50	189
豫算外國庫ノ負擔トナルべき契約ニ關スル件		15	214
豫算外國庫ノ負坦トナルヘキ契約ノ示達ニ關スル件		44	36,280
豫算ノ増減及流用ニ關スル件中輕易ナル件		44	288
芳沢「カラハン」協定		33	251
預備金再評價法		14	342
四三年一四獨逸外務大臣議事錄		49	559

ラ

文献名	别称	册数	页数
ラパロ條約		9	322,325,333,337,371,373,383
		42	264
蘭印軍軍曹 O・フイジルブリイフノ報告		23	383
蘭印軍附警官 W・モオイノ供述書		23	381
蘭印軍兵 A・モエスノ供述書		23	382

文献名	别称	册数	页数
蘭印軍陸軍少佐デ・ヴェールトノ陳述書		23	391
蘭印軍陸軍大尉ライダーノ審問報告		23	382
蘭印正規軍軍曹 A. M. L. モオルノ口供書		23	274
蘭印正規軍軍曹 P. H. オウデマンノ口供書		23	273
蘭印ノ現狀ニ關スル有田外相ノ聲明		19	7
蘭印陸軍所屬 J. シム・ヴアン・テル・レフ少佐ノ宣誓供述書		23	400
蘭領東印度兵要地誌		13	549
蘭領東印度		49	176

リ

文献名	别称	册数	页数
リーベルト氏口供書		30	114
陸亜密大日記		45	31
陸運統制令		4	86
陸海軍中央協定		13	424,427,555,556
		18	280,283,285
陸海軍人ニ賜リタル勅諭		45	395,396
陸海軍聯合情報部豫備訊問報告書		18	324
陸軍學藝技術獎勵寄附金ニ關スル件		44	291
陸軍技術（航空ニ關スルモノヲ除ク）及科學ノ調査及研究ニ關スル事項中重要ナラサル件		44	292
陸軍教育図書ノ翻刻許可及檢閲證下附ニ關スル件		44	291
陸軍教化隊附下士官兵ノ派遣及複帰ノ件		44	284
陸軍教化隊編入及原隊複帰ノ件		44	284

文献名	别称	册数	页数
陸軍共済組合規則施行細則ニ依ル障害給付金及死亡給付金甲號ノ裁定ニ關スル件		44	286
陸軍共済組合財産連用委員ニ關スル件		44	286
陸軍軍醫學校、陸軍衛生材料廠(衛生關係)及陸軍病院ノ見學又ハ出入ニ關スル件		44	290
陸軍軍縮と西園寺公		50	461
陸軍軍需動用計畫及実施上ノ諸調査ニ關スル件		44	286
陸軍軍需動用計畫及実施上ノ諸定例報告ニ關スル件		44	286
陸軍軍法會議法	陸軍々法會議法	4	80
		26	5,152
		44	60,61,201,202
陸軍現役將校學校配屬令	陸軍現役將校學校配屬ニ關スル訓令,陸軍現役將校學校配屬令,陸軍現役將校學校配屬令施行規定,陸軍現役將校配屬學校教練查閲規程	30	208,211,216
陸軍現役將校配屬令		30	241
陸軍現役將校配屬令施行規程		30	241
陸軍航空本部令		44	24,25,29,31,37,40,43
陸軍工務規程ノ連用ニ關スル件		44	287
陸軍五ヶ年計畫案大綱		28	460
陸軍獣醫學校、陸軍衛生材料廠(獣醫關係)見學並ニ出入ニ關スル件		44	285
陸軍省官制		3	630
		4	56,62,63
		44	359,429

文献名	别称	册数	页数
陸軍省規定第 22 號 1943 年(昭和十八年)5 月 2 日俘虜勞動規定		39	49
陸軍將校實役停年名簿		50	471
陸軍省佐藤新聞班長談		29	1
陸軍省乘馬委員業務全般ニ關スル件		44	34,279
陸軍省所管國有財產取扱規程第六條ニ依リ認可ヲ得タル土地取得ニ關スル件		44	289
陸軍省處務規程	陸軍省處務規定	44	7,8,23,26,27,28,29,30,37,38,39,41,42,294
陸軍省新聞班長佐藤賢子大佐談要旨		29	2
陸軍省令		30	208,241,242
陸軍諸學生生徒ノ召募ニ關スル件		44	32,277
陸軍諸學校卒業式ニ皇族禦差遣ニ關スル件		44	32,277
陸軍諸報告ノ處理ニ關スル件		44	291
戰時法案		15	10,11,22,23
陸軍造兵廠職工扶助令ニ關スル件		44	282
陸軍大尉「B. J. ウィットビイ」ノ口供書		23	297
陸軍治罪法		44	192,194,195,196
陸軍懲罰令		44	502
陸軍定期船便乘及陸軍定期船ニ依ル輸送ニ關スル件		44	287
陸軍被服廠、陸軍糧秣廠及千住制絨所參觀ニ關スル件		44	289
陸軍武官服役令施行規則		45	224
陸軍部隊概見表		15	341

文献名	别称	册数	页数
陸軍部幕僚要望事項及北支那方面軍司令官ノ訓示		42	425
陸軍兵器行政本部令		44	24,37
陸軍兵力概見表		15	340
陸軍防衛空對戰闘計畫		13	495
陸軍法務官試補実務修習試驗施行ノ件		44	290
陸軍補充令中改正		30	211,212
陸軍輸送港域軍事取締法		44	45
陸軍里程表ノ改正ニ關スル件		44	288
陸軍錄事登用試驗施行ノ件		44	290
陸支密大日記		42	447,471
陸戰ノ場合ニ於ケル中立國及中立人ノ權利義務ニ關スル條約		1	269,324
陸戦ノ法規慣例ニ關スル規則		26	562,563
陸戰ノ法規慣例ニ關スル條約	陸戰ノ法規慣例ニ關スル規則	1	209,244,268
陸地測量部修技所生徒ニ關スル件		44	34,278
陸滿密大日記		6	99,101
		28	374
		45	69
利權條約		9	322,331,338,371,382
律師法		31	357
リットン報告書	リットン報告	31	6,7
		41	46
立法院秘書處官制		31	92
龍沙記略		34	5
両國國境精査第一區ニ関スル議定書		13	15
遼寧、吉林、黑龍江及熱河省ニ對スル日本ノ占領		5	499
旅費定額ノ增加又ハ減少ニ關スル認可ノ件		44	36,280
臨軍合計豫算追加案		15	211

文献名	别称	册数	页数
臨時維新兩政府に對する協力要講		33	67
臨時軍事費特別會計豫算追加案	臨時軍事費特別會計予算案追加案	15	214,292
臨時資金調整法		14	364
		35	422,483,487
		43	14,25,137
臨時政府聲明		33	71
臨時船舶管理法		15	13
臨時船舶管理法		35	293,416,441,446
臨時措置法		30	131
臨時追加補充計書		38	12
臨時內閣參議官制		4	73
臨時農地價格統制令		4	86
臨時約法		2	422
臨時輸入出統制法		35	482,487
林柏生氏の重要發表		33	118

ル

文献名	别称	册数	页数
ルイス・エス・シイ・スミス博士口述書		7	1
ルーパテイロ供書		23	418

レ

文献名	别称	册数	页数
令達ノ正誤植ノ通牒ニ關スル件		44	291
レィディバード號事件證明書ノ件		32	192
レイトン宣誓供述書		50	116,146
列強ノ霸道ヲ是正シ		16	101
列國は空軍增強に必死無敵空軍を建設せよ		41	287
聯合委員會樹立要綱		45	317,335
		50	536
聯合王國カナダ間協定		36	1
東海軍管区(日本東海岸)ニ於ケル俘虜トナリタル聯合軍軍用飛行機搭乗員ニ關スル軍法會議記録		26	160

文献名	别称	册数	页数
聯合軍最高司令部調査報告書	聯合國翻訳通訳部発行訊問報告	18	266,267,295,296,298,299,301,323,324
聯合國船舶沉沒一覽表	聯合國船沉沒表	27	344,373,374
聯合國代表最高司令官命令第二號		38	487
聯合國翻訳通訳部調査報告		18	26,267
レンシング石井協定	石井ランシング協定	2	464
		38	175
聯盟國紛争報告書		2	98
聯盟調査委員會報告書		2	392,394
連絡會議決定案		15	563
連絡會議ノ対米英開戰ニ關スル根本理由決定案		17	235
連絡部長官會同懇談要領		45	347
連絡部長官會同本院側ニ於ケル主要懇談事項		45	349

ロ

文献名	别称	册数	页数
ロイドの船舶登錄簿	ロイドの登錄簿,ロイドの船舶記錄	49	124,135,136
ローザン條約		29	292
ロカルノ條約	ロカルノ條約書	29	325
		47	329
蘆溝橋事件實錄		6	127
露支宣言		29	234,242
露支同盟密約		29	169
ソ支秘密協議	露支秘密條約案	2	451
		34	166
露清鐵道原約		2	485
露滿國境協定		42	65
露蒙議定書		29	242
露蒙修好取極		29	247
露蒙通商議定書		29	239
ロング・ナワンノ虐殺		23	295
和英海語辭典		50	108

ワ

文献名	别称	册数	页数
若槻内閣第二次聲明		41	6

文献名	别称	册数	页数
日本ニ依ル一九二二年(大正十一年)ノワシントン海軍條約ノ廢棄通告	通商航海條約廢棄通告	3	10,12,13,16,24,25,34,36,42,57,61,64,67,69,71,72,73,75,78,81,85,86,86,87,89,94,105,107,108,120,124,125,128,130,131,134,135,137,138
		48	67
大亜細協會規約		44	561
對日經濟絕交計劃大綱		32	59
三八年八月三十一日重光大使トノ會談記錄	重光トノ會談記	33	437,454
十九人委員會の報告書	十九人委員會の作成せる報告案	31	2,6
一九四一年十二月七日現在米日海軍艦艇(太平洋地域ニ於ケル艦隊ノ保有量)米日比較表	一九四一年十二月七日現在太平洋地域ニ於ケル艦隊(保有ノ)米日海軍艦艇比較表	50	86,96
自今國民政府ヲ相手トセズ		34	432

中日文文献名对照表

中文文献名	日文文献名
1858年法中条约	一八五八年佛支條約
1894年年至1911年与清朝(中华民国)相关条约集	一八九四年乃至一九一九年清國(中華民國)關係條約集
1907年6月10日关于法属印度支那的宣言书	千九百七年六月十日ノ佛領印度支那ニ關スル宣言書
1910－1923美利坚合众国与外国的条约、议会、国际法令议定书及条约	千九百十年–二十三年亜米利加合衆國ト外國トノ條約、議會、國際法令議定書及條約
1911年8月19日关于法属印度支那的宣言书	千九百十一年八月十九日ノ佛領印度支那ニ關スル宣言書
1936年太平洋的诸问题	一九三六年ノ太平洋ノ諸問題
1937年12月7日法国与泰国间友好通商航海条约	フランス國タイ國間ニ千九百三十七年十二月七日ノ友好通商航海條約
1937年5月29日陆军省重要产业五年计划要纲	一九三七年五月二十九日陸軍省重要產業五年計劃要綱
1937年6月10日关于陆军试案重要产业5年计划要纲实施政策大纲	一九三七年六月十日陸軍試案重要產業五年計劃要綱實施に關する政策大綱
1937年6月23日陆军省军需品制造产业五年计划要纲	一九三七年六月二十三日陸軍省、軍需品製造工業五年計劃要綱
1937年以降对亚洲输出增减表	對アジア輸出1937年以降增減表
1938年8月31日与重光大使的会谈记录	三八年八月三十一日重光大使トノ會談記錄
1938年8月7日与重光的会谈记录	一九三八年八月七日ノ重光會談記
7月13日秋山秘书发广田总裁收的1937年6月10日陆军5年计划案大纲	七月十三日秋山秘書出廣田總裁宛文書、一九三七年六月十日陸軍五ヶ年計畫案大綱
8月11日停战协定	八月十一日停戰協議
M. P. 哈维坎普夫人陈述书	エム・ピー・ハバカンプ夫人ノ口供書
NT共同防卫协议	NT共同防衛協議
爱德华・瓦尔士主教口供书	ジエイムス、エドワード、ウオルシユ司教口供書
爱沙尼亚与苏维埃社会主义共和国联邦间不侵略及和平处理纷争条约	エストニア國ソヴィエト社會主義共和國聯邦間不侵略及紛爭平和的處理條約
安保清种供述书	安保清種供述書
奥特・库恩宣誓口供书	オット・キューン宣誓口供書
奥匈帝国驻柏林大使发维也纳外务大臣收的极秘暗号电报	柏林駐在オーストリア・ハンガリー國大使ヨリ在維納外務大臣宛ノ極秘暗號電報

中文文献名	日文文献名
澳大利亚军前中尉伊纳纳姆・艾兰德陈述书	濠洲帝國軍前中尉ロデリック・グラハム・ウエルズニ依ル宣誓書
澳大利亚军中尉奥尔德姆陈述书	オーストラリヤ軍中尉F.B.オルダムノ陳述書
澳大利亚军中尉罗德里克・威尔士陈述书	濠洲軍アレクサンダー・ゴルドン・ウェイントン中尉ニ依ル口供書
澳大利亚军中校林顿陈述书	濠洲陸軍中佐ジョン・リントン・トレロアーニヨッテナサレタル供述書
澳大利亚最高法院陈述书	オーストラリア洲最高裁判所供述書
八月十二日下午四时在会议室召开的共同委员会议事录	八月十二日午後四時會議室にて開催の共同委員會議事錄
巴尔特公论	バルト公論
巴黎非战公约	巴里不戰條約
巴钦・哈森陈述书	イナナム・バチー・ビン・O・K・Kハッサムノ宣誓口述書
把租税外诸收入金编入贷付金之事	租稅外諸收入金ヲ貸付金ニ編入ノ件
白鸟敏夫口供书	白鳥敏夫口供書
白尾干城日记	白尾幹城日記
柏林中立条约	伯林中立條約
板垣征四郎宣誓供述书订正表	板垣征四郎宣誓供述書訂正表
伴随情势推移的帝国国策要纲	情勢ノ推移ニ伴フ帝國國策要綱
伴随世界情势的推移时局处理要纲主旨	世界情勢ノ推移ニ伴フ時局處理要綱骨子
伴随泰缅连接铁道建设的俘虏使用状况调查书	泰、緬甸連接鐵道建設ニ伴フ俘虜使用狀況調書
邦交敦睦令	邦交敦睦令
保甲制度	保甲制度
保健指导网络	保健指導網
报导部新闻系	報導部ニュース系
北京会议会议录	北京會議會議錄
北京基本条约	北京基本條約
北京天津泰晤士	ペキン・テンシン・タイムス
北京条约	北京條約
北京政府鸦片禁止状况简明表	北京政府阿片禁止狀況簡明表
北京追加条约	北京追加條約
北满让渡条约	北鐵讓渡條約
北满铁道让渡交涉关系发表集	北滿鐵道讓渡交涉關係發表集
北美合众国国家总动员法案	北米合衆國國家總動員法案
北美合众国外交关系	北米合衆國外交關係
北美合众国宪法	北米合衆國憲法
北平特别市各商店日货登记条例	北平特別市各商店日貨登記條例

中文文献名	日文文献名
北清事变议定书	北清事變議定書
北洋方面兵要地志情报资料	北洋方面兵要地誌情報資料
北支那开发株式会社法案	北支那開発株式會社法案
北支驻屯军发表	北支駐屯軍發表
本庄手记	本莊手記
比岛统计局公报	比島統計局公報
币原外务大臣发美国大使收的回信	在本邦米國大使宛幣原外務大臣往翰
兵役法改正法	兵役法改正法
兵役法中改正法律案	兵役法中改正法律案
兵役施行令修正	兵役法施行令中改正
波尔・博克尔案	ポール・ポンクール案
波里迪斯报告书	ポリテイス報告書
波茨坦公告	ポツダム宣言
补充兵教育召集预定人员之事	補充兵教育召集予定人員ノ件
补助金奖励及最近法令	補助金ニヨル獎勵及最近ノ法令
不单独议和条款	不單獨議和條項
不动产登记法	不動產登記法
不挥发氮生产及输入表	不揮發窒素生產並ニ輸入表
不列颠百科全书	エンサイクロペディア、ブリタニカ
布尔斯特地图第七集	ヴォルスト地圖第七集
布达佩斯解释条项	ブダペスト解釋條項
步兵第九旅团长河村少将日记	步兵第九旅團長河村少將日記
裁军协议	軍縮協定
参加日德意防共协定之事	日獨伊防共協定ニ參加スル件
测地成果表	測地成果表
测地要图	測地要圖
测地要图及成果帖	測地要圖及成果帖
测地要图配列图	測地要圖配列圖
察绥气象观测网配置计划	察綏氣象観測網配置計畫
拆船和造船计划	廢船及ビ造船計畫
产金法案	產金法案
产业调整法	產業調查法
产业复兴法农调整法	產業復興法農調整法
产业建设计划	產業建設建設計畫
产业转换计划	產業轉換計畫
朝鲜、台湾特别合计预算追加案	朝鮮,臺灣各特別合計豫算追加案
朝鲜兵营设施	朝鮮ニ於ケル兵営施設
朝鲜俘虏劳役规定	朝鮮俘虜劳役規定

中文文献名	日文文献名
朝鲜俘虏收容之事	朝鮮ニ俘虜収容ノ件
朝鲜及沈阳俘虏收容所视察报告送达之事	朝鮮及奉天俘虜收容所視察報告送付ノ件
朝鲜京城、仁川、兴南俘虏收容所之事	朝鮮京城、仁川、興南俘虜收容所ノ件
朝鲜军需品仓库	朝鮮ノ軍需品倉庫
朝鲜军需品仓库地图	朝鮮ニ於ケル軍需品倉庫地図
朝鲜收容所视察报告译文送交之事	朝鮮收容所視察報告譯文送付ノ件
朝鲜思想犯保护观察法	朝鮮思想犯保護觀察法
朝鲜刑事令	朝鮮刑事令
朝鲜驻扎宪兵条例	朝鮮駐劄憲兵條例
臣民之道	臣民ノ道
惩治盗卖国土暂行条例	懲治盜賣國土暫行條例
澄原道克协定	澄原ドクー協定
池田陆军少将口供书	池田陸軍少將口供書
船舶改良的三个计划	船舶改良三計畫
船舶国家管理	船舶國家管理
船舶国家管理法案	船舶國家管理法案
船舶及造船补偿	船舶及造船補償
船舶满载吃水线证书	船舶滿載吃水線證書
船舶设备改良法	船舶設備改良法
船舶业组合法案	船舶業組合法案
船舶运航技能者培养令	船舶運航技能者養成令
船舶职员法	船舶職員法
船员给与统制令	船員給與統制令
船员征用令	船員徵用令
创建以日本为宗主国的日满中联邦	日本を宗主とする日滿支聯邦を作れ
此次事变与我们的制海权	今次事變と我が制海權
赐陆海军人敕谕	陸海軍人ニ賜リタル勅諭
从远东放逐英国势力	極東ヨリ英勢力追放
大本营大东亚机密作战日志关系事项	大本營大東亜機密作戰日誌關係事項
大本营勤务令	大本營勤務令
大本营政府联络会议决定	大本営政府連絡會議決定
大藏省临时军事费特别会计始末第 8 号表	大藏省臨時軍事費特別會計始末第 8 號表
大川周明博士控诉公判辩论主旨	大川周明博士控訴公判辯論要旨
大岛浩讯问书	大島浩訊問調書
大东文化	大東文化
大东亚共荣圈及太平洋印刷地图	大東亜共榮圈及太平洋ノ印刷地圖
大东亚共荣圈建设原案	大東亜共榮圈建設原案
大东亚共荣圈土地处分案	大東亜共榮圈ニ於ケル土地處分案

中文文献名	日文文献名
大东亚共荣圈与太平洋印刷地图	大東亜共榮圈ト太平洋ノ印刷地圖
大东亚共荣圈的范围及关于它构成的试案	大東亜共榮圈の範囲及びその構成に関する試案
大东亚共荣圈建设方策草案	大東亜共榮圈建設方策草案
大东亚共荣圈建设原案(草稿)	大東亜共榮圈建設原案(草稿)
大东亚共荣圈组织	大東亜共榮圈組織
大东亚共同宣言	大東亜共同宣言
大东亚皇化圈	大東亜皇化圈
大东亚省设置要纲	大東亜省設置要綱
大东亚战争定期功绩概见表	大東亜戦争定期功績概見表
大东亚战争关系国际法诸问题论文集	大東亜戦爭關係國際法諸問題論文集
大东亚战争后南方占据诸地域善后处理方策大纲	大東亜戰爭ニ依ル南方佔據諸地域善後處理方策大綱
大东亚战争陆军补贴细则	大東亜戰爭陸軍給與令細則
大东亚战争陆军给与令细则第七表	大東亜戰爭陸軍給與令細則第七表
大东亚战争中的中国派遣军官兵	大東亜戰爭下ノ支那派遣軍將兵
大东亚政策指导大纲	大東亜政策指導大綱
大东亚秩序建设	大東亜秩序建設
大东亚省官制	大東亜省官制
大队阵中日志	大隊陣中日誌
大工业统制法	大工業統制法
大海指第五号	大海指第五號
大陆政策在世界史上的意义	大陸政策の世界史的意義
大平秀雄口供书	大平秀雄口供書
大日本帝国宪法	大日本帝國憲法
大日本国语大辞典	大日本國語大辭典
大日本兴亚同盟役职员名簿	大日本興亜同盟役職員名簿
大日本翼赞壮年团本部职员表	大日本翼賛壯年團本部役職員表
大日本翼赞壮年团中央本部参与	大日本翼賛壯年團中央本部參與
大日本翼赞壮年团中央本部机构一览表	大日本翼賛壯年團中央本部機構一覽表
大日本诏敕谨解	大日本詔勅謹解
大亚细亚协会规约	大亜細協會規約
大亚细亚协会创立宗旨书	大亜細亜協會創立趣意書
大亚细亚协会年报	大亜細亜協會年報
大亚细亚主义(报刊)	大亜細亜主義(報刊)
大亚细亚主义志	大亜細亜主義志
大言海	大言海
大野绿一郎口供书	大野綠一郎口供書
大正十年法律	大正十年法律

中文文献名	日文文献名
大政翼赞会诸规程	大政翼賛會諸規程
丹麦国公使的回答	デンマーク國公使ノ回答
单独不讲和条约	單獨不講和條約
单独的关税协定	片務的關稅協定
担保附社债信用法	擔保附社債信託法
倒张计划	倒張計畫
岛田繁太郎和文宣誓口供书	嶋田繁太郎和文宣誓口供書
道路公债法	道路公債法
德法停战协定	獨佛停戰協定
德法休战协定	獨佛休戰協定
德国秘密国家事项	獨逸秘密國家事項
德国外交部集缀文书	獨逸外務省集綴文書
德国外交部记录	獨逸外務省記錄
德国休战条约	獨逸休戰條約
德国政府指令要旨	獨逸政府ノ指令要旨
德鲁格夫人陈述书	エイ・エム・ドルーグ夫人ノ口供書
德意同盟协约	獨伊同盟協約
登陆作战遍览参考书	上陸作戰遍覽参考書
迪克森报告书	M. J. デックスンニヨル報告書
迪朗警官陈述书	警官ジー・デ・ラングノ口供書
地租房租统制令	地代家賃統制令
帝国国策实行纲要	帝國國策遂行要綱
帝国海军在中国事变中的行动	支那事變に於ける帝國海軍の行動
帝国陆军作战计划	帝國陸軍作戰計畫
帝国陆军作战计划要纲	帝國陸軍作戰計畫要綱
帝国燃料兴业株式会社法	帝國燃料興業株式會社法
帝国石油株式会社法	帝國石油株式會社法
帝国外交方针大纲	帝國外交方針大綱
帝国议会贵族院预算委员会议事记录	帝國議會貴族院豫算委員會議事速記錄
帝国议会众议院议事记录	帝國議會衆議院議事速記錄
帝国议会众议院预算委员会议记录	帝國議會衆議院豫算委員會議錄(速記)
帝国政策实行要领	帝國政策遂行要領
帝国政府声明	帝國政府聲明
帝室制度史	帝室制度史
帝位继承法	帝位継承法
帝汶航空政策纲领	チモール航空政策要領
第二次华北处理要纲	第二次北支處理要綱
第二开辟	第二の開闢

中文文献名	日文文献名
第二临时政府与新中央政府的关系调整要领	第二臨時政府ト新中央政府トノ関係調整要領
第六十回帝国议会	第六十回帝國議會
第六委员会规程	第六委員會規程
第七十四回帝国议会众议院预算委员会议录	第七十四回帝國議會衆議院豫算委員會議錄
第三次华北处理要纲	第三次北支處理要綱
第三次内阁总辞职始末	第三次内閣總辭職ノ顚末
第三次同盟协约	第三回同盟協約
第一次对日宣战	第一次對日宣戰
第一次总力战模拟演习记录	第一回總力戰機上演習經過記錄
电话事业公债法	電話事業公債法
电力调整令	電力調整令
电力管理法	電力管理法
电信法及邮政法修正法案	電信法及郵便法中改正法律案
电信法修正法案	電信法中改正法律案
电影法	映畫法
电影法施行规则	映畫法施行規則
电影法施行令	映畫法施行令
电影关系法令	映畫關係法令
东北文化半月刊	東北文化半月刊
东部西伯利亚地图	東部西伯利亜地圖
东部亚细亚图	東部亜細亜圖
东京公报	東京ガゼット
东京每日新闻	東京每日新聞
东京日日新闻	東京日日新聞
东京声明	東京聲明
东南亚盟军陆军战争犯罪训令	東南アジア聯合軍陸軍戰爭犯罪訓令
东清铁道建设契约	東清鐵道建設契約
东三省地方自治法案	東三省地方自治法案
东条英机口供书	東條英機口供書
东条英机讯问书	東條英機訊問調書
东乡大臣奥特德国大使会谈录	東鄉大臣オット獨大使會談錄
东乡茂德讯问书	東鄉茂德訊問書
东乡-莫洛托夫协议	東鄉「モロトフ」協定
东乡-莫洛托夫协议附属地图	東鄉「モロトフ」申合附屬地圖
东亚大陆图	東亜大陸圖
东亚共荣圈、西部太平洋大地图	東亜共榮圈、西部太平洋大地圖
东亚建设第一期总力战方略(案)	東亜建設第一期總力戰方略(案)
东亚建设第一期总力战方略文书	東亜建設第一期総力戦方略文書

中文文献名	日文文献名
东亚经济业取书	東亜経済業取書
东亚新秩序	東亜ノ新秩序
东洋经济年鉴	東洋経濟年鑒
东洋经济通信篇	東洋経済通信篇
东洋经济统计年鉴	東洋經濟統計年鑑
度量衡法	度量衡法
度量衡施工规则	度量衡施工規則
对奥地利和匈牙利的和平条约	墺太利漢牙ニ對スル平和條約
对本计划产业日本政府直接及间接资助预算	本計畫產業ニ對スル日本政府直接及間接助成經費豫想額
对本计划产业日本政府资助预算	本計畫產業ニ對スル日本政府助成額豫想
对朝鲜农民的荒地贷款办法	鮮農ニ對スル荒地貸付辦法
对德和平条约	對独平和條約
对德通商协定	對獨通商協定
对德意苏交涉案要纲	對獨伊ソ交涉案要綱
对德最后通牒	對獨最後通牒
对俄协定	對露協定
对法属印度支那与泰国施政纲领	對佛印、泰施案要綱
对共产国际协议的秘密协定	共產インターナショナルニ對スル協定
对华作战计划大纲(昭和十二年(一九三七年)七月二十九日)	對支作戰計畫大綱(昭和十二年(一九三七年)七月二十九日)
对蒋介石通电	對蔣通電
对美国、英国、荷兰海军的作战方针	對米、英、蘭海軍作戰方針
对美交涉要领	對米交涉要領
对美英宣战布告	對米英宣戰佈告
对缅甸人的心得	ビルマ人ニ對スル心得
对内宣言(告国民书)	對内宣言(民眾ニ告グル書)
对南方航空政策要纲	對南方航空政策要綱
对南海将士的训示	南海ニ於ケル將兵ニ對スル訓示
对南海将士的告示	南海將士ニ寄スル告示
对日本案美国侧的修正要点	日本案ニ対スル米國側修正要點
对日本陆军山本茂一郎少将的讯问调书	日本陸軍山本茂一郎少將ニ對スル訊問調書
对日经济绝交计划大纲	對日經濟絕交計劃大綱
对日宣战通告	對日宣戰佈告
对日作战合作协定通电	對日作戰合作協議通電
对苏防卫计书	對ソ防衛計書
对苏联接壤诸国并近东及非洲诸国方策	對ソ聯邦接壤諸國竝近東及阿弗利加諸國方策
对苏外交交涉要纲	對ソ外交交涉要綱

中文文献名	日文文献名
对苏战争计划	対ソ戰爭計畫
对苏作战计划别案	對ソ作戰計畫別案
对苏作战计书	對ソ作戰計書
对太平洋关系的第六次学院会议记录(1936年8月15—29日)	一九三六年八月十五日ヨリ二十九日迄ノ加州ヨセミテ國立公園ニ於ケル第六回太平洋會議議事録
对英美宣战的主要原因	對米英開戰名目骨子(案)
对于第三国关于日中事变的干涉,帝国政府应该提出的方针的决定文献	日支事変ニ對スル第三國ノ斡旋乃至干渉ニ對シ帝國政府ノ提ルヘキ方針決定ノ件
对于青年将校时局的策动的指导方针之事调示	青年將校ノ時局ニ關スル策動ニ對スル指導方針ノ件調示
宇垣外务大臣对外国通信员的谈话(一九三八年(昭和十三年)六月六日)	外國通信員に對する宇垣外務大臣談(一九三八年(昭和十三年)六月六日)
对众议院议员生田和平君外一名提出关于八纮一宇的质问的答辩书	衆議院議員生田和平君外一名提出八紘一宇ニ關スル質問ニ對スル答辯書
对华根本态度阐明	對支根本態度闡明
对华机关要纲	對支機關要綱
对中立国的政策及其他问题	中立國ニ対スル政策及他ノ問題
顿・阿・孙宣誓陈述书	トング・ア・ショングノ宣誓口述書
恩给法	恩給法
恩给法改正案	恩給法改正案
二十一条	二十一箇條要求
二重国籍法	二重國籍法
法规分类大成	法規分類大成
法国援助条约	佛國援助條約
法国政府公表	佛國政府公表
法人设立及定款、寄附行为等认可之事及同规约等变更之事	法人設立及定款、寄附行為等認可ノ件及同規約等變更ノ件
法苏相互援助条约	佛蘇相互援助條約
法泰互不侵犯条约	佛タイ不侵略條約
法西斯法案	ファシスト法案
法院构成法	裁判所構成法
法属印度支那共同防卫议定书	佛印共同防衛議定書
法属印度支那及泰国间关于停战的协定	佛領印度支那及泰國間ノ停戰ニ関スル協定
番案文书	番案文書
凡・阿斯特尔陈述书	ヴァンアムステルノ口供書
凡尔赛条约	ヴェルサイユ條約
凡瑞陈述书	P. G. デ. フリースノ供述書
反国际共产党条约	反國際共產黨條約

中文文献名	日文文献名
反垄断法	反獨佔法
反美国论说	反米國論說
芳泽卡拉汉协定	芳沢「カラハン」協定
防共协定	防共協定
防共协定延长之事	防共協定延長ノ件
防空情报第一号	防空情報第一號
防守同盟密约	防守同盟密約
防御同盟条约	防禦同盟條約
非常时日本	非常時日本
非侵略及和平纷扰解决条约	非侵略及平和紛擾解決條約
非讼事件手续法	非訟事件手續法
菲律宾移民法案	フィリッピン移民法案
纷争地域国境划定文件附属地图	紛爭地域國境劃定申和セ附屬地圖寫送付ノ件
芬兰国条约规定	フインランド國條約規定
风纪违反者一览表	風紀違反者一覽表
奉天协定	奉天協定
佛经	佛典
拂去东亚的妖云	東亜に漲る妖雲を拂へ
俘虏处罚法	俘虜處罰法
俘虏处理规则	俘虜取扱規則
俘虏处理要领	俘虜處理要領
俘虏调查日记	俘虜調查日記
俘虏给与规则	俘虜給與規則
俘虏患者病名别一览表	俘虜患者病名別一覽表
俘虏患者调查表	俘虜患者調查表
俘虏患者月别调查表	俘虜患者月別調查表
俘虏劳务状况月别一览表	俘虜勞務狀況月別一覽表
俘虏劳役规则	俘虜勞役規則
俘虏派遣规则	俘虜派遣規則
俘虏情报局官制	俘虜情報局官制
俘虏日志	俘虜日誌
俘虏收容所服务规则	俘虜收容所服務規則
俘虏收容所令	俘虜收容所令
俘虏收容所条例改正的档	俘虜收容所條例改正ノ件
俘虏邮政处理规程	俘虜郵便取扱規程
俘虏邮政规则	俘虜郵便規則
福尔默报告书	ジェイ・シー・レインダース・フォルマーノ報告書
复兴储蓄债券法	復興貯蓄債券法

中文文献名	日文文献名
富田健治口供书	富田健治口供書
干部候补生制度	幹部候補生制度
冈口供书	岡口供書
刚果盆地条约	コンゴー盆地條約
钢铁生产业法	鐵鋼生產業法
钢铁五年计划	鋼鐵五ヶ年計畫
钢铁制品的生产及输入(日本本土)	鋼鐵製品ノ生產及ビ輸入(日本本土)
港湾运送业等统制令	港灣運送業等統制令
高加索事情及其谋略的利用	高架索事情及之レガ謀略的利用
高斯计划	ガウス案
告国民书	國民ニ告グルノ書
告青年诸子	青年諸子に告ぐ
告中共中央全党同志书	中共中央ノ全黨同志ニ告グル書
哥伦布世界地图	コロンムブ世界地圖書
革新的必然性	革新ノ必然性
广田外相给美国大使格鲁的公文(昭和十二年十二月十四日)	グルー米國大使宛廣田外相公文(昭和十二年十二月十四日)
格里戈里·米哈伊洛维奇·谢苗诺夫讯问调查书	セミヨノノフ・グリゴリーミハイロヴィチ訊問調書
各省官制通则	各省官制通則
各特别会计昭和十七年度预算案	各特別會計昭和十七年度豫算案
给南大将军的信函	南大將宛書
根据日本本国产业的电力消费量	日本本國ニ於ケル產業ニ依ル電力消費量
工场就业时间限制令	工場就業時間制限令
工场企业管理令	工場事業場管理令
工场企业技能者培养令	工場事業場技能者養成令
工场企业使用收用令	工場事業場使用收用令
工业调整法	工業調整法
工业发展五年计划	工業發展五ヶ年計畫
工业统制法	工業統制法
工业组合法	工業組合法
工作机械制造事业法	工作機械製造事業法
宫内省官制	宮內省官制
共同防卫及经济协定	共同防衛及經濟協定
共同防卫协议	共同防衛協議
共同耕作法案	共同耕作法案
共同技术委员会规则	共同技術委員會規則
媾和条约	媾和條約
古巴国宪法	キューバ國憲法

中文文献名	日文文献名
古事记	古事記
故事熟语大辞典	故事熟語大辭典
关东都督府陆军部条例	關東都督府陸軍部條例
关东军对外诸问题的任务的军方意见(和有田大使的交谈)	關東軍ノ任務ニ基ク對外諸問題ニ關スル軍ノ意見(有田大使トノ懇談席上)
关东军国境警备要纲	關東軍國境警備要綱
关东军及全日本军兵力增强一览表	関東軍及ビ全日本軍兵力増強一覧表
关东军及全日本军地面部队兵力增强图	関東軍及ビ全日本軍地上部隊兵力増強図
关东军及日本军的技术装备一览表	関東軍及ビ日本軍ニ於ケル技術装備ノ描述全般ニ関スル一覧表
关东军及日本军地面部队保有大炮总数	関東軍及ビ日本地上部隊保有大砲總數
关东军及日本军地面部队保有的战车总数	関東軍及ビ日本軍地上部隊保有戰車總數
关东军及日本军地面部队步兵师团总数	関東軍及ビ日本地上部隊步兵師團總數
关东军军情	関東軍情
关东军军政计划书(試案)	關東軍々政計畫書(試案)
关东军陆军口译补充教育要领	關東軍陸軍通譯補備教育要領
关东军司令部条例	關東軍司令部條例
关东军司令官本庄繁与“满洲国”国务总理郑孝胥之间关于建立航空公司的协定	本莊關東軍司令官ト鄭國務總理トノ間ノ航空會社ノ設立ニ關スル協定
关东军司令官武藤信义与国务总理郑孝胥间关于设定国防上必要的矿业权的协定	武藤關東軍司令官ト鄭國務總理トノ間ノ國防上必要ナル鑛業權ノ設定ニ關スル協定
关东军作战计划	關東軍作戰計畫
关东军作战行动的概要及经过	關東軍作戦行動ノ概要及経緯
关东军作战准备要纲	關東軍作戰準備要綱
关东州鸦片规则	關東州阿片規則
关东租借地经济概要	關東租借地その經濟の概要
关要军用保护机动车之事	軍用保護自動車ニ關スル件
关于在泰缅铁路建设中使用俘虏的报告	シャム、ビルマ聯絡鐵道建設ニ於ケル俘虜使用ニ關スル報告
关于帕奈号事件的外务省发表	パネー號事件ニ關スル外務省發表
关于は号军用手票制造方的记录	は號軍用手票製造方ニ關スル件
关于休・格森大使遭难事件的回答	ヒユーゲッセン大使遭難事件ニ關スル回答
关于八纮一宇的质问主意书	八纮一宇ニ關スル質問主意書
关于伴随总动员计划平时施设之事中简单之事	總動員計畫ニ伴フ平時施設ニ關スル件中輕易ナル件
关于伴随总动员计划上平时设施之事	總動員計畫上ニ伴フ平時施設ニ關スル件
关于堡垒及炮台的参观学习之事	堡壘及炮臺ノ見學ニ關スル件
关于暴行的战争犯罪报告	暴行ニ關スル戰爭犯罪報告

中文文献名	日文文献名
关于北清事变的最终议定书	北清事變ニ關スル最終議定書
关于被服、粮秣、衣粮器具等的临时交付之事	被服、糧秣、衣糧器具等ノ臨時交付ニ關スル件
关于被服、粮秣及衣粮器具的试验之事	被服、糧秣及衣糧器具ノ試驗ニ關スル件
关于被服、衣粮器具的贷与之事	被服、衣糧器具ノ貸與ニ關スル件
关于兵器报告之事	兵器ニ關スル報告ノ件
关于兵器采用之事	兵器採用願ニ關スル件
关于兵器的采用之事	兵器ノ採用願ニ關スル件
关于兵器的销售及发放之事	兵器ノ拂下及下附ニ關スル件
关于兵器的修理及废兵器处理之事	兵器ノ修理及廢兵器處分ニ關スル件
关于兵器的制造、修理及机动车燃料的事项	兵器ノ製造、修理及自動車燃料ニ關スル常律的事項
关于兵器定价表之事	兵器定價表ニ關スル件
关于兵器输出许可事项中重要之事	兵器ノ輸出許可ニ關スル事項中重要ナラサル件
关于兵器细目名称表、兵器类别表之事	兵器細目名稱表、兵器類別表ニ關スル件
关于兵器制式的一部分改正(修正)之事	兵器制式ノ一部改正(修正)ニ關スル件
关于兵器制造材料之事	兵器製造材料ニ關スル件
关于兵器诸规则中制定改废事项中轻易之事	兵器ニ關スル諸規則ノ制定改廃ニ關スル事項中輕易ナル件
关于参谋长会议的召集及每日预定之事	参謀長會議ノ召集及日課豫定決定ニ關スル件
关于产业设备营团的法令	產業設備營團ニ關スル法令
关于兵器新调、支给、交换、借予及返还之事	常律的兵器ノ新調、支給、交換、貸與及返納ニ關スル件
关于常用卫生材料的调配、供给、保管及贷与之事	常用衛生材料ノ調弁、供給、保管及貸與ニ關スル件
关于朝鲜、台湾与其他殖民地总动员之事	朝鮮、臺灣其他植民地ノ總動員ニ關スル件
关于成为预算外国库负担的契约之事	豫算外國庫ノ負擔トナルべき契約ニ關スル件
关于城市计划事项中重要之事	都市計畫ニ關スル事項中重要ナラサル件
关于出版及版权登录之事	出版屆及版權登錄ニ關スル件
关于出纳官吏保管现金丢失之事	出納官吏保管現金亡失ニ關スル件
关于出入品临时措施的法案	出入品等ニ關スル臨時措置ニ關スル法律案
关于处罚敌飞机乘员的军律	敵航空機乘員處罰ニ關スル軍律
关于处理俘虏之事	俘虜處理ニ關スル件
关于处理俘虏之事的照会	俘虜取扱ニ關スル件照會
关于处理现在的俘虏之事	現在ノ俘虜處理ニ關スル件
关于船舶征用之事	船舶征庸ニ關スル件
关于摧毁国民政府的宣传工作的文献	國民政府崩壞宣傳工作ニ關スル件
关于大本营与政府的联系之事	大本營ト政府トノ連系ニ關スル件
关于当前时局的紧急宣言	當面ノ時局ニ關スル緊急宣言
关于岛屿统治权的条约	島嶼支配權ニ関スル條約

中文文献名	日文文献名
关于稻米应急措施的法律	米穀ノ應急措置ニ關スル法律
关于德国文书的押收处理保管的宣誓供述书	獨逸文書ノ押收處理保管ニ關スル宣誓供述書
关于帝大听讲生之事(除次官委任事项)	帝大聽講生ニ關スル件(次官委任事項ヲ除ク)
关于递信省吏员之事	遞信省吏員ニ關スル件
关于第一预备金支出要求书之事	第一預備金支出要求書ニ關スル件
关于调整更新与中国关系的近卫内阁总理大臣谈话	更生新支那トノ関係調整ニ関スル近衛内閣總理大臣談
关于定数外器械备置之事	定數外器械備付ニ關スル件
关于定数外兽医材料备置之事	定數外獸醫材料備付ニ關スル件
关于定义侵略的条约(五国条约)	侵略ノ定義ニ關スル條約(五國條約)
关于东印度独立措置之事	東印度獨立措置ニ関スル件
关于东印度独立施策之事(相关主管省案)	東印度獨立施策ニ関スル件(關係省主務省案)
关于都市计划事项中轻易之事	都市計畫ニ關スル事項中輕易ナル件
关于对法属印度支那经济通商交涉方针	對佛印經濟通商交涉方針ニ關スル件
关于对荷兰军开战——昭和十七年一月十二日由情报局发出的帝国政府声明	和蘭軍に對し戰鬥開始に関し昭和十七年一月十二日情報局に依って發せられれる帝國政府聲明
关于对华特别委员会解释之事	對支特別委員會ニ關スル解釋ノ件
关于对满蒙策现行过度的制度案文书送交之事	對滿蒙策現行過度的制度案ニ關スル書類送付ノ件
关于对苏外交实施策略	對ソ外交施策ニ關スル件
关于对外关系的政府公文集	對外關係ニ關スル政府公表集
关于对英美问题的舆论指导方针	對英米問題二關スル輿論指導方針
关于对英悬案解决之事	對英懸案解決ニ關スル件
关于对中国政策的文件	對支政策ニ關スル件
关于法国人宣教师被害相关之事	佛人宣教師殺害ニ關スル件
关于法属印度支那共同防卫的日本国法国间议定书缔结及关于军事合作的公文交换之事	佛領印度支那ノ共同防衛ニ関スル日本國フランス國間議定書締結及軍事上ノ協力ニ関スル公文交換ノ件
关于翻译及印刷之事	翻訳及印刷ニ關スル件
关于防共协议新加入国的情报局资料	防共協議新加入國ニ關スル情報局發表
关于防空事项中轻易之事	防空ニ關スル事項中輕易ナル件
关于防空事项中重要之事	防空ニ關スル事項中重要ナラサル件
关于防御营造物的除籍之事	防禦營造物ノ除籍ニ關スル件
关于非署名国加入海牙条约的议定书	國際紛爭平和的處理條約非署名國ノ加入ニ關スル議定書
关于非正式发表问题的文件	非公式發表問題ニ關スル件
关于废除石井兰辛交换公文的日美交换公文	石井ランシング交換公文ノ廢棄ニ關スル日米交換公文
关于废约促进会之事	廢約促進會ニ關スル件

中文文献名	日文文献名
关于纷争地域国境确定的协议	紛爭地域國境確定ニ關スル協議
关于俘虏的裁判、刑罚的协约	俘虜ノ裁判、刑罰ニ關スル協約
关于俘虏劳役之事	俘虜ノ労役ニ關スル件
关于俘虏送回内地之事的照会	内地還送俘虜ニ關スル件照會
关于附属议定书的日华两国全权委员间了解事项	附屬議定書ニ關スル日華兩國全權委員間瞭解事項
关于改善伤病兵医治的条约	病兵及負傷兵ノ取扱改善ニ關スル條約
关于改善战地武装部队伤病员境遇的公约	戰地軍隊ニ於ケル傷者及病者ノ狀態改善ニ關スル千九百二十九年七月二十七日ノジュネーヴ條約
关于高等文官以下赏与惯例文件	高等文官以下恒例ノ賞與ニ關スル件
关于格林兰岛防御的协定草案	グリーンランドノ防衛ニ關スル協定草案
关于各公债发行的法律案	各公債發行ニ關スル法律案
关于各团队与航空部队联合演习的协议之事	各團隊ト航空部隊トノ連合演習ノ協議ニ關スル件
关于给外国驻留人员、留学生及外国差遣者训令之事	外國駐在員、留學者及外國差遣者ニ與フル訓令ニ關スル件
关于公债发行的法案	公債発行ニ關スル法律案
关于宫中、御府及御苑拜观之事	宮中、禦府及御苑拜觀ニ關スル件
关于固定无线通信区域之事	固定無線ノ通信區處ニ關スル件
关于雇员及佣人的采用及转免之事	雇員及傭人ノ採用並ニ轉免ニ關スル件
关于关东宪兵队编制改正意见之事	關東憲兵隊編制改正ニ關スル意見ノ件
关于归还天津的公文	天津還附ニ關スル公文
关于规定的召集个数为最终的召集之事	規定ノ召集個數ヲ終アシタル者ノ召集ニ關スル件
关于国防大纲的事项	國防ノ大綱ニ關スル事項
关于国防思想普及定例业务之事	國防思想普及定例業務ニ關スル件
关于国防政策的一般事项	國防政策ノ一般ニ關スル事項
关于国境标识的议定书	國境標識ニ關スル議定書
关于国境标识保全的规程	國境標識ノ保全ニ關スル規程
关于国际法庭对日本主要战犯之事	日本人主要戰爭犯罪人ニ對スル國際法庭ニ關スル件
关于国际法庭上审讯主要日本战犯之事	主ナル日本人戰爭犯罪人ノ審問ニ於ケル國際法庭ニ關スル件
关于退出国际联盟的诏书	國際聯盟脫退ニ關スル詔書
关于国外及国内政策的重要决议	國外及國内政策ニ關スル重要決議
关于国有财产的取得、管理及用途废止事项中重要之事	國有財產ノ取得、管理及用途廢止ニ關スル事項中重要ナラサル件
关于统一海难中救援救助规定的条约	海難ニ於ケル救援救助ニ就テノ規定ノ統一ニ關スル條約
关于海外旅务的请求及其返回之事	海外旅務ノ請求及其ノ返納ニ關スル件
关于海战的伦敦宣言	海戰に關する倫敦宣言

中文文献名	日文文献名
关于韩国合并的宣言	韓國併合ニ關スル宣言
关于和特别设施队长会面的记录	特別施設隊長トノ會見ニ關スル記録
关于惯例的拜谒及贤所参拜之事	恒例ノ拜謁及賢所参拜ニ關スル件
关于惯例的给陆军诸学校毕业优等学生的赏品下赐之事	恒例ノ陸軍諸學校卒業優等學生ニ賞品下賜ニ關スル件
关于红军的士兵	赤軍ノ兵員ニ就テ
关于红十字国际委员会代表的俘虏收容所视察之事	赤十字國際委員會代表ノ俘虜收容所視察ニ關スル件
关于机动车的征发及整备细节之事	自動車ノ征発及整備ニ關スル細部ノ件
关于机动车征发及整备之事	自動車征發及整備ニ關スル件
关于机动车征发细节之事	自動車征發ニ關スル細部ノ件
关于机密文书的制作、分配、保管及认可之事	機秘密書類ノ調製、配布、保管及認可ニ關スル件
关于机密文书的誊写复写、节选等的承认及认可之事	機秘密書類ノ謄寫複寫、抜萃等ノ承認及認可ニ關スル件
关于吉敦延长线建设方针纲要	吉敦延長線建設ニ關スル方針要綱
关于假释之事	假出獄ニ關スル件
关于将校候补者学生的各队分配之事	將校候補者タル生徒ノ各隊配當ニ關スル件
关于将校学校配属申请之事	將校學校配屬申請ニ關スル件
关于教练查阅官的任免之事	教練查閲官ノ命免ニ關スル件
关于接受归还天津的公文	天津還附條件受諾ニ關スル公文
关于接受内阁总理大臣指定的陆军军需品生产能力调查的照会之事	内閣總理大臣ノ指定ヲ受クヘキ陸軍軍需品生產能力調查ノ照會ニ關スル件
关于戒严、警备及卫戍勤务事项中轻易之事	解決ノ為ノ米國側対案
关于戒严、警备及卫戍勤务事项中轻易之事	戒嚴、警備及衛戍勤務ニ關スル事項中輕易ナル件
关于经费拨入之事	經費繰越ニ關スル件
关于经费决算报告书及岁入增减报告书之事	經費決算報告書及歳入增減報告書ニ關スル件
关于经费科目区分及支出区分之事	經費科目區分及支出區分ニ關スル件
关于经济开发方针的阁议谅解事项	経済開發方針ニ對スル閣議諒解事項
关于竞争投标加入停止的处分之事	競爭入劄加入停止ノ處分ニ關スル件
关于靖国神社并游就馆经常预算之事	靖國神社並遊就館經常豫算ニ關スル件
关于靖国神社及游就馆定例事项的处理之事	靖國神社及遊就館ノ定例事項ノ處理ニ關スル件
关于旧式兵器作为普通物品保管转换之事	旧式兵器ヲ普通物品トシテ保管転換ニ關スル件
关于军动员计划及宪兵增员计划定例事项中轻易之事	軍動員計畫及憲兵增員計畫ニ關スル定例事項中輕易ナル件
关于军队输送用补助材料数额表的细节之事	軍隊輸送用補助材料定數表ノ細部ニ關スル件
关于军法会议指定律师之事	軍法會議指定弁護士ニ關スル件
关于军机保护及防谍事项中重要之事	軍機保護及防諜ニ關スル事項中重要ナラサル件
关于军机保护及防谍事项中轻易之事	軍機保護及防碟ニ關スル事項中輕易ナル件

中文文献名	日文文献名
关于军纪、风纪、内务、宪兵及军事警察事项中重要之事	軍紀、風紀、内務、憲兵及軍事員警ニ關スル事項中重要ナラサル件
关于军纪、风纪、内务事项中轻易之事	軍紀、風紀、内務ニ關スル事項中輕易ナル件
关于军令的事项	軍令關係事項
关于军律被告事件之事	軍律被告事件ニ關スル件
关于军马及军犬的教程改定之事	軍馬及軍犬ノ教程改定ニ關スル件
关于军马及其他军用动物的卫生试验之事	軍馬及其他軍用動物ノ衛生試驗ニ關スル件
关于军票前送之事的照会	軍票前送ニ關スル件照會
关于军人军属休假之事	軍人軍屬休暇ニ關スル件
关于军人伤病纪念章及军人遗族纪念章之事	軍人傷痍記章及軍人遺族記章ニ關スル件
关于军事同盟交涉的方针案	軍事同盟交渉に関する方針案
关于军事同盟交涉的要纲	軍事同盟交渉ニ関スル要綱
关于军事占领北京山海关铁路的北京外交团决议	北京山海關鐵道ノ軍事占領ニ關スル北京外交團ノ決議
关于军需工业研究奖励金交付之事	軍需工業研究奬勵金交付ニ關スル件
关于军需品工业的指导补助及监督上的各调查之事	軍需品工業ノ指導補助及監督上ノ諸調査ニ關スル件
关于军鸽供给、饲养、保管、献纳、输送之事	軍用鳩ノ供給、飼養、保管、獻納、輸送ニ關スル件
关于军用机动车检查的细节之事	軍用自動車檢查ノ細部ニ關スル件
关于军票「ほ号」并「ろ号」「は号」及「に号」制造之事	軍用手票「ほ號」並ニ「ろ號」「は號」及「に號」製造ニ關スル件
关于军票发行准备之事	軍用手票ノ發行準備ニ關スル件
关于军票原型准备的文件照会	軍用手票原型準備ニ關スル件照會
关于军用资源密保护事项中轻易之事	軍用資源密保護ニ關スル事項中輕易ナル件
关于开战的条约	開戰ニ關スル條約
关于空袭规则的杂件	空爆規則ニ關スル雜件
关于空战的标准	空戰ニ關スル標準
关于两国国境稽查第一区的议定书	両國國境精查第一區ニ関スル議定書
关于传达命令正误植的通牒之事	令達ノ正誤植ノ通牒ニ關スル件
关于陆地测量部修技所学生之事	陸地測量部修技所生徒ニ關スル件
关于陆军被服厂、陆军粮秣厂及千住制绒所参观之事	陸軍被服廠、陸軍糧秣廠及千住制絨所參觀ニ關スル件
关于陆军工务规程的连用之事	陸軍工務規程ノ連用ニ關スル件
关于陆军共济组合财产连用委员之事	陸軍共済組合財產連用委員ニ關スル件
关于陆军技术(除关于航空之物)及科学的调查及研究事项中重要之事	陸軍技術(航空ニ關スルモノヲ除ク)及科學ノ調查及研究ニ關スル事項中重要ナラサル件
关于陆军教育图书的翻刻许可及检阅证下附之事	陸軍教育図書ノ翻刻許可及檢閲證下附ニ關スル件
关于陆军军需动用计划及实施上各调查之事	陸軍軍需動用計畫及実施上ノ諸調查ニ關スル件

中文文献名	日文文献名
关于陆军军需动用计划及实施上各定例报告之事	陸軍軍需動用計畫及実施上ノ諸定例報告ニ關スル件
关于陆军军医学校、陆军卫生材料厂(卫生关系)及陆军病院的参观学习及出入之事	陸軍軍醫學校、陸軍衛生材料廠(衛生關係)及陸軍病院ノ見學又ハ出入ニ關スル件
关于陆军里程表发改正之事	陸軍里程表ノ改正ニ關スル件
关于陆军省乘马委员业务全般之事	陸軍省乗馬委員業務全般ニ關スル件
关于陆军兽医学校、陆军卫生材料厂(兽医关系)参观学习及出入之事	陸軍獸醫學校、陸軍衛生材料廠(獸醫關係)見學並ニ出入ニ關スル件
关于陆军学艺技术奖励捐赠金之事	陸軍學藝技術奬勵寄附金ニ關スル件
关于陆军造兵厂职工扶助令之事	陸軍造兵廠職工扶助令ニ關スル件
关于陆军诸报告的处理之事	陸軍諸報告ノ處理ニ關スル件
关于陆军诸学生的招募之事	陸軍諸學生生徒ノ召募ニ關スル件
关于旅费定额增加减少的认可之事	旅費定額ノ增加又ハ減少ニ關スル認可ノ件
关于满洲帝国及蒙古人民共和国间现场国境确定混成委员会的作业的综合议定书	滿洲帝國及蒙古人民共和國間現地國境確定混成委員會ノ作業ニ關スル綜合議定書
关于满洲国君主制实施的准备	滿洲國ニ於ケル君主制實施準備ニ關スル件
关于满洲航空	滿洲航空ニ關スル件
关于满洲及中国事项中重要之事	滿洲及支那ニ關スル事項中重要ナラサル件
关于满洲及中国之事中轻易之事	滿洲及支那ニ關スル件中輕易ナル件
关于满洲资源的统制运用之事	滿洲資源ノ統制運用ニ關スル件
关于美国俘虏处刑的命令	米人俘虜處刑ニ關スル命令
关于美国外交关系的文献	合衆國外交關係ニ關スル文書
关于美国在中国权益的对美帝国回答的情报	在支米國權益ニ対スル対米帝國回答ニ関スル情報發表
关于蒙疆地方特别调查事件的通牒	蒙疆地方特別調査ニ関スル件通牒
关于缅甸及泰国俘虏待遇之事	ビルマ及泰ノ俘虜待遇ニ關スル件
关于内外舆论指导轻易之事	内外輿論指導ニ關スル輕易ナル件
关于南方施策促进之事	南方施策促進ニ関スル件
关于南方施策大本营陆海军部方针主旨	南方施策ニ關スル大本営陸海軍部方針骨子
关于南方外货表示军用手票处理手续制定之事	南方外貨表示軍用手票取扱手續制定ニ關スル件
关于南京空袭的帝国政府的回复[昭和十二年(九月卅日)]	南京空爆ニ關スル帝國政府回答文[昭和十二年(九月卅日)]
关于南满洲与内蒙古东部的条约	南滿洲及東部内蒙古ニ關スル條約
关于年度开始并支出、过年交支出认可之事	年度開始並支出、過年交支出認可ニ關スル件
关于农地问题的统计资料	農地問題に関する統計資料
关于虐待俘虏的抗议报告	俘虜虐待ニ關スル抗議報告
关于诺门罕停战协定的公告	ノモンハン停戰協議
关于欧美军制的研究	歐米軍制ニ關スル研究

中文文献名	日文文献名
关于配属将校的事务交接之事	配屬將校ノ事務引継ニ關スル件
关于铺设自动触发海底水雷的条约	自働觸發海底水雷の敷設に關する條約
关于汽船运航预计调查的要求之事	汽船運航見込調査ノ要求ニ關スル件
关于勤务演习、教育召集及检阅点名定例事项中轻易之事	勤務演習、教育召集及ニ關ス簡閲點呼ニ關スル定例事項中輕易ナル件
关于勤务演习、教育召集之事	勤務演習、教育召集ニ關スル件
关于轻微国有财产(除其他局掌管物)取得之事	輕微ナル國有財產(他局掌管ニ系ルモノヲ除ク)取得ニ關スル件
关于轻微国有财产的管理之事	輕微ナル國有財產ノ管理換ニ關スル件
关于轻易兵器制式、制定之事	輕易ナル兵器制式、制定ニ關スル件
关于轻易衣粮器具制式的制定及制式的一部分改正之事	輕易ナル衣糧器具ノ制式ノ制定及制式ノ一部改正ニ關スル件
关于情报宣传的实施计划纲领	情報宣傳ニ關スル實施計劃綱領
关于认可官衙学校在职将校参加在军队施行的演习之事	官衙學校ニ在職スル將校ヲ軍隊ニ於テ施行スル演習ニ參加認可ニ關スル件
关于日本的协议	日本ニ關スル協議
关于日本帝国的经济权益设定策的阁议谅解事项	帝國ノ経済的權益設定策ニ對スル閣議諒解事項
关于日本对于苏维埃提案的修正方案	一九三八年八月二十一日附日本側提案ニ對スルソヴイエト側修正案
关于日本发送电株式会社与东北振兴电力株式会社合并的文件	日本發送電株式會社ト東北振興電力株式會社トノ合併ニ關スル件
关于日本海军战备准备的陈述及报告	日本海軍ノ戦備ニ關シ準備サレタル陳述並ニ報告
关于日本军进驻法属印度支那的日法协定缔结交涉经过	日本軍佛印進駐ニ關スル日佛協定締結交涉經緯
关于日本控制的报纸发表煽动性、刺激性言论的报告	日本統制下ノ新聞ニ依リテ發表サレタル煽動的刺戟的ナル論說ノ報告
关于日本与法领印度支那之间决算方式的公文	日本國佛領印度支那間決済ノ様式ニ関スル公文
关于日本与印度支那间关税制度及结算方式的日法协定	日本國印度支那間関税制度貿易及其ノ決済ノ様式ニ関スル日佛協定
关于日本在中国占领地区德国经济权益的状况的备忘录	支那ノ日本占領地區ニ於ケル獨逸經濟權益ノ狀況ニ関スル覺書
关于日本战争准备的日志	日本ノ戰爭準備ニ關スル日誌
关于日德意三国条约缔结的调查委员会会议议事录	日獨伊三國條約締結ニ關スル調査委員會ノ議事錄
关于日德意三国条约缔结之事	日獨伊三國條約締結ニ関スル件
关于日德意合作强化案陆军海军及外务省当局联络会议议事录	日獨伊提攜強化案ニ関スル陸軍海軍及外務省當局連絡會議議事錄
关于日德意轴心的强化的文件	日獨伊樞軸強化ニ関スル件

中文文献名	日文文献名
关于日满共同经济委员会设置的协议书	日滿共同經濟委員會設置ニ關スル協議書
关于日满航法教育的认可之事	日滿航法教育ノ認可ニ關スル件
关于日满华经济协议会设置之事	日滿支経済協議會設置ニ關スル件
关于日满经济共同委员会设置的协议缔结附日本国及满洲国全权委员一致了解事项	日滿經濟共同委員會設置ニ關スル協議ノ締結ニ付日本國及滿洲國全權委員ガ一致シタル瞭解事項
关于日满经济共同委员会设置协议	日滿經濟共同委員會設置ニ關スル協議
关于日满苏间诸问题	日滿蘇間ノ諸問題ニ就デ
关于日美交涉今后处理办法的腹案	日米交涉今後ノ措置ニ關スル腹案
关于日美交涉现阶段之事	日米交涉現段階ニ関スル件
关于日美了解的交涉经过摘要	日米瞭解案ニ就テノ交涉経過摘要
关于日中新关系调整的原则	日支新関係調整ニ関スル原則
关于瑞士代表访问英国人俘虏及抑留者之事	瑞西國代表者ノ英國人俘虜及抑留者訪問ニ關スル件
关于上海俘虏收容所施设改善促进之事	上海俘虜收容所ノ施設改善促進ニ關スル件
关于上海事件并陆军派遣的帝国政府的声明	上海事件並陸兵派遣ニ關スル帝國政府聲明
关于上海事件的帝国政府的声明	上海事件ニ關スル帝國政府聲明
关于设计变更的指令之事	設計変更ノ指令ニ關スル件
关于设置第六委员会之事	第六委員會設置ニ関スル件
关于射表、兵器处理法、兵器说明书、兵器保存要领之事	射表、兵器取扱法、兵器說明書、兵器保存要領ニ關スル件
关于省内奏任官以下的内地、朝鲜、台湾及库页岛出差之事	省内奏任官以下ノ内地、朝鮮、臺灣及樺太出張ニ關スル件
关于师团长、参谋长等各会议参列者之事	師團長、参謀長等各會議参列者ニ關スル件
关于士官候补生、经理部士官候补生及依托学生的免除之事	士官候補生、經理部士官候補生及依託學生生徒ノ免除ニ關スル件
关于释放俘虏之事	俘虜ノ釋放ニ關スル件
关于兽医材料及装蹄剔毛器械制式的一部分改正之事	獸醫材料及裝蹄剔毛器械制式ノ一部改正ニ關スル件
关于兽医材料蹄铁的试验研究之事	獸醫材料蹄鐵ノ試驗研究ニ關スル件
关于司法省事件的备忘录	司法省事件ニ関スル覺書
关于私设及官厅用无线电信施设许可之事	私設及官廳用無線電信施設許可ニ關スル件
关于私设铁道铺设工事施行之事	私設鐵道敷設工事施行ニ關スル件
关于苏联及日本国间关系的基本法则的条约	蘇聯邦及日本國間ノ關係ヲ律スル基本的法則ニ關スル條約
关于岁入过误纳付还之事	歲入過誤納拂戻ニ關スル件
关于岁入征收报告书及支出报告书之事	歲入徵收報告書及支出報告書ニ關スル件
关于所管不同部队、职员的参加演习的协议令达之事	所管ヲ異ニスル部隊、職員ノ演習參加ノ協議令達ニ關スル件

中文文献名	日文文献名
关于太平洋方面的交换公文	太平洋方面ニ關スル交換公文
关于特别各兵(特种)演习中命令下达及特别航空兵演习计划要纲的通牒之事	特別各兵(特種)演習ノ令達及特別航空兵演習計畫要綱ノ通牒ニ關スル件
关于特别志愿将校及短期军医的职务延长之事	特別志願將校及短期軍醫ノ職務延長ニ關スル件
关于特许及实用新案之事	特許及実用新案ニ關スル件
关于特种船的乘船许可之事	特種船ノ乘船許可ニ關スル件
关于铁道乘车之事	鐵道乘車ニ關スル件
关于铁道建设业务系统图	鐵道建設ニ關スル業務系統圖
关于厅费及需品费的运用之事	廳費及需品費ノ運用ニ關スル件
关于莫洛托夫及古比雪夫同志报告的决议	同志モロトフ及ビクビシェフ報告ニ關スル決議
关于美国俘虏劳动的往复	米俘虜労働ニ關スル往復
关于诺门罕地区日本人的挑衅式袭击	ハルヒン・ゴル河地方ニ於ケル日本人ノ挑戰的攻擊ニ就テ
关于外国舰船在本国停泊之事	外國艦船本邦寄港ニ關スル件
关于外国语学校依托学生及留学者决定之事	外國語學校依託學生及留學者決定ニ關スル件
关于外国语学校依托学生之事(除次官委任事项)	外國語學校依託學生ニ關スル件(次官委任事項ヲ除ク)
关于外国资源的利用之事	外國資源ノ利用ニ關スル件
关于外蒙古及港湾铁道的协定	外蒙古及港灣鐵道ニ關スル協定
关于外人土地法之事	外人土地法ニ關スル件
关于为解决中苏间诸问题大纲的协定	支那共和國及「ソヴイエート」社會主義共和聯合國間諸問題解決ノ為ノ大綱ニ關スル協議
关于委托检查之事	委託檢查ニ關スル件
关于卫生材料的试验之事	衛生材料ノ試驗ニ關スル件
关于卫生教科书的改定之事	衛生ニ關スル教科書改定ニ關スル件
关于文武官的定例叙位、叙勋之事	文武官ノ定例ノ敘位、敘勳ニ關スル件
关于文武官的恩给之事	文武官ノ恩給ニ關スル件
关于文武判任官、同待遇者的任免(除惩戒免官外)进退之事	文武判任官、同待遇者ノ任免(懲戒免官ヲ除ク)進退ニ關スル件
关于文武判任官以下的特别赏与之事	文武判任官以下ノ特別賞與ニ關スル件
关于五相会议联络委员会设置之事	五相會議連絡委員會設置ニ關スル件
关于物资动员事项中轻易之事	物資動員ニ關スル事項中輕易ナル件
关于下士官的转属之事	下士官ノ轉屬ニ關スル件
关于下士官候补者的分遣之事	下士官候補者ノ分遣ニ關スル件
关于现役军人的婚姻之事	現役軍人ノ婚姻ニ關スル件
关于限制及缩小海军军备的条约的批准书寄托调书	海軍軍備ノ制限及縮少ニ關スル條約ノ批准書寄託調書
关于宪兵及军事警察事项中轻易之事	憲兵及軍事警察ニ關スル事項中輕易ナル件

中文文献名	日文文献名
关于宪兵下士官候补者及少尉候补者(包括各部)的采用数的决定之事	憲兵下士官候補者及少尉候補者(各部ヲ含ム)ノ採用數ノ決定ニ關スル件
关于削减中国军队的决议	支那國軍隊ノ消滅ニ關スル決議
关于新南群岛行政管辖决定的外务省文件	新南群島ノ行政管轄決定ニ關スル外務省發表
关于新闻的编辑及发行之事	新聞ノ編輯及發行ニ關スル件
关于新闻通信等的管理之事	新聞通信等ノ取締ニ關スル件
关于新中央政府建立的大纲	新中央政府樹立ニ関スル大綱
关于新中央政府建立前新中央政府的主要构成分子的日本方面确约之事	新中央政府樹立前新中央政府ノ主要構成分子ノ日本側ニ対ルス確約ニ関スル件
关于行政官厅权限转让的法	行政官廳許可權移讓ニ關スル法
关于修改官吏制度的意见	官吏制度の改正に關する意見
关于恤兵金使用方认可之事	恤兵金使用方認可ニ關スル件
关于勋章剥夺及传记交还之事	勳章褫奪及傳記返上ニ關スル件
关于延长反国际共产主义协议效力时间的议定书	反國際共產主義協議ノ效力期間延長ニ關スル議定書
关于演习费全部运用之事(除次官委任事项)	演習費全般ノ運用ニ關スル件(次官委任事項ヲ除ク)
关于演习用弹药之事	演習用彈藥ニ關スル件
关于要塞地带法并宇品港域军事管理法之事	要塞地帶法並ニ宇品港域軍事取締法ニ關スル件
关于要塞筑造工事之事	要塞築造工事ニ關スル件
关于一时赐金、特别赐金、造兵厂职工扶助金、学生死伤补助及雇佣人死伤补助之事	一時賜金、特別賜金、造兵廠職工扶助金、生徒死傷手當及雇傭人死傷手當ニ關スル件
关于依据陆军省所管国有财产处理规程第六条得到认可取得土地之事	陸軍省所管國有財產取扱規程第六條ニ依リ認可ヲ得タル土地取得ニ關スル件
关于依据条例陆军经理学校学生的分遣及入退校之事	條例ニ依ル陸軍經理學校ニ學生生徒ノ分遣並ニ入退校ニ關スル件
关于依据条例陆军军医学校学生的分遣之事	條例ニ依ル陸軍軍醫學校ニ學生分遣ニ關スル件
关于依据条令技术部将校以下的学校分遣之事	條令ニ依ル技術部將校以下ノ學校分遣ニ關スル件
关于依据条令陆军兽医学校学生分遣及下士官候补者的入退校之事	條令ニ依リ陸軍獸醫學校ニ學生分遣並ニ下士官候補者ノ入退校ニ關スル件
关于以军需调查令为基础定例报告之事	軍需調查令ニ基ク定例報告ニ關スル件
关于抑留者及俘虏事务之事	抑留者及俘虜事務ニ関スル件
关于翌年交相互契约认可之事	翌年交ニ亙ル契約認可ニ關スル件
关于英外相的申请之事	英外相申出ニ關スル件
关于英属新几内亚的军事报告	英領ニューギニア軍ニ關スル軍事報告
关于用第一预备金补充的计算书之事	第一預備金ヲ以テ補充シタル計算書ニ關スル件
关于由裁判所呼出、询问文书的送付等嘱托之事	裁判所ヨリ呼出、訊問書類ノ送付等囑託ニ關スル件

中文文献名	日文文献名
关于由对日本制铁株式会社的命令其他法令组织、设备、业务、经营等之事	日本制鐵株式會社ニ對スル命令其他法令ニ依ル組織、設備、業務、經營等ニ關スル件
关于由国产品使用处理规程国产品及外国品购入之事	國產品使用取扱規程ニ依ル國產品及外國品購入ニ關スル件
关于由陆军定期航班及陆军定期船输送之事	陸軍定期船便乗及陸軍定期船ニ依ル輸送ニ關スル件
关于由陆军共济组合规则施行细则障害给付金及死亡给付金甲号的裁定之事	陸軍共済組合規則施行細則ニ依ル障害給付金及死亡給付金甲號ノ裁定ニ關スル件
关于由满洲国买收中东铁道的基本原则的备忘录	滿洲國ニ依ル東支鐵道買收ノ基本的原則ニ関スル覚書
关于由石油业法的事业许可、废止、休止、转让等之事	石油業法ニ依ル事業ノ許可、廢止、休止、讓渡等ニ關スル件
关于与军有关外国留学生之事	軍ニ關係アル外國留學生ニ關スル件
关于预算的增减及流用件中轻易之事	豫算ノ増減及流用ニ關スル件中輕易ナル件
关于预算外成为国库负担契约的示达之事	豫算外國庫ノ負担トナルヘキ契約ノ示達ニ關スル件
关于远东报告	極東ニ關スルラゲオ報告
关于远东战线、哈桑湖地区事件红军参谋本部第一部的战斗日志	極東戦線、「ハーサン」湖地區事件ニ關スル赤軍参謀本部第一部ノ戦闘日誌
关于在朝鲜施行兵役法的法案	兵役法ヲ朝鮮ニ施行スルノ件
关于在敌国邦人及我方在住敌国人关系事务部(假称)设置之事	在敵國邦人及我方在住敵國人關係事務部(假稱)設置ニ關スル件
关于在帝国领土外实施演习事项中轻易之事	帝國領土外ニ於テ演習實施ニ關スル事項中輕易ナル件
关于在东海军管区(日本东海岸)联合军军用飞行机搭乘员俘虏军法会议记录	東海軍管区(日本東海岸)ニ於ケル俘虜トナリタル聯合軍軍用飛行機搭乗員ニ關スル軍法會議記録
关于在哈桑湖地区日本军挑战的调查书	哈桑湖地區ニ於ケル日本軍挑戦ニ関スル調書
关于在陆军诸学校毕业式上皇族差遣之事	陸軍諸學校卒業式ニ皇族槼差遣ニ關スル件
关于在满部队服役延期之事	在滿部隊服役延期ニ関スル件
关于在满部队昭和十年征集兵的服役延期之事	在滿部隊ニ屬スル昭和十年徽集兵ノ服役延期ニ関スル件
关于在满洲国日本国臣民居住及满洲国课税等满洲国与日本国间条约	滿洲國ニ於ケル日本國臣民ノ居住及滿洲國ノ課税等ニ關スル日本國滿洲國間條約
关于在满洲国日本国臣民居住及满洲国课税等日本国满洲国间条约及附属协定	滿洲國ニ於ケル日本國臣民ノ居住及滿洲國ノ課税等ニ關スル日本國滿洲國間條約及附屬協定
关于在缅甸英国人俘虏之事	ビルマニ於ケル英國人俘虜ニ關スル件
关于在外部队兽医材料、蹄铁的补给还送之事	在外部隊獸醫材料、蹄鐵ノ補給還送ニ關スル件
关于在外部队卫生材料补给之事	在外部隊ニ衛生材料補給ニ關スル件

中文文献名	日文文献名
关于在乡将校(除将官及各部将官)的继续服役之事	在鄉將校(將官及各部將官ヲ除ク)ノ服役継続ニ關スル件
关于在乡军人外国旅行之事	在鄉軍人外國旅行ニ關スル件
关于在战时紧急状态下特别刑事手续的法律案	戰時緊急狀態下ニ於ケル特別刑事手續ニ關スル法律案
关于在职官吏及其他事业服务之事	在職官吏他ノ事業服務ニ關スル件
关于战俘待遇的日内瓦公约	ジュネーヴノ俘虜待遇ニ關スル條約
关于战时国民生活保持的法律案	戰時國民生活ノ保持ニ關スル法律案
关于战时特别犯罪处罚的法律案	戰時特別犯罪處罰ニ關スル法律案
关于战时抑留者关系事务室名称变更之事	戰時抑留者關係事務室名稱變更ニ関スル件
关于战用粮食品的更新之事	戰用糧食品ノ更新ニ關スル件
关于战争犯罪及虐待的库纳尔迪医师的法医学报告	戰爭犯罪及ビ虐待ニ関スルクナルデル醫師ノ法醫學的報告
关于张作霖元帅被害的调查报告	張作霖元帥殺害ニ關スル調查報告
关于昭和九年度铁路总局决算之事	昭和九年度鐵路總局決算ニ關スル件
关于昭和十三年重要物资需给计划改订之事	昭和十三年ニ於ケル重要物資ノ需給計畫改訂ニ關スル件
关于征兵处分的轻易变更、取消之事	徵兵處分ノ輕易ナル変更、取消ニ關スル件
关于征集延期资格学校的认定之事	徵集延期資格學校ノ認定ニ關スル件
关于支付预算及岁入预算的年度初头令达之事	支拂豫算及歳入豫算ノ年度初頭令達ニ關スル件
关于支付预算书及明细支付预算的更定之事	支拂豫算書及明細支拂預算書ノ更定ニ關スル件
关于支票支付未全金的偿还之事	小切手支拂未済金ノ償還ニ關スル件
关于指名竞争入札及随意契约之事	指名競爭入劄及隨意契約ニ關スル件
关于至1939年(昭和十四年)为止的满洲国发展的第六篇报告	一九三九年(昭和十四年)迄の滿洲國發展に關する第六回報告
关于中国的交换公文	支那ニ關スル交換公文
关于中国方的对朝鲜农民放出荒地办法发布并实施方训令之事	支那側ノ鮮農ニ對スル荒地出放辦法發布竝實施方訓令ニ關スル件
关于中国官宪中对日本人家屋教地租兴严禁的密令之事	支那官憲ノ邦人ニ對スル家屋教地租興嚴禁ノ密令ニ關スル件
关于中国事变的政府声明	支那事変ニ関スル政府聲明
关于中立国及中立人在陆战中的权利和义务的条约	陸戰ノ場合ニ於ケル中立國及中立人ノ權利義務ニ關スル條約
关于建立中央政府的大纲	中央政府樹立ニ関スル大綱
关于重要兵器的新调之事	重要ナル兵器ノ新調ニ關スル件
关于重要产业五年计划要纲实施的政策大纲(案)	重要產業五ヶ年計畫要綱實施ニ關スル政策大綱(案)
关于重要的诸规则的制定改废之事	重要ナルサル諸規則ノ制定改廢ニ關スル件

中文文献名	日文文献名
关于重要人和马的补充之事	重要ナラサル人馬ノ補充ニ關スル件
关于重要人和马的配属变更、交代等之事	重要ナラサル人馬ノ配屬變更、交代等ニ關スル件
关于重要土地建造物经营之事	重要ナラサル土地建造物ノ經營ニ關スル件
关于主权尊重原则实行的诸要求	主權尊重原則實行ニ關スル諸要望
关于属于常规的外国驻在员费之事	恒例ニ屬スル外國駐在員費ニ關スル件
关于嘱托员及雇员的命免、进退之事	囑託員及雇員ノ命免、進退ニ關スル件
关于转地疗养患者收疗之事	轉地療養患者收療ニ關スル件
关于资源调查法令施行上调查除外工厂的指定之事	資源調查法令施行上調查除外工廠ノ指定ニ關スル件
关于资源调查证票之事	資源調查証票ニ關スル件
关于汽车制造事业法施行付商工省及陆军省两省联络之事	自動車製造事業法施行ニ付商工省及陸軍省兩省連絡ニ關スル件
关于总动员秘密保护事项中轻易之事	總動員秘密保護ニ關スル事項中輕易ナル件
关于奏任官以下军法会议判士及部内各委员、御用挂及派遣将校的命免之事	奏任官以下軍法會議判士及部内各委員、御用掛並ニ派遣將校ノ命免ニ關スル件
关于奏任官以下满洲国、中华民国等出差之事	奏任官以下滿洲國、中華民國等出張ニ關スル件
关于租税增收的法律案	租稅ノ增徵ニ關スル法律案
关于尊重荷兰在太平洋方面岛屿属地权利的声明	太平洋方面ニ於ケル和蘭國ノ島嶼タル屬地ニ關スル權利尊重ニ関スル聲明
关于佐尉官及高等文官的升级之事	佐尉官及高等文官ノ升級ニ關スル件
官吏制度	官吏制度
关东军师团组织	関東軍師团組織
广安门事件报告	廣安門事件報告
广田弘毅外相致英国驻日大使克雷吉公文	クレイギー英國大使宛廣田外相公文(昭和十二年十二月十四日)
广田弘毅于一九三四年一月二十三日第六十五帝国议会上发表的演说	一九三四年一月二十三日第六十五帝國儀會ニ於ケル外務大臣廣田弘毅氏演說
广田外务大臣声明(昭和十五年九月二日于外务大臣官邸外人记者会见)	廣田外務大臣聲明(昭和十五年九月二日於外務大臣官邸外人記者會見)
归化法	歸化法
国兵法	國兵法
国策大纲	國策大綱
国防保安法	國防保安法
国防国家计书	國防國家計書
国防计划及军备方针	國防計畫及軍備方針
国防强化促进法	國防強化促進法
国共合作的政治资料	國共合作ニ關スル政治資料
国际裁判议定书	國際裁判議定書

中文文献名	日文文献名
国际法	國際法
国际检察部公文书	國際検察部公文書
国际军事审判速记录	國際軍事裁判速記錄
国际联合会关于一九三七年七月七日泸沟桥事变以后中日争议所通过之决议案及报告书	國際聯合會關於一九三七年七月七日瀘溝橋事變以後中日爭議所通過之決議案及報告書
国际联盟第廿五回议事细节	國際聯盟第廿五回議事細目
国际联盟调查委员会报告书	國際聯盟調查委員會報告書
国际联盟关系文书集 3 卷	國際聯盟關係文書集 3 卷
国际联盟规约	國際聯盟規約
国际联盟事务局长收的通信	國際聯盟事務局長宛ノ通達
国际联盟退出后帝国对欧美的外交政策	國際聯盟脱退後に於ける帝國の對歐米外交政策
国际联盟中国调查委员预备报告	國際聯盟支那調查委員豫備報告
国际卖药协定	國際賣藥協定
国际情势与帝国的立场	國際情勢ト帝國ノ立場
国际形势研究(1937 年)	國際情勢研究(一九三七)
国际鸦片条约	國際阿片條約
国家产业复兴法	國家產業復興法
国家改造大纲	國家改造案大綱
国家集团犯罪及将来的刑法	國家集團犯罪並ニ將來ノ刑法
国家总动员法	國家總動員法
国境标识明细书	國境標識明細書
国境地图	國境地圖
国境地图帖	國境地圖帖
国境地图图叶配列图	國境地圖圖葉配列圖
国境警备要纲	國境警備要綱
国民储蓄的推计表	國民貯蓄ノ推計表
国民评论	國民評論
国民勤劳报国协力令	國民勤勞報國協力令
国民勤劳奉公法	國民勤勞奉公法
国民优生法	國民優生法
国民征用令	國民徵用令
国民政府对福建省政府的训令	福建省政府宛國民政府訓令
国民政府建国大纲	國民政府建國大綱
国民政府令	國民政府令
国民政府政纲	國民政府政綱
国民职业能力申告令	國民職業能力申告令
国内产业发展五年计划	國內產業發展五ヶ年計劃
国人告知书	國人に告ぐる書

中文文献名	日文文献名
国史读本	國史讀本
国体学入门	國體學入門
国土盗卖条例	國土盜賣條例
国土计划设定要纲	國土計畫設定要綱
国务长官备忘録	國務長官備忘録
国务次官备忘录	國務次官覺書
国务卿声明书	國務卿聲明書
国务省会议录	國務省會議錄
国务省条约集	國務省條約集
国营远东海运汽船会社所属船因克尔号扣留的相关报告	國營極東海運汽船會社所屬船イングール號抑留ニ関スル件報告
国债整理基金特别会计法	國債整理基金特別會計法
哈瓦那条令	ハバナ條令
海军裁判所及委员会法	海軍裁判所及委員會法
海军军法会议法	海軍軍法會議法
海军军缩条约	海軍軍縮條約
海军省官制	海軍省官制
海军刑法	海軍刑法
海军预算要纲	海軍豫算要綱
海军诸例则	海軍諸例則
海军作戦方针及命令	海軍作戦方針及命令
海特夫人口供书	ヘット夫人ノ口供書
海外关系	海外関係
海牙第三公约	第三回海牙條約
海牙第五条约	海牙ノ第五條約
海牙公约	海牙公約
海战法规	海戰法規
韩国驻扎军陆军军法会议法	韓國駐剳軍陸軍軍法會議法
汉口方面政务处理要纲	漢口方面政務處理要綱
汉口市街地图	漢口市街地圖
汉口市土地区图一览图	漢口市土地區啚一覽圖
航海奖励法	航海奬勵法
航空兵团情报记录	航空兵團情報記錄
航空机制造事业法	航空機制造事業法
航路补助法	航路補助法
濠州军配备要图	濠州軍配備要圖
合成化学品制造事业法	合成化學品製造事業法
何梅协定	梅津何應欽協定

中文文献名	日文文献名
和平不可侵条约	平和不可侵條約
和平对策案	和平對策案
和平救国宣言	和平救國の宣言
和平论	和平論
和平提案	和平提案
和平协约	和平協約
和平运动的经过	和平運動の經過
和英海语辞典	和英海語辭典
荷兰海外领地及殖民地领事条约	和蘭國ノ海外領地及殖民地ニ關スル領事職務條約
荷兰海洋航行船舶积量测度证书	和蘭國海洋航行船舶積量測度證書
荷兰军队大尉检察官海布鲁克报告书	オランダ正規軍大尉檢事 J. N. ヘイブレクノ報告書
荷兰军队情报局野战部队 36/2 报告书	オランダ軍情報局野戰情報部隊三六/二報告書
荷兰军队中国人军医谭恩同(音)宣誓报告书	オランダ正規軍支那人軍醫タン・エン・ドンノ宣誓報告書
荷属东印度	蘭領東印度
荷属东印度兵要地志	蘭領東印度兵要地誌
荷属东印度军附属警察莫依陈述书	蘭印軍附警官 W・モオイノ供述書
荷属东印度军军曹维尔伯利报告	蘭印軍軍曹 O・フイジルブリイフノ報告
荷属东印度军士兵莫斯陈述书	蘭印軍兵 A・モエスノ供述書
荷属东印度陆军大尉雷迪阿陈述书	蘭印軍陸軍大尉ライダーノ審問報告
荷属东印度陆军少佐凡・罗夫陈述书	蘭印陸軍所屬 J. シム・ヴアン・テル・レフ少佐ノ宣誓供述書
荷属东印度陆军少佐韦德陈述书	蘭印軍陸軍少佐デ・ヴェールトノ陳述書
荷属东印度正规军军曹摩尔口供书	蘭印正規軍軍曹 A. M. L. モオルノ口供書
荷属东印度正规军军曹欧德曼口供书	蘭印正規軍軍曹 P. H. オウデマンノ口供書
黑龙江明细地图	黑龍江明細地圖
红色中国的研究	赤色支那ノ究明
红十字条约	赤十字條約
胡霖供述书	胡霖供述書
葫芦岛筑港计划	葫蘆島築港計劃
扈从访日恭记	扈從訪日恭記
华北处理纲要	北支處理要綱
华北各铁道军事处理要领	北支ニ於ケル各鐵道ノ軍事的処理要領案
华北生产力扩充计划	北支生產力擴充計畫
华北事变处理方针	北支事變處理方針
华北鸦片抽烟禁止临时措置法	華北阿片吃煙禁止臨時措置法
华北指导方策	北支指導方策
华东铁道买卖协定	東支鐵道賣買協定

中文文献名	日文文献名
华府海军军缩会议公式报告书	華府海軍軍縮會議公式報告書
华侨新生记	華僑新生記
华盛顿海军军备限制条约废止通告文	華府海軍軍備制限條約廃止通告文
华中金融紧急对策处理要领	中支那金融緊急對策處理要領
华中派遣军命令	中支那派遣軍命令
华中新政权树立方案	中支新政権樹立方案
华中政务指导方案	中支政務指導方案
还都宣誓	還都宣誓
荒木贞夫讯问调书	荒木貞夫訊問調書
皇道思想的觉醒	皇道思想の覺醒
皇室典范上谕	皇室典範上諭
珲春及南岛地方作战资料调查	琿春及南島地方作戰資料調查
珲春界约	琿春界約
珲春界约附图	琿春界約附圖
珲春议定书	琿春議定書
回顾与前瞻	回顧と前瞻
会计委员会议事录	會計委員會議事錄
会社经理统制令	會社經理統制令
会社所有株式评价临时措施令	會社所有株式評價臨時措置令
货币法	貨幣法
机密费支出法	機密費支出法
机密联合舰队命令	機密聯合艦隊命令
机密联合舰队命令作第一号	機密聯合艦隊命令作第一號
矶野勇三口述书	磯野勇三口述書
基本国策纲要	基本國策綱要
基于关东军任务的对外问题的军队意见	関東軍ノ任務ニ基ク對外諸問題ニ関スル軍ノ意見
吉长铁路借款契约	吉長鐵道借款契約
吉林会宁铁道计划	吉林會寧鐵道計畫
吉林省政府建设厅稻田水利管理暂行章程	吉林省政府建設廳稻田水利管理暫行章程
即位诏书	即位詔書
极秘日本经济许价	極秘日本經濟許價
计划产业的生产力扩大率表	計畫產業ノ生產力擴大率表
济南市土药业同业公会暂行章程	済南市土藥業同業公會暫行章程
济南事件排日排货关系第十卷	濟南事件排日排貨關係第十巻
加拿大联合王国间协定	聯合王國カナダ間協定
加拿大与西印度贸易协定	カナダ西印度間貿易協定
价格等统制令	價格等統制令
奸民惩办条例	奸民懲辦條例

中文文献名	日文文献名
间岛协约	間島協約
建国公债发行规程	建國公債發行規程
建国公债条例	建國公債條例
建国宣言	建國宣言
建舰通报协定	建艦通報協定
建立联合委员会要纲	聯合委員會樹立要綱
建一个不畏惧英苏的最高战时内阁	英ソを恐れぬ最高度の戰時內閣を作れ
建一个以日本为宗主的日满中联邦	日本を宗主とする日滿支聯邦を作れ
建造物管辖的交换、解除、用途变更及用途废止的相关文件	建造物ノ管轄換、解除、用途変更及用途廢止ニ關スル件
健川提案	健川提案
舰船职员服务规程	艦船職員服務規程
将校以下补充人员的一部分变更中轻易之事	將校以下補充人員ノ一部変更中輕易ナル件
交通政策要纲	交通政策要綱
矫正列强的霸道	列強ノ霸道ヲ是正シ
教育敕语	教育勅語
教育审议会会议录	教育審議會會議錄
捷克斯洛伐克国家总动员法	チエツコスロバキヤ國家總動員法
戒严令案	戒嚴令案
今后应采取的战争指导的方策	今後採ルヘキ戰爭指導ノ方策
今后与国民政府再无关系	自今國民政府ヲ相手トセズ
金光庸夫口供书	金光庸夫口供書
金钱债务调停法	金銭債務調停法
金融团体法案	金融團體法案
金生产法	金生產法
金属类回收令	金屬類回收令
金准备评价法	金準備評価法
金资本特别勘定法	金資本特別勘定法
金资金特别会计法案	金資金特別會計法案
紧急军需金融法	緊急軍需金融法
尽快结束与美国、英国、荷兰及蒋政权战争的要领	対米英蘭蔣戰爭終末促進要領
尽力深入援助避免表面工作	內面的援助ニ勉メ表面的工作ヲ避ク
近卫公手记	近衛公手記
近卫内阁基本国策要纲	近衛內閣基本國策要綱
近卫声明	近衛聲明
禁烟法	禁煙法
禁烟法及施行法草案	禁煙法及施行法草案
禁烟禁毒条例	禁煙禁毒條例

中文文献名	日文文献名
禁烟清查暂行条例	禁煙清査暫行條例
禁止吸食鸦片协议	阿片喫煙使用禁止協議
经过御前会议决定的关于日美交涉关系的诸决定	日米交涉関係ニテ禦前會議ヲ經テ決定シタル諸決定
经济同盟条约	經濟同盟條約
经济新体制确立要纲	経済新體制確立要綱
警察法中麻药法	警察法中麻藥法
九国条约	九箇國條約
就不参加九国条约会议的答复	九國條約會議不参加回答文
就防共协定与佐藤外相的会谈	防共協議ニツイテ佐藤外相トノ會談
就日美关系调节计划送达德意政府的秘密情报	日米関係調節計畫ニ関シテ獨伊政府ニ送ラレタ秘密情報
就事变处理方针等	事変処理方針等ニ就テ
就张鼓峰事件的美国大使馆报告	張鼓峰事件ニ關スル米國大使館報告
就最近十年间日本在荷属东印度群岛破坏活动的荷属东印度政府公报	最近十年間ニ於ケル蘭領東印度群島二於ケル日本ノ破壊的活動二就テノ和蘭領東印度政府公報
局长会报	局長會報
举一例	舉一例
决算委员第一、第二、第三、及第四、分科联合会会议录	衆議院決算委員第一、第二、第三、及第四、分科聯合會々議錄
军队经理规程	軍隊經理規程
军机保护法	軍機保護法
军纪违反者一览表	軍紀違反者一覽表
军舰外务令解说	軍艦外務令解說
军人的政治关与国防上当然的任务	軍人の政治關與國防上當然の任務
军事参议官条例	軍事参議官條例
军事参议院条例	軍事参議院條例
军事工业动员法	軍事工業動員法
军事机密大日记	軍事機密大日記
军事机密事项	軍事機密事項
军刑法	軍刑法
军需产业动员令	軍需產業動員令
军需工业动员法	軍需工業動員法
军需工业平战时生产转换标准表	軍需工業平戰時生產轉換標準表
军需公司法	軍需會社法
军需品工场事业场检查令	軍需品工場事業場檢查令
军需省官制	軍需省官制
军抑留者处理规程	軍抑留者取扱規程

中文文献名	日文文献名
军用机生产表	軍用機生産表
军用手票「は号」及「に号」制造的文件	軍用手票「は號」及「に號」製造ノ件
军用资源秘密保护法	軍用資源秘密保護法
杰利・贝尔特氏的陈述预定书	ヂェーリーベルト氏ノ陳述豫定書
卡佩龙世界地图集	カッペレン世界地圖書
开罗宣言	カイロ宣言
凯斯・玻特利尔陈述书	チェンケイ,チンキン及ロトンノ三人ノ支那人ニヨル陳述書
抗日合作宣言	抗日合作宣言
抗日华侨名簿	抗日華僑名簿
抗日救国的初步政治纲领	抗日救國ノ初步的政治綱領
抗日救亡草案	抗日救亡草案
抗日民族统一战线运动史	抗日民族統一戰線運動史
考佩尔宣誓陈述书	コペルノ宣誓陳述書
克莱顿法	クレートン法
克莱奇默宣誓口供书	クレッチマー宣誓供述書
空袭保险国营法案	空襲保險國營法案
空袭保险特别会计法案	空襲保險特別會計法案
空袭的敌航空机搭乘员处理之事	空襲ノ敵航空機搭乘員取扱ノ件
空袭军律	空襲軍律
空中战斗法	空中戰斗法
苦闷的中国	苦悶する中國
库恩自白书	キューン自白書
傀儡政府鸦片管理规则	傀儡政府阿片管理規則
拉巴洛条约	ラパロ條約
李贝尔特氏口供书	リーベルト氏口供書
雷顿宣誓供述书	レイトン宣誓供述書
蓝辛-石井协定	レンシング石井協定
朗格・纳万大屠杀	ロング・ナワンノ虐殺
劳埃德船舶注册	ロイドの船舶登錄簿
李顿报告书	リットン報告書
李特维诺夫同志与重光的会谈记录	同志リトヴイノフト重光ノ會談記錄
李特维诺夫同志的日记	エム・エム・リトヴイノフノ日記
里塞拉达小姐口供书	ジェー・ピー・リセラダノ口供書
立法院秘书处官制	立法院秘書處官制
利权条约	利權條約
联络部长官会同恳谈要领	連絡部長官會同懇談要領
联络部长官会同在本院侧主要恳谈事项	連絡部長官會同本院側ニ於ケル主要懇談事項

中文文献名	日文文献名
联络会议决定案	連絡會議決定案
联络会议上关于对美英开战的根本理由决定案	連絡會議ノ対米英開戦ニ關スル根本理由決定案
联合公报	共同コミュニク
联合国船舶沉没一览表	聯合國船舶沉没一覽表
联合国代表最高司令官命令第二号	聯合國代表最高司令官命令第二號
联盟调查委员会报告书	聯盟調査委員會報告書
联盟国纷争报告	聯盟國紛爭報告書
粮食法	米穀法
列国在拼命增强空军,建设一个无敌空军吧	列國は空軍增強に必死無敵空軍を建設せよ
林柏生的重要演讲	林柏生氏の重要發表
林德曼陈述书	バキ・ビン・リンドマンニ依ル宣誓書
临军合计预算追加案	臨軍合計豫算追加案
临时处理法	臨時措置法
临时船舶管理法	臨時船舶管理法
临时军费特别会计预算追加案	臨時軍事費特別會計豫算追加案
临时内阁参议官制	臨時内閣参議官制
临时农地价格统制令	臨時農地價格統制令
临时输入出统制法	臨時輸入出統制法
临时维新两政府合作要求	臨時維新兩政府に對する協力要講
临时政府声明	臨時政府聲明
临时追加补充计书	臨時追加補充計書
临时资金调整法	臨時資金調整法
赁金临时措施令	賃金臨時措置令
赁金统制令	賃金統制令
铃木九万宣誓供述书	鈴木九萬宣誓供述書
铃木贞一宣誓供述书	鈴木貞一宣誓供述書
龙沙记略	龍沙記略
卢沟桥事件实录	蘆溝橋事件實錄
鲁帕迪陈述书	ルーパテイ口供書
鲁帕提报告	H. ルーパティノ報告
陆海军联合情报部预备讯问报告书	陸海軍聯合情報部豫備訊問報告書
陆海军中央协定	陸海軍中央協定
陆军兵力概要表	陸軍兵力概見表
陆军兵器行政本部令	陸軍兵器行政本部令
陆军部队概要表	陸軍部隊概見表
陆军部幕僚要求事项及华北方面军司令官的训示	陸軍部幕僚要望事項及北支那方面軍司令官ノ訓示
陆军惩罚令	陸軍懲罰令

中文文献名	日文文献名
陆军大尉威特比口供书	陸軍大尉「B. J. ウィットビイ」ノ口供書
陆军对战时法案的说明	陸軍ハ戰時法案ヲ説明スル
陆军法务官试补实务修习试验施行之事	陸軍法務官試補実務修習試驗施行ノ件
陆军防空计划	陸軍防衛空對戰鬪計畫
陆军航空本部令	陸軍航空本部令
陆军将校实役退休名簿	陸軍將校實役停年名簿
陆军教化队编入及原队复归之事	陸軍教化隊編入及原隊複帰ノ件
陆军教化队附下士官兵的派遣及复归之事	陸軍教化隊附下士官兵ノ派遣及複帰ノ件
陆军军法会议法	陸軍軍法會議法
陆军军缩与西园寺公	陸軍軍縮と西園寺公
陆军录事登用试验施行之事	陸軍錄事登用試驗施行ノ件
陆军省处务规程	陸軍省處務規程
陆军省官制	陸軍省官制
陆军省规定第 22 号 1943 年(昭和 18 年)5 月 2 日俘虏劳动规定	陸軍省規定第 22 號 1943 年(昭和 18 年)5 月 2 日俘虜勞動規定
陆军省令	陸軍省令
陆军省新闻班长佐藤贤子大佐谈主旨	陸軍省新聞班長佐藤賢子大佐談要旨
陆军省佐藤新闻班长谈	陸軍省佐藤新聞班長談
陆军输送港域军事取缔法	陸軍輸送港域軍事取締法
陆军五年计划案大纲	陸軍五ヶ年計畫案大綱
陆军武官服役令施行规则	陸軍武官服役令施行規則
陆军现役将校配属令	陸軍現役將校配屬令
陆军现役将校配属令施行规程	陸軍現役將校配屬令施行規程
陆军现役军官学校配属令	陸軍現役將校學校配屬令
陆军治罪法	陸軍治罪法
陆满密大日记	陸滿密大日記
陆亚密大日记	陸亜密大日記
陆运统制令	陸運統制令
陆战法规和惯例公约	陸戰ノ法規慣例ニ關スル條約
陆战法规惯例的相关规则	陸戦ノ法規慣例ニ關スル規則
陆支密大日记	陸支密大日記
路易斯斯密斯博士口述书	ルイス・エス・シイ・スミス博士口述書
铝的生产、输入及消费	アルミニュームノ生産、輸入及ビ消費
律师法	律師法
论持久战	持久戰論
罗加诺公约	ロカルノ條約
洛桑条约	ローザン條約
麻药取缔法	麻藥取締法

中文文献名	日文文献名
马关条约	下關條約
马哈茂德陈述书	マホメッドノ宣誓口述書
马歇尔元帅报告书	マーシヤル元帥報告書
麦西陈述书	軍醫中佐 C. W. マイセイノ宣誓書
满洲的鸦片	滿洲ニ於ケル阿片
满洲飞机场的地图	滿州ニ於ケル飛行場網ノ図
满洲事变机密费支出	滿州事變機密費支出
满洲国产业开发五年计划	滿洲國產業開發五個年計畫
满洲国机场网	滿洲國飛行場網
满洲国军年次增强表	滿洲國軍年次增強表
满洲经济建设的现况	滿洲經濟建設ノ現況
满洲内的军用仓库图	滿洲內ノ軍用倉庫図
满洲事变陆海军出兵撤兵关系	滿洲事变陸海軍出兵撤兵關係
满洲铁道图	滿洲鉄道図
满军指导纲	滿軍指導綱
满蒙四铁道协定	滿蒙四鐵道協定
满蒙新地图	滿蒙新選地図
满蒙新国家独立宣言	滿蒙新國家獨立宣言
满密大日记	滿密大日記
满受大日记	滿受大日記
满苏国境关系协定	滿蘇國境關係協定
满苏国境事件概要	滿ソ國境事件概要
满洲兵营预备设施	滿洲の兵営用予備施設
满洲的机动车道路	滿州ノ自動車道路
满洲的铁道	滿州ノ鉄道
满洲的筑城构筑	滿州根拠地ノ築城構築
满洲帝国根本法	滿洲帝國根本法
满洲帝国及蒙古人民共和国间现场国境确定混成委员会会议议事录	滿洲帝國及蒙古人民共和國間現地國境確定混成委員會會議議事錄
满洲帝国六法全书	滿洲帝國六法全書
满洲根据地筑城构筑图	滿州根拠地ノ築城構築図
满洲工作机械株式会社使用俘虏之事	滿洲工作機械株式會社ニ俘虜ヲ使用スル件
满洲工作机械株式会社为航空紧急整备利用致度之事的照会	滿洲工作機械株式會社ヲ航空緊急整備ノタメ利用致度件照會
满洲国、匈牙利参加防共协定的文件	防共協定に滿洲國、ハンガリー國参加の件
满洲国第二次产业建设五年计划	滿洲國第二次產業建設五ヶ年計畫
满洲国独立宣言	滿洲國獨立宣言
满洲国对外贸易	滿洲國對外貿易

中文文献名	日文文献名
满洲国法令	滿洲國法令
满洲国关税法	滿洲國關稅法
满洲国关税一般方案	滿洲國關稅一般方案
满洲国关于参加反对共产国际协议的议定书缔结之事	滿洲國ノ共產インターナショナルニ対スル協議參加ニ關スル議定書締結ノ件
满洲国国务院令	滿洲國國務院令
满洲国建国公债条例	滿洲國建國公債條例
满洲国建国宣言	滿洲國建國宣言
满洲国经济建设纲要	滿洲國經濟建設綱要
满洲国军人敕论	滿洲國軍人敕論
满洲国军整备要领	滿洲國軍整備要領
满洲国年鉴	滿洲國年鑒
满洲国全图	滿洲國全圖
满洲国苏联间国境条约集	滿洲國ソウィエー聯邦間國境條約集
满洲国苏维埃社会主义共和国联盟间协定	滿洲國ソヴィエト社會主義共和國聯盟間協定
满洲国图	滿洲國圖
满洲国外国贸易年报	滿洲國外國貿易年報
满洲国刑罚法规	滿洲國刑罰法規
满洲国与苏联间国境条约集	滿洲國ソヴエート聯邦間國境條約集
满洲国政府建国公债承兑募集契约书	滿洲國政府建國公債引受募集契約書
满洲国指导方针要纲	滿洲國指導方針要綱
满洲国指导要纲	滿洲國指導要綱
满洲国中央政府首脑职员表	滿洲國中央政府ノ首腦職員表
满洲国组织法	滿洲國組織法
满洲经济统治关系事项	滿洲經濟統治關係事項
满洲经济统治关系书类送交之事	滿洲經濟統治關係書類送付ノ件
满洲事变的本质	滿洲事變ノ本質
满洲事变史	滿洲事變史
满洲事件费机密费交付之事	滿洲事件費機密費交付ノ件
满洲条约	滿洲條約
满洲五年计划	滿洲五ヶ年計畫
满洲志附图	滿洲志附圖
满洲重工业建设要纲	滿洲重工業建設要綱
满洲重工业确立纲要	滿洲重工業確立要綱
毛泽东和中国的红星	毛澤東ト中國ノ紅星
毛泽东选集	毛澤東選集
贸易精览	貿易精覽
贸易统制令	貿易統制令

中文文献名	日文文献名
煤炭配给统制法	石炭配給統制法
煤炭销售管理规则	石炭販賣取締規則
美国、荷兰、英国三方会谈	アメリカ-オランダ-イギリス會談
美国船舶局年报	合衆國船舶局年報
美国大使发币原外务大臣收的来函	幣原外務大臣宛在本邦米國大使來翰
美国的对外关系	米國の對外關係
美国的外交关系(对日本关系)	米國の外交關係(對日本關係)
美国国务长官的公开声明	米國國務長官ノ公式聲明
美国国务卿赫尔就日美通商航海条约废弃发给驻美堀内大使的通牒	日米通商航海條約廢棄ニ關スル北米合衆國ハル國務長官發在米堀内大使宛通牒
美国国务院公开刊物《和平与战争》	米國國務省公刊物「平和と戦争」
美国国务院文书	米國國務省文書
美国海军记录	米國海軍記錄
美国海军写真情报报告书	米國海軍寫眞情報報告書
美国海事委员会调查部报告书	合衆國海事委員會調查部報告書
美国陆军战术调查资料第七号、美国步兵团守势配置一范例	米國陸軍戰術ニ關スル調查資料第七號、米國步兵聯隊守勢配置ノ一範例
美国输出统制法	米國輸出統制法
美国提案协定案	米國提案協定案
美国宪法	米國憲法
美合众国海军条例	米合眾國海軍條例
美利坚合众国代表委员报告书	アメリカ合衆國代表委員報告書
美利坚合众国借款协定	合衆國借款協定
美日海军舰艇保有量比较表	米日海軍艦艇保有量比較表
美日外交关系	米國ノ外交關係—日本
美日英法太平洋四国条约	太平洋四國條約
美苏中协约案	米-露-支協約案
美英中三国对日共同宣言	米英支三國對日共同宣言
门户开放政策	門戶開放政策
盟国翻译部调查报告	聯合國翻訳通訳部調查報告
盟军翻译部报告书	A. T. I. S. 報告書
盟军翻译部时事翻译	ATIS時事翻譯
盟军最高司令部调查报告书	聯合軍最高司令部調查報告書
蒙古地方概图	蒙古地方概圖
蒙古人民共和国地图	蒙古人民共和國地圖
蒙古人民共和国教育用图	蒙古人民共和國教育用圖
蒙古人民共和国内务部国境警备队管理局觉书	蒙古人民共和國内務省國境警備隊管理局覺書
蒙古人民共和国刑法	蒙古人民共和國刑法

中文文献名	日文文献名
蒙古游牧记	蒙古遊牧記
蒙疆地方特别调查计划	蒙疆地方特別調査計畫
米谷加工等限制令	米穀搗精等制限令
米内海相与汪精卫谈话要领	米内海相、汪會談要領
米统制法	米穀統制法
秘密附属议定书	秘密附屬議定書
秘密谅解事项	秘密諒解事項
密大日记	密大日記
缅甸方面军俘虏处理规定	緬甸方面軍俘虜取扱規定
民国大总统关于尊重条约、契约及既得权利的宣言	條約、契約及既得權尊重ニ關スル支那國大總統ノ宣言
民籍法	民籍法
民事诉讼法	民事訴訟法
明治大正国势总览	明治大正國勢總覽
明治三十八年第三十八号关于俘虏处罚的法律	明治三十八年法律第三十八號トシテ俘虜處罰ニ關スル法律
明治三十七年紧急勅令第二百二十五号	明治三十七年緊急勅令第二百二十五號
明治十九年教育法令	明治十九年教育法令
命令宪法取调的勅语	憲法取調を命ずる勅語
木村兵太郎履历	木村兵太郎履歷
木户侯爵日记	木戸侯爵日記
木户口供书	木戸口供書
穆勒口供书	ミュラーノ口供書
内大臣府官制	内大臣府官制
内阁阁员关于经济问题的更迭	經濟問題に關聯する内閣閣員の更迭
内阁强化案	内閣強化案
内阁书记官长谈	内閣書記官長談
内阁一览表	内閣一覽表
内外时局谈	内外時局を語る
内务省官制	内務省官制
奈克・拉姆宣誓陈述书	ナイク・チャンギ・ラームノ宣誓口述書
耐库・巴达普・谢克宣誓口述书	ナイク・パータップ・シングノ宣誓口述書
南方航空政策大纲	南方航空政策大綱
南方经济对策要纲	南方經濟對策要綱
南方要域攻略(进攻作战保留)	南方要域攻略(進攻作戰保留)
南方要域攻略准备	南方要域攻略準備
南方占领地行政实施要领	南方占領地行政實施要領
南方诸国的飞机	南方諸國ニ於ケル航空機

中文文献名	日文文献名
南进中日本的地位——英雄时代来了——	南進に於ける日本の地位——英雄的時代來る——
南京安全区文书	南京安全地區書類
南京城攻略要领	南京城攻略要領
南京攻击命令原本	南京攻撃命令原本
南京条约	南京條約
南满铁道爆破报告	南滿鐵道爆破報告
南满洲铁道线路爆破状况调查书	南滿洲鐵道線路爆破狀況調査書
南满洲铁道株式会社总裁与吉林省省长间关于铁道建设资金的契约	南滿洲鐵道株式會社總裁ト吉林省長トノ間ニ成立セシ鐵道ノ新設經營貸金ニ關スル契約
南太平洋司令部翻译文书	南太平洋司令部翻譯書類
南洋航路修订船客运价格送达之事	南洋航路改正船客運賃表送附ノ件
南洋航路上不接受洋人船客之事	南洋航路ニ洋人船客引受ケザルノ件
南洋诸岛空军配置要图	南洋諸島空軍配置要図
年代集录补遗	年代集録補遺
年度物资动员计划	年度物資動員計畫
纽约时报	ニューヨク、タイムス
纽约先驱论坛报	ニューヨーク、ヘラルド、トリビューン
农地调整法	農地調整法
农调整法	農調整法
农业保险法	農業保險法
农业水利临时备调整令	農業水利臨時備調整令
诺门罕地区满蒙国境协定	ノモンハン地區滿蒙國境協議
诺门罕国境事件处理纲要	ノモソハソ國境事件處理要綱
诺门罕停战协定	ノモンハン停戰協定
欧式荷属东印度船舶积量测度证书	歐洲形和蘭領印度船舶積量測度證書
欧式日本国海洋航行船舶积量测度证书	歐洲形日本國海洋航行船舶積量測度證書
欧洲中部旅行案	中央歐羅巴旅行案
排日移民法	排日移民法
派遣俘虏处理规则	派遣俘虜取扱規則
佩奇传	ページ傳
配电统制令	配電統制令
皮格特陈述书	ピゴット宣誓供述書
皮特曼法案	ピットマン案
瓢虫号事件证明书之事	レィディバード號事件證明書ノ件
平沼首相谈	平沼首相談
婆罗洲及爪哇地图	ボルネオ及爪哇地圖
朴茨茅斯条约	ポーツマス條約
溥仪执政本庄关东军司令官交换公文	溥儀執政本莊關東軍司令官交換公文

中文文献名	日文文献名
齐亚诺伯爵日记	チャーノ伯日誌
企画厅官制	企畫廳官制
企画院生产力扩充案要纲	企畫院ニヨル生產力擴充案要綱(國際檢察部書類一五二二、第三部)
企业号舰长报告书	エンタープライズ號司令官報告書
汽车生产统制法	自動車生產統制法
汽车制造事业法	自動車製造事業法
汽船琼·尼克莱特击沉事件	汽船ジーン・ニコレット擊沈ノ件
恰克图协定	恰克圖協定
前美国大使格鲁日记《在日十年》	グルー前米國大使日記「在日十年」
潜艇及潜艇行动的特质	潛水艦及對潛水艦行動ノ特質
桥本欣五郎宣言	橋本欣五郎宣言
侵略国定义条约	侵略國定義條約
勤劳新体制确立纲要	勤労新體制確立要綱
青岛是自由港的宣言	青島(膠州)の自由港宣言
青年学校规定	青年學校規定
青年学校教练科查阅令	青年學校教練科查閱令
青年学校教练科等查阅规程	青年學校教練科等查閱規程
青年学校教授及训练科目要旨	青年學校教授及訓練科目要旨
青年学校令	青年學校令
青年训练所规程	青年訓練所規程
轻金属制造业法案	輕金屬製造事業法
清季外交资料	清季外交資料
清俄铁道旧约(即1896年清俄密约)	露清鐵道原約
清俄追加条约	清露追加條約
情报局昭和十一年(1942年)外交关系资料集	情報局昭和十一年(1942年)外交關係公表集
丘吉尔演说	ウィンストン・チャーチル氏ノ演說
枪炮火药类管理规则	銃炮火藥類取締規則
全国民动员计划	全國民動員計畫
全国通电	全國通電
全体主义与人民战线	全體主義と人民戰線
染料生产表	染料生產表
热带地方简易医疗必携	熱帶地方ニ於ケル簡易醫療必攜
热地卫生便览	熱地衛生便覽
人口政策确立要纲	人口政策確立要綱
人身保护命令及裁判停止命令请求书	人身保護命令及ビ裁判停止命令嘆願書
人造石油计划	人造石油計畫
日本与法国间关于法属印度支那的条约集	佛印ニ関スル日佛間(不公表ヲ含ム)條約集

中文文献名	日文文献名
日本法属印度支那议定书	日佛印議定書
日本资源及产业	日本、其資源と産業
日本内阁	日本ノ内閣
日本本土原油消费量及贮藏量	日本本國ニ於ケル原油ノ消費量及貯藏量
日本本土产业的伸展	日本本土ノ產業ノ伸展
日本本土的电力消费量	日本々土ニ於ケル電力消費量
日本本土钢铁生产量及输入量	日本々土ニ於ケル鋼鐵ノ生產量及ビ輸入量
日本本土工业的发展	日本々土ニ於ケル工業ノ發展
日本本土工作机械的生产及纯输入	日本々土ニ於ケル工作機械ノ生產及ビ純輸入
日本本土原油消费量及贮藏量	日本々土ニ於ケル原油消費量及ビ貯蔵量
日本产金振兴公司法案	日本產金振興株式會社法案
日本大使致美国国务卿赫尔的声明	ハル長官宛日本大使ノ聲明書
日本的出口	日本ノ輸出
日本的船舶业	日本の船舶業
日本的攻击计划书	日本ノ攻擊計畫書
日本的进口	日本ノ輸入
日本的言行	日本的言行
日本的战争决意	日本ノ戦爭決意
日本的正式声明书	日本の公式聲明書
日本的政治	日本に於ける政治
日本地图	日本地圖
日本帝国对苏联防务的观点	對ソウエト聯邦帝國國防ニ關スル雜感
日本帝国金产量	日本帝國ニ於ケル金生產
日本帝国铝产量	日本帝國ニ於ケル「アルミニユウム」ノ生產量
日本帝国统计年鉴	日本帝國統計年鑑
日本帝国宪法义解	帝國憲法義解
日本帝国议会贵族院议事速记录	帝國議會貴族院議事速記録
日本帝国与国际联盟诸机关终止合作关系	帝國ト國際聯盟諸機關トノ協力關係終止ノ件
日本帝国政府关于东亚未来的声明	東亜ノ將來ニ關スル帝國政府聲明
日本电力公司法	日本發送電株式會社法
日本对于辽宁、吉林、黑龙江及热河省的占领	遼寧、吉林、黑龍江及熱河省ニ對スル日本ノ占領
日本二千六百年史	日本二千六百年史
日本法属印度支那共同防卫议定书	日佛印共同防衛議定書
日本废除 1922 年华盛顿海军条约的公告	日本ニ依ル一九二二年(大正十一年)ノワシントン海軍條約ノ廢棄通告
日本改造案大纲	日本改造案大綱
日本关于废撤治外法权的对策	治外法權撤發に關する日本の政策
日本、德国及意大利间三国条约缔结	日本國、獨逸國及伊太利國間三國條約締結ノ件

中文文献名	日文文献名
日本德国间关于经济合作的协定	日本國獨逸國間經濟提攜ニ關スル協定
日本德国间关于文化协力协定缔结之事	文化的協力ニ関スル日本國獨逸國間協定締結ノ件
日本法国间议定书	日本國フランス國間議定書
日本国法令	日本國法令
日本国荷兰国间司法解决、仲裁裁判及调停条约	日本國和蘭國間司法的解決、仲裁裁判及調停條約
日本国军备年表	日本國軍備年表
日本国泰国间议定书	日本國タイ國間議定書
日本国刑罚法规	日本國刑罰法規
日本国意大利及德国间议定书缔结方之事	日本國、伊太利國及獨逸國間議定書締結方ノ件
日本国与德国间关于伴随贸易协定实施中支付的处理	日本國獨逸國間貿易ニ關スル協定ノ實施ニ伴フ支拂ニ関スル取極
日本国与德国间关于贸易的协定	日本國獨逸國間貿易ニ關スル協定
日本国与德国间关于实施贸易协定支付的处理细则	日本國獨逸國間貿易協定支拂取極ノ實施ニ關スル細目取極
日本国与德国间关于文化方面协力的协定	文化的協力ニ關スル日本國及獨逸國間協定
日本国与泰国间关于继续友好关系及相互尊重领土的条约	友好關係ノ存續及相互ノ領土尊重ニ關スル日本國「タイ」國間條約
日本国与意大利间关于文化方面协力的协定	文化的協力ニ關スル日本國及伊太利國間協定
日本海及鄂霍次克海航路略图	日本海及オホック海航路略圖
日本海军陆战队司令官的粗暴声明	日本海軍陸戰隊司令官ニ依ル亂暴ナル声明
日本和平的条件	日本和平條件
日本和中华民国关于交还租界与废除治外法权的协议	租界還付及治外法權撤廢等ニ關スル日本國中華民國間協議
日本荷兰通商航海条约	日本國及和蘭國間ノ通商航海條約
日本及满洲的工业化一九三〇—四〇年表	日本及満洲の工業化一九三〇-四〇年表
日本及日本船舶	日本及日本船舶
日本及日本人之道	日本及日本人之道
日本假面的内幕	日本の假面の內幕
日本精神	日本精神
日本精神的昂扬	日本精神の昂揚
日本军对荷属东印度的占领	日本軍ノ蘭領印度佔領
日本军中尉东海林陈述书	日本軍中尉Ｍ・東海林陳述書
日本联合舰队机秘作战命令	日本聯合艦隊極秘作戰命令
日本陆军刑法	日本陸軍刑法
日本贸易精览	日本貿易精覽
日本内地工作机械的生产及纯输入	日本內地ニ於ケル工作機械ノ生產及ビ純輸入
日本内地工作机械的生产输入及输出	日本內地ニ於ケル工作機械ノ生產輸入及ビ輸出
日本内地精密轴承工业的生产及资本金	日本內地ニ於ケル精密軸承工業ノ生產及ビ資本金

中文文献名	日文文献名
日本内地精密轴承工业扩充	日本内地ニ於ケル精密軸承工業ノ擴充
日本年鉴	日本年鑑
日本期刊	ジュルナルドシャンハイ
日本潜水部队行动所在的概要	日本潛水部隊行動所在ノ概要
日本人林的审问书	日本人S・林ノ審問調書
日本人的进出及谍报	日本人ノ進出及諜報
日本人侵犯苏联国境的调查	日本人ニ依ルソ聯國境侵害調査
日本商法	日本商法
日本时报	日本タイムス紙
日本书纪	日本書紀
日本书纪通释	日本書紀通釋
日本枢密院	日本の樞密院
日本思想及日本精神	日本思想及日本精神
日本速记录	日本速記録
日本外国贸易年次报告书	日本外國貿易年次報告書
日本外国贸易日报	日本外國貿易日報
日本文明史	日本文明史
日本兴业银行法	日本興業銀行法
日本意大利经济互助协定	日本國伊太利國間經濟提攜ニ關スル協定
日本银行金买入法	日本銀行金買入法
日本银行特别融通并损失补偿法	日本銀行特別融通並損失補償法
日本银行条例中改正法律案	日本銀行條例中改正法律案
日本与法国通商协定	日本國佛蘭西國間通商協定
日本与法属印度支那条约	日佛印條約
日本与法属印度支那间经济协定	日佛印間経済協定
日本与中华民国同盟条约	日本國中華民國間同盟條約
日本在华北的毒品政策	北支ニ於ケル日本ノ麻醉政策
日本在满洲及中国本土的投资	滿洲及び支那本土ニ於ケル日本側投資ノ件
日本在满洲投资资本事业调查	滿洲ニ於ケル日本投資々本事業別調查
日本在中国分企业投资的概观	企業別ニ分類セラレタル支那ニ於ケル日本側投資ノ概觀
日本在中国民间企业关系投资等调查	中國ニ於ケル民間企業關係日本側投資等調査
日本在中国事业的发展	支那ニ於ケル日本側事業ノ發展
日本政府对于为了本计划实行的附带事业助成额预想	本計畫遂行ノ為ノ附帯事業ニ對スル日本政府助成額豫想
日本政府关于泰缅铁道的报告	ビルマ・タイ鐵道ニ關スル日本政府報告
日本政府及其活动范围及最近运营的倾向	日本の政府その活動範圍及運營の最近の傾向
日本政府声明	日本政府聲明

中文文献名	日文文献名
日本制铁会社法	日本制鐵會社法
日本制铁株式会社法案	日本制鐵株式會社法案
日本驻莫斯科大使馆武官河边陆军中佐的报告	モスコウ駐在日本大使館附武官河邊陸軍中佐ノ報告
日德互不侵略条约	日獨不侵略條約
日德防共协定	日獨防共協定
日德共同战争及战后计划的商议	日獨共同戰爭及ビ戰後計畫ノ討議
日德互助条约	日獨協議援助條約
日德间政治协定	日獨間に於ける政治的協議問題
日德军事协力	日獨軍事協力
日德贸易协定	日獨貿易協議
日德秘密协定	日獨秘密協定
日德条约	日獨協定
日德通商条约	日獨通商條約
日德文化协定	日獨文化協定
日德协议缔结事件审查报告	日獨協議締結ノ件審查報告
日德意防共协定	日獨伊防共協定
日德意满协约	日、獨、伊、滿協約
日德意强化提携案	日獨伊提攜強化案
日德意三国条约缔结一周年纪念伊藤情报局总裁放送原稿	日獨伊三國條約締結一週年紀念伊藤情報局總裁放送原稿
日德意三国同盟条约	日獨伊三國同盟條約
日德意枢轴论	日獨伊樞軸論
日德意文化协定	日獨伊文化協定
日德意西协约	日獨伊西協約
日德在中国的经济提携协定	支那ニ於ケル日獨経済提攜協定
日俄条约	日露條約
日俄通商航海条约	日露通商航海條約
日俄渔业协定	日露漁業協定
日法共同防卫议定书	日仏共同防衛議定書
日法关于印度支那共同防卫的议定书	印度支那日佛共同防衛ニ關スル議定書
日法间关于法属印度支那居住航海条约	佛領印度支那ニ関スル日佛居住航海條約
日法居住航海条约	日佛居住航海條約
日法通商航海条约	日佛通商航海條約
日法协定	日佛協定
日法议定书	日佛議定書
日韩协约	日韓協約
日荷经济协定	日蘭經濟協定

中文文献名	日文文献名
日华防共协定	日支防共協定
日华关税协定	日支關稅協定
日华基本条约	日華基本條約
日华讲和交涉条件	日支媾和交涉條件
日华事变方策	日華事變方策
日华条约	日華條約
日华停战协定	日支停戰協定
日货登记条例及反日标语等报告之事	日貨登記條例及反日標語等報告ノ件
日货没收条例	日貨沒收條例
日军罪行证明书	日軍罪行證明書
日俄密约	日露密約
日俄战役日记	日露戰役日記
日满法条对照表	日滿法條對照表
日满共同经济统制委员会设置的文书＋E1941	日滿共同經濟統制委員會設置ノ書類
日满华共同宣言	日滿華共同宣言
日满华经济建设要纲	日滿支経済建設要綱
日满经济共同委员会委员（日本侧）名簿	日滿経済共同委員會委員（日本側）名簿
日满经济统制方策要纲	日滿經濟統制方策要綱
日满军需工业扩充分野标准表	日滿軍需工業擴充分野標準表
日满年鉴	日滿年鑑
日满协定书	日滿協定書
日满议定书签订	日滿議定書調印ノ件
日满支经济建设十年计划要纲	日滿支經濟建設十年計畫要綱
日满中经济恳谈会报告书	日滿支經濟懇談會報告書
日满中一般提携中善邻友好防共共同防卫经济提携原则	日滿支一般提攜就中善鄰友好防共々同防衛経済提攜原則
日满重要产业扩充计划所要资金概算表	日滿重要產業擴充計畫所要資金概算表
日满重要产业扩充计书（所要资金概算表）	日滿重要產業擴充計書（所要資金概算表）
日美调停条约	日米調停條約
日美关于雅浦岛及其他赤道以北太平洋委任统治诸岛的条约	ヤップ島及他ノ赤道以北ノ太平洋委任統治諸島ニ關スル日米條約
日美交涉概要	日米交涉概要
日美两国间关于限制及缩小海军军备的第十九条条约的解释的交换公文	海軍軍備ノ制限及縮少ニ關スル條約第十九條ノ解釋ニ關スル日米兩國間交換公文
日美谅解案	日米諒解案
日美条约	日米條約
日美通商航海条约	日本國間通商航海條約
日美通商条约	日米通商條約

中文文献名	日文文献名
日美协定	日米協定
日美中立条约	日米中立條約案
日缅条约	日緬條約
日缅通商条约	日緬通商條約
日缅同盟条约	日緬同盟條約
日内瓦公约	ジエネーヴ條約
日内瓦协商	ゼネバ協商
日内瓦鸦片协定	ジェネヴア阿片協定
日清战役日记	日清戰役日記
日苏互不侵犯条约	日蘇不可侵條約
日苏基本条约	日蘇基本條約
日苏停战协定	日ソ停戰協定
日苏通商协定	日ソ通商協定
日苏中立条约,日苏互不侵犯条约	日ソ中立條約
日泰互不侵犯条约	日泰間不侵略條約
日泰间议定书	日泰間議定書
日泰文化协定	日泰文化協定
日泰友好和亲条约	日泰友好和親條約
日裔青少年训练强化纲要	日系青少年訓練強化要綱
日裔日语普及实施纲要	日系日語普及実施要綱
日意协定	日伊協定
日印通商条约	日印通商條約
日印中通商条约	日印支通商條約
日英共同声明	日英共同聲明
日英美造舰量比较表	日英米造艦量比較表
日英通商航海条约	日英通商航海條約
日英同盟条约	日英同盟條約
日英中战争	日英支那戰爭
日中关系调整方针	日支關係調整方針
日中国交全面调整案要纲	日支國交全般的調整案要綱
日中和平条件试案	日支和平條件試案
日中停战交涉开始方之事	日支停戰交涉開始方ノ件
日中新关系调整方针	日支新關係調整方針
日中新关系调整要纲议决	日支新關係調整要綱議決
如何强化内阁制度	如何に内閣制度を強化すべきや
瑞典公使致日本外务省备忘录	日本國外務省宛瑞典公使覺書
若槻内阁第二次声明	若槻内閣第二次聲明
萨拉维・本・威利阿斯佳宣誓陈述书	サンラウィ・ビン・ウィリアスチャノ宣誓口供書

中文文献名	日文文献名
三J政策	三J政策
三岛康夫口供书	三島康夫口供書
三国同盟及明日的世界	三國同盟及ビ明日ノ世界
三江地区警备要纲	三江地區警備要綱
三木良英口供书	三木良英口供書
三浦起草片桐副领事发给宇垣电报	宇垣外務大臣宛三浦起草琿春片桐副領事發電報
三矢协定	三矢協定
三月九日新政府组织法	三月九日新政府組織法
森岛受人口供书	森島受人口供書
山本熊一口供书	山本熊一口供書
山东条约	山東條約
善后借款契约	善後借款契約
商船建造助成计划	商船建造助成計畫
商工省工场统制表	商工省工場統製錶
商工省官制	商工省官制
商业船舶法	商業船舶法
赏勋会议规程	賞勳會議規程
上海共同委员会书记局制作的上海共同委员会议事录	上海共同委員會書記局成作ノ上海共同委員會議事錄
上海事件外交史	上海事件外交史
上海周边处理方针	上海周邊處理方針
社会改造法案	社會改造法案
生产力扩充计划	生產力擴充要綱
生产力扩充计划要纲	生產力擴充計畫要綱
生产力增强计划概要	生產力增強計畫概要（I. P. S. 調書一五二二ノ三項）
圣诞备忘录	クリスマス覺書
师子王全集	師子王全集
施蒂勒地图集	スチーラー卓上地圖書
十二月二十四日附日本政府公文	十二月二十四日附日本政府公文
十二月十四日附美国政府公文	十二月十四日附米國政府公文
十九人委员会报告书	十九人委員會の報告書
十年相互援助协约	十ヶ年相互援助协約
十七条宪法	十七條憲法
十一月二十九日在枢密院以对中外交为中心的有田大臣的说明资料	十一月二十九日樞密院ニ於ケル對支外交ヲ中心トスル有田大臣說明資料
石渡庄太郎口供书	石渡莊太郎口供書
石井秋穗口供书	石井秋穗口供書

中文文献名	日文文献名
石油产业法	石油產業法
石油费原开发法	石油費原開發法
石油费原开发法施行规则	石油費原開發法施行規則
石油业法	石油業法
时代地图集	タイムス卓上地圖書
时局参考资料	時局参考資料第二十五輯
时局收拾大纲	時局收拾大綱
时务要言	時務要言
世界地图书	世界地圖書
世界新秩序条约	世界新秩序條約
世界再建之道	世界再建ノ道
市民世界地图书	市民世界地圖書
事变处理纲要附属具体方策	事變對處要綱附屬具體的方策
事变的解决是攘英!	事変の解決は攘英だ!
事变处理要项总则	事変対處要項總則
守势军事协定	守勢軍事協定
受领日记	受領日記
兽医师等职业能力申告令	獸醫師等職業能力申告令
枢密院定例参集	樞密院定例参集
枢密院会议笔记	樞密院會議筆記
枢密院审查委员会记录	樞密院審查委員會記錄
枢密院议事录	樞密院議事錄
出口贸易类表	輸出貿易類別表
出口入金额地域表	輸出入金額地域別表
进出口临时统一管理法	輸出入臨時統制法
进出口暂定处理法	輸出入暫定處理法
出口统一管理法	輸出統制法
输出统一管理税法案	輸出統制稅法案
进出口商品及出口业许可法	輸入品及輸入業ニ対スル許可法
输送路遮断担任区域及主要待敌地点图	輸送路遮斷擔任區域及主要待敵地點圖
水难救护法	水難救護法
思想犯保护观察法	思想犯保護觀察法
斯塔克计划	スターラ案
死亡俘虏人种别人员表	死亡俘虜人種別人員表
死于威克岛的非战斗人员九十八人名单	ウェーク島ニ於テ死亡セル非戰鬥員九十八名ノ名簿
四三年一四德国外务大臣议事录	四三年一四獨逸外務大臣議事錄
松冈大臣与德国大使奥特会谈要领	松岡大臣オット獨逸大使會談要領
松冈代表的演说	松岡代表の演說

中文文献名	日文文献名
松冈外务大臣与施塔默非正式会谈要旨	松岡外務大臣スターマー非公式會談要旨
松冈-亨利协定	松岡アンリー協定
松冈-施塔默会谈录	松岡スターマー會談録
松冈外务大臣对三国协定缔结的说明	松岡外務大臣ノ三國協定締結ノ說明
松冈外相演说集	松岡外相演說集
松井大将传	松井大將傳
松井军司令官声明	松井軍司令官聲明
淞沪停战协定	上海停戰協定
送达日记	送達日記
苏德互不侵犯条约	獨蘇不可侵條約
苏俄军事潜在力	ソヴイエートロシヤノ軍事潛在力
苏芬战争停战协定	休戰協定
苏江(音)宣誓书	スジャングニ依ル宣誓書
苏联、美国、英国飞机识别	ソヴイエト、アメリカ、英國飛行機ノ識別
苏联无线通信网图	蘇聯邦無線通信網圖
苏联北部通信网络图	北蘇方面通信網圖
苏联东部通信网络图	東蘇方面通信網圖
苏联国境警备队队长斯坦哈诺夫中将调查书	ソ聯邦國境警備隊々長スタハーノフ中將ノ調書
苏联西部方面通信网图	西蘇方面通信網圖
苏联刑法	露西亜共和國刑法
苏联刑事诉讼法	ソヴィエート共和國刑事訴訟法
苏联与奉系军阀的协定	ソ奉協定
苏联远东地区素描图	ソ領極東素図
苏联最高委员会电报	ソビエット最高委員會電報
苏满"国境"协定	露満國境協定
苏门答腊兵力配备要图	スマトラ兵力配備要図
苏蒙通商议定书	露蒙通商議定書
苏蒙修好议定	露蒙修好取極
苏蒙议定书	露蒙議定書
苏蒙中关于外蒙古的三国协定	外蒙古ニ關スル露蒙支三國協定
苏日北京协定	ソ日北京協定
苏土条约	蘇土條約
苏中协定	ソ支協定
随着收容英国人俘虏提出一般民众的反应之事	英人俘虜收容ニ伴フ一般民眾ノ反響提出ノ件
所谓东北三省独立运动的备忘录	東北三省ニ於ケル所謂獨立運動ニ關スル覺書
塔斯资料	タス公表
台湾陆军军法会议法	臺灣陸軍軍法會議法
台湾鸦片取缔令	臺灣阿片取締令

中文文献名	日文文献名
太平洋的监视	太平洋の監視
太平洋方面总司令官秘密书函	太平洋方面總司令官秘密書翰
太平洋方面总司令官文书	太平洋方面總司令官書類
太平洋关系研究会丛书	太平洋關係研究會叢書
太平洋联合军最高司令部法务部战争犯罪支局报告	太平洋連合軍最高司令部法務部戰爭犯罪支局報告
太平洋社会及经济政策的目的与结果	太平洋諸國ノ社會及經濟政策ノ目的ト結果
太平洋问题调查会调查书	太平洋問題調査會調査書
太阳大日本纸	太陽大日本紙
泰法和平条约	泰佛平和條約
泰国俘虏收容所调查	泰俘虜收容所調査
泰国俘虏收容所展开要图	泰俘虜收容所展開要圖
泰国与法国间和平条约	タイ國フランス國間平和條約
泰缅连接铁道一般图及俘虏收容所展开要图	泰緬甸連接鐵道一般圖及俘虜收容所展開要圖
泰缅铁道建设使用俘虏之事	泰緬鐵道建設ニ俘虜ヲ使用シタ件
塘沽停战协定	塘沽協議
特别海军攻击队的勇士	特別海軍攻擊隊ノ勇士
特别宣言书：远东国际军事法庭设定	特別宣言書 極東國際軍事裁判所ノ設定
特别战时行政授权法	特別戰時行政授權法
特殊速递邮政五年契约	特殊速達郵便五ヶ年契約
特殊移民地区日本俄罗斯裔青年教育实施计划	特殊移民地區日系露人青年教育実施計畫
鹈饲芳男宣誓供述书	鵜飼芳男宣誓供述書
题为“大东亚与太平洋”的彩色地图	大東亜ト太平洋ト題スル彩色地圖
天津条约	天津條約
天津统税公署禁烟清查暂行条例	天津統税公署禁煙清查暫行條例
天图铁道处理方针	天圖鐵道處理方針
天羽声明	天羽聲明
田中备忘录	田中覚書
田中清中佐手记	田中清中佐手記
铁路建设俘虏系统及任务概要图	鐵道建設ノ為俘虜系統及任務概要圖
铁路营业法中改正之事	鐵道營業法中改正ノ件
铁矿生产及输入（日本本土）	鐵礦ノ生產及ビ輸入（日本本土）
町村制改正法案	町村制改正法案
通货安定策	通貨安定策
通商航海条约	通商航海條約
同盟报	同盟報
统计局官制	統計局官制
统税公署禁烟清查条例	統税公署禁煙清查條例

中文文献名	日文文献名
统一国防法	統一國防法
土地工作物管理使用收用令	土地工作物管理使用收用令
关于土地以外的国有财产出售的相关文件	土地以外ノ國有財產ノ賣拂ニ關スル件
土肥原秦德纯协定	土肥原秦德純協定
拓务省官制	拓務省官制
拓殖事务局官制	拓殖事務局官制
外国船舶输入禁止制度(昭和八年五月)	外國船舶ノ輸入禁止制度(昭和八年五月)
外国船舶行动调查报告之事	外國船舶行動調查報告ノ件
外国贸易调整法	外國貿易調整法
外国贸易累年表	外國貿易累年表
外国贸易组合法	外國貿易組合法
外国米输入计划	外國米輸入計畫
外国人勤劳条例	外國人勤勞條例
外国土地法关系杂件的中国部分	外國土地法關係雜件中國ノ部
外汇管理法	為替管理法
外汇交易管理法	外國為替管理法
外汇清算协定	為替清算協定
外交官的回忆录	外交官の回想錄
外蒙古方面通信网图	外蒙古方面通信網圖
外蒙详密行政图	外蒙詳密行政圖
外蒙行政明细图	外蒙行政明細図
外务大臣大岛大使会谈的备忘录	外務大臣大島大使會談ノ覺書
外务省公表集	外務省公表集
外务省官制	外務省官制
外务省年鉴	外務省年鑑
外务省在外公馆报告	外務省在外公館報告
万国赤十字国际委员会驻日代表马克斯贝斯塔洛切氏对俘虏代表会谈内容	萬國赤十字國際委員會駐日代表マックスペスタロッチ氏對俘虜代表會談内容
万国条约	萬國條約
汪工作指导腹案	汪工作指導腹案
汪主席谈(清乡委员会成立)	汪主席談(清鄉委員會成立)
王国近世地理桌上地图书	王國近世地理卓上地圖書
王江氏(音)口供书	WANG KIANG SZE 夫人(六十六歲)口供書
王室文书局印刷刊行一九三〇年伦敦海军会议文书	王室文書局印刷刊行一九三〇年倫敦海軍會議文書
为成为人类最后一战——世界战争的前途——	人類最終戦のために——世界戦争の前途——
为日德意提携强化基本政治了解事项	日獨伊提攜強化ノ為ノ基本トナルヘキ政治的瞭解事項

中文文献名	日文文献名
为特融的预算外契约案	特融ノ為ノ豫算外契約案
为什么要组织中央政府	何故に中央政府を組織するか
维新政府声明	維新政府聲明
委任统治条约	委任統治條約
卫报	ガーディアン
文部省官制	文部省官制
文部省训令学校教练教授要目	文部省訓令學校教練教授要目
文官令	文官令
文森海军扩张法案	ヴィンソン案
文书鉴定法	書類鑒定法
我对于日中关系的根本观念和前进目标	吾人ノ日支關係ニ對スル根本觀念ト前進目標
渥太华协定	オッタワ協定
无条件中立保证	無條件中立保證
无线电信法	無線電信法
五・一五判决	五、一五裁判
五国条约	五國々條約
五年计划	五ケ年計畫
五年禁烟计划	五ヶ年禁煙計畫
五权宪法/中华民国宪法	五權憲法
五条誓文	五條ノ禦誓文
五相会议决定事项集	五相會議決定事項集
武部六藏口供书	武部六藏口供書
武官令	武官令
武汉戒烟暂行法	武漢戒煙暫行法
皇军前进处・对武汉的震慑	皇軍進む所・武漢慴伏す
武居清太郎口供书	武居清太郎口供書
武器贷兴法案	武器貸興法案
武器工业扩充目标的算定基准表	武器工業擴充目途算定ノ基準表
武藤章的询问书	武藤章ノ詢問調書
武藤章宣誓口供书	武藤章宣誓口供書
物品统制临时输出入统制法	物品ヲ統制スル臨時輸出入統制法
物质文明与精神文化	物質文明ト精神文化
物资动员计划书	物資動員計畫書
西安抗日纲领	西安抗日綱領
西伯利亚(含外蒙)统治方策	西伯利(含外蒙)統治方策
西伯利亚出兵关系书类	西伯利亜出兵關係書類
西伯利亚西部素描图	西部シベリヤ素図
西园寺回忆录	西園寺回顧錄

中文文献名	日文文献名
西园寺日记、原田日记	西園寺原田日記
西原-马丁协定	西原マルタン協定
希姆莱备忘录	ヒムラー覺書
希望日本尊重并实行中国主权	中國主權尊重原則實行ニ問シ日本ニ對スル希望
细则协议	細目協議
夏威夷大学战争记录局中部太平洋陆军民情调查队特别代理人报告	布哇大学内戰爭記錄局中部太平洋陸軍民情調査隊特別代理人報告
夏威夷群岛明细地图	ハワイ群島明細地圖
现代日本	現代ノ日本
现代远东史	現代極東史
现代支那	現代支那
现代支那的政治与人物	現代支那ノ政治ト人物
现地协定三条件	現地協議三條件
现行电器事业法	現行電氣事業法
宪兵队陆军中尉中田新一陈述书	憲兵隊陸軍中尉中田新一ニヨル陳述書
宪兵队细谷直树军曹的陈述书	憲兵隊細穀直樹軍曹ノ陳述書
宪兵令	憲兵令
宪法与政治的强化	憲法と政治の強化
相互援助条约	相互援助條約
相互援助协定案	相互援助協定案
向全面和平的道路	全面和平への路
消灭英国在远东的势力	極東から英國勢力を擊滅せよ
硝酸生产表	硝酸生產表
地租统制令	小作料統制令
照相谍报特别报告书	寫眞諜報特別報告書
谢尔曼反托拉斯法	トラスト禁止法
谢外交部长的声明	謝外交部長ノ聲明
辛丑条约	一九〇一年九月七日付協定
新订详解汉和大字典	新訂詳解漢和大字典
新东亚建设与海军力	新東亜建設と海軍力
新国家建设纲领	新國家ノ建設綱領
新几内亚方面航海指标	ニューギニア方面航海指標
新加坡军事设施略图	シンガポール軍事設施略圖
新加坡担任区域要图	新嘉坡擔任區域要圖
新伦敦军缩条约	新ロンドン軍縮條約
新民屯法库门铁道计划	新民屯法庫門鐵道計畫
新日本根本法典	新日本根本法典
新日印通商条约	新日印通商條約

中文文献名	日文文献名
新闻事业法	新聞事業法
报纸等刊载制限令	新聞紙等掲載制限令
新兴中国建设方策大纲	新興支那建設方策大綱
新造船建造奖励金法	新造船建造奬勵金法
关于新中国地方政治形形态的指导腹案	新支那地方政治形體ニ関スル指導腹案
新中央政府既成政权间的关系调整要项	新中央政府既成政權間ノ関係調整要項
新中央政府建立方针	新中央政府樹立方針
新桌上一般地图书	新卓上一般地圖書
兴亚院官制	興亜院官制
兴亚院联络部官制	興亜院連絡部官制
兴亚院联络部官制	興亜院連絡部官制
刑事诉讼法	刑事訴訟法
行政查察规程	行政查察規程
行政措施法	行政措置法
行政院于一九三八年二月二日所通过之决议案	行政院於一九三八年二月二日所通過之決議案
行政院于一九三八年五月十四日所通过之决议案	行政院於一九三八年五月十四日所通過之決議案
修正中国国籍法	修正支那國籍法
修订国籍法	改正國籍法
须贺部队高桑队渡边库乔中尉陈述书	須賀部隊高桑隊ノ渡辺ゲンジョ中尉ノ陳述書
须贺部队石井藤夫的陈述书	須賀部隊ノ石井藤夫ニ依ル陳述書
须磨情报部长谈	須磨情報部長談
续对中回顾录	續對支回顧錄
宣战诏书	宣戰詔勅
学校法人法案	學校法人法案
学校技能者培养令	學校技能者養成令
学校教练检定规程	學校教練檢定規程
学校毕业者使用限制令	學校卒業者使用制限令
鸦片法	阿片法
鸦片法施行令	阿片法施行令
鸦片馆许可制度	免許阿片館制度
鸦片禁止法案	阿片禁止法案
鸦片取缔法	阿片取締法
鸦片取缔修改令	改正阿片取締令
鸦片条约	阿片條約
鸦片专卖制度	阿片專賣制度
雅尔塔协定	ヤルタ協定
亚历山大・格顿陈述书	第十九濠洲步兵大隊兵九十ケイスボテリルニヨル口供書

中文文献名	日文文献名
亚历山德鲁波利斯条约	アレキサンドロポリスキ條約
亚细亚诸国及交通概览图	亜細亜､諸國及交通概覽圖
亚洲､欧洲､日本	亜西亜､歐羅巴､日本
亚洲先驱报	ヘラルド､オヴ､エシア
亚洲复兴诸问题	復興亜細亜諸ノ問題
亚细亚建设者	亜細亜建設者
岩畔豪雄口供书	岩畔豪雄口供書
药品法	藥品法
要塞筑造工事中轻易之事	要塞築造工事中輕易ナル件
要求道歉及美军从中国撤退的电报	陳謝ト米國軍ノ支那ヨリノ撤退トヲ要求スルアマガサキヨリノ電報
液体燃料自给方案	液體燃料自給方案
一八九七年法清条约	一八九七年佛清條約
一般法令及中国事变特殊法令	一般法令及支那事變特殊法令
一般合计总豫算追加案	一般合計總豫算追加案
一九二二年九国间关于中国事件应适用各原则及政策之条约	一九二二年九國間關於中國事件應適用各原則及政策之條約
一九二〇-二一年邮便拜金支付法	一九二〇-二一年郵便拜金支拂法
一九二九年的俘虏待遇条约	一九二九年ノ俘虜待遇條約
一九三二年渥太华帝国经济会议	帝國經濟會議一九三二年於オッタワ
一九三八年十一月二日在枢密院会议经咨询后的日本与国际联盟诸机关的协力关系终止之事	一九三八年十一月二日樞密院會議に於て諮詢を經て決定せられた日本と國際聯盟諸機關との協力關係終了の件
一九三八年十一月二十二日枢密院会议咨询的关于文化协力日本德国间协议缔结之事	一九三八年十一月二十二日樞密院會議諮詢の文化的協力に關する日本國獨乙國間協議締結の件
一九三八年一月三十一日国务省提供新闻发表	一九三八年一月三十一日國務省提供新聞發表
一九三八年昭和十三年的穆克-小谷协定	一九三八年昭和十三年ノバンムック小穀協定
一九三二年输入税法	一九三二年輸入税法
一九三六年至一九三七年满洲的军需仓库	一九三六年一九三七年ニ於ケル滿洲ノ軍需倉庫
一九三七年九月二日在哥伦比亚广播网上的外务次官堀内谦助氏的广播演说	一九三七年九月二日コロンビヤ放送網ニ於ケル外務次官堀内謙助氏ノラヂオ演說
一九三七年十月六日由国际联盟总会采择的第一报告	一九三七年十月六日國際聯盟總會二依リ採擇セラレタル第一報告
一九三七年十月五日在芝加哥罗斯福总统的演说	一九三七年十月五日シカゴニ於テルーズヴェルト大統領行ヘル演說
一九三七年昭和十二年的哈特-石泽协定	一九三七年昭和十二年ノハート石澤協定
一九三四年石油业法	一九三四年石油業法
一九三四年昭和九年的最初的正式经济交涉	一九三四年昭和九年ノ最初ノ正式經濟交涉

中文文献名	日文文献名
一九三一年关税审议会法	一九三一年關税審議會法
一九三一年——一九四一年美日外交关系	一九三一年——一九四一年米日外交關係
一九三一年至一九四五年期间松花江上舰艇增强状态一览表	一九三一年一九四五年に至る期間に於ける松花江上艦艇の増強狀態一覧表
一九四六年三月廿六日对永野修身的讯问	一九四一年三月廿六日、永野修身ニ對スル訊問
一九四六年四月二十三日附证人罗曼诺夫的宣誓口供书	一九四六年四月二十三日附證人ロマノフ・エヌ・アーノ宣誓口供書
一九四六年一月十七日对桥本欣五郎的讯问	一九四六年一月十七日橋本欣五郎ニ對スル訊問
一九四〇年(昭和十五年)七月八日德国外务大臣与佐藤日本大使间会谈备忘录	一九四〇年(昭和十五年)七月八日ノ獨逸外務大臣ト佐藤日本大使トノ會談ニ関スル覺書
一九四〇年六月九日协定	一九四〇年六月九日協定
一九四三年(昭和十八年)十一月六日采择的共同宣言	一九四三年(昭和十八年)十一月六日採擇ノ共同宣言
一九四五年间朝鲜要塞构筑图	一九四五年ニ於ケル朝鮮ノ要塞構築図
一九四一年(昭和十六年)三月二十八日关于德国外务大臣及日本外务大臣松冈的会谈的备忘录	一九四一年(昭和十六年)三月二十八日獨逸外務大臣及日本外務大臣松岡ノ會談ニ關スル覺書
一九四一年(昭和十六年)三月廿七日德国外相及奥特、大岛两大使陪席的元首和松冈日本外相的会谈议事要录	一九四一年(昭和十六年)三月廿七ドイツ外相並ニオット、大島兩大使陪席ニテ總統ト松岡日本外相トノ會談議事要錄
一九四一年八月二十八日日本大使野村向罗斯福总统递交的日本政府声明书	一九四一年/昭和十六年/八月二十八日日本大使(野村)ヨリ大統領「ルーズベルト」ニ手交セラレタル日本政府聲明書
一九四一年十二月七日现在美日海军建造中的舰艇比较表	一九四一年十二月七日現在米日海軍建造中ノ艦艇比較表
一九四一年十二月七日现在美日海军舰艇(在太平洋地区舰队的保有量)美日比较表	一九四一年十二月七日現在米日海軍艦艇(太平洋地域ニ於ケル艦隊ノ保有量)米日比較表
一九四一年至一四五年间朝鲜的要塞构筑	一九四一年一四五年ニ於ケル朝鮮ノ要塞構築
一九一二年(大正元年)的一般贸易条约	一九一二年/大正元年/ノ一般貿易條約
一九〇一年九月七日最终协定书	一九〇一年九月七日最終議定書
一九一三年关税法	一九一三年関税法
一九一一～一九二二年律令	一九一一～一九二二年律令
一年志愿兵制度	一年志願兵制度
一月十八日阁议决定关于重要物资供给确保之事	一月十八日閣議決定重要物資供給確保ニ關スル件
医疗关系者职业能力申告令	醫療關係者職業能力申告令
医师齿科医师兽医师药剂师药品法	醫師齒科醫師獸醫師藥劑師藥品法
依据条令各学校(除航空兵及各部)学生分遣之事	條令ニ依リ各學校(航空兵及各部ヲ除ク)ニ學生分遣ノ件
移民法	移民法

中文文献名	日文文献名
移民法追补条令	移民法追補條令
以大爱拥抱民众	大愛以テ民衆抱擁
以登陆作战为目的的兵要地志情报资料	上陸作戦ノ為兵要地誌情報資料
以关于人事大臣之名与各方的往复之事	人事ニ關シ大臣ノ名ヲ以テ諸方ヘノ往復ノ件
以既定军事预算培养飞机工业扩充为目标的算定基准表	既定軍事豫算ノ培養ヲ以テスル飛行機工業擴充目途算定基準表
以今后五年为目标列国对东亚进攻作战能力推定表	今後五年ヲ目途トスル列國對東亜侵攻作戰能力推定表
以一九四五年为目标满州设堡地区关于性格描写建设的总表	一九四五年ヲ目途トスル満州設堡地區ノ性格描寫建設ニ関スル總表
以租税增收为目的的各税法中改正法律案	租税増征ノ為ノ各税法中改正法律案
议会制定法	議會制定法
议会制度	議會制度
议会制度的改革	議會制度の改革
议院法	議院法
意大利国家总动员法	伊太利國家總動員法
翼赞会改革陆海军共同改正案	翼賛會改革陸海軍共同改正案
银行等资金运用令	銀行等資金運用令
印度支那日本通商协定	印度支那—日本通商協定
印度支那共同防卫议定书	印度支那共同防衛議定書
印度支那军司令官与在印度支那日本陆海军代表间缔结的协定	印度支那軍司令官ト在印度支那日本陸海軍代表トノ間ニ於テ締結セラレタル協定
印度支那事件概观	印度支那ニ於ケル事件概觀
印刷局官制	印刷局官制
应对事变处理纲要	事変対處要綱
英德海军协定	英獨海軍協定
英法德意四国协定	英佛獨伊四國協定
英国兵器介绍	英國兵器介紹
英国军所无兵科名簿	英國軍無兵科名簿
英国抗议书	英國抗議書
英国陆军斯蒂芬中尉陈述书	英國陸軍ステファヴィクターバードディ中尉ノ口供書
英国在东洋的海运	東洋に於ける英國海運
英国指导者演说集	英國指導者演說集
英军兵器遍览	英軍兵器遍覽
英领马来东海岸航空军用地图第一部	英領馬來東海岸航空軍用地圖第一部
英领缅甸对策	英領緬甸對策
英美法俄各国及中国间条约	英、米、佛、露ノ各國及支那國間ノ條約
英美共同宣言	英米共同宣言

中文文献名	日文文献名
英属马来兵要地志及一般叙述	英領馬來兵要地誌及一般敘述
英属马来的资源	英領馬來ノ資源
英属婆罗洲军事要地志及一般叙述	英領ボルネオ兵要地誌及一般敘述
英属新几内亚登陆作战观察	第二篇英領ニューギニアニ於ケル上陸作戰上ノ觀察
用第一预备金补充的费用用途之事	第一預備金ヲ以テ補充シ得ヘキ費途ノ件
由大东亚战争后南方占据诸地域善后处理方策大纲	大東亜戰爭ニ依ル南方占據諸地域善後處理方策大綱
由俘虏调查部作成的俘虏中央调查委员会调查报告	俘虜調查部作成ニヨル俘虜中央調查委員會調查報告
邮政法中改正法律案	郵便法中改正法律案
油槽船马里乌波尔号遇难调查书	油槽船マリウポリ號遭難調査ノ結果ニ関スル調書
友好中立条约	友好中立條約
有关统制会权限的基本规定	統制會許可權ニ關スル基本規定
有关张鼓峰(哈桑湖)事件报告	張鼓峰(哈桑湖)事件ニ關スル報告
有机玻璃生产表	アクリル樹脂生產表
有田大使发给驻德大使小路的电报	有田外務大臣發在獨武者小路大使宛電報
有田大使于国民大会为阿部大使践行	阿部大使壯行國民大會ニ於クル有田外務大臣挨拶
有田声明	有田聲明
有田外务大臣的新年所感(昭和十四年一月一日)	有田外務大臣ノ年頭所感(昭和十四年一月一日)
有田外相关于荷属印度尼西亚的现状的声明	蘭印ノ現狀ニ關スル有田外相ノ聲明
与对美外交关联应采取的经济政策	対米外交ニ關聯ノ采ルベキ経済政策
与国务总理郑孝胥关于满洲国政府的铁道、港湾、水路、航路等管理及线路敷设管理的协议	鄭國務總理トノ間ノ滿洲國政府ノ鐵道、港灣、水路、航空路等ノ管理竝線路ノ敷設管理ニ關スル協約
与日本战争罪相关的1941年12月日军进攻马来的证据文书	日本ノ戰爭犯罪關係並ニ一九四一年十二月ニ於ケル日本軍ノ馬來攻擊關係證據書類
与战争爆发有直接关系的重要国策的决议文书	戰爭勃発ニ直接関係アル重要國策ノ決議書類
与重光大使的会谈备忘录	重光トノ會談覺書
宇野满寿子口供书	宇野滿壽子口供書
宇垣大臣内奏资料	宇垣大臣內奏資料
宇垣一成大将口供书	宇垣一成大將口供書
预备金再评价法	預備金再評價法
御前会议上海军统帅部就日德意军事同盟对政府的质问事项	日獨伊軍事同盟ニ關スル御前會議ニ於テ海軍統帥部ヨリ政府ニ對スル質問事項
御前会议协议事项书	御前會議協議事項書
御前会议议案	御前會議々案
原田回忆录	原田回顧錄
原田日记	原田日記

中文文献名	日文文献名
远东管区内务人民委员部国境警备队长的报告	極東管區内務人民委員部國境警備隊長ノ報告
远东国际关系史条约文书集	極東ニ於ケル國際關係史條約文書集
远东国际军事法庭手续规程	極東國際軍事裁判所手續規程
远东国际军事法庭条例	極東國際軍事裁判所條例
远东局长汉密尔顿与日本大使馆参事官须磨的会谈备忘录	極東局長ハミルトンノ日本大使館參事官須磨トノ會談備忘錄
远东年鉴	極東年鑒
远东苏领与外蒙古兵要地志资料	極東蘇領竝外蒙古兵要地誌資料
远东咨询委员会小组委员会第二报告书	遠東諮詢委員會小組委員會第二報告書
远东咨询委员会小组委员会第一报告书	遠東諮詢委員會小組委員會第一報告書
远洋航路补助法	遠洋航路補助法
允许东印度独立之宣传教化基本要领	東印度獨立認容宣明ニ伴フ宣傳教化基本要領
允许东印度独立之通告	東印度獨立容許宣明ニ伴フ處置ノ件通牒
约阿希姆・冯・里宾特洛甫的证言	ジヒーチン ヴオン リツペントロツプノ證言
按月俘虏劳务延长人员统计表	月別俘虜勞務延人員統計表
运输部管理汽船处分之事	運輸部管理汽船處分ノ件
灾害地租税减免法案	災害地租税減免法案
在柏林三国协定经济分科委员会的事业计划	ベルリンニ於ケル三國協定經濟分科委員會ノ事業計劃
在敌国居留民相关事务室案	在敵國居留民關係事務室案
在敌国居留民及在日敌国人关系事务室设置之事	在敵國居留民並ニ在日敵國人関係事務室設置ノ件
在第八十五回帝国议会上内阁总理大臣的演说	第八十五回帝國議會ニ於ケル内閣總理大臣演說
在第七十二回帝国议会上广田外务大臣的演说	第七十二回帝國議會ニ於ケル廣田外務大臣ノ演說
在第七十回帝国议会上的林外务大臣演说(昭和十二年二月十五日)	第七十回帝國議會ニ於ケル林外務大臣演說(昭和十二年二月十五日)
在第七十回帝国议会上有田外务大臣的演说	第七拾回帝國議會ニ於ケル有田外務大臣演說
在东京英国皇帝陛下政治代表署名证明书	在東京英國皇帝陛下政治代表署名入リ證明書
在对美英宣战布告之际枢密院的执务概况	對米英宣戰佈告ノ際ニ於ケル樞密院ノ執務概況
在华二十五年	在支二十五年
在马来发生的暴行的报告书	馬來ニ於ケル暴行ノ報告書
在满洲主要军需品战时月制目标数量标准表	滿洲ニ於ケル主要軍需品戰時月制目途數量標準表
在满舆论指导机关的机构统制案	在滿輿論指導機關ノ機構統制案
在莫斯科和日本大使重光氏的会谈记录	在モスクワ日本大使重光氏トノ會談記
驻日大使馆参赞杜门的备忘录	在日大使館參事官ドウ・マン覺書
在外人记者会见上的有田大臣谈(一九三八年十二月十九日)	外人記者會見ニ於ケル有田大臣談(一九三八年十二月十九日)
在新加坡华侨裁决状况调书	新嘉坡ニ於ケル華僑處斷狀況調書

中文文献名	日文文献名
在兴凯湖地区关于日军挑战的报告	興凱湖地區ニ於ケル日本軍挑戦ニ関スル報告
在中国关于日英间诸悬案的备忘录	支那ニ於テル日英間ノ諸懸案ニ關スル覺書
在中国关于日英间诸悬案的摘要	支那ニ於テル日英間ノ懸案摘要
中国及满洲的共产运动概况	支那及滿洲ニ於ケル共産運動概況
造船保护法	造船保護法
造船奖励法	造船奨勵法
造船事业法	造船事業法
赠与青年	青年に贈る
宅地建物等价格统制令	宅地建物等價格統制令
战车工业扩充目标的算定基准表	戰車工業擴充目途算定基準表
战时法案	戰時法案
战时高等司令部勤务令	戰時高等司令部勤務令
战时国际法	戰時國際法
战时国际法规	戰時國際法規
战时设备利用营团法案	戰時設備利用營團法案
战时特别行政措置法	戰時特別行政措置法
战时下的经济生活	戰時下の経済生活
战时行政职权特例	戰時行政職權特例
战时资源管理营团法案	戰時資源管理營團法案
战阵训	戦陣訓
战争的时代	戦ひの時代
战争法规	戰爭法規
战争废弃协约	戰爭廢棄協約
朝日新闻	朝日新聞
昭和二十年度计划	昭和二十年度計畫
昭和二十一年二月一日大岛浩的讯问调查书	昭和二十一年二月一日大島浩ノ訊問調書
昭和六年军人俸给减额证明书	昭和六年軍人俸給減額證明書
昭和七年的停战协定	昭和七年ノ停戰協定
昭和日本的使命	昭和日本ノ使命
昭和十九年度计划	昭和十九年度計畫
昭和十六年度战时通商保护计划	昭和十六年度戰時通商保護計畫
昭和十六年度追加预算案	昭和十六年度追加豫算案
昭和十六年关于军票的文件	昭和十六年軍用手票ニ關スル件
昭和十六、七、八年第二方面军攻势作战本计划要图	昭和十六年七年八年第二方面軍攻勢作戰本計畫要図
昭和十年海军军缩会议军备限制研究委员会报告	昭和十年海軍々縮會議軍備制限研究委員會報告
昭和十七年、八年第二方面军攻势作战副计划要图	昭和十七年、八年第二方面軍攻勢作戰副計畫要図

中文文献名	日文文献名
昭和十七年度一般会计预算案	昭和十七年度一般會計豫算案
昭和十七年度综合研究记事	昭和十七年度綜合研究記事
昭和十七年度综合研究实施纲要	昭和十七年度綜合研究実施要綱
昭和十三年重要物资需给对照、补填对策一览表	昭和十三年重要物資需給對照、補填對策一覽表
昭和十五年度执务报告	執務報告
昭南警备司令官声明	昭南警備司令官聲明
召集犹豫者的调查并示达之事	召集猶豫者ノ調查並示達ノ件
珍珠港攻击报告	真珠灣攻擊報告
珍珠港攻击编	眞珠灣攻擊編
珍珠港攻击调查共同委员会议事录(美国)	眞珠灣攻擊調查共同委員會議事錄(米合衆國)
珍珠港事件调查共同委员会议事录	眞珠灣攻擊調查共同委員會議事錄
珍珠港——一九四一年七月一日至十二月八日收到的日本政府外交电报	眞珠灣-一九四一年/昭和十六年/七月一日ヨリ十二月八日迄ニ傍受セル日本政府ヨリ送ラレタル外交電報
珍珠港作战	眞珠灣作戦
震灾善后公债法	震災善後公債法
政府出资特别会计预算追加案	政府出資特別會計豫算追加案
政府对商船业的援助	商船業に対する政府の援助
政府资料集	政府公表集
政府统师部联络协议	政府統師部連絡協議
政府组织法	政府組織法
政府组织法及人权保障法	政府組織法及人權保障法
政友会党大会的宣言	政友會黨大會の宣言
中国国籍法	支那國籍法
中国事变海军作战经过一览表	支那事變海軍作戰經過一覽表
中国事变与帝国外交	支那事変と帝國外交
职员官制	職員官制
植村甲午郎供述书	植村甲午郎供述書
殖民地革命运动和共产党的战术	植民地革命運動と共產黨の戰術
制海、制空的一年	制海、制空の一年
制铁事业法	製鐵事業法
制铁业参考资料	制鐵業參考數據
制铁用输入原料配给等统制令	製鐵用輸入原料配給等統制令
治安警察法	治安警察法
治安维持法	治安維持法
治外法权条约	治外法權條約
致重庆同志的通电	重慶同志への通電
中村孝太郎大将供述书	中村孝太郎大將供述書

中文文献名	日文文献名
中村雅郎口供书	中村雅郎口供書
中东铁道转让协定	東支鐵道讓渡協定
中东铁路条约	中東鐵路條約
中方对于中国主权尊重问题的希望以及日方的回应	中國主權尊重原則實行等ニ關スル中國側希望及之ニ對スル日本側回答要旨
中共关于抗日救国告国民书	中共ノ抗日救國ノタメ全國同胞ニ告グル書
中共关于日军卢沟桥进攻通电	中共ノ日軍盧溝橋進攻ニ關スル通電
中共抗日救国十大纲领	中共ノ抗日救國十大綱領
中共中央对中国国民党三中全会通电	中共中央ノ中國國民黨三中全會ニ對スル通電
中共中央关于目前政治局势的有关决议	中共中央ノ目前ノ政治情勢ニ關スル決議
中共中央及中华苏维埃政府关于西安事变的通电	中共中央ト中ソ政府ノ西安事變ニ對スル通電
中共中央就目前形势及党的任务的有关决议	中共中央ノ目前ノ形勢ト黨ノ任務ニ關スル決議
中共中央政治局关于当前政治形势及党的任务的决议	中共中央政治局ノ現下ノ政治形勢ト黨ノ任務ニ關スル決議
中共中央政治局抗日救亡运动的新形势及建立民主共和国的有关决议	中共中央政治局ノ抗日救亡運動ノ新形勢ト民主共和國建立ニ關スル決議
中国大亚细亚协会宣言	中國大亜細亜協會宣言
中国的政党	支那ノ政黨
中国地图	支那地圖
中国工农红军北上抗日宣言	中國工農軍北上抗日宣言
中国共产党反帝国主义的现状	中國共產黨の反帝國主義運動の現狀
中国国民党过去的功罪与今后的地位	中國國民黨過去の功罪と今後の地位
中国国民党通史	中國國民黨通史
中国警察法令	支那國員警法令
中国联合准备银行条例	中國聯合準備銀行條例
中国派遣军军令第四号	支那派遣軍軍令第四號
关于中国人条约规定的施行令	支那人關係條約規定施行令
中国人民对日作战基本纲要	中國人民對日作戰基本綱要
中国事变处理根本方针	支那事変急速處理方針
中国事变处理要纲	支那事變處理要綱
中国事变相关资料集	支那事變關係公表集
中国事变临时军费特别会计预算案追加案	支那事變臨時軍事費特別會計豫算案追加案
中国事变临时军事费特别会计预算案	支那事變臨時軍事費特別會計豫算案
中国苏维埃政府的抗日合作宣言	中國ソヴエート政府ノ抗日合作宣言
中国新中央政府关系重要事项集	支那新中央政府關係重要事項集
中国邮政专辑中的蒙古地图	支那郵便蒐集帳ヨリノ蒙古地図
中国与在北京设有使馆之各国缔结的议定书	中國與在北京設有使館之各國締結之議定書
中国政府还都决议	中央政府還都ノ決議

中文文献名	日文文献名
中国政权内部指导大纲	支那政權內面指導大綱
中共中央北方局抗日救国宣言	中共中央北方局ノ抗日救國宣言
中国中央政府建立的指导方策	支那中央政府樹立指導方策
中华民国大地图	中華民國大地圖
中华民国毒品取缔令改正案	中華民國ニ於ケル阿片麻藥類取締令改正案
中华民国临时约法	臨時約法
中华民族对日作战基本纲领	中華民族對日作戰基本綱領
中华邮政舆图	中華郵政輿圖
中立保障条约	中立保障條約
中立国代表者的占领地俘虏收容所访问许可方之事	中立國代表者ノ占領地俘虜收容所訪問許可方ノ件
中立条约	中立條約
中美条约	米支條約
中日共同宣言	日華共同宣誓
中日两军相互撤退协定	日支兩軍相互撤退協定
中日条约	中日條約
中日通商条约	日支通商條約
中日永久和平的道路	中日永久和平への途
中苏互不侵犯协定	ソ支不可侵協定
中华苏维埃临时政府对日宣战通告	中ソ臨時政府對日宣戰佈告文
中苏秘密条约	ソ支秘密協議
中苏通商协定	ソ支通商協定
中苏同盟密约	露支同盟密約
中苏协定	支那ソヴィエト協定
中苏宣言	露支宣言
中外条约汇编	中外條約彙編
中央政府的法统问题	中央政府の法統問題
中央政治会议纲要	中央政治會議綱要
中央政治会议指导要领	中央政治會議指導要領
中央政治委员会组织条例	中央政治委員會組織條例
中英军事协定	英支軍事協定
仲裁裁判条约	仲裁裁判條約
众议院公报附录众议院记录(昭和二十二年度)	衆議院公報附録衆議院手帖(昭和二十二年度)
众议院委员会译录	衆議院委員會譯錄
众议院议会议事录概要	衆議院議會議事錄概要
众议院议员选举法	衆議院議員選舉法
重臣会议要纲	重臣會議要綱

中文文献名	日文文献名
重光总领事发币原外相收的电文(昭和四年八月十九日)	重光總領事ヨリ幣原外相宛電文(昭和四年八月十九日)
重要产业扩充计划策定经纬	重要產業擴充計畫策定經緯
重要产业统制法	重要產業統制法
重要产业团体令	重要產業團体令
重要产业振兴一般目标	重要產業振興一般目標
重要产业组合法	重要產業組合法
重要肥料业统制法	重要肥料業統制法
重要矿物增产法案	重要礦物增產法
重要物资需给计划的改订	重要物資需給計畫の改訂
周报	週報
朱帝翁及张继祥共同陈述书	朱帝翁(CHU YDNG VNG)及張繼祥(CHANG CHI HSANG)共同陳述書
株式价格统制令	株式價格統制令
主要产业统制法	主要產業統制法
驻日大使格鲁备忘录	駐日大使グルー氏覺書
驻日大使馆参事官杜门备忘录	駐日大使館参事官ドゥーマンDOOMAN 覺書
驻日美国大使格鲁备忘录	駐日米國大使グルー備忘録
驻日美国大使格鲁对日本总理大臣兼外务大臣近卫公的口头提议	日本總理大臣兼外務大臣近衛公ニ対スル駐日米國大使グルー/GREW/二依ル口頭申入
驻英美国大使发英国外务大臣收的书函	英國外務大臣宛在英米國大使書翰
爪哇岛兵力配备略图	ジャヴァ島兵力配備略図
爪哇明细地图	爪哇明細地圖
专卖局组织法	專賣局組織法
资本逃避防止法案	資本逃避防止法案
资产冻结令	資產凍結令
资金调整法	資金調整法
资金流出防止法	資金流出防止法
咨议院关于远东问题的决议	極東問題諮議院ニ關スル決議
紫禁城的黄昏	紫禁城ノ黄昏
自省的精神	已を罪するの精神
自一九二九年至一九三五年输出入表	自一九二九年至一九三五年輸出入表
综合战果一览表	綜合戦果一覽表
总动员计划上的战时需要量之事	總動員計畫上ノ戰時需要量ノ件
总动员计划上的战时需要量之事中轻易之事	總動員計畫上ノ戰時需要量ノ件中輕易ナル件
总动员试验研究令	總動員試験研究令
总动员物资使用收用令	總動員物資使用收用令
总动员业务事业设备令	總動員業務事業設備令

中文文献名	日文文献名
总动员业务事业主计划令	總動員業務事業主計畫令
总理、陆海军、大藏、外务五大臣签字的国策基准	總理、陸海軍、大藏、外務五大臣花押國策ノ基準
租税证券法案	租稅證券法案
最高战争指导会议记录	最高戰爭指導會議記錄
最惠国条款	最惠國條款
最近鸦片的情况	最近ノ阿片事情
最新法国报导	新シイ佛國週刊紙ノ驚クベキインターヴュー
最新中华民国大地图	最新中華民國大地圖
佐藤外相的答辩	佐藤外相答辯
佐藤信渊的理想国家	佐藤信淵の理想國家
作为关于北方问题处理应酬资料的野村大使训电案	北方問題處理ニ關スル応酬資料トシテ野村大使訓電案
作为关于进驻法属印度支那应酬资料的野村大使训电案	佛印進駐ニ關スル応酬資料トシテ野村大使訓電案
作战海域协定	作戰海域協定
作战要务令	作戰要務令

英日文文献名对照表

英文文献名	日文文献名
10 Year Mutual Assistance Pact	十ヶ年相互援助协約
1929 Convention Relating To The Treatment Of Prisoners Of War	一九二九年ノ俘虜待遇條約
2600 Years Of Japanese History	日本二千六百年史
5 - Year Plan For Industrial Exploitation Of Manchoukuo	滿洲國產業開發五個年計畫
A Bill Concerning Special Wartime Crimes And Punishments	戰時特別犯罪處罰ニ關スル法律案
A Bill For Corporations For Wartime Control Of Resources	戰時資源管理營團法案
A Bill For Corporations To Utilize Wartime Installations	戰時設備利用營團法案
A Bill For Revision Of The Telegraph And Postal Regulations	電信法及郵便法中改正法律案
A Bill For The Enforcement Of Conscription In Korea	兵役法ヲ朝鮮ニ施行スルノ件
A Bill For The Incorporation Of Schools	學校法人法案
A Bill For The Reduction Or Exemption Of Taxes In Afflicted Areas	災害地租稅減免法案
A Bill For The Revision Of The Pension Law	恩給法改正案
A Brief Map Of Mongolian Region	蒙古地方概圖
A Certificate Signed By His Majesty'S Political Representative In Tokyo	在東京英國皇帝陛下政治代表署名入り證明書
A Cirular Telegram Throught The Country	全國通電
A Communication To The Secretary General Of The League Of Nations	國際聯盟事務局長宛ノ通達
A Comparative Table Of Japanese And Manchurian Laws And Regulations	日滿法條對照表
A Fascist Legislation	ファシスト法案
A Great Nation-Wide Plan Concentrated On National Defense	國防國家計書
A History Of Japanese Civilization	日本文明史
A Joint Declaration Published By The United States, Britain And China	米英支三國對日共同宣言
A Joint-Defence Agreement	共同防衛協議
A Joint-Defence Agreement Between N And T	NT 共同防衛協議

英文文献名	日文文献名
A Letter Addressed To General Minami	南大將宛書
A Liaison Conference Between The Government And The Supreme Command	政府統帥部連絡協議
A Message To Young Men(Seinen Shoshi Ni Tsugu)	青年諸子に告ぐ
A Military Sketch Of The Chief Programme For The Offensive Plan Of Operations Of The Second Army Group In 1941,42,And 43	昭和十六年七年八年第二方面軍攻勢作戰本計畫要図
A Network Of Health Guidance Agencies	保健指導網
A Plan Establishing Heavy Industries In Manchuria	滿洲重工業建設要綱
A Process-Verbal Concerning The Punishment Of Chinese Residents In Singapore	新嘉坡ニ於ケル華僑處斷狀況調書
A Reader For Japanese History	國史讀本
A Report Of The Japan-Manchukuo-China Economic Consultation Society	日滿支經濟懇談會報告書
A Revised Opium Ordinance	改正阿片取締令
A Secret Russo-Japanese Agreement	日露密約
A Sketch Showing Positions Of War Prisoners Camps In Siam	泰俘虜收容所展開要圖
A Study Of Military Administration In Europe And America	歐米軍制ニ關スル研究
A Summary Of Argument At The Court Of Appeals Trial Of Okawa,Shumei	大川周明博士控訴公判辯論要旨
A Summary Of The Empire'S Policy According To The Changes In The Situation	情勢ノ推移ニ伴フ帝國國策要綱
A Telegram From Amagasaki Demanding Apologies And Withdrawal Of American Forces From China	陳謝ト米國軍ノ支那ヨリノ撤退トヲ要求スルアマガサキヨリノ電報
A Telegram In Cipher From The Austro-Hungarian Ambassador At Berlin To The Minister Of Foreign Affairs At Vienna	柏林駐在オーストリア・ハンガリー國大使ヨリ在維納外務大臣宛ノ極秘暗號電報
A Tentative Plan Concerning The Scope And The Structure Of The Greater East Asia Co-Prosperity Sphere	大東亜共榮圏の範囲及びその構成に関する試案
A. T. I. S. Current Translations	ATIS時事翻譯
A. T. I. S. Report	A. T. I. S. 報告書
Abstracts Of The Subjects Concerned From The Greater East Asiatic Top Secret Operation Diary Of The Imperial Headquarters	大本營大東亜機密作戰日誌關係事項

英文文献名	日文文献名
Accounts Relative To Disbursement Supplementary To The Primary Reserve Fund	第一預備金ヲ以テ補充シタル計算書ニ關スル件
Act Of Havana	ハバナ條令
Additional Treaty Of	清露追加條約
Additional Treaty Of Peking	北京追加條約
Address Delivered By President Roosevelt At Chicago On October 5,1937	一九三七年十月五日シカゴニ於テルーズヴェルト大統領行ヘル演說
Address Of Koki Hirota, Minister For Foreign Affairs,At The 65Th Session Of The Imperial Diet, January 23Rd,1934	一九三四年一月二十三日第六十五帝國儀會ニ於ケル外務大臣廣田弘毅氏演說
Address Of Mr. Arita,Minister For Foreign Affairs, At The Seventieth Session Of The Diet	第七拾回帝國議會ニ於ケル有田外務大臣演說
Address Of Mr. Koki Hirota, Minister For Foreign Affairs,At The Seventy Second Session Of The Diet	第七十二回帝國議會ニ於ケル廣田外務大臣ノ演說
Address Of The Prime Minister, And Foreign Minister, Mr. Senjuro Hayashi, Beraring On The Government'S Foreign Policy, At The Seventieth Session Of The Diet,February 15,1937	第七十回帝國議會ニ於ケル林外務大臣演說（昭和十二年二月十五日）
Address Of Winston Churchill	ウィンストン・チャーチル氏ノ演說
Address To The People	國民ニ告グルノ書
Addresses To Yong Men	青年に贈る
Adjustment Of Electric Power Ordinance	電力調整令
Adjustment With Russia	對露協定
Administration Of Land And Building Of Minor Importance	重要ナラサル土地建造物ノ經營ニ關スル件
Administration, Employment, And Expropriation Of Land And Structures Ordinance	土地工作物管理使用收用令
Aerial Tactics	空中戰斗法
Affidavit Concerning The Capture, Processing And Preservation Of German Documents	獨逸文書ノ押收處理保管ニ關スル宣誓供述書
Affidavit Made By Alexander Gordon Weynton	第十九濠洲步兵大隊兵九十ケイスボテリルニヨル口供書
Affidavit Made By Bacheebin O. K. K. Hassanof Inanam	イナナム・バチー・ビン・O・K・Kハッサムノ宣誓口述書
Affidavit Made By Bagibin Lindoman Of Piasan	バキ・ビン・リンドマンニ依ル宣誓書
Affidavit Made By Jogn Linton Treloar	濠洲陸軍中佐ジョン・リントン・トレロアーニヨッテナサレタル供述書

英文文献名	日文文献名
Affidavit Made By Keith Botterill	チェンケイ,チンキン及ロトンノ三人ノ支那人ニヨル陳述書
Affidavit Made By Lajun Of Inanam Island	濠洲帝國軍前中尉ロデリック・グラハム・ウエルズニ依ル宣誓書
Affidavit Made By M. J. Dickson	M. J. デックスンニヨル報告書
Affidavit Made By Mahomed	マホメッドノ宣誓口述書
Affidavit Made By Mishima Yasuo	三島康夫口供書
Affidavit Made By Naik Chandgi Ram	ナイク・チャンギ・ラームノ宣誓口述書
Affidavit Made By Naik Partap Singh	ナイク・パータップ・シングノ宣誓口述書
Affidavit Made By Nakata Shinichi	憲兵隊陸軍中尉中田新一ニヨル陳述書
Affidavit Made By Oka Takazumi	岡口供書
Affidavit Made By Roderick Graham Wells	濠洲軍アレクサンダー・ゴルドン・ウェイントン中尉ニ依ル口供書
Affidavit Made By Stephen Victor Burt Day	英國陸軍ステファヴィクターバードディ中尉ノ口供書
Affidavit Made By Sujiang	スジャングニ依ル宣誓書
Affidavit Made By Tong Ah Seong	トング・ア・ショングノ宣誓口述書
Affidavit Of A Witness Romanov N. A. Of April 23, 1946	一九四六年四月二十三日附證人ロマノフ・エヌ・アーノ宣誓口供書
Affidavit Of C. W. Maisey	軍醫中佐 C. W. マイセイノ宣誓書
Affidavit Of Captain B. J. Whitby	陸軍大尉「B. J. ウィットビイ」ノ口供書
Affidavit Of Isono Yuzo	磯野勇三口述書
Affidavit Of Kido	木戸口供書
Affidavit Of Kretschmer	クレッチマー宣誓供述書
Affidavit Of Leyder	蘭印軍陸軍大尉ライダーノ審問報告
Affidavit Of Loupatty	ルーパテイ口供書
Affidavit Of Major J. Schim Van Der Loeff	蘭印陸軍所屬 J. シム・ヴアン・テル・レフ少佐ノ宣誓供述書
Affidavit Of Miss. J. P. Risselada	ジェー・ピー・リセラダノ口供書
Affidavit Of Moes	蘭印軍兵 A・モエスノ供述書
Affidavit Of Mrs. A. M. Droog	エイ・エム・ドルーグ夫人ノ口供書
Affidavit Of Mrs. Hoedt	ヘット夫人ノ口供書
Affidavit Of Mrs. M. P. Haverkamp	エム・ピー・ハバカンプ夫人ノ口供書
Affidavit Of Ott Kuehn	オット・キューン宣誓口供書
Affidavit Of P. G. Devries	P. G. デ. フリースノ供述書
Affidavit Of Police Officer G. Delang	警官ジー・デ・ラングノ口供書
Affidavit Of Sawrawi Bin Wiriastja	サンラウィ・ビン・ウィリアスチャノ宣誓口供書
Affidavit Of Sgt. A. M. L. Mohr	蘭印正規軍軍曹 A. M. L. モオルノ口供書

英文文献名	日文文献名
Affidavit Of Sgt. P. H. Oudemans	蘭印正規軍軍曹 P. H. オウデマンノ口供書
Affidavit Of Ugaki Kazushige	宇垣一成大將口供書
Affidavit Of Van Aestel	ヴァンアムステルノ口供書
Affidavit Of W. Mooy	蘭印軍附警官 W・モオイノ供述書
Affidavt Of James Edward Walsh	ジエイムス、エドワード、ウオルシユ司教口供書
Age Of War	戦ひの時代
Agenda Of Main Discussion Introduced By The Board In The Meeting Of Chiefs Of Liaison Sections	連絡部長官會同本院側ニ於ケル主要懇談事項
Agreed Terms Of Understanding Between The Plenipotentiaries Of Japan And China Concerning The Annexed Protocol	附屬議定書ニ關スル日華兩國全權委員間瞭解事項
Agreement Against The Communist International	反國際共產黨條約
Agreement Between Japan And Germany Concerning Economic Co-Operation	日本國獨逸國間經濟提攜ニ關スル協定
Agreement Between Japan And Italy Concerning Economic Co-Operation	日本國伊太利國間經濟提攜ニ關スル協定
Agreement Between Japan, Germany, Italy And Spain	日獨伊西協約
Agreement Between The Commander Of French Indochina Army And The Representative Of Japanese Army And Navy	印度支那軍司令官ト在印度支那日本陸海軍代表トノ間ニ於テ締結セラレタル協定
Agreement Between The Empire Of Japan And The Republic Of China Regarding The Petrocession Of Concession And The Abolition Of Extraterritorial Jurisdiction	租界還付及治外法權撤廢等ニ關スル日本國中華民國間協議
Agreement Between The Government Of The Russian Socialistic Federation Soviet Republic And The Popular Government Of Mongolia On The Establishment Of Friendly Relations Between Russia And Mongolia	露蒙修好取極
Agreement Concerning The East China Railway	東支鐵道讓渡協定
Agreement Concerning The East China Railway	東支鐵道賣買協定
Agreement Concerning The Truce Between French Indo-China And Thailand	佛領印度支那及泰國間ノ停戰ニ関スル協定
Agreement Effected By Exchange Of Notes Cancelling The Ishii-Lansing Agreement	石井ランシング交換公文ノ廢棄ニ關スル日米交換公文
Agreement Of Alliance Of 1911 Between Japan And Great Britain	第三回同盟協約
Agreement Of Kiachta	恰克圖協定

英文文献名	日文文献名
Agreement On Cultural Cooperation Between Japan And Italy	文化的協力ニ關スル日本國及伊太利國間協定
Agreement On General Principles For The Settlement Of The Questions Between The Republic Of China And The Union Of Soviet Socialist Republics	支那共和國及「ソヴイエート」社會主義共和聯合國間諸問題解決ノ為ノ大綱ニ關スル協議
Agreement On Notification Of Shipbuilding	建艦通報協定
Agreement On The Particulars Regarding The Enforcement Of Trade Treaty And Payment Agreement Between Japan And Germany	日本國獨逸國間貿易協定支拂取極ノ實施ニ關スル細目取極
Agreement Regarding Japan	日本ニ關スル協議
Agreement Regarding Payment Arising From The Enforcement Of The Japan-Germany Trade Pact	日本國獨逸國間貿易ニ關スル協定ノ實施ニ伴フ支拂ニ関スル取極
Agreement Regarding Trade Between Japan And Germany	日本國獨逸國間貿易ニ關スル協定
Agricultural Land Adjustment Law	農調整法
Aims And Results Of Social And Economic Policies In Pacific Countries	太平洋諸國ノ社會及經濟政策ノ目的ト結果
Aircraft Signalization Of Soviet Union, Amrica And Britain	ソヴイエト、アメリカ、英國飛行機ノ識別
Airfield System In Manchuria	満洲國飛行場網
Alexandroupoli Treaty	アレキサンドロポリスキ條約
Alfsea War Crimes Instruction	東南アジア聯合軍陸軍戰爭犯罪訓令
Alien Land Ownership Law	外人土地法ニ關スル件
Allied Translator And Interpreter Section, Supreme Commander For The Allied Powers, Research Report	聯合國翻訳通訳部調査報告
Amau Statement	天羽聲明
America, The Netherlands And Britain Talks	アメリカ-オランダ-イギリス會談
An Act Prohibiting Unlawful Sale Or Disposition Of National Lands	懲治盜賣國土暫行條例
An Act To Expedite The Strengthening Of The National Defense	國防強化促進法
An Agreement For The Settlement Of Accounts On A Barter Basis	為替清算協定
An Extract From The Answer By Foreign Minister Sato	佐藤外相答辯
An Outline Of The Conversation Between Foreign Minister Matsuoka And German Ambassador Ott	松岡大臣オット獨逸大使會談要領

英文文献名	日文文献名
An Understanding Between Japan And The U. S. A.	日米諒解案
An Urgent Imperial Ordinance No. 225 Of 1904	明治三十七年緊急勅令第二百二十五號
Anglo-American Joint Declaration	英米共同宣言
Anglo-German Naval Agreement	英獨海軍協定
Anglo-Japanese Joint Declaration	日英共同聲明
Anglo-Japanese Treaty Of Commerce And Navigation	日英通商航海條約
Anglo-Sino Military Agreement	英支軍事協定
Annexed Map To Manchurian History	滿洲志附圖
Announcement Of The Board Of Information Concerning The New Participants In The Anti-Comintern Pact	防共協議新加入國ニ關スル情報局發表
Announcement Of The Japanese Government Relating To The China Incident	支那事變關係公表集
Anti-American Articles	反米國論說
Anti-Comintern Pact	日獨伊防共協定
Anti-Comintern Pact	防共協定
Approval For Increase Or Reduction Of The Amounts Of Traveling Expenses	旅費定額ノ增加又ハ減少ニ關スル認可ノ件
Armed Service Ordinances	武官令
Armistice Agreements Of Shanghai	上海停戰協定
Army Air Headquarters	陸軍航空本部令
Army Explains War Bill	陸軍ハ戰時法案ヲ説明スル
Army Munitions Administration Headquarters	陸軍兵器行政本部令
Army Records Of The China Incident	陸支密大日記
Asahi Newspaper	朝日新聞
Asia, Europe, Japan	亜西亜、歐羅巴、日本
Assignment Of Officer-Candidate Students To Their Respective Units	將校候補者タル生徒ノ各隊配當ニ關スル件
Associations Of Important Industries Ordinance	重要産業團体令
Attach On Important Southern Regions With Holding Plan Of Attack	南方要域攻略(進攻作戰保留)
Austrian Peace Treaty	墺太利漢牙ニ對スル平和條約
Authorization Of Incorporations, Artiles Thereof, Subscriction, And Alteration Of Provisions	法人設立及定款、寄附行為等認可ノ件及同規約等變更ノ件
Automobile Roads In Manchuria	滿州ノ自動車道路
Automotive Industry Law	自動車製造事業法
Awakening Of The Concepts Of Kodo	皇道思想の覺醒

英文文献名	日文文献名
Ban Against Accepting Foreign Passengers For South Seas Line	南洋航路ニ洋人船客引受ケザルノ件
Basic Outline Of Propaganda And Enlightenment Attendant On The Proclamation Re Recognition Of The Independence Of The East-Indies	東印度獨立認容宣明ニ伴フ宣傳教化基本要領
Basic Principles Concerning Negotiations For A Military Alliance	軍事同盟交渉ニ関スル要綱
Basic Principles For Rapid Conclusion Of War Against The United States, England, Netherlands, And The Chungking Regime	對米英蘭蔣戰爭終末促進要領
Basic Table (Indices) For Computation Of Objective Of Expansion For Tank Industry (Including Armored Cars)	戰車工業擴充目途算定基準表
Basic Table For Comouting The Objective Of Expansion For The Airplane Industry Cultivated Under The Already Fixed Military Budget	既定軍事豫算ノ培養ヲ以テスル飛行機工業擴充目途算定基準表
Basic Table For Computation Of Objective Of Expansion For Arms Industries	武器工業擴充目途算定ノ基準表
Behind The Japanese Mask	日本の假面の内幕
Berlin Neutrality Treaty	伯林中立條約
Bill Concerning Exports Control Tax Law	輸出統制稅法案
Bill Concerning The Issuance Of Government Bonds	公債発行ニ關スル法律案
Bill Concerning The Issuance Of Various Government Bonds	各公債發行ニ關スル法律案
Bill For Banking Organizations	金融團體法案
Bill For Coal Supply Control Law	石炭配給統制法
Bill For Government Air-Raid Insurance	空襲保險國營法案
Bill For Special Financing By The Bank Of Japan And The Indemnification For Losses Thereon	日本銀行特別融通並損失補償法
Bill For Taxes And Bonds	租稅證券法案
Bill For Temporary Measures Relating To Import And Export	出入品等ニ關スル臨時措置ニ關スル法律案
Bill For The Amendment Of The Industrial Guilds	工業組合法
Bill For The Reform Of The Army And Navy By The Imperial Rule Assistance Association	翼贊會改革陸海軍共同改正案
Bill For The Revision Of The Regulations Of The Bank Of Japan	日本銀行條例中改正法律案

英文文献名	日文文献名
Bill For The Revision Of The Various Tax Laws In Order To Increase Tax Levies	租税増征ノ為ノ各税法中改正法律案
Bill Of The Gold Fund Special Account Law	金資金特別會計法案
Bill Of The Gold Production Law	産金法案
Bill On Out-Of-Budget Contract For Special Finance	特融ノ為ノ豫算外契約案
Biography Of General Matsui	松井大將傳
Boxer Protocol	一九〇一年九月七日付協定
British Protest Note	英國抗議書
Broadcasting Division News Section	報導部ニュース系
Budapest Articles Of Interpretation	ブダペスト解釋條項
Build A State Union Of China And Manchukuo With Japan As Its Leader	日本を宗主とする日滿支聯邦を作れ
Bureaucracy Pastand Present	官僚の今昔を見よ
Business System Concerning The Railway Construction	鐵道建設ニ關スル業務系統圖
Cairo Declaration	カイロ宣言
Calling Up Of Reservists For Annual Training And Educational Mobilization	勤務演習、教育召集ニ關スル件
Calling-In Of Metals Ordinance	金屬類回收令
Canada And West Indies Trade Agreement	カナダ西印度間貿易協定
Capital Funds Adjustment Law	資金調整法
Cappolons Vordons Atlas	カツペレン世界地圖書
Capt. Genenral List B. F	英國軍無兵科名簿
Case Concerning The Inspection Of Pow Camps By A Representative Of The International Red Cross Committee	赤十字國際委員會代表ノ俘虜收容所視察ニ關スル件
Certificate On "Ladybird" Incident	レィディバード號事件證明書ノ件
Certificate Testifying Reduction In Military Officers' Salary In The 6Th Year Of Showa(1931)	昭和六年軍人俸給減額證明書
Certification Of Atrocities Of Japanese Troops	日軍罪行證明書
Chart Of Total War Results	綜合戦果一覧表
Chart Showing System Of Employing Pow'S And Allotting Duties For The Railway Construction	鐵道建設ノ為俘虜系統及任務概要圖
Charter Of The International Military Tribunal For The Far East	極東國際軍事裁判所條例
China Affair Emergency War Expenditure Special Account Budget Bill	支那事變臨時軍事費特別會計豫算案
China Memoires, Continued	續對支回顧錄
China Postal Album	中華郵政輿圖

英文文献名	日文文献名
China'S Hope In Regard To Practice Of The Principle Of Respecting The Sovereignty Of China And An Outline Of Japan'S Reply To It	中國主權尊重原則實行等ニ關スル中國側希望及之ニ對スル日本側回答要旨
Christmas Memorandum	クリスマス覺書
Civil Procedure Law	民事訴訟法
Civil Service Ordinances	文官令
Classified Compendium Of Laws	法規分類大成
Clayton Act	クレートン法
Clear The Clouds From The East Asia Sky	東亜に漲る妖雲を拂へ
Code For Registration Of Immovable Properties	不動產登記法
Code Of Court Constitution	裁判所構成法
Collection Of Addressms By Foreign Minister Matsuoka Yosuki	松岡外相演說集
Collection Of Boeder Treaties Between Manchoukuo And The Union Of Soviet Socialist Republics	滿洲國ソヴエート聯邦間國境條約集
Collection Of Essays On Problems Of International Law Related To The Greater East Asia War	大東亜戦爭關係國際法諸問題論文集
Collection Of The Publications In Connection With The Negotiation For The Purchase Of North Manchuria Railway	北滿鐵道讓渡交涉關係發表集
Colonial And Revolutionary Movement And The Communist Party'S Tactics	植民地革命運動と共產黨の戰術
Columbus Weltatlas	コロンムブ世界地圖書
Combined Fleet Top Secret Operation Order	機密聯合艦隊命令
Commencement Of Truce Negotiations Between Japan And China	日支停戰交涉開始方ノ件
Commentary On The Special Commission On Chinese Affairs	對支特別委員會ニ關スル解釋ノ件
Communication On Subject Concerning Manufacture Of "Ha" Series Military Currency Notes	は號軍用手票製造方ニ關スル件
Communication Re Pows To Be Evacuated To Japan	內地還送俘虜ニ關スル件照會
Communication Referring To Preparation Of Plates For Military Currencies	軍用手票原型準備ニ關スル件照會
Comparison Of The Tonnages To Be Built By Japan, Britain, And The U. S.	日英米造艦量比較表
Complications On The Soviet-Manchurian Frontiers	滿ソ國境事件概要
Concerning The Arrangement For Prisoners Of War	俘虜處理ニ關スル件

英文文献名	日文文献名
Concerning The Draft Of Revision Of A Part Of Military Service Law	兵役法中改正法律案
Concerning The Opening Of Hostilities Agains Netherlands Forces: Statement Of The Government Issued By The Board Of Information On January 12,1942	和蘭軍に對し戰鬥開始に関し昭和十七年一月十二日情報局に依って發せられれる帝國政府聲明
Concerning The Question Of The Unofficial Announcement	非公式發表問題ニ關スル件
Concerning The Setting Up Of A Committee For Liaison With The Conference Of The Five Ministers	五相會議連絡委員會設置ニ關スル件
Concerning The Situation Of German Economic Interests In The Parts Of China Occupied By Japan	支那ノ日本占領地區ニ於ケル獨逸經濟權益ノ狀況ニ関スル覺書
Conclusion Of The Protocol Between Japan,Italy And Germany	日本國、伊太利國及獨逸國間議定書締結方ノ件
Conclusion Of The Tripartite Pact Between Japan, Germany,And Italy	日本國、獨逸國及伊太利國間三國條約締結ノ件
Concrete Plans For The Outlined Policies Re The Incident	事變對處要綱附屬具體的方策
Congo Basin Treaty	コンゴー盆地條約
Constitution Of Cuba	キューバ國憲法
Constitution Of The Empire Of Japan	大日本帝國憲法
Construction Bond Act	滿洲國建國公債條例
Consul-General Shigemitsu'S Telegram To Foreign Minister Shideara	重光總領事ヨリ幣原外相宛電文(昭和四年八日十九日)
Contemporary Japan	現代ノ日本
Contracts For The Construction Of The Chinese Eastern Railway	東清鐵道建設契約
Control Of Common Carriage Trade,Etc.,In Harbours Ordinance	港灣運送業等統制令
Control Of Company Accountancy Ordinance	會社經理統制令
Control Of Electric Power Distribution Ordinance	配電統制令
Control Of Land And House Rentals Ordinance	地代家賃統制令
Control Of Land Transportation Ordinance	陸運統制令
Control Of Pays Of Seamen Ordinance	船員給與統制令
Control Of Prices,Etc.,Ordinance	價格等統制令
Control Of Residential Land,Buildings,&C Ordinance	宅地建物等價格統制令
Control Of Share Questions Ordinance	株式價格統制令
Control Of Tenant-Farm Rentals Ordinance	小作料統制令
Control Of Wages Ordinance	賃金統制令

英文文献名	日文文献名
Convention Of Definition Of Aggression	侵略ノ定義ニ關スル條約(五國條約)
Convention Of Peking	北京條約
Convention Relative To The Laying Of Automatic Submarine Contact Mines	自働觸發海底水雷の敷設に關する條約
Convention Relative To The Opening Of Hostilities	開戰ニ關スル條約
Convention Relative To The Treatment Of Prisoners Of War, Geneva July 27, 1929	ジュネーヴノ俘虜待遇ニ關スル條約
Convention With Regard To Trial And Punishment Of Prisoners Of War	俘虜ノ裁判、刑罰ニ關スル協約
Convocation Of Chiefs Of Staff'S Conference And Its Schedule	参謀長會議ノ召集及日課豫定決定ニ關スル件
Cooperative Farming Bill	共同耕作法案
Corrected Minutes Of A Meeting Of The Joint Commission	上海共同委員會書記局成作ノ上海共同委員會議事錄
Cotemporary China	現代支那
Councillors, Central Headquarters, Greater Japan Imperial Rule Assistance Association-Adult Corps	大日本翼賛壯年團中央本部参與
Covenant Of The League Of Nations	國際聯盟規約
Coversation With Foreign Minister Sato On The Anti-Cominter Pact	防共協議ニツイテ佐藤外相トノ會談
Criminal Procedure As Prescribed In The Chosen Criminal Ordinance	朝鮮刑事令
Criteria In Air Fighting	空戰ニ關スル標準
Currency Stabilization	通貨安定策
Current Reference Materials Series No. 25	時局参考資料第二十五輯
Curriculum Vitae Of Kimura, Heitaro	木村兵太郎履歴
Dai To Bunka	大東文化
Daily Record Of Investigation Of Prisoners	俘虜調查日記
Decision As To How Many Should Be Chosen Out Of Gendarmerie Officer-Candidates And Gendarmerie 2Nd Lieutenant-Candidates(Of All Units)	憲兵下士官候補者及少尉候補者(各部ヲ含ム)ノ採用數ノ決定ニ關スル件
Decision Of The Imperial Headquarters-Government Liaison Conference	大本営政府連絡會議決定
Declaration As To The Annexation Of Korea To The Emplre Of Japan	韓國併合ニ關スル宣言
Declaration Issued By The Seiyukai Party Mass Meeting	政友會黨大會の宣言

英文文献名	日文文献名
Declaration Of Japan Regarding Her Resolution Of Respecting Rights Of Netherlands In Relation To Her Insular Possessions In Region Of Pacific Ocean	太平洋方面ニ於ケル和蘭國ノ島嶼タル屬地ニ關スル權利尊重ニ関スル聲明
Declaration Of The President Of China Relating To Respecting Of Treaties, Agreements And Vested Rights	條約、契約及既得權尊重ニ關スル支那國大總統ノ宣言
Declaration Of The Return Of The Capital	還都宣誓
Declaration Of War Upon Japan	對日宣戰佈告
Declaring Tsing-Tao(Kiao-Chao)A Free Port	青島(膠州)の自由港宣言
Defense Security Law	國防保安法
Delimitation Of The Soviet-Manchurian Boundary	露滿國境協定
Demands Concerning The Execution Of Principles Of The Respect Of Sovereign Rights	主權尊重原則實行ニ關スル諸要望
Demarcation Of Branch Minor Expenditures And Allocation Of Disbursements	經費科目區分及支出區分ニ關スル件
Denunciation By Japan Of The Washington Naval Treaty Of 1922	日本ニ依ル一九二二年(大正十一年)ノワシントン海軍條約ノ廢棄通告
Department Of State Treaty Series	國務省條約集
Deposition Of Ono Ryokuichiro	大野綠一郎口供書
Designation Of Factories Exempt From Examination Under The Resource Investigation Laws	資源調查法令施行上調查除外工廠ノ指定ニ關スル件
Desire Towards Japan Concerning The Realization Of The Principle Of Respecting Chinese Sovereignty	中國主權尊重原則實行ニ問シ日本ニ對スル希望
Detail Agreement	細目協議
Detailed Matters Concerning The Commandering Of Automobiles	自動車征發ニ關スル細部ノ件
Detailed Matters Concerning The Requisition And Maintenance Of Automobiles	自動車ノ征発及整備ニ關スル細部ノ件
Development Of Japanese Enterprises In China	支那ニ於ケル日本側事業ノ發展
Diary By Shirao Tateki	白尾幹城日記
Diary Of Count Ciano	チャーノ伯日誌
Diary Of The Russo-Japanese War	日露戰役日記
Diary Of The Sino-Japanese War	日清戰役日記
Digest Of Laws(Manchukuo)	滿洲帝國六法全書
Diplomatic Documents During The Ching Dynasty	清季外交資料
Diplomatic History Of The Shanghai Incident	上海事件外交史
Diplomatic Measures To Be Taken Vis-A-Vis The Soviet Union	對ソ外交施策ニ關スル件

英文文献名	日文文献名
Directive No. 2 Of The Supreme Commander Of The Allied Powers	聯合國代表最高司令官命令第二號
Disarmament Treaty	軍縮協定
Disbursements Supplementary To The Primary Reserve Fund	第一預備金ヲ以テ補充シ得ヘキ費途ノ件
Discriminatory Legislation Against Japanese Immigration	排日移民法
Discussion Of The Japan-Germany-Italy Axis	日獨伊樞軸論
Distribution, Etc., Of Imported Materials For Iron Manufacture Ordinance	製鐵用輸入原料配給等統制令
Document Establishing Joint Economic Control Committee(And Names)For Japan And Manchukuo	日滿共同經濟統制委員會設置ノ書類
Document Received	受領日記
Document Under Consideration Formulaed	番案文書
Documents Of Decision On Important National Policies Having Direct Relationship To Outbreak Of War	戰爭勃発ニ直接関係アル重要國策ノ決議書類
Documents Of The Nanking Safety Zone	南京安全地區書類
Documents Relating To The Siberian Expedition	西伯利亜出兵關係書類
Doihara Chin-Te-Chun Agreement	土肥原秦德純協定
Draft Of Basic Plan For Establishment Of Greater East Asia Co-Prosperity Sphere	大東亜共榮圏建設原案
Draft Of Basic Principles Concerning Negotiations For A Military Alliance	軍事同盟交涉に関する方針案
Draft Of Measures For The Building Of The Great East Asia Co-Prosperity Sphere	大東亜共榮圏建設方策草案
Dreft Reported By The Committee Of Nineteen	十九人委員會の報告書
Dzecho-Slovakia'S Mobilization Law	チエツコスロバキヤ國家總動員法
Economic Construction Program Of Manchukuo	滿洲國經済建設綱要
Economic Policy Which Should Be Taken In Connection With Diplomacy Towards U. S. A.	対米外交ニ關聯ノ采ルベキ経済政策
Education Law	明治十九年教育法令
Elements Of International Law In War-Time	戰時國際法規
Embrace The Preple With Great Love	大愛以テ民衆抱擁
Emergency Munitions Financing Act	緊急軍需金融法
Emergency Shipping Control Act	臨時船舶管理法
Employment And Expropriation Of Factories And Workshops Ordinance	工場事業場使用收用令

英文文献名	日文文献名
Employment And Expropriation Of Mobilized Materials Ordinance	總動員物資使用收用令
Employment Of Funds Of Banks, Etc. , Ordinance	銀行等資金運用令
Enactment, Alteration, And Abolition Of Laws Of Minor Importance	重要ナルサル諸規則ノ制定改廢ニ關スル件
Encouragement By Subsidyand Legislation In The Recent Past	補助金ニヨル奬勵及最近ノ法令
Encyclopedia Britannica	エンサイクロペディア、ブリタニカ
Enguiry Concerning Army Munitions Production Potential, Subject To The Premier'S Order	内閣總理大臣ノ指定ヲ受クヘキ陸軍軍需品生產能力調査ノ照會ニ關スル件
Entire Business Connected With The Army Eguestrian Commission	陸軍省乗馬委員業務全般ニ關スル件
Entrainment	鐵道乗車ニ關スル件
Essays Of Mao Tse-Tung	毛澤東選集
Establishing Order In Greater East Asia	大東亜秩序建設
Establishment Of East Asia Maneuvers For The First Period Of Total War	東亜建設第一期總力戰方略(案)
Estimates Of Subsidies Of Japanese Government For Collateral Enterprises For Execution Of This Program	本計畫遂行ノ為ノ附帯事業ニ對スル日本政府助成額豫想
Estimates Of Direct & Indirect Subsidies Of Japanese Government For Industries Projected By This Program	本計畫產業ニ對スル日本政府直接及間接助成經費豫想額
Estimates Of Subsidy By Japanese Government To The Projected Industries	本計畫產業ニ對スル日本政府助成額豫想
Examination And Study Of Horseshoes And Veterinary Material	獸醫材料蹄鐵ノ試驗研究ニ關スル件
Examination Of Clothing, Provisions And Fodder And Implements Used In Conjunction Therewith	被服、糧秣及衣糧器具ノ試驗ニ關スル件
Examination Of Sanitary Materials	衛生材料ノ試驗ニ關スル件
Excerpt From Report Of Activities	執務報告
Exchange Of Notes Between The Governments Of Japan And The United States Relative To The Interpretation Of Article 19 Of The Treaty For The Limitation And Reduction Of Naval Armament	海軍軍備ノ制限及縮少ニ關スル條約第十九條ノ解釋ニ關スル日米兩國間交換公文
Exchange Of Notes Regarding China	支那ニ關スル交換公文
Expansion Plan Of Productive Power Of North China	北支生產力擴充計畫
Expel The British Influence From The Far East	極東から英國勢力を擊滅せよ
Explanations On Naval Overseas Regulations	軍艦外務令解說

英文文献名	日文文献名
Export Figures 1936－1939	自一九二九年至一九三五年輸出入表
Exports And Imports Temporary Management Law	輸出入暫定處理法
Exports Control Law	輸出統制法
Exposition Of The Imperial Constitution	帝國憲法義解
Extent Of Wartime Reguirement Under The Mobilization Plans	總動員計畫上ノ戰時需要量ノ件
Extract From A Journal Of Battle Actions Of The Red Army General Staff Concerning The Incident In The Lake Hassan Area In 1938	極東戦線、「ハーサン」湖地區事件ニ關スル赤軍参謀本部第一部ノ戦闘日誌
Extracts From The Diary Of Major General Kawamura, The 9Th Infantry Brigade Commander	步兵第九旅團長河村少將日記
Extraordinary Adjustment Of Agricultural Irrigation Ordinance	農業水利臨時備調整令
Extraordinary Agricultural Land Prices Control Ordinance	臨時農地價格統制令
Extraordinary Measures For Valuation Of Company Shares Held By Companies Ordinance	會社所有株式評價臨時措置令
Extraordinary Measures For Wages Ordinance	賃金臨時措置令
Extraordinary Ship Control Law	臨時船舶管理法
Extraordinary War Time Administration Power Act	特別戰時行政授權法
Factories And Workshops Control Ordinance	工場事業場管理令
Facts Pertaining To The Resignation Of The Third Konoye Cabinet	第三次内閣總辭職ノ顛末
Fascism Versus Popular Front	全體主義と人民戰線
File Of Classified Correspondence And Records Dealing With Manchurian Affairs	滿密大日記
File Of Miscellaneous Correspondence And Records Of War Ministry	陸亜密大日記
File Of Unclassified Correspondence And Records Dealing With Manchurian Affairs	滿受大日記
First Formal Economic Negotiations 1934	一九三四年昭和九年ノ最初ノ正式經濟交涉
First Report Adopted By The League Of Nations Assembly On October 6, 1937	一九三七年十月六日國際聯盟總會二依リ採擇セラレタル第一報告
Five-Power Constitution/Constitution Of The Republic Of China	五權憲法
Five-Year Industrial Plan	滿洲五ヶ年計畫
For An Instance	擧一例
For. Rel. Of The U. S.	北米合衆國外交關係

英文文献名	日文文献名
Foreigh Trade Of Manchukuo	滿洲國對外貿易
Foreign Exchange Control Law	外國為替管理法
Foreign Land Regulation,Miscelaneous,China	外國土地法關係雜件中國ノ部
Foreign Minister'S (Matsuoka'S) Explanations Regarding The Conclusion Of Tripartite Pact	松岡外務大臣ノ三國協定締結ノ說明
Foreign Ministry'S Year-Book	外務省年鑑
Foreign Relations	海外関係
Foreign Relations Of The United States	米國の對外關係
Foreign Relations Of The United States,Japan	米國の外交關係(對日本關係)
Foreign Relations Of The United States-Japan	米國ノ外交關係—日本
Foreign Relations Of The United States-Japan 1931-1941	一九三一年～一九四一年米日外交關係
Foreign Trade Control Ordinance	貿易統制令
Foreign Trade Of Japan,A Statitical Survey,1935	貿易精覽
Foreigners Labour Ordinance	外國人勤勞條例
Fortifications Of The Manchurian Military Base	滿州根拠地ノ築城構築
Fortress Construction Work	要塞築造工事ニ關スル件
Forwarding A Translation Of The Report On Visits To Korean P. O. W. Camps	朝鮮收容所視察報告譯文送付ノ件
Four Power Treaty	太平洋四國條約
France-Japan Protocol	日佛議定書
France-Japanese Treaty Of Residence And Navigation Relative To French Indo-China	佛領印度支那ニ關スル日佛居住航海條約
Franco-Japanese Joint Defense Protocol	日仏共同防衛議定書
French-Chinese Treaty Of 1897	一八九七年佛清條約
French-Thai Non-Aggression Pact	佛タイ不侵略條約
From The Point Of View Of National Defense. It If The Duty Of The Military To Mix In Polities	軍人の政治關與國防上當然の任務
Fundamental Policy For The Chinese People'S Anti-Japanese Military Operations	中國人民對日作戰基本綱要
Fundamentals Of National Reconstruction	國民政府建國大綱
Funds Required For The Enlargement Of The Important Industries Of Japan And Manchuries	日滿重要產業擴充計書(所要資金概算表)
Gando Convention	間島協約
Gauss Plan	ガウス案
General Actand China Incident Special Act	一般法令及支那事變特殊法令
General Budget For The Fiscal Year 1942	昭和十七年度一般會計豫算案
General Goal For Promotion Of Important Industries	重要產業振興一般目標

英文文献名	日文文献名
General Headquarters Supreme Commander For The Allied Powers, Research Report	聯合軍最高司令部調査報告書
General Mobilization Law	國家總動員法
General Principles Of The Replenishment Of The Productive Faculties	生産力擴充計畫要綱
General Sketch Of Siam-Burma Railway	泰緬甸連接鐵道一般圖及俘虜收容所展開要圖
General Trade Treaty Of 1912	一九一二年/大正元年/ノ一般貿易條約
Geneva Convention	ジエネーヴ條約
Geneva Convention	ゼネバ協商
Geneva Convention For The Amelioration Of The Condition Of The Wounded And Sick In Armed Forces In The Field Of July 27, 1929	戰地軍隊ニ於ケル傷者及病者ノ狀態改善ニ關スル千九百二十九年七月二十七日ノジュネーヴ條約
Geneve Opium Agreement	ジェネヴア阿片協定
German Foreign Office Files And Archives	獨逸外務省集綴文書
German-French Armistice Agreement	獨逸休戰條約
German-French Armistice Agreements	獨佛停戰協定
German-Italian Alliance Pact	獨伊同盟協約
German-Janpanese Agreement Plan On Economic Cooperation In China	支那ニ於ケル日獨経済提攜協定
German-Japanese Military Cooperation	日獨軍事協力
German-Japanese Negotiations	日獨協議援助條約
German-Japanese Negotiations For The Commercial Treaty	日獨通商條約
Gist Of Imperial Headquarters, Army And Navy Department Policy Concerning Measures To Be Taken In The South	南方施策ニ關スル大本営陸海軍部方針骨子
Gist Of Main Points In Regard To Dealing With The Situation To Meet The Change In World Conditions	世界情勢ノ推移ニ伴フ時局處理要綱骨子
Gist Of Policy For Management Of The Southern Areas Occupied As A Result Of The Greater East Asia War	大東亜戰爭ニ依ル南方占據諸地域善後處理方策大綱
Gold Reserve Revaluation Law	金準備評価法
Government In Japan	日本に於ける政治
Government In Japan Recent Trends In Its Scope And Operation	日本の政府その活動範圍及運營の最近の傾向
Government Organization Law	政府組織法

英文文献名	日文文献名
Government Organization Law And Human Rights Law	政府組織法及人權保障法
Government Sale And Grant Of Weapons	兵器ノ拂下及下附ニ關スル件
Granting Of Manchurian Incident Expenditure Secret Service Funds	滿洲事件費機密費交付ノ件
Greeting Sdelivered By Foreign Minister Arita At The National Mass Meeting To Send Off Ambassador Abe	阿部大使壯行國民大會ニ於クル有田外務大臣挨拶
Hague Convention	海牙公約
Harada Diary	原田日記
Harada'S Memoir	原田回顧錄
Hart-Ishizawa Agreement 1937	一九三七年昭和十二年ノハート石澤協定
Hencoforth It Would Have Nothing To Do With The National Government	自今國民政府ヲ相手トセズ
Herald Of Asia	ヘラルド、オヴ、エシア
Himmler'S Memorandum	ヒムラー覺書
History Of Modern Far East	現代極東史
History Of Nomadic Life In Mongolia	蒙古遊牧記
History Of The Imperial House Institutions	帝室制度史
How Can The British Troops Come To The Far East	極東ヨリ英勢力追放
Hu Tsung Fang Ji Kung Chi (Accompanying The Emperor On His Visit To Japan)	扈從訪日恭記
Hunchun Agreement And The Map And The Protocols Attached	琿春界約附圖
Hunchun Border Agreement	琿春界約
I. P. R. Inquiry Series	太平洋問題調查會調查書
I. P. R. Inquiryseries	太平洋關係研究會叢書
Immigration Act	移民法
Imperial Economic Conference At Ottawa, 1932	帝國經濟會議一九三二年於オッタワ
Imperial Edict Concerning The Imperial House Law	皇室典範上諭
Imperial Headquarters Naval Directive Number 5	大海指第五號
Imperial Ordinance Relating To General Rules Concerning The Organization Of The Ministries	各省官制通則
Imperial Ordinance Relating To The Organization Of Temporary Institution Of Cabinet Councillors	臨時內閣參議官制
Imperial Ordinance Relating To The Organization Of The Ministry Of Foreign Affairs	外務省官制

英文文献名	日文文献名
Imperial Ordinance Relating To The Organization Of The Ministry Of Home Affairs	内務省官制
Imperial Ordinance Relating To The Organization Of The Ministry Of Overseas Affairs	拓務省官制
Imperial Ordinance Relating To The Organization Of The Ministry Of The Imperial Household	宮内省官制
Imperial Ordinance Relating To The Organization Of The Ministry Of The Navy	海軍省官制
Imperial Rescript Declaring War	宣戰詔勅
Imperial Rescript For The Manchoukuo Army	滿洲國軍人敕諭
Imperial Rescript Ordering Investigation Into The Constitution	憲法取調を命ずる勅語
Import Duties Act, 1932	一九三二年輸入税法
Important Decisions Regarding International And National Policies	國外及國内政策ニ關スル重要決議
Important Fertilizer Industry Control Law	重要肥料業統制法
Important Industries Control Law	重要産業統制法
Important Points Of Institution Which Exist For China Affairs	對支機關要綱
In Accordance With Ordinances, Matters Concerning The Dispatch Of Students And Pupils To The Army Intendance School And Their Entrance To And Withdrawal From The School	條例ニ依ル陸軍經理學校ニ學生生徒ノ分遣並ニ入退校ニ關スル件
In Confidential Economic Estimate, Japan	極秘日本經濟許價
In The Matter Of Japanese War Crimes And In The Matter Of The Attack On Malaya By The Japanese Forces In December 1941	日本ノ戰爭犯罪關係並ニ一九四一年十二月ニ於ケル日本軍ノ馬來攻擊關係證據書類
In The Matter Of The Course Decided Upon To Be Taken By The Imperial Government Concerning Mediation Or Intervention By Third Powers In Connection With The Sino-Japanese Incident	日支事変ニ對スル第三國ノ幹旋乃至干涉ニ對シ帝國政府ノ提ルヘキ方針決定ノ件
In The Matter Of The International Court At The Trial Of Japanese Major War Criminals	主ナル日本人戰爭犯罪人ノ審問ニ於ケル國際法庭ニ關スル件
In The Matter Of The International Court For The Trial Of Japanese Major War Criminals	日本人主要戰爭犯罪人ニ對スル國際法庭ニ關スル件
Independence Declaration Of The New Manchu-Mongolian State	滿蒙新國家獨立宣言

英文文献名	日文文献名
Information Concerning The Treatment Of Prisoners Of War	俘虜取扱ニ關スル件照會
Inquiry About The Utilization Of The Manchurian Machine Tool Company For The Purpose Of Urgent Aerial Maintenance	滿洲工作機械株式會社ヲ航空緊急整備ノタメ利用致度件照會
Inquiry Pertaining To Forwarding Of Military Currency	軍票前送ニ關スル件照會
Inspection Conducted Under The Charge Of Others	委託檢査ニ關スル件
Inspection Of Important Weapons	重要ナル兵器ノ新調ニ關スル件
Inspection Regulations For Military Training At Youth School	青年學校教練科等査閲規程
Institutions Of The Central Government	中央政府の法統問題
Instruction Re Policy Of Guiding Young Officers In Respect Of Their Activities Vis-A-Vis The Present Situation	青年將校ノ時局ニ關スル策動ニ對スル指導方針ノ件調示
Instructions To Government Officials Stationed Abroad Government School Professors Sent Abroad, Government Offials Despatched Abroad	外國駐在員、留學者及外國差遣者ニ與フル訓令ニ關スル件
Intemperate Statements By The Commander Of The Japanese Naval Landing Party	日本海軍陸戰隊司令官ニ依ル亂暴ナル声明
Interests Treaty	利權條約
International Drug Conventions	國際賣藥協定
International Law	國際法
International Opium Convention	國際阿片條約
Internment Of Prisoners Of War Referred To In Cho-San	朝鮮ニ俘虜収容ノ件
Interpellation Regarding The Phrase "Hakko Ichiu"	八纮一宇ニ關スル質問主意書
Interrogation As Of Osami Nagano, 26 March 1946	一九四一年三月廿六日、永野修身ニ對スル訊問
Interrogation Of Hideki Tojo	東條英機訓問調書
Interrogation Of Oshima, Hiroshi, 1 February 1946	昭和二十一年二月一日大島浩ノ訊問調書
Interrogation Of Semyonov, Grigory Michailovich	セミヨノノフ・グリゴリーミハイロヴィチ訊問調書
Interrogation Of The Japanese S. Hayashi	日本人S・林ノ審問調書
Introduction To The Study Of The National Polity	國體學入門
Investigated By Siam Prisoner Of War Camp	泰俘虜收容所調查
Investigating And Reporting Of The Movements Of Foreign Ships	外國船舶行動調查報告ノ件

英文文献名	日文文献名
Investigation Of Prisoner Of War Patients	俘虜患者調查表
Investigation Report Regarding Murder Of Chang So Lin	張作霖元帥殺害ニ關スル調査報告
Investigations Of Materials For Tactics In Hunchun And South Ussuri Areas	琿春及南島地方作戰資料調査
Iron Industry Law	鐵鋼生產業法
Iron Manufacturing Enterprises Law	製鐵事業法
Italian National Mobilization Law	伊太利國家總動員法
Japan In Time Of Emergency	非常時日本
Japan 's Policy Toward China Radio Address By Mr. Kensuke Horinouchi, Vice-Minister For Foreign Affairs, Columbia Broadcasting System September 2,1937	一九三七年九月二日コロンビヤ放送網ニ於ケル外務次官堀内謙助氏ノラヂオ演說
Japan Times	日本タイムス紙
Japan'S Mission In The Showa Era	昭和日本ノ使命
Japan'S Narcotication Policy In North China	北支ニ於ケル日本ノ麻醉政策
Japan-China Anti-Communistic Agreeement	日支防共協定
Japanese Combined Fleet Top Secret Operation Orders	日本聯合艦隊極秘作戦命令
Japanese Investment In Manchurian And China Proper	滿洲及び支那本土ニ於ケル日本側投資ノ件
Japanese Military Law	日本陸軍刑法
Japanese Peace Terms	日本和平條件
Japanese Penetration And Spying	日本人ノ進出及諜報
Japanese Provocative Acts In The Area Of The Lake Hassan	哈桑湖地區ニ於ケル日本軍挑戦ニ関スル調書
Japanese-American Agreement	日米協定
Japanese-American Agreement	日米條約
Japanese-American Commercial Treaty	日米通商條約
Japanese-American Neutrality Agreement	日米中立條約案
Japanese-German Anti-Comintern Pact	日獨協定
Japanese-Italian Agreements On Economic Co-Operation	日伊協定
Japanese-Manchurian Treaty	滿洲條約
Japanese-Soviet Non-Aggression Pact	日蘇不可侵條約
Japan-French Agreement	日佛協定
Japan-Germany Anti-Comintern Pact	日獨防共協定
Japan-Germany Culture Agreement	日獨文化協定
Japan-Germany-Italy Culture Agreement	日獨伊文化協定
Japan-Manchoukuo Protocol	日滿協定書

英文文献名	日文文献名
Japan-Manchoukuo Year Book	日滿年鑑
Japan-Netherlands Financial Agreement	日蘭經濟協定
Japan's Decision To Fight	日本ノ戦爭決意
Japan's Policy Regarding Abolition Of Extraterritoriality	治外法權撤發に關する日本の政策
Japan's Position As Regards A Southward Advance——Arrival Of A Heroic Age	南進に於ける日本の地位——英雄的時代來る——
Japan's Withdrawal From The League Of Nations, Which Was Decided Through Consultation In The Conference Of The Board Of Council On 2 November, 1938	一九三八年十一月二日樞密院會議に於て諮詢を經て決定せられた日本と國際聯盟諸機關との協力關係終了の件
Japan-Soviet Neutrality Pact	日ソ停戰協定
Jicpoa Preliminary Interrogation Report	陸海軍聯合情報部豫備訊問報告書
Joint Communiques	共同コミュニク
Joint Declaration Adopted By The Greater East Asia Assembly	大東亜共同宣言
Joint Declaration Adopted On November 6, 1943	一九四三年(昭和十八年)十一月六日採擇ノ共同宣言
Joint Declaration Of Japan, Manchoukuo And China	日滿華共同宣言
Joint Economic Council For Japan, Manchukuo And China	日滿支経済協議會設置ニ關スル件
Joint Manifesto For The Resistance Against Japan	抗日合作宣言
Joint Statement Of Chu Yong Ung And Chang Chi Hsiang	朱帝翁(CHU YDNG VNG)及張継祥(CHANG CHI HSANG)共同陳述書
Journal De Japan	ジュルナルドシャンハイ
Kuehn Confession	キューン自白書
Kwantung Province Opium Order	關東州阿片規則
Labor Provision For The Korean Pow	朝鮮俘虜労役規定
Land Survey Department Technical School Students	陸地測量部修技所生徒ニ關スル件
Lansing-Ishii Agreement	レンシング石井協定
Lausanne Treaty	ローザン條約
Law For Industrial Adjustment	產業調查法
Law For The Petroline Industry	一九三四年石油業法
Law For The Prohibition Of Smoking And The Regulations For Its Enforcement	禁煙法及施行法草案
Law For The Protection Of Secrets In Regards To Military Resources/Military Secrecy Law	軍用資源秘密保護法
Law Of Court-Martial Of The Army	陸軍軍法會議法
Law Of Court-Martial Of The Navy	海軍軍法會議法

英文文献名	日文文献名
Law Of Criminal Procedures	刑事訴訟法
Law Of Protection And Surveillance Of Chosen Ideological Criminals	朝鮮思想犯保護觀察法
Law Of Protection And Surveillance Of Ideological Criminals	思想犯保護觀察法
Law Providing For Emergency Trading In Rice	米穀ノ應急措置ニ關スル法律
Laws And Customs Of War On Land	陸戰ノ法規慣例ニ關スル條約
Laws For The Prohibition Of Smoking	禁煙法
Less Important Matters Concerning Replacement Of Personnel And Horses	重要ナラサル人馬ノ補充ニ關スル件
Liaison Conference Decision Plan	連絡會議決定案
Licensing Law For Imports And Import Business	輸入品及輸入業ニ対スル許可法
Li-Lobanov Treaty	露清鐵道原約
Lin Pai-Sheng Important Announcement Of Departments	林柏生氏の重要發表
List Of Cabinet Members	内閣一覽表
List Of Dead War Prisoners Classified By Races	死亡俘虜人種別人員表
List Of Kind Of Prisoners Of War'S Diseases	俘虜患者病名別一覽表
List Of Monthly Investigation Concerning Patients	俘虜患者月別調査表
List Of Monthly Statistics Of Condition On Prisoner Of War Management	俘虜勞務狀況月別一覽表
List Of Monthly Statistics Of Cumulative Number Of Prisoners Worked	月別俘虜勞務延人員統計表
List Of The Anti-Japanese Chinese	抗日華僑名簿
List Of The Headquarters Staffs Of The Greater Japan Imperial Rule Assistance Association-Adult Corps	大日本翼賛壯年團本部役職員表
List Of The Ninety-Eight Civilians Who Lost Their Lives On Wake Island	ウェーク島ニ於テ死亡セル非戰鬥員九十八名ノ名簿
List Of The Staffs Of The Japan Imperial Rule Assistance Headquarters-Adult Corps	大日本翼賛壯年團中央本部機構一覽表
List Of Those Who Violated Military Discipline	軍紀違反者一覽表
List Of Those Who Violated Morality	風紀違反者一覽表
Lloyd'S Register Of Shipping	ロイドの船舶登錄簿
Locarno Treaties	ロカルノ條約
London Declaration On Naval Warfare	海戰に關する倫敦宣言
Long Nawan Massacre	ロング・ナワンノ虐殺
Loss Of Cash In Custody Of Paymasters	出納官吏保管現金亡失ニ關スル件
Lung Sha Chi Lueh	龍沙記略

英文文献名	日文文献名
M. M. Litvinov'S Dairy	エム・エム・リトヴイノフノ日記
Mailing Of Revised South Seas Line Passenger Rate Schedule	南洋航路改正船客運賃表送附ノ件
Main Principles Of The Plans For Breaking-Off Of Economic Intercourse With Japan	對日經濟絕交計劃大綱
Make This Mankind'S Last War	人類最終戦のために——世界戦争の前途——
Manchuria Aviation	滿洲航空ニ關スル件
Manifesto For The North Ward March Of The Red Army Of Workmen And Peasants	中國工農軍北上抗日宣言
Mao Tse-Tung And Red Stars Of China	毛澤東ト中國ノ紅星
Map Of China	支那地圖
Map Of Military Installations In Singapore	シンガポール軍事設施略圖
Map Of News Gathering Organization In Eastern Soviet Districts	東蘇方面通信網圖
Map Of News Gathering Organization In Northern Soviet Districts	北蘇方面通信網圖
Map Of News Gathering Organization In Outer Mongolia Districts	外蒙古方面通信網圖
Map Of News Gathering Organization In Western Soviet Districts	西蘇方面通信網圖
Map Of Troops In Java	ジャヴァ島兵力配備略図
Map Of Troops In Sumatra	スマトラ兵力配備要図
Map Of Wireless Networks In The Union Of Soviet Socialist Republics	蘇聯邦無線通信網圖
Map "Air Field System In Manchuria"	満州ニ於ケル飛行場網ノ図
Map "Fortified Constructions Of Manchurian Military Base"	満州根拠地ノ築城構築図
Map "Military Dumps In Manchuria"	満洲内ノ軍用倉庫図
Map "Railroad Lines In Manchuria"	満洲鉄道図
Maps Of Eastern Asia	東亜大陸圖
Marqius Kido'S Diary	木戸侯爵日記
Marshall'S Report	マーシャル元帥報告書
Massage Concerning Special Investigation Of Inner Mongolia	蒙疆地方特別調査ニ関スル件通牒
Material Civilization And Spiritual Culture	物質文明ト精神文化
Materials For The Private Report To The Emperor By Minister Ugaki	宇垣大臣内奏資料
Matsuoka-Herry Agreement	松岡アンリー協定

英文文献名	日文文献名
Matter Of Understanding Concerning The Conclusion Of A Pact For The Establishment Of A Joint Committee, Agreed Upon By Representatives Plenipotentiary Of Both Countries	日満經濟共同委員會設置ニ關スル協議ノ締結ニ付日本國及満洲國全權委員ガ一致シタル瞭解事項
Matter Pertaining To The Murder Of French Missionaries	佛人宣教師殺害ニ關スル件
Matter Regarding Labor To Be Assigned The Prisoners Of War	俘虜ノ労役ニ關スル件
Matters Agreed At The Cabinet Conference Relating To The Policy For Economic Development	経済開發方針ニ對スル閣議諒解事項
Matters Concerning Ammunition For Use In Maneuvers	演習用彈藥ニ關スル件
Matters Concerning Audit Students At The Imperial Universities (Except Matters Entrusted To The Vice-Minister)	帝大聽講生ニ關スル件(次官委任事項ヲ除ク)
Matters Concerning Calls Of Foreign Vessels At Our Country	外國艦船本邦寄港ニ關スル件
Matters Concerning Committeemen To Operate The Army Fraternal Association'S Property	陸軍共済組合財産連用委員ニ關スル件
Matters Concerning Conferences And Orders For The Participation In Maneuvers, Of Units And Personnels Under Different Commands	所管ヲ異ニスル部隊､職員ノ演習參加ノ協議令達ニ關スル件
Matters Concerning Conferences For Joint Maneuvers Of Each Unit And Air Force Units	各團隊ト航空部隊トノ連合演習ノ協議ニ關スル件
Matters Concerning Conferences The Price-List Of Weapons	兵器定價表ニ關スル件
Matters Concerning Conscription Of Those Who Have Finished The Regular Periods Of Conscripted Service	規定ノ召集個數ヲ終アシタル者ノ召集ニ關スル件
Matters Concerning Continuation Of Military Service Of Reserve Officers(Excluding General Officers)	在鄉將校(將官及各部將官ヲ除ク)ノ服役継続ニ關スル件
Matters Concerning Csupernumerary Instrument Fittings	定數外器械備付ニ關スル件
Matters Concerning Decision On " A " Class Allowances Granted For Accidents And Death, In Accordance With The Rules Relative To The Application Of The Army Fraternal Association Regulations	陸軍共済組合規則施行細則ニ依ル障害給付金及死亡給付金甲號ノ裁定ニ關スル件
Matters Concerning Deprivation Of Decorations And Resignation Of Court Ranks	動章褫奪及傳記返上ニ關スル件

英文文献名	日文文献名
Matters Concerning Details Of The Authorized Quantity List Of Auxiliary Materials For Transportation Of Troops	軍隊輸送用補助材料定數表ノ細部ニ關スル件
Matters Concerning Disposition Of Steamships Under Control Of The Transportation Department	運輸部管理汽船處分ノ件
Matters Concerning Donations To Encourage Science And Technology In The Army	陸軍學藝技術奬勵寄附金ニ關スル件
Matters Concerning Estimated Number Of Reservists Called Up For Training	補充兵教育召集予定人員ノ件
Matters Concerning Grant Of Lump Sums, Special Money Grants, Allowance To Arsenal Workers, And Allowances For Death And Injury To Students And Employees	一時賜金、特別賜金、造兵廠職工扶助金、生徒死傷手當及雇傭人死傷手當ニ關スル件
Matters Concerning Inspection Of Forts And Batteries	堡壘及炮臺ノ見學ニ關スル件
Matters Concerning Inspection Visits And Traffic In The Army Veterianary School And The Army Medical Materials Depot(In Respect To Veterinary)	陸軍獸醫學校、陸軍衛生材料廠(獸醫關係)見學並ニ出入ニ關スル件
Matters Concerning Invoices Of Resources Investigation	資源調査証票ニ關スル件
Matters Concerning Leaves Of Absence Of Soldiers And Civilian Employees	軍人軍屬休暇ニ關スル件
Matters Concerning Liaison Between The Ministry Of Commerce And Industry And The War Ministry As Regards Application Of The Automobile Manufacturing Law	自動車製造事業法施行ニ付商工省及陸軍省兩省連絡ニ關スル件
Matters Concerning Materials For Manufacturing Weapons	兵器製造材料ニ關スル件
Matters Concerning Medical Examination Of Military Horses And Other Military Animals	軍馬及其他軍用動物ノ衛生試驗ニ關スル件
Matters Concerning Modals For Wounded Servicemen And Medals For The Bereaved	軍人傷痍記章及軍人遺族記章ニ關スル件
Matters Concerning Notices Of Publications And Registrations Of Copyrights	出版屆及版權登錄ニ關スル件
Matters Concerning Official Trips Of Officials Under Sonin-Rank To Manchoukuo And The Republic Of China	奏任官以下滿洲國、中華民國等出張ニ關スル件
Matters Concerning Officials In Office Holding Other Offices	在職官吏他ノ事業服務ニ關スル件

英文文献名	日文文献名
Matters Concerning Officials Of The Communications Ministry	遞信省吏員ニ關スル件
Matters Concerning Onrollment In Army Indoctrination Units And Returning To Former Units	陸軍教化隊編入及原隊複帰ノ件
Matters Concerning Ordinary Expenditures Of Resident Officers In Foreign Countries	恒例ニ屬スル外國駐在員費ニ關スル件
Matters Concerning Out-Of-The-Budget Contracts To Be Borne By The National Treasury	豫算外國庫ノ負擔トナルべき契約ニ關スル件
Matters Concerning Partial Revision Of Types Of Veterinary Materials And Of Equipments, For Sheeing And Brushing Horses	獸醫材料及裝蹄剔毛器械制式ノ一部改正ニ關スル件
Matters Concerning Patents And Utility Models	特許及実用新案ニ關スル件
Matters Concerning Pensions For Civil And Military Officials	文武官ノ恩給ニ關スル件
Matters Concerning Permission To Install Wireless Equipment For Private And Official Use	私設及官廳用無線電信施設許可ニ關スル件
Matters Concerning Permission To Take Passage Abroad Ships Engaged In Special Duty	特種船ノ乘船許可ニ關スル件
Matters Concerning Regular Conferment Of Court Ranks And Decorations To Civil And Military Officials	文武官ノ定例ノ敘位、敘勳ニ關スル件
Matters Concerning Regular Reports In Accordance With The Munitions Investigation Ordinance	軍需調查令ニ基ク定例報告ニ關スル件
Matters Concerning Release On Parole	假出獄ニ關スル件
Matters Concerning Reports On The Collection Of Revenues And Those On Disbursements	歲入徵收報告書及支出報告書ニ關スル件
Matters Concerning Requests For Investigation Of The Prospects Of Steamship Service	汽船運航見込調查ノ要求ニ關スル件
Matters Concerning Reservists' Travelling Abroad	在鄉軍人外國旅行ニ關スル件
Matters Concerning Revision Of Training Course For Military Horses And Dogs	軍馬及軍犬ノ教程改定ニ關スル件
Matters Concerning Routine Changes And Cancellation Of Dispositions On Conscr	徵兵處分ノ輕易ナル変更、取消ニ關スル件
Matters Concerning Students Sent Abroad Who Are Connected With The Army	軍ニ關係アル外國留學生ニ關スル件
Matters Concerning Students Whose Education Was Entrusted To Foreign Language Schools (Except Matters Entrusted To The Vice Minister)	外國語學校依託學生ニ關スル件(次官委任事項ヲ除ク)

英文文献名	日文文献名
Matters Concerning Supply And Return Of Veterinary Materials And Horseshoes For Units Abroad	在外部隊獸醫材料、蹄鐵ノ補給還送ニ關スル件
Matters Concerning Supply, Breeding, Custody, Donation, And Transportation, Of Carrier-Pigeons	軍用鳩ノ供給、飼養、保管、獻納、輸送ニ關スル件
Matters Concerning Taking Passage In Army Liners And Concerning Transportation By Army Liners	陸軍定期船便乘及陸軍定期船ニ依ル輸送ニ關スル件
Matters Concerning Te Delegated Command For Communications By Fixed Radios	固定無線ノ通信區處ニ關スル件
Matters Concerning The Entrusting Of Summons And The Sending Of Interrogation Documents By The Court	裁判所ヨリ呼出、詢問書類ノ送付等囑託ニ關スル件
Matters Concerning The Manchurian Economic Control	滿洲經濟統治關係事項
Matters Concerning The Operation Of The Army Engineering Works Regulations	陸軍工務規程ノ連用ニ關スル件
Matters Concerning The Acquisition Of Land Approved In Accordance With The Stipulation Provided By Article 6 Of The Regulation Concerning The Handling Of State-Properties Under The Jurisdiction Of The War Ministry	陸軍省所管國有財產取扱規程第六條ニ依リ認可ヲ得タル土地取得ニ關スル件
Matters Concerning The Acquisition Of State Properties Of Law Value(Except Those Under The Jurisdiction Of Other Bureaus)	輕微ナル國有財產(他局掌管ニ系ルモノヲ除ク)取得ニ關スル件
Matters Concerning The Application For Adoption Of Weapons	兵器採用願ニ關スル件
Matters Concerning The Application Of All Maneuver Expenditures(Except Matters Entrusted To The Vice Minister)	演習費全般ノ運用ニ關スル件(次官委任事項ヲ除ク)
Matters Concerning The Appointment And Dismissal Of Members Of The Court-Martial, Members Of Emory Committee Of The Department, Commissioners And Dispatched Officers Under Sonin-Rank	奏任官以下軍法會議判士及部內各委員、御用掛並ニ派遣將校ノ命免ニ關スル件
Matters Concerning The Appointment And Dismissal Of Training Inspectors	教練查閲官ノ命免ニ關スル件
Matters Concerning The Appointment, Dismissal And The Course Of Action Of Non-Regular Members Of The Staff And Employees	囑託員及雇員ノ命免、進退ニ關スル件

英文文献名	日文文献名
Matters Concerning The Appointment, Dismissal (With The Exception Of Disciplinary Dismissal), And The Course Of Action Of Civil, Military, And Hannin Rank Officials And Those Accorded The Same Treatment	文武判任官、同待遇者ノ任免(懲戒免官ヲ除ク)進退ニ關スル件
Matters Concerning The Approval Of Contracts Which Extend To The Next Fiscal Year	翌年交ニ亙ル契約認可ニ關スル件
Matters Concerning The Approval Of The Disbursement Made Either Before Or After The Fiscal Year	年度開始並支出、過年交支出認可ニ關スル件
Matters Concerning The Assignments Of Trainees To The Army Veterinary School And Admission And Withdrawal Of Non-Commissioned Officers Candidates To And From The School According To Ordinances	條令ニ依リ陸軍獸醫學校ニ學生分遣並ニ下士官候補者ノ入退校ニ關スル件
Matters Concerning The Authorization And Permission Of Reproducing And Mimeographing Of, And Taking Excerpts From, Secret And Top Secret Documents	機秘密書類ノ謄寫複寫、拔萃等ノ承認及認可ニ關スル件
Matters Concerning The Carrying-Out Of The Construction Of Private Railways	私設鐵道敷設工事施行ニ關スル件
Matters Concerning The Change Of Assignments, Replacements, Etc, Of Non-Essential Men And Horses	重要ナラサル人馬ノ配屬變更、交代等ニ關スル件
Matters Concerning The Control Of Newspapers, Communications, Etc	新聞通信等ノ取締ニ關スル件
Matters Concerning The Custemary Audience With His Majesty And Visit To The Sanctuary In The Imperial Palace	恒例ノ拜謁及賢所参拜ニ關スル件
Matters Concerning The Customary Bonus To Those Of Higher Civil Service Rank And Under	高等文官以下恒例ノ賞與ニ關スル件
Matters Concerning The Delivery Of Documents Pertaining To Plans For The Temporary System Now Being Carried Out In The Policy Toward Manchuria And Mongolia	對滿蒙策現行過度的制度案ニ關スル書類送付ノ件
Matters Concerning The Detaching And Return Of Non-Commissioned Officers And Soldiers Attached To Army Indoctrination Units	陸軍教化隊附下士官兵ノ派遣及複帰ノ件

英文文献名	日文文献名
Matters Concerning The Detaching Of Non-Commissioned Officer Candidates	下士官候補者ノ分遣ニ關スル件
Matters Concerning The Detaching Of Trainees To Various Schools (Flying Schools And Non-Combatant Branches Excepted) According To Ordinances	條令ニ依リ各學校(航空兵及各部ヲ除ク)ニ學生分遣ノ件
Matters Concerning The Detachment Of Students Of The Army Medical College In Conformity With Regulations	條例ニ依ル陸軍軍醫學校ニ學生分遣ニ關スル件
Matters Concerning The Detachment Of Technical Departments Officers And Men To The Schools, According To The Regulations	條令ニ依ル技術部將校以下ノ學校分遣ニ關スル件
Matters Concerning The Detailed Nomenclature Table Of Weapons And Classification Table Of Weapons	兵器細目名稱表、兵器類別表ニ關スル件
Matters Concerning The Details Of Theexamination Of Military Automobiles	軍用自動車檢查ノ細部ニ關スル件
Matters Concerning The Editing And Publishing Of Newspapers	新聞ノ編輯及發行ニ關スル件
Matters Concerning The Emperor'S Granting Of Prizes To Honor Graduates At The Annual Graduation Exercises Of Various Army Schools	恒例ノ陸軍諸學校卒業優等學生ニ賞品下賜ニ關スル件
Matters Concerning The Emploment, Transference, And Dismissal Of Civilian Clerks And Laborors	雇員及傭人ノ採用並ニ轉免ニ關スル件
Matters Concerning The Entrance Of Revenues Besides Those From Taxes Into The Loan Account	租稅外諸收入金ヲ貸付金ニ編入ノ件
Matters Concerning The Establishment Of Rontine System For Provisions And Clothing, And The Partial Revision Thereef	輕易ナル衣糧器具ノ制式ノ制定及制式ノ一部改正ニ關スル件
Matters Concerning The Establishment Of Routine Ordnance System	輕易ナル兵器制式、制定ニ關スル件
Matters Concerning The Establishment Of Routine System For Provisions And Clothing, And The Partial Revision Thereof	陸軍被服廠、陸軍糧秣廠及千住制絨所參觀ニ關スル件
Matters Concerning The Exception/From Military Service/Of Cadets, Intendance Cadets, And Scholarship Students	士官候補生、經理部士官候補生及依託學生生徒ノ免除ニ關スル件
Matters Concerning The Execution Of Examination To Test The Mastery Of Practical Matters By Probationary Army Judge Advocates	陸軍法務官試補実務修習試驗施行ノ件

英文文献名	日文文献名
Matters Concerning The Extension Of The Term Of Service Of Special Volunteer Officers And Short-Term Medical Officers	特別志願將校及短期軍醫ノ職務延長ニ關スル件
Matters Concerning The Extraordinary Delivery Of Provisions, Clothings And Their Accessones	被服、糧秣、衣糧器具等ノ臨時交付ニ關スル件
Matters Concerning The Firing Table, Rules For The Handling Of Weapons, Explanations Of Weapons, And The Handbook For The Care Of Weapons	射表、兵器取扱法、兵器說明書、兵器保存要領ニ關スル件
Matters Concerning The Giving Of Appointment Examinations To Court Clerks Of The Army	陸軍錄事登用試驗施行ノ件
Matters Concerning The Granting Of Bounties For The Investigation Of The Munitions Industry	軍需工業研究奬勵金交付ニ關スル件
Matters Concerning The Granting Of Permission To Officers Serving In Government Offices And Schools To Participate In Maneuvers Held By The Army	官衙學校ニ在職スル將校ヲ軍隊ニ於テ施行スル演習ニ參加認可ニ關スル件
Matters Concerning The Granting Of Permissions To Reprint Military Training Books And The Issuance Of Censorship Certificates	陸軍教育図書ノ翻刻許可及檢閱證下附ニ關スル件
Matters Concerning The Inspection Or Frequenting Of The Army Medical College, Army Medical Supply Depots(In Connection With Health) And Military Hospitals	陸軍軍醫學校、陸軍衛生材料廠(衛生關係)及陸軍病院ノ見學又ハ出入ニ關スル件
Matters Concerning The Instruction On The Change Of Plans	設計変更ノ指令ニ關スル件
Matters Concerning The Lawyers Appointed By The Court-Martial	軍法會議指定弁護士ニ關スル件
Matters Concerning The Loan Of Clothings And Accessories	被服、衣糧器具ノ貸與ニ關スル件
Matters Concerning The Main Lines Of National Defense	國防ノ大綱ニ關スル事項
Matters Concerning The Making, Distributing, Safekeeping, And Approving Of Secret And Top Secret Documents	機秘密書類ノ調製、配布、保管及認可ニ關スル件
Matters Concerning The Management Of Routine Matters Concerning The Yasukuni Shrine And The Military Museum	靖國神社及遊就館ノ定例事項ノ處理ニ關スル件

英文文献名	日文文献名
Matters Concerning The Management Of The Army'S Reports	陸軍諸報告ノ處理ニ關スル件
Matters Concerning The Marriage Of Servicemen On Active Duty	現役軍人ノ婚姻ニ關スル件
Matters Concerning The Memmorandum Of Corrections Of Errors On Orders	令達ノ正誤植ノ通牒ニ關スル件
Matters Concerning The National Defense Policy In General	國防政策ノ一般ニ關スル事項
Matters Concerning The New Manufacture, Supply, Exchange, Lending And Return Of Routine Weapons	常律的兵器ノ新調、支給、交換、貸與及返約ニ關スル件
Matters Concerning The Order For Special Arms (Special) Maneuver And The Memorandum Of The Outline Of The Special Air Force Maneuver Plan	特別各兵(特種)演習ノ令達及特別航空兵演習計畫要綱ノ通牒ニ關スル件
Matters Concerning The Partial Revision(Correction) Of Ordinance System	兵器制式ノ一部改正(修正)ニ關スル件
Matters Concerning The Payment In Cash For Unsettled Cheques	小切手支拂未済金ノ償還ニ關スル件
Matters Concerning The Permission Of Air Navigation Training Between Japan And Manchukuo	日滿航法教育ノ認可ニ關スル件
Matters Concerning The Popularization Of The Idea Of National Defence And Routine Business	國防思想普及定例業務ニ關スル件
Matters Concerning The Promotion Of Field Officers, Company Officers, And Higher Civil Service Officials	佐尉官及高等文官ノ升級ニ關スル件
Matters Concerning The Promotion Of Our Southern Policy	南方施策促進ニ関スル件
Matters Concerning The Providing Of Voterinary Materials Over The Fixed Amount	定數外獸醫材料備付ニ關スル件
Matters Concerning The Provisions For Assistance To Workers In The Army Arsenal	陸軍造兵廠職工扶助令ニ關スル件
Matters Concerning The Purchase, Supply Custody, And Lease Of Medical Materials In Common Use	常用衛生材料ノ調弁、供給、保管及貸與ニ關スル件
Matters Concerning The Receiving And Treatment Of Convalescent Patients	轉地療養患者收療ニ關スル件
Matters Concerning The Reestablishment Of The Disbursment Budget And The Detailed Disbursement Budget	支拂豫算書及明細支拂預算書ノ更定ニ關スル件

英文文献名	日文文献名
Matters Concerning The Refund Of Over Paid Revenues	歳入過誤納拂戻ニ關スル件
Matters Concerning The Renewal Of Wartime Provisions	戰用糧食品ノ更新ニ關スル件
Matters Concerning The Repair And Salvage Of Weapons	兵器ノ修理及廃兵器處分ニ關スル件
Matters Concerning The Reports On Weapons	兵器ニ關スル報告ノ件
Matters Concerning The Request For Passports To Foreign Countries And Their Return	海外旅務ノ請求及其ノ返納ニ關スル件
Matters Concerning The Revision Of Text-Books On Hygiene	衛生ニ關スル教科書改定ニ關スル件
Matters Concerning The Revision Of The Army Mileage Table	陸軍里程表ノ改正ニ關スル件
Matters Concerning The Supplying Of Medical Materials To Troops Abroad	在外部隊ニ衛生材料補給ニ關スル件
Matters Concerning The Tenders By Specified Bidders, And Free Contracts	指名競爭入劄及隨意契約ニ關スル件
Matters Concerning The Transfer Of Administration Of Minor State-Properties	輕微ナル國有財產ノ管理換ニ關スル件
Matters Concerning The Transfer Of Custody Of Obsolete Weapons, Converting It Into Ordinary Material	旧式兵器ヲ普通物品トシテ保管転換ニ關スル件
Matters Concerning The Transfer Of Non-Commissioned Officers	下士官ノ轉屬ニ關スル件
Matters Concerning The Uses Of Office Expenses And Of Expenses For Necessary Goods	廳費及需品費ノ運用ニ關スル件
Matters Concerning Those Present At Each Conference Such As Division Commanders, Chiefs Of Staffs, Etc	師團長、參謀長等各會議參列者ニ關スル件
Matters Concerning Transfer Of Duties For Officers Attached To Schools	配屬將校ノ事務引継ニ關スル件
Matters Concerning Translation And Printing	翻訳及印刷ニ關スル件
Matters Concerning Various Investigations On Guidance, Support, And Supervision Of The Munitions Industry	軍需品工業ノ指導補助及監督上ノ諸調查ニ關スル件
Matters Concerning Various Investigations On The Army Munitions Mobilization Plan And Its Execution	陸軍軍需動用計畫及実施上ノ諸調查ニ關スル件

英文文献名	日文文献名
Matters Concerning Various Regular Reports On The Army Munitions Mobilization Plan And Its Execution	陸軍軍需動用計畫及実施上ノ諸定例報告ニ關スル件
Matters Concerning Visits To The Imperial Court, The Imperial Household, And The Imperial Gardens	宮中、禦府及御苑拜觀ニ關スル件
Matters Decided Upon At The Five Ministers'S Conference	五相會議決定事項集
Matters Of Investigation And Directives Concerning Those Whose Conscription Has Been Deferred	召集猶豫者ノ調查並示達ノ件
Matters Of Minor Importance Concerning Discipline, Public Morals, Internal Affairs, Gendarmerie, And Military Police	軍紀、風紀、内務、憲兵及軍事員警ニ關スル事項中重要ナラサル件
Matters Of Minor Importance Concerning Re Manchuria And China	滿洲及支那ニ關スル事項中重要ナラサル件
Matters Of Minor Importance Concerning Acguisition And Administration Of State-Owned Property And Discontinuance Of Its Use	國有財產ノ取得、管理及用途廢止ニ關スル事項中重要ナラサル件
Matters Of Minor Importance Concerning Air Defense	防空ニ關スル事項中重要ナラサル件
Matters Of Minor Importance Concerning Protection And Custody Of Army Airplanes	軍機保護及防諜ニ關スル事項中重要ナラサル件
Matters Of Minor Importance Concerning Redefense, Guard And Garrison Duties	戒嚴、警備及衛戍勤務ニ關スル事項中輕易ナル件
Matters Of Minor Importance Re City Planning	都市計畫ニ關スル事項中重要ナラサル件
Matters Of The Presenting Of Report Concerning The Reaction Among The General Pabilic Following Internment Of British Prisoners Of War	英人俘虜收容ニ伴フ一般民眾ノ反響提出ノ件
Matters Pertaining To Cases Of Defendants Against The Articles Of War	軍律被告事件ニ關スル件
Matters Pertaining To Propaganda Work For The Destruction Of The Nationalist Government	國民政府崩壞宣傳工作ニ關スル件
Matters Pertaining To The Releasing Of Pows	俘虜ノ釋放ニ關スル件
Matters Relating To The 1934 Statement Of Accounts Of The Manchurian Railroad	昭和九年度鐵路總局決算ニ關スル件
Matters Relating To The Establishment Of The Sixth Committee	第六委員會設置ニ関スル件
Matters Relating To The Policy For The Establishment Of Japanese Economic Rights Agreedat The Cabinet Conference	帝國ノ経済的權益設定策ニ對スル閣議諒解事項

英文文献名	日文文献名
May 15Th Trials	五、一五裁判
Measures For British Burma	英領緬甸對策
Measures For The N. E. I. Independence	東印度獨立措置ニ関スル件
Medico-Legal Report Of Doctor Quenardel On War Crimes And Atrocities	戰爭犯罪及ビ虐待ニ関スルクナルデル醫師ノ法醫學的報告
Memoirs Of A Diplomat	外交官の回想錄
Memorandum About The Conference Of The Foreign Minister With Ambassador Oshima	外務大臣大島大使會談ノ覺書
Memorandum By The Ambassador In Japan (Grew)	駐日大使グルー氏覺書
Memorandum By The Ambassador In Japan (Grew)	駐日米國大使グルー備忘録
Memorandum By The Chief Of The Division Of Far Eastern Affairs(Hamilton) Of A Conversation With The Counselor Of The Japanese Embassy (Suma)	極東局長ハミルトンノ日本大使館參事官須磨トノ會談備忘錄
Memorandum By The Counselor Of Embassy In Japan (Dooman)	在日大使館参事官ドウ・マン覺書
Memorandum By The Counselor Of Embassy In Japan (Dooman)	駐日大使館參事官ドゥーマンDOOMAN 覺書
Memorandum By The Secretary Of State	國務長官備忘録
Memorandum Of Interview With The Chief Of Special Service Corps	特別施設隊長トノ會見ニ關スル記錄
Memorandum Of The Swedish Minister To The Japanese Foreign Ministry	日本國外務省宛瑞典公使覺書
Memorandum On The Incident At The Ministry Of Justice	司法省事件ニ関スル覺書
Memorandum Respecting Outstanding Anglo-Japanese Cases In China	支那ニ於テル日英間ノ諸懸案ニ關スル覺書
Menand Politics In Contemporary China	現代支那ノ政治ト人物
Military Criminal Law	軍刑法
Military Currency,1941	昭和十六年軍用手票ニ關スル件
Military Dumps In Manchuria In 1936－37	一九三六年一九三七年ニ於ケル滿洲ノ軍需倉庫
Military Ordinance No. 4 Of The Japanese Expeditionary Forces In China	支那派遣軍軍令第四號
Military Regulations For Fortified Zones And Ujina Port	要塞地帶法並ニ宇品港域軍事取締法ニ關スル件
Military Regulations In The Harbors And Army Transport	陸軍輸送港域軍事取締法
Military Report On British Borneo Army	英領ニューギニア軍ニ關スル軍事報告

英文文献名	日文文献名
Military Secrets Protection Law/Military Spirit Law	軍機保護法
Military Views On Foreign Problems Fron The Standpoint Of The Kwantung Army'S Mission (Expressed At The Meeting With Ambassador Arita)	關東軍ノ任務ニ基ク對外諸問題ニ關スル軍ノ意見(有田大使トノ懇談席上)
Militarycadet System	幹部候補生制度
Military-Secret-Great-Diary	軍事機密大日記
Ministry Of Greater East Asiatic Affairs An Outline Of Its Essential Purpose, Organization And Functions	大東亜省設置要綱
Minutes Of A Meeting Of The Joint Commission Held In The Council Chamber At 4 P. M. August 12Th	八月十二日午後四時會議室にて開催の共同委員會議事錄
Minutes Of Conference Of The Investigation Committee Of The Privy Council Relative To The Conclusion Of The Tripartite Pact Between Japan, Germany, And Italy	日獨伊三國條約締結ニ關スル調查委員會ノ議事錄
Minutes Of Conference On The Conclusion Of Agreement For Cultural Cooperation Between Japan And Germany	文化的協力ニ関スル日本國獨逸國間協定締結ノ件
Minutes Of The Accounts Committee Meeting Of The Diet	衆議院委員會譯錄
Minutes Of The Acounts Committee	會計委員會議事錄
Minutes Of The Conference Between The "Fuehrer" And The Japanese Foreign Minister Matsuoka In The Presence Of The German Foreign Minister As Well As Ambassador Ott And Oshima On 27 March 1941	一九四一年(昭和十六年)三月廿七ドイツ外相並ニオット、大島兩大使陪席ニテ總統ト松岡日本外相トノ會談議事要錄
Minutes Of The Joint Conference Of War, Navy, And Foreign Ministers On Strengthening Of Harmony Between Japan, Germany And Italy	日獨伊提攜強化案ニ関スル陸軍海軍及外務省當局連絡會議議事錄
Minutes Of The Proceedings Of The Supreme War Directing Conference	最高戰爭指導會議記錄
Minutes Of The Twenty-Fifth Session Of League Of Nations	國際聯盟第廿五回議事細目
Miscel Laneous Regulations Of The Navy	海軍諸例則
Miscellaneous Observations On Aerial Bombing	空爆規則ニ關スル雜件
Mitsuya Treaty	三矢協定
Mobilization In Chosen And Other Colonies	朝鮮、臺灣其他植民地ノ總動員ニ關スル件

英文文献名	日文文献名
Mobilized Business And Undertaking Equipment Ordinance	總動員業務事業設備令
Mobilized Experiments And Researches Ordinance	總動員試験研究令
Moscow Peace Treaty	休戰協定
Motion Picture Law Enforcement Ordinance	映畫法施行令
Motion Picture Law Enforcement Regulations	映畫法施行規則
Mr. Liebert'S Testimony	リーベルト氏口供書
Mr. Matsuoka'S Address	松岡代表の演說
Mukden Agreement	奉天協定
Muller'S Affidavit	ミュラーノ口供書
Mutual Withdrawal Of The Chinese And Japanese Troops	日支兩軍相互撤退協定
My Fundamental Idea And Forward Aim Concerning Sino-Japanese Relations	吾人ノ日支關係ニ對スル根本観念ト前進目標
My Twenty-Five Years In China	在支二十五年
N. E. F. I. S. Report F. I. U. 36/2	オランダ軍情報局野戰情報部隊三六/二報告書
Narcotic Law	麻藥取締法
Nareoties In Manchuria	滿洲ニ於ケル阿片
National Defense Plans And Armament Policy	國防計畫及軍備方針
National Eugenics Law	國民優生法
National Government Ordinance	國民政府令
National Review	國民評論
Naval Courts And Boards	海軍裁判所及委員會法
Naval Personnel Service Regulations	艦船職員服務規程
Naval Treaty	海軍軍縮條約
Navy Operation Plans And Orders	海軍作戦方針及命令
Neighborly Friendship Ordinance	邦交敦睦令
Neutrality Pact	中立條約
New Map Of Manchuria And Mongolia	滿蒙新選地図
New Year Statement Of Foreign Minister Arita January 1,1939	有田外務大臣ノ年頭所感(昭和十四年一月一日)
New York Herald Tribune	ニューヨーク、ヘラルド、トリビューン
New York Times	ニューヨク、タイムス
Newspaper Law	新聞事業法
Nihon Seishin No Koyo (Enhancement Of The Japanese Spirit)	日本精神の昂揚
Nine-Power Treaty/Nine Power Agreement	九箇國條約

英文文献名	日文文献名
Nishihara-Martin Pact	西原マルタン協定
No Separate Peace Clause	不單獨議和條項
North America The United States National Mobilization Law	北米合衆國國家總動員法案
No-Separate-Peace Treaty	單獨不講和條約
Note Concerning The Disposal Of Pows At The Present	現在ノ俘虜處理ニ關スル件
Note Of Acceptance Of The Terms Of The Dissolution Of The Provisional Government Of Tientsin	天津還附條件受諾ニ關スル公文
Note Of The Japanese Government To The Government Of The United States Dated December 24,1937,Regarding The Panay Incident	パネー號事件ニ關スル外務省發表
Note Of The Japanese Government To The U. S. Government Dated December 14,1937	グルー米國大使宛廣田外相公文（昭和十二年十二月十四日）
Note On The Dissolution Of The Provisional Government Of Tientsin	天津還附ニ關スル公文
Notes On The Conversation Between The German Foreign Minister And The Japanese Foreign Minister,Matsuoka,On 28 March 1941	一九四一年（昭和十六年）三月二十八日獨逸外務大臣及日本外務大臣松岡ノ會談ニ關スル覺書
Notes On The New Life Of Chinese	華僑新生記
Notification Concerning Extra Budget Defrayment Of Contract Costs To Be Borne By The National Treasury	豫算外國庫ノ負坦トナルヘキ契約ノ示達ニ關スル件
Notification From The U. S. Secretary Of State Hull To The Japanese Ambassador To The U. S. Horinouchi In Regard Of The Abolition Of Japanese-American Commercial Treaty	日米通商航海條約廢棄ニ關スル北米合眾國ハル國務長官發在米堀内大使宛通牒
Notification Regarding Measure Ensuing From The Proclamation Of Admission Of The Independence Of The East-Indies	東印度獨立容許宣明ニ伴フ處置ノ件通牒
Notifications Of Occupational Abilities Of The People Ordinance	國民職業能力申告令
Notifications Of Occupational Abilities Of Those Connected With Medical Treatment Ordinance	醫療關係者職業能力申告令
Notifications Of Occupational Abilities Of Veterinary Surgeons Ordinance	獸醫師等職業能力申告令
Number Of Barracks In Manchuria	満洲の兵営用予備施設

英文文献名	日文文献名
Number Of Students To Be Admitted Into Various Military Schools	陸軍諸學生生徒ノ召募ニ關スル件
Observations Upon The Current Situation At Home And Abroad	内外時局を語る
Ocean Navigation Subsidy Law	遠洋航路補助法
Official Announcements	政府公表集
Official Announcements Concerning Foreign Relations	對外關係ニ關スル政府公表集
Official Announcements Concerning Foreign Relations, Seventeen Year Of Showa(1942)Board Of Information	情報局昭和十一年(1942 年)外交關係公表集
Official Announcements Of Foreign Office	外務省公表集
Official Report Of The Netherlands East Indies Government On Japanese Subversive Activities In The Archipelago During The Last Decade	最近十年間ニ於ケル蘭領東印度群島二於ケル日本ノ破壞的活動二就テノ和蘭領東印度政府公報
Official Tours Of Army Department Officials Below Sonin Rank(Rank Of Official Appointed With The Emperor'S Approval In The Interior, Korea, And Saghalien	省内奏任官以下ノ内地、朝鮮、臺灣及樺太出張ニ關スル件
On Protracted War	持久戰論
On The Proclamation Of And The Instruction To Enforce The Regulation On The Lease Of Arable Waste Land To Korean Farmers Enacted By Chinese Authorities	支那側ノ鮮農ニ對スル荒地出放辦法發布竝實施方訓令ニ關スル件
On The Sceret Order Issued By The Chinese Authorties. Strictly Prohibiting The Lease Of House-Sites To The Japanese	支那官憲ノ邦人ニ對スル家屋敎地租興嚴禁ノ密令ニ關スル件
One Year Military Training	一年志願兵制度
One Year Of Control Of Sea And Air	制海、制空の一年
Opium Control System	阿片取締法
Opium Convention	阿片條約
Opium Law	阿片法
Opium Ordinance	阿片取締令
Opium Ordinance For Formosa	臺灣阿片取締令
Opium Suppression Measures	阿片禁止法案
Oral Statement By The American Ambassador In Japan (Grew)To The Japanese Prime Minister And Minister For Foreign Affairs (Prince Konoye)	日本總理大臣兼外務大臣近衛公ニ対スル駐日米國大使グルー/GREW/二依ル口頭申入
Order For Assignment Of Army Officers In Acttive Service To School	陸軍現役將校配屬令

英文文献名	日文文献名
Order For Establishment Of Youth'S School	青年學校令
Order For Inspection Of Hilitary Drill At The Youths' School	青年學校教練科查閲令
Order Regarding Execution Of American Prisoners Of War	米人俘虜處刑ニ關スル命令
Order To The Expeditionary Army In Central China	中支那派遣軍命令
Orders Directed To The Japan Steel Production Joint Stock Company And Its Control, Set-Up, Busness, Economy, Etc., In Accordance With Other Ordinances	日本制鐵株式會社ニ對スル命令其他法令ニ依ル組織、設備、業務、經營等ニ關スル件
Ordinance Concerning The Service Of The Officerson The Activelistin School	陸軍現役將校學校配屬令
Ordinance For Amalgamation Of Nippon Hassoden K. K. And Tohoku Denryoku K. K.	日本發送電株式會社ト東北振興電力株式會社トノ合併ニ關スル件
Ordinance For Extraordinary War Time Adiministrative Authority To Act	戰時特別行政措置法
Ordinance For Extraordinary Wartime Authority To Act	戰時行政職權特例
Ordinance For Patriotic Service By Work And Cooperation Of The People	國民勤勞報國協力令
Ordinance Of Manchukuo State Affairs Board	滿洲國國務院令
Ordinance Of The War Ministry	陸軍省令
Organization Of The Greater East-Asia Co-Prosperity Sphere	大東亜共榮圏組織
Organization Of The Liaison Offices Of The Asia Development Board	興亜院連絡部官制
Organization Of The Ministry Of Commerce And Industry	商工省官制
Organization Of The Ministry Of Education	文部省官制
Organization Of The Ministry Of Greater East Asiatic Affairs	大東亜省官制
Organization Of The Ministry Of Munitions	軍需省官制
Organization Of The Prisoner Of War Information Bureau	俘虜情報局官制
Organization Of The The Planning Office	企畫廳官制
Organization Of The War Ministry	陸軍省官制
Organization On The Offices	職員官制

英文文献名	日文文献名
Organize A Class A Wartime Cabinet That Has No Fear Of England And The Soviet Union	英ソを恐れぬ最高度の戰時内閣を作れ
Original Copy Of The Order To Attack Nanking	南京攻擊命令原本
Ottawa Agreement	オッタワ協定
Outline For The Establishment Of A New Economic Structure	経済新體制確立要綱
Outline For The Establishment Of A New Labor Structure	勤労新體制確立要綱
Outline For The Establishment Of A Population Policy	人口政策確立要綱
Outline For The Establishment Of Territorial Planning	國土計畫設定要綱
Outline For The Establishment Of The Joint Committee	聯合委員會樹立要綱
Outline For The Management Of The China Incident	支那事變處理要綱
Outline History Of The Chinese Nationalist Party	中國國民黨通史
Outline Of Communications Policy	交通政策要綱
Outline Of Diplomatic Negotiations With The Soviet Union	對ソ外交交涉要綱
Outline Of Japan'S Basic National Policy	基本國策綱要
Outline Of Japanese Army'S Five Year Plan	陸軍五ヶ年計畫案大綱
Outline Of Naval Budget	海軍豫算要綱
Outline Of The Anti-Chinese Operation	對支作戰計畫大綱(昭和十二年(一九三七年)七月二十九日)
Outline Of The Central Political Conference	中央政治會議綱要
Outline Of The Economic Counter-Plans For The Southern Area	南方經濟對策要綱
Outline Of The Economics Of Kwantung Leased Territory	關東租借地その經濟の概要
Outline Of The First Period Of The Total War For The Establishment Of East Asia	東亜建設第一期総力戦方略文書
Outline Of The Plan For Overall Adjustment Of Sino-Japanese Relations	日支國交全般的調整案要綱
Outline Of The Policy For The Establishment Of A New China	新興支那建設方策大綱
Outline Of The Settlement Of The Nomonhan Border Incident	ノモンハン國境事件處理要綱
Pact Between Japan,Germany,Italy And Manchukuo	日、獨、伊、滿協約
Pact Of Non-Aggression And Peaceful Settlement Of Conflicts	非侵略及平和紛擾解決條約

英文文献名	日文文献名
Pact Of Paris/Kellogg-Briand Pact	巴里不戰條約
Pan-Asianism	大亜細亜主義(報刊)
Papers Relating To The Foreign Relations Of The United States.	合衆國外交關係ニ關スル文書
Parliament Enacted Law	議會制定法
Parliament Member Election Law	衆議院議員選舉法
Parliamentary Law	議院法
Part Of Map Of Manchuria	滿洲國全圖
Particulars In Framing A Program For Extension Of Important Industries	重要産業擴充計畫策定經緯
Peace Agreement	和平協約
Peace Agreement Between France And Thailand	タイ國フランス國間平和條約
Peace And War	米國國務省公刊物「平和と戦爭」
Peace Overtrues	和平論
Peace Preservation Law/Preservation Of Peace Law	治安維持法
Peace Treaty With Germany	對独平和條約
Peacetime Establishments Under The Mobilization Plans	總動員計畫上ニ伴フ平時施設ニ關スル件
Pearl Harbor Attack	眞珠灣攻擊編
Pearl Harbor: Intercepted Diplomatic Messages Sent By The Japanese Government Between July 1 And December 8, 1941	眞珠灣-一九四一年/昭和十六年/七月一日ヨリ十二月八日迄ニ傍受セル日本政府ヨリ送ラレタル外交電報
Peking Basis Treaty	北京基本條約
Peking Tientsin Times	ペキン・テンシン・タイムス
Permission To Export Arms In Unimportant Cases	兵器ノ輸出許可ニ關スル事項中重要ナラサル件
Permits To Operate, Cessation Of Functions, Recess, And Distribution In Accordance With Oil Industry Regulations	石油業法ニ依ル事業ノ許可、廢止、休止、讓渡等ニ關スル件
Personnel List Of The Greater Japan-Asia Prosperity Alliance	大日本興亜同盟役職員名簿
Petroleum Business Law	石油業法
Photo Intelligence Center Special Report	寫眞諜報特別報告書
Pittman Proposal	ピットマン案
Plan For A Special Investigation Of Inner Mongolia	蒙疆地方特別調査計畫
Plan For Establishment Of Greater East Asia Co-Prosperity Sphere	大東亜共榮圈建設原案(草稿)
Plan For Industrial Construction	産業建設建設計畫

英文文献名	日文文献名
Plan For Land Disposal Within The Greater Asiatic Co-Prosperity Sphere	大東亜共榮圈ニ於ケル土地處分案
Plan For Reconstruction Of Society	社會改造法案
Plan For Strengthening The Harmony Between Japan, Germany And Italy	日獨伊提攜強化案
Plan Of Maintenance Of Supply Of Essential Materials, That Was Decided At The Cabinet Meeting On 18 January	一月十八日閣議決定重要物資供給確保ニ關スル件
Plan Of Stationing Meterological Service System In Chahar-Suiyuan	察綏氣象観測網配置計畫
Plan Regarding Future Steps In Negotiations Between Japan And The United States	日米交涉今後ノ措置ニ關スル腹案
Planning By Proprietors Of Mobilized Business And Undertaking Ordinance	總動員業務事業主計畫令
Plans For Peace	和平對策案
Plans To Overthrow Chang	倒張計畫
Policy For Guiding Public Opinion On British And American Problems	對英米問題二關スル輿論指導方針
Policy For The Management Of Areas Around Shanghai	上海周邊處理方針
Policy In Regard To The Independence Of The East Indies (Proposed By The Competent Officials Of The Ministries Concerned)	東印度獨立施策ニ関スル件(關係省主務省案)
Policy Of Suppressing And Extinguishing Opium In Five Years	五ヶ年禁煙計畫
Policy Toward Neutral Powers And Other Problems	中立國ニ対スル政策及他ノ問題
Political Outline Of The National Government	國民政府政綱
Political Parties In China	支那ノ政黨
Politis Report	ポリテイス報告書
Portsmouth Treaty	ポーツマス條約
Postal Law Revision Bill	郵便法中改正法律案
Potsdam Declaration	ポツダム宣言
Power Management	電力管理法
Powers Are Despetaly Building Up Air Forces- Build Up An Invincible Air Forces	列國は空軍增強に必死無敵空軍を建設せよ
Premier Konoye'S Conversation Concerning The Readjustment Of The Relations With The Reborn China	更生新支那トノ関係調整ニ関スル近衛内閣總理大臣談

英文文献名	日文文献名
Preparation For Attack On Important Southern Regions	南方要域攻略準備
Preparation Of A Yearly Budget Of Receipts And Expenditures	支拂豫算及歳入豫算ノ年度初頭令達ニ關スル件
Preparation Of Reports On Minor Expenditures, And Reports On Increase In Annual Revenue	經費決算報告書及歳入增減報告書ニ關スル件
Prepared Statement And Report On Japanese Naval Preparation	日本海軍ノ戦備ニ關シ準備サレタル陳述並ニ報告
Present Situation Of The Chinese Communist Party'S Anti-Imperialism Movement	中國共產黨の反帝國主義運動の現狀
Press Release By Gen. Matsui	松井軍司令官聲明
Press Release Issued By The Department Of State On January 31, 1938	一九三八年一月三十一日國務省提供新聞發表
Prince Konoe'S Memoir	近衛公手記
Principal Legislation Affecting The Powers Of The Control Society	統制會許可權ニ關スル基本規定
Principal Policy Toward French Indo-China And Thailand	對佛印、泰施案要綱
Principal Reasons Alleged For The Commoncement Of Hostilities Against The Usa And Britain	對米英開戰名目骨子(案)
Principle Of Acceleration Of Termination Of The War Against Thr United States, Britain, Holland And Ghiang	対米英蘭蔣戰爭終末促進要領
Principles Of The Timor Air Folicy	チモール航空政策要領
Printing Bureau Organization	印刷局官制
Prisoner Of War Postal Regulations	俘虜郵便規則
Problems Of The Pacific, 1936	一九三六年ノ太平洋ノ諸問題
Proceeding Of The Joint Committee On The Investigation Of The Pearl Habor Attack (The United States)	眞珠灣攻擊調查共同委員會議事錄(米合衆國)
Proceedings Of Privy Council	樞密院議事錄
Proceedings Of The Sixth Conference Of The Institute Of Pacific Relations, Yosemite National Park, California, 15 – 29 August 1936	一九三六年八月十五日ヨリ二十九日迄ノ加州ヨセミテ國立公園ニ於ケル第六回太平洋會議議事錄
Proceedings, Education Council	教育審議會會議錄
Proces Verbal Of Deposit Of Ratifications Of The Treaty For The Limitation And Reduction Of Naval Armaments	海軍軍備ノ制限及縮少ニ關スル條約ノ批准書寄託調書

英文文献名	日文文献名
Proclamation Of A State Of Siege	戒嚴令案
Proclamation On The Establishment Of Manchukuo	滿洲國建國宣言
Production, Import And Consumption Of Aluminium	アルミニューム丿生產、輸入及ビ消費
Program Of Merchant Ship Construction	商船建造助成計畫
Prospectus For Foundation Of The Great Asiatic Society	大亜細亜協會創立趣意書
Protective Automobiles For Military Use	軍用保護自動車ニ關スル件
Protocol About Thorough Checking Of The First Section Of The Border Between Two States	両國國境精查第一區ニ関スル議定書
Protocol Concerning Japanese-French Common Defence Of Indo-China	印度支那日佛共同防衛ニ關スル議定書
Protocol For The Extension Of The Period Of Validity Of The Agreement Against The Communist International	反國際共產主義協議丿效力期間延長ニ關スル議定書
Protocol Of Joint Defence Of Indochina	印度支那共同防衛議定書
Protocols Regarding The Participation Of Manchurian In Anti-Comintern Pact	滿洲國丿共產インターナショナルニ対スル協議參加ニ關スル議定書締結丿件
Provisional Act To Prohibit With Penalty Unlawful Sale Or Disposition Of National Lands	國土盜賣條例
Provisional Constitution Of The Republic Of China	臨時約法
Provisional Regulation Concerning The Control Of Rice-Field Irrigation, Enacted By The Board Of Construction, Provincial Government Of Kirin	吉林省政府建設廳稻田水利管理暫行章程
Provisional Regulations Relating To Opium Suppression In North China	華北阿片吃煙禁止臨時措置法
Provisions Concerning Military Secrets	軍事機密事項
Public Peace Law	治安警察法
Public Statement By The American Secretary Of State	米國國務長官丿公式聲明
Puppet Government Fromviewid Opium Administration Regulations	傀儡政府阿片管理規則
Purchase In Accordance With The Regulations For The Use Of Home Made Articles Of Both Foreign Made And Home Made Articles	國產品使用取扱規程ニ依ル國產品及外國品購入ニ關スル件
Radio Speech Of Dr. Nobumi Ito, President Of The Board Of Information In Commemoration Of The First Anniversary Of The Conclusion Of The Three Power Pact Between Japan, Germany And Italy	日獨伊三國條約締結一週年紀念伊藤情報局總裁放送原稿
Railroads In Manchuria	滿州丿鉄道

英文文献名	日文文献名
Rapallo Treaty/Treaty Of Rapallo	ラパロ條約
Ratification Of Agreement For Suppression Use Of Opium For Smoking	阿片喫煙使用禁止協議
Re Liaison Between The Imperial Headquarters And The Government	大本營ト政府トノ連系ニ關スル件
Recent Nareotie Observations	最近ノ阿片事情
Recognition Of Conseription Exemption Schools	徵集延期資格學校ノ認定ニ關スル件
Record Of Reich Foreign Minister	獨逸外務省記錄
Record Of The 2Nd Budget Committec Meeting Of The House Of Representative, Of The 74Th Session Of The Imperial Diet	第七十四回帝國議會衆議院豫算委員會議錄
Record Of The Conversation With Shigemitsu	一九三八年八月七日ノ重光會談記
Record Of The Conversation With Shigemitsu	三八年八月三十一日重光大使トノ會談記錄
Records Of Information By The Air Force	航空兵團情報記錄
Records Of Maco Polo Bridge Incident	蘆溝橋事件實錄
Records Of Proceed In The House Of Peers Of The Imperial Diet	帝國議會貴族院議事速記録
Records Of The Comrado Litvinov With Shigemitsu	同志リトヴイノフト重光ノ會談記錄
Records Of The Talk With Mr. Shigemitsu, Japanese Ambassador In Mosow	在モスクワ日本大使重光氏トノ會談記
Reference Materials Concerning Iron Manufacture	制鐵業參考數據
Refering To The Participation Of Manchukuo And Hungary In The Anti-Comintern Pact	防共協定に滿洲國、ハンガリー國參加の件
Regarding Conclusion Of The Tripartite Pact	日獨伊三國條約締結ニ関スル件
Regarding The Solution Of The Outstanding British Question	對英懸案解決ニ關スル件
Regarding The Visit Of The Swiss Representative To British Prisoners Of War And Internees	瑞西國代表者ノ英國人俘虜及抑留者訪問ニ關スル件
Regimentation And Exploitation Of Manchurian Resources	滿洲資源ノ統制運用ニ關スル件
Reguests For Adoption Of Weapons	兵器ノ採用願ニ關スル件
Reguests For Primary Reserve Fund Disbursments	第一預備金支出要求書ニ關スル件
Reguisition And Eguipment Of Automobiles	自動車征發及整備ニ關スル件
Reguisition Of Ships	船舶征庸ニ關スル件
Regulation For Issuing Of The Construction Bond	建國公債發行規程
Regulation For The Treatment Of Prisoners Of War	俘虜取扱規則
Regulation Of The Provincial Planning Committee Of The Imperial Rule Assistance Association	大政翼賛會諸規程

英文文献名	日文文献名
Regulation Of The Youngmen'S Training Institute	青年訓練所規程
Regulation On The Lease Of Arable Waste Land To Korean Farmers	鮮農ニ對スル荒地貸付辦法
Regulation Relative To The Application Of Order For Assignment Of Army Officers In Active Service To School	陸軍現役將校配屬令施行規程
Regulation Relative To The Application Of Youth'S School	青年學校規定
Regulation Relative To The Application Of Youth'S School	青年訓練所規定
Regulations Concerning The Council Of Decorations	賞勳會議規程
Regulations Concerning The Dual Certificate Of Nationality	二重國籍法
Regulations Concerning The Naturalization	歸化法
Regulations For Administrative Inspection	行政查察規程
Regulations For Controlling The Sale Of Coal	石炭販賣取締規則
Regulations For The Enforcement Of The Army Officers'S Service Ordinance	陸軍武官服役令施行規則
Regulations For The Enforcement Of The Opium Law	阿片法施行令
Regulations For The Enforcement Of The Weights And Measures Law	度量衡施工規則
Regulations For The Organization Of A Contral Executive Committee	中央政治委員會組織條例
Regulations Governing Suppression Of Opium And Narcotics	禁煙禁毒條例
Regulations Governing The Duties Of The Officers Of The War-Time Superior Headquarters	戰時高等司令部勤務令
Regulations Governing The Federal Reserve Bank Of China	中國聯合準備銀行條例
Regulations Of The Joint Technical Committee	共同技術委員會規則
Regulations Of The Kempei	憲兵令
Regulations Of The Sixth Committee	第六委員會規程
Regulations On The Management Of Prisoner Of War Postal Matter	俘虜郵便取扱規程
Regulations On The Treatment Of Army Internees	軍抑留者取扱規程
Remarks On The Present Situation	時務要言
Removal Of Defense Works From The Register	防禦營造物ノ除籍ニ關スル件
Renunciation Of War	戰爭廢棄協約

英文文献名	日文文献名
Reply Of Danish Minister	デンマーク國公使ノ回答
Reply Of Japanese Government Notifying Its Non-Attendance At Nine-Power Treaty Meeting	九國條約會議不參加回答文
Reply Of Japanese Government On September 30, 1937 Concerning Bombing Of Nanking	南京空爆ニ關スル帝國政府回答文(昭和十二年(九月卅日))
Reply Of The Minister For Foreign Affairs To The British Ambassador	ヒユーゲッセン大使遭難事件ニ關スル回答
Reply To The Interpellation Of Ikuta Kazuhira And One Other Re The Words "Hakko Ichiu"	衆議院議員生田和平君外一名提出八纮一宇ニ關スル質問ニ對スル答辯書
Report By Japanese Government, "Burma-Thailand Railway"	ビルマ・タイ鐵道ニ關スル日本政府報告
Report Concerning The Association For Expediting The Abolition Of Treaties	廢約促進會ニ關スル件
Report No. 33, War Crimes Branch, Judge Advocate Section, General Headquarters, Afpac	太平洋連合軍最高司令部法務部戰爭犯罪支局報告
Report Of Foreign Minister Arita To The Privy Council At Its Meeting 23 November 1938 Dealing With The Foreign Policy Towards China	十一月二十九日樞密院ニ於ケル對支外交ヲ中心トスル有田大臣說明資料
Report Of Japanese Military Attache In Moscow Lt. Colonel Kawabe	モスコウ駐在日本大使館附武官河邊陸軍中佐ノ報告
Report Of Opinion On The Reorganization Of The Kwantung Mp Nuit	關東憲兵隊編制改正ニ關スル意見ノ件
Report Of The Captain Of Uss Enterprise	エンタープライズ號司令官報告書
Report Of The Delegates Of The United States Of America	アメリカ合眾國代表委員報告書
Report Of The Investigation Of The Blasting Of The South Manchurian Railway	南滿洲鐵道線路爆破狀況調查書
Report Of The Investigator Captain J. N. Heybrolk	オランダ正規軍大尉檢事 J. N. ヘイブレクノ報告書
Report Of War Crimes On Atrocities	暴行ニ關スル戰爭犯罪報告
Report On Employment Of War Prisoners In Siam-Burma Railway Construction	泰、緬甸連接鐵道建設ニ伴フ俘虜使用狀況調書
Report On Provocative Actions Of The Japanese In The Lake Hanka Area	興凱湖地區ニ於ケル日本軍挑戦ニ関スル報告
Report On The Far East	極東ニ關スルラゲオ報告
Report On The Japanese Goods Registration Act, Anti-Japanese Slogans, Etc	日貨登記條例及反日標語等報告ノ件
Report On The Kwanganmen Incident	廣安門事件報告

英文文献名	日文文献名
Report On The Pearl Harbor Attack	真珠灣攻擊報告
Report On The Protests Against The Maltreatment Of Prisoners Of War	俘虜虐待ニ關スル抗議報告
Reports Of The Chief Of Border Troops Of People'S Commissariat For Home Affairs In The Far Eastern District	極東管區內務人民委員部國境警備隊長ノ報告
Requisition Of National Ordinance	國民徵用令
Requisition Of Seamen Ordinance	船員徵用令
Research Into Red China	赤色支那ノ究明
Resolution On The Reports Of Comrades Molotov And Kuibyshev	同志モロトフ及ビクビシェフ報告ニ關スル決議
Resolution Regarding A Board Of Reference For Far Eastern Question	極東問題諮議院ニ關スル決議
Resolution Regarding The Reduction Of Chinese Military Forces	支那國軍隊ノ消滅ニ關スル決議
Resolutions Adopted By The Diplomatic Body At Peking Regarding Military Occupation Of The Railway From Peking To Shanhaikuan	北京山海關鐵道ノ軍事占領ニ關スル北京外交團ノ決議
Resolutions Concerning The Japanese-American Negotiations Adopted Through The Conferences In The Imperial Presence	日米交涉関係ニテ禦前會議ヲ經テ決定シタル諸決定
Resouce Of British Malaysia	英領馬來ノ資源
Restriction On Employment Of School Graduates Ordinance	學校卒業者使用制限令
Restriction On Factory Working Hours Ordinance	工場就業時間制限令
Restriction On Insertions In Newspapers, Etc., Ordinance	新聞紙等掲載制限令
Restriction On Pounding And Refining Of Rice Ordinance	米穀搗精等制限令
Resume Of Policy Relating To Execution Of Essentials Of 5 - Year Program Of Important Industries	重要產業五ヶ年計畫要綱實施ニ關スル政策大綱(案)
Resume Of The Proceeding Of The Conference Of Senior Statesman	重臣會議要綱
Retrospedtion And Future Prospects	回顧と前瞻
Revised Chinese Nationality Law	修正支那國籍法
Revision In Army Replcement Ordinance	陸軍補充令中改正
Revision Of The Railway Business Law	鐵道營業法中改正ノ件

英文文献名	日文文献名
Revisionin The Regulation Srelative To The Application Of The Military Service Law	兵役法施行令中改正
Revue Baltigue	バルト公論
Rights And Duties Of Neutral Powers And Persons	陸戰ノ場合ニ於ケル中立國及中立人ノ權利義務ニ關スル條約
Risshi Ho(The Bar Law)	律師法
Rough Sketch Of Far Eastern Soviet Territory	ソ領極東素図
Rough Sketch Of Western Siberia	西部シベリヤ素図
Routine Items Among Matters Concerning The Enactment, Revision And Abrogation Of Regulations Regarding Ordnance	兵器ニ關スル諸規則ノ制定改廃ニ關スル事項中輕易ナル件
Routine Matters Among Items Concerning The Mobilization Of Goods And Material	物資動員ニ關スル事項中輕易ナル件
Routine Matters Among Partial Changes Of Replacements Of Officer Rank And Under	將校以下補充人員ノ一部変更中輕易ナル件
Routine Matters Among Regular Items Concerning Calling Up Reservists For Specialty And General Training And For Yearly Inspection Master	勤務演習、教育召集及ニ關ス簡閲點呼ニ關スル定例事項中輕易ナル件
Routine Matters Among Regular Items Concerning The Military Mobilization Plan And The 000 Increase Plan	軍動員計畫及憲兵增員計畫ニ關スル定例事項中輕易ナル件
Routine Matters Among The Items Concerning Air Defense	防空ニ關スル事項中輕易ナル件
Routine Matters Among The Items Concerning City Planning	都市計畫ニ關スル事項中輕易ナル件
Routine Matters Among The Items Concerning Military Discipline Public Morals, Andadministrative Duty	軍紀、風紀、内務ニ關スル事項中輕易ナル件
Routine Matters Among The Items Concerning Military Security And Counter-Intelligence	軍機保護及防碟ニ關スル事項中輕易ナル件
Routine Matters Among The Items Concerning Protection Of The Secrets Of General Mobilization	總動員秘密保護ニ關スル事項中輕易ナル件
Routine Matters Among The Items Concerning Protection Of The Secrets Of Military Resources	軍用資源密保護ニ關スル事項中輕易ナル件
Routine Matters Among The Items Concerning The Gendarmerie And The Military Police	憲兵及軍事警察ニ關スル事項中輕易ナル件
Routine Matters Among The Matters Concerning The Increase, Decreaseand Divorsion Of Appropriations In The Budget	豫算ノ増減及流用ニ關スル件中輕易ナル件

英文文献名	日文文献名
Routine Matters Among Those Concerning Manchuria And China	滿洲及支那ニ關スル件中輕易ナル件
Routine Matters Among Those Concerning Peace Time Facilities In Relation To The General Mobilization Plan	總動員計畫ニ伴フ平時施設ニ關スル件中輕易ナル件
Routine Matters Among Those Concerning The Amount Of War-Time Demands From The Standpoint Of The General Mobilization Plan	總動員計畫上ノ戰時需要量ノ件中輕易ナル件
Routine Matters Among Those Concerning The Execution Of Maneuvers Outside Of The Territory Of Japan	帝國領土外ニ於テ演習實施ニ關スル事項中輕易ナル件
Routine Matters Concerning Construction Of Fortresses	要塞築造工事中輕易ナル件
Routine Matters Concerning The Guidance Of Public Opinion At Home And Abroad	内外輿論指導ニ關スル輕易ナル件
Routine Matters Concerning The Manufacture And Repair Of Weapons And Concerning Automobile Fuel	兵器ノ製造、修理及自動車燃料ニ關スル常律的事項
Rules Of Naval Warfare	海戰法規
Rules Of Procedure Of The International Military Tribunal For The Far East	極東國際軍事裁判所手續規程
Rules Of The Great Asiatic Society	大亜細協會規約
Russo-Chinese Non-Aggression Pact	ソ支不可侵協定
Russo-Chinese Secret Agreement	ソ支秘密協議
Russo-Chinese Trade Agreement /Sino-Soviet Trade Agreement	ソ支通商協定
Russo-Japanese Fishery Treaty	日露漁業協定
Russo-Mongolian Commercial Protocol	露蒙通商議定書
Russo-Mongolian Protocol	露蒙議定書
Saionji Dairy And Harada Dairy	西園寺原田日記
Saionji'S Memoir	西園寺回顧錄
Sato Shinen'S Ideal State	佐藤信淵の理想國家
Schedule Of Allied Ship Sinkings	聯合國船舶沉沒一覽表
School Applications For Attachment Of Military Officers	將校學校配屬申請ニ關スル件
Scrap And Build	廢船及ビ造船計畫
Sea Disaster Relief Law	水難救護法
Secret Accessory Protocol	秘密附屬議定書
Secret State Matter	獨逸秘密國家事項

英文文献名	日文文献名
Selection Of Officer-Students To Be Assigned To The Tokyo School Of Foreign Languages For Study And Of Officers To Be Sent Abroad For Study	外國語學校依託學生及留學者決定ニ關スル件
Self-Supporting Policy Of Liquid Fuel	液體燃料自給方案
Senjinkun Military Code	戦陣訓
Sensational And Inciting Articles Published In Japanese-Controlled Newspapers	日本統制下ノ新聞ニ依リテ發表サレタル煽動的刺戟的ナル論說ノ報告
Shimonoseki Treaty	下關條約
Shin Tei Shokai Kanwa Dai Jiten (Sino-Japanese Dictionary With Minute Explanations And Newly Revised)	新訂詳解漢和大字典
Ship-Building Encouragement Law	造船奬勵法
Shishi-O'S Works	師子王全集
Shorthand Minutes Of The Budget Committee Meeting In The House Of Representatives Of The Imperial Diet	帝國議會衆議院豫算委員會議錄(速記)
Shorui Kanteiho(Methods Of Judging Documents)	書類鑒定法
Shu Ho	週報
Sino-American Treaty	米支條約
Sino-Foreign Treaty Series	中外條約彙編
Sino-Japanese Basic Treaty	日華基本條約
Sino-Japanese Joint Declaration	日華共同宣誓
Sino-Japanese Tariff Treaty	日支關稅協定
Sino-Japanese Treaty	日華條約
Sino-Japanese Treaty Of Commerce	日支通商條約
Sino-Russian Declaration	露支宣言
Sino-Soviet Agreement	ソ支協定
Sixth Report On Progress In Manchuria To 1939	一九三九年(昭和十四年)迄の滿洲國發展に關する第六回報告
Soldiers Of The China Expeditionary Forces During The Pacific War	大東亜戰爭下ノ支那派遣軍將兵
Some Of The Salient Points In The Informal Conversations Between Matsuoka And Stahmer	松岡外務大臣スターマー非公式會談要旨
Sopac Translations	南太平洋司令部翻譯書類
Soviet Criminal Procedure Law	ソヴィエ-ト共和國刑事訴訟法
Soviet Russian Military Potential	ソヴイエートロシヤノ軍事潛在力
Soviet-China Agreement	支那ソヴィエト協定
Soviet-Fengtian Clique Agreement	ソ奉協定

英文文献名	日文文献名
Soviet-German Non-Aggression Treaty	獨蘇不可侵條約
Soviet-Japan Beijing Agreement	ソ日北京協定
Soviet-Japanese Basic Treaty	日蘇基本條約
Soviet - Japanese Neutrality Pact/Japanese - Soviet Non-Aggression Pact	日ソ中立條約
Soviet-Japanese Trade Agreement	日ソ通商協定
Special Account For Air-Raid Insurance Bill	空襲保險特別會計法案
Special Criminal Procedure In Wartime Emergency Bill	戰時緊急狀態下ニ於ケル特別刑事手續ニ關スル法律案
Special Measures Law	臨時措置法
Special Rewards To Officials, Civil And Military, Below Hannin Rank(Junior Official Rank)	文武判任官以下ノ特別賞與ニ關スル件
Speech Made By Premier Koiso Before The 85Th Diet Session	第八十五回帝國議會ニ於ケル内閣總理大臣演說
Speeches By British Leaders	英國指導者演說集
Spirit Of Blaming Oneself	已を罪するの精神
Standard Chart Of Conversion Of Peace-Time Production Of Munition Industries	軍需工業平戰時生產轉換標準表
Standard Chart Showing Goal Of Monthly War-Time Production Of Principal War Materials In Manchuria	滿洲ニ於ケル主要軍需品戰時月制目途數量標準表
Standard Chart Showing The Respective Spheres Of Influence Of Japanese And Manchurian War Material Industries In Regard To Expansion	日滿軍需工業擴充分野標準表
Stark Plan	スターラ案
State Management Of Shipping Bill	船舶國家管理法案
Statement By Ishii Fujio Of The Suga Butai	須賀部隊ノ石井藤夫ニ依ル陳述書
Statement By Lieutenant Watanabe Genjo Of The Suga Butai And Takakua Tai	須賀部隊高桑隊ノ渡辺ゲンジョ中尉ノ陳述書
Statement By Sergeant Hosotani Naoki Of The Kempei Tai	憲兵隊細穀直樹軍曹ノ陳述書
Statement By The Japanese Government Statement Handed By The Japanese Ambassador (Nomura) To The President Roosevelt On August 28, 1941	一九四一年/昭和十六年/八月二十八日日本大使(野村)ヨリ大統領「ルーズベルト」ニ手交セラレタル日本政府聲明書
Statement By The Japanese Lt. M. Shoji	日本軍中尉 M・東海林陳述書
Statement By These Cretary Of State	國務卿聲明書
Statement Of Foreign Minister Ugaki Given To Foreign Correspondents On 6 June 1938	外國通信員に對する宇垣外務大臣談(一九三八年(昭和十三年)六月六日)

英文文献名	日文文献名
Statement Of Imperial Government	帝國政府聲明
Statement Of Lewis. S. C. Smythe	ルイス・エス・シイ・スミス博士口述書
Statement Of Minister Arita Concerning The Status Que Of The Netherlands Indies	蘭印ノ現狀ニ關スル有田外相ノ聲明
Statement Of Mrs. Wong Kiang Sze, Aged 66	WANG KIANG SZE 夫人(六十六歲)口供書
Statement Of Premier Hiranuma	平沼首相談
Statement Of Realieving China Throught Peace	和平救國の宣言
Statement Of The Australian Lt. F. B. Oldham	オーストラリヤ軍中尉 F. B. オルダムノ陳述書
Statement Of The Foreign Minister, Mr. Arita Hachiro, Given To The Foreign Correspondents On December 19, 1938	外人記者會見ニ於ケル有田大臣談(一九三八年十二月十九日)
Statement Of The Foreign Office Concerning The Administrative Jurisdiction Over Shinnan Gunto	新南群島ノ行政管轄決定ニ關スル外務省發表
Statement Of The Government Concerning The China Incident	支那事変ニ関スル政府聲明
Statement Of The Imperial Japanese Government Concerning The Future Of East Asia	東亜ノ將來ニ關スル帝國政府聲明
Statement Of The Japanese Government Concerning The Shanghai Incident	上海事件ニ關スル帝國政府聲明
Statement Of The Japanese Government Concerning The Shanghai Incident And The Despatch Of Military Forces	上海事件並陸兵派遣ニ關スル帝國政府聲明
Statement Of The Minister For Foreign Affairs To The Press, September 2, 1937	廣田外務大臣聲明(昭和十五年九月二日於外務大臣官邸外人記者會見)
Statement To The People	國人に告ぐる書
Statements From Tokyo	東京聲明
Statutory Declarations Act 1911 - 1922	一九一一～一九二二年律令
Stenographic Record Of The Proceeding Of The 4Th Joint Session Of The 1St, 2Nd, 3Rd, 4Th Committee Of Accounts Of The House Of Representatives	衆議院決算委員第一、第二、第三、及第四、分科聯合會々議錄
Stielers Hand Atlas	スチーラー卓上地圖書
Strengthening Of The Japan-Germany-Italy Axis	日獨伊樞軸強化ニ関スル件
Subject Concerning Manufacture Of "Ho" And "Ro" Series And Also "Ha" And "Ni" Series Military Currency Notes	軍用手票「ほ號」並ニ「ろ號」「は號」及「に號」製造ニ關スル件
Subject Concerning Notification To Cabinet Printing Bureau For The Manufacture Of Samples Of "Ha" And "Ni" Series Military Currency Notes	は號及に號軍用手票見本製造方內閣印刷局ニ通知ノ件

英文文献名	日文文献名
Subject Concerning Preparations For Printing Of Military Currency Notes	軍用手票ノ發行準備ニ關スル件
Subject Concerning Printing Of "Ha" And "Ni" Series Military Currency Notes	軍用手票「は號」及「に號」製造ノ件
Subject Pertaining To Institution Of Procedures For Handling Military Currency Notes In Foreign Denominations For The Southern Regions	南方外貨表示軍用手票取扱手續制定ニ關スル件
Subject Regarding Revision Of The Plan For Regulating The Supply And Demand Of Essential Materials For Showa 13	昭和十三年ニ於ケル重要物資ノ需給計畫改訂ニ關スル件
Sumita-Decoux Agreement	澄原ドクー協定
Summarized Research Papers For The Year Of 1942	昭和十七年度綜合研究記事
Summary And Particulars Of Operations Of The Kwantung Army	關東軍作戦行動ノ概要及経緯
Summary Chart Showing Conditions Of Suppression Of Opium And Poisonous Drugs As Conducted By The Municipal Government Of Peiking	北京政府阿片禁止狀況簡明表
Summary Of Measures To Cope With The Situation	時局收拾大綱
Summary Of Minutes, The House Of Representatives	衆議院議會議事錄概要
Summary Of Outstanding Anglo-Japanese Cases In China	支那ニ於テル日英間ノ懸案摘要
Summary Of Program For Extension Of Productive Capacity	生產力擴充要綱
Summary Of The Disposal Of Prisoners Of War	俘虜處理要領
Summary Of The Movements And Locations Of Japanese Submarine Forces	日本潛水部隊行動所在ノ概要
Summary Of The Programme For Economic Construction Embracing Japan, Manchokuo And China	日滿支経済建設要綱
Summary Table Of Different Types Of Fortified Districts In Manchuria Up To 1945	一九四五年ヲ目途トスル滿州設堡地區ノ性格描寫建設ニ関スル總表
Supplement To Chronological Summary	年代集録補遺
Supplementary Bill To The Special Budget For Extraordinary Military Appropriations For The China Incident	支那事變臨時軍事費特別會計豫算案追加案
Supplementary Budget For 1941	昭和十六年度追加豫算案
Supplementary Budget To The Special Account Budget For Government Investments	政府出資特別會計豫算追加案

英文文献名	日文文献名
Supplementary Budget To The Special Account For Special Military Expenditures	臨時軍事費特別會計豫算追加案
Supplementary Budget To The Special Accounts Budget For Both Korea And Formosa, Respectively	朝鮮,臺灣各特別合計豫算追加案
Supplementary Budget To The Special Accounts Budget For State Management Of Ships	船舶國家管理
Supplementary Budget To The Special Military Accounts Budget	臨軍合計豫算追加案
Supplementary Budget To The Total Budget For General Accounts	一般合計總豫算追加案
Survey Of International Affairs	國際情勢研究(一九三七)
Survey Of Japanese Investments In China As Classified By Enterprises	企業別ニ分類セラレタル支那ニ於ケル日本側投資ノ概觀
Survey Of Japanese Investments In China In Respect To Private Enterprises	中國ニ於ケル民間企業關係日本側投資等調査
Survey Of Japanese Investments In Manchuria As Classified By Enterprises	滿洲ニ於ケル日本投資々本事業別調査
Suspension Of Public Tender Participation	競爭入劄加入停止ノ處分ニ關スル件
Sworn Deposition Of Ishii Akiho	石井秋穗口供書
Sworn Deposition Of Iwakuro Hideo	岩畔豪雄口供書
Sworn Deposition Of Miki Yoshihide	三木良英口供書
Sworn Deposition Of Muto Akira	武藤章宣誓口供書
Sworn Deposition Of Nakamura Kotaro	中村孝太郎大將供述書
Sworn Deposition Of Ohira Hideo	大平秀雄口供書
Sworn Deposition Of Piggott	ピゴット宣誓供述書
Sworn Deposition Of Shiratori Toshio	白鳥敏夫口供書
Sworn Deposition Of Suzuki Teiichi	鈴木貞一宣誓供述書
Sworn Deposition Of Togo Shigenori	東郷茂德訊問書
Sworn Deposition Of Tojo Hideki	東條英機口供書
Sworn Deposition Of Tomita Kenji	富田健治口供書
Sworn Deposition Of Uno Masuko	宇野滿壽子口供書
Sworn Deposition Of Yamamoto Kumaichi	山本熊一口供書
Sworn Statement Of Koper	コペルノ宣誓陳述書
Synthetic Oil Project	人造石油計畫
Table Of Contrast Of Supply And Demand And Replenishment Measures Of Essential Materials	昭和十三年重要物資需給對照、補塡對策一覽表
Table Of Increase Of Sungary River War Flotilla From 1931 - 1945	一九三一年一九四五年に至る期間に於ける松花江上艦艇の増強狀態一覽表

英文文献名	日文文献名
Table Of The Great Powers'Estimated Capacity For Aggressive Warfare Against East Asia During The Next 5 Years	今後五年ヲ目途トスル列國對東亜侵攻作戰能力推定表
Table Of The Growth Of The Manchoukuo Army	満洲國軍年次增強表
Table Of Violations Of The State Frontier Of The U. S. S. R By The Japnese From 1932 To 1945	日本人ニ依ルソ聯國境侵害調査
Table Showing Approximate Amount Of Necessary Funds Under Japanese-Manchurian Industrial Extension Program	日満重要産業擴充計畫所要資金概算表
Table Showing Assumed Amount Of People'S Savings	國民貯蓄ノ推計表
Table Showing Proportion Of Expansion Of Projected Industries	計畫産業ノ生産力擴大率表
Taiyo Dai Nippon	太陽大日本紙
Tanaka Memorandum	田中覚書
Tass Report	タス公表
Tax Increase Bill	租税ノ増徴ニ關スル法律案
Telegram Addressed To Our Comrades In Chungking	重慶同志への通電
Telegram Message Of Foreign Minister Arita Addressed To Japanese Ambassador To Germany Mushanokoji	有田外務大臣發在獨武者小路大使宛電報
Telegram To Chiang Kai-Shek	對蔣通電
Telegraph Law Revision Bill	電信法中改正法律案
Telegraphic Instructions Draft To Ambassador Nomura As Materials For Answering Questions On Our Penetration Into French Indo-China	佛印進駐ニ關スル応酬資料トシテ野村大使訓電案
Telegraphic Instructions Draft To Ambassador Nomura As Materials For Answering Questions On The Management Of Northern Problems	北方問題處理ニ關スル応酬資料トシテ野村大使訓電案
Temporary Control（Or Regulation）Of Importsand Exports	臨時輸入出統制法
Ten Years In Japan	日本ニ於ケル十年
Ten Years In Japan, Diary Of Former United States Ambassador Grew	グルー前米國大使日記「在日十年」
Tentative Terms Of Peace Between Japan And China	日支和平條件試案
Terms Of Political Understanding Forming The Basis For The Strengthening Of Japan-Germany-Italy Collaboration	日獨伊提攜強化ノ為ノ基本トナルヘキ政治的瞭解事項
Testimony Of Joachim Von Ribbentrop	ジヒーチン ヴオン リッペントロップノ證言

英文文献名	日文文献名
The 17 Articles Constitution	十七條憲法
The 1923 Truce Agreement	昭和七年ノ停戰協定
The 1942 Budget For The Various Special Accounts	各特別會計昭和十七年度豫算案
The 60Th Session Of The Imperial Diet	第六十回帝國議會
The Accession Of Non-Signatory Powers To The Hague Convention	國際紛爭平和的處理條約非署名國ノ加入ニ關スル議定書
The Activities Of The Imperial Navy In The China Incident	支那事變に於ける帝國海軍の行動
The Affidavit Of Harold R. Stark	ハロルド・アー・スターク海軍大將證言
The Agreement Between Manchoukuo And The Union Of Soviet Socialist Republics	滿洲國ソヴィエト社會主義共和國聯盟間協定
The Agreement Concerning Outer-Mongolia And The Ports And Railroads	外蒙古及港灣鐵道ニ關スル協定
The Agreement Concerning The North Manchurian Railway	北鐵讓渡條約
The Agreement Of 1905	日韓協約
The Agreement Of Cessation Of Hostilities At Nomonhan	ノモンハン地區滿蒙國境協議
The Agreement Of Cessation Of Hostilities At Nomonhan	ノモンハン停戦協定
The Agreement Proposed By America	米國提案協定案
The American Ambassador (Castle) To The Japanese Minister Of Foreign Affairs(Shidehara)	幣原外務大臣宛在本邦米國大使來翰
The American Ambassador (Dawes) To The British Secretary Of State For Foreign Affairs(Henderson)	英國外務大臣宛在英米國大使書翰
The American Federal Constitution	北米合衆國憲法
The Ancient Chronicle(Kojiki)	古事記
The Annual Bulletin Of The Great Asiatic Society	大亜細亜協會年報
The Annual Mobilization Plan Of Materials	年度物資動員計畫
The Arida Statement	有田聲明
The Army Accounts Regulations	軍隊經理規程
The Attitude To Take Towards The Burmese	ビルマ人ニ對スル心得
The Basis Of National Policy	國策大綱
The Bill For Light-Metals Manufacturing Industries	輕金屬製造事業法
The Bill Reforming The Municipality System	町村制改正法案
The Bill To Estabish Japan Iron Manufacturing Company	日本制鐵株式會社法案

英文文献名	日文文献名
The Bill To Establish The Japan Gold Production Promotion Company	日本産金振興株式會社法案
The Bill To Promote The Production Of Important Minerals	重要礦物增産法
The Bills For The Council In The Presence Of The Emperor	御前會議々案
The British Foreign Minister'S Proposal	英外相申出ニ關スル件
The Burma Area Army'S Regulations For Handling The Prisoners	緬甸方面軍俘虜取扱規定
The Capital Flight Frevention Bill	資本逃避防止法案
The Cereal Law	米穀法
The Change Of Cabinet Ministers Related To Economic Affairs	經濟問題に關聯する内閣閣員の更迭
The Chinese Incident And Imperial Diplomacy	支那事変と帝國外交
The Circumstance Surrounding The Conclusion Of Agreement Between Japan And France Concerning The Advancement Of The Japanese Army Into French Indo-China	日本軍佛印進駐ニ關スル日佛協定締結交涉經緯
The Civil Service	官吏制度
The Code Of Arbitration For Monetary Debts	金銭債務調停法
The Code Of Procedure For Non-Litigious Cases	非訟事件手續法
The Collective Criminality Of States And The Criminal Law Of The Future	國家集團犯罪並ニ將來ノ刑法
The Colonization Administration Bureau Organization	拓殖事務局官制
The Conclusion Of A Pact For The Establishment Of A Joint Committee	日滿經濟共同委員會設置ニ關スル協議
The Conclusion Of An Agreement Between Japan And Germany Regarding Cultural Cooperation Which Was Discussed In The Board Of Council Conference On 22 November,1938	一九三八年十一月二十二日樞密院會議諮詢の文化的協力に關する日本國獨乙國間協議締結の件
The Conditions Of The Negotiations For Peace Between Japan And China	日支媾和交涉條件
The Conferences Of Bureau Chiefs	局長會報
The Construction Of A New East Asia And Naval Power	新東亜建設と海軍力
The Contents Of Talks Between Mr. Max Pestalozzi, Representative To Japan Of The International Commission Of The International Red Cross Society, And Representatives Of Prisoner Of War	萬國赤十字國際委員會駐日代表マックスペスタロッチ氏對俘虜代表會談内容

英文文献名	日文文献名
The Criminal Code Of The R. S. F. S. R.	露西亜共和國刑法
The Criminal Law Of Navy	海軍刑法
The Currency Law	貨幣法
The Current Method Of Electric Power	現行電氣事業法
The Decision On The Principle For Adjusting New Sino-Japanese Relationship	日支新關係調整要綱議決
The Declaration By Kingoro Hashimoto	橋本欣五郎宣言
The Declaration Of August 19, 1911, Concerning French Indo-China	千九百十一年八月十九日ノ佛領印度支那ニ關スル宣言書
The Declaration Of June 10,1907,Concerning French Indo-China	千九百七年六月十日ノ佛領印度支那ニ關スル宣言書
The Department Of State Conference Series No. 24	國務省會議錄
The Detailed Regulations For Army Allowances In The Greater East Asia War	大東亜戰爭陸軍給與令細則
The Diet System	議會制度
The Draft Documents	送達日記
The Draft Of Revised Law Concerning War Prisoners Punishment Act,Being The Act No. 38 Of 1905	明治三十八年法律第三十八號トシテ俘虜處罰ニ關スル法律
The Draft Of The Revised Ordinance For The Control Of Opium Narcoties In China	中華民國ニ於ケル阿片麻藥類取締令改正案
The Drugs Act	藥品法
The Drugs Act To Physicians (Or Surgeons), Dentists,Veterinarians,Apothecaries,Pharmacists	醫師歯科醫師獸醫師藥劑師藥品法
The Earthquake Damage Bond Law	震災善後公債法
The Emergency Declaration Concerning The Present Situation	當面ノ時局ニ關スル緊急宣言
The Emergency Supplementary Program	臨時追加補充計書
The Emperor'S Approval For Appropriation Of War Relief Funds (Excepting Cases Of Minor Importance)	恤兵金使用方認可ニ關スル件
The Emperor'S Of Imperial Prince'S Presence At The Commencement Exercises Of Army Schools	陸軍諸學校卒業式ニ皇族禦差遣ニ關スル件
The Exchange Of The Official Documents Regarding The Conclusion Of Protocol Between France And Japan In Connection With Common Defence Of French Indo-China,And Military Cooperation	佛領印度支那ノ共同防衛ニ関スル日本國フランス國間議定書締結及軍事上ノ協力ニ関スル公文交換ノ件
The Extension Of The Term Of Military Service Of Enlisted Men Of 1935 Belonging To The Units In Manchuria	在滿部隊ニ屬スル昭和十年徽集兵ノ服役延期ニ関スル件

英文文献名	日文文献名
The Extension Of The Term Of Military Service Of Troops In Manchuria	在満部隊服役延期ニ関スル件
The Far East Year Book	極東年鑒
The Files Of The Department Of State	米國國務省文書
The Final Protocol Of September 7,1901	一九〇一年九月七日最終議定書
The Five Year Plan For Steel	鋼鐵五ヶ年計畫
The Foreign Office Official Report On The Changkufeng Incident	張鼓峰(哈桑湖)事件ニ關スル報告
The Fund Adjustment Law	資産凍結令
The Fundamental Principle Of Our National Policy, Signed By The Five Ministers-The Premier, War, Navy, Finance, And Foreign Ministers	總理、陸海軍、大藏、外務五大臣花押國策ノ基準
The Fundamental Principles Of The Remedial Measures For Southern Regions To Be Occupied As A Result Of The Great East Asia War	大東亜戰爭ニ依ル南方佔據諸地域善後處理方策大綱
The Fundamental Significance Of Our Continental Policy	大陸政策の世界史的意義
The General Condition Of The Communist Movement In China And Manchuria	支那及滿洲ニ於ケル共產運動概況
The General Policy For The Collaboration Among Japan, Manchukuo And China Based Upon Reciprocity, Particularly On Neighborly Friendship And Goodwill, Anti-Comintern And Joint-Defense And Economic Cooperation	日滿支一般提攜就中善鄰友好防共々同防衛経済提攜原則
The Gist Of National Reformation Plan	國家改造案大綱
The Gist Of The Army Five Year Plan Of June10, 1937, Sent From Secretary Akitama To President Hirota On July13	七月十三日秋山秘書出廣田總裁宛文書、一九三七年六月十日陸軍五ヶ年計畫案大綱
The Gist Of The Coversation Betewwn Navy Minister Yonai And Wang	米内海相、汪會談要領
The Gist Of The Important Industries Five Year Plan, May29, 1937, War Office	一九三七年五月二十九日陸軍省重要産業五年計劃要綱
The Gist Of The War Industries Five Year Plan, June23, 1937, War Office	一九三七年六月二十三日陸軍省、軍需品製造工業五年計劃要綱
The Government Of The United States'S Note Of December 14	十二月十四日附米國政府公文
The Greater Asia Magazine	大亜細亜主義志

英文文献名	日文文献名
The Greater East Asia Sphere Under Imperial Influence(Dai Toa Koka Ken)	大東亜皇化圈
The Guardian	ガーディアン
The Guidance Of The Manchoukuo Army	滿軍指導綱
The Guidance Of The Military Government Of Manchoukuo	滿洲國軍整備要領
The Hague Convention No. Ⅲ	第三回海牙條約
The Hague Convention No. Ⅴ	海牙ノ第五條約
The History Of The Manchurian Incident	滿洲事變史
The Imperial Enthronement Rescript	即位詔書
The Imperial Fuel Development Company Bill	帝國燃料興業株式會社法
The Imperial Oath Of Five Articles	五條ノ禦誓文
The Imperial Ordinance Concerning The Legislative Yuan Secretariat Section Organization	立法院秘書處官制
The Imperial Precepts To The Soldiers And Sailors	陸海軍人ニ賜リタル勅諭
The Imperial Rescript On Education	教育勅語
The Imperial Rescript On Japan'S Withdraw From The League Of Nations	國際聯盟脫退ニ關スル詔書
The Import Plan	外國米輸入計畫
The Industrial Adjustment Law	工業調整法
The Industrial Bank Of Japan Act	日本興業銀行法
The Industrial Conversion Program	產業轉換計畫
The Inevitability Of The Renovation	革新ノ必然性
The Information Of H. Loupatty	H. ルーパティノ報告
The Instruction Of The Nationalist Government To The Fukien Province Government	福建省政府宛國民政府訓令
The International Situation And Japan'S Position	國際情勢ト帝國ノ立場
The Investigation Report Of The Central Investigation Committee Of Pows By Pow Investigation Division	俘虜調査部作成ニヨル俘虜中央調査委員會調査報告
The Investigation Report On The Conclusion Of The Japan-German Anti-Comintern Pact	日獨協議締結ノ件審査報告
The Japan Electric Power Generation And Transmission Company	日本發送電株式會社法
The Japan French Indo-China Treaty	日佛印條約
The Japan Year Book	日本年鑑
The Japanese Commercial Code	日本商法
The Japanese Government'S Reply To The Note Of The Government Of The United States, Concerning American Rights And Interests In China	在支米國權益ニ対スル対米帝國回答ニ関スル情報發表

英文文献名	日文文献名
The Japanese Government'S Note Of December 24	十二月二十四日附日本政府公文
The Japanese Idea And Japanese Spirit	日本思想及日本精神
The Japanese Members Of The Japan-Manchoukuo Joint Economical Committee	日満経済共同委員會委員(日本側)名簿
The Japanese Minister Of Foreign Affairs(Shidehara) To The American Ambassador(Castle)	在本邦米國大使宛幣原外務大臣往翰
The Japanese Occupation Of The Netherlands Indies	日本軍ノ蘭領印度佔領
The Japanese Privy Council	日本の樞密院
The Japanese Spirit	日本精神
The Japanese Spirit	日本精神の昂揚
The Japanese-English-Chinese War	日英支那戰爭
The Japan-French Indo-China Protocol	日佛印議定書
The Kirin-Changchun Railway Loan Agreement	吉長鐵道借款契約
The Konoe Statement	近衛聲明
The Kwantung Army Headquarters Regulations	關東軍司令部條例
The Law Concerning The State Foundation Loan	建國公債條例
The Law For The Purchase Of Japan	日本銀行金買入法
The Law Of The Imperial Succession	帝位継承法
The Laws And Ordinances Of Japan	日本國法令
The Laws And Ordinances Of Manchoukuo	滿洲國法令
The League Of Nations Resolution And Reports On The Sino-Japanese Dispute Since The Lukouchiao Incident Of July 7Th,1937	國際聯合會關於一九三七年七月七日濾溝橋事變以後中日爭議所通過之決議案及報告書
The Licensed Opium-House System	免許阿片館制度
The Life Of Mr. Page	ページ傳
The List Of The Progress Of Naval Operation In The China Incident	支那事變海軍作戰經過一覽表
The Machine Tool Industry Bill	工作機械製造事業法
The Major Industries Association Ordinance	重要産業組合法
The Manchurian Incident: The Relations Of The Despatch And Withdrawal Of The Army And Navy Forces	滿洲事変陸海軍出兵撤兵關係
The Manchurian Year Book	滿洲國年鑒
The Mandates Treaty	委任統治條約
The Map Of Hankow	漢口市街地圖
The Map Of Mongolia From The Chinese Postal Album	支那郵便蒐集帳ヨリノ蒙古地図
The Map Sappended To The Togo-Molotov Agreement	東郷「モロトフ」申合附屬地圖
The Matsuoka-Stahmer Conversations	松岡スターマー會談録

英文文献名	日文文献名
The Matter Concerning The Treatment Of The Pilots Of The Enemy Planes Which Carried Out Aerial Attacks On Japanese Land	空襲ノ敵航空機搭乗員取扱ノ件
The Matter Of The Termination Of Co-Operative Relations Between Japanese Empire And Various Organs Of The League Of Nations	帝國ト國際聯盟諸機關トノ協力關係終止ノ件
The Matter Pertaining To Supplementary Education Of The Interpreters Of The Kwangtung Army	關東軍陸軍通譯補備教育要領
The Matters Concerning Military Command	軍令關係事項
The Military Department Regulations Of Kwantung Government-General	關東都督府陸軍部條例
The Military Industrial Mobilization Law	軍事工業動員法
The Military Regulations For The Punishment Of Enemy Flyers	敵航空機乗員處罰ニ關スル軍律
The Military Sketch Of The Accessory Programme For The Offensive Plan Of Operations Of The Second Army Group In 1942 And 43	昭和十七年、八年第二方面軍攻勢作戰副計畫要図
The Motion Picture Censorship Law	映畫關係法令
The Motion Picture Law	映畫法
The Munitions Company Law	軍需會社法
The Munitions Industry Mobilization Law	軍需工業動員法
The Mutual Aid Treaty	相互援助條約
The Narcotic Law Of The Police Law	警察法中麻藥法
The New London Armament Reduction Treaty	新ロンドン軍縮條約
The New Order In East Asia	東亜ノ新秩序
The Nippon Annals(Nippon Shoki)	日本書紀
The Nomonhan Truce Agreement	ノモンハン停戰協議
The Non-Aggression Treaty Between Japan And Thailand	日泰間不侵略條約
The North China Garrison Communique	北支駐屯軍發表
The Note Concerning The Employment Of Pows In The Manchurian Machine Tool Company	滿洲工作機械株式會社ニ俘虜ヲ使用スル件
The Notification For Sending Documents Re Manchurian Economic Control	滿洲經濟統治關係書類送付ノ件
The Ocean Line Anxiliary Law	遠洋航路補助法
The Official Japanese Proclamations	日本の公式聲明書
The Official Gazette Of The Supreme Council Of The U. S. S. R	ソビエット最高委員會電報

英文文献名	日文文献名
The Official Note Of The Japanese Government Which The Foreign Minister, Hirota, Koki Sent To Sir Robert Craigie(Dec. 14, 1937)	クレイギー英國大使宛廣田外相公文(昭和十二年十二月十四日)
The Open Door Policy	門戸開放政策
The Opium Monopoly System	阿片專賣制度
The Organization Of Monopoly Bureau	專賣局組織法
The Outline For The Execution Of National Policies	帝國國策遂行要綱
The Outline For The Internal Guidance Of The Chinese Government	支那政權内面指導大綱
The Outline Of Dealing With The Emergency Financial Measures For Central China	中支那金融緊急對策處理要領
The Outline Of Discussions At The Meeting Of Chiefs Of Liaison Sections	連絡部長官會同懇談要領
The Outline Of Program Concerning The Execution Of Intelligence And Propaganda Activities	情報宣傳ニ關スル實施計劃綱領
The Outline Of The Curriculum For Instruction And Training In Youths Schools	青年學校教授及訓練科目要旨
The Out-Line Of The Policy Concerning The Execution Of The Important Industries Five Year Plan, June10, 1937, Drafted By The War Office	一九三七年六月十日陸軍試案重要産業五年計劃要綱實施に關する政策大綱
The Outline Re The General Policy For Manchukuo Customs Duty	滿洲國關税一般方案
The Past Werits And Defects Of The Chinese Kuomintang Partyanditsfutureposition	中國國民黨過去の功罪と今後の地位
The Peace Proposals	和平提案
The Peace Treaties	媾和條約
The Pearl Harbor Operation	眞珠灣作戦
The Penal Laws And Regulations Of Japan	日本國刑罰法規
The Penal Laws And Regulations Of Manchoukuo	滿洲國刑罰法規
The Philippine Immigration Bill	フィリッピン移民法案
The Plan For Mobilizing Materials	物資動員計畫書
The Plan Of Demand And Supply Of Important Materials	重要物資需給計畫の改訂
The Planning And Execution Of The Several Japanese Strikes	日本ノ攻擊計畫書
The Plans To Govern Siberia(Including Outer Mongolia)	西伯利(含外蒙)統治方策
The Police Laws Of China	支那國員警法令
The Policies To Be Taken In The Future For The Supervision Of The War	今後採ルヘキ戰爭指導ノ方策

英文文献名	日文文献名
The Policy For Rapid Disposition Of The China Incident	支那事変急速處理方針
The Policy For The Adjustment Of Relations Between Japan And China	日支關係調整方針
The Policy For The Treatment Of The North China Incident	北支事變處理方針
The Political Agreement Between Japan And Germany	日獨間に於ける政治的協議問題
The Ports And The Navalsbases In Mashuria And Korea	満洲及び朝鮮の港灣及び海軍基地
The Preliminary Report Of The Commission Of Enquiry Of The League Of Nations	國際聯盟支那調査委員豫備報告
The Present Incident And Our Control Of The Sea	今次事變と我が制海權
The Proclamation Of The Great Asiatic Society In China	中國大亜細亜協會宣言
The Production Table Of Acrylic Resin	アクリル樹脂生產表
The Progress Of The Peace Movement	和平運動の經過
The Proposed Agreement Relating To The Defense Of Greenland	グリーンランドノ防衛ニ關スル協定草案
The Proposed Plan For Strengthening The Cabinet	内閣強化案
The Proposed Visit To Central Europe	中央歐羅巴旅行案
The Protocol Of The Boxer Uprising Of 1900	北清事變議定書
The Provisional Laws For The Prevention Of Smoking In Wuhan	武漢戒煙暫行法
The Provisional Regulations For The Investitation Of The Prohibition Of Smoking	禁煙清查暫行條例
The Provisional Regulations Of The Druggists'Trade Association Union Of Chinan City	済南市土藥業同業公會暫行章程
The Provisional Rules Of The Control Office For Restricting The Circulation Of Drugs	天津統稅公署禁煙清查暫行條例
The Provocative Attack Of The Japanese In The Nomongan Area	ハルヒン・ゴル河地方ニ於ケル日本人ノ挑戦的攻撃ニ就テ
The Reconstruction Savings Debenture	復興貯蓄債券法
The Record Of The Joint Commission For The Investigation Of Pearl Harbor Attack	眞珠灣攻擊調查共同委員會議事錄
The Record Of The Talk With Shigemitsu	重光トノ會談覺書
The Red Cross Convention	赤十字條約
The Reform Of Parlianmentary System	議會制度の改革
The Regular Meeting Of The Privy Council	樞密院定例参集

英文文献名	日文文献名
The Regulation Concerning The Authorization Of School Training	學校教練檢定規程
The Regulation For Confiscation Of Japanese Goods	日貨沒收條例
The Regulations For Punishment Of "Chien-Min" (Wicked People)	奸民懲辦條例
The Regulations For Registration Of Japanese Goods Of Each Store In The Special City In Peiking	北平特別市各商店日貨登記條例
The Regulations Of The Kempei Stationed In Korea	朝鮮駐剳憲兵條例
The Report Of C. Vijlbriee	蘭印軍軍曹O・フイジルブリイフノ報告
The Report Of J. C. Reimders Folmer	ジェイ・シー・レインダース・フォルマーノ報告書
The Report Of The Military Discipline Council In Regard To The Captured Allied Warplane Crews In The Military Controlled Area Of Tokai(East Coast Of Japan)	東海軍管区(日本東海岸)ニ於ケル俘虜トナリタル聯合軍軍用飛行機搭乗員ニ關スル軍法會議記録
The Request For Co-Operation To The Provisional And The Renovation Government	臨時維新兩政府に對する協力要講
The Request Of The Staff Of The Army Section And The Instructions Of The Commander Of The North China Area Army	陸軍部幕僚要望事項及北支那方面軍司令官ノ訓示
The Rice Control Regulations	米穀統制法
The Road To Everlasting Peace Between China And Japan	中日永久和平への途
The Road To The Reconstruction Of The World/How To Rebuild The World	世界再建ノ道
The Roads'S Bond Law	道路公債法
The Roport Of The Lytton	リットン報告書
The Second Creation	第二の開闢
The Second Declaration Of The Wakatsuki Cabinet	若槻内閣第二次聲明
The Secret Agreement Attached To The Pact Againtst The Communist International	共産インターナショナルニ對スル協定
The Secret Treaty Between Germany And Japan	日獨秘密協定
The Secret Understanding	秘密諒解事項
The Secret-Great-Diary(Mitsu-Dai-Nikki)	密大日記
The Secured Debenture Trust Act	擔保附社債信託法
The Service Regulations Of Imperial Headquarters	大本營勤務令
The Seventh Diagram Contained In The Detailed Regulations Of The Greater Fast Asia War Army Supply Ordinance	大東亜戰爭陸軍給與令細則第七表

英文文献名	日文文献名
The Sherman Act Prohibiting The Trusts	トラスト禁止法
The Shipping Guild Law Bill	船舶業組合法案
The Shipping Industry Act	造船事業法
The Shipping Personnel Law	船舶職員法
The Shorthand Records Of Proceedings In The House Of Representatives At The Imperial Diet	帝國議會衆議院議事速記錄
The Sinking-Fund Special Account Law	國債整理基金特別會計法
The Solution For Return Of The Central Government	中央政府還都ノ決議
The Solution Of The Incident Depends Upon The Expulsion Of England	事変の解決は攘英だ!
The Staff Diary Of My Battalion	大隊陣中日誌
The Statement Of Foreign Minister Hsieh	謝外交部長ノ聲明
The Statement Of The Commander Of The Shonan (Singapore) Garrison Forces	昭南警備司令官聲明
The Statement Of The Provisional Government	臨時政府聲明
The Statement Of The Renovation Government	維新政府聲明
The Statement Of The Witness Major De Weerd	蘭印軍陸軍少佐デ・ヴェールトノ陳述書
The Statistics Bureau Organization	統計局官制
The Statute Of The Citizenship	民籍法
The Strength Of The Army	陸軍部隊概見表
The Sworn Report Of The Chinese Medical Officer Tan Eng Dhong	オランダ正規軍支那人軍醫タン・エン・ドンノ宣誓報告書
The Talk Of President Wang(The Formation Of The Committee To Improve The Situation Of The Country)	汪主席談(清鄉委員會成立)
The Tariff Act Of 1913	一九一三年関税法
The Tax Office'S Detailed Regulations For The Prohibition Of Smoking	統税公署禁煙清查條例
The Telephone Enterprises Bond Law	電話事業公債法
The Temporary Fund Adjustment Law	臨時資金調整法
The Three Power Pact And The World Of Tomorrow	三國同盟及ビ明日ノ世界
The Three Ship Improvement Plans	船舶改良三計畫
The Three Terms Of Settlement	現地協議三條件
The Thuth Of Manchurian Incident	滿洲事變ノ本質
The Times Handy Atlas	タイムス卓上地圖書
The Total Strength Of The Japanese Army	陸軍兵力概見表
The Trade Agreement Between Indo-China And Japan	印度支那—日本通商協定
The Transfer Of Administrative Authority	行政措置法

英文文献名	日文文献名
The Transmission Of Telegram For The Agreement For Join Tstrategy Against Japan	對日作戰合作協議通電
The Treaty On Codification Of Regulations	海難ニ於ケル救援救助ニ就テノ規定ノ統一ニ關スル條約
The Treaty Relating To Their Insular Dominions	島嶼支配權ニ関スル條約
The Truce-Agreement Between Germany And France	獨佛休戰協定
The United State Loan Agreement	合衆國借款協定
The United States Naval Photographic Intelligences Reports	米國海軍寫眞情報報告書
The Usa Embassy'S Report On The Chang Ku Feng Incidengt	張鼓峰事件ニ關スル米國大使館報告
The Way Of Capturing The Walled City Of Nanking	南京城攻略要領
The Way Of Japan And The Japanese	日本及日本人之道
The Way Of National Subjects/The Way Of A Subject	臣民ノ道
To Correct The Militaristic Despotism Of Foreign Powers	列強ノ霸道ヲ是正シ
To Make Efforts To Render Assistance From The Inside And To Avoid Outward Activities	內面的援助ニ勉メ表面的工作ヲ避ク
Tōgō-Molotov Agreement	東郷「モロトフ」協定
Tokyo Gazette	東京ガゼット
Tokyo Mainichi Shimbun	東京毎日新聞
Tokyo Nichi Nichi	東京日日新聞
Topographic Materials For Strategic Areas For Far Eastern Soviet Territory And Outer Mongolia	極東蘇領竝外蒙古兵要地誌資料
Tortured China	苦悶する中國
Toyo Keizai Nenkan	東洋経濟年鑒
Trade Agreement Between Japan And Germany	日獨貿易協議
Trade And Economic Negotiations'Policy Toward French Indo-China	對佛印經濟通商交涉方針ニ關スル件
Training Of Technicians At Factories And Workshops Ordinance	工場事業場技能者養成令
Training Of Technicians At Schools Ordinance	學校技能者養成令
Training Of Technicians In Marine Navigation Ordinance	船舶運航技能者養成令
Transfer Of Administrative Authority Law	行政官廳許可權移讓ニ關スル法
Transfer Of Minor Expenditures	經費繰越ニ關スル件
Transfer Of Secret Funds Of The Manchurian Incident	滿州事變機密費支出
Treaties And Agreements With And Concerning China, 1894 - 1919	一八九四年乃至一九一九年清國(中華民國)關係條約集

英文文献名	日文文献名
Treaties Between China And England, America, France And Russia	英、米、佛、露ノ各國及支那國間ノ條約
Treaties Guaranteeing The Neutrality	中立保障條約
Treaties Of Arbitration	仲裁裁判條約
Treaties, Conventions, International Acts, Protocols, And Agreements Between The United States Of America And Other Powers 1910－1923	千九百十年-二十三年亜米利加合衆國ト外國トノ條約、議會、國際法令議定書及條約
Treatment Of British Prisoners Of War In Burma	ビルマニ於ケル英國人俘虜ニ關スル件
Treatment Of Prisoners Of War In Burma And Siam	ビルマ及泰ノ俘虜待遇ニ關スル件
Treaty Between France And China Of 1858	一八五八年佛支條約
Treaty Between Japan And France For Residence And Navigation Relating To French Indo-China	佛領印度支那ニ関スル日佛居住航海條約
Treaty Between Japan And Germany Pertaining To Cultural Cooperation	文化的協力ニ關スル日本國及獨逸國間協定
Treaty Between Japan And Russia	日露條約
Treaty Between Japan And Thailand	日泰間議定書
Treaty Between Japan And Thailand Concerning The Continuance Of Friendly Relations And The Mutual Respect Of Each Other'S Territorial Integrity	友好關係ノ存續及相互ノ領土尊重ニ關スル日本國「タイ」國間條約
Treaty Between Japan And The United States Of America Concerning The Island Of Yap And Other Mandated Island Situated In The Pacific Ocean And Lying North Of The Equator	ヤップ島及他ノ赤道以北ノ太平洋委任統治諸島ニ關スル日米條約
Treaty Between The Five Powers	五國々條約
Treaty For Defining Aggressive Powers	侵略國定義條約
Treaty For Joint Defence And Economy	共同防衛及經濟協定
Treaty Of Alliance Between China And Russia	露支同盟密約
Treaty Of Amity And Neutrality	友好中立條約
Treaty Of Anglo-Japanese Alliance	日英同盟條約
Treaty Of Commerce And Navigation	通商航海條約
Treaty Of Commerce And Navigation Between Japan And Russia	日露通商航海條約
Treaty Of Commerce And Navigation Existing Between The United States And Japan	日本國間通商航海條約
Treaty Of Extraterritoriality	治外法權條約
Treaty Of Friendship, Commerce And Navigation Of December 7, 1937	フランス國タイ國間ニ千九百三十七年十二月七日ノ友好通商航海條約

英文文献名	日文文献名
Treaty Of Judicial Settlement, Arbitration And Conciliation Between Japan And The Netherlands	日本國和蘭國間司法的解決、仲裁裁判及調停條約
Treaty Of Most Favoured Nation	最惠國條款
Treaty Of Nanking	南京條約
Treaty Of Non-Aggression And Peaceful Settlement Of Disputes Between Estonia And The Union Of Soviet Socialist Republic	エストニア國ソヴィエト社會主義共和國聯邦間不侵略及紛爭平和的處理條約
Treaty Of The New World Order	世界新秩序條約
Treaty Of Tientsin	天津條約
Treaty Relating To South Manchuria And East Inner-Mongolia	南滿洲及東部內蒙古ニ關スル條約
Tripartite Agreement In Regard To Outer Mongolia Between Russia, Mongolia And China	外蒙古ニ關スル露蒙支三國協定
Tripartite Pact	日獨伊三國同盟條約
Truce Agreement At Tangku/Tanggu Truce	塘沽協議
Truce Agreement On August 11	八月十一日停戰協議
Twenty-One Demands	二十一箇條要求
Twilight In The Forbidden City	紫禁城ノ黄昏
Uemura, Kogoro Statement	植村甲午郎供述書
Ultimatum Against Germany	對獨最後通牒
Umezu-Youing-Chin Agreement	梅津何應欽協定
Unconditional Neutrality Assuarance	無條件中立保證
Underwriting Contract For The Manchurian Government Construction Bond	滿洲國政府建國公債引受募集契約書
Unified National Defense Law	統一國防法
Unimportant Items Among Matters Concerning The Investigation And Study Of Military Technique (Except Those Concerning Aeronautics) And Science	陸軍技術(航空ニ關スルモノヲ除ク)及科學ノ調查及研究ニ關スル事項中重要ナラサル件
United Kingdom Indian Agreement	聯合王國カナダ間協定
United States Constitution	米國憲法
Ussa Border Troops Lieutenant General Stakhanov'S Protocol	ソ聯邦國境警備隊々長スタハーノフ中將ノ調書
Utilization Of Foreign Resources	外國資源ノ利用ニ關スル件
Van Mook-Kotani Agreement 1938	一九三八年昭和十三年ノバンムック小穀協定
Various Visits Made As The Minister'S Representatives, Connected With Personnel Affairs	人事ニ關シ大臣ノ名ヲ以テ諸方ヘノ往復ノ件
Versailles Treaty	ヴェルサイユ條約

英文文献名	日文文献名
Views Concerning Our Imperial National Defense Against The U. S. S. R.	對ソウエト聯邦帝國國防ニ關スル雜感
Views On The Reform Of The Civil Service System	官吏制度の改正に關する意見
Vinson Plan/Vinson Bill On The Naval Expansion	ヴィンソン案
Violation Of The Law	戰爭法規
Volunteer Soldier System	保甲制度
War Factory And Workshop Inspection Ordinance	軍需品工場事業場檢查令
War Ministry General Affairs Regulations	陸軍省處務規程
War Records Bureau, University Of Hawaii, Rept. Spec. Agt. Cic, Afmidpac	布哇大学内戰爭記錄局中部太平洋陸軍民情調查隊特別代理人報告
Wartime People'S Life Maintenance Bill	戰時國民生活ノ保持ニ關スル法律案
Weights And Measures Law	度量衡法
Why Do We Formthe Central Government	何故に中央政府を組織するか
With Regard To The Policy Towards China	對支政策ニ關スル件
Work Program For The Economic Subcommission Of The Tripartite Pact In Berlin	ベルリンニ於ケル三國協定經濟分科委員會ノ事業計劃
Workong Budgets For The Yasukuni Shrine And The Military Museum	靖國神社並遊就館經常豫算ニ關スル件
World Court Protocol	國際裁判議定書
Wuhan Surrenders In Awe As The Imperial Army Proceeds	皇軍進む所・武漢慴伏す
Yalta Agreemennt	ヤルタ協定
Yoshizawa Karahan Agreement	芳沢「カラハン」協定

其他名词索引

程维荣、谢芬芬、闫成、邹皓丹等编纂
程兆奇审定

凡　例

一、本索引检索的母本为国家图书馆和上海交通大学编纂、上海交通大学出版社和国家图书馆出版社出版的《远东国际军事法庭证据文献集成》(日文版)，由地名、别称、册数、页数组成：

其他名词	别　称	册数	页数
独逸國政府	ドイツ政府、独逸政府、獨乙政府	13	192,194,198、201,212,238,245,267,309,325,324,325,363,364,365,663

二、本索引包括了民族、语言、机构、组织、企业、学校、党派、政策、思想、主张等有形无形的名词。

三、其他名词词条按照日文 50 音图顺序排序。

四、不同拼法和表述的同一名词，一般以当时较常见者为主词条，其他拼法和表述法列入别称栏。

五、含义接近而不等同的名词，一般以当时较常见者为主词条，其余列入别称栏。

六、对可以判断的误拼、误植列入别称栏。

七、本索引附有中日和英(包含少量其他西方文字)日两种文字对照表。以下为示例：

对照表有：

中文名	日文名
中国苏维埃临时中央政府	中國ソヴエート臨時中央政府

英文名	日文名
1st Demobilization Board	第一復員局

八、所附中日文其他名词对照表，以中文其他名词的汉语拼音首字母排序；英日文其他名词对照表，以英文字母排序。

九、英日文对照表中的中国名词，除有约定俗成者外，一般按汉语拼音拼写。

十、对原文模糊无法辨识者，本索引未收录。

十一、东京审判时日本尚未进行文字改革，所以在文献中以繁体为主，但也有少量简体，为保持一致，简、繁体与中国汉字相同者，如“國”与“国”、“學”与“学”、“獨”与“独”、“會”与“会”等，均改为繁体；简体与中国汉字不同者，如“讀賣”与“読売”、“廣”与“広”等，本索引为了保持原貌，一仍其旧。

索引正文

其他名词	别称	册数	页数
AASC 第八師團		22	185
B 二九	B 二九	43	504,535
		49	57
G2 中央聯絡部		34	99
L. O. G. 收容所		23	388,394
OC 第四戰犯調查班パレンバン分遣隊		23	13
SCAP 法律部調査課		25	161
W. S. 陸軍航空隊		22	464

ア

其他名词	别称	册数	页数
アーカス・アイランド		37	496
アーカンソー		2	175,177,199
アージルストリート收容所	アーヂイル・ストリート收容所	22	326,334,335,342
アーチアー		37	499
アービター		37	493
アーロン・ウォード		37	502
アイアン・デューク		2	176,177,199
アイヴス・ウォシュバーン書店		30	170
アイオワ州 クリントン シック綜合病院		50	52,53
愛鄉塾		28	86,87
愛國社		5	228,234,294
愛國主義		12	508
愛國精神		34	440
アイスランド人民	アイスランド人,アイスランド國民	29	540,542,547
アイスランド政府		29	541,543,544
アイタペ情報部		24	643
アイヌ		44	415
愛民主義	愛民	32	457,458,460
アヴェンヂアー		37	499

其他名词	别称	册数	页数
アウトラム・ロード・ゴール		23	35
アウトラム・ロード刑務所	アウトラム街道牢獄	23	131,116,132
アエルマデディ収容所		24	433,437,438,440
青葉號		27	383,384
青葉山丸		13	405,561
赤色シンディケート組織	赤色「シンディケート」	2	425,426
赤城艦		17	68
赤城第一攻擊隊		13	432
赤阪離宮		43	540
赤十字軍醫部		22	304
赤十字篤志機關		2	107
赤旗極東軍軍事檢察官		50	231
赤丸藥	ヒロイン錠	8	59,60,68,69
秋田縣知事		44	333
秋田步兵第十七聯隊長		31	195
惡性インフレ	惡性インフレーション	43	17,29,127,141,146
アクツ・アンと・フアクツ		35	186
曙丸		13	622,636
淺間乗組		4	412
アサキ丸		27	271
淺野隊		12	477
旭日重光章		4	309,411,489
朝日記事抄		16	569
朝日新聞	朝日，東京朝日新聞	5	474,512
		6	224
		8	556
		10	133
		14	78
		28	311
		30	51,52,62,67,69,71,305
		32	412
		33	293
		34	490
		46	446,447
		47	161
朝日新聞社	東京朝日新聞社，朝日新聞東京本社，東京都００町區有樂町二丁目三番地朝日新聞社	4	664
		14	79
		32	337,338,340,346,348,414
		42	401,403,437,438,439,440

其他名词	别称	册数	页数
朝日新聞社		45	484,485
朝日新聞紙	朝日新聞社紙	32	414
		34	491
朝日新聞出版局圖書編集部長		42	413
朝日新聞政治經濟部		42	440
朝日新聞東京本社		34	491
朝日新聞東京本社調查部		14	73
朝日新聞東京本社調查部長		6	224
		14	73
		42	66
旭日中綬章		4	363,375,386,397,406,417,428
朝日乗組		4	412
淺間		2	188,205
淺間丸		10	42
		27	41
		34	36
		38	557
		45	492
		46	116,124
		47	526
亜細亜運動		30	14
		44	576
		46	72
亜細亜解放戰		5	301,433
亜細亜火油公司		47	451
亜細亜艦隊	アジア艦隊	46	599
		50	96,149
亜細亜局		49	370,441
亜細亜局長	アヂヤ局長,アジア局長,アヂア局長,亜細亜局長	6	612
		42	115
		44	565,567
		49	435,463,464
亜細亜主義		33	94
亜細亜人	アジア人,亜細亜國民,亜細亜民衆	5	201,535
		13	152
		23	284
		30	10,13,40,42

其他名词	别称	册数	页数
亜細亜人		43	174
		44	569,573
		46	72,73
		48	207,218,401
		50	244,271
亜細亜石油會社	アジア石油會社	6	560
		16	257,262
アジア復興		13	147
亜細亜ブロック		5	401
亜細亜文明		29	17
亜細亜民族	アジア民族,亜細亜民族,アヂヤ民族	2	421
		5	204,228,403
		30	18,425
		44	577
		46	81,84,236
		48	217,398
		49	360
亜細亜聯合	亜細亜聯盟	44	570,571
亜細亜聯邦		5	404
アジア聯盟		11	373
アシ収容所		26	650,651
アジャ・ラャ	ASTA・RAYA	19	372
亜洲司		34	432
亜洲司長		34	432
		42	132,212,287,292,304
アシュラー		19	430
亜新地學社		50	294,307,308
アスカット號	アスコット	27	348,374
アスリート飛行場		37	421,442,461,462
アセリング		37	492
アゼルバイジヤン人		12	514
アゼルバイジヤン人共産黨		12	514
阿蘇		2	205
アタッカー		37	489
アタマン・セミノフ	アタマン	11	551,552
アダムス・ロード収容所		24	376
斡旋運動		33	127
熱田神宮		5	63

其他名词	别　称	册数	页　数
アッツ丸	アッツ	25	435
		37	498
アッパーコノウイタ収容所		22	140,209,212,214
雅典大學		1	115,186,221,330
アデン		27	365
アドヴェンチァ		2	203
アトジェー人		24	125,126
アドミラルテイ・アイランズ		37	498
アナンクイン・キャンプ		22	233
アバヤマ丸		13	486
アバルツイ人		12	515
アフガニスタン陸軍		46	167
アフガン政府		46	167
阿武隈		13	403,436,463
アブハツ人		12	515
アフリカ植民地		10	637
阿部内閣		5	423
		30	53
		33	101
		35	42
		41	59,342
		42	69,70,71
		43	306,310,561
		45	192,271
		50	11,16
阿片	鴉片,亜片	2	105
		7	346,347,434,435,436,437,440,441,442,443,444,445,446,447,448,449,451,453,454,460,470,471,472,473,474,475,476,477,478,479,482,483,484,487,488,489,490,492,493,494,495,496,497,499,500,501,502,503,504,505,506,507,508,509,510,511,513,514,515,516,517,518,519,520,521,522,526,527,528,530,531,532,533,534,535,539,540,541,542,543,544,545,546,547,548,549,550,551,552,553,554,555,557,558,559,560,561,564,566,567,569,573

其他名词	别称	册数	页数
阿片		8	2,8,9,10,11,16,17,18,19,21,22,27,31,34,36,37,39,41,43,44,45,49,51,53,54,55,59,60,61,62,64,66,67,68,69,70,71,74,75,76,77,78,80,83,85,87,89,90,91,93,94,96,97,99,100,101,102,103,104,105,107,112,113,117,119,120,121,123,124,125,127,128,129,130,132,133,134,135,136,137,138,139,140,141,143,150,154,155,156,157,158,159,160,161,163,167,168,169,170,171,424
		30	334
		41	172,406,408
		43	96,97,305
		49	373
		50	491
阿片委員會		4	326,495
		7	506
		43	96,97,98,558
阿片委員會委員		43	97
阿片及他ノ危險ナル藥品ノ取引ニ關スル國際聯盟諮問委員會議長		1	555
阿片及他ノ危險ナル藥品ノ取引ニ關スル國際聯盟諮問委員會	聯盟阿片諮問委員會	1	465,565,583,591
鴉片及磨藥喫飯禁止運動		7	538
阿片戒煙分局		8	110
阿片會議		30	334
阿片吸煙所	吸煙所	31	226,227,228,245,251,252,253
阿片禁止	阿片喫煙禁止,阿片禁止政策	8	123,130,131,132,167
阿片禁示局	阿片禁煙局,鴉片禁示局,阿片禁止局	7	346
		8	25,35,36,107,161
阿片窟	亜片窟,阿片吸煙窟	5	553
		7	440,441,442,443,445,446,451,475,476

其他名词	别称	册数	页数
阿片窟		8	76,77,78,79,129,158,159,160
阿片事情		7	481
阿片常習者		8	27
阿片商人	阿片商人	8	77,89,90,91,94,103,104,105,106
阿片諮問委員會	阿片諮問委員會	6	304
		7	499,501,507
阿片政策		8	95,102,104,105,118
		41	407
		45	349
阿片専賣		8	98,99,106,110,126,130
阿片専賣機構	阿片専賣局,鴉片専賣公署,専賣公署	7	460,469,475,476,481,527
		8	100
		31	309,310,316,326,330,331,332,334,337
阿片組織		8	161
阿片中央委員會		6	304
阿片店	阿片公賣店	7	472,473,474,475
		8	43
阿片取締中央機関		7	513
阿片取引		8	127,129,130,136,163
阿片配給協力協會		8	8
阿片密貿易		8	132
阿片問題		30	334
阿片抑壓政策		8	19
アボット		37	503
天照大神	神代天照大神	5	392,424
		11	536
		31	96,99,179,183,184
		44	416
アミーア		37	492
アムハースト大學		12	154
		39	217
アムール船舶局營業處處長		31	20
アメリカ・バプテスト教會		20	21
アメリカ・ブロック		47	200
アメリカ海軍省海軍大佐		37	305
アメリカ海軍掌帆兵曹長		17	377,391
アメリカ海軍水路部		17	377

其他名词	别称	册数	页数
アメリカ外國保險協會		25	261
アメリカ會社		15	627
アメリカ合眾國首席檢察官事務局		10	516
亜米利加學校		7	38,43
アメリカ合衆國外交關係(對日本關係)	米國外交關係(日本)	36	52,54,81,496
アメリカ合衆國海兵隊準尉	、	40	298
亜米利加合眾國カリフォルニア大學		2	405
アメリカ合衆國関稅委員會委員		49	223
アメリカ合衆國議會		37	532
亜米利加合眾國クラーク大學教授		2	405
亜米利加合衆國軍陸軍情報部		28	93
アメリカ合眾國國務省	米國々務省,米國國務省,合眾國國務省,合衆國國務省,華府國務省,華盛頓國務省	2	90
		3	1
		5	492
		10	3,8,11,18,21,25,35,39,44,49,52,55,60,64,69,74,84,131,134,152,157,160,163,166,191,194,199,218,221,225,338,341,348,352,355,358,361,365,368,375,379,390,393,411,416,462,521,530,535,566,570,575,589,603,606,610,616,627,632
		11	10,188,203,227,230,239,262,267,295,320,324,331,371,376,384
		13	240,247,292,322,327,333,337,341,346,350,354
		14	95
		16	447,467,550,555,601,603
		17	13,19,23,35,43,53,223,431,489,490
		26	227
		27	401
		28	477
		29	370,372,373,377,378,379,612

其他名词	别称	册数	页数
アメリカ合眾國國務省		33	364,376,403,405,407
		34	494
		37	61
		42	475
		43	124
		46	132
		48	96
		49	409,537,541,551,564,568,585,596,617,620,623,626,631
アメリカ合眾國参謀本部		6	139
アメリカ合衆國市長		36	24
亜米利加合眾國上院		2	229
亜米利加合眾國司令部		1	27,28
亜米利加合衆國總領事館		23	226
アテーヌ大學		1	554
亜米利加合眾國特命全權大使		2	223
アメリカ合衆國副領事		40	520
亜米利加合衆國陸軍省	合衆國陸軍省	49	358,582,593
アメリカ合衆國ワシントン駐剳ソ聯大使		14	57
亜米利加館		17	455
亜米利加官公吏		26	217
アメリカ艦隊	米艦隊	13	480
		17	300
		27	99
		38	44,47,54,59,63,71
		39	64
アメリカ教會		16	54
アメリカ教會傳道團	アメリカ傳導團,アメリカ傳道會,アメリカ布教團,アメリカン・カソリック・ミッシヨン,アメリカン・チャーチ・ミッシヨン,アメリカンサウンバプティストミッシヨンミッシヨン,メイゲスト監督傳道團,アメリカン比部プレスヴィテリアンミッシヨン	7	84
		16	56,57,93,115,116,116,117,188

其他名词	别称	册数	页数
亜米利加局	外務省アメリカ局	4	88
		37	46,47,223,248
亜米利加局第一課		17	193,247,249,266,292,360,366,367
亜米利加局第一課長		46	499
		50	72
亜米利加局長	亜米利加局長,日本外務省亜米利加局長,外務省亜米利加局長,亜米利加局長(日),アメリカ局長,外務省アメリカ局長,外務省亜米利加局局長	16	143,184
		17	247,249,266,268,280,292,360,366,367
		32	97
		36	217
		37	28,233,251
		45	203,214,265,344,486
		47	495
		50	69,72,458
アメリカ極東局		34	485
アメリカ空軍第十七爆撃隊第三十四戰隊員		50	52
アメリカ軍隊		26	113,659
アメリカ航空將校		27	452
アメリカ航空兵	アメリカ航空士	27	110
		45	286
亜米利加合衆國全權委員		29	179
アメリカ國旗		32	183
アメリカ資本主義		30	286
アメリカ守備軍		13	516
アメリカ政治學評論		30	75
アメリカ石油會社	アメリカ油會社	16	167
アメリカ總領事館		16	93
亜米利加大使館		7	23,36,43,44,46
亜米利加代表委員	亜米利加委員,合衆國委員	29	550,552,553,554
アメリカ代表團		3	45
アメリカ辯護團		47	53
アメリカ放送協會		36	428
アメリカ放送局		25	248
アメリカ陸軍長官		17	448
アメリカ領事		16	55
アメリカルーテル兄弟傳導團	ルーデル兄弟傳道會	16	150,154

其他名词	别称	册数	页数
亚米利加聯合		44	570
アメリカン・ブレシデント・ライン		46	551
アメリカ國際法雜誌		29	624
アメリカ合衆國官民		29	528
アメリカ合衆國國務長官		29	525,531
アメリカ陸軍情報部		12	59
廈門共同租界		6	450,454,459
		48	355,360
廈門鼓浪嶼共同租界行政權		5	18,65
廈門鼓浪嶼共同租界行政權		33	151
廈門大學		6	364
		8	49
大廈大學		32	80
廈門台灣公會		8	49
		48	355,360
廈門飛行場	廈門島飛行場	6	450,454,459
		33	151
荒木支隊		15	313
アラスカ軍備		46	521
アラビア人	アラビヤ人	19	16,450
		24	73
アラブ文字		19	430
アリウポリ號		14	60
アリゾナ丸		11	141
有田政府		10	37
有田内閣		10	133
		47	95
有朋丸乘組		4	413
有馬機		6	566
有馬丸		13	472
アリヤ人		28	585
アルーストゥック		2	201
アルギイル街收容所		22	320
アルスワンシュイボ		22	343
アルゼー政府		46	415

其他名词	别称	册数	页数
亜爾然丁共和國大統領	「アルゼンティン」共和國大統領	1	103,108,176,179,209,215,270,324,326,352,356,562,565
アルゼンテン政府		26	245
アルタマハ		37	490
アルデン		3	139
アルバトロッス		2	203
アメリカ合衆國代表委員		1	319
アルバニア國事務局局長		1	463
アルメニア國家主義		12	513,514
アルメニヤ人	アルメニア市民	12	504,506,509,510,511,513
アレキサンダー病院		39	172
淡路丸		6	624,626
		40	515
アワシュ収容所		26	525
アワパー・フンクライ収容所		22	158
阿波丸		42	521,527,528
アンガーストロイ號		34	243,244,245
アンガールストロイ號	アンガールストロイ	14	7,10
アンカレーヂ陸軍飛行基地		46	524
アンクル		2	202
アングローサクソン民族		10	428,456
アングロサクソン	アングロサクソン國家,アングロサクソン聯合,アンゴロ・サクソン	11	380,388
		28	577,591,617,630,633
		44	570
		46	87,105,120
		50	275
安慶飛行場		6	447,448,456,457,467
鞍山工場		11	541
鞍山獨立守備第六大隊長		32	559
安全保證主義		3	82
安全保障理事會		1	34,35,36
安全保障理事國		1	35
アンチオ		37	494
アンテイータム		37	487
安東書記官		33	459
安東稅關		2	583,584
		7	445

其他名词	别称	册数	页数
安東政務局長		47	446
安東分隊		44	420
安東奉天鐵道	安東奉天線	2	458,459,482,483,524,545
安東奉天鐵道問題		2	606
安內而後攘外		33	222
安南語		27	566
安南人		11	86,87,90,253,368,369,495
		19	244,262
		27	518,569,591,597
		44	566
安南人姻家		11	250
安南人戰鬥部隊		11	374
安南正統派		11	374
安南同盟軍		11	373
安南獨立運動		11	373
安南兵		27	591
安福黨		30	174
安福派		2	475
安福派軍閥政府		2	475
安奉鐵道	安奉沿線,安奉線	30	253,405
		45	62
安保大將		15	421
アンボン人	アムボン人	23	8,12,262,311,345,468
		24	11,13,68,69,114,125,126,175,178,183,451,536,643,644
アンボン人キャンプ M. V. O		24	43
アンラ		7	5

イ

其他名词	别称	册数	页数
慰安會		32	352
慰安隊		32	333
イー・シウン商店		7	116
イイスタ休暇		16	195
イースト・インテアン・ティリィ・ニュース		19	174
以華制華		33	75
		33	54
		42	141

其他名词	别称	册数	页数
イーツン煙草配給有限會社理事		25	211
イーツン煙草有限會社		25	216
イーデン外相會談		16	371
委員會録		15	414
イエイッ學院出納系室		16	54
硫黄島侵攻		27	139
威海衛駐在英吉利領事		2	406
以夷制夷		3	287
英語雜誌コンテンポラリ・ジャパン	コンテンポラリイジャパン	30	62
イギリス快速艇		17	444
イギリス艦隊		48	154
イギリス極東軍		48	140
イギリス空軍基地		17	444
英吉利倶樂部		24	102
英吉利公使		2	550
イギリス護送船團		17	444
イギリス駐屯軍		32	161
伊空軍		33	257
伊軍		32	106
伊國委員長		1	115,188,222,331,364
伊國首相	伊首相	16	221
		47	150,151,330
イザベル		2	201
石原產業		36	112
維新		34	469
		43	232
伊人		33	34
維新運動		43	317
維新精神		28	162
維新政府	維新政府(中支),中華民國維新政府,傀儡維新政府	2	273
		6	275,276,429,481
		8	96,100,110,127,601,621,625,629,630,643,647,649
		31	520
		32	233,242,462
		34	401,407,447

其他名词	别称	册数	页数
維新政府		43	172
		45	323,324,336,337,338
		49	402,405
維新政府解消	維新政府解消問題	34	449
維新政府時代		34	413
維新問題		34	404
出雲		2	188,205
		38	537
イスラム信仰		23	626
伊勢		5	62
伊勢神宮	伊勢大神宮	15	513
		31	180,183
		43	511,514
		47	136
		50	487
井關隊		13	506
板垣關東軍参謀		41	14
イタ収容所		25	469
板原組合		8	5
伊太利外相	伊太利首相兼外相	2	235,253,335
		40	443
伊太利外務省		14	80
伊太利汽船		2	404
伊太利軍		10	438
		13	297
伊太利語	伊太利語,伊太利文,イタリア語	10	333,653
		13	256,270
		16	308
		33	260
		40	398,444
		47	150
伊太利公使		4	475
伊太利國軍最高指揮官全權委員		2	334
伊太利國皇帝	伊太利國王	2	3,9,123,153,157,169,173
伊太利國皇帝		47	149
伊太利國上議院議員		1	68,104,115,177,188,210,222,270,324,331,353,364,397,401,563,569

其他名词	别称	册数	页数
伊太利國上議院議員		2	54
伊太利國政府	伊太利政府,イタリア國政府,イタリー政府,伊國政府,伊政府,イタリヤ王國政府	2	237,252,295,296,337,339
		9	363,462,463,464,491,505,510,514,521,526,533,538,562,571
		10	234,306,331
		11	327
		13	238,274,304
		16	84,304,475
		29	461
		30	159
		33	259,261
		35	182
		38	87,283
		40	406,407,413,419,425,426,428,431,432,442,456,457,466,467
		46	171,180
		47	149
		47	149
		50	548,574
伊太利國大使館	伊太利大使館,イタリー大使館,イタリヤ公使館,伊國大使館	7	191
		10	332,669
		29	487
		35	87,136
		46	352
		47	84,85
伊太利國大使館附陸海軍武官		10	332
伊太利國駐劄ヴェネズエラ國特命全權公使		2	13,60
伊太利國駐劄瑞典國特命全權公使		2	59
伊太利國海軍省		2	54
伊太利參事官		42	219
イタリア誌		47	201
伊太利首相		42	7
伊太利人	イタリヤ人	10	667
		26	591
		29	487

其他名词	别称	册数	页数
伊太利人		47	157
		49	543
伊太利總領事		32	428
伊太利總領事館		32	428
伊太利大使	伊太利國大使	17	16,22,32
		34	484
		35	256,259
		49	539
		50	72,73,358
伊太利代理大使		10	43
イタリー汽船會社		49	167
イタリー人		32	376
伊太利國全權委員		29	179
伊太利船ピエトロオルセオロ號		10	141,261,331
一・二ヶ中隊		43	195
一九八野戰病院		22	219
一宮部隊(第二十一師團第八十三聯隊)		11	500,501
一級軍醫和蘭石油會社醫師		23	470
一國一黨		43	314
一國一黨運動		43	565
一國一黨主義		43	311
		47	140
一國一黨制度		34	447
一黨一派		45	63
一般戰爭犯罪調查係臨時少尉(豫備)辯護士		5	395
一黨專制	一黨統治,一黨專政	23	313
		28	42,77,88
		33	99,116,122,176
一黨統治		5	395
一般軍縮會議帝國全權部事務總長		47	563
一般人竝戦爭捕虜		26	519
イデオロギー		35	54,55,56,165
伊藤委員會		35	135

其他名词	别　称	册数	页　数
伊藤技隊		24	475,476
伊藤特使團		42	608
緯度觀測所		4	45
伊獨空軍團		10	650
稻田内閣書記官		43	436
稻田内閣總務課長		41	465
イニシアチーヴ		29	521
委任統治委員會		6	304,307
委任統治		10	265,275,310,409
		36	4,8,258,259
犬養内閣		5	215
		30	444
		36	323
		41	5,7,8,16,21,26,27,81,118,121
		42	79,140
		43	23
犬養内閣總理大臣		41	140,156
犬養内閣對滿方針骨子決定		41	63
威寧		6	470
井上部隊		6	546
移民政策		28	49
醫務局		16	151
		37	337,338
		44	230
		46	310
妹川丸乗組		4	472
依蘭國政府		7	501
依蘭國綿布輸入獨占株式會社	棉布獨占會社	7	501
イリオコ丸		22	488
イリデンティスト問題		2	633
イリノイ大學		5	547
衣糧課		4	92
伊領植民地ニ関スル日伊間通商追加協定		16	85
イルクーク市辯護士會會員		50	214,231
イルメン號	イルメン號	14	7,10

其他名词	别称	册数	页数
慰靈祭		32	233,360,496
イロイロ憲兵隊		20	26
イロイロ市ノ地方刑務所		20	326
イロイロ中學校守備隊		20	251
岩井商店		7	510
岩倉工兵隊		41	247
磐手		2	188,205
怡和ハルク號		7	292,293
イングール號	イングール號	14	9,21,22
		34	245,267
イングシイ人		12	515
イングランド丸		22	436,439,451,459
印刷局		39	322
		41	480,482
印刷局技官		41	483,484
印刷局書記官		41	482
印刷局長		41	482
印刷局理事官		41	483
印人將校		4	87
インターナショナル・ニュース・サーヴイス		46	399
インテイベンテンス	インデペンデンス, INDEPENDENCE	37	488
		50	97
印度委員會		1	567
印度醫務部		22	203,216
印度議會		13	372
印度軍	インド軍	22	523
		48	403
印度軍軍醫部		24	375
		29	488
印度系歐羅巴婦人	歐洲婦人	23	375
印度語		24	386
印度國民軍		23	27,56
		25	7,8,69
		44	263
		39	315,370
		48	398
印度参議院議員		2	122

其他名词	别称	册数	页数
印度兒童		14	75,76
印度支那一等兵		27	460
印度支那汽船航海會社		49	169
印度支那銀行		11	13,105,283,284,443,444,445,446,471,472
印度支那銀行支店		11	472
印度支那軍		11	316,336,358,364,366
印度支那軍最高指揮官		11	167
印度支那軍總司令官	印度支那軍團最高指揮官	50	395,396
印度支那高等辯事處員警及聯邦保安本部		27	592
印度支那射擊兵		27	460
印度支那商社		11	286
印度支那司令部		50	391
印度支那人		11	92,510
印度支那稅關及稅務局長		1	465,554
印度支那政府	印度支那政廳	11	168,447
印度支那戰犯局		27	593
印度支那總督		11	92,197
印度支那總督府		11	335
印度支那-タイ國國境委員會		11	368
印度支那駐屯軍		11	336,498,499
印度支那駐屯司令官		11	499
印度支那日本軍		11	499
印度支那農商務監督官		1	400,426
印度支那派遣日本軍司令官		27	598
印度支那佛蘭西高等辯理官		27	571
印度支那紛爭		50	206
印度支那兵		27	560
印度支那併合		10	58
印度支那保安隊		27	478,486
印度支那民政官		1	400,426
印度支那問題		10	57
印度支那連合戰犯局委員		27	598
印度支那聯邦		17	45

其他名词	别称	册数	页数
印度支那聯邦政府司法局		27	571,573
印度支那聯邦政府司法局長		27	493,497
印度支那人軍曹		27	456
		23	25,26,27,37,40,42,44,45,46,47,48,50,52,54,55,56,57,58,60,165,177,203,389
		24	289,377,378,379,380,382,386,387,395,397,399,577,578,579,580,612,614,618,620,622,624,625,626,628,630
		25	7,61,63,66,163,202
		26	463
		27	367,368,384,437,438,440,461,480,578,586,587
		32	78
		39	315,316
		40	328
		44	303
		47	315
		48	393,398
		48	215
印度人將校		23	43,46,47
印度人勞働隊		23	43,44
印度政廳		48	134,262,272,277
印度總會		16	192
印度大麻		1	470,471
印度統治法		47	315
印度獨立運動		48	216
印度土人兵		25	7
印度土民兵		24	611
インドネシア人	インドネシャ人,インドネシヤ	19	16,21,22,37,360,370,371,372,374,376,388,389,390,391,392,394,395,396,406,407,408,409,410,411,412,413,414,415,419,420,421,429,431,432,433,435,437,438,440,443,444,446,447,448,449,453,454,469

其他名词	别　称	册数	页　数
インドネシア人		23	8,12,206,240,263,265,267,311,319,345,347,350,378,416,439,447,471,481,490,493,499,505,572,583,598,601,636
		24	11,14,32,34,35,44,50,72,131,143,155,156,172,173,176,179,180,186,187,395,413,424,442,443,447,451,583,638,644,645,646,647
		25	60
		44	415
		48	213
インドネシア政府		19	453
インドネシャ人一般人収容所長		23	497
インドネシャ補助員警隊		23	555
インドネシャ補助國民軍	インドネシャ補助隊	23	619,622
インドネシヤ國民軍		19	319
インドネシヤ民族運動	インドネシヤ民族自立	19	319
インドノ軍隊ニ第557ラプット聯隊		22	337
印度兵	インド兵	17	452,457
		23	46,53
		24	398,612
		25	60,63,64,65,650
		39	170
		46	558,559,564,565
印度民族		47	515
印度洋潛水部隊		39	9
イントラムロス広場		20	334
イントレビッド	Intrepid	37	486
		50	97
インド人民		29	488
因島船渠株式會社	因島造船所	45	492
インフレ	インフレーション	43	15,16,25,26,30
		49	313
移民關係諸法		29	285
移民查證		29	255,256,260,261,264,266,269,270,275,276,278,279,280,283,284,287,290,596,599

其他名词	别称	册数	页数
移民查證申請書		29	266
移民查證發行總數		29	271

ヴ

其他名词	别称	册数	页数
ヴアンツェチ號		14	10
ウイクトリア・ポイント収容所		22	1
ヴィシー政府	ヴイシー佛國政府,ウイシー政府,ヴインー政權,ヴィンー政府	3	239,240,242,257
		10	357,659,668,669
		11	93,135,194,220,271,422
		17	574
		19	228
		29	522
		35	182
		38	340,341,342,387
		43	341
		46	245,249
		48	33,35,58,70,285
ヴィシー駐剳日本大使		50	199
ウイズ・アトモスト・ヴイガー		16	329,338
ウィソアム・ケイ・ヴァンダーヒルト		27	374
ウィックス		37	501
ヴイルヂル収容所		27	548,550
ウィルヘルムゼン航路(ノルウェー線)		49	161
ヴィンソン・トランメル法		37	504
ヴィンソン案		37	504
ウースン俘虜収容所		25	170,176
吳淞砲台		25	166,169,178,241,242,276,283
		30	531
吳淞要塞問題		32	135
ウェアセル鼬鼠		27	419
ウエイク號	ウェーキ號	17	408
		25	241
		38	535,536,538

其他名词	别称	册数	页数
ウエーキ島作戰部隊指揮官	ウエーキ島指揮官,ウエーキ島守備隊長	39	140,154,155
ウェーク・アイランド		37	494
ウエールズ人		24	140
ウエストフアレン特別列車	特別列車ウエストフアレン	13	130,132,140
ウェター		24	67
植田師團		41	10
ヴェネズエラ合眾國大統領	ヴェネズエラ合眾共和國大統領	1	104,124,177,196,210,230,270,324,336,353,372,564
		2	3,13
アルバニア國最高會議議長		1	463
ヴェラ・ガルフ		37	499
ヴェルサイユ條約		37	400
ウェルス		37	503
ウェルニンク		24	67
ウエルフストラート監獄		24	33
ウェルボーン・シー・ウッド		37	503
ウエワク司令部		24	643
ウォードマン・パーク・ホテル		36	475
ウォードロード刑務所	ワード路監獄,ウォードドロード監獄	25	170,242,253
ウオールタツト經濟使節團		10	414
ウォッゼ分遣隊	ウォジエ分遣隊	50	112,122
ウオルドーフ・ホテル		39	225
宇垣內閣		43	567
宇垣內閣說		43	567
宇垣反對派		43	567
于學忠軍		33	178
于學忠一旅		33	179
ウクライナ國體		11	537
ウクライナ管區國境警備軍司令官		50	281
ウクライナ人		29	504,506
ウサパ・ベサー収容所		24	194,196,204,207,208
牛島支隊		32	439
失はれし政治	「失はれし政治——近衛文麿公の手記」	42	437,438,439,440

其他名词	别称	册数	页数
ウスリー鐵道		31	415
烏蘇江鉄道		12	528
打切り和平論	戰爭打切り和平論	43	498
內蒙軍		5	517,519
內蒙古人		42	585
卯月		13	479,488,571
宇都宮第十四師團長		41	203
ウトラム路刑務所		42	543,544
ウブイフ人		12	515
梅機関		34	408
梅田収容所	梅田俘虜收容所	25	450,451,506
梅田分所		25	503,504
右翼	右傾	41	22,214
		43	14,46,47,73,83,108,181,183,283,317,378,379,565
		49	2,11,12,430,434,501,509,512,525
右翼主義		5	357
右翼陣營	右翼團體	43	28,285
		49	2,15
浦風		13	595,635
浦潮機関		12	136
浦潮支店		12	105
浦潮鮮銀支店		12	105
浦潮朝鮮銀行		12	95
浦塩朝鮮銀行支店		12	263
浦潮領事館		12	136
ヴラヂヴォストック駐在日本國領事官		29	312
浦鐵株式會社		11	626
浦波乗組		4	423
裏南洋各地行外國人船客引受見合ノ件		15	391
ウルグァイ東方共和國大統領		2	3,13
ウルヅ語		24	611
ウルナンシヤンノ中備隊		13	57
ウロモンズ		37	495
ウヰリアムス	ウヰリアム	37	491,501

其他名词	别称	册数	页数
ウヰンダム・ベイ		37	497
ウエイク進攻作戰		13	595
運送船乗組		4	413
ヴンダース族		2	437
運賃協定		49	119
雲南遠征軍		44	241
雲南政府		7	566
雲南鐵道		10	59
		11	81,82,86,90,106,186
		38	355,360,361
		50	198
雲南鉄道會社總裁		11	90
運命ヲ管理支配		16	337
運輸省	運輸省(日本)	35	490,498
		50	519
運用部		4	91
運輸業者		35	441

エ

其他名词	别称	册数	页数
エアメディディ女子収容所		24	294
英印軍	英印軍兵	39	310,328,337,341,343,351,352,361,362,365,366,367
		44	235
英印人		23	301,318,349,583
英海軍省		36	374
英國租界	英租界	32	376,429,437
英艦コックチェイフアー		6	435
英艦隊		37	133
永義		7	472
永久保存綴		45	30
英教會		3	202
營業年限ノ延長		15	215
英極東海軍		48	279
英極東軍司令官	英極東總司令官	46	597
		48	266,274,275
英空軍青年軍曹		22	74
英グロスター戰鬥機		32	210

其他名词	别称	册数	页数
英軍	イギリス軍,英國軍,英國軍部隊,英軍隊,英聯合王國軍,英國軍,英國兵,英國兵,英人兵,英兵	10	107,650
		11	298,322,388,488,606
		12	506,513,514
		16	376
		17	435,436,445,446,447,452,453,456,457
		22	9,520,530,539
		23	16,23,28,68,122,150,176,193,336,445,629
		24	130,134,135,371
		25	98,497,515
		26	463
		27	1,2
		28	206,234
		29	410,540
		38	565
		39	167,170,171,282,286,322,338,342,343,362
		40	206,207,316
		42	543
		43	385
		44	236,246,590
		45	193,289
		46	558
		48	171
		49	418
		50	179
英軍司令部		29	519
		39	332
英語	英文,英吉利語,英譯文,英訳文,英字,英吉利文,英文和譯	1	66
		2	110,112,113,129,147,160,218,385,392,410,575,576,579,600
		4	548,552,602,624,627,665,668
		5	100,198,203,206,212,216,221,225,262,379,380,384,461,577,612,619
		6	28,29,30,168
		7	36,575
		8	688

其他名词	别称	册数	页数
英語		10	208
		11	191,631,646,653
		12	93,112,127,287,320,325,412,418,439,444,580,583
		14	123,203
		16	172,308,329,386,508
		17	7,60,65,71,153,256,303,402,416,435,528
		23	2,124,237,240,244,249,447,448,485,624,626,647
		24	38,108,109,113,135,342,348,450,455,587,597
		27	37,41,122,244,327,362,380,689
		29	68,162,194,199,204,300,306,309,322,531
		30	239,513,572
		31	12,62,166,214,217,529,533,536
		32	135
		33	323,329,362,381,418,466
		36	541
		37	20,25,242,259,133,326,460,461,526
		38	180,181,185,211,227,228,234,235,245,264,247,309,319,322,509,510
		39	102,103,374
		40	12,295,337,355,398,436,445,509
		41	61
		42	30,357,496
		43	92,272
		44	336,343,425
		45	134,135,171,175,176,397,398,399
		46	146,156,312,313,329,331,333,339,362,418,466
		47	17,76,94,104,105,109,110,111,114,149,150,151,152,156,161,162,163,284,534,697,727
		48	1,2,3,4,5,6,7,8,9,10,11,12,15,20,22,25,37,38,39,40,41,61,102,108,111,135,136,137,139,141,147,

其他名词	别称	册数	页数
英語			152,153,171,174,175,176,180,182,187,188,237
		49	19,26,197,415,416,468,600,602,605,608,609,612,613
		50	48,49,50,108,109,242,308,541
英航空隊飛行機		17	456
永興號雜貨店		7	405
營口支線		30	406
		45	62
英濠俘虜		26	466
營口分隊		44	420
英國ノーホーク聯隊		25	336
英國印度汽船航海會社		49	169
英國印度商業銀行		22	208
英國王室醫療部隊		22	198
英國王陛下政府		26	458,473
英國海峽殖民地		48	140
英國海軍	英國海軍部隊	15	529
		22	38
		23	14,628
		24	114,350,362,369,370,589,597
		25	235,446,461
		27	1
		36	390
		37	377
		47	312
英國海軍義勇隊		50	172
英國海軍義勇隊大尉		50	173
英國海軍義勇兵予備海軍大尉		27	380,386,394
英國海軍航空使節團		46	390,391,392
英國海軍大尉	英海軍大尉	39	315,317
英國海軍長官		46	75,389,390
英國海軍豫備隊情報参謀海軍少佐		27	365
英國海軍豫備役海軍中佐		17	427
英國海兵隊員		10	458,465,466,650
英國外務省		8	152

其他名词	别　　称	册数	页　　数
英國外務省		13	150
		46	351,398
英國外相	英國外務卿,英國外務大臣,英外相	16	356,358,382,397,428,560,562,563
		29	328,332,518
		37	20
		38	101,127,197
英國外務大臣代理		17	454
英國下院		47	312
英國官憲		42	30
		46	343
英國艦船攻擊		16	23
英國艦隊		26	471
		28	206,235
		47	49
英國教會		22	95,380
		39	417
英國空軍	英帝國空軍	16	426
		17	422
		22	280,472,545
		23	438,439,445,447,450,455
		24	467,469
		27	1
		37	16
		38	246
英國空軍航空兵		22	508
英國空軍航空旅團少將		23	447
英國軍醫部		22	304,306,342,343,344
英國軍艦		34	36
英國軍艦ペテレル號	ペテレル號	17	376,407,408,416
		25	256,257
英國軍艦クリケット		16	24
英國軍艦スカラプ		16	24
英國軍艦ビー		16	23
英國軍艦レディーバード	レディーバード	16	23
英國系會社		16	247,249,250
英國系船舶ニ対スル直接干渉		16	264

其他名词	别称	册数	页数
英國系保險會社		16	248
英國工業聯盟使節團		3	29
英國航空隊		22	547
英國公使		29	540
		46	342,352
英國公使館		16	280
英國濠洲飛行隊		24	247
英國濠州炮兵分遣隊		13	530
英國皇帝		26	392
		27	343
英國皇帝政府		23	61
英國皇帝陛下政治代表		32	193
英國合同參謀委員會		36	415
英國工部局		16	160
英國國民局		23	445
英國在鄉軍人代表團		35	86
英國參謀部	英國參謀本部	27	640
		29	518
英國士官		23	169,180,181,182
		36	403
英國士官收容所		3	30,31
英國使節团		17	457
英國從軍牧師部		22	184
英國首相		16	397
		17	229
		23	170
		46	393
		47	330
		48	139
英國出征軍		22	243
英國準尉	英準尉	40	206,316
英國商會		10	216
		27	352,376,377,378,379
英國將校		16	257
英國商船		2	471
英國商船綏和號		16	23
英國情報班		49	417

其他名词	别称	册数	页数
英國人	英國臣民,英國民,英帝國臣民,英人,英國市民,英國民イギリス人,アングロサクソン人,英國人,イギリス人,英吉利人	2	404
		6	553
		7	46,84,85
		10	437,438,439,466,467,469,592,596,664,674
		11	387,421,536
		13	547
		16	157,160,229,243,249,256,262,275,282,329,330,334,337,339,384
		17	363,410
		23	9,26,40,44,45,51,68,109,124,137,156,157,161,164,175,280,284,447,458,512
		24	115,130,350,352,369,372,373,537,594,596
		25	95,133,209,213,220,306,461,467,496,514,515,532
		26	20,240,249,340,399,450,460,484,487,488,502,637,640
		27	367,368
		28	532,584
		29	410
		31	166
		32	79,428
		37	16,402
		38	561,562,563,564
		39	168,197,216,220,322,406
		40	87,263,264,282,283,284,293,294,307,517,519
		42	487,493,495,507,510
		43	445
		44	303
		45	193,272
		46	116,124,370,373,377,385,386,394,396
		47	618
		48	402,404
英國人下士卒收容所		23	203

其他名词	别称	册数	页数
英國人収容所		26	249,253
		27	274
英國新政府		10	509
英國人俘虜	英國俘虜	42	502
		50	165,179,350
英國人俘虜収容所		23	204
英國水兵		17	408
英國政府	英帝國政府,英政府,英國政廳,大不列顛國政府,聯合王國政府,イギリス政府,英帝國皇帝政府,英當局,大英國政府,英當局,英吉利聯合王國政府,英吉利政府	1	8,32,33,422
		3	49,62,71,72,73,75,89,411,565,566,567
		6	246
		8	152
		11	17,420,421,425,429
		13	348
		15	474,594,597,629
		16	15,18,19,24,25,83,197,245,246,248,252,255,256,278,280,382,383,384,385,396,560,561
		17	228,334,424,425,427,578
		23	68,109,110
		25	127,128,219,220,534
		26	223,225,229,237,238,252,270,282,290,303,304,336,337,339,351,361,370,377,383,387,402,448,449,451,452,455,456,459,462,464,471,476,479,480,485,490,491,493,494,497,501,621,636,640
		27	347,349,351,376,377,378,379,638,639,640
		29	175,194,199,204,214,328,329,332,333,400,518,629
		30	246
		31	29
		32	23,90,168,302,502
		35	59,235,236
		36	1,2,3,4,9,10,313,390,403
		37	79,96,332

其他名词	别称	册数	页数
英國政府		38	85,106,107,116,131,134,135,136,188,192,195,237,248,250,251,259,260,262,263,271,282,340,546,547,557
		39	227
		40	279,311
		42	15,16,145,266,319,320,321,353,354,619
		44	303
		45	143,211,212,329
		46	229,370,384,390,391,398,400,411
		47	312,315,647
		48	154,266,270,278
		49	268,270
		50	407
英國政府外務省		49	267
英國政府ヘ正當ナル貿易ヲ制限セントスル日本官憲ノ權利ヲ許容シ難シ		16	264
英國赤十字		24	62
英國船		27	347
英國船「レィディバード」號		32	193
英國總領事		16	157,256,258
英國租界		16	157
英海軍		38	256,257,537
英國第一工兵隊		16	245
英國大使	英大使,イギリス大使	5	361
		6	272
		8	152,153
		10	34,209,268,424,453
		11	5,300,337,408,421
		13	315
		16	157,159,166,241,242,243,244,246,248,252,254,255,256,261,267,269,271,274,275,276,277,280,281,377,561
		17	228,229,447,452,500
		25	216

其他名词	别称	册数	页数
英國大使		29	520,521
		34	487
		36	283,284
		37	19,171
		42	16,30,31,215,216,220,292,293,442
		43	206
		44	479
		45	144,333
		46	385,415
		47	646,648,696
		49	463,477,479
英國大使館		7	41,47
		16	278,280,376,558,560
		25	212
		30	172
		35	89
		37	332
		42	150,319
		49	30,270
		50	72,73
英國大使館員		46	145
英國大審院辯護人		46	388
英國代表		3	107,108,109,119,327
英國代表案		29	348
英國駐劄暹羅國特命全權公使		2	11,58
英國駐劄特命全權公使		2	171
英國駐劄佛蘭西共和國大使	英國駐劄佛國大使	29	510
		38	130
英國諜報機關		10	216
英國鎮守府		37	330,331
英國通信隊第十一師團	野炮第五聯隊機英國陸軍信號隊第十一師團信號隊	22	451,459
英國提督		2	549
英國東洋艦隊		15	336
英國内務省副秘書官代理		17	453

其他名词	别称	册数	页数
英國ニュージーランド空軍航空兵大隊		27	602
英國砲艦サンドパイパー		6	437,439
英國砲兵		23	14
		26	212
英國砲兵隊		22	334,436
英國砲兵第一三七野戰聯隊		22	536
英國砲兵隊第一五五野戰聯隊		22	451
英國砲兵隊第五野戰聯隊		22	451
英國砲兵隊第八〇對戰車聯隊		22	451,452,459
英國本國艦隊	英本國艦隊	10	453,465
英國メソヂスト傳道會		16	255
英國輸出會社		7	40
英國陸軍		23	150,164,174
		25	522
		46	125
英國陸軍衛生隊		22	180
英國陸軍空軍少佐		23	154
英國陸軍軍醫部	英國軍軍醫部,英國陸軍軍醫部隊,英國陸軍病院	22	177,214,215,219,252,274,283,288,293,294,295,301,448,539
英國陸軍軍醫部陸軍中佐		23	454
英國陸軍經理部		22	320
英國陸軍航空隊		24	537,547
英國陸軍省法務總監部法務官		23	459
英國陸軍信號隊		22	459
英國陸軍兵器隊		22	323
英國陸軍兵舍		22	251
英國戰時內閣	戰時內閣	30	62
英國ロンドン大學教授		31	200
英國ロンドン中央郵便局		40	320
英國ロンドン駐在アメリカ合衆國領事		42	387
英伍長		40	206
英支合辦航空會社		46	597

其他名词	别　称	册数	页　数
英支合辨企業	英支辨企業	8	594,595
衛戍病院		7	83
永昌		7	472
英人俘虜收容ニ伴フ一般民衆ノ反響		42	486
永盛		7	472
衛生局		8	47
衛生局督務課長		43	96
衛生材料規格統一國際委員會		1	320
衛生問題研究委員會		41	419
永積		6	566
營繕管財局		4	297,315,340
煙草製造部		4	91
英國領事官		39	231
英國領事館	英帝國領事館,英國領事,英帝國大使館,英總領事館	16	241,242,243,245,248,249,256,262,277,282,278,384
		22	14,281,301,443,471,547
		39	227
英ソ同盟		6	246
永代借地權委員會		4	320,327
英代理大使	英國代理大使	42	211,319
英帝國		2	5,32,65,156,171
英帝國オーストラリヤ軍少佐		24	575
英帝國會議		47	311,312,313
英帝國軍艦		49	270
英帝國皇帝		38	200
英帝國國防委員會		47	312
英帝國主義		33	189
英帝國スコットランド軍		22	474
英帝國代表團		15	596
英帝國通商路		47	312
英帝國通信隊	英國通信隊	22	451,469
英帝國ニュージーランド空軍		22	473
英帝國俘虜		26	229
英帝國ブロック主義		36	312

其他名词	别称	册数	页数
英帝國崩壞戰		10	204
英帝國砲兵隊		22	471
英獨媾和		11	215
英獨大使ノ和平斡旋申込ニ對スル態度		45	317,333
英德飛行場		6	566
英日関係增進ノ観念		44	479
英日聯合戰史研究會		39	333
		44	237
英波紛爭		3	329
英婦人		38	563,564
英佛軍		16	207
英佛参謀本部		10	47
英佛ブロック		50	8
英佛蘭殖民地		48	406
英文每日東京編輯助手		45	487
英米 anxiety		16	372
英米依存		6	252
英米依存主義		28	161
英米依存派		46	85
英米開戰		10	185
英米銀行		35	314
英米陣營		16	382,561
英米新聞		46	504,508
英米政府	英米兩國政府,英米両政府	26	287,300,310,348,354,372,388,621
		46	249
英米勢力排除		10	354
英米大使		16	463
英米臺灣戰爭犯罪調查團		26	188,190
英米煙草會社		16	262
英米ノ對日包國政策		11	305
英米派		32	97
		47	98
英米聯合		10	384
永寶		8	159
英蘭人		24	157
永利化學工業公司	永利公司	8	599,609
英陸軍衛生部		22	520

其他名词	别称	册数	页数
英陸軍寫眞班撮影技師		23	629
英領印度俘虜收容所		24	289
英領軍事基地		46	514,552
英領殖民地人		44	303
英領ニュギニヤ空軍		13	511
營林區署		4	90
英和辭書		37	460
エヴァンス		37	501
エヴンジエリカル・ルテランミッション		16	116
エーヌ		2	202
エーベル・ビー・アップサー		37	503
エール・フランス航空會社		27	498,504
液體燃料委員會		4	522
エクァドル共和國大統領		1	103,112,176,184,209,219,324,329,352,360
エジプト國皇帝		1	270,563,568
		2	3,7
エスキモー		44	415
エスコンブト銀行		24	423
エス收容所		22	335,336,342
エストニア共和國大統領		1	270
		2	3,8
		29	495,496,500,501
エストニア國赤十字社社長		2	8,52
エストニア國特命全權公使		29	496
エストニア語		29	498,502
エスバランス		37	497
エセックス	ESSEX	37	486
		50	97
エチオピア帝國公使館		30	158
粵漢線		32	404
		42	339
粵漢鐵道	粵漢線	6	387,414,417,421,446,447,448,449,450,451,452,453,454,455,456,457,458,459,460,461,462,464,466,467,468,469,470,471,472,473,474,475,

其他名词	别称	册数	页数
粵漢鐵道			476,477,482,483,484,510,514,519,520,521,567,569,570,576
エテイオピア語		13	274
エティオピア國皇帝		1	563,568
エドワーズ		37	504
エニウェトク分遣隊		50	124
エニウエトック族		15	388
エニセイカザック師団		50	216
エヌ収容所		22	320,321,335,336,337,342,346,347
エピナル		2	203
エフィンガム		2	211
エムプレス・オヴ・ジャパン		2	672
エムプレス號	エムプレス號	11	430
		37	492
エリスアイランド假抑留所		26	588
エリバス		2	204
エル・オウ・デイ収容所		23	386
エル・オー・ジー・ランドソップ収容所		23	457
エルミタ比律賓一般病院		20	13
延安對策		43	513
沿海州植民權		11	526
沿海州政府		11	527
沿海州問題		11	527
燕京大學		33	172
エンゲビ族		15	389
煙酒統税局		8	36
援蒋	援蒋政策,対蒋援助,援蒋行為,援蒋,援蒋行爲	6	272,314,322,323,491
		10	268
		11	12,14,17,18,29,30,31,80,81,83,88,102
		35	71
		36	521
		37	154,155,168,170,176,178
		38	355,356,435,444,448
		45	211,212,275,329,332
		50	9,15,16
援蒋行動		6	313

其他名词	别称	册数	页数
援蔣抗日		11	30
援蔣國家群		6	416,509
		46	606
援蔣第三國		6	416,417,418,419,510,511,512
援蔣ノ禁絶		15	566
援蔣方針		6	282
鹽水港精糖工場		8	122
煙草課		4	91
煙草事業部		4	91
援ソ倒日		6	246
エンタープライズ號	エンタプライズ,エンタープライズ,エンタプライズ號航空隊	37	486
		50	94,99,160,161,163
圓卓會議		32	141
エンヂン兵舎		22	482
遠東諮詢委員會報告書		11	40,46
エンペラ・オヴ・インディア		2	176
エンベラー		37	492

オ

其他名词	别称	册数	页数
オ・ドネル収容所		20	15
オアフ號		6	232
		48	280
歐亜局		4	88
		47	372,389,408,458,568,572,583,586,599
歐亜局第一課	外務省歐亜局第一課,歐亜局第一課(日)	33	339,456
		34	61,64,224,227
		47	387,388
歐亜局第一課長		47	391
歐亜局第三課長		34	52
歐亜局第二課		50	541
歐亜局第二課長		47	400,444
歐亜混血人		23	430,478
		27	591
歐亜主義		12	517
歐亜二課		10	201
歐亜連絡航空		5	642

其他名词	别　称	册数	页　数
應海寨荷役場		6	574
防共自治		49	400
王公族審議會		4	277,278,401
王國印度軍中尉法學博士		23	542
王國衛生隊		22	300
王國衛生隊兵		22	297,298
王國海軍豫備臨時少佐		17	410
墺國軍		32	288
王國砲兵隊		22	299,323,334
王國砲兵對戰軍聯隊		22	536
王國陸軍醫隊		23	457
王根醜雜貨店		7	407
黄金ノ大鷲		13	195
王子制紙株式會社		35	492,497
歐洲-阿弗利加圈		49	574
歐洲海軍		38	145,263
歐洲型海軍帽		27	362
歐洲共榮圈		11	594,599,600
		28	194,199,200
歐洲局長		10	220
歐洲系インド人		24	410
歐洲國民		42	3
歐洲支局長		46	399
歐洲情勢		46	405,414
歐洲人	歐州人,歐人,歐羅巴人,ヨーロッパ人,ヨーロッバ人	7	289,292,300
		23	8,12,28,59,180,227,242,251,260,262,264,266,315,374,430,439,468,469,478,636,645,655
		24	13,49,54,72,114,127,165,186,187,198,219,220,256,257,300,406,410,411
		25	11,127,128,129,130,138,139,141,143,145,146,338
		27	362,396,443,551,596,597,635
		30	10
		31	203
		33	103
		39	400,401,406

其他名词	别称	册数	页数
歐洲人		42	18
		44	565
歐洲新秩序		10	104,106
		17	165,582
		28	571
歐洲新秩序建設		16	215
歐洲人兵士		23	425
歐洲政局		11	28
歐洲政策		28	506
		42	18
		47	321,322
歐洲戰局		15	567
		46	609
歐洲戰場		10	183,245
歐洲戰線		50	353,474,475
歐洲戦爭	歐洲戦亂	18	443,507,513,515
		18	443
		33	62,64,94,287
		42	7
歐洲大戰		5	78,389
歐洲大戦ト日本ノ態度		28	508
歐洲第二戰線		14	75
歐洲帝國主義		33	103
歐洲特派公使		50	587
歐州特別列車		13	306
歐州婦人		27	438
歐州紛爭		42	24
歐洲平和幹旋		16	373
歐洲平和政策		47	320
歐洲問題		10	99
		34	279
		46	227
歐洲列強		10	289
歐洲聯合國		10	23
歐洲人俘虜		27	269
歐洲人俘虜收容所		39	399
汪主席談清鄉一周年		33	145
汪蔣合作		42	441

其他名词	别称	册数	页数
汪精衛政權	汪政權,汪精衛新政權,汪精衛政府,王精衛政權,汪政府,汪兆銘政權,汪兆銘政府,南京汪精衛政府汪兆銘政權	6	250
		10	409
		11	220,423
		14	136
		16	416
		17	6,206,508,524,555
		29	120,121,133
		34	408,410,413,415,416,417,418,420,424,431,451,453,454,455,456,457
		36	232
		41	58
		42	72,73,612
		43	302,331
		47	95,614
汪政權樹立		16	197
		50	12,13,14,16
王政統一會		12	474,475
王族		4	65
王道政治		31	388
歐文		29	169
歐米依存主義		5	581
歐米依存政策		42	184
歐米各國權益所在明細圖		32	400
歐米共榮圈		11	649
歐米局		4	482,504
		42	79
歐米局課長		32	97
歐米局第一課長		47	408
歐米局第三課		47	3
歐米局第二課		47	400
歐米思想		4	603
歐米人	歐人	7	93,97,215
		10	202,203
		31	95
		38	591
		44	565,568,577
		46	72,73
		48	180

其他名词	别称	册数	页数
歐米帝國主義	帝國主義	35	61,64
歐米帝國主義勢力		11	616,617
歐米派		42	188
歐米問題		49	343
歐米立憲政體		34	383
王領軍		23	1
鴨綠江採木公司		2	448
鴨綠江製紙		8	356
オエイシルヴニタロン		27	374
大井上式方法		41	299
大石橋獨立守備第三大隊長		32	559
大石橋分隊		44	420
大分俘虜收容所		4	403
大海機密		32	300
オーカーウェー武官部		50	353
オーガスタ號		6	225
		42	350
大藏海軍		41	7
大藏省	大藏省,東京都大藏省,大藏省,亜米利加合衆國大藏省	4	91,293,294,295,296,304,313,314,315,316,317,318,321,324,325,330,331
		5	153,429
		7	436,437,477,555,556
		8	7,30,57,98,100,456,457
		14	271,345,365,481,559,571,572,593
		15	440
		30	239
		34	506
		36	35,37,191,192,335
		38	421,422,423
		41	42,394,395,475,476
		42	129
		43	7,11,15,16,17,25,26,34,35,46,47,51,52,53,57,62,66,75,90,92,97,107,108,109,137
		45	151
		47	228,229,233,275,294,295,425,461

其他名词	别称	册数	页数
大藏省		48	421
		49	393
		50	190,519
大藏省外事課長		45	339
大藏省為替局長		10	261,282
大藏省官吏		43	90
大藏省主計局		4	319
		14	594,632
		36	336
		43	51,90,108
大藏省主計局司計課長		43	90
大藏省主計局長		43	46
大藏省主計局豫算決算課長		43	51,57
大藏省豫金部		43	143
大藏省理財局		4	323
大藏省理財局國庫課		38	421
大藏省理財局國庫課長		38	427
大藏省理財局長	大藏省理財局長(日)	10	261,282
		14	551,558,571
		43	11,28,91
		45	339
大藏省理財局調査課長		36	336
大藏省臨時調査局		4	312,313
大藏省臨時調査局金融部		4	312
オークランド・トリビユーン		45	114
大阪朝日		28	309
		45	99
大阪軍事刑務所所長		25	413
大阪警備府参謀長		45	492
大阪刑務所		26	551
大阪勾置所		26	553
大阪コ工場		25	456
大阪サイコー製鋼所		25	455
大阪市西區川口町大阪沿岸荷役統制組合		40	115
大阪時事新報		11	616,621

其他名词	别称	册数	页数
大阪市玉造員警署附屬代用監獄		26	553
大阪収容所		23	22
		25	503
大阪収容所梅田分所		25	315
大阪商船		36	112
大阪商船會社		49	158,167,168,169,174,181
		4	295
大阪税務監督局		41	394
大阪造船所		45	492
大阪第四師團参謀長		12	204
大阪鐵工所		45	492
大阪府株式會社		45	492
大阪府教育會		44	593
大阪府知事		29	120,121
大阪俘虜収容所廣細分所		40	155
大阪俘虜収容所長		40	60,61,65,67,113
大阪俘虜収容所本所	大阪俘虜収容所	40	115,133,136,139,142,145,150,157
大阪毎日新聞		19	313
大阪毎日新聞社	大阪新聞社	5	1,2,39,40,41
		41	64
大阪毎日新聞政治部副部長		41	214
大阪屋號書店		50	330,331
大阪郵船會社		49	138
大阪陸軍幼年學校		39	246
大阪勞働組合		5	418
オーションヴィシャージ		27	374
オーストラリア軍事裁判所		23	67
濠州人収容所	オーストラリア人収容所	23	170,181,203
オーストラリア歩兵大隊		22	244
オーストラリア聯邦政府	オーストラリヤ共和政府	2	33
オーストラリア軍技術隊		50	177
オーストラリヤ		46	560
オーストラリヤ衛戍病院	2/5 濠洲軍衛戍病院	24	117,561,563,566
オーストラリヤ軍事裁判所		27	641
オーストラリヤ軍前進司令部		24	337

其他名词	别称	册数	页数
オーストラリャ軍隊		40	315
オーストラリヤ軍第一獨立中隊		24	575
オーストラリヤ軍中尉		23	117
オーストラリヤ師團通信隊		23	117
オーストラリヤ第十八歩兵旅團		24	575
墺地利共和國聯邦大統領	墺地利共和國大統領	2	3,4
		43	152
墺地利國ペヘミヤ國洪牙利國皇帝		1	67,103,108,176,180,209,215,270,324,327,352,356
奧地利洪牙利國政府	墺地利聯邦政府	1	441
奧地利洪牙利國全權委員		29	179
オーストリー・ロイド會社		49	167
大鷹		38	65
大田停車場		42	497
太陽大日本		5	409
		41	287,288,298,300,308
太田部隊		6	546
大塚隊		23	551,553
オーツキ隊		23	153
オードンネル俘虜收容所		26	119
大汝口炭礦股份有限公司		43	42
大船海軍監獄		25	445,449
大船俘虜收容所		25	306
大洞炭坑		43	116
大槱親	大槱親	28	611
		47	186
オームスキー聯隊		50	216
大本教		49	441
大森收容所	大森俘虜收容所	22	497
		25	403
		26	111,119
オーリック		37	504
小笠原諸島ニ於テ死亡セル海軍竝ニ海兵隊員		27	230
岡田內閣		5	260
		31	50

其他名词	别称	册数	页数
岡田內閣		36	35
		42	127
		43	34,35,36,247
岡山縣知事		41	118
岡山部隊		23	156
興津座漁莊		43	185,233
沖繩人		15	355
オキムラ隊		23	151,152
オクスフォード大學刊		33	154
オグララ		2	201
汚材料第十中隊		15	310
乙案		43	80,120,124
乙案及関特演計畫		14	97
オドーネル兵營		22	482
オドネル収容所	オデネル収容所	25	330
		26	514,528,531,654,655
音羽分隊		4	473
オニグン守備隊		22	67
日本帝國		33	101
オパオ廣場		20	224
オプ・テン・ノールト號	オプテンノール	27	267,268,293,276,278,279,284,286,287,288,289,297,298
オマニー・ベイ		37	496
和蘭國赤十字社管理委員會書記長		2	56
和蘭國赤十字社副社長		2	10,56
和蘭王國東印度軍中尉		23	515,516
		25	87
和蘭海軍	和蘭海兵	19	307
		23	281
和蘭外務大臣	和蘭外相	19	9,15,25
和蘭國官憲		2	361
和蘭驅逐艦		27	266
和蘭軍情報係	オランダ軍情報局	23	7,517
		23	7
オランダ軍情報局戰爭犯罪部長		23	517
和蘭軍情報局戰犯部長	和蘭軍情報部戰犯部長	19	294,300,306,307

其他名词	别称	册数	页数
オランダ軍情報局附屬員警官		23	517,518
和蘭軍情報部	和蘭軍情報局,和蘭軍情部	19	294,300,306,307,359,467,471
		23	249,292,305,307,310,312,324,344,356,363,371,427,437,441,460,467,468,471,477,485,515,520,536,541,542,559,575,579,581,585,595,596,604,613,618,621,624,626,630,635,639,661
		25	87
		27	275
和蘭軍情報部戰爭犯罪課長		23	310,437,441,460,467,520,661
和蘭軍情報部戰爭犯罪課長和蘭印度軍大尉		23	542
和蘭軍情報部戰犯課長蘭印軍陸軍大尉	和蘭軍情報部戰犯課長蘭印軍大尉	23	249,305,312,324,363,468,558,559,569,575,579,581,585,595,596,604,613,618,621,624,630,635,639,649,661
オランダ軍情報部犯罪局局長	オランダ軍情報部犯罪局長	23	413,420
オランダ軍情報部	オランダ陸軍情報部,和蘭軍情報部	23	524
		24	1,17,37,43,47,61,64,124,138,141,146,159,166,167,184,185,222,246,250,260,274,276,302,361,412,430,447,448,450,455,467,582,642,644,646
オランダ軍司令部		23	270
和蘭軍總司令官		36	414
和蘭軍病院船		27	266
和蘭語	和蘭文字,和蘭文,オランダ語,オランダ文	19	93,294,300,301,306,375
		23	249,300,305,307,312,324,344,363,371,468,471,477,485,492,527,575,596,604,618,664
		24	106,145,184,221,250
		27	275
和蘭陀皇家會社		19	170
オランダ高級官吏		23	518

其他名词	别称	册数	页数
和蘭國公使	和蘭公使	2	365,366,378
		19	7,8,55,112,114,118
和蘭國印度軍陸軍中佐		19	146,156,159,168,173,197
和蘭國海外省軍事局		19	295
和蘭國全權委員		29	180
和蘭國戰爭犯罪調查團長		23	584,589
和蘭國連絡局		23	542,543
オランダ混血人		23	509
和蘭巡洋艦		27	266
和蘭乘組員		27	273
和蘭女王陛下		19	304
和蘭人	和蘭國民,和蘭臣民,蘭人,和蘭國人,オランダ人,オラン臣民	2	358,360,363
		19	16,20,21,72,74,93,96,98,157,307,360
		23	8,11,203,245,246,247,270,271,274,276,280,284,387,389,390,392,400,422,424,439,447,448,452,461,481,487,490,496,509,518
		24	12,54,62,68,69,94,105,107,114,115,125,126,130,139,143,177,192,236,239,291,292,295,350,354,368,413,418,420,524,525,526,532,537,543,561,570
		25	341,467,468,470,515
		27	286
		29	517
		38	561,563,564
		39	408
		46	576
		49	122
		50	46
和蘭船		50	167,169
和蘭戰爭犯罪調查團	和蘭戰犯調查團	23	574
和蘭戰爭犯罪調查團長警視訓問者		23	476
和蘭戰爭犯罪調查團長特務大尉		23	570
和蘭戰犯調查團長		23	563

其他名词	别称	册数	页数
和蘭戰犯法庭		47	501
和蘭大使館		19	5
和蘭代表部		19	10,11,16,18,46,47,50,51,62,63,66,70,71,79
和蘭代表部主席	和蘭代表部首席	19	10,11,51
和蘭帝國印度軍軍曹		23	558
和蘭國特命全權公使		2	366,379
和蘭東印度軍		22	196
和蘭飛行家		23	290
和蘭病院船	オランダ軍病院船,和蘭國軍病院船	27	276,278,279,284,287,289,293,295,297
和蘭亡命政府外相		46	502
和蘭予備海軍特種勤務部		19	307
和蘭陸軍		23	439
		24	263,350
和蘭陸軍歩兵伍長		23	250
和蘭領東印度政府公報		19	159,168,173
和蘭領東印度政府東亜局日本課		19	146,156,159,168,173,197,307
オリエンタル・エコノミスト		36	294,295
折尾捕虜収容所		25	313
織物業		35	481
鴨緑丸		45	299
オリンピック競技大會		38	110
オルドナンティーフレームデリンゲンアルバイト		19	57
オレンヂ		50	127,140,141,143,144,154
オレンヂ第四艦隊		50	141
オレンヂ海軍		50	119,144
オレンヂ活動		50	107,116
オレンヂ艦隊		50	107,116,118
オレンヂ作戰		50	118
オヱリム飛行場		23	309
恩給局		4	87
		41	480,481,483
恩給局顧問		41	484
恩給局事務官		41	482
恩給局書記官		41	482

其他名词	别称	册数	页数
恩給局長		41	482,484
穩健派		49	30,255
穩健分子		46	402
溫州飛行場		6	454,459
恩賞課		4	92
溫水飛行場		6	465

カ

其他名词	别称	册数	页数
カーチスホーク		32	210
カード		37	489
會員局		4	91
海運事業躍進ノ爲適當ナル方策		16	98
海運統制強化策		15	257
戒煙總局	中支	7	496
海外在留獨逸人團體會長	海外獨逸人團體會長	50	203,205
海外情報網ノ擴充		15	225
海外拓植委員會		4	321,356,388,507
海外拓植調查會		4	370,430,453
海外獨逸人團體首腦		50	211
海外同胞協會		50	504
改革運動		10	224
		43	182
外貨評價委員會		4	323
階級主義		28	610
		33	49,60,126
階級鬥爭	階級鬪爭	5	415
囘教	回教	6	554
		10	120
		45	322
海峽植民地義勇軍		27	3
海峽植民地志願兵部隊		22	183
回教青年連盟	プムダモハマディア	23	352
回教徒		2	415,567
		45	322
海軍學生委員		37	365
海軍艦空研究所		4	93
海軍艦空本部		4	93

其他名词	别称	册数	页数
海軍關係國防ノ全貌		15	516
海軍艦政本部		35	392
		4	93
海軍艦政本部總務部長		37	335
海軍艦船建造		35	292
海軍監督官		26	31
海軍機活動概況		6	326,332
海軍技術會議		4	478
海軍技術研究所		4	93
海軍技術本部		4	476
海軍教育本部		4	415
海軍競爭	軍備競爭,軍備擴張競爭,海軍擴張競爭	3	18,33,81,83,86,87
海軍海軍軍縮		31	29
海軍軍縮會議		31	28
		47	363,461
海軍軍縮政策		5	196
海軍軍縮問題		32	52
海軍軍備縮少體系		3	45
海軍軍備制限	軍備制限,軍備制限縮小,海軍軍備縮少,海軍軍縮,軍備縮小ノ原則	3	4,16,22,45,80,81,83,90,92,93,128,135
		15	480,503,624
海軍省軍務局	軍務局,海軍軍務局	4	59,62,92,93,415,429,431
		17	300,301
		32	546
		34	241,267
		35	491,541
		35	392
		37	337,381,402
		38	206,400,407
		40	27,227
		42	356
		45	409,416,468,470,488
		46	299,304,306,313
海軍軍務局長	海軍省軍務局長	17	1,3,4,5,302,355,472
海軍軍律會議		23	345
海軍軍令部	海軍々令部	4	257,349,350,417,418,426,427,444,476,477

其他名词	别称	册数	页数
		40	227
海軍軍令部次長	海軍々令部次長(日本)	3	13
		17	2,3,4,5
海軍軍令部總長	海軍軍令部長(日),海軍軍司令部長官(日本)	17	1,3,4,5,302
		43	324,434,436
		47	556
海軍軍令部長代理		10	413
海軍元帥府		4	222
海軍建造		35	292
海軍航空基地		15	342,349,350,380,384
海軍拘置所		24	312
海軍最高司令官		35	163
海軍最高司令部		10	396
海軍作戦計劃		14	120
海軍施設本部		4	93
海軍受信所		31	508
海軍省	海軍省(日本),日本海軍省,米國海軍省,ワシントン海軍省,東京海軍省,米海軍省,合衆國海軍省,アメリカ合衆國海軍省,米海軍省	4	54,93,350,407,412,413,414,415,416,417,418,419,420,421,422,423,424,425,426,427,428,429,431,432,434,435,436,437,444,617,666
		6	171,225
		10	94,112,639,652
		11	22,28,69,626
		14	552,559,613,615,620,621,622,623,624,625,626,627,628,629,630,631
		15	397,479,511
		17	186,192,220,222,232,243,246,262,274,277,310,315,354,359,362,364,369,372,485
		25	234,624
		26	89
		27	346
		32	269,279,281,546
		34	242
		35	298,299,301,302,304,495,497,498
		36	34,173,199,201,256,332,377,392
		37	258,260,306,319,337,339,340,349,351,352,353,366,391,408,481,511,518,522,532,533,534,535

其他名词	别称	册数	页数
海軍省		38	3,35,77,78,355,356,511
		41	42,147
		43	57,91,285,536
		44	56
		45	203,204,261,265,409,412,442,445,446,451,459,467,468,469,470,471,472,536
		46	312,313,390,391,452,453,458,461,467,488,489,490,494,503,550
		47	255,275,392,452,495,626,638,653,673,677
		48	85,132,276
		49	291,292,381
		50	88,90,91,92,166,448,453,519
海軍省海軍長官室		37	266
海軍省海軍諜報部/ワシントン文書本部		18	189
海軍將官會議		4	419
海軍省官制		3	652
海軍省艦船局	海軍省艦艇局,艦船局	37	481,482,483,509,511,512,513,514,515
海軍省艦艇局艦船統計課		37	481,482
海軍省教育局局長		37	365,375
海軍省教育局第一課長		37	375
海軍省軍務局第一課局員	海軍省軍務第一課局員	37	335
		45	434
海軍省軍務局第一課長	海軍省軍務第一課長	37	335
		45	339,434,442,444
海軍省軍務局第二課		45	416
		50	519
海軍省軍務局長		10	261
		32	291
		38	355,363
		41	462
		43	66,340
		45	155,308,310,312,339,401,409,411,412,416,422,423,425,429,434,445,466,470,472,488,492

其他名词	别称	册数	页数
海軍省經理局		43	57
海軍省交通通信部隊		37	305
海軍少佐		15	274
海軍省參事官		32	290
		38	77
海軍省次官		43	66
海軍省人事局		4	416
海軍省人事局局員		37	375
海軍省人事局第一課局員		37	335
海軍省人事局第一課長		37	365
海軍省人事局長		24	497,518
		37	365
海軍省米國太平洋艦隊司令長官	海軍省合衆國太平洋艦隊司令長官	50	116,147
海軍省通信局		37	307
海軍省定員表		4	55,61
海軍省副官		37	307
海軍省兵備局長		45	409,412
海軍省兵備局		35	392
海軍省保科軍務第一課長		50	568
海軍統帥部	海軍司令部(日本),海軍中央部,海軍部(日),日本海軍統帥部,日本海軍軍司令部,日本海軍中央部	2	548
		10	336
		14	8,9
		15	491
		26	89
		38	475
		43	82,122,476
		45	468
		46	201
		47	525,618,623,624
		50	166,582
海軍審議會		4	521
海軍水上機基地部隊		24	314,316
海軍水雷學校		4	423,424,473
海軍政策		3	75
海軍潛水學校		4	425,426,478
海軍總監部		40	27,29
海軍大學校		4	395,415,424,425,426,427,474,477

其他名词	别称	册数	页数
海軍大學		17	63,64
海軍大臣		35	152
海軍大臣總長		17	306
海軍懲罰令		39	39
海軍內閣		5	377
海軍俘虜收容所		25	241
海軍兵學校		4	414,418,422,472
		38	2
海軍砲術學校		4	423,443,444,473
海軍砲術練習所		4	413,414
海軍法廷		36	194
海軍法庭及評議會		27	195
會計監察部		19	384
會計檢查院		4	87
會計檢查院長		44	111,124
會計檢查官懲戒裁判所		4	271
會計部		4	93
戒嚴司令部		15	272
戒厳徽發及國家総動員		4	4,6
戒嚴令		15	181,182
外交委員會		15	454
外交関係		16	7,13,44,47,52,55,56,57,121,123,138,142,143,144,151,155,156,168,187,188,189,190,191,237,238,239,240,314,316,321,322,353,355,396,410,411,419,422,424,449,458,461,462,471,484,495,499,500,501,502,513,517,525,530,540,559,568
外交關係委員會委員長		16	594
海口教會	海口カトリック教會	44	298,299
偕行社		31	515
		43	195
外交戰		15	147,149,150,151,155,189,203,234,239,248,255,269
		43	132,159
外交妥結方針		43	375
外交當局		34	241

其他名词	别称	册数	页数
外交の三原則(名譽、平等、自由)		46	228,229
外務人民委員代理		2	48,460,465,513,554,557
外交部次長		34	193
		41	415
外交部長官		8	463
外交問題研究會		6	212
外國為替管理委員會		4	323,324
外國爲替對策		15	239
外國爲替調整料制度		15	206
外國逆情報部		10	399
外國經濟管理局		49	223,224
外國權益尊重		16	124
外國資金管理部		15	405
外國人居留証明書		12	545
外國通信員ニ対スル新聞ノ警告		16	229
外國貿易組合統制聯盟		14	336
外國貿易月報		36	294
外國法人		15	627
外國郵便交換局		25	674,675
外國大公使館		46	398
外務軍部		41	82
海事審議會		4	356
カイシャン・ベイ		37	495
懷柔		13	81,82
海州飛行場		6	450
海州包圍圈		6	540
海上機動旅團		15	340
海上交通線管制保護計畫		11	664
海相秘書官		41	465
外人記者團インタービュー		15	225
外政協會		8	620,651
開戰時鐵道輸送對策		15	246
解體建造計畫		14	253
カイタク飛行場		22	318,323,332
海南警備府部隊		39	16
海南語		6	554

其他名词	别称	册数	页数
海南島佔據		6	547,548
海南島高島部隊長		44	295
海南島民		6	545
開發計畫ノ再檢討		15	240
外務委員會		36	382
外務陸軍海軍三省事務當局	陸海外三省事務當局,三省事務當局,陸海外三省	42	183,253,254,267,268,269,270,356,600
外務省	外交部,日本外務省,帝國外務省,日本政府外務省,日本國外務省,日本帝國外務省,外務本省,東京外務省,東京帝國外務省,東京外務省,Japanese Foreign Office	4	88,282,287,288,380,381,382,383,384,385,462,465,468,482,483,489,504,507
		5	114,315,323,466,516,517,519,570,571,606,607,656
		6	102,172,603,606,608,611,614,617,620,622,625,628,630,632,634,637,641,644,647,650,652,656
		7	83,84,219,222,243,246,274,277,286,355,489,494,495,496,498,510,511,573
		8	152,299,636,667,692,694,698,704,705,709,711,714
		10	32,46,88,92,94,111,112,122,123,128,129,133,150,252,304,308,311,334,336,548,605,642,643,646,647,669,670,685
		11	7,32,36,64,65,84,178,180,182,300,309,381,382,626,627
		12	215,338
		13	192,377,378
		14	524
		15	264,321,393,431,452,454,504,556,557,558,568,588,592,606,618,620
		16	8,15,34,56,57,59,87,90,93,95,122,137,143,156,160,168,169,175,195,201,222,243,246,248,254,255,273,278,344,347,369,385,553,559,607,615,616,619,623
		17	104,175,280,322,325,327,339,394,395,400,426,428,453,493,503,528

其他名词	别称	册数	页数
外務省		23	229,241,242,244,247,533,535
		26	265,267,270,272,273,290,307,318,321,330,348,357,359,364,453,454,455,459,461,464,471,473,475,479,493,619,620,621,622,623,624,625,636,638,640
		27	42,53,55,59,60,63,65,69,70,71,72,73,74,75,76,244,246,247,248,262,291,292,294,307,320,376,416,680,681,682,685,686,687
		28	279,282,286,289,300,332,334,335,354,355,468,498,605,606
		29	13,31,32,42,49,50,52,79,157,161,164,166,168,171,198,208,215,219,221,226,246,324,325,376,380,460,466,558,612
		30	256,272,275,279,281,303,304,415,419
		32	18,97,240,260,533
		33	4,12,28,37,134,238,276,293,294,322,328,339,345,350,411,412,414,465
		34	45,51
		34	1,57,64,67,170,226,232,272,282,306,340,343,345,400,409,410,461,470,504,512
		35	43,95,96,98,109,110,126,172,177,191,197,199,216,217,220,225,236,239
		36	110,111,113,114,150,240,455,519
		37	20,21,25,28,46,63,66,67,68,75,78,80,81,179,180,181,184,199,203,209,210,213,219,223,224,225,227,233,234,237,242,248,250,408
		38	85,110,206,356,361,374,375,388,520,522,523,545,552,555,558,570
		39	153,157,198,201,214

其他名词	别称	册数	页数
外務省		40	13,336,349,366,379,380,398,439,507
		41	16,18,57,102,108,147,150,152,153,185,186
		42	9,21,35,79,80,83,89,91,101,109,115,118,119,120,121,122,123,124,125,128,129,130,131,132,142,148,151,163,170,176,182,185,187,189,206,207,208,209,210,211,214,215,218,219,220,224,225,257,258,259,272,276,280,284,286,295,299,300,303,309,312,314,316,317,321,328,331,332,336,343,356,357,361,362,369,506
		43	200,212,266,288,326,426,427,478,509,512,527,528
		44	302
		45	151,190,194,195,203,204,261,265,340,342,345,417,447,448,455,456,468,479,495,503,507,510,513,516,519,526,533,536
		46	1,2,3,4,35,93,125,130,198,201,202,214,215,224,252,280,281,287,312,328,332,336,338,341,346,361,367,391,397,408,411,417,430,436,452,461,492,586,602,603
		47	1,2,3,4,5,6,7,8,9,10,11,25,27,28,29,32,37,39,40,47,49,83,84,86,90,91,92,96,97,98,105,106,126,144,145,146,147,149,160,162,163,275,296,381,382,383,384,385,387,388,389,392,393,397,400,401,403,406,420,421,428,435,444,445,446,450,452,458,463,466,467,471,472,483,484,485,486,489,491,495,507,517,524,526,531,553,560,568,572,576,581,585,600,602,604,605,606,610,620,626,628,641,647,649,

其他名词	别称	册数	页数
外務省			652,654,658,659,660,661,662,663,666,667,668,671,676,677,678,679,680,681,684,689,690,701
		48	63,213,354
		49	253,268,269,270,292,349,350,351,353,355,372,374,378,381,387,390,395,411,413,438,441,447,449,451,461,465,468,471,476,491,493,500,503,520,353,547,548,615,616,636
		50	20,22,62,67,70,74,172,186,189,190,192,368,406,416,448,453,454,458,483,496,497,498,499,504,513,516,518,519,520,521,523,525,526,533,541,542,568,587
外務省亜細亜局		6	39
外務省亜細亜局長		30	281
		32	76
外務省亜米利加局	外務省アメリカ局,亜米利加局	47	572,638
		49	374
外務省亜米利加局第一課		46	586
外務省員	外務省職員	46	433
		47	145,393,444,491,611,681,682
外務省歐亜局		47	372,408,458,568,572,583,586,599
外務省歐亜局第一課長		17	253
外務省人事課長		47	392,444
外務省歐亜局第三課長		47	524
外務省歐亜局第二課長		17	253
		47	444
外務省歐亜局長		4	506
		17	253,255,256,473
		42	208,257
		47	372,382,391,394,401,406,408,444,450,451,476,572,581,587,653,458
		49	342,343
外務省歐洲局長		13	372
外務省歐米局長		4	286,506
		38	205

其他名词	别称	册数	页数
外務省歐米局長		47	298,382,400,408,564,566,569,571,458,564
外務省海底電信課長		17	348
外務省關係官		37	47
外務省官制		3	668
外務省幹部		47	652
外務省官吏		16	273
		45	530
		47	98,106,561,610
外務省管理局経済部大陸課長		14	522,523
外務省記錄保存所長		5	686
外務省軍部		15	105
外務省國家大臣		10	503
外務省顧問	外務省外交顧問	43	348
		47	8,99,103,105,144,145,160,164,486,639
		50	573
外務省事務官		47	3
外事月報		47	211,212,276
外務省歐米局		47	408,458,568,569,599
外務省情報部		11	12
		16	14,58,63,67
外務省情報部長		4	285,486
		10	133
		28	349
		47	6,120
外務省條約局	條約局,日本外務省條約局	4	88
		7	489,496
		11	433,466
		29	457,494,508
		33	318,324
		34	1,57,62
		36	113,114
		46	358
		47	503,586,642,654
外務省條約局第一課長		4	463,465
外務省條約局第三課長		38	552

其他名词	别称	册数	页数
外務省條約局第二課長		50	496
外務省條約局長	條約局長	6	39
		10	260,282
		17	253,254,256,472,475
		40	379,383,477
		47	104,504
		50	547
外務省囑託		47	109
外務省事務當局		42	206
外務省代辯者		10	54
外務省通商局課長		46	35
外務省通商局長		11	478
		40	349
		42	35
		50	587
外務省電信課		37	223
外務省電信課暗號研究班		37	224,225
外務省電信課長	外務省電信課長(日)	37	223,226
		47	642
外務省東亜局	東亜局	32	93
		47	450,599
		50	458,568
外務省東亜局長	外務省東亜局長(日),東亜局長,東亜局長	4	88
		11	574
		34	461,465,469,470
		37	46
		45	203,339,455,478
		47	292,450,495,662
外務省東亜第一課長	東亜局一課長,東亜局第一課長	11	574
		17	472
		34	461,465,469,470
		42	253,356
		45	317,478
外務省內電信分局		37	226,228
外務省南洋局		4	153
外務省南洋局第二課		11	104
外務省文書課員		35	199

其他名词	别称	册数	页数
外務省文書課長	日本外務省文書課長,日本國外務省文書課長,外務省文書課長代場,外務省文書課長代理	10	32,88,89,92,111,122,128,186,211,213,231,232,252,253,257,298,304,308,311,334,335,548,619,620,623,646
		11	3,36,37,101,178,182,248,309,310,432,482
		12	185
		16	147,148,166,193,194,201,202,205,209,210,213,222,223,226,235,283,313,319,331,332,344,345,347,351,358,359,369,370,374,375,377,380,386,389,394,395,399,402,428,432,565
		17	40,83,104,173,195,216
		27	682,687
		28	471
		29	79,460
		30	256
		32	32,73,75,95,182,191,222
		34	57,64,67,226,232,306,340,504
		35	191,197,216,220
		36	519
		37	20,89,184,199,242
		40	398,439,507
		42	89,101,109,142,148,151,163,176,182,185,187,189,224,257,299,309,312,314,316,328,331,332,336,361
		45	214,340,345,479
		46	1,2,3,4,5,214,252,328,332,336,338,346,361,417,430,435,586,602,603
		47	83,296,367,517,698
		48	354
		49	353,372,413,548
		50	67,70,74,512,513
外務省文書課副課長		11	224,576
外務省文書保存庫		11	178,223,224,482
		17	428

其他名词	别称	册数	页数
外務省法律顧問		2	47
外務書記官		34	436,444,453
外務人民委員		34	50,61,302
		47	373
外務人民委員部		34	66
外務人民委員部欄公報		14	3
外務大臣	東京帝國外務大臣,日本國外務大臣,日本外相,日本外務大臣,日本大臣,日本帝國外務大臣,日本國外相,大日本帝國外務大臣	2	251
		5	332
		8	263,534,264
		10	46,47,48,51,297,303,304,307,308,331,386,387,432,435,449,461,480,488,496,504,513,622
		11	58,66
		13	130,140,319,672
		16	94,138,139,144,154,155,167,170,188,237,239,307,314,315,316,317,321,322,353,376,382,397,425,462,502,558,559,590,592,604,607,608,609,610,611,613,614,629,631,633
		17	42,492,504,555
		18	2,16,17,375,376,459,493,518,519,525,526
		23	230,245,248
		27	71,72,73,74,75,308
		29	173,330
		32	184
		34	501,502
		35	87,99,100,110,123,125,131,139,144,148,198,199,227,235,237,239,240
		36	255
		40	409,454,464,469
		42	6,179,385
		46	125,368,393
		47	21,512
		49	255,356
		50	545
外務大臣官房文書課長		11	101

其他名词	别称	册数	页数
外務約局		34	65
外蒙革命		12	572
外蒙監視兵	監視兵	34	7
外蒙騎兵		33	285
外蒙軍	外蒙兵	12	571
外蒙古自治政府		29	236,241,243,245
外蒙古商人		29	238
外蒙國境監視員		50	564
外蒙人		12	569,573,574,575
		50	557
外蒙兵		34	473
外蒙古共產軍		13	104
外蒙古民族		13	82
外蒙問題		13	78,81
カイユアン波止場		6	232
海洋帝國		28	588
海洋文明		28	585
傀儡官憲		8	9
傀儡機關		8	54
傀儡軍事機關		8	55
傀儡支那政府		8	80
傀儡政權	傀儡政府	8	34,35,50,74,76,96,98,100,101,627
		34	453,456,457
傀儡知事		8	17
傀儡南京政府內政部長		8	123
開灤炭坑		5	597
開灤炭鑛		49	28
開灤炭坑龍業		32	77
海龍吉林鐵道	吉林海龍鐵道,吉林海龍城線,海倫吉林線	2	392,471,478,479,570
海龍奉天鐵路		10	688
海倫—興安—泰安鉄道		12	205
海林中日採木公司		12	141,154
カイロ員警部長		1	568
カイロ公衆保健局官立一般病院副主事		1	553
カイロ陸軍士官學校國際法教授		2	7,52

其他名词	别称	册数	页数
下院議員	下院議員(伊太利),下院議員(英帝國),下院議員(佛蘭西),下院議員(美國),下院議長(日本)	2	123,171,172,173
下院議長		36	369
ガウエガリー收容所		22	111,112
カウエル		37	502
カウペンス	COWPENS	37	488
		50	97
家屋委員會		5	547
科學技術審議會		4	303
化學局		4	26,28
		35	496
價格形成中央委員會		4	355
化學工業統制會		47	218
科學審議會		4	301,354,432,433,520,537
科學振興調査會		4	352,353,355
化學兵器		30	115,117,118
華僑		11	16,93
		15	325
		19	110,208,243,469
		20	35
		39	168,169,170,172,401,406,410
		48	414
		49	381
華僑總會		19	431,436
華僑統制會長		23	352
華僑問題		9	275
閣外征虜		32	226
閣議		34	344
		36	37,42,452
學藝協力委員會		6	304
學習院	學習院	4	65,534
		43	180,558,579
擴充目途算定ノ基準		14	384
學術研究會議		4	46
各省官制通則		3	624
革新運動		11	587

其他名词	别称	册数	页数
革新政策		28	599
		43	118
革新ノ必然性		6	238,242
革新派		28	597,598,601
革新論		43	14,16,23
學生運動		33	171,172,173,174
學生入京請願團		33	173
學生聯合會代表		32	71,72
學務部		4	90
革命運動		33	171
革命外交政策		3	531
革命軍		2	439
		41	226
革命主義者		2	415
革命犯人		33	189
各遊擊根據地		33	309
神樂殿		5	293
閣僚		50	463
各連絡部長官會議		15	223
陽炎		13	403,635
加古		13	406,459,558
鹿兒島新聞記者		47	471
カサーン・ベイ		37	495
カザック騎兵中隊		50	215
カサブランカ		37	494
霞山會館		43	191
香椎丸		13	579
橿原神宮		5	63
鹿島艦長		5	370
加州サンフランシスコ艦隊郵便局	カリフォルニヤ州サンフランシスコ艦隊郵便局	27	234,259
加州桑港郵便局長		45	29
華商		11	13
春日		2	188,205
春日丸		38	28
瓦斯事業委員會		4	340,341
カストール		2	202
過稅関稅率改正実施		16	70

其他名词	别称	册数	页数
華族		4	65
		43	440
華族會館		10	148
		29	107
		43	291
家族制度	家族手當制度	15	80,85
		28	18,66
家族負擔調整金庫制度		15	85
ガダルキアナル		37	494
華中塩業株式會社		8	610
華中蠶絲株式會社		8	610
華中水電株式會社		8	610
華中鐵鑛株式會社		8	603
華中電気通信株式會社		8	601
華中臨時政府		8	633
カツ・キカ		24	638
各界救國會聯合會		33	174
カッカス飛行場		24	417
割據主義		41	468
學校教練檢定結果表		4	568
學校制度		15	85
學校報團隊ノ活動強化		15	269
各國民均等		48	333
合作戰		34	125
合衆國亜細亜艦隊		5	361
合衆國亜細亜艦隊司令長官		36	284
合眾國アジア艦隊揚子江警備艦		6	226
合眾國アジヤ艦隊司令長官		6	225
合衆國沿岸警備隊		37	531
合衆國海軍基地		30	190
合衆國海軍省艦船局艦船統計課		37	512
合衆國海軍水路局		13	438
合衆國外國財産管理人		15	405
合衆國海事委員		49	135

其他名词	别称	册数	页数
合衆國海事委員會		49	137
合衆國海兵隊		37	531
		40	298,307
合衆國海兵團		22	467
合衆國關税委員會	合衆國関税委員會,關税委員會,アメリカ合衆國關税委員會	49	121,189,224,230
合衆國基督教傳道協會		7	1
合衆國空軍		24	470
合衆國検察長官事務局文書課長		49	557
合衆國検察長官事務局		49	557
合衆國公衆衛生部精神衛生課長		1	565
合眾國國務卿	合衆國國務長官,華府國務長官,ワシントン國務長官	2	136
		7	241,252,253,272,279,280,282,283,284
		15	620
合衆國首席檢察官事務局証據書類課		10	516
合衆國主席檢事事務所		10	400,404,430,446,478,485,527,682
合衆國商業局		49	124,126
合衆國商業政策		16	498
合衆國商務省		49	142,144,145
合衆國新聞派遣記者團		15	620
合衆國政治顧問局員		46	132
合衆國第五空軍		25	5
合衆國第七十九議會	アメリカ合衆國第七十九議會,合衆國下院第七十九議會,米國第七十九議會	36	167,194,428,431,436,438,442
合衆國太平洋軍總司令部防牒局長事務室通訳翻訳部		28	186
合衆國第六軍	米第六軍	45	248,294
合衆國地方法院		36	108
獨逸軍政部	合衆國獨逸軍政府	10	3,4,8,9,11,12,18,19,21,22,25,26,35,36,39,40,44,45,49,50,52,53,55,56,60,61,64,65,69,70,74,75

其他名词	别　称	册数	页　数
獨逸軍政部		11	10,11,188,189,203,204,227,228,230,231,239,240,262,263,267,268,295,296,320,321,324,325,331,332,371,372,376,377,384,385
		13	240,241,247,248,292,311,312,323,328,333,334,337,338,341,342,346,347,350,351
		14	96
		16	447,448,467,468,550,551,555,556
		17	13,14,19,20,23,24,35,36,43,44,53,54,223,224
		28	478
		46	132
		49	410,538,542,552,565,569,586,597,618,621,624,627,632
合衆國マリーン伍長		25	418
合眾國豫備海軍大尉法務官		27	124
合衆國予備海軍大佐		49	603
合眾國陸軍軍法會議長		1	107,179,214,355
合衆國陸軍参謀總長		36	168
合衆國陸軍大尉		40	317
合衆國陸軍大佐		37	269
合衆國陸軍中央文書局		49	557,558
合衆國陸軍中將		37	288
合眾國陸軍文書本部	米國陸軍文書本部	10	446,447,479,486,516,517,682,683
滕田丸		13	481
割當移民		29	259,260,269,276,278,279,280,289
カッバヒー		37	490
勝間田農園		7	518,519,522
桂内閣		43	234
家庭科		4	593,594
加藤高明内閣	加藤内閣,加藤内閣	31	38,39
		41	317
寡頭專制	寡頭政治	28	366,555
加藤部隊		6	546
		24	638
香取		13	406,465,466,569

其他名词	别称	册数	页数
天主教	カソリック,天主教	24	199,232,267,420,421,422,424,426
		50	487
カトリック教會	カトリック教,カトリック教會,カトリック教	25	118,120,122,139,141,143
		28	583
		44	297,298
加特利教徒	カトリック教徒	8	1
		23	328,478
香取乗組		4	422,423
河内海軍		11	141
河内局		11	397
河内總領事		11	141
河内總領事館		11	84,141
河内中央電気局		11	397
河内佛印總督府		11	399
神奈川縣知事		26	16,21
神奈川縣三浦郡葉山町長		45	17
金澤第一中學校		4	448
カナダ自治領顧問		1	552
加奈陀王國衛生隊		22	296
加奈陀王國總統隊		22	296
カナダ軍		22	294
		48	140
カナダ軍C部隊		22	332
カナダ自治領		1	464
加奈陀人	カナダ人	25	532
		38	561,563,564
		42	495
カナダ樞密顧問官		2	172
加奈陀政府	カナダ政府,カナダ自治領政府	2	5,32,48
		16	366
		36	1,2,4,5,6,7,8,9,10
		40	311
加奈陀船臨檢		32	299
カナダ陸軍		22	313
カナダ陸軍常備軍		22	332
華南第十一軍		11	487
華日協力		8	662

其他名词	别称	册数	页数
カネーヂィアン・ナシォナル鐵道會社會長		2	406
カノバス號		40	340
カバナタン(田中局面)		20	16
カバナタン俘虜收容所		20	15
カバナチュアン俘虜収容所	カバナツアン收容所	25	286
		40	299
		45	299
カバナツアン収容所三號		25	450
カバヒット廣場		20	223
カバルジン人		12	514
カバルシン政府		12	516
カフカズ山民		12	511
株式會社愛知銀行		7	457,462
株式會社川崎第百銀行		7	457,462
株式會社鴻池銀行		7	457,462
株式會社三十四銀行		7	457,462
株式會社住友銀行		7	457,462
株式會社第一銀銀行		7	457,462
株式會社名古屋銀行		7	457,462
株式會社三井銀行		7	457,462
株式會社三菱銀行		7	457,462
株式會社安田銀行		7	457,462
株式會社山口銀行		7	457,462
株式市場對策		15	207,208,236
華府政府		26	310
華府大使館		47	606
華府大使館電信書記		37	236
科布多參贊大臣		29	237
華府同盟報		29	463
華府日本大使館電信課		37	234
株主總會ノ權限縮少		15	215
俄文		46	357,360
カベナント・ミッシヨナリー・ソサエテイ		16	117
華北英軍		11	55
華北塩業株式會社		8	609
華北及華中連絡部次長		47	292,293

其他名词	别称	册数	页数
華北交通股份有限公司	華北交通會社	43	39,42
華北自治政府		5	533,534
河北省邯鄲特別警備隊軍曹		7	351
河北省行政督察専員		6	138
河北省主席		6	136
河北省政府		7	349,497
河北省第三區行政督察専員		6	127
河北省保安處		11	56
華北政府	華北政權	31	605,616
華北政務委員會	華北政府委員會,華北政務委員會	7	346
		8	166,167,623,658,659,660,661,677,679
		40	483,484,485
		43	116
		49	401,403,404,405
華北電業株式會社	華北電業股份有限公司	8	609
		43	42
華北電信電話股份有限公司	北支那電信電話株式會社,華北電信電話會社	8	588
		43	39,42
華北特別警備隊		7	349
華北密輸入問題		42	125
華北民眾		33	218
華北問題		13	76
		41	176
華北臨時政府		8	127
鎌倉丸		38	557
		47	526
神岡収容所		25	418
上岡俘虜収容所	カミオカ俘虜収容所	25	301
神風攻擊部隊		13	603
神川丸飛行長		38	363
上姫路聯隊		41	310
上村艦隊		46	224
カムブリ第二病人収容所		22	209,212,214,215
カムポングマカッサル		24	83,96,107,108
嘉村混成旅團		45	100

其他名词	别称	册数	页数
嘉村旅團		45	100
カメネツポトロスク號	カメネツポトロスク號	34	245,267
貨物自動車ノ輸送對策		15	243
賀陽宮邸		17	299,356
香洋丸		34	245
カラカス醫學院		1	573
樺太開發會社		14	329
樺太機関	樺太廳	12	44,136
樺太混成旅団		15	340
樺太廳		4	12,13
		5	101
樺太廳長官	樺太長官	30	61
		44	45
樺太北海道及九州ノ石炭輸送對策		15	243
ガララ収容所		24	572,573,574
カランパナ収容所		23	398
鵝卵貿易		16	267
カリテヤ號		45	490
カリテヤ號通信員		45	490
カリテヤ號通信長		45	490
カリドジャテイ飛行基地		23	434
カリニン・ベイ		37	495
カリビアン守備軍		36	168
カリフォルニア州上院議員		1	565
カリブ防衛司令官ハワイ部司令官		37	300
カリマンタン連合會長		23	352
河龍鐵道		6	417,511
嘉林航空基地司令官成田日本航空大使		27	493
嘉林駐屯所憲兵		27	493
カルカッタ丸		34	244
カルク		37	502
カルタゴ軍		50	373
カルトベルイ語		12	515
カルフオニヤ州高等裁判所		45	183
ガル部隊		24	472

其他名词	别称	册数	页数
カルンガンーペニンキ陣地部隊		23	254,260
花蓮港収容所		22	428,431
カロヴイッ商會		10	599
河内特派大使	河内大使	50	69,72,73
川上病院		40	211
川崎/重工業/會社		25	467
川崎汽船株式會社		49	127
川崎汽船株式會社線	Kライン	49	157
川崎収容所		26	17,18
川崎収容俘虜就労		26	8
川崎第二収容所		26	663
川島大隊		2	519
為替管理強制通貨流通関税改正		16	139
爲替局		4	91
河内オメル醸造會社		27	498
河内監獄		27	441
河内憲兵副隊長		27	496
河内中央員警署		27	496
河内兵營		27	511
河内保安員警署		27	442
簡易軍事法廷		14	154
簡易生命保險積立金運用委員會		4	326
官營機関指導要領		14	390
漢學者		47	230
漢旗		2	438
勸業銀行		43	152
環境土地譲興審査會		4	298
贛空軍基地		32	404
關係職員協議		34	317
贛縣飛行場		6	465
漢口營舍		22	324
漢口公安局		32	429
艦興公司		32	297
漢口市青年團		25	162,195,196
漢口市長		32	352

其他名词	别称	册数	页数
漢口市民		32	434
漢口守備隊		29	390
漢口政府		50	535
漢口政權		6	293,294
		29	12,14
漢口大使館		7	167,217,218,241,250,253,272,281,284,286,292,559
漢口通小學校避難者收容所		7	107
漢口特務部長		32	364
漢口日本租界		42	131
漢口飛行場		6	448,450,453,456,457,459,460,461,472,473,475
		32	358,431
漢口防禦線		6	400
漢口路小學校避難所	漢口路小學避難収容所	7	231,235,262,267
韓國皇室		29	220
韓國政府		29	219
関西配電		23	554
監査課		4	92
韓崎丸乘組		4	472
漢詩		43	278
韓人	韓民	29	229
		30	278
漢人		44	574
關稅課調査班		7	480
關稅局		7	437,555,556
關稅自主權		2	422
關稅自由		32	68
關稅審議會		36	5,6
関稅々率調査委員會		15	13
関稅調査委員會		4	324,331,332
關稅部		7	478
關稅部長		7	478
艦隊司令長官		17	301
艦隊集中主義		47	312
カンツリー俱樂部		16	161
還都		33	127,128,139,141,142,340

其他名词	别称	册数	页数
還都一周年紀念日		33	143
關東演		11	561
関東戒厳司令部		4	308
關東局		4	32,33,38,39
		7	506,509
		8	425,430,518
		31	65
		32	94
關東局警務部		4	517
關東軍	關東軍部隊,関東軍,日本関東軍,関東軍師團,關東軍將兵,(門關)東軍	2	426,428,534,538
		3	473,481
		4	134,309,310,368,400,406,519,539
		5	196,201,210,373,376,377,378,382,504,512,513,517,528,580,614,617,618,642,645,646,659
		6	101,106,107,108,110,113,114,203,205,206,612,616,627,638,654
		7	537
		8	107,444,458,459,460,481,487,488,489,494
		10	592,597,600
		11	294,297,540,544,558,559,560,561,562,563,565,575
		12	83,169,204,224,225,228,229,230,246,247,248,255,262,308,309,317,340,344,388,390,401,402,443,463,466,467,469,478,589,590,591,592,594
		14	97,98,105,109,110,112,118,121,130,132,136,138,139,140,141,142,143,150,151,156
		16	557
		19	189
		28	100,265,267,269,270,271,272,277,283,315,316,338,339,341,353,358,360,376,385,442
		30	72,341,342,348,350,351,353,368,378,393,396,401,404,405,407,409,

其他名词	别　称	册数	页　数
關東軍			429,432,433,434,435,438,439,440,441,442,443,466,467,468,472,473,474,475,544,548,556
		31	41,42,43,44,45,46,47,50,52,64,65,67,81,183,334,364,515,544,552,553,569,592,595,596,597,598,599,600,601,610,615
		32	528,550,551,552,553,554,555,556,561,562,563,564,565,567,568,569
		33	235,264,266,267,282,283,284,285,286,287,335
		34	17,19,20,21,25,26,50,102,103,104,105,106,107,109,110,112,116,130,137,139,141,142,143,150,154,157,159,160,161,162,164,165,172,175,176,177,178,179,182,183,184,187,188,191,194,200,202,207,208,234,269,283,317,318,319,320,483
		39	296
		40	94,96,97
		41	5,6,8,14,15,16,17,18,20,21,99,101,155,175,185,186,193,253,310,402,406,416,417,418,437
		42	120,121,123,124,125,127,128,132,209,286,409,416,420,555,556,557,564,567,572,577,578,579,580,583,584,585,608,621
		43	344,345
		44	3,336,355,356,357,358,361,362,363,364,365,366,399,400,401,444,445,446,447,448
		45	33,42,43,46,63,90,99,100,111,112,113,114,115,116,117,252,495,496
		47	387,388,410,452,476,573,574,657
		48	16
		49	22,38,39,43,52,316,321,322,326,331,335,371,442

其他名词	别　称	册数	页　数
關東軍		50	350,354,355,356
關東軍暗號部主任		34	84
關東軍軍醫部長		40	96
關東軍憲兵司令官		8	494
関東軍作戰計畫	関東軍作戰計畫,作戰計畫	34	93,101,139,142
関東軍参謀		30	378,466,473,475
		34	220
		39	296
		42	401,553
		45	33,112,116,189,253,518
		47	476
		49	38,302,308,326,335
關東軍参謀長	関東軍参謀長,参謀長,関東軍参謀長	5	260,647,658
		6	27,96,97,102
		11	535,540,562,574
		12	162,165,179,334,335,337,339,340,341,343,344,353,356,360,463,464,466,472
		13	77,131
		14	502
		15	116
		26	24,36
		30	263,275,574,580
		33	285
		34	102,103,109,113,114,115,118,197,198,201,202,217,220
		42	420,579,582,585,623
		44	2,3,5,334,336,359,360,361,365,409,412,435,439
		45	71,74,76,80,85,92,93
		48	15
		49	44,45,49,50,22,302,339,340
		50	249
関東軍参謀部	関東軍参謀本部	12	169,175,178,356
		28	261
		5	659
關東軍参謀副長	関東軍参謀副長	11	533
		12	172

其他名词	别称	册数	页数
關東軍参謀副長		30	473
		34	102
		49	68
關東軍主腦部		49	309,321
關東軍情報主任		34	193
関東軍情報部第二回會議		12	566
関東軍所屬航空機數及ビ日本空軍總兵力		12	241
關東軍司令官	関東軍司令官,關東軍總司令官,總司令官,軍司令官,日本關東軍司令官,關東軍指令官,日本國關東軍司令官,關(門關)東軍司令官	2	409,459,515,517
		3	463
		5	260,644,645,651,654,660,675
		6	48,50,51,52,53,54,55,57,58,62,63,68,98,599,635,637
		8	429,455,481
		11	527,528,533,557,559,560,563,564
		12	166,169,171,178,204,228,231,340,393,402,404,405,407,482,484,485,486
		16	518
		27	630
		28	13,442
		30	341,342,347,351,357,379,387,429,435,436,437,438,439,440,470,498
		31	48,64,65,66,67,68,69,82,175
		32	555,557,561,564,565,568
		33	286,287
		34	19,94,103,108,113,114,115,116,117,130,137,141,175,181,191,197,198,199,217
		40	59,95,522
		41	16,78,151,152,169,415,416
		42	411,553,564,581,620,621
		43	237
		45	45,47,48,51,66,70,72,73,75,77,78,79,80,81,82,83,84,87,95,100,101,111,112
		47	387,661

其他名词	别称	册数	页数
關東軍司令官		49	31,32,35,38,39,52,68,304,308,322,439,442
		50	248,256,261,265,266
關東軍司令官駐滿全權大使		34	193
關東軍司令部	關東軍総司令部,関東軍司令部,軍司令部,關東軍首腦部	2	529,542,562,563,588
		4	243,249,309,375,584
		5	654
		6	105,113
		8	306
		11	535,537,538
		12	166,224,266,267,275,286,355,358,389,390,406,489,600,601
		13	89,90,105,121
		14	99,103,104,106,108,110,111,112,127,128,131,140,149,150,156
		28	261,271
		30	384,440,467,499,548,554
		32	555
		33	198
		34	19,20,21,93,94,98,103,116,117,130,142,199,200,202,318,320
		39	416
		42	561,564,569,576,579,581
		44	2,388,405,435,436
		45	33,34,41,68,89,95,117,358
		49	42,46,303,327,335,437,499
		50	239
關東軍司令部暗號班員		49	331
關東軍司令部管理部	關東軍司令部經理部	44	435
關東軍司令部情報主任		50	240
關東軍司令部條例		42	553
関東軍司令部第一課長		12	223
関東軍司令部第一課		14	129
関東軍司令部第二課	關東軍第二課	12	231
関東軍司令部第二課長		12	223
関東軍司令部第二部長		11	534
關東軍司令部日本製地圖		13	116

其他名词	别称	册数	页数
關東軍司令部陸軍步兵少佐		30	543
關東軍線區司令部		6	203
関東軍総司令部暗號班長		14	101
關東軍測量隊		40	493,494
關東軍第一方面軍司令官		34	81
關東軍協力廠商面軍參謀長		34	85
關東軍協力廠商面軍司令官	関東軍協力廠商面軍司令官	12	211,214
		34	82,83,143
關東軍調查委員會		34	94
関東軍統帥部		12	294,302
關東軍特務機關長		41	190
関東軍特務部		4	368
關東軍飛行隊		33	284
關東軍飛行隊長		42	621
関東軍部		6	626,638
関東軍文書局		12	264
關東軍平時宣傳計劃		5	506,510
關東軍兵團長會		49	340
關東軍防疫給水部本部長		40	59
關東軍防疫給水部臨時防疫班		40	98
關東軍報道班		41	170
關東軍法務部長		30	543
關東軍補給監		40	59
關東軍臨時軍法會議		40	346,347
関東軍隷下部隊		14	103
関東憲兵隊	關東憲兵隊	4	517,518
		44	388,420
關東憲兵隊長		30	263,275
關東憲兵隊陸軍憲兵少佐		30	543,548,554
關東作戰		33	279
廣東作戰		42	595
廣東支那海関		16	138
廣東十九路軍	十九路軍	41	10
関東州興亜聯盟		12	484
關東州在勤海軍武官	關東洲在勤海軍武官	30	263,275

其他名词	别　称	册数	页　数
關東州長官		6	105
		30	293,294
間島省長		30	325
関東情報部		12	535
関東情報部長		12	536
関東地方防空計畫		11	664
關東廳	関東廳	6	104,631,643,651
		8	455
		13	102
		31	50
		34	323,324
		41	406
關東廳外事課長		42	401,412
関東長官		6	643,644
關東廳長官	關東長官,關東州廳長官	2	588
		3	463
		30	498
		31	48
		44	45
關東廳警務局長		30	275
廣東通信銀行		22	309
關東鐵道		49	226
関東都督府		4	380,394
		44	192
関東都督陸軍經理部		34	327,328
關東ドロマイト工業株式會社		35	341
関東兵器工業株式會社	日産自動車株式會社加工部工場獨立後の名稱	26	28,29
關東法院檢察官		44	45
關東防衛軍		4	136
關東防衛軍高級参謀		49	302
關東防衛軍司令官		49	308
關東防衛司令部		34	176
関特演	関特演計畫,關東軍特別演習,關特演,關特演計畫(日本)	11	560,561,562,563
		14	109,110,112,156,159,163,186
		34	93,108,109,110,115,175,176,177,178,179,180,208

其他名词	别　称	册数	页　数
関特演		44	336
		49	43,331
廣東基地		32	195
廣東語		6	554
廣東省第九區行政督察專員		6	552
廣東人		30	300,306
廣東綏靖主任		6	558
廣東政府		30	304,305
廣東政府外交部長		30	300,306
廣東對英ボイコット	對英ボイコット,對英運動	32	89,90
廣東叛亂		30	300,306
広東皮革及大麻貿易		16	268
廣東飛行場		6	460,465
広東非戦闘員抑留所		26	610
惟神道	惟神大道	50	488,489,493
神嘗祭		17	158
觀念論		43	289
觀念論的革新論		43	293
監脳部		4	91
カンパニア		2	205
関部隊		23	551,553
換物運動闇取引等ニ對スル措置		15	192
カンブリ収容所		22	150,191
関釜聯絡船		35	154
官報		14	2,85
カンボヂャ鉄道		11	395
官民協力		10	173
漢民族	漢族	6	552,597,601
		11	650,651
		12	570,575
		30	356,578
		31	70,71,598
		45	326,328
漢冶萍公司		30	119
漢陽兵工廠		6	380
管理局	管理局(朝鮮部)	4	12

其他名词	别称	册数	页数
管理局		46	310
管理通貨制度		43	17,29
官僚政治		28	120

キ

其他名词	别称	册数	页数
伎		6	553
ギアムビアー・ベイ		37	495
キャンワン収容所	キャンワン俘虜収容所	25	167,175,176
キーアニー號		35	242
ギイヴ・アンド・テーク		46	480
生絲需要增進調査會		4	322
基隆陸軍航空防衛隊		13	479
議院法中改正法律案帝國議會		15	409
議會觀		43	565,566
議會共同委員會		16	617
機械局		4	25,27
		35	496
機會均等	機會均等主義,機會均等原則	2	80,88,89,90,125,126,464,576
		6	78,250,281
		10	591
		15	604
		16	118,124,125,127,128,130,131,134,139,140,141,410,424,461,511,586,603,622,632
		19	337
		29	199,201,204,371,374,430,446,453,457
		32	219
		34	507
		36	223
		37	8,9
		42	146,152,603
		43	238
		43	454
		47	306,326,362
機會均等化		41	45
議會警視廳		45	253

其他名词	别称	册数	页数
議會政治		28	591
議會制度改革		11	589
議會尊重論		43	570
議會翼贊體制		15	31
議會聯合決議		36	108
企畫院	企劃院,企畫廳,企劃廳(日本),内閣企畫院	3	616,617,618
		4	87,290,299,300,301,354,407,432,437,451,452,456,495,519
		8	399,445,446,452,453,454,464,465,466,489,490
		12	360
		15	20,36,37,102,195,196,204,206,220
		17	85,105
		28	443,446,467
		32	481
		35	251,254,262,267,269,392,491,494,496,506,535,536
		36	33,34,35,36,37,38,39,40,41,42,44
		41	422,438,440,443,444,465
		45	151,204,411,444
		47	211,212,234,241,242,253,254,255,256,259,261,262,268,272,273,275,276,277,287,617,619,667
企畫院官制		3	616,619
		4	31
		35	532,534
		47	241,270
企畫院次長		47	140
企畫院總裁	企畫院院長	10	260,282,295
		36	42
		41	395,420,423,438,457,459,461,464,475,476,488
		43	103,337,368,374,378,382
		45	310
		47	223,228,229,238,241,245,250,252,261,262,269,270,273,607,670
企畫院第三部長		47	211
企畫審議會		4	520

其他名词	别称	册数	页数
企劃制		35	345
歸化支那國民		2	496,499
歸化朝鮮人		2	500,503
機関銃大隊		22	524
旗艦蒼龍		32	205
企業整備本部		35	543
企業體制		15	74,75
菊月		13	488,571
危險區域航行船及乘組員ニ對スル保護方策		15	261
棄嫌修好		33	106
貴縣停車場		6	575
紀元二千六百年祝典評議委員會		4	520,535
機甲旅團ノ一機中聯隊		13	57
利己主義		4	614
		10	427
		28	90
冀察外交委員會		5	525
冀察綏靖公署		7	342,344
冀察綏靖主任公署軍事法廷法務官陸軍大佐	冀察綏靖主任公署軍事裁判所法務官(陸軍大佐)	7	341,353
冀察政治委員會		5	579
冀察政務委員會	冀察政權,冀察委員會	5	521,527,533,568,579,580,591,594,602,603,604,609
		8	586
		42	125,130
冀察政務委員會委員長		6	127
冀察政務委員會外務委員會主席		6	131
沂州飛行場		6	456,459,460
貴衆両院議員		15	420,432,433
技術院		4	303,358
技術研究及制式規格統制要領		14	391
技術者不足對策		15	271
技術部		7	572
機上演習統監部		49	287

其他名词	别称	册数	页数
偽証ノ罪		44	62,68,128
宜昌飛行場		6	450,453,459,472,478,565
議政委員會		8	622
汽船 ナンシイ・モウー號		27	348,366,374
汽船アスコット號		27	343,361
汽船アスラン號		16	274
汽船會社		35	327
汽船サトリイ號		27	348
汽船サトレッジ號機關長		27	360
汽船ジオン・ユージョンソン號		27	344
汽船ジヤン・ニコレット號		27	343,344
汽船スパルタ		16	247,248
汽船チサラック號	ヂィゼル船シュトレイ號	27	343
汽船デェーディ・モラア號		27	343
汽船ナンシイモラア號		27	343
汽船ビハール號		27	382
汽船ブリティッシュ・シヴァルリー	汽船ブリティッシュ・ジヴアルリ	27	343,348
起草委員會		3	262,264,268,269,304,313,327,328,333,336,338,347,377,380,383,504,506,510
貴族院	貴族院(日本),貴族院(美國)	4	87,273,274,290,291,332,335,401,471,498
		11	237,643
		15	421
		30	73,487,511,561
		36	175
		42	102,164,166,167,365,366
		43	181,250,559
		45	227
		47	383,518
		50	435
貴族院議員		2	174
		19	55
		35	492
		43	11,21,46,130,180,238
		44	463

其他名词	别　称	册数	页　数
貴族院議員		45	227
		47	206,383,552,560
貴族院議事		42	166
貴族院議長		43	231,232,234,255
貴族院書記官		42	102,166,167,173,365,366
貴族院圖書館主任		30	487,511
貴族院令		3	687
		4	301,328
北樺太石油利權問題		34	283
北樺太利權問題		34	45
北九洲空襲對策		15	241
北九洲空襲被害ニ對スル措置		15	246
北支那開発		16	70
北支那開發株式會社法		43	114
北支那山西省太原攻略戰	太原攻略戰,太原攻略	42	420,421,425
北支那侵出政策		43	198
北支那製鐵株式會社		31	392
北島支隊		15	311
北稅務署		4	293,294
北鮮機関		12	137
北中國假政府		6	161
北停車場		32	127,338,342
北鮮駐屯ノ飛行部隊		33	277
北獨逸ロイド線		49	161
北ボルネオ政府		23	68
北満機関		12	135,138
吉安飛行場		6	326,332,453,456,458,570
吉會		32	67
吉軍團		6	135
吉黑権運署		31	381,431
吉長線		6	54
吉長鐵路		30	388
吉長鐵路局		45	48
キットカム・ベイ		37	495
吉敦鐵道	吉敦線	6	54
		30	491
吉林會寧鐵道		2	474,475

其他名词	别　称	册数	页　数
吉林軍		30	388,389,390
		41	194
		45	48,50,51,55,63,64,84
吉林軍顧問步兵中佐		45	49
吉林自衛軍		30	493
吉林省軍参謀長		30	352
吉林省首席代理		30	388
吉林省主席代理		30	407
吉林省新政府		2	559
吉林省政府	吉林政府,吉林政權	2	559,566
		30	407
		45	63
吉林省政府主席	吉林省主席	30	277,392
吉林省政府首席代理		45	48,50
吉林長春鐵道	吉林長春線	2	392,474,476,479,570
吉林敦化鐵道	吉林敦化線	2	392,474,479,570
吉林派		42	571
冀東特殊貿易		16	101
冀東自治政府	冀東政府,冀東自治政權,冀東防共自治委員會,冀東防共自治政府,冀東反共自治政府,冀東政權	5	567,568,579,591,594,603,604,610
		6	429
		8	623
		31	513,542,599,600
		32	2
		42	124,125,236
		45	117
木戶内府		36	450
		49	343
		50	610
記念財團教會	ルイスLewis紀念教會	16	153,188
騎兵一師團		12	116
騎兵學校		4	397
騎兵第一聯隊		4	393,394
騎兵第三旅團		4	397
騎兵第十三聯隊		4	393,395
騎兵第四師團		12	146
騎兵第六大隊		4	392
騎兵第六聯隊		4	393
基兵団		15	313

其他名词	别称	册数	页数
騎兵旅団		15	340
冀北保安隊		6	134
冀北保安隊旅長		6	136
機密漏洩ニ關スル措置		15	225
木村會社		20	29
キャイクト憲兵隊		22	86
キャイモンカ苦力収容所		22	221,222
キヤピタリズム		11	604
恰克圖三國協商支那共和國全權代表		29	243,244
キャボット		37	488
キャングワウ兵舎		13	441
キャンブリ		22	186
キャンベラ		46	560
吸煙者		1	563,569
九筒國體制脱卻		16	217
舊貨幣整理辨法		31	434
舊鹽務稽核署		2	582
義勇軍	義勇軍隊伍,義勇隊	13	512
		24	441
		27	3,4
		28	337
		33	163,191
		50	251,252,255,259,262,276,277
義勇軍紅軍援助寄附金募集委員會		33	196
義勇軍第三経理部		25	4
九江戰闘司令所		32	384
九江飛行場		6	446,467
救國運動		33	201
救國基金		32	60,61
救國時報		33	176
九國條約		47	302,303
九國條約署名國		16	18
救國宣言		33	174
救國團		32	93
		33	203
救國反共同盟會		47	293,294
		49	389,393

其他名词	别称	册数	页数
救國聯合會	救國會	32	93,94
		49	393
九州帝國大學法文學部講師		49	313
九州丸		13	473
救恤審查會		4	287,320,321,322,507,508
牛莊稽核署		2	582
舊將校同盟	帝軍將校同盟	12	150,151
宮城內省政府圖書館		7	376
宮城內樞密院		17	258,481
急進論	急進主義	43	14,16,23,28
救世軍少佐		24	11
休戰委員會		35	182
		41	118
牛莊稅關長		1	426
久大公司		8	599
舊張學良軍		2	544
舊帝政政府	舊露西亜帝國政府	2	425,463
舊帝政露國時代		12	511
舊トイツ植民地		10	637
舊東北政府	舊東北政權	2	558
		6	42
舊南京政府		8	624
救日救國		33	201,202
玖馬共和國臨時總督		1	103,111,176,183,209,218,324,328,352,359
キューバ政府		38	566
宮報		34	395
救亡運動		33	219
義勇奉公隊	協和義勇奉公隊	3	456
		50	505,508
舊奉天飛行機修理工場		6	62
舊滿洲兵		2	577
舊ロシヤ東部辺彊軍總司令官		11	525
キュバ共和國大統領		1	270,465,563,567
		2	3,7
キュリン人		12	515
ギュルハネ病院教授		2	13,60

其他名词	别称	册数	页数
教育及宗教部		19	384
教育會		33	203
教育局		4	93
		37	337,338
教育者ノ士氣昂揚方策		15	269
教育審議會		4	354,522
教育審議會		43	258
教育總監部		4	87,235,402,404,405
		38	511
		40	4
		45	4,12,251
教育總監部第二部長	少將	41	355
教育總監部本部長		45	2,11
教育總監部本部長		41	4,134,355
教育飛行師團		15	340
教育部教育研究委員會		28	259
教育部教育復員補導委員會		28	259
共榮圈建設		19	244,265
		33	149
共榮互惠		19	266
強厭統制主義		41	41
教學局		4	407,603
教學刷新評議會		4	535
京漢線	京漢沿線	6	414,417,418,474,482,483,510,512
		32	398
		33	271,279
		41	203,214,249
京漢鐵道龍業		32	77
京稿區裁判所		4	262
強硬論		36	113
		43	197,419
共產インターナショナル	共產インタナショナル,コミンテルン	2	232,233,234,237
		30	150,151,152,164,165,166,167
		33	239,242,244,246,250,251,253,259,262,295
		46	174,175,180
		49	508
		32	54

其他名词	别称	册数	页数
共產華僑		46	591
共產軍		2	428
		5	394
		17	204
		30	151,165,451
		31	488,514,515
		32	45
		33	23,237,296,297
		42	95,157,158
共產抗日分子		6	273
共產思想		12	71,74
		14	133
共產主義	共產主義者	2	411,421,425,426,427,428,429,430,431,457,462,500,504,589,597
		3	543
		4	605,609
		5	317,394,406
		6	334
		8	583
		10	427
		11	605
		12	46,72,91,492,571
		16	286,416,456,483,490,507,620
		17	11,256,555
		19	247
		28	50,88,92,142,159,205,501
		30	150,166,171,172,174,179
		31	26,70
		32	91,309,310
		34	172,391,448
		35	55,56,66,178,228
		36	495,497,500,570
		37	53
		41	30,51,52,136,222,233
		42	15,64,263,415,581,608
		43	289,290,397
		44	324,325,326,327,328,329
		46	24,38,164,180,232
		47	174,308,342,346,348,353,568

其他名词	别　　称	册数	页　　数
共產主義		48	40,228
		49	259
		50	62,491,548
共產主義運動	世界共產革命,共產革命運動,共產運動,共產主義革命,共產革命	2	427,455
		17	204
		19	249,284
		28	606
		30	151,166
		42	122,261
		43	270
		47	66,170,235,266
共產主義活動		30	45
共產主義國		47	66
共產主義政權		2	145,269
共產主義政治		14	132
共產除奸團員		39	247
共產制		33	157
共產赤化分子		16	196
共產團體		2	502
共產黨政府		12	133
共產黨彈壓		32	91
共產派		47	323
共產份子		2	269
教職員聯合會		33	203
弱肉強食		16	307
弱肉強食主義		47	182
共助融和		19	266
強制兵役		8	8
共存共榮	共榮,共存共栄	4	608
		6	45,213,264
		8	697
		10	124,125,126,284,312
		13	147,152
		17	165
		19	46,107,108,278,284,328,341
		29	139
		32	25,30,46
		33	65,126,137,139,140
		34	38,379,391,435

其他名词	别称	册数	页数
共存共榮		36	189
		46	72,582,584
		48	30,195,196,295,311,324,330,342
		49	347
共存共榮主義		16	96,105
協調政策		2	516
共通最大限ノ原則		3	115
共同委員會		3	167,169,170
		32	99,104,105,108,113,117,119,120,121,122,124,125,133,134,135,136,137,138,141,142,145,147,148,150,151,161
共同技術委員會		31	17
共同経済圈		18	497
共同抗日		33	200,216
共同小作法		15	252
共同戦線		13	148
協同戦線		13	78
共同租界		3	208
		30	512
		34	461,463
共同租界及公使館區域		33	151
共同租界警備軍	共同租界員警隊	11	191
共同租界工部局	共同租界工務局	30	502,503
共同防衛		10	249,268
		19	262
共同防衛成立ニ對スル政府聲明		11	346
共同防衛問題		16	534
共同防共	協同防共	6	268,270
		33	18,51,52,53,125,137
		34	32,391
京都帝國大學		4	334,549
		28	259
		43	180
		47	84
京都帝國大學法學部政治學科		43	180
京都府知事		17	6

其他名词	别　称	册数	页　数
貴陽飛行場		6	480
恐怖主義		2	429
教務局		4	89
業務ニ對スル制限規定ノ部分的改廢		15	215
享樂主義		5	65
清浦內閣		41	317
強力內閣		43	227,491
協力內閣		43	227
教練科		4	581,582,585,587,594
教練查閱官學校		4	558
教練查閱日割表		4	558
協和會	滿洲帝國協和會,滿洲國協和會,全滿州協和會	11	538,564,565
		12	166,170,171,173,174,175,176,177,178,179,262,471,472,482,483,484,485,486,489,491,493
		28	160,172
		30	333
		34	77
		42	415
		44	335
		49	313,316
		50	249,250,251,252,253,254,255,256,257,258,259,260,261,262,263,264,265,266,267,269,270,271,272,273,276,277,279,280
協和會總裁	協和會本部總裁	50	256,258,264,267
協和會講習所		50	273
協和會高等講習所		50	280
協和會事務所		12	483
協和會青年部		12	491
協和會代表全國大會		50	256
協和會中央本部		12	175,485,487
		50	249,253,258,259,261,265,270,271
協和會中央本部委員		49	313
協和會中央本部總務部長		12	176
		50	246
協和會中央本部長		12	162,163,166,172,173,174

其他名词	别称	册数	页数
協和會中央本部長		50	246,249,258,259,261,269
協和會ハルピン白系露人青年高等學校	協和會白系ロシヤ青年高等學校	12	491,492
協和會濱江本部特別部長		50	280
協和會本部長		49	309
協和會本部特別部長		50	272
協和公共義勇軍		12	492
協和公共義勇軍部隊		5	618
共和國臨時政府		11	511
協和思想		50	266
共和主義		28	88
協和青少年	協和青年	50	247,272
協和青少年運動		50	276
協和青少年事務中央監察局		50	269,271
協和青少年哈爾濱事務局		50	273
協和青少年ロシア避難民團體	ロシア團體	50	272
共和政體		42	571
		44	408
		49	441
共和政府		2	415
共和黨	共和黨	17	449
		47	302
		49	441
虛僞ノ鑑定通訳ノ罪		44	62,68,128
漁業條約問題		34	283
極右黨		47	327,328,331
旭軒		32	4,14
玉碎派		42	188
極左主義		30	175
玉山飛行場		6	448,451,453,454,465,467,472,570
旭日章	旭日大綬章	6	466
		47	279,394
極端論		43	283
局長委任		44	14,17,31,43
極東阿片問題		7	507
極東委員會		1	20,22,23,26

其他名词	别称	册数	页数
極東印刷會社支配人		27	522
極東及太平洋分科委員		7	429
極東課		35	24
極東海運汽船會社		14	16
極東海軍		15	533
極東海上船舶局指揮部		14	61
極東艦隊		46	554
極東艦隊司令部		14	49
極東危機説		46	500
極東汽船會社		14	21
極東共和國政府		2	143,145,146,147
極東局		34	486
極東局長		47	409
極東空軍司令部		46	555
極東軍	ソ聯極東軍	11	583
		48	280
		50	353,474
極東軍司令部		34	99
極東軍司令部軍事情報部		28	184
極東軍備		46	163
極東合衆國陸軍司令部法務部戦犯支部		20	58,196
極東國營汽船會社		14	27
極東國際軍事裁判檢事局ソヴエート部文書課長		34	324,328,331
極東國際軍事裁判		5	381
		7	572
極東國際軍事裁判所	國際司法裁判所,國際刑事裁判所,極東軍事裁判所,東京國際軍事裁判所,國際軍事法廷,極東國際軍事法庭,極東國際軍事裁判法廷,國際軍事裁判所,國際裁判所,極東國際軍事裁判所,東京國際軍事裁判所,東京都國際軍事法庭	1	39,40,53,54,57,62,64,65
		3	460
		4	540,549,597,617,620,625,664,666
		5	98,147,151,195,199,204,209,213,217,222,260,612,613
		6	87,103,304
		8	38,39
		10	401,404,405,407,408,430,499,500,514,525,526,527,528
		11	625
		12	91,110,258,261,263,489,500,604

其他名词	别称	册数	页数
極東國際軍事裁判所		13	39,45,120,124,176,212,213,214,259
		14	1,117,149,202,206
		15	107,108,109,114
		16	583,600
		17	392,434,489
		19	360
		22	114,125,152,185
		23	117,133,368,450
		24	86,267
		26	138,142,643
		27	380,537,615,616,620,622,624,693
		28	110,147,165,175,176,183,185,259,479
		29	62,554,612
		30	83,101,113,134,192,233,243,323,337,339,343,345,359,377,421,465,519,527,534,535,542,555
		31	36,63,76,101,103,105,159,182,191,308,331,352,391,400,428,467,481,493,507,510,512,522,539,561,589,591,604,609
		32	1,8,13,35,96,185,192,194,200,209,232,154,252,259,268,312,321,326,330,337,340,346,350,356,363,369,373,379,391,396,415,422,450,464,470,474,478,483,485,507,517,545,548,549
		33	1,265,270,292,330,338,344,349,377,408
		34	3,8,16,24,28,43,91,94,102,129,145,149,152,189,192,196,206,217,219,233,240,271,277,316,341,361,362,376,387,430
		35	2,8,153,157,161,164,166,171,227,234,248,276,340,391,427
		36	32,109,172,211,293,322

其他名词	别称	册数	页数
極東國際軍事裁判所		37	46,208,218,222,247,268,334,364,374,380,405,411,417,425,428,430,431,438,440,448,449,456,458,464,471,517,523
		38	1,21,42,53,62,76,339,348,354,362,368,373,377,386,391,399,413,415,418,420,428,479,484,503,527,533,544,551,573,585,599
		39	1,57,78,87,93,132,146,161,166,191,196,202,205,207,213,232,238,245,252,259,265,271,275,277,289,295,298,304,307,323,339,344,353,358,360,398,424,436,449,451
		40	1,6,8,24,26,56,77,114,166,252,298,334,348,378,470,474,482,489,508,521
		41	3,98,104,106,111,117,125,129,131,168,177,184,202,213,240,250.252.257.,265,270,280,290,297,303,307,314,316,322,336,348,354,358,364,368,374,379,392,398,405,413,427,434,454,466,472,474,487
		43	1,6,10,20,33,45,50,56,61,65,71,79,80,89,95,107,176,548,560,571,574,578,582
		44	1,54,211,215,220,225,229,234,238,240,245,248,250,256,260,266,307,314,332,338,345,423,425,434,440,450,457,462,479,482,489,497,505,519,528,537,542,551,560,580
		45	1,10,20,28,32,35,94,98,105,110,121,126,133,139,146,169,188,202,218,228,234,250,397,400,408,415,421,428,433,440,494,528,540
		46	12,16,22,28,34,46,50,59,88,92,96,98,100,105,107,109,112,114,118,135,139,145,147,151,206,259,279,292,297,301,311,317,321,340,

其他名词	别称	册数	页数
極東國際軍事裁判所			354,363,366,379,388,404,437,448,456,458,460,465,470,497
		47	12,17,19,65,84,91,100,103,109,119,127,131,139,205,210,222,227,284,294,298,371,386,399,407,414,419,427,434,438,443,449,457,465,470,475,482,490,494,499,501,505,523,530,535,538,540,551,559
		48	13
		49	1,6,20,27,34,38,51,55,60,62,67,72,246,252,273,274,290,294,296,299,301,307,312,319,325,330,334,341
		50	77,78,79,88,107,166,238,239,386,422,434,440,447,452,457,462,466,469,472,476,478,481,495,515,531,540,550,556,562,567,572,577,581,586,594,599,604,605,609
極東國際軍事裁判所國際檢察部ソ聯部文書課長陸軍少佐		49	44,50
極東國際軍事裁判所裁判官		1	55
極東國際軍事裁判所總書記局		34	90,95
極東國際軍事裁判所ソ聯檢察部		47	727,728
極東國際軍事裁判所ソ聯檢察部記錄室長	ソ聯檢察部記錄室長,ソ連檢察部記錄室長	47	705,713,723,727,728
		50	238,296,298,301,303,304,307,310,313,315,317,319,324,326,328
極東國際軍事裁判所辯護團	極東軍事裁判所辯護團	37	509,518
極東國際軍事裁判辯護局		32	192,194,200,209
極東國際軍事裁判所辯護人	極東國際軍事裁判所辯護人辯護士,極東國際軍事裁判所補佐辯護人,極東國際軍事裁判辯護人	31	160
		40	478
		47	67,88,100,106,112,142,165

其他名词	别 称	册数	页 数
極東國際軍事裁判ロシヤ部文書課長		30	454
極東國際検察部文書課		11	572
極東國立海運會社	極東國営海運會社	14	13,23
極東顧問委員會		1	20
極東指揮・高級人事掛参謀將校		17	422
極東事務課		7	515
極東事務局		5	341
極東諮問委員會分科委員會		3	162,163,164,165,201
極東情勢		8	293
極東常駐ソ軍兵團		34	161
極東侵略		47	356
極東政策		2	434
		12	218
		15	566,615
		16	176,181
		47	148,153,302,306,310,362,363
		48	87
極東政府首班		11	527,530
極東戰役		25	198
極東戰爭犯罪人		1	42
極東蘇軍		14	114
極東ソ領全般ニ關スル作戰構想		34	141
極東大學		20	377
極東部長		33	460
極東佛蘭西軍總司令官將軍		27	539,542
極東米陸軍司令部		48	85
極東防衛總司令官		46	596
極東丸		13	622,636
極東問題		3	172
		7	499
		12	118
		34	279
		37	21,23

其他名词	别称	册数	页数
極東問題		42	214,322
極東問題解決策		49	224
極東利害關係國		3	378
局部的解決不擴大方針	局地解決及ビ不擴大方針,局地解決及ビ不擴大政策	3	157,212
擧國一致内閣		43	198,199,224,458,465,466,473
清野作戰	清野戰術	44	499,523
清野政策		32	243
キョンタウ収容所	キョンタウ宿泊所	22	207,234,235
キリカン収容所		22	255
霧島		13	403,460,463,470,480,562,568,576,635,637
希臘共和國大統領		2	3,8
		8	43,46,47,101
希臘國皇帝		1	68,104,114,176,187,209,221,270,324,330,353,363,465
希臘最高公衆保健委員會		1	554
希臘人		30	31
希臘問題		10	437
基督教	キリスト教,キリスト,ギリシヤ正教	6	554
		12	73
		19	250
		23	58
		27	172
		28	127,129,585,611
		31	361,362
		34	375,500
		38	562,563
		44	417
		50	486,488,489,490,494
基督教育青年會館		5	552
基督教教義		50	490
キリすと教信者		7	21
基督教青年會	基督教靑年會	7	5
		42	502
基督教青年會館		7	6
キリスト教青年會職員		7	104
基督教徒		4	545

其他名词	别称	册数	页数
基督教徒		24	113,639
キリスト教病院		26	512
基督教聯合會		7	198
ギルバート・アイランド		37	498
ギルバート人		25	117
近衛歩兵第二聯隊		12	223
近衛歩兵第二聯隊長		12	223
近衛歩兵第四聯隊長		12	164
禁煙禁毒実施	禁煙実施,禁毒実施	8	45,46,47
禁煙政策		8	125,126,128
禁煙總局	禁煙局	8	37,46,100,121,167
金買上割増金制度		14	344
金解禁		35	315
金瓜石収容所		22	428,436,446
錦旗維新本部		28	29
錦旗革命		43	526
緊急産業合理化局		14	306
輕金屬局		35	496
銀行局		4	91,293
銀行取付對策		15	240
銀行等資金融通令		14	370
キンサヨケ第一密林収容所	キンシオック第一ジャングル・キャンプ	22	172,212,214
キンサヨケ病人収容所		22	209,212,214
錦州附近中立地帯設定問題		32	564
錦州北票枝線		2	541
緊縮政策		35	324,325
		45	3,6,11,13
錦水		43	314,558
錦水樓		32	5,8,9
金製獨逸鷲大十字勳章		10	673
キンセイヨク苦力病院		22	216,217,218
金屬工業統制會		47	217
金屬統制會		35	492
金屬類ノ蒐集		13	506
金炭鎂鐵砿鑛業所		9	73
近東攻略		19	188

其他名词	别　称	册数	页　数
均等待遇		34	507,508
金ノ增產獎勵施設		35	458
金原中隊		25	103
金本位		47	303
金本位制度		35	315,331
金融界動揺防止對策		15	240
金融學會		36	295
金融協議會ノ擴充強化		15	240
金融統制		10	173
		15	29,31,215,216
金利源波止場		17	408
金陵女子大學		7	161
金陵大學	金陵大學,キンリン大學,ギンリン大學	7	8,9,12,38,88,89,91,92,101,102,103,104,118,120,129,149,161,211
		32	240
勤勞部		49	313,314
勤勞奉公法		11	563,564
勤勞報國隊		15	285

ク

其他名词	别　称	册数	页　数
グアム時間		17	455
グアム政廳		15	355
クアラ・バラットキャンプ		23	47
クアラ・ルムプル・ジャバ人キャンプ		23	563,570,597,600
クイーン・メアリ病院		39	216,229
クイーンズランド州最高裁判所	クインスランド高等法院	22	128,190
クインスランド砲兵聯隊		22	528
クウェゼリン		37	498
空軍作戰本部		10	399
空中戰		43	139
宮中派		10	24
クーデター		35	148
クートー號		7	287
宮内省	宮内官(日)	4	65,66,69,335,398,415,418,486,487,534
		17	93,154

其他名词	别　　称	册数	页　　数
宮内省		28	55
		37	209,219
		40	478
		43	192,249,256,532
		45	227
		47	647
		50	610,611,612
空母龍驤	空母艦龍驤,龍驤	32	205,206,210,211
		38	28,65
クーリッヂ號		37	19
庫倫駐在支那國大官		29	236,238,239,240,242
庫倫辨事大臣		29	237
クウキーン		37	493
クエゼリン島指揮官		39	60,61,62
衢州飛行場		6	448,450,456,457,459,461
クス・ホイントノゲリラ隊	ゲリラ隊	27	422
驅逐艦「ボープ」		45	490
クチン病院		23	200
クッチン刑務所	クチン收容所	23	128,131,172
工藤部隊		22	215
		23	543
宮内省参事官		43	181
宮内省宗秩寮總裁		17	153,154
		43	546
宮内文書課書記官		45	314
國臣貯蓄奬勵委員會		43	16
久邇宮内閣		41	11
九人委員會		3	334,337,338,349,377,378,380
クパン俘虜收容所		24	196
球磨		13	637
熊本縣知事		11	186
熊本縣立八代中學校		46	298
熊本稅務監督局		4	295
熊本第六師團長		41	4
熊本地方幼年學校		46	298
熊本陸軍教導學校長		32	422
組合制度		30	128,129
クラ・ガルフ		37	499

其他名词	别称	册数	页数
クラーマー團		24	9
クライヴ		2	204
クラウンインシールド		37	502
クラックストン		37	502
クラヌキノ國境警備隊		50	285
內藏寮		4	65
クラル病院		27	435
クランジ収容所		24	376
グリーアー號		35	242
グリーン隊		22	132
グリーンランド國民		29	524
グリーンランド合同協議會		29	532
グリーンランド聯合會議		29	524
グリーンランド元首		29	525
グリーンランド原住民	グリーンランド住民,グリーンランド土民	29	527,528,529,531,532
クリケット		32	190
クリスタルシチー収容所		26	314
クリスチャン・エンド・ミッシヨナリ・アライヤンス		16	115,116
グリプスホルム號		39	214,219,226
グルカ人		24	577,614,615
グルジヤ人		12	506,507,508,513,515
グルジン政権		12	516
クルツア運動		10	319
久留米步兵第五十六聯隊		32	422
グレイス公園		20	336
クレーヴン		37	501
グレート・ブリテン・アイルランド及グレート・ブリテン海外領土皇帝印度皇帝	英國皇帝,大不列顛聯合王國及大不列顛海外領土皇帝印度皇帝	2	3,5,32,121,153,155,169,171,205,216,227,228
グレート・ブリテン國代表委員		1	319
グレート・ブリテン駐在オーストラリア聯邦書記官		1	464,551
グレート・ブリテン駐在ニュー・ジーランド高級委員		2	156

其他名词	别称	册数	页数
大不列顛國全權委員		29	179
吳鎮守府部隊		34	254,256
グレナディア號		25	437
グロウスター・ホテル		22	301
クローズト・ドア		36	536
クロータン		37	491
黒河機関		12	135,137,152
黒河第一旅長		30	264
黒河鎮守使		30	264
グロドク収容所		23	390
グッテマラ共和國大統領		1	104,115,176,187,209,221,324,331,353,363,563,569
グワテマラ國政府		38	566
君王論		10	288
軍艦「能登呂」		30	530
軍管區司令官		25	404
		26	84,84
軍艦ゲーツイチンガ號船長		27	277
軍艦備砲口徑制限	備炮製限	3	119,134
軍刑法		44	216
軍光旭日章		4	317
軍國	軍國	4	600,667
		36	248
軍國化		41	45,54
軍國主義		1	4
		4	542,544,547,601,621,625
		5	204,223
		16	50
		28	15,64,585
		30	225,235
		41	52,53
		43	177,198,220,228,229,232,233,240,252,261,315,358,385,543,552
		45	5,13,175
		47	560,595,661
		49	255
		50	153,493
軍國主義者	軍國主義分子	3	44

其他名词	别称	册数	页数
軍國主義者		5	474
		46	365,400
軍事委員會行政院戰犯罪證據調查小隊		7	378
軍事委員會調查統計局		7	154
軍事課		4	92
		35	266
		46	287,299
軍事教育制度		30	237
軍事刑務所		26	661
軍事裁判所	軍事裁判	24	340,341,639
軍事参議會		47	557
軍事参議院		4	87,407
		15	416,451,461,481,484
		26	91
		38	511
		41	266
		47	556,564
		49	408
軍事参議院幹事長		45	259
軍事参議院議員		47	556
軍事参議院北京分會		5	566
軍事参議官		41	274
		47	556,557
軍事参議官會議		15	421,432,451
軍事思想		4	550
軍事生產統制		35	480
軍事征服思想	軍事征服,軍事的侵略征服計劃	16	407,409,410
軍事地誌局		40	507
軍事地誌部地圖局		40	507
軍事中央文書局		7	304
軍事的意義ヲ有スル出版物		13	549
軍事的侵略政策		46	364
軍事鉄道委員會		6	208
軍事同盟		15	151
		42	13,25

其他名词	别　称	册数	页　数
軍事同盟		43	282,283,291,292,296,300,301,303,328
軍事同盟促進運動		43	302
軍事獨裁		33	98,99,123
軍事獨裁者		33	96
軍事内閣		43	303
軍事分科委員會		10	613
軍事防衛同盟	防衛同盟	13	183,185,188,189,194
軍事郵便局		1	40,53,55
軍事郵便事務第十九局		7	400,402
軍需會社		35	499,545,546,547
軍需局		4	93
		37	337,338
軍縮		15	510
軍縮會議全權部		47	563
軍縮國民同盟		5	471,472
軍縮問題		49	343
軍縮論		43	57
軍需工業拡充目途算定一般要領	軍需品製造工業擴充目途算定ノ一般要領	14	382,394
君主々義		28	88
軍需省		4	25,28,29,30,31,304,437,438,458
		35	490,493,494,495,496,497,498,499,501,506,542
		36	334
		41	460
		45	151
軍需省航空兵器總局		44	221
君主制國體案		5	515,569
軍需生産計畫		14	283
軍需生産ノ管理及ビ軍需管理局		35	503
君公精神		5	13
君主專制	君主制	28	178
		44	407
軍首腦部		45	496
軍需品工場生産擴充		15	177
軍需品製造工廠		35	502

其他名词	别称	册数	页数
軍需品輸入申出		15	179
軍需部		15	543
君主立憲		42	406,407
軍司令官發陸軍大臣宛報告		42	614
軍司令部	司令部	41	192,193,204,243,246
軍事委員會		33	34,143,224,228
		35	171
軍人援護對策審議會		4	356
軍人後援會		47	266,267
		49	249
軍人後援會々長		47	267
軍人精神		28	134
訓政		33	121
軍政監督廳業務部		23	547
軍政期		2	417
軍政部		41	402
軍政府		15	367
		28	33,80,89
軍政部總務部長		45	189
軍政府組織案		5	515,569
軍政本部		15	355
軍團主義的分子		15	569
軍中央部		8	621
軍徵用船ノ固定化回避策		15	259
軍閥		33	163,167,186,187
		43	73,108,507
		46	364,401
		49	304
軍閥戰爭		33	155
軍閥封建思想		31	70
軍馬補充部		4	396
軍備計畫		15	536,538,544,545,546
		38	8
軍備充実計畫		14	394
軍備縮少會議		36	326
軍備制限會議		29	458,459

其他名词	别称	册数	页数
軍備制限國際連盟關係部主任		38	172
軍備平等權		47	330
軍備方針		15	546
軍部案		35	488
クンプ収容所		23	572
軍部大臣武官制		43	562
軍部中堅強硬派		32	107
軍部叛亂		5	260
軍法會議	軍律會議	23	104,115,131,331,334,343,358,366,372,388,413,414,636,640,645,647,648,649
		24	5,9,11,13,53,65,66,67,70,119,307,333,417,574,592
		25	7,169,170,198,241,251,297,298,301,407
		31	489
		32	467,498,503
軍法會議(副)法務官		23	620
軍法會議所屬法務局副理事		24	413
軍法會議理事長代理		23	544
軍方面ノ政務機構ヲ移管スル事		15	222
軍務課		4	92,93
		12	360
		46	280,281,285,287,299,300,313
軍務局員		46	293
軍務局軍務課長		17	235
軍務局長		44	318,319,349
		46	261,293,299,308,309
軍務局陸軍代將		1	52,54,56
軍用手票發行要領		14	548,549
軍抑留者		46	287,288,289,290
軍律會議		25	387,388,391,392,393,395,397,398,401,408,411,413
權力至上主義		41	38
軍令部	軍令部(日本),軍令局,日本海軍軍令部	4	87,406,407,421,428,444,478,479
		10	94

其他名词	别称	册数	页数
軍令部		11	630
		15	428,429,432,433,444
		17	300,301,400
		26	89
		37	338,339,340,349,350,351,352,353,355,365,366,433,449,522
		38	5,8,11,12,13,22,23,24,25,34,35,37,64,355,378,380,448
		42	293
		43	130
		45	266,467,468,472
		46	312
		47	641
軍令部作戰課		38	64,378
軍令部次長		15	427
		38	2,7
		45	310
		47	638
軍令部總長	軍令部總長(日本),軍令部長,軍令部總長官	3	675
		15	427,428,429,432,433
		17	49,305
		37	340
		38	3,35
		43	101,351,361,362,363,435,486
		44	111,124,328,468
		45	153,310,312,313
		47	542,619,632,639
		49	486,491
		50	368,522
軍令部第一部長		45	308,310
軍令部第五課		38	297
軍令部第三部長		50	582
軍令部第三部		38	3
軍令部第二部第三課		38	3
軍令部第六課長		42	123

ケ

其他名词	别称	册数	页数
惠安飛行場		6	468

其他名词	别称	册数	页数
警衛局		4	65
慶應義塾大學		47	120
慶應義塾大學細菌病理學教授		30	324
慶應大學		30	328
瓊南華美中學		6	560
瓊海關		6	560
瓊海關監督公署		6	560
計畫擴充表		14	286
計畫局		4	89
計畫経済		10	173
		15	29,31,92
輕金屬局		4	25,27
輕金屬統制會	軽金屬統制會	14	271
		47	217
輕工業		35	482
京滬鐵道		8	600
経済依存		36	189
經濟企畫會議		8	397
経済協力	經濟的協力	16	508,535,539
經濟俱樂部		36	295
經濟俱樂部中央會		36	295
經濟員警部		4	90
經濟建設委員會		19	109
經濟新體制		35	73,304,488
経済侵略主義		33	65
經濟絕交委員會調查科		32	60
經濟戰計畫	經濟戰(計畫),経済戰爭	2	334
経済戰		13	152
		15	147,149,150,151,155
		43	132,159
經濟相互依存圈		28	432
經濟提攜		2	336
経済の機會均等の原則		35	37
經濟部	經濟本部	4	90
		7	572
		35	490
經濟封鎖		33	171

其他名词	别　称	册数	页　数
經濟武裝局		10	399
経済ブロック		32	46,219
		36	106
經濟分科委員會		10	612,613
經濟連絡委員會		8	462
員警監獄學校		4	266
員警官署		4	79
員警講習所		4	89
員警署		4	90,546
員警署長會議		29	2
員警署長心得在新嘉坡和蘭戰犯調查團員	員警署長輔佐官和蘭戰爭犯罪調查班員	23	555,614
員警部		4	90
員警練習所		4	90
瓊山縣廳		6	560
形式主義		50	487
警視總監		15	278
警視廳		4	90,618
刑事部		4	90
京城監獄		50	184
京城收容所	朝鮮京城俘虜收容所	26	51
		42	493,497
		50	177
京城總領事館		7	486
京城駐在朝鮮米國總領事		7	486
京城日報	朝鮮總督府ノ日文機關紙,朝鮮總督府日文機關紙	7	486,487,488
京城病院		50	184
京城米國總領事館		7	487,488
京城龍山員警署		26	548
敬神親民上下一德		41	84,85
敬神崇祖		4	611,613,614
ケイスレイ收容所		20	46
啓德飛行場		22	278,279
京奉鐵道		31	534
警保局		4	18,19,89
警保局檢閲課		4	664
警保局長		17	92

其他名词	别称	册数	页数
刑務所		4	546
警務部		4	90
啟明電燈股份有限公司		6	560
契約思想		28	585
惠陽法院首席検察官		7	375
經理局		4	92,93
		37	337,338
桂林参議會		7	376
桂林稅土會		7	377
桂林總工會主任委員		7	377
桂林飛行場		6	468,481
ケエオノ戦鬥		27	466
ケーブ・グロスター	ケーブ	37	497,499
ゲーペーウー		49	499
芥子		7	445,447,546,547,548,549,551,552,553
罌粟		5	467,469,469
		41	310
ゲシユタ一ポウ・ハウス		24	441
ケソン市員警署		20	404,417,418
ケソン市司令部		20	419
ケヂリ憲兵隊		24	13
結核対策		15	86
血魂除奸團		2	612
血統主義		31	79
血盟團		43	253
ケテイヴ		37	492
ケニヤ人		23	282
ケネディ抑留所		26	589
ケメンダイン中國人墓地		22	98
ケモール人		23	645
ゲリラ作戦		36	402
ゲリラ部隊	ゲリラ隊,ゲリラ軍	23	69,70,74,95
		36	403
		44	235
		45	247,248,297
		46	598
ゲルマン民族		10	320

其他名词	别　称	册数	页　数
元英領北ボルネオ總督		40	263,282
權益思想		44	448
建甌飛行場		6	454,459,463,464,466,467,468,469
建艦競爭	製艦競爭	3	18
		15	534,551,552,553,554
建艦通報		3	134
現金自國船主義		28	618
健康保險出張所		4	90
健康保險制度		15	81
建國會議		5	515,516,569,570
建國公債	建國公債	7	456,465
建國神廟	建國廟,滿洲國建國神廟,建國忠靈廟,建國神廟	31	95,96,99,179,180,183,184,185,360,361,362
建國大學		31	87,390
現在ノマンデユリヤデーリーニュース		4	79
監察院		2	418,572
監察院長		2	568
檢察局調查部	檢察局調查部	16	320,332,345,352,375,378,400,429,433,566
檢察團書類		24	114,115,116,117,118,119,120,121,196,198
檢察部調查官		15	113
		16	166
現事官		41	482,483
檢事局ロシヤ部文書課長		30	454
		50	367
現實派(日本)		36	245
原子爆彈攻擊		47	545
元首		2	572
原住民		15	367,368
原住民本位		13	91
賢所參集所		41	461
潛水艦問題		49	559
元帥府		4	87,260,421
		38	511,515,516,517
憲政實法		33	116
憲政準備會		33	121

其他名词	别　　称	册数	页　　数
現地解決不擴大方針	現地解決事變不擴大方針，現地解決方針	35	460
		43	2,67
現地規定		33	439
建築課		4	92
		26	53
現地ニ於ケル軍外興三機關ノ打合會		15	223
拳匪革命		29	391
憲兵刑務所		25	235
憲兵隊指揮官		26	511
憲兵司令部		25	347,399,400
		38	496
		44	46,47,50,387,419
憲兵司令部本部長		26	180,181,182
		44	50
憲兵隊		6	30
		15	314
		36	180,183
憲兵隊監獄		26	507
憲兵隊在鄉軍人會		30	373
憲兵隊西部分遣隊拘留所		26	516
憲兵隊第十七部隊		25	71,77
憲兵隊本部		25	215
憲法		14	603
憲法改正委員會		40	11
憲法研究委員會		31	92
減俸問題		43	519
健洋丸		13	622,636
權利主義		28	583
		47	40
權利平等		34	507
元老會議		11	530
言論機關		15	224
言論報道機關與論指導		15	224

コ

五D收容所		25	416

其他名词	别称	册数	页数
五淺野セメント上機工場粉炭工廠		40	206
小磯内閣		11	629
		30	106
		42	49
		43	34,477,484,485,487
		44	471
		46	432
		47	564
		48	214
		50	595,600
小磯・米内聯立内閣		43	476
		50	595
侼		6	553
興亜		32	229
興亜委員會		4	378,390,496
興亜院		4	87,495,496
		6	99
		7	572,573
		8	34,107,121,511,512,513,514,515,518,519,556,557,558,559
		12	28
		14	135,136,137
		15	99,221
		31	487
		32	482,511
		33	293
		34	406,407,408,409,410
		43	115
		45	347,348,529
		46	83,494
		47	234,237,239,268,398,509,602,660,661,667,669,670
		49	521
興亜院會議		32	511
興亜院會議		7	573
興亜院華北連絡部		7	512

其他名词	别称	册数	页数
興亜院現地機關ノ整備強化案		15	222
興亜院事務官		45	529
興亜院政務部長		45	308,310
		47	228,238,239,268,278,292,294,295
興亜院總務長官		45	308,310,346
興亜院總務長官兼政務部長		32	507
興亜院調査官		32	478
興亜院連絡委員會		4	408,411,430,431,432,452,454,455,495
興亜院連絡部		8	559
		34	412
		47	293,294,295
興亜院連絡部官制		4	36,42
興亜院連絡部次長		7	572
興亜院連絡部長		34	412
興亜運動		5	271,272,273
		44	555
		45	349
興亜學塾		44	553
興亜使徒		12	484
興亜陣營		6	320
興亜政策		46	82
興亜對策		46	82
興亜團體		46	81
興亜團體聯合會		46	82
興亜同盟		37	327,328
		46	81
興亜理念		5	270
興亜聯盟總裁		12	500
江安乗合自動車停留所		7	20
江岸飛行場		6	479,481
公益優先		35	73
航海練習所		4	47
皇化圏		11	596,597,600,601
強姦罪		32	380,381
江漢中學		32	331

其他名词	别称	册数	页数
孝感飛行場		6	449,460,482
河磯工場		7	200
廣客人		6	553
合衆國外務部		17	489
高級参謀將校		34	283
廣九線		6	387,417,421,446,447,448,452,453,454,456,457,460,464,467,468,469,470,471,472,473,474,475,476,477,482,483,510,514
工業家ノ推薦委員會		35	488
工業機械統制會		35	491
興業銀行		5	596
工業組合制度		35	407,408
工業組合中央會		11	643
鑛業權開發計畫		14	280
工業主義		2	602
工業設備管理協會		35	492
虹橋飛行場		32	158
工業品規格統一調查會		4	352
江橋無線通信所		30	398
虹橋路共同墓地		17	414
航空機生產局		35	496
航空局		4	465
航空工業協會		35	492
航空國策		14	385,394
航空事業調查委員會		4	429,521
航空充備計畫		14	394
航空署		32	203
航空省		28	464
航空總軍司令官		49	66
航空地上部隊		34	181
航空評議會		4	45,258,259
航空兵器總局		4	25,26,27
		35	496,543
航空保安機関		11	395
航空母艦エンタープライズ		45	490
航空母艦赤城飛行隊長	赤城飛行隊長	38	43,45
航空母艦イーグル		11	389

其他名词	别称	册数	页数
航空母艦加賀		13	403,436,460,461,463,470,568,635,558,564,573,577,591,639
		38	28,43,50,54,58,65
航空保險制度		14	446
		28	463
航空本部	航本	45	352,353,354
紅軍	中國紅軍	33	154,155,156,157,158,159,160,161,163,164,165,170,171,177,178,188,190,191,193,200,202,203,205,210,212,220,224
皇軍		5	12,22,24,25,27,28,30,31,56,71,73,74,75,76,81,83,413
		6	204,238,242,243,256,334,348,365,367,368,384,414,416,418,419,424,425,426,427,428,494,505,506,508,509,512,516,517,518,541,542,546,548,580,582,583,591
		7	497
		8	632,634
		9	252,282,296,297
		11	93,98,303,401,427,432,602,619
		14	75
		15	325
		17	307
		25	553
		26	60,61,62,64,80,254,564,579,585
		28	54
		29	81,138,141,143
		32	25,54,229,492
		35	69,71
		39	180,186,188
		40	206
		43	140,145,149,159,169
		44	297,303,379,394,399,400,401,402,501,510,513,514,565,566,567,602
		46	608,609
		49	66,380
皇軍意識		44	400

其他名词	别称	册数	页数
皇軍慰問團		5	419
皇軍機關		44	400
皇軍將兵		34	391
濠軍隊		43	385
紅軍大學		33	156
皇軍道義		39	179
工藝技術講習所		4	46
高桂滋部		33	178
後繼内閣觀		43	566
攻勢防禦		33	156
公權懲戒		32	62,63,64
鑛工業總力發揮委員會		4	355
皇國	黄國	5	17,22,35,71,77,226,227,263,424
		6	212,216,217,218,219,581,582,583,585,588,590,591,592,593
		8	612,613,614,615,616,617,618
		10	171,172,173,176,177,181,182,183,184,237,256
		11	619,656,657,674
		12	56,63,71,72,73,74,79
		17	162
		19	107,108,110,223,233,236,253,254,255,256,257,259,261,265,267,268,270,272,476
		46	236,238
皇國國際航空		48	431
皇國臣民		26	60
皇國臣民		5	264
皇國政府		10	248
皇國總力戰		19	272
高裁案		50	497
公債消化促進及市價維持對策		15	207,240
宏濟善堂		7	497
		8	105,106,112,113,120,127,128,131
膠濟鉄道	膠濟線,膠済鐵道	6	205,206,208,448
		42	234,421
公債発行漸減方針	公債漸減方針	43	35,36

其他名词	别称	册数	页数
工作機械製造事業委員會		4	356
耕作許可證		22	30
礦山局		35	341,344,348,365,366,368
廣三線		6	446,452,453,458,483
鑛山統制會		47	217
鍠山本山採礦場		40	209
考試院		2	418
皇室		34	128,381,382,389
皇室令		4	275
孔子廟	文廟	31	191
高射砲第五六聯隊		14	115
濠洲一般病院		23	5
濠洲一般病院醫療部		24	469
公衆衛生國際事務局		1	583
濠州衛生隊		25	1
濠洲海軍		24	88,401
杭州-玉山-南昌-手鄉鐵道		10	595
濠洲空軍		23	439
		25	78,82
濠洲空軍司令部		24	401
濠州兵	オーストラリヤ兵,濠洲兵,濠洲軍,濠洲軍隊,濠州軍,壕軍,濠州帝國軍,英帝國濠州軍	16	396
		17	423
		22	111,112,243
		23	21,25,105,106,124,140,144,150,165,211,321,453,545,546
		24	107,117,124,190,191,196,199,207,268,271,282,458,459,460,462,464,472,476,486,487,488,490,500,507,510,511,520,523,524,535,562,582,584,586,587,594,643,644,649
		25	1,314
		27	657,658,660
		29	488
		38	565
		39	319
濠州軍 R. A. E 野戰中隊		22	24,26
濠洲軍空軍中尉		24	199
濠洲軍軍事裁判所		23	136

其他名词	别称	册数	页数
濠洲軍指揮官		23	446
濠洲軍事裁判所		27	657,671,672,658
濠洲軍將校		27	657,658
濠洲軍司令部		23	208
		24	642,645
濠州軍戰爭犯罪委員會		22	21
濠洲軍第十一師團		25	54,70
濠州軍第二四野戰豫備病院		22	242
濠洲軍步兵大隊	濠州軍步兵隊,濠洲軍步兵部隊,濠洲步兵隊	22	221
		23	75
		24	88,89
		25	138
濠州軍野戦病院指揮官		23	203
濠洲航空隊第一飛行中隊		17	422
濠州高射砲隊		13	545,546
濠州工兵隊		13	538
合衆國海軍省艦船局		50	86
合衆國極東軍法務部		20	75
合衆國軍	合眾國軍隊	20	54,170
合衆國軍艦パナイ號	米艦パネー號	16	43,44,605,620
合衆國航空母艦		50	163
合衆國政府印刷局		3	1
		17	280,294
合衆國兵員		29	544
合衆國陸軍軍事情報部少尉		29	73
合衆國陸軍情報部		19	356
濠州重砲兵隊		13	545,545
濠州人	オーストラリア人,濠洲人	23	40,54,55,56,80,109,117,136,137,138,156,157,204,400,401
		24	103,105,117,190,196,204,212,214,215,252,269,458,459,465,524,525,526,527,528,530,536,561,575,585,589,590,595,597,638,644
		25	22,422,467,497,532
		29	517
		38	565

其他名词	别称	册数	页数
濠州人		39	197
		40	293,294
濠洲人軍醫將校		23	204
濠洲政府	濠州政府,濠政府	10	249
		26	465,466
		27	638,639,640
		29	519
		46	562
		48	195,264,266
濠州戰車隊		13	539,542
濠洲戰爭犯罪委員會		24	375,401
濠州測量隊		13	539,545
濠州大使		50	72,73
濠州第八師團通信隊		22	152,160
濠州第六師團所屬濠洲陸軍連絡部隊		25	67
杭州治安維持會		8	625
濠洲軍中佐		23	132
濠州通信隊		13	538
濠州帝國軍 2/3 機関銃大隊		22	470
濠州帝國軍二/二一大隊		22	388
濠洲並英國空軍隊員		23	438
濠洲ノ勞務者		23	187
濠洲防備計畫		46	597
濠洲步兵大隊		24	204,458,465,532
濠州野戰聯隊所屬濠洲軍		22	125
濠洲陸軍		23	209,211,294
		24	88,248,249,266,267,283,459,584,611
		25	6,54,77
濠洲陸軍官憲		27	671,672
濠洲陸軍看護隊陸軍大尉		23	5
濠洲陸軍看護婦隊		22	473
濠州陸軍軍醫部隊	濠洲軍軍醫部	22	133,214
濠洲陸軍輜重隊第八師團		24	465
濠洲陸軍將校	濠洲陸軍士官	23	212,213,214,215,216,217,218,219,220,221,222,223,224,225,294,297

其他名词	别称	册数	页数
濠洲陸軍將校		27	671
濠洲陸軍司令部陸軍歷史課		23	209
濠州陸軍第八師團通信隊		40	257,276
濠洲陸軍部隊		24	586
濠州聯邦政府		13	530
濠洲聯絡事務局		27	640
公主嶺分隊		44	420
公主嶺獨立守備隊司令部		30	378
琿春縣長		30	277
工商學聯合會		32	89
工場事業場使用收用令	收用法	14	309,310
廣昌飛行場		6	467,469,470
高城飛行場		6	479
後進工業國		36	306
廣信公司		12	148
康生院		8	424
公正會		43	559
厚生局		35	496
廣西軍		6	319
厚生省		5	167
		15	190,249,284,285
		17	105
		25	623,624
		26	31,40
		41	444,467
		43	285,290
厚生省衞生局長		43	96
厚生省勤勞局長		43	96
厚生省第一復員局		48	257
厚生省復員局文書課長		50	471
更生新支那		6	270,292
更生新支那トノ関係ヲ調整スヘキ根本方針ヲ中外ニ闡明		16	88
公正ナル分ケ前		34	507
廣西派		33	176
廣生藥房		8	58

其他名词	别称	册数	页数
交戰權		43	371
抗戰建國		6	319,322,345
抗戰聲明		6	484
抗戰體制		6	318
皇祖天照大神		34	397
控訴院		4	546
		15	266
公族		4	65
皇族		29	83,84,133
皇族會議		4	65
拘束的國際協定		16	139
皇族內閣		17	148,158
		43	378,380,386,387,406,407,408,460,466
		47	251
皇祖皇宗		4	596
		6	581
江蘇省政府		32	74
江蘇治安維持會		8	628
公大紡績廠	公大(日本紡績工場)	8	607
		16	251
公斷委員會		32	61
廣地域経済主義		11	593
興中會		2	607
興中公司		8	593,594,597,609
		43	26
公聽會		36	382
黄聽飛兵營		27	460
交通課		4	92
交通銀行		6	273
		7	228,259
交通事業調整委員會		4	301,355
交通省		12	631
交通大學	交通大學	30	393
		32	565
交通破壞隊		33	196
交通部		19	384
交通部大臣		43	175

其他名词	别称	册数	页数
江貞		6	414,506,568
皇帝		12	482,485,487
		30	566
		34	118,119
		41	19
公定價格制		35	474
公田代耕		33	158
皇道		5	23,24
		6	220,222,240,245
		10	272
		19	253,256,266
		34	377,378,380,381,382,383,384
		41	40,45,77,96,127,223,230
		44	417
皇道一體主義		6	239
皇道外政		5	401
皇道國家		46	87
皇道思想		34	383
皇道主義		30	97,98,99
皇道政治		5	20
		28	596
皇道精神		5	585
		34	391
		35	66
皇道宣佈		13	73,75
皇道派		49	15
皇道翼贊會		28	250
皇道翼賛青年聯盟		5	293
康得五年度為替計畫		8	370
康得報		6	29
江南鐵道		8	600
興南分遣所		42	486
抗日	抗日思想,抗日排日	6	245,263,270,298,319,414,415,417,418,419,422,493,505,508,509,510,511,512,514,539,540,545,547
		7	216
		10	256
		11	13,16

其他名词	别　称	册数	页　数
抗日		16	19,79,88
		23	345,351,352,353
		28	473
		29	19,137,138,139
		30	469,521,528
		32	25,29,55,94,157,216,223,228,229,551,552,563
		33	6,30,69,95,131,157,165,166,170,194,195,198,200,201,205,209,211,212,213,219,220,222,232,294,295,296
		34	448,449,451
		35	55
		41	225,226,227,228,233
		42	103,192,207,208,230,232,275,326,333,438,555,556,581,604,608
		43	131,140,159
		44	581,588,601
		45	320,328
		47	290,291
		48	16
		49	262,346,350,352,364
抗日意識	抗日精神	3	568
		6	317
		31	495,580,628
抗日運動	排日抗日運動	4	629
		29	4
		33	170,218,219,294,296
		42	192
		44	602
		49	262
抗日會		30	502,528
		33	209
抗日合作		33	188
抗日義勇軍		33	188,203,210
抗日救國	抗日救國運動	11	617
		13	78

其他名词	别称	册数	页数
抗日救國		33	198,199,201,203,204,205,206,211,213,220,231,232,233,237
抗日救國聯合戰線		32	93
抗日共同戰線		33	201
抗日軍隊	抗日軍	6	426
		33	7,232,233
		44	602
抗日紅軍		33	220
抗日國民政府		6	270
抗日策動		47	290
抗日策謀		16	65
抗日参加分子		33	208
抗日自衛戰爭		33	229
抗日支那軍		6	518
抗日主義		33	95
抗日蔣政權		6	243
抗日人民戰線運動		30	151
抗日政策	排日抗日政策	3	553,566
		34	438
		42	94,227
		47	291
抗日政府	抗日政權	33	202,210
		34	35,448,457
抗日勢力		46	608
抗日戰士		33	213
抗日戰爭	抗日戰	33	157,204,219,220,221,233,234,297,302,307
抗日戰の一周年紀念日		33	301
抗日戰備		6	204
抗日先鋒隊		33	194
抗日團體		30	521,528
		31	549,551
抗日排貨政策		47	290,291
抗日反蔣勢力		33	201
抗日武裝隊		33	209
抗日武裝鬥爭		33	221
抗日滿政策		16	80

其他名词	别称	册数	页数
抗日民族統一戰線	抗日民族線，中國抗日統一戰線	33	206,207,208,221,224,233,234,295,296,302
抗日容共		43	169
抗日容共軍		45	326
抗日容共政權		6	432
		45	327
抗日容共政策		6	268,440
		32	54
		33	141
		34	32
		42	235
		45	319
		49	383,400
抗日理論	抗日論	34	439,440
抗日聯軍西北臨時軍事委員會		33	222
抗日聯合		33	205
抗日聯合軍		33	157,166,179,205,208,209,210,212,219,220
抗日聯合總司令部		33	205
工農紅軍革命軍事委員會		33	188
工農團體		33	203
合肥飛行場		6	447
工部局		34	461
降伏文書		1	13,16,38,40,53
公平、忍耐、及び相互的好意ノ原則		15	601
神戶庶務部		31	183
工兵第四及ビ十五聯隊		15	310
神戶華僑		36	141
神戶收容所		23	22
神戶市蘭木橋員警署附屬代用監獄		26	551
神戶第三號收容所		25	309
皇謨		41	30
航母エンタープライス		25	403
弘報委員會		6	32
弘報處		31	365

其他名词	别　　称	册数	页　　数
弘報政策	弘報ノ政策	31	361,364
江北工業公司		32	511
閘北収容所		26	525,526,651
黄浦軍官學校		44	472
抗滿		16	79
紅卍字會	紅卍會	5	560
		7	123,161
紅卍字會南京分會		7	154
興民新聞		5	233
工務局		4	337
河本巡察隊		2	519
香焼島造船所		26	44,63
廢約促進會準備會		32	71
紅葉館	紅葉	16	515
		29	116
		43	263,575
公用徵收權		2	140
高要飛行場		6	463,464
衡陽飛行場		6	453,471,478,482,567,575
濠陸伍長		40	210
功利思想		33	62,63
功利主義		4	603
		47	179
小賣商人		32	64
公立青年訓練所		4	572
江崚縣長		32	451
講和條約		47	321,581
媾和問題		46	432,433,434,435
江灣軍事刑務所		25	237,239
港灣經營機関		16	71
江灣収容所	江灣俘虜収容所,カイングアン俘虜収容所,中國江灣収容所	25	178,186,229,291,292
		27	25,29
港灣諸事業ノ綜合的統制		15	97
コエパング飛行場		24	252
コーア		37	490
高加索人種		12	517
コーカレイク憲兵隊		22	37

其他名词	别称	册数	页数
ゴードン・ハイランダー部隊		22	470
コーナー		37	501
コール倶樂部		50	214
吳海軍訓練所		27	30,36
吳海軍工廠		50	112,121,122,124,130,133,136
コカイン		7	505,540
		8	102,122,124,137
五ヶ年經濟計畫		8	456
古賀聯隊		41	9
胡漢民派		33	176
五籽収容所		22	110
國軍	國軍	7	139
		34	126
國語		4	592
暹羅國皇帝		2	3,11
		16	85
國際赤十字	赤十字國際委員會,國際赤十字委員會	7	83
		19	1
		23	275
		25	205
		26	260,263,285,286,301,341,395,396,494,504,509,583,608,610,637
		27	40,41,42,49,53,55
		40	311,312
		50	181,187,189,190,523,526
國際赤十字社情報局		27	48
國際阿片會議議長		1	397
國際阿片會議書記		1	397
國際阿片問題ニ關スル政府顧問		1	571
國際安全委員會		42	357
國際衛生事務局エジプト國政府委員		1	553
國際衛生事務局ポーレンド國政府委員		1	553
國稅課		4	297
國際観光委員會		4	320,323,326,486
國際監察部		5	327,672,673,686

其他名词	别称	册数	页数
國際監察部ソ聯文書科長		13	143
國際汽船會社		49	168,169
國際救濟委員會		5	547
		7	161,217
國際競技場		3	168
國際共産黨員		16	82
國際協調主義		49	343
國際協力政策		3	483
國際軍事裁判所書記長		10	499,501,515,526
國際軍法會議		12	179,222,233
國際決濟銀行		2	646
國際検察官		47	13
國際検查團	檢查團	14	73
國際検察團		47	12,13,18,25,55,56,76,79
國際檢查團中國檢察官事務所		7	340
國際検察局支那語課		7	373
國際検察部ソビエート部	國際検察部露西亜部	12	88,89,122,123,159,160,161
國際檢察團文書課長		46	129,134
國際檢察團和蘭部		24	189,284
國際檢察部	國際檢察局,國際検察團,國際検察部,國際裁判檢事局,總司令部國際檢察部,Investigation IPS,I. P. S	5	448,450,452,454
		6	114,596,603,606,608,611,614,617,620,622,625,628,630,632,634,637,641,644,647,650,652,656
		8	35,259,276,277,278,301,302,403,405,411,427,428,467,469,473,474,502,523,563,566,620,636,651,666,667,672,673,688,694,695,709
		10	32,88,92,111,122,128,211,213,231,252,257,277,292,296,298,304,308,311,334,548,556,619,623,646
		12	53,58,59,68,76,85,185,351,361,377
		13	13,645
		14	89,90,525,579,591,631
		15	102,112,114,115,157
		17	104,106,173,195,216,258,291,294,439,468,481

其他名词	别称	册数	页数
國際檢察部		19	3,115,122,146,156,159,168,173,185,194,197,200,211,219,280,290,318,324,327,335,346,348,354,356,361,472,473,478
		24	85,473,474
		25	200,279,533,535,541,547,550,556,565,679
		26	6,10,14,37,43,46,54,58,65,77,81,85,136,150,153,157,160,161,163,165,167,175,177,186,617
		27	23
		28	93,101,176,217,260,282,293,303,308,330,363,289,325,354,355,372,378,380,381,386,397,429,430,440,468,471,479,487,636
		29	20,23,24,25,27,29,79,621
		30	415,419
		31	62
		35	5,6
		42	272,276,280,284,447,448,470,471,472
		44	392
		45	27
		45	201,214,340,345,351,355,479,484,487,491,493,500,502,503,507,510,513,516,519,523,526,542
		46	226,227,286,291,446,607,610
		47	296,698
		49	355,378,390,391,423,496,593,636
		50	19,24,67,70,74,88,166,177,192,193
		11	3,36,101,178,182,223,224,248,255,292,309,310,350,432,482,509,523,524,555,576,577,585,614,680
國際検察部和蘭代表		23	269
國際検察部執行官		5	379
國際検察部ソ聯部文書課長陸軍少佐		49	44,50

其他名词	别称	册数	页数
國際檢察部調查員	國際檢查部調查員	6	604,606,608,611,615,618,620,623,625,628,630,632,634,637,642,645,648,650,653,657
		11	4,37,248,351
國際檢察部調查官	國際檢察部檢事,國際検察部調查官,國際検察部調查員,國際検察部検查官,IPS Investigator,I. P. S調查官	10	33,89,93,111,123,129,212,213,232,253,278,296,299,305,309,311,335,549,557,647
		11	101,178,223,224,432,482,586,615,681
		12	54,69,77,186,362,378
		13	156,174
		17	40,72,84,90,104,155,176,195,217,235,468
		19	220,345,348,353,356
		29	21,29,144
		30	416,420
		42	277,281,283,470
		45	215,314,341,345,351,355,479,485,487,491,493,501,504,508,511,514,517,520,524,527
		47	297,698
		49	354,367,368,372,379,388,396,413,548,637
		50	19,68,71,75,385
國際檢察部調查部		5	559
國際檢查部調查課長		17	141
		29	21
國際檢察部佛蘭西課		27	430,431
國際検察部文書課	國際檢查部文書科	11	572
		28	487
		49	392,480,496,582,593,604,607,611,614
國際檢察部文書課長	國際檢察團文書課長	11	620
		45	68
		49	582,593
國際檢察部文書複寫係長		49	496
國際檢察部露西亜課		11	523

其他名词	别　称	册数	页　数
國際検察部ロシア文書課長		13	2,9
國際檢查部和蘭課		19	361
國際檢事團		37	518
國際檢事班中國檢察官辨事處		7	338
國際抗日統一戰線		33	303
國際公法		43	212
		47	172
國際公法運犯		29	182
國際裁判所	國際法庭	29	575,576
國際支拂ノ均衡		35	307
國際司法裁判所長		19	1
國際事務局		2	106
國際主義		13	169
		28	586
		30	222
		48	399
國際情勢領事官員		34	194
國際條約		24	101
國際審查委員		1	73,74,75,128
國際審查委員會		2	349
國際親善		49	453
國際親善政策		16	409
國際新秩序		48	399
國際赤十字委員會委員長		25	539
國際赤十字社		1	49
國際赤十字代表	國際赤十字會委員會	38	553,557,561,566
國際秩序ノ根底ラナス基本原則		16	50
國際中央大學		16	122
國際調停委員會		47	309
國際通商無差別問題		48	136
國際帝國主義		33	161,169
國際的侵略行為		16	39
國際反戰デー		33	166
國際法	國際法規	14	2
		16	1

其他名词	别称	册数	页数
國際法		24	305,463,489,491,495,496,514
		29	515,568,569,572,574,607,609,619,620,621,625
		30	11
		32	461,490,497
		43	412
		44	213,331,485
		47	503,639
		48	165,172,180,183,184,211,212,233
		50	21,521
國際法學會		1	181,357,363
國際法學者		16	311
		47	636
國際法規慣例委員會		50	521
國際法協會會議		29	624
國際法庭		44	384
國際輸出會社		7	84
國際輸出入會社		7	187
國際聯合加盟國		29	603
國際聯合原子エネルギー管理委員會		1	34
國際聯合戰爭犯罪委員會		23	445
國際聯盟	國聯,聯盟,國際联盟,國際連盟,聯盟總會,國際聯合,國際聯合會,國際聯合總會	1	34,35,37,41,49,308,309,321,463,464,465,466,480,481,483,542,550,552,554,555,565,567,568,569,570,571,572,580,584,607,608,610
		2	5,6,7,9,10,11,30,31,48,49,50,51,54,55,56,58,65,136,137,156,171,228,230,353,419,432,433,549,550,631,637,640,641,644,655
		3	150,162,186,199,201,207,260,268,273,274,277,281,282,286,287,289,293,294,295,296,297,302,303,304,309,322,323,325,326,337,340,341,343,344,350,353,354,355,359,371,373,383,388,391,398,399,400,405,416,417,418,419,421,422,423,424,

其他名词	别称	册数	页数
國際聯盟			425,427,428,436,437,441,462,469,483,484,498,500,506,508,512,522,526,529,523,524,530,531,532,541,543,545,548,567,582
		4	388,428,506
		5	7,18,48,66,90,304,325,326,388,427,583
		6	86,90,122,216,248,304,306
		7	515,537
		10	506
		11	44,47,51,59,70,185,198
		13	168
		14	499
		15	473,510,586,602,603
		16	595
		16	595
		17	492,503
		28	107,117,142,155,159,160,169,172,226,317,318,327,415,416,586
		29	214
		30	131,183,187,191,331,334,406,484,568
		31	5,8,11,45,208,214,225,243,244
		33	63,108,195
		35	53
		38	199,248,487
		40	349
		41	6,7,11,26,27,37,64,66,71,77,102,134,135,153
		42	92,161,213,214,267,269,343,593,601,618
		43	200,212,213,235,236,288,304
		44	333
		47	300,315,336,483,484,562,563,569,654
		48	337
		49	189,247,439,444,452
		50	432

其他名词	别称	册数	页数
國際聯盟阿片諮問委員會		7	561
國際聯盟會議		3	169
		12	223
國際聯盟極東阿片吸煙取締調査委員會	阿片吸煙管理調査國際聯盟委員會,阿片吸煙統制調査國際聯盟委員會	31	225,233,235,240,243
國際聯盟軍縮會議準備委員會		12	223
國際聯盟公報		29	467
國際聯盟支那調査委員會		30	374
國際聯盟事務局	國際聯盟事務所	1	480,481,542,611
		2	106
		31	214,215
		42	118
國際聯盟事務局阿片管理部長		8	150
國際聯盟事務總長		1	479,480,481,550,583,590,591,596,601,602,603,606,607,608,609,610
		2	392,396,405,547
		7	490
		31	214,215
國際聯盟諮問委員會	諮問委員會,極東諮問委員會,諮詢委員會	3	152,160,164,165,199,265,372,408,411,412,413,414,430
		11	44,46,47,51,66,72,78
		16	32
國際聯盟諮問委員會決議		16	32
國際聯盟常設軍事委員會		45	442
國際聯盟總會	聯盟總會	1	549
		2	99,100,107,420
		3	144,161,175,199,469,566
		16	18,42
		30	484,517
		31	2
		47	381
		50	9
國際聯盟第六回總會		1	464
國際聯盟第六回總會チリ國主席		1	464

其他名词	别称	册数	页数
國際聯盟帝國事務局次長		1	465,555,569
國際聯盟保健委員會		1	469,470,583,590
國際聯盟ポルトガル國事務局長		1	571
國際聯盟理事會	聯盟理事會,理事會	1	469,474,475,477,479,480,542,559,560,607
		2	92,93,94,95,96,97,99,100,104,106,107,135,136,138,392,631,643
		3	175,375,517,522,548
		6	87,307,610
		15	578,581,584,585
		16	63
		29	622,623
		30	441
國際聯盟理事會議長		2	549
國際聯盟臨時總會	國際聯盟總會臨時會議	47	483,489,563,564
國際検察部文書課		50	193,210
國策會社		8	569
		35	299,529
國策會社		19	380
國策研究會	民族問題委員會	11	625,627,628,632,634,638,640,642,645,652
		16	284,288,289
		47	12,552,567
國策研究會事務局		11	634
國策研究會事務局長		11	625
		16	288,289
國策研究會出版所		11	645
國策研究會總務局		11	645,647,652
國産自動車採用主義		14	444
國産振興委員會		4	324,325,339,340,341,367,521,534
國史		4	592
國爾府		44	408
國史編修準備委員會		4	303
國務省臨時調査情報部調査拔萃課		35	480
國書出版局		30	55
ゴク神社		13	485

其他名词	别　称	册数	页　数
國粹		4	600,601
國粹會		49	371
國粋會		5	228
國粹主義		4	597
		31	366
		41	52
國粹主義者	國粹主義者	15	105
		19	456,457
國勢院		36	34
國體		4	603,610,611
		6	581,584
		10	172,294
		15	31
		28	492,493,494,592,597
國體主義		45	161,263
國體精神		28	596
國大全國大日本主義同盟		5	232
國體明徵		28	492,494,597
國體明徵派		28	492
國體論		43	527,528
極東カザック大祭日		12	561
極東漁護局		12	97
極東軍人同盟		12	474
極東國際軍事裁判検事局ソヴェート部文書課長		50	331
極東國際軍事裁判所檢察官補助官		50	343
極東國際軍事裁判所蘇聯邦検察官	極東國際軍事裁判所ソ聯検察官	12	257,262,264
極東國際軍事裁判所ソ連檢察官補佐官大佐		50	333
極東國際軍事裁判所ソ聯檢察部記錄室長陸軍少佐		50	296,298,301,303,304,307,310,313,315,317,319,322,324,326,328,329
極東國際軍事裁判所ソ聠檢察部次長		50	345,358,359,360,361
極東國際軍事裁判所蘇聯邦代表		12	190,198,199,200

其他名词	别称	册数	页数
極東國際軍事裁判所ソ連補助檢察官	極東國際軍事裁判ソヴェト連邦補佐檢察官	50	281,291,344
極東作戰計畫		12	131
極東反共自治政権		12	262,531
極東部長		19	175
國土開發計畫		10	174
國土局		4	18,19
國內革新論		43	23,24,27
		47	264
國內財政政策		14	347
國內取締		15	181
國內勞務		15	181
國內勞力問題		49	313
國難教育社		33	175
國府漢口外交部		6	474
國別報復主義		19	208
國防委員會		33	34
國防會議		33	231
國防強化促進令		36	53
國防軍		33	123
國防軍最高司令部		10	398
國防軍最高司令部長官		10	399
國防軍作戰本部		10	399
國防軍參謀本部及陸軍參謀本部		14	92
國防計劃	國防計畫	15	445,451,458
國防経済		10	173
國防國家體制	國防國家，高度國防國家體制	10	172
		15	28,30,73,84,89,94
		19	265
		35	69,71,74
國防產業及非國防產業		35	484
國防參謀本部		14	94
國防自主権		15	509
國防省一等事務官		2	60
國防人民委員部中央総局		12	318
國防政府		33	166,167,168,169,179,203,204,205,208,209,210,212,219,220,232

其他名词	别称	册数	页数
國防政府施設綱領		33	213
國防統一軍		33	157
國防婦人會		15	8
國防方針		15	446,477,480,487,489
國防補充計畫		15	479,480,482,489,492
國本社		5	230
		49	433
國本新聞	國本(雜誌)	5	230,231
國民運動		5	414,419,617
		34	433
國民皆兵		4	595
國民革命		2	427
國民革命外交		32	90
國民革命軍		32	90
		33	224
國民學校教員不足對策		15	271,273
國民記念碑		7	200
國民義勇隊協議會		4	498
國民教育省		10	560
國民基督教會議		7	178
國民勤勞訓練所		15	283
國民勤勞奉公制度		49	313,314,315
國民軍		2	478
		44	592
		47	312
國民經濟研究協會		35	392
國民再組織運動		43	311
國民參議院議員		24	13
國民自衛軍		6	654
國民使節		33	141
國民思想		29	142
		34	390
國民思想ノ健全化		16	98
國民自由運動		14	124
國民主義		2	421,423,446,449,455,457,558,606,607,608,609,634
		32	85
		47	311

其他名词	别称	册数	页数
國民職業指導所		4	90
		15	283,284,285
國民職業能力申告令		15	273
國民新聞		11	523,524
		30	296,298
國民新聞社		11	524
		41	112
國民生活安定方策		28	463
國民精神		28	18,66,418,419,422,423
國民精神作興ノ爲執ルベキ方策		15	270
國民精神總動員		29	140
		47	98
國民精神總動員委員會		4	329
		41	119
國民精神總動員委員會委員長		41	118
國民精神總動員運動		41	118
		43	159
國民精神総動員実行委員會		43	154
國民精神總動員中央聯盟		41	119,120
		43	154
國民精神法動員委員		43	130
國民政府	國民黨政府,中華民國國民政府,支那政府,國民黨國民政府,中國政府,民國政府	1	29
		2	417,427,444,446,468,499,580,646
		4	629
		5	334,312,495,502,503,504,505,508,509,533,566,567,568,572
		6	122,124,125,159,161,223,263,264,268,293
		8	163,517,536,568,578,581,582,621,625,647,649,697
		9	358,360
		11	49,50,56,57,58,59,63,64,66,76,222,273
		15	332
		19	243
		30	174,300,304,306,501,505,506,539

其他名词	别称	册数	页数
國民政府		31	3,520,615
		32	90,91,222,310,511
		33	4,5,11,22,25,42,43,47,48,67,68,115,116,118,125,127,128,139,141,142,143,145,147,150,186,188,195,196,224,228,271,279
		34	432,433,435,438,444,454
		42	118,119,120,122,124,125,128,130,131,188,207,219,239,247,278,438,593
		43	140,267
		44	592
		45	319,525
		46	606
		47	291
		49	356,357,363,364,366,398
國民政府行政院長		42	219
國民政府軍事委員會		8	123
國民政府軍事委員會北京分會代理委員長		30	473
中華民國國民政府主席	國民政府主席	2	3,6,407
國民戰線		5	416
國民全體會談		16	196
國民總動員研究委員會		15	7,19
國民大會		33	116,124,126,130,231
國民體力審議會		4	237
國民體力法		15	83,88
國民徵用		15	177
國民貯蓄委員會		43	152
國民貯蓄運動		43	26
國民貯蓄獎勵委員	國民貯蓄獎勵委員會	43	26,130
		4	302,328,330,331,332,355
國民貯蓄獎勵官		4	91
國民貯蓄獎勵局		43	16,26,154
國民黨	中國國民黨	2	416,417,419,421,425,426,427,442,444,445,457,468,470,483,484,564,606,607,608,609,613,614,615,617,646

其他名词	别称	册数	页数
國民黨		3	255
		5	373,504,508,532,617
		6	319
		7	35,352
		8	417
		10	601
		14	125
		28	337,512
		30	151,174,501
		32	85
		33	6,7,11,12,13,18,21,22,23,26,67,94,97,98,99,100,116,119,120,121,160,161,162,166,167,168,170,174,176,179,187,188,222,233,189,191,193,195,196,199,202,222,225,226,228,230,237,295,296,297
		34	445,447
		41	225
		43	72
		45	328
		47	231,234,235,285,286,289,290,291
		49	383,385,399
國民黨員		33	47,98,164
		34	438,439,451
國民黨右派		33	225
國民黨軍	國民黨軍隊	2	443
		14	125
		33	194
國民黨軍總帥		30	180
國民黨軍閥		33	187,192,193
國民黨首領		30	304
國民黨政府	國民黨政權	8	575,567,569,575
		11	610
		28	210
		30	171
		33	161,187,195
		42	572
國民黨政府首席		30	180

其他名词	别称	册数	页数
國民黨全國代表大會	國民黨全國大會	33	11,26
國民黨總裁		34	435
國民黨中央宣傳部		33	175
國民黨黨部	國民黨中央黨部	31	613
		34	435
國民黨臨時代表全國大會	國民黨ノ臨時全國代表大會	33	7,12
國民黨牢獄		33	189
國民内閣		47	314
國民農民黨		1	31
國民革命軍第八路軍		33	297
國務院	國務院(滿洲國)	2	572
		28	464
		30	581
		40	486
		50	246,265,276
國務院總務廳		4	299
		50	245,246
國務院總務廳長		50	252,267,268,277
國務院長		50	246
國務院長官		50	249
國務卿		35	152
國務次官ウェルズ覺書		37	30
國務省		2	163,166
		5	361,365,368,496
		7	163,197,198,217,218,219,241,243,244,245,250,251,272,274,275,276,281,282,304,437,480,515,559,560,563
		8	21,25
		11	199
		15	576,590
		16	9,10,33,42,152,187,190,240,355,413,421,469,567,603
		17	102,447,499,508,523
		34	312,501,502,503,511
		35	24,43,47,94,178
		36	11,12,13,14,15,19,108,190,191,194,199,201,221,229,232,263,276,

其他名词	别　称	册数	页　数
國務省			284,291,377,380,381,388,412,424,487,513,517,562
		37	174,175,207,209,217,223,252,253,272,306,322,331
		45	174,175,178
		47	627
		48	65,66,262
		49	259,582,593
		50	171
國務省極東事務局		17	490
國務省極東部		37	41
國務省發行新聞記事		16	112
國務大臣		34	392
		35	491,514,515,516,517,518
國務大臣秘書官		41	484,485
國務長官		34	333,485,494,501
國有財産課		4	91
國有財産調查會		4	317,319,327,367,522
國洋丸		13	622,636
國立公園委員會		4	320
國立戰爭犯罪搜查局		23	478
國立第一病院	國立東京第一病院	34	400,431
國立中央歷史記録局		12	628,634
國立東京第一病院小諸分院		45	537,540
國立北京大學		28	259
黑龍會		5	228,229,234
		11	531
		12	154,473
		39	217
黑竜江艦隊		12	145
黑龍江省軍	黑龍江軍,黑軍,黑龍江軍隊,黑龍軍	2	527,531
		30	393,394,395,396,397,398,399,401
		45	52,54,55,56,59
黑龍江軍参謀長	黑軍参謀長,黑龍江軍参謀長	30	399
		45	56
黑龍江省首席代理	黑龍江省首席代理	30	394,396
		45	53

其他名词	别称	册数	页数
黒龍江省政府	黒龍江省政府	2	529
		30	396
		45	53
黒龍江省長	黒龍江省首席	2	526,530,544,559,560,563,566
		30	393
黒龍江省督軍		30	352
黒龍江省屯墾軍		2	530
黒龍江省呼倫貝爾代表		2	563
黒龍鐵道	黒龍鉄道	30	468
		44	363
互惠関係助長政策		16	409
互惠求償主義		34	38
互惠主義		10	564
		26	644,647
		48	217,397
互惠通商協定		36	316
互惠平等		33	126
		47	673
護憲運動		11	589
吳憲兵隊		44	46,47,49,50,51
滬杭南鉄路		49	370
滬抗甬鐵道		8	600
故國會		33	203
護國神社		13	558
護國同志會		43	513
滬西第二集團生活所		26	568
小阪部隊		23	302
コサック隊	コサック同盟	12	474,478
五三國恥		32	66
固始飛行場		6	458
湖洲會館		30	530
湖州飛行場		6	459
梧州飛行場		6	446,454,469,479
五種共和政府		5	677
五相會議		11	1,2
		34	344,431,434,436,449
		47	415,416,594
五相會議連絡委員會		45	339

其他名词	别称	册数	页数
吳淞収容所	吳淞俘虜収容所	26	516
		32	98
互助敦睦		19	328
個人主義		4	603,605,614
		10	319,427
		19	266
		27	27
		28	501,552,571,592,593,630
		29	60
		30	98
		45	160,263
		47	174,176,190
コスイン隊		24	291
コスタ・リカ共和國大統領		1	563,567
コスタリカ政府		38	566
固成飛行場		6	458
虎石臺中隊		32	558
		42	560
		45	42,66
御前會議	御前會談	10	233,234,252,537,544,547,548,670
		11	210,221,222,344,346
		16	299
		17	1,2,6,10,37,49,50,91,92,95,110,118,123,129,130,135,136,139,140,148,149,150,156,157,158,159,167,168,173,179,196,207,216,250,345,316,317,322,323,324,326,328,355,356,473,487
		30	6,7
		46	308,312,482
		47	242,246,248,252,256,257,258,260,269,270,541,545,546,605,608,612,616,621,629,630,632,664,686,690,691
		50	69,405,418,568
古船解體優秀船建造計畫		30	124
		6	605
		30	330

其他名词	别称	册数	页数
五族協和		41	16
コタ・ツヂエイン監獄	コタトジヤネ収容所	24	117,141,143
コタ・ッヂエーン軍政部		24	142
コタ・バルー飛行場		17	418
呉第一特別陸戰隊	呉一特	24	476,480,481,482,488,490,499,500,501,502,505,506,507,508,511,512,513,515
古代キリシヤ		10	319
五臺山小學校避難者収容所	五臺山小學校避難所,五臺山小學避難民收容所,五臺山小學校避難民本部	7	107,231,235,236,262,266,267
コタバト飛行場		20	44
コタラヂヤ陸軍病院		24	124
吳鎮守府参謀長		45	492
國會	米國國會,國會(美國)	27	1
		36	20,155,157,162,246,248,376,377,378,379,380,393,399
國會議員		2	122
		10	34
國會臨時議會		36	155,246
國家改造		28	47,89
國家學會雜誌	學會雜誌,國家學會	30	54,61,63,67
國家管理制度		35	74
國家機関協和會		12	481
		50	243
國家檢察部		3	679
國家建設委員會		2	566
國家財政統制會		35	492
國家産業主義		28	258
國家社會主義		5	431
		10	387
		28	42,88
		43	218
		49	442
國家社會主義革命		10	320
國家社會主義者		10	505
國家社會黨		8	649
		33	13,100,119

其他名词	别称	册数	页数
國家主義		2	516,640
		3	250
		4	667
		5	199,201,228,230,232,234,414,415,613,618
		6	243,245
		19	16,406,409,433
		28	42,88,142,145,159,172
		29	60
		30	40,51
		34	77
		47	177
		48	20,399
國家主義者		19	448
國家主義派		33	175
國家絕對主權		10	322
國家總動員	總動員,國民總動員	5	28,29,77,78,79
		15	3,5,6,7,8,12,13,14,15,17,18,19,20,21
國家總動員會議		14	576
		35	487
國家總動員上緊急諸政策の強化		42	595
國家總動員上緊急ヲ要スル諸政策調查		14	579
國家總動員審議會		4	301,354,408,410,432,433,458
國家總力		10	171
國家總力戰		46	606,607
國家組織法		44	407
國家的消費節約運動		43	162
國家的超非常時		16	634
國家奉仕		4	612,615
		10	172
國旗問題		34	449
國境委員會		33	372,373
國境劃定委員會	國境確定委員會	11	292
		47	476,573,657
國共合作		33	226

其他名词	别称	册数	页数
國境軍	國境部隊	24	625,627,630
國境守備隊	國境警備隊	14	139
		33	384
		34	25
國境小銃部隊 1/13		24	606,611
國境處理委員會		47	410
國共相剋		6	320
國境紛爭	國境紛擾	34	208,283
國境紛爭處理委員會	紛爭處理委員會,國境紛爭委員會,蘇滿國境紛爭處理委員會	34	34,46
		47	410,476
國境紛爭防止	國境紛爭絕對防止	34	198,199,200,201,202
國共分裂		33	226
國境問題		34	343
コックウ收容所		24	376
國系通貨動揺防止對策	國系通貨價值維持對策	15	206,239
國權恢復		4	629
國權報社長		31	613
國光	日本紡績工場	8	607
國交恢復		33	119
虎頭國境守備隊		41	253
湖南時局		46	334,335
湖南省主席		42	294
湖南前線報道班員		32	412
湖南問題		46	334
滬寧鉄路		49	370
産業開發五ヶ年計畫	産業開發五年計畫,産業振興計畫,産業振興五ヶ年計畫,五ヶ年計畫,五年計畫,滿洲五ヶ年計畫,滿洲國産業開發五箇年計畫	8	293,294,296,302,303,305,306,329,340,341,368,393,396,398,399,400,413,414,418,439,458,480,481
		31	71,395,396,397,398,424,425,426
		34	123,155,167
		46	24,162
近衛原則	近衛三原則,對支三原則	17	508,532,533,534
		30	153
		32	44,539
		34	435
		36	461,462,482
近衛公爵汪會談要領		33	22

其他名词	别　称	册数	页　数
近衛師團		4	410,557
		43	535,538
		50	611
近衛師團經理部		38	589
近衛師團將兵		45	230
近衛師團長		45	229,230,288
近衛陣營		44	372
近衛新體制		49	528
近衛政策		37	23
近衛聲明		36	498
近衛第一次內閣		46	74
近衛第二師團	近衛(第二)師團	4	411
		45	229,230,231
近衛第二師團長		45	230
近衛特派使節		34	294,300
近衛內閣	近衛第三次內閣	4	617
		5	420
		6	290
		10	72
		11	515
		14	159
		17	140,156,157
		19	44
		30	59,66,236
		31	53
		32	27,100
		33	50
		34	395,396
		35	3,11,92,100,204,214,217,223,252,261,491
		36	225,238,239,450,451,463,531
		37	48,53,54,61
		41	112,337,349,365,395,421,437,468,475,489
		42	35,73,206,369,381,588,593,595,603,604
		43	73,275,283,292,293,295,296,323,388,401
		45	192,259,267,270,275,403

其他名词	别称	册数	页数
近衛内閣		46	80,120,171,267,269,479,472,476
		47	150,223,237,252,258,268,275,602,610
		48	14,109,111
近衛派		10	73
近衛歩兵第一聯隊		4	229,230
		12	584
近衛歩兵第一聯隊長		34	235,236
近衛歩兵第三聯隊		4	512,513
近衛メッセージ		36	507
近衛聯隊		43	195
小林兵團		39	439
小東-天津-蒲口鐵道	天津-蒲口鐵道	10	595,596
五部中四號	五部之内第四號	46	312,313
湖北省電報局		32	430,446
小峰病院		47	121,133,134
コミンテルン・ルート		33	156
コミンテルン極東局		32	80
共產勢力	コミンテルンノ勢力,コミンテルン勢力	16	88
		32	223
		33	59,62
コミンテルン本部		32	80
コメンスメント・ベイ		37	498
菰田兵團		15	311
コモンウルス銀行		22	524
虎門飛行場		6	453,454,455,458,479
コラ號	コラ號	14	7,10
呼蘭海倫鐵道	呼蘭海倫(線),呼海線	2	448,470,478,541
		12	144,145
孤立外交		43	324
孤立政策		13	168
コルチヤック政權		11	521
コレイヂュ・ド・フランス胎生學研究所		1	553
コレヒドー		37	494
コロムビヤ地區ワシントン陸軍省参謀本部諜報部ピー・アンド・エイ次長代理		49	420

其他名词	别称	册数	页数
コロムビヤ地區ワシントン陸軍省諜報部記録書類管理部		49	420
コロンビア・カンツリー・クラブ		25	205,207
格倫比亜共和國大統領	コロンビア共和國大統領	1	103,111,176,183,209,218,270,324,328,352,359
		2	3,7
コロンビア倶樂部		49	370
コロンビヤ地區華府陸軍省米國戰畧爆擊調査部		49	576
コロンビャ地區艦船統計課		37	512
コロンビヤ地區ワシントン參謀長室諜報部連絡將校		49	415
コロンビヤ地區ワシントン・アメリカ合衆國海軍省		50	89
コロンビヤ地區ワシントン國家戰犯部		50	88
コロンビヤ地區ワシントン海軍省海軍法務局長		50	88
コロンビヤ地區ワシントン海軍省艦船局		50	88
コロンビヤ地區ワシントン海軍省情報部情報官		50	103
コロンビヤ地區華府海軍省艦船局艦船統計課		50	77,78,79
呼倫貝爾獨立運動		12	138
金剛		15	513
混合専門委員會		14	74
今後國民政府ヲ対手トセサル旨ノ聲明		16	80
今後ノ支那事變指導方針		45	317,318
婚資貸付制度		15	85
琿春支隊		13	11
琿春哨所		46	358
琿春副都統		27	691
琿春領事館		33	412
混城隊		15	314

其他名词	别　称	册数	页　数
コンスタンティノープル農業學校		1	557
混成第四旅團		30	402,404
混成旅團		14	129
コンソリデーテッド爆撃機		46	556
コンツローリング		16	513
コンテ・ディ・サヴォイア號		47	157
近藤隊		13	506
今日の問題社		43	131,139,140
紺野部隊		22	235
コンブス號		10	63
根本國策		16	97,105,106,107
コンマンダン・テスト		2	202
コンミユニケ		16	376
コンミユニズム	コンムニズム	36	480
		50	222
コンモンウエールス偵察機		46	555

サ

其他名词	别　称	册数	页　数
ザ・オジョルナヤ部隊長		50	289
サーチアー		37	490
サーデニント・ベイ		37	496
ザーバイカル・カザック団		50	215
在バリ日本國大使館附海軍武官		1	319
在ハル藥局檢查長官		1	566
在「ブリュセル」日本國大使館書記官		1	319
在「ヘーグ」支那國公使館書記官		1	552
在「ベルヌ」日本國公使館一等書記官		1	319
在「ワシントン」支那國公使館書記官		1	552
在C同胞ニ對シ翼賛運動ヲ通シタル精神動員		15	223
在アモイ台灣人協力會		8	66
在伊日本大使		47	435

其他名词	别称	册数	页数
在印度支那日本公館		26	245
在印度支那フランス高等辦務官		11	502
在ウィンザ總統本部		50	591
在英米國大使宛英國外務大臣回答		2	225
在歐洲米國陸軍		10	672
在歐日本外交官		37	236
		46	402
在外帝國大公使館		37	352
在外日本船會社支店		35	86
載家山堡壘		32	423
在華大使北平在滿大使		32	94
在華日本公使館		42	118
在華日本居留民		32	262
		42	209
在華日本大使		42	210,303,304
在漢口獨乙大使館		7	286
在吉林日本在留民		2	522
在牛莊鹽務稽核署		2	581
在牛莊中國銀行		2	581
在京アルゼンチン代理大使		38	546
在京イタリア國大使		50	548
在京英大使		47	696
		50	510
在京英獨佛各交戰國代表者		46	578
在京外國公館		37	109,187
在鄉軍人會	在鄉軍人會	43	562
		49	185
		30	69
		49	22
在鄉軍人團體		35	87
在京瑞西公使	在京瑞西國公使	26	330,461,476,496,561,571,577
		27	679,684
		46	289,290
		47	695
在京瑞西公使館	在京瑞西國公使館	27	315,322,377

其他名词	别称	册数	页数
在京瑞西公使館		50	510
在京蘇聯大使	在東京ソ聯大使	47	372,683,699
在京蘇聯邦大使館		47	392
在京獨逸大使	在京獨大使,在京ドイツ國大使	40	436,444,456,457,459,460,462,463,465,466,467,468,469
		46	419
		50	548
在京部隊		26	178
在京米國大使	米大使,駐日米大使,在京米大使	9	146
		34	509
		37	3,32,61,109,112,175,176,187,201,219,223
在京米大使参事官		37	6
在京蘭國公使		46	578
在京佛國大使		10	27
在遼陽第二師團長		32	559
サイクル収容所		23	385,452
		24	130
西貢憲兵隊	西貢日本憲兵隊	27	454,528,530,547
西貢常設軍事裁判所		27	450,451,538,539,541,542,543,544,546
西貢戰犯委員會		27	522,525
西貢戰犯局		27	511,516,570
西貢戰犯局長		27	493,497
西貢日本軍監理團長		27	541
西貢聯邦戰犯者		27	588
最惠國	最惠國待遇	2	308,309,315,368,369,370,375
		29	364
		47	591,721
最惠國條款		17	497
		28	151,167
		36	251
最惠國民	最惠國人民	29	253,364
最高級軍事裁判所		27	541,543
最高行政委員會		2	563
最高諮議會		2	558
最高支那當局		15	572
最高戰爭指導會議		4	210

其他名词	别称	册数	页数
最高戰爭指導會議		11	480,482,490
		36	176
		42	51
		47	564,565,675,685,686,687,688,689,690
最高統帥部		38	517,518
在神戸日蘭貿易協議會事庶務部		36	140
在神戸瑞西國領事館		26	567
最高法院		2	572
最高法院軍事委員會		12	525
最高法院判事		2	122
最高方針		43	480,481
最高民事裁判所		36	144,145
最高領土權		14	209
在黒河步兵第三旅團長		30	394
サイゴン公使館		11	380
サイゴン占領		10	350
在サイゴン瑞西國領事		26	246
在支英國權益		6	272
在支交戰國軍隊撤退		16	208
在支第三國人及第三國權益		16	82
在支帝國軍隊		6	260
在支帝國公使館		30	258
在支天津軍		32	564
在支獨逸人		47	368
在支那日本軍武官		32	524
在支日本商人		32	64
在支日本帝國大使館情報係		28	333,345,349
在支日本兵	在支日本軍	42	71
在爪哇英軍司令官		23	383
在上海英國人俘虜收容所		26	241
在上海英國大使館		7	178
在上海鹽務稽核總辦署		2	580
在上海瑞西國総領事		26	240,274,275,556

其他名词	别称	册数	页数
在上海瑞西總領事及赤十字國際委員會代表		50	174
在上海瑞西代表		26	566,607
在上海帝國總領事		30	502,506
在上海帝國總領事館員警		32	81
在上海獨乙總領事館		7	286
在上海日本海軍		2	612
在上海日本總領事	在上海日本総領事	26	240,241
		29	628
在上海日本總領事館		7	164
在上海陸戰隊		32	106
在上海領事館付財務官事務所		8	112
在ジュネヴア國際聯盟事務局事務官		46	35
在壽府國際赤十字社		23	232,235,499
在壽府俘虜情報中央部		26	581
在シンガポール・アルフン・戰爭犯罪法務局		22	258
在新嘉坡和蘭戰爭犯罪調查班長		23	557
在新京協和會中央講習所		50	252
在新鄉第十四師團		41	242
在瑞西國伊太利國赤十字社代表委員		2	54
在瑞西日本公使		1	7
財政緊縮方針		43	12
財政金融計畫		8	296
財政計畫		15	479,483
財政經濟政策		16	97
財政整理委員會		2	557
財政部		4	299
財政部長官	財政部總長(滿洲國)	2	582
		8	463
財政部總務司		4	299
在ゼネバ國際聯盟書記局長		8	148
在蘇特命全權大使		34	293

其他名词	别　称	册数	页　数
在ソ日本大使館		42	80
在太平洋聯合軍最高指令部國際檢察部		17	455
財團法人日本青年館		43	72
サイチィエゴ・ユニオン紙		46	537
在齊齊哈爾日本總領事		2	511,527
在中華民國参事官		40	379
在中華民國日本武裝軍隊		16	54
在中國英軍指揮將官		17	457
在中國上海合衆國總領事		7	477
在中國日本軍		49	269
在中國米國陸軍司令官	在中國合衆國陸軍司令官	50	25,398,400
在長春獨乙公使館		50	354
在長春日本領事		2	507,508
在長春日本領事館		41	190
在長春步兵第三旅團長		32	559
在朝鮮日本軍司令官		2	520
在朝鮮米軍軍政部本部		8	134
在通州日本人		32	5
濟通丸		2	669
在敵國居留民關係事務室		50	497,498,503,504,514,516
在敵國日本居留民		50	519
在テヘラン三菱商事會社	三菱	7	501
在天津總領事館		47	92
在天津米人		48	279
在獨逸ソ側占領軍團		50	333
在東京伊大使館		47	158
在東京伊太利大使		40	443,444
在東京伊太利大使館		6	272,277
在東京英國大使	在京英國大使	37	20,202
		49	550
在東京英國大使館		42	30
		46	367
在東京興亜院本部	興亜院中央本部	7	572
在東京國際軍事裁判所ソ聯補助檢察官		50	290
在東京國際軍法會議		11	556

其他名词	别称	册数	页数
在東京國際軍法會議蘇聯邦代表軍事審查官		11	567,568
在東京瑞西國公使		26	284
在東京スウェーデン代表團		23	241
在東京スウェーデン公使館		23	241
在東京瑞典公使館書記官		23	244
在東京瑞典公使館利益保護國事務課長		23	244
在東京瑞典國公館		27	287
在東京瑞典國使節團	東京瑞典使節團,在東京瑞典使節	23	245,294
		27	291,292
在東京大使館		49	570
在東京-中央聯絡事務局		27	637,638,639
在東京獨逸大使館	在東京ドイツ大使館	47	18,158
		50	346
在東京獨逸大使館員		47	97
在東京ドイツ大使館附武官		38	519
在東京獨乙大使館附陸軍武官輔佐官		39	196
在東京佛蘭西使節團		11	511
在東京米國大使		3	192
在東京米國大使館		28	408
在東京ポーランド公使館		42	385
齊藤大將內閣		30	60
齊藤內閣		5	371,375,376,377,381,382
		41	8,21,26,27,42,107,121
		43	229
在獨帝國大使館參事官		47	561
在獨日本大使		47	435
在獨日本國大使館	駐獨日本大使館,在獨日本大使館	46	13,21,51,54,92,215,375,398,399,401
		47	420,428,581
在獨日本大使館官吏		34	86
在ドンダン司令官		50	391
濟南官憲		8	18
在南京英米大使		42	290
在南京國際安保委員會	南京國際安保委員會	7	231,232,233,262,263,264

其他名词	别称	册数	页数
在南京日本帝國大使館	南京日本大使館	7	231,232,233,239,259,262,263,264,270
濟南府統合稅務局		8	18
在日スイス公使館外務部		27	307
在日瑞典國外交代表	駐日瑞典國外交代表,駐日スエーデン外交代表	27	287,291,292,296
在日船會社支店		49	185
在日中國大使		42	126
在日ドイツ海軍武官主席		37	464
在日俘虜收容所		26	383
在日米海軍部隊指揮官		27	118
在日本國東京獨逸國大使館		49	576
在日本瑞典代理公使		23	245
在日本敵國利益管理部		27	307
在日本佛國使節團		23	368
在日本佛蘭西使節主席		11	511
在日本蘭人輸出商	日本蘭人輸出商	36	132,134
在日本露國公使		30	248
在海牙波斯國公使館書記官		1	402,429
在バタビヤ蘭日貿易協議會庶務部		36	140
在巴里及ブリュセルエジプト國公使館書記官		1	553
在パリ希臘國公使館附陸軍武官		2	8,53
在巴里支那國公使館書記官		1	552
在パリ獨代表		50	204,209
在パリ日本國大使館附海軍武官		2	9,54
在パリフィンランド國公使館附陸軍武官		2	8,53
在哈爾賓ソヴィエト社會主義共和國聯邦居留民團		30	571
在哈爾賓ソヴィエト社會主義共和國聯邦總領事		30	571

其他名词	别称	册数	页数
在哈爾濱日本居留民		2	539
在ハルピン日本總領事		47	708
在哈爾濱日本帝國特務機關長		50	280
在哈爾賓日本特務機關	ハルビン特務機関哈爾濱特務機關,在ハルビン陸軍特務機関	2	530
		50	222,224,225,227,229,234,239
秘書			
在布哇日本人		48	269
裁判官暗殺		16	228
裁判管轄權		2	496
在バンコック瑞西領事		26	488
サイバン線		15	401
サイバン米軍政府		37	459
サイバン丸		15	400
サイパン兵站部		50	137
サイパン海軍航空隊		50	136
在佛加國大使		11	305
在佛國「ポリヴィア」國公使館一等書記官		1	551
在佛國大使館書記官		46	35
在ブリュセル日本國大使館書記官		2	55
在米大使館電信課員		37	236
在米大陸日本官憲		10	208
在米帝國大使		38	251
在米日本大使館	在米帝國大使	28	333
		36	525
		37	47,225,233
		47	640
在米獨人		10	274
在米日本人集團生活所		26	601
在北平米國大使官附陸軍武官補		6	143
在ベルヌ「ヴェネズエラ」國臨時代理公使		2	13,61
在ベルヌ「コロンビア」國公使館外交官補		2	51

其他名词	别称	册数	页数
在ベルヌ「ブルガイア」國代理公使		2	6,50
在ベルヌ「ペルシャ」國公使館一等書記官		2	57
在ベルヌ「ペルシャ」國公使館二等書記官		2	57
在ベルヌ及ベルリンロコンビア國公使館附陸軍武官		2	51
在ベルヌ希臘國公使館一等書記官		2	53
在ベルヌ希臘國臨時代理公使		2	8,53
在ベルヌ中華民國臨時代理公使		2	7,50
在ベルヌ丁抹國臨時代理公使		2	7,51
在ベルヌ日本國公使館一等書記官		2	55
在ベルヌ佛蘭西國大使館參事官		2	8,53
在ベルリン「チリ」國公使館附陸軍武官		2	6,50
在伯林日本人		47	423
在伯林日本大使館	在ベルリン日本大使館	47	157,731
在伯林日本大使館官吏		34	86
在伯林佛國大使		47	731
在伯林米國大使館		28	483
在ベルン外國利益代表部		27	411
在奉天関東軍司令官		45	57
在奉天日本總領事		45	495
在奉天日本領事官憲		2	513
在北満日本特務機関長會議		12	262
濟浦鐵道		8	160
在香港英人俘虜		26	197
在本邦瑞西國公使館		26	620,629,640
在本邦獨逸國特命全權大使		40	465,466,468

其他名词	别称	册数	页数
在マドリッド メキシコ國公使館附陸軍武官		2	56
在マニラ米國總領事館		27	601
在マニラ聯合國軍最高指揮官總司令部法律部		20	1
在滿軍隊		32	555
在滿支日系露人		12	531,597
在滿洲國日本人顧問		47	700
在滿洲國奉天米國總領事		7	558
在滿洲帝國ロシア避難民事務局		50	278
在滿鮮軍隊		48	75
在滿ソ軍		49	45
在滿ソ聯邦領事館		47	336
在滿大使館專任首席參事官		14	502
在滿帝國大使		5	675,682,683,684
在滿獨乙公使館		50	354
在滿日本官吏		47	699,703
在滿日本機關		42	405
在滿日本軍司令官		30	488
在滿日本大使館教育部長		50	269
在滿日本代表		33	358
在滿日本諜報機関		11	540
在滿部隊		49	411
在滿邦人		32	567
在滿陸軍武官		50	354
財務省		7	557,563
		8	7,30,31
		36	264
財務省關稅局		7	440
在メルボルン濠洲陸軍戰爭犯罪記錄所		25	91,93
在莫斯科コミンテルン政治局		32	81
在莫斯科日本大使館	在モスコー日本大使	34	44,172
		42	178
在野合法政黨		33	122

其他名词	别　　称	册数	页　　数
在ヨーロッパアメリカ軍隊		50	201,204,209,213
在羅府帝國領事館		26	589
在蘭印輸入商		36	132
在蘭在留邦人		48	226
在留日鮮人		30	442
在旅順步兵第三十聯隊		32	559
大連汽船		42	233
在ローマ「エジプト」王國公使館外交官補		2	8,52
在ローマ獨逸大使		47	156
在ローマ獨逸大使館		47	156
在倫敦和蘭政府		38	566
在ロンドン暹羅國公使館書記官		2	59
在倫敦日本大使		47	586
在倫敦法務局軍務課		23	449
在ロンドン陸軍省法務局長室		22	258
在華盛頓日本大使館		2	142
在華盛頓日本大使館主席書記官		47	561
在ワシントンニュージーランド公使館		27	601,602
在和蘭ポーランド國公使		1	268
在ワルソー日本公使館		42	385
サイワン高射陣地		22	309
サヴエート聯合		44	570
サウナ・アイランド		37	496
阪田組	サカタ組	8	2,3
サカモト勞役所		22	191
崎川隊		13	474,477,574
サギノウ・ベイ		37	496
作業収容所	第三十號収容所	22	552
榨取	エクスプロイテイション	16	118
櫻會	小櫻會	7	346,434,478,479,482,493,494,506,508,509,517,534,541,543,544,545,550,551,553,567,568

其他名词	别称	册数	页数
櫻會		8	1,7,8,10,16,17,60,79,130,134,168,169,171
		30	556,558
櫻部隊		45	290
左傾思想	左傾危險ナル思想	41	22,214
差當リノ對英外交方針	差當リノ対英外交方針	45	317,332
佐世保海軍		13	567
佐世保第五海軍特別陸戰隊	佐世保第五特別海軍陸戰隊,佐世保第五海軍	24	594,595,596,597,598,599
		43	469
佐世保鎮守府		4	413,415
		45	492
佐世保鎮守府参謀長		45	492
佐世保鎮守府司令長官		5	370
サターリー		37	503
サッチアー		37	502
茶頭		32	212
佐藤氏ノ政策		33	252
察南自治政府		42	236
佐野部隊本部		32	427,436,443,447
佐野兵團		15	310,311,312
佐野聯隊		32	375,430,431,433,444,446
ザバイカルー・アムール軍管區軍事裁判所		27	631
ザバイカル鐵道		47	702
サフォーク郡書記		16	598
ザプラン飛行場		20	39
ザベイカルーアムール地方軍		27	628
差別待遇政策	差別待遇	16	70,133,469
		32	219
サボエ人		24	257
サマリンダ警備隊特警隊		23	298
サム・スイ・ポ俘虜收容所		22	278,279,280,281
左翼		43	47,73,108
		44	324
左翼革命		43	469
左翼共産主義思想		41	54
左翼思想		13	404,405,498,583,585
左翼分子		15	235

其他名词	别称	册数	页数
サラーノ・ベイ		37	499
サラック人	サルク人	23	29,31,33,68,70,71,72,73,75,76,82,87,90,94
サラトガ		37	486
		50	94,99
サラハ俘虜収容所		24	471
サラモア監視所		24	604
サラモア守備隊		24	600
サルヴァドル共和國大統領		1	104,121,177,193,210,228,324,334,353,370
サルヴァドル政府		38	566
サルク婦人		23	32
サレジア布教團	サレシアン傳道院,サレジオ會傳道館	22	274,296,301
沢軍法會議		14	123
サン・ジアシント		37	488
サン・ビーダ大學		20	85,91,97,99
サン・ビーダビル	サン・ビーダ建物,サン・ビーダ	20	96,101,102,108,111
サン・マーン・マーセリノ教會	「サン・マルセリノ」教會	20	14,114
サン・マリノ共和國攝政官		1	563,572
三院七部制		8	629
山海関守備隊		28	340
サンガモン		37	491
三義		7	472
参議院		4	365
参議院議員		2	123
参議員事務局		49	367,368
参議府		8	175
		2	572
参議府議長		2	568
三共會社		8	57
産業界ノ混亂防遏ノ措置		15	190
産業革命		28	136
		30	118
産業機械統制會		47	217
産業金融梗塞對策		15	241

其他名词	别　称	册数	页　数
産業合理化運動	Industrial rationalization	30	126
		35	344
産業合理化政策		35	323,324
産業資金關係對策		15	239
産業施設株式會社		14	350
産業自由主義		30	128
産業設備營團		35	299
		11	643
産業動員機關		35	490
産業統制會	統制會	14	312,313
産業統制政策		28	462
三權分立	三権分立,三権鼎立,三権鼎立憲政制	2	418
		8	629,630
		22	324,325
三公検審議會		4	343
三國委員會		47	598
三國條約委員會		10	509
		46	199
三國提攜		10	256
三國同盟	樞軸同盟國,日獨伊三國軍事同盟,日獨伊三國同盟,同盟條約,三國條約,日獨伊三國同盟條約,三國軍事同盟,三國協定,三國同盟條約,三國同盟,日獨伊軍事同盟,日獨伊同盟,日獨伊樞軸,三國樞軸,日獨伊同盟,同盟,樞軸同盟,日獨伊ノ間ニ軍事同盟	2	332
		3	250
		4	645
		5	399,403
		6	99,211,254,246,255
		10	312,313,330,343,354,424,425,426,439,440,442,445,493,518,538,542,634,650,654,667
		11	209,219,220,265,314,380,583,584,607,608,612
		13	136,179,182,183,186,224,251,252,302,315,375,448
		14	80
		16	182,291,318,326,334,367,408,425,444,459,463,464,477,482,518,529,621,631,633
		17	187,189,203,307,308,309,473,500,516
		18	336,346,349,350,501

其他名词	别称	册数	页数
三國同盟		30	181
		35	6,11,13,14,15,18,19,22,23,47,58,61,62,63,133,134,135,140,142,143,146,147,210,211,213,229
		36	232,318,454,469,478,515,516,560
		37	2,4,8,9,23,43,52,53,57,66,69,70,113,115,126,136,137,138,151,152,154,157,159,160,162,163,165,166,178,182,185,186,188,190,192,195,196,197,206,472,473
		38	381
		40	360,470,478
		41	59,60,107,109,114,112,127,128,136,349,350
		42	68,69,376
		43	110,297,299,302,337,352,353,377
		44	368,369,449,459,464
		46	3,4,86,87,99,105,106,186,234,236,238,478
		47	22,24,25,30,74,80,81,82,83,93,94,99,103,160,181,195,237,277,369,389,415,420,421,422,428,435,471,593,594,595,596,598,606,613,622
		48	1,22,25,30,42,47,49,64,66,76,78,82,136,261,263
		49	48,273,342,343,531,532,547,554,571,574,577,578,594,598,635
		50	153,370,546
三國同盟小委員會		49	539
三國同盟二就イテ	三國同盟二就テ	35	6,10
三國同盟問題		43	296,301
参集所		17	158
山水閣		28	86
山水社		46	275
三水甫収容所		28	90,134
山西軍		6	319
		33	219

其他名词	别称	册数	页数
山西省民		42	475
山西進攻		33	156,157
山西鐵道		8	594
参戰熱		10	207
サンタ・カタリーナ病院		20	328
サンタ・フエ収容所		26	314
サンタ・ロザ學校		20	127,128
サンタ・ロザ寺院		20	126
サンターランド遠距離哨戒艇隊		46	555
三大臣懇談會		16	102
サンタカン員警署ラボック路八裡分署長ドスン人		40	260,278
サンダカン建築隊		23	553
サンダカン憲兵隊		23	153
サンダカン憲兵隊本部		23	113,115,117
サンダカン市民病院		40	263,282
サンダカン市民病院看護士		40	262,281
サンダカン収容所		23	34,109,157,191
サンダカン発電所		23	553
サンダカン發電所電氣技師		40	265,284
サンダカン飛行場		23	553
三長官會議		10	141
サンヂリーズ族		24	536
サンテイー		37	491
サント・トマス大學		26	545
サント・トマス抑留所	サントトマス収容所	26	373,544
サント・ドミンゴ寺院		20	131
サンドア・イランド抑留所		26	586,591,592,594
山東塩業株式會社		8	610
山東軍		6	319
山東出兵		43	562
山東省金嶺鎮鉄坑		5	596
山東省黑山炭坑		5	597
山東鉄道		5	598
山東鐵道守備隊		29	388
山東葉煙草購入問題		34	496
山東問題		2	606

其他名词	别　称	册数	页　数
山東陸軍士官學校		50	216
サントロポリスキ條約		12	509
三百哩主義		16	208
桑港艦隊郵便局		27	252
参謀總長		44	111,124,213,320,456,468
参謀長會議		28	20,69
参謀部陸軍少將		1	52,54,56
参謀本部	東京参謀本部,日本参謀部,参本,日本参謀本部	2	512,513,515,571
		3	485
		4	87,230,231,234,240,242,243,245,249,250,254,255,257,258,306,307,308,310,347,348,350,362,364,369,373,374,375,376,400,405,406,477,491,492,514,516,517,529,530,531,533,600
		5	205,211,222,223,374,382,383,388,409,455,467,468,479,659
		10	112,139,150
		11	206,294,493,526,532,534,541,543,630
		12	94,166,167,198,206,208,223,229,334,381,399,400,401,404,408,578,582,586,590,591,592,593
		13	187,207,339,666
		14	97,106,110,117,119,121,149,175,185
		16	589
		22	199
		28	14,17,29,48,58,63,96,97
		34	4,6,93,107,153,174,175,187,188,234,317,433,468,469,470
		35	96,152,172,173,174
		38	434,435,451,452,453,458,462,463,464,475
		40	227,335
		41	10,11,102,304,380
		42	68,71,246,253,254,271,335,437,439,450,475,479,558,572,579,583,586,596,605,610

其他名词	别称	册数	页数
参謀本部		43	130,195,219,245,261,285,325
		44	268,295,310,318,319,331,341,346,349,350,351,352,366,425,426,427,429,439,443,445,446,455,456,517,546,555
		45	4,28,34,35,36,39,71,89,111,150,151,152,154,189,190,195,199,252,253,254,265,266,268,270,273,274,281,304,352,354,390,468,476,496,533
		47	228,415,477,582,624,625,647
		48	161,257
		49	32,331,335,415,457,474,483,484,485,486,487,488,489,490,495,499,502,503,520,601,605
		50	239,347,352,353,354,355,356,415,420,448,449,453,454,467,468,471,473,474,479
参謀本部暗號班		49	331
参謀本部暗號班附將校		14	110
参謀本部作戰課長		41	11
		50	448
参謀本部支那課長		34	431,432
参謀部情報課		34	21
参謀本部情報部部長		38	522
参謀本部庶務課長		42	460
参謀本部總務部		12	222,223
参謀本部總務部長		34	113
		49	32
参謀本部第一部第二課		14	117
参謀本部第三部		12	206
参謀本部第三部長		12	204,205
参謀本部第十課		50	479
参謀本部第一部		12	223,228,230
		14	117,120,121
		34	178
参謀本部第一部長	参謀本部第一部部長	12	223,228
		34	153

其他名词	别　称	册数	页　数
参謀本部第一部長		38	429
		41	4
		45	308,310
参謀本部第二課		30	422
参謀本部第二部		12	500,585
		34	154,166,184
参謀本部第二部露西亜班	情報部	12	125,126,160,230
参謀本部第二部長		42	123
		47	409
参謀本部第四部部長		12	223
参謀本部通信課		17	398
参謀本部々員	参謀本部員	47	228,663
参謀本部付大佐		17	115,186,192,220,222,232,243,246,262,274,277,310,315,354,359,362,369,372,485
参謀本部陸軍情報部		29	69
三民主義		2	417,422,575
		32	66
		33	11,22,23,26,41,42,59,66,98,99,113
		34	444,447
三民主義青年團南京本部		7	154
		49	383,385
三友實業社工場		30	521
三友織布工場		30	516
参與官		15	291
三六兵器工作場		35	492,500

シ

シアー		37	492
シァイエン		2	201
シアブリック		37	504
シアムロッタ・ベイ		37	496
シアングリ・ラ		37	487
ジー・エス(インテリジェンス情報)七課		23	305,324
シー・ビー・ゼット		24	12,14
示威運動		16	186

其他名词	别　称	册数	页　数
示威運動		32	78,79
ジームセン商會		10	598
シーメンス・シユツクルト工廠		35	106
シーメンス會社		7	84
シーリア収容所		23	26
侍醫寮		4	65,68
シーレー家		22	375
ジーン・ニコレット號	ニコレット號	27	308,309,315,317,319,320,322,324,325,326,330,331
シヴイリストロイ號	スヴイリストロイ號,スビリストロイ	14	24,27,28,29,33,38
自衛軍		50	233
自衛軍大佐		50	233
自衛権		4	603
自衛隊		12	476
ジェームズ・デイクソンピー・アソン		27	344
ジェセルトン刑務所		23	106
ジェネヴァ大學		1	123,195,229,335,371
ジェル會社	ジェル會社,赤貝會社	27	441,443,446,500,518
ジェルサレム宮殿		50	487
シェル石油會社建物		27	511
ジェンキンス・ロバートソン英國バプテスト傳道會紀念病院		16	260
シカゴ デーリートリビユーン		10	684,687
シカゴ・デリートリビュ一ン紙		41	47
自我功利		10	172
		18	367,368,371,372
自我功利の思想		35	71
シカゴ大學		7	1
		43	579
シカゴ駐在日本領事		10	687
シカゴデーリーニュース		30	179
次官委任		44	14,31,43
自願停戰證		32	413

其他名词	别称	册数	页数
識者		33	108,109
自給自足		14	240,246
		35	371
自給自足計畫	自給自足ノ計畫,自給自足方策	16	107
		48	31,44,294
自給自足経済政策		10	173
自給自足主義		32	219
持久戰		33	301,302,307
事業調節委員會		35	318
時局収拾對策	時局拾収方針,ジキョクシューシュータイサク	43	356,505,509,511,512,513
時局國民懇談會		49	633,634
時局ニ伴フ對支謀略	(時局ニ伴フ対支謀略)	45	317,322
時局問題		43	430
資金吸收特別方策委員會		4	304
試金部		4	91
支空軍		32	407
資源局		4	318,319,340,341,365,366
資源局官制		3	619
資源審議會		4	319,325,365,366,398,418,468,534
資源調査法		36	48
ジ工作		24	65,67,69
芷江飛行場		6	568
シゴーニー		37	501
自己主義		27	27
自己政權強化		32	25
自己保存權		18	368,371,372
四五六旅司令部		6	560
ジサラック	ジサラック號	50	166,167,169,170
獅子山砲臺	獅々山砲臺,獅子林砲台	12	227
		30	538
		41	74
時事新報		5	474
		33	293
時事新報社記者	時事新報記者	47	111,120
侍從長		17	296,305
自重論		42	45
		43	410

其他名词	别称	册数	页数
地主階級		33	159
自主獨立		48	30,196,197,348
四相會議		11	99,102
		43	104
		47	93,104,105
資政局		2	572,574,575
市政事務運營計畫		41	192
至誠盡忠		4	594
資生堂		43	221
使節團案		46	377
四川軍		6	319
四川省主席		42	292
支鮮人		44	388
四川總督		29	182
淄川炭田		8	593
自然的農業災害ノ補償制度		14	449
自然日本精神說		29	94
四相會議決定案		47	106
思想國防體制		15	269
思想戰		15	147,149,153,155,189,203,239,248,255,269
		43	132
思想戰經過記録		15	224
思想對策協議會		4	497
自存自衛		6	582
		48	74,83,167,191,250,254
自存自給體制		48	49
自存し他にも自存させよ		34	488
四大同盟國		1	11
シタデル看護室		27	565
師團司令部		41	8,244
師團防空部隊		41	281
自治委員會		8	55
自治運動		2	571
自治執行委員會		2	564,565
自治指導部	自治指導委員會	2	560,562,564,574,575
		5	614,616,617,618

其他名词	别称	册数	页数
自治指導部部長		2	562
自治政府		5	615
自治反對		33	172
七部制		33	118
支廳		4	90
自治領人		44	303
實業學務局		4	44,46
失業救濟委員會		43	290
失業對策委員會		4	318,341
実業部大臣		43	175
實業部長官		8	463
實業補修學校		30	227
シツション・スクール事務所		7	165
執政總督		2	572
シッタ・ヂュネラル病院		25	330
失地回復		33	204,211,213
シットユー・ベイ		37	496
實利主義		6	322
幣原軟弱外交	幣原協調外交	5	196
		47	145,146
幣原臨時内閣		28	26,74
市電気工廠	G. E. B. E. O	23	477,478
四洮局長		6	59
自動車運転手同盟		12	150
自動車生產會社		14	295
自動車製造事業		35	377,378,379
自動車製造事業委員會		4	325,521
自動車第二三聯隊		14	115
自動車統制會		47	217
四洮線	四洮鐵路	6	54,59
		12	144
四洮打通線路		30	413
教導團騎兵生徒隊		4	393
シドニー		46	560
シドニー・テレグラフ紙		46	508
シドニー・ヘラルド紙		46	508
支那赤十字		7	296
支那一般人民	支那一般住民	32	357,371

其他名词	别　称	册数	页　数
支那印刷仕上會社工場		16	249
支那塩税制度		5	624
支那及南洋資源ノ対米流出ヲ禁絶ス		3	167
支那國商人		5	622
支那海關		29	237,238
支那外交部長		2	536
		15	575
支那海南醫院		6	559
支那傀儡軍	第二ノ悪魔	8	24
支那革命政府		31	203,205
支那側軍事委員會		28	337
支那側ノ脅迫手段ニヨリ英國船舶ニ対スル差別待遇		16	264
品川俘虜病室		40	65
支那側米式化軍隊		32	404
支那官憲	支那官吏	2	403,404,455,470,480,486,488,490,492,503,506,511,513,547,551,571,598
		8	14,62
		12	469
		16	253,611
		47	719
支那関税々率ノ改定		16	53
支那共和國中卿一等嘉禾勲章外交總長		30	255
支那官民		32	229
		44	529,602
		46	62
支那鹽務稽核處		3	447
支那義勇軍	支那義勇隊,中國義勇隊,支那義勇團	2	542
		5	499
		7	442,444,445,452
支那共産運動		32	82
支那共産黨		30	174
支那行政		2	586
支那共和國政府		4	396
支那共和國全權代表		29	243,244,245

其他名词	别称	册数	页数
支那共和國大統領	支那共和國大總統	2	122
		29	233,234
		30	253,255
支那共和國臨時政府		28	292
支那空軍		6	376,377,491,493
		11	25
支那軍	支那兵,支那軍隊,支那守備軍,支那守備隊,中國軍人,支那軍人,中國軍,支軍,中國軍隊,支那軍部隊,支那兵,支那正規軍,分遣隊	2	453,511,513,519,520,522,523,525,526,527,528,529,530,531,532,533,534,535,536,538,539,540,541,543,544,545,548,549,551,552,553,592
		3	146,147,148,149,150,151,154,155,156,157,159,161,166,167,168,169,176,177,185,202,203,204,208,210,211,214,217,223,227,228,231,239,253,255,371,381,383,384,393,419,424,435,436,437,438,439,440,441,445,446,447,449,451,453,455,456,457,459,463,474,485,486,493,523,532,533,535,538,539
		5	45,68,69,210,217,363,499,501,504,505,508,509,511,547,561
		6	136,140,143,144,146,152,153,157,158,160,161,187,199,209,223,259,263,279,285,315,357,364,426,580
		7	11,34,41,52,58,95,156,165,184,185,186,188,194,213,215,216,229,248,253,260,279,284,285,292,293,295,298,300,342,343,376
		8	607,625
		10	669
		11	22,24,56,58,59,64,65,68,533,534
		12	138,142,143,168,181,308,467
		16	28
		17	175,360,365
		28	143,157,170,266,314,342,346,352,385
		29	4,5,53,137
		30	512,514,522,528,530

其他名词	别称	册数	页数
支那軍		31	46,469,470,473,476,478,479,482,483,488,494,495,497,498,499,544,545,548,549,551,552,557,568,572,587
		32	29,33,106,112,114,124,125,127,128,129,134,143,144,169,207,136,137,161,162,186,195,204,242,243,244,245,246,253,260,261,262,307,308,314,353,358,359,370,371,398,399,408,417,418,423,424,428,430,435,439,440,479,486,489,491,493,494,495,496,497,499,500,501,506,508,522,527,529,530,531,538,550,552,553,557,558,562,563
		33	273,274,275
		36	11
		38	350,450,451,453
		39	254,256,291
		41	91,94,161,245
		42	282,287,327,390,391,392,393,395,400,410,454,465,476,555,556,557,560,562
		43	2,131,189
		44	484,491,492,493,494,499,500,506,510,522,523,525,529,531,545,584
		46	60,62,63,65,67,76,300
		47	587,704
		49	261,349,351,473,489,535
		50	410
支那軍閥		8	417
		28	317
支那軍民		45	71
		46	60,63,65,76
支那警衛軍		2	548
支那員警		2	520
		15	565
支那員警隊		12	142
		32	85

其他名词	别称	册数	页数
支那現中央政府		45	319,320,321,322
		50	534,535
支那現中央政府屈伏ノ場合ノ對策		45	317,319
支那現中央政府ニシテ屈伏セサル場合ノ對策		45	317,320
支那縣長		2	508
支那工業		8	606
支那航空會社		3	19
支那公使	支那國公使	29	169,170
		30	304
		49	451,452
支那海關	支那海関	16	138,144,270,611
支那國全權公使		29	233
支那國民軍		2	467,475,494,495
支那國民政府		6	268,292,416,430,509
		10	595
支那國民飛行會社		16	112
支那國領土		1	412
支那在勤帝國公使館		4	308
支那最高權威者		37	128
支那參謀長		2	512
支那參與員		3	524
支那史		41	209
支那式英語		24	591
支那事體		36	570
支那事變	日支事變	34	32,35,36,39,110,158,166,181,191,202,436,437,492
支那事變関係事項處理方針		43	265
支那事變被害調查委員會		4	408,453
支那資本家		33	170
支那事務局		4	32,34,38,40
支那重慶政府		35	127
支那商務總會		2	565
支那人共產黨員		30	175
支那人警官		30	175
支那新聞		32	87

其他名词	别称	册数	页数
支那新政府	支那新政權	6	429
		10	595
		16	70
支那新中央政府樹立指導方策		45	317,323
支那人分子		7	345
支那人捕虜		32	344
支那正規軍	支那正規軍隊,支那正規兵,支那正規軍部隊	2	543,554
		30	406,491,503
		32	128
		36	402,403
		42	560,562
支那正規軍第八十七、八十八師		32	104
支那政權		5	302
支那政策		28	69
		35	41
支那青年		41	232
支那政府軍		7	186
支那政府首班		50	249
支那戰		11	627
支那前國務總理		2	405
支那戰線		27	188
支那全民族		33	168
支那戰亂		5	315
支那第三艦隊司令		6	358
支那大使館		14	132,133
支那第十九旅		2	536
支那第十九路軍		2	552
第二十九軍	中華民國第二十九軍,中國第二十九軍,支那第二十九軍,廿九軍,第廿九軍,二十九軍	3	146,155,203,211
		5	521,526,528,531,532
		6	139,143,286
		11	56,63,68
		31	463,469,493,494,496,508,515,540,541,543,549,550,554,555,570,580,583
		32	532
		42	514,515,526

其他名词	别称	册数	页数
支那代表		3	265,297,320,324,342,360,361,407,440,441,443,444,446,462,475,504,507,508,509,510,558,562
支那代表委員會		3	160
支那置艦船		32	297,298
支那中央軍		33	273
支那中央統帥部		32	528,529,530,537
支那駐剳公使		43	205
支那駐屯軍参謀長		6	202,203
支那派遣軍總参謀長時代		42	610
支那駐屯軍司令部		30	580
		32	527
支那駐屯軍鉄道線區司令部		6	205,208
支那駐屯步兵第二聯隊長	支那駐屯步兵第二聯隊小隊長	32	2,13
支那帝國		33	370
支那鐵道	支那線,支那政府鐵道	2	127,448,470,474,475,476,478,479,570
支那特派大使		37	291
支那特別員警隊		2	551
支那ノ新秩序		28	505
支那派遣軍	支那駐屯軍,支那駐兵	4	259,260,396,533,557
		5	506,510
		6	182,310
		7	159
		14	103
		25	189,190,191,192,193,637
		26	148,154
		30	580
		31	471,472,473,486,489,493,494,516,540,541,542,543,544,552,553,554,556,568,569,571,578,582,583,601,611,620,621
		32	186,357,374,403,522,524,528,530,532,533
		36	400
		38	496

其他名词	别称	册数	页数
支那派遣軍		39	239,254,255
		40	356
		41	380,382
		42	476,613,620
		45	59,83,93,254
		46	119,293,307,318
		48	136
		49	56
支那派遣軍参謀	支那派遣軍總司令部参謀	32	331,398
		39	239
		42	474
支那派遣軍参謀次長	支那派遣軍總参謀副長	41	355
		44	331
支那派遣軍参謀將校		40	248
支那派遣軍参謀長		29	30
支那派遣軍總司令官	支那駐屯軍司令官	5	578,580
		6	181
		32	369,381,404,522,524,534
		40	246
		42	481
		48	168
		49	22
支那派遣軍総司令部	支那派遣軍司令部,支那駐屯軍司令部,支那派遣軍總司令部	14	102
		32	387,390,479
		33	45,67,69,71,122,135
		41	325,327,328,365,380,381,382,383
		42	611
		45	93
支那派遣軍総司令部報導部		33	38,94,115,118,125,143,145
支那難民		39	285
支那避難民		32	343
支那非武裝都市空爆問題		16	32
支那武裝巡警		2	533
支那武裝團體		45	326
支那部隊		30	178
支那文		30	255
支那分割論		46	236

其他名词	别称	册数	页数
支那兵	中國兵,中兵	6	197,209,238,242,363
		7	64,83,94,168,169,184,185,194,203,233,264,288,299,300,341,343
		28	143,170
		31	40,500,505,545
		32	3,103,104,169,291,370,401,416,561
		42	392,393,394,453,464,534
		46	67
支那兵營		7	341
支那和平解決基礎條件		45	315
支那北京大使館	北京大使館	7	481,484
支那保安隊		5	511
		32	20,28
支那防衛軍		5	499
支那法廷		2	598
支那奉天省員警廳長		2	505
支那方面艦隊參謀		38	534
		39	133,150
支那方面艦隊參謀副長		38	539
支那方面艦隊司令長官		6	391,393,399,403,404,405,406,564
		32	299
		38	528,535,536
支那方面艦隊司令部		38	528,536
支那民間		7	2,35,39,40,46,49,62,71,87,212,229,260,347
支那民衆	中國常民,支那市民,支那民,支那住民,中國民眾	8	71,582,608
		16	79,80
		34	427
		42	170
		43	116
		47	289
支那民族		30	451
		44	485,491,499,508,510
		46	76
支那民族工業		8	607
支那問題	中華民國問題	2	515
		6	103,282

其他名词	别称	册数	页数
支那問題		7	507
		10	533
		15	606
		16	204,207,212,216,217,218,219,233,327,364,391,547
		17	201,266,295,528,584
		28	208,419,529,541,542,543,558,560,625
		35	15
		41	238
		42	136,262
		43	369,402
		50	546,568
支那問題研究所		11	578,580,581
支那野戰軍		32	358
支那遊擊隊		16	255
支那輸出入木材會社	中國輸出入材木會社	7	199,207
支那要人		46	70
支那羊毛製造株式會社		10	599
支那陸軍		30	553
		32	82
支那陸軍司令部		7	86
支那陸軍飛行場		3	150
支那浪人		49	371
支那勞働運動		32	77
支那勞働組合		7	87
支那人水兵		16	257
芝化監獄		27	451
柴田部隊		15	351
自發的教育冀賀運動		15	270
自反革命意識		50	233
ジピナング監獄		49	18
澁澤條約局長		47	446
四平街洮南鐵道		2	408,474,479
四平街分隊		44	420
西伯利機関		2	449,452
西比利亜出兵		15	320
		28	53

其他名词	别称	册数	页数
西比利亜經済援助委員會		4	385
西伯利亜鐵道	シベリア横斷鐵道,西比利亜鐵道,シベリヤ鉄道	10	468,483,614
		12	135
		13	81,136
		29	422
		32	519
		42	580
		47	59,60
シベリヤ基地問題		34	279
事變對處要綱附屬具體的方策		10	350,667
事変地ヨリ歸還ノ軍隊軍人ノ狀況		42	461
事變不擴大政策		43	103
司法院		5	557
司法院檢察官		44	45
支邦漢口駐在アメリカ大使		6	226
司法員警官		4	78,79
司法員警官検事		4	79
司法裁判所		3	592
司法省		4	266,267,268,269,270
		7	92,96,97
		15	265
司法省刑事局長		17	253
司法省東京控訴院		28	101,104
支邦南京所在合衆國大使館事務所		6	226
シボニー		37	499
シボルガ監獄		24	170
シボルガ憲兵隊司令官		24	168
資本家		33	167
資本階級		32	91
資本主義		5	662
		6	213
		10	428
		11	593
		12	114,508,521
		16	212

其他名词	别　称	册数	页　数
資本主義		28	18,50,51,66,91,120,193,567,593,596,597,605,607,609,612,622,633
		34	128,391
		35	55,56
		42	63,415
		47	146
		50	233
資本主義國		33	306
		34	335
資本主義國勞働者		34	126
資本主義體制		5	395
島國民族		11	601
島帝國		2	601
四民維持會		45	509
市民第一救護所		22	296,297,298
シムフエロボイ號	シムフエロボリシムフエロポリ	14	33,37,38,39,40
思明銀行		32	365
下志津陸軍飛行學校		4	443
下關海軍醫院	下関海軍醫院	7	135,152
下關牛肉飯店		7	55
ジャーマーケット収容所		23	450,452
シャーウッド・フオーレスターズ隊		22	192
ジャーディン・マザソン會社	ジャーヂィン	16	257,262
ジャヴア銀行取締役夫人		23	418
ジャヴア軍政官		23	418
ジャヴア憲兵隊司令部參謀		23	419
社會教育研究所		28	54
社會局		4	324
社會契約說		28	586
社會主義		6	239
		12	74,517,571,572,611
		14	99
		34	128
		35	66
		43	72
社會主義化		13	119,142
		33	236

其他名词	别称	册数	页数
社會主義者		47	471
社會主義青年團		32	80
社會主義ソヴイエット共和國連邦外務省	ソ聯邦外務省	47	338
社會主義ソヴイエット共和國連邦政府	ソビエット政府	13	119,245,315,349
社會主義ソビエット共和國聯邦中央記錄事務局	社會主義ソビエット共和國聯邦中央國立歷史記錄事務局	13	66,69
社會政策審議會		35	318,319
社會大衆黨		30	59
社會保險調査會		4	322
社會民主黨		33	175
社會民主主義		46	232
社會問題諮問委員會		6	304
射擊及掠奪事件		14	27
社稷會		43	195
ジヤックソン契約工事		47	313
ジヤッ聯隊		24	576,612
ジヤティネガラ居住ジヤティネガラ州司祭長補佐		23	626
爪哇和蘭軍		22	26
ジヤバ勞動者隊		24	550
ジヤパン・アドバタイザ—		15	1,10,11,12,22,23
ジヤパン・クロニクル	ジヤパンクロニクル紙	30	284,289,293,295,300,304,306
		33	243,252
		45	88
ジヤパン・タイムズ＆メイル	ジヤパン・タイムズ・アンド・メイル	29	59,61
ジヤパンタイムズ	ジヤパン・タイムス,ニッポン・タイムス	3	14
		26	560
		37	75
ジヤパンタイムス・アンド・アドヴァタイザー		16	437,440
ジヤバ軍政最高顧問		19	321
シヤフター艦隊		36	428
シヤフター兵營		46	536
ジヤマシン石油精製所		13	430

其他名词	别　称	册数	页　数
社民黨		43	206
シャムシュイポー収容所	シャムシュイポ収容所	22	320,332,334,339
暹羅トノ間ノ通商條約		1	68,104,122,177,193,210,229,270,324,335,353,371,398,403,466,563,572
車輛統制會		47	217
ジャルート海軍檢查官		50	119
ジャルート派遣隊		50	119
ジャワ、バタビヤ駐在米國總領事		19	4
爪哇英國軍指揮官		23	446
爪哇憲兵隊		24	118
ジャワ語		23	606
爪哇人	ジャヴァ人,ジャワ人	23	347,349,404,405,478,479,537,538,546,547,548,549,550,565,586,587,598,599,610,625
		24	118,125,127,131,181,252,298
爪哇俘虜収容所		25	560
		26	612
爪哇俘虜収容所長		42	536
ジャワ新聞		19	372
戎克		32	297
上海「ガラーヂ」		25	289
上海アメリカ領事館	米國領事館	7	241,249,253,272,280,284
上海委員會		7	239,270
上海英國代理領事	上海駐在副領事	17	409,414,415
上海音樂界救國會		33	175
上海海軍特別陸戰隊首席參謀		32	155
上海海軍特別陸戰隊		38	528
上海海軍特別陸戰隊參謀		38	528
上海海軍特務部		8	629
上海海軍特務部長		49	394
上海外國租界		1	398,440
		32	144
上海各界救國聯合會		33	175
上海各大學教授救國會		33	175
上海義勇軍		3	453

其他名词	别称	册数	页数
社會教育局		4	44,47
上海共同委員會報		32	132
上海共同租界		33	151
		34	496
		42	131
上海共同租界行政權		48	166,355,360
上海居留英人		48	280
上海軍		6	326,332
		26	26
上海軍空襲部隊		45	468
上海軍事裁判所		26	516
上海興亜院連絡部次長		32	507
上海公安局警官隊		33	173
上海甲基地		32	210
上海公使館		8	107
上海工人救國會聯合會		33	175
上海抗日會		2	610,611
上海工部局	工部局	2	552
		3	452
		8	82,83,84,85,162
		38	539
上海-吳淞鐵道	上海吳淞鐵道	3	168,452
上海根據地隊司令官		38	537
上海財務官		7	484,559
上海在留邦人		3	150
上海市警察局	上海市員警部	25	220
上海市政公署		8	96,631,662,680
上海市政府		3	229
上海自然科學研究所		49	370
上海市大道政府		8	625,626,628,634,637,641
上海市長		30	506,528
上海市民		32	101
上海自由市		13	93
上海周邊處理方針		42	243
上海小學校職員救國聯合會		33	175
上海商務總會		2	612
上海市立學校		25	201,205

其他名词	别称	册数	页数
上海新聞		32	88
上海新聞記者救國會		33	175
上海瑞西總領事		50	175
上海政治中學校		44	581
上海青年文藝界救國會		33	175
上海赤化暴動計畫		32	80
上海戰線		5	80
上海總工會		32	79
上海総税司		16	265
上海總領事		49	394
		8	82
		32	97,233,248
		38	539
上海總領事館		3	455,459
		46	513
上海租界	上海租界地	40	60
上海租界共同防備計畫		30	529
上海ソ聯邦總領事館		14	49
上海大學		16	606
上海大道市政府		6	428
上海地図		49	370
上海中央公園		32	80
上海駐在ソ聯邦領事代表		14	58
上海駐在日本總領事	上海駐在帝國總領事,上海日本總領事,上海總領事	3	224
		7	166,167,174
		41	160
上海駐在米國總領事		3	224
上海駐剳英國海軍士官		17	412
上海駐屯軍		30	503
上海電影界救國會		33	175
上海東亜同文書院		33	293
上海特業公會		8	112,113
上海特派大使	上海大使	50	69,72,73
上海特別地方法院		7	571
上海特務部		44	510
上海南京鐵道		2	549
上海日報		33	157
上海日本機關		34	464

其他名词	别　　称	册数	页　　数
上海日本銀行代理店		14	546
上海日本在留民		3	451
日本紡績工場		8	607
上海濃禮大學		49	370
上海北站停車場	北站停車場	32	104,105,160
上海派遣軍		4	378
		31	585,588
		32	186,313,314,315,486,487,488,489,490,496,498,499,506
		40	356
		41	76
		44	490,498,506,520,529,530,543,544
		45	255
上海派遣軍司令官		32	234
		33	175
		44	521,523,550,555,581
		45	255
上海派遣軍司令部		32	493,498,502
上海派遣軍法務官		46	60,61,62,65,76
上海萬國阿片調查委員會		42	294
上海非戦闘員抑留所	上海抑留所	26	607,608,609
上海婦女界救國聯合會		50	174,176
上海俘虜収容所	上海捕虜收容所	25	160,165,186,187,222,225,234
		26	605,606,607
		33	175
		40	328,333
上海文化界救國會		33	174,176
上海米軍		48	259
上海防備計畫		32	161
上海方面根據地隊参謀		38	528
上海ポートランドセメント工場		10	598
上海陸軍特務部本部長		49	394
上海陸戰隊		32	155
上海陸戰隊指揮官		30	520
上海龍業團		32	89
上海聯業界救國會		33	175
獸醫課		4	92

其他名词	别称	册数	页数
シュイップ		2	202
自由印度假政府	印度假政府	6	592
		30	15
		47	516
自由印度假政府首班		30	18,19
		48	216,217,325,393,394,395,405
周家口飛行場		6	446
十月二十六日牛島支隊命令		32	439
從化飛行場		6	448,454,456,459,461,468,481
衆議院		4	87,388
		15	431
		26	1,2,6
		28	392
		33	250
		34	399
		35	477
		41	18,146,147,468,469
		42	167,173,196,364,367
		43	12,561
		44	323,330
		45	160
		49	364
		50	19,24
衆議院議員	眾議院議員	34	396
		42	196
		43	46,238,313
衆議院議事速記録		34	399
衆議院議長		34	396
		43	231,232,234
衆議院書記官		26	6
衆議院庶務課長	衆議院庶務部長	34	394,399
		50	19,24
衆議院副議長		49	73
衆議院預算委員會		47	276
衆議院豫算委員第二分科會		34	396

其他名词	别称	册数	页数
十九人委員會	特別十九人委員會,十九人特別委員會	3	261,262,263,264,283,297,313,316,319,327,347,350,360,366,367,383,395
		43	213
十九人委員會コムミユニケ	十九人委員會議事ニ關スル「コムミユニケ」,十九人委員會會議ニ關「スルコムミユニケ」,十九人委員會議事ニ關スル情報及コムミユニケ	31	2,7
十九路軍	新シキ十九路軍	3	260,261,262,263,264,269,270,271,272,273,274,276,277,280,283,284,290,291,292,293,295,297,300,301,302,307,308,309,312,313,314,315,316,318,319,320,321,324,325,327,328,329,335,336,337,346,347,348,349,350,351,353,357,358,362,363,364,365,366,367,368,370,372,374,375,376,377,378,380,382,384,386,392,395,396,397,400,401,404,405,407,411,455,460,467,472,474,476,499,502,505,509,511,512,513,514,515,516,517,519,525,526,527,528
		33	176,187,200,210,219,296
宗教教化方策委員會		4	437,439,458
宗教局		4	45,49
宗教審議會		15	271
宗教制度調査會		4	274,326
重慶偽國民黨		33	99
重慶空軍		46	598
重慶軍		32	413
		38	451
		48	153
重慶軍令部		11	16
重慶警視廳第七員警署長		7	362
重慶工作		10	169
重慶國際事備評議會		7	80
自由經濟		28	255

其他名词	别称	册数	页数
重慶市首都警察局第七分局長		7	366
重慶政權		11	109,219
		15	566
重慶政権ノ屈伏		10	538
重慶大使		48	279
重慶大使館		8	81
重慶中二路員警署長	中二路員警署長	7	307,309,312
重慶飛行場		6	453,482,568
重工業		35	481,482,484
自由互惠原則		43	454
私有財産主義		2	145
自由裁量		2	401
十三黨		12	150
十字架團		12	150
銃士同盟		50	216
自由主義		2	587
		4	597,601,603,605,608
		5	389,403,406,413,426
		6	239,243,248,249,253,257
		10	319,320,427
		11	590,593,604
		28	190,193,204,220,254,255,491,503,505,552,567,571,584,593,596,617,628,633
		29	60
		30	51
		35	148
		43	27,72,372
		45	160,263
		46	366
		47	169,177,193,234
		48	20,220
		49	509,577
自由主義経済	自由主義經濟	11	600
		29	15
自由主義國家體制		5	389
自由主義者		28	573

其他名词	别　称	册数	页　数
自由主義者		47	286
自由主義政策	自由政策	16	516,530
自由主義政府		47	146
自由主義連衡		6	244
重臣會議		17	140,279
		42	44,48,49
秋水會		5	228
修正物動及戰爭能力判斷		15	176
修正物動ノ推進		15	178
終戦		33	2
終戰連絡中央事務局		39	45,56
		46	13
		47	491
終戰連絡中央事務局經濟部長		47	458
終戰連絡中央事務局庶務課長		17	2
終戰連絡中央事務局連絡課長	終戰連絡中央事務局連絡官	39	45,56
宗秩寮		4	65,68
自由中國		25	237
自由黨		1	31
自由闘争聯盟	フリードム・フアイタース・リーグ	16	286
十二步兵師團		32	204
ジューネーヴ亜米利加總領事館		7	561
十年教養		33	199
十年生聚		33	199
州秘書官		17	397
自由平等		32	66
		48	198
自由ビルマ聯盟		16	286
週報		8	409,412,556
自由貿易主義		5	407
		28	503
		31	378
重砲兵第二聯隊		4	441,442

其他名词	别　称	册数	页　数
住民勞働隊		15	390
重要産業擴充計畫要綱(國際檢察部書類第一五二二號)	國際檢察局書類第一五二二號,產業擴充計劃,國際檢察局文書第一五二二號,重要產業五年計畫要綱實施政策大綱(國際檢察部書類第一五二二號ノ第二部),企畫院ノ生產力擴充計畫要綱(IPS書類第一五二二ノ第二部)	14	211,213,233,251,322,333,341,343,347,348,309,319
重要產業團體令ニヨル統制會ノ名稱及ビソノ主務官廳		47	215,216,217,219,220,221
重要産業ノ經營困難化ニ對スル處置		15	192
重要產業ノ振興、輸出貿易ノ伸張		16	76
重要物資回收對策		15	210
重要物資ノ需給緊急對策		15	189
主計課		4	92
主義精神		18	501
儒教		28	178
		34	370
		41	41
		44	417
		50	490
祝典準備委員會		4	322,326
主計局		4	91,314
		43	58,90
主計局司計課長	主計局予算決算課長	43	91,108
主計局調查課		4	314
主計局豫算決算課		4	313,318
真珠灣攻擊委員會		5	320
首相官邸		28	87
主稅局		4	91,297
酒精部		4	91
主戰派		6	320

其他名词	别称	册数	页数
主戦論		43	546
首都地方法院主席検察官		7	141
首都飯店		32	494,495,496
ジュニーヴァ軍縮會議準備委員會		38	217
ジュネーヴ駐在ルクセンブルグ國領事		1	465
ジュネーヴ十字		2	24,26
ジュネーヴ駐在大公國領事		2	9,55
ジュネーヴ駐在ドミニカ共和國領事		2	7,52
ジュネーヴ領事館		8	84
ジュネーブ委員會		26	397,403
壽府赤十字國際委員會		38	553,557,561,566
ジュネーブ駐在領事	ジュネヴア総領事	15	580
		46	35
壽府聯盟總會		47	359
首脳部		34	298
壽府國際勞働局		4	597
主務省		50	533
主馬寮		4	65,66,68
主要産業團體令		14	310
主要思想團體		15	224
ジュロング収容所		23	406
シュン・チヤン石材粉碎工場		10	599
巡按使		2	439
準官新聞		8	16
準戰時體制		35	305
準備委員會		28	253
準備復仇		33	199
巡撫省		2	439
巡洋艦多摩		46	471
巡洋艦出雲		32	195
巡洋艦天龍		30	536,538
巡洋艦ヒノウストン		45	490
巡洋艦平戸		30	535,536,538
巡洋艦夕張		32	195

其他名词	别称	册数	页数
攘夷		41	225
上院		36	43,371
上院外交委員		37	132
上院議員		2	122,170,173
上院特別國防委員會		46	519
小運送對策		15	244
攘外必先安內		33	199
蔣介石軍	蔣軍	6	106
		11	17,213
		14	124
		32	375
蔣介石政權	蔣介石政府,蔣政權,蔣政府,Chiang kai-shek's Regime	3	217,219,248,258
		5	362,396
		6	161,273,275,277,291,293,299,311,319,320,322,345,415,416,417,426,429,494,505,509,510,547,548
		7	249,280
		8	558,580,582,583,607,625,627,632
		10	97,125,328,538,541
		11	12,13,22,25,29,30,33,80,87,89,112,119,120,123,132,148,345,347,423,607,617
		13	228,420
		15	1,325,566
		16	416,453,456,613,621,632
		17	206,215,237,533,555
		19	176,338,364
		28	162,207,222,237,304,305,306,307,512
		29	10,11,12,18,102,104,138,139
		31	61,520
		32	54,55,403
		34	432
		35	58,61,189
		36	461,482,572
		39	31,37,68
		41	227
		42	244,245,275,591

其他名词	别称	册数	页数
蔣介石政權		43	169,274
		45	260,264,315,323,331
		46	70,608,609
		48	24,52,77,169
		49	16,25,361,362,363,381,482,489
		50	5,7,12,14,536
蔣介石打倒		29	10
翔鶴		38	28,48,65
		50	94
松花江鉄橋		12	141,142
松花江部隊		12	597
韶關飛行場		6	454,458,467,483
章邱炭田		8	593
勦共		32	94
		33	17,55
小共栄圏		12	56
商業主義		28	586
商業團體		33	203
商業報國會		5	263
消極論		42	45
賞勳局		4	87,417
		40	474,475
		42	1,2
		45	134
賞勳局議定官		45	140
賞勳局事務官		45	140
賞勳局庶務課長		42	2
賞勳局審査課長		47	52,394
賞勳局總裁		42	1
		45	134,140
將軍政治		34	383
蔣軍戰鬬司令部		32	255
商工業組合中央金庫	商工組合中央金庫	14	308
		35	422
商工局		4	284
商工組合中央金庫理事長		43	11
商工省		4	337,338,339

其他名词	别称	册数	页数
商工省		14	217,219,224,229,267,290,345,348,368,436,478,479,480,482,593,633
		15	102,190,208,209
		35	252,343,344,346,347,350,351,354,392,488,490,494
		36	33,212,296
		41	443,460
商工省及ビ工作機械統制會		14	290
商工省監理局長		10	261,282
商工省金屬局		35	341
商工省總務局		4	433
商工省電力局		43	15,26,137,180
商工省物資調整局		14	587
商工審議會		4	316,339
商工大臣官房統計課		35	341
商工法令		14	227
淞滬警備司令		30	516
頌茂		7	472
小資産階級		33	227
漳州飛行場		6	454,455,458,459,463
上新河中央監獄	中央監獄	7	131,132,150
蔣政權援助政策	蔣政權援助	11	345
		32	55
常設國際在鄉軍人委員會		35	87
常設國際司法裁判所		2	342,343,350,351,390
常設司法裁判所長		2	346
常設仲裁裁判所	常設裁判所，海牙常設仲裁裁判所	1	140,141,143,175
常設仲裁裁判所裁判官		1	178,180,181,184,185,186,187,188,190,192,193,194,195,196,214,215,216,219,220,221,222,224,225,228,229,326,327,329,330,331,332,333,334,335,336,355,356,358,360,361,363,367,369,370,371,372
常設調停委員會		2	342,345,346,347,348,349,350,351
常設調停委員會仲裁裁判所		2	350,353

其他名词	别称	册数	页数
商船及造船事業	商船建造	35	292,480
商租權		2	493,495,496
焦土政策	焦土作戰	32	243,479
小內閣制		35	505
昭南収容所		26	395
昭南チャンギー非戰闘員収容所		26	439
昭南防衛隊		42	514
少年先鋒隊		33	158
消費節約運動		43	162
証憑湮滅ノ罪		44	62,68,128
傷病軍人保護對策審議會		4	521
承平鐵道		42	234
商法		14	295
翔鳳		13	403,436,460,463,470,472,568,580,595,635,639
情報委員會		4	324,617
情報局	情報部	2	336,339
		3	620,621
		4	87,285,482,483,485,617,618,623,666,667
		12	535,540,541,543
		14	67,69
		15	222
		17	195
情報局官制	內閣情報局官制	3	620
情報局總裁		17	471
		41	423,425,426
情報局總裁代辯者設置		15	225
消防署		4	90
消防部		4	90
消防練習所		4	90
商務印書館	商務院書館	30	522,530
商務省		34	506,510
商務大臣北洋大臣		29	180
條約局		15	319
條約局第一課		34	272
條約局第一課長		34	272

其他名词	别称	册数	页数
條約局第二課		34	1,62
		47	503
條山第七〇聨隊		28	340
襄陽飛行場		6	446,454,465,468
昭和維新		5	204,222,226,292
		11	616
		13	450
		43	243
昭和研究會		43	72
昭和十年 十一冊ノ內其十滿受大日記(密)陸軍省		42	620,622
昭和製鋼所	昭和製鉄	8	310,333,375,413,477,479
昭和製鋼所社長		49	297
書記官		41	482,483
書記局		34	422
書記官長		41	482
諸暨稗頭飛行場		6	446
職域奉公		30	11,161,191
職員錄		41	482
職業科		4	593
植産局		4	13
ジョクジャカルタH. B. S. 収容所		23	390
植民計畫		8	401
植民省		23	231
植民地		33	95
		35	73
植民地總督府		11	381
植民地帝國		10	107
食糧管理委員會		4	358
食糧管理局		35	431,432,433,435
食糧生産計畫擴充對策		15	249
食糧貯藏對策		15	210
食糧輸出組合		14	24
諸賢飛行場		6	465
女子國防援助會	國防援助婦人會	50	255,259
徐州會戰		42	421,592,594
徐州治安維持會		4	311,399,420,509,539

其他名词	别称	册数	页数
女真		6	85
諸團體ノ訓練強化		15	223
ショフィールド兵營		46	537
ジョンズ・ホプキンズ大學		1	552
ジョンヘイ収容所	ジョン・ヘー抑留所	26	530,582,655
白罌粟		8	10
不知火		13	403
私立鐵道會社		46	213
私立郵船會社		46	213
じり貧論		43	403
尻矢		13	595,625,625
資料通信社		47	120
司令長官事務所		36	400
司令部第四課長		11	560
白井隊		23	551,553
仁愛		34	378
興安西分省警備軍司令官		44	396
新印度支那ノ建設		11	508
親英内閣		34	483
親英派		28	581,582
親英米派		11	257,666
		16	464
		42	58
		46	85,386
親英要人		46	591
親華		33	30
辛亥革命共和民國		30	575
清會線		5	638
瀋海線		45	44,51
神學		43	197
新嘉坡ニー・シーン病院	ニー・シーン病院収容所	23	582
新嘉坡ノルマントン収容所		23	576,578,580
新嘉坡ヘンダーソンロード	ヘンダソンキャンプ,ヘンダーソン・キャンプ	23	614,617
新嘉坡和蘭戰爭犯罪者調查團々員		23	564,576,580,601
新嘉坡和蘭戰爭犯罪調查團員検事補辯護士		23	582,586

其他名词	别称	册数	页数
新嘉坡和蘭戰爭犯罪連絡部連絡將校陸軍中佐	新嘉坡和蘭戰爭犯罪聯絡部聯絡將校陸軍中佐	23	236,238
新嘉坡和蘭戰犯調查團長	新嘉坡和蘭戰爭犯罪調查部長	23	594,617
新嘉坡和蘭戰犯調查团長特務大尉		23	560,597,600,603
新嘉坡陷落		39	167,170
シンガポール軍港		11	606
シンガポール軍港租借		48	260
シンガポール軍参謀課長		39	272
シンガポール刑務所		42	536
新嘉坡攻擊	シンガポール攻擊,シンガポール急襲,シンガポール進擊,シンガポール行動	10	347,414,467,471,519,678
シンガポール攻擊問題	新嘉坡問題,シンガポール攻擊計畫	10	377,423,466
シンガポール守備兵		11	322
シンガポール涉外部長		42	544
新嘉坡占領	シンガポール占領	10	385,423
新嘉坡島攻擊		39	168
新嘉坡東南亜細亜聯合軍陸上部隊司令部		22	39
シンガポール日本總領事		32	97
シンガポール丸		22	541,542,543,544,546
シンガポール收容所		50	526
シンガポール占領軍司令官		12	471
シンかワン衛生係長		23	349
新鹽稅務司事務所		2	582
神祇院		4	89
新企畫院		35	505,506
新吉林官憲		2	582
新吉林省政府		2	581
新舊樞密院議長		10	137
新教		6	554
新京協和會		12	485
新京商工公會		43	175
新京中央政府	新京中央本部	12	484
		34	193
神宮關係施設造營所		4	89,327

其他名词	别称	册数	页数
神宮司廳		4	89
神宮旅行演習		12	119
親軍黨		49	530
迅鯨艦		4	428
迅鯨艦長		45	442
新經濟機構		35	486,489
新經濟秩序觀		8	612
人權思想		44	498
振興會社		8	601,603
新礦開發助成金		35	474,475
新興支那		6	428
新興支那建設		13	88,90,91,92
		29	102
新興支那建設ノ指標		13	90
新興支那政權		6	268,430
人口食糧問題調查會		4	340,341
		35	431
人口增加運動		16	437,440
新興中央政權		8	624
人口問題研究所		4	496
神國		5	35
		6	214
青國海軍		15	274
淸國官吏	支那國官憲,支那國官吏,清國官憲	2	502
		29	159,169,186,240,244
淸國軍隊	中國軍隊	29	158,407
淸國皇帝	支那國皇帝	1	67,103,110,352,359,397,400
		41	19
青國國民精神動員		15	269
親告罪		44	138
淸國駐剳フランス共和國代理公使		38	360
淸國人	支那國人民,中國人,清國臣民	29	154,184,186,188,238,239,240,392,393,406,407,408,409,418
		31	527
青國政府		15	143,147,149,188,203
淸國政府	支那國政府,中國政府	2	80,81,471,487
		3	479

其他名词	别　称	册数	页　数
淸國政府		29	154,170,174,175,180,181,185,188,189,190,191,234,241,243,391,400,441,446,449,452,453,459
淸國政府軍	淸國人軍隊	31	534,535
淸國全權委員		29	180,181,193
神國丸		13	622,636
新國民政府		11	209,219,220,221,617
新國家贊助運動		2	565
新國家方案		2	567
審查委員會		15	4,15,417,418,422,425
震災豫防評議會		4	365,368
親支		33	44
紳士協定		36	315
人事局	海軍人事局	4	92,93
		37	337,368,369,531
		44	11
人事局長		44	20
新支那	参見新中國	8	624
		29	12
新支那工業建設		8	611
新支那政權		8	520,521,544,546,550,551,557,560,562,578,579,613,638,646,647,649
親支排日		11	16
新二萬城目支隊	萬城目支隊	15	310,313
神社制度調查會		4	89,277,326
新上海市政府		8	635
新宗教運動		50	491
人種平等主義		48	194
眞珠灣戒嚴措置		38	11
眞珠灣攻擊		16	601
眞珠灣攻擊計畫		13	470,568
		37	277,532
眞眞珠灣攻擊調查共同委員會	眞珠灣攻擊共同調查委員會,眞珠灣攻擊聯合調查委員會,真珠灣攻擊調查二關スル米國議會合同委員會,真珠灣攻擊調查米國議會兩院合同委員會,真珠灣攻擊調查聯合委員會	17	67,300,301
		35	5,224
		36	167,399,419,426,428,436,438
		43	250

其他名词	别称	册数	页数
神人一體		44	417
新人民族ソウェト會		50	228
新人民族同盟		50	216,229
親樞軸政策		47	578
新生運動		5	418
神政會		47	176,269
新政治運動		2	571
新政治體制促進委員會		49	633
新生中國正統國民黨		12	484
神聖同盟		47	401
シンセイ丸		23	22
新世界秩序		10	314,318,322,326,329
津石鐵道		42	234
津石鉄道建設		5	596
親善關係		32	30,122
仁川収容所	仁川俘虜收容所	26	51
		42	495
		50	177,181,184
親善政策	親善,親善希求	10	48,250,276
親善不可分		32	50
親善論		42	118
人造石油事業		35	251,252,253,254,269,388
人造石油株式會社		14	229
新體制		35	66
新體制問題		10	139
新體制運動		5	390
信託業法調查會		4	293
信託銀行		14	363
震旦大學		49	370
新秩序運動		10	322
新秩序建設		8	612,648
		12	484
		16	408,435
		28	473
		33	119,131
		46	80,85,86,234,235,236,237,238,582
		50	268
新中央銀行	滿洲國中央銀行	2	577,578

其他名词	别称	册数	页数
新中央銀行總裁		2	578
新中央政權		6	277
新中央政府	支那新中央政府,新支那中央政府,新興支那政權,新興支那中央政權,新中華民國政府	6	275,276,624,625
		8	119,648,649
		11	21,219
		16	196
		33	22,280
		35	62
		38	445
		45	319,323,333,335
		46	120
		49	382,383,384,397,398,399,400,401,402,404,405,406
新中國		8	567,647
新中國中央政府		10	34
清朝復辟主義		31	43
神道		47	120,122,123
新東亜經営		41	449
新東亜建設	新生東亜の建設,東亜新生,新東亜ノ建設	8	606,647
		15	33
		16	615
		26	63,64
		41	448,450,451,453
		43	312,565
新東亜體制		8	558
新黨運動		6	334,494
神道家		50	488
新黨結成運動		43	314
人道主義		16	322
		25	546
		26	94,95,97
		27	93,412
		36	251
人道主義者		46	363
人道ニ對スル罪		1	43
親獨		28	582,583
		33	243
		42	19

其他名词	别称	册数	页数
親獨		47	441
親獨革新運動		10	337
神德丸		3	142
親日語政權		6	277
親日支那政権	親日支那諸政權，親日諸政權	12	142
		29	12,14,18
		31	61
		45	320,323
親日地方政權		6	293
親日中國人會		27	607
親日朝鮮人		2	503
親日政權	親日中央政權	6	294,298,299,321
親日派		47	290
親日反共		32	54
親日防共		49	383,385
親日滿防共		49	383,385
親日友共		6	313
		45	320
新寧線		6	446,447,453,454,468,485
新橋驛		43	201,221
審判部		15	147,149,150,151,155
神秘主義		8	628
神武會		5	201,232,233
振武集團		45	235,237
新聞雜誌記者聯合會		33	203
新聞紙等揭載制限令		5	154
親英米	親英米方針，親英米分子，親英，親米英派，親米，親米派	6	241
		10	201,216,224,336,422,424,467
		16	544
		41	35
		43	323
清兵		6	283
		29	2
神兵隊		28	226
新編南海派遣軍		13	402
晉北自治政府		42	236
津浦鉄道	津浦鐵道，津浦線	6	204,205,206,208,299,380
		16	245

其他名词	别称	册数	页数
津浦鉄道		32	479
		33	272
		42	421
進步黨		43	561
親滿		43	169,172
親滿自衛軍		44	396
人民委員會議議長	人民委員會議々長	34	292,302
		47	373
人民委員代理		34	300
新民會		8	17,34
		12	484
		13	94
		30	84
人民外交協會		2	445
新民會副會長		44	472
人民革命軍		33	210
人民革命政府		33	210
		44	592
人民革命黨		12	571
人民協會		2	566
人民國防團體		50	277
人民戰線		5	415,416,418
		30	151
		33	59,95,294,296
人民戰線政策		33	295
新民屯法庫門鐵道		2	471
神武青年隊		28	18,66,67,80
神武肇國		6	247
新明貿易會社		7	84
神裕丸		8	94
信陽飛行場		6	459,468,481
侵略擴張		41	38
侵略主義		28	586,611
		34	372
		50	493
侵略主義者		47	286
侵略戰		49	16
侵略的戰闘行為		4	551

其他名词	别称	册数	页数
新旅順関東軍司令部		12	128,404
新露西亜政府	露西亜新政府	2	453
親露政権		12	133,138
親和共存		32	521
	ス		
綏遠軍		5	519
瑞鶴		13	403,436,460,463,568,595,635,639
		38	28,48,65
瑞西國政府	瑞西政府,スイス政府	26	285,319,332,339,366,396,403,441,445,447,453,523,631,639
瑞金政府		33	155
瑞金放棄		33	154
瑞金放棄後の紅軍西遷行		33	154
水源輸船公司		32	297
水交社		28	86
		36	456
水産局		4	335,336
瑞昌飛行場		6	479
瑞西公使館員		40	328,329,330,331,332,333
瑞西國、伊太利國及希臘國駐剳諾威國特命全權公使		2	10,56
瑞西國、獨逸國、ハンガリー國及和蘭國駐剳ラトヴィア國特命全權公使		2	9,55
瑞西國及和蘭國駐剳丁抹國特命全權公使		2	7,51
スイス國外交代表		27	76
瑞西國公使	瑞西公使,スイス公使,スウイス公使,瑞西國特命全權公使	26	213,215,219,221,223,225,227,235,238,241,247,250,252,254,257,261,263,265,266,268,270,276,278,280,282,288,289,290,292,295,298,301,304,316,319,324,330,331,334,337,348,357,359,361,363,367,370,375,379,387,405,407,408,409,410,411,412,414,447,448,449,452,453,455,459,462,467,468,473,474,475,478,

其他名词	别称	册数	页数
瑞西國公使			479,482,483,484,488,494,495,498,500,517,537,558,616,618,621,623,624,629,636,638
		27	7,40,44,48,49,56,71,73,74,301,304,306,350,352,377,379,673,679
		38	555,556,558
		44	302,303
		47	680,690
		50	523,524,526
瑞西國公使館	瑞西公使館,スイス公使館	1	7,11
		9	146
		27	49,51,53,55,59,61,63,65,67,69,70,71,72,74,75,244,247,248,303,308,317,319,376,412,640
		38	554
		43	477
瑞西國在神戸名譽領事		40	329
瑞西國上海副領事		40	328,330,332
瑞西國駐剳アメリカ合衆國特命全權公使		2	4,46
瑞西國駐剳ウルグァイ國特命全權公使		2	13,60
瑞西國駐剳英國特命全權公使		2	5,6
瑞西國駐剳和蘭國特命全權公使		2	10,56
瑞西國駐剳キュバ國特命全權公使		2	7,51
瑞西國駐剳コロンビア國特命全權公使		2	7,50
瑞西國駐剳瑞典國特命全權公使		2	12
瑞西國駐剳西班牙國特命全權公使		2	8,52
瑞西國駐剳セルブ、クロアート、スロヴェーヌ王國特命全權公使		2	11,58

其他名词	别称	册数	页数
瑞西國駐劄チェッコスロヴィァキア國特命全權公使		2	12,59
瑞西國駐劄日本國公使	瑞西國駐劄日本國特命全權公使	1	11,318
		2	9,54
瑞西國駐劄ブラジル國特命全權公使		2	5,47
瑞西國駐劄佛蘭西國大使		2	8,53
瑞西國駐劄ペルシァ國特命全權公使		2	10,57
瑞西國駐劄ボリヴィア國辨理公使		2	5,47
瑞西國駐劄ポルトガル國特命全權公使		2	11,57
瑞西國駐劄ルーマニア國特命全權公使		2	11,58
瑞西國臨時代理公使	スキス國臨時代理公使	1	8,10,12
瑞西人	スイス人	23	318
		24	17
		39	210,220
スイス人技師		23	417
瑞西領事		26	245,249,256,611
瑞西領事館	瑞西総領事館,スヰス領事館	26	526
		27	604
瑞西聯邦高等工業學校		24	17
瑞西國政府	瑞西政府,瑞西聯邦政府,スウイス國政府,スイス政府,瑞西聯邦	1	68,104,123,177,195,210,229,270,304,307,308,321,335,353,371,443,464,465,466,563,566,571,572,573
		2	3,12,27,28,29,30,45,63,75
		22	329
		27	41,42,63,76,77
		38	548
		47	446,676,690,691
瑞西聯邦政府駐劄英帝國特命全權公使		1	464
スイス人宣教師		23	275
綏靖		6	316
綏靖公署		5	527
綏西日本警備司令		7	407

其他名词	别称	册数	页数
綏芬哈爾濱機関		12	141
瑞鳳		38	18,65
瑞寶章		4	310,317,347,352,375,393,397,403,405,408,411,415,416,418,419,425,427,431,435,477,484,509
水豊洞ダム		8	420
萃北製藥社		8	47
水路部		4	93
スウェーシー		37	504
スウェーデン王國公使館		23	242
瑞典王國公使館		27	293,295
瑞典語		23	244
瑞典國外交代表	スエーデン代表	23	244
		26	315
瑞典國公使代理		40	328,329,330
瑞典公使	スウェーデン公使,瑞典國公使	23	247
		27	290
		29	484
		47	430,431,690
		50	523
瑞典人	瑞典王國々民	10	217
		27	9
		46	431
瑞典政府	瑞典王國政府	23	245
		46	431
		47	430,684
瑞典駐在公使		50	587
瑞典諾威國皇帝		1	68
樞軸外交		47	160
樞軸強化	樞軸強化	10	201,239
樞軸軍		23	353
樞軸國	樞軸友交國家,樞軸國家,樞軸同盟,樞軸諸國,樞軸	11	237,258,659
		13	144,145,147,182,257
		15	105
		36	494
		47	41,148,152,156,159,167,191
		49	577
樞軸國人		15	324

其他名词	别称	册数	页数
樞軸政策		10	133
樞軸派		36	218
		47	98
樞軸陸海混合委員會		10	228
崇字埋葬隊第一隊		7	124,125,126,142,144,145,146
崇字埋葬隊第三隊		7	124,125,126,127,142,144,145,146
崇字埋葬隊第二隊		7	124,125,126,142,144,145,146
崇字埋葬隊第四隊		7	124,125,126,127,143,144,145,146
スーダン政廳法務書記官		1	466
スーダン總督		1	466
樞府委員會		3	591
樞密院	樞府	4	87,274,277
		5	482,483,485
		7	537
		10	254,278,556
		11	317,347
		12	53
		15	74,134,234,674
		28	312,450,453
		30	49,56,60,73
		34	272,273
		38	5
		40	436,444
		41	63,70,71,344,428,429,430,488
		42	245,605,606
		43	125,214,230,231,242,245,257,288,470
		44	111,124
		45	155,261,275,423
		47	277,445,586,671
		48	28,29,128,147,153,173,203
		50	62,546
樞密院委員會		10	73,140,143,259
		47	586
樞密院會議	樞密院本會議	29	96
		41	425,429,488
		45	262
		47	270,586,671

其他名词	别称	册数	页数
樞密院課長		45	130
樞密院官制		3	591,689
樞密院議員		43	288
樞密院議長	樞府議長	11	339
		17	1,3,4,5,29,158,355
		30	6,7,59,112
		41	429
		42	51,245,254,255
		43	244,247,248,308,309,311,319,320,349,363,364,516
		44	111,124
		45	274,310
		47	630,690
樞密院議長國會議員		2	121
樞密院事務官		17	258,481,482
		48	210
樞密院事務所		11	292
樞密院書記官		10	277,278,292,556,557
樞密院書記官長		17	477
樞密院書記局		41	488
樞密院審査委員		16	290,313
		45	465
樞密院審査委員會		11	292,293,350,351
		34	274
		45	466
		47	671
樞密院調査委員會		12	51,53
樞密院秘書課		15	414,467
樞密顧問官	樞密顧問	3	420,689,690,691,692,693,695,696
		11	317,339
		30	111
スエーデン公使		32	97
スェーデン人		49	122
スエーデン政府		26	523
スエヨシ隊		27	179
末吉隊		27	143,144,145,146,147
スガ部隊		23	141,155
スカブミ農學校収容所		23	389

其他名词	别称	册数	页数
スカミスキン刑務所		24	13
巣鴨刑務所	巣鴨留置所,巣鴨監獄,巣鴨抱置所,巣鴨拘置所,巣鴨拘置場,巣鴨,東京巣鴨監獄	6	168,180
		25	543
		27	381
		30	560
		31	428,490,491,513
		32	390,462
		38	586,595
		40	74
		41	61
		42	481
		43	544
		44	377,378
		46	495,612
		49	279,280,600,604,605,607,608,611,612,614
スカラップ		32	190
スカレラ武裝突擊隊	スカルプ	2	202
		23	354
杉浦先生追慕講演會講演		47	203
スキホイラン語		12	515
スキャラブ船		7	224,255
スコール		13	462
スコットランド聯隊		22	280
スコテイア		27	374
鈴木企畫院		35	254,255,270
鈴木企畫院總裁		16	543
鈴木内閣		11	627
		41	337
		43	227,479,503,504
		47	430,479,541,546,682,684
		49	2,69,342
		50	596,600
スター・ブルテイン紙		46	530
スターリン政權		19	182,187,189
スタダード・ヴアキュウム・オイル會社		7	85
スタムプ手形制度		15	241

其他名词	别称	册数	页数
スタリン政権		13	325
スタンダート		30	121
スタンダード・ヴァキュウム石油會社	スタンダード石油,スタンダード石油會社,スタンダード・ヴキニム・オイルコムパニー,スタンダード・オイル・カンパニー	6	232,560
		7	200
		16	115,262,353
		25	261
		32	169
スタンレイ・ジェール		22	336,337,338
スタンレー監獄	スタンレー	39	217,218,222,229
スタンレーノセントステファン大學		22	282
スタンレー要塞		22	292
スチムソン主義		47	301,302,324,325
スティーマー・ベイ		37	496
ストーカー		37	490
ストックトン		37	501
ストラート・スーンダ		27	365
ストライカー		37	490
ストレイト		37	497
スラバヤ丸		11	141
スパルタ號		32	263
スパロウ部隊		24	206
スピーカー		37	492
スピッドファイヤ戰鬪機		46	556,563
スペイン語		40	12
西班牙共和國假政府大統領		1	563,568
西班牙國皇帝		1	67,103,176,184,270,324,329,352,361,465
		2	3,8
西班牙國全權委員		29	179
スペイン人俱樂部	「スペイン」人「クラブ」	45	297,398
スペイン政府		13	257
西班牙大使		26	215
スペイン大使館		26	313
スペイン代表者		26	313,314,315
スポーティング・ニース		7	49
スマイター		37	493

其他名词	别称	册数	页数
スマトラ軍將軍司令官		24	65
スマトラ人		24	447
スマトラ砲台		13	641
須磨丸		49	122
スマラン憲兵隊		24	12,14,67,118
スマラン市長		23	414
澄田機関	澄田機關	11	93,94,308
		38	390,393
住友會社		25	455
住友化學工場		40	210
住友合資會社		6	61
住友信託株式會社		7	457,462
住友本社		11	644
スラーク案		45	460
スラヴ民族		13	166
		50	373
スラック人	スルック人	23	103,104,107,108
スラック婦人		23	101
スラバヤ憲兵隊		23	417
スラバヤ憲兵分隊		24	67
スラバヤ砲台		13	641
スラブ民族		11	649
スリンガー		37	491
スルク人		23	95
スロヴアキア語		13	273,274
スワィアー社		16	282
汕頭復興委員會		16	270
汕頭方面宇治	宇治	32	475
スワニー		37	491
スワニ人		12	515
スヰス民族		30	331
スンダ人		23	347
スンダ語		19	430

セ

其他名词	别称	册数	页数
西安問題		33	223
聖ヴィンセンテイウス		24	83,104
西歐資本主義國		32	54

其他名词	别称	册数	页数
西歐人		23	405
西歐文化		28	421
西歐民主々義		47	80
西歐列強		10	47
聖オーガスチン修道院		20	331,334
世界革命		35	65
制海權		2	333
		4	604
世界大混亂		33	149
世界大陸軍國		33	235
清華大學		33	172
清鄉		33	143,146,147
正教		12	515,516
清鄉委員會		33	143
清鄉一周年紀念日		33	146
清鄉完成地區		33	145
清鄉區	清鄉地區	33	146,147,148,149
清鄉區民眾		33	145
清鄉工作		33	146,147,148,149
清鄉工作人員		33	145,146
西境作戰		44	396
盛京時報		6	28,29,30
政記輪船公司		32	297
靖國神社臨時大祭		27	80,82
青國政府		11	662,663
青國総力戦計畫	青國総力戰方略	11	661,662,663,666,675,678
青國內閣		11	663
清查總署		7	512
錫察盟		42	232
生産調査會		4	271
西山派		8	627
生產力擴充委員會		35	341
生產力擴張計畫	生產力擴充計畫	14	233
		41	440
聖ジェイムス宮殿		38	217
聖ジェームズ		7	226
政治経済研究會		11	570
政治月報		8	16,17,18

其他名词	别　　称	册数	页　　数
政治新體制強化運動		10	137
政治新體制問題		48	20
政治戰		43	330
政治軍事協定		11	107,109,110,111,112,115
聖書		10	313
青少年團		12	152
		50	272
聖書教師養成學校		7	235,237,266,268
聖書教師養成學校避難民收容所		7	236,237,267,268
聖ジョンズ野戰病院		22	273,275
精神主義		28	609
聖心宣教會		25	122
精神動員強化措置		15	269
聖ステフェンズ病院		22	272,273
税制調査會		4	329
聖戰		4	666
		5	397,423
		11	619
		33	132,133
		43	169
聖戰貫徹議員聯盟		49	633,634
聖戰貫徹議員聯盟常任幹事會		49	633
製造部		4	91
星隊		23	252
制鐵事業		35	337,338,389
制鐵事業委員會		35	341
		4	432
製鐵事業評價審查委員會		4	320,327,355,521,534
青天白日旗		33	7,11,25
正統王朝主義者會		12	474
政黨觀		43	565,566
政黨合同運動		29	108
政黨政治		11	588,589
		28	120,249
政黨內閣		11	588,589
		28	188

其他名词	别称	册数	页数
政黨內閣		43	186,190,201,222,223,228,337,562
政黨廢止論		49	8
政黨法		11	589
正當防衛權		18	368
西南軍政		33	219,220
西南政府		33	190
西南大平洋方面司令部		23	164
西南ルート		6	417,418,510,512
青年學校		4	581
青年學校教練科		4	574,576,577,578,583
青年學校令		4	574
青年教練查閱官教練科		4	581
青年教練查閱日割表		4	580,584
青年訓練所		4	570,571,575,587
		30	201,202,224,227
青年士官同盟		12	464,467
青年團		12	545
青年同盟		12	150
井煤礦有限公司		43	42
聖パウロ病院		20	328
整備局		4	92
性病及赤痢病院		25	207
政府委員		35	477
西部オーストラリヤ大審院宣誓口述書作製委員		23	440
政府貸付金處理委員會		4	322,327,469
征服運動	世界征服運動	16	492,494
征服政策		16	529
政府軍部		34	436
西部憲兵隊司令部高級部員		11	317
政府公報		8	279
政府資金撒布ノ調整		15	241
政府資金需給計畫協議會		15	212
政府出資財産評價委員會		4	355,429,430,455,538
政府主腦部		47	582
政府所轄戰爭犯罪調查局檢事總長室		24	413,419

其他名词	别称	册数	页数
西部戰線		13	206
		26	183
		28	567,618
政府大本營連絡會議		11	346
政府統帥部	統帥部	45	204,206
政府物動案		15	145
政府保證債券ノ所有ヲ認ムルコト		15	215
政府聯合軍		33	210
精兵主義		6	335
西方戰場		28	620
西方東漸		44	572
西方文明		10	319
西方路區問題		34	496
ゼイホ駅		22	437
西北邊區政府		33	88
精密機械統制會		14	292
		47	217
政務委員會		34	447
稅務監督局		4	294
政務次官制		35	505
政務局		4	385,482
政務局第三課		33	339
		34	230
政廳醫務部		22	300
政務部		7	572
		23	231,232
生命保險中央會		4	304
政友會		5	219,434
		30	52,66,558
		43	186,234
政友會総裁	政友會總裁	43	201
政友會內閣		30	52,53
		41	151
		43	186,228
		49	2,73
政友會內閣說		11	530
政友黨總裁		43	222,225

其他名词	别称	册数	页数
西洋化		17	202
西洋人		4	605
		6	261
		7	93,208
		10	639,652
		13	170
		17	186,192,220,222,232,243,246,262,274,277,310,315,354,359,362,364,369,372,485
		25	74,76,117,118,119,120,121,122,137,153
		26	63
		27	16
		28	612
		30	328
		34	371,488
		36	237
		49	118
西洋文明		30	11
		44	576
西洋流	西洋流世界觀,英美流	2	412
		46	449
		47	177,178,190
西洋列強		28	597,611,612,613
		30	19
		49	123
聖リオバ		7	226
勢力圈		16	118
聖路加國際病院		45	104
征露丸		27	174
西樓門		31	505
西灣炭礦		6	569
セーン		37	493
世界維新		11	616
世界一家		48	397
世界觀		50	491
世界舊秩序		47	199
世界共産革命		28	502

其他名词	别称	册数	页数
世界共存主義		44	576
世界新秩序	新秩序,世界秩序	6	221,222,240,256
		10	108,386
		12	563
		13	127,217,218,673
		34	368
		35	76
		47	191,673
世界制覇		41	38
		47	185,321
世界赤化主義		47	338
世界戰爭	世界大戰	5	413,423
		10	227
		16	407,408
		42	4
世界創造社		11	580
世界大戰史		47	13
世界日報		33	293
世界ノ平和繁栄	T. N. HAKKO ICHIU	42	230
世界平和	世界平和確保	32	216
		16	84,373
赤衛軍		33	158
赤軍参謀本部第六部長	赤軍参謀本部第六班長,赤軍参謀本部第六課長	12	280,281,282,283,284,285,291,292,293,296,298,299,300,301,305,306,314,315,329,330,331,419,420,440,441,445,458,459,460
赤軍		2	428,429,431
		5	575
		11	526,539,542,582
		12	118,120,229,385,390,393,408,478,589,590,592,601,602
		14	109,143
		27	619
		30	170
		34	123,126,309,310
		47	657
		49	499
		50	216,222,223,371,373

其他名词	别称	册数	页数
赤軍空地部隊		33	283
赤軍軍事検察省	赤軍軍事検察總局	12	499
赤軍軍事検察本部	赤軍軍事検察本部	12	566,577
		13	60
赤軍最高軍事検察局		11	637
赤軍参謀長代理		34	309
赤軍参謀部	赤軍参謀本部	12	235,257,271,278,290,432,442
		13	111,114
		30	454
赤軍参謀本部戰史課長代理		13	109
赤軍参謀本部戦史部		13	2,9
赤軍参謀本部總務部次長		12	248,250,252,303
赤軍参謀本部總務部長		12	277,318
赤軍参謀本部總務部長代理		12	255,273,295,309,323,412
赤軍総参謀部長代理	赤軍参謀本部部長代理	12	269,287,444
赤軍中央検察廳		12	540
赤軍部隊		11	637
		50	217,220
赤十字		25	11,278,302,313,322,326,328,329,430,449,450,451,465,466,493,504,514,520
		42	500
赤十字勤務者		50	169
赤十字國際委員會		1	302,305
		40	297,309,327
		42	491,492,493,506,507,512
		50	504,505,506,507,508
赤十字國際委員會上海代表		40	328,329,330,332,333
赤十字國際委員會代表	赤十字代表,赤十字國際代表	26	227,228,372,381,384,402,452,525,576,583,607
		38	554,555,563
		46	287,289,290
		50	175,176,181,182,187,505
赤十字國際視察團報告		40	293,294
赤十字社		25	206,494

其他名词	别　称	册数	页　数
赤十字社		47	34
赤十字章		25	19
赤十字情報局		38	567
赤十字駐日代表		40	329,331,332,333
赤十字香港代表		40	329,330,331,332
赤色職業同盟		12	151
赤色勢力	赤化勢力	32	226
		44	599,601
赤色パルチザン隊		30	165
赤色勞働運動	勞働運動	32	76,77,81,87
赤誠會		28	214,215,219,228,232,235
石炭統制會		47	217
石炭販賣取締規則		14	234
責任政治		28	188
責任内閣制		43	196
共產黨	赤匪	30	576
石油業委員會		4	352
石油產業ノ獨占的支配ノ設定		16	45
石油統制	石油事業ノ統制	3	183
		15	618
石油問題		43	403
積陵寮		4	65
赤露陸軍検察本部		12	534
セグレス・ロリータ號		32	263
世襲制		44	407
赤化	赤化政策	10	271,273
		30	265,451,564
		32	30,45,54,218,228,567
		49	350,454
石灰窖飛行場		6	483
赤化運動		33	239,240
		42	122
		43	451
		47	350
赤化救國		33	237
赤化脅威		42	181
赤化工作		13	82

其他名词	别称	册数	页数
赤化工作		33	157
赤禍根絕		33	226
赤化勢力		6	284
赤化敵國		13	78
赤化分子		47	350
赤化防止		13	82
浙贛鐵路	浙贛線	6	532,537,566,569,578
積極急進論		43	27
積極行動論		43	330
積極主義		43	16
積極政策		5	197,322
		16	618
石景山製鉄所		8	609
浙杭財閥		32	417
巡察斥候	斥候巡查	34	198
絕對主權		28	612
セット・ステファンス大學病院		22	287,293
刹那主義		5	18,65
		13	587,588,614,615,616,617,668
セテイス・ベイ		37	497
ゼネバ國際聯盟事務局保健部		30	324
セミヨーフ政權		11	520
セミヨーフ一派		11	521
セメント統制會		47	217
セリア キャンプ		23	42
セリュラー獄舍		22	351
セルゲイ・キイロブ號		14	13,14
セルゲイ・ラゾ號	セルゲイ・ラゾ	14	32,33,34,38
セルゲイキーロフ號		34	243
塞爾比亜國皇帝		1	68,104,121,177,193,210,228,324,335,353,370
セルビア政府		29	558
セルブ・クロアート・スロヴェーヌ王國工業組合聯合會書記		1	556
セルブ・クロアート・スロヴェーヌ國皇帝		1	270,466
		2	3,11

其他名词	别称	册数	页数
セルブ・クロアート・スロヴェーヌ國駐剳ラトヴィア國特命全權公使		2	9,55
セルラー監獄		22	364
セレター収容所		24	376
セレター飛行場		17	419
セレタ収容所		23	412
繊維統制會		47	218
遷延政策		14	486
全額禁煙運動		7	567
戰艦「比壑」		46	471
專管租界		33	150
前関東軍司令官		12	491
戰艦マサチユセッツ號		48	274
一九三〇年關税協定		36	4
一九二〇年四ヶ國借款		6	551
一九〇二年七月十五日至十八日所商定之補充辦法		11	55
一九四一年四月一日開戰と現狀維持の二つの假定		16	472,473
宣教師養成學校避難所		7	231,262
戰局收拾策		43	511,518
鮮銀支店		12	105
戰區自治促進會		5	567
川軍		42	279
銓衡委員		35	517
全國映畫協會		5	115,134
全國演劇協會		5	115,135
全國音樂協會		5	115,135
全國學生救國聯合會		33	296
全國學生救國會聯合會準備會		33	173
全國各界救國聯合軍		33	214,296
全國金融協議會		43	21
全國抗日救國代表大會		33	219
全國抗日軍		33	220
全國出版業者協會		5	115

其他名词	别　称	册数	页　数
全國水準社		5	418
全國總工會		32	79
全國反日會執行委員會		32	65
全國反日總會	全國反日會	30	270
		32	58,61,62
全國美術協會		5	115,136
前國立北京大學文學系教授		27	697
全國聯合協護會		31	70,93
善後借款		2	416
善後處理委員會		16	155,270
鮮字		6	29,30
戰時行政職權特例		35	537
戰時金融會社開業對策		15	242
戰時金融會社法案	戰時金融會社	15	164,211,216
戰時金融金庫		4	330
戰時建設團		35	543
戰時財政経済政策		43	142
戰時産業機構		15	190
戰時産業統制		35	488
戰時新生活運動		15	269
戰時租稅制度		15	5
戰時體制		5	394,395
		34	390
		43	140,142
		49	347
全支統一		41	224
戰時物價審議會		4	331,498
戰時俘虜管理局		46	310
戰時法規改正法律家委員會		38	77
戰車師团		15	340
戰車第三大隊		42	620
戰時抑留者關係事務室		50	514
戰時食糧協議會		4	438
鮮農		30	277
鮮人團		12	137,138
潛水艦「グレナデイアー」		45	490

其他名词	别称	册数	页数
潜水艦「パーチ」		45	490
潜水艦戰		45	471
潜水艦戰強化		27	404,405
潜水艦戰政策		46	490
專制者		34	383
專制主義		28	586
專制政治		34	380
戦線軍事會議		13	52,53
前線支那軍		32	401
宣戰詔勅		47	632
前線繃帶班		22	308
宣戰佈告		11	113
前線負傷手當所		22	274,275
戰爭回避		16	181
戰爭遂行決意		16	393
戰爭道義觀		41	4
戰爭內閣		43	420
戰爭犯罪支部		24	308,325,642,644
戰爭犯罪事務局		8	146
戰爭犯罪證據部合衆國首席檢察官事務局		49	546
戰爭犯罪人関係資料調查擔當準尉		23	638
戰爭犯罪搜查局	國立戰爭犯罪搜查局	24	39
戰爭犯罪調查係豫備步兵中尉准男爵法學士		23	537
戰爭犯罪調查局		23	422
戰爭犯罪調查事務局検事總長		23	486,491
戰爭犯罪調查分遣隊		24	308,309,310,317,318,319,324,325,334,335,347,348,349
戰爭犯罪調聯邦委員會長		11	501
戰爭反對主義者		33	237
仙台収容所		25	334
全體主義		4	605
		5	390
		6	220,222,243,248,253

其他名词	别称	册数	页数
全體主義		11	593
		28	491,500,501,502,503,504,508,517,552,571,584,591,592,617,618,622,630,631,634,635
		30	97,98,99
		42	12,17,19,28
		43	579
		45	161,263
		47	169,170,171,174,177,235,237,581
全體主義運動		10	320
全體主義國	全體主義國家	3	236
		36	387
全體主義國家體制		5	389
全體主義聯盟		6	244
仙臺第一B收容所		25	295
前中華民國駐日代表團專門委員		27	697
善通寺師團		44	321
善通寺大學		50	12
善通寺俘虜收容所		26	44,273
		40	71,163,165,327
宣傳ノ徹底強化		15	225
セント・ジョン野戰病院		22	294,295,297,298,301,304,305
セント・ポール大學		20	12,135
セント・ヨセフ		24	420
セント・ロー		37	494
煽動運動		32	83
宣統皇帝		30	357,417
前東三省政府		2	569
宣統帝擁立運動		45	80
戰鬪部隊長		34	208
セントジエームス學校		16	117
聖約翰大學		49	370
全日本教育映畫協會	圏日本教育映畫協會	5	3,41
全日本占領軍		23	262
前240濠州步兵大隊		22	168
專買局		4	91

其他名词	别称	册数	页数
船舶及海員ノ減少ニ對スル增強補充策		15	255
船舶管理委員會		4	520,537
		35	443
船舶燃料對策		15	256
船舶ノ集約的運航體制		15	93,97
船舶滿載吃水線		2	378,379
船舶輸送司令官		26	57
舩舶輸送司令部小樽支部		12	363
船舶輸送部海軍部隊		41	262
船舶輸送力		15	263
前パリ大學中國學院中國文學講師		27	697
戰犯局海軍部海軍省法務部長	戰犯局海軍部法務部長	37	509
戰犯事務內局長		11	502
戰備課		4	92
戰備材料		35	249
全部南京安全地區國際委員會	國際委員會	5	547,553,557
		32	247
宣撫班		33	8
先方ノ權益侵害ナリトスル主張		16	126
全滿大會		2	567
全民政黨內閣		30	57
全民族的抗戰實行		33	228
全民代表機關		33	203
専務總局		15	222
專門學務局		4	44,45
占領地行政案		44	339
占領地ニ於ケル軍政施行ニ関スル先例		15	319
權力分立主義		2	564
善鄰友好	善隣友交,善隣友邦,善隣友好関係	6	278
		10	125
		32	43
		33	44,51,123,125,130,137

其他名词	别称	册数	页数
善鄰友好		34	32,391
		36	461,482,497,498
		38	565
全露西亜國皇帝		1	68,104,121,177,193,210,227,324,334,353,369,398,402

ソ

其他名词	别称	册数	页数
草案作成委員會		6	172
ソヴィエイト俘虜		27	626
ソヴィエート共和國刑法法典		27	615,618,626,634
ソヴイエート社會主義共和國		33	435
ソヴィエート社會主義共和國聯邦海河川艦隊主席軍事検査官		14	60,65
ソヴィエート社會主義共和國聯邦行政區		11	513
ソヴィエート社會主義共和國聯邦軍参謀本部		49	50
ソヴィエート社會主義共和國聯邦軍参謀本部軍事史料部	ソヴィエート社會主義共和國聯邦陸軍省軍参謀本部軍事史料部	49	44,45,49
ソヴィエート社會主義共和國聯邦軍参謀本部軍事史料部次長陸軍少將		49	45,49
ソヴィエート社會主義共和國聯邦検事局		14	60
ソヴィエート社會主義共和國聯邦代表		11	513
ソヴィエート社會主義共和國聯邦内務人民委員部		11	513
ソヴィエート制度	ソヴエト制度	11	538
		33	208
ソヴィエート聯邦攻撃計畫		11	540
ソヴィエート聯邦内務人民委員部國境警備隊總局	ソヴィエート國境警備隊,國境警備隊総局	13	18,21,25,40,46

其他名词	别称	册数	页数
ソヴィエト社會主義共和國聯邦海軍軍令部		14	1
ソビエット社會主義共和國聯邦國立中央歷史文獻保管局	モスクワ國立中央歷史文書保管局,モスクワ市中央歷史文書保管局,モスクワ中央國立歷史文書保管局,ソビエット聯邦中央文書局,ソヴィエート社會主義共和國聯邦文書保管局,蘇聯邦中央古文書保管局,ソヴイエット社會主義共和國連邦中央歷史文書保管局	12 13 33	610,632 31,61,63,64,319 362,374,400,431,434,436,453
ソヴイエット社會主義共和國聯邦内務省		13	2,9,28
ソヴイエット社會主義共和國連邦陸軍部	社會主義ソビエット共和國連邦陸軍	13	28,60,66,69,96,119
ソヴィエット社會主義共和國聯邦軍部		12	493
ソヴィエト社會主義共和國聯邦全權委員		29	309
ソヴィエト社會主義共和國聯邦人民		29	312,315,318,319,321
ソヴィエト社會主義共和國聯邦人民委員會議長		29	492
ソヴィエット社會主義共和國聯邦文書課長		12	244,425,451,457
ソヴィエト社會主義共和國聯邦中央執行委員會		29	495,496,500,501,509,510
ソヴィエット將校		30	186
ソヴィエット人		25	213
ソヴイエット飛行士		33	428
ソヴィエット陸軍		30	186
ソヴィエット聯邦代表軍事審查官		11	556
ソヴィエット聯邦外務省		12	622
ソヴイエト共產主義		41	226
ソヴィエト區		30	151

其他名词	别称	册数	页数
ソヴィエト政府	勞農社會主義共和國聯邦政府,ソビエツト聯邦政府,ソ聯政府,ソヴィエト社會主義共和國聯邦政府,ソヴエト政權,ソヴイエツト政権,ソヴィエト政権,蘇聯政府,蘇聯邦政府,ソ聯邦政府機關,蘇政府,蘇政,ソビエツト政府,ソヴィエイト政府,ソヴエート聯邦政府,ソ政府,蘇國政権,ソ國政府,蘇政権,露國政權,ソヴェート聯邦政府,ソヴィエツト露西亜政府,ソヴィエト聯邦政府,ソヴィエート政府,ソ政府當局,ヴ政府(蘇聯)	1	7,8,32,33
		2	148,304,384,425,426,428,454,455,456,457,654
		3	578
		5	576
		8	262,263,264,265,266,267,268,269,270,271,273
		10	427
		11	409,525,538
		12	461,462,506,508,509,516,521,569,612,613,614,615,617,619,623,625
		13	81,126,286
		14	3,6,62
		16	81
		17	254
		19	187,240,255
		27	626
		29	247,248,250,252,293,295,296,297,298,301,303,304,305,306,309,320,472,478,479,484,491,512,513,503,504,506,507
		30	156,165,172,173,177,178,188,485,570
		32	42,43
		33	156,157,158,160,162,163,167,168,169,187,192,193,194,196,199,200,201,202,203,205,208,212,213,224,350,354,363,365,375,378,384,401,441,460
		34	1,2,48,63,98,100,278,280,281,290,291,293,294,297,298,299,301,302,303,304,479,481
		35	181
		42	15,79,81,82,86,87,88,177,178
		46	365,419
		47	334,335,351,352,377,391,408,410,411,445,476,568,572,575,658,685,687,688,689,699,700,701,702,704,707,709,714,717,718,719,720

其他名词	别称	册数	页数
ソヴィエト政府		50	215,216,219,220,222,223,233
蘇聯大使	蘇大使,ソヴィエート大使,ソヴイエト大使	12	619
		30	172
		42	110
		43	517
		47	377,378,391,687,689
蘇聯大使館	ソヴィエート大使館,ソ聯大使館,ソヴィエト大使館,ソ聯大使館	6	376
		12	620
		14	154
		30	171,305
		37	180
ソヴィエト代理大使		30	172
ソヴィエト鐵道		2	441
		47	721
ソヴイエト兵	ソ聯兵,蘇聯兵	34	342,473
ソヴィエト陸軍武官		30	172
ソヴィエト聯邦在勤帝國大使館附武官		34	122
ソヴイエト聯邦駐劄大使		34	342
ソヴィエト聯邦領事館		2	455
ソヴイエト勞働者	ソ聯邦勞働者	47	716,721
ソヴィェト連邦最高裁判所軍事部		50	238
ソヴィエト聯邦軍参謀本部軍事地形測量局長		50	295
ソヴィエト式	ソヴィエト化,ソヴィエト組織	2	426,428,429
ソヴエート	ソヴイニト,ソヴエット,ソウイエーノ	33	160,161,219,354,355,359,361,362,363,365,366,367,369,370,371,372,373,382,384,385,386,388,391,392,394,396,398,399,413,419,422,427,429,436,437,441,442,446,450,452
ソヴェート・ブロック		47	199
ソヴエート革命		33	160,168
ソヴエート人民共和國		33	220
ソヴエート中央		33	219
ソヴエート的段階		33	167
ソヴエート飛行機		33	428
ソヴエート聯邦日本大使館	日本ノモスクワ大使館	33	350,360

其他名词	别称	册数	页数
ソウェト・チェルウォン		50	220
總會決議		3	277,468,469,472,496,501,502,505,513
總會報告書起草委員會		3	329
総監官房		4	90
總監府		8	258,278,301,302,403,411,428,467,469,473,474,502,523,563,566
總機演		15	141,144,147,150,153,156,278
剿共即抗日		33	190
總工會		32	71,72,77
綜合計畫局		35	490
總合計畫局		4	223
宋興第七工場		16	251
綜合的移民計畫	移民計畫	15	82,83
滄口飛行場		6	358,448
綜合北方文化研究會		11	643
增產運動		35	344
增產獎勵金		35	473,475
雙十節		33	72,74
察東特別自治區行政長官		44	396
藏相	大藏大臣,藏相(日)	45	3,310
		47	259,670
總司令部		34	99
		35	503
總司令部太平洋方面米國陸軍地域法務官事務室戰犯部	太平洋方面合眾國陸軍總司令部同方面法務局戰爭犯罪支部,米國陸軍總司令部太平洋方面法務官事務室戰犯支部,太平洋方面米國陸軍總司令部現地法務官事務室,合眾國陸軍總司令部軍法會議法務官太平洋局戰爭犯罪支局,太平洋方面米國陸軍總司令部同方面法務局戰爭犯罪支部,合眾國太平洋方面陸軍總司令部現地法務部戰	20	66,67,77,114,134,140,144,146,157,161,163,167,170,172,173,175,188,190,206,301,309,339

其他名词	别称	册数	页数
	爭犯罪課,米國陸軍總司令部太平洋方面法務部戦爭犯罪部		
創新改善及財政經濟政策		16	106
滄石鐵道		5	534
		6	267
造船促進方策		15	260
造船統制會		35	299,301,302,303,304
		47	215
送電線空襲破壊對策		15	262
掃蕩		7	185
總動員局		4	25,26
		35	496
總動員ノ強化推進		15	185
總統司令部		10	395
總統大本營		13	130,140,672
総督府		26	49,109,126,127
剿匪		33	179
剿匪史		33	178,179
贓物ニ關スル罪		44	62,68,128
造幣局		4	91
雙方戰		49	415
總務課		34	215
總務局		4	26,32,33,38,39,65,66
		8	450,451
		28	451
總務省連絡委員會		4	439
總務廳		2	573,574
		28	464
		41	402
總務聽企劃局副局長		49	320
總務聽企劃處長		49	320
總務廳中心主義		44	407
總務廳長		41	406,407,411
總務部		4	90,91,93
總務部國有財産課		4	297
總務部長		34	460,461,463,464,468,469,470
宗穀乗組		4	422

其他名词	别称	册数	页数
總理衙門		38	360
總理大臣以下全閣僚ノ全國遊説並ニ「ラヂオ」放送實施		15	225
總理大臣官房		11	626
総理誕生紀念日		33	72,74
蒼龍		13	403,436,437,463,470,639,566,591,635
		38	28,30,43,65,69
僧侶階級		16	286
總力戦	總力戰	11	654,656,657,661,662,665,666,667,679,680
		15	140,141,144,148,157,159,169,176,200,203,221,234,239,243,255,274
		43	468
總力戰機上演習実施規程		11	656
總力戰研究所	總力研究所	4	300,301,302,354,497
		11	654,662,680
		12	55,58,60,68,70,76
		14	406
		15	110,111,114,116
		38	504
		41	468
		44	57,321,338,339,342
		47	278
總力戰研究所長	總力戰研究所々長	44	339
		49	285
總力戰方略		11	675
總力戰方略支那事變處理方針		15	224
ソエムバ人		24	258
ソエンゲィ・セングコル俘虜収容所		24	168
ソーカミスケン監獄		23	448
ソールト レークシテイ號		50	114
租界		15	331
租界員警隊		39	208
租界周邊處理方針		42	225

其他名词	别称	册数	页数
租界當局		39	208
蘇外務省官吏		34	281
蘇嘉鐵道		1	29
促進運動		2	566
促進會		2	565
促進同志會		49	530
測地學委員會		4	45
ソ區民衆		33	193
ソコーニー・ヴアキユーアム石油會社	ソコーニー・ヴアキユーアム	6	226,227
蘇國革命	露國革命	12	95,96,97,503,506
ソ支委員會		47	719
蘇支共同會社		34	313
蘇支斷交		32	91
蘇支復交		7	221,245,276
蘇州學院		16	54
蘇州大學		16	55
		32	91
租稅政策		15	85
租稅部		4	313
蘇浙皖禁煙總局	禁煙総局	8	98,100,106
ソビエット共和國聯邦陸軍		14	148
ソビエット司令部		1	27,28
ソビエット聯邦外務人民委員及人民委員議長		2	302
ソビエット聯邦最高委員會主席		2	302,303
蘇炳文軍		30	467
蘇炳文部隊		44	363
ソ滿平等主義		47	355
蘇蒙軍	ソ蒙軍	34	44,45,61
		42	609
楚豫		6	358
蘇聯外務省東亜第二局長		34	278
ソ聯外務人民委員	ソヴイエト聯邦外務人民委員	2	384
		13	114
		29	485
		42	174,175
蘇聯極東空軍		34	308

其他名词	别称	册数	页数
ソ聯空軍		34	161
蘇軍	ソ聯軍隊,ソ聯軍,ソ聯邦軍,蘇聯軍,社會主義ソビエット聯邦陸軍,ソヴィエット軍,ソヴィエット社會主義共和國聯邦軍,ソ軍,ソヴイエト社會主義共和聯合國軍隊,ソヴエート社會主義共和國聯邦軍隊,ソヴエート勞農紅軍,ソ聯軍,ソ軍,蘇聯軍,ソヴィエト軍,ソヴエト軍,社會主義ソビエット共和國聯邦陸軍,ソヴイエット社會主義共和國聯邦軍,露西亜軍,ソヴィエート兵,ソ連部隊,ソ連軍,ロシヤ軍,蘇聯兵,ソ聯部隊,ソ兵,ソヴエート軍,ソヴエート部隊,ソヴエット軍當局,ソヴィエ—ト 軍,ソ聯兵,ソ聯軍隊,ソビエット軍	5	576
		6	472
		8	600
		10	655
		11	386,544
		12	119,175,208,210,212,262,264,266,423,449,452,455,518,577
		13	9,60,107,120,142,166,206
		14	78,138
		17	444,445
		27	614,616,617,621,622,625,628
		29	478
		30	475
		32	552
		33	165,276,277,281,282,284,285,333,334,335,336,354,357,375,383,384,385,386,387,388,398,399,406,411,414,416,428,456,457,458,459,460,461,462,463,464
		34	2,17,18,20,26,47,63,104,105,106,107,109,139,141,142,150,154,155,156,160,170,172,176,178,183,184,187,188,202,207,218,221,357,358,473,474
		37	98
		38	409
		42	111,112,580,583
		43	281
		44	367,453,454,456
		46	162
		47	345,355,574
		49	49,308
		50	339,341,353,553
ソ聯商船隊		14	27
蘇聯人	ソ聯人民,ソヴイエト人民,ソ聯人,ロシヤ人,露西亜人,露人,ソ聯邦人,ソ聯邦人民	13	1,172,210,547
		42	82,83,87
		47	702,704,721,722

其他名词	别称	册数	页数
蘇聯船員		47	658
蘇聯船舶		47	658
ソ聯代表代理		44	481
ソ聯內務執行委員會國境準備隊長		13	1
ソ聯の極東師團		35	168
ソ聯邦アジア部		50	292
ソ聯邦為政者		32	43
ソ聯邦海軍軍令部		13	142
ソ聯邦海軍軍令部作戰部第六課		34	265
ソ聯邦海軍人民委員部		14	1,3
ソ聯邦外務省		47	728
蘇聯邦軍事審查官		27	616,622,627
蘇聯邦軍事審查官法務大佐		27	615,618,624,626
ソ聯邦檢察團記錄室長	ソ聯邦檢查部記錄室長	27	689
		34	265
ソ聯邦檢查部員		34	265
蘇聯邦國立アムール船舶局		31	16
蘇聯邦参謀本部		12	264
蘇聯邦事務所		34	97
蘇聯邦代表求刑次官		14	169
蘇聯邦代表檢察官		12	189,200
ソ聯邦代表事務所		44	481
ソ聯邦中央文書保管局長	蘇聯邦中央古文書保管局長,ソヴイエト聯邦中央國立歷史文書局長,モスコー中央國立歷史紀錄局	12	615
		13	37,38,69
		27	688
		34	350,352,355,358
蘇聯邦內俘虜收容所	蘇聯邦俘虜収容所	34	77,89
蘇聯邦內務省		34	78
蘇聯邦內務省登錄查證部長代理		34	86
蘇聯邦內務省武裝隊副判事		34	76,79,80,81,82,83
ソ聯邦ニ對スル作戰計畫		34	153
ソ聯邦の對外政策		42	176,177

其他名词	别称	册数	页数
蘇聯邦俘虜及抑留者中央管理局長代理	蘇聯邦俘虜抑留者中央管理局長代理，蘇聯邦俘虜、抑留者中央管理局長代理	34	77,84,85,88,89
ソ聯邦共産黨		12	462
ソ聯邦検察団記録室長		12	355,358
ソ聯邦軍参謀本部	ソ聯参謀本部	12	257,258,261,262,263
		50	329
ソ聯邦軍参謀本部測量局長		50	296,298,301,303,304,307,310,313,315,317,319,322,324,326,328
ソ聯邦軍参謀本部軍事測量局長臨時代理工兵少將		50	329
ソ連邦英雄陸軍中佐		50	282
蘇聯問題	蘇(耳並)問題，ソ聯問題	10	176,651
		46	420
ソ聯領事官員		34	194
蘇聯邦總領事館		32	80,89
ソ聯國防人民委員		12	257
ソ聯検察官		12	258
ソ聯潛入團		50	228
ソ聯最高裁判所軍事委員會		50	229
ソ聠最高法院軍事委員會		50	231,235,236
尊王攘夷	尊皇攘夷	47	174
孫文主義		34	448
ソ獨戰線		12	466
ソ連市民		50	281
ソ連最高會議議員		50	281
ソ戰		19	189

タ

ダーウン機械化砲兵隊		13	546
ダーゲンスニヘター倫敦特電		46	415
タータース族		30	178
ダーヤク人		23	330
タイ・ビルマ鐵道		27	638,639

其他名词	别　称	册数	页　数
第 2/4 野戰豫備病院		25	513
對 A 通信取締方策		15	258
對 D 戰爭遂行能力判斷		15	185
對 E 交涉		15	193
對 E 放送ノ具體化		15	261
對 T 關係		15	217
大亜細亜		30	354
大亜細亜協會	大アジア協會	5	293
		44	552,553,555,561,562,571,572,573,575,579
大亜細亜協會創立趣意書		44	561,568
大亜細亜主義	大アジヤ主義,大亜細亜主義運動,大アジア主義	19	176
		32	496
		33	137,199
		43	239
		44	552,553,554,556,562,574,575,576,577,579
		46	73,80,84,234
		46	73
		48	325,328
大亜細亜奉公日		50	249
大亜細亜聯合		44	570,571
大アルメニヤ主義		12	504,505,508,509
體育局		4	44,48
第一ウルフ収容所		24	224,229,230,233,236,237,238,243
第一艦隊		4	420,478
第一艦隊参謀長		46	471
第一極東戦線軍司令部		13	56
第一銀行		43	21
第一軍司令部		13	55
第一軍團参謀處長		30	474
第一経済局		14	135
第一遣外艦隊		4	417
		30	530,535
第一遣外艦隊次席参謀		30	528
第一遣外艦隊司令官		30	520
第一高等學校		43	72,107
第一護衛艦隊		4	203

其他名词	别称	册数	页数
第一五滿州軍步兵聯隊		13	6
第一三補助工兵隊		25	68,69
第一次五ヶ年計畫	第一次五箇年計畫	31	401,410,407,408,414,418
第一次五箇年施政		8	284
第一次近衛內閣	第一近衛內閣,近衛第一次內閣	28	629
		41	48,56,107,118
		43	2,3,7,24,36,74,290,314,575
		47	65,586
		50	532
第一師團司令部		4	244
第一七野戰工兵中隊工兵書記		23	49
第一次中央執行監查委員全體會議	一中全會	33	99
第一壽府條約ノ違犯		27	558
第一收容所		22	450,487
第一次世界大戰	第一世界戰,第一次歐洲大戰	14	331
		15	320
		16	285,601,618
第一潛水戰隊		4	426
第一潛水艇隊		4	423,424
第一總軍		4	246
第一總軍司令官		49	63,66
第一燃料廠		4	93
第一復員局	第一復員省,第一複員局	15	11,303
		25	200
		26	14,150,153,160,165
		33	264
		34	191,216,317
		35	259,266,278,279,280
		38	488
		40	172,251,275
		44	6,27,28,60,201,210,232,301,403,493
		45	9,16,19,356,394
		46	8,9
		49	339,340
第一復員局文書課		11	255

其他名词	别称	册数	页数
第一復員局文書課課員		12	352
第一復員局文書課長	厚生省第一復員局文書課長	30	498
		34	101,191,216
		38	393,481,482,485,510,582,584,604
		40	172,251
		41	374
		45	39,69,223,225,356,357,390,394,396,397,399
		46	7,8,9
		47	558
		49	339,340
第一復員局法務調查部		40	253
第一復員局法務調查部長		38	579,581
		40	256,275
第一復員事務官	復員事務官	15	114,341,511
第一復員省總務局長		5	473
第一復員省法務部		26	163
第一部長		34	174
第一船著場		24	48
第一俘虜収容所		23	142
第一分隊		44	420
第一方面軍		14	120,142
第一方面軍司令部		14	143
第一回上海紡績龍業		32	77
第一回總力戰機上演習		49	287,288
第一級戰爭罪犯容疑者	第一級戰爭犯罪人	19	360
		46	379,388
第一級陸軍飛行學行將校		36	396
第一軍參謀長		33	271,272,274
第一線防禦陣地		35	61
对印度施策		15	567
對英軍事行動		16	356
对英牽制		10	117,118
大英帝國濠洲軍中佐		25	41
大英帝國首相	英首相	16	430,431
对英封鎖		15	565
對英米親善政策		47	322
對英米戰		10	538

其他名词	别称	册数	页数
對英和平		46	257
タイガー		2	176
対外價值維持		16	70
對外強硬論		36	525
對外經濟交涉問題		15	193
大海指		39	4,5,6,7,27,28,29,31,33,34,35,36,37,64,65,66,67,68,72,73,74,76,77
對外積極主義		43	23
對外宣傳		15	225
對外發展政策		16	105
對外方策	對外交策	15	179,180,181,182,183,184,185
大海丸		13	405,572,577,579
大海令		39	10,11
タイカエイ運動		19	371
大化會		5	228
対華正式宣戰		28	292
大還丸		13	491
第九騎兵聯		30	493
第九區行政督察專員公署		6	560
第九航空艦隊		4	206
第九師團司令部		30	360
第九戰爭犯罪委員團		25	201
第九大隊収容所		23	389
第九八〇一部隊		40	275
第九陸軍寫眞班管理中尉		23	629
第九ローヤル・ノーサンバランド・フユジリーヤ部隊		40	320
大共栄圏		12	56
對共思想工作		6	312
待遇均等		16	2
對空襲	空襲對策	15	184,213,253
泰軍司令官		39	335
大憲		34	378
大言海		34	365,377
太原製鉄所		8	609
第五 AA 大隊勤務		22	276
第五一、第五七師團		34	110
大行社		5	228,233,431,435

其他名词	别称	册数	页数
大皇帝		33	318,324
大公報	大洪寶新聞,大洪寶紙,大公報紙	47	282,284,285
大康紡績		32	77
太古洋行		6	557
第五艦隊司令部		38	363
第五艦隊司令長官		38	349
タイ國外相		46	249
泰國外務大臣		38	525,526
泰國官民		48	210
タイ國軍隊	タイ國軍	11	213
		30	14
		46	248
泰國語	タイ文,泰語	2	297,325,329
		22	262
		48	378,380,383
タイ國皇帝	タイ國皇帝陛下	2	277,279,280,319,320
		4	390
		10	28,29
		48	373
泰國作戰		13	482
タイ國參謀總長陸軍大佐		2	320
泰國使節		48	436
泰國錫礦山會社		2	152,330
泰國首相	泰首相	48	171,265
泰國人	タイ國人,タイ國民,泰國民衆,泰國民	11	342,368
		17	273
		30	10,13
		48	210
泰國政府	タイ國政府,タイ王國政府	11	97,98,246,388
		12	15
		16	376
		17	441,571
		19	243,276
		26	503
		30	9
		37	193
		38	526

其他名词	别称	册数	页数
泰國政府		48	170,171,369,382,433
泰國總理大臣		10	350
泰國駐屯軍司令官		46	322
タイ國內閣總理大臣		30	9,17
泰國俘虜收容所		26	434,436
泰國官憲		2	299
第五軍三師團		14	142
第五軍三師團戰車一師團		14	143
第五軍司令官		34	197,201,202
第五空軍部隊第九十爆擊隊		25	47
第五空軍部隊第三十八戰鬥隊		25	48
第五空軍部隊第四十三爆擊隊		25	47
第五師團		4	310,368
		9	268,269,290,299,301
		42	425,586,587
第五師團参謀		12	204
第五師團司令部		42	425,586
第五師團長		42	420,424,585,587,588
第五十一軍司令官		41	355
第五十一師團		12	209
		34	110
第五十九ハサン國境警備隊		50	282
第五十九ハサン國境警備隊長		50	281
第五十五師團		11	489
		15	292,294,295
第五十七師團		12	209
		34	131
第五十七師團長		34	131
第五十六師團		15	292,294,295
大鼓書館		7	482
太古代理店		6	560
第五飛行師團		12	210
大沽砲臺		31	525

其他名词	别称	册数	页数
第三インターナショナル	第三インター	17	254
		30	181,451
		33	237
		47	235,236,266,583
第三回連絡會議		36	457
第三艦隊參謀長		46	471
第三艦隊司令部		24	506,513
第三經濟團體		41	441
第三航空艦隊		4	205
第三國権益		15	89
第三國貿易		8	397
第三五二八九部隊附軍事檢察官		12	490
第三次近衛内閣		28	443
		40	9,370,371,374
		43	62,75,376,395,401,545
		45	401,403,416,422,446,451
		46	268,269,404,438,450
		47	228,602,605,659
		48	4,5,6,14,61,79,80,88,96,98,99,106,135,297
		50	605
第三次對華政策		43	112
第三師團長		42	441
第三次滿洲帝國年報		31	388
大參社		11	580
第三十九旅團		30	390,391,392
第三十軍		12	211,212
第三十軍團		11	313
第三十三師團		22	44
第三十三師團長		44	235
第三十七軍參謀		42	548
第三十七軍司令官		42	548
第三十七軍司令部		40	254,275
		42	549
第三十七軍		42	514,515,520,521,548
第三十七師團		4	459
		11	487,489

其他名词	别　　称	册数	页　　数
第三十七師團		46	322
第三十八軍司令官		11	493
		42	526
第三十八旅團憲兵隊		25	77
第三十四軍司令部		25	196
第三十四獨立混成旅團	第三十四旅團	11	486,487,489
第三収容所		22	143,162
第三戰隊司令官		30	531
第三飛行集團長		15	305
協力廠商面軍		12	212
		34	130,131
協力廠商面軍作戰計畫		34	130
協力廠商面軍參謀長		12	209
		34	130
協力廠商面軍司令官	第三軍司令官	12	205,211,379,388,389
協力廠商面軍司令部		12	205
		34	131
第三野戰義勇軍		25	2,30,31,42
對支援助		46	597
大使館附陸軍武官推薦		44	2
対支軍事行動		16	82
對支講和基礎條件		42	217
對支國策		8	558
對支作戰		11	105,108,112,116,118,122,129,144,145,154,155,156,157,401,410,570
對支作戰計畫		31	543
台兒莊飛行場		6	456
對支政策	対支政策	5	301,622
		13	83
		16	393
		28	335,485
		30	295,296
		46	61
對支政策方針要綱		47	289
對支宣戰佈告		11	113
對支全面戰爭		45	254
對支對南洋政策		16	204
太子太傳文華殿大學士		29	180

其他名词	别称	册数	页数
第七師團		34	25,131
第七獨立守備隊		34	207,209
第七方面軍参謀長		42	524
第七方面軍司令官時代		42	614
第七方面軍司令部		42	524
第七方面軍兵站交通参謀		42	543
對支中央機関設置		8	557
對支特別委員會	対支特別委員會	45	317,333,334
		49	376,377,380,381
		50	535
対支那戰	対支戰爭	12	206,231
対支文化事業		16	86
		32	47
對支文化事業調査會		4	318,320,486
對支和平工作		46	7,17
對支貿易		8	531
對支方針		42	124,183,247
對支問題	対支問題	6	428
		49	343,464,515
大上海市政府		32	148
第十一海軍根據地部隊		11	487
第十一軍		6	311
第十一航空艦隊		4	207
第十一師團		4	376
第十一師團英國陸軍砲兵		22	459
第十一部隊参謀長		26	210
第十九印度人作業隊		24	616,625,630
第十九路軍	十九路軍隊,十九路軍	30	506,521,523,524,536,537
第十九師团		12	82
第十航空艦隊		4	206
第十五方面軍		25	391
第十三軍参謀		38	539
第十三軍司令部		41	381
第十三航空艦隊		4	208
第十三工兵大隊		25	57
第十三方面軍司令部		25	388
大衆示威運動		2	566
第十師團		14	129

其他名词	别称	册数	页数
第十師團長		34	208
第十七軍司令部附憲兵隊本部		25	79,81
第十七軍附憲兵隊		25	82
第十七収容所		25	327,330
第十七方面軍参謀長		42	485
第十七野戰工兵中隊		23	27
大衆宣傳會		19	392
大衆黨		5	235,434
第十七共同綜合病院		24	375
第十七方面軍		4	311
第十二航空艦隊		4	207
第十二師團		4	585
第十二師團司令部		4	244,251,517
第十二師團長		34	102,103,108
第十二方面軍		4	246
第十八インド工兵隊員		24	577
第十八印度人作業隊		24	614
第十八師團		9	268,269,290,299,301
第十八師團野戰重砲兵		15	309
第十八収容所		22	552
第十八步兵旅團司令部		24	586
第十方面艦隊		4	203
第十四航空艦隊		4	209
第十四航空隊第十一爆擊中隊		25	258
第十四師團		3	455
		4	244,258
		14	129,138,139
第十四潛水隊		4	425
第十六及第一師團		14	93
第十六軍		42	514,515
第十六軍參謀長		49	6
第十六軍司令部		19	443
第十六航空隊		38	363,364
第十六航空隊飛行長		38	363
第十六師團		4	397
		15	292,294,295

其他名词	别称	册数	页数
第十六師團司令部		4	494
第十六戰犯調查團		22	81
對蔣援助		11	215
對支用兵計畫		32	522
大正翼贊會宣傳部		4	662
大審院		4	268,273
		7	92
大審院書記		16	598,599
大審院判事		16	598
大臣官房		4	64,88,92
大新京日報		6	28,30
大臣事務所		35	183
大清帝國欽差全權大臣	大清帝國欽差頭等全權大臣	29	156,160,163
大水力發電計畫		41	452
大政-運動		35	72
大西洋艦隊		13	433
		50	94,99
大西洋航路		36	565
大政翼贊	大政異贊	28	596
		47	140
大政翼賛運動	翼賛運動	4	660
		5	265,268
大政翼賛運動規約		5	265,270
大政翼賛會		5	153,261,263,265,270,282,286,361
		4	625
		15	77,187,269
		17	442
		28	233,248,249,251,447
		30	76,78,79,80,81,84,85,86,88,91,92,93,94
		35	72
		36	284
		41	60,126,127,136,313,419,420,461,481
		43	72,565
		45	127,128,129,482
		47	98,139,140,141
		50	2,3,4

其他名词	别称	册数	页数
大政翼贊運動		30	76,78,81
		41	481
大政翼賛會興亜總本部	興亜總本部	5	270,271,272
大政翼賛會興亜總本部職制		5	272,274
大政翼賛會實践要綱		5	263
大政翼賛會支部規程		5	275,278
大政翼賛會支部規程樺太適用特例		5	278
大政翼賛會事務局職制		5	267,270
大政翼贊會事務總長		41	112
大政翼贊會總裁		30	84
大政翼贊會總務		47	98
大政翼贊會副總裁	翼贊會副總裁	30	84,85,86
大膳寮		4	65,68
対ソヴィエート聯邦攻擊		11	544
対ソヴィエート聯邦武裝闘爭		11	540
體操科		4	594
対ソ外交		5	405
對蘇關係	對露關係	5	317,581,582,583
對蘇休戰		46	414
對蘇軍事行動		14	110
対蘇軍備		16	180
対ソ聯攻擊	対ソ攻擊,對ソ攻擊	11	559
		12	224,393,587
對蘇交涉		46	414
対蘇攻勢		14	114,197
對蘇攻勢準備	對蘇作戰準備	14	104,109,139
對ソ國交調整		34	153
對ソ作戰計畫立案審議		34	153
対蘇作戰準備		11	574
對ソ讓步		46	428
對蘇政策		5	583
対ソ戰	対ソヴィェト戰,対ソ開戰,対ソ戰爭,対露戰,対露作戰,対蘇戰,対蘇作戰	12	63,64,66,79,119,130,157,206,209,265,275,391,393,403,473,475,476,494,543,596,599
		29	15

其他名词	别称	册数	页数
対ソ戰計畫	対ソ作戰計畫,対ソ攻擊計畫,対蘇作戦計畫,對蘇攻勢作戰計畫,対蘇攻勢計畫	12	206,209,226,389
		14	97,109,110,118,120,127,147,149,188,192,196
		34	17,153,159,160,179
對ソ戰準備		11	565
対ソ戰爭惹起ヲ防止		15	566
對蘇戰爭参加問題		49	587
對ソ提攜		46	423
対蘇日支同盟		13	168
對ソ政策	対ソビエット聯邦政策,對ソ施策	13	640
		34	123
		46	233,427,428
對ソ平和政策		48	228
對蘇防衛		46	36,170
對蘇謀略		46	8,17
對ソ蒙侵略戰爭		42	584
對蘇問題	対蘇問題	10	95,101,120
		13	77
		33	235
		43	23
対ソ聯戰問題		11	541
対ソ謀略	対露謀略	12	125,130,133,139,155,262,503
泰大使		50	72,73
大中華民國國民政府		8	676
大電力工場		7	200
大東亜會議		30	9,33
大東亜共榮圈	共栄圈,東亜共栄圈,大東亜圈,共榮圈,東亜共榮圈,東亜圈,経済圈,大東亜共栄圈	4	608
		5	92,264
		6	214,255,256
		8	417,520,521,612,614,615,617,619,620
		10	196,239,240,519,537,615
		11	210,211,212,237,302,305,306,344,346,583,584,594,617,618,629,633,639,645,647,648,649,650,651
		12	2,3,5,12,13,20,28,29,51,71,72,73,74,544
		13	216,227,453

其他名词	别称	册数	页数
大東亜共榮圈		14	634,635,636,640,641
		15	34,39,43,44,46,47,48,49,51,73,78,79,82,83,84,89,91,93,94,97,205,239,338
		16	183,284,285,363,366,435,439,621
		17	206,299,496,501
		19	244
		23	402
		24	118
		25	553
		28	152,175,194,214,227,359,432,433,434
		29	74
		30	9,10,12,13,15,16,17,18,23
		34	390,391,392
		35	62,63,64,67,214
		36	467,485
		37	69,104,105,162
		43	338,432,475
		44	339
		45	192,219,261,343
		46	425,584
		47	184,191,665,666
		48	74,169,190,217,227,243,244,250,254,291,295,400,401,414
		49	286,412,574,594
		50	254,275
大東亜共榮圈建設		11	632
		12	58
		46	499,500,578
		48	357
大東亜共榮圈建設對策案		11	638
大東亜共榮圈自給自足體制		19	203,210
大東亜共同宣言		6	593
		11	508
大東亜共同防衛		19	419,454
大東亜經濟圈		19	107

其他名词	别称	册数	页数
大東亜經濟圈		48	412,430
大東亜建設	東亜建設,大東亜圈建設	12	4,14,60,471
		46	80
		47	515
		48	199,200,202,204,325,329,356,360,387,432
大東亜建設審議會		4	302,357,369,370,410,411,435,454,489
		47	656
大東亜皇化圈		41	288
大東亜皇化圈企劃院	大東亜皇圈企劃院	11	598
		28	198
大東亜皇化圈最高會議		11	598
大東亜細亜協會		5	535
大東亜主義		5	535
		48	205
大東亜省	東亜省	4	32,35,36,38,41,42,153,227
		11	627
		12	2,3,5,7,8,9,10,11,12,13,14,22,23,29,32,33,38,39,41,45,48,49,51
		31	53
		32	482
		33	293
		36	111
		42	75,492
		43	449
		45	418
		47	277,478,507,508,510,642,656,666,667,668,670,671,672,673,674,675
		49	343
大東亜省官制審議		47	277
大東亜省總務局長		19	334
大東亜省南方事務局		4	153
大東亜省連絡委員會		4	303,358,435,439,455
大東亜審議會		48	199,200,202
大東亜新建設	大東亜建設	19	270,287,330,333,345
大東亜新體制		48	431

其他名词	别称	册数	页数
東亜新秩序	東亜ノ新秩序	2	295
		5	399
		6	220,221,243,244,245,250,257,269,270,271,320,429
		8	71,522,557,560,578,648,649,650,653,697
		10	103,108,118,125,127,180,183
		12	71
		14	165,213,634,640
		15	43
		16	88,140,141,142,176,285,410,470,478,614,621
		17	254,496,501
		18	344,346,349,483,484,496,501,503,506,507,516,526
		19	96,277
		27	27
		28	142,144,304,307,501,522,558,565,574,589,613,629,635
		32	218,221,223,225
		33	18,97,130,137
		34	33,37,41,451
		35	35,70,71,79
		36	491
		47	181,665
		48	209,216,406,436
		49	386
		50	12,17
大東亜新秩序建設	東亜新秩序建設	12	487,544
		19	336,340
大東亜新聞記者會議		19	396
大東亜政策		16	233
		48	11,190,191,194,195,196,198,199,200,202,203,206,209,210,213,215,231
大東亜青年同盟		5	294
大東亜戦争	大東亜戦,大東亜聖戦	12	12,28,46,52,63,79,80,485,486,487
		13	151,400,440,509,558

其他名词	别称	册数	页数
大東亜戰爭		14	86,147,484,485,489,492,493
		35	538,539,541
		43	442,443,447
		45	346,347,348,459
大東亜綜合戰		12	2
大東亜大臣		44	44
		47	383,512,673,674
大東亜秩序		28	633
大東亜中央銀行		11	599
		28	199
大東亜博物館		4	237,458
大東亜復興		6	582,590
		12	484
大東亜防衛		19	284,285,268,326
大東亜民族		5	362
		30	22
		36	285
		47	513
大東亜問題研究委員會		11	640
大東亜問題調查會		11	638,647
大東亜要員錬成委員會		4	439
大刀會		2	545
大同學院		31	87
大道市政府		8	626,635
大同炭礦株式會社		43	42
大同報		6	28,29,30
對東洋政策		47	322
大統領國務長官		48	47
對獨逸関係事務合衆國政治顧問官		7	304
對獨接近		46	373
對獨宣戰		46	389
對獨戰爭		5	321
對獨提攜		10	78
対獨同盟政策		10	336
対獨包囲陣		5	423
對內思想戰		15	184
第七艦隊		4	473

其他名词	别称	册数	页数
第七十三議會		43	140,141
第七十獨立混成旅團	第七十旅團	11	486,487,488
第七十七旅團		22	93
第七十二議會		43	131,137,141
第七十四帝國議會		4	495
第七潛水隊		4	477
第七方面軍		4	246,311
		28	263
		42	514,543,544,548,549
第七方面軍司令官	第七方面軍司令	41	262
		42	514,520,524,537,543,544,615
第七蒙古國境警備哨所	蒙古第七國境警備哨	50	334,335,337
對南方策		11	209,213
对南方施案		48	407
對南方施策		48	71
第二/十衞生隊		25	15,19
第二/二二大隊D中隊		25	24
第二委員會		4	429,430
第二一五連隊		22	44
第二インターナショナル		30	164
第二ウルフ収容所		24	229,231,234,237,241
第ニ回関東軍情報部會議		12	555
第二海軍補充計畫		3	14
第二回支那調查團		2	513
第二艦隊參謀長		46	471
第二艦隊司令長官		46	471
第二軍収容所		24	332,334
第二軍司令官		34	217
第二軍司令部		14	143
		24	333
第二軍二師團		14	143
第二経済局		14	135
第二遣支艦隊司令長官		46	449
第二航空艦隊		4	205
第二濠洲捕虜觸接及訊問部隊訊問將校		24	123
第二次歐洲大戰		38	7,380

其他名词	别　称	册数	页　数
第二次五ヶ年計畫	第二次五箇年計畫,第二次五年計劃	31	393,401,402,403,404,407,408,409,410,412,413,414,415,416,417
第二次近衛内閣		40	9,366
		41	59,126
		43	62,349,521
		45	401
		46	267,439
		47	95,139,159,228,237,607,608
		48	1,3,14,17,25,26,36,47,56,79,80,112,190
		50	605
第二次世界大戰		14	1,2
		47	17,18
第二師團		4	533
		11	488,489
		30	360,387,389,390,391,392,401,402,406,409,410,430
第二師團司令部		30	372
第二師團長		49	14
第二十一師團工兵聯隊		11	499
第二十一師團主力		11	486,487
第二十一師團長		11	499,500
第二十一師團步兵第八十二聯隊		11	486
第二十九軍司令官		42	526
第二十九軍司令部		42	526
第二十九師團		9	223
第二十軍		14	143
第二十軍司令部		14	143
		34	176
第二十五軍		9	256
		42	514,515
第二十五軍司令官		40	59
第二十五軍團		11	313
第二十五師團		34	202
第二十三航空隊		24	320,322,324
第二十三號福岡俘虜收容所長		40	317

其他名词	别称	册数	页数
第二十三師團		14	139,141
		34	17,25,27
第二十三師團長		34	19,20,21,26
第二十三特別海軍基地		24	320,339
第二十三特別海軍基地司令部		24	338
第二十師團		11	488
		30	406
第二十師團長		30	441
第二十二師團		11	488,489
第二十六驅逐隊		30	531
第二十六驅逐隊司令		30	531
第二十六航空戰隊司令部		25	102
第二十六師團長		12	204
第二收容所	死穀	22	148,180
第二松花江鐵橋		2	539
第二次若槻內閣		50	432
第二水雷戰隊		24	506
第二世支那人		46	576
第二潛水艇隊		4	423
第二總軍		4	260
第二總軍司令官		49	63,66
對日壓迫		46	596
對日意嚮		46	423
對日援助		10	228
		46	189
對日關係		46	371
對日關稅障壁		47	314
對日共同施策		16	371
對日協力組織		19	319
對日經濟壓迫		45	462
對日經濟禁輸方法研究會		46	590
對日經濟絕交		32	62,74
對日牽制		46	538
對日抗戰		6	510
		33	224,226
對日抗戰意識		32	555
對日策動		46	590

其他名词	别称	册数	页数
對日條約		34	502
对日新宥和政策		45	200
對日政策		46	480
對日接近策		46	157
對日絕交		33	195
對日宣戰		46	285
対日戦争		13	153
對日蘇聯政策		34	279
對日諜報組織		24	65
對日包圍		11	344,349
対日包圍陣	對日包圍陣	5	403
		46	602,603
對日包圍戰線	對日包圍戰	5	582
		6	243,251
對日貿易		38	10
大日丸		22	547
対日融合政策		16	367
對日輸出		8	593
		46	588
対日理事會	對日理事會	12	261
		34	90,95,97
對日理事會委員		34	97
対日理事會委員代理		12	258
対日理事會ソヴィエート代表部		14	100
對日理事會蘇聯部書記長		34	98
對日離反		48	67
大日本航空株式會社總裁		48	436
大日本政治會	日政會,日政會ノ翼贊會	31	53,54
		45	127,128,129,130
大日本帝國海軍	日本海軍	22	502
		27	27,325,344,345,379,382,395,405
大日本帝國海軍捕虜護送指揮官		27	26
大日本帝國特命全權大使		2	231,233,272,274,276,279
		11	468,470,471
第二特務艇隊		4	424
第二復員局	第二復員省	3	677

其他名词	别称	册数	页数
第二復員局		15	512
		34	251,257,260,262,264
		38	77
		45	355
第二復員局資料整理部史實班		34	257
第二復員局資料整理部史實班長		34	257
第二復員局總裁部長		34	267
第二復員局文書課長		34	251,260,262,264
		46	10,11
第二復原局調查課員		50	84,85
第二分隊		44	420
第二方面軍		14	120,141,142
第二方面軍司令部		24	306
大日本(日本紡績工場)		8	607
大日本興亜同盟	大日本興亜會	5	361
		36	284
		44	555
		46	74
大日本軍司令官		11	503,504,505,506,508,509
		45	55
大日本憲兵		24	18
大日本航空會社	日本航空株式會社,大日本航空株式會社	4	523
		37	412,427,431,432,434,435,436,441,442
大日本國家體制		5	412,426
大日本最高司令官		32	413
大日本產業報國會		5	263
大日本主義		5	234
大日本生產黨	生產黨	5	228,229,232,234,235
大日本青少年團		5	263
大日本青年黨		5	388,391,392,409,411,412
		11	587,614
		28	187,229
		41	297,298,299,300,312
大日本青年同盟		5	232
大日本赤誠會	赤誠會	5	291,292,409

其他名词	别　称	册数	页　数
大日本赤誠會		11	592,614
		28	192
		41	299,300,312,313
大日本帝國海軍兵學校		4	412
大日本帝國全權辨理大臣		29	155,160,163
大日本婦人會		5	263
大日本兵器社		11	643
大日本紡積工場		49	370
大日本翼賛壯年團		5	263
大日本翼賛壯年團團中央本部職制		5	279
對日本聯合國理事會	聯合國理事會	1	25,26
大日本聯合青年團		43	72
大日本勞務報國會		5	263
第二野砲聯隊		26	572
第二熔礦爐工場		40	318,319
第二四對戰車聯隊		22	242
第二四野戰砲兵隊		22	478
第ニローヤル・スコット聯隊		22	336
第二六インド人作業隊		24	612
第二六インド俘虜隊		24	613
第二六師團		14	108
第二六師團第一三聯隊	第廿六師團第一三聯隊	7	409,411,413,415,417,423,425
第八軍二師團		14	142
第八濠洲師團二/一〇野戰聯隊		25	496
第八師團		14	129
第八師團参謀		30	473
第八師團司令部		30	473
第八師團通信隊		23	109
第八十八師團		25	5,44
		32	112
第八步兵師團		13	57
第八百師團		12	212
第百五十二師司令部		6	560
第百三十九師團長		12	224
第百十九師團		12	211
		34	131

其他名词	别称	册数	页数
第百七師團		12	211
第百九十二戰車隊		22	478
第百八號収容所		22	553
タイ-ビルマ鐵道建設ニ於ケル俘虜使用ノ件		27	638,639
對フインランド侵略		29	479
大福丸		13	479,566,570,585
対佛印進駐權		50	197
泰佛印紛爭調停		10	329
對佛印貿易		11	277
泰俘虜収容所		25	560
		26	134,135
対米依存		16	177,179,180,181
対米英作戦	対英米戰	12	66,231
對米英問題		43	402
対米及対蘭印言論		16	365
對米關係		46	104
對米感情		46	104
對米強硬論		43	75
對米協力		10	182
對米交涉		46	405,451
対米政策		11	575
対米戦爭	対米戰	12	206,384,391,392
		26	121,122
対米宣戰佈告		28	449
対米宣傳謀略		15	566
對米戰否定		16	401
對米戰秘密訓練		13	500
對米即時開戰論		43	391
対米妥協論		46	84,85,87
對米非戰論		43	358
太平ホテル		7	121
對米無通告攻擊		46	492
對米問題	アメリカ問題	10	90,100,120
		43	86,118,354,432
		46	84,451
		49	465
		50	63

其他名词	别　称	册数	页　数
太平洋及極東問題委員會		11	546
太平洋海域司令長官本部		27	251
太平洋海軍		27	8
太平洋海軍航空基地		27	236,237
太平洋合眾國陸軍聯合軍翻譯通譯部	聯合軍翻譯及通譯部,聯合軍翻譯部	13	387,389,409,439,440,450,457,459,461,462,465,466,467,468,484,486,487,489,490,492,494,495,497,498,500,505,507,509,551,613
太平洋岸軍事基地		46	514,515,520
太平洋關係研究會		30	64
太平洋艦隊		45	200
		50	94,96,99,107,146,148,149
太平洋艦隊機動部隊		50	163
太平洋艦隊司令長官		50	107,146,148,160
太平洋協會		3	235
太平洋協會國際文書課		30	47
太平洋共同戰線		48	276
太平洋協同防衛		36	111,207,209,212,296,329,534
太平洋軍備		46	514
太平洋極東局問題		29	438
太平洋司令長官	太平洋地域司令長官,太平洋方面司令長官	50	116,146,147
太平洋水域軍事檢察官法務中佐	太平洋地區軍事檢察官法務中佐,太平洋地區軍事檢察官陸軍法務中佐	14	20,22,25,30,35,41,43,47
太平洋政策		17	239
太平洋戰爭		38	9,22,351,381,382,383,400,403,490,495
		42	73,614
		48	264,265
太平洋地區軍事檢察局	太平洋水域軍事檢察局	14	27,32,37,60
太平洋地區ソ聯軍事監察局		13	143
太平洋地區米國陸軍總司令部戰爭犯罪支部	太平洋方面合眾國陸軍總司令部戦爭犯罪支部,合眾國陸軍總司令部太平洋地域戦犯部,アメリカ合眾國陸軍太平洋總司令部戦犯	20	218,220,221,225,234,273,280,296,297,310,326

其他名词	别称	册数	页数
	支部,合眾國陸軍總司令部太平洋地域戦爭犯罪部,合眾國陸軍總司令部太平洋戦爭犯罪支部,太平洋合眾國陸軍總司令部戦爭犯罪支部,在太平洋米國陸軍總司令部		
太平洋渡洋作戰		13	607
太平洋ノ防禦		13	655
太平洋文明		2	109
太平洋並極東問題委員會	極東局問題委員會	29	381,385,395,401,416,420,431,438
大平洋平和		32	46
太平洋防禦線		46	550
太平洋方面合衆國軍總司令部		20	297
太平洋方面軍政官		27	205
太平洋方面最高司令官		27	205
太平洋方面司令長官司令部		50	146
太平洋方面戰犯部部長		27	205
太平洋問題		10	203
		17	425,490,559
		42	214
太平洋問題調查會		35	532,537
太平洋問題調查會國際事務局		30	55
泰方面軍司令官		44	261,262
对北支政策		5	591
大本営	大本營,日本大本營,日本帝國大本營	12	342
		17	6,31,124,179,180,210
		19	320
		26	89,91,154
		34	191,319
		37	340,341,349
		40	249
		42	255,282,380,476,481,613
		43	102,104,259,261,340,342,343,345,405,431,471,486,495,498

其他名词	别称	册数	页数
大本営		44	310,311,318,319,375,381,470
		45	152,153,155,203,237,255,258,269,270,284,285,286,301,308,312,334,423,447,465,467,468
		46	457,458
		47	239,245,246,258,259,269
		50	399
		1	9,12,13,14,15,16
		4	407,431
		6	184
		11	373
		17	430
		49	56,57,532
大本營海軍部		6	446
		11	20
		13	429
大本營海軍部副官部		39	74
大本營海軍部命令		13	614,615,616,617,619
大本營海軍報道部		6	349,369,403,405
大本營海軍報道部長		6	435,438
大本營會報		44	268
大本營公報		13	507
大本營御前會議ノ件	大本營御前會議ニ關スル件	42	282,284
大本營参謀		49	56
大本營政府		15	323,325,330,331
		46	312
大本營政府連絡會議		46	312
		47	607
大本營内閣	特殊内閣	43	485,486,487
大本營報導部		45	148,270
大本營報導部長		45	270
大本營陸海軍部公表		6	413,421
大本營陸軍参謀部總務部長		15	293
大本營陸軍部		13	429
		15	293,294
		38	468,473,511
		42	479,592

其他名词	别称	册数	页数
大本營陸軍部第八課		34	466
大本營陸軍部幕僚長		42	422,423,424
大本營陸軍報道部		6	580
		46	300
大本營令		3	678,680
大麻		7	567
大滿公司		8	2,103
大マニラ員警署		20	403
對滿事務局	對滿事務局	8	428,412,425,426,430,490,518
		15	209
		45	411
		47	667
		4	87,260,310,323,325,354,407,410,429,430,433,453,454,468,520,523,524,534
對滿事務局興亜院		30	73
對滿事務局事務官		45	442,443
對滿政策	對滿策,対滿政策	28	480
對滿日本代表委員長		40	518
對滿方針		3	416
タイムス		3	123
		29	491,493,507,516
タイムス・アドヴァタイザー		37	181
泰緬鐵道		38	556
		44	262
		45	468
		48	10,178,184,185
泰緬鉄道建設司令部		26	142
大蒙公司		5	513
大冶化鐵場		6	524
對友和平條件		42	14
太田内閣		43	300
太陽大日本紙		11	587,588,590,591,592,602,606,607,609,610,612,614
代用燃料工業		35	372
第四海兵聯隊第二大隊		40	299
第四軍		12	209,210,211
第四軍三師團		14	142

其他名词	别称	册数	页数
第四軍司令官		37	300
第四軍二師團		14	142
第四航空軍		12	232
第四航空軍司令官		12	224
第四師團		5	2,41
		11	488
第四師團参謀長		12	165
第四十四軍		12	211,212
第四六師團		42	514
第四戰爭犯罪調查團	東南アジア軍司令部	23	529
第四戰爭犯罪調查班		24	128,144,173,188
泰ライス會社		46	588
		48	68
大陸科學院		8	396
大陸政策	大陸國策	3	535
		4	645
		6	219,221
		16	96
		28	222
		28	152,500,505,533
		29	15
		30	72
		43	355
		47	172,173,177,178
对立相剋		19	266
大禮記録編纂委員會		4	271,272
大連海關		5	620,622,624
大連員警署長		34	194
大連商議書記長		42	402
大連稅務司	在大連日本人稅務司	2	584
大連築港工事		2	624
大連特務機関	大連特務機關	11	542
		34	117
大連特務機關長		34	233,234,236
大連分隊		44	420
大連民政局		8	431
大連領事館		7	484
第六委員會		19	201

其他名词	别称	册数	页数
第六軍		14	141
		34	25,26
第六軍司令部		14	138
第六軍二一師團		14	140
第六次全國代表大會	中國國民黨第六次全國代表大會,六全大會,國民黨六全大會	33	58,67,97,99,116,121,126
第六師團		14	129
第六師團牛島支隊		32	423
第六十一濠洲步兵大隊		24	584
第六十一國民兵大隊々隊員		24	586
第六十七守備聯隊		25	74
第六大隊收容所		23	389
第六兵團		11	500,501
第六方面軍令部		25	196
第六蒙古騎兵師團	蒙古騎兵第六師團	50	335,339
大露西亜人	ロシヤ人	41	31,194
對露問題		49	465
臺灣開發會社		14	328
臺灣銀行		12	12,18,43,46,48
		44	48,50
臺灣軍		6	183
		8	621
		14	132
		25	650,652
		26	194,203
		28	385
		32	347,392
臺灣軍管區参謀長		26	204,205,209
臺灣軍参謀長		26	193,201,203
		34	460,461,463,464,468
		44	592
		45	353,354
臺灣軍司令官		4	258,557
		26	13,14
		41	337
		44	44,47,49,52,554

其他名词	别　称	册数	页　数
臺灣軍司令官		45	353
		46	60
臺灣軍司令部		6	181
		15	316
		38	496
臺灣憲兵隊司令官		14	321,342,359
臺灣憲兵隊司令部		44	46,48,50
臺灣事務局官制		4	22
臺灣守備騎兵第三中隊		4	393
臺灣守備隊		45	358
臺灣守備隊長		44	45
台灣商工銀行		14	321
臺灣生藥株式會社	臺灣生藥	7	505,506
臺灣人		12	45
		15	200
		23	141,160,161
		24	9,175
		25	29,30,31,32,33,34,35,39,71,632
臺灣人警備兵		23	66,160,161
臺灣人商工業組合	台灣人商工組合,台灣商工組合	8	65,66
臺灣人民間區警備兵		23	59
臺灣精神動員協會		12	484
台灣專賣局		8	138,140
臺灣總督	臺灣総督	1	401,428
		4	93
		30	61
		35	410,411,412
		43	66,67
臺灣總督府		4	12,13
		5	101
		7	506
		8	49,122
		10	27
		25	624,625,626
		43	67
		44	44,52
臺灣總督府警務當局		46	547

其他名词	别称	册数	页数
臺灣總督府州知事		44	45
臺灣總督府總務長官		1	465,555
臺灣發電會社	台灣電力會社	14	215,327
臺灣部隊		24	395
臺灣俘虜収容所		26	212
臺灣步兵第二聯隊		24	277,278
臺灣聯盟		8	58
第八師團豫備自動車輸送中隊		22	22,24,26
ダヴァオ徒刑場		26	657,658,661
タヴォイ捕虜収容所		22	14,15
ダヴマオ流刑地		26	532
高天原民族		44	415
タカクワ隊		23	155
タカサ隊		24	643
高砂丸		27	288
高槻第四〇師團		28	340
タカニス・ベイ		37	497
高橋中隊		25	103,105
高橋分隊		13	485,486,561
高松宮邸		17	107,158,305
タカマ丸		22	553
タカモト収容所		22	214
高森部隊	高森隊	13	483,484,563,582,584
タカログ語		40	12,13
タキン黨		16	286
拓植大學		28	47
拓植部		4	90
拓北局		4	13
内匠寮		4	65,66
拓務省		4	12,14,15
		11	626
		12	465
		15	36
		28	395
		43	244
		44	449,458
		45	411

其他名词	别称	册数	页数
拓務省		47	605,667
		49	441
拓務省拓南局	拓南局	4	13,14,409,433
拓務省拓務局		4	408
拓務省朝鮮部長		30	281
拓務大臣		15	200,220
ダグラス機		46	534
タケダ隊		24	399
武部總務長官		34	193
他國の內政不干涉主義		48	96
打虎山通遼鐵道	打虎山通遼線	2	448,470,471,473,478,479
ダシュナキ政府		12	509
ダジュナクチュチュン派	ダジュナル派	12	509
ダスン語		23	81
ダスン人		23	78
橘大將司令部		27	178
タッケー爆彈		11	34
ダッシアー		37	500
脫退論		49	444,447,448
龍田丸		38	557
		45	219,282,283
		47	526
脫帽演說		38	5
打倒日本		32	228
田中政權		5	373
田中政策		2	466
田中大隊		2	465,468
田中內閣		4	598
		5	229,322,371,372,373,375,376,381,382
		6	106,107
		14	176
		16	618
		17	491
		25	89,91
		28	10,11,12,20,60,61,68,74,357
		49	438
田中派遣隊	田中分遣隊	13	405,462,563,585

其他名词	别　　称	册数	页　　数
タナカ部隊		24	277,278
穀風		13	595,635
穀機		6	566
ダバオ刑務所	ダバオ町収容所	26	527,528,534,600
ダバサラヌ人		12	515
タボイ軍抑留所		39	300,302,338
タボイ部隊		39	335
多摩技術研究所		4	92
タマルカン俘虜收容所	タマサタ收容所	22	185,187,431
タムブナン作業收容所		23	158
田村町組		5	258
多門師團		2	530
タユール		2	203
ダラー會社		7	200
タラカン・シエル石油會社		23	311
タラカン・ルートドエル砲兵隊		23	311
タラカン警備隊第二部隊	タラカン第二警備隊	23	295,365
タラカン高級司令部	タラカン部隊司令部	23	255,272
タラカン俘虜収容所		23	273
タラカン分遣隊		23	311
タラカン墓地		23	311
タリボラン収容所		24	236,238
多倫作戰		44	396
ダルギヌイ人		12	515
ダルゲテッィ會社		23	174
タロア分遣隊	タラオ分遣隊	50	112,122
タワオ州星島隊		23	551
タワオ飛行場		23	553
斷禁主義		31	230
斷禁政策		41	407,408,409
ダンケルク		2	202
炭坑會社		25	491
斷交國		46	285
炭坑収容所		25	334
斷乎文化		36	17
唐山丸		8	94

其他名词	别　称	册数	页　数
男女別阿片免許吸煙者表（臺灣人）		31	234
タンジョンブリオク俘虜收容所		22	539,541
タンジョン丸		22	520
ダンチッヒ保健局長		1	553
ダンチヒ問題	ダンチヒノ問題	28	534,539
		42	610
タントイ收容所		24	520,523,524,526,532
單獨媾和		46	222
タントクシング病院		23	583
單獨內閣		43	227
ダンピング防止法		36	315
タンブイユーザヤト收容所		22	105,106,111,112
弾藥集積所		15	345

チ

其他名词	别　称	册数	页　数
チアーヂアー		37	491
治安維持會	治安維持委員會	8	625,631
		30	329,490
		41	192
		43	174
		45	502
		49	376,380
治安第一主義		41	15
治安部		41	402
チー・ライン黨		16	286
チウンゴウ		37	491
チエーサー		37	489
チエコ・スロヴアキア援助		11	521
ヂエスルトン監獄		23	73,75,79
チエッコ・スロヴアキア人		6	553
チェッコスロヴァキア共和國大統領		1	270,466,563,572
		2	3,12,153,157
		29	509,510
チェッコスロバキア軍		11	546,547
		16	622
チエリボン丸		13	477,492,494,572,565,573

其他名词	别　称	册数	页　数
チェルケス人		12	515
治外法權	治外法權政策	2	271,413,421,422,453,489,490,493,502,576,648,651
		3	6,179,208
		5	318
		6	2,271
		15	627
		16	89
		30	11,12,153,287
		31	13,14,22,51,65,66,67,68,356,440,450,459
		33	151,152
		41	410,411,412,415,416
		45	349
		47	311
治外法權撤廃	治外法權の撤廢,治外法權の完全ニ撤廢治外法權の移譲	31	13,14,67,443,444,458
		32	44
		49	226,304,451
チカシミ		50	282
地下戰		43	139
地區別制		35	501
築摩		13	403,436,464,595,635
治計畫		24	70
致公會		33	203
チザラク號		27	349
知事官房		4	90
地磁氣觀測所		4	45
地質調查所		8	396
千島中千島四十二師團長		32	422
ヂジャレンカ假収容所		23	508
治水事務所		4	90
知多機関		12	135
チタ政府		11	553
チタ同郷人會		50	215
父島調查委員會		27	190
父島陸海軍聯合部隊司令官		27	200
齊齊哈爾克山鐵道		2	448,478,541

其他名词	别称	册数	页数
齊齊哈爾守備隊		2	535
齊々哈爾第二師團		45	61
齊々哈爾洮南遼源鐵道		30	491
齊齊哈爾領事	チチハル領事	30	399
		32	563
		45	56
秩父丸		2	676
秩文宮殿下		16	84
地中海艦隊	英國地中海艦隊	10	453,465
地中海文化		28	585
チデング収容所		23	240
前千歳航空隊		50	133,154
千葉地方裁判所		4	263
チハピット婦人抑留所		23	520
千葉歩兵學校		45	34
チピナング牢獄	チピナング監獄	23	420,421,648
チピナン収容所		24	12,13,14
デフレーション政策		35	305
地方維持會委員會	地方維持委員會	2	556,557,558
		3	446
		45	505,512
地方行政協議會		35	501,502,503
地方行政ノ指導ハ北支ノミトスル事		15	223
地方局		4	18,89
地方軍政機關		33	203
地方航業公司		32	297
地方裁判所		19	390
地方雜軍		33	178
地方参事會		19	369
地方自治委員會		30	354
地方自治執行委員會		2	562
地方事務所		4	69
地方情報委員會		5	108,109,110
地方情報宣傳機關		5	108,109,113
地方治安維持會		45	509
地方廳		30	209
地方長官會議		15	182,236

其他名词	别称	册数	页数
地方分權制		35	501
地方分興税委員會		4	89
地方奉公會會長		19	435
チマヒ第五號收容所	第五號收容所	23	397,494,510,515,516,518
チモール總督		29	520
チモシエンコ軍		11	582
チャーター		11	478
チャーチル政府		46	368
チャールス・イ・パイル		27	343
チャールズ・エイチ・ロオヅ		27	344
チャールストン		46	521
チャイナプレス		6	124
チャイナ丸		13	474
チャイモンカ		22	203
ヂャパン・アドヴアタイザー		42	606
チャペイ舊娯樂場		25	205
佳木斯特務機関長		12	558
チヤモロ語		15	355
チャンカイ患者収容所		22	146
チャンギー監獄	チャンギー収容所,チャンギー刑務所,チャンギー俘虜収容所,チャンギ監獄,チャンキ刑務所	22	221,541,551
		23	238
		24	52,59
		25	337
		39	171
		42	536,541
チヤンブロン病院		24	207
中、小、商工業者ノ轉失業對策		15	283
駐伊獨逸國大使		47	77
駐英日本大使		46	368,396,397,408
中英領印度ビルマ及土耳其トノ間ニハ通商協定		16	85
中央阿片局		8	145,146,148
中央委員		33	116
中央委員會		2	426
		50	246
中央義勇軍中國陸軍司令部		25	3

其他名词	别称	册数	页数
中央禁煙促進委員會		31	344
中央銀行		3	463
		5	634
		33	124
中央銀行紙幣		25	220
中央軍	中國中央軍,支那中央軍	5	503
		6	206
		31	541,550,568,570,571,615
		32	20,27,530,531,532,537,562
		33	156
		42	210,230,279,289,290,292,313,327,330,593
		49	350,351
中央軍司令部	中央軍部	25	406
		31	46
中央軍法務局		25	406
中央計畫		15	33,34,36
中央航空技術所		28	463
中央航空研究機関設立委員會		4	522
中央宏済善堂		7	513
中央航路		13	591
中央公論		30	63,66
中央公論雑誌		4	545
中央國立歷史記錄部長		47	704,705,712,713,722,723
中央國家歷史記録局	中央國立歷史記錄部	12	616,628,634
		47	705,712,713,722,723,728
中央執監委員	國民黨中央執監委員	33	119,120
中央執監委員會		34	435
中央執行委員會	國民黨中央執行委員會	33	99,118,121,226
中央事務所		46	457
中央諮問委員會		25	160
中央集會場		26	527
中央集權		10	388
		44	395
中央集権的統一政府		13	90
中央涉外局		34	91,94
中央商區仙波興業		44	223

其他名词	别称	册数	页数
中央情報宣傳機關		5	102,105
中央情報團		45	29,30
中央諸官衙建築準備委員會		4	318,319,327,338,340,367,522,535
中央政治委員會		33	68,116,118,120,121
中央政治會議	中政會議	33	11,12,26,99,100,101,116,118,119,120,122,125
中央政府	中央政權,支那中央政府,中央政府(日本)	2	528,573,575,581,583,586
		5	302,341,345,567,625
		6	293
		8	157,648,649
		12	46,532
		32	508,533
		33	5,6,7,11,12,14,20,22,23,26,29,30,31,32,34,35,36,72,73,74,75,77,78,80,83,84,87,88,89,92,93,97,99,101,115,118,120,121,128,130,132
		49	347,398,401,402,404,405
中央ソヴイエット新聞		13	106
中央調查部步兵中尉		50	242
中央儲備銀行		8	517
中央賃金委員會		4	356
中央亭		43	271
中央電力調整委員會		4	356
中央統計委員會		4	325,367,520,534
中央統帥部	陸軍中央統帥部	30	422,423,424,425,426,427,428,429,431,433,434,435,436,437,438,439,440,441,442,443,444,470,474
		32	518,519,520,521,522,524,525,527,528,529,530,532,533,534,535,536,537,538,539,540,541,552,562,564,565
中央黨部		32	204
中央部	日本中央統帥部	28	14
		32	530,537,561,563
		33	101

其他名词	别称	册数	页数
中央部		34	103,105,139,140,141,142,150,199,202
		38	344
中央比律賓大學	中央フィリッピン大學	20	225,226
中央物價委員會		4	520,537
		43	130
中央文書蒐集局		28	390
中央文書本部		28	300
中央防空委員會		4	89,354,433,519
中央本部委員會		11	564
中央本部長		11	564
		34	77
中央郵便局		23	551,553
中央連絡局連絡部長		5	473
中央連絡事務局		8	228,258
中華各界救國聯合會		33	175
中華研究處		33	293
中華航空會社		16	605,606
中華住民		42	420
中華商會長		23	352
中華ソヴイエト共和國中央政府	中華ソヴエート中央政府,中華ソヴエート政府人民委員會,中華ソヴエート共和國臨時中央政府,中華ソヴエート共和國中央政府	9	317,367,379,387
		33	166,187,188,196,212
中華ソヴエート		33	296
中華中央義勇軍司令部		25	37
中華日報		33	97
駐華日本公使		46	351
中華民國		41	8
中華民國海關稅關吏		17	406,408
中華民國外交部		5	571,572,573
中華民國革命抗日救國軍第一、四集團軍		33	219
中華民國共和會		7	355
中華民國共和國司法部		7	429,431,432
中華民國空軍		32	203
中華民國員警		29	394

其他名词	别称	册数	页数
中華民國國民政府外交部		11	38
中華民國國民政府行政院院長		2	272,274,276
中華民國上海海關		17	405,407
中華民國上海大不列顛國總領事館	英國上海總領事館	17	408,409,414
中華民國上海商務印書館		46	354,355
中華民國上海駐在英國海軍參謀		17	410
中華民國上海駐在米國副領事		46	347
中華民國上海ノーチャイナディリー・ニューズ紙		46	347,348,349
中華民國上海米國總領事館		46	347
中華民國主席		1	270
中華民國新政權		6	428
中華民國政府	中華民國國民政府,中國政府,中國國民政府,中華民國中央政府,中華民國當局,國民政府,大中華民國國民政府,南京國民政府,重慶政府,南京政權,南京政府,南京市政府,國民黨南京政府,南京中央政府,支那政府,支那人政府,中國人政府,中國政權,華政府,支那國民政府,民國政府,中國中央政權,重慶政權	1	3
		2	268,270,271,272,273,274,427,428,455,456,468,503,558,564,588
		3	148,150,151,154,155,156,157,178,204,205,207,208,210,211,212,213,215,218,219,254,342,437,440,442,444,446,451,456,459,460,473,475,497,481,482,504,508,510,529,531,532,542,546,547,553,583
		4	279
		5	229,332,349,566
		6	320,322,579,597
		7	186,187,201,210,211,214,343,345,445,507,511,572,573,516,565,567,568,573
		8	43,70,120,129,130,597,638,640,641,642,643,644,645,646,653,656,657,658,659,660,661,662,663,664,670,671,676,677,678,679,680,681,690,696,700

其他名词	别称	册数	页数
中華民國政府		9	87,296,411,412,413,416,417,421,433,443,449,450,451,460
		10	256,265,268,283
		11	23,33,63,74,220,422,425,617
		13	83,84,228,274,275,449
		14	125,133,134
		15	335
		16	13,19,30,53,58,75,79,80,88,197,229,261,391,392,416,453,487,488,497,505,506,529,533,540,589,595,604,634,635
		17	101,206,233,371,463,492,524,525,532,533,552,571,584
		27	605
		28	12,61,305,415
		29	4,5
		31	3,5,51,52,135,354,520,542,550,569,570,599,601,605,615,622,623,625,626,629
		33	8,41,69,75,78,81,88,116,132,150,151,152,155,162,163,164,170,171,174,189,221,222,224,229
		34	315,427,431,435,436,439,440,441,444,452,454,455
		35	57,58,80,178
		36	170,171,264,268,272,461
		37	182
		38	10
		41	10,16,215,224
		42	72,130,210,212,213,218,230,235,269,288,289,290,291,294,305,313,326,408,438,554,570,580,608,612
		43	39,192
		44	380,472,588,599,602
		45	62,315
		46	80,354,606
		47	240,289,290,291,662

其他名词	别　称	册数	页　数
中華民國政府		48	15,37,40,64,141,145,167,192,212,239,261,262,263,264,266,268,271,212,284,355,360,387
		49	27,272,382,383,384,399,400
中華民國政府聯合委員會		6	275,276,429,480
中華全國總工會		32	89
中華民國政府外交部		46	354
中華民國駐日使節團		49	27
中華民國駐日大使館		5	573
中華民國駐日本代表團		28	259,260
中華民國駐日本代表團ノ文化專門委員		28	259
中華民國東三省自治政府	東三省自治政府	3	480
中華民國特區政府		33	224
中華民國南京所在米國大使館		6	139
中華民國八年交通部郵政總局		13	98
中華民國飛行機		32	203
中華民國北平所在米國大使館		6	139,143
中華民國北平領事館		7	355
中華民國郵務司		13	106
中華民國領事館		27	613
中華民國臨時政府	臨時政府	2	273
		6	275,428,429
		8	34,621,628,643,658,664,677,683
		31	537
中華民國臨時政府治安維持會		42	237
中華民族		33	223,225,229
中華民國駐在日本大使		33	30
中華門の戰び		4	647
中間調查及ビ情報局調查及ビ文析課		35	282
中間內閣		43	186
中間內閣說		43	186
中共中央ノ政治局		33	208

其他名词	别称	册数	页数
中國海關稅		3	5
中國海關制度		42	131
中國海軍		30	537
中國海軍部長		30	536
中國外交部	中國外務省	3	155,211
		11	63
中國外交部長		42	211,218
中國革命	支那革命	31	534
		33	154
中國革命史		47	231
中國側代表團		3	207
中國官憲		2	616
		6	109
		29	409
中國官民		42	287
共產黨	共產黨員,共產,中國共產黨,中共,“赤匪”	2	425,426,427,429,430
		3	254
		5	65,362,468
		6	247,299,319,320
		10	271
		11	68,220,264,265
		12	74,115,116,131,135,496,513,514
		16	79,305,604
		17	204,256,257,508
		19	272,461
		28	512
		30	165,170,451,576
		31	463,606
		32	80,86,520,521
		33	5,6,10,17,18,21,24,41,49,55,56,59,69,70,88,90,95,98,99,116,126,154,155,160,161,162,163,166,167,169,170,171,174,175,176,177,179,180,199,200,201,202,203,205,208,209,210,211,212,213,221,225,226,227,228,229,230,231,233,234,294,295,296,297,311
		34	427

其他名词	别称	册数	页数
共產黨		36	285
		37	6
		41	29,225,226,227
		42	63,64,95,158,188,580,581
		45	328
		47	326
		48	16,228
		49	362,363,365,458,474
中國共產黨軍	支那共產軍,支那共產黨軍,中國共產軍	10	373
		30	164
		42	580,585
		46	162
中國共產黨中央委員會		33	166,197,206,212,225,230,233
中國共產黨天津支部鐵血鬪本部		6	629
中國共產黨北方局	中共中央北方局	33	212
中國共產黨滿洲委員會		30	165
中國銀行		2	581,582,584
		6	273
		11	13
中國空軍		7	253,284
		36	396
中國軍	中國軍隊,華軍,中國兵,支那軍	3	157,158,177,203,204,206,214,255,406,437,438,439,444,445,453
		16	592,594,620
		17	494,522
		28	261,281
		31	463,464
		36	286
		41	291,292,293
		42	112,120,121,208,209,320,349,352,353,594
		44	354,357,365,449,539,591
		46	75
中國軍艦		30	536
中國軍管區參謀長		46	299
中國軍統帥部		32	157

其他名词	别称	册数	页数
中國軍飛行場		3	207
中國軍部		42	207
中國軍兵		29	410,412,415
中國員警		30	513
		32	19
中國ゲリラ隊員		23	71,96
中國語	漢語,漢文,支那語,中國語文,支那文,清國語,中國文,漢字	2	272,274,276,491
		5	702
		6	4,68,161
		7	52,59,63,66,76,373
		8	686,687,688,689
		23	81
		27	584,689
		29	162,181
		30	513
		31	441
		33	152,321,327
		34	373,374
		40	509
		41	205,209
		42	392,425
		44	581,584
		46	354,355,357,360
中國公安局		30	528
中國公使館		41	32
中國工人		33	227
中國工農紅軍		33	192,193,194,195,196
中國工農紅軍革命軍事委員會	中國工農紅軍中央軍事委員會	33	197,212
中國國民	中國々民	15	616
		17	499,503
		33	66,86,186
		34	443
中國國民軍		25	3,4,32,39
中國國民軍六七師團二〇〇大隊		25	2,29
中國國民黨三中全會		33	223,224,225,226

其他名词	别称	册数	页数
中國々民黨代表大會		33	122
中國五民族		32	228
中國在南京日本大使館參事官		47	104
中國使節團		47	285
中國上海合衆國副領事		40	473
中國上海米國總領事館	上海米總領事館	7	163,175
中國囚人		7	351,352
中國主權尊重原則		33	37
中國守備隊		3	203
中國人	中國人民,支人,支邦人,邦人,中國民,中國良民,支那人,中國民衆,中國國民,中國民眾,全國人民,中國同胞,國民大眾,支那民眾,支那國民,支那國民,中國國民,支那人民,支那民衆,支那大衆,支那一般民衆,支那國民,中國人民,支那官民,支那國國民,中國市民,中國一般人民,一般中國人,一般中國住民,支那住民,中華民國人,中華民國人士,中華民國國民,中華民國民衆,中華人	2	392,409,434,435,437,438,445,447,448,449,460,461,469,471,484,485,486,488,490,492,495,497,504,506,507,508,512,514,522,532,551,552,553,554,555,556,557,559,561,562,571,574,577,580,588,589,590,591,593,594,595,596,597,598,599,603,606,611,613,614,615,617,624,625,626,627,629,632,649,651,654
		3	146,168,172,481,570
		5	45,47,69,301,316,404,459,461,463,489,508,509,543,545,547,551,552,553,554,563,597,615,617
		6	72,108,139,146,158,159,160,189,190,200,215,232,233,262,269,323,441,580,591,600,609,610,624,635,655
		7	7,18,21,26,29,35,38,41,44,45,57,58,63,77,84,88,89,90,93,141,170,175,181,185,187,188,189,192,195,197,198,202,203,204,215,216,217,247,278,287,288,296,297,299,301,309,337,343,345,349,350,356,361,371,442,448,473,482,496,498,511,526,528,530,565,570
		8	32,101,106,107,125,578,581,603,608

其他名词	别　称	册数	页　数
中國人		9	247,252,258,271,277,278,279,422,436,449
		10	428,595,596,598,599,684,687
		11	86,87,369,532,533,534
		12	107,154,168,468,469
		13	6
		14	87
		16	122,153,157,162,163,195,196,587,588,594,596,605,606,623
		17	50,203,204,405,406
		20	7,38,47,249,331,334
		23	21,22,30,58,69,70,71,76,78,79,80,82,153,154,276,329,332,338,341,346,349,353,357,358,374,415,489,583,592,601,602,636,645,662,665
		24	14,62,63,73,120,178,179,180,202,270,281,282,413,420,421,424
		25	33,34,35,36,40,46,76,88,89,90,91,93,118,136,148,163,165,170,184,194,195,196,202,209,213,216,222,225,235,236,238,245,246,249
		26	63,610
		27	367,368,384,527,528,530,580,581,603,605,608,609,610,613,635
		28	334,342,612,613
		29	394
		30	20,172,173,177,179,254,273,285,286,287,288,291,293,294,301,307,403,455,482,516,520,521,528
		31	9,61,165,166,333,465,610
		32	18,54,79,81,83,84,85,87,100,115,119,148,155,158,204,218,228,234,235,237,238,239,240,241,242,245,246,248,294,296,297,298,308,334,360,327,351,353,372,377,388,428,435,437,440,451,465,468,481,494,499,500,508,510,513

其他名词	别称	册数	页数
中國人		33	9,17,20,25,33,36,42,90,102,103,110,113,147,152,186,192,193,194,195,196,199,206,208,213,220,223,225,227,229,230,243,252,301,303,320
		34	485
		35	53
		37	6,413
		39	218,234,247,248,267,268,274,291,292
		40	260,278,286,302,351,484,516
		41	154,186,197,198,199,204,205,206,207,209,216,217,218,222,223,227,228,229,230,231,232,233,235,236,237,242,243,244,245,247,248,271,415
		42	74,75,140,159,239,391,392,408,410,411,454,464,534,564,597
		43	112,114,169,172,188,268,277,432,446,559
		44	297,298,522,524,556,562,565,566,567,590
		45	72,322,327,499,502,512
		46	72,349,552
		47	179,230,231,234,240,287,291,669
		48	104,332
		49	377,381
		50	46,285
中國人員警官		29	403
中國人士		33	110
中國侵略		46	401
中國人路警		29	406
中國正規軍	中國正規兵,中國正規軍兵士	16	592
		32	158,306
		44	357
中國青年黨		8	649
		33	14,119

其他名词	别称	册数	页数
中國政府	支那政府,支那人政府,中國人政府,中國政權,華政府,支那國民政府,國民政府,民國政府,中國中央政權,支那中央政府,支那當局,支政府,支那中央政府,支那國政府,支那政權,支那側政府,支那政権	1	412,414
		2	126,145,389,396,397,406,449,454,460,471,474,477,483,487,488,489,490,497,502,509,510,526,546,547,553,556,570,582,585,586,587,590,616,617,624,629,638,642,644,645,646,655
		3	151,169,284,324,326,347,437,481,568,571
		4	243
		6	126,131,267
		7	186,187,211,343,345,445,572,573,516,565,567,568,569
		8	70,107,120,449,690
		9	411,413,416,417,420,421,430,433,439,444,445,449,450,451,460
		10	599
		11	328
		12	138
		14	133
		15	572,574,575,578,581,582,583,584,585,586,588,589,600
		16	13,19,30,53,58,75,79,80,88,197,416,487,488,497,505,506,529,533,540,589,595,604,634,635
		17	206,492,510,524,525,532,533,575
		28	145
		29	11,12,13,102
		30	176,254,255,489,495
		31	3,8,26,27,51,52,135,354,520,615,626
		32	30,31,145,147
		33	8,25,354,435,442
		36	170,171,264,268,494,501
		37	189
		42	94,213,218,228,235,246,247,249,250,251,305,346,347,580,608
		43	39,131

其他名词	别称	册数	页数
中國政府		44	588
		45	62,320,323,326,333,349
		47	240,301,690
		48	40
		49	389,393,406,483
中國政府戒煙總局	戒煙總局(宏濟善堂)	8	110,111,120,121,127,132
中國征服		47	287
中國赤十字病院		49	370
中國ソヴエート政府人民委員會		33	206
中國ソヴエート臨時中央政府	中華ソヴエート臨時政府,中ソ臨時政府	33	155,186,294
中國大亜細亜協會	中國大アジア協會	46	73
		49	261
中國大亜細亜協會籌備會		44	572
中國大亜細亜協會の事業概況		44	561
中國大使	支那大使	17	149,203
		37	171
		44	554,555
		49	356
中國大亜細亜協會本部		44	572
中國代表		42	208
中國大本營		46	343
中國代理大使		31	463
中國第十一戰區総司令部		42	210
中國中央軍隊		11	57
中國中央政府		10	17
		11	57
		32	306
中國駐軍馮治安部隊		33	228,229
中國駐剳伊國代理公使		30	515
中國駐剳英國公使		30	515
中國駐剳佛國公使		30	515
中國駐剳米國公使		30	515
中國通		33	105
中國討伐軍		29	34
中國内政		33	8

其他名词	别称	册数	页数
中國農民		33	227
中國ノ軍隊		33	9,34,35,147,315
中國反日反賣國賊聯合戰線		33	209
中國非戰鬪員		32	248
中國婦人	支那婦人	7	89,115,170
中國分割危機		33	189
中國兵		32	186,196,249,427,431
		33	193
		42	212
		50	103
中國北京アメリカ合衆國公使館		25	3,29,33,36,39,40,41
中國保安隊		3	206,207
		11	58,59
		32	307
中國法院		7	565,570
中國方面司令部		11	489
中國方面米國軍司令部		50	58,61
中國保全三個條件		5	564
中國民衆		9	407,451,454
		42	425
中國民族	中華民族	3	219
		7	529
		32	66
		33	187,194,227
		35	62
中國民族解放		32	66
中國民族解放運動		33	204
中國問題	支那問題	3	255,277
		17	240,294
		42	217
		43	330
		46	364
中國洋行		8	120
中國陸軍		7	55,229,260
中國陸軍學生		47	231
中國陸軍少將		49	27

其他名词	别称	册数	页数
中國陸軍司令部		7	229,260
中國領事館		27	610,611
中國領土	支那領土	3	161,206,207,210,215,486
中國聯合準備銀行		14	322,323
		33	189
中國勞農		8	10,11,18,19
仲裁裁判所		29	344
中山飛行場		6	458
中山陵		32	236,492,493
駐支英國大使		32	168
中支義勇軍		25	43
中支銀行新發券銀行	中央發券銀行	16	261
中支軍參謀		6	161,173
中支振興		8	610
中支政權		13	91
中支電気通信會社		8	529
駐支獨逸大使	在支獨逸國大使,駐支ドイツ大使,駐華獨大使,支獨大使	29	102
		32	539
		34	431
		42	217
		45	191
		49	481
中支那革命		5	229
中支那派遣軍參謀長		6	310
中支那派遣隊		4	307
中支那派遣隊司令部	中支那方面軍司令部	4	306,307
		32	364,487,488,489,490,497,498,502
		45	255,258,304
中支那方面軍	中支派遣軍,中支那軍	4	378
		32	487,489,490,498,500,502,503,506,524
		33	272,274
		39	261
		44	521,538
		45	257,258,259
		46	65
中支那方面軍參謀		32	486
中支那方面軍司令官	中支那派遣軍司令官	25	194

其他名词	别称	册数	页数
中支那方面軍司令官		32	381,386,400,488,490
		44	517,530
中支那方面軍編成		32	506
中支派遣第二軍参謀		32	397
中支派遣軍檢察官、豫審官、裁判官		32	313
中支派遣軍参謀副官		29	44
中支部隊		6	566
駐支米公使		15	575
長春関東軍司令部		49	45,49
中小商工業失業問題		15	190
中西南滿洲鐵道會社總裁		10	371
中西匹瑾女學校		6	560
駐ソポーランド大使		42	384
駐泰英公使		46	597
		48	265
駐泰大使		48	170
駐泰帝國公使		11	342
駐タイ獨逸公使		46	249
駐泰日本大使		48	170
鑄鐵鑄物製造設備制限規則		14	261
駐獨外務省商務官		49	297
駐獨支那大使		10	265
駐獨大使館参事官		50	578
駐獨日本大使		47	428,590
		48	73
駐獨陸軍武官		34	272
駐日イタリー大使	イタリー大使	47	20,21
駐日英國大使	英國大使,駐日英大使	46	373,379,408
		47	686
		48	98
		49	267
駐日オーストラリヤ公使		42	386
中日合作		33	62,86,199
中日間協和的合作		11	66
中日問題		3	215
中日經濟局長		8	101

其他名词	别　称	册数	页　数
中日合辦		32	481
駐日國際赤十字委員會代表		27	296
駐日瑞典公使		27	292,294
		46	431
駐日スエーデン外交團		27	296
駐日スエーデン公使館		27	296
駐日スエーデン代理公使		27	296
駐日蘇聯大使		37	79
		46	187
		47	684
中日提攜	中日協力	8	681
		33	140
		47	286
駐日獨逸大使	駐日ドイツ大使,ドイツ大使	36	240
		40	401,402,412,448,452,470
		47	18,19,33
駐日佛蘭西使節團	駐日フランス使節團	27	537,538,544,546
駐日佛蘭西使節團團長	駐日フランス使節團長	27	537
		50	201,204,209,213
駐日米國大使	駐日アメリカ大使,駐日米大使,米國駐日大使	16	139,167,168,188,237,239,314,315,321
		30	45
		35	24
		42	108
		48	96,163
駐日米國大使館		3	182
		15	618
駐日米國大使館參事官	亜米利加大使館參事官	16	144,153
中日米問題		13	605
中日和平		33	109,110
駐日ポーランド大使		42	384
駐日滿洲國大使		6	102
中日共存共榮		32	480
中二路第七員警署長		7	404
駐日ソ聯大使館		12	520
駐馬店飛行場		6	385,458
駐比米陸軍		46	549

其他名词	别称	册数	页数
駐比米陸軍		48	279
中部軍管區司令部		25	393,395
中部軍管區司令部法廷		26	162
中部憲兵隊司令部		25	397
中部支那諸鉄道會社		16	244
中部太平洋合眾國陸軍司令部		27	234
中部太平洋方面艦隊		4	195
中部地方軍		25	408
駐佛帝國大使		11	271,344
中米政權		6	311
駐米日本大使	駐米日本國大使,駐米帝國大使	2	383
		42	108
		46	412
		50	63
駐兵問題		43	375,398
駐米陸海軍大使館		13	589
駐マニラ米海軍		48	269
駐滿海軍部		49	302
駐滿大使館参事官		34	192
駐滿獨逸大使		34	194
駐蒙軍		14	105,112,114
		49	326
駐蒙軍司令部		6	333
		14	103,104,111
		49	327
駐蒙軍司令部参謀部		14	104
駐蒙兵團参謀長		6	325,329
中蒙軍		39	272
中庸分子		3	245
中立委員會		2	397
中立國		39	30,34,36,37
チューリッヒ大學國際法學教授		2	12,59
中立法		36	55,157,248,250
チューリヒ大學		1	123,195,230,335,372
チュール・レーキ集團生活所		26	602

其他名词	别称	册数	页数
中聯政策		8	4
駐露米國大使		40	368
ヂュスン族		23	99
チユツコスロバキア軍	チェッコ・スロバキア軍隊	5	324
チュラロングケルン病院		26	512
チュルキ遊牧民		12	511
チユルク人	波斯人	12	513
チュルク語		12	516
チュンカイ病人收容所		22	177
チヨイバルザン一派		12	572
張家		30	355
懲戒委員會		43	205
懲戒裁判所		4	271
張海鵬軍		45	52,55
張學良軍	學良軍,張學良直系軍	30	362,363,366,368,369,370,394,406,438,469,471
		41	9,193
		44	364
張學良政權	張學良政府	2	546
		6	86
		28	142,171
		30	440
		31	44
		42	570
		44	355
長官官房		4	90,91
長期抗戰	長期戰	6	311
		10	466
		32	216
		43	139,140,142,157,159,330,430
		49	487,491,492
張景惠內閣		31	357
朝貢國		2	414
張公堤防		32	385
長江流域在留邦人		32	20,28
肇國聖蹟調查委員會		4	302
超國家主義		4	542,544,547,621

其他名词	别称	册数	页数
張鼓峯事件ニ関シ採リタル手続	張鼓峰事件處理ニ関シ採リタル手續	45	317,333
調査課		4	314
張作霖軍		5	373
調査研究協議會		4	358
長沙市民		32	457
長沙飛行場		6	459
調査部		35	341
		4	88
朝参報		45	70,100
趙師團		5	528
長春憲兵隊		44	420
長春部隊		30	382
長春分隊		44	420
長春奉天線		2	524
長城		33	198,200
長城線		30	470,471,472
		44	365
朝鮮移民		2	495,496
朝鮮衛兵		24	229,232,233,234,235,236,237,238,239,243
朝鮮官憲		2	506
朝鮮貴族		4	65
朝鮮銀行		7	457,462
		11	644
		14	342,359
		31	435
		35	410,411,412
朝鮮軍	朝鮮軍部隊	2	524
		4	369,398
		5	218,377,447,645
		6	113,183
		12	83,590
		14	109,132
		25	650,652
		26	56,57,194
		28	316,317,385
		30	384,386,387,391,429,434,435

其他名词	别称	册数	页数
朝鮮軍		31	38,43,53,569
		33	264,275,276,277,278,333,335,411,414
		34	318,319
		38	496
		42	209,487,614
		43	190
		44	455
		45	46,47,99,100,101,123
		49	439,499
朝鮮軍管區		4	311
朝鮮軍管區参謀長		42	485
朝鮮軍参謀長		26	48,49,53
		42	485,614
		44	305,453
		45	2,11,99
朝鮮軍司令部		14	97
		30	386
		42	485
		45	358
朝鮮軍司令官		4	556,578,583,585
		26	50,52,68,69
		30	383,386,390,433,434,435,437
		32	560
		42	613,614
		44	44,47,52,346,367,368,453,456,474,479
		45	3,11,46,47,51,87,99,100,122
		49	434,439
朝鮮軍馬補足部		4	92
朝鮮軍俘虜收容計畫		26	51
朝鮮軍俘虜收容所	朝鮮俘虜收容所	26	66,77
朝鮮警備軍		2	524
朝鮮憲兵隊司令官		44	48,49,50
朝鮮憲兵隊司令部		44	46,48,50
朝鮮語		2	501
		50	285
朝鮮鑛業開發會社		14	329

其他名词	别称	册数	页数
朝鮮產業銀行		14	343
朝鮮人	鮮人,朝鮮民衆	2	431,435,445,459,462,488,489,493,494,495,496,497,498,499,500,501,502,503,505,506,507,508,509,510,538,573,589,592,593,594,595,597,648,651
		5	316
		7	359,442,444,448,452,473,498,530,538,539
		8	29,159,320,388
		11	527,549
		12	45,527,528
		15	200,234,384,390
		23	499
		24	133,139,140,225,226,235,239,240,243,548,551
		25	213,632
		26	60,62,63
		28	393
		29	406,425
		30	293,294,330,347,348,351,392,407,408,442,520
		31	41,594
		32	15
		40	302
		41	14,89,194
		43	204
		44	475,574
		45	64
		49	443
朝鮮人結社		2	501,505,506
朝鮮人民會		2	503
朝鮮森林開發會社		14	328
朝鮮人聯隊		30	186
朝鮮精神動員委員會		12	484
朝鮮專賣局		8	140
朝鮮総督	朝鮮總督	2	501
		6	612

其他名词	别称	册数	页数
朝鮮総督		11	531
		12	9,10,12,18,36,37,44,45,46,48
		30	61
		31	52,53,61,62
		43	210,216
		44	44,52,465,475
		45	122
朝鮮總督府	朝鮮総督府	4	12,13
		5	101,640,645
		7	493,495,498,506
		8	134,136
		11	527
		25	624,625,626
		26	76
朝鮮總督府警務局長		2	505
朝鮮總督府檢事		44	44
朝鮮總督府事務官		12	154
		44	463
朝鮮總督府政務總監		30	281
		44	463
		45	122
朝鮮總督府專賣局	總督府專賣局	7	486,487,488
朝鮮總督府道知事		44	44
朝鮮第十九師團		13	546
朝鮮鐵道局		5	638
朝鮮統治		26	61
朝鮮同胞		12	9
朝鮮特別會計		43	47
朝鮮獨立主義者		2	502
超然內閣		43	218
朝鮮內憲兵隊		42	486
朝鮮農民		15	201
潮州飛行場		6	463
朝鮮部		4	12
朝鮮俘虜收容所	朝鮮收容所,朝鮮俘虜分遣所	42	491,492,500,506,510,512
朝鮮俘虜收容所	仁川分所ヲ含ム	44	305
朝鮮俘虜收容所仁川本所		40	327,333

其他名词	别称	册数	页数
朝鮮俘虜収容所第一支所		42	506,507
朝鮮米穀取引會社		14	329
朝鮮米國陸軍々政府		8	143
朝鮮民主主義團體		1	27
朝鮮菱苦土開發會社		14	328,329
朝鮮人移民迫害運動		2	503
朝鮮人衛兵		22	26,512,519
		23	140
朝鮮人問題		2	501
		30	293
長汀飛行場		6	461,463,465,466,467
長農農業公司		2	507
徴兵制度		15	200
長平丸		2	676
諜報及情勢判斷部長		34	154
長老教會		31	361
直接和平		33	5
勅命内閣		43	473
勅令第三八號阿片委員會官制		43	96
著作權審查會		4	89
貯蓄債券		35	425
貯蓄報國		43	139
チリー政府		19	227
チリ共和國大統領		2	3,6
智利共和國大統領	「チリ」共和國大統領	1	103,110,176,182,209,217,270,324,328,352,358,563,567
チルクート兵營		46	523
青島在米國領事館		7	251,282
青島特別市禁煙清查委員會		7	512
青島特別市警察局講堂		26	542,543
青島埠頭會社		16	71
青島紡績		32	77
青島紡績龍業		32	77
青幫		8	626,628
青紅幇		8	634

其他名词	别称	册数	页数
ツ			
ツウイ・チ・スィー雜貨店		7	121
通貨増發防止對策		15	242
通行税取立所		23	423
通商局		4	88,283,463
通商禁止		42	24
通商自由主義		37	18
通商制限		42	24
通商代表部		14	24
通商貿易協定		17	187,189,202
通商無差別		10	545,547
		29	542
		48	54,97,104
通商無差別主義		48	55
通商無差別待遇		47	622
通商擁護法		36	313,314
通信銀行		7	85
通信省		35	298,301,302,304
		37	213
通信取締方策		15	256
通信ノ激増對策ト従事員不足對策		15	256
通信不圓滑打開策		15	263
通信料金政策		15	98
通訳裁判所		4	265
通例ノ戰爭犯罪		1	43
ツエ・ペイ・シー慈善協會		7	118
ツヂマヒ収容所		23	518
敦賀俘虜収容所		25	506
つわもの		45	269,270
ツンヌ人		12	515
テ			
デ・ラ・サール大學		20	77
帝亜丸		47	526
		50	522
ディーゼル機関		49	92

其他名词	别称	册数	页数
テイーデング		24	83,96,107
帝王學		50	490
定海		6	358
帝國海運委員會		49	178
帝國海軍		11	129
		15	443,510,516,520,534
		28	307
		32	174
		34	242
		41	76
帝國海軍々人		46	618
帝國海軍南支艦隊司令長官		11	5
帝國海軍飛行機		32	169
帝國外交方針		5	599
		11	208,209,210
帝國外務省法律顧問		1	107,178,214,355
帝國外務大臣		16	560,561,562
		26	357,634,636
帝國學士院		4	45
		34	384
帝國官憲		7	491
帝國議會		4	302,303,304
		6	581
		11	590
		16	183
		19	275,282,414,440
		28	190
		34	32
		35	69,79,458,471,477,485,486,506
		36	43
		41	89,146,147,148
		42	80,92,154,163,164,364,367,606
		43	509
		44	9,130,217,323,372,474
		45	156,160
		47	518
		48	290,355

其他名词	别称	册数	页数
帝國議會		49	132
帝國議會議事堂		19	329
帝國議會貴族院議事		42	103
帝國議會衆議院		11	5,6
		28	397
		42	168,170
		48	342,359,392
		50	5
帝國議會衆議院決算委員會		29	26,74
帝國銀行		43	21
帝國軍		11	480
帝國軍艦足柄ノキール廻航		16	84
帝國藝術院		4	45
帝國憲法	日本憲法	2	162
		28	251
		34	383
		36	450
		47	445,518
帝國鑛山開發株式會社		14	350
帝國公使館		11	342
		47	228
帝國公使館附武官補佐官		47	228,230
帝國根本國策		50	62
帝國在鄉軍人會		2	515
帝國借款鐵道		45	52
帝國修正案		36	469
帝國主義		2	421,445,457
		8	582
		10	420
		17	498,583
		18	377
		28	255,573,586,611
		29	252
		30	21,286,455
		33	86,104,161,186,187,188,189,190,191,193,194,195,196,200
		34	372

其他名词	别称	册数	页数
帝國主義		41	41,44,46,133,222
		42	87,580
		47	513
帝國主義者		33	159
		42	19
帝國商權		7	502
帝國商事		8	518
帝國臣民		8	518
		16	69,72
		19	98
帝國聖戰		32	405
帝國石油株式會社	帝國石油會社	14	228,329,350
		47	273
帝國全權委員	日本全権委員	11	433
		15	474,487,501
帝國大學英法科		41	393
帝國大使館		4	250
帝國第二復原員省大臣		39	107
帝國對滿國策		16	81
帝國地中海艦隊		10	473
帝國圖書館		11	524,573,581,582,621,624
		34	330
		50	330,331
帝國圖書館第一部長		34	330
		50	330
帝國圖書館第二部長		11	524,573,581,621,624
		14	79,84
帝國日本陸軍臺灣軍本部		26	190
帝國燃料興業株式會社	帝國燃料事業株式會社,帝國燃料株式會社	4	389,537
		14	228,229,349
帝國飛行協會會長		48	436
帝國陸海亘	帝國陸海軍部隊	6	268
		8	578
		17	435,436,437,438,446
帝國領事館事務所		46	565
テイコンテロガ		37	487
テイサラック號		27	369,374
デイジイ・モラー號	デイジイ・モラ	27	347,353,374

其他名词	别称	册数	页数
帝室経済會議		4	66
帝室制度		34	385
帝室制度審議會	帝王制度審議會	4	272,273,274,275
帝室博物館		44	458
ティジュク収容所		24	376,377
遞信省		4	622
		11	626
		15	183,275
		38	557
		47	647
		49	143
		50	519
遞信省電務局外國電信課長	外信課長	17	401,404
帝政政府		2	454
帝制露軍		50	215
停戰協定案		34	349
停戰交渉事件	停戰交渉ニ関スル件	42	323,329,330,335
停戰交渉條件		42	325
帝大總長		43	258
丁超軍		2	539
		45	84
汀長飛行場		6	469
鄭通線		45	83
帝都空襲		15	253,262,278
帝都復興審議會		4	273
低物價政策		35	436,473
テイマヒ第四俘虜収容所司令砲兵少佐		23	466
テイマヒ第六大隊収容所		23	464
デイリ監獄		24	281,282
テイルマン		37	502
デーニッツ政權		47	597,685
毎日新聞	デーリー・ニュース	37	133
		46	607,610
敵國利益保護國代表	利益保護國代表	46	287,289,290
敵産管理委員會		4	357,409,411,435,437,453,455,458
敵産管理部		19	376,378

其他名词	别称	册数	页数
敵性華僑掃蕩策		39	170
敵性國離間策		15	225
テクサスオイル會社		7	84
デスガソ收容所		22	106
大青島報		8	26
鐵血團		2	612
鐵礦業株式會社		35	341
鐵鋼協議會		35	352,353
鐵鋼局		4	25,27
		35	496
鐵鋼統制會		11	643
		35	491
		47	217
敵國在留同胞對策委員會		50	508
鉄道會議		4	398
鐵道軌道統制會		7	83,294
鐵道現有能力維持方策		15	244
鐵道弘済會		45	21
鐵道事態		3	481
鐵道守備隊		14	139
		15	583
鐵道省		25	633,634
		35	321
		43	519
		47	220
鉄道第三聯隊		12	340,341
鐵道附屬地		3	438,486
鐵道輸送對策		15	243
撤兵問題	徹兵問題	43	396,397,398
		48	103
鐵嶺分隊		44	420
鉄路警備隊		7	349
デフレーション時代	デフレーション政策	36	323,324,326
デポック		24	67
デュソン人		23	106
デュボンミテショナル		30	117
テユラギ		37	495
テラー		2	204

其他名词	别称	册数	页数
テラガン収容所		24	376,377
テリング男子収容所		24	292
デルイター		27	266
テレタイプ局		10	151
テレタイプ局ニヨリ海軍軍令部		11	322
テロ行為		46	351
テロ橋		24	300
滇越鐵道	滇越線	6	511
		11	12,14,17
		38	369
テンガー飛行場		17	419
テンガ航空隊		46	555
田家鎮飛行場		6	481
天河飛行場	廣東天河飛行場	6	450,453,454,455,459,460,463,467,468,481,482,483
電氣委員會		4	326
電氣機械統制會		47	217
電氣通信委員會		4	328,408,430
天行會		5	234
天照皇大神宮		6	554
天津英租界		6	137
天津英佛租借問題		6	273
天津海關税率		5	534
電信局		14	94
天津軍		14	132
		28	279,288
		30	404
		32	297
		42	621
		49	474
天津軍参謀長		45	61
天津軍司令官		30	404
天津航業公司		5	512,513
天津市治安維持委員會		32	19
天津市政府	天津市政廳	5	502
		32	18
天津市黨部		2	532

其他名词	别称	册数	页数
天津稅関長		11	34
天津總領事		41	185
天津總領事館		7	499
天津租界		8	159
		30	261
天津租界問題		16	157,159,166
電信第十一聯隊		14	115
天津駐屯軍		28	279
		41	193
		48	166
天津駐屯軍司令官		6	128
		45	518
天津駐屯軍司令部		5	529
天津駐屯日本軍守備隊		28	346,352
天津都統衙門	都統衙門	31	524,525,527,528,531
天津日本租界		7	344
		41	197
天津日本駐屯軍司令官		3	457
天津日本駐屯軍司令部		5	532
天津步兵隊長		32	2
天津問題		16	168,197
		28	529
		49	521,522
天津領事		49	521
傳染病研究所		4	45
天祖肇國		34	369,370
天孫民族		44	415
天長節		4	234,236,258,349,399
傳統的親善関係		32	45
天圖鐵道		5	638,639
天皇	天皇陛下,大日本帝國天皇,陛下,日本天皇	12	227,228,392,393,590
		17	150,153,168,169,316,317,331,341,375,376,393,399,459,461,522,573
		26	127
		34	372,382,383
		36	178,179,286,450,470,553
		41	22,23,29,30,35,46,55,96,125,132,133,272,273,274,349,350

其他名词	别称	册数	页数
天皇		42	70,92,112,154
		43	101,159,216,217,230,328,329,342,343,351,354,416,417,507,524,563,573
		44	416
		46	211,212,348,432,433,444,445
		47	71,182,446,536,601,607,624,644
		48	9,23,28,36,108,114,121,144,147,156,157,158,161,163,176,177,184
天皇歸一		5	392,412,416
天皇機関說		49	487
天皇教		11	601
天皇制		47	235,266
		50	489,492,493
天皇政治		11	588,589
		28	188,189,597,611
		47	174
天皇道		5	25,73
電波物理研究會		4	45
天文、氣象壹、測候所		4	45
丁抹國及アイスランド國皇帝		1	270,563,567
		2	3,7
丁抹國皇帝		1	67,103,111,176,183,209,218,324,329,352,360,465
デンマーク公使		29	532
デンマーク官憲		29	530,531
デンマーク國民	デンマーク全市民,デンマーク人	29	524,528,529,532
デンマーク國政府		29	525,531,533,535,536
デンマーク語		29	531
滇緬路		11	215,425
電力局	電力局	4	26,28
		35	496
電力五箇年計畫		14	214
電力需給對策		15	261
電力審議會		4	356,520,538
電話新需要ニ對スル措置		15	257

其他名词	别称	册数	页数

ト

其他名词	别称	册数	页数
ド・ゴール派		10	659
トアプセ號		14	63
ドイキュランド號		37	464
獨逸案		46	30,31,37,169
獨逸衛生局		10	561
獨逸和蘭海底電線會社		15	352
獨逸海軍	獨乙海軍,獨海軍,獨逸國海軍,ドイツ海軍	10	404,436
		15	531
		17	483
		27	400
		37	464,476
		39	109
		46	148,202,225
		47	312
		49	559,560
		50	65,591
ドイツ海軍大將		37	464
獨乙海軍武官		50	358
獨逸外務省	外務省,ドイツ外務省,獨外務省,獨逸國外務省,ドイツ國外務省	7	304,305
		10	10,51,81,432,447,448,460,475,479,486,487,488,502,512,558,561,563,605,626,682,683
		11	10,11,188,189,203,204,227,228,230,231,239,240,262,263,267,268,295,296,321,324,325,331,332,371,372,376,377,384,385
		13	204,211,240,241,247,248,249,258,292,311,312,319,322,323,325,327,328,333,377,649,651,663
		16	447,448,468,556
		17	16,20,24,36,44,54,224
		28	301,476,477,478,481
		35	95,108,143,174
		38	519,520,521
		39	198
		40	443,444

其他名词	别称	册数	页数
獨逸外務省		44	3
		46	42,107,109,110,112,128,130,132,133,154,157
		47	27,28,32,37,40,47,49,51,582,596
		49	409,410,514,537,538,541,542,551,552,557,558,564,565,568,569,585,586,596,597,617,618,620,621,623,624,626,627,628,630,631,632
		50	201,204,209,213,454
獨逸外務省官房		10	81
獨逸外務省官房長		10	81
獨逸外務省官吏		47	590
獨逸外務省公使		10	81
獨逸外務省事務局		11	386
獨逸外務省集綴文書		16	467,468,550,551,555,556
ドイツ外務省首席通譯官		10	512
獨逸外務大臣個人秘書		10	82
獨逸關係事項政治顧問		17	13,19,23,35,43,53,223
獨逸關係事項政治顧問部		16	447,467,550,555
獨逸關係事項政治顧問部員		10	3,8,11,18,21,25,35,39,44,49,52,55,60,64,69,74,84,131,134,152,157,160,163,166,191,194,199,218,221,225,338,341,348,352,355,358,361,365,368,375,379,390,393,411,416,462,521,530,535,566,570,575,589,603,606,610,616,627,632
		13	247
		49	409,537,541,551,564,568,585,596,617,620,623,626,631
獨逸艦隊		38	193
獨逸官廳	獨逸官憲	46	110,154
		47	422
ドイツ儀典方式		47	51,52
獨逸休戰委員會		11	200
獨逸休戰委員會主席		11	200
獨逸舊俘虜協會會長		2	46
獨逸空軍	ドイツ空軍部隊,獨空軍	10	680
		17	444

其他名词	别称	册数	页数
獨逸空軍		28	562
		32	565
		35	60
獨逸空軍省		10	527
獨逸軍	獨軍,ドイツ軍,獨乙軍,獨逸國軍	10	206,464,482,635,638,675,680
		11	386,551,582
		12	573
		13	207
		14	75
		16	203,426
		19	187,190,193
		28	561,617
		34	270
		35	148
		42	385
		45	193,273,531
		47	159,486
		49	47
		50	20,345,349,351,373,467
獨逸軍事顧問		47	588
ドイツ勳章	獨逸勳章	47	51,52,277
ドイツ軍司令部		17	444
獨逸軍政府事務局		46	123,128,133
獨逸軍政部代表		49	409,537,541,551,564,568,585,596,617,620,623,626,631
獨逸經濟使節團團長		2	338
獨逸啟蒙宣傳省		10	560
獨逸系ユダヤ人		20	62
獨逸ゲスタボ		16	426
獨逸語	ドイツ語,獨乙語,獨語,獨逸文,獨國語,獨文	2	233,235,251,259,263,267,335
		10	333,621,625
		11	9,187,202,226,242,261,266,294,301,319,323,330,338,370,375,383,390
		13	138,226,246,269,290,301,303,310,321,332,336,340,345,670
		14	205
		15	106

其他名词	别称	册数	页数
獨逸語		16	308,446,466,519,549,554
		17	12,18,22,34,42,226,281
		29	181
		30	248,251
		33	260
		34	273,481
		40	364,398,436,444
		46	107,109,112,159,244
		47	17,94
		50	358
獨逸航空機工場		13	183
獨乙公使		43	575
獨逸公使館		44	2
獨逸公立學校		15	352
獨逸國赤十字社副社長		2	46
獨逸國衛生局高級参事官		1	550
獨逸國外務省官房長		10	448,487
獨逸國銀行團		2	262
獨逸國軍最高指揮官		2	334
獨逸國公使男爵		29	180
獨逸國々務大臣	獨逸國務大臣	10	363,371,468,578
獨逸國首相		49	356
獨逸國粹社會黨	國粹社會黨	47	315,319,321,327,328
德國政府		11	49
獨逸政府	ドイツ國政府,獨乙政府,獨逸國政府,獨逸聯邦共和國政府,獨逸帝國政府,ドイツ政府,獨政府,獨國政府	2	237,245,250,254,264,295,296,336,337,339
		10	1,46,47,51,57,76,81,176,209,210,220,234,300,301,306,310,331,350,354,357,373,432,448,460,475,482,487,502,512,551,618
		11	186,194,236,299,315,327,328,379
		12	231
		13	192,194,198,201,212,238,245,267,309,325,324,325,363,364,365,663
		16	215,220,383,463,476
		17	21,32,473
		18	345,336
		29	209,212,328,504,559

其他名词	别称	册数	页数
獨逸政府		30	246,248,250,251
		32	51
		33	259,261
		34	269,273,479,481,512
		35	18,86,87,95,98,101,110,135,138,143,146,150,151,214,215,216,217,219,220,235,236,242
		40	401,406,407,409,410,427,431,432,433,434,435,443,448,454,456,457,458,460,463,466,467,468
		43	341
		45	275
		46	24,35,42,43,54,100,105,107,109,112,154,156,161,171,175,182,190,197,198,202,218,219,224,229,250,419
		47	18,35,36,51,53,60,157,277,416,445,583,587,588,590,655,659,731
		48	70
		49	356,559,560,566,598,625
		50	62,63,65,66,199,202,206,548,574
獨逸國政府首腦		10	622
獨逸國全權委員		29	179,181
獨逸國大使館附陸海軍武官		10	332
獨逸國大臣		17	16,17
獨逸國大統領	獨逸國總統,獨逸總統	1	463,562,564
		2	3,4,153,155,337
		10	618
獨逸國駐剳英國大使		2	5,47
獨逸國駐剳丁抹國特命全權公使		1	550
獨逸國內務省参事官		1	565
獨逸國普魯西國皇帝		1	67,103,106,176,178,209,213,324,326,352,354,397,399
獨逸國防軍		10	47
		46	125
		49	572

其他名词	别称	册数	页数
ドイツ國防省陸軍		47	18
獨逸國民軍		14	81
獨逸最高司令部	獨逸最高統帥部	35	149,172,174
獨逸参事官		46	250
獨逸参謀本部		35	172,245
獨逸首腦部		16	472
		19	187
獨逸商會		10	579,597,598,600,601
獨逸商業會議所		10	601
獨逸情報局東京四八二 FF 指示		10	130
獨逸人	ドイツ國民,獨逸人,ドイツ人,獨乙人,獨逸國民,獨逸國人,獨逸市民,獨人,獨乙國民,獨國民,獨逸國人民,獨民	7	20,42,77,84,85,182,217,287,288
		10	181,208,229,265,429,451,469,480,490,497,507,559,563,595,599,600,656,657
		11	551
		12	513
		13	655,656
		14	80
		15	349
		16	224,298
		17	483
		19	190
		26	64
		27	399
		28	584
		29	427,486,487
		32	376
		33	34
		34	36
		35	167,178
		36	241
		43	304
		47	18,51,73,439,441,590,591
		49	560
		50	355
獨逸新聞		10	640
獨逸青年局		10	561

其他名词	别称	册数	页数
獨逸政府首脳部		47	416
獨逸赤十字社		35	98
獨逸船員		46	126
獨逸潜水艦	ドイツ潜水艦	17	444
		27	374
		46	148,202,223
		50	592
獨乙戰線		50	353
獨逸染料貿易會社		10	598
ドイツ掃海艇		17	444
獨逸總司令部		13	182
獨逸總統		2	337
獨逸總領事		10	594
獨逸大使	獨乙大使,獨大使,ドイツ大使,獨伊大使,獨逸國特命全權大使,獨國大使,獨逸國大使	2	231,233,338,251
		5	305
		6	287
		10	206,208,231,240,297,300,304,306,308,311,331,351,532
		16	294,311,546
		17	32,254
		29	6,7,36,101,102
		33	23
		36	505
		38	520
		40	409
		42	216,253,438
		43	264,265,267
		45	286,333
		47	97,162,652
		49	361,363,481
		50	67,72,73,208,349,351,541,542,568
獨逸國大使館	獨逸大使館,ドイツ大使館,獨大使館,獨逸大使館,獨大使館	7	41,285,286,287,291
		10	10,209,332,626
		11	314
		17	225
		29	72
		33	242
		35	96,99,100,127,142

其他名词	别称	册数	页数
獨逸國大使館		36	149
		38	522
		40	442,443,444,445
		46	97,183,187
		47	20,32,54,56,277
		49	547,615
ドイツ大使館員		47	42
獨逸大使館海軍武官輔佐官		40	328
獨逸大使館付武官室語學將校		50	467
獨逸駐在日本大使		13	186,670
獨逸駐在日本大使館	ドイツ駐在日本大使館	13	207,208,211
獨乙諜報機関		13	209
獨乙朝野		16	477
ドイツ青島守備隊		39	198
獨乙通信員		50	354
ドイツ通信社	DNB	33	245
獨逸哲學		46	155
獨逸東亜博物土俗學會		47	439
獨逸內閣		13	657
ドイツの儀典局長		35	121
獨逸の西部戰線		35	149
ドイツの電気部門の工業會社		35	86
獨逸の東部戰線		35	149
獨逸の炮兵聯隊		35	152
獨逸班長		50	473
獨逸フアッシズム		13	653,656
獨逸武官		42	610
獨逸文化		47	440
ドイツ兵		39	197
獨逸包圍政策		47	329
獨逸民族	ドイツ民族	2	247
		10	319,455,553
		28	589,591,621
獨逸要人		46	154,190
獨逸陸軍	ドイツ陸軍,獨乙陸軍	10	7,14,438,440,480

其他名词	别称	册数	页数
獨逸陸軍		35	171
		38	522
		46	17,24,154,159,164,165,402
		47	19
ドイツ陸軍武官		47	54
ドイツ侵略軍		29	488
土肥原機關	土肥原部隊	34	423,469,470
		41	219,247
		42	444
道		34	377
東亜		18	5
東亜會		28	97
東亜海運株式會委員		43	130
東亜海運株式會社		4	329,330,356,357
東亜共榮		48	332
東亜共榮圈建設		11	626
東亜共榮圈建設對策案		11	627
東亜協同體		6	323
東亜局第二課長		34	461,469,470
東亜軍指揮官		48	131
東亜軍司令部		45	490
東亜経済		8	242,613
東亜經濟使節		48	129
東亜経済調查局		28	45,94,480
東亜經濟特使		48	272
東亜權益圈		10	389
東亜研究所		12	360
		36	348
東亜憲章		30	39
東亜建設國民同盟	東亜建設國民聯盟	49	633,634
東亜建設第一期總力戰方略		13	643,645
東亜恒久平和	東亜平和	16	73,81,126
東亜再建	東亜建設	10	125
		16	73,126
		19	240,254,261,264,265,267,269
東亜自給自足經濟體制		5	404
東亜自主共栄		12	56

其他名词	别称	册数	页数
東亜事務局		19	136
東亜自主國		41	345
東亜主義者		47	290
東亜小自給圈	小自給圈	12	56
		19	240,254
東亜諸民族		34	392
東亜人	東洋人	30	25,26,28,29,36,43
		41	447,450
		48	207,329,332
東亜新秩序建設	大東亜建設	6	210,269,323,426,427,441,548
		8	517,650
		10	112,328
		11	29,99,108,109,112,119,180,617
		50	16,18
東亜新秩序建設の運動		11	521
東亜侵略		44	569
		48	148,227
東亜税合體制		5	424
東亜政策		5	581,582
		10	101
東亜政治建設		19	260
東亜赤化謀略		6	509
東亜大経済圈		11	185
東亜大自給圈		19	254
東亜大同		11	617
東亜中核地帶		19	254
東亜道義文化	東亜文化	19	266,269
東亜同文會		34	330,331
東亜同文書院		44	581
東亜同盟		13	153
東亜同樂社		8	29
東亜南洋經濟圈		10	97
東亜百年ノ計		44	513
トウアプセ號		14	61
東亜復興		14	87
		33	137,139,140
東亜文化		48	330,373
東亜文化建設		19	250

其他名词	别称	册数	页数
東亜平和	東洋平和	44	599,601,602
東亜防衛		19	215,254,257,265,278
東亜民族	東亜全民族	30	38,44
		48	192,194,195
		50	244,245,273,275
東亜民族對策		16	288,289
東亜民族同盟		12	484
東亜問題		6	282
東亜聯合體		12	3
東亜聯盟		11	617,618
		28	504
同安		6	358
東安市場		8	11
統一外交政策		43	330
トウィッグス		37	501
ドヴィナ號		14	16,19,20
動員計畫局		46	310
東印度人		19	139,140,141,144,145
東印度獨立	印度獨立	19	344
東印度獨立論	東印度獨立問題	19	321,323
東印度民族		19	352
ドウーチエ		47	77
ドウーマン参事官		16	127,135
トゥール		2	203
東榮丸		13	622,636
湯王麟將軍政權		7	478
東海軍管區		26	160
東海軍管區司令部		25	297,387,388
東海憲兵隊司令部		26	158,159
東海州立八裡農事試驗場附屬牧場番人		40	260,278
黨外人士		33	116
倒閣運動		43	317
統監部		6	170
		15	147,149,150,155,189,195,203,219,239,248,255,269
道義維持		16	37
道義外交		42	20

其他名词	别称	册数	页数
道教		6	554
		31	190
東京朝日新聞社記錄保管所		45	484
東京朝日新聞寫眞部員		32	347
東京朝日新聞縮刷版		14	79
東京朝日新聞政治部長		31	205
東京醫科大學教授		47	131
東京英國大使館		32	302
東京驛		43	183
東京海軍情報部		19	125
東京外國語學校		34	3
東京外務省		32	240
東京外務省研修所會長		34	278
東京ガゼット		8	405,407,408,409,410,411,412,556,563,566,567,577,620,651
東京機械製作株式會社		26	30
東京銀行集會所		43	21
東京空襲		15	267,272
東京區裁判所下谷出張所燒失		15	267
東京俱樂部		5	430
		43	194,208,210
東京軍法會議検察廷		24	475,479,499
東京刑事地方裁判所		15	265
東京憲兵隊司令部	東京憲兵司令部	25	319,393,403
		40	232,235,240,242
東京控訴院		3	602
		4	263,264,265
		28	93,101,479
東京控訴院第三刑事部		28	1,43,92
東京交通勞働組合		5	418
東京高等軍法會議		24	464,478,480,501,502,504
東京高等工藝學校寫眞部		32	340
東京高等商業學校		43	46
東京高等農林學校		30	234
東京國際軍事裁判		11	511

其他名词	别称	册数	页数
東京國際軍事裁判所ソヴィエート聯邦側検査官		14	60
東京國際軍事裁判所軍事検察官		13	43
東京國際軍事裁判所ソヴイエット社會主義共和國聯邦側軍事検察官		13	50
東京國際軍法會議蘇聯邦代表		12	213,214
東京國際檢察部		5	554
東京國際検察部露西亜部		12	88
東京御前會議		14	140
東京裁判		36	41
東京参謀本部第二課		45	111
東京市會議員		38	589
東京品川俘虜収容所		38	589
東京事務所		19	157,158
東京射撃兵聯隊		27	555
東京収容所	東京収容所本部	27	53,55
		40	311
東京商工會議所會頭		49	297
東京スエーデン外交團		27	296
東京警備司令部		38	496
		44	430
		45	2,11
東京政府		13	206
		28	483
		34	52
		36	464
		37	70
		42	342
		46	36,42,174,398
		47	80,151,373
東京稅務監督局		4	295,296
東京大亜細亜協會	大亜細亜協會	44	572
		46	72,74,80,84
東京大學助教授言語學者		50	308
東京大使館		7	218,243,274,559

其他名词	别称	册数	页数
東京大使館		8	81,84
		11	367
		17	225
		33	360
		50	371
東京地區俘虜収容所本部		25	435
東京地方裁判所		4	262
		31	353
東京中央終戰連絡事務局	東京中央連絡事務局,東京中央連絡局,中央終戰連絡事務局,中央連絡事務局,中央終連局,東京終戰連絡事務局	5	449,450,451,452,453,454,473
		8	302,304,408
		17	1
東京中央戰犯裁判		37	509
東京中央電信局	中央電信局	37	226,227,228,229,230
東京中央幼年學校		4	440
		46	298
東京中央連絡事務局		8	259
		9	1,2,88
東京中國代表團		7	338,340
東京駐在亜米利加大使館		17	489
東京駐在瑞西公使館		27	411
東京駐在瑞典國派遣團		23	230,248
東京駐在佛大使		38	338
東京駐劄英國大使		19	8
		32	193
東京駐劄和蘭公使	在京和蘭公使,東京駐劄和蘭公使	19	7,10,28,31,40,43,44,84
東京駐劄大使		11	389
東京駐劄獨逸國大使	駐日獨大使,駐日獨逸大使,在京獨國大使,在京獨逸國大使	10	227,262,310,623,618
東京駐劄米國大使		5	332
		36	255
東京帝國大學	帝大,東京帝大,東京大學,東大,帝國大學	2	556
		3	445
		4	261,460,480,500,540,541,542,545,546,588
		5	613

其他名词	别称	册数	页数
東京帝國大學		5	208
		28	44,581,602
		30	135,237
		31	77,353,392,429
		36	110,173,212
		39	162
		40	349
		41	394,435,475
		43	262,289,504,579,580
		44	221,416
		47	144,440
東京帝國大學醫學部教授		47	121,131
東京帝國大學醫學部講師		47	131
東京帝國大學醫學部附屬醫院		5	208
東京帝國大學工學部鐵冶金科		35	341
東京帝國大學政治科		43	21,107
東京帝國大學附屬図書館	帝國大學附屬図書館,東京帝國大學附屬圖書館	34	323,324,327,328
東京帝國大學附屬図書館運用部長	東京帝國大學附屬圖書館運用部長	34	323,327
東京帝國大學附屬病院小石川分院		47	529
東京帝國大學法學部	東京帝國大學大學法科,東京帝國大學法科大學,東京都帝國大學法科,東京大學法學部,帝國大學法學部,帝國大學法科,東京帝國大學法科大學,帝國大學法科大學	4	261,267,281,293,312
		30	234
		32	36,269
		36	33,173
		38	77,421
		40	379
		41	467
		43	11,72,96,579
		46	35,341
東京帝國圖書館	帝國図書館,東京帝國図書館	13	71,72,102
		14	78,79,84
東京帝大法學部長		43	258
東京手形交換所		43	21
東京獨逸外務省		13	306

其他名词	别称	册数	页数
東京獨逸大使館	東京獨大使館，東京ドイツ大使館	10	5,46,392
		11	236
		13	132
		46	158
東京都下穀區西町國民學校	下穀區西町國民學校	32	38
東京都長官		50	600
東京日日新聞	東京日々新聞	14	484,493
		16	323,324,404,405
		17	88,90,105,106,227,290
東京日日新聞社	東京日日新聞	5	1,40,474
東京日本陸軍参謀本部		2	512
東京復員裁判所		24	458,464,481,492,493,495,498,505,515,519
東京府検事		11	530
東京府市主催國民精神總動員		29	97
東京府知事		49	247
東京佛蘭西使節團		27	449
東京俘虜收容所	東京俘虜收容所本所	26	8,370,582
		38	594
		40	58,59,65,81,86,92,93,151,152,158,159,331,332
		44	305
		45	488
東京俘虜收容所醫務室		40	91
東京俘虜收容所長		38	586,591
		40	65,67
東京俘虜情報局		45	491,493
東京防衛軍司令部		14	103
東京法人會		11	644
東京放送局		17	434,451
東京放送局顧問室部員		17	451
東京放送局報導部長		17	451
東京放送局連絡室副部長		17	451
東京每日新聞社		45	487
東京每日新聞社職員		45	487
東京文部省調查局		41	167

其他名词	别　称	册数	页　数
東京陸軍刑務所		25	345,346,350,352,360,363,371,375,379,383
東京陸軍地方幼年學校		4	440
東京臨時亜米利加代理大使		42	5
東京灣要塞砲兵聯隊		4	440,441
トウキヨー・ガゼット		13	103
東久邇内閣		50	606
統計局		35	522,523,525,526,527,528,529,530,531,532
		41	480,481
統計局書記官		41	482
統計局長		41	482
統計局統計官		41	482,483,484
同興		8	607
洮昂線	洮昂鉄道	30	395,402,417,437,438
		45	52,60
洮昂鉄道局		45	54
		30	396,397
洮昂鐵道局技師		12	144
洮昂鉄道顧問技師		45	53
東西兄弟主義		44	576
東西二正面作戰		34	167
東西文化		4	592
東亜局		28	469
		37	47
		42	115,123,133,137,180,208,217,253,254,356
東三省官銀號總辦		42	401
東三省官憲		2	624
東三省銀行		2	582,584
東三省自治政府		2	645
東三省巡閲史		2	440
東三省政府行政長官		2	645
東三省中央銀行		2	646
東三省民衆		6	605
東支軍		47	356
東支護路軍		30	493

其他名词	别称	册数	页数
童子團		33	158
東支鐵道	東支線	2	408,422,435,441,444,446,452,454,455,496,511,531,539,540,541,545,573,620,624,625,636,652
		3	445,480
		8	262,263,264,265,266,267,270,271,272,273
		11	528,537
		12	138,139,140,141,142,145,146,151,152,275,308,466,623,624,625,626,634
		30	408,491
		42	79,81,86,87,177,178
		45	59,81
		47	335,336,340,353,354,354,355,356,357,361,408,409,450,453,570,571,572,699,700,701,702,704,706,707,708,709,710,711,714,715,716,717,718,719,720,721,722
		50	403
東支鉄道管理局長		12	629
東支鐵道讓渡交涉		47	409,410,450
東支鐵道東部線		47	702
東支鐵道南部線		47	719
東支鐵道副理事長		30	396
東支南線		45	64
道取政策		2	445
同情示威遊行		33	173
東條政策		46	474,475
東省特別區		30	577
東條內閣	東條軍閥內閣	8	127,129,508
		11	628
		17	140
		19	183,336,440
		28	449
		30	84
		35	253,267,488
		37	47,48,54,55

其他名词	别称	册数	页数
東條內閣		40	20
		41	393,423,475
		43	13,68,75,80,117,127,415,417,419,420,423,449,459,462,469,565,566,569
		44	57
		45	203,278,416,457,463,534
		46	474,487,495,612
		47	228,252,278,472,477,478,507,530,536,599,600,603,608,609,666,670,671
		48	6,7,11,108,135,190,194,214,297
		49	342,343
		50	595
東條ノ信念		26	109
東進政策		16	305
東清鐵道		15	453
統帥部	中央統帥部,陸軍統帥部	15	143,145,149,169,172,174,177,183,196,197,199,200,246,258,277,288
		17	92,324,339
		33	271,272,273,275,276,277,281,284,285,286,287
		34	107,108,150,175
		41	20,64,71,93,95
		43	81,82,83,102,103,104,105,106,117,120,121,122,124,125,130,191,196,263,268,325,330,354,360,364,375,396,405,406,474,484,485,496,514,528,531
		47	248,256,257,258,500,525,598,601,607,608,610,612,618,619,620,623,626,628,630,631,638,666,678,689
		48	21,23,31,32,36,39,54,57,61,69,71,72,74,83,89,91,100,101,102,105,106,110,118,134,135,141,147,149,150,153,156,157,158,159,160,161,166,168,174,176,210,213
		49	481,483

其他名词	别称	册数	页数
統帥部總長		7	496
統制會	統制會社	28	444,445
		35	486,488,514,515,516,517,519,520,521,522,525,526,527,528,529,530,531
統制會調度		14	313
同生共死		48	329
統稅局		34	450
		47	630
統制組合		4	87
統制經濟		28	88,255
統制經濟論		43	27
統治對策委員會		11	629,633,634
東清鐵道		2	458,469,485
東清鐵道會社		2	449,450
		29	231
統制派		49	15
東大營		30	362,385
		42	397
		45	44
東大七生社		5	293
東太平洋總督府		19	225
統治契約說		28	586
黨中央執行委員會主席		8	648
道德的共產主義	道德共產主義	10	427
東南亜細亜亜軍司令部第一濠洲戰爭犯罪部		23	544
東南亜細亜地區最高指揮官司令部第九陸軍寫眞班		23	628,630
東南亜細亜地區司令部	東南亜細亜司令部	23	543
東南亜細亜方面軍司令官		24	270
東南アジア翻訳通訳部		24	82
東南亜細亜陸軍部		22	258
東南アジア聯合軍最高司令部		11	502
東南アジア聯合軍陸軍司令部		24	123
東南アジア聯合國軍		24	36,46,51,59,128,188

其他名词	别称	册数	页数
東南アジア聯合國陸軍行政指令		23	529
東南亜亜細亜聯合國陸上部隊	東南亜細亜聯合軍陸上部隊	23	544
		26	188,190
東南亜細亜聯合陸軍總司令部		22	29
東南亜細亜聯合陸上軍戰時犯罪法律部		22	29,39
東南歐政策		49	47
洮南昂昂溪鐵道		3	444,445
		30	394
洮南鎮守使		45	52
天皇主義政體		35	145
討伐部隊	討伐軍	33	156,178,179
東部軍管區		4	246
東部軍司令官		43	536
東部戰線		10	20
黨報		5	234
東方及全世界無產階級		33	205
東方會議		5	301
東方共榮圈		6	258
東方航路		40	28
東方政策		28	528
東方文化		32	47
東邦丸		13	622,636
東方旅行社		32	37
トウホク丸		25	337
東北官憲		30	364
東北義勇軍	東北抗日義勇軍	33	179,193,195,231
東北行政委員會		2	563,564,567,574,583
		5	630
		30	334,562,564
		42	576,577
東北局		4	87
東北軍	舊東北軍	2	531,543
		6	319
		30	362,363,364,365
		31	514,610

其他名词	别称	册数	页数
東北軍		32	553,565
		41	224
東北軍管區高級副官		32	446
東部軍参謀		44	226
東北軍閥		28	315
東北軍閥崩壞		32	568
東北交通委員會		2	558,570
東北交通委員會委員長		42	401,406
東北抗日義勇軍		30	494
東北礦務總局		2	448
東北國民義勇軍		30	494
東北支那軍隊	東北支那軍	32	551,567
東北諸省行政委員會		41	195,201
東北振興調査會		4	325,534
東北新政治革命		32	568
東北人民革命軍		33	179,203,231
東北政權		5	625,630
		13	80
東北政治委員會	東北政務委員會	2	446,478,556
		30	275
東北電信主管廳		2	580
東北邊防軍		45	42
東北邊防軍司令部		30	392
東北邊防軍總司令		2	444
東北邊防軍副司令官		30	393
東北民眾	東北民衆	2	562
		30	395
		33	201
同蒲鐵路		33	309
ドウマン参事官		16	127
東滿四社		8	356,378
同盟國		42	22
同盟通信社		37	175,209
		42	431
同盟通信社社長		42	431
同盟龍業		32	83,84
同盟龍業委員會		32	81,82,83,84,86,89
道貢尖部落		32	424

其他名词	别称	册数	页数
東洋開拓公社	東拓	5	563,638,640,641
東洋開發會社		14	327,343
東洋學助教授		30	55
東洋機械株式會社	東洋機械	26	31
東洋經濟新報		36	294
東洋經濟新報社		36	294,295
		41	476
東洋研究會		44	552
東洋思想		28	54
東洋人		10	467
		16	204,212
		19	37
		23	636
		47	171
東洋人排斥移民法		15	456
東洋新文化		32	54
東洋精神		19	408
東洋拓植株式會社		4	12
東洋傳染病情報局		6	304
東洋道義		30	356
東洋ブロック		6	248
東洋文化	東洋精神文明,東亜文化	19	266,269
		28	421
		45	326,328,483
		47	171,176
東洋文明		32	218
東洋民族		5	232
		30	22,25
		43	172
東洋問題		10	241
		44	555
東洋モンロー主義		44	576
東四省占領計畫		41	7,63
トウラーティングスベスルート		19	57
ドウリウトル部隊	ドウリットル部隊	29	33
		46	293,294

其他名词	别称	册数	页数
黨利黨略		45	162,163
洮遼鎮守使		2	408,474,479,526,527,530,531
登録局記録所長		34	78
同和		2	660
ドーズ案		47	329
トータリテリアニズム化		36	480
トータリテリアン		36	487
トーマス		37	502
ドーリットル機		48	183
ドーリトル隊		50	59,60
トーング廣場		20	222
都會文明		28	585
トカマ丸		22	552
常磐		2	205
獨乙外務省事務總局		10	512
獨伊軍事同盟	獨伊同盟	35	229
		47	81
獨伊軍隊		42	24
獨伊陣營		28	161,173
獨伊人俘虜		26	319
獨伊樞軸		5	401
		11	210
		36	232
獨伊大使		16	475
獨英協會		35	113
獨英戰爭		35	230
獨乙外交情報局		35	146
獨乙軍部		35	19
德華株式會社		8	592
毒化政策		8	43,125
德川一門華族		5	435
德川時代		30	135
德川幕府		28	152,492
獨軍最高司令官		10	402
特警隊	海軍特別員警特警隊	23	336,359,361,372,373,374,376,377,378
獨系米人		17	215,238

其他名词	别称	册数	页数
獨國外相	獨外相,獨外務大臣,獨乙外相,獨逸外相,ドイツ外相,獨乙外務大臣,獨逸外務大臣,獨國外務大臣,獨逸國外務大臣,獨逸帝國外務大臣,ドイツ外務大臣,ドイツ國外務大臣	10	2,10,13,14,15,16,17,20,37,79,82,90,187,188,189,190,196,198,244,267,303,343,357,360,363,364,367,371,377,410,413,421,426,432,435,437,439,440,442,443,445,451,453,454,455,456,458,459,461,464,465,466,467,468,470,472,473,495,496,504,505,506,507,509,510,511,513,524,529,568,577,578,580,581,629,669,673
		11	185,201,241,257,258,264,299,314,316,386,390
		13	126,127,129,130,139,140,144,257,329,337,338,341,342,346,347,350,351,224,225,285,304,665,666,667,672
		14	80
		15	105
		16	442,443,444,463
		17	11,16,32,41
		28	481,482,483,484,485
		29	105
		34	272,273,513
		40	411,435,444,454,455,461,464
		42	600
		46	97,98,113
		47	19,21,25,28,41,49,52,77,87,156,587,591,731
		49	291,533,539,543,544,550,553,554,559,560,561,577,578,579,580,582,583,584,587,592,593,594,619,622,625
		50	202,206,209,211
獨國公使	獨逸公使	30	245,248
獨國皇帝陛下		30	249
獨國宰相	獨乙國首相	10	288
		42	7
獨國總領事館		32	431

其他名词	别称	册数	页数
獨裁者		34	383
獨裁主義		10	224
		19	387
		47	235,237,581
獨裁政權	獨裁政治	34	380
		36	409
		5	431
獨裁勢力		33	62
獨裁專制		34	380,384
篤志救恤協會		2	17,24,71
特殊回收銅物件審查委員會		4	436,456
特種参謀局		11	485
特殊防共地域		32	224
特種法人國策會社		28	462
特殊法人國策機械製作會社	特殊法人帝國燃料興業株式會社	14	434,435,442
獨占權		2	126
獨善自己		32	228
獨善主義		45	162
		47	179
獨潛水艦		36	565
獨占制度		16	470
獨占利己主義		41	41
獨ソ開戰		48	73,74,76,77
獨ソ開戰說		48	73
獨蘇關係		46	159
獨ソ休戰		19	234
獨ソ媾和		12	63,65,67
獨ソ戰線		11	582
獨蘇不可侵條約	獨ソ不可侵條約	10	1,15,271
獨蘇兩國ニ對スル施策		11	219
獨日協會		35	113
獨日軍事同盟	日獨軍事同盟	13	178,183,193
獨波國駐在員		32	397
獨佛関係		11	328
獨佛協同政策	(獨佛協力)	11	328

其他名词	别称	册数	页数
特別委員會	總會ノ特別委員會	3	274,276,310,311,354,397,465,470,471,500,501,509
特別海軍攻擊隊		13	507
特別會計法案		15	260
獨佛協會		35	113
特別軍事教育隊		11	539
特別高等員警部		4	90
特別市政府戒煙局		7	513
特別租界		3	151
特別取引		2	254,255,261,265,266
特別派遣煽動員		32	82
特務機関部		7	349
特務部		8	75,76,77
德安飛行場		6	483
ドグラ聯隊		24	577,614
獨蘭紛爭	獨逸和蘭紛爭	10	47
獨立運動	獨立運動者	2	404,502,560,562,564,566,571
		5	615,618
		10	97,117,184
		11	213,217
		19	244,262,264,349,350,351
獨立憲兵大隊	獨立憲兵隊,獨立大隊	44	420,421
獨立工兵第四十三聯隊		42	515
獨立混成第一旅團長		42	620
獨立混成第二十六旅團		42	514
獨立混成旅團		15	340
獨立指揮方策要鋼		19	443
獨立自主		48	327,330
獨立自由		16	286
獨立主義		2	419
獨立主義者		12	46
獨立守備隊		30	374,379,392,430,461,464
		34	176
獨立守備隊司令官		30	360,378,379
獨立守備第二大隊		31	40
獨立守備步兵第二大隊		30	360,548,554
獨立守備步兵中隊		30	464
獨立守備隊司令部		30	461,464

其他名词	别称	册数	页数
獨立守備步兵大隊本部		30	464
獨立準備委員會		19	351,352,353,355,452,453
獨立政府		11	526,528
獨立宣言		36	411
獨立戰車团		15	340
獨立團		33	158
獨立調查委員會	獨立調查準備委員會	19	349,450,456,457
獨立土兵第一中隊		42	620
獨立飛行第十隊		15	310
獨立飛行第十八中隊		15	310
獨立炮兵第十三聯隊		42	514
獨立步兵第一聯隊		42	620
獨立步兵旅团		15	340
獨立問題		19	322
獨立論		19	320,322
獨立守備步兵第二大隊	奉天獨立守備步兵第二大隊,獨立守備步兵二大隊	45	42,43,47,66
トケイ隊		23	276,277
		24	296,297,444
土膏行		8	44,62
ドゴール政權		39	30,34,36
ドゴール派		11	304,305,345,356
		38	379,380
		46	591
		48	58
床川丸		13	405,565
所沢飛行學校		5	41
都市計畫中央地方委員會		4	368
都市計畫中央委員會		4	521
都市計畫東京地方委員會		4	365,367
都市計畫府縣地方委員會		4	90
都市計畫北海道地方委員會		4	90
トジピナン監獄		24	75,77
圖書局		4	45,48
圖書寮		4	65,68
土人		46	552,576,577
土人労働部隊		15	385

其他名词	别称	册数	页数
ドスン人		40	262,281
獨ソ和平問題		43	478
		46	419,420,424,428
土地革命		33	159,160,167,169,208
土地私有制度		33	159
土地收用權	土地收用法,土地收用	14	209,255,283
土地制度		33	159
土著軍		33	178
土著農民軍		33	177
土地利用權		5	318
トッキ隊		24	427,428
特許植民會社		28	59
特許補償審査會		4	352
特惠待遇	特惠經濟待遇	8	545
		10	469
		36	272
特高課		5	148,149,152
ドッヅ代理大使		32	166
鳥取丸		22	475,476
トップ収容所		22	253,255
都督官房外事科		4	381
都督官房秘書科		4	381
隣組相互援助會		50	255
利根		13	403,436,460,464,595,635,637
利根艦		27	382,383
鳥羽		38	537
トバス集團生活所		26	603
飛石作戰		13	526
ドビン		2	202
土木會議		4	89,302,321,327,356,522,536
土木局		4	89
土木建築會社		35	341
土木試驗所		4	89
土木出張所		4	89
土木部		4	90
トマス抑留所		39	379
富田内閣		43	372
富田内閣書記官長		41	59

其他名词	别称	册数	页数
ドミニカ共和國政府		38	566
ドミニカ共和國大統領		1	103,112,176,184,209,219,270,324,329,352,360,563,568
		2	3,7
トモホン刑務所		24	297
圖們線		5	638
トヤシ丸		22	130
戸山學校		47	266
豐田紡績工場	豐田紡績	32	77,161
トラウンサー		37	493
トラッカー		37	500
トラック 島空襲		27	222
トラック分遣隊		50	128
ドラムタワー教會	ドラム・タワー教會	7	21,45
トランスパンフィック		30	63
トランスフィギュレーション姉妹教會		7	172
トランベッター		37	492
鳥裡雅蘇壽將軍	鳥裡雅蘇臺將軍	29	237
トリトリ水上機基地		24	312,313
トリビユーン		45	114
トリボリ		37	494
トリポリ攻擊		10	438
鳳山丸		8	50
度量衡制度調査會		4	325,534
トルコ共和國大統領		2	3,12
土耳其軍		12	509
土耳其國皇帝	「トルコ」共和國大統領	1	68,104,123,177,195,210,230,270,324,353,372
トルコ國國民議會副會長		2	12,60
トルコ國赤新月社副社長		2	12,60
土耳其國駐在帝國大使館附武官		41	309
土耳其人		12	512,514
土耳古政府		46	414
トルコ大使館		5	409,426
トルコ駐劄日本大使		2	405
ドルニール		46	575

其他名词	别称	册数	页数
奴隷買賣		2	134
ドレイク大學		7	1
ドレーラ號		32	263
敦化—圖們鉄道		12	205
トンギ収容所		22	103
トンキン射撃兵第一聯隊		27	455,559
敦圖鐵道建設		5	639

ナ

其他名词	别称	册数	页数
ナーシ・プーナ		11	537
ナーツヤキ		11	537
ナイアガラ		2	201
内外棉		8	607
内外棉花勞働爭議		32	79
内外棉爭議		32	81,89
内外棉龍業		32	80
内河氣船會社		16	71
内閣印刷局		8	409
		14	531,541,551,558
		45	167
		48	318,359,361
内閣印刷局長		14	532,534,542,555
内閣大藏省		36	296
内閣改造		43	198,276,277,453
内閣觀		43	566
内閣官制		3	612
		4	300
		44	55
内閣官房		14	89,90
		17	1
		41	121,480,483,488,489,491
		47	519,520
内閣官房人事課		47	561
内閣官房總務課長		41	121,488
内閣企書院總裁		15	19
内閣強化ノ件		15	183
内閣顧問		35	539
		45	135

其他名词	别　称	册数	页　数
内閣顧問兼外務省顧問		2	320
内閣顧問臨時設置制		4	74
内閣参謀制度		44	554
内閣資源局		36	33
内閣事務官		15	327
		16	581
		17	468
		35	420,421
		47	519,520
内閣事務當局		41	488,489
内閣情報局事務官		45	176
内閣情報局情報官		46	299
内閣情報局	内閣情報部	4	407,429,430,452,495,520
		8	605,612
		41	56,118,119
		43	272
		45	444,148,259,270
内閣情報部委員		45	412
内閣書記官	内閣書記,内閣書記官長,内閣書記官長,内閣事務官	6	595
		8	508,515,523
		14	547
		15	112,157
		16	405,440
		17	1,3,4,5,88,90,106,291,355,471
		29	23
		35	491,541,542
		41	421,423,488,489
		44	354,463
		45	155,276,283,308,310,311,392,401,466
		47	140,541,607,630,684
内閣書記官長		10	23,46
内閣書記官長官邸		17	479
内閣書記官房		6	595
内閣所屬部局		41	480,486
内閣審議室		4	223
内閣綜合計畫局長官		49	69
内閣総務課長		17	468

其他名词	别称	册数	页数
内閣総務課長		45	308,309
内閣總理大臣	日本總理大臣,總理大臣,日本内閣總理大臣,總理大臣(日)	2	1
		3	212
		4	71,72,74,278
		8	425,426,512,513,514,524,558,559
		10	236,260,261,294,496
		12	491
		13	120,121,123
		15	36,110,111,147,149
		16	552
		17	2,3,4,29,152,153,253,256,466,471,472,473,474,475,537,544
		34	395,396,398
		35	1,123,139,152,172,532,535,536,538,541
		36	47,177,178
		41	429,483
		45	309,310,312,313
		47	518,521
		48	14,178,200,209,213,226,298,339,340
		50	521,595
内閣總理大臣官邸		17	477
内閣總理大臣秘書官		35	3
		41	482,483
内閣調查官	内閣調查局調查官(日)	47	228,229,238
内閣調查局		4	224,325,328,468,536
内閣統制力強化		15	178
内閣董督		34	490
内閣秘書官		10	296
内閣四長官		47	507
内政干涉		33	8
内戰		32	94
内鮮人		44	475
内大臣廢止論		43	309
内大臣府		4	70
内地業務維持方策		15	245
内地師團		31	571,572,573,574,581,582,583,585

其他名词	别称	册数	页数
內地支那教會		16	462
內地人		15	200,285
		44	475
內府交迭說		43	513
內務省		2	54
		4	18,20,21,89,90,550,618,664
		7	494
		11	626
		12	337
		15	264
		25	624,625,626,659,668
		28	363,364
		29	2,20
		34	14
		38	557
		41	51,56,467,468
		42	40
		43	96,97,286,287,293,294
		47	507
		50	281,387,519
內務省警保局長		17	253,256
內務省警保局保安課		42	40
內務省警保局保安課長		17	253
		42	40
內務省警保局		5	147,148
		50	387
內務省警保局外事課		26	39
		47	211
內務省警保局警務課		11	585
內務省警保局警務課課查係		11	615
內務省警保局長		30	275
內務省警保局保安課三等事務官		50	385
內務省警務課		11	585
內務省司書官		11	614
內務省專門委員		4	89
內務省地理調查所		34	14

其他名词	别称	册数	页数
内務省地理調查所長		34	14
		40	495
内務省二級官		29	20
内務省防空局		4	435
内務省連絡委員會		4	436
内務人民委員部		34	334
内蒙古軍		12	269
		13	94
内蒙自治		33	178
内蒙人		12	569
長崎高等商業學校長		30	236
長崎香燒島造船所		45	492
長崎廣山收容所		38	563
長崎丸		42	308
中支那開發會社		14	216,328
中支那金融緊急對策		45	317
中支那振興株式會社	中支那振興會社	4	354,389,429,430,431,453,455,518,519,538
		8	537,564,569,570,572,573,575,577,600,608
		14	328
		16	539
中支那派遣第二軍第六師團步兵第二三聯隊		14	102
中支那方面軍上海派遣軍		45	258
中島部隊		5	555
中瀨部隊		6	546
長門艦	長門,長門丸	15	513
		22	477
		38	57
		50	150
永野軍令部總長		13	587
中村汽船會社		49	174
中山公園		32	353
ナカヤマセイコー製鋼所		25	455
長山丸		6	651
ナコムパトム		22	123
名古屋市長		29	121

其他名词	别称	册数	页数
名古屋収容所十號		25	450
名古屋収容所長		40	201
ナゴリヌイートンネリ間隧道		12	141
ナコンパトン病院		22	257
ナショナル・シチバンク		20	336
ナシヨナル・レビゥ志		31	200
灘九八〇一軍「ショクジャカルダ」連絡所		23	552
ナダジョクジャカルタ連絡命令		23	546
ナチ	ナチ・ドイツ,ナチ主義,ナチス,ナチ黨,ナチズム,ナチス黨	1	3
		4	605,609
		10	561
		16	529
		19	15
		28	590,595,617,634
		30	238
		33	238
		43	287,311,565
		45	272
		46	155,508
		47	593
ナチ・イデオロギー	ナチス・イデオロギー	46	231
		47	237,277,389,416,440,581,582,583,597
ナチス軍		36	385
ナチス派		10	118
ナチス宣言		47	583
ナチス黨員		46	232
ナチス黨機關紙	VB	33	245
ナチス民族主義		10	553
ナチ政権	ナチ政府	17	227
		28	550
		47	155
ナチ勢力		36	503
ナーツイヤ誌		11	537
ナツソー		37	490
ナトマ・ベイ		37	494

其他名词	别称	册数	页数
七十三キロメーター収容所		22	209,212,214
浪速會社		8	57,58
波集團参謀長		6	337
ナムトワ庶民病院		22	92
南東炭礦株式會社		9	78
南阿委任領		36	8
南苑飛行場		6	142
南海開發會社		14	327
南海派遣軍	南海派遣隊	13	392,401,451,452,454,457,474,476,479,482,483,485,558,559,560,563,564,565,570,571,572,574,575,577,578,579,580,581,582,583,584
南下運動		6	267
南鄉機		6	389
南京 YMCA		7	197
南京アメリカ合衆國大使館		7	50
南京安全地區委員會		32	497
		44	533
南京醫師公會		7	154
南京維新政府		33	12,13,69,70,97,101,118,119,128
南京營舍		22	324
南京外人會		7	106
南京傀儡政權		8	98
南京陷落		6	412
		7	31
南京空軍		32	204
南京軍		33	222
南京軍關政權		32	229
		44	602
南京員警署長		2	554
南京員警廳		7	154
南京警備		32	496,497,498
南京警備司令官		32	244
南京航空兵團司令部		6	326,332
南京高等法院		8	123
南京攻略		4	647
南京故宮飛行場		6	429
南京國際赤十字委員會		7	83

其他名词	别称	册数	页数
南京國際安全地區委員會	南京安全地區國際委員會	7	1,83,84
南京國際委員會		7	180,183,184,190,208,292
南京國際救恤委員會		7	3
南京國際檢事局		7	10
南京國民政府		30	175
南京市區憲兵司令部		7	154
南京市工會		7	154
南京市商會		7	154
南京市崇善堂	崇善堂	7	123,160,161
南京市政公署		8	631
南京自治委員會		8	625
南京市中央調查統計局		7	154
南京市黨部		7	154
南京市農會		7	154
南京市辯護士公會		7	154
南京城壁		32	236
南京神學校		7	93,115,197
南京政權		5	579,580,590,592,594,595,596,599,601,602,608,609
		11	574
南京政權軍		6	207
南京政府		5	512,617,624,630
		6	98,159,204,268,284,285,605
		11	57,273
		30	154,170,180,300,302,306,308,355,405,440
		32	20,25,27,28,29,117,157,226,229,254,306,309,532,533,562
		49	350,451
南京政府外交部長		5	315
南京政府軍		14	127
南京政府揚子江水災救濟委員會		30	324
南京總稅務司		5	634
南京總領事		42	117
南京總領事館員		32	239
南京大學		5	545

其他名词	别称	册数	页数
南京大學		7	1,84,85,91,99,100,101,166,197,207,211,237,247,268
南京大學緊急委員會議長		7	88
南京大學収容所		7	122
南京大學図書館		7	88
南京大學病院		5	543
		7	278
南京大學養蠶館		7	237,268
南京大使館		7	167,181,228,253,284,286,484
		33	2,249
		45	347
南京地方法院檢事		7	139,140,141
南京地方法院首席檢察官		7	162
南京敵人罪行調查委員會		7	154
南京鐵道		2	548
南京電力會社		7	187
南京内政部		2	500
南京日本軍司令官		7	82
南京日本大使館		32	233
南京日本領事館		14	125
南京賣國政府		33	197
南京飛行場		7	248,279
南京米國大學		7	178
南京米國大使館	南京米大使館	7	167,181
南京丸		25	522
南京民衆		2	554
南山設堡地區守備隊		13	5
ナンシー		2	203
南支作戰		10	154
		16	65
南支討伐軍		29	38,39
南支那艦隊		50	144
南支那派遣軍	南支派遣軍,南支軍,南支方面軍	11	12,27
		38	342,343,344
		42	481,613
		49	381
南支派遣軍司令部		44	296

其他名词	别称	册数	页数
南支派遣日本軍最高指揮官		11	134
南支派遣日本陸海軍最高指揮官		11	167,173,190,237,386
南支派遣陸軍		6	369
南支方面司令官	南支軍司令官	11	298
		38	343
南昌飛行場		6	343,375,387,446,448,449,450,454,456,459,460,470,471,472
南城飛行場		6	448,454,457,465,469
南昌病院		7	255
南昌暴動		33	154
南諸島大政眞賛會		12	484
南進思想		16	547
南進社		11	624
南進政策		5	407
		13	287
		48	79,80
南潯線		6	474,475
南進論		47	99,577
南西太平洋地域 AFA 翻訳		23	545
南西方面官艦隊		4	194
南大營		30	402
南鄭飛行場		6	456
南東アジャ司令部陸軍映畫寫眞部		23	412
南寧飛行場		6	448
		38	355
南部セレベス憲兵隊		24	332
南部佛印進駐問題		48	3,60
南米大陸		48	431
南方開発金庫		4	330,357,410,435
南方軍		14	103
		25	630,637,650
		38	474,475,477,576
南方軍参謀		38	574
		46	293
南方軍總司令官	南方軍司令官	11	509

其他名词	别称	册数	页数
南方軍總司令官		22	431
		26	57
		38	474,475,481,482,574,576
		42	515,524,537
南方軍總司令部	南方軍司令部	13	525
		15	316
		22	431
		47	623
南方軍總司令部參謀副長		42	524
南方航路		13	591
南方作戰		13	587
南方產業調查會		11	622,624
南方施策		48	62,77,100,407
南方事務局		4	32,34,38,40
南方諸地域處理根本方針		15	218
南方進出	南進	16	396,411,633
南方進出論	南方論,南進論	44	372,463,464,465
南方政策		46	245
		47	467
		48	31,46,74,342,343
南方政務部		4	435
南方占領地行政實施要領		15	323,327
南方總軍司令官		41	259,260,262
南方總軍司令部		38	474
南方地域俘虜収容所		26	399
南方方面軍司令部		11	486,488,489
南方問題		17	282,283
		48	23,24,252
南北進出		10	119
南北兩建論		28	396
南滿工廠		38	410
南滿洲太興合名會社		5	640
南滿洲鐵道	南滿洲國鐵道,南滿鐵道,南滿洲鐵道線路,南滿線	2	435,436,441,442,443,445,459,461,462,469,470,471,473,475,476,479,480,481,482,483,484,485,486,488,520,524,527,545,546,570,620,624,652,653
		3	178,446

其他名词	别称	册数	页数
南滿洲鐵道		7	473,518
		17	491
		32	550,552
		42	393,555
		45	59
南滿洲鉄道株式會社	南滿洲鐵道會社,滿鉄會社	2	458,459,469,470,472,475,476,486,528,579,588
		3	183,445,481
		12	263
		14	215,230,326
		16	608
		28	95
		40	349
		42	35
		45	21,54
南滿洲鐵道株式會社技術顧問		49	297
南滿鉄道中央試験所		8	415
難民収容所		5	551,557
南雄空軍根據地		6	390,391
南雄飛行場		6	454,458,465,466,483,567
南洋委任統治地方面艦隊		13	428
南洋海運株式會社	N,K,K,K	36	137,138,146,147
南洋海軍		39	16
南洋華僑		29	120
		47	291
南洋艦隊建設		38	10
南洋局		4	88
		11	26,79
南洋局第二課		46	587,603
南洋局長		46	250
南洋興發會社	南洋興發株式會社	15	342,344,355,454
		37	418,459,462
南洋興發株式會社支配人		23	376,377
南洋航路	南洋線	15	391,393,395,396,397
南洋在留者	南洋在住者	15	393,397
南洋植民地		10	90
南洋諸島長官		30	61

其他名词	别　称	册数	页　数
南洋進出		16	151
南洋政策		16	203
南洋大學		49	370
南洋廳		4	12,13,32,34,38,40
		5	101
		8	518
		15	365,369,371,393,396
		37	383,384,387,388,390,406,407,408,411,412,427,441
南洋廳檢事		44	45
南洋廳長官		44	45
南洋ニ於ケル將兵ニ告グ		13	451
南陽飛行場		6	465,467,575
南洋貿易會社	南洋貿易株式會社	37	422,426
南洋問題		10	204,423,495
南洋郵船		36	112
南嶺支那兵營		45	45

ニ

二/一五野戦砲兵聯隊		24	123
二/二一大隊所屬第八師團澳洲軍軍醫部		22	384
二/二二濠洲步兵大隊		25	2
ニースーン収容所		24	375
新高乗組		4	473
ニカ釋放者収容所		23	610
ニカラグァ共和國大統領		1	270,465
		2	3,10
ニカラグワ國政府		38	566
ニキ橋梁構築収容所		22	209,212,214
二元的政策ノ要綱		16	437
ニコリスク問題		2	146
ニコレット號		50	170,171
西浦進供述書		45	147,159
西北ルート		6	417,418,510,512
日支航空連絡問題		42	192
日支経済提攜	経済提攜,日支兩國間の経済的協定,経済合作	33	3,23,42,46,52,53,125,130,137

其他名词	别称	册数	页数
日支國交調整案		33	3
日支親善	日支親和	32	520
		42	169
		43	205,211
西太平洋防備		15	490
西太平洋陸軍部隊司令部		20	377
日支調整原則		33	30
西原機関		11	317
西原借款		2	476,477,604
西半球國民		36	409
日支和平運動		34	431
西村隊		23	64,65,66,67
西村分遣隊		11	313
日支問題		34	433
		44	553
二十一個條問題		33	294
二重課税問題		46	325
二十九軍副軍長		6	138
二級軍醫レッディンギアス教授助手外科醫		23	470
二十三ヶ國諮問委員會		42	213
二十四特根		24	476,482,488,499,500,505,506,511
二十六キロキャンプ		22	131
日ソ親善		33	244
日ソ混合國境處理及確定委員會		34	343
日、満、支共栄		13	90
日伊親善		13	218
日英會商	日英會談	6	250
		11	610
日英關係		46	368,369,371,381,392,409,410
日英協調		47	311
日衛軍		12	468
日衛軍機関ロシヤ・フアシスト同盟		12	461
日英國交		11	211
日英親善		32	45
日英政治家		46	381

其他名词	别称	册数	页数
日英同盟		13	167
		15	531
		16	182,192,379
		28	559
		38	86
		46	369,389
		47	310,311,313,317
		50	20
日英問題		46	394
日英和解		46	399
日騎兵部隊	日本兵騎兵隊	50	337,362,376,377,378
日銀兌換券		43	135
日軍中島部隊		7	140,141
日支共榮		5	301
		32	569
日支共同委員會		6	119
日支共同防共		5	394
		6	279
日支経済合作		49	351
日支經濟關係		32	224
日支國交		6	118
		13	83
日支國交調整		6	270
		16	88
		32	2,40,223,224
		48	15
日支新關係調整		6	277
		33	96
日支提攜	日支ノ提攜,日支合作	10	599
		12	217
		32	568
		33	10,18
		34	437,440,444,448
日支平等		32	224
日支紛爭	中日紛糾	10	264,273,285
		33	2,86
		46	61
日支和平	日支提攜,日蔣和平,日支和平問題	12	217
		32	119,496

其他名词	别称	册数	页数
日支和平		34	432,435
		44	472
		46	428
日支融合		49	350
日ソ國交改善		10	274
日ソ國交調整	日ソ調整	10	262,265,271
日蘇親善		10	229
日蘇妥協		10	196
日タイ同盟		4	291
日泰論爭		11	382
日獨伊委員會		46	199
日獨委員會		33	249
日獨醫學會		10	561
日獨伊混合委員會		4	409,411,434,446,509
日獨伊三國間ニ防共協定	日獨伊防共協定	16	75,304
日獨伊三國混合委員會委員	三國混合委員會	46	140
日獨伊樞軸		28	510,566
		35	250
		40	384,446,454
日獨伊樞軸強化	日獨伊提攜強化	10	112,176,185,234
		47	93,106
日獨伊同盟ノ必然性		28	500
日獨伊同盟問題		49	292
日獨伊防共協定研究方針		45	317,333
日獨伊防共樞軸		11	605
		28	526
日獨協同作戦		50	165
日獨協力		10	119,188,673
		46	190
日獨軍事同盟	日獨同盟	10	201
		29	116
		35	133,134,138
		43	326,327,328,344
		47	390,421,428,596
		50	2
日獨軍事同盟問題		43	303
日獨経済協力		49	533

其他名词	别称	册数	页数
日獨經濟提攜		10	578
日獨航空連絡		12	337
日獨最高統帥部		35	172
日獨親善		34	482
		46	97
		47	156
日獨親善政策		10	189
日獨潛水艦協同作戦		50	165
日獨ソ提攜		46	426
日獨通商關係		10	468
日獨提攜		10	77,86,94,95,97,103,108,120,454
		12	219
		47	390,440
日獨文化		46	155
日獨文化委員會		10	558,559,562,563,564,565
日獨文化協會		46	155
日佛印共同防衛		11	480
		38	387
日佛印度軍當局		38	341
日佛議定書		11	486
日佛協定		3	240
		50	206
日佛共同防衛		11	490,493
		34	172
日佛合辦會社		11	279
日佛政治同盟		11	105
日米外交		46	451
日米外交官		26	548,550
日米開戰		10	267,269,492,654
		11	349
		29	77
日米間海軍ノ平等問題		16	217
日米關係		3	234,241
		5	458
		46	193,216,449
日米關係調整		16	220
日米間主張		16	217
日米間紛爭		16	217

其他名词	别称	册数	页数
日米協會		16	183
		35	24,26
日米協會午餐會		16	396
日米軍事同盟		36	483
日米交換船		26	574
日米交涉		13	615,618
		16	472,473
		46	142,193,197
		48	3,4,5,7,47,48,54,55,56,76,79,80,83,88,89,96,97,98,99,102,103,104,107,108,115,118,120,121,123,128,135,136,137,138,141,142,143,144,147,152,153,167,168,174,191,306
		49	411,413
日米國交		5	458
日米國交調整問題		43	374
日米支三國會談		37	124
日米衝突		10	248
日米衞突		16	372
日米親善		49	453,454
		50	442
日米親善関係		12	218
日米戰爭說		47	304
日米第二回居留民交換實施		50	522
日米妥協論		46	84
日米通商		16	417
日米通商航海條約廢棄		16	147
日米平和體制		10	100
日米貿易		5	331
日米問題		43	13,68,376,377
日葡合辦航空會社		48	438,439
日満一體		13	90
		6	24
日滿一德一心		34	118
日滿華物資需給計畫		32	481
日滿關係		5	663

其他名词	别称	册数	页数
日滿議定書		16	608
日滿共同經濟委員會		8	499
日滿共同防衛		49	303
		31	65,595
日滿合作	日滿協力	31	73
		44	574
日滿軍		13	4,20
		42	580
日滿經濟委員會		31	51
日滿経済共同委員會	日滿経済委員會,日滿經濟共同委員會	4	310,353,518,519
		8	285,460,490
		14	495,497,498,503,511,520
		31	22,66
日滿經済共同委員會委員		42	579
日滿經濟統治方針		44	405
日滿經濟ブロック		44	576
日滿合辦特殊會社	日滿合弁特殊會社	14	500,502,503,511,520
日滿產業統制委員會		5	677
日滿支共存共榮		6	289
		29	8
日滿支計畫	日滿支總合計畫	15	33,34,99
日滿支經濟建設		8	614
日滿支経済懇談會		43	169,174,175
日滿支経済懇談會委員長		43	169,174
日滿支經濟ブロック		32	219
日滿支交通一體化		15	97
日滿支三國相攜		6	440
日滿支提攜		13	92
日滿支ブロック	日滿支經濟ブロック	6	241,249,250,252,281
		44	576
		47	191
日滿商事股份有限公司		8	289
日滿支聯邦		5	397
日滿支勞務計畫		14	638
		15	42
日滿支ヲ通スル全體計畫		16	76
日滿人		44	362
日滿政府合辦事業		8	335

其他名词	别称	册数	页数
日滿倉庫		26	17
日滿中央協會		31	428
日滿同盟		6	84,88,92
日滿特惠制度		28	461
日滿不可分ノ原則		13	82
日滿武裝隊	日滿部隊	13	3
日滿防共政策		45	319
日滿蒙防共連擊陣		13	92
日滿兩國ノ防共政策		16	80
日緬親和		44	242
日猶協會會長		50	485
日蘭印會商		3	258
日蘭會商		46	84
日蘭間常設調停委員會		4	277
日蓮宗僧侶		30	502
		41	160,297
日露漁業會社		12	104
日露漁業問題		12	94,95,96,109,263
日露國交恢復		32	91
日露清銀行		2	449
日露戰線		13	666
日露戰爭	日露戰	12	96,157,383
		42	23,140,346,348,380
		44	216,444,569
日露不可侵條約		10	72
日華關係		30	294
日華關係再調整		32	310
日華基本條約		37	55,327,328
日華經濟協力		16	534
日華經濟提攜		2	275
日貨公債		7	465,466
日華合同企業		8	592
日華合辦		2	275
日華合弁會社		43	115
日華合辦事業		8	645
日華新關係		2	271
		8	641
日華親善論		42	116

其他名词	别称	册数	页数
日華大使交換論		42	120
日華提攜論		32	234
日華同盟		48	204
日貨排斥		47	314
日貨排斥委員會		33	196
日貨排斥運動		33	192
日華文化協會		32	432
日華和平		44	473
		50	568
日華紡績		32	77
日僑		11	62
日系加奈陀人		16	368
日系官吏	日本官吏	47	702,708
日系軍官		44	395
日系國防體育実施要綱		12	549
日系職員		44	395,402
日系米國市民		26	601
日寇		33	198,199,200,201,202,221,223,228,229,230
日産農業		23	554
日支關係		3	419
		5	303
		30	151,298
日支關係調整		34	435,436
日支共同委員		31	548
日支共同経営		8	607
日支共同戰線		28	244
日支協力	日支經濟的協力	2	647,649,652
日支懸案		2	514
日支合辦		2	482
日支混合鐵道委員會		2	652
日支人		44	522
日支新關係調整方針		42	599
日支戰爭		42	343
日支全面和平		34	432
日華親善	日支提攜,日支親善,日支親善提攜,日支提攜共存共栄,日支和親	3	568
		13	92,162,170
		16	79,80

其他名词	别称	册数	页数
日華親善		31	27,469,470,544,610
		32	388
		42	119
		43	265
		46	60,66
日支鐵道		2	468
日支和平交涉		33	271
		34	431
		45	191
日章旗		45	56
日支兩軍		43	2,3
		44	500,501,596
日清		8	607
日清汽船會社	日清汽船會社	2	392,554
		30	536,538,539
		42	233
日清媾和		30	246,247
日鮮人		23	501,503,514
日蘇開戰	日ソ開戦	12	66,80
		13	173
日蘇關係	日ソ關係,日ソ中立關係	46	187,420,423
日蘇漁業暫定取極		47	373
日ソ交涉		46	420
日蘇國交	日ソ國交	46	167,423,428
日蘇國交調整		10	255
		16	305
日蘇親善論		13	157
日蘇諒解		46	183
新田丸		22	496,497,501
		25	225
		27	23,24,25,26,30,31,32,35,36
		39	141,142,143,144,146
		45	173,424,435,436
日中國大亜細亜協會		44	573
日黨		12	497
日黨露人		12	494
ニッポン・タイムス	ニッポン・タイムズ	23	23
		29	549

其他名词	别　称	册数	页　数
ニフス		16	115
二方策共		44	380
日本政府		13	119
日本赤十字社	赤十字社	3	645
		35	99
		50	187,189,498,504,508
日本赤十字社社長	日本赤十字社總裁	27	29,677
日本熱海觀光ホテル		38	519
日本醫師		23	38
日本一般關稅政策		36	132
日本移民	日本人移民	12	317
		16	416,418,455,456,499,513
		17	536
		41	415
		50	243
日本援軍		17	522
日本及合衆國ガ加盟セル條約		16	45
日本海運報國會		5	263
日本海空軍	海空軍部隊	16	411,631
日本海軍	日本國海軍,帝國海軍,日本帝國海軍,海軍部隊	2	334
		3	12,13,14,17,18,19,20,24,104,150,151,193,198,199,207,222,451,452
		5	46,356,370
		6	377
		7	159
		8	71,605
		10	275,453,466,467,472,491,493,665
		11	5,20,21,22,23,24,59,60,68,259,394
		15	342,344,353,368,374
		16	143,167,246,271,274,310,311,508
		17	62,416,574
		20	140,141,142,273,294
		23	2,260,270,344,375
		24	190,285,320,421,459,464,470,567,570,644
		25	256,312,490

其他名词	别称	册数	页数
日本海軍		27	95,106,108,150,209,272,276
		28	414
		31	508
		32	338,430,475
		36	224,279
		37	59,205,335,336,375,377,392,395,399,400,401,432,437,462,465,466,467,476,477,518,520,521
		38	2,7,11,12,15,18,22,30,32,72,95,105,136,263,381
		39	2,7,15,20,42,58,61,62,63,65,66,67,73,136,317
		42	44,111,341
		45	172,246,459,460,462,463,471
		46	148,196,220,223,225,342,389,390,457,466,481,489,490
		47	392,624,658
		49	276,370,559,560,583
		50	81,82,83,84,85,86,91,92,95,109,110,150,166,583,591
日本海軍衛兵		2	554
日本海軍俱樂部		49	370
日本海軍員警		23	264
日本海軍員警指揮官		23	264
日本海軍憲兵隊		24	296
日本海軍憲兵隊トケイ隊		23	276
日本海軍航空基地		50	110
日本海軍航空隊		11	25
日本海軍最高指揮官		11	393,399
日本海軍施設部		15	351
日本海軍上海大集結	日本海軍大集結	32	114
日本海軍少尉	海軍少尉	14	16,21
日本海軍將校		27	395
東京水交社	日本海軍將校俱樂部	50	108
日本海軍司令官		3	452,453
日本海軍大佐		37	381
日本海軍第十二根據地隊司令官		42	544

其他名词	别　称	册数	页　数
日本海軍大臣		3	225
日本海軍代表隨員		45	442
日本海軍中尉		23	326
日本海軍中佐		27	210
		37	431
日本海軍中將		37	365
日本海軍病院		17	416
日本海軍陸戰隊司令部		32	115,128
日本海軍陸戰隊本部		49	370
日本海軍陸戰聯隊		24	586
日本外交部		10	223
日本外事協會	日本外交協會	8	403,405,620
		15	515,518
		47	109,110,116
日本外政協會		8	563,566,619
日本海兵		20	65
日本海兵隊		27	8
		32	127
日本外務次官		17	21
日本外務省アメリカ局		17	311
日本外務省海外電信局	海外電信局	37	25
日本外務省大臣		11	51,264,414
日本外務省代表者		16	238
外務省文書課次長	日本外務省文書課次長，日本國外務省文書課次長	28	459
		38	361,570,572
		42	272,276,280,284
		49	387,395,636
日本外務大臣代理		16	434
日本課長		33	460
日本紙芝居協會		4	625
日本側軍部裁判所	日本側裁判所	14	19,20
日本側情報機關		13	515
日本官界首腦部		46	393
日本勧業銀行		35	425
日本関係事務局		24	251
日本帝國官憲	日本國官憲，日本官憲，日本官廳，日本官吏	2	468,492,500,505,509,510,511,515,540,546,557,569,570,580,584,585,597

其他名词	别称	册数	页数
日本帝國官憲		5	493
		6	27,337
		7	183,190,194,209,213,214,221,222,507,508,532,535
		8	8,23,26,78,89,100,149,526,527,530,531,532,534,543,544,546
		11	95
		16	138,143,144,158,159,164,242,250,253,280,353
		25	296,528
		29	209,315,406,409,628
		30	287,492
		32	173,177,179,183
		33	231,430
		39	388
		42	21,22
		47	526,699,700,701
日本看護兵		24	387
日本監視兵		24	136,553
日本艦隊		3	152,208
		27	293
		36	286
		49	571
日本救援隊		14	63
日本義勇隊		2	533
日本協同證券		15	239
日本協和會		12	472
日本居留民		41	194
		43	254
		44	363
		45	255
日本基督教		26	61
日本銀行		14	323,325,342,332,357,358,363,364,365,366,359,422,551,552,553,557,558,559,561,569
		15	206,215,216,220,239
		28	278
		32	68

其他名词	别称	册数	页数
日本銀行		35	409,411,412,420,423,426,432,433,492
		36	360
		38	293,294,423
		43	11,14,15,25,26,30,143,154,167
日本銀行正副総裁		43	11,13,30
日本銀行団		47	720
日本銀行ノ資金放出		15	241
日本銀行副総裁		43	34
日本銀行門司福岡兩支店ノ緊急貸出及出張所設置		15	241
日本銀行理事		43	11
日本金生產企業會社		14	343
日本空軍		2	283
		6	377,579
		7	159
		10	679
		11	60,66
		16	32,33,188,434
		17	419,574
		29	627
		36	11
日本空襲		50	51,52
日本驅逐艦		17	406
日本軍隊	日本軍,日本國軍隊,日本國軍,日本軍部隊,日軍,帝國軍隊,日本部隊,日本軍事當局,日本帝國軍隊,日本國軍隊,皇軍	2	283,284,285,286,390,396,398,399,400,402,403,404,408,453,511,517,519,520,521,522,523,524,526,527,528,529,530,531,532,534,535,536,537,538,539,540,541,542,543,544,545,548,549,550,551,552,553,560,570,571,581,583,585,592,611,630,635
		3	146,147,148,151,154,155,156,157,159,161,166,167,168,169,176,177,185,202,203,204,208,210,211,214,217,223,227,228,231,239,253,255,381,393,419,424,435,436,437,438,

其他名词	别称	册数	页数
日本軍隊			439,440,441,445,446,447,449,451,453,455,456,457,459,463,474,484,485,486,493,523,532,533,535,538,539,541,557,580
		7	2,5,6,11,12,15,17,21,22,31,33,34,35,36,37,38,40,41,42,43,44,51,54,58,60,66,70,72,73,74,77,78,82,86,87,88,89,90,93,94,106,163,165,166,167,168,169,173,175,176,178,179,180,181,182,183,184,186,187,188,190,191,200,201,202,203,204,205,206,207,209,210,211,212,215,216,219,222,224,225,226,228,229,233,240,242,244,245,246,247,248,249,251,253,254,255,256,257,259,260,264,271,273,275,276,277,278,279,282,284,285,286,287,288,289,290,292,293,294,295,296,297,298,299,300,303,306,308,309,311,337,339,340,341,342,343,344,345376,380,382,384,388,389,391,393,395,401,403,405,423,434,435,444,347,348,349,361,363,371,507,526,533,550,553,569
		9	264,286
		12	110,125,142,143,146,150,166,167,168,170,177,173,179,212,222,224,228,230,247,248,255,262,269,275,385,388,390,392,402,444,452,461,462,463,466,467,468,469,470,472,476,478,558,587,589,590,596,598,600,601,614,629,631,634
		14	13,14,39,93,102,103,105,107,110,111,112,120,137,159,163,174,178
		15	344,349,358,359,361
		16	6,31,41,56,57,88,94,95,115,122,123,149,151,154,159,188,229,237,238,242,253,255,264,267,268,269,

其他名词	别称	册数	页数
日本軍隊			278,282,317,336,396,416,434,449,456,460,462,469,483,484,488,490,498,502,507,508,534,535,539,540,559,587,588,589,590,591,592,594,595,596,606,612,620,621,623,633,634,635
		17	21,101,104,157,188,266,365,367,408,418,424,427,438,453,494,498,500,503,506,508,509,510,513,516,521,527,533,534,553,555,562,565,574,575,576,579,580
		20	1,10,15,17,59,85,97,115,144,145,149,163,164,165,170,171,172,173,188,190,192,195,200,218,220,229,231,232,236,238,240,256,257,262,281,282,294,295,298,302,310,311,312,317,318,320,326,337,339,347,368,373,374,376,387,419,428
		22	131
		23	1,8,16,17,18,20,21,23,27,29,72,76,78,96,101,106,117,119,122,133,138,140,154,175,188,189,190,199,203,206,245,270,271,279,281,282,283,284,285,286,313,314,330,351,353,354,367,368,369,381,391,394,410,413,418,420,421,422,423,425,429,430,438,439,442,445,446,450,451,452,453,454,457,458,472,474,479,486,496,509,539,568,583,601,605,622,625,639,640
		26	52,62,64,257,285,465,466,491,502,512,533,534,585,605,623,648,651,653,662,664
		27	8,30,39,109,120,130,168,189,206,266,267,268,269,270,272,287,326,420,424,431,482,484,490,550,555,556,558,569,570,573,586,589,591,593,599,604,605,606,609,615,619,620,622,623,626,631

其他名词	别称	册数	页数
日本軍隊		29	9,39,53,55,56,57,58,153,154,158,292,293,298,299,303,389,390,391,404,405,424,425,426,428,429,519,520,628,629
		33	8,31,32,35,43,79,113,198,228,229,277,281,334,335,337,354,361,362,363,368,370,371,373,375,382,384,385,386,387,388,389,390,391,392,393,398,399,406,413,431,460,461,462,463,464
		35	27,36
		36	111,161,220,255,256,258,259,279,280,282,285,286,431,434,500,506,516,526,542,545,570
		37	28,30,52,54,56,57,86,87,114,141,177,186,191,195,217,461
		38	340,341,342,343,345,356,357,388,389,390,394,395,398,449,512,525
		39	89,100,139,168,169,171,174,196,197,198,199,208,209,233,234,247,253,254,255,261,266,267,268,274,291,292,302,321,322,328,329,331,337,341,342,343,348,350,356,357,366,367,376,378,379,380,387,409,415,425,438,440,445,446
		40	9,10,18,61,64,65,70,185,187,188,237,259,262,263,265,266,278,280,281,282,283,284,285,286,338,343,356,522
		41	43,46,74,75,77,90,92,96,32,133,134,151,153,170,179,194,204,205,206,216,243,247,380,381,382
		42	21,71,72,73,96,112,121,136,208,220,251,288,289,292,293,294,305,349,353,385,390,392,395,397,400,421,454,464,476,500,510,516,519,527,529,530,531,533,555,556,557,560,562,563,569,594,596

其他名词	别　称	册数	页　数
日本軍隊		43	3,111,126,200,344,347,351,559
		44	216,235,242,261,297,339,356,365,483,484,491,492,493,499,500,501,507,510,522,523,524,525,530,531,538,539,545,565,583,584,587,591,599,603
		46	67,68,75,161,203,204,248,342,349,581
		47	178,179,229,301,357,358,533,615,657,678,679,680,696,697,699,701,702,704
		48	31,35,40,70,82,167,170,185,204
		50	104,108,110,111,151,197,283,286,287,288,289,335,337,338,339,341,343,355,357,362,363,364,366,376,379,380,381,384,391,392,393,394,441,442,443,524,525,551,552
日本軍衛生機関		26	476
日本軍衛兵		24	11,361,362,391,392,394,442
日本軍艦		17	452
		27	268
		30	538
		42	497
日本軍々事裁判所		23	654
日本軍警備隊	日本軍警備兵	16	7
		23	461
日本軍憲		11	137
		47	701
日本軍憲兵		32	237
日本軍憲兵隊		25	186
日本軍高級將官會議		42	112
日本軍工兵隊		7	551,553
日本軍國主義		49	255
日本軍顧問		39	222
		40	9
日本軍最高司令官		16	589
日本軍最高司令部		7	210
		11	510

其他名词	别　称	册数	页　数
日本軍指揮官		27	207
		44	374
日本軍事生產產業		35	480
日本軍事務所		23	468
日本軍涉外部長		42	543
日本軍情報部		25	234
日本軍上陸部隊		14	38
日本軍司令部	日本軍軍司令部,日本軍統帥部	2	285,548,549,550
		7	51
		11	253,334,527,528
		12	309
		14	32,33,34,40
		22	18,199
		23	383
		24	212,262,297,523,586
		25	25,70,327
		27	9
		39	313
		41	332
		42	73,75
		45	499
日本軍人		33	9,431
		45	277
日本軍占領地		26	263,284,321,322,415,420,518,615
日本軍曹		27	573
日本軍第一三師團方一〇四旅團方六五聯隊	日本軍第一三師團方一〇四旅團方六十五聯隊,日本軍第十三師團第百〇四旅團第六十五聯隊,第十三師團第一〇四旅團第五六聯隊	7	313,315,317,319,321,323,325,327,329,331
日本軍第一參謀長		42	475
日本軍隊指揮官	日本軍指揮官	49	303,304
日本軍第十九師團	第十九步兵師團	50	289
日本軍第十四軍		22	34
日本軍大本營		14	111
日本軍第四二〇四部隊所屬第二八大隊隊長		7	348

其他名词	别称	册数	页数
日本軍第六師團		12	222
日本軍當局		17	497
日本軍特務部		28	261
日本軍閥		3	406
		5	533
		8	125
		33	189
軍部	軍部(日本),日本軍當局,日本軍部	2	515
		3	46,185,249
		4	549,598,599,601
		5	324,339,342,343
		10	59,67,594
		11	168,169,175,200,201,388,429
		14	104
		15	427,433,436,460,482
		16	622,629,634
		28	16,33,68,75,304,315,324
		31	54
		34	113,333,456
		36	262,265,266
		43	11,12,14,15,26,28,35,36,47,72,74,109,111,130,182,183,187,189,190,191,193,198,199,200,201,202,203,206,208,209,216,218,220,222,224,226,227,228,229,240,248,250,278,302,317,319,320,331,355,356,357,358,366,369,371,376,386,390,392,408,414,421,423,441,444,446,452,453,467,481,482,492,505,507,527,545,561,564,565,568,569
		44	391,591
		46	29
		47	415,583
		49	32,371,373,429,447,449,450,459,466,467,472,521
		50	1,2,4,7
日本軍俘虜収容事務所		23	537,538
日本軍兵士	日本兵	16	54,55,162,317

其他名词	别称	册数	页数
日本軍防空機関		11	394
日本軍砲兵		7	293
日本軍北平憲兵隊隊長		7	342
日本軍民		33	9,33
日本軍務局		34	424
日本軍用機		17	455
		50	362,363,365
日本經濟年報		36	294
日本員警	日本員警官	7	537
		45	518
日本經濟聯盟		35	289,488
日本警備兵		24	614
日本警備隊		7	159,405
日本輕油會社		36	14,15
日本憲兵	日本憲兵隊	20	248,413,414
		24	43,167,391,395
		25	158,183,204,525
		27	516,518,519,547
		32	160,365
		44	501
		47	704
		50	283,564
日本憲兵曹長		27	542
日本憲兵隊	日本憲兵分隊	2	557
		7	159,173,181,197,237,268,356,366,369,347,349,350,367
		8	37,132
		17	405
		20	21,29,41,50,209,210,309
		22	37,93,544
		23	414,661
		25	70,162,163,182,186,201
		27	433,434,440,442,441,445,450,452,453,478,495,496,522,523,543,547,548,549,551
日本憲兵隊特別警備隊		7	349
日本憲兵部		2	595
日本憲兵分隊長		27	450,542

其他名词	别称	册数	页数
日本語	日語,日本字,日本文書,日本文字,日本文,邦文,日本語文	1	66
		2	147,152,233,235,251,253,259,263,267,272,274,276,301,303,318,330,335,405,410,491,501,576
		4	548,552,602,619,624,627,665,668
		5	100,198,203,206,212,216,221,225,262,379,380,384,619,702
		6	4,29,68,167,168,179
		7	95,159,169,575
		8	686,689
		10	333,621,625,639,652,653
		11	9,187,202,226,242,261,266,279,294,301,319,323,330,338,370,375,383,390,514,545,556,601,631,646,653
		12	88,89,93,109,112,122,123,124,127,159,161,167,188,190,198,199,200,203,253,258,262,263,264,278,288,297,304,310,319,324,380,395,397,422,448,454,488,499,549,550,554,563,580,582,583,604,621,627,633
		13	8,19,22,23,26,27,44,51,59,65,109,111,117,125,138,176,215,226,246,256,269,273,290,301,303,310,318,321,332,336,340,345,360,367,386,670,657
		14	11,15,36,48,59,66,116,123,205
		15	106,355
		16	308,407,446,466,508,519,549,554
		17	7,12,18,22,34,42,60,65,71,115,153,186,192,220,222,226,232,243,246,262,274,277,303,310,315,354,359,362,364,369,372,485
		23	19,45,81,90,115,145,237,240,248,297,299,326,328,340,378,394,436,465,473,483,492,646

其他名词	别　称	册数	页　数
日本語		24	60,113,145,254,280,348,378,379,381,386,388,454,614
		26	228,230,232,236,239,242,244,248,251,255,258,262,264,266,269,271,277,279,281,283,290,291,293,294,297,299,302,305,508,312,317,320,325,327,335,338,343,347,349,352,356,358,360,362,371,376,380,382,385,388,394,401,468
		27	9,37,45,47,52,57,58,62,64,66,68,122,250,265,302,305,312,314,316,318,323,327,351,375,385,394,417,492,494,508,524,531,536,557,631,689
		29	68,162,460
		30	1,82,100,240,245,255,256,457,460,461,487,511,513
		31	35,62,266,294,295,307,380,385,387,428,440,458,462,538,633
		32	32,49,73,75,88,91,92,95,134,182,191,222,231,301,386,414,428
		34	4,5,64,67,73,74,92,216,226,232,251,257,260,262,264,265,286,306,348,351,353,356,359,364,373,394,399,414,420,425,491,504
		36	541
		37	89,184,199,211,242,266,323,353,357,359,361,363,372,398,459,460,461,526
		38	179,207,249,266,301,305,306,327,328,361,427,565,570,572,584
		39	14,28,32,35,43,73,77,189,190,415,423
		40	52,159,162,251,301,312,398,399,436,439,444,446,447,509
		41	61,63,97,167,239
		42	2,30,31,89,101,102,109,142,148,151,163,166,167,173,177,182,185,

其他名词	别称	册数	页数
日本語			187,189,257,309,312,314,328,331,332,336,365,366,400,413,440
		43	272,450,494,550
		44	6,27,28,60,201,272,330,332,335,337,343,425,433,478,480,515,575,579,585,604
		45	33,68,134,167,171,176,177,390,392,394,396,397,398,399
		46	192,214,244,252,278,328,329,331,332,333,336,338,339,361,362,418,430,586,602,603,619
		47	94,105,110,111,114,216,219,221,298,471,472,485,517,519,520,534,558,564,662,727
		48	102,187,247,253,255,257,289,310,313,318,323,346,350,354,359,361,367,371,378,380,383,392
		49	19,44,158,355,423,600,602,605,608,609,612,613
		50	42,48,103,108,109,168,226,230,237,242,285,485,497,512,513
日本公園		6	561
日本高級司令官		16	590
日本高級司令部		24	104
日本興業銀行	株式會社日本興業銀行	7	455,457,459,461,462,463,464,468
		11	644
		14	352,461
		35	300,423
		40	170
日本興業銀行総裁		43	11
日本航空株式會社		14	350
日本飛行機	日本飛行機，日本航空機，日本機	3	152,161,208
		27	244,248,267,287,289,421
日本航空總監部總務部長		41	272
日本航空輸送會社		5	635
日本航空輸送株式會社		5	642
日本攻擊機		27	244
日本公使		11	567

其他名词	别称	册数	页数
日本公使		30	304
		47	428
		49	566
日本公使館		30	473
日本皇室		31	360
		41	136,160
日本公爵		27	29
日本皇帝		34	291,293
日本高等女學校		49	370
日本航洋船團		49	138
日本語教科用圖書調查委員會		4	408
日本國外交政策		11	223
日本國外務省文書課員	日本外務省文書課員	30	415,419
		45	500,503,507,510,513,516,519,523,526
		49	378,390
日本國外務省文書課長代理	日本外務省文書課長代理	11	223
		16	137
日本國外務省歐羅巴局長		10	57
日本國軍部代表		10	332
日本國軍務官		29	159
日本國公使館書記		29	183
日本國際協會		6	212
日本國上海総領事館		26	649
日本國主席		38	81
日本國政治家	日本ノ政治家,日本政治家	3	161,194,246
		17	263
帝國政府	大日本帝國政府,日本帝國政府,日本政府,大日本帝國政府,日本當局,東京政府,日本國政府,帝國政府,日政府,我政府,本國政府,日本政府當局,日當局,日本帝國政府,日本國政府當局,參見日本國政府	1	5,6,7,8,9,10,11,13,14,21,26,38
		2	75,79,80,81,82,83,84,85,87,118,119,139,140,145,146,161,221,222,237,245,246,250,252,254,255,264,271,274,295,296,297,303,304,317,319,329,336,339,353,363,365,378,380,384,385,387,396,398,399,402,407,458,463,466,467,468,469,471,473,483,484,485,487,489,495,499,

其他名词	别称	册数	页数
帝國政府			501,503,509,510,547,578,588,589,622,630,633,640,642
		3	3,10,30,34,35,49,53,63,64,65,67,71,76,77,89,90,119,120,121,125,127,128,130,131,132,137,138,139,142,147,148,156,157,158,159,161,169,172,176,177,178,180,182,183,184,186,192,204,205,206,209,212,213,214,215,220,222,227,230,232,235,236,237,240,242,244,245,247,248,249,253,254,255,257,259,266,269,270,285,291,292,295,296,297,301,316,317,318,310,320,321,322,330,330,331,335,346,351,352,360,364,368,369,370,372,374,375,376,381,435,437,439,440,442,443,445,446,447,449,454,463,464,475,476,477,478,486,489,498,515,516,517,518,522,525,526,528,531,533,534,535,536,540,541,553,554,555,557,558,561,562,570,571,572,572,577,578,583,679
		4	550,622
		5	99,148,200,201,202,302,302,304,306,308,309,314,315,319,322,326,327,329,330,332,333,334,336,341,343,347,348,351,352,357,370,375,378,379,382,448,449,450,492,493,494,495,572,574,613,622,642,643,657,667,676,684,686,690,700,701
		6	2,3,8,9,24,25,26,104,105,112,119,124,159,209,263,268,281,292,305,307,593,595,596,603,604,606,608,611,614,615,617,620,622,623,625,628,629,630,632,634,637,641,644,645,647,650,652,653,656,657
		7	179,219,222,243,246,274,277,345,434,435,531,534,570

其他名词	别称	册数	页数
帝國政府		8	34,41,50,120,126,127,129,130,145,146,148,149,154,155,157,162,165,258,263,264,265,266,267,268,269,270,271,272,273,274,277,299,302,304,305,310,314,317,328,392,405,427,428,452,463,515,517,523,524,525,526,528,529,530,531,534,535,537,538,539,540,541,542,543,544,547,548,548,553,554,605,638,641,643,646,658,659,662,663,636,637,666,670,673,674,677,680,681,684,685,698,690,691,692,698,699,703,704,705,706,708,710,711,714,715
		9	1,4,5,6,7,8,9,10,11,12,14,15,16,17,18,19,20,22,23,24,25,26,27,28,29,45,53,55,56,64,79,81,82,83,88,89,112,113,114,115,117,118,126,128,139,145,146,277,309,310,312,318,319,327,329,330,331,333,335,338,339,340,359,368,369,374,383,384,385,388,394,395,407,410,412,413,417,420,421,430,450,451,453,454,457,459,460,464,465,468,469,491,492,505,510,512,513,514,517,521,524,526,529,533,536,537,538,559,560,566,568,572,573,574,576,577,595,601
		11	3,4,5,12,13,20,32,33,34,36,37,50,51,55,56,57,58,60,62,64,65,66,76,89,91,95,98,101,105,106,112,122,127,137,144,145,146,147,148,149,150,151,152,154,156,157,158,159,160,161,162,163,164,165,166,178,182,183,190,193,194,195,196,197,199,201,219,220,221,222,223,224,232,235,236,243,244,245,246,247,248,255,259,264,270,293,

其他名词	别称	册数	页数
帝國政府			299,300,302,304,306,309,310,314,315,316,318,326,327,333,334,335,336,350,351,360,364,366,367,381,400,401,404,405,406,409,412,413,414,417,419,420,423,425,427,428,429,432,433,441,447,471,472,473,483,482,490,493,497,507,510,511,525,526,527,528,530,533,534,538,540,551,552,553,554,565,567,576,577,585,586,614,615,625,680,681
		12	53,54,58,68,69,76,77,85,86,178,185,186,224,317,351,361,362,377,378,478,489,587,519,589,590,613,617,618,619,620
		13	13,14,34,35,64,85,109,134,180,181,183,190,191,155,156,202,203,220,235,236,261,361,362,363,390,391,555,644,645,652,663,667,668
		14	3,4,5,6,12,57,89,90,140,175,215,227,239,241,255,268,294,301,317,318,321,323,326,335,337,348,352,355,372,404,405,417,476,477,499,500,502,511,512,513,514,516,518,520,521,522,526,529,530,531,532,534,541,542,543,544,547,548,549,553,554,555,571,572,579,591,594,631,632,643,644
		16	7,9,12,16,18,19,21,22,24,25,26,27,28,29,30,33,41,45,53,58,59,60,61,62,63,64,65,66,69,71,72,74,78,79,80,81,82,84,87,90,91,99,100,103,108,109,114,115,120,123,137,139,140,142,144,147,148,151,155,157,158,160,166,167,168,169,175,189,193,194,201,202,204,205,206,209,210,213,214,215,222,223,224,226,227,235,236,237,238,239,240,241,243,244,246,253,256,

其他名词	别　称	册数	页　数
帝國政府			257,264,269,272,274,276,278,280,281,283,289,313,317,319,320,324,325,331,332,344,345,347,348,351,352,358,359,369,370,374,375,377,378,380,381,382,386,387,389,390,394,395,399,400,402,403,405,406,413,414,415,416,417,418,419,422,432,424,425,428,429,432,433,440,441,450,451,452,453,455,457,459,469,471,473,474,478,482,483,485,486,487,488,489,490,497,501,505,506,508,510,511,513,516,520,521,522,523,524,530,531,532,533,534,535,537,538,539,540,553,565,566,567,568,581,582,589,591,592,593,595,596,606,607,608,609,611,613,614,615,616,619,623,625,626,628,632
		17	187,188,292,294,295,307,308,424,425,432,531,532,535,536,539,540,541,542,549,550,552,553,556,557,558,559,560,561,562,563,565,567,568,569,570,571,572,577,578,579,580,581,582,584,585
		19	84,86,87,89,93,96,113,276,336,349,456
		22	482
		23	76,107,229,242,243,245,246,317,321,626,640
		24	56,473,474,548
		25	270,532,533,535,536,541,542,547,548,550,552,556,557,565,566,679,680
		26	6,7,11,12,14,15,20,21,22,37,43,46,54,58,59,64,77,81,85,97,99,100,106,108,112,136,137,150,153,157,160,161,163,165,167,175,177,186,213,215,221,227,234,235,240,

其他名词	别称	册数	页数
帝國政府			243,245,246,247,253,254,258,260,263,270,272,274,280,284,298,301,306,316,319,315,322,323,324,328,336,337,340,351,353,355,361,372,378,374,381,387,391,392,395,415,416,418,426,428,430,431,432,434,436,439,443,446,447,448,452,456,463,464,465,470,475,478,480,484,485,489,502,513,518,519,521,522,559,615,616,625,626,627,628,630,632,633,634,635,644,645,646,647,648,662,663,664,665
		27	8,42,43,48,198,209,243,244,245,246,249,252,262,263,266,272,276,278,280,284,285,286,298,299,300,306,308,310,311,317,347,349,378,411,412,414,432,638,639,673,674,675,676,678,680,681,682,685,686,687
		28	93,101,104,105,158,160,171,172,217,218,282,286,287,289,321,322,324,326,330,331,354,355,356,363,364,372,378,380,381,382,386,397,408,430,459,460,468,471,483,497,627,636,637
		29	20,21,23,24,25,27,28,29,39,54,79,144,151,165,194,199,204,209,216,219,220,223,224,228,229,230,231,296,297,298,301,303,304,308,319,320,321,330,368,369,371,374,377,390,397,425,426,428,429,430,434,437,441,443,444,449,450,454,460,461,628,629
		30	9,12,14,17,131,238,304,306,406,415,416,419,440,487,489,511,536
		31	5,12,15,47,51,62,183,217,332,334,394,435,439,440,443,447,448,453,456,458,459,460,462,529,533,536,538,625,633

其他名词	别称	册数	页数
帝國政府		32	20,21,27,42,44,45,46,47,166,167,169,170,172,173,175,178,180,190,208,561
		33	12,19,28,37,38,40,42,101,134,137,141,150,151,189,193,244,258,262,297,322,328,334,339,355,356,358,359,360,363,365,366,367,368,369,378,382,383,389,390,399,400,419,429,430,441,446,450,461,465
		34	45,57,64,67,113,216,226,232,251,257,260,262,264,270,272,278,280,281,291,292,297,299,302,303,304,343,354,408,432,433,434,440,443,444,450,451,453,455,456,474,485,486,487,501,504,505,508,509
		35	15,24,29,92,94,95,97,98,101,111,123,129,130,136,139,150,151,182,183,185,188,191,197,201,202,203,207,214,215,216,217,218,219,220,231,305,341,446,484,493
		36	12,106,107,113,116,120,122,125,126,129,130,131,132,156,162,189,212,213,220,221,222,223,224,226,227,229,238,240,241,244,247,250,252,253,255,256,257,259,264,266,270,271,274,275,280,296,324,335,436,438,440,447,452,472,496,497,509,511,519,526,527,529,535,537,538,539,540,543,544,545,548,549,550,556,564,567,570,571
		37	1,2,10,12,13,14,22,23,28,29,30,32,53,56,70,72,84,85,87,89,91,92,93,95,96,99,102,109,110,111,113,114,118,121,122,128,130,136,140,141,142,143,144,145,146,147,148,150,161,180,184,188,191,194,199,212,226,242,246,248,287,332,348,353,357,359,361,363,372

其他名词	别　　称	册数	页　　数
帝國政府		38	86,93,96,98,100,101,102,109,130,131,136,137,161,162,175,202,221,235,236,237,238,241,242,243,244,249,250,251,252,253,254,255,256,266,267,269,271,272,273,301,305,306,307,323,327,328,329,330,336,338,340,357,361,365,526,546,547,548,557,566,570,604
		39	14,27,28,32,35,56,77,108,121,190,198,218,393,410,423
		40	14,52,159,162,165,251,312,370,398,406,407,418,421,426,427,428,431,432,434,439,456,457,458,466,467,468,518
		41	27,151
		42	2,13,15,17,22,26,27,28,31,80,86,87,88,102,105,107,109,110,117,118,126,142,144,148,151,163,166,167,173,182,185,187,189,213,214,215,272,276,277,280,281,283,284,288,293,304,305,309,312,314,319,328,331,332,336,338,343,350,351,353,354,365,366,386,438,442,447,448,470,471,472,475,496,556,572,578,583,603,609
		43	23,39,114,115,116,126,268,273
		44	6,27,28,60,201,210,294,301,304,306,359,392,403,406,409,412,418,433,555,582,591,599
		45	47,107,143,167,169,170,173,175,176,177,200,201,210,211,212,214,215,284,287,314,340,341,345,351,355,392,394,396,479,491,493,500,501,503,504,507,508,510,511,513,514,516,517,519,520,523,524,526,527
		46	4,36,40,41,42,54,60,100,124,130,131,141,160,163,170,172,173,176,

其他名词	别称	册数	页数
帝國政府			176,179,180,182,190,191,192,193,200,202,203,214,216,218,219,249,252,286,290,291,328,332,336,338,361,372,385,417,430,577,580,619
		47	21,26,27,51,55,56,57,58,59,60,66,85,154,155,163,268,296,297,300,409,422,423,424,451,452,459,462,476,479,485,517,524,526,544,549,571,572,575,577,588,588,589,597,624,649,662,696,697,698,699,700,701,702,703,704,706,707,708,709,711,712,719,720
		48	47,48,69,70,72,75,80,81,97,101,135,137,145,164,165,194,195,199,210,216,241,247,194,195,253,255,313,318,323,327,348,350,352,354,359,361,367,369,371,380,382,384,392,398,441,442
		49	32,38,124,142,144,181,191,254,255,264,268,269,270,297,321,353,354,362,367,368,372,374,375,378,379,387,388,389,390,391,393,394,395,396,406,413,458,533,539,548,559,560,562,563,566,567,574,583,587,592,594,595,636,637
		50	19,24,67,68,70,71,74,75,77,78,79,192,197,202,206,211,371,372,458,512,513,545,568,573,574,588
日本國全權委員	日本全權委員	29	179,309
		47	461
日本國占領軍司令官		29	299
日本國首相	日本國內閣總理大臣	17	498,557,559,560,563
		27	286
		42	44
		49	261
日本國總領事館		2	357
日本國體觀念	國體觀念	44	338,341
日本國大使館參事官		8	490

其他名词	别　称	册数	页　数
日本國駐劄瑞典國外交使節		23	230,248
日本國駐劄タイ國特命全權公使		2	320
日本國駐劄大使		38	110
日本國駐劄フランス國特命全權大使		2	305,320
日本國東京蘇聯大使館		14	123
日本國東京陸軍省		5	384
日本國特命全權公使		29	294
日本國内法		34	272
日本國滿洲國間議定書		6	2
日本國民黨		5	234
日本國立銀行	日本國立銀行	47	720
日本國領事	日本領事	13	657
		23	445
日本國領事官		6	7,8
日本國家社會黨	國社黨	5	232,233
日本國旗		41	74
		47	701
日本最高司令部		35	172
日本人居留民		2	538,553,554
日本産業株式會社		8	461
日本産業銀行		14	365
日本參戰		10	397
日本參謀總長		11	527
		50	356
日本參謀本部第二部	參謀本部第二部	50	467,473
日本參謀本部第二部長		50	239
日本參謀本部獨乙課		50	347,352
日本參謀本部獨乙課長		50	347
日本士官		27	9
日本時間		48	162,174,175
日本事業團		15	618,622
日本資源凍結命令		36	220
日本師團		50	354,355,395
日本師团長		50	391
日本資本		33	216

其他名词	别称	册数	页数
日本資本勢力		33	216
日本社會黨所屬衆議院議員		47	471
日本宗教		15	271
日本收容所員		23	518
日本主義		5	418
		28	587
日本主義運動		47	175
日本主義新團體		5	418
日本首相		11	63,525
		16	613,623
		29	448
		36	234
日本主席專問委員		38	83
日本出版業者協會		4	618
日本守備隊司令官		2	532,533,536
日本守備隊	日本守備軍,日本守備兵,日本鐵道守備隊	2	488
		7	283
		17	524
		23	152
		26	532
		29	388,389,391
		36	563
		44	354
		50	26
日本巡察隊		2	518
日本巡查兵		42	391
日本商會		10	597
日本將校		27	436,444,582,583
日本商社		8	8,158,162,529
		11	286
		36	314
		48	271
日本商人		8	2,130,531
		16	129,607
日本情報局		23	400
		27	41,42
日本情報部員		24	208

其他名词	别称	册数	页数
日本職員		45	512
日本書籍雜誌販賣協會		4	618
日本司令部		12	286
		14	7,33
		23	434
日本人	日本國民,日本臣民,日本國人,日本國臣民,日本人間,日人,大日本國民,日本民族,日本帝國臣民,日本市民,日本民衆,帝國臣民(日本),日本人民,國人,本邦人,大和民族	1	5,13,63
		2	143,145,146,148,150,409,270,271,274,358,361,396,402,431,445,447,459,461,462,463,465,469,476,482,486,489,490,491,492,493,494,498,499,500,501,502,510,512,516,523,532,533,535,538,543,546,553,554,556,557,558,559,562,569,570,574,577,579,580,583,584,587,588,590,591,592,593,594,595,596,597,598,604,609,611,613,615,616,617,618,621,626,628,647,648,649,651,653,654
		3	23,25,28,45,46,98,149,152,154,168,169,176,177,178,185,194,205,206,208,210,220,241,245,251,258,281,282,291,296,339,341,344,434,439,440,442,446,450,453,457,464,482,486,586,587
		4	547
		5	3,6,8,9,12,13,16,17,18,19,22,29,31,33,34,42,46,47,50,51
		6	2,3,7,9,12,17,52,53,65,103,104,114,134,147,160,190,208,215,216,217,255,261,262,264,266,269,427,441,582,598,619
		7	2,3,7,13,18,22,39,44,54,57,58,59,67,69,70,74,75,81,170,171,173,178,182,186,189,207,209,215,216,220,244,249,275,300,301,302,340,346,349,353,356,359,389,391,393,395,440,441,442,443,444,448,449,450,472,473,478,479,508,518,

其他名词	别称	册数	页数
日本人			526,527,528,529,531,533,538,539,542,570
		8	41,87,101,106,127,128,155,159,163,320,321,322,388,486,532,535,540,567,579,607,608,611,632,641,643,657,660,663,678
		9	89,141,144,149,271,272,278,279,280,359,360,403,404,405,412,438,439,462,463,465,477,588
		10	15,23,37,42,202,205,275,276,320,321,326,424,427,428,429,455,458,465,467,469,472,473,490,491,493,495,506,559,560,595,596,597,598,599,601,684
		11	149,250,252,279,311,368,369,423,495,526,527,536,538,548,549,550,553,554,565,570,587,595,600,601,635,650
		12	97,101,141,162,168,169,170,242,266,267,269,317,407,437,452,462,463,466,467,468,471,472,473,475,476,489,559,570,575,584,594,595,600
		13	6,9,25,42,105,106,166,289,655
		14	93
		15	1,2,5,20,234,336,346,347,348,354,356,357,361,364,373,374,375,377,385,387,390,399,452,508,578,581,582,591,616,622,627
		16	43,45,161,162,163,185,191,228,229,251,312,362,396,413,416,421,432,438,439,455,457,505,510,513,562,587,591,594,596,604,606,608,610,615,629,630,632,634
		17	141,171,202,205,264,333,406,408,442,448,498,505,507,519,536,554,573,576

其他名词	别称	册数	页数
日本人		20	9,12,22,38,53,63,69,70,71,72,73,78,79,80,81,82,83,101,107,110,125,127,128,129,132,134,135,136,137,138,144,146,149,150,151,152,153,158,159,160,162,167,168,169,180,181,188,191,192,197,200,202,206,207,208,218,219,220,221,226,227,228,229,230,235,236,237,238,239,241,242,243,244,248,250,252,258,268,269,270,275,278,295,299,300,309,314,315,320,326,327,333,340,341,343,344,350,352,353,354,355,356,357,360,361,364,365,366,367,368,375,387,388,389,390,392,403,406,407,411,413,414,420,421,429,430
		23	4,9,10,11,12,14,20,23,26,29,30,31,32,40,41,42,44,45,46,51,53,54,55,56,57,58,69,71,72,73,74,76,79,80,81,82,83,84,86,87,88,89,90,91,92,93,95,96,97,98,99,100,101,102,110,111,120,130,144,165,168,169,172,176,178,179,182,183,185,193,194,200,203,243,250,251,252,253,254,258,259,260,261,262,263,265,266,267,268,272,278,282,286,287,300,302,305,308,309,314,324,329,330,336,341,373,374,375,376,377,378,381,385,395,396,398,402,406,407,422,432,442,447,448,452,454,455,456,458,461,463,469,473,481,488,489,495,497,498,499,501,502,504,505,507,509,510,513,516,518,521,528,530,531,532,533,534,538,539,540,555,556,560,562,565,566,570,571,572,577,578,582,583,586,587,590,597,598,601,605,606,607,608,609,610,614,615,619,622,623,628,648

其他名词	别称	册数	页数
日本人		24	11,13,18,26,34,35,80,87,89,93,94,96,101,103,105,108,109,111,112,117,122,132,133,135,136,142,143,148,149,150,151,152,153,154,157,161,169,172,173,176,191,192,196,199,200,201,214,215,216,217,219,220,221,227,228,232,234,235,238,239,240,241,243,248,252,253,254,255,256,257,260,261,263,269,270,278,279,281,288,289,294,295,300,303,311,330,352,356,358,366,371,377,378,380,397,398,401,402,409,411,414,415,416,417,418,419,420,421,424,425,427,428,431,433,437,439,440,441,442,443,444,445,446,449,453,458,465,468,470,520,523,529,536,540,542,543,544,545,546,547,548,549,550,551,556,568,572,575,576,577,578,580,582,583,590,591,597,606,607,608,609,610,611,613,614,628,629,630,631,635,638,644,645,647
		25	1,2,3,5,7,18,19,20,21,22,32,33,34,35,36,37,39,43,44,45,46,48,49,52,55,60,62,63,64,68,70,71,72,73,75,85,87,88,89,91,92,93,95,96,118,120,121,122,123,124,125,127,128,129,130,131,134,135,136,137,140,141,143,146,150,151,152,160,162,164,165,167,168,169,170,171,173,177,179,188,196,201,203,204,208,209,210,213,214,216,219,220,223,225,226,232,233,234,236,238,239,243,244,245,246,247,249,252,253,255,256,259,261,262,263,264,266,268,269,271,273,283,284,285,288,289,290,294,295,302,304,305,306,309,310,312,314,316,

其他名词	别称	册数	页数
日本人			319,322,323,325,331,339,340,342,416,417,420,421,422,423,426,427,431,436,438,450,456,457,458,459,460,461,464,465,466,467,468,469,470,471,474,478,479,482,483,484,485,486,487,488,490,494,496,497,499,500,501,502,503,506,507,508,513,517,518,520,523,525,526,527,530,531,544,545,551,553
		26	19,61,82,96,233,278,286,314,340,354,415,504,514,522,523,526,535,586,588,589,592,594,596,597,599,600,602,603,604,649,659,660,661,662,665,666
		27	280,281
		28	100,121,121,128,132,148,199,200,201,277,393,409,426,494,495,494,496,494,515,580,584,608,611,613,623
		29	56,60,75,76,150,152,153,154,230,293,295,301,303,304,305,309,311,312,313,314,315,316,317,318,319,320,321,390,392,393,398,404,406,407,408,412,424,425,427,429,430,437,444,451,452,518
		30	45,86,239,240,253,254,285,288,298,302,308,316,317,322,328,330,332,364,388,442,483,486,489,516,520,521,528
		31	3,4,9,10,41,43,68,73,89,95,165,166,167,196,197,200,203,204,336,365,366,367,435,440,444,445,448,449,454,456,457,505,518,579
		32	2,3,4,5,10,14,68,78,83,85,86,87,88,89,107,108,112,114,116,117,127,128,129,157,158,163,217,224,238,248,297,307,309,353,388,481,488,521

其他名词	别称	册数	页数
日本人		33	78
		34	371,412,415,416,420,425,435,448,456,461,462,483,484,485,488,508
		35	68,97,101,114,178,230
		36	106,122,124,125,126,127,128,132,133,134,156,158,190,194,195,217,218,222,226,237,238,247,249,262,264,275,289,488,494,515,516
		37	22,26,94,132,153,158,167,179,413,422,443,460,463,465
		38	5,520,521,555,556,589,590,591,592,593
		39	94,98,99,100,102,103,162,209,213,214,215,219,220,222,223,225,230,231,304,309,335,354,357,402,403,404,410,417,446
		40	14,63,73,157,167,174,175,187,206,233,234,295,301,302,306,319,335,338,339,356,488,516
		41	35,75,77,86,150,155,171,178,186,192,194,206,207,207,215,222,223,232,233,235,236,237,271,386,389,400,402,408,411,412,435,437
		42	12,14,17,22,23,26,27,28,50,103,112,113,116,131,171,214,239,287,320,345,346,351,391,410,411,454,502,508,528,530,533,534,554,564,566,570
		43	2,30,111,121,188,211,302,438,502,559,568,569
		44	241,334,336,363,373,415,448,465,481,556,565,567,570,574,592
		45	175,211,212,264,327,499,505,512,515,521
		46	51,52,61,72,73,76,98,100,103,124,126,155,199,232,233,238,285,290,349,353,373,391,394,398,410,413,431,432,479,480,485

其他名词	别称	册数	页数
日本人		47	19,23,33,35,36,42,45,51,53,54,58,158,170,175,177,179,182,185,186,188,189,202,230,240,261,287,388,483,682,700,704
		49	28,90,113,117,118,119,120,129,134,176,180,185,190,193,194,195,197,209,210,256,359,360,370,403,441,443,521
		50	26,27,28,29,32,36,40,42,46,50,115,166,171,178,179,181,182,243,244,289,348,352,354,355,362,363,364,366,379,380,484,485,487,488,489,492,563
日本人居留地		32	155
日本人倶樂部		24	102
日本人調査委員會		25	297,298
日本人ニ對スル米國政府の不法措置		26	601
日本人俘虜		26	372
日本人俘收容虜所		26	430
日本人俘虜收容所長		23	165,175
日本人俘虜情報局		25	555,558
日本新聞		32	86
日本新聞聯盟		4	618
日本人本位		13	91
日本人街		11	250
日本人抑留者		26	263
日本人陸軍大學		12	222
日本人勞働者		15	384
日本水兵		3	207
		16	249,276
		24	243,524,568
日本正規軍	日本軍正規部隊,日本正規軍隊	2	533,544
日本正規軍		50	376,379,380,381
日本製金事業會社		14	328
日本生産力擴充計畫		14	473,475
日本政治會		28	359

其他名词	别称	册数	页数
日本青少年		50	269
日本青少年團		30	238
日本精神		5	8
		6	216,217,218,219,266
		28	54,55,178
		29	142
		34	368
		35	52
		41	52,232
		43	289,559
		47	176
日本精神文化	皇國日本精神文化	44	414,416,417
日本製鐵株式會社		4	318
		13	506
		14	259,349
		30	119,120
日本制鐵株式會社廣細制鐵所		40	155
日本制鐵株式會社廣細制鐵所病院長		40	155
日本製品不買同盟		30	298
日本政府		32	301
日本政府大藏省		14	525
日本政府大藏省理財局國庫課國資係		38	427
日本政府大藏省理財局長		38	427
日本政府ガ滿洲二ハ門戶開放ノ原則		16	45
日本政府公文		32	178
日本政府債		36	514
日本政府参謀本部		14	130
日本政府首班		50	249
日本政府情報局第一部長		31	353
日本政府情報部長		11	237
		50	249
日本政府の鐵鋼行政		35	342
日本政府ノ陸相		11	540
日本勢力圏機械工業		26	25

其他名词	别称	册数	页数
日本赤十字社外事部		44	458
日本赤十字社救護員		25	590
日本赤十字俘虜救恤委員會		25	563,668
日本石炭株式會社		14	235
		35	475,476
日本石油會社		23	261
日本船	日本船舶	27	288
		36	191,192
日本戰艦		42	111
日本全權部		47	563,653
日本戰時經濟統制		35	487,532,538
日本船主協會		35	327
日本潛水艦		17	69
		27	299,304,317,322,329,347,374,377,378,402,406
日本戰爭犯罪		7	431,432
日本戰爭犯罪人	日本人戰爭犯罪者	7	308,353,364
		27	641,657,658,671,672,659
日本船長	日本人船長	27	271,286
		46	125
日本專門委員		38	123
日本占領地		46	289,290
日本商工會議		35	488
日本搜查隊		23	72
日本操縱士		27	263
日本總領事		2	528,611
		3	452
		7	164,167
		10	593
		11	5,33
		16	229,258
		32	104,114,116,493
		40	515
日本總領事館		32	131,149
		42	304
		44	585,590
日本総領事館代表		26	524

其他名词	别称	册数	页数
日本總領事代理		30	488
日本租界		2	532,533,534
		8	155,159
		30	259
		31	545,613
		32	324,341,342,344,352,359,364,401,424
日本租借地政府		2	584
日本第一潛水艦隊司令官		27	378
日本第一復員局		38	581,584,604
日本對外政策		46	119
日本第九飛行師團		42	543
日本第三航空軍	第三航空軍	42	543,544
日本第三四陸軍參謀長		25	161
日本第三航空軍參謀部		42	543
日本第三十八軍	第三十八軍	11	486,487,488,489,502
日本大使	日本帝國大使,日本國大使,日本使,日本帝國特命全權大使	2	331,382,384
		3	71
		5	347,352,362,363,672,673,682,683,685,702
		10	1,14,46,58,62,66,187,193,196,331,336,377,426,427,470,558,572,573,577,584,608,654,669,673
		11	334,336
		13	32,114,129,132,134,139,335
		14	521
		15	105,569,572,610
		16	5,153,160,354,355,382,411,420,430,450,459,460,461,485,496,500,501,516,520,529,530,531,533,537,538,539,588,595,596,626,627,631,632,634
		17	21,41,101,263,365,429,430,452,500,505,508,509,510,511,513,515,523,527,532,539,547,556,557,558,559,565,567,568,569,577
		29	377,379
		33	363

其他名词	别　称	册数	页　数
日本大使		34	61,478,485,486,489
		36	11,105,150,152,195,196,221,225,247,254,256,270,275,285,286,421,424,471,472,493,496,499,500,510,511,537,551,567,568
		37	31,107,140,143,147,150,151,252,253,292,310,332,333
		38	525,526
		45	486
		46	25,88,258,259,374,383,385,435
		47	652,659,699
		48	47
		49	370,408,533,543,549,566,583,587
		50	211
日本大使館	日使館,日本帝國大使館,日本國大使館	4	600
		5	492,571
		7	2,7,19,36,44,90,98,101,104,105,106,108,109,166,178,190,197,198,199,207,209,211,212,213,214,215,217,225,256
		10	559
		11	68,94
		13	35,132,205,245,339,647,648,649,650,651,661
		15	576
		16	9,189,240,442
		28	474
		29	297,375,379
		33	355,378,406,428,451
		34	476,486,514
		35	89,94,109,121
		36	189,421,424
		39	217
		42	79,219
		45	457
		49	291,548
		50	199,248
日本大使館一等書記官		37	328

其他名词	别称	册数	页数
日本大使館顧問		10	162
日本大使館参事官		16	152
		34	473
日本大使館事務所		42	304
日本大使館附海軍武官		38	323
日本大使館附陸軍軍官		35	227
日本大使館附陸軍武官		50	453
日本大眞賛會		12	484
日本第二十六師團第十三步兵聯隊	第二十六師團步兵第十三聯隊	7	419,421
日本大博覽會		4	270
日本代表	日本派遣代表	3	22,50,90,99,107,108,109,111,117,264,284,285,297,316,320,348,360,362,366,367,370,383,386,397,401,434,440,442,443,446,450,456,462,473,474,475,476,477,486,511,515,516,519,525,526
		31	2
日本代表部		47	483,484
日本大滿公司		7	479
日本代用燃料生產株式會社		14	231
日本大陸發展政策		14	176
日本代理公使		2	536
日本代理大使		17	425
日本中央諮問委員會		25	296,297
日本駐華大使館武官		5	533
日本駐在瑞西公使館	駐日スイス國公使館	27	76,411
日本駐在瑞典公使		27	287,291
日本駐在アメリカ大使	日本駐劄米國大使,日本駐在米國大使,日本駐箚合衆國大使	5	333
		32	184
		36	229,243,256
		49	253
日本駐劄官		23	79
日本駐劄瑞典公使	日本駐劄「スウェーデン」外交代表,日本駐劄スウェーデン公使	23	230,241,248
日本駐劄ソ聯大使		13	313,319

其他名词	别称	册数	页数
日本駐剳大使	日本駐剳大使	11	197
		42	65
日本駐剳獨逸大使		13	141,142,377
日本駐剳米國大使館		15	577
日本駐剳連絡英國使節團東京英國大使館		32	192,193
日本中支軍		42	587
日本駐屯軍		33	32,271
二品頂戴前出使大臣		29	146
日本諜報機関		12	461,462,466
日本通		33	105
日本通運岩瀨支店長		40	200
日本通運大阪梅田派遣所		40	113
日本通運株式會社		14	349
日本通運株式會社高松支店		26	42
日本通貨		3	180
		31	341
日本帝國	日本帝國	2	580,621,622
日本帝國海軍		20	10,11
日本帝國海軍航空部		46	390
日本帝國海軍大佐		27	122,123
日本帝國海軍大臣閣下		27	277
日本帝國海軍中將		27	122
日本帝國海軍兵曹長		27	30
日本帝國海軍陸戰隊		20	64,114
日本帝國外交官憲		6	338
日本帝國外交機關		29	175
日本帝國外務次官		10	622
日本帝國參謀總長		2	335
日本帝國參謀本部		2	551
日本帝國主義		30	286
		32	66,68
		33	163,165,186,187,188,189,190,191,192,193,194,195,196,197,204,206,208,211,213,214,217,218,220,228,229,230,231,302
日本帝國主義思想		13	128

其他名词	别称	册数	页数
日本帝國政府終戰連絡中央事務局		17	1
日本帝國潛水艦		50	166
日本帝國陸軍衛生隊		22	217
日本帝國陸軍軍曹		23	150
日本帝國陸軍近衛第二師團長陸軍中將		23	445
日本帝國陸軍參謀本部第一部長		29	62
日本帝國陸軍士官		6	181
日本帝國陸軍少佐		27	125,129,150,202,204
日本帝國陸軍少將		17	235
		23	236
日本帝國陸軍臺灣司令部		26	188
日本鋼管株式會社		35	498
日本鐵道	日本線,日本鉄道	2	477,478,479,569
		44	2
日本電気事業者		8	601
日本電力設備株式會社	日本電力株式會社	14	349,436
日本電信工事株式會社		10	596
日本電信主管廳		2	580
日本電信電話工業株式會社		10	596
大日本帝國天皇	日本天皇,天皇,日本國皇帝,天皇陛下,日本國皇帝陛下,日本國天皇,大日本帝國天皇陛下	1	7,8,9,11,12,13,14,38,68,104,116,177,188,210,223,270,324,331,353,364,397,401,465,563,569
		2	3,9,123,134,136,153,157,161,169,174,206,216,227,228,277,279,280,302,305,341,355,367
		5	17,27,29,63,64,72,76,77,79,218,263,363,391,411,482,483,485,490
		6	220,239,265,386,412,431,504,581
		10	28,29,363,371,428,429,465,496,519,618
		11	587,594
		30	7,57,68,73,74,249,252,255,498,520,521
		32	48,459

其他名词	别称	册数	页数
大日本帝國天皇		38	200
		48	363,373,378
		49	408,442
		50	252,356,370,474,483,485,489,490,491,492,493,611
日本電報通信社		28	352
		35	6,7
日本刀		15	104
日本道		5	23
日本東京極東戰爭犯罪委員會		27	4
日本東京憲兵司令部		25	528
日本東京國際檢察團文書部長		46	124,129
日本東京巢鴨拘置所		38	514
日本東京駐屯聯合軍總司令部附通訳文官		27	37
日本東京陸軍省		7	574
		11	631
日本統師部	日本統帥本部	11	528,532,542
		12	453
		13	46
		14	2,28,118
		38	478
		39	393
日本特務機関副長		11	537
日本特別委員		8	35
日本特別派遣隊隊長		49	28
日本國特務機關	日本軍特務機關，日本特務機關	2	538
		7	159
		8	96,97,102
日本特務機関		12	468,470,472,473,474,475,476,525,526
日本特務機関第三部長		12	477
日本特務機關長	日本特務機関長	6	131
		11	535,540
		12	463,477
日本特務機構		5	525

其他名词	别称	册数	页数
日本特務憲兵隊		7	236,267
日本特命全権大使		12	491
日本特命全權代表		11	526
日本内閣	内閣,日本内閣	2	568,572
		4	30,42,51,87,291,293,295,301,307,308,310,313,314,315,335,337,349,352,355,361,362,363,364,365,369,370,373,378,380,381,382,383,384,385,386,387,388,390,395,396,397,402,403,404,405,406,407,408,410,412,413,415,416,417,419,420,421,422,423,424,425,426,427,428,429,430,431,432,433,434,435,436,437,438,439,458,459,460,461,462,463,464,465,466,467,468,469,470,471
		10	37,58,59,138,139,140,150,162,187,189,236,519
		11	525
		15	465,480
		16	588
		17	37,93,122,139,161,176,290,318,321,322,325,326,335,337,355,477,519
		34	33,108,395,445,455,487
		36	34,35,40,47,173,174,175,178,225,226,241,323,449,453,462,463,464,506,517,523,531
		37	147
		47	1,2,3,4,5,6,7,8,28,30,41,246,249,250,251,252,261,262,264,265,283,328,376,441,491,508,531,541,588,600,603,609,612,628,660,666,667,670,671,672,692
		48	21,56
		49	69,129,272,342,343,408,441,473,511,528,594,635
		50	1,2,4,72,370,405,435,497,521,595,596,600

其他名词	别　称	册数	页　数
日本內閣制度		30	61
日本內政		36	149
日本內務省		46	164
日本南方軍總司令部	日本南方總軍司令部,日本南方方面軍軍司令部,日本南方軍司令部	11	485,486,502
		27	431,432
日本ニウス映書會社		4	666
日本の海運業		49	117,131,132
日本ノ開戰決定		13	640
日本ノ軍事行動ノ結果		16	93
日本ノ俘虜護送船「シンヨー」丸		20	30
日本ノ無條件降服		27	13
日本派遣軍		11	18
		32	305
日本派遣軍司令部		8	34
日本派遣蘇聯委員次長		12	260
日本派遣蘇聯委員代理		12	265
日本派遣佛蘭西使節団団長		50	396
日本發送電會社		14	214,215
日本航空部隊	日本飛行隊	2	283,284
		16	43
		50	380
日本匪賊		33	192
日本病院船		27	271
日本武官		33	452
日本福岡縣人		7	378
日本副領事		2	554
日本武士道		13	453
		24	600,602,604
		42	528
日本武裝兵		16	228
日本武裝兵力		50	362,367
日本部隊		11	130,168,177
日本佛教	日本佛教	15	271
		50	488
日本俘虜收容所		26	377
日本分遣隊		7	173

其他名词	别称	册数	页数
日本文部省訓令		11	536
日本文本證書		7	461
日本兵營		7	341
日本兵教會		7	176
日本米穀株式會社		14	350
日本兵備		42	597
日本兵力		46	449
日本保安員警署		27	445,516
日本放送會館日本側部		17	450
日本放送協會	日本放送協會,大日本放送	4	622,623
	協會	17	436,440
日本炮兵隊		42	349
日本木造船組合聯合會		35	304
日本北方軍		8	157
日本步兵師団		12	248
日本步兵隊		40	299
日本丸		13	622,636
日本滿洲國間議定書		15	605
日本民政部		22	352
日本民族傳統精神		15	508
日本向驅逐艦		27	85
日本問題		42	343
日本冶金礦業企業合同		13	656
日本藥種商		8	61
日本郵船會社	日本郵船株式會社,日本郵	11	430
	船會社,日本郵船	13	428,479,566
		15	391,392,394,396,399
		36	112,137,138
		37	408
		45	434,435
		49	124,138,161,162,167,168,169
日本郵船會社航路		49	158
日本郵船會社線		49	158
日本郵船會社桑港支店		26	588
日本雷擊機		27	244
日本落下傘部隊長		24	417
日本蘭領印度協會會長		47	332
日本陸海軍	日本陸海軍,日本陸海軍,	2	332,407,548,550,552
	陸海軍部隊	7	206

其他名词	别　称	册数	页　数
日本陸海軍		16	491,507,508
		20	51
		26	109,114
		45	171
日本陸海軍最高指揮官		38	389
帝國軍隊	帝國軍,日本軍隊,日軍,日本軍,日軍,日本軍,日本皇軍,日國軍,日本軍人,日本國兵,日本國軍,日本國軍隊,日本軍部隊,日本軍隊,大日本軍,日本憲兵,日本兵,日本武裝軍,武裝日本軍,日本兵士,日本帝國國軍,日本帝國陸軍,日本陸軍,日本軍,日本陸軍,日本側陸軍,帝國陸軍,参見日本國軍隊,日本國陸軍	1	5,6,13,29
		2	275,510,512,513,514,559
		3	152,208
		5	56,58,74,80,98,213,217,218,325,332,333,335,356,359,362,363,373,377,479,482,493,496,499,500,501,503,505,509,511,522,525,526,527,531,532,543,544,545,546,547,548,549,550,551,552,553,554,555,557,558,560,561,562,563
		6	47,76,89,113,122,124,125,128,129,131,132,133,134,136,137,138,139,140,141,142,144,145,146,148,156,157,159,160,162,166,174,177,178,186,189,190,192,209,226,227,233,234,239,246,271,279,289,333,439,545,580,621,655
		7	8,9,18,19,20,28,29,30,32,33,35,39,40,41,51,52,57,58,59,60,62,64,66,67,69,75,77,78,86,87,88,89,90,93,95,96,98,99,100,101,102,103,104,108,109,111,113,114,115,116,117,118,119,120,121,122,163,164,165,167,168,169,173,175,176,185,187,188,189,191,192,195,196,197,198,199,203,207,208,211,216,217,221,228,229,230,234,235,236,237,238,240,259,260,261,265,266,267,268,269,271,283,289,297,300,302,308,337,341,342,343,361,395,397,399,401,405,407,413,413,415,417,421,423,425,474,498
		8	49,157,158,162

其他名词	别称	册数	页数
帝國軍隊		9	103,139,142,151,152,164,174,186,187,188,192,193,194,198,201,202,203,205,218,233,234,236,259,270,277,293,294,295,297,298,302,308,404,405,444
		10	6,13,14,71,150,397,471,473,481,493,521,529,545,546,547,591,593,600,684,685,687,688
		11	63,93,105,108,112,117,118,122,129,150,153,160,163,166,177,294,316,333,363,365,392,405,516,543
		13	1,3,4,6,16,17,18,20,28,33,40,41,42,46,47,49,52,54,57,62,64,94,107,121,122,123,187,666
		15	330,331,361,378
		16	65,80,144,164,315,623
		17	211,212,406,478,494,574
		20	7,9,60,62,66,67,68,69,70,73,83,86,87,88,91,98,99,101,107,109,111,113,115,116,120,123,133,137,141,142,150,151,153,154,157,160,162,163,164,165,166,170,172,173,174,175,176,179,181,182,184,185,187,188,194,196,198,199,200,202,204,205,206,210,212,213,218,219,222,223,224,227,229,230,233,234,235,241,242,249,252,253,257,258,259,260,262,263,264,267,268,273,274,280,281,282,283,284,285,286,287,289,290,296,297,299,303,305,306,308,310,311,318,319,320,329,340,342,347,348,351,353,360,367,368,377,378,380,381,382,384,387,394,395,396,397,398,400,401,410,411,413,414,416,427,430
		22	44,55,58
		23	1,10,21,37,78,89,97,118,119,121,122,127,136,137,138,139,140,151,

其他名词	别　　称	册数	页　　数
帝國軍隊			165,185,206,207,238,296,311,424,425,426,429,430,431,439,442,443,452,458,461,462,463,471,472,473,474,479,483,487,488,489,494,495,500,501,504,509,520,521,528,583,591,598,643,655,656,659
		24	4,8,18,52,57,68,72,79,80,82,87,88,90,93,104,105,113,115,117,121,125,126,127,130,132,133,136,137,139,141,142,164,165,168,169,170,196,201,202,204,207,209,213,214,217,219,247,248,251,257,261,263,264,265,267,268,269,272,281,289,298,299,303,305,320,369,377,378,379,404,407,410,421,431,442,444,447,449,451,462,470,472,488,520,521,522,523,524,532,533,538,540,542,543,552,572,574,575,578,579,584,585,586,587,612,613,614,618,623,625,626,627,629,631,642,647,648
		25	10,11,12,13,15,17,19,23,24,25,26,27,29,30,31,32,35,39,47,60,64,66,70,73,81,117,118,133,134,139,140,141,142,145,148,169,170,175,177,178,186,187,194,197,204,207,219,229,232,235,236,239,241,252,257,259,264,271,273,275,277,278,286,291,292,297,298,306,314,321,322,323,324,327,329,347,389,390,394,395,397,404,405,424,435,441,457,477,491,496,497,498,499,501,502,507,514,517,531
		26	2,5,367,476,477
		27	8,25,188,191,193,194,195,209,269,370,371,372,425,427,428,429,455,480,481,486,488,489,493,505,509,510,514,519,529,560,561,569,

其他名词	别称	册数	页数
帝國軍隊			570,580,581,582,583,587,590,595,596,603,618,619
		28	142,143,261,277,306,334,339,340,341,342,343,344,346,347,351,352
		29	56
		30	13,14,26,34,363,364,368,387,394,397,401,402,405,413,456,457,458,459,472,489,490,491,492,493,494,495,512,513,516,536
		31	38,73,200,320,463,477,487,488,494,498,499,503,504,505,514,515,518,544,547,549,551,552,554,556,579,580,583,584
		32	67,106,112,113,114,124,125,126,128,136,137,143,162,167,172,173,177,179,183,190,193,224,226,230,239,240,242,243,244,245,246,248,249,314,324,328,331,333,334,338,341,342,343,344,347,360,365,370,371,375,376,377,399,418,424,425,428,430,431,451,452,457,458,465,479,486,496,497,498,499,500,508,522,530,536,537,551,552,561
		33	6,286
		34	175,342
		35	249,495,505,526,527
		36	224
		37	32
		38	403,404,430,431,432,437,438,439,441,462,463,468,478,519,522
		39	374
		40	299,317
		42	30,216,391,392,393,394,488,538
		44	581
		45	71,149,171
		46	23,24,25,36,52,53,135,146,160,161,165,167,224,272,280
		47	18,50

其他名词	别称	册数	页数
帝國軍隊		48	14,32,34,227
		49	6,28,30,31,61,118,254,261,270,271,272,302,303,304,308,359,361,403,405,415,416,418,446,535,553,571,588,589,595
		50	35,284,287,363,379,380,384
日本陸軍醫務部		25	328
日本陸軍関係機関		13	92
日本陸軍憲兵		7	197
日本陸軍最高指揮官		11	393,399
日本陸軍参謀本部		12	167
日本陸軍次官		12	172
日本陸軍省軍事政治局		50	348
日本陸軍將校		45	177
日本陸軍專撫班		7	434
日本陸軍大將		10	13
日本陸軍大臣		2	517
		10	629
		46	56
日本陸軍中佐		38	387
日本陸軍中將		6	150,151
		15	116
		49	27
		50	239
日本陸軍特務機関		50	227,228,229
日本陸軍特務機関秘書		50	227,229
日本陸軍病院		7	203
		25	466
日本陸軍部		47	54
日本陸軍武官		50	449
日本陸軍武官會議		12	499
日本陸軍部隊		11	171
日本陸軍佛印駐屯部隊		38	338
日本陸軍俘虜収容所		25	241
		26	496
日本陸軍輸送部隊		7	540
日本陸上作戰		13	503
日本陸戰隊	日本海軍陸戰隊	2	554

其他名词	别　称	册数	页　数
日本陸戰隊		3	452,453,455
		5	67
		8	68
		14	134
		15	389
		20	66,68,78
		32	105,112,115,117,119,128,140,161,162
日本流ノ全體主義的帝國主義		14	317
日本領事		5	531
		10	599
		11	554
		16	138
		29	220,429
		41	47
日本國領事館	日本領事館	8	3,33,54,55,66
		11	549
		14	58
		28	345
		29	407,425
		32	342,497
		33	411
日本領事館		12	468,469
日本領事官		2	355,488,489,490,494,500,501,502,509,510,554,588
日本領事官憲		2	499
日本領事員警	日本員警	29	392,393,394
日本領事裁判所	日本裁判所	7	570
日本聯合部隊		2	530
日本勞動者農民		33	205
日本路警		29	406
ニュー・ジーランド政府		2	33
ニュウ・ビリビッド收容所		27	601
ニュー・ヨーク市世界時事問題研究所		2	406
ニューギニア石油會社		19	157
ニューギニヤ義勇兵聯隊		13	546

其他名词	别　称	册数	页　数
ニュージーランドウェリントン外務省		27	4
ニュージーランド遠征軍		27	3,4
ニュージーランド海軍		27	3,4
新西蘭人	ニュージーランド人	16	159,161
		25	123,532
新西蘭政府	ニュージーランド政府	25	114,115
		27	3,4
ニュージーランド政府名譽代表		16	159
ニュージーランド代表		27	4
ニュージランド空軍	ニュージーランド空軍	25	50
		27	3,4
ニュージランド總督府		19	225
ニュースクロニクル		34	474
ニューヨウクスタンダード石油會社		46	125
ニューヨーク ナショナル シティー銀行		15	627
紐育「タイムス」紙		46	500
ニユーヨーク・タイムズ	ニユーヨーク,タイムス	29	524
		36	341,511
ニューヨーク州大審院書記		16	599,617
ニューヨーク正金支店		43	209
ニューヨークタイムス特派員		32	235
紐育ヘラルドトリビテン		30	177
紐育マクミラン會社		30	171
ニューヨク・ヘラルド		45	115
ニュールンヘルグ戰犯裁判所辯護團長專務所		47	79
ニユヨークタイムス	ニユーヨークタイムズ	32	247

ヌ

其他名词	别　称	册数	页　数
ヌー・ヨーク・マクミラン社	紐育マクミラン社,ニューヨーク,マクミラン會社,紐育,マクミラン社	30	180,183,186,187

ネ

其他名词	别　称	册数	页　数
寧口海軍々務局長		45	472

其他名词	别称	册数	页数
寧口行動		5	359
寧口聯盟		5	649
寧波飛行場		6	450,459,465
ネイホー勞働兵團		24	536
ネイボブ		37	492
ネエ・スーン・キャンプ		24	160,161
ネーデルランド和蘭軍情牒部戰爭犯罪課課長	ネーデルランド和蘭軍牒報部戰爭犯罪課	23	300
ネグロス收容所		20	30
熱河義勇軍		30	494
熱河省長		2	542
熱河兵團		5	517
熱河問題		3	364,370
ネヘンタ・ベイ		37	495
年末金融對策		15	212
年末決濟資金需要對策		15	241
燃料課		4	92
燃料局		4	26,28,433,434
		35	496
燃料局官制		4	31
燃料研究所		35	341

ノ

其他名词	别称	册数	页数
ノイ・スレットの政策		35	185
農業革命		33	169
農業教育専門學校		30	234
農業文明		28	587
農業報國聯盟		5	263
農商省總務局		4	437,439,457,459
農商務		35	341
農商務省		4	336,337
		43	180
農商務省商務局		36	33,212
農村自衛軍		33	177
農村匡救對策		15	216,252
農村負擔調查會		4	319,321
能動主義		10	58
農民協會		32	71,72

其他名词	别　称	册数	页　数
農務局		4	334,335
農林計畫委員會		4	408,410,434
農林省		15	183,190
		36	345
農林省開墾課		35	429
農林省總務局		4	409,410,434,454
農林省農政局		35	428
		36	344
農林省農政局米穀課長		35	427
農林省米穀局		35	431
農林統計月報		36	352
農林問題		49	467
ノーザムプトン號		50	114
ノース・チヤイナ・デーリー・ニュース		5	516,570
ノース・ポイント・インターメント収容所	ノース・ポイント俘虜収容所,ノースポイント収容所	22	279,307,324,325,326,330,332
ノールウェー人	ノールエー人	38	563
		49	122
ノールウエー領事		39	220
ノギン號		14	17
野本隊		23	551,553
ノモンハン分駐所		50	558
ノリマ収容所	ノリマ俘虜収容所	25	311,482
ノルウェー汽船スコテア號		39	108
諾威國赤十字社書記長		2	10,56
諾威國皇帝		1	104,118,177,190,210,224,270,324,332,353,366
		2	3,10
諾威國政府及瑞典國政府		1	441
ノルウエー人		24	11
嫩江橋梁		31	46
嫩江支隊		30	396,397,398
		45	54

ハ

バ・モー黨		16	286
海牙裁判所		3	379

其他名词	别　称	册数	页　数
パークスノ事例		15	452
海牙戰時法規改正法律家委員會		32	269
海牙萬國事務局	海牙國際事務局	1	82,83,84,129,141
バース		46	560
バースーア		37	490
バーター制		10	118
パーチ號		25	437
ハーバード大學	ハーバード大學	5	543
		43	579
バーバロッサ工作		10	395,399
パーペン内閣		47	330
バーンズ		37	490
ハーンドン		37	503
ハイ・ステーツマン・シップ	ステーツマン シップ	36	535,558,549,553
バイアニヤ編物工廠		16	249
ハイアライビル		20	64
排英		6	313
排英運動		4	629
		32	90,91
		42	442
		49	478
排英協力		10	183
排英米運動		10	276
煤煙公司		8	329
排外運動		2	606
		33	161,164
		35	67
		47	311
排外教育		2	576
排外抗日運動		6	285
排外抗日政策		44	599
拜外思想		26	61
排外思想		30	239
		33	162
排外主義		33	165
梅縣飛行場		6	456,459,461,463,464,469
バイシクル收容所	バイシクル・キャンプ	22	22,114,116

其他名词	别　称	册数	页　数
排支暴動		2	506,509,514
		3	451
		14	489
		15	340,509
		28	300
		31	388
		47	217
		50	330
排斥法		2	438
敗戰觀		43	397
バイター		37	500
排他獨裁		34	381
ハイチ共和國大統領		1	104,115,176,210,222,324,331,353,363
ハイチ國政府		38	566
バイテンゾルフ憲兵隊		24	10,11
ハイト一俘虜収容所	ハイト収容所	22	430,461,462
排日	排日行為,排日的活動,排日運動,排日行動,排日策動,排日行為	2	445,503
		3	198,451,568
		5	303,503,532
		6	120,298,342
		11	16
		16	19,79,255,368
		29	8,19
		30	45,154,273,325,341,342,437,356,361,364,368,378,388,428,482,483,501,502,505,506,520,528,535
		32	25,20,28,29,91,101,157,226,228,229,342,520,550,551,555
		33	54,162
		38	81
		42	103,119,121,122,127,131,158,192,230,232,251,287,291,326,333,553,554,555,556,558,565,567
		44	347,355,601
		47	290
		49	350,352,362,477
排日侮日政策		50	7

其他名词	别称	册数	页数
排日移民法		47	306,310
排日及反满政策		6	288
排日機關		5	532
排日共產宣傳		6	273
排日言動		42	181
排日抗日		48	16
排日抗日思潮		31	606
排日示威		2	525
排日終止		13	162
排日政策		16	131
		48	190
排日宣傳		2	457
排日團體		3	451
		30	501,502
排日排貨運動		41	89
排日排貨行動		47	289
排日ボイコット	日貨ノボイコット,日貨ボイコット,對日ボイコット,日貨排斥,日貨抵制	2	509
		3	451,452,530
		30	482,528
		32	68,74
排日問題		42	131
ハイニリヒ	ハインリヒ	50	202
排米運動		4	629
廃兵待遇審議會		4	365
ハイホン路收容所	海防路收容所	25	158,179,211,218,219
排満		42	121
海拉爾陸軍特務機関長	ハイラル陸軍特務機關長	50	224,227,234,563
ハイラル特務機關特派員		50	564
媒畧主義		5	18
百靈廟問題		33	3
バイロコ		37	499
ハインケル工場		13	183
ハヴァナ大學		1	111,183,218,328,359
ハヴァナ中學		1	111,183,218,328,360
ハウストン號		25	435,436
パカンバル俘虜收容所		24	115
バギオ憲兵隊		20	33
バキオ収容所		26	535

其他名词	别称	册数	页数
バキヲ ブレント學校		26	532
白亜館	白堊館	5	366
		36	27,31,52,54,58,68,71,87,91,94,156,165,170,195,247,289,476
		37	296,326,333
白衛軍団體	白衛軍團體	50	217,220
白衛軍派遣隊		5	575
白衛露人		12	519,520,521
白軍		50	215,216
白雲飛行場	白雲飛機場,廣東白雲飛行場	6	447,450,453,454,455,460,461,463,464,466,467,469,477,481,483
		32	211
白軍兵士		33	189
白濠主義		13	152
博山炭田		8	593
白色人種	白人	41	77
		25	209,421
		28	120,169,256
		41	77
白人俘虜		25	631,632
白水縣駐在の楊虎城軍二旅		33	178
パクス農場		20	11
白黨		12	505,516
白黨團體		34	126
白黨露人		12	504
博東公司		8	593
幕府		49	509
バグリー		37	503
兀鷹		27	421
パコ教會		20	11
函館大阪俘虜収容所長		40	112
函館收容所		25	317
		40	157
函館第一俘虜収容所		25	295
函館俘虜収容所		26	280
函館俘虜収容所長		40	113
哈市時報		6	28

其他名词	别称	册数	页数
橋立乗組		4	412
土師部隊		6	501
バジャウ語		23	81
バジャウ人		23	76,78
バジャウ族		23	69
波集團	波集團司令部	15	308,315
バシリスク水路		13	531
パシル・シナン停車場		24	130
蓮沼兵團参謀部		6	327,330
馬政委員會		4	396
馬政課(日本)		4	92,93
パセイ學校俘虜収容所		20	15
馬政局		4	396
馬政調査會		4	251,320,356,520,535
長穀川隊		23	61
馬占山軍	馬軍	2	540,544
		30	403,438
		44	362
馬賊		12	135,136,138,144,153,154,155
馬賊團		12	137,139,140,141,152,153,154
バターフィールド・エンド・スワイヤ會社	バターフィルドアンド・スウアイア	7	84
		16	262
バターン		37	488
バターン行進軍		26	101
バターン第一及ビ第二ザネラル病院		20	32
バタヴィア高等法院		23	428
バタヴィア高等法院検事總長附員警官		23	422
バタヴィア司令部		24	67,68
バタヴィア第十大隊収容所	サイクルキャンプ	24	93
バタヴィア陸軍病院		23	422
バタヴィヤ移動者事務局		23	228
バタヴィャ總領事		19	157
		36	117
バタック人		23	346,347,348,350
バタビア・セントルム検事總長		23	307

其他名词	别称	册数	页数
バタビア憲兵隊		24	39,40
バタビア大使		50	72,73
バタビア石油會社		19	303,305
バタビア醫科大學		19	395
バタビヤグロトック監獄内俘虜收容所		23	386
バタビヤ軍司令官陸軍中將		23	238
バタビャ市役所吏員		23	8
バダビヤ庶務部		36	140
バタビヤ第十步兵大隊	第十步兵大隊	23	478,481
バタビヤ駐剳日本總領事		19	28,31,40,44
パダング一般人監獄		24	131
パダング病院		24	133
パタン収容所		23	11,12
パダン兵営		24	139
蜂ノ巣小屋		22	378
八路軍		31	365
八海丸		11	141
白系亡命民反革命團體		12	521
白系亡命露人團		12	473
白系亡命露人		11	534,535,538,539
		12	462,463,472,474,475,476,477,478,519
白系亡命露人部隊		11	542
白系露人	白系露西亜人,白系ロシア人	2	595,598,645
		11	635
		12	151,176,177,262,404,405,406,461,516,532,533,556,557,558,559,562,563,564,595,596,597,598,600,602
		26	64
		29	504
		34	114,115,116,141
		46	52,53,164,166
白系露人團體		12	149,485
白系露人輔導委員會		34	114
八荒	八荒	34	365,366
		5	263,391,392,403,423
		6	212,240,247,265

其他名词	别　称	册数	页　数
八荒		10	239,246,321
		11	593,594,601
八紘一宇	掩八紘而為宇,八紘,一宇,八紘為宇	12	486,544,563
		17	162,165
		28	611,612,631
		30	12
		34	364,365,366,367,368,369,371,372,374,375,385,390,391,392,393,395,396,397,398
		34	364,365,366,367,368,369,370,371,372,373,374,375,385,390,391,392,393,395,396,397,398
		49	16
覇道		2	575
		34	380
覇道政策		16	96,105
バトラー		37	489
バトリオ政權		13	144
バトローラー		37	493
ハナキロ収容所		22	108
巴奈馬共和國大統領	バナマ共和國大統領	1	104,118,177,190,210,225,324,332,353,366,563,570
パナマ政府		17	448
パネー號	海軍炮艦バネー號,バネー,米國軍艦バネー號,米國炮艦バネー號,バナイ號,パナイ號,米艦パネー號,合衆國軍艦パナイ號	6	225,226,227,228,229,230,231,232,233,234,237
		16	43,44,605,620
		17	496
		29	627
		32	169,177,180,183,187,205
		42	349,350,352
		43	304
		46	75
		49	264
		50	196
河内フランス衛生部長		27	558
ハノワ収容所		40	299
ハバロブスク地方検察局		14	148

其他名词	别称	册数	页数
ハバロフスク幼年學校同窓會		50	215
哈府及武市領事館問題抗議		33	461
哈府機関	哈市機関	12	135,152
バプティスト住宅		16	55
バプティスト傳導館	ハプテスト教會	16	54,110
土生部隊		15	314
哈府無線通信所		12	133
哈府領事館		12	135
ハブロックロード収容所		22	530
バポーム		2	203
濱口内閣		5	195,217,222,223
		31	38
		41	317
		43	185,519,561
		45	3,11
ハミルトン・フィールド陸軍第十八追撃中隊		46	524
ハヤシ隊		24	277
林内閣		30	53
		32	100
		43	11,12,22,24,36
		49	9
バラオ第三防備隊隊員	バラオ協力廠商衛隊員	13	478,575,583
バラグェー共和國大統領	バラグァイー共和國大統領	1	104,119,177,190,210,225,324,333,353,367,563,570
ハラチン		37	503
パラパタン石炭會社		23	264
ハラ部隊		22	82
パラレル政策		16	232
パラワンノ爆撃		27	419
バリクパパン収容所		23	254,273,274
バリクパパン臨時軍法會議法務官		23	250
巴里公衆衛生國際事務局常設委員會	公衆衛生國際事務局常設委員會	1	469,470,591
パリサイ人		50	490

其他名词	别称	册数	页数
バリサン宣傳隊		19	371
巴里大學		1	113,185,220,330,361
パリ大學中國學院		28	259,260
巴里駐劄セルビヤ公使		29	556
バリックパパン・バタビヤ石油會社		19	296
バリックパパン海軍根據地隊司令官		23	331
バリックパパン第二十二特別海軍基地		24	313
バリックパパンノ第二十二特別上陸部隊長		23	339
バリックパパン秘密員警主任		23	300,305
バリックパパン部隊司令部中隊本部		23	250
バリックパパン俘虜収容所將校(補佐官)		23	305
バリックパパン軍		19	296
巴里パストウール研究所		27	558
ハリマンノ鐵道政策		3	291
巴里藥學大學		1	554
巴里陸軍大臣		27	543
パリンドラ黨		23	350,351,352
パリ條約違反行為		29	624
巴爾幹政策		49	47
バルグート騎兵隊	バルグート騎兵聯隊	13	107,109
		50	341
バルグート部隊		13	108
バルグート騎兵第七連隊		50	341
バルグート騎兵第一連隊		50	341
ハルク収容所		24	549
ハル國務長官宛メッセージ		16	136
ハルゼー機動部隊		50	111
バルチック艦隊		6	551
バルト三國		29	492
バルト諸國關係		29	489
榛名		15	513

其他名词	别　称	册数	页　数
榛名		46	483,612,613
ハルノート		46	452,485,486,498
		48	144,162
バルバロッサ計畫		13	197
ハルハ蒙古人		50	374
哈爾濱監察局		50	272
哈爾濱市役所教育部長		50	272
察哈爾省政府		5	531
哈爾濱市陸軍特務機関	哈爾濱陸軍特務機関	12	159,405,523,531
ハルビンスコエ・ウレーミヤ一紙編輯局長		50	227,235
ハルビンスコエ・ウレミヤー紙編輯部	ウレーミヤ	50	217,218,225
ハルビンスコエ・ウレミヤー紙主筆		50	218
ハルビンスコニ・ウレーミヤ		6	30
哈爾賓總領事	哈爾濱總領事	30	263,396
ハルビン總領事館		7	484,559
哈爾賓中央工場		47	714
哈爾賓電話局		47	715
哈爾濱特務機関	ハルピン特務機關	12	125,556,558,559,585,586,587,590,595,597,599,600,602
		30	466
哈爾賓特務機關長	哈爾濱特務機関長	11	539,543
		30	468
		34	235
哈爾濱日鮮拘留民		44	358
哈爾濱日々新聞		6	28,30
ハルピンの日本特務機関	ハルピン特務機関	12	474,475,477,478
ハルビン丸		30	293
哈爾濱満洲里機関		12	140
ハルビン市刑事捜查課監督		50	229
ハルピン特務機関第三部長		12	478
バルボア抑留所		26	592
パレパレ収容所		24	368
パレムバン憲兵隊		24	180,182
パレンバンスンゲイ・ロン捕虜収容所		24	123

其他名词	别称	册数	页数
ハロエコエ収容所		22	514
バロス収容所		23	394
ハワード紙		30	177
ハワイ空襲		13	625
布哇陸軍航空部隊		38	7
汎亜細亜運動		6	297
汎亜細亜聯盟		48	398,401
汎アヂヤ主義		5	204
パンアメリカンビルデイングコロンバスルーム		29	381,385,395,401,431
反英		10	6,24,37
反英運動		30	36
		46	117
反英差別待遇		16	157
反英政策		10	150
反英獨立運動		19	263
反英米方針	反米英政策	10	189,196
反汪政權		34	457
反和蘭		19	27
バンカー・ヒル	BANKER HILL	37	487
		50	97
反革命		12	137
		33	186,311
反革命主義		2	429
反革命團體		12	136
		50	231,233,234
反革命爆破工作		50	235
反革命文書		50	232,234
反革命露人軍		12	137
ハンガリア王國政府	ハングリー國政府	9	492,538
ハンガリー王國事務局局長		1	465,554
ハンガリイ語	ハンガリイ文	13	269,273,274
ハンガリー國攝政	ハンガリー國攝政陛下	1	270,465
		2	3,8
反漢奸		33	218,220
半官半民式會社		8	591
反吉林軍		2	537,538,540,541,545,559
		30	407,408,409,410

其他名词	别称	册数	页数
反吉林軍		45	63,64
反吉林政權		30	407
反共産	反共闘爭	12	132,134,543,544
反共産運動	反共運動,反共産主義活動	12	134,135,136
		30	175
		42	279
反共産主義聯合		50	250
反共産政権		12	132
反共産黨團體		12	132
反共自治政権		12	531
反共勢力		33	59
反共排ソ		12	557
反キリスト教政策		46	155
バンクロフト		37	503
反軍國主義		43	217,315,359
萬國赤十字		27	454
		40	335
萬國赤十字委員會		2	585
反國民黨		33	180
萬國郵便聯合		3	413,430
		26	646,649,665
萬國郵便聯合事務局		1	84
バンコック	ハンコック	23	531
		25	445
		37	487
バンゴックーモールメン鐵道路線		22	191,196
バンコック日本大使館		26	494
反コミンテルン協定	反コミンテルン	9	357,362,403
パンザウ第二號國境標識		13	54
パンジャブ聯隊		23	25,26,50
バンジャブ聯隊軍醫部		22	539
バンジャルマシン俘虜収容所		23	273
バンジュー牢獄	バンジュウ	24	27,28,31,32
反蔣		19	94
		42	279
		45	322

其他名词	别称	册数	页数
反蔣		47	290
反蔣、張運動		30	403
反蔣厭戰氣運		6	317
反蔣軍閥		33	176
反蔣策動		33	176
反蔣的戰爭		33	220
反蔣反共		45	326,327
反蔣和平運動		6	318
バンジョビロー収容所		23	398
反侵略戰線		42	17
萬世一係	萬世一系	2	161
		34	381,382
バンゼルマシンノ民政部		23	332,343
反戰		33	215
反戰運動		49	467
反戰論		43	423
反蘇		46	52,53,166,167
反蘇イデオロギスト		46	53
反蘇依日		12	218
反ソヴィエート活動	反ソ活動,反ソ	12	461,463,465,467,472,474,478,573,575
反ソヴィェート白系亡命露人機関		12	474
反ソヴィエート武裝隊		12	476
反ソヴィエート部隊		12	477
反ソ運動		11	521
反蘇感情		16	198
反蘇宣傳文書	反蘇宣伝ビラ	46	53,166
反ソ分子		34	126
ハンター		37	489
汎太平洋航空機		37	436
汎大陸主義		44	570
反對論		43	527
ハンチアー		37	493
パンチャ・ダールマ		19	444
バンヂャマシン収容所		23	309
反チヨイパルサン		12	571

其他名词	别称	册数	页数
反帝	反帝國主義,反帝闘爭	33	160,161,162,166,167,168,169,170,171,174,177,178,237
反帝運動	反帝國主義運動,反帝革命運動,反帝活動	33	160,161,163,164,170,171,179,180,193,199,294
反帝運動の現階段		33	165
反帝國主義的人民戰線		33	168
反帝國主義聯盟		32	80
反帝民眾	反帝國主義民眾	33	204,213
ハント		37	503
バンドウェン「L. O. G」收容所	L. O. G. 收容所	23	493,494,497,515,516
反動思想		44	326
バンドエン調藥所		23	498
バンドエン非戰闘員抑留者收容所		23	8
反獨		10	208
反ナチ主義者		46	154
反南京政府		33	170
反日		6	121,216
		11	312
		16	612
		19	27,93,174,364
		23	322
		32	58,66,70,310,520,522
		33	172,186,196,201,208,209,210,211,214,215,218,220
		37	41
		38	379,380
		39	350
		43	350,396
		47	148,289,290
反日運動		19	94,250
		30	293,294,301,307,528
		32	69,309,310
		33	180,192
		43	351
反日運動抗日運動	反日暴動	2	500,502
反日援支		6	305

其他名词	别称	册数	页数
反日會		32	58,59,60,61,65,71,72
反日會救國基金保管委員會		32	60
反日會宣傳委員會		32	58
反日感情		16	604
反日義勇軍		33	192,193,195,203
反日救亡運動	反日救國運動,反日解放鬥爭	33	213,218
反日救國人民		33	218
反日軍		30	442
反日経済策		3	258
反日行為		6	250
反日戰線		33	217,218,220
		42	345
		48	171,317
反日總動員		33	196
反日第一		33	214
反日地方政權		29	14
反日的民眾團體		33	196
反日反帝革命運動	反日反帝	33	186,192,193
反日反賣國賊	反日反奸賣國賊,反日反漢奸鬥爭	33	208,209,210
反日反賣國賊軍隊		33	209
反日反賣國賊的民族統一戰線		33	208
反日反賣國賊民族革命戰爭		33	209
反日反滿政策		47	289
反日風潮		31	606
反日武裝		33	196
反日侮日		6	284
反日謀略		29	425
反日民衆		33	186,194
反日目的糾察隊		33	196
反日聯合會		33	209
犯人藏匿ノ罪		44	62,68,128
反白系亡命露人		12	462
藩閥政治		28	120

其他名词	别称	册数	页数
バンブー・ドック會社		14	27
反ファッシヨン		33	237
ハンブルグーアメリカ線		49	161
パンフレット問題		49	73
半分平和半分侵略主義		17	200
反米		49	254
反米英派		41	35
汎米航空會社		3	226
		48	431
汎米航空路		48	263
半壁山飛行場		6	481
萬邦協和		13	170
		32	27
半封建		33	159
反ボルセビイキ		16	198
反滿		30	469
反滿洲國軍	反滿洲國軍隊	2	545,594
反滿政策		29	8
		42	181,184,251
汎民族主義		44	570
汎蒙古思想		6	333
反猶太		12	132
反ユダヤ政策		46	155
反露保證		13	254

ヒ

被壓迫民族		33	202
ビー		32	190
ビー・テイ・テイ・エス大學		7	12
ビーガム		37	492
比叡		2	176,177,199
		13	403,460,463,469,562,635,637
		15	513
比叡乗組		4	423
ヒカエン丸		27	288
東ウルグェー共和國大統領	ウルグェー共和國大統領	1	104,123,177,196,210,230,270,324,336,353,372,466,564,573

其他名词	别称	册数	页数
東久邇宮内閣		43	34,378,379,380,381,540
東朝鮮日本軍司令		12	432
東半勞農赤軍軍事地形測量局		50	304
非割當移民		29	258,259,260,262,264,266,270,275,277,278,279
氷川丸		13	472
悲觀論		49	465
非吸煙者		8	43,47
ビクトリヤ兵舍	ビクトリヤ兵營	24	512,572
飛行師团		15	340
飛行第四五戰隊		15	310
飛行第四四戰隊		15	310
被告白鳥敏夫氏補佐辯護人	被告白鳥敏夫氏辯護人,白鳥敏夫氏補佐辯護人	47	14,127,137
比國碼頭		32	385
美術研究所		4	45
非常時委員會		2	559
非常時企畫局		46	548
非常時日本		41	64,65
秘書官事務所		17	397
非親告罪		32	381
ビスケット工廠		31	417
ビスマーク・シー		37	497
ピスマーク抑留所		26	596
非戰運動		12	134
日高参事館		7	217
ヒタシ第八俘虜収容所		25	304
ビダダリキャンプ		23	53
日立精機株式會社		26	30
日立丸		49	122
ヒットラー主義	ヒトラー主義	17	203
		36	411,503
		37	188
ヒットラー政權		30	166
ヒットラー内閣		47	330
非鐵金屬局	非鐵金屬局	4	25,28
		35	496

其他名词	别称	册数	页数
ヒデラバド歩兵第一大隊		25	7
比土		8	13
比島空軍新司令官		48	133,276
比島國立病院		26	544
比島住民		39	444
比島商業會議所		46	548
比島人	比律賓人,フィリッピン人,比島國民,比律賓人	20	4,6,8,13,17,19,21,22,23,24,27,28,29,30,31,32,33,34,35,36,38,39,41,42,44,47,48,49,84,85,86,87,88,89,90,91,97,98,99,100,101,102,103,104,106,107,108,109,110,146,147,165,170,174,175,178,195,196,209,211,218,219,226,227,231,233,234,239,240,241,243,248,249,256,257,258,259,267,282,287,296,297,333,349,385,402,411,416
		23	267
		25	197
		26	526,527,533,654
		27	422,429
		40	10,14,17,20,21,22,23
		45	238
		48	208
比島獨立		47	307
比島俘虜收容所		25	560
		26	580,613
比島兵	比軍	20	317,318
比島兵患者		26	573
比島米軍		26	547
比島陸軍参謀總長		48	133
ヒナゲシ		8	22,23,26
日向		15	513
ビナダン人		23	69,99,100
避難民事務局		50	272,278
避難民中央事務局長騎兵將軍		50	272
避難民同盟		12	150,151
美孚火油公司		49	370

其他名词	别称	册数	页数
非武裝地帶	非武裝地帯	28	334
		31	599,610
		42	230,231,232,233,251,252,305,313,325,326,327,333,334,335
		46	424
非武裝都市		3	208
ビブン政權		46	591
秘密暗號法		14	92
秘密議定書		16	294,304
秘密結社		30	556
姫路聯隊		30	557
ヒュウ・ウイルソン會館		20	64
ヒューマニスム		31	368
ピューリタン		28	571
評議委員會		16	552
平等互恵		13	152
平等主義		33	42
一〇五キロキャンプ	オウングノウング	22	133,134
非抑留歐亜混血人		19	365
日和見主義		33	176
平田部隊		32	347
平沼新内閣		47	150
平沼内閣	平沼内閣	5	423
		11	515
		13	193,242
		16	306
		29	92
		30	59,66
		34	431
		35	11,19,92
		41	56,57,107,109,114,118,119,337,349,393
		43	294,295,296,297,303,306,473
		44	369,463,464
		45	190,191,271
		46	38,171
		47	22
		49	523

其他名词	别　称	册数	页　数
平沼内閣		50	463
平沼内閣時代		10	248
平沼内閣說		43	226
ヒラリヴァ集團生活所		26	603
比率主義		3	75,113
		47	459,653
比律賓軍	フィリッピン軍,ヒリッピン軍	20	54,56,416
比律賓政府	比島政府,ヒリッピン政府	30	189
		39	439
		40	14,15
		45	297,298
ビリビット監獄病院		22	488
比島抑留所	ビリビッド收容所,ビリビット抑留所	26	546
		39	379
		40	300
ビリビド監獄		20	15
飛龍		13	403,436,437,460,469,562,568,635,639,591
		38	18,28,30,43,65,69
ピリラ修道院		27	601
ビルマ		35	57,58
ビルマ・シヤム鐵道	緬泰鐵道,泰緬鐵道,ビルマ・シャム間鐵道	22	34,103,138,156,177,200,204,208,223,233,237,530,532
		23	387,404
ビルマ公路		10	541
ビルマ國防軍		22	34
		39	309,310,328,329,352,357
ビルマ國防軍最高顧問		39	308,309
ビルマ國防軍叛亂		39	308
ビルマ國民		30	42,43
ビルマ國政府	ビルマ政廳,ビルマ政府,ビルマ國政府	22	225,230
		39	326,354,357
		48	271,348,352
ビルマ戰線		13	666
ビルマ叛亂軍		39	331,366
ビルマ飛行師團		44	263
緬甸方面軍	ビルマ方面軍	39	299,300,301,326,331,332,334,350,370

其他名词	别　称	册数	页　数
缅甸方面軍		44	261,263
ビルマ方面軍参謀		39	361
		44	261
ビルマ方面軍参謀副長		39	324
ビルマ方面軍司令部		22	29
		44	246
ビルマ民族		48	205
ビルマルート	ビルマ・ルート	6	255
		11	345
		45	211
		48	64,130,259
ビルマ聯隊本部付軍曹教官		22	93
ヒルワレスト學校		7	12
非聯盟國		3	273,276,277,286,287,296,297,300,301,302,307,312,314,316,318,320,322,331,334,339,348,361,376,378,382,407,408,471,475,495,496,497,517,523,525,541
ヒロイン	ヘロイン	7	347,440,451,454,520,523,525,526,527,528,530,530,539,540,565,569,570,571
		8	2,3,4,5,14,15,18,22,23,24,30,31,39,41,45,55,61,78,102,103,124,135,139,141,159,160,161,162,163
ビロウ炭坑従業員		23	311
広島県株式會社		45	492
廣島縣知事		27	280
廣島控訴院		4	269
廣島市廣陵中學校		24	518
廣島西部第二部隊		13	440
廣島地區鐵道司令官		39	278
廣島中學校		4	312
廣島俘虜收容所		40	157
廣田外務大臣宛英國大使公文		16	23
廣田對華三原則	對華三原則,廣田三原則,三原則	42	123,126,127,128,129,190,191,192

其他名词	别称	册数	页数
廣田内府		18	411
廣田内閣		5	223
		30	102,103,105
		41	349
		42	133,196,206,212,369
		43	22,36,562,567
		47	585
		48	221
ヒロハタ収容所		25	310
廣畑俘虜收容所		25	473
濱越線		6	417
濱海鐵路		30	388
濱江省公署教育廳第四科		30	571
ビンソン案		45	460
ヒントック収容所		22	209,212,214

フ

其他名词	别称	册数	页数
ファア・ディ・ブルーノ		2	204
ファール政權時代		13	81
ファシスト	國醉黨,フアシスト黨,ファショ黨人,ファッシスト	2	235,237,253,296
		10	656
		12	462
		12	598
		43	294
		47	88,319
フアシスト國家	フアッシスト國家	33	375
		34	333,335
ファシスト地下運動		12	475
フアシスト團體		12	467
ファシズム	ファショ主義,フアシズムス,ファッショ,ファッシズム	1	31
		4	605
		5	215,431
		28	595,596
		30	96,97,164,240
		43	229,245,250,251,294
		46	508
		47	170,593
ファショ黨支部代表		40	331

其他名词	别称	册数	页数
ファッシスト思想		46	366
ファンシオー・ベイ		37	495
フアンスト政權	ファッショ政權	2	337
		50	2
フィリッピン・ゼネラル病院	比律賓ゼネラル病院	20	67,406,407,408,419
フィリッピン市民	比律賓市民,比島市民	20	26,56,172,232,240,257,274
		46	548
フイリッピン陸軍		36	169
フィリップ		37	501
比律賓行政委員會	比律賓委員會	20	418,408
比律賓群島マニラ市テ、ラ、サール大學		20	6
比律賓群島ラグナノロス・パナス抑留所		20	4
比律賓郡島總督		16	584
フィリピン國民		30	20,27
比律賓赤十字社	フィリピン赤十字社	20	3,58,59,84
		26	545,546,655
比律賓大學	フイリピン大學	20	58,64
		27	604
比律賓軍第九二師團第九四聯隊		20	203
比律賓中央大學		20	21
比律賓陸軍第六十六步兵聯隊		20	323
芬蘭解決		16	195
フィンランド共和國大統領		1	270
		2	3,8
フインランド軍司令部		17	445
フインランド軍部隊		17	445
フィンランド國事務局局長		1	554
芬蘭政府		46	414
芬蘭代表		46	414
芬蘭陸軍武官		50	356
フインランド公使		29	480
フインランド關係		29	490
フインランド國境監視兵		29	479
フインランド國民	フインランド人	29	468,474

其他名词	别称	册数	页数
フインランド軍	フインランド軍部隊	29	478,479,482
フインランド政府		29	467,469,474,478
フゥィトニ		2	202
馮軍		30	174
ブーゲインヴィル		37	498
ブーゲン人		24	447
封鎖線ヲ通行		16	161
馮清濟部		33	178
プーチ號		17	407
フート		37	502
フートー無線発信局	無線電信總社	11	397
フーバー内閣		45	106
フーロック局		11	397
フェアファックス		37	501
葡英同盟		29	519
ブェノス・アイレス醫科大學		1	449
フエヤバンクス陸軍飛行基地		46	524
フェンサー		37	490
フェンテイ俘虜収容所		25	291
フォート・デ・コック		19	438
フォート・ルーカー兵營		46	536
フォートジョージミート抑留所		26	596
フォートリンカーン抑留所		26	597
不介入主義		50	8
不擴大方針	不擴大主義,事態不擴大,不擴大,事件不擴大,事件不擴大方針	32	100,101,159,162,561,562
		41	4,5,9,99
		44	354,355,358,445,544,555,581,582
侮華侵華思想		6	216
武漢攻略軍		32	432
不干涉主義		5	354
		34	117
		36	277
		43	306
不干涉政策		10	34
武漢戰線		6	438

其他名词	别称	册数	页数
武漢防衛陣		6	500
武漢旅舘		32	431
フキオコ二十二號収容所		22	488
ブキ人		24	298
ブギス人		24	449
武器貸與法		47	59
不脅威不侵略		15	507,509,517
		32	52
福音醫院		6	560
復員局人事課		50	471
復員廳		34	216,251,257,260,262,264,267
復員廳第一復員局		38	481
復員廳第一復員局業務部醫務科長		40	84,97
復員廳第二復員局	復員廳第二復員局文書課長代理,第二復員局	37	348,353,357,359,361,363,372
		38	204,207,234,235,249,256,266,273,301,305,306,327,328,509
復員廳第二復員局文書課長		37	348,353,357,359,361,363,372
		38	204,207,234,235,249,256,266,273,301,305,306,327,328
福岡収容所		27	59,61
福岡第一俘虜収容所	福岡俘虜収容所	40	316,160,162
福岡第一俘虜収容所長		40	316
福岡第三俘虜収容所		25	480
福岡第十七俘虜収容所		25	321
福岡第二十一俘虜収容所所長		40	314
福岡第四収容所		25	318
福岡地區第七収容所		22	546
復縣金融合作社		31	388
福建語		6	554
福島縣知事		43	96
		49	247
福州總領事		32	74
福州飛行場		6	454,456,458,459,463,461,463,468
福昌會社		23	554
復税制度		28	461
副長作戰關係参謀		34	113

其他名词	别称	册数	页数
復辟運動		49	441
福民堂		8	75,77
福佬		6	553
府縣廳		4	90
武攻略		43	169
葡國人		29	520
葡國政府		29	518,520
		48	438,439
プサット・テナガ・ラヤット		19	411
富山房		34	4,329,331
富士	（日本地鐵名）	43	183
富士	（日本紡績工場）	8	607
武市機関		12	135,136
武士道國家		25	347
武士道史		13	523
武士道精神	武士道	39	198,255,446
		46	87
		50	35
藤村部隊		24	582,638
フシヤヴ人		12	515
フシャン		50	282
撫順分隊		44	420
武昌市民		32	359
武昌飛行場		6	457,460,472
フジリーヤ隊		24	582
婦人會		19	404
婦人館		16	54
阜新炭		8	346
武人獨裁		2	415
フスンニ派		12	512
不戰條約		47	302,303
武裝隊		33	209
不足物資補塡策		15	190
復旦大學		33	173
復旦大學生		33	172
ブチアナン		37	502
ブヂエット・サウンド		37	499
佛印官憲		11	118,422

其他名词	别称	册数	页数
佛印協同防衛		3	257
佛印共同防禦協議會		35	201
佛印軍事使節		11	94
佛印軍司令官		11	104,135,139,140
佛印軍司令部		11	138
佛印軍	佛印軍隊	11	139,307,333,392,422,480,483
		19	242
		38	342,357,388,389,390
		44	374
		46	248,583
佛印支政府		48	418,420
佛印支總督		48	417
佛印人		11	253
		44	566
佛印進駐		15	224
佛印政治軍事問題		11	148
佛印政廳		11	397,398
佛印總督		11	35,83,95,104,105,107,108,111,132,133,135,137,138,141,193,409,480,490
		50	198
佛印總督府		11	400,480
佛印大使館		11	95
佛印駐屯軍		11	486
佛印調停		46	509
佛印派遣軍参謀長		11	250
佛印派遣軍第一〇六陸上勤務中隊		13	491,497
佛印派遣日本軍		11	400
佛印保安局		34	439
佛印步兵旅團長		11	94
佛印問題		11	158,406,409,410,420,421,425
		43	316,341
		46	249,580
		48	56
		49	411
佛印問題及ビルマ問題		11	425
佛印蘭印ノ問題		10	115

其他名词	别称	册数	页数
佛印ルート		38	340,355,356
普通學務局		4	44,46
佛外務省亜細亜局長		11	95
物價局官制		4	31
物價對策審議會		4	329,330,369,497
佛教		6	554
		16	286
		28	178
		30	10
		31	190
		34	370,382
		44	417
		48	331
佛教各派ノ内訌並ニ國民ノ内面生活ノ指導對策		15	270
佛教徒		24	572
佛軍	佛軍隊,佛蘭西軍,フランス國軍,フランス兵,フランス軍	2	283,284
		11	328,334,335,373,491,492,493
		27	448,478,479,486,487,484,569,577,580,581,586
		32	162
		50	392,393
佛軍最高指揮官	佛軍最高司令官	11	168,173
佛軍司令官		2	285
		11	176
福建軍閥		33	190
福建自治委員會		8	54
福建省阿片專賣局		8	49,98,107
福建人		8	626
福建人民革命政府		33	164,200
復興亜細亜		28	161
佛國印度支那高等辦理處		11	485
佛國歐洲政策		3	271
佛國海軍		38	343
佛國海軍長官		46	76
佛國外相		11	105
		29	336
佛國學士院		1	109,113,181,185,216,327,357,361

其他名词	别称	册数	页数
佛國官憲	佛蘭西官憲，佛國官憲，佛官憲	11	146，316
		16	164，317
		27	493，521
佛國軍憲		11	150，153
佛國軍司令部		11	334
佛國檢事		27	537
佛國公使		30	248
		46	352
佛國皇帝陛下		30	249
佛國高等辦理處		11	485
佛國首席全權		47	325
佛國宣教師		32	376，428
佛國總領事		32	431
佛國租界	佛蘭西租界，佛租界	3	229
		8	163，606
		32	18，134，136，249，333，364，401，426，429，430，431，435，443
		34	461，463，464
		46	76
佛國大使館		30	450
佛國駐劄露國特命全權大使		1	190，224，366
佛國駐日大使		38	356
佛國中法醫院	中法醫院	6	559，561
佛國天主堂		6	561
佛國病院		39	218
佛國要人		46	248
佛國陸軍官憲		11	167
佛國領事館		23	653，654
佛國總領事館		32	132
佛國臨時政府	佛臨時政府	46	415
物資需給統轄主務課長		35	399
物質萬能主義	物質主義	47	176，182，190
物質動員計畫		10	263
物動計畫		41	459
物資ノ需給調整		35	307
佛舍利		31	186
佛女		27	438

其他名词	别称	册数	页数
物資利用委員會		4	432,433
佛人伍長		27	460
佛人哨所		27	581
佛人大尉		27	438
佛政權		11	496
佛泰間紛爭		50	206
佛大使會談		11	138
佛文和譯		27	41,244,255,321
佛民間人	佛蘭西民間人	27	441
佛領印度支那總督		11	29,194,378,393,399,400,412
		44	374
佛領印度支那軍最高指揮官		11	173
佛領印度支那政府	佛印政府	11	112,401,417,420,503,507
佛領印度支那政府		17	269
佛領印度支那共同防衛		38	393
佛領事		6	553
佛露同盟		47	327
不逞鮮人		2	501,503,504
武道		4	594
不動產管理公團		19	379
不當廉賣審查委員會		4	325
ブナ司政區		24	589,598
ブナポペ教會		25	15
蕪湖大學		7	224,255
侮日		30	361,364,368,520,528
		33	30
		42	287,391,392,393
		43	131,399
		44	581
		49	477
侮日思想		48	104
蕪湖中學		7	169
蕪湖病院		7	46
不平等條約		2	443,445
		48	326,328
不法攻擊		16	110
不法國境侵犯問題		34	319

其他名词	别称	册数	页数
武鳴飛行場		6	481
フューラー		47	78
ブラー收容所		24	376
ブライア港民事拘禁所		22	366
プラウダ	プラウダ	34	90,97
プラウダ新聞社		34	90
ブラサート會社		31	437
ブラジル合衆共和國大統領		2	3,5
伯剌西爾合衆國大統領	ブラジル合衆國大統領	1	103,108,176,181,209,216,270,324,327,352,357,464,563,566
伯剌利西爾大使		16	208
ブラジル丸		25	198
ブラジル駐劄大使		19	44
ブラスタギ婦人收容所		24	118
ブラック隊		22	132
ブラックボーン司令部		22	114
プラユリット・ペカーヤ		19	424
フランクリン		37	487
フランス雲南鐵道會社		11	16
佛蘭西外務省	フランス外務省	50	201,204,209,213
佛教史		50	488
佛蘭西共和國戰犯聯邦局		27	574
弗蘭西共和國大統領	佛蘭西共和國大統領	1	68,104,113,185,209,219,270,324,330,352,361,397,400,465,563,568
		2	3,8,122,153,169,171
佛蘭西共和國臨時政府		11	510
フランス軍戰線		27	558
フランス軍曹		27	558
フランス軍部		11	380
佛蘭西員警		11	373
佛蘭西檢察官		27	598
佛蘭西憲兵		27	493
佛蘭西語	佛語,フランス文,佛蘭西文,佛文,フランス語,Language France,佛蘭西語,仏蘭西語,佛語	2	110,112,113,129,152,160,218,301,318,392,410,579
		9	605,617
		17	46,256,415
		19	10,31
		23	235

其他名词	别称	册数	页数
佛蘭西語		26	220,222,224,226,228,230,232,236,239,242,244,248,251,255,258,262,264,266,269,271,277,279,281,283,290,291,293,294,297,299,302,305,308,312,317,320,325,327,335,338,343,347,349,352,356,358,360,362,365,369,371,376,380,382,385,388,394,401,468
		27	45,47,52,57,58,62,64,66,68,76,250,265,302,305,312,314,316,318,323,351,375,417,492,494,508,509,531,536,539,557,584
		29	165,168,192,233,461
		30	248,251
		31	214,217
		42	493
佛蘭西國検事		11	511
フランス國主席	フランス國政府主席	2	305,319,320
		11	468,470,471
佛國政府	フランス政府,フランス國政府,佛蘭西政府,佛蘭西國政府,佛政府,佛國政府,佛蘭政府,佛蘭西共和國政府	1	483,616
		2	163,166,317,329
		3	271
		10	209,210,220,350
		11	12,28,29,32,34,83,86,87,89,97,100,112,114,118,120,121,124,132,138,144,145,146,147,148,149,151,152,154,155,156,157,158,159,161,162,163,164,165,186,193,197,201,243,244,245,246,247,270,271,277,282,285,299,302,306,314,315,316,326,327,328,333,334,335,336,337,357,358,360,363,364,365,366,380,400,401,404,427,433,441,442,447,469,473,497
		13	348
		17	21
		27	432
		29	325,326,328,330

其他名词	别　称	册数	页　数
佛國政府		30	248,250,251
		32	23
		35	182,183
		38	86,87,109,282,338,356
		42	593,619
		45	275
		47	731
		48	33,34,56,69,70,419,421
		49	549
		50	197,198,199,201,202,204,206,209
フランス國全權委員		11	433
佛蘭西國駐剳伊太利國特命全權大使伯爵		2	157
佛蘭西國駐剳カナダ特命全權大使		2	172
佛蘭西國內軍		27	518
佛蘭西國領事		1	465,568
フランス首相		30	56
フランス植民地總督府		11	381
佛國人	佛蘭西人,佛人,フロレンス人,佛國人,佛蘭西人,フランス人	2	404
		6	191,192,553
		10	664
		11	90,149,253,305,368,369,373,495,503,504,507,510
		20	13
		23	365,367,368,369,370
		27	442,446,456,461,487,502,510,512,518,543,559,578,593,595,596,597
		32	333,376
		40	294
		44	296,297,565
		48	415,416
		50	46
佛蘭西人犧牲者		27	451
佛蘭西政府國防事務總長室		50	396
佛蘭西全權委員		29	179
フランス總領事館		32	99,156

其他名词	别称	册数	页数
フランス租界		32	104,444
佛蘭西大學教授		2	405
佛國大使	佛大使,佛蘭西大使,佛蘭西國大使,フランス大使,佛蘭西國特命全權大使	10	220,453
		11	5,87,91,93,95,114,115,124,135,137,138,139,145,146,148,151,158,161,163,166,186,197,201,247,270,381,401,511
		17	22
		27	537
		42	220
		46	76
		50	201,204,209,213,396
佛蘭西代表副檢察官		27	430
佛蘭西副檢察官		27	593
佛蘭西婦人	佛婦人	27	437,439,440,459,576
佛蘭西陸軍軍醫隊員		2	405
佛領印度支那軍		2	298
佛領印度支那政廳		2	315,316
佛領印度支那派遣隊		13	572,577,579,582
フランス案		29	340,342,343,346,347,348
フランス崩解		19	7
フランス支隊		27	491
ブランチ		37	503
フリーメーソン		35	86
撫黎局		6	555
大不列顛及愛爾聯合王國兼印度國皇帝	大不列顛愛蘭聯合王國大不列顛海外領土皇帝印度皇帝,グレート・ブリテン,アイルランド及グレート・ブリテン海外領土皇帝印度皇帝	1	68,104,114,176,186,209,220,270,324,330,352,361,397,400,464,563,566
大不列顛特命全權大使		6	260
ブリッヂ・ハウス		50	46,47,48
ブリッヂポート		2	202
ブリティシ・アメリカン煙草有限會社		25	216,261
ブリテイッシュシヴァルリイ		27	374
ブリミアー		37	492

其他名词	别称	册数	页数
ブリュースター戰闘機		46	556
ブリューニン內閣		47	330
ブリユヂドウ一師		27	451
不良鮮人		2	501
俘虜關係調查中央委員會		40	172
俘虜就勞		26	19
俘虜管理部		38	600,601
		41	281,282
俘虜管理部長	俘虜管理長官	25	549
		26	84,193
		41	282
		44	273,309,310
武力主義		16	50
		36	280
		43	159
武力戰		5	357
		15	147,149,150,151,155,189,203,234,239,248,255,269
俘虜收容所司令官		26	503
俘虜收容所長		26	73,176,203
		41	282
俘虜情報局	日本俘虜情報局,陸軍省俘虜情報局	25	554,557,559,573,574,585,589,590,592,595,658,662,663,671,673
		26	82,83,87,93,97,98,121,125,134,136,152,176,195,441,443,444,581
		40	52,58,64,68,72,75,76,80,81,92,108,109,111,112,118,151,156,159,162,163,165,309,312,326
		41	281,282
		42	537
		44	274,303,306
		46	281,286,289,290,291,306,308
		47	211,212
俘虜情報局高級事務官		40	57
俘虜情報局高級部員		40	57
俘虜情報局長官		38	607
		40	177
		41	281,282

其他名词	别　称	册数	页　数
俘虜情報局長官		42	491,492,506
俘虜情報局長官代理		40	313
俘虜情報局調査課長		40	52,53,162,165,312
俘虜處理要領		48	10,187
俘虜待遇ニ關スル壽府條約		9	91
俘虜中央情報局		38	566
俘虜中央調査委員會	俘虜關係中央調査委員會	25	197,345,390,395,404
		39	173
俘虜ニ對スル致命的虐殺		27	559
ブリンス		37	491
プリンス・オワ・ウエルス號		48	280
ブリンストン	PRINCETON	37	488
		50	97
ブリンス萄ン大學		5	543
ブルーフハンネル航路		49	161
ブルガイア國政府		2	6,50
ブルガリア公使館		35	89
ブルガリア國赤十字社理事		2	6,50
ブルガリア國皇帝		2	3,6
勃爾牙利國公	ブルガリア國皇帝	1	68,103,110,176,182,209,217,270,324,328,352,358
勃牙利亜祖國戰線政府	勃牙利亜政府	1	33
古河電氣工業株式會社		35	492
ブルヂヨア政權		33	155
ブルネイ精油所		23	404
ブルネイ石油精製所建築部		23	546,548,549
ブルネイ石油精製所建築部長		23	547
フルレコア		12	510
フルンゼ陸軍大學	エム・ヴエー・フルンゼ陸軍大學	27	615,618,626
呼倫貝爾地方派遣部隊		34	3
プレジテント フーバー號		42	350
プレジデント・アダムス		2	659
ブレシデント・クーリッヂ號		46	551
プレジデント・ハリスン號	フレシテント,ハリソン號	25	275
		48	280
プレスキャンペーン		16	393

其他名词	别　称	册数	页　数
ブレトン		37	491
ブレン		27	362
ブレン・キャリヤ戰車		46	563
ブレンハイム爆撃機		46	556
ブローニング		50	220,223,225
プロシア型		41	133
ブロック	圖ブロック	2	622,623
		14	319,340
ブロック・アイランド		37	490,498
ブロック經濟主義	ブロック主義	44	576,577
フロビシャ		2	211
ブロム俘虜收容所		24	223,229,233,234,240,241
フロリダ		2	175
フロレス作業隊		24	246
フロレス收容所		24	234,238,242
プロレタリア		2	430
プロレタリアート		28	609
プロレタリアートのヘゲモニー		33	168
プロレタリア革命		2	426
プロレタリア政權		33	155
プロレタリア階級		12	513
分科委員會	小委員會	3	144,199,201,273,274,276,277,280,292,294,309,311,325,326,413,414,431,472,499,501
分割統治主義		30	20
文化部		7	572
文官高等分限委員會		4	468
文官制度		35	72
文官普通分限委員會		4	322,323,407,429,506,507,508
文藝春秋		41	239
		46	228
分散主義		47	312
文政審議會		4	319,367
		30	224
		41	52
紛爭處理委員會		47	410
分治合作主義		49	382

其他名词	别　称	册数	页　数
文武官ノ言動一致		15	224
分離運動		2	556

へ

其他名词	别　称	册数	页　数
米ソ渉外派遣隊		34	310
ベイ・ヴュー・ホテル	ベイ・ヴイユー・ホテル,ベイ・ビュウホテル	20	13,64,340,341,344,345,350,352,367,368
平和政策		42	86
平安丸		27	387,388
米英空軍		47	257
米英軍		14	75
米英崇拜思想		26	61
米英佛伊日華委員		41	12
米英利益保護		26	318
兵役法施行令	兵役法実施令	4	574,576,577
兵役法施行規則		4	579,583,584,585
米海軍兵曹長		40	210
米海兵隊豫備		27	230,233,236
米官界		34	498
平漢鐵道	平漢鐵道,平漢線	6	127,140,204,205,206,208
		31	553,555
		32	479
米艦ペンシルヴァニア旗艦	ペンシルベーニア	50	117,148
兵器局		15	291
兵器局長		44	34,315
米氣象臺		34	310
米機動部隊		27	16
		34	252,253
米極東軍		48	271
米極東軍司令部		48	280
米空海軍		39	155
米空軍	米航空隊,アメリカ空軍	25	229,320
		32	371,403,407
		34	308
		40	263,265,266,282,284,285
		44	331
		46	598
		49	56

其他名词	别称	册数	页数
米軍憲兵		25	193
米軍使節		48	274
米軍使節團長		34	307
米軍第七師團		20	203
米軍中尉		37	459,460
米軍部		46	548
米航空會社		16	605
併行鐵道	併行鐵道,競爭併行線,競爭線,併行線	2	471,472,473,474
米國アジア艦隊司令長官		29	628
米國大藏省		34	510
米國及オーストラリヤ聯合軍		23	352
米國海空軍		35	60
米國海軍	米軍海軍,アメリカ海軍,合眾國海軍,米海軍,米國海軍,アメリカ合衆國海軍,合眾國海軍	3	14,104
		8	471
		10	100,275,466
		11	5,298
		15	527,566
		16	97,106,310
		17	377,448,455
		24	363,451
		25	307,321,459,466,482,503
		27	25,230,423
		36	367
		37	321,436,437,504,505,506,507,508,518,519,520,522
		38	4,12,18,120
		41	386
		45	460
		46	70,75,499,500,508,509,513,515,516,520,527,530,535,538,547,550,552,563
		47	325
		48	66,132,274
		50	83,86,88,89,90,92,93,95,103,109
米國海軍艦 Y.P 一六號		17	455
米國海軍一等通信手		27	424

其他名词	别称	册数	页数
米國海軍海軍少將豫算及報告主任		37	533
米國海軍海軍大佐	亜米利加合眾國海軍海軍大佐,米國海軍大佐,合眾國海軍大佐,アメリカ合衆國海軍大佐	27	196,205,243
米國海軍艦隊		36	511
米國海軍機動部隊		39	154
米國海軍根據地		47	307
米國海軍作戰根據地海軍三二三七號		15	388
米國海軍查問委員會		32	179,271
米國海軍查問會議		49	265
米國海軍三等航空機関兵曹		27	25
米國海軍齒科醫務隊		27	427
米國海軍齒科隊大佐	合眾國海軍齒科隊大佐	27	124,183
米國海軍少將	合眾國海軍少將	27	124,183
米國海軍情報部	アメリカ合衆國海軍情報部	50	93
		50	103
米國海軍大將	アメリカ合衆國海軍大將	37	314
		50	107
米國海軍中佐	亜米利加合眾國海軍中佐,	27	77,183,346
	アメリカ合衆國海軍中佐	50	98,104
米國海軍二等筆記	合眾國海軍二等筆記	27	150
米國海軍武裝警備隊		27	332
米國海軍兵學校	アメリカ合衆國海軍兵學校	50	103
米國海軍防潛網廠	アメリカ合衆國海軍防潛網廠	50	103
米國海軍豫備大佐	米國海軍豫備大佐	27	29,236
米國海軍豫備中佐		38	514
米國海軍豫備役		27	332
米國海軍豫備役海軍大佐		27	243
米國海軍豫備役中尉	米國海軍豫備中尉	27	177,332
米國海軍預備役		27	118
米國海軍豫備役一等筆記		27	122
米國海軍予備役少尉		27	94
米國外交官	米外交官	16	237,601

其他名词	别称	册数	页数
米國外交官		46	365
米國外交政策		47	302
米國海事委員會		48	86
米國會社		16	229
米國海兵隊	合衆國海兵隊,合眾國海兵隊	16	228
		25	225,227,229,230,444
		27	23,25
		32	162
米國海兵隊少佐裁判官	合眾國海兵隊少佐裁判官	27	124
米國海兵隊司令官		17	443
米國海兵隊中佐	合眾國海兵隊中佐	27	124
米國海兵部		27	203
米國外務卿		42	17
米國下院海軍委員會委員長		38	89,90
米國下院陸軍委員會		48	85
米國カソリック外國傳道協會	米國カソリック對外傳道協會	45	169,182
米國官憲	米國官吏	8	154
		16	317
		29	627,628
		39	385
		46	537
米國艦隊シカゴ號		48	265
米國艦隊司令長官		27	251,252
米國艦隊司令部		32	205
米國艦隊ブルックリン號		48	265
米國官民		17	490
議會	議會,議會(日本),議會(美國),米國議會,合衆國議會	28	12,17,19,21,22,25,34,35,61,62,66,67,69,71,73,77,249,304,495,532
		34	381
		36	26,28,30,42,55,62,69,72,82,86,150,151,162,177,369,371,372,382,440,445
		38	7,10
		41	299,300
		47	304,307

其他名词	别称	册数	页数
議會		48	85
米國企業		17	497
米國汽船コンフォト號	亜米利加汽船コンフォト號	27	344
米國汽船チュチュイラ		16	526
米國汽船メイピシ號		29	627
米國教會	米國教會	6	561
		16	605,606
米國教會組合		7	165
米國教會巡回福音堂		6	561
米穀局		35	427
米國極東軍司令官		37	300
米國極東軍司令官陸軍大將		13	516
米國極東宣教會	米國極東宣教會	7	361,363
米國銀行		3	231
		16	610
英國空軍		24	88,129,130,137,140,550,552,589
米國空軍基地		36	511
米國軍艦	米軍艦	32	169,177
		48	266
米國軍指揮官		23	446
米國軍總監部		7	53
米國兵	アメリカ兵,米兵,アメリカ軍,米軍,合眾國軍,合衆國軍,米國軍,アメリカ派遣軍,合衆國軍隊,米國軍隊	1	29
		3	216
		5	562
		8	142,300
		10	675
		11	480,488,490,491,493,496
		14	88
		16	443
		17	435,445,446,447
		20	54,142,173,207,274,277,283,305,318,327,330,345,347,428
		23	583
		24	304,305,306,307,453,533,594,634,642,644,647,649
		25	73,76,136,162,189,194,298,319,326,405,418,478,501,515

其他名词	别称	册数	页数
米國兵		26	104
		27	26,108,111,178,185,209
		28	619
		29	540
		30	427
		32	457
		34	187,307,309
		36	431
		37	461,462
		38	11,26,27,38,72
		39	66,74,88,89,154,343,437,441,445,446,447
		40	22,28,248,309
		41	380
		43	450,480,513,542
		44	374
		45	235,236,237,247,251,290,291,292,293,294,295,296,297,298,299,300,301,356
		46	293,487,499
		49	60,61,358
米國軍備		46	514,515
米國軍飛行士		26	126
米國軍俘虜		25	478
米國軍務局長代理		7	305
米國建艦計畫		15	521
米國檢事長室		50	593
米國牽制		10	256
米國公使	アメリカ公使	11	599
		16	33,181,592,601
		30	175
		46	342
米國國務次官		16	588
米國々務省極東部門		43	396
米國國務卿	國務長官,アメリカ合衆國々務長官,米國國務長官,合衆國國務卿,ワシントン國務卿,華盛頓國務長官,米國務長官	7	163,557,558
		17	431,500,505,506,508,509,510,511,513,515,518,519,520,521,523,527,539,540,556,577
		38	78,172,173,179

其他名词	别称	册数	页数
米國國務卿		42	104,106,109
		47	446,695
米國國務長官代理		27	601,602
米國財務省		8	68,94,112,118,122
米國歯科醫		23	192
米國使節國		36	403
米國上海總領事	在上海米國總領事,上海ノアメリカ總領事,米上院	16	94,95,111
米國首(主)席檢察官事務局	米國主席檢察官事務局	13	129,139,258,671
米國十五步兵聯隊		6	143
米國收容所		26	665
米國首席検察官事務所		15	108
米國上院		3	83
		15	421,448,453,454,457
		38	5,175
		48	85
		50	63
米國商業會議所		46	548
米國商社		3	231
		34	508
米國情報局		27	41,42
米穀處理委員會		4	319
米國司令部爆擊作戰調查所		8	503
米國人	合衆國國民,米國民,亜米利加國民,アメリカ人,米人,米國國民,亜米利加人,アメリカ國民,アメリカ國人,米口民,米國市民,阿米利加人,合眾國民,在中國米國市民,アメリカ市民,合衆國市民	2	137,138
		3	3,5,19,80,98,193,197,226,236,239,245,246
		5	330,461
		6	72,148,226,234,553
		7	21,83,84,85,88,90,161,163,164,165,167,170,171,172,173,177,180,181,183,184,185,187,189,190,191,193,198,208,209,217,219,220,221,244,245,247,251,254,275,276,278,282,285
		8	538,542,546,547,548,554
		10	207,387,466,492,495,674
		11	20,536

其他名词	别称	册数	页数
米國人		13	158,547
		15	456,616
		16	30,43,45,49,55,56,91,95,110,111,113,115,119,122,123,134,139,143,149,151,154,156,167,185,188,217,228,229,317,322,354,355,361,408,410,411,413,416,417,421,432,434,449,462,493,502,526,539,604,605,607,608,609,610,612,613,616,624,627,628,629,630,631
		17	363,497,498,504,505,506,573,575,576
		20	21,38,54,134,195,225,226,333,273,278,279
		23	448
		24	256,258,321,330,332,333,334,350,368,369,426,428,471,522,572,573,574,596,609,620,633,634,635,636,649
		25	49,158,160,167,173,177,197,198,223,225,247,249,252,253,254,255,286,289,323,331,416,454,463,498,526
		26	20,231,235,249,267,284,286,315,321,328,353,417,458,502,504,506,507,508,509,511,513,517,518,519,523,524,526,527,528,529,541,545,546,561,563,566,568,581,610,628,629,635,646,648,650,651,655,658,660,663
		27	7,8,21,39,40,43,100,113,115,116,141,206,207,209,210,211,237,414,419,521
		28	584
		29	55,258,259,264,265,277,286,453,585,595,628,629
		32	172,173,177,179,183,184,457
		33	103

其他名词	别称	册数	页数
米國人		34	485,488,505,508
		35	35,36,37,38,44,140,141
		36	160,222,239,253,379,383,487,570
		37	132,179,402,413
		38	182,297,546,557,558,561,562,563,564,565
		39	144,154,214,228,391
		40	262,281,293,317,322,340,370
		42	18,21,22,337,339,340,350,351,497
		43	555
		44	378,510
		45	185
		46	126,509,552
		47	19,126,231,268,303,310,618
		48	141,306,319
		49	370,550
		50	65,527
米國人宣教師団		16	54
米國人俘虜	アメリカ人俘虜,米人俘虜,亜米利加人俘虜,米人戦争捕虜,米國籍俘虜,米國俘虜,亜米利加俘虜,亜米利加人俘虜,アメリカ俘虜	20	14,16,17,27,29,30,37
		25	165,197,198,283,285,338,490
		26	102,231,321,384,415,435,510,533,558,563,573,578,605,607,612,619,620,626,627,629,634,635,644,645,646,647,648,651,652,655,663
		27	7,30,31,32,33,34,35,36,43,92,98,102,106,108,201,237,411,413,420
		45	492
米國新聞		15	571
		47	624
米國人容疑者		26	555
米國人抑留者		26	547
米國スタンダード石油會社		32	172
米國稅関長		34	510
米穀生産費調査會		4	319,321
米國政治科學評論		30	62
米國政府	米國合衆國政府,合衆國政府,米政府,アメリカ政府,ワシントン政府,亜米利加合衆國政府,アメリ	1	8,23,32,33,424,611,612,613
		2	89,90,110,112,113,115,116,119,129,139,159,163,164,166,167,220,221,224,225,331,382,383

其他名词	别　称	册数	页　数
米國政府	カ合眾國政府，亜米利加政府,アメリカ合衆國政府,亜美利加政府,亜米利加合衆國政府,亜米利加合眾國政府,合衆國政府,美利堅合衆國政府	3	2,57,67,68,69,74,80,95,124,125,126,127,130,131,132,137,138,172,173,176,177,180,181,183,184,185,187,192,197,198,199,216,220,222,223,227,234,236,242,254,441,442,455,461,471,565,566,567
		5	333,334,339,347
		6	77
		7	164,222,434,435
		8	154,155,158,524,525,526,527,528,529,531,532,533,534,542,543,544,546,548,549,552,553,554
		10	343,546,547
		11	47,191,193,404,405,406,409,410,412,413,416,417,418,419,428
		13	132,236,237,348,589
		15	473,575,577,580,585
		16	12,15,18,19,28,29,30,33,45,48,53,54,60,67,83,91,114,121,122,123,128,133,135,139,140,141,142,143,145,149,151,159,168,228,237,238,239,315,413,414,415,416,418,419,432,450,451,452,453,455,458,459,469,471,485,486,487,488,489,491,494,497,499,500,503,505,510,511,512,513,516,520,521,522,524,525,531,532,533,534,535,536,537,538,559,562,567,568,595,601,604,607,609,611,612,614,616,628
		17	112,113,114,150,172,184,189,193,198,206,228,239,294,295,334,361,368,424,432,452,491,492,493,495,497,499,500,501,505,509,510,511,512,513,516,525,531,532,535,536,537,539,541,544,549,550,552,554,556,557,558,559,563,565,566,567,568,569,570,571,572,577,578,579,580,581,582,583,584,585

其他名词	别　称	册数	页　数
米國政府		20	122
		26	213,215,243,278,284,285,321,322,323,324,326,328,329,331,336,353,357,373,374,383,387,443,444,445,477,504,505,508,509,510,511,515,516,517,518,521,522,523,524,533,535,536,537,538,539,542,543,544,548,552,555,556,557,558,561,565,566,568,571,574,575,576,577,578,581,582,585,586,602,615,616,619,626,627,628,629,658,662,663,664,665
		27	7,39,40,41,42,43,48,49,53,55,59,60,61,63,65,67,69,244,245,246,247,248,249,262,263,299,300,303,304,306,307,308,310,311,313,315,320,321,322,343,411,412,414,416,673,674,675,676,677,678,679,681,682,684,686,687
		29	173,174,177,325,326,327,328,329,330,368,369,370,371,373,379,446,449,450,453,454,453,524,525,527,528,530,531,532,534,545,547,609,610,628,629
		30	189,484
		32	23,169,172,177,178,179,180,183,267
		34	36,37,499,505,506,507,509,510
		35	15,24,26,27,28,35,38,44,59,83,84,189,193,202,207,209,214,215,222,242
		36	12,13,16,218,219,220,221,222,225,226,229,234,238,244,256,257,262,270,315,370,376,382,403,404,423,428,441,449,451,473,478,483,493,494,497,499,500,502,517,525,525,526,527,530,535,538,539,540,543,549,550,551,554,555,560,564,565,570

其他名词	别称	册数	页数
米國政府		37	14,26,32,41,53,62,71,73,77,78,79,80,91,92,93,94,95,96,97,98,99,100,102,107,108,111,112,115,120,128,130,132,140,141,142,143,152,170,177,191,192,193,196,200,201,212,234,241,245,246,295,332,333,422
		38	85,86,102,106,131,175,221,222,251,283,284,545,546,547,566
		39	153
		40	311,373
		43	347
		45	173,175,210,211,212,342
		46	285,289,290,508,548,577,579,580,585,590
		47	23,301,307,308,309,500,647,648,680,690
		48	35,52,66,67,96,100,115,138,140,141,145,162,163,181,259,261,266,268,294,319,320,321,322
		49	264,279,411
		50	77,78,79,520,523,524
米國政府印刷局	アメリカ合衆國政府印刷局,アメリカ合眾國印刷局	11	555
		29	489,537,503,506
		37	8,34,40,245,256,266,277,305,307,310,330
米國政府行政及立法當局		34	508
米國赤十字社	米國赤十字,アメリカ赤十字社	20	84
		23	171,184
		25	263,314,318,497,499,507,518,523
		26	574
		27	413
		35	98
		38	557
		40	154,310,311
		42	509,510
		50	168
米國石油會社		16	607
米國船	米國汽船	27	244,251,253,255,299

其他名词	别称	册数	页数
米國船アーガス		27	339
米國船オアフ號		7	164
米國宣教師	アメリカ宣教師,米宣教師	7	173,175,176,178,222,246,252,283
		23	281,291
米國宣教師協會		16	606
米國潛水艦		27	266,272
米國船ツツィラ號		16	153
米國戰略爆擊調查團		41	386,389
米國戰畧爆擊調查部情報課長航空陸軍大尉		49	576
米國總領事		7	225
		8	80,82,83,85
米國總領事官		23	226
米國總領事館	アメリカ領事館,アメリカ合衆國總領事館,亜米利加合衆國總領事館,亜米利加領事舘	7	37,515,561
		8	63,65,74,95,97,100,102,105,116,149,162
米國第一主義		36	486
米國對外關係		35	43
米穀對策調查會		4	321
米國大使	米大使,アメリカ大使,合眾國大使	10	34,209,424,425
		11	6,20,259,404,408,409,413
		16	6,30,60,94,122,125,154,155,316,317,322,353,396,434,442,449,462,502,526,558,559,590,591,592,601,604
		17	185,266,352,393,447,549,555
		29	292,328,330,334
		36	255
		37	173,210,211
		42	211,216,220
		46	415
		47	491,633,644,645,648,696
		50	72,73
米國大使館	アメリカ合衆國大使館,アメリカ大使館,合衆國大使館,米大使館,アメリカ大使館,合眾國大使館,北	5	560
		7	2,4,23,36,41,43,44,46,49,50,77,166,183,227,241,242,249,251,252,258,272,273,280,282,283,556

其他名词	别称	册数	页数
米國大使館	平アメリカ大使館,漢口米國大使館,漢口アメリカ大使館,亜米利加大使館	8	161,165
		11	258,259,300
		16	7,34,56,57,93,95,122,127,154,156,188,502,526,558,559,591
		17	393,396,453
		25	186
		37	210,213,436
		39	224
		42	11,349
		43	276
		45	170,174,175,176
		46	397,435
		49	254
		50	103
米國大使館書記官		16	601
米國大使ヨリ外務大臣ニ宛テタル聲明書		16	321
米國大審院	合衆國大審院	29	564,583
		17	266,393,399,459,525,533,557,563,578,580
		28	454
		29	355,356,463,447,540,605
		32	267
		35	192,202,196,214,241
		36	26,52,193,217,465,469,470,482,506,507,522,523,524,532,570,572
		37	3,12,74,140,223,530
		38	186,200
		45	434,486
米國大統領	合衆國大統領,米大統領,アメリカ合眾國大統領,合眾國大統領,アメリカ合衆國大統領,亜米利加合眾國大統領,米大統,アメリカ政府合眾國大總統,亜米利加合衆國大統領,アメリカ合眾國大統領,アメリカ大統領	1	3,9,21,67,103,107,176,179,209,214,270,324,326,352,355,397,399,562,565
		2	3,4,120,136,153,155,169,170,205,227
		6	262
		10	249,466
		16	91,416,460,488,505,506,523,533
		47	243,328,644,696,697

其他名词	别称	册数	页数
米國大統領		48	70,84,176
		50	63,66
米國代表		3	33,80,88,94,105,119
米國太平洋艦隊	合眾國太平洋艦隊,亜米利加合眾國太平洋艦隊,米國艦隊,アメリカ合衆國艦隊,合衆國艦隊,米國太平洋船隊,米太平洋艦隊	13	424,587,589,590,594,597,598,607
		15	336
		17	437
		27	183,205,230,231,251,345
		35	176
		36	18
		38	22,23,24,25,26,27
		39	343
		40	341
		46	480,499,500,503,508,527
		47	304,619,623,624
		48	264
		50	99,116,117,146,147,148,160
米國太平洋艦隊司令長官	亜米利加合眾國太平洋艦隊司令長官,アメリカ合衆國太平洋艦隊司令長官	27	251,344
		50	107,117,148,160
米國太平洋艦隊司令長官参謀部	アメリカ合衆國太平洋艦隊司令長官参謀部	50	104
米國太平洋軍事基地		46	549
米國代理大使	米代理大使	16	589
		29	332
		42	30
米國チヤーチ・ミッション・スクール		7	176
米國駐華大使商務参議		6	552
米國朝鮮軍々政廳財務局		8	144
米國徵募兵		27	25
米國朝野	朝野	16	183,184,185,360,361
米國長老教會傳道使		16	228
米國長老教會派		6	554
米國長老教會病院		16	94
米國電信會社		37	231
米國傳道會社		15	395
米國傳道館		3	225

其他名词	别称	册数	页数
米穀統制委員會	米谷統制委員會	4	320,323
		35	419
米國紐育駐在財務官		43	107
米國墓所登錄部長		27	232
米國爆擊調查団	米國爆擊作戰調查所,米國爆聲效果調查團	8	502,503
		35	4,393
米國飛行士	米飛行士,米人飛行家,米國人飛行士,亜米利加人飛行士	23	298
		27	97,98,164,202,208
米國病院		7	173
米國病院船	アメリカ病院船	27	244,246,248,249,255,262
米國フィリッピン赤十字社		20	372
米國副領事		16	317
米國婦人宣教師		7	176
米國物價委員會		49	236
米國兵俘虜		25	277
米國步兵陸軍少尉		41	391
米國捕虜	亜米利加俘虜	25	222,227
米國捕虜虐待		27	414
米國南太平洋軍事基地		46	514
米國メソジスト・シツション・スクール	米國シツション・スクール	7	169,175
米國豫備海軍		24	589,597
米國豫備海軍大尉	合眾國豫備海軍大尉	27	124,125,128,133,138,145,146,148,149,167,196,199,324,340
米國豫備海軍中佐	アメリカ合衆國豫備海軍中佐	50	87,88
米國豫備役海軍大佐	亜米利加合眾國豫備役海軍大佐	27	346
米國陸海軍		48	145
米國陸海軍總司令官		36	26
米國陸軍	アメリカ陸軍,合衆國陸軍,米陸軍,米陸兵,アメリカ合衆國陸軍	17	448
		20	273,368
		22	398,434,461,465,466,482
		25	323,408
		27	93
		34	307
		36	169,366

其他名词	别　　称	册数	页　　数
米國陸軍		37	312
		40	209,210
		46	515,366,519,524,525,552
		47	62,63
		48	266
		49	593
米國陸軍 CAC 中佐		40	322
米國陸軍海岸砲隊大佐	合衆國陸軍沿岸砲兵隊大佐	27	124,183
米國陸軍極東方面軍		20	239
米國陸軍軍醫大尉		40	154
米國陸軍軍人		50	41
米國陸軍高級副官	合衆國陸軍高級副官	27	255
米國陸軍事情報部		29	79
米國陸軍省		8	35
		10	672
米國陸軍省軍事情報局		13	500
米國陸軍少佐		40	323
米國陸軍少將		37	311
米國陸軍情報部少尉		17	104
		24	474
米國陸軍司令官		50	59
米國陸軍西部太平洋方面指揮官本部	合衆國陸軍西部太平洋方面指揮官本部	27	222
米國陸軍大尉		29	68
米國陸軍大佐		6	150,151
		7	56
米國陸軍太平洋航空隊指揮官本部	合衆國陸軍太平洋航空隊指揮官本部	27	222
米國陸軍太平洋方面總司令部	合衆國陸軍太平洋方面總司令部	27	603
米國陸軍中部太平洋本部	合衆國陸軍中部太平洋本部	27	222
米國陸軍法務部	合衆國陸軍法務部	20	51
		27	613
米國陸軍步兵大佐		27	183
米國陸戰隊		25	186,222
		40	341

其他名词	别称	册数	页数
米國陸戰隊第四聯隊第一大隊B中隊		40	340
米國陸戰隊第四聯隊第三大隊K中隊		40	340
米國陸戰隊中佐		27	183
米國領事	アメリカ領事,米國領事官	5	361
		8	4,26,70
		29	287,596
		36	284
米國領事館		48	66
米國旗問題		32	238
平常取引		2	254,260,261,265
平壤府外人學校		26	49
米人協力委員會		46	549
米人倶楽部		26	546
平津作戰		5	528
平津之事		11	65
平綏鉄道	平綏線	5	598
		6	205
米総理大臣		33	18
米ソ海空軍		34	310
米ソ提攜		10	265
米大統領國務長官		16	183
		36	522
米太平洋航空路		48	277
米國政府印刷所		34	312
米内首相		29	130
米内内閣	米内々閣	10	133,138,143,144,155
		30	60
		35	100,190
		36	229
		41	59,107,114,318,342,343,344,345,347,349,350,355,371,372,393,468
		42	69,73,369,370
		43	310,313,317,320,410,473
		45	273,274
		47	95,159
		50	17,435

其他名词	别　称	册数	页　数
米内内閣書記官長		50	435
米日外交關係		5	496
		36	58,171
米日紛爭		10	640
兵備課		4	92,93
兵備局		4	93
		37	337
米比軍		39	443,445
		40	261,279,280
米飛行隊		32	459
ヘイホ		23	527,535
米砲艦ツツイラ		32	256
兵務局		4	92,93
		46	276,277,310
兵務局長		46	294
兵務局兵務課		42	449
ベイリー		37	504
米陸軍伍長		40	209
米陸軍情報部少尉		27	77
米陸相		38	11
米領事館		48	262
米領南太平洋軍事基地		46	527
ヘイル		37	502
米ロ陸軍航空隊		22	475
和平斡旋		10	116
和平運動		33	5,10,62,67,72,73,75,78,91,95,100,102,106,112,127,135,140,280
		34	433,434,437,438,439,441,443,444,449,451,453
和平運動計畫		34	451
和平救國		6	320
		33	100,130,131
		34	32,451
和平救國運動		34	451
和平救國會		33	100
平和協調主義		31	38
和平興亜		6	313
和平工作計畫		34	443

其他名词	别称	册数	页数
和平交涉		45	169
		46	348
和平抗戰		34	441
平和主義		13	169
		28	586
		30	222
		36	114
		43	322
		49	343,509
平和主義者		47	472
和平條件		33	107,108,109,110,119
平和對策		43	516
平和取引		2	260
平和に對する罪		1	39,42
和平熱		34	438
和平反共運動		33	9
和平反共建國		33	67,135,137,140,142
和平俘虜収容所		27	457
和平方策	和平ノ方案	33	4,5,119,141
和平問題		44	471
平和論		43	570
ヘウビ丸		23	133
ヘーグ控訴院評定官		2	56
ヘーグ駐劄日本公使		19	9,25,31,34
ヘーゲリズム		28	590
北平軍事分會總参謀		30	473
北平國民廢約促進會		32	71
北平分會高級参謀		30	474
北平保安隊		32	149
秘露共和國大統領		1	104,118,177,191,210,226,324,333,353,368
北京燕京大學總長	燕京大學總長	42	474,612
北京-漢口鐵道		10	596
北京興亜院聯絡部長官		32	364
北京軍監獄		26	539
北京公使館		15	331
		17	213,370
		48	355

其他名词	别　称	册数	页　数
北京公使館區域行政權		33	151
北京公使館警備員		25	230
北京市經工會學生聯合會		32	71
北京師範大學		28	259
北京政府		2	478
		3	529
		10	574
		30	175
北京大學		7	356
北京大使館		8	81,84
北京特派員		33	293
北京特務機關		31	495,497
北京內閣		2	478
北京南京政府		16	195
北京日本特務機關部		6	128
北京奉天鐵道		3	209
北京民眾運動		33	100
北京臨時政權ノ関税々率改正		16	53
北京臨時政府	臨時政府,臨時維新政府	6	273,274,275,276
		7	569
		8	157
		8	34,157,535,588,621,622,623,649
		28	292,304
		33	12,13,71,97,101,118,119,128
		43	172
		49	401,521
ベスレヘム・スチール造船會社社長		46	552
ベッサラビア返還問題		29	507
別動隊		15	314
ベツパン		24	82
聖彼得堡醫學會		1	440
ベテレル號		38	535,536,537,538,539
ベドリフス・レクッメンテリングスオルドナンティ		19	61
ベトロウ・ベイ		37	496

其他名词	别称	册数	页数
ペニエル・ミッシヨナリ・ホーム		16	115
ベニス丸		13	484
ベハー號		23	1
ヘブライ史		50	484
ヘブライズム		28	586
ヘブライ民族		50	486,487,489
ペマタンシアンタン刑務所		24	186
ベラウ分遣隊指揮官陸軍中尉		23	365,368
ヘリナ		2	201
ベルー政府		19	227
ベルギー案		29	348
白耳義國及和蘭國駐剳智利國特命全權公使		1	437
白耳義國學士院		1	109,181,216,327,357
白耳義國皇帝		1	67,103,108,176,180,209,216,270,324,327,352,357,464,563,566
		2	3,4,121,153,155
白耳義國全權委員		29	179
白耳義國駐剳メキシコ國特命全權公使		2	10,55
ベルギー人		38	561,563,564
白耳義政府	白國政府,白耳義王國政府,白國政府	3	554,560,562,565,566,570
		16	18,19
波斯チュウク語		12	512
波斯機関		30	453
波斯國皇帝	ペルシァ國皇帝	1	68,104,119,177,192,210,226,270,324,333,353,368,397,402,466,563
		2	3,10
ベルシヤ政府		29	486
ヘルボルグ號		45	490
ペルリ記念碑		41	35
ベルリン外務省		7	286,291
ベルリン政府		35	100
ベルリン大使		34	483
伯林大使館		46	35,159,192
伯林大使館參事官		46	35

其他名词	别　称	册数	页　数
伯林大使館附海軍武官		50	582
柏林中央文書局	柏林文書本部,伯林文書本部	7	304
		10	3,8,11,18,19,21,25,35,39,49,52,55,60,64,69,74,84,131,134,152,157,160,163,166,191,194,199,218,221,225,338,341,348,352,355,358,361,365,368,375,379,390,393,411,416,462,521,530,535,566,570,575,589,603,606,610,616,627,632
		11	10,203,227,230,239,262,267,295,320,324,331,371,376,384
		13	240,247,292,322,327,333,337,341,346,350,354
		17	13,19,23,35,43,53
		18	380,388,527
		28	300,477
		49	409,537,541,551,564,568,585,596,617,620,623,626,631
柏林駐在オーストリア・ハンガリー國大使		29	558,559
ベルリン駐在日本大使	伯林駐在日本國大使,伯林駐在日本大使,ベルリン駐劄日本大使	10	47,57,568,649
ベルリン駐在日本大使館	伯林日本大使館,伯林駐在大使館	13	208,210,646
伯林日本大使館書記官		47	561
ペレコプ號		14	10
ヘレニズム		28	585,586
ヘレン・リーフ水上飛行機基地		50	134
ベロー・ウッド	BELLEAU WOOD	37	488
		50	97
ベロルシヤ號		14	10
邊業銀行		2	577
ヘンザダ員警署		22	62
ペンシペンシルヴェニヤ街ノ製紙工場		20	11
變態文明		28	587

其他名词	别称	册数	页数
ヘンダスン		2	202
ベンテング・ペルワンガン・ジャワ		19	446
ベンボー		2	176

ホ

其他名词	别称	册数	页数
保安衛生部		4	90
保安隊		28	337
ボイコット	ボイコット	2	394,432,599,600,606,607,608,609,610,611,612,613,614,615,617,618,633,634,654
ホインチョ収容所		25	531
ポイント俘虜収容所		22	278
ホウィネ・ブレインズ		37	495
防衛課		4	92,93
		46	287
防衛義勇軍		19	403,469
貿易及關係産業		35	403,405
貿易業者金融梗塞對策		15	240
貿易許可制々定ノ企圖		16	264
貿易局長官(泰國)		2	320
貿易省		28	464
貿易制限政策		42	160
貿易杜絶ニ關スル問題		15	191
法王廳		50	187,189,190,504,505,507,508
報恩奉仕		19	266
妨害運動		16	445
反共	反共産主義,防共,反共和平,防共提攜	7	303
		30	166
		32	55,224
		33	7,6,17,18,22,41,59,62,96,98,99,124,240,254,255,256,257,298
		34	35
		42	599,606,608
		43	172,303
		45	322
		46	24,25
		47	171

其他名词	别称	册数	页数
反共		49	352,365,376,403,407,477,483,502,503,523
防共協定	共産インターナショナルニ對スル協定	49	343,352,502,508,601
		50	62,347,449,454,547,548,549
防共共同防衛		6	278
防共軍事同盟		45	326
防共自治政府		6	289
防共主義		31	600
防共親日滿政權		8	624
防共政策		6	289
		29	8
		42	249,251,364
		49	616
防共ト民眾教育トノ道義的精神		13	90
防共盟邦		32	55
防空委員會		32	204
防空下命		15	181
防空局		4	18,20
防空研究所		4	21
防空總本部		4	438
封建制度		34	383
報國會		23	376,377
亡國條件		33	112
奉山線		45	60,62,63
奉山鐵路局		32	36
奉山北寧鐵路		32	37
報知新聞		5	474
鳳翔		32	211
		38	65
暴支膺懲		6	263
		47	177
蕃人		6	554
法制局		2	572,574
		4	87
		44	217,469
法制局參事官	法制局參事官	6	39
		10	260,282

其他名词	别称	册数	页数
法制局參事官		17	253
法制局長官		6	39
		10	260,282
		17	253,471,477
		41	423
法制審議會		4	276,278
法制整備委員會		31	93
法政大學		4	620
		31	87
蕃族		6	552,553
豐臺日本兵營		31	473
鳳台俘虜收容所	フェンタイ俘虜収容所	25	186,211
報知		11	232
		43	194
法治		34	380
防諜委員會		4	89
奉天葵町官舍		30	366
奉天アメンリカ領事館	アメンリカ領事館,滿洲奉天アメリカ總領事館	7	480,481
奉天王以哲旅		32	553
奉天海龍城	奉天海龍鐵道	2	448,470,478
奉天官憲		47	714,719
奉天吉林鐵道		41	193
奉天居留民會長		42	402,406
奉天軍	奉天部隊	12	156,601
		41	169
		42	557
奉天憲兵隊		44	420
奉天航空工廠		5	644
奉天工場		11	541
奉天山海關鐵道		30	491
奉天自治指導部		2	566
奉天市長		2	556
		42	401
		45	515
奉天事務所		6	104
奉天事務所長		42	402
奉天守備隊長		11	533

其他名词	别称	册数	页数
奉天省假政府		30	439
奉天商議會頭		42	402
奉天商議書記長		42	402
奉天省財政顧問鮮銀理事		42	402
奉天省省長		2	558
奉天省政府		30	329,392
奉天省政府最高顧問		30	324
奉天省政府財政廳長兼秘書長		42	401
奉天省政府地方自治指導部長		42	401,405
奉天省政府秘書		42	401
奉天省總務廳長		30	325
奉天省督軍		2	439
奉天新聞社長		42	402,407
奉天政府	奉天政權	2	468
		30	428
奉天總領事館	奉天總領事	7	480,557
		30	396
		42	401
奉天地方維持委員會		2	581
奉天中國正規兵		44	445
奉天駐屯地司令官		30	384
奉天通信局長		42	404
奉天特務機關	奉天特務機開,奉特	2	392,520
		30	370
		31	40
		32	558
		41	169,171,175
		42	561
		45	34,42,66
奉天特務機關長		32	555
		41	169,175,209
		42	579
奉天獨立守備隊		28	157,171
		42	557
奉天獨立守備隊第三中隊		28	157,171
奉天獨立守備第二大隊		32	554,557

其他名词	别　称	册数	页　数
奉天獨立守備步兵第二大隊長	獨立守備步兵第二大隊長	30	361,366,380,384
奉天圖書館長		42	402
奉天取引所專務交代		42	395
奉天日々新聞		6	28,30
奉天日本特務機関長		11	533,543
奉天派		42	571
奉天俘虜收容所長		40	94,168,323
奉天俘虜收容米國人聯絡總長		40	323
奉天俘虜収容所	奉天俘虜收容所,奉天収容所	22	488
		25	167,175,177,178,232,266,271,287,418
		40	59,94,96,98,101,108,109,185,293,294,324,325,340,341
		42	506,512
奉天分隊		44	420
奉天兵器廠		26	578
奉天兵工廠		32	551
		42	555
奉天米國總領事館		7	563,564
奉天ムクテン俘虜収容所	滿洲奉天俘虜收容所	39	414
奉天陸軍特務機關		32	560
奉天陸軍病院		40	98,101,295,324
奉天領事		15	620
		42	410
		47	450
報道取扱ヒニツキ留意		15	225
報道部		11	22
奉派		30	263
報福丸		22	530,533,534,535
蚌埠飛行場		6	447
邦文		47	110
法幣崩落		45	329,333
豐滿ダム		8	420
法務官總務部		5	153
法務部		44	70,76,77,82,198,199
法務局		4	92,93

其他名词	别称	册数	页数
法務局		17	391
		37	337,338
		44	8
		46	310
法務局戰爭犯罪部		20	326
法務局長事務所軍務課法務部員少佐		24	360
亡命國政府		36	387
亡命露人聯盟		2	575
亡命露人	亡命ロ人	11	535,536,537,538,539
		12	519,520,527
法理主義		35	30,31,34
法律局辯護部管理將校		38	524
暴利取締令		14	430
法令全書		41	482
ボエイ.グロトック監獄		25	337
浦越飛行場		6	467
ボーアン初等學校		20	161
ボーアン天主教々會		20	161
ボーウエン・ロード病院	ボーウエン・ロート病院	22	281,300,342,345
ホーカジャテ第三収容所		25	186
ボーグ		37	489
ホーテン俘虜収容所		25	269
ポート・ブレア首席特務官事務所		22	355,357
ボードナアー高等學校別館		20	64
ボートモレスビーノ上陸作戰		13	528
ボートモレスビイ防備軍		13	546
ホーネット	HORNET	37	486
		50	94,95,97,99
ホープ		27	244,245,246,248
ホーフヴェイル收容所		20	21
ホーブウェル		37	502
ポープ號		25	437
ホープ大學名譽總長		1	435
波蘭共和國大統領	ポーランド共和國大統領,ポーランド合眾國大統領,	1	270,466,563,571

其他名词	别称	册数	页数
波蘭共和國大統領		2	3,11,153,157
波蘭軍隊		29	504
ポーランド元帥		42	384
ポーランド語		42	385
ポーランド公使		42	384
ポーランド國赤十字社中央事務局長		2	57
波國参謀部		12	497
波蘭國民		29	503
ポーランド出征		10	1
ポーランド人		42	384
波國政府		46	229
波蘭政府		29	503
ポーランド政府外務大臣		42	384
波蘭大使		49	255
ボールティモーア		2	201
ホーレ・スムート		36	340
補給大隊收容所		23	461
保境安民主義	保境安民思想	30	333
		42	569,570,571
暮行政簡素化		41	471
北歐戰爭		28	618
ホクサ		27	327
ボクサー		37	487
北支阿片協會		8	20
北支開発會社中支振興會社		32	509,510
北支那開發株式會社総裁	北支開發株式公社総裁	43	47,130
北支官憲		16	252
北支機會均等主義		31	583
北支軍参謀長		6	99
北支經濟開發		8	586
北支五省自治運動	北支自治運動	6	204,267
北支在留邦人		48	16
北支産業		32	513
北支自治		5	580
		33	178

其他名词	别称	册数	页数
北支事変總動員業務委員會		4	451
北支處理方針乙		42	242
北支新政権	北支新政府	8	621
		16	69
北支政権	北支自治政権	5	505,512,590,601,608
		6	208
		7	496,497
		8	621,628,632
		13	93
		42	242,255
		47	289,290
北支政權交通部		6	208
北支政務整理委員長		31	599
北支中支新政權		8	536
北支方面軍		32	403
北支那方面軍軍律會議検察官		26	539
北支那方面軍刑務所		26	539
北支方面軍參謀		39	278
北支方面軍參謀副長		45	259
北支那方面軍司令官	北支軍司令官,北支駐屯軍司令官	30	84
		32	479,480
		42	423,424
		44	356
		49	28
北支那方面軍司令部	北支軍司令部,北支日本軍司令部	8	34,35,75
		14	105
		32	364
北支駐屯米軍		38	11
北支鉄道		6	208
北支那及中支那振興株式會社		10	595
北支開發株式會社	北支開發會社	4	329,354,389,429,430,431,453,518,538
		8	537,564,570,575,569,572,577,586,608
		14	215,328

其他名词	别称	册数	页数
北支開發株式會社		32	479,509,510
		43	39
		43	13,34,37,39,40,41,62,108,114,115,116
華北派遣軍	北支那方面軍,北支軍,北支派遣軍,北支駐屯軍,北支那駐屯軍,北支方面軍,華北駐屯軍	4	407
		6	160,207
		8	621
		14	93
		28	278
		31	46,483,484,515,516,587,593
		33	274
		42	120,121,123,124,128,209,442,475
		45	114,259
北支日本陸軍代表團		45	143
北支幣制		6	273,274
北支每日ニュース		16	229
北支人	北支民衆	5	601,602,608,609
		29	99
北支問題		29	95
		31	52
		42	136,188,192,228,255,585
		45	114,117
		49	347
北上抗日		33	190,194,219
北上抗日隊	北上抗日先鋒隊,紅軍北上抗日先鋒隊	33	162,164,165,194,195,200
北進案		43	345
北進大陸策		43	198
北淸鐵路局		31	535
北大營		30	351,362,363,366,367,380,381,384,385,402,550,553,554
		32	558
		42	390,391,393,394,395,396,397,398,400,560,561,563
		43	189
		45	42,43,44,66
北大營支那軍指揮官		2	517
北鐵讓渡		46	428,429

其他名词	别称	册数	页数
北東方面艦隊		4	195
北寧驛局長		6	128
北寧線		30	456
北寧鐵道局		31	473
北寧鐵路	北寧鐵道	6	127,204,205
北寧鐵路局長		5	534,535
北伐		2	427,443
		32	90
		41	14
		47	231
北伐軍		2	427
北伐遂行		33	155
北部印度支那釀造製氷會社支配人		27	498
北部軍		44	50
北部憲兵隊司令官		44	48,50,53
北部憲兵隊司令部		44	46,47,50
北部司令部除隊所		24	584
北部長老傳道團		7	85
北平學生聯合會		33	172
北米合衆國		48	293
北米合眾國外交部		42	11
北平漢口鐵道		8	14
北平市憲兵司令部		7	363
北平市政府	北平政府	8	29,48
北平支那憲兵隊		28	337
北平市貝滿中等學校		7	369
北平師範大學		33	172
北平政務整理委員會		28	338
北平大使館		7	167,559
北平特務機關		8	34,621
北平奉天鐵道	北平奉天線	2	443,448,474,478,479,522,541,555,570
北滿經略		45	81
北滿鉄道	北滿鐵道,北満鐵道,北鐵	8	262,263,264,265,266,267,268,270,271,272,273,275,287
		12	519
		13	80,166,170

其他名词	别　称	册数	页　数
北満鉄道		31	593
		42	96,97,157,174,175
		47	373,571
		50	407
北洋軍閥		2	415
北洋大臣		31	531,532
北洋大臣直隷總督一等肅毅伯		29	146
北陸地方民政黨員總會		30	295
北陵鐵道遮斷問題		30	275
睦鄰友好、共同防共、経済提攜ノ三原則		33	23
ボゲス號		50	103
保健委員會		6	304
保險衛生省		42	201,202
保健衛生調查會		4	320
保健省		28	464
保甲組		8	60
保甲制度		44	362
保護觀察所		4	81
ボシエト國境警備分遣隊	ボシエット國境警備分遣隊	13	18,20,52
保守黨		10	636
保守黨内閣		47	312,313
保障制度		35	72
浦城飛行場		6	465,466
ポスッマ部隊		23	424
牡丹江鉄橋		12	141
牡丹江部隊		12	601
ホタント・ベイ		37	495
ホッカー機		46	573
ホッカー水上機		46	575
北海道札幌勞働基準監督事務局長		50	385
北海道廳		3	624
北海道廳長官		44	44
北海道府縣區域トスル信用組合聯合會		35	422
北光駐屯隊		27	487

其他名词	别称	册数	页数
北光丸		34	436,439,462,466
ポツダム宣誓		43	523
北方軍閥同盟		2	443
北方航路		13	591,592
北方政權		41	208
北方問題		34	168,170,171,172,173
		49	411
北方柳條湖分遣隊兵舍		30	549
浦東抑留者收留所		25	210
浦東収容所	浦東抑留所,プートン収容所	25	174,176,261
		26	526,651
ポドーゴールナヤ國境警備哨長		50	284
ポドゴルナヤ哨所長		50	289
ポナペ分遣隊		50	112,127
補任課		4	92
ボネ・フイルジアン隊		27	486
ホノルル時間		17	430
ホノルル駐在帝國領事		13	589
ホバート		46	560
步兵學校研究部		4	515
步兵師團		15	340
步兵第一旅團		4	528,529,532
步兵第一聯隊		4	405,516,528,529
步兵第九旅團		4	243
步兵第五十一聯隊		4	363
步兵第五十五聯隊		41	355
步兵第五旅團長		12	165
步兵第三十九聯隊		4	374
步兵第三十五旅团		4	375
步兵第三十三聯隊		4	308
步兵第三十聯隊		4	360,361
步兵第三聯隊		4	242,531
步兵第十五聯隊		4	239,240
步兵第十八聯隊		4	490
步兵第十六聯隊		4	361
步兵第十六聯隊長		30	397
步兵第七十二聯隊		4	402,403,404

其他名词	别称	册数	页数
步兵第二十九聯隊		30	360,384
步兵第二十九聯隊長		12	169
步兵第二十五聯隊		4	241
步兵第廿二聯隊		4	374
步兵第二十八旅團		4	240
步兵第二十四旅團		4	517
步兵第二聯隊		4	362
步兵第八旅团		4	234
步兵第四十七聯隊		4	307
步兵第四十八聯隊		4	492,514
步兵第四聯隊		4	305,306
步兵第六十三聯隊		30	556
步兵第六聯隊		4	372,373
步兵第二十三聯隊		12	222
步兵四師		12	116
ホペヴァレー収容所	比律賓パナイ島カピッ州タパッ附近	20	225
ボムベイ日本船舶會		49	167
ホモク部落		13	20
ホランデイア		37	498
崛井部隊	崛井隊	13	451,483,484
ボリヴィア共和國大統領		1	103,176,181,209,216,270,324,327,352,357,563,566
		2	3,5
ボリシェウィキー	ボルセービキ	44	324,325
		50	222
ポリュックス		2	202
俘虜収容所	俘虜收容所	4	53
		41	262,281
俘虜収容所令		4	52,53
捕虜收容所病院		22	24
俘虜情報部		4	92
ボルシヴィクパルチザン		43	188
ボルシェヴィキ		33	247
ボルシェヴィズム		19	187
		49	259
ボルシェビキ		11	548,553
ボルシェビキイ政府	ボルシェビキ政權	11	551,552

其他名词	别称	册数	页数
ポルズイク工場		10	505
ポルタオーブランス組合	ポルトーブランス組合	1	115,187,222,331,364
ポルトガル共和國大統領		1	270,466,563,571
		2	3,11
葡萄牙共和國大統領		2	124
葡萄牙國軍隊		24	264
葡萄牙語		24	281
葡萄牙國及アルガルヴ皇帝		1	68,104,120,177,192,210,226,270,324,334,353,368,398,402
ポルトガル國國際聯盟局長		1	571
葡萄牙首相		29	516
ボルトガル人		24	199,200,216,261,262,264,265,268,281
葡萄牙大使		29	517,518
葡萄牙兵士		24	264,265
ボルネオ英領守備軍		41	262
ボルネオ原住民		23	68
ボルネオ號		42	517
ボルネオ新聞		23	277,345
ボルネオ俘虜収容所		25	560
ボルネオ俘虜收容部隊	ボルネオ俘虜收容隊	23	28,59,66
ボロシロフ市第一軍司令部偵察報告		13	56
ホロ派遣隊		24	505
ボロング收容所		24	294
ホワイト-濠洲空軍		23	440
浦和陸軍糧秣支廠		30	338
ボン・ホム・リチアード		37	487
本X湖特殊鋼株式會社		9	77
ボンがワン療養所		23	554
本溪湖煤鐵公司		8	310,413
本湖鐵公司		8	375
香港海軍義勇兵		22	328
香港義勇隊		22	300,309
香港義勇防衛隊野戰病院		22	301
香港義勇防禦團		22	337
香港上海銀行		22	296
		25	257

其他名词	别称	册数	页数
香港新嘉坡王國炮兵隊		22	300
香港スタンレイ・メリイノール傳道館		22	276
香港スタンレー監獄		22	318
香港政長廳		22	296
香港占領地總督部		25	637
香港總督		11	629
香港総督部		26	196
香港總領事		39	221
香港大學		22	300
香港特派大使	香港大使	50	69,72,73
香港俘虜収容所		26	575,611
		50	176
香港防備義勇軍		22	274,276
香港丸乘組		4	413
香港野戰病院		22	277,316
香港抑留者		26	567
香港陸軍中央藥品貯藏所		16	251
ポンチャナック海軍守備隊司令海軍少佐		23	375
ボンチャナック刑務所		23	338
ボンチャナック臨時軍法會議代理法務官		23	326,344
ボンチャナック臨時軍法會議豫審委員		23	338,341,372
ホンヂュラス國政府		38	566
ポンティアナック華僑統制會長		23	346,347
ポンティアナック市役所第一助役		23	348
ポンティアナック市役所第二助役		23	348
ポンティアナック州知事廳視學官教育係長		23	347
ポンティアナック州知事廳司法係長		23	347
ポンティアナック州知事廳書庫係長		23	348,350

其他名词	别称	册数	页数
ポンティアナック州知事廳總務係秘書長		23	348
ポンティアナック精神病院長		23	348
ポンテイアナックノ海軍		23	355
ポンティアナワク海軍00隊		23	345
ホンドウラス人		38	561
本土決戰		43	488,514,524,542
本土決戰論		43	568
ポンド大隊		22	139,157,158
本邦築城史編纂委員會		4	519
翻訳局		37	25
マ			
マーカス島基地		50	135
マーカス島分遣隊		50	135
マーグイ學校		22	244
マーシーシップ		27	253
マーシャル・ソールト		2	204
マータードロロサ		24	83,104
マーチソン俘虜収容所		24	642
馬頭鎮飛行場		6	469
マーフイ収容所		20	39
マイコープ	マイコープ號	14	49,57,58
舞鶴憲兵隊		44	46,47,49,50,51
毎日新聞北平支局長		31	609
前田會社		25	464,465
前田檢舉		10	137
前田鉄工所		25	455
澳門知事		1	466,556
マカッサー		37	497
マカッサル俘虜収容所		24	361,362
マカッサル臨時軍法會議附法務官戰犯調查擔當辯護士		23	619,622
マカロニ工廠		31	417
マギエ丸		24	537
マキン・アイランド		37	497
眞崎内閣		17	280,294

其他名词	别称	册数	页数
政民聯立内閣		43	199
マサルモ主義		15	489
マじヤ開発委員會		43	130
マシュミ		19	426,430
麻醉劑	麻薬品,麻醉藥	8	4,5,13,14,21,26,50,51,68,69,70,73,74,78,82,91,102,104,116,117,132,139,142,144,148,150,165
麻醉劑取締政策		8	143
麻醉政策		8	13,68
麻醉藥常用者		8	132,133
マタニコウ		37	498
松井軍		6	164,176
松井兵团		15	313
松江丸		13	467,476,486,561,564,565,566,574,575
松岡外務大臣時代歸朝命令		32	97
松尾支隊		15	313
マッカーサー幕僚部		49	416
マッキンレー抑留所		39	379
マック・キアラ		37	503
マック・クック		37	503
マック・ラナハン		37	504
マックギイル大學		22	296
マッケンジー		37	502
マッケンジー波止場		17	408
マツコイ抑留所		26	315,587
松崎第三大隊		32	375
松澤病院副院長		47	121,131
マッチ工場		22	98
松本樓		49	634,635
マドア人		24	648
馬當閉塡線		6	524
マドックス		37	502
マドラ人		23	347
マドラス政廳書記官長		1	400
マドロー號		45	490
マナド方面憲兵隊		24	303

其他名词	别称	册数	页数
マニュエル農園		20	27,32
マニラ・カシードラル		20	125,126,127
マニラ・ベイ		37	494
マニラ解放		20	419
マニラ軍事委員會	馬尼剌軍事委員會,マニラ軍事查問委員會	20	123,133,384,394,400,427
マニラ軍司令官		39	272
マニラ市民		39	444
マニラ首都員警長官		20	417
マニラ收容所		50	527
マニラ大學		38	562
マニラ第三船舶輸送司令官		39	203
マニラ帝國総領事館		26	599
マニラ俘虜收容所病院		22	533
マニラ防衛司令部		39	445
マニラホテル		20	340
マメリカ合衆國對華軍事使節團アミスカ		49	415
豆類公買		2	447
麻藥業者		2	504
麻藥局		7	437
麻藥原料生產制限準備委員會問題		7	500
麻藥常習者	麻藥常用者	8	14,163
マライ攻擊		13	441
馬來志願兵隊		22	199
馬來政府		46	560
馬來聯邦義勇軍		27	3
マリウポリ號		14	63
マリノール傳道館		22	311
マリヤナ諸島方面合眾國太平洋艦隊司令官		27	222
マリユーポリ號		34	247
丸亀中學校		13	482
マルキシズム		28	596,609
		47	235
マルタン將官		11	177

其他名词	别称	册数	页数
マルチン爆撃機		46	572,573
マルディ地方官吏		23	280
マルヌ		2	202
馬來軍拘留所		42	536
馬來人	馬來市民	14	46
		23	70,369,370
		25	197
		46	552
馬來俘虜收容所		25	560
マレー語	馬來語	23	81,98,343,356,373,464,481,483,609,620,623,624,626
		24	143,221,254,256,367,368,438,447,450,454,455
マレー人		23	194
マレー俘虜收容所	馬來俘虜收容所	39	299,300,313,319,322,334
マレー俘虜收容所長	馬來俘虜收容所長	39	300,315,334
		42	536,537
マロス飛行場		20	49
		24	341
マロス丸		22	508
滿漢系		31	204
滿騎兵部隊		50	337,376,377,378
滿軍顧問		44	398
滿系幹部		44	400
滿系官吏	滿人官吏	41	400
滿系次長		41	400
滿航工廠		8	360
マンザナー集團生活所		26	592,595
滿洲鴉片專要局	滿洲國阿片專賣局	7	538,539
滿州移住協會		11	643
滿洲移民		15	201
滿洲移民政策		15	168,253
滿洲塩業株式會社	滿洲塩業,滿洲塩業會社	8	288,315,330,334,339,352
滿洲鉛鑛會社		8	316
滿洲海運業界		2	448
滿洲海關		5	622,623
滿洲外交部長		3	180
滿洲開拓委員會		31	66

其他名词	别称	册数	页数
滿洲開拓民		15	220
滿洲開發		2	434
滿洲獲得準備		14	124
滿洲併合論		49	469
滿洲官憲		15	627
滿洲舊政權		2	586
滿洲行政學會		31	278
滿軍	滿洲軍,滿洲國軍,滿洲國軍,滿洲國軍隊,滿國軍,滿部隊,滿軍騎兵,滿軍隊,滿州兵,滿洲國兵	2	438,531,543,545,592
		5	511
		7	444,450,451,535
		12	266,267,269,270,402,405
		28	158,171
		30	490,491,492,493,495
		31	69
		33	283,284,413
		34	20,44,115,143
		40	522,523
		41	78,159
		42	112
		43	200
		44	394,395,396,398,399,400,401,402
		47	704
		49	302,303,304,308,321,439
		50	335,337,339,355,376,384,563,564
滿洲軍事基地		12	489
滿州軍事根據地		11	534
滿洲軍政ノ指針		44	403
滿洲軍ロシヤ部隊		12	477
滿洲計器股份有限公司		8	292
滿洲軽金屬株式會社	滿洲軽金屬會社,滿洲軽金屬合同社	8	290,313,315,414
滿洲建國		6	219,220,222
		30	333,353,469
		32	568,569
滿洲憲兵司令部		44	420
滿洲語		31	390
滿洲鑛業開發株式會社	滿洲鉱業開發會社	8	290,396
滿洲工業開發株式會社		14	327

其他名词	别　称	册数	页　数
滿洲興業銀行		14	318
滿洲航空會社	滿洲航空株式會社	5	643,644
		8	246,287
滿洲工作機械株式會社	滿洲工作機械	26	23,24,25,26,27,28,31,32,33,34,35,37
		40	167
		44	222
滿洲工作機械株式會社炊事場		40	343
滿洲工作機械株式會社俘虜勞務課長		40	345
滿洲合成燃料會社		8	416
滿洲弘報協會		6	27
滿洲國阿片政策		7	558
滿洲國鴉片專賣	滿州鴉片專賣	7	536
滿州國鴉片專賣管理	滿洲國阿片獨占的管理,滿洲國阿片獨占管理	7	536,555,556
滿洲國阿片專賣續報		7	561
滿洲國阿片段禁協會參事		40	483
滿洲國及北支生產力擴充計畫		14	470
滿洲國概觀		2	569,579
滿洲國外交部		2	569,579
		15	620
		40	509
滿洲國外交部次長		10	165
滿洲國外交部部員		27	627
滿洲國關係官		15	99,100
滿洲國關係企業		32	481
滿洲國官憲	滿洲官憲,清朝官府	2	439,444,445,456,504,583,586
		6	27
		47	700,701,706,707,708,711
滿州國監察院長		11	534
滿洲國監察官		50	564
滿洲國監視部隊		34	19
滿洲國吉黑權運署	吉黑權運署	7	460,469
滿洲國騎兵國境監視官		50	559
滿洲國共同防衛		49	321

其他名词	别　称	册数	页　数
滿洲國禁煙總局		40	483
滿洲國軍政部最高顧問		42	579
滿洲國軍統帥部		50	292,296
滿州國軍ノ第三十二騎兵聯隊		13	56
滿洲國員警		34	199
滿洲國元	滿洲元,滿洲國圓	49	229,230,231,232,235,237
滿洲國厚生省阿片管理部		8	159
滿洲國交通部		2	579,586
滿洲帝國皇帝	執政滿洲帝國皇帝,滿洲國皇帝,滿洲國皇帝,滿洲皇帝	5	90,681,682,683,684
		12	178
		31	179,200
		41	19
		45	274
		49	302,308
滿洲國國務總理	滿洲國政府國務總理,滿洲帝國國務總理	5	682,683,684,685,686
		6	48
		44	448
滿洲國國務總理大臣		14	501,513,516
滿州國在勤帝國大使館		4	309
滿洲國財政部		2	584
滿洲國財政部總長		2	578
滿洲國裁判所		31	445,454
滿洲國參議		6	52,53
滿洲國參議員		10	165
滿洲國執政		2	409
		6	48,50
		30	357
滿洲國司法部		31	353
滿洲國政府	滿洲政府,滿洲政府,滿洲政權,滿洲帝國政府,滿洲國政府機關,滿洲國帝國政府,滿洲國政府,滿洲國中央政府,滿洲中央政府,滿洲國當局	2	438,569,573,574,577,578,582,583,584,585,586,587,588,590,596,599
		3	172,180,182,183,463,464,485
		5	70,632,634,653,666,667,672,673,700,702
		6	2,7,8,9,10,12,17,24,25,26,42,48,56,57,59
		7	457,476,484,493,506,517,518,537,558

其他名词	别称	册数	页数
滿洲國政府		8	107,173,234,235,261,263,265,266,268,277,304,313,328,335,336,341,368,375,393,440,450,451,453,479,489,638,646
		11	561,566
		12	175,624,550,599
		13	32,114,116,117
		14	172,318,327,419,499,500,502,511,512,513,514,520,521,522
		15	604
		16	607,609,610
		17	363
		28	362
		30	490,492,493,494,571,572,579,581
		31	65,70,71,72,77,232,266,305,307,310,327,328,330,332,333,334,347,348,349,380,383,385,387,390,394,395,397,430,431,434,440,441,444,446,447,448,449,450,454,455,456,457,459,460,596
		32	42
		33	353,358,361
		34	45,74,114
		40	483,486,488,516
		41	171,200
		42	416,605
		44	332,334,335,336,363,366,447,448
		47	573
		48	141
		49	35,303,314,321,322
		50	248,278,354
滿洲國政府軍政部		30	492
滿洲國政府建國公債		7	457
滿洲國政府興農部農產司長		49	320
滿洲國政府公報		8	276,277,278,279,284,299,300
滿洲國政府國道局		44	363
滿州國政府總務長官	滿洲國政府總務長官,滿洲國總務長官	11	568
		34	80

其他名词	别　称	册数	页　数
滿州國政府總務長官		44	334,336,448
		49	35,309
滿洲國政府法制處参事官		31	294
滿洲國赤十字社		40	294
滿洲國專賣局		7	486,487
		8	141
滿洲國總務廳		31	307,383
滿州國総理		11	538
滿洲國總理大臣		44	334
滿洲國大使	滿大使	43	237
		50	69,72,73
滿洲國大同學院教授		49	313
滿洲國駐剳特命全權大使滿洲國々務總理大臣相互協議		14	522
滿洲國駐剳日本帝國特命全權大使		14	501,513,516
滿洲國通貨		31	341
		6	28,29
滿洲國通信社		47	120
滿洲國獨立	滿洲獨立	3	372,375
		6	638
滿洲國獨立史		2	557,569
滿洲國內政部	滿州國內政部	7	471
		11	535
滿洲國日本大使		30	61
滿洲國年鑑會社	滿洲國年鑑出版社,滿洲年鑑出版株式會社	31	189,220,222,276,340,343
滿洲國武裝員警官	滿洲國員警官	2	584
滿洲國法制局		31	77
滿洲國法制研究會		31	266,278
滿洲國法令		15	621
滿洲國務総理		12	491
滿洲國郵便局		8	431,441,442
滿洲國陸海軍軍備		47	326
滿洲國陸軍		3	463
滿洲國領事		42	65
滿洲國領事官員		34	194

其他名词	别称	册数	页数
滿洲國臨時產業調查局		31	393
滿洲五ヶ年計畫	滿洲五カ年計畫	8	306,375
滿洲國家組織		5	631
滿洲採金株式會社		8	289
滿洲產業開發會社		8	443,444,478
滿洲產業開發計畫		8	372
滿洲產業五ヶ年計畫	滿洲產業五箇年計畫	14	379,386,387
滿洲事情案內所		6	28,29
滿洲自動車株式會社		26	26,28,29,33,34
滿洲事變	滿洲事变	14	127,131,132,165,172,173,175,176,177,178,179,182,331,490
		38	490,494
滿洲事變史編纂委員		45	39
滿洲事變史編纂主任		45	35
滿洲司法協會		31	294
對滿事務局官制	滿州事務局	4	32,33,36,38,39,42
滿洲重工業會社	滿洲重工業株式會社,滿洲重工業開發株式會社,滿重,滿洲重工業開發會社	8	394,442,462
		11	566
		14	215
		31	72,366,392,397,429,436,438
		44	332
滿洲住民	滿洲國住民	2	589,594
		3	542,543
		44	366
		50	243
滿洲條約港		2	583
滿洲植民		2	495,626
滿人	滿洲人民,滿洲民,滿洲國民,滿洲臣民,滿人,滿洲國人民,滿洲國臣民,滿州國民,滿洲人,滿洲國人,滿邦人,滿系,滿洲人	2	435,438,567,591,595,596,597,632
		3	481
		6	2,3,72,76
		8	460,462
		11	564
		12	171,173,175,322,547,602
		30	356,362
		31	6,7,28,70,71,82,83,85,86,87,88,89,90,94,99,356,360,361,364,365,372,436,440,594,595
		34	114,119

其他名词	别称	册数	页数
满人		40	168
		41	15,40,171,400,402,403,407,408,411,412
		42	566
		44	402,574
		50	563
滿洲人教會		31	361
滿洲新京關東軍司令官部作戰室	滿洲,新京關東軍司令官部作戰室	34	93,95
滿洲進出		32	567
滿洲新政權		5	625
滿洲人の滿洲		44	574,575
滿洲政權		8	525
		28	10,13,20,60,62,69
		41	89
滿洲製鐵株式會社		31	429
滿洲製鐵所		5	613,614
滿洲青年聯盟	青年聯盟,滿洲青年聯盟	5	617
		30	330,331,332,333
滿洲石油會社	滿洲石油株式會社	3	182,183
		8	290
滿洲石油問題		16	609
滿洲曹達會社		8	316
滿洲第五軍司令官		15	116
滿洲第四軍司令官		12	204
滿洲第四三五八部隊		32	464
滿洲大陸鐵道司令官		34	88
滿州拓殖委員會		4	353,354,518,519
滿洲拓植株式會社	滿洲拓植公社,滿洲拓植會社	8	194,288
		14	129
滿洲炭礦株式會社	滿洲炭礦會社,滿洲炭鑛會社	8	289,294,313,414
滿洲中央銀行		8	253
		14	318,428
		28	461
		31	340,343
滿洲中央銀行役員		30	584
滿洲駐劄特命全權大使		44	44

其他名词	别称	册数	页数
滿洲駐屯軍司令官		5	494
滿洲駐屯獨立守備步兵第二大隊長		30	461
滿洲朝		2	438,439
滿洲帝國		35	80
滿洲帝國外交部大臣		6	5,7,8,9,10,11,17
		14	521
滿洲帝國全權委員		34	68,75
滿洲帝國駐劄大日本帝國特命全權大使		6	5,7,8,9,10,11,17
滿洲帝國白系露人事務總局	亡命露人事務総局,滿洲白系露人事務總局,白系亡命露人事務局,ベーェルェーェム	11	535,536,539
		12	177,467,474,481,489,493,533,597
		50	243
滿洲帝國年報		31	390
滿洲帝國哈爾賓航政局		31	16
滿洲鐵道	滿鐵,滿鉄,滿鐵,滿鐵會社,滿洲鐵道組,南滿鐵道株式會社,滿鐵路,滿洲鐵道,南滿州鐵道株式會社,南滿洲鐵道株式會社,南滿洲鉄道株式會社,南滿洲鐵道會社,南滿洲鐵道,南滿鐵道,滿鐵線路,滿鐵鐵道線路	4	386,387,388,389
		5	455,457,459,460,492,494,495,497,512,614,616,623,637,638,639,640,641,643,644
		6	2,3,8,9,13,25,27,32,55,56,57,59,61,104,111,203,205,206,215,600
		8	203,204,206,286,289,328,329,320,324,337,338,376,392,340,396,415,416,417,425,429,430,431,433,440,442,443,455,456,459,479,480,494
		11	644
		12	107,108,148,168,360,549
		13	73
		15	453,456
		16	608
		28	9,45,46,59,60,94,279,309,353,480
		30	72,153,253,286,294,311,315,320,327,328,348,349,350,351,352,361,362,378,379,380,381,383,385,386,389,390,392,395,396,397,401,403,404,405,406,408,414,429,430,435,437,438,440,441,464,498,543,544,548,549

其他名词	别称	册数	页数
滿洲鐵道		31	72,77,256,364,392,393,394,398,456
		32	36,551,552,556,557,558,561
		41	171
		42	402,409,411,412,560
		45	21,42,43,46,47,50,52,53,61,62,63,66,71,495
		47	453
		49	226,240
滿洲鉄道附屬地行政權		32	44
滿洲鐵道問題研究		2	469
滿洲電業		8	330,334,338,339
滿洲電業株式會社		31	436
滿洲電業股份有限公司		8	290
滿洲電信電話株式會社		8	287,425
滿州東寧第一國境守備隊長		32	422
滿洲東寧駐屯步兵第十四聯隊聯隊長		47	228
滿洲獨立運動		3	485
		5	630
滿洲土著民		2	496
滿洲屯墾部隊		30	347
滿洲ニ於ケル軍需品製造工業擴充ノ目途		14	385
滿洲日々新聞		6	28,29
滿洲派遣軍		5	218
滿洲飛行機會社		34	512,514
滿洲飛行機製造株式會社		26	26,28,29,32,33,34
滿洲秘書官		44	354
滿洲部隊		14	129
滿洲方面参謀後京城師管區参謀長		32	374
滿洲牡丹江第三軍参謀長		47	228
滿洲民族		2	596
		5	676
滿洲棉花股份有限公司		8	288
滿洲蒙古部隊		14	146

其他名词	别称	册数	页数
滿洲蒙古青年同盟		2	567
滿洲蒙古族		44	574
滿洲問題	滿洲國問題，滿洲問題，滿州問題	2	436,634,636,656
		3	174,278,288,289,386,520,535,540,542,543
		5	372,375,442,446
		6	70,83,84,86,91,123,605
		12	184
		16	47
		17	492
		28	60,96,315
		30	428,432
		32	520,556,566
		34	107
		41	32,70,77,88
		42	92,117,139,140,164,403,476
		43	192,206
		46	334
		50	403
滿洲湯X伸銅株式會社		9	78
滿洲油化工業會社		8	416
滿洲ライフ・ストック會社		10	600
滿洲裡駅特務機関		12	222
滿洲裡機関		12	152
滿洲裡員警隊長		50	224
滿洲裡市陸軍特務機関長		50	223,224,225,227,228,229,233,234
滿洲裡駐在特務機關		30	466
滿洲裡特務機関		50	229
滿鮮陸境關稅輕減制度		44	405
滿族	滿洲族	30	578
		31	6,70
満ソ國境全線		32	43
マンダイ俘虜收容所		24	338
マンダルヨンノ國立精神病院		20	2
滿洲駐屯軍		5	494
マンチュスター聯隊		25	516

其他名词	别称	册数	页数
マンチュリア・イーヤ・ブック		2	437
マンチュリア・デーリー・ニュース		2	512,569
滿鉄醫院		30	328
滿鐵衛生課長兼衛生研究所長		30	324,326
滿鐵幹部		44	353
滿鐵經濟調查會		5	513
		31	393
滿鐵公所長		30	414
滿鉄弘報課		31	364
滿鐵顧問		47	92
滿鐵社員		45	521
		49	297
滿鐵社長		50	265
滿鐵情報課長		30	263,275
滿鉄線路爆破	滿鉄線路ノ破壞,滿鉄線破壞	28	21,26,74,157,170
滿鐵總裁	滿鉄總裁	6	214
		42	410
		45	21
		47	92
滿鐵地帶行政權		31	14
滿鉄調查局		28	480
滿鐵副總裁		47	92
滿鐵本社		30	325
滿文		46	357,360
滿報		6	28
滿蒙國境確定委員會	國境確定委員會,滿蒙國境確定混合委員會,混合委員會	34	34,49,51,53
滿蒙新國家	新國家	5	620,621,626,628,629,630,631,632,635,636
滿蒙政府		5	460
滿蒙日報		6	28,29
滿蒙問題		3	281,363,540

其他名词	别称	册数	页数
滿蒙問題		5	434,458,459,460,461,463,464,465,468,628,629
		6	92
		28	63,309
		29	89
		41	310
		43	206
		45	25
		49	435

ミ

其他名词	别称	册数	页数
ミード		37	504
ミエンファ絲會社		16	249
ミシガン大學		43	579
三島聯隊		41	304
ミソラ抑留所		26	587,589
三穀部隊		7	350
三井銀行		7	457,462
		43	21
三井コンツエルン		11	626
三井集會所		29	134
三井信託株式會社		7	457,462
		49	370,442,581
三井船舶會社		49	124
三井炭坑病院		25	328
三井病院		25	328
三井物產株式會社	三井物產會社,三井會社,三井會社,三井物產會社,三井,三井物產	7	502,503,504,505,509,510
		8	77,92,93,96,97,119,120,121
		11	627
		16	267
		26	17,44
		32	351
		39	223
ミッション・ベイ		37	494
ミッドウエー航空基地攻擊		13	636
ミッドウエー制壓戰		13	623
ミッドウエー制壓隊		13	636
ミッノショ造船所		22	547

其他名词	别称	册数	页数
三菱	三菱商事會社,三菱商事,三菱社	7	502,503,504,505,509,510
		11	644,626
三菱機械工場		50	121
三菱コンツエルン		49	442
三菱重工業株式會社	三菱重工業,三菱重工業社	11	643
		24	398
三菱商事會社員		49	297
三菱信託株式會社		7	457,462
三菱造船所		26	44
未働資本及遊休設備救済		15	241
ミドルセックス聯隊		23	14
ミナオ文庫		13	71
ミナハサ義勇兵		46	576
南阿聯邦政府		49	181
南太平洋軍事基地		46	499,514
南滿洲鐵道株式會社調查部		33	181,182
南滿洲鐵道附屬地行政權		31	439,443,444
三宅中隊		25	105
宮崎新聞		32	434
宮樣		17	137,138
宮田鑛山俘虜收容所		25	305
宮田收容所		25	429,430
宮津區裁判所		4	269
緬甸人	ビルマ人民,ビルマ人,ビルマ人,ビルマ民衆	19	245
		26	463,480
		30	43
		39	308,309,325,326,332,347,348,355,356,357,370,349,350
		44	246
		48	206,207,357
緬甸鐵道		46	592
緬甸道路交涉成立		16	392
緬甸方面軍		4	359
		44	241
緬甸方面軍司令官	ビルマ方面軍主腦部,ビルマ方面軍司令官	31	482
		39	299,313,315,324,328,329,334,338,347,354,361,364

其他名词	别称	册数	页数
緬甸方面軍司令官		44	235,242,246,251,262,263
緬甸蘭貢俘虜收容所長		39	313
妙高		32	211
苗族		6	553,554
		44	415
繆斌問題		44	471
三好收容所		38	563
ミラマー・アパート		20	340,341
ミラリア		2	204
ミリキャンプ		23	55,56,58
ミリ油田總支配人		23	280
民族武裝自衛運動		33	164
民間赤十字輔助隊		22	301
民間看護婦		25	15
民間航空對策		15	257
民間航空ノ整理		15	178
民間採掘會社		14	343
民間情報局特務員		11	653
民間情報検閲部		11	640
民間被抑留者收容所		26	648,649,650,651
民間無線電信局		22	95
民刑局		4	267,268,269
民權主義		33	121
閩廣族		6	552
明孝陵		32	236,492,493
民國軍		5	492
民國正規軍		6	111
民國創立		32	229
民國日報		30	502,520
		41	160
民國日報社		30	505
民國兵		6	159
民事局		4	262
民事裁判所		24	53,54
民眾運動		2	614
民眾義勇軍		33	187
民主化		50	491
民主義		45	328

其他名词	别称	册数	页数
民主共和國		33	221
民主國		36	408
民主國援助		46	516
民主集中制		33	232
民主主義	民主々義,民主々義,民主主義,デモクラシー,デモクラシイ	1	5,27
		4	605,608,609
		6	243,245
		10	5,321
		11	604,605
		16	630,634
		28	89,172,204,205,574,590,596
		34	380,381,383,384,447
		35	66,228
		36	386,480,487
		42	13,14,16,17,19,26
		43	192
		46	384
		47	158,170,171,174,177,186
		48	262
		50	491
民主主義國		36	385
		46	509
民主々義國家群		46	86
民主主義陣營		36	385
民主々義團體		1	33
民主制		44	408
民主政治		11	588
		28	188
民主黨		17	449
民主黨新政府	民主黨政府(美)	47	302,303
民主立憲政體		8	629
民生		6	414,506,568
民政黨	民政黨内閣,民政黨内閣	5	219,474
		11	529
		28	11,60,61,62,311
		30	53,66,295,558
		31	38
		36	150

其他名词	别称	册数	页数
民政黨		43	186,193,227
		49	633
民政黨總裁		43	222,225,322
民生部		40	487
民政部		23	377
		41	402
民政部大臣		30	581
民政部理事官		30	325
民族意識		2	595,597
		12	575
		32	91
民族運動		6	297
		11	508
民族革命戰爭ヲ以テ日本帝國主義ヲ中國カラ驅逐セント		33	295
民族革命		33	187
民族協議會		11	537
民族協和		30	356,357
		32	569
民族協和主義		5	661
民族研究所		4	436,456
民族國家		28	590
民族自衛會		33	203
民族資本體系		33	216
民族主義		2	247
		28	549
		32	91
		47	177
民族獨立運動		12	115
民族反革命		33	208
民族復興運動	民族解放運動	32	228
		33	213
民族復興主義者		10	321
明朝		2	438
明德會		5	228,234
ミンヤク石油會社燃料廠		23	611

其他名词	别称	册数	页数
ム			
向井部隊桑田隊		5	561
無血外交		46	230
無後方作戰		33	308
武藏		15	513
無差別主義		36	571
無差別待遇	無差別對遇	17	198,535,547,553,554,570
		34	507,508
		36	516,559,563
		45	210
無差別待遇政策		16	516
無差別對待問題		16	539
無差別爆撃	無差別爆擊	16	149,449
		32	285
無條件降伏		43	453,454,499,503,547
ムスリマ式政治		12	513
ムスリマン		12	511,512,514,515,516,517
ムスリマン運動		12	505
ムスリマン式國家主義		12	516
ムスリン文化		12	511
無政府		34	384
無征服、無壓迫、無榨取		16	563
無政府主義		44	324,325,326,328
無政府主義者		16	36,37,49,50
無政府狀態		32	244
		44	328,329
無抵抗政策	無抵抗主義	6	113,120
ムテラン收容所		23	537
無防備都市空爆		6	305
室蘭製鋼所		25	339,342,343
ムンダ		37	498
メ			
メイアン號		6	226,227,232,233
		29	627
明治維新		2	600,647,649
		4	603

其他名词	别称	册数	页数
明治維新		5	9,27,50
		11	616
		36	106
		41	225,449
		45	280
		47	146,174
		49	123
明治時代		30	58
		36	302
		50	493
明治小學校		32	343
明治神宮		5	63
		11	102
明治神宮社務所		29	97
明治神宮體育大會		29	97
明治製菓株式會社		38	593
明治大學		44	463
明治大帝		30	486
飯田部隊		11	313
明治天皇		8	580
メイシヤン號		29	627
明治四十年軍令		36	179
名大		50	424
メイピン號	ピ號	6	226,227,228,233,234
メーコン島嶼問題		50	207
メーシア號		6	226,227
メーソン		37	503
メキシー政府		19	227
メキシコ合衆國大統領		2	3,10
墨西哥合衆國大統領	メキシコ合衆國大統領	1	68,104,116,177,189,210,223,270,324,353,365,563,570
墨西哥國外務次官		29	334
メキシコ人		24	649
メスタ機械會社		31	437
メソヂスト・エピスコパル教會傳導團	米國メソヂスト教會	16	55,187
メダン地方裁判所代理檢事		24	162

其他名词	别称	册数	页数
メデリン中央製糖所		20	218
メドウェー		2	204
メトロポリタン・キャメルキァリェージ		16	242
メトロボリタン劇場		20	375
メナド裁判所々長		24	423
メナド人		23	308,347,350,468
		24	10,68,69,125,126,298,445,447
メナド地方軍		46	576
メリノール		36	451
メリノール協會	メリノール	45	169,175,177,194
メリノール協會員		45	179
メリノール傳道所		45	173
メリヤス工場		16	250
メルヴィル		2	202
メルギー・キルカン道路		44	262
メルボーン軍司令部	メルボルン陸軍司令部,メルボルン軍司令部	23	211
		24	249
		25	138
		26	666
メルボルンノ小兒病院		22	384
メルポルン丸		22	483

モ

其他名词	别称	册数	页数
蒙疆傀儡政府		8	127
蒙疆組合		8	37,44
蒙疆政府	蒙疆政權	8	44
		13	93
		40	484
蒙疆土藥股份有限公司		7	512
蒙疆土藥組合		8	36,37
蒙疆聯合委員會	蒙疆联合委員會	6	275,428
		7	512
		45	324,336
蒙古官吏		29	244
蒙古騎兵第六師團司令部		50	337
蒙古語		29	253
		50	367,557

其他名词	别称	册数	页数
蒙古國境警備兵	蒙國境警備兵	50	335,336,337
蒙古師團		50	339
蒙古使用人		29	241
蒙古人		12	72,570,575
		29	237,238,239,243,252,254
蒙古人民革命黨員		50	374
蒙古人民共和國外務省		50	367
蒙古人民共和國内務省國家保安管理局審理部長		50	374,382
蒙古人民共和國内務省國境警備軍司令官		50	366
蒙古人民共和國内務省國境警備隊		50	374
蒙古人民共和國内務省警備部隊		50	363
蒙古人民共和國内務省書記官		50	382,383
蒙古人民共和國内務省ハルヒン、ゴル國境警備隊	ハルヒン,ゴル國境警備隊	50	374,375
蒙古自治政府	自治蒙古政府	2	304
		5	576
		13	114,116,117
		29	242,247,248,250,252,253
		33	120
		34	74
		42	236
		49	400,401
		50	292,374
蒙古正規軍部隊		50	335
蒙古政府	蒙古人民政府,蒙古人民共和國政府	8	130
		10	597
		33	119
蒙古族	蒙族,蒙古種族,蒙古民族	2	435
		12	570,571
		30	578
		31	70,598
		34	4,239
蒙古第六師團首腦部		50	337

其他名词	别称	册数	页数
蒙古聯盟自治政府首班		50	249
蒙古勞動氏衆		29	252
蒙政會		5	515,569
毛澤東軍		33	179
蒙部隊	蒙古部隊	50	341,343
モウルメン収容所		26	456
モーセル	モーゼル	50	219,220,223,225,229,233
モーニング・ポスト紙		46	400
モーラルエンバグウー		35	250
モールメイン刑務所		22	35
モールメイン民政部		22	207
門司丸		13	490,562
モスクワ フルンゼ軍官學校砲兵科教官		27	622
モスクワ國立中央歴史文書保管局總裁	モスクワ市中央文書保管局長	33	434,436,453
莫斯科赤色勞働インターナショナル		32	80
莫斯科赤色勞働組合		32	89
モスクワ内務人民委員部		13	18,20
莫斯科派遣		46	414
莫斯科ハモヴニキイ大學		27	615
モスクワ朗讀術研究所		33	360
モスコウ赤軍参謀本部		12	244,451,455
モスコウ日本大使館	モスクワ駐剳日本大使	13	661
		14	3
モスコワ赤軍軍事検察總局		12	158,187,197,221,518
モダン・マターニテイ・アンドチルドレンズ・ホスピタル	サンパロク母子病院,サンパロク・モダン・マターニテイ,サンパロク・モダン・マターニテイ・チルドレンズ・ホスピタル	20	84,85,91,92,96
元木更津陸上機飛行中隊		50	136
元時局協議會		5	292,294
中支那派遣軍參謀		32	386
元滿州國政府總務長官		11	556
モトヤマ収容所		25	313
モナコ國公		1	563,570

其他名词	别称	册数	页数
モラル・エンバーゴー	道義的禁輸	36	154,245,251
森部隊		24	274
森本大隊		38	341,344
モルガン會社		30	285
モルガン商會		36	513,514
モルヒネ	モヒ	7	452,453,454,520,522,523,530,539,540
		8	4,22,45,55,57,58,102,103,117,124,135,138,139,141,145,159,163
モルヒネ窟		7	451
モロ族		23	69
モロタイキャンプ		23	43
モロタイ俘虜收容所		24	303,572
モロックシエ商事會社		24	409
モロッコ問題		43	347
門戸開放	門戸開放主義,門戸解放,「門戸開放」政策,門戸解放政策,門戸解放,門戸開放主義,門戸開放ノ原則,門戸開放原則	2	125,145,466,576
		3	35,179,181,245
		5	630,676
		6	78,250,281
		8	285,524,525,528,529,530,532
		10	80,469,591
		13	150
		15	590,592,594,596,601
		16	91,118,120,121,124,125,127,130,131,134,416,593,604,605,607,608,610,614
		28	408,409,410
		29	418,446,450,451
		36	482
		42	22,146,152
		46	119
		47	302,306,326,362
		48	53
		49	257
門戸開放機會均等	門戸開放機會均等	5	303,309,313
		30	481,579
門戸開放機會均等主義	門戸開放機會均等主義	30	510,563
		48	244

其他名词	别称	册数	页数
門戸開放機會均等の原則	門戸開放茲ニ機會均等ノ原則	16	91
		44	448
蒙古地志	蒙古地方地志	34	4,13
蒙古王族		2	596
蒙古軍	蒙軍,蒙古兵,外蒙兵	6	333,334,335
		11	543
		27	618,622
		30	413
		33	283,284,285
		34	25,44,47,473
蒙古軍編成案		11	542
蒙古軍編成計畫		11	542
蒙古建軍		6	335
蒙古建軍並強化積先基本要綱		6	333
蒙古建國案		5	515,569
蒙古コザック		6	336
蒙古國會案		5	515,569
蒙古住民		2	567
蒙古人	蒙古人民,蒙古庶民,蒙人	2	560,561,573,595,596
		6	85,333,336
		8	320,321
		11	542,543
		30	302,308,413
		31	6,388
		34	7
		40	343
		42	584,585
蒙古人民共和國軍		34	7
蒙古人民共和國全權委員		34	68,75
蒙古軍政府		5	517
蒙古韃靼人		2	437
蒙古獨立運動		30	413
		43	175
蒙古保安隊		5	511
蒙古問題		31	52
		34	234
蒙古聯合自治政府	蒙古聯合自治政府	8	649

其他名词	别称	册数	页数
蒙古聯合自治政府		49	400,401,403
モンタレー		37	488
モンテ・グラッパ		2	204
モンテ・チェンジオ		2	204
モンテ・ノヴェニォ		2	204
モンテネグロ國公		1	68,104,117,177,189,210,224,324,332,353,366
モンテルロ		2	204
モンテンルパ刑務所		26	598
モントレサル丸		13	495
文部時報		41	66
文部省	文部	4	44,49,50,51,267,456,458,601
		5	167
		12	631
		15	269
		30	202,206,208,209,223,224,228,234,236,237
		41	51,56,66,108,118
		43	91,271
文部省元教育調査部		41	167
文部省令		30	240,241,242
文部大臣		41	50,51
モンロー主義		2	101
		6	248
		28	588
		29	533
		46	579
		47	308,309
モンロー主義擴張堅持		16	232

ヤ

ヤーノル		37	502
ヤールマークト收容所		23	385
		24	537
薬丸通信		32	446
燒クナ殺スナ掠メナ		39	261,267
八雲		2	188,205
靖國神社	靖國神社	4	245,421

其他名词	别称	册数	页数
ヤーノル		5	46
		11	102
		17	160
		31	185
		43	170
		46	451,477
安田銀行副頭取		43	11
安田信託株式會社		7	457,462
野戦衛生隊		23	187
野戰重炮兵第九聯隊		42	620
野戰重砲兵第十三聯隊		4	251
野戰重砲兵第二聯隊		4	251
野戰重砲兵第八聯隊		4	442,443,450
野戰重砲兵第四旅團		4	257
野戰重砲兵第十三聯隊長		41	291
野戰中隊		22	24
野戰病院		22	140
		26	573
野戦病院小分遣隊所		25	9
野戰部隊砲手		25	420
野戰砲兵學校		4	350
野戰砲兵第一聯隊	野砲兵第一聯隊	4	253,254,448,449
ヤソ教		11	601
耶蘇教		24	235
矢内原教授辭職問題		43	580
柳川兵團		6	286
八幡ノ制鐵所	八幡制鐵所	28	91
		35	343,352
野砲部隊		26	572
野砲兵第十四聯隊		4	247
野砲兵第十聯隊		4	444
野砲兵第十六聯隊		4	256,346,347
野砲兵第二十四聯隊		4	248,249,349
山縣分遣隊		13	106
山下汽船株式會社		35	492
山下航路	山下汽船航路	49	158,161
山田乙三第三軍指令官		47	239
山田部隊		22	197

其他名词	别称	册数	页数
大和		15	513
ヤマト・ホテル		34	194
大和魂		49	360
大和ホテル		31	366
ヤマニ俘虜収容所	大牟田第十七俘虜收容所ヤマニ収容所	25	302,420,422
山根派遣所		40	222
山本內閣		2	606
		5	229
山本聯合艦隊		6	364
ヤルート分遣隊		50	112
ヤング案		47	329

ユ

其他名词	别称	册数	页数
湯淺內府		41	342
唯物主義	唯物史觀	4	603,605
		5	413
		10	313
		28	608,633
		47	174,176
唯物哲學		47	235
ユー・ユエン學校		25	207
有機合成事業委員會		4	355
友吉林政府		45	63
雄基図們鉄道		13	53
雄基羅津線		5	638
遊擊戰爭		33	192,195,309
有限責任會社日本タイムス社	日本タイムス，ジャパン・タイムス	15	10,22
		26	306,425
有限責任樺太會社		11	637
友好的中立人		35	114
友蔣親日		49	381
優生思想		15	82,88
優先權		2	126
優先的通商權		15	612
猶存社		28	51,52,53,54
夕月		13	488,571
ユートピア		47	146

其他名词	别称	册数	页数
ユートピャ		31	368
友日運動		7	300
裕閩鴉片公司		4	91
郵便取締令ノ施行ニ關スル措置		15	257
雄峯會		5	614,617
郵務司		2	585,586
宥和主義		36	280
		43	283,358,359
ユザック		11	552
油脂統制會		47	217
輸出許可制		16	143
輸出禁止拡大政策		16	407
輸出組合制度	輸出組合法	35	405,406,407
輸出入品ニ對シ課稅		16	155
輸出補償制度		35	322,386
油槽船「アルジデス」		45	490
輸送問題		15	189
ユター		2	175
ユダヤ教		28	585
ユダヤ國體		11	537
ユダヤ人		28	549,571,573
		50	46
猶太人		10	387
		12	506,513
		28	127
ユダヤ人改革派		42	19
猶太民族		12	595
ユナイテット・ブレス		3	15,16
ユニバーサル石油製品會社		36	14,15
ユニバーサル葉煙草會社		34	496
輸入爲替許可制		28	461
輸入組合		35	406
輸入計畫		41	439
輸出補償制度		35	386

ヨ

其他名词	别称	册数	页数
夜明無線電信局	ヨアケ無線電信局	27	150,151,153,159,165

其他名词	别称	册数	页数
容共		33	69,131,225
		41	226,233
容共抗日		6	294
		49	383,385
容共抗日主義		34	447
容共抗日政權	抗日,容共抗日	50	12,13,14
容共抗日策	容共抗日政策	6	277
		29	14
容共抗日滿政策		6	288
		29	8
		42	217,227
容共時代		2	427
容共政策		6	98
		16	131
		33	17,59
要塞司令部		34	145
揚子江方面嵯峨	嵯峨	32	475
揚子江無制限航行問題		35	45,46
揚洲B收容所		26	526
揚子江開放		16	131
		34	498
揚子江閉鎖		34	498
楊子江ホテル		7	200
陽泉製鉄所		8	609
陽第九六四四部隊員		25	42
揚陸場		24	589
ヨークタウン	York Town	37	486
		50	94,97,99
歐羅巴局		10	371
ヨーロッパ軍隊		38	360
ヨーロッパ人軍曹武器修理係		23	303
歐羅巴新秩序		50	16
歐羅巴聯合		44	570
ヨーロツパ聯盟	ヨーツパ聯盟	6	248
預金部		1	464,562,565
		8	62
翼賛會		11	643

其他名词	别称	册数	页数
翼贊會總裁		17	443
翼贊政治會		28	253
		43	47,108
		45	127
		47	8,164,560
翼贊政治會會員		47	123
翼贊政治會總務		47	8,123,164
翼贊經濟體制		5	264
翼贊選舉		47	656
翼贊壯年團		10	34
抑留非戰鬪員事務連絡協議會		12	545
與國外電利用		15	225
横須賀海軍航空隊		38	31,68
横須賀海軍工廠		45	435
		50	112,122
横須賀海兵團		15	276
		45	435
横須賀看守所		37	449
横須賀行政組織		50	142
横須賀支所分遣隊		50	142
横須賀施設班		50	142
横須賀施設部		50	120,121,123
横須賀地方復員局總務部長		46	21
横須賀鎮守府		4	412,413,419,424,426
		45	488
		50	151,153
横須賀鎮守府參謀長		45	492
横須賀鎮守府司令長官		5	371
		13	428
横須賀土木工作分遣隊		50	128,130,133,136,138
横浜 D1 收容所		25	316,511
横濱海軍航空隊		37	431
横濱刑務所		26	511
横濱縣廳第二收容所		38	562
横濱工業專門學校		36	295
前横濱航空隊		50	131,154

其他名词	别　称	册数	页　数
横濱終戰連絡事務局長		50	516
横濱收容所		26	17,18
横濱正金銀行ハンブルグ支店		2	260,261,262
横濱正金銀行	横浜正金銀行	2	255,261,262,263,585
		7	457,462
		11	283,284,443,444,445,446,471,472
		34	450
		35	314
		49	389,394
横濱地方裁判所		4	263
横濱駐在佛蘭西副領事		2	405
横濱丸		13	477,478,574,579
横浜三菱造船所		25	316,511
横浜陸軍俘虜收容所		45	492
豫算委員會	予算委員會	3	159
		33	247
		43	559
		49	364
豫算局		37	532
豫算問題		49	467
吉田內閣	吉田内閣	5	195
		36	296
吉田丸		22	540,541
吉野部隊長		24	581
吉本隊		13	480,583
四日市收容所		25	309
ヨッキチ一俘虜收容所		25	472
米内有田外交		41	342,343
豫防拘禁委員會		4	81
豫防拘禁所		4	81,82,83
讀賣		47	37
讀賣新聞		28	440
		46	184
讀賣新聞社		5	98
代々木練兵場		25	351,360,368,378
四大軍需産業(航空機、自動車、造船及造兵)		35	480

其他名词	别称	册数	页数
	ラ		
ラ・トリニダッド市廳		20	322,323,324
ラージア		37	493
ラィジングサン		30	121
ライセアム		23	451
ライヒス新聞		10	640
ライヒスマルク(勘定)		2	260,261,262,263,265,266,267
樂昌飛行場		6	483
灤東非戰區		33	198
洛陽飛機場		6	447
ラクヨウ丸		25	198
ラサング波止場		26	658
羅津要塞司令官		34	145
ラックスキー人		12	515
ラデーヤード・ベイ		37	496
ラデヲ公報		36	165
ラテンアメリカ人		48	192
羅甸語		28	132
		29	181
ラテン民族		10	320
ラトヴィア共和國大統領		1	270,465
		2	3,9
ラニー		37	493
ラネサン病院		27	565
拉哈—哈爾濱鉄道		12	205
ラハ攻略部隊		24	459,476,501
ラハットタッ労働組合		23	553
ラハト收容所		24	468,550
ラハドダッー飛行場		23	546
ラハ派遣隊		24	490,512
ラハ飛行場		24	459,460,462,475,483,484,485,487,488,489,499,500,507,508
ラヒ布教區		24	588
ラフォー		2	203
ラブスレーエ兵旅團長	ラブスレー工兵旅團長	45	143,145
ラベヂアー		37	491
ラマ教		12	73

其他名词	别称	册数	页数
喇嘛教		31	190
藍衣社		11	68
		31	549
		33	166,199,202
藍衣社機構		5	502
蘭印會商		36	520
蘭印官憲		36	111
蘭領インド陸軍	蘭領インド軍陸軍,蘭印軍,蘭領印度陸軍	23	229,308,336,347,371,379,381,382,383,388
		24	1,9,17,37,38,40,43,47,59,61,63,64.72,76,82,84,88,114,116,117,124,138,139,141,142,146,159,166,167,184,185,189,195,196,220,222,246,250,251,252,260,266,274,275,276,283,285,291,302,350,361,412,413,430,447,448,450,455,642,646
		25	71
蘭印軍軍醫中尉		23	351
蘭印軍軍曹		23	308,555
蘭印軍少尉		23	312
蘭印軍情報部		23	378,649
蘭印軍情報部情報將校兼日本語通訳		23	379
蘭印軍情報部戰爭犯罪課長蘭印軍陸軍大尉		23	379
蘭印軍特務機關大尉		24	174
蘭印軍二級軍醫セマラング在住醫師		23	470
蘭印軍步兵大尉		23	326
蘭印軍陸軍々醫團二級將校		23	468,470
蘭印軍陸軍少佐	蘭領印度軍陸軍少佐	23	307,388,389,661
蘭印軍陸軍大尉和蘭軍情報部戰犯課長	ネフィス	23	307
蘭印軍陸軍大尉和蘭軍情報部戰犯課長		23	541
蘭印軍陸軍中尉		23	249,388,541
蘭印軍陸軍步兵大尉		23	256

其他名词	别　称	册数	页　数
蘭印檢事總長事務局付蘭印軍高級職員		23	379
蘭印檢事總長事務局附先任官蘭印陸軍少佐		27	275
蘭印檢事總長附員警官		23	427
蘭印檢事總長附高等官蘭印軍中尉		23	427,471,477
蘭印高等法院檢事總長		23	249,613,621
蘭印重工業		46	575
蘭印人		36	124,125
蘭印スマラン鐵道會社		23	645
蘭印正規軍		23	269,270
蘭印正規軍大佐		23	414
蘭印政廳司法部		24	73
蘭印政府		11	415
		23	231,235,418
		36	122,124,125,126,127,128,132,133,134
		48	271
蘭印政府情報部		24	82,83,86
蘭印稅務署		24	183
蘭印赤十字社		24	124
蘭印總督		23	229
蘭印副總領事夫人		23	417
蘭印民政部		24	451
蘭領東印度問題	蘭印問題	10	46,48,54,72
		16	203,365,366
		46	577
蘭印陸軍大尉		27	275
蘭印領東印度一等警視		23	564
蘭英混血人		24	555
ランカスター公領尚書外務大臣代理		2	157
蘭貢刑務所		39	300
ラングーン市自治體稅務部		22	74
ラングーン戰爭犯罪裁判所		22	41
蘭貢第四戰爭犯罪裁判所		22	44
ラングーン中央刑務所		22	14

其他名词	别称	册数	页数
ラングーン中央刑務所		39	335
蘭貢俘虜收容所	ラングーン俘虜收容所	39	299,300,313,314,319,321,335
蘭貢俘虜收容所長		39	300,313,315
蘭貢兵站第七十三兵站地區司令官		39	315
蘭貢野戰俘虜收容所		39	315
蘭貢領事館		16	285
ラングレイ		37	488
蘭軍醫		40	223
蘭軍情報部戰爭犯罪部長		23	515
蘭軍情報部第一マレイ新聞課長代理		23	626
ランゴアン飛行場		24	304
ランゴアン病院		24	418
蘭國人		15	324
蘭人俘虜		25	295
蘭人輸出商		36	132
ランド・マクナー商會	ランド,マクナリー商會	50	294,319
ランドルフ		37	487
ランパサリー收容所		23	398
ランバサリー婦人收容所		23	530
蘭兵		40	210
ランミグ・ザ・ゴーントレット	ゴーントレット	27	328,329,330
蘭印王國陸軍中尉		49	18
蘭領印度阿片專賣事務監督官		1	402,428
蘭領印度阿片專賣事務總監		1	402,439,453
蘭領印度醫學校歯科生徒		23	649,650
蘭領印度映畫隊		24	80
蘭領印度王軍中尉		23	520
蘭領印度王國陸軍中佐		23	380
蘭領印度空軍		13	511
蘭領インド軍陸軍中尉		23	525
蘭領印度政廳支那事務局書記官		1	465,556
蘭領印度政府		30	160

其他名词	别　称	册数	页　数
蘭領印度陸軍少尉		23	7
蘭領印度陸軍步兵少佐		23	667
蘭領ギアナ基地		48	268
蘭領軍事基地		46	514
蘭領東印度軍		13	398,400
		22	473
蘭領東印度司令部		24	642
蘭領東印度政府		27	266,271,297
蘭領東印度奪回計畫活動		24	67
蘭領東印度陸軍大尉		24	218
蘭領東印度警視總監		23	485
蘭領東インド檢事總長		23	525
蘭領東印度検事総長室附高級職員		23	7,661
蘭領東印度檢事總長室附上級官吏		23	516
蘭領東印度検事總長事務局		23	310,312,324,344,356,364
蘭領東印度検事總長事務局附高等官		23	310,356,370,460,463,467,626,627
蘭領東印度検事總長事務局附先任官吏		23	306,542
蘭領東印度檢事總長事務局附先任官吏蘭印軍少佐法學博士		23	613
蘭領東印度検事總長事務局附先任官吏蘭印軍中尉		23	558,569,575,579,581,585,595,596,604,618,621,624,630,639,649,661
蘭領東印度檢事總長事務局附先任官吏蘭印軍砲兵少佐		23	541
蘭領東印度檢事總長事務局附先任將校		23	249
蘭領東印度檢事總長事務所附屬上級士官蘭領印度陸軍		23	517
蘭領東印度檢事總長廳事務局附先任官吏蘭印軍砲兵少佐法學博士		23	468

其他名词	别称	册数	页数
蘭領東印度爪哇「バタヴィヤ」駐在亜米利加合衆國總領事館		23	226
蘭領東印度爪哇駐在亜米利加合衆國領事	バタヴィヤ	23	226
蘭領東印度政府司法省		23	226,227
リ			
リアング收容所		24	552,553
黎族	黎	6	553,554
リーバー		37	493
リヴィングストン抑留所		26	587,590,591,592
リヴィントン收容所		26	314
リエヴァン		2	203
利益主義		50	487
リオ・デ・ジャネイロ精神病院		1	464,551
リオ・デ・ジャネイロ大學醫學部		1	464,551
リオデジヤネロ丸		39	79,80,83,84
リ外相會談		16	224
理化學研究所		35	492
リクイカ監獄		24	281
陸海局當局		35	487
陸海空軍問題常設諮問委員會		4	428
陸海軍		15	6,13,324,325,351
陸海軍共同作戰		13	427
陸海軍出兵撤兵関係	陸海軍出兵,撤兵關係	45	40,66
陸海軍司令官		35	503
陸海軍司令部		11	297
陸海軍大使館關東局		49	309
陸海軍大臣武官制		43	562
陸海軍大臣文官制		43	562
陸海軍統制會		35	490
陸海軍幕僚部		37	340
陸海軍兩省		44	340
陸海聯立内閣		43	473

其他名词	别称	册数	页数
陸軍運輸部		4	92
陸軍衛生材料本廠		4	92
陸軍遠征隊		16	590
陸軍及ビ海軍人民委員部		34	334
陸軍改革案		30	290
陸軍看護婦		25	15
陸軍看護婦團		22	305
陸軍技術會議		4	257,363,364,367,396,397,444,515,516,533
陸軍技術審查部		4	255,396
陸軍技術本部		4	257,350,444
		38	416
陸軍氣象部		4	92
陸軍騎兵學校	騎兵學校	5	2,32,40,85
陸軍騎兵實施學校		4	395
陸軍騎兵大尉		4	393
陸軍教育總監		41	178
陸軍教化隊		44	430
陸軍軍醫學校		44	430
陸軍軍醫團		25	1
陸軍軍事訓練教育局		24	53
陸軍軍需議會		4	523
陸軍軍需工業動員協定委員		4	406
陸軍軍需審議會		4	351,352,353,358,406,407,445,517,519,538
陸軍軍需隊ワシントン補給監部		27	232
陸軍軍需輸送統制部		4	92
陸軍軍人援護部		4	92
陸軍軍務局		35	491,541
陸軍々務局長	陸軍省軍務局長	17	1,3,4,5,235,302,355,472
陸軍經理學校		44	430,432,435
陸軍經理部		22	278
陸軍現役將校		4	556
陸軍検察本部		12	555
陸軍高級司令官		35	167
陸軍航空技術研究所		4	92

其他名词	别称	册数	页数
陸軍航空工廠	陸軍航空廠	4	92
陸軍航空審查部		4	92
陸軍航空總監		41	272,273,275,276
陸軍航空總監部		38	511
陸軍航空總監部總務部長		41	275
陸軍航空隊		22	495
陸軍航空適性検查部		4	92
陸軍航空部		4	363
陸軍航空本部		4	92,258,364,445,520
		44	8,22,24,30,42,430
陸軍航空本部長		41	272,273,275
		44	29,37,38
陸軍高等軍法會議		4	351,366,367
陸軍工兵學校		5	2
陸軍參謀次長	陸軍參謀部次長	17	2,3,4,5
陸軍參謀將校		46	261
陸軍參謀總長		17	1,2,3,4,5
陸軍參謀本部		10	399
		43	195,284,392
陸軍參謀本部第六部長		12	446,447
陸軍士官學校		4	247,305,346,361,372,397,402,403,440,441,448,512,513,517
		12	203,222,380,403,408,584,585
		14	102
		32	326,364,374,422,455
		44	241,257,261
		46	293
陸軍士官學校生徒隊		4	306
陸軍士官學校長		41	178
陸軍指導機關		44	400
陸軍自動車學校		4	351
陸軍司法員警官	陸軍司法員警吏,陸軍司法員警官吏	44	106,107,112,113,118,119,120,122,123,131,132,134,139,140,187
陸軍獸醫學校		44	430
陸軍重砲兵學校		4	348
陸軍重砲兵學校教官		4	443
陸軍出征軍人部		4	92
陸軍主腦部		47	585

其他名词	别称	册数	页数
陸軍省	日本陸軍省,陸省	2	48,54,515
		4	52,58,92,229,230,232,307,308,310,349,350,357,361,362,363,364,365,366,369,373,377,378,393,395,396,397,399,403,404,405,406,407,408,409,444,457,548,549,552,556,599,600,602,618,619,620,621,622,623,624,627,665,668
		5	1,39,100,101,150,153,200,215,374,382,383,444,448,449,450,467,470,479,490,497,578
		6	99,101,170,171,172,619
		7	6,83,242,273
		8	503
		10	94,112,639,652
		11	255,626,630
		12	164,332,351,359,360,361,380,399,400,401,579,585,589
		14	97,103,124,125,185,285,304,319,320,322,373,552,558,559,559,573,575,595,597,602,603,604,605,606,607,608,609,610,611,612,631
		15	1,12,293,303,308
		17	115,186,192,220,222,232,235,246,262,274,310,315,354,359,362,364,369,372,377,400,401,402,485
		25	537,551,553,557,562,575,582,583,602,607,610,616,623,624,626,640
		28	111,165,297,309,313,381,382
		30	109,208,209,303,574,580
		32	314,380,480,540
		34	156,163,165,173,175,184,317,482,483
		35	497,498
		36	34,41,167,178,180,199,256,332,377,428,430,436,438,439,440,451
		37	272,293,294,302,340,532,536,537

其他名词	别　称	册数	页　数
陸軍省		38	436,443,448,464,475,485,486,489,491,496,511,512,521,543,553,586
		40	37,38,42,50,253,254,256
		41	147,360,370
		42	30,68,69,70,71,73,74,195,201,267,357,439,447,470,471,475,486,487,572,589,596,605,620,621,623
		43	7,46,51,91,110,191,245,277,285,509,563,573
		44	3,8,16,24,30,37,42,216,267,268,270,271,273,274,295,309,310,318,321,341,349,350,354,359,386,389,404,410,412,436,439,445,446,456
		45	3,4,5,6,12,24,30,34,36,86,89,92,93,147,148,149,150,151,152,153,154,192,195,203,204,219,220,253,261,265,268,269,270,274,276,277,280,281,284,288,346,352,353,354,397,492,496,529,531
		46	43,273,280,281,285,293,299,305,306,307,310,312,313,452,457
		47	51,211,255,265,266,275,387,388,401,452,477,582,626,638,673,676,677,678
		49	7,9,10,32,250,269,381,393,415,434,436,438,440
		50	387,415,448,453,454,479,483,519,568
陸軍省運輸部長第二十師團長		12	165
陸軍省課員		45	89
陸軍省関係局		34	156
		38	466
陸軍省官制		3	630
		45	150
陸軍省官房		46	293
陸軍省官房大臣	官房大臣	15	308,333
陸軍省管理部長		40	69

其他名词	别称	册数	页数
陸軍省軍事課		15	308
陸軍省軍事課長		45	189
陸軍省軍務課員		32	478,479
陸軍省軍務課長		43	218
		50	568
陸軍省軍務課滿洲班長		49	302
陸軍省軍務局		4	365,396,406,407,451,452,493,515,531,532
		5	454
		14	130
		25	190,192
		35	154
		45	147,342
		46	263,280,281,310
		47	228,238
		49	411
陸軍省軍務局課員		50	441
陸軍省軍務局軍事課		38	400
		45	147,253
陸軍省軍務局軍務課長		34	431
陸軍省軍務局長		10	261
		30	432
		42	356
		43	340
		45	155,186,219,308,310,312,339,466,470,486,488
		47	293,294,295,409
		50	4
陸軍省經理局課員		43	51
陸軍省経理局長		14	528,531,532
陸軍省高級副官		42	420,425
		44	360
陸軍省交通課		15	308
陸軍將校分限令		4	445
陸軍省作戰局軍事課報部極東課長		37	269
陸軍省參事官		36	173

其他名词	别称	册数	页数
陸軍省参謀本部	陸軍省参謀部,参謀本部陸軍省	10	639,652
		17	115,186,192,220,222,232,246,262,274,277,310,315,354,359,362,364,369,372,485
		33	283
		34	101,107,177,317
		45	189,199
陸軍省参謀本部情報局		17	186,192,220,222,232,246,262,274,277,310,315,354,359,362,364,369,372,485
陸軍省参謀本部第二部諜報部		49	420
陸軍省事務局長		30	230
陸軍省首脳部		32	538
陸軍省省員		37	290
陸軍省將校		42	70
陸軍省情報部	陸軍情報部	45	28,259,270
		46	299,300
陸軍省情報部長		45	28,270
陸軍省職員		45	253
陸軍省職員表		4	57,59
陸軍省人事局		46	261,310
陸軍省人事局長		12	204,223
		41	355,356,359,360
		45	2,3,11
		49	31
陸軍省新聞班		5	2,40
		45	147,148
陸軍省新聞班長		47	228
		50	387
陸軍省請議案		42	209
陸軍省整備局		4	351,365,449,450
		35	249,271,278,279,280
		38	467
		44	221,443
陸軍省整備局戰備課		35	250,256,261,275
陸軍省整備局長		47	246
陸軍省第二日記	貳大日記	45	352,355
陸軍省調査部		11	625,630

其他名词	别称	册数	页数
陸軍省諜報部		49	415
陸軍省徵募課長		30	222
陸軍省通信部		37	301
陸軍省電信本部		37	275
陸軍省秘書官		49	7
陸軍省費法		36	366,367
陸軍省ビル		5	379,619
陸軍省俘虜管理部		40	57,73
陸軍省俘虜管理部長		40	57,177
		45	492
陸軍省兵器局		4	352,531
陸軍省兵務局		42	68
		40	2
		46	274
陸軍省兵務局長		41	380
		45	368
		47	477
陸軍省防衛課		15	308
陸軍省報道部長		26	79
陸軍省法務局		32	315
陸軍省法務局長		32	379
陸軍省法務局長室	法務局長室	23	456
陸軍省法務部		20	55
		50	52
陸軍省本部長		10	71
陸軍省民間事務局		8	150
陸軍省民事部		45	29
陸軍省臨時調查部長		47	603
陸軍製絨廠		4	92
陸軍戰中本部		4	92
陸軍造兵廠		4	535,536
陸軍造兵蔽大阪工蔽		44	221
陸軍大學校長		15	116
		41	4,132
		50	399
陸軍大學校	陸軍大學,陸軍大學,陸軍大學校	4	230,232,235,240,248,250,254,255,306,308,347,349,361,362,364,373,393,394,403,405,406,441,450,491,513,515,529,531,532

其他名词	别称	册数	页数
陸軍大學校		12	162,164,222,380,381,386,399
		30	338
		32	326,331,397,455,486
		44	226,257,261,315,429,430
		46	293,298,303
陸軍大學校幹事		32	357
陸軍大學校兵學教官		32	397
陸軍大佐		45	189,235
陸軍大臣秘書官		41	79
陸軍地方幼年學校		4	346
陸軍中央初等學校		4	239,253,346,372
陸軍中央當局		38	448,450
		45	33,34
陸軍中央部		34	433
		44	358
		45	95,150
		46	36
陸軍中央幼年學校		4	305,402,512
陸軍通信學校		4	257,351,364,532
		14	102
陸軍東京經理部		4	92
陸軍統帥部		38	460
		45	205
陸軍特務機關	陸軍特務機関	7	499
		12	177,404,405,407,522
陸軍特務機関長		12	523
		30	437
陸軍戸山學校	戸山學校,陸軍戸山學校	44	333
		49	248,249,250
陸軍戸山軍樂隊		5	2,41
陸軍燃料研究所		4	92
陸軍燃料廠		4	92
陸軍燃料本部		4	92
陸軍飛行部隊ケンゲン		23	434
陸軍病院		25	544,591,659,664
陸軍部		10	336,631
		12	342
		26	89

其他名词	别称	册数	页数
陸軍部		42	68,69
		43	476
		45	468
		46	458
		49	21
陸軍武官		46	374,377
陸軍武官會議		12	500
陸軍部作戰部		37	289
陸軍俘虜管理部高級部員		40	57
陸軍兵器行政本部		4	92
		44	24,37
陸軍兵器行政本部長		44	29,38,317
陸軍兵器廠		26	30
陸軍兵器補給廠		4	92
陸軍兵器本廠		4	406,494,513,517
陸軍兵器本部		45	189
陸軍兵器本部次長		15	292
陸軍兵品行政本部技術部		38	416
陸軍砲工學校		46	298
陸軍砲兵工種學校		4	248
陸軍步兵學校	陸軍步兵學校,陸軍步兵學校	4	350,364
		5	2,32,40,85
陸軍無條件同盟		49	527
陸軍野戰砲兵學校		4	350
		5	41
陸軍野戰砲兵學校教導聯隊		4	256
陸軍野戰砲兵射擊學校		4	347
陸軍幼年學校		4	392
陸軍三長官		46	262
陸上日本軍隊		32	114
陸戰隊增援隊		32	103
陸戰部		24	338,339
陸地測量部		34	6,14
陸滿	陸滿	30	574,580
		44	411
利權回收運動	利權回收運動	2	470,483,492
利己獨善ノ主義政策		13	150

其他名词	别　称	册数	页　数
リサール紀念競技場		20	79
理財局		4	91
理財局國庫課長		38	421,427
リシウム收容所		23	385
李子園侵禮教會		7	376
リスアニア共和國大統領		1	563,570
リスコム・ベイ		37	494
リスボン外務省		29	521,522
リスボン政府		29	517
リスボン飛行場		48	440
リスボン丸		22	474
		23	14,18,23
		25	198
理想主義		50	491
理想的聯省自治體		13	90
理想論		43	464
李村水源地		6	358
リチヤード・ホヴエイ	リチヤード・ホヴエイ	27	299,304,306,374
立案省		41	444
利通公司		32	297
立憲主義		2	416,417
		30	98
立憲政治		28	366
		34	383
立憲政體		34	381
立憲民政黨		43	561
六國史		34	373,384,385
リットン調査團	リットン委員會,リットン調查委員會,調查委員會	3	274,276,309,311,325,348,353,354,355,366,367,369,386,398,432,436,446,447,461,466,469,470,484,485,490,494,499,512,524,527,532,535,536,537
		6	90
		16	593
		30	352
		31	7
		47	336
立法院		2	572,574

其他名词	别称	册数	页数
立法院		8	175
立法院長		2	568
李杜軍		44	362
リフレーション政策		36	302
リベラリズム		28	590
リベリア共和國大統領		1	563,569
掠奪暴行		44	510
龍煙鐵坑	龍煙鐵鉱	5	596,597
		6	267
龍煙鐵鑛株式會社		8	609
龍華機器廠		49	370
留華日僑		11	61
流汗軍	汗ノ軍隊	22	207,230
龍業應援會		32	80
龍業勞働者		32	84
龍巖飛行場		6	459,461,463,464,465,466,467,469
龍捲本部主席審査官		27	631
龍工委員會		32	90
柳州飛行場		6	479,481,573
柳州兵團		32	416,487
龍城丸		13	404,459,560,562
龍南飛行場		6	469
リユーベン・ジョームス號		35	242
隆和		2	661
遼河改修工事		2	448
兩家子部落員警分所長警衛		40	343
兩家支蒙古人部落		40	342
兩廣軍隊		33	219
淞滬鐵道	淞滬鉄路	32	157
		49	370
兩國交界地圖一段自琿春兩國卡倫至圖們江邊土字界碑		27	691
梁山飛行場		6	482,484,565
領事館問題		13	78
領事裁判委員會		4	496
領事裁判權		3	533

其他名词	别　称	册数	页　数
領事裁判權		49	451
領事裁判制度		31	444
遼東還附勸告		30	245
兩洞郷代理郷長		7	372
遼東半島租界權		2	81
遼東ホテル	遼東飯店	32	37,431
領土擴張主義者		37	22
領土保全不侵犯		36	277
遼寧鹽務稽核處		31	431
遼寧自治政府		45	505
遼寧省假政府		45	52
遼寧省財政廳		2	581
遼寧省自治公署		2	557,558
		3	446
遼寧省人		7	365
遼寧省新民屯勸業公司		30	275
遼寧省政府	遼寧省省政府	2	525
		3	446
遼寧省政府主席	遼寧省主席	2	512,556
		30	281
遼寧省治安維持會		30	328
遼寧省地方治安維持會顧問		30	324
遼寧人民外交協會		2	445
遼陽部隊		32	554
遼陽分隊		44	420
旅順及大連回收問題		2	606
旅順重砲兵大隊		32	559
旅順分隊		44	420
旅順要塞司令官		30	84
龍山員警署		26	511,548
リルブラッド水路		13	531
リンカーン・ハイト刑務所		26	594
リングゴールド		37	501
リンコルン・シャイヤー聯隊		22	337
臨時教育會議		4	272
臨時行政財政審議會		4	317

其他名词	别称	册数	页数
臨時禦歴代史實考査委員會		4	274,275
臨時産業合理局		4	341,342
臨時産業審議會		4	342
		35	316
臨時産業調査局		4	335
臨時資金審査委員會會長		43	11
臨時資金調整委員會		4	354,521,536
臨時西比利亜経済委員會		4	284
臨時條約改正調査委員會		4	287,465
臨時震災救護事務局		4	286,287,308,337
臨時政權		6	263
臨時生産増強委員會		4	436
臨時全國代表大會		33	39
臨時總理大臣		5	260
臨時朝鮮民主政府	臨時朝鮮政府	1	27,28
臨時轉科制		44	422
臨時土地賃貸價格調査課		4	296
臨時南洋群島防備隊司令部		37	426
臨時物價對策委員會		4	327,536
臨時物資調整局		15	20
		35	341,392
臨時法制審議會		4	272,274,275,276
臨時滿州開拓団審議會	臨時滿州開拓民審議會	4	430
臨時遼寧省政府		2	558
		3	446
臨時ローマ字調査會		4	367,535
臨時資金調整委員會		35	424
臨戰食糧對策		15	248

ル

其他名词	别称	册数	页数
ルーズヴエルト政權		16	181
ルーセランプレズレン布教團		16	113
ルーター電報		48	73
ルーデル兄弟傳道會		16	154
ルーテル派教徒		16	113
ルーマニア語	ルーマニア文	13	269,273,274

其他名词	别称	册数	页数
羅馬尼亜國學士院		1	109,181,216,327,357
羅馬尼亜國皇帝	ルーマニア國皇帝	1	68,104,120,177,193,210,227,270,324,334,353,369,563,571
		2	3,11
羅馬尼亜國全權委員		1	173
羅馬尼亜政府		1	31,32
ルーラー		37	493
ルクセンブルグ公國人		25	213
ルクセンブルグ國大公		2	3,9
盧森堡國大公	ルクセンブルグ國大公	1	68,104,116,177,189,210,223,270,324,332,353,365,465,563
ルソン第一俘虜收容所		39	384
ルテラン・ユナイテッド・ミッシヨン		16	117
ルトング收容所	ルトオングキャンプ	23	27,54,55,56
ルミールモン		2	203
ルンガ・ボイント		37	497

レ

其他名词	别称	册数	页数
レ・ゼパルジュ		2	203
麗水飛行場		6	452,454,456,458,459,465,467
レィディ・バード號		49	269,270
レイテ決戰	レイテ作戰	45	291,292,298
レイデン大學	和蘭ライデン大學	19	307,357
嶺門教會		44	297
レーク・チアブレン		37	487
レーグンスブルグ		25	522
レーテンバード號		42	353
レーニン主義		33	306
レーニン政權		11	520
レーニン大學		33	156
レーベンスラウム		16	212
レオナード・ウッド號		46	536
レキシントン	Lexington	37	486,487
		50	94,97,99
レズキン人		12	515
劣等分子		7	303
レディバード號	レディバード	6	201,232,234

其他名词	别称	册数	页数
レディバード號		32	190
		43	304
		46	75
		50	195,196
レトプ		22	121
レミントン武器會社		30	174
聯銀制度		49	404
聯合委員會		43	174
連合遠征軍最高司令官		49	557
聯合王國軍隊		22	244
聯合王國政府		26	303,306,378,389,391,449,453,462,463,464,465,470,473,487,489,636
		27	378
聯合王國駐在ニュー・ジーランド高級委員		1	464
聯合王國駐在南阿弗利加聯邦高級委員		1	464
聯合會		11	70,71,74
聯合艦隊		4	179,420,478
		13	508,558,594,614,615,617,618,619
		17	58
		44	469
		46	452,471,483
聯合艦隊機密作戰命令		13	618
聯合艦隊司令長官	連合艦隊司令長官	13	431,436,462,616,619
		17	67
		43	66
		46	467
聯合艦隊司令部		13	410
聯合艦隊命令		13	619,620
聯合軍空軍		23	335
連合軍航空兵		42	543
連合軍航空兵俘虜		42	543
聯合軍最高司令官代理		34	91
聯合軍最高司令部總司令部法務部勤務陸軍步兵大尉		39	397

其他名词	别称	册数	页数
聯合軍最高司令部法務局犯罪登録課長		27	10
連合軍最高司令部法務部長		27	613
聯合軍最高司令部民間情報部		11	652
聯合軍最高副官代理		34	94
聯合軍情報部		25	6
聯合軍司令部國際檢察部	聯合軍司令部國際檢查部	11	573,581,621,624
		13	72,102
		14	79,84
		34	323,327,329
聯合軍戰爭犯罪委員會		23	438
連合軍總司令部副官		34	97
聯合軍總司令部法務部		27	38
聯合軍總司令部法務部附陸軍中尉		27	38
聯合軍總司令部法務部步兵調查課		27	37
聯合軍擔任官		16	467,550,555
		49	409,537,541,551,564,568,585,596,617,620,623,626,631
聯合軍俘虜		25	296
聯合軍翻訳通訳部		23	545,546
聯合軍陸上部隊海上関係行政部		23	13
聯合軍陸上部隊總司令官		23	13
聯合軍ワシントン文書部長		38	487
聯合抗日		33	200
聯合國	連合國,同盟國,聠合國	1	1,3,4,5,10,13,14,19,22,25,38,250
		3	577
		4	471
		5	321,324
		11	196,550,551,552
		12	508,509
		13	428,644,648,651,664
		17	502
		23	305,387,421

其他名词	别称	册数	页数
聯合國		24	3,80,87,104,287,304,474,542,548
		25	163,194,198,199,201,202,205,287,299,319,531
		27	12,207,282,594
		35	126,480
		40	172
		42	50
		43	81,120,477,503,523,526,527,529,530
		46	281,373,401,432,480,489
		47	59,320,430,441,524,545,546,673,679,680,691
		50	15,104,520,522,525,526
聯合國赤十字		22	471
聯合國軍	連合軍,聯合軍,聯合軍兵士,連合國軍,聯合軍部隊	1	10
		10	3,8,11,18,21,25,35,39,44,49,52,55,60,64,69,74,131,134,152,157,160,163,166,191,194,199,218,221,225,338,341,348,352,355,358,361,365,368,375,379,390,393,411,416,462,521,530,535,566,570,575,589,603,606,610,616,627,632
		11	203,227,546
		13	139
		20	1
		22	9
		23	43,45,47,48,150,151,153,240,256,264,300,335,341,365,367,401,402,408
		24	65,66,87,89,93,96,98,101,102,107,108,111,113,132,133,228,287,338,426,428,463,489,511,520,577,609,614,615,634,649
		25	48,70,71,72,73,74,89,133,296,297,317,345,347,349,350,353,354,356,357,358,360,363,364,365,366,367,372,373,377,383,387,388,389,390,395,396,400,404,405

其他名词	别称	册数	页数
聯合國軍		27	37,593,637
		28	390,561
		31	525,527,531
		33	340
		42	537,549,615
		43	533
		46	397
		47	679
		49	61
聯合國軍最高指揮官總司令部法務部	聯合國最高指揮官總司令部法務部,聯合國軍最高指揮官總司令部法律部,聯合國軍最高司令官總司令部法務部,聯合國最高指揮官總司令部法務課,聯合軍最高司令官總司令部法務課	20	51,55,57,76,113,123,133,148,187,194,217,247,255,256,266,293,308,313,325,329,371,384,394,400,401,427
連合國軍最高司令官總司令部法務部調查課長		27	23
聯合國軍最高司令部國際検察部		20	53
聯合國軍最高總司令部在マニラ法務部	在「マニラ」聯合國軍最高指揮官總司令部法律部,聯合軍最高指揮官總司令部在マニラ法務部,聯合國軍最高司令官總司令部馬尼刺法務部,聯合國最高司令官總司令部「マニラ」法務部,「マニラ」聯合軍總司令部内法務部,在「マニラ」聯合國軍最高指揮官總司令部内法務部,總司令部聯合軍最高指揮官マニラ法務部	20	1,195,222,231,233,236,238,294,298,299,428
聯合國軍最高司令部民間情報検閲部		11	640
聯合國軍陸上部隊司令部		23	543
連合軍最高指揮官		50	88

其他名词	别称	册数	页数
聯合國最高指揮官		8	227,228,258,278,301,302,304,403,411,428,467,469,473,474,502,523,563,566,620,694
聯合國最高指揮官總司令部國際監察部		10	672
		49	358,388,413
連合國最高指揮官総司令部國際検察部正式派遣調査官		49	602,609,613
連合國最高指揮官總司令部國際檢察部文書課々長代理		49	355
聯合軍最高指揮官總司令部國際檢察部文書課長	國際検察團文書部長,聯合軍最高指揮官總司令部國際檢察部文書課長	29	61
聯合軍最高指揮官總司令部國際檢察部文書課長		47	76,79
		49	582,593
聯合國最高指揮官總司令部法務局調查官		25	282
聯合軍最高司令官	聯合軍最高司令官,聯合國軍最高指令官,聯合國軍最高司令官,聯合派遣軍最高指揮官,聯合遠征軍最高司令官,聯合遠征軍最高指揮官,聯合軍總司令官	1	9,12,14,15,16,20,23,25,38,39,40,41,43,51,57
		5	448,449,450,452,453
		10	400,404,430,446,478,485,516,527,682
		13	258,387,389
		18	26,37,234,521
		27	126
聯合國最高司令官總司令部	聠合國最高指揮官總司令部,聠合國最高司令部,連合國最高指揮官總司令部,連合國最高指導官最高司令部,聯合國軍最高司令官總司令部,聯合國最高司令官總司令部,聯合軍最高司令部,聯合軍司令部,聯合國遠征軍最高司令部,聯合軍最高司令部,聯合國軍最高總	1	40,53,55
		40	227

其他名词	别称	册数	页数
	司令部,聯合國最高司令部,聯合軍最高總司令部,聯合國最高指揮官総司令部,聯合軍司令部		
聯合國最高司令官總司令部軍事郵便局		1	55,147
連合國最高司令官總司令部法務部		50	166,172
聯合國最高司令部法務部		45	29
聯合國最高司令部法務部調查部長		27	386
聯合國最高指揮官總司令部		3	679
		5	379,451,452,473
		6	114,596,603,604,606,608,611,614,617,620,623,625,628,630,632,634,637,641,645,647,650,653,656
		8	92,227,228,258,278,301,302,304,403,411,428,467,469,473,474,502,523,563,566,620,637,651,666,667,674,685,692,694,699,704,706,709,711,715
		10	3,8,11,18,21,25,33,35,39,44,49,52,55,60,64,69,74,89,93,111,123,129,131,134,152,157,160,163,166,191,194,199,212,214,218,221,225,232,253,258,278,292,296,299,305,309,311,335,338,341,348,352,355,358,361,365,368,375,379,390,393,411,416,462,521,530,535,549,557,566,570,575,589,603,606,610,616,620,624,627,632,647
		11	3,37,101,178,183,188,223,224,227,230,239,248,255,262,267,293,295,310,320,324,331,351,371,376,384,432,482,523,524,577,586,615,620,645,681
		12	54,58,69,77,86,186,352,362,378

其他名词	别称	册数	页数
聯合國最高指揮官總司令部		13	14,85,129,130,139,141,139,156,174,240,247,284,292,322,327,322,333,337,341,346,350,354,377,640,664
		14	95,405,519,562,570,580,592,594,632,644
		15	304,333
		16	59,74,87,100,109,137,148,175,194,202,206,210,214,223,227,236,283,289,313,320,325,332,345,348,352,359,370,375,378,381,387,390,395,400,403,406,429,433,441,447,467,550,555,566,582
		17	7,13,19,23,35,43,48,53,60,65,90,104,154,176,195,217,223,259,291,303,377,439,450,468,482
		18	380,388,527
		25	176,190,193,533,536,542,548,550,552,557,566,680
		26	7
		27	77,380,449,537,538,544,546,637,638,639
		28	93,102,105,218,282,287,289,293,303,308,326,331,354,356,364,373,378,380,382,386,397,440,459,468,471,477,497,637
		29	21,24,25,28,29,79,144
		30	416,420
		31	62
		37	518
		38	486
		39	107
		42	47,277,281,283,448,470,472
		44	392
		45	201,215,314,341,345,351,355,479,485,487,491,493,501,504,508,511,514,517,520,524,527
		46	286,291,447,449,607,610

其他名词	别称	册数	页数
聯合國最高指揮官總司令部		47	297,698
		49	354,367,368,372,379,391,396,409,537,541,548,551,564,568,585,596,617,620,623,626,631,637
		50	19,24,68,71,192
聯合國人	聯合國人,連合國民,聯合國民	11	510
		17	405
		23	242,243,421
		27	23,206
聯合國政府		16	464
		36	1,2,3
		46	398
		50	526
聯合國戰爭犯罪委員會		7	308,364,429,430,432
聯合國対日理事會		12	262
		44	481
聯合國對日理事會ソヴィエート部		11	513
聯合國対日理事會ソ聯代表代理		12	257
聯合國鐵道委員會		2	452
連合國飛行機		33	339
聯合國俘虜		26	456
		27	268
聯合國翻譯通譯部	聯合國翻譯情報部	24	337,594,595,596,597,598,600,605,613,626,629,631,649
		25	78,82
		29	69
		40	227
聯合國飜譯通譯部文書		29	70
聯合國陸上部隊法務總監		23	542
聯合國家裁判所法庭		29	618
聯合國家戰爭犯罪人委員會英國代表		46	408
連合參謀本部		34	307
聯合自治體		5	512
聯合準備銀行	聯銀	6	273
		16	69

其他名词	别称	册数	页数
聯合黨	ユナイテッド・パーチィ	16	286
聯合派遣訊問本部 A 課		24	611
聯合翻譯通譯局		8	276,300,301
聯合輸送委員會		40	28
連山關分隊		44	420
練習艦隊		4	475
練習艦隊司令官		4	195
聯省自治政府		29	14
聯ソ容共抗日		32	93
聯隊區		4	581
連帶責任制		22	96
レンヂアー	レーンジャ	37	486
		50	94,99
連邦軍事省検察總局		14	100
聯邦檢事局		14	37
聯邦宰相官房省参事長官		2	47
聯邦準備銀行		8	535
聯邦準備銀行券	聯銀券	8	536
		16	69,70
聯邦政府		12	100
		26	332,344,396
聯邦政務省外務部長		2	12,59
聯邦大使館		12	530
盟邦獨伊		46	236,609
聯盟阿片諮問委員會		7	507
联盟加盟諸國	聯盟加盟諸國,加盟國,聯盟國,聯盟加盟國,聯盟加入國,聯盟ノ加盟國	3	144,162,164,165,201,273,276,277,282,290,292,296,307,312,326,340,342,357,396,407,418,419,420,422,423,427,436,444,454,457,458,462,465,468,474,487,488,489,490,495,496,497,502,508,522,541,542,547,567
		16	12,415
聯盟事務局		3	327,329,333,340,342
聯盟常任理事國		47	320
联盟總會顧問委員會	聯盟總會顧問委員會	16	13
國際聯盟脱退	聯盟脱退,連盟脱退	3	340,346,390,416,417,425,427
		6	306,307,308,309

其他名词	别称	册数	页数
國際聯盟脫退		31	12,34
		47	462,549,569
聯盟脫退論		49	447
連盟理事會		47	382
聯盟理事會常任代表國		1	480
連絡委員會		8	462,559
連絡會議		10	175
		17	10,37,49,170,171,173,178,179,180,210,218,233,302,316,318,319,320,322,323,324,328,339,340,343,345,347,348,370,487
		35	253,267
		46	313
		48	20,23,26,27,80,127,143,148,149,150,162,163,165,166,168,170,172,242,247,248,253,257,297,314
連絡部		7	572
聯立内閣		43	198,199,476
露亜銀行		2	449,453

ロ

其他名词	别称	册数	页数
ロイ		37	498
ロイアル蘭印軍参謀本部		24	6
ロイター		30	179
		35	240
ロイド		49	122
ロイド船級協會		49	137
ロイヤルスコット聯隊		23	14
ロイヤルスコット聯隊第二大隊		23	14
隴海鐵道	隴海線,隴海鉄道	6	205,206,208,365,366,380,382,398,417,418,448,455,461,462,510,512,540
		8	14,593
		31	572
		33	273
		41	247
隴海鐵道遮斷蘭封陣地		41	241

其他名词	别称	册数	页数
老河口飛行場		6	465,482
ロウセガラガラ收容所		24	117,141,142
浪速艦		5	370
老頭溝炭礦		5	639,640
勞動者及農民取締委員會		2	429
勞動黨首		10	636
勞働黨内閣	勞動黨内閣	15	532
		47	313
勞働黨破門		16	197
臘人館		7	162
勞農紅軍		33	187
勞農政府		32	80
		44	324
勞農赤軍軍事地形測量局		50	293,301,303
労農聯盟		12	131
労務官制度		15	68
勞務協會		24	57
勞務者組織		24	56,57
勞務省		7	437
勞務新體制		49	314
勞務對策		15	210,249
労務調整法		15	9
勞力不足對策		15	269
ローズバーグ抑留所		26	587,591,594,596,603
ローブ		37	504
ローマ・カソリック教會	ローマカソリック教會	7	117
		22	88
		45	169,182
ローマ・カソリック寺院		23	116
ローマ・カトリック病院		25	207
ローマ舊教ノ布教團		16	152
羅馬教會		28	127
ローマ人		50	373
羅馬人		28	127
羅馬政府		28	295
羅馬大使		11	201
羅馬駐在日本大使		10	336
ローマ駐剳大使		49	616

其他名词	别称	册数	页数
ローマ駐剳日本大使		49	533,629
羅馬フトリック教		23	186
ローマ法皇		43	377
羅馬法皇廳使節		40	328,329,332
ローマンティジズム		28	590
ローヤル聯隊		25	427,428
洛陽丸		26	465,475
ローラ・ヘーグッド女學校	ローラヘイグッド女學校	7	221,245,276
		16	55
六月二十八日ノ完全輸入爲替統制ノ制定		16	228
六合一都		34	367
盧溝橋	蘆溝橋	43	2,67,131
盧溝橋驛		32	33
露國外務省常任顧問官		1	117,190,366
露國皇帝陛下		30	249
露國國立中央歷史的記錄保存所長		13	68
露國大使		10	37
露國大使館	露西亜大使館	4	231
		7	191,301
		10	37
露國公使館		5	552
露國派遣員		46	358
露國領事官		30	175
ロシア海軍		42	111
ロシア共產黨員		30	305
露西亜共和國刑法		14	169,201
ロシア軍		42	112
露軍	露兵,露國軍隊,露西亜軍,露西亜國軍,ロシヤ軍,露國専制軍,露人部隊,露西亜軍隊	2	449,451,487
		5	324
		6	283
		12	132,137,139,140,141,142,144,145,146,147,385,403
		16	622
		17	502
		29	2,486,487,491
		30	174

其他名词	别称	册数	页数
露軍		34	115
		36	431
		49	572,595
露軍步兵三十師團		12	146
露西亜拳生同盟		12	151
露西亜語	露語,ロシヤ語,ロシア語	2	147,303,385
		5	577
		11	514,545
		12	88,89,123,161,188,190,199,200,253,257,277,288,297,304,310,319,320,324,325,379,380,395,397,399,412,418,444,422,448,454,462,470,488,489,584,585,604,621,627,633
		13	8,19,22,23,26,27,44,51,65,125,215,274,318,343
		14	11,15,36,48,59,66,92,116,203
		27	631,689
		29	253,498,502
		34	73,74,76,77,78,79,80,81,82,83,84,85,86,88,89,99,340,351,353,356,359,481
		40	507,509
		42	176
		50	224,226,230,237,285,308
露國外務大臣		29	167
露西亜國官憲		29	240
露西亜國軍司令官		29	216,217
露西亜國全權委員		29	180
露西亜國陸軍		29	170
露國諜報機関		12	138
ロシア國民		47	235
ロシア在留民		50	278
露西亜社會主義		29	247,248,250
露國人	露人,ソ聯人,ロシヤ人,ロシア人,ロ人,露國民,露西亜國臣民,露西亜國民,露西亜人民,露西亜臣民	2	435,438,445,451,455,462,573
		5	324
		6	553
		7	526,530
		10	470

其他名词	别　称	册数	页　数
露國人		11	535,536
		12	97,102,135,138,145,469,485,513,575
		16	230,622
		17	502
		20	4
		27	367,633
		29	239,240,253
		30	172,173,179,191,305,451
		31	41
		44	574
		46	53,166
		49	553,572
		50	272
ロシア青少年		50	273
ロシア潛水艦隊		42	111
露西亜戰線		13	288
露西亜帝國領事館	露西亜國領事,露西亜國領事館	29	236,239,240
露國政府	露西亜帝國政府,露西亜帝政政府,露西亜國政府,露西亜國國政府,露西亜帝政府,露西亜政府,露政府	2	79,80,81,83,84,85,146,451,485
		11	555
		12	308
		29	165,167,216,230,231,236,247,298
		30	248,250,251
		34	1,63
		42	16
露西亜鐵道		2	458
俄國派員		46	356
ロシア避難民	ロシア避難民團體	50	259,272,274,278,279,280
ロシア避難民青少年		50	272,273
ロシア避難民代表委員		50	268
ロシア避難民中央事務局		50	279
露西亜文	露字,露文	2	410
		6	28,29,30
ロシア民族主義		50	274
露西亜問題	ロシヤ問題	10	403,414,533
		16	444
		50	239

其他名词	别　称	册数	页　数
露支關係		3	287
ロシヤ・フアシスト同盟	エル・エフ・エス	12	461,462,464,468,472,475
ロシヤ課		50	474
ロシヤ海軍		15	531
ロシヤ軍人總同盟		12	523
ロシヤ軍人聯合會		50	215,231,234
ロシヤ軍人聯合會東部部長		50	234
ロシヤ軍人聯合會東方部		50	233
ロシヤ正義友愛會		50	215,228,231
ロシア政府	ロシヤ國民政府,ロシヤ政府	12	473
		30	183
		49	458
ロシヤフランス同盟		12	462,463,464,466,467,468,472,474,475,598
ロシヤ砲兵大尉		50	218
ロシヤ歩兵		30	184
ロシヤ陸軍		12	477
		30	183
露清銀行		2	449
露人遊撃隊		13	209
ロス・パノス收容所		20	23
ロスアンゼルス・タイムス		46	553
ロスバッス収容所		26	530
魯大株式會社	魯大公司	8	592,593
ロヂアース		37	503
鷺通公司		8	49
ロックヒード二一二型爆撃機		46	573
ロックヒード爆撃機		46	556
ロックフィールド・ビー		46	533
露都外務省	蘇聯邦外務省	33	326,378
ロビンソン		37	501
露浦鹽艦隊		46	224
ローマカトリック		31	190
ロマノフ王朝		43	500
ロング・アイランド	ロンダ・アイランド	37	489
		50	95,99

其他名词	别称	册数	页数
ロンジ收容所		22	209
ロンドン・タイムス特派員		32	235
倫敦海軍會議第一委員會議長		38	324
倫敦海軍會議日本代表		38	320,323
ロンドン外務省		15	610
倫敦市参事會會長		1	438,451
ロンドン市長		17	227
倫敦州副知事		1	401,427
ロンドン條約問題	「ロンドン」條約問題	43	299,561
倫敦新聞		3	29
倫敦政府		26	310,391,454,462,470,472,474,495
ロンドン大學		47	109
ロンドンタイムス紙		5	80
ロンドン駐在アイルランド自由國高級委員		2	173
ロンドン駐在印度高級委員		2	173
ロンドン駐在オーストラリア高級委員附陸軍首席代表者		2	48
ロンドン駐在オーストラリア聯邦高級委員		2	48
ロンドン駐在日本大使館参事官		32	97
ロンドン駐在ニュー・ジーランド高級委員		2	49,172
ロンドン駐在南アフリカ聯邦高級委員	ロンドン駐在南阿弗利加聯邦高級委員	2	6,49,173
ロンドン版		30	54
龍華收容所		26	526,561

ワ

ワーナー・ジー・スミス・エンドコムパニー		16	116
ワイオーミング		2	175,177,199
和泉乗組		4	472,473
ワイベル商會		10	598
和歌		43	364

其他名词	别称	册数	页数
我國文化ノ海外一般ニ対スル紹介		16	86
我國際關係上事變處理		16	195
我互惠貿易計劃		16	51
若槻弱體内閣		30	51
若槻第一次内閣		31	38
若槻第二次内閣		31	38
若槻内閣		5	196,197
		30	57
		41	21,26,317
		43	201
		44	357
		45	3,4,11,12,108,495,496
		48	228
和歌山第六一聯隊		28	340
和協委員會		3	303,325,330,339,348,351,364,369,372,386,443,516,518,519,525,526
ワクワク・ゴルフ・アンド・カウトリ倶楽部		20	18
和協主義		13	170
ワコル・コロムビヤキヤンプ		24	300,431
ワシトニーン國際赤十字委員會		27	53
ワシトン合衆國陸軍省		13	141
ワシトン軸國犯罪検察委員會		13	141,377
和親政策		31	30
ワシントン・ポスト紙		46	508
ワシントンD・C・陸軍法務總局後方勤務部隊司令部戰爭犯罪局		7	555
ワシントン號		46	536,537
ワシントン國務省		7	486,557
ワシントン時間		48	164
ワシントン州ペインブリッジ島海軍電信所		37	322
ワシントン政府		26	381,517,615
		27	56,59,63,67,69,246,306,317,319

其他名词	别　称	册数	页　数
ワシントン政府		36	225
ワシントン政府印刷所		38	181
ワシントン戦争犯罪局		27	346
ワシントン大使館	ワシントン日本大使館,在華府日本大使館	36	452,464
		37	69,78,108,231,232,270,306,310
華盛頓大使館		47	622,623
ワシントン體制		28	533
華盛頓體制	ワシントン制	10	79
ワシントン第二部参謀長室		49	420
ワシントン地方裁判所コロンビヤ區法務局	「ワシントン」行政區二五法務局	20	134,140
華府駐在スエーデン公使館		26	315
ワシントン駐在日本大使		37	97,209
ワシントンドキュメント・センター		33	345
ワシントン二五番法務局		20	326
ワシントン府海軍情報部		27	394
ワシントン文書局	華盛頓文書局,ワシントン文書本部	3	679
		6	603,606,608,611,614,617,620,622,625,628,630,632,634,637,641,644,647,650,652,656
		8	191,196,231,277,299,405,427,523,636,665,673,683,684
		10	32,88,92,111,122,128,211,213,231,252,257,277,292,296,298,304,308,311,334,548,556,619,623,646
		11	3,36,101,178,182,249,255,292,309,350,432,482,576,614
		12	53,58,68,76,85,185,351,361,377
		13	13,85,155,220,261,283,645
		14	89,90,404,476,518,525,579,591,631,643
		15	102,157,303,315,327,333,413,467,499,502,511,556,568
		16	16,21,26,59,62,64,66,74,78,87,90,99,103,108,137,147,166,193,201,205,209,213,222,226,235,283,313,319,324,331,344,347,351,358,

其他名词	别称	册数	页数
ワシントン文書局			374,377,380,386,389,394,399,402,405,428,432,440,565,581
		17	47,173,195,216,258,291,481
		18	125,191
		19	3,115,185,194,211,219,280,290,346,348,354,356,472
		24	473
		25	533,535,541,547,550,552,556,565,679
		26	6,10,14,37,43,46,54,58,65,77,81,136,150,153,157,160,163,165,167,177,186,445
		27	680,685,686
		29	20,23,25,27,29,79
		30	415
		31	62
		38	488
		42	272,276,280,284,447,470,471
		45	201,340,345,351,355,479,484,487,491,493,500,507,519,526
		46	286,291,446,610
		47	296,698
		49	353,367,368,372,374,387,395,413,548,636
		50	19,24,67,70,74,192
華盛頓文書本部		18	190
		19	318
ワシントン陸軍省		36	162
		49	420
ワスプ	ワースオプ,Wasp,ワスブ	37	486,487
		50	94,99
早稲田大學	早稲田大學	41	185
		49	124
早稲田大學文學部哲學部		36	294
早稲田大學理工學部建築科		32	337
渡辺工作		34	416,466
和文		43	550
和譯	和訳	17	528

其他名词	别称	册数	页数
和譯		34	425
和譯文		1	66
和蘭軍	オランダ軍,和蘭軍隊,和蘭兵,オランダ軍隊,和蘭王國軍,蘭軍	10	47
		19	273
		22	26
		23	295,387,388,425,461,469
		24	43,125,130,135,137,281,302,421,422,423,426,459,462,476,487,488,489,500,507,520,524
		25	423
		29	520
		38	463,474
		49	6
和蘭軍醫部		24	137
和蘭軍情報部戰爭犯罪課	オランダ軍情報部戰爭犯罪課	24	1,37,38,40,43.47,64,72,124,138,141,146,159,166,167,184,185,222,246,250,260,274,276,302,361,412,430,447,450,455,642,646
和蘭國外務省		1	166,200,235,344,387,415,418
和蘭國外務大臣		1	83,146,164,175,198,232,343,384,457
和蘭國皇帝		1	68,104,118,176,191,210,225,270,324,333,353,367,397,401,465,563,571
		2	3,10,123,341,355,356,367
和蘭政府	和蘭國政府,蘭政府,和蘭國政府,オランダ政府	1	95,96,164,165,166,167,198,199,200,201,232,233,234,235,269,343,344,345,384,385,386,387,388,416,417,418,419,420,424,431,434,441,442,443,444,448,457
		2	358,365,378,380
		11	217
		14	45
		16	190,568
		17	515,571
		19	5,6,8,13,18,31,32,33,34,35,37,38,39,40,44,62,71,72,73,74,75,76,77,80,84,85,98,112,121,176,177,273,311

其他名词	别称	册数	页数
和蘭政府		23	235,242,243,245,246,247,351
		24	180
		27	287,288,293,298,349
		36	113,122,124,125,126,127,128,129,130,132,133,134,150,151,434
		40	311
		46	502,578
		48	279,439
和蘭國赤十字協會		1	322
		2	71
和蘭國代表委員		1	322
和蘭國駐剳白耳義國特命全權公使		1	438,452
和蘭國駐剳露國特命全權公使		1	190,224,366
和蘭商事協會會頭		1	428,439,453
和蘭戦爭犯罪調查団		24	160,161,174
		49	18
和蘭領印度政府		24	61,62
割當量消滅制度		36	133
ワンエイ病人收容所		22	209
宛平縣々長		6	138
宛平縣政府		5	522
曹達工業	曹達工場	8	598,599,610
曹達灰製造工業		8	316
策戰計劃		15	451
察東警備軍		44	396
大アジア建設		47	175
大上海市長		2	611
		32	116
第十五方面軍司令部法廷		25	392
海上護衛總司令部		40	28
陸軍需品本廠		4	92
陸軍現役將校學校配屬令		4	555,556,574,577
外東亜新秩序		36	485
卍協會		5	547,550
無差別原則		17	187,189,561

中日文其他名词对照表

中文其他名词	日文其他名词
1930 年关税协定	一九三〇年關税協定
1941 年 4 月 1 日开战和维持现状的两个假定	一九四一年四月一日開戰と現狀維持の二つの假定
21 条问题	二十一個條問題
G2 中央联络部	G2 中央聯絡部
L. O. G. 收容所	L. O. G. 收容所
OC 第四战犯调查班巴莱邦小队	OC 第四戰犯調査班パレンバン分遣隊
关釜渡轮	関釜聯絡船
阿比特号	アービター
阿波丸	阿波丸
阿伯特号	アボット
阿部内阁	阿部内閣
阿部全权大使	阿部全權大使
阿达卡号	アタッカー
阿迪克号	アッツ丸
阿迪马蒂号	アドミラルテイ・アイランズ
阿尔巴尼亚国家事务局局长	アルバニア國事務局局長
阿尔巴尼亚最高会议议长	アルバニア國最高會議議長
阿尔登	アルデン
阿尔特马赫号	アルタマハ
阿凡格号	アヴェンヂアー
阿根廷共和国总统	亜爾然丁共和國大統領
阿根廷政府	アルゼンテン政府
阿赫号	アーチアー
阿拉伯人	アラビア人
阿隆・沃特号	アーロン・ウォード
阿米号	アミーア
阿塞林克号	アセリング
阿斯里托机场	アスリート飛行場
阿特拉姆街道牢狱	アウトラム・ロード刑務所
阿希监狱	アシ收容所
阿依努人	アイヌ
埃及皇帝	エジプト國皇帝
埃及驻巴黎及布鲁塞尔大使馆书记官	在巴里及ブリュセルエジプト國公使館書記官
埃尼威托克岛分遣队	エニウェトク分遣隊

中文其他名词	日文其他名词
埃塞俄比亚公使馆	エチオピア帝國公使館
埃塞俄比亚皇帝	エティオピア國皇帝
埃塞俄比亚语	エテイオビア語
艾肯丸	ヒカエン丸
艾文格里考布道团	エヴンジエリカル・ルテランミッシヨン
艾文斯号	エヴァンス
爱德沃德号	エドワーズ
爱尔奥收容所	エル・オウ・デイ收容所
爱国精神	愛國精神
爱利岛临时拘留所	エリスアイランド假抑留所
爱民主义	愛民主義
爱姆布莱斯号	エムブレス
爱沙尼亚共和国总统	エストニア共和國大統領
爱沙尼亚特命全权大使	エストニア國特命全權公使
爱沙尼亚语	エストニア語
爱斯基摩人	エスキモー
爱斯帕伦斯号	エスバランス
爱乡塾	愛鄉塾
安波人	アンボン人
安东分队	安東分隊
安东书记官	安東書記官
安奉线	安奉鐵道
安福党	安福黨
盎格鲁撒克逊民族	アングローサクソン民族
安格斯托夫号	アンガーストロイ號
安杰号	アンチオ
安内而后攘外	安内而後攘外
安全保证主义	安全保證主義
安提特号	アンテイータム
安田银行副总裁	安田銀行副頭取
盎格鲁撒克逊	アングロサクソン
奥巴奥广场	オパオ廣場
奥迪尼尔监狱	オドネル收容所
奥地利联邦总统	墺地利共和國聯邦大統領
奥顿俘虏收容所	オードンネル俘虜収容所
奥古斯都号	オーガスタ號
奥国军队	墺國軍
奥基队	オーツキ隊

中文其他名词	日文其他名词
奥基姆拉队	オキムラ隊
奥克兰论坛	オークランドトリビユーン
奥里克号	オーリック
奥里姆机场	オエリム飛行場
奥马尼湾号	オマニー・ベイ
奥匈帝国全权委员	奥地利洪牙利國全權委員
奥休监狱	アワシュ収容所
奥匈联邦皇帝	墺地利國ペヘミヤ國洪牙利國皇帝
奥匈联邦政府	墺地利洪牙利國政府
澳大利亚第十八步兵旅	オーストラリヤ第十八歩兵旅團
澳大利亚军步兵营	オーストラリア歩兵大隊
澳大利亚军第一独立连	オーストラリヤ軍第一獨立中隊
澳大利亚军队	オーストラリャ軍隊
澳大利亚军队	濠軍隊
澳大利亚军技术队	オーストラリア軍技術隊
澳大利亚军师部通信队	オーストラリヤ師團通信隊
澳大利亚军事法庭	オーストラリア軍事裁判所
澳大利亚军野战医院负责人	濠州軍野戦病院指揮官
澳大利亚军中尉	オーストラリヤ軍中尉
澳大利亚空军第一航空队	濠洲航空隊・第一飛行中隊
澳大利亚联邦政府	オーストラリア聯邦政府
澳大利亚联邦驻英国书记官	グレート・ブリテン駐在オーストラリア聯邦書記官
澳大利亚人	濠州人
澳大利亚人收容所	濠州人收容所
澳大利亚士兵	濠州兵
澳大利亚卫生队	濠州衛生隊
澳大利亚驻日公使	駐日オーストラリヤ公使
澳大利亚驻夏威夷空军	ホワイト-濠洲空軍
澳洲大使	濠州大使
澳洲政府	濠洲政府
八幡炼铁厂	八幡ノ制鐵所
八纮一宇	八紘一宇
八荒	八荒
八路军	八路軍
巴达科人	バタック人
巴达瓦高等法院	バタヴィア高等法院
巴达瓦高等法院警官	バタヴィア高等法院検事總長附員警官
巴达瓦陆军医院	バタヴィア陸軍病院

中文其他名词	日文其他名词
巴达维亚大使	バタビア大使
巴达维亚庶务部	バダビヤ庶務部
巴达维亚总领事	バタヴィャ總領事
巴当监狱	パタン收容所
巴厄号	バーンズ
巴尔博拘留所	バルボア抑留所
巴尔干政策	巴爾幹政策
巴基奥・伯雷德学校	バキヲ ブレント學校
巴基奥收容所	バキオ収容所
巴加人	バジャウ人
巴加语	バジャウ語
巴加族	バジャウ族
巴克利号	バグリー
巴拉圭共和国总统	バラグェー共和國大統領
巴拉旺轰炸	パラワンノ爆撃
巴黎大学中国学院	パリ大學中國學院
巴黎大学	巴里大學
巴黎药学大学	巴里藥學大學
巴里克邦部队司令部	バリックパパン部隊司令部中隊本部
巴里克邦第二十二特别登陆师	バリックパパンノ第二十二特別上陸部隊長
巴里克邦监狱	バリクパパン收容所
巴里克邦临时军法法庭法务官	バリクパパン臨時軍法會議法務官
巴洛斯收容所	バロス收容所
巴拿马共和国总统	巴奈馬共和國大統領
巴拿马政府	パナマ政府
巴斯特公司	ブラサート會社
巴坦号	バターン
巴坦进军	バターン行進軍
巴特雷号	バトラー
巴特瓦市政官员	バタビャ市役所吏員
巴西大使	伯剌利西爾大使
巴西总统	伯剌西爾合眾國大統領
霸道	覇道
白党团体	白黨團體
白俄	白系露人
白俄辅导委员会	白系露人輔導委員會
白宫	白亜館
白军	白軍

中文其他名词	日文其他名词
白军士兵	白軍兵士
白勒号	ベイリー
白洛克号	バイロコ
白人	白人
白人俘虏	白人俘虜
白水县驻扎的杨虎城军二旅	白水縣駐在の楊虎城軍二旅
白卫军团体	白衛軍団體
白罂粟	白罌粟
百灵庙问题	百靈廟問題
柏林大使	ベルリン大使
柏林外交部	ベルリン外務省
柏林政府	ベルリン政府
柏林中央文书局	柏林中央文書局
战败观	敗戰觀
阪田组	阪田組
板原组合	板原組合
半封建	半封建
半官半民社会	半官半民式會社
通货紧缩政策	デフレーション政策
邦德收容所	バンドウェンL. O. G」收容所
邦克夫号	バンクロフト
邦克号	バンカー・ヒル
包根维尔号	ブーゲインヴィル
保安队	保安隊
保加利亚公使馆	ブルガリア公使館
保甲制度	保甲制度
保甲组	保甲組
保健省	保健省
保境安民主义	保境安民主義
保全领土不受侵犯	領土保全不侵犯
保全中国的三个条件	中國保全三個條件
保险卫生省	保險衛生省
保障制度	保障制度
报知	報知
报国会	報國會
悲观论	悲觀論
北部军	北部軍
北部宪兵队司令部	北部憲兵隊司令部

中文其他名词	日文其他名词
北部宪兵队司令官	北部憲兵隊司令官
北大营	北大營
北岛支队	北島支隊
北伐	北伐
实施北伐	北伐遂行
北方柳条湖分遣队军营	北方柳條湖分遣隊兵舍
北方问题	北方問題
北方政权	北方政權
北光丸	北光丸
北光驻屯队	北光駐屯隊
北海道劳动标准检验局事务局长	北海道札幌勞働基準監督事務局長
北海道区域信用组合联合会	北海道府縣區域トスル信用組合聯合會
北海道厅	北海道廳
北海道厅长官	北海道廳長官
北汉普顿号	ノーザムプトン號
北进案	北進案
北进大陆政策	北進大陸策
北平保安队	北平保安隊
北平大使馆	北京大使館
北平分会高级参谋	北平分會高級參謀
北京公使馆区域行政权	北京公使館區域行政權
北京公使馆	北京公使館
北京公使馆卫兵	北京公使館警備員
北平国民废约促进会	北平國民廢約促進會
北京军队监狱	北京軍監獄
北平军事分会总参谋	北平軍事分會總參謀
北京临时政府	北京臨時政府
北京民众运动	北京民眾運動
北京师范大学	北京師範大學
北京特派员	北京特派員
北京特务机关	北京特務機關
北京兴亚院联络部长官	北京興亜院聯絡部長官
北京燕京大学校长	北京燕京大學總長
北京政府	北京政府
北九州岛空袭对策	北九洲空襲對策
北库页岛利权问题	北樺太利權問題
北库页岛石油利权问题	北樺太石油利權問題
北陆地方民政党员总会	北陸地方民政黨員總會

中文其他名词	日文其他名词
北满经略	北滿經略
北满铁路	北滿鉄道
北美合众国	北米合衆國
北宁铁道局	北寧鐵道局
北欧战争	北歐戰爭
北平师范大学	北平師範大學
北平市政府	北平市政府
北平特务机关	北平特務機關
北平学生联合会	北平學生聯合會
北平政务管理委员会	北平政務整理委員會
北平中国宪兵队	北平支那憲兵隊
北婆罗洲政府	北ボルネオ政府
北清铁路局	北清鐵路局
北上抗日	北上抗日
北上抗日队	北上抗日隊
北宁铁路	北寧線
北洋大臣	北洋大臣
贝哈号	ベハー號
贝拉小分队指挥官陆军中尉	ベラウ分遣隊指揮官陸軍中尉
本宁顿号	ボクサー
本土决战	本土決戰
本土决战论	本土決戰論
本溪湖煤铁公司	本溪湖煤鐵公司
比达达瑞收容所	ビダダリキャンプ
比岛空军新司令官	比島空軍新司令官
比岛陆军总参谋长	比島陸軍參謀總長
比甘号	ビーガム
比勒沃德号	ベロー・ウッド
比利时国王	白耳義國皇帝
比利时全权委员	白耳義國全權委員
比利时政府	白耳義政府
比率主义	比率主義
比洛煤矿从业人员	ビロウ炭坑従業員
比那达人	ビナダン人
比斯马克号	ビスマーク・シー
比斯马克拘留所	ピスマーク抑留所
比特号	バイター
币原临时内阁	幣原臨時内閣

中文其他名词	日文其他名词
闭关锁国	クローズトドア
难民事务局	避難民事務局
变态文明	變態文明
标准石油公司	スタンダード・ヴァキュウム石油會社
滨海铁路	濱海鐵路
滨江省公署教育厅第四科	濱江省公署教育廳第四科
滨口内阁	濱口內閣
冰岛人民	アイスランド人民
冰岛政府	アイスランド政府
兵备局	兵備局
兵器局长	兵器局長
兵务局兵务科	兵務局兵務課
饼干工厂	ビスケット工廠
波加湾疗养所	ボンがワン療養所
波库号	ボーグ
波兰公使	ポーランド公使
波兰国民	波蘭國民
波兰军队	波蘭軍隊
波兰人	ポーランド人
波兰语	ポーランド語
波兰元帅	ポーランド元帥
波兰政府	波蘭政府
波兰政府外交大臣	ポーランド政府外務大臣
波兰驻日大使	駐日ポーランド大使
波兰总统	波蘭共和國大統領
波洛克岛号	ブロック・アイランド
波纳佩岛分遣队	ポナペ分遣隊
波斯机关	波斯機関
波斯马部队	ポスッマ部隊
波特高等中学	ボードナアー高等學校別館
波兹坦公告	ポッダム宣誓
玻利维亚总统	ボリヴィア共和國大統領
玻利维亚驻法国大使馆一等书记官	在佛國ボリヴィア國公使館一等書記官
伯昂小学	ボーアン初等學校
伯昂天主教会	ボーアン天主教々會
伯莱顿号	ブレトン
伯莱切号	ブランチ
伯耐炼油厂	ブルネイ精油所

中文其他名词	日文其他名词
伯耐炼油厂建筑部	ブルネイ石油精製所建築部
勃朗宁自动手枪	ブローニング
博东公司	博東公司
博山煤田	博山炭田
捕猎号	ハント
捕猎者号	ハンター
不承认主义	スチムソン主義
不对待政策	ノイ・スレットの政策
不干涉他国内政主义	他國の内政不干涉主義
不干涉主义	不干涉主義
不介入主义	不介入主義
不扩大方针	不擴大方針
不烧不杀不抢	燒クナ殺スナ掠メナ
布尔什维克	ボリシェウィキー
布尔什维克党	ボルシヴィクパルチザン
布尔什维克分子	赤化分子
布尔什维克人	ボルシェヴィキ
布尔什维克主义	ボルシェヴィズム
布鲁克斯游击队营地	クス・ホイントノゲリラ隊
布奇号	プーチ號
布切汉姆号	ブチアナン
布宜诺赛勒斯医科大学	ブェノス・アイレス醫科大學
步兵师团	步兵師團
部落名	チカシミ
部落名	フシャン
财团法人日本青年馆	財團法人日本青年館
财务省	財務省
财政部长官	財政部長官
财政紧缩方针	財政緊縮方針
财政省预金部	大藏省豫金部
财政计划	財政計畫
财政金融计划	財政金融計畫
参谋本部	参謀本部
参谋本部第二部	参謀本部第二部
参谋本部第二部长	参謀本部第二部長
参谋本部第一部	参謀本部第一部
参谋本部第一部长	参謀本部第一部長
参谋本部庶务课长	参謀本部庶務課長

中文其他名词	日文其他名词
参谋本部通信课	参謀本部通信課
参谋本部中国课长	参謀本部支那課長
参谋部情报科	参謀部情報課
参谋长会议	参謀長會議
参谋本部第一部第二课	参謀本部第一部第二課
参议员事务局	參議員事務局
藏匿犯人罪	犯人藏匿ノ罪
查帕雷号	レーク・チアプレン
茶头	茶頭
察安戈号	チウンゴウ
察戈号	チアーヂアー
察哈尔东部警备军	察東警備軍
察哈尔东部特别自治区行政长官	察東特別自治區行政長官
察南自治政府	察南自治政府
察瑟号	チエーサー
拆除旧船和建造先进船舰计划	古船解體優秀船建造計畫
柴田部队	柴田部隊
产业动员机关	產業動員機關
产业革命	產業革命
产业合理化运动	產業合理化運動
产业合理化政策	產業合理化政策
产业开发五年计划	產業開發五ヶ年計畫
产业统制政策	產業統制政策
产业自由主义	產業自由主義
产业设施公司	產業施設株式會社
产业资金关系对策	產業資金關係對策
长城	長城
长城线	長城線
长春部队	長春部隊
长春分队	長春分隊
长春关东军司令部	長春関東軍司令部
长春宪兵队	長春憲兵隊
长岛	ロング・アイランド
长老教会	長老教會
长期抗战	長期抗戰
长崎高等商业学校校长	長崎高等商業學校長
长崎号	長崎丸
长沙市民	長沙市民

中文其他名词	日文其他名词
常设国际退伍军人委员会	常設國際在鄉軍人委員會
常设仲裁法院法官	常設仲裁裁判所裁判官
常驻美国步兵第五十六联队	久留米步兵第五十六聯隊
超然内阁	超然內閣
巢鸭监狱	巢鴨刑務所
朝日新闻出版局图书编集部部长	朝日新聞出版局圖書編集部長
朝日新闻东京本社调查部长	朝日新聞東京本社調查部長
朝日新闻东京总部	朝日新聞東京本社
朝日新闻社	朝日新聞社
朝日新闻政治经济部	朝日新聞政治經濟部
朝日新闻东京本社调查部	朝日新聞東京本社調查部
朝鲜俘虏收容所	朝鮮俘虜收容所
朝鲜俘虏收容所	朝鮮俘虜收容所
朝鲜俘虏收容所第一分所	朝鮮俘虜收容所第一支所
朝鲜军参谋长	朝鮮軍参謀長
朝鲜军俘虏收容计划	朝鮮軍俘虜収容計畫
朝鲜军俘虏收容所	朝鮮軍俘虜収容所
朝鲜军管区参谋长	朝鮮軍管區参謀長
朝鲜军司令部	朝鮮軍司令部
朝鲜军司令官	朝鮮軍司令官
朝鲜内宪兵队	朝鮮內憲兵隊
朝鲜农民	鮮農
朝鲜人	朝鮮人
朝鲜人部队	朝鮮人聯隊
朝鲜特别会计	朝鮮特別會計
朝鲜统治	朝鮮统治
朝鲜宪兵队司令部	朝鮮憲兵隊司令部
朝鲜宪兵队司令官	朝鮮憲兵隊司令官
朝鲜总督	朝鮮總督
朝鲜总督府	朝鮮總督府
朝鲜总督府地区长官	朝鮮總督府道知事
朝鲜总督府检事	朝鮮總督府檢事
朝鲜总督府政务总监	朝鮮總督府政務總監
朝鲜产业银行	朝鮮產業銀行
朝鲜农民	朝鮮農民
朝鲜专卖局	朝鮮專賣局
撤兵问题	撤兵問題
承平铁路	承平鐵道

中文其他名词	日文其他名词
惩戒委员会	懲戒委員會
持久战	持久戰
赤坂离宫	赤阪離宮
赤城舰	赤城艦
赤化工作	赤化工作
赤化救国	赤化救國
赤化威胁	赤化脅威
赤化运动	赤化運動
消灭赤祸	赤禍根絕
红军代理参谋长	赤軍參謀長代理
红旗远东军军事检察官	赤旗極東軍軍事檢察官
红色劳动运动	赤色勞働運動
红色势力	赤色勢力
红卫军	赤衛軍
敕令第三十八号鸦片委员会官制	勅令第三八號阿片委員會官制
敕命内阁	勅命內閣
出口补偿制度	輸出補償制度
储蓄方式报国	貯蓄報國
储蓄债券	貯蓄債券
楚拉医院	チュラロングケルン病院
川崎第二收容所	川崎第二收容所
川崎汽船公司	川崎汽船株式會社
川崎汽船公司航线	川崎汽船株式會社線
川崎收容俘虏就劳	川崎収容俘虜就労
川崎收容所	川崎収容所
传教湾号	ミッション・ベイ
传统的亲善关系	傳統的親善関係
船舶管理委员会	船舶管理委員會
船舶输送司令官	船舶輸送司令官
创立民国	民國創立
次官委任	次官委任
从扰动区返回的军队军人的状况	事变地ヨリ歸還ノ軍隊軍人ノ狀況
促进同志会	促進同志會
存款部	預金部
达奥收容所	ダバオ刑務所
达奥徒刑场	ダヴァオ徒刑場
达瑟号	ダッシアー
达森人	ダスン人

中文其他名词	日文其他名词
达森语	ダスン語
达雅克人	ダーヤク人
鞑靼族	タータース族
打倒蒋介石	蔣介石打倒
打倒日本	打倒日本
中止和平论	打切り和平論
大阪朝日	大阪朝日
大阪府教育会	大阪府教育會
大阪府知事	大阪府知事
大阪扣留所	大阪勾置所
大阪陆军预备学校	大阪陸軍幼年學校
大阪商船	大阪商船
大阪商船公司	大阪商船會社
大阪时事新闻报记者	時事新報社記者
大阪市玉造警察署附属代用监狱	大阪市玉造員警署附屬代用監獄
大阪收容所	大阪收容所
大阪屋号书店	大阪屋號書店
大阪刑务所	大阪刑務所
大阪邮船公司	大阪郵船會社
大本教	大本教
大本营	大本営
大本营参谋	大本營参謀
大本营海军部副官部	大本營海軍部副官部
大本营会报	大本營會報
大本营令	大本營令
大本营陆军部第八课	大本營陸軍部第八課
大本营陆军部幕僚长	大本營陸軍部幕僚長
大本营内阁	大本營内閣
大藏省	大藏省
大藏省官吏	大藏省官吏
大藏省理财局调查科科长	大藏省理財局調查課長
大藏省会计局长	大藏省主計局長
大藏省会计局司计科科长	大藏省主計局司計課長
大藏省会计局预算决算科科长	大藏省主計局豫算決算課長
大臣事务所	大臣事務所
大道市政府	大道市政府
大东亚大臣	大東亜大臣
大东亚共荣圈	大東亜共榮圈

中文其他名词	日文其他名词
大东亚会议	大東亜會議
大东亚民族	大東亜民族
大东亚审议会	大東亜審議會
大东亚省	大東亜省
大东亚新体制	大東亜新體制
大东亚新秩序	大東亜新秩序
大东亚战争	大東亜戰爭
大东亚秩序	大東亜秩序
大东亚中央银行	大東亜中央銀行
大东亚主义	大東亜主義
大都会剧院	メトロポリタン劇場
大沽炮台	大沽砲臺
大海机密	大海機密
大和饭店	大和ホテル
大和精神	大和魂
大和饭店	ヤマト・ホテル
大皇帝	大皇帝
大康纺织	大康紡績
大连分队	大連分隊
大连警察署长	大連員警署長
大连汽船	大連汽船
大连商议书记长	大連商議書記長
大连特务机关	大連特務機關
大连特务机关长	大連特務機關長
大陆政策	大陸政策
大马尼拉警察署	大マニラ員警署
太平洋和平	太平洋平和
大清帝国钦差全权大臣	大清帝國欽差全權大臣
赤诚会	赤誠會
大日本帝国全权办理大臣	大日本帝國全權辦理大臣
大日本兴亚同盟	大日本興亜同盟
大日本纺织工厂	大日本紡積工場
大日本航空公司	大日本航空會社
大日本航空公司总裁	大日本航空株式會社總裁
大日本联合青年团	大日本聯合青年團
大日本政治会	大日本政治會
大日本最高司令官	大日本最高司令官
大上海市政府	大上海市政府

中文其他名词	日文其他名词
大石桥分队	大石橋分隊
大田停车场	大田停車場
大同煤矿	大洞炭坑
大同煤矿公司	大同炭礦株式會社
大总统国务卿	大統領國務長官
大汶口煤矿股份有限公司	大汝口炭礦股份有限公司
大西洋航线	大西洋航路
大夏大学	大廈大學
大宪	大憲
大亚细亚	大亜細亜
大亚细亚联合	大亜細亜聯合
大亚细亚协会	大亜細亜協會
大亚细亚主义	大亜細亜主義
大亚洲协会创立计划书	大亜細亜協會創立趣意書
大言海	大言海
大御亲	大禦親
大政翼赞	大政翼贊
大政翼赞会	大政翼贊會
大政翼赞会副总裁	大政翼贊會副總裁
大政翼赞会总裁	大政翼贊會總裁
大政翼赞运动	大政翼贊運動
代用燃料工业	代用燃料工業
戴高乐派	ドゴール派
戴高乐政权	ドゴール政權
丹麦公使	デンマーク公使
丹麦国民	デンマーク國民
丹麦国政府	デンマーク國政府
丹麦语	デンマーク語
丹麦国王	丁抹國皇帝
单独内阁	單獨內閣
旦泽市卫生局长	ダンチッヒ保健局長
但基戈问题	ダンチヒ問題
弹压共产党	共產黨彈壓
当代日本	コンテンポラリジャパン
党外人士	黨外人士
倒阁运动	倒閣運動
道	道
道格拉斯·麦克阿瑟的幕僚部	マッカーサー幕僚部

中文其他名词	日文其他名词
道贡尖部落	道貢尖部落
道教	道教
道威斯计划	ドーズ案
道义禁运	モーラルエンバグウー
道义外交	道義外交
稻米统制委员会	米穀統制委員會
稻田内阁书记官	稲田内閣書記官
德川幕府	德川幕府
德川时代	德川時代
德法协会	獨佛協會
德国班长	獨逸班長
德国兵士	ドイツ兵
德国常驻人员	獨波國駐在員
德国大使	獨逸大使
德国大使馆	獨逸國大使館
德国大使馆附属武官室翻译官	獨逸大使館付武官室語學將校
德国的东部战线	獨逸の東部戰線
德国电力部门的工业公司	ドイツの電気部門の工業會社
德国公使	獨國公使
德国公使	獨乙公使
德国公使馆	獨逸公使館
德国公使男爵	獨逸國公使男爵
德国国家社会主义党	獨逸國粹社會黨
德国海军	獨逸海軍
德国海军大将	ドイツ海軍大將
德国海军武官	獨乙海軍武官
德国海外团体的首脑	海外獨逸人團體首脳
德国红十字会	獨逸赤十字社
德国皇帝陛下	獨國皇帝陛下
德国军部	獨乙軍部
德国军政部	獨逸軍政部
德国军政部代表	獨逸軍政部代表
德国空军	獨逸空軍
德国礼仪局局长	ドイツの儀典局長
德国陆军	獨逸陸軍
德国炮兵联队	獨逸の炮兵聯隊
德国潜水舰	獨潛水艦
德国潜艇	獨逸潛水艦

中文其他名词	日文其他名词
德国青岛守备军	ドイツ青島守備隊
德国全权委员	獨逸國全權委員
德国人	獨逸人
德国首相	獨逸國首相
德国通信社	ドイツ通信社
德国通信员	獨乙通信員
德国外交部	獨逸外務省
德国外交部长	獨國外相
德国外交情报局	獨乙外交情報局
德国文化	獨逸文化
德国武官	獨逸武官
德国西部战线	獨逸の西部戰線
德国巡海艇	ドイツ掃海艇
德国犹太人	獨逸系ユダヤ人
德国战线	獨乙戰線
德国政府	獨逸政府
德国驻华大使	駐支獨逸大使
德国总参谋部	獨逸參謀本部
德国总理	獨國宰相
德国总领事馆	獨國總領事館
德国总统	獨逸國大統領
德国最高司令部	獨逸最高司令部
德国普鲁士皇帝	獨逸國普魯西國皇帝
德国事务政治顾问	獨逸關係事項政治顧問
德黑兰三菱公司	在テヘラン三菱商事會社
德军	獨逸軍
德军司令部	ドイツ軍司令部
德玛希第六大队收容所	テイマヒ第六大隊收容所
德玛希第四俘虏收容所司令炮兵少校	テイマヒ第四俘虜收容所司令炮兵少佐
德日协会	獨日協會
德苏开战	獨ソ開戰
德苏开战说	獨ソ開戰說
德雅汀加州司祭长	ジャティネガラ居住ジャティネガラ州司祭長補佐
德意军队	獨伊軍隊
德意军事同盟	獨伊軍事同盟
德意人俘虏	獨伊人俘虜
德意阵营	獨伊陣營
德意志号	ドイキュランド號

中文其他名词	日文其他名词
德裔美国人	獨系米人
德英协会	獨英協會
德语	獨逸語
登录局记录所所长	登錄局記錄所長
邓尼茨政权	デーニッツ政權
低物价政策	低物價政策
狄塞尔机关	ディーゼル機関
抵制日货	排日ボイコット
抵制日货	日貨排斥
抵制日货同盟	日本製品不買同盟
地方分制	地方分權制
地方航业公司	地方航業公司
地方军政机关	地方軍政機關
地方厅	地方廳
地方维持委员会	地方維持會委員會
地方行政协议会	地方行政協議會
地方杂军	地方雜軍
地方自治委员会	地方自治委員會
地区别制	地區別制
地下战	地下戰
地中海文化	地中海文化
地主阶级	地主階級
帝国大学总务处处长	帝大總長
帝国飞行协会会长	帝國飛行協會會長
帝国根本国策	帝國根本國策
帝国海军	帝國海軍
帝国海军部命令	大海令
帝国海军飞行机	帝國海軍飛行機
帝国海运委员会	帝國海運委員會
帝国借款铁道	帝國借款鐵道
帝国军队	帝國軍隊
帝国陆海军	帝國陸海軍
帝国圣战	帝國聖戰
帝国图书馆	帝國圖書館
帝国图书馆第一部长	帝國圖書館第一部長
帝国修正案	帝國修正案
帝国学士院	帝國學士院
帝国议会贵族院议事	帝國議會貴族院議事

中文其他名词	日文其他名词
帝国议会众议院	帝國議會衆議院
帝国议会众议院决算委员会	帝國議會衆議院決算委員會
帝国银行	帝國銀行
帝国原则协助运动	大政-運動
帝国政府	帝國政府
帝国主义	帝國主義
帝国主义者	帝國主義者
帝国驻马尼拉总领事馆	マニラ帝國総領事館
帝室博物馆	帝室博物館
帝室制度	帝室制度
帝王学	帝王學
帝亚丸	帝亜丸
递信省电务局外国电信课长	遞信省電務局外國電信課長
第十九路军	第十九路軍
第三十七师团	第三十七師團
第三十九旅团	第三十九旅團
第八师团参谋	第八師團参謀
第八师团司令部	第八師團司令部
第二次近卫内阁	第二次近衛内閣
第二次若槻内阁	第二次若槻内閣
第二分队	第二分隊
第二复员局文书课长	第二復員局文書課長
第二复员局资料整理部史实班	第二復員局資料整理部史實班
第二复员局资料整理部史实班长	第二復員局資料整理部史實班長
第二复员局总裁部长	第二復員局總裁部長
第二复原局	第二復員局
第二复原局调查课员	第二復原局調査課員
第二个五年计划	第二次五ヶ年計畫
第二国际	第二インターナショナル
第二海军补充计划	第二海軍補充計畫
第二军司令官	第二軍司令官
第二师团长	第二師團長
第二师团司令部	第二師團司令部
第二十九军	第二十九軍
第二十九军司令部	第二十九軍司令部
第二十九军司令官	第二十九軍司令官
第二十军	第二十軍
第二十三师团	第二十三師團

中文其他名词	日文其他名词
第二十三师团长	第二十三師團長
第二十师团长	第二十師團長
第二十五军	第二十五軍
第二十五师团	第二十五師團
第二野炮联队	第二野砲聯隊
第九师团司令部	第九師團司令部
第六次全国代表大会	第六次全國代表大會
第六军	第六軍
第六蒙古骑兵师团	第六蒙古騎兵師團
第七独立守备队	第七獨立守備隊
第七方面军	第七方面軍
第七方面军参谋长	第七方面軍參謀長
第七方面军军需及交通参谋	第七方面軍兵站交通參謀
第七方面军司令部	第七方面軍司令部
第七方面军司令官	第七方面軍司令官
第七蒙古国境警备哨所	第七蒙古國境警備哨所
第七师团	第七師團
第七十二议会	第七十二議會
第七十三议会	第七十三議會
第三次对华政策	第三次對華政策
第三次近卫内阁	第三次近衛內閣
第三次联络会议	第三回連絡會議
第三方面军作战计划	第三方面軍作戰計畫
第三国际	第三インターナショナル
第三师团团长	第三師團長
第三十八军司令官	第三十八軍司令官
第三十七军	第三十七軍
第三十七军参谋	第三十七軍參謀
第三十七军司令官	第三十七軍司令官
第三十三师团	第三十三師團長
第十八师团	第十八師團
巴达维亚第十步兵大队	バタビヤ第十步兵大隊
第十二师团长	第十二師團長
第十六军	第十六軍
第十六军参谋长	第十六軍參謀長
第十六师团	第十六師團
第十七方面军参谋长	第十七方面軍參謀長
第十师团	第十師團

中文其他名词	日文其他名词
第十师团团长	第十師團長
第十四师团	第十四師團
第十一部队参谋长	第十一部隊參謀長
第四军司令官	第四軍司令官
第四十六师团	第四六師團
第五军司令官	第五軍司令官
第五师团	第五師團
第五师团司令部	第五師團司令部
第五师团团长	第五師團長
第五十六师团	第五十六師團
第五十七师团	第五十七師團
第五十七师团长	第五十七師團長
第五十五师团	第五十五師團
第五十一、五十七师团	第五一、第五七師團
第一部长	第一部長
第一次近卫内阁	第一次近衛内閣
第一次总力战机上演习	第一回總力戰機上演習
第一复员局文书课长	第一復員局文書課長
第一复员局	第一復員局
第一复员省法务部	第一復員省法務部
第一高等学校	第一高等學校
第一个五年计划	第一次五ヶ年計畫
第一级陆军飞行专业军官	第一級陸軍飛行學行將校
第一军参谋长	第一軍參謀長
第一线防御阵地	第一線防禦陣地
第一银行	第一銀行
滇缅公路	ビルマルート
典礼号	コメンスメント・ベイ
电气局	電力局
调整物资的供应和需求	物資ノ需給調整
调整中日关系	日支關係調整
谍报及情势审视部长	諜報及情勢判斷部長
东北当局	東北官憲
东北国民义勇军	東北國民義勇軍
东北交通委员会委员长	東北交通委員會委員長
东北军	東北軍
东北军阀	東北軍閥
东北军阀倒台	東北軍閥崩壞

中文其他名词	日文其他名词
东北军管辖区高级副官	東北軍管區高級副官
东北抗日义勇军	東北抗日義勇軍
东北民众	東北民眾
东北人民革命军	東北人民革命軍
东北新政治革命	東北新政治革命
东北义勇军	東北義勇軍
东部工农红军军事地形测量局	東半勞農赤軍軍事地形測量局
东部军参谋	東部軍參謀
东部军司令官	東部軍司令官
东大营	東大營
东方及全世界无产阶级	東方及全世界無產階級
东方旅行社	東方旅行社
东亚各民族	東亜諸民族
东洋意识	東洋思想
东方政策	東方政策
东海军管区	東海軍管區
东海宪兵队司令部	東海憲兵隊司令部
东京审判	東京裁判
东京朝日新闻政治部长	東京朝日新聞政治部長
东京大使馆	東京大使館
东京大学助教授言语学者	東京大學助教授言語學者
东京大亚细亚协会	東京大亜細亜協會
东京德国大使馆	在東京獨逸大使館
东京地方法院	東京地方裁判所
东京帝国大学	東京帝國大學
东京帝国大学法学部	東京帝國大學法學部
东京帝国大学法学院院长	東京帝大法學部長
东京帝国大学图书馆	東京帝國大學附屬図書館
东京帝国大学图书馆运行部长	東京帝國大學附屬図書館運用部長
东京帝国大学冶金系	東京帝國大學工學部鐵冶金科
东京帝国大学政治系	東京帝國大學政治科
东京都长官	東京都長官
东京俘虏收容所	東京俘虜收容所
东京府知事	東京府知事
东京高等工艺学校摄影系	東京高等工藝學校寫眞部
东京高等商业学校	東京高等商業學校
东京工商会议所会长	東京商工會議所會頭

中文其他名词	日文其他名词
东京广播局	東京放送局
东京广播局报道部长	東京放送局報導部長
东京广播局顾问室成员	東京放送局顧問室部員
东京广播局联络部副部长	東京放送局連絡室副部長
东京机械制作株式会社	東京機械製作株式會社
东京检察院第三刑事部	東京控訴院第三刑事部
东京俱乐部	東京俱樂部
东京控诉院	東京控訴院
东京瑞典外交团	東京スエーデン外交團
东京手形交换所	東京手形交換所
东京水交社	東京水交社
东京外国语学校	東京外國語學校
东京外务省	東京外務省
东京外务省研修所会长	東京外務省研修所會長
东京宪兵队司令部	東京憲兵隊司令部
东京银行集会所	東京銀行集會所
东京英国大使馆	東京英國大使館
东京站	東京驛
东京政府	東京政府
东京中央电信局	東京中央電信局
东京中央战犯审判	東京中央戰犯裁判
东久迩宫内阁	東久邇宮内閣
东久迩内阁	東久邇内閣
东南欧政策	東南歐政策
东三省官方银行行长	東三省官銀號總辦
东条内阁	東條内閣
东条信念	東條ノ信念
乌拉圭东岸共和国总统	東ウルグェー共和國大統領
东西二正面作战	東西二正面作戰
东西兄弟主义	東西兄弟主義
东亚百年计	東亜百年ノ計
东亚复兴	東亜復興
东亚共荣	東亜共榮
东亚海运公司成员	東亜海運株式會委員
东亚和平	東亜平和
东亚会	東亜會
东亚建设国民同盟	東亜建設國民同盟
东亚经济调查局	東亜経済調査局

中文其他名词	日文其他名词
东亚经济使节	東亜經濟使節
东亚经济特使	東亜經濟特使
东亚局	東亜局
东亚局第二课长	東亜局第二課長
东亚局第一课长	東亜局第一課長
东亚军指挥官	東亜軍指揮官
东亚联盟	東亜聯盟
东亚民族	東亜民族
东亚侵略	東亜侵略
东亚人	東亜人
东亚同文会	東亜同文會
东亚同文书院	東亜同文書院
东亚文化	東亜文化
东亚宪章	東亜憲章
东亚新秩序	東亜新秩序
东亚新秩序	外東亜新秩序
东洋机械股份公司	東洋機械株式會社
东洋经济新报	東洋經濟新報
东洋经济新报社	東洋經濟新報社
东洋门罗主义	東洋モンロー主義
东洋民族	東洋民族
东洋文明	東洋文明
东洋问题	東洋問題
东洋新文化	東洋新文化
东洋研究会	東洋研究會
华东铁路副理事长	東支鐵道副理事長
都会文明	都會文明
独裁势力	獨裁勢力
独裁者	獨裁者
独裁政权	獨裁政權
独裁专制	獨裁專制
独立	インテイベンテンス
独立步兵第一联队	獨立步兵第一聯隊
独立工兵第四十三联队	獨立工兵第四十三聯隊
独立混成第二十六旅团	獨立混成第二十六旅團
独立混成第一旅团长	獨立混成第一旅團長
独立炮兵第十三联队	獨立炮兵第十三聯隊
独立守备第二大队	獨立守備第二大隊

中文其他名词	日文其他名词
独立守备队	獨立守備隊
独立守备队司令部	獨立守備隊司令部
独立守备队司令官	獨立守備隊司令官
独立土兵第一中队	獨立土兵第一中隊
独立团	獨立團
独立宪兵大队	獨立憲兵大隊
独立自主	獨立自主
独善其身	獨善自己
杜立特尔机	ドーリットル機
杜利特尔队	ドーリトル隊
杜森号	デュソン人
渡边工作	渡辺工作
对俄政策	對露問題
对法属印度支那进驻权	对佛印進駐權
对华方针	對支方針
对华讲和基础条件	對支講和基礎條件
对华正式宣战	对華正式宣戰
对满方针	對滿方針
对美强硬论	對米強硬論
对美宣战公告	对米宣戰佈告
对美战争	对米戦爭
对南方方案	对南方施案
对南方方策	對南方施策
对日经济绝交	對日經濟絕交
对日绝交	對日絕交
对日抗战	對日抗戰
对日离反	對日離反
对日理事会	对日理事會
对日理事会苏联部书记长	對日理事會蘇聯部書記長
对日理事会委员	對日理事會委員
对日贸易	對日貿易
对苏防卫	對蘇防衛
调整对苏外支	對ソ國交調整
对苏联远东部分总体作战计划	極東ソ領全般ニ關スル作戰構想
对苏联作战计划	ソ聯邦ニ對スル作戰計畫
对苏联作战计划立案审议	對ソ作戰計畫立案審議
对苏平和政策	對ソ平和政策
对苏问题	對蘇問題

中文其他名词	日文其他名词
对苏政策	對ソ政策
对苏作战计划	対ソ戰計畫
对外积极主义	對外積極主義
对外强硬论	對外強硬論
对友和平条件	對友和平條件
多葛队	トケイ隊
多古广场	トーング廣場
多伦作战	多倫作戰
多米尼加共和国	ドミニカ共和國政府
多米尼加共和国驻日内瓦领事	ジュネーヴ駐在ドミニカ共和國領事
多米尼加共和国总统	ドミニカ共和國大統領
多萨恩人	ドスン人
俄国步兵	ロシヤ步兵
俄国共产党员	ロシア共產黨員
俄国国民	ロシア國民
俄国海军	ロシア海軍
俄国海军	ロシヤ海軍
法国皇帝陛下	佛國皇帝陛下
俄国皇帝陛下	露國皇帝陛下
俄国领事官	露國領事官
俄国人	露國人
俄国外交部	露都外務省
俄军	ロシア軍
俄军	露軍
俄军潜水舰队	ロシア潛水艦隊
俄罗斯帝国领事馆	露西亜帝國領事館
俄罗斯伏龙芝军事学院炮兵科教官	モスクワ フルンゼ軍官學校砲兵科教官
俄罗斯军人联合会东方部	ロシヤ軍人聯合會東方部
俄罗斯军司令官	露西亜國軍司令官
俄罗斯陆军	露西亜國陸軍
俄罗斯民族主义	ロシア民族主義
俄罗斯炮兵大尉	ロシヤ砲兵大尉
俄罗斯青少年	ロシア青少年
俄罗斯全权委员	露西亜國全權委員
俄罗斯社会主义	露西亜社會主義
俄罗斯外务大臣	露國外務大臣
俄罗斯难民	ロシア避難民
俄罗斯难民代表委员	ロシア避難民代表委員

中文其他名词	日文其他名词
俄罗斯难民青少年	ロシア避難民青少年
俄罗斯在留民	ロシア在留民
俄罗斯政府	露國政府
俄罗斯中央难民局	ロシア避難民中央事務局
俄语	露西亜語
俄中关系	露支關係
厄瓜多尔总统	エクァドル共和國大統領
恶性通货膨胀	悪性インフレ
通货管理制度	管理通貨制度
二十三国咨问委员会	二十三ヶ國咨問委員會
发行公债渐减方针	公債発行漸減方針
法国大使	佛國大使
法国大使馆	佛國大使館
法国大尉	佛人大尉
法国分队	フランス支隊
法国妇女	佛蘭西婦人
法国副检察官	佛蘭西副檢察官
法国公使	佛國公使
法国官府	佛國官憲
法国国内军	佛蘭西國内軍
法国海军	佛國海軍
法国航空公司	エール・フランス航空會社
法国检察官	佛蘭西檢察官
法国检察官	佛國檢事
法国军曹	フランス軍曹
法国领事馆	佛國領事館
法国平民	佛民間人
法国欧洲政策	佛國歐洲政策
法国全权委员	佛蘭西全權委員
法国人	佛國人
法国牺牲者	佛蘭西人犧牲者
法国哨所	佛人哨所
法国首相	フランス首相
法国外交部	佛蘭西外務省
法国外相	佛國外相
法国维希政府	ヴイシー政府
法国伍长	佛人伍長
法国宪兵	佛蘭西憲兵

中文其他名词	日文其他名词
法国宣教师	佛國宣教師
法国医院	佛國病院
法军战线	フランス軍戰線
法国政府	佛國政府
法国政府国防事务总长室	佛蘭西政府國防事務總長室
法国总领事	佛國總領事
法国总领事馆	フランス總領事館
法国总领事馆	佛國總領事館
法国租界	フランス租界
法国租界	佛國租界
法兰西公学院胚胎研究所	コレイヂュ・ド・フランス胎生學研究所
法理主义	法理主義
法泰纷争	佛泰間紛爭
法王厅	法王廳
法务部	法務部
法务局战争犯罪部	法務局戰爭犯罪部
法西斯党	ファシスト
法西斯国家	フアシスト國家
法西斯政权	フアンスト政權
法西斯主义	ファシズム
法属印度支那问题	佛印問題
法语	佛蘭西語
法政大学	法政大學
法制局	法制局
法制局参事官	法制局參事官
法制局长官	法制局長官
法治	法治
法属印度支那政府	佛領印度支那政府
法属印度支那保安局	佛印保安局
法属印度支那人	佛印人
法属印度支那协同防卫	佛印協同防衛
法属印度支那总督	佛領印度支那總督
反帝	反帝
反帝国主义的人民战线	反帝國主義的人民戰線
反帝民众	反帝民眾
反帝运动	反帝運動
反帝运动的现阶段	反帝運動の現階段
反动思想	反動思想
反对论	反對論

中文其他名词	日文其他名词
反对自治	自治反對
反法西斯	反フャッシヨン
反革命	反革命
反革命爆破工作	反革命爆破工作
反革命文件	反革命文書
反共	反共
反共产国际协定	反コミンテルン協定
反共产主义联合	反共產主義聯合
反共势力	反共勢力
反共运动	反共産運動
防共主义	防共主義
反国民党	反國民黨
反汉奸	反漢奸
反吉林政权	反吉林政權
反蒋策动	反蔣策動
反蒋战争	反蔣的戰爭
反蒋介石	反蔣
反蒋军阀	反蔣軍閥
反军国主义	反軍國主義
反卖国贼	反日反賣國賊
反满	反滿
反满政策	反滿政策
反美	反米
反南京政府	反南京政府
反侵略战线	反侵略戰線
反倾销法	ダンピング防止法
反日	反日
反日的民众团体	反日的民眾團體
反日地方政权	反日地方政權
反日第一	反日第一
反日反帝革命运动	反日反帝革命運動
反日反卖国贼的民族统一战线	反日反賣國賊的民族統一戰線
反日反卖国贼军队	反日反賣國賊軍隊
中国反日反卖国贼联合战线	中國反日反賣國賊聯合戰線
反日反卖国贼民族革命战争	反日反賣國賊民族革命戰爭
反日会	反日會
反日经济策	反日経済策
反日救国人民	反日救國人民

中文其他名词	日文其他名词
反日救亡运动	反日救亡運動
反日军	反日軍
反日联合会	反日聯合會
反日民众	反日民衆
反日谋略	反日謀略
反日目的纠察队	反日目的糾察隊
反日武装	反日武裝
反日义勇军	反日義勇軍
反日战线	反日戰線
反日总动员	反日總動員
反苏分子	反ソ分子
反汪精卫政权	反汪政權
反英运动	反英運動
反战	反戰
反战论	反戰論
反战运动	反戰運動
泛大陆主义	汎大陸主義
泛美航空公司	汎米航空會社
泛美航空线	汎米航空路
泛民族主义	汎民族主義
泛太平洋航空机	汎太平洋航空機
泛亚细亚联盟	汎亜細亜聯盟
泛亚洲主义	汎アヂヤ主義
范法克斯号	フェアファックス
防共联盟	防共盟邦
防共协定	防共協定
防共政策	防共政策
防空委员会	防空委員會
防止国境纷争	國境紛爭防止
纺织业	織物業
放弃瑞金	瑞金放棄
飞机生产局	航空機生產局
非常时规划局	非常時企畫局
非法侵犯国境问题	不法國境侵犯問題
非国联成员国	非聯盟國
非控诉罪	非親告罪
非配额移民	非割當移民
非铁金属局	非鐵金屬局

中文其他名词	日文其他名词
非武装地带	非武裝地帶
非武装都市	非武裝都市
菲律宾大学	比律賓大學
菲律宾俘虏拘留所	ビリビット抑留所
菲律宾俘虏收容所	比島俘虜収容所
菲律宾国立医院	比島國立病院
菲律宾国民	フィリピン國民
菲律宾红十字会	比律賓赤十字社
菲律宾监狱	ビリビド監獄
菲律宾军第九二师第九四团	比律賓軍第九二師團第九四聯隊
菲律宾军队	比律賓軍
菲律宾陆军	フイリッピン陸軍
菲律宾码头	比國碼頭
菲律宾人	比島人
菲律宾士兵	比島兵
菲律宾士兵患者	比島兵患者
菲律宾市民	フィリッピン市民
菲律宾行政委员会	比律賓行政委員會
菲律宾医院	フィリッピン・ゼネラル病院
菲律宾原住民	比島住民
菲律宾政府	ヒリッピン政府
菲律宾政府	比律賓政府
废除内务大臣论	內大臣廢止論
废除政党论	政黨廢止論
废除治外法权	治外法權撤廢
废约促进会预备会	廢約促進會準備會
分割统治主义	分割統治主義
分科委员会	分科委員會
分治合作主义	分治合作主義
芬兰公使	フインランド公使
芬兰关系	フインランド關係
芬兰国境监视兵	フインランド國境監視兵
芬兰国民	フインランド國民
芬兰军	フインランド軍
芬兰军队	フインランド軍部隊
芬兰军司令部	フインランド軍司令部
芬兰陆军武官	芬蘭陸軍武官
芬兰政府	フインランド政府

中文其他名词	日文其他名词
芬兰事务局局长	フィンランド國事務局局長
芬瑟号	フェンサー
丰满大坝	豐滿ダム
丰田纺织工场	豐田紡績工場
封建制度	封建制度
封锁扬子江	揚子江閉鎖
冯军	馮軍
冯清济部	馮清濟部
奉山北宁铁路	奉山北寧鐵路
奉山铁路局	奉山鐵路局
奉天兵工厂	奉天兵工廠
奉天兵器厂	奉天兵器廠
奉天独立守备队	奉天獨立守備隊
奉天独立守备队第三中队	奉天獨立守備隊第三中隊
奉天分队	奉天分隊
奉天陆军特务机关	奉天陸軍特務機關
奉天美国领事馆	奉天アメンリカ領事館
奉天派	奉天派
奉天山海关铁路	奉天山海關鐵道
奉天商议会头	奉天商議會頭
奉天商议书记长	奉天商議書記長
奉天省财政顾问朝鲜银行理事	奉天省財政顧問鮮銀理事
奉天省临时政府	奉天省假政府
奉天省政府	奉天省政府
奉天省政府财政厅厅长兼秘书长	奉天省政府財政廳長兼秘書長
奉天省政府地方自治指导部部长	奉天省政府地方自治指導部長
奉天省政府秘书	奉天省政府秘書
奉天省政府最高顾问	奉天省政府最高顧問
奉天市居留民会长	奉天居留民會長
奉天事务所所长	奉天事務所長
奉天特务机关	奉天特務機關
奉天通信局长	奉天通信局長
奉天图书馆馆长	奉天圖書館長
奉天宪兵队	奉天憲兵隊
奉天新闻社社长	奉天新聞社長
奉天战俘集中营	奉天俘虜收容所
奉天政府	奉天政府
奉天总领事馆	奉天總領事館

中文其他名词	日文其他名词
佛教	佛教
佛教史	佛教史
佛舍利	佛舍利
法属印度支那政府	佛印支政府
法属印度支那总督	佛印支總督
法属印度支那总督	佛印總督
伏龙芝军事学院	フルンゼ陸軍大學
俘虏处理要领	俘虜處理要領
俘虏管理长官	俘虜管理部長
俘虏劳动	俘虜就勞
俘虏收容所长	俘虜収容所長
俘虏收容所司令官	俘虜収容所司令官
俘虏情报局	俘虜情報局
福岛县知事	福島縣知事
福冈收容所	福岡收容所
福建军阀	福建軍閥
福建人	福建人
福建人民革命政府	福建人民革命政府
福特号	フート
福特乔治拘留所	フォートジョージミート抑留所
福州总领事	福州總領事
抚顺分队	撫順分隊
复辟运动	復辟運動
复旦大学	復旦大學
复旦大学生	復旦大學生
复活节	イイスタ休暇
复税制度	復税制度
复兴亚细亚	復興亜細亜
复员厅	復員廳
复员厅第二复员局	復員廳第二復員局
复员厅第二复员局文书课课长	復員廳第二復員局文書課長
复原局人事课	復員局人事課
富兰克林号	フランクリン
富山房	富山房
富士	富士
富特林拘留所	フォートリンカーン抑留所
富田内阁	富田内閣
改革运动	改革運動

中文其他名词	日文其他名词
甘比湾号	ギアムビアー・ベイ
赣空军基地	贛空軍基地
冈田内阁	岡田内閣
钢铁合作议会	鐵鋼協議會
钢铁局	鐵鋼局
钢铁统制会	鐵鋼統制會
高裁案	高裁案
高桂滋部	高桂滋部
高级参谋将校	高級参謀將校
高天原民族	高天原民族
哥伦比亚地区华盛顿海军部舰船局舰船统计科	コロンビヤ地區華府海軍省艦船局艦船統計課
哥伦比亚地区华盛顿参谋长室谍报部联络官	コロンビヤ地區ワシントン参謀長室諜報部連絡將校
哥伦比亚地区华盛顿国家战犯部	コロンビヤ地區ワシントン國家戰犯部
哥伦比亚地区华盛顿海军部海军法务局长	コロンビヤ地區ワシントン海軍省海軍法務局長
哥伦比亚地区华盛顿海军部舰船局	コロンビヤ地區ワシントン海軍省艦船局
哥伦比亚地区华盛顿海军省情报部情报官	コロンビヤ地區ワシントン海軍省情報部情報官
哥伦比亚地区华盛顿陆军部美国战略轰炸调查部	コロンビヤ地區華府陸軍省米國戰畧爆擊調査部
哥伦比亚地区华盛顿美国海军部	コロンビヤ地區ワシントンアメリカ合衆國海軍省
哥伦比亚地区舰船统计科	コロンビャ地區艦船統計課
哥伦比亚共和国总统	格倫比亜共和國大統領
哥伦比亚地区华盛顿情报管理部	コロムビヤ地區ワシントン陸軍省諜報部記録書類管理部
哥萨克骑兵中队	カザック騎兵中隊
哥斯达黎加政府	コスタリカ政府
哥斯达黎加总统	コスタ・リカ共和國大統領
革命犯人	革命犯人
革命外交政策	革命外交政策
革命运动	革命運動
革新论	革新論
革新派	革新派
革新政策	革新政策
格达卡奈尔号	ガダルキアナル
格劳德克收容所	グロドク収容所
格劳德收容所	バタビヤグロトック監獄内俘虜收容所
格雷尔号	グリーアー號
格雷斯公园	グレイス公園
格陵兰国民	グリーンランド國民
格陵兰委员会联合会议	グリーンランド合同協議會

中文其他名词	日文其他名词
格陵兰委员会联合会议	グリーンランド聯合會議
格陵兰元首	グリーンランド元首
格斯号	ボゲス號
个人主义	個人主義
各国民均等	各國民均等
各界救国会联合会	各界救國會聯合會
各省官制通则	各省官制通則
各游击根据地	各遊擊根據地
更换奉天交易总裁	奉天取引所專務交代
工部局	工部局
工农红军革命军事委员会	工農紅軍革命軍事委員會
工农团体	工農團體
工农政府	勞農政府
商工省	商工省
工商大臣官房统计课	商工大臣官房統計課
工商学联合会	工商學聯合會
工业机械统制会	工業機械統制會
工业家推荐委员会	工業家ノ推薦委員會
产业设备经营财团	產業設備營団
工业设备管理协会	工業設備管理協會
工业组合制度	工業組合制度
公大纺织厂	公大紡績廠
公定价格制	公定價格制
公断委员会	公斷委員會
公共租界	共同租界
公平的配额	公正ナル分ヶ前
公权惩戒	公權懲戒
公田代耕	公田代耕
公听会	公聽會
公益优先	公益優先
公正会	公正會
公众对收容英国俘虏的反应	英人俘虜收容ニ伴フ一般民衆ノ反響
公主岭独立守备队司令部	公主嶺獨立守備隊司令部
公主岭分队	公主嶺分隊
功利思想	功利思想
功利主义	功利主義
攻势防御	攻勢防禦
宫报	宮報

中文其他名词	日文其他名词
宫城内枢密院	宮城内樞密院
宫内省	宮内省
宫内省参事官	宮内省参事官
宫内省宗秩寮总裁	宮内省宗秩寮總裁
共产锄奸团员	共產除奸團員
共产党	共產黨
共产国际	共產インターナショナル
共产国际路线	コミンテルン・ルート
共产势力	共產勢力
共产制	共產制
共产主义	コンミユニズム
共产国际总部	コミンテルン本部
共产主义活动	共產主義活動
共产主义运动	共產主義運動
共存共荣	共存共榮
共和党	共和黨
共和政体	共和政體
共和主义	共和主義
共荣圈建设	共榮圈建設
共同防共	共同防共
共同技术委员会	共同技術委員會
共同抗日	共同抗日
共同委员会	共同委員會
公共租界工部局	共同租界工部局
公共租界及公使馆区域	共同租界及公使館區域
共同最大限原则	共通最大限ノ原則
孤立外交	孤立外交
古巴共和国总统	キュバ共和國大統領
古巴临时总督	玖馬共和國臨時總督
古巴政府	キューバ政府
古河电气工业公司	古河電氣工業株式會社
鼓楼教堂	ドラムタワー教會
故国会	故國會
寡头专制	寡頭專制
关岛时间	グアム時間
关东白云石工业公司	關東ドロマイト工業株式會社
关东兵器工业株式会社	関東兵器工業株式會社
关东都督府	関東都督府

中文其他名词	日文其他名词
关东都督陆军经理部	関東都督陸軍經理部
关东法院检察官	關東法院檢察官
关东防卫军高级参谋	關東防衛軍高級參謀
关东防卫军司令官	關東防衛軍司令官
关东防卫司令部	關東防衛司令部
关东局	關東局
关东军	關東軍
关东军参谋	關東軍參謀
关东军参谋长	關東軍參謀長
关东军参谋副长	關東軍參謀副長
关东军第三方面军参谋长	關東軍第三方面軍參謀長
关东军第一方面军司令官	關東軍第一方面軍司令官
关东军调查委员会	關東軍調查委員會
关东军法务部长	關東軍法務部長
关东军飞行队长	關東軍飛行隊長
关东军航空队	關東軍飛行隊
关东军密码部主任	關東軍暗號部主任
关东军情报主任	關東軍情報主任
关东军首领	關東軍主腦部
关东军司令部暗号班员	關東軍司令部暗號班員
关东军司令部管理部	關東軍司令部管理部
关东军司令部情报主任	關東軍司令部情報主任
关东军司令官驻满全权大使	關東軍司令官駐滿全權大使
关东军作战计划	関東軍作戰計畫
关东厅	關東廳
关东厅长官	關東廳長官
关东厅外事课长	關東廳外事課長
关东宪兵队	関東憲兵隊
关东宪兵队长	關東憲兵隊長
关东作战	關東作戰
关税自由	關稅自由
关特演	関特演
关系职员协议	關係職員協議
关于大本营御前会议的文件	大本營御前會議ノ件
观念论	觀念論
观念论的革新论	觀念論的革新論
阁僚	閣僚
官僚政治	官僚政治

中文其他名词	日文其他名词
管理苏联俘虏及扣留者的中央代理局长	蘇聯邦俘虜及抑留者中央管理局長代理
贯彻圣战议员联盟	聖戰貫徹議員聯盟
贯彻圣战议员联盟常任干事会	聖戰貫徹議員聯盟常任幹事會
广播公告	ラヂヲ公報
广岛地区铁道司令官	廣島地區鐵道司令官
广岛县知事	廣島縣知事
广东非战人员拘留所	広東非戦闘員抑留所
广东基地	廣東基地
广东叛乱	廣東叛亂
广东人	廣東人
广东省政府	廣東政府
广东政府外交部长	廣東政府外交部長
广田对华三原则	廣田對華三原則
广田内阁	廣田內閣
广西派	廣西派
贵族	華族
贵族院	貴族院
贵族院令	貴族院令
贵族院书记官	貴族院書記官
贵族院议长	貴族院議長
贵族院议事	貴族院議事
贵族院议员	貴族院議員
桂内阁	桂內閣
国策会社	國策會社
国臣贮蓄奖励委员会	國臣貯蓄獎勵委員會
国粹主义	國粹主義
国尔府	國爾府
国防会议	國防會議
国防及非国防产业	國防產業及非國防產業
国防军	國防軍
国防统一军	國防統一軍
国防委员会	國防委員會
国防政府	國防政府
国防政府设施纲领	國防政府施設綱領
国共分裂	國共分裂
国共合作	國共合作
国会	國會
国会临时议会	國會臨時議會

中文其他名词	日文其他名词
国际安全委员会	國際安全委員會
国际法庭	國際裁判所
国际帝国主义	國際帝國主義
国际法规惯例委员会	國際法規慣例委員會
国际法律协会会议	國際法協會會議
国际反战日	國際反戰デー
国际红十字	國際赤十字
国际红十字会代表	赤十字國際代表
国际红十字会情报局	國際赤十字社情報局
国际检察部调查官	國際檢察部調查官
国际检察部文书课	國際檢察部文書課
国际检察部调查课長	國際檢查部調查課長
国际检察部	國際檢察部
国际检事团	國際檢事團
国际竞技场	國際競技場
国际抗日统一战线	國際抗日統一戰線
国际联盟	國際聯盟
国际联盟会议	國際聯盟會議
国际联盟理事会	國際聯盟理事會
国际联盟事务局	國際聯盟事務局
国际联盟中国调查委员会	國際聯盟支那調查委員會
国际联盟谘问委员会	國際聯盟諮問委員會
国际联盟总会	國際聯盟總會
国际汽船会社	國際汽船會社
国际亲善	國際親善
国际情势领事官员	國際情勢領事官員
国际通商无差别问题	國際通商無差別問題
国际合作政策	國際協力政策
国际新秩序	國際新秩序
国际红十字委员会	萬國赤十字委員會
国际邮政联盟	萬國郵便聯合
国家财政统制会	國家財政統制會
国家产业主义	國家產業主義
国家城市银行	ナショナル・シチバンク
国家改造	國家改造
国家管理制度	國家管理制度
国家国防体制	國防國家體制
国家检察部	國家檢察部

中文其他名词	日文其他名词
国家经济研究协会	國民經濟研究協會
国家评论杂志	ナシヨナルレビゥ志
国家社会党	國家社會黨
国家社会主义	國家社會主義
国家消费节约运动	國家的消費節約運動
国家消费节约运动	消費節約運動
国家学会杂志	國家學會雜誌
国家主义派	國家主義派
国家总动员的紧急强化政策	國家總動員上緊急諸政策の強化
国家总动员会议	國家總動員會議
国家组织法	國家組織法
国交恢复	國交恢復
国境纷争	國境紛爭
国境纷争处理委员会	國境紛爭處理委員會
国境警备队	國境守備隊
国境委员会	國境委員會
国境问题	國境問題
国立北京大学	國立北京大學
国立第一医院	國立第一病院
国联成员国	聯盟加盟諸國
国联远东鸦片取缔调查委员会	國際聯盟極東阿片吸煙取締調查委員會
国民储蓄奖励局	國民貯蓄獎勵局
国民储蓄奖励委员	國民貯蓄獎勵委員
国民储蓄委员会	國民貯蓄委員會
国民储蓄运动	國民貯蓄運動
国民大会	國民大會
国民党代表大会	中國々民黨代表大會
国民党党部	國民黨黨部
国民党军阀	國民黨軍閥
国民党军统帅	國民黨軍總帥
国民党监狱	國民黨牢獄
国民党临时代表全国大会	國民黨臨時代表全國大會
国民党全国代表大会	國民黨全國代表大會
国民党首领	國民黨首領
国民党右派	國民黨右派
国民党员	國民黨員
国民党政府	國民黨政府
国民党政府首席	國民黨政府首席

中文其他名词	日文其他名词
国民党中央宣传部	國民黨中央宣傳部
国民党总裁	國民黨總裁
国民革命军	國民革命軍
国民革命军第八路军	國民革命軍第八路軍
国民革命外交	國民革命外交
国民精神	國民精神
国民精神法动员委员	國民精神法動員委員
国民精神总动员实行委员会	國民精神総動員実行委員會
国民生活安定方案	國民生活安定方策
国民使节	國民使節
国民思想	國民思想
国民运动	國民運動
国民再组织运动	國民再組織運動
国民政府	國民政府
国民政府军事委员会北京分会代理委员长	國民政府軍事委員會北京分會代理委員長
国民政府行政院长	國民政府行政院長
国内革新论	國内革新論
国内劳动力问题	國内勞力問題
国难教育社	國難教育社
国旗问题	國旗問題
国书出版局	國書出版局
国体	國體
国体精神	國體精神
国体论	國體論
国外远征军	閣外征虜
国务次官威尔斯备忘录	國務次官ウェルズ覺書
国务大臣	國務大臣
国务卿	國務卿
国务长官	國務長官
国务省临时情报局调查选拔课	國務省臨時調查情報部調查拔萃課
国务省远东部	國務省極東部
国务院	國務院
国务院长	國務院長
国务院长官	國務院長官
国务院远东事务局	國務省極東事務局
国务院总务厅	國務院總務廳
国务院总务厅长	國務院總務廳長
国际卫生事务局埃及政府官员	國際衛生事務局エジプト國政府委員

中文其他名词	日文其他名词
果实号	コーア
哈尔滨监察局	哈爾濱監察局
哈尔滨陆军特务机关秘书	在ハルビン陸軍特務機関秘書
哈尔滨日本帝国特务机关长	在哈爾濱日本帝國特務機關長
哈尔滨日鲜拘留民	哈爾濱日鮮拘留民
哈尔滨市刑事搜查课监督	ハルビン市刑事捜査課監督
哈尔滨市役所教育部长	哈爾濱市役所教育部長
哈尔滨特务机关长	哈爾賓特務機關長
哈尔滨特务机关特派员	ハイラル特務機關特派員
哈尔滨总领事	哈爾賓總領事
哈尔滨总领事馆	ハルビン總領事館
哈尔西机动部队	ハルゼー機動部隊
哈佛大学	ハーバード大學
哈府及武市领事馆问题抗议	哈府及武市領事館問題抗議
哈拉登号	ハラチン
哈莱药局检查长官	在ハル藥局檢查長官
哈雷号	ヘイル
哈里曼铁路政策	ハリマンノ鐵道政策
哈里森总统号	プレジデント・ハリスン號
哈诺瓦收容所	ハノワ收容所
哈瓦那大学	ハヴァナ大學
哈瓦那中学	ハヴァナ中學
海地共和国总统	ハイチ共和國大統領
海风收容所	ハイホン路收容所
海军惩罚令	海軍懲罰令
海军大臣	海軍大臣
海军大学	海軍大學
海军法庭	海軍法廷
海军监督官	海軍監督官
海军建造	海軍建造
海军舰船建造	海軍艦船建造
海军舰政本部	海軍艦政本部
海军舰政总部总务部长	海軍艦政本部總務部長
海军竞争	海軍競爭
海军军备缩少体系	海軍軍備縮少體系
海军军令部次长	海軍々令部次長
海军军令部总长	海軍軍令部總長
海军军缩	海軍軍縮

中文其他名词	日文其他名词
海军军缩问题	海軍軍縮問題
海军省	海軍省
海军省保科军务第一课长	海軍省保科軍務第一課長
海军省副官	海軍省副官
海军省海军长官室	海軍省海軍長官室
海军省舰船局	海軍省艦船局
海军省舰艇局舰船统计课	海軍省艦艇局艦船統計課
海军省交通通信部队	海軍省交通通信部隊
海军省教育局第一课课长	海軍省教育局第一課長
海军省经理局	海軍省經理局
海军省军务部第二课	海軍省軍務局第二課
海军省军务局	海軍省軍務局
海军省军务局长	海軍省軍務局長
海军省军务局第一课课长	海軍省軍務局第一課長
海军省军务局第一课课员	海軍省軍務局第一課局員
海军省军务局局长	海軍々務局長
海军省美国太平洋舰队司令长官	海軍省米國太平洋艦隊司令長官
海军省人事局第一课课长	海軍省人事局第一課長
海军省人事局第一课课员	海軍省人事局第一課局員
海军省人事局局员	海軍省人事局局員
海军省通信局	海軍省通信局
海军武器装备局	海軍省兵備局
海军学生委员	海軍學生委員
海军政策	海軍政策
海军最高司令官	海軍最高司令官
海军省副官	海軍省次官
海口教会	海口教會
海拉尔陆军特务机关长官	海拉爾陸軍特務機関長
海伦礁水上飞行机基地	ヘレンリーフ水上飛行機基地
海洛因	ヒロイン
海南安全部队	海南警備府部隊
海南岛高岛部队长	海南島高島部隊長
海外同胞协会	海外同胞協會
海牙常设仲裁法院	常設仲裁裁判所
海牙法院	海牙裁判所
海牙战时法律法规修正委员会	海牙戰時法規改正法律家委員會
海洋帝国	海洋帝國
海洋文明	海洋文明

中文其他名词	日文其他名词
函馆俘虏收容所	函館俘虜収容所
韩国皇室	韓國皇室
韩国政府	韓國政府
韩国人	韓人
汉口公安局	漢口公安局
汉口机场	漢口飛行場
汉口日本租界	漢口日本租界
汉口市长	漢口市長
汉口市民	漢口市民
汉口守备队	漢口守備隊
汉口特务部长	漢口特務部長
汉口政府	漢口政府
汉人	漢人
汉诗	漢詩
汉冶萍公司	漢冶萍公司
汉族	漢民族
航空保险制度	航空保險制度
航空兵器总局	航空兵器總局
航空地上部队	航空地上部隊
航空工业协会	航空工業協會
航空母舰"龙骧"	空母龍驤
航空省	航空省
航空署	航空署
航空总军司令官	航空總軍司令官
航运业者	運輸業者
合法在野政党	在野合法政黨
合众国陆军中央文书局	合衆國陸軍中央文書局
合众国商务部	合衆國商務省
合众国商业局	合衆國商業局
合众国太平洋军总司令部防谍局长事务室翻译部	合衆國太平洋軍總司令部防牒局長事務室通訳翻訳部
合作战	合作戰
何顿号	ハーンドン
和歌	和歌
和歌山第六一联队	和歌山第六一聯隊
和平对策	平和對策
和平反共建国	和平反共建國
和平反共运动	和平反共運動

中文其他名词	日文其他名词
和平俘虏收容所	和平俘虜收容所
和平工作计划	和平工作計畫
和平救国	和平救國
和平救国会	和平救國會
和平救国运动	和平救國運動
和平抗战	和平抗戰
和平论	平和論
和平热	和平熱
和平条件	和平條件
和平问题	和平問題
和平运动	和平運動
和平运动计划	和平運動計畫
和平政策	和平方策
和协委员会	和協委員會
河内兵营	河内兵營
河内霍梅尔啤酒厂	河内オメル醸造會社
河内监狱	河内監獄
河内特派大使	河内特派大使
荷彼凡来收容所	ホペヴァレー収容所
荷加特湾	ホタント・ベイ
荷军情报部第一马来新闻课长代理	蘭軍情報部第一マレイ新聞課長代理
荷兰病院船	和蘭病院船
荷兰乘组员	和蘭乘組員
荷兰船	和蘭船
荷兰高级官员	オランダ高級官吏
荷兰国全权委员	和蘭國全權委員
荷兰号	ホランデイア
荷兰混血人	オランダ混血人
荷兰军病院船	和蘭軍病院船
荷兰军队	和蘭軍
荷兰军情报部犯罪局长	オランダ軍情報部犯罪局々長
荷兰军情报局附属警察	オランダ軍情報局附屬員警官
荷兰军司令部	オランダ軍司令部
荷兰军总司令官	和蘭軍總司令官
荷兰陆军情报部	オランダ軍情報部
荷兰驱逐舰	和蘭驅逐艦
荷兰人	和蘭人
荷兰输出商	和蘭人輸出商

中文其他名词	日文其他名词
荷兰巡洋舰	和蘭巡洋艦
荷兰语	和蘭語
荷兰战犯调查团	和蘭戰爭犯罪調査團
荷兰政府	和蘭政府
荷兰总领事	和蘭大使館
荷属圭亚那基地	蘭領ギアナ基地
荷属印度政府	蘭領印度政府
荷属东印度斯马朗铁路公司	蘭印スマラン鐵道會社
荷属印度官吏	蘭印官憲
荷属东印度会商	蘭印會商
荷属东印度陆军中尉	蘭印王國陸軍中尉
荷属东印度人	蘭印人
荷属东印度输入商	在蘭印輸入商
赫比号	ヘウビ丸
赫尔伯格号(舰名)	ヘルボルグ號
赫尔通牒	ハルノート
赫霍	ヘイホ
黑河第一旅长	黒河第一旅長
黑格尔主义	ヘーゲリズム
黑龙江军	黒龍江省軍
黑龙江军参谋长	黒龍江軍参謀長
黑龙江省督军	黒龍江省督軍
黑龙江省省长	黒龍江省長
黑龙江省首席代理	黒龍江省首席代理
黑龙江省政府	黒龍江省政府
黑龙铁路	黒龍鐵道
黑山国王	モンテネグロ國公
横滨工业专门学校	横濱工業專門學校
横滨海军航空队	横濱海軍航空隊
横滨收容所	横濱収容所
横滨刑务所	横濱刑務所
横滨正金银行	横濱正金銀行
横滨终战联络事务局长	横濱終戰連絡事務局長
横须贺看守所	横須賀看守所
横须贺支所分遣队	横須賀支所分遣隊
横须贺设施班	横須賀施設班
横须贺设施部	横須賀施設部
横须贺土木工作分遣队	横須賀土木工作分遣隊

中文其他名词	日文其他名词
横须贺行政组织	横須賀行政組織
红军	赤軍
红军	紅軍
红军部队	赤軍部隊
红军大学	紅軍大學
红军地空部队	赤軍空地部隊
红色游击队	赤色パルチザン隊
红十字国际委员会	赤十字國際委員會
红十字国际委员会代表者	赤十字國際委員會代表者
红十字劳动者	赤十字勤務者
洪都拉斯人	ホンドウラス人
洪都拉斯政府	ホンヂュラス國政府
虹桥机场	虹橋飛行場
虹桥路公墓	虹橋路共同墓地
后进工业国	後進工業國
厚生局	厚生局
厚生省	厚生省
厚生省第一复员局	厚生省第一復員局
厚生省复员局文书课长	厚生省復員局文書課長
厚生省劳动局长	厚生省勤勞局長
厚生省卫生局长	厚生省衞生局長
呼伦贝尔地方派遣部队	呼倫貝爾地方派遣部隊
胡佛内阁	フーバー內閣
胡佛总统	プレジテントフーバー號
胡汉民派	胡漢民派
湖北省电报局	湖北省電報局
湖南前线报道人员	湖南前線報道班員
湖南省省长	湖南省主席
湖洲会馆	湖洲會館
虎石台中队	虎石臺中隊
互惠平等	互惠平等
互惠求偿主义	互惠求償主義
互惠通商协定	互惠通商協定
互惠主义	互惠主義
护国同志会	護國同志會
沪宁铁路	滬寧鉄路
沪西第二集团生活所	滬西第二集團生活所
华北产业	北支産業

中文其他名词	日文其他名词
华北处理方针乙	北支處理方針乙
华北电信电话股份有限公司	華北電信電話股份有限公司
华北方面军参谋	北支方面軍參謀
华北方面军副参谋长	北支方面軍參謀副長
华北方面军军纪会议检察官	北支那方面軍軍律會議検察官
华北方面军司令部	北支那方面軍司令部
华北方面军司令官	北支那方面軍司令官
华北华中新政权	北支中支新政權
华北机会均等主义	北支機會均等主義
华北交通股份有限公司	華北交通股份有限公司
华北经济开发	北支經濟開發
华北军	北支方面軍
华北开发	北支那開発
华北开发株式会社	北支開發株式會社
华北开发株式会社法	北支那開發株式會社法
华北开发株式会社总裁	北支那開發株式會社総裁
华北民众	華北民眾
华北派遣军	華北派遣軍
华北侵略政策	北支那侵出政策
华北人	北支人
华北日报	ノースチヤイナデーリーニュース
华北日本陆军代表团	北支日本陸軍代表團
华北日军司令部	北支日本軍司令部
华北山西省太原攻略战	北支那山西省太原攻略戰
华北问题	北支問題
华北新政权	北支新政権
华北方面军监狱	北支那方面軍刑務所
华北鸦片协会	北支阿片協會
华北日侨	北支在留邦人
华北政府	華北政府
华北政权	北支政権
华北驻屯军司令官	北支駐屯軍司令官
华北自治	北支自治
华北走私问题	華北密輸入問題
华都酒店	ウオルドーフ・ホテル
华盛顿政府	華府政府
华南舰队	南支那艦隊
华南讨伐军	南支討伐軍

中文其他名词	日文其他名词
华南远征军	南支那派遣軍
华南派遣军司令部	南支派遣軍司令部
华盛顿特区陆军法务总局后勤部队司令部战争犯罪局	ワシントンD・C・陸軍法務總局後方勤務部隊司令部戰爭犯罪局
华盛顿班布里奇岛海军电信局	ワシントン州ペインブリッジ島海軍電信所
华盛顿大使馆	ワシントン大使館
华盛顿地方法院哥伦比亚区法务局	ワシントン地方裁判所コロンビヤ區法務局
华盛顿第25号法法务局	ワシントン二五番法務局
华盛顿第二部参谋长室	ワシントン第二部參謀長室
华盛顿国际红十字会委员会	ワシトニーン國際赤十字委員會
华盛顿海军情报部	ワシントン府海軍情報部
华盛顿号	ワシントン號
华盛顿陆军部	ワシントン陸軍省
华盛顿时间	ワシントン時間
华盛顿体制	ワシントン體制
华盛顿文书局国际检察部	ワシントン文書局國際檢察部
华盛顿印刷局	翻訳局
华盛顿政府	ワシントン政府
华盛顿政府印刷所	ワシントン政府印刷所
华盛顿文书局	ワシントン文書局
华中军	中支那軍
华中军参谋	中支那方面軍參謀
华中军司令部	中支軍司令部
华中派遣军	中支那方面軍
华中派遣军参谋	中支那派遣軍參謀
华中派遣军第二军参谋	中支派遣第二軍參謀
华中派遣军副参谋官	中支派遣軍參謀副官
华中派遣军司令官	中支那方面軍司令官
华盛顿国务省	ワシントン國務省
化学兵器	化學兵器
化学局	化學局
怀克号	ウエイク號
怀斯部号	ワスプ
怀特培雷号	ホウィネ・ブレインズ
还都	還都
还都一周年纪念日	還都一周年紀念日
环球石油产品公司	ユニバーサル石油製品會社
缓和主义	宥和主義

中文其他名词	日文其他名词
皇道精神	皇道精神
皇道派	皇道派
皇道思想	皇道思想
皇道外政	皇道外政
皇道翼赞会	皇道翼贊會
皇道政治	皇道政治
皇道主义	皇道主義
皇帝	皇帝
皇帝号	エンペラー
皇国	皇國
皇国臣民	皇國臣民
皇国国际航空	皇國國際航空
皇军	皇軍
皇军道义	皇軍道義
皇军机关	皇軍機關
皇军将兵	皇軍將兵
皇军意识	皇軍意識
皇室	皇室
皇族	皇族
皇族内阁	皇族内閣
皇祖天照大神	皇祖天照大神
黄金解禁	金解禁
黄金增产奖励法案	金ノ增產獎勵施設
黄浦军官学校	黄浦軍官學校
黄听飞兵营	黄聽飛兵營
珲春领事馆	琿春領事館
珲春县长	琿春縣長
会计检查院长	會計檢查院長
混编第四旅团	混成第四旅團
火奴鲁鲁时间	ホノルル時間
霍华德报系	ハワード紙
霍耐特号	ホーネット
霍培尔号	ホーブウェル
霍普学院名誉校长	ホープ大學名譽總長
机动车统制会	自動車統制會
机上演习统监部	機上演習統監部
机械局	機械局
姬路联队	姬路聯隊

中文其他名词	日文其他名词
积极急进论	積極急進論
积极行动论	積極行動論
积极主义	積極主義
基伯特岛号	ギルバート・アイランド
基督教	基督教
基督教教义	基督教教義
基督教青年会职员	キリスト教青年會職員
基督教信徒	キリすと教信者
基督教医院	キリスト教病院
基库姆湾号	キットカム・ベイ
吉长铁路	吉長鐵路
吉敦铁路	吉敦鐵道
吉会	吉會
吉林派	吉林派
吉林省军参谋长	吉林省軍参謀長
吉林省首席代理	吉林省首席代理
吉林省政府主席	吉林省政府主席
吉林省主席代理	吉林省主席代理
吉林政权	吉林省政府
吉林自卫军	吉林自衛軍
极端论	極端論
极权主义	トータリテリアン
极权主义化	トータリテリアニズム化
极左主义	極左主義
急进论	急進論
冀察政务委员会	冀察政務委員會
冀东自治政府	冀東自治政府
加阿莱大楼	ハイアライビル
加贺号航空母舰	航空母艦加賀
加勒比守备军	カリビアン守備軍
加利福尼亚州上院议员	カリフォルニア州上院議員
加马克收容所	ジャーマーケット收容所
加拿大船只临检	加奈陀船臨檢
加拿大军	カナダ軍
加拿大陆军常备军	カナダ陸軍常備軍
加拿大人	加奈陀人
加拿大政府	加奈陀政府
加藤高明内阁	加藤高明内閣

中文其他名词	日文其他名词
迦太基军	カルタゴ軍
家族制度	家族制度
贾卢伊特分遣队	ヤルート分遣隊
贾卢伊特海军检查官	ジャルート海軍檢查官
贾卢伊特派遣队	ジャルート派遣隊
间岛省省长	間島省省長
检事局苏联部文书课长	檢事局ロシヤ部文書課長
建立满洲国	滿洲建國
建筑课	建築課
舰队司令官	艦隊司令長官
江北工业公司	江北工業公司
江汉中学	江漢中學
江桥无线通信所	江橋無線通信所
江苏省政府	江蘇省政府
将军政治	將軍政治
讲和条约	講和條約
蒋介石军队	蔣介石軍
蒋介石政权	蔣介石政權
降薪问题	減俸問題
交通部大臣	交通部大臣
交通大学	交通大學
交通破坏队	交通破壞隊
交战权	交戰權
交还辽东半岛	遼東還附勸告
胶济铁道	膠濟鉄道
焦土政策	焦土政策
剿匪	剿匪
剿匪史	剿匪史
剿共	剿共
剿共即抗日	剿共即抗日
教育部教育复兴指导委员会	教育部教育復員補導委員會
教育部教育研究委员会	教育部教育研究委員會
教育会	教育會
教育局	教育局
教育审议会	教育審議會
教职员联合会	教職員聯合會
阶级斗争	階級鬥爭
阶级主义	階級主義

中文其他名词	日文其他名词
爪哇人	爪哇人
杰隆收容所	ジュロング收容所
杰姆斯学校	セントジエームス學校
杰赛顿监狱	ヂェスルトン監獄
结成新党运动	新黨結成運動
捷克斯洛伐克军	チユツコスロバキア軍
捷克斯洛伐克军队	チユツコスロバキア軍
捷克斯洛伐克人	チエツコ・スロヴアキア人
捷瑟顿监狱	ジェセルトン刑務所
解散维新政府	維新政府解消
今日问题公司	今日の問題社
金本位制度	金本位制度
金利源码头	金利源波止場
金融学会	金融學會
金属统制会	金屬統制會
津浦铁道	津浦鐵道
津石铁路	津石鐵道
紧缩政策	緊縮政策
锦旗革命	錦旗革命
锦旗维新本部	錦旗維新本部
锦水楼	錦水樓
近卫步兵第一联队队长	近衛步兵第一聯隊長
近卫公爵与汪精卫谈话要领	近衞公爵汪會談要領
近卫联队	近衞聯隊
近卫内阁	近衛内閣
近卫三原则	近衛原則
近卫特派使节	近衛特派使節
近卫新体制	近衛新體制
近卫信息	近衛メッセージ
近卫阵营	近衛陣營
近卫政策	近衛政策
进步党	進步黨
进攻山西	山西進攻
进攻苏联计划	ソヴィエート聯邦攻撃計畫
进口制度	輸入組合
晋北自治政府	晉北自治政府
禁烟	阿片禁止
禁烟局	鴉片禁示局

中文其他名词	日文其他名词
京城监狱	京城監獄
京城龙山警察署	京城龍山員警署
京城监狱	京城收容所
京城医院	京城病院
京都帝国大学	京都帝國大學
京都帝国大学法学院政治系	京都帝國大學法學部政治學科
京都府知事	京都府知事
京奉铁路	北京奉天鐵道
京奉铁路	京奉鐵道
京汉线	京漢線
经济本部	經濟部
经济封锁	經濟封鎖
经济机会均等原则	経済の機會均等の原則
经济俱乐部	經濟俱樂部
经济俱乐部中央会	經濟俱樂部中央會
经济绝交委员会调查科	經濟絕交委員會調查科
经济联盟	経済ブロック
经济联盟主义	ブロック經濟主義
经济侵略主义	経済侵略主義
经济相互依存圈	經濟相互依存圈
经济新体制	經濟新體制
经济依存	経済依存
经理局	經理局
精神主义	精神主義
井煤矿有限公司	井煤礦有限公司
靖国神社	靖國神社
靖国神社临时大祭	靖國神社臨時大祭
九人委员会	九人委員會
九州岛帝国大学法学文学院讲师	九州帝國大學法文學部講師
救国基金	救國基金
救国联合会	救國聯合會
救国时报	救國時報
救国团	救國團
救国宣言	救國宣言
救国运动	救國運動
救日救国	救日救國
救亡运动	救亡運動
居留上海的英国人	上海居留英人

中文其他名词	日文其他名词
拘留非战斗员事务联络协会	抑留非戰鬪員事務連絡協議會
拘留香港的英国俘虏	在香港英人俘虜
局部解决的不扩大方针	局部的解決不擴大方針
局长委任	局長委任
举国一致内阁	擧國一致內閣
绝对主权	絕對主權
军备缩减会议	軍備縮少會議
军备限制	海軍軍備制限
军部	軍部
军部案	軍部案
军部大臣武官制	軍部大臣武官制
军队管理学校	陸軍經理學校
军队医科大学	陸軍軍醫學校
军阀	軍閥
军阀战争	軍閥戰爭
军国	軍國
军国主义	軍國主義
军国主义者	軍國主義者
军舰“能登吕”号	軍艦能登呂
军舰备炮口径限制	軍艦備炮口徑制限
军令部	軍令部
军令部第六课长	軍令部第六課長
军令部第三课长	軍令部第三部長
军令部总长	軍令部總長
军人精神	軍人精神
军事独裁	軍事獨裁
军事独裁者	軍事獨裁者
军事教育制度	軍事教育制度
军事课	軍事課
军事内阁	軍事內閣
军事生产统制	軍事生產統制
军事同盟	軍事同盟
军事同盟促进运动	軍事同盟促進運動
军事委员会	軍事委員會
军事监狱	軍事刑務所
军司令官发给陆军大臣的报告	軍司令官發陸軍大臣宛報告
军缩论	軍縮論
军缩问题	軍縮問題

中文其他名词	日文其他名词
军务局长	軍務局長
军刑法	軍刑法
军需省	軍需省
军需会社	軍需會社
军需局	軍需局
军需品制造工场	軍需品製造工廠
军需省航空兵器总局	軍需省航空兵器總局
军政府	軍政府
君士坦丁堡农业学院	コンスタンティノープル農業學校
君主立宪	君主立憲
君主主义	君主主義
君主专制	君主專制
均等待遇	均等待遇
卡巴希特广场	カバヒット廣場
卡邦纳顿监狱	カバナチュアン俘虜收容所
卡博特号	キャボット
卡达萨湾号	カイシャン・ベイ
卡德号	カード
卡格达号	カルカッタ丸
卡根阵地部队	カルンガン一ペニンキ陣地部隊
卡拉卡斯医学院	カラカス醫學院
卡拉帕收容所	カランパナ收容所
卡里迪号	カリテヤ號
卡里迪号通信长	カリテヤ號通信長
卡里迪号通信员	カリテヤ號通信員
卡里加提机场	カリドジャテイ飛行基地
卡里宁湾号	カリニン・ベイ
卡蒙特号	カメネツポトロスク號
卡尼号	キーアニー號
卡诺瓦斯号	カノバス號
卡萨博兰察号	カサブランカ
卡塞湾号	カサーン・ベイ
卡威尔号	カウエル
开放扬子江	揚子江開放
开滦煤矿	開灤炭鑛
开罗公共卫生局附属普通医院副主管	カイロ公衆保健局官立一般病院副主事
凯泼号	ケープ・グロスター
坎兰帕纳斯妇女收容所	ランバサリー婦人收容所

中文其他名词	日文其他名词
抗日	抗日
抗日参加分子	抗日参加分子
抗日反蒋势力	抗日反蔣勢力
抗日共同战线	抗日共同戰線
抗日合作	抗日合作
抗日红军	抗日紅軍
抗日会	抗日會
抗日救国	抗日救國
抗日救国联合战线	抗日救國聯合戰線
抗日军	抗日軍隊
抗日理论	抗日理論
抗日联合	抗日聯合
抗日联合军	抗日聯合軍
抗日联合总司令部	抗日聯合總司令部
抗日联军西北临时军事委员会	抗日聯軍西北臨時軍事委員會
抗日民族统一战线	抗日民族統一戰線
抗日人民战线运动	抗日人民戰線運動
抗日容共	抗日容共
抗日容共政策	抗日容共政策
抗日容共政权	抗日容共政權
抗日团体	抗日團體
抗日武装斗争	抗日武裝鬥爭
抗日武装队	抗日武裝隊
抗日先锋队	抗日先鋒隊
抗日义勇军	抗日義勇軍
抗日意识	抗日意識
反日运动	反日運動
抗日运动	抗日運動
抗日战士	抗日戰士
抗日战争一周年纪念日	抗日戰の一周年紀念日
抗日政策	抗日政策
抗日政府	抗日政府
抗日主义	抗日主義
抗日自卫战争	抗日自衛戰爭
抗英运动	排英運動
考本号	カウベンス
考博号	クンプ收容所
考基德号	コレヒドー

中文其他名词	日文其他名词
考奈号	コーナー
考帕基号	カッパヒー
考特・巴鲁机场	コタ・バルー飛行場
科布多参赞大臣	科布多參贊大臣
可卡因	コカイン
吗啡	モルヒネ
可拉湾号	クラ・ガルフ
克赫迪号	ケテイヴ
克拉斯基诺国境警备队	クラヌキノ國境警備隊
克拉坦号	クロータン
克拉文号	クレーヴン
克莱斯顿号	クラックストン
克劳希尔德号	クラウンインシールド
克里斯泰尔收容所	クリスタルシチー収容所
克钦监狱	クッチン刑務所
克钦医院	クチン病院
克瓦雅雷号	クウェゼリン
肯尼迪临时拘留所	ケネディ抑留所
肯森市警察署	ケソン市員警署
肯森市司令部	ケソン市司令部
肯亚斯人	ケニヤ人
空心粉工厂	マカロニ工廠
空中战	空中戰
孔子庙	孔子廟
库拉・巴拉特收容所	クアラ・バラットキャンプ
库页岛长官	樺太廳長官
矿业局	礦山局
傀儡政权	傀儡政權
会计局	主計局
拉德夫号	ランドルフ
拉丁美洲人	ラテンアメリカ人
拉丁语	羅甸語
拉凡根号	ラベヂアー
拉哈德工会	ラハットタッ労働組合
拉哈德机场	ラハドダツー飛行場
拉加号	ラージア
拉尼号	ラニー
拉帕斯雷号	ラブスレーエ兵旅團長

中文其他名词	日文其他名词
拉萨尔学院	デ・ラ・サール大學
拉萨克码头	ラサング波止場
拉塞姆收容所	ライセアム
拉森古堡医院	ラネサン病院
拉脱维亚共和国总统	ラトヴィア共和國大統領
喇嘛教	喇嘛教
兰贡交通部第73分部司令官	蘭貢兵站第七十三兵站地區司令官
兰贡收容所所长	蘭貢俘虜收容所長
兰贡野战俘虏营	蘭貢野戰俘虜收容所
兰贡战俘营	蘭貢俘虜收容所
兰帕萨瑞监狱	ランパサリー收容所
蓝衣社	藍衣社
朗雷号	ラングレイ
劳埃德	ロイド
劳拉赫伍德女子学校	ローラ・ヘーグッド女學校
劳农红军	勞農紅軍
劳农红军军事地形测量局	勞農赤軍軍事地形測量局
雷明顿武器公司	レミントン武器會社
李杜军	李杜軍
李顿调查团	リットン調查團
里培号	リーバー
里萨尔纪念体育场	リサール紀念競技場
里斯本飞机场	リスボン飛行場
里斯本号	リスボン丸
里斯本外交部	リスボン外務省
里斯本政府	リスボン政府
里斯科湾号	リスコム・ベイ
里温顿收容所	リヴィントン収容所
里温斯顿拘留所	リヴィングストン抑留所
里西姆收容所	リシウム收容所
里约热内卢大学医学部	リオ・デ・ジャネイロ大學醫學部
里约热内卢精神病医院	リオ・デ・ジャネイロ精神病院
理查德德号	ボン・ホム・リチアード
理化学研究所	理化學研究所
理想论	理想論
理想主义	理想主義
立陶宛共和国总统	リスアニア共和國大統領
立宪民政党	立憲民政黨

中文其他名词	日文其他名词
立宪政体	立憲政體
立宪政治	立憲政治
利比里亚共和国总统	リベリア共和國大統領
利通公司	利通公司
连山关分队	連山關分隊
炼铁事业	制鐵事業
炼铁事业委员会	制鐵事業委員會
联合国	聯合國
联合国翻译通议部文书	聯合國飜譯通譯部文書
联合国飞行机	聯合國飛行機
联合国俘虏	聯合國俘虜
联合国会员国	國際聯合加盟國
联合国军最高指挥官总司令部法务部	聯合國軍最高指揮官總司令部法務部
联合国军最高总司令部在马尼拉法务部	聯合國軍最高總司令部在マニラ法務部
联合国人	聯合國人
联合国善后救济总署	アンラ
联合国最高司令官总司令部	聯合國最高司令官總司令部
联合王国政府	聯合王國政府
联合舰队司令长官	聯合艦隊司令長官
联合国军	聯合國軍
联合国军代理最高副官	聯合軍最高副官代理
联合国军司令部国际检察部	聯合軍司令部國際檢察部
联合国军最高代理司令官	聯合軍最高司令官代理
联合军最高总司令部国际检查部文书课长	聯合軍最高指揮官總司令部國際檢察部文書課長
联合抗日	聯合抗日
联合委员会	聯合委員會
联合远征军最高司令官	連合遠征軍最高司令官
联合总参谋部	連合參謀本部
联和舰队	聯和艦隊
联立内阁	聯立內閣
联络会议	連絡會議
联盟国的法院	聯合國家裁判所法庭
联盟理事会	連盟理事會
联盟事务局	聯盟事務局
联盟退出	國際聯盟脫退
联盟脱退论	聯盟脫退論
联省自治政府	聯省自治政府

中文其他名词	日文其他名词
联苏容共抗日	聯ソ容共抗日
联银制度	聯銀制度
粮食局	米穀局
粮食管理局	食糧管理局
两广军队	兩廣軍隊
辽东酒店	遼東ホテル
辽宁省地方治安维持委员会顾问	遼寧省地方治安維持會顧問
辽宁省临时政府	臨時遼寧省政府
辽宁省新民屯工业公司	遼寧省新民屯勸業公司
辽宁省政府	遼寧省政府
辽宁省治安维持会	遼寧省治安維持會
辽宁省自治公署	遼寧省自治公署
辽阳部队	遼陽部隊
辽阳分队	遼陽分隊
列克星敦号	レキシントン
列宁大学	レーニン大學
列宁主义	レーニン主義
邻居互助联盟	隣組相互援助會
林克黑德监狱	リンカーン・ハイト刑務所
林内阁	林內閣
临时产业调查议会	臨時產業審議會
临时基金检查委员会主席	臨時資金審查委員會會長
临时全国代表大会	臨時全國代表大會
临时物资调整局	臨時物資調整局
临时转科制	臨時轉科制
临时资金调整委员会	臨時資金調整委員會
岭门教会	嶺門教會
铃木内阁	鈴木內閣
铃木企画院	鈴木企畫院
零售商人	小賣商人
领事裁判权	領事裁判權
领土扩张主义者	領土擴張主義者
流亡的俄罗斯白人	白系亡命露人
滞留敌国同胞对策委员会	敵國在留同胞對策委員會
硫磺岛侵攻	硫黃島侵攻
柳川兵团	柳州兵團
六合一都	六合一都

中文其他名词	日文其他名词
龙华收容所	龍華收容所
龙山警察署	龍山員警署
龙田丸	龍田丸
陇海铁路	隴海鐵道
卢沟桥	盧溝橋
卢沟桥驿站	盧溝橋驛
鲁宾吉姆斯号	リユーベン・ジョームス號
鲁东收容所	ルトング收容所
鲁加泼德号	ルンガ・ポイント
鲁宁内阁	ブリユーニン内閣
鲁瑟电报	ルーター電報
陆地测量部	陸地測量部
陆海军大臣文官制	陸海軍大臣文官制
陆海军大臣武官制	陸海軍大臣武官制
陆海军当局	陸海局當局
陆海军联立内阁	陸海聯立内閣
陆海军幕僚部	陸海軍幕僚部
陆海军人民委员部	陸軍及ビ海軍人民委員部
陆海军司令官	陸海軍司令官
陆海军统制会	陸海軍統制會
陆军兵器厂	陸軍兵器廠
陆军兵器行政本部长	陸軍兵器行政本部長
陆军兵器行政总部	陸軍兵器行政本部
陆军部	陸軍部
陆军部作战部	陸軍部作戰部
陆军参谋次长	陸軍參謀次長
陆军参谋总长	陸軍參謀總長
陆军大学校干事	陸軍大學校幹事
陆军飞行部队	陸軍飛行部隊ケンゲン
陆军改革案	陸軍改革案
陆军高级司令官	陸軍高級司令官
陆军教化队	陸軍教化隊
陆军军务局	陸軍軍務局
陆军军务局长	陸軍々務局長
陆军省报道部长	陸軍省報道部長
陆军省兵务局	陸軍省兵務局
陆军省拨款法案	陸軍省費法

中文其他名词	日文其他名词
陆军省部长	陸軍省將校
陆军省参谋本部	陸軍省参謀本部
陆军省参谋本部第二部谍报部	陸軍省参謀本部第二部諜報部
陆军省参谋本部情报局	陸軍省参謀本部情報局
陆军省参事官	陸軍省参事官
陆军省电信总部	陸軍省電信本部
陆军省谍报部	陸軍省諜報部
陆军省法务部	陸軍省法務部
陆军省法务局	陸軍省法務局
陆军省法务局局长	陸軍省法務局長
陆军省高级副官	陸軍省高級副官
陆军省官制	陸軍省官制
陆军省经理局课员	陸軍省經理局課員
陆军省军务局	陸軍省軍務局
陆军省军务局长	陸軍省軍務局長
陆军省军务局军务课课长	陸軍省軍務局軍務課長
陆军省军务局科员	陸軍省軍務局課員
陆军省军务课课长	陸軍省軍務課長
陆军省秘书官	陸軍省秘書官
陆军省请议案	陸軍省請議案
陆军省省员	陸軍省省員
陆军省事务局长	陸軍省事務局長
陆军省通信部	陸軍省通信部
陆军省新闻班长	陸軍省新聞班長
陆军省征募课长	陸軍省徵募課長
陆军省整备局	陸軍省整備局
陆军省整备局战备课	陸軍省整備局戰備課
陆军省作战局军事谍报部远东课课长	陸軍省作戰局軍事諜報部極東課長
陆军兽医学校	陸軍獸醫學校
陆军司法警察官	陸軍司法員警官
陆军造兵厂大阪工厂	陸軍造兵廠大阪工廠
陆军指导机关	陸軍指導機關
陆军中央部	陸軍中央部
陆军参谋本部	陸軍参謀本部
陆满	陸滿
路德湾	ラデーヤード・ベイ
路勒号	ルーラー
路透社	ロイター

中文其他名词	日文其他名词
吕宋岛第一俘虏收容所	ルソン第一俘虜收容所
旅顺分队	旅順分隊
旅顺要塞司令官	旅順要塞司令官
旅顺重炮兵大队	旅順重砲兵大隊
掠夺暴行	掠奪暴行
伦敦大学	ロンドン大學
伦敦时报特派员	ロンドンタイムス特派員
伦敦市长	ロンドン市長
伦敦条约问题	ロンドン條約問題
伦敦外交部	ロンドン外務省
伦敦新闻	倫敦新聞
伦敦政府	倫敦政府
伦恰号	レンヂアー
伦敦州副州长	倫敦州副知事
罗宾森号	ロビンソン
罗布号	ローブ
罗杰斯号	ロヂアース
罗津要塞司令官	羅津要塞司令官
罗马教皇	ローマ法皇
罗马教会	羅馬教會
罗马尼亚语	ルーマニア語
罗马人	ローマ人
罗马人	羅馬人
罗马天主教	ローマカトリック
罗马天主教	羅馬フトリック教
罗马天主教会	ローマカソリック教會
罗马天主教堂	ローマ・カソリック寺院
罗马政府	羅馬政府
罗马主义	ローマンティジズム
罗曼诺夫王朝	ロマノフ王朝
罗斯巴克拘留所	ローズバーグ抑留所
罗斯帕斯收容所	ロス・パノス收容所
罗斯帕斯收容所	ロスバッス収容所
罗亚斯科特团	ロイヤルスコット聯隊
罗亚斯科特团第二营	ロイヤルスコット聯隊第二大隊
泺东非战区	灤東非戰區
洛阳丸	洛陽丸
洛伊号	ロイ

中文其他名词	日文其他名词
马达尼克号	マタニコウ
马德库斯号	マドックス
马金岛号	マキン・アイランド
马卡萨号	マカッサー
马克・库克号	マック・クック
马克・拉恩汉号	マック・ラナハン
马克・赛拉号	マック・キアラ
马克思主义	マルキシズム
马克斯・爱伦号	アーカス・アイランド
马克伊拘留所	マツコイ抑留所
马肯季号	マッケンジー
马肯季码头	マッケンジー波止場
马库斯岛分遣队	マーカス島分遣隊
马库斯岛基地	マーカス島基地
马来人	マレー人
马来收容所所长	マレー俘虜収容所長
马来军拘留所	馬來軍拘留所
马来语	マレー語
马里玻尔号	マリユーポリ號
马尼拉宾馆	マニラホテル
马尼拉大学	マニラ大學
马尼拉第三船舶运输司令官	マニラ第三船舶輸送司令官
马尼拉防卫司令部	マニラ防衛司令部
马尼拉解放	マニラ解放
马尼拉军事委员会	マニラ軍事委員會
马尼拉军司令官	マニラ軍司令官
马尼拉市民	マニラ市民
马尼拉收容所	マニラ收容所
马尼拉首都警察局长	マニラ首都員警長官
马尼拉天主教	マニラ・カシードラル
马尼拉湾号	マニラ・ベイ
马特罗号	マドロー號
马扎那集团生活所	マンザナー集團生活所
玛丽医院	クイーン・メアリ病院
烟馆	モルヒネ窟
麦金莱拘留所	マッキンレー抑留所
麦克米兰公司	紐育マクミラン會社
麦利诺尔传道所	メリノール傳道所

中文其他名词	日文其他名词
麦利诺尔协会	メリノール協會
麦纳德人	メナド人
麦逊号	メーソン
满军	満軍
满军顾问	満軍顧問
满蒙国境确定委员会	満蒙國境確定委員會
满蒙问题	満蒙問題
满骑兵部队	満騎兵部隊
满人	満人
满铁调查局	満鉄調查局
满铁副总裁	満鐵副總裁
满铁干部	満鐵幹部
满铁顾问	満鐵顧問
满铁社长	満鐵社長
满铁线路爆破	満鉄線路爆破
满铁总裁	満鐵總裁
满系干部	満系幹部
满鲜陆境关税轻减制度	満鮮陸境關税輕減制度
满洲大陆铁道司令官	満洲大陸鐵道司令官
满洲的陆军武官	在満陸軍武官
满洲帝国	満洲帝國
满洲帝国白俄事务总局	満洲帝國白系露人事務總局
满洲帝国皇帝	満洲帝國皇帝
满洲帝国全权委员	満洲帝國全權委員
满洲第四三五八部队	満洲第四三五八部隊
满洲独立运动	満洲獨立運動
满洲方面参谋;继任北京师团参谋长	満洲方面参謀後京城師管區参謀長
满洲飞机公司	満洲飛行機會社
满洲飞机制造株式会社	満洲飛行機製造株式會社
满洲工作机械株式会社	満洲工作機械株式會社
满洲国法庭	満洲國裁判所
满洲国大使	満洲國大使
满洲国大同学院教授	満洲國大同學院教授
满洲国独立	満洲國獨立
满洲国法制局	満洲國法制局
满洲国共同防卫	満洲國共同防衛
满洲国关系企业	満洲國關係企業
满洲国国务总理	満洲國國務總理

中文其他名词	日文其他名词
满洲国监察官	滿洲國監察官
满洲国监视部队	滿洲國監視部隊
满洲国警察	滿洲國員警
满洲国军统帅部	滿洲國軍統帥部
满洲国军政部最高顾问	滿洲國軍政部最高顧問
满洲国领事	滿洲國領事
满洲国领事官员	滿洲國領事官員
满洲国陆军	滿洲國陸軍
满洲国骑兵国境监视官	滿洲國騎兵國境監視官
满洲国日本人顾问	在滿洲國日本人顧問
满洲国司法部	滿洲國司法部
满洲国元	滿洲國元
满洲国政府	滿洲國政府
满洲国政府国道局	滿洲國政府國道局
满洲国政府军政部	滿洲國政府軍政部
满洲国政府农业部农产司司长	滿洲國政府興農部農產司長
满洲国政府总务长官	滿洲國政府總務長官
满洲国总理大臣	滿洲國總理大臣
满洲合并论	滿洲併合論
满洲居民	滿洲住民
满洲军政的指针	滿洲軍政ノ指針
满洲里警察队长	滿洲裏員警隊長
满洲里市陆军特务机关长	滿洲裏市陸軍特務機関長
满洲里特务机关	滿洲裏特務機関
满洲蒙古族	滿洲蒙古族
满洲秘书官	滿洲秘書官
满洲青年联盟	滿洲青年聯盟
满洲人的满洲	滿洲人の滿洲
满洲日本本官吏	在滿日本官吏
满洲日本机关	在滿日本機關
满洲石油会社	滿洲石油會社
满洲事务局兴亚院	對滿事務局興亜院
满洲铁路	滿洲鐵道
满洲铁路地方长官	滿鐵公所長
满洲铁路情报科科长	滿鐵情報課長
满洲铁路卫生科科长兼卫生研究所所长	滿鐵衛生課長兼衛生研究所長
满洲铁路医院	滿鉄醫院
满洲铁路总部	滿鐵本社

	中文其他名词	日文其他名词
满洲屯垦部队		滿洲屯墾部隊
满洲问题		滿洲問題
满洲宪兵司令部		滿洲憲兵司令部
满洲新京关东军司令官部作战室		滿洲新京關東軍司令官部作戰室
满洲语		滿洲語
满洲中央银行		滿洲中央銀行
满洲驻扎特命全权大使		滿洲駐剳特命全權大使
满洲自行车株式会社		滿洲自動車株式會社
满洲族		滿族
满洲外交部长		滿洲外交部長
曼彻斯特团		マンチュスター聯隊
曼谷日本大使馆		バンコック日本大使館
曼花园饭店		ウォードマンパークホテル
毛勒族		モロ族
毛瑟枪		モーセル
毛泽东军		毛澤東軍
贸易航线协定		運賃協定
贸易及关系产业		貿易及關係產業
贸易省		貿易省
贸易制限政策		貿易制限政策
梅机关		梅機関
湄公河岛屿问题		メーコン島嶼問題
煤炭统制会		石炭統制會
美德尔克斯团		ミドルセックス聯隊
美德号		ミード
美孚石油公司		美孚火油公司
美国辩护团		アメリカ辯護團
美国宾夕法尼亚州旗舰		米艦ペンシルヴァニア旗艦
美国兵		米國兵
美国病院船		米國病院船
美国财政部		米國大藏省
美国参议院		米國上院
美国传道馆		米國傳道館
美国船业协会		ロイド船級協會
美国最高法院		米國大審院
美国大使		米國大使
美国大使馆		米國大使館
美国代表		米國代表

中文其他名词	日文其他名词
美国代表团	アメリカ代表團
美国代表委员	亜米利加代表委員
美国代理大使	米國代理大使
美国地方法院	合衆國地方法院
美国第七十九次议会	合衆國第七十九議會
美国第一主义	米國第一主義
美国电信公司	米國電信會社
美国东方经济学家	オリエンタルエコノミスト
美国对日本外交关系	アメリカ合衆國外交關係
美国对外关系	米國對外關係
美国飞行队	米飛行隊
对美非战论	對米非戰論
美国-菲律宾部队	米比軍
美国菲律宾红十字会	米國フィリッピン赤十字社
美国副领事	アメリカ合衆國副領事
美国公司	アメリカ會社
美国关税长	米國税関長
美国关税委员会	合衆國関税委員會
美国关税委员会委员	アメリカ合衆國関税委員會委員
美国官方	米官界
美国官公吏	亜米利加官公吏
美国官民	米國官民
美国馆	亜米利加館
美国广播局	アメリカ放送局
美国广播协会	アメリカ放送協會
美国国旗	アメリカ國旗
美国国务长官	米國務長官
美国外务卿	米國外務卿
美国国务卿	米國國務卿
美国国务省远东部门	米國々務省極東部門
美国国务院	アメリカ合衆國國務省
美国海兵队	合衆國海兵隊
美国海军	米國海軍
美国海军兵学校	米國海軍兵學校
美国海军部船舶局	合衆國海軍省艦船局
美国海军部海军大校	アメリカ海軍省海軍大佐
美国海军大将	米國海軍大將
美国海军大佐	米國海軍大佐

中文其他名词	日文其他名词
美国海军调查会议	米國海軍查問會議
美国海军防潜网厂	米國海軍防潛網廠
美国海军机动部队	米國海軍機動部隊
美国海军基地	合衆國海軍基地
美国海军及空军	米國海空軍
美国海军舰队	米國海軍艦隊
美国海军情报部	米國海軍情報部
美国海军少将	米國海軍少將
美国海军少将预算及报告主任	米國海軍海軍少將豫算及報告主任
美国海军省舰船局舰船统计科	合衆國海軍省艦船局艦船統計課
美国海军司令	米國海兵隊司令官
美国海事委员	合衆國海事委員
美国海事委员会	米國海事委員會
美国航空兵	アメリカ航空兵
美国航空母舰	合衆國航空母艦
美国轰炸调查团	米國爆擊調查団
美国红十字会	米國赤十字社
美国机动部队	米機動部隊
美国机械公司	メスタ機械會社
美国即时开战论	對米卽時開戰論
美国检事长室	米國檢事長室
美国舰队	アメリカ艦隊
美国舰队马萨诸塞号	米國艦隊ブルックリン號
美国舰队司令官	米國艦隊司令部
美国舰队芝加哥号	米國艦隊シカゴ號
美国教会传道团	アメリカ教會傳道團
美国局第一课长	亜米利加局第一課長
美国军队	アメリカ軍隊
美国军飞行士	米國軍飛行士
美国军舰	米國軍艦
美国军舰 Y. P 一六号	米國海軍艦 Y. P 一六號
美国空海军	米空海軍
美国空军	米空軍
美国空军第十七轰炸机队第三十四中队	アメリカ空軍第十七爆擊隊第三十四戰隊員
美国空军基地	米國空軍基地
美国空军军官	アメリカ航空將校
美国库里奇总统号	クーリッヂ號
美国领事	米國領事

中文其他名词	日文其他名词
美国领事馆	米國領事館
美国陆海军总司令官	米國陸海軍總司令官
美国陆军	アメリカ合衆國陸軍
美国陆军	米國陸軍
美国兵	米陸兵
美国陆军长官	アメリカ陸軍長官
美国陆军上校	合衆國陸軍大佐
美国陆军法务部	米國陸軍法務部
美国陆军军人	米國陸軍軍人
美国陆军少将	米國陸軍少將
美国陆军部	亜米利加合衆國陸軍省
美国陆军司令部太平洋区域法务官事务室战犯分部	總司令部太平洋方面米國陸軍地域法務官事務室戦犯部
美国陆军司令官	米國陸軍司令官
美国陆军远东方面军	米國陸軍極東方面軍
美国陆军中将	合衆國陸軍中將
美国陆军总参谋长	合衆國陸軍参謀總長
美国陆军总司令部太平洋区域战争犯罪分部	太平洋地區米國陸軍總司令部戰爭犯罪支部
美国路德兄弟传道会	アメリカルーテル兄弟傳導團
美国贸易区	アメリカ・ブロック
美国美孚石油公司所属船只	米國スタンダード石油會社
美国帕奈号军舰	合衆國軍艦パナイ號
美国国旗问题	米國旗問題
美国企业	米國企業
美国气象台	米氣象臺
美国汽船	米國船
美国潜水舰	米國潛水艦
美国情报局	米國情報局
美国全权委员	亜米利加合衆國全權委員
美国人	米國人
美国人俘虏	米國人俘虜
美国人俱乐部	米人倶楽部
美国人嫌疑犯	米國人容疑者
美国人抑留者	米國人抑留者
美国商社	米國商社
美国圣公会学校	米國チヤーチ・ミッション・スクール
美国石油公司	アメリカ石油會社
美国使节	米軍使節

中文其他名词	日文其他名词
美国使节国	米國使節國
美国市长	アメリカ合衆國市長
美国监狱	米國收容所
美国太平洋航线	米太平洋航空路
美国太平洋舰队	米國太平洋艦隊
美国太平洋舰队司令长官参谋部	米國太平洋艦隊司令長官参謀部
美国天主教对外传道会	米國カソリック外國傳道協會
美国外国保险协会	アメリカ外國保險協會
美国外交部	北米合衆國外交部
美国外交部	合衆國外務部
美国外交政策	米國外交政策
美国卫理公会学院	米國メソジスト・シッション・スクール
美国问题	對米問題
美国物价委员会	米國物價委員會
美国下院陆军委员会	米國下院陸軍委員會
美国协调委员会	米人協力委員會
美国亚洲舰队司令长官	合衆國亜細亜艦隊司令長官
美国沿岸警备队	合衆國沿岸警備隊
美国议会	アメリカ合衆國議會
美国银行	米國銀行
美国预备海军中佐	米國豫備海軍中佐
美国远东局	アメリカ極東局
美国远东军	米極東軍
美国远东军法务部	合衆國極東軍法務部
美国远东军司令官	米國極東軍司令官
美国远东司令部	米極東軍司令部
美国在华侨民	在中國米國市民
美国战略轰炸调查部情报科科长航空陆军大尉	米國戰畧爆擊調査部情報課長航空陸軍大尉
美国政府	米國政府
美国政府德国军政部	合衆國獨逸軍政部
美国政府首脑	米総理大臣
美国政府行政及立法当局	米國政府行政及立法當局
美国政府印刷所	米國政府印刷所
美国政府印刷局	米國政府印刷局
美国政治学评论	アメリカ政治學評論
美国驻东京大使	在東京米國大使
美国驻东京大使馆	東京駐在亜米利加大使館
美国驻东京联络处	東京中央終戰連絡事務局

中文其他名词	日文其他名词
美国驻东京大使	在京米國大使
美国驻日本大使馆参赞	在京米大使参事官
美国驻日内瓦总领事馆	ジューネーヴ亜米利加總領事館
美国驻上海总领事	上海駐在米國總領事
美国资本主义	アメリカ資本主義
美国总领事馆	アメリカ總領事館
美国总统	米國大統領
美国公共卫生部精神卫生课长	合衆國公衆衛生部精神衛生課長
美国领事馆	米國總領事館
美军第七师	米軍第七師團
美军使节团长	米軍使節團長
美军远东陆军司令部法务部战犯分部	極東合衆國陸軍司令部法務部戦犯支部
美军中尉	米軍中尉
美利坚合众国国务长官	アメリカ合衆國國務長官
美利坚合众国陆军情报部	亜米利加合衆國軍陸軍情報部
美联社	ユナイテット・プレス
美日外交关系	米日外交關係
美苏海陆军	米ソ海空軍
美苏涉外派遣队	米ソ涉外派遣隊
美英崇拜思想	米英崇拜思想
美英利益保护	米英利益保護
美英问题	對米英問題
媚外思想	拜外思想
门户开放	門戶開放
门户开放机会均等的原则	門戶開放機會均等の原則
门户开放机会均等主义	門戶開放機會均等主義
门罗主义	モンロー主義
盟军最高司令部总司令部法务部勤务陆军步兵上尉	聯合軍最高司令部總司令部法務部勤務陸軍步兵大尉
盟军最高指挥官	連合軍最高指揮官
蒙达号	ムンダ
蒙迪巴监狱	モンテンルバ刑務所
蒙古部队	蒙部隊
蒙古的雇员	蒙古使用人
蒙古地志	蒙古地志
蒙古第六师团首脑部	蒙古第六師團首腦部
蒙古独立运动	蒙古獨立運動
蒙古官吏	蒙古官吏

中文其他名词	日文其他名词
蒙古国警备兵	蒙古國境警備兵
蒙古军	蒙古軍
蒙古劳动民众	蒙古勞動氏衆
蒙古联盟自治政府的负领袖	蒙古聯盟自治政府首班
蒙古骑兵第六师司令部	蒙古騎兵第六師團司令部
蒙古人	蒙古人
蒙古人民革命党员	蒙古人民革命黨員
蒙古人民共和国军	蒙古人民共和國軍
蒙古人民共和国内务省国家保安管理局审理部长	蒙古人民共和國内務省國家保安管理局審理部長
蒙古人民共和国内务省国境警备军	蒙古人民共和國内務省國境警備隊
蒙古人民共和国内务省国境警备军司令官	蒙古人民共和國内務省國境警備軍司令官
蒙古人民共和国内务省后备部队	蒙古人民共和國内務省軍備部隊
蒙古人民共和国全权委员	蒙古人民共和國全權委員
蒙古人民共和国书记	蒙古人民共和國内務省書記官
蒙古人民共和国外交部	蒙古人民共和國外務省
蒙古师团	蒙古師團
蒙古问题	蒙古問題
蒙古语	蒙古語
蒙古正规军部队	蒙古正規軍部隊
蒙古政府	蒙古政府
蒙古自治政府	蒙古自治政府
蒙古族	蒙古族
蒙特莱号	モンタレー
米拉马拉公寓	ミラマー・アパート
米利收容所	ミリキャンプ
米利油田经营者	ミリ油田總支配人
米内内阁	米内内閣
米瑟拉拘留所	ミソラ抑留所
秘密结社	秘密結社
秘书官事务所	秘書官事務所
密歇根大学	ミシガン大學
缅甸方面军	緬甸方面軍
缅甸方面军参谋	ビルマ方面軍參謀
缅甸方面军副参谋长	ビルマ方面軍參謀副長
缅甸方面军司令部	ビルマ方面軍司令部
缅甸国防军暴乱	ビルマ國防軍叛亂
缅甸国防军最高顾问	ビルマ國防軍最高顧問
缅甸国民	ビルマ國民

中文其他名词	日文其他名词
缅甸国政府	ビルマ國政府
缅甸航空师团	ビルマ飛行師團
缅甸兰贡战俘收容所所长	緬甸蘭貢俘虜收容所長
缅甸民族	ビルマ民族
缅甸叛军	ビルマ叛亂軍
缅甸人	緬甸人
苗族	苗族
民权主义	民權主義
民政部大臣	民政部大臣
民政党	民政黨
民政党内阁	政黨内閣
民政党总裁	民政黨總裁
民众义勇军	民眾義勇軍
民主党	民主黨
民主共和国	民主共和國
民主国	民主國
民主化	民主化
民主集中制	民主集中制
民主政治	民主政治
民主制	民主制
民主主义	民主主義
民主主义国家	民主主義國
民主主义阵营	民主主義陣營
民族反革命	民族反革命
民族复兴运动	民族復興運動
民族革命	民族革命
民族国家	民族國家
民族武装自卫运动	民族武裝自衛運動
民族协和	民族協和
民族资本体系	民族資本體系
民族自卫会	民族自衛會
名古屋大学	名大
名古屋市长	名古屋市長
明孝陵	明孝陵
明治大帝	明治大帝
明治大学	明治大學
明治时代	明治時代
明治四十年军令	明治四十年軍令

中文其他名词	日文其他名词
明治小学	明治小學校
缪斌问题	繆斌問題
摩根商会	モルガン商會
摩罗门监狱	モウルメン収容所
摩洛哥事件	モロッコ問題
莫迪拉号	ムテラン收容所
莫尔金道路	メルギー・キルカン道路
莫洛泰监狱	モロタイキャンプ
莫斯科国立中央历史文献保管局局长	モスクワ國立中央歴史文書保管局總裁
莫斯科朗读术研究所	モスクワ朗讀術研究所
莫斯科驻在建川大使	モスコー駐在建川大使
墨西哥合众国总统	メキシコ合眾國大統領
墨西哥外务次官	墨西哥國外務次官
木户内府	木戸内府
幕府	幕府
睦邻友好、共同反共、经济合作三原则	睦鄰友好、共同防共、経済提攜ノ三原則
内府交迭说	内府交迭說
内阁参谋制度	内閣参謀制度
内阁成员	内閣董督
内阁大藏省	内閣大藏省
内阁改造	内閣改造
内阁顾问	内閣顧問
内阁观	内閣觀
内阁官房	内閣官房
内阁官制	内閣官制
内阁情报局	内閣情報局
内阁事务官	内閣事務官
内阁书记官	内閣書記官
内阁议会	閣議
内阁资源局	内閣資源局
内阁总理大臣	内閣總理大臣
内阁总理大臣秘书官	内閣總理大臣秘書官
内蒙古人	内蒙古人
内蒙自治	内蒙自治
内外棉劳动争议	内外棉花勞働爭議
内外棉争议	内外棉爭議
内务人民委员部	内務人民委員部
内务省	内務省

中文其他名词	日文其他名词
内务省地理调查所	内務省地理調查所
内务省地理调查所长	内務省地理調查所長
内务省警保局保安课	内務省警保局保安課
内务省警保局保安课长	内務省警保局保安課長
内务省警保局保安课三等事务官	内務省警保局保安課三等事務官
内务省警保局外事课	内務省警保局外事課
内鲜人	内鮮人
内战	内戰
内政干涉	内政干涉
那托玛号	ナトマ・ベイ
纳波号	ネイボブ
纳粹	ナチ
纳粹党机关报名	ナチス黨機關紙
纳粹军	ナチス軍
纳粹势力	ナチ勢力
纳粹宣言	ナチス宣言
纳粹意识	ナチ・イデオロギー
纳粹政权	ナチ政権
纳苏号	ナッソー
南北两建论	南北兩建論
南部法属印度支那进驻问题	南部佛印進駐問題
南方地域俘虏收容所	南方地域俘虜収容所
南方进出论	南方進出論
南方军总司令部参谋副长	南方軍總司令部参謀副長
南方问题	南方問題
南非联邦政府	南阿聯邦政府
南进论	南進論
南京安全地区委员会	南京安全地區委員會
南京大使馆	南京大使館
南京国民政府	南京國民政府
南京基督教青年会	南京 YMCA
南京警备	南京警備
南京警备司令官	南京警備司令官
南京军	南京軍
南京军阀政权	南京軍閥政權
南京空军	南京空軍
南京卖国政府	南京賣國政府
南京日本大使馆	南京日本大使館

中文其他名词	日文其他名词
南京维新政府	南京維新政府
南京政府扬子江洪水救灾委员会	南京政府揚子江水災救済委員會
南京总领事	南京總領事
南京总领事馆员	南京總領事館員
南满铁路	南滿洲鐵道
南满洲铁道株式公社	南滿洲鉄道株式會社
南满洲铁道株式会社调查部	南滿洲鐵道株式會社調査部
南满洲铁路株式公社技术顾问	南滿洲鐵道株式會社技術顧問
南美大陆	南米大陸
南宁机场	南寧飛行場
南洋大学	南洋大學
南洋海军	南洋海軍
南洋海运公司	南洋海運株式會社
南洋华侨	南洋華僑
南洋贸易公司	南洋貿易會社
南洋群岛防备队临时司令部	臨時南洋群島防備隊司令部
南洋厅长官	南洋廳長官
南洋厅检事	南洋廳檢事
南洋兴发会社	南洋興發會社
南洋邮船	南洋郵船
南洋诸岛长官	南洋諸島長官
馁达号	ネヘンタ・ベイ
嫩江分队	嫩江支隊
尼加拉瓜共和国总统	ニカラグァ共和國大統領
尼加拉瓜政府	ニカラグワ國政府
尼科莱号	ジーン・ニコレット號
牛岛支队	牛島支隊
牛岛支队第六师团	第六師團牛島支隊
牛津大学学刊	オクスフォード大學刊
纽约国家城市银行	ニューヨークナショナルシティー銀行
纽约时报特派员	ニューヨークタイムス特派員
纽约先驱论坛	ニューヨクヘラルド
纽约正金分行	ニューヨーク正金支店
农村自卫军	農村自衛軍
农林省开垦课	農林省開墾課
农林省粮食局	農林省米穀局
农林省农务局课长	農林省農政局米穀課長
农林省农政局	農林省農政局

中文其他名词	日文其他名词
农林统计月报	農林統計月報
农民协会	農民協會
农商部	農商務
农商务省	農商務省
农商务省商务局	農商務省商務局
农业革命	農業革命
农业教育专业学校	農業教育専門學校
农业文明	農業文明
女子国防援助会	女子國防援助會
挪威“斯科迪亚”号蒸汽船	ノルウェー汽船スコテア號
挪威领事	ノールウエー領事
挪威人	ノールウェー人
欧美帝国主义	歐米帝國主義
欧美各国权益所在明细图	歐米各國權益所在明細圖國際問題
欧美局	歐米局
欧美局课长	歐米局課長
欧美立宪政体	歐米立憲政體
欧美派	歐米派
欧美问题	歐米問題
欧美依存政策	歐米依存政策
欧亚第一课	歐亜局第一課
欧亚局	歐亜局
欧亚局第二课	歐亜局第二課
欧亚局第二课长	歐亜局第二課長
欧亚局第三课课长	歐亜局第三課長
欧亚局第一课长	歐亜局第一課長
欧洲帝国主义	歐洲帝國主義
欧洲纷争	歐州紛爭
欧洲妇女	歐州婦人
欧洲共荣圈	歐洲共榮圈
欧洲国民	歐洲國民
欧洲海军	歐洲海軍
欧洲联合	歐羅巴聯合
欧洲人	歐洲人
欧洲人俘虏	歐洲人俘虜
欧洲人战俘营	歐洲人俘虜收容所
欧洲特派公使	歐洲特派公使
欧洲问题	歐洲問題

中文其他名词	日文其他名词
欧洲语言	歐文
欧洲战线	歐洲戰線
欧洲战争	歐洲戦爭
欧洲政策	歐洲政策
欧美人	歐米人
帕里德号	パリンドラ黨
帕奈号	パネー號
帕彭内阁	パーペン内閣
排华暴动	排支暴動
排满	排滿
排日	排日
排日抗日	排日抗日
排日团体	排日團體
排日问题	排日問題
排日侮日政策	排日侮日政策
排日言动	排日言動
排日移民法	排日移民法
排他独裁	排他獨裁
排外	排外思想
排外抗日政策	排外抗日政策
排外运动	排外運動
排外主义	排外主義
旁杰比收容所	バンジョビロー收容所
旁遮普团	パンジャブ聯隊
旁孔号	バンコック
旁恰号	ハンチアー
楚豫号	楚豫
定海号	定海
同安号	同安
培特尔号	ベテレル號
培特夫湾	ベトロウ・ベイ
佩里纪念碑	ペルリ記念碑
配额移民	割當移民
瓢虫号	レーテンバード號
平等主义	平等主義
平汉铁路	北平漢口鐵道
平汉线	平漢鐵道
平和协调主义	平和協調主義

中文其他名词	日文其他名词
平和政策	平和政策
平民及战俘	一般人竝戰爭捕虜
平民拘留收容所	民間被抑留者收容所
平壤府外国人学校	平壤府外人學校
平田部队	平田部隊
平沼内阁	平沼内閣
平沼内阁说	平沼内閣說
平沼新内阁	平沼新内閣
婆罗洲号	ボルネオ號
婆罗洲监狱	ボルネオ俘虜收容部隊
婆罗洲土著居民	ボルネオ原住民
葡萄牙大使	葡萄牙大使
葡萄牙和阿尔加维国王	葡萄牙國及アルガルヴ皇帝
葡萄牙人	葡國人
葡萄牙首相	葡萄牙首相
葡萄牙政府	葡國政府
葡英同盟	葡英同盟
浦东收容所	浦東收容所
浦和陆军粮食分厂	浦和陸軍糧秣支廠
普格特号	ブヂエット・サウンド
普拉达新闻社	プラウダ新聞社
普来米号	ブリミアー
普林斯顿	プリントン
普林斯顿号	ブリンストン
普林斯号	ブリンス
普鲁士风格	プロシア型
普修号	バースーア
七部制	七部制
齐齐哈尔领事	齊齊哈爾領事
齐齐哈尔洮南辽源铁路	齊齊哈爾洮南遼源鐵道
齐藤大将内阁	齊藤大將内閣
旗舰“苍龙”	旗艦蒼龍
企划院总裁	企畫院總裁
企划院	企畫院
企划院次长	企畫院次長
企划院官制	企畫院官制
企划制	企劃制
企业号	エンタープライズ號

中文其他名词	日文其他名词
企业号航空母舰	航空母艦エンタープライズ
企业号航空母舰	航母エンタープライス
企业整备局	企業整備本部
起草委员会	起草委員會
汽车制造业	自動車製造事業
汽船比哈尔号	汽船ビハール號
汽船协会	汽船會社
契约思想	契約思想
恰克图三方谈判的中国全权代表	恰克圖三國協商支那共和國全權代表
千岛中千岛第四十二师团长	千島中千島四十二師團長
前二品顶戴出使大臣	二品頂戴前出使大臣
前横滨空队	前横濱航空隊
兰贡监狱	蘭貢刑務所
前千岁航空部队	前千歳航空隊
前线中国军	前線支那軍
浅间丸	淺間丸
强化促进国防令	國防強化促進令
强力内阁	強力内閣
强硬论	強硬論
敌对华侨扫荡政策	敵性華僑掃蕩策
切断北陵铁路问题	北陵鐵道遮斷問題
亲告罪	親告罪
亲和共存	親和共存
亲华	親華
亲华	親支
亲满	親滿
亲满自卫军	親滿自衛軍
亲日反共	親日反共
亲日反共	親日防共
亲日派	親日派
亲日政权	親日支那政権
亲善不可分	親善不可分
亲善关系	親善關係
亲善论	親善論
亲善政策	和親政策
亲枢轴政策	親樞軸政策
亲英美派	親英米派
亲英内阁	親英内閣

中文其他名词	日文其他名词
亲英派	親英派
侵略芬兰	對フインランド侵略
侵略战争	侵略戰
侵略主义	侵略主義
侵略主义者	侵略主義者
青岛纺织	青島紡績
青岛特别市警察局讲堂	青島特別市警察局講堂
青年训练所	青年訓練所
青天白日旗	青天白日旗
轻工业	輕工業
轻金属局	輕金屬局
清朝人	清國人
清朝政府	清國政府
清华大学	清華大學
清教徒	ピューリタン
清乡	清鄉
清乡工作	清鄉工作
清乡工作人员	清鄉工作人員
清乡区	清鄉區
清乡区民众	清鄉區民眾
清乡完成地区	清鄉完成地區
清乡委员会	清鄉委員會
清乡一周年纪念日	清鄉一周年紀念日
清野作战	清野作戰
情报局	情報局
情报局官制	情報局官制
庆应大学	慶應大學
庆应义塾大学细菌病理学教授	慶應義塾大學細菌病理學教授
秋田县知事	秋田縣知事
全国反日会执行委员会	全國反日會執行委員會
全国反日总会	全國反日總會
全国各界救国联合军	全國各界救國聯合軍
全国金融协会	全國金融協議會
全国抗日救国代表大会	全國抗日救國代表大會
全国抗日军	全國抗日軍
全国学生救国会联合会准备会	全國學生救國會聯合會準備會
全国学生救国联合会	全國學生救國聯合會
全国总工会	全國總工會

中文其他名词	日文其他名词
全民代表机关	全民代表機關
全民政党内阁	全民政黨内閣
全体主义	全體主義
全体主义国家	全體主義國
权力主义	權利主義
权利平等	權利平等
权益思想	權益思想
犬养内阁	犬養内閣
劝业银行	勸業銀行
燃料局	燃料局
燃料研究所	燃料研究所
攘外必先安内	攘外必先安内
热河问题	熱河問題
热河义勇军	熱河義勇軍
人道主义	ヒューマニスム
人口粮食问题调查会	人口食糧問題調查會
人口普查局	國勢院
人民革命军	人民革命軍
人民革命政府	人民革命政府
人民国防团体	人民國防團體
人民委员代理	人民委員代理
人民委员会议议长	人民委員會議議長
人民战线	人民戰線
人民战线政策	人民戰線政策
人权思想	人權思想
人事局	人事局
人事局长	人事局長
人造石油事业	人造石油事業
人种平等主义	人種平等主義
仁爱	仁愛
仁川收容所	仁川収容所
任职第七方面军司令官时期	第七方面軍司令官時代
任职中国远征军总参谋长时期	支那派遣軍總参謀長時代
日本“时代”有限责任公司	有限責任會社日本タイムス社
日本本土俘虏收容所	在日俘虜収容所
日本编年史	ジャパン・クロニクル
日本兵备	日本兵備
日本医疗船	日本病院船

中文其他名词	日文其他名词
日本参谋总长	日本参謀總長
日本操纵士	日本操縱士
日本朝鲜居民	在留日鮮人
日本船	日本船
日本船舶公司分公司	在日船會社支店
日本船长	日本船長
日本船主协会	日本船主協會
日本大使	日本大使
日本大使馆	日本大使館
日本大使馆附陆军军官	日本大使館附陸軍軍官
日本大使馆附陆军武官	日本大使館附陸軍武官
日本大使馆事务所	日本大使館事務所
日本大使馆一等书记官	日本大使館一等書記官
日本代表	日本代表
日本代理大使	日本代理大使
日本代理总领事	日本總領事代理
日本帝国当局	日本帝國官憲
日本德国共同作战	日獨協同作戦
日本帝国	日本帝國
日本帝国海军	日本帝國海軍
日本帝国海军大佐	日本帝國海軍大佐
日本帝国海军陆战队	日本帝國海軍陸戦隊
日本帝国海军中将	日本帝國海軍中將
日本帝国陆军台湾军本部	帝國日本陸軍臺灣軍本部
日本帝国陆军台湾司令部	日本帝國陸軍臺灣司令部
日本帝国潜水艇	日本帝國潜水艦
日本帝国政府终战连络中央事务局	日本帝國政府終戰連絡中央事務局
日本第九飞行师团	日本第九飛行師團
日本第三航空军	日本第三航空軍
日本第三航空军参谋部	日本第三航空軍参謀部
日本电报通信社	日本電報通信社
日本飞机	日本飛行機
日本匪贼	日本匪賊
日本俘虏	日本人俘虜
日本俘虏收容所	日本俘虜収容所
日本俘虏收容所	日本人俘收容虜所
日本钢管株式会社	日本鋼管株式會社
日本公使	日本公使

中文其他名词	日文其他名词
日本公使馆	日本公使館
日本官吏	日系官吏
日本广播会馆日本部	日本放送會館日本側部
日本广播协会	日本放送協會
日本广告	ヂャパンアドヴアタイザー
日本广告人	ジャパン・アドバタイザー
日本国立银行	日本國立銀行
日本国内法	日本國内法
日本国上海总领事馆	日本國上海総領事館
日本国体观念	日本國體觀念
日本华中派遣军	日本中支軍
日本海兵	日本海兵
日本海军	日本海軍
日本海军大臣	日本海軍大臣
日本海军大校	日本海軍大佐
日本海军第十二根据地队司令官	日本海軍第十二根據地隊司令官
日本海军航空基地	日本海軍航空基地
日本海军將校	日本海軍將校
日本海军俱乐部	日本海軍俱樂部
日本海军司令官	日本海軍司令官
日本海军中将	日本海軍中將
日本海军中佐	日本海軍中佐
日本海外船舶公司分公司	在外日本船會社支店
日本海运业	日本の海運業
日本航空部队	日本航空部隊
日本荷兰人出口商	在日本蘭人輸出商
日本红十字社	日本赤十字社
日本红十字社社长	日本赤十字社社長
日本红十字社外事部	日本赤十字社外事部
日本皇帝	日本皇帝
日本皇室	日本皇室
日本基督教	日本基督教
日本舰队	日本艦隊
日本将校	日本將校
日本经济联盟	日本經濟聯盟
日本经济年报	日本經濟年報
日本精神	日本精神
日本精神文化	日本精神文化

中文其他名词	日文其他名词
日本拘留者	日本人抑留者
日本军第十九师团	日本軍第十九師團
日本军第一参谋长	日本軍第一参謀長
日本军队指挥官	日本軍隊指揮官
日本军阀	日本軍閥
日本军顾问	日本軍顧問
日本军国主义	日本軍國主義
日本军舰	日本軍艦
日本军民	日本軍民
日本军人	日本軍人
日本军涉外部长	日本軍涉外部長
日本军事生产产业	日本軍事生產產業
日本军司令官	大日本軍司令官
日本军特务部	日本軍特務部
日本军卫兵	日本軍衛兵
日本军卫生机关	日本軍衛生機関
日本军务局	日本軍務局
日本军占领地	日本軍占領地
日本军指挥官	日本軍指揮官
日本军曹	日本軍曹
日本课长	日本課長
日本空袭	日本空襲
日本劳动者农民	日本勞動者農民
日本雷击机	日本雷撃機
日本领事馆	日本國領事館
日本领事警察	日本領事員警
日本陆海军	日本陸海軍
日本陆军俘虏收容所	日本陸軍俘虜収容所
日本陆军省军事政治局	日本陸軍省軍事政治局
日本陆军特务机关	日本陸軍特務機関
日本陆军特务机关秘书	日本陸軍特務機関秘書
日本陆军武官	日本陸軍武官
日本陆战队	日本陸戰隊
日本路警	日本路警
日本煤炭公司	日本石炭株式會社
日本木造船协会联合会	日本木造船組合聯合會
日本内阁	日本内閣
日本内阁制度	日本内閣制度

中文其他名词	日文其他名词
日本内政	日本内政
日本派遣法国使节团团长	日本派遣佛蘭西使節团团長
日本炮兵队	日本炮兵隊
日本骑兵部队	日騎兵部隊
日本汽油公司	日本輕油會社
日本潜水艇	日本潛水艦
日本侨民	上海日本在留民
日本青少年	日本青少年
日本驱逐舰	日本驅逐艦
日本全权委员	日本國全權委員
日本劝业银行	日本勧業銀行
日本人居留地	日本人居留民
日本商工会议	日本商工會議
日本师团	日本師團
日本师团长	日本師团長
日本时间	日本時間
日本势力圈机械工业	日本勢力圏機械工業
日本守备军	日本守備隊
日本首相	日本國首相
日本水兵	日本水兵
日本特命全权公使	日本國特命全權公使
日本天皇	大日本帝國天皇
日本通	日本通
日本通货	日本通貨
日本通运株式会社高松支店	日本通運株式會社高松支店
日本外事协会	日本外事協會
日本外务次官	日本外務次官
日本外务省	外務省
日本外务省海外电信局	日本外務省海外電信局
日本外务省美国局	日本外務省アメリカ局
日本外务省文书课次长	外務省文書課次長
日本外政协会	日本外政協會
日本问题	日本問題
日本武官	日本武官
日本武装兵力	日本武裝兵力
日本宪兵	日本憲兵
日本宪兵队	日本憲兵隊
日本巡查兵	日本巡查兵

中文其他名词	日文其他名词
日本央行总裁	日本興業銀行総裁
日本一般关税政策	日本一般關税政策
日本移民	日本移民
日本银行	日本銀行
日本银行兑换券	日銀兌換券
日本银行副总裁	日本銀行副総裁
日本银行理事	日本銀行理事
日本银行团	日本銀行団
日本银行正副总裁	日本銀行正副総裁
日本印度共同防御协议会	佛印共同防禦協議會
日本邮船会社桑港分店	日本郵船會社桑港支店
日本与荷属东印度会商	日蘭印會商
日本援军	日本援軍
日本在中国远征军参谋	支那派遣軍参謀
日本占领军队的指挥官	日本國占領軍司令官
日本战舰	日本戰艦
日本战时产业统制	戰時産業統制
日本战时统制经济	日本戰時經濟統制
日本正规军	日本正規軍
日本政府大藏省理财局长	日本政府大藏省理財局長
日本政府大藏省理财局国库课国资系	日本政府大藏省理財局國庫課國資係
日本政府的钢铁政策	日本政府の鐵鋼行政
日本政府公文	日本政府公文
日本政府情报部长	日本政府情報部長
日本政府首班	日本政府首班
日本政府债券	日本政府債
日本政治会	日本政治會
日本政治家	日本國政治家
日本主义	日本主義
日本主义运动	日本主義運動
日本驻德国大使	駐獨日本大使
日本驻华沙公使馆	在ワルソー日本公使館
日本驻华盛顿大使	ワシントン駐在日本大使
日本驻满洲国大使	滿洲國日本大使
日本驻美大使	駐米日本大使
日本驻美国纽约金融专员	米國紐育駐在財務官
日本驻莫斯科大使	モスコウ日本大使館
日本驻日本大使馆	在莫斯科日本大使館

中文其他名词	日文其他名词
日本驻瑞典公使	日本駐剳瑞典公使
日本驻瑞典公使	日本駐在瑞典公使
日本驻瑞士公使馆	日本駐在瑞西公使館
日本驻上海总领事	上海駐在日本總領事
日本驻苏联大使馆	ソヴエート聯邦日本大使館
日本驻新加坡总领事	シンガポール日本總領事
日本驻巴黎大使馆附海军武官	在バリ日本國大使館附海軍武官
日本驻伯恩公使馆一等书记官	在ベルヌ日本國公使館一等書記官
日本驻布鲁塞尔大使馆书记官	在ブリュセル日本國大使館書記官
日本资本	日本資本
日本资本势力	日本資本勢力
日本资源冻结命令	日本資源凍結命令
日本总参谋部第二部	日本参謀本部第二部
日本总参谋部第二部长	日本参謀本部第二部長
日本总参谋部德国课	日本参謀本部獨乙課
日本总参谋部德国课长	日本参謀本部獨乙課長
日本总领事	日本總領事
日本总领事馆	日本總領事館
日本总领事馆代表	日本総領事館代表
日本租界	日本租界
日本最高司令部	日本最高司令部
日德经济合作	日獨経済協力
日德军事同盟	日獨軍事同盟
日德军事同盟问题	日獨軍事同盟問題
日德潜水艇协同作战	日獨潛水艦協同作戦
日德亲善	日獨親善
日德同盟	日獨軍事同盟
日德委员会	日獨委員會
日德意反共轴心	日獨伊防共樞軸
日德意枢轴强化	日獨伊樞軸強化
日德意同盟的必然性	日獨伊同盟ノ必然性
日德意同盟问题	日獨伊同盟問題
日德意轴心	日獨伊樞軸
日德最高统帅部	日獨最高統帥部
日耳曼民族	ゲルマン民族
日法共同防卫	日佛共同防衛
日佛印度当局	日佛印度軍當局
日佛印共同防卫	日佛印共同防衛

中文其他名词	日文其他名词
日和见主义	日和見主義
日华大使交换论	日華大使交換論
日华亲善	日華親善
日华亲善论	日華親善論
日货排斥委员会	日貨排斥委員會
日军	日本軍隊
日军当局	日本軍當局
日军高级将官会议	日本軍高級將官會議
日军司令官	日本軍司令部
日立精机株式会社	日立精機株式會社
日莲宗僧侣	日蓮宗僧侶
日满仓库	日滿倉庫
日满共同防御	日滿共同防衛
日满合作	日滿合作
日满经济共同委员会委员	日滿經済共同委員會委員
日满经济联盟	日滿經濟ブロック
日满经济统治方针	日滿經濟統治方針
日满一德一心	日滿一德一心
日满中共存共荣	日滿支共存共榮
日满中经济恳谈会	日滿支経済懇談會
日满中经济恳谈会委员长	日滿支経済懇談會委員長
日满中联盟	日滿支ブロック
日美关系	日米關係
日美交换船	日米交換船
日美交涉	日米交涉
日美军事同盟	日米軍事同盟
日美开战	日米開戰
日美外交调整问题	日米國交調整問題
日美外交官	日米外交官
日美问题	日米問題
日美协会	日米協會
日美友好	日米親善
日美战争说	日米戰爭說
日美中三国会谈	日米支三國會談
日缅亲和	日緬親和
日内瓦裁军会议预备委员会	ジュニーヴァ軍縮會議準備委員會
日内瓦联盟总会	壽府聯盟總會
日内瓦领事馆	ジュネーヴ領事館

中文其他名词	日文其他名词
日内瓦委员会	ジュネーブ委員會
日内瓦大学	ジェネヴァ大學
日清勾结	日清媾和
日清汽船	日清汽船會社
日苏混合国境处理及确定委员会	日ソ混合國境處理及確定委員會
日苏亲善	日ソ親善
日文	和文
日系	日系
日裔军官	日系軍官
日裔美国市民	日系米國市民
日裔职员	日系職員
日英词典	英和辭書
日英协调	日英協調
日犹协会会长	日猶協會會長
日语	日本語
日华(中)共同战线	日支共同戰線
日华(中)关系	日支關係
日中调整原则	日支調整原則
日中国大亚细亚协会	日中國大亜細亜協會
日中国交调整提案	日支國交調整案
日中航空联系问题	日支航空連絡問題
日中和平	日華和平
日中和平交涉	日支和平交涉
日中和平运动	日支和平運動
日中经济合作	日支経済合作
日中两国国交调整	日支國交調整
日中问题	日支問題
日中新关系调整	日支新關係調整
容格德号	リングゴールド
容共	容共
容共抗日满政策	容共抗日滿政策
容共抗日政策	容共抗日策
容共抗日政权	容共抗日政權
容共抗日主义	容共抗日主義
容共政策	容共時代
儒家	儒教
辱华侵华思想	侮華侵華思想
瑞典代表	瑞典國外交代表

中文其他名词	日文其他名词
瑞典公使	スエーデン公使
瑞典公使	瑞典公使
瑞典公使馆	瑞典王國公使館
瑞典人	スェーデン人
瑞典人	瑞典人
瑞典王国公使馆	スウェーデン王國公使館
瑞典政府	スエーデン政府
瑞典驻东京外交代表	在東京スウェーヂン代表團
瑞典驻华大使馆	華府駐在スエーデン公使館
瑞凤号	瑞鳳
瑞金政府	瑞金政府
瑞士公使	瑞西國公使
瑞士国外交代表	スイス國外交代表
瑞士民族	スヰス民族
瑞士人技师	スイス人技師
瑞士人宣教师	スイス人宣教師
瑞士政府	瑞西國政府
瑞士领事	瑞西領事
瑞士领事馆	瑞西領事館
若撷第二次内阁	若槻第二次内閣
若撷第一次内阁	若槻第一次内閣
若槻弱体内阁	若槻弱體内閣
若槻内阁	若槻内閣
弱肉强食主义	弱肉強食主義
萨尔收容所	サイクル收容所
萨尔瓦多共和国总统	サルヴァドル共和國大統領
萨尔瓦多政府	サルヴァドル政府
萨佛岛号	サウナ・アイランド
萨根特湾号	サーデニント・ベイ
萨基诺湾号	サギノウ・ベイ
萨拉托加号	サラトガ
萨路克人	サラック人
萨罗诺湾号	サラーノ・ベイ
萨特里号	サターリー
塞班岛兵站部	サイパン兵站部
塞班岛海军航空队	サイパン海軍航空隊
塞班美军政府	サイバン米軍政府
塞达坎发电厂	サンダカン発電所

中文其他名词	日文其他名词
塞达坎机场	サンダカン飛行場
塞达坎建筑队	サンダカン建築隊
塞达坎市民医院	サンダカン市民病院
塞达坎收容所	サンダカン收容所
塞达坎宪兵队	サンダカン憲兵隊
塞达坎宪兵队总部	サンダカン憲兵隊本部
塞德・汤姆斯大学	サント・トマス大學
塞德・汤姆斯收容所	サント・トマス抑留所
塞德岛拘留所	サンドア・イランド抑留所
塞蒂号	サンテイー
塞尔塔机场	セレター飛行場
塞尔塔收容所	セレタ收容所
塞尔维亚政府	セルビア政府
塞戈蒙号	サンガモン
塞格・基洛夫号	セルゲイキーロフ號
塞利亚收容所	セリア キャンプ
塞特・卡达里那医院	サンタ・カタリーナ病院
塞特・罗萨教堂	サンタ・ロザ寺院
塞特・罗萨学院	サンタ・ロザ學校
塞特费收容所	サンタ・フエ収容所
塞托・多明戈教堂	サント・ドミンゴ寺院
三国同盟	三國同盟
三国同盟问题	三國同盟問題
三国同盟相关事项	三國同盟二就イテ
三国同盟小委员会	三國同盟小委員會
三井船舶公司	三井船舶會社
三井物产株式会社	三井物產株式會社
三井银行	三井銀行
三菱造船所	三菱造船所
三菱机械工厂	三菱機械工場
三菱商事会社成员	三菱商事會社員
三菱重工业公司	三菱重工業株式會社
三民主义	三民主義
三权分立	三權分立
三友实业工厂	三友實業社工場
三友织布工厂	三友織布工場
桑巴洛母婴医院	モダン・マターニテイ・アンドチルドレンズ・ホスピタル

中文其他名词	日文其他名词
瑟里拉收容所	シーリア收容所
瑟切号	サーチアー
瑟提湾号	セテイス・ベイ
森本大队	森本大隊
沙赫号	シアー
山东陆军士官学校	山東陸軍士官學校
山东铁路守备队	山東鐵道守備隊
山东烟草购入问题	山東葉煙草購入問題
山海关守备队	山海関守備隊
山水阁	山水閣
山西军	山西軍
山西省人民	山西省民
山下航路	山下航路
山下汽船公司	山下汽船株式會社
珊恩号	セーン
善邻友好	善鄰友好
善通寺俘虏收容所	善通寺俘虜收容所
善通寺师团	善通寺師團
商船及造船事业	商船及造船事業
商工部金属局	商工省金屬局
商工业组合中央金库	商工業組合中央金庫
商务省	商務省
商务印书馆	商務印書館
商业团体	商業團體
商业主义	商業主義
赏勋局	賞勳局
赏勋局庶务课长	賞勳局庶務課長
赏勋局总裁	賞勳局總裁
上海北站停车场	上海北站停車場
上海赤化暴动计划	上海赤化暴動計畫
上海地图	上海地図
上海电影界救国会	上海電影界救國會
上海东亚同文书院	上海東亜同文書院
上海方面根据地队参谋	上海方面根據地隊參謀
上海防备计划	上海防備計畫
上海非战人员抑留所	上海非戰鬪員抑留所
上海妇女界救国联合会	上海婦女界救國聯合會
上海各大学教授救国会	上海各大學教授救國會

中文其他名词	日文其他名词
上海各界救国联合会	上海各界救國聯合會
上海根据地司令官	上海根據地隊司令官
上海工部局	上海工部局
上海工人救国会联合会	上海工人救國會聯合會
上海公安局警官队	上海公安局警官隊
上海共同委员会报	上海共同委員會報
上海共同租界	上海共同租界
上海海军特别陆战队	上海海軍特別陸戰隊
上海海军特别陆战队参谋	上海海軍特別陸戰隊參謀
上海海军特别陆战队首席参谋	上海海軍特別陸戰隊首席參謀
上海海军特务部部长	上海海軍特務部
上海杭州宁波铁路	滬杭南鉄路
上海甲基地	上海甲基地
上海军	上海軍
上海军事裁判所	上海軍事裁判所
上海联业界救国会	上海聯業界救國會
上海龙业团	上海龍業團
上海陆军特务部总部部长	上海陸軍特務部本部長
上海陆战队	上海陸戰隊
上海陆战队指挥官	上海陸戰隊指揮官
上海浓礼大学	上海濃禮大學
上海派遣军	上海派遣軍
上海派遣军司令部	上海派遣軍司令部
上海派遣军司令官	上海派遣軍司令官
上海青年文艺界救国会	上海青年文藝界救國會
上海日本机关	上海日本機關
上海日本侨民	上海在留邦人
上海瑞西总领事	上海瑞西總領事
上海市民	上海市民
上海市市长	上海市長
大上海市政府	上海市政府
上海特派大使	上海特派大使
上海特务部	上海特務部
上海外国租界	上海外國租界
上海文化界救国会	上海文化界救國會
上海-吴淞铁路	上海-吳淞鐵道
上海小学校职员救国联合会	上海小學校職員救國聯合會
上海新闻记者救国会	上海新聞記者救國會

中文其他名词	日文其他名词
上海义勇军	上海義勇軍
上海音乐界救国会	上海音樂界救國會
上海英国俘虏收容所	在上海英國人俘虜収容所
上海政治中学校	上海政治中學校
上海中央公园	上海中央公園
上海周边处理方针乙	上海周邊處理方針乙
上海自然科学研究所	上海自然科學研究所
上海总工会	上海總工會
上海租界	上海租界
上海租界当局	租界當局
上海租界共同防备计划	上海租界共同防備計畫
上院	上院
上院外交委员	上院外交委員
少年先锋队	少年先鋒隊
社会大众党	社會大衆黨
社会教育研究所	社會教育研究所
社会民主党	社會民主黨
社会契约说	社會契約說
社会政策调查委员会	社會政策審議會
社会主义	社會主義
社会主义化	社會主義化
社会主义者	社會主義者
社稷会	社稷會
社民党	社民黨
绅士协定	紳士協定
神兵队	神兵隊
神川丸机长	神川丸飛行長
神道	神道
神道家	神道家
神德丸	神德丸
神户秘书处	神戶庶務部
神户市兰木桥警察署附属代用监狱	神戶市蘭木橋員警署附屬代用監獄
神乐殿	神樂殿
神秘主义	神秘主義
神奈川县知事	神奈川縣知事
神人一体	神人一體
神武会	神武會
神学	神學

中文其他名词	日文其他名词
生产管理及军务监督局	軍需生産ノ管理及ビ軍需管理局
生产力扩大委员会	生產力擴充委員會
生产能力的扩大	生產能力ノ擴大
圣奥古斯汀修道院	聖オーガスチン修道院
圣保罗学院	セント・ポール大學
圣保罗医院	聖パウロ病院
圣比达大厦	サン・ビーダビル
圣比达学院	サン・ビーダ大學
圣甲虫	スカラツブ
圣劳号	セント・ロー
圣路加国际医院	聖路加國際病院
圣马克林诺教堂	サン・マーン・マーセリノ教會
圣马力诺共和国摄政官	サン・マリノ共和國攝政官
圣雅西托号	サン・ジアシント
圣约翰大学	聖約翰大學
圣詹姆斯	聖ジェームズ
圣战	聖戰
失败的政治	失はれし政治
失业救济委员会	失業救濟委員會
十九路军	十九路軍
十九人委员会	十九人委員會
十九人委员会公告	十九人委員會コムミユニケ
十年教训	十年教養
十年生聚	十年生聚
十月二十六日牛岛支队命令	十月二十六日牛島支隊命令
石油统制	石油統制
石油问题	石油問題
石原产业	石原產業
时局国民恳谈会	時局國民懇談會
时局问题	時局問題
实行全民族的抗战	全民族的抗戰實行
实业补修学校	實業補修學校
实业部大臣	実業部大臣
矢内原教授辞职问题	矢内原教授辭職問題
世界大混乱	世界大混亂
世界大陆军国	世界大陸軍國
世界革命	世界革命
世界共产革命	世界共產革命

中文其他名词	日文其他名词
世界共存主义	世界共存主義
世界观	世界觀
世界和平	世界平和
世界旧秩序	世界舊秩序
世界一家	世界一家
世界秩序	世界秩序
世袭制	世襲制
市电气工厂	市電気工廠
事变不扩大政策	事變不擴大政策
事变处理纲要附属具体对策	事變對處要綱附屬具體的方策
事业调节委员会	事業調節委員會
收复失地	失地回復
收拾时局对策	時局收拾對策
收拾战局对策	戰局收拾策
首都饭店	首都飯店
首脑部	首腦部
首相官邸	首相官邸
日内瓦俘虏情报中心	在壽府俘虜情報中央部
书记局	書記局
枢密顾问官	樞密顧問官
枢密院	樞密院
枢密院副议长	樞密院副議長
枢密院官制	樞密院官制
枢密院会议	樞密院會議
枢密院审查委员会	樞密院審查委員會
枢密院事务官	樞密院事務官
枢密院议长	樞密院議長
枢密院议员	樞密院議員
枢轴派	樞軸派
输出合作制度	輸出組合制度
输入为替许可制	輸入爲替許可制
枢密院委员会	樞密院委員會
枢轴外交	樞軸外交
双方战	雙方戰
双十节	雙十節
水丰洞大坝	水豐洞ダム
水交社	水交社
水泥统治会	セメント統制會

中文其他名词	日文其他名词
司法裁判所	司法裁判所
司法省	司法省
司法省东京控诉院	司法省東京控訴院
司法省刑事局长	司法省刑事局長
司法院检察官	司法院檢察官
司令长官事务所	司令長官事務所
思明银行	思明銀行
斯巴达号	スパルタ號
斯比克号	スピーカー
斯达克案	スラーク案
斯大林政权	スタリン政権
斯拉巴雅宪兵队	スラバヤ憲兵隊
斯拉夫民族	スラヴ民族
斯拉克妇女	スラック婦人
斯拉克人	スラック人
斯林格号	スリンガー
斯鲁克人	スルク人
斯洛文尼亚人-克罗地亚人和塞尔维亚国皇帝	セルブ・クロアート・スロヴェーヌ國皇帝
斯洛文尼亚人-克罗地亚人和塞尔维亚人国家工业联合会书记	セルブ・クロアート・スロヴェーヌ王國工業組合聯合會書記
斯马朗市长	スマラン市長
斯米特号	スマイター
斯姆特-霍利关税法	ホーレスムート
斯坦利监狱	スタンレー監獄
斯特克顿号	ストックトン
斯特克号	ストーカー
斯特莱号	ストレイト
斯特里克号	ストライカー
斯威瑞号	スウェーシー
四部长会议	四相會議
四川工作	四川工作
四川军	川軍
四川省主席	四川省主席
四川总督	四川總督
四大自由	四ツノ自由
四平街分队	四平街分隊
四相会议决定案	四相會議決定案
松元楼	松本樓

中文其他名词	日文其他名词
松冈外务大臣时代归国命令	松岡外務大臣時代歸朝命令
松崎第三大队	松崎第三大隊
淞沪警备司令部	淞滬警備司令
淞沪铁路	淞滬鐵道
苏炳文部队	蘇炳文部隊
苏炳文军	蘇炳文軍
苏恩塔人	スンダ人
苏基倍希收容所	クアラ・ルムプル・ジャバ人キャンプ
苏加布米收容学校	スカブミ農學校收容所
苏加部队	スガ部隊
苏军	蘇軍
苏军常驻远东兵团	極東常駐ソ軍兵團
苏卡密斯坦监狱	ソーカミスケン監獄
苏联阿穆尔船舶局	蘇聯邦國立アムール船舶局
苏联邦内务部	蘇聯邦内務省
苏联邦内务省武装部队副判事	蘇聯邦内務省武裝隊副判事
苏联邦外务省	ソ聯邦外務省
苏联船舶	蘇聯船舶
苏联船员	蘇聯船員
苏联大使	蘇聯大使
苏联大使馆	蘇聯大使館
苏联代表	ソヴィエート社會主義共和國聯邦代表
苏联代表事务所	ソ聯邦代表事務所
苏联代理大使	ソヴィエト代理大使
苏联代理代表	ソ聯代表代理
苏联的武装部队总参谋部军事地形测量局长	ソ聯邦軍参謀本部測量局長
苏联地区	ソヴィエト區
苏联对日政策	對日蘇聯政策
苏联对外政策	ソ聯邦の對外政策
苏联飞机	ソヴエート飛行機
苏联飞行员	ソヴイエット飛行士
苏联俘虏	ソヴィエイト俘虜
苏联俘虏收容所	蘇聯邦内俘虜收容所
苏联国家政治保安部	ゲーペーウー
苏联海军军令部	ソヴィエト社會主義共和國聯邦海軍軍令部
苏联海军军令部第六科	ソ聯邦海軍軍令部作戰部第六課
苏联海军人民委员部	ソ聯邦海軍人民委員部
苏联集团	ソヴェート・ブロック

中文其他名词	日文其他名词
苏联检查部员	ソ聯邦檢查部員
苏联金卢布	ソウェト・チェルウォン
苏联军部	ソヴィエット社會主義共和國聯邦軍部
苏联军官	ソヴィエット將校
苏联军总参谋部军事测量局临时代理工兵少将	ソ聯邦軍参謀本部軍事測量局長臨時代理工兵少將
苏联空军	ソ聯空軍
苏联劳动者	ソヴイエト勞働者
苏联联邦国立中央历史文献保管局	ソビエット社會主義共和國聯邦國立中央歷史文獻保管局
苏联领事官员	ソ聯領事官員
苏联领事馆	ソヴィエト聯邦領事館
苏联陆军	ソヴィエット陸軍
苏联陆军	ソビエット共和國聯邦陸軍
苏联陆军部	ソヴイエット社會主義共和國連邦陸軍部
苏联陆军武官	ソヴィエト陸軍武官
苏联内务部	ソヴイエット社會主義共和國聯邦内務省
苏联内务人民委员部	ソヴィエート社會主義共和國聯邦内務人民委員部
苏联内务省登录查证代理部长	蘇聯邦内務省登錄查證部長代理
苏联潜入团	ソ聯潛入團
苏联人	蘇聯人
苏联商船队	ソ聯商船隊
苏联士兵	ソヴイエト兵
苏联市民	ソ連市民
苏联事务所	蘇聯邦事務所
苏联外交部	ソヴィエット聯邦外務省
苏联外交部官员	蘇外務省官吏
苏联外交人民委员	ソ聯外務人民委員
苏联外务省东亚第二局长	蘇聯外務省東亜第二局長
苏联刑法典	ソヴィエート共和國刑法法典
苏联行政区	ソヴィエート社會主義共和國聯邦行政區
苏联亚洲部分	ソ聯邦アジア部
苏联英雄陆军中佐	ソ連邦英雄陸軍中佐
苏联远东空军	蘇聯極東空軍
苏联远东师团	ソ聯の極東師團
苏联政府	ソヴィエト政府
苏联中央国立历史档案局长	ソ聯邦中央文書保管局長
苏联驻帝国大使馆武官	ソヴィエト聯邦在勤帝國大使館附武官

中文其他名词	日文其他名词
苏联最高法院军事委员会	ソ聯最高裁判所軍事委員會
苏联最高法院军事委员会	ソ聨最高法院軍事委員會
苏联最高会议议员	ソ連最高會議議員
苏蒙军	蘇蒙軍
苏蒙侵略战争	對ソ蒙侵略戰爭
苏区民众	ソ區民衆
苏瓦尼号	スワニー
苏维埃	ソヴエート
苏维埃革命	ソヴエート革命
苏维埃共产主义	ソヴイエト共產主義
苏维埃阶段	ソヴエート的段階
苏维埃联邦军总参谋部军事地形测量局长	ソヴィエト聯邦軍參謀本部軍事地形測量局長
苏维埃联邦最高法院军事部	ソヴィェト連邦最高裁判所軍事部
苏维埃临时政府	中國ソヴエート臨時中央政府
苏维埃社会主义共和国联邦军总参谋部	ソヴィエート社會主義共和國聯邦軍參謀本部
苏维埃社会主义共和国联邦军总参谋部军事史料部	ソヴィエート社會主義共和國聯邦軍參謀本部軍事史料部
苏维埃社会主义共和国联邦军总参谋部军事史料部副官陆军少将	ソヴィエート社會主義共和國聯邦軍參謀本部軍事史料部次長陸軍少將
苏维埃社会主义共和国联邦全权委员	ソヴィエト社會主義共和國聯邦全權委員
苏维埃社会主义共和国联邦人民	ソヴィエト社會主義共和國聯邦人民
苏维埃社会主义共和国联邦人民委员会议长	ソヴィエト社會主義共和國聯邦人民委員會議長
苏维埃社会主义共和国联邦中央执行委员会	ソヴィエト社會主義共和國聯邦中央執行委員會
苏维埃制度	ソヴィエート制度
苏维埃中央	ソヴエート中央
苏浙皖禁烟总局	蘇浙皖禁煙總局
苏中联合公司	蘇支共同會社
苏黎世大学	チューリヒ大學
孙文主义	孫文主義
索罗蒙号	ウロモンズ
塔布马奥流放地	ダヴマオ流刑地
塔布南收容所工场	タムブナン作業收容所
塔德公司	ダルゲテッイ會社
塔卡尼斯湾号	タカニス・ベイ
塔拉干部队司令部	タラカン高級司令部
塔拉干第二警备队	タラカン警備隊第二部隊
塔拉干分遣队	タラカン分遣隊
塔拉干俘虏收容所	タラカン俘虜收容所

中文其他名词	日文其他名词
塔拉干墓地	タラカン墓地
塔拉干炮兵部队	タラカン・ルートドエル炮兵隊
塔拉干石油	タラカン・シエル石油會社
塔洛亚分遣队	タロア分遣隊
塔瓦机场	タワオ飛行場
塔瓦州星岛队	タワオ州星島隊
台湾俘虏收容所	臺灣俘虜收容所
台湾军	臺灣軍
台湾军参谋长	臺灣軍参謀長
台湾军管区参谋长	臺灣軍管區参謀長
台湾军司令部	臺灣軍司令部
台湾军司令官	臺灣軍司令官
台湾人	臺灣人
台湾宪兵队司令部	臺灣憲兵隊司令部
台湾宪兵队司令官	臺灣憲兵隊司令官
台湾银行	臺灣銀行
台湾驻军队长	臺灣守備隊長
台湾总督府州知事	臺灣總督府州知事
太平饭店	太平ホテル
太平洋方面司令长官司令部	太平洋方面司令長官司令部
太平洋共同战线	太平洋共同戰線
太平洋关系研究会	太平洋關係研究會
太平洋海军	太平洋海軍
太平洋和远东问题委员会	太平洋並極東問題委員會
太平洋舰队机动部队	太平洋艦隊機動部隊
太平洋舰队司令长官	太平洋艦隊司令長官
太平洋区域联军最高指令部国际检察局	在太平洋聯合軍最高指令部國際檢察部
太平洋司令长官	太平洋司令長官
太平洋问题调查会	太平洋問題調查會
太平洋问题调查会国际事务局	太平洋問題調查會國際事務局
太平洋协会	太平洋協會
太平洋协会国际文书课	太平洋協會國際文書課
太平洋协同防卫	太平洋協同防衛
太平洋战争	太平洋戰爭
太田内阁	太田内閣
太子港律师公会	ポルタオーブランス組合
泰大米公司	泰ライス會社
泰方面军司令官	泰方面軍司令官

中文其他名词	日文其他名词
泰国大使	泰大使
泰国俘虏收容所	泰國俘虜収容所
泰国官民	泰國官民
泰国皇帝	タイ國皇帝
泰国军队	タイ國軍隊
泰国军队司令官	泰軍司令官
泰国民众	泰國人
泰国内阁总理大臣	タイ國内閣總理大臣
泰国使节	泰國使節
泰国首相	泰國首相
泰国外务大臣	泰國外務大臣
泰缅铁道建设司令部	泰緬鉄道建設司令部
泰缅铁路	タイ・ビルマ鐵道
泰缅铁路	泰緬鐵道
坦考森医院	タントクシング病院
坦克营第三大队	戰車第三大隊
洮昂铁路局技师	洮昂鐵道局技師
洮辽镇守使	洮遼鎮守使
洮南昂昂溪铁道	洮南昂昂溪鐵道
讨伐部队	討伐部隊
特盎瑟号	トラウンサー
特别派遣煽动员	特別派遣煽動員
特别委员会	特別委員會
特别租界	特別租界
特金登收容所	チデング收容所
特金兰卡临时收容所	チジャレンカ假收容所
特金皮安监狱	チピナング牢獄
特金皮安女子收容所	チハピット婦人抑留所
特莱克号	トラッカー
特鲁克岛分遣队	トラック分遣隊
特殊防共地域	特殊防共地域
特许植民会社	特許植民會社
特种法人国策会社	特種法人國策會社
提尔曼号	テイルマン
提可德迦号	テイコンテロガ
提马基第五收容所	チマヒ第五號收容所
提莫洛人	ケモール人
天皇机关说	天皇機関說

中文其他名词	日文其他名词
天皇政治	天皇政治
天皇制	天皇制
天皇主义政体	天皇主義政體
天津步兵队长	天津步兵隊長
天津军司令官	天津軍司令官
天津领事	天津領事
天津日本租界	天津日本租界
天津市维持治安委员会	天津市治安維持委員會
天津市政府	天津市政府
天津英租界	天津英租界
天津驻屯军	天津駐屯軍
天津驻屯日本军守备队	天津駐屯日本軍守備隊
天津总领事馆	在天津總領事館
天孙民族	天孫民族
天照大神	天照大神
天照皇大神宫	天照皇大神宮
天主教会	カトリック教會
天主教徒	加特利教徒
天祖肇国	天祖肇國
田中内阁	田中内閣
条约局	條約局
条约局第一课	條約局第一課
条约局第一课长	條約局第一課長
铁道部	鐵道部
铁道弘济会	鐵道弘済會
铁矿业股份有限公司	鐵礦業株式會社
铁岭分队	鐵嶺分隊
铁路附属地	鐵道附屬地
铁路守备队	鐵道守備隊
汀戈机场	テンガー飛行場
汀斯号	トウィッグス
停战	終戦
停战交涉事件	停戰交涉事件
停战交涉条件	停戰交涉條件
停战连络中央事务局庶务课长	終戰連絡中央事務局庶務課長
停战联络中央事务局经济部长	終戰連絡中央事務局經濟部長
停战协议案	停戰協定案
通货紧缩时代	デフレーション時代

中文其他名词	日文其他名词
通货膨胀	インフレ
通货再膨胀政策	リフレーシヨン政策
通商禁止	通商禁止
通商无差别	通商無差別
通商无差别待遇	通商無差別待遇
通商无差别问题	通商無差別問題
通商无差别主义	通商無差別主義
通商制限	通商制限
通信省	通信省
同盟国	同盟國
同盟国军总司令部副官	連合軍總司令部副官
同盟国军最高指挥官总司令部国际检察部文书科代理科长	連合國最高指揮官總司令部國際檢察部文書課々長代理
同盟国军航空兵	聯合軍航空兵
同盟国军航空兵俘虏	聯合軍航空兵俘虜
同盟国最高司令官总司令部法务部	連合國最高司令官總司令部法務部
同盟军最高指挥官总司令部国际检察部正式派遣	連合國最高指揮官総司令部國際検察部正式派遣
同盟通信社	同盟通信社
同盟通信社社长	同盟通信社社長
同蒲铁路	同蒲鐵路
同情示威游行	同情示威遊行
同生共死	同生共死
童子团	童子團
统帅部	統帥部
统帅部总长	統帥部總長
统一外交政策	統一外交政策
统制会	統制會
统制经济	統制經濟
统制经济论	統制經濟論
统制派	統制派
统制组合	統制組合
统治契约说	統治契約說
图拉基号	テユラギ
图勒集体生活工场	チユールレーキ集團生活所
土地革命	土地革命
土地私有制度	土地私有制度
土地制度	土地制度
土肥原机关	土肥原機關
土木建筑公司	土木建築會社

中文其他名词	日文其他名词
土瓦部队	タボイ部隊
土瓦陆军拘留营	タボイ軍抑留所
土著军	土著軍
土著农民军	土著農民軍
推荐大使馆附陆军武官	大使館附陸軍武官推薦
托利本	トリビユーン
托利波里号	トリボリ
托马斯俘虏收容所	トマス抑留所
托马斯号	トーマス
托马斯集体生活工场	トバス集團生活所
托姆培特号	トランペッター
脱帽演说	脱帽演說
脱退论	脱退論
拓务省朝鲜部部长	拓務省朝鮮部長
拓植大学	拓殖大學
瓦胡号	オアフ號
外国经济管理局	外國經濟管理局
外国贸易月报	外國貿易月報
外交部副部长	外交部次長
外交当局	外交當局
外交妥结方针	外交妥結方針
外蒙古监视兵	外蒙監視兵
外蒙古商人	外蒙古商人
外蒙古自治政府	外蒙古自治政府
外蒙国境监视员	外蒙國境監視員
外蒙军	外蒙軍
外蒙骑兵	外蒙騎兵
外务大臣	外務大臣
外务陆军海军三省事务当局	外務陸軍海軍三省事務當局
外务人民委员	外務人民委員
外务人民委员部	外務人民委員部
外务人民委员代理	外務人民委員代理
外务省电信分局	外務省内電信分局
外务省电信科	外務省電信課
外务省电信科科长	外務省電信課長
外务省电信科密码研究班	外務省電信課暗號研究班
外务省东亚局	外務省東亜局
外务省东亚局第三课长	外務省東亜局第三課長
外务省干部	外務省幹部

中文其他名词	日文其他名词
外务省顾问	外務省顧問
外务省关系官	外務省關係官
外务省官制	外務省官制
外务省美国局	外務省亜米利加局
外务省美国局局长	亜米利加局長
外务省欧亚局长	外務省歐洲局長
外务省欧亚局第二课长	外務省歐亜局第二課長
外务省欧亚局第三科长	外務省歐亜局第三課長
外务省欧亚局第一课长	外務省歐亜局第一課長
外务省欧亚局局长	外務省歐亜局長
外务省欧洲局	外務省歐洲局
外务省人事课长	外務省人事課長
外务省事务当局	外務省事務當局
外务省事务官	外務省事務官
外务省首脑部	外務省首腦部
外务省条约局长	外務省條約局長
外务省条约局第二课长	外務省條約局第二課長
外务省条约局第三课长	外務省條約局第三課長
外务省通商局长	外務省通商局長
外务省文书代理课长	外務省文書課長代理
外务省文书科员	外務省文書課員
外务省文书课长	外務省文書課長
外务省亚洲局	外務省亜細亜局
外务省亚洲局局长	外務省亜細亜局長
外务书记官	外務書記官
外务条约局	外務約局
外务委员会	外務委員會
汪蒋合作	汪蔣合作
汪精卫政权	汪精衞政權
亡国条件	亡國條件
亡命国政府	亡命國政府
王国海军预备临时少佐	王國海軍豫備臨時少佐
王后号	クウヰーン
王子制纸公司	王子制紙株式會社
危地马拉共和国总统	グヮテマラ共和國大統領
危地马拉政府	グワテマラ國政府
威德汉姆湾号	ウヰンダム・ベイ
威尔士亲王号	プリンスオワウエルス號
威尔逊会馆	ヒュウ・ウイルソン會館

中文其他名词	日文其他名词
威克岛作战部队指挥官	ウエーキ島作戰部隊指揮官
威廉姆斯号	ウキリアムス
唯物哲学	唯物哲學
唯物主义	唯物主義
维持国际收支的平衡	國際支拂ノ均衡
维尔本・沃德号	ウェルボーン・シー・ウッド
维基岛号	ウェーク・アイランド
维吉尔收容所	ヴイルヂル收容所
维克号	ウィックス
维拉海湾号	ヴェラ・ガルフ
维勒斯	ウェルス
维松案	ビンソン案
维希政府驻日本大使	ヴィシー駐剳日本大使
维新	維新
维新精神	維新精神
维新问题	維新問題
维新运动	維新運動
维新政府	維新政府
维新政府时代	維新政府時代
伪证罪	偽証ノ罪
委内瑞拉共和国总统	ヴェネズエラ合眾國大統領
委任统治	委任統治
伪满洲政权	滿洲政權
卫生局督务科科长	衞生局督務課長
慰安队	慰安隊
慰安会	慰安會
慰灵祭	慰靈祭
文部省	文部省
文部省令	文部省令
文官制度	文官制度
文森约束法案	ヴィンソン・トランメル法
稳健派	穩健派
沃杰分遣队	ウォッゼ分遣隊
斡旋运动	斡旋運動
乌克兰管区国境警备军司令官	ウクライナ管區國境警備軍司令官
乌克兰人	ウクライナ人
乌里雅苏台将军	烏裏雅蘇壽將軍
乌苏里铁路	ウスリー鐵道

中文其他名词	日文其他名词
乌特拉姆监狱	ウトラム路刑務所
乌托邦	ユートピア
乌托邦	ユートピャ
无差别待遇	無差別待遇
无差别对待问题	無差別對待問題
无产阶级	プロレタリアート
无产阶级霸权	プロレタリアートのヘゲモニー
无产阶级政权	プロレタリア政權
无后方作战	無後方作戰
无条件投降	無條件降伏
无政府	無政府
无政府主义	無政府主義
无政府主义者	無政府主義者
吴海军工厂	呉海軍工廠
吴淞炮台	呉淞砲台
吴淞要塞问题	呉淞要塞問題
吴宪兵队	呉憲兵隊
吴镇守府部队	呉鎮守府部隊
五浅野水泥工厂	五淺野セメント上機工場粉炭工廠
五三国耻	五三國恥
五相会议	五相會議
武部总务长官	武部總務長官
武昌攻略	武攻略
武昌市民	武昌市民
武汉攻略军	武漢攻略軍
武汉旅馆	武漢旅舘
武将	つわもの
武器贷与法	武器貸與法
武装队	武裝隊
侮日	侮日
侮日思想	侮日思想
舞鹤宪兵队	舞鶴憲兵隊
物质主义	利益主義
物资万能主义	物質萬能主義
物资需给统辖主务课长	物資需給統轄主務課長
西安问题	西安問題
西班牙大使	西班牙大使
西班牙大使馆	スペイン大使館

中文其他名词	日文其他名词
西班牙代表	スペイン代表者
西班牙全权委员	西班牙國全權委員
西班牙人俱乐部	スペイン人俱樂部
西班牙语	スベイン語
西班牙政府	スベイン政府
西半球国民	西半球國民
西北边区政府	西北邊區政府
西比利亚出兵	西比利亜出兵
西伯利亚基地问题	シベリヤ基地問題
西伯利亚铁路	西伯利亜鐵道
西部宪兵兵队司令部高级部员	西部憲兵隊司令部高級部員
西方东渐	西方東漸
西方路区问题	西方路區問題
西方战场	西方戰場
西格尼号	シゴーニー
西贡宪兵队	西貢憲兵隊
西境作战	西境作戰
西门子・施可特工厂	シーメンス・シユツクルト工廠
西门子商会	ジームセン商會
西南军政	西南軍政
西南政府	西南政府
西欧民主主义	西歐民主々義
西欧文化	西歐文化
西欧资本主义国	西歐資本主義國
西太平洋陆军部队司令部	西太平洋陸軍部隊司令部
西铁克湾	シットユー・ベイ
西洋化	西洋化
西洋流	西洋流
西洋人	西洋人
希伯来民族	ヘブライ民族
希伯来史	ヘブライ史
希伯来主义	ヘブライズム
希伯里克号	シアブリック
希伯尼号	シボニー
希尔瓦枕学校	ヒルワレスト學校
希拉瑞集团生活所	ヒラリヴァ集團生活所
希腊人	希臘人
希腊文化	ヘレニズム

中文其他名词	日文其他名词
希腊最高公共卫生委员会	希臘最高公衆保健委員會
希塞号	シンセイ丸
希特克赫湾号	スティーマー・ベイ
希特勒内阁	ヒットラー内閣
希特勒政权	ヒットラー政權
希特勒主义	ヒットラー主義
锡察盟	錫察盟
霞山会馆	霞山會館
下谷区西町国民学校	東京都下穀區西町國民學校
下院议长	下院議長
厦门共同租界	廈門共同租界
厦门鼓浪屿共同租界	廈門鼓浪嶼共同租界行政權
纤维统制会	纖維統制會
现地规定	現地規定
现地解决事变不扩大方针	現地解決不擴大方針
现实派	現實派
限制军备会议	軍備制限會議
宪兵队监狱	憲兵隊監獄
宪兵队同乡会	憲兵隊在鄉軍人會
宪兵队西部分遣队拘留所	憲兵隊西部分遣隊拘留所
宪兵队指挥官	憲兵隊指揮官
宪兵司令部本部长	憲兵司令部本部長
宪法研究委员会	憲法研究委員會
宪政实法	憲政實法
宪政准备会	憲政準備會
香港俘虏收容所	香港俘虜収容所
香港拘留者	香港抑留者
香港特派大使	香港特派大使
香港总督府	香港総督部
香港总领事	香港總領事
香格里拉号	シアングリ・ラ
香洛克湾号	シアムロッタ・ベイ
香烧岛造船所	香焼島造船所
香洋号	香洋丸
消极论	消極論
小峰医院	小峰病院
小矶内阁	小磯内閣
小几・米内联立内阁	小磯・米内聯立内閣

中文其他名词	日文其他名词
小林兵团	小林兵團
小内阁制	小內閣制
小资产阶级	小資產階級
协和会	協和會
协和会本部特别部长	協和會本部特別部長
协和会宾江本部特别部长	協和會濱江本部特別部長
协和会代表全国大会	協和會代表全國大會
协和会高等讲习所	協和會高等講習所
协和会讲习所	協和會講習所
协和会青少年	協和青少年
协和会青少年俄罗斯移民团体	協和青少年ロシア避難民團體
协和会青少年运动	協和青少年運動
协和会中央本部总务部长	協和會中央本部總務部長
协和会中央总部委员	協和會中央本部委員
协和会总部长	協和會本部長
协和会总裁	協和會總裁
协和青少年哈尔滨事务局	協和青少年哈爾濱事務局
协和青少年事务中央监察局	協和青少年事務中央監察局
协和思想	協和思想
协力内阁	協力內閣
偕行社	偕行社
辛亥革命共和民国	辛亥革命共和民國
新编年史	ニュースクロニクル
新党运动	新黨運動
新加坡攻击	新嘉坡島攻擊
新加坡汉德森路兵营	新嘉坡ヘンダーソンロード
新加坡号	シンガポール丸
新加坡监狱	シンガポール刑務所
新加坡军参谋课长	シンガポール軍參謀課長
新加坡军港租界	シンガポール軍港租借
新加坡尼森医院	新嘉坡ニー・シーン病院
新加坡诺曼顿兵营	新嘉坡ノルマントン收容所
新加坡涉外部长	シンガポール涉外部長
新加坡收容所	シンガポール收容所
新加坡陷落	新嘉坡陷落
新京工商公会	新京商工公會
新京协和会中心讲习所	在新京協和會中央講習所
新经济结构	新經濟機構

中文其他名词	日文其他名词
新矿开发助成金	新礦開發助成金
新劳务体制	勞務新體制
新民会副会长	新民會副會長
新内阁观	後継内閣觀
新企划院	新企畫院
新桥站	新橋驛
新人民族同盟	新人民族同盟
新体制	新體制
新田丸	新田丸
新闻杂志记者联合会	新聞雜誌記者聯合會
新西兰代表	ニュージーランド代表
新西兰皇家海军	ニュージーランド海軍
新西兰皇家空军上尉	英國ニュージーランド空軍航空兵大隊
新西兰空军	ニュージランド空軍
新西兰外交部	ニュージーランドウェリントン外務省
新西兰远征军	ニュージーランド遠征軍
新兴中国	新興支那
新政治体制促进委员会	新政治體制促進委員會
新秩序建设	新秩序建設
新中央政府	新中央政府
兴安西分省警备军司令官	興安西分省警備軍司令官
兴津座渔庄	興津座漁莊
兴南分遣所	興南分遣所
兴亚	興亜
兴亚学塾	興亜學塾
兴亚院调查官	興亜院調查官
兴亚院会议	興亜院會議
兴亚院联络部部长	興亜院連絡部長
兴亚运动	興亜運動
兴业银行	興業銀行
行地社	行地社
行动和事实	アクッアンとフアクッ
行政法院	行政裁判所
行政及司法机关	行政及ビ司法機關
行政院	行政院
形式主义	形式主義
匈牙利王国政府	ハンガリア王國政府
休斯顿号	ハウストン號

中文其他名词	日文其他名词
休战委员会	休戰委員會
须磨号	須磨丸
虚伪监定通译罪	虛僞ノ鑑定通訳ノ罪
徐州会战	徐州會戰
旭日章	旭日章
旭轩	旭軒
宣传皇道	皇道宣佈
宣抚班	宣撫班
宣统帝拥立运动	宣統帝擁立運動
宣统皇帝	宣統皇帝
宣战诏敕	宣戰詔勅
学生入京请愿书	學生入京請願團
学生运动	學生運動
学习院	學習院
血盟团	血盟團
血统主义	血統主義
巡察队	巡察斥候
巡洋舰出云	巡洋艦出雲
巡洋舰平户号	巡洋艦平戸
巡洋舰天龙号	巡洋艦天龍
巡洋舰夕张	巡洋艦夕張
鸦片	阿片
鸦片会议	阿片會議
鸦片商	阿片商人
鸦片委员会	阿片委員會
鸦片委员会委员	阿片委員會委員
鸦片问题	阿片問題
鸦片政策	阿片政策
鸦片专卖	阿片專賣
鸦片专卖机构	鴉片專賣局
鸦片组织	阿片組織
鸭绿号	鴨綠丸
雅典大学	アテーヌ大學
雅卡达收容所	ジョクジャカルタH. B. S. 收容所
雅利安人	アリヤ人
雅马克监狱	ヤールマークト收容所
雅诺尔号	ヤーノル
亚丁	アデン

中文其他名词	日文其他名词
亚历山大医院	アレキサンダー病院
亚米利加联合	亜米利加聯合
亚细亚解放战	亜細亜解放戰
亚细亚民族	亜細亜民族
亚细亚主义	亜細亜主義
亚洲奉公日	大亜細亜奉公日
亚洲局	亜細亜局
亚洲局长	亜細亜局長
亚洲开发委员会	マじヤ開発委員會
亚洲联合	亜細亜聯合
亚洲民族	アジヤ民族
亚洲人	亜細亜人
亚洲石油公司	亜細亜火油公司
亚洲司	亜洲司
亚洲司长	亜洲司長
亚洲文明	亜細亜文明
亚洲运动	亜細亜運動
延安对策	延安對策
盐湖城号	ソールト レークシテイ號
燕京大学	燕京大學
扬州B收容所	揚洲B収容所
扬子江方面嵯峨	揚子江方面嵯峨
扬子江无限制航行问题	揚子江無制限航行問題
扬子江酒店	楊子江ホテル
药丸通信	藥丸通信
要塞司令部	要塞司令部
耶提学院出纳室	イエイッ學院出納系室
野炮部队	野砲部隊
野战部队炮兵	野戰部隊砲手
野战卫生队	野戦衛生隊
野战医院小分队	野戦病院小分遣隊所
一・二中队	一・二ヶ中隊
一般军缩会议帝国全权部事务总长	一般軍縮會議帝國全權部事務總長
一党专制	一黨專制
一国一党	一國一黨
一国一党运动	一國一黨運動
一国一党制度	一國一黨制度
一国一党主义	一國一黨主義

中文其他名词	日文其他名词
一级军医荷兰石油公司医师	一級軍醫和蘭石油會社醫師
伊尔库茨克市辩护士会会员	イルクーク市辯護士會會員
伊赛克斯号	エセックス
伊势神宫	伊勢神宮
伊斯兰教信仰	イスラム信仰
伊藤特使团	伊藤特使團
伊藤委员会	伊藤委員會
医务局	醫務局
依格尔号	イングール號
依洛依洛市监狱	イロイロ市ノ地方刑務所
依洛依洛中学警备队	イロイロ中學校守備隊
怡和绿巨人号	怡和ハルク號
移民签证	移民查證
移民签证发行总数	移民查證發行總數
移民签证申请书	移民查證申請書
移民团体中央事务局长骑兵将军	避難民中央事務局長騎兵將軍
移民政策	移民政策
以华制华	以華制華
以夷制夷	以夷制夷
义和团运动	拳匪革命
义勇军	義勇軍
义勇军红军援助寄附金募集委员会	義勇軍紅軍援助寄附金募集委員會
议会观	議會觀
议会联合决议	議會聯合決議
议会政治	議會政治
意大利参事官	伊太利參事官
意大利大使	伊太利大使
意大利大使馆	伊太利國大使館
意大利国全权委员	伊太利國全權委員
意大利军	伊軍
意大利空军	伊空軍
意大利领事	伊太利總領事
意大利领事馆	伊太利總領事館
意大利汽船	伊太利汽船
意大利汽船公司	イタリー汽船會社
意大利人	イタリー人
意大利人	伊人
意大利外相	伊太利外相

中文其他名词	日文其他名词
意大利语	伊太利語
意大利政府	伊太利國政府
意大利志	イタリア誌
意大利总理	伊太利首相
意识形态	イデオロギー
翼赞会总裁	翼贊會總裁
翼赞政治会	翼贊政治會
翼赞选举	翼贊選舉
翼赞政治会会员	翼贊政治會々員
翼赞政治会总务	翼贊政治會總務
因特马斯广场	イントラムロス広場
因特皮德号	イントレピッド
印度兵	印度兵
印度独立运动	印度獨立運動
印度儿童	印度兒童
印度民族	印度民族
印度尼西亚辅助警察队	インドネシャ補助員警隊
印度尼西亚人	インドネシア人
印度尼西亚政府	インドネシア政府
印度人将校	印人將校
印度统治法	印度統治法
印度政厅	印度政廳
印度支那纷争	印度支那紛爭
印度支那军总司令官	印度支那軍總司令官
印度支那联邦	印度支那聯邦
印度支那司令部	印度支那司令部
印度中国汽船航海公司	印度支那汽船航海會社
印刷局	印刷局
英波纷争	英波紛爭
英帝国俘虏	英帝國俘虜
英帝国国防委员会	英帝國國防委員會
英帝国会议	英帝國會議
英帝国军舰	英帝國軍艦
英帝国联盟主义	英帝國ブロック主義
英帝国通商路	英帝國通商路
英帝国主义	英帝國主義
英法同盟	英佛ブロック
英格兰号	イングランド丸

中文其他名词	日文其他名词
英国参谋部	英國参謀部
英国船	英國船
英国大使	英國大使
英国大使馆	英國大使館
英国代表	英國代表
英国代表案	英國代表案
英国代理大使	英代理大使
英国妇女	英婦人
英国格洛斯特战士	英グロスター戰鬥機
英国工业联盟使节团	英國工業聯盟使節團
英国公使	英國公使
英国共同参谋委员会	英國合同参謀委員會
英国官宪	英國官憲
英国海军	英海軍
英国海军大尉	英國海軍大尉
英国海军省	英海軍省
英国海军义勇队	英國海軍義勇隊
英国海军义勇队大尉	英國海軍義勇隊大尉
英国海军驻中华民国上海参谋	中華民國上海駐在英國海軍参謀
英国海峡殖民地	英國海峡殖民地
英国护送船队	イギリス護送船團
英国皇帝政府	英國皇帝政府
英国舰队	イギリス艦隊
英国舰队	英艦隊
英国军舰	英國軍艦
英国军舰贝特莱号	英國軍艦ペテレル號
英国空军	英國空軍
英国空军基地	イギリス空軍基地
英国快艇	イギリス快速艇
英国领事官	英國領事官
英国伦敦大学教授	英國ロンドン大學教授
英国伦敦驻美国领事	英國ロンドン駐在アメリカ合眾國領事
英国内务部副秘书官	英國内務省副秘書官代理
英国炮艇瓢虫号	レディバード號
英国情报班	英國情報班
英国全权委员	大不列顛國全權委員
英国人	英國人
英国人俘虏	英國人俘虜

中文其他名词	日文其他名词
英国人俘虏收容所	英國人俘虜收容所
英国商船	英國商船
英国使节团	英國使節団
英国士官	英國士官
英国首相	英國首相
英国退伍军人	英國在鄉軍人代表團
英国外务大臣	英國外相
英国王陛下政府	英國王陛下政府
英国下院	英國下院
英国印度汽船航海公司	英國印度汽船航海會社
英国远东海军	英極東海軍
英国远东军	イギリス極東軍
英国战时内阁	英國戰時内閣
英国镇守府	英國鎮守府
英国政府	英國政府
英国政府外务省	英國政府外務省
英国驻上海代理领事	上海英國代理領事
英国驻上海海军士官上海驻屯军	上海駐劄英國海軍士官
英国驻屯军	イギリス駐屯軍
英国租借	英國租界
英国航空队飞机	英航空隊飛行機
英澳俘虏	英濠俘虜
英国教会	英教會
英军	英軍
英领殖民地人	英領植民地人
英美空军	米英空軍
英美派	英米派
英美依存主义	英米依存主義
英美银行	英米銀行
英美台湾战争犯罪调查团	英米臺灣戦爭犯罪調査團
英日关系增进观念	英日関係増進ノ観念
英日联合战史研究会	英日聯合戰史研究會
英王	英國皇帝
英语	英語
英属印度军	英印軍
营口分队	營口分隊
拥护通商法	通商擁護法
尤培苏号	エーベル・ビー・アップサー

	中文其他名词	日文其他名词
由尼塞尔烟草公司		ユニバーサル葉煙草會社
犹存社		猶存社
犹太教		ユダヤ教
犹太人		ユダヤ人
犹太人改革派		ユダヤ人改革派
油脂统制会		油脂統制會
游击队		ゲリラ部隊
游击队作战		ゲリラ作戰
游击战争		遊擊戰爭
友好的中立人		友好的中立人
友蒋亲日		友蔣親日
有田内阁		有田內閣
右倾		右傾
右翼		右翼
右翼阵营		右翼陣營
右翼主义		右翼主義
于学忠军		於學忠軍
于学忠一旅		於學忠一旅
渔业条约问题		漁業條約問題
宇垣反对派		宇垣反對派
宇垣内阁		宇垣內閣
宇垣内阁说		宇垣內閣說
玉碎派		玉碎派
预备役人员协会		在鄉軍人會
预算局		豫算局
预算委员会		予算委員會
预算委员会		豫算委員會
预算问题		豫算問題
元帅府		元帥府
原子爆弹攻击		原子爆彈攻擊
圆桌会议		圓卓會議
援蒋		援蔣
援助蒋介石政权的政策		蔣政權援助政策
远东部长		極東部長
远东大学		極東大學
远东国际军事法庭		極東國際軍事裁判所
远东国际军事法庭辩护人		極東國際軍事裁判所辯護人
远东国际军事法庭辩护团		極東國際軍事裁判所辯護團

中文其他名词	日文其他名词
远东国际军事法庭的苏联检察部记录室长陆军少佐	極東國際軍事裁判所ソ聯檢察部記錄室長陸軍少佐
远东国际军事法庭对苏联的助理检察官	極東國際軍事裁判所ソ連補助檢察官
远东国际军事法庭俄国文书科科长	極東國際軍事裁判ロシヤ部文書課長
远东国际军事法庭国际检察部苏联部文书科科长陆军少佐	國際檢察部ソ聯部文書課長陸軍少佐
远东国际军事法庭国际检察部苏联部文书科科长陆军少佐	極東國際軍事裁判所國際檢察部ソ聯部文書課長陸軍少佐
远东国际军事法庭检事局苏联部文书课长	極東國際軍事裁判檢事局ソヴェート部文書課長
远东国际军事法庭苏联检察官助理	極東國際軍事裁判所ソ聠檢察部次長
远东国际军事法庭苏联助理检察官	極東國際軍事裁判所ソ連檢察官補佐官大佐
远东国际军事法庭助理检察官	極東國際軍事裁判所檢察官補助官
远东国际军事法庭总书记局	極東國際軍事裁判所總書記局
远东国际军事检察局苏联部文书科长	極東國際軍事裁判檢事局ソヴエート部文書課長
远东局	極東局
远东军	極東軍
远东军司令部	極東軍司令部
远东军司令部军事情报部	極東軍司令部軍事情報部
远东课	極東課
远东利益相关国家	極東利害關係國
远东美国陆军司令部	極東米陸軍司令部
远东问题	極東問題
远东问题解决方案	極東問題解決策
远东指挥官高级参谋	極東指揮・高級人事掛參謀將校
远东咨询委员会分科委员会	極東諮問委員會分科委員會
远东政策	極東政策
粤汉铁路	粵漢鐵道
约翰・霍普金斯大学	ジョンズ・ホプキンズ大學
约赫收容所	ジョンヘイ収容所
约克城号	ヨークタウン
云南铁路	雲南鐵道
云南远征军	雲南遠征軍
运输部	運輸省
载家山堡垒	載家山堡壘
在乡军人团体	在鄉軍人團體
早稻田大学	早稲田大學
早稻田大学建筑系	早稲田大學理工學部建築科
早稻田大学文学系哲学系	早稲田大學文學部哲學部
造船统制会	造船統制會

中文其他名词	日文其他名词
造舰竞争	建艦競爭
造舰通报	建艦通報
责任内阁说	責任內閣制
责任政治	責任政治
增产奖励金	增產獎勵金
增产运动	增產運動
扎切号	サッチアー
闸北收容所	閘北收容所
詹姆斯·迪克森皮尔森	ジェームズ・デイクソンピー・アソン
约翰逊族	ヂュスン族
战备材料	戰備材料
战斗部队队长	戰鬪部隊長
战犯局海军部海军省法务部长	戰犯局海軍部海軍省法務部長
战时财政经济政策	戰時財政経済政策
战时建设团	戰時建設團
战时体制	戰時體制
战时行政职权特例	戰時行政職權特例
战争反对主义者	戰爭反對主義者
战争犯罪证据部美国首席检察官事务局	戰爭犯罪證據部合衆國首席檢察官事務局
战争内阁	戰爭內閣
张公堤防	張公堤防
张景惠内阁	張景惠內閣
张学良军	張學良軍
张学良政权	張學良政權
张政权	張政權
昭和研究会	昭和研究會
昭和制钢所社长	昭和製鋼所社長
昭南防卫队	昭南防衛隊
昭南收容所	昭南収容所
浙杭财阀	浙杭財閥
珍珠港攻击计划	眞珠灣攻擊計畫
珍珠港联合调查委员会	眞眞珠灣攻擊調査共同委員會
珍珠湾戒严措施	真珠灣戒嚴措置
真崎内阁	眞崎內閣
镇守黑河大使	黒河鎭守使
震旦大学	震旦大學
政变	クーデター
政党观	政黨觀

中文其他名词	日文其他名词
政党合并运动	政黨合同運動
政党政治	政黨政治
政府军部	政府軍部
政府联合军	政府聯合軍
政府首脑	政府主腦部
政府委员	政府委員
政记轮船公司	政記輪船公司
政民联立内阁	政民聯立内閣
政务次官制	政務次官制
政务局第三课	政務局第三課
政务委员会	政務委員會
政友党总裁	政友黨總裁
政友会内阁	政友會内閣
政友会内阁说	政友會内閣說
政治新体制问题	政治新體制問題
政治战	政治戰
芝化监狱	芝化監獄
芝加哥大学	シカゴ大學
芝加哥论坛报	シカゴデリートリビューン紙
芝加哥每日新闻	シカゴデーリーニュース
直接和平	直接和平
职域奉公	職域奉公
致公党	致公會
智利政府	チリー政府
滞留敌国的日本居留民	在敵國日本居留民
滞留敌国居留民关系事务室	在敵國居留民關係事務室
中部军管区司令部法庭	中部軍管區司令部法廷
中村汽船公司	中村汽船會社
中共中央北方局	中共中央北方局
中共中央政治局	中共中央ノ政治局
中国保安队	中國保安隊
中国北京美利坚合众国公使馆	中國北京アメリカ合衆國公使館
中国兵	支那兵
中国兵	中國兵
中国部队	支那部隊
中国成员	支那參與員
中国大本营	中國大本營
中国大使	中國大使

中文其他名词	日文其他名词
中国大亚细亚协会本部	中國大亜細亜協會本部
中国大亚细亚协会筹备会	中國大亜細亜協會籌備會
中国大亚细亚协会的事业概况	中國大亜細亜協會の事業概況
中国大亚洲协会	中國大亜細亜協會
中国代表	支那代表
中国代表	中國代表
中国代表团	中國側代表團
中国代表委员会	支那代表委員會
中国代理大使	中國代理大使
中国第十一战区总司令部	中國第十一戰區総司令部
中国东北军队	東北支那軍隊
中国方面军事委员会	支那側軍事委員會
中国分割危机	中國分割危機
中国奉天正规兵	奉天中國正規兵
中国革命	支那革命
中国革命	中國革命
中国革命史	中國革命史
中国革命政府	支那革命政府
中国各界救国联合会	中華各界救國聯合會
中国工农红军	中國工農紅軍
中国工农红军革命军事委员会	中國工農紅軍革命軍事委員會
中国工人	中國工人
中国公安局	中國公安局
中国公使	支那公使
中国共产党	支那共產黨
中国共产党北方局	中國共產黨北方局
中国共产党军队	中國共產黨軍
中国共产党满洲委员会	中國共產黨滿洲委員會
中国共产党中央委员会	中國共產黨中央委員會
中国共产运动	支那共產運動
中国共和国临时政府	支那共和國臨時政府
中国官兵	支那官民
中国官吏	清國官吏
中国官民	中國官民
中国国民	中國國民
中国国民党三中全会	中國國民黨三中全會
中国海关税	中國海關税
中国海关制度	中國海關制度

中文其他名词	日文其他名词
中国海军	中國海軍
中国海军部长	中國海軍部長
中国航空公司	支那航空會社
中国舰队参谋	支那方面艦隊參謀
中国舰队参谋副长	支那方面艦隊參謀副長
中国舰队司令部	支那方面艦隊司令部
中国舰队司令长官	支那方面艦隊司令長官
中国警察	支那員警
中国警察	中國員警
中国警官	支那人警官
中国局	支那局
中国军	中國軍
中国军部	中國軍部
中国军队	支那軍
中国军队	清國軍隊
中国军队	中國ノ軍隊
中国军机场	中國軍飛行場
中国军舰	中國軍艦
中国空军	支空軍
中国浪人	支那浪人
中国劳农	中國勞農
中国领事馆	中國領事館
中国领土	中國領土
中国陆军机场	支那陸軍飛行場
中国陆军少将	中國陸軍少將
中国陆军学生	中國陸軍學生
中国民间	支那民間
中国民众	支那民衆
中国民众	中國民眾
中国民族	中國民族
中国民族解放	中國民族解放
中国民族解放运动	中國民族解放運動
中国内政	中國内政
中国难民	支那難民
中国农民	中國農民
中国派遣军参谋长	支那派遣軍參謀長
中国派遣军参谋次长	支那派遣軍參謀次長
中国派遣军总司令部报道部	支那派遣軍総司令部報導部

中文其他名词	日文其他名词
中国派遣总司令部	支那派遣軍総司令部
中国青年党	中國青年黨
中国全民族	支那全民族
中国全权代表	支那共和國全權代表
中国全权公使	支那國全權公使
中国全权委员	清國全權委員
中国人	中國人
中国共产党员	支那人共產黨員
中国警察官	中國人員警官
中国铁路警察	中國人路警
中国人士	中國人士
中国商区现波兴业	中央商區仙波興業
中国商人	支那國商人
中国使节团	中國使節團
中国事变相关事项处理方针	支那事變関係事項處理方針
中国守备队	中國守備隊
中国苏维埃政府人民委员会	中國ソヴエート政府人民委員會
中国讨伐军	中國討伐軍
中国特派大使	支那特派大使
中国通	中國通
中国外交部	中國外交部
中国外交部长	中國外交部長
中文	支那文
中国问题	支那事變
中国问题	中國問題
中国新政权	新支那政權
中国新秩序	支那ノ新秩序
中国盐务稽核处	支那鹽務稽核處
中国移民	支那避難民
中国游击队员	中國ゲリラ隊員
中国语	中國語
中国在南京日本大使馆参事官	中國在南京日本大使館參事官
中国战线	支那戰線
中国征服	中國征服
中国政策	支那政策
中国政府	中國政府
中国政府首班	支那政府首班
中国中央军	支那中央軍

中文其他名词	日文其他名词
中国驻法国公使	中國駐剳佛國公使
中国驻军冯治安部队	中國駐軍馮治安部隊
中国驻库伦办事大臣	庫倫辨事大臣
中国驻美国公使	中國駐剳米國公使
中国驻英国公使	中國駐剳英國公使
中国资本家	支那資本家
中国最高权威者	支那最高權威者
中华帝国	支那帝國
中华民国	中華民國
中华民国东三省自治政府	中華民國東三省自治政府
中华民国革命抗日救国军第一、四集团军	中華民國革命抗日救國軍第一、四集團軍
中华民国海关官员	中華民國海關稅關吏
中华民国警察	中華民國員警
中华民国临时政府	中華民國臨時政府
中华民国临时政府治安维持会	中華民國臨時政府治安維持會
中华民国领事馆	中華民國領事館
中华民国上海大不列颠国总领事馆	中華民國上海大不列顛國總領事館
中华民国上海海关	中華民國上海海關
中华民国使节团	中華民國駐日使節團
中华民国特区政府	中華民國特區政府
中华民国政府	中華民國政府
中华民国驻日本代表团	中華民國駐日本代表團
中华民国驻在日本大使	中華民國駐在日本大使
中华民族	中華民族
中华苏维埃	中華ソヴエート
中华苏维埃共和国中央政府	中華ソヴイエト共和國中央政府
中华研究处	中華研究處
中间调查及国际服务课	中間調查及ビ情報局調查及ビ文析課
中间内阁	中間內閣
中间内阁说	中間內閣說
中立国	中立國
中蒙军	中蒙軍
中葡合办航空会社	日葡合辦航空會社
中日纷争	日支紛爭
中日共同委员	日支共同委員
中日关系	日華關係
中日合作	中日合作
中日和平	中日和平

中文其他名词	日文其他名词
中日经济关系	日支經濟關係
中日经济合作	日支経済提攜
中日两军	日支兩軍
中日平等	日支平等
中日亲善	日支親善
中日亲善	中日親善
中日全面和平	日支全面和平
中日提携	日支提攜
中日提携	中日提攜
中日同盟	日華同盟
中日问题	中日問題
中日新关系调整方针	日支新關係調整方針
中日战争	日支戰爭
中山公园	中山公園
中山陵	中山陵
中苏断交	蘇支斷交
中苏复交	蘇支復交
中央部	中央部
中央存托商业工业协会的主席	商工組合中央金庫理事長
中央党部	中央黨部
中央菲律宾大学	中央比律賓大學
中央公论	中央公論
中央国立历史记录部	中央國立歷史記錄部
中央国立历史记录部長	中央國立歷史記錄部長
中央航空技术所	中央航空技術所
中央集会场	中央集會場
中央集权	中央集權
中央禁烟促进委员会	中央禁煙促進委員會
中央军	中央軍
中央情报团	中央情報團
中央涉外局	中央涉外局
中央亭	中央亭
中央统帅部	中央統師部
中央委员	中央委員
中央文书本部	中央文書本部
中央文书搜业局	中央文書蒐集局
中央物价委员会	中央物價委員會
中央银行	中央銀行

中文其他名词	日文其他名词
中央政治会议	中央政治會議
中央政治委员会	中央政治委員會
中央执监委员	中央執監委員
中央执行委员会	中央執行委員會
中央执行委员会	中央執監委員會
中央总部部长	中央本部長
仲裁裁判所	仲裁裁判所
众议院	衆議院
众议院副议长	衆議院副議長
众议院书记官	衆議院書記官
众议院庶务科科长	衆議院庶務課長
众议院议长	衆議院議長
众议院议事速记录	衆議院議事速記錄
众议院议员	衆議院議員
众议院预算委员第二分部会议	衆議院豫算委員第二分科會
众议院预算委员会	衆議院預算委員會
重臣会议	重臣會議
重工业	重工業
重庆大使	重慶大使
重庆军	重慶軍
重庆伪国民党	重慶偽國民黨
重庆政府	支那重慶政府
重型野战炮兵团第九联队	野戰重炮兵第九聯隊
州秘书官	州秘書官
主务省	主務省
驻巴达维亚荷属东印度与日本贸易协议会秘书处	在バタビヤ蘭日貿易協議會庶務部
驻巴黎德国代表	在パリ獨代表
柏林大使馆海军武官	伯林大使館附海軍武官
驻柏林法国大使	在伯林佛國大使
驻柏林美国大使馆	在伯林米國大使館
驻柏林日本大使馆	在伯林日本大使館
驻柏林日本大使馆官吏	在伯林日本大使館官吏
驻柏林日本人	在伯林日本人
驻北朝鲜的航空部队	北鮮駐屯ノ飛行部隊
驻兵问题	駐兵問題
驻伯尔尼外国利益代表部	在ベルン外國利益代表部
驻布哇日本人	在布哇日本人
驻长春德国公使馆	在長春獨乙公使館

中文其他名词	日文其他名词
驻德帝国大使馆参事官	在獨帝國大使館參事官
驻德国大使馆参事官	駐獨大使館參事官
驻德国苏联占领军团	在獨逸ソ側占領軍團
驻德陆军武官	駐獨陸軍武官
驻德日本大使	在獨日本大使
驻德日本大使馆官吏	在獨日本大使館官吏
驻德外务省商务官	駐獨外務省商務官
驻东京波兰公使馆	在東京ポーランド公使館
驻东京大使馆	在東京大使館
驻东京德国大使	在京イタリア國大使
驻东京德国大使馆附武官	在東京ドイツ大使館附武官
驻东京德国大使馆陆军武官副官	在東京獨乙大使館附陸軍武官輔佐官
驻东京德国大使馆员	在東京獨逸大使館員
驻东京国际军事法庭苏联助理检察官	在東京國際軍事裁判所ソ聯補助檢察官
驻东京临时美国大使	東京臨時亜米利加代理大使
驻东京美国大使馆	在東京米國大使館
驻东京瑞典公使馆	在東京瑞典國公館
驻东京瑞士国公使	在東京瑞西國公使
驻东京苏联大使馆	在京蘇聯邦大使館
驻东京外国公使馆	在京外國公館
驻东京意大利大使馆	在東京伊大使館
驻东京意大利大使馆	在東京伊太利大使館
驻东京英国大使	在東京英國大使
驻东京英国大使馆	在東京英國大使館
驻俄罗斯美国大使	駐露米國大使
驻菲律宾美军	比島米軍
驻哈尔滨日本总领事	在ハルピン日本總領事
驻哈尔滨苏维埃社会主义共和国联邦侨民团	在哈爾賓ソヴィエト社會主義共和國聯邦居留民團
驻哈尔滨苏维埃社会主义共和国联邦总领事	在哈爾賓ソヴィエト社會主義共和國聯邦總領事
驻海外的德国团体的会长	海外在留獨逸人團體會長
驻黑河步兵第三旅团长	在黑河步兵第三旅團長
驻华北美军	北支駐屯米軍
驻华德国大使	在支獨逸國大使
在华德国人	在支獨逸人
驻华美国陆军司令官	在中國米國陸軍司令官
驻华美军司令部	中國方面米國軍司令部
驻华日本兵	在支日本兵
驻华日本大使	在華日本大使

中文其他名词	日文其他名词
驻华日本帝国大使馆情报系	在支日本帝國大使館情報係
驻华日本公使馆	在華日本公使館
在华日本居民	在華日本居留民
在华日本商人	在支日本商人
驻华盛顿大使馆电信书记	華府大使館電信書記
驻华盛顿日本大使馆电信科	華府日本大使館電信課
驻华盛顿日本大使馆主席书记官	在華盛頓日本大使館主席書記官
驻华盛顿新西兰公使馆	在ワシントンニュージーランド公使館
驻华天津军	在支天津軍
驻华英军指挥官	在中國英軍指揮將官
驻东京部队	在京部隊
驻东京瑞士公使馆	在京瑞西公使館
驻东京苏联大使	在京蘇聯大使
驻东京英国大使	在京英大使
驻伦敦荷兰政府	在倫敦和蘭政府
驻伦敦日本大使	在倫敦日本大使
驻伦敦日本大使馆参事官	ロンドン駐在日本大使館參事官
驻罗马大使	ローマ駐箚大使
驻罗马德国大使	在ローマ獨逸大使
驻罗马德国大使馆	在ローマ獨逸大使館
驻罗马日本大使	ローマ駐箚日本大使
驻马尼拉美国海军	駐マニラ米海軍
驻马尼拉美国总领事馆	在マニラ米國總領事館
驻满部队	在滿部隊
驻满朝鲜军队	在滿鮮軍隊
驻满大使馆参事官	駐滿大使館參事官
驻满德国大使	駐滿獨逸大使
驻满海军部	駐滿海軍部
驻满日本军司令官	在滿日本軍司令官
驻满苏联邦领事馆	在滿ソ聯邦領事館
驻满洲德国公使馆	在滿獨乙公使館
驻满洲帝国的俄罗斯移民局	在滿洲帝國ロシア避難民事務局
驻满洲日本大使馆教育部长	在滿日本大使館教育部長
驻满洲日本代表	在滿日本代表
驻满洲苏联军队	在滿ソ軍
驻曼谷瑞士领事	在バンコック瑞西領事
驻美大使馆电信科员	在米大使館電信課員
驻美国东京大使	東京駐劄米國大使

中文其他名词	日文其他名词
驻美国日本大使	日本駐在アメリカ大使
驻美日本大使	在米帝國大使
驻美日本大使馆	在米日本大使館
驻南京英美大使	在南京英米大使
驻欧日本外交官	在歐日本外交官
驻欧洲的美国军队	在ヨーロッパアメリカ軍隊
驻日本俄国公使	在日本露國公使
驻日本国东京德国大使馆	在日本國東京獨逸國大使館
驻日本国际红十字委员会代表	駐日國際赤十字委員會代表
驻日本瑞典公使馆外务部	在日スイス公使館外務部
驻日本瑞典国外交代表	在日瑞典國外交代表
驻日大使	日本駐劄大使
驻日德国大使	駐日獨逸大使
驻日德国海军武官主席	在日ドイツ海軍武官主席
驻日法国使节团	駐日佛蘭西使節團
驻日内瓦领事	ジュネーブ駐在領事
驻日瑞典代理公使	駐日スエーデン代理公使
驻日瑞典外交团	駐日スエーデン外交團
驻日意大利大使	駐日イタリー大使
驻日英国大使	駐日英國大使
驻日中国大使	在日中國大使
驻瑞典公使	瑞典駐在公使
驻上海陆战队	在上海陸戰隊
驻上海日本海军	在上海日本海軍
驻上海日本总领事	在上海帝國總領事
驻上海瑞士代表	在上海瑞西代表
驻上海瑞士国总领事	在上海瑞西國総領事
驻上海瑞士总领事和红十字国际委员会代表	在上海瑞西總領事及赤十字國際委員會代表
驻神户日荷贸易协议会事秘书处	在神戸日蘭貿易協議會事庶務部
驻神户瑞士国领事馆	在神戸瑞西國領事館
驻苏联波兰大使	駐ソポーランド大使
驻苏联大使	ソヴイエト聯邦駐劄大使
驻苏联日本大使馆	在ソ日本大使館
驻苏特命全权大使	在蘇特命全權大使
驻泰大使	駐泰大使
驻泰日本大使	駐泰日本大使
驻天津的美国人	在天津米人
驻通州的日本人	在通州日本人

中文其他名词	日文其他名词
驻外帝国大公使馆	在外帝國大公使館
驻西贡的瑞士国领事	在サイゴン瑞西國領事
驻意大利德国大使	駐伊獨逸國大使
驻意大利日本大使	在伊日本大使
驻印度支那日本公馆	在印度支那日本公館
驻英国特命全权大使	英國駐剳特命全權公使
驻中帝国公使馆	在支帝國公使館
驻中国公使	支那駐箚公使
驻中国日本军	在中國日本軍
驻中英国大使	駐支英國大使
驻日美国大使馆	駐日米國大使館
爪哇俘虏收容所所长	爪哇俘虜收容所長
爪哇军政官	ジャヴア軍政官
爪哇宪兵司令部	ジャヴア憲兵隊司令部參謀
爪哇银行董事长夫人	ジャヴア銀行取締役夫人
爪哇语	ジャワ語
专管租界	專管租界
专制者	專制者
专制政治	專制政治
专制主义	專制主義
准备委员会	準備委員會
准战时体制	准戰時體制
资本家	資本家
资本阶级	資本階級
资本主义国家	資本主義國
资本主义国家劳动阶级	資本主義國勞働者
资本主义政权	ブルヂヨア政權
资料通信社	資料通信社
资生堂	資生堂
资源调查法	資源調查法
资源局官制	資源局官制
自存他存	自存し他にも自存させよ
自存自卫	自存自衛
自反革命意识	自反革命意識
自给自足体制	自存自給體制
自给自足主义	自給自足主義
自卫军	自衛軍
自卫军大佐	自衛軍大佐

中文其他名词	日文其他名词
自我功利思想	自我功利の思想
自由互惠原则	自由互惠原則
自由经济	自由經濟
自由贸易区域	フリーメーソン
自由贸易主义	自由貿易主義
自由平等	自由平等
自由通商主义	通商自由主義
自由印度临时政府	自由印度假政府
自由主义	自由主義
自由主义经济	自由主義経済
自由主义者	自由主義者
自由主义政府	自由主義政府
自愿停战证明	自願停戰證
自治领人	自治領人
自重论	自重論
自主独立	自主獨立
综合计划局	綜合計畫局
总参谋部第十课	參謀本部第十課
总参谋部陆军情报部	參謀本部陸軍情報部
总参谋部密码班	參謀本部暗號班
总参谋部总务部长	參謀本部總務部長
总参谋长	參謀總長
总动员局	總動員局
总督府	総督府
总工会	總工會
总会报告书起草委员会	總會報告書起草委員會
总会决议	總會決議
总监府	總監府
总理诞生纪念日	総理誕生紀念日
总理衙门	總理衙門
总力战研究所	總力戰研究所
总力战研究所所长	總力戰研究所長
总司令部	總司令部
总务部长	總務部長
总务科	總務課
总务厅企划处长	總務聽企劃處長
总务厅企划局副局长	總務聽企劃局副局長
总务厅中心主义	總務廳中心主義

中文其他名词	日文其他名词
租界	租界
租界警察队	租界員警隊
租界周边处理方针	租界周邊處理方針
组合制度	組合制度
最高方针	最高方針
最高民事法院	最高民事裁判所
最高战争指导会议	最高戰爭指導會議
最惠国	最惠國
最惠国民	最惠國民
最惠国条款	最惠國條款
尊王攘夷	尊王攘夷
尊重议会论	議會尊重論
尊重中国主权原则	中國主權尊重原則
左倾思想	左傾思想
左翼	左翼
左翼革命	左翼革命
左翼思想	左翼思想
佐藤的政策	佐藤氏ノ政策
佐野部队总部	佐野部隊本部
佐野联队	佐野聯隊
作战关系参谋副官	副長作戰關係參謀

英日文其他名词对照表

英文其他名词	日文其他名词
105 Kilo camp	一〇五キロキャンプ
11th Indian Divisional Signals, R. C. S.	英國通信隊第十一印度師團
137 Field Regiment	英國砲兵第一三七野戰聯隊
155th Field Regiment, Royal Artillery	英國砲兵隊第一五五野戰聯隊
16 Kilo camp	二十六キロキャンプ
16 War Crimes	第十六戰犯調査團
17 Combined General Hospital	第十七共同綜合病院
18 Austialian Infantry Brigade	オーストラリヤ第十八歩兵旅團
18 Indian Working Party	第十八印度人作業隊
18th Infantry Brigade Headquarters	第十八歩兵旅團司令部
19 Indian Working Party	第十九印度人作業隊
192 Tank Bn	第百九十二戰車隊
198 Field Ambulance	一九八野戰病院
19th divisions of Japanese army	日本軍第十九師團
1Australian Independent company	オーストラリヤ軍第一獨立中隊
1st Cl. Doctor N. K. P. M	一級軍醫和蘭石油會社醫師
1st demobilization board	第一復員局
1st of the Euro-Asiate burean	歐亜局第一課
1st Wulff-camp	第一ウルフ收容所
1th demobilization Bureau of welfare ministry	厚生省第一復員局
2/3 Machine Gun Battalion Australian Imperial Forces	濠州帝國軍 2/3 機関銃大隊
200 Ceast Artillery	第二〇〇沿岸砲隊
21 article demands	二十一個條問題
215. Rogt	第二一五連隊
22nd Special Naval Base	バリックパパン第二十二特別海軍基地
23nd Air Unit	第二十三航空隊
23nd Special Naval Base	第二十三特別海軍基地
240 Aust. Infantry Battalion	前 240 濠州歩兵大隊
24th FA	第二四野戰砲兵隊
26 Indian PW Party	第二六インド俘虜隊
26 Indian Working Party	第二六インド人作業隊
2nd Battalion Royal Scots	第二ローヤル・スコット聯隊
2nd Wulff-camp	第二ウルフ收容所

英文其他名词	日文其他名词
33. Div	第三十三師團
36Ord. Workshop	三六兵器工作場
3rd section of the political affairs burean	政務局第三課
5 kilo Camp.	五粁收容所
5AA Bty H. J. V. D. C	第五 AA 大隊勤務
5th Field Regiment, R. A.	英國砲兵隊第五野戰聯隊
5-year plan	產業開發五ヶ年計畫
5-year plan	五ヶ年經濟計畫
61st Australian Infantry Battelion	第六十一濠洲步兵大隊
61st Militia Battalion	第六十一國民兵大隊隊員
6th depot Batt	テイマヒ第六大隊收容所
73 Kilometer camp	七十三キロメーター收容所
77 Brigade	第七十七旅團
7th Division, U. S. Army	米軍第七師團
8 Australian Division	濠州第八師團通信隊
8th army of the national revolutionary army	國民革命軍第八路軍
8th Division AAMC attached 2/21st Battalion	二/二一大隊所屬第八師團澳洲軍軍醫部
A cabinet chief secretary	內閣書記官長
A cabinet conference	閣議
A cabinet secretary	內閣書記官
A cabinet secretary	內閣事務官
A central bank	中央銀行
A central political conference	中央政治會議
A condition precedent to the restoration of good relations	對友和平條件
A court of arbitration	仲裁裁判所
A general meeting of minseito members in the Hokuriku district	北陸地方民政黨員總會
A group of Soviet occupation forces in Germany	在獨逸ソ側占領軍團
A joing Soviet-Japanese commission to settle and mark the border	日ソ混合國境處理及確定委員會
A joint Soviet-Chinese company	蘇支共同會社
A legalistic attitude	法理主義的態度
A map on which localities of rights and interests of European and American States	歐米各國權益所在明細圖國際問題
A member of the information corps from the front lines of Hunan province	湖南前線報道班員

英文其他名词	日文其他名词
A member of the photography section of the Tokyo Asahi Newspaper	東京朝日新聞寫眞部員
A militarist	侵略主義者
a military alliance	軍事同盟
A national convention	國民大會
a new central government	新中央政府
A patrol party of course	巡察斥候
A peace movement	和平運動
A Pessimistic View	悲觀論
A prison in Singapore	シンガポール刑務所
A qualified official Japanese English interpretor for the war crimes laison section	帝國日本陸軍臺灣軍本部
A real peace in east Asia	東亜平和
A secretary of the house of peers	貴族院書記官
A seiyukai cabinet theory	政友會内閣說
A shaop Yih Shun	イー・シウン商店
A Staff Member of the Mitsubishi Trading Co.	三菱商事會社員
A state of international anarchy	國際的無政府狀態
A state of national defence	國防國家體制
A system in officialdom	文官制度
A unit guarding the border in the Holombair district	呼倫貝爾地方派遣部隊
A world revolution	世界革命
AAMC	濠州陸軍軍醫部隊
Aangirese race	サンヂリーズ族
Aaron ward	アーロン・ウォード
AASC 8 Div	AASC 第八師團
Abandonment of Juichin	瑞金放棄
Abbot	アボット
Abel p. upsur	エーベル・ビー・アップサー
Abolish the extraterritoriality	治外法權撤廢
Absolute sovereignty	絕對主權
Acting chief of the military topographic department of the USSR armed forces general staff	ソ聯邦軍参謀本部測量局長
Acting member for the U. S. S. R.	ソ聯代表代理
Activity in planning recapture of NEI	蘭領東印度奪回計畫活動
Acts and facts	アクツアンとフアクツ
Adams Road Camp	アダムス・ロード收容所

英文其他名词	日文其他名词
Aden	アデン
Administration and judicial institutions	行政及ビ司法機關
Administration Board	行政院
Admiralty	アドミラルテイ・アイランズ
Admiration for foreign ideas	拜外思想
Admiration for the British and Americans	米英崇拜思想
Advance to Shansi	山西進攻
Advanced Dressing Station	前線繃帶班
Adventure	アドヴェンチァ
Advisor to the Japanese army	日本軍顧問
Advisors of Manchuria railway	滿鐵顧問
Advocat a decisive battle	本土決戰論
Aeimedidi,the woman's internment camp	エアメデイデイ女子收容所
Aermadedi Camp	アエルマデディ收容所
AFWESPAC Headquaters	西太平洋陸軍部隊司令部
Against autonomy	自治反對
Against Chiang Kai-shek	反蔣
Agency department of Swiss legation in Japan	在日スイス公使館外務部
Agency of industrial mobilization	產業動員機關
Aggressive policy	侵略主義
Agrarian revolution	農業革命
Agricultural civilization	農業文明
AIF	濠洲軍步兵大隊
AIF	濠洲陸軍
Aiken maru	ヒカエン丸
Air Force Kengen	陸軍飛行部隊ケンゲン
Air force of the kwantung army	關東軍飛行隊
Air France company	エール・フランス航空會社
Air unit stationed the northern Choson district	北鮮駐屯ノ飛行部隊
Airbase Kalidjati	カリドジャテイ飛行基地
Aircraft production board	航空機生產局
Airfield at Lisbon	リスボン飛行場
Airfield Celim	オエリム飛行場
Airfield of Langoan	ランゴアン飛行場
Aisne	エーヌ
Aitape Agent	アイタペ情報部
Aixyojuku	愛鄉塾
Akagi	赤城艦

英文其他名词	日文其他名词
Albatross	アルバトロッス
Alden	アルデン
Allid person	聯合國人
Allied Council for Japan	対日理事會
Allied forces	聯合國軍
Allied Land Forces	東南アジア聯合國軍
Allied Land Forces South East Asia	東南亜細亜聯合陸軍總司令部
Allied nations	同盟國
Allied planes	連合國飛行機
Allied Red Cross	聯合國赤十字
Altamaha	アルタマハ
Alternative fuel industry	代用燃料工業
Ambassador of Portugal	葡萄牙大使
Ambassador plenipotentiary Abe	阿部全權大使
Ambassador Tatekawa in Moscow	モスコー駐在建川大使
Ambassador to the Union of Soviet Socialist Republics	ソヴイエト聯邦駐剳大使
Ambassador of Japan	日本大使
Ambonese	アムボン人
Ambonese	アンボン人
Ambonese Camp M. V. O	アンボン人キャンプ M. V. O
Amee	アミーア
America admiral	米國海軍大將
America air force	米航空隊
America army military man	米國陸軍軍人
America capitalistic	アメリカ資本主義
America consul	米國領事
America flag problem	米國旗問題
America hospital ship	米國病院船
America mechanized unit	米機動部隊
America prisoner	米國人俘虜
America reservenaval	米國海軍預備役
America sublieutenant	米國海軍少尉
America supreme court	米國大審院
America warship	米國軍艦
America Consulate	米國總領事館
America-Japanese friendship	日米親善
American	アメリカ合眾國首席檢察官事務局

英文其他名词	日文其他名词
American Admiralty Committee	合衆國海事委員會
American admiralty committee member	合衆國海事委員
American air force and navy	米空海軍
American and Japan make war	日米開戰
American and Philippine Red Cross	米國フィリッピン赤十字社
American and Soviet naval and air operations	米ソ海空軍
American army	アメリカ軍隊
American army and navy	米國陸海軍
American army diplomatic	米軍使節
American bloc	アメリカ・ブロック
American bureau of the foreign office	外務省亜米利加局
American charge d'affairs	米國代理大使
American charge d'affairs ad interim，Tokyo	東京臨時亜米利加代理大使
American Church Mission	アメリカ教會傳道團
American Church Mission	米國教會組合
American Church Mission school	米國チヤーチ・ミッション・スクール
American Civilians	米國市民
American colony	アフリカ植民地
American Consuiate ceneral. geneva	ジューネーヴ亜米利加總領事館
American coordinating committee	米人協力委員會
American defense team	アメリカ辯護團
American embassy	米國領事館
American Embassy	亜米利加大使館
American embassy in Berlin	在伯林米國大使館
American embassy in Tokyo	在東京米國大使館
American enterprise	米國企業
American firms	米國商社
American idea	米國流
American Lutheran Brethren	アメリカルーテル兄弟傳導團
American Methodist Mission school	米國メソジスト・シツション・スクール
American official	米官界
American people in Tianjin	在天津米人
American political science review	アメリカ政治學評論
American President	米國大統領
American suspected person	米國人容疑者
American troops in Shanghai	上海米軍
American weather stations	米氣象臺
American with suppression	米國人抑留者

英文其他名词	日文其他名词
Americans of German descent	獨系米人
Amhurst college	アムハースト大學
Amity and understanding	諒解親善
Amity relationship	親善關係
AMMISCA(the United States was represented in China by the American Military Mission to China)	マメリカ合衆國對華軍事使節團アミスカ
An extraordinary national convention of the national party	國民黨臨時代表全國大會
An imperial proclamation of war	宣戰詔勅
An instructor of the Frunze Military	エム・ヴエー・フルンゼ陸軍大學
An invasion into Iwo Jima	硫黄島侵攻
Anankwin Camp	アナンクイン・キャンプ
Anarchism	無政府主義
Anarchy	無政府
Ando secretary	安東書記官
Andong section	安東分隊
Anere	アンクル
Anfu party	安福黨
Angarstrov	アンガーストロイ號
Anglo-American politicians	英米派
Anglo-Dutch	英蘭人
Anglo-Saxon	アングローサクソン民族
Anglo-saxon	アングロサクソン
Anti-British movement	反英運動
Anti dumping law	ダンピング防止法
Anti- Manchu	反滿
Anti-American	反米
Anti-bandit	剿匪
Anti-bandit campaign	剿匪史
Anti-Bolshevik	反ボルセビイキ
Anti-Chiang work	反蔣策動
Anti-Chiang's group	反蔣軍閥
Anti-Comintern	反コミンテルン協定
Anti-comintern nations	防共盟邦
Anti-communism	反共
Anti-communism	防共主義
Anti-communism coalition	反共產主義聯合

英文其他名词	日文其他名词
Anti-communism policy	防共政策
Anti-communist army	討伐部隊
Anti-communist forces	反共勢力
Anti-communistic movement	反共産運動
Antietam	アンテイータム
Anti-fascism	反ファッシヨン
Anti-foreign	排外思想
Anti-foreign agitation	排外運動
Anti-foreign movement	排外主義
Anti-foreign views	對外強硬論
Anti-imperialism	反帝
Anti-imperialism movement	反帝運動
Anti-imperialistic people's whited front	反帝國主義的人民戰線
Anti-Japan society	反日會
Anti-Japan War	抗日戰爭
Anti-Japanese	反日
Anti-Japanese	抗日
Anti-Japanese	排日
Anti-Japanese and pro-communist	抗日容共
Anti-Japanese and pro-communist policy	抗日容共政策
Anti-Japanese and pro-communist regime	抗日容共政權
Anti-Japanese and save-the-nation united line	抗日救國聯合戰線
Anti-Japanese army	反日軍
Anti-Japanese army	抗日軍隊
Anti-Japanese espionage organisation	對日諜報組織
Anti-Japanese Fatriotic Movement	抗日救國
Anti-Japanese first	反日第一
Anti-Japanese movement	反日運動
Anti-Japanese movements	抗日運動
Anti-Japanese national salvation movement	救亡運動
Anti-Japanese people	反帝民眾
Anti-Japanese people	反日民衆
Anti-Japanese policy	抗日政策
Anti-Japanese speechs and activities	排日言動
Anti-Japanese volunteer armies	東北抗日義勇軍
Anti-Japanese war	對日抗戰
Anti-Jilin regime	反吉林政權
Anti-Manchoukuo	排滿

英文其他名词	日文其他名词
Anti-Manchoukuo policy	反滿政策
Anti-militarist	反軍國主義
Anti-Nanking government	反南京政府
Anti-Tank Regiment	王國砲兵對戰軍聯隊
Anti-Wang regime	反汪政權
Anti-war	反戰
Anti-war members	戰爭反對主義者
Anti-war movement	反戰運動
Anzio	アンチオ
Aoviet areas	ソヴィエト區
Arab	アラビア人
Arab	アラブ文字
Arbiter	アービター
Archer	アーチアー
Archives section of international prosecution section	國際検査部文書科
Argentina government	アルゼンテン政府
Argyil Street Camp	アルスワンシュイボ
Argyle Street Camp	アージルストリート收容所
Argyll Street Camp	アルギイル街收容所
Arkansas	アーカンソー
Armed bodies of volunteers	義勇軍
Army and navy commanders	陸海軍司令官
Army circles	陸軍部
Army indoctrination units	陸軍教化隊
Army judicial police officer	陸軍司法員警官
Army ordinance administration headquarters	陸軍兵器行政本部
Army reform	陸軍改革案
Aroostook	アルーストゥック
Artillery troops	野砲部隊
Aryans people	アリヤ人
Asahi Shinbun	朝日新聞
Asahi-ken	旭軒
Asaki	アサキ丸
Asamamaru	淺間丸
Asia joint	亜細亜聯合
Asia movement	亜細亜運動
Asia should raise again	アジア復興
Asiatic nation	亜細亜民族

英文其他名词	日文其他名词
Asiatic Petroleum Co.	亜細亜火油公司
Asiatics	亜細亜人
Asoot	アスカット號
Assembly of greater East-Asiatic nations	大東亜會議
Assistant Judge Advocate General	東南亜細亜聯合陸上軍戰時犯罪法律部
Assistant Secretary Home Department	英國内務省副秘書官代理
At Kokumin school, Nishimachi, Shitayaku	東京都下穀區西町國民學校
At this stage of anti-imperialism movement	反帝運動の現階段
Atheling	アセリング
ATIS	聯合國翻譯通譯部
Atjehnese	アトジェー人
Attacker	アタッカー
Attu	アッツ丸
Aulick	オーリック
Aurora University	震旦大學
Aushu camp	アワシュ収容所
Aust Gen Hospital	オーストラリヤ衛戍病院
Aust. Gen. Hosp	濠洲一般病院醫療部
Australia government	オーストラリア聯邦政府
Australia troops	濠軍隊
Australia Troops	濠州兵
Australian	濠州人
Australian Army Nursing Service	濠洲陸軍看護婦隊
Australian Army Service Corps	濠洲陸軍輜重隊第八師團
Australian F/O	濠洲軍空軍中尉
Australian Imperial Forces	英帝國オーストラリヤ軍少佐
Australian Infantry Battalion	オーストラリア歩兵大隊
Australian Military Court	オーストラリア軍事裁判所
Australian Military Forces	濠州軍戰爭犯罪委員會
Australian Military Forces	濠洲陸軍部隊
Australian War Crimes Commission	濠洲戰爭犯罪委員會
Austrian army	墺國軍
Austrian Lloyd Company	オーストリーロイド會社
Authoritarianism	權利主義
Authorities on China	中國通
Authorities on Japan	日本通
Autocratic monarchy	君主專制
Automobile control society	自動車統制會

英文其他名词	日文其他名词
Autonomous independent	自主獨立
Avenger	アヴェンヂアー
Axis diplomatic	樞軸外交
Aynu people	アイヌ
B. T. T. S. University	ビー・テイ・テイ・エス大學
B－29 pilot	B二九
Bagley	バグリー
Baguio camp	バキオ收容所
Baguio, "blend" school	バキヲ ブレント學校
Bailey	ベイリー
Bairoko	バイロコ
Bajau	バジャウ人
Bajau	バジャウ語
Bajaus	バジャウ族
Bajaus	バタック人
Balboa internment sites	バルボア抑留所
Balikpanpan. Batavia	バリックパパン・バタビヤ石油會社
Balikpapan	バリックパパン軍
Balikpapan Jail	バリクパパン收容所
Baltic Fleet	バルチック艦隊
Baltimore	ボールティモーア
Baman Party	バ・モー黨
Bancroft	バンクロフト
Band of fetitioners for the entrance of students to Nanking	學生入京請願團
Bangkok Mculmein Railway line	バンゴックーモールメン鐵道路線
Bangkong	バンコック
Banjobiroe Camp	バンジョビロー收容所
Bank of Communications, Canton	廣東通信銀行
BANKER HILL	バンカー・ヒル
Bankok Japanese embassy	バンコック日本大使館
Bantjeuj prison	バンジュー牢獄
Bapaume	バポーム
Baptist Mission	バプティスト傳導館
Baptist residences	バプティスト住宅
Bargut	バルグート騎兵隊
Barner	バーンズ
Baros Camp	バロス收容所

英文其他名词	日文其他名词
Baros No. 5 Camp	チマヒ第五號收容所
Barter system	バーター制
Bataan	バターン
Bataan march army	バターン行進軍
Batavia	バタビア石油會社
Batavia	バタビヤ駐劄日本總領事
Batavia ambassador	バタビア大使
Batavia consul general	バタヴィャ總領事
Batavia general affairs department	バダビヤ庶務部
Batavia High Court of Justice	バタヴィア高等法院検事總長附員警官
Batavia HQ	バタヴィア司令部
Batavia Military Hospital	バタヴィア陸軍病院
Batavia Municipality Official	バタビャ市役所吏員
Battler	バトラー
Bauan Elementary School Building	ボーアン初等學校
Bauan Roman Catholic Church	ボーアン天主教々會
Bavisan	バリサン宣傳隊
Bay View Hotel	ベイ・ヴュー・ホテル
Bedrijfs-Reglementeeringsordonnantie	ベドリフス・レクッメンテリングスオルドナンティ
Bee	ビー
Beehive hut	蜂ノ巣小屋
Begum	ビーガム
Behar	ベハー號
Beijing Longshan police department	京城龍山員警署
Beijing shelter	京城收容所
Beijing special service agency	北京特務機關
Being dominated by one party	一黨專制
Belgian Government	白耳義政府
BELLEAU WOOD	ベロー・ウッド
Bennington	ボクサー
Benteng Porjuangan Java	ベンテング・ペルワンガン・ジャワ
Beppan	ベッパン
Berau	ベラウ分遣隊指揮官陸軍中尉
Berlin	ベルリン駐在日本大使
Bicycle Camp.	バイシクル收容所
Biddadari Camp	ビダダリキャンプ
Bilibid internment camp	ビリビット抑留所
Bilibid Prison Hospital	ビリビット監獄病院

英文其他名词	日文其他名词
Bill concerning adjustment of foreign trade	貿易及關係產業
Binadans	ビナダン人
Biscuit factories	ビスケット工廠
Bismarck sea	ビスマーク・シー
Biter	バイター
Black force	ブラック隊
Blackburn Force	ブラックボーン司令部
Bloc	日滿支ブロック
Block	ブロック
Block island	ブロック・アイランド
Blom-camp	ブロム俘虜收容所
Blue Shirts	藍衣社
Board of air arms of the ministry of munitions	軍需省航空兵器總局
Boegis	ブギス人
Boggs	ボゲス號
Bogue	ボーグ
Bolivia president	ボリヴィア共和國大統領
Bolong camp	ボロング收容所
Bolshevik elements	赤化分子
Bolshevik party	ボルシヴィクパルチザン
bolsheviki	ボルセービキ
Bolsheviks	ボリシェウィキー
Bolshevism	ボルシェヴィズム
Bolshevist	ボルシェヴィキ
Bolshevist ideas	極左主義
Bolshevization patriotic movement	赤化救國
Bombay-Japan Steamship Conference	ボムベイ日本船舶會
Bon homme richard	ボン・ホム・リチアード
Bonbew	ベンボー
Bonbing of Palawan	パラワンノ爆擊
Bongawan Convalescent Camp	ボンがワン療養所
Bonnet phrygien	ボネ・フイルジアン隊
border guard artillery	國境守備隊
Border High School Annez	ボードナアー高等學校別館
Border incident	國境問題
Border security and the peace for the people	保境安民主義
Border troubles	國境紛爭
Borneo	ボルネオ俘虜収容所

英文其他名词	日文其他名词
Borneo maru	ボルネオ號
Borneo Prison	ボルネオ俘虜收容部隊
Borneo Shimbun	ボルネオ新聞
Borsig Works	ボルズイク工場
Bougainville	ブーゲインヴィル
Boundary commission	國境委員會
Bourgeois regime	ブルヂヨア政權
Bowen Road Hospital	ボーウエン・ロード病院
Boycott	ボイコット
Boycott of Japanese good	日貨排斥
Boycott of Japanese goods	排日ボイコット
Branch	ブランチ
Branches of Japanese Shipping Companies	在日船會社支店
Branches of Japanese Shipping Companies Abroad	在外日本船會社支店
Brassert company	ブラサート會社
Brastagi Camp	ブラスタギ婦人收容所
Brazil	ブラジル駐剳大使
Break off Sino-Soviet diplomatic relations	蘇支斷交
Bren	ブレン
Breton	ブレトン
Bridge House	ブリッヂ。ハウス
Bridgeport	ブリッヂポート
Britain garrison army	イギリス駐屯軍
Britain mission	英國使節団
Britain resident in Shanghai	上海居留英人
Britain-France bloc	英佛ブロック
British American Formosa war crimes team	英米臺灣戦爭犯罪調查團
British and Japan joint war history research association	英日聯合戰史研究會
British Army	王國衛生隊
British Army	英國陸軍
British Army Compound	英國陸軍兵舎
British Blue Funnel Line	ブルーフハンネル航路
British concession in Tientsin	天津英租界
British consular	英國領事官
British embassy	英國大使館
British embassy in Tokyo	東京英國大使館
British fleet	イギリス艦隊

英文其他名词	日文其他名词
British forces	英軍
British gloucester fighters	英グロスター戰鬥機
British imperial government	英國皇帝政府
British internment camps in Shanghai	在上海英國人俘虜収容所
British merchant ships	英國商船
British navy volunteer	英國海軍義勇隊
British officer	英國士官
British Pro Consul at Shanghai	上海英國代理領事
British Red Cross	英國赤十字
British Resident Naval Officer	上海駐劄英國海軍士官
British straits settlements	英國海峡殖民地
British warship	英國軍艦
British imperialism	英帝國主義
British-American Tabacco co	英米煙草會社
Brooks point guerrilla camp	クス・ホイントノゲリラ隊
Browning	ブローニング
Bruening cabinet	ブリユーニン內閣
Brugidou	ブリユヂドウー師
Brunei Oil Refinery Contraction Department	ブルネイ石油精製所建築部
Brunei Oil Rofinery	ブルネイ精油所
Buchanam	ブチアナン
Buddha's ashes	佛舍利
Buddhism	佛教
Buddhism history	佛教史
Budget bureau	主計局
Budget committ	豫算局
Budget committ	豫算委員會
Budhist	佛教徒
Bugenese	ブーゲン人
Buginese	ブキ人
Buller Camp	ブラー收容所
Buna Government Station	ブナ司政區
Bureau Chief in the War Ministry	日本軍司令部
Bureau of legality	法制局
Burma army	緬甸方面軍
Burma Command	ビルマ方面軍司令部
Burma government	ビルマ國政府
Burma nation	ビルマ民族

英文其他名词	日文其他名词
Burma rebel army	ビルマ叛亂軍
Burma route	ビルマルート
Burma Road	ビルマ公路
Burma/Siam Railway	ビルマ・シヤム鐵道
Burman	ビルマ
Burmese people	緬甸人
Butterfield & Swire	バターフィールド・エンド・スワイヤ會社
C. B. Z.	シー・ビー・ゼット
Cabanatuan Prison Camp	カバナチュアン俘虜収容所
Cabinet legislation bureau of Manchukuo	滿洲國法制局
Cabinet members	內閣董督
Cabinet Secretariat	內閣官房
Cabot	キャボット
Calitea	カリテヤ號
Calitea communicator	カリテヤ號通信員
Camp 108	第百八號收容所
Camp 18	第十八收容所
Camp 30	作業收容所
Camp Engin	エンヂン兵舍
Camp Hopevale	ホペヴァレー収容所
Camp Moentilan	ムテラン收容所
Camp N	エヌ收容所
Camp O'Donnell	オドーネル兵營
Camp of British India P. O. W.	英領印度俘虜收容所
Camp S	エス收容所
Campania	カンパニア
Canada Government	加奈陀政府
Canadian	加奈陀人
Canadian Army	カナダ軍 C 部隊
Canadian Army	カナダ陸軍
Canadian Army, Permanent Force	カナダ陸軍常備軍
Canadian Force	カナダ軍
Canburi No. 2 hospital Camp	カムブリ第二病人收容所
Canovas	カノバス號
Cantonese people	廣東人
Cape	ケーブ・グロスター
Capitalistic countries	資本主義國
Capitalism	資本階級

英文其他名词	日文其他名词
Capitalism	資本主義
Capitalist	資本家
Capitalists and financiers of China	支那資本家
Captain of British navy volunteer	英國海軍義勇隊大尉
Captain, infantry, legal section, GHQ, SCAP	聯合軍最高司令部總司令部法務部勤務陸軍步兵大尉
Card	カード
Caribbean garrison	カリビアン守備軍
Carlowitz & Co	カロヴイツ商會
Carthage army	カルタゴ軍
Casablanca	カサブランカ
Castor	カストール
Catholic	カトリック教會
Catholic	天主教
Catholic foreign mission society of America	米國カソリック外國傳道協會
Cellular Jail	セルラー監獄
Cement control society	セメント統制會
Center document of United States army	合衆國陸軍中央文書局
Central army	中央軍
Central China army headquarter	中支軍司令部
Central China detached army	中支那方面軍
Central committee of the Chinese communist party	中國共產黨中央委員會
Central department	中央部
Central documents center	中央文書本部
Central documents collection center	中央文書蒐集局
Central executive and supervisory committee	中央執監委員
Central intelligence group	中央情報團
Central Liaison Office, Tokyo	東京中央終戰連絡事務局
Central Philippine College	中央比律賓大學
Central political commission	中央政治委員會
Central China bank	中支銀行新發券銀行
Chairman of the central depository of the Commercial-industrial association	商工組合中央金庫理事長
Chairman of the Japan-Manzhou-China economic round table conference	日滿支経済懇談會委員長
Chairman of the Jilin province government	吉林省政府主席
Chairman of the north-eastern communication Committee	東北交通委員會委員長

英文其他名词	日文其他名词
Chairmanship of the temporary fund- examining committee	臨時資金審査委員會會長
Chang Hsueh-liang regime	張學良政權
Changchun military police unit	長春憲兵隊
Changchun section	長春分隊
Changi	昭南チャンギー非戦闘員収容所
Changi Hospital	捕虜收容所病院
Changi Prison	チャンギー監獄
Changsha citizen	長沙市民
Charger	チアーヂアー
Charlese	チャールス・イ・パイル
Charlese hrhodes	チャールズ・エイチ・ロオヅ
Chaser	チエーサー
Chatao	茶頭
Chauvinism	盲目的愛國主義
Chaymonga	チャイモンカ
Chaymonga Camp	キャイモンカ苦力收容所
Chemicalarms	化學兵器
Chenango	チウンゴウ
Cheyenne	シァイエン
Chi Hlaing Party	チー・ライン黨
Chiang Kai-shek army	蔣介石軍
Chiang Kai-shek Regime	蔣介石政權
Chiao Tung University	南洋大學
Chicago	シカゴ駐在日本領事
Chicago	軍事中央文書局
Chicago Daily Journal	シカゴデーリートリビユーン
Chicago daily news	シカゴデーリーニュース
Chicago University	シカゴ大學
Chief advisor to the Burmese national defense army	ビルマ國防軍最高顧問
Chief Engineer M. V Sutlej	汽船サトレッジ號機關長
Chief Investigator Tokyo Asahi Shinbun Main Office	朝日新聞東京本社調査部長
Chief librarian of Fengtian	奉天圖書館長
Chief of Army General Staff	陸軍参謀總長
Chief of book editing section of publishing bureau of the asahi-shimbun	朝日新聞出版局圖書編集部長

英文其他名词	日文其他名词
Chief of foreign affairs' section	關東廳外事課長
Chief of general affairs agency, state council	國務院總務廳長
Chief of general affairs section of the bureau of decoration	賞勳局庶務課長
Chief of Heilongjiang province	黑龍江省長
Chief of information bureau, war ministry	陸軍省報道部長
Chief of Java war prisoners camp	爪哇俘虜收容所長
Chief of Kyoto Prefecture	京都府知事
Chief of legal research division of the 1st demobilization bureau	第一復員省法務部
Chief of ministry affairs bureau of the war ministry	陸軍省軍務課長
Chief of Navy General Staff	海軍軍令部總長
Chief of staff of Heilongjiang army	黑龍江軍參謀長
Chief of staff of the 7th area army	第七方面軍參謀長
Chief of staff of the army section of imperial headquarters	大本營陸軍部幕僚長
Chief of staff of the first army	第一軍參謀長
Chief of staff TaiWan milltery jurisdiction	臺灣軍管區參謀長
Chief of the Guandong military police	關東憲兵隊長
Chief of the Taiwan garrison	臺灣守備隊長
Chief of the accounting section of the accountants bureau of the finance ministry	大藏省主計局司計課長
Chief of the Agriculture Section of the Agriculture Ministry of Manchukuo	滿洲國政府興農部農產司長
Chief of the archives section of the 2nd demobilization board	第二復員局文書課長
Chief of the archives section of the first demobilization board	第一復員局文書課長
Chief of the archives section, demobilization bureau, welfare ministry	厚生省復員局文書課長
Chief of the Chinese section of the general staff office	參謀本部支那課長
Chief of the document division of the Russian section of the IPS	檢事局ロシヤ部文書課長
Chief of the enlistment section of the war ministry	陸軍省徵募課長
Chief of the Fengtian communications bureau	奉天通信局長

英文其他名词	日文其他名词
Chief of the first section of American bureau	亜米利加局第一課長
Chief of the first section of East Asia affairs bureau	東亜局第一課長
Chief of the Foreign Telegram Section of the Telecommunication Bureau of the Ministry of Communications	遞信省電務局外國電信課長
Chief of the frontier corps of the home ministry of the Mongolian People's Republic	蒙古人民共和國内務省國境警備軍司令官
Chief of the General Affairs Department	参謀本部總務部長
Chief of the German protocol bureau	ドイツの儀典局長
Chief of the Investigation Division International Prosecution Section	國際検查部調查課長
Chief of the investigation division, of the state security department of the MPR ministry of home affairs	蒙古人民共和國内務省國家保安管理局審理部長
Chief of the Japanese government	日本政府首班
Chief of the Japanese government	支那政府首班
Chief of the labor standard inspection office Hokkaido	北海道札幌勞働基準監督事務局長
Chief of the liaison section of the Japanese army	日本軍涉外部長
Chief of the Manzhouli city army special service agency	滿洲裡市陸軍特務機関長
Chief of the News Section of Radio Tokyo	東京放送局報導部長
Chief of the personnel bureau	人事局長
Chief of the Public Order Section of National Police Bureau in the Department of Home Affairs	内務省警保局保安課長
Chief of the Russian document room IPS in the IMT for the Far East	極東國際軍事裁判ロシヤ部文書課長
Chief of the second section of the East Asia affairs bureau	東亜局第二課長
Chief of the section of supervision of supply and demand of materials	物資需給統轄主務課長
Chief of the sixth section, naval general staff	軍令部第六課長
Chief of the special department of the Hsinking headquarters of the concordia society	協和會濱江本部特別部長
Chief of the staff of the Jilin province	吉林省軍参謀長
Chief of the state council	國務院長官

英文其他名词	日文其他名词
Chief secretary of the Dalian chamber of commerce	大連商議書記長
Chief secretary of the Fengtian chamber of commerce	奉天商議書記長
Chief signal officer of calitea	カリテヤ號通信長
Chiefs-of-staff conference	参謀長會議
Chief of the First Section of the Bureau of Europeans and Asiatic Affairs in the Department of Foreign Affairs	外務省歐亜局第一課長
Chief of the Second Section of the Bureau of East Asiatic Affairs in the Department of Foreign Affairs	外務省東亜局第三課長
Chief of the Second Section of the Bureau of Europeans and Asiatic Affairs in the Department of Foreign Affairs	外務省歐亜局第二課長
Chief of the Second Section of the Bureau of Treaties in the Department of Foreign Affairs	外務省條約局第二課長
Chief of the third section of the bureau of treaties in the department of foreign affairs	外務省條約局第三課長
Chihoa prison	芝化監獄
Chihokogyo konsu	地方航業公司
Chikasimi	チカシミ
Childrens Hospital, Melbourne	メルボルンノ小兒病院
China Affairs Board	興亜院
China business man	支那國商人
China Inland Mission	内地支那教會
China investigation office	中華研究處
China Press	チャイナプレス
China Printing and Tinishings	支那印刷仕上會社工場
China-Japan peace	日華和平
China's highest authority	支那最高權威者
Chinese	漢人
Chinese	中國人士
Chinese	中國語
Chinese	漢陽兵工廠
Chinese	中國上海米國總領事館
Chinese communists	支那人共産黨員
Chinese agency ambassador in Italy	中國駐劄伊國代理公使

英文其他名词	日文其他名词
Chinese air force	支空軍
Chinese ambassador in Japan	在日中國大使
Chinese and Korean	支鮮人
Chinese Army	支那軍
Chinese army	中國ノ軍隊
Chinese central army	支那中央軍
Chinese communists	支那共產黨
Chinese consulate in Kobe Richie	在神戶瑞西國領事館
Chinese court	中國法院
Chinese domestic administration	中國內政
Chinese emigrant	支那避難民
Chinese empire	支那帝國
Chinese forces	支那部隊
Chinese forces	中國軍
Chinese front	支那戰線
Chinese government	華府政府
Chinese han yeh pin corporation	漢冶萍公司
Chinese in and out of office	中國官民
Chinese literati	支那文
Chinese mission in Japan	中華民國駐日本代表團
Chinese nation	中華民族
Chinese national liberation movement	中國民族解放運動
Chinese navy	中國海軍
Chinese officials	清國官吏
Chinese peasant workers	中國勞農
Chinese people	清國人
Chinese people	支那全民族
Chinese people	中國國民
Chinese police	中國員警
Chinese Police officer	支那人警官
Chinese public security bureau	中國公安局
Chinese red army of workers and peasants	中國工農紅軍
Chinese refugees	支那難民
Chinese revolution	中國革命
Chinese secretary of the navy	中國海軍部長
Chinese Segmentation Crisis	中國分割危機
Chinese soldiers	中國兵
Chinese Soviet	中華ソヴエート

英文其他名词	日文其他名词
Chinese troop	清國軍隊
Chinese warship	中國軍艦
Chinese Youth Party	中國青年黨
Ching hsing coal mining corporation	井煤礦有限公司
Chioego tribune	シカゴデリートリビューン紙
Chongqing army	重慶軍
Chongqing regime	重慶政權
Christianity	基督教
Christian	基督教徒
Christian	耶蘇教
Christian and Missionary Alliance	クリスチャン・エンド・ミッシヨナリ・アライヤンス
Christian hospital	キリスト教病院
Chula long cologne hospital	チュラロングケルン病院
Chungkai Sick Camp	チャンカイ患者收容所
Chungkai Sick Camp	チュンカイ病人收容所
Chungking comterfeit kuomintang	重慶僞國民黨
Chungking government	支那重慶政府
Chuo Koron	中央公論
Citizens of hankou	漢口市民
Cival Court	民事裁判所
Civil war	内戰
Civilian Red Cross Aid Post	民間赤十字輔助隊
Class strife	階級鬥爭
Class theory	階級主義
Claxton	クラックストン
Clerk of the house of representatives	衆議院書記官
Clive	クライヴ
Closed door	クローズトドア
Closing of markets	通商禁止
Coal control society	石炭統制會
Coalmines Berouw	ビロウ炭坑從業員
Collège de France	コレイヂュ・ド・フランス胎生學研究所
Colombia region Washington admiralty bureau of ships	コロンビヤ地區ワシントン海軍省艦船局
Colonel of self-defence corps	自衛軍大佐
Colonial policy	移民政策
Colonization university	拓殖大學
Colony	植民地

英文其他名词	日文其他名词
Columbia Camp	ワコル・コロムビヤキヤンプ
Columbia Club	コロンビア俱樂部
Columbia president	格倫比亜共和國大統領
Columbus room, pan American building	パンアメリカンビルデイングコロンバスルーム
Combat forces captain	戰闘部隊長
Comintern route International Route	コミンテルン・ルート國際路線
Commandant-Teste	コンマンダン・テスト
Commander in chief of pacific fleet	太平洋艦隊司令長官
Commander of air general army	航空總軍司令官
Commander of expeditionary forces in central China	中支那方面軍司令官
Commander of Japanese army	日本軍指揮官
Commander of Japanese forces in north China	北支軍司令官
Commander of Lushun fortress	旅順要塞司令官
Commander of Manila army	マニラ軍司令官
Commander of Nanjing garrison	南京警備司令官
Commander of Thailand army	泰軍司令官
Commander of the 12th division	第十二師團長
Commander of the 29th army	第二十九軍司令官
Commander of the 37th army	第三十七軍司令官
Commander of the 38th army	第三十八軍司令官
Commander of the army railway transport of the Hiroshima district	廣島地區鐵道司令官
Commander of the eastern army	東部軍司令官
Commander of the Shanghai base corps	上海根據地隊司令官
Commander, USNR	米國海軍豫備役中佐
Commander - in - Chief of staff section of United States pacific fleet	米國太平洋艦隊司令長官參謀部
Commander-in-Chief of the combined fleet	聯合艦隊司令長官
Commander-in-chief of the Japanese forces in Manchukuo	在滿日本軍司令官
Commander-in-chief of the nationaist armies	國民黨軍總帥
Commencement	コメンスメント・ベイ
Commerce bureau of ministry of agriculture and commerce	農商務省商務局
Commerce department of United States	合衆國商務省
Commercial attache of foreign office in Germany	駐獨外務省商務官
Commercial groups	商業團體

英文其他名词	日文其他名词
Commercial indiscrimination	通商無差別
Commercial registration division of United States	合衆國商業局
Commercialism	商業主義
Communist movement	共産主義運動
Committee on educational rehabilitation in ministry of education	教育部教育復員補導委員會
Committee member	樞密顧問官
Common anti-Japanese	共同抗日
Common defence against the comintern	共同防共
Commonwealth of the Philippines Municipality of La Trinidad Mountain Province	ラ・トリニダッド市廳
Commonwealth Bank	コモンウルス銀行
Communique	コンミユニケ
Communism	コンミユニズム
Communism	共産主義
Communist forces	共産勢力
Communist International	共産インターナショナル
Communist party's central department of propaganda	國民黨中央宣傳部
Communistic activities	共産主義活動
Competent ministry	主務省
Concerning the tripartite alliance	三國同盟二就イテ
Conciliation committee	和協委員會
Concord of the nations	民族協和
Concrete plans for the outlined policies for the incident	事變對處要綱附屬具體的方策
Condition to ruin the state	亡國條件
Conditions of peace	和平條件
Conditions of truce negotiations	停戰交涉條件
Coexistence and co-prosperity	共存共榮
Confederate army against Japan	抗日聯合軍
Conference of the general headquarters	大本營會報
Conflicts in the world	世界大混亂
Confucius shrine	孔子廟
Corner	コーナー
Conno Butai	紺野部隊
Constitutional government	立憲政治

英文其他名词	日文其他名词
Constitutional government in Europe and America	歐米立憲政體
Constitutional research council	憲法研究委員會
Constructing greater Asia	興亜
Construction division	建築課
Consul general in Hongkong	香港總領事
Consul general of Japan in Harbin	在ハルピン日本總領事
Consul general Richie country in Shanghai	在上海瑞西國総領事
Consul of the United States of America at London,England	英國ロンドン駐在アメリカ合衆國領事
Consulate general in Tianjin	在天津總領事館
Consulate general of Japan in Shanghai	日本國上海総領事館
Consulate General Harbin	ハルビン總領事館
Consul-general at Nanking	南京總領事
Contemporary Japan	コンテンポラリジャパン
Continental Policy	大陸政策
Contract of faith	契約思想
Control associations	統制組合
Control assocition s	統制會
Control of Chinese through the Chinese	以華制華
Control the Destiny of and dominate	運命ヲ管理支配
Controlled economics	統制經濟
Convertible notes issued by bank of Japan	日銀兌換券
Convict goal Tjipinang	トジピナン監獄
Cooperation between China and Japan	中日提攜
Cooperation in resistance to Japan	抗日合作
Copahee	カッパヒー
Core	コーア
Corregidor	コレヒドー
Cossack cavalry squadron	カザック騎兵中隊
Councillor general of Beijing military branch	北平軍事分會總參謀
Councillor of Legislative Bureau	法制局參事官
Councillor of the Department of the Imperial Household	宮內省參事官
Counter revolutionary documents	反革命文書
Counter-measures to save the situation	戰局收拾策
Countries not Members of the League	非聯盟國
Country spirit	國體精神

英文其他名词	日文其他名词
Coup d'etat	クーデター
Court Martial	軍法會議
Covenant Missionary Society	カベナント・ミッシヨナリー・ソサエテイ
Cowell	カウエル
COWPENS	カウペンス
Craven	クレーヴン
Crime handled only with complaint	親告罪
Croatan	クロータン
Crowninshield	クラウンインシールド
Crusade in Northeast	東北軍閥
Crushing Jiang Jie-shi	蔣介石打倒
Crystal shichi camp	クリスタルシチー収容所
Cuba president	キュバ共和國大統領
Culture of Asia	亜細亜文明
Culture of the Mediterranean	地中海文化
Cycle Camp	サイクル收容所
Czechoslovakia people	チエッコ・スロヴアキア人
Czechoslovakia army	チユッコスロバキア軍
Czechoslovakia army	チユッコスロバキア軍
Czechoslovakia President	チェッコスロヴァキア共和國大統領
Dabumao penal colony	ダヴマオ流刑地
Dai genkai	大言海
Dai kai kimitsu	大海機密
Dai Nichi Maru	大日丸
Dai Nippon Cotton Mill	大日本紡積工場
Dai Nippon sekisei kai	赤誠會
Daily China	中華日報
Daily news	デーリー・ニュース
Dalgetty and Coy	ダルゲテッイ會社
Dalian section	大連分隊
Dalian steamboat	大連汽船
Danish	デンマーク語
Danzig problem	ダンチヒノ問題
Dasher	ダッシアー
Datong coal mining corporation	大同炭礦株式會社
Davao camp	ダバオ刑務所
Davao tokei field	ダヴァオ徒刑場
Da-Wen-Kou coal mining corporation	大汝口炭礦股份有限公司

英文其他名词	日文其他名词
Dawes plan	ドーズ案
Dayaks	ダーヤク人
De Gaulle	ド・ゴール派
De La Salle College	デ・ラ・サール大學
Dean of law department of the Tokyo imperial university	東京帝大法學部長
Decentralization	地方分權制
Declaration of war on the United States	対米宣戰佈告
Declare martial law in Pearl Harbor	真珠灣戒嚴措置
Defence against attack	攻勢防禦
Defence troops of the rural communities	農村自衛軍
Defense counsel of the Fast East International Military Court	極東國際軍事裁判所辯護人
Defense unit for Shonan	昭南防衛隊
Deflationary era	デフレーション時代
Degaul regime	ドゴール政權
Demilitarized zones	非武裝地帶
Democracy	民主制
Democratic government	民主政治
Denmark government	デンマーク國政府
Denmark minister	デンマーク公使
Denmark national	デンマーク國民
Department of state interim research and intelligence service research and analysis branch	國務省臨時調查情報部調查拔萃課
Department of State interim research and international service	中間調查及ビ情報局調查及ビ文析課
Department of Justice of NEI	蘭印政廳司法部
Department of States	アメリカ合衆國國務省
Depertment of external affairs wellington New Zealand	ニュージーランドウェリントン外務省
Depok	デポック
Depot-Company of the Troop-Command Balikpapan	バリックパパン部隊司令部中隊本部
Deputy chairman of the Jilin province	吉林省主席代理
Deputy chief of the Beijing branch of the military commission of the kuomingtan government	國民政府軍事委員會北京分會代理委員長
Deputy staff officer of central China expeditionary army	中支派遣軍参謀副官

英文其他名词	日文其他名词
Despot	專制者
Despotism	專制主義
Det. Tarakan	タラカン分遣隊
Deutschland	ドイキュランド號
Development of war production control	軍事生產統制
Dictator	獨裁者
Dictatorship	獨裁勢力
Dictatorship	獨裁專制
Dictatorship	獨裁政權
Dilli Gaol	デイリ監獄
Direct peace	直接和平
Directer of the 3rd section of the Europe-Asia bureau of foreign office	外務省歐亜局第三課長
Directer of the European-Asiatic Bureau of the Foreign Ministry	外務省歐亜局長
Director of General Affairs Central Liaison Office	終戰連絡中央事務局庶務課長
Director of Intelligence of Japanese government	日本政府情報部長
Director of Military Affair Bureau, Navy Ministry	海軍々務局長
Director of military affair bureau, navy ministry	海軍省軍務局長
Director of Military Affair Bureau, War Ministry	陸軍々務局長
Director of the bank of Japan	日本銀行理事
Director of the bank of Korea and the financial advisor of Fengtian province	奉天省財政顧問鮮銀理事
Director of the bureau of asiatic affairs	亜洲司長
Director of the Bureau of Asiatic Affairs	亜細亜局長
Director of the Bureau of Eurpean and Asiatic Affairs in the Department of Foreign Affairs	外務省歐洲局長
Director of the Bureau of Treaties in the Department of Foreign Affairs	外務省條約局長
Director of the central stated historic archives of the Moscow	モスクワ國立中央歷史文書保管局總裁
Director of the Central Stated Historic Archives of the U. S. S. R.	ソ聯邦中央文書保管局長
Director of the Criminal Bureau in the Ministry of Justice	司法省刑事局長
Director of the district automomy of Fengtian provincial government	奉天省政府地方自治指導部長

英文其他名词	日文其他名词
Director of the economic division, the central liaison	終戰連絡中央事務局經濟部長
Director of the Far Eastern burean	極東部長
Director of the Fengtian newspaper	奉天新聞社長
Director of the Fengtian office	奉天事務所長
Director of the Japanese residents' society of Fengtian	奉天居留民會長
Director of the military affairs bureau of the war ministry	陸軍省事務局長
Director of the total warfare institute	總力戰研究所長
Directory-Geberal of Legislative Bureau	法制局長官
Diretor of National Police Bureau in the Department of Home Affairs	内務省警保局長
Disarmament	軍縮論
Dissuading opinion	自重論
District court of the United States	合衆國地方法院
Districts where the land-purifying compaign has been completed	清鄉完成地區
Djurong Camp	ジュロング收容所
DNB	ドイツ通信社
Do or michi	道
Do ruytor	デルイター
Dobbin	ドビン
Doctrine of the imperial way	皇道主義
Document division of the IPS	國際檢察部文書課
Doenitz regime	デーニッツ政權
Dogra Regiment	ドグラ聯隊
Dollar Co	ダラー會社
Domestic labor problems	國内勞力問題
Domestic strength keeps away foreign aggression	攘外必先安内
Domestic strength keeps away foreign agression	安内而後攘外
Dominica president	ドミニカ共和國大統領
Doolittle corps	ドーリトル隊
Doolittle fliors	ドーリットル機
Doolittlo flyoro	ドウリウトル部隊
Dosun people	ドスン人
Double tax system	復税制度
Down with Japan	打倒日本

英文其他名词	日文其他名词
Drake University	ドレイク大學
Draw up and deliberate on the plans of operations against Russsia	對ソ作戰計畫立案審議
Duce	ドウーチエ
Duly detailed investigating officer of the IPS of general headquarters of SCAP	連合國最高指揮官総司令部國際検察部正式派遣調査官
Dunkerque	ダンケルク
Dupont and the national	デュボンミナショナル
Duson	デュソン人
Dusun	ダスン語
Dusun Race	チュスン族
Dusuns	ダスン人
Dutch Headquarter	オランダ軍司令部
Dutch Netherland Medical Service	和蘭軍醫部
Dutch troops	和蘭軍
East Asia army commander	東亜軍指揮官
East Asia association	東亜會
East Asia development board of Manchurian affairs bureau	對滿事務局興亜院
East Asia economy diplomatic	東亜經濟使節
East Asia federation	東亜聯盟
East Asia reserch institute	東亜経済調査局
East Asia tongwen academy in Shanghai	上海東亜同文書院
East Asian nation	東亜民族
East Asiatics people	東亜人
East India Daily News	イースト・インテアン・ティリィ・ニュース
East-Asiatic affairs	東亜局
East-Asiatic affairs of foreign ministry	外務省東亜局
East-Asiatic charter	東亜憲章
Easter holidays	イイスタ休暇
Eastern policy	東方政策
Eastern Policy	極東政策
Economic blockade	經濟封鎖
Economic control policy, Japan and Manchuria	日滿經濟統治方針
Economic general staff	經濟部
Economic intercourse with Japan	對日經濟絕交
Economical invasim	経済侵略主義
Education Investigation Commission	文政審議會

英文其他名词	日文其他名词
Education ministry order	文部省令
Educational Ministry	文部省
Edurance war	持久戰
Edwards	エドワーズ
Effects of P. W. labor upon business proprietors	俘虜就勞
Effingham	エフィンガム
Egypt emperor	エジプト國皇帝
Ellis island internment sites	エリスアイランド假抑留所
Embassy councillor in Germany	駐獨大使館參事官
Embassy in Nanking	南京大使館
Embassy in Tokyo	在東京大使館
Emergency planning board	非常時企畫局
EmergingChina	新興支那
Emperor	エンペラー
Emperor	大皇帝
Empire	皇國
Empress	エムプレス
England Maru	イングランド丸
English	英語
English airbases	イギリス空軍基地
English and Japanese	英日兩語
English Club	日本人倶樂部
English convoy	イギリス護送船團
English mosquito fleet	イギリス快速艇
Englishman	英國人
Enisy cossack-division	エニセイカザック師団
Eniwetok detachment	エニウェトク分遣隊
Enterprise	エンタープライズ號
Enterprise adjustment	企業整備本部
Entrusted to the chief of a bureau	局長委任
Entrusted to the vice-minister	次官委任
Entry Count Ciano Diary	獨逸關係事項政治顧問部員
Envoy extraordinary and ambassador plenipotentiary of Japan	在蘇特命全權大使
Envoy extraordinary and ambassador plentiary of Manchukuo	滿洲駐剳特命全權大使
Envoy extraordinary of China	支那國全權公使
Epinal	エピナル

英文其他名词	日文其他名词
Equal Opportunity	機會均等
Equal opportunity principle of north China	北支機會均等主義
Equality and mutual benefit	互惠平等
Equality between China and Japan	日支平等
Equality of rights	權利平等
Equality of treatment	待遇均等
Erebus	エリバス
Escenptebank	エスコンプト銀行
Eskimo people	エスキモー
Esperance	エスバランス
ESSEX	エセックス
Estonian	エストニア語
Estonian President	エストニア共和國大統領
Eteiobia	エテイオビア語
Ethiopia emperor	エティオピア國皇帝
Europe union	ヨーロッパ聯盟
European and American affairs	歐米局
European division of the foreign ministry	外務省歐洲局
European navies	歐洲海軍
European policy	歐洲政策
European union	歐羅巴聯合
European war	歐洲戦爭
Europeans	歐洲人
Europeans captive	歐洲人俘虜
Europe-Asia bureau	歐亜局
Evangelical Lutheran Mission	エヴンジエリカル・ルテランミッシヨン
Evans	エヴァンス
Exclusive concession	專管租界
Exclusivism and dictatorship	排他獨裁
Executing campaign against the northern militarists	北伐遂行
Exploitation	榨取
Export compensation system	輸出補償制度
Exterminating communist	剿共
Extraterritorial right	治外法權
Extremism	極端論
F. F. R	國境小銃部隊 1/13
Faa di Bruno	ファアディブルーノ
Failed politics	失はれし政治

英文其他名词	日文其他名词
Fairfax	フェアファックス
Family system	家族制度
Fanshaw bay	ファンシオー・ベイ
Far east army	極東軍
Far eastern headquarters of American	米極東軍司令部
Far Eastern navy of Britain	英極東海軍
Far Eastern Problem	極東問題
Fascio	ファシズム
Fascism	ファシズム
Fascist	ファシスト
Fascist regime	フアンスト政權
Fascist nations	フアシスト國家
Fecifism	平和主義
Federated anti-Japanese army of the north-eastern volunteers	東北義勇軍
Federation of students national salvation societies	全國學生救國聯合會
Federation of the students of Peiping	北平學生聯合會
Fencer	フェンサー
Fendls Battalion	ポンド大隊
Feng's troops	馮軍
Fengtian independent defense unit	奉天獨立守備隊
Fengtian ordnance factory	奉天兵器廠
Fengtian province provisional government	奉天省假政府
Fengtian America Consulate	奉天アメンリカ領事館
Fengtian-Shanhaiguan railway	奉天山海關鐵道
Feudal system	封建制度
Fiber control society	纖維統制會
Filipino	比島人
Filipino Army	ヒリッピン軍
Filipino civilian	フィリッピン市民
Filipino soldiers	比島兵
Finland army	フインランド軍
Finland frontier monitoring soldiers	フインランド國境監視兵
Finland government	フインランド政府
Finland minister	フインランド公使
Finland national	フインランド國民
Finland relationship	フインランド關係
First Table Top Total War Maneuvers	第一回總力戰機上演習

英文其他名词	日文其他名词
Flag of the United States	アメリカ國旗
Fld. Coy. FAE	野戰中隊
Flight lieutenant royal New Zealand air force	英國ニュージーランド空軍航空兵大隊
Flores-camp	フロレス收容所
Florida	フロリダ
Food and population investigation committee	人口食糧問題調查會
Food control bureau	食糧管理局
Foote	フート
Forces of the divisions under Feng Chin-tsai	馮清濟部
Forces of the divisions under Kao kwe-tze	高桂滋部
Forces under Yu Huseh-chung	於學忠軍
Forces, Pacific Office of the Theater Judge Advocate War Crimes Branch	總司令部太平洋方面米國陸軍地域法務官事務室戰犯部
Ford Lincoln internment sites	フォートリンカーン抑留所
Foreign Affairs Association of Japan	日本外事協會
Foreign interests in Berne	在ベルン外國利益代表部
Foreign minister of Guangdong government	廣東政府外交部長
Foreign ministry of French	佛蘭西外務省
Foreign policy of the Soviet Union	ソ聯邦の對外政策
Foreign relations of the United States	米國對外關係
Foreign relations to the United States, Japan	米日外交關係
Foreign Service of the United States	合衆國外務部
Foreigner's school used for internment camps	平壤府外人學校
Formally declaring war on China	対華正式宣戦
Former foreign minister in the Polish government	ポーランド政府外務大臣
Former Rangoon prison	蘭貢刑務所
Formosan	臺灣人
Forms of civilization	變態文明
Formulas B	乙案
Fort De Kock	フォート・デ・コック
Fort george meet internment sites	フォートジョージミート抑留所
Fortress infirmary	シタデル看護室
Four freedoms	四ツノ自由
France	フランス崩解
France concessions	フランス租界
France consul general	フランス總領事館
France embassy	佛國大使館
France foreign minister	佛國外相

英文其他名词	日文其他名词
France government	佛國政府
France lady	佛蘭西婦人
France military police	佛蘭西憲兵
France navy	佛國海軍
France plenipotentiary	佛蘭西全權委員
France prosecutor	佛蘭西檢察官
France public prosecuto	佛國檢事
France vice-prosecutor	佛蘭西副檢察官
Franch sergeant	フランス軍曹
Franklin	フランクリン
Free economy	自由經濟
Free economy	自由主義経済
Free trade zone	フリーメーソン
Freedom and equality	自由平等
French	佛國人
French	佛蘭西語
French Concessions	佛國租界
French consul general	佛國總領事
French consulate general	佛國總領事館
French hospital	佛國病院
French lines	フランス軍戰線
French mission in Japan	駐日佛蘭西使節團
French missionary	佛國宣教師
French prime minister	フランス首相
French soldiers	フランス支隊
French soldiers	佛軍
Friendly and co-existent relations	親和共存
Friendly neutrals	友好的中立人
Friendly to Manchuria	親滿
Frincipal medical officer director	河内フランス衛生部長
Frobisher	フロビシャ
Froniter Force	國境軍
Front against aggression	反侵略戰線
Frunze military academy	フルンゼ陸軍大學
Fuhrer	フューラー
Fuji	富士
Fujimura Unit	藤村部隊
Fukioko No. 22	フキオコ二十二號收容所

英文其他名词	日文其他名词
Fukuoka concentration camp	福岡收容所
Fukuoka No. 7 Camp	福岡地區第七收容所
Full wartime conditions	准戰時體制
Fushun section	撫順分隊
Fusilier	フジリーヤ隊
Futan university	復旦大學
Fuzambo	富山房
Fuzhou consul general	福州總領事
G tuiinga captain	軍艦ゲーツイチンガ號船長
G. E. B. E. O. Electricall Works	市電気工廠
G. O. C. Br. Troops	在中國英軍指揮將官
G－2, general liaison	G2 中央聯絡部
Gambier bay	ギアムビアー・ベイ
Garara Camp	ガララ收容所
General affairs agency of state council	國務院總務廳
General Headquarters	總司令部
General Headquarters of the Squpreme Commander for the Allied Powers	聯合軍最高司令官
General Headquarters United States ARMY Forces Pacific War Crimes Branch	太平洋地區米國陸軍總司令部戰爭犯罪支部
General Headquarters, Superme Commander For the Allied Powers, Legal Section, Manila	聯合國軍最高總司令部在マニラ法務部
General operations scheme against the Soviet Far Eastern territory	極東ソ領全般ニ關スル作戰構想
General opium Suppression Bureau for Klangsu, Cheklang, Anhwei.	蘇浙皖禁煙總局
General pledges of equality of treatment	公正ナル分ケ前
General staff chief of Philippines army	比島陸軍參謀總長
General Staff Royal Netherlands Indie Army	ロイアル蘭印軍參謀本部
Geneva committee	ジュネーブ委員會
Gerakan	民政黨
Gerakan cabinet	政黨內閣
German	獨逸人
German air forces	獨逸空軍
German Ambassador	獨逸大使
German ambassador in China	在支獨逸國大使
German ambassador to China	駐支獨逸大使
German and Italian arms	獨伊軍隊

英文其他名词	日文其他名词
German army	獨逸軍
German artillery reginent	獨逸の炮兵聯隊
German Embassy	獨逸國大使館
German embassy in Tokyo	在東京獨逸大使館
German foreign intelligence office	獨乙外交情報局
German Foreign Minister	獨國外相
German Foreign Ministry	獨逸外務省
German in China	在支獨逸人
German industrial companies of the elestric branch	ドイツの電気部門の工業會社
German Japan comumission	日獨委員會
German Jews	獨逸系ユダヤ人
German language	獨逸語
German military attache in Tokyo	在東京ドイツ大使館附武官
German mine-sweepers	ドイツ掃海艇
German Navy	獨逸海軍
German soldier	ドイツ兵
German submarine	獨逸潛水艦
German-British war	獨英戰爭
Germanic tribes	ゲルマン民族
German-Italian military allicance	獨伊軍事同盟
German-Japanese allicance	日獨軍事同盟
German-Japanese military allicance	日獨軍事同盟
Germany culture	獨逸文化
Germany ambassador in Roman	在ローマ獨逸大使
Germany and Italy alliance	獨伊陣營
Germany consul genera	獨國總領事舘
Germany Embassy	東京獨逸大使館
Germany embassy in Roman	在ローマ獨逸大使館
Germany embassy staff in Tokyo	在東京獨逸大使館員
Germany front	獨乙戰線
Germany legation	獨逸公使館
Germany minister	獨國公使
Germany plenipotentiary	獨逸國全權委員
Germany premier	獨逸國首相
Gestapo	獨逸ゲスタポ
Gestapo House	ゲシユターポウハウス
Gilbert islands	ギルバート・アイランド

英文其他名词	日文其他名词
Glodok Camp	グロドク收容所
Glodok Camp	バタビヤグロトック監獄内俘虜收容所
Gloucestor Hotel	グロウスター・ホテル
Gongzhuling section	公主嶺分隊
Goodwill policy	和親政策
Gordon Highlanders	ゴードン・ハイランダー部隊
Governance of kwantung army	關東軍主腦部
Government Medical Service	政廳醫務部
Government of Guangdong province	廣東政府
Government of Heilongjiang province	黑龍江省政府
Government of Manchoukuo	滿洲國政府
Government of N. Borneo	北ボルネオ政府
Government of Netherlands Indies	蘭領印度政府
Government office for the tracing of war crimes	戰爭犯罪捜查局
Governor of Akita prefecture	秋日縣知事
Governor of Kanagawa	神奈川縣知事
Governor of the official bank of the three eastern province	東三省官銀號總辦
Gozenkaigl, Imperial Conference	御前會議
GPU	ゲーペーウー
Grace Park	グレイス公園
Great East Asia inquiry commission	大東亜審議會
Great Japan east Asia league	大日本興亜同盟
Greater Asiatic principle	亜細亜主義
Greater East Asia Co-prosperity Sphere	大東亜共榮圈
Greater East Asia minister	大東亜大臣
Greater east Asia order	大東亜秩序
Greek	希臘人
Green force	グリーン隊
Greenland national	グリーンランド國民
Greenland sovereign	グリーンランド元首
Greer	グリーアー號
Gripsholm	グリプスホルム號
Group Cosijn	コスイン隊
Guadacanal	ガダルキアナル
Guam time	グアム時間
Guangdong and Guangxi armies	兩廣軍隊
Guangdong rebellion	廣東叛亂

英文其他名词	日文其他名词
Guards for prisoner of war camps	俘虜管理部長
Guerilla base	各遊擊根據地
Guerrilla	ゲリラ部隊
Guerrillas	中國ゲリラ隊員
Gull Force	ガル部隊
Gunseibu Kota Tjane	コタッヂエーン軍政部
Gunseikan of Java	ジャヴア軍政官
Gurkhas	グルカ人
H. B. M. Consulate Generalat Shanghai in the Republic of China	中華民國上海大不列顛國總領事館
H. B. S. Camp. Djoejakarta	ジョクジャカルタH. B. S. 收容所
H. M. S. Gunboat Peterel	英國軍艦ペテレル號
Hagur	ヘーグ駐剳日本公使
Haikou church	海口教會
Hainan security office troops	海南警備府部隊
Haiphong Road Camp	ハイホン路收容所
Hakko	八荒
Hakko Ichiu	八紘一宇
Hale	ヘイル
Halsey mobile forces	ハルゼー機動部隊
Hamaguchi cabinet	濱口內閣
Hamburg-American Line	ハンブルグーアメリカ線
Hamovniky	莫斯科ハモヴニキイ大學
Hangry	ハンガリイ語
Hankou garrison	漢口守備隊
Hankou public security bureau	漢口公安局
Hankou spy minister	漢口特務部長
Hankow Barracks	漢口營舍
Hanoi barracks	河內兵營
Hanoi prison	河內監獄
Hanowa Camp	ハノワ收容所
Hao Zhou government	濠洲政府
Haraden	ハラチン
Harbin inspection department	哈爾濱監察局
Haroekoe Camp	ハロエコエ收容所
Haroekoe P. O. W. camp	ハルク收容所
Harold Lloyd	ロイド
Harriman's Trail Policy	ハリマンノ鐵道政策

英文其他名词	日文其他名词
Harvard university	ハーバード大學
Hatmo Camp	ハイトー俘虜收容所
Hats off speech	脫帽演說
Have the whole country as one household	世界一家
Havelock Roed	ハブロックロード收容所
Hawaii Australian Air Force	ホワイト-濠洲空軍
Hayashi cabinet	林内閣
Hayashi Tai	ハヤシ隊
Head of personnel department, foreign ministry	外務省人事課長
Head of the administrative yuan of the Chinese government	國民政府行政院長
Head of the Germany	獨逸班長
Head of the kuomingtan government	國民黨政府首席
Head-Priest of the district of Djatinegara	ジャティネガラ居住ジャティネガラ州司祭長補佐
Headquarters of British forces	英軍司令部
Headquarters of expeditionary force to south China	南支派遣軍司令部
Headquarters of Independent garrison	獨立守備隊司令部
Headquarters of the 23nd Special Naval Base	第二十三特別海軍基地司令部
Headquarters of the 9th division	第九師團司令部
Headquarters of the eighth division	第八師團司令部
Headquarters of the formosan army	臺灣軍司令部
Headquarters of the second division	第二師團司令部
Headquarters of United States fleet	米國艦隊司令部
Headquarters RAAF	濠洲空軍司令部
Headquarters United States Army Forces in the Far East Office of The Staff Judge Advocate	極東合眾國陸軍司令部法務部戦犯支部
Headquates of the China Expeditionary Force	支那派遣軍総司令部
Heavy industry	重工業
Hebrew history	ヘブライ史
Hebrew nation	ヘブライ民族
Hebrewism	ヘブライズム
Hegelianism	ヘーゲリズム
Heiho	ヘイホ
Heilongjiang army	黑龍江省軍
Heinrich	ハイニリヒ
Helborg	ヘルボルグ號
Helena	ヘリナ

英文其他名词	日文其他名词
Hellenism	ヘレニズム
Henderson	ヘンダスン
Henderson Road Camp	新嘉坡ヘンダーソンロード
Hereditary	世襲制
Herndon	ハーンドン
Heroin	ヒロイン
High staff officer of the Beijing Branch	北平分會高級参謀
High Wilson Hall	ヒュウ・ウイルソン會館
Hilaria group living plants	ヒラリヴァ集團生活所
Hillcreast School	ヒルワレスト學校
Hintek Camp	ヒントック收容所
Hiroshima Prefect governor	廣島縣知事
Hirota three principles to China	廣田對華三原則
His Excellency	自由印度假政府首班
His Imperial Highness	宮様
His Majesty	英國皇帝
His majesty the emperor of Japan	日本皇帝
His Majesty's Ambassdor	日本代理大使
His majesty's president of the council of ministers	タイ國内閣總理大臣
History of Chinese revolution	中國革命史
History of world war	世界大戰史
Hitler cabinet	ヒットラー内閣
Hitler regime	ヒットラー政權
Hitlerite	ヒトラー
Hitsu konsu	利通公司
HMS ladybird	レディバード號
HOA Bidh	和平俘虜收容所
Hoag su phi	黄聽飛兵營
Hofuku Maru	報福丸
Hoggatt bay	ホタント・ベイ
Hokko-Maru	北光丸
Hokkou garrison	北光駐屯隊
Hokusa	ホクサ
Hollander	和蘭人
Hollandia	ホランデイア
Holy war	聖戰
Home ministry of the U. S. S. R.	蘇聯邦内務省
Hommel breweries Haoni	河内オメル釀造會社

英文其他名词	日文其他名词
Hong Kong Field Ambulance	香港野戰病院
Hong Kong Naval Volunteer	香港海軍義勇兵
Hong Kong University	香港大學
Hongkong internment camp	香港俘虜収容所
Hongkong Volunteer Defence Corps	香港義勇防禦團
Hongkong with suppression	香港抑留者
Hongqiao airport	虹橋飛行場
Honolulu time	ホノルル時間
Hoover cabinet	フーバー內閣
Hope	ホープ
Hope-College	ホープ大學名譽總長
Hopewell	ホーブウェル
Hornet	ホーネット
Hoshijima Unit Tawao Province	タワオ州星島隊
Hospice in Yokohama	横濱収容所
Hospice in Zhabei	閘北收容所
Hospital alexander	アレキサンダー病院
Hospital queen mary	クイーン・メアリ病院
House of commons, Britain	英國下院
House of representatives budget committee	衆議院預算委員會
Houston	ハウストン號
Hsinmin (People's) Society	新民會
Hu Han-min party	胡漢民派
Huaping choukuo (TN: Peace and national salvation)	和平救國會
Hull note	ハルノート
Humanism	ヒューマニスム
Hunchun consulate	琿春領事館
Hungjao Road Cemetery Grave	虹橋路共同墓地
Hunt	ハント
Hunter	ハンター
I. G. D, U. S. A. Army	米國軍總監部
I. G. D, U. S. A. Army	特務機関部
I. M. S.	印度軍軍醫部
Idea of human rights	人權思想
Idea of Withdrawal	脱退論
Idealistism	理想論
Ideologism	觀念論

英文其他名词	日文其他名词
Ideology	イデオロギー
Iloilo High School Garrison	イロイロ中學校守備隊
Imeprial troops	皇軍
Imperial Constitution	帝國憲法
Imperial family	皇族
Imperial forces	帝國軍
Imperial forces	帝國軍隊
Imperial General Headquarters	大本営
Imperial guards camp	近衛陣營
Imperial Household Ministry	宮内省
Imperial Japanese army headquarters for Taiwan	日本帝國陸軍臺灣司令部
Imperial Japanese Government Central Lianison Office	日本帝國政府終戰連絡中央事務局
Imperial library	帝國圖書館
Imperial navy	帝國借款鐵道
Imperial Navy	帝國海軍
Imperial rule assistance	大政翼贊
Imperial rule assistance political association	翼贊政治會
Imperial subjects	皇國臣民
Imperialictic	帝國主義
Imperialism provailing in Europe	歐洲帝國主義
Imperialists	帝國主義者
In Favour of Abolishing the Political Party	政黨廢止論
In the department of central Shou Fu the captured information	在壽府俘虜情報中央部
In the Japanese USA group life	在米日本人集團生活所
Inchon camp	仁川収容所
Incident of truce negotiations	停戰交涉事件
independence	インデペンデンス
Independent garrison	獨立守備隊
India nation	印度民族
India Troop	印度兵
Indian	印度人
Indian childhood	印度兒童
Indian independence movement	印度獨立運動
Indian Medical Service	印度軍軍醫部
Indian Medical Service	印度醫務部
Indian officer	印人將校

英文其他名词	日文其他名词
Indian Working Party	第十八インド工兵隊員
Indies Tax Office	蘭印稅務署
Individualism	個人主義
Indo-European	歐洲系インド人
Indonesian Auxiliary Police Force	インドネシャ補助員警隊
Indonesians	インドネシア人
Indonesians	インドネシヤ國民軍
Indonesians	インドネシヤ民族運動
Indonesians Government	インドネシア政府
Industani	印度語
Industrial revolution	産業革命
Industrialistsassociations	組合制度
Industrial guild central treasury commercial	商工業組合中央金庫
Industry control policy	産業統制政策
Inflation	インフレ
Information bureau of international red cross	國際赤十字社情報局
Institute of pacific relations	太平洋關係研究會
Instruction, navy department, imperial headquarters	大海指
Intelligence bureau of America	米國情報局
Intelligence department of second department of the army general staff office, war ministry	陸軍省参謀本部第二部諜報部
Intelligence department of war ministry	陸軍省諜報部
Inter-allied	聯合國
Interfere with the home administration	内政干涉
Internal reform	國内革新論
International agreements	國際條約
International air of Japan	皇國國際航空
International bureau of institute of pacific relations	太平洋問題調查會國際事務局
International Concessions	共同租界
International concessions and legation quarter	共同租界及公使館區域
International court	國際裁判所
International goodwill	國際親善
International imperialictic	國際帝國主義
International instrument class of pacific association	太平洋協會國際文書課
International law	國際法
International law	國際法

英文其他名词	日文其他名词
International military tribunal for the far East	極東國際軍事裁判所
Internationalism	國際主義
Internationalshosen kaisha	國際汽船會社
Internment camps in Japan	在日俘虜収容所
Intimate and inseparable	親善不可分
INTREPID	イントレピッド
Invasion of east Asia	東亜侵略
Investigatior of the China affairs board	興亜院調査官
Irioko Maru	イリオコ丸
Irkutsk	イルクーク市辯護士會會員
Iron Duke	アイアンデューク
Iron-ore cooperative council	鐵鋼協議會
Irredentism Problem	イリデンティスト問題
Isabel	イザベル
Islamic	イスラム信仰
Isolated diplomatic	孤立外交
Italian	伊人
Italian air-occasim	伊空軍
Italian army	伊軍
Italian army	伊太利軍
Italian consul general	伊太利總領事
Italian consulate general	伊太利總領事館
Italy Company	イタリー汽船會社
Italy embassy in Tokyo	在東京伊大使館
Italy ethnography	イタリア誌
Italy foreign minister	伊太利外相
Italy government	伊太利國政府
Italy language	伊太利語
Italy people	イタリー人
Italy ships pietro orseolo	伊太利船ピエトロオルセオロ號
Italy steamboat	伊太利汽船
Italy university	イリノイ大學
Ito commission	伊藤委員會
Jaar Markt Camp	ジャーマーケット收容所
Jaint-stock co. Tokyo machine manufacturing factory	東京機械製作株式會社
Jaji-shimpo	時事新報
Jaluit detachment	ジャルート派遣隊

英文其他名词	日文其他名词
Jaluit branch	ヤルート分遣隊
Jaluit Navy prosecutor	ジャルート海軍檢查官
James dixon pearson	ジェームズ・デイクソンピー・アソン
Japan Advertiser	ジャパン・アドバタイザー
Japan advertiser	チャパンアドヴアタイザー
Japan and Manchuria people	日滿人
Japan and Manchuria's warehouse	日滿倉庫
Japan chronicle	ジャパン・クロニクル
Japan economic federation	日本經濟聯盟
Japan exchange ship	日米交換船
Japan Germany cooperated operation	日獨協同作戰
Japan News	日本新聞
Japan political association	日本政治會
Japan Steel Manufacture Co.	日本製鐵株式會社
Japan syndicate of banks	日本銀行团
Japan Times	ジャパンタイムズ
Japan times and mail	ジャパン・タイムズ& メイル
Japan Times&Advertiser	ジャパンタイムス・アンド・アドヴァタイザー
Japan with suppression	日本人抑留者
Japan-Burma amity	日緬親和
Japan-China peace movement	日支和平運動
Japanese	日本人
Japanese	日本語
Japanese	日系
Japanese embassy in America	在米日本大使館
Japanese embassy in Berlin	在伯林日本大使館
Japanese Air	日本空軍
Japanese ambassador in Germany	在獨日本大使
Japanese ambassador in Italy	在伊日本大使
Japanese ambassador in London	在倫敦日本大使
Japanese ambassador in Manchukuo	滿洲國日本大使
Japanese ambassador in Vichy	ヴィシー駐剳日本大使
Japanese army commander	日本軍隊指揮官
Japanese attache	日本武官
Japanese authority	日本帝國官憲
Japanese battleship	日本戰艦
Japanese boat	日本船
Japanese boat captain	日本船長

英文其他名词	日文其他名词
Japanese Bushido	日本武士道
Japanese cabinet system	日本内閣制度
Japanese captives	日本人俘虜
Japanese chamber of commerce and industry	日本商工會議
Japanese christianity	日本基督教
Japanese Club	英吉利倶樂部
Japanese consulate	日本國領事館
Japanese consulate police	日本領事員警
Japanese copilot	日本操縱士
Japanese destroyer	日本驅逐艦
Japanese division commander	日本師団長
Japanese divisions	日本師團
Japanese Embassy	日本大使館
Japanese embassy at Mosow	ソヴエート聯邦日本大使館
Japanese embassy councillor in London	ロンドン駐在日本大使館参事官
Japanese embassy in Nanjing	南京日本大使館
Japanese Empire	日本帝國
Japanese empire captain	日本帝國海軍大佐
Japanese empire vice admiral	日本帝國海軍中將
Japanese Foreign Office	日本外交部
Japanese Foreign Office	外務省
Japanese Foreign Office American Division	日本外務省アメリカ局
Japanese garrisons	日本守備隊
Japanese government's note	日本政府公文
Japanese guard	日本監視兵
Japanese Guard	日本警備兵
Japanese guard	日本軍衛兵
Japanese hospital ship	日本病院船
Japanese imperial headquarters	日本大本營
Japanese Institute of Foreign Relations	日本外政協會
Japanese Institute of Foreign Relations	外政協會
Japanese Intelligence Staff	日本情報部員
Japanese Language	日本語
Japanese legation	日本公使館
Japanese legation in Switzerland	日本駐在瑞西公使館
Japanese Limited Liability Company of Times	有限責任會社日本タイムス社
Japanese marine	日本海兵
Japanese Marine Regiment	日本海軍陸戰聯隊

英文其他名词	日文其他名词
Japanese Marines	日本陸戰隊
Japanese merchants in China	在支日本商人
Japanese militarism	日本軍國主義
Japanese military attache	日本陸軍武官
Japanese military men	日本軍人
Japanese military men and civilians	日本軍民
Japanese minister	日本公使
Japanese Minister for Foreign Affairs	日本外務省大臣
Japanese minister in Sweden	日本駐在瑞典公使
Japanese minister to China	支那駐箚公使
Japanese MPs	日本憲兵
Japanese national bank	日本國立銀行
Japanese naval club	日本海軍俱樂部
Japanese navy in Shanghai	在上海日本海軍
Japanese officer	日系官吏
Japanese Officers of the High Command	日本高級司令部
Japanese Paratroops	日本落下傘部隊長
Japanese Patrol	日本巡查兵
Japanese people in Tongzhou	在通州日本人
Japanese Politician	日本國政治家
Japanese railway police	日本路警
Japanese regular army	日本正規軍
Japanese reinforcements	日本援軍
Japanese representative in Manchukuo	在滿日本代表
Japanese Sailor	日本水兵
Japanese section	日本課長
Japanese Section-Radio Tokyo	日本放送會館日本側部
Japanese settlement	日本人居留民
Japanese shipping industry	日本の海運業
Japanese soldier	日本看護兵
Japanese spirit	日本精神
Japanese spiritual culture	日本精神文化
Japanese steel tube company	日本鋼管株式會社
Japanese submarines	日本潛水艦
Japanese time	日本時間
Japanese torpedo bomber	日本雷擊機
Japanese USA citizens	日系米國市民
Japanese Vice Foreign Minister	日本外務次官

英文其他名词	日文其他名词
Japanese war production industries	日本軍事生産産業
Japanese Warship	日本軍艦
Japanese youth	日本青少年
Japanese-Chinese united front	日支共同戰線
Japanese-English coordination	日英協調
Japanism	日本主義
Japanese army	日本駐屯軍
Japan's air force	日本航空部隊
Japan's consul general in Singapore	シンガポール日本總領事
Japan's wartime controlled economy	日本戰時經濟統制
Japan's wartime production control	戰時産業統制
Japonism movement	日本主義運動
Jardine Matheson and co.	ジャーディン・マザソン會社
Jat Regiment	ジャッ聯隊
Java	ジャワ新聞
Java	ジャワ語
Java Kempeitai	爪哇憲兵隊
Java Kempeitai Headquarter	ジャヴア憲兵隊司令部參謀
Java. Batavia	ジャワ,バタビヤ駐在米國總領事
Javanese	爪哇人
Javanese Labour Battalion	ジャバ勞動者隊
Jean nicolet	ジーン・ニコレット號
Jenkins Robertson Memorial Hospital of the English Baptist Mission	ジェンキンス・ロバートソン英國バプテスト傳道會紀念病院
Jesselton Prison	ジェセルトン刑務所
Jesselton Prison	チェスルトン監獄
Jewish	ユダヤ人
Jiaotong university	交通大學
Jilin regime	吉林省政府
Jimmukai	神武會
Johns Hopkins University	ジョンズ・ホプキンズ大學
Jolo Detachment	ホロ派遣隊
Jonhei camp	ジョンヘイ収容所
Journal of national salvation	救國時報
Japanese Immigration	日本移民
Judaism	ユダヤ教
Judge Advocate attached to Court Martial	軍法會議所屬法務局副理事

英文其他名词	日文其他名词
Judge advocate general navy division of the war crimes office of the navy ministry	戰犯局海軍部海軍省法務部長
Judge Advocate General's Office	在ロンドン陸軍省法務局長室
Judge Advocate of the Troop-Command Balikpapan	バリクパパン臨時軍法會議法務官
Judge of Supreme Court of Queensland	クイーンズランド州最高裁判所
Juichin government	瑞金政府
Jus sanguinis	血統主義
Kadashan bay	カイシャン・ベイ
Kagura hall	神樂殿
Kai Tak Aerodrome	カイタク飛行場
Kai Tak Aerodrome	啓德飛行場
Kaiyuan wharf	カイユアン波止場
Kakkas Airfield	カッカス飛行場
Kalinin bay	カリニン・ベイ
Kalk	カルク
Kampong Makassar Capm	カムポングマカッサル
Kanburi	キャンブリ
Kandaw Camp.	デスガソ收容所
Kanko hotel atam,Japan	日本熱海觀光ホテル
Kanto ordnance industry corporation	関東兵器工業株式會社
Kantokuen	関特演
Karang Pana Camp	カランパナ收容所
Karenko Camp	花蓮港收容所
Karoengan-Peningki	カルンガン—ペニンキ陣地部隊
Kasaan bay	カサーン・ベイ
Kato Force	加藤部隊
Katsu kika	カツ・キカ
Kawasaki secondary internment camp	川崎第二収容所
Kawasaki shelter	川崎収容所
Kayo Maru	香洋丸
Kearney	キーアニー號
Keitsuko	惠通行
Kemmendine Chinese Cemetery	ケメンダインン中國人墓地
Kempei dai nippon	大日本憲兵
Kempei-Tai,Batavia	バタビア憲兵隊
Kempei-Tai,Buitonzorg	バイテンゾルフ憲兵隊
Kempei-Tai,Kediri	ケヂリ憲兵隊
Kempei-Tai,Palembang	パレムバン憲兵隊

英文其他名词	日文其他名词
Kempei-Tai, Sumarang	スマラン憲兵隊
Kennedy internment sites	ケネディ抑留所
Kenyahs	ケニヤ人
Khedive	ケテイヴ
Kin Lee Yuan Wharf	金利源波止場
Kinsayok Coolie Hospital	キンセイヨク苦力病院
Kinsayoke hospital Camp	キンサヨケ病人收容所
Kinsayoke No. 1 Jungle Camp	キンサヨケ第一密林收容所
Kinsuiro	錦水樓
Kirikhan Camp	キリカン收容所
Kitkum bay	キットカム・ベイ
Kobayashi corps	小林兵團
Kobe city blue wooden bridge police department affiliated substitute prison	神戸市蘭木橋員警署附屬代用監獄
Kochi sha	行地社
Kockku Camp	コックウ收容所
Kodoha	皇道派
Koepang Airfield	コエパング飛行場
Koeran army	朝鮮軍
Koeran Bank	朝鮮銀行
Koeran people	朝鮮人
Kokain	コカイン
Kokka gakkai zasshi	國家學會雜誌
Komintern central department	コミンテルン本部
Komintern Force	コミンテルン勢力
Konoye message	近衛メッセージ
Konoye principles	近衛原則
Korean	韓人
Korean Bank	朝鮮鐵道局
Korean guard	朝鮮衛兵
Korean special accounts	朝鮮特別會計
Korean troops	朝鮮人聯隊
Koreanin	鮮人
Koseikai	公正會
Kota Baharu Airfield	コタ・バルー飛行場
Kota Tjane	コタ・ツヂエイン監獄
Kramer organization	クラーマー團
Kranji Camp	クランジ收容所

英文其他名词	日文其他名词
Kraskino border guard	クラヌキノ國境警備隊
Kuala Balat Camp	クアラ・バラットキャンプ
Kuching Gaol	クッチン刑務所
Kuching Hospital	クチン病院
Kudo Butai	工藤部隊
Kula gulf	クラ・ガルフ
Kutwo	クートー號
Kwajalein	クウェゼリン
Kwangsi party	廣西派
Kwantung army headquarters administration bureau	關東軍司令部管理部
Kwantung army solicitor general	關東軍法務部長
Kwantung Government General	關東局
Kwantung Government General	關東廳
Kwantung railway	關東鐵道
Kyontaw Camp	キョンタウ收容所
Kyoto imperial university	京都帝國大學
Kyowakai	協和會
L. O. G. Camp	L. O. G. 收容所
L. O. G. Camp	エル・オウ・デイ收容所
Labour Association	勞務協會
Labour Party	勞働黨破門
LADYBIRD	レィディ バード號
Ladybird	レーテンバード號
Ladybird	英國軍艦レディーバード
Laffaux	ラフォー
Laha Airfield	ラハ飛行場
Laha Detachment	ラハ派遣隊
Laha Occupation Force	ラハ攻略部隊
Lahad Datu Airfield	ラハドダッー飛行場
Lahad Datu Labour Association	ラハットタッ労働組合
Lahat Camp	ラハト收容所
Lake champlain	レーク・チアブレン
Lamaism	喇嘛教
Lampersarie Camp	ランパサリー收容所
Lanchoe-Haichow railway	隴海鐵道
Land Forces South East Asia, Singapore	新嘉坡東南亜細亜聯合軍陸上部隊司令部
Land revolution	土地革命
Land system	土地制度

英文其他名词	日文其他名词
Land Warfare Department	陸戰部
Landholding class	地主階級
Landing force in Shanghai	在上海陸戰隊
Landing Place	揚陸場
Land-purifying	清鄉
Lanessan hospital	ラネサン病院
Lang	ラサング波止場
Langley	ラングレイ
Langoan Hospital	ランゴアン病院
Latin	ラテン民族
Latin language	羅甸語
Latin-american	ラテンアメリカ人
Laub	ローブ
Laura Haygood Girl School	ローラ・ヘーグッド女學校
Law department of Tokyo imperial university	東京帝國大學法學部
law the Japan Coal Co. Ltd	日本石炭株式會社
Lawo Segalagala Camp	ロウセガラガラ收容所
League of nations	國際聯盟
League of nations commission of enqiry into the control of opium-smoking in the Far East	國際聯盟極東阿片吸煙取締調查委員會
Lebensrauma So-called living area	レーベンスラウム
Left wing	左翼
Left-wing ideas	左翼思想
Left-wing revolution	左翼革命
Legal department of United States army	米國陸軍法務部
Legal Section General Headquarters, Superme Commander For the Allied Powers	聯合國軍最高指揮官總司令部法務部
Legal Section to the War Department	陸軍省法務部
Legation in ethiopia	エチオピア帝國公使館
Legitimate opposition parties	在野合法政黨
Lenin university	レーニン大學
Leninism	レーニン主義
Les Eparges	レゼパルジュ
Lexington	レキシントン
Leyden	レイデン大學
Liaison Conference	連絡會議
Liang Camp	リアング收容所
Liaoyang section	遼陽分隊

英文其他名词	日文其他名词
Liberalism	リベラリズム
Liberalism	自由主義
Liberalits	自由主義者
Liberation	解放
Licensed colonial coporations	特許植民會社
Lievin	リエヴァン
Life a ban on gold	金解禁
Light industry	輕工業
Lincoln height camp	リンカーン・ハイト刑務所
Liquica Gaol	リクイカ監獄
Lisbon Maru	リスボン丸
Liscombe bay	リスコム・ベイ
Little cabinet	小内閣制
Live and die together	同生共死
Live and let live	自存し他にも自存させよ
Living stone internment sites	リヴィングストン抑留所
Lloyd Line	北獨逸ロイド線
Local autonomous coucil	地方自治委員會
Local military authorities	地方軍政機關
London Mayor	ロンドン市長
London Times special correspondent	ロンドンタイムス特派員
London university	ロンドン大學
London university professor, Britain	英國ロンドン大學教授
Long Island	ロング・アイランド
Longhua internment camp	龍華收容所
Longi Camp	ロンジ收容所
Long-term resistance	長期抗戰
Looting and violence	掠奪暴行
Love and benevolence	仁愛
Love the people	愛民主義
Luchtdoel Artillery Tarakan	タラカン・ルートドエル炮兵隊
Lunga point	ルンガ・ポイント
Luo Fu imperial consulate	在羅府帝國領事館
Luoyang pill	洛陽丸
Lushun section	旅順分隊
Luteran United Mission	ルテラン・ユナイテッド・ミッシヨン
Lutong Camp	ルトング收容所
Luzon P. W Camp No. 1	ルソン第一俘虜收容所

英文其他名词	日文其他名词
Lyceum Camp	ライセアム
Lyceum Camp	リシウム收容所
Lytton Commission	リットン調査團
M V Sutlet	汽船チサラック號
Mac Arthur	マッカーサー幕僚部
Macaroni factories	マカロニ工廠
Machine Gun Battalio	第二四對戰車聯隊
Machine Gun Battalion	機関銃大隊
Mackenzie	マッケンジー
Mackenzie's Wharf	マッケンジー波止場
Maddox	マドックス
Madoerese	マドア人
Madoro	マドロー號
Maggie maru	マギエ丸
Mainichi shinpun	毎日新聞
Major general in Chinese army	中國陸軍少將
Major J. A. G. D	陸軍少佐 J. A. G. D
Makassar	マカッサー
Makin island	マキン・アイランド
Malay	マレー人
Malay	マレー語
Malay Document	蘭軍情報部第一マレイ新聞課長代理
Manchester Regiment	マンチュスター聯隊
Manchu and Mongolia problem	滿蒙問題
Manchukuan consul	滿洲國領事
Manchukuo Army	滿軍顧問
Manchukuo court	滿洲國裁判所
Manchukuo inspector	滿洲國監察官
Manchuria special service boards	滿洲裡特務機関
Manchuria work machinery coporation	滿洲工作機械株式會社
Manchurian Army	日滿軍
Manchurian central bank	滿洲中央銀行
Manchurian district committee of the Chinese communist party	中國共產黨滿洲委員會
Manchurian railroad investigation	滿鉄調查局
Manchurian-Mongolian problems	滿蒙問題
Mandatory rule	委任統治
Manifesto of National Salvation	救國宣言

英文其他名词	日文其他名词
Manila attack	マライ攻撃
Manila bay	マニラ・ベイ
Manila camp	マニラ收容所
Manila Cathedral	マニラ・カシードラル
Manila citizens	マニラ市民
Manzanar group living plants	マンザナー集團生活所
Manzhouli captain of police	満洲里員警隊長
Map of Shanghai	上海地図
Marco polo bridge	盧溝橋
Marcus island	アーカス・アイランド
Marcus island base	マーカス島基地
Marcus island branch	マーカス島分遣隊
Maritime commission of American	米國海事委員會
Mariupol	マリユーポリ號
Marne	マルヌ
Maros Airfield	マロス飛行場
Maros Maru	マロス丸
Marshal of Poland	ポーランド元帥
Marshal Soult	マーシャルソールト
Marxism	マルキシズム
Maryknoll	メリノール
Maryknoll Mission, Stanley, Hong Kong	香港スタンレイ・メリイノール傳道館
Maryknoll missioners	メリノール傳道所
Maryknoll society	メリノール協會
Mashumi	マシュミ
Mason	メーソン
Mass movement Peking	北京民衆運動
Masshullah	アシュラー
Matanikau	マタニコウ
Match Factory	マッチ工場
Mater Dolorosa	マータードロロサ
Materialistic individuelism	唯物主義
Materialistic philosophy	唯物哲學
Materials for war preparations	戰備材料
Matsukoi internment sites	マツコイ抑留所
Matters regarding the imperial general headquarters council in the imperial presence	大本營御前會議ノ件

英文其他名词	日文其他名词
Maurae of 2/21 Battalion, Australian Imperial Forces	濠州帝國軍二/二一大隊
Mauser	モーセル
Mayor of Nagoya	名古屋市長
Mc calla	マック・キアラ
Mc cook	マック・クック
Mc lanahan	マック・ラナハン
Mckinley internment camp	マッキンレー抑留所
Meade	ミード
Medan the Court of Justice	メダン地方裁判所代理檢事
Mediation movement	斡旋運動
Medical Off. IInd Cl. Surgeon assistant to Professor Redingius	二級軍醫レッディンギアス教授助手外科醫
Medical Officer IInd Class	蘭印軍二級軍醫セマラング在住醫師
Medway	メドウェー
Meeting of high Japanese military officers	日本軍高級將官會議
Meeting of the KO－A－IN	興亜院會議
Mei organ	梅機関
Meian	メイアン號
Meihsia	メーシア號
Meiji Taitei	明治大帝
Meiping	メイピン號
Mekong islands issues	メーコン島嶼問題
Melbourne army headquarters	メルボーン軍司令部
Melbourne Maru	メルボルン丸
Melville	メルヴィル
Member of the communist party, Russian	ロシア共産黨員
Member of the House of Pears	貴族院議員
Member of the League	聯盟加盟諸國
Memorandum by the under secretary of State (Welles)	國務次官ウェルズ覺書
Menado Army Kempei Tai	マナド方面憲兵隊
Menadonese	メナド人
Mercy ship	マーシーシップ
Mergui School	マーグイ學校
Mergui-kirihkan road	メルギー・キルカン道路
Mesta machine company	メスタ機械會社

英文其他名词	日文其他名词
Metrodist Episcopal Church, American Methodist Mission	メソヂスト・エピスコパル教會傳導團
Mexican	メキシー政府
Mexican	メキシコ人
Miao people	苗族
Middx	ミドルセックス聯隊
Midway	ミッドウエー制壓戰
Mien-Wha Threa Dco	ミエンファ絲會社
Militarism	軍國主義
Militarist	軍國主義者
Militaristic dictators	軍事獨裁者
Militaristic dictatorship	軍事獨裁
Military Affairs Bureau of the War-Ministry	陸軍省軍務局
Military Commission in Manila	マニラ軍事委員會
Military conquest	中國征服
Military Department	東南亜細亜陸軍部
Military government for German	獨逸軍政部
Military government for Manchukuo	滿洲國政府軍政部
Military intelligence section of headquarter in the Far East command	極東軍司令部軍事情報部
Military intelligence section of the United States of America	亜米利加合衆國軍陸軍情報部
Military interrogator for the U. S. S. R	東京國際軍事裁判所ソヴイエット社會主義共和國聯邦側軍事検察官
Military police headquarters of Manchukuo	滿洲憲兵司令部
Military tribunal of the Zabaikalye amur district	ザベイカルーアムール地方軍
Millitary Buraau for traing and education	陸軍軍事訓練教育局
Millitary Court	軍事裁判所
Millitary Hospital Kota Radja	コタラヂヤ陸軍病院
Millitary Police of the Japanese Navy	日本海軍憲兵隊
Minao-Bunko	ミナオ文庫
Ming Xiaoling mausoleum	明孝陵
Minister of beiyang	北洋大臣
Minister of the ministry of civil affairs	民政部大臣
Ministers of State	國務大臣
Ministry of Finance, United States	米國大藏省
Ministry of foreign affairs in Russia	露都外務省
Ministry of Greater East Astatic Affairs	大東亜省

英文其他名词	日文其他名词
Miraglia	ミラリア
Miramar Apartments	ミラマー・アパート
Miri Camp	ミリキャンプ
Miri Oilfield	ミリ油田
Misorainternment sites	ミソラ抑留所
Mission bay	ミッション・ベイ
Mission of China	中國使節團
Mission of the republic of China	中華民國駐日使節團
Mitsubishi shipyard	三菱造船所
Mitsunosho ship yard	ミッノショ造船所
Mitusi Shipping Kaisha	三井船舶會社
Mixed Dutch and British	蘭英混血人
Mixico president	メキシコ合眾國大統領
Moderates	穩健派
Modern Maternity and Childrens' Hospital	モダン・マターニテイ・アンドチルドレンズ・ホスピタル
Moluksche Handeiay	モロックシエ商事會社
Monarchism	君主々義
Mondai Prisoners of War Camp	マンダイ俘虜收容所
Mongolia problem	蒙古問題
Mongolian autonomy movement	內蒙自治
Mongolian Government	蒙古政府
Mongolian labor people	蒙古勞動氏衆
Mongolian official	蒙古官吏
Mongolian topography	蒙古地志
Monroe dectrine	モンロー主義
Monroe Doctrine signifies an autitute of retreat	モンロー主義擴張堅持
Monte Grappa	モンテグラッパ
Monte Novegno	モンテノヴェニォ
Montello	モンテルロ
Monterey	モンタレー
Mopping up the Chinese merchants of enemy character	敵性華僑掃蕩策
Moral diplomacy	道義外交
Moral embargo	モーラルエンバグウー
Morfine	モルヒネ
Morgan chamber of commerce	モルガン商會
Mori troop	森部隊

英文其他名词	日文其他名词
Moroccan crisis	モロッコ問題
Moros	モロ族
Morotai Camp	モロタイキャンプ
Morotai Prisoners of War Camp	モロタイ俘虜收容所
Morphine，cave	モルヒネ窟
Morumen camp	モウルメン収容所
Most favoured nations	最惠國
Moute Cengio	モンテチェンジオ
Movement for an imperial rule assistance	大政翼贊運動
Movement for rationalizing the industries	產業合理化運動
Movement the of youth organization of the Concordia Society	協和青少年運動
Mukden military police	奉天憲兵隊
Mukden prison camp	奉天俘虜收容所
Mukden provincial government	奉天省政府
Mukden regime	奉天政府
Mukden section	奉天分隊
Munda	ムンダ
Municipal bureau of international settlement	共同租界工部局
Munitions companies	軍需會社
Munitions manufacturing workshop	軍需品製造工廠
Muntinlupa camp	モンテンルバ刑務所
Myoko	妙高
Mysticism	神秘主義
N. E. F. I. S	オランダ軍情報部犯罪局々長
N. E. I. Army	和蘭陸軍
N. E. I. Army	蘭領東印度陸軍大尉
N. I. S. Semarang	蘭印スマラン鐵道會社
Nabob	ネイボブ
Nagato Maru	長門艦
Nagoya university	名大
Nakamura Shosen Kaisha	中村汽船會社
Nakom Patom	ナコムパトム
Nakon Paton Hospital	ナコンパトン病院
Nanchang violence	南昌暴動
Nancy	ナンシー
Nancy Mo Ller	汽船 ナンシイ・モウー號
Nanjing air force	南京空軍

英文其他名词	日文其他名词
Nanjing garrison	南京警備
Nanjing warlord regimes	南京軍閥政權
Nankin Barracks	南京營舍
Nanking Government	南京政府
Nanking Government	南京政權
Nanking ronovation government	南京維新政府
Nassau	ナッソー
National City Bank	ナショナル・シチバンク
National congress of the kuomintang	國民黨全國代表大會
National cultural salvation association in Shanghai	上海文化界救國會
National defence army	國防軍
National defence committee	國防委員會
National defence government	國防政府
National financial control society	國家財政統制會
National government at Nanking	南京國民政府
National industrialism	國家產業主義
National life stabilization policy	國民生活安定方策
National Mobilization Council of fifty	國家總動員會議
National normal university	北平師範大學
National organic law	國家組織法
National Peking university	國立北京大學
National police agency	中華民國員警
National policy	國家管理制度
National Policy Company	國策會社
National review	ナシヨナルレビゥ志
National salvation federation of all classes of people	中華各界救國聯合會
National salvation group	救國團
National salvation movement	救國運動
National salvation societies	各界救國會聯合會
National savings committee	國民貯蓄委員會
National savings encouragement bureau	國民貯蓄奬勵局
National savings encouragement committee	國臣貯蓄奬勵委員會
National socialism	國家社會主義
National Socialism	國家社會主義
National Socialist Party	國家社會黨
National spirit	國民精神
National spiritual mobilization movement	國民精神總動員

英文其他名词	日文其他名词
Nationalism	國粋主義
Nationalist Government	國民政府
Nationalist party member	國民黨員
Nationalists	國家主義
Nationalists	國家主義派
Native people of Borneo	ボルネオ原住民
Natoma bay	ナトマ・ベイ
Naval Affair Bureau,Navy Ministry	海軍軍務局
Naval cadets selection committee member	海軍學生委員
Naval construction	海軍建造
Naval disarmament	海軍軍縮
Naval Disarmament	海軍軍備制限
Naval police detention cell	海軍拘置所
Naval Seaplane Base	海軍水上機基地部隊
Naval section in Manchukuo	駐滿海軍部
Naval vessel construction	海軍艦船建造
Navy Affairs Department	軍令部
Navy captain	海軍大佐
Navy minister	海軍大臣
Navy Ministry	海軍省
Navy of the Great Japanese Empire	大日本帝國海軍
Navy punishment ordinance	海軍懲罰令
Navy vice minister	海軍省次官
Nazi	ナチ
Nazi	ナチス派
Nazi declaration	ナチス宣言
Nazi ideology	ナチ・イデオロギー
Nazi regime	ナチ政権
Nazis army	ナチス軍
Nazism	ナチス民族主義
Nee Soon Camp	ネエ・スーン・キャンプ
Nee Soon Hospital Camp	新嘉坡ニー・シーン病院
Neesoon Camp	ニースーン收容所
NEFIS	和蘭軍情報部
Negative opinion	消極論
Nehenta bay	ネヘンタ・ベイ
Neighbourly unity	善鄰友好
Neiho	ネイホー

英文其他名词	日文其他名词
Netherlands cruiser	和蘭巡洋艦
Netherlands Division I. S. P.	國際検察團和蘭部
Netherlands Forces Intelligence Service(NEFIS)	オランダ軍情報部
Netherlands Government	和蘭政府
Netherlands guianas	蘭領ギアナ基地
Netherlands Indies Film Unit	蘭領印度映畫隊
Netherlands Indies Government	和蘭領印度政府
Netherlands War Crimes Investigation Team	和蘭戰爭犯罪調查團
Neutral state	中立國
New bilibid camp	ニュウビリビッド收容所
New cabinet, planning board	新企畫院
New China regime	新支那政權
New chronicle	ニュースクロニクル
New economic structure	新經濟機構
New Guinea	ニューギニア石油會社
New order	新秩序
New Order in East Asia	東亜新秩序
New Order in Great East Asia	大東亜新秩序
New order of greater east Asia	大東亜新秩序
New structure of great east Asia	大東亜新體制
New world order	國際新秩序
New York Herald	紐育ヘラルドトリビテン
New York herald tribune	ニューヨクヘラルド
New York National City Bank	ニューヨークナショナルシティー銀行
New York Times	ニューヨークタイムス
New York Times special correspondent	ニューヨークタイムス特派員
New Zealand expeditionary forces	ニュージーランド遠征軍
New Zealand Government	新西蘭政府
New Zealand representatives	ニュージーランド代表
New Zealanders	新西蘭人
Newly developed mines expenditures for these measures	新礦開發助成金
News Agency	資料通信社
NewYorkTimes	ニユーヨークタイムズ
NI Red Cross organisation	蘭印赤十字社
Niagara	ナイアガラ
NICA	蘭印民政部
Nighibei Kosho	日米交渉

英文其他名词	日文其他名词
NIGIS	蘭印政府情報部
Niki Nridge-building camp	ニキ橋梁構築收容所
Nine-power treaty	九國條約
Nineteeenth rounte army	十九路軍
Nippon express Takamatsu branch	日本通運株式會社高松支店
Nippon telegraph communication agency	日本電報通信社
Nippon yusen Kaisha Sang Hong Kong branch	日本郵船會社桑港支店
Nisshin Kisen	日清汽船會社
Nitsubishi heavy industriest	三菱重工業株式會社
Nitta Maru	新田丸
No burn no kill no plunder	焼クナ殺スナ掠メナ
No. 1 Camp	第一收容所
No. 2 Camp Death Valley	第二收容所死穀
No. 3 Camp	第三收容所
Nominating committee of industrialists	工業家ノ推薦委員會
Non-complaint-based crime	非親告罪
Non-discrimination	無差別待遇
Non-discrimination problem	無差別對待問題
Non-discriminatory treatment	均等待遇
Non-quota immigrations	非割當移民
Normanton Camp	新嘉坡ノルマントン收容所
North China area army discipline conference of Prosecutors	北支那方面軍軍律會議検察官
North China army	北支方面軍
North China army	華北派遣軍
North China autonomy movement	北支自治
North China Daily news	北支每日ニュース
North China Detached Army	北支那開發會社
North China headquarters	北支軍司令部
North China industry	北支産業
North hampton	ノーザムプトン號
North Manchuria Railway	北満鉄道
North Point Interment Camp	ノース・ポイント・インターメント收容所
North ward advance countinental policy	北進大陸策
Northeastern people	華北民眾
North-eastern people's revolutionary army	東北人民革命軍
Northern bureau of the central committee of the communist party	中共中央北方局

英文其他名词	日文其他名词
Northern bureau of the communist party	中國共産黨北方局
Northern Command Discharge Depot	北部司令部除隊所
Northern expeditionary	北伐
Northern Expeditionary Army	北伐軍
Norwegian	ノールウェー人
Norwegian	ノルウエー人
Norwegian consui	ノールウエー領事
Nyhus family	ニフス
Oahu	オアフ號
Oakland Tribune	オークランドトリビユーン
Objections	強硬論
OC No. 4 War Crimes Investigation Team Detachment Palembang	OC 第四戰犯調查班パレンバン分遣隊
Odeneru camp	オドネル收容所
Office of chief of counter-intelligence translators and interproters section in general headquarters United States army forces,Pacific	合衆國太平洋軍總司令部防牒局長事務室通訳翻訳部
Office of Chief of Staff, G-2, Washington	ワシントン第二部參謀長室
Office of Far Eastern Affairs of the Department of State	國務省極東事務局
Office of the Judge Advocate General	法務局長事務所軍務課法務部員少佐
Office of the Secretary	秘書官事務所
Officials of the Soviet foreign office	蘇外務省官吏
Oglala	オグララ
Okimura Unit	オキムラ隊
Oligarchic tyranny	寡頭專制
Ommaney bay	オマニー・ベイ
Omori Camp	大森收容所
One bridge of the army under Yu Huseh-chung	於學忠一旅
One family of the whole world	天祖肇國
One virtue and one soul for Japan and Manchoukuo	日滿一德一心
Oomoto	大本教
Openly adopting policies of assisting the Jiang Jieshi regime	蔣政權援助政策
Operatias without a rear	無後方作戰
Operation JI	ジ工作
Operations in Guandong	關東作戰
opium	阿片

英文其他名词	日文其他名词
Opium conference	阿片會議
Opium Policy	阿片政策
Opportunism	日和見主義
Opposition	反對論
Opten noort	オプ・テン・ノールト號
Optimism	樂觀主義
Orange	オレンヂ
Orange	オレンヂ艦隊
Orange	オレンヂ作戰
Oraonnantie Vreemdelingenarbeid	オルドナンティーフレームデリンゲンアルバイト
Ordinance for extracrdinary wartime authority to act	戰時行政職權特例
Oriental ideology	東洋思想
Oriental monroe dectrine	東洋モンロー主義
Oriental peoples	東洋人
Oriental problems	東洋問題
Oriental research institute	東洋研究會
Oryoku Maru	鴨綠丸
Osaka asahi	大阪朝日
Osaka camp	大阪刑務所
Osaka city jade made police department affiliated substitute prison	大阪市玉造員警署附屬代用監獄
Osaka military preparatory school	大阪陸軍幼年學校
Osaka Shosen Kaisha	大阪商船會社
Osuma Plans	治計畫
Otsuki unit	オーツキ隊
Outer Mongolia autonomous government	外蒙古自治政府
Outer Mongolia businessman	外蒙古商人
Outer Mongolian cavalry	外蒙騎兵
Outer Mongolian forces	外蒙軍
Outer Mongolian mounted guards	外蒙監視兵
Outram Road Gaol	アウトラム・ロード刑務所
Overseas Chinese in southeast Asia	南洋華僑
Ox-Commander of the 4th POW Camp	テイマヒ第四俘虜收容所司令炮兵少佐
Oxford university press	オクスフォード大學刊
P. O. W. camp, Koepang	クパン俘虜收容所
P. O. W. camp, Macassar	マカッサル俘虜收容所
P. O. W. camp, Oesapa Besar	ウサパ・ベサー收容所

英文其他名词	日文其他名词
Pacific navy	太平洋海軍
Pacific ocean commander in chief	太平洋司令長官
Pacific office of the theater judge advocate war crimes branch	法務局戰爭犯罪部
Pacification unties	宣撫班
Padang Barmoks	パダン兵営
Padang Civil Goal	パダングー般人監獄
Padang Hospital	パダング病院
Padang Prison	パタン收容所
Pamphlet problem	パンフレット問題
Pan-American compound	亜米利加館
Panay incident and Ladybird incident	在支第三國人及第三國權益
Pancha Dharma	パンチャ・ダールマ
Pank Baru Camp	パカンバル俘虜收容所
Pan-nationalism	汎民族主義
Papen cabinet	パーペン内閣
Parallel policies	パラレル政策
Pare-Pare Camo	パレパレ收容所
Parindra	パリンドラ黨
Parliamentarism	立憲主義
Parliamentary government	議會政治
Parliamentary vice-ministry system	政務次官制
Party headquarters	中央黨部
Party politics	政黨政治
Pasir Sinan Station	パシルシナン停車場
Patao	霸道
Patriotic service through savings	貯蓄報國
Patriotism	愛國精神
Patroller	パトローラー
Peace and anti-communism movement	和平反共運動
Peace anti-communism and establishment of a new state	和平反共建國
Peace between Japan and China	中日和平
Peace comments	打切り和平論
Peace conversation between Japan and China	日支和平交涉
Peace preservation corps	保安隊
Pearl Harbor Attack Plan	眞珠灣攻擊計畫
Peasant forces	土著農民軍

英文其他名词	日文其他名词
Peasant workers of the red army	勞農紅軍
Peasant workers of the red army revolutionary military commission	工農紅軍革命軍事委員會
Peers school	學習院
Peking military prison	北京軍監獄
Peking Provisional Government	北京臨時政府
Peking special conrespondent	北京特派員
Peking teacher's college	北京師範大學
Peking-Hankow railway	京漢線
Pekink government	北京政府
Pekink University	北京大學
Pematang Seantan-prison	ペマタンシアンタン刑務所
Peniel Missionary Home at Sai Nan	ペニエル・ミッシヨナリ・ホーム
Pennsylvania flagship	米艦ペンシルヴァニア旗艦
People Commissariat for Home Affairs of the U. S. S. R Chief of the Frontier corps	ソヴイエット社會主義共和國聯邦內務省
People Commissariat for Home Affairs of the U. S. S. R Chief of the Frontier corps	ソ聯內務執行委員會國境準備隊長
People in the districts where the campaign has been conducted	清鄉區民眾
People of Burma	ビルマ國民
People of the U. S. S. R	ソヴィエト社會主義共和國聯邦人民
People stay in Russia	ロシア在留民
People's armed self-defence movement	民族武裝自衛運動
People's Comissariat for Home Affairs of the USSR Main Department of the Frontier Crops	モスクワ內務人民委員部
People's committee of Chinese Soviet government	中國ソヴエート政府人民委員會
People's Council	國民參議院議員
People's front advacutors	人民戰線
People's Government of the Soviet Government	中華ソヴイエト共和國中央政府
People's revolutionary government in Fukien	福建人民革命政府
People's volunteer army	民眾義勇軍
Perjury	偽証ノ罪
Permanent international committee of ex-servicemen	常設國際在鄉軍人委員會
Perry monument	ペルリ記念碑
Personnel section of demobilization bureau	復員局人事課
Petrel warship	ペテレル號
Petrof bay	ペトロウ・ベイ

英文其他名词	日文其他名词
Pharisees people	パリサイ人
Philip	フィリップ
Philippine Army	比律賓軍
Philippine General Hospital	フィリッピン・ゼネラル病院
Philippine Government	ヒリッピン政府
Philippines detention	比島抑留所
Philippines internment camp	比島俘虜収容所
Philippines national hospital	比島國立病院
Philippines red cross	フィリピン赤十字社
Philippines soldier patients	比島兵患者
Pickets for anti-Japanese	反日目的糾察隊
Pidgin English	支那式英語
Pililla convent	ピリラ修道院
Pioneer Khitting Mill	パイアニヤ編物工廠
Pisumaku internment sites	ピスマーク抑留所
Plan of battles to the USSR	対ソ戰計畫
Plans against the Soviet Union	ソ聯邦ニ對スル作戰計畫
Plaza of Intramuros	イントラムロス広場
Plough for the public fields	公田代耕
Poland	ポーランド出征
Poland Ambassador	波蘭大使
Poland president	波蘭共和國大統領
Police department in Tatsuyama	龍山員警署
Policies of non-expansion prirciple and settlement	現地解決不擴大方針
Policies of reform	革新政策
Policy B for the management of areas around Shanghai	上海周邊處理方針乙
Policy B for the management of north China	北支處理方針乙
Policy for the management of the areas around the concession	租界周邊處理方針
Policy of checking one foreign country by using another	以夷制夷
Policy of depending upon European and American countries	歐米依存政策
Policy of non-interference	不干涉政策
Policy of non-interference	不干涉主義
Policy of peace	平和政策
Policy toward U. S. S. R.	對ソ政策

英文其他名词	日文其他名词
Polish ambassador to Japan	駐日ポーランド大使
Polish ambassador to the U. S. S. R.	駐ソポーランド大使
Polish citizen	ポーランド人
Polish language	ポーランド語
Polish Minister	ポーランド公使
Political bureau of the central committee of the communist party	中共中央ノ政治局
Political minister of Tokyo Asahi Shinbun	東京朝日新聞政治部長
Political society of great Japan	大日本政治會
Pollux	ポリュックス
Ponape branch	ポナペ分遣隊
Pool price system	公定價格制
Port au Prince	ポルタオーブランス組合
Port Blair Jail	ブライア港民事拘禁所
Portugal's prime minister	葡萄牙首相
Portugue president	ポルトガル共和國大統領
Portuguese	葡國人
Portuguese	ボルトガル人
Portuguese	葡萄牙語
Portuguese soldier	葡萄牙兵士
Portuguese Troops	葡萄牙國軍隊
Portuguese government	葡國政府
Posyet frontier guard	ボシエト國境警備分遣隊
Prajurit Pakerja	プラユリット・ペカーヤ
Pravda	プラウダ
Pravda press co.	プラウダ新聞社
Prefectual government offices	地方廳
Preliminary organ for the students' fedration for national salvation	全國學生救國會聯合會準備會
Premier	ブリミアー
Premier's official residence	首相官邸
Preparatory meeting of the great asiatic society in China	中國大亜細亜協會籌備會
Prepare for revenge	準備復仇
President Harrison	プレジデント・ハリスン號
President of Manchuria railway	滿鐵總裁
President of the Assistance Association	翼賛會總裁
President of the Fengtian chamber of commerce	奉天商議會頭

英文其他名词	日文其他名词
President of the imperial rule assistance association	大政翼賛會總裁
President of the Japan bank	日本興業銀行総裁
President of the Japanese red cross society	日本赤十字社社長
President of the north China development corporation	北支那開發株式會社総裁
President of the privy council	樞密院議長
President of the supreme command	統帥部總長
Press the communist	共產黨彈壓
Prevent border troubles	國境紛爭防止
Prime minister of Manchukuo	滿洲國總理大臣
Prince	ブリンス
Prince of wales	プリンスオワウエルス號
Prince's Cabinet	皇族內閣
Princeton	プリンストン
Principle of "divide et impera"	分割統治主義
Principle of free industry	產業自由主義
Principle of free trade	自由貿易主義
Printing office-Washington	翻訳局
Prisoner of war and civilian internment camps	民間被抑留者收容所
Prisoner of War Camp, Murchison	マーチソン俘虜收容所
Prisoners of war camps	獨伊人俘虜
Prisons Soekamiskin	スカミスキン刑務所
Private secretary to the prime minister	內閣總理大臣秘書官
Privy council committee	樞密院委員會
Privy Council, Imperial Palace	宮城內樞密院
Pro-axis policy	親樞軸政策
Problem of the alliance with Germany and Italy	日獨伊同盟問題
Pro-chiang	援蔣
Pro-Chinese	親華
Pro-Chinese	親支
Pro-comintern and anti-Japanese policy	容共抗日策
Pro-comintern and anti-Japanese, anti-Manchoukuo policy	容共抗日滿政策
Pro-communism and anti-Japanism	容共抗日主義
Pro-communist	容共
Pro-Communist policy	容共時代
Procurator of the Guandong court	關東法院檢察官

英文其他名词	日文其他名词
Program for dismantling old ships and building superior vessels	古船解體優秀船建造計畫
Progressive party	立憲民政黨
Pro-Japan and anti-Communist	親日反共
Pro-Jiang Jieshi and Pro-Japan	友蔣親日
Proletaiat hegemony	プロレタリアートのヘゲモニー
Proletariat	プロレタリア
Proletariat	プロレタリアート
Proletariat regime	プロレタリア政權
Pro-nationalist government sentiments	親善論
Proposal for adjusting Sino-Japanese diplomatic relations	日支國交調整案
Prosecution document	檢察團書類
Prosecutor of the government general of Korea	朝鮮總督府檢事
Prosecutor of the south seas	南洋廳檢事
Prospectus for fundation of the great asiatic society	大亜細亜協會創立趣意書
Protest against the question aoncerning the Japanese consuletes at Khabassvsk and Blagoveshchensk	哈府及武市領事館問題抗議
Provincial Prison of Iloilo City	イロイロ市ノ地方刑務所
Provisional government of free India	自由印度假政府
Provisional government of republic of China	支那共和國臨時政府
Prussian type	プロシア型
Public interests first	公益優先
Public international law	國際公法
Public right punishment	公權懲戒
Publications office of sovereign message	國書出版局
Puget sound	ブヂエット・サウンド
Puncher	ハンチアー
Punjab Regiment	パンジャブ聯隊
Punjab Regt.	バンジャブ聯隊軍醫部
Puppet government	傀儡政權
Puritan	ピューリタン
Pursuer	バースーア
Pusat Tenaga Rarat	プサット・テナガ・ラヤット
Put the contitution into practice	憲政實法
Putong internment camp	浦東収容所

英文其他名词	日文其他名词
Qingdao textiles	青島紡績
Queen	クウキーン
Queensland Artillery Regiment	クインスランド砲兵聯隊
Quezon City Police Department	ケソン市員警署
Quota immigrant	割當移民
R. A. A. F	英國濠洲飛行隊
R. A. F.	英國航空隊
R. A. F.	英國陸軍航空隊
R. A. F.	英航空隊飛行機
R. A. P. C	陸軍經理部
R. N. I. N.	蘭領インド陸軍
Race and state	民族國家
Racial revolutionary	民族革命
Radicalism	急進論
Radio bulletin	ラデヲ公報
Radio Tokyo	東京放送局
RAF	英國空軍
Rahi Mission	ラヒ布教區
Rajah	ラージア
RAN	濠洲海軍
Randolph	ランドルフ
Ranee	ラニー
Ranger	レンヂアー
Rangoon Central Gaol	ラングーン中央刑務所
Rapsley	ラブスレーエ兵旅團長
Ratio principle	比率主義
Ravagen	ラベヂアー
Reaction of general public on the internment of English prisoners of war	英人俘虜收容ニ伴フ一般民衆ノ反響
Reactionism	反動思想
Reaper	リーバー
Rear admiral, the US navy director of budget and reports	米國海軍海軍少將豫算及報告主任
Recommendation of the military attach of embassy	大使館附陸軍武官推薦
Reconnaisance Reports NN 1 and 2 of the Army Headquaters Town of Voroshilov	ボロシロフ市第一軍司令部偵察報告
Recover the lost territory	失地回復

英文其他名词	日文其他名词
Red faction guerrilla	赤色パルチザン隊
Red influence	赤色勢力
Red Syndicates	赤色シンディケート組織
Reed camp	アシ収容所
Reestablish Sino-Soviet diplomatic relations	蘇支復交
Reflation policy	リフレーシヨン政策
Reform faction	革新派
Reformism	革新論
Regional administrative councils	地方行政協議會
Regionalization	地區別制
Regulation in the spot	現地規定
Reliance on Britain and America	英米依存主義
Remington arms company	レミントン武器會社
Remiremont	ルミールモン
Removal of the south China area army from the order of battle of the China expeditionary force	南方方面軍ヲ支那派遣軍ノ戰鬪序列ヨリ脫スル等
Renovation	維新
Reporter of the Osaka JI-JI	時事新報社記者
Representative of military government for German	獨逸軍政部代表
Representatives of the Japanese people	國民使節
Republicanism	共和主義
Reserve M. T. Company, 8 Division	第八師團豫備自動車輸送中隊
Resistance to Japan through compromise with communism and union with Soviet Russia	聯ソ容共抗日
Responsible government	責任政治
Restoration of diplomatic relations	國交恢復
Retpu	レトプ
Return to the capital	還都
Reuben james	リユーベン・ジョームス號
Reuters	ロイター
Reuther'dispatch	ルーター電報
Reverence for the emperor and expulsion of foreigners	尊王攘夷
Revived Asia	復興亜細亜
Revolutionary movenment	革命運動
Revolutionary prisoners	革命犯人
Riazl Memorial Stadium	リサール紀念競技場

英文其他名词	日文其他名词
Richard hovey	リチヤード・ホヴエイ
Richie consul	瑞西領事
Richie consulate	瑞西領事館
Richie consul-general in Shanghai	上海瑞西總領事
Richie consul-general in Shanghai and representative of the red cross international committee	在上海瑞西總領事及赤十字國際委員會代表
Richie representative in Shanghai	在上海瑞西代表
Ridding the government army itself of the disquieting warlords	軍閥戰爭
Right of belligerency	交戰權
Right wing	右翼
Rightism	右翼主義
Rikugo itto	六合一都
Rising sun	ライジングサン
Rivington camp	リヴィントン収容所
RN	英國海軍
Robinson	ロビンソン
Rodgers	ロヂアース
Roi	ロイ
Roma people	ローマ人
Roman Cathelic Cathedral	ローマ・カソリック寺院
Roman catholic	ローマカトリック
Roman Catholic	羅馬フトリック教
Roman catholic church	ローマカソリック教會
Romania	ルーマニア語
Romanov dynasty	ロマノフ王朝
Romans	羅馬人
Romanticism	ローマンティジズム
Rome government	羅馬政府
Romusha organization	勞務者組織
Ronggold	リングゴールド
Roseburg internment sites	ローズバーグ抑留所
Rosubasu camp	ロス・パノス收容所
Rosubasu camp	ロスバッス収容所
Royal Air Force	英國空軍
Royal Army Chaplains Department	英國從軍牧師部
Royal Army Medical Corps	英國陸軍衛生隊
Royal Army Medical Corps	英陸軍衛生部

英文其他名词	日文其他名词
Royal Army Ordnance Corps	英國陸軍經理部
Royal Artilery	英國砲兵隊
Royal Artillery	王國衛生隊兵
Royal Artillery	英帝國砲兵隊
Royal Corps of Signals	英帝國通信隊
Royal Marines	英國海兵隊員
Royal New Zealand air force	ニュージランド空軍
Royal New Zealand Airforce	英帝國ニュージーランド空軍
Royal New Zealand navy	ニュージーランド海軍
Royal Scots	スコットランド聯隊
Royal Scots	ロイヤルスコット聯隊
Rudolf Diesel mechanism	ディーゼル機関
Rudyerd bay	ラデーヤード・ベイ
Ruled by law	法治
Ruler	ルーラー
Ruling Korea	朝鮮統治
Russia artillery captain	ロシヤ砲兵大尉
Russia Government	ロシア政府
Russia main emigrant bureau	ロシア避難民中央事務局
Russia nationalism	ロシア民族主義
Russia policy	對露問題
Russia youth	ロシア青少年
Russian citizen	ロシア國民
Russian air forces	ソ聯空軍
Russian army	ロシヤ陸軍
Russian consular officials	露國領事官
Russian emigrant presenter of committee members	ロシア避難民代表委員
Russian far-eastern divisions	ソ聯の極東師團
Russian forces	露軍
Russian foreign minister	露國外務大臣
Russian government	露國政府
Russian infantry units	ロシヤ歩兵
Russian Language	露西亜語
Russian military	露西亜國陸軍
Russian Navy	ロシヤ海軍
Russian Question	露西亜問題
Russian socialism	露西亜社會主義

英文其他名词	日文其他名词
Russians	露國人
Russo-Japanese goodwill	日ソ親善
Russo-Japanese War	日露戰爭
S K Daisy	汽船デェーディ・モラア號
S S Ascot	汽船アスコット號
S S British Chivalry	汽船ブリティッシュ・シヴァルリー
S S daisy moller	デイジイ・モラー號
S S Jean Nicolet	汽船ジヤン・ニコレット號
S. S Argus	米國船アーガス
S. S. Aslan	汽船アスラン號
Saginaw bay	サギノウ・ベイ
Sai Wan A. A. gun position	サイワン高射陣地
Saigon	サイゴン占領
Saigon military police	西貢憲兵隊
Saint James	聖ジェームズ
Saint lioba	聖リオバ
Saipan commissariat	サイパン兵站部
Saipan marine air group	サイパン海軍航空隊
Sakata Kumi	阪田組
Sakomoto Working Camp	サカモト勞役所
Salamaua Garrison	サラモア守備隊
Salamua Observation Post	サラモア監視所
Salerno bay	サラーノ・ベイ
Salesian Mission	サレジア布教團
Salt Lake City	ソールト レークシテイ號
Salvation Army	救世軍少佐
San Beda Building	サン・ビーダビル
San Beda College	サン・ビーダ大學
San jacinto	サン・ジアシント
Sand Island	サンドア・イランド抑留所
Sand thomas camp	サント・トマス抑留所
Sand thomas university	サント・トマス大學
Sandakan	サンダカン收容所
Sandakan Airfield	サンダカン飛行場
Sandakan Camp	サンダカン憲兵隊本部
Sandakan citizens' hospital	サンダカン市民病院
Sandakan Construction	サンダカン建築隊
Sandakan Kempei Tai	サンダカン憲兵隊

英文其他名词	日文其他名词
Sandakan Power Plant	サンダカン発電所
Sangamon	サンガモン
Sansui-kaku	山水閣
Santa Catalina Hospital	サンタ・カタリーナ病院
Santa fe camp	サンタ・フエ収容所
Santa Rosa Church	サンタ・ロザ寺院
Santa Rosa College	サンタ・ロザ學校
Santee	サンテイー
Santo Domingo Church	サント・ドミンゴ寺院
Sarara Prisoner of War Camp	サラハ俘虜收容所
Saratoga	サラトガ
Sargent bay	サーデニント・ベイ
SASEBO 5 SNLP	佐世保第五海軍特別陸戰隊
Satterlee	サターリー
Save Japan and nation	救日救國
Save the national crisis through peace	和平救國
Savo island	サウナ・アイランド
Savoe	サボエ人
Scarab	スカラップ
Schick general hospital, clinton, Lowa	アイオワ州クリントンシック綜合病院
School Camp Sukabumi	スカブミ農學校收容所
Scientific education	科學教育
Scorched-earth policy	焦土政策
Scout-plane squadrons and ground service units	航空地上部隊
Scripps-howard newspapers	ハワード紙
Searcher	サーチアー
SEATIC	東南アジア翻訳通訳部
Second Area Army Headquarters	第二方面軍司令部
Second Army headquarter	第二軍司令部
Second Army Jail	第二軍收容所
Second international	第二インターナショナル
Secret societies	秘密結社
Secretary Inada of the cabinet	稲田内閣書記官
Secretary of Manchukuo	滿洲秘書官
Secretary of Privy Council	樞密院事務官
Secretary of state	國務長官
Secretary of State of the U. S. A	米國國務省
Secretary of the Commonwealth	州秘書官

英文其他名词	日文其他名词
Secretary of the Fengtian provincial government	奉天省政府秘書
Secretary of war minister	陸軍省將校
Secretary of war ministry	陸軍省秘書官
Section of the Ministre of Communication	参謀本部通信課
Section second of Japanese general staff office	日本参謀本部第二部
Security system	保障制度
Seecial train Westphalen	ウエストフアレン特別列車
Segles Lorita	セグレスロリータ號
Seiho Station	ゼイホ駅
Seiyukai	政友會
Seiyukai cabinet	政友會内閣
Sekai-Nippo(The world dairy news)	世界日報
Sekikama ferryboat	関釜聯絡船
Selatar Camp	セレタ收容所
Seletar	セレター飛行場
Self-complacency	獨善自己
Self-contored utilitarianism	自我功利の思想
Self-defence corps	自衛軍
Self-sufficiency	自給自足
Self-sufficiency principles	自給自足主義
Self-sufficient system	自存自給體制
Selleter Camp	セレター收容所
Semarang	スマラン市長
Semi-feudal	半封建
Semi-wartime conditions	デフレーション政策
Senior Personnel Staff Officer, Far East Command	極東指揮・高級人事掛参謀將校
Senior staff officer of guandong defense army	關東防衛軍高級參謀
Separately association for expediting the abolition of treaties	廢約促進會準備會
Sergev kirov	セルゲイキーロフ號
Seria Camp	シーリア收容所
Seria Camp	セリア キャンプ
Serve the state in all walks of life	職域奉公
Seven department	七部制
Seventh area army	第七方面軍
Sever diplomatic relations with Japan	對日絕交
Shah	シアー
Sham Shui Po Camp	サム・スイ・ポ俘虜收容所

英文其他名词	日文其他名词
Shamrock bay	シアムロッタ・ベイ
Shamshuipo Camp	シャムシュイポー收容所
Shamshuipo Camp	三水甫收容所
Shan Tong Si internment camp	善通寺俘虜收容所
Shanghai army	上海軍
Shanghai Baptist College	上海濃禮大學
Shanghai central park	上海中央公園
Shanghai citizens	上海市民
Shanghai expeditionary army	上海派遣軍
Shanghai landing force	上海陸戰隊
Shanghai municipal office	租界當局
Shanghai national salvation federation of all classes of people	上海各界救國聯合會
Shanghai Nature and Science Research Institute	上海自然科學研究所
Shanghai News	上海新聞
Shanghai west second group life	滬西第二集團生活所
Shanghai: a member of anti remain non offensive	上海非戦闘員抑留所
Shanghai-Hangzhou-Ningbo Railway	滬杭南鉄路
Shanghai-Nanjing Railway	滬寧鉄路
Shangri la	シアングリ・ラ
Shanxi army	山西軍
Shell	シェル石油會社建物
Sherwood Forrestors	シャーウッド・フオーレスターズ隊
Shi Rei house	シーレー家
Shidehara interim cabinet	幣原臨時内閣
Shikosha	水交社
Shimpei tai	神兵隊
Shinsei Maru	シンセイ丸
Shinto religion	神道
Shiseido	資生堂
Shogunate	幕府
Showa research society	昭和研究會
Shubrick	シアブリック
Shufang	フシャン
Shun Chang Stone Pulverizing Works	シュン・チヤン石材粉碎工場
Siberian Expeditionary Forces	西比利亜出兵
Siberian expeditionary forces	西比利亜出兵軍
Sibolga M. P.	シボルガ憲兵隊司令官

英文其他名词	日文其他名词
Sibolga prison	シボルガ監獄
Siboney	シボニー
Siemens & Co	ジームセン商會
Siemens Co	シーメンス會社
Siemens-schuckert works	シーメンス・シユツクルト工廠
Signal officer yakumaru	藥丸通信
Sigourney	シゴーニー
Singapore camp	シンガポール收容所
Singapore Maru	シンガポール丸
Singapore naval station lease	シンガポール軍港租借
Singapore	シンガポール攻擊問題
Sino-Jaoanese diplomatic relations	日支國交調整
Sino-Japanese alliance	日華同盟
Sino-Japanese amity	日支共榮
Sino-Japanese amity	日支親善
Sino-Japanese cooperation	日支提攜
Sino-Japanese cooperation	中日合作
Sino-Japanese economic cooperation	日支経済提攜
Sino-Japanese economic relationship	日支經濟關係
Sino-Japanese relations	日支關係
Sitio Cabahit	カバヒット廣場
Sitio Opao	オパオ廣場
Sitio Toong	トーング廣場
Sitkoh bay	シットユー・ベイ
Sitkoh bay	スティーマー・ベイ
Slavs	スラヴ民族
Slinger	スリンガー
Smiter	スマイター
Smoot-Hawley tariffAct	ホーレスムート
Social education research institute	社會教育研究所
Socialism	社會主義
Socialist	社會主義者
Socialization	社會主義化
Societ democrats	社會民主黨
Socony-Vacuum Oil Company	ソコーニー・ヴアキユーアム石油會社
Soekamisken Jail	ソーカミスケン監獄
Soengei Sengkol Internment Camp	ソエンゲィセングコル俘虜收容所
Soerabaya Kempei Buntai	スラバヤ憲兵分隊

英文其他名词	日文其他名词
Soeugei Besi Kuala Lumpur	クアラ・ルムプル・ジャバ人キャンプ
Soldiers of the White army	白軍兵士
Solomons	ウロモンズ
Soochow University	蘇州大學
Soombanose	ソエムバ人
Sourabaya Kempeotai	スラバヤ憲兵隊
South American continent	南米大陸
South China punitive force	南支討伐軍
South Manchuria Railway	滿洲鐵道
Southeast Asia navy	南洋海軍
Southern Celebes Kempei	南部セレベス憲兵隊
Southern policy	對南方施策
Southern policy	南方施策
Soviet	ソヴエート
Soviet airplanes	ソヴエート飛行機
Soviet Ambassy	蘇聯大使館
Soviet army in Manchu	在滿ソ軍
Soviet border-defense force	ソヴィエット陸軍
Soviet charge d'affaires	ソヴィエト代理大使
Soviet citizens	蘇聯人
Soviet communism	ソヴイエト共產主義
Soviet forces	ソヴイエト兵
Soviet gold roubles	ソウェト・チェルウォン
Soviet government	社會主義ソヴイエット共和國連邦政府
Soviet ground and air forces	赤軍空地部隊
Soviet labor	ソヴイエト勞働者
Soviet military attache	ソヴィエト陸軍武官
Soviet news	中央ソヴイエット新聞
Soviet officers	ソヴィエット將校
Soviet phase	ソヴエート的段階
Soviet poilt	ソヴイエット飛行士
Soviet policy toward Japan	對日蘇聯政策
Soviet prisoners	ソヴィエイト俘虜
Soviet Problems	對蘇問題
Soviet provisional government	中國ソヴエート臨時中央政府
Soviet railway	ソヴィエト鐵道
Soviet revolution	ソヴエート革命
Soviet Socialist Republic	ソヴイエート社會主義共和國

英文其他名词	日文其他名词
Soviet system	ソヴィエート制度
Soviet Union	サヴエート聯合
Soviet union bloc	ソヴェート・ブロック
Soviet Union seamen	蘇聯船員
Soviet Union ships	蘇聯船舶
Soviot foreign ministry	ソ聯邦外務省
Spain embassy	スペイン大使館
Spain representative	スペイン代表者
Spainish club	スペイン人俱樂部
Sparrows Force	スパロウ部隊
Sparta	スパルタ號
Sparta	汽船スパルタ
Speaker	スピーカー
Special committee to China	對支特別委員會
Special corporation built upon the national policy	特種法人國策會社
Special service boards of Japanese army	日本陸軍特務機関
Special service boards secretary of Japanese army	日本陸軍特務機関秘書
Special task department of Japanese army	日本軍特務部
Spirit of restoration	維新精神
Spiritualism	精神主義
Sporting News	スポーティングニース
SS Nancy Moller	汽船ナンシイモラア號
St lo	セント・ロー
St. Paul's College	セント・ポール大學
St. Augustine Convent	聖オーガスチン修道院
St. James School	セントジエームス學校
St. John Ambulance Brigade	セント・ジョン野戰病院
St. John's ambulance	聖ジョンズ野戰病院
St. John's University	聖約翰大學
St. Joseph	セント・ヨセフ
St. Lukes international hospital	聖路加國際病院
St. Paul's Hospital	聖パウロ病院
St. Stephens College	スタンレーノセントステファン大學
St. Stephens College Hospital	セット・ステファンス大學病院
St. Stephens Hospital	聖ステフェンズ病院
ST. Vincentius	聖ヴィンセンテイウス
Staff chief of the Chinese expeditionary forces	支那派遣軍参謀長

英文其他名词	日文其他名词
Staff member of the personnel bureau of the navy ministry	海軍省人事局局員
Staff of Archives Section of Japanese Foreign Ministry	外務省文書課員
Staff of the Japanese expeditionary forces in central China	中支那方面軍参謀
Staff of the second expeditionary forces in central China	中支派遣第二軍参謀
Staff officer of the Burma area army	ビルマ方面軍参謀
Staff supervisor of Singapore army	シンガポール軍参謀課長
Staff-officer in the Manchukuo area; Later chief of staff of the Keijo divisional district	滿洲方面参謀後京城師管區参謀長
Staff-officer of the 7th area army in charge of supply and communications	第七方面軍兵站交通参謀
Staff-officer of the Japanese expeditionary forces in China	支那派遣軍参謀
Staff-officer of the north China area army	北支方面軍参謀
Staff-officer of the Shanghai base corps	上海方面根據地隊参謀
Stalin	スターリン政權
Stalker	ストーカー
Standaed Vacuum Oil Co	スタダード・ヴアキュウム・オイル會社
Standard	スタンダート
Standard Vacuum Oil Co.	美孚火油公司
Standard-Vacuum Oil Company	スタンダード・ヴァキュウム石油會社
Stanley Fort	スタンレー要塞
Stanley Gaol	スタンレイ・ジェール
Stanley Gaol	香港スタンレー監獄
Stanley Jail	スタンレー監獄
Stark case	スラーク案
State secretary	國務卿
State system	國體
Stationed in Tokyo Richie ministers	在東京瑞西國公使
Steamship behar	汽船ビハール號
Steamship companies	汽船會社
Stenographic record of the house of peers	貴族院議事
Stimson Doctrine	スチムソン主義
Stockton	ストックトン
Straat soeeda	ストラート・スーンダ

英文其他名词	日文其他名词
Strait	ストレイト
Striker	ストライカー
Strong foreign policy	對外積極主義
Student movement	學生運動
Students of futan university	復旦大學生
Sub-chief of staff of the China sea Fleet	支那方面艦隊參謀副長
Subsidies for increased output	增產獎勵金
Suga Butai	スガ部隊
Suippe	シュイップ
Sulang	スラック人
Sultan	スンダ人
Suluk	サラック人
Suluk Woman	スラック婦人
Suluks	スルク人
Suma Maru	須磨丸
Sumatra Army	スマトラ軍將軍司令官
Sumatran	スマトラ人
Sun Yat-sen mausoleum	中山陵
Sundanese	スンダ語
Sungei Ron P. W. Camp	パレンバンスンゲイロン捕虜收容所
Sun-in-the-blue-sky flag	青天白日旗
Superintendent-general	總監府
Suppression of the communist is resistance to Japan	剿共即抗日
Supreme adviser of Mukden provincial government	奉天省政府最高顧問
Supreme advisor of the military administration department of Manchukuo	滿洲國軍政部最高顧問
Supreme commander of Japan	大日本最高司令官
Surouakia	スロヴアキア語
Surrender unconditionally	無條件降伏
Sutley	汽船サトリイ號
Suwanee	スワニー
Suzuki of the planning board	鈴木企畫院
Swasry	スウェーシー
Sweat Army	流汗軍
Sweden	スェーデン人
Sweden Minister	スエーデン公使
Swedish	瑞典公使

英文其他名词	日文其他名词
Swedish diplomatca mission in Tokyo	東京スエーデン外交團
Swedish diplomatic mission in Japan	駐日スエーデン外交團
Swedish diplomatic mission representative in Japan	在日瑞典國外交代表
Swedish Diplomatic Representative	在東京スウェーヂン代表團
Swedish embassy to China	華府駐在スエーデン公使館
Swedish government	スエーデン政府
Swedish legation in Japan	駐日スエーデン代理公使
Swedish representative	瑞典國外交代表
Swire in Respect of Their Hokai	スワィアー社
Swiss	瑞西人
Swiss consul in Bankok	在バンコック瑞西領事
Swiss diplomatic representative	スイス國外交代表
Swiss Engineer	スイス人技師
Swiss Federal Technical Highschool	瑞西聯邦高等工業學校
Swiss government	スイス人宣教師
Swiss Leganti	瑞西國公使館
Swiss legation in Tokyo	在東京瑞典國公館
Swiss ministers	瑞西國公使
Switzerland government	瑞西國政府
Sympathy demonstration procession	同情示威遊行
Synthetic oil industry	人造石油事業
Tagalog language	スペイン語
Tahure	タユール
Tai Ping Hotel	太平ホテル
Taiden railway station	大田停車場
Taiwan internment camp	臺灣俘虜收容所
Taiwan's military chief of staff	臺灣軍参謀長
Taiwan's military commander	臺灣軍司令官
Takama Maru	タカマ丸
Takamoto Camp	タカモト收容所
Takanis bay	タカニス・ベイ
Takasa Unit	タカサ隊
Taku forts	大沽砲臺
Taliboran Camp	タリボラン收容所
Tamarkan Camp	タマルカン俘虜收容所
Tambunan Working Camp	タムブナン作業收容所
Tan Toey Camp	タントイ收容所

英文其他名词	日文其他名词
Tan Tok Song Hospital	タントクシング病院
Tanaka Butai	タナカ部隊
Tanjong Maru	タンジョン丸
Tanjong Priok P. O. W. Camp	タンジョンブリオク俘虜收容所
Taoism	道教
Tarakan Cemetery	タラカン墓地
Tarakan Command	タラカン俘虜收容所
Tarakan Command	タラカン高級司令部
Tarakan Shell Oil	タラカン・シエル石油會社
Tariff autonomy	關税自由
Tariff commission of American	合衆國関税委員會
Taroa branch	タロア分遣隊
Task force of the American navy task force	米國海軍機動部隊
Tatsuta-Maru	龍田丸
Tatung-Puchow railway	同蒲鐵路
Tavoy Internment Camp	タヴォイ捕虜収容所
Tavoy troops	タボイ部隊
Tawao Airfield	タワオ飛行場
Technical continuation schools	實業補修學校
Tehran'Mitsubishi Corporation Ltd	在テヘラン三菱商事會社
Teia Maru	帝亜丸
Telegram	テレタイプ局
Teling-internment camp for men	テリング男子收容所
Tello-bridge	テロ橋
Temporary Lieutenant of the Royal Naval Reserve	王國海軍豫備臨時少佐
Temporary Tjitjalanka Camp	ヂジャレンカ假收容所
Tengah	テンガー飛行場
Tenno government	天皇政治
Teragan Camp	テラガン收容所
Termination of the war	終戦
Terror	テラー
Texa Oil Co	テクサスオイル會社
Thai armed forces	タイ國軍隊
Thai emperor	タイ國皇帝
Thai nation	泰國人
Thai-Burma railway	泰緬鐵道
Thailand dipolomatic	泰國使節

英文其他名词	日文其他名词
Thailand foreign minister	泰國外務大臣
Thailand government	泰國政府
Thailand officials and people	泰國官民
Thailand premier	泰國首相
Thailand rice corporation	泰ライス會社
Thailand Tin Mines Ltd	泰國錫礦山會社
Thaiwan Force	臺灣部隊
Thakeda Tai	タケダ隊
Thakim Party	タキン黨
Thambyuzayat Camp.	タンブイユーザヤト收容所
Thane	セーン
Thatcher	サッチアー
The industrial machine control society	工業機械統制會
The meeting of the international law association	國際法協會會議
The "Hitachi" precision machine production co.	日立精機株式會社
The "pao chiao" system	保甲制度
the 10th Battalion	バタビヤ第十步兵大隊
the 10th Division	第十師團
The 10th section of the army general staff	参謀本部第十課
the 11d Division	第十一師團
the 12d Division	第十二師團
The 13rd independent artillery, regiment	獨立炮兵第十三聯隊
The 14th army of anti-Japanese and national salvation of Republic of China revolution	中華民國革命抗日救國軍第一四集團軍
the 14th Division	第十四師團
The 16th army	第十六軍
the 16th Division	第十六師團
the 18th Division	第十八師團
The 1911 Revolution Republic of China	辛亥革命共和民國
The 19th route army	第十九路軍
The 1st anniversary of the restoration of the capital	還都一周年紀念日
The 1st demobilization bureau	第一復員局
The 1st independent engineer company	獨立土兵第一中隊
The 1st independent infantry regiment	獨立步兵第一聯隊
the 20 Army	第二十軍
the 20d Division	第二十師團
The 20th division commander	第二十師團長

英文其他名词	日文其他名词
the 22d Division	第二十二師團
the 23d Division	第二十三師團
the 25 Army	第二十五軍
the 25d Division	第二十五軍團
The 25d division	第二十五師團
The 26th independent mixed brigade	獨立混成第二十六旅團
The 29th army headquarters	第二十九軍司令部
the 2d Division	第二師團
the 2nd Demobilization Board	第二復員局
The 2nd field artillery regiment	第二野砲聯隊
The 2nd section of the naval affairs bureau of the navy ministry	海軍省軍務局第二課
The 33th division	第三十三師團
The 34th squadron of the 17th bomber group, USAF	アメリカ空軍第十七爆擊隊第三十四戰隊員
The 37 army	第三十七軍
The 37d Division	第三十七師團
The 39th brigade of infantry	第三十九旅團
The 3rd class secretary of the safety section of the folice bureau of home ministry	內務省警保局保安課三等事務官
The 3rd Japanese air force	日本第三航空軍
The 3rd shipping transport commander at Manila	マニラ第三船舶輸送司令官
The 3rd tank battalion	戰車第三大隊
The 43rd independent engineer regiment	獨立工兵第四十三聯隊
The 46th division	第四六師團
the 4d Division	第四師團
The 4th mixed brigade	混成第四旅團
The 4th section of the public educational office of Binjiang province	濱江省公署教育廳第四科
the 5/7th Rajput Regiment	インドノ軍隊ニ第 557 ラプット聯隊
The 51st and 57th divisions	第五一第五七師團
the 55th Division	第五十五師團
the 56th Division	第五十六師團
the 57th Division	第五十七師團
the 5th Division	第五師團
the 6 Army	第六軍
The 61st regiment from Wakayama	和歌山第六一聠隊
The 73rd session of the diet	第七十三議會

英文其他名词	日文其他名词
The 79th diet of congress of the United States	合衆國第七十九議會
The 7th division	第七師團
The 7th independent garrison forces	第七獨立守備隊
the 80th Anti Tank Regiment	英國砲兵隊第八〇對戰車聯隊
The 8th section of the headquarters of the war military department	大本營陸軍部第八課
the 94th Regiment,92nd Division,P. A.	比律賓軍第九二師團第九四聯隊
The 9th heavy field artillery regiment	野戰重炮兵第九聯隊
The 9th Japanese air division	日本第九飛行師團
The Abe cabinet	阿部内閣
The abolition of the post of lord keeper	内大臣廢止論
The aboriginal army	土著軍
The accounts bureau of the naval office	海軍省經理局
The acknowledgement to the service	慰靈祭
The act to expedite the strengthening of the national defense	國防強化促進令
The Acting Chief of the Document Division of IPS of General Headquarters of SCAP	連合國最高指揮官總司令部國際檢察部文書課々長代理
The acting consul-general of Japan	日本總領事代理
The acting people's commissar	人民委員代理
The adjustment of diplomatic relations between Japan and America	日米國交調整問題
The adjustment of relations between China and Japan	日支關係調整
The adjustment of Russo-Japanese diplomatic relations	對ソ國交調整
The adjustment of supply and demand of commodities	物資ノ需給調整
The adjustment of the Sino-Japanese relation	日支新關係調整
The adjutant general	軍務局長
The adjutants' office, navy department, imperial headquarters	大本營海軍部副官部
The administration of war production and the munitions superintendence bureau	軍需生產ノ管理及ビ軍需管理局
The adviser of the peace preservation committee of Liaoning province	遼寧省地方治安維持會顧問
the Advisory Committee of the League of Nations	國際聯盟諮問委員會
The advocacy of resistance to Japan	賣國論

英文其他名词	日文其他名词
The affiliate enterprises in Manchukuo	滿洲國關係企業
The agent major-general, acting chief of the military topographic department of the USSR armed forces general staff	ソ聯邦軍参謀本部軍事測量局長臨時代理工兵少將
The aggressive war against the Soviet and Mongolia	對ソ蒙侵略戰爭
The agreement of gentlement	紳士協定
The agreement of the reciprocity trade	互惠通商協定
The agricultural adminstrative bureau	農林省農政局
The agricultural educational special college	農業教育専門學校
The aiatic bureau of the ministry of foreign affairs	外務省亜細亜局
The air raids on Japan	日本空襲
The aircraft carriers ryujo	空母龍驤
The Akasaka detached palace	赤阪離宮
The alliance of the boycott of Japanese goods	日本製品不買同盟
The allied air force prisoners	連合軍航空兵俘虜
The allied airmen	連合軍航空兵
The allied forces headquarters of the international prosecution section	聯合軍司令部國際檢察部
The allied translator and interpreter section document	聯合國飜譯通譯部文書
The all-state congress of the concordia Society delegates	協和會代表全國大會
The Altantic sea-routes	大西洋航路
The ambassador from Berlin	ベルリン大使
The ambassador in Thailand	駐泰大使
the Ambassador of the United States to Japan	駐日米國大使
the Ambassador of France	佛國大使
The ambassador of France	佛國公使
the Ambassador of Japan to the United States	駐米日本大使
The ambassador of Republic of China in Japan	中華民國駐在日本大使
The Ambassador to Rome	ローマ駐箚大使
The ambassadors in Australia	濠州大使
The Ambassadors of Thailand	泰大使
The America air army	アメリカ航空兵
The America air bases	米國空軍基地
The America consulate general at Manila	在マニラ米國總領事館
The America far eastern division	アメリカ極東局

英文其他名词	日文其他名词
The American army headquarters,Far East	極東米陸軍司令部
The American air forces	米飛行隊
The American Ambassador	米國大使
The American ambassador in Russia	駐露米國大使
The American ambassador in Tokyo	在京米國大使
The American and Philippine Red Cross	米國赤十字社
The American asylum	米國收容所
The American captain	米國海軍大佐
The American club	米人倶楽部
The American Embassay	東京駐在亜米利加大使館
The American embassy in Tokyo	在京米大使參事官
The American fleet	アメリカ艦隊
The American Government and People	米國官民
The American - Japan Club	日米協會
The American junior captain	米國海軍中佐
The American lieutenant	米軍中尉
The American members of the commission on representatives	亜米利加代表委員
The American military forces in Europe	在ヨーロッパアメリカ軍隊
The American mission	米國使節國
The American naval and air forces	米國海空軍
The American Naval Court of Inquiry	米國海軍查問會議
The American naval vessel	米國海軍艦隊
The American pacific fleet	米國太平洋艦隊
The American people	米國人
The American question	アメリカ問題
The American rear admiral	米國海軍少將
The American Red Cross	亜米利加赤十字
The American Secretary of State	米國國務卿
The American telegraph company	米國電信會社
The American-Japanese problems	日米問題
The American-Philippine army	米比軍
The anglo-American banking	英米銀行
The Anglo-Indian army	英印軍
The Annexation of Manchuria	滿洲併合論
The annihilating battle	殲滅戰
The anti Japanese national salvation movement	反日救亡運動
The anti-air paid committee office	防空委員會

英文其他名词	日文其他名词
The anti-Bratain movement	排英運動
The anti-comintern pact	防共協定
The anti－Japanese	排日抗日
The anti-Japanese local authority	反日地方政權
The anti-Japanese and anti-imperialist revolutionary movement	反日反帝革命運動
The anti-Japanese and anti-Jiang power	抗日反蔣勢力
The anti-Japanese and anti-traitor forces	反日反賣國賊軍隊
The anti-Japanese and anti-traitor united front	中國反日反賣國賊聯合戰線
The anti-Japanese and national salvation congress	全國抗日救國代表大會
The anti-Japanese and national salvation people	反日救國人民
The anti-Japanese armed	反日武裝
The anti-Japanese armed forces	抗日武裝隊
The anti-Japanese armed forces	武裝隊
The anti-Japanese armed struggle	抗日武裝鬥爭
The anti-Japanese committee	抗日會
The anti-Japanese federation	反日聯合會
The anti-Japanese front	反日戰線
The anti-Japanese general mobilization	反日總動員
The anti-Japanese government	抗日政府
The anti-Japanese groups	抗日團體
The anti-Japanese joint	聯合抗日
The anti-Japanese mass organizations	反日的民眾團體
The anti-Japanese national united front	抗日民族統一戰線
The anti-Japanese participants	抗日參加分子
The anti-Japanese people's front movement	抗日人民戰線運動
The anti-Japanese problems	排日問題
The anti-Japanese red army	抗日紅軍
The anti-Japanese soldiers	抗日戰士
The anti-Japanese theory	抗日理論
The anti-Japanese towards north	北上抗日
The anti-Japanese union	抗日聯合
The anti-Japanese united front	抗日共同戰線
The anti-Japanese vanguard	抗日先鋒隊
The anti-Japanese volunteers	反日義勇軍
The anti-Japanese volunteers	抗日義勇軍
The anti-Jiang war	反蔣的戰爭
The anti-Soviet elements	反ソ分子

英文其他名词	日文其他名词
The anti-traitor	反漢奸
The anti-traitor	反日反賣國賊
The anti-Ugaki army faction	宇垣反對派
The application for the immigration visas	移民查證申請書
The arbitrary politics	專制政治
The architecture department of waseda university	早稲田大學理工學部建築科
The Archives Section of the 1st Demobilization Board	第一復員局文書課
The area Panzan fronter mark N2	パンザウ第二號國境標識
The armistice commission	休戰委員會
The arms and equipment bureau of the navy ministry	海軍省兵備局
The army and navy authorities	陸海局當局
The army and navy staff division	陸海軍幕僚部
The army intendance school	陸軍經理學校
The army internment camp in Tavoy	タボイ軍抑留所
The army judicial affairs bureau	陸軍省法務局
The army medical college	陸軍軍醫學校
The army of the Mongolian People's Republic	蒙古人民共和國軍
The army plan	軍部案
The army veterinary school	陸軍獸醫學校
The army's weapons factory	陸軍兵器廠
The Asahi newspaper	朝日新聞社
The Asian development committee	マじヤ開発委員會
The Asian Nation	アジヤ民族
The Asiatic bureau	亜細亜局
The asiatic part of the USSR	ソ聯邦アジア部
The asiatic Petroleum co	亜細亜石油會社
The aslito field	アスリート飛行場
The Assistance Association	翼賛會
The assistant judge-advocate of the armed forces of the home ministry of the U. S. S. R	蘇聯邦内務省武裝隊副判事
The assistant military attache of the German embassy in Tokyo	在東京獨乙大使館附陸軍武官輔佐官
The assistant of the navy ministry	海軍省副官
The assistant prosecuter of the USSR at the international military tribunal for the Tokyo	在東京國際軍事裁判所ソ聯補助檢察官

英文其他名词	日文其他名词
The assistant prosecutor for the USSR at the international military tribunal for the Far East	極東國際軍事裁判所ソ連補助檢察官
The assistant prosecutor for the USSR in the international military tribunal for the Far Eest	極東國際軍事裁判所ソ連檢察官補佐官大佐
The assistant prosecutor in the international military tribunal for the Far East	極東國際軍事裁判所檢察官補助官
The assistant Soviet prosecutor of the international military tribunal for the Far East	極東國際軍事裁判所ソ聯檢察部次長
The Assmbly of the League of Nations	國際聯盟總會
The association for assisting the throne	皇道翼贊會
The attack on Singapore	新嘉坡島攻擊
The augusta	オーガスタ號
The Australian army	オーストラリャ軍隊
The australian minister to Japan	駐日オーストラリヤ公使
The Austria hungary plenipotentiary	奥地利洪牙利國全權委員
The authorities of the foreign ministry	外交當局
The authorities of the Netherlands Indies	蘭印官憲
The automobile industry	自動車製造事業
The autonomous governments of the federal provinces	聯省自治政府
The average person bing war prisoner of war	一般人竝戰爭捕虜
The aviation bureau	航空署
The aviation division in Burma	ビルマ飛行師團
The aviation industrial association	航空工業協會
The aviation ministry	航空省
The awa-maru	阿波丸
The axis powers between Japan, Germany and Italy	日獨伊樞軸
The backward industrial country	後進工業國
The Balkan Policy	巴爾幹政策
The Bank of Japan	日本銀行
The Battle for Capturing Taiyuan in Shanxi Province, north China	北支那山西省太原攻略戰
The battle lines of democracies	民主主義陣營
The baturu prisoners	英濠俘虜
The Beijing army	在京部隊
The Beijing national association for expediting the abolition of treaties	北平國民廢約促進會

英文其他名词	日文其他名词
The Beijing-Mukden railway	北寧線
The Beijing-Mukden railway	京奉鐵道
The Beiping political readjustment commission	北平政務整理委員會
The Beiping security team	北平保安隊
The Belgium plenipotentiary	白耳義國全權委員
The Berlin Documents Center	柏林中央文書局
The Berlin government	ベルリン政府
The Binhai railway	濱海鐵路
The bolshevik menace	赤化脅威
The Bolshevizing movement	赤化
The bolshevizing movement	赤化運動
The boxer revolution	拳匪革命
The boycott of Japanese goods committee	日貨排斥委員會
The boycott of Japanese goods movement	日貨排斥運動
The Britain church	英教會
The Britain Government	英國政府
The British far east army	イギリス極東軍
The British admiralty	英國鎮守府
The British Ambassador	英國大使
The British ambassador in China	駐支英國大使
The British ambassador in Japan	駐日英國大使
The British ambassador in Tokyo	在東京英國大使
The British ambassador in Tokyo	在京英大使
The British and American ambassador at Nanking	在南京英米大使
The British authorities	英國官憲
The British captured	英國人俘虜
The British charge d'affairs	英代理大使
The British concession	英國租界
The British delegation	英國代表案
The British Embassy	英國大使館
The British embassy toTokyo	在東京英國大使館
The British empire captured	英帝國俘虜
The British empire diet	英帝國會議
The British ex-servicemen	英國在鄉軍人代表團
The British fleet	英艦隊
The British Intelligence	英國情報班
The British internment camps	英國人俘虜收容所
The British joint staff commission	英國合同參謀委員會

英文其他名词	日文其他名词
The British king majesty's government	英國王陛下政府
The British minister	英國公使
The British Naval Staff Officer at Shanghai in the Republic of China	中華民國上海駐在英國海軍參謀
The British navy	英海軍
The British prisoners in Hongkong	在香港英人俘虜
The British ship	英國船
The British staff section	英國參謀部
The British Warship	英帝國軍艦
The British woman	英婦人
The British-India Steam Navigation Company	英國印度汽船航海會社
The broadcasting committee of America	アメリカ放送協會
The Budget Committee Meetings	予算委員會
The budget committee of imperial diet, house of representatives	帝國議會衆議院決算委員會
The Budget Question	豫算問題
The Bugarlian embassy	ブルガリア公使館
The bureau comprised chemicals	化學局
The bureau comprised aerial ordnance	航空兵器總局
The bureau comprised electric power	電力局
The bureau comprised fuel	燃料局
The bureau comprised iron and steel	鐵鋼局
The bureau comprised light metals	輕金屬局
The bureau comprised machinery	機械局
The Bureau comprised Non-ferous Metals	非鐵金屬局
The bureau in charge of Japanese nationals in enemy countries	戰時抑留者關係事務室
The bureau in charge of Japanese nationals resident in enemy countyies	在敵國居留民關係事務室
The bureau of accounts and supplies	經理局
The bureau of Asiatic affairs	亜細亜局長
The bureau of Asiatic affairs	亜洲司
The bureau of decoration	賞勳局
The bureau of ships of the navy ministry	海軍省艦船局
The bureau of ships of the United States navy department	合衆國海軍省艦船局
The bureau of stores	軍需局
The bureau RAM	大臣事務所

英文其他名词	日文其他名词
The bureaucratic government	官僚政治
The Burma Defence Army	ビルマ國防軍
The Burma railway construction headquarters	泰緬鉄道建設司令部
The Burmese national defense army rose in revolt	ビルマ國防軍叛亂
The Cabinet	内閣
The cabinet advisers	内閣顧問
The cabinet by direct imperial order	勅命内閣
The Cabinet member	閣僚
The cabinet of Arita	有田内閣
The cabinet planning board	綜合計畫局
The cabinet resources bureau	内閣資源局
The cable room of the foreign ministry	外務省内電信分局
The cable section of the foreign ministry	外務省電信課
The calcutta maru	カルカッタ丸
The Camp Koemboe	クンブ收容所
The capital restaurant	首都飯店
The capture of United Nations	聯合國俘虜
The Casualties Staff, Overseas Headquaters, R. A. A. F	在倫敦濠洲航空隊・海外司令部・戰死傷者部
The Cellular Gaol	セリュラー獄舎
The census bureau	國勢院
The central aeronautical	中央航空技術所
The central assembly field	中央集會場
The Central China Railway co	中部支那諸鉄道會社
The central command	中央統帥部
The central committee of the economic club	經濟俱樂部中央會
The central courses of the concordia society in Hsinking	在新京協和會中央講習所
The central executive committee	中央執行委員會
The central executive committee	中央執監委員會
The central executive committee of the U. S. S. R	ソヴィエト社會主義共和國聯邦中央執行委員會
The central foreign bureau	中央涉外局
The Central Government	中央政府
The Central Government Historical Achives of the USSR	ソビエット社會主義共和國聯邦國立中央歴史文獻保管局
The central military authorities	陸軍中央部
The central military region command in court	中部軍管區司令部法廷
The central Mongolian army	中蒙軍

英文其他名词	日文其他名词
The Central office of the KO－A IN in Tokyo	在東京興亜院本部
The central price committee	中央物價委員會
The central youth affairs inspection department of the concordia society	協和青少年事務中央監察局
The centralisation	中央集權
The certificate of voluntary cessation of hostilities	自願停戰證
The cetral Soviet	ソヴエート中央
The chair of artillery of the Moscow frunze military college	モスクワ フルンゼ軍官學校砲兵科教官
The chairman of people's commissar in the U. S. S. R	ソヴィエト社會主義共和國聯邦人民委員會議長
The chairman of the board of people's commissars	人民委員會議議長
The Changchun forces	長春部隊
The change of lord keeper of the privy seal	内府交迭說
The Chankung embarkment	張公堤防
The cheif of the data department historical squad of the second demobilization bureau	第二復員局資料整理部史實班長
The Chengtch-Peiping railway	承平鐵道
The Chi-cha Administrative Committee	冀察政務委員會
The Chi-cha Administrative Committee	冀察政治委員會
The chief and secretary-general of the finance bureau of the Fengtian provincial government	奉天省政府財政廳長兼秘書長
The Chief commissioner's Office, Port Blair	ポート・ブレア首席特務官事務所
The chief German naval attache to Japan	在日ドイツ海軍武官主席
The Chief Military Prosecution of the Red Army	社會主義ソビエット共和國聯邦中央記錄事務局
The chief of Dalian police	大連員警署長
The chief of first section of the Europe-Asia bureau	歐亜局第一課長
The chief of Second section of the Europe-Asia bureau	歐亜局第二課長
The chief of Tianjin infantry unit	天津步兵隊長
The chief of 2nd division	第二師團長
The chief of archives and documents section, Soviet division, IPS, International military tribunal for the Far East	極東國際軍事裁判検事局ソヴェート部文書課長
The chief of Archives Section of Foreign Office	外務省文書課長
The chief of army ordinance administration headquarters	陸軍兵器行政本部長

英文其他名词	日文其他名词
The chief of Asiatic bureau of the foreign ministry	外務省亜細亜局長
The chief of first section of naval affairs bureau of the navy ministry	海軍省軍務局第一課長
The chief of general affairs	總務部長
The chief of general affairs of the general staff	参謀本部總務部長
The chief of general affairs of the naval fleet activities headquarters bureau	海軍艦政本部總務部長
The Chief of Intelligence Section of The United States Strategic Bombing Survey Office	米國戰畧爆擊調査部情報課長航空陸軍大尉
The chief of labor bureau of the welfare ministry	厚生省勤勞局長
The chief of local government of the south Manchuria railway	滿鐵公所長
The chief of medical affairs section of the sanitation bureau	衛生局督務課長
The chief of organization for Germans abroad	海外獨逸人團體首腦
The chief of organization for Germans abroad	海外在留獨逸人團體會長
The chief of press section of the war ministry	陸軍省新聞班長
The chief of sanitation bureau of the welfare ministry	厚生省衛生局長
The chief of section second of Japanese general staff office	日本参謀本部第二部長
The chief of Staf of 16th army	第十六軍参謀長
The chief of staff of the 3rd area army of the kwantung army	關東軍第三方面軍参謀長
The Chief of staff of the Kwantung Army	關東軍参謀長
The Chief of Staff of the Kwantung Army at Changchun	長春関東軍司令部
The chief of staff of the US army	合衆國陸軍参謀總長
The chief of the 17th area army	第十七方面軍参謀長
The chief of the 21st military affairs section of the navy ministry	海軍省保科軍務第一課長
The chief of the 3rd section of the navy ministry	軍令部第三部長
The chief of the accountants bureau of the finance ministry	大藏省主計局長
The chief of the American bureau	歐米局課長
The chief of the American bureau of the foreign office	亜米利加局

英文其他名词	日文其他名词
The chief of the archives of the second demobilization section of the demobilization bureau	復員廳第二復員局文書課長
The chief of the archives section the depart for foreign affairs	外務省文書課長代理
The chief of the archives section, soviet division of the prosecution section of the international military tribunal for the Far East	極東國際軍事裁判検事局ソヴエート部文書課長
The Chief of the Army General Staff	軍令部總長
The chief of the army judicial affairs bureau	陸軍省法務局長
The Chief of the Army Special Service Agency in Shanghai	上海陸軍特務部本部長
The chief of the board of health and concurrently chief of the hygienic laboratory of the south Manchuria railway company	満鐵衛生課長兼衛生研究所長
The chief of the budget and settled accounts section of the accounts bureau of the finance ministry	大藏省主計局豫算決算課長
The chief of the bureau of decoration	賞勳局總裁
The chief of the bureau of finance, the ministry of finance, the Japanese government	日本政府大藏省理財局長
The chief of the cable section of the foreign ministry	外務省電信課長
The chief of the central headquarters	中央本部長
The Chief of the Central Headquarters of the Concordia Society	協和會本部長
The chief of the ciphering division of the kwantung army	關東軍暗號部主任
The chief of the department of education at the Japanese embassy in Manchukuo	在滿日本大使館教育部長
The chief of the document division of the international prosecution section, G. H. Q, S. C. A. P	聯合軍最高指揮官總司令部國際検察部文書課長
The chief of the document room of the Soviet division of the IPS	極東國際軍事裁判所ソ聯検察部記錄室長陸軍少佐
The chief of the far eastern section of the military intelligence division of the war department general staff	陸軍省作戰局軍事諜報部極東課長

英文其他名词	日文其他名词
The chief of the first section of the imperial library	帝國圖書館第一部長
The chief of the first section of the treaty bureau	條約局第一課長
The Chief of the general affairs board	武部總務長官
The chief of the general affairs bureau of the Manchukuo government	滿洲國政府總務長官
The chief of the general affairs bureau of the central headquarters of the concordia society	協和會中央本部總務部長
The chief of the general affairs section in the general staff headquarters	參謀本部庶務課長
The chief of the geographical survey of the ministry of home affairs(Japan)	內務省地理調查所長
The chief of the investigation division of the financial bureau of the finance ministry	大藏省理財局調查課長
The chief of the Japanese imperial military mission in Harbin	在哈爾濱日本帝國特務機關長
The chief of the Korean district army	朝鮮軍管區參謀長
The chief of the liasion office of the China affairs board at Beijing	北京興亜院聯絡部長官
The chief of the main emigrant bureau cavalry general	避難民中央事務局長騎兵將軍
The chief of the Malay p. w. camp	マレー俘虜收容所長
The chief of the military affairs bureau of the war ministry	陸軍省軍務局長
The chief of the military affairs section of the military affairs bureau of the war ministry	陸軍省軍務局軍務課長
The chief of the munitions bureau	兵器局長
The Chief of the Navy Special Service Agency in Shanghai	上海海軍特務部長
The chief of the operating section of the Tokyo imperial university library	東京帝國大學附屬図書館運用部長
The chief of the Rangoon P. W. camp	蘭貢俘虜收容所長
The chief of the record office of the register bureau	登錄局記錄所長
The chief of the second department, general staff office	參謀本部第二部長
The chief of the south seas	南洋廳長官

英文其他名词	日文其他名词
The chief of the special department of the headquarters of the concordia society	協和會本部特別部長
The chief of the special service organ in Dalian	大連特務機關長
The chief of the special service organ in Harbin	哈爾賓特務機關長
The chief of the United States military mission	米軍使節團長
The chief retainers' conference	重臣會議
The children's corps	童子團
The China affair	支那事變
The China affairs	支那事體
The China Bank	中國銀行
The China general headquarters	中國大本營
The China inquiry commission of the league of nations	國際聯盟支那調查委員會
The China Japan mansion in India	在印度支那日本公館
The China minister	支那公使
The China Problem	支那問題
The China Problem	中國問題
The China punitive force	中國討伐軍
The China-policy	支那政策
The Chinese 29th Army	第二十九軍
The Chinese amban at Urga	庫倫辨事大臣
The Chinese amban kobdo	科布多參贊大臣
The Chinese ambassador	中國大使
The Chinese bureau	支那局
The Chinese charge d'affairs	中國代理大使
The Chinese communist movement	支那共産運動
The Chinese Communist Party forces	中國共産黨軍
The Chinese consulate	中國領事館
The Chinese farmers	中國農民
The Chinese foreign ministry	中國外交部長
The Chinese gendarmerie headquarters in Beiping	北平支那憲兵隊
The Chinese Government	中國政府
The Chinese Maritime Customs at Shanghai	中華民國上海海關
The Chinese Maritime Customs' officers	中華民國海關税關吏
The Chinese maritime customs system	中國海關制度
The Chinese military	中國軍部
The Chinese military affairs commission	支那側軍事委員會
The Chinese minister in America	中國駐剳米國公使

英文其他名词	日文其他名词
The Chinese minister in Britain	中國駐劄英國公使
The Chinese minister in France	中國駐劄佛國公使
The Chinese national liberation	中國民族解放
The Chinese nations	中國民眾
The Chinese nations	中國民族
The Chinese officials and people	支那官民
The Chinese Peasant workers of the red army revoluntionary military commission	中國工農紅軍革命軍事委員會
The Chinese people	中國人
The Chinese people	中華住民
The Chinese poetry	漢詩
The Chinese police officer	中國人員警官
The Chinese policy	延安對策
The Chinese railway police	中國人路警
The Chinese representative	中國代表
The Chinese Roain	支那浪人
The Chinese Soviet Republic	中華ソヴイエト共和國中央政府
The Chinese workers	中國工人
The Chitung self-government	冀東自治政府
The Chongqing ambassador	重慶大使
The Christian faith	キリすと教信者
The christianity doctrine	基督教教義
The chuotet restaurant	中央亭
The church of England	英國教會
The citizen of the USSR	ソ連市民
The citizens of the most favoured state	最惠國民
The citizens of the United States	合衆國市民
The citizens of Wuchang	武昌市民
The civil engineering section of the yokosuka	横須賀施設班
The civilization and culture of the orient	東洋文明
The close of the Yangtze River	揚子江閉鎖
The coalition cabinet	協力内閣
The coalition cabinet of army and navy	陸海聯立内閣
The coalition government	聯合王國政府
The coalition of the United Kingdom	英帝國ブロック主義
The Code Group of the General Affairs Department	参謀本部暗號班
The Co-Defence of Manchukuo	滿洲國共同防衛
The co-defence of Manchukuo-Japan	日滿共同防衛

英文其他名词	日文其他名词
The code-research group of the foreign ministry	外務省電信課暗號研究班
The co-existence and co-prosperity of Japan Manchukuo and China	日滿支共存共榮
The Coffee Pot Café	コーヒー・ポット
The collapse of the northeastern warlords	東北軍閥崩壞
The colonel of the navy ministry of the United States navy	アメリカ海軍省海軍大佐
The colonel of the United States army	合衆國陸軍大佐
The colonel of the United States army	日本海軍大佐
The combined chiefs of staff	連合參謀本部
The Combined Fleets	聯合艦隊
The Comintern	コミンテルンノ勢力
The command of the 6th Mongolian division	蒙古第六師團首腦部
The commandander-in-chief of the Indo-Chinese army	印度支那軍總司令官
The commander of Shanghai expeditionary forces	上海派遣軍司令官
The commander of continental railroads in Manchuria	滿洲大陸鐵道司令官
The commander of Heihe first division	黒河第一旅長
The commander of independent garrison	獨立守備隊司令官
The commander of military police unit headquarters for the northern districts	北部憲兵隊司令官
The commander of military police unit headquarters in Korea	朝鮮憲兵隊司令官
The commander of military police unit headquarters in Taiwan	臺灣憲兵隊司令官
The commander of Nakachishima 42nd division, Chishima	千島中千島四十二師團長
The commander of russian armies shall	露西亜國軍司令官
The commander of shipping transportation	船舶輸送司令官
The commander of the 10th division	第十師團長
The commander of the 12th base unit of the Japanese navy	日本海軍第十二根據地隊司令官
The commander of the 1st area army of the kwantung army	關東軍第一方面軍司令官
The commander of the 1st mixed brigade	獨立混成第一旅團長
The commander of the 23d division	第二十三師團長

英文其他名词	日文其他名词
The Commander of the 3rd Brigade of Infantry at Heihe	在黑河步兵第三旅團長
The commander of the 3rd division	第三師團長
The commander of the 57th division	第五十七師團長
The commander of the 5th army	第五軍司令官
The Commander of the 5th division	第五師團長
The Commander of the 73rd line of communications sector of the Rangoon line of communication department	蘭貢兵站第七十三兵站地區司令官
The commander of the 7th area army	第七方面軍司令官
The commander of the air forces of Guandong army	關東軍飛行隊長
The commander of the Burma area Japanese army	緬甸方面軍司令官
The commander of the China fleet	支那方面艦隊司令長官
The commander of the first imperial guard regiment	近衛步兵第一聯隊長
The Commander of the Fleets	艦隊司令長官
The commander of the guandong defence army	關東防衛軍司令官
The commander of the home military border-guard forces of the Ukranian	ウクライナ管區國境警備軍司令官
The commander of the Japanese occupation army	日本國占領軍司令官
The Commander of the Kwantung Army	關東軍司令官
The commander of the naval reserve of the United States	合衆國海軍豫備役中佐
The commander of the north China area army	北支那方面軍司令官
The commander of the pow camp of Rangoon in Burma	緬甸蘭貢俘虜收容所長
The commander of the rashin fortress	羅津要塞司令官
The commander of the second army	第二軍司令官
The commander of the Shinsen Maru	神川丸飛行長
The commander of the Songhu-Shanghai defense garrisons	淞滬警備司令
The commander of the Tianjin army	天津軍司令官
The commander of the U. S. Marines	米國海兵隊司令官
The commander of wake island operation force	ウエーキ島作戰部隊指揮官
The commander-in-chief of the headquarters pacific ocean areas	太平洋方面司令長官司令部
The commander-in-chief of the Thailand army	泰方面軍司令官

英文其他名词	日文其他名词
The commander-in-chief of the army and navy of the United States	米國陸海軍總司令官
The commander-in-chief of the Dutch forces	和蘭軍總司令官
The commander-in-chief of the kwantung army in Manchukuo	關東軍司令官駐滿全權大使
The commander-in-chief of the north China army	北支駐屯軍司令官
The commander-in-chief of the United States Asiatic fleet	合衆國亜細亜艦隊司令長官
The commanding general United States army	米國陸軍司令官
The commanding general United States army forces China	在中國米國陸軍司令官
The Commerce and Induestry Ministry	商工省
The commercial and trade agreement	通商貿易協定
The commercial press	商務印書館
The commie reds	赤匪
The commission for maintenance of peace and order in Tianjin	天津市治安維持委員會
The Commission of Enquiry	リットン調查團
The commission of jurists to consider amendment of laws of war at the Hague	海牙戰時法規改正法律家委員會
The commission of the provention of boundary disputed	國境紛爭處理委員會
The committee for measures vis-a-vis compatriots resident in enemy countries	敵國在留同胞對策委員會
The Committee for Speeding up a New Political System	新政治體制促進委員會
The committee for the Nanking safety zone	南京安全地區委員會
The committee member	中央委員
The Committee of Educational Research in Ministry of Education	教育部教育研究委員會
The committee of foreign affairs	外務委員會
The Committee of Nineteen	十九人委員會
The committee of the house of representatives	帝國議會衆議院
The committee of the privy council	樞密院審查委員會
The committee on pacific and far eastern questions	太平洋並極東問題委員會
The committee to improve of the country	清鄉委員會

英文其他名词	日文其他名词
The Committeeman of Central Headquarters of the Concordia Society	協和會中央本部委員
The Communist Army	共產軍
The communist system	共產制
The communist traitors-slaying party	共產除奸團員
The Communists	共產黨
The Concession	租界
The conclusion of the co-defenge pact between Japan and French Indo-China	日佛印共同防衛
The Conference of the Permanent Secretaries of the Parliamentary Members' League	聖戰貫徹議員聯盟常任幹事會
The conference on the limitation of armament	軍備制限會議
The conference secretary at Batavia for the Netherlands east Indies and Japan trade	在バタビヤ蘭日貿易協議會庶務部
The conference secretary at Kobe for the netherlands east Indies and Japan trade	在神戶日蘭貿易協議會事庶務部
The conflict between Japan and China	日支紛爭
The confucianism	儒教
The congress of the United States	アメリカ合衆國議會
The consciousness of kodo	皇道思想
The consititutional government preparation society	憲政準備會
The conspiracies against Japan	反日謀略
The constitutional form of government	立憲政體
The constitutional monarchy	君主立憲
The Consul in Tianjin	天津領事
The consul of Qiqihar	齊々哈爾領事
The consulate of Manchukuo	滿洲國領事官員
The consulate of the international relations	國際情勢領事官員
The consulate of the republic of China	中華民國領事館
The consulate-genreal of the union of the Soviet Socialist Republics in Harbin	在哈爾賓ソヴィエト社會主義共和國聯邦總領事
The consul-general of Harbin	哈爾賓總領事
The contract of sovereignty	統治契約說
The controlled currency system	惡性インフレ
The conversations with the Netherlands east Indies	蘭印會商
The cooperating battle	合作戰

英文其他名词	日文其他名词
The cooperation between Wang Jingwei and Jiang Jieshi	汪蔣合作
The cooperative defense of Pacific Ocean	太平洋協同防衛
The coslition cabinet	聯立内閣
The cotton dispute inside and outside	内外棉爭議
The cotton labor dispute inside and outside	内外棉花勞働爭議
The council for education	教育審議會
The council of military affairs	軍事委員會
The Council of the League of Nations	國際聯盟理事會
The councillor of the war ministry	陸軍省參事官
The counsellor of the Japanese embassy in Manchuria	駐滿大使館參事官
The counselor of the Japanese embassy in Germany	在獨帝國大使館參事官
The countries of democracies	民主國
The countries of democracies	民主主義國
The court in Menado	メナド裁判所々長
The courts of the allied nations	聯合國家裁判所法庭
The cprporation of the City of Winnipeg	英國陸軍兵器隊
The creed of “America first”	米國第一主義
The cretaceous jiaguan public officials millie	亜米利加官公吏
The crow of the U. S. S Panay	合衆國軍艦パナイ號
The cruise of the H. I. M. Sashigara included a call at Kiel	帝國軍艦足柄ノキール廻航
The cruiser Hirado	巡洋艦平戸
The cruiser Izumo	巡洋艦出雲
The cruiser Tenryu	巡洋艦天龍
The cruiser Yubari	巡洋艦夕張
The culture of the Orient	東亜文化
The Customa Fire Float “PooChi”	プーチ號
The customs agreement in 1930	一九三〇年關税協定
The Dakang texeile	大康紡績
The Danzig question	ダンチヒ問題
The data department historical squad of the second demobilization bureau	第二復員局資料整理部史實班
The day of srvice devoted to the greater Aaia	大亜細亜奉公日
The Dead House	死ノ家
The declaration of independence	獨立宣言

英文其他名词	日文其他名词
The dectrine of "one nation, one party"	一國一黨主義
The defeatism	敗戰觀
The defense counsel of the international military tribunal for the Far East	極東國際軍事裁判所辯護團
The defense integrated army, anti-Japanese united forces	國防統一軍竝に抗日聯合軍
The defensive against Soviet Russia	對蘇防衛
The defensive war against Japan	抗日自衛戰爭
The dei-ichi bank	第一銀行
The delegates of the house of representatives	衆議院議員
The democracy	民主主義
The democratic centralism	民主集中制
The Democratic Party	民主黨
The democratic republic state	民主共和國
The democratization	民主化
The department of commerce ministry	商務省
The department of foreign affairs, war and the navy	外務陸軍海軍三省事務當局
The department of the navy commander in chief US pacific fleet	海軍省米國太平洋艦隊司令長官
The deposit department	預金部
The deposit section of finance ministry	大藏省豫金部
The deputy chief of Heilongjiang province	黒龍江省首席代理
The deputy chief of Jilin province	吉林省首席代理
The deputy chief of staff of the red army	赤軍参謀長代理
The deputy chief of the central authority of the prisoners of war camp in the U. S. S. R	蘇聯邦俘虜及抑留者中央管理局長代理
The deputy chief of the registration and visas division of the central militia department of the home ministry of the U. S. S. R	蘇聯邦内務省登錄查證部長代理
The deputy foreign commissar	外務人民委員代理
The desperate war advocates	玉碎派
The destruction of the south Manchurian railway line	滿鉄線路爆破
The detachment of Postuma	ポスッマ部隊
The detachment of yokosuka civil engineers	横須賀土木工作分遣隊
The detachments of the yokosuka branch	横須賀支所分遣隊
The diet party	議會觀

英文其他名词	日文其他名词
The dignity	神學
The diplomatic adviser	外務省顧問
The directer of Korean department of the colonize ministry	拓務省朝鮮部長
The director of the intelligence bureau of the kwantung army	關東軍情報主任
The director of the intelligence section of the south Manchuria railway	滿鐵情報課長
The director of the Nagasaki higher commercial college	長崎高等商業學校長
The director of the second bureau of Far Eastern affairs of the Soviet foreign office	蘇聯外務省東亜第二局長
The director of the Shanghai marine corps	上海陸戰隊指揮官
The Disarmament Problem	軍縮問題
The disciplinary committee	懲戒委員會
The disdainful attitude towards Japan	侮日
The disdainful thought towards Japan	侮日思想
The dissolution of the renovation government	維新政府解消
The districts where the campaign has been conducted	清鄉區
The doctrine appeasement	宥和主義
The doctrine of expansion of territory	領土擴張主義者
The doctrine of mutually	互惠主義
The doctrine of Sun Yat-sin	孫文主義
The document of a committee of men concerned with such matters	關係職員協議
The Document Room of the Soviet Army Headquarters	ソヴィエート社會主義共和國聯邦軍参謀本部軍事史料部
The doihara organ	土肥原機關
The double tenth amiversary	雙十節
The drive against the kuomintang	反國民黨
The Drum Tower Church	ドラムタワー教會
The Dutch government in London	在倫敦和蘭政府
The Dutch ship	和蘭船
The east Asia co-prosperity	東亜共榮
The east camp	東大營
The East China Railway	東支鐵道
The east China sea military district	東海軍管區
The east tourist bureau	東方旅行社

英文其他名词	日文其他名词
The economic bloc	経済ブロック
The economic bloc principles	ブロック經濟主義
The economic club	經濟俱樂部
The economic cooperation between Japan and China	日支経済合作
The economic cooperation between Japan and Germany	日獨経済協力
The education commission	教育會
The educational bureau	教育局
The eighth division staff	第八師團参謀
The eighth route army	八路軍
The eleventh army chief of staff	第十一部隊参謀長
The emperial holy war	帝國聖戰
The Emperor	大日本帝國天皇
The emperor	皇帝
The emperor system	天皇制
The emperor of Germany	獨國皇帝陛下
The emperor of Japan	天皇
The emperor of Russia	佛國皇帝陛下
The emperor of Russia	露國皇帝陛下
The Emperor Organ Theory	天皇機関說
The empire of Manchoukuo	滿洲帝國
The empire's revised plan	帝國修正案
The employment of export association system	輸出組合制度
The engineer of the Zhaoang railway bureau	洮昂鐵道局技師
The engineering and construction company	土木建築會社
The English-Japanese dictionary	英和辭書
The entire number of immigration visas	移民查證發行總數
The entrolled-economism	統制經濟論
The entry into and out Manchuria	滿洲進出
The envoy at large for Europe	歐洲特派公使
The envoy extraordinary and minister plenipotentiary at London	英國駐剳特命全權公使
The envoy extraordinary and minister plenipotentiary of Estonia	エストニア國特命全權公使
The envoy extraordinary and minister plenipotentiary of Japan	日本國特命全權公使
The establishment of a new order	新秩序建設

英文其他名词	日文其他名词
The establishment of co-prosperity sphere	共榮圈建設
The establishment of the Chinese Republic	民國創立
The European co- prosperity sphere	歐洲共榮圈
The European front	歐洲戰線
The European lady	歐州婦人
The European language	歐文
The European problems	歐洲問題
The European quarrel	歐州紛爭
The European war-prisoners camp	歐洲人俘虜收容所
The exchange of ambassadors between Japan and China	日華大使交換論
The ex-chitose air corps	前千歲航空隊
The executive committee for the total mobilization of national esprit	國民精神総動員実行委員會
The executive officer of army war college	陸軍大學校幹事
The executive secretary of the second demobilization bureau	第二復員局總裁部長
The executives of national anti-Japan society	全國反日會執行委員會
The ex-minister of the diplomatic service, of the second official rank	二品頂戴前出使大臣
The expansion of productive capacity	生產能力ノ擴大
The extraordinary national congress	臨時全國代表大會
The extraordinary session of the cabinet	樞密院會議
The Extreme Rightist	右傾
The ex-yokohama air corps	前横濱航空隊
The fall of Nanking	南京陷落
The fall of Singapore	新嘉坡陷落
The Far East forces of American	米極東軍
The Far East University	極東大學
The far eastern affairs division of the State department	米國々務省極東部門
The Far Eastern division	極東局
The Far Eastern division	極東課
The far eastern sections of the state department	國務省極東部
The farmer's association	農民協會
The fat control society	油脂統制會
The Federal Banking System	聯銀制度
The federal commission	聯合委員會

英文其他名词	日文其他名词
The federated states of Indo-China	印度支那聯邦
The federation of credit association within Hokkaido	北海道府縣區域トスル信用組合聯合會
The federation of save-the-nation	救國聯合會
The federation of teachers and staffs	教職員聯合會
The Feng Zhian troops of Chinese garrison	中國駐軍馮治安部隊
The Fengshan and Beining railways	奉山北寧鐵路
The Fengshan railway office	奉山鐵路局
The Fengtian army special service	奉天陸軍特務機關
The Fengtian arsenal	奉天兵工廠
The Fengtian faction	奉天派
The Fengtian textile factory	豊田紡績工場
The Field Amubulance, Hong Kong Volunteer Defence Corps	香港義勇防衛隊野戰病院
The fight at Keheo	ケエオノ戦鬥
The fighter of the American army	米國軍飛行士
The Finance Ministry	財政部
The finance ministry of cabinet	内閣大藏省
The financial clique in Hangzhou of Zhejiang province	浙杭財閥
The financial committee	金融學會
The Financial Department	大藏省
The financial dependence	経済依存
The Finnish forces	フインランド軍部隊
The Finnsh Headquarters	フインランド軍司令部
The First Aid Post	市民第一救護所
The first anniversary of the committee to improve of the country	清鄉一周年紀念日
The first branch of the war prisoners' camp in Korea	朝鮮俘虜收容所第一支所
The first central conference of the execution inspectorial committeethe first general conference	第一次中央執行監查委員全體會議一中全會
The first chief of staff of the Japanese army	日本軍第一參謀長
The first division chief	第一部長
The first five- year plan	第一次五ヶ年計畫
The first harbour	第一船著場
The first high school	第一高等學校
The first Konoye cabinet	第一次近衛內閣

英文其他名词	日文其他名词
The First Lieutenant of the Netherlands Indies Army	蘭印王國陸軍中尉
The first line of defensive front	第一線防禦陣地
The first national hospital	國立第一病院
The first secretary of the Japanese embassy	日本大使館一等書記官
The first section	第一分隊
The first section chief of educational bureau of the navy ministry	海軍省教育局第一課長
The first section chief of personnel bureau of the navy ministry	海軍省人事局第一課長
The first section of the treaty bureau	條約局第一課
The first Wakatsuki cabinet	若槻第一次內閣
The first-class army flying School	第一級陸軍飛行學行將校
The five ministers' conference	五相會議
The flagship Soryu	旗艦蒼龍
The force of one or two companies	一・二ヶ中隊
The forces of the Soviet Union and Mongolia	蘇蒙軍
The foreign affairs bureau	外務約局
The foreign commissar department	外務人民委員部
The foreign community of nanking	南京外人會
The Foreign Economic Administration	外國經濟管理局
The foreign expedition	閣外征虜
The Foreign Minister	外務大臣
The Foreign Ministry of the British Government	英國政府外務省
The foreign ministry official	外務省關係官
The foreign missions in Tokyo	在京外國公館
The foreign office affairs authorities	外務省事務當局
The Foreign Office of the U. S. S. R	社會主義ソヴイエット共和國連邦外務省
The foreign relations to Japan	アメリカ合衆國外交關係
The foreign service of the United States of America	北米合眾國外交部
The foreign settlements in Shanghai	上海外國租界
The foreign trade ministry	貿易省
The foreign trade monthly report	外國貿易月報
The foreign vice－minister of Mexico	墨西哥國外務次官
The formalism	形式主義
The foughe in the air	空中戰
The fought under the groud	地下戰

英文其他名词	日文其他名词
The foundation of Manchukuo	満洲建國
The four fundamental terms of peace for China	對支講和基礎條件
The four-ministers conference decision plan	四相會議決定案
The Fourteenth Army	日本軍第十四軍
The French domestic army	佛蘭西國內軍
The French ambassador in Berlin	在伯林佛國大使
The French captain	佛人大尉
The French corporal	佛人伍長
The French Indo-China people	佛印人
The French Indo-China's Government	佛領印度支那政府
The French private citizen	佛民間人
The French sentinel post	佛人哨所
The French victims	佛蘭西人犧牲者
The frontier corps of the home ministry of the Mongolian People's Republic	蒙古人民共和國內務省國境警備隊
The fuel investigation institute	燃料研究所
The Fukuda cabinet	富田內閣
The full admiral of the German navy	ドイツ海軍大將
The fundamental national policies of Japan	帝國根本國策
The furukawa electric industry company	古河電氣工業株式會社
The garrison of eastern Chahar	察東警備軍
The garrison of Heihe	黒河鎮守使
The garrison troops in Shanghai	上海駐屯軍
The garrisson of Urnanshan	ウルナンシヤンノ中備隊
The gaullist	ドゴール派
The gendarmerie detention west part of a team	憲兵隊西部分遣隊拘留所
The gendarmerie headquarters in east China sea	東海憲兵隊司令部
The gendarmeries in Korea	朝鮮內憲兵隊
The general affairs section	總務課
The general assembly of the repressentatives of the Chinese national party	中國々民黨代表大會
The general bureau of international military tribunal for the Far East	極東國際軍事裁判所總書記局
The general chief of staff	参謀總長
The general commander of the fourth army	第四軍司令官
The general headaquarters of Shanghai expeditionary forces	上海派遣軍司令部

英文其他名词	日文其他名词
The general headquarters of the eleventh war zone of China	中國第十一戰區総司令部
The general headquarters supreme commander for the allied powers legal section	連合國最高司令官總司令部法務部
The general peace between China and Japan	日支全面和平
The General Staff Office	参謀本部
The general staff office of war department	陸軍参謀本部
The Geneva Convention concerning the treatment of prisoners ofwar	俘虜待遇ニ關スル壽府條約
The Geneva league assembly	壽府聯盟總會
The Gentral State Histrical Record Office of the U. S. S. R	露國國立中央歴史的記錄保存所長
The geographical survey of the ministry of home affairs	内務省地理調查所
The German ambassador in China	支獨大使
The German ambassador in Tokyo	在京イタリア國大使
The German ambassador to China	駐華獨大使
The German ambassdor in Japan	駐日獨逸大使
The German and Japanese high commands	日獨最高統帥部
The German army general staff	獨逸参謀本部
The German attache	獨逸武官
The German eastern front	獨逸の東部戰線
The German embassador	獨乙公使
The German Embassy in Tokyo, Japan	在日本國東京獨逸國大使館
The German ex-servicemen 's groups	在郷軍人團體
The German ex-servicemen 's orgarization	在郷軍人會
The German Government	獨逸政府
The German Headquarters	ドイツ軍司令部
The German high command	獨乙軍部
The German high command	獨逸最高司令部
The German military	獨逸陸軍
The German minister of Manchuria	駐滿獨逸大使
The German mission in Changchun	在長春獨乙公使館
The German mission in Manchuria	在滿獨乙公使館
The German Press	ライヒス新聞
The German red cross	獨逸赤十字社
The German representative at Paris	在パリ獨代表
The German submarines	獨潛水艦

英文其他名词	日文其他名词
The German tsingdao garrison	ドイツ青島守備隊
The German western front	獨逸の西部戰線
The German-English society	獨英協會
The German-French society	獨佛協會
The German-Japanese friendship	日獨親善
The German-Japanese society	獨日協會
The Germany ambassador in Italy	駐伊獨逸國大使
The Germany correspondent	獨乙通信員
The Germany navy ministry	獨乙海軍武官
The gist the conversation between prinoe Konoye and Wang	近衛公爵汪會談要領
The gold production law	金ノ增產獎勵施設
The gold standard system	金本位制度
The government delegate	政府委員
The government gazette	宮報
The government in exile whose homelands are temporarily occupied by the aggressers	亡命國政府
The government of America	米國政府
The government of Cuba	キューバ政府
The government of Iceland	アイスランド政府
The government of imperial	皇道政治
The government of Jiangsu province	江蘇省政府
The government of national defence facilities programme	國防政府施設綱領
The government of north China	華北政府
The government of Philippines	比律賓政府
The government of Poland	波蘭政府
The government of the Chinese revolution	支那革命政府
The government of the United army	政府聯合軍
The government of the United States, in both its executive and its legislative branches	米國政府行政及立法當局
The governmental railway relief association	鐵道弘済會
The government-general of India	印度政廳
The governor of Osaka prefecture	大阪府知事
The Governor and Vice-Governor of Bank of Japan	日本銀行正副総裁
The governor of Chientao province	間島省長
The governor of Fukushima prefecture	福島縣知事

英文其他名词	日文其他名词
The governor of Hokkaido	北海道廳長官
The governor of Hunan province	湖南省主席
The governor of Hunchun	琿春縣長
The governor of Shanghai	上海市長
The governor of Sichuan province	四川省主席
The governor of the eastern Chahar special autonomous administrative district	察東特別自治區行政長官
The governor of the United States	アメリカ合衆國市長
The Governor of Tokyo Prefecture	東京府知事
The governor-general of France Indo-China	佛領印度支那總督
The governor's palace	総督府
The Great Asiatic	大亜細亜
The Great Asiatic principle	大亜細亜主義
The great asiatic society	大亜細亜協會
The great asiatic society in China	中國大亜細亜協會本部
The great Asiatic society,Japan and China	日中國大亜細亜協會
The great asiatic society,Tokyo	東京大亜細亜協會
The great China university	大廈大學
The great wall	長城
The greater Asia central bank	大東亜中央銀行
The Greenland natives	グリーンランド原住民
The Guandong defence headquarters	關東防衛司令部
The Guandong military police	関東憲兵隊
The Guandong totofuku	関東都督府
The Guangdong base	廣東基地
The guerrilla warfare	遊擊戰爭
The Gui cabinet	桂内閣
The Hailar special service detachment	ハイラル特務機關特派員
The hakodate prison camp	函館俘虜収容所
The Hankou government	漢口政府
The hankou-guangzhou railway	粵漢鐵道
The Hara Butai	ハラ部隊
The haruha Mongolian	ハルハ蒙古人
The head of the autonomous government of the Mongolian federation	蒙古聯盟自治政府首班
The head of the general affairs section,the house of representatives	衆議院庶務課長
The head of the Japano-Jewish association	日猶協會會長

英文其他名词	日文其他名词
The head of the yokohama branch of the central liaison office	横濱終戰連絡事務局長
The headquarter of the Kwantung Army	關東軍司令部
The headquarter of Gongzhuling independent garrison	公主嶺獨立守備隊司令部
The headquarter of Korean Army	朝鮮軍司令部
The headquarter of Korean army	朝鮮軍司令官
The headquarter of the China fleet	支那方面艦隊司令部
The headquarters of anti-Japanese union	抗日聯合總司令部
The headquarters of Indo-Chinese	印度支那司令部
The headquarters of the 5th division	第五師團司令部
The headquarters of the 6th Mongolian cavalry division	蒙古騎兵第六師團司令部
The headquarters of the 7th area army	第七方面軍司令部
The headquarters of the Far East	極東軍司令部
The headquarters of the fortress	要塞司令部
The headquarters of the Sano Unit	佐野部隊本部
The headquarters of the south Manchuria railway	滿鐵本社
The headquarters of the supreme commander deputy of the allied powers	連合軍總司令部副官
The headquarters, Quezon City	ケソン市司令部
The heads of the army special service agency in the town of Hailar	海拉爾陸軍特務機関長
The heroes of the Soviet Union lt-colonel	ソ連邦英雄陸軍中佐
The Hibiya Matsumotoro Restaurant	松本樓
The high authorities	首腦部
The high command of the armed forces	陸軍高級司令官
The high courses of the concordia society	協和會高等講習所
The High Court of Justice at Batavia	バタヴィア高等法院
The high staff-officers	高級參謀將校
The highest civil court	最高民事裁判所
The highest policy	最高方針
The Himeji united	姫路聯隊
The Hiranuma cabinet	平沼内閣
The Hiranuma cabinet	平沼内閣說
The Hiranuma new cabinet	平沼新内閣
The Hirata unit	平田部隊
The HIROTA Cabinet	廣田内府

英文其他名词	日文其他名词
The Hirota cabinet	廣田内閣
The hitlerism	ヒットラー主義
The home ministry of the Mongolian People's Republic	蒙古人民共和國外務省
The home operations	本土決戰
The Hong Kong Government	香港政長廳
The hospital of the south Manchuria railway	満鉄醫院
The House of Peers	貴族院
The house of peers of the imperial diet	帝國議會貴族院議事
The House of Representatives	衆議院
The Hsinking commercial and industrial association	新京商工公會
The hushitai company	虎石臺中隊
The Huzhou hall	湖洲會館
The hypothec bank of Japan	勸業銀行
The hypothec bank of Japan	日本勧業銀行
The idea about the cabinet	内閣觀
The idea about the new cabinet	後継内閣觀
The idea of having both north and south as our objective	南北兩建論
The ideal of going north	北進案
The idealism	理想主義
The ideas of the concordia society	協和思想
The ideological reformist opinion	觀念論的革新論
The immigration law rejecting the Japanese	排日移民法
The immigration visas	移民査證
The Imperial Army and Navy forces	帝國陸海軍
The imperial army's officers and soldiers	皇軍將兵
The imperial bank	帝國銀行
The imperial consulate in Manila	マニラ帝國総領事館
The imperial consulate of Russia	露西亜帝國領事館
The Imperial Diet	帝國議會
The imperial flag revolution general	錦旗維新本部
The Imperial Government	帝國政府
The imperial guard regiment	近衛聯隊
The imperial headquarters cabinet	大本營内閣
The imperial house institutions	帝國學士院
The imperial house institutions	帝室制度
The imperial household	皇室

英文其他名词	日文其他名词
The imperial Japanese navy headquarters command	大海令
The imperial learning	帝王學
The imperial legation in China	在支帝國公使館
The Imperial Naval Ground Forces	日本帝國海軍陸戰隊
The Imperial Navy	日本帝國海軍
The imperial regime	天皇主義政體
The Imperial Rule Assistance Association	大政翼贊會
The imperial rule assistance movement	大政-運動
The Imperial Shipping Committee	帝國海運委員會
The import exchange permit system	輸入爲替許可制
The import guild system	輸入組合
The importers established in the Netherlands	在蘭印輸入商
The increased production movement	增產運動
The independent garrison	獨立守備隊
The independent military police	獨立憲兵大隊
The independent regiment	獨立團
The Indo-China Steam Navigation Company	印度支那汽船航海會社
The Indo-Chinese Troubles	印度支那紛爭
The industrial rationalization policy	產業合理化政策
The Industrial Bank of Japan	日本興業銀行
The industrial bank of Japan	興業銀行
The industrial equipment management corporation	產業設備營團
The industrial equipment management corporation	工業設備管理協會
The industrial guild system	工業組合制度
The industrial rationalizing movement	產業合理化運動
The industry and commerce association	工商學聯合會
The industry control commission	事業調節委員會
The information board of the cabinet	內閣情報局
The information section in the imperial embassy of Japan in China	在支日本帝國大使館情報係
The Ingul	イングール號
The insulting and anti-Japanese policy	排日侮日政策
The insurance and sanitation ministry	保險衛生省
The intelligence section of the staff department	參謀部情報課
The intendance department of the army of the Guandong government general	関東都督陸軍經理部
The interior province police and bureau of foreign affairs section	內務省警保局外事課

英文其他名词	日文其他名词
The internal politics of Japan	日本内政
The international anti-Japanese united front	國際抗日統一戰線
The international anti-war day	國際反戰デー
The international committee of the red cross	赤十字國際委員會
The international common law	國際公法
The international concessions in Amoy and Kulangsu	廈門鼓浪嶼共同租界
The international concessions in Shanghai	上海共同租界
The international prosecution authorities	國際檢察部
The International Prosecution of S. C. A. P.	在太平洋聯合軍最高指令部國際檢察部
The international prosecution section	國際檢事團
The International Red Cross	國際赤十字
The international red cross committee at Washington	ワシトニーン國際赤十字委員會
The international red cross committee delegation in Japan	駐日國際赤十字委員會代表
The international security committee	國際安全委員會
The international settlement of Shanghai	上海共同租界
The internment camp commander	俘虜収容所司令官
The internment of prisoners of war in Korea	朝鮮軍俘虜収容計畫
The Inukai cabinet	犬養内閣
The investigation committee of the kwantung army	關東軍調查委員會
The investigation department	調查部
The investigation division of the south Manchurian railway company	南滿洲鐵道株式會社調查部
The investigation section of the commission for breaking off economic intercourse	經濟絕交委員會調查科
The investiture force of the Wuhan	武漢攻略軍
The iron and steel control society	鐵鋼統制會
The iron industry committee	制鐵事業委員會
The iron manufacturing industry	制鐵事業
The iron-steel administration of the Japanese government	日本政府の鐵鋼行政
The ise shrine	伊勢神宮
The ishihara industry	石原產業
The Italian plenipotentiary	伊太利國全權委員
The Italian Ambassador	伊太利大使

英文其他名词	日文其他名词
The Italian councillor	伊太利参事官
The Italian embassy	伊太利國大使館
The Italian Embassy in Tokyo	在東京伊太利大使館
The Italy ambassador to Japan	駐日イタリー大使
The Ito special envoys	伊藤特使團
The Jai-Alai Building	ハイアライビル
The Japan airline company	大日本航空會社
The Japan ambassador in America	在米帝國大使
The Japan gasoline company	日本輕油會社
The Japan overseas association	海外同胞協會
The Japan shipowner association	日本船主協會
The Japan US diplomat	日米外交官
The Japanese	和文
The Japanese general staff chief	日本参謀總長
The Japanese Portugal joint airline company	日葡合辦航空會社
The Japanese advisors in Manchukuo	在滿洲國日本人顧問
The Japanese aggressors	日寇
The Japanese ambassador	日本駐劄大使
The Japanese Ambassador in Rome	ローマ駐箚日本大使
The Japanese ambassador in Thailand	駐泰日本大使
The Japanese ambassador in Washington	ワシントン駐在日本大使
The Japanese ambassador to China	在華日本大使
The Japanese ambassador to Germany	駐獨日本大使
The Japanese ambassador in America	日本駐在アメリカ大使
The Japanese and Chinese people	日支人
The Japanese and Chinese troops	日支兩軍
The Japanese and Korean residents	在留日鮮人
The Japanese armed forces	日本武裝兵力
The Japanese Army	日本軍隊
The Japanese Army and Navy	日本陸海軍
The Japanese army despatched to central China	日本中支軍
The Japanese army health institutions	日本軍衛生機関
The Japanese Army in China	在中國日本軍
The Japanese army occupied territory	日本軍占領地
The Japanese army prisoner of war camp	日本陸軍俘虜収容所
The Japanese bandits thief	日本匪賊
The Japanese batteries	日本炮兵隊
The Japanese Broadcasting	日本放送協會

英文其他名词	日文其他名词
The Japanese capital	日本資本
The Japanese capital power	日本資本勢力
The Japanese case	日本問題
The Japanese cavalry unit	日騎兵部隊
The Japanese Civil Administration	日本民政部
The Japanese common law	日本國内法
The Japanese consu-general in Shanghai	在上海帝國總領事
The Japanese consulate-general	日本總領事館
The Japanese diplomats from Europe	在歐日本外交官
The Japanese economic annual report	日本經濟年報
The Japanese economic journal	東洋經濟新報
The Japanese embassies and legations abroad	在外帝國大公使館
The Japanese embassy at Moscow	在ソ日本大使館
The Japanese embassy in Moscow	在莫斯科日本大使館
The Japanese embassy military attache	日本大使館附陸軍軍官
The Japanese empire submarine	日本帝國潛水艦
The Japanese federation of wooden shipbuilding associations	日本木造船組合聯合會
The Japanese federation of young men's association	財團法人日本青年館
The Japanese financial commissioner in New York city	米國紐育駐在財務官
The Japanese forces for machinery industry	日本勢力圈機械工業
The Japanese forces organ	皇軍機關
The Japanese garrison at Shanhaiguan	山海関守備隊
The Japanese garrison at Tianjin	天津駐屯日本軍守備隊
The Japanese garrison in Tianjin	天津駐屯軍
The Japanese gendarmerie	日本憲兵隊
The Japanese general tariff policy	日本一般關税政策
The Japanese government bonds	日本政府債
The Japanese imperial army	日系軍官
The Japanese Imperial Army Hygiene Unit	日本帝國陸軍衛生隊
The Japanese internment camps	日本俘虜収容所
The Japanese internment camps	日本人俘收容虜所
The Japanese legation in Warsaw	在ワルソー日本公使館
The Japanese merchant marine and shipbuilding industry	商船及造船事業
The Japanese military authorities	日本國軍務官
The Japanese minister in China	在華日本公使館

英文其他名词	日文其他名词
The Japanese minister in Sweden	瑞典駐在公使
The Japanese national residing north China	北支在留邦人
The Japanese naval air base	日本海軍航空基地
The Japanese naval aircraft	帝國海軍飛行機
The Japanese Navy	日本海軍
The Japanese officer in Manchukuo	在滿日本官吏
The Japanese official	日系職員
The Japanese organ in Shanghai	上海日本機關
The Japanese organs in Manchuria	在滿日本機關
The Japanese people in Berlin	在伯林日本人
The Japanese planes	日本飛行機
The Japanese preparedness	日本兵備
The Japanese Red Cross	日本赤十字社
The Japanese residents	在華日本居留民
The Japanese residents in enemy countries	在敵國日本居留民
The Japanese settlement of Hankow	漢口日本租界
The Japanese troops in China	在支日本兵
The Japanese workers and peasants	日本勞動者農民
The Japanese young men's association	大日本聯合青年團
The Japanese-American problems	對米問題
The Japan-Germany-Italy anti-Comintern axis	日獨伊防共樞軸
The Japan-Manchu cooperation	日滿合作
The Japan-Manzhou-China economic round table conference	日滿支経済懇談會
The Jardinea Hulk	怡和ハルク號
The Jews radicals	ユダヤ人改革派
The Jianghan middle school	江漢中學
The Jiangxi air force base	贛空軍基地
The Jilin faction	吉林派
The Jilin self-defence army	吉林自衛軍
The Jilin-Changchun railway	吉長鐵路
The Jilin-Dunhua railway	吉敦鐵道
The Joint Commission	共同委員會
The joint commission for the Manchoukuo-Mongolian border demarcation	滿蒙國境確定混合委員會
The joint committee of the investigation of Pearl Harbor Attack	眞眞珠灣攻擊調查共同委員會
The joint defence of Japan and France	日佛共同防衛

英文其他名词	日文其他名词
The joint resolution of congress	議會聯合決議
The joint technical committee	共同技術委員會
The Japanese junior captain	日本海軍中佐
The Japanese millitary authorities	日本軍當局
The Japanese naval officer	日本海軍將校
The Japanese officer	日本將校
The Japanese Prime Minister	日本國首相
The Japanese sergeant	日本軍曹
The Judge Advocate General Washington 25, D. C.	ワシントン二五番法務局
The Judge Advocate General Washington D. C.	ワシントン地方裁判所コロンビヤ區法務局
The judge advocate general's department, war department	陸軍省法務部
The Judge Advocate Service of the United States Army	合衆國陸軍法務部
The judge of Tokyo	東京裁判
The justice department of Manchukuo	滿洲國司法部
The Kailan Mining	開灤炭鑛
The kamenetz potolsk	カメネツポトロスク號
The kanto dolomite industrial joint stook company	關東ドロマイト工業株式會社
The Kasan hall	霞山會館
The Kato, Takaaki cabinet	加藤高明内閣
The Kawasaki Kisen Kabushiki Kaisha	川崎汽船株式會社
The Kawasaki Kisen Kabushiki Kaisha	川崎汽船株式會社線
The Kawasaki prisoner of war camp	川崎収容俘虜就労
The Keijo gaol	京城監獄
The Keijo hospital	京城病院
The keio university	慶應大學
The ketsumeidan	血盟團
The Kinkasaki Camp	金瓜石收容所
The kinki kakumei	錦旗革命
The kinsui restaurant	錦水
The kirin-hailung	吉會
The Kobe secretary	神戸庶務部
The kohoku industrial company	江北工業公司
The Koiso cabinet	小磯内閣
The Koiso-Yonai coalition cabinet	小磯・米内聯立内閣
The konoe cabinet	近衛内閣

英文其他名词	日文其他名词
The Konoye's New Political Order	近衛新體制
The Korea pow camp	朝鮮俘虜收容所
The Korean army chief of staff	朝鮮軍參謀長
The Korean army internment camp	朝鮮軍俘虜収容所
The Korean farmers	鮮農
The Korean Guards	朝鮮人衛兵
The Korean pow camps	朝鮮俘虜收容所
The kuomintang warlords	國民黨軍閥
The kuomintang leaders	國民黨首領
The kuomintang prison	國民黨牢獄
The kuomintang-communist cooperation	國共合作
The Kure naval station forces	吳鎮守府部隊
The kurume 56 infantry regiment	久留米步兵第五十六聯隊
The Kwantung Army	關東軍
The L. O. G. Camp	バンドウェンL. O. G. 收容所
The Laborer's union	總工會
The laborers' union in Shanghai	上海總工會
The land-purifying operation	清鄉工作
The latin language	羅甸語
The law of embrace of trade	道商擁護法
The law of north China development company	北支那開發株式會社法
The leaders of foreign office	外務省幹部
The leaders of Manchukuo	滿系幹部
The leaders of Manchuria railway	滿鐵幹部
The leaders of the foreign office	外務省首腦部
The league between Portugal and Britain	葡英同盟
The League of Nations	國際聯盟
The league of nations official journal	國際聯盟公報
The legal department	法務部
The legalistic	法理主義的
The legation quarter in Peking	北京公使館區域行政權
The Lewis Memorial Institutional Church	記念財團教會
The liaison council for affairs of non-combatant internees	抑留非戰闘員事務連絡協議會
The liaison detachments of the Soviet and America	米ソ涉外派遣隊
The Liaison Officer, Office of Chief of Staff, Washington, the District of Columbia	コロンビヤ地區ワシントン參謀長室諜報部連絡將校
The liaison section in Singapore	シンガポール涉外部長

英文其他名词	日文其他名词
The liaodong hotel	遼東ホテル
The liaoyang army	遼陽部隊
The liberal government	自由主義政府
The liberation of Manila	マニラ解放
The liberation of the Philippines	比律賓解放
The lieutenant of the United States	合衆國陸軍中將
The line of the great wall	長城線
The Lisbon government	リスボン政府
The Lisbon ministry of foreign affairs	リスボン外務省
The literature and philosophy department of the waseda university	早稲田大學文學部哲學部
The liuchuan army	柳川兵團
The London government	倫敦政府
The london treaty problems	ロンドン條約問題
The lord keeper	報知
The low price policy	低物價政策
The lower housein	上院
The Lvshun heavy artillery brigade	旅順重砲兵大隊
The macMillan company	紐育マクミラン會社
The main Tokyo war crimes office	東京中央戰犯裁判
The maintenance of the country's international payment balance	國際支拂ノ均衡
The Major and Chief of the Document Room of the Soviet Division of the IPS of the International Military Tribunal	國際検察部ソ聯部文書課長陸軍少佐
The Major and Chief of the Document Room of the Soviet Division of the IPS of the International Military Tribunal	極東國際軍事裁判所國際検察部ソ聯部文書課長陸軍少佐
The Major and Vice-Chief of the Military-Historic Department of the General Staff of the USSR Armed Forces	ソヴィエート社會主義共和國聯邦軍参謀本部軍事史料部次長陸軍少將
The major general of the United States army	米國陸軍少將
The majority of the Chinese soldiers at the front	前線支那軍
The Malay military detention camp	馬來軍拘留所
The Manchoukuo question	滿洲問題
The manchu language	滿洲語
The Manchukuan Yuan	滿洲國元
The Manchukuo army	滿軍

英文其他名词	日文其他名词
The Manchukuo-Mongolia boundary commission	滿蒙國境確定委員會
The Manchuria race	滿族
The Manchuria youngmen's league	滿洲青年聯盟
The Manchurian aircraft company	滿洲飛行機會社
The Manchurian aircraft production co.	滿洲飛行機製造株式會社
The Manchurian embassador	滿洲國大使
The Manchurian guard unit	滿洲國監視部隊
The Manchurian hotor-car co.	滿洲自動車株式會社
The Manchurian jun-ken unit	滿洲屯墾部隊
The Manchurian police	滿洲國員警
The Manila defense headquarters	マニラ防衛司令部
The Manila Hotel	マニラホテル
The Marco Polo bridge station	盧溝橋驛
The marshal house	元帥府
The materialism	利益主義
The materialism	物質萬能主義
The Matsuzaki 3rd battalion	松崎第三大隊
The Matter of One for the Armies to Settle	雙方戰
The matter settled through diplomacy	外交妥結方針
The mayor of hankou	漢口市長
The mazaki cabinet	眞崎內閣
The medical bureau	醫務局
The meiji period	明治時代
The Meiji primary school	明治小學校
The Meiji Restoration	明治維新
The member of the allied council for Japan	對日理事會委員
The member of the indendant bureau of the army	陸軍省經理局課員
The member of the Japan-Manchurian joint economic committee	日滿經済共同委員會委員
The member of the military affairs bureau of the war ministry	陸軍省軍務局課員
The member of the mongolian People's revolutionary party	蒙古人民革命黨員
The member of the privy council	樞密院議員
The Member of the Staff of the United States Tariff Commission	アメリカ合衆國関税委員會委員
The member of the United Nations	國際聯合加盟國
The member of the USSR supreme council	ソ連最高會議議員

英文其他名词	日文其他名词
The members of the east asia shipping company	東亜海運株式會委員
The members of the inspections department of the U. S. S. R	ソ聯邦検査部員
The members of the opium committee	阿片委員會委員
The merchant ships belonging to the standard oil company of American	米國スタンダード石油會社
The metallurgy section in the engineering department of the imperial university	東京帝國大學工學部鐵冶金科
The metals industry control society	金屬統制會
The metropolitan civilization	都會文明
The metropolitan police of Greater Manila	マニラ首都員警長官
The Metropolitan Theatre	メトロポリタン劇場
The militarism	軍國
The military affairs bureau	陸軍軍務局
The military affairs bureau of Japan	日本軍務局
The military affairs section	軍事課
The military alliance between Japan and America	日米軍事同盟
The military attach of embassy in Japan	日本大使館附陸軍武官
The military attache in Germany	駐獨陸軍武官
The military attache in Manchuria	在滿陸軍武官
The military attache of Finland	芬蘭陸軍武官
The military attache to the imperial Japanese embassy in U. S. S. R	ソヴィエト聯邦在勤帝國大使館附武官
The military aviation headquarters regulations	陸軍航空本部
The military camp of the northern Liutiaohu branch	北方柳條湖分遣隊兵舍
The military command act of the 40th year of Meiji	明治四十年軍令
The military commission	軍事委員會
The military education system	軍事教育制度
The military forces of the U. S. S. R	ソヴイエツト社會主義共和國連邦陸軍部
The military forces of the U. S. S. R	蘇軍
The Military Forces Stationed in Manchuria	在満部隊
The military government	軍事內閣
The military governor of Heilongjiang province	黒龍江省督軍
The military headquarters of the government	政府軍部
The military intelligence section of the general staff	參謀本部陸軍情報部

英文其他名词	日文其他名词
The military police command of the minister	憲兵司令部本部長
The military police commander	憲兵隊指揮官
The military police prison	憲兵隊監獄
The military police unit headquarters for the northern districts	北部憲兵隊司令部
The military police unit headquarters in Korea	朝鮮憲兵隊司令部
The military police unit headquarters in Taiwan	臺灣憲兵隊司令部
The military police unit headquarters in Tokyo	東京憲兵隊司令部
The military political bureau of Japanese war ministry	日本陸軍省軍事政治局
The military representatives of Japan and Frence Indo-China	日佛印度軍當局
The military service bureau in the war ministry	陸軍省兵務局
The military service section of the military service bureau	兵務局兵務課
The Military-Hisoric Department of the General Staff of the USSR Armed Forces	ソヴィエート社會主義共和國聯邦軍參謀本部
The mining bureau	礦山局
The minister baron of German	獨逸國公使男爵
The minister of communication	交通部大臣
The minister of industry	実業部大臣
The minister of the liaison department of Asia affairs bureau	興亜院連絡部長
The minister president of state, plenipotentiary of his majesty the emperor of Japan	大日本帝國全權辦理大臣
The ministers of the fighting services from among civilian officials to army and navy officers	陸海軍大臣武官制
The ministers of the fighting services from among civilian officials	軍部大臣武官制
The ministers of the fighting services from among retired servicemen to army and navy officers	陸海軍大臣文官制
The minister of communications	通信省
The ministries of transportation	運輸省
The ministries of war and navy	陸海軍統制會
The ministry of agriculture and commerce	農商務
The ministry of agriculture and commerce	農商務省
The Ministry of foreign affairs treaties Bureau	外務省條約局
The Ministry of foreign affairs Berlin	ベルリン外務省

英文其他名词	日文其他名词
The Ministry of Home Affairs	內務省
The Ministry of Justice	司法省
The ministry of supervision, Hongkong	香港総督部
The Ministry of foreign affairs, Washington	ワシントン國務省
The Mission School	シッション・スクール事務所
The mitsubishi machine shop	三菱機械工場
The Mitsui Bussan Kaisha. Ltd	三井物産株式會社
The mitui bank	三井銀行
The Miyasaki Shimbun	宮崎新聞
The mobilization bureau	兵備局
The mobilization committee of the law of national esprit	國民精神法動員委員
The mobilization organization of the population	人民國防團體
The mobilization plans bureau of the war ministry	陸軍省整備局
The Mongolian army	蒙古軍
The Mongolian border-guard outposts	蒙古國境警備兵
The Mongolian division	蒙古師團
The Mongolian employees	蒙古使用人
The Mongolian independence movement	蒙古獨立運動
The mongolian language	蒙古語
The Mongolian race	蒙古族
The Mongolian regular troops	蒙古正規軍部隊
The mongolians	內蒙古人
The morals of our imperial army	皇軍道義
The Morimoto battalion	森本大隊
The most powerful army nation of the world	世界大陸軍國
The most-favored-nation clause	最惠國條款
The motherland commission	故國會
The Moulmein Civil Administration	モールメイン民政部
The Moulmein Jail	モールメイン刑務所
The movement for establishment a new party	新黨結成運動
The movement for national reorganization	國民再組織運動
The movement for restoration of Xuantong emperor	宣統帝擁立運動
The movement for the cabinet's overthrow	倒閣運動
The movement for the furtherance of the military alliance	軍事同盟促進運動
The movement of Imperial Rule Assistance Association	大政翼賛運動

英文其他名词	日文其他名词
The Mukde regular army of China	奉天中國正規兵
The municipal bureau	工部局
The Nagasaki Maru	長崎丸
The Nanjing army	南京軍
The Nanjing consulate general	南京總領事館員
The Nanjing traitorous government	南京賣國政府
The nationa of Europe	歐洲國民
The national polity	國體論
The national anti-Japanese army	全國抗日軍
The national anti-Japanese society	全國反日總會
The national cabinet	擧國一致內閣
The national capital system	民族資本體系
The national counter-revolutionary	民族反革命
The national crisis education society	國難教育社
The national defence commission	民族自衛會
The national defence conference	國防會議
The national defense or the nondefense industries	國防產業及非國防產業
The national disgrace of May 3	五三國恥
The national economic research association	國民經濟研究協會
The national financial association	全國金融協議會
The national fund sub-section, the treasury section, the bureau of finance, the ministry of finance, the Japanese government	日本政府大藏省理財局國庫課國資係
The National Government of China	中華民國政府
The national ideology	國民思想
The national laborers'union	全國總工會
The National League for the Establishment of the Far East	東亜建設國民同盟
The national movement	國民運動
The national party of cabinet	全民政黨內閣
The national representative organ	全民代表機關
The national revolutionary war of anti-Japanese and anti-traitor	反日反賣國賊民族革命戰爭
The national revolutionary army	國民革命軍
The national revolutionary diplomacy	國民革命外交
The national salvation association of primary school teachers of Shanghai	上海小學校職員救國聯合會

英文其他名词	日文其他名词
The national salvation association of professors from Shanghai universities	上海各大學教授救國會
The national salvation association of Shanghai music	上海音樂界救國會
The national salvation allied army of the whole country	全國各界救國聯合軍
The national salvation union of the trade unions of Shanghai	上海聯業界救國會
The national savings campaign	國民貯蓄運動
The national savings encouragement committee	國民貯蓄獎勵委員
The national smaller consumption movement	國家的消費節約運動
The national smaller consumption movement	消費節約運動
The national union of the new generation	新人民族同盟
The national united front of anti-Japanese and anti-traitor	反日反賣國賊的民族統一戰線
The national welfare society	社稷會
The Nationalist Party	國民黨
The Nationalist Party army	國民黨軍
The Nationalist Party government	國民黨政府
The nationality renaissance movement	民族復興運動
The nations of western hemisphere	西半球國民
The naval affairs bureau of the navy ministry	海軍省軍務局
The naval attache to the embassy in Berlin	伯林大使館附海軍武官
The naval base of America	合衆國海軍基地
The naval disarmament conference	海軍軍縮會議
The naval disarmament conference	軍備縮少會議
The naval disarmament problem	海軍軍縮問題
The naval inspectorate	海軍監督官
The naval information service of America	米國海軍情報部
The naval supreme commander	海軍最高司令官
The naval technical department	海軍艦政本部
The navy court	海軍法庭
The navy department communications intelligence unit	海軍省交通通信部隊
The navy ministry of Britain	英海軍省
The navy station at Bainbridge island of Washington	ワシントン州ベインブリッジ島海軍電信所
The Navy War College	海軍大學
The Nazi forces	ナチ勢力

英文其他名词	日文其他名词
The necessity of the Japan-Germany-Italy alliance	日獨伊同盟ノ必然性
The neighbour mutual assistance union	隣組相互援助會
The Nenjiang river unit	嫩江支隊
The Netherlands East Indian Army	蘭領東印度軍
The Netherlands crew	和蘭乘組員
The Netherlands destroyer	和蘭驅逐艦
The Netherlands East Indies Army	荷蘭東印度軍
The Netherlands exporters	蘭人輸出商
The Netherlands exporters established in Japan	在日本蘭人輸出商
The Netherlands hospital ship	和蘭病院船
The Netherlands Indians	蘭印人
The Netherlands military hospital ship	和蘭軍病院船
The neutrality law	中立法
The new commander of Philippine air force	比島空軍新司令官
The new culture of the east	東洋新文化
The new economic system	經濟新體制
The new order	新體制
The new order in China	支那ノ新秩序
The new order in East Asia	外東亜新秩序
The new order in the world	世界新秩序
The New Organization of Labor	勞務新體制
The new party movement	新黨運動
The new policy of adjusting new relations between Japan and China	日支新關係調整方針
The new political revolution in northeast	東北新政治革命
The new religious movements	新宗教運動
The New York branch of the yokohama specie bank	ニューヨーク正金支店
The New Zealand legation in Washington	在ワシントンニュージーランド公使館
The news agency of alliance	同盟通信社
The news magazine journalists association	新聞雜誌記者聯合會
The Nichirenshu priests	日蓮宗僧侶
The nittetsu mining joint stock company	鐵礦業株式會社
The non-party cabinet	超然內閣
The non-party cabinet	中間內閣
The non-party cabinet theory	中間內閣說
The north China army	中支那軍
The north China camp	北支那方面軍刑務所

英文其他名词	日文其他名词
The north China People	北支人
The north China problem	北支問題
The North China Regime	北支政権
The north China telegraph and telephone company	華北電信電話股份有限公司
The north China transportation company	華北交通股份有限公司
The north European war	北歐戰爭
The north Korean army in Manchu	在滿鮮軍隊
The Northeast authorities	東北官憲
The Northeast national volunteers	東北國民義勇軍
The north-eastern China army	東北支那軍隊
The northern army	北部軍
The northern army against Japanese	北上抗日隊
The northern problem	北方問題
The northern regime	北方政權
The northern Sakhalin petroleum concessions question	北樺太石油利權問題
The north-west district government	西北邊區政府
The northwestern provisional military committee of the anti-Japanese allied army	抗日聯軍西北臨時軍事委員會
The no-war formula about American	對米非戰論
The munitions ministry	軍需省
The authority to protect British and US.	米英利益保護
The Occidental Lines	西洋流
The oceanic civilization	海洋文明
The oceanic empire	海洋帝國
The office for Japanese Affairs	日本関係事務局
The Office of Military Government for Germany (U. S.)	合衆國獨逸軍政部
The office of naval communication	海軍省通信局
The office of the commander-in-chief	司令長官事務所
The office of the Japanese embassy	日本大使館事務所
The office of the secretary of the navy ministry	海軍省海軍長官室
The office of the U. S. S. R	蘇聯邦事務所
The Office of the United States Chief of Counsel for War Crimes of Evidence Division	戰爭犯罪證據部合衆國首席檢察官事務局
The officer of customs of the United States	米國稅関長
The officer of Sakhalin Island	樺太廳長官
The officer of the South Sea Islands	南洋諸島長官

英文其他名词	日文其他名词
The official of the Japanese embassy in Berlin	在伯林日本大使館官吏
The official of the Japanese embassy in Germany	在獨日本大使館官吏
The officials of the finance ministry	大藏省官吏
The oil question	石油問題
The Oji paper company	王子制紙株式會社
The Okada cabinet	岡田内閣
The okitsu zagyo-so	興津座漁莊
The one year anniversary of the anti-Japanese war	抗日戰の一周年紀念日
The one-state one-party	一國一黨
The one-state one-party movement	一國一黨運動
The Open Door	門戸開放
The open door and equal opportunity	門戸開放機會均等主義
The open of the Yangtze River	揚子江開放
The operation of guerillas	ゲリラ作戰
The operations plan of the kwantung army	関東軍作戰計畫
The operations room of the Guandong army headquarters building in Xinjing, Manchuria	滿洲新京關東軍司令官部作戰室
The opium committee organization regulations of imperial ordinance No. 38	勅令第三八號阿片委員會官制
The opium problem	阿片問題
The oppressed peoples	被壓迫民族
The order freezing Japanese assets	日本資源凍結命令
The order in the world	世界秩序
The order of the Ushijima branch corps on 26th October	十月二十六日牛島支隊命令
The order to return home at the time when Mr. Matsuoka was the foreign minister	松岡外務大臣時代歸朝命令
The oriental and international proletarian	東方及全世界無產階級
The oriental economist	オリエンタルエコノミスト
The Oriental races	東亜諸民族
The Osaka hook	大阪勾置所
The Osaka merchant	大阪商船
The Osaka Shosen Kaisha	大阪郵船會社
The osakaya-go book store	大阪屋號書店
The Outer Mongolia frontier monitor	外蒙國境監視員
The Pacific and Far Eastern questions	太平洋極東局問題
The pacific fleet mobile forces	太平洋艦隊機動部隊
The Pacific question	太平洋問題

英文其他名词	日文其他名词
The pacific war	太平洋戰爭
The pacifist	平和主義者
The pan American airways	汎米航空路
The pan Pacific airlines	汎太平洋航空機
The Panama Government	パナマ政府
The Parliamentary Members' League for the Consummation of the Sacred War	聖戰貫徹議員聯盟
The peace between Japan and China	日支和平
The peace enthusiasm	和平熱
The peace faction and the resistance group	和平抗戰
The peace movement for saving our country	和平救國運動
The peace movement plan	和平運動計畫
The peace of the Pacific	大平洋平和
The peace plan	平和對策
The peace polity	平和論
The peace preservation committee of Liaoning province	遼寧省治安維持會
The peace problem	和平問題
The peace treaty	講和條約
The peace-preservation bureau of French Indo-china	佛印保安局
The peers	華族
The peitayin	北大營
The Peking Legation	北京公使館
The pending question with America and Britain	對米英問題
The people in Shanxi province	山西省民
The people in the Soviet districts	ソ區民衆
The people of Filipino	フィリピン國民
The people of Iceland	アイスランド人民
The people whose duty was to obtain intelligence and judge the situation	諜報及情勢判斷部長
The people's commissar for foreign affairs	外務人民委員
The people's commissariats for internal affairs	内務人民委員部
The people's commissariats for the army and navy	陸軍及ビ海軍人民委員部(蘇聯)
The peoples of Greater East Asia	大東亜民族
The peoples of the orient	東洋民族
The people's revolution army	人民革命軍

英文其他名词	日文其他名词
The people's revolution government	人民革命政府
The People's Round-Table Conferences on the Current Situation	時局國民懇談會
The people's commissar of foreign affairs in the U. S. S. R	ソ聯外務人民委員
The period during which I held the office of the chief of staff of the China expeditionary army	支那派遣軍總参謀長時代
The period of my being the commander of the 7th area army	第七方面軍司令官時代
The Persian organ	波斯機関
The personnel bureau	人事局
The petty bourgeoisie	小資産階級
The Philippine army	フイリッピン陸軍
The Philippine Commission	比律賓委員會
The Philippine Executive Commission	比律賓行政委員會
The Philippine inhabitants	比島住民
The Philippine Red Cross	比律賓赤十字社
The Philippine wharf	比國碼頭
The photography course of the Tokyo higher polytechnic school	東京高等工藝學校寫眞部
The plan for joint defence of Shanghai concession	上海租界共同防備計畫
The plan for saving the situation	時局收拾對策
The plan of operations of the third district army	協力廠商面軍作戰計畫
The plan of the peace movement	和平工作計畫
The Planning Board	企畫院
The planning system	企劃制
The plans for peace	和平方策
The Plans for the Settlement of Far Eastern Affairs	極東問題解決策
The plenipotentiaries of Manchukuo	滿洲帝國全權委員
The plenipotentiaries of the Mongolian People's Republic	蒙古人民共和國全權委員
The plenipotentiary of Netherlands	和蘭國全權委員
The plenipotentiary of China	清國全權委員
The plenipotentiary of Russia	露西亜國全權委員
The plenipotentiary of Britain	大不列顛國全權委員
The plenipotentiary of his majesty the emperor of China	大清帝國欽差全權大臣

英文其他名词	日文其他名词
The plenipotentiary of Japan	日本國全權委員
The plenipotentiary of Spain	西班牙國全權委員
The plenipotentiary of the republic of China	支那共和國全權代表
The plenipotentiary of the Republic of China to the tripartite negotiations at kiakhta	恰克圖三國協商支那共和國全權代表
The plenipotentiary of the U. S. S. R	ソヴィエト社會主義共和國聯邦全權委員
The plenipotentiary of United States of America	亜米利加合衆國全權委員
The Poland forces	波蘭軍隊
The Poland national	波蘭國民
The police of Greater Manila	大マニラ員警署
The police team of Shanghai public security bureau	上海公安局警官隊
The police units of the settlement	租界員警隊
The policy in China	對支方針
The policy of gradual reduction in national loan floatation	公債発行漸減方針
The policy of indifference	不介入主義
The policy of Konoe	近衛政策
The policy of no treat	ノイ・スレットの政策
The policy of non-enlargement of the incident	事變不擴大政策
The policy of peaceful and conciliatory	平和協調主義
The policy of Sato	佐藤氏ノ政策
The Policy of Separate Rule and National Unification	分治合作主義
The policy of stationing troops	駐兵問題
The policy of strict economy	財政緊縮方針
The policy of the army's advance in North China	北支那侵出政策
The policy of trade restriction	貿易制限政策
The policy of unifying diplomacy	統一外交政策
The Policy towards South-Eastern Europe	東南歐政策
The Polish legation in Tokyo	在東京ポーランド公使館
The political and economic department of the Asahi newspaper	朝日新聞政治經濟部
The political council	政務委員會
The political course at the Tokyo imperial university	東京帝國大學政治科
The political department of the Law college of the imperial university of Tokyo	京都帝國大學法學部政治學科
The political party	政黨觀

英文其他名词	日文其他名词
The political party merger movement	政黨合同運動
The political warfare	政治戰
The popular front policy	人民戰線政策
The positive action	積極行動論
The positive-radicalism	積極急進論
The potsdam declaration	ポツダム宣誓
The POW camp in the U. S. S. R	蘇聯邦內俘虜收容所
The pow camp of Rangoon	蘭貢野戰俘虜收容所
The powerful cabinet	強力內閣
The prefectural governors of the government general of Korea	朝鮮總督府道知事
The premier of Italy	伊太利首相
The premier of the German	獨國宰相
The preparation section of the mobilization plans bureau of the war ministry	陸軍省整備局戰備課
The preparatory committee	準備委員會
The presbyterian church	長老教會
The present situation question	時局問題
The preservation inviolate of the sovereignty	領土保全不侵犯
The president	大統領國務長官
The president Hoover	プレジテント フーバー號
The president of imperial aero society	帝國飛行協會會長
The president of Japan air transport co. ,ltd.	大日本航空株式會社總裁
The president of Manchuria railway	滿鐵社長
The president of north-China company	北支開發株式公社総裁
The president of the concordia society	協和會總裁
The president of the domei news agency	同盟通信社社長
The president of the foreign ministry's training institute in Tokyo	東京外務省研修所會長
The president of the house of peers	貴族院議長
The president of the kuomintang party	國民黨總裁
The president of the minseito party	民政黨總裁
The President of the Peerage Bureau	宮內省宗秩寮總裁
The president of the planning board	企畫院總裁
The president of the Republic of China	支那共和國大統領
The president of the seiyykai party	政友黨總裁
The President of the Tokyo Chamber of Commerce and Industry	東京商工會議所會頭

英文其他名词	日文其他名词
The president of the Tokyo imperial university	帝大總長
The President of yanjing university in Beijing	北京燕京大學總長
The president's birth anniversary	総理誕生紀念日
The prime minister	内閣總理大臣
The prime minister of America	米総理大臣
The prime minister of Manchukuo	滿洲國國務總理
The prince Higashikuni cabinet	東久邇宮内閣
The principle of anti-Japan	抗日主義
The principle of equality	平等主義
The principle of free trade	通商自由主義
The principle of readjustment of Sino-Japanese relation	日支調整原則
The principle of respect for China's sovereignty	中國主權尊重原則
The principle of the equality of economic opportunity	経済の機會均等の原則
The principle of the open door and equality of opportunity	門戶開放機會均等の原則
The principles for dealing with matters concerning the China incident	支那事變関係事項處理方針
The principles of democracy	民權主義
The principles of equal opportunity	自由互惠原則
The principles of reciprocity and compensation	互惠求償主義
The Printing bureau	印刷局
The prison hospital in Manila	マニラ俘虜收容所病院
The prisoners housed director	俘虜収容所長
The private ownership of land	土地私有制度
the Privy Council	樞密院
The privy seal of the border keeper, Kido	木戶内府
The problem between Europe and America	歐米問題
the pro-Anglo-American group	親英米派
The pro-axis	樞軸派
The problem between Japan and China	日支問題
The problem of Japan-China air communication	日支航空連絡問題
The problem of new political structure	政治新體制問題
The problem of the Japan-German military alliance	日獨軍事同盟問題
The problem of the national flag	國旗問題
The problems of bailing temple	百靈廟問題
The problems of French Indo-China	佛印問題

英文其他名词	日文其他名词
The problems of renovation	維新問題
The problems of Xi'an	西安問題
The pro-British cabinet	親英內閣
The pro-British faction	親英派
The Proclamation of the great asiatic society in China	中國大亜細亜協會
The pro-communst and anti-Japanese regime	容共抗日政權
The production expansion committee	生產力擴充委員會
The pro-Europeans and the pro-Americans	歐米派
The professor of bacteria pathology at the keiogijuku university	慶應義塾大學細菌病理學教授
The Professor of Ta Tung College of Manchukuo	滿洲國大同學院教授
The progress of the diet session	護國同志會
The Pro-Japanese politicians	親日派
The Promotion Association	促進同志會
The proposal on the cessation of military activities	停戰協定案
The proposed collaboration between the seiyu and minseiparties	政民聯立內閣
The proposed Tripartite Pact	三國同盟
The Provisional Government of the Republic of China	中華民國臨時政府
The public commission	致公會
The public decision commission	公斷委員會
The public health ministry	保健省
The public hearings	公聽會
The Qiqihar Zhoanan-Liaoyuan railways	齊々哈爾洮南遼源鐵道
The question of cutting-off the Beiling railway	北陵鐵道遮斷問題
The Question of non-discrimination in trade	通商無差別問題
The question of opening the Yangtze River	揚子江無制限航行問題
The question of professor Yanaibara stated that he refused to interfere	矢內原教授辭職問題
The question of Siberian bases	シベリヤ基地問題
The question of the northern Sakhalin concessions	北樺太利權問題
The question of the purchase of leaf tobacco in Shandong	山東葉煙草購入問題
The question of withdraw of troops	撤兵問題
The R. S. F. S. R criminal	ソヴィエート共和國刑法法典

英文其他名词	日文其他名词
The radical elements	積極主義
The railway ministry	鐵道部
The Rangoon P. W. camp	蘭貢俘虜收容所
The rapprochement between Japan and China	日華親善
The rapprochement between Japan and China	日華親善論
The realist	現實派
The reclamation section of the ministry of agriculture and forestry	農林省開墾課
The reconstruction and formation of the cabinet	內閣改造
The recreation corps	慰安隊
The Red Army	赤軍
The red army	紅軍
The red army	毛澤東軍
The red army military topographic department	勞農赤軍軍事地形測量局
The red army troops	赤軍部隊
The red cross worker	赤十字勤務者
The red flag armed forces military prosecutor of the Far East	赤旗極東軍軍事檢察官
The red guards	赤衛軍
The red labor movement	赤色勞働運動
The reformation of the national structure of Japan /National reformation	國家改造
The Reformist movement	改革運動
The reformist movement	維新運動
The regulations of the Guandong army headquarters	關東軍司令部條例
The rehabilitation of East Asia	東亜復興
The reinforcement of the various emergency policies that were necessary for the national mobilization	國家總動員上緊急諸政策の強化
The relations between Japan and China	日華關係
The repatriation department	復員廳
The report from the army commander to secretary of State for war	軍司令官發陸軍大臣宛報告
The representative of Japan consulate	日本総領事館代表
The representative of the international committee of the red cross	赤十字國際委員會代表者
The representatives of the international red cross committee	赤十字國際代表

英文其他名词	日文其他名词
The Republic of China	中華民國
The republic of China, Shanghai North-China Daily News	中華民國上海ノースチャイナデイリー・ニューズ紙
The Republican Party	共和黨
The republican system	共和政體
The reserve units of the home ministry, the Mongolian People's Republic	蒙古人民共和國内務省軍備部隊
The reservists' association	在鄉軍人會
The reservists' association of the military police	憲兵隊在鄉軍人會
The resident-officer in Germany	獨波國駐在員
The residents of the Union of the Soviet Socialist Republics in Harbin	在哈爾賓ソヴィエト社會主義共和國聯邦居留民團
The resistance of the whole nation	全民族的抗戰實行
The resources investigation law	資源調查法
The respect for the diet	議會尊重論
The responsible cabinet system	責任内閣制
The Restoration Movement	復辟運動
The retail dealer	小賣商人
The retrenchment policy	緊縮政策
The retrocession of the Liaodong peninsula	遼東還附勸告
The rice and barley section of the ministry of agriculture and forestry	農林省農政局米穀課長
The rice bureau	米穀局
The Rice Bureau of the Ministry of Agriculture and Forestry	農林省米穀局
The Rice Control Committee	米穀統制委員會
The Richie mansion in Beijing	在京瑞西公使館
The rightist camp	右翼陣營
The rightist of kuomintang	國民黨右派
The riken research institute	理化學研究所
The rikken minseito party	進步黨
The Roman catholic church	羅馬教會
The Roman emperor	ローマ法皇
The round table conference	圓卓會議
The Royal Canadian Army	加奈陀王國衛生隊
The royal family of Korea	韓國皇室
The Royal Hungarian Government	ハンガリア王國政府
The Royal Rifles of Canada	加奈陀王國總統隊

英文其他名词	日文其他名词
The Royal Scots	ロイヤルスコット聯隊第二大隊
The Russian emigrant	ロシア避難民
The Russian emigrant youth	ロシア避難民青少年
The Russian emigrant youth organization of the concordia Society	協和青少年ロシア避難民團體
The Russian emigrants bureau in the Manchurian empire	在滿洲帝國ロシア避難民事務局
The Russian fleet of submarines	ロシア潛水艦隊
The Russian forces	ロシア軍
The Russian forces stationed in the Far East	極東常駐ソ軍兵團
The Russian minister at Japan	在日本露國公使
The Russian navy	ロシア海軍
The saga in the Shantou area	汕頭方面宇治
The saga in the Yangtze area	揚子江方面嵯峨
The salary cut question	減俸問題
The San Marcelino Church	サン・マーン・マーセリノ教會
The Sano regiment	佐野聯隊
The Sanyou industrial factory	三友實業社工場
The Sanyou weaving factory	三友織布工場
The sar government of the Republic of China	中華民國特區政府
The save-the-nation fund	救國基金
The savings debentures	貯蓄債券
The second battalion of the independent garrison	獨立守備第二大隊
The second demobilization section of the demobilization bureau	復員廳第二復員局
The second five- year plan	第二次五ヶ年計畫
The second Konoe cabinet	第二次近衛內閣
The second section	第二分隊
The second section of the European-Asiatic bureau	歐亜局第二課
The second sub-committee meeting of the budget committee of the house of representatives	衆議院豫算委員第二分科會
The second Wakatsuki cabinet	若槻第二次內閣
The secretariat statistics section of the commerce and industry department	商工大臣官房統計課
The Secretarist of the House of Councillors	參議員事務局
The Secretarist of the League of Nations	國際聯盟事務局
The secretary bureau	書記局

英文其他名词	日文其他名词
The secretary of army special service agency in Harbin	在ハルビン陸軍特務機関秘書
The secretary of foreign ministry	外務省事務官
The secretary of State	米國務長官
The secretary of State for foreign affairs	英國外相
The secretary of state hull	下院議長
The secretary of the foreign office	外務書記官
The secretary of the ministry of home affairs MPR	蒙古人民共和國內務省書記官
The secretary of United States of America	アメリカ合衆國國務長官
The section of public peace of the police bureau of the home ministry	內務省警保局保安課
The self-government of Chanan	察南自治政府
The self-government of Mongolia	蒙古自治政府
The self-government of north Shanxi	晉北自治政府
The senate foreign relations committee	上院外交委員
The senior adjutant of the north-eastern army district	東北軍管區高級副官
The senior adjutant of the war ministry	陸軍省高級副官
The senior admiral of the United States navy	米國海軍海軍大將
The senior captain of the British navy	英國海軍大尉
The senior general Saito cabinet	齊藤大將內閣
The Serbia government	セルビア政府
The settlement of the fisheries convention question	漁業條約問題
The seventy-second conferences	第七十二議會
The Shandong military college	山東陸軍士官學校
The Shandong railway guards	山東鐵道守備隊
The Shanghai government	大上海市政府
The Shanghai military tribunal	上海軍事裁判所
The Shanghai motion picture artists national salvation association	上海電影界救國會
The Shanghai newspapermen's national salvation association	上海新聞記者救國會
The Shanghai women's national salvation union	上海婦女界救國聯合會
The Shanghai workmen's national salvation union	上海工人救國會聯合會
The Shanghai young artists' national salvation association	上海青年文藝界救國會
The Shantung Railroad	膠濟鉄道

英文其他名词	日文其他名词
The shell	ジェル會社
The shimbashi station	新橋驛
The shintoist	神道家
The shipbuilding control association	造船統制會
The shipping control committee	船舶管理委員會
The ships statistics section of the bureau of ships of the navy ministry	海軍省艦艇局艦船統計課
The ships statistics section of the bureau of ships of the navy ministry of the United States	合衆國海軍省艦船局艦船統計課
The ships statistics section of the district of Columbia	コロンビャ地區艦船統計課
The shogunate government	將軍政治
The shorthand record of the proceedings of the house of representatives	衆議院議事速記錄
The Showa Steel Manufacturing Co.	昭和製鋼所社長
The si and cha banners	錫察盟
The Sichuan army	川軍
The single party cabinet	單獨内閣
The Sino-Japanese goodwill	中日親善
The Sino-Japanese hostilities	日支戰爭
The Sino-Japanese peace treaty	日清媾和
The Sisters of Transfiguration	トランスフィギュレーション姉妹教會
The situation of the military forces and army men returned from the disturbance area	事変地ヨリ歸還ノ軍隊軍人ノ狀況
The six Japanese histories	六國史
The sixth general meeting of the all country representatives	第六次全國代表大會
The sixth section of the naval general staff operations department of the U. S. S. R	ソ聯邦海軍軍令部作戰部第六課
The smuggling in north China	華北密輸入問題
The social democrat party	社民黨
The social mahachon party	社會大衆黨
The social policy investigation commission	社會政策審議會
The Songhu railway	淞滬鐵道
The south China expeditionary army	南支那派遣軍
The south China fleet	南支那艦隊
The south Korean government	韓國政府
The South Manchurian Railway	南滿洲鐵道

英文其他名词	日文其他名词
The South Manchurian Railway Company	南滿洲鉄道株式會社
The south sea cruise	南洋郵船
The south sea kohatsu kaisha	南洋興發會社
The south sea shipping company	南洋海運株式會社
The south sea trading company	南洋貿易會社
The southern region of the internment camps	南方地域俘虜収容所
The southward advance theory	南方進出論
The southward matter	南方問題
The southwestern government	西南政府
The southwestern military-political	西南軍政
The Soviet Ambassador	蘇聯大使
The Soviet consulate	ソ聯領事官員
The Soviet Far Eastern air forces	蘇聯極東空軍
The Soviet Government	ソヴィエト政府
The Soviet People's Republic of China	ソヴエート人民共和國
The Soviet section chief secretarist of the allied council for Japan	對日理事會蘇聯部書記長
The Soviet supreme tribunal military commission	ソ聯最高裁判所軍事委員會
The Soviet Union ambassador in Tokyo	在京蘇聯大使
The Soviet Union consulate in Manchukuo	在滿ソ聯邦領事館
The Spanish ambassador	西班牙大使
The speaker of the house of representatives	衆議院議長
The Special 22nd Landing Division at Balikpapan	バリックパパンノ第二十二特別上陸部隊長
The special anti-communist area	特殊防共地域
The Special Committee	特別委員會
The special envoy prince Konoe	近衛特派使節
The special envoy to China	支那特派大使
The special envoy to Hongkong	香港特派大使
The special envoy to Shanghai	上海特派大使
The special envoys at Henei	河内特派大使
The special service department	慰安會
The special service department of Shanghai	上海特務部
The special service organ in Dalian	大連特務機關
The Special Service Organ in Mukden	奉天特務機關
The spirit of soldier	軍人精神
The spirit of the imperial way	皇道精神
The split occurred in the kuomintang-communist alliance	國共分裂

英文其他名词	日文其他名词
The ssuming bank	思明銀行
The staff of first section of the naval affairs bureau of the navy ministry	海軍省軍務局第一課局員
The staff of first section of the personnel bureau of the navy ministry	海軍省人事局第一課局員
The staff of the 3rd Japanese air force	日本第三航空軍參謀部
The staff of the China fleet	支那方面艦隊參謀
The staff of the Consultant Chamber, Radio Tokyo	東京放送局顧問室部員
The staff officer of eastern army	東部軍參謀
The Staff Officer of Imperial General Headdquarters	大本營參謀
The staff officer of the 37th army	第三十七軍參謀
The staff officer of the expeditionary army to central China	元中支那派遣軍參謀
The staff officer of the kwantung army	關東軍參謀
The state defense assistance women' society	女子國防援助會
The State Department	國務省
The State Department	國務院
The statement of Konoye	近衛聲明
The stationing of Japanese forces in Indo-Japanese	佛印共同防禦協議會
The statistical monthly report of agriculture and forestry	農林統計月報
The steel section of the metal bureau of the ministry of commerce and industry	商工省金屬局
The Straits Settlements Volunteer Force	海峽殖民地志願兵部隊
The strengthening of the Japan-Germany-Italy Axis	日獨伊樞軸強化
The strong attitude toward Americ	對米強硬論
The Su Bingwen's troops	蘇炳文軍
The Sub-Commissions of the Tri-Partite Pact	三國同盟小委員會
The Sub-Committee	分科委員會
The suggestion of the war ministry	陸軍省請議案
The sun-goddess	天照大神
The Supervisory Branch of Table Top Maneuvers	機上演習統監部
The support of the workers and peasants	工農擁護
The supreme command of Manchukuo armies	滿洲國軍統帥部
The supreme commander agent of the allied powers	聯合軍最高司令官代理
The supreme commander for the allied powers	聯合軍最高指揮官

英文其他名词	日文其他名词
The Supreme Commander of the Allied Expeditionary Forces	聯合遠征軍最高司令官
The Supreme Commander, Allied Expeditionary Forces	聯合國最高司令官總司令部
The supreme conference for the direction of war	最高戰爭指導會議
The supreme court military commission of the the Soviet Union	ソ聯最高法院軍事委員會
The supreme Court of Judicature	ラングーン戰爭犯罪裁判所
The supreme deputy agent of the allied powers	聯合軍最高副官代理
The supreme head command	日本最高司令部
The supreme judicial court military department of the Soviet Union	ソヴィェト連邦最高裁判所軍事部
The supreme rules	大憲
The Supreme War Command	統帥部
The survey committee of pacific ocean	太平洋問題調查會
The surveying office	陸地測量部
The Suzuki cabinet	鈴木内閣
The Sweden legation	瑞典王國公使館
The Swedes	瑞典人
The Swiss consulate in Saigon	在サイゴン瑞西國領事
The Swiss Government	瑞西國政府
The Swiss national	スヰス民族
The system of "diminishing quota"	割當量消減制度
The Taiwan army	臺灣軍
The Taiwan Bank	臺灣銀行
The Tanaka cabinet	日中内閣
The tartar-general at Uliassutai	鳥裡雅蘇壽將軍
The Tatung coal mines	大洞炭坑
The Teacher of the Legal Literature Course of the Kyushu University	九州帝國大學法文學部講師
The Technical Adviser to the South Manchurian Railway Co.	南滿洲鐵道株式會社技術顧問
The telecommunication bureau of Japanese foreign ministry	日本外務省海外電信局
The telegraph clerks of the embassy in American	在米大使館電信課員
The telegraph clerks of the embassy in Washington	華府大使館電信書記
The telegraph section of the Japanese embassy in Washington	華府日本大使館電信課

英文其他名词	日文其他名词
The telegraphic office of Hubei province	湖北省電報局
The Temporary Commodities Readjustment Bureau	臨時物資調整局
The temporary fund adjustment committee	臨時資金調整委員會
The temporary headquarters of the South Sea Island defenses	臨時南洋群島防備隊司令部
The temporary industry investigation commission	臨時産業審議會
The temporary parliament of congress	國會臨時議會
The tenshokodai-jingu shrine	天照皇大神宮
The textile industry	織物業
The Thailand internment camp	泰國俘虜收容所
The theory of a move to the South	南進論
The theory of U. S. - Japan war	日米戰爭說
The theory of war broken out between Germany and Soviet	獨ソ開戰說
The third company, Mukdon independent defense unit	奉天獨立守備隊第三中隊
The third criminal department of the Tokyo court of appeal	東京控訴院第三刑事部
The third joint conference	第三回連絡會議
The third Konoye cabinet	第三次近衛内閣
The third plan for north China	第三次對華政策
The third plenary session of the Kuomintang	中國國民黨三中全會
The third section of the european-asiatic bureau	歐亜局第三課長
The Tianjin army in China	在支天津軍
The time of Hiranuma Cabinet	平沼内閣時代
The Times	タイムス
The times of renovation government	維新政府時代
The Todo governments of the Japan	日本東條政府
The ToJo cabinet	東條内閣
The Tokeitai	タラカン警備隊第二部隊
The Tokyo ambassador in America	東京駐剳米國大使
The Tokyo Ashi-shimbum	朝日新聞紙
The Tokyo bankers' association	東京銀行集會所
The Tokyo central telegraph office	東京中央電信局
The Tokyo cleering house	東京手形交換所
The Tokyo club	東京倶樂部
The Tokyo Government	東京政府
The Tokyo Imperial University Library	東京帝國圖書館

英文其他名词	日文其他名词
The Tokyo imperial university library	東京帝國大學附屬図書館
The Tokyo main office of "The Tokyo Ashi-shimbum"	朝日新聞東京本社
The Tokyo Nichi Nichi	東京日日新聞
The Tokyo station	東京驛
The total mobilization bureau	總動員局
The total warfare institute	總力戰研究所
The totalitarian	全體主義
The Toyo oriental machine co.	東洋機械株式會社
The Trade Agreements between Lines	運賃協定
The traditional friendship	傳統的親善関係
The training school of the concordia society	協和會講習所
The transfer of the managing director of the Fengtian exchange	奉天取引所專務交代
The treaty of basic relations between China and Japan	日華基本條約
The treaty with Japan	對日條約
The tripartite alliance question	三國同盟問題
The tripartite conference of Japan, American and China	日米支三國會談
The troops in Philippines	比島米軍
The troops of Mongolia	蒙部隊
The Troubles between French and Thailand	佛泰間紛爭
The Tsaichiashan fortification	載家山堡壘
The tsingshih railway	津石鐵道
The twenty-three power consultative committee	二十三ヶ國諮問委員會
The two hypotheses of "opening war on april1 1941 'or' maintaining the status quo"	一九四一年四月一日開戰と現狀維持の二つの假定
The U. S. Army	米國陸軍
The U. S. army forces in the Far East	米國極東軍司令官
The U. S. navy in Manila	駐マニラ米海軍
The U. S. Secretary of War	アメリカ陸軍長官
The U. S. Army Air Corps	米口陸軍航空隊
The U. S. Marine Corps	合衆國海兵團
The U. S. S Tutuila	米國船ツツィラ號
The U. S. S. president coolidge	クーリッヂ號
The Ugaki cabinet	宇垣内閣
The Ugaki cabinet polity	宇垣内閣說

英文其他名词	日文其他名词
The Uited States steamship	米國船
The unemployment relief committee	失業救濟委員會
The Union of South Africa Government	南阿聯邦政府
The union of Soviet socialist republics	ソ聯邦代表事務所
The unit No. 4358 of the Manchurian army	滿洲第四三五八部隊
The united front of Pacific Ocean	太平洋共同戰線
The united Greenland councils at their meeting	グリーンランド聯合會議
The united Greenland councils at their meeting	グリーンランド合同協議會
The United Nations prisoners	聯合國俘虜
The United Party	聯合黨
The United States army	アメリカ合衆國陸軍
The United States bombing investigation corps	米國爆擊調查団
The United States Bombing Investigation Corps	米國爆擊作戰調查所
The United States Embassy	米國大使館
The United States Government Printing Office	合衆國政府印刷局
The United States legation in Beijing China	中國北京アメリカ合衆國公使館
The United States Maritime Commission	ロイド船級協會
The United States military government in Saipan	サイパン米軍政府
The United States Navy	米國海軍
The United States Prices Commission	米國物價委員會
The United States Strategic Bombing Survey Office of War Department of Washington in the District of Columbia	コロンビヤ地區華府陸軍省米國戰畧爆擊調查部
The United States Tariff Commission	アメリカ合衆國關稅委員會
The United States warship	米軍艦
The United States Political Adviser	獨逸關係事項政治顧問
The universal oil products company	ユニバーサル石油製品會社
The University of Shanghai	上海大學
The University of the Philippines	比律賓大學
The unlawful frontier-violations	不法國境侵犯問題
The urawa army provisions branch depot	浦和陸軍糧秣支廠
The US and British air force	米英空軍
The US carriers	合衆國航空母艦
The US coast guard	合衆國沿岸警備隊
The us fleet chicago	米國艦隊シカゴ號
The us fleet massachusetts	米國艦隊ブルツクリン號
The US marine corps	合衆國海兵隊
The US military headquarters in China	中國方面米國軍司令部

英文其他名词	日文其他名词
The Ushijima detachment	牛島支隊
The Ushijima detachment of the 6th division	第六師團牛島支隊
The utoram prison	ウトラム路刑務所
The vatican	法王廳
The versailles treaty	ヴェルサイユ條約
The vice chief of planning board	企畫院次長
The vice consul	アメリカ合衆國副領事
The vice- director of the east branch railway	東支鐵道副理事長
The vice minister of foreign affairs	外交部次長
The vice president of house of representatives	衆議院副議長
The vice-admiral of the Japanese navy	日本海軍中將
The vice-chief of the general staff	副長作戰關係參謀
The vice-governor of Japan bank	日本銀行副総裁
The view of the exhaustion of resources	じり貧論
The view of Waging war with America	對米卽時開戰論
The views against war	反戰論
The village of taokuanchien	道貢尖部落
The vinson plans	ヴィンソン案
The vinson trammel act	ヴィンソン・トランメル法
The virtue of the sun goddess	皇祖天照大神
The visit of H. I. H Prince Chichibu	秩文宮殿下
The visit to north China	華北訪問
The volunteer army of Jehol	熱河義勇軍
The waka	和歌
The Wang Ching Wei Government	汪精衛政權
The war broken out between Germany and Soviet Russia	獨ソ開戰
The War cabinet	戰爭內閣
The war cabinet of England	英國戰時內閣
The war department appropriation act	陸軍省費法
The war department general staff	陸軍省省員
The war department message center	陸軍省電信本部
The war department message center	陸軍省通信部
The War Department of the United States	亜米利加合衆國陸軍省
The war department of Washington	ワシントン陸軍省
The war ministry and the navy ministry	陸海軍兩省
The War of Greater East Asia	大東亜戰爭
The war of the United States	対米戰爭

英文其他名词	日文其他名词
The war plans division in the war department	陸軍部作戰部
The warlords of Fujian	福建軍閥
The warship "notoro"	軍艦能登呂
The wartime organization	戰時體制
The war-time policies regarding finance and economy	戰時財政経済政策
The Waseda University	早稻田大學
The Washington Document Bureau of IPS	ワシントン文書局國際検察部
The Washington embassy	ワシントン大使館
The Washington order	ワシントン體制
The Washington army commander of Forensic Administration rear service unit of the Ministry of War Crime Bureau	ワシントンD・C・陸軍法務總局後方勤務部隊司令部戰爭犯罪局
The weak are the victims of the strong	弱肉強食主義
The Welfare Office	厚生省
The western advanced headquarters military police officer	西部憲兵隊司令部高級部員
The western capitalism country	西歐資本主義國
The western front	西方戰場
The western impericalism	歐米帝國主義
The western roads areas question	西方路區問題
The Westernization	西洋化
The white army	白軍
The white Russian guidance committee	白系露人輔導委員會
The white Russians	白黨團體
The white-guard organizations	白衛軍团體
The wireless station at Jiangqiao	江橋無線通信所
The Women Internment Camps Karang Panas	ランパサリ一婦人收容所
The work of watanabe	渡辺工作
The workers and peasants group	工農團體
The working classes in capitalistic countries	資本主義國勞働者
The World of a Home	世界ノ平和繁栄
The world old order	世界舊秩序
The world view	世界觀
The world war I	帝制露軍
The Wusong area question	吳淞要塞問題
The Wusong battery	呉淞砲台
The Xingnan branch office	興南分遣所

英文其他名词	日文其他名词
The Xinmintun industrial company of Liaoning province	遼寧省新民屯勸業公司
The Xuantong emperor	宣統皇帝
The Xuzhou campaign	徐州會戰
The yahata iron factory	八幡ノ制鐵所
The Yamashita steamship company	山下汽船株式會社
The yamato hotel	ヤマト・ホテル
The Yamato Spirit	大和魂
The Yangtze River flood relief committee of Nanjing government	南京政府揚子江水災救済委員會
The Yokochama Bank	橫濱正金銀行
The Yokohama industrial specialized school	橫濱工業專門學校
The Yokohama naval air force	橫濱海軍航空隊
The yokosuka administration	橫須賀行政組織
The yokosuka civil engineers	橫須賀施設部
The Yokosuka Detention Station	橫須賀看守所
The yomiuri shimbun	讀賣新聞
The Yonai cabinet	米内内閣
The Yonai cabinet	太田内閣
The Young Men's Christian Association	南京 YMCA
The young pioneers	少年先鋒隊
The youth organization of the concordia society	協和青少年
The youth organization of the concordia society, the Hsinking secretariat	協和青少年哈爾濱事務局
The Zabaikalye-amur Military District	ザバイカルー・アムール軍管區軍事裁判所
The Zhang army	張軍
The Zhang family	張家
The Zhang Xueliang army	張學良軍
The Zhaoliao garrison	洮遼鎮守使
The"four- minister"conferences	四相會議
Theories of social contract	社會契約說
Thetis bay	セテイス・ベイ
Third International	第三インターナショナル
Thomas	トーマス
Thomas group living plants	トバス集團生活所
Those not belonging to the national party	黨外人士
Thoughts or attitude contemptuous and aggressive towards China	侮華侵華思想

英文其他名词	日文其他名词
Three conditions of the preservation of China	中國保全三個條件
Three principles of good-neighborly relationship, Common anti-communist and economic cooperation	睦鄰友好、共同防共、経済提攜ノ三原則
Tianjin municipal government	天津市政府
Ticonderoga	テイコンテロガ
Tieling section	鐵嶺分隊
Tiensin-PukoW-Railway	津浦鉄道
Tientsin Country Club	カンツリー俱樂部
Tiger	タイガー
Tijku Camp	ティジュク收容所
Tillman	テイルマン
Times advertiser	タイムス・アドヴァタイザー
Timorese	ケモール人
Tiqaa	タイカエイ運動
Tjamplong Hospital	チヤンブロン病院
Tjideng Camp	チデング收容所
Tjideng Camp	テイーデング
Tjipinang Jail	ジピナング監獄
Tjipinang Prison	チピナング牢獄
Tjipinang Prison	チピナン收容所
Tjisalak	チザラク號
Tjisalak	テイサラック號
To invade Finland	對フインランド侵略
Toadobunkai	東亜同文會
Today's title company	今日の問題社
Toelatingsbesluit	トウラーティングスベスルート
Tojo's belief	東條ノ信念
Tokama Maru	トカマ丸
Tokeitai	トケイ隊
Tokki Tai	トッキ隊
Tokugama shoguato government	德川幕府
Tokugawa period	德川時代
Tokumu	北平特務機關
Tokyo Court of appeal	司法省東京控訴院
Tokyo district court	東京地方裁判所
Tokyo Embassy	東京大使館
Tokyo foreign language school	東京外國語學校
Tokyo foreign ministry	東京外務省

英文其他名词	日文其他名词
Tokyo Gazette	東京ガゼット
Tokyo General Court Martial	東京高等軍法會議
Tokyo General Demobilisation Court	東京復員裁判所
Tokyo higher commercial shool	東京高等商業學校
Tokyo Imperial University	東京帝國大學
Tokyo internment camp	東京俘虜收容所
Tokyo sugamo prison	巣鴨刑務所
Tolitoli Seapane Base	トリトリ水上機基地
Tomas internment camp	トマス抑留所
Tomohon Jail	トモホン刑務所
Top Camp	トップ收容所
Toseiha	統制派
Totalitarian	トータリテリアン
Totalitarian movement	クルツア運動
Totalitarianism	トータリテリアニズム化
Tottering Wakatsuki cabinet	若槻弱體内閣
Tottori Maru	鳥取丸
Toukinese sherp shooters regiment	トンキン射擊兵第一聯隊
Toul	トゥール
Toyash-maru	トヤシ丸
Toyo keizai	東洋經濟新報社
Tracker	トラッカー
Trade commissioner of the foreign office	外務省通商局長
Traffic destruction team	交通破壊隊
Transportation and shipping	運輸業者
TransSiberian Railway	西伯利亜鐵道
Treaty bureau	條約局
Tribe of tatars	タータース族
Tribune	トリビューン
Tripoli	トリポリ
Tripoli	トリポリ攻擊
Trouncer	トラウンサー
Truk branch	トラック分遣隊
Trumpeter	トランペッター
Tsinghua university	清華大學
Tsong-ci-yamen	總理衙門
Ts'ui Chi Sea Goods Shop	ツウイ・チ・スィー雜貨店
Tsuwamono	つわもの

英文其他名词	日文其他名词
Tulagi	テユラギ
Tulle rake group living plants	チュールレーキ集團生活所
Twiggs	トウィッグス
Two bridges of the army of yang Hu-cheng stationed in Paishui Hsien	白水縣駐在の楊虎城軍二旅
Two-front operations in both east and west	東西二正面作戰
Tze Pei She Merciful Society	ツエ・ペイ・シー慈善協會
U. K. Mercantile Bank	英國印度商業銀行
U. N. R. R. A	アンラ
U. S. Army Air Force	合衆國空軍
U. S. S. Y. P	米國海軍艦 Y. P 一六號
U. S. S. Wake	ウエイク號
Ubi Maru	ヘウビ丸
Ukrainians	ウクライナ人
Underwater craft of America	米國潛水艦
Union council	連盟理事會
United Kingdom Troops	聯合王國軍隊
United Press	ユナイテット・ブレス
United States Armed Forced	合衆國軍
United States Army	米國兵
United States army	米陸兵
United States congress	國會
United States Government Printing Office	合衆國政府印刷局
United States Government printing Office	米國政府印刷所
United States government printing office-Washington	米國政府印刷局
United States joint	亜米利加聯合
United States of America	北米合衆國
United States pacific air route	米太平洋航空路
United States pacific fleet	米太平洋艦隊
United States secretary of State	米國外務卿
Universal brotherhood	大禦親
Universal leaf tobacco company	ユニバーサル葉煙草會社
University of McGill	マックギイル大學
University of michigan	ミシガン大學
University of the Philippines	フイリピン大學
University of the red army	紅軍大學
Unternehmen Barbarossa	バーバロッサ工作

英文其他名词	日文其他名词
Upper Koncuita Camp	アッパーコノウイタ收容所
Urdu	ウルヅ語
Uruguay President	ウルグァイ東方共和國大統領
US foreign policy	米國外交政策
USAFFE JA Section	合衆國極東軍法務部
USAFFE soldiers	米國陸軍極東方面軍
USNR	米國豫備海軍
USS Comfort	米國汽船コンフォト號
USS Panay	パネー號
Ussurisk railway	ウスリー鐵道
Utah	ユター
Utilitarian views	功利思想
Utilitarianism	功利主義
Utopia	ユートピア
Utopia	ユートピャ
UUS TUTUILA	米國汽船チュチュイラ
Vague as to causesuspicion	プレスキャンペーン
VB	ナチス黨機關紙
Vella gulf	ヴェラ・ガルフ
Venezuela President	ヴェネズエラ合眾國大統領
Vice chief of staff of the Burma area army	ビルマ方面軍參謀副長
Vice Chief, Liaison Office, Radio Tokyo	東京放送局連絡室副部長
vice president of the hsin min hoi	新民會副會長
Vice President of the Privy Council	樞密院副議長
Vice-Chief of Army General Staff	陸軍參謀次長
Vice-Chief of Navy General Staff	海軍々令部次長
Vice-chief of staff of north China army	北支方面軍參謀副長
Vice-chief of staff of the expeditionary force to China	支那派遣軍參謀次長
Vice-chief of staff of the general headquarters of the southern area army	南方軍總司令部參謀副長
Vice-president of Manchuria railway	滿鐵副總裁
Vice-president of the imperial rule assistance association	大政翼贊會副總裁
Vice-president of the yasude bank	安田銀行副頭取
Viceroy of Sichuan	四川總督
Vichy Government of French	ヴイシー政府
Vicious inflation	管理通貨制度

英文其他名词	日文其他名词
Victoria Point Camp.	ウイクトリア・ポイント収容所
Victorian Barracks	ビクトリヤ兵舍
Vigilante of provisional government of the Republic of China	中華民國臨時政府治安維持會
Vinson case	ビンソン案
Violation of the geneva convention	第一壽府條約ノ違犯
Virgil Camp	ヴイルヂル收容所
Visit and search of Canadian vessels	加奈陀船臨検
W. S. Army Air Corps	W. S. 陸軍航空隊
Wakatsuki cabinet	若槻内閣
Wake island	ウェーク・アイランド
Waldorf hotel	ウオルドーフ・ホテル
Wanguo red cross committee	萬國赤十字委員會
Wanyei hospital Camp	ワンエイ病人收容所
War Crimes Branch	戰爭犯罪支部
War Crimes Investigating Detachment	戰爭犯罪調查分遣隊
War Crimes Legal Section	在シンガポール・アルフン・戰爭犯罪法務局
War Crimes Section of NEFIS	和蘭軍情報部戰爭犯罪課
war department	陸軍省
war department general staff	陸軍省参謀本部
war department general staff Intelligence Division	陸軍省参謀本部情報局
War ministry camp	軍事刑務所
War of aggression	侵略戰
War Working Party Flores	フロレス作業隊
Wardman park hotel	ウォードマンパークホテル
Warlords	軍閥
Wartime construction corporation	戰時建設團
Washington	ワシントン戰爭犯罪局
Washington navy intelligence	ワシントン府海軍情報部
Washington D. C record branch	コロムビヤ地區ワシントン陸軍省諜報部記録書類管理部
Washington D. C WDGS Intelligence Dinision Acting Asst Executine for P&A	コロムビヤ地區ワシントン陸軍省参謀本部諜報部ピーアンドエイ次長代理
Washington Document Center	ワシントン文書局
Washington government	ワシントン政府
Washington Time	ワシントン時間
Washington Secretary of state	ワシントン國務卿
Wasp	ワスプ

英文其他名词	日文其他名词
Weasel	ウェアセル鼬鼠
Wegalie Camp.	ガウエガリー收容所
Weibel & Co	ワイベル商會
Welborn c. wood	ウェルボーン・シー・ウッド
Welles	ウェルス
Welshman	ウエールズ人
Werfstrate prison	ウエルフストラート監獄
Wernink	ウェルニンク
Western civilisation	西洋文明
Western culture	西歐文化
Western democracy	西歐民主々義
Western people	西洋人
Western Powers	西洋列強
Western-type	西洋流
Wetter	ウェター
White house	白亜館
White plains	ホウィネ・ブレインズ
White Russian	白系露人
Whitney	フウィトニ
Who have taken charge in the land-purifying operation	清鄉工作人員
Wickes	ウィックス
wife of the associate director of the Java Bank	ジャヴア銀行取締役夫人
Wilhelmsen Line Norwegian Line	ウィルヘルムゼン航路ノルウェー線
Willams	ウヰリアムス
Windham bay	ウヰンダム・ベイ
with the utmost vigor	ウイズ・アトモスト・ヴイガー
Withdrawal from the League	聯盟脫退論
Wohlthat economic corps	ウオールタツト經濟使節團
Women Internees Camp Tjihapit	チハピット婦人抑留所
Work in Szechwan	四川工作
World peace	世界平和
World revolution through communism	世界共産革命
Worner G. Smith Company	ワーナー・ジー・スミス・エンドコムパニー
Wotje detachment	ウォッゼ分遣隊
Wuchang operations	武攻略
Wuhan hotel	武漢旅舘
Wyoming	ワイオーミング

英文其他名词	日文其他名词
Xiamen international settlement	廈門共同租界
Xiang Shao island shipyard	香焼島造船所
Xoryo Middle School of Hiroshima City	廣島市廣陵中學校
Y. M. C. A	基督教青年會館
Y. M. C. A	支那赤十字
Y. M. C. A workers	キリスト教青年會職員
Yaarmarkt Camp	ヤールマークト收容所
Yamada Butai	山田部隊
Yamashita Line	山下航路
Yang Zhou B shelter	揚洲 B 収容所
Yangtze Hotel	楊子江ホテル
Yarnall	ヤーノル
Yasukuni Shrine	靖國神社
Yasukuni shrine special festival	靖國神社臨時大祭
Yates Academy	イエイツ學院出納系室
Yenching university	燕京大學
Yingkou section	營口分隊
Yitahara kumiai	板原組合
Yokohama camp	横濱刑務所
Yokohama port field services	横濱港荷揚勞務
Yong plan	ヤング案
YORK TOWN	ヨーク・タウン
Yoshida Maru	吉田丸
Yoshino Unit	吉野部隊長
Youth training schools	青年訓練所
Yunnan expeditionary forces	雲南遠征軍
Yunnan railway	雲南鐵道
Yusonsha	猶存社
Zhang regime	張政權
Zhao nan shelter	昭南収容所
Zhongshan park	中山公園
Zuiho	瑞鳳